Kommentar

zum

Bürgerlichen Gesetzbuche

für das deutsche Reich

nebst Einführungsgesetz.

In Gemeinschaft mit

Dr. Theodor Löwenfeld,
k. Univ.-Professor und Rechtsanwalt in München

Philipp Mayring,
k. Oberamtsrichter in München

Karl Kober,
k. Landgerichtsrath in München

Dr. Theodor Engelmann,
k. Landgerichtsrath in München

Dr. Felix Herzfelder,
Rechtsanwalt in München

Joseph Wagner,
k. Oberlandesg.-Rath u. Landtagsabgeordn. in Memmingen

herausgegeben von

Dr. Julius v. Staudinger,
k. Senatspräsident a. D. in München.

Vierter Band.

Familienrecht.

München.
J. Schweitzer Verlag (Arthur Sellier).
1899.

Inhaltsübersicht

zum vierten Bande.

Viertes Buch.

Familienrecht.

Vergleichende Zusammenstellung

der im vierten Bande angeführten Stellen

der

Civilprozeßordnung

nach den verschiedenen Zifferbezeichnungen.

§§ der C.P.O. v. 1877	§§ der Novelle nach der Vorlage an den Reichstag	§§ nach dem Reichsgesetze vom 17. Mai 1898	§§ der neuen Nummerirung nach Bekanntmachung vom 20. Mai 1898	§§ der C.P.O. v. 1877	§§ der Novelle nach der Vorlage an den Reichstag	§§ nach dem Reichsgesetze vom 17. Mai 1898	§§ der neuen Nummerirung nach Bekanntmachung vom 20. Mai 1898
3	—	—	3	75	—	—	79
4	4	4	4	77	—	—	81
5	—	—	5	79	—	—	83
6	—	—	6	81	—	—	85
7	—	—	7	87	87	87	91
8	—	—	8	—	141a	141a	151
9	—	—	9	—	141b	141b	152
17	—	—	—	—	141c	141c	153
19	—	—	17	157	—	—	171
32	—	—	32	186	186	186	203
41	—	—	41	195	—	—	218
49	—	—	49	200	200	200	222
50	—	—	51	201	—	—	223
51	51	51	52	210	—	—	232
—	51a	51a	53	219	219	219	241
52	—	—	54	223	223	223	246
—	53a	—	—	230	—	—	253
54	54	54	56	—	230a	230a	254
55	—	—	57	231	—	—	256
—	55a	55a	58	—	231b	231b	258
56	56	56	59	235	—	—	263
58	—	—	61	243	—	—	271
63	—	—	66	—	264a	264a	292
66	—	—	69	266	—	266	294

§§ der C.P.O. v. 1877	§§ der Novelle nach der Vorlage an den Reichstag	§§ nach dem Reichsgesetze vom 17. Mai 1898	§§ der neuen Nummerirung nach Bekanntmachung vom 20. Mai 1898	§§ der C.P.O. v. 1877	§§ der Novelle nach der Vorlage an den Reichstag	§§ nach dem Reichsgesetze vom 17. Mai 1898	§§ der neuen Nummerirung nach Bekanntmachung vom 20. Mai 1898
—	276a	276a	305	—	584b	584b	629
—	293a	293a	323	586	586	586	632
—	293b	293b	324	587	587	587	633
346	—	346	381	589	—	—	634
348	—	—	383	—	589a	589a	635
349	—	—	384	590	—	—	636
350	—	—	385	591	—	—	637
358	—	—	393	592	592	592	639
367	—	—	402	—	592a	592a	640
380	—	—	415	—	592b	592b	641
391	391	391	426	—	592c	592c	642
410	—	—	445	—	592d	592d	643
435	435	435	473	—	592e	592e	644
439	—	—	477	593	593	593	645
534	—	—	571	595	595	595	646
537	—	—	574	599	—	—	655
540	540	540	577	600	—	—	657
541	—	—	578	603	603	603	660
542	—	—	579	—	603a	603a	661
543	—	—	580	604	604	604	663
549	—	—	586	605	605	605	664
568	568	568	606	612	—	—	671
569	—	—	607	613	613	613	672
570	570	570	608	614	—	—	673
571	—	—	609	615	—	—	674
572	—	—	610	616	616	616	675
573	—	—	611	619	—	—	678
—	573a	573a	612	620	620	620	679
—	573b	573b	613	621	621	621	680
574	—	—	614	623	—	—	683
575	575	575	615	624	—	—	684
—	575a	—	—	625	625	625	685
576	576	576	616	626	626	626	686
577	577	577	617	627	627	627	687
578	578	578	618	644	644	644	704
580	580	580	620	645	—	—	705
581	581	581	622	661	661	661	723
—	581a	581a	623	—	670c	670c	737
—	581b	581b	624	—	670d	670d	738
582	582	582	625	—	670e	670e	739
584	584	584	627	—	670 f	670 f	740
—	584a	584a	628	—	670g	670g	741

§§ der C.P.O. v. 1877	§§ der Novelle nach der Vorlage an den Reichstag	§§ nach dem Reichsgesetze vom 17. Mai 1898	§§ der neuen Nummerirung nach Bekanntmachung vom 20. Mai 1898	§§ der C.P.O. v. 1877	§§ der Novelle nach der Vorlage an den Reichstgg	§§ nach dem Reichsgesetze vom 17. Mai 1898	§§ der neuen Nummerirung nach Bekanntmachung vom 20. Mai 1898
—	670h	670h	742	774	774	774	888
—	670 i	670 i	743	775	—	—	890
—	670k	670k	744	779	—	—	894
—	670 l	670 l	745	—	779a	779a	895
—	670 m	670m	746	780	780	780	899
671	671	671	750	797	—	—	917
685	—	—	766	800	—	—	920
690	—	—	771	802	—	—	922
693	693	693	779	803	—	—	923
695	695	695	780	804	—	—	924
—	696a	696a	781	805	—	—	925
—	696e	696e	786	814	—	—	935
—	696 f	696 f	787	815	—	—	936
702	702	702	794	816	—	—	937
—	705c	705c	800	—	822a	822a	945
714	714	714	810	834	—	—	957
748	—	—	849	835	—	—	958
749	749	749	850	—	836a	836a	960
—	749a	749a	851	—	836c	836c	962
—	754c	754c	860	—	836o	836o	973
—	754d	754d	861	—	836p	836p	974
—	754e	754e	862	—	836 r	836 r	976
—	754 f	754 f	863	—	836 rr	836 rr	1001
771	—	—	885	851	—	—	1025

Familienrecht.

Verlöbniß — Eingehung der Ehe — Nichtigkeit und Anfechtbarkeit der Ehe — Wiederverheirathung im Falle der Todeserklärung — Wirkungen der Ehe im Allgemeinen.

Erläutert

von

Dr. Theodor Engelmann.

Viertes Buch.

Familienrecht.

Erster Abschnitt.

Bürgerliche Ehe.*)

Erster Titel.

Verlöbniß.

Vorbemerkung.

1. Das B.G.B. enthält keine Begriffsbestimmung des Verlöbnisses, überläßt vielmehr die Entscheidung der Frage, ob im einzelnen Fall ein Verlöbniß vorliege, dem freien Ermessen des Richters (M. IV, 4). Entsprechend dem allgemeinen Sprachgebrauch ist unter Verlöbniß zu verstehen der auf künftige Schließung einer Ehe gerichtete Vertrag (M. IV, 1, ähnlich Mot. z. E.G. 278: „Das Verlöbniß ist ein auf die künftige Herbeiführung der ehelichen Gemeinschaft gerichteter Vertrag.“ Vgl. R.G.E. in Straff. X, 117; XIV, 8; XXIV, 156; Rechtspr. X, 130, wonach als Verlobte diejenigen Personen zu bezeichnen sind, die sich ein ernstlich gemeintes Eheversprechen gegeben haben. Ueber die Vertragsnatur des Verlöbnisses s. auch R.G.E. in C.S. XX, 334; XXIII, 177; XXIX, 98).

2. Die Beobachtung einer besonderen Form war nach Gem. Recht zum Abschluß des Verlöbnisses nicht erforderlich (Dernburg, Pand., 5. Aufl., Bd. 3 S. 11; Roth, Bayr. Civilrecht, 1. Aufl., Bd. 1 S. 279). Dagegen wurde in einem Theile Bayerns durch die sog. Sponsalienverordnung vom 2. Mai 1806 (R.Bl. S. 175) für siegelmäßige Personen Schriftlichkeit unter eigener und zweier Zeugen Unterschrift und Fertigung, für nicht siegelmäßige Personen Abschluß zu gerichtlichem Protokoll vorgeschrieben, sodaß seit dem Notariatsgesetze vom 10. November 1861 gemäß Art. 16 dieses Gesetzes zur Gültigkeit eines Verlöbnisses notarielle Errichtung erforderlich war (Roth, a. a. O. S. 279; Vierling, die fragment. Gesetze des Königr. Bayern diess. d. Rh., 3. Aufl., S. 17, Note 1; Becher, Landescivilrecht Bd. 2 S. 1137 ff.; über andere, die Zuziehung von Zeugen erfordernde bayr. Statuten s. Roth, a. a. O. S. 280 Note 9).

Nach B.G.B. kann das Verlöbniß formlos eingegangen werden. Auch eine besondere Art der Bekanntmachung, Wechsel der Ringe u. dergl. ist zur Gültigkeit nicht erforderlich (Jakubezky, Bem. z. d. Entw. e. B.G.B. S. 296; P. IV, 9 ff.).

---

*) In den Entwürfen I—III lautete die Ueberschrift „Ehe“. Die durch die Reichstagskommission beschlossene nunmehrige Fassung will nicht besagen, daß es zweierlei Ehen gebe, eine bürgerliche und eine kirchliche, sondern nur, daß die Ehe neben der kirchlichen auch eine bürgerliche Seite habe (R.T.K. 103, s. auch 105; vgl. Anm. zu § 1588).

3. Voraussetzungen des Verlöbnisses. Nach Gem. Recht kann das Verlöbniß schon nach zurückgelegtem 7. Lebensjahr erfolgen (Roth, a. a. O. S. 281; vgl. Dernburg, Bd. 3 S. 11 Note 5). Außerdem ist Handlungsfähigkeit beider Verlobten, Fähigkeit derselben, künftig die Ehe miteinander einzugehen, und Zustimmung der Eltern und Vormünder, soweit dieselbe zum Eheabschluß vorgeschrieben ist, erforderlich (Dernburg, a. a. O. S. 11). Auch nach P.L.R. kann das Verlöbniß schon nach Zurücklegung des 7. Lebensjahrs stattfinden, doch ist Widerruf nach erlangter Vogtbarkeit zulässig. Das Gleiche gilt, wenn Unvogtbare von ihren leiblichen Eltern zur Ehe verlobt worden sind (Thl. I cap. 6 § 10). Durch die V.O. vom 2. Mai 1806 (s. o. Anm. 2) §§ 4 u. 5 wurden Verlöbnisse von Personen, die sich noch bei ihren Eltern befinden oder unter Vormundschaft stehen, wenn ohne Einwilligung der Eltern oder Vormünder geschlossen, für nichtig erklärt.

Nach B.G.B. entscheiden über die Gültigkeit des Verlöbnisses einer geschäftsunfähigen (§ 104) oder in der Geschäftsfähigkeit beschränkten Person (§ 106, 114) die allgemeinen Grundsätze (§ 105, 107 ff.; vgl. Z.G. IV, 15). Der in der R.T.K. gestellte Antrag, ausdrücklich auszusprechen, daß das von einem Geschäftsunfähigen oder Eheunmündigen oder von einem ehemündigen Minderjährigen ohne Einwilligung des gesetzlichen Vertreters abgeschlossene Verlöbniß unwirksam sei, wurde abgelehnt (R.T.K. 78; s. auch P. IV, 9 ff.).

4. Die nach canonischem Recht durch das Verlöbniß begründeten Ehehindernisse: Verbot der Eheschließung mit einer anderen Person (s. Roth, 2. Aufl. I. Thl. S. 383, P.L.R. Thl. I cap. 6 § 7 Ziff. 4), Verbot der Ehe zwischen Braut und Vater des Bräutigams, Sohn und Braut des Vaters (impedimentum publicae honestatis, P.L.R. Thl. I cap. 6 § 8 Ziff. 8) und Verbot der Ehe zwischen einem Verlobten und den Blutsverwandten des andern (impedimentum quasi affinitatis), wurden schon durch § 39 des R.G. über die Beurkundung des Personenstandes und der Eheschließung vom 6. Februar 1875 beseitigt und sind auch vom B.G.B. nicht anerkannt (vgl. Z.G. IV, 15, 24; VI, 547). In der II. Kommission wurde beantragt, die Ehe zwischen einem Verlobten und den Verwandten des andern in gerader Linie zu verbieten. Der Antrag wurde aber abgelehnt, ebenso der gleiche in der Reichstagskommission gestellte Antrag (s. P. IV, 24 ff., R.T.K. 82). Ueber den Ausschluß der Klage auf Eingehung der Ehe s. § 1297. Nach § 52 Abs. 2 St.G.B. gelten Verlobte als „Angehörige" im Sinne des Strafgesetzbuchs. Ueber das einem Verlobten zustehende Zeugnißverweigerungsrecht s. St.P.O. § 51 Abs. 1 Ziff. 1 (s. auch §§ 54, 57), C.P.O. § 348 Abs. 1 Ziff. 1 (s. auch §§ 349 Ziff. 1, 2, 350 Abs. 1, 358 Abs. 1 Ziff. 3).

5. Die Auflösung des Verlöbnisses kann nach Gem. Recht formlos erfolgen (Roth, a. a. O. S. 283). Nach P.L.R. (Thl. I cap. 6 § 39) endigt das Verlöbniß durch Tod eines Verlobten, Gelübde der Keuschheit, Verehelichung mit einer anderen Person, beiderseitiges Einverständniß und Rücktritt bei Verschulden des anderen Theils oder Irrthum über wesentliche Umstände. Ueber Auflösung des Verlöbnisses nach Nürnberger Recht, s. Bl. f. R.A. XLIV, 289 ff., über andere bayrische Statuten s. Roth a. a. O. S. 283.

Auch nach B.G.B. kann das Verlöbniß durch formlose Uebereinkunft beider Verlobten und durch einseitigen Rücktritt aufgelöst werden. In letzterem Falle kann von Auflösung des Verlöbnisses natürlich erst gesprochen werden, wenn der ernstliche Entschluß eines Verlobten, vom Verlöbniß zurückzutreten, dem andern bekannt geworden ist (vgl. Anm. 2 zu § 1302). Ueber die Rechtsfolgen der Auflösung des Verlöbnisses s. §§ 1298—1301; über den Einfluß der Auflösung des Verlöbnisses auf die Wirksamkeit einer vom Erblasser zu Gunsten seines Verlobten getroffenen letztwilligen Verfügung s. §§ 2077 Abs. 2, 3, 2279.

6. Brautkinder stehen nach B.G.B. anderen unehelichen Kindern gleich (s. aber die Uebergangsvorschrift des E.G. Art. 208 Abs. 2); vgl. Ziff. 6 der Vorbem. zum Abschn. 2 Tit. 6.

7. Ueber Erbverträge unter Verlobten s. §§ 2275 Abs. 2, 3, 2276 Abs. 2, über Aufhebung solcher Verträge s. §§ 2290 Abs. 3, 2292, über Erbverzichtsverträge unter Verlobten und Aufhebung solcher Verträge s. §§ 2347, 2351, 2352.

8. Hinsichtlich des Sonderrechts der Landesherren, der Mitglieder der landesherrlichen und diesen gleichstehenden Familien, sowie des hohen Adels s. E.G. Art. 57, 58.

9. Zuständigkeit der bürgerlichen Gerichte. Die Vorschrift des § 76 des Personenstandsgesetzes vom 6. Februar 1875, daß in streitigen Verlöbnißsachen unter Ausschluß jeder geistlichen Gerichtsbarkeit die bürgerlichen Gerichte ausschließlich zuständig sind, hat durch B.G.B. und E.G. keine Abänderung erfahren.

10. Ueber das internationale Privatrecht enthält B.G.B. bezüglich des Verlöbnisses keine Vorschriften (vgl. E.G. Art. 13 u. Anm. hiezu). Desgleichen fehlt es an einer Uebergangsbestimmung bezüglich der vor dem 1. Januar 1900 abgeschlossenen Verlöbnisse. Daß die formellen und materiellen Voraussetzungen eines Verlöbnisses nach den Gesetzen zu beurtheilen sind, unter welchen es abgeschlossen wurde, ist zweifellos; das Gleiche wird aber entsprechend dem Princip des Art. 170 E.G. auch bezüglich der Wirkung des Verlöbnisses anzunehmen sein (Mot. z. E.G. 278).

§ 1297.

Aus einem Verlöbnisse kann nicht auf Eingehung der Ehe geklagt werden.

Das Versprechen einer Strafe für den Fall, daß die Eingehung der Ehe unterbleibt, ist nichtig.

E. I, 1227; II, 1203; III, 1280.

1. Klagbarkeit nach bisherigem Rechte. Während nach röm. Recht das Verlöbniß nicht bindend war (Dernburg, Pand. Bd. 3 S. 12 Nt. 11 u. 12), hat im Anschluß an das canonische Recht, welches eine Klage auf Vollziehung des Verlöbnisses zuließ, die gemeinrechtliche Praxis das Verlöbniß als einen rechtsverbindlichen, eine Klage auf Ehelichung, eventuell Entschädigung (actio matrimonialis oder ex sponsu) begründenden Vertrag aufgefaßt (Dernburg, Pand. Bd. 3 S. 12; Roth, Bayr. C.R. 2. Aufl., I. Thl S. 383 Nt. 15). Auch das P.L.R. behandelt das Verlöbniß als klagbares Eheversprechen (Thl. I cap. 6 § 2). Ueber andere Rechte s. M. IV, 1 ff.; D. 166 ff.; Sicherer, Pers.St. u. Eheschl. S. 329 Nt. 3. Doch wurde schon durch §§ 774 Abs. 2 und 779 Abs. 2 C.P.O. die Klagbarkeit des Verlöbnisses ihrer Bedeutung fast völlig beraubt, indem die dort behandelten Formen der Zwangsvollstreckung als unanwendbar im Falle der Verurtheilung zur Eingehung der Ehe erklärt wurden

2. Unklagbarkeit nach B.G.B. Das B.G.B. erklärt im Hinblick auf das Wesen der Ehe, welche in erster Linie ein sittliches Verhältniß sei und nicht als Quelle vermögensrechtlicher Ansprüche betrachtet werden dürfe (Mot. IV, 3), eine Klage auf Eingehung der Ehe, sowie auf das Erfüllungsinteresse oder auf eine Abfindung bei ungerechtfertigtem Verlöbnißbruch für ausgeschlossen. E. I (§ 1227) brachte diesen Grundsatz in der Form zum Ausdruck, daß durch das Verlöbniß „eine Verbindlichkeit der Verlobten zur Eheschließung nicht begründet" werden solle. Diese Formulirung wurde vielfach beanstandet (Z.G. IV, 11 ff.; VI, 592 ff.) und in der bayr. Abgeordnetenkammer sogar als „unmoralisch" bezeichnet (Jakubezky, Bem. S. 296). Bei den Berathungen der Kommission für die 2. Lesung wurde anerkannt, daß die Fassung des E. I das Mißverständniß nahe lege, als solle auch die sittliche Verpflichtung des Verlobten zur Eheschließung negirt werden. Andererseits verstoße es gegen die Würde des Rechts, ein prozessualisches Verfahren und ein Urtheil zuzulassen, welchem das Gesetz aus sittlichen Gründen die Vollstreckung versagen müsse. Aus diesen Erwägungen wurde die gegenwärtige Fassung gewählt (P. IV, 2 ff.).

3. Aufrechterhaltung der §§ 774 Abs. 2, 779 Abs. 2 C.P.O. Obwohl das B.G.B. eine Klage auf Eingehung der Ehe nicht kennt, sollen nach dem Entw. eines G. betr. Aenderungen der C.P.O. die bisherigen Vorschriften über den Ausschluß der Zwangsvollstreckung bei Verurtheilung zur Eingehung einer Ehe (C.P.O. §§ 774 Abs. 2, 779 Abs. 2) beibehalten werden mit Rücksicht auf die Uebergangszeit, sowie auf solche Fälle, in welchen es sich um Vollstreckung ausländischer Urtheile handelt (C.P.O. § 661 Abs. 2 Z. 2), oder in welchen irrthümlicher Weise eine Verurtheilung zur Eingehung der Ehe erfolgt sein sollte (Mot. z. E.G. 102; Begr. z. Entw. d. revid. C.P.O. S. 156).

4. Conventionalstrafe. Ob nach Gem. R. die für den Fall des Verlöbnißbruchs vereinbarte Conventionalstrafe eingeklagt werden kann, war bisher bestritten (dafür Bl. f. R.A. XXI, 240; Roth 2. Aufl. I. Thl. S. 383 Nt. 18; dagegen Bl. f. R.A. XXVIII, 230; vgl. Dernburg S. 12 Nt. 17 a. E.). Das P.L.R. (Thl I cap. 6 § 11 Ziff. 10) statuirt ausdrücklich die Klagbarkeit (über andere Rechte s. Mot. IV, 3). Die gegentheilige Bestimmung des B.G.B. § 1297 Abs. 2 ergibt sich schon aus dem Princip des § 344 und war daher als selbstverständlich im E. I nicht enthalten (Mot. IV, 3; vgl. Z.G. IV, 14 ff., VI, 593). Die II. Komm. hielt es aber für zweckmäßig, diese Folgerung besonders auszusprechen (P. IV, 9).

§ 1298.

Tritt ein Verlobter von dem Verlöbnisse zurück, so hat er dem anderen Verlobten und dessen Eltern sowie dritten Personen, welche an Stelle der Eltern gehandelt haben, den Schaden zu ersetzen, der daraus entstanden ist, daß sie in Erwartung der Ehe Aufwendungen gemacht haben oder Verbindlichkeiten eingegangen sind. Dem anderen Verlobten hat er auch den Schaden zu ersetzen, den dieser dadurch erleidet, daß er in Erwartung der Ehe sonstige sein Vermögen oder seine Erwerbsstellung berührende Maßnahmen getroffen hat.

Der Schaden ist nur insoweit zu ersetzen, als die Aufwendungen, die Eingehung der Verbindlichkeiten und die sonstigen Maßnahmen den Umständen nach angemessen waren.

Die Ersatzpflicht tritt nicht ein, wenn ein wichtiger Grund für den Rücktritt vorliegt.

E. I, 1228 Abs. 1; II, 1204; III, 1281.

1. Voraussetzung des Anspruchs aus § 1298 ist Rücktritt des anderen Verlobten ohne „wichtigen Grund" (E. I verlangte: „wichtigen, nach den Umständen des Falles den Rücktritt rechtfertigenden Grund"; vgl. §§ 27 Abs. 2 Satz 2, 626, 671 Abs. 2 u. 3, 712 Abs. 1, 723 Abs. 1 u. 2, 749 Abs. 2, 843 Abs. 3, 1580 Abs. 2, 2226 Satz 3, 2227 Abs. 1). Ob ein wichtiger Grund vorliegt, entscheidet der Richter nach freiem Ermessen. Hauptfälle sind: Bruch der Verlöbnißtreue (Roth, Bayr. Civ.R. 1. Aufl. I, 281, B.L.R. Thl. I cap. 6 § 39 Ziff. 5) und Vorhandensein eines gesetzlichen Ehehindernisses, insbesondere Versagung der erforderlichen Einwilligung des gesetzlichen Vertreters oder der elterlichen Einwilligung (§ 1304 ff.; Jakubezky, Bem. S. 296). Auch Irrthum über die Vermögensverhältnisse des andern Theils wird unter Umständen als „wichtiger Grund" erachtet werden können (vgl. B.L.R. Thl. I cap. 6 § 39 Ziff. 6; Bl. f. R.A. XXXI, 363; Erg.Bd. 1 S. 334; über den Einfluß des Irrthums auf die Anfechtbarkeit der Ehe s. § 1333, 1334).

2. Umfang des Ersatzanspruchs. Nach Gem. R. verpflichtete grundloser Rücktritt vom Verlöbniß zum Ersatz des durch Unterbleiben der Ehe dem andern Theil erwachsenen Schadens (Dernburg, Bd. 3 S. 12 Nt. 17). Hievon weicht das B.G.B. in doppelter Richtung ab:

a) Der Anspruch ist beschränkt auf den Ersatz des Schadens, der dadurch entstanden ist, daß in Erwartung der Ehe Aufwendungen gemacht, Verbindlichkeiten eingegangen oder sonstige das Vermögen oder die Erwerbsstellung berührende Maßnahmen getroffen worden sind. Hiezu gehört z. B. der Fall, daß einer der Verlobten in Erwartung der Ehe seinen bisherigen Beruf aufgegeben oder eine Anstellung oder einen sonstigen vermögensrechtlichen Erwerb ausgeschlagen hat (M. IV, 3 ff.; D. 167). Der Schaden wird aber gemäß Abs. 2 nur insoweit ersetzt, als die Aufwendungen, Verbindlichkeiten oder sonstigen Maßnahmen „den Umständen nach angemessen" waren, worüber richterliches Ermessen entscheidet (im E. I war dieß nicht ausdrücklich ausgesprochen; P. IV, 5 ff.).

b) Eine Erweiterung des Anspruchs gegenüber dem Gem. R. bildet die Bestimmung, daß Ersatz des Schadens, der durch Aufwendungen oder Eingehung von Verbindlichkeiten entstanden ist, auch die Eltern des andern Verlobten sowie dritte Personen, welche an Stelle der Eltern gehandelt haben, verlangen können. (Die Anerkennung des Ersatzanspruchs dritter Personen beruht auf Beschluß der Reichstagskommission. Bei den Berathungen der Kommission für die zweite Lesung wurde der dahin gehende Antrag abgelehnt, Jakubezky, Bem. S. 297; P. IV, 6 ff.; R.T.K. 79). Dagegen steht der Anspruch auf Ersatz des durch sonstige Maßnahmen hervorgerufenen Schadens ausschließlich dem andern Verlobten zu.

3. Beweis. Daß ein wichtiger Grund für den Rücktritt vom Verlöbniß vorlag, hat der wegen seines Rücktritts auf Schadensersatz in Anspruch genommene Verlobte zu beweisen (M. IV, 4).

4. Gemäß § 1299 steht dem ungerechtfertigten Rücktritt der Fall gleich, daß ein Verlobter durch ein Verschulden, das einen wichtigen Grund für den Rücktritt bildet, den Rücktritt des andern Theils veranlaßt hat.

5. Weitergehende Schadensersatzansprüche auf Grund Delikts (s. §§ 823, 826; vgl. auch § 1300) werden durch die Bestimmungen des § 1298 natürlich nicht ausgeschlossen (M. IV, 5; D. 168).

6. Der Anspruch aus § 1298 ist übertragbar und vererblich (M. IV, 6; vgl. dagegen § 1300 Abs. 2) und verjährt in zwei Jahren von der Auflösung des Verlöbnisses an (§ 1302).

§ 1299.

Veranlaßt ein Verlobter den Rücktritt des anderen durch ein Verschulden, das einen wichtigen Grund für den Rücktritt bildet, so ist er nach Maßgabe des § 1298 Abs. 1, 2 zum Schadensersatze verpflichtet.

E. I, 1228 Abs. 2; II, 1205; III, 1282.

1. Um zu verhüten, daß ein Verlobter dem andern Theil die Geltendmachung des Anspruchs aus § 1298 dadurch unmöglich macht, daß er sich weigert, das Verlöbniß aufzulösen, ist dem ungerechtfertigten Rücktritt vom Verlöbniß der Fall gleichgestellt, daß ein Verlobter durch ein Verschulden, das einen wichtigen Grund für den Rücktritt bildet, den Rücktritt des andern Verlobten veranlaßt (E. I hatte allgemein von Rücktritt in Folge Verschuldens des andern Theils gesprochen. Vgl. M. IV, 5; P. IV, 7). Vgl. die auf ähnlichen Erwägungen beruhenden Bestimmungen der §§ 162 und 628 Abs. 2.

2. Ob ein Verschulden vorliegt, das den Rücktritt des andern Theils rechtfertigt, entscheidet der Richter nach freiem Ermessen (Anm. 1 zu § 1298). Beweispflichtig in dieser Beziehung ist allgemeinen Grundsätzen zufolge der Kläger (vgl. Anm. 3 zu § 1298).

3. Ueber den Umfang des Anspruchs aus § 1299 gilt das zu § 1298 (Anm. 2) Bemerkte („nach Maßgabe des § 1298 Abs. 1, 2"), desgleichen bez. der Uebertragbarkeit, Vererblichkeit und Verjährung des Anspruchs (vgl. Anm 6 zu § 1298 und § 1302).

§ 1300.

Hat eine unbescholtene Verlobte ihrem Verlobten die Beiwohnung gestattet, so kann sie, wenn die Voraussetzungen des § 1298 oder des § 1299 vorliegen, auch wegen des Schadens, der nicht Vermögensschaden ist, eine billige Entschädigung in Geld verlangen.

Der Anspruch ist nicht übertragbar und geht nicht auf die Erben über, es sei denn, daß er durch Vertrag anerkannt oder daß er rechtshängig geworden ist.

E. II, 1206; III, 1283.

1. Voraussetzung des Anspruchs aus § 1300, der erst durch die II. Komm. geschaffen wurde (vgl. Z.G. IV, 12 ff.; Jakubezky, Bem. S. 296; P. IV, 8, 9, 696 ff.), ist:

a) daß der Bräutigam ohne wichtigen Grund vom Verlöbniß zurückgetreten ist oder durch ein Verschulden, welches einen wichtigen Grund für den Rücktritt bildet, den Rücktritt der Braut veranlaßt hat (§§ 1298, 1299, Anm. 1 zu § 1298, Anm. 1 zu § 1299); bez. der Beweisfrage s. Anm. 3 zu § 1298, Anm. 2 zu § 1299;

b) daß die Braut dem Bräutigam die Beiwohnung gestattet hat. Es genügt die Thatsache der Beiwohnung, Verführung seitens des Bräutigams wird nicht erfordert (im Gegensatz zur Deflorationsklage des Gem. Rechts und A.L.R., welche das B.G.B. beseitigt hat, vgl. Anm. 1 zu § 1715). Beiwohnung ist erfolgt, wenn Vereinigung der Geschlechtstheile stattgefunden hat, immissio seminis ist nicht erforderlich (R.G.E. in St.S. IV, 24), ebensowenig Schwangerschaft der Braut.

c) Die Braut muß unbescholten gewesen sein (vgl. St.G.B. § 182, Rechtspr. des R.G. III, 168; IV, 468), und zwar zur Zeit des Beginns ihres Geschlechtsverkehrs mit dem Bräutigam. Die spätere sittliche Führung der Braut wird nur insoweit in Frage kommen, als zu prüfen ist, ob ein wichtiger Grund für den Rücktritt des Bräutigams vorlag. (Vgl. P. IV, 698.) Unbescholtenheit ist nicht identisch mit Jungfräulichkeit (Rechtspr. d. R.G. IV, 469); daher steht der Anspruch aus § 1300 auch einer unbescholtenen Wittwe zu (vgl. dagegen bez. der Deflorationsklage des A.L.R. Bl. f. R.A. XXVI, 95).

d) Weitere Voraussetzung ist Schädigung der Braut in Folge der Auflösung des Verlöbnisses trotz gestatteter Beiwohnung. Der Schaden, den die Braut erleidet, muß also sowohl mit der Auflösung des Verlöbnisses als auch mit der erfolgten Beiwohnung in Causalzusammenhang stehen, braucht aber nicht Vermögensschaden zu sein (es liegt demgemäß hier wie im Falle des § 847 ein Anwendungsfall des § 253 vor). Daher wird der Anspruch auch durch eine spätere pekuniär günstige Verheirathung der Braut nicht unter allen Umständen ausgeschlossen.

2. Die Höhe der zuzubilligenden Entschädigung hat der Richter unter Berücksichtigung aller einschlägigen Verhältnisse (insbesondere des Standes und Vermögens der Verlobten) nach freiem Ermessen festzusetzen. Er wird hiebei auch den der Braut zugefügten psychischen Schmerz in Betracht ziehen dürfen. Daß „billig" hier nicht die Bedeutung von „wohlfeil" hat, ist selbstverständlich (vgl. R.T.K. 79 ff.). Die Entschädigung besteht in einer Geldsumme, Gewährung einer Rente kann nicht verlangt werden. Das Erbieten des Bräutigams, die Braut zu ehelichen, steht im Falle des § 1299 der Geltendmachung des Anspruchs nicht entgegen.

3. Unberührt durch die Geltendmachung des Anspruchs aus § 1300 bleiben natürlich die der Braut eventuell auf Grund der §§ 825, 847, 1298, 1299 zustehenden weiteren Ansprüche. Ueber die Ansprüche der unehelichen Mutter gegenüber dem Vater des Kindes s. §§ 1715, 1716.

4. Im Gegensatze zu den Ansprüchen aus §§ 1298, 1299, 825 ist der Anspruch aus § 1300 (wie der aus § 847), weil eine höchstpersönliche Entschädigungsforderung, nicht vererblich und nicht übertragbar. Es kann daher an demselben weder Nießbrauch noch Pfandrecht bestellt werden (§§ 1069 Abs. 2, 1274 Abs. 2). Der Anspruch kann nicht gepfändet werden (Entw. e. G. betr. Aend. d. C.P.O. § 749a Abs. 1), gehört nicht zur Konkursmasse (Konk.O. § 1 Abs. 1) und es findet ihm gegenüber keine Aufrechnung statt (§ 394 Satz 1). In allen diesen Beziehungen gilt aber das Gegentheil, falls der Anspruch durch Vertrag anerkannt (s. § 222 Abs. 2 Satz 2) oder rechtshängig geworden ist (C.P.O. § 235). Der in der R.T.K. gestellte Antrag auf Streichung des Abs. 2 wurde abgelehnt (R.T.K. 80).

5. Der Anspruch aus § 1300 verjährt in zwei Jahren von der Auflösung des Verlöbnisses an (§ 1302).

§ 1301.

Unterbleibt die Eheschließung, so kann jeder Verlobte von dem anderen die Herausgabe desjenigen, was er ihm geschenkt oder zum Zeichen des Verlöbnisses gegeben hat, nach den Vorschriften über die Herausgabe einer ungerechtfertigten Bereicherung fordern. Im Zweifel ist anzunehmen, daß die Rückforderung ausgeschlossen sein soll, wenn das Verlöbniß durch den Tod eines der Verlobten aufgelöst wird.

E. I, 1229; II, 1207; III, 1284.

1. Nach Gem. R. sind Geschenke unter Verlobten zurückzuerstatten, wenn die Ehe nicht zu Stande kommt. Jedoch verbleiben Geschenke an die Braut dieser und ihren Eltern zur Hälfte, wenn das Verlöbniß durch den Tod eines Verlobten aufgelöst worden ist. Nach Röm. Recht galt dies nur »osculo interveniente«, nach der Praxis des Gem. Rechts unbedingt (Dernburg, Bd. 2 S. 13 Nr. 19—21). Das P.L.R. verpflichtete die Verlobten, bei Nichtzustandekommen der Ehe den „Mahlschatz" (arrha sponsalitia, d. h. was der Braut vom Bräutigam oder diesem von jener zum Zeichen und Beweis des Verlöbnisses vor der Copulation gegeben wird) in Natur oder dem Werth nach zu restituiren. Doch bekommt der Verlobte, aus dessen Verschulden die Ehe gehindert worden, nicht nur den gegebenen Mahlschatz nicht zurück, sondern verliert auch den, welchen er von dem unschuldigen Theil erhalten hat. Geschenke, die sich die Verlobten aus Liebe und in Hoffnung künftiger Ehe machen, stehen dem Mahlschatz gleich (Thl. I cap. 6 §§ 17, 18). Ueber andere Rechte s. M. IV, 6 ff.; D. 168.

Gemäß § 1301 Satz 1 finden beim Unterbleiben der Eheschließung, gleichviel aus welchem Grunde dies der Fall ist (D. 168), bezüglich der Zurückgabe von Schenkungen (§ 516) oder anderen zum Zeichen des Verlöbnisses erfolgten Gaben die Bestimmungen über die Herausgabe einer ungerechtfertigten Bereicherung (§§ 812 ff.) Anwendung. Ueber den Umfang dieses Anspruchs vgl. insbesondere § 818. Aus § 815 ergibt sich, daß das Rückforderungsrecht regelmäßig wegfällt, wenn der Geber ohne wichtigen Grund vom Verlöbniß zurückgetreten ist oder durch ein Verschulden, das einen wichtigen Grund für den Rücktritt des andern Theils bildet, diesen zum Rücktritt veranlaßt hat (M. IV, 7; vgl. §§ 1298, 1299; s. auch P. IV, 10 ff.).

2. Die Vorschrift des § 1301 Satz 1 ist dispositiver Natur (P. IV, 11), kommt also nicht zur Anwendung, falls die Verlobten eine abweichende Bestimmung getroffen haben. Daneben stellt Satz 2 die Auslegungsregel auf, daß im Zweifel die Rückforderung als ausgeschlossen gelten soll, wenn das Verlöbniß durch Tod (dem gemäß § 18 Abs. 1 die Todeserklärung gleichsteht) eines Verlobten aufgelöst wird. Erhellt aus den Umständen ein abweichender Wille der Verlobten, so hat es hiebei sein Bewenden. Der in der R.T.K. gestellte Antrag, für den Fall des Todes eines Verlobten das Rückforderungsrecht unbedingt auszuschließen, wurde abgelehnt (R.T.K. 80; P. IV, 11; Planck, Bd. 1 S. 21).

3. Der Anspruch aus § 1301 ist vererblich (M. IV, 7) und übertragbar (vgl. Anm. 4 zu § 1300) und verjährt in zwei Jahren von der Auflösung des Verlöbnisses an (§ 1302).

4. Ueber den Widerruf der während des Brautstands oder der Ehe gemachten Schenkungen bei Scheidung aus Verschulden eines Ehegatten s. § 1584.

§ 1302.

Die in den §§ 1298 bis 1301 bestimmten Ansprüche verjähren in zwei Jahren von der Auflösung des Verlöbnisses an.

E. I, 1230; II, 1208; III, 1285.

1. Während die regelmäßige Verjährungszeit 30 Jahre beträgt (§ 195), ist für die in den §§ 1298—1301 bestimmten Ansprüche im Hinblick auf die Schwierigkeit, derartige interne Vorgänge nach langer Zeit noch zu ermitteln, sowie zum Schutze des Familienfriedens gegen chikanöse Ansprüche (M. IV, 8) eine kurze Verjährungszeit festgesetzt worden. Nach E. I—III sollte sie nur ein Jahr betragen, die Ausdehnung auf zwei Jahre beruht auf Beschluß der Reichstagskommission (R.T.K. 80). Ist der Anspruch rechtskräftig festgestellt, so verjährt er erst in 30 Jahren (§§ 218—220).

2. Abweichend von der Regel des § 198 beginnt die Verjährung der fraglichen Ansprüche mit der Auflösung des Verlöbnisses, also bei einseitigem Rücktritt eines Verlobten mit dem Zeitpunkt, in welchem dessen ernstlicher Entschluß, vom Verlöbniß zurückzutreten, dem andern Verlobten bekannt geworden ist (vgl. Vorbem. Ziff. 5).

3. Ueber Hemmung und Unterbrechung der Verjährung s. §§ 202 ff., 208 ff.

Zweiter Titel.

Eingehung der Ehe.

Vorbemerkung.

1. Uebersicht. Die §§ 1303—1315 behandeln die Ehehindernisse (s. auch § 1349), die §§ 1316—1321 die Form der Eheschließung, § 1322 die Zuständigkeit zur Befreiung von einzelnen Ehehindernissen und vom Erfordernisse des Aufgebots.

2. Bezüglich des Verhältnisses der §§ 1303 ff. zu den entsprechenden Vorschriften des Personenstandsgesetzes vom 6. Februar 1875 kommt Folgendes in Betracht. Während das Personenstandsgesetz zwar die Ehehindernisse vollständig aufzählte (Pers.Ges. § 39), die Regelung der Rechtsfolgen einer Zuwiderhandlung gegen diese Bestimmungen aber, von einzelnen Ausnahmen (Pers.Ges. § 37 Abs. 2, § 38) abgesehen, dem Landesrecht überließ (Pers.Ges. § 36, Sicherer, Personenstand und Eheschließung S. 128, 129 ff.), enthält B.G.B. nicht nur einen erschöpfenden Katalog der Ehehindernisse (Mot. z. E.G. 139, R.T.K. 83), sondern regelt auch (in den §§ 1323 ff.) den Einfluß eines Verstoßes gegen diese Vorschriften auf die Gültigkeit der Ehe. Durch die späteren Entwürfe und die Reichstagskommission wurden außerdem noch einige grundlegende Bestimmungen über das Aufgebot und die Beurkundung der Eheschließung in das Gesetz aufgenommen (vgl. M. IV, 8 ff., Mot. z. E.G. 139 ff., R.T.K. 104 ff.). Für die weitere Geltung der eherechtlichen Normen des Personenstandsgesetzes ist E.G. Art. 32 und Art. 46 maßgebend. Hienach hat Abschnitt 3 und 4 des Pers.Ges. folgende Gestalt erhalten:

Die §§ 28—40 (betr. die Ehehindernisse und Dispensation von denselben) sind beseitigt und ersetzt durch B.G.B. §§ 1303—1315 und 1322.

§ 41 lautet nunmehr: „Für die Eheschließung sind die Vorschriften des Bürgerlichen Gesetzbuchs maßgebend."

§ 42 und § 43 (betr. die Zuständigkeit des Standesbeamten und die Ermächtigung des unzuständigen durch den zuständigen Standesbeamten) sind aufgehoben; an ihre Stelle sind die §§ 1320 und 1321 B.G.B. getreten.

§ 44 lautet nunmehr: „Für die Anordnung des vor der Eheschließung zu erlassenden Aufgebots ist jeder Standesbeamte zuständig, vor dem nach § 1320 des Bürgerlichen Gesetzbuchs die Ehe geschlossen werden darf."

Die §§ 45—49 (betr. das Aufgebot) sind unverändert aufrecht erhalten (s. Anm. 1 zu § 1316).

§ 50 lautet nunmehr: „Der Standesbeamte soll ohne Aufgebot die Eheschließung nur vornehmen, wenn ihm ärztlich bescheinigt wird, daß die lebensgefährliche Erkrankung eines der Verlobten den Aufschub der Eheschließung nicht gestattet."

Die §§ 51—53 (betr. die Verjährung des Aufgebots, die Form der Eheschließung und die erforderlichen Eigenschaften der Zeugen) sind aufgehoben und ersetzt durch B.G.B. § 1316 Abs. 1 Satz 2, § 1317 und § 1318.

§ 54 (betr. den Inhalt der Eintragung in das standesamtliche Heirathsregister) ist unverändert geblieben.

§ 55 lautet nunmehr: „Ist eine Ehe für nichtig erklärt, ist in einem Rechtsstreite, der die Feststellung des Bestehens oder des Nichtbestehens einer Ehe zwischen den Parteien zum

Gegenstande hat, das Nichtbestehen der Ehe festgestellt, ist eine Ehe vor dem Tode eines der Ehegatten aufgelöst oder ist nach § 1575 des Bürgerlichen Gesetzbuchs die eheliche Gemeinschaft aufgehoben, so ist dies am Rande der über die Eheschließung bewirkten Eintragung zu vermerken. Wird die eheliche Gemeinschaft nach der Aufhebung wieder hergestellt, so ist dies auf Antrag am Rande zu vermerken."

§ 67, dessen erster Absatz Geistliche oder andere Religionsdiener mit Strafe bedroht, welche zu den religiösen Feierlichkeiten einer Eheschließung schreiten, bevor ihnen nachgewiesen ist, daß die Ehe vor dem Standesbeamten geschlossen sei, hat folgenden Absatz 2 erhalten: „Eine strafbare Handlung ist nicht vorhanden, wenn der Geistliche oder der Religionsdiener im Falle einer lebensgefährlichen, einen Aufschub nicht gestattenden Erkrankung eines der Verlobten zu den religiösen Feierlichkeiten der Eheschließung schreitet."

Endlich sind in den §§ 69 und 75 Abs. 1 die Worte: „in diesem Gesetze", „nach den Vorschriften dieses Gesetzes" ersetzt durch die Worte: „in diesem Gesetze und in dem Bürgerlichen Gesetzbuche", „nach den Vorschriften des Bürgerlichen Gesetzbuchs".

3. Wie das bisherige Recht, unterscheidet auch B.G.B. aufschiebende Ehehindernisse, d. h. solche, die zwar der Eheschließung entgegenstehen, die Gültigkeit der gleichwohl geschlossenen Ehe aber nicht beeinträchtigen, und trennende Ehehindernisse, d. h. solche, deren Außerachtlassung die Ehe nichtig oder anfechtbar macht. Die Nichtigkeit und Anfechtbarkeit der Ehe entspricht im Wesentlichen der bisherigen Unterscheidung der trennenden Ehehindernisse in öffentliche und private (vgl. Vorbem. zum 3. Titel dieses Abschnitts, Ziff. 1). In den Fällen der §§ 1324—1328 tritt Nichtigkeit, in den Fällen der §§ 1331—1335 (s. auch § 1350) Anfechtbarkeit der Ehe ein (§§ 1323, 1330); alle übrigen Ehehindernisse haben lediglich aufschiebende Wirkung.

4. Im Anschluß an das Personenstandsgesetz hat B.G.B., was die Form der Eheschließung anlangt, an dem Princip der obligatorischen Civilehe festgehalten (§ 1317 und Anm. 1 hiezu). § 1317 Abs. 1 Satz 2 beschränkt aber die Thätigkeit des Standesbeamten auf die Entgegennahme der Eheschließungswillenserklärungen. Im Gegensatz zum Pers.Ges. wird also die Ehe nicht mehr von dem Standesbeamten, sondern vor demselben geschlossen. (Vgl. Anm. 4c zu § 1317.)

5. Zuständigkeit der bürgerlichen Gerichte. Die Vorschrift des § 76 Pers.Ges., daß in streitigen Ehesachen die bürgerlichen Gerichte unter Aufhebung jeder geistlichen oder durch die Zugehörigkeit zu einem Glaubensbekenntniß bedingten Gerichtsbarkeit ausschließlich zuständig sind, hat durch B.G.B. und E.G. keine Aenderung erfahren (E.G. Art. 32, 46). Ueber das Verfahren in Ehesachen s. C.P.O., bisher § 568 ff.

6. Ueber das Sonderrecht der Landesherren, der Mitglieder der landesherrlichen und diesen gleichgestellten Familien, sowie des hohen Adels s. E.G. Art. 57, 58. Nach dem bayr. königlichen Familienstatut vom 5. August 1819 Tit. II darf kein bayrischer Prinz und keine bayrische Prinzessin eine eheliche Verbindung eingehen, ohne dazu vorher die Einwilligung des Königs erhalten zu haben. Unterbleibt diese Einwilligung, so hat die Ehe in Beziehung auf Stand, Titel und Wappen keine rechtliche Wirkung. Standesbeamter für das königliche Haus ist nach V.O. vom 18. Juni 1876 (G. u. V.Bl. S. 385) der Minister des Königlichen Hauses und des Aeußern, in dessen Verhinderung sein Stellvertreter (vgl. Anm. 8 zu § 1316, Anm. 2d zu § 1564; Sicherer, S. 428 Note 17; Seydel, Bayr. Staatsrecht, 1. Bd. 2. Aufl. 1896 S. 211, 214 ff.).

7. Bezüglich Geltung der einschlägigen Bestimmungen des B.G.B. in Bayern ist Folgendes zu bemerken. Gemäß Ziff. III § 1 des Vertrags über den Beitritt Bayerns zur Verfassung des Deutschen Bundes vom 23. November 1870 (R.G.Bl. 1871 S. 18) und Ziff. I des Schlußprotokolls vom gleichen Tage (R.G.Bl. 1871 S. 23) wurde anerkannt, daß „nachdem sich das Gesetzgebungsrecht des Bundes bezüglich der Heimaths- und Niederlassungsverhältnisse auf das Königreich Bayern nicht erstreckt, die Bundes-Legislative auch nicht zuständig sei, das Verehelichungswesen mit verbindlicher Kraft für Bayern zu regeln". Demgemäß galten bisher in Bayern bezüglich der Form, Beurkundung und der civilrechtlichen Voraussetzungen der Eheschließung die Normen des Personenstandsgesetzes, während in öffentlich-rechtlicher Beziehung Tit. II des Gesetzes über Heimath, Verehelichung und Aufenthalt vom 16. April 1868 (mit den Novellen vom 23. Februar 1872, 21. April 1884 und 17. März 1892) maßgebend war. Die fortdauernde Geltung der Bestimmungen dieses Gesetzes über den Vollzug des Aufgebots gegenüber Angehörigen des rechtsrheinischen Bayerns war durch Pers.Ges. § 74 Abs. 2 gewährleistet. (Vgl. Sicherer S. 270, 333 ff., 435 ff., Riedel-Pröbst, Komm. z. Heimathgesetz 7. Aufl., München 1898, S. 69 ff., 222.) Genau das Gleiche ist nunmehr für die Geltung der eherechtlichen Bestimmungen des B.G.B. und E.G. in Bayern Rechtens. „Die Aufnahme einer ausdrücklichen Vorschrift über das Verhältniß des B.G.B. zu dem bayrischen Vorbehalt, das Verehelichungswesen betr., ist nicht für erforderlich erachtet. Jener Vorbehalt bleibt nach Maßgabe des Bündnißvertrages vom 23. November 1870 unter III § 1 Abs. 1 und des Schlußprotokolls von demselben Tage unter I selbstverständlich unberührt, da, soweit jener Vorbehalt reicht, Bayern überhaupt

außerhalb der Reichsgesetzgebung steht" (M. z. E.G. 140, ebenso M. IV, 34; vgl. auch Jakubezky, Bemerkungen S. 299). Dies wurde auch in der Reichstagskommission allseitig anerkannt (R.T.K. 83; Riedel, Der Bundesraths-Entwurf des B.G.B., Berlin 1896, IV S. 57 leitet seltsamerweise die fortdauernde Geltung dieses Reservatrechts aus § 1315 Abs. 2 ab). Demgemäß gilt der 2. Titel des bayr. Heimathgesetzes in demselben Umfange wie bisher weiter. Es bedürfen daher nach wie vor Angehörige der Landestheile diesseits des Rheins zur Eheschließung des von der Distriktsverwaltungsbehörde der Heimathgemeinde des Bräutigams auszustellenden Verehelichungszeugnisses. Auf die Rechtsgültigkeit der Ehe vom civilrechtlichen Standpunkte aus ist der Mangel dieses Zeugnisses (seit der Novelle v. 17. März 1892) ohne Einfluß. Die Ehe hat aber bis zur nachträglichen Erwirkung des Zeugnisses für die Ehefrau und die aus der Ehe entsprossenen oder durch dieselbe legitimirten Kinder in Bezug auf die Heimath nicht die Wirkungen einer gültigen Ehe (Art. 33 Heim.Ges.). Die Ausstellung dieses Zeugnisses ist gemäß Art. 34 Heim.Ges. bedingt:

a) durch den Nachweis, daß der Verehelichung des Mannes die Militärdienstpflicht nicht hindernd im Wege steht (ob dies der Fall ist, bestimmt sich nach Reichsrecht, vgl. Anm. 2 zu § 1315);
b) durch das Nichtbestehen civilrechtlicher Ehehindernisse (hiefür gilt nunmehr B.G.B. §§ 1303—1315);
c) durch Beibringung der etwa erforderlichen dienstlichen Bewilligung (vgl. § 1315 Abs. 1 und Anm. 3 und 4 hiezu);
d) durch das Nichtbestehen des gemäß Art. 36 d. Heim.Ges. der Heimathgemeinde des Bräutigams in bestimmten Fällen zustehenden Einspruchs.

Nach Art. 34 Abs. 2 Heim.Ges. hat außerdem der Bewerber alle erforderlichen Aufschlüsse zu ertheilen und Nachweis über die persönlichen Verhältnisse der Braut und ihrer etwaigen Kinder beizubringen.

Für das Aufgebot ist Art. 35 maßgebend, wonach das Ehevorhaben von der Verwaltung der Aufenthaltsgemeinde der beiden Brautleute 10 Tage lang öffentlich anzuheften ist (vgl. Anm. 8 zu § 1316).

Auch zur Eheschließung eines Angehörigen des rechtsrheinischen Bayerns in der Pfalz ist das im Art. 33 Heim.Ges. vorgeschriebene Zeugniß erforderlich (Heim.Ges. Art. 38 Abs. 1); das Gleiche gilt, wenn ein Angehöriger des rechtsrheinischen Bayerns außerhalb Bayerns in oder außer Deutschland eine Ehe eingehen will (s. Anm. 5 zu § 1315).

Die Verehelichung eines in der Pfalz heimathberechtigten Mannes in Bayern rechts des Rheins darf nach Art. 38 Abs. 2 Heim.-Ges. nur erfolgen auf Grund eines von der Distriktsverwaltungsbehörde seiner Heimathgemeinde ausgestellten Zeugnisses, daß gegen die beabsichtigte Eheschließung kein gesetzlich begründetes Hinderniß bestehe. Die Ausstellung dieses Zeugnisses ist gemäß Art. 38 Abs. 3 bedingt:

a) durch die Beibringung der Nachweise über das Nichtvorhandensein militärdienstlicher Hindernisse (worüber Reichsrecht entscheidet, s. Anm. 2 zu § 1315) und die Beibringung der etwa erforderlichen dienstlichen Bewilligung (§ 1315 Abs. 1 und Anm. 3 und 4 hiezu), sowie durch Ertheilung der von dem Bewerber geforderten Aufschlüsse;
b) durch den Nachweis, daß die Bestimmungen über das Aufgebot beobachtet worden sind (hiefür ist nunmehr B.G.B. § 1316 und Pers.Ges. §§ 44—50 in der durch E.G. Art. 46 II festgesetzten Fassung maßgebend);
c) durch den Nachweis, daß kein civilrechtliches Ehehinderniß besteht (hiefür gilt nunmehr B.G.B. §§ 1303—1315).

Will ein in der Pfalz beheimatheter Mann außerhalb des rechtsrheinischen Bayerns (in der Pfalz, im übrigen Deutschland oder außerhalb Deutschlands) eine Ehe schließen, so bedarf er des durch Heim.Ges. Art. 38 vorgeschriebenen Zeugnisses nicht.

Ueber die Verehelichung von Ausländern (d. h. Nichtdeutschen) in Bayern s. Art. 39 Heim.Ges. und Anm. 5 zu § 1315.

8. In strafrechtlicher Beziehung ist Folgendes hervorzuheben:

a) Pers.Ges. § 69 in der durch E.G. Art. 46 IV festgesetzten Fassung bedroht mit Geldstrafe bis zu 600 ℳ einen Standesbeamten, der unter Außerachtlassung der im Pers.Ges. und im B.G.B. gegebenen Vorschriften eine Eheschließung vollzieht (vgl. Sicherer, S. 425 ff.).
b) Pers.Ges. § 67 bedroht mit Geldstrafe bis zu 300 ℳ oder mit Gefängniß bis zu 3 Monaten einen Geistlichen oder anderen Religionsdiener, welcher zu den religiösen Feierlichkeiten einer Eheschließung schreitet, bevor ihm nachgewiesen worden ist, daß die Ehe vor dem Standesbeamten geschlossen sei (Sicherer, S. 418 ff.). Ueber den durch die Reichstagskommission neugeschaffenen Absatz 2 s. o. Anm. 2. (P. IV, 39 ff., R.T.K. 183.)

c) Nach Art. 15 des bayr. Ges. zur Ausf. d. St.P.O. voml 8. August 1879 werden Standesbeamte an Geld bis zu 600 M. bestraft, wenn sie eine Ehe (wenn auch nur aus Fahrlässigkeit) für geschlossen erklären, ehe das für den Abschluß derselben gesetzlich erforderliche distriktspolizeiliche Zeugniß (vgl. Anm. 7) beigebracht ist.

d) Nach Art. 41 des bayr. Heim.Ges. werden Angehörige der rechtsrheinischen Landestheile, wenn sie außerhalb Bayerns eine Ehe schließen, ohne vorher das im Art. 33 vorgeschriebene Zeugniß (s. Anm. 7) erhalten zu haben, mit Geld bis zu 50 Thalern oder mit Haft bis zu 30 Tagen gestraft (vgl. Riedel-Pröbst S. 269 ff.).

e) Nach § 170 St.G.B. wird mit Gefängniß nicht unter 3 Monaten bestraft, wer bei Eingehung einer Ehe dem andern Theile ein gesetzliches Ehehinderniß arglistig verschweigt, oder wer den andern Theil zur Eheschließung arglistig mittels einer solchen Täuschung verleitet, welche den Getäuschten berechtigt, die Gültigkeit der Ehe anzufechten; die Verfolgung tritt jedoch nur auf Antrag des getäuschten Theils und nur dann ein, wenn aus einem dieser Gründe die Ehe aufgelöst worden ist. Nach § 179 St.G.B. wird (ebenfalls nur auf Antrag) mit Zuchthaus bis zu 5 Jahren (bei mildernden Umständen mit Gefängniß nicht unter 6 Monaten) bestraft, wer eine Frauensperson zur Gestattung des Beischlafs dadurch verleitet, daß er eine Trauung vorspiegelt oder einen anderen Irrthum in ihr erregt oder benützt, in welchem sie den Beischlaf für einen ehelichen hielt. Ueber die Strafandrohungen der §§ 171 u. 338 St.G.B. (Bigamie) s. Anm. 6 zu § 1326.

f) Gemäß § 11 Abs. 2 Pers.Ges. ist die Aufsichtsbehörde befugt, als Ordnungsstrafen gegen die Standesbeamten Warnungen, Verweise und Geldstrafen bis zu 100 M. zu verhängen (Sicherer, S. 27).

9. Für die Eheschließung von Deutschen im Ausland ist das R.G. über die Eheschließung und die Beurkundung des Personenstandes von Bundesangehörigen im Auslande vom 4. Mai 1870 in der durch E.G. Art. 40 festgesetzten Fassung maßgebend (vgl. M. z. E.G. 134). Ueber die Anwendbarkeit dieses Gesetzes auf Angehörige des rechtsrheinischen Bayerns s. Riedel-Pröbst S. 69 Note 1, 221 ff.

10. Bez. des internationalen Privatrechts s. E.G. Art. 7 Abs. 3 Satz 2, 13, 27, 29—31, die erforderlichen Uebergangsvorschriften enthält E.G. Art. 198.

§ 1303.

Ein Mann darf nicht vor dem Eintritte der Volljährigkeit, eine Frau darf nicht vor der Vollendung des sechzehnten Lebensjahrs eine Ehe eingehen.

Einer Frau kann Befreiung von dieser Vorschrift bewilligt werden.

E. I, 1233; II, 1209; III, 1286.

1. § 1303, welcher den durch E.G. Art. 46 I aufgehobenen § 28 des Personenstandsgesetzes ersetzt, regelt das Ehehinderniß der Eheunmündigkeit. Nach § 1233 Abs. 2 E. I sollte, wie nach § 28 Abs. 2 Pers.G., für das männliche Geschlecht die Ehemündigkeit schon mit der Vollendung des 20. Lebensjahres eintreten (M. IV, 17). Mehrfach geäußerten Forderungen (Z.G. IV, 19 ff.) Rechnung tragend hat dagegen das B.G.B. für Männer den Termin der Ehemündigkeit mit dem der Volljährigkeit zusammenfallen lassen (P. IV, 19 ff.). Für das weibliche Geschlecht hat das Gesetz den durch das Personenstandsgesetz aufgestellten Termin — Vollendung des 16. Lebensjahrs — beibehalten (R.T.K. 81, St.B. 183 ff.).

2. Die Volljährigkeit tritt gemäß § 2 mit der Vollendung des 21. Lebensjahrs ein. Bei Berechnung des 21., bezw. 16. Lebensjahres wird der Tag der Geburt mitgerechnet (§ 187 Abs. 2 Satz 2, s. auch § 188 Abs. 2 und bez. des bisherigen Rechts Sicherer, S. 149 ff.).

3. Ehemündigkeit durch Volljährigkeitserklärung. Nach B.G.B. § 3 kann ein Minderjähriger nach Vollendung des 18. Lebensjahrs durch Beschluß des Vormundschaftsgerichts für volljährig erklärt werden und erlangt hiedurch die rechtliche Stellung eines Volljährigen. Demgemäß wird durch Volljährigkeitserklärung auch Ehemündigkeit begründet. Dies könnte im Hinblick darauf fraglich erscheinen, daß E. I (§ 1233 Abs. 4) die nach den Motiven (IV, 18) „selbstverständliche“ Bestimmung enthielt: „Durch Volljährigkeitserklärung wird Ehemündigkeit nicht begründet.“ Die Richtigkeit jener Anschauung ergibt sich aber aus dem Wortlaut des § 3 Abs. 2 und aus den Verhandlungen der II. Komm. (P. IV, 21 ff.), der Reichstagskommission (R.T.K. 80) und des Reichstags (St.B. 184), vgl. D. 169 und Anm. 5. (Anderer Ansicht Otto Richter, Das Vormundschaftsrecht nach dem B.G.B. Leipzig 1897 S. 389, mit der merkwürdigen Begründung, die Ehemündigkeit sei ein „Staatsrecht“, auf welches die Volljährigkeitserklärung keinen Einfluß übe.)

4. Tritt auf Grund der durch E.G. Art. 57 u. 58 aufrechterhaltenen Bestimmungen des Privatfürstenrechts die Volljährigkeit gewisser Personen schon vor der Vollendung des 21. Lebensjahrs ein (vgl. z. B. bayr. Verfassungsurkunde Tit. II § 7, wonach die Prinzen und Prinzessinnen des königlichen Hauses mit dem zurückgelegten 18. Lebensjahre volljährig werden), so sind diese Personen von diesem Zeitpunkt ab natürlich auch ehemündig (M. IV, 18; Sicherer, S. 431 ff.).

5. Dispensation vom Ehehinderniß der Eheunmündigkeit war nach Perf.G. (§ 28 Abs. 2 Satz 2) und E. I (§ 1233 Abs. 3) sowohl zu Gunsten des Bräutigams als der Braut zulässig. Nach B.G.B. kann diese Befreiung nur der Braut bewilligt werden. Der in der Reichstagskommission und im Reichstag gestellte Antrag, Dispensation auch zu Gunsten des männlichen Geschlechts zuzulassen, wurde abgelehnt, da dem Manne, der ein berechtigtes Interesse an der Verheirathung vor Vollendung des 21. Lebensjahres habe, der Weg des Gesuchs um Volljährigkeitserklärung offen stehe; müsse dieses Gesuch abgelehnt werden, so sei auch kein Grund vorhanden, ihm die Eheschließung zu ermöglichen (R.T.K. 81, St.B. 183 ff.; vgl. oben Anm. 3).

6. Von der Aufstellung einer bestimmten Altersgrenze als Vorbedingung für die Zulässigkeit der Befreiung hat das Gesetz Umgang genommen. Der bei den Berathungen der Komm. für die 2. Lesung gestellte Antrag, welcher Vollendung des 14. Lebensjahrs seitens der Frau forderte, fand keine Annahme (P. IV, 19).

7. Zuständig zur Bewilligung der Befreiung vom Ehehinderniß der Eheunmündigkeit ist der Bundesstaat, dem die Frau angehört, und, wenn sie keinem Bundesstaat angehört, der Reichskanzler. Ueber die Zuständigkeit zur Ertheilung der Bewilligung hat die Landesregierung zu bestimmen (§ 1322).

8. Während nach E. I (§ 1259 Ziff. 3) die von einem Eheunmündigen abgeschlossene Ehe anfechtbar sein sollte (M. IV, 79 ff., Z.G. IV, 56, D. 172; über das bisherige Recht s. Sicherer, S. 231 ff.), bildet die Eheunmündigkeit nach B.G.B. nur ein aufschiebendes Ehehinderniß (P. IV, 79). Doch bedarf der eheunmündige Verlobte, weil in der Geschäftsfähigkeit beschränkt, zur Eingehung der Ehe der Einwilligung seines gesetzlichen Vertreters, eventuell des Vormundschaftsgerichts (§ 1304). Lag diese Einwilligung nicht vor, so ist die Ehe anfechtbar (§ 1331, s. auch § 1337).

§ 1304.

Wer in der Geschäftsfähigkeit beschränkt ist, bedarf zur Eingehung einer Ehe der Einwilligung seines gesetzlichen Vertreters.

Ist der gesetzliche Vertreter ein Vormund, so kann die Einwilligung, wenn sie von ihm verweigert wird, auf Antrag des Mündels durch das Vormundschaftsgericht ersetzt werden. Das Vormundschaftsgericht hat die Einwilligung zu ersetzen, wenn die Eingehung der Ehe im Interesse des Mündels liegt.

E. I, 1232 Abs. 1, 2; II, 1210; III. 1287.

1. § 1304 regelt das Ehehinderniß der mangelnden Einwilligung des gesetzlichen Vertreters. Das Gesetz unterscheidet geschäftsunfähige (§ 104: Kinder unter 7 Jahren, Unzurechnungsfähige, wegen Geisteskrankheit Entmündigte) und in der Geschäftsfähigkeit beschränkte Personen (§ 106: Minderjährige, die das 7. Lebensjahr vollendet haben, § 114: Personen, die wegen Geistesschwäche, Verschwendung oder Trunksucht entmündigt oder nach § 1906 unter vorläufige Vormundschaft gestellt sind).

a) Daß geschäftsunfähige Personen keine Ehe schließen können, folgt aus § 105, wonach die Willenserklärung eines Geschäftsunfähigen nichtig ist. (Dies galt auch nach bisherigem Recht gemäß Perf.G. § 28 Abs. 1, vgl. Sicherer, S. 148.) E. I § 1231 hatte dies ausdrücklich ausgesprochen, die II. Komm. hat aber die fragliche Bestimmung als selbstverständlich gestrichen (P. IV, 16 ff.). Gemäß § 1317 Abs. 1 ist auch die Abgabe der Eheschließungswillenserklärung durch den gesetzlichen Vertreter des Geschäftsunfähigen ausgeschlossen.

b) In der Geschäftsfähigkeit beschränkte Personen bedürfen zur Eheschließung außer ihrer eigenen Einwilligung, deren Nothwendigkeit aus § 1317 Abs. 1 folgt, auch der Einwilligung ihres gesetzlichen Vertreters (wie sich schon aus dem Grundsatz des § 107 ergibt).

c) Die Anordnung einer Pflegschaft auf Grund des § 1910 Abs. 1 oder 2 hat keinerlei Beschränkung der Geschäftsfähigkeit zur Folge (Anm. 4 zu § 1910). Der Pflegebefohlene bedarf also in diesen Fällen zur Eingehung der Ehe nicht der Einwilligung des Pflegers (vgl. Z.G. IV, 18 ff.).

2. Die Bestimmungen des § 1304 enthalten eine doppelte Abweichung von den durch E.G. Art. 46 I aufgehobenen einschlägigen Vorschriften des Personenstandsgesetzes (§§ 29, 30, s. Anm. 1 zu § 1393), insoferne nach B.G.B.:

a) neben der Einwilligung der Eltern (§ 1305), falls ihnen die gesetzliche Vertretung des Kindes nicht zusteht, auch die Einwilligung des gesetzlichen Vertreters erforderlich ist (M. IV, 11), und

b) auch volljährige, in der Geschäftsfähigkeit beschränkte Personen der Einwilligung ihres gesetzlichen Vertreters bedürfen (M. I, 149; IV, 11 ff.; Z.G. IV, 18; Sicherer, S. 148 ff.).

3. Gesetzlicher Vertreter einer in der Geschäftsfähigkeit beschränkten Person ist, falls sie unter elterlicher Gewalt steht, der Inhaber der elterlichen Gewalt (der Vater, die Mutter oder der Annehmende), falls sie unter Vormundschaft steht, der Vormund. Ist aber die Sorge für die Person des Kindes (deren Ausfluß die Einwilligung zur Eheschließung ist) an Stelle des Gewalthabers oder Vormunds einem Pfleger übertragen, so ist dieser gesetzliche Vertreter des Kindes im Sinne des § 1304 (§§ 1626, 1627—1630, 1634, 1666 Abs. 1, 1676—1680, 1684—1686, 1696—1698, 1701, 1702, 1707, 1719, 1736, 1757, 1773, 1793—1796, 1800, 1896, 1897, 1901, 1906, 1909, 1915; vgl. M. IV, 12). Der einer Mutter als Inhaberin der elterlichen Gewalt bestellte Beistand (§ 1687) ist in der Regel nicht gesetzlicher Vertreter des Kindes (Anm. 1 zu § 1689) und auch im Falle des § 1693 nur gesetzlicher Vertreter des Kindes in Vermögensangelegenheiten. Seine Einwilligung ist daher zur Eheschließung des Kindes uner keinen Umständen erforderlich (unrichtig Fischer-Henle, B.G.B. 1897, Anm. 3 zu § 1304).

4. Die Einwilligung des gesetzlichen Vertreters muß bei Abschluß der Ehe vorliegen und ist bis zu diesem Zeitpunkt widerruflich (§ 183, M. IV 13 ff.). Ist die Einwilligung unter Beifügung einer Bedingung oder Zeitbestimmung ertheilt worden, so kann die Ehe selbstverständlich nicht geschlossen werden, solange die Bedingung schwebt oder der Zeitpunkt noch nicht eingetreten ist (M. IV, 14).

5. Obervormundschaftliche Genehmigung. Ob der Vormund (oder Pfleger) als gesetzlicher Vertreter des Kindes zur Ertheilung der Einwilligung der Genehmigung des Vormundschaftsgerichts bedürfe, bestimmte sich bisher gemäß Pers.G. § 29 Abs. 5 nach Landesrecht. Das Gem. Recht und das B.L.R. forderten die obervormundschaftliche Genehmigung nicht (Samml. v. Entsch. d. bayr. Obersten L.G. VII, 791 ff.), wohl aber das P.L.R. (R.G.E. in St.S. V, 340) und andere Rechte (Sicherer, S. 166 ff.; Reger-Dames, Personenstandsgesetz, Ansbach 1896, S. 45). Nach B.G.B. ist die Genehmigung des Vormundschaftsgerichts nicht erforderlich (M. IV, 15 ff.).

6. Die Vorschrift des § 37 Pers.G., daß die Eheschließung eines Pflegebefohlenen mit seinem Vormund oder dessen Kindern während der Dauer der Vormundschaft unzulässig ist, hat B.G.B. beseitigt (E.G. Art. 46 I). Nach §§ 1795 Abs. 1 Ziff. 3, Abs. 2, 181, 1630 Abs. 2 Satz 2, 1897, 1909 und 1915 ist aber, wenn eine Ehe zwischen dem gesetzlichen Vertreter oder einem seiner Verwandten in gerader Linie oder zwischen zwei unter demselben Gewalthaber, Vormund oder Pfleger stehenden Personen geschlossen werden soll, die Aufstellung eines Pflegers erforderlich, welcher die durch § 1304 vorgeschriebene Einwilligung zu ertheilen hat (M. IV, 12 ff., 82 ff., ebenso J. Böhm, das Vormundschaftsrecht des B.G.B., Hannover 1897, S. 82; unrichtig A. Schröder, Verlöbniß und Ehe, Wiesbaden 1897, S. 14 ff., der die Ehe zwischen Vormund und Mündel für unzulässig erklärt). Selbstverständlich kann übrigens das Vormundschaftsgericht den Vormund oder Pfleger nach § 1886 entlassen, wenn es den Plan einer Ehe zwischen ihm und dem Mündel als das Interesse des letzteren gefährdend erachtet (s. auch § 1771).

7. Ersetzung der Zustimmung. Die vom Vormund oder Pfleger (§ 1915) als dem gesetzlichen Vertreter verweigerte Einwilligung zur Eheschließung kann auf Antrag des Mündels (nicht des andern Verlobten; vgl. Anm. 4 zu § 1308) vom Vormundschaftsgericht ersetzt werden und muß ersetzt werden, nicht nur, wenn die Versagung der Einwilligung eine Pflichtwidrigkeit des Vormunds oder Pflegers darstellt, sondern immer, wenn das Zustandekommen der Ehe im Interesse des Mündels gelegen ist, worüber richterliches Ermessen entscheidet (M. IV, 16; vgl. §§ 1308 Abs. 1 Satz 2, 1337 Abs. 1 Satz 2, 1358 Abs. 2 Satz 2, 1379, 1402, 1447, 1451). Daß in diesem Falle das Vormundschaftsgericht selbst an Stelle des Vormunds (oder Pflegers) handeln kann, bildet eine Ausnahme von dem das Vormundschaftsrecht des B.G.B. beherrschenden Grundsatze der Selbstständigkeit des Vormunds (vgl. Anm. 5b der Vorbem. zum dritten Abschnitt des vierten Buchs und Anm. 2 zu § 1800). Verweigert der Inhaber der elterlichen Gewalt als gesetzlicher Vertreter des Kindes seine Einwilligung, so kann dieselbe nicht durch das Vormundschaftsgericht ersetzt werden (anders E. I; s. M. IV, 16 ff.; P. IV, 34). Ueber die Ersetzung der verweigerten elterlichen Einwilligung durch das Vormundschaftsgericht s. § 1308.

8. Verfahren. Vor seiner Entscheidung soll das Vormundschaftsgericht (auch ohne Antrag), wenn es ohne erhebliche Verzögerung und ohne unverhältnißmäßige Kosten

geschehen kann, Verwandte oder Verschwägerte des Mündels hören (§ 1847). Den Mündel selbst zu hören, ist das Vormundschaftsgericht zwar berechtigt, aber nicht verpflichtet (§ 1827 und Anm. 3 hiezu; Anm. 6 zu § 1308).

9. Ueber Zuständigkeit des Vormundschaftsgerichts, über Rechtsmittel gegen dessen Entscheidung u. A. wird das R.G. über die Angelegenheiten der freiwilligen Gerichtsbarkeit Bestimmung treffen.

10. Das durch § 1304 aufgestellte Ehehinderniß ist ein trennendes. Die ohne Einwilligung des gesetzlichen Vertreters geschlossene Ehe kann von dem zur Zeit der Eheschließung in der Geschäftsfähigkeit beschränkten Ehegatten angefochten werden (§ 1331). Die Anfechtung der Ehe ist aber ausgeschlossen, wenn der gesetzliche Vertreter die Ehe genehmigt oder der anfechtungsberechtigte Ehegatte, nachdem er unbeschränkt geschäftsfähig geworden ist, die Ehe bestätigt (§ 1337). Das Gleiche gilt natürlich, wenn in den in Anm. 6 erwähnten Fällen die Aufstellung eines Pflegers behufs Ertheilung der Einwilligung an Stelle des gesetzlichen Vertreters unterblieben ist. Ueber die Nichtigkeit der von einem Geschäftsunfähigen abgeschlossenen Ehe s. § 1325.

11. Eine weitere Rechtsfolge der Außerachtlassung der Vorschrift des § 1304 enthält § 1364. Hienach tritt das eheherrliche Verwaltungs- und Nutznießungsrecht im Sinne des ordentlichen gesetzlichen Güterstands nicht ein, wenn der Mann die Ehe mit einer in der Geschäftsfähigkeit beschränkten Frau ohne Einwilligung ihres gesetzlichen Vertreters eingeht. Es greift vielmehr in diesem Falle der außerordentliche gesetzliche Güterstand mit dem System voller Gütertrennung Platz (§ 1426 ff.).

§ 1305.

Ein eheliches Kind bedarf bis zur Vollendung des einundzwanzigsten Lebensjahrs zur Eingehung einer Ehe der Einwilligung des Vaters, ein uneheliches Kind bedarf bis zum gleichen Lebensalter der Einwilligung der Mutter. An die Stelle des Vaters tritt die Mutter, wenn der Vater gestorben ist oder wenn ihm die sich aus der Vaterschaft ergebenden Rechte nach § 1701 nicht zustehen. Ein für ehelich erklärtes Kind bedarf der Einwilligung der Mutter auch dann nicht, wenn der Vater gestorben ist.

Dem Tode des Vaters oder der Mutter steht es gleich, wenn sie zur Abgabe einer Erklärung dauernd außer Stande sind oder wenn ihr Aufenthalt dauernd unbekannt ist.

E. I, 1238 Abs. 1; II, 1211; III, 1288.

1. Nach §§ 29, 30 des Personenstandsgesetzes bedurften eheliche Söhne bis zum vollendeten 25. Lebensjahr, eheliche Töchter bis zum vollendeten 24. Lebensjahr zur Eheschließung der Einwilligung des Vaters, nach dessen Tod der Einwilligung der Mutter und auf die Dauer der Minderjährigkeit auch des Vormunds; für minderjährige eheliche Doppelwaisen war die Einwilligung des Vormunds erforderlich, uneheliche Kinder waren vaterlosen ehelichen Kindern gleichgestellt. Von diesen durch E.G. Art. 46 I aufgehobenen Bestimmungen weicht das B.G.B. in zwei wesentlichen Punkten ab:

a) Neben der Einwilligung der Eltern ist, falls diesen die gesetzliche Vertretung des Kindes nicht zusteht, auch die Einwilligung des gesetzlichen Vertreters erforderlich (s. Anm. 2a zu §§ 1304).

b) Als Zeitpunkt, bis zu welchem die elterliche Einwilligung erforderlich ist, gilt für beide Geschlechter gleichmäßig das vollendete 21. Lebensjahr. Die drei Entwürfe hatten als Altersgrenze die Vollendung des 25. Lebensjahrs bezeichnet. Der in der Reichstagskommission gestellte Antrag, die Vollendung des 21. Lebensjahrs für maßgebend zu erklären, wurde dort abgelehnt, im Reichstage jedoch angenommen (M. IV, 26; Z.G. IV, 27; R.T.K. 81 ff.; St.B. 186 ff., 356 ff.).

2. Da als maßgebend nicht die Volljährigkeit, sondern die Vollendung des 21. Lebensjahrs erklärt ist, so bedarf auch ein gemäß § 2 für volljährig erklärtes Kind, welches das 21. Lebensjahr noch nicht vollendet hat, zur Eheschließung der elterlichen Einwilligung. (Vgl. Anm. 3 f zu § 1643, Anm. 1 b zu § 1726, Anm. 1 zu § 1747, Anm. 2 e zu § 1822.) Ueber die Berechnung der Vollendung des 21. Lebensjahres s. §§ 187 Abs. 2 Satz 2, 188 Abs. 2.

3. Wie das Perſ.G., fordert auch das B.G.B. zur Eheſchließung ehelicher Kinder (§§ 1591 ff., 1699) nicht die Einwilligung beider Eltern, ſondern nur die des Vaters. An Stelle der väterlichen Einwilligung iſt aber die der Mutter erforderlich:

a) wenn der Vater geſtorben oder für todt erklärt worden iſt (§ 18 Abſ. 1);

b) wenn die Ehe der Eltern nichtig (oder anfechtbar und angefochten) iſt und die Nichtigkeit (bez. Anfechtbarkeit) dem Vater bei der Eheſchließung bekannt war (§ 1701 und Anm. 3 hiezu);

c) wenn der Vater zur Abgabe einer Erklärung dauernd außer Stande iſt (z. B. wegen unheilbarer Geiſteskrankheit) oder wenn ſein Aufenthalt dauernd unbekannt iſt (vgl. Perſ.G. § 29 Abſ. 3; ſ. auch §§ 1726 Abſ. 3, 1746 Abſ 2, 1747 Satz 2, 1883 Abſ. 2 Satz 2, Anm. 3a zu § 1706). Ob dauernde Unbekanntheit des Aufenthalts gegeben iſt, entſcheidet der Standesbeamte nach freiem Ermeſſen (vgl. Sicherer, S. 157 und Note 21; Samml. von Entſch. d. bayr. Verwaltungsgerichtshofs II, 427).

Auch hinſichtlich der Mutter ſteht dem Tode derſelben der Umſtand gleich, daß ſie für todt erklärt, dauernd zur Erklärungsabgabe unfähig oder ihr Aufenthalt dauernd unbekannt iſt.

4. Kinder aus nichtigen oder anfechtbaren Ehen ſtehen bezüglich des Erforderniſſes der elterlichen Einwilligung zur Eheſchließung, ſoweit ſie gemäß § 1699 als ehelich gelten, mit der durch § 1305 Abſ. 1 Satz 2 feſtgeſetzten Ausnahme ehelichen Kindern, ſoweit ſie als uneheliche Kinder gelten, dieſen gleich.

5. Uneheliche Kinder (§ 1705) werden, dem Grundſatz der §§ 1589 Abſ. 2, 1705 entſprechend, hinſichtlich des Erforderniſſes der elterlichen Einwilligung zur Eheſchließung wie nach Perſ.G. gleich vaterloſen ehelichen Kindern behandelt.

6. Bezüglich der legitimirten Kinder iſt zu unterſcheiden:

a) Das durch nachfolgende Ehe legitimirte uneheliche Kind ſteht einem ehelichen Kind in jeder Beziehung, alſo auch hinſichtlich des Erforderniſſes der elterlichen Einwilligung zur Eheſchließung, gleich (§ 1719).

b) Durch Ehelichkeitserklärung erlangt das uneheliche Kind zwar im Allgemeinen die rechtliche Stellung eines ehelichen Kindes (§ 1736) und bedarf daher bis zum vollendeten 21. Lebensjahr zur Eheſchließung der Einwilligung ſeines Vaters. Nach § 1737 Abſ. 2 bleiben aber die aus dem Verwandtſchaftsverhältniß zwiſchen dem Kinde und ſeinen Verwandten ſich ergebenden Rechte und Pflichten unberührt. Demgemäß würde ein noch nicht 21 Jahre altes, durch Ehelichkeitserklärung legitimirtes Kind, deſſen Vater todt, für todt erklärt, dauernd unfähig zur Erklärungsabgabe oder dauernd unbekannten Aufenthalts iſt, zur Eheſchließung der Einwilligung ſeiner leiblichen (unehelichen) Mutter bedürfen. Mit Rückſicht auf die durch die Ehelichkeitserklärung in der Regel eintretende Entfremdung zwiſchen Mutter und Kind erklärt jedoch § 1305 Abſ. 1 Satz 3 in ſolchen Fällen die Einwilligung der Mutter für nicht erforderlich (M. IV, 26; P. IV, 31, 715 ff.; Anm. 6a zu 1737, vgl. § 1738).

7. Ueber die Einwilligung zur Eheſchließung an Kindesſtatt angenommener Kinder ſ. § 1306.

8. Das Einwilligungsrecht der Eltern iſt nicht Ausfluß der Sorge für die Perſon des Kindes, ſondern ein den Eltern mit Rückſicht auf die ihnen geſchuldete Ehrerbietung in ihrem perſönlichen Intereſſe und im Intereſſe der Familie beigelegtes eigenes Recht. Es iſt daher nicht davon abhängig, daß dem in Frage ſtehenden Elterntheil die elterliche Gewalt, bezw. die Sorge für die Perſon des Kindes zuſteht, und geht demgemäß durch Entziehung der Sorge für die Perſon des Kindes (§ 1666 Abſ. 1), Verwirkung der elterlichen Gewalt (§ 1680), Wiederverheirathung der Mutter (§ 1697) nicht verloren. Auch Scheidung oder Aufhebung der ehelichen Gemeinſchaft iſt auf das elterliche Einwilligungsrecht (wie nach bisherigem Recht, Sicherer, S. 155) ohne Einfluß (M. IV, 25, 27, 84; P. IV, 716).

9. Die erforderliche Einwilligung des Vaters oder der Mutter muß im Zeitpunkt der Eheſchließung vorhanden ſein und iſt bis dahin widerruflich (M. IV, 29; vgl. Anm. 4 zu § 1304). Bez. der Ertheilung der Einwilligung unter Hinzufügung einer Bedingung oder einer Zeitbeſtimmung gilt das in Anm. 4 zu § 1304 Bemerkte (M. IV, 27). Ueber den höchſtperſönlichen Charakter des Einwilligungsrechts ſ. § 1307, über die Erſetzung der verweigerten elterlichen Einwilligung durch das Vormundſchaftsgericht ſ. § 1308.

10. Der Mangel der erforderlichen elterlichen Einwilligung begründet nur ein aufſchiebendes Ehehinderniß (M. IV, 30, 83 ff.; über das bisherige Recht ſ. Sicherer, S. 234 ff.;

Roth, bayr. Civilr. 1. Aufl. Thl. I S. 440, P.L.R. Thl. I cap. 6 § 4); daher ist es insbesondere auch ohne Einfluß auf die Gültigkeit der Ehe, wenn mit Unrecht angenommen worden ist, daß der Vater oder die Mutter todt, zur Erklärungsabgabe dauernd außer Stande, dauernd unbekannten Aufenthalts sei, oder wenn der für todt erklärte Elterntheil zurückkehrt oder die Todeserklärung in Folge einer Anfechtungsklage aufgehoben wird (vgl. §§ 1735, 1756). Der Abschluß der Ehe ohne die erforderliche elterliche Einwilligung begründet aber für das Kind gewisse anderweitige Nachtheile:

a) Während an sich die dem Inhaber der elterlichen Gewalt zustehende Nutznießung am Vermögen des Kindes mit dessen Verheirathung endigt, dauert sie bis zur Volljährigkeit des Kindes fort, wenn sich dasselbe ohne die erforderliche elterliche Einwilligung verheirathet (§§ 1649 ff., 1661, 1686; gemäß § 1303 ist diese Bestimmung nur Töchtern gegenüber von Bedeutung).

b) Nach § 1621 Abs. 1 geht durch Verheirathung ohne die erforderliche elterliche Einwilligung der Anspruch der Tochter auf Gewährung einer Aussteuer (§ 1620) verloren (vgl. P.L.R. Thl. I cap. 6 § 4 Ziff. 2, 4).

c) Nach E. I § 2001 Ziff. 7 war Eheschließung ohne die erforderliche elterliche Einwilligung auch ein gesetzlicher Grund zur Entziehung des Pflichttheils (M. V, 434 ff.; vgl. P.L.R. Thl. III cap. 3 § 17 Ziff. 11, Thl. I cap. 6 § 4 Ziff. 3); diese Bestimmung hat jedoch in das Gesetz keinen Eingang gefunden.

§ 1306.

Einem an Kindesstatt angenommenen Kinde gegenüber steht die Einwilligung zur Eingehung einer Ehe an Stelle der leiblichen Eltern demjenigen zu, welcher das Kind angenommen hat. Hat ein Ehepaar das Kind gemeinschaftlich oder hat ein Ehegatte das Kind des anderen Ehegatten angenommen, so finden die Vorschriften des § 1305 Abs. 1 Satz 1, 2, Abs. 2 Anwendung.

Die leiblichen Eltern erlangen das Recht zur Einwilligung auch dann nicht wieder, wenn das durch die Annahme an Kindesstatt begründete Rechtsverhältniß aufgehoben wird.

E. I, 1239; II, 1212; III, 1289.

1. Das B.G.B. regelt die Annahme an Kindesstatt in den §§ 1741 ff. Nach diesen Bestimmungen können Männer und Frauen an Kindesstatt annehmen, auch kann Jemand von einem Ehepaar als gemeinschaftliches Kind angenommen werden (§ 1749). Durch die Annahme an Kindesstatt erlangt das Kind die rechtliche Stellung eines ehelichen Kindes des Annehmenden bezw. eines gemeinschaftlichen ehelichen Kindes der Ehegatten (§ 1757). Die aus dem natürlichen Verwandtschaftsverhältniß zwischen dem Kind und seinen Verwandten sich ergebenden Rechte und Pflichten werden durch die Annahme nicht berührt, soweit nicht das Gesetz ein Anderes vorschreibt (§ 1764 ff.).

2. Hinsichtlich der Einwilligung zur Verehelichung eines angenommenen Kindes weicht B.G.B. von dem durch E.G. Art. 46 I aufgehobenen § 31 des Pers.G., wonach bei angenommenen Kindern an Stelle des Vaters der Annehmende treten sollte, in doppelter Richtung ab:

a) Es stellt die Adoptivmutter dem Adoptivvater völlig gleich. Wird also Jemand von einer (verheiratheten oder unverheiratheten) Frau an Kindesstatt angenommen, so hat diese und nicht der leibliche Vater das Einwilligungsrecht. Dem Letzteren steht es auch dann nicht zu, wenn die annehmende Frau gestorben, für todt erklärt, zur Erklärungsabgabe dauernd unfähig oder dauernd unbekannten Aufenthalts ist (vgl. Sicherer, S. 182 ff.).

b) Das (entgegen dem Grundsatz des § 1764) durch die Annahme an Kindesstatt untergegangene Einwilligungsrecht der leiblichen Eltern lebt auch dann nicht wieder auf, wenn das durch die Annahme an Kindesstatt begründete Rechtsverhältniß nach § 1768 aufgehoben wird (§ 1306 Abs. 2; M. IV, 30; Z.G. IV, 28, VI, 598; P. IV, 18, 34; s. auch § 1765 und Anm. 5 hiezu; vgl. Sicherer, S. 183 und Note 6).

3. Nach § 1749 kann ein Kind als gemeinschaftliches Kind nur von einem Ehepaar angenommen werden. In diesem Falle, sowie in dem Falle, daß ein Ehegatte das Kind des andern Ehegatten annimmt, erlangt das Kind die rechtliche Stellung eines gemeinschaftlichen ehelichen Kindes der Ehegatten (§ 1757 Abs. 2). Diesem Grundsatz entspricht die Vorschrift, daß hier bezüglich des Einwilligungsrechts das Gleiche gilt, als wäre

das Kind eheliches Kind des annehmenden Ehepaares bezw. des Annehmenden und seines Ehegatten. Es ist daher in einem solchen Fall immer in erster Linie die Einwilligung des Mannes und nur, wenn dieser gestorben, für todt erklärt, dauernd unfähig zur Erklärungsabgabe oder dauernd unbekannten Aufenthalts ist, die Einwilligung der Frau erforderlich (M. IV, 31; nach Pers.G. kam die Frau bezw. Wittwe des Adoptivvaters überhaupt nicht in Betracht und zwar auch dann nicht, wenn das Kind von einem Ehepaar angenommen worden war; Sicherer, S. 183, 186).

4. Auf Pflegekinder findet § 1306 keine Anwendung. Das Institut der Einkindschaft hat in das B.G.B. keine Aufnahme gefunden (vgl. in beiden Beziehungen über das bisherige Recht Sicherer, S. 189 ff.).

5. Auch das Einwilligungsrecht des Annehmenden ist nicht Ausfluß der Sorge für die Person des Kindes und daher nicht davon abhängig, daß dem Annehmenden die elterliche Gewalt bezw. die Sorge für die Person des Kindes zusteht (vgl. Anm. 8 zu § 1305).

6. Ueber Widerruflichkeit der Einwilligung und Ertheilung derselben unter Beifügung einer Bedingung oder Zeitbestimmung s. Anm. 9 zu § 1305. Die §§ 1307 und 1308 sprechen zwar nur von der „elterlichen" Einwilligung, gelten aber, wie sich aus der Stellung dieser Vorschriften ergibt, zweifellos auch für die gemäß § 1306 erforderliche Einwilligung des Annehmenden (Anm. 1, 2 zu § 1307, Anm. 3 zu § 1308).

7. Der Mangel der erforderlichen Einwilligung des Annehmenden bezw. seines Ehegatten bildet, wie der Mangel der erforderlichen elterlichen Einwilligung, nur ein aufschiebendes Ehehinderniß (Anm. 10 zu § 1305); der Abschluß der Ehe seitens des angenommenen Kindes ohne die erforderliche Einwilligung des Annehmenden bezw. seines Ehegatten zieht aber die in Anm. 10a, b zu § 1305 erwähnten Rechtsfolgen nach sich.

§ 1307.

Die elterliche Einwilligung kann nicht durch einen Vertreter ertheilt werden. Ist der Vater oder die Mutter in der Geschäftsfähigkeit beschränkt, so ist die Zustimmung des gesetzlichen Vertreters nicht erforderlich.

E. I, 1238 Abs. 2; II, 1213; III, 1290.

1. Die Vorschrift des § 1307 Satz 1, welche auf der persönlichen Natur des Einwilligungsrechts beruht, schließt nur die Vertretung im Willen, nicht die Vertretung in der Erklärung des Willens aus (M. IV, 27; Jacobi, das persönliche Eherecht des B.G.B., Berlin 1896, S. 25; vgl. §§ 1336 Abs. 1, 1337 Abs. 3, 1358 Abs. 3, 1595 Abs. 1, 1598 Abs. 3 Satz 1, 1748 Abs. 2, 1750 Abs. 1, 1755). Selbstverständlich findet diese Bestimmung auch auf die gemäß § 1306 erforderliche Einwilligung des Annehmenden bezw. seines Ehegatten Anwendung (Anm. 6 zu § 1306).

2. Ist der nach § 1305 Abs. 1 einwilligungsberechtigte Elterntheil geschäftsunfähig (§ 104 Ziff. 2, 3), so wird wohl in der Regel seine Einwilligung im Hinblick auf § 1305 Abs. 2 nicht erforderlich sein. Liegt aber dauernde Unfähigkeit zur Erklärungsabgabe nicht vor, so muß die Ehe bis zur Vollendung des 21. Lebensjahrs des Kindes unterbleiben, da weder der Geschäftsunfähige noch sein gesetzlicher Vertreter die Einwilligung zu ertheilen vermag (§ 105, § 1307 Satz 2). Ist dagegen der einwilligungsberechtigte Elterntheil nur in der Geschäftsfähigkeit beschränkt (§ 114, 1906; die beschränkte Geschäftsfähigkeit wegen Minderjährigkeit gemäß § 106 kommt hier naturgemäß nicht in Frage), so kann die Ertheilung der Einwilligung durch ihn selbst erfolgen, ohne daß er der Zustimmung seines gesetzlichen Vertreters bedarf (vgl. die in Anm. 1 erwähnten Paragraphen); in dieser Hinsicht gilt das Gleiche für die gemäß § 1306 erforderliche Einwilligung des Annehmenden bezw. seines Ehegatten (Anm. 6 zu § 1306).

§ 1308.

Wird die elterliche Einwilligung einem volljährigen Kinde verweigert, so kann sie auf dessen Antrag durch das Vormundschaftsgericht ersetzt werden. Das Vormundschaftsgericht hat die Einwilligung zu ersetzen, wenn sie ohne wichtigen Grund verweigert wird.

Vor der Entscheidung soll das Vormundschaftsgericht Verwandte oder Verschwägerte des Kindes hören, wenn es ohne erhebliche Verzögerung und ohne unverhältnißmäßige Kosten geschehen kann. Für den Ersatz der Auslagen gilt die Vorschrift des § 1847 Abs. 2.

E. I, 1238 Abs. 3; II, 1214; III, 1291.

1. Nach § 32 des Personenstandsgesetzes (aufgehoben durch E.G. Art. 46 I) stand bei Versagung der erforderlichen Einwilligung zur Eheschließung großjährigen Kindern die Klage auf richterliche Ergänzung zu. Ueber die Erheblichkeit der Gründe, aus welchen die Einwillung versagt wurde, entschied mangels landesrechtlicher Vorschriften (wie sie z. B. das P.L.R. enthielt) richterliches Ermessen (Sicherer, S. 193 ff.), so insbesondere nach Gem. R. und B.L.R. Ueber die Geltung der einschlägigen Vorschriften der württembergischen Ehe- und Ehegerichtsordnung von 1687 in einigen bayrischen Gebietstheilen s. Sicherer, S. 194 Nr. 17. Nach Landesrecht bestimmte sich auch bisher, ob diese Klage zur freiwilligen oder zur streitigen Gerichtsbarkeit gehöre (M. IV, 29; Sicherer, S. 192 ff.; Bl. f. R.A. XXVIII, 1 ff.; Erg.Bd. I, 4 ff., XXXIII, 116 ff., XXXV, 320; anderer Ansicht R.G.E. in C.S. XXI, 43 ff.).

E. I statuirte einen „Anspruch“ des Kindes (auch des minderjährigen) auf Ertheilung der elterlichen Einwilligung, der nur bei Vorhandensein eines wichtigen, „nach den Umständen des Falles die Verweigerung rechtfertigenden“ Grundes wegfallen sollte, womit die Zuständigkeit des Prozeßgerichts festgestellt war (M. IV, 28 ff.; vgl. Z.G. IV, 5 ff., 27). Abweichend hiervon wurde in der II. Komm. beschlossen:

a) die Ersetzung der elterlichen Einwilligung (wie nach Pers.G.) nur gegenüber volljährigen Kindern zuzulassen;
b) die Ersetzung der Einwilligung dem Vormundschaftsgericht zu übertragen (P. IV, 31 ff.).

2. Da gemäß § 1305 die elterliche Einwilligung überhaupt nur bis zur Vollendung des 21. Lebensjahres erforderlich ist, so hat die Vorschrift des § 1308 nur Bedeutung gegenüber noch nicht 21 Jahre alten, für volljährig erklärten Kindern (§ 3 Abs. 2; St.B. 188; unrichtig Fischer-Henle, Anm. 2 zu § 1308, wonach § 1308 nur gegenüber Töchtern von Bedeutung sei).

3. Wie sich aus der Stellung des § 1308 im Gesetz ergibt, gilt derselbe auch für die Verweigerung der gemäß § 1306 erforderlichen Einwilligung der Annehmenden bezw. seines Ehegatten (Anm. 6 zu § 1306).

4. Die Ersetzung der verweigerten Einwilligung erfolgt nicht von Amtswegen, sondern nur auf Antrag. Antragsberechtigt ist lediglich das Kind, dem die Einwilligung verweigert wird, nicht auch der andere Verlobte (vgl. Anm. 7 zu § 1304).

5. Voraussetzungen. Während nach § 1304 Abs. 1 Satz 2 die vom gesetzlichen Vertreter verweigerte Einwilligung durch das Vormundschaftsgericht zu ersetzen ist, wenn die Eingehung der Ehe im Interesse des Mündels liegt, hat gemäß § 1308 Abs. 1 Satz 2 die Ersetzung der verweigerten elterlichen Einwilligung zu erfolgen, wenn sie „ohne wichtigen Grund“ verweigert wird. Ob ein solcher vorliegt, entscheidet das Vormundschaftsgericht nach freiem Ermessen (vgl. §§ 1298 Abs. 3, 1299; Anm. 1 zu § 1298). Es kommt hiebei natürlich das Interesse des Kindes ebenfalls in Betracht, wenn auch dieser Gesichtspunkt hier nicht (wie im Falle des § 1304) von allein ausschlaggebender Bedeutung ist (M. IV, 28 ff., P. IV, 33). Eine Bestimmung darüber, wer das Vorliegen eines wichtigen Grundes zu beweisen habe, war mit Rücksicht auf die Formlosigkeit des vormundschaftsgerichtlichen Verfahrens nicht erforderlich (P. IV, 32 ff.; vgl. M. IV, 29).

6. Verfahren. Die Vorschrift, daß das Vormundschaftsgericht vor seiner Entscheidung Verwandte oder Verschwägerte (§§ 1589, 1590) des Kindes hören soll (vgl. §§ 1673 Abs. 2, 1847; P. IV, 31, 19), hat lediglich den Charakter einer Ordnungsvorschrift. Ihre Außerachtlassung ist daher auf die Gültigkeit der Entscheidung des Vormundschaftsgerichts ohne Einfluß. Das Kind selbst zu hören, ist das Vormundschaftsgericht zwar berechtigt, aber nicht verpflichtet (§ 1827 und Anm. 3 hiezu; vgl. Anm. 8 zu § 1304).

7. Ueber Zuständigkeit des Vormundschaftsgerichts, über Rechtsmittel gegen dessen Entscheidung u. A. bestimmt das R.G. über die Angelegenheiten der freiwilligen Gerichtsbarkeit.

8. Ueber analoge Fälle vgl. § 1304 Abs. 2, 1337 Abs. 1 Satz 2, 1358 Abs. 2 Satz 2, 1379, 1402, 1447, 1451.

§ 1309.

Niemand darf eine Ehe eingehen, bevor seine frühere Ehe aufgelöst oder für nichtig erklärt worden ist. Wollen Ehegatten die Eheschließung wiederholen, so ist die vorgängige Nichtigkeitserklärung nicht erforderlich.

Wird gegen ein Urtheil, durch das die frühere Ehe aufgelöst oder für nichtig erklärt worden ist, die Nichtigkeitsklage oder die Restitutionsklage erhoben, so dürfen die Ehegatten nicht vor der Erledigung des Rechtsstreits eine neue Ehe eingehen, es sei denn, daß die Klage erst nach dem Ablaufe der vorgeschriebenen fünfjährigen Frist erhoben worden ist.

E. I, 1234; II, 1215 Abs. 1; III, 1292.

1. § 1309 Abs. 1, welcher den durch E.G. Art. 46 I aufgehobenen § 34 des Personenstandsgesetzes zu ersetzen bestimmt ist, regelt das Ehehinderniß des bestehenden Ehebandes (impedimentum ligaminis) in der Weise, daß verheiratheten Personen die Eingehung einer neuen Ehe verboten wird, insolange nicht ihre frühere Ehe
   a) aufgelöst oder
   b) für nichtig erklärt worden ist.

2. Die Ehe wird aufgelöst:
   a) durch Tod eines Ehegatten;
   b) durch Wiederverheirathung des Ehegatten eines für todt Erklärten (§ 1348 Abs. 2);
   c) durch Scheidung (§§ 1564 ff.).

3. a) Daß die Ehe durch den Tod eines Ehegatten aufgelöst wird, hat das Gesetz als selbstverständlich nicht besonders hervorgehoben. Will ein Ehegatte nach dem Tode des andern Ehegatten eine neue Ehe schließen, so hat er nach § 45 des Personenstandsgesetzes dem Standesbeamten den Tod seines Ehegatten nachzuweisen (M. IV, 640 ff.). Ueber das für Wittwen bestehende Ehehinderniß der zehnmonatlichen Wartezeit s. § 1313.

   b) Welchen Einfluß die Todeserklärung eines Ehegatten mangels besonderer gesetzlicher Vorschriften auf den Bestand der Ehe habe, war bisher bestritten (vgl. Sicherer, S. 218 ff.; S. 223 Nt. 21; Roth, bayr. Civilrecht 2. Aufl. Thl. I S. 182; Dernburg, Pand. Bd. 1 S. 120 Nt. 11; s. auch bayr. A.G. z. C.P.O. vom 23. Februar 1879 Art. 118 und 119 und hiezu Reger-Dames, Pers.G., S. 50). Nach B.G.B. § 18 Abs. 1 begründet die Todeserklärung die Vermuthung, daß der Verschollene in dem Zeitpunkte gestorben sei, welcher in dem die Todeserklärung aussprechenden Urtheile festgestellt ist. Nach E. I § 1235 Abs. 2 sollte die durch die Todeserklärung begründete Vermuthung auch in Ansehung der Ehe gelten. Bei den Berathungen der II. Komm. wurde diese Bestimmung als „selbstverständlich" gestrichen (P. IV, 23). Demgemäß gilt nach B.G.B. die Ehe in Folge der Todeserklärung als in dem durch das Ausschlußurtheil als Todeszeit festgesetzten Zeitpunkt aufgelöst und der Wiederverheirathung des anderen Ehegatten steht das Ehehinderniß des § 1309 Abs. 1 nicht mehr im Wege (M. IV, 19 ff.). Wird bewiesen, daß der für todt Erklärte noch lebt oder die Todeserklärung in Folge einer Anfechtungsklage aufgehoben, so kommt die durch die Todeserklärung begründete Vermuthung in Wegfall und die Ehe gilt als fortbestehend. Hat aber der Ehegatte des für todt Erklärten eine neue Ehe geschlossen, so ist damit die bis dahin nur vermuthete Auflösung seiner früheren Ehe wirklich eingetreten. Die frühere Ehe bleibt in diesem Fall auch dann aufgelöst, wenn der für todt Erklärte noch lebt oder die Todeserklärung in Folge einer Anfechtungsklage aufgehoben wird, es sei denn, daß die beiden Ehegatten der neuen Ehe bei der Eheschließung wissen, daß der für todt Erkärte die Todeserklärung überlebt hat (§ 1348).

   c) Wird die Ehe geschieden (§ 1564 ff.), so tritt die Auflösung der Ehe mit der Rechtskraft des Scheidungsurtheils ein (§ 1564 Satz 4; vgl. Sicherer, S. 224).

   d) Die nach § 1575 zulässige Aufhebung der ehelichen Gemeinschaft hat zwar im Allgemeinen die Wirkungen der Ehescheidung (§ 1586), bewirkt aber keine Auflösung des Ehebandes (Anm. 1 zu § 1586). Die Eingehung einer neuen Ehe ist daher in diesem Fall ausgeschlossen (§ 1586).

4. Nichtigkeit und Anfechtbarkeit der früheren Ehe. Ist eine Ehe unter Außerachtlassung der Formvorschriften des § 1317 abgeschlossen und nicht in das Heirathsregister eingetragen worden, so liegt eine Ehe im Rechtssinn überhaupt nicht vor. Eine derartige Verbindung vermag daher das Ehehinderniß des § 1309 Abs. 1 nicht zu begründen. Ist dagegen eine Ehe wegen Verstoßes gegen die Vorschriften des § 1317 nichtig, jedoch ins Heirathsregister eingetragen oder aus materiellen Gründen nichtig

oder anfechtbar und angefochten, so ist das Ehehinderniß des bestehenden Ehebandes gegeben und die Eingehung einer neuen Ehe erst zulässig, wenn durch rechtskräftiges Urtheil die Nichtigkeit der früheren Ehe ausgesprochen worden ist (§ 1323 ff., vgl. Sicherer, S. 225). Von diesem Grundsatz macht jedoch § 1309 Abs. 1 Satz 2 eine Ausnahme für den Fall, daß Ehegatten die Eheschließung wiederholen wollen. In diesem Fall ist die vorherige Nichtigkeitserklärung der früheren Ehe, weil dieselbe nur eine zwecklose Formalität wäre, als entbehrlich erklärt. Diese Vorschrift hat insbesondere für den Fall Bedeutung, daß die frühere Ehe wegen Formmangels nichtig ist, findet aber auch bei Nichtigkeit aus andern Gründen Anwendung und ermöglicht insbesondere den Ehegatten, die Gültigkeit ihrer Ehe für die Zukunft zu sichern, wenn Zweifel hinsichtlich ihrer Gültigkeit bestehen (P. IV, 60 ff.; D. 170). Die Gültigkeit der zweiten Ehe hängt in diesem Falle von der Bedingung ab, daß die Ehe nicht bereits durch die erste Eheschließung gültig zu Stande gekommen ist (P. IV, 62). Selbstverständlich darf übrigens der Standesbeamte nicht die Assistenz bei der zweiten Eheschließung um deßwillen ablehnen, weil nach seiner Anschauung die frühere Ehe gültig war.

5. Durch § 1309 Abs. 2 ist ein weiteres, sowohl dem Pers.G. als den Entwürfen I und II unbekanntes Ehehinderniß eingeführt worden (vgl. P.M. S. 8615 ff.). Wird nämlich das die Scheidung oder Nichtigkeit der früheren Ehe aussprechende Urtheil im Wege der Wiederaufnahme des Verfahrens mit der Nichtigkeitsklage (C.P.O. § 542) oder Restitutionsklage (C.P.O. § 543) angegriffen, so muß mit Rücksicht darauf, daß diese Klagen zur Aufhebung des die Auflösung oder Nichtigkeit der Ehe aussprechenden Urtheils führen können, die rechtskräftige Erledigung der Nichtigkeits- oder Restitutionsklage abgewartet werden, bevor eine neue Ehe geschlossen werden darf. Da aber sowohl die Nichtigkeits- als die Restitutionsklage nach Prozeßrecht nur innerhalb einer Frist von 5 Jahren von der Rechtskraft des Urtheils ab erhoben werden kann (C.P.O. § 549 Abs. 2 Satz 2) kommt das Ehehinderniß in Wegfall, wenn die Klage erst nach Ablauf dieser Frist erhoben wird (D. 170). Eine analoge Bestimmung für den Fall der Wiederverheirathung im Falle der Todeserklärung enthält § 1349. Ueber das Ehehinderniß der zehnmonatlichen Wartezeit für Frauen s. § 1313.

6. Das Bestehen eines Verlöbnisses war schon vom Pers.G. nicht mehr als Ehehinderniß für die Verheirathung mit einer anderen Person anerkannt. Das Gleiche gilt nach B.G.B. (vgl. Vorbem. zum 1. Titel Ziff. 4).

7. Wirkung des Ehehindernisses. Das durch § 1309 Abs. 1 Satz 1 aufgestellte Ehehinderniß ist ein trennendes, die unter Außerachtlassung desselben geschlossene Ehe ist nichtig, jedoch nur dann, wenn die frühere Ehe gültig war (§ 1326). Ist die frühere Ehe relativ nichtig oder anfechtbar und angefochten (vgl. Anm. 4), so bildet sie nur ein aufschiebendes Ehehinderniß insolange, als sie nicht aufgelöst oder für nichtig erklärt worden ist, steht also der Gültigkeit der trotzdem abgeschlossenen neuen Ehe nicht entgegen. Das durch § 1309 Abs. 2 geschaffene Ehehinderniß hat lediglich aufschiebenden Charakter. Wird aber in Folge der Nichtigkeits- oder Restitutionsklage das frühere, die Auflösung oder Nichtigkeit der Ehe aussprechende Urtheil aufgehoben, so verliert es seine Wirkung und die neue Ehe gilt nunmehr als nichtig (Anm. 2b zu § 1326).

8. Ueber die strafrechtlichen Folgen der Bigamie s. Anm. 6 zu § 1326.

§ 1310.

Eine Ehe darf nicht geschlossen werden zwischen Verwandten in gerader Linie, zwischen vollbürtigen oder halbbürtigen Geschwistern sowie zwischen Verschwägerten in gerader Linie.

Eine Ehe darf nicht geschlossen werden zwischen Personen, von denen die eine mit Eltern, Voreltern oder Abkömmlingen der anderen Geschlechtsgemeinschaft gepflogen hat.

Verwandtschaft im Sinne dieser Vorschriften besteht auch zwischen einem unehelichen Kinde und dessen Abkömmlingen einerseits und dem Vater und dessen Verwandten andererseits.

E. I, 1236; II, 1216; III, 1293.

1. § 1310 regelt das Ehehinderniß der Verwandtschaft und Schwägerschaft und zwar, von der Vorschrift des Abs. 2 abgesehen, im Wesentlichen übereinstimmend mit den durch E.G. Art. 46 I aufgehobenen Bestimmungen des § 33 Abs. 1

Ziff. 1—3 des Pers.G. (vgl. Sicherer, S. 195 ff. und bezüglich des römischen und canonischen Rechts Dernburg, Pand. Bd. 3 S. 17 Nt. 19—22).

2. Verwandte in gerader Linie sind nach § 1589 Abs. 1 Personen, deren eine von der anderen abstammt. Vollbürtige Geschwister sind solche, die von demselben Elternpaare, halbbürtige solche, die von demselben Vater oder von derselben Mutter abstammen. (Die im E. I § 30 Abs. 2 enthaltene Definition der voll- und halbbürtigen Seitenverwandten wurde von der II. Komm. als entbehrlich gestrichen, s. P. I, 35; vgl. Anm. 1 zu § 1589). Kinder, welche beide Eltern in die Ehe gebracht haben („zusammengebrachte Kinder") sind nicht mit einander verwandt und werden daher von dem Eheverbot des § 1310 nicht betroffen (Sicherer, S. 198). Verschwägert ist nach § 1590 ein Ehegatte mit den Verwandten des andern. Verschwägert in gerader Linie sind Stiefeltern und Stiefkinder, Schwiegereltern und Schwiegerkinder. Die Schwägerschaft dauert nach § 1590 Abs. 2 fort, auch wenn die sie begründende Ehe aufgelöst ist.

3. Das Verbot der Ehe zwischen Verwandten und Verschwägerten in gerader Linie besteht ohne Unterschied des Grades der Verwandtschaft oder Schwägerschaft. Unzulässig ist also auch die Ehe zwischen dem Wittwer oder geschiedenen Ehemann und der Tochter seiner Stieftochter, zwischen der Wittwe oder geschiedenen Ehefrau und dem Großvater ihres verstorbenen oder geschiedenen Ehemanns (Sicherer, S. 202 ff.).

4. Die Bestimmungen des § 1309 Abs. 1 finden auch auf solche Personen Anwendung, die in Folge von Legitimation durch nachfolgende Ehe die rechtliche Stellung von Verwandten oder Verschwägerten oder in Folge von Legitimation durch Ehelichkeitserklärung die rechtliche Stellung von Verwandten erlangt haben (§§ 1719, 1736, 1737; M. IV, 23 ff.). Das Ehehinderniß der Adoptivverwandtschaft ist im § 1311 geregelt. Ueber die durch uneheliche Geburt begründete Verwandtschaft s. Anm. 8.

5. Außereheliche Schwägerschaft. Durch § 1309 Abs. 2 ist im Gegensatz zum bisherigen Recht (Sicherer, S. 198 ff.) und zum E. I (M. IV, 21 ff.; vgl. Z.G. IV, 23; VI, 596) auch die sog. „außereheliche Schwägerschaft" (affinitas illegitima) in gerader Linie als Ehehinderniß erklärt, eine Forderung, die schon Suarez für das P.L.R. aufgestellt hatte (Bl. f. R.A. XXIII, 344). „Eine Ehe zwischen den bezeichneten Personen verletzt das Sittlichkeitsgefühl in so hohem Grade, daß ihre Zulassung zum öffentlichen Aergernisse gereichen würde" (D. 171; vgl. P. IV, 24 ff.). Die in der Reichstagskommission und im Reichstag gestellten Anträge auf Streichung dieser Bestimmung wurden abgelehnt (R.T.K. 82; St.B. 188 ff.). Demnach ist es nach B.G.B. nicht zulässig, daß ein Mann die von einem Dritten erzeugte Tochter seiner Beischläferin oder die Beischläferin seines Vaters oder daß eine Wittwe den Schwängerer ihrer Tochter heirathet (Sicherer, S. 199 Nt. 11—13). Die Aufstellung dieses Ehehindernisses verpflichtet übrigens den Standesbeamten nicht, von Amtswegen Nachforschungen darüber anzustellen, ob etwa außerehelicher Geschlechtsverkehr zwischen einem der Verlobten und den Verwandten des andern stattgefunden habe. Seine Prüfungspflicht tritt vielmehr erst dann ein, wenn solcher Geschlechtsverkehr notorisch ist oder von einem Dritten behauptet wird (P. IV, 25 ff.).

6. Ob auch durch eine ungültige Ehe sowie durch eine Putativehe das Ehehinderniß der Schwägerschaft begründet werde, war bisher bestritten (vgl. Sicherer, S. 200 ff.). E. I § 1236 Abs. 3 dehnt das Ehehinderniß ausdrücklich auf den Fall aus, daß die Ehe, durch welche es begründet sein würde, ungültig ist, es sei denn, daß die Ungültigkeit auf einem Formmangel beruht (M. IV, 22; Z.G. IV, 23 ff.; VI, 596). Diese Vorschrift wurde von der II. Komm. beseitigt. Hat in der fraglichen Ehe Geschlechtsverkehr stattgefunden, so greift nunmehr das Ehehinderniß des § 1309 Abs. 2 Platz; war dies nicht der Fall, so begründet das frühere Bestehen einer nichtigen oder anfechtbaren und angefochtenen Ehe kein Ehehinderniß (P. IV, 27; s. auch Anm. 11 u. Anm. 1 zu § 1590).

7. Streitig war bisher auch, ob das Ehehinderniß der Schwägerschaft auf diejenigen Abkömmlinge des andern Ehegatten sich erstreckt, welche erst nach Auflösung der vermittelnden Ehe erzeugt sind, ob also ein Mann die Tochter seiner geschiedenen Ehefrau, welche nach Auflösung der Ehe von einem andern Manne erzeugt wurde, oder die erst nach dem Tode seiner Ehefrau erzeugte Tochter seiner Stieftochter heirathen könne (vgl. Sicherer, S. 203). Auch in diesem Fall ist das Ehehinderniß des § 1309 Abs. 2 gegeben, wenn in der aufgelösten Ehe Geschlechtsverkehr stattgefunden hat. Im gegentheiligen Falle greift mangels Begründung eines Schwägerschaftsverhältnisses (Anm. 4 zu § 1590) das Ehehinderniß der Schwägerschaft nicht Platz (M. IV, 23; Z.G. IV, 24; VI, 596 ff.).

8. Uneheliche Kinder haben gemäß § 1705 im Verhältniß zur Mutter und deren Verwandten die rechtliche Stellung ehelicher Kinder. Die uneheliche Mutter und ihre Voreltern sind daher mit dem unehelichen Kind und dessen Abkömmlingen in gerader Linie verwandt; der Ehemann ist mit dem unehelichen Kind seiner Frau und

jeder Ehegatte mit der unehelichen Mutter des anderen Ehegatten in gerader Linie verschwägert. Uneheliche Kinder derselben Mutter, aber verschiedener Väter sind Halbgeschwister. Dagegen gilt nach § 1589 Abs. 2 das uneheliche Kind und dessen Vater nicht als verwandt. Von diesem Grundsatz macht aber § 1310 Abs. 3 im Anschluß an das bisherige Recht insofern eine Ausnahme, als hinsichtlich der Zulässigkeit der Eheschließung auch zwischen dem unehelichen Kind und dessen Abkömmlingen einerseits, dem Vater und dessen Verwandten andererseits Verwandtschaft als gegeben anerkannt wird (so schon l. 14 § 2 D. 23, 2). Da das Verbot der Ehe zwischen Verwandten in gerader Linie ohne Unterschied des Grades besteht, ist demgemäß auch die Ehe zwischen einer Frau und dem unehelichen Vater ihres unehelichen Vaters verboten. Uneheliche Kinder desselben Vaters, aber verschiedener Mütter sind halbbürtige Geschwister im Sinne des § 1310 Abs. 1 (vgl. Anm. 4 a zu § 1589; unrichtig W. Mantey, die Rechte des unehelichen Kindes und seiner Mutter, Königsberg 1897, S. 11 Anm. 1). Gemäß § 1590 Abs. 1 und § 1310 Abs. 1 ist ferner die Ehe verboten zwischen dem Ehegatten eines unehelichen Kindes und dessen Voreltern, sowie zwischen einem Ehegatten und den unehelichen Abkömmlingen des anderen Ehegatten. Dies war im E. I (§ 1236 Abs. 2 Satz 2 ausdrücklich ausgesprochen, die fragliche Bestimmung wurde aber von der II. Komm. als selbstverständlich beseitigt und der in der Reichstagskommission gestellte Antrag auf Wiederherstellung derselben abgelehnt (P. IV, 27; R.T.K. 82).

9. Für den Beweis der ehelichen Verwandtschaft sind die Grundsätze der §§ 1591 ff. maßgebend. Dagegen entscheidet sich die Frage, ob eine das Eheverbot des § 1310 begründende uneheliche Verwandtschaft vorliegt, sowohl bezüglich der Abstammung von der Mutter als auch vom Vater nach allgemeinen Beweisregeln. Besondere Rechtsvermuthungen gelten in dieser Beziehung nicht, insbesondere finden die Bestimmungen der §§ 1717 und 1718 hier keine Anwendung (s. Anm. 4 zu § 1717). Auch Anerkennung seitens des Vaters ist zur Annahme der Verwandtschaft zwischen ihm und dem unehelichen Kind nicht erforderlich (M. IV, 21). Ebensowenig ist der Standesbeamte hinsichtlich der Frage, ob er außereheliche Schwägerschaft im Sinne des § 1310 Abs. 2 als gegeben annehmen will, an bestimmte Beweisregeln gebunden (s. Pers.G. § 45).

10. Das Verbot der Ehe zwischen einem Verlobten und den Ascendenten, bezw. Blutsverwandten des anderen Verlobten (impedimentum publicae honestatis, impedimentum quasi affinitatis), welches schon durch das Pers.G. beseitigt war, ist auch vom B.G.B. nicht anerkannt worden (Vorbem. zum 1. Tit. Ziff. 4).

11. Das durch § 1310 Abs. 1 u. 3 begründete Ehehinderniß ist ein öffentlich trennendes; die unter Außerachtlassung desselben geschlossene Ehe ist nichtig (§ 1327; unrichtig Jacobi, das persönliche Eherecht S. 33, welcher der unehelichen Verwandtschaft die Bedeutung eines blos aufschiebenden Ehehindernisses beilegt). Dagegen begründet die außereheliche Schwägerschaft des § 1310 Abs. 2 lediglich ein aufschiebendes Ehehinderniß (P. IV, 27; D. 171).

12. Nach § 1732 kann ein Kind nicht für ehelich erklärt werden, dessen Eltern sich zur Zeit der Erzeugung des Kindes wegen des Ehehindernisses der Verwandtschaft oder Schwägerschaft auf Grund des § 1310 Abs. 1 nicht hätten heirathen können.

13. Ueber die strafrechtlichen Folgen der Ehe zwischen Verwandten (Blutschande) s. Anm. 5 zu § 1327.

§ 1311.

Wer einen Anderen an Kindesstatt angenommen hat, darf mit ihm oder dessen Abkömmlingen eine Ehe nicht eingehen, solange das durch die Annahme begründete Rechtsverhältniß besteht.

E. I, 1240; II, 1217; III, 1294.

1. Das Ehehinderniß der Adoptivverwandtschaft war durch § 33 Abs. 1 Ziff. 4 Pers.G. (aufgehoben durch E.G. Art. 46 I) in der Weise geregelt, daß die Ehe zwischen Personen, deren eine die andere an Kindesstatt angenommen hat, verboten war, solange dieses Rechtsverhältniß besteht. Hievon weicht B.G.B. nur insofern ab, als das Eheverbot sich auch auf die Abkömmlinge des Angenommenen erstreckt. Erlaubt ist also wie bisher die Ehe zwischen dem Annehmenden und der Wittwe des Angenommenen, dem Angenommenen und der Wittwe des Annehmenden, dem Angenommenen und sämmtlichen Verwandten des Annehmenden, sowie zwischen Adoptivgeschwistern.

Daß die Ehe nur zwischen dem Annehmenden einerseits und dem Angenommenen, sowie dessen Abkömmlingen andererseits verboten ist, entspricht dem Grundsatz des § 1763, daß sich die Wirkungen der Annahme nicht auf die Verwandten des Annehmenden erstrecken und weder der Ehegatte des Annehmenden mit dem Kind, noch der Ehegatte des Kindes mit dem Annehmenden verschwägert wird.

2. Unter Abkömmlingen sind hier nach dem Sprachgebrauch des Gesetzes nur solche Descendenten des Angenommenen zu verstehen, welche gemäß §§ 1589, 1699, 1705, 1719, 1736, 1757 als mit ihm verwandt gelten, also nicht die unehelichen Kinder eines angenommenen Mannes (M. IV, 31 ff.; unrichtig Landé, B.G.B. Nt. 3 zu § 1311).

3. Die Wirkungen der Annahme an Kindesstatt erstrecken sich nach § 1762 auf einen zur Zeit des Vertragsschlusses schon vorhandenen Abkömmling und dessen später geborene Abkömmlinge nicht, wenn der Annahmevertrag nicht auch mit dem schon vorhandenen Abkömmlinge geschlossen wird. Das Eheverbot des § 1311 greift dagegen den Abkömmlingen des Angenommenen gegenüber Platz ohne Rücksicht darauf, ob sich die Wirkungen der Annahme auf sie erstrecken oder nicht (M. IV, 31; Anm. 4 zu § 1762).

4. Wie nach bisherigem Recht, besteht das Ehehinderniß der Adoptivverwandtschaft nur auf die Dauer des durch die Annahme begründeten Rechtsverhältnisses. Es kommt also in Wegfall, wenn dieses Rechtsverhältniß wieder aufgehoben wird (§§ 1768 ff.).

5. Das zwischen dem Angenommenen einerseits, seinen Verwandten und Verschwägerten andererseits auf Grund des § 1310 bestehende Eheverbot wird durch die Annahme an Kindesstatt selbstverständlich nicht berührt (§ 1764).

6. Das Ehehinderniß der Adoptivverwandtschaft hat lediglich aufschiebenden Charakter. Die der Vorschrift des § 1311 zuwider geschlossene Ehe ist also gültig (M. IV, 32, 53 ff.; über das bisherige Recht s. Sicherer, S. 248 ff., Dernburg, Pand. Bd. 3 S. 18 Nt. 24). Jedoch hat der Abschluß der Ehe die Aufhebung des durch die Annahme zwischen den Ehegatten begründeten Rechtsverhältnisses zur Folge (§ 1771 Abs. 1). Ist die Ehe nichtig, so wird die dem einen Ehegatten über den andern allenfalls zustehende elterliche Gewalt mit der Eheschließung verwirkt, es sei denn, daß die Nichtigkeit auf einem Formmangel beruht und die Ehe nicht in das Heirathsregister eingetragen worden ist (§ 1771 Abs. 2).

§ 1312.

Eine Ehe darf nicht geschlossen werden zwischen einem wegen Ehebruchs geschiedenen Ehegatten und demjenigen, mit welchem der geschiedene Ehegatte den Ehebruch begangen hat, wenn dieser Ehebruch in dem Scheidungsurtheil als Grund der Scheidung festgestellt ist.

Von dieser Vorschrift kann Befreiung bewilligt werden.

E. I, 1237; II, 1218; III, 1295.

1. § 1312 regelt das Ehehinderniß des Ehebruchs. Nach § 33 Abs. 1 Ziff. 5 des Pers.G. war die Ehe verboten zwischen einem wegen Ehebruchs Geschiedenen und seinem Mitschuldigen; nach Abs. 2 war Dispensation zulässig. Von diesen durch E.G. Art. 46 I aufgehobenen Bestimmungen weicht B.G.B. nur insofern ab, als
a) das Eheverbot vom Vorhandensein eines „Mitschuldigen" nicht mehr abhängig gemacht ist (Anm. 3),
b) der Ehebruch, um als Ehehinderniß zu wirken, im Scheidungsurtheil als Grund der Scheidung festgestellt sein muß (Anm. 2c).

Die in der II. Komm. und in der Reichstagskommission gestellten Anträge auf Beseitigung dieses Ehehindernisses wurden abgelehnt (P. IV, 28 ff.; R.T.K. 82 ff.; vgl. auch Jakubezky, Bemerkungen S. 297).

2. Voraussetzungen des Ehehindernisses des Ehebruchs sind:
a) Die Ehe muß wegen Ehebruchs geschieden worden sein. Der Ehebruch ist als Scheidungsgrund anerkannt durch § 1565 Abs. 1. Ueber den Begriff des Ehebruchs s. Anm. 1 u. 2 zu § 1565. Ist Ehebruch in der Scheidungsklage behauptet, die Ehe aber aus einem andern Grund geschieden worden, so ist das Ehehinderniß nicht gegeben, wohl aber, wenn Ehebruch als Scheidungsgrund bezeichnet ist, daneben aber noch weitere Scheidungsgründe berücksichtigt sind (Sicherer, S. 212).
b) Die Ehe muß wegen Ehebruchs mit dem in Frage stehenden Nupturienten geschieden worden sein. Dagegen steht die Scheidung wegen Ehebruchs der Wiederverheirathung mit einer andern als dieser Person nicht im Wege (M. IV, 35; vgl. Sicherer, S. 213).
c) Der Ehebruch muß im Scheidungsurtheil als Grund der Scheidung festgestellt sein. Der Standesbeamte ist also weder berechtigt noch verpflichtet, über das Vorliegen eines Ehebruchs Ermittlungen anzustellen und

darf seine Mitwirkung bei der Eheschließung auch dann nicht ablehnen, wenn er auf anderem Wege sichere Kenntniß von dem Vorliegen eines Ehebruchs erhalten haben sollte (R.G.E. i. C.S. XXX, 144; Entsch. d. bayr. Verw.-G.H. X, 223; Reger-Dames, Pers.G. S. 49). Veranlassung zu dieser vom Pers.G. abweichenden Bestimmung gab die Rücksicht auf die Erleichterung der Geschäftsführung der Standesbeamten, sowie das der Civilprozeßordnung zu Grunde liegende Princip der Mündlichkeit, mit welchem eine nachträgliche Festsetzung der Voraussetzungen des Eheverbots auf Grund der Akten nicht vereinbar ist (M. IV, 24). Im Anschlusse hieran wird die neue C.P.O. (Entw. § 581 b) die entsprechenden Vorschriften für das Urtheil enthalten (vgl. E. I, 1450; M. IV, 609). Der Feststellung im Urtheilstenor muß auch gleichgeachtet werden die Feststellung in den Entscheidungsgründen, vorausgesetzt, daß die fragliche Aeußerung den Charakter einer beabsichtigten Feststellung an sich trägt (M. IV, 24, 609; P. IV, 437). Der Standesbeamte darf sich daher nicht damit begnügen, daß ihm der Tenor des Scheidungsurtheils vorgelegt wird, falls sich aus demselben ergibt, daß die Scheidung wegen Ehebruchs erfolgt ist, ohne daß die Person des andern Ehebrechers im Urtheilstenor bezeichnet wäre (Sicherer, S. 215 ff.).

3. Im Gegensatz zum Pers.G. hat B.G.B. das Ehehinderniß des Ehebruchs nicht vom Vorhandensein eines „Mitschuldigen" abhängig gemacht. Das Ehehinderniß ist also auch gegeben, wenn die Person, mit welcher die Ehe gebrochen worden ist, vom Bestehen der Ehe ihres Konkumbenten keine Kenntniß gehabt hat oder aus andern Gründen strafrechtlich nicht verantwortlich gemacht werden kann (P. IV, 29; R.T.K. 83).

4. Wie das Pers.G. hat auch B.G.B. Befreiung vom Ehehinderniß des Ehebruchs für zulässig erklärt (M. IV, 25, Z.G. IV, 24, VI 597). Die in der II. Kommission und in der Reichstagskommission gestellten Anträge, die Befreiung überhaupt oder unter gewissen Voraussetzungen auszuschließen, wurden abgelehnt (P. IV, 29; R.T.K. 83). Die Bewilligung der Befreiung steht dem Bundesstaate, dem der geschiedene Ehegatte angehört, und wenn dieser keinem Bundesstaat angehört, dem Reichskanzler zu. In Bayern ist die Bewilligung bisher dem Landesherrn vorbehalten (§ 1322 und Anm. 4 hiezu).

5. Wirkung des Ehehindernisses. Nach E. I sollte das Ehehinderniß des Ehebruchs lediglich aufschiebenden Charakter haben. Den hiegegen erhobenen Einwendungen (Z.G. IV, 25, VI, 597, s. auch Jakubezky Bemerkungen S. 297) Rechnung tragend, hat jedoch die II. Komm. das Ehehinderniß als öffentlich trennendes erklärt (P. IV, 29, 64). Die entgegen der Vorschrift des § 1312 abgeschlossene Ehe ist also nichtig. Sie ist aber als von Anfang an gültig anzusehen, wenn nachträglich Befreiung bewilligt wird (§ 1328).

6. Nach Art. 16 des 1. Entw. des E.G. sollte durch den neuzuschaffenden § 170 a Ziff. 1 des Reichsstrafgesetzbuchs Geldstrafe bis zu 1000 Mark oder Gefängnißstrafe bis zu einem Jahre Demjenigen angedroht werden, der gegen das Verbot des § 1237 (jetzt 1312) eine Ehe schließt (Mot. z. E.G. S. 126). Mit Rücksicht darauf, daß man im Gegensatz zum E. I das Ehehinderniß des Ehebruchs als trennendes Ehehinderniß erklärte, wurde diese Strafbestimmung von der II. Komm. beseitigt (P. IV, 30; vgl. E.G. Art. 34).

§ 1313.

Eine Frau darf erst zehn Monate nach der Auflösung oder Nichtigkeitserklärung ihrer früheren Ehe eine neue Ehe eingehen, es sei denn, daß sie inzwischen geboren hat.

Von dieser Vorschrift kann Befreiung bewilligt werden.

E. I, 1241; II, 1219; III, 1696.

1. Wie der durch E.G. Art. 46 I aufgehobene § 35 des Pers.G. stellt auch B.G.B., um bei ehelichen Kindern die Ungewißheit ihrer Abstammung zu verhüten (M. IV, 32), für Frauen das Ehehinderniß der Wartezeit auf.

2. Das Ehehinderniß des § 1313 gilt nur für Personen weiblichen Geschlechts, für Männer besteht keine Wartezeit. Es gilt ferner nur für verehelicht gewesene, nicht auch für außerehelich geschwängerte Frauenspersonen (Sicherer, S. 226 ff.). Es gilt aber auch bei Wiederverheirathung einer geschiedenen Ehefrau mit ihrem früheren Manne (P. IV, 34 ff.).

3. Nichtigkeit und Anfechtbarkeit der früheren Ehe. War die frühere Ehe unter Außerachtlassung der Formvorschriften des § 1317 geschlossen und nicht ins Heirathsregister eingetragen, so liegt eine Ehe im Rechtssinn überhaupt nicht vor und ist daher das Ehehinderniß der Wartezeit nicht gegeben. Dagegen ist § 1313 anwendbar, wenn die frühere wegen Formmangels nichtig, aber ins Heirathsregister eingetragen oder gemäß

§§ 1325—1328 nichtig oder anfechtbar und angefochten war (M. IV, 32, vgl. Ziff. 3 der Vorbem. zum nächsten Titel; über das bisherige Recht s. Sicherer, S. 227).

4. Die Dauer der durch § 1313 festgesetzten Wartezeit entspricht der im § 1592 Abs. 2 (s. auch §§ 1717 Abs. 2, 1720 Abs. 1) fixirten äußersten Grenze der Empfängnißzeit (vgl. M. IV, 52). Ueber die Berechnung der Frist s. §§ 187 Abs. 1, 188 Abs. 2 u. 3. Die Frist beginnt bei Auflösung der Ehe durch Tod mit dem Todestag des Ehemannes, bei Auflösung der Ehe durch Scheidung, sowie bei Nichtigkeitserklärung derselben mit dem Tag, an welchem das die Scheidung oder Nichtigkeit aussprechende Urtheil rechtskräftig geworden ist (§ 1564 Satz 3; Z.G. IV, 29; vgl. Sicherer, S. 227 ff.). Ist der Ehemann für todt erklärt worden, so beginnt die Frist mit dem Tage, welcher im Ausschlußurtheil gemäß § 18 als Todestag festgestellt worden ist.

5. Dem Zweck des Ehehindernisses entsprechend hat das Gesetz dasselbe für den Fall als nicht vorliegend erklärt, daß die Frau seit Auflösung oder Nichtigkeitserklärung der früheren Ehe geboren hat (Z.G. IV, 29, VI, 598).

6. Wie das Pers.G. läßt auch B.G.B. Befreiung vom Ehehinderniß der Wartezeit zu. Die Bewilligung der Befreiung steht dem Bundesstaat, dem die Frau angehört, und, wenn sie keinem Bundesstaat angehört, dem Reichskanzler zu. In Bayern wird die Bewilligung vom Justizministerium ertheilt (§ 1322 u. Anm. 4 hiezu). Bei Würdigung der Gründe, aus welchen Befreiung ertheilt werden soll, ist die zuständige Behörde selbstverständlich in keiner Weise beschränkt. Doch wird die Befreiung, wenn der Zweck des Gesetzes erreicht werden soll, nur dann ertheilt werden dürfen, wenn feststeht, daß die Frau überhaupt nicht oder wenigstens nicht aus der früheren Ehe schwanger ist (Sicherer, S. 228 ff.).

7. Das Ehehinderniß der Wartezeit hat lediglich aufschiebenden Charakter (M. IV, 32; über das bisherige Recht s. Sicherer, S. 256 ff.); die unter Außerachtlassung desselben geschlossene Ehe ist also gültig.

8. Der nach Art. 16 des E. I des E.G. neuzuschaffende § 170a Ziff. 2 des Reichsstrafgesetzbuchs bedrohte mit Geld- oder Freiheitsstrafe eine Frau, welche gegen das Verbot des § 1241 (nun 1313) des B.G.B. eine Ehe schließt, sowie denjenigen, welcher mit ihr die Ehe schließt, wenn er bei der Eheschließung von dem Hindernisse Kenntniß hatte (vgl. Mot. z. E.G. 126). Diese Bestimmung hat aber in das Gesetz keine Aufnahme gefunden.

9. Das Gem. R. hat mit der Wiederverheirathung und speziell mit der Wiederverheirathung vor Ablauf der Trauerzeit verschiedene vermögensrechtliche Nachtheile für den parens binubus verbunden (Dernburg, Bd. 3 S. 52 ff., insbesondere S. 54 Nt. 10; ähnlich B.L.R. Thl. I cap. 6 §§ 46 bis 48; über andere Rechte s. Roth, bayr. Civilrecht 2. Aufl. Thl. I S. 54 ff.). Durch das B.G.B. sind diese Vorschriften beseitigt worden (M. IV, 559 ff., 561 ff.).

10. Ueber die Abstammungsverhältnisse des Kindes einer Frau, die sich unter Außerachtlassung der Vorschrift des § 1313 wiederverehelicht hat, s. § 1600.

§ 1314.

Wer ein eheliches Kind hat, das minderjährig ist oder unter seiner Vormundschaft steht, darf eine Ehe erst eingehen, nachdem ihm das Vormundschaftsgericht ein Zeugniß darüber ertheilt hat, daß er die im § 1669 bezeichneten Verpflichtungen erfüllt hat oder daß sie ihm nicht obliegen.

Ist im Falle der fortgesetzten Gütergemeinschaft ein antheilsberechtigter Abkömmling minderjährig oder bevormundet, so darf der überlebende Ehegatte eine Ehe erst eingehen, nachdem ihm das Vormundschaftsgericht ein Zeugniß darüber ertheilt hat, daß er die im § 1493 Abs. 2 bezeichneten Verpflichtungen erfüllt hat oder daß sie ihm nicht obliegen.

E. I, 1242; II, 1220; III, 1297.

1. Bisheriges Recht. Das Pers.G. § 38 Abs. 2 hatte die Vorschriften unberührt gelassen, welche vor der Eheschließung eine Nachweisung, Auseinandersetzung oder Sicherstellung des Vermögens erforderten. Eine Zusammenstellung der hier in Betracht kommenden Rechte s. bei Sicherer, S. 297 ff. Für Bayern bestanden derartige Vorschriften im Geltungsgebiet des B.L.R., sowie in einigen fränkischen und schwäbischen Statutarrechten (Sicherer, S. 304 ff.; Roth, bayr. Civilr. 2. Aufl. Thl. 1 S. 387 Nt. 49; Reger-Dames, Pers.G. S. 55 und die dort citirten Urtheile). Dagegen bildeten die sog.

„Strafen der zweiten Ehe" (s. Anm. 9 zu § 1313) kein Ehehinderniß, sondern eine Rechtsfolge der zweiten Ehe. Durch E.G. Art. 46 I ist § 38 Pers.G. aufgehoben worden; an seine Stelle trat § 1314.

2. Das B.G.B. enthält folgende das Interesse der Kinder bei Verheirathung der Eltern sichernde Vorschriften:

a) Nach §§ 1669 und 1686 muß der Inhaber der elterlichen Gewalt, falls er sich wiederverehelichen will, seine Absicht dem Vormundschaftsgericht anzeigen, auf seine Kosten ein Verzeichniß des seiner Verwaltung unterliegenden Vermögens einreichen und, soweit in Ansehung dieses Vermögens eine Gemeinschaft zwischen ihm und dem Kinde besteht, die Auseinandersetzung herbeiführen, falls nicht das Vormundschaftsgericht die Verschiebung der Auseinandersetzung bis nach der Eheschließung gestattet. Ehelichen Kindern stehen in dieser Beziehung die gemäß § 1699 als ehelich geltenden Kinder, ferner nach §§ 1719, 1736, 1757 legitimirte und an Kindesstatt angenommene Kinder gleich (M. IV, 33).

b) Durch die §§ 1740, 1761 sind die gleichen Verpflichtungen dem Vater eines für ehelich erklärten Kindes sowie dem Annehmenden für den Fall auferlegt, daß derselbe als Inhaber der elterlichen Gewalt eine Ehe eingehen will (also nicht nur im Falle der Wiederverheirathung).

c) Nach §§ 1845, 1897, 1915 obliegen diese Verpflichtungen auch dem Vater und der ehelichen Mutter, falls dieselben als Vormund oder Pfleger ihres (minderjährigen oder volljährigen) Kindes bestellt sind und eine Ehe eingehen wollen. Das Gleiche gilt, wenn der Mündel ein legitimirtes oder angenommenes Kind des Vormunds oder Pflegers ist (s. Anm. 1 zu § 1845).

d) Nach § 1493 hat bei fortgesetzter Gütergemeinschaft der überlebende Ehegatte, welcher eine neue Ehe eingehen will, falls ein antheilsberechtigter Abkömmling minderjährig ist oder bevormundet wird, die Absicht der Wiederverheirathung dem Vormundschaftsgericht anzuzeigen, ein Verzeichniß des Gesammtguts einzureichen, die Gütergemeinschaft aufzuheben und die Auseinandersetzung herbeizuführen, falls nicht das Vormundschaftsgericht gestattet, daß die Aufhebung der Gütergemeinschaft bis zur Eheschließung unterbleibt und die Auseinandersetzung erst später erfolgt.

3. Die Durchführung dieser Vorschriften zu sichern und dem Standesbeamten die Prüfung der Frage abzunehmen, ob die Voraussetzungen derselben vorliegen oder nicht, ist der Zweck des durch § 1314 aufgestellten Ehehindernisses (M. IV, 33). Der Standesbeamte hat nur zu prüfen, ob einer der Verlobten ein eheliches, als ehelich geltendes oder einem ehelichen rechtlich gleichgestelltes Kind hat, welches minderjährig ist oder von dem Verlobten bevormundet wird, bez. bei fortgesetzter Gütergemeinschaft, ob ein antheilsberechtigter Abkömmling minderjährig ist oder unter Vormundschaft steht. Ist einer dieser Fälle gegeben, so muß er auf Beibringung eines vormundschaftsgerichtlichen Zeugnisses darüber bestehen, daß die in Anm. 2a—d erwähnten Verpflichtungen erfüllt worden sind oder dem Verlobten nicht obliegen. Dagegen ist der Standesbeamte zu einer Untersuchung darüber, ob das Zeugniß mit Recht ausgestellt worden ist, weder berechtigt noch verpflichtet.

4. Das Ehehinderniß des § 1314 hat nur aufschiebenden Charakter; der Mangel des erforderlichen Zeugnisses ist also auf die Gültigkeit der Ehe ohne Einfluß. Das Vormundschaftsgericht kann aber den Inhaber der elterlichen Gewalt, der die Verpflichtungen aus §§ 1669, 1740, 1761 nicht erfüllt, die Verwaltung des Vermögens des Kindes entziehen, sowie den Vormund oder Pfleger, der dem § 1845 zuwiderhandelt, wenn hiedurch das Interesse des Mündels gefährdet wird, entlassen (§§ 1670, 1686, 1740, 1761, 1886, 1897, 1915).

§ 1315.

Militärpersonen und solche Landesbeamte, für die nach den Landesgesetzen zur Eingehung einer Ehe eine besondere Erlaubniß erforderlich ist, dürfen nicht ohne die vorgeschriebene Erlaubniß eine Ehe eingehen.

Ausländer, für die nach den Landesgesetzen zur Eingehung einer Ehe eine Erlaubniß oder ein Zeugniß erforderlich ist, dürfen nicht ohne diese Erlaubniß oder ohne dieses Zeugniß eine Ehe eingehen.

E. I, 1243; II, 1221; III, 1298.

1. Das Pers.G. § 38 Abs. 1 hatte die Vorschriften, welche die Ehe der Militärpersonen, der Landesbeamten und der Ausländer von einer Erlaubniß abhängig

machen, unberührt gelassen, dem Mangel dieser Erlaubniß jedoch keinen Einfluß auf die Rechtsgültigkeit der geschlossenen Ehe eingeräumt. An die Stelle dieser durch E.G. Art. 46 I aufgehobenen Bestimmung ist § 1315 getreten. Hienach bildet der Mangel der erforderlichen Erlaubniß oder des erforderlichen Zeugnisses kraft Reichsrechts ein Ehehinderniß, auch wenn dies nach den betreffenden Landesgesetzen nicht der Fall ist (M. IV, 34). In der Reichstagskommission und im Reichstag wurde die Beseitigung dieses Ehehindernisses erfolglos beantragt (R.T.K. 83 ff.; St.B. 189 ff.).

2. Bezüglich der Verehelichung von Militärpersonen ist in erster Linie maßgebend § 40 des Reichsmilitärgesetzes vom 2. Mai 1874 (R.G.Bl. S. 45). Hienach bedürfen die Militärpersonen des Friedensstandes zu ihrer Verheirathung der Genehmigung ihrer Vorgesetzten. Militärpersonen des Friedensstandes sind nach § 38A dieses Gesetzes

a) die Offiziere, Aerzte und Militärbeamten des Friedensstandes vom Tage ihrer Anstellung bis zum Zeitpunkte ihrer Entlassung aus dem Dienste;
b) die Kapitulanten vom Beginn bis zum Ablauf oder bis zur Aufhebung der abgeschlossenen Kapitulation;
c) die Freiwilligen und die ausgehobenen Rekruten von dem Tage, mit welchem ihre Verpflegung durch die Militärverwaltung beginnt, Einjährig-Freiwillige von dem Zeitpunkte ihrer definitiven Einstellung in einen Truppentheil an, sämmtlich bis zum Ablauf des Tages ihrer Entlassung aus dem aktiven Dienste.

Nach § 60 Ziff. 4 des R.Mil.G. bedürfen ferner die vorläufig in die Heimath beurlaubten Rekruten und Freiwilligen zur Verheirathung der Genehmigung der Militärbehörde. Im Uebrigen gelten nach § 61 für die Personen des Beurlaubtenstands die allgemeinen Landesgesetze und sind dieselben rücksichtlich ihrer Verheirathung Beschränkungen nicht unterworfen.

Da die vorstehend erwähnten Vorschriften nicht zur Regelung des Verehelichungswesens (Reichsverf. Art. 4 Ziff. 1), sondern um der Ordnung des Militärdienstes willen (Reichsverf. Art. 4 Ziff. 14) ergangen sind, finden sie auch auf Bayern Anwendung (Sicherer, S. 295 ff., vgl. Vorbem. vor diesem Titel Ziff. 7). Ueber die fortdauernde Geltung der bayr. Verordnungen vom 14. Dez. 1872, 20. April 1875 und 16. Dez. 1890 (Weber, G. u. V.Bl. Samml. IX 647, XX 495) bezüglich der im Reichsmilitärgesetze nicht behandelten Kategorien von Personen in militärischen oder militärähnlichen Stellungen, sowie über die Verehelichung von Offizieren, Beamten und Mannschaften des bayr. Gendarmeriecorps s. Reger-Dames, Pers.G. S. 52 ff., Reger, Heimathgesetz, 4. Aufl.; Ansbach 1898 S. 73, Becher, Landescivilrecht, Bd. 2 S. 237 ff. Ueber die zur Ertheilung der Verehelichungsbewilligung zuständigen Personen und Behörden s. die bei Reger-Dames, Pers.G. S. 53 erwähnten Verordnungen und Reskripte.

3. Für Reichsbeamte galt bis zum Inkrafttreten des Pers.G. die Vorschrift des § 19 des Reichsbeamtengesetzes vom 31. März 1873, wonach auch die Rechtsverhältnisse der Reichsbeamten, über die nicht durch Reichsgesetz Bestimmung getroffen ist, diejenigen gesetzlichen Vorschriften Anwendung finden sollten, welche an ihrem Wohnsitz bez. in ihrem Heimathstaat (eventuell nach preußischem Recht) für die Staatsbeamten gelten. Insoweit hienach für Reichsbeamte eine Verehelichungsbewilligung erforderlich war, ist dieses Erforderniß durch § 39 Pers.G. beseitigt worden (Sicherer, S. 261 ff., 333). An diesem Rechtszustand ist durch B.G.B. nichts geändert worden, da, soweit Vorschriften für die Reichsbeamten erforderlich seien, die Reichsspezialgesetzgebung Vorsorge treffen könne (M. IV, 34; P. IV, 36).

4. Wer als Landesbeamter im Sinne des § 1314 anzusehen ist, entscheidet sich nach dem in Frage stehenden Landesstaatsrecht (P. IV, 36). Mangels derartiger Bestimmungen werden unter Landesbeamten alle Personen zu verstehen sein, die in einem deutschen Bundesstaat (als solcher gilt gemäß E.G. Art. 5 auch Elsaß-Lothringen) im öffentlichen Dienst des Staates, der Gemeinde oder der Kirche angestellt sind, mögen sie besoldet oder unbesoldet, mit einem Amt betraut oder nur zu Dienstleistungen berufen sein (Sicherer, S. 262).

Ueber die bez. der Verehelichung von Landesbeamten in Preußen und den übrigen Bundesstaaten außer Bayern geltenden Vorschriften s. Sicherer, S. 263 ff.

In Bayern ist maßgebend § 1 der V.O. vom 28. August 1868 (R.Bl. S. 1633), wonach alle im Dienste des Staates, der Kirche, einer öffentlichen Corporation oder Stiftung nicht blos auf Ruf und Widerruf verwendeten Personen, deren Anstellung vom König unmittelbar oder von einer Staatsbehörde ausgeht, verbunden sind, zur Verehelichung oder Wiederverehelichung die dienstliche Bewilligung einzuholen. Die Zuständigkeit zur Ertheilung dieser Bewilligung wird in den §§ 2 u. 3 geregelt. Durch die V.O. v. 16. Juli 1870 (R.Bl. S. 1281) wurden diese Bestimmungen auf die Gerichtsvollzieher ausgedehnt (vgl. Just.Min.Bl. 1880 S. 335). Bezüglich der nichtpragmatischen Beamten und Bediensteten bestimmt § 6 der V.O. v. 26. Juni 1894 (G. u. V.Bl. S. 321), daß dieselben zur Verheirathung der dienstlichen Bewilligung bedürfen und zwar auch dann, wenn sie sich in zeitweisem Ruhestande befinden. Unter die V.O. vom 28. August 1868 fallen u. a. Notare, Geistliche der protestantischen Kirchengesellschaften, Professoren und Lehrer der Mittelschulen, Volksschullehrer, Beamte und öffentliche Diener, die aus Kreismitteln besoldet werden, nicht aber Rechtsanwälte, Gemeindebeamte, Hofbeamte, dauernd quiescirte Staatsbeamte (vgl. Sicherer, S. 263; Reger-Dames, Perf.G. S. 53 ff.; Riedel-Pröbst, Heimathgesetz S. 241 ff.). Bezüglich der in zeitlichem Ruhestand Befindlichen s. Reger, Heimathgesetz S. 72. Selbstverständlich findet die Verordnung auch Anwendung auf später geschaffene Kategorien von Beamten, auf welche die Voraussetzungen des § 1 der Verordnung zutreffen, z. B. Fabrikinspektoren (Reger-Dames, Perf.G. S. 53). Ueber die Verehelichung der Staatsdienstadspiranten und der nur widerruflich im öffentlichen Dienst verwendeten Individuen s. Bek. der Civilstaatsministerien vom 20. August 1868 (R.Bl. S. 1609). Für die im Militärverband stehenden Individuen richtet sich gemäß § 5 der V.O. v. 28. August 1868 die Ertheilung der dienstlichen Verehelichungsbewilligung nach den „deßfallsigen besonderen Dienstesvorschriften“. Vgl. die in Anm. 2 erwähnten V.O. v. 14. Dez. 1872, 20. April 1875 und 16. Dez. 1890, sowie Reger-Dames, Perf.G. S. 52 ff. (s. hiezu Becher, Landescivilrecht, Bd. 2 S. 216 ff.).

5. **Ausländer** im Sinne des § 1315 Abs. 2 sind nur **Nichtdeutsche**, da nach Art. 3 der Reichsverfassung für ganz Deutschland ein gemeinsames Indigenat mit der Wirkung besteht, daß der Angehörige (Unterthan, Staatsbürger) eines jeden Bundesstaats in jedem anderen Bundesstaat als Inländer zu behandeln ist (M. IV, 34; Bek. des bayr. St.M. d. Justiz u. des Innern v. 17. August 1872, R.Bl. 1872 S. 2033). Dies gilt auch für das Verhältniß Bayerns zu den übrigen Bundesstaaten. Es ist also der Angehörige eines anderen deutschen Bundesstaats, auch was die Zulassung zur Eheschließung in Bayern rechts oder links des Rheins betrifft, nicht als Ausländer zu betrachten (Sicherer, S. 270 ff.). Die Vorschrift der Bek. vom 17. August 1872, daß bei Verehelichung nichtbayrischer Deutscher in Bayern eine distriktspolizeiliche Bestätigung über den Besitz des deutschen Indigenats und das Nichtvorhandensein militärdienstlicher Hindernisse erforderlich sein sollte, ist durch das Perf.G. gegenstandslos geworden (Sicherer, S 271 Nt. 38; Riedel-Pröbst, Heimathgesetz S. 264 Nt. 2). Ebenso gilt umgekehrt ein Angehöriger Bayerns (rechts oder links des Rheins) in allen übrigen Bundesstaaten nicht als Ausländer, wenn auch der außerbayrische Standesbeamte einer in Bayern rechts des Rheins beheimatheten Person gegenüber auf Vorlage des nach Art. 33 des bayrischen Heimathgesetzes erforderlichen distriktspolizeilichen Verehelichungszeugnisses bestehen muß (Sicherer, S. 270 ff. Nt. 37 u. 38; Riedel-Pröbst, Heimathgesetz S. 264, 70 ff. u. 71 Nt. 1). Ueber die bezüglich der Verehelichung von Ausländern in **Preußen** und den **übrigen Bundesstaaten** außer Bayern geltenden Vorschriften s. Sicherer, S. 274 ff.

Für **Bayern** ist maßgebend Art. 39 des Heimathgesetzes vom 16. April 1868 in der durch Art. 9 des Gesetzes vom 17. März 1892 festgesetzten Fassung. Hienach haben „Ausländer, welche auf bayrischem Gebiete, ohne förmlich eingewandert zu sein, eine Ehe schließen wollen, der Distriktsverwaltungsbehörde des Ortes, an welchem der das Aufgebot anordnende zuständige Standesbeamte seinen Sitz hat, den Nachweis vorzulegen, daß nach den im Heimathlande des Mannes geltenden Gesetzen diese Eheschließung zulässig ist und dieselben Wirkungen hat, wie wenn sie im Heimathlande selbst erfolgt wäre. Ist dieser Nachweis geliefert, so hat die Distriktsverwaltungsbehörde ein Zeugniß auszustellen, daß der Eheschließung kein Hinderniß im Wege stehe“.

Der hier geforderte Nachweis hat die Zulässigkeit der Eheschließung nach **öffentlichem Recht** und nach **Privatrecht** klarzustellen (Sicherer, S. 279).

a) In der **ersteren Richtung** soll er darthun, daß Ausländer durch die Eheschließung ihre Staatsangehörigkeit auf ihre zukünftige Ehefrau und ihre in der Ehe geborenen Kinder übertragen und daß sie demgemäß nach eingegangener Ehe sammt ihrer Familie von ihrem Heimathsstaat auf Erfordern wieder werden übernommen werden. Die Beibringung solcher Nachweise ist dann nicht erforderlich, wenn durch ministerielle Erklärungen u. dgl. bekanntgegeben worden ist, daß die Eheschließungen von Ausländern in Bayern dieselbe Wirkung und dieselbe Folge haben, wie wenn diese Ehe im ausländischen Heimathstaate des Mannes abgeschlossen worden wäre (Erl. des k. St.M. d. Innern v. 5. Dez. 1875, IIIC). Dies ist z. B. der Fall bez. der **niederländischen** Staatsangehörigen nach M.E. v. 19. März 1871, bez. der **schwedisch-norwegischen** Staatsangehörigen nach M.E. v. 3. Juli 1874, bez. der **Italiener** nach Uebereinkunft v. 3. Dez. 1874, bez. der **Belgier** nach Uebereinkunft v. 8. Okt. 1875, bez. der **Franzosen** nach dem in Frankreich geltenden Civilgesetzbuch (Erl. d. k. St.M. d. Innern v. 5. Dez. 1875, IIIC; vgl. Staudinger, Samml. v. Staatsverträgen des Deutschen Reiches

Bd. 1 S. 283 ff.). Das Gleiche gilt bezüglich der Russen (Reger, Heimathgesetz S. 91) und Schweizer (s. Uebereinkommen v. 4. Juni 1886 bei Staudinger a. a. O. S. 285). Bezüglich der Engländer s. M.E. v. 2. Nov. 1879 (Bamberger Ges.Samml. 8. Erg.Bd. S. 406), bezüglich der Angehörigen der östreich-ungarischen Monarchie s. Reger-Dames, Verf.G. S. 54; Reger, Heimathgesetz S. 91.

b) Auch der Nachweis, daß die Ehe nach dem im Heimathlande des Ausländers geltenden Privatrechte gültig ist, kann durch Notorietät ersetzt werden; vgl. bez. der Engländer, Russen, Griechen, Italiener, Schweizer, Oestreicher, Ungarn und Belgier die Citate bei Reger-Dames, Verf.G. S. 55; Reger, Heimathgesetz S. 62; ferner Bamberger G.S. Bd. 26 S. 605, Bd. 27 S. 224; Staudinger, Staatsverträge Bd. 1 S. 283 ff.; Riedel-Pröbst, Heimathgesetz S. 266 ff.

6. Das Ehehinderniß des § 1315 hat nur aufschiebenden Charakter (vgl. § 38 Abs. 1 d. Verf.G. und § 150 Abs. 2 des R.Mil.St.G.B. vom 20. Juni 1872, wonach der Mangel der militärdienstlichen Genehmigung auf die Rechtsgültigkeit der geschlossenen Ehe ohne Einfluß sein sollte). Dies gilt bezüglich der Militärpersonen auch für Bayern auf Grund Reichsrechts (Sicherer, S. 295 ff. und oben Anm. 2). Anders verhält es sich aber bezüglich der beiden andern im § 1315 behandelten Kategorien. Die Vorschriften, welche zur Eingehung einer Ehe für Landesbeamte eine besondere Erlaubniß, für Ausländer eine Erlaubniß oder ein Zeugniß erfordern, sind öffentlichrechtlicher, nicht privatrechtlicher Natur (M. IV, 34). Eine Verfügung aber, welche die Rechtswirkung der Verletzung einer öffentlichrechtlichen Vorschrift regelt, ist nur „eine Entfaltung des im öffentlichen Rechte begründeten Rechtssatzes" (Sicherer, S. 295). Zur Erlassung einer solchen Verfügung für Bayern war aber das Reich mit Rücksicht auf das einschlägige bayrische Reservatrecht (s. Vorbem. vor diesem Titel Anm. 7) gar nicht zuständig. Es gilt daher in dieser Beziehung Landesrecht. Nach diesem ist eine von einem bayrischen Beamten ohne dienstliche Bewilligung oder von einem Ausländer ohne das im Art. 39 des bayr. Heimathgesetzes geforderte Zeugniß abgeschlossene Ehe gültig (Sicherer, S. 295; Riedel-Pröbst, Heimathgesetz S. 240) und gilt daher materiell das Gleiche wie nach B.G.B. (§ 1323 ff.). Ebensowenig aber, wie dies gegenüber der Vorschrift des § 38 Abs. 1 Satz 2 des Verf.G. der Fall war, wäre Bayern durch die einschlägigen Bestimmungen des B.G.B. (§§ 1315, 1323 ff.) gehindert, in dieser Beziehung eine abweichende Regelung zu treffen (vgl. E.G. Art. 3; Sicherer, S. 295).

7. Nach § 150 Abs. 1 des auch in Bayern geltenden Reichsmilitärstrafgesetzbuchs vom 20. Juni 1872 wird mit Festungshaft bis zu drei Monaten bestraft, wer ohne die erforderliche dienstliche Genehmigung sich verheirathet; zugleich kann auf Dienstentlassung erkannt werden.

Ob der Beamte durch Verheirathung ohne die nach Landesgesetz erforderliche besondere Erlaubniß sich einer disciplinären Einschreitung aussetzt, entscheidet sich nach den landesgesetzlichen Disciplinargesetzen.

Nach Art. XXIV § 23 b der bayrischen Hauptlandespragmatik vom 1. Januar 1805 fällt der Pensionsanspruch der Hinterbliebenen eines bayrischen Staatsdieners bei Wittwen und Kindern derjenigen Diener weg, welche ohne die vorgeschriebene Heirathsanzeige und Bewilligung sich verheirathet haben.

§ 1316.

Der Eheschließung soll ein Aufgebot vorhergehen. Das Aufgebot verliert seine Kraft, wenn die Ehe nicht binnen sechs Monaten nach der Vollziehung des Aufgebots geschlossen wird.

Das Aufgebot darf unterbleiben, wenn die lebensgefährliche Erkrankung eines der Verlobten den Aufschub der Eheschließung nicht gestattet.

Von dem Aufgebote kann Befreiung bewilligt werden.

E. II, 1225; III, 1299.

1. Wie unter Ziffer 2 der Vorbemerkung zu diesem Titel schon angedeutet ist, hatte E. I von der gesetzlichen Regelung des Aufgebotes Umgang genommen, weil diese Materie nicht in das B.G.B. gehöre (M. IV, 9 ff.; vgl. Z.G. IV, 29). Um aber dem Mißverständniß zu begegnen, als habe das B.G.B. das Erforderniß des Aufgebots beseitigen wollen, wurden von der II. Komm. einige grundlegende, bisher in den §§ 44 Abs. 1, 50 u. 51 des Pers.G. enthaltene Bestimmungen aufgenommen (P. IV, 48 ff.). In Uebereinstimmung

hienit hat E.G. Art. 46 den § 51 Perſ.G. aufgehoben und die §§ 44 u. 50 Perſ.G. entſprechend abgeändert. Unberührt durch B.G.B. und E.G. ſind die das Aufgebot näher regelnden Beſtimmungen der §§ 45—49 Perſ.G. geblieben. Dieſelben lauten:

§ 45. Vor Anordnung des Aufgebots ſind dem Standesbeamten die zur Eheſchließung geſetzlich nothwendigen Erforderniſſe als vorhanden nachzuweiſen.

Insbeſondere haben die Verlobten in beglaubigter Form beizubringen:

1. ihre Geburtsurkunden,
2. die zuſtimmende Erklärung derjenigen, deren Einwilligung nach dem Geſetze erforderlich iſt.

Der Beamte kann die Beibringung dieſer Urkunden erlaſſen, wenn ihm die Thatſachen, welche durch dieſelben feſtgeſtellt werden ſollen, perſönlich bekannt oder ſonſt glaubhaft nachgewieſen ſind. Auch kann er von unbedeutenden Abweichungen in den Urkunden, beiſpielsweiſe von einer verſchiedenen Schreibart der Namen oder einer Verſchiedenheit der Vornamen, abſehen, wenn in anderer Weiſe die Perſönlichkeit der Betheiligten feſtgeſtellt wird.

Der Beamte iſt berechtigt, den Verlobten die eidesſtattliche Verſicherung über die Richtigkeit der Thatſachen abzunehmen, welche durch die vorliegenden Urkunden oder die ſonſt beigebrachten Beweismittel ihm nicht als hinreichend feſtgeſtellt erſcheinen.

§ 46. Das Aufgebot iſt bekannt zu machen:

1. in der Gemeinde oder in den Gemeinden, woſelbſt die Verlobten ihren Wohnſitz haben;
2. wenn einer der Verlobten ſeinen gewöhnlichen Aufenthalt außerhalb ſeines gegenwärtigen Wohnſitzes hat, auch in der Gemeinde ſeines jetzigen Aufenthalts;
3. wenn einer der Verlobten ſeinen Wohnſitz innerhalb der letzten 6 Monate gewechſelt hat, auch in der Gemeinde ſeines früheren Wohnſitzes.

Die Bekanntmachung hat die Vor- und Familiennamen, den Stand oder das Gewerbe und den Wohnort der Verlobten und ihrer Eltern zu enthalten.

Sie iſt während zweier Wochen an dem Raths- oder Gemeindehauſe oder an der ſonſtigen, zu Bekanntmachungen der Gemeindebehörde beſtimmten Stelle auszuhängen.

§ 47. Iſt einer der Orte, an welchem nach § 46 das Aufgebot bekannt zu machen iſt, im Auslande belegen, ſo iſt an Stelle des an dieſem Orte zu bewirkenden Aushanges die Bekanntmachung auf Koſten des Antragſtellers einmal in ein Blatt einzurücken, welches an dem ausländiſchen Orte erſcheint oder verbreitet iſt. Die Eheſchließung iſt nicht vor Ablauf zweier Wochen nach dem Tage der Ausgabe der betreffenden Nummer des Blattes zuläſſig.

Es bedarf dieſer Einrückung nicht, wenn eine Beſcheinigung der betreffenden ausländiſchen Ortsbehörde dafür beigebracht wird, daß ihr von dem Beſtehen eines Ehehinderniſſes nichts bekannt ſei.

§ 48. Kommen Ehehinderniſſe zur Kenntniß des Standesbeamten, ſo hat er die Eheſchließung abzulehnen.

§ 49. Soll die Ehe vor einem anderen Standesbeamten als demjenigen geſchloſſen werden, welcher das Aufgebot angeordnet hat, ſo hat der letztere eine Beſcheinigung dahin auszuſtellen, daß und wann das Aufgebot vorſchriftsmäßig erfolgt iſt und daß Ehehinderniſſe nicht zu ſeiner Kenntniß gekommen ſind.

Vgl. Sicherer, S. 358 ff.; Reger-Dames, Perſ.G. S. 62 ff.

2. Das Aufgebot dient dem Zweck, etwaige Ehehinderniſſe zu ermitteln, hat aber keinen präcluſiven Charakter. Auch wenn nach Umfluß der Aufgebotsfriſt dem Standesbeamten ein Ehehinderniß bekannt wird, muß er daſſelbe berückſichtigen (Sicherer, S. 356).

3. Das Aufgebot iſt vollzogen und die im § 1316 Abſ. 1 Satz 2 feſtgeſetzte ſechsmonatliche Friſt beginnt zu laufen, wenn die in den §§ 46 Abſ. 3 und 47 Abſ. 1 d. Perſ.G. normirte Friſt von zwei Wochen abgelaufen iſt, d. h. wenn zwei Wochen verfloſſen ſind, ſeitdem das Aufgebot in den ſämmtlichen Gemeinden, in denen es nach § 46 Perſ.G. bekannt zu machen war, durch Aushang oder Einrücken in ein Blatt bekannt gemacht worden iſt oder die Beſcheinigung nach § 47 Abſ. 2 Perſ.G. ausgeſtellt iſt (Sicherer, S. 376 ff.; Reger-Dames, Perſ.G. S. 68). Ueber die Berechnung der Friſten ſ. §§ 187 Abſ. 1, 188 Abſ. 2, 3; Sicherer, S. 378.

4. Zuſtändig zur Anordnung des Aufgebots iſt nach § 44 d. Perſ.G. in der durch E.G. Art. 46 II feſtgeſetzten Faſſung jeder Standesbeamte, vor dem nach § 1320 B.G.B. die Ehe geſchloſſen werden darf.

5. Der Abſatz 2 des § 1316, wonach das Aufgebot in gewiſſen Fällen unterbleiben kann, entſpricht im Weſentlichen dem § 50 d. Perſ.G. in der durch E.G. Art. 46 II feſtgeſetzten Faſſung. Eine Abweichung beſteht nur inſoferne, als die letztere Beſtimmung eine ärztliche Beſcheinigung der lebensgefährlichen Erkrankung eines Verlobten voraus-

setzt, während nach B.G.B. der Standesbeamte sich die Ueberzeugung hievon auch auf anderem Wege (durch Augenschein, glaubhafte Versicherung eines Dritten) verschaffen kann.

6. Der die Zulässigkeit der Befreiung vom Aufgebot regelnde Abs. 3 des § 1316 ersetzt den durch E.G. Art. 46 I aufgehobenen § 50 Abs. 1 d. Pers.G. Zuständig zur Bewilligung der Befreiung ist gemäß § 1322 Abs. 2 der Bundesstaat, in dessen Gebiet die Ehe geschlossen werden soll (bez. Bayerns s. u. Anm. 8 und Anm. 4 zu § 1322). Die Befugniß zur Befreiung vom Aufgebot überhaupt schließt auch die Befugniß zur theilweisen Befreiung vom Aufgebot in sich, sowohl in der Form, daß die Aufgebotsfrist verkürzt, als in der, daß das nach dem Gesetze an mehreren Orten erforderliche Aufgebot für den einen oder andern Ort erlassen wird (Sicherer, S. 375 und Nt. 1). Wie das Aufgebot selbst, verliert auch die Bewilligung der Befreiung von demselben nach sechs Monaten ihre Kraft (§ 1316 Abs. 1 Satz 2; Sicherer, S. 378; Reger-Dames, S. 68).

7. Wie sich aus dem Wortlaut des § 1316 Abs. 1 Satz 1 („soll") ergibt, bildet das Unterbleiben des Aufgebots kein Ehehinderniß (M. IV, 48; P. IV, 49); die fragliche Anordnung hat vielmehr nur den Charakter einer instructionellen Vorschrift, deren Uebertretung den Standesbeamten nach § 69 Pers.G. strafbar macht.

8. Für die Geltung des § 1316 in Bayern kommt Folgendes in Betracht:

a) Nach § 74 Abs. 2 des Pers.G., welche Bestimmung durch B.G.B. und E.G. keine Aenderung erfahren hat (E.G. Art. 32, 46), vertritt, wo die Zulässigkeit der Ehe nach den bestehenden Landesgesetzen von einem Aufgebot abhängig ist, welches durch andere bürgerliche Beamte als die Standesbeamten vollzogen wird, dieses die Stelle des von dem Standesbeamten anzuordnenden Aufgebots. Diese Bestimmung ist lediglich im Interesse Bayerns getroffen, um die fortdauernde Gültigkeit der einschlägigen Bestimmungen des bayrischen Heimathgesetzes außer Zweifel zu stellen. Nach Art. 32 und 33 des bayrischen Heimathgesetzes vom 16. April 1868 darf nämlich die Verehelichung eines Angehörigen der Landestheile diesseits des Rheins nur erfolgen auf Grund eines distriktspolizeilichen Verehelichungszeugnisses, dessen Ausstellung u. A. (s. Vorbem. zu diesem Titel Anm. 7) auch bedingt ist durch die nach Vorschrift des Art. 35 gepflogenen Erhebungen über das Nichtvorhandensein civilrechtlicher Ehehindernisse (Art. 34 Abs. 1 Ziff. 2).

Art. 35 lautet in der durch das Gesetz vom 17. März 1892 festgestellten Fassung:

„Wird die Schließung einer Ehe beabsichtigt, so ist dieses durch öffentlichen Anschlag mit dem Beifügen bekannt zu machen, daß jene Personen, welche gegen Schließung dieser Ehe auf Grund civilrechtlicher Bestimmungen Einspruch erheben wollen, ihren Einspruch binnen 10 Tagen bei der Gemeindeverwaltung oder bei der nach Art. 133 zuständigen Distriktsverwaltungsbehörde geltend zu machen haben.

Diese Bekanntmachung ist zu erlassen und während 10 Tagen öffentlich anzuheften:

1. von der Verwaltung jener Gemeinde, in welcher beide Brautleute ihren Aufenthalt haben;
2. wenn die Brautleute sich nicht in derselben Gemeinde aufhalten, von der Verwaltung jeder der beiden Gemeinden, in welcher die Braut oder der Bräutigam ihren Aufenthalt haben.

Die Gemeindeverwaltung hat auf der Bekanntmachungsurkunde zu bestätigen, daß letztere während 10 Tagen in der Gemeinde öffentlich angeheftet war.

Ist die Bekanntmachung in einer Gemeinde der Pfalz oder außerhalb Bayerns zu erlassen, so genügt die Beobachtung der dort für Aufgebote geltenden Vorschriften.

Wenn ein Betheiligter innerhalb der gesetzlichen Frist einen auf civilrechtliche Bestimmungen sich gründenden Einspruch erhebt und binnen 10 Tagen nach Abgabe der desfallsigen Erkärung nachweist, daß dieser Einspruch bei Gericht geltend gemacht worden ist, so hat die Distriktsverwaltungsbehörde das in Art. 33 vorgeschriebene Zeugniß solange zu versagen, bis durch Beibringung eines Bescheids des zuständigen Gerichts die legale Beseitigung des erhobenen Einspruchs nachgewiesen wird.

Wurde innerhalb der gesetzlichen Frist zwar kein Einspruch erhoben, ist es aber amtsbekannt oder aus bestimmten Gründen wahrscheinlich, daß gleichwohl der beabsichtigten Ehe ein civilrechtliches Verbot hindernd im Wege steht, so hat die Distriktsverwaltungsbehörde binnen längstens drei Tagen nach Empfang der Bekanntmachungsurkunde zu verfügen, daß durch Bestätigung des Stadt- oder Landgerichts, in dessen Bezirk die zunächst von jenem Eheverbote betroffene Person ihren Wohnsitz hat, das Nichtvorhandensein oder die legale Beseitigung des in Frage stehenden Ehehindernisses nachgewiesen werde, und hat bis zur Beibringung dieses Nachweises das in Art. 33 vorgeschriebene Zeugniß zu verweigern.

Ist eine lebensgefährliche Krankheit, welche einen Aufschub der Eheschließung nicht gestattet, ärztlich bescheinigt, so kann die Distriktsverwaltungsbehörde auch ohne vorgängige Bekanntmachung des Ehevorhabens das Zeugniß ausstellen."

Vgl. Riedel-Pröbst, Heimathgesetz S. 244 ff.; Reger, Heimathgesetz S. 75 ff.

b) Auf Grund des § 74 Abs. 2 Perf.G. galten bisher die §§ 44—51 des Perf.G. für die Fälle, in denen das Aufgebot nach bayrischen Gesetzen erfolgte, als durch Art. 35 des bayrischen Heimathgesetzes in jeder Beziehung ersetzt. Das Gleiche muß für das Verhältniß des Art. 35 des bayrischen Heimathgesetzes zum § 1316 B.G.B. angenommen werden. Hieraus folgt insbesondere, daß, wenn das Aufgebot nach bayrischem Gesetz vorzunehmen ist, dieses nicht während 14, sondern nur während 10 Tage öffentlich anzuheften ist (Entschl. d. bayr. Staatsmin. d. Innern vom 5. Dez. 1875 III A Ziff. 2 und vom 28. Dez. 1875; s. Reger-Dames, Perf.G. S. 156 u. 178), daß in diesen Fällen die Frage, in welchen Gemeinden und in welcher Weise die Bekanntmachungen zu erfolgen haben, nach bayrischem Recht und nur eventuell (gemäß Art. 35 Abs. 4 des bayr. Heimathges.) nach Reichsrecht zu entscheiden ist, daß endlich die reichsgesetzlichen Vorschriften über die Ertheilung standesamtlicher Bescheinigungen (Perf.G. § 49), Zulässigkeit der Umgangnahme vom Aufgebot bei lebensgefährlicher Erkrankung eines Verlobten (Perf.G. § 50, B.G.B. § 1316 Abs. 2), Befreiung vom Aufgebot (B.G.B. §§ 1316 Abs. 3, 1322 Abs. 2) und Verjährung desselben (B.G.B. § 1316 Abs. 1 Satz 2, vgl. Entsch. d. bayr. Verw.G.H. XIII, 216) auf das bayrische Aufgebot keine Anwendung finden, vgl. Sicherer, S 435 ff.; Reger-Dames, Perf.G. S. 90; Reger, Heimathgesetz S. 75.

c) Ist der Bräutigam nicht in Bayern rechts des Rheins beheimathet, so hat das Aufgebot wie in der Pfalz und im übrigen Deutschland, so auch in Bayern rechts des Rheins nach den Vorschriften des Perf.G. und des B.G.B. zu erfolgen (Sicherer, S. 444; Reger-Dames, Perf.G. S. 90; Reger, Heimathges. S. 75).

d) Die Außerachtlassung der Vorschriften des Art. 35 des bayr. Heim.G. hat weder auf die Gültigkeit des trotzdem ausgestellten distriktspolizeilichen Verehelichungszeugnisses, noch auf die Gültigkeit der auf Grund eines solchen Zeugnisses abgeschlossenen Ehe Einfluß. Selbstverständlich setzt sich aber der Beamte, welcher das Verehelichungszeugniß unter Außerachtlassung der gesetzlichen Vorschriften ausstellt, disciplinärer Bestrafung aus (Riedel-Pröbst, Heimathgesetz S. 245, 231).

9. Ueber das Aufgebot bei Verehelichung von Landesherren, Mitgliedern der landesherrlichen Familien, sowie der fürstlichen Familie Hohenzollern entscheidet nach § 72 Abs. 2 d. Perf.G. die Observanz. Diese Bestimmung hat durch B.G.B. und E.G. keine Aenderung erlitten und gilt daher wie bisher fort (E.G. Art. 32, 46; Mot. z. E.G. 154; vgl. aber auch E.G. Art. 57, 58).

§ 1317.

Die Ehe wird dadurch geschlossen, daß die Verlobten vor einem Standesbeamten persönlich und bei gleichzeitiger Anwesenheit erklären, die Ehe mit einander eingehen zu wollen. Der Standesbeamte muß zur Entgegennahme der Erklärungen bereit sein.

Die Erklärungen können nicht unter einer Bedingung oder einer Zeitbestimmung abgegeben werden.

E. I, 1248, II, 1226; III, 1300.

1. Trotz heftiger bis in die letzte Zeit fortgesetzter Gegenagitation (vgl. Z.G. IV, 30 ff.; VI, 599 ff.; P. IV, 11 ff.) hat B.G.B. an dem vom Personenstandsgesetze anerkannten Princip der obligatorischen Civilehe festgehalten (M. IV, 36). Die in der Reichstagskommission gestellten Anträge auf Einführung der Nothcivilehe oder der fakultativen Civilehe fanden keine Annahme; der gleiche bei der 2. Lesung des Gesetzes im Reichstag gestellte Antrag wurde mit 196 gegen 33 Stimmen abgelehnt (R.T.K. 84 ff.; St.B. 152 ff.). Der Grundsatz des § 41 Perf.G.: „innerhalb des Gebiets des Deutschen Reiches kann eine Ehe rechtsgültig nur vor dem Standesbeamten geschlossen werden" wurde von den Entwürfen I und II mit unbedeutenden Aenderungen redaktioneller Natur wiederholt (E. I § 1245 Abs. 1, E. II 1222 Abs. 1; vgl. P. IV, 42 ff.), durch E.G. Art. 46 I aber formell

beseitigt und ersetzt durch die Bestimmung: „Für die Eheschließung sind die Vorschriften des Bürgerlichen Gesetzbuchs maßgebend."

Ueber die ausschließliche Zuständigkeit der bürgerlichen Gerichte zur Entscheidung streitiger Ehesachen (Pers.G. § 76) s. Vorbem. zu diesem Titel Ziff. 5.

2. Ueber die Form der Eheschließung enthielt Pers.G. § 52 folgende Bestimmungen:

„Die Eheschließung erfolgt in Gegenwart von zwei Zeugen durch die an die Verlobten einzeln und nach einander gerichtete Frage des Standesbeamten:

ob sie erklären, daß sie die Ehe mit einander eingehen wollen,

durch die bejahende Antwort der Verlobten und den hierauf erfolgenden Ausspruch des Standesbeamten, daß er sie nunmehr kraft des Gesetzes für rechtmäßig verbundene Eheleute erkläre."

Hienach waren wesentliche Förmlichkeiten der Eheschließung:

a) die Gegenwart von zwei Zeugen;
b) die Frage des Standesbeamten an die Verlobten, ob sie die Ehe miteinander eingehen wollen;
c) deren bejahende Antwort;
d) dem Ausspruch des Standesbeamten, daß er die Verlobten für rechtmäßig verbundene Eheleute erkläre.

(Vgl. Sicherer, S. 380 ff.; über das Verhältniß dieser Eheschließungsform zu der tridentinischen s. ebenda S. 383 ff.)

3. Das B.G.B. unterscheidet wesentliche und unwesentliche Förmlichkeiten der Eheschließung. Die ersteren sind im § 1317, die letzteren im § 1318 enthalten. Als wesentliche Förmlichkeiten hatte E. I bezeichnet:

a) gleichzeitige Anwesenheit der Verlobten vor dem Standesbeamten;
b) persönliche Erklärung des Eheschließungswillens seitens der Verlobten;
c) Erklärung des Standesbeamten, daß die Ehe geschlossen ist;
d) Gegenwart von zwei Zeugen.

Durch die II. Kommission wurde die Anwesenheit der zwei Zeugen aus dem Kreis der wesentlichen Erfordernisse ausgeschieden (P. IV, 50 ff.; vgl. § 1318). Durch die Reichstagskommission wurde das Erforderniß jenes standesamtlichen Ausspruchs beseitigt und durch den nunmehrigen § 1317 Abs. 1 Satz 2 ersetzt (R.T.K. 104).

4. Demgemäß erklärt das Gesetz nunmehr als wesentliche Förmlichkeiten der Eheschließung:

a) die gleichzeitige Anwesenheit der Verlobten vor dem Standesbeamten. (Ueber die Aufstellung der Standesbeamten s. Pers.G. §§ 2—7; über die Zuständigkeit derselben s. B.G.B. §§ 1320, 1321; vgl. auch § 1319.)

b) Persönliche Erklärung des Eheschließungswillens seitens der beiden Verlobten. Demnach ist Stellvertretung bei Abgabe dieser Erklärung principiell ausgeschlossen (M. IV, 39). Der in der II. Komm. gestellte Antrag, Eheschließung durch einen Stellvertreter zuzulassen, wenn sich der Bräutigam in einem außereuropäischen Lande befindet, wurde abgelehnt (P. IV, 51 ff.). Ueber die Stellvertretung der Verlobten bei Verheirathung von Landesherren, Mitgliedern der landesherrlichen Familien und der fürstlichen Familie Hohenzollern („Beilager") entscheidet nach Pers.G. § 72 Abs. 2 die Observanz (vgl. Sicherer, S. 430). Diese Bestimmung ist durch Art. 46 E.G. nicht abgeändert worden und gilt daher nach E.G. Art. 32 unverändert fort, s. aber auch E.G. Art. 57 und 58 (M. IV, 39).

Die Willenserklärung kann auch stillschweigend erfolgen (M. IV, 40). Auch Taube, Stumme, Taubstumme, Blinde, der deutschen Sprache nicht mächtige Personen können die erforderliche Erklärung abgeben, soweit eine Verständigung zwischen ihnen und dem Standesbeamten möglich ist (M. IV, 40; vgl. Sicherer, S. 148). Daß die Erklärungen der Verlobten nicht unter einer Bedingung oder einer Zeitbestimmung abgegeben werden können (§ 1317 Abs. 2, ebenso nach § 52 Pers.G., s. dagegen P.L.R. Thl. I cap 6 § 11; vgl. auch B.G.B. §§ 388 Satz 2, 925 Abs. 2, 1598 Abs. 2, 1724, 1742, 1768 Abs. 1 Satz 2, 1947, 2180 Abs. 2 Satz 2, 2202 Abs. 2 Satz 2), widrigenfalls die Ehe gemäß § 1324 nichtig ist (s. Anm. 5), beruht „auf dem Wesen der Ehe" (M. IV, 42 ff.; vgl. Z.G. VI, 601). Dagegen ist die Beifügung einer anderweitigen Nebenbestimmung, wenn dieselbe auch vom Standesbeamten nicht zugelassen werden soll, ohne Einfluß auf die Gültigkeit der Ehe (M. IV, 43).

c) Der Standesbeamte muß zur Entgegennahme der Erklärungen der Verlobten bereit sein. Während also nach bisherigem Recht die

Verlobten auch nach der Erklärung ihres Eheschließungswillens zurücktreten konnten, solange nicht der Standesbeamte sie für rechtmäßig verbundene Eheleute erklärt hatte, und beim Tod eines Verlobten vor diesem Ausspruch des Standesbeamten die Ehe als nicht geschlossen galt, ist nunmehr mit der Abgabe der Eheschließungswillenserklärung seitens beider Verlobten die Ehe geschlossen, vorausgesetzt, daß der Standesbeamte nicht die Entgegennahme der Erklärungen, etwa weil er sich für unzuständig oder ein Ehehinderniß als gegeben erachtet, abgelehnt hat (vgl. R.T.K. 104). Im Gegensatz zum Pers.G. und den Entwürfen I—III ist also dem Ausspruch des Standesbeamten nicht mehr constitutive, sondern (wie dem des Pfarrers nach tridentinischem Recht) nur deklaratorische Bedeutung beigelegt, die Ehe wird nicht mehr **von**, sondern **vor** dem Standesbeamten geschlossen (vgl. M. IV, 40; Sicherer, S. 385 ff.). Dementsprechend geht gemäß § 1318 Abs. 1 die Erklärung des Standesbeamten dahin, daß die Verlobten nunmehr rechtmäßig verbundene Eheleute seien (vgl. Anm. 1c zu § 1318).

5. Eine unter Außerachtlassung der in § 1317 erwähnten Formvorschriften abgeschlossene Ehe ist nichtig, wird aber als von Anfang an gültig angesehen, wenn sie in das Heirathsregister eingetragen worden ist und die Ehegatten nach der Eheschließung zehn Jahre oder, falls einer von ihnen vorher gestorben ist, bis zu dessen Tode, jedoch mindestens drei Jahre, als Ehegatten mit einander gelebt haben, es sei denn, daß bei dem Ablauf der zehn Jahre oder zur Zeit des Todes des einen Ehegatten die Nichtigkeitsklage erhoben ist (§ 1324, s. auch Anm. 4b am Ende).

6. Die wesentlichen Förmlichkeiten bei der Eheschließung von Deutschen im Auslande sind durch § 7 des R.G. v. 4. Mai 1870 in der durch E.G. Art. 40 II festgestellten Fassung übereinstimmend mit den Vorschriften des § 1317 B.G.B. geregelt worden.

§ 1318.

Der Standesbeamte soll bei der Eheschließung in Gegenwart von zwei Zeugen an die Verlobten einzeln und nach einander die Frage richten, ob sie die Ehe mit einander eingehen wollen, und, nachdem die Verlobten die Frage bejaht haben, aussprechen, daß sie kraft dieses Gesetzes nunmehr rechtmäßig verbundene Eheleute seien.

Als Zeugen sollen Personen, die der bürgerlichen Ehrenrechte für verlustig erklärt sind, während der Zeit, für welche die Aberkennung der Ehrenrechte erfolgt ist, sowie Minderjährige nicht zugezogen werden. Personen, die mit einem der Verlobten, mit dem Standesbeamten oder mit einander verwandt oder verschwägert sind, dürfen als Zeugen zugezogen werden.

Der Standesbeamte soll die Eheschließung in das Heirathsregister eintragen.

E. I, 1249; II, 1227; III, 1301.

1. Unwesentliche Förmlichkeiten. Im Gegensatz zum § 1317, welcher die wesentlichen Förmlichkeiten der Eheschließung aufzählt (s. Anm. 4 zu § 1317), enthält § 1318 eine Reihe von Vorschriften, deren Beobachtung für die Gültigkeit der Ehe nicht wesentlich ist (s. u. Anm. 4).

a) Die Eheschließung soll in Gegenwart von zwei Zeugen erfolgen (nach Pers.G. und E. I war die Anwesenheit der beiden Zeugen eine wesentliche Formvorschrift, s. M. IV, 41, Anm. 2 u. 3 zu § 1317). Gemäß § 1318 Abs. 2 ist der Standesbeamte verpflichtet, nur Volljährige, denen für volljährig erklärte Personen gleichstehen (s. §§ 2, 3 Abs. 2), und im Besitz der bürgerlichen Ehrenrechte befindliche Personen als Zeugen zuzulassen. Ueber die Aberkennung der bürgerlichen Ehrenrechte vgl. St.G.B. § 32. Da übrigens die Zeugen nicht nur als Zeugen der Eheschließung, sondern gemäß Pers.G. § 54 Abs. 1 Ziff. 3 auch als Zeugen zur Aufnahme der Heirathsurkunde beigezogen werden, so ergibt sich die Unzulässigkeit der Zuziehung solcher Personen schon aus § 34 Ziff. 5 St.G.B., wonach die Aberkennung der bürgerlichen Ehrenrechte die Unfähigkeit, Zeuge bei Aufnahme von Urkunden zu sein, bewirkt (Sicherer, S. 380; vgl. M. IV, 42; s. auch Olshausen, Komm. z. St.G.B. 5. Aufl. Nt. 6 zu § 34). Daß der Standesbeamte Personen, die der erforderlichen Fähigkeit zur Wahrnehmung ermangeln, z. B. Geisteskranke, Blinde, Taube, Betrunkene, als Zeugen nicht zulassen soll, ist selbstverständlich (M. IV, 42; Sicherer, S. 382). Die Zuziehung von Ausländern und Personen weiblichen Geschlechts als Zeugen ist zulässig, ebenso die Zuziehung von Personen, die mit einem der Verlobten, mit dem Standesbeamten oder miteinander verwandt (§ 1589) oder verschwägert (§ 1590) sind (§ 1318 Abs. 2 Satz 2; über die Zulässigkeit der Eheschließung vor einem mit den Verlobten verwandten Standesbeamten s. Anm. 3 zu § 1319).

b) Der Standesbeamte soll an die Verlobten einzeln und nach einander die Frage richten, ob sie die Ehe mit einander eingehen wollen (vgl. den durch E.G. Art. 46 I aufgehobenen § 52 Pers.G.). Ist einer der Verlobten taub, so wird die Frage schriftlich an ihn zu richten sein (Reger-Dames, Pers.G. S. 69).

c) Nach Bejahung dieser Frage durch die Verlobten (s. Anm. 4b zu § 1317) soll der Standesbeamte aussprechen, daß sie kraft **dieses** Gesetzes nunmehr rechtmäßig verbundene Eheleute seien (diese Abweichung gegenüber dem Pers.G. und den Entwürfen I—III entspricht der durch die Reichstagskommission beschlossenen Abänderung des § 1317, s. Anm. 4c zu § 1317).

2. Ort und äußere Förmlichkeiten der Eheschließung. Die Eheschließung soll in der Regel im Amtslokal des Standesbeamten stattfinden. Eheschließungen außerhalb desselben sind nach der Entschl. d. bayr. Staatsmin. d. Innern vom 5. Dez. 1875 III D Ziff. 2 (Just.Min.Bl. 1876 S. 49 ff.) nur zulässig, wenn einer der Verlobten am Erscheinen im Amtslokal des Standesbeamten durch Krankheit 2c. verhindert ist oder ein besonderer Ausnahmsfall vorliegt. Nach der gleichen Min.Entschl. (III D Ziff. 3) soll der Standesbeamte in angemessener Kleidung und, wenn er Gemeindebeamter ist, in Amtstracht und mit dem Dienstzeichen erscheinen. Im Uebrigen ist der Standesbeamte nicht berechtigt, den Eheschließungsakt mit symbolischem Schmuck zu umgeben (vgl. den bei Reger, Entsch. d. Ger. u. Verw.Beh. Bd. 7 S. 479 erwähnten Erlaß des preuß. Min. d. Innern vom 1. März 1887).

3. Heirathsregister. Die in den Entwürfen E. I—III nicht enthaltene Vorschrift, daß der Standesbeamte die Eheschließung in das Heirathsregister eintragen soll, wurde von der Reichstagskommission mit Rücksicht darauf beigefügt, daß das Heirathsregister in den folgenden Paragraphen mehrfach erwähnt ist (R.T.K. 104 ff.; vgl. P. IV, 53). Nach § 54 Pers.G. soll die Eintragung in das Heirathsregister (außer den im § 13 Abs. 2 Pers.G. erwähnten allgemeinen Erfordernissen jeder auf mündliche Erklärung erfolgenden Eintragung: Datum der Eintragung, Bezeichnung der Erschienenen, Agnoscirungsvermerk, Vermerk über Vorlesung und Genehmigung der Eintragung, Unterschrift der Erschienenen und des Standesbeamten) enthalten:

a) Vor- und Familiennamen, Religion, Alter, Stand oder Gewerbe, Geburts- und Wohnort der Eheschließenden;
b) Vor- und Familiennamen, Stand oder Gewerbe und Wohnort ihrer Eltern;
c) Vor- und Familiennamen, Alter, Stand oder Gewerbe und Wohnort der zugezogenen Zeugen;
d) die Erklärung der Eheschließenden;
e) den Ausspruch des Standesbeamten.

Nach § 55 Pers.G. in der durch E.G. Art. 46 II festgesetzten Fassung ist es ferner am Rande der über die Eheschließung bewirkten Eintragung zu vermerken, wenn eine Ehe für nichtig erklärt, in einem Rechtsstreit über das Bestehen oder Nichtbestehen einer Ehe zwischen den Parteien das Nichtbestehen der Ehe festgestellt, eine Ehe vor dem Tode eines der Ehegatten aufgelöst oder nach B.G.B. § 1575 die eheliche Gemeinschaft aufgehoben worden ist. Das Gleiche hat auf Antrag zu geschehen, wenn die eheliche Gemeinschaft nach der Aufhebung wiederhergestellt wird.

Wie nach Pers.G., ist auch nach B.G.B. die Eintragung der Ehe in das Heirathsregister nicht Bestandtheil der Eheschließung, sondern Beurkundung der bereits erfolgten Eheschließung (M. IV, 40 ff.). Die Braut muß daher mit dem Familiennamen ihres Mannes unterzeichnen (§ 1355, Pers.G. § 13 Abs. 2 Ziff. 5) und kann hiezu nach § 68 Abs. 3 Pers.G. durch Ordnungsstrafen angehalten werden (Sicherer, S. 387 ff.). Die Unterlassung der Eintragung der Ehe ins Heirathsregister ist aber in mehrfacher Richtung von rechtlicher Bedeutung; s. §§ 1324 Abs. 2, 1344 Abs. 2, 1345 Abs. 2, 1699 Abs. 2, 1721, 1771 Abs. 2.

4. Wie sich aus der Fassung des § 1318 („soll") ergibt, sind die in demselben enthaltenen Vorschriften (im Gegensatz zu den wesentlichen Formvorschriften des § 1317) nur instruktioneller Natur. Der Standesbeamte, der dieselben nicht beobachtet, ist nach § 69 Pers.G. in der durch E.G. Art. 46 IV festgesetzten Fassung strafbar, auf die Gültigkeit der Ehe aber ist ihre Außerachtlassung ohne Einfluß (vgl. dagegen

Anm. 5 zu § 1317). Da die Zuziehung von Zeugen zur Eheschließung nicht als wesentliche Förmlichkeit erklärt ist, vermag selbstverständlich auch der Umstand, daß ein Zeuge minderjährig oder nicht im Besitze der bürgerlichen Ehrenrechte ist oder der erforderlichen Wahrnehmungsfähigkeit entbehrt (s. o. Anm. 1 a), die Gültigkeit der Ehe nicht zu beeinträchtigen. Ueber die Beweiskraft einer Heirathsurkunde, zu deren Aufnahme solche Personen als Zeugen zugezogen worden sind, entscheidet nach § 15 Abs. 3 Pers.G. freies richterliches Ermessen (vgl. Sicherer, S. 381). Auch die Eintragung der Ehe in das Heirathsregister ist zur Gültigkeit der Ehe nicht erforderlich, die Unterlassung der Eintragung ist aber in anderen Beziehungen von Bedeutung; s. o. Anm. 3 a. E.

5. Die dem § 1318 entsprechenden Vorschriften für die Eheschließung von Deutschen im Auslande enthält § 7 a des R.G. v. 4. Mai 1870 in der durch E.G. Art. 40 II festgestellten Fassung.

§ 1319.

Als Standesbeamter im Sinne des § 1317 gilt auch derjenige, welcher, ohne Standesbeamter zu sein, das Amt eines Standesbeamten öffentlich ausübt, es sei denn, daß die Verlobten den Mangel der amtlichen Befugniß bei der Eheschließung kennen.

E. I, 1245 Abs. 2, II, 1222 Abs. 2, III, 1302.

1. Eheschließung vor einem Nicht-Standesbeamten. Nach E. I § 1245 Abs. 2 sollte ein Standesbeamter, der außerhalb seines Amtsbezirkes als Standesbeamter handelt, nicht als solcher gelten und daher die von einem Standesbeamten außerhalb seines Amtsbezirkes abgeschlossene Ehe nichtig sein (M. IV, 36 ff.; das Gleiche galt nach Pers.G.; s. Sicherer, S. 6 ff.; Reger, Entsch. d. Ger. u. Verw.Beh. Bd. 4 S. 418, Bd. 14 S. 415 ff.). Den gegen diese Vorschrift erhobenen Einwendungen (Z.G. IV, 32 ff., 38; VI, 600; s. auch Jakubezky, Bemerk. S. 298) Rechnung tragend, hat die II. Komm. dies dahin abgeändert, daß als Standesbeamter im Sinne des § 1317 auch Derjenige gelten soll, der, ohne Standesbeamter zu sein, das Amt eines solchen öffentlich ausübt, und die vor einem solchen Nicht-Standesbeamten geschlossene Ehe daher gültig ist, ausgenommen, wenn den beiden Verlobten der Mangel seiner amtlichen Befugniß bei der Eheschließung bekannt war (P. IV, 43 ff.; D. 171).

Bei den Berathungen der II. Komm. wurde anerkannt, daß es für die Anwendbarkeit des § 1319 nicht erforderlich ist, daß die fragliche Person schon vor dem konkreten Eheschließungsakt öffentlich als Standesbeamter fungirt habe, daß es vielmehr genügt, wenn sie bei diesem Eheschließungsakt die Verrichtungen eines Standesbeamten unter Umständen wahrnehme, die den Schluß rechtfertigen, daß sie das Amt im ganzen Umfang und für alle zur Thätigkeit eines Standesbeamten gehörenden Akte ausüben wolle. Der Antrag, bestimmten äußeren Merkmalen (Lokal, Besitz des Heirathsregisters und des Amtssiegels) entscheidendes Gewicht beizulegen, wurde abgelehnt, da die Frage, ob Jemand öffentlich als Standesbeamter fungire, unter Würdigung aller in Betracht kommenden lokalen Verhältnisse zu entscheiden sei. Als Beispiel für das Anwendungsgebiet des § 1319 wurde hiebei der Fall angeführt, daß Jemand glaube, das Recht des Standesbeamten sei auf ihn, z. B. als Träger der Gutspolizei oder Bürgermeister, unmittelbar von seinem Amtsvorgänger übergegangen, und dementsprechend Ehen abschließe, bevor er zum Standesbeamten bestellt sei (P. IV, 44 ff.). Hieher gehört auch der Fall, daß ein Standesbeamter, ohne von der Aufsichtsbehörde gemäß § 3 Abs. 2 Pers.G. hiezu ermächtigt zu sein, außerhalb seines Bezirkes das Amt eines Standesbeamten öffentlich ausübt, da der Standesbeamte außerhalb des Bezirkes, für den er bestellt ist, nur die Eigenschaft eines Privatmanns hat (M. IV, 36; vgl. Sicherer, S. 6 Nr. 1 und Anm. 7 zu § 1320).

2. Ist die Ehe von einer Person abgeschlossen worden, die nicht Standesbeamter war und auch das Amt eines solchen nicht öffentlich ausgeübt hat, oder war beim Vorhandensein der letzteren Voraussetzung beiden Verlobten der Mangel der amtlichen Befugniß bei der Eheschließung bekannt, so ist die Ehe gemäß §§ 1317, 1324 nichtig. War dieser Mangel nur einem der Verlobten bekannt, so hat dies auf die Gültigkeit der Ehe keinen Einfluß. Die Kenntniß des Mangels muß ferner bei der Eheschließung vorhanden sein; mala fides superveniens ist unerheblich. Da das „Kennenmüssen“ hier nicht (wie z. B. im § 122 Abs. 2) dem Kennen gleichgestellt ist, so ist es für die Gültigkeit der Ehe ohne Bedeutung, ob die Verlobten bei Anwendung der im Verkehr erforderlichen Sorgfalt den Mangel der amtlichen Befugniß hätten wahrnehmen können. Bloßer Zweifel an der Befugniß der als Standesbeamter fungirenden Person steht selbstverständlich der Kenntniß des Mangels der Befugniß nicht gleich (P. IV, 47).

3. Daß der Standesbeamte nicht bei seiner eigenen Eheschließung als Standesbeamter mitwirken kann, hatte E. I § 1245 Abs. 2 ausdrücklich hervorgehoben. Die II. Komm. hat diese Vorschrift als selbstverständlich gestrichen (P. IV, 43; vgl. Z.G. IV, 32; Entschl. d. bayr. Min. d. Inn. v. 24. Nov. 1876; Reger-Dames, Perf.G. S. 188). Andererseits ist zweifellos, daß Verwandtschaft des Standesbeamten mit einem der Verlobten seiner Mitwirkung bei der Eheschließung nicht entgegensteht (Entschl. d. bayr. Min. d. Inn. v. 5. Dez. 1875 III D Ziff. 5, J.M.Bl. 1876 S. 49). Die Motive (IV, 38) heben ausdrücklich hervor, daß dies selbst dann gilt, wenn der Standesbeamte als Vater oder gesetzlicher Vertreter eines der Verlobten seine Einwilligung zur Eheschließung zu ertheilen habe; seine Einwilligung müsse in diesem Falle schon in seiner Mitwirkung als Standesbeamter gefunden werden.

Ueber die Zulässigkeit der Zuziehung von Zeugen, die mit dem Standesbeamten verwandt sind, s. Anm. 1a zu § 1318.

4. Ueber die Zuständigkeit des Standesbeamten s. §§ 1320, 1321.

5. Für die Eheschließung von Deutschen im Auslande ist eine dem § 1319 entsprechende Bestimmung getroffen durch § 8 des R.G. vom 4. Mai 1870 in der durch E.G. Art. 40 II festgestellten Fassung.

§ 1320.

Die Ehe soll vor dem zuständigen Standesbeamten geschlossen werden.

Zuständig ist der Standesbeamte, in dessen Bezirk einer der Verlobten seinen Wohnsitz oder seinen gewöhnlichen Aufenthalt hat.

Hat keiner der Verlobten seinen Wohnsitz oder seinen gewöhnlichen Aufenthalt im Inland und ist auch nur einer von ihnen ein Deutscher, so wird der zuständige Standesbeamte von der obersten Aufsichtsbehörde des Bundesstaats, dem der Deutsche angehört, und, wenn dieser keinem Bundesstaat angehört, von dem Reichskanzler bestimmt.

Unter mehreren zuständigen Standesbeamten haben die Verlobten die Wahl.

E. I, 1246; II, 1223; III, 1303.

1. Die Bestimmungen des § 1320 über die Zuständigkeit des Standesbeamten ersetzen den durch E.G. Art. 46 I aufgehobenen § 42 Perf.G.

2. Die Bildung der Standesamtsbezirke erfolgt durch die höhere Verwaltungsbehörde, in Bayern durch die kgl. Kreisregierung, Kammer des Innern (Perf.G. §§ 2, 84; k. bayr. V.O. v. 15. Dez. 1875 § 1 und Entschl. d. bayr. Min. d. Innern v. 19. Oktober 1875, J.M.Bl. 1876 S. 41, 43). Für jeden Standesamtsbezirk ist ein Standesbeamter und mindestens ein Stellvertreter zu bestellen. Bei vorübergehender Behinderung oder gleichzeitiger Erledigung des Amtes des Standesbeamten und der Stellvertreter ist die nächste Aufsichtsbehörde ermächtigt, die einstweilige Beurkundung des Personenstandes einem benachbarten Standesbeamten oder Stellvertreter zu übertragen. Die Bestellung der Standesbeamten und Stellvertreter erfolgt durch die höhere Verwaltungsbehörde, also in Bayern durch die Kreisregierung, Kammer des Innern (Perf.G. § 3, s. auch §§ 4—6).

3. Der Begriff Wohnsitz ist nach § 7 ff. B.G.B. zu bemessen. Der Begriff „gewöhnlicher Aufenthalt" ist im Gesetz nicht definirt. Derselbe liegt vor bei längerem Verweilen an einem Ort ohne die Absicht ständiger Niederlassung. Durch den Mangel dieser Absicht unterscheidet sich der „gewöhnliche Aufenthalt" vom Wohnsitz, durch die längere Dauer vom blos vorübergehenden Aufenthalt. Ob ein Aufenthalt lange genug gedauert hat, um als „gewöhnlicher" im Sinne des § 1320 Abs. 2 gelten zu können, hat der Standesbeamte nach freiem Ermessen zu entscheiden (vgl. Sicherer, S. 353 ff.).

4. Nach dem Personenstandsgesetz war die Eheschließung in Deutschland unmöglich, wenn keiner der Verlobten in Deutschland Wohnsitz oder gewöhnlichen Aufenthalt hatte. Dies galt selbst dann, wenn beide Verlobte Deutsche waren (Sicherer, S. 352). Dagegen kann nach B.G.B. § 1320 Abs. 3 die Ehe in Deutschland auch dann geschlossen werden, wenn keiner der Verlobten Wohnsitz oder gewöhnlichen Aufenthalt in Deutschland hat, vorausgesetzt, daß wenigstens einer der Verlobten Deutscher ist. (Ob dies der Fall ist, bestimmt sich nach dem Gesetz über die Erwerbung und den Verlust der Bundes- und Staatsangehörigkeit vom 1. Juni 1870 in der durch E.G. Art. 41 festgesetzten Fassung.) Bezüglich der Zuständigkeit des Standesbeamten ist in diesem Falle zu unterscheiden:

a) Ist nur einer der Verlobten Deutscher und Angehöriger eines Bundesstaats, so wird der zuständige Standesbeamte von der obersten Aufsichtsbehörde dieses Bundesstaats (in Bayern gemäß § 5 der V.O. v. 14. Oktober 1875 [s. Reger-Dames, Pers.G. S. 143] vom Staatsministerium des Innern) bestimmt.

b) Ist nur einer der Verlobten Deutscher und Angehöriger mehrerer Bundesstaaten (was nach dem Gesetz vom 1. Juni 1870 der Fall sein kann; s. Laband, Deutsches Staatsrecht, 3. Aufl. 1895 Bd. 1 S. 123), so muß über die Bestimmung des zuständigen Standesbeamten eine Vereinbarung zwischen den obersten Aufsichtsbehörden dieser Bundesstaaten erfolgen; kommt eine solche nicht zu Stande, so wird gemäß Art. 76 Abs. 1 der Reichsverfassung der Bundesrath zu entscheiden haben.

c) Ist nur einer der Verlobten Deutscher und gehört derselbe keinem Bundesstaat an (s. § 6 des R.G. betr. die Rechtsverhältnisse der deutschen Schutzgebiete vom 17. April 1886 in der durch Art. II des R.G. wegen Abänderung dieses Gesetzes vom 15. März 1888 [R.G.Bl. 1888 S. 71] festgesetzten Fassung), so wird der zuständige Standesbeamte durch den Reichskanzler bestimmt.

d) Sind die beiden Verlobten Deutsche, so ist jeder Standesbeamte zuständig, der nach den unter a—c erwähnten Grundsätzen für jeden der beiden Verlobten bestimmt worden ist.

Die Vorschriften des § 1320 Abs. 3 finden auch dann Anwendung, wenn der deutsche Verlobte im Ausland geboren ist und im Inland niemals Wohnsitz oder gewöhnlichen Aufenthalt gehabt hat (M. IV, 38).

5. Mehrfache Zuständigkeit. Hat jeder der Verlobten innerhalb des Reichsgebiets an verschiedenen Orten seinen Wohnsitz und seinen gewöhnlichen Aufenthalt, so können vier, bei mehrfachem Wohnsitz (§ 7 Abs. 2) auch noch mehr Standesbeamte zuständig sein, unter denen die Verlobten gemäß § 1320 Abs. 4) nach freiem Belieben wählen können. Die Wahl kann mangels gegentheiliger Vorschrift bis zum Vollzug der Eheschließung rückgängig gemacht werden.

6. Maßgebend für die Frage der Zuständigkeit des Standesbeamten ist die Sachlage unmittelbar vor der Eheschließung. Es kann also auch eine nach Vollzug des Aufgebots eingetretene Aenderung des Wohnsitzes oder gewöhnlichen Aufenthalts eines der Verlobten einen Wechsel in der Zuständigkeit des Standesbeamten zur Folge haben (Sicherer, S. 352).

7. Wie nach Pers.G. § 42 Abs. 2 ist auch nach B.G.B., wie sich aus der Fassung des § 1320 Abs. 1 („soll") ergibt, der Umstand, daß der Standesbeamte, vor dem die Ehe geschlossen worden ist, nicht der zuständige war, ohne Einfluß auf die Gültigkeit der Ehe (M. IV, 38). Dies gilt selbst dann, wenn beiden Verlobten die Unzuständigkeit des Standesbeamten bekannt war. Vorausgesetzt wird aber hiebei, daß der Standesbeamte innerhalb seines Amtsbezirks gehandelt hat; wird er außerhalb seines Amtsbezirks thätig, so finden die Bestimmungen des § 1319 Anwendung (s. Anm. 1 zu § 1319 a. E.).

8. Bestreitet der Standesbeamte seine Zuständigkeit, so können sich die Betheiligten um Abhülfe an das Gericht wenden. Ueber Zuständigkeit und Rechtsmittel wird das Gesetz über die Angelegenheiten der freiwilligen Gerichtsbarkeit Bestimmung treffen. Gegen den Standesbeamten, der unter irriger schuldhafter Annahme seiner Zuständigkeit bei einer Eheschließung mitwirkt, findet Strafeinschreitung nach § 69 Pers.G. in der durch E.G. Art. 46 IV festgesetzten Fassung statt (vgl. Reger-Dames, Pers.G. S. 85 ff.)

9. Zur Anordnung des Aufgebots (§ 1316) ist nach § 44 Pers.G. in der durch E.G. Art. 46 II festgesetzten Fassung jeder Standesbeamte zuständig, vor dem nach § 1320 B.G.B. die Ehe geschlossen werden kann.

10. Ueber die Zuständigkeit auf Grund Ermächtigung des zuständigen Standesbeamten s. § 1321.

§ 1321.

Auf Grund einer schriftlichen Ermächtigung des zuständigen Standesbeamten darf die Ehe auch vor dem Standesbeamten eines anderen Bezirkes geschlossen werden.

E. I, 1247; II, 1224; III, 1304.

1. § 1321, welcher den durch E.G. Art. 46 I aufgehobenen § 43 des Pers.G. ersetzt, ermöglicht die Eheschließung vor dem an sich unzuständigen Standesbeamten

im Wege der Ermächtigung desselben durch den gemäß § 1320 zuständigen Standesbeamten.

2. Da für die Anordnung des Aufgebots nur der gemäß § 1320 zur Eheschließung zuständige Standesbeamte zuständig ist (§ 44 Pers.G. in der durch E.G. Art. 46 II festgesetzten Fassung) und nach § 49 Pers.G., falls die Ehe vor einem andern Standesbeamten geschlossen werden soll als dem, der das Aufgebot angeordnet hat, eine Bescheinigung des Letzteren darüber erforderlich ist, daß und wann das Aufgebot vorschriftsmäßig erfolgt ist und daß Ehehindernisse nicht zu seiner Kenntniß gekommen sind, so ist immer gleichzeitig mit der nach § 1321 schriftlich zu ertheilenden Ermächtigung eine Bescheinigung gemäß § 49 Pers.G. auszustellen. Beide Schriftstücke können verbunden werden (§ 5 Abs. 3, Formular F und F 1 der Ausf.V.O. des Bundesraths vom 22. Juni 1875, für Bayern s. Entschl. d. Min. d. Innern v. 17. Mai 1877 zu A; Reger-Dames, Pers.G. S. 109, 134, 135, 192). In die Ermächtigung sind auf Grund der dem zuständigen Standesbeamten vorgelegten Nachweise von diesem sämmtliche im § 54 Ziff. 1 u. 2 Pers.G. bezeichneten Personalverhältnisse der Eheschließenden genau und vollständig einzutragen (Entschl. d. bayr. Min. d. Innern v. 17. Mai 1877 zu A; Reger-Dames, Pers.G. S. 192; s. auch Schlußsatz der Entschl. dess. Min. vom 18. Dez. 1880; Reger-Dames, Pers.G. S. 213, und Sicherer, S. 355 Nr. 2).

3. Die gemäß § 1321 ertheilte Ermächtigung kann von dem ermächtigten Standesbeamten nicht weiter übertragen werden (Sicherer, S. 355).

4. Der auf Grund des § 1321 ermächtigte Standesbeamte hat, da auch für ihn § 48 Pers.G. maßgebend ist, die Eheschließung abzulehnen, wenn Ehehindernisse zu seiner Kenntniß kommen, widrigenfalls er nach § 69 Pers.G. in der durch E.G. Art. 46 IV festgesetzten Fassung strafbar ist. Zur Ermittlung und Feststellung etwaiger Ehehindernisse verpflichtet ist jedoch ausschließlich der Standesbeamte, welcher das Aufgebot anordnet (R.G.E. in Straff. IV, 255 ff.; Reger-Dames, Pers.G. S. 60, 86).

5. Da die Unzuständigkeit des Standesbeamten die Gültigkeit der von demselben geschlossenen Ehe nicht beeinträchtigt (Anm. 7 zu § 1320), so ist es für die Gültigkeit der Ehe auch ohne Bedeutung, wenn der unzuständige Beamte, vor dem die Ehe geschlossen worden ist, überhaupt nicht oder nicht in schriftlicher Form oder von einem nicht zuständigen Standesbeamten zur Eheschließung ermächtigt worden ist (M. IV, 38; vgl. Sicherer, S. 355 ff.). Selbstverständlich gilt dies nur, wenn der Standesbeamte, vor dem die Ehe geschlossen worden ist, innerhalb seines Amtsbezirkes gehandelt hat; ist dies nicht der Fall, so findet § 1319 Anwendung (vgl. Anm. 7 zu § 1320).

§ 1322.

Die Bewilligung einer nach den §§ 1303, 1313 zulässigen Befreiung steht dem Bundesstaate zu, dem die Frau, die Bewilligung einer nach § 1312 zulässigen Befreiung steht dem Bundesstaate zu, dem der geschiedene Ehegatte angehört. Für Deutsche, die keinem Bundesstaat angehören, steht die Bewilligung dem Reichskanzler zu.

Die Bewilligung einer nach § 1316 zulässigen Befreiung steht dem Bundesstaate zu, in dessen Gebiete die Ehe geschlossen werden soll.

Ueber die Ertheilung der einem Bundesstaate zustehenden Bewilligung hat die Landesregierung zu bestimmen.

E. I, 1244, II, 1228; III, 1305.

1. § 1322 tritt an die Stelle der durch E.G. Art. 46 I und II aufgehobenen §§ 40 und 50 Abs. 1 Pers.G.

2. Nach B.G.B. ist Befreiung zulässig vom Ehehinderniß der Eheunmündigkeit, jedoch nur zu Gunsten einer Frau, vom Ehehinderniß des Ehebruchs, vom Ehehinderniß der zehnmonatlichen Wartezeit für Frauen und vom Erforderniß des Aufgebots (§§ 1303 Abs. 2, 1312 Abs. 2, 1313 Abs. 2, 1316 Abs. 3).

Ueber die Unanwendbarkeit des § 1316 Abs. 3 auf den Fall, daß der Bräutigam in Bayern rechts des Rheins beheimathet ist, s. Anm. 8 b zu § 1316.

3. Die Staatsangehörigkeit der Verlobten bemißt sich nach dem Gesetz über die Erwerbung und den Verlust der Bundes- und Staatsangehörigkeit vom 1. Juni 1870 in der durch E.G. Art. 41 festgesetzten Fassung. Gehört die Frau (§§ 1303, 1313) oder der geschiedene Ehegatte (§ 1312) mehreren Bundesstaaten an (s. Anm. 4 b zu § 1320), so ist eine Vereinbarung der Landesregierungen dieser Bundesstaaten erforderlich; kommt

eine solche nicht zu Stande, so entscheidet nach Art. 76 Abs. 1 der Reichsverfassung der Bundesrath.

Ueber den Fall, daß ein Deutscher keinem Bundesstaat angehört, s. § 6 des R.G. betr. die Rechtsverh. der deutschen Schutzgebiete vom 17. April 1886 in der durch Art. II des R.G. wegen Abänderung dieses Gesetzes vom 15. März 1888 (R.G.Bl. 1888 S. 71) festgesetzten Fassung.

4. In Bayern ist die Ausübung des Dispensationsrechts geregelt worden durch die V.O. v. 15. Dezember 1875 (G. u. V.O.Bl. S. 779). Hienach bleibt die Dispensation von dem Ehehindernisse der Eheunmündigkeit und des Ehebruchs der Entscheidung des Landesherrn vorbehalten, die Dispensation vom Ehehinderniß der Wartezeit wird vom Justizministerium ertheilt, die Dispensation vom Aufgebot steht in den Landestheilen rechts des Rheins der Distriktsverwaltungsbehörde (in München dem Magistrat) des Ortes zu, an welchem der zuständige Standesbeamte seinen Amtssitz hat, in der Pfalz dem Staatsanwalt des Landgerichts, in dessen Sprengel die Eheschließung erfolgen soll. Ueber die formelle Behandlung der Dispensationsgesuche s. Bekanntm. der St.M. der Justiz und des Innern v. 24. Dez. 1875 (G. u. V.O.Bl. S. 871) und die bei Reger-Dames, Pers.G. S. 176 Nt. 2 erwähnten autogr. Just.Min.Entschl. (Becher, Landescivilrecht Bd. 2 S. 1139 ff.).

Dritter Titel.

Nichtigkeit und Anfechtbarkeit der Ehe.

Vorbemerkung.

1. Wie die meisten bisherigen Rechte unterscheidet auch das B.G.B. aufschiebende und trennende Ehehindernisse. Das Vorhandensein eines aufschiebenden Ehehindernisses steht zwar dem Abschluß der Ehe entgegen, übt aber keinen Einfluß auf die Gültigkeit der unter Außerachtlassung desselben geschlossenen Ehe, während das Vorhandensein eines trennenden Ehehindernisses die Ungültigkeit der Ehe zur Folge hat. Je nachdem die Ungültigkeitserklärung von Amtswegen oder auf Antrag eines Privaten erfolgte, wurde von der Mehrzahl der bisherigen Rechte weiter unterschieden zwischen öffentlichen trennenden und privaten trennenden Ehehindernissen. Hievon weicht das B.G.B. ab. Aus principiellen wie aus Zweckmäßigkeitsgründen (M. IV, 46) wird der im allgemeinen Theil für Rechtsgeschäfte überhaupt statuirte Unterschied zwischen Nichtigkeit und Anfechtbarkeit auch in das Eherecht eingeführt, freilich mit so wesentlichen Modifikationen, „daß daneben für die Anwendung der allgemeinen Grundsätze des Gesetzbuchs über die Ungültigkeit der Rechtsgeschäfte nur wenig Raum bleibt“ (M. IV, 44).

2. E. I unterschied zweierlei Arten der Nichtigkeit einer Ehe, die auf einem Mangel der Eheschließungsform und die auf einem andern Grunde beruhende Nichtigkeit. Im letzteren Falle sollte die Ehe so lange als gültig anzusehen sein, bis sie aufgelöst oder für nichtig erklärt ist. Wenn dagegen die Nichtigkeit auf einem Formmangel bei der Eheschließung beruht oder eine aus einem anderen Grunde nichtige Ehe aufgelöst oder für ungültig erklärt ist, sollte es so anzusehen sein, als ob die Ehe nicht geschlossen worden wäre. Eine anfechtbare Ehe sollte nach erfolgter Anfechtung so lange als gültig angesehen werden, bis sie aufgelöst oder für ungültig erklärt ist. Wenn dagegen die anfechtbare Ehe in Folge der Anfechtung für ungültig erklärt oder nach erfolgter Anfechtung vor Erledigung des Rechtsstreits aufgelöst oder erst nach Auflösung der Ehe angefochten worden ist, sollte es so anzusehen sein, als ob die Ehe nicht geschlossen worden wäre (E. I §§ 1252, 1260; vgl. M. IV, 43 ff. und über die gegen diese Regelung erhobenen Einwendungen Z.G. IV, 36 ff., VI, 601 ff.).

3. Auch das B.G.B. unterscheidet zwei Arten der Nichtigkeit einer Ehe. Beruht die Nichtigkeit auf einem Mangel der Eheschließungsform und ist außerdem die Ehe nicht ins Heirathsregister eingetragen worden, so treten die Wirkungen der Nichtigkeit von selbst und ohne Weiteres ein. Ist dagegen eine wegen Formmangels nichtige Ehe ins Heirathsregister eingetragen oder eine Ehe aus einem anderen Grunde nichtig, so kann die Nichtigkeit, so lange nicht die Ehe für nichtig erklärt oder aufgelöst ist, nur im Wege der Nichtigkeitsklage geltend gemacht werden (§ 1329, D. 172). Während also nach E. I der höhere Grad der Nichtigkeit jede wegen Formmangels nichtige Ehe ergreifen sollte, tritt nach B.G.B., falls die Eintragung ins Heirathsregister erfolgt ist, auch wenn eine wesentliche Form der Eheschließung nicht beobachtet worden ist, nur die Nichtigkeit geringeren Grades ein. Die Bezeichnung der beiden Nichtigkeitsarten als „formelle“ und „materielle“ Nichtigkeit (P. IV, 56; Achilles, B.G.B., Vorbem. zu diesem Titel Ziff. 2), welche dem E. I gegenüber zutreffend war, erscheint daher nunmehr als nicht völlig genau und gibt zu dem Mißverständniß Anlaß, als sei jede wegen Formmangels nichtige Ehe mit „formeller Nichtigkeit“ behaftet. Wir nennen die ohne Weiteres eintretende Nichtigkeit „absolute Nichtigkeit“, diejenige Nichtigkeit dagegen, welche vor Auflösung oder Nichtigkeitserklärung der Ehe nur im Wege

der Nichtigkeitsklage geltend gemacht werden kann, „relative Nichtigkeit". Ueber die rechtliche Bedeutung dieses Unterschieds s. §§ 1324 Abs. 2, 1344 Abs. 2, 1345 Abs. 2, 1699 Abs. 2, 1721, 1771 Abs. 2 Satz 2; vgl. auch Anm. 3 zu § 1313.

4. Auch hinsichtlich der Regelung der Anfechtbarkeit der Ehe weicht das B.G.B. vom E. I ab. Die anfechtbare Ehe wird zwar, wie nach E. I, bis die Anfechtung erfolgt, als gültig angesehen; ist aber die Anfechtung erfolgt, so ist die Ehe (entsprechend dem für Rechtsgeschäfte geltenden Grundsatz des § 142 Abs. 1) als von Anfang an nichtig anzusehen (§ 1343 Abs. 1 Satz 1; vgl. oben Anm. 2). Freilich ist diese Abweichung gegenüber dem E. I ohne praktische Bedeutung, da nach § 1343 Abs. 2 die Nichtigkeit einer anfechtbaren und mit der Anfechtungsklage angefochtenen Ehe vor der Nichtigkeitserklärung oder Auflösung der Ehe nicht anderweit geltend gemacht werden kann.

5. Wie in Anm. 3 erwähnt, erfolgt die Geltendmachung der relativen Nichtigkeit einer Ehe während des Bestehens der Ehe durch die Erhebung der Nichtigkeitsklage. Nach § 586 d. Entw. e. Ges. betr. Aender. d. C.P.O. kann diese Klage sowohl von jedem der Ehegatten als von dem Staatsanwalt erhoben werden, im Falle der Nichtigkeit wegen Bigamie auch von dem Dritten, mit dem die frühere Ehe geschlossen war, endlich überhaupt von jedem Dritten, für den von der Nichtigkeit der Ehe ein Recht oder von der Gültigkeit der Ehe eine Verpflichtung abhängt (Begr. z. Entw. d. revid. C.P.O. 83 ff., vgl. C.P.O. § 586 Abs. 1 Satz 2 a. F. und Art. 93 des bayr. A.G. z. C.P.O. vom 23. Febr. 1879). Im Gegensatz hiezu steht die Anfechtung einer Ehe nur dem anfechtungsberechtigten Ehegatten zu. Sie erfolgt, solange nicht die Ehe aufgelöst ist, durch Erhebung der Anfechtungsklage, nach Auflösung der Ehe durch Erklärung gegenüber dem Nachlaßgericht (§§ 1341, 1342). Ueber die Geltendmachung der absoluten Nichtigkeit einer Ehe im Wege der Klage auf Feststellung des Nichtbestehens einer Ehe zwischen den Parteien s. Anm. 2b zu § 1329.

6. Die absolute Nichtigkeit der Ehe ist unheilbar. Die relative Nichtigkeit kann in einigen Fällen geheilt werden, nämlich die Nichtigkeit einer wegen Formmangels nichtigen, aber ins Heirathsregister eingetragenen Ehe durch zehnjähriges bez. bei früherem Tod eines Ehegatten dreijähiges Zusammenleben der Ehegatten (§ 1324 Abs. 2), die Nichtigkeit wegen Geschäftsunfähigkeit, Bewußtlosigkeit oder vorübergehender Störung der Geistesthätigkeit eines Ehegatten bei der Eheschließung durch nachträgliche Bestätigung der Ehe (§ 1325 Abs. 2), die Nichtigkeit wegen Ehebruchs durch nachträgliche Bewilligung der Befreiung (§ 1328 Abs. 2). Die Anfechtbarkeit einer Ehe wird beseitigt durch Genehmigung bez. Bestätigung der Ehe (§ 1337), durch Auflösung der Ehe, außer wenn dieselbe durch Tod des nicht anfechtungsberechtigten Ehegatten erfolgt (§ 1338) und Fristablauf (1339).

7. Die Gründe der Nichtigkeit einer Ehe sind aufgezählt in den §§ 1324—1328, die Gründe der Anfechtbarkeit in den §§ 1331—1335 und 1350. Im Allgemeinen tritt Nichtigkeit ein, wenn die Aufrechterhaltung der Ehe mit dem Wesen der Ehe und der öffentlichen Ordnung nicht vereinbar sein würde, Anfechtbarkeit dagegen, wenn es sich um einen Mangel handelt, bei welchem wesentlich das Interesse des verletzten Ehegatten darüber entscheiden muß, ob die Ehe bestehen bleiben soll oder nicht (D. 175).

8. Die Wirkung der Nichtigkeit einer Ehe besteht darin, daß die Ehe als nicht geschlossen angesehen wird. Dies gilt ohne Weiteres bei der absoluten Nichtigkeit: es besteht keinerlei Verpflichtung zur ehelichen Lebensgemeinschaft, die Ehegatten können sich ohne Weiteres trennen und eine anderweitige Ehe eingehen, die Frau hat keinen Anspruch auf Führung des Familiennamens des Mannes, es besteht kein gegenseitiger Unterhaltsanspruch ꝛc. (s. § 1353 ff.). Bei der relativ nichtigen und bei der anfechtbaren und angefochtenen Ehe gilt das Gleiche, sobald gemäß § 1329 Satz 1 und § 1343 Abs. 2 die Nichtigkeit unbeschränkt geltend gemacht werden kann, jedoch mit Ausnahmen zu Gunsten des gutgläubigen Dritten, des gutgläubigen Ehegatten und der aus der Ehe stammenden Kinder (§ 1344 Abs. 1, § 1345 Abs. 1, §§ 1699 ff., s. auch § 1721 und § 1313 Anm. 3). Ueber die Begründung der Schwägerschaft durch eine nichtige oder anfechtbare Ehe s. Anm. 2 zu § 1590 (s. auch Anm. 6 zu § 1310), über den Einfluß der Nichtigkeit oder Anfechtbarkeit der Ehe auf das gesetzliche Erbrecht des Ehegatten und die Wirksamkeit letztwilliger Verfügungen zu Gunsten des andern Ehegatten s. §§ 2077 Abs. 1 Satz 1 und Abs. 3, 2268, 2279, Anm. zu § 1931, über weitere Rechtswirkungen der Nichtigkeit oder Anfechtbarkeit der Ehe s. §§ 1771 Abs. 2, 1899 Abs. 3.

9. Bez. des internationalen Privatrechts s. E.G. Art. 13, 27, 29—31. Die erforderlichen Uebergangsbestimmungen enthält E.G. Art. 198.

§ 1323.

Eine Ehe ist nur in den Fällen der §§ 1324 bis 1328 nichtig.

E. I, 1250; II, 1219; III, 1306.

In der Festsetzung der trennenden Ehehindernisse, welche unbeschadet der Grundsätze des internationalen Privatrechts eine erschöpfende ist (M. IV, 47), schließt sich das B.G.B. dem E. I an, nur ist das Ehehinderniß des Ehebruchs, welches nach E. I lediglich aufschiebenden Charakter hatte, nunmehr als trennendes Ehehinderniß erklärt (§ 1328). Ueber die rechtliche, weil natürliche Unmöglichkeit einer Ehe zwischen Personen gleichen Geschlechts, sowie über die Ehe von Zwittern s. M. IV, 48.

§ 1324.

Eine Ehe ist nichtig, wenn bei der Eheschließung die im § 1317 vorgeschriebene Form nicht beobachtet worden ist.

Ist die Ehe in das Heirathsregister eingetragen worden und haben die Ehegatten nach der Eheschließung zehn Jahre oder, falls einer von ihnen vorher gestorben ist, bis zu dessen Tode, jedoch mindestens drei Jahre, als Ehegatten mit einander gelebt, so ist die Ehe als von Anfang an gültig anzusehen. Diese Vorschrift findet keine Anwendung, wenn bei dem Ablaufe der zehn Jahre oder zur Zeit des Todes des einen Ehegatten die Nichtigkeitsklage erhoben ist.

E. I, 1250 Nr. 1; II, 1230; III, 1307.

1. Wie E. I—III erklärt auch B.G.B. die Verletzung der vorgeschriebenen Eheschließungsform als trennendes Ehehinderniß, jedoch nur insoweit, als ein Verstoß gegen die im § 1317 aufgezählten wesentlichen Förmlichkeiten der Eheschließung vorliegt. Dagegen ist die Außerachtlassung der im § 1318 enthaltenen unwesentlichen Formvorschriften gleichwie das Unterbleiben des Aufgebots (§ 1316) ohne Einfluß auf die Gültigkeit der Ehe (vgl. § 1317 Anm. 3—5, § 1318 Anm. 1 u. 4, § 1316 Anm. 7 und bez. Bayerns Anm. 8 d).

2. Die Eintragung der Ehe in das standesamtliche Heirathsregister ist nicht wesentliches Erforderniß der Eheschließung, die Unterlassung der Eintragung macht die im übrigen gültige Ehe weder nichtig noch anfechtbar (§ 1318 Anm. 3 u. 4). Ist aber bei Abschluß der Ehe die in § 1317 vorgeschriebene Form nicht beobachtet worden, so entscheidet die Eintragung in das Heirathsregister darüber, ob die Ehe absolut oder relativ nichtig ist (vgl. Vorbemerkung zu diesem Titel Ziff. 3). Ist eine wesentliche Förmlichkeit außer Acht gelassen worden und die Eintragung der Ehe in das Heirathsregister unterblieben, so liegt absolute Nichtigkeit vor: eine Ehe im Rechtssinn ist überhaupt nicht vorhanden, die Nichtigkeit der Ehe kann ohne weiteres und unbeschränkt geltend gemacht werden. Ist dagegen die wegen Verletzung wesentlicher Formvorschriften nichtige Ehe ins Heirathsregister eingetragen worden, so ist relative Nichtigkeit gegeben, die gemäß § 1329, solange die Ehe nicht aufgelöst oder für nichtig erklärt worden ist, nur im Wege der Nichtigkeitsklage geltend gemacht werden kann.

3. Die absolute Nichtigkeit einer Ehe ist unheilbar (s. Vorbem. zu diesem Titel Ziff. 6). Soll die fragliche Verbindung den Charakter einer Ehe im Rechtssinn erhalten, so ist neuerlicher Abschluß der Ehe unter Beobachtung der Formvorschriften des § 1317 erforderlich. Ist dagegen bei der Eheschließung zwar eine wesentliche Förmlichkeit verletzt, die Ehe aber ins Heirathsregister eingetragen worden, so wird die (relative) Nichtigkeit geheilt und die Ehe als von Anfang an gültig angesehen, wenn die Ehegatten nach der Eheschließung zehn Jahre oder bei früherem Tod eines Ehegatten bis zu dessen Tode, jedoch mindestens drei Jahre als Ehegatten miteinander gelebt haben. Diese nachträgliche Heilung tritt jedoch nicht ein, wenn bei Ablauf der zehn Jahre oder zur Zeit des Todes des einen Ehegatten die Nichtigkeitsklage bereits erhoben ist. (Diese Bestimmungen beruhen auf Beschlüssen der II. Komm. und der Reichstagskommission; dem E. I war eine Heilung der auf Formmangel beruhenden Nichtigkeit der Ehe unbekannt; vgl. Z.G. IV, 39, VI, 602; P. IV, 62 ff.; D. 174; R.T.K. 105.) Darüber, ob eine vorübergehende Trennung der Ehegatten als Unterbrechung des ehelichen Zusammenlebens anzusehen ist, entscheidet das richterliche Ermessen. Ueber die Berechnung der zehn- bezw. dreijährigen Frist s. §§ 187 Abs. 1, 188 Abs. 2.

4. Eine dem § 1324 analoge Vorschrift bezüglich der Eheschließung von Deutschen im Auslande enthält § 8a des R.G. über die Eheschließung und die Beurkundung des Personenstandes von Bundesangehörigen im Auslande vom 4. Mai 1870 in der durch E.G. Art. 40 II festgesetzten Fassung.

§ 1325.

Eine Ehe ist nichtig, wenn einer der Ehegatten zur Zeit der Eheschließung geschäftsunfähig war oder sich im Zustande der Bewußtlosigkeit oder vorübergehender Störung der Geistesthätigkeit befand.

Die Ehe ist als von Anfang an gültig anzusehen, wenn der Ehegatte sie nach dem Wegfalle der Geschäftsunfähigkeit, der Bewußtlosigkeit oder der Störung der Geistesthätigkeit bestätigt, bevor sie für nichtig erklärt oder aufgelöst worden ist. Die Bestätigung bedarf nicht der für die Eheschließung vorgeschriebenen Form.

E. I, 1250 Nr. 2, 1251; II, 1231; III, 1308.

1. Im Gegensatz zu der Mehrzahl der bisherigen Rechte, nach welchen Geschäftsunfähigkeit eines Ehegatten zur Zeit der Eheschließung lediglich Anfechtbarkeit der Ehe zur Folge hatte, ist nach B.G.B. (dem Grundsatz des § 105 Abs. 1 u. 2 entsprechend) eine Ehe nichtig, wenn in jenem Zeitpunkt einer der Ehegatten

a) geschäftsunfähig war, d. h. sich in einem die freie Willensbestimmung ausschließenden Zustande krankhafter Störung der Geistesthätigkeit befand oder wegen Geisteskrankheit entmündigt war (§ 104; die Geschäftsunfähigkeit wegen noch nicht vollendeten siebenten Lebensjahrs kommt hier naturgemäß nicht in Betracht) oder

b) sich im Zustande der Bewußtlosigkeit oder vorübergehenden Störung der Geistesthätigkeit befand (vgl. § 105 Abs. 2).

Der in der Reichstagskommission gestellte Antrag, die Ehe eines Geschäftsunfähigen nur für anfechtbar zu erklären, wurde abgelehnt (R.T.K. 105; vgl. Z.G. IV, 40 ff., VI, 603).

2. Die auf Grund des § 1325 eintretende Nichtigkeit der Ehe ist relative Nichtigkeit (s. Vorbem. Ziff. 3). Sie kann also, solange nicht die Ehe für nichtig erklärt oder aufgelöst ist, nur im Wege der Nichtigkeitsklage geltend gemacht werden (§ 1329).

3. Die gemäß § 1325 eintretende Nichtigkeit der Ehe ist heilbar: die Ehe wird als von Anfang an gültig angesehen, wenn der Ehegatte, welcher zur Zeit der Eheschließung geschäftsunfähig war oder sich im Zustande der Bewußtlosigkeit oder vorübergehender Störung der Geistesthätigkeit befand, nach dem Wegfall dieses Zustandes die Ehe bestätigt (vgl. § 141). Die Bestätigung ist an keinerlei Form gebunden, insbesondere ist Wiederholung der Eheschließung nicht erforderlich. Es genügt vielmehr formlose Willenserklärung des Ehegatten, bei welchem das Ehehinderniß bestanden hat (P. IV, 60). Die Bestätigung kann auch stillschweigend erfolgen, insbesondere durch Fortsetzung des ehelichen Zusammenlebens trotz Kenntniß der Nichtigkeit der Ehe (M. IV, 50). Der Widerspruch des andern Ehegatten kann die Convalescenz der Ehe nicht hindern, da die Bestätigung ein einseitiges Rechtsgeschäft ist (vgl. Z.G. IV, 41). Die Heilung der auf Grund des § 1325 eintretenden Nichtigkeit durch Bestätigung der Ehe ist aber nicht mehr möglich, wenn beim Wegfall der Geschäftsunfähigkeit, Bewußtlosigkeit oder Störung der Geistesthätigkeit des einen Ehegatten die Ehe bereits aufgelöst oder für nichtig erklärt worden ist. Dagegen steht die Aufhebung der ehelichen Gemeinschaft (§ 1575) der Bestätigung der Ehe nicht entgegen (§ 1586 Satz 2). Ist die Nichtigkeitsklage bereits erhoben, der Rechtsstreit aber noch nicht erledigt, so kann die Bestätigung noch insolange rechtswirksam erfolgen, als überhaupt Thatsachen im Civilprozeß noch mit Erfolg vorgebracht werden können (M. IV, 50 ff.). Ist der Ehegatte zu der Zeit, in welcher die Bestätigung erfolgen soll, in der Geschäftsfähigkeit beschränkt, so bedarf er zur Bestätigung der Einwilligung seines gesetzlichen Vertreters. Hat er die Ehe ohne Einwilligung seines gesetzlichen Vertreters bestätigt, so hört die Ehe zwar auf, nichtig zu sein, ist aber gemäß § 1331 anfechtbar (s. auch § 1337). Im Uebrigen entscheiden über die Nichtigkeit und Anfechtbarkeit der Bestätigung die allgemeinen Grundsätze der §§ 105, 116 ff.

4. War ein Ehegatte zur Zeit der Eheschließung in der Geschäftsfähigkeit beschränkt, so ist die Ehe gemäß § 1331 anfechtbar, wenn die Eheschließung ohne Einwilligung seines gesetzlichen Vertreters erfolgt ist (s. auch § 1337).

§ 1326.

Eine Ehe ist nichtig, wenn einer der Ehegatten zur Zeit der Eheschließung mit einem Dritten in einer gültigen Ehe lebte.

E. I, 1250 Nr. 3; II, 1232; III, 1309.

1. Das Ehehinderniß des bestehenden Ehebandes (§ 1309) ist ein trennendes Ehehinderniß. Die unter Außerachtlassung desselben geschlossene neue Ehe ist nichtig, jedoch nur dann, wenn die frühere Ehe gültig war. Ist die frühere Ehe absolut nichtig (s. Vorbem. Ziff. 3), so ist die neue Ehe selbstverständlich gültig, da die frühere Verbindung als Ehe im Rechtssinn überhaupt nicht betrachtet wird (Vorbem. Ziff. 8). Ist die frühere Ehe relativ nichtig oder anfechtbar und angefochten, jedoch noch nicht aufgelöst oder für nichtig erklärt, so steht dem Abschluß einer neuen Ehe zwar das (aufschiebende) Ehehinderniß des § 1309 Abs. 1 Satz 1 entgegen; wird aber unter Außerachtlassung desselben eine neue Ehe geschlossen, so ist dieselbe gültig. (Vgl. § 1309 Anm. 4 und 7. Nach E. I sollte die neue Ehe auch dann nichtig sein, wenn die frühere Ehe aus einem nicht auf Formmangel beruhenden Grunde nichtig war; vgl. M. IV, 51 ff.; Z.G. IV, 41 ff.; P. IV, 58 ff.; D. 175; über das bisherige Recht vgl. Sicherer, Personenstand und Eheschließung S. 254 ff.; B.L.R. Thl. I cap. 6 § 8 Ziff. 5.)

2. Die Nichtigkeit der zweiten Ehe greift auch dann Platz, wenn

a) bei Auflösung der ersten Ehe durch Tod eines Ehegatten sich später herausstellt, daß dieser zur Zeit des Abschlusses der zweiten Ehe noch am Leben war (M. IV, 641; über die abweichende Regelung bei Wiederverheirathung im Falle der Todeserklärung s. § 1348 Abs. 1);

b) bei Auflösung der ersten Ehe durch Scheidung oder bei Nichtigkeitserklärung der ersten Ehe das Urtheil im Wege des Wiederaufnahmeverfahrens durch Nichtigkeits- oder Restitutionsklage (C.P.O. § 541 ff.) beseitigt worden ist (M. IV, 52, vgl. Anm. 7 zu § 1309, s. auch § 1309 Abs. 2 und § 1348 Abs. 2 Satz 2).

3. Die gemäß § 1326 eintretende Nichtigkeit der Ehe ist relative Nichtigkeit (s. Vorbem. Ziff. 3). Sie kann also, solange nicht die Ehe für nichtig erklärt oder aufgelöst ist, nur im Wege der Nichtigkeitsklage geltend gemacht werden (§ 1329).

4. Die auf Grund des § 1326 eintretende Nichtigkeit der Ehe ist unheilbar. Die zweite Ehe wird auch dann nicht gültig, wenn die erste Ehe vor der Nichtigkeitserklärung oder Auflösung der zweiten Ehe aufgelöst wird (M. IV, 52 ff., P. IV, 58 ff.). Dies gilt auch bezüglich der oben Anm. 2a und b erwähnten Fälle (M. IV, 641, Anm. 1 zu § 1348).

5. Die auf Grund des § 1326 erhobene Nichtigkeitsklage hat zwei Besonderheiten.

a) Sie kann auch von dem Dritten erhoben werden, mit welchem die frühere Ehe geschlossen war (Entw. e. G. betr. Aender. d. C.P.O. § 586 Abs. 1 Satz 1; Begr. hiezu 83; vgl. E. I, 1253; M. IV, 59).

b) Während im Allgemeinen das auf eine Nichtigkeitsklage ergehende, bei Lebzeiten beider Ehegatten rechtskräftig gewordene Urtheil für und gegen Alle wirkt, tritt diese Rechtswirkung bei einem Urtheil, durch welches eine auf Grund des § 1326 erhobene Nichtigkeitsklage abgewiesen wird, gegen den Dritten, mit dem die frühere Ehe geschlossen war, nur dann ein, wenn er an dem Rechtsstreite theilgenommen hat (Entw. e. G. betr. Aender. d. C.P.O. § 584b; Begr. hiezu 82; vgl. E. I 1256; M. IV, 63).

6. In strafrechtlicher Beziehung kommen zwei Bestimmungen des Reichsstrafgesetzbuchs in Betracht:

a) St.G.B. § 171 in der durch E.G. Art. 34 V festgesetzten Fassung bedroht mit Strafe einen Ehegatten, welcher eine neue Ehe eingeht, bevor seine Ehe aufgelöst oder für nichtig erklärt worden ist, sowie eine unverheirathete Person, welche mit einem Ehegatten, wissend, daß er verheirathet ist, eine Ehe eingeht;

b) St.G.B. § 338 bedroht mit Strafe einen Religionsdiener oder Personenstandsbeamten, welcher, wissend, daß eine Person verheirathet ist, eine neue Ehe derselben schließt.

Beide Strafdrohungen setzen nur formelle, nicht aber materielle Gültigkeit der früheren Ehe voraus (Olshausen, Komm. z. St.G.B., 5. Aufl., Anm. 2 zu § 171); die Strafbarkeit tritt also auch ein, wenn die frühere Ehe relativ nichtig oder anfechtbar und angefochten, zur Zeit des Abschlusses der neuen Ehe aber noch nicht für nichtig erklärt war. Demgemäß kann der Fall eintreten, daß Jemand wegen Bigamie bestraft wird, die den Thatbestand der Bigamie bildende zweite Ehe aber wegen Nichtigkeit der früheren Ehe (s. o. Anm. 1) civilrechtlich als gültig zu betrachten ist.

§ 1327.

Eine Ehe ist nichtig, wenn sie zwischen Verwandten oder Verschwägerten dem Verbote des § 1310 Abs. 1 zuwider geschlossen worden ist.

E. I, 1250 Nr. 3; II, 1233; III, 1310.

1. Wie in Anm. 5 zu § 1310 ausgeführt, hat das B.G.B. im Gegensatz zum E. I auch die sogenannte außereheliche Schwägerschaft (affinitas illegitima) als Ehehinderniß erklärt (§ 1310 Abs. 2). Jedoch ist dieses Ehehinderniß nur als aufschiebendes erklärt (P. IV, 59), während dem Ehehinderniß der Verwandtschaft und Schwägerschaft in dem durch § 1310 Abs. 1 und 3 festgesetzten Umfang gemäß § 1327 der Charakter eines trennenden Ehehindernisses beigelegt ist (Anm. 11 zu § 1310, über das bisherige Recht s. Sicherer, S. 247 ff.). Das Ehehinderniß der Adoptivverwandtschaft (§ 1311) hat nur aufschiebenden Charakter (Anm. 6 zu § 1311).

2. Die auf Grund des § 1327 eintretende Nichtigkeit der Ehe ist relative Nichtigkeit (Vorbem. Ziff. 3). Sie kann also, solange nicht die Ehe für nichtig erklärt oder aufgelöst ist, nur im Wege der Nichtigkeitsklage geltend gemacht werden (§ 1329).

3. Eine Heilung der gemäß § 1327 eintretenden Nichtigkeit ist ausgeschlossen.

4. Die strafrechtlichen Folgen des Geschlechtsverkehrs zwischen Verwandten und Verschwägerten (Blutschande) sind im § 173 St.G.B. geregelt.

5. Ueber die Unzulässigkeit der Ehelichkeitserklärung eines Kindes, dessen Eltern sich zur Zeit der Erzeugung des Kindes gemäß § 1310 Abs. 1 nicht hätten heirathen können, s. § 1732.

§ 1328.

Eine Ehe ist nichtig, wenn sie wegen Ehebruchs nach § 1312 verboten war.

Wird nachträglich Befreiung von der Vorschrift des § 1312 bewilligt, so ist die Ehe als von Anfang an gültig anzusehen.

E. II, 1234; III, 1311.

1. Im Gegensatz zum E. I legt B.G.B. dem Ehehinderniß des Ehebruchs (§ 1312) den Charakter eines trennenden Ehehindernisses bei (vgl. Anm. 5 zu § 1312, über das bisherige Recht s. Sicherer, S. 251 ff.).

2. Die auf Grund des § 1328 eintretende Nichtigkeit der Ehe ist relative Nichtigkeit (Vorbem. Ziff. 3). Sie kann also, solange nicht die Ehe für nichtig erklärt oder aufgelöst ist, nur im Wege der Nichtigkeitsklage geltend gemacht werden (§ 1329).

3. Die gemäß § 1328 eintretende Nichtigkeit der Ehe ist heilbar: Die Ehe ist als von Anfang an gültig anzusehen, wenn vor der Nichtigkeitserklärung oder Auflösung derselben nachträglich Befreiung vom Ehehinderniß des § 1312 bewilligt wird (§ 1312 Abs. 2, Anm. 5 zu § 1312).

4. Nach E. I des E.G. sollte Zuwiderhandlung gegen das Eheverbot des § 1312 auch strafbar sein, diese Bestimmung wurde jedoch in das Gesetz nicht aufgenommen (Anm. 6 zu § 1312).

§ 1329.

Die Nichtigkeit einer nach den §§ 1325 bis 1328 nichtigen Ehe kann, solange nicht die Ehe für nichtig erklärt oder aufgelöst ist, nur im Wege der Nichtigkeitsklage geltend gemacht werden. Das Gleiche gilt von einer nach § 1324 nichtigen Ehe, wenn sie in das Heirathsregister eingetragen worden ist.

E. I, 1252; II, 1235; III, 1312.

1. Ueber den Unterschied zwischen absoluter und relativer Nichtigkeit und die aus dem Unterschiede entspringenden Folgesätze s. Vorbem. zu diesem Tit. Ziff. 3 u. 8.

2. Bezüglich der Geltendmachung der absoluten Nichtigkeit einer Ehe ist zu unterscheiden, ob dieselbe seitens eines Dritten oder seitens eines der Ehegatten selbst erfolgt.

a) Ein Dritter kann die absolute Nichtigkeit einer Ehe sowohl incidenter gelegentlich eines andern Rechtsstreits, als auch (beim Vorhandensein der Voraussetzungen des § 231 C.P.O.) im Wege der Feststellungsklage geltend machen. Im letzteren Falle ist der Rechtsstreit nicht Ehesache im Sinn der C.P.O., das ergehende Urtheil wirkt nicht für und gegen Alle (vgl. Anm. 2b, 5 und 6 und Anm. 3b zu § 1343).

b) Wollen dagegen die Ehegatten selbst die Frage, ob ihre Ehe absolut nichtig ist oder nicht, gerichtlich zum Austrag bringen, so geschieht dies in der Form der „Klage auf Feststellung des Bestehens oder Nichtbestehens einer Ehe zwischen den Parteien". Diese Klage, welche als Feststellungsklage vom Vorhandensein der Voraussetzungen der C.P.O. abhängig ist, gilt als „Ehesache" i. S. der C.P.O. und unterliegt daher den für Ehesachen geltenden Sondervorschriften des Prozeßrechts.

Da ferner nach § 584b d. Entw. e. G. betr. Aend. d. C.P.O. das bei Lebzeiten beider Ehegatten rechtskräftig gewordene Urtheil, durch welches das Bestehen oder Nichtbestehen der Ehe festgestellt wird, für und gegen Alle wirkt, bestimmt § 141 d dieses Entwurfs, daß, wenn im Laufe eines Rechtsstreits streitig wird, ob zwischen den Parteien eine Ehe bestehe oder nicht bestehe, und von der Entscheidung dieser Frage die Entscheidung des Rechtsstreits abhängt, das Gericht auf Antrag das Verfahren auszusetzen hat, bis der Streit über das Bestehen oder Nichtbestehen der Ehe im Wege der Feststellungsklage erledigt ist. (Begr. 27, 82; E. I 1256, 1271; M. IV, 62 ff., 103 ff.; M. z. E.G. 74 ff., 77, 80, 82, 83; P. IV, 64 ff.; vgl. Anm. 2a, 5 und 6 und Anm. 3b zu § 1343.)

3. Im Gegensatz zur absoluten Nichtigkeit kann die relative Nichtigkeit während des Bestehens der Ehe nur im Wege der Nichtigkeitsklage geltend gemacht werden. Das die Nichtigkeit aussprechende Urtheil bewirkt zwar nicht die Nichtigkeit, sondern hat nur deklaratorische Bedeutung. Bis zur urtheilsmäßigen Feststellung der Nichtigkeit darf aber in einem andern Verfahren über die Nichtigkeit der Ehe incidenter nicht verhandelt und entschieden werden. Eine Konsequenz davon ist, daß die relativ nichtige Ehe bis zur Nichtigkeitserklärung oder Auflösung als gültig anzusehen ist, wie dies E. I (§ 1252 Abs. 1) ausdrücklich ausgesprochen hatte (M. IV, 56; Z.G. IV, 43 ff., VI, 603; P. IV, 56). Diese Eigenthümlichkeit der relativen Nichtigkeit rechtfertigt sich „durch den Ausschluß der Privatdisposition über das Rechtsverhältniß der Ehe und das Interesse des Staates an der Aufrechterhaltung gültiger Ehen, durch die Rücksicht auf die öffentliche Ordnung und die Sicherheit des Verkehrs, sowie durch die Erwägung, daß es zur Vermeidung widersprechender Urtheile rathsam ist, wenn die Nichtigseit der Ehe, soweit thunlich, in einem besonderen Verfahren einheitlich mit Wirkung für und gegen Alle festgestellt wird" (M. IV, 56 ff.). Andererseits fordert aber die Rücksicht auf das materielle Recht, daß in einem Rechtsstreit, dessen Entscheidung davon abhängt, ob eine Ehe relativ nichtig ist oder nicht, die Berufung auf die Nichtigkeit der Ehe nicht ausgeschlossen werden darf. Daher bestimmt § 141a d. Entw. e. Ges. betr. Aend. d. C.P.O., daß, wenn die Entscheidung eines Rechtsstreits davon abhängig ist, ob eine Ehe nichtig ist, das Gericht, wenn die Nichtigkeit nur im Wege der Nichtigkeitsklage geltend gemacht werden kann, auf Antrag das Verfahren auszusetzen und, falls die Nichtigkeitsklage noch nicht erhoben ist, eine Frist zur Erhebung der Klage zu bestimmen hat (Begr. 27; M. IV, 57; M. z. E.G. 74).

4. Der Rechtsstreit, welcher die (relative) Nichtigkeit der Ehe zum Gegenstand hat (Nichtigkeitsklage), ist „Ehesache" und unterliegt den für solche geltenden Sondervorschriften der C.P.O. Für die Nichtigkeitsklage im Besonderen gelten folgende Vorschriften:

a) Die Klage kann von jedem der Ehegatten sowie von dem Staatsanwalt erhoben werden, im Falle des § 1326 des B.G.B. auch von dem Dritten, mit dem die frühere Ehe geschlossen war. Im Uebrigen kann die Klage von einem Dritten nur erhoben werden, wenn für ihn von der Nichtigkeit der Ehe ein Recht oder von der Gültigkeit der Ehe eine Verpflichtung abhängt. Die von dem Staatsanwalt oder einem Dritten erhobene Klage ist gegen beide Ehegatten, die von einem Ehegatten erhobene Klage ist gegen den andern Ehegatten zu richten (Entw. e. G. betr. Aend. d. C.P.O. § 586; Begr. 83 ff.; vgl. E. I 1253; M. IV, 58 ff. und bayr. A.G. z. C.P.O. Art. 93). Ueber die Unvererblichkeit der Nichtigkeitsklage s. M. IV, 60.

b) Mit der Nichtigkeitsklage kann nur eine Klage auf Feststellung des Bestehens oder Nichtbestehens einer Ehe zwischen den Parteien verbunden werden. Eine Widerklage ist nur statthaft, wenn sie eine Nichtigkeitsklage oder eine Feststellungsklage der in Abs. 1 bezeichneten Art ist (Entw. e. G. betr. Aend. d. C.P.O. § 587; Begr. 84; M. z. E.G. 82 ff.).

c) Der Staatsanwalt kann, auch wenn er die Klage nicht erhoben hat, den Rechtsstreit betreiben, insbesondere selbständig Anträge stellen und Rechtsmittel einlegen (C.P.O. § 589).

d) Das Versäumnißurtheil gegen den im Termin zur mündlichen Verhandlung nicht erschienenen Kläger ist dahin zu erlassen, daß die Klage als zurückgenommen gelte (Entw. e. G. betr. Aend. d. C.P.O. § 589a; Begr. 84; M. z. E.G. 83).

e) Wird ein Rechtsmittel von dem Staatsanwalt oder einer Privatpartei eingelegt, so sind im ersteren Falle die Privatparteien, im letzteren Falle die übrigen Privatparteien und der Staatsanwalt, sofern derselbe Partei ist, für das Rechtsmittelverfahren als die Gegner anzusehen (C.P.O. § 590).

f) In den Fällen, in welchen der als Partei auftretende Staatsanwalt unterliegt, ist die Staatskasse zur Erstattung der dem obsiegenden Gegner erwachsenen Kosten gemäß C.P.O. §§ 87 ff. zu verurtheilen (C.P.O. § 591).

5. Die Geltendmachung der relativen Nichtigkeit einer Ehe während des Bestehens der Ehe durch Feststellungsklage ist mangels des hiefür prozeßordnungsmäßig erforderlichen rechtlichen Interesses insoweit ausgeschlossen, als die Geltendmachung durch Erhebung der Nichtigkeitsklage möglich ist. Dagegen kann bei Vorhandensein der civilprozessualen Voraussetzungen sowohl seitens eines Ehegattens als seitens eines Dritten auf Feststellung, daß die Ehe nicht (relativ) nichtig ist, geklagt werden (M. IV, 103). Der fragliche Rechtsstreit ist nicht (wie die Klage auf Feststellung des Bestehens oder Nichtbestehens einer Ehe zwischen den Parteien s. o. Anm. 2b) Ehesache, das ergehende Urtheil wirkt nicht für und gegen Alle (vgl. Anm. 2a und b, 6 und Anm. 3b zu § 1343).

6. Die Bestimmung, daß die Nichtigkeit einer relativ nichtigen Ehe nur im Wege der Nichtigkeitsklage geltend gemacht werden kann, gilt nur für die Dauer des Bestehens der Ehe. Ist die Ehe rechtskräftig für nichtig erklärt (gleichviel ob auf Grund einer Nichtigkeits- oder einer Anfechtungsklage) oder durch Tod eines Ehegatten (der nach § 18 Abs. 2 auch durch Vorlegung eines Ausschlußurtheils bewiesen werden kann), Scheidung (welcher gemäß § 1586 Satz 2 in dieser Beziehung die Aufhebung der ehelichen Gemeinschaft nicht gleichsteht) oder gemäß § 1348 Abs. 2 aufgelöst worden, so kann nunmehr die Nichtigkeit der Ehe sowohl von den früheren Ehegatten, als auch von jedem Dritten sowohl incidenter als beim Vorhandensein der sonstigen Voraussetzungen im Wege der Feststellungsklage unbeschränkt geltend gemacht werden (M. IV, 58). Dies gilt insbesondere auch dann, wenn einer der Ehegatten vor Erledigung des Nichtigkeitsprozesses verstorben und der Rechtsstreit daher gemäß § 584a d. Entw. e. G. betr. Aend. d. C.P.O. in Ansehung der Hauptsache als erledigt anzusehen ist. Erfolgt die Geltendmachung der Nichtigkeit nach Auflösung oder Nichtigkeitserklärung der Ehe im Wege der Feststellungsklage, so ist der fragliche Rechtsstreit nicht „Ehesache" im Sinne der Civilprozeßordnung, das ergehende Urtheil wirkt nicht für und gegen Alle (vgl. Anm. 2a und b und Anm. 3b zu § 1343).

7. Ueber die Geltendmachung der Nichtigkeit einer anfechtbaren und angefochtenen Ehe s. § 1343.

§ 1330.

Eine Ehe kann nur in den Fällen der §§ 1331 bis 1335 und des § 1350 angefochten werden.

E. I, 1259; II, 1238; III, 1313.

In der Festsetzung der Anfechtungsgründe, welche wie die der Nichtigkeitsgründe, unbeschadet der Grundsätze des internationalen Privatrechts, eine ausschließende ist (M. IV, 71), weicht das B.G.B. vom E. I in folgenden Punkten ab:

a) Nach B.G.B. macht nicht nur Betrug, sondern auch Irrthum über Person und gewisse persönliche Eigenschaften des andern Ehegatten die Ehe anfechtbar (§ 1333).

b) Die Eheunmündigkeit eines Ehegatten zur Zeit der Eheschließung, welche nach E. I Anfechtungsgrund war, bildet nach B.G.B. nur ein aufschiebendes Ehehinderniß.

c) Dem E. I unbekannt war der Anfechtungsgrund des § 1350 B.G.B.

§ 1331.

Eine Ehe kann von dem Ehegatten angefochten werden, der zur Zeit der Eheschließung oder im Falle des § 1325 zur Zeit der Bestätigung in der Geschäftsfähigkeit beschränkt war, wenn die Eheschließung oder die Bestätigung ohne Einwilligung seines gesetzlichen Vertreters erfolgt ist.

E. I, 1259 Nr. 4, 1261 Nr. 4; II, 1239; III, 1314.

1. § 1331 statuirt Anfechtbarkeit der Ehe für zwei Fälle:

a) Entsprechend dem für Rechtsgeschäfte überhaupt geltenden Grundsatz des § 108 erklärt das Gesetz das Ehehinderniß der mangelnden Einwilligung des gesetzlichen Vertreters einer in der Geschäftsfähigkeit beschränkten Person (§ 1304) als trennendes Ehehinderniß (M. IV, 82; Z.G. IV, 56 ff., VI, 605; P. IV, 79; D. 176; R.T.K. 105 ff.; über das bisherige Recht s. Sicherer, S. 234 ff.; Dernburg, Pand. Bd. 3 S. 16). Dies gilt insbesondere auch für den Fall, daß eine Ehe zwischen einer in der Geschäftsfähigkeit beschränkten Person und ihrem gesetzlichen Vertreter ohne Aufstellung eines Pflegers geschlossen worden ist (Anm. 6 zu § 1304).

b) Die bei Geschäftsunfähigkeit, Bewußtlosigkeit oder vorübergehender Störung der Geistesthätigkeit eines Ehegatten zur Zeit der Eheschließung eintretende

Nichtigkeit der Ehe wird gemäß § 1325 Abs. 2 durch Bestätigung der Ehe nach Wegfall des Nichtigkeitsgrundes geheilt, vorausgesetzt, daß der bestätigende Ehegatte zur Zeit der Bestätigung unbeschränkt geschäftsfähig war. Befand er sich in diesem Zeitpunkt wiederum im Zustande der Geschäftsunfähigkeit, so ist die Bestätigung unwirksam und die Ehe bleibt nichtig (§ 105). War er zur Zeit der Bestätigung in der Geschäftsfähigkeit beschränkt und erfolgte die Bestätigung mit Einwilligung seines gesetzlichen Vertreters, so ist die Ehe als von Anfang an gültig anzusehen, erfolgte die Bestätigung ohne Einwilligung des gesetzlichen Vertreters, so hört die Ehe zwar auf, nichtig zu sein, ist aber gemäß § 1331 anfechtbar (M. IV, 83).

2. Die durch § 1331 festgesetzte Anfechtbarkeit der Ehe kommt gemäß § 1337 in Wegfall:

a) wenn der gesetzliche Vertreter des Ehegatten die Ehe genehmigt oder die von demselben verweigerte Genehmigung durch das Vormundschaftsgericht ersetzt wird;

b) wenn der anfechtungsberechtigte Ehegatte selbst, nachdem er unbeschränkt geschäftsfähig geworden ist, die Ehe bestätigt.

3. Zur Ausübung des Anfechtungsrechts auf Grund des § 1331 ist, solange der anfechtungsberechtigte Ehegatte in der Geschäftsfähigkeit beschränkt ist, nur sein gesetzlicher Vertreter berechtigt (§ 1336 Abs. 2 Satz 2). In Uebereinstimmung hiemit bestimmt § 573 a Abs. 1 d. Entw. e. G. betr. Aender. d. C.P.O., daß der in der Geschäftsfähigkeit beschränkte Ehegatte insoweit nicht prozeßfähig ist, als nach § 1336 Abs. 2 Satz 2 B.G.B. nur sein gesetzlicher Vertreter die Ehe anfechten kann (Begr. 77).

4. Die durch § 1339 Abs. 1 festgesetzte Anfechtungsfrist beginnt im Falle des § 1331 mit dem Zeitpunkt, in welchem die Eingehung oder die Bestätigung der Ehe dem gesetzlichen Vertreter bekannt wird oder der Ehegatte die unbeschränkte Geschäftsfähigkeit erlangt (§ 1339 Abs. 2).

5. Der Mangel der Ehemündigkeit begründet gleichwie der Mangel der erforderlichen Einwilligung der Eltern bez. des Annehmenden nur ein aufschiebendes Ehehinderniß (Anm. 8 zu § 1303, Anm. 10 zu § 1305, Anm. 7 zu § 1306).

§ 1332.

Eine Ehe kann von dem Ehegatten angefochten werden, der bei der Eheschließung nicht gewußt hat, daß es sich um eine Eheschließung handle, oder dies zwar gewußt hat, aber eine Erklärung, die Ehe eingehen zu wollen, nicht hat abgeben wollen.

E. I, 1259 Nr. 2, 1261 Nr. 2; II, 1240; III, 1315.

1. § 1332 regelt die Anfechtbarkeit der Ehe wegen der auf Irrthum beruhenden Nichtübereinstimmung des wirklichen Willens mit dem erklärten Willen (M. IV, 78; Z.G. IV, 56; P. IV, 78; D. 176). Nach den für Willenserklärungen im Allgemeinen geltenden Grundsätzen des Gesetzbuchs (§§ 119, 122) kann, wer bei Abgabe einer Willenserklärung über deren Inhalt im Irrthum war oder eine Erklärung dieses Inhalts überhaupt nicht abgeben wollte, die Erklärung anfechten, wenn anzunehmen ist, daß er sie bei Kenntniß der Sachlage und bei verständiger Würdigung des Falles nicht abgegeben haben würde. Ist die Willenserklärung angefochten, so ist der Erklärende schadenersatzpflichtig, es sei denn, daß der Beschädigte den Anfechtungsgrund kannte oder in Folge von Fahrlässigkeit nicht kannte (kennen mußte). Abweichend hievon ist die Anfechtbarkeit einer Ehe auf Grund des § 1332 nicht von einer Untersuchung darüber abhängig, ob der irrende Ehegatte bei Kenntniß der Sachlage und verständiger Würdigung des Falles die Eheschließungswillenserklärung nicht abgegeben haben würde. „Die Wichtigkeit und höchst persönliche Natur der Eheschließung verlangt, daß die Entscheidung hierüber allein dem Irrenden überlassen wird" (M. IV, 78).

2. Die Anfechtbarkeit der Ehe auf Grund des § 1332 umfaßt zwei Arten von Fällen:

a) Der Ehegatte hat bei der Eheschließung nicht gewußt, daß es sich um eine Eheschließung handle. Dies kann vorkommen bei Tauben, Taubstummen, der deutschen Sprache nicht mächtigen, geistesschwachen Personen.

b) Der Ehegatte hat zwar gewußt, daß es sich um eine Eheschließung handle, hat aber die von ihm abgegebene Eheschließungswillenserklärung in Wirklichkeit nicht abgeben wollen. Dies liegt z. B. vor, wenn der Ehegatte sich versprochen, statt der beabsichtigten verneinenden eine bejahende Erklärung abgegeben hat.

3. Bezüglich der sog. „Mentalreservation" bestimmt § 116, daß eine Willenserklärung, bei der sich der Erklärende insgeheim vorbehält, das Erklärte nicht zu wollen, nichtig ist, falls Der, dem gegenüber die Erklärung abzugeben war, den Vorbehalt kannte. Nichtig ist ferner nach § 117 eine einem Anderen gegenüber abzugebende Willenserklärung, die mit dessen Einverständnisse nur zum Schein abgegeben wird (Simulation). Endlich ist gemäß § 118 nichtig eine nicht ernstlich gemeinte Willenserklärung, die in der Erwartung abgegeben wird, der Mangel der Ernstlichkeit werde nicht verkannt werden (Scherz). All dies findet auf die Eheschließung keine Anwendung: Mentalreservation, Simulation, Scherz machen die Ehe weder nichtig noch anfechtbar. „Das Institut der Eheschließung verträgt keinen Mißbrauch. Wer unter den vorgeschriebenen Formen erklärt, daß er die Ehe schließe, muß zu seinem Worte stehen" (M. IV, 55; vgl. Z.G. IV, 42; VI, 602 ff.; P. IV, 74, 78 ff.; D. 17 ff.; bez. des bisherigen Rechts s. Dernburg, Pand. Bd. 1 S. 236 Note 7).

4. Sind die Voraussetzungen des § 1331 gegeben, so wird die Anfechtbarkeit der Ehe nicht dadurch ausgeschlossen, daß dem irrenden Ehegatten Fahrlässigkeit zur Last fällt. Dagegen ist die Anfechtung nach § 1337 Abs. 2 ausgeschlossen, wenn der anfechtungsberechtigte Ehegatte nach der Entdeckung des Irrthums die Ehe bestätigt.

5. Die Anfechtungsfrist (§ 1339 Abs. 1) beginnt in den Fällen des § 1332 mit dem Zeitpunkt, in welchem der anfechtungsberechtigte Ehegatte den Irrthum entdeckt (§ 1339 Abs. 2).

§ 1333.

Eine Ehe kann von dem Ehegatten angefochten werden, der sich bei der Eheschließung in der Person des anderen Ehegatten oder über solche persönliche Eigenschaften des anderen Ehegatten geirrt hat, die ihn bei Kenntniß der Sachlage und bei verständiger Würdigung des Wesens der Ehe von der Eingehung der Ehe abgehalten haben würden.

E. I, 1259 Nr. 1, 1261 Nr. 1; II, 1241; III, 1316.

1. § 1333 regelt die Anfechtbarkeit der Ehe wegen Irrthums.

§ 36 Abs. 2 des Pers.G. hatte die Vorschriften des Landesrechts über den Einfluß des Irrthums auf die Gültigkeit der Ehe aufrechterhalten. Ueber das in dieser Beziehung bisher geltende Recht s. Dernburg, Pand. Bd. 3 S. 15 Nt. 3; M. IV, 74 ff.; D. 176. Was speziell das P.L.R. anlangt, so war „großer Irrthum, welcher nicht soviel in zufälligen Eigenschaften, als in der Person selbst begangen worden", als trennendes Ehehinderniß erklärt (Thl. I cap. 6 § 8 Ziff. 2). Uebereinstimmend hiemit verfügte Thl. I cap. 6 § 11 Ziff. 7, daß die Ehe „durch den in der Verlobung beschehenen Ausdruck einer gewissen Eigenschaft oder Bewegsursache (demonstratio vel causa)" nicht entkräftet werde, wenn diese nach der Hand falsch befunden worden, es sei denn, daß selbe auf einem „Substantial-Irrthum" beruht.

Nach E. I sollte eine Ehe anfechtbar sein, wenn einer der Eheschließenden widerrechtlich durch Betrug zu der Eheschließung bestimmt worden ist. War der Betrug nicht von dem andern Eheschließenden verübt, so sollte die Ehe nur anfechtbar sein, wenn der letztere den Betrug bei der Eheschließung kannte oder kennen mußte. Als Betrug sollte es insbesondere angesehen werden, wenn dem einen Ehegatten solche persönliche Eigenschaften oder Verhältnisse des anderen Theiles von diesem verhehlt sind, welche ihn bei verständiger Würdigung des Zweckes der Ehe von der Eheschließung abhalten mußten und von welchen zugleich vorauszusehen war, daß sie ihn, wenn er sie gekannt hätte, von der Eheschließung abgehalten haben würden. (Vgl. M. IV, 76 ff.; Z.G. IV, 54 ff., VI, 604 ff.; Jakubezky, Bem. S. 299.) Dem Irrthum als solchem war also (von den nunmehr im § 1332 geregelten Fällen abgesehen) kein Einfluß auf die Gültigkeit der Ehe eingeräumt, dafür aber war der Betrugsbegriff in dieser Richtung erheblich erweitert.

Im Gegensatz hiezu wurde durch die II. Komm. der Irrthum in gewissem Umfang neben dem Betrug (§ 1334) als selbstständiger Anfechtungsgrund erklärt (P. IV, 74 ff.).

2. Bezüglich des Einflusses des Irrthums auf Willenserklärungen im Allgemeinen bestimmt § 119, daß, wer bei der Abgabe einer Willenserklärung über deren Inhalt im Irrthume war (hiezu gehört nach § 119 Abs. 2 auch der Irrthum über solche Eigenschaften der Person oder der Sache, die im Verkehr als wesentlich angesehen werden), die Erklärung anfechten kann, wenn anzunehmen ist, daß er sie bei Kenntniß der Sachlage und bei verständiger Würdigung des Falles nicht abgegeben haben würde. Abweichend hievon ist für die Frage der Gültigkeit einer Ehe dem Irrthum nur in beschränkterem Umfang Bedeutung beigelegt.

a) Die Ehe ist anfechtbar bei Irrthum eines Ehegatten in der Person des anderen Ehegatten (E. I § 1259 Nr. 2). Wie sich aus den weiteren Bestimmungen des § 1233 ergibt, ist hiemit Irrthum über die Identität, nicht über Eigenschaften des anderen Ehegatten gemeint. Die Entscheidung der Frage, wann ein solcher Irrthum vorliegt, hat das Gesetz der Wissenschaft überlassen (M. IV, 78). Eine allgemeine, alle einzelnen denkbaren Fälle deckende Formel hiefür wird sich kaum finden lassen.

b) Die Ehe ist ferner anfechtbar bei Irrthum eines Ehegatten über persönliche Eigenschaften des anderen Ehegatten, jedoch nur, wenn es sich um solche Eigenschaften handelt, daß anzunehmen ist, der Irrende würde bei Kenntniß der Sachlage und verständiger Würdigung des Wesens der Ehe (P.M. 8618 ff.) von der Eheschließung Umgang genommen haben. (Die weitergehende Bestimmung der Entwürfe II und III, wonach auch Irrthum über „persönliche Verhältnisse" des anderen Ehegatten von Bedeutung sein sollte, wurde durch die Reichstagskommission gestrichen, R.T.K. 106 ff.) Ob ein Fall dieser Art gegeben ist, entscheidet der Richter nach freiem Ermessen, wobei daran festzuhalten ist, daß nach der Auffassung des B.G.B. die Ehe ein vorwiegend unter dem Sittengesetz stehendes Institut ist (vgl. M. IV, 104 und § 656; über die gemeinrechtliche Auffassung des Wesens der Ehe vgl. § 1 J. I, 9; l. 1 D. XXIII, 2; c. 3 Caus. XXVII qu. 2, s. auch R.G.E. in Strafs. VIII, 14: „Die Ehe ist kein Gesellschaftsvertrag, sondern die Verbindung von Mann und Weib zu ungetheilter Lebensgemeinschaft"; bez. des B.L.R. s. Thl. I cap. 6 § 1). Als Anfechtungsgrund im Sinne des § 1333 wird in der Regel (jedoch keineswegs unter allen Umständen) Irrthum in Bezug auf Impotenz des Mannes, Virginität der Frau, ansteckende Krankheiten des anderen Theils rc. zu betrachten sein, nicht aber Irrthum über die Vermögensverhältnisse des anderen Ehegatten, da dieselben nicht als persönliche Eigenschaften bezeichnet werden können (vgl. § 1334 Abs. 2), und ebensowenig Irrthum über die persönlichen Verhältnisse der Angehörigen des anderen Ehegatten (vgl. Anm. 2 b zu § 1334).

3. Daß der Irrthum ein entschuldbarer war, ist nicht erforderlich. Das Anfechtungsrecht ist also auch gegeben, wenn der Irrthum auf Fahrlässigkeit des irrenden Ehegatten beruht (vgl. Anm. 4 zu § 1332). Ebensowenig kommt in Betracht, ob dem anderen Ehegatten selbst seine in Frage stehenden persönlichen Verhältnisse bekannt waren oder nicht. Dagegen ist die Anfechtung der Ehe ausgeschlossen, wenn der anfechtungsberechtigte Ehegatte nach Entdeckung des Irrthums die Ehe bestätigt (§ 1337 Abs. 2).

4. Die Anfechtungsfrist (§ 1339 Abs. 1) beginnt im Falle des § 1333 mit dem Zeitpunkt, in welchem der anfechtungsberechtigte Ehegatte den Irrthum entdeckt (§ 1339 Abs. 2).

5. Ueber die Anfechtung der Ehe wegen Betrugs s. § 1334.

§ 1334.

Eine Ehe kann von dem Ehegatten angefochten werden, der zur Eingehung der Ehe durch arglistige Täuschung über solche Umstände bestimmt worden ist, die ihn bei Kenntniß der Sachlage und bei verständiger Würdigung des Wesens der Ehe von der Eingehung der Ehe abgehalten haben würden. Ist die Täuschung nicht von dem anderen Ehegatten verübt worden, so ist die Ehe nur dann anfechtbar, wenn dieser die Täuschung bei der Eheschließung gekannt hat.

Auf Grund einer Täuschung über Vermögensverhältnisse findet die Anfechtung nicht statt.

E. I, 1259 Nr. 1, 1261 Nr. 1; II, 1242; III, 1317.

1. § 1334 regelt die Anfechtbarkeit der Ehe wegen Betrugs.

§ 36 Abs. 2 Pers.G. hatte die Vorschriften des Landesrechts über den Einfluß des Betrugs auf die Gültigkeit der Ehe aufrechterhalten. Ueber das in dieser Beziehung bisher geltende Recht s. Dernburg, Pand. Bd. 3 S. 15 Nt. 4; M. IV, 72; D. 177. Das B.L.R. enthielt keine besondere Bestimmung über den Einfluß des Betrugs auf die Gültigkeit der Ehe (vgl. Thl. IV cap. 1 § 5 Ziff. 4, § 25). Ueber die einschlägigen Vorschriften des E. I s. Anm. 1 zu § 1333.

2. Nach § 123, welcher den Einfluß des Betrugs auf die Gültigkeit von Willenserklärungen im Allgemeinen regelt, kann, wer zur Abgabe einer Willenserklärung durch arglistige Täuschung widerrechtlich bestimmt worden ist, die Erklärung anfechten.

Hat ein Dritter die Täuschung verübt, so ist eine einem Anderen gegenüber abzugebende Erklärung nur dann anfechtbar, wenn dieser die Täuschung kannte oder kennen mußte. Soweit ein Anderer als derjenige, welchem gegenüber die Erklärung abzugeben war, aus der Erklärung unmittelbar ein Recht erworben hat, ist die Erklärung ihm gegenüber anfechtbar, wenn er die Täuschung kannte oder kennen mußte. Abweichend hievon ist für die Frage der Gültigkeit einer Ehe dem Betrug nur in beschränkterem Umfang Bedeutung beigelegt. Um die Ehe als wegen Betrugs anfechtbar erscheinen zu lassen, müssen folgende Voraussetzungen gegeben sein:

a) Es muß „arglistige Täuschung“ vorliegen. Arglist ist Täuschungsvorsatz mit der Absicht, dem andern Theil etwas Arges anzuthun, dessen Interessen zuwiderzuhandeln. Arglist ist also nicht gegeben, wenn die Täuschung aus anderem Grunde erfolgt, z. B. um den anderen Theil nicht unglücklich zu machen (Olshausen, Komm. z. St.G.B. 5. Aufl. Nt. 3 zu § 170; Binding, die Normen und ihre Uebertretung Bd. 2 S. 606).

b) Die Täuschung muß hinsichtlich solcher Umstände erfolgt sein, welche den Getäuschten bei Kenntniß der Sachlage und bei verständiger Würdigung des Wesens der Ehe (diese Abweichung gegenüber der Fassung von E. II und III: „bei verständiger Ueberlegung“ beruht auf Beschluß der Reichstagskommission s. R.T.K. 106 ff.) von der Eingehung der Ehe abgehalten haben würden. Ob ein solcher Umstand vorliegt, entscheidet der Richter nach freiem Ermessen (vgl. Anm. 2b zu § 1333). Durch den von der Reichstagskommission beigefügten Abs. 2 ist jedoch die Täuschung über Vermögensverhältnisse ausdrücklich aus dem Kreis der erheblichen Umstände ausgeschlossen worden (M. IV, 73; Z.G. IV, 54; P. IV, 77; R.T.K. 106 ff.). Da nach § 1333 auch der nicht durch arglistige Täuschung hervorgerufene Irrthum über gewisse persönliche Eigenschaften des anderen Ehegatten zur Anfechtung der Ehe berechtigt, so ist die Vorschrift des § 1334 hauptsächlich bezüglich solcher Umstände von Bedeutung, welche nicht mit den persönlichen Eigenschaften zusammenhängen. Ein solcher Umstand liegt z. B. vor, wenn die Frau, welche die Eingehung der Ehe ausdrücklich von der Zustimmung ihrer Eltern abhängig gemacht hat, über diesen Punkt vom Ehemann arglistig getäuscht worden ist. Unter Umständen kann auch der Fall hieher gerechnet werden, wenn ein Ehegatte dem andern vor der Eheschließung die kirchliche Trauung in der bestimmten Absicht zugesagt hat, sein Versprechen nicht zu halten, obwohl er wußte, daß der andere Theil nur unter dieser Voraussetzung in die Eheschließung gewilligt hat (Z.G. VI, 606; P. IV, 77, 80; D. 177; Anm. 3e zu § 1568). Auch die persönlichen Verhältnisse der Angehörigen eines Ehegatten (z. B. entehrende Strafen, erbliche Krankheiten naher Verwandter) können hier in Betracht kommen (vgl. Anm. 2b zu § 1333).

c) Ist die Täuschung nicht von dem anderen Ehegatten, sondern von einem Dritten ausgegangen, so ist die Ehe nur dann anfechtbar, wenn der andere Ehegatte von der Täuschung Kenntniß hatte und zwar schon zur Zeit der Eheschließung. Mala fides superveniens ist also unerheblich.

3. Auch hier (vgl. Anm. 3 zu § 1333) wird die Anfechtbarkeit der Ehe nicht dadurch beseitigt, daß dem getäuschten Ehegatten Fahrlässigkeit zur Last fällt. Dagegen ist die Anfechtung nach § 1337 Abs. 2 ausgeschlossen, wenn der anfechtungsberechtigte Ehegatte nach der Entdeckung der Täuschung die Ehe bestätigt.

4. Die Anfechtungsfrist (§ 1339 Abs. 1) beginnt in den Fällen des § 1334 mit dem Zeitpunkt, in welchem der anfechtungsberechtigte Ehegatte die Täuschung entdeckt (§ 1339 Abs. 2).

5. In strafrechtlicher Beziehung kommt § 170 St.G.B. in Betracht.

§ 1335.

Eine Ehe kann von dem Ehegatten angefochten werden, der zur Eingehung der Ehe widerrechtlich durch Drohung bestimmt worden ist.

E. I, 1259 Nr. 1, 1261 Nr. 1; II, 1243; III, 1318.

1. § 1335 regelt die Anfechtbarkeit der Ehe wegen Zwangs.

§ 36 Abs. 2 des Pers.G. hatte die Vorschriften des Landesrechts über den Einfluß des Zwangs auf die Gültigkeit der Ehe aufrechterhalten. Ueber das in dieser Beziehung bisher geltende Recht s. Dernburg, Pand. Bd. 1 S. 246, Bd. 3 S. 15 Nt. 5; M. IV, 71 ff. Nach P.L.R. Thl. I cap. 6 § 8 Ziff. 1 war „widerrechtlicher schwerer Zwang“ trennendes Ehehinderniß. (Das daneben in § 8 Ziff. 9 erwähnte Ehehinderniß der „gewaltsamen Entführung“ war schon durch § 39 des Pers.G. beseitigt worden,

s. Sicherer, S. 331.) Ob ein „großer und widerrechtlicher Zwang" vorliegt, sollte nach Thl. IV cap. 1 § 25 Ziff. 1 die Obrigkeit „aus der Person und anderen Umständen" ermessen.

2. Die Bestimmung des § 1335 steht im Einklang mit der für Willenserklärungen im Allgemeinen geltenden Vorschrift des § 123, wonach, wer zur Abgabe einer Willenserklärung widerrechtlich durch Drohung bestimmt worden ist, die Erklärung anfechten kann. „Drohung" ist vom B.G.B. im gleichen Sinn gebraucht, wie in dem vom Vergehen der Erpressung handelnden § 253 St.G.B. (M. I, 207). Demgemäß ist unter Drohung zu verstehen die Ankündigung eines herbeizuführenden Uebels oder des Bestehenlassens eines schon vorhandenen Uebels, zu dessen Beseitigung der Drohende rechtlich verpflichtet wäre (R.G.E. in Strafs. XIV, 264). Die Erwähnung der Gewalt neben der Drohung ist deßhalb unterblieben, weil die Anwendung von Gewalt in der hier fraglichen Hinsicht immer eine Drohung, nämlich mit der Fortsetzung eines gegenwärtigen Uebels enthält (M. I, 207). Die Anwendung von »vis absoluta«, welche natürlich Nichtigkeit der Ehe bedingen würde (M. I, 204), ist mit Rücksicht auf die Bestimmungen des § 1317 wohl nicht denkbar.

3. Die Drohung muß, um als Anfechtungsgrund zu wirken, eine widerrechtliche sein. Die Anfechtung ist also ausgeschlossen, soweit ein Recht besteht, einen Anderen zur Abgabe einer Willenserklärung zu nöthigen (M. I, 207), was allerdings bezüglich der Eheschließungswillenserklärung kaum denkbar ist. Das Erforderniß der Einwilligung des gesetzlichen Vertreters der Eltern und des Annehmenden (§§ 1304—1306) begründet jedenfalls kein Recht zu solcher Nöthigung. Andererseits macht der sog. »metus reverentialis« die Ehe natürlich nicht anfechtbar (M. I, 208).

4. Ob die Drohung eine solche war, die auch auf einen besonnenen Menschen Eindruck zu machen geeignet ist (l. 6 D. IV, 2: »non vani hominis, sed qui merito et in homine constantissimo cadat«), ist unerheblich, falls nur der Kausalzusammenhang zwischen der Drohung und der Eheschließung feststeht (M. I, 208). Ebensowenig kommt in Betracht, ob die Drohung von dem Ehegatten selbst oder von einem Dritten ausgegangen ist, und im letzteren Fall, ob der andere Ehegatte bei der Eheschließung von der Drohung Kenntniß hatte (D. 177; vgl. dagegen § 1334 Abs. 1 Satz 2). Dagegen ist die Anfechtung der Ehe wegen Drohung ausgeschlossen, wenn der anfechtungsberechtigte Ehegatte nach dem Aufhören der Zwangslage die Ehe bestätigt (§ 1337 Abs. 2).

5. Die Anfechtungsfrist (§ 1339 Abs. 1) beginnt im Falle des § 1335 mit dem Zeitpunkt, in welchem die Zwangslage aufhört (§ 1339 Abs. 2).

6. In strafrechtlicher Beziehung kommt in Betracht St.G.B. §§ 236—238 in der durch E.G. Art. 34 VIII, IX festgesetzten Fassung (Entführung), § 240 (Nöthigung) und § 241 (Bedrohung).

§ 1336.

Die Anfechtung der Ehe kann nicht durch einen Vertreter erfolgen. Ist der anfechtungsberechtigte Ehegatte in der Geschäftsfähigkeit beschränkt, so bedarf er nicht der Zustimmung seines gesetzlichen Vertreters.

Für einen geschäftsunfähigen Ehegatten kann sein gesetzlicher Vertreter mit Genehmigung des Vormundschaftsgerichts die Ehe anfechten. In den Fällen des § 1331 kann, solange der anfechtungsberechtigte Ehegatte in der Geschäftsfähigkeit beschränkt ist, nur sein gesetzlicher Vertreter die Ehe anfechten.

E. I, 1265 Satz 1, 3; II, 1246 Abs. 1, 2; III, 1319.

1. Daß die Anfechtung der Ehe im Allgemeinen nicht durch einen Vertreter, insbesondere nicht durch den gesetzlichen Vertreter des anfechtungsberechtigten Ehegatten, erfolgen kann, und daß der in der Geschäftsfähigkeit beschränkte Ehegatte zur Ausübung des Anfechtungsrechts im Allgemeinen der Zustimmung seines gesetzlichen Vertreters nicht bedarf, beruht auf der höchst persönlichen Natur der Ehe (M. IV, 94; D. 177).

2. Von diesem Grundsatz macht § 1336 Abs. 2 (abweichend vom E. I) zwei Ausnahmen:

a) Während nach E. I bei Geschäftsunfähigkeit des anfechtungsberechtigten Ehegatten das Anfechtungsrecht während der Dauer der Geschäftsunfähigkeit ruhen sollte (M. IV, 94), ist nach B.G.B. in diesem Fall Anfechtung der Ehe durch den gesetzlichen Vertreter des geschäftsunfähigen Ehegatten zulässig, jedoch nur mit Genehmigung des Vormundschaftsgerichts (P. IV, 85 ff.). Die Anfechtungsfrist (§ 1339 Abs. 1) beginnt in diesem Falle mit dem Zeitpunkt, in welchem der gesetzliche Vertreter von dem Anfechtungsgrunde Kenntniß erhalten hat, falls nicht gegenüber dem Ehegatten selbst schon vor dem Eintritt der Geschäftsunfähigkeit der Lauf der Frist begonnen hat. Ist die Ehe von dem gesetzlichen Vertreter nicht rechtzeitig angefochten worden, so kann der Ehegatte selbst nach dem Wegfalle der Geschäftsunfähigkeit die Ehe in gleicher Weise anfechten, wie wenn er ohne gesetzlichen Vertreter gewesen wäre (§ 1340).

b) Ist die Ehe um deßwillen anfechtbar, weil ein Ehegatte zur Zeit der Eheschließung in der Geschäftsfähigkeit beschränkt war und die Einwilligung seines gesetzlichen Vertreters nicht vorlag, oder weil er zur Zeit der Eheschließung geschäftsunfähig war, sodann die Ehe im Zustande beschränkter Geschäftsfähigkeit bestätigte, die Bestätigung jedoch ohne Einwilligung seines gesetzlichen Vertreters erfolgte (§ 1331), so kann der anfechtungsberechtigte Ehegatte, solange er in der Geschäftsfähigkeit beschränkt ist, das Anfechtungsrecht weder allein noch mit Zustimmung seines gesetzlichen Vertreters ausüben. Das Anfechtungsrecht steht vielmehr in diesem Fall *ausschließlich dem gesetzlichen Vertreter* zu, der zur Ausübung desselben nicht der Genehmigung des Vormundschaftsgerichts bedarf. (Nach E. I sollte auch in diesem Falle der Ehegatte selbst zur Ausübung des Anfechtungsrechts befugt sein, vgl. M. IV, 94 ff.; P. IV, 89 ff.) Die Anfechtungsfrist (§ 1339 Abs. 1) beginnt in diesem Falle mit dem Zeitpunkt, in welchem die Eingehung der Ehe oder die Bestätigung derselben dem gesetzlichen Vertreter des Ehegatten bekannt wird oder dieser die unbeschränkte Geschäftsfähigkeit erlangt (§ 1339 Abs. 2).

3. In Uebereinstimmung mit den Grundsätzen des § 1336 bestimmt § 573 a des Entw. e. G. betr. Aender. d. C.P.O.:

a) Der in der *Geschäftsfähigkeit beschränkte* Ehegatte ist zwar im Allgemeinen in Ehesachen *prozeßfähig*; dies gilt jedoch *nicht*, insoweit nach § 1336 Abs. 2 Satz 2 B.G.B. nur sein gesetzlicher Vertreter die Ehe anfechten kann (Begr. 76 ff.; P. IV, 91).

b) Für einen *geschäftsunfähigen* Ehegatten wird der Rechtsstreit durch den *gesetzlichen Vertreter* geführt, der zur Erhebung der Anfechtungsklage der Genehmigung des Vormundschaftsgerichts bedarf (Begr. 77; M. IV, 97; P. IV, 91).

4. Die Bestimmung des E. I § 1265 Satz 2, daß die prozessualen Vorschriften über den *Anwaltszwang* unberührt bleiben, wurde von der II. Komm. als selbstverständlich gestrichen (P. IV, 89).

§ 1337.

Die Anfechtung der Ehe ist in den Fällen des § 1331 ausgeschlossen, wenn der gesetzliche Vertreter die Ehe genehmigt oder der anfechtungsberechtigte Ehegatte, nachdem er unbeschränkt geschäftsfähig geworden ist, die Ehe bestätigt. Ist der gesetzliche Vertreter ein Vormund, so kann die Genehmigung, wenn sie von ihm verweigert wird, auf Antrag des Ehegatten durch das Vormundschaftsgericht ersetzt werden; das Vormundschaftsgericht hat die Genehmigung zu ersetzen, wenn die Aufrechterhaltung der Ehe im Interesse des Ehegatten liegt.

In den Fällen der §§ 1332 bis 1335 ist die Anfechtung ausgeschlossen, wenn der anfechtungsberechtigte Ehegatte nach der Entdeckung des Irrthums oder der Täuschung oder nach dem Aufhören der Zwangslage die Ehe bestätigt.

Die Vorschriften des § 1336 Abs. 1 gelten auch für die Bestätigung.

E. I, 1263 Abs. 1, 3; II, 1244, 1246 Abs. 3; III, 1320.

1. Die §§ 1337—1339 regeln den *Wegfall des Anfechtungsrechts* in Folge Genehmigung bezw. Bestätigung der Ehe, Auflösung der Ehe und Fristablauf. Die Bestimmung des § 1337, wonach die Anfechtung der Ehe nach *Genehmigung oder Bestätigung* derselben ausgeschlossen ist, entspricht dem für *Rechtsgeschäfte überhaupt* geltenden Grundsatz des § 144 Abs. 1, daß die Anfechtung eines anfechtbaren Rechtsgeschäftes ausgeschlossen ist, wenn dasselbe von dem Anfechtungsberechtigten bestätigt wird (vgl. § 1598).

2. Eine wegen Irrthums, Betrugs oder Zwangs anfechtbare Ehe wird unanfechtbar durch Bestätigung seitens des anfechtungsberechtigten Ehegatten nach Wegfall des Anfechtungsgrundes. Eine gemäß § 1331 anfechtbare Ehe wird unanfechtbar:

a) wenn der gesetzliche Vertreter des anfechtungsberechtigten Ehegatten die Ehe nachträglich genehmigt (M. IV, 92). Verweigert der Vormund (oder Pfleger, s. § 1915) als gesetzlicher Vertreter die Genehmigung, so kann dieselbe auf Antrag des anfechtungsberechtigten Ehegatten (nicht auch auf Antrag des andern Ehegatten, s. P.M. 8619) vom Vormundschaftsgericht ersetzt werden (anders E. I; vgl. M. IV, 92; P. IV, 83 ff.) und muß ersetzt werden, wenn das Interesse des Ehegatten die Aufrechterhaltung der Ehe verlangt (nicht nur, wenn sich die Verweigerung der Genehmigung als Pflichtwidrigkeit darstellt, vgl. Anm. 7 zu § 1304, s. auch §§ 1304 Abs. 2, 1308 Abs. 1, 1337 Abs. 1 Satz 2, 1358 Abs. 2 Satz 2, 1379, 1402, 1447, 1451). Steht dagegen der anfechtungsberechtigte Ehegatte unter elterlicher Gewalt, so kann die vom Gewalthaber verweigerte Genehmigung nicht durch das Vormundschaftsgericht ersetzt werden. Vor seiner Entscheidung soll das Vormundschaftsgericht von Amtswegen Verwandte oder Verschwägerte des Mündels hören, wenn dies ohne erhebliche Verzögerung und ohne unverhältnißmäßige Kosten geschehen kann (§ 1847). Ueber Zuständigkeit und Beschwerderecht bei Ablehnung des Antrags bestimmt das R.G. über die Ang. d. freiw. Gerichtsbarkeit.

b) Die nach § 1331 anfechtbare Ehe wird ferner unanfechtbar, wenn der anfechtungsberechtigte Ehegatte selbst nach Erlangung der unbeschränkten Geschäftsfähigkeit die Ehe bestätigt (M. IV, 92; vgl. § 108 Abs. 3).

3. Die Genehmigung und die Bestätigung sind an keinerlei Form gebunden und können insbesondere auch stillschweigend erfolgen (M. IV, 91). Ob die Fortsetzung des ehelichen Zusammenlebens nach Wegfall des Anfechtungsgrundes als stillschweigende Bestätigung zu erachten ist, hängt von den Umständen des einzelnen Falles ab (vgl. Anm. 3 zu § 1325).

4. Mit Rücksicht auf die höchstpersönliche Natur der Ehe (M. IV, 91) erklärt § 1336 Abs. 3 (vgl. §§ 1598 Abs. 3 Satz 1, 2284) die beiden im § 1336 Abs. 1 für die Anfechtung ausgesprochenen Rechtssätze als auf die Bestätigung anwendbar, d. h.

a) auch die Bestätigung kann im Allgemeinen nicht durch einen Vertreter, insbesondere nicht durch den gesetzlichen Vertreter erfolgen (M. IV, 91; eine Ausnahme hievon statuirt § 1337 Abs. 1 bez. der Genehmigung einer nach § 1331 anfechtbaren Ehe). Verfällt der anfechtungsberechtigte Ehegatte nachträglich in Geschäftsunfähigkeit, so ist die Bestätigung, so lange dieser Zustand dauert, ausgeschlossen. Dies gilt auch für den Fall, daß der gemäß § 1331 anfechtungsberechtigte Ehegatte geschäftsunfähig wird.

b) Ist der anfechtungsberechtigte Ehegatte in der Geschäftsfähigkeit beschränkt, so bedarf er zur Bestätigung der Ehe nicht der Zustimmung seines gesetzlichen Vertreters (M. IV, 91). Dies gilt jedoch nur bezüglich der wegen Irrthums, Betrugs oder Zwangs anfechtbaren Ehe, während die Genehmigung einer gemäß § 1331 anfechtbaren Ehe, solange der Ehegatte in der Geschäftsfähigkeit beschränkt ist, nur seinem gesetzlichen Vertreter zusteht (§ 1337 Abs. 1 Satz 1). Ist der nach § 1331 anfechtungsberechtigte Ehegatte später unbeschränkt geschäftsfähig, dann aber wieder in der Geschäftsfähigkeit beschränkt geworden, so verbleibt ihm das Bestätigungsrecht. Die Entscheidung der Frage, ob er in diesem Falle zur Ausübung des Bestätigungsrechts der Zustimmung seines gesetzlichen Vertreters bedarf, ist „der Jurisprudenz überlassen" worden (M. IV, 93). Die Frage ist zu verneinen, da § 1336 Abs. 1, soweit nicht durch § 1337 Abs. 1 eine Abweichung festgesetzt ist, auch auf die Bestätigung einer nach § 1331 anfechtbaren Ehe Anwendung findet (vgl. Z.G. IV, 58; VI, 607).

5. Voraussetzung für die Anwendbarkeit des § 1337 ist, daß die Anfechtung der Ehe noch nicht erfolgt ist. Die im Wege der Anfechtungsklage erfolgte Anfechtung ist aber als nicht erfolgt anzusehen, wenn die Klage zurückgenommen oder die Ehe, bevor sie für nichtig erklärt oder aufgelöst worden ist, nach Maßgabe des § 1337 genehmigt oder bestätigt wird (§ 1341 Abs. 2; vgl. M. IV, 93).

6. Ueber die Bestätigung einer gemäß § 1350 Abs. 1 anfechtbaren Ehe s. § 1350 Abs. 2; über die Bestätigung einer gemäß § 1325 Abs. 1 nichtigen Ehe s. § 1325 Abs. 2.

§ 1338.

Die Anfechtung ist nach der Auflösung der Ehe ausgeschlossen, es sei denn, daß die Auflösung durch den Tod des zur Anfechtung nicht berechtigten Ehegatten herbeigeführt worden ist.

E. I, 1262; II, 1245; III, 1321.

1. Ist eine gemäß §§ 1331—1335 anfechtbare Ehe aufgelöst worden, so kommt damit, von dem im § 1338 erwähnten Ausnahmsfall abgesehen, das Anfechtungsrecht in Wegfall.

a) Daß die Anfechtung nach dem Tode des anfechtungsberechtigten Ehegatten ausgeschlossen, das Anfechtungsrecht also nicht vererblich ist, folgt aus der höchst persönlichen Natur dieses Rechts (M. IV, 87 ff.). Dies gilt auch dann, wenn der anfechtungsberechtigte Ehegatte verstorben ist, ehe er durch Wegfall des Anfechtungsgrundes in die Lage gekommen ist, sich über Anfechtung oder Bestätigung der Ehe schlüssig zu machen (M. IV, 89). Ist dagegen der anfechtungsberechtigte Ehegatte erst verstorben, nachdem er die Anfechtungsklage bereits erhoben hatte, so ist der Rechtsstreit in Ansehung der Hauptsache als erledigt anzusehen (§ 584a d. Entw. e. G. betr. Aend. d. C.P.O.). Die Ehe gilt nunmehr als von Anfang an nichtig und die Nichtigkeit derselben kann unbeschränkt, insbesondere auch von dem Erben des verstorbenen Ehegatten, geltend gemacht werden (§ 1343, M. IV, 89). Da nach § 18 Abs. 2 die Todeserklärung die Vermuthung begründet, daß der Verschollene in dem durch das Ausschlußurtheil festgesetzten Zeitpunkt gestorben sei, so ist die Anfechtung einer Ehe auch dann ausgeschlossen, wenn der anfechtungsberechtigte Ehegatte für todt erklärt worden ist. Wird die Todeserklärung in Folge einer Anfechtungsklage aufgehoben oder kehrt der Verschollene zurück, so lebt sein Anfechtungsrecht wieder auf, falls es nicht aus anderem Rechtsgrund, insbesondere durch Wiederverheirathung seines Ehegatten (s. u. unter c) erloschen ist.

b) Die Anfechtung der Ehe ist ferner ausgeschlossen, wenn die anfechtbare Ehe rechtskräftig geschieden ist, da nach § 1564 Satz 3 mit der Rechtskraft des Scheidungsurtheils die Auflösung der Ehe eintritt. Wird das Scheidungsurtheil im Wege der Wiederaufnahme des Verfahrens durch Nichtigkeits- oder Restitutionsklage beseitigt, so lebt das Anfechtungsrecht wieder auf, falls es nicht aus anderem Rechtsgrund erloschen ist. Der Scheidung steht in der hier fraglichen Beziehung die nach § 1575 zulässige Aufhebung der ehelichen Gemeinschaft nicht gleich, da dieselbe eine Auflösung der Ehe nicht zur Folge hat und nach § 1585 Abs. 2 die Vorschriften über Anfechtbarkeit der Ehe Anwendung finden, wie wenn das Urtheil nicht ergangen wäre.

c) Die Anfechtung der Ehe ist endlich ausgeschlossen, wenn dieselbe durch Wiederverheirathung des Ehegatten eines für todt Erklärten gemäß § 1348 Abs. 2 aufgelöst ist. Das Anfechtungsrecht des Verschollenen lebt in diesem Fall auch dann nicht wieder auf, wenn der Verschollene zurückkehrt oder die Todeserklärung in Folge einer Anfechtungsklage aufgehoben wird (§ 1348; s. o. unter a).

2. Trotz Auflösung der Ehe bleibt aber nach § 1338 das Anfechtungsrecht bestehen, wenn die Auflösung der Ehe durch Tod des nicht anfechtungsberechtigten Ehegatten erfolgt ist oder dieser für todt erklärt worden ist (M. IV, 89 ff.). Die Anfechtung erfolgt in diesem Falle durch Erklärung gegenüber dem Nachlaßgericht (§ 1342).

3. Ueber den Wegfall des Anfechtungsrechts in Folge Genehmigung oder Bestätigung und Ablauf der Anfechtungsfrist s. §§ 1337, 1339, über den Wegfall der Anfechtbarkeit einer nach § 1350 Abs. 1 anfechtbaren Ehe s. § 1350 Abs. 2.

§ 1339.

Die Anfechtung kann nur binnen sechs Monaten erfolgen.

Die Frist beginnt in den Fällen des § 1331 mit dem Zeitpunkt, in welchem die Eingehung oder die Bestätigung der Ehe dem gesetzlichen Vertreter bekannt wird oder der Ehegatte die unbeschränkte Geschäftsfähigkeit erlangt, in den Fällen der §§ 1332 bis 1334 mit dem Zeitpunkt, in welchem der Ehegatte den Irrthum oder die Täuschung entdeckt, in dem Falle des § 1335 mit dem Zeitpunkt, in welchem die Zwangslage aufhört.

Auf die Frist finden die für die Verjährung geltenden Vorschriften der §§ 203, 206 entsprechende Anwendung.

E. I, 1264; II, 1247; III, 1322.

1. Anfechtungsfrist. Damit die Ungewißheit über den Rechtsbestand einer anfechtbaren Ehe nicht allzulange dauere, läßt § 1339 das Anfechtungsrecht erlöschen durch Zeitablauf. Die Frist, innerhalb welcher das Anfechtungsrecht geltend gemacht werden muß, ist abweichend von den für die Anfechtbarkeit von Willenserklärungen überhaupt geltenden Vorschriften (§§ 121, 124) auf sechs Monate festgesetzt. Ueber die Berechnung der Frist s. §§ 187 Abs. 1, 188 Abs. 2, 3. Der Beginn der Frist ist im § 1339 Abs. 2 für die einzelnen Fälle der Anfechtbarkeit geregelt.

2. Die Frist des § 1339 ist wie die in den §§ 121, 124 festgesetzten Fristen eine Präklusivfrist, keine Verjährungsfrist. Sie erzeugt also nicht lediglich eine verzichtbare Einrede (§ 222), sondern muß von Amtswegen berücksichtigt werden (M. IV, 93). Die für die Verjährung geltenden Grundsätze (§§ 194 ff.) sind daher hier nicht anwendbar. Hievon macht aber § 1339 Abs. 3 aus Billigkeitsgründen zwei Ausnahmen:

a) In die sechsmonatliche Frist wird der Zeitraum nicht eingerechnet, während dessen der Anfechtungsberechtigte durch Stillstand der Rechtspflege oder in anderer Weise durch höhere Gewalt an der Rechtsverfolgung gehindert ist (§ 203).

b) Ist der anfechtungsberechtigte Ehegatte geschäftsunfähig und ohne gesetzlichen Vertreter, so endigt die Anfechtungsfrist nicht vor dem Ablaufe von sechs Monaten nach dem Zeitpunkte, in welchem der Ehegatte unbeschränkt geschäftsfähig wird oder der Mangel der Vertretung aufhört (§ 206, s. auch § 1340). Das Gleiche gilt, falls der nach § 1331 anfechtungsberechtigte Ehegatte während der Dauer seiner beschränkten Geschäftsfähigkeit eines gesetzlichen Vertreters entbehrt. Dagegen findet diese Vorschrift keine Anwendung, falls ein nach §§ 1332—1335 anfechtungsberechtigter Ehegatte in der Geschäftsfähigkeit beschränkt und ohne gesetzlichen Vertreter ist, da in diesem Falle der Ehegatte das Anfechtungsrecht persönlich ausüben kann (§ 1336 Abs. 1 Satz 2) und gemäß § 573a Abs. 1 d. Entw. e. G. betr. Aend. d. C.P.O. auch prozeßfähig ist (§ 206 Abs. 2).

3. Bezüglich der Vertheilung der Beweislast sind die allgemeinen Grundsätze maßgebend (M. IV, 94).

4. Abgesehen von den Vorschriften des § 1339 ist das Recht zur Anfechtung einer Ehe einer zeitlichen Schranke nicht unterworfen. Der in der II. Komm. gestellte Antrag, das Anfechtungsrecht nach Ablauf von zehn bezw. dreißig Jahren seit Eingehung oder Auflösung der Ehe unbedingt auszuschließen, wurde abgelehnt (P. IV, 81 ff.; P.M. 8619 ff.; vgl. dagegen §§ 121 Abs. 2, 124 Abs. 3, 1571 Abs. 1 Satz 2, 1954 Abs. 4, 2082 Abs. 3, 2308 Abs. 2).

5. Ueber den Wegfall des Anfechtungsrechts in Folge Bestätigung oder Genehmigung der Ehe und in Folge Auflösung der Ehe s. §§ 1337, 1338; über die Frist zur Anfechtung einer nach § 1350 Abs. 1 Satz 1 anfechtbaren Ehe s. § 1350 Abs. 1 Satz 2; über die Frist zur Anfechtung der Ehelichkeit eines Kindes s. § 1594, vgl. auch §§ 1954, 2082, 2308.

§ 1340.

Hat der gesetzliche Vertreter eines geschäftsunfähigen Ehegatten die Ehe nicht rechtzeitig angefochten, so kann nach dem Wegfalle der Geschäftsunfähigkeit der Ehegatte selbst die Ehe in gleicher Weise anfechten, wie wenn er ohne gesetzlichen Vertreter gewesen wäre.

E. II, 1248; III, 1323.

1. Ist der anfechtungsberechtigte Ehegatte geschäftsunfähig (§ 104), so ist nach § 1336 Abs. 2 dessen gesetzlicher Vertreter mit Genehmigung des Vormundschaftsgerichts zur Anfechtung der Ehe befugt. Unterläßt dieser während der in § 1339 festgesetzten Frist die Anfechtung, so würde dem Grundsatz des § 164 zufolge damit das Anfechtungsrecht des Ehegatten auch für den Fall erloschen sein, daß derselbe später wieder unbeschränkt geschäftsfähig wird. Aus Billigkeitsgründen bestimmt jedoch der auf Beschluß der Redaktionskommission (P. IV, 474) beruhende § 1340, daß die Unterlassung

rechtzeitiger Anfechtung der Ehe seitens des gesetzlichen Vertreters dem geschäftsunfähigen Ehegatten das Recht nicht entziehen soll, nach Wegfall der Geschäftsunfähigkeit das Anfechtungsrecht persönlich auszuüben, als wäre er ohne Vertreter gewesen. Die Frist des § 1339 endigt also für ihn nicht vor dem Ablaufe von sechs Monaten nach dem Zeitpunkt, in welchem er unbeschränkt geschäftsfähig geworden ist (§ 1339 Abs. 3, 206 und Anm. 2b zu § 1339, vgl. die analogen Vorschriften der §§ 1595 Abs. 2 Satz 2 und 2283 Abs. 3).

2. Ist die Ehe wegen Irrthums, Betrugs oder Zwangs (§§ 1332—1335) anfechtbar und der anfechtungsberechtigte Ehegatte in der Geschäftsfähigkeit beschränkt, so kann derselbe nach § 1336 Abs. 1 Satz 2 das Anfechtungsrecht persönlich auch ohne Zustimmung seines gesetzlichen Vertreters ausüben und ist auch bez. der Anfechtungsklage gemäß § 573a Abs. 1 d. Entw. e. G. betr. Aend. d. C.P.O. prozeßfähig. Eine dem § 1340 entsprechende Vorschrift ist also zu seinem Schutze nicht erforderlich. Ist dagegen die Ehe gemäß § 1331 anfechtbar, so kann, solange der anfechtungsberechtigte Ehegatte in der Geschäftsfähigkeit beschränkt ist, nur sein gesetzlicher Vertreter die Ehe anfechten und der Ehegatte gilt insoweit nicht als prozeßfähig (§ 1336 Abs. 2 Satz 2, § 573a Abs. 1 d. Entw. e. G. betr. Aend. d. C.P.O.). Unterläßt der gesetzliche Vertreter während der im § 1339 festgesetzten Frist die Ausübung des Anfechtungsrechts, so ist damit allerdings das Anfechtungsrecht für den Ehegatten verloren gegangen. Hierin liegt jedoch keine Benachtheiligung des Ehegatten, weil im Falle des § 1331 der gesetzliche Vertreter die Anfechtbarkeit der Ehe auch durch Genehmigung beseitigen kann (§ 1337 Abs. 1; P. IV, 90).

§ 1341.

Die Anfechtung erfolgt, solange nicht die Ehe aufgelöst ist, durch Erhebung der Anfechtungsklage.

Wird die Klage zurückgenommen, so ist die Anfechtung als nicht erfolgt anzusehen. Das Gleiche gilt, wenn die angefochtene Ehe, bevor sie für nichtig erklärt oder aufgelöst worden ist, nach Maßgabe des § 1337 genehmigt oder bestätigt wird.

E. I, 1266 Abs. 1, 1268; II, 1249; III, 1321.

1. Anfechtungsform. Während nach § 143 die Anfechtung von Rechtsgeschäften im Allgemeinen durch Erklärung gegenüber dem Anfechtungsgegner erfolgt, wird durch die §§ 1341, 1342 die Willenserklärung, durch welche die Anfechtung einer Ehe erfolgt, mit Rücksicht auf die Wichtigkeit dieses Rechtsakts formalisirt (M. IV, 95; vgl. §§ 1596, 1597, 1955, 2081, 2282 Abs. 3, 2308 Abs. 2).

a) Ist die Ehe durch den Tod des nicht anfechtungsberechtigten Ehegatten aufgelöst, so erfolgt die Anfechtung durch Erklärung gegenüber dem Nachlaßgericht (§ 1342; bei Auflösung der Ehe aus anderem Grund ist die Anfechtung gemäß § 1338 ausgeschlossen; unrichtig Fischer-Henle, Nt. 1 zu § 1342).

b) Solange die Ehe besteht, erfolgt die Anfechtung durch Erhebung der Anfechtungsklage (§ 1341 Abs. 1). Die Anfechtungsklage hat also einen doppelten Charakter, sie ist einerseits Anfechtungsakt, andererseits Feststellungsklage (M. IV, 95, 85; über die Geltendmachung der Nichtigkeit einer Ehe durch Erhebung der Nichtigkeitsklage s. § 1329).

2. Die Anfechtungsklage ist „Ehesache" im Sinne der Civilprozeßordnung und unterliegt daher den für Ehesachen geltenden prozessualen Sonderbestimmungen. Von besonderer Bedeutung sind folgende Vorschriften:

a) Nach § 573a, b d. Entw. e. G. betr. Aend. d. C.P.O. ist in Ehesachen ein in der Geschäftsfähigkeit beschränkter Ehegatte prozeßfähig. Dies gilt jedoch insoweit nicht, als nach § 1336 Abs. 2 Satz 2 B.G.B. nur sein gesetzlicher Vertreter die Ehe anfechten kann. Für einen geschäftsunfähigen Ehegatten wird der Rechtsstreit durch den gesetzlichen Vertreter geführt, der zur Erhebung der Anfechtungsklage der Genehmigung des Vormundschaftsgerichts bedarf. Der Bevollmächtigte des klagenden Ehegatten bedarf einer besonderen auf den Rechtsstreit gerichteten Vollmacht (Begr. 76 ff.; vgl. § 1336; E. I 1267, 1254; M. IV, 97, 60 ff.; Mot. z. E.G. 80; P. IV, 91).

b) Nach § 584b Abs. 1 Satz 1 d. Entw. e. G. betr. Aend. d. C.P.O. wirkt das auf eine Anfechtungsklage ergehende Urtheil, sofern es bei Lebzeiten beider Ehegatten rechtskräftig wird, für und gegen Alle. Mit Rücksicht hierauf bestimmt § 141b des Entw., daß, wenn die Entscheidung eines Rechtsstreits davon abhängt, ob eine im Wege der Anfechtungsklage angefochtene Ehe anfechtbar ist, das Gericht auf Antrag das Verfahren auszusetzen hat; ist der Rechtsstreit über die Anfechtungsklage erledigt, so findet die Aufnahme des ausgesetzten Verfahrens statt (Begr. 27, 82; vgl. E. I, 1269; M. IV, 101; P. IV, 92).

c) Nach § 576 d. Entw. e. G. betr. Aend. d. C.P.O. kann der mit der Scheidungsklage oder der Anfechtungsklage abgewiesene Kläger das Recht, die Scheidung zu verlangen oder die Ehe anzufechten, nicht mehr auf Thatsachen gründen, welche er in dem früheren Rechtsstreite geltend gemacht hat oder welche er in dem früheren Rechtsstreit oder durch Verbindung der Klagen geltend machen konnte. Das Gleiche gilt im Falle der Abweisung der Scheidungsklage oder der Anfechtungsklage für den Beklagten in Ansehung der Thatsachen, auf welche er eine Widerklage zu gründen im Stande war (Begr. 78).

3. Folge der Erhebung der Anfechtungsklage ist, daß die angefochtene Ehe als von Anfang an nichtig anzusehen ist (§ 1343 Abs. 1 Satz 2). Diese Wirkung wird wieder aufgehoben und die Anfechtung gilt als nicht erfolgt, wenn die Anfechtungsklage zurückgenommen oder die Ehe vor erfolgter Nichtigkeitserklärung oder Auflösung gemäß § 1337 genehmigt oder bestätigt wird (§ 1341 Abs. 2).

a) Die Zurücknahme der Anfechtungsklage ist ohne Einwilligung des Beklagten nur bis zum Beginn der mündlichen Verhandlung des Beklagten zur Hauptsache zulässig. (C.P.O. § 243 Abs. 1; von dem im E. I des E.G. in Aussicht genommenen § 575a C.P.O., wonach die Anfechtungsklage auch ohne Einwilligung des Beklagten jederzeit zurücknehmbar sein sollte, ist späterhin abgesehen worden. Vgl. M. IV, 98; M. z. E.G. 80.) Folge der Klagszurücknahme in prozessualer Beziehung ist, daß der Rechtsstreit als nicht anhängig geworden anzusehen und der Kläger, soweit nicht bereits rechtskräftig hierüber erkannt ist, zur Kostentragung verpflichtet ist, sowie, daß der Beklagte bei neuerlicher Anstellung der Klage die Einlassung verweigern kann, bis die Kostenerstattung erfolgt ist (C.P.O. § 243 Abs. 3 und 4). E. I des E.G. hatte in Aussicht genommen, die mit der Abweisung der Anfechtungsklage verbundene Rechtswirkung des § 576 C.P.O. (s. o. Anm. 2c) mit gewissen Einschränkungen auch bei Zurücknahme der Anfechtungsklage eintreten zu lassen (M. IV, 98 ff.; M. z. E.G. 80 ff.). Dies ist jedoch nicht Gesetz geworden.

b) Die Genehmigung oder Bestätigung einer Ehe kann im Allgemeinen nur erfolgen, solange die Ehe nicht angefochten ist (Anm. 5 zu § 1337). Da aber der Kläger die durch die Erhebung der Anfechtungsklage herbeigeführte Rechtswirkung des § 1343 Abs. 1 Satz 1 durch Zurücknahme der Anfechtungsklage, sowie nach § 577 Abs. 2 d. Entw. e. G. betr. Aend. d. C.P.O. durch das Zugeständniß der unwahren Behauptung des Beklagten, die Ehe sei vor der Anfechtung genehmigt oder bestätigt worden, beseitigen kann, gestattet das Gesetz aus Zweckmäßigkeitsgründen die Genehmigung und Bestätigung der anfechtbaren Ehe auch nach erfolgter Erhebung der Anfechtungsklage, solange die Ehe nicht für nichtig erklärt oder aufgelöst worden ist (M. IV, 100). Für die Entscheidung der Frage, durch wen die Genehmigung oder Bestätigung zu erfolgen hat, sind auch in diesem Falle die Bestimmungen des § 1337 maßgebend.

§ 1342.

Ist die Ehe durch den Tod des zur Anfechtung nicht berechtigten Ehegatten aufgelöst worden, so erfolgt die Anfechtung durch Erklärung gegenüber dem Nachlaßgerichte; die Erklärung ist in öffentlich beglaubigter Form abzugeben.

Das Nachlaßgericht soll die Erklärung sowohl demjenigen mittheilen, welcher im Falle der Gültigkeit der Ehe, als auch demjenigen, welcher im Falle der Nichtigkeit der Ehe Erbe des verstorbenen Ehegatten ist. Es hat die Einsicht der Erklärung Jedem zu gestatten, der ein rechtliches Interesse glaubhaft macht.

E. I, 1266 Abs. 2; II, 1250; III, 1325.

1. Während die Anfechtung einer Ehe, solange dieselbe besteht, durch Erhebung der Anfechtungsklage zu bethätigen ist (§ 1341), erfolgt die Anfechtung einer durch Tod des nicht anfechtungsberechtigten Ehegatten (§ 1338) aufgelösten Ehe durch Erklärung gegenüber dem Nachlaßgerichte (M. IV, 96; Z.G. IV, 59; vgl. §§ 1597, 2281). Ueber die Zuständigkeit des Nachlaßgerichts bestimmt das R.G. über die Angel. d. freiw. Gerichtsbarkeit.

2. Die Erklärung hat „gegenüber", nicht „vor" dem Nachlaßgerichte zu erfolgen. Sie kann also auch schriftlich geschehen (M. IV, 96). Ueber das Erforderniß der öffentlich beglaubigten Form s. § 129, 126 Abs. 1.

3. Die Anfechtungserklärung kann nicht durch einen Vertreter, insbesondere auch nicht durch den gesetzlichen Vertreter, erfolgen. Ist der anfechtungsberechtigte Ehegatte in der Geschäftsfähigkeit beschränkt, so bedarf er nicht der Zustimmung seines gesetzlichen Vertreters. Für den geschäftsunfähigen Ehegatten kann sein gesetzlicher Vertreter mit Genehmigung des Vormundschaftsgerichts die Anfechtungserklärung abgeben. In den Fällen des § 1331 kann, solange der anfechtungsberechtigte Ehegatte in der Geschäftsfähigkeit beschränkt ist, nur sein gesetzlicher Vertreter die Anfechtungserklärung abgeben (§ 1336).

4. Auch die Anfechtung der Ehe durch Erklärung gegenüber dem Nachlaßgericht ist selbstverständlich ausgeschlossen, wenn die Ehe durch Genehmigung oder Bestätigung gemäß § 1337 oder durch Ablauf der im § 1339 festgesetzten Frist unanfechtbar geworden ist.

5. Sobald die Anfechtungserklärung gegenüber dem Nachlaßgericht abgegeben ist, tritt die mit der Anfechtung verbundene Rechtswirkung ein: die Ehe ist als von Anfang an nichtig anzusehen und ihre Nichtigkeit kann unbeschränkt geltend gemacht werden (§ 1343).

6. Inwieweit die dem Nachlaßgericht gegenüber abgegebene Erklärung nichtig oder anfechtbar ist, bestimmt sich nach den in dieser Beziehung für Willenserklärungen im Allgemeinen geltenden Grundsätzen (§§ 105, 116 ff.).

7. Die Vorschrift des § 1342 Abs. 2 Satz 1 ist nur instruktioneller Natur („soll"); ihre Außerachtlassung ist daher ohne Einfluß auf die Wirkungen der Anfechtungserklärung. Zu der fraglichen Mittheilung ist das Nachlaßgericht selbstverständlich nur insoweit verpflichtet, als eine solche Benachrichtigung ausführbar erscheint (M. IV, 96). Nach der in den E. I und II nicht enthaltenen Bestimmung des § 1342 Abs. 2 Satz 2 steht die Einsicht der Anfechtungserklärung Jedem zu, der ein rechtliches Interesse glaubhaft macht. Ueber den Begriff der Glaubhaftmachung s. Seuffert, Komm. z. C.P.O. § 266 Nr. 2.

§ 1343.

Wird eine anfechtbare Ehe angefochten, so ist sie als von Anfang an nichtig anzusehen. Die Vorschrift des § 142 Abs. 2 findet Anwendung.

Die Nichtigkeit einer anfechtbaren Ehe, die im Wege der Klage angefochten worden ist, kann, solange nicht die Ehe für nichtig erklärt oder aufgelöst ist, nicht anderweit geltend gemacht werden.

E. I, 1260; II, 1251; III, 1326.

1. Die Bestimmung des § 1343 Abs. 1 Satz 1 entspricht dem für Rechtsgeschäfte im Allgemeinen geltenden Grundsatze des § 142 Abs. 1, wonach ein anfechtbares Rechtsgeschäft, wenn es angefochten wird, als von Anfang an nichtig anzusehen ist. Gleichwie aber nach § 1329 die Geltendmachung der Nichtigkeit einer relativ nichtigen Ehe, solange nicht die Ehe für nichtig erklärt oder aufgelöst worden ist, nur im Wege der Nichtigkeitsklage zulässig ist, kann auch die Nichtigkeit einer anfechtbaren, im Wege der Anfechtungsklage angefochtenen Ehe vor Erledigung des Anfechtungsprozesses oder Auflösung der Ehe nicht anderweit geltend gemacht werden (§ 1343 Abs. 2, M. IV, 85; vgl. Anm. 3 zu § 1329 und bez. der Abweichung gegenüber dem E. I Vorbem. zu diesem Titel Ziff 2 und 4). Im Interesse der materiellen Gerechtigkeit bestimmt aber § 141b d. Entw. e. G. betr. Aend. d. C.P.O., daß, wenn die Entscheidung eines Rechtsstreits davon abhängt, ob eine im Wege der Anfechtungsklage angefochtene Ehe anfechtbar ist, das Gericht auf Antrag das Verfahren bis zur Erledigung des Anfechtungsprozesses auszusetzen hat (Begr. 27; vgl. Anm. 3 zu § 1329).

2. Solange eine anfechtbare Ehe nicht angefochten worden ist, wird dieselbe als gültig behandelt (M. IV, 84). Wird eine anfechtbare Ehe, ohne daß sie angefochten worden ist, durch Scheidung oder Tod des anfechtungsberechtigten Ehegatten oder gemäß § 1348 Abs. 2 aufgelöst, so ist die Anfechtung überhaupt nicht mehr zulässig. Die bis dahin durch das Unterbleiben der Anfechtung bedingte Gültigkeit der Ehe ist nunmehr eine unbedingte geworden (§ 1338). Das Gleiche gilt, wenn das Anfechtungsrecht durch Genehmigung oder Bestätigung der Ehe (§ 1337) oder durch Fristablauf (§ 1339) verloren gegangen ist. Wird dagegen die anfechtbare Ehe vor erfolgter Anfechtung durch Tod des nicht anfechtungsberechtigten Ehegatten aufgelöst, so bleibt die Gültigkeit der Ehe bedingt durch das Unterbleiben der

Anfechtung seitens des anfechtungsberechtigten Ehegatten. Macht dieser von seinem Anfechtungsrechte Gebrauch (§ 1342), so ist die Ehe als von Anfang an nichtig anzusehen und ihre Nichtigkeit kann unbeschränkt geltend gemacht werden (M. IV, 85). Ist die anfechtbare Ehe durch Anfechtungsklage angefochten und rechtskräftig für nichtig erklärt worden, so kann ihre Nichtigkeit unbeschränkt geltend gemacht werden. Ist vor rechtskräftiger Erledigung des Anfechtungsprozesses die Ehe durch Tod eines Ehegatten aufgelöst worden, so ist der Rechtsstreit in Ansehung der Hauptsache als erledigt anzusehen (§ 584a d. Entw. e. G. betr. Aend. d. C.P.O.), die Ehe gilt als von Anfang an nichtig und ihre Nichtigkeit kann unbeschränkt geltend gemacht werden. Ist endlich die Ehe vor Erledigung des Anfechtungsprozesses durch Scheidung aufgelöst worden, so ist sie ebenfalls als von Anfang an nichtig anzusehen und ihre Nichtigkeit kann unbeschränkt geltend gemacht werden. (Bez. der Aufhebung der ehelichen Gemeinschaft s. § 1586 Satz 2.)

3. Soweit dem § 1343 zufolge die Geltendmachung der Nichtigkeit einer anfechtbaren und angefochtenen Ehe zulässig ist, kann dieselbe sowohl seitens eines jeden Ehegatten als seitens eines Dritten erfolgen:

a) incidenter gelegentlich eines andern Rechtsstreits;
b) beim Vorhandensein der civilprozessualen Voraussetzungen im Wege der Feststellungsklage. Der fragliche Rechtsstreit ist nicht Ehesache im Sinne der C.P.O., das ergehende Urtheil wirkt nicht für und gegen Alle (vgl. Anm. 2a und b, 5, 6 zu § 1329).

4. Ueber die rechtliche Bedeutung der Nichtigkeit einer Ehe s. Vorbem. zu diesem Titel Ziff. 8. Ueber die Verjährung der vermögensrechtlichen Ansprüche, welche einem Ehegatten in Folge der durch Anfechtung bewirkten Nichtigkeit der Ehe zustehen, s. § 200 Satz 2; Planck, Nr. 3 zu § 200.

5. Die (in dem E. I u. II nicht enthalten gewesene) Vorschrift, daß, wer die Anfechtbarkeit einer Ehe kannte oder kennen mußte (d. h. in Folge von Fahrlässigkeit nicht kannte, s. § 122 Abs. 2), so behandelt wird, wie wenn er die Nichtigkeit der Ehe gekannt hätte oder hätte kennen müssen (§ 1343 Abs. 1 Satz 2, § 142 Abs. 2), ist von Bedeutung im Hinblick auf die Bestimmungen der §§ 1344 (Rechtsstellung des gutgläubigen Dritten), 1345 (Rechtsstellung des gutgläubigen Ehegatten), 1699 ff. (Rechtsstellung der Kinder aus nichtigen und anfechtbaren Ehen). Insoweit nach diesen Vorschriften mit dem Kennen oder der auf Fahrlässigkeit beruhenden Unkenntniß der Nichtigkeit der Ehe Rechtswirkungen verbunden sind, treten dieselben, falls eine anfechtbare Ehe angefochten ist, auch Dem gegenüber ein, der die Anfechtbarkeit kannte oder in Folge von Fahrlässigkeit nicht kannte.

§ 1344.

Einem Dritten gegenüber können aus der Nichtigkeit der Ehe Einwendungen gegen ein zwischen ihm und einem der Ehegatten vorgenommenes Rechtsgeschäft oder gegen ein zwischen ihnen ergangenes rechtskräftiges Urtheil nur hergeleitet werden, wenn zur Zeit der Vornahme des Rechtsgeschäfts oder zur Zeit des Eintritts der Rechtshängigkeit die Ehe für nichtig erklärt oder die Nichtigkeit dem Dritten bekannt war.

Die Nichtigkeit kann ohne diese Beschränkung geltend gemacht werden, wenn sie auf einem Formmangel beruht und die Ehe nicht in das Heirathsregister eingetragen worden ist.

E. I, 1257, 1270; II, 1236, 1252; III, 1237.

1. Von dem Grundsatz, daß eine nichtige, sowie eine anfechtbare und angefochtene Ehe nach der Auflösung oder Nichtigkeitserklärung als nicht geschlossen gilt, macht das Gesetz mehrere Ausnahmen, zunächst in § 1344 zu Gunsten dritter Personen. (Ueber weitere Ausnahmen vgl. §§ 1345, 1699 u. Ziff. 3 zu § 1313.) Um der Sicherheit des Verkehrs willen sollen dieser Bestimmung zufolge dem Dritten gegenüber, welcher im Vertrauen auf die Gültigkeit einer in Wirklichkeit nichtigen oder anfechtbaren Ehe sich mit einem der Ehegatten auf ein Rechtsgeschäft oder einen Rechtsstreit (sei es als Kläger oder als Beklagter) einläßt, aus der Nichtigkeit der Ehe Einwendungen gegen das Rechtsgeschäft oder das ergangene Urtheil nicht hergeleitet werden dürfen (M. IV, 63 ff.; D. 178).

2. Dieser Schutz des gutgläubigen Dritten bezieht sich aber nur auf die Wirksamkeit des Rechtsgeschäfts oder Urtheils. Der Gläubiger hat kein Recht darauf,

daß das seiner Zwangsvollstreckung unterliegende Vermögen in dem Bestand verbleibe, in welchem es sich zur Zeit der Begründung seiner Forderung befunden hat. Daher steht dem Dritten nicht die Befugniß zu, zur Befriedigung seiner gegen einen der Ehegatten begründeten Forderung das Vermögen des andern Ehegatten in Anspruch zu nehmen, welches bei Gültigkeit der Ehe der Zwangsvollstreckung von Seite des Dritten unterliegen würde; m. a. W., die Einwendungen aus der Nichtigkeit der Ehe werden zu Gunsten des gutgläubigen Dritten nur in Ansehung des Rechtsgeschäfts oder Urtheils, nicht in Ansehung der Zwangsvollstreckung ausgeschlossen (M. IV, 64; Z.G. IV, 51; P. IV, 69).

3. Der dem gutgläubigen Dritten gewährte Schutz beschränkt sich auf die unmittelbar zwischen ihm und einem Ehegatten vorgenommenen Rechtsgeschäfte. Die Bestimmung des § 1344 ist daher nicht anwendbar, falls Jemand im Vertrauen auf die Gültigkeit der Ehe mit einer anderen Person ein Rechtsgeschäft vornimmt, dessen Gültigkeit durch die Gültigkeit der Ehe bedingt ist (vgl. das in den M. IV, 65 erwähnte Beispiel; Z.G. IV, 50 ff.).

4. Ausnahmsweise verbleibt es aber auch dem Dritten gegenüber bei dem Grundsatz, daß die nichtige, sowie die anfechtbare und angefochtene Ehe als nicht geschlossen anzusehen ist. Dies ist der Fall:

a) wenn schon zur Zeit der Vornahme des Rechtsgeschäfts oder zur Zeit des Eintritts der Rechtshängigkeit die Ehe rechtskräftig für nichtig erklärt war, gleichviel, ob dem Dritten die Nichtigkeit der Ehe bekannt war oder nicht. Die Rechtshängigkeit wird nach civilprozeßrechtlichem Grundsatze durch Erhebung der Klage begründet (nach E. I sollte statt der Rechtshängigkeit der Zeitpunkt maßgebend sein, in welchem die Nichtigkeit der Ehe noch hätte geltend gemacht werden können; M. IV, 66; P. IV, 69). Ob die Ehe zur Zeit der Vornahme des Rechtsgeschäfts oder des Eintritts der Rechtshängigkeit aufgelöst war oder nicht, kommt nicht in Betracht (M. IV, 65).

b) § 1344 schützt nur den gutgläubigen Dritten, findet daher keine Anwendung, wenn dem Dritten zur Zeit der Vornahme des Rechtsgeschäfts oder des Eintritts der Rechtshängigkeit die Nichtigkeit der Ehe bekannt war. War dies nicht der Fall, so ist es für die Anwendbarkeit des § 1344 unerheblich, ob die Unkenntniß bei Anwendung genügender Sorgfalt hätte vermieden werden können, sohin auf Fahrlässigkeit beruht, da das Gesetz hier nicht, wie anderwärts (s. z. B. § 169), das Kennenmüssen dem Kennen gleichstellt. Dies gilt selbst dann, wenn dem Dritten die Rechtshängigkeit des Nichtigkeitsprozesses bekannt war (M. IV. 64; Z.G. IV, 51). Maßgebend ist ferner nur, ob der Dritte von der Nichtigkeit der Ehe Kenntniß hatte. Die bloße Kenntniß der die Nichtigkeit begründenden Thatsachen ohne die Kenntniß, daß dieselben die Nichtigkeit der Ehe zur Folge haben, schließt die Anwendbarkeit des § 1344 nicht aus (s. Anm. 4 zu § 1345). Daß der Dritte die Nichtigkeit der Ehe kannte, hat zu beweisen, wer sich ihm gegenüber auf die Nichtigkeit der Ehe beruft (M. IV, 64 ff.; Z.G. IV, 51; P. IV, 69).

c) Endlich treten die Folgen der Nichtigkeit der Ehe dem Dritten gegenüber unbeschränkt ein, wenn es sich um eine absolut nichtige Ehe handelt, d. h. wenn die Ehe unter Verletzung der Formvorschriften des § 1317 geschlossen und nicht in das Heirathsregister eingetragen worden ist (Z.G. IV, 50; VI, 603; P. IV, 68; vgl. Vorbem. zu diesem Titel Ziff. 3 und Anm. 9 zu § 1345).

5. Da gemäß § 1343 eine anfechtbare Ehe, welche angefochten ist, als von Anfang an nichtig anzusehen ist, so findet auf sie die Vorschrift des § 1344 entsprechende Anwendung. Hat der Dritte zur Zeit der Vornahme des Rechtsgeschäfts oder des Eintritts der Rechtshängigkeit die Anfechtbarkeit der Ehe gekannt, so kann er sich auf den Schutz des § 1344 nicht berufen (§ 1343 Abs. 1 Satz 2, § 142 Abs. 2; E. I, 1270; M. IV, 101 ff.; s. o. Anm. 4b; vgl. Anm. 10 zu § 1345).

§ 1345.

War dem einen Ehegatten die Nichtigkeit der Ehe bei der Eheschließung bekannt, so kann der andere Ehegatte, sofern nicht auch ihm die Nichtigkeit bekannt war, nach der Nichtigkeitserklärung oder der Auflösung der Ehe verlangen, daß ihr Verhältniß in vermögensrechtlicher Beziehung, insbesondere auch in Ansehung der Unterhaltspflicht, so behandelt wird, wie wenn die Ehe zur Zeit der Nichtigkeits-

erklärung oder der Auflösung geschieden und der Ehegatte, dem die Nichtigkeit bekannt war, für allein schuldig erklärt worden wäre.

Diese Vorschrift findet keine Anwendung, wenn die Nichtigkeit auf einem Formmangel beruht und die Ehe nicht in das Heirathsregister eingetragen worden ist.

E. I, 1258 Abs. 1, 1270; II, 1237 Abs. 1, 3, 1252; III, 1328.

1. Wie § 1344 im Interesse des gutgläubigen Dritten, so statuirt § 1345 zu Gunsten des gutgläubigen Ehegatten eine Ausnahme von dem Grundsatze, daß eine nichtige oder anfechtbare und angefochtene Ehe nach erfolgter Nichtigkeitserklärung oder Auflösung als nicht geschlossen anzusehen ist (D. 178).

2. Bisheriges Recht. Nach Gem. R. äußert eine ungültige Ehe, die von beiden Ehegatten oder einem derselben zur Zeit der Eheschließung für gültig gehalten wurde (Putativehe), im ersteren Falle für die beiden Ehegatten, im letzteren Falle für den gutgläubigen Ehegatten alle rechtlichen Wirkungen einer gültigen Ehe (M. IV, 66).

Das B.L.R. Thl. I cap. 6 § 44 unterscheidet drei Fälle, je nachdem die Ehe von beiden Ehegatten oder von einem allein oder von keinem für gültig gehalten worden ist. Im ersten Falle nimmt die Ehefrau sowohl ihr Heirathgut als das Paraphernal- und Rezeptizgut nebst der Morgengabe und dem von der Errungenschaft, gemeinvermischten Hausfahrniß und den Hochzeitsgeschenken gebührenden Antheil, wie auch ihr End, Gebänd, Kleider, Kleinodien und was zu ihrem Leib gehört, wieder zurück. Alles andere dagegen verbleibt dem Mann, und was sie Beide vor oder während der Ehe einander geschenkt haben, fällt nebst dem Wittibsitz gleichfalls wieder zurück. Im Uebrigen hat eine solche Ehe, solange sich die Eheleute in bona fide befinden, alle Rechtswirkungen einer gültigen Ehe. Im zweiten Falle hat sich der unschuldige Theil aller Rechte und Freiheiten einer gültigen Ehe zu erfreuen und erhält mithin Alles, was einem Ehegatten auf Vorabsterben des Anderen von Rechts- und Gedingswegen zusteht. Außerdem gebührt ihm zur Genugthuung ein gleicher Kindstheil oder bei ermangelnden Kindern der vierte Theil von des schuldigen Theils sämmtlichem Vermögen. Im dritten Falle fällt sowohl das Heirathgut als Widerlage und Morgengabe nebst den mit einander gemachten Schenkungen oder, da kein Heirathsgut bedungen ist, der vierte Theil vom beiderseitigen sämmtlichen Vermögen dem Fisko heim (die letztere Bestimmung war schon bisher nicht mehr praktisch).

Ueber andere Partikularrechte s. M. IV, 66 ff.

3. Das B.G.B. nimmt gegenüber den bisherigen Rechten einen vermittelnden Standpunkt ein. Haben beide Ehegatten die Ehe für gültig gehalten, so bewendet es bei den Folgen der Nichtigkeit (M. IV, 67 ff.; P. IV, 70, 532 ff.). Das Gleiche gilt, falls die Nichtigkeit der Ehe beiden Ehegatten bekannt war. War dies jedoch nur bei einem der Ehegatten der Fall, so hat der andere, gutgläubige Ehegatte nach der Nichtigkeitserklärung oder Auflösung der Ehe die Wahl, ob es bei den Folgen der Nichtigkeit verbleiben oder ob sein Verhältniß zu dem andern Ehegatten so behandelt werden soll, als wäre die Ehe geschieden und der andere Ehegatte für allein schuldig erklärt worden (§ 1574 Abs. 1).

4. Voraussetzung der Anwendbarkeit des § 1345 ist, daß der eine Ehegatte zur Zeit der Eheschließung die Ehe für gültig gehalten hat. **Mala fides superveniens** ist unerheblich (M. IV, 71). Daß der gutgläubige Ehegatte bei Anwendung der erforderlichen Sorgfalt die Nichtigkeit der Ehe zur Zeit der Eheschließung hätte erkennen müssen, seine Unkenntniß also auf Fahrlässigkeit beruhte, macht ihn des im § 1345 bestimmten Rechts nicht verlustig, da das Kennenmüssen hier nicht dem Kennen gleichgestellt ist (vgl. Anm. 4b zu § 1344. Nach E. I sollte das Recht in Wegfall kommen, wenn die Unkenntniß auf grober Fahrlässigkeit beruhte; vgl. M. IV, 69; P. IV, 71). Maßgebend ist übrigens bezüglich beider Ehegatten nur, ob ihnen die Nichtigkeit der Ehe bekannt war, während die Kenntniß der die Nichtigkeit begründenden Thatsachen allein ohne die Kenntniß dieser ihrer Rechtsfolge nicht in Betracht kommt (M. IV, 69; vgl. Anm. 4b zu § 1344). Das Vorhandensein des guten Glaubens auf der einen und die Kenntniß der Nichtigkeit der Ehe auf der andern Seite sind klagsbegründende Thatsachen, müssen also von dem bewiesen werden, der einen Anspruch auf Grund des § 1345 geltend macht (M. IV, 69; vgl. E. I, 193; P. I, 259, Anm. 4b zu § 1344).

5. Solange der gutgläubige Ehegatte von dem ihm nach § 1345 zustehenden Rechte keinen Gebrauch macht, ist das Verhältniß unter den Ehegatten nach den Grundsätzen über die Nichtigkeit der Ehe zu beurtheilen (M. IV, 69). Nach § 1347 Abs. 2 kann aber der andere Ehegatte dem gutgläubigen eine Frist zur Erklärung darüber bestimmen, ob

er von seinem Rechte Gebrauch machen wolle. Gibt der gutgläubige Ehegatte innerhalb der Frist keine Erklärung ab, so verbleibt es bei den Folgen der Nichtigkeit.

6. Macht der gutgläubige Ehegatte von dem in § 1345 bestimmten Rechte Gebrauch, so kommen folgende gesetzliche Bestimmungen zu seinen Gunsten in Betracht:

a) Nach § 1578 hat der für allein schuldig erklärte Mann der geschiedenen Ehefrau den standesmäßigen Unterhalt insoweit zu gewähren, als sie ihn nicht aus den Einkünften ihres Vermögens bezw. aus dem Ertrag ihrer Arbeit bestreiten kann, während die allein für schuldig erklärte Frau dem Manne den standesmäßigen Unterhalt insoweit zu gewähren hat, als er außer Stande ist, sich selbst zu unterhalten (vgl. auch §§ 1579—1582).

b) Nach § 1584 kann, wenn ein Ehegatte allein für schuldig erklärt ist, der andere Ehegatte Schenkungen, die er ihm während des Brautstandes oder während der Ehe gemacht hat, widerrufen, es sei denn, daß seit der Rechtskraft des Scheidungsurtheils ein Jahr verstrichen oder einer der Ehegatten gestorben ist.

c) Nach §§ 1478 und 1549 endlich kann bei allgemeiner Gütergemeinschaft und Fahrnißgemeinschaft, wenn der eine Ehegatte allein für schuldig erklärt worden ist, der andere verlangen, daß jedem von ihnen der Werth Desjenigen zurückerstattet wird, was er in die Gütergemeinschaft eingebracht hat; reicht der Werth des Gesammtguts zur Rückerstattung nicht aus, so hat jeder Ehegatte die Hälfte des Fehlbetrags zu tragen.

7. In anderer als vermögensrechtlicher Beziehung verbleibt es auch dem gutgläubigen Ehegatten gegenüber bei den Folgen der Nichtigkeit der Ehe. Es finden also insbesondere die in § 1577 Abs. 2 Satz 1 und Abs. 3 für den Fall der Scheidung wegen alleinigen Verschuldens der Frau über deren Namensführung getroffenen Bestimmungen keine Anwendung (vgl. Z.G. IV, 53).

8. Als maßgebender Zeitpunkt für die Vermögensauseinandersetzung unter den Ehegatten gilt, wenn von dem in § 1345 bestimmten Rechte Gebrauch gemacht wird, die Zeit der Nichtigkeitserklärung oder der Auflösung der Ehe (M. IV, 70). Bez. der Verjährung der unter den Ehegatten bestehenden vermögensrechtlichen Ansprüche s. § 200 Satz 2; Planck, Nt. 3 zu § 200.

9. Die Bestimmung des § 1345 Abs. 1 ist (wie die des § 1344 Abs. 1) unanwendbar, wenn die in Frage stehende Ehe absolut nichtig, d. h. unter Verletzung der Formvorschriften des § 1317 geschlossen und nicht ins Heirathsregister eingetragen worden ist (vgl. Vorbem. zu diesem Titel Ziff. 3). In diesem Falle verbleibt es auch dem gutgläubigen Ehegatten gegenüber bei den Folgen der Nichtigkeit (§ 1345 Abs. 2; M. IV, 68 ff.; Z.G. IV, 51 ff., VI, 604; P. IV, 70 ff.; vgl. Anm. 4c zu § 1344).

10. Eine anfechtbare Ehe, welche angefochten ist, gilt als von Anfang an nichtig (§ 1343 Abs. 1 Satz 1). Die Bestimmung des § 1345 findet daher auf eine solche Ehe entsprechende Anwendung. Die Kenntniß der Anfechtbarkeit der Ehe hat hiebei die gleiche Rechtswirkung wie die Kenntniß der Nichtigkeit bei Vorliegen einer nichtigen Ehe (§§ 1343 Abs. 1 Satz 2, 142 Abs. 2; E. I, 1270; M. IV, 102; s. o. Anm. 4, vgl. Anm. 5 zu § 1344). Ueber die Person des zur Ausübung des Wahlrechts befugten Ehegatten bei einer wegen Irrthums oder Drohung anfechtbaren Ehe s. § 1346. Ueber die Unterhaltspflicht des die Ehe auf Grund des § 1350 anfechtenden Ehegatten s. § 1351.

11. Durch die Ausübung des im § 1345 statuirten Wahlrechts wird die Geltendmachung weitergehender Ansprüche auf Grund der Bestimmungen über Schadensersatz wegen unerlaubter Handlungen (§§ 823, 826, s. auch 825, 847 Abs. 2) selbstverständlich nicht ausgeschlossen (M. IV, 71, 102).

§ 1346.

Wird eine wegen Drohung anfechtbare Ehe für nichtig erklärt, so steht das im § 1345 Abs. 1 bestimmte Recht dem anfechtungsberechtigten Ehegatten zu. Wird eine wegen Irrthums anfechtbare Ehe für nichtig erklärt, so steht dieses Recht dem zur Anfechtung nicht berechtigten Ehegatten zu, es sei denn, daß dieser den Irrthum bei der Eingehung der Ehe kannte oder kennen mußte.

E. I, 1270; II, 1252; III, 1329.

1. Da nach § 1345 Abs. 1 das dem gutgläubigen Ehegatten eingeräumte Wahlrecht davon abhängig ist, daß ihm die Nichtigkeit oder Anfechtbarkeit der Ehe bei der Eheschließung unbekannt war, so würde dem durch Drohung widerrechtlich zur Eingehung der Ehe bestimmten und daher nach § 1335 anfechtungsberechtigten Ehegatten dieses Recht nicht zustehen, wenn ihm bei der Eheschließung bekannt war, daß dieser Umstand Anfechtbarkeit der Ehe bewirkt. Da jedoch in diesem Falle der Wille des anfechtungsberechtigten Ehegatten nicht frei ist, räumt ihm § 1346 Satz 1 das in § 1345 Abs. 1 statuirte Wahlrecht auch dann ein, wenn ihm bei der Eheschließung die Anfechtbarkeit der Ehe bekannt war, während dem anderen Ehegatten dieses Recht auch dann nicht zusteht, wenn ihm bei der Eheschließung nicht bekannt war, daß die Ehe in Folge Drohung anfechtbar ist (vgl. M. IV, 102).

2. Ist die Ehe wegen Irrthums (1332, 1333) für nichtig erklärt worden, so steht gemäß § 1346 Satz 2 das in § 1345 Abs. 1 statuirte Wahlrecht nicht dem irrenden und daher anfechtungsberechtigten, sondern dem andern Ehegatten zu (P. IV, 92 ff.; anders E. I, s. auch § 122). War aber dem letzteren der Irrthum des andern Ehegatten bekannt oder nur in Folge von Fahrlässigkeit unbekannt (§ 122 Abs. 2), so steht ihm das Wahlrecht nicht zu, es verbleibt vielmehr bei den Folgen der Nichtigkeit. Ist die Ehe wegen arglistiger Täuschung für nichtig erklärt worden, so finden die allgemeinen Grundsätze des § 1345 Abs. 1 Anwendung.

§ 1347.

Erklärt der Ehegatte, dem das im § 1345 Abs. 1 bestimmte Recht zusteht, dem anderen Ehegatten, daß er von dem Rechte Gebrauch mache, so kann er die Folgen der Nichtigkeit der Ehe nicht mehr geltend machen; erklärt er dem anderen Ehegatten, daß es bei diesen Folgen bewenden solle, so erlischt das im § 1345 Abs. 1 bestimmte Recht.

Der andere Ehegatte kann den berechtigten Ehegatten unter Bestimmung einer angemessenen Frist zur Erklärung darüber auffordern, ob er von dem Rechte Gebrauch mache. Das Recht kann in diesem Falle nur bis zum Ablaufe der Frist ausgeübt werden.

E. I, 1258 Abs. 2; II, 1237 Abs. 2; III, 1330.

1. Die Ausübung des in § 1345 gewährten Wahlrechts hat in der Weise zu erfolgen, daß der wahlberechtigte Ehegatte dem andern gegenüber erklärt, ob er sein Verhältniß zu demselben in vermögensrechtlicher Beziehung so angesehen wissen wolle, als wäre die Ehe zur Zeit der Nichtigkeitserklärung oder Auflösung geschieden und der andere Ehegatte für allein schuldig erklärt worden, oder ob es bei den Folgen der Nichtigkeit sein Bewenden haben solle. Bis zur Abgabe dieser Erklärung ist das Verhältniß unter den Ehegatten nach den Grundsätzen über die Nichtigkeit der Ehe zu beurtheilen (M. IV, 697, vgl. § 263 Abs. 1).

2. An die einmal getroffene Entscheidung ist der wahlberechtigte Ehegatte gebunden, die Erklärung ist unwiderruflich (dies war in E. I ausdrücklich ausgesprochen, ergibt sich aber aus der nunmehrigen Fassung des § 1347 von selbst; s. E. I, 1258 Abs. 2 Satz 1, 209 Satz 1; P. IV, 69, 72).

3. Die Beobachtung irgend welcher Form ist zur Wirksamkeit der im § 1347 Abs. 1 vorgeschriebenen Erklärung nicht erforderlich. Ueber Nichtigkeit und Anfechtbarkeit derselben entscheiden die allgemeinen Grundsätze (§§ 105 ff., 119 ff.).

4. Frist. Um den nicht wahlberechtigten Ehegatten nicht allzulange in Ungewißheit darüber zu lassen, in welcher Weise der andere Ehegatte sein Wahlrecht ausüben werde, ermöglicht ihm § 1347 Abs. 2, dem wahlberechtigten Ehegatten eine angemessene Frist zur Erklärungsabgabe zu bestimmen. Läßt der wahlberechtigte Ehegatte diese Frist verstreichen, ohne eine Erklärung abzugeben, so verbleibt es bei den Folgen der Nichtigkeit (M. IV, 70 ff., vgl. § 264 Abs. 2).

Vierter Titel.

Wiederverheirathung im Falle der Todeserklärung.*)

§ 1348.

Geht ein Ehegatte, nachdem der andere Ehegatte für todt erklärt worden ist, eine neue Ehe ein, so ist die neue Ehe nicht deshalb nichtig, weil der für todt erklärte Ehegatte noch lebt, es sei denn, daß beide Ehegatten bei der Eheschließung wissen, daß er die Todeserklärung überlebt hat.

Mit der Schließung der neuen Ehe wird die frühere Ehe aufgelöst. Sie bleibt auch dann aufgelöst, wenn die Todeserklärung in Folge einer Anfechtungsklage aufgehoben wird.

E. I, 1464; II, 1482; III, 1831.

1. Daß die Ehe durch den Tod eines Ehegatten aufgelöst wird, ist im Gesetz als selbstverständlich nicht ausdrücklich hervorgehoben (vgl. E. I, 1440 Abs. 1, M. IV, 640; Z.G. IV, 305, 336). Will der überlebende Ehegatte eine neue Ehe schließen, so muß er im Hinblick auf § 1309 Abs. 1 Satz 1 B.G.B. und § 45 Abs. 1 Pers.G. dem Standesbeamten den Tod seines Ehegatten nachweisen, was in der Regel durch Vorlegung eines Sterberegisterauszugs geschehen wird. Stellt sich später heraus, daß zur Zeit des Abschlusses der neuen Ehe der für todt gehaltene Ehegatte noch am Leben war, so ist die neue Ehe, vorausgesetzt, daß die frühere Ehe gültig war, gemäß § 1326 nichtig und bleibt nichtig, auch wenn vor ihrer Auflösung oder Nichtigkeitserklärung die frühere Ehe aufgelöst wird (M. IV, 641; vgl. Anm. 2a und 4 zu § 1326).

2. Der Einfluß der Todeserklärung eines Ehegatten auf den Bestand der Ehe war in den bisherigen Rechten verschieden geregelt (M. IV, 19 ff., 641 ff.; Sicherer, S. 218 ff. und für Bayern Ausf.-G. z. C.P.O. v. 23. Febr. 1879 Art. 118 ff.). Ob Mangels ausdrücklicher gesetzlicher Bestimmung durch die Todeserklärung die Ehe aufgelöst werde, war bestritten (vgl. Anm. 3b zu § 1309).

Nach B.G.B. begründet die Todeserklärung die Vermuthung, daß der Verschollene in dem Zeitpunkt gestorben sei, welcher in dem die Todeserklärung aussprechenden Urtheile festgestellt ist (§ 18 Abs. 1). Da diese Vermuthung auch in Ansehung der Ehe gilt (Anm. 3b zu § 1309), so bewirkt die Todeserklärung eines Ehegatten, daß die Ehe als in dem vom Ausschlußurtheil als Todeszeit festgesetzten Zeitpunkt durch Tod des verschollenen Ehegatten aufgelöst gilt. Der Wiederverheirathung des andern Ehegatten steht daher das Ehehinderniß des § 1309 nicht mehr im Wege; die Ausfertigung des Ausschlußurtheils beweist dem Standesbeamten gegenüber den Tod des verschollenen Ehegatten (s. Pers.G. § 45 Abs. 1 und o. Anm. 1; vgl. bayr. Ausf.G. z. C.P.O. Art. 119 Abs. 1: „Die Ausfertigung des Urtheils auf Todeserklärung vertritt die Stelle der Sterbeurkunde"). Wird die Todeserklärung in Folge einer Anfechtungsklage (C.P.O. § 834 ff.) aufgehoben, so kommt die durch dieselbe begründete Vermuthung in Wegfall, die Ehe gilt als fortbestehend, Wiederverheirathung des Ehegatten des Verschollenen ist gemäß § 1309 Abs. 1 Satz 1 ausgeschlossen; s. aber § 1348 Abs. 2 Satz 2 und unten Anm. 6.

3. Die Todeserklärung begründet nur eine widerlegbare Vermuthung für Tod und Todeszeit des Verschollenen. Wird bewiesen, daß derselbe noch lebt oder zu einer anderen Zeit gestorben ist, so „tritt die der wirklichen Sachlage entsprechende Beurtheilung ein, wie wenn das die Todeserklärung aussprechende Urtheil nicht erlassen worden wäre" (M. I, 50). Kehrt also der für todt Erklärte zurück, so kommt die durch die Todeserklärung begründete Vermuthung, daß seine Ehe durch seinen Tod aufgelöst worden sei, in Wegfall und seine Ehe gilt als fortbestehend, als wäre die Todeserklärung nicht erfolgt. Demgemäß wäre, falls der Ehegatte des für todt Erklärten eine neue Ehe geschlossen hat, der für todt erklärte Ehegatte aber in diesem Zeitpunkt noch am Leben war, die neue Ehe an sich gemäß §§ 1309 und 1326 nichtig, vorausgesetzt, daß die frühere Ehe gültig war. Aus den gleichen Erwägungen aber, aus welchen das Gesetz dem Ehegatten eines für todt Erklärten die Wiederverheirathung überhaupt gestattet, hält es die neue Ehe auch für den Fall aufrecht, daß die durch die Todeserklärung

*) E. I: „Auflösung der Ehe in Folge Todeserklärung", vgl. hiezu Z.G. IV, 266, E. II: „Auflösung der Ehe im Falle der Todeserklärung". Der in der Reichstagskommission gestellte Antrag auf Streichung des ganzen Titels wurde abgelehnt, s. R.T.K. 107 ff.

begründete Vermuthung eine irrige war. Es bestimmt daher im § 1348 Abs. 1, daß die von dem Ehegatten eines für todt Erklärten abgeschlossene neue Ehe nicht um deßwillen nichtig sein soll, weil der für todt Erklärte noch lebt (M. IV, 641 ff.; Z.G. IV, 22, 337, VI, 631 ff.; D. 180).

Ausnahmsweise verbleibt es jedoch bei der Nichtigkeit der neuen Ehe, wenn beide Ehegatten bei der Eheschließung gewußt haben, daß der für todt Erklärte die Todeserklärung überlebt hat. (Nach E. I sollte maßgebend sein, ob dem Ehegatten des für todt Erklärten bekannt war, daß dieser zur Zeit der Eheschließung noch lebte; vgl. M. IV, 643 ff.; Z.G. IV, 337 ff.; Jakubezky, Bem. S. 310; P. IV, 456; s. auch §§ 1350 Abs. 1 Satz 1, 1351). Liegt dieser Ausnahmsfall vor, so wird die Nichtigkeit der neuen Ehe auch dadurch nicht geheilt, daß vor ihrer Auflösung oder Nichtigkeitserklärung die frühere Ehe aufgelöst wird (vgl. Anm. 4 zu § 1326). Dagegen ist die neue Ehe selbstverständlich dann nicht auf Grund des § 1326 nichtig, wenn der für todt Erklärte vor der Wiederverheirathung seines Ehegatten gestorben ist, mag er auch die Todeserklärung überlebt haben und dies beiden Ehegatten der neuen Ehe bei der Eheschließung bekannt gewesen sein (unrichtig L. Kuhlenbeck, Von den Pandekten zum B.G.B., Berlin 1897, S. 92). Ueber die Anfechtbarkeit der neuen Ehe s. § 1350.

4. Auflösung der früheren Ehe. Das Gesetz begnügt sich nicht damit, dem Ehegatten eines für todt Erklärten die Wiederverheirathung zu gestatten und die neue Ehe auch für den Fall, daß der für todt Erklärte noch lebt, für gültig zu erklären. Es legt vielmehr dem Abschluß der neuen Ehe in Verbindung mit der Todeserklärung die Wirkung bei, daß hiedurch die frühere Ehe aufgelöst wird (§ 1348 Abs. 2 Satz 1). An die Stelle der durch die Todeserklärung begründeten Vermuthung der Auflösung der früheren Ehe tritt mit dem Abschluß der neuen Ehe die wirkliche Auflösung der früheren Ehe. Auch hier wird aber vorausgesetzt, daß nicht etwa beiden Ehegatten bekannt war, daß der für todt Erklärte die Todeserklärung überlebt hat. War dies der Fall, so hat die (nach § 1348 Abs. 1 nichtige) neue Ehe nicht die Wirkung, die frühere Ehe aufzulösen.

5. Die auflösende Wirkung der neuen Ehe sollte nach E. I nicht eintreten, wenn die neue Ehe nichtig, wohl aber, wenn sie anfechtbar ist und angefochten wird (M. IV, 644). Nach B.G.B. entscheiden in dieser Beziehung Mangels besonderer Vorschriften die allgemeinen Grundsätze. Hienach vermag eine wegen Formmangels nichtige und nicht ins Heirathsregister eingetragene, also absolut nichtige Ehe (s. Vorbem. zum dritten Titel Ziff. 3), weil überhaupt keine Ehe im Rechtssinne, die Auflösung der früheren Ehe nicht herbeizuführen. Ist die neue Ehe relativ nichtig (s. Vorbem. zum dritten Titel Ziff. 3) oder anfechtbar und angefochten, so ist sie als von Anfang an nichtig anzusehen, ihre Nichtigkeit kann aber, solange die Ehe besteht, nur im Wege des Nichtigkeits- bezw. Anfechtungsprozesses geltend gemacht werden. Ist aber die neue Ehe aufgelöst oder rechtskräftig für nichtig erklärt, so macht sich ihre Nichtigkeit geltend, die frühere Ehe lebt von selbst und ohne Weiteres wieder auf.

6. Die durch die Todeserklärung in Verbindung mit dem Abschluß der neuen Ehe herbeigeführte Auflösung der früheren Ehe wird nach § 1348 Abs. 2 Satz 2 auch dadurch nicht beseitigt, daß nach Abschluß der neuen Ehe das die Todeserklärung aussprechende Urtheil in Folge einer Anfechtungsklage aufgehoben wird. Die frühere Ehe bleibt vielmehr auch in diesem Fall aufgelöst. Der Bestand der einen oder anderen Ehe darf nicht von der Willkür eines Jeden, der an der Aufhebung der Todeserklärung ein rechtliches Interesse hat, abhängig gemacht werden (M. IV, 645). Dies wäre aber der Fall, wenn die Aufhebung der Todeserklärung die Auflösung der früheren Ehe beseitigen würde, da nach § 836 p d. Entw. e. G. betr. Aend. d. C.P.O. zur Erhebung der Anfechtungsklage Jeder berechtigt ist, der an der Aufhebung der Todeserklärung oder an der Berichtigung des Zeitpunkts des Todes ein rechtliches Interesse hat. Ist aber zu der Zeit, da der Ehegatte des für todt Erklärten eine neue Ehe schließen will, das die Todeserklärung aussprechende Urtheil bereits mit der Anfechtungsklage angefochten, so soll nach § 1349 der Abschluß der neuen Ehe vor der Erledigung dieses Rechtsstreits nicht zulässig sein, falls nicht etwa die Anfechtung erst zehn Jahre nach der Verkündigung des Ausschlußurtheils erfolgt ist.

7. Ein Folgesatz der Vorschrift des § 1348 Abs. 2 Satz 1 ist, daß von dem Zeitpunkt ab, in welchem der Ehegatte des für todt Erklärten eine neue Ehe geschlossen hat, der für todt erklärte, aber noch lebende Ehegatte ebenfalls befugt ist, eine neue Ehe einzugehen (Deutsche Juristen-Zeitung 1896 S. 229 ff.). Die Gültigkeit seiner Ehe ist allerdings abhängig von der Gültigkeit der von seinem früheren Ehegatten geschlossenen neuen Ehe. Ist die letztere absolut nichtig, so ist durch dieselbe seine frühere Ehe nicht aufgelöst worden und daher seine neue Ehe gemäß § 1326 nichtig. Das Gleiche gilt, falls die neue Ehe des zurückgebliebenen Ehegatten relativ nichtig oder anfechtbar und angefochten ist, nach Auflösung oder Nichtigkeitserklärung derselben: die frühere Ehe des zurückgebliebenen

mit dem für todt erklärten Ehegatten lebt wieder auf, die neue Ehe des Letzteren ist nach § 1326 nichtig (s. o. Anm. 5). Dies gilt auch für den Fall, daß die neue Ehe des zurückgebliebenen Ehegatten auf Grund des § 1350 angefochten und für nichtig erklärt worden ist; der in der II. Komm. gestellte Antrag, der Anfechtung der neuen Ehe des zurückgebliebenen Ehegatten keinen Einfluß auf die Gültigkeit der von dem für todt Erklärten geschlossenen neuen Ehe einzuräumen, wurde abgelehnt (P.M. 8661).

8. Nach § 171 St.G.B. in der durch E.G. Art. 34 V festgesetzten Fassung ist wegen Verbrechens der Bigamie strafbar ein Ehegatte, welcher eine neue Ehe eingeht, bevor seine Ehe aufgelöst worden ist, sowie eine unverheirathete Person, welche mit einem Ehegatten, wissend, daß er verheirathet ist, eine Ehe eingeht. Da im Falle der Todeserklärung eines Ehegatten die Ehe erst mit dem Abschluß der neuen Ehe aufgelöst wird, macht sich der wieder heirathende zurückgebliebene Ehegatte des bezeichneten Verbrechens schuldig, wenn ihm beim Abschluß der neuen Ehe bekannt war, daß sein für todt erklärter Ehegatte noch lebt, und das Gleiche gilt für denjenigen, der mit dem zurückgebliebenen Ehegatten eine Ehe eingeht, obwohl er weiß, daß der für todt erklärte Ehegatte noch lebt. Auch hier (vgl. Anm. 6 zu § 1326) kann also der Fall eintreten, daß Jemand wegen Bigamie strafbar ist, die den Thatbestand der Bigamie bildende neue Ehe aber nach § 1348 Abs. 1, weil der eine Ehegatte sich in gutem Glauben befunden hat, gültig ist. Schließt der für todt erklärte, aber noch lebende Ehegatte eine neue Ehe ab, ehe der zurückgebliebene Ehegatte sich wieder verheirathet hat, so ist er nach § 171 St.G.B. strafbar; dagegen liegt der Thatbestand des § 171 St.G.B. nicht vor, wenn er eine neue Ehe erst eingeht, nachdem durch Wiederverheirathung des zurückgebliebenen Ehegatten seine Ehe mit demselben aufgelöst worden ist. Nach den gleichen Grundsätzen regelt sich die Strafbarkeit desjenigen, der mit dem für todt erklärten Ehegatten, wissend, daß derselbe verheirathet ist, eine Ehe schließt. (Vgl. Deutsche Juristenzeitung 1897 S. 197 ff.; M. Hachenburg, Das B.G.B., Mannheim 1898, S. 79.)

9. Bez. des internationalen Privatrechts s. E.G. Art. 9, 13 Abs. 2, 29—31; die erforderlichen Uebergangsbestimmungen enthält E.G. Art. 158, 159, 161, 206.

§ 1349.

Ist das Urtheil, durch das einer der Ehegatten für todt erklärt worden ist, im Wege der Klage angefochten, so darf der andere Ehegatte nicht vor der Erledigung des Rechtsstreits eine neue Ehe eingehen, es sei denn, daß die Anfechtung erst zehn Jahre nach der Verkündung des Urtheils erfolgt ist.

E. I, 1235 Abs. 2; II, 1215 Abs. 2; III, 1332.

1. Eine Ausnahme von dem Grundsatze, daß die Wiederverheirathung dem Ehegatten eines für todt Erklärten ohne Weiteres gestattet sein soll, macht das Gesetz für den Fall, daß das die Todeserklärung aussprechende Urtheil im Wege der Anfechtungsklage angefochten worden ist. Da die Todeserklärung ihre Kraft verlieren würde, falls das Urtheil in Folge der Anfechtungsklage aufgehoben werden sollte, so ist die Eingehung der neuen Ehe nicht vor rechtskräftiger Erledigung des Anfechtungsprozesses zulässig (M. IV, 20; D. 179). Weil aber die Anfechtung des Ausschlußurtheils gemäß C.P.O. § 835 Abs. 2 (s. auch §§ 836o u. 836r d. Entw. e. G. betr. Aend. d. C.P.O.) nach Ablauf von zehn Jahren von der Verkündung des Ausschlußurtheils ab nicht mehr zulässig ist, wird die Wiederverheirathung des zurückgebliebenen Ehegatten durch eine nach diesem Zeitpunkt erfolgende Anfechtung des Ausschlußurtheils nicht gehindert. Diese im E. I nicht enthaltene Vorschrift beruht auf Beschluß der II. Komm. (P. IV, 23; vgl. § 1309 Abs. 2). Ueber die Berechnung der zehnjährigen Frist s. §§ 187 Abs. 1, 188 Abs. 2.

2. Das durch § 1349 geschaffene Ehehinderniß ist ein aufschiebendes. Die unter Außerachtlassung desselben geschlossene Ehe ist also weder nichtig noch anfechtbar (M. IV, 20). Durch den Abschluß der neuen Ehe wird die frühere Ehe aufgelöst, es sei denn, daß der für todt erklärte Ehegatte noch lebt und beide Ehegatten der neuen Ehe bei der Eheschließung wissen, daß er die Todeserklärung überlebt hat. Die frühere Ehe bleibt auch dann aufgelöst, wenn die neue Ehe unter Zuwiderhandlung gegen § 1349 abgeschlossen wurde und die Anfechtungsklage zur Aufhebung der Todeserklärung führt (§ 1348 Abs. 2, Anm. 6 zu § 1348; vgl. dagegen Anm. 2b zu § 1326).

3. Ueber das Ehehinderniß der Wartezeit (§ 1313) bei Wiederverheirathung der Ehefrau eines für todt Erklärten s. Anm. 4 zu § 1313 a. E.

§ 1350.

Jeder Ehegatte der neuen Ehe kann, wenn der für todt erklärte Ehegatte noch lebt, die neue Ehe anfechten, es sei denn, daß er bei der Eheschließung von dessen Leben Kenntniß hatte. Die Anfechtung kann nur binnen sechs Monaten von dem Zeitpunkte an erfolgen, in welchem der anfechtende Ehegatte erfährt, daß der für todt erklärte Ehegatte noch lebt.

Die Anfechtung ist ausgeschlossen, wenn der anfechtungsberechtigte Ehegatte die Ehe bestätigt, nachdem er von dem Leben des für todt erklärten Ehegatten Kenntniß erlangt hat, oder wenn die neue Ehe durch den Tod eines der Ehegatten aufgelöst worden ist.

E. II, 1483; III, 1333.

1. Anfechtungsrecht. Während das sächs. Gesetzbuch (§ 1710) im Falle der Rückkehr des für todt erklärten Ehegatten dem zurückgebliebenen Ehegatten, der sich wiederverheirathet hat, die Befugniß gewahrt hat, die neue Ehe anzufechten, räumt das B.G.B. dieses Recht beiden Ehegatten der neuen Ehe ein. (Diese Bestimmung beruht auf Beschluß der II. Komm.; im E. I war kein Anfechtungsrecht gegenüber der neuen Ehe anerkannt; s. M. IV, 644; P. IV, 454 ff.)

2. Dieses Anfechtungsrecht ist aber folgenden Einschränkungen unterworfen:

a) Es steht dem Ehegatten nicht zu, der bei der Eheschließung gewußt hat, daß der für todt Erklärte noch lebt (vgl. §§ 1348 Abs. 1, 1351; über die Strafbarkeit des in Kenntniß dieses Umstandes sich wiederverheirathenden Ehegatten s. Anm. 8 zu § 1348).

b) Die Anfechtung muß binnen einer Frist von sechs Monaten von dem Zeitpunkt ab erfolgen, in welchem der anfechtende Ehegatte von dem Leben des für todt Erklärten Kenntniß erlangt hat (vgl. § 1339). Ueber die Berechnung dieser Frist s. §§ 187 Abs. 1, 188 Abs. 2, 3; über die entsprechende Anwendung der Vorschriften der §§ 1339 Abs. 3, 1340 s. u. Anm. 3.

c) Die Anfechtung steht dem Ehegatten nicht mehr zu, der nach erlangter Kenntniß von dem Leben des für todt Erklärten die Ehe bestätigt hat (vgl. § 1337).

d) Die Anfechtung ist endlich ausgeschlossen, wenn die neue Ehe, bevor sie angefochten worden ist, durch Tod des zurückgebliebenen oder des andern Ehegatten aufgelöst worden ist, gleichviel, ob der verstorbene Ehegatte gemäß § 1350 Abs. 1 anfechtungsberechtigt war oder nicht (P. IV, 456; vgl. § 1338).

3. Soweit die §§ 1350—1352 nicht Sondervorschriften enthalten, finden auf die nach § 1350 anfechtbare Ehe die allgemeinen Vorschriften bezüglich der Anfechtbarkeit einer Ehe, insbesondere die §§ 1336 Abs. 1, Abs. 2 Satz 1, 1337 Abs. 3, 1339 Abs. 3, 1340, 1341, 1343—1345, 1347 entsprechende Anwendung. Dies gilt insbesondere auch bezüglich der Wirkung der Anfechtung und der Geltendmachung der Nichtigkeit der angefochtenen Ehe (§ 1343). Demgemäß lebt, wenn die auf Grund des § 1350 angefochtene neue Ehe aufgelöst oder für nichtig erklärt worden ist, die frühere Ehe des zurückgebliebenen Ehegatten (falls dieselbe nicht unterdessen aus anderem Grunde, insbesondere durch Tod des für todt erklärten Ehegatten, aufgelöst worden ist), wieder auf (P. IV, 456). Ueber den Einfluß dieser Rechtswirkung auf die Gültigkeit einer von dem für todt erklärten Ehegatten abgeschlossenen neuen Ehe s. Anm. 7 zu § 1348.

4. Ueber die Unterhaltspflicht des gemäß § 1350 die neue Ehe anfechtenden Ehegatten s. § 1351.

5. Nach Wiederaufleben seiner Ehe mit dem zurückgebliebenen Ehegatten (s. o. Anm. 3) ist der für todt erklärte Ehegatte berechtigt, gemäß § 1565 auf Scheidung zu klagen, falls der zurückgebliebene Ehegatte bei Abschluß der neuen Ehe vom Leben seines für todt erklärten Ehegatten Kenntniß hatte. Dagegen hat der gutgläubige Ehegatte der neuen Ehe nicht neben dem Anfechtungsrecht des § 1350 auch das Recht, nach § 1565 Scheidung zu verlangen, falls der andere Ehegatte bei Abschluß der neuen Ehe vom Leben des für todt Erklärten Kenntniß hatte; denn das Verbrechen des § 171 ist in diesem Falle seitens des andern Ehegatten nicht während der neuen Ehe, sondern durch Abschluß derselben begangen worden (Anm. 4 zu § 1565; vgl. Anm. 8 zu § 1348, D. Jur.-Ztg. 1897 S. 198).

§ 1351.

Wird die Ehe nach § 1350 von dem Ehegatten der früheren Ehe angefochten, so hat dieser dem anderen Ehegatten nach den für die Scheidung geltenden Vorschriften der §§ 1578 bis 1582 Unterhalt zu gewähren, wenn nicht der andere Ehegatte bei der Eheschließung wußte, daß der für todt erklärte Ehegatte die Todeserklärung überlebt hat.

E. II, 1484; III, 1334.

1. Das Verhältniß unter den Ehegatten einer auf Grund des § 1350 angefochtenen Ehe bestimmt sich im Allgemeinen nach §§ 1345, 1347 (s. Anm. 3 zu § 1350). Eine auf Billigkeitsgründen beruhende Sonderbestimmung enthält § 1351 (D. 180 ff.). Hienach ist der zurückgebliebene Ehegatte, welcher sich wiederverheirathet hat, die neue Ehe aber auf Grund des § 1350 anficht, verpflichtet, dem andern Ehegatten der neuen Ehe, falls dieser nicht etwa bei der Eheschließung wußte, daß der für todt erklärte Ehegatte die Todeserklärung überlebt hat (vgl. §§ 1348 Abs. 1, 1350 Abs. 1 Satz 1), in demselben Umfang Unterhalt zu gewähren, in welchem der bei der Scheidung für allein schuldig erklärte Ehegatte (§ 1574) gegenüber dem unschuldigen Ehegatten unterhaltspflichtig ist. Die näheren Bestimmungen über Inhalt, Umfang und Dauer dieser Verbindlichkeit enthalten die §§ 1578—1582. Ueber das Verhältniß dieser Unterhaltspflicht zu der der Verwandten des unterhaltsberechtigten Ehegatten s. § 1608 Abs. 2; über das Verhältniß der Unterhaltspflicht aus § 1351 zu dem Anspruch anderer unterhaltsberechtigter Personen s. § 1609 Abs. 2 Satz 2 und § 1579 Abs. 1 Satz 2; über materiell- und prozeßrechtliche Besonderheiten des Unterhaltsanspruchs s. Anm. 9 und 10 zu § 1578.

2. Macht dagegen der andere Ehegatte der neuen Ehe von dem Anfechtungsrecht aus § 1350 Gebrauch, so ist er zur Alimentation seines Ehegatten nicht verpflichtet, da dieser in Folge des durch die Anfechtung bewirkten Wiederauflebens seiner Ehe mit dem für todt Erklärten diesem gegenüber (auf Grund des § 1360) unterhaltsberechtigt ist (D. 181; unrichtig A. Schröder, Verlöbniß und Ehe S. 52).

§ 1352.

Wird die frühere Ehe nach § 1348 Abs. 2 aufgelöst, so bestimmt sich die Verpflichtung der Frau, dem Manne zur Bestreitung des Unterhalts eines gemeinschaftlichen Kindes einen Beitrag zu leisten, nach den für die Scheidung geltenden Vorschriften des § 1585.

E. I, 1465; II, 1485 Satz 2; III, 1335.

1. Ist der für todt erklärte Ehegatte noch am Leben, die Ehe desselben aber durch Wiederverheirathung seines Ehegatten gemäß § 1348 Abs. 2 aufgelöst worden und sind aus dieser Ehe Kinder vorhanden, so gilt in Ansehung der Sorge für die Person (§ 1630 ff.) dieser Kinder das Gleiche, wie wenn die Ehe geschieden und beide Ehegatten für schuldig erklärt worden wären (§ 1637, s. §§ 1635, 1636; vgl. auch E.G. Art. 206). Im Uebrigen gelten bezüglich der elterlichen Gewalt über solche Kinder die allgemeinen Grundsätze der §§ 1626 ff.

2. Zum Unterhalt eines solchen Kindes ist nach §§ 1601 und 1606 Abs. 2 der Vater vor der Mutter verpflichtet. Nach § 1352 ist aber die Mutter (wie nach § 1585 im Falle der Scheidung) verpflichtet, dem Vater aus den Einkünften ihres Vermögens und dem Ertrag ihrer Arbeit oder eines von ihr selbständig betriebenen Erwerbsgeschäfts einen angemessenen Beitrag zu den Kosten des Unterhalts zu leisten, soweit nicht diese durch die dem Mann an dem Vermögen des Kindes zustehende Nutznießung gedeckt werden. Steht der Frau die Sorge für die Person des Kindes zu (s. Anm. 1) und ist eine erhebliche Gefährdung des Unterhalts des Kindes zu besorgen, so kann die Frau den Beitrag zur eigenen Verwendung für den Unterhalt des Kindes zurückbehalten (M. IV, 645; Z.G. IV, 338, VI, 633; P. IV, 456).

Fünfter Titel.

Wirkungen der Ehe im Allgemeinen.

Vorbemerkung.

1. Wenn die Ehe auch ein vorwiegend unter dem Sittengesetze stehendes Institut ist, (Anm. 2b zu § 1333), so übt sie doch auch wichtige Rechtswirkungen sowohl in öffentlich-rechtlicher als in privatrechtlicher Beziehung. In ersterer Richtung vgl. z. B. St.G.B. § 195 in der durch E.G. Art. 34 VI festgesetzten Fassung; St.P.O. §§ 51 Abs. 1 Ziff. 2, 149 Abs. 1, 340 Abs. 1; C.P.O. § 348 Abs. 1 Ziff. 2; R.G. über die Freizügigkeit vom 1. November 1867 § 2 Abs. 2 in der durch E.G. Art. 37 festgesetzten Fassung; R.G. über die Erwerbung und den Verlust der Bundes- und Staatsangehörigkeit vom 1. Juni 1870 § 11 in der durch E.G. Art. 41 Abs. 2 festges. Fassung; bayr. Heimathgesetz vom $\frac{\text{16. April 1868}}{\text{17. Juni 1896}}$ Art. 4 Abs. 1. Die privatrechtlichen Wirkungen der Ehe erstrecken sich theils auf die Person, theils auf das Vermögen der Ehegatten. Eine Anzahl derartiger, besonders wichtiger Wirkungen ist im fünften Titel des vierten Buchs geregelt. Soweit hier vermögensrechtliche Wirkungen der Ehe in Frage stehen, treten dieselben unabhängig von dem zwischen den Ehegatten bestehenden Güterstand ein, während die güterrechtlichen Verhältnisse selbst im sechsten Titel des vierten Buchs behandelt sind. Uebrigens ist von privatrechtlichen Wirkungen der Ehe auch an anderen Stellen des B.G.B. die Rede, s. z. B. §§ 10 (Wohnsitz der Ehefrau), 204 Satz 1 (Verjährung von Ansprüchen unter Ehegatten), 1746 (Erforderniß der Einwilligung des Ehegatten zur Annahme an Kindesstatt), 1931 (Erbrecht des Ehegatten) rc. rc.

2. Das Institut der Geschlechtsvormundschaft (Roth, Bayr. Civilrecht, 2. Aufl. Thl. I S. 397 ff.; vgl. Z.G. IV, 59 ff.) ist dem B.G.B. unbekannt. Die Geschäftsfähigkeit einer Frau wird durch ihre Eigenschaft als Ehefrau ebensowenig beschränkt, wie nach § 51 Abs. 2 C.P.O. ihre Prozeßfähigkeit (M. IV, 110, Jakubezky, Bem. S. 302 ff.; vgl. dagegen B.L.R. Thl. I cap. 6 § 27, s. auch Gew.O. § 11a in der durch E.G. Art. 36 festges. Fassung und E.G. Art. 200 Abs. 3). Der bei den Berathungen der II. Komm. gestellte Antrag, dies ausdrücklich auszusprechen, wurde im Hinblick auf die Entbehrlichkeit einer solchen Bestimmung abgelehnt (P. IV, 100).

3. Eine allgemeine Befugniß der Ehegatten, sich gegenseitig in Behinderungsfällen, insbesondere bei Abwesenheit oder Krankheit, zu vertreten, hat das B.G.B. nicht anerkannt (M. IV, 120 ff.; Z.G. IV, 60 ff.). Jedoch ist nach § 1357 die Frau kraft der ihr zukommenden Schlüsselgewalt berechtigt, innerhalb ihres häuslichen Wirkungskreises die Geschäfte des Mannes für ihn zu besorgen und ihn zu vertreten. S. ferner §§ 1401, 1450, 1519 Abs. 2, 1525 Abs. 2, 1549; vgl. auch § 1685 Abs. 1.

4. Schenkungen unter Ehegatten sind nach Gem.R. nichtig, werden aber gültig, wenn der Schenker, ohne widerrufen zu haben, vor dem Beschenkten in der Ehe verstirbt (Dernburg, Pand. Bd. 3 S. 46 ff.); ähnlich B.L.R. Thl. I cap. 6 § 31. Das B.G.B. hat eine derartige Bestimmung nicht aufgenommen. Schenkungen unter Ehegatten unterliegen daher den für Schenkungen überhaupt geltenden Vorschriften der §§ 516 ff. (M. IV, 114 ff; Z.G. IV, 62). S. hiezu auch Einl. zu Tit. 6 Ziff. 9c. Daß eine vor dem Inkrafttreten des B.G.B. erfolgte Schenkung unter Ehegatten nach bisherigem Recht beurtheilt werden muß, ist selbstverständlich. (M. z. E.G. 280.)

5. Das römische Recht unterwarf Intercessionen von Ehefrauen weitgehenden Beschränkungen. (Dernburg, Pand. Bd. 2 S. 227 ff., vgl. auch B.L.R. Thl. I cap. 6 §§ 33, 34.) Die Mehrzahl der neueren Gesetzgebungen hat diese Bestimmungen aufgehoben, so insbesondere auch das bayr. G. über die Intercessionen vom 14. Juni 1871. (G. u. V.Bl. 1870/71 S. 133 ff.) Soweit nach bisherigem Recht derartige Beschränkungen noch in Kraft waren, sind sie durch das B.G.B. beseitigt worden. (M. IV, 116 ff.; Z.G. IV, 62.) In Uebereinstimmung hiemit wurden die reichsgesetzlichen Vorschriften, wonach sich Handelsfrauen, Gewerbefrauen und Ehefrauen, welche Mitglieder von Erwerbs- oder Wirthschaftsgenossenschaften sind, auf die weiblichen Rechtswohlthaten nicht berufen können (früheres H.G.B. § 6 Abs. 2, Gew.O. § 11 Abs. 2 Satz 2), R.G. über die Erwerbs- und Wirthschaftsgenossenschaften vom 1. Mai 1889 § 23 Abs. 4), als überflüssig beseitigt. (H.G.B. vom 10. Mai 1897, E.G. Art. 36, I, E.G. zum H.G.B. vom 10. Mai 1897 Art. 10 III.) Intercessionen, welche vor dem Inkrafttreten des B.G.B. erfolgt sind, unterliegen selbstverständlich den bisherigen Gesetzen. (M. z. E.G. 280.) Vgl. Einl. z. Tit. 6 Ziff. 9d.

6. Bezüglich des internationalen Privatrechts s. E.G. Art. 14, 16 Abs. 2, 29—31. Die erforderliche Uebergangsbestimmung enthält E.G. 199.

§ 1353.

Die Ehegatten sind einander zur ehelichen Lebensgemeinschaft verpflichtet.

Stellt sich das Verlangen eines Ehegatten nach Herstellung der Gemeinschaft als Mißbrauch seines Rechtes dar, so ist der andere Ehegatte nicht verpflichtet, dem Verlangen Folge zu leisten. Das Gleiche gilt, wenn der andere Ehegatte berechtigt ist, auf Scheidung zu klagen.

E. I, 1272; II, 1253; III, 1336.

1. Während einige der bisherigen Gesetze die gegenseitigen Rechte und Pflichten der Ehegatten mehr oder minder ausführlich aufgezählt haben (vgl. B.L.R. Thl. I cap. 6 § 12 Ziff. 1: „Die Pflichten und Rechte der Eheleute bestehen in Erweisung beständiger Liebe und Treue, dann der Beiwohnung und all nöthigem Beistand, wie nicht weniger in dem ehelichen Beischlaf, welcher ohne rechtserhebliche Ursache einem Theil von dem andern nicht versagt werden kann"), begnügt sich das B.G.B. damit, den rechtlichen Inhalt des in Folge der Ehe unter den Ehegatten begründeten persönlichen Verhältnisses durch ein allgemeines Prinzip zum Ausdruck zu bringen. Dadurch, daß die Ehegatten als zur ehelichen Lebensgemeinschaft verpflichtet erklärt werden, ist anerkannt, daß dieselben nur zu einer solchen Lebensgemeinschaft berechtigt und verpflichtet sind, welche dem Wesen der Ehe als eines vorwiegend sittlichen Verhältnisses (s. Anm. 2b zu § 1333) entspricht und mit der rechten ehelichen Gesinnung vereinbar ist. Wie im Obligationenrecht Treue und Glauben (§ 242), so soll demgemäß im Eherecht das sittliche Wesen der Ehe für die Auslegung des Gesetzes und die Beurtheilung aller unter den Ehegatten bestehenden Rechtsverhältnisse maßgebend sein (M. IV, 104 ff.: Z.G. IV, 62 ff., VI, 608; D. 181; R.T.K. 122). Unter der Verpflichtung zur ehelichen Lebensgemeinschaft ist auch die Verbindlichkeit zur Leistung der ehelichen Pflicht inbegriffen (M. IV, 108; Z.G. IV, 63).

2. Der Anspruch auf Herstellung der ehelichen Lebensgemeinschaft ist ausgeschlossen:

a) wenn sich dieses Verlangen seitens eines Ehegatten als Mißbrauch seines Rechtes darstellt (vgl. §§ 1354 Abs. 2, 1357 Abs. 2 Satz 2, 1358 Abs. 2 Satz 2). Diese Bestimmung beruht auf Beschluß der II. Komm. (P. IV, 94 ff.). Ob ein solcher Mißbrauch vorliegt, hat der Richter unter Berücksichtigung aller einschlägigen Verhältnisse nach freiem Ermessen zu entscheiden.

b) Auch ohne daß ein solcher Mißbrauch vorliegt, soll nach dem durch die R.T.K. beigefügten Satz 2 des § 1353 Abs. 2 (R.T.K. 123) zur Herstellung der ehelichen Gemeinschaft ein Ehegatte nicht verpflichtet sein, welcher berechtigt ist, auf Scheidung zu klagen (§§ 1565—1569). Nach dem Wortlaute des Gesetzes muß dies auch für den Fall gelten, daß der die Herstellung der ehelichen Gemeinschaft verweigernde Ehegatte berechtigt ist, wegen Geisteskrankheit des anderen Ehegatten auf Scheidung zu klagen (§ 1569, vgl. dagegen Achilles, B.G.B., Note 2 zu § 1353). Dies ist jedoch ohne praktische Bedeutung, da nach § 573a Abs. 2 Satz d. Entw. e. G. betr. Aend. d. C.P.O. die Klage auf Herstellung des ehelichen Lebens von dem gesetzlichen Vertreter eines geschäftsunfähigen Ehegatten nicht erhoben werden kann.

c) Nach § 584 d. Entw. e. G. betr. Aend. d. C.P.O. kann für die Dauer eines Rechtsstreits, welcher die Scheidung, Nichtigkeit oder Anfechtung der Ehe zum Gegenstand hat, das Gericht auf Antrag durch einstweilige Verfügung das Getrenntleben der Ehegatten gestatten (M. IV, 636 ff.).

3. Die Geltendmachung des Anspruchs aus § 1353 Abs. 1 erfolgt im Wege der Klage auf Herstellung des ehelichen Lebens (M. IV, 108 ff.; P. IV, 99). Diese Klage ist Ehesache und unterliegt daher den für Ehesachen geltenden Sondervorschriften des Prozeßrechts (M. z. E.G. 77 ff., vgl. E. I, 1276; M. IV, 110; P. IV, 100). Nach § 774 Abs. 2 d. Entw. e. G. betr. Aend. d. C.P.O. ist die Zwangsvollstreckung aus einem Urtheil auf Herstellung des ehelichen Lebens ausgeschlossen (während bisher die Zwangsvollstreckung insoweit zulässig war, als die Landesgesetze die Erzwingung der Herstellung des ehelichen Lebens zuließen, vgl. M. IV, 109 ff., M. z. E.G. 102).

4. Die Hauptbedeutung des § 1353 Abs. 1 liegt darin, daß die Verletzung der Pflicht zur ehelichen Lebensgemeinschaft Anlaß zur Scheidung wegen böslicher Verlassung (§ 1567) oder wegen Verletzung der durch die Ehe begründeten Pflichten (§ 1568) geben kann.

5. Der Anspruch auf Herstellung der ehelichen Gemeinschaft ist nach § 194 Abs. 2 der Verjährung nicht unterworfen.

6. Ueber die Aufhebung der ehelichen Gemeinschaft durch Urtheil s. §§ 1575, 1576, 1586, 1587.

7. Nach § 1361 treten in der Unterhaltspflicht der Ehegatten gewisse Modifikationen ein, wenn ein Ehegatte die Herstellung des ehelichen Lebens berechtigterweise verweigert.

§ 1354.

Dem Manne steht die Entscheidung in allen das gemeinschaftliche eheliche Leben betreffenden Angelegenheiten zu; er bestimmt insbesondere Wohnort und Wohnung.

Die Frau ist nicht verpflichtet, der Entscheidung des Mannes Folge zu leisten, wenn sich die Entscheidung als Mißbrauch seines Rechtes darstellt.

E. I, 1273; II, 1254; III, 1337.

1. Entscheidungsrecht des Mannes. Daß in ehelichen Angelegenheiten, wenn die beiderseitigen Meinungen auseinandergehen, der Ehemann zu entscheiden hat, ist im Gem. Recht und in den meisten neueren Gesetzgebungen anerkannt (Dernburg, Pand. Bd. 3, 9; Roth, Bayr. C.R., 2. Aufl. Thl. I, S. 936; M. IV, 105). Auch nach P.L.R. Thl. I cap. 6 § 12 Ziff. 2 wird der Ehemann „für das Haupt der Familie geachtet, daher ihm seine Ehefrau in domesticis subordinirt und untergeben ist" (vgl. Annot. zu Thl. I cap. IV, § 2 a. E. und zu Thl. I cap. 6 § 12 Ziff. 2—4).

Den gleichen Standpunkt nimmt das B.G.B. ein. „Es entspricht der natürlichen Ordnung des Verhältnisses, daß die Entscheidung in allen das gemeinschaftliche eheliche Leben betreffenden Angelegenheiten bei Meinungsverschiedenheiten dem Ehemanne zusteht" (M. IV, 105; vgl. Z.G. IV, 64 ff.). Der in der Reichstagskommission und im Reichstag gestellte Antrag, die Gleichberechtigung der Ehegatten ausdrücklich anzuerkennen, wurde abgelehnt (R.T.K. 123 ff.; St.B. 191 ff.). Wie Planck bei der zweiten Lesung des Gesetzes im Reichstag ausgeführt hat, handelt es sich bei § 1354 nicht um Differenzen, welche das Wesen der Ehe betreffen (denn für solche ist das Princip des § 1353 entscheidend), sondern um die „tausendfältigen, an sich gleichgültigen Fragen des täglichen Lebens, die aber doch entschieden werden müssen, wenn die Ehegatten eine wirthschaftliche Gemeinschaft haben wollen," z. B. in welchem Zimmer gewohnt, um welche Zeit die gemeinschaftliche Mahlzeit eingenommen werden soll, und dergl. (St.B. 198).

2. Als eine besonders wichtige Folge dieses Grundsatzes hebt das Gesetz ausdrücklich hervor, daß dem Manne die Entscheidung über die Wahl des Wohnorts und der Wohnung zusteht. Unter „Wohnort" ist der thatsächliche Aufenthaltsort zu verstehen, während „Wohnsitz" den thatsächlichen Aufenthaltsort bei Vorhandensein der Absicht, beständig daselbst zu verbleiben, bezeichnet (M. I, 68, 69; IV, 105). Ueber den Wohnsitz der Ehefrau s. § 10.

3. Der dem § 1354 Abs. 1 zu Grunde liegende Gedanke ist auch in anderen Bestimmungen des B.G.B. zum Ausdruck gelangt (s. z. B. §§ 1634 Satz 2, 1782 Abs. 1 Satz 2, 1868 Abs. 2, vgl. Anm. 2b zu § 1776, Anm. 3 zu § 1855). Auf ähnlichen Erwägungen beruhen die Vorschriften, welche für gewisse Fälle die Einwilligung des Ehemannes fordern (s. §§ 1783 Abs. 1, 1887 Abs. 2; § 2 Abs. 2 des R.G. über die Freizügigkeit vom 1. Nov. 1867 in der durch E.G. Art. 37 festgesetzten Fassung; § 58 Abs. 2 des Börsengesetzes vom 22. Juni 1896; Art. 14, III Einf.G. zum Handelsgesetzbuch vom 10. Mai 1897; vgl. andererseits B.GB. §§ 1726 Abs. 1 Satz 2, 1746 Abs. 1). Die Bestimmung des § 7 Abs. 1 des früheren H.G.B., wonach eine Ehefrau ohne Einwilligung ihres Ehemannes nicht Handelsfrau sein konnte, wurde durch das neue H.G.B. vom 10. Mai 1897 beseitigt. Ob eine Ehefrau zum selbständigen Betrieb eines Erwerbsgeschäfts an sich der Genehmigung des Mannes bedarf, bestimmt sich nach den allgemeinen Grundsätzen der §§ 1353 und 1354 (M. IV, 107 ff.). Ueber die vermögensrechtlichen Voraussetzungen und Folgen des Betriebs eines selbständigen Erwerbsgeschäfts seitens einer Ehefrau entscheiden die Grundsätze des ehelichen Güterrechts (s. §§ 1367, 1405, 1411 ff., 1427 Abs. 2, 1452, 1459, 1462, 1526, 1533, 1549 s. auch 1585 Abs. 1, 1352). Der in der Reichstagskommission gestellte Antrag, zu bestimmen, daß die Frau, solange sie in häuslicher Gemeinschaft mit dem Manne lebt, nicht ohne dessen Einwilligung ein Erwerbsgeschäft selbständig betreiben dürfe, wurde abgelehnt (R.T.K. 128).

4. Das Recht des Ehemannes, bei Meinungsverschiedenheiten in gemeinschaftlichen Angelegenheiten den Ausschlag zu geben, wird eingeschränkt durch die Bestimmung des § 1354 Abs. 2, wonach die Frau sich seiner Entscheidung nicht zu fügen braucht, wenn dieselbe sich als ein Mißbrauch (E. I: „als ein mit der rechten ehelichen Gesinnung nicht vereinbarer Mißbrauch") seines Rechtes darstellt. Ob dies der Fall ist, hat der Richter unter Würdigung aller einschlägigen Verhältnisse nach freiem Ermessen zu entscheiden (P. IV, 94; Anm. 2a zu § 1353; vgl. §§ 1357 Abs. 2 Satz 2, 1358 Abs. 2 Satz 1). Der in der Reichstagskommission gestellte Antrag, als Absatz 3 beizufügen: „Als Mißbrauch ist insbesondere anzusehen, wenn eine ernstliche Gefahr für ihr Wohl, insbesondere für ihr Leben oder ihre Gesundheit, oder eine begründete Besorgniß wegen des künftigen Unterhalts eine Weigerung rechtfertigt", wurde abgelehnt, da die Einführung einzelner Spezialanwendungen des Princips immer bedenklich sei (R.T.K. 124). Diese Einschränkung gilt insbesondere auch für die Wahl des Wohnorts (vgl. § 10 Abs. 1 Satz 2). Eine Aufzählung der einzelnen hier in Betracht kommenden Fälle hat das Gesetz nicht für erforderlich erachtet (vgl. M. IV, 106 und die dort erwähnten Gesetze, insbesondere P.L.R. Thl. 1 cap. 6 § 12 Ziff. 6: „Falls der Mann sein domicilium verändert, so soll ihm die Frau folgen, es sei denn, daß jener eines Verbrechens halber zu solcher Veränderung bemüssigt ist, oder sich erst nach eingetretenem Ehestand auf das Vagantenleben verlegt").

5. Die Vorschrift des § 1354 Abs. 1 beruht auf dem Wesen der Ehe und kann daher durch Vereinbarung der Ehegatten weder ausgeschlossen noch beschränkt werden. Demgemäß ist insbesondere ein Vertrag, durch welchen der Ehemann auf sein Recht der Bestimmung des Wohnorts Verzicht leistet, nichtig und zwar auch dann, wenn er vor Eingehung der Ehe geschlossen worden ist. (§ 138 Abs. 1; M. IV, 106; M. z. E.G. 280; Z.G. IV, 66; Jacobi, Das persönliche Eherecht, S. 52; vgl. Roth, Bayr. Civilrecht, 2. Aufl. Thl. I S. 395 Note 12.)

6. Ein eheherrliches Züchtigungsrecht ist dem B.G.B. unbekannt (vgl. § 1631 Abs. 2, E.G. Art. 95 Abs. 3, R.T.K. 51, s. dagegen P.L.R. Thl. I cap. 6 § 12 Ziff. 3, wonach die Ehefrau vom Ehemann „nöthigenfalls mit Mäßigkeit gezüchtigt werden mag", Samml. v. Entsch. d. bayr. Obersten L.G. XII, 183). Daher ist jede der Frau vom Manne zugefügte Mißhandlung widerrechtlich und nach §§ 223 ff. St.G.B. strafbar, falls dem Manne nicht das Bewußtsein der Rechtswidrigkeit gefehlt hat.

7. Die Geltendmachung des Anspruchs aus § 1354 Abs. 1 erfolgt im Wege der Klage auf Herstellung des ehelichen Lebens. Ueber die Besonderheiten dieser Klage, insbesondere den Ausschluß der Zwangsvollstreckung aus einem auf dieselbe ergehenden Urtheil, s. Anm. 3 zu § 1353. Mit Unrecht wurde gelegentlich der zweiten Lesung des B.G.B. im Reichstag einerseits behauptet, daß für Streitigkeiten auf Grund des § 1354 das Vormundschaftsgericht zuständig sei, andererseits, daß in solchen Fällen jedes Eingreifen des Gerichts vollständig ausgeschlossen sei. (St.B. 191, 199).

§ 1355.

Die Frau erhält den Familiennamen des Mannes.

E. I, 1274; II, 1255; III, 1338.

1. Die Bestimmung des § 1355 ist eine natürliche Folge der Innigkeit nnd der das ganze Leben umfassenden Bedeutung der ehelichen Gemeinschaft (M. IV, 106) und entspricht dem bisherigen Recht. (Roth, Bayr. C.R. 2. Aufl. Thl. I S. 394; Dernburg, Pand. Bd. 3 S. 9; P.L.R. Thl. I cap. 6 § 12 Ziff. 5.)

2. Die Ehefrau ist zur Führung des Familiennamens des Mannes nicht nur berechtigt, sondern auch verpflichtet, und kann hiezu von dem Manne mit der Klage auf Herstellung des ehelichen Lebens (Anm. 3 zu § 1353) angehalten werden. (M. IV, 106.) Von dieser Verpflichtung kann der Mann die Frau auch nicht durch Vertrag entbinden, da ein solcher Vertrag dem Wesen der Ehe widerstreitet und daher nach § 138 Abs. 1 nichtig ist.

3. Doppelnamen und Pseudonym. Nicht ausgeschlossen ist durch § 1355, daß die Ehefrau, wie dies bei Schriftstellerinnen, Künstlerinnen rc. häufig geschieht und manchen Orts sogar üblich ist, ihren Familiennamen dem des Mannes beifügt. Der Mann kann ihr dies, eventuell mit der Klage auf Herstellung des ehelichen Lebens, untersagen. Stellt sich aber die Untersagung als Mißbrauch seines Rechtes dar, so ist die Frau nach § 1353 Abs. 2 nicht verpflichtet, dem Verlangen des Mannes Folge zu leisten. (R.T.K. 125; Jacobi, Das persönliche Eherecht, S. 53; vgl. auch Staudinger in den Bl. für R.A. LXII, 165.). Die gleichen Grundsätze gelten für die Befugniß der Frau zur Annahme eines Pseudonyms. Der Gebrauch eines solchen für den Rechtsverkehr ist aber für die Frau ebenso wie für jeden Mann unzulässig. (Staudinger, a. a. O.)

4. Den Familiennamen des Mannes erhält die Frau vom Zeitpunkt der Eheschließung ab. Sie hat sich daher schon im Heirathsregister mit dem Familiennamen des Mannes zu unterzeichnen. (Personenstandsgesetz § 13 Abs. 2 Ziff. 5, Anm. 3 zu § 1318.)

5. Morganatische Ehen. Eine Ausnahme von dem Grundsatze, daß die Ehefrau den Namen des Mannes erhält, bestand nach den meisten bisherigen Rechten für morganatische Ehen des hohen Adels (Roth, Bayr. C.R. 2. Aufl. Thl. I S. 394). Dem B.G.B. ist das Institut der morganatischen Ehe (Mißheirath, Ehe zur linken Hand) unbekannt. (M. IV, 106.) Durch E.G. Art. 57 und 58 sind aber die in dieser Hinsicht geltenden Sondervorschriften des Privatfürstenrechts aufrecht erhalten worden (vgl. R.T.K. 125). Für Bayern kommt in dieser Beziehung in Betracht Tit. II § 3, Tit. V § 2 und Beil. IV § 1 der Verfassungsurkunde vom 26. Mai 1818; vgl. Seydel, Bayr. Staatsrecht, 2. Aufl. Bd. 1 S. 192, 328.

6. Ueber den Familiennamen der geschiedenen Ehefrau s. § 1577, über den Familiennamen der ehelichen, unehelichen, legitimirten und an Kindesstatt angenommenen Kinder s. §§ 1616, 1706, 1719, 1736, 1758, 1772; über den Schutz des Namensrechtes im Allgemeinen s. § 12; in strafrechtlicher Beziehung vgl. St.G.B. § 360 Ziff. 8, Bayr. Pol.St.G.B. vom 26. Dezember 1871 Art. 25, 47.

7. Nach Gem. R. und P.L.R. theilt die Ehefrau auch den Stand des Ehemanns (Roth, Bayr. Civilr. 2 Aufl. Thl. I S. 394; Dernburg, Pand. Bd. 3 S. 9; P.L.R. Thl. I cap. 6 § 12 Ziff. 5). Von der Aufnahme einer solchen Bestimmung hat das B.G.B. Umgang genommen, weil die Vorschriften über den Erwerb des Standes im öffentlich rechtlichen Sinn dem Staatsrecht angehören, während die für das Privatrecht (s. z. B. §§ 1610, 1093 Abs. 2) bedeutsame Thatsache, daß die Frau an der sozialen Lebensstellung des Mannes theilnimmt, sich aus dem Grundsatz des § 1353 Abs. 1 von selbst ergibt (M. IV, 106 ff.; Z.G. IV, 66; P. IV, 97 ff.; R.T.K. 124 ff.). Nach Landesstaatsrecht entscheidet sich also insbesondere die Frage, ob eine nichtadelige Frau durch Verheirathung mit einem dem Adel angehörigen Manne zu dessen Namen auch den Adel erwirbt, und ob eine dem Adel angehörige Frau durch Verheirathung mit einem nichtadeligen Manne ihren Adel verliert (P. IV, 98).

§ 1356.

Die Frau ist, unbeschadet der Vorschriften des § 1354, berechtigt und verpflichtet, das gemeinschaftliche Hauswesen zu leiten.

Zu Arbeiten im Hauswesen und im Geschäfte des Mannes ist die Frau verpflichtet, soweit eine solche Thätigkeit nach den Verhältnissen, in denen die Ehegatten leben, üblich ist.

E. I, 1275; II, 1256; III, 1339.

1. Nach Gem. R. hat der Ehemann Anspruch auf den Standesverhältnissen entsprechende Dienste der Frau (Roth, Bayr. Civilr. 2. Aufl. Thl. I S. 396; Dernburg, Pand. Bd. 3 S. 10). Das P.L.R. (Thl. I cap. 6 § 12 Ziff. 2) verpflichtete die Ehefrau „zu gewöhnlichen und anständigen Personal- und Hausdiensten"; vgl. Anm. Ziff. 2—4 fünftens; „es kommt aber hierunter lediglich auf den Gebrauch und Wohlstand an, wonach man sich in dieser arbitrarischen Sache mit richterlicher Ermäßigung zu reguliren pflegt, daher z. B. einer adeligen Dame der Dienst, welchen sonst gemeine Bürger- oder Bauersweiber zu verrichten pflegen, nicht wohl zuzumuthen wäre (s. auch Anm. zu Thl. II cap. 11 § 1 b; Bl. f. R.A. 8. Erg.Bd. S. 44, XLI, 24 ff.).

Der deutschen Auffassung und Sitte entsprechend (M. IV, 107; vgl. Z.G. IV, 67) erklärt das B.G.B. die Ehefrau für verpflichtet, aber auch für berechtigt, das gemeinschaftliche Hauswesen zu leiten und nicht nur im Hauswesen, sondern auch im Geschäfte des Mannes mitzuarbeiten. falls die Verhältnisse der Ehegatten eine solche Thätigkeit der Frau als angemessen erscheinen lassen. Zur Erfüllung dieser Verpflichtung kann die Frau durch die Klage auf Herstellung des ehelichen Lebens (Anm. 3 zu § 1353) angehalten werden. Die gleiche Klage steht ihr gegen mißbräuchliche Verkümmerung ihres Anspruchs auf Leitung des gemeinschaftlichen Hauswesens seitens des Ehemanns zu (M. IV, 107). Ueber die Befugniß der Frau, innerhalb ihres häuslichen Wirkungskreises die Geschäfte des Mannes für ihn zu besorgen und ihn zu vertreten (Schlüsselgewalt), s. § 1357; über die Verpflichtung der ehelichen Kinder zur Dienstleistung im Hauswesen und Geschäfte der Eltern s. § 1617.

2. Durch die ausdrückliche Bezugnahme auf § 1354 ist zum Ausdruck gebracht,

a) daß auch in häuslichen Angelegenheiten bei Meinungsverschiedenheiten dem Manne die Entscheidung zusteht,

b) daß auch in dieser Beziehung die Frau unbilligen und mit dem Wesen der Ehe nicht vereinbaren Ansprüchen des Mannes nicht Folge zu leisten braucht.

3. Erwerb. Was die Ehefrau durch ihre Thätigkeit im Bereiche des § 1356 Abs. 2 erwirbt, fällt dem Manne zu. Dagegen wird im ordentlichen gesetzlichen Güterstande Vorbehaltsgut der Frau, was sie durch anderweitige Arbeit oder durch den selbstständigen Betrieb eines Erwerbsgeschäfts erwirbt (§ 1367, vgl. M. IV, 174 ff.). Ueber die Frage, ob eine Frau zum selbstständigen Betrieb eines Erwerbsgeschäfts der Einwilligung des Mannes bedarf, s. Anm. 3 zu § 1354.

4. Ein Dritter, der durch Tödtung, Verletzung des Körpers oder der Gesundheit oder Freiheitsentziehung gegenüber einer Frau dem Manne deren Dienste entzieht, hat demselben gemäß § 845 durch Entrichtung einer Geldrente Ersatz zu leisten.

§ 1357.

Die Frau ist berechtigt, innerhalb ihres häuslichen Wirkungskreises die Geschäfte des Mannes für ihn zu besorgen und ihn zu vertreten. Rechtsgeschäfte, die sie innerhalb dieses Wirkungskreises vornimmt, gelten als im Namen des Mannes vorgenommen, wenn nicht aus den Umständen sich ein Anderes ergiebt.

Der Mann kann das Recht der Frau beschränken oder ausschließen. Stellt sich die Beschränkung oder die Ausschließung als Mißbrauch des Rechtes des Mannes dar, so kann sie auf Antrag der Frau durch das Vormundschaftsgericht aufgehoben werden. Dritten gegenüber ist die Beschränkung oder die Ausschließung nur nach Maßgabe des § 1435 wirksam.

E. I, 1278; II, 1257; III, 1310.

1. § 1357 regelt die sog. „Schlüsselgewalt" der Ehefrau.

a) Verhältniß nach Innen. Entsprechend dem Grundsatz des § 1356 ist der Frau die Befugniß beigelegt, innerhalb des ihr durch diese Bestimmung zugewiesenen Wirkungskreises die Geschäfte des Mannes für ihn zu besorgen (daß sie innerhalb dieses Wirkungskreises ihre eigenen Geschäfte selbstständig erledigen kann, ist stelbstverständlich; s. P. IV, 107). Damit ist zum Ausdruck gebracht, daß im Verhältniß der Ehegatten zu einander der Mann aus solchen Geschäften der Frau gegenüber wie ein Auftraggeber berechtigt und verpflichtet ist. Durch E. I wurden die für das Verhältniß zwischen Auftraggeber und Beauftragten geltenden Rechtssätze ausdrücklich für entsprechend anwendbar erklärt. Die II. Komm. hat diese Bestimmung gestrichen, da sich die Anwendbarkeit der fraglichen Vorschriften (§§ 662 ff.), soweit dieselben auf das Verhältniß zwischen den Ehegatten passen, ohne Weiteres im Wege der Analogie ergebe (M. IV, 118 ff.; Z.G. IV, 73, VI, 609; P. IV, 107). Zu den hier in Betracht kommenden Geschäften gehören nicht nur solche, die sich auf den Haushalt (wozu z. B. auch Beschaffung der nöthigen Bekleidungsstücke u. dgl. zu rechnen ist) beziehen, sondern auch andere zur Bestreitung der ehelichen Lasten dienende Rechtsgeschäfte, z. B. solche, welche die Erziehung der Kinder betreffen (M. IV, 118; Z.G. IV, 72). Entscheidend sind in dieser Beziehung die sozialen Verhältnisse der Ehegatten und die Sitte.

b) Verhältniß nach Außen. Während das Gesetz eine allgemeine Befugniß der Ehegatten, sich gegenseitig zu vertreten, nicht anerkennt (Vorbem. zu diesem Titel Ziff. 3), ist mit Rücksicht darauf, daß der Mann die ehelichen Lasten zu tragen hat, die Frau berechtigt, innerhalb ihres häuslichen Wirkungskreises den Mann zu vertreten, also in seinem Namen zu handeln, so daß Dritten gegenüber aus solchen Geschäften ausschließlich der Mann berechtigt und verpflichtet ist (§ 164). Selbstverständlich kommt es dem Dritten gegenüber nur darauf an, ob das Rechtsgeschäft innerhalb des der Frau zugewiesenen Wirkungskreises liegt, nicht auch darauf, ob es im einzelnen Falle zur Befriedigung eines Bedürfnisses erforderlich war (M. IV, 118; Z.G. IV, 72).

c) Endlich stellt das Gesetz die Auslegungsregel auf, daß die von der Ehefrau innerhalb ihres Wirkungskreises vorgenommenen Rechtsgeschäfte als im Namen des Mannes vorgenommen gelten, falls nicht das Gegentheil aus den Umständen erhellt (M. IV, 119; vgl. § 164 Abs. 1 Satz 2).

2. Das der Frau gemäß § 1357 zustehende Recht wird dadurch, daß sie in der Geschäftsfähigkeit beschränkt ist (§ 106, 114), nicht berührt (§ 165). Gegen die ihm hieraus drohenden Nachtheile kann sich der Mann durch Beschränkung der Vertretungsmacht der Frau (§ 1357 Abs. 2) schützen. Ist die Frau geschäftsunfähig, so sind selbstverständlich auch die von ihr auf Grund des § 1357 vorgenommenen Rechtsgeschäfte nichtig (§§ 104, 105 f. auch § 131).

3. Beschränkung der Schlüsselgewalt. Durch § 1357 Abs. 2 ist dem Mann, entsprechend dem Grundsatz des § 1354 Abs. 2 und mit Rücksicht auf die für ihn aus der Vertretungsmacht der Frau sich möglicherweise ergebenden Nachtheile, die Befugniß eingeräumt, die Schlüsselgewalt der Frau zu beschränken oder auch völlig auszuschließen. Gegenüber mißbräuchlicher Ausübung dieser Befugniß kann die Frau den Schutz des Vormundschaftsgerichts anrufen, durch welches die Verfügung des Mannes aufgehoben werden kann. Ob in der Beschränkung oder Ausschließung der Schlüsselgewalt durch den Ehemann ein Mißbrauch seines Rechtes zu erblicken ist, hat das Vormundschaftsgericht unter Würdigung aller einschlägigen Verhältnisse nach freiem Ermessen zu entscheiden (vgl. §§ 1353 Abs. 2 Satz 1, 1354 Abs. 2, 1358 Abs. 2 Satz 2, Anm. 2a zu § 1353). Nach E. I sollte zur Entscheidung dieser Frage das Prozeßgericht zuständig sein, an welches sich die Frau mit der Klage auf Herstellung des ehelichen Lebens wenden sollte (M. IV, 119; Z.G. IV, 5, 73 ff.). Durch die II. Komm. wurde mit Rücksicht auf das einfachere Verfahren der freiwilligen Gerichtsbarkeit das Vormundschaftsgericht für zuständig erklärt. Hiebei wurde jedoch ausdrücklich anerkannt, daß für Fälle, in welchen durch das Verhalten des Mannes die eheliche Gemeinschaft vollständig aufgehoben oder unmöglich gemacht sei, die Klage auf Herstellung des ehelichen Lebens (Anm. 3 zu § 1353) nicht ausgeschlossen sei und daß die Frau gegenüber dieser Klage den Mißbrauch des dem Manne nach § 1357 Abs. 2 zustehenden Rechtes einredeweise geltend machen könne (P. IV, 108).

4. Zur Beschränkung oder Entziehung der Schlüsselgewalt der Frau ist auch der gesetzliche Vertreter des geschäftsunfähigen oder in der Geschäftsfähigkeit beschränkten Mannes berechtigt, da es sich hier wesentlich um ein vermögensrechtliches Verhältniß handelt (M. IV, 119).

5. Ueber die Zuständigkeit zur Aufhebung der vom Manne gemäß § 1357 Abs. 2 getroffenen Verfügung, über Wirksamkeit der gerichtlichen Verfügung und Rechtsmittel gegen dieselbe bestimmt das R.G. über die Angelegenheiten der freiwilligen Gerichtsbarkeit.

6. Zum Schutze gutgläubiger Dritter bestimmt § 1357 Abs. 2 Satz 3, daß einem Dritten gegenüber aus der Beschränkung oder Ausschließung der Schlüsselgewalt Einwendungen gegen ein zwischen ihm und der Frau vorgenommenes Rechtsgeschäft oder gegen ein zwischen ihnen ergangenes Urtheil nur hergeleitet werden können, wenn zur Zeit der Vornahme des Rechtsgeschäfts oder zur Zeit des Eintritts der Rechtshängigkeit die Beschränkung oder Ausschließung der Schlüsselgewalt in dem Güterrechtsregister (§§ 1558 ff.) des zuständigen Amtsgerichts eingetragen oder dem Dritten bekannt war (M. IV, 120; vgl. § 1344). Hienach bemißt sich insbesondere die Wirksamkeit der Zeitungsinserate, durch welche der Mann die Haftung aus Geschäften der Frau ablehnt (Jacobi, das persönl. Eherecht S. 54). Die Eintragung im Güterrechtsregister erfolgt im Falle des § 1357 Abs. 2 auf einseitigen Antrag des Mannes (§ 1561 Abs. 1).

7. Bezüglich des internationalen Privatrechts s. insbes. E.G. Art. 16 Abs. 2.

8. Die Vorschriften des § 1357 finden ab 1. Jan. 1900 auch Anwendung auf die an diesem Zeitpunkte bereits bestehenden Ehen, ohne Unterschied des nach E.G. Art. 200 fortdauernden Güterstandes. Wo nach Partikularrecht bisher schon das Rechtsinstitut der Schlüsselgewalt oder etwas Aehnliches bestand, treten an dessen Stelle ab 1. Jan. 1900 die obigen Bestimmungen des B.G.B. (Vgl. E.G. Art. 199; M. z. E.G. 279.)

§ 1358.

Hat sich die Frau einem Dritten gegenüber zu einer von ihr in Person zu bewirkenden Leistung verpflichtet, so kann der Mann das Rechtsverhältniß ohne Einhaltung einer Kündigungsfrist kündigen, wenn er auf seinen Antrag von dem Vormundschaftsgerichte dazu ermächtigt worden ist. Das Vormundschaftsgericht hat die Ermächtigung zu ertheilen, wenn sich ergiebt, daß die Thätigkeit der Frau die ehelichen Interessen beeinträchtigt.

Das Kündigungsrecht ist ausgeschlossen, wenn der Mann der Verpflichtung zugestimmt hat oder seine Zustimmung auf Antrag der Frau durch das Vormundschaftsgericht ersetzt worden ist. Das Vormundschaftsgericht kann die Zustimmung ersetzen, wenn der Mann durch Krankheit oder durch Abwesenheit an der Abgabe einer Erklärung verhindert und mit dem Aufschube Gefahr verbunden ist oder wenn sich die Verweigerung der Zustimmung als Mißbrauch seines Rechtes darstellt. Solange die häusliche Gemeinschaft aufgehoben ist, steht das Kündigungsrecht dem Manne nicht zu.

Die Zustimmung sowie die Kündigung kann nicht durch einen Vertreter des Mannes erfolgen; ist der Mann in der Geschäftsfähigkeit beschränkt, so bedarf er nicht der Zustimmung seines gesetzlichen Vertreters.

E. I, 1277; II, 1258; III, 1341.

1. Das B.G.B. geht von dem Grundsatz aus, daß die Ehefrau als solche in der Geschäftsfähigkeit nicht beschränkt ist (Vorbem. zu diesem Titel Ziff. 2, s. auch § 1399). Daher sind Bestimmungen erforderlich, wodurch verhütet wird, daß eine Ehefrau durch Eingehung einer Verpflichtung zu persönlichen Leistungen ihren aus der ehelichen Gemeinschaft sich ergebenden Pflichten (§§ 1353, 1356, 1357) entzogen werde. Um dies zu erreichen, hatte E. I im Anschluß an P.L.R. Thl. II Tit. 1 § 196 bestimmt, daß zu einem solchen Rechtsgeschäft die Einwilligung des Ehemanns erforderlich, in Ermangelung derselben aber das Rechtsgeschäft anfechtbar sein solle (M. IV, 110 ff.; Z.G. IV, 69 ff.). Abweichend hievon räumt das B.G.B. dem Manne nur das Recht ein, derartige Rechtsverhältnisse mit Ermächtigung des Vormundschaftsgerichts ohne Einhaltung einer Kündigungsfrist zu kündigen (P. IV, 104). Der im Reichstag gestellte Antrag auf Streichung dieser Bestimmung wurde abgelehnt (St.B. 200 ff.).

2. Das eheherrliche Kündigungsrecht ist an folgende Voraussetzungen gebunden:

a) Es muß eine von der Frau in Person zu bewirkende Leistung in Frage stehen. Verträge, bei denen die Verpflichtung des Schuldners zur Leistung in Person die Regel bildet, sind der Dienstvertrag (§ 613), der Auftrag (§ 664) und der Verwahrungsvertrag (§ 691). Aber auch für jedes andere Schuldverhältniß kann die Verpflichtung des Schuldners zur Leistung in Person vereinbart werden oder sich aus dem Inhalt des Schuldverhältnisses ergeben (vgl. Planck, Note 1 zu § 267).

b) Die Ehefrau muß die Verpflichtung erst nach ihrer Verheirathung übernommen haben. Hat sie sich vorher zu der in Frage stehenden Leistung verpflichtet, so finden die allgemeinen Grundsätze (s. insbes. §§ 626, 671) Anwendung (M. IV, 110).

c) Die Ehegatten müssen in häuslicher Gemeinschaft leben (§ 1358 Abs. 2 Satz 3). Ist diese, gleichviel aus welchem Grunde, aufgehoben, so ruht das Kündigungsrecht des Mannes, es sei denn, daß die Frau sich gerade zum Zwecke der Erfüllung der fraglichen Verpflichtung entfernt hat. Mit der Auflösung der Ehe erlischt das Kündigungsrecht (M. IV, 113).

d) Der Mann muß auf seinen Antrag vom Vormundschaftsgericht zur Kündigung ermächtigt worden sein. Diese Ermächtigung muß (darf aber auch nur dann) ertheilt werden, wenn die Thätigkeit der Frau die ehelichen Interessen beeinträchtigt. (Diese Bestimmung beruht auf Beschluß der Reichstagskommission, s. R.T.K. 126 ff.) Ueber die Zuständigkeit zur Ermächtigung, ihre Wirksamkeit und die gegen dieselbe zulässigen Rechtsmittel bestimmt das R.G. über die Angel. d. freiw. Gerichtsb.

3. Das Kündigungsrecht des Mannes kann die Frau dadurch ausschließen, daß sie bei Eingehung der fraglichen Verpflichtung sich der Zustimmung (§§ 182 ff.) des Mannes versichert. Auf Antrag der Frau kann das Vormundschaftsgericht die Zustimmung des Mannes ersetzen (vgl. §§ 1304 Abs. 2, 1308 Abs. 1, 1337 Abs. 1 Satz 2, 1379, 1447, 1451):

a) wenn der Mann durch Krankheit oder Abwesenheit an der Erklärungsabgabe verhindert und Gefahr im Verzug ist (P. IV, 105; P.M. 8621; vgl. M. IV, 112);

b) wenn die Verweigerung der Zustimmung Seitens des Mannes sich als Mißbrauch seines Rechtes darstellt. Ob dies der Fall ist, hat das

Vormundschaftsgericht unter Würdigung aller einschlägigen Verhältnisse nach freiem Ermessen zu entscheiden. (Vgl. §§ 1353 Abs. 2 Satz 1, 1354 Abs. 2, 1357 Abs. 2 Satz 2, Anm. 2a zu § 1353.)

4. Aus der höchstpersönlichen Natur des eheherrlichen Entscheidungsrechts (M. IV, 113) folgt, daß sowohl die Zustimmung (Abs. 2 Satz 1) als die Kündigung (Abs. 1 Satz 1) nicht durch einen Vertreter, insbesondere nicht durch den gesetzlichen Vertreter des Mannes, erfolgen kann. Ist der Mann in der Geschäftsfähigkeit beschränkt (§§ 106, 114), so kann er ohne Einwilligung seines gesetzlichen Vertreters sowohl seine Zustimmung erklären, als auch das Kündigungsrecht ausüben; ist er geschäftsunfähig (§ 105), so ruht insolange das Kündigungsrecht, während seine Zustimmung in der Regel gemäß § 1358 Abs. 2 Satz 2 vom Vormundschaftsgericht ersetzt werden kann. (M. IV, 112; vgl. §§ 1307, 1336 Abs. 1, 1337 Abs. 3, 1595 Abs. 1, 1598 Abs. 3 Satz 1, 1748 Abs. 2, 1750 Abs. 1, 1755, 1770.)

5. Die Wirkung der Kündigung besteht darin, daß das durch die Verpflichtung der Frau begründete Rechtsverhältniß für die Zukunft aufgehoben wird. Bezüglich der rückständigen, d. h. schon vor der Kündigung fälligen persönlichen Leistungen der Frau steht dem Dritten der Anspruch auf Nachleistung zu, soweit eine solche nicht durch die Natur des Rechtsgeschäfts oder der Leistung ausgeschlossen ist. (P. IV, 104.) Hat die Frau den Dritten über ihre Eigenschaft als Ehefrau oder über das Vorliegen oder die Ersetzung der Zustimmung des Mannes getäuscht, so kann er selbstverständlich Schadensersatz nach Maßgabe der Grundsätze über den Ersatz des aus einer unerlaubten Handlung entstehenden Schadens (§§ 823 ff.) verlangen. (M. IV, 112.)

6. Die Vorschrift des E.G. Art. 95 Abs. 1, wonach die landesgesetzlichen Vorschriften über das Gesinderecht unberührt bleiben, erleidet nach Abs. 2 insofern eine Einschränkung, als die Bestimmungen des B.G.B. § 1358 auch auf das Gebiet des Gesinderechts Anwendung finden.

7. Gegenüber dem Manne, der durch Uebernahme einer Verpflichtung zu persönlichen Leistungen (z. B. durch die Uebernahme von Schiffsdiensten) die ehelichen Interessen beeinträchtigt, steht der Frau allgemeinen Grundsätzen zufolge die Klage auf Herstellung des ehelichen Lebens (§ 1353), eventuell die Scheidungsklage nach Maßgabe der §§ 1567, 1568 zu (M. IV, 110).

§ 1359.

Die Ehegatten haben bei der Erfüllung der sich aus dem ehelichen Verhältniß ergebenden Verpflichtungen einander nur für diejenige Sorgfalt einzustehen, welche sie in eigenen Angelegenheiten anzuwenden pflegen.

E. I, 1279; II, 1259; III, 1342.

1. Nach Gem.R. haftet der Ehemann bez. der Dotalsachen und des in seiner Verwaltung befindlichen Paraphernalvermögens der Frau für die sogenannte culpa in concreto (Dernburg, Pand. Bd. 3 S. 22, 44). Vgl. P.L.R. Thl. I cap. 6 § 13 Ziff. 17. Ueber andere Rechte s. M. IV, 122.

Auf dem gleichen Standpunkte steht das B.G.B., indem es im § 1359 die Ehegatten zur Anwendung desjenigen Grades von Sorgfalt verpflichtet, welchen sie in eigenen Angelegenheiten anzuwenden pflegen. (M. IV, 122; Z.G. IV, 74; vgl. §§ 690, 708, 1664, 2131.)

2. Der Grundsatz des § 1359 gilt für alle aus dem ehelichen Verhältniß sich ergebenden Verpflichtungen. Seitens der Frau kommen hier vor Allem in Betracht die auf Grund der §§ 1356 und 1357 sich ergebenden Verbindlichkeiten, seitens des Mannes seine Verbindlichkeiten aus der beim ordentlichen gesetzlichen Güterstande ihm zustehenden Verwaltung und Nutznießung des eingebrachten Gutes (§ 1363), seitens beider Ehegatten die aus der gegenseitigen Unterhaltspflicht (§§ 1360, 1361) und die auf Grund vertragsmäßiger Regelung des Güterstandes sich ergebenden Verpflichtungen (P. IV, 108 ff.). Auch wenn beim System der vollen Gütertrennung die Frau gemäß § 1430 ihr Vermögen ganz oder theilweise der Verwaltung des Mannes überläßt, bemißt sich dessen Haftung nach § 1359. Dagegen sind für die Haftung der Ehegatten aus vermögensrechtlichen Verhältnissen, welche nur in Veranlassung der Ehe, insbesondere durch Auftrag oder Geschäftsführung ohne Auftrag (§§ 662, 677), begründet werden, die hiefür geltenden besonderen Vorschriften maßgebend (M. IV, 122; P. IV, 109).

3. Eine Sonderbestimmung enthält § 1456 hinsichtlich der allgemeinen Gütergemeinschaft insofern, als hienach der Mann für die Verwaltung des Gesammtguts der Frau nicht verantwortlich ist. Er hat jedoch für eine Verminderung des Gesammtguts zu diesem Ersatz zu leisten, wenn er die Verminderung in der Absicht, die Frau zu benachtheiligen, oder durch ein Rechtsgeschäft herbeiführt, das er ohne die erforderliche

Zustimmung der Frau vornimmt. Das Gleiche gilt bezüglich des Gesammtguts bei der Errungenschaftsgemeinschaft (§ 1519 Abs. 2) und Fahrnißgemeinschaft (§ 1549).

4. Fahrlässigkeit ist gemäß § 276 Abs. 1 Satz 2 die Außerachtlassung der im Verkehr erforderlichen Sorgfalt. Wer nur für diejenige Sorgfalt einzustehen hat, die er in eigenen Angelegenheiten anzuwenden pflegt, ist von der Haftung wegen grober Fahrlässigkeit nicht befreit (§ 277). Eine Begriffsbestimmung der groben Fahrlässigkeit enthält das Gesetz nicht (s. dagegen E. I, 144 Abs. 2: „grobe Fahrlässigkeit liegt vor, wenn die Sorgfalt eines ordentlichen Hausvaters in besonders schwerer Weise vernachlässigt wird"). Das Privileg dessen, der nur für die von ihm regelmäßig in eigenen Angelegenheiten angewendete Sorgfalt einzustehen hat, besteht also darin, daß er für eine Fahrlässigkeit, welche keine grobe ist, dann nicht haftet, wenn er bei Besorgung seiner eigenen Angelegenheiten nicht sorgsamer zu verfahren pflegt. Dagegen wird eine über das Maß der im Verkehr erforderlichen Sorgfalt hinausgehende Sorgfalt von ihm selbst dann nicht verlangt, wenn er in seinen eigenen Angelegenheiten eine dieses Maß übersteigende Aengstlichkeit und Bedachtsamkeit an den Tag legen sollte (M. I, 280).

§ 1360.

Der Mann hat der Frau nach Maßgabe seiner Lebensstellung, seines Vermögens und seiner Erwerbsfähigkeit Unterhalt zu gewähren.

Die Frau hat dem Manne, wenn er außer Stande ist, sich selbst zu unterhalten, den seiner Lebensstellung entsprechenden Unterhalt nach Maßgabe ihres Vermögens und ihrer Erwerbsfähigkeit zu gewähren.

Der Unterhalt ist in der durch die eheliche Lebensgemeinschaft gebotenen Weise zu gewähren. Die für die Unterhaltspflicht der Verwandten geltenden Vorschriften der §§ 1605, 1613 bis 1615 finden entsprechende Anwendung.

E. I, 1280, 1281; II, 1260; III, 1343.

1. Bisheriges Recht. Die gemeinrechtliche Praxis verpflichtete den Ehemann zur Alimentirung der Frau (Dernburg, Pand. Bd. 3 S. 10) und räumte bisweilen auch dem bedürftigen Ehemann Unterhaltsanspruch gegenüber der Frau ein. Doch herrschte in letzterer Beziehung kein Einverständniß (Büngner, Zur Theorie und Praxis der Alimentationspflicht, Leipzig 1897, S. 176; Roth, Bayr. Civilr. 2. Aufl. Thl. I S. 395 Nt. 14). Nach B.L.R. (Thl. I cap. 6 § 12 Ziff. 7) hat die Ehefrau „nicht nur von dem Manne, sondern auch gestalten Dingen nach von seinen Erben (vgl. hiezu Bl. f. R.A. XLII, 26) den Unterhalt lebenslänglich zu fordern, ausgenommen, wenn sie sich selbst nähren kann oder der Mann unvermöglich und arm ist, welchenfalls er von seiner bemittelten Frau oder ihren Erben vielmehr selbst ernährt und unterhalten werden muß. Doch kommt es sowohl auf Seite des Mannes als Weibes meistentheils auf richterliche Ermäßigung an, wobei man nicht nur den Stand, Lebenswandel und Wesen der zu alimentirenden Person, sondern auch die Verlassenschaft nebst den Umständen, worin sich die Erben befinden, zumal bei Stiefeltern, zu betrachten und hienach sowohl die quaestionem an als quomodo zu reguliren hat." (Vgl. § 13 Ziff. 14, wonach der Ehemann wegen nicht erlegten Heirathsgutes der Frau den gebührenden Unterhalt nicht versagen kann). Ueber den Wegfall des Unterhaltsanspruchs bei selbstverschuldeter Armuth des Bedürftigen s. Samml. v. Entsch. d. Bayr. Obersten L.G. II, 521, Bl. f. R.A. XLII, 160, 8. Erg.Bd. S. 45). Ueber andere Rechte s. M. IV, 123, 126.

2. Auch das B.G.B. statuirt eine gegenseitige Unterhaltspflicht beider Ehegatten. Während aber die Unterhaltspflicht des Mannes ohne Rücksicht darauf Platz greift, ob die Frau bedürftig ist oder nicht, ist die Unterhaltspflicht der Frau gegenüber dem Manne nur eine subsidiäre, d. h. sie tritt nur ein, falls der Mann nicht im Stande ist, sich selbst zu unterhalten. Aus dem sittlichen Wesen der ehelichen Gemeinschaft ergiebt sich aber, daß die Unterhaltspflicht der Frau nicht erst dann gegeben ist, wenn der Mann völlig vermögenslos und erwerbsunfähig ist, sondern schon dann, wenn er bei einer den Pflichten eines guten Haus- und Familienvaters entsprechenden Verwendung seiner Mittel nicht im Stande ist, sich selbst und seine Familie in einer seiner Lebensstellung entsprechenden Weise zu unterhalten. Die Frau muß hier so viel, als zur Beschaffung dieses Unterhalts nothwendig ist, zuschießen und nöthigenfalls (wie der Mann, falls dies zum Unterhalte der Frau erforderlich ist) den Stamm des eigenen Vermögens opfern (M. IV, 126 ff.).

3. Von der Unterhaltspflicht der Verwandten (§§ 1601 ff.) unterscheidet sich die Unterhaltspflicht der Ehegatten in folgenden Beziehungen:

a) Die Unterhaltspflicht der Verwandten tritt nach § 1603 Abs. 1 (von der im § 1603 Abs. 2 erwähnten Ausnahme abgesehen) dann nicht ein, wenn der an sich Unterhaltspflichtige bei Berücksichtigung seiner sonstigen Verpflichtungen außer Stande ist, ohne Gefährdung seines standesmäßigen Unterhalts den Unterhalt zu gewähren. Im Gegensatz hiezu muß der Mann „was er hat, mag es nun für den beiderseitigen standesmäßigen oder nur für den nothdürftigen Unterhalt genügen, oder selbst für den letzteren nicht völlig ausreichen, mit der Ehefrau theilen" (M. IV, 123) und das Gleiche gilt für die Frau, sobald ihre Unterhaltspflicht gegenüber dem Manne überhaupt Platz greift.

b) Das Maß des zu gewährenden Unterhalts bestimmt sich bei der Unterhaltspflicht der Verwandten nach der Lebensstellung des Bedürftigen (§ 1610). Abweichend hievon ist für das Maß des vom Manne der Frau zu gewährenden Unterhalts seine Lebensstellung, sein Vermögen und seine Erwerbsfähigkeit, für das Maß des von der Frau dem Manne zu gewährenden Unterhalts die Lebensstellung des Mannes (vgl. St.B. 201), das Vermögen und die Erwerbsfähigkeit der Frau entscheidend. Ueber die Beschränkung des Anspruchs auf die Gewährung des nothdürftigen Unterhalts s. unter Anm. 6 c.

c) Die regelmäßige Form der Gewährung des Unterhalts gegenüber Verwandten ist Entrichtung einer Geldrente (§ 1612 Abs. 1 Satz 1, s. auch Satz 2 und Abs. 2). Der Unterhalt gegenüber einem Ehegatten ist dagegen in der „durch die eheliche Lebensgemeinschaft gebotenen Weise", also in der Regel durch Naturalleistung, zu gewähren (§ 1360 Abs. 3 Satz 1). Leben die Ehegatten getrennt, so finden die Bestimmungen des § 1361 Anwendung.

d) Die Bestimmung des § 1602 Abs. 1, wonach unterhaltsberechtigt gegenüber einem Verwandten nur ist, wer außer Stande ist, sich selbst zu unterhalten (s. auch § 1602 Abs. 2), gilt, wie in Anm. 2 erwähnt, zwar auch für den Unterhaltsanspruch des Mannes gegenüber der Frau, nicht aber für den Unterhaltsanspruch der Frau gegenüber dem Mann.

4. Gegenstand der Verpflichtung zur Gewährung des Unterhalts gegenüber dem Ehegatten ist (wie nach § 1610 Abs. 2 bei der Unterhaltspflicht gegenüber Verwandten) Gewährung des gesammten Lebensbedarfs. Daß hiezu auch die Verbindlichkeit zur Tragung der Krankheits- und Kurkosten gehört, ist als selbstverständlich im Gesetze nicht besonders hervorgehoben (M. IV, 124). Die Verpflichtung des unterhaltspflichtigen Ehegatten zur Tragung der Kosten der Beerdigung des andern Gatten, soweit die Bezahlung nicht von den Erben zu erlangen ist, ergibt sich aus §§ 1360 Abs. 2 Satz 3, 1615 Abs. 2. Dagegen gehören nicht zu den Kosten des Unterhalts die durch die Vertheidigung der Frau in einem gegen sie gerichteten Strafverfahren oder durch einen von ihr geführten Rechtsstreit erwachsenen Kosten (M. IV, 124 ff.). Inwieweit der Mann solche Kosten aus eigenen Mitteln zu bestreiten oder die Befriedigung wegen solcher Kosten aus dem Vermögen der Ehefrau zu dulden verpflichtet ist, ergibt sich aus den besonderen Bestimmungen des ehelichen Güterrechts. (§§ 1397, 1398, 1400 ff., 1411 ff., 1415 ff., 1463, 1464, 1525 Abs. 2, 1532, 1535 ff., 1549.)

5. Durch § 1360 Abs. 3 Satz 2 sind einige für die Unterhaltspflicht gegenüber Verwandten geltende Rechtssätze ausdrücklich als auf die Unterhaltspflicht gegenüber dem Ehegatten entsprechend anwendbar erklärt. Hienach kommt für die Frage, ob ein minderjähriger Ehegatte in der Lage ist, seinem Ehegatten den Unterhalt zu gewähren, die dem Inhaber der elterlichen Gewalt allenfalls auf Grund des § 1661 Satz 2 noch zustehende Nutznießung an seinem Vermögen nicht in Betracht, d. h. der Unterhaltsanspruch des Ehegatten geht dem Nutznießungsrecht des Gewalthabers vor (§ 1605). Des Weiteren finden entsprechende Anwendung die Bestimmungen über den Anspruch auf Unterhalt für die Vergangenheit (§ 1613), Unzulässigkeit des Verzichts auf zukünftige Alimente (§ 1614 Abs. 1, vgl. P. IV, 110), befreiende Wirkung der Vorausleistung (§ 1614 Abs. 2), Erlöschen des Anspruchs durch Tod des Berechtigten oder Verpflichteten (§ 1615 Abs. 1), Verpflichtung zur Tragung der Beerdigungskosten (§ 1615 Abs. 2 s. oben Anm. 4).

6. Von den für die Unterhaltspflicht gegenüber Verwandten getroffenen Bestimmungen sind weiter als hieher gehörig zu erwähnen:

a) Nach § 1608 Abs. 1 geht die Unterhaltspflicht des Ehegatten der der Verwandten des Bedürftigen in der Regel vor, dagegen haften die Verwandten vor dem Ehegatten, soweit dieser bei Berücksichtigung seiner sonstigen Verpflichtungen außer Stande ist, ohne Gefährdung seines standesmäßigen Unterhalts den Unterhalt zu gewähren.

b) Unter mehreren Unterhaltsberechtigten steht der Ehegatte den minderjährigen ledigen Kindern des Verpflichteten gleich, anderen Kindern und den übrigen Verwandten des Verpflichteten geht er vor (§ 1609 Abs. 2 Satz 1).

c) Der Unterhaltsanspruch des Ehegatten beschränkt sich auf das Recht, Gewährung des nothdürftigen Unterhalts zu verlangen, wenn der berechtigte Ehegatte sich einer Verfehlung schuldig macht, die den anderen Ehegatten zur Entziehung des Pflichttheils berechtigt (§§ 1611 Abs. 2, 2335, 1565—1568). Ueber den Begriff des nothdürftigen Unterhalts s. Anm. 2 zu § 1610.

7. Der dem Ehegatten auf Grund der §§ 1360, 1361 zustehende Anspruch ist „gesetzlicher Unterhaltsanspruch"; auf denselben finden daher die für solche Ansprüche geltenden besonderen gesetzlichen Bestimmungen Anwendung (vgl. Anm. 3 ff. der Vorbem. zum 3. Titel des 2. Abschnitts).

8. Ueber den Unterhaltsanspruch geschiedener Ehegatten s. §§ 1578—1583, über den Unterhaltsanspruch des gutgläubigen Ehegatten nach Nichtigkeitserklärung oder Auflösung einer nichtigen oder anfechtbaren Ehe s. § 1345, über den Unterhaltsanspruch des Ehegatten, der von dem Anfechtungsrecht gemäß § 1350 Gebrauch macht, s. § 1351. Ueber das Verhältniß des Unterhaltsanspruchs aus § 1578 und 1351 zu dem Unterhaltsanspruch aus §§ 1360, 1361 s. §§ 1579 Abs. 2 Satz 2, 1351.

9. Gemäß E.G. Art. 199 bemißt sich vom Inkrafttreten des B.G.B. an die Unterhaltspflicht der Ehegatten auch für die in diesem Zeitpunkt bereits bestehenden Ehen nach den Vorschriften des B.G.B (M. z. E.G. 279).

§ 1361.

Leben die Ehegatten getrennt, so ist, solange einer von ihnen die Herstellung des ehelichen Lebens verweigern darf und verweigert, der Unterhalt durch Entrichtung einer Geldrente zu gewähren; auf die Rente finden die Vorschriften des § 760 Anwendung. Der Mann hat der Frau auch die zur Führung eines abgesonderten Haushalts erforderlichen Sachen aus dem gemeinschaftlichen Haushalte zum Gebrauche herauszugeben, es sei denn, daß die Sachen für ihn unentbehrlich sind oder daß sich solche Sachen in dem der Verfügung der Frau unterliegenden Vermögen befinden.

Die Unterhaltspflicht des Mannes fällt weg oder beschränkt sich auf die Zahlung eines Beitrags, wenn der Wegfall oder die Beschränkung mit Rücksicht auf die Bedürfnisse sowie auf die Vermögens- und Erwerbsverhältnisse der Ehegatten der Billigkeit entspricht.

E. I, 1460; II, 1261; III, 1344.

1. Nach E. I sollten besondere Vorschriften für die Unterhaltspflicht der Ehegatten gelten, falls dieselben von Tisch und Bett getrennt worden sind (M. IV, 633 ff.). Durch die II. Komm. wurden diese Bestimmungen auf die Fälle ausgedehnt, in welchen keine häusliche Gemeinschaft zwischen den Ehegatten besteht und der unterhaltsberechtigte Ehegatte die Herstellung der Gemeinschaft zu verweigern berechtigt ist (P. IV, 110 ff). Dem B.G.B. ist die Scheidung von Tisch und Bett unbekannt, während bei Aufhebung der ehelichen Gemeinschaft (§ 1575) auch hinsichtlich der Unterhaltspflicht der Ehegatten die mit der Scheidung verbundenen Wirkungen eintreten (§ 1586), sohin die §§ 1578—1583 Anwendung finden. Demgemäß beschränkt sich nunmehr das Anwendungsgebiet der fraglichen Sondervorschriften auf die Fälle, in welchen die Ehegatten thatsächlich getrennt leben und einer derselben die Herstellung des ehelichen Lebens verweigern darf. Dies ist der Fall:

a) wenn sich das Verlangen des andern Ehegatten nach Herstellung der ehelichen Gemeinschaft als Mißbrauch seines Rechtes darstellt (§ 1353 Abs. 2 Satz 1);

b) wenn der Ehegatte, welcher die Herstellung der ehelichen Gemeinschaft verweigert, auf Scheidung zu klagen berechtigt ist (§ 1353 Abs. 2 Satz 2);

c) wenn während eines Rechtsstreits, der die Scheidung, Nichtigkeit oder Anfechtung der Ehe zum Gegenstand hat, das Gericht auf Antrag eines Ehegatten durch einstweilige Verfügung für die Dauer des Rechtsstreits das Getrenntleben der Ehegatten gestattet hat. In diesem Falle kann übrigens das Prozeßgericht selbst auf Antrag eines Ehegatten die gegenseitige Unterhaltspflicht der Ehegatten nach Maßgabe des § 1361 B.G.B. durch einstweilige Verfügung ordnen (§ 584a d. Entw. e. G. betr. Aend. d. C.P.O.; vgl. E. I, 1462; M. IV, 637 ff.).

2. Für die in Anm. 1 erwähnten Fälle gelten nach § 1361 hinsichtlich der Unterhaltspflicht der Ehegatten folgende Abweichungen von den Grundsätzen des § 1360:

a) Der Unterhalt ist nicht „in der durch die eheliche Lebensgemeinschaft gebotenen Weise" (§ 1360 Abs. 3 Satz 1), sondern durch Entrichtung einer Geldrente zu gewähren, welche für drei Monate vorauszuzahlen ist. Hat der unterhaltsberechtigte Ehegatte den Beginn des Vierteljahres erlebt, für welches die Rente im Voraus zu entrichten ist, so gebührt ihm der volle, auf das Vierteljahr entfallende Betrag (§ 760; M. IV, 633; vgl. § 1612).

b) Die beim gesetzlichen Güterstand dem Manne zustehende Befugniß zur Verwaltung und Nutznießung des eingebrachten Gutes (§ 1363) und das hieraus sich ergebende Recht des Mannes, die zum eingebrachten Gute gehörenden Sachen einschließlich der von ihm an Stelle nicht mehr vorhandener oder werthlos gewordener Stücke angeschafften Haushaltungsgegenstände in Besitz zu nehmen (§§ 1373, 1382), wird durch das thatsächliche Getrenntleben der Ehegatten nicht berührt. Aus Billigkeitsgründen legt aber das Gesetz dem Manne die Verpflichtung auf, die zur Führung eines abgesonderten Haushalts erforderlichen Sachen der Frau aus dem gemeinschaftlichen Haushalte zum Gebrauche herauszugeben, falls dieselben nicht etwa für ihn unentbehrlich sind oder solche Sachen sich in dem der Verfügung der Frau unterliegenden Vermögen befinden, was insbesondere bei Gütertrennung oder, wenn die Frau Vorbehaltsgut besitzt, der Fall sein kann (M. IV, 634; R.T.K. 129; St.B. 201). Können die zur Führung eines Haushalts erforderlichen Sachen der Frau nicht herausgegeben werden, weil sie für den Mann unentbehrlich und nur einmal vorhanden sind, so muß die vom Manne der Frau zu gewährende Geldrente entsprechend höher bemessen werden (St.B. 201). Die ausschließlich zum persönlichen Gebrauche der Frau bestimmten Sachen, insbesondere Kleider, Schmucksachen und Arbeitsgeräthe, unterliegen im ordentlichen gesetzlichen Güterstande als Vorbehaltsgut (§ 1366) überhaupt nicht der Verwaltung und Nutznießung des Mannes (§ 1365) und müssen daher bei Aufhebung der häuslichen Gemeinschaft selbstverständlich der Frau herausgegeben werden (vgl. M. IV, 634).

c) Auch die nach § 1361 dem Mann obliegende Unterhaltspflicht gegenüber der Frau ist durch deren Bedürftigkeit nicht bedingt (§ 1360 Abs. 1). Mit Rücksicht darauf aber, daß bei Aufhebung der häuslichen Gemeinschaft der Mann die Dienste seiner Frau im Hauswesen und Geschäft (§ 1356) entbehren muß, bestimmt § 1361 Abs. 2, daß in solchen Fällen die Unterhaltspflicht des Mannes sich auf die Zahlung eines Beitrags beschränkt oder ganz in Wegfall kommt, wenn dies nach Lage der Sache, insbesondere mit Rücksicht auf die beiderseitigen Bedürfnisse, Vermögens- und Erwerbsverhältnisse der Billigkeit entspricht (M. IV, 634, P. IV, 11).

3. Verweigert ein Ehegatte unberechtigter Weise die Herstellung der ehelichen Gemeinschaft, so steht ihm ein Anspruch auf Unterhalt außerhalb der häuslichen Gemeinschaft gegen den anderen Ehegatten nicht zu. (M. IV, 637, vgl. P.L.R. Thl. I cap. 6 § 40 Ziff. 3.)

§ 1362.

Zu Gunsten der Gläubiger des Mannes wird vermuthet, daß die im Besitz eines der Ehegatten oder beider Ehegatten befindlichen beweglichen Sachen dem Manne gehören. Dies gilt insbesondere auch für Inhaberpapiere und für Orderpapiere, die mit Blankoindossament versehen sind.

Für die ausschließlich zum persönlichen Gebrauche der Frau bestimmten Sachen, insbesondere für Kleider, Schmucksachen und Arbeitsgeräthe, gilt im Verhältnisse der Ehegatten zu einander und zu den Gläubigern die Vermuthung, daß die Sachen der Frau gehören.

E. I, 1282; II, 1262; III, 1345.

1. Auf Grund der l. 51 D. 24, 1 stellte das Gem. R. zum Schutze der Gläubiger des Mannes gegen die ihnen aus absichtlicher oder unabsichtlicher Vermischung des beiderseitigen Vermögens der Ehegatten drohenden Nachtheile die Vermuthung auf, daß in Streitfällen die Vermögensobjekte, welche in Händen eines Ehegatten sind, als dem Ehemanne gehörig angesehen werden sollen, falls die Frau nicht ihr Eigenthum daran nachzuweisen vermag (»praesumtio Muciana«, s. Dernburg, Pand. Bd. 3 S. 22 und Note 3). Auch nach A.L.R. (Thl. I cap. 6 § 23 Ziff. 1) wird im Zweifel „allzeit vermuthet, daß das Gut mehr dem Manne als der Frau eigen sei“; ebenso Thl. III cap. 1 § 17 Ziff. 9; vgl. Bl. f. R.A. XXX, 256; XLII, 28 ff. Ueber andere Rechte s. M. IV, 127.

Eine ähnliche Vermuthung statuirten die Entwürfe I bis III, und zwar sowohl zu Gunsten der Gläubiger des Mannes, als zu Gunsten des Mannes selbst und seiner Erben, während auf gewisse Gegenstände, die sich ohne Weiteres zunächst als Frauengut darstellen, diese Vermuthung keine Anwendung finden sollte (M. IV, 128 ff.; Z.G. IV, 75 ff., VI 609; P. IV, 112). Durch Beschluß der Reichstagskommission wurde dies dahin abgeändert, daß

a) die Vermuthung, daß die im Besitz eines der Ehegatten oder beider Ehegatten befindlichen beweglichen Sachen dem Manne gehören, nur zu Gunsten der Gläubiger des Mannes aufrecht erhalten wurde, und

b) bezüglich der ohne Weiteres als Frauengut sich darstellenden Gegenstände die umgekehrte Vermuthung Platz greifen sollte.

2. Die durch § 1362 Abs. 1 aufgestellte Vermuthung bezieht sich auf bewegliche Sachen (gleichviel, ob sich dieselben in der Wohnung des Mannes befinden oder nicht, M. IV, 130), Inhaberpapiere (§§ 793 ff., H.G.B. vom 10. Mai 1897 § 179 Abs. 2) und Orderpapiere, die mit Blankoindossament versehen sind (H.G.B. §§ 363 ff., Wechselordnung Art. 9, 12). Andere Forderungen und Rechte können der Natur der Sache nach nicht in Betracht kommen, weil sie an bestimmte Personen geknüpft sind und nur von diesen geltend gemacht werden können (M. IV, 130; Z.G. IV, 76 ff.). Bei unbeweglichen Sachen finden die für den Immobiliarverkehr geltenden Grundsätze der §§ 891 ff. Anwendung. Ueber Besitz s. §§ 854 ff.; über den Begriff der „ausschließlich zum persönlichen Gebrauch der Frau bestimmten Sachen“ s. Anm. zu § 1366.

3. Während die Rechtsvermuthung des § 1362 Abs. 1 nur zu Gunsten der Gläubiger des Mannes Anwendung findet, gilt die des Abs. 2 sowohl im Verhältnisse der Ehegatten zu einander als im Verhältnisse zu den Gläubigern. Beide Vermuthungen sind widerlegbar, der Gegenbeweis kann auch durch Eideszuschiebung geführt werden (§ 264a d. Entw. e. G. betr. Aend. d. C.P.O.). Die Errichtung eines Vermögensverzeichnisses ist zur Widerlegung der Vermuthungen nicht erforderlich (M. IV, 130 ff.; Z.G. IV, 77 ff.).

4. Die Bedeutung der durch § 1362 aufgestellten Rechtsvermuthungen zeigt sich in erster Linie bei dem ordentlichen gesetzlichen Güterstande, sowie bei voller Gütertrennung. Doch können dieselben auch bei den verschiedenen Arten der Gütergemeinschaft praktisch werden. Zwar muß, wer bei Gütergemeinschaft unter Berufung auf die Nichtzugehörigkeit eines Gegenstandes zum Gesammtgut Anspruch auf denselben erheben will, zunächst darthun, daß der Gegenstand nicht Gesammtgut ist (§§ 1438, 1549, 1527). Steht aber die Nichtzugehörigkeit des Gegenstandes zum Gesammtgut fest, so äußern nunmehr die Rechtsvermuthungen des § 1362 Abs. 1 und 2 ihre Wirksamkeit (M. IV, 128 ff.).

5. Die Vorschrift des § 37 der Konkursordnung, wonach die Ehefrau des Gemeinschuldners Gegenstände, die sie während der Ehe erworben hat, nur dann in Anspruch nehmen kann, wenn sie beweist, daß dieselben nicht mit Mitteln des Gemeinschuldners erworben sind, besteht neben § 1362 B.G.B. selbstständig und unverändert fort. (M. IV, 128 ff., 131. Ueber die verschiedenen Abänderungsvorschläge s. P. IV, 112 ff.)

6. Bezüglich des internationalen Privatrechts vgl. insbesondere E.G. Art. 16 Abs. 2. Daß die Rechtsvermuthungen des § 1362 vom Inkrafttreten des B.G.B. ab auch auf die in diesem Zeitpunkt bereits bestehenden Ehen Anwendung finden (M. z. E.G. 280), ergibt sich aus ihrer Eigenschaft als gesetzlicher Beweisregeln (nicht aus E.G. Art. 199, wie Fischer-Henle, Note 1 zu E.G. Art. 199 annimmt).

Familienrecht.

Eheliches Güterrecht.

Erläutert

von

Dr. Julius von Staudinger.

Sechster Titel.

Eheliches Güterrecht.

Einleitung.

1. Begriff des ehelichen Güterrechts. Es umfaßt die Regelung der durch die Ehe bedingten und gesetzten besonderen vermögensrechtlichen Verhältnisse der Ehegatten unter sich und in Beziehungen zu Dritten während der Ehe, bei Auflösung derselben und in Einzelrichtungen auch noch nach dieser Auflösung. Als jene „Dritte" stellen sich dar: Personen sowohl innerhalb des Familienkreises (Abkömmlinge), als auch außerhalb desselben (Schuldner und Gläubiger).

2. Bisheriger Rechtszustand in Deutschland. Das eheliche Güterrecht in Deutschland befand sich bis in die Gegenwart, zumeist aus Gründen der äußeren und inneren Rechts- und Staatsgeschichte, in einem Zustande äußerster Zerrissenheit. Neben den größeren Codificationen standen gerade für dieses Gebiet zahlreiche Provincial- und Statutarrechte.

A. Das in Deutschland eingedrungene römische Recht bildete auch hier, und gerade hier, einen ganz besonders grellen Gegensatz zu den Rechtsbildungen auf deutschrechtlicher Grundlage. Diese letzteren hinwiederum beruhten auf ganz verschiedenartigen Auffassungen und äußerten gar manchen Unterschied, namentlich auch hinsichtlich der Gestaltung des ehelichen Güterrechts in seinen Beziehungen zum Erbrechte, in Sonderheit hinsichtlich der Frage, wie die Vermögensbestände der Ehegatten zu behandeln sind, wenn die Ehe durch den Tod eines Ehegatten aufgelöst wird.

B. Zu kurzer Uebersicht folgt nachstehend eine Gruppirung der bisherigen Grundformen, soweit — von den mannigfaltigen Einzelabweichungen abgesehen — die Beachtung der Grundformen für die Beurtheilung des Inhalts des B.G.B. von Belang erscheint. Rückbeziehungen auf diese Uebersicht werden folgen.

Bisherige Grundformen des ehelichen Güterrechts.

Römischrechtlich:

- **Dotalrecht.**

Deutschrechtlich:

- **Gütertrennung.**
  - Volle Gütertrennung.
  - Modificirte Gütertrennung (Verwaltungsgemeinschaft; Gütereinheit).
- **Gütergemeinschaft i. w. S.**
  - Aeltere Formen: Gesammthand*), Verfangenschaftsrecht**), Theilrecht.***)
  - Spätere Formen:
    - Allgemeine Gütergemeinschaft mit nachstehenden Gestaltungsformen gegenüber den Abkömmlingen bei Tod eines Ehegatten:
      a) Separationsprincip,
      b) Consolidationsprincip,
      c) Continuationsprincip,
      d) Prorogation,
      e) Beisitzrecht.
    - Errungenschaftsgemeinschaft.
    - Fahrnißgemeinschaft.

*) Gengler, D.P.R. S. 533.
**) Gengler, D.P.R. S. 534.
***) Gengler, D.P.R. S. 535.

C. Die territorielle Vertheilung der verschiedenen Güterrechtsformen in Einzelnheiten hier darzustellen, besteht kein Anlaß. Doch möge wenigstens Folgendes zur Orientirung bemerkt sein. Am wenigsten Verbreitung in Deutschland hatte trotz der Reception des römischen Rechts im Allgemeinen das römische Dotalrecht bekommen. Es hat in den deutschen Rechtsanschauungen und Rechtsbedürfnissen weder Boden noch Nahrung gefunden. Die sog. Gütereinheit oder Verwaltungsgemeinschaft hat sich, gleichwie sie ihre Wurzeln in dem altsächsischen Rechte hatte, so auch bis in die Neuzeit namentlich in Norddeutschland, speciell in den meisten Provinzen Preußens (nach P.L.R. und anderen neueren Gesetzen, z. B. für Schlesien), im Königreiche Sachsen (Sächs. B.G.B. vom 2. Januar 1863), in Oldenburg, neuestens seit 1862 auch in Lübeck ꝛc. ꝛc. erhalten und verbreitet. Die allgemeine Gütergemeinschaft fand Eingang namentlich in Mitteldeutschland. Die Errungenschaftsgemeinschaft hatte ihr Gebiet ebenfalls besonders in Mittel- und Süddeutschland. Die sog. Mobiliargemeinschaft ist typisch für das rheinisch-französische Rechtsgebiet.

3. Rechtslage in Bayern. Jener allgemeinen Gruppirung entspricht so ziemlich auch das bunte Bild speciell in Bayern.

Das römische Dotalrecht erhielt sich hauptsächlich nur in gemeinrechtlichen Gebieten von Bayrisch-Schwaben und Franken; außerdem da und dort als subsidiäres Recht*) oder als besonderes Standesrecht für einzelne Bevölkerungsklassen.**)

Die Verwaltungsgemeinschaft ist auch hier dem in Franken geltenden P.L.R. eigen, aber daselbst meist nur als territoriell oder sachlich subsidiäres Recht***) zur Geltung gekommen.

Die allgemeine Gütergemeinschaft finden wir in den verschiedensten Einzelgestaltungen, namentlich im Gebiete des Bayreuther Rechts, des Fuldaischen, Thurnauer und Pappenheimischen Rechts, im Stadtrechtsgebiete von Windsheim, Weißenburg, Dinkelsbühl, Nördlingen, Kaufbeuren, Kempten, Lindau, Ingolstadt, Mindelheim, im fürstlich Kempten'schen, Oettingen'schen und Hohenlohe'schen Rechte, im Stauffen'schen Rechte, dann beschränkt unter bestimmten Voraussetzungen (z. B. bei bestimmten Standesverhältnissen oder ersten Ehen oder bekinderten Ehen) im Erbacher und Eichstätter Rechte, im Fränkischen Landrechte, im Schweinfurter und Castell'schen Rechte, im Nürnberger und Bamberger Rechte.†)

Die Errungenschaftsgemeinschaft ist vornehmlich aufgenommen in dem auf weite Gebiete sich erstreckenden Bayr. Landrechte von 1754, wenn auch hier im Einzelnen noch durchsetzt von Anklängen an das römische Eherecht, nicht immer mit vollem Verständniß für deutschrechtliche Gesichtspunkte ausgestattet, nicht in allen Richtungen consequent durchgeführt, namentlich in den Beziehungen zum Erbrecht. Außerdem kommt die Errungenschaftsgemeinschaft z. B. noch vor im Ansbacher, Regensburger, Rothenburger (a. d. Tauber) und Ulmer Recht, im Mainzer Landrecht††), Coburger Recht, nach Rettenberger Landesordnung, Deutsch-Orden'schem Rechte, Solmser und Württemberger Landrechte, dann Rothenfelser Landesbrauche, sowie da und dort auch neben der allg. Gütergemeinschaft, unter bestimmten Voraussetzungen statt dieser Platz greifend (Augsburg, Memmingen, Schweinfurt, Nürnberg, Fränkisches und Castell'sches Recht).

Die Mobiliargemeinschaft in ihrer französischrechtlichen Gestaltung war bisher in Bayern beschränkt auf die Rheinpfalz.

4. Neues einheitliches Recht. Gegenüber solcher Zersplitterung des ehelichen Güterrechts in Deutschland in mehr als hundert verschieden gestaltete Rechte trat das Bedürfniß einer durchgreifenden Abhilfe durch Vereinfachung der Rechtslage von selbst hervor und zwar speciell auch in Bayern. Hier wurde eine einheitliche landesrechtliche Codification von lange her begehrt und angestrebt und die Vorarbeit hiezu erst eingestellt, als der Gedanke der Schaffung formell und materiell gemeinen Bürgerlichen Rechts für das deutsche Reich der Verwirklichung entgegenreifte. Aber auch noch in diesem letzteren Stadium machte da und dort sich vielfach die Ansicht geltend, es sei mit Rücksicht auf die verschiedenartigen, vielfach geschichtlich begründeten oder auch in eigenartigen Lebensverhältnissen wurzelnden Volksanschauungen innerhalb der einzelnen deutschen Stammesgebiete gerade das eheliche Güterrecht nicht gleichmäßig für Alle zu regeln, sondern den einzelnen Stammeseigenthümlichkeiten je mit dieser oder jener Form anzupassen. Dieses sog. Regionalsystem drang aber nicht durch (M. IV, 133 fg.; P. IV, 117, 138). Das gesetzliche Güterrecht wurde einheitlich gestaltet, dem vertragsmäßigen Güterrechte aber eine möglichst freie Bewegung eingeräumt, und zwar zum Theil gerade deßhalb, um auf diesem Wege den Rückgriff der Betheiligten

*) Darstellung des ehelichen Güterrechts in Bayern (München, 1878) S. 6 fg.
**) Ebendas. S. 11 fg.
***) Ebendas. S. 27.
†) Ebendas. S. 91 fg.
††) Ebendas. S. 33 fg.

auf gewöhnte Rechtsanschauungen und den örtlichen und persönlichen Verhältnissen sich vielleicht besser anschmiegende Rechtsformen zu erleichtern. So stehen sich jetzt vor Allem das gesetzliche Güterrecht mit einem ordentlichen und einem außerordentlichen Güterstande und das vertragsmäßige Güterrecht, für welches die verschiedensten Formen dargeboten sind, gegenüber. Soweit Vertragsrecht eingreift und eingreifen kann, tritt das gesetzliche Güterrecht in den Hintergrund. Näheres über die verschiedenen im B.G.B. durchgebildeten Systeme folgt später.

5. Ergänzende Bestimmungen. Das eheliche Güterrecht des B.G.B. ist in der Hauptsache zusammengefaßt in dem nachfolgenden Titel. Dessen Inhalt erhält aber auch noch wesentliche Ergänzungen aus anderen Theilen des Gesetzbuchs. Besonders kommen in Betracht:

a) einige das Vermögensrecht berührende Bestimmungen des von den allgemeinen Wirkungen der Ehe handelnden fünften Titels. Die systematische Stellung dieser Vorschriften in dem letztgenannten Titel deutet dabei an, daß sie nicht Eigenthümlichkeiten eines bestimmten Güterrechtssystems sind, sondern dem Eheverhältnisse an sich entspringende, allgemeine Rechtssätze enthalten, welche jedem Güterstande zur Seite treten und zwar ab Januar 1900 auch den nach Art. 200 in Wirksamkeit bleibenden älteren Güterständen (Art. 199 E.G.). Vorschriften dieser Art sind besonders die des § 1354 über die hausherrliche Gewalt des Ehemannes; § 1357 über die Schlüsselgewalt der Ehefrau; § 1358 über die Verpflichtung der Ehefrau zu persönlichen Leistungen; § 1359 über die von den Ehegatten auf dem Rechtsgebiete einander zu gewährende Sorgfalt; § 1360 ff. über die gegenseitige Unterhaltspflicht der Ehegatten; § 1362 über gewisse, in das Gebiet der früher sog. praesumtio Muciana einschlagende Rechtsvermuthungen.

b) Zu einer wesentlichen weiteren Ergänzung des ehelichen Güterrechts gereichen die Bestimmungen des B.G.B. über ein im Vergleiche zu den älteren Rechten, namentlich dem alten Gem. R., wesentlich erweitertes, gesetzliches Erbfolgerecht der Ehegatten unter sich d. h. des überlebenden Ehegatten gegenüber dem hinterlassenen Vermögen des Erstverstorbenen (§§ 1931 ff.). Dieses Erbrecht äußert sich nach § 2303 sogar in einem Pflichttheilsanspruche. Wie sich dasselbe mit dem ehelichen Güterrechte verbindet, ist geeigneten Orts zu erörtern.

c) Anzudeuten sind hier endlich auch noch die Vorschriften des Konkursrechts, namentlich darüber, ob und wie im Konkurse des einen Ehegatten die güterrechtlichen Ansprüche des anderen zur Wahrung kommen.

6. Zeitliche Geltung. In zeitlicher Hinsicht ist das eheliche Güterrecht des B.G.B. maßgebend für alle Ehen, welche ab 1. Januar 1900 abgeschlossen werden. Geschlossen wird die Ehe nach § 1317 B.G.B. durch den Eheschließungsakt vor dem Standesbeamten. Auf erfolgte eheliche Beiwohnung, welche einzelne ältere Rechte (nach dem Rechtssprichworte: Ist das Bett beschritten, so ist das Recht erstritten) als maßgebend für ehegüterrechtliche Folgen, namentlich für den Eintritt von Gütergemeinschaft betrachtet hatten, legt das B.G.B. kein Gewicht mehr. Für die beim Inkrafttreten des B.G.B. bereits bestehenden Ehen greift Art. 200 des E.G. ein. Dort ist der Grundsatz der Fortdauer der bisherigen Rechtsverhältnisse nach den näheren Bestimmungen letzterer Gesetzesstellen, sowie unter der im Abs. 2 jenes Artikels vorgesehenen Modification festgestellt.*)

Selbstverständlich (vgl. auch Art. 218 E.G.) ist es durch Art. 200 E.G. nicht ausgeschlossen, daß die Landesgesetzgebung in den A.G. z. B.G.B. (oder auch noch später) zum Zwecke der Ueberleitung der alten Verhältnisse in die neuen Rechtsbahnen das ältere Recht beseitigt oder anpassend ändert. Für Bayern ist dies bei dem oben dargestellten bisherigen Rechtszustande in verschiedenen Richtungen sehr naheliegend. Bei der Anwendung des Art. 200 E.G. ist deßhalb stets auch die Landes-Ausführungsgesetzgebung zu beachten.

7. Räumliche Geltung. In Folge der Ablehnung des Regionalprincips und Durchführung eines räumlich einheitlichen gesetzlichen Güterstands verliert auch eine alte Streitfrage ihren Boden, nämlich die der sog. Wandelbarkeit oder Unwandelbarkeit des ehelichen Güterrechts im Falle der Veränderung des Wohnsitzes von Ehegatten, soferne sie im gesetzlichen Güterstande leben und in das Geltungsgebiet einer anders gestalteten Güterrechtsform verziehen. Für die Annahme, daß in einem solchen Falle jeweilig das Recht des neuen Wohnorts maßgebend wird (Wandelbarkeit), sind in der Theorie sehr beachtenswerthe Gründe beigebracht worden. Die Praxis dagegen hat ziemlich consequent, namentlich in Bayern, an dem Grundsatze der Unwandelbarkeit in der Art festgehalten, daß sie das Recht des ersten Wohnsitzes der Ehegatten nach der Eheschließung als dauernd maßgebend betrachtete und bei späterer Wohnsitzänderung eine Aenderung des Güterstandes nach dem

*) Dieser Grundsatz gilt auch dann, wenn sich in den bisherigen Güterrechtsverhältnissen, sei es nach Gesetz oder Vertrag, Modalitäten vorfinden, welche nach dem neuen Rechte des B.G.B. nicht mehr vorkommen könnten.

anderen Rechte des neuen Wohnsitzes nicht anerkannte. (Bl. f. RA. LX, 300; Erg.Bd. IV, 151; S.A. XXXIV, 81.) Selbstverständlich mußte von diesem Grundsatze der Unwandelbarkeit eine Ausnahme nothwendig da Platz greifen, wo durch positive Gesetzesvorschrift für den neuen Wohnsitz der Eintritt der Geltung des dortigen Güterstands, sei es schlechthin oder auch nur den Gläubigern der Eheleute gegenüber, vorgesehen war. Derartige Formen der Wandelbarkeit finden sich z. B. im Castellischen Recht, im Mecklenburger Recht,*) in gewisser beschränkter Richtung auch im P.L.R. (Thl. II, Tit. 1, §§ 352, 416), ganz eigenartig auch im Bamberger Recht,**) wonach dorthin einziehende Eheleute unter bestimmten Voraussetzungen, wenigstens in Ansehung der Haftungen den Gläubigern gegenüber, nach Bamberger Recht (durch Eintritt in die dortige Gütergemeinschaft) beurtheilt werden, wenn sie diese Folge nicht durch ausdrückliche Erklärung ausgeschlossen haben.***)

Für die Zukunft, d. h. für Ehen mit Vollwirksamkeit des einheitlichen gesetzlichen Güterstandes des B.G.B. wird jene ganze Frage bei Wohnsitzänderungen innerhalb Gesammtdeutschlands von selbst gegenstandslos. Einigermaßen lebt sie nur noch fort für die Uebergangszeit.

A. Ist eine Ehe schon vor dem Inkrafttreten des B.G.B. eingegangen, so bleibt zufolge des schon früher in zeitlicher Hinsicht besprochenen Grundsatzes des Art. 200 Abs. 1 E.G. z. B.G.B. der zuletzt am 31. Dezbr. 1899 begründete Güterstand auch ab 1. Jan. 1900 bestehen und zwar auch dann, wenn nach dem Inkrafttreten des B.G.B. räumlich der Wohnsitz der Eheleute eine Verlegung erfährt an einen Ort, wo vordem ein anderes Güterrecht gegolten hatte. Denn ab 1. Jan. 1900 ist dieses erloschen, kann also auch von da an keine Wirkung mehr äußern. Es gilt dies insbesondere auch dann, wenn an jenem neuen Wohnsitze ehedem ein Gesetz bestand, welches die Wandelbarkeit des ehelichen Güterrechts vorgezeichnet hatte. Auch dieses kann ab 1. Jan. 1900 keine Wirkung mehr äußern.

Eine andere Auffassung könnte nur dann Platz greifen, wenn etwa in den überleitenden Bestimmungen der Landesausführungsgesetze eine hierauf hinführende andere Vorschrift in der einen oder anderen Form ausdrücklich rechtswirksam eingeführt werden würde.

B. In vielen Fällen wird es geschehen sein, daß Eheleute schon vor 1. Jan. 1900 ihren Wohnsitz gewechselt haben. Bei einer solchen Ehe kann es auch ab 1. Jan. 1900 noch in Frage kommen, was gegenüber dem Art. 200 als ihr letzter landesrechtlich begründeter Güterstand zu betrachten und behandeln sei. Hier greift unbedingt die Entscheidung noch ein, ob der Güterstand bis 1. Jan. 1900 unwandelbar geblieben oder schon vordem umgewandelt worden ist.

Wie sehr die neueste Reichsgesetzgebung dem Grundsatze der Unwandelbarkeit sich zugeneigt hat†), beweisen namentlich auch die Bestimmungen des Art. 15 E.G. über die Verhältnisse zum Auslande und von Ausländern. War der Ehemann zur Zeit der Eheschließung Deutscher, so wird vom deutschen Standpunkte aus sein eheliches Güterrecht nach den deutschen Gesetzen beurtheilt, gleichviel, wo er sich verehelicht und seinen Wohnsitz genommen hat und ob er — das schlägt hieher ein — später Staatsangehörigkeit oder Domicil gewechselt hat. Umgekehrt werden nach analogem Grundsatze, falls ein ausländischer Ehemann erst nach Eingehung der Ehe die Reichsangehörigkeit erwirbt oder ausländische Ehegatten ihren Wohnsitz im Inlande haben, für das eheliche Güterrecht (mit einem einzigen Ausnahmesatz in Bezug auf Eheverträge) die Gesetze desjenigen Staates als maßgebend betrachtet, dem der Ehemann zur Zeit der Eingehung der Ehe angehört hatte.

8. Standesrechte. Nach älteren Particularrechten waren hie und dort die Güterrechtsverhältnisse der Eheleute je nach den Standesverhältnissen verschieden geordnet. So finden sich im Fränkischen Landrechte Besonderheiten für den vormals reichsunmittelbaren Adel. Aehnlich nach dem Erbacher Landrechte für die vormals „reichsunmittelbaren landesherrlichen Familien“, sowie nach Castell'schem Rechte für die „herrschaftlichen Personen“. Nach Eichstätter Recht bildete ferner die allgemeine Gütergemeinschaft den gesetzlichen Güterstand nur für die dort sog. „gemeinen Bürgers- und Bauersleute“ im Gegensatze zu den „höheren“ Ständen, dem Adel-, Beamten- und „höheren“ Bürgerstand.††)

Das eheliche Güterrecht des B.G.B. gilt im Principe gleichmäßig für alle Stände. Ausnahmen greifen nur mehr Platz, soweit die in den Art. 57, 58 des E.G. z. B.G.B. eingestellten und dort näher zu beleuchtenden genau begrenzten Vorbehalte zu Gunsten der Landesherren, der landesherrlichen (und ihnen gesetzlich eigens gleichgestellten) Familien, sowie

---

*) Labes, in Zeitschr. f. Mecklenb. Recht Bd. 15 S. 140 ff.

**) Observanzmäßig ähnlich auch im Pappenheim'schen Rechtsgebiet (Arnold, Beiträge zum D.P.R. Thl. I, S. 630).

***) Ortenau in Bl. f. R.A. Bd. 29, S. 97 ff.

†) Vgl. auch M. IV, 135 fg.

††) Ueber alles dieses s. Darstellung des in Bayern geltenden ehelichen Güterrechts S. 164.

der vormals reichsständisch gewesenen mediatisirten Adelshäuser, endlich gewissen, dem vormaligen Reichsadel zugehörigen oder ihm vor dem Inkrafttreten des B.G.B. landesgesetzlich gleichgestellt gewesenen Familien reichen.

Was im B.G.B. (wie auch schon in älteren Statutarrechten) z. B. an besonderen Bestimmungen enthalten ist über besondere Wirkungen des Betriebs von Erwerbsgeschäften, namentlich durch Ehefrauen, bildet keine Ausnahme von jenem Principe. Es begründet kein Standesrecht, sondern bezieht sich nur auf bestimmte wirthschaftliche Verhältnisse. Ein solches besonderes Standesrecht hatte dagegen für Bayern*) bisher die mit Gesetzeskraft bekleidete V. v. 11. Jan. 1816 (R.Bl. S. 387) für Oberoffiziere, Militärärzte und Militärbeamte insoferne begründet, als sie verfügte, daß in bestimmten Richtungen (d. h. in allen nach dem Wohnsitze sich richtenden Rechtsverhältnissen) für diese Personen ohne Unterschied des Grades (und der Garnison) stets „der bayerische Maximilianische Civilcodex der Entscheidung zu Grund gelegt werden solle". Dies galt auch für das nach dem Wohnsitze des Ehemannes sich richtende gesetzliche Güterrecht.**) Für alle vom 1. Jan. 1900 ab geschlossenen Ehen kommt diese Besonderheit selbstverständlich in Wegfall. Für ältere Ehen der betreffenden Personen aber ist an sich der Grundsatz des Art. 200 Abs. 1 E.G. z. B.G.B. maßgebend. Ob aber die bayr. Landesgesetzgebung auch in dieser letzteren Richtung die veraltete Vorschrift beseitigen sollte und könnte, oder ob sich nicht durch die bayr. Uebergangsgesetzgebung etwa auch für ältere Ehen Modificationen ergeben dürften, ist hier nicht zu erörtern. Vgl. desfalls auch Art. 218 E.G. z. B.G.B.

9. Beseitigung älterer Rechtssätze rc. Mit der Neuregelung des ehelichen Güterrechts verband der Gesetzgeber zugleich die grundsätzliche Beseitigung verschiedener Rechtseinrichtungen und Rechtssätze des älteren Rechts, welche mehr oder minder mit dem ehelichen Güterrecht Zusammenhang hatten. Zum Verständniß des ehelichen Güterrechts des B.G.B. ist namentlich Folgendes zu beachten:

a) Während nach verschiedenen früheren Particularrechten die Verehelichung Minderjähriger den Eintritt der Großjährigkeit kraft Gesetzes nach sich zog und zwar entweder nur für die Frau allein***) oder für beide Geschlechter†), mißt das B.G.B., sich hierin dem Standpunkte des P.L.R., des Bamberger R. und der Fränkischen Landgerichtsordnung anschließend††), diese Folge der Eheabschließung nicht bei. Dabei kommt aber für den Mann § 1303 in Betracht. Für die verehelichte minderjährige Frau besteht die Altersvormundschaft fort.

b) Gleichwie das B.G.B. die vor Zeiten im deutschen Rechte sehr breit gewesene, aber fast überall, speziell in Bayern durch G. v. 10. Nov. 1861 (G.Bl. S. 77) bereits beseitigte Geschlechtsvormundschaft über auch volljährige Frauen grundsätzlich allgemein bei Seite gelassen hat, so kennt es auch keine eigentliche, kraft des Eheabschlusses von selbst eintretende Vormundschaft des Ehemannes über seine minderjährige oder volljährige Frau (mundium maritale). Was an Prärogativen des Ehemannes hervortritt, fällt unter andere Gesichtspunkte, ist insbesondere entweder Ausfluß der überragenden Stellung des Mannes als Familienoberhaupt (§§ 1354, 1358) oder Folge der im ehelichen Güterrechte begründeten Vertretungs-, Verwaltungs- und Verfügungsmacht.

c) Die dem Röm. Recht entstammende, aber selbst noch in neuere Landesgesetze (z. B. sächs. B.G.B. §§ 1647 ff.; in gewisser Hinsicht auch cod. civ. Art. 1096) übergegangene Ungültigkeitserklärung oder Beschränkung von Schenkungen unter Ehegatten ist vom B.G.B. nicht mehr angenommen worden. Solche Schenkungen sind ab 1. Jan. 1900 überall im Principe zulässig und aus dem Grunde der Bethätigung zwischen Ehegatten auch keinen besonderen Beschränkungen (durch spezielle Formvorschriften, Widerrufsbefugniß rc.) unterworfen.†††) Auch das z. B. im französischen Rechte vorkommende Verbot freigebiger Erwerbungen der Ehefrau ohne Genehmigung des Mannes ist dem B.G.B. fremd. Unberührt bleiben aber (Art. 32 E.G. z. B.G.B.) jene Beschränkungen der Wirkung von unentgeltlichen Verfügungen unter Ehegatten,

---

*) Die Anwendbarkeit für die Pfalz war bis in die neuere Zeit bestritten. (Bl. f. R.A. Bd. 53 S. 337.) Gegenüber den in Elsaß-Lothringen garnisonirenden bayer. Offizieren rc. liegt die Sache noch zweifelhafter, da für die Reichslande die V. nie publicirt ist.

**) Vgl. Roth, Bayr. Civ.R., 2. Aufl., Bd. 1 S. 222, 403.

***) Hohenloher L.R. II, 4, 4.

†) So namentlich nach B.L.R. (Thl. I Tit. 7 § 36 Nr. 4), dann Mainzer, Nürnberger, Ansbacher, Bayreuther, Fuldaer Recht und anderen Statuten. Näheres bei Roth, Bayr. Civ.Recht Bd. 1, 2. Aufl. S. 192.

††) Roth, a. a. O. S. 192.

†††) Ueber die Stellungnahme des Gesetzgebers s. M. IV, 113.

welche in besonderen Reichsgesetzen (Konkursordnung und R.G. v. 21. Juli 1879) zum Schutze gegen Benachtheiligung von Gläubigern begründet sind.

d) Die gemeinrechtlichen und auch in verschiedener Gestaltung in zahlreiche Partikularrechte übergegangenen Beschränkungen von Intercessionen der Frauen überhaupt und namentlich einer Ehefrau gegenüber einem Dritten oder in Sonderheit gegenüber ihrem Ehemanne sind seither schon fast überall (z. B. für Preußen durch G. v. 1. Dez. 1869, für Bayern r. d. Rh. durch G. v. 14. Jan. 1871) landesrechtlich beseitigt und wo solche noch bestanden, auch schon durch andere Reichsgesetze (s. schon älteres H.G.B. Art. 6, Reichs-Gew.O. § 11; R.G. über Erwerbs- und Wirthschaftsgenossenschaften § 23 Abs. 4) wesentlich eingeschränkt gewesen. Auf dem Standpunkte der Beseitigung jener Beschränkungen steht auch das B.G.B., im Allgemeinen wie in Sonderheit bezüglich der Ehefrauen. (M. IV, 115 ff.; s. schon oben S. 71.) Inwieweit sich für eine Ehefrau in Folgerung aus dem Güterrechte Beschränkungen ihrer Verfügungsmacht ergeben, ist eine andere für sich bestehende Frage.

Abgelehnt hat das B.G.B. (M. IV, 116, 117) weiterhin jene im Preuß. L.R. Thl. II Tit. 1 §§ 198—201 vorfindlichen Bestimmungen, wonach Verträge zwischen Ehegatten, durch welche die Ehefrau sich dem Ehemanne zu etwas verbindlich macht, wozu sie die Gesetze nicht verpflichten, an besondere Formen gebunden wurden.

e) Von gesetzlicher Regelung abgesehen hat das B.G.B. für das bisher besonders in fränkischen Landen im Rechtsbrauche gewesene, theilweise auch in die güterrechtlichen Verhältnisse eingreifende Institut der Einkindschaft (unio prolium). In ihrer bisherigen specifischen Form kann und soll dieselbe ab 1. Januar 1900 nicht mehr Platz greifen. Einzelne Wirkungen, welche seither damit erzielt wurden, können und mögen im Wege von Ehe- und Erbverträgen herbeigeführt werden. In der Totalität und in gesetzlicher Regelung kommt das Institut in Wegfall. Die vor dem 1. Januar 1900 bereits vollzogenen Einkindschaftungen müssen als fortwirkend betrachtet werden. Man kommt zu diesem Resultate, gleichviel, ob man das Einkindschaftsrecht als Bestandtheil des concreten ehelichen Güterrechts betrachtet und deßhalb den Art. 200 E.G. anwendet, oder ob man die Einkindschaftungen lediglich unter dem Gesichtspunkte fortwirkender früherer Verträge (Verbindung von Ehe- und Erbverträgen) behandelt.

I. Gesetzliches Güterrecht.

Vorbemerkungen.

1. Gesetzlicher und vertragsmäßiger Güterstand. Das B.G.B. unterscheidet, wie schon S. 89 angedeutet, scharf diejenige Ordnung der Güterverhältnisse unter den Ehegatten, welche kraft Gesetzes (§§ 1363—1431) oder welche kraft Ehevertrags (§§ 1432 bis 1557) eintritt. Nach dem zu § 1432 näher zu erörternden Grundsatze der Vertragsfreiheit ist das vertragsmäßige Güterrecht in erster Reihe maßgebend. Das gesetzliche Güterrecht tritt nur ein, wenn nicht vertragsmäßiges Güterrecht geschaffen ist, hat also in dieser Hinsicht einen gewissen subsidiären Charakter.

2. Auswahl und Durchbildung desjenigen Güterrechtssystems, welches im neuen Gesetzbuche das gesetzliche Güterrecht für ganz Deutschland darzustellen hat, bildeten bei Bearbeitung des B.G.B. den Gegenstand eingehendster Erwägungen in den verschiedenen Kommissionen. Diese Erwägungen sind namentlich niedergelegt in M. IV, 143 ff., P. IV, 118, 139, D. 185 ff.

Das römische Dotalrecht in seiner specifischen Gestaltung wurde mit Recht von vorneherein bei Seite gelassen. Seine Grundsätze und Begriffe können daher, wenigstens im Allgemeinen, nicht einmal zur Auslegung des ehegüterrechtlichen Inhalts des B.G.B. verwendet werden. Letzteres könnte höchstens insoweit der Fall sein, als es sich um einzelne Rechtsbegriffe und namentlich um geschichtlich entwickelte Rechtsgegensätze handelt.

Nicht verkannt wurde, daß die allgemeine Gütergemeinschaft dem rein idealen Standpunkte bezüglich des Ehebundes wohl am meisten entsprechen würde. Aber gegen die Annahme dieses Güterstandes als allgemeines gesetzliches Güterrecht ergaben sich aus dessen wirthschaftlichen und juristischen Konsequenzen, namentlich in Bezug auf Erhaltung von Grundbesitz in der Familie, im Gegensatze zu fortschreitender Theilung desselben, sowie hinsichtlich der ehefräulichen Mithaftung für Schulden, ganz erhebliche Bedenken. Andere Einwände erhoben sich auch gegen allgemeine Annahme der Fahrnißgemeinschaft. So schwankte die Entscheidung zuletzt nur zwischen der sog. Errungenschaftsgemeinschaft und demjenigen Güterrechtssystem, welches man bisher gewöhnlich unter den Begriff: „Verwaltungsgemeinschaft" zu bringen pflegte. Letzteres drang durch und zwar, abgesehen von seiner

Bewurzelung schon im älteren deutschen Rechte, auch unter einem großen Miteinflusse des Umstandes, daß es bisher schon räumlich sehr ausgedehnt in Deutschland galt, speciell in Preußen und Sachsen. Dieser letztere Umstand legt für die Beurtheilung der sachlichen Gestaltung der einschlägigen Vorschriften des B.G.B. ganz von selbst da und dort Rückblicke nahe auf das bisherige Preußische Landrecht und das Sächsische Gesetzbuch.*)

3. Der gesetzlich angenommene Güterstand. Das B.G.B. hat, wie schon früher angedeutet, eigentlich ein gedoppeltes gesetzliches Güterrecht (R.T.K. S. 134), nämlich:

a) den ordentlichen gesetzlichen Güterstand, §§ 1363—1425, und
b) einen außerordentlichen (subsidiären) gesetzlichen Güterstand, §§ 1426—1431. Letzteren bezeichnet das B.G.B. als „Gütertrennung". Richtiger würde es heißen: „volle Gütertrennung". Denn auch der ordentliche gesetzliche Güterstand gehört nach seinen Grundlagen zu den Formen von Gütertrennung.

4. Ordentlicher gesetzlicher Güterstand. Für denselben hat das B.G.B. keine besondere technische Begriffsbezeichnung, man müßte denn als solche die vielfach vorkommende, auf jenen Güterstand hindeutende Umschreibung mit „Verwaltung und Nutznießung" betrachten. Die Versuche, ein vollzutreffendes Wort zu finden, schlugen fehl. (Vgl. schon M. IV, 161 ff.) In Sonderheit fand auch Ablehnung der Vorschlag, die gesetzliche Begriffsbezeichnung: „Verwaltungsgemeinschaft" oder „Verwaltungseinheit" anzunehmen. Gegen letzteren Begriff wurde eingewendet, daß er bisher auch schon zur Bezeichnung von etwas Anderem gedient hätte. Der noch in der „Denkschrift" vielgebrauchte Ausdruck „Verwaltungsgemeinschaft" wurde aber namentlich im Reichstag als ungeeignet befunden, „weil es sich nicht um eine gemeinschaftliche Verwaltung des Vermögens beider Ehegatten handele, sondern um ein System, das im Kern einen Gegensatz zu jeglicher Gemeinschaft darstelle und die Verwaltung dem Manne allein übertrage" (R.T.K. S. 134). Das trifft vollständig zu.

1. Allgemeine Vorschriften.

§ 1363.

Das Vermögen der Frau wird durch die Eheschließung der Verwaltung und Nutznießung des Mannes unterworfen (eingebrachtes Gut).

Zum eingebrachten Gute gehört auch das Vermögen, das die Frau während der Ehe erwirbt.

E. I, 1283; II, 1263; III, 1346.

1. Wesen des ordentlichen gesetzlichen Güterstands. In ziemlich zutreffender Weise findet dasselbe Schröder**) schon in zwei altdeutschen Rechtssprichwörtern gekennzeichnet:

„Mann und Weib haben kein gezweiet Gut bei ihrem Leibe";
„Frauengut soll weder wachsen noch schwinden."

In ersterer Hinsicht muß im Auge behalten werden, daß „gezweiet" nur als „äußerlich getrennt" zu verstehen und der Gegensatz „geeintes" Gut, „Gütereinheit" auch nicht gleichbedeutend mit „Gütergemeinschaft" ist. Ersteres ist nur formal, Letzteres materiell zu nehmen.***) Gareis bezeichnet in seiner Handausgabe des B.G.B. S. 231 den ordentlichen gesetzlichen Güterstand auch zutreffend als das System zweier innerlich unterschiedener, aber äußerlich ungezweiter, durch die Verwaltung und Nutznießung des Mannes geeinter Güter. Nähere Erörterungen über das Wesen dieses hier fraglichen Güterstandes im Allgemeinen enthalten M. IV, 156.

---

*) Aus sonstigen Partikularrechten Bayerns ist hieher wenig zu verwerthen. Ihre Vergleichung gewinnt hauptsächlich Bedeutung bei den Typen des Vertrags-Güterrechts.

**) Das eheliche Güterrecht nach dem B.G.B. in seinen Grundzügen (Berlin, Guttentag, 1896) S. 9.

***) Sehr veranschaulich hat dies Gengler, Deutsches Privatrecht (3. Aufl. 1876, S. 515) durch Formeln, in welchen A das Mannesgut, B das Frauengut darstellen und welche dann lauten wie folgt:

a) Bei Gütereinheit, während der Ehe: $A+B=AB$; nach der Ehe wieder A und B, und zwar $A=AB-B$ und $B=AB-A$;
b) bei Gütergemeinschaft, in der Regel nach Eheabschluß, $A+B=C$ und nach Auflösung der Ehe $\frac{C}{2}$ daher $A=\frac{1}{2}C$; $B=\frac{1}{2}C$.

In D. 186 sind die beherrschenden **Grundgedanken** dahin gekennzeichnet, „daß
a) die **Erträgnisse** des Vermögens **beider** Ehegatten den Zwecken der Ehe zu dienen bestimmt sind und daß zur Erreichung dieses Ziels
b) die **Verwaltung** des **beiderseitigen** Vermögens in die Hände des Mannes gelegt wird. Deßhalb werden auch
c) die **Erträgnisse** des beiderseitigen Vermögens und, vorbehaltlich der Ausnahme hinsichtlich selbständigen Erwerbs der Frau durch **ihre** Arbeit, auch die Arbeitserträgnisse dem Manne überlassen. Es wird aber andererseits der Mann verpflichtet, die ehelichen Lasten zu tragen".

An der **Errungenschaft** nimmt die Frau **nicht** Theil, hat aber andererseits auch an der Einbuße (Verrungenschaft) nicht mitzutragen. (D. 186 ff.) Als Ersatz für den Errungenschaftsantheil betrachteten die Kommissionen das neueingeführte Gattenerbrecht.

2. **Vermögen des Mannes und der Frau.** Da der ordentliche gesetzliche Güterstand im Grundwesen eine modificirte Gütertrennung ist, so wird in den einschlägigen Vorschriften des B.G.B. stets, und so auch im § 1363 das **Vermögen des Mannes** dem **Vermögen der Frau** entgegengesetzt. **Jeder** Ehetheil behält das **Eigenthum an seinem** Vermögen, und zwar in der Substanz, nicht blos dem Werthe nach. Im Grundsatze geht insbesondere auch kein Vermögen der Frau in das Eigenthum des Mannes über, weder bleibend, noch rückfallend.*) In dieser Hinsicht ist kein Unterschied zwischen unbeweglichen und beweglichen Vermögensbestandtheilen. Selbst in Ansehung von vertretbaren und verbrauchbaren Sachen macht sich jener Grundsatz geltend, nur in seinen Folgesätzen in gewissen Richtungen beschränkt durch besondere Verfügungsrechte des Mannes (vgl z. B. §§ 1376, 1377, 1381). Ueberhaupt greifen

3. in **Ansehung des Eigenguts der Frau** weittragende Beschränkungen Platz durch die dem Manne zustehenden Rechte, insbesondere hinsichtlich des ehemännlichen Nutzgenusses, welchem Rechte von selbst bestimmte sachliche Beschränkungen in der Verfügungsgewalt der — persönlich in ihrer Geschäftsfähigkeit durch die Ehe an und für sich**) nicht beschränkten — Ehefrau zu entsprechen haben. (§§ 1395 ff.) **Als Grundsatz** gilt: Das **ganze** Vermögen der Frau, gleichviel woher es stammt***), wird durch die Eheschließung und vom Augenblicke des Eheschlusses an kraft des Gesetzes und ohne besonderen Rechtsakt (M. IV, 162) der **Verwaltung und Nutznießung** des Mannes unterworfen. (§ 1363 Abs. 1.) Hievon treten aber auch **Ausnahmen** ein, insbesondere nach Maßgabe des § 1364, und der §§ 1365 ff. Aus der Gegenüberstellung der Regel und der **Ausnahmefälle** der §§ 1365 ff. entwickelt sich hinsichtlich des **ehefräulichen Vermögens** ein Doppelbegriff je nach dem Bestande oder Nichtbestande des ehemännlichen Verwaltungs- und Nutznießungsrechts. Das Gesetz unterscheidet nämlich:

Eingebrachtes Gut (§ 1363) — Vorbehaltsgut (§ 1365)
mit **ohne**
Verwaltungs- und Nutznießungsrecht des Mannes.

Ersteres bildet die Regel, **letzteres** den Ausnahmezustand (M. IV, 162; D. 187).

4. **Eingebrachtes Gut.**†) Davon handelt § 1363. Es besteht zunächst
a) aus demjenigen Vermögen, welches der Frau beim Eheabschluß eigen ist. Dazu kommt aber auch alles dasjenige
b) Vermögen, welches die Frau nachher noch **während der Ehe** erwirbt. Auch in dieser besonderen Richtung macht es keinen Unterschied, ob das nacherworbene Vermögen bewegliches oder unbewegliches Gut ist, sowie von wem es herrührt und auf welche Art oder im Allgemeinen auch auf Grund welches Rechtstitels es nacherworben wird. In letzteren Punkten greifen aber einige Einschränkungen zu Gunsten des Vorbehaltsgutes ein. §§ 1367, 1369, 1370.

*) Schon deßhalb ist jede Analogie der römisch-rechtlichen dos hieher ausgeschlossen. Dies gilt auch von dem Rechtsbegriff „Heirathgut" (Dotalgut) nach B.L.R. Thl. I cap. 6 § 13. Von der dortigen romanisirenden Unterscheidung hinsichtlich des Eigenthums am „Heirathgut": dominium civile des Mannes, dominium naturale der Frau, kann ebenfalls fernerhin keine Rede mehr sein.

**) Ueber den Einfluß der Minderjährigkeit ꝛc. vgl. S. 91, sowie Bem. zu § 1364.

***) Adventizgut und Provectizgut als solches wird nicht mehr unterschieden.

†) E. I hatte statt dieses Ausdrucks den anderen: „Ehegut" angenommen und durchgeführt (M. IV, 162). Das Gesetz folgt mit seiner Begriffsbezeichnung dem P.L.R. Thl. II Tit. 2 §§ 210, 231, dem oldenburgischen G. v. 24. April 1873, sowie dem Sprachgebrauche des cod. civ. Der Ausdruck: „Eingebrachtes" ist auch sonst in Deutschland schon vielfach im Gebrauche gewesen. Die vorgeschlagenen anderen Bezeichnungen: „Ehegut, Frauengut" wurden schon in der II. Komm. abgelehnt (P. IV, 122, 140).

Man kann also in Ansehung des Unterschieds zwischen eingebrachtem Gut und Vorbehaltsgut im Allgemeinen sagen: Jedes Vermögen der Frau, gleichviel wann, von wem und wodurch ihr dieses zugefallen ist, gilt als eingebrachtes Gut und damit als der Verwaltung und Nutznießung des Mannes unterworfen, soweit nicht diese oder jene Vermögensbestandtheile ausnahmsweise als Vorbehaltsgut zu betrachten sind. Hieraus ergibt es sich von selbst, daß im Zweifel über die konkrete Eigenschaft eines Vermögenstheiles der Frau dieser dem eingebrachten Gute zuzuweisen sein wird. (In ähnlichem Sinne M. IV, 163.)

Am eingebrachten Gute, aber auch nur an diesem, steht Verwaltung und Nutznießung dem Manne allein zu und zwar beides kraft eigenen Rechts (P. IV, 119; R.T.K. 134). Eine Mitberechtigung der Frau besteht in jenen Richtungen nicht. Das eheherrliche Verwaltungsrecht selbst ist aber eingeengt durch das Erforderniß der Zustimmung der Frau zu gewissen Rechtshandlungen des Mannes in Ansehung ihres eingebrachten Gutes (§§ 1375 ff.). Abweichend vom E. I § 1283, welcher an erste Stelle das Nutznießungsrecht gesetzt hatte, stellt das Gesetz das Verwaltungsrecht des Mannes an die Spitze (P. IV, 119), entsprechend der auf die altdeutsche „Gewere zu rechter Vormundschaft" zurückführenden geschichtlichen Entwicklung des Güterstandes. Daneben, „in enger Verbindung, aber doch innerlich verschieden" (M. IV, 161), besteht das Nutznießungsrecht des Mannes, als Aequivalent für die ihm nach § 1389 grundsätzlich zufallende Belastung. Es kann daher auch, namentlich nach dem zum Gesetz erhobenen neueren Texte, die Rechtslage nicht dahin aufgefaßt werden, als ob das Verwaltungsrecht nur Ausfluß des Nutznießungsrechts wäre und daher auch Ersteres in seinen Folgen nicht weiter tragen könne wie das Letztere. Der Mann führt die Verwaltung vielmehr als Oberhaupt der Familie (P. IV, 120; D. 194).

5. Am Vorbehaltsgut hat die Frau ihre Rechte in jeder Hinsicht — an der Substanz wie an den Nutzungen, in der Verwahrung, Verwaltung und Verfügung — ganz unbeschränkt. Nur hat die Frau unter Umständen einen Beitrag zur Bestreitung des ehelichen Aufwandes zu leisten (§ 1371).

§ 1364.

Die Verwaltung und Nutznießung des Mannes tritt nicht ein, wenn er die Ehe mit einer in der Geschäftsfähigkeit beschränkten Frau ohne Einwilligung ihres gesetzlichen Vertreters eingeht.

E. I, 1284; II, 1264; III, 1347.

1. Eintritt des außerordentlichen gesetzlichen Güterstands. Nach den Vorschriften des § 1303 über das zur Eingehung einer Ehe befähigende Lebensalter kann es vorkommen und wird es sich häufig ereignen, daß eine noch minderjährige und deßhalb nach § 106 in der Geschäftsfähigkeit beschränkte, aber bereits ehemündige Frau eine Ehe eingeht. Nach § 1304 bedarf sie hiezu der Einwilligung ihres gesetzlichen Vertreters.*) Hat diese gefehlt, so ist deßhalb die gleichwohl geschlossene Ehe nach § 1323 keineswegs nichtig, sondern nur anfechtbar nach Maßgabe des § 1331, also namentlich nur seitens der Frau selbst. Gleiches kann sich nach § 114 gestalten, wenn sich eine wegen Geistesschwäche oder Verschwendung oder Trunksucht entmündigte oder nach § 1906 unter vorläufige Vormundschaft gestellte und dadurch geschäftsbeschränkt gewordene Frau ohne Einwilligung ihres gesetzlichen Vertreters verehelicht. Für solche Fälle erachtet es das Gesetz als nothwendig, der Ehefrau, auch wenn von ihrer Seite eine Anfechtung der Ehe nicht erfolgt, doch für das vermögensrechtliche Gebiet einen gewissen Schutz zu gewähren, angesichts der Möglichkeit, daß bei einer Eheschließung unter jenen Verhältnissen auf Seite des Mannes eigennützige Beweggründe obgewaltet haben und nicht durch die Obsorge des gesetzlichen Vertreters dem Erfolge entrückt worden sein mögen (M. IV, 164). Diese Obsorge ergänzt hier das Gesetz (sich einigermaßen an P.L.R. Thl. II Tit. 1 §§ 978, 980, 981, 983, 999 anlehnend) durch die Vorschrift des § 1364. Danach ist in einem solchen Falle**) die Verwaltung und Nutznießung des Ehemannes gegenüber dem Vermögen der

---

*) Vgl. hiezu die Erörterungen bei § 1304.

**) Nicht zu untersuchen ist, ob thatsächlich wirklich eine Gefährdung der Ehefrau eingetreten oder zu besorgen ist. Nicht wenn dies der Fall ist, sondern weil dies der Fall sein kann, tritt der außerordentliche Güterstand ein. Besorgniß für die Ehefrau ist nur gesetzgeberischer Beweggrund.

Ehefrau, d. h. also der ordentliche gesetzliche Güterstand, ausgeschlossen. An seine Stelle tritt der außerordentliche gesetzliche Güterstand, nämlich derjenige der vollen Gütertrennung nach Maßgabe der §§ 1426 ff. Diese Wirkung ergibt sich kraft Gesetzes. Darauf kann auch nicht seitens der Frau verzichtet werden. Ebensowenig ist diese Wirkung von vornherein ausschließbar durch Eheverträge. Denn wenn zu der Ehe selbst die Einwilligung des gesetzlichen Vertreters der geschäftsbeschränkten Frau fehlt, so wird und kann ihr auch nicht die nach allgemeinen Grundsätzen erforderliche Zustimmung zu einem bezüglichen Ehevertrag ertheilt sein. Würde aber seitens des gesetzlichen Vertreters thatsächlich einem Ehevertrage zugestimmt, so läge darin von selbst auch die Einwilligung zu der betreffenden Eheschließung selbst. Die Anwendbarkeit des § 1430 (E. I § 1340) auf die Fälle des § 1364 gedachte man nach M. IV, 165 anfänglich auszuschließen. In der II. Komm. (P. IV, 141) einigte man sich aber dahin, daß der § 1430 Anwendung finden solle. Die Wirkungen des § 1364 erstrecken sich gleichmäßig auf die Fälle der Nichteinholung wie der Versagung der Einwilligung des gesetzlichen Vertreters. Sie fallen aber selbstverständlich weg, wenn bei Verweigerung der Einwilligung eines Vormunds diese nach § 1304 Abs. 2 durch das Vormundschaftsgericht ersetzt worden ist.

Beschränkt ist die Wirkung nach § 1364 auf die dort bezeichneten Fälle. Absichtlich abweichend vom älteren preußischen Rechte (P.L.R. Thl. II Tit. 18 §§ 737 ff.) hat das B.G.B. davon Umgang genommen, die Ausschließung der eheherrlichen Verwaltung und Nutznießung auf alle Fälle von Geschäftsbeschränktheit der Ehefrau schlechthin auszudehnen. Durch Minderjährigkeit oder sonstige gesetzliche Gründe für Annahme einer Geschäftsbeschränktheit der Frau allein werden die Rechte des Mannes nicht geschmälert. Soweit bei deren Ausübung eine Mitwirkung der geschäftsbeschränkten Frau und sohin eine Vertretung derselben nöthig ist, greifen eben hinsichtlich der letzteren die allgemeinen Grundsätze Platz (M. IV, 165).

2. Wirkungen gegen Dritte. Bestimmung hierüber trifft § 1431 mit § 1435.

3. Dauer des Güterstandes. Im E. I § 1284 war ursprünglich vorgesehen gewesen, daß der nach § 1364 begründete außerordentliche Güterstand dem ordentlichen Güterstande der Verwaltung und Nutznießung des Ehemannes kraft des Gesetzes von dem Zeitpunkte an wieder zu weichen habe, in welchem der gesetzliche Vertreter die Eheschließung genehmigt oder in welchem die Frau die unbeschränkte Geschäftsfähigkeit erlangt hat (M. IV, 164). Die hierauf bezüglichen Worte fehlen bereits in E. II § 1264. In der II. Komm. war man der Ansicht, daß der einmal eingetretene außerordentliche Güterstand auch über jenen Zeitpunkt hinaus fortzudauern habe (P. IV, 124, 141). Da jenes spätere Erlöschen des außerordentlichen Güterstands durchaus nicht selbstverständlich ist, so kann auch aus jenem Abstriche gar nichts Anderes gefolgert werden. Dieses umsomehr, als das B.G.B. in den nachfolgenden Vorschriften eine Wiederherstellung der ehemännlichen Verwaltung und Nutznießung nur für eine einzige Gruppe von Fällen (Wiederaufhebung 2c. der Entmündigung oder Pflegschaftsbestellung auf Seite des Mannes, Todeserklärung eines in Wirklichkeit noch lebenden Ehemannes: §§ 1418, 1420, 1425) vorsieht und auch hier nicht einmal kraft des Gesetzes, sondern nur auf Klage des Ehemannes eintreten läßt.

Nach den Grundsätzen des § 1432 steht übrigens nichts im Wege, daß die Ehegatten, sobald die Frau ihre unbeschränkte Geschäftsfähigkeit erlangt oder die nachträgliche Eheeinwilligung ihres gesetzlichen Vertreters gewonnen hat, in freier Vereinbarung im Wege eines Ehevertrags (gegebenen Falles nun mit Zustimmung des gesetzlichen Vertreters der Frau) statt des außerordentlichen gesetzlichen Güterstands den ordentlichen gesetzlichen oder irgend einen anderen vertragsmäßigen Güterstand nachträglich für sich bestimmen. Ein so bestimmter gewillkürter Güterstand wirkt aber naturgemäß nur für die Zukunft vom Vertragsabschlusse ab und ändert an und für sich an dem außerordentlichen Güterstande und dessen Rechtsfolgen rückwärts für die Zwischenzeit nichts. Würde in solchem Ehevertrage selbst der neuen Güterstandsbestimmung eine rückwirkende Kraft beigelegt, so fiele dies in Ansehung desjenigen, was ein Ehegatte dadurch etwa für die Vergangenheit nachträglich gewinnt, einfach unter den Gesichtspunkt einer Schenkung aus eigenem Vermögen des anderen Ehegatten.

§ 1365.

Die Verwaltung und Nutznießung des Mannes erstreckt sich nicht auf das Vorbehaltsgut der Frau.

E. I, 1286; II, 1265; III, 1348.

1. Begriff und Wesen des Vorbehaltsgutes, welches im ordentlichen gesetzlichen Güterstande überhaupt nur auf Seite der Frau bestehen kann, sind im Allgemeinen schon oben S. 94 erörtert. Der Schwerpunkt liegt in der Ausschließung der ehemännlichen Verwaltung und Nutznießung für bestimmte Bestandtheile des Vermögens der

Frau. Mit jener Ausschließung und durch dieselbe wird die Frau im Grundsatze von den sonst im ordentlichen gesetzlichen Güterstande begründeten Rechten des Mannes befreit und berechtigt, die bezüglichen Vermögensbestandtheile frei und selbstständig zu verwalten, verwerthen, veräußern, belasten und nutzgenießen. Der Aufbau des Begriffs „Vorbehaltsgut" im B.G.B. erinnert an das Rezeptizgut des B.L.R. (Thl. 1 cap. 6 § 22). Während aber Letzteres nach der ebenverzeichneten Gesetzesstelle stets einen „ausdrücklichen Vorbehalt durch besonderes Gedinge" voraussetzt, bewegt sich nach dem B.G.B. der

2. Rechtsgrund für die Eigenschaft eines Vorbehaltsguts in drei Richtungen. Vorbehaltsgut entsteht nämlich sowohl

a) kraft des Gesetzes selbst (§§ 1366, 1367, 1370), als auch
b) durch Ehevertrag (§§ 1368, 1370) oder
c) durch Willenserklärung bei Zuwendungen Seitens Dritter (§§ 1369, 1370).

3. Hochzeitsgeschenke an beide Ehegatten (also namentlich außerhalb eines nach § 1366 zu behandelnden Falles) werden Miteigenthum beider Ehegatten. (Förster-Eccius, P.L.R. § 208 Note 27.) Der auf die Frau entfallende Antheil gehört zu deren Eingebrachtem, soferne nicht ein besonderer Rechtsgrund für Annahme von Vorbehaltsgut vorliegt (s. insbesondere § 1369). Vgl. auch § 1932.

§ 1366.

Vorbehaltsgut sind die ausschließlich zum persönlichen Gebrauche der Frau bestimmten Sachen, insbesondere Kleider, Schmucksachen und Arbeitsgeräthe.

I, 1285; II, 1282 Abs. 2; III, 1354.

1. Aelteres Recht. Schon im älteren deutschen Rechte, namentlich demjenigen sächsischen Ursprungs, findet sich, wenn auch ursprünglich zunächst in Verbindung mit Fragen des Erbgangs, der Rechtsbegriff der Gerade (Frauengerade). Diese bezeichnet z. B. Gengler, D.P.R. (3. Aufl.) S. 629 als „Inbegriff zur Frauenkleidung und Schmückung gehöriger Gegenstände, sowie dem weiblichen Schaffen und Wirken dienender Utensilien".

Das B.L.R. Thl. I cap. VI § 21 knüpft an jenen alten Rechtsbegriff an, indem es (beim Systeme der Errungenschaftsgemeinschaft) im Gegensatze zu der den beiden Eheleuten gemeinschaftlich gehörigen „vermischten Hausfahrniß" als der Frau „allein zuständig" bezeichnet: „Der Ehefrau End, Gebänd, Kleider und all anderes zu ihrem Leibe Gehöriges nebst dem Schmuck und Kleinodien (diejenigen ausgenommen, welche derselben von ihrem Ehemanne nur zu bloßer Zierde überlassen sind)." Den Begriff: „End und Gebänd" umschreiben dabei v. Kreittmayrs Anm. also: „Hier zu Land so viel, als die kleine Montur an Schuh, Pantoffeln, Strümpfen, Bändern, Hauben, Handschuhen, Manschetten, Baladins, Garnituren und dergleichen Gezeug."

Das P.L.R. Thl. II Tit. 1 § 206 rechnete zum vorbehaltenen Vermögen der Frau, „was nach seiner Beschaffenheit zum Gebrauche der Frau gewidmet ist."

Das Sächs. B.G.B. § 1671 bestimmte:

> „An Gegenständen, welche zur Bekleidung, zum Schmucke oder sonst zum Gebrauche blos für die Person der Ehefrau bestimmt sind, es mögen solche von ihr bei Eingehung der Ehe besessen oder später von dem Ehemanne aus seinem Vermögen angeschafft sein, steht der Ehefrau das Eigenthum und das Recht des unbeschränkten Gebrauches während der Ehe zu und es hat der Ehemann blos das Recht zu hindern, daß die Ehefrau von diesen Gegenständen einen anderen als den bezweckten Gebrauch macht."

2. Entwicklung der Vorschrift des B.G.B. Auf dem in vorstehend geschilderter Weise vorbereiteten Boden setzte schon E. I § 1285 mit einer Vorschrift ein. Sie beschränkte sich aber zunächst darauf, daß die bezüglichen Frauensachen nur der Nutznießung des Mannes entzogen, im Uebrigen unter dem Begriffe Eingebrachtes Gut belassen, also nicht zu eigentlichem Vorbehaltsgut erklärt werden sollten. Auch fehlte noch die ausdrückliche Erwähnung der Arbeitsgeräthe. Auf diesem Standpunkte standen auch noch E. II § 1282, III § 1354. In der Reichstagskommission dagegen trat zunächst der Vorschlag einer Fassung hervor, welche in Wortlaut und Tendenz dem oben aufgeführten § 1671 des Sächs. B.G.B. sehr nahe kam. Schließlich wurde die jetzige Fassung des Gesetzes hergestellt. Bemerkenswerth ist, daß hiebei eine Strömung dahin ging, die Sonderstellung der Frauensachen überhaupt zu beziehen auf alle ihr vom Manne, wenn auch aus seinem eigenen Vermögen angeschafften Kleider, Schmucksachen 2c., in der Art, daß hieran sofort (also auch wenn eigentliche Schenkung nicht vorlag) förmliches Eigenthum der Frau begründet wird, während der Entwurf die Eigenthumsfrage als nach allgemeinen Grundsätzen zu bemessend betrachtete. Allein jene Tendenz drang nicht durch. Es blieb in letzterer Hinsicht beim Entwurfe, namentlich im Hinblick auf die neueste Gestaltung des jetzigen § 1362 Abs. 2

(R.T.K. 134, 136). Neu hinzu kam die ausdrückliche Erwähnung der „Arbeitsgeräthe", bezüglich deren geltend gemacht wurde, daß sich damit „die Frau einen selbstständigen Erwerb suchen könne". Bei diesen Kommissionsbeschlüssen blieb es auch im Reichstage.

3. Tragweite der Vorschrift. Vor allem handelt es sich nur um

a) Bestandtheile des Vermögens der Frau, aber gleichviel wann (vor oder während der Ehe), von woher, sowie auf Grund welches Rechtstitels dieselben erworben sind. Es gehören hieher also auch Geschenke des Mannes an die Frau. Zur Frage, was im Gegensatze zum Vermögen des Mannes als zum Vermögen der Frau hieher einschlägig zu betrachten sei, begründet es namentlich keinen Unterschied, aus welchen Bestandtheilen des Frauenvermögens die bezüglichen Sachen angeschafft sind, ob aus Vorbehaltsgut selbst oder auch aus Eingebrachtem Gut. Auch was Letzterem entstammt, wird Vorbehaltsgut, soferne nur die objectiven Voraussetzungen des § 1366 vorliegen. Nicht minder gehören unter diesen Voraussetzungen auch Zuwendungen Dritter hinzu. Dabei brauchen, soweit in Ansehung des Objects der § 1366 einschlägt, nicht einmal jene besonderen Zweckbestimmungserklärungen vorzuliegen, welche der § 1369 für seinen Bereich erfordert. Für den § 1366 sind sie durch das Gesetz ersetzt. Weiter ist auch die in § 1362 Abs. 2 aufgestellte Rechtsvermuthung zu beachten. Dieser § 1362 Abs. 2 deckt in sachlicher Hinsicht wörtlich genau den § 1366. Der Letztere behandelt aber nur die Gegensätze von Eingebrachtem Gut und Vorbehaltsgut innerhalb der Bestände des eheweiblichen Vermögens. Zu letzterem gehört von vorneherein nicht alles Dasjenige, was der Mann von seiner Habe der Frau nur zur Benützung — ohne Schenkung — anheimstellt, also z. B. nicht Familienschmuck, welcher von Seite des Mannes herstammt und den mit des Letzteren Billigung die Frau gelegentlich trägt.

b) In Betracht kommen nur Sachen, d. h. nach § 90 lediglich körperliche Gegenstände. Nach der inneren Natur der Bestimmung in § 1366 kann es sich auch nur um bewegliche Sachen handeln. Sonstige Vermögensbestandtheile, insbesondere auch Rechte, können wenigstens bei Anwendung des § 1366 nicht in Frage kommen. Ob für sie ein anderer Rechtsgrund zur Behandlung als Vorbehaltsgut vorliegt, ist nach den §§ 1367—1370 zu bemessen. Zur Erwähnung dessen vgl. die Bem. bei § 1369.

c) Erforderlich für die Gewinnung der Eigenschaft eines Vorbehaltsguts ist das Vorhandensein einer besonderen Zweckbestimmung der Sachen. Diese Zweckbestimmung kann begründet sein entweder in der Beschaffenheit der Sache selbst oder in einer besonderen Widmung und zwar ebensowohl seitens eines Dritten als des Ehemannes selbst. Durch das Erforderniß der ausschließlichen Gebrauchsbestimmung für die Frau, fällt von vorneherein außer den Bereich des § 1366 alles Dasjenige, was zum Gebrauche oder Mitgebrauche eines oder des Mannes dient oder was zur Ausstattung des gemeinsamen Haushalts, zur Ermöglichung der Fortführung desselben bestimmt ist, wenn auch die in diese Klasse fallenden Dinge von der Frau herrühren mögen. So z. B. Küchengeräthe und dergl., wenn auch die Frau selbst und sogar allein damit kocht. Dergleichen Sachbestände erinnern an die gemeine Hausfahrniß des B.L.R. Nach dem B.G.B. gehören sie eben, wenn sie Bestandtheile des Vermögens der Frau sind, zum „Eingebrachten Gut", nicht aber zum Vorbehaltsgut nach § 1366.

d) Wohl zu beachten ist auch die Wortfassung: „persönlicher Gebrauch der Frau" und nicht „einer Frau" schlechthin. Also nur höchstpersönliche Gebrauchsattribute der betreffenden Ehefrau sind gemeint, nicht aber z. B. ganz außer Gebrauchsfähigkeit gekommene alte Erbstücke aus Mutters oder Großmutters Zeiten her. Liegen übrigens alle Erfordernisse der Zweckbestimmung nach § 1366 vor, so ist es ohne Belang, daß die einzelne Sache möglicher Weise auch von einer anderen Frau gebraucht werden könnte. Im gegentheiligen Sinn dürfte das Wort: „ausschließlich" nicht verstanden werden. (Vgl. P.L.R. Thl. II Tit. 1 § 213.)

e) Kleider (d. h. Bekleidungsstücke aller Art), Schmucksachen und Arbeitsgeräthe sind nur beispielsweise genannt. Ihre Nennung dient zur Charakteristik der Bestimmung, schließt dieselbe aber nicht ab. Ebenso gut kann daher zum Vorbehaltsgut in einer modernen Ehe auch ein Damenfahrrad gehören, welches von irgendwelcher Seite her (auch seitens des Gatten selbst) der Frau zu ihrem Gebrauch verehrt oder von ihr selbst aus eigenen Mitteln rechtmäßig angeschafft worden ist. Eher kann der Begriff „Arbeitsgeräthe" gelegentlich Zweifel ergeben. Sicher bilden Vorbehaltsgut solche Arbeitsgeräthe, welche der Frau zu Arbeiten dienen, welche sie außerhalb des Bereichs des § 1356, also z. B. in einem von ihr betriebenen selbstständigen Erwerbsgeschäfte leistet, etwa mit einer von ihr dazu gebrauchten ihr eigenen Nähmaschine, mit Stickereigeräthen, oder einem sonstigen Apparate für besondere Arbeiten. Unter anderen Verhältnissen kann aber eine Nähmaschine auch als zum Dienste für die Gesammtfamilie bestimmt zu betrachten sein. Dann ist sie, wenn der Frau eigen, eben zum Eingebrachten zu rechnen. Derartige Verhältnisse fallen naturgemäß einer recht concreten Beurtheilung anheim. Das ist unabweisbare Consequenz schon aus den Gesetzesworten „ausschließlich bestimmt".

4. Morgengabe. Diese ist als Rechtsinstitut im B.G.B. nicht behandelt, weil veraltet, selten mehr vorkommend und im Endzwecke durch Schenkung des Mannes an die Frau völlig ersetzbar. Ebendeßhalb fehlt auch eine Bestimmung, wie die des P.L.R. Thl. II Tit. 1 § 207, wonach die bei Schließung der Ehe von dem Manne versprochene (vollends natürlich auch die sofort gegebene) Morgengabe zum vorbehaltenen Vermögen der Frau fällt. Soll vorkommenden Falles letzteres nach B.G.B. erreicht werden, so muß der Weg des § 1368 beschritten werden (M. IV, 168).

§ 1367.

Vorbehaltsgut ist, was die Frau durch ihre Arbeit oder durch den selbständigen Betrieb eines Erwerbsgeschäfts erwirbt.

E. I, 1289; II, 1266; III, 1349.

1. Grundsätzlicher Standpunkt. In jenen älteren Zeiten, in welchen die Ehefrau den Schwerpunkt ihres Wirkens fast ausschließlich in der Häuslichkeit suchte und fand, hat auch das Recht im Bereiche des hieher analogen Güterstandes das durch die Thätigkeit der Frau Erworbene grundsätzlich und ohne Unterschied dem Manne als für ihn gewonnen zugewiesen. Auch in neueren Gesetzen ist der gleiche Grundsatz vollwirksam oder mit einzelnen Einschränkungen (namentlich im Gebiete von kaufmännischem oder gewerblichem Erwerbe) noch zur Geltung gekommen. So in dem oldenburgischen Gesetze v. 24. April 1873 Art. 2 und in einem lübeckischen Gesetze v. 15. Febr. 1862 § 2. Einige Abschwenkung machte bereits das P.L.R. (Thl. II Tit. 1 § 211 mit §§ 219, 220), wenigstens nach derjenigen, auch in der Praxis üblichen Auffassung, welche in M. IV, 174 fg. dargelegt ist. Das Sächs. B.G.B. bestimmte im § 1668, daß „an Demjenigen, was die Ehefrau durch Dienste erwirbt, welche weder auf das Hauswesen, noch auf das Gewerbe des Ehemannes Bezug haben, ihr das Eigenthum, dem Ehemanne aber das Recht des Nießbrauches und der Verwaltung zusteht".*)

Das deutsche B.G.B. geht zu Gunsten der wirthschaftlichen Selbstständigkeit der Ehefrau um einen erheblichen Schritt weiter, indem es die im heutigen Erwerbsleben begründete und in breiten Schichten des Volkes, namentlich in den sog. arbeitenden Klassen, bestehende und überaus häufig ganz unentbehrliche ausgedehnte Erwerbsthätigkeit der Frau in Würdigung zieht. An die Spitze stellt das B.G.B. allerdings heute noch für alle Güterstandsverhältnisse die schon bei § 1356 besprochenen Pflichten der Frau im Hauswesen und im Geschäfte des Mannes. Was die Frau in diesem Bereiche Erwerb macht, erwirbt sie im ordentlichen gesetzlichen Güterstande für den Mann (M. IV, 174; P. IV, 125). Aber alles Dasjenige, was die Frau darüber hinaus zu Erwerb bringt, soll im gleichen Güterstande nach § 1367 das Ihre sein und zwar die Eigenschaft eines Vorbehaltsguts gewinnen. Mit letzterem entrückt sich das Erworbene in rechtlicher Hinsicht nicht blos dem Eigenthume, sondern auch der Verfügungsgewalt des Ehemannes (M. IV, 174 fg.).

2. Arbeit. § 1367 erwähnt zunächst in der ersten Alternative den Erwerb der Frau durch Arbeit. Bloße Speculation mit Werthpapieren, Spiel, Geldverleihung zur Gewinnung von Provision und Zinsen u. dgl. ist von vorneherein keine Arbeit im Sinne des § 1367. Erwerbe jener Art beruhen häufig nicht einmal auf sittlicher Grundlage. Sittenwidrige Thätigkeit kann aber schon dieser Beschaffenheit wegen nicht als „Arbeit" im Sinne der Moral und des Gesetzes gelten.

---

*) Die Frage, was zur einen oder anderen Art von Diensten zu rechnen sei, beantwortet die sächsische Praxis „nach den Umständen des einzelnen Falles, nach den Standes- und Vermögensverhältnissen, nach Sitten und Gebräuchen" (Hofmann, Das B.G.B. für Sachsen, Bd. 2 S. 41).

Als Arbeit im Sinne jener ersten Alternative gilt auch nur persönliche Thätigkeit der Frau. Das Gesetz sagt: „durch ihre Arbeit". Daraus entwickelt sich nach dem nachher bei Nr. 3 zu Bemerkenden ein gewisser Gegensatz zur zweiten Alternative. Ein solcher Gegensatz liegt auch insoferne vor, als nach der Auffassung in R.T.K. S. 135 die erste Alternative nur den Erwerb aus Arbeit allein, die zweite aber die Verbindung der Arbeit mit Kapital im Auge hat.

Liegt nun nach dem schon oben Bemerkten die Arbeit der Frau außer dem Bereiche des § 1356, so gilt jede Art der persönlichen, selbstständigen Thätigkeit der Frau als hieher bezüglich. Es ist im Grundsatze gleichbedeutend, ob derartige Arbeit in körperlicher oder geistiger Thätigkeit sich darstellt, ob sie im städtischen oder ländlichen Erwerbsleben stattfindet, ob eine stetige (gewerbsmäßige) Arbeitsthätigkeit oder nur eine solche von Fall zu Fall, nach Zeit und Gelegenheit vorliegt, ob zur Entlohnung feste dauernde Bezüge gewährt sind oder nicht und letzteren Falls, ob Tag- oder Stücklohn entfällt.

Hieher zu rechnen ist daher die Thätigkeit jeder Arbeiterin im äußeren Erwerbsleben der verschiedensten Stände: der einfachen Taglöhnerin, der Arbeiterin in Fabriken und anderen fremden Gewerbsbetrieben, der Arbeiterin für die Bedürfnisse eines fremden Haushalts (Aufwärterin, Wäscherin, Büglerin, Näherin ꝛc. ꝛc.). Ebenso ist aber hieher beispielsweise auch zu erwähnen die Thätigkeit als Lehrerin irgend welcher Art, als Schriftstellerin, als Malerin, als Sängerin, Schauspielerin, Bühnentänzerin u. A. Auch Thätigkeit im öffentlichen Dienste ist unter den § 1367 zu beziehen, z. B. bei Post, Eisenbahn, Telegraph, Telephon ꝛc. (M. IV, 167, 174). Selbst in Diensten für den eigenen Mann kann unter Umständen Vorbehaltsgut gewonnen werden, vorausgesetzt, daß es sich um besondere entlohnte Dienste der Frau im Geschäfte des Mannes handelt (P. IV, 141, 125).

3. Erwerbsgeschäft. Der Ausdruck „selbstständiger Betrieb" eines Erwerbsgeschäfts ist hier nach Analogie der Gewerbeordnung gebraucht (R.T.K. 135). Speziell der Begriff: „Geschäft" ist in landläufigem Sinne zu nehmen. Er bezeichnet darnach eine auf den Erwerb gerichtete stetige Unternehmung auf eigene Rechnung, namentlich im Gebiete des Handels- und Gewerbslebens. Nicht blos Handel allein kommt in Frage. Im Gegentheile hat man z. B. auch an landwirthschaftliche Erwerbsgeschäfte der Frau zu denken.

Ein „Erwerbsgeschäft der Frau" hat aber die Wirkung des § 1367 nur dann, wenn es selbstständig, d. h. als Unternehmerin (R.T.K. 135), von ihr betrieben wird. Die Gesetzesstelle ist dagegen unanwendbar, wenn die Frau nur als Gehülfin des Mannes in dessen Geschäft thätig ist. Denkbar wäre übrigens auch, daß die Frau als selbstständige Mitunternehmerin im Geschäfte des Mannes Theil nimmt, z. B. in offener Handelsgesellschaft. Ein solcher Fall ist dem eines eigenen Geschäftes gleichzusetzen wie unter Männern allein, und wie bei dem weiteren Falle der Verbindung der Frau mit einem Dritten in offener Handelsgesellschaft (R.T.K. 134).

Hat die Frau in ihrem selbstständigen Geschäfte Gehülfen, so fällt auch derjenige Erwerb zum Vorbehaltsgut nach § 1367, welcher durch die Thätigkeit dieser Gehülfen erzielt wird. Ueberhaupt kommt es bei der zweiten Alternative des § 1367 nicht darauf an, wie viel gerade die Frau in ihrem Geschäfte körperlich oder geistig selbst arbeitet. Darin liegt eine Abweichung von der ersten Alternative, welch' Erstere durch den Gegensatz von „Arbeit" und „Geschäft" deutlich genug zum Ausdruck kommt. Immerhin ist durch die Fassung: Betrieb eines selbstständigen „Erwerbsgeschäfts", wie schon angedeutet, eine gewisse Verbindung von Kapital mit einer Unternehmerthätigkeit stets bedingt. Hievon ausgehend wurden in R.T.K. 134 nicht als selbstständiger Betrieb eines Erwerbsgeschäftes diejenigen Fälle betrachtet, in welchen die Frau ihr Vermögen nur als stilles Gesellschaftskapital oder als Kommanditkapital in ein anderes Geschäft einlegt. Man befand diesen Fall in Bezug auf ehemännliche Nutznießung ꝛc. nur als analog der Anlegung von Vermögen in Hypotheken oder Werthpapieren.

4. Betriebsmittel und Erwerb. Von Ersteren spricht der § 1367 nicht. Er behandelt nur die Rechtsnatur des Erwerbes. Durch den Arbeits- und Geschäftsbetrieb der Frau wird an der Rechtslage bezüglich der von ihr gebrauchten Betriebsmittel an sich nichts geändert.

a) Verwendet die Frau ein ihr eigenes Vorbehaltsgut, welches diese Eigenschaft aus anderem Rechtsgrunde hat, so behält dieses natürlich jene Rechtsbeschaffenheit.

b) Die Verwendung von eingebrachtem Gut verwandelt dieses selbst aber keineswegs auch in Vorbehaltsgut. Dies ist betont in den M. IV, 176, welche dazu in Ansehung solchen eingebrachten Guts (im E. I Ehegut genannt) noch Folgendes bemerken:

„Ueberläßt der Ehemann der Ehefrau Ehegutsgegenstände der bezeichneten Art, so liegt darin die Einwilligung des Ehemannes, daß die Ehefrau über die ihr überlassenen Gegenstände zum Zwecke des gestatteten

Geschäftsbetriebs verfügen könne (E. §§ 1300, 1307, jetzt B.G.B. § 1395, 1405). Durch die Verfügung über die betreffenden Gegenstände scheiden die letzteren aus dem Ehegute aus (E. § 1293); der Erlös aus den Umsatzgeschäften fällt aber nach § 1289 (jetzt 1367) nicht in das Ehegut, sondern wird Vorbehaltsgut."

Bei Würdigung dieser Erörterung ist übrigens zweierlei zu beachten. Wenn von einem Ausscheiden der Vermögensbestandtheile aus dem Eingebrachten Gute in Folge Verwendung derselben die Rede ist, so kann nur ein thatsächliches Ausscheiden, namentlich in Ansehung der Verwaltungs- und Nutzungsrechte des Mannes, gemeint sein. Eine andere Frage ist aber die, ob und inwieweit in irgend einem Zeitpunkte eine Restitution des Verwendeten zum Bestande des Eingebrachten, sei es auch aus dem Vorbehaltsgut der Frau, im Interesse der ehemännlichen Rechte am Ersteren, stattzufinden hat. Darüber s. nachher Nr. 6. Ferner fällt in die Augen, daß hier die Motive nicht vom Gewinn, sondern vom „Erlös aus den Umsatzgeschäften" sprechen, als zum Vorbehaltsgute fallend. Es darf daraus geschlossen werden, daß der Begriff „Erwerb" im § 1367 ein weiterer ist, als derjenige „Gewinn". In dieser Hinsicht ist auch bemerkenswerth, daß in einem Zwischenentwurf einer Subkommission der II. Komm. (P. IV, 142) ausdrücklich von der Entstehung eines Vorbehaltsguts an den „Gegenständen des Erwerbs" gesprochen wurde.

c) Gibt der Mann aus seinem eigenen Vermögen der Frau Betriebsmittel für ihre Erwerbsthätigkeit, so bemißt sich das rechtliche Schicksal des Gegebenen danach, ob Schenkung vorliegt, oder ein anderes Rechtsgeschäft. Im ersteren Falle wird das Gegebene, wenn ein Fall des § 1368 oder 1369 vorliegt, auch Vorbehaltsgut, anderenfalls wächst es in der Substanz dem Eingebrachten Gute der Frau zu. Ist ein anderes Rechtsgeschäft anzunehmen (z. B. Darlehen, Leihe, Miethe) so wird eben die Frau Schuldnerin des Mannes nach Maßgabe der rechtlichen Natur des vorliegenden Rechtsgeschäftes.

5. Beschränkungen der Erwerbsthätigkeit. § 1367 enthält abermals eine gewisse mittelbare Anerkennung des Satzes, daß sich an der Geschäftsfähigkeit der Frau durch den Eheabschluß an sich nichts ändert. Immerhin sind doch für eine selbstständige Erwerbsthätigkeit der Frau gewisse gesetzliche Grenzen gezogen. In Sonderheit ist durch den § 1367 die Frage noch nicht erledigt, inwieweit die Frau im ordentlichen gesetzlichen Güterstand zu selbstständigem Erwerbe mit Rücksicht auf die Rechte des Ehemannes freie Hand hat? In dieser Hinsicht kommen

a) schon im Allgemeinen die aus den §§ 1356 und 1358 entspringenden Ansprüche und beschränkenden Befugnisse des Mannes in Betracht. Außerdem ergibt sich

b) für den Bereich der eheherrlichen Verwaltungs- und Nutzungsrechte des Mannes aus §§ 1395, 1405 das Erforderniß der ausdrücklichen oder stillschweigenden Zustimmung des Mannes (Näheres in den Bem. zu jenen Paragraphen). Nur in Ansehung zu verwendenden Vorbehaltsguts waltet volle Bewegungsfreiheit der Ehefrau ob, aber auch hier nur unbeschadet der aus § 1371 sich ergebenden Verpflichtung der Frau zu einer Beitragsleistung für den ehelichen Aufwand.

6. Verfügung über das erworbene Vorbehaltsgut. In dieser Hinsicht hat die Frau volle Freiheit. Allerdings greift auch hier die schon angedeutete Verpflichtung aus § 1371 ein. Ja, man ist bei Erlassung des § 1367 sogar von der Voraussetzung ausgegangen, thatsächlich werde die Frau ihren Erwerb vielfach und umfassend dem Ehehaushalt und Ehebedarf zu gut kommen lassen. Für eine solche freiwillige Widmung der Frau entscheidet aber eben nur ihr eigener Wille. Darin liegt der Schwerpunkt der Vorbehaltgutserklärung des § 1367 (M. IV, 175).

Zur Frage, ob die Ehefrau gegenüber dem Ehemann verpflichtet ist, nach dem Aufhören ihres Erwerbsgeschäfts an Stelle der nicht mehr vorhandenen, der Frau überlassen gewesenen Bestandtheile des eingebrachten Guts, dem Ehemanne Ersatz aus ihrem Vorbehaltsgute (sowohl dem nach § 1367 erlangten, wie auch anderweitigem) zu geben, enthalten die M. IV, 177 eine Erörterung. Sie führt darauf hinaus, daß hierüber keine allgemeine Bestimmung aufgestellt, sondern „nur im Wege der Auslegung unter Berücksichtigung der Umstände des einzelnen Falles entschieden" werden könne.

§ 1368.

Vorbehaltsgut ist, was durch Ehevertrag für Vorbehaltsgut erklärt ist.

E. I, 1286; II, 1267; III, 1350.

1. Umfang der Bestimmung. An dieser Stelle handelt es sich (nach dem Vorbilde von P.L.R. Thl. II Tit. 1 § 208 und Sächs. B.G.B. § 1693) um Vereinbarungen unter den Ehegatten (Verlobten) selbst über die Eigenschaft eines Vorbehaltsguts in Ansehung bestimmter Bestandtheile des Vermögens (beweglicher und unbeweglicher Sachen, sowie sonstiger Rechte) der Frau. Eine solche Vereinbarung läßt daneben in Ansehung des Uebrigen die eheherrliche Verwaltung und Nutznießung bestehen. Würde diese überhaupt (ohne weitere Bestimmung) ausgeschlossen, so läge ein Vertrag im Sinne des § 1436 vor, welcher die volle Gütertrennung begründet. Als einen Vertrag dieser letzteren Art betrachten es die M. IV, 168 auch, wenn er in das Gewand gekleidet ist, daß sich die Frau ihr ganzes gegenwärtiges oder zukünftiges Vermögen als Vorbehaltsgut bestimmen läßt.

2. Form. Das Gesetz spricht nur von einem Ehevertrag. Die Vereinbarung muß daher auch in den für einen Ehevertrag vorgeschriebenen Formen (§ 1434) abgeschlossen und beurkundet sein. Es handelt sich ja hier um eine theilweise Abänderung des an sich begründeten gesetzlichen Güterstandes (M. IV, 168). Bloße mündliche Erklärungen und Zusicherungen, allgemeiner oder spezieller Art, sind wirkungslos.

Selbstverständlich wirkt nur ein rechtsgültiger Ehevertrag. Auch nach der hier fraglichen Richtung kann er gemäß § 1432 sowohl vor als nach Eingehung der Ehe geschlossen werden. Ob der Vertrag über Begründung von Vorbehaltsgut noch andere Verhältnisse regelt oder nicht, ist ohne Belang.

§ 1369.

Vorbehaltsgut ist, was die Frau durch Erbfolge, durch Vermächtniß oder als Pflichttheil erwirbt (Erwerb von Todeswegen) oder was ihr unter Lebenden von einem Dritten unentgeltlich zugewendet wird, wenn der Erblasser durch letztwillige Verfügung, der Dritte bei der Zuwendung bestimmt hat, daß der Erwerb Vorbehaltsgut sein soll.

E. I, 1287; II, 1268; III, 1351.

1. Allgemeine Bemerkungen. Die Gesetzesstelle handelt von der Begründung der Vorbehaltsgutseigenschaft bei und durch Zuwendungen Dritter. Sie lehnt sich an die vorbildlichen Bestimmungen des P.L.R. Thl. II Tit. 1 § 214 und Sächs. B.G.B. § 1693*) an und hat dabei sowohl dem Erwerbe von Todeswegen wie dem Erwerbe unter Lebenden unter bestimmten Voraussetzungen Wirkungen jener Art beigelegt. Die Bestimmung beruht hiebei auf der Erwägung, „daß es Dritten, welche der Ehefrau etwas hinterlassen oder unter Lebenden zuwenden wollen, insbesondere den Eltern oder sonstigen Verwandten der Ehefrau, mit Rücksicht auf die bisherige Verwaltung des Ehemannes oder das unter Ehegatten bestehende persönliche Verhältniß dringend wünschenswerth erscheinen kann, im Interesse der Ehefrau und deren Erben jede Einwirkung des Ehemannes auf das der Ehefrau Hinterlassene oder unter Lebenden Zugewendete auszuschließen". Zu diesem Zwecke wird jenen Dritten die Möglichkeit eröffnet, „das von ihnen Hinterlassene oder Zugewendete ohne oder selbst gegen den Willen des Ehemannes der ehelichen Verwaltung und Nutznießung zu entziehen". (M. IV, 168, 169.) Anwendbar ist dies ohne Unterschied der Zeit, also sowohl bei Zuwendungen vor als nach Eingehung der Ehe (R.T.K. 136, St.B. 215 ff.).

Die Frage, ob eine Zuwendung als Vorbehaltsgut die Eigenschaft des Letzteren auch auf eine weitere Ehe der Frau überträgt, ist nach den Umständen, d. h. in Sonderheit nach der Absicht der Betheiligten, zu beurtheilen. In der Regel ist die Frage zu bejahen. Förster-Eccius, P.L.R. Bd. 4 § 280 Nt. 9.

2. Erwerb von Todeswegen. Die Begriffe: „Erbfolge, Vermächtniß, Pflichttheil" stehen hier im gleichen Sinne, wie sie im erbrechtlichen Theile des B.G.B. festgestellt sind. In Sonderheit umfaßt „Erbfolge" auch hier diejenige nach Gesetz, Testament, (letztwilliger Verfügung) und Erbvertrag. Die Erwähnung des Erwerbs als Pflichttheil, welche schon an sich nöthig ist wegen des § 2304, hat außerdem noch den Zweck, festzustellen, daß auch bei Gewährung eines Pflichttheils oder Beschränkung der Zuwendung auf einen solchen der Dritte das Recht haben solle, eine Bestimmung der in § 1369 vorgesehenen Art zu treffen. (S. auch M. IV, 244.) Erwogen wurde dabei, daß auch für solche Fälle die Zweckbestimmung der Gesetzesstelle zutreffen kann, daß dabei durch die Beseitigung des ehemännlichen Verwaltungs- und Nutznießungsrechts der Ehefrau

*) Aus der bisherigen Praxis vgl. S.A. Bd. 5 Nr. 186, Bd. 23 Nr. 37.

selbst keinerlei Beschwerung auferlegt wird, der Mann aber gegenüber dem Dritten überhaupt keinen Rechtsanspruch hat, daß der Frau etwas frei vom Charakter als Vorbehaltsgut hinterlassen werde. Ebendeßhalb wurde eine Bestimmung im Sinne des § 1369 nicht als eine Beschwerung im Sinne des § 2306 betrachtet, es müßte denn sein, daß der Bestimmung des Pflichttheils als Vorbehaltsgut eigens der Charakter einer förmlichen Bedingung oder Auflage gegeben worden wäre (M. IV, 169; R.T.K. 135).

3. Erwerb unter Lebenden. Nur eine unentgeltliche Zuwendung schließt die Befugniß in sich, Vorbehaltsgut zu begründen. Eine Ausdehnung auf entgeltlichen Erwerb der Ehefrau würde in Widerspruch stehen mit dem Grundsatze, daß die Ehefrau (in den Fällen der §§ 1366, 1367, 1370 wirkt das Gesetz) nicht einseitig, d. h. ohne Zustimmung des Ehemannes, ihr Vermögen zu Vorbehaltsgut machen kann (vgl. § 1368). Davon hatte allerdings E. I § 1288 gewisse Ausnahmen eintreten lassen wollen in Bezug auf Gegenstände, welche die Ehefrau ohne Einwilligung des Ehemannes durch ein Rechtsgeschäft unter Lebenden erwirbt, soferne der Ehemann das Rechtsgeschäft zu genehmigen verweigert (M. IV, 170 ff.). In der II. Komm. wurde dies aber als entbehrlich und bedenklich gestrichen (P. IV, 125, 141).

4. Zweckbestimmung und Formen. Um in den bezeichneten Fällen Vorbehaltsgut entstehen zu lassen, ist nothwendig eine ausdrückliche Willenserklärung*) dahin, daß „der Erwerb Vorbehaltsgut sein solle". Bei Zuwendung unter Lebenden muß nach ausdrücklicher Gesetzesvorschrift der Dritte in jener Richtung seine Willenserklärung bei der Zuwendung selbst verlautbaren. Bezügliche frühere wie spätere Willensäußerungen sind rechtlich wirkungslos. Während ferner, abgesehen von der Willenserklärung an sich, bei Zuwendungen unter Lebenden jene Nebenbestimmung um ihrer selbst willen einer weiteren besonderen Form nicht bedürftig ist (M. IV, 170), schreibt das Gesetz für Zuwendungen von Todeswegen zur Begründung von Vorbehaltsgut Niederlegung der Willenserklärung in einer „letztwilligen Verfügung" vor, also auch mit den hiefür in den allgemeinen erbrechtlichen Bestimmungen vorgesehenen Formen. (M. IV, 170.)

Nach den Erörterungen der M. IV, 170 hat die im Wege letztwilliger Verfügung erfolgende Bestimmung einen selbstständigen Charakter. Sie setzt nicht letztwillige Zuwendung im eigentlichen Sinne voraus, ist vielmehr auch dann wirksam, wenn der Dritte in Ansehung der von ihm herrührenden Vermögensgegenstände es bei den Grundsätzen des Intestaterbrechtes belassen oder die Ehefrau auf den Pflichttheil beschränkt hat. So wörtlich a. a. O.

Gegenüber dem Ausdrucke: „letztwillige Verfügung" entsteht die Frage, ob die in Rede stehende Wirkung auch durch einen Erbvertrag (sei es einen solchen Vertrag des Erblassers mit der Ehefrau selbst oder auch mit einem Dritten) erzielt werden könne. Um diese schon in M. IV, 170 durch Hinweis auf E. I § 1955 angedeutete Frage vollends in bejahendem Sinne klar zu stellen, war in der II. Komm. beantragt worden, statt „durch letztwillige Verfügung" zu setzen: „durch Verfügung von Todeswegen". Die hiefür erörterten Gründe des Antragstellers wurden mehrheitlich gebilligt. Man machte aber die Aenderung von der Berathung im Erbrechte abhängig. (P. IV, 124 fg.) Schließlich unterblieb sie. So wie nun heute die §§ 2278, 2299 lauten, erscheint es unzweifelhaft, daß eine Zuwendungsklausel hier fraglicher Art, d. h. die Bestimmung als Vorbehaltsgut, auch einem Erbvertrage, wenigstens mit dem Charakter einer einseitigen Verfügung und mit gleicher Wirkung wie in einem Testamente beigesellt werden kann. Dieses um so mehr, als die Form für Eheverträge im Wesentlichen sogar die gleiche ist, wie für öffentliche Testamente. (Vgl. B.G.B. § 2232 fg. mit § 2276.) Bezüglich einer Zweckbestimmung im Sinne des § 1369 im Gefolge einer Schenkung von Todeswegen (donatio mortis causa) kommt § 2301 in Betracht. (Vgl. auch P. IV, 124.)

In Ansehung der Anfechtung und Aufhebung einer im Wege letztwilliger Verfügung erfolgten Bestimmung von Vorbehaltsgut, insbesondere auch seitens des dadurch in seinen Rechten beschränkten Ehemannes selbst, kommen die einschlägigen allgemeinen Vorschriften des Erbrechts auch hieher in Anwendung. Vgl. namentlich B.G.B. § 2080 mit E. I § 1784 und M. IV, 170. Gebricht es irgendwie an oder in der erforderlichen Willenserklärung oder an der hiefür nöthigen besonderen Form, so behält eben das Zugewendete die Rechtseigenschaft eines eingebrachten Gutes.

§ 1370.

Vorbehaltsgut ist, was die Frau auf Grund eines zu ihrem Vorbehaltsgute gehörenden Rechtes oder als Ersatz für die Zerstörung, Beschädigung oder

*) Vgl. dazu R.T.K. S. 135. Siehe übrigens auch die Bem. zu § 1366 S. 98, wonach für dessen Bereich anderes sich ergibt.

Entziehung eines zu dem Vorbehaltsgute gehörenden Gegenstandes oder durch ein Rechtsgeschäft erwirbt, das sich auf das Vorbehaltsgut bezieht.

E. I, 1290; II, 1269; III, 1352.

1. Surrogationsgrundsatz. Die Bestimmungen des § 1370 beruhen auf der Grundanschauung, daß der Ehefrau Verwaltung und Nutzgenuß des Vorbehaltsguts in vollem Maße und in voller wirthschaftlicher Bewegungsfreiheit zu erhalten ist, daß auch in dem Umfange des Vorbehaltsguts eine Schmälerung zu Gunsten des Eingebrachten oder des Eigenvermögens des Mannes nicht von selbst eintreten soll und daß ebendeßhalb die Früchte des Vorbehaltsguts und ein eigens auf letzteres sich beziehender Zuwachs ebenfalls wieder Vorbehaltsgut zu bilden haben.

Diese Grundanschauung äußert bei dem ordentlichen gesetzlichen Güterstande*) ihre Wirkungen gemäß § 1370 für Vorbehaltsgut jeder Art, gleichviel auf welchem Rechtsgrunde dieses beruht, und zwar nach drei verschiedenen Richtungen, nämlich in Ansehung:

a) des Erwerbs auf Grund eines schon zum Vorbehaltsgut gehörenden Rechts,
b) des Ersatzes für einen Bestandtheil des Vorbehaltsguts,
c) des Erwerbs in Beziehung auf Vorbehaltsgut.

Als Grundlage des Erwerbs ist immer der Bestand von Vorbehaltsgut und ein bestimmter Zusammenhang mit diesem vorausgesetzt.

2. Erwerb auf Grund eines Rechts. Ob ein solcher Erwerb zum Vorbehaltsgut kraft des Gesetzes erfolgt oder durch ein den Inhalt des Rechtes verwirklichendes Rechtsgeschäft vermittelt wird, begründet im Erfolge für das Vorbehaltsgut keinen Unterschied (M. IV, 177). Der Begriff „Recht“ steht hier im allgemeinen Sinne. Er umfaßt also alle Gegenstände von Vermögensrechten, welche überhaupt zum Vorbehaltsgut gehören können, ohne Unterschied der Beschaffenheit als körperliche (bewegliche oder unbewegliche) oder unkörperliche Vermögensbestandtheile. Es gehört deßhalb z. B. hieher sowohl Dasjenige, was als Ergebniß der Realisirung eines Vermögensrechts, namentlich einer Forderung, erworben wird, wie auch alles Dasjenige, was an Früchten (natürlichen und civilen) und Nutzungen dem Vorbehaltsgute entspringt. Also z. B. Erträgnisse eines angebauten Grundstücks, Miethzinse aus einem Wohngebäude, Kapitalzinsen u. dgl. In einem zum Vorbehaltsgut der Frau gehörigen Wohnhause hat der Ehemann an und für sich kein Wohnungsrecht, sohin auch keinen Anspruch auf Miethzinsfreiheit. Sieht die Frau von Miethe für den Gebrauch, namentlich zum Besten des ehelichen Haushalts, freiwillig ab, so liegt eben eine Widmung derselben zur Bestreitung des ehelichen Aufwandes oder auch eine Schenkung an den Ehemann selbst aus den Erträgnissen des Vorbehaltsgutes vor. Berechnet dagegen die Ehefrau dem im ordentlichen gesetzlichen Güterstande mit den Lasten für den ehelichen Bedarf bebürdeten Manne einen Miethzins, so fällt dieser letztere ihrem Vorbehaltsgute zu, soweit nicht der Schlußsatz des § 1371 einschlägig ist.

Zum Erwerb auf Grund von zum Vorbehaltsgute gehörenden Rechten ist auch Dasjenige zu rechnen, was sich als Erfüllung eines im Vorbehaltsgute inbegriffenen Anspruchs der Ehefrau darstellt, welcher schon vor Eintritt des gesetzlichen Güterstandes oder vor späterer Begründung der Vorbehaltsgutseigenschaft bestanden hatte (M. IV, 177, 500). Ersparnisse der Frau aus ihrem Vorbehaltsgute gehören folgerichtig nach Obigem wiederum zu diesem Gute.

Anlangend die Frage des Erwerbs durch Glücksfall, so betonen die Motive (M. IV, 177, 500), daß nicht schlechthin jeder solche Erwerb unter die Bestimmungen des § 1370 fallen kann. Nach jener Erörterung kommt es darauf an, ob der Erwerb lediglich in der Person der Ehefrau oder in einem zu ihrem Vorbehaltsgute gehörenden Rechte sich begründete. Ersteren Falls schlägt sich der Erwerb nicht von selbst zum Vorbehaltsgute. So z. B. nicht bei einer von einer Frau eingegangenen, gewonnenen und ihr ausgezahlten Wette (§ 762), selbst wenn Jene im Verlustfalle aus Vorbehaltsgut zu zahlen gedachte (s. auch nachher Nr. 4). Der Gewinn aus einem bereits zum Vorbehaltsgut der Frau gehörigen Lotterieloose (vgl. S.A. X, 59; XVII, 252) fällt dagegen wieder dem Vorbehaltsgut zu. Daß das Loos gerade aus Mitteln des Vorbehaltsguts „angeschafft“ war (so Fischer=Henle, B.G.B. S. 553), ist nicht unbedingt erforderlich. Es kann ja auch auf dem Wege des § 1369 Vorbehaltsgut geworden sein.

Ueber den seltenen Fall des Fundes eines in einer Sache des Vorbehaltsgutes verborgenen Schatzes vgl. § 984 und M. IV, 177, 500.

3. Ersatzgut. In der zweiten Alternative handelt es sich um die Surrogirung für einen ohne den Willen der Frau eingetretenen Verlust ihres Vorbehaltsguts oder

*) Für den Bereich der allg. Gütergemeinschaft vgl. § 1440, für den der Errungenschaftsgemeinschaft § 1524.

solchen Schaden an demselben. Ganzer wie theilweiser Verlust oder Schaden gehören hieher. Unter die Zerstörung oder Beschädigung sind sowohl Eingriffe durch Menschenhand (böswillige oder fahrlässige), wie auch Schädlichkeiten durch Zufall, insbesondere Elementarereignisse, zu rechnen. Daher fallen auch dem Vorbehaltsgute zu die zahlbar gewordenen Versicherungssummen für Bestandtheile des Ersteren (Brand-, Hagel-, Vieh-, Transportversicherung u. dgl.). Solche Versicherungsgelder würden übrigens auch dem dritten Gesichtspunkte anheimfallen (M. IV, 177, 501). Bezüglich der „Entziehung" eines Gegenstandes wurde namentlich an den Anspruch wegen Enteignung, sowie an denjenigen auf den Ueberschuß aus dem Erlöse bei Zwangsversteigerung gedacht (M. IV, 177, 501).

4. Erwerb durch Rechtsgeschäfte. Die Surrogationsbestimmung des § 1370 steht in dieser Hinsicht neben dem, was schon aus anderen Paragraphen, namentlich dem § 1367 sich ergibt. Im Gegensatze zu § 1369 ist in § 1370 an lästige Rechtsgeschäfte der Ehefrau gedacht. Bei solchen muß aber ein bestimmter Zusammenhang mit Vorbehaltsgut vorliegen. Dazu genügt auch schon ein blos wirthschaftlicher Zusammenhang, ohne daß er auch ein eigentlich rechtlicher sein müßte. Jener Zusammenhang hat sich in subjektiver und objektiver Richtung zu äußern. Die Ehefrau muß den Willen gehabt haben, für das Vorbehaltsgut wirthschaftlich thätig zu sein, und das Rechtsgeschäft muß auch sachlich mit dem Vorbehaltsgut in Beziehung gebracht werden können. Daß Beides der Fall ist, kann sowohl durch eine ausdrückliche Erklärung der Frau*) manifestirt sein, wie auch aus den Umständen erhellen. Fehlt das Eine oder Andere, fehlt insbesondere überhaupt ein Vorbehaltsgut, so kann von Anwendung des § 1370 nicht die Rede sein und der Erwerb fällt eben, wenn nicht dem Manne überhaupt, dann dem eingebrachten Gute zu. Liegen dagegen jene Erfordernisse vor, so kommt es nicht weiter darauf an, ob der Erwerb sich gerade wirthschaftlich als durch das Vorbehaltsgut gemacht darstellt in der Art, wie es bei Umsatzgeschäften der Fall ist (M. IV, 177 ff.). Es wird überhaupt nicht ein reiner Werthsumsatz erfordert. Vielmehr schließt die Absicht, Gewinn zu machen und die Erreichung desselben bei sonst gegebenen Erfordernissen die Anwendbarkeit des Paragraphen nicht aus (M. IV, 502). Auf dieser allgemeinen Grundlage führen die M. IV, 178, 502 als spezielle Beispiele hieher zutreffend namentlich an: Anschaffung von Inventarstücken für ein zum Vorbehaltsgute gehöriges Anwesen, Wiederanschaffungen statt anderer Bestandtheile des Vorbehaltsguts, Tauschverträge, Dienstverträge über Arbeiten, welche objektiv auf Gegenstände des Vorbehaltsguts sich beziehen. Für alle diese und ähnliche Fälle waltete die Erwägung ob, daß die gesicherte Erhaltung des Vorbehaltsguts, sowie der Grundsatz freier Verwaltung und Nutznießung desselben durch die Frau für diese auch die Gewährung der hiezu dienlichen Mittel erheische, dazu aber auch rechtsgeschäftliche Bewegungsfreiheit unabweisbar gehöre, in der Bethätigung sowohl wie im Erwerbsergebnisse.

§ 1371.

Auf das Vorbehaltsgut finden die bei der Gütertrennung für das Vermögen der Frau geltenden Vorschriften entsprechende Anwendung; die Frau hat jedoch einen Beitrag zur Bestreitung des ehelichen Aufwandes nur insoweit zu leisten, als der Mann nicht schon durch die Nutzungen des eingebrachten Gutes einen angemessenen Beitrag erhält.

E. I, 1291; II, 1270; III, 1358.

1. Analogie der Gütertrennung für das Vorbehaltsgut. Nach negativer Richtung, d. h. in Ansehung der Ausschließung der ehemännlichen Verwaltung und Nutznießung, ist der Charakter des Vorbehaltsguts bereits durch § 1365 bestimmt und gekennzeichnet. § 1371 ergänzt dies auch noch in positiver Richtung durch die Erklärung entsprechender Anwendbarkeit der §§ 1426—1431. Von einer Einzelaufzählung der Befugnisse der Frau nach dem Vorbilde älterer Gesetze (P.L.R. Thl. II Tit. 1 §§ 221 ff., 225 ff., 229 ff., 318, 319, 619, 620; Sächs. B.G.B. § 1640, 1693) wurde Umgang genommen, weil jene nach genügender Feststellung der Principien nicht nöthig und in ihrer kasuistischen Form auch bedenklich wäre. Andererseits wurden aber auch Einschränkungen der eheräulichen Verfügungsfreiheit nach Art z. B. des P.L.R. Thl. II Tit. 1 § 223 abgelehnt (M. IV, 180).

Mit und nach dem § 1431 B.G.B. wird zum Schutze gutgläubiger Dritter die Ausschließung eines Guts der Frau von der Verwaltung und Nutznießung des Mannes im ordentlichen gesetzlichen Güterstande nur nach Maßgabe der für Eheverträge geltenden

*) Ueber wahrheitswidrige Behauptung von Vorbehaltsgut s. im Anschluß an Sächs. B.G.B. § 1640 das Lehrb. d. Sächs. Pr.R. v. Siebenhaar S. 195.

Vorschriften des § 1435 wirksam (vgl. die dortigen Bem.), und zwar auch dann, wenn die Rechtsbeschaffenheit als Vorbehaltsgut nicht auf einem Ehevertrag beruht (E. I § 1291). Eingeschränkt ist dagegen hieher die Anwendbarkeit des § 1427 über die

2. Beitragsleistung aus dem Vorbehaltsgute zu dem ehelichen Aufwande. Nach der Regel des § 1427 kann bei voller Gütertrennung der Mann einen angemessenen solchen Beitrag aus den Vermögenseinkünften der Frau, dem Ertrage ihrer Arbeit oder eines von ihr selbstständig betriebenen Erwerbsgeschäfts überhaupt verlangen, da er sonst von der Frau Habe nichts zu genießen hat. Anders liegt dies, wo im ordentlichen gesetzlichen Güterstande Vorbehaltsgut neben eingebrachtem Gute, also neben einem der Verwaltung und Nutznießung des Mannes anheimfallenden Frauenvermögen besteht. Hier greift die Einschränkung des § 1371 Platz. Dieselbe läßt es an sich bei dem Grundsatze des § 1427, beschränkt aber dessen Wirkung auf den Fall, daß der Mann keinen oder nur unzulänglichen Vortheil aus der ehelichen Nutznießung des eingebrachten Gutes hat (P. IV, 125, 141; D. 188).

Jener Grundsatz wie jene Einschränkung gilt für alle Arten und Formen von Vorbehaltsgut ohne Unterschied der Herkunft.

§ 1372.

Jeder Ehegatte kann verlangen, daß der Bestand des eingebrachten Gutes durch Aufnahme eines Verzeichnisses unter Mitwirkung des anderen Ehegatten festgestellt wird. Auf die Aufnahme des Verzeichnisses finden die für den Nießbrauch geltenden Vorschriften des § 1035 Anwendung.

Jeder Ehegatte kann den Zustand der zum eingebrachten Gute gehörenden Sachen auf seine Kosten durch Sachverständige feststellen lassen.

E. I, 1292, 992, 993; II, 1271; III, 1355.

1. Eingebrachtes Gut. Nur hierauf bezieht sich die Gesetzesstelle. Sie bezweckt die Herstellung einer sicheren Grundlage für die Abgrenzung und Abgleichung der beiderseitigen Rechte des Mannes und der Frau, sowie für die Beurtheilung der Art der Ausübung der ehemännlichen Verwaltungs- und Nutznießungsrechte. Das Gesetz unterscheidet hiebei Feststellung des Bestandes des eingebrachten Gutes im Allgemeinen und Feststellung der Beschaffenheit der zum eingebrachten Gute gehörenden Sachen. Ueber bloße Auskunftsertheilung an die Frau s. § 1374.

a) Die Inventarisirung des eingebrachten Gutes in seiner Gesammtheit wird sich meist auf bewegliche Habe erstrecken, ist aber nicht darauf beschränkt, umfaßt vielmehr die vorhandenen Vermögensbestandtheile jeder Art. Sie kann von jedem Ehegatten*) begehrt werden. Jeder Ehegatte hat einen Anspruch auf Mitwirkung des Anderen, aber auch die Pflicht, dem Anderen diese Mitwirkung zu vergönnen und sie zu begehren, wenn zu einer Inventarisirung geschritten wird. Die „Mitwirkung" kann sich darstellen als eine einfache Anwesenheit oder auch als thätige Beihülfe bei der Verzeichnung. Auf Seite des Mannes, welcher Besitz und Verwaltung des eingebrachten Gutes hat, gehört dazu bei einem Inventarisirungsbegehren der Frau auch die offene Dar- und Vorlegung des bezüglichen Frauenguts. Die Mitwirkung beider Ehegatten ist auch Voraussetzung für bestimmte nach dem Gesetze zu erfüllende Förmlichkeiten. Diese richten sich nach denjenigen Vorschriften, welche § 1035 für gewisse Fälle der Aufnahme eines Inventars beim gewöhnlichen Nießbrauche trifft. Danach ist das Inventar für die Regel als ein privates gedacht, aber mit der Angabe des Tages der Aufnahme zu versehen und von beiden Theilen zu unterzeichnen. Jeder der beiden Theile kann verlangen, daß die Unterzeichnung öffentlich beglaubigt oder überhaupt das Inventar amtlich-öffentlich (durch die zuständige Behörde oder einen zuständigen Beamten oder Notar) errichtet wird. Letzteren Falles sind für den Urkundsbeamten selbstverständlich diejenigen Formvorschriften maßgebend, welche für öffentliche Urkunden fraglicher Art durch die einschlägigen Reichs- oder Landesgesetze vorgezeichnet sind.

In einem geordneten Eheleben wird die Vorschrift in Ansehung der Mitwirkung beider Ehegatten im Falle eines Anlasses zur Inventarserrichtung wohl kaum einer tieferen Schwierigkeit begegnen. Die Ehegatten

*) Vom Gesetze wortdeutlich nicht ausgedehnt auf dritte mittelbar Interessirte.

werden sich vertragen. Anders bei zwistig zugespitzten Verhältnissen. Hier kann es vorkommen, daß der angerufene eine Ehegatte jene „Mitwirkung" ablehnt, insbesondere, daß der Ehemann der Frau die Verlegung ihres Eingebrachten verweigert. Wie ist hier zu verfahren? In vielen Fällen wird es vielleicht schon zum Ziele führen, wenn der die Inventur begehrende Ehegatte zur Herstellung des Inventars gemäß § 1035 einen Urkundsbeamten anruft. Ergibt sich aber die Unzulänglichkeit auch dieser Maßregel, was dann? Mit der fictiven Unterstellung eines Verzichts des sich weigernden Ehegatten und demgemäß zu vollziehender einseitiger Vornahme des Aktes wird nicht zu operiren sein. Was in den §§ 260, 261 über Offenbarung und Offenbarungseid geschrieben steht, ist hieher auch nicht völlig passend und wäre nicht einmal immer ausreichend. Eine Intervention des Vormundschaftsgerichts, wie solche für andere ehegüterrechtliche Differenzen eintreten kann, ist für den Bereich des § 1372 Abs. 1 nicht vorgesehen. Aeußersten Falles bleibt daher nichts anderes übrig, als der Weg der Klage. Richtet sich eine solche von Seite der Ehefrau gegen den Ehemann wegen Weigerung, die Bestände des eingebrachten Gutes klar zu legen, so wäre die Klage, wenigstens soweit sie sich auf „Sachen" (insbesondere auf die Verzeichnung von Werthpapieren) bezieht, im Wesen nichts anderes, als die Klage im Sinne des § 809 B.G.B. (auf Vorlegung oder Gestattung der Besichtigung). Im Uebrigen könnte die hier besprochene Klage sich nur richten auf die Verurtheilung zur „Mitwirkung" bei der Inventarsaufnahme in der gesetzmäßigen Art und dem veranlaßten Umfang. Schwierigkeiten möchten sich dabei vielleicht ergeben in Bezug auf die Frage der Art der Urtheilsvollstreckung, wo solche nothwendig wird. Die Antwort hierauf muß in den einschlägigen Bestimmungen der Civilprozeßordnung gesucht und gefunden werden.

b) Feststellung des Zustandes der zum eingebrachten Gute gehörigen Sachen durch Sachverständige kann namentlich vom Standpunkte der §§ 1391 und 1421 aus veranlaßt sein. Sie ist ebenfalls jedem Ehegatten anheimgestellt, aber als eine einseitige Maßregel eines Ehegatten gedacht. Mitwirkung des anderen Ehegatten ist nicht erfordert, aber auch nicht ausgeschlossen. Nur von „Feststellung des Zustandes" ist die Rede, nicht auch von einer förmlichen Werthstaxirung der einzelnen Gegenstände (P. IV, 164 fg.).

Im Abs. 2 spricht § 1372 lediglich von „Sachen" (§ 90). Dabei kommen aber sowohl bewegliche als unbewegliche Sachen in Betracht. Gerade in Bezug auf Letztere kann die Feststellung des Zustandes von besonderem Werthe werden z. B. in Ansehung des baulichen Zustandes eines Gebäudes, der Wirthschaftslage auf einem Ackerbaugute, der Abschwendung oder Aufforstung von Waldungen u. dgl. Wegen Vorlage oder Gestattung der Besichtigung vgl. auch hieher § 809 und die vorstehenden Bemerkungen unter a. Ueber Ernennung, Beeidigung, Vernehmung &c. &c. der Sachverständigen hatte E. I in dem vom Nießbrauch handelnden § 992 eigene Bestimmungen gehabt. Der spätere Abstrich beruhte auf der Voraussetzung, daß in fraglicher Richtung eine Regelung der Förmlichkeiten durch das R.G. über die freiwillige Rechtspflege eintreten werde (Reatz, Bd. 2 S. 36).

c) Kosten. Im § 1372 selbst fehlt eine Bestimmung hierüber im Abs. 1; im Abs. 2 liegt eine solche vor. Jenen Mangel im Abs. 1 ergänzt Fischer-Henle S. 554 dahin, daß für den Fall des § 1372 Abs. 1 die entstehenden Kosten als Ehelasten nach § 1389 anzusehen, daher vom Manne allein zu tragen seien. Näher läge aber doch wohl, auch hieher das mit dem Abs. 2 des § 1372 in Einklang stehende Princip des § 1035 in Anwendung zu ziehen, wonach die Kosten den implorirenden Theil treffen. Auch diese Vorschrift gehört ja zu den eigens im § 1372 angezogenen Bestimmungen des § 1035 „über Aufnahme des Verzeichnisses". Ihre Anwendung stellt den grundsätzlichen Einklang mit dem Abs. 2 § 1372 her und entspricht auch der Analogie aus §§ 811, 261. Aus dem Schweigen des Gesetzes im § 1372 Abs. 1 im Gegenhalte zu der Verfügung im Abs. 2 kann nichts gegen Obiges gefolgert werden. Denn wenn § 1035 auch im Kostenpunkte hieher zu beziehen ist, dann bedurfte es eben einer weiteren Angabe im Abs. 1 nicht. Daß auch in dessen Fall der anregende Theil die Kosten trägt, ist in der That zugleich das natürlichere Verhältniß, als daß dafür unter allen, auch den für ihn widerwärtigsten Verhältnissen (z. B. einer gehässigen Frau gegenüber) der Mann aufkommen muß.

Tritt nach Obigem irgend ein Fall der Kostentragung durch die Frau ein, so hat diese die Kosten in erster Reihe natürlich aus ihrem Vorbehaltsgute zu bestreiten. (Vgl. auch § 1416 Abs. 1.) Sind verwendbare*) Bestände eines solchen nicht vorhanden, so kommt der Rückgriff auf der Frau eingebrachtes Gut in der Substanz oder in seinen Erträgnissen in Frage. Im Grundsatze könnte von einem solchen Rückgriffe nur die Rede sein, soferne im gegebenen Falle die Zustimmung des Mannes zu der die Kosten verursachenden Maßregel vorliegt (vgl. auch § 1402) oder eine solche gesetzlich nicht erforderlich ist. Gerade Letzteres ist aber sicherlich hieher anzunehmen, nachdem es sich im Bereiche des § 1372 um unentziehbare Rechte der Frau handelt. Auf diesem Umwege könnte sich allerdings eine passive Mitbetheiligung des Mannes an den Kosten ergeben.

2. Vorbehaltsgut der Frau und Eigengut des Mannes. Die Inventarisirung 2c. dessen ist Sonderangelegenheit des betreffenden Ehetheils, in jeder Hinsicht.

2. Verwaltung und Nutznießung.

Vorbemerkung.

Nachdem das Grundverhältniß im ordentlichen gesetzlichen Güterstand im Allgemeinen in § 1363 festgestellt und der Gegensatz zwischen eingebrachtem Gut und Vorbehaltsgut in den §§ 1365—1371 behandelt ist, wendet sich das Gesetz in der nachfolgenden zweiten Gruppe von Bestimmungen (§§ 1373—1409) zu den Einzelvorschriften über Inhalt und Schranken des eheherrlichen Rechts am eingebrachten Gute der Frau. Behandelt sind insbesondere in

§ 1373 die Besitzverhältnisse in Ansehung des eingebrachten Guts;

§§ 1374—1380, 1409 die Verwaltungs- und Verfügungsrechte des Mannes und deren Folgesätze;

§§ 1381, 1382 die Surrogirungsgrundsätze;

§§ 1383—1390, 1408, 1409 die Nutznießungs- und Belastungsverhältnisse des Mannes;

§§ 1391—1407 die Rechtsstellung der Frau in Bezug auf ihr eingebrachtes Gut.

In E. I § 1292 war zunächst in Bezug auf die ehemännlichen Rechte am eingebrachten Gute eine allgemeine Bezugnahme auf die Grundsätze vom Nießbrauche (als dinglichen Rechts) an die Spitze gestellt worden. Nachdem dies in der Kritik beanstandet worden war, hat schon die II. Komm. davon abgesehen, ist vielmehr darauf eingegangen, die für das ehegüterrechtliche Verhältniß eintretenden Rechtssätze mehr zu spezialisiren, wobei immerhin besonders in Ansehung des Erwerbs und des Umfangs der Nutzungen die Analogie des Nießbrauchs Platz greifen solle (§ 1383; P. IV, 125, 126). Als außer Zweifel stehend wurde es dabei erachtet, daß das Verwaltungs- und Nutznießungsrecht des Mannes ein „absolutes" Recht ist, also von letzterem nicht blos der Frau, sondern auch Dritten gegenüber geltend gemacht werden kann, und zwar als sein Recht, sohin selbst ohne Zustimmung der Frau.

§ 1373.

Der Mann ist berechtigt, die zum eingebrachten Gute gehörenden Sachen in Besitz zu nehmen.

E. I, 1292 mit 984; II, 1272; III, 1356.

1. Recht auf Besitz. Der § 1373 entspricht in dieser Hinsicht im Allgemeinen der Analogie des § 1036 Abs. 1. Die Anerkennung des Besitzanspruches des Ehemannes beruht aber nicht blos auf Rücksichten für seine einzelnen Verwaltungs- oder Nutznießungsbefugnisse, sondern noch tiefer gehend auf seiner Stellung als Haupt der Familie (P. IV, 165; D. 194). Gleichwohl erstreckt sie sich aber doch nur auf das eingebrachte Gut und nicht auch auf das Vorbehaltsgut, weil in Ansehung dessen die Frau eben rechtlich völlig selbstständig ist. Aus dieser Beschränkung auf das eingebrachte Gut ist auch zu folgern, daß das Recht auf Besitz in Wegfall kommt, sobald des Mannes dominirende Stellung in Ansehung des eingebrachten Gutes aufhört und damit das Recht der Verwaltung und Nutznießung wegfällt, also z. B. mit Auflösung der Ehe selbst, durch Tod oder Scheidung, dann im Falle der Todeserklärung nach § 1420, bei Konkurs über das Vermögen des Mannes nach § 1419 oder bei Aufhebung der ehemännlichen Verwaltung durch Urtheil gemäß § 1418 ff. Vgl. desfalls auch die §§ 1421, 1422 und die Bem. dazu.

---

*) Als solche können z. B. die Kleider oder Arbeitsgeräthe (§ 1366) doch nicht wohl betrachtet werden.

2. Besitzbegriff. Er ist hier derselbe, wie nach § 854 ff. überhaupt. Darum spricht § 1373 auch nur von „Sachen".

3. Gegenstand des ehemännlichen Besitzes sind alle besitzfähigen Bestandtheile des eingebrachten Gutes, insbesondere auch Inhaberpapiere und Ordrepapiere mit Blankoindossament. (Abweichend vom Standpunkte M. IV, 191.)

4. Alleinbesitz steht dem Manne zu. Mitbesitz der Frau findet nicht statt (R.T.K. 137). Der Letzteren ist aber an ihrem Eigenthum nichts benommen. Durch den Grundsatz des Alleinbesitzes des Mannes modifiziren sich z. B. die Bestimmungen des § 1081 in der Anwendung auf das ehemännliche Nutzungsrecht. (Vgl. übrigens § 1392.)

5. Besitzergreifung. Dem Ehegatten wird in § 1373 nicht schon der Besitz selbst kraft des Gesetzes zugesprochen, sondern nur die Berechtigung, die Sachen in Besitz zu nehmen (R.T.K. 137). Solange letzteres nicht erfolgt ist, dauert der vorherige Besitzzustand fort. Die Besitznahme kann von dem Manne als Familienhaupt gegenüber der Ehefrau auch wider deren Willen thatsächlich durchgeführt werden (P. IV, 126) und selbst mit eigenmächtigem Zwange. An die einengenden Voraussetzungen der §§ 227, 229 ist der Mann dabei nicht gebunden. Vgl. auch §§ 585 fg., 863. Das Recht auf Besitznahme hat der Ehemann auch gegen Dritte. In dieser Richtung hat er aber zur Durchführung seines Anspruchs wider Andere, welche Bestandtheile des eingebrachten Gutes in Händen haben, zur Klage (z. B. auf Herausgabe) zu greifen, soweit nicht nach den allgemeinen Grundsätzen über Nothwehr oder Selbsthülfe (§§ 227, 229 ff., 859 ff.) eine solche stattfinden kann und darf (P. IV, 126).

6. Besitzschutz. Hat der Mann thatsächlich Besitz ergriffen, so stehen ihm auch zu dessen Schutz jene Rechtsbefugnisse zu, welche das Gesetz überhaupt dem Besitzer einer Sache darbietet. §§ 858 ff., 861 ff. Diese Rechte übt er in eigenem Namen aus, da er der Besitzberechtigte bezw. Besitzer kraft eigenen Rechtes ist.

7. Verwandte Verhältnisse. Im E. 1 § 1292 mit § 984 war dem Ehemanne auch eigens das Recht zugesprochen, „alle zur Ziehung der Nutzungen dienenden Handlungen vorzunehmen". Aehnlich auch in einem Zwischenentwurfe: P. IV, S. 143 § 4. Dieser Beisatz wurde aber schon in der II. Komm., weil selbstverständlich, beseitigt. P. IV, 165.

§ 1374.

Der Mann hat das eingebrachte Gut ordnungsmäßig zu verwalten. Ueber den Stand der Verwaltung hat er der Frau auf Verlangen Auskunft zu ertheilen.

E. I, 317, 324, 591; II, 1273; III, 1357.

1. Grundsätze des Verwaltungsrechts. Dieses Recht des Mannes gegenüber dem eingebrachten Gute (vgl. schon oben S. 94) der Frau steht zwar in einem gewissen Zusammenhange mit dem ehemännlichen Nutznießungsrechte, ist aber im Gesetze unabhängig von letzterem gedacht, von diesem innerlich verschieden, daher auch sich nicht deckend mit dem Nutzungsrechte, an dessen Grenzen nicht gebunden, vielmehr selbstständig zu beurtheilend (M. IV, 267, 269). Dem Ehemanne soll durch ein derartig gestaltetes Verwaltungsrecht namentlich ermöglicht werden, das eingebrachte Gut der Frau nicht blos angemessen zu nützen, sondern auch damit zweckentsprechend zu wirthschaften (M. IV, 269). Der Zweck solcher Bewirthschaftung aber ist nach den Grundgedanken des ordentlichen gesetzlichen Güterstands des B.G.B. hauptsächlich die Erhaltung des Frauenguts in seiner Substanz und dessen Verwerthung in seinen Früchten und Nutzungen für den Bedarf des Ehestandes.

Die Verwaltung des eingebrachten Guts nach Maßgabe der Vorschriften der §§ 1374 ff. ist sowohl ein Recht, wie eine Pflicht des Mannes (vgl. E. I § 1317). Diese Pflicht leitet sich ab aus der natürlichen Stellung des Ehemannes gegenüber der Ehefrau, ist begründet durch jenen Zweck der ehelichen Verwaltung und Nutznießung und entspricht der Rechtslage, wonach das eingebrachte Gut sich in den Händen des Ehemannes befindet und die Ehefrau in der Verfügung über jenes Gut beschränkt ist (M. IV, 292). Dabei handelt zugleich der Mann kraft eigenen Rechts nach Innen im Verhältniß zur Frau wie nach Außen im Verhältnisse zu Dritten. Hiemit ist aber die andere Frage noch nicht erledigt, in welcher Gestalt der Mann nach Außen handelnd aufzutreten habe? insbesondere ob in eigenem Namen oder im Namen der Frau? Die sog. Materialien zum B.G.B. (s. namentlich M. IV, 267 ff.; P. IV, 119, 140, 165) lassen volle Klarwerdung hierüber nicht erkennen. Anzunehmen ist an sich im Allgemeinen, daß der Mann nicht blos für Rechnung der Frau, sondern auch in deren Namen, also im Grundsatze nicht in eigenem Namen, handelt. Das war auch die Stellung des E. I. Nach dem jedoch, was P. IV, 185 erörtert ist, wäre bei den in der II. Komm. angenommenen Principien auch ein Handeln des Mannes in eigenem Namen (D. 190) nicht ausgeschlossen, soferne er die Zustimmung der Frau besitzt oder nicht bedarf. Besondere Gesichtspunkte, namentlich in Ansehung der Wirkungen des Handelns in der einen oder anderen Art, können sich übrigens auch nach einzelnen Richtungen ergeben zufolge der nachfolgenden Paragraphen.

In Ansehung seines Inhalts ist die Innehabung des Verwaltungsrechts in M. IV, 269 ausdrücklich bezeichnet als die „Stellung eines Verwalters fremden Vermögens", so daß derselbe „nach Außen hin wie ein Beauftragter der Ehefrau", als „deren Vertreter" handelt, alles innerhalb der vom Gesetze eigens festgestellten Grundsätze und gezogenen Schranken. Solche

2. Schranken des ehemännlichen Verwaltungsrechts setzt das B.G.B. insbesondere nach § 1375 fg. in Ansehung der

a) Verpflichtung der Ehefrau durch Rechtsgeschäfte,
b) Verfügung über eingebrachtes Gut.

In letzterer Hinsicht bestehen aber auch wieder Modificationen in der Art, daß theils eine bloße Zustimmung der Frau zu dem eheherrlichen Rechtsakte für diesen genügt, theils der letztere in gewissen Fällen auch ohne solche Zustimmung rechtswirksam geschehen kann.

Auf demjenigen Gebiete, welches außerhalb dieser eingeschränkten Verwaltungs- und Verfügungsmacht des Mannes liegt, kann dieser rechtswirksam für die Frau nur handeln, wenn letztere selbst bei dem Rechtsakte mitwirkt oder hiefür dem Manne Vollmacht (im Begriffe verschieden von „Zustimmung" s. zu § 1375) ertheilt hat. Die Wirkung der Letzteren bemißt sich nach ihrem sachlichen Umfange.

3. Art der Verwaltung. Das Gesetz schreibt ordnungsmäßige Verwaltung vor. Dazu wird erfordert eine sorgfältige Wahrung des Verwaltungszwecks (s. oben) im Allgemeinen wie in Ansehung der einzelnen Verwaltungshandlungen und zwar mit derjenigen Sorgfalt, welche der Mann in eigenen Angelegenheiten anzuwenden pflegt. (§§ 1359, 276, 277; M. IV, 272.)

Alles dieses erstreckt sich sowohl auf Handlungen, wie auf Unterlassungen.

In Ansehung bestimmter Verwaltungshandlungen gibt § 1377 weitere Richtpunkte.

Für jene Sorgfalt hat der Ehemann „einzustehen" (§ 1359). Er ist daher auch im Vernachlässigungsfalle der Ehefrau ersatzpflichtig, aber in der Regel erst nach Beendigung der Verwaltung (§ 1394). Ueber sonstigen Schutz der Frau gegen ordnungswidrige Verwaltung des Mannes vgl. namentlich §§ 1391 fg. (Sicherheitsleistung) und § 1418 (Klage auf Aufhebung der Verwaltung und Mitgenießung).

4. Auskunftsertheilung. Der im § 1374 anerkannte Anspruch hierauf ist nicht identisch mit der Inventarisirung nach § 1372. Es ergibt sich dies schon daraus, daß letztere auf eine gemeinsame Feststellung des Bestandes des eingebrachten Gutes gerichtet ist, die Auskunftsertheilung nach § 1374 aber auf eine einseitige Klarstellung der Verwaltungsführung des Ehemannes überhaupt, sei es im Ganzen, sei es in einzelnen Beziehungen. In gewisser Hinsicht geht daher die Auskunftspflicht des § 1374 weiter als die Maßregel nach § 1372, gleich wie auch weiter als die Auskunftspflicht nach § 260. Soweit sich jene mit letzterer deckt, sind die Vorschriften des § 260 auch hieher anwendbar.

Die Auskunftsertheilung muß nicht in periodisch wiederkehrender Weise, sondern nur auf besonderes Verlangen der Frau erfolgen. Sie stellt sich als eine Rechtspflicht des Mannes dar (P. IV, 174, 192). Darüber, ob diese Rechtspflicht unmittelbar erzwingbar sein d. h. ein Klagerecht der Frau begründen solle, waren die Ansichten in II. Komm. (Subkommission: P. IV, 174) getheilt. Der Wortlaut des Gesetzes steht einer Klagestellung an sich nicht entgegen. Nach den P. IV, 202 scheint es aber nicht beabsichtigt worden zu sein, hinsichtlich der zeitlichen Zulässigkeit der Klage auf Auskunftsertheilung eine Ausnahme von der Regel des § 1394 schlechthin zuzulassen. Uebrigens kann schon die Verweigerung der Auskunftsertheilung unter Umständen auch die Anwendung des § 1391 (Recht der Frau auf Sicherheitsleistung) in Frage stellen. (P. IV, 174.) Sind aber die Voraussetzungen eines Anspruchs auf Sicherheitsleistung gegeben, so kann auch sofort Klage auf Auskunftsertheilung erfolgen.

§ 1375.

Das Verwaltungsrecht des Mannes umfaßt nicht die Befugniß, die Frau durch Rechtsgeschäfte zu verpflichten oder über eingebrachtes Gut ohne ihre Zustimmung zu verfügen.

E. I, 1319 Abs. 1; II, 1274; III, 1358.

1. Grundsätze. In dem Rechte der „Verwaltung" des eingebrachten Guts (also abgesehen von den Ausflüssen des Nutznießungsrechts) liegt an sich noch nicht die Befugniß, die Ehefrau und ihr eingebrachtes Vermögen durch Dispositionen zu belasten,

über dasselbe zu verfügen (D. 189). Immerhin wird aber doch durch die Pflicht ordnungsmäßiger Verwaltung eine gewisse Bewegungsfreiheit des Ehemannes als Verwalters von Frauengut bedingt. Aus diesem Doppelgrundsatze leiten sich sowohl die im § 1375 gezogenen Schranken, wie auch die den letzteren gegenüber im § 1376 freigelassenen Ausnahmen ab.

2. Verpflichtende Rechtsgeschäfte. Dem das eingebrachte Gut der Frau verwaltenden Ehemanne ist in dieser Hinsicht nach dem klaren Inhalte des Gesetzes nicht jedes Rechtsgeschäft versagt, sondern nur ein solches, welches die Frau mit ihrem eingebrachten Gute (von Vorbehaltsgut ist hier überhaupt nicht die Rede) verpflichtet. Außer Betracht bleiben vor allem die Nutzungen des eingebrachten Gutes. Ueber Erwerb und Verwendung derselben bestimmen die §§ 1383 fg. Danach richtet sich auch die Frage, inwieferne in Ansehung dieser der Mann verpflichtende Rechtsgeschäfte eingehen kann. Soweit dies der Fall ist, werden sie in der Regel den Mann selbst als Nutznießer und nicht die Frau als Eigenthümerin des eingebrachten Gutes belasten. So z. B. bei dem Abschlusse eines Pacht- oder Miethvertrags über eingebrachtes Gut für Rechnung und auf die Dauer der Berechtigungen des Ehemannes. Ueber diese Dauer hinaus läge eine Verpflichtung der Frau im Sinne des § 1375 vor. (M. IV, 278.) Vgl. übrigens auch § 1423.

Nur die Frau verpflichtende Rechtsgeschäfte (diese aber auch, wenn sie an sich als Verwaltungsacte erscheinen) sind nach § 1375 dem Manne untersagt. Rechtsgeschäfte, welche eine solche Verpflichtung der Frau und ihres Gutes nicht enthalten, vielmehr der Frau ohne Gegenverpflichtung einen Vortheil erwerben, sind dem Manne anheimgegeben, soweit nicht allenfalls die zweite Alternative des § 1375 (mit ihren Ausnahmen in den §§ 1376 bis 1378) einschlagen sollte. Der Mann mag also z. B. eine Schenkung zum eingebrachten Gute der Frau annehmen. Ablehnung derselben ist nach § 1375 Satzhälfte 2 und § 1406 Sache der Frau.

Soweit die hier in der ersten Alternative gezogene Schranke des Mannesrechtes reicht, genügt zu rechtswirksamer Handlung des Mannes nicht einmal die einfache Zustimmung der Frau, wie sich aus der allgemein verbietenden Fassung des Satzes und dem Gegensatze in der zweiten Alternative des § 1375 ergibt. Hier bedarf es vielmehr jedenfalls nach Außen einer eigenen Vollmacht (§ 166 fg.) der Frau zum Handeln in deren Namen. (Vgl. E. I § 1319 Abs. 1, dann P. IV, 126, 105 fg., 356.) Liegt diese Vollmacht vor, so wird durch das Rechtsgeschäft des Mannes die Frau nach Maßgabe des sachlichen Umfanges der Vollmacht verpflichtet. Hat der Mann ohne Vollmacht ein Rechtsgeschäft fraglicher Art abgeschlossen, so begründet es eben keine Verpflichtung gegen die Frau und ihr Gut, unter den Ehegatten sowohl wie gegenüber Dritten. Wieweit aber letzteren der Mann mit seinem Vermögen direkt oder zum Ersatz verhaftet ist, bemißt sich nach allgemeinen Grundsätzen.

Verweigert die Frau die Vollmacht unter Umständen, unter denen der Mann dieselbe im eigenen Interesse der Frau oder der ordnungsmäßigen Verwaltung ihres Gutes in Anspruch nehmen zu müssen glaubt, so bietet ihm der § 1379 die nöthige Handhabe. Denn was dort von mangelnder Zustimmung gesagt ist, muß aus gleichem Sach- und Rechtsgrunde auch auf den Fall verweigerter Vollmacht bezogen werden. Sonst bestände eine Lücke im Aufbau der ehelichen Rechtsverhältnisse.

4. Verfügungen über eingebrachtes Gut. Der § 1375, zweite Alternative, bezieht sich zwar ebenfalls auf Rechtsgeschäfte (ein- und zweiseitige), aber nicht auf solche allein. Es gehören hieher auch andere thatsächlich disponirende Vorgänge, wie z. B. Rechtsaufgebung (Dereliction), Zerstörung (z. B. Abbruch eines Hauses, Tödtung eines Thieres) oder wesentliche Umgestaltung von Werthsobjecten (z. B. Umbau eines Hauses). Außerdem fallen unter den Begriff „Verfügen" namentlich alle Acte der Veräußerung oder Belastung (einschlüßig Verpfändung) von Vermögensbestandtheilen. Ob die „Verfügung" dingliche oder nur obligatorische Rechtswirkung äußert, ob sie ein Recht an dem oder nur auf das eingebrachte Gut begründet, macht hieher keinen Unterschied.

In objectiver Hinsicht erstreckt sich jener Begriff hier sowohl auf Sachen wie auf Rechte (i. S. B.G.B.). Dies folgt sowohl aus der allgemeinen Fassung des Gesetzes, wie auch aus der Vergleichung mit den Ausnahmebestimmungen des § 1376.

Von der Verfügung des Mannes über Sachen der Frau waren schon von jeher fast überall in den Gesetzen unbewegliche Vermögensstücke ausgeschlossen. In Bezug auf bewegliche Sachen ist dagegen in den mit dem ordentlichen gesetzlichen Güterstande des B.G.B. verwandten seitherigen Rechtsgebieten, insbesondere nach P.L.R. Thl. II Tit. 1 § 247, der gerade umgekehrte Standpunkt vorherrschend gewesen. Davon schied sich aber schon das Sächs. B.G.B. §§ 1674, 1675 ab und diesem folgend stellt auch unser B.G.B. (M. IV, 273) hier unbewegliche und bewegliche Sachen — abgesehen von den Ausnahmen des § 1376 — unter das gleiche Princip. Es wurde dabei namentlich in Betracht gezogen, daß ein volles Verfügungsrecht des Mannes über bewegliche Sachen der Frau durch die nöthige Bewegungsfreiheit in der Verwaltung nicht bedingt ist, überdies in den meisten Ehen gerade bewegliche Sachen hauptsächlichen oder selbst alleinigen Bestand des Frauenguts ausmachen, daß diese Sachen meist nicht zum Umsatz, sondern zum dauernden Gebrauche bestimmt sind und ein freies Verfügungsrecht des Mannes sehr oft, namentlich in Ansehung von Stücken mit Affectionswerth für die Frau, gegenüber der letzteren Härten in sich schließen könnte (M. IV, 273 fg.; P. IV, 167). Diese Gesichtspunkte können namentlich auch bei Handhabung des § 1379 von praktischer Bedeutung werden.

Schon aus dem oben unter Ziff. 1 Erörterten ergibt sich, daß die in der zweiten Alternative des § 1375 erforderte „Zustimmung" (vorherige Einwilligung oder nachfolgende Genehmigung, § 182 ff.) der Frau nicht gleichbedeutend ist mit „Vollmacht" (P. IV, 166). Sie ist auch nicht identisch mit jener „Zuziehung" der Frau, welche E. I § 1318 Abs. 1 vermeint hatte. Der Begriff „Zustimmung" kennzeichnet ein weniger strenges Erforderniß. Allerdings erheischt auch dieses eine bestimmte, unzweideutige Willenserklärung, welche die volle Kenntniß der Frau von dem, was vorgeht oder vorgehen soll und daher auch in der Regel eine vorgängige Aufklärung der Frau seitens des Mannes voraussetzt. (E. I § 1318: „vorherige Benachrichtigung"; E. I § 1319 Abs. 2: „in Kenntniß zu setzen".) Unter den ebengedachten Voraussetzungen kann daher der ausdrücklichen Zustimmung der Frau auch eine solche durch konkludente Handlungen gleichzusetzen sein. Nach außen hin ist ohnehin durch den § 1375 weder eine bestimmte Form für die Ertheilung und Erkennbarmachung der Zustimmung, noch auch nur eine ausdrückliche Berufung darauf seitens des im Namen der Frau handelnden Mannes vorgeschrieben, vielmehr dem betheiligten Dritten anheimgegeben, nach Gutbefinden sich selbst um die Sachlegitimation des Ehemannes zu bekümmern (M. IV, 273 ff.). Liegt die erforderliche Zustimmung der Ehefrau vor, dann ist es in der Wirkung gleich, ob der Ehemann nach Außen hin im Namen der Frau oder in seinem eigenen Namen gehandelt hat (P. IV, 165). Der Rechtsakt ist vollwirksam sowohl unter den Ehegatten selbst wie in den Beziehungen zu Dritten. Verweigert die Frau ihre Zustimmung oder ist dieselbe in bestimmter Art an Abgabe einer Erklärung verhindert, so kann die Zustimmung unter Umständen gemäß § 1379 gerichtlich ersetzt werden.

Hat der Mann ohne (wirkliche oder ersetzte) Zustimmung der Frau gehandelt, so ist dessen Verfügung jedenfalls für die Frau in ihrem Verhältnisse zum Mann unverbindlich. Das Gleiche ist, wie sich schon aus § 1407 Ziff. 3 ergibt, im Allgemeinen auch in der Richtung gegen Dritte anzunehmen, soweit nicht andere Gesetzesvorschriften zu Gunsten des Dritten einschlagen, wie z. B. beim gutgläubigen Erwerbe einer veräußerten beweglichen Sache nach §§ 929, 932 B.G.B. (D. 189). In einem Falle letzterer Art wird selbstverständlich der Mann der Frau ersatzpflichtig; ebenso in anderen Fällen, in welchem die Handlungsweise des Mannes bereits nicht mehr aufhebbare Wirkungen geäußert hat (vgl. oben S. 110). Inwieweit der Mann selbst gegen Dritte aus dem der erforderlichen Zustimmung der Frau entbehrenden Rechtsakte haftbar wird, richtet sich auch hier nach den einschlägigen allgemeinen Rechtsgrundsätzen.

§ 1376.

Ohne Zustimmung der Frau kann der Mann:

1. über Geld und andere verbrauchbare Sachen der Frau verfügen;
2. Forderungen der Frau gegen solche Forderungen an die Frau, deren Berichtigung aus dem eingebrachten Gute verlangt werden kann, aufrechnen;
3. Verbindlichkeiten der Frau zur Leistung eines zum eingebrachten Gute gehörenden Gegenstandes durch Leistung des Gegenstandes erfüllen.

E. I, 1318 Nr. 1, 2; II, 1275; III, 1359.

1. Zu Ziffer 1. Geld und verbrauchbare Sachen. Das Gesetz faßt hier solche Vermögensbestandtheile ins Auge, welche zum Umsatze bestimmt sind und in Ansehung derer daher auch dem Manne zur Bethätigung seines Verwaltungsrechts eine gewisse Bewegungsfreiheit gegönnt sein muß. (M. IV, 274 fg.; P. IV, 167 fg.) Der Begriff der verbrauchbaren Sachen bemißt sich nach § 92. Als Geld kommt sowohl Metall- wie Papiergeld in Betracht, nicht aber eine Münze, welche ein Sammlungs- oder Schaustück darstellt. Banknoten (jetzt eigentlich Privatwerthspapiere) fallen unter die „anderen verbrauchbaren Sachen". Bei Inhaberpapieren anderer Art kommt es gemäß § 92 hauptsächlich darauf an, ob deren bestimmungsmäßiger Gebrauch in der

Veräußerung besteht. Letzteres wird in der Regel z. B. in Ansehung von Zins- und Dividendenabschnitten der Fall sein, nicht aber bezüglich der verzinslichen Schuldverschreibungen selbst, der Aktien u. dgl.

Bezüglich nicht verbrauchbarer Sachen kommt eine an die Zustimmung der Frau nicht gebundene Verfügungsgewalt nur in der Richtung und in den Schranken des § 1378 vor. Aber auch die Verfügungsfreiheit nach § 1376 Ziff. 1 ist insoferne keine unbegrenzte, als der nachfolgende § 1377 gewisse Vorschriften über die Art der Verfügung gibt und dadurch das Verfügungsrecht selbst wieder einengt.

2. Zu Ziffer 2. Aufrechnung von Forderungen. Die Verfügung über Forderungen der Frau, welche zum eingebrachten Gute gehören, unterliegt im Allgemeinen den gewöhnlichen Grundsätzen über die Verwaltungsrechte des Mannes und deren Schranken namentlich nach § 1375, ohne Unterschied, von welcher Art die Forderungen sind, ob sie verzinslich sind oder nicht (vgl. E. III § 1359 und R.T.K. 137), ob sie an Inhaberpapiere (soweit diese nicht als verbrauchbare Sachen im Sinne der Ziff. 1 in Betracht kommen) geknüpft sind oder aus Schuldverhältnissen anderer Art entspringen (M. IV, 276). Eine singuläre Ausnahme besteht nur im Bereiche der Ziff. 2, indem die hier auch ohne Zustimmung der Frau dem Manne freigelassene Art der Verfügung durch Aufrechnung eines Gegenanspruchs der Frau gegen eine Forderung an dieselbe gewissermaßen unter den Gesichtspunkt eines Schutzes des Frauenguts fällt. Die im E. III § 1359 Ziff. 2 enthalten gewesene Bestimmung, daß der Mann Forderungen der Frau, die nicht auf Zinsen ausstehen, auch einziehen dürfe, ist im Reichstag gestrichen worden (R.T.K. 137).

Bei der zugelassenen Aufrechnung kann es sich nur handeln um die Verwendung von Forderungen, welche zum eingebrachten Gute gehören, wider solche an das eingebrachte Gut. Eine Ausdehnung auf Vorbehaltsgutsforderungen oder Vorbehaltsgutsverbindlichkeiten — auf der einen oder anderen Seite — ist ausgeschlossen, da in dieser Gestalt kein zur ordnungsmäßigen Verwaltung des eingebrachten Gutes erforderlicher oder auch nur gehöriger Akt vorläge, vielmehr ein Eingriff in die der Ehefrau allein zustehende Verwaltung des Vorbehaltsguts sich entwickeln würde (M. IV, 277). Was als Forderung zu gelten hat, deren Berichtigung aus dem eingebrachten Gute verlangt werden kann, bemißt sich insbesondere nach den §§ 1410 fg.

Soweit Aufrechnung nach § 1376 Ziff. 2 überhaupt Platz greift, besteht keine Unterscheidung der einen oder anderen Art, insbesondere auch nicht danach, ob die Forderung hüben oder drüben verzinslich ist oder nicht (D. 189) oder ob eine Schuldurkunde vorliegt oder nicht (P. IV, 167). Aufrechnung kann aber selbstverständlich auch hier nur unter den allgemeinen gesetzlichen Voraussetzungen erfolgen (§§ 387 fg.; M. IV, 277).

Zu 3. Erfüllung von Verbindlichkeiten. Nach M. IV, 276 ging man davon aus, es sei in einer ordnungsmäßigen Verwaltung und im Interesse beider Ehegatten gelegen, daß die Verbindlichkeiten des eingebrachten Guts aus diesem thunlichst ohne Verzug erfüllt werden. Nach diesem allgemeinen Standpunkte hatte auch E. I § 1318 Nr. 1 von „Verbindlichkeiten" schlechthin gesprochen. In II. Komm. wurde die jetzige engere Fassung hergestellt, welche nur die „Leistung eines Gegenstandes" dem Manne ohne Zustimmung der Frau anheimgibt.

Nach des Gesetzes klarem Wortlaut ist auch nur die Leistung des Gegenstandes verstattet, d. h. desjenigen Gegenstandes, auf dessen Leistung die Verbindlichkeit unmittelbar gerichtet ist. Nicht hieher zu rechnen sind also z. B. die Hingabe von etwas Anderem an Zahlungsstatt oder die Veräußerung von eingebrachtem Gute, um aus dem Erlöse die Verbindlichkeit zu erfüllen (M. IV, 276). Der unmittelbaren Leistung des Gegenstandes steht übrigens auch dessen Hinterlegung (§ 372) gleich (M. IV, 276).

Die Legitimation des Ehemannes zu grundbücherlichen Akten richtet sich nach den einschlägigen besonderen Bestimmungen (M. IV, 277; P. IV, 168). Ueber Handlungen zum Reichs- oder Staatsschuldbuch vgl. auch hieher E.G. §§ 50, 97.

4. Sonstiges:

a) E. I § 1318 Nr. 3 hatte den Ehemann auch noch eigens als berechtigt erklären wollen,

„eine Handlung vorzunehmen, welche nur die Erhaltung oder Sicherung des Eheguts zum Gegenstande hat".

Nach M. IV, 278 hatte man dabei besonders an das Inventarrecht der Ehefrau (jetzt § 2008), an die Erwirkung eines Arrestes oder einer einstweiligen Verfügung, an die Eintragung einer Vormerkung im Grundbuche, an die Annahme eines Pfandes oder Bürgen gedacht. Die Sonderbestimmung fiel aber in II. Komm. als selbstverständlich weg (P. IV, 175). Hieraus ist zu folgern, daß sich die Rechte des Ehemannes in der gedachten besonderen Richtung eben auch nach den allgemeinen Grundsätzen der §§ 1374 u. 1375 zu regeln haben.

b) Im Eingange des § 1376 heißt es: „kann". Das Gesetz ertheilt hier dem Manne nur die Ermächtigung. Inwieweit dieses „kann" sich zu einem „soll" oder „muß" verdichtet, ist nach den allgemeinen Regeln über die ordnungsmäßige Verwaltung, insbesondere nach §§ 1374, 1377 zu beurtheilen.

c) In M. IV, 278 wurde auch die Frage erörtert, ob und inwieweit es zugelassen werden könne und solle, daß der Ehemann als Vertreter der Frau Namens dieser mit sich selbst contrahire? Eine ausdrückliche Bestimmung hierüber speziell für das Verhältniß im ordentlichen gesetzlichen Ehegüterstande liegt im Gesetze nicht vor. Die Frage ist daher zunächst nach dem allgemeinen Grundsatze des § 181 zu beurtheilen, mit welchem namentlich wegen der darin aufgenommenen Ausnahmsvorbehalte der Inhalt der §§ 1375, 1376 zu vergleichen ist.

§ 1377.

Der Mann soll Verfügungen, zu denen er nach § 1376 ohne Zustimmung der Frau berechtigt ist, nur zum Zwecke ordnungsmäßiger Verwaltung des eingebrachten Gutes vornehmen.

Das zum eingebrachten Gute gehörende Geld hat der Mann nach den für die Anlegung von Mündelgeld geltenden Vorschriften für die Frau verzinslich anzulegen, soweit es nicht zur Bestreitung von Ausgaben bereit zu halten ist.

Andere verbrauchbare Sachen darf der Mann auch für sich veräußern oder verbrauchen. Macht er von dieser Befugniß Gebrauch, so hat er den Werth der Sachen nach der Beendigung der Verwaltung und Nutznießung zu ersetzen; der Ersatz ist schon vorher zu leisten, soweit die ordnungsmäßige Verwaltung des eingebrachten Gutes es erfordert.

E. I, 1294, 1296, 1323; II, 1276; III, 1360.

1. Allgemeiner Standpunkt. Abs. 1. Was hier verordnet ist, dient einerseits zur näheren Ausgestaltung des Grunderfordernisses „ordnungsmäßiger Verwaltung" des Mannes (§ 1374), andererseits zur näheren Abgrenzung des § 1376, dem dadurch der Schein genommen werden soll, als stelle er in den dort bezeichneten Richtungen Alles dem ganz beliebigen Ermessen des Ehemannes anheim und als dürfe Letzterer die ihm nach § 1376 Ziff. 1 verstatteten Verfügungen auch für sich selbst d. h. zu seinem eigenen Nutzen schlechthin vornehmen. Darin ergeben sich wesentliche Einschränkungen. Die bezüglichen Vorschriften des § 1377 haben dabei (trotz des Wortes „soll") nicht etwa blos den Charakter von Zweckmäßigkeitsregeln, sondern denjenigen von bindenden Rechtsnormen, für deren Beachtung der Mann im Wege der Inanspruchnahme von Schadensersatz durch die Frau (auch in denjenigen Richtungen, in denen im § 1377 nicht eigens von Ersatz die Rede ist) haftbar gemacht werden kann. Insoferne handelt es sich keineswegs blos um „instruktionelle Vorschriften". Ein Ersatzanspruch von der hier besprochenen allgemeinen Art (im Gegensatze zu Abs. 3; s. nachher) kann seitens der Frau übrigens sicher dann nicht erhoben werden, wenn die Frau der Wirthschaftsgebahrung des Mannes selbst zugestimmt hat. Insoferne ist Dasjenige richtig, was in M. IV, 282 über entgegenstehende Vereinbarungen der Ehegatten bemerkt ist.

2. Anlegung von Geld. Abs. 2. Die Bestimmung dient nicht blos zur Wahrung der Interessen der Frau, sondern auch zur Abschneidung von Streitigkeiten darüber, wann eine Kapitalsanlage als „ordnungsmäßige" anzusehen ist.

Die Geldanlage hat „für die Frau" zu geschehen, also zur Substanz des eingebrachten Gutes (P. IV, 174). Selbstverständlich kann es sich dabei nicht um solche Gelder handeln, welche als Nutzungen des eingebrachten Guts eingehen und daher nach den Grundsätzen der §§ 1383 fg. dem Nutznießungsrechte des Mannes und damit seiner diesbezüglichen freien Verfügung anheimfallen. Erspart der Mann hievon etwas und will er dies für die Frau selbst anlegen, so kann er dafür auch nicht an die Anlagenormen des § 1377 Abs. 2 gebunden werden, nachdem er die Anlage solchen Geldes auch ganz unterlassen oder dieses nach Deckung seiner sämmtlichen ehelichen Lasten auch für sich verwenden könnte. Obiger Abs. 2 kann also nur die zum Vermögensstocke der Frau gehörigen Gelder im Auge haben, z. B. was diese baar in die Ehe eingebracht hat oder was zur Heimzahlung einer Schuld baar eingegangen ist u. dgl. In Folge dessen gewinnt auch der Schlußsatz „soweit es nicht ꝛc." von selbst die Bedeutung, daß es sich auch hier vornehmlich um Ausgaben für Rechnung der Substanz des Frauenguts handelt, während sog. laufende Ausgaben für den ehelichen Aufwand nach den §§ 1383 fg., 1389 ꝛc. ꝛc. ohnehin vom Manne und zwar besonders aus den seiner Nutznießung unterstellten Reinerträgnissen des eingebrachten Gutes zu bestreiten sind.

Nach ausdrücklicher Erwähnung in M. IV, 282 fg. bezieht sich übrigens die im § 1377 verfügte Anlage des eingebrachten Guts nach der Norm für Mündelgelder auch nur auf zum eingebrachten Gute gehörige Gelder. Nicht ist aber daraus zu folgern, daß ein Ehegatte verlangen könne, es müßten auch außerhalb jener Normen ausstehende Kapitalien, welche gültig angelegt oder von der Frau in solcher Gestalt schon eingebracht oder später im Erbgange ꝛc. erworben wurden, nun auch anders nach Mündelnorm angelegt werden, obwohl sonst keine ordnungsmäßige wirthschaftliche Veranlassung dazu besteht.

3. Andere verbrauchbare Sachen. Abs. 3. Vgl. auch hieher § 92. Nachdem dortselbst im Abs. 2 eigens auch der Bestände eines Waarenlagers gedacht ist, so folgern Fischer-Henle, B.G.B. S. 556 mit Recht, daß durch Abs. 3 dem Manne auch die Möglichkeit eröffnet ist, ein bisher von der Frau betriebenes Erwerbsgeschäft (mit solchem Lager), welches die Frau nicht weiter fortsetzen will, in eigenem Namen für eigene Rechnung fortzuführen. Die Veräußerung und der Verbrauch verbrauchbarer Sachen findet, wenn sie nach Abs. 3 Satz 2 seitens des Mannes für sich selbst erfolgt, nur gegen Werthsersatz statt. Dieser fällt weg, wenn die Veräußerung oder der Verbrauch für die Frau stattfand. Zutreffenden Falls tritt dann Surrogation nach § 1381 ein. Zu ersetzen ist der Werth zur Zeit der Verfügungshandlung des Mannes. Die Ersatzpflicht tritt kraft Gesetzes ein. Sie ist also nicht abhängig von einem erst zu stellenden Begehren der Frau. Vielmehr bildet der Ersatzbetrag bei Abrechnung und Ausgleichung unter den Ehegatten oder deren Rechtsnachfolgern von selbst einen Schuldposten zu Lasten des Mannes.

§ 1378.

Gehört zum eingebrachten Gute ein Grundstück sammt Inventar, so bestimmen sich die Rechte und die Pflichten des Mannes in Ansehung des Inventars nach den für den Nießbrauch geltenden Vorschriften des § 1048 Abs. 1.

E. I, 1292; II, 1277; III, 1361.

Enthalten ist hierin eine Ergänzung der §§ 1376 Ziff. 1, 1377. Nothwendig wurde dieselbe deßhalb, weil der im § 1376 Ziff. 1 gebrauchte Begriff: „verbrauchbare Sachen“ nach § 92 auf einen Sachinbegriff nur dann Anwendung findet, wenn dessen bestimmungsmäßiger Gebrauch in der Veräußerung der einzelnen Sachen besteht. Letzteres trifft auf das sog. Gutsinventar (den zur Benützung des Grundstücks dienenden fundus instructus des röm. Rechts) keineswegs nach allen Richtungen zu. Dasselbe enthält gemeinhin auch „nicht verbrauchbare“ Sachen in jenem Sinne. (P. IV, 144; s. auch oben S. 113.) Und doch ist es unumgänglich, auch in Ansehung solcher Inventarstücke dem verwaltenden und nutznießenden Manne die schon mehrerwähnte wirthschaftliche Bewegungsfreiheit zu gewähren. Diese schließt übrigens auch nach deutlichem Gesetzesworte nicht blos Rechte, sondern auch Pflichten in sich. Nach dem angezogenen § 1048 Abs. 1 hat der Mann das Recht, „über die einzelnen Inventarstücke innerhalb der Grenzen einer ordnungsmäßigen Wirthschaft zu verfügen“. Er hat aber auch die Pflicht, „für den gewöhnlichen Abgang, sowie für die nach den Regeln einer ordnungsmäßigen Wirthschaft ausscheidenden Stücke Ersatz zu beschaffen“. Die rechtliche Wirkung einer solchen Ersatzbeschaffung geht dahin, daß die angeschafften Stücke mit der Einverleibung Eigenthum der Frau werden, und zwar wieder als Bestandtheile ihres eingebrachten Gutes und auch dann, wenn der Mann diesen Ersatz aus seinem eigenen Vermögen bestritten hat. Das Gesetz macht in letzterer Hinsicht keinen Unterschied und könnte einen solchen auch nicht treffen, ohne den Zweck der Vorschrift zu beeinträchtigen.

§ 1379.

Ist zur ordnungsmäßigen Verwaltung des eingebrachten Gutes ein Rechtsgeschäft erforderlich, zu dem der Mann der Zustimmung der Frau bedarf, so kann die Zustimmung auf Antrag des Mannes durch das Vormundschaftsgericht ersetzt werden, wenn die Frau sie ohne ausreichenden Grund verweigert.

Das Gleiche gilt, wenn die Frau durch Krankheit oder durch Abwesenheit an der Abgabe einer Erklärung verhindert und mit dem Aufschube Gefahr verbunden ist.

E. I, 1319 Abs. 2; II, 1278; III. 1362.

1. Verweigerung der eheräulichen Zustimmung. Wenn nach den §§ 1375 fg. für bestimmte Rechtsakte in Bezug auf eingebrachtes Gut der Frau deren Zustimmung

verlangt wird, so läge an sich die volle Rechtsconsequenz darin, daß der Frau durchaus anheimgegeben bleibt, die erforderliche Zustimmung nach eigenem Ermessen zu ertheilen oder zu versagen. In letzterer Hinsicht wird aber diese volle Rechtsconsequenz vom Gesetze in der That nicht gezogen, wie eben der § 1379 ergibt. Es beruht dies auf der wohlberechtigten Erwägung, daß die Nichterlangung der ehefräulichen Zustimmung, welche ja auch sachlich unberechtigt sein und bei gestörten Eheverhältnissen selbst auf Böswilligkeit beruhen kann, unter Umständen den Ehemann in Verlegenheiten und selbst in einen Konflikt mit seiner Pflicht zu ordnungsmäßiger Verwaltung des eingebrachten Guts zu bringen vermag.

Die Bestimmung des § 1379 Abs. 1 anerkennt zunächst die Berechtigung des Mannes, im Kollisionsfalle eine höhere Entscheidung anzurufen. Sie stellt weiter die Voraussetzungen eines solchen Anrufens fest und zeichnet dessen Endrichtung vor.

Die ebenerwähnten Voraussetzungen sind einerseits

a) die in dem Grundsatze ordnungsmäßiger Verwaltung des eingebrachten Guts wurzelnde Erforderlichkeit (also Nothwendigkeit, nicht blos Nützlichkeit oder Annehmlichkeit: P. IV, 126) eines bestimmten, concreten Rechtsgeschäfts, andererseits

b) der Fall einer ungerechtfertigten Verweigerung der ehefräulichen Zustimmung.

Die Endrichtung des Anrufens aber geht nicht auf eine im Wege eines Urtheils und einer Urtheilsvollstreckung sich vollziehende Erzwingung der Zustimmung, sondern auf eine Ersetzung derselben mittelst der in einen richterlichen Ausspruch gelegten Fiction, die Zustimmung sei ertheilt. Das Gesetz folgt hierin bekannten, schon in der älteren Gesetzgebung enthaltenen Vorgängen, und setzt sich dabei in Einklang mit ähnlichen Bestimmungen in anderen Theilen des Gesetzbuchs (z. B. §§ 1304, 1308). Ein Vorbild in der hier gegebenen speciellen Richtung enthält schon das P.L.R. Thl. II Tit. 1 § 239, sowie das Sächs. B.G.B. § 1657.

2. Behinderung der Zustimmungserklärung. Während Abs. 1 den Fall behandelt, daß die Frau nicht zustimmen will, faßt Abs. 2 den anderen in's Auge, daß die Frau eine Zustimmungserklärung nicht ertheilen kann, weil sie daran behindert ist. Die Gesetzesstelle beschränkt dabei aber ihre Regelung auf zwei bestimmte Verhältnisse, nämlich Krankheit oder Abwesenheit. In beiden Fällen müssen die Verhältnisse so gelagert sein, daß die Frau außer Stand gesetzt ist, überhaupt eine Erklärung abzugeben. Deßhalb muß im Falle der Abwesenheit diese derart gestaltet sein, daß die Frau mit dem Anfordern zur Erklärung überhaupt oder doch innerhalb entsprechender Zeit nicht erreichbar ist oder auch entgegengesetzten Falles ihre Erklärung nicht oder nicht rechtzeitig eingelangen lassen kann. Die „Krankheit" kann sowohl physischer als psychischer Art sein, muß aber in einem Grade bestehen, welcher eine Erklärung der Frau ausschließt.

Mit jedem der bisher erwähnten Erfordernisse muß schließlich auch noch das Weitere zusammentreffen, „daß mit dem Aufschube", nämlich des Rechtsgeschäfts, Gefahr verbunden ist. Von welcher Art die Gefahr sein möge, darüber schweigt das Gesetz. Man kann daher alle wirklich erheblichen Nachtheile, in wie auch außer dem vermögensrechtlichen Gebiete, hieher beziehen, z. B. auch den Fall der Ausschließung oder nachtheiligen Verzögerung der angemessenen Heirath eines Kindes wegen Behinderung in Vermögensdispositionen.

Liegen die besonderen Erfordernisse des Abs. 2 vor, dann werden dessen Fälle gleich dem des Abs. 1 behandelt.

3. Zuständigkeit und Verfahren. Nach M. IV, 279 war beim E. I die ursprüngliche Absicht geflissentlich dahin gegangen, die Frage nur mittelst Klage im ordentlichen Prozesse zum Austrage bringen zu lassen. Schon bei der zweiten Lesung kam aber die jetzige, dem P.L.R. Thl. II Tit. 1 § 239 sich anschließende Stellungnahme des § 1379 zur Geltung. Danach soll nicht vom Prozeßrichter, sondern vom Vormundschaftsgerichte entschieden werden, allerdings auch nur auf Antrag, aber nicht auf förmliche Klage, auch nicht in den gemessenen Bahnen eines Civilprozesses, sondern in den freieren Formen einer summarischen Cognition nach Maßgabe des Verfahrens in der nichtstreitigen Rechtspflege (P. IV, 127, 169). Nach den in den Vorverhandlungen (a. a. O.) zum Ausdrucke gekommenen Anschauungen sollen dabei hier weder die strengen Grundsätze der Verhandlungsmaxime, noch alle Starrheiten in Ansehung der Beweislast zur Durchführung kommen, vielmehr das Gericht „nöthigenfalls von Amtswegen diejenigen Thatsachen ermitteln müssen, welche erforderlich sind, um sich ein klares Bild von der Sachlage zu verschaffen". Dabei gingen die Anschauungen aber doch nicht so weit, als ob der antragstellende Mann jeder Beweisführung enthoben sein solle. Im Gegentheile griff speciell für den Abs. 1 die Annahme Platz, daß der Antrag ferner die Gründe, warum er sowohl den Rechtsakt selbst, wie auch die verweigerte Zustimmung

der Frau für erforderlich erachte, sowohl der Frau wie dem Gerichte darzulegen und veranlaßten Falles auch zu erhärten habe. „Verlange der Mann die Zustimmung zu einem Geschäfte, welches gleich auf den ersten Blick als zur ordentlichen Verwaltung erforderlich erscheine, so werde die Frau die Gründe ihrer Weigerung dem Richter darzulegen haben. Betreffe die Zustimmung ein Geschäft, dessen Zweckmäßigkeit (sollte heißen: Nothwendigkeit?) zunächst zweifelhaft oder wenigstens nicht klar ersichtlich sei, so werde der Mann die Gründe für das Rechtsgeschäft darlegen müssen." So erörtert P. IV, 126 fg. Man muß hinzufügen, daß jedenfalls auch der Frau Gegenerörterung und Gegenbeweis zustehen muß, namentlich durch Behauptung und Begründung, daß sie ausreichenden Anlaß zu ihrer Weigerung habe. Die Würdigung des Vor- und Gegenvorbringens untersteht dem Ermessen des Richters. Das Gesetz geht aber sogar noch weiter insoferne, als es, abweichend von anderen Stellen, welche, wie die §§ 1304, 1308, die Ersetzung der Zustimmung unter gewissen Voraussetzung vorschreiben, hier auch die wirkliche Ersetzung durch das Wort „kann" der freien Erwägung des Richters anheimgibt. Dieser mag dabei vorsorglich in Betracht ziehen, daß die Maßregel des § 1379 namentlich im Falle des Abs. 1 nach dem oben S. 116 Bemerkten immerhin sich als eine Ausnahme von der Regel darstellt und daß sie sich, wo volle Begründung mangelt, auch als ein empfindlicher Eingriff in die grundsätzliche Stellung der Frau und ihres Vermögens im ordentlichen gesetzlichen Güterstande fühlbar machen kann.

4. Ersetzung der Zustimmung des Mannes zu Rechtsgeschäften der Frau ist vorgesehen und behandelt im § 1402. Vgl. dazu auch § 1401.

5. Ueber Zuständigkeit des Vormundschaftsgerichts, Rechtsmittel gegen dessen Bescheid 2c. trifft Bestimmungen das R.G. über freiwillige Gerichtsbarkeit.

§ 1380.

Der Mann kann ein zum eingebrachten Gute gehörendes Recht im eigenen Namen gerichtlich geltend machen. Ist er befugt, über das Recht ohne Zustimmung der Frau zu verfügen, so wirkt das Urtheil auch für und gegen die Frau.

E. I, 1322; II, 1281; III, 1363.

1. Rechtsstreitführung des Mannes im Allgemeinen. Entstehen in Ansehung des eingebrachten Gutes rechtliche Irrungen gegenüber Dritten, und wird deßhalb die Führung eines Rechtsstreits nothwendig, so liegt es am nächsten, daß diese Prozeßführung activ wie passiv seitens der Frau als Eignerin des eingebrachten Gutes erfolgt. Die rein prozessuale Befähigung dazu gewährt ihr schon der § 51 C.P.O. a. F. Ob und inwieweit aber die Frau aus dem neben jener prozessualen Frage einhergehenden Gesichtspunkte des ehelichen Güterrechts zum Auftreten in einem Rechtsstreite befähigt ist, darüber bestimmen §§ 1400 fg., 1407. Im obigen § 1380 handelt es sich dagegen lediglich um die andere Frage, ob und inwieweit es dem Manne zustehe, über ein substanziell der Frau zustehendes Recht im eigenen Namen, also ohne Vollmacht oder streitgenossenschaftliche Mitwirkung (D. 190) der Frau und nicht blos in Vertretung derselben, Prozeß zu führen. E. I (M. IV, 281) verhielt sich in dieser Hinsicht ablehnend. Das Gesetz aber hat nach den Beschlüssen der II. Komm. die Frage im Grundsatze bejaht, davon ausgehend, daß die Beilegung einer Berechtigung jener Art dem Bestehen eines selbständigen Verwaltungsrechts des Mannes entspringe und entspreche. (P. IV, 172.) Diese Berechtigung des Mannes ist aber keine unbeschränkte.

2. Inhalt und Grenzen des ehemännlichen Prozeßführungsrechtes.

a) § 1380 spricht ein solches nur zu in Ansehung von Vermögensrechten, welche zum eingebrachten Gute gehören, also selbstverständlich nicht über Vorbehaltsgut. (Vgl. Bl. f. R.A. Erg.-Bd. 9, S. 208.) Der Ausdruck „Recht" legt die Frage nahe, ob darunter nur Rechte im engeren Sinne, im Gegensatze zu „Sachen"*) zu verstehen seien. Es ist dies zu verneinen. Eine derartige Einengung würde mit den in P. IV, 172 niedergelegten Anschauungen kaum zu vereinbaren sein. Dort ist eigens von Prozessen „über das Ehegut" (jetzt eingebrachtes Gut) schlechthin die Rede. Bei engerer Auslegung bliebe auch nach dem beschränkten Inhalte der §§ 1376 und 1378 für den zweiten Satz des § 1380 kaum mehr ein erhebliches Anwendungsgebiet übrig.

Soweit es sich um ein Recht des Mannes selbst auf die Nutzungen aus dem Ehegute handelt, ist derselbe an und für sich schon zur eigenen

---

*) Fischer-Henle, B.G.B. S. 37.

prozessualen Geltendmachung seiner Berechtigung sowohl gegenüber der Ehefrau wie gegenüber Dritten befugt.

Der § 1380 bezieht sich übrigens auch nur auf die Rechtsverfolgung aus dem Rechte der Frau, aber nicht auf die Geltendmachung der ehemännlichen Rechte am Eingebrachten gegen die Frau.

b) Der Wortlaut des § 1380 würde zwar nicht schlechthin ausschließen, denselben sowohl auf Aktiv- wie auf Passivprozesse des Mannes zu beziehen. Doch kann es kaum zweifelhaft sein, daß hier nur Aktivprozesse des Mannes gemeint sind. In den Verhandlungen der II. Komm., aus welchen die Gesetzesstelle hervorging, ist stets nur von der Aktivlegitimation des Mannes die Rede (P. IV, 128, 172; vgl. auch D. 190). Es muß deßhalb angenommen werden, daß das Gesetz mit dem Ausdrucke „geltend machen" (der sich auch in § 1387 Ziff. 1 genau so wiederholt und daher sicher typisch sein soll) nur auf Aktivprozesse des Mannes hinzielt. Solches stimmt auch zu der Terminologie in § 1400 u. 1407. Prozesse wider die Frau in Ansehung ihres eingebrachten Gutes sind daher gegen die Person der Frau (und zwar gegen diese allein; vgl. auch Bem. zu § 1400, M. IV, 233) zu richten. Hieraus folgt unabweisbar, daß in einem Prozesse, den der Mann kraft § 1380 im eigenen Namen führt, keine Widerklage gegen die Frau Platz finden kann. Letztere ist hier zwar sachlich mitbetheiligt, aber nicht als Prozeßpartei, wird daher auch im Prozesse rechtlich nicht gehört rc. rc. Die II. Komm. (P. IV, 172 fg.) war sich jener Konsequenz auch sichtlich bewußt. Eigens betont wurde gerade der Umstand, daß in einem Processe des Mannes für das eingebrachte Gut der Beklagte in Ansehung der Widerklage schlimmer gestellt ist.

c) Soweit der Mann nach § 1380 in eigenem Namen Prozeß führt und führen darf, braucht er dazu weder Vollmacht, noch auch nur Zustimmung der Frau. Will der Mann im Namen der Frau klagen, so bedarf er dazu Vollmacht der Frau. Im Besitze solcher Vollmacht ist er dann nicht anders gestellt, wie jeder sonstige Vollmachtsträger.

3. Das Gesetz sagt: „Der Mann kann". Er muß aber nicht (M. IV, 125). Vielmehr mag er auch die Prozeßführung der Frau ganz anheimstellen oder als Vollmachtsträger im Namen der Frau auftreten.

4. Selbstverständlich ist auch die Zulässigkeit einer Nebenintervention der Frau in dem vom Manne über ihr eingebrachtes Gut geführten Rechtsstreite und umgekehrt (C.P.O. ä. F. § 83).

5. Die Wirkungen des im Falle des § 1380 ergehenden Urtheils erstrecken sich an und für sich aktiv, wie im Falle Unterliegens mit der Klage auch passiv, nur auf den Mann, welcher allein Prozeßpartei ist. Ausgedehnt sind diese Wirkungen wort- und sinnklar durch Satz 2 nur auf den einzigen Fall, wenn es sich um ein Recht handelt, welches seiner freien Verfügung, auch ohne Zustimmung der Frau, untersteht. Es sind dies die Fälle der §§ 1376, 1378. Hier wirkt das Urtheil im Verhältniß der Frau zum Gegner des Mannes, wie auch zu letzterem selbst (s. nachher Nr. 6), sowohl für als gegen die Frau, also mag es obsieglich gewesen sein oder nicht, und zwar auch, wenn sie ihre Zustimmung zur Prozeßführung des Mannes nicht gegeben hat. Ueber jene Fälle hinaus wirkt aber das im Prozesse des Mannes ergangene Urtheil gegenüber der Frau nicht, auch wenn sie der Prozeßführung zugestimmt hätte (P. IV, 173). Nur eigene Prozeßführung der Frau, mit oder ohne Vollmacht für den Mann, kann außer jenen Fällen die Frau den Wirkungen eines Urtheilsspruchs unterwerfen. Daran ändert auch der Umstand nichts, daß das Urtheil zu Gunsten des prozeßführenden Mannes ergangen ist (P. IV, 173). Hat die Frau vom Rechte der Nebenintervention Gebrauch gemacht, so gelten hinsichtlich des Urtheils und seiner Wirkungen die allgemeinen Regeln.

6. Kostenpunkt. Führt der Mann nach § 1380 im eigenen Namen den Prozeß, so ist natürlich zunächst auch er — und nicht die Frau — verpflichtet, die Kosten vorzuschießen und im Falle Unterliegens, soweit er in die Kosten verurtheilt ist, dem Prozeßgegner gegenüber zu tragen und ersetzen. Eine andere Frage ist aber die, ob und inwieweit er hiezu das eingebrachte Gut der Frau in Anspruch zu nehmen befugt ist? Dieser Punkt liegt glatt, soweit es sich nur um die Verwendung der ohnehin dem Manne zufallenden Nutzungen des eingebrachten Gutes handelt oder die Frau selbst und eigens Verwendungen aus der Substanz ihres Eingebrachten zur Kostendeckung zuläßt. Abgesehen von diesen, eigentlich abseits der Frage liegenden Fällen kann aber der Ehemann das eingebrachte Gut nicht für Kosten eines, wenn auch in Bezug auf das eingebrachte Gut, doch von ihm in eigenem Namen mit Dritten geführten Prozesses verwenden, auch für solche Kosten von der Frau keinen Ersatz beanspruchen. Die II. Komm. hatte eigens

beschlossen, der Deutlichkeit wegen auszusprechen, daß die Kosten eines solchen Prozesses im Verhältnisse der Ehegatten unter einander dem Ehemanne zufallen (P. IV, 173). Der Satz blieb an dieser Stelle schließlich weg, findet sich aber dem gleichen Sinne nach jetzt in § 1387 Ziff. 1, woran sich dann die bemerkenswerthe Vorschrift des § 1388 über die Mithaftung den Dritten (Gläubigern) gegenüber anschließt. S. auch die Bem. zu §§ 1387, 1388.

§ 1381.

Erwirbt der Mann mit Mitteln des eingebrachten Gutes bewegliche Sachen, so geht mit dem Erwerbe das Eigenthum auf die Frau über, es sei denn, daß der Mann nicht für Rechnung des eingebrachten Gutes erwerben will. Dies gilt insbesondere auch von Inhaberpapieren und von Orderpapieren, die mit Blankoindossament versehen sind.

Die Vorschriften des Abs. 1 finden entsprechende Anwendung, wenn der Mann mit Mitteln des eingebrachten Gutes ein Recht an Sachen der bezeichneten Art oder ein anderes Recht erwirbt, zu dessen Uebertragung der Abtretungsvertrag genügt.

E. II, 1279; III, 1364.

1. Grundsatz. Nach dem das Recht des ordentlichen gesetzlichen Güterstands mitbeherrschenden Grundsatze soll das der eheherrlichen Verwaltung und Nutznießung unterstellte eingebrachte Gut der Frau in seiner Substanz thunlichst erhalten werden. Dies bezieht sich sowohl auf den Werth wie auf den Artinhalt des Bestandes. Vermieden soll auch werden, daß sich das Frauengut durch die Verwaltungsmacht des Mannes nach und nach in eine Summe bloßer Ersatzansprüche der Frau an den Mann umwandle*) und so die Frau im etwaigen Konkurse des Mannes in eine schwierigere Lage komme (P. IV, 169 fg., 185 fg.; D. 191). Hievon ausgehend stellt das Gesetz in §§ 1381 u. 1382, ähnlich wie es durch § 1370 schon für das Vorbehaltsgut geschehen ist, nun auch für das eingebrachte Gut das Princip gesetzlicher Surrogation fest. Dieses in der II. Komm. eingehend berathene (P. IV, 169 fg., 184 fg.) Princip, welches schon im röm. Dotalrecht (l. 54 D. de jure dotium 23, 3) sich findet und auch im Sächs. B.G.B. § 1676 Anklänge hat, gilt aber nach dem B.G.B. nicht uneingeschränkt. Es bewegt sich nach drei bestimmten Richtungen: § 1381 Abs. 1, § 1381 Abs. 2, § 1382, welche abgeschlossener Natur und daher auch einer analogen Ausdehnung nicht zugänglich sind.

2. Erster Surrogationsfall (§ 1381 Abs. 1). Er betrifft den Erwerb beweglicher Sachen mit Mitteln des eingebrachten Guts.

a) Auch hier handelt es sich nur um der Frau eingebrachtes Gut, um die Surrogation für dessen Bestände. Sowohl des Mannes eigenes Vermögen, wie das Vorbehaltsgut der Frau (vgl. deßfalls § 1370) bleiben hier außer Betracht. Wie die P. IV, 169 fg., 184 fg. ganz außer Zweifel stellen, kommt auch nur die Gestaltung der Rechtsverhältnisse in Ansehung der Substanz des eingebrachten Guts in Frage. Was aus diesem Gute an Nutzungen gewonnen wird, folgt den Rechtsnormen der §§ 1383 fg.

b) Die Gesetzesstelle erstreckt in diesem Absatze das Surrogationsprincip nur auf den Fall des Erwerbs von beweglichen Sachen.**) Von welcher Art dieselben sind, namentlich ob verbrauchbare oder nicht, wird nicht unterschieden. Zu den beweglichen Sachen werden ausdrücklich „insbesondere" auch Inhaberpapiere, deßgleichen auch Ordrepapiere gerechnet, wenn diese mit Blankoindossament versehen sind. Für Werthspapiere auf Namen oder Ordre ohne Blankoindossament, für Wechsel und unbewegliche Sachen ist die Surrogationsnorm nicht anwendbar. Man zog in Betracht, daß wenn der Mann einen Erwerb, zu welchem ein Eintrag im Grundbuche erforderlich sei, im eigenen Namen mache oder einen Wechsel auf seinen Namen erwerbe, Jener dabei zu erkennen gebe, daß er den Erwerb nicht sofort für die Frau machen wolle, sintemalen auch Jedermann wisse, daß es bei solchen Vermögensstücken eines besonderen Uebertragungsaktes bedürfe (P. IV, 188).

*) Das P.L.R. Thl. I cap. 6 § 23 verweist in Ansehung des Paraphernalguts ausdrücklich und nur, d. h. unter Ablehnung des Surrogationsprincips, auf die Ersatzleistung, wenn der Mann „mit der Frau Geld oder Gut für sich und auf seinen Namen allein" angeschafft hat.

**) Vgl. P.L.R. Thl. II Tit. 1 §§ 559, 560.

c) Ausdrücklich behandelt das Gesetz nur einen Erwerb durch den Mann, selbstverständlich für das eingebrachte Gut, aber gleichviel ob im eigenen Namen oder im Namen der Frau. Gerade für den ersteren Fall ist der Surrogationsgrundsatz ganz besonders berechnet, um Zweifel und rechtliche Weitwendigkeiten abzuschneiden, insbesondere die Nothwendigkeit einer sonst begrifflich erforderlichen ausdrücklichen oder auch nur stillschweigenden Weiterübertragung des zunächst von ihm Erworbenen durch den Mann an die Frau zu beseitigen (P. IV, 185 fg.; D. 191). Erwirbt der Mann in eigenem Namen, so erfordert das Gesetz weiterhin auch noch

d) die Absicht, für Rechnung des eingebrachten Gutes zu erwerben.*) Handelt er Namens der Frau, so ist darin diese Absicht von selbst gelegen. Will aber der im eigenen Namen handelnde Mann auch für sich selbst und nicht „für Rechnung des eingebrachten Guts" erwerben, so greift keine Surrogation Platz. Der Mann hat den Erwerb erst an die Frau weiter zu übertragen. Den gegentheiligen Fall d. h. die Absicht, mit dem Frauengut auch für die Frau zu erwerben, betrachtet das Gesetz als die anzunehmende Regel. Ebendeßhalb kehrt es auch die an und für sich gegebene Beweislast absichtlich um (P. IV, 186, 189). Der Nachweis, daß der Mann nicht für Rechnung des eingebrachten Gutes habe erwerben wollen, ist Sache des Mannes oder des Dritten, welcher sich rechtlich darauf beruft.

Mit den bisher besprochenen Erfordernissen verbindet sich noch

e) das Weitere, daß der Erwerb des Surrogatvermögensbestandtheils aus Mitteln des eingebrachten Guts erfolgt sein muß. Denn der gesetzgeberische Grund der Surrogation liegt in dem materiellen Zusammenhange des Erwerbs mit dem eingebrachten Gute (P. IV, 189). Wo Anderes der Fall ist, findet wiederum eine Surrogation nicht statt. Das Gesetz sagt allgemein „mit Mitteln". Von welcher Art diese waren, ist ohne Belang. In der Regel werden es Kapitalien sein. Es können aber auch bewegliche Sachen**) oder selbst Grundstücke verwendet worden sein, z. B. um aus dem Erlöse rentirende Werthpapiere anzuschaffen. Leistet der auf eigenen Namen handelnde Mann auch nur Vorschuß aus seinem eigenen Vermögen, so kann der Erwerb zum Frauengut doch nicht sofort als geschehen betrachtet werden, sondern erst dann, wenn eine weitere Uebertragung an die Frau, sei es auch nur im Wege eines constitutum possessorium, stattgefunden hat. Hat der einen Vorschuß leistende Mann eigens im Namen der Frau und für Rechnung ihres Eingebrachten erworben, so kann die Frau allerdings auch sofort im Wege der Stellvertretung in der Art erwerben, daß der Mann für seine Vorschußleistung ersatzberechtigt sein kann (§ 1390). Aber es liegt dann eben kein Surrogationsfall im Sinne des § 1381 vor.

f) Als Erwerbsform kann jede Art des Erwerbs gelten, welche überhaupt die Erfordernisse des § 1381 zu decken geeignet ist, also z. B. ebensowohl Kauf wie Tausch.

g) Treffen alle gesetzlichen Erfordernisse der Surrogation zusammen, so entsteht die Wirkung, daß die erworbene bewegliche Sache mit dem Erwerbe sofort in das Eigenthum der Frau gelangt, also kraft Gesetzes, unmittelbar ohne Zwischenübertragung und also auch ohne einen zeitlichen Zwischenzustand. Die bei den Verhandlungen in der II. Komm. erörterte Frage, ob in letzterer Hinsicht nicht zwischen einem zunächst blos obligatorischen und einem sofort dinglichen Erwerbe gewisse Unterscheidungen zu machen seien (P. IV, 169 fg., 185 fg.), wurde schließlich fallen gelassen. Das entscheidende Moment liegt sachlich wie zeitlich in der Thatsache des vollendeten Erwerbs, mag dieser in der einen oder anderen Art geschehen sein.

h) Ist vom Manne zum Erwerbe eingebrachtes Gut verwendet worden, ohne daß eine Surrogation Platz greift (z. B. weil er für sich und nicht für

*) Schröder, a. a. O. S. 14 setzt ungenau dazu in Gegensatz: „ausdrücklich zu anderen Zwecken". Von „ausdrücklich" steht schon gar nichts im Gesetze. Zweck und Absicht sind aber auch verschieden.

**) Ob Mobilien mit oder ohne Werthsanschlag eingebracht worden, wird hier — abweichend vom P.L.R. Thl. II Tit. 1 § 559, 564 — nicht mehr unterschieden. Ein förmlicher Verkauf eingebrachter Mobilien im Sinne P.L.R. Thl. II Tit. 1 § 70 kommt jetzt wohl nur mehr selten vor. Liegt ein solcher Fall vor, so gehören zum eingebrachten Gute der Frau eben nicht mehr die dem Manne verkauften Stücke selbst, sondern nur deren Kaufpreis oder der Anspruch auf letzteren, falls er noch unberichtigt ist.

Rechnung des eingebrachten Gutes erwerben wollte), so bleibt selbstverständlich der Ersatzanspruch der Frau durch den § 1381 unberührt. Ein solcher Ersatzanspruch kann übrigens selbst im Falle eintretender Surrogation begründet sein, z. B. wenn der Mann unbefugter Weise (§ 1375; vgl. auch oben S. 111) oder gegen die Grundsätze einer ordnungsmäßigen Verwaltung (§ 1374) gehandelt und dadurch die Frau über den Werth des Surrogats hinaus geschädigt hat.

3. Zweiter Surrogationsfall (§ 1381 Abs. 2). Der zweite Absatz des Paragraphen überträgt die Grundsätze und die Einzelvorschriften des ersten Absatzes auf verwandte Rechtsvorkommnisse, bei welchen ebenfalls ein unmittelbarer Rechtsübergang auf die Frau sich herstellen läßt. Denn in dieser Analogie liegt der eigentliche Anknüpfungspunkt zwischen Abs. 1 und 2. Letzterer kommt auf diese Weise zu zwei Gruppen, nämlich dem Erwerb:

a) von solchen Rechten an beweglichen Sachen, welche nicht in Eigenthum (Abs. 1) bestehen, und

b) von anderen Rechten, zu deren Uebertragung der Abtretungsvertrag (§§ 398 fg.) genügt, also weitere Rechtsakte und Rechtsformen, insbesondere Verbücherungen u. dgl. nicht erforderlich sind.

Auf diese Fälle hat sich schließlich nach verschiedenen Vorschlägen in II. Komm. deren Mehrheitsbeschluß zurückgezogen (P. IV, 185 fg.). Auch der Inhalt des Abs. 2 ist demnach abschließender Natur.

§ 1382.

Haushaltsgegenstände, die der Mann an Stelle der von der Frau eingebrachten, nicht mehr vorhandenen oder werthlos gewordenen Stücke anschafft, werden eingebrachtes Gut.

E. II, 1280; III, 1382.

1. Dritter Surrogationsfall. Was hier gesetzlich verordnet ist, schließt sich engstens an den ersten Absatz des vorhergehenden Paragraphen an. Sich in objektiver Hinsicht auf eine bestimmte Gattung beweglicher Habe beschränkend, dehnt § 1382 andererseits den Inhalt des § 1381 Abs. 1 insoferne wesentlich aus, als er in Bezug auf jene besonderen Objekte (Haushaltungsgegenstände) einen Surrogationsfall konstruirt, unabhängig von dem Erfordernisse des Erwerbs mit Mitteln des eingebrachten Gutes. Dieser neue Surrogationsfall tritt also auch dann ein, wenn das Surrogat nicht aus eingebrachtem Gute der Frau, sondern aus Mitteln des Mannes (einschließlich der ihm gebührenden Nutzungen des eingebrachten Frauenguts) angeschafft ist. Durch die so geartete Vorschrift des § 1382, welche in enger Verwandtschaft zu derjenigen des § 1932 (Voraus eines überlebenden Ehegatten) steht, soll namentlich der späteren Auseinandersetzung der Vermögensmassen eine Erleichterung geschaffen und speciell der Ehefrau auch ein gewisser kleiner Ersatz für den ihr im ordentlichen gesetzlichen Güterstande nicht zustehenden Antheil an der Errungenschaft gewährt werden (P. IV, 189 fg.).

2. Umfang der Surrogation. Gegenstand sind, und zwar gleichmäßig als Ersatzobjekte wie als Ersatzmittel, nur Haushaltsgegenstände. Dieser Begriff ist selbstverständlich ein etwas schwankender. Er hat sich insbesondere den verschiedenartigen Lebensverhältnissen der Ehegatten nach Herkunft, Erziehung, Beruf, Vermögen ꝛc. anzupassen und gestaltet sich danach nothwendig verschieden. Was in einem Haushalte als Bedarfsartikel sich darstellt, kann in einem anderen zu einem völlig fremdartigen, außer jeder Beziehung zum Haushalte stehenden Gegenstande werden. Denn das muß vor allem festgehalten werden, daß nur solche Gegenstände hieher gerechnet werden können, welche den Zwecken des ehelichen Haushalts, den Ehegatten in ihrer ehelichen Gemeinschaft dienen. Darum spricht auch der § 1932 viel besser von den „zum ehelichen Haushalte gehörenden Gegenständen".

Im Einzelnen sind als nicht zu den Haushaltsgegenständen*) gehörend namentlich zu erachten:

a) Alles, was irgend nur den rein individuellen Bedürfnissen oder Annehmlichkeiten des Mannes oder der Frau in ihrer concreten Persönlichkeit (vgl. in dieser Hinsicht §§ 1366, 1370) gewidmet ist,**)

---

*) Schon im Bayr. L.R. Thl. I cap. 6 § 21 findet sich (wenn auch in juristisch anderer Verwerthung) der Begriff: „Hausfahrniß". Der Gesetzestext erläutert diesen Begriff natürlich der Zeitlage in Mitte des vorigen Jahrhunderts entsprechend.

**) Vgl. hieher B.L.R. Thl. I cap. 6 § 21 Nr. 2, 3.

b) dasjenige, was nicht als Attribut des Haushalts in dessen persönlicher Fundamentirung erscheint, sondern als Zubehör eines Grundstücks, eines ganzen Anwesens oder eines Erwerbsgeschäfts,*)

c) alle Vorräthe an Nahrungs-, Brenn- und Beleuchtungsmitteln, welche zu den vom Manne zu bestreitenden (§ 1389) laufenden Bedürfnissen bestimmt und deßhalb aus seinen Mitteln angeschafft sind.**)

Ob die verschiedenen Haushaltsgegenstände vom Bedarfsstandpunkte aus mehr oder weniger nothwendig, nützlich oder auch nur angenehm sind, darauf kommt für die Begründung der Beschaffenheit: „Haushaltsgegenstand" nichts an, wenn nur sonst die Beziehung zur Führung des Haushalts als solcher gegeben erscheint. Diese Beziehung kann aber fehlen in Ansehung von Gegenständen, welche zwar im Hause vorhanden sind, aber bildlich gesprochen das Haus, die standesmäßige gemeinsame Lebensführung der der Ehegatten, nicht „halten", sondern im gegebenen Falle nur einer besonderen Liebhaberei oder einem ganz persönlichen ästhetischen Bedürfnisse dienen, wie z. B. kostbare Gemälde, hochwerthige Musikinstrumente u. dgl.

Als durch Surrogation mit Ersatz bedachte Gegenstände bezeichnet § 1382 auch nur Sachen fraglicher Art, welche von der Frau bei oder nach Eingehung der Ehe (§ 1363) eingebracht sind, also auch nur Bestandtheile des eingebrachten und nicht des Vorbehaltsguts. Der Ersatzfall tritt ein bei Anschaffungen des Mannes an Stelle von solchen Gegenständen.***) Also gehört nicht hieher der Fall von Neuanschaffungen des Mannes zur Erweiterung des Haushaltinventars und nicht blos zur Ergänzung des seitherigen Bestandes.†) Weiter ist im Gesetze auch nur die Rede von „nicht mehr vorhandenen oder werthlos gewordenen Stücken", was wenigstens dem Wortlaute nach ebenfalls gewisse Einschränkungen mit sich bringt, namentlich z. B. in Ansehung des Ersatzes nur altmodisch oder bußwürdig gewordener Stücke. Handelt es sich aber um eine richtige Ersatzanschaffung im Sinne und Umfange des § 1382, dann ist es für die Frage des Surrogationsfalles gleichgültig, ob der Ersatzbedarf eingetreten ist durch eigentliche ordnungsgemäße Abnützung, oder durch Zufall (z. B. Elementarereignisse) oder durch Verschulden des Mannes, der Frau oder eines Dritten (P. IV, 191).

Daß die Surrogate, wenn sie nur Haushaltsgegenstände im Allgemeinen sind, gerade auch ihrer speciellen Artbeschaffenheit nach den zu ersetzenden Stücken entsprechen, ist praktischer Weise vom Gesetze nicht verlangt. Ebenso kommt es nicht darauf an, „daß die Ergänzung des Haushalts Stück für Stück erfolgt ist".††)

Nicht behandelt und erledigt ist durch den § 1382 die andere Frage, ob und inwieweit der Mann verpflichtet ist, den hier fraglichen Ersatz zu beschaffen. Bei den Verhandlungen der II. Komm. (P. IV, 191) wollte man zwar der Frau keinen „klagbaren Anspruch auf regelmäßige Ergänzung des Inventars" zugestehen, betrachtete letztere aber mindestens als Ehrensache für den Mann und zwar dergestalt, daß dieser auch nicht Ersatz für das zur Anschaffung Aufgewendete verlangen könne. Das läßt sich auch Angesichts des § 1389 Abs. 1 rechtfertigen. Vgl. übrigens hieher auch den § 1384 und Bem. dazu.

Ohne Belang ist es im Bereiche des § 1382, in welcher Form und Intention der Mann die Ersatzbeschaffung geleistet haben mag, dann ob in eigenem Namen oder dem der Frau, sowie ob speciell für den Bestand des eingebrachten Gutes oder nicht. Die Wirkung bleibt sich gleich und diese

3. Wirkung ist auch hier keine andere, als wie nach § 1381 Abs. 1. Sie besteht im unmittelbaren Eigenthumsübergange auf die Frau im Zugange zu ihrem Eingebrachten. Diese dingliche Wirkung vollzieht sich ohne Rücksicht auf das Verhältniß

---

*) P.L.R. a. a. O.

**) Diese einerseits dem B.G.B. im Allgemeinen, andererseits der Zweckbestimmung des obigen § 1382 angepaßten Aufstellung weicht z. B. ab von § 21 Thl. I cap. 6 des P.L.R., woselbst Vorräthe an Speise, Trank und Getreide als zur Hausfahrniß gehörig betrachtet werden.

***) Was von erstmaligen Surrogationen gilt, erstreckt sich selbstverständlich auch auf weitere Surrogationen für Surrogate.

†) Schröder, a. a. O. S. 14.

††) Schröder, a. a. O. S. 14.

des Werthes der ersetzten und der zum Ersatze dienenden Stücke, also auch bei Mehrwerth des Surrogats.

§ 1383.

Der Mann erwirbt die Nutzungen des eingebrachten Gutes in derselben Weise und in demselben Umfange wie ein Nießbraucher.

E. I, 1292; II, 1282; III, 1366.

1. Allgemeiner Standpunkt. Die Nutznießung des Ehemannes am eingebrachten Gute der Frau bildet eine andere Seite der Rechte des Ersteren neben der Verwaltungsbefugniß. Jene „bezweckt, dem Ehemanne die wirthschaftliche Macht zu geben, die Nutzungen des eingebrachten Gutes zur Bestreitung der ehelichen Lasten zu verwenden . . . Dadurch erlangt der Ehemann ein eigenes Recht auf die Nutzungen". M. IV, 180. Aus jener Zweckbestimmung darf aber nicht gefolgert werden, als ob dem Mann das Nutznießungsrecht nur zustände, wenn und soweit er die Früchte des eingebrachten Guts zur Bestreitung der Ehelasten bedarf. Im Gegentheile steht dem Ehemanne sein Nutzungsrecht unbedingt und unbeschränkt zu, sohin auch unabhängig von Bedarf und eigenen Mitteln.

2. Zur Festlegung des ehemännlichen Nutznießungsrechts enthält § 1383 zunächst den positiven Satz, daß der Mann für sich und nicht etwa blos als Verwalter des Eingebrachten dessen Nutzungen erwirkt. Nur auf letztere erstreckt sich aber der Erwerb. Ein Recht, auch die Substanz des Eingebrachten ohne Ersatzverbindlichkeit für die Zwecke der Ehe zu verwenden, steht dem Manne nicht zu (M. IV, 183).

3. Zeitliche Dauer des Nutzungsbezugs. Diese entspricht begriffsgemäß der Dauer des Nutzungsrechts. Letzteres aber erstreckt sich vom Eheabschlusse an in der Regel bis zur Auflösung der Ehe, kann aber auch schon vorher erlöschen. S. darüber §§ 1418 fg. Für die sich hienach ergebende Zeitdauer sind bezüglich der Fruchtvertheilung die Grundregeln des § 101 maßgebend.

Ein zum eingebrachten Gute gehöriger Vermögensbestandtheil unterliegt dem Nutzungsrechte selbstverständlich auch nur so lange, als er eben zum Eingebrachten gehört (E. I, 1293). In M. IV, 193 sind Konsequenzen dessen erörtert, namentlich für den Fall der Vereinigung einer zum Eingebrachten gehörigen Forderung mit der Schuld in der Person der Frau. Hier erlischt auch das ehemännliche Nutzungsrecht, vorbehaltlich eines etwaigen Ausgleichungsanspruchs gegenüber dem Vorbehaltsgute (§ 1417 Abs. 1).

4. Erwerb durch das Nutzungsrecht. Soweit dieses sich erstreckt und Früchte bezogen werden, gehen diese Früchte, von Sachen oder Rechten (§§ 99, 100), in das Eigenthum des Ehemannes über. (Vgl. § 954.)

Ueber die verschiedenen Begriffe „Nutzungen" und „Früchte" s. § 100. Danach gehören zu den Nutzungen nicht blos die Früchte einer Sache oder eines Rechtes, sondern auch die Vortheile, welche der Gebrauch einer Sache (z. B. eines Wohnhauses, des Mobiliars 2c.) oder eines Rechtes gewährt.

5. Analogie des Nießbrauchs. Die im § 1383 an die Spitze gestellte Rückbeziehung auf die Vorschriften der §§ 1030 fg., 1068 fg. über den Nießbrauch ist keine allgemeine, sondern beschränkt sich auf bestimmte, allerdings grundlegende Gesichtspunkte, während im Uebrigen die nachfolgenden Paragraphen die erforderlichen besonderen Vorschriften für jenes specielle Nutznießungsrecht enthalten. (Vgl. oben S. 108.)

Die in § 1383 allein behandelten und durch Verweisung auf die Bestimmungen über den Nießbrauch im Allgemeinen erledigten Punkte sind:

a) die Art und Weise des Erwerbs der Nutzungen,
b) der Umfang dieses Erwerbs.

Zu a. Das Nutzungsrecht selbst erwirbt der Mann kraft des Gesetzes durch Abschluß der Ehe. Eine förmliche persönliche Uebertragung nach Analogie der §§ 837, 1032 ist nicht erforderlich. Bezüglich des Erwerbs der einzelnen Nutzungen (§ 1383) dagegen kommen, wie erwähnt, in Ansehung der „Weise" desselben die beim Nießbrauche geltenden Grundsätze zur Anwendung,

Die „Weise" (der Modus, die Modalitäten) des Erwerbs umfaßt nicht allein die aktive Seite des Anspruchs, sondern auch die passive Seite der damit für den Mann verbundenen Verpflichtungen. In dieser Hinsicht schlägt übrigens auch der zweite Gesichtspunkt des Umfangs der Nutzungen ein, insoferne das B.G.B., wie aus den nachfolgenden Bestimmungen ersichtlich, dem Manne nicht etwa die Bruttorente, sondern nur die Nettorente aus dem eingebrachten Gute der Frau zur Verfügung stellt.

Ueber die den Mann treffenden Verpflichtungen enthalten die §§ 1384 fg. Sonderbestimmungen, welche in erster Reihe maßgebend sind. Zu diesen Sonderbestimmungen sind aber die grundlegenden Vorschriften, welche beim Nießbrauchsrechte im Allgemeinen getroffen sind, da und dort heranzuziehen.

Zu b. Hinsichtlich des Umfangs der Nutzungen vgl. z. B. §§ 1031, 1037, 1038, 1039, 1040, 1046, 1075, 1076, 1080. S. auch die Bem. bei a.

Die ehemännliche Nutznießung erstreckt sich in Ansehung ihres Objekts auf eingebrachtes nutzbares Gut der Frau jeder Art, also auf:

α. Sachen, bewegliche wie unbewegliche (überbaute und nicht überbaute Grundstücke),

β. Rechte (persönliche, z. B. verzinsliche Forderungen, Leibrenten, Auszugsansprüche, wie dingliche z. B. Nießbrauchsrechte an Vermögensbestandtheilen Dritter), dann unter Umständen auch speciell

γ. ein Erwerbsgeschäft der Frau.

Nach diesen Richtungen enthalten M. IV, 187 fg. unterschiedliche Erörterungen. Zu bemerken ist insbesondere Folgendes:

Zu α. Die Verwendung verbrauchbarer Sachen, welche zur Substanz des eingebrachten Gutes gehören, stellt sich begriffsmäßig nicht als Nutzung oder vollends Fruchtbezug dar. Die Verfügung des Ehemannes über solche Sachen wird daher auch vom B.G.B. (etwas abweichend vom E. I, § 1067) unter dem Gesichtspunkte von Verwaltungshandlungen des Mannes betrachtet, wie sich aus § 1377 ergibt. Vgl. auch §§ 1068, 1084.

Zu γ. Ein Erwerbsgeschäft der Frau kann als Nutznießungsgegenstand des Mannes überhaupt nur dann in Betracht kommen, wenn es vom Mann auch verwaltet und nicht von der Frau selbständig betrieben wird, in welch letzterem Falle die Rente nach § 1367 dem Vorbehaltsgute der Frau zufällt.

6. Ueber die absolute Natur des ehemännlichen Nutzungsrechts, namentlich gegenüber Dritten vgl. oben S. 108.

7. Hinsichtlich der Frage der Pfändbarkeit des Nutzungsrechts als solchen, sowie über die Pfändung der vom Ehemanne erworbenen Früchte vgl. Bem. zu § 1408.

§ 1384.

Der Mann hat außer den Kosten, welche durch die Gewinnung der Nutzungen entstehen, die Kosten der Erhaltung der zum eingebrachten Gute gehörenden Gegenstände nach den für den Nießbrauch geltenden Vorschriften zu tragen.

E. I, 1297 Eing.; II, 1283; III, 1367.

1. Gewinnungskosten. Daß der nutznießungsberechtigte Mann auch die Kosten für die Gewinnung der ihm zufallenden Nutzungen zu tragen hat, ist im Grunde genommen selbstverständlich. Andernfalls müßte sich das eingebrachte Gut der Frau nothwendig allmälig verringern, was den Grundgedanken, auf denen der ordentliche gesetzliche Güterstand sich aufbaut, von vorneherein zuwiderliefe.

Zufolge der bezüglichen Verpflichtung hat der Mann die Gewinnungskosten vor Allem selbst aus dem Seinigen (aus den Nutzungen des Eingebrachten oder seinem Eigengute) zu bestreiten. Die Frau ist nicht einmal vorschußpflichtig. Hat sie aber freiwillig Aufwand auf die Gewinnungskosten für die Nutzungen ihres Eingebrachten gemacht, so kann sie Ersatz verlangen nach der Grundvorschrift und in der Ausdehnung des § 102.

Etwas zweifelhafter liegt an und für sich die Lastenfrage in Ansehung der

2. Erhaltungskosten. Durch den § 1384 und dessen Bezugnahme auf die einschlägigen Grundsätze beim Nießbrauch, § 1041 fg., wird aber der Punkt positiv in's Klare gestellt. § 1041 legt dem Nießbraucher und sohin der § 1384 auch dem Ehemanne vor Allem wörtlich die Pflicht auf, für die Erhaltung der Nutznießungsgegenstände in ihrem wirthschaftlichen Bestande zu sorgen. Vernachlässigt er schuldhaft diese Pflicht, so wird er der Frau ersatzverbindlich. Gewöhnliche, durch den ordentlichen Gebrauch bedingte und bewirkte Abnützung kann aber keine Ersatzpflicht begründen (M. IV, 183). Jener Pflicht der Sorge für Erhaltung des Eingebrachten entspricht dann nach § 1384 auch die Verbindlichkeit zur Tragung der darauf erwachsenden Kosten.

Ausbesserungen und Erneuerungen im Bestande des eingebrachten Gutes fallen dem Manne gemäß § 1384 mit § 1041 nur insoweit zur Last, „als sie zu der gewöhnlichen Unterhaltung der Sache gehören". Es kommt also in Wegfall die Verpflichtung zu ganz neuen Nachschaffungen in Gestalt von Ersatzstücken. So wenigstens nach den §§ 1384, 1041. Ob sich ein Rechtsgrund hiefür etwa aus anderem Gesichtspunkte ergibt, ist eine nach den einschlägigen anderweitigen Rechtsgrundsätzen zu bemessende Frage.

Soweit nun jene Paragraphen Pflichten des Ehemanns begründen, fallen diesem auch die erwachsenden Kosten zur Last und zwar ohne Ersatzansprüche gegenüber der Frau (vgl. § 1390). Bezüglich des Ersatzanspruchs der Frau bei etwaiger Vorschußleistung derselben gilt auch hieher das unter a Bemerkte.

Ueber den Anfall von Ersatzstücken zum Vermögen der Frau vgl. § 1382.

3. Richtung der Kostenhaftung. § 1384 legt die Kostenhaftung dem Manne allgemein auf, also nicht blos gegenüber der Frau, sondern auch gegenüber Dritten. Haben Dritte Forderungen im Bereiche der fraglichen den Ehemann treffenden Verpflichtungen (z. B. Handwerkerrechnungen), so richten sich diese Forderungen gegen den Mann, sind von diesem zu berichtigen und gegen ihn einzuklagen.

§ 1385.

Der Mann ist der Frau gegenüber verpflichtet, für die Dauer der Verwaltung und Nutznießung zu tragen:

1. die der Frau obliegenden öffentlichen Lasten mit Ausschluß der auf dem Vorbehaltsgute ruhenden Lasten und der außerordentlichen Lasten, die als auf den Stammwerth des eingebrachten Gutes gelegt anzusehen sind;
2. die privatrechtlichen Lasten, die auf den zum eingebrachten Gute gehörenden Gegenständen ruhen;
3. die Zahlungen, die für die Versicherung der zum eingebrachten Gute gehörenden Gegenstände zu leisten sind.

E. I, 1297; II, 1284; III, 1368.

1. Weitere einzelne Lasten. Die drei Ziffern des § 1385 weisen dem Manne weitere Lasten zu aus dem Gesichtspunkte theils des öffentlichen Rechts, theils des Privatrechts, theils einer ordnungsmäßigen Verwaltung. Die Lasten obliegen dem Manne nur in Ansehung des eingebrachten Guts, also nicht auch des Vorbehaltsguts der Frau, wie an sich selbstverständlich, übrigens auch bei jeder der drei Ziffern in der einen oder anderen Form betont ist. Die Verpflichtung des Mannes ist eine unbedingte, d. h. sie trifft ihn ohne Rücksicht auf das Verhältniß der Höhe der Last zur Größe seiner Nutzungsrente. (Vgl. E. I, § 1297 Abs. 2 mit P. IV, 179, 192, 193; D. 192.) Im Einzelnen ist Folgendes zu bemerken:

Zu Ziff. 1. Vor Allem fallen dem Manne zur Tragung zu „die der Frau obliegenden öffentlichen Lasten". Hierunter gehören zweifellos Abgaben aller Art, welche für das eingebrachte Gut zu entrichten sind, also in Sonderheit diesbezügliche Staats-, Gemeinde- und Kirchensteuern, auch militärische Einquartierungslasten. Für Bayern sind hieher auch zu verzeichnen die Bodenzinse, sowie die da und dort als Ueberbleibsel aus alter Zeit noch vorkommenden anderen ähnlichen Reichnisse aus Grundeigenthum, wie die sog. Läutgarben, Käsegelder (Franken), Kirchentrachten 2c., soferne alle diese Abgaben nach Herkunft und Person des Empfängers nicht als privatrechtliche Lasten im Sinne der Ziff. 2 sich darstellen. Auch die Kosten für die Leistung von Gemeindediensten nach Art. 49 fg. (bezw. 39) der Gemeinde-Ordnungen v. 29. April 1869 gehören hieher. Ob auch Personalsteuern (Kopfsteuern) hieher zu rechnen sind, mag zweifelhaft sein. Fischer-Henle S. 560 bejahen die Frage, wohl im Hinblick auf die persönlich zugespitzte Fassung im Eingange der Ziff. 1, sowie mit Rücksicht auf die in M. IV, 199 ausgeführten leitenden (aber nicht überallhin anwendbaren) Grundgedanken, der Mann müsse für die Konsequenzen der Thatsache aufkommen, daß in Folge seiner Rechte der Frau meistens keine eigenen Zahlungsmittel mehr zur Verfügung stehen werden. Uebrigens wenn man auch auf solche Art von Steuern den § 1385 nicht beziehen will, so kommt dann eben § 1389 Abs. 1 in Anwendbarkeit. Der Erfolg ist der gleiche: der Mann muß zahlen. Zur Erwähnung der auf den Stammwerth (die Substanz) des eingebrachten Guts gelegten außerordentlichen Lasten, welche die Frau als Eigenthümerin der Substanz zu tragen hat, führen Fischer-Henle S. 560 als Beispiele Zwangsanlehen und Kriegskontributionen an.

Zu Ziff. 2. Entspricht dem § 1047. Die Rede ist hier nur von privatrechtlichen Lasten und auch nur von solchen, welche auf bestimmten Gegenständen ruhen. Als belastete „Gegenstände" können sowohl bewegliche wie unbewegliche Sachen in Betracht kommen. In letzterer Hinsicht sind besonders Hypothekzinsen, Grundschulden, Rentenschulden u. dgl. hieher zu rechnen; in Bayern namentlich auch gewisse Arten von Bodenzinsen, sowie die Münchener Ewiggelder.

Zu Ziff. 3. Nur um eine Sachversicherung handelt es sich hier nach dem klaren Wortlaute, also z. B. um Brand-, Hagel- und Viehversicherung, unter Umständen auch Glas- oder Transportversicherung. Bezüglich der Frage, ob und unter welchen

Modalitäten der Mann als Verwalter und Nutznießer des eingebrachten Gutes gehalten ist, dieses in Versicherung zu bringen, beziehungsweise eine bereits bestehende Versicherung auf seine Kosten fortzuführen, ist nach §§ 1045, 1374 mit 1384 zu bemessen. Zu berichtigen sind vom Manne nicht blos die Prämien oder bei Versicherung auf Gegenseitigkeit die Zu- und Nachschüsse, sondern auch die Policengebühren u. dgl.

In den Prot. II. Komm. (IV, 178) ist übrigens dargelegt, einerseits daß der Mann die Zahlungen für Versicherung auch dann zu leisten habe, wenn die Versicherung von der Ehefrau vor Eintritt des gesetzlichen Güterstands genommen sei, andererseits daß, wenn die Frau während des Bestehens des Güterstands ohne Zustimmung des Mannes Versicherung nehme, die für diese zu zahlenden Beiträge vom Manne nicht zu tragen seien.

2. Die Dauer der Lastentragung erstreckt sich nach ausdrücklicher Gesetzesbestimmung auf „die Dauer der Verwaltung und Nutznießung" des Mannes. Hieraus ist zu folgern, daß die Lasten am Anfange und Ende der ehemännlichen Berechtigung zeitlich proportionell zu vertheilen sind. Das ist auch das natürliche Verhältniß und entspricht dem Entwickelungsgange des Gesetzes (vgl. E. I, § 1297; P. IV, 192). Fischer-Henle S. 560 bezeichnen es „als unerheblich, wann die Lasten auferlegt wurden, ob vor oder nach Beginn der ehelichen Nutznießung". Dies ist zutreffend, wenn man unter Auferlegung nur den Eintritt des Rechtsgrundes der Belastung versteht. Wollte damit aber jene Repartition abgelehnt werden, so würde dies im Gesetze keinen Anhalt finden.

3. Richtung der eheherrlichen Verpflichtung. Der § 1385 erklärt im Eingange den Mann zunächst als der Frau gegenüber verpflichtet. Ersterer kann daher von der Frau keinen Ersatz, auch keinen Ausgleich nach § 426 begehren, hat aber seinerseits der Frau Ersatz zu leisten, wenn diese aus ihren Mitteln Vorschuß gewährte.

Ueber das Verhältniß zu Dritten bestimmt § 1388.

§ 1386.

Der Mann ist der Frau gegenüber verpflichtet, für die Dauer der Verwaltung und Nutznießung die Zinsen derjenigen Verbindlichkeiten der Frau zu tragen, deren Berichtigung aus dem eingebrachten Gute verlangt werden kann. Das Gleiche gilt von wiederkehrenden Leistungen anderer Art, einschließlich der von der Frau auf Grund ihrer gesetzlichen Unterhaltspflicht geschuldeten Leistungen, sofern sie bei ordnungsmäßiger Verwaltung aus den Einkünften des Vermögens bestritten werden.

Die Verpflichtung des Mannes tritt nicht ein, wenn die Verbindlichkeiten oder die Leistungen im Verhältnisse der Ehegatten zu einander dem Vorbehaltsgute der Frau zur Last fallen.

E. I, 1297 Nr. 4; II, 1285; III, 1369.

1. Allgemeiner Charakter der Gesetzesstelle. Während die Ziff. 2 § 1385 diejenigen privatrechtlichen Lasten behandelt, welche auf den zum eingebrachten Gute gehörigen Gegenständen ruhen, also eine unmittelbare Beschwerung dieser Gegenstände bewirken, in Sonderheit dinglicher Natur sind, betrifft § 1386 solche Verpflichtungen der Frau, welche gleichsam ihrer Person, wenn auch in Ansehung ihres eingebrachten Gutes im Allgemeinen (nicht bestimmter Gegenstände) anhängen.

2. Einzelfälle. Als solche erwähnt das Gesetz die Tragung von

a) Zinsen aus Verbindlichkeiten der Frau, und
b) wiederkehrenden Leistungen anderer Art.

Diese Fälle sind aber — abweichend von dem absoluten Charakter der Verpflichtungen nach § 1385 — nur relativer Natur, d. h. die Verpflichtungen des § 1386 sind nur unter bestimmten Voraussetzungen begründet. Sie erstrecken sich aber sowohl auf Verpflichtungen, welche vor, als solche, welche nach Eingehung der Ehe entstanden sind (M. IV, 200).

Zu a. Im Gegensatze zu § 1385 Ziff. 2, unter welchen namentlich Hypothekzinsen und dergleichen dingliche Lasten fallen, umfaßt der § 1386 auch Zinsen — vertragsmäßige wie gesetzliche — aus rein persönlichen Verpflichtungen. Vorausgesetzt ist aber eine Beziehung zum eingebrachten Gute in der Gestalt, daß nach §§ 1410 fg. im Grundsatze (in thesi) die Berichtigung aus dem eingebrachten Gute verlangt werden kann. Dieses vorausgesetzt, ist es für das Bestehen einer Zahlungspflicht des Mannes gleichgültig, ob und wie viel derselbe thatsächlich an Einkünften aus Frauengut bezieht.

Zu b. Als solche wiederkehrende Leistungen sind außer den vom Gesetze selbst erwähnten Unterhaltskosten (§§ 1578 Abs. 2, 1601 fg.) beispielsweise namentlich zu erwähnen von der Frau zu gewährende Leibrenten, Austragsreichnisse u. dgl. Zu Lasten des Mannes gehen diese Leistungen aber nur dann: „sofern sie bei ordnungsmäßiger Verwaltung aus den Einkünften des Vermögens bestritten werden". Nach dem abstrakten Sinne dieses Vorbehalts (E. I § 1297 Nr. 4 hatte gelautet: sofern ein ordentlicher Hausvater dieselben aus den Einkünften seines Vermögens zu bestreiten pflegt) geht derselbe dahin: „wenn man nach den Regeln und Anforderungen einer gesunden Hauswirthschaft der Frau nicht zumuthen kann, zu jenen Leistungen die Substanz des Eingebrachten zu verwenden." Eine solche Zumuthung wäre sicher dann nicht begründet, wenn z. B. der Mann ein gutes Einkommen (aus irgend welcher Quelle) hat. Wie viel dabei gerade aus den Einkünften des Frauenvermögens fließt, ist für die Leistungspflicht des Mannes nach § 1386 ohne Belang. Ja, diese bestände auch da, wo Einkünfte letztgedachter Art überhaupt nicht fließen. Vorausgesetzt ist dabei natürlich immer, daß die primäre Leistungspflicht der Frau selbst rechtlich feststeht und namentlich keinem Einwande aus dem Gesichtspunkte der §§ 1395 fg. begegnet, wenn die Leistungspflicht erst während der Ehe entstanden ist.

Daß unter die Bestimmungen des jetzigen § 1386 nicht auch Ausgaben zu rechnen sind zum Zwecke der Anschaffung von Ersatz für durch gewöhnlichen Gebrauch abgenützte Stücke, ist in M. IV, 201 eigens erwähnt. Vgl. Bem. zu den §§ 1382, 1384, 1389.

3. Verhältniß zum Vorbehaltsgut. Voraussetzung für die Leistungspflicht des Mannes ist, wie schon angedeutet, in allen Fällen, daß an sich die Verbindlichkeit oder Leistung ꝛc. dem eingebrachten Gute zur Last fällt. Wenn und soweit sie dem Vorbehaltsgute obliegt, kommt des Mannes Leistungspflicht in Wegfall oder mindert sich wenigstens entsprechend, nach ausdrücklicher Bestimmung des § 1386 Abs. 2.

Mit Rücksicht hierauf ist es von Belang, ob man Hypothekzinsen unter § 1385 Ziff. 2 oder unter § 1386 stellt. Denn ersteren Falles fallen dem Mann die Zinsen aus Hypotheken auf eingebrachtem Gute immer zur Last, im zweiten Falle aber nur vorbehaltlich der Einschränkung nach § 1386 Abs. 2. Die M. IV, 200 fg. nehmen letzteres an. Wortlaut und Aufbau des Gesetzes aber verweisen Hypothekzinsen in das Gebiet des § 1385 Ziff. 2. Immerhin ist die Frage nicht jedem Zweifel entrückt.

4. Sonstiges. In Bezug auf den zeitlichen Umfang der ehemännlichen Leistungspflicht (vgl. E. I § 1297 Nr. 4), sowie die Frage der gegenseitigen Ersatzansprüche gilt das zu § 1385 Erörterte auch für den Bereich des § 1386.

§ 1387.

Der Mann ist der Frau gegenüber verpflichtet, zu tragen:

1. die Kosten eines Rechtsstreits, in welchem er ein zum eingebrachten Gute gehörendes Recht geltend macht, sowie die Kosten eines Rechtsstreits, den die Frau führt, sofern nicht die Kosten dem Vorbehaltsgute zur Last fallen;
2. die Kosten der Vertheidigung der Frau in einem gegen sie gerichteten Strafverfahren, sofern die Aufwendung der Kosten den Umständen nach geboten ist oder mit Zustimmung des Mannes erfolgt, vorbehaltlich der Ersatzpflicht der Frau im Falle ihrer Verurtheilung.

E. I, 1297 Ziff. 5, 6; II, 1286; III, 1370.

§ 1387 steht in grundsätzlicher Hinsicht auf demselben Boden, wie die vorhergehenden Bestimmungen. Insbesondere betrifft auch er zunächst (s. dazu § 1388) das innere Eheverhältniß, die Beziehungen von Mann und Frau. Dem Gegenstande nach behandelt § 1387 den Aufwand auf Rechtsbedürfnisse der Frau und zwar solche auf civil- und strafrechtlichem Gebiete.

Zu 1. Rechtsstreite. Das Gesetz unterscheidet hier nach Maßgabe der einschlägigen anderen, etwas ineinandergreifenden Gesetzesvorschriften zwischen Rechtsstreiten des Mannes und solchen der Frau.

a) In ersterer Hinsicht bezieht sich die Ziff. 1 nur auf die Kosten bei Rechtsstreiten des Mannes in Bezug auf ein zum eingebrachten Gute gehöriges Recht. Die Kostenfrage bei Prozessen des Mannes über sein eigenes Vermögen liegt ohnehin glatt: solche Kosten treffen von vorneherein den Mann. Das Gleiche ist anzunehmen, wenn der Mann in Ansehung der ihm zufallenden Nutzungen des eingebrachten Gutes prozessirt. Darum hat die erste Alternative der Ziff. 1 nur diejenigen Fälle im Auge, welche auch der § 1380 behandelt und in denen durch letztere Gesetzesstelle dem Manne das Recht eingeräumt ist, im eigenen Namen ein zum eingebrachten Gute gehörendes Recht geltend zu machen. (Vgl. oben S. 117.) Gerade darauf bezieht sich zur Ergänzung des § 1380 in Ansehung der Kosten obige Stelle. Zu verweisen ist deßhalb auf die schon zu § 1380 (S. 117 und 118) gemachten Bemerkungen. Wie dort ist dann auch hier anzunehmen, daß das Gesetz nur Activprozesse des Mannes im eigenen Namen über eingebrachtes Gut zum Gegenstande hat.

Führt der Mann einen Prozeß — activ oder passiv — im Namen der Frau mit Vollmacht derselben, so liegt eben auch ein Rechtsstreit der Frau vor, welcher der zweiten Alternative der Ziff. 1 zugehört.

Als fraglich könnte erscheinen, ob die Bestimmung der Ziff. 1 Halbsatz 1 auch zu beziehen sei auf diejenigen Fälle, in denen nach § 1380 Satz 2 das auf Klage des Mannes ergangene Urtheil auch für und gegen die Frau wirkt. Diese Wirkung erstreckt sich an sich auch auf den Kostenpunkt, wenn der Mann in die Kosten verurtheilt wird. Man könnte daher sagen, daß in einem solchen Falle die Frau schon aus § 1380 für die Kosten mit haftbar wird. Allein im Verhältnisse zwischen Mann und Frau will doch wohl sicher das Gesetz auch für Fälle fraglicher Art dem Manne die vollen Consequenzen seines eigenen Vorgehens im Sinne des § 1387 gerade so auferlegen, wie in anderen Fällen. Durch diese Specialbestimmung des § 1387 erhält § 1380 Satz 2 unter den Ehegatten im Kostenpunkte eine gewisse Einschränkung, der aber im Verhältnisse zu Dritten auch wiederum eine gewisse Erweiterung durch § 1388 zur Seite tritt.

b) In der zweiten Hälfte behandelt die Ziff. 1 die Rechtsstreite der Frau und zwar hier sowohl active wie passive, über vermögensrechtliche oder persönliche Angelegenheiten (M. IV, 203; P. IV, 205 fg.), sowie gleichviel, ob sie die Frau selbst führt oder durch ihren Mann als Vollmachtsträger führen läßt. Ob die Frau selbst einen Prozeß führen kann, bemißt sich nach §§ 1400—1402, 1407. Vielfach bedarf sie hiezu der Zustimmung des Mannes. Ist diese (vom Manne oder im Ersetzungswege nach § 1402) ertheilt, dann liegt die Kostenvorschrift des § 1387 Ziff. 1 ohnehin in der Consequenz. (Vgl. auch die Erwägungen in M. IV, 202.) Ausnahmsweise fällt das Erforderniß der eheherrlichen Zustimmung zu einem Rechtsstreite der Frau überhaupt weg. Vgl. §§ 1401, 1407. Auch für einen solchen Fall gilt § 1387. Ist dessen Inhalt aber auch anwendbar dann, wenn die Frau ohne die erforderliche Zustimmung des Mannes, ja selbst wider dessen positiven Willen, einen Rechtsstreit führt? Eine hiefür einigermaßen einschlägige Bestimmung enthält auch § 1412 Abs. 2. Sie behandelt aber nur die Frage, inwieweit das eingebrachte Gut der Frau für Prozeßkosten derselben von Dritten in Anspruch genommen werden kann, nicht aber auch, wie weit gegenüber der Frau den Mann eine bezügliche Last trifft. In dieser letzteren Hinsicht wird die Entscheidung über jenen Fall aus § 1416 Abs. 2 hergeholt werden müssen.

Ausdrücklich ausgenommen von der Kostentragungspflicht des Mannes gegenüber der Frau sind die Fälle, in denen die Kosten dem Vorbehaltsgute zur Last fallen. Diese Fälle bestimmen die §§ 1415, 1416. Insbesondere gehören dazu, soweit die Frau in Betracht kommt, die Rechtsstreite zwischen den Ehegatten selbst. (§ 1416 Abs. 1.)

Ueber strafrechtliche Privatklagen s. die Bem. zu Nr. 2.

c) Zu den „Kosten" im Sinne der Ziff. 1 gehören sowohl die gesammten Gerichtskosten, wie auch die selbst zu bestreitenden oder dem Gegner zu ersetzenden Kosten. (P. IV, 206 fg.)

Zu 2. Strafrechtliche Fälle. Nicht von den strafrechtlichen Kosten im Allgemeinen ist hier die Rede, sondern nur von den Kosten der Vertheidigung in einem gegen die Frau gerichteten Strafverfahren. Für sog. Untersuchungskosten, desgleichen für Strafvollzugskosten, in welche nach St.P.O. § 497 die Frau als Angeklagte verurtheilt wird, greift daher eine Verbindlichkeit des Mannes aus § 1387 — und folgeweise auch aus § 1388 — nicht Platz. (S. desfalls auch § 1415.) Wenn hier nur von einem gegen die Frau gerichteten Strafverfahren die Rede ist, so bezieht sich dies auch auf die Vertheidigungskosten bei strafrechtlichen Privatklagen gegen die Frau, insbesondere in den häufigen Fällen von Beleidigungsprozessen. Wie steht es aber mit den Kosten, wenn die Frau aktiv als Privatklägerin oder Nebenklägerin auf strafrechtlichem Gebiete auftritt?

Die Ziff. 2 § 1387 schlägt hieher nicht ein. Es erübrigt daher doch wohl nichts anderes, als darauf die zweite Alternative der Ziff. 1 anzuwenden. Der dortige Wortlaut schließt dies nicht aus. Sonst würde sich auch eine Lücke des Gesetzes ergeben.

Die Vertheidigungskosten für die Frau fallen übrigens dem Manne nicht unbedingt zur Last. Vor allem ist der Fall ins Auge gefaßt, daß die Aufwendung selbst mit Zustimmung des Mannes erfolgte. Liegt letztere vor, so kommt die Frage der Nothwendigkeit der Kosten nicht weiter in Betracht. Doch ist in P. IV, 179 bemerkt, eine bloße Zustimmung zur Vertheidigung (im Allgemeinen) sei regelmäßig auch nur eine Zustimmung zur Aufwendung der nothwendigen Kosten. Fehlt eine Zustimmung des Mannes, so kommt es darauf an, ob die Kostenaufwendung den Umständen nach geboten war. (P. IV, 179.) In solchem Falle soll der Mann bei Verweigerung der Zustimmung nicht günstiger gestellt sein, als wenn er die Zustimmung ertheilt hätte. Wann der Aufwand als geboten zu betrachten ist, läßt sich im Allgemeinen nicht festlegen. Als überflüssig oder zwecklos kann der Vertheidigungsaufwand z. B. dann erscheinen, wenn die Schuld der Frau offenbar ist oder wenn sich die Frau in Bagatellsachen selbst vertheidigen kann. Ob auch der Fall hieher gehört, wenn das drohende Strafübel (z. B. kleine Geldstrdfe) erheblich geringer erscheint, als der Vertheidigungsaufwand, mag zweifelhaft sein. Es gibt Fälle, wo schon die Abwendung der bloßen Thatsache einer Verurtheilung einen besonderen Aufwand für eine Vertheidigung rechtfertigt, mag auch die Strafe noch so gering sein. Die Kostenhaftung des Mannes der Frau gegenüber ist für die Fälle der Ziff. 2 auch insoferne begränzt, als das Gesetz die Ersatzpflicht der Frau im Falle ihrer Verurtheilung vorbehält. Damit kann nur der Ersatz der Vertheidigungkosten durch die Frau gegenüber dem zahlenden Manne gemeint sein. Dies stimmt zu dem Grundsatze des § 1415 Ziff. 1. Durch jenen Ersatzanspruch des Mannes ergibt sich scheinbar ein Gegensatz zu dem sonst aus den §§ 1385—1387 entspringenden Ausschlusse eines Ersatzanspruchs des Mannes. Allein auch nur scheinbar. Denn dieser ebenerwähnte Ausschluß bezieht sich nur auf Verbindlichkeiten beim eingebrachten Gut. § 1415 weist aber Verbindlichkeiten von der hier fraglichen Art überhaupt grundsätzlich dem Vorbehaltsgute zu.

Wird die Frau freigesprochen, so fragt es sich vor allem, ob die Kosten der Vertheidigung nach St.P.O. § 499 Abs. 2 urtheilsmäßig der Staatskassa auferlegt wurden. Wenn nicht, so bleiben sie dem Manne zur Last, da die Schlußworte der Ziff. 2 der Frau für diesen Fall keinen Ersatz zumuthen.

Aus diesen Schlußworten folgert sich übrigens mit Nothwendigkeit, daß der Mann die fraglichen Vertheitigungskosten der Frau gegenüber nicht blos zu tragen, sondern sie auch der Frau „vorzuschießen“ hat.

§ 1388.

Soweit der Mann nach den §§ 1385 bis 1387 der Frau gegenüber deren Verbindlichkeiten zu tragen hat, haftet er den Gläubigern neben der Frau als Gesammtschuldner.

E. II, 1287; III, 1871.

1. Allgemeines. Während die §§ 1385—1387 das Verpflichtungsverhältniß zwischen Mann und Frau unter sich regeln, behandelt § 1388 die entsprechenden Beziehungen zu Dritten d. h. den Gläubigern (Anspruchsberechtigten) der Frau in Ansehung ihres eingebrachten Gutes. Der Paragraph erstreckt sich dabei aber nur auf diejenigen Fälle und Verhältnisse, welche in den §§ 1385—1387 erwähnt sind (P. IV, 179, 193). Aus dem § 1388 sind folgende Sätze abzuleiten:

a) Die in den fraglichen Richtungen an sich begründete Verbindlichkeit der Frau bleibt als solche ihren Gläubigern gegenüber bestehen.

b) Soweit der Mann der Frau gegenüber die Verbindlichkeit (Last) zu tragen hat, haftet er auch den Gläubigern der Frau und zwar unmittelbar (P. IV, 179).

c) Das Schuld- oder Belastungsverhältniß der Frau und des Mannes verbindet sich in der Art, daß Mann und Frau als Gesammtschuldner haften (§ 421 fg.). Daraus ergibt sich eine Erweiterung der Haftung zu Gunsten des Dritten, welche kraft des Gesetzes eintritt.

d) Demzufolge kann in den betreffenden Fällen sowohl der Mann allein als die Frau allein auf das Ganze in Anspruch genommen werden. Es kann aber auch Inanspruchnahme Beider sammtverbindlich in einer Klage erfolgen. Geschieht dies, so ergibt sich eine Streitgenossenschaft nach §§ 56, 58 C.P.O. ä. F.

e) Dem Manne stehen die gleichen Einreden zu wie der Frau, da der Mann ja nur aus deren Verpflichtungen haftet (P. IV, 179).

f) Hat der Mann gezahlt oder geleistet, so ist er wegen der §§ 1385—1387 nicht berechtigt, von der Frau Ersatz zu verlangen. Umgekehrt hat aber aus gleichem Gesetzesgrunde die Frau einen Ersatzanspruch an den Mann, wenn sie aus Eigenem die Verbindlichkeit erledigt hat.
g) Eine Vertheilung der Schuld zwischen Mann und Frau unter sich nach Inhalt des § 426 findet nicht statt; ebenso nicht ein ausgleichender Rückgriff nach demselben Paragraphen.
h) Eine Verurtheilung von Mann oder Frau kann civilprozessual nur je nach der Richtung der Klage wider den Einen oder die Andere, eine gesammtverbindliche Verurtheilung Beider nur bei Verklagung Beider stattfinden. Dem analog wird auch
i) ein civilprozessualer Zwangsvollstreckungstitel im Allgemeinen nur in der gleichen Weise begründet und gewonnen. Bemerkenswerth ist die in M. IV, 205 vorfindliche Verweisung darauf, daß „die Gläubiger der Frau sich den hier fraglichen Anspruch der Frau (d. h. deren Tragungs- und Ersatzanspruch) im Wege der Zwangsvollstreckung (derjenigen gegen die Frau?) pfänden und überweisen lassen können". Zu bedenken ist dabei aber doch, daß wenigstens eine Ersatzforderung der Frau erst mit der Zahlung oder Leistung durch diese, also erst dann begründet ist, wenn damit eine weitere Zwangsvollstreckung bereits abgewendet erscheint, soferne nicht etwa nur theilweise Befriedigung erfolgte.

2. Einzelheiten. Noch ist Folgendes beizufügen:
a) In Bezug auf öffentliche Lasten (§ 1385 Ziff. 1) erfolgt die Beitreibung und namentlich die Zwangsvollstreckung nach Maßgabe der einschlägigen besonderen Reichs- oder Landesgesetze (vgl. Bayr. A.G. zu C.P.O. v. 13. Febr. 1879 Art. 4 fg.) auch gegenüber den Ehegatten. Vom Standpunkte des ehelichen Güterrechts steht dabei nach § 1388 jedenfalls nichts entgegen, daß die Zwangsbeitreibung gegen beide Ehegatten gesammtverbindlich gerichtet wird.
b) Kosten für Rechtsvertretung nach § 1387. Hat ein Dritter in Bezug auf Civilprozeßkosten nach dem Urtheile einen Zwangsvollstreckungstitel nur gegenüber einem Ehegatten erlangt, so kann er die Haftung des Anderen als Gesammtschuldner im Rechtswege durch besondere Einklagung der Kosten gegenüber jenem Anderen verwirklichen. Letzteres gilt analog auch für den Vertheidiger bezüglich seines rückständigen Guthabens.

§ 1389.

Der Mann hat den ehelichen Aufwand zu tragen.

Die Frau kann verlangen, daß der Mann den Reinertrag des eingebrachten Gutes, soweit dieser zur Bestreitung des eigenen und des der Frau und den gemeinschaftlichen Abkömmlingen zu gewährenden Unterhalts erforderlich ist, ohne Rücksicht auf seine sonstigen Verpflichtungen zu diesem Zwecke verwendet.

E. I, 1328 Nr. 2; II, 1288; III, 1372.

1. Grundsatz. Der erste Absatz dieses Paragraphs gibt einem Grundsatze Ausdruck, welcher das ganze Güterrecht im ordentlichen gesetzlichen Güterstande beherrscht. (P. IV, 194.) Nachdem der Mann die Nutzungen des eingebrachten Gutes seiner Frau des Ehestandes wegen und zu dessen Aufrichtung und Aufrechterhaltung genießt, soll er andererseits auch gehalten sein, die Last „des ehelichen Aufwands" zu tragen. Und gleichwie ihm jene Nutzungen zustehen in vollem Umfange und ohne Rücksicht auf die Höhe der ihm erwachsenden Lasten, sohin unter Umständen auch mit einem Ueberschusse zu eigenem Besten, so hat er kehrseits auch den ehelichen Aufwand zu tragen, ohne Rücksicht auf Deckung durch Einkünfte aus dem eingebrachten Frauengute, also auch dann, wenn ein solches gar nicht oder nicht in nutzbringender Art vorhanden ist.

2. Umfang der Lasten nach Abs. 1. Was als „ehelicher Aufwand" im Allgemeinen zu betrachten sei, wurde in der II. Komm., welche die jetzige Vorschrift erst in das Gesetzbuch gebracht hat, absichtlich nicht eigens gesetzlich festgestellt, weil man eine bezügliche Kasuistik im Gesetze als nicht angängig betrachtete (P. IV, 194). Der Natur der Sache nach gehören hieher die Gesammtausgaben für die durch die eheliche Lebensgemeinschaft bedingten und in derselben inbegriffenen Bedürfnisse der Ehegatten und ihrer gemeinsamen Abkömmlinge. (S. hiezu Nr. 3 a.)

Hiezu sind zu rechnen insbesondere der Aufwand für Wohnung (auch für Wohnungs- und Wohnortswechsel), Nahrung, Kleidung, Beheizung, Beleuchtung, sowie die Kosten der Erziehung und des Unterrichts der Kinder, und zwar auch dann, wenn diese zu Unterrichtszwecken außerhalb des Elternhauses sich befinden. Weiter fällt in den Bereich des § 1389 Abs. 1 der Aufwand für Arzt rc. und Pflege in Krankheitsfällen, dann derjenige für Kost, Lohn rc. der Dienstboten oder anderer für häusliche Zwecke verwendete Hilfskräfte. Zu den Dienstboten sind z. B. auch zu rechnen die im Haushalte eines Landwirths verwendeten, wenn auch in landwirthschaftlicher Arbeit dienenden Knechte und Mägde rc., die eigentlichen sog. Ehehalten in der früheren Volks- und Rechtssprache.*) Andere gewerbliche Gehilfen in einem Erwerbsgeschäfte fallen dagegen nicht unter die durch obigen Abs. 1 dargebotenen Gesichtspunkte.

Eine feste, abschließende Aufzählung der hieher gehörigen Ausgabsposten ist selbstverständlich nicht möglich. Der Umfang des Aufwands für die Ehezwecke ist überhaupt ein sehr relativer, je nach den Lebensverhältnissen, insbesondere nach dem Stande und Alter, den Erwerbs- und Vermögensverhältnissen (vgl. auch hieher §§ 1360, 1610), der Familienkopfzahl u. s. w. Im Haushalte des Tagelöhners, kleinen oder reichen Bauern, beim Fabrikarbeiter oder Fabrikherrn, beim Stadtbürger, beim Gelehrten rc., beim Großbesteuerten rc. ist je ein ganz verschiedener Maßstab anzulegen. Auch die Volks- und Ortssitte liefert hier unterschiedliche bestimmende Momente. Alles in Allem unterliegen die hier einschlägigen Verhältnisse einer ganz arbiträren Beurtheilung und Festsetzung. Der erste Faktor für diese Festsetzung ist der Ehemann selbst, und zwar gemäß seiner nach § 1354 begründeten Stellung als Familienoberhaupt. Diesem Rechte des Ehemannes entspricht aber auch die schon aus § 1389 Abs. 1 entspringende und in gewisser Richtung durch Abs. 2 noch näher ausgeführte Pflicht des Mannes, alles Dasjenige zu leisten, was in den Verhältnissen begründet und denselben angemessen (sei es nothwendig oder auch nur nützlich) ist. Die Gränze dieser Pflicht liegt wesentlich in der Negative, daß eben dem Manne als nicht freiwillige Leistung nicht zur Last fallen kann, was der wirthschaftlichen Lage nicht entspricht, sich namentlich als Luxus oder selbst nur als Ueberfluß oder als reine Liebhaberei (namentlich gegenüber den Sportneigungen moderner Frauen zu betonen!) darstellt oder den Mann auch nur zum Schuldenmachen zwingt, soferne letzteres nicht durch eine absolute Nothwendigkeit geboten oder unter außerordentlichen Umständen, wie z. B. bei Unglücks- oder Krankheitsfällen durch die Erfüllung einer überragenden höheren Pflicht bedingt ist. Andererseits wurde in der II. Komm. (P. IV, 194) ausdrücklich betont, daß je nach den Verhältnissen auch Ausgaben für wohlthätige Zwecke oder gesellige Veranstaltungen zum ehelichen Aufwand zu rechnen sein können.

3. Zweifelspunkte im Bereiche des Abs. 1.

a) Wie weit erstreckt sich die aus § 1389 Abs. 1 dem Ehemanne erwachsende Pflicht auch auf die den Ehegatten nicht gemeinschaftlichen Abkömmlinge? Diese Frage kann sich von vorneherein selbstverständlich nicht beziehen auf die eigenen (von einer anderen Frau geborenen leiblichen oder rechtmäßig und rechtsförmlich von ihm an Kindesstatt angenommenen, § 1757) Kinder des Mannes. Für diese hat er ohnehin zu sorgen (M. IV, 216). Was aber voreheliche Kinder seiner Frau (aus früherer Ehe derselben oder außereheliche) betrifft, so ist von jener Frage vor Allem der Fall auszuscheiden, wenn eine nach bisherigem Landesrechte vollzogene, rechtsförmliche und rechtswirksame Vereinkindschaftung, geschehen vor dem 1. Januar 1900 (vgl. S. 92), vorliegt. In diesem mit Güterständen des bisherigen Landesrechts zusammenhängenden Punkte schlägt ja auch Art. 200 E.G. ein. Dem eben erwähnten Falle analog gestaltet sich auch das Verhältniß in Ansehung von Adoptivkindern der Frau, wenn diese (vor oder seit 1. Januar 1900) die Annahme an Kindesstatt (§ 1741 fg.) gemeinschaftlich mit ihrem Ehemanne (§ 1749) oder wenigstens mit dessen Einwilligung (§ 1746) bethätigt hat.

Abgesehen von diesen Fällen trifft aber den Mann ohne Zweifel ebenfalls die bezügliche Last, soferne und soweit einschlägige anderweitige Vereinbarungen (vor oder seit 1. Januar 1900) vorliegen, womit der Mann Verpflichtungen bezüglich der Aufnahme von Stiefkindern in seinen Haushalt übernommen hat. Wie aber dann, wenn nicht rechtsförmliche Vereinbarungen in letzterem Sinne vorliegen, sondern einfach die Thatsache besteht, daß Kinder der Frau in den Ehehaushalt des Stiefvaters mit ihrer Mutter aufgenommen sind? Für den Bereich des § 1389 (also abgesehen von der anderen Frage der gesetzlichen Unterhaltspflicht an und für sich)

*) Der Aufwand hiefür fällt übrigens auch unter den Gesichtspunkt der Gewinnungskosten im Sinne des § 1384, soweit er sich auf das der Nutzung des Mannes zufallende eingebrachte Gut der Frau bezieht.

wird man diese Thatsache als genügend betrachten müssen, um auch diese Hausangehörigen an den Vortheilen nach der Gesetzesstelle theilnehmen zu lassen (vgl. P. IV, 194; aber auch M. IV, 216), aber nur solange, als sie thatsächlich in der Familiengemeinschaft des Mannes leben und insoweit, als nicht eigene Einkünfte des Stiefkindes (aus Vermögen desselben oder als Alimente Dritter) verfügbar oder erreichbar sind. Analog ist auch das Verhältniß in Ansehung sog. Pflegekinder der Ehegatten zu beurtheilen. Bemerkenswerth ist in diesen letztgedachten Richtungen, daß in P. IV, 194 eigens auch des Falles der Erstreckung des Aufwands im Ehehaushalte auf die in demselben lebenden Eltern eines Ehetheiles Erwähnung geschieht.

b) In welchem Verhältnisse steht die Rechtspflicht des Ehemannes nach § 1389 Abs. 1 zu seiner durch die §§ 1360 und 1601 fg. begründeten Unterhaltspflicht gegenüber Frau und Kindern? Die Rechtssätze über diese Unterhaltspflicht im Allgemeinen bilden jedenfalls die erste durch § 1389 Abs. 1 in keiner Weise abgeschwächte Grundlage des Rechtsverhältnisses. Der Hauptzweck des § 1389 Abs. 1 liegt ja auch gerade darin, festzulegen, daß für den Bereich des ehelichen Haushalts im gesetzlichen ordentlichen Güterstande der Mann es ist, welcher die Haushaltslasten vor allem gegenüber der Frau zu tragen hat. (P. IV, 175, 194.) Soweit letztere in der Gewährung eines gesetzlich beanspruchbaren Unterhalts bestehen, kommen in dieser Richtung eben die gesetzlichen Vorschriften über die gesetzliche Unterhaltspflicht in Betracht. Diese gehen auch in mancher Richtung ohnehin parallel mit § 1389 Abs. 1, wie sich z. B. aus dem Inhalte des § 1360 Abs. 1 ergibt. Jene Normen über die Unterhaltspflicht überragen auch in zeitlicher Hinsicht die Wirkungsfähigkeit des § 1389 Abs. 1. Denn dessen Grundsatz gilt mit seinen Folgesätzen nur für die Dauer der Ehe im gesetzlichen ordentlichen Güterstande und auch nur für die Bethätigung des ehelichen Lebens in ehelicher Gemeinschaft, während die allgemeinen Grundsätze über Unterhaltspflicht eine solche unter Umständen auch über jenen Zeitraum hinaus begründen, wie sich aus § 1361, 1601 fg. entnehmen läßt. Andererseits können sich in Ansehung des sachlichen Umfangs der hausherrlichen Pflichten des Ehemannes aus dem § 1389 Abs. 1 je nach den Verhältnissen auch Folgerungen ergeben, welche über den Inhalt der eigens gesetzlich anerkannten, aber auch sachlich begrenzten Unterhaltspflichten des Ehemannes und Vaters hinausgehen. (P. IV, 194.)

4. Die Kautelen des § 1389 Abs. 2. Beschlossen wurde Abs. 2, wie er jetzt sich darstellt, nach längeren Erwägungen in II. Komm. (P. IV, 194 fg.). Das Gesetz faßt hier namentlich die Möglichkeit in's Auge, daß der Mann die ihm gebührenden Nutzungen des eingebrachten Gutes thatsächlich für sich, für rein persönliche Bedürfnisse oder Liebhabereien oder zur Bezahlung eigener Schulden verwenden könnte, ohne der Frau und Anderen Dasjenige zu gewähren, was ihnen in Ansehung ihres Unterhalts gebührt. In diesem Punkte soll Abs. 2 einen besonderen Rechtsschutz schaffen und gewähren. Zu bemerken ist dabei:

a) Nur der Frau — nicht auch den gemeinschaftlichen Abkömmlingen — gibt Abs. 2 den bezüglichen selbständigen Rechtsanspruch (P. IV, 195, 196). Soweit Interessen Jener mit in Frage kommen, sind sie eben von der Frau mitzuvertreten, welcher der Gesetzestext unverkennbar das Recht dazu beilegt.

b) Der Kautel ist im Gesetze Wirksamkeit nur beigelegt in Ansehung der Erfordernisse zur Bestreitung des Unterhalts und zwar neben demjenigen des Mannes des Unterhalts der Frau und der gemeinschaftlichen Abkömmlinge. Also nicht darüber hinaus — in persönlicher und sachlicher Hinsicht.

c) Der Reinertrag des eingebrachten Gutes unterliegt der fraglichen Verwendungspflicht, sohin wenn, wie und in welchem Umfange sich ein solcher thatsächlich ergibt. Mit Recht ist bei Fischer-Henle, S. 562 bemerkt, daß nicht derjenige Betrag in Berechnung zu ziehen ist, der bei ordnungsmäßiger Verwaltung hätte erzielt werden können.

d) Aus dem Abs. 2 folgt zunächst das Recht der Frau, auf dessen Grundlage Klage gegen den Mann zu stellen, sei es auf Erfüllung seiner Rechtspflicht oder auch gegebenen Falles auf Ersatzleistung an die Frau. Diese Ansprüche können nach § 1394 auch schon vor Beendigung des eheherrlichen Verwaltungs- und Nutznießungsrechts mit Klage geltend gemacht werden. (§ 1394; D. 192.) Unter Umständen ist weiter auch dargeboten die Klage der Frau auf Aufhebung der Verwaltung und Nutznießung des Mannes gemäß § 1418 Ziff. 2.

Die ersterwähnte Erfüllungs- oder Ersatzklage kann für die Frau allerdings auch über den eingeengten Bereich des § 1389 Abs. 2 hinaus begründet sein, unterliegt dann aber in diesem weiteren Gebiete den Beschränkungen des § 1394 Satz 1.

5. Verhältniß zu Dritten. Wie schon erwähnt, behandelt § 1389 Abs. 1 zunächst das Verhältniß des Mannes gegenüber der Frau. An dieser Stelle fehlt aber ein hierauf bezüglicher Beisatz, wie er in den §§ 1385—1387 steht, und ebenso eine Anschlußbestimmung, wie sie § 1388 in Bezug auf das Verhältniß zu Dritten enthält. Eine solche Solidarhaftung, wie sie dort festgesetzt ist, besteht daher im Bereiche des § 1389 nicht. Dritte, welche für diesen Bereich Forderungen erworben haben (für Dienste, Lieferungen, Miethen 2c.), können und müssen sich mit ihren Ansprüchen und Klagen an den Mann halten. Dies ist selbstverständlich von vorneherein dann, wenn der Mann selbst die bezüglichen Rechtsgeschäfte abgeschlossen. Es gilt aber auch dann, wenn die Frau im Auftrage oder mit Zustimmung Namens des Mannes gehandelt hat, sowie namentlich auch da, wo Handlungen der eheräulichen Schlüsselgewalt im Sinne des § 1357 vorliegen.

Hat die Frau darüber hinaus Schulden gemacht d. h. unter anderen Umständen und in Dingen, welche die durch § 1389 Abs. 1 dem Manne auferlegte Rechtspflicht überschreiten, so bemißt sich die Haftbarkeit des Mannes nach den allgemeinen Grundsätzen über Schuldenhaftung im ordentlichen gesetzlichen Güterstande. So namentlich auch dann, wenn die Frau ohne Vorwissen und Zustimmung des Mannes in Kleider- und Putzangelegenheiten, wie nicht selten, Excesse machte, welche den concreten Verhältnissen des Ehestandes nicht entsprechen und daher auch nicht dem § 1389 Abs. 1 unterstellt werden können.

§ 1390.

Macht der Mann zum Zwecke der Verwaltung des eingebrachten Gutes Aufwendungen, die er den Umständen nach für erforderlich halten darf, so kann er von der Frau Ersatz verlangen, sofern nicht die Aufwendungen ihm selbst zur Last fallen.

E. I, 1324 Abs. 1, 595; II, 1289; III, 1373.

1. Aufwendungen zum Zwecke der Verwaltung. Während E. I sich in Ansehung verschiedener die Verwaltung des eingebrachten Gutes betreffenden Fragen auf die einschlägigen Normen über den Auftrag (E. I § 591—595) zurückbezogen hatte, erachtete es die II. Komm. als angemessen, die betreffenden Grundsätze, soweit sie auf das eheliche Güterrecht anwendbar erscheinen, in dem Abschnitte über letzteres selbst auszusprechen. (P. IV, 173). Einer dieser Punkte ist im § 1390 behandelt.

Die Gesetzesstelle spricht nur von Aufwendung zum Zwecke der Verwaltung des eingebrachten Guts. Lediglich um solche handelt es sich hier. Kosten der Nutznießung insbesondere der Fruchtgewinnung fallen dem Manne zur Last (§ 1384).

Dem Begriffe „Aufwendungen" im Allgemeinen ist hier keine andere Bedeutung beizulegen, als wie sie bisher schon mit den impensis des R.R. verknüpft wurde. L. 1 § 1 bis L. 4 pr. D. de imp. in res dotales factis 25, 1; L. 79 pr. D. de V. S. 50, 17. Das B.G.B. eignete sich dabei aber die im R.R. und zwar speciell für das Dotalrecht aufgestellte und in den Quellen mit einiger Casuistik durchgeführte Dreitheilung: impensae necessariae, utiles und voluptuosae nicht an. Unser Gesetzbuch (vgl. auch § 670) faßt die Sache überhaupt nicht mittelst einer rein objectiven und absoluten Begriffsunterscheidung auf, sondern paßt die Bestimmung des ersatzberechtigten Aufwandes den concreten „Umständen" an. Hiebei bezeichnet es allerdings als ersatzberechtigend auch nur solchen Aufwand, welcher den Charakter des „Erforderlichen" an sich trägt. Aber es fixirt diesen Charakter nicht objectiv, sondern läßt ihn gelten, wenn ihn der aufwendende Mann nach seinem subjectiven Ermessen als erforderlich halten darf. Das darf er aber dabei nur, wenn sich der Aufwand in den Bahnen einer ordnungsmäßigen Verwaltung (§ 1374) bewegt.

2. Ersatzanspruch. Von diesem sind selbstverständlich solche Aufwendungen ausgeschlossen, welche nach anderweitigen speciellen Bestimmungen den Mann treffen, wie z. B. die im § 1384 erwähnten Erhaltungskosten. Der Schlußvorbehalt des § 1390 nimmt außerdem von den ersatzberechtigenden Aufwendungen eigens auch noch jene Kosten aus, welche nach § 1385—1387 dem Manne überwiesen sind. § 1390 spricht vom Ersatz von Aufwendungen zum Zwecke der Verwaltung des eingebrachten Gutes, also des Frauenvermögens, nicht aber von Aufwand für die Person der Ehegattin. Darin weicht § 1390 z. B. von dem Inhalte des § 1648 ab Erstere Gesetzesstelle hat aber auch

in ihrem Inhalte Dasjenige nicht aufgenommen, was § 1835 Abs. 2 in Ansehung gewisser persönlicher Dienstleistungen des Vormunds bestimmt. Endlich ist auch nur Ersatz für den Aufwand selbst gewährt, von einem Zinsanspruch aber nicht die Rede.

3. Ueber Art und Umfang des Ersatzes für Aufwendungen s. auch §§ 256, 257.

§ 1391.

Wird durch das Verhalten des Mannes die Besorgniß begründet, daß die Rechte der Frau in einer das eingebrachte Gut erheblich gefährdenden Weise verletzt werden, so kann die Frau von dem Manne Sicherheitsleistung verlangen.

Das Gleiche gilt, wenn die der Frau aus der Verwaltung und Nutznießung des Mannes zustehenden Ansprüche auf Ersatz des Werthes verbrauchbarer Sachen erheblich gefährdet sind.

E. I, 1292, 1005; II, 1290; III, 1374.

1. Grundsatz. Die Ueberweisung der Verwaltung und Nutznießung des eingebrachten Gutes an den Mann im ordentlichen gesetzlichen Güterstande beruht auf dem Vertrauen in die Gewissenhaftigkeit, Umsicht und Erfahrung des Mannes. Dieses Vertrauen kann und wird in nicht seltenen Fällen getäuscht oder wenigstens erschüttert werden. Für solche Fälle gewähren die §§ 1391—1393 der Frau bestimmte Sicherungsmittel. Letztere erinnern an die cautio usufructuaria des Gem. R., weichen aber, wie schon im § 1051 B.G.B. so auch hier, besonders darin ab, daß sie nicht unbedingt, sondern nur unter bestimmten engeren, gesetzlich festgestellten Voraussetzungen begehrt werden können. Das B.G.B. folgt darin dem P.L.R. Thl. II Tit. 1 § 255.

2. Die Voraussetzung für den Anspruch der Frau auf Sicherheitsleistung ist im Allgemeinen schon durch den vorhin erwähnten Standpunkt des Gesetzes gekennzeichnet. Verlangt ist vor Allem ein ungewöhnliches, besorgnißbegründendes Verhalten des Mannes, d. h. ein solches, welches ihn in Gestalt bestimmter Thatsachen als böswillig, leichtsinnig oder auch nur unhaushälterisch, als unfähig für eine ordnungsmäßige Vermögensverwaltung oder auch nur als zu unerfahren erscheinen läßt. Nicht erfordert wird, daß bereits eine Schädigung am eingebrachten Gute der Frau eingetreten ist. Es handelt sich nur um die begründete Besorgniß dessen, dies aber auch nur dann, wenn eine erhebliche Gefährdung oder Verletzung der Rechte der Frau in dem im Abs. 1 und 2 eigens bezeichneten Richtungen zu besorgen ist (R.T.K. S. 137). So wie Abs. 1 lautet, hat er überhaupt nicht einen bereits begründeten Ersatzanspruch im Auge, sondern die Vorkehrung gegen die Entstehung eines solchen. Anders beim Abs. 2, welcher der Frau einen Anspruch auf Sicherheitsleistung darbietet sowohl wegen bereits entstandener als auch wegen künftig entstehender Ansprüche (P. IV, 199, 202). Bezüglich der Einschränkungen des Abs. 2 aber, wurde in II. Komm. (P. IV, 177) Folgendes bemerkt:

> „Der Vorschlag, ein Recht der Ehefrau auf Sicherheitsleistung auch dann allgemein anzuerkennen, wenn Umstände vorliegen, welche die der Ehefrau auf Grund des gesetzlichen Güterstandes gegen den Ehemann zustehenden Ansprüche auf Ersatz oder Rückgabe des beweglichen Ehegutes (also desselben überhaupt in jeder Art) als gefährdet erscheinen lassen, daneben aber die Anfechtung einer solchen Sicherheitsleistung auf Grund des § 25 Nr. 2 K.O. und des § 3 Nr. 4 R.G. v. 21. Juli 1879 zuzulassen, wurde abgelehnt, indem man annahm, daß das vorgeschlagene Recht bei Zulassung der Anfechtung ohne Werth sein würde, bei Ausschluß der Anfechtung aber aus denselben Gründen unannehmbar sei, wie ein gesetzliches Vorzugsrecht der Ehefrau."

Hinsichtlich des Verhältnisses des § 1391 zu § 25 Nr. 2 K.O. und § 3 Nr. 2 des R.G. über Anfechtung von Rechtshandlungen 2c. v. 21. Juli 1879 s. auch P. IV 199 fg.

3. Die Art der Sicherheitsleistung ist — abgesehen von dem, was in den §§ 1392, 1393 enthalten ist — für die hier behandelten Fälle nicht eigens bestimmt. In dieser Hinsicht ist daher zurückzugreifen auf die allgemeinen Vorschriften in § 232 fg. Zu den dort freigelassenen Sicherheitsmitteln gehört unter Anderem auch die Bestellung von Hypotheken an inländischen Grundstücken. Findet eine solche Hypothekbestellung gemäß § 1391 statt, so kann wenigstens im Falle des Abs. 1 die Hypothek, da das Bestehen und die Höhe eines Ersatzanspruches noch nicht fixirt ist, nur den Charakter einer Sicherungshypothek i. S. der §§ 1184 fg. an sich tragen. Dabei versteht es sich aber von selbst, daß auch hier der Eintrag auf eine bestimmte Sicherheitssumme zu erfolgen hat. In jenem Punkte unterscheidet sich der im § 1391 gewährte Rechtsbehelf grundsätzlich

von jenem, welcher in Ansehung eines Eintrags auf des Mannes Grundstücken zu Gunsten der Rechte und Ansprüche der Frau z. B. im § 254 Thl. II Tit. 1 P.L.R. vorgesehen oder in Gestalt eines gesetzlichen Hypothektitels durch § 12 Ziff. 6 des B.H.G. v. 1. Juni 1822 begründet war.

Steht übrigens bereits eine bestimmte Ersatzforderung der Frau nach Rechtsgrund und Höhe fest, so ist der Mann nicht behindert, freiwillig auf seinem Grundbesitz der Frau auch eine accessorische Hypothek auf die Höhe ihres Guthabens zu bestellen. Gegenüber einer solchen Rechtshandlung richtet sich die Frage der Anfechtbarkeit durch dritte Gläubiger natürlich nach den einschlägigen allgemeinen Rechtsnormen.

4. Die Höhe der Sicherheitsleistung bestimmt sich nach den Umständen, in Sonderheit nach dem Umfange der Gefährdung. Ist darüber keine Einigung zwischen den Eheleuten zu erzielen, so hat eben derselbe Richter darüber zu entscheiden, welcher im Streitfalle auch über die Frage, ob Anlaß zur Sicherheitsleistung besteht, zu befinden hat.

Bezüglich der Höhe der Sicherheitsmittel in Ansehung ihrer Verwendbarkeit vgl. § 234 fg.

5. Die Geltendmachung des Anspruches auf Sicherheitsleistung steht nur der Frau selbst zu und hat nöthigen Falles auf dem Prozeßwege durch Klage zu erfolgen. Unter Umständen kann auch Antrag auf einstweilige Verfügung gerechtfertigt sein. Neben dem § 1391 gewährt übrigens auch der § 1418 Ziff. 1 der Frau noch einen weiteren Rechtsbehelf. Diese Rechtsbehelfe können nach ihrer Zweckbestimmung (vgl. auch § 1394 arg.) auch schon während der Ehe geltend gemacht werden. (D. 192.)

§ 1392.

Liegen die Voraussetzungen vor, unter denen der Mann zur Sicherheitsleistung verpflichtet ist, so kann die Frau auch verlangen, daß der Mann die zum eingebrachten Gute gehörenden Inhaberpapiere nebst den Erneuerungsscheinen bei einer Hinterlegungsstelle oder bei der Reichsbank mit der Bestimmung hinterlegt, daß die Herausgabe von dem Manne nur mit Zustimmung der Frau verlangt werden kann. Die Hinterlegung von Inhaberpapieren, die nach § 92 zu den verbrauchbaren Sachen gehören, sowie von Zins-, Renten- oder Gewinnantheilscheinen kann nicht verlangt werden. Den Inhaberpapieren stehen Orderpapiere gleich, die mit Blankoindossament versehen sind.

Ueber die hinterlegten Papiere kann der Mann auch eine Verfügung, zu der er nach § 1376 berechtigt ist, nur mit Zustimmung der Frau treffen.

E. I, 1292; II, 1291; III, 1375.

1. Inhalt der Vorschrift im Allgemeinen. Der § 232 nennt unter den Arten der Sicherheitsleistung auch diejenigen durch Hinterlegung von Werthpapieren. Dort sind damit gemeint solche, welche dem Sicherheitsleistungspflichtigen selbst oder einem dritten Intercedenten gehören.

Hier aber handelt das Gesetz im Gegensatze hiezu von solchen Inhaberpapieren oder mit Blankoindossament versehenen Ordrepapieren, welche zum eingebrachten Gute der Frau gehören und sich bis dahin gemäß § 1373 im Besitze des Mannes befanden.*)

2. Einzelpunkte.

a) Wenn das Gesetz hier von dem Anspruche der Frau auf Hinterlegung jener Papiere eigens die Coupons ausnimmt, so hat dies seinen Rechtsgrund darin, daß diese Zinsscheine ꝛc. eben unmittelbar dem Zwecke der Nutznießung des Mannes dienen, die Früchte desselben darstellen und deßhalb seinem Zugriffe rechtlich nicht entzogen werden können. Eine freiwillige Mithinterlegung wäre selbstverständlich nicht ausgeschlossen, könnte aber auch jenem Nutznießungsrechte nicht präjudiciren.

b) Neben der Reichsbank läßt § 1392 auch eine andere Hinterlegungsstelle zu. Gemeint ist auch hier (vgl. § 1808) jedenfalls nur eine öffentliche Hinterlegungsstelle. Vgl. dazu §§ 372 fg. und Art. 144 fg. E.G.

c) Die Kosten der Hinterlegung hat der Mann zu tragen, da es sich um die Erfüllung einer Rechtspflicht desselben handelt.

---

*) Zu vergl. ist dazu die Vorschrift des § 1362 über eine Vermuthung zu Gunsten des Mannes.

§ 1393.

Der Mann kann die Inhaberpapiere, statt sie nach § 1392 zu hinterlegen, auf den Namen der Frau umschreiben oder, wenn sie von dem Reiche oder einem Bundesstaat ausgestellt sind, in Buchforderungen gegen das Reich oder den Bundesstaat umwandeln lassen.

E. II, 1292; III, 1376.

Für den Fall, daß unter den Voraussetzungen des § 1391 die Frau von dem ihr durch den § 1392 eingeräumten besonderen Rechtsbehelf Gebrauch macht, gewährt § 1392 dem Manne die Möglichkeit, eine Hinterlegung abzuwenden und zwar dadurch, daß er — nebenbei bemerkt auf seine Kosten — die zum eingebrachten Gute der Frau gehörenden Inhaberpapiere entweder

a) auf den Namen der Frau vinculiren oder für dieselbe,
b) so weit es in Beziehung auf Reichs- oder Staatsschuldverschreibungen (d. h. solche eines deutschen Bundesstaats) zulässig ist, in Reichs- oder Staatsbuchforderungen umwandeln läßt. Ueber solche Reichsbuchforderungen vgl. R.G. v. 31. Mai 1891, betr. das Reichsschuldbuch (R.G.Bl. S. 321). Für Bayern existirt ein Staatsschuldbuch fraglicher Art vorerst noch nicht. Die Ingrossationskataster der Staatsschuldentilgungscommission sind hieher nicht zu beziehen. Ob der Mann von der Facultät des § 1393 Gebrauch machen will, unterliegt seinem Ermessen. Von selbst versteht sich, daß er die Maßnahmen des § 1393 auch freiwillig bethätigen kann, ohne einem Hinterlegungsanspruch nach § 1392 gegenüber zu stehen.

§ 1394.

Die Frau kann Ansprüche, die ihr auf Grund der Verwaltung und Nutznießung gegen den Mann zustehen, erst nach der Beendigung der Verwaltung und Nutznießung gerichtlich geltend machen, es sei denn, daß die Voraussetzungen vorliegen, unter denen die Frau nach § 1391 Sicherheitsleistung verlangen kann. Der im § 1389 Abs. 2 bestimmte Anspruch unterliegt dieser Beschränkung nicht.

E. I, 1292, 1004, 1324 Abs. 2; II, 1293; III, 1377.

1. Regel. E. I § 1324 Abs. 2 hatte beiden Ehegatten die prozessuale Geltendmachung der aus der ehelichen Verwaltung und Nutznießung entstehenden gegenseitigen Ansprüche schon vor der Beendigung des gesetzlichen ordentlichen Güterstandes gestatten wollen. Die II. Komm. beschloß in dieser Hinsicht Beschränkungen der Frau (also nicht auch auf Seite des Mannes). Es geschah dies nicht blos um der Erhaltung des ehelichen Friedens willen, was auch zu gleicher Beschränkung auf Seite des Mannes hätte führen müssen. Vielmehr wurde namentlich in Betracht gezogen, „daß es mit der Selbstständigkeit der ehemännlichen Verwaltung des Mannes nicht vereinbar sei, wenn die Frau wegen jeder angeblichen Verletzung seiner Verpflichtung zur ordnungsmäßigen Verwaltung ihn nöthigen könne, die Meinungsverschiedenheit vor Gericht zum Austrage zu bringen" (P. IV, 202). Man wollte nicht „die Frau rechtlos machen, sondern ihr lediglich die Beschreitung des Rechtswegs nur in solchen Fällen ermöglichen, in denen ein ernstliches Interesse der Frau dies erfordere" (P. IV, 202). Auf diesen Sätzen beruhen Regel und Ausnahmen des § 1394.

Nach der Regel ist die gerichtliche Verfolgbarkeit der in § 1394 bezeichneten Ansprüche der Frau vertagt bis zur Beendigung der eheherrlichen Verwaltung und Nutznießung. Diese Beendigung tritt ein durch:

a) Auflösung der Ehe (Tod, Scheidung) und Aufhebung der ehelichen Gemeinschaft (§ 1586);
b) einen späteren Ehevertrag (§ 1432);
c) Konkurs oder Todeserklärung des Mannes (§ 1419, 1420);
d) richterliche Aufhebung der ehemännlichen Verwaltung und Nutznießung (§ 1418).

Eine Verjährung der Ansprüche der Frau kann inzwischen nicht eintreten (§ 204). Wegen der Ansprüche von Gläubigern der Frau s. § 1411.

2. Ausnahmen. Schon während der Dauer der eheherrlichen Verwaltung und Nutznießung muß selbstverständlich verfolgbar sein:

a) der Anspruch auf Sicherheitsleistung selbst nach § 1391 Abs. 1 und 2. Weiter ist diese Verfolgbarkeit auch gegeben

b) in allen anderen Fällen, in welchen Sicherheitsleistung nach § 1391 (und zwar auch hier nach Abs. 1 und 2: P. IV, 202) verlangt werden kann, gleichviel ob sie wirklich begehrt wird oder nicht, also auch dann, wenn die Frau sofort den Hauptanspruch ohne vorherige Sicherheitsleistung gerichtlich geltend machen kann. Ein weiterer Fall, ist nach ausdrücklicher Gesetzesvorschrift
c) derjenige des § 1389 Abs. 2. Wegen der zeitlichen Zulässigkeit einer Klage auf Auskunftsertheilung nach § 1374 vgl. Bem. zu letzterem Paragraphen S. 110.

§ 1395.

Die Frau bedarf zur Verfügung über eingebrachtes Gut der Einwilligung des Mannes.

E. I, 1300; II, 1294; III, 1378.

1. Rechtsstellung der Frau. Grundsätze. Während das B.G.B. in den §§ 1373—1394 vorwiegend die Rechte und die Pflichten des Ehemannes in's Auge faßt, geht es in den ab §§ 1395—1407 folgenden Vorschriften zur Behandlung von Fragen bezüglich der rechtlichen Stellung der Frau im ordentlichen gesetzlichen Güterstande über. Der leitende Grundsatz ist auch hier, daß die Frau an und für sich durch ihre Verehelichung als solche in der Geschäftsfähigkeit nicht beschränkt wird. Eine ganz andere Frage ist aber die, welche Beschränkungen der Frau in ihrer rechtlichen Bewegungsfreiheit durch den Güterstand, in welchem sie lebt, auferlegt sind. Die Frage beantwortet sich vornehmlich aus der Beschaffenheit der concurrirenden Rechte des Ehemannes, welche durch den vorerwähnten Hauptgrundsatz nicht beeinträchtigt oder auch nur gefährdet werden sollen und dürfen. Dieser zweite Grundsatz (M. IV, 222; D. 193) bedingt eine Reihe von Folgesätzen in Ansehung von Rechtshandlungen der Frau, welche das eingebrachte Gut unmittelbar zum Gegenstande haben oder auch nur mittelbar (M. IV, 223) berühren und daher gegenüber den Verwaltungs- und Nutznießungsrechten des Mannes von Belang sind. Solche

2. Folgerungen zieht das Gesetzbuch in Sonderheit in Hinsicht auf:
a) Verfügungen der Frau über eingebrachtes Gut: §§ 1395, 1396, 1397, 1398, 1401;
b) Rechtsgeschäfte mit Verpflichtung der Frau zu Leistungen: §§ 1399, 1401;
c) Rechtsgeschäfte zur Besorgung persönlicher Angelegenheiten der Frau: § 1402;
d) Führung von Rechtsstreiten durch die Frau: §§ 1400, 1401.
e) Betrieb von Erwerbsgeschäften durch die Frau: § 1405.

3. Eine Verfügung über eingebrachtes Gut seitens der Frau erfordert nach dem an sich klaren Satze des § 1395 die vorherige Einwilligung des Mannes.

E. I, § 1300 hatte die weitläufigere Fassung gehabt:

„Ein Rechtsgeschäft der Ehefrau unter Lebenden, durch welches ein Ehegutsrecht übertragen oder aufgehoben oder eine Ehegutssache oder ein Ehegutsrecht belastet wird, ...

Als diese Fassung in II. Komm. (Subkomm. P. IV, 180) in den jetzigen kurzen Satz umgewandelt wurde, wurde im Protokolle eigens bemerkt: „Der Beschluß stimmt sachlich mit dem § 1300 (E. I) überein."

Zu betonen ist im § 1395: Verfügung über „eingebrachtes Gut", also nicht über Vorbehaltsgut. In dieser letzteren Hinsicht hat die Frau begriffsgemäß rechtlich freie Hand.

Der Verfügung über eingebrachtes Gut ist im § 1399 die rechtsgeschäftliche Verpflichtung der Frau zu einer Leistung gegenübergestellt. Im letzteren Falle steht ein rein obligatorisches Rechtsgeschäft in Frage. Die Verfügung dagegen stellt ein Rechtsgeschäft dar mit einer auf einen bestimmten Vermögensgegenstand (Sache oder Recht) unmittelbar gerichteten Rechtswirkung. Die M. IV, 226 sprechen geradezu von „dinglichen Rechtsgeschäften", dies ist aber, wenn man den Ausdruck im gewöhnlichen Sinne nimmt, hieher bezogen zu eng. Denn auch andere Rechtsgeschäfte aus dem Bereiche der Schuldverhältnisse können hieher zu rechnen sein, z. B. Cessionen, Novationen, Erlasse. Auch eine Rechtsabtretung in Form eines Giros stellt sich als eine „Verfügung über" das indossable Papier dar (Schröder a. a. O. S. 18).

Der Vorschlag, „den Rechtsgeschäften, durch welche die Ehefrau über eingebrachtes Gut verfügt, diejenigen gleichzustellen, durch welche sie sich nur zu einer solchen Verfügung verpflichtet", wurde in II. Komm. abgelehnt. Die Mehrheit hielt es für willkürlich, die obligatorischen Rechtsgeschäfte dieser Art anders zu behandeln, als andere obligatorische Rechtsgeschäfte der Ehefrau (P. IV, 180). Es entspricht dies auch dem Standpunkte, welchen schon E. I eingenommen hatte (M. IV, 229 fg.). S. auch Bem. zu § 1399.

Wie im E. I § 1300 können auch hier im jetzigen § 1395 nur Verfügungen unter Lebenden gemeint sein. Denn Verfügungen der Frau von Todeswegen können an sich nicht den Rechten des Mannes präjudiciren, weil diese im ordentlichen gesetzlichen Güterrecht zur Beendigung kommen, sobald die Ehe durch den Tod der Frau aufgelöst wird. Als besonders bezeichnend ist folgende Stelle aus M. IV, 226 hervorzuheben:

„Die Mitwirkung des Ehemannes hat nicht die Bedeutung, daß dadurch sein eigenes Recht auf den Erwerber übertragen, sondern daß durch seine Einwilligung der Uebergang des Rechtes der Ehefrau ermöglicht wird. Der Ehemann schließt daher die dinglichen Rechtsgeschäfte nicht als Mitcontrahent ab, sondern seine Einwilligung stellt sich als ein einseitiges, zu jenen Rechtsgeschäften hinzutretendes Rechtsgeschäft dar, woraus folgt, daß er aus jenen Rechtsgeschäften persönlich nicht haftet. Ebensowenig ist seine Einwilligung oder Genehmigung an die für das betreffende Rechtsgeschäft selbst vorgeschriebene Form gebunden, vielmehr sind in dieser Hinsicht die allgemeinen Vorschriften . . . maßgebend."

So die Motive. Was die letztberührte Frage der Form der ehemännlichen Zustimmung betrifft, so ist § 182 zu vergleichen. Auch nach dessen Abs. 2 bedarf es nicht der Einhaltung der für das Rechtsgeschäft selbst bestimmten Form, vorbehaltlich der etwa (z. B. in Grundbuchsachen) einschlägigen besonderen Ausnahmsvorschriften. Eine davon verschiedene Frage ist die, ob nicht etwa eine andere Form erforderlich ist? Im Allgemeinen ist dies zu verneinen. Für Verfügungen durch einseitiges Rechtsgeschäft der Frau ergibt sich allerdings etwas anderes aus § 182 Abs. 3. S. Bem. zu § 1398.

Die weitere Bemerkung in jener Stelle der Motive über die Nichthaftung des Mannes ist natürlich nicht so zu verstehen, als ob der einwilligende Mann von den Wirkungen der Verfügung über eingebrachtes Gut überhaupt unberührt bliebe. Die Rechtswirksamkeit einer solchen Verfügung präjudicirt von selbst auch seinen eheherrlichen Rechten daran. Umgekehrt äußert der Mangel der erforderlichen Einwilligung des Mannes nicht etwa blos diesem gegenüber seine Wirkung, sondern gegenüber Jedem und zwar ohne Unterschied, ob das Rechtsgeschäft zum Nachtheil oder zu Gunsten der Ehefrau gereichen würde (M. IV, 225). Weiteres s. zu § 1396 fg.

§ 1396.

Verfügt die Frau durch Vertrag ohne Einwilligung des Mannes über eingebrachtes Gut, so hängt die Wirksamkeit des Vertrags von der Genehmigung des Mannes ab.

Fordert der andere Theil den Mann zur Erklärung über die Genehmigung auf, so kann die Erklärung nur ihm gegenüber erfolgen; eine vor der Aufforderung der Frau gegenüber erklärte Genehmigung oder Verweigerung der Genehmigung wird unwirksam. Die Genehmigung kann nur bis zum Ablaufe von zwei Wochen nach dem Empfange der Aufforderung erklärt werden; wird sie nicht erklärt, so gilt sie als verweigert.

Verweigert der Mann die Genehmigung, so wird der Vertrag nicht dadurch wirksam, daß die Verwaltung und Nutznießung aufhört.

E. I, 1300; II, 1295; III, 1379.

1. Die Wirkung von Verfügungen der Frau über eingebrachtes Gut ist behandelt in den §§ 1396, 1397, 1398. Liegt die nach § 1395 erforderliche Einwilligung (vorherige Zustimmung) des Ehemannes vor, so ist die Rechtshandlung der Frau rechtlich vollwirksam. Das ist selbstverständlich. Darum beschäftigt sich auch das Gesetz in den vorerwähnten Paragraphen nur mit der anderen Frage, wie sich die Rechtslage gestaltet, wenn die Einwilligung des Mannes nicht vorliegt. In dieser Hinsicht unterscheidet das Gesetz zwischen Verfügungen der Frau durch Vertrag (§§ 1396, 1397) und solchen durch einseitiges Rechtsgeschäft (§ 1398).

2. Bei Verträgen, worauf sich die §§ 1396, 1397 beziehen, bewirkt die mangelnde Einwilligung des Ehemannes, daß das Rechtsgeschäft zunächst dem eingebrachten Gute gegenüber unwirksam wird.*) Aber es liegt keineswegs eine unbedingte Ungültigkeit

*) Wenn gesagt wird, es liege eben die gleiche Rechtslage vor wie bei einem Minderjährigen (z. B. Fischer-Henle, S. 565), so ist dies insoferne nicht voll zutreffend, als bei dem Minderjährigen Geschäftsbeschränktheit obwaltet, bei der Ehefrau (d. h. der Volljährigen) aber nicht.

des Rechtsgeschäfts der Frau vor und zwar insoferne nicht, als die Wirksamkeit des Letzteren durch Genehmigung (nachherige Zustimmung) des Ehemannes noch hergestellt werden kann. (E. I § 1300: „Ist das Rechtsgeschäft ein Vertrag, so wird es durch die Genehmigung des Ehemannes wirksam.") In Ansehung dieser Genehmigung enthalten nun die hier vorliegenden Paragraphen und vor allem der § 1396 Specialbestimmungen, welche zu einzelnen Abweichungen von den allgemeinen Vorschriften in § 182 fg. führen. Während nach § 182 die Ertheilung oder Verweigerung der Zustimmung sowohl dem einen wie dem anderen Theile am Vertrage gegenüber erklärt werden kann, betrachtet § 1396 für die dort behandelten Verhältnisse als schließlich maßgebend nur diejenige Erklärung, welche der Mann auf Aufforderung des am Vertrage der Frau betheiligten anderen Theiles diesem gegenüber abgegeben hat. Dieser letzteren Erklärung maßgebende Bedeutung ist vom Gesetze sogar soweit gesteigert, daß, sobald die dem anderen Theile („mit Rücksicht auf seine Gebundenheit": M. IV, 227) verstattete Aufforderung erfolgt und damit die im § 1396 Abs. 1 vorgesehene Frist in Lauf gekommen ist, eine vor jener Aufforderung abgegebene Erklärung an die Frau — möge diese Erklärung auf Genehmigung oder Nichtgenehmigung gelautet haben — unwirksam wird. Das Gesetz sagt: wird. An sich kommt also auch einer an die Frau abgegebenen Erklärung schon eine gewisse rechtliche Bedeutung zu, wenigstens der Frau selbst gegenüber. (M. IV, 227.) Aber diese Bedeutung ist resolutiv bedingt durch die ehemännliche Erklärung gegenüber dem anderen Theile in dessen eigener Person. Die Erklärung kann also auch den Widerruf einer schon früher der Frau ertheilten Genehmigung enthalten. Daß auch schon vor Empfang einer Aufforderung seitens des anderen Theils der Ehemann dem Ersteren gegenüber sich freiwillig über Ertheilung oder Verweigerung der Genehmigung mit Rechtswirkung erklären kann, unterliegt keinem Zweifel.

Die Wirksamkeit der Genehmigung setzt eine Erklärung (§ 116 fg.) voraus. Stillschweigende Ertheilung einer Genehmigung erscheint damit ausgeschlossen. Dagegen kennt das Gesetz sowohl eine ausdrückliche, wie eine stillschweigende Verweigerung der Genehmigung. Letztere wird nach positiver Gesetzesvorschrift angenommen, wenn der Ehemann die im § 1396 Abs. 1 bezeichnete Frist ohne Erklärung hat verstreichen lassen.

Ist die Genehmigung rechtsförmlich ertheilt, so tritt die Wirkung des § 184 (Rückbeziehung) ein, liegt Verweigerung vor, so ist und bleibt das Rechtsgeschäft unwirksam und zwar nicht etwa blos im Verhältnisse der Ehegatten zu einander, sondern schlechthin: auch in Beziehung auf den betheiligten anderen Theil, in dessen Verhältniß zur Frau, wie deren Ehemann.

Diese Unwirksamkeit ist zudem eine zeitlich unbeschränkte, endgültige, wie sich klar aus § 1396 Abs. 2 ergibt. Der Ausschluß einer nachträglichen Convalescenz des Vertrags bezieht sich indessen auch nur auf den im Abs. 2 § 1396 eigens erwähnten Fall. Außerhalb desselben (arg. a contr. und M. IV, 227) convalescirt der ehefräuliche Vertrag, sobald die ehemännlichen Rechte der Verwaltung und Nutznießung aus dem einen oder anderen Rechtsgrunde ihr Ende gefunden haben.

§ 1397.

Bis zur Genehmigung des Vertrags ist der andere Theil zum Widerrufe berechtigt. Der Widerruf kann auch der Frau gegenüber erklärt werden.

Hat der andere Theil gewußt, daß die Frau Ehefrau ist, so kann er nur widerrufen, wenn die Frau der Wahrheit zuwider die Einwilligung des Mannes behauptet hat; er kann auch in diesem Falle nicht widerrufen, wenn ihm das Fehlen der Einwilligung bei dem Abschlusse des Vertrags bekannt war.

E. I, 1300; II, 1296; III, 1380.

1. Widerruf der Einwilligung (vorherigen Zustimmung) des Ehemannes: vgl. hierüber § 183 nebst M. IV, 228.

2. Widerruf der gegenüber der Frau ertheilten nachherigen Genehmigung: s. § 1396 nebst Bem. dazu.

3. Widerruf des Vertrags selbst seitens des der Frau gegenüberstehenden anderen Theils: Davon allein handelt nun § 1397. Dieser ist vollständig analog dem § 109. Vgl. daher die Erörterung zu Letzterem.

Im Abs. 2 wird hier nur gesprochen von dem Wissen, daß die Frau eine Ehefrau ist. Darauf aber kommt nichts an, ob sich dieses Wissen auch auf die Kenntniß des obwaltenden Güterstandes erstreckt oder nicht.

§ 1398.

Ein einseitiges Rechtsgeschäft, durch das die Frau ohne Einwilligung des Mannes über eingebrachtes Gut verfügt, ist unwirksam.

E. I, 1300; II, 1297; III, 1381.

Während die §§ 1396, 1397 sich nur auf Verfügungen durch Vertrag beziehen, handelt im Gegensatze dazu der § 1398 von Verfügungen über eingebrachtes Gut durch einseitiges Rechtsgeschäft der Frau. Dieser Paragraph steht auch in soferne zu den beiden vorausgegangenen im Gegensatze, als er an die mangelnde Einwilligung (vorherige Zustimmung) des Mannes schlechthin die Unwirksamkeit des einseitigen Rechtsgeschäftes knüpft, sohin die Bestimmungen der §§ 1396, 1397 hieher nicht ausdehnt.

Selbstverständlich bezieht sich auch § 1398 nur auf Rechtsgeschäfte unter Lebenden. (Vgl. oben S. 138.) Von den Rechtsgeschäften dieser Art fallen aber alle ohne weitere Unterscheidung unter den § 1398. Als Hauptbeispiele werden gewöhnlich Kündigungen, Derelictionen u. dgl. bezeichnet. (Schröder a. a. O. S. 18.)

Ertheilt der Ehemann seine Einwilligung (vorherige Zustimmung), so wird § 182 Abs. 3 einschlägig und zu Folge der dortigen Verweisung auch § 111 Satz 2 und 3, wonach bei dem Rechtsgeschäfte schriftlicher Nachweis der Einwilligung wenigstens dann nöthig werden kann, wenn nicht der Ehemann den Anderen schon vorher von seiner Einwilligung in Kenntniß gesetzt hat.

§ 1399.

Zu Rechtsgeschäften, durch die sich die Frau zu einer Leistung verpflichtet, ist die Zustimmung des Mannes nicht erforderlich.

Stimmt der Mann einem solchen Rechtsgeschäfte zu, so ist es in Ansehung des eingebrachten Gutes ihm gegenüber wirksam. Stimmt er nicht zu, so muß er das Rechtsgeschäft, soweit das eingebrachte Gut bereichert wird, nach den Vorschriften über die Herausgabe einer ungerechtfertigten Bereicherung gegen sich gelten lassen.

E. I, 1301, 1312; II, 1298; III, 1382.

1. Verpflichtung zu Leistungen. In Bezug auf Rechtsgeschäfte der Frau, welche eine solche Verpflichtung enthalten, nimmt das Gesetz im § 1399 einen wesentlich anderen Standpunkt ein, als nach § 1395 fg. in Bezug auf Verfügungen über eingebrachtes Gut. Nach § 1395 liegt (vorbehaltlich nachfolgender Genehmigung § 1396) Rechtsunwirksamkeit der Verfügung vor für alle Betheiligten (vgl. S. 138). Nach § 1399 aber wird die Frau auch bei mangelnder Zustimmung (vorheriger oder nachheriger) des Mannes für ihre Person verpflichtet (Abs. 1). Wie weit das Rechtsgeschäft aber dem Manne und seiner Rechtssphäre gegenüber wirksam wird, hängt davon ab, ob er dem Rechtsgeschäfte zugestimmt d. h. vorher dazu eingewilligt oder nachher dasselbe genehmigt hat (M. IV, 228 fg.). Stimmt der Mann zu, so wirkt das Rechtsgeschäft in Ansehung des eingebrachten Guts auch ihm gegenüber. Im gegentheiligen Falle tritt letztere Wirkung im Princip nicht ein; wohl aber ist der Mann verbunden zur Herausgabe ungerechtfertigter Bereicherung. (Abs. 2.)

2. Begriff der Leistung. Das Gesetz stellt diesen Begriff in Gegensatz zur Verfügung über eingebrachtes Gut. Die M. IV, 228 bezeichnen letztere als dingliches (vgl. aber dazu die Bem. S. 137), die Leistung als obligatorisches Rechtsgeschäft. Dabei betrachten sie unter eigenem Gesichtspunkte wiederum jene dinglichen oder obligatorischen Rechtsgeschäfte, durch welche die Frau lediglich Rechte erwirbt oder von Verbindlichkeiten befreit wird. Der Gesetzgeber erachtete in Ansehung von Rechtsgeschäften letzterer Art eine besondere Bestimmung nicht als nöthig, „da aus der unbeschränkten Geschäftsfähigkeit der Ehefrau und den anderen Bestimmungen (s. § 1363!) sich ergibt, daß der Erwerb aus solchen Rechtsgeschäften dem eingebrachten Gute zufällt" (M. IV, 228). In Einklang damit spricht auch § 1399 Abs. 1 nur von Rechtsgeschäften, welche zu einer Leistung verpflichten. (Vgl. auch § 1406). Auszuscheiden vom Vollbereiche des § 1399 sind übrigens diejenigen von der Frau „in Person" zu bewirkenden Leistungen, welche unter die Bestimmungen des § 1358 fallen. (Vgl. S. 78.)

3. Vorbehaltsgut und eingebrachtes Gut. Wie die ganze Gruppe von Vorschriften erstreckt sich auch § 1399 nur auf eingebrachtes Gut. Bezieht sich das Rechtsgeschäft auf Vorbehaltsgut (vgl. § 1370), so hat die Frau ohnehin rechtlich vollfreie Hand.

Eine Beziehung auf eingebrachtes Gut ist übrigens anzunehmen, sowohl wenn Letzteres im Rechtsgrunde, als auch in der Wirkung davon berührt wird.

4. Wegen des Begriffs der Bereicherung und der bezüglichen Rechtsgrundsätze s. § 812 fg.

5. Bezüglich obligatorischer Rechtsgeschäfte der Frau, welche eine Verpflichtung derselben zu Verfügungen über eingebrachtes Gut begründen (s. oben S. 137), enthalten M. IV, 229 fg. eine Ausführung, der wir in Abkürzung folgende Sätze entnehmen:

„Ein durchschlagender Grund, auf solche obligatorische Veräußerungsgeschäfte nicht das Prinzip des (jetzt) § 1399, sondern des (jetzt) § 1395 anzuwenden, dieselben mithin in Ermangelung der Einwilligung und Genehmigung des Ehemannes als absolut unwirksam, auch gegenüber der Ehefrau und dem Vorbehaltsgute, zu behandeln, ist nicht anzuerkennen. — — — — Von einem Verstoße gegen die guten Sitten kann keineswegs in allen Fällen die Rede sein, in welchen die Ehefrau Rechtsgeschäfte der hier fraglichen Art abschließt, z. B. nicht in solchen Fällen, in welchen die Ehefrau das Recht, über welches zu verfügen sie sich verpflichtet hat, für Vorbehaltsgut hält, oder in welchen sie irrthümlich annimmt, daß der Ehemann ihr gegenüber seine Einwilligung zu der Verfügung ertheilt habe, oder in welchen sie nur unter Vorbehalt der Genehmigung des Ehemannes sich zu verpflichten beabsichtigt, diesen Vorbehalt aber nicht genügend erklärt hat. So weit aber nach den besonderen Umständen des Falles in der That ein Verstoß gegen die guten Sitten anzunehmen sein sollte, führen die allgemeinen Grundsätze nicht dahin, daß die Wirksamkeit des Rechtsgeschäfts von der Genehmigung des Ehemannes abhängig, sondern daß dasselbe nichtig ist. — — Auch die Auffassung des Rechtsgeschäfts als verbotswidrig würde consequent dahin führen müssen, dasselbe für schlechthin nichtig zu erklären, die Convalescenz durch Genehmigung des Ehemannes mithin auszuschließen."

§ 1400.

Führt die Frau einen Rechtsstreit ohne Zustimmung des Mannes, so ist das Urtheil dem Manne gegenüber in Ansehung des eingebrachten Gutes unwirksam.

Ein zum eingebrachten Gute gehörendes Recht kann die Frau im Wege der Klage nur mit Zustimmung des Mannes geltend machen.

E. I, 1302, 1303; II, 1299; III, 1383.

1. Im Grundsatze ist die Ehefrau als solche, weil geschäftsfähig, auch prozeßfähig. Durch die Ehe an sich wird diese Prozeßfähigkeit der Frau weder aufgehoben noch beschränkt. So viel steht schon nach § 51 Abs. 2 C.P.O. ä. F. fest. Eine andere durch letztere Gesetzesstelle unberührt gebliebene Frage ist aber die, inwieweit güterrechtliche Modificationen darin eintreten, m. a. W. inwieweit in Angelegenheiten bezüglich des Vermögens der Frau aus dem Gesichtspunkte der concurrirenden Rechte des Ehemannes die Sachlegitimation der Frau als eingeschränkt sich darstellt? (M. IV, 232.) Diese Frage und nur sie allein behandelt obiger § 1400. Auch er geht von dem Grundsatze der Prozeßfähigkeit der Frau aus und anerkennt denselben auch für das Gebiet des ordentlichen gesetzlichen Güterstands. Uneingeschränkt greift hier das Prinzip selbstverständlich Platz in Ansehung von Rechtsstreiten der Frau (Activ- wie Passivprozessen), welche sich auf deren Vorbehaltsgut beziehen. Ebenso soweit Wirkungen eines Rechtsstreits der Frau in Ansehung ihres Vorbehaltsguts in Frage kommen. Dagegen greifen Einschränkungen Platz in Hinsicht auf das

2. eingebrachte Gut der Frau. Indem hier das Gesetz Einschränkungen vorsah, hat es in Betracht gezogen, daß ein Prozeß, beziehungsweise das darin ergehende Urtheil, wie eine Verfügung wirken und demgemäß die eheherrlichen Rechte am eingebrachten Gute mitberühren kann (M. IV, 231 fg.; D. 193). Der Inhalt des § 1400 enthält daher im Grunde genommen nur Folgesätze aus § 1395 fg. Diese Letzteren bewegen sich nach zwei Richtungen:

a) Für Activ- und Passivprozesse der Frau und zwar solche jeder Art ist nach § 1400 Abs. 1 deren Wirkung in Ansehung des eingebrachten Gutes für den Fall ausgeschlossen, daß die Prozeßführung der Frau ohne Zustimmung d. h. vorherige Einwilligung oder nachherige Genehmigung ihres Ehemannes (M. IV, 231, 232) erfolgt ist.

An sich ist dies ein Punkt, der zunächst das Verhältniß der Ehegatten unter sich berührt. Die Tragweite erstreckt sich aber auch in das Gebiet des Verhältnisses der Frau wie des Mannes zu Dritten, namentlich insoweit es sich um die Frage der rechtskräftigen Entscheidung oder um die Inanspruchnahme eingebrachten Gutes im Wege der Zwangsvollstreckung handelt. In diesen Beziehungen kann durch Prozeß und Urtheil den Rechten des Mannes, welcher dem Rechtsstreite seiner Frau nicht zugestimmt hat, kein Eintrag erwachsen. In Sonderheit stellen M. IV, 232 eigens fest: „daß der Ehemann die ihm kraft der ehelichen Nutznießung zustehenden Rechte mittelst der actio confessoria gegen den Dritten selbständig verfolgen kann, ohne daß ihm aus der Person der Ehefrau die Einrede der rechtskräftig entschiedenen Sache rechtswirksam entgegengehalten werden könnte".

Andererseits werden bei gegebener ehemännlicher Zustimmung Rechte und Rechtspflichten der Frau „auch gegenüber dem eingebrachten Gute festgestellt. Dagegen wird durch das Urtheil „nicht auch die Eigenschaft der im Prozesse befangenen Verbindlichkeit als einer Verbindlichkeit des eingebrachten Gutes festgestellt, da über diese letztere Frage in dem von der Ehefrau geführten Prozesse nicht entschieden wird" (M. IV, 233).

Eine besondere Form ist für die Zustimmung im Abs. 1 nicht vorgeschrieben. Es bleibt daher bei den einschlägigen allgemeinen Vorschriften (vgl. § 182).

b) Wesentlich gesteigert wird die Einschränkung durch Abs. 2. Dieser bezieht sich auf Activprozesse der Frau, aber nur auf solche, durch welche ein zum eingebrachten Gute gehöriges Recht klagbar geltend gemacht wird. Für solche Rechtsstreite verlangt § 1400 Abs. 2 die Zustimmung (vorherige Einwilligung oder nachherige Genehmigung) des Ehemannes. Diese Zustimmung gehört zur activen Sachlegitimation der Klägerin. (M. IV, 231 fg.) Jene ist daher schon in der Klage namhaft oder spätestens nachträglich in der öffentlichen Verhandlung geltend zu machen, auch bei Bestreitung nachzuweisen. Führt der Mann Namens der Frau mit deren Vollmacht den Rechtsstreit, so liegt darin von selbst seine Zustimmung zu letzterem. Fehlt des Mannes Zustimmung, so ist die Klage deßwegen abzuweisen. „Ergeht gleichwohl Urtheil, sei es in Folge eines Irrthums oder einer Kollusion der Parteien, so ist das in diesem Rechtsstreite ergangene Urtheil (sobald rechtskräftig!) zwar gültig, aber soweit es zum Nachtheile der Frau ausgefallen ist, dem Ehemann gegenüber in Ansehung des eingebrachten Gutes unwirksam" (M. IV, 232). Hat der Mann seine Genehmigung nachträglich ertheilt, so kann der anfängliche Mangel vom Prozeßgegner nun nicht mehr gerügt werden (M. IV, 234).

3. Einzelnheiten. Der Begriff: „ein zum eingebrachten Gute gehörendes Recht" steht hier offenbar in demselben weiteren Sinne, wie er schon zu § 1380 erörtert wurde. Abs. 2 § 1400 bezieht sich auf alle Arten von Aktivprozessen der Frau. Unter jene fallen auch Klagen der Frau auf Feststellung eines zum eingebrachten Gute gehörigen Rechts. Ebenso gehört hieher die Geltendmachung eines Anspruchs im Wege des Mahnverfahrens.

In Passivprozessen ist die Ehefrau durch Abs. 2 nicht behindert, zum Zwecke der prozessualen Vertheidigung ein zum eingebrachten Gute gehöriges Recht geltend zu machen, soweit darin nicht eine unter § 1395 fallende rechtsgeschäftliche Verfügung über eingebrachtes Gut liegt (wie z. B. bei Aufrechnung einer dazu gehörigen Forderung), zu welcher specielle Einwilligung des Ehemannes nöthig wäre.

Die einmal ertheilte Einwilligung des Ehemannes zum Rechtsstreite kann nicht mehr widerrufen werden, sobald der Rechtsstreit anhängig ist. Dies liegt schon in den Consequenzen des § 183.

Hat der Ehemann eingewilligt oder genehmigt, so wirkt das im Rechtsstreite der Frau ergehende Urtheil in Ansehung des eingebrachten Gutes auch gegen den Mann. Ebendeßhalb kann derselbe unter jener Voraussetzung dem Rechtsstreite der Frau auch als Nebenintervenient nach Maßgabe der C.P.O. beitreten und gilt damit als Streitgenosse. (Vgl. über alles dieses M. IV, 233 fg.)

4. Ausnahmen gegenüber den Grundsätzen des § 1400 behandeln §§ 1405 und 1407.

5. Bezüglich der Haftung für Prozeßkosten s. Bem. zu §§ 1387, 1412, 1415, 1416.

§ 1401.

Die Zustimmung des Mannes ist in den Fällen der §§ 1395 bis 1398, des § 1399 Abs. 2 und des § 1400 nicht erforderlich, wenn der Mann durch Krankheit oder durch Abwesenheit an der Abgabe einer Erklärung verhindert und mit dem Aufschube Gefahr verbunden ist.

E. I, 1306; II, 1300; III, 1384.

1. Der Inhalt dieser Gesetzesstelle ist bis zu einem gewissen Grade analog dem § 1379 Abs. 2, welcher den entgegengesetzten Fall der Behinderung der Frau an einer Zustimmungserklärung ins Auge faßt. Während jedoch § 1379 Abs. 2 den Mangel nur durch einen Ersetzungsbescheid des Vormundschaftsgerichts beheben läßt, ist die Anrufung und Gewinnung eines solchen richterlichen Bescheids im Bereiche des § 1401 Abs. 2 nicht nothwendig. Hier, wo es sich allein um ein Nichtkönnen, nicht aber um ein Nichtwollen (s. desfalls § 1402) handelt (R.T.K. S. 138), fällt unter den gesetzlichen Voraussetzungen das Erforderniß eheherrlicher Zustimmung kraft Gesetzes von selbst weg. Die Frau wird in Ansehung der in den §§ 1395—1398, 1399 Abs. 2 und 1400 vorgesehenen Fälle der Disposition über ihr Vermögen von der Fessel befreit, welche ihr die nur güterständlichen, hier als geringer betrachteten Rechte des Mannes anlegen. Dadurch soll es der Frau erleichtert werden, eine ordnungsmäßige Verwaltung ihres eingebrachten Gutes herbeizuführen (D. 193). Wer hat aber dabei zu beurtheilen, ob die im § 1401 gesetzlich festgelegten Voraussetzungen im Einzelfalle gegeben sind? Sicherlich bei Akten der freiwilligen Rechtspflege, insoweit es sich um Aufnahme oder Verweigerung einer Urkunde, eines Bucheintrags u. dgl. handelt, der instrumentirende Beamte. Fragt es sich nachher um die Legalität einer Verfügung, um die Rechtsbeständigkeit einer Verpflichtung rc., um die Wirkung eines Urtheils rc., so fällt die Beurtheilung eben dem Prozeßrichter zu. Selbstverständlich hat die Frau im Gebiete der freiwilligen und streitigen Rechtspflege das Vorhandensein der Voraussetzungen des § 1401 nachzuweisen, wenn solches beanstandet wird.

2. Bezüglich der Tragweite der Vorschrift im Uebrigen vgl. die Erörterungen zu § 1379 unter Nr. 1 nnd 2 nebst M. IV, 139 fg., woselbst auch die Frage des Verhältnisses des § 1401 zu § 1357 (Schlüsselgewalt) besprochen ist. Die Frage liegt glatt, soweit es sich um die Rechtshandlungen der Frau innerhalb ihres häuslichen Wirkungskreises im Verkehre mit Dritten handelt. Hier ist die Frau ohnehin Vertreterin des Mannes Als solche kann sie dann auch, soweit es eben im Bereiche ihrer Schlüsselgewalt liegt, über eingebrachtes Gut z. B. über unbrauchbar oder überflüssig gewordene Hauswirthschaftsgeräthe und ähnliche Dinge kraft des § 1357 ohne förmliche Einwilligung des Ehemannes verfügen. Prozeßführung (§ 1400) fällt allerdings nicht unter den § 1357. In Ansehung derselben verbleibt es darum unter allen Umständen bei dem Inhalte der §§ 1400, 1401.

3. Beziehung zu § 1403. Der in der II. Komm. gemachte Vorschlag, Demjenigen, der ein einseitiges Rechtsgeschäft dem Ehemanne gegenüber vorzunehmen hat, bei Behinderung des Letzteren durch Krankheit oder Abwesenheit die Vornahme des Rechtsgeschäfts bei Gefahr im Verzuge auch der Ehefrau gegenüber zu gestatten (vgl. § 1403), wurde abgelehnt, weil man kein Bedürfniß sah, dem Dritten durch eine Sondervorschrift zu Hilfe zu kommen (P. IV, 181).

§ 1402.

Ist zur ordnungsmäßigen Besorgung der persönlichen Angelegenheiten der Frau ein Rechtsgeschäft erforderlich, zu dem die Frau der Zustimmung des Mannes bedarf, so kann die Zustimmung auf Antrag der Frau durch das Vormundschaftsgericht ersetzt werden, wenn der Mann sie ohne ausreichenden Grund verweigert.

E. I, 1321; II, 1303; III, 1385.

1. Gerichtliche Ersetzung der ehemännlichen Zustimmung. Im Gegensatze zu § 1401 greift hier das Gesetz, ausschließlich für die in § 1402 bezeichneten Fälle, zurück auf den Weg der Ersetzung der erforderlichen (d. h. wo solche erforderlich ist; siehe z. B. § 1405 fg.) aber verweigerten ehemännlichen Zustimmung durch das Vormundschaftsgericht. Der § 1402 geht dabei analog dem § 1379. Es sind daher auch die dort beigefügten Erörterungen hieher zu vergleichen. Während aber § 1379 Rechtsgeschäfte des Mannes zur ordnungsmäßigen Verwaltung des eingebrachten Gutes behandelt, bezieht sich dagegen § 1402 nur auf Rechtsgeschäfte der Frau zur ordnungsmäßigen Besorgung ihrer persönlichen Angelegenheiten. Der Gegensatz in diesen Parallelbestimmungen ergibt von selbst einen Behelf zur Abgränzung des § 1402, namentlich des Begriffs „persönliche Angelegenheiten". Die M. IV, 280 bemerken zu dem correspondirenden § 1321, E. I, die Bestimmung rechtfertige sich durch die „Erwägung, daß das Vermögen der Ehefrau durch die Ehe seiner natürlichen Bestimmung, auch für die Befriedigung der durch die persönlichen Angelegenheiten der Ehefrau hervorgerufenen Bedürfnisse zu dienen, nicht entzogen werden dürfe. Für die persönlichen

Bedürfnisse der Ehefrau habe zwar, soweit sie unter den Begriff des Unterhaltes fallen, der Ehemann aus eigenen Mitteln zu sorgen. Es seien aber auch noch andere die Person der Ehefrau betreffende Angelegenheiten denkbar, welche vermögensrechtliche Aufwendungen erfordern."

Weiter ist M. IV, 281 betont, daß es sich im § 1402 nur um die Ersetzung der ehemännlichen Zustimmung (Einwilligung oder Genehmigung) handelt, nicht aber auch um die Auferlegung einer Verpflichtung des Ehemannes, sich auf Verlangen der Ehefrau als deren Bevollmächtigter der Vornahme der betreffenden Handlungen selbst zu unterziehen. Die Entscheidung darüber sei seinem Ermessen überlassen.

In einem Zwischenentwurfe (P. IV, 147) waren für den Bereich des § 1402 den Rechtsgeschäften eigens auch die

2. Rechtsstreitigkeiten gleichgestellt. Die II. Komm. hat den bezüglichen Absatz gestrichen, davon ausgehend, er passe von vorneherein nicht, weil die Frau zur Führung der in den Bereich des jetzigen § 1402 fallenden Rechtsstreitigkeiten die Zustimmung des Mannes nicht bedürfe (vgl. § 1400 und Bem. dazu). Rechtsgeschäfte aber, die zur Führung des Rechtsstreits nothwendig seien, wie die Beauftragung eines Anwalts, die Zahlung eines Kosten- oder Auslagenvorschusses an den Anwalt oder die Gerichtskasse fielen unter § 1402. Die Frage der Tragung der Prozeßkosten endlich gehöre nicht hieher (P. IV, 203 fg.). In letzterer Hinsicht vgl. § 1387.

3. Wegen der Zuständigkeit des Vormundgeschaftsgericht, der Rechtsmittel 2c. vgl. das R.G. über freiwillige Gerichtsbarkeit.

§ 1403.

Ein einseitiges Rechtsgeschäft, das sich auf das eingebrachte Gut bezieht, ist dem Manne gegenüber vorzunehmen.

Ein einseitiges Rechtsgeschäft, das sich auf eine Verbindlichkeit der Frau bezieht, ist der Frau gegenüber vorzunehmen; das Rechtsgeschäft muß jedoch auch dem Manne gegenüber vorgenommen werden, wenn es in Ansehung des eingebrachten Gutes ihm gegenüber wirksam sein soll.

E. I, 1304; II, 1301; III, 1386.

1. Grundlage der Vorschrift. Diese ganze Gesetzesstelle bezieht sich nur auf solche einseitige Rechtsgeschäfte, welche Dritte — nicht Mann oder Frau — vornehmen.

Daß in Angelegenheiten des Vorbehaltsguts das einseitige Rechtsgeschäft der Frau gegenüber vorzunehmen ist, versteht sich von selbst. An und für sich würde aus dem Grundsatze der Geschäftsfähigkeit der Frau das Gleiche auch in Ansehung des eingebrachten Gutes zu folgern sein. In dieser Richtung setzt aber § 1403 eine Beschränkung und zwar in Konsequenz der Verwaltungsrechte des Mannes (M. IV, 235). Jene Beschränkung kann sich daher auch nicht weiter erstrecken als diese Verwaltungsrechte. Innerhalb dieses Rahmens ergreift sie aber alle einseitigen Rechtsgeschäfte ohne Unterschied, ob sie sich auf das eingebrachte Gut in seinem aktiven oder passiven Bestande beziehen (M. IV, 235).

Als Beispiele solcher Rechtsgeschäfte erwähnen M. IV, 235:

a) bezüglich des Aktivbestandes des eingebrachten Gutes: die Anfechtung eines Rechtsgeschäfts, die Kündigung einer der Ehefrau zustehenden Darlehensforderung von Seiten des Schuldners, die Erklärung der Wahl bei einer alternativen Obligation, wenn die Ehefrau (zu ihrem eingebrachten Gute) Gläubigerin und der Schuldner wahlberechtigt ist;

b) bezüglich des Passivbestandes des eingebrachten Gutes: die Kündigung der einem Dritten gegen die Ehefrau zustehenden Darlehensforderung von Seiten des Gläubigers, die Mahnung von Seite eines Gläubigers der Ehefrau, die Erklärung über Ausübung eines Vor- oder Wiederkaufsrechts 2c. 2c.

2. Unterscheidungen. Im Verhältniß des Abs. 1 zu Abs. 2 offenbart sich ein Gegensatz. E. I § 304 hatte einander gegenübergestellt solche Rechtsgeschäfte, welche sich auf ein Ehegutsrecht, und solche, welche sich auf Ehegutsverbindlichkeiten beziehen. Die jetzige Fassung wurde in der II. Komm. hergestellt. P. IV, 133, 181, 198. Näheres ist aus diesen Stellen der Prot. nicht zu ersehen. Der Gegensatz wird aber dahin aufzufassen sein, daß unter Abs. 2 die Passivverbindlichkeiten der Frau mit obligatorischer Natur zu rechnen sind, alles Uebrige aber unter Abs. 1 fällt.

3. Ausnahmen: vgl. § 1405.

§ 1404.

Die Beschränkungen, denen die Frau nach den §§ 1395 bis 1403 unterliegt, muß ein Dritter auch dann gegen sich gelten lassen, wenn er nicht gewußt hat, daß die Frau eine Ehefrau ist.

E. I, 1305; II, 1302; III, 1387.

Vorstehende Vorschrift beruht sowohl auf den Bedürfnissen des praktischen Rechtsverkehrs, als auch auf Rücksichten für die Rechte des Ehemannes, welche nicht von der mala fides eines Dritten und einem dem Ehemanne zufallenden Beweise derselben abhängig gemacht sein sollen (M. IV, 238). Die Bestimmung gilt demzufolge sowohl für den Mobiliar- wie für den Immobiliarverkehr (M. IV, 237) und zwar in letzterer Hinsicht speziell auch für das Grundbuchwesen. Denn gleichwie das Verwaltungs- und Nutznießungsrecht des Mannes an zum eingebrachten Gute gehörigen Grundstücken kraft des Gesetzes begründet und durch einen Eintrag im Grundbuche nicht bedingt ist, ebenso sind die aus jenem Rechte entspringenden gesetzlichen Beschränkungen der Frau nicht abhängig von einem solchen Eintrage. Deßhalb kann auch ein Dritter in Ansehung der im § 1404 berührten Beziehungen aus dem bezüglichen Inhalte oder eigentlich Nichtinhalte des Grundbuchs für sich keine Folgerungen ableiten. Ihn trifft in allen Fällen die Erkundigungspflicht. Hat ihn die Ehefrau über diese ihre Eigenschaft absichtlich getäuscht, so ist selbst dies gegenüber dem Ehemanne ohne Belang. Von der Frau selbst mag Jener dann je nach Umständen Schadensersatz verlangen (M. IV, 237).

§ 1405.

Ertheilt der Mann der Frau die Einwilligung zum selbständigen Betrieb eines Erwerbsgeschäfts, so ist seine Zustimmung zu solchen Rechtsgeschäften und Rechtsstreitigkeiten nicht erforderlich, die der Geschäftsbetrieb mit sich bringt. Einseitige Rechtsgeschäfte, die sich auf das Erwerbsgeschäft beziehen, sind der Frau gegenüber vorzunehmen.

Der Einwilligung des Mannes in den Geschäftsbetrieb steht es gleich, wenn die Frau mit Wissen und ohne Einspruch des Mannes das Erwerbsgeschäft betreibt.

Dritten gegenüber ist ein Einspruch und der Widerruf der Einwilligung nur nach Maßgabe des § 1435 wirksam.

E. I, 1307; II, 1304; III, 1388.

1. Die **Grundlagen** des § 1405 sind socialpolitischer Natur. Nach den Verhältnissen und Anforderungen unserer Zeit ist auch die Ehefrau in überaus zahlreichen Fällen darauf angewiesen, in eigener Person einem Erwerbe nachzugehen. Wenn dieser Erwerb nicht blos als gelegentlicher Verdienst vorkommt, sondern eine gewisse Stetigkeit, speziell in der Form des **selbständigen Betriebs eines Erwerbsgeschäfts** (über diese Begriffe s. schon oben S. 100) obwaltet, so bedarf die Frau für eine solche Erwerbslage nicht blos eine gewisse wirthschaftliche, sondern auch **rechtliche Bewegungsfreiheit**. Diese Letztere ist zum Theil schon begründet durch den allgemeinen Grundsatz der unbeschränkten Geschäftsfähigkeit der Ehefrau als solcher. In **güterrechtlicher Hinsicht** soll sie für den ordentlichen gesetzlichen Güterzustand der § 1405 gewähren. Anklänge an dessen Standpunkt finden sich schon im P.L.R. Thl. II Tit. I § 335 fg. Eine weitere Fortbildung des Grundsatzes erwerblicher Bewegungsfreiheit der Frau hatten der Art. 6 des H.G.B. v. 1861 und § 11 Abs. 2 der Reichsgewerbeordnung gebracht. Das B.G.B. verallgemeinert durch § 1405 die dortigen Grundsätze für **alle Arten** selbständiger Erwerbsgeschäfte der Frau. (M. IV, 240 fg., D. 194; R.T.K. 128.) **Eben deßhalb** ist im neuen H.G.B. v. 1897 jener alte Art. 6 als überflüssig weggeblieben und im Art. 36 Ziff. 1 E.G. z. B.G.B. der § 11 Abs. 2 der G.O. in bisheriger allgemeiner Fassung aufgehoben worden. An seine Stelle tritt nun nach jenem Art. 36 im Anschluß an das B.G.B. eine **Spezialbestimmung** für solche Fälle, in denen eine Ehefrau, für deren güterrechtliche Verhältnisse ausländische Gesetze maßgebend sind, im Inlande **selbständig** ein Gewerbe betreibt. Unter den Begriff selbständigen Betriebs trifft auch der Fall, daß der Frau als Geschäftsherrin der Mann nur als deren Gehilfe im Geschäft beisteht. (R.T.K.

S. 128.) Umgekehrt liegt nur ein Erwerbsgeschäft des Mannes vor, wenn diesem die Frau nur als seine Gehilfin — also nicht als seine Geschäftstheilhaberin — Dienste leistet.

2. Zustimmung des Mannes. Im Grundsatze ist diese Zustimmung (vorherige Einwilligung oder nachfolgende Genehmigung, R.T.K S. 128) nöthig, wenn die im ordentlichen gesetzlichen Güterstande lebende Ehefrau selbständig ein Erwerbsgeschäft betreiben will. Das Erfordniß solcher eheherrlicher Zustimmung entspringt aus zwei an sich verschiedenartigen Gesichtspunkten, nämlich:

a) aus den für alle Ehen geltenden allgemeinen Vorschriften der §§ 1354, 1356, unter Umständen auch § 1358 (Gareis, H.G.B. v. 1897 S. 3 fg.), dann

b) aus den Normen über die güterrechtlichen Berechtigungen des Ehemannes (§ 1395 fg.). Da sich aber letztere nur auf das eingebrachte Gut der Frau erstrecken, so kommt der eben erwähnte zweite Gesichtspunkt in Wegfall, sobald und soweit es sich um Vorbehaltsgut der Frau handelt.

In Bezug auf die Ertheilung der ehemännlichen Zustimmung (bezüglich deren der Ehemann sich der rechtlichen Folgen derselben nicht bewußt gewesen zu sein braucht: M. IV, 240) bringt nun § 1405 wesentliche Erleichterungen und zwar nach doppelter Richtung:

α) Nach § 1405 Abs. 2 bedarf es keiner ausdrücklichen Zustimmung des Ehemannes vom güterrechtlichen Standpunkte aus. Vielmehr läßt das Gesetz auch eine stillschweigende Zustimmung gelten nach Maßgabe des Näheren im obigen Abs. 2. Einspruch und etwaiger Widerruf der Einwilligung des Ehemannes müssen aber gemäß der im Abs. 3 enthaltenen Verweisung auf § 1435 im Güterrechtsregister (§ 1558 fg.: s. auch Art. 16 E.G. z. B.G.B.) eingetragen sein, um Wirksamkeit gegen Dritte zu äußern.

β) Das Gesetz erfordert im Bereiche des § 1405 keine spezielle Zustimmung des Ehemannes zu den einzelnen Geschäfts- und Rechtsakten der Frau. Im Gegentheile stellt es sowohl im Interesse der Frau wie auch in dem der Sicherheit des Verkehrs (M. IV, 242) den das Verhältniß beherrschenden Grundsatz auf, daß die allgemeine ehemännliche Zustimmung zu dem Geschäftsbetrieb der Frau im Ganzen von selbst die Vorauseinwilligung zu allen einzelnen Rechtsgeschäften und Rechtsstreitigkeiten der Frau in sich schließt, welche der Geschäftsbetrieb mit sich bringt (analog § 112). Letzteres ist thatsächlich zu beurtheilen nach der Art und dem Umfange des Geschäftsbetriebs in Verbindung mit der Geschäftssitte.

Noch bemerken M. IV, 242: „Selbstverständlich kann der Ehemann bei Ertheilung seiner Zustimmung die Art des Erwerbsgeschäfts, dessen selbständigen Betrieb er der Ehefrau gestatten will, näher begrenzen, nicht aber innerhalb des gestatteten Erwerbsgeschäfts den Kreis der im Gesetze bezeichneten Rechtsgeschäfte und Rechtsstreitigkeiten mit Wirkung gegen Dritte beschränken."

Was im Abs. 1 Satz 2 von einseitigen Rechtsgeschäften gesagt ist, bezieht sich auf alle solche, nicht blos auf Verpflichtungen der Frau im Sinne des § 1403 Abs. 2.

3. Wirkungen der Ertheilung oder Nichtertheilung der ehemännlichen Zustimmung. In dieser Hinsicht ist vor Allem zu bemerken, daß die oben unter 2a verzeichnete Zustimmung aus dem Gesichtspunkte der allgemeinen Ehepflichten der Frau auch nur unter den Ehegatten selbst, nicht aber gegenüber Dritten eine Rolle spielt (Gareis, a. a. O. S. 3). Fehlt es dagegen an der güterrechtlichen Einwilligung des Mannes, so kann der Geschäftsbetrieb der Frau im Verhältniß der Frau wie Dritter zum Manne keine Wirkungen äußern auf das der ehemännlichen Verwaltung und Nutznießung unterstehende eingebrachte Gut. (S. dazu oben S. 138.) Umgekehrt treffen die aus dem Geschäftsbetriebe der Frau sich ergebenden Einzelverpflichtungen und Einzelverfügungen, sowie bei Rechtsstreitigkeiten fraglicher Art das ergehende Urtheil (M. IV, 241) nach dem Grundsatze des § 1405 in ihren Folgen auch das eingebrachte Gut, sobald jene generelle Zustimmung des Mannes ertheilt oder anzunehmen ist. Eine persönliche Mithaftung des Mannes mit seinem Vermögen entspringt dagegen für den Mann aus seiner bloßen Zustimmung zum Geschäftsbetriebe der Frau im Allgemeinen nicht. Was den aus dem Geschäfte selbst gewonnenen Erwerb betrifft, so wird er Vorbehaltsgut nach § 1367 (s. die Erörterungen hiezu).

§ 1406.

Die Frau bedarf nicht der Zustimmung des Mannes:

1. zur Annahme oder Ausschlagung einer Erbschaft oder eines Vermächtnisses, zum Verzicht auf den Pflichttheil sowie zur Errichtung des Inventars über eine angefallene Erbschaft;
2. zur Ablehnung eines Vertragsantrags oder einer Schenkung;
3. zur Vornahme eines Rechtsgeschäfts gegenüber dem Manne.

E. I, 1308, 1310; II, 1305; III, 1389.

Während § 1405 erleichternde Folgerungen aus einer generellen Einwilligung des Mannes zieht, behandeln die §§ 1406 und 1407 eine Reihe von Fällen, in denen kraft Gesetzes die Nothwendigkeit eheherrlicher Zustimmung (Einwilligung oder Genehmigung) für gewisse Rechtsakte der Frau überhaupt wegfällt. Zunächst behandelt § 1406 solche Rechtsakte außerhalb des Gebiets von Rechtsstreitigkeiten.

1. Zu den aufgeführten Einzelfällen enthalten M. IV, 242 fg. legislative Erörterungen, aus denen folgende Gesichtspunkte gewonnen werden können.

a) Annahme einer Erbschaft oder eines Vermächtnisses. Nach dem erbrechtlichen System des B.G.B. werden Erbschaft wie Vermächtniß von den Erben mit dem Eintritte des Erbfalles sofort kraft Gesetzes erworben. Insoferne sollte es daher auch eigentlich statt „Annahme" heißen: „Nichtausschlagung". An und für sich wäre auch anzunehmen, daß zum Behalten eines bereits eingetretenen Erwerbs überhaupt ehemännliche Zustimmung nicht in Betracht käme. Da aber andererseits mit der Erbschaft und dem Vermächtnisse auch Verbindlichkeiten verbunden sein können (Erbschaftspassiven, Vermächtnißauflagen 2c.), so stellt § 1306 Ziff. 1 diesen Punkt durch einen allgemein geltenden Satz außer Zweifel.

b) Ausschlagung einer Erbschaft oder eines Vermächtnisses. Das Gesetz entscheidet hier eine Kontroverse, welche im bisherigen Rechte (Gem. R.: P.L.R.) bestanden hatte (S.A. II, 191; X, 301; XXI, 130; P.L.R. Thl. I Tit. 9 § 389, Thl. II Tit. 1 § 205). Nach dem B.G.B. liegt in jener Ausschlagung allerdings die Aufgebung eines erworbenen Rechts und sohin, soferne die Erbschaft nicht nach § 1369 Vorbehaltsgut geworden ist, ein über eingebrachtes Gut verfügendes Rechtsgeschäft i. S. des § 1395. Gleichwohl behandelt das Gesetz die Ausschlagung einer Erbschaft als ein höchstpersönliches Recht der Frau. Erwogen wurde dabei: „Der Zweck des eheherrlichen Rechts verlangt nur, daß der Mann gegen willkürliche Veränderungen der wirthschaftlichen Grundlage des ehelichen Lebens von Seiten der Ehefrau geschützt werde. Diese Grundlage bilde aber nur das der Ehefrau zustehende Vermögen, nicht eine gehoffte Erbschaft 2c. Schlage die Ehefrau letztere aus, so werde das eingebrachte Gut nicht vermindert, sondern nur nicht vermehrt." S. auch R.T.K. S. 138.

M. IV, 234 setzen dem Falle der Ausschlagung einer angefallenen Erbschaft auch den Erbverzicht (§ 2346 fg.) gleich, „zumal eine noch nicht angefallene Erbschaft überhaupt nicht zum eingebrachten Gute gehört und daher auch ein Verzicht in dieser Richtung gar nicht unter die Regel des § 1395 fällt."

c) Verzicht auf den Pflichttheil. Läge nicht die ausdrückliche Bestimmung des § 1406 Ziff. 1 in diesem Punkte vor, so müßten sich in der Frage betreffs der Nothwendigkeit eheherrlicher Zustimmung sehr entschiedene Zweifel erheben. Unzweifelhaft liegt die Sache in vielen Fällen gerade so, daß vom Ehemanne das Vorhandensein eines unentziehbaren Pflichttheilsanspruchs der Frau auch als eine der „wirthschaftlichen Grundlagen des ehelichen Lebens" betrachtet werden könnte. Aber das Gesetz hat auch hier zu Gunsten der erweiterten Rechte der Ehefrau positiv entschieden. Ueber die maßgebenden Erwägungen s. M. IV, 244.

d) Inventarserrichtung. Vgl. § 1993 fg., sowie M. IV, 245.

e) Ablehnung eines Vertragsantrags oder einer Schenkung. Vgl. § 145 fg. Das Gesetz betrachtet diesen Rechtsakt wiederum als eine höchst persönliche Befugniß der Frau und daher auch ihren Willen als hiebei allein entscheidend.

Was den entgegengesetzten Fall der Annahme eines Vertragsantrags anlangt, so untersteht er den Vorschriften der §§ 1395 fg. (s. auch M. IV, 245).

f) Rechtsgeschäfte mit dem Ehemanne selbst. In Ansehung solcher gilt der Satz der Ziff. 3 in allen Fällen, in welchen der Ehemann persönlich oder statt desselben ein gesetzlicher Vertreter handelt. (M. IV, 245.) Das Gleiche ist bei der Allgemeinheit der Fassung der Ziff. 3 auch anzunehmen dann, wenn der Ehemann durch einen Vollmachtsträger vertreten ist. Damit entfällt von selbst die Untersuchung der Frage, ob in der Vollmachtsertheilung auch schon eine eventuelle Einwilligung als inbegriffen zu erachten sei (s. übrigens M. IV, 245).

2. Die Rechtsfolge des Nichterfordernisses der Zustimmung des Ehemannes nach § 1406 geht einfach dahin, daß das bezügliche Rechtsgeschäft auch vom Standpunkte der Rechte des Ehemannes an eingebrachtem Gute wirksam ist. (E. I § 1310; M. IV, 245; P. IV, 204.)

§ 1407.

Die Frau bedarf nicht der Zustimmung des Mannes:

1. zur Fortsetzung eines zur Zeit der Eheschließung anhängigen Rechtsstreits;
2. zur gerichtlichen Geltendmachung eines zum eingebrachten Gute gehörenden Rechtes gegen den Mann;
3. zur gerichtlichen Geltendmachung eines zum eingebrachten Gute gehörenden Rechtes gegen einen Dritten, wenn der Mann ohne die erforderliche Zustimmung der Frau über das Recht verfügt hat;
4. zur gerichtlichen Geltendmachung eines Widerspruchrechts gegenüber einer Zwangsvollstreckung.

E. I, 1309, 1310; II, 1306; III, 1390.

1. Stellung der Vorschrift im System. Im Verhältniß zu § 1400 begründet § 1407 Ausnahmen von der Regel, aber durchgängig nur im Sinne einer freieren Bewegung der Frau gegenüber den Rechten des Mannes. Nur in diesem Sinne darf § 1407 aufgefaßt werden. Durch denselben wird daher auch an jenen allgemeinen Normen, welche bereits an sich die Nothwendigkeit ehemännlicher Zustimmung zur Prozeßführung durch die Frau — sei es wegen der Vorbehaltsgutseigenschaft oder in Ansehung eingebrachten Guts auch aus anderen Gründen oder in sonstwelcher Richtung — nicht als erforderlich erscheinen lassen, nichts geändert. Dies ist namentlich festzustellen gegenüber dem etwaigen Versuche, mittelst arg. a contr. im gegentheiligen Sinne einen Schluß ziehen zu wollen.

2. Im Einzelnen sei Folgendes bemerkt:

a) Ziff. 1 bezieht sich auf rechtshängige Aktiv- und Passivprozesse der Frau und zwar auch dann, wenn eingebrachtes Gut der Frau oder wenigstens eine Rückwirkung auf solches in Frage steht: „Wie der Ehemann die auf einem vor Eintritt der ehelichen Verwaltung und Nutznießung vorgenommenen Rechtsgeschäfte der Ehefrau beruhenden, wenngleich erst nach jenem Zeitpunkte eintretenden rechtlichen Wirkungen sich gefallen lassen muß, so auch die rechtlichen Folgen eines bereits vor jenem Zeitpunkte abhängig gewordenen Prozesses" (M. IV, 246). Gegen etwaige nachlässige oder ungeeignete Prozeßführung durch die Frau selbst kann und möge der Mann durch Nebenintervention sich schützen.

b) Ziff. 2. Ueber den Begriff: „Recht" in diesem Zusammenhang s. Bem. bei § 1400. Ob und wann das hier erwähnte Vorgehen sachlich zulässig ist, bemißt sich nach den anderweitig einschlägigen Bestimmungen. Vgl. insbesondere §§ 1377, 1389, 1391, 1394.

Von nicht vermögensrechtlichen Prozessen der Frau und von Prozessen in Ansehung ihres Vorbehaltsgutes (z. B. Ersatzforderungen zum Vorbehaltsgut gegenüber dem Manne) spricht die Ziff. 2 nicht, weil in solchen Fällen schon nach allgemeinen Grundsätzen (§ 1400 fg.) die Frau nicht abhängig ist von einer Zustimmung des Mannes zur Prozeßführung, folglich auch eine Erwähnung in den Ausnahmebestimmungen des § 1407 nicht veranlaßt war.

c) Ziff. 3. Die hier eingeschaltete Vorschrift bildet eine wesentliche und nothwendige Ergänzung des § 1375. Im E. I, § 1309 war sie absichtlich weggelassen worden, weil man damals von der Ansicht ausging, die Frau sei durch anderweitige Rechtszuständigkeiten genügend geschützt und ein selbstständiges Klagerecht der Frau bedenklich für den Ehemann (M. IV, 247). Die II. Komm. nahm aber im Interesse der Frau den entgegengesetzten Standpunkt ein (P. IV, 201, 203, 204). Als Ergänzung des § 1375 trägt sachlich der § 1407 Ziff. 3 ebensoweit als der § 1375 in seiner zweiten Alternative. Bei Besprechung der Frage in M. IV, 247 fg. ist hauptsächlich die Rede von Vindication rechtswidrig veräußerter Ehegutssachen, soweit solche eben nach anderweitigen Rechtsgrundsätzen vorkommen kann. Das ist sicher der Hauptfall, aber nicht der Einzige. Es lassen sich auch noch sonstige Anwendungen obiger Ziff. 3 denken.

Bei einer Klage der Frau, welche gegenüber einem Dritten die Rechtsbeständigkeit einer Verfügung ihres Mannes über ein zum eingebrachten Gute gehöriges Recht in Frage stellt, kann der Mann selbstverständlich dem Rechtsstreite als Nebenintervenient auf Seite des Dritten beitreten.

Ueber den weiteren Begriff: „zum eingebrachten Gute gehörendes Recht" s. oben S. 117 und 142.

d) Ziff. 4. „Diese umfaßt sowohl den Fall, in welchem die Zwangsvollstreckung gegen die Ehefrau selbst auf Grund eines gegen sie vollstreckbaren Titels stattfindet, als auch den anderen Fall, in welchem Bestandtheile des eingebrachten Gutes bei einer gegen Dritte gerichteten Zwangsvollstreckung gepfändet werden. In dem ersteren Falle soll die Ehefrau die dem Schuldner bei einer gegen ihn gerichteten Zwangsvollstreckung zustehenden Rechte selbstständig wahrnehmen, in dem anderen Falle auf Grund ihres die Veräußerung hindernden Rechtes in Gemäßheit § 690 C.P.O. Widerspruch erheben können" (M. IV, 246 fg.). Als jener Dritte kann zweifellos auch der Ehemann selbst in Betracht kommen. Ob es sich um eine Zwangsvollstreckung wegen einer Geldforderung oder um die Vollstreckung eines auf die Veräußerung einer zum eingebrachten Gute gehörenden Sache gerichteten Urtheils handelt, begründet keinen Unterschied (M. IV, 247).

Auch hier mag der Ehemann mit Nebenintervention beitreten (M. IV, 247).

Im correspondirenden § 1309 E. I fand sich noch eine eigene Ziffer: „. . . . . zur gerichtlichen Geltendmachung des Widerspruchs gegen die Pfändung der auf Grund der ehelichen Nutznießung und Verwaltung von dem Ehemann erworbenen Früchte des Erwerbes." S. dazu die Betrachtungen in M. IV, 247. Die Stelle wurde anfänglich auch noch in II. Komm. beschlossen (P. IV, 134, 201), blieb aber schließlich doch weg (P. IV, 361). Dabei ist aber zu beachten, daß die jetzige Ziff. 4 im E. I, § 1309 Ziff. 3 gelautet hatte: . . . . . Zwangsvollstreckung gegen das Ehegut. Diese letzteren Worte sind dann aber später auch gestrichen worden, wodurch die Stelle eine Verallgemeinerung erhielt, welche es gestatten wird, auch den in der früheren Ziff. 4 erwähnten Fall der Pfändung von Früchten ebenfalls darunter zu beziehen. Schon M. IV, 247 hatten übrigens auch bemerkt, daß die Ehefrau in diesem Punkte zur Sicherung der materiellen Zwecke des eingebrachten Gutes schon deßhalb zu einem etwaigen Widerspruch als selbständig sachlegitimirt zu erachten sei, „weil der Ehemann Eigenthümer der Früchte wird, die Ehefrau daher ein Ehegutsrecht überhaupt nicht geltend mache".

3. Die Wirkung des Nichterfordernisses eheherrlicher Prozeßzustimmung äußert sich insbesondere darin, daß der Mann das Verfahren und Urtheil auch in Ansehung des seinen Rechten unterstehenden eingebrachten Gutes gelten zu lassen hat.

4. Ueber Prozeßkosten s. die §§ 1387, 1415, 1416 und Bem. dazu.

§ 1408.

Das Recht, das dem Manne an dem eingebrachten Gute kraft seiner Verwaltung und Nutznießung zusteht, ist nicht übertragbar.

E. I, 1298; II, 1307; III, 1391.

1. Grundsätzlicher Standpunkt. Das Recht des Ehemannes auf Verwaltung und Nutznießung des eingebrachten Gutes der Frau entspringt dem Eheverhältnisse. Ein Correlat desselben sind die Pflichten des Ehemannes in Bezug auf Tragung der ehelichen Lasten. „Die familienrechtliche Gewalt, vermöge deren dem Manne das Recht der Verwaltung und Nutznießung zusteht, ist ihrem Grunde und ihrer Bestimmung nach an die Person des Mannes gebunden" (D. 194). Von dieser Auffassung ausgehend behandelt das Gesetz nach § 1408 jenes Recht des Mannes als ein höchstpersönliches, welches einer Uebertragung an einen Anderen nicht zugänglich ist. Darin liegt zugleich eine Sicherung

der Frau, deren ihr vom Gesetze auferlegtes Vertrauen in die Person und Handlungsweise des Mannes nicht durch Ein- oder Zugriffe Dritter auf Grund von Rechtsübertragungen des Mannes getäuscht werden soll. (Vgl. hierüber M. IV, 211 fg.: daselbst finden sich auch Erörterungen über den bisherigen Rechtszustand nach gem. R., P.L.R. und franz. R. ꝛc. ꝛc.)

2. Folgerungen. Um gegenüber dem § 1408 zu richtigen Ergebnissen zu kommen, sind zu unterscheiden: das Recht des Ehemannes am eingebrachten Gute als abstracte Einheit, — die zum eingebrachten Gute gehörigen einzelnen Vermögensbestandtheile, insbesondere Sachen — die aus dem Nutzungsrechte des Ehemannes für diesen entspringenden Früchte.

a) Das ersterwähnte Recht als abstracte Einheit ist es, welches der § 1408 als unübertragbar erklärt. Diese Unübertragbarkeit desselben gilt allgemein in jeder Uebertragungsform, bezüglich der Gesammtheit der Berechtigung, wie in Ansehung einzelner begrifflicher Richtungen derselben. Es ist deßhalb auch jede Belastung jenes Rechts und damit auch jede Verpfändung desselben durch den Ehemann ausgeschlossen.

b) Mit dem Satze des § 1408 sind aber keineswegs auch alle Dispositionen in Ansehung der einzelnen reellen Bestandtheile des eingebrachten Gutes unmöglich gemacht. Das liegt nicht im Sinne der Gesetzesstelle. Schon in M. IV, 214, 215: D. IV, 194 ist z. B. betont worden, daß dem Ehemanne die Vermiethung oder Verpachtung von Bestandtheilen des eingebrachten Gutes nicht benommen sein solle. Solches ergiebt sich auch aus § 1423. Ueberhaupt ist die Frage b nach den allgemeinen Grundsätzen über die Verwaltungsrechte des Mannes im ordentlichen gesetzlichen Güterstande, §§ 1375 fg., zu beurtheilen.

c) Die aus dem Nutzungsrechte für den Ehemann entspringenden Früchte gehören ihm. Er erwirbt sie zu Eigen nach den allgemeinen Grundsätzen über Fruchterwerb. Hat sich dieser vollzogen, so unterliegt das Gewonnene auch der Disposition des Ehemannes.

3. In innerem Zusammenhange mit dem Grundsatze des § 1408 steht die Frage der Zwangsvollstreckung am eingebrachten Gute, speziell in Form der Pfändung. E. I hatte die Regelung dieser Frage in seine §§ 1298, 1299 mit aufgenommen. Die II. Komm. hat die bezüglichen Sätze aus dem B.G.B. selbst entfernt und in das Gebiet der C.P.O. verwiesen, in deren neuer Fassung sie auch sicherlich ihren Platz erhalten werden. Sachlich stehen dabei E. I und die Beschlüsse II. Komm. auf gleichem Boden.

a) Wie E. I § 1298 nahmen auch die Beschlüsse der II. Komm. an, daß das Recht des Ehemannes (i. S. des § 1408) der Pfändung nicht unterworfen sein kann.

b) Die Frage, wie weit Pfändung an einzelnen Bestandtheilen des eingebrachten Gutes möglich werden kann, richtet sich, so wie das B.G.B. jetzt liegt, nach den in dem § 1410 aufgestellten Grundsätzen über Schuldenhaftung, wonach insbesondere nach § 1410 den Gläubigern des Mannes ein Zugriff auf das eingebrachte Gut nicht, den Gläubigern der Frau aber ein solcher ohne Rücksicht auf die Verwaltung und Nutznießung des Ehemannes wenigstens mit gewissen Einschränkungen zusteht.

c) Die vom Ehemanne bereits erworbenen Früchte sind in der Richtung gegen Ersteren im Prinzipe einer Pfändung zugänglich. Schon E. I § 1299 mit M. IV, 125 fg. u. II. Komm. (P IV, 182) hatten aber in diesem Punkte eine Einschränkung für nothwendig erachtet, dahin gehend, daß eine solche Pfändung nicht Platz greifen solle, soweit die Früchte zur Erfüllung der mit der Verwaltung und Nutznießung verbundenen Pflichten, sowie zur Erfüllung der dem Manne gesetzlich gegenüber seiner Frau und seinen Verwandten (vgl. dazu P. IV, 204 fg.) obliegenden Unterhaltsverpflichtungen und zur Bestreitung seines eigenen standesmäßigen Unterhalts erforderlich sind.

Daraus erwachsen jene Bestimmungen, welche in dieser Hinsicht die C.P.O. neuer Fassung voraussichtlich enthalten wird.

Wann die Früchte als erworben anzusehen sind, bemißt sich nach den allgemeinen Grundsätzen (§§ 99—102: vgl. auch § 1039). Die Frage, ob schon Früchte auf der Wurzel gepfändet werden können, wollten M. IV, 218 nur nach § 714 C.P.O. ä. F. entschieden wissen. Soweit diese Stelle eine zeitliche Beschränkung festsetzt, wäre jene Verweisung an sich gewiß richtig. Dagegen kann man mit der prozessualen Vorschrift in jener Stelle der C.P.O. gewiß noch nicht die Frage als entschieden betrachten, ob solche Früchte auf der Wurzel bereits dem nutzungsberechtigten Ehemanne zu Eigen angefallen und damit überhaupt dem Zugriffe seiner Gläubiger bereits zugänglich geworden sind. Diese Frage ist nach dem B.G.B. zu bemessen und wohl zu verneinen. Entsprechend wird auch die in M. IV, 218 besprochene Frage zu behandeln sein, wie es mit Civilfrüchten sich zu gestalten habe, welche noch nicht fällig oder auch nur bedingt oder betagt und deßhalb vom Ehemanne noch nicht aus dem Frauengut zu seinem Eigen erworben sind. Ueber die Frage der Beweislast in Ansehung jener Einschränkungen der Pfändung vgl. E. I § 1299; M. IV, 219; R.G.E. bei Gruchot, Beitr. Bd. 30 S. 969 fg.

Weiteres ist in das Gebiet des Civilprozesses zu verweisen. Dorthin gehört auch die Frage des Widerspruchs von Mann oder Frau gegen eine Pfändung der Früchte des eingebrachten Gutes. E. I § 1299 mit M. IV, 218 hatte deßfalls auf § 690 C.P.O. ä. F., dagegen der Beschluß der II. Komm. auf § 685 C.P.O. ä. F. verwiesen (P. IV, 182).

4. Wegen des Konkurses vgl. § 1419 nebst Bem. dazu.

§ 1409.

Steht der Mann unter Vormundschaft, so hat ihn der Vormund in den Rechten und Pflichten zu vertreten, die sich aus der Verwaltung und Nutznießung des eingebrachten Gutes ergeben. Dies gilt auch dann, wenn die Frau Vormund des Mannes ist.

E. I, 1326; II, 1308; III, 1392.

1. Vormundschaft im Allgemeinen. Nach §§ 3, 1303 B.G.B. kann sich obige Gesetzesstelle nur erstrecken auf den Fall der Vormundschaft über einen entmündigten volljährigen Mann. Tritt dieser Fall ein, so endigt damit nach dem B.G.B., welches darin nicht der gemeinrechtlichen Praxis (M. IV, 286; S.A. XIX, 99; XXV, 246; XXXVII, 125; XXXVIII, 135), sondern dem Sächs. G.B. § 1927 folgt, das eheherrliche Recht der Verwaltung und Nutznießung des eingebrachten Guts der Frau noch keineswegs kraft des Gesetzes. (Ein darauf abzielender Antrag abgelehnt in II. Komm.; P. IV, 183.) Die Frau kann nur von der Handhabe des § 1418 Nr. 3 Gebrauch machen. Geschieht dies nicht und bleibt es also bei dem eheherrlichen Verwaltungs- und Nutznießungsrechte, so greift die Vorschrift des § 1409 Platz.

2. Vormundschaft der Frau. Eine solche kann in einem Falle vorwürfiger Art gegeben sein nach § 1900. Als Vormünderin vertritt und haftet dann die Frau wie jede andere Frau. Nur mußte von vorneherein die Frage auftreten, ob bei solchen Rechtsgeschäften und Rechtsstreitigkeiten der Frau, welche im ordentlichen gesetzlichen Güterstande der eheherrlichen Zustimmung bedürfen, gegenüber einem bevormundeten Ehemanne die Vertretungsrechte der Frau als Vormünderin wegfallen und dadurch in jedem Einzelfalle die Bestellung eines Pflegers eingreifen oder ob man die Sache so behandeln solle, daß eben die Frau als haftbare Vormünderin des Mannes sich in dessen Vertretung selbst jene Zustimmung giebt. Schon E. I § 1326 Abs. 2 (M. IV, 287) hat sich auf den letzteren Standpunkt gestellt und mit ihm auch das gewordene Gesetz (P. IV, 183, 204). Derselbe Standpunkt ist insbesondere auch maßgebend in Ansehung der eheherrlichen Zustimmung zum Betriebe eines Erwerbsgeschäftes durch die Frau. (Vgl. übrigens dazu auch die Schlußworte im betreffenden Absatze auf S. 288 M. IV).

3. Pflegschaft. Was vorstehend von Vormundschaft gesagt ist, gilt auch für den Fall einer Pflegschaft (§ 1909 fg.; § 1418 Nr. 4, 5; s. auch M. IV, 288).

3. Schuldenhaftung.

Vorbemerkungen.

1. Von besonderer Wichtigkeit ist im ehelichen Güterrechte die Frage der Schuldenhaftung der Eheleute und ihrer Vermögensbestandtheile, und zwar sowohl vom theoretischen Standpunkte aus, wie mit Rücksicht auf die Verhältnisse des täglichen Lebens. Daher hat auch diese Frage von jeher, schon in den älteren Rechten, eine große Rolle gespielt. Sie ist sehr mannigfaltig behandelt worden und gerade die Art und Weise, wie dies geschehen, hat den einzelnen Güterrechtsnormen nicht selten eine ganz besondere Signatur gegeben.

Im B.G.B. regelt sich die Frage der Schuldenhaftung im Verhältnisse der Eheleute unter sich wie gegenüber Dritten ebenfalls sehr verschieden je nach dem Güterstande. Im ordentlichen gesetzlichen Güterstande, von dem die nachfolgenden §§ 1410—1417 allein handeln, gestaltet sich die bezügliche Rechtslage im Allgemeinen verhältnißmäßig einfach. Man muß nur stets scharf im Auge behalten:

a) daß jener Güterstand bezüglich der Substanz des beiderseitigen Vermögens dem Systeme der Gütertrennung — wenn auch mit Modifikationen — zugehört;

b) daß die modificirende Zuweisung der Verwaltung und Nutznießung eines Theils des Frauenvermögens d. h. des eingebrachten Gutes, an den Mann nur dem Zwecke der Befriedigung der Ehebedürfnisse dient, sowie

c) daß diese Widmung der Erträgnisse des eingebrachten Guts nicht zu völliger Rechtlosstellung der Gläubiger der Frau führen kann und darf.

2. Aus diesen Grundanschauungen leiten sich folgerichtig die nachfolgenden Bestimmungen des B.G.B. ab. Sie umfassen zwei Gruppen:

a) das Verhältniß zu Gläubigern: §§ 1410—1414, dann

b) gewisse Verhältnisse der Ehegatten unter sich: §§ 1415—1417.

§ 1410.

Die Gläubiger des Mannes können nicht Befriedigung aus dem eingebrachten Gute verlangen.

E. II, 1309; III, 1393.

1. Verhältniß zum E. I. In diesem E. fehlte der im jetzigen § 1410 zum Ausdrucke gebrachte Satz und zwar ohne Zweifel nur deßhalb, weil sein Inhalt sich eigentlich aus den sachlichen Grundnormen des ordentlichen gesetzlichen Güterstandes von selbst ableitet. Die II. Komm. hielt es aber bei der Wichtigkeit des Satzes doch als gerathen, denselben eigens im Gesetze zum Ausdruck zu bringen. (P. IV, 205.)

2. Das eingebrachte Gut ist der Frau zu Eigen. Schon darum kann vor allem dessen Substanz den Gläubigern des Mannes nicht zur Befriedigung dienen. Dieses umsoweniger, als die Frau, wie schon öfter betont, an dem Erwerbe des Mannes während der Ehe keinen Theil hat. Folglich können ihr auch die Schulden des Mannes nicht zur Last fallen. (D. 194.)

3. Kein Unterschied besteht für die Anwendung des § 1410 danach, ob die Ansprüche der Gläubiger des Mannes vor oder während dessen Ehe entstanden sind.

4. Früchte des eingebrachten Gutes stehen diesem auch in der Richtung des § 1410 gleich, solange sie nicht vom Manne erworben sind. Ist dieser Erwerb eingetreten, so sind sie Bestandtheile des Vermögens des Mannes geworden und folgen den rechtlichen Schicksalen dieses Vermögens gegenüber seinen Gläubigern.

Daß Letztere sich an das Gesammtvermögen des Mannes halten können und zwar auch während dessen Ehe im ordentlichen gesetzlichen Güterstande, ist selbstverständlich und bedurfte keiner besonderen Erwähnung im Gesetze.

5. Vom Vorbehaltsgute der Frau ist im § 1410 nicht die Rede. Dieses bleibt schon rechtsbegrifflich der Inanspruchnahme seitens der Gläubiger des Mannes entrückt. Das ist so natürlich, daß ebenfalls eine eigene Erwähnung im Gesetze nicht nöthig war.

6. Besteht eine gemeinsame Schuld von Mann und Frau — sei es eine getheilte oder eine Gesammtschuld (vgl. z. B. auch § 1388) — so kommt der § 1410 außer Betracht. Die Haftung der Frau für ihren Passivantheil bemißt sich nach dem, was in den §§ 1411 fg. steht und in den Bemerkungen dazu erklärt ist.

§ 1411.

Die Gläubiger der Frau können ohne Rücksicht auf die Verwaltung und Nutznießung des Mannes Befriedigung aus dem eingebrachten Gute verlangen, soweit sich nicht aus den § 1412 bis 1414 ein Anderes ergiebt. Sie unterliegen bei der Geltendmachung der Ansprüche der Frau nicht der im § 1394 bestimmten Beschränkung.

Hat der Mann verbrauchbare Sachen nach § 1377 Abs. 3 veräußert oder verbraucht, so ist er den Gläubigern gegenüber zum sofortigen Ersatze verpflichtet.

E. I, 1371; II, 1293, 1310; III, 1394.

1. Befriedigung aus dem vorhandenen Vorbehaltsgute der Frau können deren Gläubiger selbstverständlich unter allen Umständen verlangen (D. 194) und zwar gleichviel, ob die Forderung mit dem bestehenden Vorbehaltsgute in unmittelbarem Zusammenhange steht oder nicht. Eben darum handelt der § 1411 auch nur vom

2. eingebrachten Gute der Frau und zwar auch nur in Ansehung der Gläubiger der Frau. Denn daß diejenigen des Mannes das Eingebrachte der Frau nicht in Anspruch nehmen können, steht wortklar schon im § 1410. Umgekehrt ist die Verhaftung des eingebrachten Guts der Frau für ihre (vor oder während der Ehe entstandenen: P. IV, 183) Verbindlichkeiten an und für sich ebenfalls eine naturgemäße Rechtsfolge. Zweifelhaft konnte nur sein,

3. ob und inwieweit die Verwaltungs- und Nutznießungsrechte des Mannes am eingebrachten Gute der Inanspruchnahme des letzteren hinderlich sein möchten? Dieser Frage ist Abs. 1 Satz 1 des § 1411 gewidmet. Sie wird daselbst verneinend entschieden, jedoch nicht unbedingt, sondern nur mit Vorbehalt alles dessen, was in den §§ 1412, 1413, 1414 Anderes bestimmt ist. Immerhin stellt jene Verneinung den Grundsatz dar, welcher zur Anwendung kommen muß, soweit eben nicht die nachfolgenden Ausnahmen reichen. (D. 195.) Jener Grundsatz wird in M. IV, 249 damit gerechtfertigt, daß eben nur das jeweilige Vermögen der Frau der eheherrlichen Verwaltung und Nutznießung unterliegt. „Gegenüber dem Ehemanne besteht die Bedeutung aber lediglich darin, daß er die Befriedigung der Gläubiger aus dem eingebrachten Gute ohne Rücksicht auf die eheliche Verwaltung und Nutznießung zu dulden verpflichtet ist.“(M. IV, 255.)

4. Ueberblickt man das Verhältniß der nachfolgenden Ausnahmen (§§ 1412, 1413, 1414) zu dem voranstehenden Grundsatze, so ergibt sich, daß als dem Letzteren den Gläubigern der Frau gegenüber anheimfallend insbesondere verbleiben:

a) die vor Eintritt der eheherrlichen Verwaltung und Nutznießung entstandenen Verbindlichkeiten der Frau (vgl. § 1412; D. 194);

b) die nach Eintritt jener eheherrlichen Rechte entstandenen Verbindlichkeiten der Frau aus Rechtsgeschäften, wenn der Mann entweder
   α) der Vornahme der Rechtsgeschäfte zugestimmt (eingewilligt oder genehmigt) hat oder
   β) das Eine oder Andere auch ohne seine Zustimmung gegenüber dem eingebrachten Gute wirksam ist (vgl. § 1399 fg., § 1412 Abs. 1);

c) die Kosten eines Rechtsstreits der Frau nach § 1412 Abs. 2;

d) diejenigen Verbindlichkeiten der Frau, welche in Folge des Erwerbs einer Erbschaft oder eines Vermächtnisses entstehen, wenn die Frau die Erbschaft oder das Vermächtniß nach Eingehung der Ehe als eingebrachtes Gut (nicht als Vorbehaltsgut: § 1413) erwirbt;

e) die Verbindlichkeiten aus einem von der Frau mit Genehmigung des Mannes nach Eingehung der Ehe betriebenen Erwerbsgeschäfte nach Maßgabe des § 1414;

f) die Verbindlichkeiten der Frau aus einer unerlaubten Handlung, gleichviel wann sie entstanden sind;

g) die nach Gesetz (gleichviel in welchem Zeitpunkte) begründeten Verbindlichkeiten der Frau. Ueber letzteren Punkt s. M. IV, 250. Dort wird in Sonderheit die Frage, ob und inwieweit eine Verbindlichkeit der Frau aus einer Geschäftsführung ohne Auftrag hieher oder unter die rechtsgeschäftlichen Vorgänge des § 1412 zu rechnen sei, „der Wissenschaft und Praxis überlassen“. Lothar Seuffert nimmt in der Deutschen Jur.-Ztg. Bd. 3, 1898, S. 119 das erstere an; ebenso das Gleiche in Bezug auf Verbindlichkeiten aus ungerechtfertigter Bereicherung und Unterhaltsverbindlichkeiten. Darin ist beizustimmen.

Vgl. über Alles dieses M. IV, 249 fg.

5. Satz 2 des Abs. 1 dient ebenfalls nur der Abschneidung eines Zweifels, welcher dahin erhoben werden könnte, ob die der Frau nach § 1394 hinsichtlich der Zeit der Geltendmachung von Ansprüchen gegen den Mann auferlegten Beschränkungen auch gelten sollen bei Ansprüchen ihrer Gläubiger gegenüber dem den ehemännlichen Rechten unterworfenen eingebrachten Gute der Frau. Die Gesetzesstelle verneint dies.

6. Einkünfte aus dem eingebrachten Gute der Frau, welche der Mann schon bezogen hat, gehören zu seinem Vermögen und sind damit nicht mehr Gegenstand der Befriedigung für die Gläubiger der Frau. Dagegen hat der Mann nach

7. Abs. 3 den gemäß § 1377 Abs. 3 der Frau zu leistenden Ersatz für verbrauchbare Sachen, welche er für sich veräußert oder verbraucht hat, auch den Gläubigern der Frau zu gewähren und zwar sofort, sohin nicht erst in dem durch § 1377 Abs. 3 für die Regel festgesetzten Zeitpunkte der Beendigung seines Verwaltungs- und Nutznießungsrechts. Für diesen Ersatz können daher die Gläubiger der Frau auch das Vermögen des Mannes in Anspruch nehmen. Im Uebrigen ist letzteres im ordentlichen gesetzlichen Güterstande dem Zugriffe der Gläubiger der Frau entzogen und zwar auch dann,

wenn der Mann der Eingehung der Verbindlichkeit durch die Frau zugestimmt hat. In M. IV, 255 ist des längeren erörtert, daß diese Zustimmung eine persönliche Haftung des Mannes nicht begründet, daß auch durch die Ertheilung der Zustimmung an sich nicht schon die Absicht, eine persönliche Haftung zu übernehmen, zum Ausdrucke kommt und ebenso die Verhältnisse des Lebens keinen genügenden Anhaltspunkt für die Aufstellung einer dahin gehenden Vermuthung geben. Der abweichende Standpunkt des P.L.R. Thl. II Tit. 1 §§ 329 fg. ist damit abgelehnt.

8. Für gemeinschaftliche Verbindlichkeiten von Mann und Frau gilt das bei § 1410 Ziff. 6 Bemerkte in Ansehung des Mannes analog auch hieher.

9. Erwähnt sei auch noch die Bemerkung in M. IV, 254 fg.: „Die Eigenschaft einer Verbindlichkeit der Ehefrau als einer Ehegutsverbindlichkeit ist nur gegenüber dem Ehemanne, nicht auch gegenüber der Ehefrau von Bedeutung, indem die Letztere kein Recht hat, der Befriedigung eines Vorbehaltsgutsgläubigers aus dem Ehegute zu widersprechen."

10. Die prozessualen Voraussetzungen und Formen der Inanspruchnahme des eingebrachten Gutes durch Gläubiger gegenüber dem Manne, insbesondere in Gestalt der Zwangsvollstreckung, bemessen sich nach der C.P.O. Dorthin wurden die in E. I § 1314 in Aussicht genommenen Bestimmungen in II. Komm. verwiesen. (P. IV, 183.)

§ 1412.

Das eingebrachte Gut haftet für eine Verbindlichkeit der Frau, die aus einem nach der Eingehung der Ehe vorgenommenen Rechtsgeschäft entsteht, nur dann, wenn der Mann seine Zustimmung zu dem Rechtsgeschäft ertheilt oder wenn das Rechtsgeschäft ohne seine Zustimmung ihm gegenüber wirksam ist.

Für die Kosten eines Rechtsstreits der Frau haftet das eingebrachte Gut auch dann, wenn das Urtheil dem Manne gegenüber in Ansehung des eingebrachten Gutes nicht wirksam ist.

E. I, 1312 Nr. 1; II, 1311; III, 1395.

1. Zu Abs. 1. Erste Ausnahme von dem Grundsatze des § 1412. Sie bezieht sich nur auf Verbindlichkeiten der Ehefrau aus Rechtsgeschäften, welche nach Eingehung der Ehe eingegangen wurden. Voreheliche Verbindlichkeiten der Frau fallen nicht unter § 1412, sondern unter die Regel des § 1411 (M. IV, 251). Die Ausnahme im § 1412, welche nur die Inanspruchnahme des eingebrachten Gutes durch Gläubiger der Frau behandelt, steht im Zusammenhange mit der Grundbestimmung in § 1395 über den Ausschluß von Verfügungen der Frau bezüglich des eingebrachten Gutes. D. 194 fg. sagt: „Der Frau kann nicht gestattet werden, ohne Zustimmung des Mannes das eingebrachte Gut durch Rechtsgeschäfte mit Schulden zu belasten und dadurch mittelbar über dasselbe zu verfügen."

Ebenso knüpft der im § 1412 mit den Worten „nur dann" zum Ausdruck gebrachte Vorbehalt an die Ausnahmebestimmungen an, welche sich dem § 1395 anreihen. Vgl. besonders §§ 1399, 1400, 1401, 1405, 1406, 1407. „Zustimmung" bedeutet auch hier: „Vorherige Einwilligung oder nachfolgende Genehmigung" (§ 1396). Ueber Ersetzung der Zustimmung des Mannes in gewissen Fällen s. § 1402.

Auf Verbindlichkeiten der Frau aus unerlaubten Handlungen derselben bezieht sich § 1412 nicht, mögen dieselben vor oder nach Eingehung der Ehe entstanden sein.

Statt der Worte: „nach Eingehung der Ehe" (s. ebenso. in §§ 1413, 1414) hatte E. I § 1312 die nicht ganz gleichen anderen Worte gehabt: „nach Eintritt der ehelichen Nutznießung und Verwaltung". Der Unterschied ist beachtenswerth. Denn der im E. I angenommene Zeitpunkt könnte ja nach Umständen und Gestaltung von dazwischen liegenden Eheverträgen auch erst in spätere Zeit fallen, als die Eheschließung.

E. I § 1312 Nr. 1 enthielt noch einen Vorbehalt wegen Haftung des eingebrachten Gutes auch gegenüber den Gläubigern der Frau aus dem Gesichtspunkte der Bereicherung des eingebrachten Gutes. (M. IV, 252.) Der bezügliche Satz blieb aber schließlich aus dem § 1412 weg. Eine Spezialbestimmung dieser Art enthält § 1399. Vgl. auch oben S. 141.

2. Zu Abs. 2. Kosten von Rechtsstreiten der Frau. E. I § 1312 Nr. 1 und E. II § 1311 hatten in Abs. 1 auch noch eigens gesprochen von Verbindlichkeiten der Ehefrau aus Urtheilen (gerichtlichen Entscheidungen) und diese den betreffenden Rechtsgeschäften gleichgestellt. Vgl. dazu M. IV, 251 fg.; P. IV, 183, 205. Die bezüglichen Worte wurden aber später ebenfalls aus dem § 1412 weggelassen. An dessen Sinn und

Tragweite wird dadurch nichts geändert, insoferne sich der Rechtsstreit und das Urtheil auf Verbindlichkeiten der im § 1412 gekennzeichneten Art bezieht und das Urtheil nur declarative Bedeutung hat. Vgl. auch §§ 1400, 1401, 1407.

Bezüglich der Kosten eines Rechtsstreits der Frau enthält aber der Abs. 2 § 1412 doch noch eine Sonderbestimmung. Diese belasten das eingebrachte Gut der Frau dem Ersatzberechtigten gegenüber auch dann, wenn der Mann seine erforderliche (vgl. § 1400, 1401, 1407) Zustimmung zur Führung des Rechtsstreits durch die Frau nicht gegeben hat und sohin das Urtheil ihm gegenüber in Ansehung des eingebrachten Gutes nicht wirksam ist. Daß für Prozeßkosten der Frau auch deren Vorbehaltsgut haftet, versteht sich von selbst.

§ 1412 Abs. 2 spricht von Kosten eines Rechtsstreits schlechthin, also ohne Unterscheidung je nach der Angelegenheit oder je nach dem Charakter als Aktiv- oder Passivprozeß (M. IV, 251; P. IV, 183, 205, 206 fg.).

Unter den ebenfalls ganz allgemein bezeichneten Kosten sind zu verstehen sowohl die bei Gericht erwachsenden, wie die dem Gegner zu ersetzenden Kosten (P. IV, 183, 205 fg.), nicht minder aber auch diejenigen, welche die Frau einem Dritten für ihre eigene Prozeßseite, insbesondere an Gebühren und Auslagen ihrem Prozeßbevollmächtigten zu vergüten hat.

Wohl zu bemerken ist, daß sich der § 1412 Abs. 2 nicht auf die Frage bezieht, ob und inwieweit der Mann für Prozeßkosten der Frau aus seinen eigenen Mitteln aufzukommen hat oder ob und inwieferne er für bezüglichen Aufwand aus seinen Mitteln oder denen des eingebrachten Guts einen Ausgleich aus dem Vorbehaltsgute der Frau beanspruchen kann. Darüber vgl. insbesondere die §§ 1387, 1415, 1416.

§ 1413.

Das eingebrachte Gut haftet nicht für eine Verbindlichkeit der Frau, die in Folge des Erwerbes einer Erbschaft oder eines Vermächtnisses entsteht, wenn die Frau die Erbschaft oder das Vermächtniß nach der Eingehung der Ehe als Vorbehaltsgut erwirbt.

E. I, 1312 Nr. 2; II, 1312; III, 1396.

Zweite Ausnahme von dem Grundsatze des § 1411.

1. Die Vorschrift steht zunächst im Anschlusse an die Bestimmung des § 1369. Uebrigens kann auch § 1368 in Betracht kommen, wenn die Ehegatten durch Ehevertrag von vorneherein vereinbart haben, daß ein etwaiger künftiger Erwerb der Frau durch Erbschaft oder Vermächtniß Vorbehaltsgut der Frau werden solle. In dieser Hinsicht bemerkten aber M. IV, 253, es gehe aus der Fassung, „als Vorbehaltsgut" hervor, daß unter den Paragraphen nicht auch der Fall gehöre, wenn die Erbschaft oder das Vermächtniß nach der Regel des § 1363 zunächst Ehegut und erst später durch Erbvertrag Vorbehaltsgut geworden ist.

Bemerkenswerth ist, daß die im § 1369 sich noch weiter vorfindende Erwähnung des Erwerbs als Pflichttheil oder eines Erwerbs unter Lebenden im § 1413 nicht aufgenommen ist. Man scheint davon ausgegangen zu sein, daß in diesen Fällen mit dem lucrativen Erwerbe eine Verbindlichkeit der Frau, wie solche § 1413 im Auge hat, nicht wohl verbunden sein wird.

2. Sachlich beruht die Ausnahme des § 1413 auf der Erwägung, „daß in den vorausgesetzten Fällen dem Ehemanne an dem Aktiverwerbe keinerlei Rechte zustehen und deßhalb mit den Aktiven auch die damit verbundenen Passiven lediglich dem Vorbehaltsgute zufallen müssen". (M. IV, 253), d. h., daß dafür der Mann nicht eine Inanspruchnahme des eingebrachten Gutes nach § 1411 über seine Rechte daran hinweg sich gefallen zu lassen braucht.

§ 1414.

Das eingebrachte Gut haftet nicht für eine Verbindlichkeit der Frau, die nach der Eingehung der Ehe in Folge eines zu dem Vorbehaltsgute gehörenden Rechtes oder des Besitzes einer dazu gehörenden Sache entsteht, es sei denn, daß das Recht oder die Sache zu einem Erwerbsgeschäfte gehört, das die Frau mit Einwilligung des Mannes selbständig betreibt.

E. I, 1312 Nr. 3; II, 1313; III, 1397.

Dritte Ausnahme vom Grundsatze des § 1411.

1. Die im Wesentlichen mit E. I, 1312 Nr. 3 übereinstimmende Gesetzesstelle beruht auf der Anschauung, daß die hier behandelten Verbindlichkeiten „als untrennbar mit dem Vorbehaltsgut verbunden behandelt werden müßten, obgleich sie nicht unmittelbar aus Rechtshandlungen der Ehefrau herrühren, welche diese mit verbindlicher Kraft für das eingebrachte Gut nicht vornehmen konnte". M. IV, 253. An dieser Stelle der Motive zu E. I § 1312 werden beispielsweise hieher gerechnet: „die Verbindlichkeit zur Bezahlung der auf dem Vorbehaltsgute ruhenden Reallasten und der davon zu entrichtenden Steuern (vgl. § 1385), ferner die Verbindlichkeiten wegen Bereicherung des Vorbehaltsguts, sowie zur Erfüllung der auf Gegenstände desselben gerichteten dinglichen Ansprüche jeder Art."

2. Die Worte: „in Folge eines zu dem Vorbehaltsgute gehörenden Rechts" sind dieselben, wie sie sich schon im § 1370 finden. Vgl. daher auch hieher die dortigen Erörterungen.

3. Der Begriff „Besitz" ist auch hier im technischen Sinne aufzufassen (P. IV, 207).

4. M. IV, 254 fügen Folgendes bei: „Wenngleich die Gesetzesstelle dem Wortlaute nach nur diejenigen Verbindlichkeiten der bezeichneten Art betrifft, welche erst nach Eingehung der Ehe (vgl. Bem. 1 zu § 1412) entstanden sind, so kann es doch nicht zweifelhaft sein, daß die bezeichneten Verbindlichkeiten der Ehefrau auch insoweit, als sie vor jenem Zeitpunkte bereits entstanden sind, dann nicht den Charakter von Ehegutsverbindlichkeiten haben, wenn die Fortdauer derselben von der Fortdauer des Rechtes oder Besitzes, in Folge dessen sie entstanden sind, abhängig ist." Sinn und Tragweite dieser Bemerkung sind etwas dunkel: immerhin möge sie nicht ganz unerwähnt bleiben.

5. Die mit den Worten: „es sei denn" beginnende Schlußklausel enthält wiederum eine Ausnahme von der Ausnahme, welch' Erstere auf die Regel des § 1411 zurückführt. Sie steht im Zusammenhange mit § 1405. (Vgl. M. IV, 254 fg.)

Ueber den Begriff: Erwerbsgeschäft s. die Erörterungen bei §§ 1367, 1405. Beispiele zum Schlußsatze des § 1414 giebt Fischer-Henle S. 572.

§ 1415.

Im Verhältnisse der Ehegatten zu einander fallen dem Vorbehaltsgute zur Last:

1. die Verbindlichkeiten der Frau aus einer unerlaubten Handlung, die sie während der Ehe begeht, oder aus einem Strafverfahren, das wegen einer solchen Handlung gegen sie gerichtet wird;
2. die Verbindlichkeiten der Frau aus einem sich auf das Vorbehaltsgut beziehenden Rechtsverhältniß, auch wenn sie vor der Eingehung der Ehe oder vor der Zeit entstanden sind, zu der das Gut Vorbehaltsgut geworden ist;
3. die Kosten eines Rechtsstreits, den die Frau über eine der in Nr 1, 2 bezeichneten Verbindlichkeiten führt.

E. I, 1316 Abs. 1, Abs. 2 Nr. 1—3; II, 1314; III, 1397.

1. Standpunkt im Allgemeinen. Wenn auch nach dem Gesetze ein Dritter einen Anspruch gegen die Frau nicht blos gegenüber dieser und ihrem Vermögen (Vorbehaltsgut oder eingebrachtem Gut), sondern, soweit nicht das Gesetz eigens Ausnahmen vorsieht (§ 1412 fg.), in Ansehung des eingebrachten Gutes selbst über die Rechte des Mannes hinweg (§ 1411 fg.) zur Geltung bringen kann, so ist damit noch nicht gesagt und gesetzt, daß das gleiche Verhältniß auch zwischen den Ehegatten gegeben sein müßte, m. a. W. daß in Sonderheit dem Manne aus der ihm erwachsenden rechtlichen Nothwendigkeit, jenen Zugriff eines Dritten seinerseits zu dulden, nicht hinwiederum Ansprüche gegen die Frau erwachsen könnten, namentlich wenn und soweit sie Vorbehaltsgut besitzt. Dieses innere Verhältniß von Mann und Frau einander gegenüber behandeln die §§ 1415—1417.

Hat die Frau neben eingebrachtem Gute auch Vorbehaltsgut, so haftet selbstverständlich auch dieses ihren Gläubigern, und zwar auch aus Verbindlichkeiten zum eingebrachten Gute, in der Art, daß letztere nach Gutbefinden aus dem Vermögensbestande der einen oder anderen Art ihre Befriedigung suchen können (M. IV, 260). „Eine andere Frage ist aber die, inwieweit die dem eingebrachten Gute gegenüber geltend gemachten Verbindlichkeiten der Frau im Verhältnisse der Ehegatten unter einander dem eingebrachten Gute oder dem Vorbehaltsgute zur Last fallen sollen und eine Verbindlichkeit der Ehegatten unter einander zur Ausgleichung des eingebrachten Gutes und des Vorbehaltsguts anzuerkennen ist" (M. IV, 260). In Ansehung dieser Frage hatte E. I § 316 Abs. 1 den Satz an die Spitze gestellt: „Die Ehegutsverbindlichkeiten fallen auch im Verhältnisse zu einander dem Ehegute (jetzt eingebrachten Gute) zur Last". Die II. Komm. hat diesen Satz gestrichen, aber nicht mit sachlichem Widerspruche, sondern nur weil er als entbehrlich befunden wurde. Der Inhalt des Satzes ist daher auch jetzt noch als Ausdruck der Regel zu betrachten, von welcher aber die §§ 1415, 1416 bestimmte (in sich abgeschlossene: M. IV, 266) Ausnahmen setzen. Was dann die Wirkungen dieser Ausnahmsfälle sein sollen, regelt der § 1417. S. die Bem. dazu.

Besteht für den Ehemann gegenüber der Ehefrau eine Rechtspflicht, Verbindlichkeiten der Frau, welche im Verhältnisse der Ehegatten zu einander dem eingebrachten Gute zur Last fallen, aus diesem letzteren zu erfüllen, so ist die Pflicht natürlich durch das Vorhandensein von eingebrachtem Gute bedingt und darauf beschränkt. Andererseits ist aber auch die vom Gesetze für den Mann gegenüber der Frau ausnahmsweise begründete Obliegenheit, bestimmte Verpflichtungen der Frau sogar aus seinem eigenen Vermögen zu erledigen, völlig unberührt (M. IV, 261). Fehlt ein Vorbehaltsgut der Frau, wie es überaus häufig im Leben der Fall sein wird, so kann von einem ausgleichenden Rückgriffe auf solches von selbst keine Rede sein. (Vgl. § 1417 und Bem. dazu.)

2. Einzelfälle des § 1415.

a) Zu Ziff. 1. Wie schon oben S. 153 bemerkt, belasten Deliktsschulden der Frau (Verbindlichkeiten aus einer unerlaubten Handlung) den Gläubigern gegenüber auch das eingebrachte Gut. Nach § 1415 ist aber unter den Ehegatten Rückgriff auf das Vorbehaltsgut verstattet und zwar sowohl in civil- wie in strafrechtlicher Hinsicht. In civilrechtlicher Richtung (s. z. B. § 823 fg.), mit dem Anspruche auf Schadensersatz, bewegt sich der erste Satz, in strafrechtlicher mit der Verbindlichkeit zur Zahlung von Geldstrafe, Buße und Kosten des Verfahrens und Strafvollzuges der zweite. Dabei ist aber doch daran zu erinnern, daß § 1387 gewisse auf strafrechtlichem Gebiete erwachsende Ausgaben für die Frau, nämlich Vertheidigungskosten, unter gewissen Voraussetzungen dem Manne auferlegt und zwar, wenn die Frau freigesprochen wird, sogar ohne Ersatzpflicht derselben.

Begründet wird die Ziff. 1 des § 1415 in M. IV, 262 mit der Erwägung, daß es unbillig sein würde, wenn in dem Verhältnisse der Ehegatten zu einander das Recht des Ehemannes unter den von der Ehefrau begangenen unerlaubten Handlungen leiden sollte.

Zu betonen ist übrigens, daß der § 1415 jenen Rückgriff auf das Vorbehaltsgut nicht schlechthin vorsieht, sondern in civil- wie in strafrechtlicher Hinsicht nur in Ansehung der Folgen solcher unerlaubter Handlungen der Frau, welche diese während der Ehe begeht. Diejenigen Verpflichtungen fraglicher Art, mit denen die Frau, weil sie aus der Zeit vor der Ehe herstammen, gleichsam schon in die Ehe tritt, belasten auch in dem Verhältnisse der Ehegatten untereinander das eingebrachte Gut ohne ein Recht des Mannes zum Rückgriffe auf das Vorbehaltsgut. Für jene zeitliche Unterscheidung ist übrigens maßgebend der Zeitpunkt der Begehung der unerlaubten Handlung und nicht etwa derjenige der Erlassung des Urtheils oder der Erwachsung desselben in Rechtskraft.

b) Zu Ziff. 2. Die hier für das Verhältniß der Ehegatten zu einander vorgesehene Norm entspringt von selbst der Rechtslage, zu Folge deren am Vorbehaltsgute der Frau dem Manne keinerlei Rechte zustehen. Er soll deshalb auch Verbindlichkeiten der unter Ziff. 2 in sachlicher und zeitlicher Hinsicht gekennzeichneten Art auf das Vorbehaltsgut überweisen und den Träger seiner Rechte, das eingebrachte Gut, wenn es den Gläubigern gegenüber haftet, wenigstens gegenüber der Frau davon befreien können und zwar selbst dann, wenn er zu dem die Verbindlichkeit der Frau begründenden Vorgange seine Zustimmung (Einwilligung oder Genehmigung) ertheilt hat. (M. IV, 262.) Dies wird, wie M. IV, 263 mit Recht betonen, von ganz besonderer praktischer Wichtigkeit für den Fall, daß die Frau mit Genehmigung des Mannes ein selbständiges Erwerbsgeschäft betreibt. Vgl. desfalls § 1367, 1405.

c) Zu Ziff. 3 vgl. die Bemerkungen bei § 1416. S. auch M. IV, 264.

§ 1416.

Im Verhältnisse der Ehegatten zu einander fallen die Kosten eines Rechtsstreits zwischen ihnen dem Vorbehaltsgute zur Last, soweit nicht der Mann sie zu tragen hat.

Das Gleiche gilt von den Kosten eines Rechtsstreits zwischen der Frau und einem Dritten, es sei denn, daß das Urtheil dem Manne gegenüber in Ansehung des eingebrachten Gutes wirksam ist. Betrifft jedoch der Rechtsstreit eine persönliche Angelegenheit der Frau oder eine nicht unter die Vorschriften des § 1415 Nr. 1, 2 fallende Verbindlichkeit, für die das eingebrachte Gut haftet, so findet diese Vorschrift keine Anwendung, wenn die Aufwendung der Kosten den Umständen nach geboten ist.

E. I, 1316 Abs. 1 Nr. 4; II, 1315; III, 1399.

I. Grundlagen der Vorschrift. Zu dem Gesammtumfange der zerstreuten und darum wenig übersichtlichen, auch nicht immer einwandfrei redigirten Gesetzesbestimmungen über Rechtsstreite eines Ehegatten und wider einen solchen (s. §§ 1380, 1387, 1388, 1391, 1394, 1400, 1401, 1407, 1412 und die Bem. dazu) bilden die Vorschriften in § 1415 Ziff. 3 und § 1416 den Schlußstein. (Vgl. die mannigfachen Erörterungen in M. IV, 264 fg.; P. IV, 183, 206, 207 fg.) Der nächste Anschlußpunkt zu den vorausgegangenen Bestimmungen liegt im § 1387, woselbst bestimmt ist, daß der Mann der Frau gegenüber unter Anderem verpflichtet ist, zu tragen die Kosten eines Rechtsstreits, den die Frau führt, soferne nicht die Kosten dem Vorbehaltsgute zur Last fallen. Für diese Klausel sind die §§ 1415 Ziff. 3 u. 1416 maßgebend. Hier wie dort ist natürlich der Begriff: „Rechtsstreit" der gleiche. Er umfaßt namentlich Aktiv- wie Passivprozesse. Bezüglich des Begriffs „Kosten" gilt auch hier das auf S. 155 Erörterte.

Hat die Frau kein Vorbehaltsgut, auf welches im Verhältnisse der Ehegatten zu einander zurückgegriffen werden könnte, so muß es eben auch unter den Ehegatten bei den sonstigen Belastungsverhältnissen hinsichtlich des eingebrachten Gutes oder des Vermögens des Mannes (vgl. § 1387, sowie die Bem. S. 128) verbleiben. Sonst könnte die Frau rechtlos gestellt sein.

II. Auf dieser Grundlage unterscheidet das B.G.B. zwischen Rechtsstreiten der Ehegatten unter sich und solchen der Frau mit Dritten.

1. Bei Rechtsstreiten der Ehegatten unter sich, mögen sie güterrechtlicher oder sonstiger Natur sein, hat vor Allem der Mann die ihn nach Gesetz (auch nach dem Gerichtskostengesetze) in Vorschuß oder definitiv treffenden Kosten aus seinen eigenen Mitteln zu bestreiten. Dafür kann er weder das eingebrachte Gut noch das Vorbehaltsgut in Anspruch nehmen, außer natürlich, wenn schließlich die Frau zum Kostenersatze an ihn verurtheilt ist. Ist Verurtheilung der Frau in die Kosten erfolgt, so fallen diese dem Vorbehaltsgute zur Last, wenn solches vorhanden ist. Gleiches gilt auch hinsichtlich der schon während des Rechtsstreits für die Frau erwachsenden Kosten. Dies bezieht sich aber auch hier nur auf das Verhältniß der Ehegatten zu einander. Dritte können nach § 1412 Abs. 2 auch schon von vorneherein das eingebrachte Gut für ihre Kosten in Anspruch nehmen: so z. B. der Staat für Gerichtskosten, Anwälte für ihre Gebühren 2c. 2c.

2. Die Kosten von Rechtsstreiten zwischen der Frau und einem Dritten fallen dem Vorbehaltsgute theils unbeschränkt, theils nur unter gewissen Beschränkungen und Voraussetzungen zur Last.

a) Unbeschränkt können dem Vorbehaltsgute überwiesen werden, diejenigen Kosten, von denen die Ziff. 3 des § 1415 handelt.

b) Beschränkt ist jene Ueberweisung in Ansehung der sonstigen, im Abs. 2 des § 1416 behandelten Kosten. Hier fragt es sich vor Allem, ob zu dem Rechtsstreite der Frau die eheherrliche Zustimmung ertheilt wurde oder eine solche überhaupt entbehrlich ist. (Vgl. §§ 1400, 1401, 1407.) Im einen wie im anderen bejahenden Falle wirkt das Urtheil gegenüber dem Manne auch in Ansehung des eingebrachten Guts. Es wird deßhalb auch unter den Ehegatten die Inanspruchnahme des Letzteren wirksam und fällt damit die Ueberweisung auf das Vorbehaltsgut weg nach § 1416 Abs. 2 Satz 1. Hiezu macht aber

c) der zweite Satz des § 1416 Abs. 2 wiederum eine weitere Einschränkung. Danach findet der Inhalt des ersten Satzes (hinsichtlich des Wegfalls eines Rückgriffes auf das Vorbehaltsgut) Anwendbarkeit nur dann, wenn die Aufwendung der Kosten nach den Umständen geboten war, soferne der Rechtsstreit der Frau betrifft: entweder

α) eine persönliche Angelegenheit der Frau, oder
β) eine solche Verbindlichkeit, welche nicht unter § 1415 Ziff. 1 und 2 fällt, für die aber das eingebrachte Gut haftet.

III. Ist der Mann einem Rechtsstreite der Frau mit einem Dritten als Nebenintervenient auf Seite der Letzteren beigetreten, so treffen natürlich die auf diese seine Parteirolle entfallenden Kosten ihn selbst. Das Gleiche gilt, wenn er als Streitgenosse der Frau mitbetheiligt ist.

§ 1417.

Wird eine Verbindlichkeit, die nach den §§ 1415, 1416 dem Vorbehaltsgute zur Last fällt, aus dem eingebrachten Gute berichtigt, so hat die Frau aus dem Vorbehaltsgute, soweit dieses reicht, zu dem eingebrachten Gute Ersatz zu leisten.

Wird eine Verbindlichkeit der Frau, die im Verhältnisse der Ehegatten zu einander nicht dem Vorbehaltsgute zur Last fällt, aus dem Vorbehaltsgute berichtigt, so hat der Mann aus dem eingebrachten Gute, soweit dieses reicht, zu dem Vorbehaltsgut Ersatz zu leisten.

E. I, 1316 Abs. 3; II, 1316; III, 1400.

§ 1417 dient der praktischen Verwirklichung der in den vorausgehenden Paragraphen enthaltenen Bestimmungen. Die Grundanschauung des B.G.B. in dem hier fraglichen Punkte ergiebt sich schon aus den Erörterungen zu den §§ 1411 fg., 1415, 1416. Hervorzuheben ist nur noch Folgendes:

1. Wie im B.G.B. überhaupt, wird namentlich auch im § 1417 scharf unterschieden zwischen dem von eheherrlichen Rechten ganz freien Gute der Frau (Vorbehaltsgut) und dem der eheherrlichen Verwaltung und Nutznießung unterliegenden Frauengute (eingebrachtem Gut). Diese beiden Vermögensmassen sind es, welche hier einander gegenübergestellt werden, und zwar in der Art, daß jede Masse unter den Ehegatten die ihr zukommende Belastung finden soll. Demgemäß sieht das Gesetz vor, daß ein Ausgleich zwischen den beiden Massen stattfinden soll, wenn eine Verbindlichkeit, welche nach dem vom Gesetze geregelten Verhältnisse der Ehegatten zu einander dem Vorbehaltsgute zur Last fällt, Dritten gegenüber zum Nachtheil der eheherrlichen Rechte aus dem eingebrachten Gute bestritten wurde (§ 1417 Abs. 1) und umgekehrt (§ 1417 Abs. 2).

2. Eine Ersatzpflicht des Mannes aus seinem Vermögen wird durch den § 1417 nicht begründet. Ob und inwieweit eine solche aus anderen Gesichtspunkten, aus anderen thatsächlichen und rechtlichen Verhältnissen (vgl. z. B. §§ 1385 fg.) Platz greifen kann, bemißt sich eben auch nach den anderweitig einschlägigen Gesetzesstellen.

3. Begründet wird durch den mit E. I § 1316 Abs. 3 annähernd übereinstimmenden § 1417 B.G.B. eine Ausgleichspflicht (M. IV, 260; D. 195). Dieser Begriff ist nicht gleichbedeutend mit Ersatzpflicht im gewöhnlichen Sinne. Eine solche wollte hier im § 1417 namentlich der Frau gegenüber dem Manne (Abs. 1), aber auch dem Manne gegenüber der Frau, nicht schlechthin auferlegt werden. (M. IV, 260 fg.) Daraus folgt, daß die hier gemeinte, nur ausgleichende Ersatzleistung von Masse zu Masse, nicht von Person zu Person, auch nur eintreten kann, soweit Vermögensmassen der einen oder anderen Art überhaupt vorhanden sind. Fehlt die eine oder andere, oder ist sie unzureichend zum Ausgleich, so bleibt die Verbindlichkeit eben auf derjenigen Masse liegen, aus der sie berichtigt wurde.

M. IV. 261 bemerken übrigens dabei Folgendes: „Durch die Natur der hier fraglichen Verbindlichkeit der Ehegatten als einer bloßen Verpflichtung zur Ausgleichung des eingebrachten Gutes und des Vorbehaltsguts ist übrigens selbstverständlich nicht ausgeschlossen, daß wenn einer der Ehegatten diese Verbindlichkeit, soweit dieselbe nach . . . (§ 1417) begründet ist, durch sein Verschulden nicht erfüllt, er dem anderen Ehegatten nach Maßgabe der allgemeinen Grundsätze über die Folgen der Nichtleistung und über die Folgen des Verzugs zum Schadensersatze verpflichtet ist."

4. Weiter bemerkenswerth ist auch noch folgende Stelle aus M. IV, 261 fg.:

„Wenngleich der Abs. 3 (jetzt § 1417) unmittelbar nur auf solche Fälle sich bezieht, in welchen durch die Tilgung einer Ehegutsverbindlichkeit das Ehegut (eingebrachte Gut) auf Kosten des Vorbehaltsguts oder das letztere auf Kosten des Vorbehaltsguts bereichert ist, so kann es doch nicht zweifelhaft sein, daß die Bestimmung analog auch auf solche Fälle Anwendung finden muß, in welchen durch die Vereinigung der Ehegutsverbindlichkeit und der derselben entsprechenden Forderung in der Person der Ehefrau das Vorbehaltsgut auf Kosten des Eheguts und dieses auf Kosten jenes bereichert ist. Eine solche Bereicherung des Vorbehaltsgutes auf Kosten des Ehegutes kann z. B. eintreten, wenn die Ehefrau, welcher eine Ehegutsforderung zusteht, den Schuldner beerbt, die Erbschaft aber dem Vorbehaltsgute zufällt. (§ 1369.) Umgekehrt ist das Ehegut auf Kosten des Vorbehaltsguts bereichert, wenn die Forderung zu dem letzteren gehört, der Nachlaß des Schuldners aber Ehegut geworden ist.“

5. Daß die Ehefrau gegenüber dem Manne auch durch Vertrag Verbindlichkeiten des eingebrachten Gutes auf das Vorbehaltsgut übernehmen kann, bezeichnen M. IV, 266 als selbstverständlich. Dabei ist dort Folgendes bemerkt:

„Ob ein solcher Vertrag als ein Ehevertrag aufzufassen ist und deßhalb der für Eheverträge vorgeschriebenen Form bedarf, ist nach den Bestimmungen des § 1333 (jetzt § 1432) zu beurtheilen. Ein Bedürfniß, diese Frage durch eine specielle Vorschrift zu entscheiden, bezw. sofern dieselbe zu bejahen sein sollte, für den hier in Rede stehenden Fall eine Ausnahme von der für Eheverträge vorgeschriebenen Form zu bestimmen, liegt nicht vor.“

Das Entscheidende für Bejahung oder Verneinung der Frage wird darin zu suchen sein, ob die in Rede stehende Vereinbarung eine ständige Ausnahme für den Güterstand gegenüber den gesetzlichen Normen begründen oder ob nur ein Zugeständniß für einen Einzelfall gemacht werden soll.

6. Keinen Eingang in das B.G.B. haben gefunden die besonderen Bestimmungen des P.L.R. Thl. II Tit. 1 §§ 339, 340, wonach der Ehemann aus dem Vorbehaltsgute soll Ersatz fordern können, wenn das eingebrachte Vermögen durch voreheliche, dem Ehemanne verschwiegene Schulden der Frau vermindert wird oder wenn die Ehefrau dem Ehemanne fremde Sachen wissentlich als ihre eigenen eingebracht hat und der Mann später diese Sachen herausgeben mußte. Die Erwägungen gegen Aufnahme einer solchen Bestimmung s. in M. IV, 266, woselbst zugleich aber auch auf die allgemeinen Grundsätze über Schadensersatz aus unerlaubten Handlungen hingewiesen wird, soferne nach diesen die Ehefrau aus dem Gesichtspunkte des dolus ersatzpflichtig erscheinen sollte.

4. Beendigung der Verwaltung und Nutznießung.

Vorbemerkungen.

Die Beendigung (allgemeinster Ausdruck) des eheherrlichen Rechtes der Verwaltung und Nutznießung am eingebrachten Gute der Frau kann sowohl während der Ehe als mit deren Auflösung eintreten.

I. Beendigung während der Ehe kann sich vollziehen:

1. mittelst Erlöschung des eheherrlichen Rechtes kraft Gesetzes
   a) bei Aufhebung der ehelichen Gemeinschaft nach § 1575 fg., welche zwar die Ehe als solche bestehen läßt, aber unter Anderem auch in der hier fraglichen Richtung die Wirkung der Ehescheidung hat;
   b) bei Konkurs über das Vermögen des Mannes nach § 1419;
2. mittelst Ausschließung durch einen nach Eingehung der Ehe rechtsförmlich eingegangenen Ehevertrag nach § 1432 fg.*) (nicht aber durch einseitigen Verzicht oder Nichtgebrauch seitens des Mannes**);

*) Vgl. darüber E. I, M. IV, 294. In den Motiven ist auch darauf hingewiesen, daß ein solcher Ehevertrag gegebenen Falles zu Gunsten der Gläubiger des Ehemannes der Anfechtung nach Maßgabe der Konkursordnung und des Anfechtungsgesetzes v. 21. Juli 1879 unterliegt und zwar „nicht nur in Ansehung der auf Grund eines solchen Ehevertrags erfolgten Erfüllung derjenigen Verbindlichkeiten, welche der Ehemann wegen der ehelichen Verwaltung und Nutznießung erst nach deren Beendigung zu erfüllen verpflichtet ist, sondern auch in Ansehung der auf Grund des Ehevertrags erfolgten Naturalrestitution des Ehegutes wegen der von der Ehefrau seit der Rückgewähr aus dem eingebrachten Gute bezogenen Früchte.“

**) Vgl. M. IV, 294, welche sich dem Sächs. G.B. § 1686 anschließen.

3. mittelst Aufhebung durch richterliches Urtheil nach § 1418.

II. Bei Auflösung der Ehe tritt stets auch die Beendigung der eheherrlichen Verwaltungs- und Nutznießung ein, gleichviel ob sich die Auflösung der Ehe vollzieht durch

1. Tod eines der Ehegatten oder durch

2. Scheidung der Ehe. (Vgl. M. IV, 288.) Dem Tode des Mannes ist durch § 1412 gleichgestellt

3. die Todeserklärung des Mannes. Ueber die Todeserklärung der Frau s. Bem. bei § 1420. In den nachfolgenden Paragraphen behandelt das B.G.B. (abweichend von E. I § 1327, 1328) näher nur die Fälle I, 1 b, I, 3 und II, 3. In den übrigen Fällen ergeben sich die Konsequenzen von selbst nach der Natur der fraglichen Rechtsverhältnisse.

Daß unter den Beendigungsgründen hier nicht auch der Fall des Vorhandenseins einer Nichtigkeit oder der mit Erfolg geschehenen Anfechtung der Ehe erwähnt wird, erklärt sich von selbst damit, daß in solchem Falle eben die Ehe von Anfang an nichtig war (s. § 1343), sohin die eheherrliche Verwaltung und Nutznießung rechtlich nie bestand und daher auch nicht rechtlich „beendigt" wird. Für die Auseinandersetzung zwischen den Scheingatten sind daher nicht die ehegüterrechtlichen Normen, sondern die allgemeinen Grundsätze über Vindikation, Kondiktion, Auftrag oder Geschäftsführung ohne Auftrag maßgebend. (M. IV, 291.)

§ 1418.

Die Frau kann auf Aufhebung der Verwaltung und Nutznießung klagen:

1. wenn die Voraussetzungen vorliegen, unter denen die Frau nach § 1391 Sicherheitsleistung verlangen kann;
2. wenn der Mann seine Verpflichtung, der Frau und den gemeinschaftlichen Abkömmlingen Unterhalt zu gewähren, verletzt hat und für die Zukunft eine erhebliche Gefährdung des Unterhalts zu besorgen ist. Eine Verletzung der Unterhaltspflicht liegt schon dann vor, wenn der Frau und den gemeinschaftlichen Abkömmlingen nicht mindestens der Unterhalt gewährt wird, welcher ihnen bei ordnungsmäßiger Verwaltung und Nutznießung des eingebrachten Gutes zukommen würde;
3. wenn der Mann entmündigt ist;
4. wenn der Mann nach § 1910 zur Besorgung seiner Vermögensangelegenheiten einen Pfleger erhalten hat;
5. wenn für den Mann ein Abwesenheitspfleger bestellt und die baldige Aufhebung der Pflegschaft nicht zu erwarten ist.

Die Aufhebung der Verwaltung und Nutznießung tritt mit der Rechtskraft des Urtheils ein.

E. I, 1327 Abs. 1 Nr. 2, 1328; II, 1317; III, 1401.

1. Zweckbestimmung der Vorschrift ist die Gewährung eines besonderen Rechtsschutzes für die Frau, wenn bestimmte Verhältnisse vorliegen, welche eine Verletzung der dem Ehemanne in Ansehung der Verwaltung und Nutznießung des eingebrachten Gutes obliegenden Pflichten erkennen lassen, eine Gefährdung der Rechte der Frau für die Zukunft begründen oder auch nur die Frau in Ansehung der Verwaltung ꝛc. ihres Gutes in eine besonders schwierige Lage bringen. Der Gesetzgeber geht dabei namentlich in Ansehung von Pflichtverletzungen des Mannes, aber auch nach anderen im § 1418 ins Auge gefaßten Richtungen von der Anschauung aus, daß durch solche Vorkommnisse das vom Gesetze dem Manne entgegengebrachte Vertrauen in einer Weise erschüttert sein kann, welche zum Schutze der Frau die Nothwendigkeit erkennen läßt, die Ehefrau in die Lage zurückzuversetzen, wie sie bestanden hatte, ehevor deren eingebrachtes Gut den eheherrlichen Rechten überantwortet wurde. M. IV, 295; P. IV, 211; D. 193.

2. Jenen Schutz gewährt § 1418 in der Art, daß er unter bestimmten Voraussetzungen eine Aufhebung der eheherrlichen Verwaltung und Nutznießung vorsieht. In beiden Richtungen, nicht etwa lediglich in der einen oder anderen, sollen die eheherrlichen Rechte am eingebrachten Gute wegfallen (M. IV, 296). Das ist Gesetzesregel. Der Ehefrau steht es deßhalb nicht frei, etwa nur auf theilweise Aufhebung der

Verwaltung oder der Nutznießung, zu klagen. Auch kennt das B.G.B. nur eine völlige Aufhebung, nicht eine bloße Einschränkung der eheherrlichen Rechte (M. IV, 296).

3. Die vom Gesetze vorgesehene Maßregel vollzieht sich nicht schon kraft Gesetzes, sondern nur auf Begehren der Frau. Dieses Begehren aber ist in die Form einer Klage zu bringen und wird daher auch durch Urtheil des Prozeßrichters beschieden.

4. Die sachlichen Voraussetzungen für die selbstverständlich jederzeit anstellbare Klage sind in den Ziff. 1—5 des § 1418 festgestellt. Einer analogen Ausdehnung erscheinen sie nicht zugänglich. Die Maßregel ist zu einschneidend für den Mann und die ehelichen Verhältnisse, als daß sie nicht an möglichst scharf umgrenzte Vorbedingungen geknüpft werden müßte.

Jede jener in Ziff. 1—5 bezeichneten Voraussetzungen begründet für sich allein schon die Klage. Erscheint eine der Ziffern einschlägig, so muß das Gericht der Klage stattgeben. Eine arbitäre Würdigung der Angemessenheit der Maßregel Seitens des Gerichts ist diesem nicht eingeräumt. Doch unterliegt dessen Prüfung selbstverständlich die Frage, ob die thatsächlichen Verhältnisse so gelagert sind, daß eben die Unterstellung unter eine der fünf Ziffern gerechtfertigt erscheint. Insoferne greift in den Fällen der Ziff. 1, 2, 5 allerdings auch ein gewisses richterliches Ermessen ein.

5. Die Wirkung des Urtheils entspricht der Klagsrichtung. Zu verweisen ist aber doch noch auf § 1426, wonach bei Erwirkung eines stattgebenden Urtheils von dem im § 1418 Abs. 2 bezeichneten Zeitpunkte an die völlige Gütertrennung eintritt, d. h. im Sinne der §§ 1426 fg., sohin namentlich auch mit den Bestimmungen der §§ 1427 bis 1429 über Ehelasten, Unterhaltsverhältnisse ꝛc. ꝛc.

6. Ueber die einzelnen Anwendungsfälle des § 1418 ist Folgendes zu bemerken:

a) Zu Ziff. 1. Der hier vorgesehene Fall greift im praktischen Leben wohl am tiefsten. Er wird auch am häufigsten eintreten. Der Frau ist damit die Möglichkeit eröffnet, wegen des Verhaltens des Mannes eine gegenüber dem § 1391 wesentliche Steigerung des ihr zu gewährenden Rechtsschutzes herbeizuführen. Das Verhältniß der beiden Schutzmittel der §§ 1391 und 1418 zu einander ist nicht blos ein alternatives, sondern sogar ein kumulatives — m. a. W.: die Frau hat nicht blos die Wahl zwischen dem Begehren einer Sicherheitsleistung und demjenigen nach gänzlicher Aufhebung der eheherrlichen Rechte an ihrem eingebrachten Gute, sondern sie kann auch nach geleisteter Sicherheit nachträglich noch die Aufhebungsklage nach § 1418 stellen. Denn das Bedürfniß der Frau nach Schutz ihrer Rechte kann sich auch nach erfolgter Sicherheitsleistung so verstärken, daß letztere sich nicht mehr als genügendes Schutzmittel darstellt; z. B. wenn der Mann eine nur geringe Sicherheitsleistung zu bieten vermochte und nach deren Bestellung sein ferneres Verhalten die gerechtfertigten Besorgnisse nur noch steigert.

Die thatsächlichen Voraussetzungen für die Aufhebungsklage nach § 1418 Ziff. 1 sind die gleichen, wie diejenigen für Sicherheitsleistung nach § 1391. Absichtlich (P. IV, 213) ist im § 1418 Ziff. 1 auf den ganzen § 1391 Bezug genommen. Es kommen daher dessen beide Absätze in Betracht. (S. hiezu die Bem. bei § 1391.)

b) Zu Ziff. 2. In M. IV, 297 wird diese (in ihrem ersten Satze ganz, im zweiten wenigstens im Grundgedanken an E. I, § 1328, Ziff. 2 sich anschließende) Bestimmung gerechtfertigt „durch den Zweck der eheherrlichen Verwaltung und Nutznießung, dem Ehemanne aus dem Vermögen der Ehefrau einen Beitrag zur Bestreitung der ehelichen Lasten zu gewähren. Die natürliche Auffassung dieses Verhältnisses führt dahin, den Zweck der Ueberlassung des eingebrachten Gutes an den Ehemann mit dieser Ueberlassung in der Art in Verbindung zu setzen, daß, wenn der Zweck nicht erreicht wird, auch die Ueberlassung des Ehegutes wegfällt. . . . Derselbe Gedanke liegt auch schon dem P.L.R. Thl. II Tit. 1 §§ 256, 258 zu Grunde".

Die Gesetzesstelle spricht eigens nur von Gewährung des Unterhalts. „Unterhalt" steht hier ebenfalls im Sinne des § 1360. Aber die hier erwähnte Verpflichtung der Unterhaltsgewährung ist eine engere, als die aus dem Gesammtinhalt des § 1389 entspringenden Verpflichtungen zur Tragung des ganzen „ehelichen Aufwands".

Nicht genügend zur Anwendung des § 1418 Ziff. 2 ist der Umstand allein, daß der Mann unvermögend oder selbst daß er wirthschaftlich herabgekommen ist und deßhalb er den Seinen den Unterhalt nicht oder nicht ausreichend gewähren kann. Die Gründe für Letzteres können ja sehr verschiedenartig gestaltet und vom moralischen Standpunkte aus für den Mann vielfach gar nicht belastend sein. Liegt aber Grund zu Vorwurf und

Mißtrauen gegen den Mann nicht vor, so erscheint auch die strenge Maßregel nach § 1418 nicht gerechtfertigt. Nach den M. IV, 297 fg. zu E. I, § 1318 und nach den anfänglichen Verhandlungen in einer Subkommission der II. Komm. (P. IV, 184) würde sogar vorauszusetzen sein, daß eine schuldhafte Verletzung und Gefährdung des Unterhaltsanspruchs der Frau und der gemeinschaftlichen Abkömmlinge vorliege. Bei den späteren Verhandlungen im Plenum der II. Komm. ist man aber, wie P. IV, 213 lauten, von einer solchen Einschränkung sichtlich wieder abgekommen, „da das Interesse der Familie in solchem Falle der Rücksicht auf den Mann vorgehe".

Wieweit die Unterhaltsverpflichtung des Mannes geht, bestimmt sich der Frau wie den gemeinschaftlichen Abkömmlingen gegenüber nach den einschlägigen anderen Gesetzesvorschriften. (Vgl. namentlich §§ 1360, 1361, 1601 fg.) Dabei greift aber auch der zweite Satz des § 1418 Ziff. 2 ein. Mit diesem wird in positiver Gesetzesvorschrift vorgesehen, was unter allen Umständen hier als eine Verletzung der Unterhaltspflicht anzusehen ist. Die bezügliche Vorschrift schließt sich dem § 1389 Nr. 2 an. (Vgl. P. IV, 194 fg.)

Zu beachten ist ferner, daß der erste und zweite Halbsatz der Ziff. 2 nicht in alternativer, sondern in kopulativer Verbindung mit einander stehen. Es reicht also auch eine Verletzung der Unterhaltsverpflichtung für sich allein nicht aus. Vielmehr muß nach jener Wortverbindung auch „für die Zukunft eine erhebliche Gefährdung des Unterhalts zu besorgen sein". Ob dies im Einzelfalle zutrifft, ist vom Richter zu beurtheilen. In diesem Punkte kann dann auch der Richter aus einem Rückgang der Vermögenslage des Mannes seine Schlüsse ziehen auf das Vorhandensein der eben erwähnten zweiten Vorbedingung für die Verhängung der fraglichen Maßregel. Liegen aber deren Voraussetzungen vor, so kann die von der Frau klagbar begehrte Maßregel richterlich nicht etwa deßhalb abgelehnt werden, weil auch schon weniger einschneidende Maßregeln genügen könnten. Auch die Klage nach § 1418 Ziff. 2 ist durchaus nicht davon abhängig, daß die Frau vorher schon erfolglos versucht hat, mit einer Klage und einem Urtheil auf Gewährung des ihr und den gemeinschaftlichen Abkömmlingen gebührenden Unterhalts solchen zu gewinnen. Für diese Abkömmlinge ist übrigens auch die Frau zur Klagestellung nach § 1418 Ziff. 2 legitimirt und nur diese allein.

c) Zu Ziffer 3. Nach B.G.B. § 6 kann Entmündigung eintreten wegen Geisteskrankheit und Geistesschwäche, Verschwendung, Trunksucht. Der volljährige Entmündigte erhält dann einen Vormund (§ 1896). Wie M. IV, 300 und D. 196 zutreffend bemerkt ist, „kann aber der Ehefrau nicht zugemuthet werden, statt des Ehemannes selbst sich dessen gesetzlichen Vertreter als Verwalter ihres Vermögens gegen ihren Willen aufnöthigen zu lassen". Auf dieser Erwägung beruht hauptsächlich die Ziffer 3. Sie setzt daher auch eine rechtskräftig vollzogene Entmündigung voraus. Das bloße Vorhandensein der sachlichen Voraussetzungen für eine erst einzuleitende Entmündigung oder die vorerst blos stattgehabte Einleitung einer Entmündigung, ja selbst die Bestellung einer vorläufigen Vormundschaft nach § 1906 genügen keineswegs zur Anwendung obiger Ziffer 3. Doch kann das Vorhandensein von thatsächlichen Verhältnissen jener Art unter Umständen dazu angethan sein, eine Grundlage für die Anwendung der Ziffer 1 darzubieten. Aber in letzterem Falle ist dann erst richterlich zu prüfen, ob das Verhalten des Mannes die Voraussetzungen der Ziffer 1 erschöpft, während zur Anwendung der Ziffer 3 die Thatsache der schon eingetretenen Entmündigung für sich allein genügt.

Daß auch bei rechtskräftiger Entmündigung (wie in den Fällen der nachfolgenden Ziffern 4 und 5) die Aufhebung des eheherrlichen Rechtes der Verwaltung und Nutznießung nicht schon kraft Gesetzes, sondern ebenfalls nur auf Klage der Frau eintreten soll, ist eigens erwogen worden. (M. IV, 300; D. 196.) Man hat namentlich in Betracht gezogen, daß die Frau ein Interesse daran haben kann, die mit Beendigung des Güterstands unvermeidlich verbundene Vermögensauseinandersetzung zu vermeiden und lieber ihr Vermögen vom Vertreter ihres Mannes verwalten zu lassen.

d) Zu Ziff. 4. Der hier vorgesehene Fall, daß der Mann zur Besorgung seiner Vermögensangelegenheiten einen Pfleger erhalten hat, also ein solcher für ihn bereits aufgestellt ist, kann nach § 1910 eingetreten sein, wenn ein Volljähriger, der nicht unter Vormundschaft steht, in Folge körperlicher Gebrechen, insbesondere wegen Taubheit, Blindheit, Stummheit, seine Angelegenheiten nicht zu besorgen vermag (§ 1910 Abs. 1), desgleichen wenn ein Volljähriger, der nicht unter Vormundschaft ist, in Folge geistiger oder körperlicher Gebrechen einzelne seiner Angelegenheiten oder einen bestimmten Kreis seiner Angelegenheiten, insbesondere seine Vermögensangelegenheiten, nicht zu besorgen im Stande ist (§ 1910 Abs. 2).

Obige Ziff. 3 verweist auf den ganzen § 1910. Es sind daher sowohl dessen Absatz 1, wie dessen Absatz 2 hieher bezüglich. Die Anwendbarkeit der obigen Ziff. 3 auf Fälle des § 1910 Abs. 2 ergibt sich auch daraus, daß nach § 1418 Ziff. 3 schon die Bestellung einer Pflegschaft auch nur für Vermögensangelegenheiten als hinreichend bezeichnet ist. Eine Pflegschaft für solche muß aber unter allen Umständen bestehen, gleichviel ob sie sich daneben auch auf die Person (Abs. 1) oder einzelne sonstige Angelegenheiten (Abs. 2) des Mannes erstreckt.

e) Zu Ziffer 5. Dieselbe betrifft die Fälle des § 1911 und zwar in dessen beiden Absätzen. Erfordert wird auch hier die vollendete Thatsache, daß ein Abwesenheitspfleger bereits bestellt ist. Absichtlich wurde der Ehefrau das Klagerecht nach § 1418 nicht auch schon dann beigelegt, „wenn der Ehemann seit längerer Zeit abwesend ist, die Voraussetzungen einer Abwesenheitspflegschaft aber deßhalb nicht vorliegen, weil er zur Besorgung seiner Vermögensangelegenheiten, und insbesondere zur Ausübung der eheherrlichen Verwaltung und Nutznießung, einen Bevollmächtigten bestellt hat". (M. IV, 300; vgl. auch § 1911.) Aber auch die Thatsache, daß eine Abwesenheitspflegschaft schon bestellt ist, reicht allein zu der tiefgreifenden Maßregel des § 1418 noch nicht aus. Sie muß in Verbindung stehen mit dem weiteren Umstande, daß eine baldige Aufhebung der Pflegschaft nicht zu erwarten ist. Die Beurtheilung des Vorhandenseins dieser zweiten Voraussetzung untersteht richterlichem Ermessen. Grund, Zweck und bisher schon verflossene Dauer der Abwesenheit werden hiebei besonders ins Auge zu fassen sein.

§ 1419.

Die Verwaltung und Nutznießung endigt mit der Rechtskraft des Beschlusses, durch den der Konkurs über das Vermögen des Mannes eröffnet wird.

E. I, 1327 Nr. 3; II, 1318; III, 1402.

1. Konkurs des Mannes. Während nach den Bestimmungen des P.L.R. Thl. II Tit. 1 §§ 258, 261 fg. die eheherrlichen Verwaltungs- und Nutznießungsrechte am eingebrachten Gute der Frau durch die Eröffnung des Konkurses über das Vermögen des Mannes an sich nicht berührt und von dem Konkursverwalter ausgeübt werden, so lange nicht die Ehefrau nach P.L.R. Thl. II Tit. 1 § 258 von dem Rechte der Zurückforderung ihres eingebrachten Vermögens Gebrauch gemacht hat, tritt nach dem B.G.B. in jenem Falle mit der Rechtskraft des den Konkurs eröffnenden Beschlusses (also nicht schon mit dem Eröffnungsbeschlusse selbst) von Rechtswegen die Beendigung jener ehemännlichen Rechte ein. (M. IV, 291 fg.; D. 196.) Der Gesetzgeber hat sich hiebei auf den Standpunkt gestellt, daß durch den Konkurs über das Vermögen des Mannes eine überaus tiefgreifende Veränderung in der wirthschaftlichen Lage desselben herbeigeführt wird, zu Folge deren der Frau nicht mehr zugemuthet werden kann, jenes auf persönliches Vertrauen begründete Berechtigungsverhältniß fortbestehen zu lassen. Von diesem Standpunkte aus erscheint es auch nur folgerichtig, wenn im B.G.B. weder im § 1419 noch im § 1425 ein Wiederaufleben der Verwaltungs- und Nutznießungsrechte des Mannes nach Beendigung des Konkurses vorgesehen ist. Auch von da ab bleiben jene Rechte in Wegfall, wenn nicht die Ehegatten etwas Anderes durch nachherigen rechtsförmlichen Ehevertrag nach § 1432 vereinbaren.

Durch die Vorschrift des § 1419 vereinfachen sich beim Konkurs des Mannes die Verhältnisse in Ansehung des Frauenvermögens sehr. Nach § 1426 tritt völlige Gütertrennung zwischen Mann und Frau ein. Weder das Vorbehaltsgut noch das eingebrachte Gut der Letzteren kommen für die Konkursmasse des Mannes in Betracht. Auch die Früchte des eingebrachten Gutes fallen nicht in die Konkursmasse, soweit sie nicht schon vor der Beendigung der eheherrlichen Rechte vom Manne erworben worden sind. Mit dem im § 1419 bezeichneten Zeitraume fallen sie der Frau zu. Allerdings hat diese nach B.G.B. § 1427 aus ihren Einkünften nunmehr dem Manne einen angemessenen Beitrag zu leisten. Allein dieser Beitrag dient nur zur Bestreitung des ehelichen Aufwands. Er wird nur dem Manne geschuldet und dessen Anspruch hierauf ist unübertragbar. Darum kann auch dieser Beitragsanspruch für die Konkursmasse nicht in Betracht kommen. Hat die Ehefrau ihrerseits Ansprüche an den Mann, namentlich Ersatzansprüche aus der Verwaltung ihres Vermögens, so kann und muß sie dieselben zur Konkursmasse des Mannes liquidiren. Der § 1394 steht jetzt nicht mehr im Wege, da ja Beendigung des eheherrlichen Verwaltungs- und Nutznießungsrechts eingetreten ist.

2. Konkurs der Frau. Vom Konkurse über das eigene Vermögen der Frau ist im § 1419 nicht die Rede. Ein solcher Konkurs kann aber thatsächlich vorkommen, namentlich (aber nicht ausschließlich) dann, wenn die Frau Vorbehaltsgut besitzt oder ein Erwerbsgeschäft selbständig betreibt. Konkurs über das Vermögen der Frau allein ist auch im ordentlichen gesetzlichen Güterstande zweifellos rechtlich zulässig (M. IV, 259).

Das Vorbehaltsgut, welches alle Gläubiger der Frau in Anspruch nehmen können, gehört deßhalb auch zur Konkursmasse. Es kann auch allein die letztere bilden, wenn die Ehefrau nur Vorbehaltsgut besitzt oder nur solche Gläubiger hat, welche nach den Grundsätzen über Schuldenhaftung (vgl. S. 151 fg.) lediglich am Vorbehaltsgute Befriedigung suchen können.

Das eingebrachte Gut gehört, wie es im Grundsatze der Schuldenhaftung unterliegt (vgl. § 1411 und Bem. dazu), so im Grundsatze ebenfalls zur Konkursmasse der Frau. Es fragt sich nur, wieweit es — namentlich wegen der Rechte des in den Konkurs der Frau nicht einbezogenen Mannes — im Konkurse zur Befriedigung der Gläubiger der Frau dienen kann. Diese Frage hat ihre materielle, wie ihre formelle Seite. In ersterer Hinsicht sind auch hieher von durchschlagender Bedeutung die in dem ehelichen Güterrechte wurzelnden Vorschriften über die Schuldenhaftung, zufolge deren es im ordentlichen gesetzlichen Güterstande theils solche Gläubiger der Frau gibt, denen sowohl das Vorbehaltsgut als das eingebrachte Gut, und zwar letzteres ohne Rücksicht auf die Rechte des Mannes (vgl. oben S. 152 fg.), haftet, theils solche, deren Zugriff das eingebrachte Gut entzogen ist. (Lothar Seuffert in der deutschen Jur.Ztg. 1898 S. 118 fg.) Wie sich nun diese Verhältnisse formell im Konkursverfahren auszugestalten haben, ist eine Frage nicht des materiellen, sondern des Konkursrechts. Da besondere Normen darüber in der Konkursordnung neuer Gestaltung fehlen, so können sich eigenartige Komplikationen ergeben, wie solche Loth. Seuffert a. a. O. S. 118 fg. erörtert hat. Wie Fischer-Henle (2. Aufl.) S. 588, 592 andeuten, kann dadurch Bildung verschiedener Massen nöthig werden.

§ 1420.

Die Verwaltung und Nutznießung endigt, wenn der Mann für todt erklärt wird, mit dem Zeitpunkte, der als Zeitpunkt des Todes gilt.

E. I, 1327 Nr. 4; II, 1319; III, 1403.

1. Tod eines Ehegatten. Mit dem Eintritt des Todes Eines der Ehegatten wird die Ehe aufgelöst. Damit beendigt sich von selbst auch der ordentliche gesetzliche Güterstand in jeder Hinsicht. Ein Nachsitz eines Ehegatten im Vermögen des Verstorbenen findet in keiner Form statt (M. IV, 289, woselbst namentlich der Wegfall gewisser alter particularrechtlicher Bestimmungen über Quotenabfindungen des Ueberlebenden aus dem zusammenzuwerfenden beiderseitigen Vermögen besprochen ist). In Sonderheit endigt mit jenem Momente das eheherrliche Verwaltungs- und Nutznießungsrecht des Mannes am Vermögen der Frau, ohne Unterschied, welcher der Ehegatten zuerst stirbt. Des Mannes Erben treten in jene Rechte nicht ein und den Erben der Frau gegenüber finden sie in Ansehung des ihnen bis zum Ableben der Frau unterworfen gewesenen Frauenguts auch nicht mehr statt. Das Vermögen des verstorbenen Ehegatten — Mann oder Frau — wird Gegenstand des Erbganges, wobei selbstverständlich die im B.G.B. §§ 1931—1932 vorgesehenen Voraus- und Erbquotenansprüche des überlebenden Ehegatten zur Geltung kommen.

Diese Sätze ergeben sich aus der Natur der hier fraglichen Rechtsverhältnisse so von selbst, daß ein eigener Ausdruck derselben im B.G.B. nicht für nöthig befunden wurde. Dagegen ist für angemessen befunden worden, gewisse Zweifel abzuschneiden, welche sich im Falle einer

2. Todeserklärung ergeben könnten. Eine solche begründet nach B.G.B. § 18 die Vermuthung, daß der Verschollene in dem Zeitpunkte gestorben sei, welcher in dem die Todeserklärung aussprechenden Urtheile festgestellt ist. Diese Vermuthung ist aber auch nur eine solche und nicht eine Fiktion. Die Erstere kann wieder beseitigt werden und äußert ihrer Natur nach auch nur Wirkungen, welche in gewisser Hinsicht beschränkt oder resolutiv bedingt sind. Was in Sonderheit die Ehe des für todt Erklärten betrifft, so kann dessen Gatte zwar zu neuer Ehe schreiten, aber erst die wirkliche Abschließung einer zweiten Ehe bringt die erste unbedingt und definitiv zur Auflösung (§ 1348). Aus

diesem eigenartigen Rechtsaufbau könnten die oben angedeuteten Zweifel hinsichtlich der Fortdauer der Rechte des für todt erklärten Mannes am eingebrachten Gute der Frau erwachsen. Im Interesse der Frau und ihrer freien Bewegung im Rechtsverkehr, wie nicht minder im Interesse gutgläubiger Dritter (M. IV, 293 fg.) löst der § 1420 solche Zweifel durch seine an sich klare und einfache Bestimmung. Zum Schutze des für todt erklärten Mannes dient der § 1425 mit seinem Vorbehalte einer Wiederherstellung der eheherrlichen Rechte, wenn der für todt erklärte Mann noch lebt.

Der Fall einer Todeserklärung der Frau ist im § 1420 nicht eigens behandelt. Man erachtete ein Bedürfniß dafür nicht als gegeben. Dieser Fall ist daher, insbesondere in Ansehung der Frage alsbaldiger Beerbung der Frau, nach den einschlägigen allgemeinen Grundsätzen über die Wirkungen einer Todeserklärung zu beurtheilen. (S. desfalls namentlich auch § 2031.)

Von dem im § 1420 allein in's Auge gefaßten Falle einer Todeserklärung im Wege Urtheils nach einem Aufgebotsverfahren (§ 13 fg.) ist zu unterscheiden der andere Fall des

3. Vorliegens einer falschen, d. h. sachlich unrichtigen Sterbeurkunde. Bei der Seltenheit von Fällen solcher Art wurde ein Bedürfniß zu eigener Regelung derselben nicht als gegeben erachtet. Gleichgestellt wollte aber in Ansehung der eheherrlichen Rechte letzterer Fall dem anderen einer förmlichen Todeserklärung des Mannes jedenfalls nicht werden. Dies ergibt sich deutlich aus M. IV, 294.

§ 1421.

Nach der Beendigung der Verwaltung und Nutznießung hat der Mann das eingebrachte Gut der Frau herauszugeben und ihr über die Verwaltung Rechenschaft abzulegen. Auf die Herausgabe eines landwirthschaftlichen Grundstücks findet die Vorschrift des § 592, auf die Herausgabe eines Landguts finden die Vorschriften der §§ 592, 593 entsprechende Anwendung.

E. I, 1292, 1324, 1009, 591, 593; II, 1320; III, 1404.

1. Grundwirkung der Beendigung der eheherrlichen Rechte. Wie bereits früher ausgeführt, bildet das ehemännliche Recht der Verwaltung und Nutznießung des eingebrachten Gutes der Frau den wesentlichsten Bestandtheil, den eigentlichen Schwerpunkt des ordentlichen gesetzlichen Güterstands. Mit Beendigung jenes Rechts erlischt daher auch dieser Güterstand von selbst. Ergibt sich dies:

a) durch die Auflösung der Ehe selbst zu Folge Todes eines der Ehegatten oder deren Scheidung, so hört jenes Güterrechtsverhältniß eben einfach auf. Etwas Anderes tritt nicht an dessen Stelle. Das Gleiche gilt
b) für den Fall der Aufhebung der ehelichen Gemeinschaft (§ 1575) nach der besonderen Gesetzesbestimmung des § 1586.
c) Erfolgt die Beendigung des eheherrlichen Rechts der Verwaltung und Nutznießung kraft nachträglichen Ehevertrags, so kommt an Stelle des ordentlichen gesetzlichen Güterstands in erster Reihe dasjenige Güterrechtsverhältniß, welches im Ehevertrag zwischen den Ehegatten vereinbart wird. Fehlt eine solche Vereinbarung im Ehevertrage und beschränkt sich dieser lediglich auf die fernere Ausschließung der eheherrlichen Rechte, so tritt völlige Gütertrennung ein und zwar kraft Gesetzes nach § 1436.
d) Liegt einer der Beendigungsfälle der §§ 1418, 1419, 1420 vor (Aufhebung der Verwaltung und Nutznießung durch Urtheil, dann Konkurs des Mannes und Todeserklärung des Mannes), so greift ebenfalls volle Gütertrennung Platz, wie im § 1426 bestimmt ist.

2. Eine eigentliche Auseinandersetzung des Vermögens, wie z. B. bei der allgemeinen Gütergemeinschaft, ist bei Beendigung des ordentlichen gesetzlichen Güterstands nicht veranlaßt. Das Vermögen des Mannes und der Frau scheiden sich in ihrer Substanz von selbst gegeneinander ab. Die Frau erhält ihr eingebrachtes Gut zu ihrer freien Verfügung gleich ihrem bisherigen Vorbehaltsgut. Eine Theilung beziehungsweise gegenseitige Berechnung kann nur veranlaßt sein in Ansehung:

a) derjenigen Hochzeitsgeschenke, welche Miteigenthum beider Ehegatten geworden waren (Bem. 3 zu § 1305 S. 97);
b) der Nutzungen am eingebrachten Gute, welche dem Ehemanne bis zum Zeitpunkte der Beendigung seiner Rechte, von da an aber nicht mehr gebühren;

c) der Ersatzansprüche, welche nach dem Rechts- und Pflichtenkreise der Ehegatten etwa dem Einen oder Anderen gegenüber dem anderen Theile zustehen. Die Feststellung solcher Ersatzansprüche kann und wird nicht selten zu verwickelten Fragen führen, namentlich in Todesfällen bei Ermittelung der Nachlaßmasse, wenn erst jetzt der den Ehegatten vorher unbewußt gebliebene Rechtsstandpunkt sich geltend macht.

3. Als Zeitpunkt der Beendigung der eheherrlichen Rechte und damit des ordentlichen gesetzlichen Güterstandes ergibt sich

a) bei Auflösung der Ehe durch Tod eines Ehegatten der Augenblick dieses Todes;

b) bei Scheidung der Ehe oder Aufhebung der ehelichen Gemeinschaft der Eintritt der Rechtskraft des bezüglichen Urtheils;

c) bei Beendigung der eheherrlichen Rechte durch Vertrag der Eintritt der Wirksamkeit des Letzteren:

d) bei richterlicher Aufhebung der eheherrlichen Verwaltung und Nutznießung nach § 1418 der Eintritt der Rechtskraft des Urtheils (§ 1418 Abs. 2);

e) bei Konkurs des Mannes der Eintritt der Rechtskraft des Beschlusses, durch den solcher Konkurs eröffnet wird;

f) bei Todeserklärung des Mannes die nach dem Urtheile gemäß § 18 festgestellte Todeszeit (§ 1419).

4. Mit dem Zeitpunkte der Beendigung seiner Rechte (nicht erst später, wie z. B. nach röm. Totalrechte; M. IV, 290) erwachsen nun für den Mann, beziehungsweise in den betreffenden Fällen auch für seine Erben, seinen Vormund, seinen Pfleger, bestimmte einzelne Verpflichtungen zur Verwirklichung jener Rechtsfolge. Diese Verpflichtungen setzt § 1421 fest. Sie liegen eigentlich schon in der Natur der Verhältnisse. E. I hatte sich auch in dieser Hinsicht mit der allgemeinen Verweisung auf die Analogie des Nießbrauchs begnügt. Die II. Komm. aber hat den jetzigen § 1421 eingestellt (P. IV, 137, 213). Jene Verpflichtungen bewegen sich nach doppelter Richtung. Sie begründen für den Mann (seine Erben rc., s. oben):

a) eine Rückstellungspflicht bezüglich des eingebrachten Gutes der Frau, dann

b) eine Rechenschaftspflicht.

Zu a. Nach § 1373 hat der Mann das Recht auf Besitznahme bezüglich der zum eingebrachten Gute der Frau gehörigen Sachen. Gleichwie aber der Besitz dieser Sachen nicht schon kraft des Gesetzes auf den Mann übergeht, sondern eine Besitznahme erheischt, so fällt auch nicht schon kraft des Gesetzes bei Beendigung der eheherrlichen Rechte jener Besitz an die Frau zurück. Es hat vielmehr die Rückübertragung des Besitzes durch Herausgabe zu erfolgen. Diese Behandlung der Sache ist auch durch den Besitzbegriff des § 854 bedingt. Herauszugeben ist die Gesammtsubstanz des eingebrachten Gutes, gleichviel in welcher Gestalt. Insbesondere sind daher auch unbewegliche Sachen in Natur, nicht etwa durch bloßen Werthsersatz zu restituiren (abweichend vom P.L.R. Thl. II Tit. 1 § 570 fg.; s. auch R.T.K. S. 138). Eine solche Ablösung durch Vertrag ist nicht ausgeschlossen. Sie fällt eben dann unter den Gesichtspunkt eines Kaufs. Ebenso kann für den Fall des Todes der Frau natürlich durch Ehevertrag oder Testament der Frau an Stelle der Naturalrückgabe ein bloßer Werthsersatz gesetzt werden (R.T.K. S. 138). Dem Gute selbst haben auch die darauf bezüglichen etwa in Handen des Mannes befindlichen Urkunden und andere Papiere zu folgen. Verweigert oder verzögert schuldhaft der Mann (beziehungsweise der an dessen Stelle Tretende) die ihm obliegende Herausgabe, so steht der Frau Klage zu und zwar nach § 1394 jetzt sofort. Die Klage kann aber nach dem, was vorhin über die Rückübertragung des Besitzes gesagt ist, nicht eine Besitzschutzklage sein.

Zu b. Rechenschaftsablegung über die Verwaltung und Rechnungsstellung sind nicht gleichbedeutend. Ersteres ist der weitere Begriff. Er umfaßt außer der formellen Abrechnung (vgl. darüber § 259; s. auch M. IV, 285) auch noch die sachliche Rechtfertigung der gesammten, auf die Substanz des eingebrachten Gutes (M. IV, 285) sich beziehenden Verwaltung oder derjenigen einzelner Verwaltungsakte, welche etwa von Seite der Frau (beziehungsweise ihrer Erben) aus thatsächlichem oder rechtlichem Gesichtspunkte beanstandet werden. Solche Beanstandungen können sich sowohl auf die Legalität, wie in gewisser Hinsicht auch auf die Opportunität von Verwaltungshandlungen des Mannes erstrecken. Ersteres wegen Ueberschreitung seiner Rechte oder Verabsäumung seiner Pflichten — letzteres aus dem Gesichtspunkte, daß nicht ordnungsmäßig (§ 1379) verwaltet wurde. Der Beweis, daß die Verwaltung vom Manne mit der vom Gesetze (§ 1359) erforderten Sorgfalt geführt und namentlich ein etwaiger Untergang oder eine Verschlechterung von Frauengut nicht durch Verschulden des Mannes bewirkt wurde, daher auch nicht von ihm zu vertreten ist, ist nach Auffassung der M. IV, 283 von Seite des Mannes zu erbringen. Auch auf Erfüllung dieses Inhalts der ehemännlichen Verpflichtungen kann von Seite der Frau geklagt werden.

Bei Erledigung der Rechnungs- und Rechenschaftsablage ist für die Ehegatten (oder die an deren Stelle Tretenden) auch Gelegenheit gegeben, die schon oben S. 167 erwähnten, aus dem beendigten Verwaltungs- und Nutznießungsverhältnisse etwa entspringenden Ersatzansprüche gegenseitig zur Geltung zu bringen. (Vgl. desfalls auch § 1394.)

5. Die in § 1421 festgelegten Verpflichtungen beziehen sich auf alle Fälle der Beendigung der eheherrlichen Rechte. Eine gewisse Ausnahme könnte sich nur dann ergeben, wenn der ordentliche gesetzliche Güterstand durch Ehevertrag beendigt wird und dabei solche Vereinbarungen getroffen sind, welche die Herausgabe des Frauenguts und die Rechenschaftsablegung in Wegfall bringen.

6. Ueber das Verlangen und die Leistung des Offenbarungseides vgl. auch hieher die §§ 259, 260.

7. Im Falle des § 1419 (Konkurs über das Vermögen des Mannes) kann jedenfalls die im § 1421 erwähnte Herausgabepflicht mit allen ihren Rechtsanhängen unter Umständen auch den Konkursverwalter treffen, mag man dessen Rechtsstellung in der einen oder anderen Art auffassen. Zu einer Rechenschaft über die eheherrliche Verwaltung des Cridars wird aber der Konkursverwalter als solcher nicht angehalten werden können, zumal er dazu auch in der Regel nicht wohl in der Lage wäre. Ergeben sich aber aus dem Vollzuge der Rechenschaftsablage zwischen Mann und Frau ehefräuliche Ansprüche an den Mann, beziehungsweise nun dessen Konkursmasse, so unterliegen diese den allgemeinen konkursrechtlichen Normen hinsichtlich der Geltendmachung, Anerkennung oder Bestreitung, sowie auch hinsichtlich der Funktionen des Konkursverwalters.

8. Der zweite Satz des § 1421 über die Herausgabe eines landwirthschaftlichen Grundstücks oder eines ganzen Landguts geht analog dem vom Nießbrauche handelnden § 1055, ist aber doch nicht ganz gleichlautend mit Letzterem, vielmehr namentlich in der Paragraphenverweisung etwas abweichend. Von den in Bezug genommenen Paragraphen behandelt § 592 den Ersatz von Fruchtbestellungskosten und § 593 die Zurücklassung von zur Fortführung der Wirthschaft erforderlichen Erzeugnissen und dgl. Was dort einerseits vom Verpächter und andererseits vom Pächter gesagt ist, findet entsprechende Anwendung einerseits auf die Frau, andererseits auf den Mann.

9. Ueber Eintrag ins Güterrechtsregister s. § 1431.

§ 1422.

Wird die Verwaltung und Nutznießung auf Grund des § 1418 durch Urtheil aufgehoben, so ist der Mann zur Herausgabe des eingebrachten Gutes so verpflichtet, wie wenn der Anspruch auf Herausgabe mit der Erhebung der Klage auf Aufhebung der Verwaltung und Nutznießung rechtshängig geworden wäre.

E. I, 1329; II, 1321; III, 1405.

1. Für den Fall einer Aufhebung der eheherrlichen Rechte nach § 1418 (aber auch nur für diese Fälle) bringt das Gesetz den Gedanken zum Ausdruck, es solle der Anspruch auf Herausgabe hinsichtlich seines Umfangs so angesehen und behandelt werden, als ob er schon mit der Klage auf Aufhebung der eheherrlichen Rechte verbunden worden wäre. Es schließt dies eine gesetzliche Rückbeziehung des Herausgabeanspruchs auf die Zeit der Rechtshängigkeit der diesen Anspruch zur Entstehung bringenden Aufhebungsklage in sich. Dies ist namentlich von Wichtigkeit in Ansehung des Bezuges der Nutzungen durch den Mann, in Sonderheit der nach jenem Zeitpunkte vom Manne thatsächlich noch fortbezogenen Nutzungen. Diese sind für die kritische Zwischenzeit der Frau zu ersetzen. (Vgl. auch § 987 Abs. 1, sowie wegen schuldhaften Nichtbezugs von Nutzungen durch den Mann auch § 987 Abs. 2.)

2. § 1422 regelt übrigens nur das Verhältniß zwischen Mann und Frau (M. IV, 302). Die Stellung des Mannes gegenüber Dritten bleibt dadurch unberührt.

§ 1423.

Hat der Mann ein zum eingebrachten Gute gehörendes Grundstück vermiethet oder verpachtet, so finden, wenn das Mieth- oder Pachtverhältniß bei der Beendigung der Verwaltung und Nutznießung noch besteht, die Vorschriften des § 1056 entsprechende Anwendung.

E. I, 1292, 1008; II, 1322; III, 1406.

1. § 1423 faßt den Fall ins Auge, wenn der Ehemann in Ausübung seines Rechtes der Verwaltung und Nutznießung des eingebrachten Gutes der Frau ein dazu gehöriges Grundstück vermiethet (§ 535 fg.) oder verpachtet (§ 581 fg.) hat, so zwar, daß der Vertrag bei Beendigung der eheherrlichen Rechte (aus irgend welchem Grunde) noch fortwirkt. Hiebei entsteht die Frage, ob durch diese Beendigung jener Mieth- oder Pachtvertrag erlischt oder ob und auf wie lange derselbe noch fortbesteht, d. h. die Frau, beziehungsweise ihre Rechtsnachfolger sich die Fortwirkung der vom Ehemanne seiner Zeit vollzogenen Vermiethung oder Verpachtung gefallen lassen müssen? Zur Beantwortung dieser Frage dient § 1423. Er stellt aber in jener Richtung nicht eigene Normen auf (M. IV, 186), sondern verweist auf die Analogie der Vorschriften über die entsprechenden Verhältnisse beim Nießbrauche. In dem zu diesem Zwecke in Bezug genommenen § 1056 ist hinwiederum rückverwiesen auf die von dem Wechsel im Eigenthume eines vermietheten Grundstücks handelnden §§ 571, 572, 573 Satz 1, 574—576, 579.

In allen hieher in Betracht kommenden Einzelnheiten sind daher neben dem § 1056 auch diese sämmtlichen letzterwähnten Paragraphen, nebst den Erörterungen dazu zu vergleichen. Nur folgende

2. Hauptgrundsätze seien auch hieher verzeichnet:

a) Analog dem in § 571 verwirklichten Axiome: „Kauf bricht nicht Miethe", tritt auch hier die Ehefrau im Principe in den vom Ehemanne rechtsbefugt geschlossenen Mieth- oder Pachtvertrag ein. Derselbe erlischt also nicht schon kraft Gesetzes bei Beendigung der eheherrlichen Rechte.

b) Die Ehefrau kann den Vertrag nach ihrer Wahl fortbestehen lassen oder auch ihrerseits kündigen. Zieht sie Ersteres vor, so tritt der Miether oder Pächter ihr gegenüber in dieselben Rechte und Pflichten ein, wie sie sich aus dem Rechtsverhältnisse des Miethers oder Pächters zum Manne, als seinem anfänglichen Gegencontrahenten ergeben haben. (Vgl. übrigens in Bezug auf verschiedene besondere Fragen die oben aufgeführten §§ 571 fg.) Bezüglich des Rechts und der Ausführung der unter Einhaltung der gesetzlichen Frist vorzunehmenden Kündigung s. die Vorschriften in § 1056 Abs. 2 und 3 mit §§ 565, 595. Einer Unsicherheit in dem sich ergebenden Rechtsverhältnisse enthebt das B.G.B. den Miether oder Pächter durch die ihm nach § 1056 Abs. 3 beigelegte Berechtigung, die Ehefrau unter Bestimmung einer angemessenen Frist zur Erklärung darüber aufzufordern, ob sie von dem Kündigungsrechte Gebrauch mache. „Die Kündigung kann nur bis zum Ablaufe der Frist erfolgen", m. a. W. die Frist hat ausschließende Wirkung.

Abgelehnt wurde ein Vorschlag, das Kündigungsrecht der Frau wegfallen zu lassen, wenn die Vereinbarung der in dem Vertrage bestimmten Dauer des Mieth- oder Pachtverhältnisses einer ordnungsmäßigen Verwaltung entspricht. (P. IV, 213 fg.)

§ 1424.

Der Mann ist auch nach der Beendigung der Verwaltung und Nutznießung zur Fortführung der Verwaltung berechtigt, bis er von der Beendigung Kenntniß erlangt oder sie kennen muß. Ein Dritter kann sich auf diese Berechtigung nicht berufen, wenn er bei der Vornahme eines Rechtsgeschäfts die Beendigung der Verwaltung und Nutznießung kennt oder kennen muß.

Endigt die Verwaltung und Nutznießung in Folge des Todes der Frau, so hat der Mann diejenigen zur Verwaltung gehörenden Geschäfte, mit deren

Aufschube Gefahr verbunden ist, zu besorgen, bis der Erbe anderweit Fürsorge treffen kann.

E. I, 1327 Abs. 2, 599 Abs. 2, 603; II, 1323; III, 1407.

1. Die Gesetzesstelle handelt von Maßnahmen, welche der Mann auch nach Beendigung seiner eheherrlichen Rechte am eingebrachten Gute der Frau in Bezug auf letzteres noch zu treffen berechtigt oder selbst verpflichtet ist. Auf solche Berechtigung allein bezieht sich Abs. 1; eine Verpflichtung begründet Abs. 2. Der Inhalt dieser beiden Absätze ist von einem verschiedenartigen Gesichtspunkte beherrscht.

2. Absatz 1 bezweckt die Sicherstellung des Mannes gegen Beanstandung seiner Verwaltungshandlungen, soweit er solche zwar nach rechtswirksamer Beendigung seiner eheherrlichen Rechte, aber ehevor er davon Kenntniß erlangt hat, vornahm. Der Erlangung dieser Kenntniß steht auch hier fahrlässiges Nichtkennen gleich.

Rechtsfolge des ersten Satzes des § 1424 ist, daß die in jenem Zwischenzeitraum noch vorgenommenen Verwaltungshandlungen des Mannes (nur von Akten der Verwaltung ist hier die Rede) noch als rechtswirksam gelten müssen, und zwar sowohl unter den Ehetheilen selbst, wie in der Regel auch gegenüber Dritten. In letzterer Richtung begründet aber der zweite Satz eine Ausnahme in Ansehung desjenigen Dritten, welchem die eingetretene Veränderung der Rechtslage des Mannes zur Zeit der Vornahme des bezüglichen Rechtsgeschäfts mit letzterem schon bekannt war. Der Kenntniß steht auch für den Dritten fahrlässiges Nichtkennen gleich.

Hinsichtlich der Beweislast für „Kennen oder Nichtkennen" wird für Zweifelsfälle hier anzunehmen sein, daß diese denjenigen trifft, welcher sich auf eingetretene Kenntniß oder Fahrlässigkeit im Nichtkennen beruft.

3. Die Vorschrift des Absatzes 2 dient den Interessen der Erben der verstorbenen Frau. Bei deren Tod endigen zwar sofort die eheherrlichen Rechte. Deren Gegenstände sollen aber nicht alsbald preisgegeben sein, vielmehr soll eine interimistische Fürsorge für dieselben eintreten, um sie vor Verlust, Beschädigung u. dgl. zu bewahren und eine Fortführung der Verwaltungsgeschäfte insoweit herbeizuführen, als „mit dem Aufschube Gefahr verbunden wäre". Zu diesem Zwecke legt das Gesetz dem überlebenden Manne eine Rechtspflicht auf, die bezüglichen Verwaltungshandlungen zu besorgen, „bis der Erbe anderweit Fürsorge treffen kann". Es heißt: treffen „kann", nicht wirklich „trifft". Ob und wann diese Möglichkeit auf Seite des Erben anzunehmen ist, bestimmt sich nach den Umständen. Zu bemerken ist dabei noch Folgendes:

a) Der Mann hat kraft der ihm hier auferlegten Rechtspflicht auch jetzt nur solche Verwaltungsgeschäfte weiterhin zu bethätigen, wie sie vorher schon im Bereiche seiner eheherrlichen Rechte und Pflichten gelegen waren, also nur in Bezug auf das eingebrachte Gut, nicht aber auch in Bezug auf das Vorbehaltsgut seiner verstorbenen Frau.

b) Weitere Verwaltungsgerechtsame im Einzelnen, als der Mann während der Ehe hatte, können ihm auch jetzt folgerichtig nicht zustehen. Dies ergibt sich schon aus den Worten: „zur Verwaltung gehörenden Geschäfte".

c) Der Begriff „Gefahr" im Sinne dieser Gesetzesstelle ist in Beachtung des dargelegten Zweckes der Vorschrift zu beurtheilen.

d) Verabsäumt der Mann seine ihm auferlegte Pflicht, so ist er dem Erben der Frau dafür verantwortlich. Handelt er andererseits im Bereiche derselben nach den für ihn normgebenden Grundsätzen einer „ordnungsmäßigen Verwaltung" (§ 1374), so muß auch der Erbe die bezüglichen Maßnahmen für sich gelten lassen.

§ 1425.

Wird die Entmündigung oder Pflegschaft, wegen deren die Aufhebung der Verwaltung und Nutznießung erfolgt ist, wieder aufgehoben oder wird der die Entmündigung aussprechende Beschluß mit Erfolg angefochten, so kann der Mann auf Wiederherstellung seiner Rechte klagen. Das Gleiche gilt, wenn der für todt erklärte Mann noch lebt.

Die Wiederherstellung der Rechte des Mannes tritt mit der Rechtskraft des Urtheils ein. Die Vorschrift des § 1422 findet entsprechende Anwendung.

Im Falle der Wiederherstellung wird Vorbehaltsgut, was ohne die Aufhebung der Rechte des Mannes Vorbehaltsgut geblieben oder geworden sein würde.

E. I, 1331, 1332; II, 1324; III, 1408.

1. Grundstandpunkt. Das hier dem Ehemanne gewährte Recht, unter bestimmten Voraussetzungen eine Wiederherstellung seiner Verwaltungs- und Nutznießungsrechte zu verlangen, beruht auf der „Erwägung, daß unter jenen Voraussetzungen die Gründe für die Aufhebung der eheherrlichen Verwaltung und Nutznießung für die Zukunft vollständig weggefallen sind, die eheherrliche Verwaltung und Nutznießung aber vom Standpunkte des Gesetzes aus die dem ehelichen Verhältnisse am meisten entsprechende Gestaltung des ehelichen Güterrechts ist. Durch die Anerkennung jenes Rechtes werden außerdem die Härten wesentlich gemildert, welche unter Umständen mit der Aufhebung der eheherrlichen Verwaltung und Nutznießung in den Fällen des § 1418 Nr. 3—5 verbunden sein können". (M. IV, 303).

2. Umfang der Vorschrift. Die vorgesehene Wiederherstellung der Verwaltungs- und Nutznießungsrechte des Mannes erstreckt sich nur auf die eigens erwähnten Fälle. Als solche bezeichnet § 1425 lediglich die vorausgegangene Beendigung jener Rechte als Folge der

a) Entmündigung des Mannes (§ 1418 Nr. 3);
b) Bestellung einer Pflegschaft für denselben unter den in § 1418 Nr. 4 und 5 beigefügten Voraussetzungen;
c) Todeserklärung des Mannes.

Bei anderweitiger Beendigung der eheherrlichen Rechte speciell in den Fällen des § 418 Ziff. 1, 2 und § 419 (Konkurs des Mannes) greift eine Wiederherstellung der eheherrlichen Rechte, außer durch etwaigen Ehevertrag der Ehegatten selbst (vgl. oben S. 164), überhaupt nicht Platz. Eine Wiederherstellung durch Ehevertrag ist namentlich auch dann der einzig mögliche Weg, wenn schon die Beendigung der eheherrlichen Rechte durch einen den ordentlichen gesetzlichen Güterstand nachträglich ausschließenden Ehevertrag eingetreten ist.

3. Als sachliche Voraussetzungen für die Wiederherstellung der eheherrlichen Rechte sind in Correlation zu den oben unter Nr. 2 bezeichneten Grundfällen durch § 1425 aufgestellt:

a) daß die bezügliche Entmündigung wieder aufgehoben oder der die Entmündigung aussprechende Beschluß mit Erfolg angefochten worden ist;
b) daß die bezügliche Pflegschaft wieder aufgehoben ist;
c) daß der für todt erklärte Mann noch lebt.

Alles dieses muß schon eine vollendete und erwiesene (oder doch erweisbare) Thatsache sein.

4. Formelle Voraussetzungen. In keinem der im § 1425 ins Auge gefaßten Fälle tritt die Wiederherstellung der eheherrlichen Rechte kraft des Gesetzes selbst ein. Erfordert wird vielmehr eine auf jene Wiederherstellung gerichtete Klage des Mannes.*) Diese Klage kann jeder Zeit angestellt werden; an eine Präklusivfrist ist sie nicht gebunden (M. IV, 303; P. IV, 214).

Die Klage kann übrigens nicht zum Ziele führen, wenn außer dem weggefallenen Beendigungsgrunde, wie ihn § 1425 erwähnt, auch noch ein anderer solcher Beendigungsgrund besteht, welcher eine Wiederherstellung der eheherrlichen Rechte ausschließt. Zum Beispiel: Der entmündigt gewesene Mann ist auch dem Konkurse über sein Vermögen verfallen (§ 1419) oder der für todt erklärte Mann kehrt erst in einem Zeitpunkte zurück, in welchem seine Ehefrau bereits gutgläubig einen Anderen geheirathet hat, so daß nach § 1348 die erste Ehe mit dem verschollen gewesenen Manne definitiv aufgelöst ist. Solche Verhältnisse kann die Frau gegenüber der Wiederherstellungsklage des Mannes mittelst Einrede geltend machen und zwar ohne Unterschied, ob das bezügliche Verhältniß schon zur Zeit der durch Beendigung der eheherrlichen Rechte bewirkten Aufhebung des ordentlichen gesetzlichen Güterstandes vorhanden gewesen oder erst später eingetreten ist (M. IV, 304).

5. Bezüglich des Zeitpunkts, auf welchen die Wiederherstellung der eheherrlichen Rechte fällt, sagt der erste Satz des § 1425 zunächst, daß diese Wiederherstellung eintritt mit der Rechtskraft des — der Wiederherstellungsklage stattgebenden — Urtheils. Sofort im zweiten Satze wird aber auch die „entsprechende Anwendung des § 1422" verfügt. Was hier unter dieser „entsprechenden Anwendung" verstanden werden soll, ist nicht vollständig klar. Sicher ist vor Allem soviel:

*) Daß diese Klage z. B. schon mit der Klage zur Anfechtung der Entmündigung für den Fall deren Erfolgs verbunden wird, erscheint durch den § 1425 nicht ausgeschlossen.

a) daß, was im § 1422 von der Verpflichtung des Mannes zur Herausgabe des eingebrachten Gutes gesagt ist, im Bereiche des § 1425 umgekehrt auf die Rückgabe des eingebrachten Gutes an den Mann zu dessen neuerlicher Verwaltung und Nutznießung zu beziehen ist, dann

b) daß hiebei ebenfalls eine gewisse Rückwirkung auf einen früheren Zeitpunkt eintreten soll.

Welches ist nun aber dieser Zeitpunkt? Wichtig ist derselbe namentlich in Ansehung der Frage, von wann an die Frau Nutzungen, welche sie in der Zwischenzeit bezogen hat, wieder an den Mann zu dessen Verfügung zu restituiren hat? Fischer-Henle, B.G.B., Anm. 5 zu § 1425 sagen in dieser Hinsicht wörtlich: „Die Frau hat die seit der Entmündigung ꝛc. bezogenen Früchte dem Mann herauszugeben." Dies ist zutreffend, soweit es sich um eine Anfechtungsklage nach § 664 C.P.O. n. Nr. und eine dadurch erzielte Rückaufhebung des ganzen Entmündigungsbeschlusses (C.P.O. § 672 n. Nr.) handelt. Gleiches ist anzunehmen, wenn die Todeserklärung des Mannes durch den Nachweis seines Lebens ihrer im § 18 B.G.B. begründeten Wirkungen entkleidet wird. In diesen Fällen ist eben die Sachlage so anzusehen, als ob die Entmündigung oder Todeserklärung überhaupt nie zu Recht bestanden hätte. Nicht zutreffend erscheint dagegen jener von Fischer-Henle ganz allgemein hingestellte Satz in denjenigen Fällen, in welchen eine Entmündigung oder Pflegschaft später wegen veränderter Verhältnisse nur für die Zukunft wieder aufgehoben wird. (C.P.O. §§ 675, 679 n. Nr.) In solchem Falle hat inzwischen die Entmündigung und die Pflegschaft und damit auch die Aufhebung des ordentlichen gesetzlichen Güterstands, wenn sie nach § 1418 erfolgt ist, vollauf zu Recht bestanden. Die fragliche Wiederherstellung der eheherrlichen Rechte kann daher auch in diesen Fällen zufolge der „entsprechenden Anwendung des § 1422" nicht weiter als auf denjenigen Zeitpunkt zurückbezogen werden, an welchem der bezügliche Antrag auf Wiederaufhebung der Pflegschaft ꝛc. ꝛc. bei Gericht eingebracht worden ist.

6. Hat auch in Folge der Wiederherstellung der eheherrlichen Rechte eine Herausgabe von Früchten ꝛc. Seitens der Frau stattzufinden, so kann dieselbe doch insoweit nicht verlangt werden, als die Frau in der Zwischenzeit nach B.G.B. § 1427 Abs. 2 mit den Einkünften ihres Vermögens u. s. w. zur Bestreitung des ehelichen Aufwands beigetragen hat. Denn damit sind die bezüglichen Mittel demjenigen Zwecke zugeführt, welchem im ordentlichen gesetzlichen Güterstande die Nutzungen des eingebrachten Gutes zu dienen haben. Ueberhaupt muß folgerichtig angenommen werden, daß die Frau für denjenigen inzwischen liegenden Zeitraum, für welchen sie gezogene Nutzungen ihres eingebrachten Gutes an den Mann zu restituiren hat, diesem letzteren auch alle diejenigen von ihr getragenen Lasten aufrechnen kann, welche bei unveränderter Fortdauer des ordentlichen gesetzlichen Güterstands dem Manne obgelegen wären.

7. Zu Absatz 3. Bei Wiederherstellung der eheherrlichen Rechte des Mannes hat dieser selbstverständlich wieder zu Besitz, Verwaltung und Nutznießung des eingebrachten Gutes der Frau zu kommen, aber nur in demjenigen Umfange, wie es im Zeitpunkte der Restitutionsberechnung (§ 1425 mit § 1422) bestehen würde, falls der durch die Beendigung der eheherrlichen Rechte bewirkt gewesene Wegfall der Unterscheidung zwischen eingebrachtem Gute und Vorbehaltsgut sich nicht vollzogen gehabt hätte. Diese Unterscheidung lebt nun wieder auf. Die Frau erhält nun Alles wieder als Vorbehaltsgut, was früher solches gewesen war oder in der Zwischenzeit geworden sein würde, wenn die Aufhebung der eheherrlichen Rechte nicht eingetreten wäre. (M. IV, 303.) All dieses vollzieht sich kraft Gesetzes: die Frau hat es nicht nöthig, erst einen Anspruch darauf zu erheben oder vollends klagbar zu verfolgen. (M. IV, 303.)

Die Fiktion, als ob vom Zeitpunkte der Restitutionsberechnung an der alte Güterstand noch oder schon wieder bestanden hätte, muß übrigens ihre rechtliche Wirkung entsprechend auch in Ansehung der Frage äußern, wer von den Ehegatten oder welche der Vermögensmassen nach Wiederherstellung der eheherrlichen Rechte solche Verbindlichkeiten zu tragen hat, welche die Frau inzwischen im Stande voller Gütertrennung eingegangen hat. Die Frau kann und darf auch in dieser Hinsicht nicht schlechter gestellt sein, als wenn die Aufhebung der eheherrlichen Rechte sich gar nie vollzogen hätte (M. IV, 303, 304).

8. Ueber Eintrag im Güterrechtsregister s. § 1431.

5. Gütertrennung.

Vorbemerkungen.

Das B.G.B. stellt hier dem ordentlichen gesetzlichen Güterstande mit seiner durch das eheherrliche Verwaltungs- und Nutznießungsrecht modificirten Gütertrennung einen außerordentlichen Güterstand mit voller Gütertrennung ohne jene eheherrlichen

Rechte zur Seite.*) In diesem Güterstande stehen sich das Vermögen des Mannes und dasjenige der Frau als zwei völlig getrennte selbständige Massen gegenüber. Jedem Ehetheile ist sein Vermögen, unabhängig vom anderen Ehegatten zu Eigen, in der Substanz sowohl wie in allen Nutzungen (vorbehaltlich nur des § 1427 Abs. 2). Mann wie Frau können das Ihrige frei verwalten und veräußern, belasten und sich verpflichten.**) Keines haftet mit seinem Vermögen für die Schulden des Anderen. Rechtsstreite führt jeder Theil für sich und das Seinige. (M. IV, 321.) Auf Seite der Frau kommt der Unterschied zwischen Vorbehaltsgut und eingebrachtem Gute in Wegfall. Alles steht in der freien Rechtsmacht der Frau.

Die Thatsache des Bestehens des Ehebandes äußert sich in vermögensrechtlicher Beziehung lediglich in Gestalt

a) der allgemeinen Rechtsnormen der §§ 1354 fg., in Sonderheit des § 1354 über die Stellung des Mannes als Familienoberhaupt, des § 1357 über die sog. Schlüsselgewalt der Frau, des § 1358 über Verpflichtungen der Letzteren zu persönlichen Leistungen gegenüber Dritten, der §§ 1360 fg. über die gegenseitige Unterhaltspflicht, des § 1362 über die dort behandelten Rechtsvermuthungen (M. IV, 321);

b) der Sonderbestimmungen der §§ 1427 fg.

Was insbesondere den selbständigen Betrieb von Erwerbsgeschäften durch die Frau betrifft, so bedarf diese im außerordentlichen Güterstande der Gütertrennung vom Gesichtspunkte der Güterrechtsverhältnisse aus keiner ehemännlichen Zustimmung. Der Mann kann dem Unternehmen der Frau nur vom Standpunkte seiner höchstpersönlichen Rechte nach § 1354 aus gegenüber treten. (Vgl. § 1405 und Bem. dazu; Schröder a. a. O. S. 22.)

§ 1426.

Tritt nach § 1364 die Verwaltung und Nutznießung des Mannes nicht ein oder endigt sie auf Grund der §§ 1418 bis 1420, so tritt Gütertrennung ein.

Für die Gütertrennung gelten die Vorschriften der §§ 1427 bis 1431.

E. I, 1284, 1330; II, 1325; III, 1409.

Der Güterstand der vollen Gütertrennung tritt ein:

1. kraft Gesetzes im Falle:

a) der Verehelichung einer in der Geschäftsfähigkeit beschränkten Frau ohne Einwilligung ihres gesetzlichen Vertreters nach § 1364;

b) einer Beendigung des eheherrlichen Rechts der Verwaltung und Nutznießung des zum ordentlichen gesetzlichen Güterstande eingebrachten Vermögens der Frau nach §§ 1418 bis 1420 (Aufhebung durch richterliches Urtheil, Beendigung durch Konkurs des Mannes oder durch Todeserklärung des Mannes);

c) einer richterlichen Aufhebung der allgemeinen Gütergemeinschaft nach §§ 1468, 1469, 1470 (analog nach § 1549 bei Fahrnißgemeinschaft);

d) einer Beendigung der Errungenschaftsgemeinschaft nach §§ 1542—1545;

2. zufolge Ehevertrags, wenn ein solcher vor oder während der Ehe geschlossen und darin eigens vereinbart wird, daß Gütertrennung bestehen solle;

3. kraft Ehevertrags und Gesetzes, wenn durch Ehevertrag der ordentliche gesetzliche Güterstand ausgeschlossen oder die schon bestehende allgemeine Gütergemeinschaft, Errungenschaftsgemeinschaft oder Fahrnißgemeinschaft aufgehoben wird, ohne daß im einen oder anderen dieser Fälle durch den Vertrag bestimmt worden wäre, welcher Güterstand ersatzweise gelten solle. Vgl. §§ 1436, 1470, 1545, 1549.

§ 1427.

Der Mann hat den ehelichen Aufwand zu tragen.

Zur Bestreitung des ehelichen Aufwandes hat die Frau dem Manne einen angemessenen Beitrag aus den Einkünften ihres Vermögens und dem Ertrag

---

*) Die in P. IV, 215 berührte, theoretisch zugespitzte Frage, ob überhaupt die „Gütertrennung" einen eigenen Güterstand und nicht vielmehr blos die Negation eines Güterstandes im Sinne des Gesetzes darstelle, ist ohne jeden praktischen Werth. Uebrigens enthält das B.G.B. für die Gütertrennung auch positive Rechtssätze.

**) Ueber den Wegfall von Einschränkungen nach Art des code civil, art. 217 fg., 1538 vgl. M. IV, 321.

ihrer Arbeit oder eines von ihr selbständig betriebenen Erwerbsgeschäfts zu leisten. Für die Vergangenheit kann der Mann die Leistung nur insoweit verlangen, als die Frau ungeachtet seiner Aufforderung mit der Leistung im Rückstande geblieben ist. Der Anspruch des Mannes ist nicht übertragbar.

E. I, 1329 Abs. 1, 2, 3; II, 1326; III, 1410.

1. Pflicht des Mannes in Ansehung des ehelichen Aufwandes. Dieser muß bestritten werden, mögen die Güterrechtsverhältnisse in der einen oder anderen Art gelagert sein. Es tritt deßhalb immer und so auch bei voller Gütertrennung die Frage hervor, wem jener Aufwand zur Last fällt. Obiger § 1427 überbürdet diese Last, ebenso wie beim ordentlichen gesetzlichen Güterstande (§ 1389) auch beim außerordentlichen in erster Linie dem Manne als dem Haupte der Familie, welche er durch die Ehe begründet hat. Seinen Rechten als Familienhaupt (§ 1354) treten hier die entsprechenden Pflichten gegenüber (M. IV, 322). Beim ordentlichen gesetzlichen Güterstande bezieht der Mann zu jenem Zwecke die Nutzungen des eingebrachten Gutes der Frau, unter Umständen nach § 1371 selbst einen Beitrag aus dem Vorbehaltsgute der Frau. Bei voller Gütertrennung verpflichtet § 1427 die Frau zu einem Beitrag. Deßfalls wurde es aber in II. Komm. (P.M. 227) als außer Zweifel stehend bezeichnet, daß die Ehegatten befugt sind, abweichende Bestimmungen durch Ehevertrag zu treffen, und zwar sowohl über die Beitragsleistung überhaupt, wie auch über Art und Größe des Beitrags.

2. Beitrag der Frau. In M. IV, 322 wird, was die Grundauffassung betrifft, erörtert, daß der Zweck der Ausschließung der eheherrlichen Verwaltung und Mitgenießung, möge erstere kraft Vertrags oder kraft Gesetzes eintreten, „regelmäßig nur dahin geht, der Ehefrau die selbständige Verwaltung ihres Vermögens zu sichern, nicht aber dahin, sie von der natürlichen Pflicht, die ehelichen Lasten mitzutragen, zu entbinden". Der Gesetzgeber hat daher die im § 1427 Abs. 2 behandelte Beitragspflicht der Frau aufgestellt und zwar für alle Fälle des Bestehens voller Gütertrennung (M. IV, 322). Es ist dies neu für die Gebiete des P.L.R. und des Sächs. G.B., hat aber Vorbilder z. B. schon im Code civil, Art. 1537, im Badischen L.R. Satz 1537 und anderen Gesetzen (M. IV, 322).

3. Ueber den Umfang der ehefräulichen Beitragspflicht ist im Einzelnen Folgendes zu betonen:

a) Der Beitrag ist nur zu leisten zur Bestreitung des ehelichen Aufwandes. Dieser Begriff steht hier wie im § 1389 (P. IV, 226). Es sind deßhalb die Bem. zu § 1389 hieher zu vergleichen. In Sonderheit gilt dies auch von dem Verhältnisse zu der allgemeinen Unterhaltspflicht. (S. deßfalls auch M. IV, 323; P. IV, 226.)

b) Gewährt muß werden ein angemessener Beitrag. Was als angemessen zu betrachten ist, richtet sich nach den Lebensverhältnissen der Gesammtfamilie, nach Zahl und Geschlecht der gemeinsamen Abkömmlinge, nach den beiderseitigen Vermögensrenten und den sonstigen Einkünften des Mannes wie der Frau. Das Vorhandensein hinreichenden Vermögens und eigenen Einkommens des Mannes schließt aber im Grundsatze die Beitragspflicht der Frau nicht aus. Hat diese keinerlei Einkünfte, so erledigt sich damit ihre Verpflichtung von selbst. (S. nachher unter c.) Von einer näheren Fixirung der Beiträge nach dem Vorbilde des Art. 1537 Code civil ist absichtlich Umgang genommen worden (M. IV, 323). Darüber, was als angemessen zu betrachten ist, haben sich die Ehegatten zunächst unter sich zu verständigen. Führt dies nicht zum Ziele, so erübrigt nur Festsetzung durch den Streitrichter, wobei dessen Ermessen Spielraum gegeben ist. Die Feststellungsklage wird hier beim Vorhandensein der hiefür aus der C.P.O. (§ 256 n. Nr.) sich ergebenden Voraussetzungen für beide Theile eine Handhabe bieten. Seitens des Mannes kann aber auch im Wege der Leistungsklage jene Festsetzung angestrebt werden.

c) Die Frau ist nur verpflichtet, den Beitrag aus ihren Einkünften von der im § 1427 Abs. 2 bezeichneten Art zu gewähren. Sie ist aber nicht gehalten, zur Beitragsleistung die Substanz ihres Vermögens anzugreifen oder angreifen zu lassen. (M. IV, 123; P. IV, 226.) Vgl. aber auch § 1429.

d) Die Beitragspflicht obliegt der Frau kraft Gesetzes, ist also an sich nicht bedingt durch ein positives Begehren des Mannes.

e) Die dem Manne wegen des Beitrags der Frau zustehende Klage (Leistungs- oder Feststellungsklage) ist unbeschränkt nur in Ansehung von Beiträgen für die Gegenwart und Zukunft. Beschränkt ist sie dagegen für die Vergangenheit nach Maßgabe des obigen Abs. 2 Satz 2 durch die Voraussetzung, daß der Mann vorher schon die Frau zur Leistung des Beitrags aufgefordert hatte, die Frau aber gleichwohl damit im Rückstand geblieben ist. M. IV, 324 bemerken in dieser Hinsicht Folgendes: „Ohne solche Bestimmung würde der Ehemann, wenn er Jahre lang den ehelichen Aufwand allein bestritten und die Ehefrau die Einkünfte ihres Vermögens u. s. w. für andere Zwecke verwendet hätte, berechtigt sein, nachträglich die Leistung des Beitrages für die ganze Vergangenheit zu fordern. Dem Zwecke des Beitrags und der natürlichen Auffassung des Verhältnisses entspricht aber ein solches Resultat nicht, zumal die Verhältnisse nicht selten so liegen werden, daß die Ehefrau ihre Einkünfte stillschweigend für den gemeinschaftlichen Haushalt verwendet hat, ohne daß ihr dieserhalb ein Ersatzanspruch zustände."

Zu betonen ist noch, daß bei einer Klage auf Berichtigung von Beitragsrückständen die obgedachten Voraussetzungen zur Begründung der Klage gehören und daher auch die Beweislast dafür den klagenden Mann trifft.

4. Der Schlußsatz des § 1427 über die Unübertragbarkeit des Anspruchs ist analog dem Inhalte des § 1408. S. daher auch die dortigen Bemerkungen. M. IV, 324 bemerken zu dem entsprechenden § 1339 E. I: „Im Interesse der Ehefrau muß Vorsorge getroffen werden, daß der Beitrag dem Zwecke, welchem er zu dienen bestimmt ist, nicht durch Uebertragung, Belastung, Pfändung und Aufrechnung entzogen werden kann. . . . Aus praktischen Rücksichten ist dabei kein Unterschied gemacht, ob der Beitrag rückständig war oder nicht." Wegen der Pfändung s. C.P.O. § 851 n. Nr. § 861 C.P.O. ist hieher nicht anwendbar.

Was übrigens die ebenerwähnte „Aufrechnung" betrifft, so hatte E. I, § 1339 Abs. 3 eine Aufrechnung gegenüber dem Beitragsanspruch des Ehemannes eigens ausgeschlossen. In II. Komm. blieb der bezügliche Beisatz weg. Nach P. IV, S. 223 (Nr. 3c) mit S. 227, woselbst unter C nur von „Vereinfachung der Fassung" die Rede ist, erscheint es aber nicht ganz klar, in welchem Sinne jener Abstrich erfolgte. Nachdem Aufrechnung gegen den Anspruch keine Uebertragung des Anspruches ist, kann man erstere in dem Schlußsatze des § 1427, wenigstens dem Wortlaute nach, nicht wohl als inbegriffen betrachten. Dem Zwecke der Beitragsleistung würde aber allerdings auch die Ausschließung eines Aufrechnungsrechts der Frau entsprechen.

§ 1428.

Ist eine erhebliche Gefährdung des Unterhalts zu besorgen, den der Mann der Frau und den gemeinschaftlichen Abkömmlingen zu gewähren hat, so kann die Frau den Beitrag zu dem ehelichen Aufwand insoweit zur eigenen Verwendung zurückbehalten, als er zur Bestreitung des Unterhalts erforderlich ist.

Das Gleiche gilt, wenn der Mann entmündigt ist oder wenn er nach § 1910 zur Besorgung seiner Vermögensangelegenheiten einen Pfleger erhalten hat oder wenn für ihn ein Abwesenheitspfleger bestellt ist.

E. I, 1339; II, 1327; III, 1411.

1. Grundsätzlicher Standpunkt. Unter den Gründen, zufolge denen an Stelle des ordentlichen gesetzlichen Güterstands der außerordentliche Güterstand der vollen Gütertrennung treten kann und wird, befinden sich verschiedene derartig gestaltete, daß für die Frau die Besorgniß begründet sein mag, der Mann möchte den von der Frau nach § 1427 Abs. 2 zu gewährenden Beitrag für den ehelichen Aufwand nicht bestimmungsgemäß verwenden. (S. namentlich §§ 1418 Nr. 2, 1419 ꝛc.; M. IV, 324.) Auch soll in den durch § 1428 Abs. 2 vorgesehenen Fällen die Frau in Ansehung der Verwendung ihres Beitrags nicht an das Ermessen eines Vormunds oder Pflegers ihres Ehemannes gebunden sein (M. IV, 324).

Gleichartigen Erwägungen begegnet man auch schon im Bereiche der Vorschriften für den ordentlichen gesetzlichen Güterstand. Im Bereiche der vollen Gütertrennung sind aber die Verhältnisse etwas anders gelagert. Bei jenem Güterstande steht Besitz, Verwaltung und Nutznießung des eingebrachten Frauenguts beim Manne. Der § 1389 Abs. 2 gibt daher der Frau nur einen Anspruch auf richtige Verwendung der Einkünfte aus ihrem eingebrachten Gute. Der § 1418 Ziff. 2 aber steigert diesen Anspruch unter Umständen zu einer Klage auf gänzliche Aufhebung der eheherrlichen Rechte zum Schutze der Frau und der gemeinschaftlichen Abkömmlinge. Bei Gütertrennung können so gestaltete Rechtsbehelfe nicht Platz greifen. Denn jene eheherrlichen Rechte bestehen hier überhaupt nicht. Besitz, Verwaltung und Nutznießung des ganzen Frauenguts stehen bei der Frau. Ebendeßhalb construirt § 1418 den Frauenschutz anders und zwar durch Ausgestaltung eines Zurückbehaltungsrechts hinsichtlich ihres Beitrags zum Eheaufwand.

2. Einzelfälle. Dieses Zurückbehaltungsrecht findet nur statt in den im § 1418 aufgeführten einzelnen Fällen. Es sind dies:

a) Gefährdung des Unterhalts der Frau und der gemeinschaftlichen Abkömmlinge (§ 1428 Abs. 1);

b) Entmündigung des Mannes (§ 1428 Abs. 2);

c) Pflegschaft zur Besorgung der Vermögensangelegenheiten des Mannes aus den im § 1910 B.G.B. vorgesehenen Gründen (§ 1428 Abs. 2);

d) Abwesenheitspflegschaft für den Mann (§ 1428 Abs. 2).

Im Allgemeinen und von einzelnen Abweichungen abgesehen, stehen diese Bestimmungen in Analogie zu § 1418. Es sei deßhalb auch auf die Bemerkungen zu § 1418 verwiesen. Immerhin ist noch Folgendes hier zu erwähnen.

Zu a. Der Begriff „Unterhalt" steht hier im gleichen Sinne, wie in den §§ 1360, 1601 fg. Ist dieser Unterhalt der Frau und der gemeinschaftlichen Abkömmlinge erheblich gefährdet, so kann die Frau für sich wie für jene Abkömmlinge das obgedachte Zurückbehaltungsrecht ausüben in Bezug auf ihren Beitrag zum ehelichen Aufwand. „Unterhalt" und „Beitrag" sind sich hier als verschiedene Begriffe gegenübergestellt — ein Beleg zu dem, was früher schon S. 132 hinsichtlich des Verhältnisses jener Begriffe bemerkt wurde. (S. auch P. IV, 226.) Zu beachten ist, daß die im § 1418 Nr. 2 stehenden Worte: „wenn der Mann seine Verpflichtung ꝛc. verletzt hat", hier im § 1428 fehlen. Im E. I § 1339 waren sie ebenso gestanden; die II. Komm. hat sie aber absichtlich entfernt (P. IV, 227). Hier, wo es sich im Vergleiche zum Falle des § 1418 Nr. 2 um eine minder einschneidende Maßregel handelt, genügt also schon die Thatsache der Gefährdung des Unterhalts, ohne daß auch eine schon stattgehabte Verletzung der Unterhaltspflicht zu erfordern wäre. Das Zurückbehaltungsrecht der Frau besteht übrigens nur zu Gunsten der im § 1428 Abs. 1 eigens benannten Personen, nicht aber auch zu Gunsten anderer Unterhaltsberechtigter. Auch ist jene Zurückbehaltung nicht unbegränzt. Sie ist nur statthaft, soweit sie auch gerade für die fraglichen Unterhaltszwecke erforderlich ist.*) Für eben diese Zwecke hat auch „die eigene Verwendung" der Frau zu erfolgen. Verwendet Letztere das Zurückbehaltene zu Anderem, so wird sie eben dadurch von ihrer Beitragspflicht nicht befreit (M. IV, 324).

Zu b—d. Vgl. § 1418 Nr. 3—5. Auch für diese Fälle besteht die vorhin erwähnte Beschränkung der Zurückhaltung auf dasjenige, was zur Bestreitung des Unterhalts für die Frau und gemeinschaftliche Abkömmlinge erforderlich ist, sowie die Obliegenheit der Frau, zu diesem Zwecke das Zurückbehaltene zu verwenden.

Zu beachten ist hinsichtlich des Falles der Abwesenheitspflegschaft, daß hier im § 1428 der im § 1418 Nr. 5 stehende Satz: „und die baldige Aufhebung der Pflegschaft nicht zu erwarten ist", sich nicht vorfindet, ganz entsprechend den an dieser Stelle zu berücksichtigenden Verhältnissen.

§ 1429.

Macht die Frau zur Bestreitung des ehelichen Aufwandes aus ihrem Vermögen eine Aufwendung oder überläßt sie dem Manne zu diesem Zwecke etwas aus ihrem Vermögen, so ist im Zweifel anzunehmen, daß die Absicht fehlt, Ersatz zu verlangen.

E. II, 1328; III, 1412.

1. Freiwillige Leistungen der Frau. Im ehelichen Leben wird es auch beim Obwalten völliger Gütertrennung nicht selten vorkommen, daß die Frau für den ehelichen Aufwand freiwillig etwas leistet, was sie, rechtlich genommen, nicht zu gewähren hat. Es kann dies dadurch geschehen, daß sie aus ihren Einkünften mehr hergibt, als in dem Umfange eines „angemessenen Beitrags" im Sinne des § 1427 gelegen ist, oder auch dadurch, daß sie selbst aus der von der Beitragspflicht nach § 1427 an sich unberührt bleibenden Substanz ihres Vermögens etwas aufwendet. Eine solche Aufwendung kann vorkommen sowohl mittelst Selbstverwendung durch die Ehefrau, als auch mittelst Ueberlassung an den Ehemann zu dessen Disposition. Für alle diese verschiedenen Fälle gilt der § 1429. Im E. I hatte derselbe überhaupt gefehlt. (Erörtert in M. IV, 328.) Bei der II. Komm. aber hatte man anfänglich in Absicht genommen, für jene Fälle einen Ersatzanspruch der Frau überhaupt auszuschließen. Schließlich zog man sich auf den Inhalt des jetzigen § 1429 zurück. (P. IV, 130, 214, 228 fg.) Derselbe schließt den Ersatzanspruch an sich nicht aus, stellt aber eine beschränkende gesetzliche Auslegungsregel

*) Insoferne ist nicht ganz genau, was Schröder, Grundzüge des ehelichen Güterrechts, S. 21, bemerkt.

(P. IV, 228; nicht eine Dispositivvorschrift: R.T.K. S. 138) auf für den Zweifelsfall. Besteht von vorneherein kein Zweifel daran, daß auf Seite der Frau das Verlangen eines Ersatzes beabsichtigt war, so kann letzterer begehrt werden. Jedenfalls kann die Frau für den Ersatzanspruch nur dann Erfolg haben, wenn sie darlegt und nöthigenfalls beweist, daß sie die ihre Rechtspflicht überragende freiwillige Leistung nur mit der Absicht, Ersatz zu verlangen, gemacht habe. Bemerkt ist übrigens in R.T.K. S. 138 eigens, daß die Absicht der Frau, Ersatz zu verlangen, recht wohl aus den Umständen klar erhellen könne, auch ohne daß eine dahingehende Erklärung abgegeben worden sei.

2. Jene Auslegungsregel erstreckt sich übrigens nicht weiter, als der § 1429 klar besagt, nämlich nur auf Gewährungen der Frau zum Zwecke des ehelichen Aufwands. Was die Frau sonst dem Manne spendet für rein persönliche Zwecke oder Verbindlichkeiten desselben, fällt nicht unter die Auslegungsregel des § 1429, also auch namentlich nicht in den Bereich der obenerwähnten Konsequenzen hinsichtlich der Beweislast.

§ 1430.

Ueberläßt die Frau ihr Vermögen ganz oder theilweise der Verwaltung des Mannes, so kann der Mann die Einkünfte, die er während seiner Verwaltung bezieht, nach freiem Ermessen verwenden, soweit nicht ihre Verwendung zur Bestreitung der Kosten der ordnungsmäßigen Verwaltung und zur Erfüllung solcher Verpflichtungen der Frau erforderlich ist, die bei ordnungsmäßiger Verwaltung aus den Einkünften des Vermögens bestritten werden. Die Frau kann eine abweichende Bestimmung treffen.

E. I, 1340 Abs. 1; II, 1329; III, 1413.

1. Ausgangspunkte für die Gesetzesstelle. Gleichwie sich nach gemeiner Erfahrung gar vielfach die Eheleute der ihre Güterverhältnisse beherrschenden Rechtssätze überhaupt nicht bewußt werden, bis es an irgendwelchem Punkt einmal darauf ankommt, so geschieht es insbesondere auch, daß im Rechtszustande der Gütertrennung die Frau von deren Consequenzen wenig oder keinen Gebrauch macht, insbesondere thatsächlich den Mann mit ihrem Vermögen schalten und walten läßt. Dieses Verhältniß faßt § 1430 ins Auge. Er läßt demselben sogar eine gewisse gesetzliche Regelung zu Theil werden, sich dabei, wie M. IV, 324 eigens bemerken, an L. 11 C. de pact. conv. 5, 14 und Oesterr. G.B. §§ 1238 fg. (vgl. auch S.A. XVIII, 123; XXIX, 145; XLII, 38) anlehnend. Bezweckt ist: „ein häufig vorkommendes, beim Mangel einer bestimmt ausgesprochenen Absicht unklares und unsicheres Verhältniß zur Vermeidung sonst später leicht daraus sich ergebender Streitigkeiten durch eine dispositive Bestimmung in der Art zu regeln, wie die Parteien, wenn sie daran gedacht hätten, dasselbe voraussichtlich geregelt haben würden und wie es die Erreichung jenes Zweckes mit sich bringt". So wörtlich M. IV, 325. Demgemäß behandelt das Gesetz

2. die fragliche Ueberlassung vor Allem als zulässig. Es knüpfen sich aber bestimmte Rechtsfolgen daran, welche an und für sich und soweit der Inhalt des obigen Paragraphen nicht reicht, nach den Grundsätzen über den Auftrag (§§ 662 fg.) zu bemessen sind. Ebendeßhalb kann die Ueberlassung mit den vom Gesetze daran geknüpften rechtlichen Wirkungen auch nur vollzogen werden von einer solchen Ehefrau, welche sich in der Rechtslage der vollen Geschäftsfähigkeit befindet. Bei beschränkter Geschäftsfähigkeit, insbesondere bei Minderjährigkeit der Ehefrau, bedarf dieselbe zu der Verwaltungsüberlassung, wenn dadurch die im § 1430 vorgesehenen Rechtsfolgen begründet werden sollen, der Zustimmung ihres gesetzlichen Vertreters. Dies gilt insbesondere auch für den Fall der Gütertrennung nach § 1364 (Eheschließung einer minderjährigen oder sonst in der Geschäftsfähigkeit beschränkten Frau ohne Zustimmung ihres gesetzlichen Vertreters), dem Zwecke dieser Gesetzesstelle ganz entsprechend, so lange eben die Beschränkung der Geschäftsfähigkeit noch besteht. Nach Eintritt voller Geschäftsfähigkeit der Frau aber kann man, wenn auch im Falle des § 1364 die Gütertrennung als außerordentlicher gesetzlicher Güterstand (s. oben S. 96) fortbesteht, die fragliche Ueberlassung ebensowenig beanstanden, wie die Aufhebung jenes Güterstands durch nachfolgenden Ehevertrag (vgl. S. 96).

3. Widerruflichkeit 2c. der Ueberlassung. Erstere besteht grundsätzlich wie sich aus dem Schlußsatze klar ergibt. Die Frau kann auch die im § 1430 vorgesehenen Befugnisse des Mannes nach ihrem Ermessen einschränken, wenn sie auch dem Manne im Allgemeinen die Verwaltung ihres Vermögens anvertraut. Eine solche abweichende Bestimmung kann von der Ehefrau zu jeder Zeit und insbesondere selbst von Fall

zu Fall getroffen werden, beispielsweise also auch in der Art, daß sie „Verwendung gerade vorhandener Früchte zu einem bestimmten Zwecke verlangen kann“ (M. IV, 325).

Behauptet übrigens die Frau, dem Manne einen Widerruf ertheilt oder Beschränkungen auferlegt oder eine besondere Verwendung vorgezeichnet zu haben, so trifft sie die Beweislast.

Eine von diesem Gesetzesinhalte abweichende, d. h. die Widerruflichkeit 2c. ausschließende Vereinbarung der Ehegatten fiele unter den Gesichtspunkt eines den Güterstand der Gütertrennung ausschließenden oder zum Mindesten modificirenden Ehevertrags und bedürfte insbesondere der hiefür vom Gesetze vorgeschriebenen Form.

4. Besteht die Gütertrennung aus einem Grunde, welcher den Mann als geschäftsbeschränkt erscheinen läßt (z. B. bei Entmündigung: § 1418 Nr. 3), so greifen natürlich auch im Bereiche des § 1430 die allgemeinen Rechtsbefugnisse und Rechtspflichten seines gesetzlichen Vertreters Platz.

5. Die Rechtsfolgen des § 1430 treten sowohl ein bei ganzer, wie auch nur bei theilweiser Ueberlassung des Frauenvermögens in die Verwaltung des Mannes — im letzteren Falle aber selbstverständlich nur in Bezug auf diejenigen Vermögenstheile, welche der Verwaltung des Mannes überlassen sind (z. B. Ueberlassung eines einzelnen der Frau gehörigen Hauses, aber nicht deren rentirender Kapitalien).

6. Zur Verwendung der Substanz des Frauenvermögens oder zu sonstigen Verfügungen über dasselbe gibt § 1430 dem Manne keinerlei Rechtsbefugnisse. Er erhält Befugnisse nur in Bezug auf die Einkünfte des Frauenvermögens, aber auch bezüglich dieser nur insoweit, als er sie während seiner Verwaltung thatsächlich wirklich bezieht. Beim Aufhören dieser Verwaltung besteht daher keinerlei Anspruch auf Nachbezug von Früchten oder deren Werthes für die vergangene Verwaltungsperiode.

7. Die Art der Verwendung der Einkünfte ist theils vom Gesetze selbst vorgezeichnet, theils dem freien Ermessen des Mannes anheimgestellt. (P. IV, 229.)

a) Gesetzlich vorgeschrieben ist, daß die Einkünfte, soweit erforderlich, in erster Linie zu verwenden sind
   α) zur Bestreitung der Kosten der ordnungsmäßigen Verwaltung des überlassenen Frauenvermögens;
   β) zur Erfüllung solcher Verpflichtungen der Frau, welche bei ordnungsmäßiger Verwaltung aus den Einkünften des Vermögens bestritten werden.

   Kosten und Verbindlichkeiten der einen oder anderen Art kann also der Mann, soweit die fraglichen Einkünfte reichen, weder auf die Substanz des von ihm verwalteten Vermögens, noch auf anderweitiges Frauengut überweisen.

   Zu den oben unter α bezeichneten Verbindlichkeiten der Ehefrau gehört insbesondere auch die der Beitragsleistung nach § 1427 Abs. 2, d. h. durch die Ueberlassung der fraglichen Vermögenseinkünfte an den Mann genügt die Frau, soweit diese Einkünfte als ausreichend zu betrachten sind, auch schon ihrer Beitragspflicht und sie braucht unter eben dieser Voraussetzung nicht auch noch Weiteres beizuschießen (M. IV, 325).

b) Bezüglich aller derjenigen Einkünfte, welche nicht der unter a besprochenen Vorabverwendung anheimfallen, ist dem freien Ermessen des Mannes hinsichtlich der Verwendung Raum gegeben. Insoweit (nicht aber bezüglich der nach a vorgezeichneten Verwendungen; M. IV, 325) liegt auch dem Manne weder Rechnungsstellung noch Rechenschaftsablegung (vgl. Bem. zu § 1421) ob. Dies ist zwar im Gesetze nicht eigens ausgesprochen, folgt aber aus dem Begriff des freien Ermessens und ist auch schon in M. IV, 325 betont. (S. auch P. IV, 229, 230.)

8. Hört die Verwaltung des Mannes aus irgend welchem Grunde auf, so wäre es in der Konsequenz begründet, daß der Mann oder dessen Rechtsnachfolger an die Frau oder deren Rechtsnachfolger diejenigen Einkünfte herausgibt, welche bei Ersterem im bezüglichen Zeitpunkte noch vorhanden sind. Dabei läge dann der Frau die Beweislast dafür ob, daß und welche Einkünfte noch vorhanden waren (M. IV, 325). In diesem Sinne hatte auch E. I § 1340 Abs. 2 eine eigene Bestimmung aufgenommen gehabt. In II. Komm. wurde diese Bestimmung gestrichen, hauptsächlich weil sie mit der Absicht des Gesetzes, Streitigkeiten hintanzuhalten, nicht zusammenstimmen (P. IV, 230). Gleichwohl erwähnen noch z. B. Fischer-Henle, B.G.B. zu § 1430 jene Herausgabepflicht. Der Wortlaut des jetzigen § 1430 schließt dies allerdings nicht aus und folgerichtig ist es ebenfalls, wie schon vorhin bemerkt.

9. Darüber, wieweit im Uebrigen die einzelnen Verwaltungsbefugnisse des Mannes gehen, enthält § 1340 keine ausdrücklichen Bestimmungen. In erster Linie sind auch hiefür die etwa von der Frau getroffenen Bestimmungen maßgebend. Soweit solche

nicht vorliegen, ist der Gesichtspunkt festzuhalten, daß es sich um die Verwaltung fremden Vermögens handelt, an welchem dem Manne auch in der Ehe an und für sich eigene Rechte nicht zustehen. Mit Rücksicht gerade auf das letztere Moment erscheint es nicht wohl angängig, alle jene einzelnen Normen, welche das B.G.B. bezüglich des Verwaltungsrechts des Mannes im ordentlichen gesetzlichen Güterstande anstellt, auf den Fall des § 1430 zu übertragen, wenn auch einzelne dieser Normen hieher ebenfalls sachlich anwendbar erscheinen mögen, namentlich soweit sie im Interesse der Frau gegeben sind.

10. Eine rechtliche Verpflichtung zur Verwaltung von Frauengut nach Maßgabe des § 1430 liegt dem Manne nicht ob. Unterzieht er sich aber solcher Verwaltung, so trifft ihn auch die Pflicht, diejenige Sorgfalt zu üben, welche § 1359 überhaupt für das Verhalten unter Ehegatten vorschreibt.

§ 1431.

Die Gütertrennung ist Dritten gegenüber nur nach Maßgabe des § 1435 wirksam.

Das Gleiche gilt im Falle des § 1425 von der Wiederherstellung der Verwaltung und Nutznießung, wenn die Aufhebung in das Güterrechtsregister eingetragen worden ist.

E. I, 1284, 1330, 1331; II, 1330; III, 1414.

1. Diese Bestimmung behandelt den sog. „Schutz des gutgläubigen Dritten" gegenüber einer Aenderung der Güterrechtsverhältnisse durch Uebergang aus einem anderen Güterstande zur Gütertrennung. Es erstreckt sich der § 1431 auf alle Fälle des Eintritts von Gütertrennung, mag derselbe durch Vertrag herbeigeführt werden oder sich von Rechtswegen vollziehen. Insbesondere ist bei dem allgemeinen Wortlaut des § 1431 einerseits und der ausdrücklichen Erwähnung des § 1364 im § 1426 andererseits unter den § 1431 auch der im § 1364 vorgesehene Fall (Gütertrennung bei einer Ehe, welche mit einer in der Geschäftsfähigkeit beschränkten Frau ohne Einwilligung ihres gesetzlichen Vertreters eingegangen wurde) zu beziehen. Für die sich ergebende Frage, wieweit der Eintritt von Gütertrennung oder auch (Abs. 2) die nach § 1425 sich vollziehende Wiederherstellung des ordentlichen gesetzlichen Güterstands gegenüber Dritten Wirkungen äußert, liegt ein Schwergewicht auf der

2. Eintragung in's Güterrechtsregister. Wie erwähnt, ist diese Eintragung von Bedeutung für das Verhältniß gegenüber Dritten, nicht aber unter den Ehegatten selbst. Bestimmungen formeller Natur s. in §§ 1558 fg. Danach erfolgt die Eintragung in's Güterrechtsregister nur auf Antrag. Wer diesen Antrag stellen könne und müsse, ist im § 1561 bestimmt. Dort fehlt es aber an jeder ausdrücklichen Erwähnung oder sachlichen Sonderbestimmung für den Fall des § 1364 (s. vorhin Nr. 1). Danach müßte anscheinend die Regel eintreten, daß der Antrag beider Ehegatten erforderlich ist. Dazu wird aber gerade in Fällen des § 1364 der Mann, dem zu Leid die Bestimmung wenigstens theilweise gegeben ist, gelegentlich nicht zu haben sein. Für die geschäftsbeschränkte Frau kann auch hier deren gesetzlicher Vertreter handeln. Hätte aber dessen Antrag allein nicht überhaupt zum Schutze der Frau als genügend betrachtet werden sollen und können? Im B.G.B. findet sich nichts darüber. Jedenfalls muß man auch dem gesetzlichen Vertreter der Frau wenigstens eine Klage einräumen gegen den sich ablehnend verhaltenden Ehemann auf Mitwirkung desselben Bezugs Erzielung des veranlaßten Eintrags im Güterrechtsregister. Der Rechtsgrund hiefür liegt in der in § 1561 Abs. 2 festgestellten Rechtspflicht jedes Ehegatten zu jener Mitwirkung.

II. Vertragsmäßiges Güterrecht.

Vorbemerkung.

Nach dem grundsätzlichen Standpunkte des B.G.B. (M. IV, 141 fg.) gewährt dieses den Ehegatten hinsichtlich der vertragsmäßigen Regelung ihrer ehelichen Güterrechtsverhältnisse freie Bewegung, wie sich des Näheren zu den §§ 1432—1436 erörtert findet. Gerade aber, um einerseits diese freie Bewegung zu unterstützen und andererseits eine systemlose Verirrung derselben in ungemessene Verschiedenheiten hintanzuhalten, hat das B.G.B. verschiedene Vertragstypen aufgestellt. Nach keiner Richtung besteht ein gesetzlicher Zwang, sich dieser Vertragstypen in der einen oder anderen Form zu bedienen. Indem aber das B.G.B. der bunten Mannigfaltigkeit der seitherigen, mehr oder minder mit des Landes oder Ortes althergebrachten Gewohnheiten und Lebensanschauungen verwachsenen Güterrechte ein einheitliches gesetzliches Güterrechtssystem für ganz Deutschland gegenüberstellte, wollte es durch die vorbildliche Aufstellung systematisch durchgeführter und dem ganzen Aufbau des Gesetzbuchs angepaßter Vertragsformen den Betheiligten namentlich auch die Möglichkeit erleichtern, einen wenigstens in seinem wirthschaftlichen Resultate dem bisherigen Rechte entsprechenden Zustand herzustellen (M. IV, 142) und dabei doch gewissen Grundsätzen nach neuerer Rechtsanschauung sich fest anzuschließen. Die aufgestellten Vertragstypen reihen sich daher auch wenigstens in ihrer allgemeinen Gestaltung jenen Grundformen des ehelichen Güterrechts an, welche sich in Deutschland nach vaterländischer Rechtsanschauung herausgebildet hatten. Das römische Dotalrecht ist auch hier mit vollem Rechte ganz bei Seite gelassen worden. Dagegen ordnet das B.G.B. für das Gebiet des vertragsmäßigen Güterrechts eingehend die

a) Allgemeine Gütergemeinschaft (§§ 1437—1518),
b) Errungenschaftsgemeinschaft (§§ 1519—1548),
c) Fahrnißgemeinschaft (§§ 1549—1557).

Wenn auch nicht an gleicher Stelle miteingereiht, kommt dazu auch noch die

d) völlige Gütertrennung.

Das B.G.B. behandelt diese zunächst theils als subsidiäres gesetzliches Güterrecht (§§ 1364, 1426 fg.), theils als subsidiäres Vertragsrecht (§ 1436). Es ist aber natürlich nicht entfernt ausgeschlossen, die Grundsätze dieses Güterstands im Vertragswege sofort auch als primäres Vertragsrecht in Geltung zu setzen.

Es steht so zu hoffen, daß namentlich unter der Anleitung verständiger Urkundsbeamten und Rechtsanwälte sich auch die Vertragspraxis aus dem alten bunten Vielerlei herausarbeiten und in systematischer Auffassung und Darstellung klare Verhältnisse schaffen werde. Dazu dient namentlich, wenn unter dem B.G.B. dessen Rechtsbegriffe und Rechtsausdrücke auch im Vertragsgebiete scharf festgehalten werden. Schablonenphrasen, wie: Heirathgut, Heimsteuer, Anheirathen, Widerlegen, haben keinen Raum mehr. Dies gilt auch von Aehnlichem, was, wie z. B. „Witthum", in das Gebiet des Erbrechts sich erstreckt. Verschwinden müssen u. A. auch in ihrer bisherigen hochzweifelhaften Natur die sog. Gutsanheirathungsverträge im Gebiete des Bayr. L.R., namentlich in Gestalt der sog. Anheirathung eines Einzelguts, im Gegensatze zu der mehr in das Gebiet des Erbvertrags gehörenden „Anheirathung des halben Vermögens". Solche Verträge waren bisher schon die Ausgangspunkte unsicherster Rechtszustände, deren Verworrenheit namentlich durch den Vollzug der Gebührenbewerthung nach den bezüglichen bayr. Gesetzen neuestens zu Tag getreten ist. Schon Roth*) (Bayr. Civ.R. Bd. 1, 2. Aufl., S. 410 fg.) hat die verschiedenartigen Beurtheilungen solcher nicht auf gesetzlicher Grundlage, wohl aber auf langer Uebung in Altbayern und Oberpfalz beruhender Verträge und die aus denselben entspringenden Streitfragen dargelegt. Noch einmal: künftig müssen sie verschwinden. Sie passen nicht allein nicht zu den Gesichtspunkten des B.G.B. in Ansehung des ehelichen Güterrechts, sondern — und das ist das Entscheidende — sie passen mit ihrer Unklarheit über die Gestaltung der Eigenthumsverhältnisse am Immobiliargute wenigstens in der bisherigen Schablonengestalt auch nicht mehr zu dem neuen Grundbuchrechte.

1. Allgemeine Vorschriften.

§ 1432.

Die Ehegatten können ihre güterrechtlichen Verhältnisse durch Vertrag (Ehevertrag) regeln, insbesondere auch nach der Eingehung der Ehe den Güterstand aufheben oder ändern.

E. I, 1332; II, 1331; III, 1415.

1. In Theorie und Praxis fand sich seither der Begriff: Ehevertrag in einem engeren und weiteren Sinne.

Der weitere Begriff umfaßt außer der Regelung der vermögensrechtlichen Verhältnisse der künftigen oder bereits verbundenen Ehegatten in den Beziehungen derselben unter sich und zu Dritten auch noch andere Punkte. Insbesondere kommt im Leben häufig vor die Einbeziehung eines förmlichen Eheversprechens in den Vertrag (pactum de nupturiendo), sowie die Regelung verschiedener rein persönlicher oder familienrechtlicher Punkte.

In dem engeren Sinne dagegen bezieht sich der Begriff: „Ehevertrag" lediglich auf die Regelung der künftigen oder schon gegenwärtigen güterrechtlichen Verhältnisse. In diesem letzteren Sinne gebraucht gleich dem Art. 1 des Bayr. Ges. v. 5. Mai 1890 auch das B.G.B. den Begriff. Solches ergiebt sich vor Allem klar aus dem Wortlaute

*) Vgl. auch die im Bayr. Justizministerium bearbeitete „Darstellung des ehelichen Güterrechts in Bayern", München 1878, S. 168.

des § 1432 (insbesondere der erläuternden Art der Begriffsaufstellung) und dessen Stellung im Systeme. Im nämlichen Sinne steht der Ausdruck natürlich auch an den übrigen Stellen des Abschnittes: „Vertragsmäßiges Güterrecht", wie auch an sonstigen Orten, z. B. im § 2276 (Verbindung mit Erbvertrag).

2. Ueber die obenerwähnten anderen Punkte, welche gelegentlichen Eingang in Eheverträge im weiteren Sinne finden, enthält das B.G.B. keine eigenen ausdrücklichen Bestimmungen. Die gegenseitige Zusicherung der Ehelichung fällt unter den Rechtsbegriff des Verlöbnisses und damit unter die bezüglichen Bestimmungen der §§ 1297 fg., in Bezug auf Voraussetzungen, Formen (oder eigentlich Nichtformen) und Wirkungen. Ueber vertragsmäßige Regelung sonstiger rein persönlicher oder familienrechtlicher Verhältnisse der Ehegatten (und ihrer Abkömmlinge) hat das B.G.B. im Anschlusse an das Preuß. R., aber abweichend vom Code civil Art. 1388 und dem Sächs. B.G.B. § 1692 absichtlich keine Bestimmung aufgenommen. Es ergiebt sich dies aus E. I M. Bd. 4 S. 309, woselbst in dieser Hinsicht auf die allgemeinen Grundsätze des B.G.B., insbesondere den jetzigen § 138 Abs. 1 verwiesen ist. Verträge über Punkte fraglicher Art sind danach im Allgemeinen nicht ausgeschlossen. Sie dürfen aber nicht gegen eine ausdrückliche Gesetzesvorschrift (insbesondere gegen ein gesetzliches Verbot oder Gebot), nicht gegen die guten Sitten im Allgemeinen, auch nicht gegen die allgemeinen sittlichen wie familienrechtlichen Grundlagen der Ehe im Besonderen verstoßen. Aus dem ersterwähnten Grunde wäre z. B. unzulässig eine Vereinbarung, daß eine Frau entgegen dem B.G.B. einen anderen Namen*) als den ihres Mannes führen solle, zu welchem sie nach dem B.G.B. nicht blos berechtigt, sondern verpflichtet ist. Eine Ausnahme begründen unter Umständen nur die Vorbehalte der Art. 57, 58 des E.G. z. B.G.B. zu Gunsten der Landesherren, Mitglieder landesherrlicher Familien rc. und der Autonomie des hohen Adels u. s. w.

Aus den anderen obenerwähnten Gesichtspunkten wären unstatthaft als solche z. B. Vertragsabschlüsse (freiwillige bezügliche Gebahrung liegt auf einem anderen Gebiete) über getrenntes Leben der Ehegatten, insbesondere über getrennten Aufenthalt oder über Ausschluß geschlechtlicher Gemeinschaft**) da, wo diese an sich nach den persönlichen Verhältnissen der Ehegatten nicht behindert und ausgeschlossen wäre. (B.G.B. §§ 1353, 1354.)

In anderen die allgemeinen Ehewirkungen betreffenden Punkten dagegen, z. B. über die Art der Gewährung der dem einen Ehegatten gegen den anderen gesetzlich obliegenden Unterhaltspflicht (B.G.B. § 1360; vgl. nachher Nr. 4 Anm.) sind Verträge der Verlobten oder Ehegatten sehr wohl thatsächlich wie rechtlich denkbar. Soweit eine solche rechtliche Statthaftigkeit gegeben ist, besteht auch kein rechtliches Hinderniß dagegen, daß solche Vertragspunkte sofort in Verbindung mit einem Ehevertrage i. e. S. geregelt werden. In den M. z. E. I Bd. 4 S. 314 ist ausdrücklich die Wendung gebraucht, daß es sich bei Eheverträgen „in erster Linie und in der Hauptsache" um vermögensrechtliche Beziehungen handelt.

Liegt Unstatthaftigkeit einer die rein persönlichen Verhältnisse der Ehegatten betreffenden Vereinbarung vor, so ist diese Vereinbarung rechtsunwirksam in dem Sinne, daß kein Ehetheil sich darauf berufen, keiner aus der Nichterfüllung durch den Anderen rechtliche Folgerungen ableiten kann. Keineswegs läßt sich dagegen annehmen, daß durch Beifügung solcher unwirksamer selbständiger Nebenverabredungen ein Ehevertrag i. e. S. auch auf seinem eigentlichen güterrechtlichen Gebiete schlechthin unwirksam wird. Eine Bestimmung ähnlich derjenigen, welche sich im B.G.B. § 2298 für den Erbvertrag findet, ist für den Ehevertrag nicht getroffen worden. Die allgemeinen Bestimmungen des B.G.B. über Nichtigkeit der Verträge aber (s. besonders § 139) geben ebenfalls der Annahme einer nur theilweisen Nichtigkeit Raum. Ebenso kann nicht angenommen werden, daß wenn jene rechtsunwirksamen Abreden thatsächlich von den Ehegatten bis zur Eheauflösung erfüllt würden, dadurch die mit dem Bestande der Ehe verbundenen vermögensrechtlichen Folgen irgendwie beseitigt oder auch nur beeinträchtigt seien.***)

3. Eine im Rechtsleben überaus häufige, beinahe alltägliche Erscheinung ist die Verbindung von Eheverträgen i. e. S. mit Erbverträgen (sog. erbdingende Eheverträge). Einer solchen Verbindung steht auch nach dem B.G.B. nach wie vor nichts entgegen. Mittelbar ist dies anerkannt durch die Bestimmung des § 2276, wonach bei einer in derselben Urkunde zwischen Ehegatten oder Verlobten sich vollziehenden Verbindung von Ehe- oder Erbvertrag die für den Ehevertrag vorgeschriebene Form genügt. In

---

*) Die Frage wegen des Adelsprädikats gehört nicht dem Bereiche des B.G.B., sondern dem öffentlichen Rechte an. Dahin gehört auch die etwaige Bewilligung eines geänderten Namens durch die Staatsgewalt. Vgl. Staudinger, Bl. f. R.A. Bd. 62 S. 161 fg. und Deutsche Juristenzeitung 1898 Nr. 18/19.

**) Vgl. Förster-Eccius, Preuß. Priv.R. Bd. 4 S. 32.

***) Förster-Eccius, Preuß. Priv.R., 4. Aufl., S. 32.

Ansehung des Inhalts des Ehe- und des Erbvertrags greifen selbstverständlich für den Einen wie für den Anderen die bezüglichen im B.G.B. enthaltenen Bestimmungen Platz. Für die dabei nicht selten hervortretende Frage aber, was in Sonderheit in's Gebiet des Erbvertrags und der hiefür maßgebenden Vorschriften zu rechnen ist, wird in mancher Hinsicht dasjenige präjudiciell sein, was im Ehevertrag über die Gestaltung des ehelichen Güterrechts vereinbart ist. Ansprüche, welche ein Ehegatte an den verstorbenen Anderen auf Grund des Güterrechts bei der durch dieses bedingten Auseinandersetzung von vorneherein für sich zu erheben hat, stellen sich selbstverständlich nicht als solche von erbrechtlicher Natur dar. Dieser Unterschied ist bei Abfassung wie Auslegung von Vertragsurkunden wohl zu beachten. Volle Klarheit darin empfiehlt sich auch dem B.G.B. gegenüber ganz besonders.

4. Sind die Verlobten oder Ehegatten von verschiedenem religiösen Glaubensbekenntnisse (sog. gemischte Ehen), so bildet in vielen Fällen auch die Frage der religiösen Kindererziehung einen Gegenstand ihrer Vereinbarungen. Diese aber kommen theils als Nebenpunkte in Eheverträgen i. e. S., theils als selbständige Verträge vor. Ob, mit welchem Inhalte und in welcher Form solche Vereinbarungen zulässig und rechtswirksam sind, bemißt sich nach dem öffentlichen Landesrechte (Art. 134 des E.G. z. B.G.B.). In Bayern bleibt hiefür, solange sie nicht selbst geändert wird, auch dem B.G.B. gegenüber die II. Verfassungsbeilage § 12 fg. maßgebend. Auch diese behandelt Vereinbarungen über jene Angelegenheit in „gültigen Eheverträgen", „Ehepakten" und „in sonstigen Verträgen". Dabei ist eigens verordnet, daß „die Gültigkeit solcher Eheverträge sowohl in Rücksicht ihrer Form, als der Zeit der Errichtung lediglich nach den bürgerlichen Gesetzen zu beurtheilen ist". Diese Verweisung auf das particuläre Bürgerliche Recht ist fernerhin auf das Bürgerliche Gesetzbuch des Deutschen Reichs zu beziehen. (Art. 4, 55 E.G.) Danach aber bestehen vor Allem keine zeitlichen Beschränkungen für die „Errichtung" eines Vertrags über die Angelegenheit und zwar weder nach allgemeinen Grundsätzen, noch nach den Bestimmungen über Eheverträge im Besonderen. Wird ferner unter der Herrschaft des B.G.B. eine Vereinbarung über religiöse Kindererziehung als Nebenbestandtheil eines Ehevertrags i. S. d. §§ 1432 fg. abgeschlossen, so deckt die für letzteren nach § 1434 vorgeschriebene Form unbedingt auch dasjenige, was vom Standpunkte der II. Verf.-Beil. aus verlangt werden kann. Strengere Anforderungen, als die Erfüllung der Formen über Eheverträge i. e. S. (zuletzt Art. 1 des G. v. 5. Mai 1890), sind bisher schon auch für Verträge über religiöse Kindererziehung nicht gestellt worden. Wird dagegen ein Vertrag dieser Art selbständig — ohne jene Verbindung — abgeschlossen, so entsteht die Frage, ob nun nach dem B.G.B. auch hiefür besondere Formvorschriften einschlagen? Diese Frage liegt aber fortan auch nicht anders, wie schon gegenüber dem bayr. G. v. 5. Mai 1890.*)

5. In Bezug auf die Frage der Zulässigkeit von Eheverträgen i. e. S. steht das B.G.B. im Allgemeinen auf dem Grundsatze voller Vertragsfreiheit der Ehegatten (d. h. genauer Verlobten oder Ehegatten; vgl. § 2276). Dieser Grundsatz ist in verschiedenen Entwicklungslagen des B.G.B. wiederholt bekannt und betont worden. (M. z. E. I S. 141 fg., 304 fg.; P. IV, 215 fg.; D. S. 197 fg.). Vor Allem ist es den Betheiligten anheimgegeben, ob sie überhaupt einen Ehevertrag abschließen wollen. Das B.G.B. folgt darin dem Standpunkte, auf welchem bisher schon das Gem. Recht und die meisten Particularrechte standen. Ein gesetzlicher Zwang hiezu, wie er bisher in einzelnen Statutarrechten theils allgemein**), theils wenigstens für den Fall der Wiederverehelichung***) vorgesehen war, findet nicht mehr statt. Auch in Bezug auf das Wann und Wie? der Vertragsschließung gilt jener Grundsatz nach Maßgabe des nachstehend Dargelegten.

6. In zeitlicher Hinsicht gestaltet das B.G.B. den Grundsatz der Vertragsfreiheit dahin, daß Eheverträge sowohl zwischen Verlobten als zwischen Ehegatten, m. a. W. vor wie nach Eingehung der Ehe geschlossen werden können. Das B.G.B. folgt hierin nach den M. z. E. I Bd. 4 S. 305 dem Gem. Rechte, wie auch der Mehrzahl der Landesgesetze, insbesondere dem Bayrischen L.R. (Thl. I cap. 6 § 29), Preußischen L.R. (von Sonderbestimmungen über die Gütergemeinschaft abgesehen), dem Württembergischen L.R., dem Sächsischen B.G.B. Der entgegengesetzte Standpunkt des Französischen Rechts

*) Zu vergleichen sind darum hieher namentlich die zu obigem Gesetze ergangenen verschiedenen Entscheidungen des Bayr. Verwaltungsgerichtshofs; vgl. Schmidt, kirchenrechtliche Entscheidungen (München 1897) Bd. 1 S. 171 fg., 213 fg.

**) Fürstl. Kempten'sches Recht und Memminger Recht (Roth, Bayr. Civ.R. Bd. 1 S. 404; Darstellung des ehel. Güterrechts in Bayern S. 2).

***) So nach Stadt Kempten'schem, Hohenlohe'schem, Fuldaer, Eichstätter, Weißenburger, Oettingen'schem, auch Bamberger Recht (Roth, Bayr. Civ.R. Bd. 1 S. 404; Darstellung des ehel. Güterrechts in Bayern S. 2, 3).

(Code civil, Art. 1394, 1395) und des ihm nachgebildeten Badischen L.R. (Satz 1394, 1395), wonach der Abschluß von Eheverträgen während der Ehe für unstatthaft erklärt ist*), wurde wohl erwogen abgelehnt (P. IV, 215 fg.), und zwar auch Angesichts der nicht ausgeschlossenen „Möglichkeit eines Mißbrauchs der ehelichen Zärtlichkeit oder des Uebergewichts des Ehemannes". Beseitigt sind damit auch jene in einzelnen Statutarrechten**) gezogen gewesenen Schranken, dahingehend, daß Eheverträge überhaupt oder wenigstens in gewissen Richtungen nach Eingehung der Ehe nur noch innerhalb eines bestimmten Zeitraumes geschlossen werden können. Ebenso hat das B.G.B. für die Zulässigkeit von Eheverträgen nach Eingehung der Ehe einen Unterschied danach, ob die Ehe schon bekindert ist oder nicht, aufgestellt.

7. In sachlicher Beziehung ist ebenfalls der Vertragsfreiheit auf dem Gebiete des ehelichen Güterrechts***) breitester Boden geschaffen. Schon der Wortlaut des § 1432, wie auch dessen Vergleichung mit der früheren, offenbar nur redaktionell abweichenden Fassung des E. I § 1333, ergiebt, daß sich die vertragsmäßige Regelung, und zwar nach dem Vorbemerkten zu jeder Zeit, erstrecken kann auf:

a) eine nähere Bestimmung und Durchführung des gesetzlichen Güterstands in Bezug auf die concrete Vermögens- und Familienlage,
b) eine Aenderung des gesetzlichen Güterstands in Einzelverhältnissen,
c) eine gänzliche Ausschließung des gesetzlichen Güterstands,
d) eine Aenderung des durch früheren Vertrag geschaffenen vertragsmäßigen Güterstands im Ganzen oder in Einzelbeziehungen,
e) eine Wiederherstellung des vorher ausgeschlossenen gesetzlichen Güterstands. (M. Bd. 4 S. 304 fg.)

Die Ausschließung des ordentlichen gesetzlichen Güterstandes kann wiederum in mehrfacher Gestalt vorkommen. Vor Allem so, daß sie einfach vertragsmäßig ausgesprochen wird ohne gleichzeitige Regelung der Frage, was nun in der Rechtslage an die Stelle des ordentlichen gesetzlichen Güterstandes treten soll. Für diesen Fall greift B.G.B. § 1436 Platz, wonach dann die Gütertrennung im Sinne und nach Maßgabe der §§ 1426 fg. als subsidiäres Vertragsrecht eintritt. Gleiches vollzieht sich, wenn die vertragsmäßig begründete allgemeine Gütergemeinschaft oder die Errungenschaftsgemeinschaft oder die sog. Fahrnißgemeinschaft ohne vertragsmäßige Bestimmung eines Ersatzes wieder beseitigt wird (§ 1436). Viel häufiger und regelrechter gestalten sich aber die Eheverträge dahin, daß bei Ausschließung des ordentlichen gesetzlichen Güterstands oder bei späterer Aenderung eines früher vereinbarten sofort im Vertrage selbst bestimmt wird, was nun Rechtens werden oder sein solle. Dies kann geschehen in der Art, daß entweder die Ehetheile sich ihren vertragsmäßigen Güterstand in seiner Grundlage, wie in seinen Einzelnheiten selbst aufbauen und regeln (sog. specieller Ehevertrag), oder auch daß sie kurzweg auf eines der gesetzlich vorgesehenen Vertragssysteme als das von ihnen gewollte verweisen. In letzterer Hinsicht folgen weitere Bemerkungen bei § 1433.

Soweit nach dem B.G.B. (insbesondere auch nach § 1433) eine Aenderung des gesetzlichen oder vertragsmäßigen Güterstands auch nach Eingehung der Ehe statthaft ist, kann dieselbe auch eintreten bei Ehen, welche schon vor dem 1. Januar 1900 abgeschlossen wurden und zwar auch dann, wenn nach den bisherigen Gesetzen ein Ehevertrag in währender Ehe nicht oder nicht mehr zulässig sein würde. (Art. 200 Abs. 2 E.G.)

Zu beachten sind übrigens auch die Art. 15 u. 16 E.G. Nach Art. 15 Abs. 2 desselben können in Sonderheit auch solche Ehegatten, deren Güterrechtsverhältnisse inhaltlich der besonderen Bestimmungen der Gesetzesstelle zufolge internationaler Verhältnisse nach den Gesetzen eines ausländischen Staates zu beurtheilen sind, in den bezüglichen Fällen in Deutschland einen Ehevertrag auch dann schließen, wenn er nach den Gesetzen des betreffenden ausländischen Staates unzulässig sein würde.

8. Eine positive Beschränkung der Vertragsfreiheit enthält die Specialbestimmung der §§ 1508 u. 1518 B.G.B. Danach kann durch Ehevertrag der Ehegatten die Fortsetzung der vertragsmäßig bestimmten allgemeinen Gütergemeinschaft nach dem Tode des einen Ehegatten zwischen dem überlebenden Ehegatten und den gemeinschaftlichen

---

*) So auch von bisherigen Bayr. Particularrechten das Fürstlich Kempten'sche und das Schwarzenberg'sche Recht (Roth, Bayr. Civ.Recht Bd. 1 S. 405; Darstellung des ehel. Güterrechts in Bayern S. 3).

**) z. B. Bayreuther Landesconstitution, Hohenlohe'schem Landrechte, Bamberger L.R. (Roth a. a. O.; Darstellung des ehel. Güterrechts in Bayern S. 3).

***) Nicht so auch auf dem die allgemeinen Wirkungen der Ehe regelnden Gebiete. Vgl. M. IV, 321, woselbst erörtert wird, daß auch auf die in jenem allgemeinen Titel begründeten vermögensrechtlichen Ansprüche, z. B. auf Unterhalt, nicht durch Ehevertrag verzichtet werden kann.

Abkömmlingen zwar von vorneherein im Ganzen ausgeschlossen, nicht aber im Widerspruche mit dem Gesetze in Einzelnheiten abgeändert werden. (D. S. 207.) Näheres in den Bem. zu §§ 1508 u. 1518.

9. Eheverträge unterliegen wie andere Verträge selbstverständlich auch den allgemeinen Regeln des Gesetzbuchs über Rechtsgeschäfte und insbesondere Verträge, soweit sich nicht aus den Specialbestimmungen über das eheliche Güterrecht etwas Anderes ergibt. Zu erwähnen sind hieher insbesondere die Vorschriften über die Vertretung von Personen mit beschränkter Geschäftsfähigkeit (z. B. einer minderjährigen Braut), dann die §§ 134, 138 über die Nichtigkeit von Rechtsgeschäften gegen gesetzliches Verbot oder gegen die guten Sitten (M. Bd. 4 S. 305). Ebenso sind die Eheverträge rechtsunwirksam, welche den besonderen zwingenden Sondervorschriften speciell über den Inhalt von Eheverträgen zuwiderlaufen (§ 1433). Schon die M. z. E. I S. 305 hatten übrigens auch noch Folgendes beigefügt:

> „Es versteht sich insbesondere von selbst, daß gesetzliche Vorschriften, durch welche die Wirkungen der Ehe für das Rechtsverhältniß dritter Personen zu den Ehegatten ohne Rücksicht auf ein bestimmtes eheliches Güterverhältniß geregelt sind (z. B. E. I § 1282, jetzt § 1362)*) durch Ehevertrag nicht geändert, sowie daß die durch Gesetz unter gewissen thatsächlichen Voraussetzungen, insbesondere unter der Voraussetzung eines bestimmten unter den Ehegatten bestehenden Güterrechtsverhältnisses, dritten Personen eingeräumten Rechte (vgl. z. B. E. I §§ 1311, 1359 Abs. 2 — jetzt §§ 1411, 1439) beim Vorhandensein jener Voraussetzungen durch Ehevertrag nicht beeinträchtigt werden können."

Ebenso selbstverständlich endlich ist es, daß güterrechtlichen Einzelvereinbarungen, welche nach den Grundnormen des ehelichen Güterrechts einen unlösbaren Widerspruch an sich tragen, keine Rechtsbeständigkeit innewohnen kann. So z. B. wenn der vertragsmäßigen generellen Einführung der allgemeinen Gütergemeinschaft nebenbei Einzelnormen angefügt werden, welche mit diesem Güterstand begrifflich unvereinbar sind. Welche Art von Wirkung derartigen Mängeln beizulegen, in Sonderheit ob nur theilweise oder gänzliche Nichtigkeit des Vertrags anzunehmen ist, richtet sich nach den allgemeinen Grundsätzen des B.G.B. einer- und der Beurtheilung der Intentionen der Betheiligten im gegebenen Falle andererseits.

10. Es kommt thatsächlich vor, daß die Verlobten oder Ehegatten eine Unabänderbarkeit ihres Ehevertrags vereinbaren, sei es unter sich allein oder mit Rücksicht auf einen Dritten. Dadurch wird gar keine Hinderung späterer Abänderung begründet, wenn es sich nur um eine Abmachung zwischen den Verlobten und Ehegatten allein handelt. Sie können ja diese Abmachung jeden Augenblick auch wieder aufheben, ausdrücklich oder stillschweigend durch Abschluß eines anderen Vertrags. Etwas anders liegt die Sache, wenn vereinbart würde, daß eine Vertragsänderung nicht ohne Zustimmung eines Dritten statthaft sein solle. Namentlich mit Rücksicht auf Vermögenszuwendungen an die Eheleute wird dergleichen ab und zu in Wirklichkeit ausbedungen. Geschah dies in der Weise, daß der Dritte sich selbst am Ehevertrage betheiligte und jene Abmachung auch für sich annahm, so liegt eben ein nebenhergehender Vertrag der Ehegatten mit dem Dritten vor und es kann sich nur fragen, ob eine solche Verabredung mit dem Grundsatze des § 1432 vereinbarlich ist. Diese Frage ist sicherlich zu bejahen, wenn für die gedachte vertragsmäßige Zusicherung an den Dritten auf dessen oder der Ehegatten Seite ein erlaubtes rechtliches Interesse besteht. Daß ein solches, namentlich z. B. bei Ausstattung einer Tochter, bestehen kann, liegt auf der Hand. Im Bereiche dieses rechtlichen Interesses kann dann auch der Dritte, aber auch nur dieser, eine ohne seine Zustimmung erfolgte Vertragsänderung anfechten.

11. Darüber, ob, unter welchen Voraussetzungen und in welchen Formen der Abschluß oder die Aenderung eines Ehevertrags als „Rechtshandlung zum Nachtheil der Gläubiger" in oder außer dem Konkurse angefochten werden kann, bleiben die einschlägigen Reichsgesetze maßgebend. (Art. 32 und 33 E.G.)

12. Die Frage, ob eine Beschränkung des Abschlusses oder der Aenderung von Eheverträgen aus den Gesichtspunkten von Pflichttheilsansprüchen abgeleitet werden könne, ist im Grundsatze zu verneinen, und zwar mit Rücksicht einerseits auf die unbeschränkte Fassung des § 1432, andererseits auf die ganze Construction des Pflichttheilsanspruchs nach dem B.G.B. In letzterer Hinsicht kommen namentlich die §§ 2317 Abs. 1 und 2311 Abs. 1 in Betracht. Eine Ausnahme könnte sich nur ergeben, soferne gegebenen Falles in dem Ehevertrage eine sog. pflichtwidrige Schenkung zu erblicken und deßhalb der § 2325 des B.G.B. einschlägig sein sollte.

---

*) Jetzt ohnehin aus dem Titel 6 über das eheliche Güterrecht in den Titel 5 über die Ehewirkungen im Allgemeinen versetzt.

13. Jeder Ehevertrag setzt zu seiner Wirksamkeit die Eingehung und das Fortbestehen derjenigen Ehe voraus, für welche er abgeschlossen wurde. Ist diese Ehe bei einem Vertrage zwischen Verlobten überhaupt nachgerade nicht eingegangen worden, so ist der Ehevertrag von selbst hinfällig als gegenstandslos. Ist die Ehe als nichtig erklärt oder mit Erfolg angefochten (B.G.B. § 1329, 1343), so wird auch der Ehevertrag unwirksam, gleich als ob die Ehe überhaupt formell gar nicht eingegangen worden wäre. Diese Unwirksamkeit ist also nicht allein bei der Nichtigkeit, sondern auch bei der erfolgreichen Anfechtung vollauf rückzubeziehen. (Vgl. namentlich § 1343.) Vermögensrechtliche Auseinandersetzungen zwischen den Betheiligten sind allerdings auch dann nicht zu entbehren. Sie erfolgen aber dann nicht auf Grund und nach Maßgabe des Ehevertrags, überhaupt nicht des ehelichen Güterrechts, sondern, wie die M. Bd. 4 S. 309 mit aller Bestimmtheit erklären, „nach den allgemeinen gesetzlichen Grundsätzen über die Vindication und Kondiction, über den Auftrag und die Geschäftsführung ohne Auftrag".

Ist rechtskräftige Scheidung der Ehe (oder Aufhebung der ehelichen Gemeinschaft; §§ 1575, 1586) eingetreten, so ist der Ehevertrag als bis zur Rechtskraft des Urtheils vollwirksam anzusehen. Von da ab hört diese Wirksamkeit von selbst auf. Für die vermögensrechtliche Auseinandersetzung der Ehegatten bleibt der Ehevertrag in erster Linie maßgebend, soweit nicht anderweitige gesetzliche Vorschriften normgebend einschlagen. (Vgl. z. B. den erst von der II. Kommission, abweichend von E. I, M. Bd. 4, S. 610 fg. beschlossenen § 1478 über die Auseinandersetzung der allgemeinen Gütergemeinschaft bei Scheidung der Ehe.)

14. Von einem späteren Erlöschen der Wirksamkeit eines Ehevertrags (im Ganzen oder in einzelnen Theilen) durch Kinderzeugung (per agnationem sui heredis aut supervenientiam liberorum), wie solche nach dem Satze: „Kinderzeugung bricht Ehestiftung" im älteren deutschen Rechte vielfach angenommen wurde, kann nach dem B.G.B. keine Rede sein, es müßte sich denn dergleichen aus dem Ehevertrage selbst ergeben.

§ 1433.

Der Güterstand kann nicht durch Verweisung auf ein nicht mehr geltendes oder auf ein ausländisches Gesetz bestimmt werden.

Hat der Mann zur Zeit der Eingehung der Ehe oder, falls der Vertrag nach der Eingehung der Ehe geschlossen wird, zur Zeit des Vertragsabschlusses seinen Wohnsitz im Auslande, so ist die Verweisung auf ein an diesem Wohnsitze geltendes Güterrecht zulässig.

E. I, 1334; II, 1332; III, 1416.

Der Grundsatz der Vertragsfreiheit für Eheverträge erleidet durch diesen Paragraphen eine gewisse Beschränkung. Diese bezieht sich auf solche Eheverträge, in welchen eine Verweisung auf bestimmte Güterrechtsnormen beliebt werden will. Hauptsächlich für solche vertragsmäßige Verweisungen im Ganzen oder im Einzelnen hat das B.G.B. die verschiedenen Typen des vertragsmäßigen Güterrechts aufgestellt. Bezweckt ist zweifellos damit, auch das vertragsmäßige Güterrecht bei aller ihm vergönnten Freiheit der Bewegung allmählich in bestimmte, gesetzlich vorgezeichnete Bahnen zu leiten und auf diesem Gebiete gute Wege zu weisen. Diesem Ziele führt § 1433 näher. Es hieße den Zustand der Zerrissenheit, welcher bisher auf dem Gebiete des ehelichen Güterrechts bestanden hatte und ohnehin nicht auf einmal abgethan werden kann, geradezu in's Unabsehbare verlängern, wenn es den Vertragschließenden verstattet wäre, namentlich die alten Particularrechte auf dem bequemen Wege einer einfachen vertragsmäßigen Verweisung am Leben zu erhalten. (M. IV, 309 fg.) Eben deßhalb verbietet § 1433 zunächst

1. eine solche Verweisung auf ein nicht mehr geltendes Gesetz. Hierunter fallen alle Gesetze, welche entweder schon vor dem 1. Jan. 1900 außer Geltung getreten sind oder vom 1. Jan. 1900 an für die Zukunft ihre Wirksamkeit verlieren. Eine theilweise Fortwirkung nach Art. 200 E.G. kommt dabei nicht in Betracht. Dem Gesetze i. e. S. steht das Gewohnheitsrecht völlig gleich. (Art. 2 E.G.)*) Eine einfache oder auch complicirte Verweisung auf in Deutschland geltendes Recht, z. B. auf die Errungenschafts-

*) In Bayern muß deßhalb z. B. ab 1. Jan. 1900 erfreulicher Weise die seit 15 Jahren im Gebiete des Nürnberger Rechts durch die Notariatspraxis in Schwang gekommene Verweisung auf den Güterstand des Eichstätter oder gar Windsheimer Rechts (eines Gewohnheitsrechts!) unbedingt verschwinden.

gemeinschaft des B.G.B. selbst, ist selbstverständlich von dem § 1433 unberührt. Ebenso wird aber auch nicht betroffen davon eine solche vertragsmäßige Regelung des ehelichen Güterstandes, welche im Wege eines sog. speciellen Ehevertrags durchgeführt wird, d. h. nicht in einer Verweisung auf Gesetzesnormen (sei es ohne ausdrückliche Einzelbestimmungen oder neben solchen) besteht, sondern welche die zur Geltung in der fraglichen Ehe bestimmten Güterrechtsnormen im Ganzen und Einzelnen selbst schafft. Rechtlich ist bei Betretung dieses Wegs Niemand behindert, den Inhalt älterer Gesetze zu conserviren. Die äußere und innere Schwierigkeit eines derartigen Vorgehens setzt aber demselben thatsächlich von selbst angemessene Grenzen.

2. In ganz analoger Weise schließt § 1433 auch die Verweisung auf ein ausländisches (nicht deutsches) Gesetz aus. Daß dieses vielleicht vordem, wie der Code civil, in deutschen Landen einmal gegolten hat, ändert daran natürlich gar nichts, wie sich schon aus der ersten Alternative ergiebt. (M. IV, 310.)

Hier fügt aber der § 1433 im Absatze 2 eine Ausnahme an. Dieselbe steht in einigem Zusammenhange mit dem Art. 15 E.G. Dort sind für die Beziehungen zum Auslande, namentlich für die Fälle des Abs. 2 Art. 15 specielle Vorschriften gegeben, welche unter Umständen das ausländische Recht (mit einer Modification im Schlußsatze) als anwendbar bezeichnen. (Vgl. M. IV, 310.) Auf diesem Gebiete geht nun § 1433 für das vertragsmäßige Güterrecht noch weiter. Er gestattet auch gewisse Verweisungen auf ausländisches Recht, aber nur, wenn der vertragschließende Mann

a) bei einem Vertrage vor dem Eheabschlusse zur Zeit der thatsächlichen Eheschließung oder

b) bei einem Vertrage nach dem Eheabschlusse zur Zeit des Vertragsabschlusses

seinen Wohnsitz im Auslande hat. Gründe: M. IV, 310 fg.

Obiger Abs. 2 sagt allgemein „der Mann". Es wird also an sich kein Unterschied gesetzt je nach der Staatsangehörigkeit. Ist der Mann ein Ausländer, der eine Deutsche ehelicht oder geehelicht hat und im Auslande seinen Wohnsitz hat, so ist das im § 1433 Abs. 2 Gesagte eigentlich ohnehin von selbst begründet, namentlich wenn der Vertrag auch im Auslande geschlossen und beurkundet wird. Soll in einem solchen Falle der Vertrag in Deutschland beurkundet werden, so beseitigt obiger Abs. 2 etwaige Zweifel und Anstände. Derselbe gewinnt aber erst recht seine volle Bedeutung, wenn der Mann ein im Auslande Wohnsitz habender Deutscher ist. M. IV, 310 fg. lassen erkennen, daß die Ausnahme des Abs. 2 ganz eigens auch auf die Verhältnisse der im Auslande lebenden Deutschen (vgl. im Prinzip Art. 15 Abs. 1 E.G.) hinzielt. Verwiesen kann aber nicht werden auf jedes ausländische Gesetz, sondern nur auf dasjenige, welches am ausländischen Wohnsitze des Ehemannes gilt. Gegenüber diesem Gesetze ist aber auch die Verweisung statthaft „in vollem Umfange, auch in Ansehung solcher einen Bestandtheil jenes Rechtes bildender Vorschriften, welche mit zwingenden Vorschriften des deutschen Rechts in Widerspruch stehen". So M. IV, 311. Die Bestimmung des § 1433 Abs. 2 gilt endlich auch nach M. IV, 311 in solchen Fällen, in welchen das ausländische, am Wohnsitze der deutschen Ehegatten geltende Recht vorschreibt, daß das eheliche Güterrecht sich nach den Gesetzen desjenigen Staates richtet, welchem der Ehemann angehört.

3. Mit den Worten „kann nicht" verbietet das Gesetz schlechthin.*) Verstöße dagegen sind in ihren Folgen nach B.G.B. § 134 zu beurtheilen. Das Verbotswidrige ist nichtig und mit ihm je nach den Umständen der ganze Rechtsakt.

§ 1434.

Der Ehevertrag muß bei gleichzeitiger Anwesenheit beider Theile vor Gericht oder vor einem Notar geschlossen werden.

E. I, 1335; II, 1333; III, 1417.

1. Grundsatz. Während das Gem. Recht und nach ihm auch einzelne Particularrechte**) den Abschluß von Eheverträgen an irgend eine besondere Form nicht geknüpft hatten, sind bereits durch die Mehrzahl der seitherigen Landes- und Ortsrechte besondere Formvorschriften für den Abschluß von Eheverträgen getroffen gewesen.***) Für Bayern war letzthin Art. 1 des G. v. 5. Mai 1890, die Formen einiger Rechtsgeschäfte betr., maßgebend. Das B.G.B. hat sich auf den gleichen Standpunkt gestellt in Würdigung der

*) Planck, Comm. z. B.G.B. S. 25.

**) Z. B. ursprünglich Nürnberger Reformation, Mainzer L.R.

***) Roth, Bayr. Civ.Recht Bd. 1 S. 298 fg.

Wichtigkeit der Eheverträge, ihrer meist langen Wirkungsdauer und des Umstandes, daß sich deren Wirkungen nicht blos auf die Vertragsschließenden, sondern in mehrfacher Hinsicht auch auf Dritte erstrecken (M. IV, 311; D. S. 198).

2. Die vorgeschriebene Form für Eheverträge*) nach der vom E. I § 1335 (M. Bd. 4 S. 311) abweichenden, Gesetz gewordenen Fassung ist der Abschluß vor Gericht oder vor einem Notar.**) Beide „Theile" haben dort***) zu erscheinen und gleichzeitig anwesend zu sein. Damit ist es (unter Begründung einer Ausnahme von §§ 128 und 152) ausgeschlossen, daß der Rechtsakt in Theile zerlegt wird, wobei in zeitlicher und örtlicher Hinsicht eines Tages da die eine und anderen Tages dort die andere Uebereinstimmungserklärung abgegeben würde. Der Vertragsabschluß ist selbstverständlich vom Gerichte oder Notare zu beurkunden (§ 128) mit Berücksichtigung der näheren reichs- oder landesrechtlichen Vorschriften über Zuständigkeit und Verfahren in der freiwilligen Rechtspflege. Nach diesen Gesetzen ist auch die Alternative „Gericht oder Notar" zu beurtheilen. Sie giebt den Parteien kein unbedingtes Wahlrecht, wohl aber jenen Gesetzen die Möglichkeit, die eine oder andere Zuständigkeit bindend vorzuschreiben.

3. Mit der Vorschrift „gleichzeitiger Anwesenheit beider Theile" ist die andere Frage noch nicht erledigt, ob die Verlobten oder Ehegatten selbst auch persönlich anwesend sein müssen oder statt ihrer bei Beurkundung des Ehevertrags auch ein gesetzlicher Vertreter oder ein Vollmachtsträger handeln kann. Die Frage wird praktisch namentlich dann wichtig, wenn ein Ehevertrag in Deutschland abgeschlossen werden soll zwischen Verlobten, welche weit von einander, möglicher Weise selbst überseeisch getrennt wohnen. Schröder†) stellt Letzteres in Abrede. Dem ist aber nicht beizustimmen. Die M. IV, 315 zu § 1335 E. I bemerkten, daß auf den Abschluß von Eheverträgen durch Vertreter, insbesondere gesetzliche Vertreter, die allgemeinen Grundsätze Anwendung finden, vorbehaltlich der besonderen Bestimmungen in dem § 1341 Abs. 2 und § 1431 Abs. 2 des Entwurfs, in deren Stelle jetzt mit ähnlichem Inhalte die §§ 1437, 1549 getreten sind. (Vgl. dazu M. IV, 333.) Allerdings standen damals im E. § 1335 (§ 1434 B.G.B.) die Worte: „bei gleichzeitiger Anwesenheit beider Theile" noch nicht. Sie finden sich erst im E. III, § 1417. Allein der Ausdruck „beider Theile" schließt an sich die Zulässigkeit der Repräsentation eines „Theiles" durch einen — gesetzlichen oder bevollmächtigten — Stellvertreter noch nicht aus. (So auch Fischer-Henle, 2. Aufl., S. 599, und Neumann in Gruchots Beitr. Bd. 41 S. 456.) Er ist allgemeiner Natur und steht im § 1434 sicher in gleich allgemeinem Sinne, wie schon im § 152. Auch unterscheidet anderwärts (vgl. z. B. im § 1317 über die Eheschließung selbst, auch in §§ 2274, 2276) das B.G.B. sehr deutlich zwischen der „gleichzeitigen Anwesenheit" und der persönlichen Willenserklärung. Hier greift aber jedenfalls beschränkend jene Spezialbestimmung ein, welche der § 1437 enthält für Eheverträge, durch welche die allgemeine Gütergemeinschaft vereinbart oder aufgehoben wird. Ein solcher Ehevertrag „kann nicht durch einen gesetzlichen Vertreter (von Vollmachtsträgern wird dort nicht gesprochen) geschlossen werden". Bei noch bestehender Beschränkung eines Vertragtheils in der Geschäftsfähigkeit schließt dieser Letztere den Ehevertrag jener Art persönlich ab und der gesetzliche Vertreter ertheilt dazu seine Zustimmung. Das Gleiche gilt nach § 1508 für einen Ehevertrag, durch welchen die Fortsetzung der Gütergemeinschaft ausgeschlossen oder die Ausschließung aufgehoben werden soll. Auf die sog. Fahrnißgemeinschaft finden nach § 1549 die für die allgemeine Gütergemeinschaft geltenden Vorschriften Anwendung. Daß dies speciell auch für die Ehevertragsform gelten soll, läßt der Eingang des letzten Absatzes M. IV, 313 abnehmen. Bezüglich der Errungenschaftsgemeinschaft enthält das B.G.B. keine Vorschrift, aus welcher dafür die Uebertragung des hier fraglichen Inhalts des § 1437 gefolgert werden müßte. Letzteres ist eben wegen der Eigenschaft des § 1437 als einer Specialvorschrift auch nicht der Fall bezüglich anderer Eheverträge mit sonstigem Inhalte, also z. B. bei Ausschließung des gesetzlichen Güterstandes ohne Ersatzbestimmung (§ 1436), bei nur theilweiser Modification des gesetzlichen Güterstandes. (Vgl. M. Bd. 4 S. 313 unten.)

Die Aufnahme dieser Specialbestimmungen als Ausnahmsvorschriften hätte übrigens keinen Sinn, wenn schon durch § 1434 jede Art der Stellvertretung ausgeschlossen wäre.††)

---

*) Im Sinne des § 1432. Schenkungen unter Verlobten oder Ehegatten gehören nicht hieher. U. v. 4. Okt. 1862; Bl. f. R.A. Bd. 18 S. 12.

**) Nicht vor dem Standesbeamten: P. IV, 279.

***) Selbstverständlich vorbehaltlich einer etwa veranlaßten und zulässigen commissionellen Vornahme des Rechtsakts außerhalb der Amtsstelle.

†) Das eheliche Güterrecht des B.G.B. in seinen Grundzügen (Berlin 1890) S. 22.

††) Bei Verbindung von Ehe- und Erbvertrag ist natürlich die Sonderbestimmung des § 2274 zu beachten.

Anderer Auffassung ist, wie schon angedeutet, Schröder a. a. O. S. 22. Er verlangt immer persönliche Anwesenheit der Verlobten oder Ehegatten und schließt danach alle Vollmachtsträger aus. Anders bezüglich der gesetzlichen Vertreter, welche nach Schröder nur in den Fällen der §§ 1437 und 1549 als allein handelnd ausgeschlossen sind. Schröder scheint in jener Hinsicht an eine vorübergegangene Phase der Gesetzesentwicklung anzuknüpfen. Vom Standpunkte des Gesetzgebers ließe sich auch Einiges für die Auffassung Schröders sagen. Andererseits ist aber schlechterdings nicht zu verkennen, daß manchmal durch die Verhältnisse (z. B. wenn es sich um einen vorehelichen Ehevertrag zwischen Verlobten handelt, welche weitab von einander getrennt wohnen) die Zulassung von Vollmachtsträgern zum Vertragsabschlusse unbedingt geboten ist. Das Gegentheil findet in der Gestaltung des Gesetzestextes auch keinen Anhalt — ebensowenig in den Vorverhandlungen. Nach P. IV, 221 ist über die Zulassung des Vertragsabschlusses durch gesetzliche Vertreter eigens verhandelt und bejahend entschieden worden. (Vgl. auch M. IV, 333.) Daß man aber auch an ein Handeln durch bevollmächtigte Vertreter zulassend gedacht hat, ergiebt sich z. B. aus P. IV, 218.

4. Andere als die erwähnten Formvorschriften bestehen nach dem B.G.B. nicht. Die früher nach manchen Particularrechten unbedingt oder unter bestimmten Voraussetzungen vorgeschrieben gewesene gerichtliche Bestätigung der Eheverträge fällt weg. Für Bayern ist sie schon durch das G. v. 5. Mai 1890 beseitigt worden. Die im § 1437 Abs. 2 Satz 2 enthaltene Sonderbestimmung über Genehmigung durch das Vormundschaftsgericht trägt einen anderen Charakter wie jene gerichtlichen Bestätigungen des älteren Rechts. Das B.G.B. selbst verlangt an und für sich auch nicht die Beiziehung von Zeugen. Vgl. übrigens § 169 F.G. Unter andere Gesichtspunkte fällt endlich die Frage der Registrirung oder öffentlichen Bekanntmachung von Eheverträgen.

5. Im E. I § 1435 war in Abs. 2 eine Ausnahme von dem Erfordernisse gerichtlicher oder notarieller Form vorgesehen für den Vertrag, durch welchen die Ehefrau dem Ehemanne verbrauchbare Ehegutssachen gegen die Verpflichtung überträgt, ihr den Werth derselben nach Beendigung der ehelichen Nutznießung und Verwaltung zu ersetzen. M. IV, 312 fg. enthalten darüber Erörterungen. Schon im E. II § 1333 ist jener Abs. 2 beseitigt worden und zwar nach P. IV, 220 vor Allem als entbehrlich nach den die Rechte des Mannes gegenüber dem E. I erweiternden Beschlüssen. Sehr richtig ist auch a. a. O. hervorgehoben worden, daß es sich in Fällen jener Art häufig überhaupt um keinen Ehevertrag, sondern um ein Darlehen handeln werde.

6. Die Formvorschriften des B.G.B. finden fortan auch Anwendung auf die Fälle des Art. 200 Abs. 2 E.G. z. B.G.B.

7. Verstöße gegen die maßgebenden Formvorschriften begründen nach § 125 Nichtigkeit des ganzen Rechtsgeschäfts in jeder Richtung zwischen den Ehegatten, wie in den Rechtsbeziehungen zu Dritten.

§ 1435.

Wird durch Ehevertrag die Verwaltung und Nutznießung des Mannes ausgeschlossen oder geändert, so können einem Dritten gegenüber aus der Ausschließung oder der Aenderung Einwendungen gegen ein zwischen ihm und einem der Ehegatten vorgenommenes Rechtsgeschäft oder gegen ein zwischen ihnen ergangenes rechtskräftiges Urtheil nur hergeleitet werden, wenn zur Zeit der Vornahme des Rechtsgeschäfts oder zur Zeit des Eintritts der Rechtshängigkeit die Ausschließung oder die Aenderung in dem Güterrechtsregister des zuständigen Amtsgerichts eingetragen oder dem Dritten bekannt war.

Das Gleiche gilt, wenn eine in dem Güterrechtsregister eingetragene Regelung der güterrechtlichen Verhältnisse durch Ehevertrag aufgehoben oder geändert wird.

E. I, 1336, 1337, 1435 Abs. 1; II, 1334, 1453 Abs. 1; III, 1418; M. IV, 314, 320, 553.

Die Gestaltung des ehelichen Güterrechts äußert, wie schon früher angedeutet, ihre Rechtswirkungen nicht blos unter den Ehegatten selbst, sondern auch in dem Verhältnisse derselben oder Eines von ihnen zu Dritten. Solche Rechtswirkungen gegenüber Dritten machen sich geltend nicht nur beim gesetzlichen Güterstande, sondern auch bei den vertragsmäßigen Güterständen. Sie treten namentlich auch hervor, wenn durch Vereinbarungen der Ehegatten an dem einen oder anderen dieser Güterstände etwas geändert wird. In diesem Falle wirft sich in Sonderheit die Frage auf, inwieweit der Dritte derartige, seinen Rechten und Rechtsinteressen vielleicht eintragbringende Aenderungen gegen sich gelten zu lassen hat. Diese Frage behandelt der § 1435.

In den seitherigen Rechten war gerade zum Schutze des Dritten da und dort (namentlich in den Geltungsgebieten von Gütergemeinschaft) die Errichtung von Eheverträgen nach Eingehung der Ehe ganz ausgeschlossen oder einem (vor oder nach dem Eheabschluß vereinbarten) Ehevertrag die Wirkung gegen Dritte überhaupt entzogen worden. Das B.G.B. ist absichtlich nicht soweit gegangen (M. IV, 306, 307, 314) und hat namentlich nicht die Eheverträge selbst, sondern nur unter bestimmten Voraussetzungen ihre Wirkung gegen Dritte, insbesondere Gläubiger, beschränkt. Diese Wirkung hatten ältere Particularrechte, sei es allgemein oder wenigstens bei Einführung oder Ausschließung der Gütergemeinschaft, sehr häufig abhängig gemacht von einer öffentlichen Bekanntmachung d. h. Ausschreibung des Vertragsabschlußes. Auch diese Art der Gewinnung einer gewissen Publicität in jener alten Form der gebotenen Veröffentlichung des Vertragsabschlußes hat sich das B.G.B. nicht angeeignet, vielmehr an die Stelle jener Bekanntmachung den Eintrag in das im B.G.B. § 1558 geregelte Güterrechtsregister, mit nachfolgender Veröffentlichung der Eintragung im neueren Stile des § 1562, gesetzt.

Auf dieser Grundlage baut sich der Inhalt des § 1435 hauptsächlich unter dem in den M. IV, 314, 320 mehrfach erörterten Gesichtspunkten des Schutzes des guten Glaubens des Dritten auf. Zunächst den Fall der Veränderung des gesetzlichen Güterstandes ins Auge fassend, schreiben die M. IV, 314 wörtlich Folgendes:

> „Wer im Vertrauen auf die gesetzliche Regel, daß dem Ehemanne an dem Vermögen der Ehefrau die eheliche Nutznießung und Verwaltung zustehe, sich mit dem Ehemanne auf solche Rechtsgeschäfte über Bestandtheile dieses Vermögens einläßt, welche unter der Voraussetzung des Bestehens der ehelichen Nutznießung oder Verwaltung an jenen Gegenständen für die Ehefrau bindend sein würden, ... darf in diesem Vertrauen in Ansehung der Wirksamkeit solcher Rechtsgeschäfte*) nicht getäuscht werden, es sei denn, daß die Ausschließung oder Aenderung zur Zeit der Vornahme des Rechtsgeschäfts nach Maßgabe der Vorschriften der §§ 1435—1437 (E. I, jetzt §§ 1558 fg.) veröffentlicht war oder dem Dritten bekannt sein mußte."

Denselben grundlegenden Gesichtspunkt betonen die Motive zu den mit § 1435 B.G.B. nicht im Wortlaute, aber in der Grundauffassung übereinstimmenden §§ 1336, 1337 E. I auch nach anderen hier in Betracht kommenden Richtungen, insbesondere, was das Vertrauen eines gutgläubigen Dritten darauf betrifft, daß ein vertragsmäßig begründeter und veröffentlichter (registrirter) Güterstand noch fortbestehe. M. IV, 314 fg. S. 315 heißt es dort beispielsweise:

> „War der gesetzliche Güterstand durch Vereinbarung der Gütertrennung ausgeschlossen oder durch vertragsmäßige Bestimmung von Vorbehaltsgut geändert und diese Ausschließung oder Aenderung veröffentlicht (registrirt), so müssen gutgläubige Dritte in Ansehung der Wirksamkeit von Rechtsgeschäften, welche sie mit der Ehefrau schließen, nach Maßgabe des § (jetzt) 1435 so geschützt werden, als ob die Aufhebung oder Aenderung des veröffentlichten (registrirten) Ehevertrags nicht erfolgt wäre."

Daß Gleiches auch nothwendig ist für den Fall der Aufhebung des registrirten vertragsmäßigen Güterstandes der Gütergemeinschaft, der allgemeinen wie der particulären, ist ebendort S. 316 näher ausgeführt. Ebenso sind dort erörtert die Gründe, warum nur die Aenderung eines registrirten vertragsmäßigen Güterstandes im Abs. 2 ins Auge gefaßt ist. Weiter ist ebendaselbst S. 316 wörtlich, aber etwas dunkel bemerkt:

> „Welche Wirkungen es hat, wenn die Ehegatten oder einer derselben dem Dritten den nicht veröffentlichten vertragsmäßigen Güterstand angezeigt, die Anzeige der späteren Aenderung aber unterlassen haben, ist an der Hand der allgemeinen Grundsätze zu beurtheilen."

Im Einzelnen entwickelt sich daraus Folgendes:

1. Als Hauptfall für die Anwendung des § 1435 bezeichnet dessen Abs. 1 die Ausschließung oder Aenderung der Verwaltung und Nutznießung des Mannes, also desjenigen Rechtszustandes, in welchen der Schwerpunkt des vom B.G.B. in erster Linie aufgestellten

*) An anderem Orte, IV, 308, lehnen übrigens die Motive eine Ausdehnung dieses Gesichtspunkts soweit, daß die eheherrliche Nutzung und Verwaltung des Ehemannes dem Letzteren förmlich als allgemeine Creditbasis gegenüber seinen Gläubigern zu dienen hätte, eigens ab.

gesetzlichen Güterstandes fällt. Indem das Gesetz allgemein von „Ausschließung oder Veränderung" spricht, umfaßt es alle Fälle vertragsmäßiger Modification jenes gesetzlichen Güterstandes, gleichviel ob dieser im Ganzen beseitigt oder nur in Einzelheiten, welche jene an sich begründeten Rechte des Mannes einschränkend berühren*), geändert wird, sowie weiter gleichviel, ob etwas und was an die Stelle des Beseitigten gesetzt wird (also z. B. eine der Formen von Gütergemeinschaft) oder ob die in § 1436 vorgesehene Folge eintritt.

Dem steht gleich nach ausdrücklicher Gesetzesbestimmung der Fall:

a) einer Beschränkung oder Ausschließung der sog. Schlüsselgewalt der Frau nach § 1357,

b) eines Einspruchs des Ehemanns gegen den Betrieb eines selbständigen Erwerbsgeschäfts der Ehefrau oder eines Widerrufs der Einwilligung des Ersteren nach § 1405.

2. Abs. 2 dehnt den Grundsatz des ersten Absatzes weiter aus auf alle Fälle, in denen irgend ein durch Vertrag begründetes und registrirtes (M. IV, 315, 316) Güterrechtsverhältniß wiederum durch einen anderen Vertrag aufgehoben oder geändert wird. (Vgl. oben S. 183.) Für Ehen von im Inlande wohnenden Ausländern oder Inländern, welche erst nach Eingehung der Ehe die Reichsangehörigkeit erwerben, enthält eine hieher ebenfalls bezügliche Vorschrift der Art. 16 E.G. z. B.G.B.

3. Obige Gesetzesstelle spricht zunächst nur von Aenderung der Rechtsverhältnisse durch Ehevertrag. Die Vorschrift findet aber nach § 1431 auch Anwendung auf diejenigen Fälle, in welchen kraft Gesetzesvorschrift an die Stelle des regelmäßigen gesetzlichen Güterstandes der subsidiäre Güterstand der (völligen) Gütertrennung tritt oder gemäß § 1425 eine Wiederherstellung der mit Registrirung aufgehobenen Verwaltung und Nutznießung des Mannes Platz greift. Ebenso werden die Grundsätze des § 1435 nach § 1431, 1371 und 1441 wirksam in Ansehung des Vorbehaltsguts der Frau gegenüber gutgläubigen Dritten.

4. Vorausgesetzt ist selbstverständlich ein rechtsgültiger Ehevertrag. Wäre er nicht rechtswirksam, so könnten Wirkungen desselben gegen Dritte überhaupt nicht in Frage kommen. Ob der Ehevertrag vor oder nach Eingehung der Ehe abgeschlossen wird, begründet keinen Unterschied.

5. Soll der durch den § 1435 begründete Schutz des gutgläubigen Dritten wegfallen, so ist vor Allem nöthig, daß der in Frage kommende Ehevertrag, mag er in das Gebiet des Abs. 1 oder Abs. 2 des § 1435 fallen (oder der Eintritt eines der vorhin unter Ziff. 3 erwähnten Fälle), im Güterrechtsregister (§§ 1558 fg.) auf Antrag (§§ 1560 fg.) eingetragen wurde. Ist dies nicht geschehen (was ja den Antragsberechtigten anheimgegeben ist), so entsteht dadurch die Wirkung, daß gegen einen von der Veränderung der Verhältnisse berührten Dritten aus der Thatsache jener Veränderung in bestimmten Richtungen Einwendungen nicht erhoben werden können. Dieser Ausschluß von Einwendungen gilt zunächst für die im Verhältniß zu dem Dritten betheiligten Ehegatten (Einen oder Beide). Es müssen sich denselben aber auch alle Diejenigen gefallen lassen, welche ihre Rechte von Jenen ableiten oder in deren Pflichten eingetreten sind.

Der Eintrag in das Güterrechtsregister äußert seine Wirkung übrigens nur, wenn er bei dem nach § 1558 zuständigen Amtsgerichte erfolgt oder in dem durch § 1559 geregelten Falle der Wohnsitzverlegung wiederholt worden ist. Auch betonen die M. IV, 317 eigens, es komme darauf an, daß gerade diejenigen Punkte dem Eintrage unterstellt würden, welche für das in Frage stehende Verhältniß zu dem Dritten von Bedeutung sind. Darauf, ob letzterer von dem bestehenden Eintrage Kenntniß hat oder nicht, kommt nichts an. Der Eintrag begründet gegen den Dritten, aber auch für denselben eine

---

*) Insbesondere nennen die M. IV, 307 die Vereinbarung von Gütertrennung an Stelle des gesetzlichen Güterstandes oder die Ausschließung der ehelichen Nutznießung und Verwaltung in Ansehung einzelner zum Vermögen der Ehefrau gehörenden Gegenstände. Wie übrigens a. a. O. weiterhin erörtert ist, wurde absichtlich Umgang genommen von einer noch weiter reichenden Beschränkung dadurch, daß umgekehrt, in ähnlicher Weise wie nach einem Oldenburgischen Gesetze vom 24. April 1873 Art. 20, im Falle der Umwandlung von eheweiblichem Vorbehaltsgut in Eingebrachtes zu Gunsten von Ansprüchen aus früheren Verbindlichkeiten der Ehefrau eine Rechtsconservirung Platz zu greifen hätte. Die M. a. a. O. stellen diesen Fall — die Analogie der (jetzigen) §§ 1411, 1412 als unzutreffend ablehnend — dem anderen gleich, in welchem die Ehefrau das Eigenthum an einzelnen Bestandtheilen auf ihren Ehemann oder einen Dritten überträgt oder einen gewöhnlichen (also nicht dem ehelichen Güterstande entspringenden) Nießbrauch an solchen Gegenständen bestellt.

**) Ueber die Gründe dafür, daß auch auf diese Fälle der § 1435 erstreckt wurde, s. M. IV, 315.

gewisse Publicität, aber nicht in dem Sinne, daß der Inhalt des Eintrags in der Art, wie beim Grundbuche (§ 892), als unbedingt richtig anzunehmen wäre. Steht er mit dem wirklichen Rechtsverhältnisse nicht im Einklange oder beruht er auf einem rechtsunwirksamen Ehevertrage, so können die aus dem bezüglichen Mangel entspringenden Folgerungen gezogen werden, ähnlich wie beim Handelsregister. (M. IV, 317.)

6. Der Wirkung des Eintrags im Güterrechtsregister steht gleich die Wirkung der Thatsache, daß die eingetretene Veränderung der Güterrechtsverhältnisse dem betreffenden Dritten in bestimmtem Zeitpunkte (s. Nr. 8) bekannt war. Im E. I § 1336 war noch beigesetzt: „oder bekannt sein mußte". Schon der E. II ergibt den Abstrich dieser Worte, welche hier ebenso absichtlich erfolgte, wie in anderen ähnlichen Paragraphen. (P. IV, 225.)

Ein derartiges Bekanntsein ersetzt den mangelnden Eintrag. Es schließt den guten Glauben aus und damit auch den besonderen Schutz für den Dritten.

7. Gegenstand des Schutzes sind zunächst die im § 1435 bezeichneten Rechtsgeschäfte zwischen dem Dritten und einem der Ehegatten, Mann oder Frau, je nach der Sachlage, also nicht auch Rechtsgeschäfte zwischen dem Dritten und einer weiteren Person, wenn sie auch auf dem Vertrauen auf die Güterrechtsverhältnisse bestimmter Ehegatten vorgenommen sein sollten. (Vgl. M. IV, 65, woselbst besonders auf das Beispiel eines Erwerbs aus dem Vermögen der Ehefrau durch eine Mittelhand hingewiesen ist.) Rechtsgeschäft steht auch hier in dem Sinne, wie er dem B.G.B. überhaupt eigen ist, d. h. in der Regel in dem allgemein juristischen Sinne. (Planck, Komm. S. 23.) In Frage können kommen sowohl zweiseitige, als einseitige Rechtsgeschäfte, also z. B. auch einseitige Zuwendungen, innerhalb der durch den ursprünglichen, nun abgeänderten Güterstand bedingten Verfügungsgewalt des betreffenden Ehegatten. Bemerkenswerth ist die anfängliche Fassung des E. I § 1336. Dort ist gesprochen von einem Dritten, „welcher ein Rechtsgeschäft mit einem der Ehegatten geschlossen oder diesem gegenüber vorgenommen oder welchem gegenüber einer der Ehegatten ein Rechtsgeschäft vorgenommen hat". Die jetzige kürzere Fassung beruht sichtlich nur auf redaktionellen Erwägungen. (Vgl. P. IV, 223.)

8. Als denjenigen Zeitpunkt, welcher für die Beurtheilung des Vorhandenseins guten Glaubens im Sinne des § 1435 maßgebend ist, bezeichnet das Gesetz die Zeit der Vornahme des Rechtsgeschäfts. Zu dieser Zeit muß der Güterrechtseintrag bereits geschehen oder die Veränderung dem Dritten bereits bekannt gewesen sein, wenn die im § 1435 bezeichneten Einwendungen zulässig sein sollen.

9. Dem Rechtsgeschäfte ist nach § 1435 gleichgestellt ein in einem Rechtsstreite zwischen einem Ehegatten und dem Dritten ergangenes rechtskräftiges Urtheil. Die Vorschrift ist analog dem § 1344. Die M. IV, 320 legen dieser Ausdehnung besondere praktische Bedeutung bei für solche Fälle, in welchen der veröffentlichte vertragsmäßige Güterstand der Gütertrennung oder der Gütergemeinschaft durch Ehevertrag wieder geändert wird.

Als maßgebenden Zeitpunkt für die Beurtheilung der Frage der Wirkungen der Veränderung gegenüber dem Dritten bezeichnet das Gesetz die Zeit des Eintritts der Rechtshängigkeit der Streitsache. Wann Rechtshängigkeit eintrat, bemißt sich nach der C.P.O.

E. I § 1336 hatte den Zeitpunkt bezeichnet, in welchem die Geltendmachung der Ausschließung, Aufhebung oder Aenderung des Güterstandes hätte erfolgen können. Entsprechend der ganz gleichen Aenderung im § 407 hat schon die II. Komm. die jetzige Fassung hergestellt, welche an die Stelle der oft schwer bestimmbaren Zeitbestimmung des E. I eine besser greifbare setzt. (P. IV, 225.)

10. E. I. § 1336, 1337 hatte vorgesehen, daß unter den bezüglichen Voraussetzungen der Ehevertrag „zu Gunsten des Dritten als unwirksam anzusehen sei". Allein schon die M. IV, 317 brachten, unter Anschließung an die sich ergebenden Verhältnisse bei Aufhebung ꝛc. einer vertragsmäßigen Gütergemeinschaft, Erörterungen dahin, daß jene Unwirksamkeit zu Gunsten des Dritten nicht etwa allgemein so zu beurtheilen sei, als wenn die Gütergemeinschaft zur Zeit der Vornahme des Rechtsgeschäfts noch nicht aufgehoben gewesen wäre. Die jetzige Fassung entsprang der Stellungnahme der II. Kommission (P. IV, 222 fg. E. II § 1334). Diese Fassung ist entschieden enger. Sie schließt unter den bereits besprochenen Umständen nur solche Einwendungen aus, welche einem Dritten gegenüber aus der Ausschließung oder Aenderung ꝛc. des Güterstandes gegen das Rechtsgeschäft hergeleitet werden. Von einer Unwirksamkeit des Ehevertrags schlechthin und unbeschränkt, ist also auch dem Dritten gegenüber überhaupt nicht mehr die Rede. Der Dritte soll den Schutz des guten Glaubens gegen Schaden durch Geltendmachung der Rechtstandsänderung Seitens eines Ehegatten genießen. Aber er erscheint nicht behindert, den Ehevertrag zu Gunsten des Rechtsgeschäfts als rechtlich bestehend geltend zu machen. Auch bezüglich des Rechtsgeschäftes selbst führen schon die

M. IV, 318 fg. aus, es sei nicht ausgeschlossen, daß ein in Folge des Ehevertrags gemäß der Sondervorschriften des § 1435 nicht zur vollen Wirkung gelangendes Rechtsgeschäft, doch anderweitig nach Maßgabe der allgemeinen Vorschriften über den Schutz des guten Glaubens (z. B. in Ansehung der Wirkungen von Einträgen im Grundbuche) als wirksam sich darstellt.

11. Neben dem § 1435 stehen unbeeinträchtigt die besonderen Vorschriften der Gesetze über die Anfechtung von Rechtshandlungen zum Nachtheile der Gläubiger (Konk.Ordn. u. R.G. v. 21. Juli 1879 n. F. v. 17. Mai 1898), nach dem ganzen Charakter der Vorschrift des § 1435, nach dem Art. 32 E.G. z. B.G.B. und nach einer ausdrücklichen Bemerkung in M. IV S. 308.

§ 1436.

Wird durch Ehevertrag die Verwaltung und Nutznießung des Mannes ausgeschlossen oder die allgemeine Gütergemeinschaft, die Errungenschaftsgemeinschaft oder die Fahrnißgemeinschaft aufgehoben, so tritt Gütertrennung ein, sofern sich nicht aus dem Vertrag ein Anderes ergiebt.

E. I, 1338, 1381, 1429, 1431; II, 1335; III, 1419.

Das Gesetz schafft hier für die im § 1436 aufgeführten Fälle, bei denen es sich jeweilig um das Frauenvermögen im Ganzen handelt (Fischer-Henle, 2. Aufl. S. 600), ein subsidiäres Vertragsrecht. Zu beachten ist, daß § 1436 nur von der durch Ehevertrag geschaffenen Rechtslage handelt. Tritt die Ausschließung oder Aufhebung eines der oben erwähnten Güterstände ein durch eine andere rechtsbegründende Thatsache, z. B. durch Urtheil auf eine Aufhebungsklage (§§ 1418, 1468 fg., 1542, 1549) oder bei gewissen Güterständen durch Konkurs (§§ 1419, 1543) oder Todeserklärung (§§ 1420, 1544), so greifen die für solche Fälle gegebenen anderweitigen, übrigens in der Hauptsache analogen, Gesetzesvorschriften Platz (§§ 1426, 1470, 1545).

Die Schlußworte kennzeichnen deutlich, daß es sich hier nur um subsidiäres Recht handelt. Es fällt weg, wenn durch den die Ausschließung oder Aufhebung des primär geltenden gesetzlichen oder vertragsmäßigen Güterstands bewirkenden Ehevertrag etwas Anderes bestimmt ist, sei es durch Verweisung auf ein anderes Gütersystem oder auch durch eigene vertragsmäßige Regelung der Ersatznormen.

Daß jenes in Geltung getretene subsidiäre Vertragsrecht jeder Zeit durch einen weiteren neuen, die Verhältnisse regelnden Vertrag wieder beseitigt werden kann, bedarf nach dem Grundsatze des § 1432 keiner Erörterung.

2. Allgemeine Gütergemeinschaft.

Vorbemerkungen.

1. Das Güterrechtssystem der allgemeinen Gütergemeinschaft ist in M. IV, 147 im Begriffe bezeichnet als Dasjenige, „durch welches das beiderseitige Vermögen der Eheleute zu einem untrennbaren gemeinschaftlichen Vermögen (Gesammtgut) vereinigt und grundsätzlich eine Haftung des einen Ehegatten für die Schulden des anderen begründet wird“.

Diese Begriffsbestimmung sieht sich sehr einfach an. Mit ihr ist aber auch zur Kennzeichnung der Rechtsverhältnisse noch nicht sonderlich viel gedient. Denn auf der durch jenen Satz gekennzeichneten allgemeinen Grundlage entwickeln sich noch gar viele Einzelfragen, welche der verschiedenartigsten Behandlung zugänglich und in Gesetzgebung und Rechtsübung auch bisher theilhaftig geworden sind. So ergaben sich seit Jahrhunderten in deutschen Landen mannichfaltige Gestaltungen der allgemeinen Gütergemeinschaft, welche in Einzelbeziehungen nicht selten ganz entgegengesetzte Standpunkte einnahmen. Tiefgreifende Verschiedenheiten offenbarten sich namentlich in Ansehung der Stellung der Eheabkömmlinge zu dem Güterstande der Ehegatten während der Ehe und ganz vornehmlich bei und nach Auflösung derselben.

2. Bisherige Gestaltungsformen. Wie Roth, Bayr. Civ.R. 2. Aufl. Bd. 1 S. 443, dargelegt hat, bildete den am meisten weit, bis in's Recht der ripuarischen Franken, zurückreichenden Ausgangspunkt für die spätere Entwicklung der allgemeinen Gütergemeinschaft der Anspruch der Ehefrau auf einen Antheil an der Errungenschaft, welchem Anspruche in fortschreitender Rechtsbildung gewisse Beschränkungen des Ehemannes in Bezug auf einseitige, d. h. ohne Zustimmung der Frau sich vollziehende Verfügungen, namentlich über Immobilien, zur Seite traten. Eine der älteren Rechtsgrundlagen der Entwickelung der allgemeinen Gütergemeinschaft war weiterhin der Rechtsbegriff und das Rechtsinstitut der gesammten

Hand, im früheren Sinne nach drei Richtungen sich äußernd: in einer Gemeinschaftlichkeit des Erwerbs (auch an unbeweglichen Gütern), einer Gemeinschaftlichkeit des Besitzes, Genusses, Gewinnes und Verlustes, sowie in dem Erfordernisse einer Gemeinschaftlichkeit der Verfügungen, namentlich über unbewegliches Vermögen (über bewegliches nur in bestimmten Fällen), welche mit „gesammter (besambter) Hand", »manu condunata, communicata manu parique consensu« (Gengler, D.P.R. S. 538) zu geschehen hatten.

In Bezug auf die Frage der Behandlung des Ehevermögens bei Auflösung der Ehe, insbesondere durch Tod eines Ehegatten, waren sich in dem der späteren allgemeinen Gütergemeinschaft vorgängigen älteren Rechte namentlich zwei Behandlungsarten gegenüber getreten, nämlich das Verfangenschaftsrecht und das Theilrecht.

Das Verfangenschaftsrecht, welches sich seit dem 12. Jahrhunderte entwickelte und von mittelrheinischen Landen her namentlich in süddeutsche, aber auch fränkisch-thüringische Rechtsgebiete vorgedrungen war, betrachtete und behandelte bei bekinderter Ehe namentlich das gesammte Immobiliarvermögen als den Kindern „verfangen" und gab dem überlebenden Ehegatten nur Nutzungsrechte an jenem Vermögen, sowie erweiterte Rechte an der Fahrniß. Das Theilrecht, hauptsächlich vom Niederrhein stammend, läßt dagegen eine Abtheilung mit den Kindern nach Quoten des in seinen Bestandtheilen nicht verschieden behandelten Vermögens eintreten, und zwar bald schon beim Tode des einen Ehegatten, bald erst bei dessen Wiederverehelichung oder auch mit der Großjährigkeit der Kinder. Auf diesem Boden erwuchs die allgemeine Gütergemeinschaft, bildete sich aber auch eine in Einzelnheiten sehr bemerkliche Verschiedenartigkeit der particulären Erscheinungsformen. Ebenso mannichfaltig wie letztere sind auch die hervorgetretenen theoretischen Grundauffassungen des Rechtsverhältnisses während des Bestehens der allgemeinen Gütergemeinschaft. Sie bewegten sich von der Theorie einer reinen Societät bis zur Annahme einer durch die gütergemeinschaftlichen Ehegatten gebildeten juristischen Person (Hasse) oder selbst einer deutschrechtlichen Genossenschaft (Beseler), von der an das römische Dotalrecht erinnernden, undeutschen und auch längst verworfenen Theorie Dunckers vom Bestehen eines Alleineigenthums des Mannes bis zur Auflösung der Gemeinschaft, dann von der einfachen communio pro indiviso bis zum schwer verständlichen condominium in solidum nach Justus Veracius. Bei der Durchsichtigkeit des Standpunkts des B.G.B. verlieren diesem gegenüber diese theoretischen Streitfragen nun ihre Bedeutung. Wo aber die eine oder andere jener Auffassungen sichtlich in das positive Recht übergegangen ist, wie z. B. die Annahme einer Societät in die Bestimmungen des Bayr. L.R., Thl. I cap. 6 § 32 (nebst Kreittmayr's Anm.) über allgemeine Gütergemeinschaft oder die Idee eines condominium in solidum namentlich in das Eichstätter Recht, da behalten die älteren Auffassungen zufolge Art. 200 E.G. für die vor 1. Januar 1900 ohne Ehevertrag eingegangenen Ehen noch ihre Nachwirkungen, wenn und soweit nicht landesrechtliche Ueberleitungsbestimmungen nach Art. 218 E.G. damit aufräumen. Auch sind Rückblicke auf die älteren Grundideen nicht selten zu dem Zwecke noch angezeigt, um am Gegensatze klarzulegen, was das B.G.B. entschieden nicht gewollt hat.

Für die Betrachtung des Verhältnisses des neuen Rechts zum absterbenden alten sind übrigens noch folgende systematische Unterschiede der Rechtsbildungen im Bereiche der allgemeinen Gütergemeinschaft, wie solche bis in die Neuzeit bestanden hatten, besonders bemerkenswerth. Sie betreffen namentlich das Verhältniß des überlebenden Ehegatten zu den Abkömmlingen aus seiner durch den Tod des anderen Ehegatten gelösten Ehe. Angedeutet sind sie schon in der Einleitung S. 87. Des Näheren ist dazu noch Folgendes beizufügen:

a) Separation: Es findet sofortige Realabtheilung statt zwischen dem Ueberlebenden und den Kindern, sei es nach Quoten oder nach den ursprünglichen Vermögensbestandtheilen*) — vielfach mit der sog. portio statutaria des überlebenden Ehegatten.

b) Consolidation: Im vollen Gegensatze zum vorigen Systeme verbleibt die Gesammtmasse bei dem überlebenden Ehegatten zu vollem Eigen und zwar entweder

 α) in Folge der Annahme eines condominium in solidum (z. B. sog. gerenkte Ehe nach Eichstätter Recht) oder

 β) zu einem Idealtheile als schon bisheriges Eigen, zum andern kraft ausschließenden Gattenerbrechts (z. B. Fulda'sches Hut- und Schleierrecht; Fränkisches L.R., solange nicht aus besonderen Gründen Vorausregulirung oder Grundtheilung stattzufinden hat).

c) Continuation: Es verbleibt das Vermögen in der Hand des Ueberlebenden, aber mit sofortiger Begründung bestimmter, nach Umständen später realisirbarer

*) Vgl. Roth, B.C.R. 2. Aufl. Bd. 1 S. 451.

Antheilsrechte der vorhandenen Kinder, auch an dem später dazu erworbenen Gute.

d) Prorogation: Die Gemeinschaftsmasse bleibt auch nach dem Tode eines Ehegatten vorerst ungetheilt beisammen in Folge Annahme einer fortdauernden Repräsentation des Verstorbenen durch die den Ehegatten gemeinsamen Abkömmlinge (z. B. Bamberger L.R., Erbacher Recht).

e) Beisitzrecht: Ideelle Abschichtung des Communionsantheils des überlebenden Ehegatten einer- und der Kinder andererseits, jedoch Verbleiben des Ganzen beim Ueberlebenden zu Verwaltung und Nutzgenuß, auch des Kinderantheils, (ususfructus pro onere alendi liberos) bis zum Eintritt bestimmter Beendigungsgründe (namentlich Wiederverehelichung des verwittweten Ehegatten; z. B. Bayreuther Recht; Hohenloher L.R.; Nürnberger Recht für die dort sog. versammten Ehen).*)

Zu Vergleichungen dieser älteren Rechtssysteme mit dem B.G.B. in den Einzelzügen wird sich bei verschiedenen Paragraphen Gelegenheit darbieten.

3. Stellungnahme des B.G.B. Schon E. I hat die allgemeine Gütergemeinschaft im Grundsatze nicht mit so viel Gunst bedacht, als dieselbe früherhin da und dort in der particulären Gesetzgebung, in der Volkssitte und Vertragsübung gefunden hatte. Während eine weitverbreitete Anschauung die allgemeine Gütergemeinschaft als die dem sittlichen Wesen der Ehe am meisten entsprechende Güterrechtsform betrachtet, verneinen M. IV, 147 sogar dieses: „Eine so intensive Vereinigung des beiderseitigen Vermögens der Ehegatten auf gemeinsamen Gedeih und Verderb kann jedoch als eine aus dem sittlichen Wesen der Ehe nothwendig folgende Konsequenz nicht betrachtet werden." Anschließend daran sind dann a. a. O. auch noch so verschiedenartige Nachtheile der allgemeinen Gütergemeinschaft, insbesondere wirthschaftliche Gefahren für die Ehefrau und deren Vermögen vorgeführt worden, daß man sich nicht wundern kann, wenn durch die Thätigkeit der jenen Bedenken stattgebenden Gesetzgebungskommissionen das Institut der allgemeinen Gütergemeinschaft in jeder der seither bestandenen Formen aus dem Gebiete des gesetzlichen Güterrechts verdrängt und lediglich auf das Gebiet des Vertragsgüterrechts verwiesen wurde. Letzteres geschah übrigens doch unter so eingehender, umfassender Durchbildung des bezüglichen Vertragstypus im Einzelnen, daß hieraus ersichtlich wird, wie sehr sich der Gesetzgeber bewußt war, die allgemeine Gütergemeinschaft werde auch fernerhin, den hergebrachten Verhältnissen und Anschauungen vieler Rechtsgebiete und Volksklassen sich anpassend, wenigstens im Vertragsrechte noch eine wichtige Rolle spielen.

4. Hauptgrundzüge der allgemeinen Gütergemeinschaft nach dem Systeme des B.G.B. In dieser Beziehung sei besonders Folgendes in aller Kürze betont, mit Vorbehalt aller näheren Ausführungen an einschlägiger Einzelstelle:

a) „Die allgemeine Gütergemeinschaft ist bestimmt, die vollständige Lebensgemeinschaft, welche die Ehe unter den Ehegatten begründet, auch in vermögensrechtlicher Hinsicht zur Geltung zu bringen. Beide Ehegatten haben hier ein Vermögen." So wörtlich D. 198.

b) Beider Ehegatten Vermögen wird und bleibt von dem Eintritte der allgemeinen Gütergemeinschaft ab von Rechtswegen, kraft des Gesetzes, ohne daß es einer eigenen Uebertragung der einzelnen Vermögensgegenstände bedürfte, zum „Gesammtgute" vereinigt. (Einige Ausnahmen vorbehalten.)

c) Das Bestehen von Vorbehaltsgut, und zwar für den einen wie den anderen Ehegatten, ist nicht ausgeschlossen, jedoch nicht so weit ausgedehnt, wie im ordentlichen gesetzlichen Güterstande.

d) Das Rechtsverhältniß in Bezug auf das gemeinschaftliche Vermögen der Ehegatten während der Ehe ist das der „gesammten Hand" (neuen Stils). Demzufolge kann namentlich kein Ehegatte über seinen Antheil am Gesammtgute und an den einzelnen dazu gehörigen Gegenständen verfügen oder Theilung verlangen.

e) Das Gesammtgut unterliegt im Grundsatze der Verwaltung des Mannes. Die Wirksamkeit gewisser Rechtsgeschäfte ist aber von der Zustimmung der Frau abhängig.

f) Die Frau kann im Grundsatze ohne Zustimmung des Mannes für das Gesammtgut keine Rechtsgeschäfte vornehmen, auch keine Rechtsstreite führen, vorbehaltlich bestimmter Ausnahmen.

---

*) Streitig ist übrigens, ob nach Nürnberger Recht nicht eine wirkliche Prorogation i. e. S. vorliegt.

g) Der eheliche Aufwand fällt dem Gesammtgute zur Last.
h) In Ansehung der Schuldenhaftung geht der Grundsatz dahin, daß
α) aus dem Gesammtgute sowohl die Gläubiger des Mannes, als auch — mit bestimmten Ausnahmen — die Gläubiger der Frau Befriedigung verlangen können, dann daß
β) für solche Verbindlichkeiten der Frau, welche Gesammtgutsverbindlichkeiten sind, der Mann auch persönlich als Gesammtschuldner haftet.
i) Unter bestimmten gesetzlichen Voraussetzungen kann auf Klage des Mannes oder der Frau richterliche Aufhebung der Gütergemeinschaft eintreten.
k) Nach Beendigung der Gütergemeinschaft erfolgt Auseinandersetzung des Gesammtguts mit Theilung des Ueberschusses (vorbehaltlich des unter l Bemerkten).
l) Stirbt ein Ehegatte und sind gemeinschaftliche Abkömmlinge vorhanden, welche im Falle gesetzlicher Erbfolge als Erben berufen sind, so tritt in der Regel fortgesetzte Gütergemeinschaft zwischen diesen Abkömmlingen und dem überlebenden Ehegatten ein. Ausnahmen sind vorgesehen, insbesondere in Gestalt der Ablehnung einer fortgesetzten Gütergemeinschaft seitens des überlebenden Ehegatten.
m) Die fortgesetzte Gütergemeinschaft kann aus verschiedenen Gründen endigen, so: in Folge Aufhebung seitens des überlebenden Ehegatten, mit der Wiederverheirathung desselben, mit dessen Tod oder auch durch Aufhebungsklage seitens eines antheilsberechtigten Abkömmlings.
n) Ausschließung einer künftigen Fortsetzung der Gütergemeinschaft kann durch Ehevertrag der Ehegatten vereinbart werden, sowie unter bestimmten Voraussetzungen auch in Folge letztwilliger Verfügung eines Ehegatten eintreten.

5. Systematischer Aufbau der Gesetzesvorschriften. Während beim gesetzlichen Güterrechte die Bestimmungen des B.G.B. systematisch in mehrere Unterabtheilungen zerlegt sind, fehlt dergleichen bei den Bestimmungen über die allgemeine Gütergemeinschaft, obwohl letztere räumlich nicht geringer sind als jene. Diese Nichtausscheidung beeinträchtigt die Uebersichtlichkeit. Zur Orientirung möge daher folgende Ausscheidung dienen:

§ 1437. Vertragsabschluß.
§§ 1438, 1439. Begriff und Umfang des Gesammtguts.
§§ 1440, 1441. Vorbehaltsgut.
§ 1442. Antheilsverhältnisse am Gesammtgut.
§§ 1443—1448, 1456, 1457. Verwaltungsrechte des Mannes, insbesondere:
  § 1443. Grundsatz.
  §§ 1444 fg. Beschränkungen.
  § 1447. Ersetzung der ehefräulichen Zustimmung.
  § 1456. Haftungsverhältnisse.
§§ 1449—1458. Rechte der Frau.
§ 1458. Ehelicher Aufwand.
§ 1459 fg. Schuldenhaftung, und zwar:
  §§ 1459—1462 gegenüber den Gläubigern,
  §§ 1463—1467 unter den Ehegatten.
§§ 1468—1470. Aufhebung der Gütergemeinschaft.
§§ 1471—1479. Auseinandersetzung.
§§ 1480—1481. Schuldenhaftung nach der Theilung.
§ 1482. Beendigung der Gütergemeinschaft durch den Tod eines Ehegatten.
§§ 1483—1518. Fortsetzung der Gütergemeinschaft, insbesondere:
  §§ 1483, 1484. Begründung.
  §§ 1485—1491. Rechtsverhältnisse.
  §§ 1492—1494. Beendigung.
  §§ 1495—1496. Klage auf Aufhebung.
  §§ 1497—1507. Auseinandersetzung.
  §§ 1508—1517. Ausschließung der fortgesetzten Gütergemeinschaft; Kürzung und Entziehung des Antheils; Verzicht auf solchen.
§ 1518. Vertragsbeschränkungen.

§ 1437.

Ein Ehevertrag, durch den die allgemeine Gütergemeinschaft vereinbart oder aufgehoben wird, kann nicht durch einen gesetzlichen Vertreter geschlossen werden.

Ist einer der Vertragschließenden in der Geschäftsfähigkeit beschränkt, so bedarf er der Zustimmung seines gesetzlichen Vertreters. Ist der gesetzliche Vertreter ein Vormund, so ist die Genehmigung des Vormundschaftsgerichts erforderlich.

E. I, 1341; II, 1336; III, 1420.

1. Grundstandpunkt. Die allgemeine Gütergemeinschaft der Ehegatten tritt zwischen denselben nach dem B.G.B. nur kraft Ehevertrages, niemals aber kraft Gesetzes ein. Für einen vor oder nach Eingehung der Ehe die allgemeine Gütergemeinschaft begründenden oder einen solchen Vertragszustand wieder aufhebenden Ehevertrag gelten an und für sich die allgemeinen Grundsätze über Eheverträge in formeller und sachlicher Hinsicht. Im Prinzip wäre daher nach dem, was schon zu § 1434 erörtert wurde, die Abschließung durch Vermittlung von Stellvertretern (gesetzlichen oder bevollmächtigten Vertretern) zulässig. In diesem Punkte begründet nun aber § 1432 eine

2. Ausnahme, insoferne als er für die in Abs. 1 bezeichneten Eheverträge den Vertragsabschluß durch gesetzliche Vertreter nicht für zulässig erklärt. Ein solcher Vertreter soll in fraglicher Hinsicht nicht selbsthandelnd für den betreffenden Verlobten oder Ehegatten auftreten können. Vielmehr hat derjenige Verlobte oder Ehegatte, welcher einen gesetzlichen Vertreter hat (vgl. namentlich §§ 106, 114, 1626 fg.), den in Frage stehenden Ehevertrag persönlich abzuschließen und der gesetzliche Vertreter dann seine Zustimmung dazu zu erklären. Nach M. IV, 333 fg. und P. IV, 232 wurde bei dieser Vorschrift namentlich die tiefeingreifende Wirkung der allgemeinen Gütergemeinschaft und die „Verhütung von Kollusionen des Inhabers der elterlichen Gewalt oder des Vormunds mit dem anderen Theile" in Betracht gezogen.

Die durch § 1437 begründete Sondervorschrift hinsichtlich der Vertretung gilt für alle Fälle des Vorhandenseins und Eingreifens von gesetzlichen Vertretern für Minder- und Volljährige. (Vgl. E. II, § 1336.) Sie gilt aber nicht für den Vertragsabschluß durch Vermittelung eines eigens mit Vollmacht ausgestatteten Geschäftsträgers. Die Ertheilung einer Vollmacht zur Vereinbarung oder Ausschließung der allgemeinen Gütergemeinschaft ersetzt das körperlich-persönliche Handeln durch eine geistig-persönliche Willenserklärung. Selbstverständlich erfordert aber die Ertheilung einer solchen Vollmacht auf Seite des in der Geschäftsfähigkeit beschränkten Vertragstheils hinwiederum die Zustimmung seines gesetzlichen Vertreters.

3. In solchen Fällen, in welchen eine Vormundschaft besteht, ist für einen Ehevertrag mit fraglichem Inhalt weiterhin auch noch die Genehmigung des Vormundschaftsgerichts ausnahmsweise erforderlich. (M. IV, 334; P. IV, 231.) Man erachtete eine solche „Nachprüfung der Entscheidung des Vormunds bei der tiefgreifenden Wirkung des Vertrags als nicht entbehrlich". Was vom Vormund gesagt ist, bezieht sich nach § 1915 auch auf den Pfleger. Doch ist in M. IV, 334 ausgeführt, „daß in solchen Fällen, in welchen der Pflegebefohlene in der Geschäftsfähigkeit nicht beschränkt ist (§ 1910), die Genehmigung des Vormundschaftsgerichts selbstverständlich dann nicht erforderlich ist, wenn der Pflegebefohlene selbst den Ehevertrag abschließt". Nichtbezüglich ist § 1437 Abs. 2 Satz 2 auf den Fall, wenn es sich um eine noch unter elterlicher Gewalt befindliche Person (d. h. Frauensperson: § 1303, 1626) handelt.

Zuständigkeit und Verfahren des Vormundschaftsgerichts bemessen sich (abgesehen von den einschlägigen Paragraphen des B.G.B. über Pflichten, Stellung und formelle Obliegenheiten des Vormundschaftsgerichts) nach dem R.G. über die freiwillige Gerichtsbarkeit v. 17. Mai 1898. Die Entscheidung trifft das Vormundschaftsgericht nach freiem Ermessen.

E. I § 1341 hatte noch die Bestimmung beigefügt: „die Genehmigung solle nur ertheilt werden, wenn der unter elterlicher Gewalt oder unter Vormundschaft stehende Vertragschließende gehört ist und mit dem Ehevertrage sich einverstanden erklärt hat". Diese Bestimmung ist schon im E. II § 1336 weggeblieben. Dies ist namentlich in Ansehung des letzteren Erfordernisses auch sachgemäß. Denn wenn der betreffende Nupturient mit dem Ehevertrage selbst nicht einverstanden ist, so wird er (Abs. 1) ihn auch nicht schließen.

Das Erforderniß vormundschaftsgerichtlicher Genehmigung ist nicht etwa blos instruktioneller, sondern zwingender Natur. Das Gesetz sagt bestimmt: die Genehmigung ist erforderlich. Aber wozu? Unzweifelhaft zur Perfektion des ganzen Vertrags, welcher ohne jene Genehmigung bis zu deren nachträglicher Ertheilung rechtlich noch nicht existirt, daher auch keine Wirkung äußern kann. Vgl. über diesen Punkt auch §§ 1828 fg., 1643 fg., sowie M. IV, 334.

4. Die Vorschriften des § 1437 — also in ihrer Gesammtheit — finden nach § 1508 auch Anwendung auf einen Ehevertrag, durch welchen die Fortsetzung der Güter-

gemeinschaft (nach dem Tode eines Ehegatten mit Abkömmlingen) ausgeschlossen oder die Ausschließung aufgehoben wird.

§ 1438.

Das Vermögen des Mannes und das Vermögen der Frau werden durch die allgemeine Gütergemeinschaft gemeinschaftliches Vermögen beider Ehegatten (Gesammtgut). Zu dem Gesammtgute gehört auch das Vermögen, das der Mann oder die Frau während der Gütergemeinschaft erwirbt.

Die einzelnen Gegenstände werden gemeinschaftlich, ohne daß es einer Uebertragung durch Rechtsgeschäft bedarf.

Wird ein Recht gemeinschaftlich, das im Grundbuch eingetragen ist oder in das Grundbuch eingetragen werden kann, so kann jeder Ehegatte von dem anderen die Mitwirkung zur Berichtigung des Grundbuchs verlangen.

E. I, 1342, 1343; II, 1337; III, 1431.

1. Allgemeine Grundlage des Rechtsverhältnisses. Vorstehender Paragraph stellt in Verbindung mit § 1442 die großen Gesichtspunkte und Normen fest, welche das B.G.B. für die allgemeine Gütergemeinschaft in seinem Sinne als grundlegend angenommen hat.

Wie sich schon aus den Vorbemerkungen S. 193 fg. ergibt, stand der Gesetzgeber ganz verschiedenartigen Auffassungen der bisherigen Doktrin, wie verschiedenartigen Vorbildern aus den bisherigen Rechten gegenüber. Angesichts dieser war Stellung zu nehmen. Nicht für opportun wurde es befunden, „bei der Regelung der allgemeinen Gütergemeinschaft von einer bestimmten juristischen Konstruktion überhaupt gänzlich abzusehen und die einzelnen Punkte so zu regeln, daß keiner der verschiedenen Konstruktionen präjudicirt, sondern der Wissenschaft und Praxis in dieser Beziehung völlig freie Hand gelassen wird". Welche Grundauffassung nun in Wirklichkeit den Einzelvorschriften des B.G.B. unterstellt wurde, lassen sowohl diese Einzelvorschriften, wie auch die Motive zu E. I, die Kommissionsprotokolle und die Denkschrift für den Reichstag völlig klar erkennen.

Abgelehnt wurden als Grundlagen die schon früher (S. 193) besprochenen Theorien einer Societät oder auch einer juristischen Person (oder Genossenschaft), gleichwie die eines condominium pro indiviso nach römisch-rechtlicher Auffassung oder eines condominium plurium in solidum, wie es in Deutschland da und dort zu konstruiren versucht wurde, auch nicht minder die Annahme eines Alleineigenthums des Ehemannes bis zur Abschichtung des Ehevermögens. (M. IV, 329 fg.; D. 198.)

Angenommen wurde vielmehr mit aller Bestimmtheit und Klarheit die deutschrechtliche Auffassung einer Gemeinschaft zur gesammten Hand, wie solche auch den Normen des B.G.B. über die Gesellschaft (§§ 705 fg.) zu Grunde liegt. (M. IV, 330; D. 198.) Was hierunter jetzt zu verstehen ist — namentlich im Rückblicke auf die sog. gesammte Hand des älteren deutschen Rechts (vgl. oben S. 192 fg.) — ist ebenfalls deutlich herausgearbeitet. Jener Begriff hat sowohl nach objektiver, wie nach subjektiver Seite vollerfaßbare Kernpunkte.

Objektiv liegt in der Form des „Gesammtguts" ein einheitliches, ungetheiltes und untheilbares Vermögen der Ehegatten vor.

Subjektiv betrachtet, erscheinen als Träger („deutsch-rechtliche Miteigenthümer" benennen sie M. IV, 330, 335) jenes Einheitsvermögens die Ehegatten, als Einheitsperson (aber nicht juristische Person) gedacht. „Mann und Weib ein Leib" (altdeutsches Rechtssprichwort).

Aus der Verbindung des objektiven wie des subjektiven Grundgesichtspunkts ergibt sich als weitere Grundnorm, daß (im Gegensatze zur communio pro indiviso nach bestimmten Quoten) während des Bestehens der Gemeinschaft ein bestimmter Antheil jedes Ehegatten quotiell nicht ausgeschieden erscheint und daß, wie § 1442 folgerichtig klar verordnet, kein Ehegatte über seinen Antheil am Gesammtgute und an den dazu gehörenden Gegenständen verfügen, kein Ehegatte auch Theilung verlangen kann.

2. Gesammtgut. Das Gesammtgut ist die Vermögensgrundlage des Rechtsverhältnisses. Im Begriffe ist es für letzteres wesentlicher Natur. Neben ihm können auch noch andere Vermögensmassen mit selbständiger Existenz (s. nachher Nr. 3) bestehen. Das Gesammtgut kann auch in dürftigen Verhältnissen ganz geringfügig sein oder geworden sein, oder unter gewissen Verhältnissen selbst durch die Schulden aus Gesammtverbindlichkeiten überragt werden. Aber rechtlich ausgeschlossen kann bei der allgemeinen

Gütergemeinschaft nicht sein und nicht werden: die Annahme, das Vorhandensein, die Neubildung von Gesammtgut. Sonst liegt eben keine allgemeine Gütergemeinschaft vor. Würde z. B. durch Ehevertrag vereinbart, es solle allgemeine Gütergemeinschaft bestehen, aber jeder Ehegatte das Seinige nur als Vorbehaltsgut haben oder erwerben, so bestünde ein Widerspruch in sich selbst. Denn beiderseits nur Vorbehaltsgut wäre eben Gütertrennung. (Vgl. hiezu oben S. 173.)

3. Bestandtheile des Gesammtgutes. Dieses bildet sich aus dem gesammten Vermögen sowohl des Mannes als der Frau, wie dasselbe beim Eintritt der allgemeinen Gütergemeinschaft vorhanden ist oder nachher von dem einen oder anderen Ehetheile zuerworben wird. Auf den thatsächlichen oder rechtlichen Grund des Erwerbs, insbesondere auch auf Entgeltlichkeit oder Unentgeltlichkeit desselben, kommt es hiebei nicht an, soferne der Erwerb nur nicht einen der Ausnahmsfälle nach § 1439 und 1440 begründet.

Bei der Allgemeinheit des Gesammtgutsprinzips erfaßt dasselbe jede Art von Vermögen des Mannes wie der Frau. Das Gesammtgut erstreckt sich daher sowohl auf bewegliches wie auf unbewegliches Gut, auf Sachen wie auf Rechte im engeren Sinne, auf rentirende und nichtrentirende Vermögensbestandtheile. Dem Gesammtgute fallen auch zu die Erträgnisse des rentirenden Vermögens sowie der Erwerbsthätigkeit beider Ehegatten (s. auch § 1440).

Von diesem allgemeinen Grundsatze, welcher die Regel bildet, läßt übrigens das B.G.B. auch Ausnahmen zu, und zwar in Gestalt

a) von nicht gemeinschaftsfähigen Vermögensbestandtheilen (§ 1439), dann von

b) Vorbehaltsgut (§ 1440 fg.).

Näheres hierüber s. zu den §§ 1439 fg.

Im Streitfalle hat das Vorhandensein eines dieser Ausnahmsfälle derjenige zu beweisen, welcher sich darauf beruft. Bis zu diesem Beweise ist der bezügliche Vermögensbestandtheil als zum Gesammtgut gehörig zu behandeln (M. IV, 335).

4. Die Entstehung der Gesammtgutseigenschaft vollzieht sich für Vermögensbestandtheile aller Art kraft des Gesetzes von selbst, ohne daß es hiezu eines besonderen Rechtsgeschäfts und namentlich eines eigenen Aktes der Uebertragung zum Gesammtgute bedarf. Das B.G.B. folgt hierin dem Vorbilde z. B. des Preuß. L.R. Thl. II Tit. 1 § 361 fg. und des Sächs. G.B. § 1365.

In zeitlicher Hinsicht tritt die Vereinigung zu und mit dem Gesammtgute ein, sobald die allgemeine Gütergemeinschaft vertragsmäßig in Rechtswirksamkeit kommt oder während des Bestehens dieses Güterstandes der Erwerb, sei es durch beide Ehegatten miteinander oder durch einen derselben allein sich vollzogen hat. Im Einklange mit dem Preuß. L.R. Thl. II Tit. 1 §§ 365 fg. und dem Preuß. Eigenthumserwerbsgesetze vom 5. Mai 1872 § 5 erstreckt sich die vorhin an die Spitze gestellte Regel auch auf „solche Rechte, zu deren Uebertragung durch Rechtsgeschäft sonst Eintragung in das Grundbuch erforderlich ist". (Ueber die gesetzgeberischen Erwägungen vgl. M. IV, 336.) Dies bezieht sich aber nur auf den Uebergang in das Gesammtgut. Selbstverständlich kann es sich dagegen nicht beziehen auf die Thatsache des Erwerbs selbst von einem Dritten. Für diesen bleibt Alles maßgebend, was das B.G.B. an formellen Voraussetzungen für den konkreten Rechtsvorgang erheischt. Fehlt es an einer dieser Voraussetzungen und der Erwerb hat sich weder in der Person beider Ehegatten, noch wenigstens in einer derselben rechtswirksam vollzogen, so kann auch von einem Uebergang in das Gesammtgut nicht die Rede sein.

Der Rechtssatz übrigens, daß bei Einbeziehung eines Rechtes, welches im Grundbuche eingetragen ist oder in dasselbe eingetragen werden kann, in die allgemeine Gütergemeinschaft eine Verbuchung nicht eintreten muß, benimmt nichts an dem Gewichte dessen, daß doch unter allen Umständen auf eine Uebereinstimmung des Grundbuchs mit der wirklichen Rechtslage gesehen werden muß. Das liegt im öffentlichen Interesse, wie im mannigfachen Interesse der Betheiligten. Ebendeshalb ist im Gegensatze zu dem Verhältnisse im ordentlichen gesetzlichen Güterstande (welcher nicht ins Grundbuch eingetragen wird) nicht blos die Eintragung des Gütergemeinschaftsverhältnisses ins Grundbuch als zulässig behandelt, sondern auch durch § 1438 Abs. 3 jedem Ehegatten (P. IV, 232) ein klagbarer Anspruch darauf gegenüber dem anderen Ehegatten gegeben, welcher als rechtsverpflichtet erklärt ist, auf Verlangen des Anderen zur Berichtigung des Grundbuchs mitzuwirken. Vgl. §§ 849 fg., Gr.B.O. § 13 fg. Ueber die Erzwingung dieser Mitwirkung s. C.P.O. § 894, 895 n. Nr.

5. Ueber Eintragung ins Güterrechtsregister vgl. §§ 1435, 1558 fg.

§ 1439.

Von dem Gesammtgut ausgeschlossen sind Gegenstände, die nicht durch Rechtsgeschäft übertragen werden können. Auf solche Gegenstände finden die bei der Errungenschaftsgemeinschaft für das eingebrachte Gut geltenden Vorschriften, mit Ausnahme des § 1524, entsprechende Anwendung.

E. I, 1351; II, 1339; III, 1422.

1. Gesetzesentwicklung. E. I hatte in seinem § 1351 dem in den nachfolgenden Paragraphen behandelten Vorbehaltsgute (E. I § 1346 fg.) noch den Begriff des Sonderguts gegenübergestellt in dem Sinne, daß bei letzterem nur die Substanz der bezüglichen Vermögensbestandtheile vom Gesammtgute ausgeschlossen sein, die Verwaltung und Nutznießung aber für Rechnung des Gesammtguts stattfinden solle. Als solches Sondergut wollte E. I neben demjenigen, was noch jetzt in § 1439 Satz 1 erwähnt ist, namentlich auch diejenigen Gegenstände gelten lassen, welche durch Ehevertrag als Sondergut eines der Ehegatten erklärt sind oder in dieser Art von Dritten zugewendet werden. In Folge der Beschlüsse der II. Komm. sind aber schon in E. II § 1339 die letzteren Fälle (Sondergut durch Vertrag und Zuwendung) abgestrichen worden, und zwar nach P. IV, 236 Seitens der Majorität entschieden in dem Sinne, daß nur die jetzt im § 1439 bezeichneten Gegenstände anders, wie als Vorbehaltsgut nach § 1440 fg. behandelt werden sollten. Dabei ist insbesondere auch die eigenartige Begriffsbezeichnung: „Sondergut" mitgefallen.

2. Sachlicher Umfang der Ausnahme. Daß dieser schließlich sehr eingeengt wurde, ergibt sich schon aus dem Vorbemerkten.

Die hier als Kriterium aufgestellte Nichtübertragbarkeit kann beruhen sowohl auf öffentlichem Rechte wie auf Privatrecht. Als Beispiele werden in ersterer Hinsicht namentlich (D. 199) Lehen (nicht allodificirte) und Fideicommißgüter (letztere im Sinne der VII. bayr. Verf.Beil.), in privatrechtlicher Hinsicht Nießbrauchsrechte (§ 1059) hervorgehoben. Ob die Vorschrift des § 1439 auch als anwendbar erachtet werden könne auf eine Unübertragbarkeit, deren Rechtsgrund nicht in einer gesetzlichen, sondern in einer besonderen rechtsgeschäftlichen Bestimmung (soweit solche zulässig ist; vgl. z. B. § 888) beruht, kann bezweifelt werden. Dafür spricht der allgemeine Ausdruck im § 1439. Dagegen läßt sich geltend machen, daß so auf einem Umwege solche Fälle wieder in den Bereich des § 1439 gezogen werden könnten, welche nach Obigem der Gesetzgeber ausgeschlossen wissen wollte.

3. Wirkung der Vorschrift. Ganz wie nach dem E. I § 1351 ist nur die Substanz der bezüglichen Vermögensbestandtheile vom Gesammtgute ausgeschlossen. Dagegen findet nach § 1439 Satz 2 Verwaltung für Rechnung des Gesammtguts statt, und zwar nach dem hieher anzuwendenden § 1525 in der Art, daß Früchte und Nutzungen, welche nach dem gesetzlichen Güterrechte dem Manne zufallen würden, hier dem Gesammtgute zufallen.

4. Surrogation. Eine in dem § 1370 für den ordentlichen gesetzlichen Güterstand analoge Bestimmung über Surrogationsverhältnisse enthält für die Errungenschaftsgemeinschaft der § 1524. Kraft ausdrücklicher Gesetzesvorschrift in § 1439 findet dieser § 1524 keine Anwendung. Folglich fällt, soweit diese Nichtanwendbarkeit des § 1524 reicht, das Surrogat dem Gesammtgute zu. Bemerkenswerth ist übrigens, was in P. IV, 237 hiezu bemerkt ist. Dort heißt es:

> „Tritt an die Stelle eines nicht übertragbaren Gegenstandes wiederum ein durch Rechtsgeschäft nicht übertragbarer Gegenstand, so wird dieser selbstverständlich wieder Sondergut. Besteht das Surrogat dagegen in einem übertragbaren Gegenstande, wird z. B. für den Verzicht auf einen Nießbrauch ein Entgelt bezahlt oder wird eine nicht übertragbare Forderung eingezogen, so fällt der Grund der Sondergutseigenschaft weg und es liegt im Sinne des die Gütergemeinschaft einführenden Vertrags, daß das Surrogat selbst Gesammtgut werde."

Was hier im zweiten Satze gesagt wird, ist zweifellos richtig. Aber auch den ersten Satz kann man gelten lassen, nur nicht im Sinne einer Ausnahme von der Nichtanwendbarkeit des Surrogationsparagraphen. Vielmehr handelt es sich hier einfach um eine neuerliche, selbständige Anwendung der Regel, welche § 1439 im Satze 1 aufstellt.

§ 1440.

Von dem Gesammtgut ausgeschlossen ist das Vorbehaltsgut.

Vorbehaltsgut ist, was durch Ehevertrag für Vorbehaltsgut eines der

Ehegatten erklärt ist oder von einem der Ehegatten nach § 1369 oder § 1370 erworben wird.

E. I, 1346, 1347, 1349; II, 1340; III, 1423.

Sogenanntes Einhandsgut, im Gegensatze zum Gesammthandsgut, war schon von verschiedenen älteren Rechten auch als Nebeninstitut der allgemeinen Gütergemeinschaft zugelassen. Im Ganzen und Großen entspricht jenem Einhandsgute dasjenige, was das B.G.B. §§ 1440, 1441 Vorbehaltsgut nennt. Die Zulassung von Vorbehaltsgut neben Gesammtgut und zwar gemäß §§ 1371, 1431, 1441 auch mit gewissen Wirkungen gegen Dritte, wird in M. IV, 340 auf ein dringendes praktisches Bedürfniß zurückgeführt, namentlich Angesichts der Gesetzesvorschriften über die Verwaltungs- und Verfügungsrechte des Ehemanns und die Haftung des Gesammtguts.

1. Der Begriff „Vorbehaltsgut" ist hier derselbe, wie bei dem gesetzlichen Güterstande, §§ 1365 fg. Vgl. daher auch die Bemerkungen zu letzteren Paragraphen. Immerhin bestehen für das Vorbehaltsgut im Bereiche der allgemeinen Gütergemeinschaft einige Besonderheiten.

2. Während das Vorbehaltsgut, namentlich hinsichtlich der Fälle einer Entstehung kraft Gesetzes, im ordentlichen gesetzlichen Güterstande viel weiter ausgreift, nennt das B.G.B. in § 1440 für den Bereich der allgemeinen Gütergemeinschaft ausdrücklich nur drei, den Vorschriften im ordentlichen gesetzlichen Güterstande analog gehende Fälle der Entstehung von Vorbehaltsgut. Es sind dies die Entstehung durch

a) Ehevertrag,

b) Zuwendung Dritter nach analoger Maßgabe des § 1369,

c) Erwerb aus Vorbehaltsgut und Surrogation nach Analogie des § 1370.

Dagegen sind die Fälle von Entstehung von Vorbehaltsgut kraft Gesetzes nach § 1366 (Frauengerade) und § 1367 (Erwerb aus Arbeit und selbständigem Betriebe eines Erwerbsgeschäfts der Frau) zur allgemeinen Gütergemeinschaft nicht herübergenommen, d. h. eben nicht als Fälle eines gesetzlich bestimmten Vorbehaltsguts. Keinem Zweifel kann es dagegen unterliegen, daß Vermögensbestandtheile jener Art wenigstens durch Ehevertrag auch im Bereiche der allgemeinen Gütergemeinschaft zu Vorbehaltsgut gemacht werden können.

Bezüglich der im § 1440 vorgesehenen Fälle von Vorbehaltsgut vgl. die Erörterungen zu §§ 1366, 1367, 1368. Dazu ist nur noch Folgendes zu bemerken:

Zu a. Der Begriff „Ehevertrag" steht auch hier im allgemeinen Sinne. Abweichend von früheren Rechten kann nach dem B.G.B., wie in sonstiger Hinsicht, so auch in hier fraglicher Richtung sowohl vor als während der Ehe Bestimmung getroffen werden, und zwar nicht blos in dem die allgemeine Gütergemeinschaft begründenden Vertrage, sondern auch nachher noch eigens. (M. IV, 305 fg., 341.)

Zu b. Vorbildlich ist namentlich Pr. L.R. Thl. II Tit. 1 §§ 1373—1376 gewesen.

Zu c. Vgl. M. IV, 342 fg.

2. Während das B.G.B. im ordentlichen gesetzlichen Güterstande mit Rücksicht auf dessen systematische Konstruktion, welche das Vermögen des Mannes ohnehin als freies Eigengut desselben behandelt, kein Vorbehaltsgut des Ehemannes, vielmehr nur ein solches der Ehefrau kennt und ebenso auch bei der Errungenschafts- und Fahrnißgemeinschaft (§§ 1526, 1555) Vorbehaltsgut des Mannes eigens ausschließt, kann bei der allgemeinen Gütergemeinschaft Vorbehaltsgut sowohl für den Mann, wie für die Frau begründet sein. Beide Ehetheile haben in diesem Punkte gleiche Stellung. E. I § 1348 hatte freilich der Ehefrau auch wieder eine Sonderstellung insoferne einräumen wollen, als unter gewissen anderen Voraussetzungen auch noch Vorbehaltsgut für die Ehefrau allein sich sollte begründen können. Der bezügliche Paragraph ist aber im Gesetze weggeblieben. (P. IV, 234.)

§ 1441.

Auf das Vorbehaltsgut der Frau finden die bei der Gütertrennung für das Vermögen der Frau geltenden Vorschriften entsprechende Anwendung; die Frau hat jedoch dem Manne zur Bestreitung des ehelichen Aufwandes einen Beitrag nur insoweit zu leisten, als die in das Gesammtgut fallenden Einkünfte zur Bestreitung des Aufwandes nicht ausreichen.

E. I, 1350; II, 1341; III, 1424.

1. Die Rechtsverhältnisse bezüglich des Vorbehaltsguts sind im Grundsatze dieselben, wie sie im ordentlichen gesetzlichen Güterstande für das dortige Vorbehaltsgut (der Frau) sich ergeben. Daß bei der allgemeinen Gütergemeinschaft „der Ehemann in Ansehung seines Vorbehaltsguts dieselbe rechtliche Stellung hat, wie wenn er nicht verheirathet wäre", erklären M. IV, 343 als selbstverständlich.

Für die Stellung der Frau in Ansehung ihres Vorbehaltsguts ist in obigem Paragraphen ebenso wie in § 1371 auf die bei voller Gütertrennung für das Vermögen der Frau geltenden Vorschriften verwiesen. Diese sind in den §§ 1427 fg. enthalten. Vgl. dazu die Erörterungen S. 173 fg.

Danach hat die Frau in Ansehung des hier fraglichen Vorbehaltsguts, wie bei der Gütertrennung unbeschränkte Rechte an der Substanz wie an den Nutzungen des bezüglichen Vermögens, hat Besitz und Eigenthum, Verwaltung, Verfügungsmacht und Nutznießungsrecht.

2. In letzterer Hinsicht ist jedoch in § 1427 Abs. 2 für die Gütertrennung eine Sondervorschrift gegeben, welche die Frau zur Leistung eines Beitrags zur Bestreitung des ehelichen Aufwands aus ihren Einkünften, nicht aber aus der Substanz ihres Vermögens verpflichtet. An diesen § 1427 Abs. 2 knüpft der zweite Halbsatz des § 1441 an, und zwar dem Wortlaute und Sinne nach ganz analog mit dem, was in § 1371 für das Vorbehaltsgut der Frau im ordentlichen gesetzlichen Güterstand verordnet ist. Der Grundsatz der Beitragspflicht ist hier wie dort (§§ 1371, 1427) aufgestellt (P. IV, 235), aber im Umfange der Beitragslast tritt geradeso wie im Bereiche des § 1371, so auch für das eheweibliche Vorbehaltsgut bei allgemeiner Gütergemeinschaft eine Abmäßigung ein. Das Nähere hierüber ist zu §§ 1371 und 1427 (S. 106, 174) erörtert. Hier sei nur noch Folgendes bemerkt:

Während nach § 1371 die fragliche, für den ordentlichen gesetzlichen Güterstand wie bei allgemeiner Gütergemeinschaft immer subsidiäre Beitragspflicht der Frau eingeschränkt ist mit Rücksicht auf das, was der Mann schon durch die Nutzungen des eingebrachten Gutes als angemessenen Beitrag empfängt, formt § 1441 die Einschränkung der Verpflichtung etwas anders, nämlich dahin, „nur insoweit, als die in das Gesammtgut fallenden Einkünfte zur Bestreitung des Aufwands nicht ausreichen". Die Verweisung auf das Gesammtgut erklärt sich aus der Grundnorm des § 1458, wonach bei allgemeiner Gütergemeinschaft der eheliche Aufwand dem Gesammtgute zur Last fällt. Nur insoweit ist aber dabei die Frau von einem Beitrag aus den Einkünften ihres Vorbehaltsgutes befreit, als die in das Gesammtgut fallenden Einkünfte beider Ehegatten zur Bestreitung des Aufwandes ausreichen. Nicht in Anschlag kommen daher bei der Frage, ob ausreichende Deckung schon vorhanden ist, die Einkünfte aus den Vorbehaltsgütern der Eheleute, insbesondere solchen des Mannes. Ebenso kann dabei auch ein Rückgriff auf die Substanz des Gesammtguts Seitens der Frau zur Abwendung eines Beitrags aus ihrem Vorbehaltsgute rechtlich nicht begehrt werden.

Zu beachten ist hiebei übrigens auch, daß nach dem schon zu § 1340 Bemerkten das Arbeitseinkommen der Eheleute in der Regel dem Gesammtgute zufällt, insbesondere ein solches Einkommen der Frau hier nicht (wie nach § 1367) Vorbehaltsgut der Frau wird (P. IV, 235).

3. Für freiwillige Leistungen der Frau aus ihrem Vermögen (d. h. hier aus der Substanz oder den Einkünften ihres Vorbehaltsguts) an den Mann zur Bestreitung des ehelichen Aufwandes gilt hieher ebenfalls die Vorschrift des § 1429. Vgl. Bemerk. zu § 1429.

4. Ueberläßt die Frau ihr Vorbehaltsgut freiwillig der Verwaltung des Mannes, so findet auch hieher § 1430 Anwendung (P. IV, 235).

§ 1442.

Ein Ehegatte kann nicht über seinen Antheil an dem Gesammtgut und an den einzelnen dazu gehörenden Gegenständen verfügen; er ist nicht berechtigt, Theilung zu verlangen.

Gegen eine Forderung, die zu dem Gesammtgute gehört, kann der Schuldner nur eine Forderung aufrechnen, deren Berichtigung aus dem Gesammtgute verlangt werden kann.

E. I, 1344, 1345; II, 1338; III, 1425.

Wie schon bei § 1438 angedeutet wurde, gehört § 1442 zu denjenigen Bestimmungen über die allgemeine Gütergemeinschaft des B.G.B., welche diesem Rechtsverhältnisse das charakteristische Gepräge geben, indem sie das Prinzip der gesammten Hand klarstellen und ausgestalten. (M. IV, 337.)

Der Inhalt des § 1422 ist dabei ganz analog dem des § 719, welcher von der Gesellschaft handelt. In P. IV, 233 ist auch eigens bemerkt, es habe in der II. Komm. Einverständniß darüber bestanden, daß das Gemeinschaftsverhältniß der Ehegatten in Ansehung des Gesammtguts seinem Wesen nach dem Verhältnisse der Gesellschafter in Ansehung des Gesellschaftsvermögens gleich sei.

1. Zu Abs. 1. Als Hauptgrundsätze, wie sie während bestehender Ehe sich geltend machen, offenbaren sich hier:

a) die Ausschließung einer Verfügung eines Ehegatten über seinen Antheil am Gesammtgute und seinen Antheil an den einzelnen zum Gesammtgute gehörenden Gegenständen;

b) die Ausschließung des Anspruchs eines Ehegatten auf Theilung des Gesammtguts, sohin auch der Theilungsklage.

Zu a. Jedem Ehegatten, dem Mann wie der Frau, ist Verfügung über seinen Antheil untersagt. Sie würde auch nicht zulässig dadurch, daß der andere Ehegatte seine Zustimmung gibt. Diese Gebundenheit des Antheilrechtes an die Person des Ehegatten leiten M. IV, 337 ab aus dem „Zwecke des Gesammtgutes, welches während der Dauer der Gemeinschaft nicht den Sonderinteressen der Ehegatten, sondern dem Interesse der ehelichen Gemeinschaft zu dienen bestimmt ist". Daß natürlich auch kein Ehegatte über den Antheil des anderen Ehegatten zu verfügen berechtigt sein kann, ist ohnehin selbstverständlich. „Verfügen" steht hier im allgemeinen Sinne, begreift also in sich sowohl volle Veräußerung, wie auch Belastung, insbesondere Verpfändung u. s. w. Verschieden gedacht von der Verfügung über den subjektiven Antheil als solchen, sei es am Ganzen des Gesammtguts oder an den einzelnen dazu gehörenden Gegenständen, ist die Verfügung über das Gesammtgut im Ganzen oder einzelne in dem Gesammtgute inbegriffene Sachen und Rechte in ihrer objektiven Einzelgestalt. Die Frage, ob und inwieweit und von wem in diesen Richtungen verfügt werden könne, bemißt sich nach in den §§ 1443 fg. enthaltenen Normen über die Verwaltung 2c. des Gesammtguts. Der Begriff „Gegenstände" ist auch hier allgemein zu nehmen. Insbesondere gehören auch Forderungen dazu. (P. IV, 234.)

Bemerkenswerth ist noch Folgendes: E. I § 1344 hatte ausdrücklich ausgesprochen: „Die zu dem Gesammtgute gehörenden Gegenstände stehen den Ehegatten nicht nach Bruchtheilen zu". Mit diesem Satze sollte namentlich die Anwendbarkeit der mit dem Zwecke der Gütergemeinschaft unvereinbarlichen Bestimmungen über das gewöhnliche Miteigenthum und die gewöhnliche Rechtsgemeinschaft (Beides namentlich im römisch-rechtlichen Sinne verstanden) ausgeschlossen werden. In der II. Komm. wurde jener Satz abgestrichen, und zwar nach P. IV, 233 offenbar zunächst aus dem formellen Grunde, weil ein gleicher Beisatz auch im E. II § 658 (jetzt § 719) „als überflüssig und theoretisch nicht unanfechtbar" weggeblieben sei. Sachlich wird aber dem fraglichen Satze nach den dem System der Gesammthand zu Grund liegenden Prinzipien die Richtigkeit nicht abgesprochen werden können. Theoretisch kann das Gesammtgut nicht als quotiell getheilt betrachtet werden. Die Frage ist aber eben auch vorwiegend theoretischer Natur. Eine etwas mehr praktische Seite hat sie in Ansehung von Forderungen, welche zum Gesammtgute gehören. Schon M. IV, 337 hatten erörtert, „daß die zu dem Gesammtgute gehörenden Forderungen den Ehegatten nicht getheilt zustehen, und andererseits die Gemeinschaft in Ansehung dieser Forderungen unter den Ehegatten nicht etwa ein Gesammtschuldverhältniß herstellt". Dieser Stellungnahme hat auch ein eigener im E. I § 1344 beigefügter Satz entsprochen, welcher hauptsächlich die Unanwendbarkeit der jetzigen §§ 420, 421 auf das Gesammtgutsverhältniß klarstellen sollte. In der II. Komm. fiel jener ausdrückliche Beisatz, übrigens ersichtlich nur aus äußerlichen Gründen (P. IV, 234).

Im Folgesatze aus dem § 1442 Abs. 1 ist nach C.P.O. § 860 n. Nr. der Antheil eines der Ehegatten an dem Gesammtgute und an den einzelnen dazu gehörenden Gegenständen auch der Pfändung nicht unterworfen, d. h. während Bestehens der Gemeinschaft. Nach deren Beendigung unterliegt aber der Antheil am Gesammtgut zu Gunsten der Gläubiger des Antheilsberechtigten der Pfändung. (C.P.O. § 860 Abs. 2 n. Nr.)

Zu b. Glaubt ein Ehegatte Grund zu haben, das Gesammtgut zur Theilung zu bringen, so kann er diese letztere nur erreichen auf dem Umwege einer Beendigung der Gütergemeinschaft selbst, etwa im Wege eines dieselbe aufhebenden Ehevertrags oder unter gewissen Voraussetzungen auch mittelst der Aufhebungsklage nach § 1468 (Frau) oder § 1469 (Mann).

2. Zu Abs. 2. Ueber Gesammtgutsverbindlichkeiten vgl. § 1459. Obige Gesetzesstelle spricht nur von der Aufrechnung Seitens des dritten Schuldners gegen

eine Gesammtgutsforderung. Durch diese Stelle erscheint es deshalb nicht ausgeschlossen, daß umgekehrt ein Ehegatte eine ihm zustehende Vorbehaltsgutsforderung gegen des Gläubigers Forderung an das Gesammtgut aufrechnet. Ein solcher Rechtsakt fiele eben unter den Gesichtspunkt einer freiwilligen Widmung des Ehegatten vom Gesammtgute.

§ 1443.

Das Gesammtgut unterliegt der Verwaltung des Mannes. Der Mann ist insbesondere berechtigt, die zu dem Gesammtgute gehörenden Sachen in Besitz zu nehmen, über das Gesammtgut zu verfügen sowie Rechtsstreitigkeiten, die sich auf das Gesammtgut beziehen, im eigenen Namen zu führen.

Die Frau wird durch die Verwaltungshandlungen des Mannes weder Dritten noch dem Manne gegenüber persönlich verpflichtet.

E. I, 1352; II, 1342; III, 1426.

Die §§ 1443 fg. behandeln die Frage des Verwaltungsrechts am Gesammtgute, insbesondere in der Richtung, ob und inwieweit desfalls dem Ehemanne bestimmte Prärogativen zustehen. In dieser Hinsicht erscheint es zur Feststellung der Grundsätze des B.G.B. dienlich, zunächst den bezüglichen Inhalt des

1. älteren Rechts ins Auge zu fassen. Die einschlägigen Bestimmungen der bisherigen Gesetze, über welche M. IV, 348 eine kurze Uebersicht geben, sind in den vorwürfigen speziellen Punkten sehr mannigfach und verschieden. Drei Fragen treten dabei für die Beurtheilung der ehemännlichen Rechte schon nach den älteren Rechtszuständen besonders in den Vordergrund, nämlich:

a) Hat der Ehemann als solcher besondere Rechte zur Verwaltung und Vertretung des ehelichen Gemeinschaftsvermögens?

b) Ist er dabei immer oder wenigstens in bestimmten Fällen an die Zustimmung und Mitwirkung der Frau gebunden?

c) Concurriren mit seinen Befugnissen auch solche der Frau zu eigenem selbständigen Handeln?

Ueberblickt man die älteren Rechte, so ergibt sich, daß fast allenthalben auch im Bereiche der allgemeinen Gütergemeinschaft dem Manne bestimmte Prärogativen der Verwaltung, womit auch die Zulässigkeit von Verfügungen zusammenhängt, beigelegt sind. Aber beispielsweise nach den Rechtsverhältnissen in der sog. versammten Ehe des Nürnberger Rechts müssen alle Verträge von den beiden Ehegatten gemeinsam abgeschlossen werden. Ebenso ist nach Bayr. L.R. für die vertragsmäßige allgemeine Gütergemeinschaft das Gleiche aus Thl. I cap. 6 § 32 Nr. 4 zu folgern (Versuche, ein einseitiges Verfügungsrecht des Ehemannes zu construiren, waren unzutreffend). Umgekehrt räumte nach M. IV, 348 das Münster'sche Recht auch der Ehefrau die Befugniß ein, über das Gesammtgut einseitig in demselben Umfange zu verfügen, wie der Ehemann. Zwischen diesen Extremen bewegen sich die verschiedenartigsten Varianten. Bald ist der Ehemann — lediglich abgesehen von Schenkungen eines Verwandten — in dem ihm beigelegten Rechte der Verwaltung des Gesammtguts sogar in Hinsicht auf Verfügungen darüber uneingeschränkt. Bald ist er aber auch, und zwar namentlich wo der Grundsatz der gesammten Hand vorliegt, in mehr oder minderem Umfange an die Mitwirkung der Ehefrau gebunden.

Jene Gruppe von Rechten findet sich besonders in den niedersächsischen Landen: Hannover, Westfalen, Schleswig-Holstein 2c., aber auch z. B. im Bayreuther, Oettinger, Dinkelsbühler, Fürstlich Kempten'schem (etwas eingeschränkter auch Pappenheim'schem) Rechte.*)

In der zweiten, den Ehemann mehr bindenden Gruppe wird die eheträuliche Mitwirkung namentlich verlangt für Verfügungen über Grundstücke und Grundgerechtigkeiten, da und dort auch zu anderen Rechtsgeschäften, z. B. Uebernahme von Bürgschaften, Einziehung von Kapitalien 2c. Hieher gehören namentlich das P.L.R. Thl. II Tit. 1 § 377 fg., das Sächs. G.B. §§ 1697, 1698 (soweit diese von der allgemeinen Gütergemeinschaft handeln), dann von Bayr. Rechten das Fulda'sche, Eichstätter, Erbacher, Kaufbeuren'sche und Hohenlohe'sche Recht.**)

Eine Eigenart verschiedener einschlägiger älterer Rechte, namentlich in Franken (Fränk. L.R., Bamberger L.R., Schweinfurter Recht, Castell'sches Recht), ist es dabei,

---

*) Darstellung des ehelichen Güterrechts in Bayern S. 103 fg.

**) Desgleichen S. 104.

daß sie gegenüber — im Allgemeinen statthaften — einseitigen Dispositionen des Ehemannes der Ehefrau unter bestimmten Voraussetzungen und binnen bestimmter Frist ein vorausgehendes oder auch nachfolgendes Widerspruchsrecht einräumen (sog. reclamatio uxoria).

2. Stellungnahme des B.G.B. Angesichts solcher Verschiedenheiten im bisherigen Rechtszustande hat das B.G.B. einen vermittelnden Standpunkt eingenommen. Die M. IV, 349 anerkennen zwar ausdrücklich, es sei eigentlich aus dem angenommenen Prinzipe eines deutsch-rechtlichen Miteigenthums am Gesammtgute zu folgern, daß die Verwaltung des letzteren beiden Ehegatten gemeinschaftlich zustehen müßte. Gleichwohl wurde diese Folgerung nicht gezogen und zwar aus dem Doppelgrunde, weil die Durchführung des Erfordernisses der Einwilligung der Ehefrau bei allen auf das Gesammtgut sich beziehenden Geschäften praktisch nicht möglich, auch mit der Stellung des Ehemannes nicht vereinbar sei, dann weil der Verwaltung selbst am Besten gedient würde, wenn sie einheitlich sei und durch einen Willen bestimmt werde. Andererseits erachtete aber doch der Gesetzgeber verschiedene Einschränkungen der einseitigen Gewalt des Ehemannes im Interesse der Frau als geboten. So entwickelten sich im Gesetze folgende Hauptgrundsätze:

a) Die Verwaltung des Gesammtguts steht dem Manne und zwar ihm allein zu. § 1443.

b) Zu gewissen Rechtsgeschäften, insbesondere Verfügungen, bedarf der Mann der Einwilligung (oder auch Genehmigung) der Frau. §§ 1444—1448.

c) In einzelnen (aber keineswegs in allen) Richtungen sind auch der Frau gewisse selbständige Rechtsbefugnisse beigelegt. §§ 1449—1454.

d) Die Rechtseinrichtung der sog. reclamatio uxoria ist in ihrer früheren Gestalt nicht ausgebildet. (M. IV, 250.) Einigermaßen erinnert daran nur die Bestimmung des § 1449.

3. Rechtsverhältnisse im Allgemeinen. Der Mann führt die Verwaltung

a) kraft eigenen Rechts. Dieses Recht übt er als Eheoberhaupt (M. IV, 349; D. 199). In dieser Eigenschaft erscheint er auch als Repräsentant der Gemeinschaft. Die Anschauung, als ob der Mann gleichsam nur ein gesetzliches Mandat für den Antheil der Frau hätte, würde nicht zutreffen und könnte zu unrichtigen Folgerungen führen. Noch viel weniger darf der Mann in der hier fraglichen Richtung als ein „gesetzlicher Vertreter“ für die Person der Frau angesehen werden, denn

b) die Frau ist und bleibt auch bei der allgemeinen Gütergemeinschaft persönlich unbeschränkt geschäftsfähig. Nur aus dem Gesichtspunkte des Güterrechtsverhältnisses treten hier, wie im ordentlichen gesetzlichen Güterstande, bestimmte sachliche Modifikationen ein.

c) Gegenstand der Verwaltungsrechte des Mannes bei der allgemeinen Gütergemeinschaft ist nur das Gesammtgut. An eigenem Vorbehaltsgute hat der Mann ohnehin vollfreie Rechte. Das Vorbehaltsgut der Frau aber steht in deren Verwaltung ꝛc.

d) Im Rückblicke auf das, was für den ordentlichen gesetzlichen Güterstand zu § 1374 unter Nr. 1 S. 109 erörtert ist, sei hier eigens auf die Ausführungen der M. IV, 350 über den abweichenden Charakter des ehemännlichen Verwaltungsrechts bei der allgemeinen Gütergemeinschaft verwiesen. Man hat dort dieses Verhältniß dahin gekennzeichnet, daß in allgemeiner Gütergemeinschaft der Mann innerhalb der Grenzen seines Verwaltungsrechts persönlich in eigenem Namen handelt. „Das Verwaltungsrecht des Ehemannes begründet eine sachliche Legitimation desselben zu Rechtsgeschäften ꝛc. in Ansehung des Gesammtguts.“ Vgl. auch P. IV, 238, 239.

e) Soweit die Verwaltungsbefugnisse des Mannes (Ausnahmen: § 1444 fg.) reichen, verpflichtet der Mann durch seine Rechtshandlungen das Gesammtgut, berührt sohin in diesem Rahmen auch die daran bestehenden Rechte der Ehefrau. Er verpflichtet aber nach ausdrücklicher Bestimmung des § 1443 in keiner Weise auch die Person der Frau.

f) Inwieweit das Gesammtgut ausnahmsweise auch für einseitige Rechtshandlungen oder für sonst sich ergebende Verbindlichkeiten der Frau haftet, bemißt sich nach den §§ 1449 fg., 1459 fg.

4. Rechtsverhältnisse in Einzelrichtungen. In der Hauptsache entspricht der jetzige § 1443 dem § 1352 E. I. Die Abänderung des Wortlauts in der II. Komm. entsprang nur redaktionellen Erwägungen. P. IV, 238, 239.

Aus dem im ersten Satze des § 1443 niedergelegten Prinzipe zieht der zweite Satz verschiedene Folgerungen. Diese sind aber, wie aus dem Worte: „insbesondere" hervorgeht, nicht abschließender, sondern nur beispielgebender Natur.

Jene Folgerungen beziehen sich auf:

a) den Besitz des Gesammtguts;

b) Verfügungen über Gesammtgut;

c) Führung von Rechtsstreiten über dasselbe.

Zu a. Wenn hier dem Manne das Recht beigelegt wird, die zum Gesammtgute gehörenden Sachen in Besitz zu nehmen, so entspricht dies wörtlich, wie im sachlichen Gehalte dem, was beim ordentlichen gesetzlichen Güterstand durch § 1373 für das dort behandelte eingebrachte Gut bestimmt ist. Es rechtfertigt sich daher auch, bezüglich des Näheren einfach auf die Erörterungen zu § 1373 (S. 108 fg.) Bezug zu nehmen.

Zu b. Die dem Manne verstattete Verfügung bezieht sich sowohl auf das Gesammtgut als Ganzes, wie auf einzelne Bestandtheile desselben. In ersterer Richtung greift aber § 1444 beschränkend ein, während in letzterer Hinsicht die Beschränkungen nach §§ 1445, 1446 zu beachten sind. Der Begriff „Verfügung" steht auch hier in jenem allgemeinen Sinne, wie er schon an früherer Stelle, zu § 1375 (S. 117) erörtert wurde. Es fallen darunter insbesondere nicht etwa blos Veräußerungen im engeren Sinne, sondern auch alle Belastungen (einschlüssig der Verpfändung) von Vermögensbestandtheilen.

Zu c. Als Verwalter des Gesammtguts hat der Mann auch die Sachlegitimation zu Rechtsstreiten, die sich auf das Gesammtgut beziehen. Zwischen Aktiv- und Passivprozessen unterscheidet dabei das Gesetz nicht. Ebensowenig ist hier ein Unterschied gemacht nach Maßgabe des Gegenstandes des Rechtsstreits. Insbesondere gilt die durch § 1443 dem Manne gegebene Sachlegitimation auch für die Fälle der §§ 1444, 1445, 1446, wie in M. IV, 360 ausdrücklich erörtert ist. Doch wird a. a. O. eigens beigefügt, der (dem jetzigen Gesetze entsprechende) Entwurf gehe davon aus, „daß das dem Ehemanne unbeschränkt zustehende Recht der Prozeßführung nicht auch das Recht umfaßt, einen Rechtsstreit einseitig durch prozessualische Rechtsgeschäfte (Vergleich, Verzicht, Anerkenntniß) zu erledigen, soweit ein solches Rechtsgeschäft, wenn außerhalb des Prozesses geschlossen, an die Einwilligung der Ehefrau gebunden ist" (Seuffert, Archiv XXVI, 135), ferner „daß die Gültigkeit jener prozessualischen Rechtsgeschäfte gegenüber dem Prozeßgegner insbesondere auch aus C.P.O. § 52 (jetzt gleichlautend § 54) nicht hergeleitet werden kann". Der Mann führt den Rechtsstreit als persönlicher Repräsentant des Gesammtguts, daher auch für seine Person allein und in eigenem Namen. Das Urtheil in einem solchen Prozesse berechtigt und belastet, je nach dem Ausgange, in Haupt- und Nebensache an sich das Gesammtgut (§ 1459 fg.), und zwar auch gegenüber der Frau (M. IV, 360). Dabei sind aber auch die Bestimmungen der §§ 1463 fg. zu beachten. Vgl. Bem. dazu.

Wie sich aus Vorstehendem ergibt, ist jene Prozeßstellung des Mannes in der allgemeinen Gütergemeinschaft wesentlich anders und greift viel weiter, als nach dem ordentlichen gesetzlichen Güterstand. Vgl. Bem. zu § 1380 S. 117 fg. Bei letzterem Güterstand sind insbesondere gewisse Beschränkungen des Mannes aus der Erwägung abgeleitet worden, daß die Führung eines Rechtsstreits unter Umständen wie eine Verfügung über einen Vermögensgegenstand wirken könne. Hier aber, bei der allgemeinen Gütergemeinschaft, wurde jener Erwägung kein Raum vergönnt. M. IV, 360.

Wollte die Ehefrau, welche nach C.P.O. § 52 Abs. 2 an sich persönlich prozeßfähig ist, einen auf das Gesammtgut bezüglichen Rechtsstreit mit Wirkung für das Gesammtgut führen, so bedürfte sie der Zustimmung des Mannes. Ausnahmen finden nur statt in den Fällen der §§ 1449, 1450, 1452, 1454.

5. Die Dauer der Verwaltungsrechte des Mannes entspricht dem zeitlichen Bestande des Gütergemeinschaftsverhältnisses. Besonderheiten ergeben sich im Falle fortgesetzter Gütergemeinschaft nach dem Tode eines Ehegatten. Vgl. §§ 1485 fg., insbesondere § 1488.

6. Im E. I § 1352 war die Verfügung über Gesammtgut eigens beschränkt auf Verfügungen durch „Rechtsgeschäfte unter Lebenden". Im § 1443 B.G.B. fehlen diese Worte. Im E. I § 1352 war nach M. IV, 351 jener Beisatz gemacht worden, „um Angesichts der abweichenden Bestimmungen verschiedener Rechte keinen Zweifel darüber zu lassen". In der II. Komm. erfolgte der Abstrich. (Vgl. E. II, 1342.) Wie aber P. IV, 238 gestaltet sind, war eine sachliche Aenderung damit wohl nicht beabsichtigt. Das entspricht auch den Verhältnissen. Uebrigens ist es selbstverständlich, daß auch Rechtsgeschäfte unter Lebenden, welche der Mann in Ausübung seines Verwaltungsrechts während Bestehens der Gütergemeinschaft befugt abgeschlossen hat, in ihren Wirkungen sich über das Ende der Gemeinschaft, insbesondere über den Tod eines der Ehegatten hinaus erstrecken können.

Näherer Erörterung und Begründung bedarf es dagegen nicht, daß kein Ehegatte von Todeswegen einseitig über mehr vom Gesammtgute verfügen kann, als was davon bei Auflösung der Ehe durch Tod eines Ehegatten zu seinem Nachlaß (beziehungsweise bei vorheriger Beendigung der Gütergemeinschaft nach Maßgabe der Auseinandersetzung zu seinem Antheil) gehört (§ 1482), und daß eine solche Verfügung von Todeswegen auch nur geschehen kann nach Maßgabe der allgemeinen und besonderen erbrechtlichen Vorschriften, insbesondere derer über den Pflichttheil im Allgemeinen, dann über Erbtheil, Pflichttheil und Vorausanspruch des anderen Ehegatten im Besonderen. Vgl. §§ 1931 fg., 2303. Ueber gemeinschaftliche Testamente der Ehegatten s. §§ 2265 fg. Zu verweisen ist auch auf die §§ 1515, 1516.

In den älteren Rechten waren freilich, namentlich bei Gütergemeinschaft, die güterrechtlichen und erbrechtlichen Verhältnisse vielgestaltig durchsetzt, und zwar nicht blos in materieller Richtung, sondern auch in formellen Beziehungen, speziell in Ansehung der Frage der Zulässigkeit einseitiger oder nur gemeinschaftlicher letztwilliger Verfügungen der Ehegatten. Vgl. darüber Roth, B.C.R., 2. Aufl., S. 470.

§ 1444.

Der Mann bedarf der Einwilligung der Frau zu einem Rechtsgeschäfte, durch das er sich zu einer Verfügung über das Gesammtgut im Ganzen verpflichtet, sowie zu einer Verfügung über Gesammtgut, durch die eine ohne Zustimmung der Frau eingegangene Verpflichtung dieser Art erfüllt werden soll.

E. I, 1353; II, 1343; III, 1427.

1. Beschränkung des Ehemannes. Von dem im § 1443 enthaltenen Grundsatze bringen die §§ 1444, 1445, 1446 verschiedene Ausnahmen, und zwar sämmtliche im Sinne eines Schutzes der Ehefrau in ihren Rechten am Gesammtgut. Hauptsächlich von diesem Gesichtspunkte ausgehend, gestalten sich die für nöthig befundenen Einschränkungen der Verwaltungsmacht des Ehemannes dahin, daß zu bestimmten Rechtshandlungen des Mannes in Bezug auf das Gesammtgut die Einwilligung (vorherige Einwilligung; über nachherige Genehmigung s. § 1448) der Frau vom Gesetze erfordert wird. Dieses Erforderniß der Einwilligung bedingt übrigens noch keine gemeinschafliche Vornahme des Rechtsgeschäfts. (P. IV, 251, 252.) Für die Einwilligung selbst ist auch keine besondere Form vorgeschrieben, insbesondere auch nicht diejenige, welche für die Rechtshandlung des Mannes selbst nöthig ist.

2. Die Fälle der Beschränkung sind nur diejenigen, welche in den §§ 1444—1146 gesetzlich fixirt sind. Es sind dies Dispositionen des Ehemannes

a) über das Gesammtgut als Ganzes;

b) über ein zum Gesammtgut gehörendes Grundstück;

c) in Gestalt von Schenkungen und Schenkungsversprechen.

3. Die Wirkungen des Mangels der erforderlichen Einwilligung gehen analog demjenigen, was umgekehrt bei dem ordentlichen gesetzlichen Güterstande für Rechtshandlungen der Frau in Bezug auf eingebrachtes Gut ohne Einwilligung des Mannes verordnet ist. Vgl. auch Bem. zu § 1448, sowie P. IV, 254 fg. Daselbst ist namentlich erörtert, daß nothwendig auch die Annahme einer persönlichen Haftung des Mannes aus von ihm ohne die erforderliche Zustimmung der Frau vorgenommenen Rechtsgeschäften abgelehnt werden müsse. Es rechtfertigt sich dies aus dem systematischen Aufbau des Gütergemeinschaftsverhältnisses, und zwar insbesondere daraus, daß bei Annahme solcher, wenn auch nur persönlicher Haftung nach dem Grundsatze des § 1459 doch wieder auf einem Umwege das Gesammtgut in Anspruch genommen werden könnte, was dem Erfordernisse der ehefräulichen Einwilligung die Spitze abbrechen würde.

4. Einzelfälle des § 1444. Ins Auge gefaßt sind hier lediglich Rechtsgeschäfte ꝛc. über das Gesammtgut als Ganzes. Dies ist im ersten Halbsatze des Paragraphen ausdrücklich ausgesprochen, im zweiten Halbsatze durch die Worte: „dieser Art“ angedeutet. M. IV, 353. Daran ändert nichts der Umstand, daß die dingliche Erfüllung einer Verpflichtung in Bezug auf das Ganze thatsächlich sich vielfach zu verschieden gearteten Rechtsakten in Bezug auf einzelne Vermögensbestandtheile gestaltet. (Fischer-Henle, 2. Aufl. zu § 1444.) Unmittelbare Verfügungen über einzelne Sachen in ihrer Sondergestalt fallen, soweit nicht die §§ 1445, 1446 einschlägig sind, unter § 1443. Ueber seinen Antheil am Gesammtgute kann ohnehin kein Ehegatte verfügen. (§ 1442 und Bem.) Das Erforderniß ehefräulicher Einwilligung erstreckt sich hier sowohl auf obligatorische, wie auf dingliche Rechtsgeschäfte fraglicher Art. (P. IV, 254.) Mit anderen Worten: Jene

Einwilligung ist nöthig nicht blos für den dinglichen Rechtsakt der Verfügung selbst, sondern auch schon dann, wenn der Mann sich nur zu einer Verfügung über das Gesammtgut verpflichtet. Ein Mangel dieser Einwilligung wird aber auch nicht geheilt durch den Vollzug einer Verpflichtung dieser Art. Denn der Mann bedarf auch dazu der eheweiblichen Zustimmung, wenn die Einwilligung der Frau nicht schon vorher gegeben war.

„Verfügung" steht auch hier wieder im allgemeinen Sinne. Es fallen unter diesen Begriff nicht blos volle Veräußerungen, sondern auch Belastungen. Selbst obligatorische Dispositionen können unter Umständen hieher zu rechnen sein. Fischer-Henle zu § 1444 rechneten in 1. Aufl. z. B. auch Vermiethungen (Verpachtungen) eines zum Gesammtgute gehörigen Erwerbsgeschäfts in seinem ganzen Bestande. In 2. Aufl. ist dieses Beispiel gestrichen worden. Vgl. auch Bem. 5 zu § 1445.

§ 1445.

Der Mann bedarf der Einwilligung der Frau zur Verfügung über ein zu dem Gesammtgute gehörendes Grundstück sowie zur Eingehung der Verpflichtung zu einer solchen Verfügung.

E. I, 1353; II, 1344; III, 1428.

1. Schon in älteren Rechten ist auch bei der allgemeinen Gütergemeinschaft ein besonderer Schutz der Ehefrau — und durch sie auch ihrer Kinder — gegen leichtfertige Verfügungen über den zum Gesammtgute gehörigen Immobiliarbestand in der Art vorgesehen gewesen, daß zu solchen Rechtsakten Einwilligung der Ehefrau erfordert wurde. So z. B. nach P.L.R. Thl. II Tit. 1 §§ 378, 379, nach Hohenloher L.R., Fulda'schem, Eichstätter, Erbacher, Kaufbeurer Recht Das B.G.B. hat sich diesen Standpunkt angeeignet und zwar nach M. IV, 352 fg. hauptsächlich mit Rücksicht auf die hohe Bedeutung, welche der Grundbesitz im wirthschaftlichen Leben im Allgemeinen, wie auch gar oft ganz besonders für den Familienstand besitzt (s. auch P. IV, 253).

2. Die Beschränkung des Ehemannes bezieht sich in ihrem Umfange auf Grundstücke jeder Art, also sowohl ländliche wie städtische, sowohl unüberbaute als überbaute. Ohne Bedeutung ist es, aus wessen ursprünglichem Vermögen ein Grundstück in das Gesammtgut gelangte, ob es vom Manne oder von der Frau eingebracht worden ist. Ein in der II. Komm. gestellter Antrag, welcher bezweckte, dem Manne für von ihm selbst eingebrachte Grundstücke vollfreie Verfügung zu lassen, ist abgelehnt worden. (P. IV, 252 fg.)

3. Die Gesetzesstelle spricht nur von Grundstücken allein als Objekten der Verfügung. Den Grundstücken sind auch hier gleich zu achten solche Rechte ꝛc., welche vom B.G.B. selbst und eigens den Immobilien gleichgestellt sind, wie nach § 1017 das Erbbaurecht. (Vgl. auch §§ 94 fg.) Nicht aber sind unter den § 1445 auch noch anderweitige Immobiliarrechte zu beziehen. In M. IV, 355 findet sich darüber folgende Ausführung:

> „Wenngleich auch solche Rechte einen gewissen Immobiliarcharakter haben und das geltende Recht zum Theil einer solchen Ausdehnung der Beschränkung des Verfügungsrechtes des Ehemannes zur Seite steht (P.L.R. Thl. II Tit. 1 § 379), dadurch auch der Vortheil erreicht werden mag, daß eine größere Uebereinstimmung des Grundbuches mit der durch die Gütergemeinschaft herbeigeführten wirklichen Rechtslage erzielt wird, so treffen doch diejenigen Gründe, welche wesentlich maßgebend gewesen sind, die Verfügungsgewalt des Ehemannes in Ansehung der Grundstücke zu beschränken, nämlich die hervorragende wirthschaftliche und soziale Bedeutung des Grundbesitzes, auf die Rechte an Grundstücken und auf die Rechte an solchen Rechten nicht zu. Insbesondere ist eine Ausdehnung auf Hypotheken und solche Forderungen, für welche eine Hypothek als Pfand haftet, nicht gerechtfertigt, insbesondere dann nicht, wenn man die Beschränkung der Verfügungsgewalt des Ehemannes nicht auf Werthpapiere überhaupt, insbesondere auf Inhaberpapiere erstreckt."

4. Wie im vorigen Paragraphen wirkt auch hier die Beschränkung sowohl nach dinglicher, wie nach obligatorischer Richtung (Verträge, wie einseitige Rechtsgeschäfte: M. IV, 355), d. h. in letzterer Hinsicht auch auf eine bloße Verpflichtung zu einer erst zu vollziehenden Verfügung. Vgl. Bem. zu § 1444.

5. Wegen des Begriffs „Verfügung" s. ebenfalls Bem. zu § 1444. Zu den darunter fallenden, der Veräußerung gleichzuachtenden Belastungen rechnen M. IV, 354 insbesondere auch die Bestellung von Hypothek- und Grundschulden. (Vgl. P.L.R. Thl. II Tit. 1 § 378;

Sächs. G.B. § 1698.) Die im Wege der Zwangsvollstreckung erfolgenden hypothekarischen Belastungen gehören natürlich nicht hieher (M. IV, 354).

Ohne Zweifel ist Verfügung über ein Grundstück im Sinne des § 1445 auch die Bestellung einer Grunddienstbarkeit daran oder eines Nießbrauchs. Ist das Gleiche aber auch anzunehmen bezüglich der Vermiethung oder Verpachtung eines Grundstücks, insbesondere von Wohnräumen und anderen Räumen? Daß für deren Miethe die Vorschriften über die Miethe von Grundstücken überhaupt gelten, ist im B.G.B. § 580 ausdrücklich bestimmt. Insoferne stehen ja Wohnungen und andere Einzelräume im Begriffe den „Grundstücken" gleich. Abgesehen hievon sind aber zu obiger Frage zwei Auffassungen möglich. Man kann geltend machen, daß auch hier, weil für den Miether oder Pächter Besitz geschaffen wird (§ 868), eine Verfügung über ein Grundstück vorliege, und noch dazu eine solche, welche manchmal (namentlich bei ausgedehnten Verpachtungen) recht einschneidend für das Gesammtgut wirken könne, so daß das Erforderniß eheträulicher Zustimmung guten Grund habe. Man kann aber andererseits auch geltend machen, daß durch bloße Vermiethung oder Verpachtung ein Grundstück dem Gesammtgute substanziell durchaus nicht entfremdet, sondern nur fruktifizirlich gemacht werde, also eine ganz einfache Verwaltungshandlung vorliege, welche mit den Ausnahmsfällen der §§ 1444 fg. nach deren Sinn nnd Zweckbestimmung nichts gemein habe. Jedenfalls entspricht die letztere Auffassung mehr den praktischen Bedürfnissen des Alltagslebens, ist also so zu sagen lebenskräftiger. Sie entspricht aber auch mehr der in den älteren Rechten, an welche das B.G.B. anknüpfte, vorfindlichen engeren Gestaltung der ehemännlichen Beschränkung in Bezug auf Immobiliardispositionen. (Vgl. namentlich Sächs. G.B. § 1698.)

§ 1446.

Der Mann bedarf der Einwilligung der Frau zu einer Schenkung aus dem Gesammtgute sowie zu einer Verfügung über Gesammtgut, durch welche das ohne Zustimmung der Frau ertheilte Versprechen einer solchen Schenkung erfüllt werden soll. Das Gleiche gilt von einem Schenkungsversprechen, das sich nicht auf das Gesammtgut bezieht.

Ausgenommen sind Schenkungen, durch die einer sittlichen Pflicht oder einer auf den Anstand zu nehmenden Rücksicht entsprochen wird.

E. I, 1553; II, 1345; III, 1429.

1. Die Normen, welche die §§ 1444, 1445 in den darin bezeichneten Richtungen in Bezug auf dingliche und obligatorische Hinsicht aufstellten, werden durch § 1446 Abs. 1 in ganz analoger Weise ausgedehnt auf *Schenkungen* und *Schenkungsversprechen*. Das B.G.B. geht darin z. B. über P.L.R. Thl. II Tit. 1 § 381 erheblich hinaus, schließt sich vielmehr dem Vorbilde in verschiedenen anderen (westfälischen und fränkischen) älteren Rechten an. Dem Ehemanne wird im *Grundsatze* das Recht entzogen, *einseitig* aus dem Gesammtgute Schenkungen zu machen. *Ausnahmen* greifen nur Platz, soweit der Inhalt des Abs. 2 reicht.

Was von Schenkungen durch dingliche Hingabe und andere Vollzugsakte bestimmt ist, gilt auch für Schenkungsversprechen. Der gesetzgeberische Grund liegt im Inhalte des § 1459 Abs. 1. Der dadurch gesetzten grundsätzlichen Haftung des Gesammtguts für Verbindlichkeiten des Mannes legt das Gesetz in Bezug auf Schenkungsversprechen solche Bedeutung bei, daß es letztere im Satz 2 Abs. 1 ohne Zustimmung der Frau selbst dann als unverbindlich für das Gesammtgut behandelt, wenn sich das ehemännliche *Schenkungsversprechen* selbst nicht auf das Gesammtgut, also vielmehr auf das Vorbehaltsgut des Mannes bezieht. Aber auch gerade deshalb, weil diese Ausdehnung im Grundsatze des § 1459 Abs. 1 wurzelt, erstreckt sie sich andererseits auch nur auf das Schenkungsversprechen, dagegen nicht auf die dingliche Verschenkung aus Vorbehaltsgut. (M. IV, 357.)

2. In *objektiver Hinsicht* begründet es keinen Unterschied, auf welche Art von Vermögensbestandtheilen die Schenkung oder das Schenkungsversprechen sich bezieht. Es ist insbesondere gleich, ob es sich nur um bewegliche Sachen, um vertretbare oder unvertretbare Sachen handelt.

3. Der *Absatz 2* entspricht dem, was auch in den §§ 534, 1641 bestimmt ist. Der Umfang der Ausnahmsvorschrift ist nach den konkreten Umständen (dem Anlasse, den Lebensverhältnissen der Eheleute, den Standes- und Ortsgepflogenheiten) zu beurtheilen.

Als *sittliche Pflicht* werden vielfach solche Gaben zu betrachten sein, welche zur Unterstützung schuldlos verarmter, wenn auch nicht alimentationsberechtigter Verwandter (M. IV, 357) oder bei öffentlichen Unglücksfällen, in gemeiner Noth und bei dergleichen anderen Anlässen gegeben werden. Auch sog. remuneratorische Schenkungen zur Ausgleichung empfangener Dienste oder Gefälligkeiten können hieher gehören.

Als Anstandsgeschenke mögen sich Festgeschenke an Alt oder Jung, Gelegenheitsgeschenke an Bedienstete des Hauses, Beisteuern bei Sammlungen zu wohlthätigen oder gemeinnützigen Zwecken, Trinkgelder ꝛc. darstellen.

Ein Antrag, den Abs. 2 auch auszudehnen auf Schenkungen, welche im Verhältniß zur Größe des Gesammtguts unerheblich sind, wurde in II. Komm. (P. IV, 258) abgelehnt, weil man fürchtete, die Frage könnte Anlaß zu chikanösen Prozessen geben. Immerhin anerkannte man aber, daß „ganz unerhebliche Schenkungen" auch ohne Zustimmung der Frau vorkommen könnten. Z. B. für Bettlergaben trifft das ja auch zu.

4. Ausstattungen an gemeinschaftliche Kinder, gegeben oder versprochen aus dem Gesammtgute, betrachtet das B.G.B. überhaupt nicht unter dem Gesichtspunkte einer Schenkung, nach M. IV, 358 jedoch nur soweit, als nicht eine dem Gesammtgute nicht entsprechende Maßüberschreitung vorliegt. Vgl. §§ 1465, 1499. Wegen Ausstattung eines nicht gemeinschaftlichen Kindes vgl. § 1465 Abs. 2.

Die Aussteuer zur Einrichtung des Haushalts einer Tochter ist im § 1620 unter Umständen sogar als eine Rechtspflicht für den Vater und eventuell auch für die Mutter erklärt.

5. In der II. Komm. war beantragt worden, die Bestimmungen des § 1446 hinsichtlich des Erfordernisses eheräulicher Zustimmung auch noch auszudehnen auf

a) Bürgschaftsverträge und

b) Stiftungen

des Mannes. Nach beiden Richtungen drang der Antrag nicht durch — aber aus verschiedenen Gründen. Die Beschränkung in Hinsicht auf Bürgschaften wollte man aus Verkehrsrücksichten nicht, ein Standpunkt, dem sich auch R.T.K. (S. 139) gegenüber einem wiederholten bezüglichen Antrage anschloß. Bezüglich der Stiftungen wollte aber von der II. Komm. an dieser Stelle darüber nicht entschieden werden, ob solche (unentgeltliche oder entgeltliche) unter den Begriff der Schenkungen fallen. Man wollte es vielmehr der Auslegung des einzelnen Falles überlassen, ob eine Stiftung als Schenkung anzusehen sei (P. IV, 258).

§ 1447.

Ist zur ordnungsmäßigen Verwaltung des Gesammtguts ein Rechtsgeschäft der in den §§ 1444, 1445 bezeichneten Art erforderlich, so kann die Zustimmung der Frau auf Antrag des Mannes durch das Vormundschaftsgericht ersetzt werden, wenn die Frau sie ohne ausreichenden Grund verweigert.

Das Gleiche gilt, wenn die Frau durch Krankheit oder durch Abwesenheit an der Abgabe einer Erklärung verhindert und mit dem Aufschube Gefahr verbunden ist.

E. I, 1353 Abs. 4; II, 1346; III, 1430.

1. Zu Abs. 1. Während E. I § 1353 Abs. 4 der Ehefrau eine — natürlich prozessual erzwingbare — Verpflichtung auferlegen wollte, ihre Einwilligung zur Vornahme eines Rechtsgeschäfts zu ertheilen, welches zum Zwecke der ordnungsmäßigen Verwaltung des Gesammtguts erforderlich ist, wurde später (P. IV, 239, 258) zur Erzielung eines gewissen Schutzes des Ehemannes gegen Unverstand oder Böswilligkeit auf Seite der Frau der einfachere Weg des jetzigen § 1447 beschritten. Diese Gesetzesstelle steht in voller Parallele mit dem, was § 1379 für den ordentlichen gesetzlichen Güterstand bestimmt. Die Erörterungen zu § 1379 sind daher auch hieher zu vergleichen. S. auch F.G. §§ 12, 35, 45, 53, 60.

Eine Besonderheit des § 1447 im Vergleiche mit § 1379 ist noch zu betonen. § 1379 erstreckt sich auf zur ordnungsmäßigen Verwaltung des eingebrachten Guts erforderliche Rechtsgeschäfte jeder Art, zu denen Zustimmung (d. h. vorherige Einwilligung oder nachherige Genehmigung) der Frau erforderlich ist. § 1447 aber sieht die vormundschaftsgerichtliche Ersetzung jener Zustimmung (hier in Bezug auf das Gesammtgut) nur für die Fälle der §§ 1444, 1445 vor, nicht aber auch für den Fall des § 1446 (Schenkungen ꝛc.). Das B.G.B. nimmt offenbar an, daß sich Fälle letzterer Art zu einem Zwangsvorgehen gegen die Frau nicht eignen, d. h. daß nicht mehr eine ordnungsmäßige Verwaltung vorliegt, wenn der Mann ohne Zustimmung der Frau Gesammtgut verschenkt.

Zu Abs. 2. Diese Stelle ist analog dem § 1379 Abs. 2. Vgl. daher die Bem. zu letzterem. In P. IV, 258 ist dazu bemerkt, es habe Einigkeit darüber bestanden, daß auch

Abs. 2 sich nur auf solche Rechtsgeschäfte bezieht, deren Vornahme für die ordnungsmäßige Verwaltung des Gesammtguts erforderlich ist.

§ 1448.

Nimmt der Mann ohne Einwilligung der Frau ein Rechtsgeschäft der in den §§ 1444 bis 1446 bezeichneten Art vor, so finden die für eine Verfügung der Frau über eingebrachtes Gut geltenden Vorschriften des § 1396 Abs. 1, 3 und der §§ 1397, 1398 entsprechende Anwendung.

Fordert bei einem Vertrage der andere Theil den Mann auf, die Genehmigung der Frau zu beschaffen, so kann die Erklärung über die Genehmigung nur ihm gegenüber erfolgen; eine vor der Aufforderung dem Manne gegenüber erklärte Genehmigung oder Verweigerung der Genehmigung wird unwirksam. Die Genehmigung kann nur bis zum Ablaufe von zwei Wochen nach dem Empfange der Aufforderung erklärt werden; wird sie nicht erklärt, so gilt sie als verweigert.

Wird die Genehmigung der Frau durch das Vormundschaftsgericht ersetzt, so ist im Falle einer Aufforderung nach Abs. 2 der Beschluß nur wirksam, wenn der Mann ihn dem anderen Theile mittheilt; die Vorschriften des Abs. 2 Satz 2 finden entsprechende Anwendung.

E. I, 1353; II, 1347; III, 1431.

1. Während die §§ 1444, 1445, 1446 nur von der vorherigen Einwilligung der Frau handeln, bezieht sich § 1448 auf deren nachträgliche Genehmigung in denselben Fällen. § 1448 Abs. 1 verweist hiebei auf analoge Grundsätze, wie sie für den ordentlichen gesetzlichen Güterstand in den §§ 1396 Abs. 1, 3, 1397, 1398 aufgestellt sind. Nur liegt das Verhältniß insoferne umgekehrt, als was dort hinsichtlich einer Verfügung der Frau über eingebrachtes Gut ohne Einwilligung des Mannes gesagt ist, hier zu beziehen ist auf Rechtsgeschäfte des Mannes über Gesammtgut ohne die in den bestimmten Fällen erforderliche Einwilligung der Frau. Ueber die einschlägigen Grundsätze selbst vgl. die Bem. zu §§ 1396 fg. Danach ist auch hier zu unterscheiden zwischen Verträgen und einseitigen Rechtsgeschäften. Bei ersteren ist Genehmigung (nachträgliche Zustimmung) der Frau zulässig und wirksam, bei letzteren dagegen bewirkt der Mangel vorheriger Einwilligung der Frau stets volle Unwirksamkeit. (Vgl. § 1398.)

2. Der zweite Absatz des § 1396 ist im § 1448 Abs. 1 nicht als entsprechend anwendbar erklärt. Denn ersteren ersetzt hier der zweite Absatz des § 1448. Des letzteren Inhalt ist aber im Wesentlichen derselbe wie der des § 1396 Abs. 2. Nur einige durch das umgekehrte Verhältniß bedingte redaktionelle Abweichungen liegen vor.

Wenn im Abs. 2 nur von einem Vertrage die Rede ist, so erklärt sich dies aus dem, was vorhin unter Nr. 1 a. E. bezüglich einseitiger Rechtsgeschäfte bemerkt wurde.

3. Abs. 3 § 1448. Wie sich schon aus § 1447 Abs. 1 durch den dortigen Gebrauch des Wortes: „Zustimmung" (= vorherige Einwilligung und nachherige Genehmigung), noch deutlicher aber aus dem Abs. 2 § 1448 ergibt, bezieht sich § 1447 sowohl auf die Ersetzung der Einwilligung, wie diejenige einer Genehmigung der Frau. Mit Rücksicht hierauf ergänzt Absatz 3 den vorhergehenden Absatz 2, und zwar in der Art, daß, wenn eine vormundschaftsgerichtliche Ersetzung der ehefräulichen Genehmigung vorliegt und eine Aufforderung des dem Ehemanne gegenübergetretenen anderen Vertragstheils zur Beschaffung der ehefräulichen Genehmigung stattgehabt hat, dann der vormundschaftsgerichtliche Beschluß selbst dem anderen Theile (Dritten) mitgetheilt werden muß. Geschieht dies nicht, so gilt eben dem Dritten gegenüber die Genehmigung nicht als ersetzt. Weiter muß auch jene Mittheilung binnen der im § 1448 Abs. 2 Satz 2 bezeichneten Frist erfolgt sein, widrigenfalls die Genehmigung als verweigert zu erachten ist.

§ 1449.

Verfügt der Mann ohne die erforderliche Zustimmung der Frau über ein zu dem Gesammtgute gehörendes Recht, so kann die Frau das Recht ohne Mitwirkung des Mannes gegen Dritte gerichtlich geltend machen.

E. I, 1354; II, 1349; III, 1439.

1. Allgemeine Gesichtspunkte. Wie schon erörtert, ist die Ehefrau auch bei bestehender allgemeiner Gütergemeinschaft an sich für ihre Person geschäftsfähig. Wenn sie andererseits bei jenem Güterstande nach den Grundsätzen des § 1443 in der Geltendmachung ihrer Geschäftsfähigkeit in Ansehung des der Verwaltung des Mannes unterliegenden Gesammtgutes eingeschränkt und nur in bestimmten Fällen auf ihre Einwilligung oder Genehmigung bei Rechtsakten des Mannes verwiesen ist, so sind das eben nur Folgerungen aus der konstruktiven Beschaffenheit des güterrechtlichen Verhältnisses. Insoweit, als die Frau güterrechtlich über das Gesammtgut nicht verfügen kann, sind folgeweise auch ihre das Gesammtgut berührenden Rechtsgeschäfte (Verträge und einseitige Rechtsgeschäfte) für ersteres unwirksam, wenn nicht Zustimmung des Ehemannes vorliegt. Das Gleiche gilt im Grundsatze auch für Rechtsstreite. (D. 200.)

Das B.G.B. hat es aber doch für nöthig erachtet, auch abgesehen von dem Erfordernisse jener Einwilligung oder Genehmigung eine Reihe von Fällen festzustellen, in denen der Frau sowohl für Rechtsgeschäfte wie für Rechtsstreite eine gewisse Selbständigkeit zu eigenem rechtlichen Vorgehen eingeräumt ist. Diese Fälle behandeln die §§ 1449—1454. Sie gehen von verschiedenen Gesichtspunkten aus, welche nachher bei den einzelnen Gesetzesstellen zu berühren sind. Daß hier nicht auch von dem Rechte der ehefräulichen Schlüsselgewalt (§ 1377) eigens die Rede ist, kann nicht auffallen. Denn dieses Recht gilt, wie wiederholt betont sei, für alle Güterstände. Es fällt auch unter andere Gesichtspunkte. S. Bem. zu § 1377.

2. Die Vorschrift des § 1449. Die Gesetzesvorschrift ist bestimmt, der Frau einen gewissen Rechtsschutz zu verleihen für den Fall, wenn der Mann, ohne die nach den §§ 1444 bis 1446 erforderliche Zustimmung der Frau vorher erhalten oder nachher erwirkt (§ 1448) oder vormundschaftsgerichtlich ersetzt bekommen (§ 1447) zu haben, gleichwohl über ein zum Gesammtgute gehörendes Recht (der Begriff im weiteren Sinne verstanden) verfügt hat. Das bezügliche Rechtsgeschäft entbehrt freilich schon von vorneherein (Bem. 3 zu § 1444) der Rechtswirksamkeit für das Gesammtgut. Um aber diesen theoretischen Satz auch praktisch im Interesse der Frau durchzuführen, ist dieser durch § 1449 die Macht verliehen, ihr verletztes Recht gegen Dritte gerichtlich geltend zu machen. Geschehen kann dies sowohl im Wege des Civilprozesses, wie geeigneten Falles im Gebiete der freiwilligen Gerichtsbarkeit. Eine Mitwirkung des Mannes ist hiezu nicht erforderlich. Sonst könnte der Rechtsbehelf für die Frau illusorisch werden.

Aus der Entstehungsgeschichte des § 1449 ist hiebei Folgendes von Interesse für die Beurtheilung der Tragweite der Gesetzesstelle. E. I § 1354 hatte gelautet:

> „Ist auf Grund eines nach den Vorschriften des § 1353 (jetzt §§ 1444—1446) unwirksamen Rechtsgeschäfts eine Eintragung in das Grundbuch erfolgt, so kann die Ehefrau den Anspruch auf Berichtigung des Grundbuches ohne Mitwirkung des Ehemannes geltend machen."

M. IV, 360 bemerkten dazu, der Berichtigungsanspruch gehöre zwar an sich zum Gesammtgute und wäre daher an sich der Ehemann dazu legitimirt; aber ohne die vorgeschlagene Bestimmung könnte der Zweck der Beschränkung des Verfügungsrechts des Ehemannes in Ansehung der zum Gesammtgute gehörenden Grundstücke leicht vereitelt werden. Die M. a. O. hatten es aber abgelehnt, noch weiter zu gehen und der Ehefrau namentlich auch in Ansehung rechtswidrig veräußerter Mobilien (vgl. jetzt § 1446) das Recht der Vindikation zu geben. In der II. Komm. (P. IV, 259) wurde der Grundsatz, von dem E. I § 1354 ausging, gebilligt, nicht aber die Einschränkung auf die darin allein berührten Fälle. Der Inhalt der Gesetzesstelle wurde vielmehr verallgemeinert und zwar in Konsequenz und nach Analogie des für den ordentlichen gesetzlichen Güterstand beschlossenen § 1407 Ziff. 3. (Vgl. die dortigen Bem.) Die Vorschrift gilt also für Rechte jeder Art.

§ 1450.

Ist der Mann durch Krankheit oder durch Abwesenheit verhindert, ein sich auf das Gesammtgut beziehendes Rechtsgeschäft vorzunehmen oder einen sich auf das Gesammtgut beziehenden Rechtsstreit zu führen, so kann die Frau im eigenen Namen oder im Namen des Mannes das Rechtsgeschäft vornehmen oder den Rechtsstreit führen, wenn mit dem Aufschube Gefahr verbunden ist.

E. I, 1358; II, 1353; III, 1433.

Zweck dieser Vorschrift ist die Erhaltung einer geordneten Verwaltung des Gesammtguts und der Abwendung von Nachtheilen für dasselbe. Die Bestimmung, für welche ein Vorbild schon im P.L.R. Thl. II Tit. 1 § 202 fg., auch im Fulda'schen und Würzburger

Rechte (Darst. des ehel. Güterrechts in Bayern S. 108) vorhanden war, steht in einer gewissen Parallele zu § 1401. Die dortigen Erörterungen sind darum auch hieher zu vergleichen. § 1450 hat aber eine Besonderheit insoferne, als er der Frau die Wahl läßt, entweder im eigenen Namen oder im Namen des Mannes zu handeln. Effektiv handelt sie eben im einen wie im anderen Falle für das Gesammtgut. Eines Auftrags oder einer Vollmacht des Ehemannes bedarf die Frau hier nicht. (Vgl. E. I § 1318.) Eine vormundschaftsgerichtliche Ermächtigung ist nicht erforderlich. Die Frau wird durch das Gesetz unmittelbar legitimirt, aber nur in den Fällen und unter den Voraussetzungen, welche der § 1450 genau bezeichnet. (Vgl. oben S. 143.) Hinsichtlich der Art der einzelnen Rechtsgeschäfte und des Gegenstandes eines Rechtsstreites ist dabei aber kein Unterschied gemacht, wenn sie sich nur überhaupt auf das Gesammtgut beziehen. Insbesondere kann die Frau „über Gegenstände des Gesammtgutes auch dinglich verfügen, in gleicher Weise, wie sonst der Ehemann". (M. IV, 363.) Nimmt die Ehefrau innerhalb der im § 1450 gezogenen Grenzen ein Rechtsgeschäft (auch in eigenem Namen) vor oder führt sie einen Rechtsstreit, so belasten die daraus entstehenden Verbindlichkeiten unmittelbar das Gesammtgut. Diesem fallen auch die aus dem Handeln der Frau entspringenden Berechtigungen zu.

Der Gesetzgeber dachte übrigens beim § 1450 vorwiegend an Verhältnisse vorübergehender Art. Besteht eine ständige Vormundschaft oder Pflegschaft, so schlägt § 1457 ein. (P. IV, 260.)

Vgl. zu § 1450 das Urth. d. Bayr. O.G.H. v. 29. Dez. 1876 (Bl. f. R.Anw. Bd. 42 S. 110), welches sich auf den gleichen prinzipiellen Standpunkt gestellt hat.

§ 1451.

Ist zur ordnungsmäßigen Besorgung der persönlichen Angelegenheiten der Frau ein Rechtsgeschäft erforderlich, das die Frau mit Wirkung für das Gesammtgut nicht ohne Zustimmung des Mannes vornehmen kann, so kann die Zustimmung auf Antrag der Frau durch das Vormundschaftsgericht ersetzt werden, wenn der Mann sie ohne ausreichenden Grund verweigert.

E. I, 1366; II, 1354; III, 1434.

1. Der Inhalt des § 1451 entspricht demjenigen des § 1402, welcher von den analogen Verhältnissen im ordentlichen Güterstande handelt. Was im § 1402 verordnet ist, wird hier auf die Gesammtgutsverhältnisse bei der allgemeinen Gütergemeinschaft übertragen zu gleichem Zwecke, wie dort (M. IV, 384). Vgl. daher auch hieher, was zu § 1402 erörtert ist. Entstehen zufolge eines Vorgehens nach § 1451 Ausgaben oder sonstige Verbindlichkeiten, so fallen diese dem Gesammtgute zur Last, weil „es dessen Bestimmung ist, als Vermögen des einen oder anderen Ehegatten zu dienen" (M. IV, 384). Vgl. auch E. I § 1366; P. IV, 270.

Die gleiche Rechtsfolgerung ergibt sich auch daraus, daß bei vormundschaftsgerichtlicher Ersetzung der ehemännlichen Zustimmung die Sachlage so anzusehen ist, als ob eine Einwilligung des Ehemannes vorläge.

2. Ueber Zuständigkeit, Verfahren rc. beim Vormundschaftsgerichte s. F.G. §§ 12, 35, 45, 53, 60.

§ 1452.

Auf den selbständigen Betrieb eines Erwerbsgeschäfts durch die Frau finden die Vorschriften des § 1405 entsprechende Anwendung.

E. I, 1356; II, 1351; III, 1455.

1. Die Frage, ob und unter welchen Modalitäten die in allgemeiner Gütergemeinschaft lebende Ehefrau ein selbständiges Erwerbsgeschäft betreiben kann, wird vom B.G.B. analog demjenigen behandelt, was in dieser Hinsicht beim ordentlichen gesetzlichen Güterstande Rechtens ist. Der § 1452 gibt daher hieher dem § 1405 entsprechende Anwendung. Ebendarum sei auch auf die Erörterungen zu § 1405 S. 145 fg. verwiesen und nur Folgendes in Kürze bemerkt:

a) Auch hieher gelten selbstverständlich jene allgemeinen Gerechtsame des Ehemannes, welche aus den die Wirkungen der Ehe im Allgemeinen behandelnden §§ 1354, 1356, 1358 entspringen. Aus den dort berührten, vom Güterstande unabhängigen Gesichtspunkten kann daher der Ehemann auch bei allgemeiner Gütergemeinschaft dem selbständigen Betriebe eines Erwerbsgeschäfts seiner Ehefrau unter Umständen entgegentreten.

b) Vom güterrechtlichen Standpunkte aus hat auch hier die Frau vollfreie Hand, soweit es sich ausschließlich um Verwendung ihres vorhandenen Vorbehaltsgutes handelt. Insoweit Gesammtgut in Frage steht, kommt § 1405 zu entsprechender Anwendung. Demzufolge ist im Grundsatze gegenüber dem Gesammtgute ehemännliche Zustimmung nothwendig, und zwar entweder ausdrückliche oder auch stillschweigend nach Maßgabe des § 1405 Abs. 2 u. 3. Liegt ehemännliche Zustimmung der einen oder anderen Art im Allgemeinen vor, so tritt auch hieher die Bestimmung des § 1405 über das Nichterforderniß spezieller Zustimmung des Ehemannes zu den durch den Geschäftsbetrieb veranlaßten einzelnen Rechtsgeschäften und Rechtsstreitigkeiten, desgleichen Satz 2 des § 1405 Abs. 1 in Wirksamkeit.

2. Bezüglich der Wirkungen eines mit oder ohne Zustimmung des Mannes von der Frau betriebenen selbständigen Erwerbsgeschäftes gilt dasjenige, was zu § 1405, Bem. Nr. 5 S. 146 in Ansehung des eingebrachten Gutes des ordentlichen gesetzlichen Güterstandes erörtert wurde, auch in Hinsicht auf das gütergemeinschaftliche Gesammtgut. Letzteres wird, wenn auch der Mann daran mitberechtigt ist, durch die aus dem ehefräulichen Erwerbsgeschäfte entspringenden Verbindlichkeiten mitbelastet. Vgl. § 1459, außerdem aber auch § 1462 bezüglich des Betriebes eines Erwerbsgeschäfts mit Vorbehaltsgut. Es sei übrigens auch daran erinnert, daß eine dem § 1367 entsprechende Bestimmung, wonach der Erwerb aus dem selbständigen Betriebe eines Erwerbsgeschäfts durch die Frau im ordentlichen gesetzlichen Güterstande immer Vorbehaltsgut der Frau wird, unter den Bestimmungen für die allgemeine Gütergemeinschaft fehlt. Jener Erwerb fällt daher hier nach der allgemeinen Regel dem Gesammtgute zu. Es könnte daher hieher unter Umständen nur nach § 1440 eine Anwendung des § 1370 in Frage kommen, wenn mit Vorbehaltsgut (ausschließlich oder neben Gesammtgut) das Erwerbsgeschäft betrieben wird.

3. Wegen der Zwangsvollstreckung bei dem fraglichen Geschäftsbetriebe gegenüber dem Gesammtgute vgl. C.P.O. § 741 u. Nr.

§ 1453.

Zur Annahme oder Ausschlagung einer der Frau angefallenen Erbschaft oder eines ihr angefallenen Vermächtnisses ist nur die Frau berechtigt; die Zustimmung des Mannes ist nicht erforderlich. Das Gleiche gilt von dem Verzicht auf den Pflichttheil sowie von der Ablehnung eines der Frau gemachten Vertragsantrags oder einer Schenkung.

Zur Errichtung des Inventars über eine der Frau angefallene Erbschaft bedarf die Frau nicht der Zustimmung des Mannes.

E. I, 1355; II, 1350; III, 1436.

1. Der Inhalt des § 1453 entspricht im Wesentlichen demjenigen, was sich für den ordentlichen gesetzlichen Güterstand aus § 1406 Nr. 1 u. 2 ergibt. Auch die gesetzgeberischen Grunderwägungen sind die gleichen (M. IV, 362 fg.). Vgl. daher auch hieher die Erörterungen zu § 1406. Nach M. IV, 363 weicht hier das B.G.B. absichtlich von älteren Rechten ab, welche z. B. entweder bezüglich Annahme oder Ausschließung einer der Frau, d. h. durch sie dem Gesammtgute angefallenen Erbschaft lediglich den Willen des Ehemannes entscheiden lassen (Bremer Nachlaßordnung von 1843 § 282) oder (wie der code civil Art. 217, 219, 776, 934) zur Annahme oder Ausschlagung einer Erbschaft oder Schenkung wenigstens die Zustimmung des Ehemannes erforderten.

Demgegenüber stellt das B.G.B. zunächst in § 1453 Abs. 1 zweierlei fest, nämlich daß in den im Abs. 1 aufgeführten Einzelfällen, weil sie als höchstpersönliche Angelegenheiten der Frau auch hier betrachtet werden, auch

a) nur die Frau selbst die bezüglichen Rechtsakte bethätigen kann, und daß sie dazu

b) auch nicht der Zustimmung des Mannes bedarf.

Für Vorbehaltsgut (vgl. desfalls namentlich § 1440 mit § 1369) ergibt sich diese Rechtslage schon aus den bezüglichen allgemeinen Grundsätzen. Für das Gesammtgut (§ 1438 Abs. 2) begründet sie § 1453 Abs. 1. Eben weil es sich in der Gesetzesstelle nur um Letzteres handelt, fehlt hier folgerichtig die in § 1406 Ziff. 3 enthaltene weitere

Erwähnung der „Vornahme eines Rechtsgeschäfts gegenüber dem Manne". Denn die Ehegatten sind in Bezug auf Gesammtgut auch Gesammtperson.

2. Zu Abs. 2. Die Inventarserrichtung, welche § 1406 Ziff. 1 sofort bei den anderen erbrechtlichen Punkten miterwähnte, ist hier ausgeschieden und in Abs. 2 eigens behandelt. Der Grund tritt bei Vergleichung des Wortlautes beider Absätze klar zu Tag. Auch für die Inventarserrichtung soll die Frau der ehemännlichen Zustimmung nicht bedürfen. Aber auch der Mann erscheint, schon weil im Abs. 2 der bezügliche gegentheilige Beisatz des ersten Absatzes fehlt, befugt, für eine dem Gesammtgute durch die Frau angefallene Erbschaft Inventar errichten zu lassen. Solches stellt sich als eine einfache Verwaltungshandlung dar. Zu vgl. §§ 1993 fg. und besonders § 2008, aus welch' letzterer Stelle sich ebenfalls des Mannes Befugniß ergibt, zum Schutze des Gesammtguts Inventar über eine der Frau angefallene Erbschaft errichten zu lassen.

§ 1454.

Zur Fortsetzung eines bei dem Eintritte der Gütergemeinschaft anhängigen Rechtsstreits bedarf die Frau nicht der Zustimmung des Mannes.

E. I, 1357; II, 1352; III, 1437.

1. Durch diese ebenfalls nur auf das Gesammtgut sich beziehende Gesetzesstelle wird eine Ausnahme begründet von der in § 1443 enthaltenen Regel, daß die auf das Gesammtgut sich beziehenden Rechtsstreitigkeiten vom Manne geführt werden und zwar in dessen eigenem Namen. Im Falle des § 1454 setzt die Frau den schon früher anhängig gewordenen Rechtsstreit auch in eigenem Namen fort und bedarf dazu nicht einmal der Zustimmung des Mannes. Sie ist desfalls vom Gesetze legitimirt.

2. Während § 1407 Ziff. 1 für den ordentlichen gesetzlichen Güterstand von der Fortsetzung eines zur Zeit der Eheschließung anhängigen Rechtsstreits spricht, bezeichnet § 1454 als maßgebendes Moment die Rechtshängigkeit beim Eintritte der Gütergemeinschaft. Dies hängt damit zusammen, daß letztere gemäß § 1432 auch erst nach der Eheschließung eintreten kann.

3. Zum Inhalte der Gesetzesstelle selbst vgl. Bem. 1 u. 2a zu § 1407 S. 148.

4. Das ergehende Urtheil ist im Falle des § 1454 auch gegenüber dem Ehemanne, beziehungsweise dem Gesammtgute wirksam. Vgl. E. I § 1355 Satz 2 mit P. IV, 259.

5. Wegen der Zwangsvollstreckung vgl. C.P.O. § 742 Abs. 2 n. Nr.

§ 1455.

Wird durch ein Rechtsgeschäft, das der Mann oder die Frau ohne die erforderliche Zustimmung des anderen Ehegatten vornimmt, das Gesammtgut bereichert, so kann die Herausgabe der Bereicherung aus dem Gesammtgute nach den Vorschriften über die Herausgabe einer ungerechtfertigten Bereicherung gefordert werden.

E. I, 1362; II, 1357; III, 1438.

1. Herkunft der Gesetzesstelle. Die jetzige Fassung des § 1455 findet sich zuerst im § 1440 jenes dem Entw. III vorangegangenen, erst 1898 im Drucke (K. Guttentag, Berlin) veröffentlichten Zwischenentwurfs, welcher die auf den Verhandlungen der II. Komm. beruhende, dem Bundesrath vorgelegte Schlußredaktion enthält (Bundesrathsvorlage). Gleichlautend steht sie dann auch in § 1438 E. III (Reichstagsvorlage). Von da ist die Fassung unverändert ins Gesetz übergegangen.

2. Bedeutung der Vorschrift. Die Gesetzesstelle faßt den Fall ins Auge, daß entweder der Mann ohne die erforderliche (auch nicht nach § 1447 ersetzte) Zustimmung der Frau, oder die Frau ohne die erforderliche (auch nicht nach § 1451 ersetzte) Zustimmung des Mannes in Bezug auf das Gesammtgut ein zwei- oder einseitiges Rechtsgeschäft abgeschlossen hat. In der Richtung der ersten Alternative kommen desfalls die eine Ausnahme vom Grundsatze des § 1443 enthaltenden, für den Mann beschränkenden Bestimmungen der §§ 1444, 1445, 1446 in Betracht. Hinsichtlich der zweiten Alternative aber ist für die Frau (in umgekehrter Weise) die Rechtslage die, daß an sich jedes Rechtsgeschäft der Frau in Bezug auf das Gesammtgut die Zustimmung des allein verwaltungsberechtigten Mannes bedarf, soferne nicht einer der Ausnahmsfälle der §§ 1450 fg. vorliegt.

Liegt auf der einen oder anderen Seite ein Rechtsgeschäft jener Art vor, so ist es an sich für und gegen das Gesammtgut unwirksam. Es kann aber dabei doch vorkommen, daß durch den thatsächlich eingetretenen und vom anderen Theil nicht gestörten (vgl. z. B. § 1449: „kann"!) Vollzug des Rechtsgeschäfts dem Gesammtgut eine Bereicherung zugeht. In einem solchen Falle ist es demjenigen Ehetheile, welcher das Rechtsgeschäft abgeschlossen hat, verstattet, die Herausgabe der Bereicherung aus dem Gesammtgute zu fordern. Letzterem soll aus der vorgekommenen Irregularität ebensowenig wie ein Schaden (vgl. desfalls § 1456 Satz 2), auch ein Nutzen zugehen. Die Herausgabe der Bereicherung erfolgt nur auf Anfordern, entfällt aber dem Gesammtgute nicht schon kraft Gesetzes. (Aehnlich § 1399 Abs. 2.)

3. Während in früheren Entwürfen (E. I § 1362 Ziff. 1; II § 1357) neben den Rechtsgeschäften auch Rechtsstreitigkeiten erwähnt sind, ist im jetzigen § 1455 nur mehr von Rechtsgeschäften die Rede.

4. Wegen des Begriffs der Bereicherung und der bezüglichen hieher ebenfalls maßgebenden Rechtsgrundsätze vgl. §§ 812 fg.

§ 1456.

Der Mann ist der Frau für die Verwaltung des Gesammtguts nicht verantwortlich. Er hat jedoch für eine Verminderung des Gesammtguts zu diesem Ersatz zu leisten, wenn er die Verminderung in der Absicht, die Frau zu benachtheiligen, oder durch ein Rechtsgeschäft herbeiführt, das er ohne die erforderliche Zustimmung der Frau vornimmt.

E. I, 1364; II, 1348; III, 1439.

1. Der im ersten Satze des § 1456 niedergelegte Grundsatz ist für die Stellung des Mannes bei allgemeiner Gütergemeinschaft von hervorragender Wichtigkeit. M. IV, 379 enthalten darüber folgende Sätze:

> „In Uebereinstimmung mit allen auf dem Boden der allgemeinen Gütergemeinschaft stehenden Rechten wird davon ausgegangen, daß der Ehemann für die Ausübung des ihm in Ansehung des Gesammtgutes zustehenden Verwaltungsrechts grundsätzlich gegenüber der Ehefrau rechtlich nicht verantwortlich ist. Der Ausschluß einer solchen rechtlichen Verantwortlichkeit ist durch das Wesen der allgemeinen Gütergemeinschaft, bei welcher das beiderseitige Vermögen auf gemeinsamen Gedeih und Verderb vereinigt wird, geboten. Eine Verantwortlichkeit des Ehemannes wegen Führung der Verwaltung des Gesammtgutes würde zudem die ganze Stellung des Ehemannes zu einer unerträglichen und die allgemeine Gütergemeinschaft zu einer unerschöpflichen Quelle von Streitigkeiten machen."

Vgl. auch P. IV, 267. Jener Grundsatz, welcher eine gewisse Modifikation des § 1359 über die unter Ehegatten zu vertretende Sorgfalt in sich schließt, erfährt aber nach ausdrücklicher Gesetzesvorschrift

2. zweierlei Ausnahmen. Sie setzen beide voraus, daß in Folge von Rechtsakten das Gesammtgut eine Verminderung erleidet. Dies ist auf jede Art der Verminderung zu beziehen. Die Thatsache einer Verminderung aber verpflichtet den Mann zur Leistung des entsprechenden Ersatzes. Hergeholt kann dieser Ersatz wohl nur werden entweder aus einem bestehenden Vorbehaltsgute oder aus dem gütergemeinschaftlichen Antheile des Mannes am Gesammtgute, wenn nach Beendigung der Gütergemeinschaft eine Auseinandersetzung stattfindet. (Vgl. § 1467.)

Jene Fälle der Verantwortlichkeit des Ehemannes aber sind:

a) Verminderung des Gesammtguts in der Absicht, die Frau zu benachtheiligen. In diesem Falle steht neben der Ersatzpflicht übrigens auch noch die Möglichkeit einer Klage der Frau auf Aufhebung der Gütergemeinschaft nach § 1468 Ziff. 2. Hier wie dort wird aber das positive Vorhandensein jener Absicht erfordert. Bloße Fahrlässigkeit genügt hier nicht, nicht einmal grobe. Vgl. auch R.T.K. S. 139. Auch muß die Absicht direkt auf eine Schädigung der Frau durch jene Verminderung gerichtet sein. Damit ist der Fall sehr eng begrenzt. Er kann aber bei gestörten Eheverhältnissen vorkommen. In II. Komm. war eine weitere Erstreckung beantragt worden, dahingehend, daß der Mann verantwortlich sein solle für Verminderung des Gesammtgutes „durch eine vorsätzlich begangene unerlaubte Handlung oder durch ein sonstiges auf der Absicht der Schädigung der Frau beruhendes

Verhalten". Dieser Antrag wurde aber mehrheitlich abgelehnt. S. hierüber und über die bezüglichen Erwägungen P. IV, 267.

b) **Verminderung durch ein Rechtsgeschäft, welches vom Manne ohne die erforderliche (und auch nicht ersetzte) Zustimmung der Frau vorgenommen wurde.** Die Ersatzpflicht ist hier im Gegensatze zum vorigen Falle nicht bedingt durch irgendwelche böswillige Absicht, auch nicht durch eigentliche Fahrlässigkeit. Der Mangel der ehefräulichen Zustimmung in Verbindung mit dem das Gesammtgut vermindernden Erfolge genügt.

3. Im § 1456 ist nur die Rede von den Verantwortlichkeitsverhältnissen des **Mannes**, nicht auch von solchen der **Frau**. So war es auch schon in den Entwürfen. (E. I, 1364; II, 1348; III, 1439.)

In M. IV, 380 findet sich darüber eine Erörterung. Daraus ergiebt sich, daß die Nichtberührung der Haftpflichtverhältnisse der Frau an dieser Stelle eine absichtliche war. Man fand,

> „daß die besonderen Gründe, auf welchen die fragliche Bestimmung beruht, insoweit, als dieselben mit der Stellung des Ehemannes zu dem Gesammtgute zusammenhängen, bei der Ehefrau nicht zutreffen, da dieser ein Recht, in die Verwaltung des Gesammtgutes einzugreifen, nicht zusteht. Zweifelhaft kann es indessen sein, ob nicht die Sachlage dann dieselbe ist, wenn die Ehefrau bei Ausübung der Schlüsselgewalt oder bei Ausübung des Rechtes, den Ehemann im Falle der Abwesenheit oder Krankheit desselben bei Gefahr im Vollzuge zu vertreten (§ 1450), dem Gesammtgute einen Schaden zugefügt hat. Eine gesetzliche Entscheidung jener Fragen ist jedoch nicht erforderlich (?). . . . Vielmehr verdient es den Vorzug, die Entscheidung der Frage, inwieweit die Haftpflicht der Ehefrau nach allgemeinen Grundsätzen begründet und ob und inwieweit der § 1456 zu einer analogen Anwendung auf die Ehefrau geeignet ist, der Wissenschaft und Praxis zu überlassen" (!).

Man darf wohl annehmen, daß „die Wissenschaft und Praxis" zu einer analogen Anwendung einer Ausnahmsbestimmung, wie § 1456, ohne ausdrückliche Gesetzesvorschrift nicht kommen wird und kann. Viel näher liegt es, hinsichtlich der Frau auf die **allgemeinen Rechtsgrundsätze**, welche sich aus § 1359 ergeben, zurückzugreifen. Zu den dort erwähnten Verpflichtungen der Frau gehört ja namentlich auch veranlaßten Falles die Einholung einer erforderlichen eheherrlichen Zustimmung.

§ 1457.

Steht der Mann unter Vormundschaft, so hat ihn der Vormund in den Rechten und Pflichten zu vertreten, die sich aus der Verwaltung des Gesammtguts ergeben. Dies gilt auch dann, wenn die Frau Vormund des Mannes ist.

E. I, 1370; II, 1355; III, 1440.

1. **Stellungnahme des Gesetzes.** Ergiebt sich der Fall einer Vormundschaft über den Mann, so entsteht die Frage, wie es nun mit der Verwaltung des Gesammtgutes gehalten werden, auf wen die Gerechtsame des Mannes übergehen solle? In dieser Hinsicht sind verschiedene Wege denkbar. Man kann in jenem Falle:

a) der Ehefrau allein das Verwaltungsrecht einräumen (so z. B. Sächs. G.B. §§ 1700, 1701), sei es mit oder ohne Beschränkungen. Man kann aber auch

b) eine gemeinschaftliche Verwaltung der Ehefrau und des gesetzlichen Vertreters des Mannes eintreten lassen, oder

c) die Vertretung des Mannes seinem Vormunde auch in der hier fraglichen Hinsicht anheimgegeben oder endlich

d) die ganze Gemeinschaft zur Auflösung bringen.

Von diesen Wegen hat das B.G.B. den unter c als den gangbarsten befunden (M. IV, 363; P. IV, 259 fg.). Die anderen Auskunftsmittel fallen also weg.

2. **Nach Wortlaut und Inhalt** stimmt der § 1457 überein mit dem § 1409. Vgl. daher auch hieher die Bem. zu letzterem.

3. Die **Vormundschaft** kann nur eine solche über **einen Volljährigen** sein. Denn nach § 1303 ist nur ein volljähriger (auch für volljährig erklärter) Mann ehemündig.

4. Ueber den Fall einer **Vormundschaftsführung durch die Frau**, welcher in der II. Komm. gerade für Verhältnisse vorwürfiger Art sehr als Auskunftsmittel ins Auge gefaßt wurde (P. IV, 261), vgl. § 1409 Bem. 2.

5. Pflegschaft steht auch in vorwürfiger Richtung der Vormundschaft gleich; §§ 1909 fg., 1915. Vgl. übrigens § 1450.

§ 1458.

Der eheliche Aufwand fällt dem Gesammtgute zur Last.

E. II, 1360; III, 1441.

1. Grundsatz. Der erst in II. Komm. (P. IV, 269) eingestellte Paraprapḥ korrespondirt mit den die Verhältnisse im ordentlichen gesetzlichen Güterstande, sowie bei der vollen Gütertrennung behandelnden §§ 1389 und 1427. In jenem Güterstande ist durch § 1389 die Tragung des ehelichen Aufwands dem Manne auferlegt, theils wegen seiner Stellung als Familienoberhaupt, theils auch, weil er dafür die Nutznießung am eingebrachten Gute der Frau hat. Bei der vollen Gütertrennung greift ebenfalls der erstere Gesichtspunkt Platz. Da der Mann aber hier am Frauenvermögen nicht nutznießungsberechtigt ist, so ist der Frau durch § 1427 Abs. 2 die Pflicht zu einer Beitragsleistung auferlegt. Modifizirt ist diese Beitragsleistung im ordentlichen gesetzlichen Güterstande nach § 1371. Bei allgemeiner Gütergemeinschaft fällt (abgesehen von dem selteneren Vorkommen eines Vorbehaltsguts nach § 1440) die begriffliche und reale Unterscheidung zwischen Mannes- und Frauenvermögen weg. Beides verschmilzt zum Gesammtgute. Daher ist es auch folgerichtig, daß letzteres den ehelichen Aufwand zu bestreiten hat. Ist Vorbehaltsgut der Frau vorhanden, so greift noch eine beschränkte Beitragspflicht der Frau aus ihrem Vorbehaltsgute Platz (§ 1441).

2. Der Begriff: „ehelicher Aufwand" steht hier im gleichen Sinne, wie in den §§ 1389, 1427. Vgl. daher auch die Erörterungen zu § 1389 Nr. 2 und 3. Was dort vom Ehemanne gesagt wurde, ist eben hier analog auf das Gesammtgut zu beziehen.

3. Weitere Lasten. In den §§ 1385, 1386 sind im ordentlichen gesetzlichen Güterstande dem Ehemanne für die Dauer seiner Verwaltung und Nutznießung (der Frau gegenüber) auch noch verschiedene andere auf dem eingebrachten Gute der Frau liegende Lasten zur Tragung zugewiesen. Vgl. Bem. zu § 1385. Derartige Lasten ruhen bei der allgemeinen Gütergemeinschaft selbstverständlich auf dem Gesammtgut (soweit es sich um solches und nicht um Vorbehaltsgut handelt). Dazu gehören, wie dorten, z. B. die öffentlichen Steuern und Abgaben jeder Art, öffentlich-rechtliche Leistungen (z. B. Einquartirungslasten), die auf dem Gesammtgute ruhenden privatrechtlichen Lasten, z. B. Zinsen, Renten, Unterhaltsbeiträge, weiter der Versicherungsaufwand u. dgl. mehr. Vgl. S. 125 fg.

4. Ueber die Gewährung einer Ausstattung an Kinder aus dem Gesammtgute vgl. § 1465 fg.

§ 1459.

Aus dem Gesammtgute können die Gläubiger des Mannes und, soweit sich nicht aus den §§ 1460 bis 1462 ein Anderes ergiebt, auch die Gläubiger der Frau Befriedigung verlangen (Gesammtgutsverbindlichkeiten).

Für Verbindlichkeiten der Frau, die Gesammtgutsverbindlichkeiten sind, haftet der Mann auch persönlich als Gesammtschuldner. Die Haftung erlischt mit der Beendigung der Gütergemeinschaft, wenn die Verbindlichkeiten im Verhältnisse der Ehegatten zu einander nicht dem Gesammtgute zur Last fallen.

E. I, 1359; II, 1356; III, 1442.

1. Die Frage der Schuldenhaftung während des Bestehens allgemeiner Gütergemeinschaft ist, wie die Schuldenhaftung im Gebiete des ehelichen Güterrechts überhaupt, von hervorragender Wichtigkeit, so wenig sich dessen auch die meisten Eheleute zeitweise bewußt sein mögen. Gehört es ja doch zu den alltäglichen Erscheinungen, daß, je inniger das Eheband in persönlicher, sittlicher und wirthschaftlicher Hinsicht geschlungen erscheint, desto weniger unter den Ehegatten selbst nach Rechtsnormen gefragt und geforscht wird, bis — es entweder zu einer Vermögensauseinandersetzung kommt oder Dritte als Gläubiger eine „Bekümmerniß" um die Rechtsverhältnisse entwickeln. Dann ergeben sich Fragen aller Art.

Ebendeshalb hat schon in den

2. älteren Rechten, in Sonderheit in den statutarischen Rechtsnormen für Gütergemeinschaft, fast überall eine mehr oder minder eingehende Regelung der Schuldenhaftungsfrage stattgefunden. Eine Hauptunterscheidung wurde hiebei gewöhnlich gemacht

zwischen vorehelichen Schulden (beziehungsweise vor Eintritt der Gütergemeinschaft vorhandenen) des einen und anderen Ehegatten, sowie den eigentlichen Eheschulden.

a) Hinsichtlich der vorehelichen Schulden ergab sich hiebei auf dem Boden der allgemeinen Gütergemeinschaft als folgerichtiger Standpunkt der, daß auch diese Schuldenklasse vom Eintritt der Ehegatten in die allgemeine Gütergemeinschaft an als den Ehegatten gemeinschaftlich in der Art behandelt wurde, daß die Schulden auch auf dem Gesammtgute haften. „Die den Mann trauet, die trauet die Schuld“ (Rechtssprichwort). So konstruirte die gemeinrechtliche Theorie, so verordnete für die Regel das P.L.R. Thl. II Tit. 1 § 391 (Ausnahmen: §§ 391 fg.) und das Sächs. G.B. § 1696, so bestimmten zahlreiche andere Partikularrechte, wie z. B. die Bayreuther Landeskonstitution, das Dinkelsbühler, Fulda'sche, Erbacher, Pappenheim'sche, Eichstätter, Schweinfurter und Fürstl. Kempten'sche Recht, ferner Hannover'sche und schleswig-holsteinische Rechte, das Bremer Recht u. s. w. Viel seltener kam es vor, daß, wie nach Oettingen-Wallerstein'schem oder Münster'schem Rechte, die Haftung des Gesammtguts für voreheliche Schulden ganz ausgeschlossen oder, wie nach der auf dem romanisirenden Standpunkt der Gemeinschaft nach ideellen Hälfteantheilen stehenden sog. Nürnberger Reformation, auf den Communionsantheil des ursprünglichen Schuldners beschränkt wurde. (Vgl. dazu O.A.G.U. v. 23. Juli 1878; Bl. f. R.A. Bd. 43 S. 332.) Vermittelnde Stellungen nahmen ein z. B. das Fränkische L.R. und das Bamberger L.R., und zwar in der Art, daß erstere Gesetzgebung primär das etwa besonders vorbehaltene Vermögen und nur subsidiär während der Dauer der Gütergemeinschaft das Gesammtgut haften läßt, während umgekehrt das Bamberger L.R. unter gewissen Voraussetzungen auch volle Gemeinschaft der eingebrachten Schulden annimmt und sogar diese Gemeinschaft in erste Reihe stellt, etwa vorbehaltenes Vermögen aber nur einer subsidiären Haftung unterwirft.

b) Hinsichtlich der während der Ehe, bezw. während des Bestandes der Gütergemeinschaft entstandenen Schulden ist in der Regel schon nach den älteren Rechten das Verhältniß dahin bestimmt gewesen, daß solche rechtsgültig entstandene Schulden — abgesehen von der Frage der Mithaftung von vorbehaltenem Gute des einen oder anderen Ehegatten — dem Gesammtgute zur Last fallen. So nach der Doktrin des Gem. Rechts, nach P.L.R. Thl. II Tit. 1 § 380, 384, 389, 390, nach Sächs. G.B. § 1696 und nach zahlreichen kleineren Partikularrechten. Auch das Bayr. L.R. ist für den Fall einer in seinem Gebiete vertragsmäßig entstandenen Gütergemeinschaft hieher zu rechnen. (Thl. I cap. 6 § 32; Roth, B.C.R., 2. Aufl. Bd. 1 S. 468, 469; Bl. f. R.Anw. Bd. 51 S. 220.) Das Nürnberger Recht hatte entsprechend dem, was oben unter a über die sog. vorehelichen Schulden bestimmt ist, auch hier die Eigenthümlichkeit, daß das Gesammtgut nur für gemeinsam contrahirte Schulden der Eheleute haftet, während einseitig von einem Ehegatten ohne Wissen und Willen des Anderen eingegangene und auch nicht zu gleichem Nutzen desselben gereichende Schulden, desgleichen die durch unerlaubte Handlungen veranlaßten Verpflichtungen nur auf der Vermögenshälfte des betreffenden Ehegatten lasten. (O.A.G.U. v. 23. Juli 1878: Bl. f. R.A. Bd. 43 S. 332.) Auch andere Partikularrechte hatten hinsichtlich der Behandlung der Verbindlichkeiten aus unerlaubten Handlungen, sowie der sog. einseitigen Schulden verschiedentlichen Inhalt. So gab es desfalls manchen Orts für die während der Ehe einseitig (wie gemeinsam) eingegangenen Verpflichtungen eine solidarische Haftung (z. B. nach Dinkelsbühler, Nördlinger, Oettingen'schem und Fuldaer Recht). Anderwärts war die Haftung des Gesammtguts oder auch die persönliche Mithaftung des anderen Ehetheils ausgeschlossen oder beschränkt oder wenigstens eine Entschädigung des letzteren bei der Abtheilung vorgesehen (z. B. P.L.R. Thl. II Tit. 1 §§ 384, 385, 389, 390; dann Würzburger Recht, Bamberger L.R., Hohenloher L.R., Castell'sches, Schweinfurter, Eichstätter, Pappenheim'sches, Kemptener Recht rc.).*)

3. Stellungnahme des B.G.B. Im Vergleiche zu jenen mannigfaltigen und oft auch unklaren Gestaltungen des älteren Rechts ist das B.G.B. in fraglicher Hinsicht zu einem ziemlich einfachen Aufbau gekommen. Erleichtert war dies, namentlich im

---

*) S. über alles dieses Darstellung des ehel. Güterrechts in Bayern S. 113 fg.; Roth, B.C.R., 2. Aufl. Bd. 1 S. 468 fg.

Vergleiche mit den Normen des ordentlichen gesetzlichen Güterstands, dadurch, daß bei der allgemeinen Gütergemeinschaft eben nur das vereinigte Gesammtgut neben etwaigen, aber hier seltener vorkommenden Vorbehaltsgütern in Betracht kommt, während im ordentlichen gesetzlichen Güterstande — abgesehen vom Vorbehaltsgute der Frau — das persönliche Vermögen des Mannes und das eingebrachte Gut der Frau nebeneinander stehen.

Die M. IV, 364 leiten die vom B.G.B. (sachlich übereinstimmend schon mit E. I § 1359) im § 1459 Abs. 1 niedergelegte Grundauffassung ab

> „aus dem zu Grunde liegenden Prinzipe, daß das Gesammtgut beiden Ehegatten gehört, daß die Antheile derselben während der Dauer der Gemeinschaft nicht hervortreten und als selbständige Vermögensrechte nicht geltend gemacht werden können, in Verbindung mit der Erwägung, daß die allgemeine Gütergemeinschaft nicht dahin führen darf, das gemeinschaftliche Vermögen dem Zugriffe der Gläubiger des einen oder anderen Ehegatten zu entziehen".

Hieraus wird als Grundsatz abgeleitet, „daß die Gläubiger des Ehemannes und die Gläubiger der Ehefrau wegen aller Verbindlichkeiten der Ehegatten die Befriedigung aus dem Gesammtgute müssen verlangen können". M. IV, 364. Dieser Grundsatz wird ohne Einschränkung durchgeführt auch für die vor Eintritt der allgemeinen Gütergemeinschaft auf Seite des einen oder anderen Ehegatten entstandenen Verbindlichkeiten.

Wie beim ordentlichen gesetzlichen Güterstande wird dabei aber auch hier auseinandergehalten, ob es sich um Haftungsverhältnisse gegenüber den Gläubigern oder um solche im Verhältnisse der Ehegatten unter sich handelt. Auf Erstere beziehen sich die §§ 1459—1462, auf Letztere die §§ 1463—1465.

4. Durchführung des Grundsatzes und Ausnahmen gegenüber dritten Personen als Gläubigern. An der Spitze steht die Aufstellung und Ausgestaltung des Begriffes „Gesammtgutsverbindlichkeit". Er läuft parallel mit dem Begriffe: Gesammtgut. Demnach bezeichnet und umfaßt jener Begriff alle (P. IV, 262) diejenigen Verbindlichkeiten, für welche die Gläubiger des Mannes oder der Frau Befriedigung aus dem Gesammtgute verlangen können. Letzteres ist aber der Fall:

a) für die Gläubiger des Mannes unbeschränkt,

b) für die Gläubiger der Frau insoweit, als es sich nicht um Verbindlichkeiten handelt, denen das Gesetz die Wirkung gegen das Gesammtgut nach den Sonderbestimmungen der §§ 1460, 1461, 1462 eigens versagt.

Zu a. Diese Bestimmung steht in vollem Gegensatze zu derjenigen des § 1410 für den ordentlichen gesetzlichen Güterstand. Sie erstreckt sich auf alle Gläubiger des Mannes, mag dessen Verbindlichkeit sich auf persönliches Vermögen (Vorbehaltsgut) des Mannes (vgl. dagegen betreffs der Frau §§ 1461, 1462) oder auf Gesammtgut beziehen, mag sie vor oder während der Gütergemeinschaft entstanden sein, mag sie auf gesetzlicher Vorschrift (z. B. Unterhaltspflichten), auf Rechtsgeschäft oder unerlaubten Handlungen beruhen.

Zu b. Diese Hauptsätze gelten an sich auch für die Frau und deren Gläubiger. Insbesondere belasten auch vor Eintritt der Gütergemeinschaft entstandene Schulden der Frau das Gesammtgut, ebenso den Gläubigern gegenüber Deliktsschulden (vgl. die Ausführungen in M. IV, 375; D. 201), Unterhaltsverbindlichkeiten und andere gesetzliche Haftungen (M. IV, 376; D. 201). Ausgeschlossen von der Inanspruchnahme des Gesammtguts für die Frau sind aber für deren Gläubiger — abgesehen von den in den §§ 1461 und 1462 behandelten Beziehungen zum Vorbehaltsgut der Frau — diejenigen Verbindlichkeiten der Frau, welche erst nach Eintritt der Gütergemeinschaft aus einem Rechtsgeschäfte derselben entsprangen, wenn die erforderliche Zustimmung des Mannes dazu nicht ertheilt war oder die Frau ausnahmsweise (§§ 1449 fg.) einer solchen dazu nicht bedurfte, um das Gesammtgut zu belasten.

4. Ausdehnung der ehemännlichen Haftung. Im Absatz 2 § 1459 wird eine Frage zum Austrage gebracht, welche in den seitherigen Gesetzgebungen vielfach entweder gar nicht oder wenigstens nicht klar entschieden war. Es ist dies die Frage: „ob und inwieweit ein Ehegatte während bestehender Gemeinschaft für die Schulden des Anderen, soweit dieselben Gesammtgutsverbindlichkeiten sind (also nicht auf dem Vorbehaltsgut des betreffenden Ehegatten allein liegen) nur mit dem Gesammtgute oder auch persönlich haftet. Die Auffassungen der bisherigen Rechte sind erörtert in M. IV, 366.

Das B.G.B. nimmt eine persönliche Haftung des Ehemannes an — und zwar sogar als Gesammtschuldner — für alle solche Verbindlichkeiten der Frau, welche Gesammtgutsverbindlichkeiten sind (also nicht lediglich Vorbehaltsgutsverbindlichkeiten der Frau: §§ 1461, 1462). Zu § 1359 Abs. 2 E. I ist dies, obwohl der Rechtssatz unter Umständen zu Härten für den Ehemann führen kann, doch in M. IV, 369 (vgl. dazu auch P. IV, 282; D. 201) gerechtfertigt damit

a) daß dem Ehemanne ein fast unbeschränktes Verfügungsrecht über das Gesammtgut zusteht;

b) daß er, wenn er zugleich Vorbehaltsgut hat, ohne jenen Satz in der Lage wäre, Verwendungen auf das Vorbehaltsgut aus dem Gesammtgute zu machen und auf diese Weise den Gläubigern der Ehefrau Bestandtheile des Gesammtguts als Befriedigungsobjekt zu entziehen oder doch den Zugriff darauf zu erschweren;

c) endlich, daß der Ehemann ohne jene Haftung sein Verwaltungsrecht dazu mißbrauchen könnte, seine eigenen Schulden aus dem Gesammtgute zu bezahlen, diejenigen der Frau aber unbezahlt zu lassen.

Diese persönliche Haftung des Ehemannes, welche sich auch auf dessen Vorbehaltsgut erstreckt, gilt insbesondere den Gläubigern gegenüber auch für Verbindlichkeiten der Ehefrau aus gesetzlichen Verpflichtungen oder aus unerlaubten Handlungen als Gesammtgutsverbindlichkeiten. Vgl. P. IV, 263 mit 282. (Ueber das Verhältniß unter den Ehegatten selbst vgl. §§ 1463 fg.) Umgekehrt findet aber eine solche persönliche Haftung auf Seite der Frau gegenüber den Verbindlichkeiten des Mannes, auch wenn sie gegenüber den Gläubigern oder im Verhältnisse der Ehegatten unter sich Gesammtgutsverbindlichkeiten sind, grundsätzlich nicht statt. Die Frau haftet nur mit dem Gesammtgute. (D. 201.) In M. IV, 367 wird die innere Rechtfertigung dessen gefunden in den dem Ehemann zustehenden ausgedehnten Verfügungsrechten und in der mehr passiven Stellung, welche die Ehefrau während bestehender Gütergemeinschaft einnimmt und welche ihr von der Möglichkeit, einen Einfluß auf die Verwaltung des Gesammtgutes auszuüben, viel entzieht. „Die beschränkte Haftung der Ehefrau für die Schulden des Ehemannes enthält die durch die Billigkeit geforderte Ausgleichung für die ungleiche Berechtigung der Ehegatten."

Die persönliche Solidarhaftung des Ehemannes unterliegt übrigens nach § 1459 Abs. 2 Satz 2 einer zeitlichen Begrenzung auf die Dauer der Gütergemeinschaft. Wird diese aus irgend einem Rechtsgrunde (s. zu § 1468) beendigt, so erlischt mit dieser Beendigung — nicht erst mit der Auseinandersetzung (vgl. P. IV, 261, 263) — auch die ehemännliche persönliche Haftung, jedoch nur in Ansehung derjenigen Verbindlichkeiten, welche nach den Normen der §§ 1563 fg. im Verhältnisse der Ehegatten zu einander nicht dem Gesammtgute zur Last fallen. Bezüglich dieser Verbindlichkeiten (wozu namentlich Verbindlichkeiten aus einer unerlaubten Handlung nach näherer Bestimmung des § 1463 Ziff. 1 gehören; D. 201) können und müssen sich die Gläubiger der Frau nun an die Frau und deren sich ausscheidendes Vermögen allein halten.

Eine hieher einschlägige andere Sicherung des Ehemannes enthält B.G.B. § 1469.

5. Ueber Zwangsvollstreckung bei allgemeiner Gütergemeinschaft s. C.P.O. §§ 740—744, 860 u. Nr.

6. Wegen des Konkurses bestimmt § 2 der Konkursordnung vom 17. Mai 1898 Folgendes:

a) Wird bei dem Güterstande der allgemeinen Gütergemeinschaft das Konkursverfahren über das Vermögen des Mannes eröffnet, so gehört das Gesammtgut zur Konkursmasse; eine Auseinandersetzung wegen des Gesammtguts zwischen den Ehegatten findet nicht statt.

b) Durch das Konkursverfahren über das Vermögen der Frau wird das Gesammtgut nicht berührt.

Diese Bestimmungen stehen im Zusammenhange mit dem hier behandelten § 1459 Abs. 1 und 2 und ziehen Folgerungen daraus. Näheres gehört in das Konkursrecht. Nur ist hier dazu zu betonen, daß in einem Konkursfalle die allgemeine Gütergemeinschaft nicht schon kraft Gesetzes endigt — eine wesentliche Abweichung von § 1419.

§ 1460.

Das Gesammtgut haftet für eine Verbindlichkeit der Frau, die aus einem nach dem Eintritte der Gütergemeinschaft vorgenommenen Rechtsgeschäft entsteht, nur dann, wenn der Mann seine Zustimmung zu dem Rechtsgeschäft ertheilt oder wenn das Rechtsgeschäft ohne seine Zustimmung für das Gesammtgut wirksam ist.

Für die Kosten eines Rechtsstreits der Frau haftet das Gesammtgut auch dann, wenn das Urtheil dem Gesammtgute gegenüber nicht wirksam ist.

E. I, 1362; II, 1357; III, 1443.

In den §§ 1460, 1461, 1462 enthält das B.G.B. in Bezug auf die Haftung des Gesammtguts gegenüber den Gläubigern für Verbindlichkeiten der Frau diejenigen Ausnahmebestimmungen, welche im § 1459 Abs. 1 eigens vorbehalten sind. Soweit durch diese Ausnahmen das Gesammtgut von Haftungen für Verbindlichkeiten der Frau befreit wird, kann von deren Gläubigern nur das ehefräuliche Vorbehaltsgut oder dasjenige in Anspruch genommen werden, was nach Beendigung der Gütergemeinschaft aus dem bis dahin bestandenen Gesammtgute nun auf die Seite der Ehefrau entfällt.

1. Zu Abs. 1. Die Bestimmung, über welche bereits oben zu § 1459 Erörterungen zu finden sind, ist analog derjenigen, welche für den ordentlichen gesetzlichen Güterstand im § 1412 Abs. 1 gegeben ist. Was dort vom eingebrachten Gute gesagt ist, gilt hier vom Gesammtgut. Vgl. Bem. Nr. 1 zu § 1412.

Auch hier handelt das Gesetz nur von Rechtsgeschäften der Frau, und zwar auch nur von solchen, welche nach Eintritt der Gütergemeinschaft vorgenommen wurden. Aus früherer Zeit stammende Verbindlichkeiten der Frau fallen nicht unter § 1460, sondern unter die Regel des § 1459. Auf Verbindlichkeiten, welche der Frau kraft Gesetzes obliegen oder aus unerlaubten Handlungen derselben entspringen, bezieht sich § 1460 Abs. 1 nicht, gleichviel ob diese Verbindlichkeiten vor oder nach Eintritt der Gütergemeinschaft entstanden sind.

Eine besondere Frage erörtern noch M. IV, 374 zu E. I § 1362; nämlich die Frage, ob der Ehemann bei Ertheilung seiner erforderlichen Einwilligung oder Genehmigung zu einem Rechtsgeschäfte (oder auch Rechtsstreite) der Ehefrau die Haftung des Gesammtguts und damit auch seine persönliche (§ 1359 Abs. 2) Haftung mit Wirksamkeit gegen den Dritten ausschließen kann? Besondere Bestimmungen hierüber wurden in das Gesetz nicht aufgenommen. M. IV, 374 bejahen im Allgemeinen die Frage, wenn eine förmliche Ausschließung durch Vertrag mit dem Dritten vorliegt, und setzen diesem Falle auch den anderen gleich, wenn der Ehemann eine Zustimmung nur unter der Bedingung ertheilt hat, daß jene Haftung ausgeschlossen werde. Als selbstverständlich betrachten M. IV, 374 die Zulässigkeit der Haftungsausschließung des Ehemannes selbst für jene Fälle, in denen zur ordnungsmäßigen Verwaltung der persönlichen Angelegenheiten der Frau ein der ehemännlichen Zustimmung bedürftiges Rechtsgeschäft (vgl. § 1451) erforderlich ist. Als zweifelhaft erachten es M. IV a. a. O., ob eine Haftungsbeschränkung auch dann anzunehmen ist, wenn der Ehemann seine Zustimmung gegenüber der Ehefrau zwar unbedingt, aber mit der Beschränkung ertheilt, daß die Haftung des Gesammtguts und damit auch seine persönliche ausgeschlossen sein solle. Für ausgeschlossen halten es aber jene Motive, einer Zustimmung des Ehemannes zu einem selbständigen Erwerbsgeschäfte der Frau (§ 1452 mit § 1405) eine Beschränkung fraglicher Art mit Wirksamkeit gegen Dritte beizufügen. Positiv bestimmt wurde im Einzelnen über alles dieses nichts. Man beruhigte sich wieder einmal mit dem bekannten Vertrauen auf die „Wissenschaft und Praxis".

2. Zu Abs. 2. Ist ebenfalls analog dem § 1412 Abs. 2. Die hier vorliegende Gesetzesstelle hat denselben Inhalt, dieselbe Tragweite wie die im § 1412. Vgl. deshalb Bem. zu § 1412 S. 155. Auch hier handelt es sich sowohl um Aktiv- wie Passivprozesse der Frau, sowohl um die bei Gericht erwachsenden, wie die dem Gegner zu ersetzenden Kosten, und ebenso auch um diejenigen, welche die Frau einem Dritten für ihre eigene Prozeßseite, insbesondere an Gebühren und Auslagen ihrem eigenen Prozeßbevollmächtigten, zu vergüten hat.

Hieher werden auch dem Gegner im Verfahren gegenüber diejenigen Lasten gerechnet werden müssen, welche bei einem strafrechtlichen Privatklageverfahren (auch Nebenklageverfahren) für die Frau erwachsen.

Alle diese Kosten belasten nach den Schlußworten des Abs. 2 das Gesammtgut auch dann, wenn der Mann seine der Regel nach erforderliche (Ausnahmen: §§ 1449, 1450, 1451, 1452, 1454) Zustimmung nicht gegeben hat. Ueber die Frage aber, ob und inwieweit diese Belastung des Gesammtguts eine definitive ist oder ob nicht vielmehr unter den Ehegatten ein Rückgriff auf das Eigenvermögen der Frau (Vorbehaltsgut oder seinerzeitige Gewinnung aus dem Gesammtgute) stattfinden kann, vgl. §§ 1463, 1464 nebst Bem. dazu.

§ 1461.

Das Gesammtgut haftet nicht für Verbindlichkeiten der Frau, die in Folge des Erwerbes einer Erbschaft oder eines Vermächtnisses entstehen, wenn die Frau die Erbschaft oder das Vermächtniß nach dem Eintritte der Gütergemeinschaft als Vorbehaltsgut erwirbt.

E. I, 1362; II, 1358; III, 1444.

Vorstehende Bestimmung schließt sich dem § 1440 mit § 1369 an und entspricht genau dem für den ordentlichen gesetzlichen Güterstande maßgebenden § 1413. Was in letzterem bezüglich des eingebrachten Gutes gesagt ist, gilt nach § 1461 in Ansehung des Gesammtguts. Als begrenzender Zeitpunkt ist in § 1461 nicht die Zeit der Eingehung der Ehe, sondern die des Eintritts der Gütergemeinschaft bezeichnet (§ 1432).
Vgl. hieher die Bem. zu § 1413.

§ 1462.

Das Gesammtgut haftet nicht für eine Verbindlichkeit der Frau, die nach dem Eintritte der Gütergemeinschaft in Folge eines zu dem Vorbehaltsgute gehörenden Rechtes oder des Besitzes einer dazu gehörenden Sache entsteht, es sei denn, daß das Recht oder die Sache zu einem Erwerbsgeschäfte gehört, das die Frau mit Einwilligung des Mannes selbständig betreibt.

E. I, 1362; II, 1359; III, 1445.

Die Gesetzesstelle bezieht sich auf das Vorbehaltsgut der Frau nach § 1440 mit § 1370 und entspricht dem Wortlaute und der Bedeutung nach der für den ordentlichen gesetzlichen Güterstand im § 1414 getroffenen Bestimmung mit der schon beim vorigen Paragraphen berührten Abweichung in den Ausdrücken.
Bezüglich der auf Seite der Frau seltener vorkommenden Fälle von nicht gemeinschaftsfähigen Gegenständen im Sinne des § 1439 s. P. IV, 264.

§ 1463.

Im Verhältnisse der Ehegatten zu einander fallen folgende Gesammtgutsverbindlichkeiten dem Ehegatten zur Last, in dessen Person sie entstehen:

1. die Verbindlichkeiten aus einer unerlaubten Handlung, die er nach dem Eintritte der Gütergemeinschaft begeht, oder aus einem Strafverfahren, das wegen einer solchen Handlung gegen ihn gerichtet wird;
2. die Verbindlichkeiten aus einem sich auf sein Vorbehaltsgut beziehenden Rechtsverhältniß, auch wenn sie vor dem Eintritte der Gütergemeinschaft oder vor der Zeit entstanden sind, zu der das Gut Vorbehaltsgut geworden ist;
3. die Kosten eines Rechtsstreits über eine der in Nr. 1, 2 bezeichneten Verbindlichkeiten.

E. I, 1367; II, 1361; III, 1446.

Während die §§ 1459—1462 die Haftung des Gesammtguts gegenüber den Gläubigern behandeln, beziehen sich die §§ 1463—1465 auf

1. die Haftungsverhältnisse unter den Ehegatten selbst. Als Regel muß auch in dieser Richtung betrachtet werden, daß zwischen den Ehegatten in Ansehung der Gesammtgutsverbindlichkeiten dieselben Haftungsverhältnisse bestehen, wie gegenüber den Gesammtgutsgläubigern. Dieser Grundsatz erstreckt sich aber selbstverständlich eben nur auf Gesammtgutsverbindlichkeiten und nicht auf solche Verpflichtungen, welche von vorneherein nicht als Gesammtgutsverbindlichkeiten gelten (§§ 1460 fg.; M. IV, 384; P. IV, 271).
Von jenem Grundsatze bestehen aber auch Ausnahmen. Das B.G.B. kennt und nennt gewisse Fälle, in denen Gesammtgutsverbindlichkeiten zwar den Gläubigern gegenüber das Gesammtgut belasten, die bezügliche Haftung aber im Verhältnisse der Ehegatten zu einander eine gewisse Beschränkung erleidet. Diese Beschränkung vollzieht sich in der Art, daß in den bezüglichen Fällen derjenige Ehegatte, in dessen Person die betreffenden Gesammtgutsverbindlichkeiten entstanden sind, gesetzlich gehalten ist, entweder die Gesammtgutsverbindlichkeiten auf sein etwa bestehendes Vorbehaltsgut zu übernehmen, d. h. daraus zu bestreiten oder zum Gesammtgut zu ersetzen oder auch bei Auseinandersetzung des Gesammtguts von der Berichtigung der noch bestehenden Gesammtgutsverbindlichkeiten ausnehmen, beziehungsweise wenn Berichtigung aus dem Gesammtgute schon früher erfolgt ist, sich den Betrag als Ersatzposten anrechnen zu lassen. M. IV, 385. Vgl. §§ 1467, 1475, 1476.

Was in Sonderheit die §§ 1463, 1464 betrifft, so entsprechen sie fast wörtlich den für den ordentlichen gesetzlichen Güterstand geltenden §§ 1415, 1416. Nur steht in letzteren das Verhältniß in Ansehung des Vorbehaltsgutes der Frau zu dem eingebrachten Gute derselben in Frage, während es sich in §§ 1463 fg. um das Verhältniß zwischen dem gemeinsamen Gesammtgute der Ehegatten und der Einzelperson eines Jeden derselben (Vorbehaltsgut, Antheilsrechte) handelt. Ebendarum bezieht sich insbesondere der § 1415 unausgeschieden wechselseitig auf das Verhältniß beider Ehegatten zu einander. Anlangend

2. die Einzelfälle des § 1463, so sind sie im Wesentlichen aus dem § 1415 herübergenommen. Vgl. daher auch die Bem. zu § 1415 S. 157. In Kürze ist nur Folgendes zu betonen:

a) Zu Ziff. 1 und 3. In M. IV, 385 ist, was die Stellungnahme des Gesetzes zu diesem Punkte im Allgemeinen betrifft, Folgendes bemerkt:

„Wenngleich nach dem Grundgedanken der allgemeinen Gütergemeinschaft die Ehegatten auch in wirthschaftlicher Beziehung Glück und Unglück mit einander theilen sollen, so erscheint es doch als eine Ueberspannung jenes an sich berechtigten Grundgedankens und kann es nicht als im Sinne des auf Einführung der allgemeinen Gütergemeinschaft gerichteten Vertrags betrachtet werden, wenn man dieses Prinzip im Verhältnisse der Ehegatten zu einander auch auf die unter Umständen sehr weit gehenden vermögensrechtlichen Folgen unerlaubter Handlungen anwenden wollte."

Abweichend von § 1415 ist hier gesprochen von unerlaubten Handlungen, welche ein Ehegatte nach Eintritt der Gütergemeinschaft begeht, also nicht unbedingt „während der Ehe", wie nach § 1415. (Vgl. § 1432.) Ist die Gütergemeinschaft beendigt (etwa noch während der Ehe), so kann wenigstens von der Auseinandersetzung an für die Zukunft von Gesammtgutsverbindkeiten ohnehin nicht mehr die Rede sein (§§ 1471 fg.). Bringt ein Ehegatte Verbindlichkeiten fraglicher Art schon mit in die Gütergemeinschaft, so belasten sie das Gesammtgut ohne den im § 1463 vorgesehenen Rückgriff. Die Vorschrift bezieht sich auch hier sowohl auf das civilrechtliche wie strafrechtliche Gebiet. Auf letzterem kommen namentlich Geldstrafen, eine Buße, sowie die Kosten des Strafverfahrens und Strafvollzugs in Betracht. Eine Sonderbestimmung, wie sie § 1387 Ziff. 2 für die Vertheidigungskosten enthält, ist für die allgemeine Gütergemeinschaft der Rechtslage in diesem Güterstande entsprechend nicht vorgesehen.

Nach dem allgemeinen Wortlaute der Ziff. 1 muß diese Bestimmung ferner bezogen werden auf strafrechtliche Privatklagen gegen einen Ehegatten. Da aber eben in der vorwürfigen Gesetzesstelle nur von einem Strafverfahren gegen einen Ehegatten die Rede ist, so kann diese Bestimmung nicht bezogen werden auf die Fälle einer strafrechtlichen Privatklage, in denen ein Ehegatte Kläger (oder auch Nebenkläger) ist. In einem solchen Falle sind deshalb die auf anderweitige Prozeßkosten der Ehegatten bezüglichen Bestimmungen in Anwendung zu bringen. (Vgl. namentlich § 1464.)

Daß auch von den Vorschriften des § 1463 Ziff. 1 (E. I § 1367 Nr. 1) wieder Ausnahmen durch Vertrag begründet werden können, ist in M. IV, 389 eigens betont.

b) Zu Ziff. 2 und 3. Entsprechen dem § 1415 Ziff. 2 und 3. Was dort vom Vorbehaltsgut der Frau gesagt ist, gilt hier wechselseitig sowohl vom Vorbehaltsgut des Mannes, wie von dem der Frau. Als selbständige Vermögensmasse soll eben auch das Vorbehaltsgut schließlich dasjenige tragen, was sich an Verbindlichkeiten darauf bezieht und zwar ohne zeitliche Unterscheidungen.

c) Zu Ziff. 3. Die Anrechnung der hier erwähnten Kosten findet dem betreffenden Ehegatten gegenüber unbeschränkt statt. Der Vorbehalt in den letzten Worten des nächstfolgenden § 1464 erfährt also hieher keine Anwendung.

§ 1464.

Im Verhältnisse der Ehegatten zu einander fallen die Kosten eines Rechtsstreits zwischen ihnen der Frau zur Last, soweit nicht der Mann sie zu tragen hat.

Das Gleiche gilt von den Kosten eines Rechtsstreits zwischen der Frau und einem Dritten, es sei denn, daß das Urtheil dem Gesammtgute gegenüber wirksam

ist. Betrifft jedoch der Rechtsstreit eine persönliche Angelegenheit der Frau oder eine nicht unter die Vorschriften des § 1463 Nr. 1, 2 fallende Gesammtguts-verbindlichkeit der Frau, so findet diese Vorschrift keine Anwendung, wenn die Aufwendung der Kosten den Umständen nach geboten ist.

E. I, 1367; II, 1362; III, 1447.

§ 1464 handelt in Fortsetzung zu § 1463 Ziffer 3 nur von den Kosten von Rechtsstreiten im Verhältnisse der Ehegatten zu einander, d. h. von der Frage, wer von den Ehegatten schließlich die Kosten zu tragen hat, wenn sie auch im Verhältnisse zu Dritten auf das Gesammtgut übernommen werden müssen. (Vgl. § 1443, 1460 Abs. 2.) Dabei ist der § 1464 dem § 1416 nachgebildet. Vgl. daher auch die Bem. zu § 1416. Bei Vergleichung der Gesetzesstellen ergeben sich folgende Abweichungen:

1. Während im § 1416 nur vom „Vorbehaltsgute d. h. demjenigen der Frau“ die Rede ist, spricht § 1464 Abs. 2 von der „Frau“ schlechthin. Diese haftet also im Verhältnisse zum Manne sowohl mit ihrem Vorbehaltsgute, wie mit ihren bei der Auseinandersetzung sich ergebenden Berechtigungen am vorherigen Gesammtgute.

2. Was im § 1416 vom eingebrachten Gute gesagt ist, bezieht § 1464 Abs. 2 auf das Gesammtgut.

§ 1465.

Im Verhältnisse der Ehegatten zu einander fällt eine Ausstattung, die der Mann einem gemeinschaftlichen Kinde aus dem Gesammtgute verspricht oder gewährt, dem Manne insoweit zur Last, als sie das dem Gesammtgut entsprechende Maß übersteigt.

Verspricht oder gewährt der Mann einem nicht gemeinschaftlichen Kinde eine Ausstattung aus dem Gesammtgute, so fällt sie im Verhältnisse der Ehegatten zu einander dem Vater oder der Mutter des Kindes zur Last, der Mutter jedoch nur insoweit, als sie zustimmt oder die Ausstattung nicht das dem Gesammtgut entsprechende Maß übersteigt.

E. I, 1368; II, 1363; III, 1448.

1. Grundstandpunkt. Wie sich aus § 1624 ergibt, übrigens auch in M. IV, 390 erörtert ist, betrachtet das B.G.B. die Zusicherung oder Gewährung einer entsprechenden Ausstattung Seitens des Mannes an seine mit seiner Ehefrau gemeinschaftlichen Kinder im Grundsatze nicht als eine Schenkung, welche die Anwendbarkeit des § 1446 begründen könnte, sondern als die Erfüllung einer sittlichen Verbindlichkeit, welche der Mann, wie jede andere ihm obliegende Verbindlichkeit an sich aus dem Gesammtgute zu erfüllen befugt ist. Dies gilt sowohl gegenüber den Kindern selbst, wie auch im Verhältnisse der Ehegatten zu einander, in letzterer Richtung aber nur insoweit, als die Zuwendung nicht das dem Gesammtgute entsprechende Maß übersteigt. Inwieweit Letzteres der Fall ist oder nicht, unterliegt arbiträrer Beurtheilung, in letzter Linie Seitens des Richters. Gewährt der Mann mehr als dieses Maß, sei es mit Rücksicht auf sein etwa vorhandenes Vorbehaltsgut oder ohne genügende Rücksichtnahme auf die Leistungsfähigkeit des Gesammtguts, so fällt das Mehr an Gewährung dem Manne persönlich zur Last, ist also von dessen Vorbehaltsgut zu tragen oder ihm bei der Auseinandersetzung der Gütergemeinschaft anzurechnen (§§ 1471, 1467). Hat der Mann überhaupt nicht aus dem Gesammtgute geleistet, sondern ausschließlich aus seinem Vorbehaltsgut, so kann er bis zu der vorbezeichneten die Belastung des Gesammtguts abschließenden Grenze gemäß § 1466 Abs. 2 Ersatz aus dem Gesammtgute zu seinem Vorbehaltsgute verlangen. M. IV, 390. So gestaltet sich das Prinzip bei Zuwendungen des Mannes an mit seiner Ehefrau gemeinschaftliche Kinder. § 1465 Abs. 1. Etwas abweichend behandelt das Gesetz

2. den anderen Fall, wenn die Zuwendung Seitens des Mannes erfolgt an ein nicht gemeinschaftliches Kind, sei es, daß es aus einer eigenen früheren Ehe stammt oder auch aus einer früheren Ehe seiner Frau. Nach dem Wortlaute ist selbst der Fall hieher zu beziehen, wenn das Kind von der Frau vor der Ehe außerehelich geboren war. Die M. IV, 383 zu E. I § 1365 hatten sich ursprünglich gegenüber einer Zuwendung an ein nicht gemeinschaftliches Kind ablehnend verhalten. Im späteren Verlaufe der Gesetzesentwicklung ist aber in Anlehnung an code civil Art. 1438, 1469 auch eine Verwendung von Gesammtgut zu einer Ausstattung für sog. einseitige Kinder als angängig

behandelt worden. In einem solchen Falle betrachtet aber das B.G.B. die Zuwendung Seitens des Mannes unter dem Gesichtspunkte eines Handelns im Sonderinteresse desjenigen — Mann oder Frau — welchem das betreffende Kind gehört. (P. IV, 272.) Hier fällt daher auch die dem Gesammtgute entnommene Zuwendung im Verhältnisse der Ehegatten unter sich dem Vater oder der Mutter des Kindes zur Last, und zwar

a) dem Vater unbeschränkt,

b) der Mutter aber nur, wenn sie entweder zugestimmt hat oder wenn und soweit das dem Gesammtgut entsprechende Maß nicht überstiegen ist. Läge ein solches Uebermaß vor, so müßte in Ansehung des Letzteren der Gesichtspunkt einer reinen Schenkung angezogen werden, welche die Haftung des dieselbe bethätigenden Mannes begründet. (Vgl. auch hieher § 1446.)

3. Im § 1465 Abs. 1 und 2 ist nur von solchen Zuwendungen die Rede, welche aus dem Gesammtgute durch den Mann erfolgen. Es erklärt sich dies aus § 1443, welcher die Verwaltung des Gesammtguts ausschließlich dem Manne zuweist. Dem eigenen Handeln des Mannes muß es aber auch gleichgestellt erscheinen, wenn zwar äußerlich die Frau die Zuwendung aus Gesammtgut bethätigt, der Mann aber dazu seine Zustimmung gibt. Gewährt eine Frau eine Zustimmung fraglicher Art aus ihrem Vorbehaltsgut, so ist dies ganz ihre Sache.

4. Gleichgestellt sind von dem Gesetze die Fälle eines bloßen Versprechens, wie eines aktuellen Gewährens. Im letzteren Falle liegt schon eine substanzielle Minderung des Gesammtguts vor; im ersteren Falle aber wird das Gesammtgut auch schon mit einer Verpflichtung belastet.

5. Ein Unterschied nach dem Geschlechte des Kindes wird hier ebensowenig gemacht, wie im § 1624. Anders z. B. im Bereiche des § 1620.

Auch darauf kommt es nicht an, in welchem Alter das Kind steht, namentlich ob es schon volljährig oder noch minderjährig ist. Bei Töchtern namentlich kann dies von Bedeutung sein.

6. Ausstattung. Das B.G.B. kennt zwei Begriffe: Ausstattung und Aussteuer. Beide sind nicht gleichbedeutend. Es liegt dafür, wenn auch an anderer Stelle, eine gesetzliche Begriffsbestimmung vor, und zwar in den §§ 1620 und 1624. Nach den manchen Orts landläufig üblichen Ausdrücken könnte man freilich meinen, Aussteuer sei der weitere, Ausstattung ein engerer Begriff. Das B.G.B. behandelt aber in Wirklichkeit die Ausdrücke in umgekehrter Weise. Nach § 1624 ist Ausstattung, von der auch § 1465 handelt, alles dasjenige, was einem Kinde mit Rücksicht auf seine Verheirathung oder auf die Erlangung einer selbständigen Lebensstellung zur Begründung oder zur Erhaltung der Wirthschaft oder der Lebensstellung von dem Vater oder der Mutter zugewendet wird. Hierunter fallen also nicht blos bewegliche Vermögensstücke (Hauseinrichtung, Baargeld u. s. w.), sondern auch Immobiliarvermögen, Aktivforderungen u. s. w., nicht blos unrentirliche, sondern auch zins- und rententragende Vermögensbestandtheile. Als Aussteuer wird aber nach § 1620 (und zwar hier lediglich in Anwendung auf eine Tochter) nur dasjenige bezeichnet, was im Falle einer Verheirathung zur Einrichtung des Haushalts dient, also namentlich Möbel, Hausgeräthe anderer Art, Betten, Bett-, Tisch- und Leibwäsche, sowie Kleiderbedarf. Daß eine solche Aussteuer im Sinne des § 1620 im Verehelichungsfalle auch unter der Ausstattung im Sinne des § 1624 inbegriffen sein kann und bei Verehelichung einer Tochter auch meist inbegriffen sein wird, bedarf keiner näheren Erörterung.

§ 1466.

Verwendet der Mann Gesammtgut in sein Vorbehaltsgut, so hat er den Werth des Verwendeten zu dem Gesammtgute zu ersetzen.

Verwendet der Mann Vorbehaltsgut in das Gesammtgut, so kann er Ersatz aus dem Gesammtgute verlangen.

E. I, 1365; II, 1364; III, 1449.

Gesammtgut und Vorbehaltsgüter der Ehegatten stehen sich als gesonderte Vermögensmassen gegenüber. Keine derselben soll zum Vortheil einer anderen Masse eine Minderung durch solche Verwendungen erleiden, welche statt dem Gesammtgute einem Vorbehaltsgute zur Last fallen oder umgekehrt. Auf dieser Grundlage ruht die Bestimmung des § 1366. Sie behandelt

1. ausdrücklich nur solche Verwendungen, welche vom Manne ausgehen und bei denen das Verhältniß seines Vorbehaltsguts zum Gesammtgut in Frage kommt. In dieser Richtung besteht nach § 1466 eine Ausgleichsverpflichtung.

a) Zu Abs. 1. An und für sich besteht nach § 1456 Satz 1 im Prinzip keine Verpflichtung des Ehemannes, für Verminderungen des Gesammtguts persönlich Ersatz zu leisten. Höchstens könnte nach allgemeinen Grundsätzen die Herausgabe einer persönlichen Bereicherung des Ehemannes in Frage kommen (M. IV, 380). Ausnahmen von dem eben gedachten Grundsatze hat schon § 1456 in Satz 2 aufgestellt. (Vgl. die Bem. zu § 1456.) Eine weitere Ausnahme bringt § 1466 Abs. 1. Sie beruht auf der Erwägung, daß der Mann als Verwalter des Gesammtguts ohne die Ausnahme jeder Zeit thatsächlich in der Lage wäre, aus dem Gesammtgute Verwendungen auf und in sein Vorbehaltsgut zu machen, dadurch aber die Interessen der Ehefrau zu schädigen. Die vorwürfige Bestimmung beruht daher auf dem Gesichtspunkte einer Sicherung der ehefräulichen Rechte am Gesammtgute. Ebendeshalb ist die Pflicht des Mannes zu ausgleichendem Ersatze durchaus nicht bedingt durch ein Verschulden des Mannes. Liegt ein solches vor in jener Gestalt, von welcher § 1456 Satz 2 spricht, so kommt eben die Ersatzpflicht nach dieser letzteren Gesetzesstelle in Betracht. (Vgl. M. IV, 381.)

Zu ersetzen ist aus dem Vorbehaltsgute des Mannes zum Gesammtgute der Werth des Verwendeten, aber auch nur dieser. Also nicht auch z. B. eine etwa über jenen Werth hinaus erwachsene Bereicherung des Vorbehaltsguts, umgekehrt aber auch nicht die bloße Bereicherung des Vorbehaltsguts, wenn sich diese nicht bis zur Höhe jenes Werthes belaufen sollte.

Zu bemessen ist der Werth nach dem Bestande zur Zeit der Verwendung. Im E. I § 1365 war dies eigens ausgesprochen gewesen; vgl. M. IV, 381. Schon im E. II § 1364 ist der bezügliche Beisatz weggelassen worden, aber nach P. IV, 269 nicht im Sinne einer Mißbilligung, sondern aus anderen Gründen unter Zustimmung zum Inhalte jenes Beisatzes.

b) Zu Abs. 2. Dieser faßt im Vergleiche zu Abs. 1 den umgekehrten Fall ins Auge. Ueber die gesetzgeberischen Erwägungen vgl. M. IV, 381 fg.

Auch hier ist Ersatz des Werthes des Verwendeten vorgesehen und absichtlich ebenfalls nicht die Bereicherung (sei es zur Zeit der Verwendung oder zur Zeit der Auflösung der Gemeinschaft) als maßgebend behandelt. (M. IV, 382.) Wegen des Zeitpunkts der Werthbemessung gilt ebenfalls das unter a Bemerkte.

Nach M. IV, 382 wurde es nicht als erforderlich erachtet, eine besondere gesetzliche Entscheidung der Frage noch anzufügen, ob der im § 1466 Abs. 2 dem Ehemanne beigelegte Ersatzanspruch dann ausgeschlossen sei, wenn er ohne den Willen, den Anspruch zu erlangen, gehandelt hat. Die M. a. a. O. nahmen dabei auf den jetzigen § 685 Bezug.

Eine weitere Vorschrift darüber, ob der Ehemann auch den Werth desjenigen ersetzt verlangen könne, was er aus seinem Vorbehaltsgute zu seinem eigenen standesmäßigen Unterhalte verwendet hatte, blieb ebenfalls bewußtermaßen weg. M. IV, 382 bezeichneten sie als zu kasuistisch, überdies aber auch als entbehrlich, „da bei der allgemeinen Gütergemeinschaft, welche regelmäßig und ihrer Natur nach alles Vermögen der Ehegatten umfaßt, ein Zweifel darüber wohl nicht aufkommen könne, daß der eheliche Aufwand, und insbesondere auch der eigene Unterhalt des Ehemannes, dem Gesammtgute zur Last fällt". (Vgl. § 1458 und Bem. dazu.)

Wegen des Zeitpunkts, in welchem der Ausgleich zu leisten ist oder gefordert werden kann, vgl. § 1467.

2. „Für die Fälle, in welchen Verwendungen aus dem Gesammtgute in das Vorbehaltsgut der Ehefrau oder aus dem letzteren in das Gesammtgut gemacht sind, soll es mit Rücksicht darauf, daß das Vorbehaltsgut der Ehefrau und das Gesammtgut (abgesehen von dem Falle, in welchem die Ehefrau die Verwaltung des Vorbehaltsguts dem Manne überlassen hat) nicht in einer Hand vereinigt sind, bei den allgemeinen Grundsätzen, insbesondere den Grundsätzen über die Geschäftsführung ohne Auftrag und über die Bereicherung, sein Bewenden haben." So wörtlich M. IV, 382. Sachlich hiemit übereinstimmend wurde in II. Komm. beantragt, im § 1466 eigens noch beizufügen:

„Verwendungen aus dem Gesammtgut in das Vorbehaltsgut der Frau oder aus diesem in das Gesammtgut unterliegen den allgemeinen Grundsätzen."

Dieser Antrag ist aber als entbehrlich fallen gelassen worden.

§ 1467.

Was ein Ehegatte zu dem Gesammtgut oder die Frau zu dem Vorbehaltsgute des Mannes schuldet, ist erst nach der Beendigung der Gütergemeinschaft zu leisten; soweit jedoch zur Berichtigung einer Schuld der Frau deren Vorbehaltsgut ausreicht, hat sie die Schuld schon vorher zu berichtigen.

Was der Mann aus dem Gesammtgute zu fordern hat, kann er erst nach der Beendigung der Gütergemeinschaft fordern.

E. I, 1369; II, 1365; III, 1450.

Eine ähnliche Bestimmung ist schon im § 1394 für den ordentlichen gesetzlichen Güterstand enthalten. Vgl. die Bem. 1 zu § 1394. Die dortige Vorschrift ist aber nicht ganz so weittragend, wie die des § 1467, und bezieht sich insbesondere nur auf Aktivansprüche der Frau. Der § 1467 dagegen zieht sowohl schuldige Leistungen, als auch Forderungen in Betracht, und zwar erstere auf Seite beider Ehegatten, letztere wenigstens auf Seite des Mannes.

1. Schuldige Leistungen. Das Gesetz umfaßt hiebei die Fälle, daß einer oder der andere Ehegatte etwas zum Gesammtgut, oder daß die Frau etwas zum Vorbehaltsgut des Mannes schuldet. In allen diesen Fällen ist in der Regel die Leistung bis nach Beendigung der Gütergemeinschaft (aus irgend einem Grunde: Vertrag; Tod eines Ehegatten, ohne daß fortgesetzte Gütergemeinschaft Platz greift; richterliche Aufhebung) vertagt. Nur wenn die Frau etwas schuldet, sei es zum Gesammtgut oder zum Vorbehaltsgute des Mannes, und wenn sie zur Schuldberichtigung ausreichendes eigenes Vorbehaltsgut hat, muß die Schuld auch schon früher berichtigt werden. Unzweifelhaft gilt letzteres selbst dann, wenn durch die schuldige Leistung das Vorbehaltsgut aufgebraucht wird.

Wie M. IV, 391 ausführen, entspricht das Ruhen der Ansprüche der Ehegatten unter einander dem Wesen der allgemeinen Gütergemeinschaft, nach welchem das Gesammtgut die Funktionen des Vermögens des einen wie des anderen Ehegatten hat und während des Bestehens der Gemeinschaft der Gegensatz in den vermögensrechtlichen Interessen der Ehegatten thunlichst zurückzudrängen ist. Erst bei Beendigung der Gütergemeinschaft zeigt sich durch die Auseinandersetzung, was ein Ehegatte zu empfangen und was er zu leisten hat. Wo ferner — wie es meistens der Fall sein wird — ein Vorbehaltsgut nicht vorhanden ist, würde ohnehin der betreffende Ehegatte nicht wohl in der Lage sein, aus eigenen Mitteln etwas zu leisten. Für den Fall dagegen, daß die Frau Vorbehaltsgut hat, ist auch die Sach- und Rechtslage so, daß die Frau, wie schon bemerkt, ihre Schuld, sowohl zum Gesammtgute, als zum Vorbehaltsgute des Mannes, sofort berichtigen muß. Gerechtfertigt wird dies in M. IV, 391 damit, einerseits: daß das Vorbehaltsgut der Ehefrau dem Gesammtgute als getrennte selbständige Vermögensmasse gegenübersteht, und andererseits: daß der Ehemann leicht in die Lage kommen kann, den sofortigen Ersatz der für die Ehefrau aus dem Gesammtgute gemachten Aufwendungen zu Zwecken der Verwaltung des Gesammtgutes nicht entbehren zu können. Dabei betrachten es aber M. IV, 391 als selbstverständlich nicht ausgeschlossen, daß die Ehefrau dem Ehemanne gegenüber auf eine aus anderen Gründen sich ergebende Hinausschiebung ihrer Erfüllungspflicht sich berufen kann. Von einer gleichen zeitlichen Vorrückung der Leistungspflicht des Mannes, wenn er Vorbehaltsgut hat und dieses ausreicht, ist im § 1467 nichts gesagt und zwar nach M. IV, 391 aus dem doppelten Grunde nicht, weil der Mann, welcher sowohl das Gesammtgut, als auch sein Vorbehaltsgut verwaltet, während dieser Verwaltung den Anspruch gegen sich selbst erheben müßte und weil es auch im Interesse der Ehefrau liegt, „daß der Ehemann dasjenige, was er zu dem Gesammtgute zu leisten hat, erst bei Auflösung der Gemeinschaft zu leisten verpflichtet ist, indem der Ehemann, wenn er sofort die Leistung bewirken müßte, in der Lage sein würde, über das Geleistete sofort wieder (als Verwalter des Gesammtguts) zu verfügen, ohne der Ehefrau verantwortlich zu sein". Jedenfalls muß man übrigens annehmen, daß es keinem Ehegatten und in Sonderheit auch nicht dem Ehemanne verwehrt ist, die schuldige Leistung freiwillig auch schon vor dem im § 1467 Abs. 1 bezeichneten Zeitpunkte zu bewerkstelligen.

Hinsichtlich des Rechtsgrundes der Schuld ist im § 1467 Abs. 1 keine Unterscheidung gemacht. Die Bestimmung bezieht sich daher nicht blos auf eine Schuld, welche sich als eine Ersatzverbindlichkeit etwa im Sinne der §§ 1463 fg. darstellt, sondern überhaupt auf alle Fälle einer Schuld zum Gesammtgute 2c. aus irgend einem Rechtsgrunde, z. B. aus einem Darlehen oder in Folge des Uebergangs der Schuld eines Dritten auf einen der Ehegatten oder des Uebergangs der Forderung eines Dritten an einen Ehegatten auf das Gesammtgut. (M. IV, 392.)

2. Forderungen gegenüber dem Gesammtgute. Für die Vertagung ihrer Geltendmachung sprechen, wenigstens so viel den Fall der Gläubigerschaft des Mannes anlangt, im Wesentlichen ähnliche Erwägungen, wie zu Abs. 1. Dagegen wurde Abs. 2 geflissentlich nicht ausgedehnt auf die Frau, welche aus dem Gesammtgute etwas zu fordern d. h. zu ihrem Vorbehaltsgute zu beanspruchen hat. Man wollte es in dieser Hinsicht bei den allgemeinen Grundsätzen belassen. (M. IV, 392.) Damit hängt es auch zusammen, daß im Abs. 1 der Fall nicht erwähnt wird, wenn der Mann zum Vorbehaltsgute der Frau etwas schuldet.

3. Besondere Bestimmungen über Verzinsung sind hier nicht aufgenommen. (M. IV, 392.)

4. Ueber Hemmung der Verjährung zwischen Ehegatten vgl. § 204.

Zwischenbemerkungen.

In den §§ 1468—1482 behandelt das B.G.B. die Beendigung der allgemeinen Gütergemeinschaft und zwar in den

§§ 1468, 1469, 1470, 1478, 1482 die Beendigungsgründe,

§§ 1471—1482 die Wirkungen der Beendigung.

„Beendigung“ ist auch hier (vgl. S. 160) der allgemeinste Begriff. Eine Unterart wird bezeichnet mit dem Ausdrucke Aufhebung. (Vgl. nachher unter 1a.)

1. Die Beendigungsgründe ergeben sich (ähnlich wie hinsichtlich der eheherrlichen Verwaltungs- und Nutznießung im ordentlichen gesetzlichen Güterstande; vgl. S. 160 fg.) theils schon während bestehender Ehe, theils mit deren Auflösung. (Vgl. E. I § 1371; P. IV, 272.)

a) Während bestehender Ehe kann Beendigung der Gütergemeinschaft eintreten:

α) durch einen dieselbe aufhebenden (wegen des Ausdrucks vgl. § 1437) Ehevertrag; besondere Beschränkungen, wie nach einzelnen älteren Rechten (z. B. P.L.R. Thl. II Tit. 1 § 413; Bayreuther R.; Fränkische L.G.O.; Hohenloher L.R. rc.; vgl. Roth, B.C.R. 2. Aufl. S. 472 fg.), finden in dieser Hinsicht nach B.G.B. nicht statt;

β) durch Aufhebung der ehelichen Gemeinschaft, welche zwar die Ehe an sich bestehen läßt, aber nach § 1575 fg. in der hier fraglichen Richtung die Wirkung einer Ehescheidung hat;

γ) durch Aufhebung im Wege richterlichen Urtheils nach §§ 1468 bis 1470.

Der im § 1419 erwähnte Fall eines Konkurses ist für die allgemeine Gütergemeinschaft nicht aufgestellt. Weder Konkurs des Mannes, noch solcher der Frau bildet bei Gütergemeinschaft einen gesetzlichen Beendigungsgrund. (Vgl. oben S. 220; M. IV, 398; P. IV, 277 fg.; s. aber auch Bem. 3 zu § 1468.)

b) Bei Auflösung der Ehe tritt im Grundsatze von selbst auch die Beendigung der Gütergemeinschaft ein. Dies gilt

α) unbeschränkt im Falle der Ehescheidung (vgl. § 1478; M. IV, 393).

β) beschränkt für den Fall des Todes eines der Ehegatten.

Im letzteren Falle ergibt sich nämlich eine Beendigung der Gütergemeinschaft nur dann, wenn nicht die sog. fortgesetzte Gütergemeinschaft nach § 1483 Platz greift.

Von einer Besonderheit bei einer Todeserklärung — sei es des Mannes oder der Frau — enthält (abweichend von § 1420) das Gesetz nichts, und zwar absichtlich, wie sich aus der Begründung in M. IV, 393 ergibt. Die Frage, wie es sich in einem solchen Falle hinsichtlich der Fortdauer oder Nichtfortdauer der Gütergemeinschaft gestaltet, ist daher nach den allgemeinen Grundsätzen über die Rechtsfolgen der Todeserklärung zu beurtheilen (M. IV, 393), und zwar für beide Ehegatten gerade so, wie beim ordentlichen gesetzlichen Güterstande im Falle der Todeserklärung der Frau. (Vgl. zu § 1420 S. 165 fg.)

Wegen des Falles einer Nichtigkeit oder Anfechtbarkeit der Ehe vgl. Bem. 3 zu § 1419 nebst M. IV, 391.

2. Als Zeitpunkt der Beendigung der allgemeinen Gütergemeinschaft ergibt sich

a) bei Auflösung der Ehe durch Tod eines Ehegatten der Augenblick dieses Todes, wenn nicht fortgesetzte Gütergemeinschaft eintritt;

b) bei Scheidung der Ehe oder Aufhebung der ehelichen Gemeinschaft der Eintritt der Rechtskraft des bezüglichen Urtheils;

c) bei Beendigung durch Vertrag der Eintritt der Wirksamkeit des letzteren;
d) bei richterlicher Aufhebung der Gütergemeinschaft der Eintritt der Rechtskraft des darauf gerichteten Urtheils (§ 1470).

2. Die Wirkungen einer Beendigung der Gütergemeinschaft äußern sich hauptsächlich in Gestalt der nothwendig werdenden Auseinandersetzung des Gesammtguts: § 1474 fg.

§ 1468.

Die Frau kann auf Aufhebung der Gütergemeinschaft klagen:

1. wenn der Mann ein Rechtsgeschäft der in den §§ 1444 bis 1446 bezeichneten Art ohne Zustimmung der Frau vorgenommen hat und für die Zukunft eine erhebliche Gefährdung der Frau zu besorgen ist;
2. wenn der Mann das Gesammtgut in der Absicht, die Frau zu benachtheiligen, vermindert hat;
3. wenn der Mann seine Verpflichtung, der Frau und den gemeinschaftlichen Abkömmlingen Unterhalt zu gewähren, verletzt hat und für die Zukunft eine erhebliche Gefährdung des Unterhalts zu besorgen ist;
4. wenn der Mann wegen Verschwendung entmündigt ist oder wenn er das Gesammtgut durch Verschwendung erheblich gefährdet;
5. wenn das Gesammtgut in Folge von Verbindlichkeiten, die in der Person des Mannes entstanden sind, in solchem Maße überschuldet ist, daß ein späterer Erwerb der Frau erheblich gefährdet wird.

E. I, 1372; II, 1366; III, 1451.

I. Grundsätzlicher Standpunkt. Der hier gewährte Rechtsbehelf, welcher schon verschiedenen älteren Rechten, wenn auch hinsichtlich der Voraussetzungen meist in etwas abweichender Gestaltung, bekannt war (z. B. P.L.R. Thl. II Tit. 1 §§ 392, 410, 420, 421; Hohenloher L.R.; Bamberger L.R.; Würzburger R.; Castell'sches R. 2c.), correspondirt mit demjenigen, welchen im ordentlichen gesetzlichen Güterstand der § 1418 darbietet. Während aber dieser § 1418 die Aufhebungsklage nur der Frau gegenüber dem eheherrlichen Verwaltungs- und Nutznießungsrechte an ihrem eingebrachten Gute zuspricht, wird bei der allgemeinen Gütergemeinschaft die Klage auf Aufhebung dieser Gemeinschaft durch die §§ 1468 und 1469 wechselseitig beiden Ehegatten, der Frau wie dem Manne, wenn auch unter verschiedenen Voraussetzungen dargeboten. Diese Voraussetzungen greifen auf Seite der Frau als Klägerin weiter als auf Seite des Mannes — eine Gesetzeslage, welche zusammenhängt mit der großen Tragweite des ehemännlichen Verwaltungsrechtes in der Gütergemeinschaft. Wie tiefgreifend auch die Wirkungen einer solchen Aufhebungsklage der Frau für den Mann sind, so wollte doch der Gesetzgeber dem Vorgange derjenigen Gesetzgebungen nicht folgen, welche, die Grundanschauungen der Gütergemeinschaft festhaltend, einen Anspruch der Frau auf Aufhebung der Gütergemeinschaft während der Ehe nicht anerkennen, vielmehr die Frau auf den allgemeinen Rechtsschutz beschränken, welchen insbesondere schon die Möglichkeit einer Entmündigung des Mannes wegen Verschwendung, Trunksucht 2c. gewährt. M. IV, 395 führen aus, „daß die Gütergemeinschaft ein Vertrauensverhältniß ist, bei welchem die Ehefrau dem Ehemanne eine über dessen gesetzliche Befugnisse weit hinausgehende Macht über ihr Vermögen in der Voraussetzung anvertraut, der Ehemann werde diese Macht in einem dem Zwecke der Gütergemeinschaft entsprechenden Geiste gebrauchen. Macht der Ehemann sich eines offenbaren Mißbrauches schuldig, so erfordert es die Gerechtigkeit, der Ehefrau die Möglichkeit zu gewähren, das Verhältniß für die Zukunft aufzulösen 2c".

Von dem Gesichtspunkte und Zweck eines Schutzmittels für die Frau ausgehend, hatte E. I § 1372 die Aufhebungsklage auch hier nur der Frau gewähren wollen. In II. Komm. wurde aber mittelst des jetzigen § 1469 auch dem Manne eine derartige Klage gegeben, weil man dies für das Gütergemeinschaftsverhältniß als eine Forderung der ausgleichenden Gerechtigkeit betrachtete, zumal der Mann nur selten ein Vorbehaltsgut haben werde. P. IV, 279. Näheres bei § 1469.

Unter einen anderen Gesichtspunkt als denjenigen einer Aufhebung der Gütergemeinschaft für die Zukunft fällt

II. die Anfechtung des Gütergemeinschaftsvertrags als solchen in dem Sinne, daß dadurch der vor Eintritt der Gütergemeinschaft bestandene Zustand wieder hergestellt werden soll, insbesondere wegen Drohung, Betrugs oder Irrthums. M. IV, 394 verweisen in dieser Hinsicht lediglich auf die allgemeinen Rechtsgrundsätze. Abgelehnt wurde nach M. IV, 394 namentlich die Aufnahme einer dem P.L.R. Thl. II Tit. 1 §§ 392 fg., 420 entsprechenden besonderen Vorschrift, wonach ein Ehegatte eine Wiederbeseitigung der Gütergemeinschaft in vorstehendem Sinne schon deshalb sollte verlangen können, weil „ein Ehegatte mehr Schulden als Vermögen in die Gemeinschaft gebracht hat". Liegt desfalls Betrug vor, so betrachten die Motive a. a. O. die allgemeinen Grundsätze als einschlägig und ausreichend. Anderen Falles nehmen sie nur einen Irrthum in den Beweggründen an.

III. Einzelfälle für die Aufhebungsklage der Frau. Bei Bestimmung der hier aneinandergereihten Fälle, von denen jeder für sich allein die Aufhebungsklage der Frau begründet, welche aber auch abschließender Natur sind (D. 202), ist nach M. IV, 395 „von dem Grundgedanken ausgegangen, daß einerseits eine erhebliche Gefährdung des Gemeinschaftsrechts der Ehefrau vorliegen und daß andererseits diese Gefährdung durch einen Mißbrauch der dem Ehemanne eingeräumten Rechte oder durch eine Verletzung der demselben obliegenden Verpflichtungen herbeigeführt sein müsse". Im Allgemeinen kann man diesen zu E. I § 1372 ausgesprochenen Grundgedanken auch jetzt noch gegenüber dem zum Gesetz gewordenen Inhalte des § 1468 gelten lassen, wenn er auch in dessen von der II. Komm. geformten Ziff. 5 nicht mehr so ganz voll zu Tag tritt.

1. Zu Ziff. 1. Den hier inbegriffenen Fall bezeichnen M. IV, 395 im Allgemeinen als Ueberschreitung des Verwaltungsrechts. Die bloße Vornahme eines Rechtsgeschäfts der in den §§ 1444—1446 bezeichneten Art ohne die danach erforderliche Zustimmung der Frau genügt aber für sich allein noch nicht. Es muß vielmehr dazu auch noch die, selbstverständlich gerechtfertigte Besorgniß einer künftigen erheblichen Gefährdung der Frau, d. h. ihrer rechtlichen Interessen an dem der Verwaltung des Mannes unterliegenden Gesammtgute, sich gesellen. Ebendeshalb kann man auch beistimmen, wenn Fischer-Henle zu § 1418 bemerken, es sei Sinn des Gesetzes, daß die Gefährdung in der Ueberschreitung des Verwaltungsrechtes ihre Ursache hat.

Unter „Zustimmung" ist die vorherige Einwilligung wie die nachfolgende Genehmigung zu verstehen. Darum ist es auch zutreffend, wenn M. IV, 395 die Voraussetzungen der Ziff. 1 dann noch nicht als gegeben erachten, soferne der Ehemann bei einem Rechtsgeschäfte fraglicher Art die Genehmigung der Frau sich vorbehalten hatte. Nur muß er dann eben auch die zur Gewinnung der nachträglichen Zustimmung nöthigen Schritte gethan und bei Nichtertheilung derselben die daraus entspringenden Rechtsfolgen thatsächlich anerkannt haben.

Ob eine erhebliche Gefährdung der Frau für die Zukunft, wie solche die Gesetzesstelle verlangt, auch wirklich zu besorgen ist, unterliegt der Beurtheilung nach richterlichem Ermessen. M. IV, 395 erörtern übrigens eigens, daß jene Voraussetzung in doppelter Richtung gegeben sein kann, nämlich:

a) sowohl dann, wenn zu besorgen ist, daß der Ehemann künftig die Vornahme eines Rechtsgeschäfts fraglicher Art wiederholen und dadurch das Gesammtgut vermindern, sowie die Ehefrau der Gefahr der Benachrichtigung bei späterer Beendigung der Gütergemeinschaft aussetzen werde, als auch

b) dann, wenn nach den Umständen zu besorgen ist, daß der Ehemann die dem Gesammtgute aus der Verfügung erwachsenden Ansprüche gegen Dritte (es ist hier wohl a. a. O. z. B. an Vindikation, Inanspruchnahme der Herausgabe ungerechtfertigter Bereicherung ꝛc. gedacht) nicht geltend machen werde, dieselben in Folge dessen verloren gehen und der Ehemann bei der künftigen Auseinandersetzung nicht in der Lage sein werde, aus seinem Antheil an dem Gesammtgute oder aus seinem Vorbehaltsgute der Ehefrau Ersatz zu leisten.

Die Ersatzpflicht (vgl. § 1456) des Mannes bleibt natürlich durch die Aufhebungsklage gegen ihn unberührt.

2. Zu Ziff. 2. Diese steht im Zusammenhange mit § 1456. Der dort gegebene Ersatzanspruch wird hier nebenbei (s. vorhin zu Ziff. 1 a. Schl.) noch gesteigert zur Möglichkeit der Herbeiführung einer Beseitigung des ganzen Gemeinschaftsverhältnisses. Die in Ziff. 1 beigefügte Copulative: „und — zu besorgen ist" blieb in Ziff. 2 absichtlich weg. M. IV, 395 erörtern in dieser Hinsicht, es liege in einem Verhalten des Ehemannes im Sinne obiger Ziff. 2 immer ein so großer Mißbrauch seiner Stellung, daß die Besorgniß einer erheblichen Gefährdung für die Zukunft ohne Weiteres als begründet angesehen werden muß.

3. Zu Ziff. 3. Entspricht dem § 1418 Ziff. 2. Die Absichtlichkeit dieser Anpassung ergibt sich aus P. IV, 273. Darum sind die Bem. zu § 1418 unter Nr. 6, b auch hieher zu vergleichen. S. auch M. IV, 395. Der zweite Satz in § 1418 Nr. 2 fehlt in

dem § 1468 Ziff. 3. Damit entfällt hieher die an jener Stelle enthaltene positive Vorschrift darüber, was unter allen Umständen als Verletzung der Unterhaltspflicht angesehen werden müsse.

4. Zu Ziff. 4. Diese weicht von dem Inhalte des § 1418 Ziff. 3 bemerkenswerth ab. Nach § 1468 Ziff. 4 begründet nicht die Entmündigung aus irgend einem Grunde die Aufhebungsklage, sondern nur die Entmündigung wegen Verschwendung. In anderen Fällen einer Entmündigung verbleibt es für den Bereich der Gütergemeinschaft einfach bei dem Grundsatze des § 1457. Gegenüber einem entmündigten Verschwender aber wollte der Gesetzgeber die Ehefrau noch freier stellen und sie der Nothwendigkeit entheben, ihr Vermögen auch dem Vormunde des Mannes anzuvertrauen, wenn sie es nicht selbst will. (M. IV, 396.) Die Frage, ob nicht doch die Aufhebungsklage auch auf andere Fälle der Entmündigung ausgedehnt werden solle, wurde in II. Komm. besonders erwogen. Es lassen sich hiefür gewiß beachtenswerthe Gründe vorbringen. Die II. Komm. erachtete aber nach P. IV, 274 fg. die Maßregel der Gemeinschaftsaufhebung für die Fälle einer Entmündigung aus anderem Grunde als wegen Verschwendung doch als zu sehr einschneidend für den Mann, und zwar namentlich auch deshalb, weil der Mann bei der nothwendig nachfolgenden Auseinandersetzung des Gesammtguts leicht einen Theil des etwa darin steckenden, von ihm herrührenden größeren Vermögens verlieren könnte. Vgl. auch M. IV, 399.

Andererseits läßt es aber der § 1468 Ziff. 4 für den Fall des Vorliegens eines Verschwendungszustands auf Seite des Mannes bei dem Aufhebungsgrunde einer rechtskräftig eingetretenen Entmündigung auch nicht bewenden. Liegt eine solche vor, so rechtfertigt sie allein schon das Aufhebungsbegehren der Frau. Diesem muß dann der Prozeßrichter stattgeben. (P. IV, 276.) § 1468 Ziff. 4 gewährt Letzterem aber auch noch eine weitere Fakultät. Jene Gesetzesstelle läßt die Aufhebungsklage der Frau selbst schon dann zu, wenn der Mann auch nur thatsächlich das Gesammtgut durch Verschwendung erheblich gefährdet, sollte auch eine Entmündigung desselben noch nicht eingeleitet oder eine ausgesprochene Entmündigung noch nicht rechtskräftig geworden sein. Ja selbst die vollen Voraussetzungen einer Entmündigung sind nicht einmal nothwendig, insoferne das B.G.B. — wie P. IV, 276 ergeben — hier nicht einmal erfordert, daß der Mann, wie es § 6 Ziff. 2 erheischt, seine Familie der Gefahr eines förmlichen Nothstandes aussetzt. Es genügt eine erhebliche Gefährdung und zwar eine solche des Gesammtguts. Also wird abgesehen von den Verhältnissen des Vorbehaltsguts des Mannes oder der Frau. Eine solche erhebliche Gefährdung des Gesammtguts finden P. IV, 276 nicht schon in nur einzelnen aus dem Gesichtspunkte der Verschwendung nicht zu billigenden Handlungen des Mannes. Dessen Gesammtverhalten ist ausschlaggebend. Zu Folge dieses Verhaltens braucht es aber auch nicht so weit gekommen zu sein, daß das Gesammtgut schon ganz oder zu großem Theile verbraucht ist.

Die Frage des Vorhandenseins einer Verschwendung des Mannes, sei es in dessen Lebensweise oder Geschäftsführung (E. I § 1372 Ziff. 4), desgleichen die Frage, ob eine „erhebliche Gefährdung" vorliegt, unterliegt freier Beurtheilung des Prozeßrichters. Findet dieser aber die bezeichneten Voraussetzungen nach freiem Ermessen als begründet, so muß er auch hier der Aufhebungsklage stattgeben. Nicht erwähnt ist in Ziff. 4 absichtlich auch die Trunksucht (§ 6 Nr. 3), beziehungsweise die Entmündigung deswegen. Nach P. IV, 277 war man in der II. Komm. der (allerdings nicht ganz stichhaltigen) Ansicht, es käme hieher nur der Fall in Betracht, wenn der trunksüchtige Mann i. S. des § 6 seine Familie der Gefahr eines Nothstandes aussetze; dann aber werde wohl ohnehin die Ziff. 4 des § 1468 Schutz gewähren. Dabei bleibt aber immer noch unerledigt der Fall der ersten Alternative des jetzigen § 6 Ziff. 3, daß der Mann, ohne eigentlich Verschwender zu sein und deshalb einen Nothstand befürchten zu lassen, in Folge von Trunksucht seine Angelegenheiten — und dazu gehört doch auch die Verwaltung des Gesammtguts — nicht zu besorgen vermag. Diese Lücke kann sich in der Praxis fühlbar machen.

5. Zu Ziff. 5. Ein dieser Bestimmung entsprechender Vorschlag war in E. I § 1372 nicht enthalten gewesen. In M. IV, 397 wurde zur Frage, ob Vermögensverfall des Ehemanns für die Ehefrau die Klage auf Aufhebung der Gütergemeinschaft soll begründen können, eigens erörtert, es sei dies nicht vereinbar mit dem Wesen der Gütergemeinschaft, nach welchem die Ehegatten alle vermögensrechtlichen Schicksale gemeinsam tragen sollen, sowie mit dem freien, an keine Verantwortung wegen Nachlässigkeit der Verwaltung gebundenen Verwaltungsrechte des Ehemannes gegenüber dem Gesammtgute. Die II. Komm. (P. IV, 277 fg.) wendete sich gegen diesen als zu ideal befundenen Standpunkt aus vorwiegend praktischen Gründen. Was insbesondere jene Rechte des Mannes betrifft, so wurde desfalls betont, daß Letztere nur etwas sekundäres seien; nicht um ihretwillen werde die Gütergemeinschaft eingegangen, sie seien nur die Folge derselben. Darin liegt ein zutreffender Wink für die Handhabung der von der II. Komm. eingestellten

Ziffer 5. In Ansehung dieser ist zunächst zu betonen, daß sie die formelle Eröffnung eines Konkurses über den Mann durchaus nicht voraussetzt. Andererseits ist aber ebenso sicher, daß ein solcher Konkurs, wenn er auch nicht von selbst, kraft Gesetzes, die Gütergemeinschaft beendigt, doch durch Verhältnisse herbeigeführt worden sein kann, welche die Erfordernisse der Ziff. 5 decken und darum die Frau berechtigen, mittelst Klage eine Aufhebung der Gütergemeinschaft wenigstens nachträglich und für die Zukunft herbeizuführen (P. IV, 278). Vorausgesetzt ist in Ziff. 5 vor Allem

a) eine Ueberschuldung des Gesammtguts. Der Vermögensstand bezüglich eines Vorbehaltsguts kommt also nicht in Betracht.

b) Ueberschuldung des Gesammtguts begründet aber die Aufhebungsklage der Frau nur dann, wenn sie in einem „den späteren Erwerb der Frau" erheblich gefährdenden Maße besteht. Man darf diese Voraussetzung wohl dann als gegeben erachten, wenn voraussichtlich dasjenige, was fernerhin die Frau irgendwie, durch Arbeit, Führung eines Erwerbsgeschäfts, im Erbgange und auf sonstige Weise erwerben sollte, nicht mehr zur Stütze des Haushalts und zum Bedarf der Frau selbst oder auch ihrer Kinder dienen könnte, weil es, dem überschuldeten Gesammtgute anheimfallend, von den Gesammtgutsgläubigern in Anspruch genommen werden würde. (Vgl. P. IV, 278.)

c) Die Ueberschuldung des Gesammtguts muß endlich auch noch eingetreten sein in Folge von Verbindlichkeiten, welche in der Person des Mannes entstanden sind. Die Frau kann also nicht klagen, wenn die Ueberschuldung zurückzuführen ist auf ihre eigene Person, insbesondere auf ihr eigenes unwirthschaftliches Verhalten (P. IV, 279).

Liegen übrigens Verbindlichkeiten des Mannes von der im § 1468 Ziff. 5 bezeichneten Art vor, so kommt es nicht gerade darauf an, ob alle diese Verbindlichkeiten in Folge einer eigentlichen Mißwirthschaft des Mannes entstanden oder ob diese oder jene mit dem Vorwurfe übler Gebahrung des Mannes belastet sind. Das Gesetz spricht vielmehr von Verbindlichkeiten im Allgemeinen, ganz entsprechend der allgemeinen Tendenz, bei Vermögensverfall des Mannes — aus diesen oder jenen Ursachen — wenigstens den Erwerb der Frau zu sichern, worauf nicht selten die letzte Hoffnung für die Familie beruht (P. IV, 278).

In M. IV, 397 findet sich auch noch erörtert, ob nicht ein Aufhebungsgrund unter allen Umständen schon darin erblickt werden solle, „wenn durch die aus unerlaubten Handlungen des Ehemannes für den letzteren entstandenen Verbindlichkeiten zur Zahlung von Geldstrafen und Untersuchungskosten der Antheil der Ehefrau am Gesammtgute gefährdet wird". In dieser Allgemeinheit wurde aber in den Motiven der Satz abgelehnt. Unter den in der jetzigen Ziffer 5 enthaltenen beschränkenden Voraussetzungen können jedoch Verbindlichkeiten letzterwähnter Art die Anwendbarkeit dieser Ziff. 5 auch begründen.

6. Die im § 1418 Ziff. 4 u. 5 enthaltenen Bestimmungen über die Aufhebungsklage aus Anlaß einer Pflegschaft für den Mann zur Besorgung seiner Vermögensangelegenheiten oder einer Abwesenheitspflegschaft für den Mann fehlen im § 1468 und zwar absichtlich. (M. IV, 398 fg.)

§ 1469.

Der Mann kann auf Aufhebung der Gütergemeinschaft klagen, wenn das Gesammtgut in Folge von Verbindlichkeiten der Frau, die im Verhältnisse der Ehegatten zu einander nicht dem Gesammtgute zur Last fallen, in solchem Maße überschuldet ist, daß ein späterer Erwerb des Mannes erheblich gefährdet wird.

E. II, 1367; III, 1452.

Ueber die Gründe, welche die II. Komm. veranlaßten, der Aufhebungsklage der Frau (§ 1468) auch eine Aufhebungsklage des Mannes gegenüberzustellen, vgl. die Bem. I zu § 1468 S. 229. Diese ehemännliche Klage ist beschränkt auf die im § 1469 eigens gekennzeichneten Fälle einer zu erheblicher Gefährdung des künftigen Erwerbs des Mannes gereichenden Ueberschuldung des Gesammtguts (also nicht auch des Vorbehaltsguts der Frau) in Folge eines Verhaltens der Frau, welches das Gesammtgut mit Verbindlichkeiten belastet hat, die in dem Verhältnisse der Ehegatten zu einander von der Frau zu tragen sind (vgl. §§ 1463 fg.). In dieser Hinsicht ist Rückbezug zu nehmen auf die in § 1459 Abs. 2 begründete persönliche Mithaftung des Mannes, welche in Bezug auf ehefräuliche Verbindlichkeiten jener Art mit der Beendigung der Gütergemeinschaft erlischt und demzufolge auf dem Wege des § 1469 vom Manne für die Zukunft von sich abgewälzt werden kann.

Ob eine erhebliche Erwerbsgefährdung des Mannes vorliegt, hat der Richter nach den Umständen zu beurtheilen. Ist die Frage zu bejahen, so muß der Aufhebungsklage des Mannes stattgegeben werden.

§ 1470.

Die Aufhebung der Gütergemeinschaft tritt in den Fällen der §§ 1468, 1469 mit der Rechtskraft des Urtheils ein. Für die Zukunft gilt Gütertrennung.

Dritten gegenüber ist die Aufhebung der Gütergemeinschaft nur nach Maßgabe des § 1435 wirksam.

E. I, 1371, 1381; II, 1368; III, 1453.

1. Absatz 1, welcher an die Stelle der Gütergemeinschaft den außerordentlichen gesetzlichen Güterstand der Gütertrennung im Sinne der §§ 1426 fg. setzt, entspricht den §§ 1418 u. 1426. Zu vgl. ist dabei auch der dem § 1422 entsprechende § 1479. Der Eintritt der Gütertrennung ist gesetzliche Rechtsfolge des rechtskräftigen Aufhebungsurtheils. Die ursprüngliche Absicht des E. I §§ 1372, 1381, der Ehefrau freizustellen, ob sie mit der Aufhebungsklage den Antrag auf Gütertrennung oder einen Antrag auf gerichtliche Einsetzung des ordentlichen gesetzlichen Güterstandes verbinden wolle, ist in II. Komm. gefallen. Es tritt von Rechtswegen stets volle Gütertrennung ein. Wollten die Ehegatten diese Rechtsfolge dadurch abwenden, daß sie an Stelle der Gütertrennung freiwillig z. B. den ordentlichen gesetzlichen Güterstand setzen, so könnte dies nur in der Weise geschehen, daß entweder die Beendigung der vertragsmäßigen Gütergemeinschaft unter Umgangnahme von einer Aufhebungsklage durch einen neuerlichen Ehevertrag mit Bestimmung des künftigen anderen Güterstandes (vgl. § 1436) bewerkstelligt oder daß nach Eintritt der Gütertrennung diese durch einen neuen Ehevertrag (§ 1432) wieder beseitigt wird. Vgl. E. I § 1381; P. IV, 293. Praktisch wird aber ein derartiger Ehevertrag doch wohl nicht leicht vorkommen. Denn wenn in Sonderheit die Ehefrau Anlaß gehabt hat, aus einem der Gründe des § 1468 die Aufhebung der Gütergemeinschaft zu begehren, so wird es auch kaum ihren Interessen entsprechen, sich der Verwaltung des Mannes in einem anderen Güterstande, als dem der vollen Gütertrennung, zu unterwerfen.

2. Zu Abs. 2 vgl. § 1431 und Bem. dazu.

§ 1471.

Nach der Beendigung der Gütergemeinschaft findet in Ansehung des Gesammtguts die Auseinandersetzung statt.

Bis zur Auseinandersetzung gelten für das Gesammtgut die Vorschriften des § 1442.

E. I, 1373, 1376; II, 1369, 1370; III, 1454.

Die §§ 1471—1482 regeln den Zustand, „welcher nach Beendigung der Gütergemeinschaft in Ansehung des Gesammtgutes und der auf dasselbe sich beziehenden Rechtsverhältnisse im Verhältnisse der Ehegatten zu Dritten, insbesondere zu den Gesammtgutsgläubigern und im Verhältnisse der Ehegatten zu einander eintritt". M. IV, 400. Es ergibt sich hier vor Allem die

1. Grundfrage: was wird bei Beendigung der Gütergemeinschaft mit dem Gesammtgute? und auf welchem Wege vollzieht sich die Wandelung? In M. IV, 400 fg. ist näher dargelegt, welchen verschiedenen Standpunkt in dieser Hinsicht die älteren Rechte eingenommen haben, namentlich hinsichtlich der Gestaltung der Schuldenhaftung der Eheleute nach Beendigung ihrer Gütergemeinschaft. (Im Einzelnen folgen einige Bemerkungen später, besonders zu §§ 1480 fg.)

Schon E. I §§ 1373 fg. suchte den sich ergebenden Schwierigkeiten dadurch zu begegnen, daß er eine förmliche Auseinandersetzung des Gesammtguts eintreten läßt (M. IV, 400). Dieser Standpunkt ist auch in das Gesetz selbst übergegangen.

2. Die Auseinandersetzung ist dabei eine an die Beendigung der Gütergemeinschaft sich von selbst knüpfende Rechtsfolge. Sie bezweckt nicht allein, jedem Ehegatten das ihm Gebührende vom Gesammtgute zuzuführen, sondern dient namentlich auch zum

Schutze der Gesammtgutsgläubiger. Ebendeshalb ist sie auch eine nothwendige Rechtsfolge der Beendigung der Gütergemeinschaft. Sie „findet statt" (§ 1471 Abs. 1), weil sie zu geschehen hat, um das bis dahin bestandene Rechtsverhältniß zur Lösung und Umbildung zu bringen. Darum hat auch

3. jeder Ehegatte oder Rechtsnachfolger eines solchen das Recht, vom anderen Theile den Eintritt in die Auseinandersetzung zu begehren und diesen Anspruch mit der Theilungsklage zu verfolgen. (Vgl. E. I § 321; P. IV, 244, 282.)

4. Die Auseinandersetzung der allgemeinen Gütergemeinschaft ist ein Rechtsvorgang, ähnlich z. B. demjenigen der Liquidation einer aufgelösten Handelsgesellschaft. Die nächste Analogie im B.G.B. selbst liegt aber in dessen Bestimmungen über die Auseinandersetzung bei Auflösung einer Gesellschaft: §§ 780 fg. Danach liegen

5. die Hauptaufgaben der Auseinandersetzung der Gütergemeinschaft naturgemäß in folgenden sich aneinander reihenden Funktionen, nämlich in der auf das Gesammtgut sich beziehenden

a) Feststellung der Aktiv- und Passivmasse;

b) Vereinigung der Masse;

c) Theilung des Ueberschusses.

Zu a. Unter die Aktiven des Gesammtguts gehören namentlich auch diejenigen Ersatzposten, welche in Ansehung des Gesammtguts einem Ehegatten gegenüber dem Anderen zu Lasten liegen, sei es nach den Grundsätzen über die Schuldenhaftung der Eheleute unter sich oder aus einem anderen speziellen Rechtstitel, z. B. als Vorbehaltsgutserbe eines Schuldners des Gesammtguts.

Zu b. Dem Zwecke der Vereinigung dient nicht allein die Bereitstellung der Aktivbestände, also unter Umständen auch die etwa nothwendig werdende oder doch zweckmäßige Einziehung von Forderungen des Gesammtguts, sondern namentlich auch die Wegfertigung der Gesammtgutsverbindlichkeiten (§§ 1475 fg.), sowie die etwa veranlaßte Ausgleichung der Ehegatten untereinander.

Zu c. Die Theilung ist die Schlußfunktion nach Erledigung der vorausgehenden Aufgaben. Vor letzterer kann Theilung einzelner Gegenstände nicht verlangt werden.

6. Die Auseinandersetzung tritt im Grundsatze in allen Fällen der Beendigung der ehelichen Gütergemeinschaft ein, mag diese Beendigung aus dem einen oder anderen Rechtsgrunde bei Lebzeiten beider Ehegatten oder in Folge des Todes eines derselben sich vollziehen. (Vgl. S. 228.) Es folgt dies schon aus dem im § 1471 sich vorfindenden Gebrauche des allgemeinen Begriffes (vgl. S. 228) „Beendigung", ergibt sich übrigens auch aus dem Sonderinhalte der §§ 1478, 1479, 1482. Die Gestaltung des Rechtsverhältnisses modifizirt sich nur dann, wenn beim Tode eines Ehegatten nach den Rechtsnormen der §§ 1483 fg. die sog. fortgesetzte Gütergemeinschaft Platz greift. Eine eigentliche Ausnahme liegt aber in dem bezüglichen Falle nicht vor, indem eine „Beendigung" der Gütergemeinschaft eben dann nicht eintritt, wenn die Gütergemeinschaft zwischen dem überlebenden Ehegatten und den Abkömmlingen sich fortsetzt.

7. Nur in Bezug auf das Gesammtgut findet Auseinandersetzung statt. Das Vorbehaltsgut des einen oder anderen Ehegatten bleibt davon unberührt, soweit nicht etwa daraus Ersatz zum Gesammtgute zu leisten ist.

8. Ueber die rein formelle Behandlung enthält das B.G.B. keine näheren Vorschriften. An und für sich ist die Auseinandersetzung der Gütergemeinschaft als ein persönlicher Rechtsvorgang zwischen den Betheiligten gedacht. Sie kann und wird sich häufig auch im Wege gütlicher Vereinbarung vollziehen. Das R.G. über die freiwillige Gerichtsbarkeit eröffnet aber in § 99 auch die Möglichkeit einer gerichtlichen Auseinandersetzung des Gesammtguts. Für diese finden in formeller Hinsicht nach F.G. § 99 die §§ 86—98 F.G., welche von den Erbsauseinandersetzungen handeln, entsprechende Anwendung. Danach tritt gemäß § 86 amtliche Auseinandersetzung nur auf Antrag ein. Der Antrag kann selbstverständlich von Jedem der Ehegatten, außerdem aber auch von denjenigen anderen Personen ausgehen, welche F.G. § 86 Abs. 2 bezeichnet, also insbesondere auch bei Beendigung der Gütergemeinschaft durch Tod eines Ehegatten (bei nicht fortgesetzter Gütergemeinschaft) von jedem der in seinen Antheil eintretenden Erben.

Ueber die Zuständigkeit der Amtsgerichte gibt Vorschriften F.G. § 99 Abs. 2. Wegen des Uebergangs der amtsgerichtlichen Auseinandersetzungsfunktionen an andere Behörden, und insbesondere auch Notare kraft Landesrechts s. F.G. § 193.

Besondere Formvorschriften bestehen für die Privatauseinandersetzung als solche nicht. Doch ist es selbstverständlich, daß, wenn bei der Auseinandersetzung z. B. ein Rechtsgeschäft einschlägig wird, welches nach den dafür gegebenen besonderen Vorschriften die Einhaltung bestimmter Formen erheischt (wie z. B. die Auflassung von Grundstücken), diese Formen auch bei der Auseinandersetzung beobachtet werden müssen.

Einschlägigen Falles sind auch die Vorschriften über Zuständigkeiten und Obliegenheiten des Vormundschaftsgerichts, insbesondere über das Erforderniß einer Genehmigung desselben (vgl. z. B. B.G.B. §§ 1821, 1822) zu beachten.

9. Zeitliche Grundlagen für die Auseinandersetzung. An und für sich läge es in der vollen Rechtskonsequenz, daß die Rechtsfolgen der Beendigung der Gütergemeinschaft sich an denjenigen Zeitpunkt anknüpfen und sachlich nach demjenigen Zeitpunkte bemessen, an welchem die Beendigung eingetreten und damit rechtswirksam geworden ist. Dieser Zeitpunkt sollte deshalb eigentlich auch für die Art der Auseinandersetzung maßgebend sein. In einer Richtung — nämlich für die Vergangenheit — kommt dies auch vollauf zur Geltung, insoferne, als bei der Auseinandersetzung nicht eine Zerlegung des Gesammtguts in seine ursprünglichen oder später dazu gekommenen Bestandtheile, je nach ihrer Herkunft oder der Zeit ihres Anwachsens, vor sich geht, sondern das Gesammtgut selbst jetzt noch und fortdauernd als eine unausscheidbar gewordene einheitliche Masse zu betrachten ist, wie sie sich eben im Zeitpunkte der Beendigung der Gemeinschaft darstellt. (Eine gewisse Ausnahme trifft § 1478.) Was aber die Verhältnisse von diesem Zeitpunkte ab betrifft, so kommt in Betracht, daß die Auseinandersetzung ein Vorgang ist, welcher sich meistens eine Zeit lang hinzieht und jedenfalls nicht leicht sofort im Momente jener Beendigung erfolgt. Es ergibt sich daher ein Zwischenzeitraum, bezüglich dessen es sich fragt, wie es während desselben mit dem Gesammtgute sich gestalten soll. Würde man es in dieser Hinsicht ebenfalls nur auf den Zeitpunkt der Beendigung der Gütergemeinschaft absehen, so müßte dies zu der Rechtsfolge führen, daß sich in jenem Zeitpunkte sofort das Gesammtgut von Rechtswegen nach der aktiven und passiven Seite in zwei Hälften spaltet, deren je Eine auf den einen oder anderen Ehegatten fällt. Solches ist auch in der That schon in älteren Rechten vorzufinden gewesen. (M. IV, 401.) Nachdem sich aber gerade daraus auch Unzuträglichkeiten und Schwierigkeiten ergaben — namentlich insoferne auch die Gesammtgutsverbindlichkeiten als von selbst getheilt angesehen werden müßten — hat man bei den Vorarbeiten zum B.G.B. absichtlich von diesem Systeme Umgang genommen. (M. IV, 402 fg.) Das B.G.B. hat ebendeshalb zur Aufstellung des Erfordernisses einer eigenen Auseinandersetzung gegriffen und damit für die Zwischenzeit von der Beendigung des ehelichen Gütergemeinschaftsverhältnisses bis zum Abschlusse der Auseinandersetzung die Schaffung eines eigens gestalteten Uebergangsverhältnisses verbunden. Darauf bezieht sich der zweite Absatz des § 1471 mit den §§ 1472 und 1473.

Im § 1471 Abs. 2 wird dabei vor Allem auf den § 1442 verwiesen. Dieser aber enthält für die bestehende Gütergemeinschaft das Prinzip der Einheit und Untheilbarkeit der Gesammtgutsmasse. Dieser Grundsatz ist damit auch auf jenen Zwischenzeitraum übertragen. Für diesen bleibt das bisherige Gesammtgutsverhältniß im Allgemeinen auch bis zum Abschlusse der Auseinandersetzung bestehen (D. 202). Insbesondere tritt Theilung nur nach Maßgabe des § 1476 und sohin auch erst in dem dort bezeichneten Zeitpunkte ein. Einige Modifikationen des Gesammtgutsverhältnisses ergeben sich dabei aber doch zu Folge der Sonderbestimmungen, welche für das Uebergangsverhältniß durch die §§ 1472, 1473, auch § 1479, getroffen sind.

Die durch den § 1472 geschaffene Zwischenverwaltung hat übrigens durchaus nicht den Charakter einer fortgesetzten Gütergemeinschaft nach Art der §§ 1483 fg. Ebendeshalb betonen M. IV, 405, „daß der spätere Erwerb der Ehegatten, vorbehaltlich einer nach § 1473 (E. I § 1373 Abs. 2) stattfindenden Surrogation, nicht mehr in das Gesammtgut fällt und die für einen der Ehegatten später (d. h. nach Beendigung der Gütergemeinschaft) entstandenen Verbindlichkeiten nicht mehr Gesammtgutsverbindlichkeiten sind“. Selbstverständlich kann Letzteres nur auf einseitig entstandene Verbindlichkeiten eines Ehegatten bezogen werden, nicht aber auf solche, welche von beiden Theilen miteinander in Ausübung des durch § 1472 vorgesehenen gemeinsamen Verwaltungsrechts begründet wurden.

Noch weitere Besonderheiten bestehen nach der C.P.O. n. Nr., und zwar:

a) gemäß § 860 Abs. 2, insoferne nach Beendigung der Gemeinschaft der Antheil eines der Ehegatten an dem Gesammtgute zu Gunsten der Gläubiger des Antheilsberechtigten der Pfändung unterworfen ist (M. IV, 405);

b) gemäß § 743, zu Folge dessen nach der Beendigung der allgemeinen Gütergemeinschaft vor der Auseinandersetzung die Zwangsvollstreckung in das Gesammtgut nur zulässig ist (vgl. sonst § 740), wenn beide Ehegatten zu der Leistung oder der eine Ehegatte zu der Leistung und der andere zur Duldung der Zwangsvollstreckung verurtheilt ist. Vgl. dazu auch C.P.O. § 744.

§ 1472.

Die Verwaltung des Gesammtguts steht bis zur Auseinandersetzung beiden Ehegatten gemeinschaftlich zu. Die Vorschriften des § 1424 finden entsprechende Anwendung.

Jeder Ehegatte ist dem anderen gegenüber verpflichtet, zu Maßregeln mitzuwirken, die zur ordnungsmäßigen Verwaltung erforderlich sind; die zur Erhaltung nothwendigen Maßregeln kann jeder Ehegatte ohne Mitwirkung des anderen treffen.

E. I, 1373; II, 1371; III, 1455.

1. Verwaltungsverhältnisse. Während des Bestehens der ehelichen Gütergemeinschaft unterliegt nach § 1443 das Gesammtgut der Verwaltung des Mannes. Dieses das Prinzip der gesammten Hand einschränkende Alleinrecht des Mannes erlischt mit der Beendigung der Gütergemeinschaft, deren Rechtsverhältnissen es entsprang. Damit entfallen die Prärogativen des Mannes, welche er bis dahin kraft seines Verwaltungsrechtes gehabt hatte. Der Grundsatz der gesammten Hand tritt in seiner vollen Rechtskonsequenz in Wirksamkeit. Die Verwaltung des bestehenden Gesammtguts wird daher fortan von beiden Theilen gemeinschaftlich geführt. Folgeweise ist auch für solche Rechtshandlungen des Mannes, welche er als Verwalter des Gesammtguts während der Gemeinschaft allein vorzunehmen befugt war, in der Regel die Mitwirkung des anderen Theils erforderlich. Zu dieser Mitwirkung ist jeder Theil verpflichtet, soweit dieselbe zur ordnungsmäßigen Verwaltung des Gesammtguts erforderlich ist. Darauf besteht ein klagbarer Anspruch.

Ausnahmsweise kann ein Ehetheil auch ohne Mitwirkung des Anderen allein handeln, wenn es sich

a) um Maßregeln zur Erhaltung des Gesammtguts handelt und

b) die bezüglichen Maßregeln sich als nothwendig erweisen.

2. Die Besitzverhältnisse ändern sich dahin, daß, während der Mann bei bestehender Gemeinschaft die zum Gesammtgut gehörenden Sachen in Alleinbesitz zu nehmen berechtigt war, nun auf Seite der Frau ein Anspruch auf Mitbesitz eintritt.

3. Rechtsstreitigkeiten, welche vorher der Mann in Konsequenz seines Verwaltungsrechts nach § 1443 in Bezug auf das Gesammtgut allein und in eigenem Namen zu führen berechtigt war, sind nun von beiden Theilen gemeinsam zu führen.

4. Steht ein Theil unter Vormundschaft (vgl. z. B. § 1468 Ziff. 4), so muß er auch hier (vgl. § 1457) durch den Vormund in den Rechten und Pflichten vertreten werden, die sich aus der gemeinsamen Verwaltung des Gesammtguts ergeben.

5. Ist die Beendigung der Gütergemeinschaft durch den Tod eines Ehegatten eingetreten, so wird, soferne nicht fortgesetzte Gütergemeinschaft eintritt, die Auseinandersetzung der Gütergemeinschaft präjudiziell für die Erbsauseinandersetzung. Dies ist schon aus dem § 1482 zu erkennen. Mit Rücksicht hierauf ergibt sich die Frage, ob in solchem Falle auch bei der Auseinandersetzung der Gütergemeinschaft und in Sonderheit auch bei der durch § 1472 vorgesehenen Zwischenverwaltung der verstorbene Ehegatte durch seine Erben, beziehungsweise seinen Testamentsvollstrecker repräsentirt wird. Bei den eigentlichen formalen Auseinandersetzungsakten (privaten oder amtlichen) ist dies sicherlich anzunehmen. (Vgl. desfalls auch F.G. § 99 mit §§ 86 fg., insbesondere § 86 Abs. 2, § 87 Abs. 2, § 89 u. s. w.) Bezüglich der Verwaltungsgeschäfte könnte man zweifeln, nachdem § 1472 nur von den „Ehegatten" spricht. Allein auch hier wird man zu einer Bejahung jener Frage kommen müssen, da das B.G.B. nirgends eine Alleinfortführung der Verwaltung durch den überlebenden Ehegatten bis zum Vollzuge der Auseinandersetzung der Gütergemeinschaft vorsieht, da ferner bis zu einem gewissen Grade eine materielle Gemeinschaft zwischen dem Ueberlebenden und den Erben des Verstorbenen nun einmal besteht und es Fälle geben kann, in denen die Alleinfortführung der Verwaltung durch den Ueberlebenden die Rechtsnachfolger an ihren Ansprüchen zu gefährden geeignet wäre.

6. Durch die Bezugnahme auf den § 1424 wird vor Allem auch hier dem vor der Beendigung der Gütergemeinschaft allein verwaltungsberechtigt gewesenen Manne eine gewisse Sicherstellung gewährt gegen Beanstandung solcher alleiniger Verwaltungshandlungen, welche er zwar nach Beendigung der Gütergemeinschaft vorgenommen hat, aber noch ehe er von dieser Beendigung Kenntniß erlangte. Dem Kennen steht fahrlässiges Nichtkennen gleich. S. im Uebrigen Bem. 1 u. 2 zu § 1424 S. 170.

7. Durch die Anwendbarkeit des zweiten Absatzes des § 1424 erwächst dem Manne hier ebenfalls Recht und Pflicht zu einer vorläufigen Fürsorge, wenn das Gemeinschaftsverhältniß durch den Tod der Frau beendigt wird, deren Erbe nicht sofort Obsorge treffen kann und es sich um Verwaltungsgeschäfte handelt, mit deren Aufschub Gefahr verbunden ist. Ueber das Nähere in diesem Punkte s. Bem. 2 zu § 1424 S. 170.

§ 1473.

Was auf Grund eines zu dem Gesammtgute gehörenden Rechtes oder als Ersatz für die Zerstörung, Beschädigung oder Entziehung eines zu dem Gesammtgute gehörenden Gegenstandes oder durch ein Rechtsgeschäft erworben wird, das sich auf das Gesammtgut bezieht, wird Gesammtgut.

Die Zugehörigkeit einer durch Rechtsgeschäft erworbenen Forderung zum Gesammtgute hat der Schuldner erst dann gegen sich gelten zu lassen, wenn er von der Zugehörigkeit Kenntniß erlangt; die Vorschriften der §§ 406 bis 408 finden entsprechende Anwendung.

E. I, 1373; II, 1372; III, 1456.

1. Zu Abs. 1. Die hier gegebene Surrogationsvorschrift ist dem § 1370 nachgebildet. Was dort vom Vorbehaltsgute der Frau im ordentlichen gesetzlichen Güterstande verordnet ist, gilt hier von dem Gesammtgut im Zwischenstadium nach Beendigung der Gütergemeinschaft und vor Abschluß der Auseinandersetzung. Die Surrogate fallen hier dem Gesammtgute, wie es zur Zeit der Gemeinschaftsbeendigung bestanden hatte (vgl. Bem. 9 zu § 1471 S. 235), ebenfalls kraft des Gesetzes zu. Näheres ergeben die Bem. zu § 1370 S. 104 fg.

2. Zu Abs. 2. Diese Bestimmung kommt erst zum Vorschein im § 1458 derjenigen Fassung des Entwurfs, welche zur Vorlage an den Bundesrath gelangte. Eine spezielle Begründung dazu ist nicht veröffentlicht. Sie bezieht sich offenbar nur auf den im Abs. 1 behandelten letzten Surrogationsfall, und zwar im Abs. 2 beschränkt auf den Erwerb einer Forderung. Ohne Zweifel soll eine gewisse Sicherung desjenigen Schuldners hergestellt werden, welcher von den Gesammtgutsverhältnissen keine Kenntniß hat. Auf welchem Wege der Schuldner nachgerade diese Kenntniß erlangt, begründet keinen Unterschied. Sie kann herbeigeführt werden auf amtlichem wie auf privatem Wege, durch einen der Ehegatten selbst oder einen Dritten. Von den in Bezug genommenen Paragraphen betrifft: § 406 die Aufrechnung gegenüber einem neuen Gläubiger, § 407 den Schutz des Schuldners bei Unkenntniß der Abtretung, § 408 die Schutzverhältnisse bei mehrmaliger Abtretung.

§ 1474.

Die Auseinandersetzung erfolgt, soweit nicht eine andere Vereinbarung getroffen wird, nach den §§ 1475 bis 1481.

E. I, 1376; II, 1309; III, 1467.

1. § 1474 leitet in die materiellen Bestimmungen über die Auseinandersetzung der beendigten Gütergemeinschaft ein. Ueber die formale Seite vgl. Bem. 8 zu § 1471.

2. Diese materiellen Vorschriften gelten für alle Fälle der Auseinandersetzung, insbesondere sowohl für die private, wie für die gerichtliche Auseinandersetzung.

3. Die in Bezug genommenen Bestimmungen der §§ 1475—1481 sollen nur eingreifen, „soweit nicht eine andere Vereinbarung getroffen wird“. In erster Linie steht daher als maßgebend ein etwaiges Uebereinkommen über die Art der Auseinandersetzung. Ein solches gütliches Uebereinkommen ist kein Ehevertrag im Sinne des § 1432, daher auch nicht den Formvorschriften für einen solchen unterworfen. Nichts steht übrigens entgegen, daß auch schon in einem der Beendigung der Gütergemeinschaft vorausgegangenen förmlichen Ehevertrage Bestimmungen über eine künftige Auseinandersetzung mit aufgenommen werden. Nur ist auch dabei zu beachten, was sofort unter Ziff. 4 bemerkt werden wird.

4. Darüber, wer die Subjekte eines bezüglichen Uebereinkommens sind, ist im § 1471 nichts erwähnt. In erster Reihe ist dabei zu denken an die Ehetheile selbst (oder ihre Rechtsnachfolger oder Vertreter) in ihren Beziehungen unter sich. Sollten

übrigens durch das Uebereinkommen auch Dritte, insbesondere Gesammtgutsgläubiger, in ihren gesetzlich begründeten Rechten und Ansprüchen (vgl. z. B. § 1475 Abs. 1) berührt werden, so müssen auch diese an dem Uebereinkommen als zustimmende Contrahenten mitbetheiligt sein, wenn dadurch an jenen Rechten und Ansprüchen etwas mit Wirksamkeit soll geändert werden; z. B. wenn an die Stelle sofortiger Berichtigung einer Gesammtgutsverbindlichkeit eine Uebernahme derselben durch die Person eines der Ehetheile gesetzt werden soll.

§ 1475.

Aus dem Gesammtgute sind zunächst die Gesammtgutsverbindlichkeiten zu berichtigen. Ist eine Gesammtgutsverbindlichkeit noch nicht fällig oder ist sie streitig, so ist das zur Berichtigung Erforderliche zurückzubehalten.

Fällt eine Gesammtgutsverbindlichkeit im Verhältnisse der Ehegatten zu einander einem der Ehegatten allein zur Last, so kann dieser die Berichtigung aus dem Gesammtgute nicht verlangen.

Zur Berichtigung der Gesammtgutsverbindlichkeiten ist das Gesammtgut, soweit erforderlich, in Geld umzusetzen.

E. I, 1377, 1378; II, 1373; III, 1458.

1. Oberster Grundsatz für die Auseinandersetzung des Gesammtguts ist, daß aus letzterem in erster Reihe die Gesammtgutsverbindlichkeiten zu berichtigen sind. Diese Vorschrift ist gegeben sowohl im Interesse des Ehemannes, welchen unter Umständen eine selbst noch über die Beendigung der Gütergemeinschaft hinausreichende gesteigerte Haftung (vgl. § 1459 Abs. 2) treffen kann, wie auch im Interesse der Ehefrau und der Gläubiger. (M. IV, 410.) Alle diese Interessenten können daher auch jene Berichtigung als eine Rechtspflicht in Anspruch nehmen. Eine Ausnahme besteht nur nach Abs. 2 in Ansehung der dort erwähnten besonderen Verbindlichkeiten, hinsichtlich deren auf die §§ 1463 fg. zu verweisen ist. Würde eine dieser Verbindlichkeiten, wenn sie bei der Auseinandersetzung noch besteht, nun aus dem Gesammtgut berichtigt, so würde demjenigen Ehegatten gegenüber, in dessen Person eine Verbindlichkeit fraglicher Art entstanden ist, sofort auch wieder ein Anspruch auf Ersatz zum Gesammtgut sich ergeben.*) Dies will durch die Vorschrift des Abs. 2 zugleich vermieden werden. Letztere weicht allerdings ab von dem Standpunkte, daß während bestehender Gütergemeinschaft die Gläubiger für Verbindlichkeiten jener Art, ohne Rücksicht auf das zwischen den Ehegatten unter sich bestehende Verhältniß, auch aus dem Gesammtgut als solchem Befriedigung verlangen können. Die M. IV, 412 heben aber in dieser Hinsicht hervor, es treffe auch nach Beendigung der Gemeinschaft der Grund für jene Zulassung der Gläubiger zur Inanspruchnahme des Gesammtguts nicht mehr zu und zwar insoferne, als während bestehender Gütergemeinschaft Antheile der einzelnen Ehegatten an dem Gesammtgute als selbständige Vermögensrechte nicht hervortreten; nach Beendigung der Gütergemeinschaft könne aber sogar der Antheil jedes Ehegatten „d. h. das Recht desselben auf Auseinandersetzung" (bemerkenswerthe Stelle!) gepfändet werden. (C.P.O. § 860; vgl. auch P. IV, 284.)

2. Unter „Berichtigung" im Sinne des § 1475 ist die Wegfertigung unmittelbar an die Gläubiger verstanden. Ein Vorgehen in der Art, daß für die Gesammtgutsverbindlichkeiten der dazu erforderliche Betrag vorab in die Hände des Ehemannes gelegt und diesem die Befriedigung der Gläubiger und die Haftung dafür überbürdet würde, ist in M. IV, 410 fg. eigens abgelehnt worden.

3. Zurückbehaltung für streitige oder noch nicht fällige Gesammtgutsverbindlichkeiten. Die hierauf bezügliche, im Abs. 1 Satz 2 sich findende, dem § 733 Abs. 1 Satz 2 entsprechende Vorschrift war ursprünglich in der II. Komm. angeregt, ist aber zunächst abgelehnt worden (P. IV, 283). Eingestellt wurde der Satz erst in § 1460 der sog. Bundesrathsvorlage. Dabei ist aber eine Abweichung bemerkenswerth. Während nämlich bei dem Antrage in der II. Komm. förmliche „Sicherstellung" verlangt war, ist bei der späteren Einschaltung und so auch jetzt im Gesetze nur von einer „Zurückbehaltung" die Rede. Daraus wird gefolgert werden dürfen, daß hier nicht an eine eigentliche „Sicherheitsleistung" im vollen Sinne der §§ 232 fg. gedacht ist. Es würde eine solche auch kaum für alle denkbaren Fälle passen. Was hier offenbar gemeint erscheint, ist, daß

*) In dieser Hinsicht hat man nach P. IV, 284 zutreffend auf L. 173 § 3 D. de R. J. 50, 1 (dolo facit, qui petit, quod redditurus est) verwiesen.

eben das Erforderliche vorerst noch von der Liquidirung und Theilung ausgenommen und bis auf Weiteres bei Seite gestellt (reservirt) wird.

Offen geblieben sind noch folgende Fragen:

a) Was ist als streitige Verbindlichkeit zu betrachten? Sicherlich nicht blos eine Verbindlichkeit, welche zur Zeit der Auseinandersetzung im Rechtsstreite befangen ist, sondern auch solche Verbindlichkeiten, welche selbst nur außergerichtlich bestritten sind. Dazu sind auch Verbindlichkeiten zu rechnen, welche erst bei der Auseinandersetzung selbst von einem der betheiligten Theile bestritten werden. Würde die Vorschrift nicht so aufgefaßt, so hätten es die sich Auseinandersetzenden vielfach in der Hand, die bündige Vorschrift des § 1475 Satz 1 illusorisch zu machen.

b) Wen trifft die Zurückbehaltungspflicht? Unzweifelhaft vor Allem die an der Auseinandersetzung betheiligten Ehegatten beziehungsweise deren Rechtsnachfolger u. s. w. Findet amtliche Auseinandersetzung (durch Gericht oder Notar ꝛc.) statt, so hat auch der Auseinandersetzungsbeamte die Amtspflicht, auf die Beobachtung der Vorschrift Bedacht zu nehmen, insbesondere bei der Aufstellung des Auseinandersetzungsplanes und der Verhandlung über denselben (F.G. §§ 99, 93).

c) In welcher Art hat die Zurückbehaltung zu erfolgen? Zweck derselben ist die Sicherung späterer Berichtigung der bezüglichen Gesammtgutsverbindlichkeiten. Diesem Zwecke soll auch die Art der Zurückbehaltung entsprechen. Darüber aber, wie letztere durchzuführen ist, enthält der § 1475 selbst keine näheren Bestimmungen. Ist in diesem Punkte ein Einverständniß mit dem Gläubiger zu erzielen, so hat es dabei sein Bewenden. Wenn aber solches nicht der Fall ist, was dann? Die Einleitung von Gewahrsam und Verwaltung eines der Ehetheile entspricht nicht der Rechtslage. In Sonderheit der Mann hat ja nach § 1472 sein einseitiges Verwaltungsrecht bereits verloren. Auf das in § 1472 wurzelnde gemeinsame Recht zur Verwaltung der Auseinandersetzungsmasse wird daher auch in Ansehung der Zurückbehaltungsmasse rechtlich zunächst zurückzugehen sein. Praktisch wird man aber diese gemeinsame Verwaltung des Zurückbehaltenen nicht selten schwer durchführen können. So z. B. dann, wenn die Beendigung der Gütergemeinschaft durch Ehescheidung herbeigeführt wurde. Es wird daher nicht selten das Auskunftsmittel einer Hinterlegung gesucht und gefunden werden müssen. Auf eine solche kann auch der Gläubiger, wenn ihn sein Interesse dazu veranlaßt, mit dem prozessualen Hilfsmittel der Beantragung einer einstweiligen Verfügung unter Umständen hinwirken.

d) Was ist zurückzubehalten? Das B.G.B. sagt: „das zur Berichtigung Erforderliche"; also im Allgemeinen vor Allem dasjenige, was Gegenstand der streitigen Verbindlichkeit ist. Sind dies z. B. bestimmte Sachen als Spezies, dann sind diese zurückzubehalten. Handelt es sich um eine Geldforderung (fundirte oder nichtfundirte), oder um einen generischen Anspruch, so ist die entsprechende Geldsumme zurückzubehalten. Das Gleiche ist dem rechtlichen Interesse des Gläubigers entsprechend anzunehmen, wenn eine persönliche Leistung in Anspruch genommen und bestritten ist. Bei Bemessung des „Erforderlichen" sind auch etwaige Zinsen (Vertrags- und Verzugszinsen) vorsorglich in Berechnung zu bringen. Zweifelhafter erscheint die Frage, ob auch für Prozeßkosten eine Rücklage zu machen ist? Dem Zwecke der Vorschrift entspricht die Bejahung, namentlich wenn schon ein Rechtsstreit im Laufe ist.

4. Umsatz in Geld. Als geboten erklärt ist im Interesse glatter Wegfertigung der Schulden die Umsetzung der nicht schon in Geld bestehenden Aktivbestände des Gesammtguts, soweit dies zur Berichtigung der Gesammtgutsverbindlichkeiten erforderlich ist. Dies ist namentlich dann der Fall, wenn eine Geldforderung vorliegt und die dazu nöthigen Geldbestände nicht vorhanden sind. Was dann im Wege des Umsatzes in Geld dazu verwendet werden will, ist eine Frage der Zweckmäßigkeit. Bindende Vorschriften, je nach Art der Aktivbestände (Immobilien, Mobilien u. dgl.) gibt das B.G.B. in dieser Hinsicht nicht. Doch greift hier einigermaßen auch die Vorschrift des § 1477 Abs. 2 ein, insoferne hienach gewisse Gegenstände von der Verwendung für die Ansprüche Dritter unter Umständen auszunehmen sind. In M. IV, 415 wird aus dem Umstande, daß der im § 1477 Abs. 2 begründete Naturalanspruch erst bei der Theilung zur Ausübung kommt, gefolgert, daß die Bestimmung des § 1477 Abs. 2 insoweit keine Anwendung findet, als der Gegenstand selbst etwa auf Grund einer Gesammtgutsverbindlichkeit einem Dritten zu leisten ist. Was aber die Nothwendigkeit einer Versilberung

nach § 1475 Abs. 3 in Bezug auf die in § 1477 Abs. 2 aufgeführten Gesammtgutsbestandtheile anlangt, so könnte man an sich annehmen, daß bezüglich solcher Gegenstände ein Umsatz in Geld zu Zwecken der Berichtigung von Verbindlichkeiten deshalb wegfalle, weil ja der übernehmende Ehegatte Werthsersatz zum Gesammtgut leisten müsse. Die M. IV, 415 bemerken desfalls aber Folgendes: „Auch dann, wenn nach Maßgabe des § 1475 Abs. 3 eine Versilberung der zu dem Gesammtgute gehörenden Gegenstände in Frage kommt, muß das im § 1477 bezeichnete Recht der Ehegatten zurückstehen, da Versteigerungen, namentlich bei gewissen Sachen, z. B. bei Kunstgegenständen, oft einen höheren Erlös, als den mehr oder weniger relativen Schätzungswerth ergeben, die Schuldentilgung aber der Theilung immer vorangehen muß." Das ist ja Alles richtig. Unter Umständen ist aber auch die Versteigerung ein Weg, welcher zu geringerem Erlöse führt, als der Werthsersatz im Falle des § 1477 Abs. 2. Die ganze Frage über das Verhältniß des § 1475 Abs. 3 zum § 1477 Abs. 2 ist daher auch je nach den Umständen einer recht verschiedenen Auffassung in Ansehung des Zweckmäßigkeitsstandpunkts zugänglich. Jedenfalls ist auch hieher die im § 1475 Abs. 2 sich findende Klausel „soweit erforderlich" besonders zu betonen. Es wäre nicht gerechtfertigt, einem Ehegatten die Ausübung des Rechts nach § 1477 Abs. 2 durch Versilberung nach § 1475 Abs. 3 thatsächlich unmöglich zu machen, wenn dem Zwecke der Schuldentilgung anderweitig genügt werden kann.

Ist die Gesammtgutsverbindlichkeit auf eine Speziesleistung aus dem Gesammtgut gerichtet, so kommt eine Berichtigung in Geld unmittelbar ohnehin nicht in Frage, soweit es sich nicht um Gewährung von Interesse oder Schadensersatz handelt.

Ueber den Zweck der Berichtigung der Gesammtgutsverbindlichkeiten gegenüber Dritten hinaus reicht die gebietende Vorschrift des § 1475 Abs. 3 nicht. Soweit es sich nicht um solche Verbindlichkeiten handelt, ist es eben Aufgabe der Auseinandersetzungsverhandlungen, darüber Einigung herbeizuführen, ob und in welcher Weise etwa sog. Naturaltheilung eintreten oder mit Geld ausgeglichen werden solle. In letzter Reihe wird auch hier — unter den Ehetheilen — nöthigen Falls zum Umsatz in Geld gegriffen werden müssen. Dies geschieht aber dann aus einem anderen Gesichtspunkte, als dem des § 1475 Abs. 3.

§ 1476.

Der nach der Berichtigung der Gesammtgutsverbindlichkeiten verbleibende Ueberschuß gebührt den Ehegatten zu gleichen Theilen.

Was einer der Ehegatten zu dem Gesammtgute zu ersetzen verpflichtet ist, muß er sich auf seinen Theil anrechnen lassen. Soweit die Ersatzleistung nicht durch Anrechnung erfolgt, bleibt er dem anderen Ehegatten verpflichtet.

E. I, 1377; II, 1374; III, 1459.

1. Theilung. Natürlich und rechtlich ist Voraussetzung für eine Theilung des Gesammtguts das Vorhandensein eines Ueberschusses nach Vereinigung der Gesammtgutsverbindlichkeiten in Gemäßheit des § 1476.

a) Gegenstand der Theilung ist eben jener Ueberschuß aus dem Gesammtgute, wie er sich zur Zeit der Theilung herausstellt. (Vgl. übrigens auch § 1479.)

b) Jedem der Ehegatten gebührt die gleiche Hälfte. Darauf hat er gesetzlichen Anspruch. Unbenommen ist es gemäß § 1474, daß die Ehegatten im Wege freier Vereinbarung ein anderes Quotenverhältniß bestimmen.

c) Ein Zurückgehen auf frühere Verhältnisse, auf das ursprüngliche Einbringen beider Theile, auf späteren Zuwachs von der einen oder anderen Seite kann nach dem Wesen der allgemeinen Gütergemeinschaft der Regel nach nicht beansprucht werden. Ausnahmen s. in §§ 1477 Abs. 2 und 1478. Vgl. auch § 1479.

2. Anrechnung von Ersatzposten unter den Ehegatten. Nach dem Inhalte der §§ 1463 fg., sowie des § 1466 kann es vorkommen, daß einem der Ehegatten eine Ersatzleistung zu dem zu theilenden Gesammtgute obliegt, welche nach der Vorschrift des § 1467 erst jetzt zu geschehen hat, oder, wenn sie auch unter Umständen schon früher hätte begehrt werden können, doch thatsächlich bisher nicht geschehen ist. Wie schon früher (S. 234) bemerkt wurde, bildet ein solcher Ersatzanspruch einen Aktivposten bei der Auseinandersetzung. Dieser muß der Theilungsmasse zugerechnet werden. (M. IV, 413.) Realisirt wird er nach § 1476 Abs. 2 Satz 1 durch Anrechnung auf den Theil des Ersatzpflichtigen. Gegenstand der Anrechnung ist dabei der ganze Ersatzbetrag. Um diesen ganzen Betrag erhält der Ersatzpflichtige weniger an Geld oder anderen Vermögenswerthen,

als ihn nach einfacher Abtheilung (mit Einbeziehung des Ersatzpostens in die Berechnung der Aktiven) trifft. Soweit eine derartige Anrechnung nicht stattfindet, bleibt der Ersatzpflichtige obligatorisch (M. IV, 414) dem anderen Ehegatten persönlich haftbar (§ 1476 Abs. 2 Satz 2): also z. B. dann, wenn seine Ersatzschuld größer wäre, als sein Aktivantheil am Gesammtgut.

3. Fehlbetrag. Ergibt sich bei (nicht erst nach der Theilung: s. desfalls §§ 1480, 1481) der Auseinandersetzung, daß nicht allein kein Aktivüberschuß als Theilungsgegenstand vorhanden, sondern daß im Gegentheil sogar ungetilgte Gesammtgutsverbindlichkeiten verbleiben, so fragt es sich, wie diese zu decken sind? Diese Frage hat ihre Beantwortung zu finden nach Maßgabe der Grundsätze, welche in sachlicher Beziehung bezüglich der Schuldenhaftung der Ehegatten in allgemeiner Gütergemeinschaft den Gläubigern gegenüber sowie zwischen den Ehegatten unter sich überhaupt gelten. (Vgl. §§ 1459 fg.)

Eine andere Frage für sich ist es, ob wegen eines solchen Defizits nach Feststellung desselben etwa Konkurs über das sich ausscheidende Vermögen des einen oder anderen Ehegatten zu eröffnen sei? Die Antwort hierauf ist dem Konkursrechte zu entnehmen. Zu bemerken ist übrigens, daß sich der § 2 der K.O. n. Nr. auf diejenigen Verhältnisse bezieht, welche sich während Bestehens der Gütergemeinschaft ergeben.

In Ansehung der konkursrechtlichen Gestaltung ist auch noch Bezug zu nehmen auf §§ 16 und 51 K.O. n. Nr.

§ 1477.

Die Theilung des Ueberschusses erfolgt nach den Vorschriften über die Gemeinschaft.

Jeder Ehegatte kann gegen Ersatz des Werthes die ausschließlich zu seinem persönlichen Gebrauche bestimmten Sachen, insbesondere Kleider, Schmucksachen und Arbeitsgeräthe, sowie diejenigen Gegenstände übernehmen, welche er in die Gütergemeinschaft eingebracht oder während der Gütergemeinschaft durch Erbfolge, durch Vermächtniß oder mit Rücksicht auf ein künftiges Erbrecht, durch Schenkung oder als Ausstattung erworben hat.

E. I, 1378; II, 1375; III, 1460.

1. Die Art der Theilung unter den Ehetheilen, wovon § 1477 allein handelt, richtet sich nach den in den §§ 752 fg. enthaltenen Vorschriften über die Theilung einer Gemeinschaft. Von diesen Vorschriften, welche sammt den Erläuterungen dazu des Näheren hieher zu vergleichen sind, sei nur Folgendes in Kürze hervorgehoben:

a) Die Theilung erfolgt in Natur, wenn der gemeinschaftliche Gegenstand oder, falls mehrere Gegenstände gemeinschaftlich sind, diese sich ohne Werthsminderung in gleichartige (nicht „gleichwerthige“), den Antheilen für die Ehegatten entsprechende Theile zerlegen lassen. (Stehen auf einer Seite mehrere Rechtsnachfolger, so ist die Untertheilung zwischen diesen wieder eine Sache für sich.) Die Zuweisung gleicher Theile auf die eine oder andere Seite geschieht durch das Loos.

b) Ist die Theilung in Natur ausgeschlossen, so erfolgt Verkauf des gemeinschaftlichen Gegenstandes nach den näheren Bestimmungen des § 753.

c) Der Verkauf einer zum Gesammtgut gehörigen Forderung ist nur zulässig, wenn sie nicht eingezogen werden kann. „Ist die Einziehung möglich, so kann jeder Theilhaber gemeinschaftliche Einziehung verlangen.“ (§ 754.) Vgl. übrigens auch § 432.

So die gesetzlichen Grundnormen für die Theilung. Angesichts des in den § 1474 aufgenommenen Vorbehalts kann es übrigens keinem Zweifel unterliegen, daß auch abweichende Theilungsnormen zwischen den Betheiligten vereinbart werden können.

2. Uebernahmsbefugnisse der Ehegatten nach Abs. 2. Diese hier jedem der Ehegatten beigelegten besonderen Befugnisse (welche an gewisse schon im P.L.R. Thl. II Tit. 1 §§ 640, 641, 648, 649, wenn auch in hieher nicht ganz kongruenter Weise verwirklichte Grundgedanken anknüpft) führen M. IV, 415 auf „Rücksichten der Billigkeit“ zurück. Diese Auffassung ist aber doch zu flach und nüchtern. Es darf und muß wohl auch der höhere Gesichtspunkt eines konservativen Familiensinnes mit hereingezogen werden. Für die Beurtheilung der Tragweite der Vorschrift in einzelnen Beziehungen ist dies gewiß nicht ohne Belang. Die Ehegatten können die hier vorgesehene Uebernahme bethätigen, müssen es aber nicht.

An die Person der Ehegatten ist das Uebernahmsrecht nicht schlechthin gebunden. Dasselbe steht auch den etwaigen Rechtsnachfolgern derselben zu, insbesondere den Erben. Vgl. M. IV, 415 und P. IV, 285 fg., woselbst betont ist, daß namentlich auch die Erben ein Interesse daran haben können, die betreffenden Gegenstände zu übernehmen und ihrer Familie zu erhalten. In P. IV, 286 ist sogar bemerkt, es sei selbst kein Grund vorhanden, nichtverwandte Rechtsnachfolger, etwa als Erbschaftskäufer, vom Recht auf Uebernahme auszuschließen.

Den Einzelrichtungen nach erstreckt sich das Uebernahmsrecht auf folgende Grundfälle:

a) Zum persönlichen Gebrauche des übernehmenden Ehegatten bestimmte Sachen, insbesondere Kleider, Schmucksachen und Arbeitsgeräthe. Diese Anführung geht ziemlich analog demjenigen, was im § 1366 in Bezug auf das Vorbehaltsgut der Frau beim ordentlichen gesetzlichen Güterstande bestimmt ist: vgl. daher auch die Bem. zu § 1366;

b) Gegenstände, welche der übernehmende Ehegatte selbst in die Gütergemeinschaft (also bei Beginn derselben) eingebracht hat;

c) Gegenstände des Erwerbs **während** der Gütergemeinschaft, wenn dieser Erwerb

α) durch Erbfolge oder durch Vermächtniß, oder mit Rücksicht auf ein künftiges Erbrecht (vgl. § 2050 fg.), oder durch Schenkung oder als Ausstattung (über diesen Begriff vgl. Bem. bei § 1465) eingetreten und

β) durch die Person des übernahmeberechtigten Ehegatten in das Gesammtgut geflossen ist.

Unter die „Gegenstände" fraglicher Art können auch Grundstücke gerechnet werden. P. IV, 286.)

Die Uebernahme kann übrigens nur begehrt werden gegen Ersatz des Werthes der zu übernehmenden Gegenstände. Zu ersetzen ist derjenige Werth, welchen letztere „zu der Zeit haben, zu welcher die Gegenstände gegen Zahlung übernommen werden". M. IV, 415. (Fischer-Henle sagen in 1. und 2. Aufl. zu § 1477: „zur Zeit der Theilung". Dieser Zeitpunkt kann unter Umständen von dem in M. IV, 415 bezeichneten verschieden sein.)

Zu ermitteln ist der Werth d. h. der objektive Verkehrswerth (nicht der Affektionswerth: P. IV, 286) nöthigenfalls durch Schätzung. (E. I § 1378; P. IV, 285; F.G. § 164.)

§ 1478.

Sind die Ehegatten geschieden und ist einer von ihnen allein für schuldig erklärt, so kann der andere verlangen, daß jedem von ihnen der Werth desjenigen zurückerstattet wird, was er in die Gütergemeinschaft eingebracht hat; reicht der Werth des Gesammtguts zur Rückerstattung nicht aus, so hat jeder Ehegatte die Hälfte des Fehlbetrags zu tragen.

Als eingebracht ist anzusehen, was eingebrachtes Gut gewesen sein würde, wenn Errungenschaftsgemeinschaft bestanden hätte. Der Werth des Eingebrachten bestimmt sich nach der Zeit der Einbringung.

Das im Abs. 1 bestimmte Recht steht auch dem Ehegatten zu, dessen Ehe wegen seiner Geisteskrankheit geschieden worden ist.

E. II, 1376; III, 1461.

1. Grundzüge der Vorschrift des § 1478. Dieselbe trägt den Charakter einer Ausnahmebestimmung und zwar insoferne, als sie bei einer Beendigung der Gütergemeinschaft durch Ehescheidung unter gewissen Voraussetzungen zuläßt, daß bei der Auseinandersetzung in näher bezeichneter Weise auf die Frage, was ein Ehegatte in die Gütergemeinschaft eingebracht hat, zurückgegriffen wird. Damit soll offenbar in Ehescheidungsfällen dem daran unschuldigen Ehegatten die Möglichkeit gewährt werden, zu verhüten, daß der andere schuldbelastete Ehetheil durch die regelrechte Abtheilung nach den aus dem Ergebnisse der Liquidation sich berechnenden gleichen Hälften einen Vortheil ziehe, der unschuldige Ehegatte aber einen Nachtheil erleide.

E. I hatte eine hierauf abzielende Bestimmung nicht aufgenommen gehabt. Für diese Stellungnahme wurden in der II. Komm. zwar auch noch Gründe beigebracht (P. IV, 440). Man stellte aber denselben mit überwiegendem Gewichte die Erwägung gegenüber, daß der Standpunkt des Entwurfs denn „doch große Härten mit sich bringe, namentlich wenn der unschuldige Ehegatte der reichere gewesen sei. Der unschuldige Ehegatte müsse im Falle der Scheidung auf einen Theil des Vermögens, welches von ihm herstamme und welches es, vertrauend auf die Liebe und Treue des Anderen, diesem zur Hälfte hingegeben habe, verzichten oder, falls er diesen Nachtheil nicht wolle, die Scheidungsklage unterlassen. Dazu komme, daß unter Umständen der Standpunkt des Entwurfs geradezu zu einem Mißbrauche der Scheidung führen könnte. Der Mann, welcher eine reiche Frau geheirathet habe, begehe, um vielleicht geschieden zu werden, einen Ehebruch, erhalte dann die Hälfte des ganzen Vermögens und sei wieder frei und ledig, so daß er sich nun nach Neigung verehelichen könne". „Zweck der Vorschrift sei dabei aber nicht der, dem schuldigen Ehegatten eine Vermögenseinbuße gleichsam als Ehescheidungsstrafe (vgl. z. B. B.L.R. Thl. I cap. 6 § 43) aufzuerlegen, weil er die Scheidung durch seine Verfehlung veranlaßt habe. Es solle vielmehr nur verhindert werden, daß der schuldige Ehegatte aus seiner Schuld einen Gewinn ziehe." (P. IV, 440, 441.)

Aus diesen praktischen Erwägungen erwuchs der jetzige § 1478.

2. Die einzelnen maßgebenden Umstände sind:

a) Vor Allem muß eine Scheidung der Ehegatten bereits rechtskräftig erfolgt sein. Nicht im Gesetze selbst zum Ausdruck gekommen, aber doch anzunehmen ist, daß auch die Scheidung es war, welche zur Beendigung der Gütergemeinschaft geführt hat; darauf deuten auch die Verh. in II. Komm. In P. IV, 439, 440 ist eigens die Rede von Beendigung der Gütergemeinschaft „in Folge der Scheidung", „wegen der Ehescheidung". Würde also z. B. zunächst ein rechtskräftiges Urtheil auf Aufhebung der Gütergemeinschaft nach § 1468 ergangen, und erst nachher in eigenem Prozeß Scheidung der Ehe erfolgt sein, so läge der Rechtsgrund der Gemeinschaftsbeendigung zunächst im ersteren und nicht im letzteren Vorkommnisse. Mit der Rechtskraft jenes Aufhebungsurtheils ist aus diesem Rechtsgrunde das Verhältniß bereits in das Liquidationsverfahren eingetreten und in diesem Verfahren auch nach Maßgabe desselben Rechtsgrundes zu behandeln. Eine andere Frage ist aber dahin zu stellen, ob nicht dann nachträglich noch der unschuldig geschiedene Ehegatte ein Restitutionsbegehren auf Grund des § 1478 stellen könnte. Der Inhalt des § 1478 steht dem nicht entgegen; Grund und Zweckbestimmung der Vorschrift unterstützen die Bejahung.

b) Aus welchen Gründen die Scheidung erfolgte, ist an sich hieher belanglos. Die Ausnahmevorschrift ist aber nur anwendbar, wenn bei der Scheidung im Urtheil gemäß § 1574 gegen einen Ehegatten ein Schuldausspruch erfolgte. Erfordert wird dabei, daß einer der Ehegatten als der allein schuldige Theil erklärt wurde. Sind beide Theile nach § 1574 Abs. 2 und 3 für schuldig erklärt worden, so wird § 1478 nicht anwendbar. Der Schwerpunkt für dessen Anwendung liegt auch nur in dem Schuldausspruch, welchen das Scheidungsurtheil enthält. Eine anderweitige Nachprüfung, ob ein Verschulden gleichwohl nicht oder trotz Fehlens eines Schuldausspruchs doch vorliege, ist für die Anwendung des § 1478 ausgeschlossen.

c) Der Ehescheidung steht gleich das mit Schuldausspruch gegen nur einen der Ehegatten ergangene Urtheil auf Aufhebung der ehelichen Gemeinschaft. Vgl. § 1586 mit § 1575 Abs. 2, § 1576.

d) Eines Schuldausspruches bedarf es nicht, wenn die Ehescheidung (beziehungsweise die Aufhebung der ehelichen Gemeinschaft) erfolgt ist wegen Geisteskrankheit eines Ehegatten. In solchem Falle erfolgt nach § 1574 überhaupt kein Schuldausspruch. Nach § 1478 Abs. 3 steht dem Geisteskranken stets dasselbe Recht aus Abs. 1 zu, wie wenn ihm ein mit Schuldausspruch belasteter Ehegatte gegenüberstände.

3. Art der Auseinandersetzung. Unter den dargelegten Voraussetzungen findet nicht eine Naturalauseinandersetzung, nicht ein Auseinanderfallen des Gesammtguts je nach der Herkunft der einzelnen Stücke statt, sondern eine Werthsrestitution aus der Gesammtgutsmasse für die Gesammtheit des Eingebrachten auf Seite beider Ehegatten. (P. IV, 438, 441.) Daß daneben auch hier noch eine Naturalübernahme nach Maßgabe und im Umfange des § 1477 und gegen Werthsersatz in das Gesammtgut beansprucht werden kann, ist anzunehmen.

Der Werth des Eingebrachten bestimmt sich nach der Zeit des Einbringens: § 1478 Abs. 2. Es ist also auch in diesem Punkte auf die ursprünglichen Verhältnisse zurückzugreifen.

Der Begriff des „Eingebrachten" kommt an sich bei der allgemeinen Gütergemeinschaft nicht vor. Er war daher für die Anwendung des § 1478 eigens zu bestimmen.

Geschehen ist dies im Abs. 2 durch Verweisung auf die Bestimmungen über den Begriff des eingebrachten Gutes, wie sie für die Errungenschaftsgemeinschaft nach den §§ 1520 bis 1524 gelten. Der Anspruch nach § 1478 Abs. 1 ist danach für dessen Gebiet zu begrenzen.

4. Fehlbetrag. Die durch den § 1478 gesetzte Ausnahme bezieht sich nur auf die Theilungsart, d. h. auf die Art der Vertheilung des Ueberschusses. An den Vorschriften über die vorherige Berichtigung der Gesammtgutsverbindlichkeiten ist darum nichts geändert. (P. IV, 439, 440.) Um so mehr kann es vorkommen, daß der nach Abzug der Verbindlichkeiten sich ergebende Ueberschuß zu der vom unschuldigen Ehegatten geforderten Werthsrestitution des Eingebrachten beider Theile nicht ausreicht, sohin sich ein Fehlbetrag ergibt. Ueber die Behandlung in solchem Falle enthält § 1478 eine positive Vorschrift. Der Fehlbetrag ist gemeinsam zu tragen, aber nicht etwa nach Verhältniß des beiderseitigen Einbringens, sondern nach der ziffermäßigen Hälfte des Gesammtfehlbetrags.

5. Werthsmehrung. Wie schon betont, ist bei der Vertheilungsart nach § 1478 jedem der Ehegatten der Werth seines Einbringens in die Gütergemeinschaft zurückzuerstatten. Während letzterer kann aber das Gesammtgut in einer Weise angewachsen sein, daß auch nach Berichtigung der Gesammtgutsverbindlichkeiten und nach Rückersatz des beiderseitigen Einbringens noch ein Aktivüberschuß verbleibt. Was ist in diesem Falle Rechtens? Eine ausdrückliche positive Bestimmung darüber enthält § 1478 nicht. Aber „die Konsequenz verlangt die gleiche Behandlung des Gewinnes wie des Verlustes": P. IV, 442. Jener Aktivüberschuß ist demzufolge in Zugabe zu dem Eingebrachten ebenfalls nach Hälften zu vertheilen.

6. Wahlrecht. Eine Auseinandersetzung nach § 1478 hängt ab von dem hierauf gerichteten Begehren des nicht für schuldig erklärten Ehegatten. Der andere für schuldig erklärte Ehegatte hat in keinem Falle das Recht, eine Auseinandersetzung fraglicher Art zu verlangen. Erfolgt kein bezügliches Begehren des nicht für schuldig erklärten Ehegatten, so verbleibt es eben bei der regelmäßigen Theilungsart. Der unschuldige Ehegatte hat also ein Wahlrecht, dessen Ausübung er nach freiem Ermessen und Belieben bethätigen kann.

§ 1479.

Wird die Gütergemeinschaft auf Grund des § 1468 oder des § 1469 durch Urtheil aufgehoben, so kann der Ehegatte, welcher das Urtheil erwirkt hat, verlangen, daß die Auseinandersetzung so erfolgt, wie wenn der Anspruch auf Auseinandersetzung mit der Erhebung der Klage auf Aufhebung der Gütergemeinschaft rechtshängig geworden wäre.

E. I, 1379; II, 1377; III, 1462.

In diesem Paragraphen liegt eine zweite Ausnahme von den regelmäßigen Vorschriften über die Auseinandersetzung. Sie betrifft den für die Auseinandersetzung maßgebenden Zeitpunkt und begründet die Möglichkeit einer Rückbeziehung desselben, je nach dem Begehren desjenigen Ehegatten, welcher entweder nach § 1468 (Frau) oder nach § 1469 (Mann) die Klage auf Aufhebung der Gütergemeinschaft mit Erfolg gestellt hat. Die Vorschrift des § 1479 steht dabei in einer gewissen Analogie zu dem Inhalte des § 1422. Der obige § 1479 enthält aber keine unbedingt wirkende Regel, sondern begründet ebenfalls nur ein Wahlrecht für den bezüglichen Ehegatten. (M. IV, 415.)

§ 1480.

Wird eine Gesammtgutsverbindlichkeit nicht vor der Theilung des Gesammtguts berichtigt, so haftet dem Gläubiger auch der Ehegatte persönlich als Gesammtschuldner, für den zur Zeit der Theilung eine solche Haftung nicht besteht. Seine Haftung beschränkt sich auf die ihm zugetheilten Gegenstände; die für die Haftung des Erben geltenden Vorschriften der §§ 1990, 1991 finden entsprechende Anwendung.

E. II, 1378; III, 1463.

1. Mit dem Vollzuge der Theilung ist die Auseinandersetzung und damit auch das für letztere und durch dieselbe geschaffene Zwischenstadium abgeschlossen. Die

durch die Auseinandersetzung etwa veranlaßten Kosten sind von dem Gesammtgute zu tragen und als eine Gesammtgutsverbindlichkeit ebenfalls nach § 1475 vorab zu berichtigen. Es ist dies zwar im Gesetze nicht eigens ausgesprochen, aber den rechtlichen Verhältnissen bis zur Selbstverständlichkeit entsprechend.

Ereignen kann es sich nun, daß

2. sowohl jene Kosten, wie auch irgendwelche andere Gesammtgutsverbindlichkeiten bei der Auseinandersetzung und vor der thatsächlichen Theilung nicht berichtigt wurden, sei es, weil die Betheiligten dieselben nicht berichtigen wollten oder aus Versehen nicht berichtigt hatten, oder weil die betreffenden Verbindlichkeiten überhaupt erst nach der Theilung bekannt wurden. Es kann auch der Fall sein, daß die Verbindlichkeiten noch nicht fällig oder streitig waren und der für einen solchen Fall geltenden Vorschrift des § 1475 Abs. 1 Satz 2 nicht oder nicht ausreichend genügt wurde. (Vgl. § 1[1] des Zwischenentwurfs in P. IV, 245.) Für alle diese und andere Fälle nicht geschehener Wegfertigung von Gesammtgutsverbindlichkeiten mußte der Gesetzgeber die nunmehr eintretende Behandlung vorsehen. Im B.G.B. geschieht dies durch die §§ 1480 und 1481 und zwar an ersterer Stelle in Ansehung des Verhältnisses zu den Gläubigern, an letzterer Stelle hinsichtlich des Verhältnisses der Ehegatten unter sich.

3. Verhältniß zu den Gläubigern. In dieser Richtung dauert nach der Theilung des Gesammtguts „an und für sich schon und selbstverständlich die persönliche Haftung jedes Ehegatten für solche Gesammtgutsverbindlichkeiten fort, die in seiner Person entstanden waren und vorher nicht berichtigt wurden. An den anderen Ehegatten würden sich (mangels besonderer Regelung) die Gläubiger überhaupt nicht oder, soferne Jener bei der Theilung zu viel bekommen hätte, nur in der Weise halten können, daß sie sich den Anspruch überweisen ließen, welcher wegen einer solchen ungerechtfertigten Bereicherung dem ihnen persönlich haftenden Ehegatten zusteht. Hiedurch würden unter Umständen die Gläubiger benachtheiligt". (So erörtert in D. 202; vgl. auch P. IV, 288.) Letzterem sucht der in II. Komm. eingestellte, dortselbst lebhaft erörterte (P. IV, 287 fg.) § 1480 durch eine einfachere und klarere Regelung abzuhelfen. Diese erfolgte in der Art, daß auch für denjenigen Ehegatten, in dessen Person an sich die unberichtigt gebliebene Gesammtgutsverbindlichkeit nicht entstanden war und zur Zeit der Theilung eine persönliche Haftung nicht bestanden hatte, eine solche persönliche Haftung innerhalb bestimmter Grenzen begründet wurde. Darin liegt für den Mann eine Verlängerung der ihn mit Rücksicht auf sein Verwaltungsrecht schon nach § 1459 treffenden, aber im Allgemeinen zeitlich begrenzten Haftungspflicht auch denjenigen Schulden der Frau gegenüber, welche Gesammtgutsverbindlichkeiten sind. Für die Frau aber wird hier eine persönliche Haftung für die fraglichen Gesammtgutsverbindlichkeiten eigens noch begründet.

4. Im Einzelnen entwickelt sich dabei das Verhältniß, wie folgt:

a) Nur um unberichtigte Gesammtgutsverbindlichkeiten handelt es sich. Ist der nicht befriedigte Gläubiger nicht Gesammtgutsgläubiger, sondern hat er nur einen Anspruch gegenüber der Person eines der Ehegatten, insbesondere in Ansehung dessen Vorbehaltsguts, so kommt für ihn die nach § 1480 erweiterte Haftung des anderen Ehegatten nicht in Betracht. (P. IV, 290.)

b) Darauf, wie sich in Ansehung der konkreten Verbindlichkeiten fraglicher Art das Rechtsverhältniß unter den Ehegatten selbst gestaltet, kommt für die Anwendbarkeit des § 1480 nichts an. Letzterer gilt gegenüber dem Gläubiger für Gesammtgutsverbindlichkeiten aller Art und ist nicht beschränkt auf solche Gesammtgutsverbindlichkeiten, welche diese Eigenschaft auch im Verhältnisse der Ehegatten unter einander haben. (P. IV, 289, 290.)

c) Die persönliche Haftung wird für jeden Ehegatten (oder seine Rechtsnachfolger) begründet, insbesondere auch für die Frau. Der Gläubiger kann Jeden dieser Haftungsverpflichteten und zwar direkt in Anspruch nehmen. (P. IV, 289 fg.)

d) Darauf, aus welchem Grunde die Nichtberichtigung der Gesammtgutsverbindlichkeit sich ereignete, kommt nichts an.

e) Die erst durch § 1480 geschaffene d. h. erweiterte oder neu begründete besondere Haftung ist aber objektiv beschränkt auf dasjenige, was der in Anspruch genommene Ehegatte auf seinen Antheil am Gesammtgute thatsächlich zugetheilt bekommen hat, sei es in Natur oder im Werthe. (S. dazu das später Bemerkte.) Darüber hinaus, also insbesondere in den Bereich etwa vorhandenen Vorbehaltsguts, erstreckt sich die Haftbarkeit nicht. Ueber diese Grenze der Haftung hinaus kann der in Anspruch genommene Ehegatte nach Analogie des § 1990 die Befriedigung verweigern. Er ist aber in diesem Falle verpflichtet, die betreffenden Gegenstände zum Zwecke der Befriedigung des Gläubigers im Wege der Zwangsvollstreckung herauszugeben. (§ 1990 Abs. 1 Satz 2.) Diese Herausgabe hat in Natur zu erfolgen. Eine Werthsablösung im Sinne der §§ 1973 und 1992 kann der verpflichtete Theil nicht substituiren. Jene Art der Herausgabe kann aber selbstverständlich nur dann Platz greifen, wenn der Verpflichtete von vorneherein Gegenstände in Natur empfangen hat und solche noch besitzt. Hat dagegen der bezügliche Ehegatte von vorneherein auf seinen Antheil einen Ersatz in Geldwerth erhalten oder das Empfangene in Geld zu der Zeit bereits umgesetzt gehabt, wo er in Anspruch genommen wird, so ergibt sich von selbst die Nothwendigkeit, eben an Stelle des ursprünglich Zugetheilten den Geldwerth herauszugeben.

5. Daß in Folge des Hervortretens unberichtigt gebliebener Ansprüche an das Gesammtgut, beziehungsweise gemäß § 1480 an die Person des einen und anderen Ehegatten, auch noch Konkurs über das Vermögen Eines der Abgetheilten entstehen kann, ist durch § 1480 weder thatsächlich noch rechtlich ausgeschlossen. Die formellen Voraussetzungen hiefür bemessen sich nach Konkursrecht.

§ 1481.

Unterbleibt bei der Auseinandersetzung die Berichtigung einer Gesammtgutsverbindlichkeit, die im Verhältnisse der Ehegatten zu einander dem Gesammtgut oder dem Manne zur Last fällt, so hat der Mann dafür einzustehen, daß die Frau von dem Gläubiger nicht in Anspruch genommen wird. Die gleiche Verpflichtung hat die Frau dem Manne gegenüber, wenn die Berichtigung einer Gesammtgutsverbindlichkeit unterbleibt, die im Verhältnisse der Ehegatten zu einander der Frau zur Last fällt.

E. I, 1380; II, 1379; III, 1884.

Während § 1480 die Deckung unberichtigt gebliebener Gesammtgutsverbindlichkeiten gegenüber den Gläubigern regelt, behandelt der sich daran anschließende § 1481 die Gestaltung des Verhältnisses zwischen den Ehegatten selbst. In dieser Hinsicht steht der § 1481 auch wieder auf der

1. Grundlage der darüber bestehenden allgemeinen Normen, welche das letzterwähnte Verhältniß theilweise anders behandeln, wie dasjenige gegenüber den Gläubigern, insbesondere dem Manne gewisse besondere Haftungen auflegen als Folgen seines tiefgreifenden Verwaltungsrechts. Besonders greift auch hier der § 1443 Abs. 2 ein, wonach die Frau durch die auf das Gesammtgut sich beziehenden Verwaltungshandlungen des Mannes weder Dritten noch dem Manne gegenüber persönlich verpflichtet wird. In Folge dieser Bestimmung und anderer Rechtssätze über persönliche Nichthaftung der Frau kann es sich namentlich ergeben, daß eine nachträglich sich herausrechnende Einbuße im Verhältnisse der Ehegatten unter sich von dem Manne zu tragen ist, während der Gläubiger nach § 1480 innerhalb der dort gezogenen Grenze beide Ehetheile mit persönlicher Haftung in Anspruch nehmen kann. Dem Ausgleich dieser Rechtsbeziehungen dient der § 1481 und zwar im Allgemeinen auf der Grundlage, daß die im § 1480 begründeten Rechtsfolgen gegenüber den Gläubigern hinwiederum zwischen den Ehegatten mit den Grundnormen über die Schuldenhaftung zwischen den Ehegatten unter sich in Einklang gebracht und insbesondere Bereicherungen des einen Ehegatten auf Kosten des anderen hintangehalten werden sollen. (M. IV, 415; P. IV, 291.) Zu diesem Zwecke regelt

2. der erste Satz des § 1481 die Befreiung der Frau durch ihren Mann von Gesammtgutsverbindlichkeiten, welche im inneren Eheverhältnisse nicht ihr persönlich, sondern nur dem Gesammtgute oder dem Manne allein zur Last fallen. (Vgl. namentlich § 1443 Abs. 2.) In Bezug auf solche Gesammtgutsverbindlichkeiten irgendwelcher Art soll der Mann dafür „einstehen", daß die Frau von dem Gläubiger nicht in Anspruch genommen wird. Im E. I § 1380 und noch im anfänglichen Beschlusse der II. Komm. (P. IV, 245, 291) hieß es: der Mann „haftet". Im schließlich festgestellten § 1379 E. II kam die jetzige Fassung zum Vorschein. Zum Vorschlag des E. I § 1380 war in M. IV, 416 eigens bemerkt: „Dem Ehemanne die weitergehende Verpflichtung aufzuerlegen, die Ehefrau von ihrer persönlichen Haftung für die fraglichen Verbindlichkeiten sofort zu befreien oder ihr wegen des Ersatzanspruches, welcher sich für sie aus der Erfüllung derselben ergeben würde, Sicherheit zu leisten, ... würde unbillig gegen den Ehemann

sein." Wenn indessen später der Ausdruck „einstehen" gewählt wurde, so wollte damit im Vergleiche zu dem bloßen „haften" doch sicherlich eine verstärkte Garantie für die Frau geschaffen werden und zwar nicht etwa blos in Gestalt thatsächlicher Ersatzleistung des Mannes an die in Anspruch genommene Frau (im Umfange und nach Maßgabe der allgemeinen Schuldenhaftungsgrundsätze), sondern auch schon in Gestalt einer allenfalls nöthigen anderweitigen Sicherstellung der Frau gegen die sie treffenden Folgen einer künftigen Inanspruchnahme. Ebendeshalb ist beizustimmen, wenn Fischer-Henle zu § 1481 (2. Aufl. S. 619) selbst einen Anspruch der Frau auf Sicherheitsleistung, „wenn nöthig", zugeben. Von jener Verpflichtung zum „Einstehen" kann natürlich erst dann die Rede sein, wenn die unberichtigt gebliebene Gesammtgutsverbindlichkeit als solche den Ehetheilen bekannt geworden ist. Dann aber greift jene Verpflichtung auch sofort Platz. Darauf, aus welchem Grunde die Berichtigung der Schuld schon bei der Auseinandersetzung nicht erfolgte, kommt auch hier (vgl. Bem. zu § 1480) nichts an.

3. Der zweite Satz wendet denselben Grundsatz in umgekehrter Richtung an in Beziehung auf Gesammtgutsverbindlichkeiten, welche unter den Ehegatten der Frau zur Last fallen. Vgl. desfalls namentlich §§ 1463, 1464.

§ 1482.

Wird die Ehe durch den Tod eines der Ehegatten aufgelöst und ist ein gemeinschaftlicher Abkömmling nicht vorhanden, so gehört der Antheil des verstorbenen Ehegatten am Gesammtgute zum Nachlasse. Die Beerbung des Ehegatten erfolgt nach den allgemeinen Vorschriften.

E. I, 1382, 1283; II, 1380; III, 1465.

1. Vorstehender Paragraph enthält eine Sondervorschrift für den am häufigsten vorkommenden Fall der Beendigung der allgemeinen Gütergemeinschaft durch den Tod eines der Ehegatten. Für diesen Fall wird Bestimmung getroffen, wie es mit dem Antheil des Verstorbenen am Gesammtgute zu halten sei. Zugleich dient dabei § 1482 als Ueberleitung zu der nachfolgenden großen Gruppe von Gesetzesvorschriften, welche sich auf die sog. fortgesetzte Gütergemeinschaft beziehen. In dieser Hinsicht läßt § 1482 den grundlegenden Unterschied und Gegensatz erkennen.

2. Die älteren Rechte hatten vielfach die in mehrfacher Hinsicht wenig erfreuliche Eigenthümlichkeit, daß sie für den im § 1482 ins Auge gefaßten Fall die Gesichtspunkte, welche sich aus dem Gemeinschaftsrechte einer- und dem Erbrechte andererseits ergeben, in der einen oder anderen Art durcheinander mischten. Während E. I in dieser Hinsicht systematisch auch noch zu wünschen übrig ließ, sind im B.G.B. (§ 1482) nach der Stellungnahme der II. Komm. jene Gesichtspunkte in zureichender Schärfe auseinandergehalten.

3. Hauptgrundsätze nach B.G.B. Stirbt ein in allgemeiner Gütergemeinschaft lebender Ehegatte, so hat zunächst nach Vorschrift und Maßgabe der in den §§ 1471—1477 enthaltenen allgemeinen Vorschriften die Auseinandersetzung des Gesammtguts stattzufinden zur Ermittlung dessen, was dem Verstorbenen als Antheil am Gesammtgute gebührt. Für die Theilung selbst gibt § 1476 (vgl. Bem. dazu) die Norm. Was hienach als Antheil den überlebenden Ehegatten trifft, fällt diesem zu, aber nicht kraft Erbrechts, sondern kraft des Gemeinschaftsrechts. (S. auch P. IV, 294.) Der auf den Verstorbenen treffende, nach den Bestimmungen der §§ 1471—1477 zu ermittelnde (vgl. E. I § 1382 Abs. 2; s. auch P.L.R. Thl. II Tit. 1 §§ 636, 637) Antheil gehört zu dessen Nachlaß. Dieser Antheil kann den Nachlaß allein bilden, wenn auf Seite des Verstorbenen namentlich kein Vorbehaltsgut vorhanden ist. Besteht dagegen Sondervermögen des Verstorbenen, so verbindet sich dieses Sondervermögen (speziell Vorbehaltsgut) mit jenem Antheil zur Gesammtnachlaßmasse. Diese Bestimmungen über die Bildung der Nachlaßmasse wenden sich nach M. IV, 419 „zugleich gegen diejenigen Rechte, welche im Falle der Auflösung der Ehe durch den Tod eines Ehegatten das Gesammtgut in seine ursprünglichen Bestandtheile zerfallen lassen". (Vgl. auch P. IV, 294.) Ebenso wire dadurch das sog. Konsolidationsprinzip (vgl. S. 193) in seiner Beziehung auf die Frage der Gemeinschaftstheilung ausgeschlossen (M. IV, 419; P. IV, 295 fg.; D. 205), soferne es nicht etwa durch rechtsgültigen Ehevertrag bestimmt sein sollte. (R.T.K. 140; vgl. § 1518 und Bem. dazu, übrigens auch die nachfolgende Bem. 4 über des überlebenden Ehegatten Erbansprüche.)

Die entstehende Nachlaßmasse fällt den nach Vertrag, Testament oder Intestaterbrecht berufenen Erben zu nach Maßgabe der allgemeinen erbrechtlichen Grundsätze. Ein Nutznießungsrecht des überlebenden Ehegatten (P.L.R. Thl. II Tit. 1 § 645) an jener Nachlaßmasse oder irgend einem Theile derselben (z. B. der Provenienz aus dem früheren Gesammtgute) greift **nicht** Platz. (P. IV, 295 fg.; R.T.K. 140.)

Dagegen stehen

4. dem überlebenden Ehegatten nach B.G.B. gemäß §§ 1931 fg., 2303 auch die dortselbst normirten Voraus-, Erb- und Pflichttheilsansprüche an dem **Gesammtnachlasse** (**nicht** blos aus dem Antheile am vormaligen Gesammtgute) seines verstorbenen Ehegatten zu. Was Erstere auf **diesen** Titel hin zu beanspruchen hat, bekommt er aber nicht von Gemeinschaftswegen, sondern von Erbrechtswegen. Letzteres gilt auch von demjenigen, was dem Ueberlebenden über jene gesetzlichen Ansprüche hinaus kraft Ehevertrags oder kraft Testaments des Verstorbenen noch weiter aus dessen Nachlaß gebühren sollte.

In Rücksicht auf die **Erbansprüche** des überlebenden Ehegatten ist in P. IV, 294 Folgendes bemerkt:

„Wird von der Regelung der Erbfolge durch Testament oder Vertrag abgesehen, so sind drei Fälle zu unterscheiden. Gelangen Verwandte der ersten Ordnung zur gesetzlichen Erbfolge, so erhält der überlebende Ehegatte $^1/_4$ des Nachlasses, also $^5/_8$ des Gesammtguts; wenn Verwandte der zweiten Ordnung oder Großeltern zur gesetzlichen Erbfolge gelangen, $^1/_2$ des Nachlasses oder $^6/_8$ des Gesammtguts; in Ermangelung solcher gesetzlichen Erben die ganze Erbschaft, also auch das ganze Gesammtgut. Außerdem erhält der überlebende Ehegatte neben Verwandten der zweiten Ordnung oder neben Großeltern auch noch den Voraus."

5. Für die Anwendung dieser Grundnormen setzt aber § 1482 eine tiefgreifende **Ausnahme** fest. Jene sollen **nur dann** maßgebend sein, wenn ein den Ehegatten — dem Ueberlebenden und Verstorbenen — **gemeinsamer Abkömmling nicht vorhanden** ist (sog. unbeerbte Ehe im Gegensatze zur beerbten Ehe beim Vorhandensein eines gemeinsamen Abkömmlings: vgl. § 1483), also entweder nur ein dem Verstorbenen allein zugehöriger Abkömmling oder überhaupt gar kein Descendent desselben. Genauer gesagt: die Normen des § 1482 treten nicht in Wirksamkeit, **wenn** ein gemeinsamer Abkömmling vorhanden ist **und wenn und soweit** in Folge dessen **fortgesetzte Gütergemeinschaft** eintritt. Soferne aber letzteres **nicht** der Fall ist (vgl. z. B. §§ 1484, 1508, 1509), gilt das Gleiche wie im Falle des § 1482. Vgl. §§ 1484, 1510. Ebenso liegt die Sache bezüglich derjenigen Bestandtheile des Nachlasses des Verstorbenen, welche bei eintretender fortgesetzter Gütergemeinschaft nicht in die Prorogationsmasse d. h. in das sich fortsetzende Gesammtgut fallen.

Gemeinschaftliche Abkömmlinge der Ehegatten sind zunächst die von ihnen **Beiden gemeinsam** abstammenden Kinder, Enkel 2c., einschlüssig der durch nachfolgende Ehe Legitimirten (§ 1719). Ebenso sind aber hieher zu rechnen: nach § 1736 die für ehelich Erklärten, dann nach § 1757 die an Kindesstatt Angenommenen, soferne die Ehelichkeitserklärung oder Adoption die Rechte eines **gemeinsamen** Abkömmlings der Ehegatten begründet (s. §§ 1749, 1757 Abs. 2). Vgl. auch M. IV, 423.

Zwischenbemerkungen.

Die fortgesetzte Gütergemeinschaft.

Das Rechtsinstitut der fortgesetzten Gütergemeinschaft (communio honorum prorogata) war schon seit lange her in verschiedenen Rechtsgebieten mit der allgemeinen Gütergemeinschaft verbunden, besonders in der fränkisch-thüring'schen Gruppe. Ursprünglich aus einer Zusammenwerfung des Verfangenschafts- und des Beisitzrechts (S. 193 fg.) hervorgegangen, ist die fortgesetzte Gütergemeinschaft besonders durch romanisirende Rechtslehren des 17. und 18. Jahrhunderts durchgebildet worden, indem dieselben dabei an die übrigens erst aus dem Erbrechte hergeholte römisch-rechtliche Theorie der Repräsentation vorverstorbener Eltern durch deren Kinder anknüpften. Die nachfolgenden Bestimmungen des B.G.B. über die fortgesetzte Gütergemeinschaft rekonstruiren daher auch im Allgemeinen nur ältere Rechtslehren in neuer Form und Durchbildung.

Die Rechtslehre bezeichnet die fortgesetzte Gütergemeinschaft als „dasjenige Rechtsverhältniß zwischen einem überlebenden Gatten und den seiner eben durch den Tod gelösten Ehe entstammenden Kindern, gemäß dessen diese Kinder sofort nach dem Tode ihres einen Elterntheils dessen Stelle einnehmen und mit dem Anderen in ungesonderter Gewere des Gesammtguts so lange sitzen bleiben, bis sich aus irgend einem gesetzlich anerkannten Grunde die Gemeinschaft aufheben muß". (Gengler, D.P.R., 3. Aufl., S. 546.)

Bei der fortgesetzten Gütergemeinschaft nach bisheriger Rechtsgestaltung lassen sich übrigens zwei Grundformen unterscheiden, je nachdem

a) zur Prorogationsmasse nur dasjenige Vermögen gerechnet wurde, welches schon beim Ableben des einen Ehegatten als Gesammtgut vorhanden war, oder
b) auch solches Vermögen einbezogen wurde, welches nach Eintritt der fortgesetzten Gütergemeinschaft von dem einen oder anderen Betheiligten, insbesondere dem überlebenden Ehegatten noch erworben wird.

Das System a bezeichnete man nicht selten als Prorogation im weiteren Sinne. Für dasselbe die unterscheidende Abgrenzung zwischen dem bloßen Beisitzrechte zu ziehen, war gegenüber den älteren Statuten nicht immer leicht.

Das System b stellt die Prorogation im engeren und eigentlichen Sinne dar. Ihm ist in der Hauptsache das B.G.B. gefolgt, dasselbe in eigener, selbständiger Art durchbildend.

Eben wegen dieser in sich abgeschlossenen Durchbildung mittelst fester, positiver Rechtsnormen kann man für das B.G.B. eine alte Streitfrage füglich auf sich beruhen lassen. Sie geht dahin, ob die bisherige Gemeinschaft fortbestehe, wobei die Kinder des vorverstorbenen Ehegatten dessen Person repräsentiren, oder ob die fortgesetzte Gütergemeinschaft beruhe auf einer mit dem Tode des vorverstorbenen Ehegatten von selbst eintretenden neuen Rechtsgemeinschaft zwischen dem überlebenden Ehegatten und den Kindern. Gegenüber mehr oder minder unvollständigen oder unklaren älteren Gesetzen mag diese Streitfrage ihre konstruktive Bedeutung gehabt haben. Gegenüber dem B.G.B. aber hat sie wohl fast nur mehr theoretischen Charakter. Selbstverständlich schließt sich die fortgesetzte Gütergemeinschaft an die vertragsmäßige allgemeine Gütergemeinschaft des B.G.B. nur dann an, wenn sie nicht durch Ehevertrag überhaupt ausgeschlossen ist. Letzteres ist zulässig. (§ 1508; M. IV, 427.) Ebenso ist auch unter gewissen Umständen die Ausschließung der fortgesetzten Gütergemeinschaft, als solcher überhaupt, durch letztwillige Verfügung des verstorbenen Ehegatten statthaft. (§ 1509.) Nicht statthaft ist aber, die fortgesetzte Gütergemeinschaft in Einzelnheiten abweichend vom B.G.B. durch Vertrag zu modifiziren. Vgl. § 1518 und Bem. dazu.

Abgewendet kann der Eintritt der fortgesetzten Gütergemeinschaft auch noch werden durch Ablehnung Seitens des überlebenden Ehegatten. (§ 1484.) Unter etwas andere Gesichtspunkte fällt der Verzicht eines antheilsberechtigten Abkömmlings, sowie die persönliche Ausschließung eines solchen. (§§ 1491, 1511.)

Ueber die gesetzgeberischen Erwägungen, welche für die Annahme des Systems der fortgesetzten Gütergemeinschaft maßgebend waren, vgl. M. IV, 425 fg.; P. IV, 304 fg.; D. 204 fg. Dabei ist aber zu beachten, daß sich E. II in konstruktiver Hinsicht zum Theil auf einen dogmatisch etwas anderen Standpunkt gestellt hat, als E. I, wie in P. IV, 304 dargelegt ist.

Im Allgemeinen ist in M. IV, 425 fg. besonders betont,

a) daß fast in allen älteren Rechten, welche auf dem Boden der allgemeinen Gütergemeinschaft stehen, gewisse vermögensrechtliche Nachwirkungen der letzteren auch über den Tod des erstversterbenden Ehegatten hinaus vorgesehen wurden;
b) daß es als eine Unbilligkeit gegen den überlebenden Ehegatten wegen der damit verbundenen tiefen Erschütterung seiner Stellung erscheinen würde, wenn er gezwungen wäre, den gemeinschaftlichen Abkömmlingen ihren Theil am Gesammtgut sofort oder wenigstens bei Beendigung der elterlichen Nutznießung herauszuzahlen;
c) daß es endlich auch als der Durchschnittswille der die vertragsmäßige allgemeine Gütergemeinschaft vereinbarenden Ehegatten angesehen werden müsse, der überlebende Ehegatte solle in Besitz und Genuß des Gesammtvermögens verbleiben und nicht den mit einer Auseinandersetzung verbundenen Weiterungen und Nachtheilen ausgesetzt sein.

In gleichem Sinne s. auch D. 204 fg.

§ 1483.

Sind bei dem Tode eines Ehegatten gemeinschaftliche Abkömmlinge vorhanden, so wird zwischen dem überlebenden Ehegatten und den gemeinschaftlichen Abkömmlingen, die im Falle der gesetzlichen Erbfolge als Erben berufen sind, die Gütergemeinschaft fortgesetzt. Der Antheil des verstorbenen Ehegatten am Gesammtgute gehört in diesem Falle nicht zum Nachlasse; im Uebrigen erfolgt die Beerbung des Ehegatten nach den allgemeinen Vorschriften.

Sind neben den gemeinschaftlichen Abkömmlingen andere Abkömmlinge vorhanden, so bestimmen sich ihr Erbrecht und ihre Erbtheile so, wie wenn fortgesetzte Gütergemeinschaft nicht eingetreten wäre.

E. I, 1383, 1384; II, 1381; III, 1466.

I. Subjektive Voraussetzungen der fortgesetzten Gütergemeinschaft. Im Gegensatze zu § 1482 faßt § 1483 den Fall ins Auge, daß beim Ableben des einen der Ehegatten solche Abkömmlinge vorhanden sind, welche diesem Ehegatten mit dem überlebenden Ehegatten gemeinsam sind: sog. gemeinschaftliche Abkömmlinge. (Ueber den Begriff: „Abkömmlinge" s. auch Bem. 5 zu § 1482.) In diesem Falle tritt statt der Theilung (Abschichtung) die fortgesetzte Gütergemeinschaft ein, d. h. in der Regel, soferne nämlich nicht aus irgend einem gesetzlichen Grunde (s. darüber obige Vorbemerkung) die ganze fortgesetzte Gütergemeinschaft ausnahmsweise ausgeschlossen ist. Verschieden davon ist wiederum die testamentarische Ausschließung eines einzelnen Abkömmlings. (§§ 1511, 1516.) In Betracht kommen für die fortgesetzte Gütergemeinschaft nach § 1483 übrigens nur solche gemeinschaftliche Abkömmlinge, welche „im Falle der gesetzlichen Erbfolge als Erben berufen sind". Gemeint ist damit selbstverständlich nur die Erbfolge gegenüber dem Verstorbenen. Diese Bestimmung begreift wiederum zweierlei Fälle in sich. Nach derselben treten in die fortgesetzte Gütergemeinschaft vor Allem

a) diejenigen gemeinschaftlichen Abkömmlinge nicht ein, welche nach der Erbfolgeordnung selbst vorerst noch nicht zur Intestaterbschaft berufen sein würden, weil vor ihnen ihre in näherer Ordnung stehenden Elterntheile in die Erbschaft einzutreten hätten (also z. B. Enkel als Abkömmlinge eines noch lebenden Kindes). Außerdem bezieht sich jene Gesetzesklausel

b) auch auf den Fall, wenn ein nach der Erbfolgeordnung an sich zum Eintritt berufener gemeinschaftlicher Abkömmling aus irgend einem gesetzlichen Grunde von der Intestaterbfolge ausgeschlossen ist, wie z. B. bei Erbunwürdigkeit. Vgl. §§ 1506, 2239 fg. Auch der Fall eines Erbverzichts i. S. der §§ 2346 fg. d. h. im Wege eines Vertrags zwischen dem Abkömmling und dem Erblasser gehört hieher. Denn danach ist nach B.G.B. § 2346 Abs. 1 der verzichtende von der gesetzlichen Erbfolge ausgeschlossen, wie wenn er zur Zeit des Erbfalles nicht mehr lebte. Praktisch kann dies häufig dann werden, wenn einem Abkömmling schon bei Lebzeiten der an der ursprünglichen Gütergemeinschaft betheiligten Ehegatten als sein künftiges Erbtheil Vermögenszuwendungen gemacht werden, wie es im Leben namentlich bei Guts- und Geschäftsübergaben vorkommt. Auf solche Fälle hat schon die ältere Theorie hingewiesen in der Gestalt, daß sie die „bereits abgefundenen Kinder" zum Eintritt in die fortgesetzte Gütergemeinschaft nicht mehr zuließ. (Roth, D.P.R. § 111.) Im § 1483 ist davon zwar nicht ausdrücklich die Rede. Gleichwohl kann der Punkt auf dem oben besprochenen Wege sich bemerklich machen. Siehe übrigens auch den § 1491, welcher den anderen Fall des Verzichts (durch einseitige Erklärung oder Vertrag) eines Abkömmlings auf seinen Antheil am Gesammtgute behandelt.

Ob die gemeinschaftlichen Abkömmlinge voll- oder minderjährig sind, ob sie verheirathet oder unverheirathet sind, ob sie noch im Elternhause leben oder nicht, begründet Alles bezüglich des Eintritts in die fortgesetzte Gütergemeinschaft keinen Unterschied.

2. Der Eintritt der fortgesetzten Gütergemeinschaft zwischen den vorerwähnten Betheiligten erfolgt von Rechtswegen, ohne daß es eines eigenen auf ihre Begründung gerichteten Rechtsaktes, insbesondere eines förmlichen Uebertragungsaktes bedürfte. Ein Zwischenstadium entsteht nicht. Die fortgesetzte Gemeinschaft schließt sich kraft des Gesetzes (also nicht erst dann, wenn ein auf Einführung der fortgesetzten Gütergemeinschaft eigens gerichteter Vertrag vorliegt: P. IV, 300 fg.) an die ursprüngliche Gemeinschaft an. Der Zeitpunkt der Massetheilung wird, was das Verhältniß des überlebenden Ehegatten zu den in die fortgesetzte Gütergemeinschaft eintretenden Abkömmlingen anlangt, auf einen späteren Moment, dem der Beendigung der fortgesetzten Gütergemeinschaft, hinausgerückt.

Hieher einschlägig sagt § 1483: „Der Antheil des verstorbenen Ehegatten am Gesammtgute gehört in diesem Falle nicht zu seinem Nachlasse." Dieser Nachlaß bildet sich also nur aus demjenigen Vermögen, welches etwa dem Verstorbenen allein eigen war (Vorbehaltsgut: § 1440, und nicht kommunionsfähiges Gut: § 1439). Gegenüber dem solchergestalt beschränkten Nachlasse tritt Beerbung ein und zwar nach den allgemeinen Grundsätzen, sohin durch diejenigen, welche überhaupt nach Vertrag, Testament oder Intestaterbrecht berufen sind. Dazu können auch Nichtabkömmlinge gehören und ist namentlich dazu der überlebende Ehegatte selbst mit seinen erbrechtlichen Ansprüchen nach B.G.B. §§ 1931, 1982, 2303 zu rechnen.

Jener Antheil des verstorbenen Ehegatten aber bleibt — unter vorläufiger Beiseitesetzung des Gesichtspunkts einer erbrechtlichen Succession: P. IV, 304, 306 — zwischen den Subjekten der fortgesetzten Gütergemeinschaft ungetheilt, untheilbar und unübertragbar, geradeso wie das Gesammtgut der ursprünglichen Gattengemeinschaft des § 1442. Die Vorschriften und Konsequenzen des Letzteren gelten daher auch hieher. Vgl. § 1487.

Immerhin kann eine Auseinandersetzung und theilweise Abschichtung sofort nothwendig werden

3. im Verhältnisse zu Abkömmlingen des verstorbenen Ehegatten, welche diesem mit dem überlebenden Ehegatten nicht gemeinsam sind. Sind solche sog. einseitige Abkömmlinge (Halbgeschwister oder Abkömmlinge derselben) neben gemeinschaftlichen Abkömmlingen beim Tode des bezüglichen Ehegatten, dem sie angehören, vorhanden, so bestimmt sich nach § 1423 Abs. 2 ihr Erbrecht und ihre Erbquote, wie wenn fortgesetzte Gütergemeinschaft nicht eingetreten wäre. Es hat also Abschichtung jener einseitigen Abkömmlinge und zu diesem Zwecke Ermittelung des von ihnen zu beanspruchenden Antheils sowohl am bisherigen Gesammtgute der Ehegatten, wie auch am eigenen Vermögen des Verlebten einzutreten. Der so berechnete Anspruch haftet auch auf dem bisherigen Gesammtgute, soweit das Eigenvermögen des Erblassers zur Befriedigung seiner einseitigen Abkömmlinge nicht ausreicht. (Vgl. § 1485 Abs. 1.)

Einseitige Abkömmlinge des überlebenden Ehegatten bleiben vorerst ganz außer Betracht.

§ 1484.

Der überlebende Ehegatte kann die Fortsetzung der Gütergemeinschaft ablehnen.

Auf die Ablehnung finden die für die Ausschlagung einer Erbschaft geltenden Vorschriften der §§ 1943 bis 1947, 1950, 1952, 1954 bis 1957, 1959 entsprechende Anwendung. Steht der überlebende Ehegatte unter elterlicher Gewalt oder unter Vormundschaft, so ist zur Ablehnung die Genehmigung des Vormundschaftsgerichts erforderlich.

Lehnt der Ehegatte die Fortsetzung der Gütergemeinschaft ab, so gilt das Gleiche wie im Falle des § 1482.

E. I, 1386; II, 1382; III, 1467.

1. Dem überlebenden Ehegatten, in dessen Interesse die fortgesetzte Gütergemeinschaft eingeführt wurde (s. oben S. 249, auch M. IV, 440), ist hier das Recht eingeräumt, die Fortsetzung der Gemeinschaft abzulehnen. Ob er dies thun oder in die fortgesetzte Gütergemeinschaft eintreten will, unterliegt seiner Wahl nach eigenem Ermessen. Gesetzliche Gründe für die Ablehnung sind nicht aufgestellt. Die Ablehnung ist somit einer der schon oben S. 249 erwähnten Rechtsursachen, aus denen die fortgesetzte Gütergemeinschaft überhaupt von vorneherein wegfällt.

Schon der Gebrauch des Wortes „überlebende", nicht minder aber auch die aus § 1484 Abs. 2 sich ergebende Analogie der Ausschlagung einer Erbschaft läßt erkennen, daß diese Ablehnung erst in Frage kommen und daher auch erst erfolgen kann, wenn überhaupt die erste gesetzliche Voraussetzung für den Eintritt einer fortgesetzten Gütergemeinschaft, nämlich der Tod eines der Ehegatten, eingetreten ist. Hat andererseits der überlebende Ehegatte die fortgesetzte Gütergemeinschaft bereits ausdrücklich oder stillschweigend angenommen, so kommt, wenn er diese Rechtsgemeinschaft nicht mehr will, nicht der § 1484, sondern der § 1492, welcher von der Aufhebung der fortgesetzten Gütergemeinschaft handelt, in Anwendbarkeit.

Den zur fortgesetzten Gütergemeinschaft berufenen gemeinschaftlichen Abkömmlingen ist im § 1484 ein Ablehnungsrecht nicht beigelegt. Für sie ist insbesondere auf den § 1491 über den andersgearteten „Verzicht auf den Antheil" zu verweisen.

2. In Bezug auf die Modalitäten der Ablehnung verweist § 1484 in Abs. 2 Satz 1 zu entsprechender Anwendung auf die daselbst eigens ziffermäßig bezeichneten Vorschriften über die Ausschlagung einer Erbschaft. Deren Vergleichung führt namentlich zu folgenden Hauptsätzen:

a) Die Ablehnung kann nicht mehr erfolgen, wenn der überlebende Ehegatte die fortgesetzte Gütergemeinschaft bereits angenommen hat, desgleichen wenn die vorgeschriebene Frist verstrichen ist. Mit dem Ablaufe der Frist gilt die fortgesetzte Gütergemeinschaft als angenommen. § 1943.

b) Die Frist zur Ablehnung beträgt in der Regel sechs Wochen (§ 1944 Abs. 1), ausnahmsweise in den durch § 1944 Abs. 3 bezeichneten Fällen sechs Monate. Ueber Berechnung der Frist vgl. § 1944 Abs. 2.

c) Als Form ist eine mit öffentlicher Beglaubigung abzugebende Erklärung gegenüber (nicht gerade vor) dem Nachlaßgerichte vorgeschrieben. § 1945 Abs. 1. Erklärungsabgabe durch einen Bevollmächtigten: § 1945 Abs. 2.

d) Die Ablehnung kann erfolgen, sobald der Tod des anderen Ehegatten eingetreten ist (s. oben unter 1), also auch schon vor Beginn des Laufes der Deliberationsfrist nach § 1944 Abs. 2.

e) Die Ablehnung unter einer Bedingung oder Zeitbestimmung ist ausgeschlossen. Sie kann auch nicht auf einen Theil beschränkt werden: Entweder — oder! §§ 1947, 1950.

Diesen zweifellosen Sätzen tritt die Frage zur Seite, wie die fernere Bezugnahme auf § 1952 zu verstehen ist? Dieser erklärt unter bestimmten näheren Modalitäten das Recht zur Ausschlagung einer Erbschaft als vererblich. Hieher bezogen werden kann dies Angesichts des § 1494 Abs. 1 (Beendigung der fortgesetzten Gütergemeinschaft durch den Tod des überlebenden Ehegatten) nur in dem Sinne, daß auch die Erben des betreffenden Ehegatten, wenn sie solches als den Verhältnissen angemessen erachten, die nachträgliche Ablehnung für die sich ergebende Zwischenzeit erklären können, soferne jener Ehegatte gestorben ist, ehevor er abgelehnt oder angenommen hat, und die Ablehnungsfrist abgelaufen war.

Der weitere § 1959 betrifft die Geschäftsbesorgung durch den überlebenden Ehegatten vor der Ablehnung; die §§ 1954—1957 aber handeln von der Anfechtung einer Ablehnung oder Annahme.

3. Vormundschaftsgerichtliche Genehmigung ist zur Ablehnung der fortgesetzten Gütergemeinschaft Seitens des überlebenden Ehegatten nach § 1484 Abs. 2 erforderlich, wenn der überlebende Ehegatte

a) entweder unter Vormundschaft,

b) oder noch unter elterlicher Gewalt

steht.

Eine Vormundschaft kann hier bei Männern nur als Vormundschaft über einen Entmündigten, nicht aber als Altersvormundschaft in Frage kommen, da ja nach § 1303 ein Mann nicht vor Eintritt der Volljährigkeit (durch die Altersgrenze oder durch Volljährigkeitserklärung) eine Ehe eingehen kann.

In Bezug auf die Ehefrau mag, je nach den Umständen, sowohl die Altersvormundschaft, als die Vormundschaft auf Grund einer Entmündigung in Betracht kommen.

Aus welchem Einzel-Rechtsgrunde Entmündigung erfolgte, ist beim Manne wie bei der Frau hieher ohne Belang.

Fraglich erscheint, ob auch das Bestehen einer vorläufigen Vormundschaft nach § 1906 schon genügt. Dem Wortlaute des § 1484 nach wäre die Frage wohl zu verneinen, nachdem das B.G.B. zwischen Vormundschaft und vorläufiger Vormundschaft begrifflich unterscheidet. Der Zweckbestimmung der im § 1484 Abs. 2 Satz 2 enthaltenen Vorschrift würde es aber doch wohl entsprechen, auch den Fall des Bestehens einer vorerst nur vorläufigen Vormundschaft einzubeziehen, namentlich wenn es sich um eine Entmündigung wegen Verschwendung handelt. Daß auch der Fall einer Pflegschaft nach § 1910 zur Besorgung von Vermögensangelegenheiten oder auch nach § 1911 (Abwesenheitspflegschaft) hieher zu rechnen sei, läßt sich aus § 1915 folgern. Eine Pflegschaft nach § 1909 aber setzt ohnehin voraus, daß elterliche Gewalt oder Vormundschaft besteht.

Elterliche Gewalt kann nach § 1626 hinwiederum auch nur für einen minderjährigen Ehegatten, daher nur für die überlebende Frau in Frage kommen.

4. Die Wirkung der Ablehnung kennzeichnet § 1484 Abs. 3 dahin, daß die Rechtslage so betrachtet und behandelt wird, als ob ein Fall des § 1482 vorläge. Die Fortsetzung der Gütergemeinschaft kommt in Wegfall, und zwar nicht etwa nur von der erfolgten Ablehnung ab, sondern rückbezogen auf den Zeitpunkt der Beendigung der ursprünglichen Gütergemeinschaft zwischen den Ehegatten. Es erfolgt Auseinandersetzung und Theilung, wobei der Antheil des Verstorbenen nun zu dessen Nachlaß gehört.

5. Wegen eines Konkurses, welcher sich nach dem Tode eines Ehegatten entwickeln sollte, vgl. K.O. § 2, insbesondere Abs. 3.

§ 1485.

Das Gesammtgut der fortgesetzten Gütergemeinschaft besteht aus dem ehelichen Gesammtgute, soweit es nicht nach § 1483 Abs. 2 einem nicht antheilsberechtigten Abkömmlinge zufällt, und aus dem Vermögen, das der überlebende

Ehegatte aus dem Nachlasse des verstorbenen Ehegatten oder nach dem Eintritte der fortgesetzten Gütergemeinschaft erwirbt.

Das Vermögen, das ein gemeinschaftlicher Abkömmling zur Zeit des Eintritts der fortgesetzten Gütergemeinschaft hat oder später erwirbt, gehört nicht zu dem Gesammtgute.

Auf das Gesammtgut finden die für die eheliche Gütergemeinschaft geltenden Vorschriften des § 1438 Abs. 2, 3 entsprechende Anwendung.

E. I, 1396, 1397; II, 1393; III, 1468.

1. Der Begriff „Gesammtgut" ist auch bei der fortgesetzten Gütergemeinschaft derselbe, wie bei der ursprünglichen. Der Umfang des Gesammtguts gestaltet sich aber hier etwas abweichend, und zwar etwas enger. In das Gesammtgut der fortgesetzten Gütergemeinschaft fällt zunächst das eheliche Gesammtgut, wie es aus der durch den Tod des einen Ehegatten aufgelösten Ehe herstammt, soweit es nicht nach § 1483 zur Abschichtung eines nicht antheilsberechtigten (d. h. sog. einseitigen oder auch nach § 1561 ausgeschlossenen gemeinschaftlichen: P. IV, 247, 316) Abkömmlings des Verstorbenen zu dienen hat.

Zu diesem der fortgesetzten Gütergemeinschaft anheimfallenden Gesammtgute gehört selbstverständlich auch alles dasjenige, was späterhin namentlich im Wege der Surrogation demselben zufällt, sowie was dem Gesammtgute durch eine Werthserhöhung bei einzelnen Bestandtheilen desselben in ihrer Substanz erwächst, z. B. bei Steigerung der Grundstücks- oder Häuserwerthe. Dieser Punkt ist namentlich zu betonen gegenüber solchen älteren Rechten, welche nur die Werthsverhältnisse zur Zeit des Eintritts der fortgesetzten Gütergemeinschaft in Betracht zogen und da und dort sofort durch eine vorläufige sog. Papiertheilung (d. h. Theilung auf dem Papiere) im Interesse der Abkömmlinge feststellen ließen. Von einer derartigen antizipirenden Papiertheilung kann nach der Konstruktion der fortgesetzten Gütergemeinschaft im B.G.B. keine Rede mehr sein.

Außer jenem schon ursprünglichen Gesammtgute fällt aber nach den Prinzipien einer wahren Prorogation (vgl. oben S. 249) auch noch sonstiges Vermögen in das Gesammtgut der fortgesetzten Gütergemeinschaft, insbesondere auch späterer Erwerb. Solcher Zugang vollzieht sich aber nur auf Seite des in die fortgesetzte Gütergemeinschaft eintretenden Ehegatten, nicht aber auf Seite der gemeinschaftlichen Abkömmlinge. Diese treten in die fortgesetzte Gütergemeinschaft nur mit ihrem Antheile am bisherigen ehelichen Gesammtgute ein. Was dagegen einer derselben an eigenem Vermögen zur Zeit des Eintritts der fortgesetzten Gütergemeinschaft schon besaß oder später erwirbt, behält er als eigenes Vermögen abseits des Gesammtguts. Auf welchem Rechtstitel dieser eigene Vermögensbestand oder spätere Vermögenserwerb eines Abkömmlings beruht, ist dabei ohne Belang. Es besteht insbesondere auch keine Ausnahme in Beziehung auf Erbschaften der Abkömmlinge, welche ihnen von Ascendenten des erstverstorbenen Ehegatten anfallen und wenn die Ehe noch fortgedauert hätte, in das eheliche Gesammtgut gefallen sein würden. Vgl. über alles dieses M. IV, 456 fg., woselbst auch die Anknüpfungspunkte an ältere Rechte (z. B. Lübeckisches, Münsterisches, Bamberger, Erbacher, Thurnauer Recht) verzeichnet sind. In Bezug auf die Ausschließung des Eigenvermögens der Abkömmlinge von dem Gesammtgute der fortgesetzten Gütergemeinschaft ist a. a. O. noch besonders Folgendes bemerkt:

> „Auch dieses letztere Vermögen in das Gesammtgut fallen zu lassen, würde über den Zweck der fortgesetzten Gütergemeinschaft hinausgehen und zudem eine nicht zu rechtfertigende Beschränkung der persönlichen Selbständigkeit der Abkömmlinge durch den Gütergemeinschaftsvertrag der Ehegatten mit sich bringen."

Von Seite des überlebenden Ehegatten dagegen fällt außerdem dem Gesammtgute noch zu:

a) was der überlebende Ehegatte aus dem Nachlasse des Verstorbenen, d. h. aus dessen nicht in das Gesammtgut gehörigen Vermögen erwirbt, und zwar gleichviel ob als Erbe oder Vermächtnißträger, ob nach Erbvertrag, Testament oder Gesetz (§§ 1931 fg.);

b) was der überlebende Ehegatte seiner Seits späterhin nach dem Eintritte der fortgesetzten Gütergemeinschaft unter Lebenden oder von Todeswegen aus irgend einem Rechtstitel, insbesondere auch aus einem lukrativen, noch erwirbt. (S. auch Bem. 2 zu § 1406.)

2. Die Bildung des Gesammtguts der fortgesetzten Gütergemeinschaft vollzieht sich von selbst kraft Gesetzes. Es bedarf, wie in § 1485 Abs. 2, 3 noch eigens verordnet

ist, keiner rechtsgeschäftlichen Uebertragung der einzelnen Gegenstände, ebenso auch für die Entstehung der Gesammtgutseigenschaft selbst keiner Eintragung des Gemeinschaftsverhältnisses selbst ins Grundbuch (vgl. Bem. zu § 1438). Jedoch kann auch hier jeder daran Betheiligte von dem Anderen die Mitwirkung zur Berichtigung des Grundbuchs verlangen, wenn ein Recht gemeinschaftlich wird, das im Grundbuche eingetragen ist oder in das Grundbuch eingetragen werden kann (§ 1485 Abs. 2).

3. Nicht einbezogen wird in das Gesammtgut, abgesehen von dem Sondervermögen der Abkömmlinge, auch noch:

a) das nicht gemeinschaftsfähige Vermögen des überlebenden Ehegatten (vgl. § 1439 u. Bem.), sowie

b) dessen Vorbehaltsgut.

Vgl. hierüber den nächstfolgenden § 1486.

§ 1486.

Vorbehaltsgut des überlebenden Ehegatten ist, was er bisher als Vorbehaltsgut gehabt hat oder nach § 1369 oder § 1370 erwirbt.

Gehören zu dem Vermögen des überlebenden Ehegatten Gegenstände, die nicht durch Rechtsgeschäft übertragen werden können, so finden auf sie die bei der Errungenschaftsgemeinschaft für das eingebrachte Gut des Mannes geltenden Vorschriften, mit Ausnahme des § 1524, entsprechende Anwendung.

E. I, 1396; II, 1394; III, 1469.

1. Vorbehaltsgut. Auf Seite des überlebenden Ehegatten kann auch bei der fortgesetzten Gütergemeinschaft Vorbehaltsgut bestehen. Als solches gilt hier

a) was der überlebende Ehegatte bisher schon als Vorbehaltsgut gehabt hat (vgl. § 1440), dann

b) dasjenige, was derselbe Ehegatte nach § 1369 von Todeswegen oder unter Lebenden unter der Bestimmung des Zuwendenden bekommt, daß der Erwerb Vorbehaltsgut sein soll, sowie was der überlebende Ehegatte nach § 1370 auf Grund eines zum Vorbehaltsgute gehörenden Rechts oder durch ein auf das Vorbehaltsgut sich beziehenden Rechts oder im Surrogationswege erwirbt.

Nicht zum Vorbehaltsgute gehört auch hier insbesondere dasjenige, was der überlebende Ehegatte durch Arbeit oder durch den selbständigen Betrieb eines Erwerbsgeschäfts erwirbt. (Vgl. §§ 1387, 1440 u. Bem. S. 200.)

Hinsichtlich der Rechtsverhältnisse in Bezug auf das Vorbehaltsgut gilt für die fortgesetzte Gütergemeinschaft das Nämliche, wie für die ursprüngliche unter den Ehegatten (§ 1441).

Das etwaige Vorbehaltsgut des vorverstorbenen Ehegatten ist nach § 1483 in den Erbgang gekommen, kommt daher als solches für die fortgesetzte Gütergemeinschaft außer Betracht.

Für die in der fortgesetzten Gütergemeinschaft stehenden Abkömmlinge ist von Vorbehaltsgut nirgends im Gesetze die Rede. Formell erklärt sich dies schon daraus, weil der Begriff „Vorbehaltsgut" sich überhaupt nur auf Sondervermögen eines Ehegatten bezieht. Allerdings können auch jene Abkömmlinge, wie sich schon aus § 1485 Abs. 2 ergibt, neben ihrem Rechte am Gesammtgute noch eigenes Vermögen haben, aber dieses ist nicht Vorbehaltsgut im technischen Sinne. Freilich meinen Fischer-Henle, Anm. 1 zu § 1486, jenes Sondervermögen habe ohnehin den Charakter von Vorbehaltsgut. Dies kann man nur gelten lassen, wenn nicht damit gesagt werden will, daß auch der Abkömmlinge Eigenvermögen durchaus den Rechtsnormen über eigentliches Vorbehaltsgut der Ehegatten unterliege. Denn hier wird ein wichtiger Punkt praktisch. Aus dem Vorbehaltsgute der Frau, deren Rechtsstellung in der fortgesetzten Gütergemeinschaft nach § 1487 die antheilsberechtigten Abkömmlinge einnehmen, muß nämlich bei der ursprünglichen Gemeinschaft nach § 1441 mit § 1427 unter Umständen ein Beitrag zur Bestreitung des ehelichen Aufwands geleistet werden. Dies wäre auch auf die antheilsberechtigten Abkömmlinge zu übertragen, wenn wirkliches Vorbehaltsgut auf deren Seite vorläge. Wie wenig dies namentlich auf den Fall passen würde, wenn selbst schon verheirathete Abkömmlinge mit eigenem Haushalte noch mit in der fortgesetzten Gütergemeinschaft stehen, liegt auf der Hand. Abgesehen davon ist auch der von jener Beitragspflicht handelnde § 1441 weder im § 1486, noch im § 1487 miterwähnt. Richtiger ist es daher sicherlich, auf das Eigenvermögen der antheilsberechtigten Abkömmlinge den Begriff „Vorbehaltsgut" überhaupt in keiner Weise zu übertragen. Damit entfällt dann ohnehin jene Beitragspflicht von selbst. Eine für sich bestehende, anderweitige Frage ist dabei, ob der überlebende Ehegatte etwa aus anderen Rechtsgründen gegenüber dem Sondervermögen eines Abkömmlings Bezüge (z. B. Nutznießung) zu beanspruchen hat. Die Antwort hierauf ist den einschlägigen Vorschriften über die bezüglichen anderen Rechtsverhältnisse zu entnehmen. (Vgl. z. B. §§ 1649 fg.)

2. Nicht kommunionsfähiges Vermögen. Davon handelt Abs. 2. Er entspricht dem § 1439. Vgl. daher auch die Bemerkungen zu letzterem. Das Wichtigste an den bezüglichen Rechtsverhältnissen ist auch für die fortgesetzte Gütergemeinschaft das, daß die Substanz der nicht kommunionsfähigen Vermögensbestandtheile nicht zum Gesammtgut gehört, daß aber letztere für Rechnung des Gesammtguts verwaltet werden und die Einkünfte jenes Vermögens dem Gesammtgute zufallen.

Ueber die Bedeutung der Nichtanwendbarkeit des § 1524 s. oben S. 199.

§ 1487.

Die Rechte und Verbindlichkeiten des überlebenden Ehegatten sowie der antheilsberechtigten Abkömmlinge in Ansehung des Gesammtguts der fortgesetzten Gütergemeinschaft bestimmen sich nach den für die eheliche Gütergemeinschaft geltenden Vorschriften der §§ 1442 bis 1449, 1455 bis 1457, 1466; der überlebende Ehegatte hat die rechtliche Stellung des Mannes, die antheilsberechtigten Abkömmlinge haben die rechtliche Stellung der Frau.

Was der überlebende Ehegatte zu dem Gesammtgute schuldet oder aus dem Gesammtgute zu fordern hat, ist erst nach der Beendigung der fortgesetzten Gütergemeinschaft zu leisten.

E. I, 1399; II, 1398; III, 1470.

1. Prinzip des Rechtsverhältnisses. Die an die eheliche Gemeinschaft sich anschließende Gütergemeinschaft zwischen dem überlebenden Ehegatten und den antheilsberechtigten Abkömmlingen ist nicht blos dem Namen und der Form, sondern auch dem inneren Gehalte nach eine wirkliche Fortsetzung des ursprünglichen Rechtsverhältnisses. Demzufolge gelten die Grundnormen für letzteres ebenso auch für die fortgesetzte Gemeinschaft, soweit nicht mit Rücksicht auf deren Eigenart das Gesetz Abweichungen zum Ausdruck bringt. Dies ist der Grundgedanke, welcher dem Inhalte des § 1487 in Bezug auf die Rechte und Verbindlichkeiten der an der fortgesetzten Gütergemeinschaft Betheiligten zu entnehmen ist.

2. Persönliche Stellung der Betheiligten. In dieser Hinsicht enthält der erste Absatz sofort einen das ganze weitere Rechtsverhältniß beherrschenden Satz, dahin gehend, daß der überlebende Ehegatte, wer es auch von Beiden sei, in der fortgesetzten Gütergemeinschaft dieselbe rechtliche Stellung einnimmt, wie in der ehelichen Gemeinschaft der Mann, nicht freier, aber auch nicht eingeschränkter (M. IV, 462, woselbst auch der theilweise abweichenden älteren Rechte, namentlich verschiedener norddeutscher, aber auch einzelner süddeutscher, wie des Bamberger und Erbacher Rechtes gedacht ist). Die an der fortgesetzten Gütergemeinschaft Antheil habenden Abkömmlinge dagegen genießen nur diejenige Stellung, welche in der ehelichen Gemeinschaft der Frau zukommt. Ist also der Mann der überlebende Ehegatte, so bleibt er in derselben übergewichtigen Rechtsstellung, wie er sie bisher hatte, auch gegenüber den antheilsberechtigten Abkömmlingen. Ueberlebt die Frau, so rückt sie in die Rechtsstellung des verstorbenen Mannes ein. An ihre frühere eigene Stelle tritt die Gesammtheit der betheiligten Abkömmlinge. Diese veränderte Rechtsstellung der Frau äußert sich insbesondere in Ansehung der Verwaltungs- und Verfügungsrechte.

3. Wie in der ursprünglichen ehelichen, gilt auch in der fortgesetzten Gütergemeinschaft das Grundprinzip der gesammten Hand. (Vgl. oben S. 194, 200.) Ebendeshalb ist auch im § 1487 namentlich der § 1442 als hieher anwendbar erklärt, welcher in Abs. 1 die Untheilbarkeit des bestehenden Gesammtguts, die Unzulässigkeit einer Verfügung über den Antheil am Gesammtgute und den dazu gehörenden Gegenständen und den Ausschluß der Theilungsklage zum Ausdruck bringt. (Vgl. S. 202.) Auch der Abs. 2 § 1442 über die Aufrechnung von Forderungen (S. 202) gilt hieher. Einschlägig ist hieher auch C.P.O. § 860 n. Nr. Danach ist auch bei der fortgesetzten Gütergemeinschaft der Antheil des überlebenden Ehegatten und der Abkömmlinge der Pfändung nicht unterworfen. Erst nach Beendigung der fortgesetzten Gemeinschaft ist der Antheil am Gesammtgute zu Gunsten der Gläubiger des Antheilsberechtigten der Pfändung zugänglich.

4. Weiter sind im § 1487 als anwendbar erklärt die §§ 1443—1449. Sie behandeln die Verwaltungs- und Verfügungsrechte des Mannes in der ursprünglichen ehelichen Gütergemeinschaft. Steht der Mann als Ueberlebender in fortgesetzter Gütergemeinschaft, so hat er auch jetzt dieselben Rechte. Soweit er in jenem Verhältnisse die Zustimmung (Einwilligung oder Genehmigung) der Frau bedurfte, ist jetzt die Zustimmung der Abkömmlinge erforderlich nach den gleichen Vorschriften (insbesondere auch des § 1448 über die nachträgliche Genehmigung). Die Bestimmungen der §§ 1447 und 1448 Abs. 3 über die Ersetzung der erforderlichen Zustimmung der Frau durch das Vormundschaftsgericht kommen nur in Ansehung der Abkömmlinge zur Anwendung. Was § 1449 der Frau als Recht beilegt, nämlich die eigene gerichtliche Geltendmachung eines Rechtes gegen Dritte bei ehemännlicher Verletzung der Zustimmungsvorschriften, steht nach § 1487 Abs. 1 nun auch den Abkömmlingen zu.

Ist die Frau als Ueberlebende in der fortgesetzten Gütergemeinschaft an die Stelle des Mannes eingerückt, so hat sie fortan dieselben Rechte und Pflichten in Ansehung der Verwaltung des Gesammtguts und der Verfügung über das Gesammtgut im Ganzen oder Einzelnen, wie solche in der ehelichen Gemeinschaft in der Person des Mannes bestanden. An dessen Stelle ist nun die verwittwete (vgl. § 1493) Frau der in erster Reihe maßgebende Faktor in der fortgesetzten Gütergemeinschaft. Ist ja doch auch, wie mehrfältig bei Entstehung der Gesetzesvorschriften betont wurde, gerade um des überlebenden Ehegatten willen (vgl. S. 249) das ganze Rechtsinstitut der fortgesetzten Gütergemeinschaft aufgebaut worden.

Die vorerwähnten Bestimmungen des § 1449 gelten natürlich auch gegenüber der Frau als nunmehriger Gesammtgutsverwalterin.

Was sich hienach in Bezug auf das gegenseitige Verhältniß des überlebenden Ehegatten und der antheilhabenden Abkömmlinge ergibt, bleibt verhältnißmäßig einfach gelagert, wenn auf letzterer Seite z. B. nur ein Abkömmling oder deren zwei vorhanden und diese in voller Geschäftsfähigkeit sind. Thatsächlich schwieriger kann die Lage werden, namentlich in Ansehung der Beibringung der etwa erforderlichen Zustimmungen zu Rechtsgeschäften des überlebenden Ehegatten in Bezug auf Gesammtgut (z. B. in Bezug auf Grundstücke rc., § 1445), jedenfalls dann, wenn auf Seite der Abkömmlinge deren eine größere Anzahl vorhanden ist, selbst wenn diese in voller Geschäftsfähigkeit stehen.

Sind die Abkömmlinge oder einzelne derselben aus irgend einem Rechtsgrunde nicht in voller Geschäftsfähigkeit und besteht Vormundschaft über dieselben, so werden sie vom Vormunde eben auch für Rechtshandlungen im Bereiche der fortgesetzten Gütergemeinschaft vertreten. Würde die überlebende Frau selbst Vormünderin sein, desgleichen ist der überlebende Ehetheil — Mann oder Frau — Träger einer elterlichen Gewalt über einen der antheilhabenden Abkömmlinge, so ist erforderlichen Falles nach § 1909 zu nöthigen Rechtshandlungen des letzteren eine Pflegschaft für ihn zu bestellen, wie bisher auch schon vielfach ein Spezialkurator ad hoc eintreten mußte. Auch nach §§ 1910, 1911 kann eine Pflegschaft veranlaßt sein.

Steht der an der Spitze der fortgesetzten Gütergemeinschaft stehende Mann oder die in gleicher Stellung sich befindende Frau unter Vormundschaft, so greift der § 1457 ein, welcher im § 1487 ebenfalls als anwendbar erklärt ist. Letzteres ist dagegen nicht der Fall bezüglich des § 1450, in welchem der Frau besondere Vertretungsrechte eingeräumt sind für den Fall, daß bei der ehelichen Gütergemeinschaft der Mann durch Krankheit oder Abwesenheit verhindert sein sollte, ein sich auf das Gesammtgut beziehendes Rechtsgeschäft vorzunehmen oder einen sich auf das Gesammtgut beziehenden Rechtsstreit zu führen. Es findet also diese Bestimmung, welche an sich doch auch von den in § 1487 erwähnten Rechten und Verbindlichkeiten handelt, keine Anwendbarkeit auf die Abkömmlinge, welche in der fortgesetzten Gütergemeinschaft der überlebenden und deshalb die Stelle des Mannes einnehmenden Ehefrau gegenüberstehen.

5. Erwähnt sind im § 1487 endlich noch die §§ 1455, 1456 und 1466. Sie behandeln die Herausgabe einer ungerechtfertigten Bereicherung des Gesammtguts, ferner die Frage der Verantwortlichkeit des die Verwaltung rc. des Gesammtguts innehabenden Ehetheils, sowie die Ersatzausgleichungen zwischen Gesammtgut und Vorbehaltsgut.

6. Wenn der § 1458, welcher den ehelichen Aufwand dem Gesammtgute zur Last legt, im § 1487 nicht erwähnt ist, so erklärt sich dies einfach daraus, daß in letzterer Gesetzesstelle nicht eigentlich von „Rechten und Verbindlichkeiten des überlebenden Ehegatten rc." im Sinne des § 1487 die Rede ist. Von einem „ehelichen Aufwand" im strengen Wortsinne kann nach Auflösung der Ehe ohnehin nicht die Rede sein. Gleichwohl wird man das Prinzip des § 1458 aber auch für die fortgesetzte Gütergemeinschaft als maßgebend betrachten müssen, d. h. in der Gestalt, wie es eben nach den Lebensumständen des konkreten fortgesetzten Gütergemeinschaftsverhältnisses denkbar ist, d. h. für den Fall, wenn zwischen dem überlebenden Ehegatten und dem Abkömmlinge nicht blos

eine rechtliche, sondern auch eine häusliche Gemeinschaft fortgesetzt wird. Uebrigens greifen hieher auch die allgemeinen Grundsätze über die **Unterhaltspflicht** ein.

7. Abgesehen von dem schon erwähnten § 1450 sind im § 1487 weiterhin nicht aufgeführt die §§ 1451, 1452, 1453, 1454.

Von diesen Bestimmungen paßt § 1454 überhaupt nicht auf die Verhältnisse der **fortgesetzten** Gütergemeinschaft. Soweit in dieser die Frau die Stellung des Mannes einnimmt, ist sie für einen sich aus früherer Periode fortziehenden Rechtsstreit kraft ihrer nunmehrigen Rechte ohnehin selbständig legitimirt.

§ 1453 behandelt die Annahme oder Ausschlagung von Erbschaften oder Vermächtnissen, von Ablehnung der Vertragsanträge und Schenkungen, vom Verzicht auf einen Pflichttheil, von Inventarserrichtung durch die Frau. Man geht wohl nicht fehl, wenn man annimmt, daß es deshalb nicht für nöthig befunden wurde, alles dieses für die fortgesetzte Gütergemeinschaft in Ansehung der in die Rechtsstellung der Frau einrückenden Abkömmlinge zu regeln, weil nach § 1485 das Sondervermögen, welches ein Abkömmling zur Zeit des Eintritts in die fortgesetzte Gütergemeinschaft hat oder später erwirbt, ohnehin nicht zum Gesammtgute gehört. Ob übrigens der Abkömmling in einer jener Richtungen die Zustimmung des überlebenden Ehegatten nicht wegen der fortgesetzten Gütergemeinschaft, sondern aus einem anderen Rechtsgrunde bedarf, ist keine Frage des ehelichen Güterrechts. Aehnlich liegt für die Abkömmlinge die Sache in Ansehung des ebenfalls nicht erwähnten § 1452, welcher sich auf den Fall des selbständigen Betriebs eines Erwerbsgeschäfts bezieht, sowie nicht minder hinsichtlich des § 1451, welcher von der Sicherung einer ordnungsmäßigen Besorgung **persönlicher** Angelegenheiten der Frau (hier der Abkömmlinge) handelt. (Vgl. P. IV, 327.)

8. Der **Inhalt des Abs. 2** entspricht dem § 1467, übertragen auf die Stellung des in der fortgesetzten Gütergemeinschaft befindlichen überlebenden Ehegatten. Vgl. deshalb die Bem. zu § 1467.

Der im § 1467 vorfindliche Beisatz bezüglich des Vorbehaltsguts der Frau fehlt hier; begreiflichermaßen. Denn in der fortgesetzten Gütergemeinschaft gilt die Frau als Mann. Die ihre Stellung einnehmenden Abkömmlinge aber haben kein eigentliches Vorbehaltsgut. (Vgl. oben S. 254.)

§ 1488.

Gesammtgutsverbindlichkeiten der fortgesetzten Gütergemeinschaft sind die Verbindlichkeiten des überlebenden Ehegatten sowie solche Verbindlichkeiten des verstorbenen Ehegatten, die Gesammtgutsverbindlichkeiten der ehelichen Gütergemeinschaft waren.

E. I, 1384, 1399; II, 1399; III, 1471.

1. Der **Begriff: „Gesammtgutsverbindlichkeit“** ist im Allgemeinen derselbe wie bei der ursprünglichen ehelichen Gütergemeinschaft. (Vgl. § 1459.) Etwas abweichend von dem letzteren Rechtsverhältnisse gestaltet sich aber für die fortgesetzte Gütergemeinschaft

2. der **Umfang** der Gesammtgutsverbindlichkeiten. Nach M. IV, 463 fg. und P. IV, 336 fg. haben darüber eingehende Erwägungen und Kommissionsverhandlungen stattgefunden. Das Ergebniß derselben stellt § 1488 dar, wobei aber zur Ergänzung des Grundstandpunkts auch der nächstfolgende Paragraph heranzuziehen ist.

In Bezug auf die zum Gesetz gewordene Regelung (zu welcher der in P. IV, 248 erwähnte, den Beschlüssen der II. Komm. zu Grund liegende Antrag § 6 a zu vergleichen ist) ist in P. IV, 337 besonders Folgendes bemerkt: „Das Gesammtgut werde hienach als eine vom übrigen Vermögen vollständig **gesonderte Vermögensmasse** behandelt, ähnlich wie das Vermögen der offenen Handelsgesellschaft von dem Privatvermögen des einzelnen Gesellschafters vollständig getrennt werde, wenn dieser gestorben sei und die Erben die Handelsgesellschaft fortsetzten. So wie von einer Haftung der Handelsgesellschaft für die Privatschulden des verstorbenen Handelsgesellschafters nicht die Rede sein könne, so werde auch prinzipiell eine Haftung des Gesammtguts für **die** Verbindlichkeiten des verstorbenen Ehegatten ausgeschlossen, welche während des Bestehens der ehelichen Gemeinschaft nicht Gesammtgutsverbindlichkeiten gewesen seien.“

Auf der Grundlage dieser prinzipiellen Anschauungen entwickeln sich aus dem jetzigen § 1488 folgende Einzelsätze:

a) Zu den Gesammtgutsverbindlichkeiten der fortgesetzten Gütergemeinschaft gehören außer den von der ursprünglichen Gütergemeinschaft übernommenen (Schröder a. a. O. S. 29) auch die Verbindlichkeiten des **überlebenden**

Ehegatten und zwar alle diese Verbindlichkeiten ohne Unterschied. Inbegriffen sind daher auch z. B. diejenigen Schulden, welche die überlebende Frau während der ursprünglichen ehelichen Gemeinschaft durch ein von ihr ohne Zustimmung des Mannes vorgekommenes Rechtsgeschäft (vgl. § 1460) überkommen hat. (Ein Antrag auf eine Ausnahmsbestimmung bezüglich einer von der Frau während der Ehe eingegangenen Verbindlichkeit aus einem Schenkungsversprechen ohne Zustimmung des Mannes wurde in II. Komm. abgelehnt. P. IV, 338 fg.)

b) Die Verbindlichkeiten des verstorbenen Ehegatten gehören dazu nur insoweit, als sie in der ursprünglichen ehelichen Gütergemeinschaft auch Gesammtgutsverbindlichkeiten gewesen sind. Soweit letzteres aber nicht der Fall war (vgl. insbesondere die §§ 1460—1462), kommen sie auch bei der fortgesetzten Gütergemeinschaft nicht als Gesammtgutsverbindlichkeiten, sondern nur als persönliche Schulden des vorverstorbenen Ehegatten in Betracht und bewirken lediglich die dadurch begründete Haftung. In letzterer Hinsicht treffen sie insbesondere das etwaige Vorbehaltsgut des Verstorbenen, wie es gemäß § 1483 in den Erbgang kommt, nach allgemeinen Grundsätzen. Seitens des überlebenden Gatten kann also auch eine Abwälzung dieser Schulden einfach dadurch geschehen, daß der Ueberlebende in eine Erbschaft des Verstorbenen nicht eintritt. Praktisch wird dies namentlich für den überlebenden Mann gegenüber von Schulden der verstorbenen Frau, welche diese allein treffen.

c) Für die Gesammtgutsverbindlichkeiten der fortgesetzten Gütergemeinschaft haftet nach § 1489 Abs. 1 der überlebende Ehegatte nicht blos mit dem Gesammtgute, sondern auch persönlich, vorbehaltlich der Einschränkungen nach § 1489 Abs. 2. Vgl. Bem. zu § 1489.

d) Auf Seite der Abkömmlinge findet eine Haftung für Verbindlichkeiten des überlebenden oder verstorbenen Ehegatten nur mit dem Antheile der Ersteren am Gesammtgute statt, soweit eben jene Verbindlichkeiten als Gesammtgutsverbindlichkeiten darauf lasten. (Vgl. § 1488 Abs. 3.)

e) Umgekehrt haftet aber das Gesammtgut der fortgesetzten Gütergemeinschaft auch nicht für solche Verbindlichkeiten der antheilhabenden Abkömmlinge, welche diese Letzteren persönlich treffen. Ihre Sondergläubiger haben daher auch keine Aufrechnungsbefugniß gegenüber den Gesammtgutsforderungen (§§ 1487 mit 1442).

3. Konkurs. Wird bei fortgesetzter Gütergemeinschaft über das Vermögen des überlebenden Ehegatten (Mann oder Frau) Konkurs eröffnet, so gehört das Gesammtgut zur Konkursmasse. Durch das Konkursverfahren über das Vermögen der Abkömmlinge wird das Gesammtgut nicht berührt. So bestimmt K.O. § 2 n. Nr. in konsequenter Folgerung aus obigen Sätzen.

§ 1489.

Für die Gesammtgutsverbindlichkeiten der fortgesetzten Gütergemeinschaft haftet der überlebende Ehegatte persönlich.

Soweit die persönliche Haftung den überlebenden Ehegatten nur in Folge des Eintritts der fortgesetzten Gütergemeinschaft trifft, finden die für die Haftung des Erben für die Nachlaßverbindlichkeiten geltenden Vorschriften entsprechende Anwendung; an die Stelle des Nachlasses tritt das Gesammtgut in dem Bestande, den es zur Zeit des Eintritts der fortgesetzten Gütergemeinschaft hat.

Eine persönliche Haftung der antheilsberechtigten Abkömmlinge für die Verbindlichkeiten des verstorbenen oder des überlebenden Ehegatten wird durch die fortgesetzte Gütergemeinschaft nicht begründet.

E. I, 1384, 1399; II, 1400; III, 1472.

1. Während der vorausgehende Paragraph die Konstruktion der Gesammtgutsverbindlichkeiten nach Begriff und Umfang behandelt, wendet sich im Zusammenhange damit der § 1489 zu der Frage der persönlichen Haftung der an der fortgesetzten Gütergemeinschaft Betheiligten für die Gesammtgutsverbindlichkeiten im Verhältnisse zu Dritten (Gläubigern). Unterschieden wird hiebei nicht blos der Form

nach, sondern auch in der Gestaltung der bezüglichen Rechtsverhältnisse zwischen der persönlichen Haftung:

a) des überlebenden Ehegatten und

b) der antheilsberechtigten Abkömmlinge.

Auf Erstere beziehen sich die Abs. 1 und 2, von letzterer spricht Abs. 3.

2. Abs. 1 legt dem überlebenden Ehegatten — sei es Mann oder Frau — auch die persönliche Haftung für die Gesammtgutsverbindlichkeiten der fortgesetzten Gütergemeinschaft auf, mögen diese erwachsen sein woher und aus welchem Rechtsgrunde immer. Es gilt dies also insbesondere auch für diejenigen Verbindlichkeiten des verstorbenen Ehegatten, welche nach § 1488 zu den Gesammtgutsverbindlichkeiten der fortgesetzten Gütergemeinschaft gehören, und zwar hier im Verhältnisse zu Dritten selbst dann, wenn sie im vorausgegangenen Verhältnisse der Ehegatten zu einander dem Verstorbenen zur Last gefallen waren (§ 1463 fg.: vgl. auch P. IV, 248, 302 fg., 306 fg., 336 fg.). Denn eine Haftung soll schließlich auch über den Bestand des Gesammtguts hinaus bestehen, die Abkömmlinge soll aber eine solche erweiterte persönliche Haftung nach Abs. 3 nicht treffen. Außerdem kommt in Anschlag, daß der überlebende Ehegatte nach § 1487 in der fortgesetzten Gütergemeinschaft stets die Rechtsstellung des Mannes hat. Insoferne steht der erste Satz des § 1489 in einer gewissen Analogie zu § 1459. Nur fehlt hier der zweite Satz des Abs. 2 § 1459.

Ueber die schließliche Abwälzung von gewissen Verbindlichkeiten des verstorbenen Ehegatten auf die Abkömmlinge bei der Auseinandersetzung der fortgesetzten Gütergemeinschaft vgl. auch § 1500.

3. Einen gewissen Schutz gegen die Rechtsfolgen der persönlichen Haftung nach Abs. 1 verleiht dem überlebenden Ehegatten der Abs. 2 § 1489. Dieser Schutz greift aber lediglich insoweit Platz, als die persönliche Haftung nur eine Folge des Eintritts der fortgesetzten Gütergemeinschaft ist, also nicht auch dann, wenn der überlebende Ehegatte schon vorher persönlich gehaftet hatte. Der Schutz besteht in einem durch den § 1489 Abs. 2 verliehenen Rechtsbehelf, welcher namentlich völlig analog ist dem Inventarrechte eines Erben. (P. IV, 336 fg.) Die bezüglich der Haftung des Erben für die Nachlaßverbindlichkeiten geltenden Vorschriften finden hieher entsprechende Anwendung. Was in dieser Hinsicht in den §§ 1975 fg. vom Nachlasse gesagt ist, gilt hier vom Gesammtgute, und zwar kommt derjenige Bestand in Betracht, welcher zur Zeit des Eintritts der fortgesetzten Gütergemeinschaft vorhanden war. Denn nur auf dasjenige an Haftung, was über diesen aus der ursprünglichen ehelichen Gütergemeinschaft überkommenen Bestand hinausgeht, soll sich jener Rechtsbehelf erstrecken.

Maßgebend für die Gestaltung des Letzteren sind in entsprechender Anwendung namentlich die Vorschriften:

a) der §§ 1975 fg. über die beschränkte Haftung, wenn eine (Nachlaß=)Verwaltung angeordnet oder (Nachlaß=)Konkurs eröffnet ist;

b) der §§ 1993 fg. über Errichtung, Form, Inhalt, Bedeutung und Wirkung eines Inventars;

c) der §§ 2014 fg. über die dort behandelten aufschiebenden Einreden; in Ansehung dieser ist auch C.P.O. §§ 305, 782 fg. n. Nr. zu vergleichen;

d) der §§ 1970 fg. über das Aufgebot der Gläubiger mit C.P.O. § 1001 n. Nr.

Zu gedenken ist hier auch des § 745 Abs. 1 C.P.O. n. Nr., wonach bei bestehender fortgesetzter Gütergemeinschaft zur Zwangsvollstreckung in das Gesammtgut ein gegen den überlebenden Ehegatten ergangenes Urtheil erforderlich, aber auch genügend ist.

Zu vgl. sind endlich noch §§ 780 fg., 786 C.P.O. n. Nr.

4. Zu Abs. 3. Grundsatz ist, daß die antheilhabenden Abkömmlinge nur mit ihrem Antheile am Gesammtgute für Gesammtgutsverbindlichkeiten haften.

Sie haften also vor Allem nicht darüber hinaus auch noch persönlich für Gesammtgutsverbindlichkeiten. Diese erweiterte persönliche Haftung trifft nach Abs. 1 den überlebenden Ehegatten allein.

Sie haften als Antheilsberechtigte auch nicht persönlich für Verbindlichkeiten des verstorbenen Gatten. Diese können nach §§ 1488 und 1489 Abs. 1 nur das Gesammtgut und persönlich den überlebenden Ehegatten treffen. Wohl zu beachten ist aber, daß dieses nur gilt, soweit eine Haftung aus dem Eintritte und dem Bestehen der fortgesetzten Gütergemeinschaft in Frage steht. Sind aber die antheilhabenden Abkömmlinge auch Erben des verstorbenen Ehegatten (z. B. in Ansehung eines Vorbehaltsguts desselben), so bemißt sich ihre Haftung aus der Erbeneigenschaft eben auch nach den erbrechtlichen Grundsätzen.

Die Abkömmlinge haften endlich auch nicht persönlich für Verbindlichkeiten des überlebenden Ehegatten. Dieser kann sie also — abgesehen von seinen Verwaltungs- und Verfügungsrechten in Ansehung des Gesammtguts — in persönlicher Hinsicht nicht mit Schulden belasten.

§ 1490.

Stirbt ein antheilsberechtigter Abkömmling, so gehört sein Antheil an dem Gesammtgute nicht zu seinem Nachlasse. Hinterläßt er Abkömmlinge, die antheilsberechtigt sein würden, wenn er den verstorbenen Ehegatten nicht überlebt hätte, so treten die Abkömmlinge an seine Stelle. Hinterläßt er solche Abkömmlinge nicht, so wächst sein Antheil den übrigen antheilsberechtigten Abkömmlingen und, wenn solche nicht vorhanden sind, dem überlebenden Ehegatten an.

E. I, 1397; II, 1395; III, 1473.

1. Personenwechsel im Allgemeinen. In den §§ 1490, 1491 faßt das B.G.B. die durch Wechselfälle des menschlichen Lebens bedingte Möglichkeit ins Auge, daß in den Personen der an der fortgesetzten Gütergemeinschaft betheiligten Abkömmlinge sich Aenderungen ergeben. In dieser Hinsicht regelt das B.G.B. zweierlei: den Wegfall eines Abkömmlings

a) durch einen Verzicht desselben auf seinen Antheil;

b) durch den Tod.

Vom ersteren Falle handelt § 1491, von letzterem § 1490.

2. Der Tod eines antheilsberechtigten Abkömmlings bringt dessen Antheilsrecht nicht zum Erlöschen, sondern zum Uebergang auf einen anderen antheilsberechtigten Abkömmling. In erster Reihe treten für den Verstorbenen dessen eigene Abkömmlinge ein, soferne sie im Falle, daß jener verstorbene Abkömmling den verstorbenen Ehegatten nicht überlebt hätte, berechtigt und berufen gewesen sein würden, an dessen Stelle in die fortgesetzte Gütergemeinschaft einzutreten. In zweiter Reihe, d. h. wenn der verstorbene Abkömmling keine eigenen Abkömmlinge hinterläßt, fällt des Ersteren Antheil nach der Seitenlinie an die übrigen antheilhabenden Abkömmlinge. In dritter Reihe, d. h. wenn überhaupt kein Abkömmling mehr vorhanden ist — sei es, daß von Anfang an nur Einer mit in der Gemeinschaft stand oder die Mehreren Alle verstorben sind, fällt mit dem Tode des letzten Abkömmlings dessen Antheil dem überlebenden Ehegatten zu.

3. Rechtliche Art des Anfalls. Der durch § 1490 vorgesehene Anfall des Antheilsrechts des verstorbenen Abkömmlings vollzieht sich nicht im Erbgange, sondern kraft Anwachsungsrechts (Accrescenzrechts) von Gemeinschaftswegen. (§ 1490: „wächst an".) Es liegt deshalb keine Universalsuccession, sondern eine Singularsuccession vor. Dies gilt auch für den Fall, daß der Antheil des letzten Abkömmlings dem überlebenden Ehegatten zufällt. Das Gesetz sagt deshalb ausdrücklich, daß der Antheil des verstorbenen Abkömmlings nicht zu dessen Nachlaß gehört. Dieser Nachlaß bildet sich demzufolge lediglich aus denjenigen Vermögensbestandtheilen, welche der verstorbene Abkömmling außer seinem Antheil am Gesammtvermögen noch hat. Nur diese kommen in den Erbgang nach Maßgabe der erbrechtlichen Grundsätze. (M. IV, 459.) Folgeweise tritt erbrechtliche Haftung für Verbindlichkeiten des verstorbenen Abkömmlings, welche lediglich in seiner Person bestehen, auch nur in Bezug auf jenes Sondervermögen ein. Selbstverständlich ist es aber, daß mit dem Gesammtgutsantheil des verstorbenen Abkömmlings auf dessen Rechtsnachfolger im Gesammtgute auch diejenigen Verbindlichkeiten mitübergehen, welche als Gesammtgutsverbindlichkeiten auf dem ungetheilten Gesammtgute haften. In Bezug auf dieses findet beim Tode eines betheiligten Abkömmlings zu Folge der dargelegten Art des Rechtsvorgangs eine Auseinandersetzung nicht statt. Stirbt der letzte oder einzige Abkömmling, so tritt einfach Konsolidation des bisherigen Gesammtguts in der Person des überlebenden Ehegatten ein, welcher damit Alleineigenthümer und in Bezug auf die bisherigen Gesammtgutsverbindlichkeiten auch allein verpflichtet wird. Die Erben des verstorbenen Abkömmlings bleiben von den Verbindlichkeiten letzterer Art unberührt, wie sich ebenfalls aus dem ersten Satze des § 1490 ergibt. Alle diese Rechtswandelungen vollziehen sich kraft des Gesetzes. Mit jenem Uebergang in die Alleinhand des einzig überlebenden Ehegatten wird dabei auf einem Umwege und unter sehr beschränkenden Voraussetzungen schließlich dasjenige Prinzip verwirklicht, dessen oben S. 193 mit dem Ausdrucke „Konsolidationsprinzip" gedacht wurde.

4. Ein bestimmter Maßstab für die Anwachsung ist im § 1490 nicht zum Ausdruck gebracht. Es entspricht dies auch vollständig dem das Rechtsverhältniß beherrschenden Grundsatz der ungetheilten Gemeinschaft zur gesammten Hand, demzufolge insbesondere für die Zeit des Bestehens der Gemeinschaft auch kein ideeller Quotenantheil festgesetzt ist. Ein solcher kommt erst zum Vorschein, wenn nach Beendigung der fortgesetzten Gütergemeinschaft Auseinandersetzung und Theilung stattfindet. Für diesen Fall enthält § 1503 die einschlägigen Normen.

5. Tod des Ehegatten. Alle bisher erwähnten Wandelungen haben gleichmäßig zur Voraussetzung, daß der mit in der fortgesetzten Gütergemeinschaft stehende Ehegatte sämmtliche Abkömmlinge überlebt. Stirbt er selbst, während eine Gütergemeinschaft mit einem oder mehreren Abkömmlingen noch besteht, so tritt als Folge seines Todes Beendigung der fortgesetzten Gütergemeinschaft (im technischen Wortsinne) und damit Auseinandersetzung und Theilung ein. Vgl. hierüber §§ 1494, 1497 fg.

§ 1491.

Ein antheilsberechtigter Abkömmling kann auf seinen Antheil an dem Gesammtgute verzichten. Der Verzicht erfolgt durch Erklärung gegenüber dem für den Nachlaß des verstorbenen Ehegatten zuständigen Gerichte; die Erklärung ist in öffentlich beglaubigter Form abzugeben. Das Nachlaßgericht soll die Erklärung dem überlebenden Ehegatten und den übrigen antheilsberechtigten Abkömmlingen mittheilen.

Der Verzicht kann auch durch Vertrag mit dem überlebenden Ehegatten und den übrigen antheilsberechtigten Abkömmlingen erfolgen. Der Vertrag bedarf der gerichtlichen oder notariellen Beurkundung.

Steht der Abkömmling unter elterlicher Gewalt oder unter Vormundschaft, so ist zu dem Verzichte die Genehmigung des Vormundschaftsgerichts erforderlich.

Der Verzicht hat die gleichen Wirkungen, wie wenn der Verzichtende zur Zeit des Verzichts ohne Hinterlassung von Abkömmlingen gestorben wäre.

E. I, 1398; II, 1396; III, 1474.

Das B.G.B. will keinem der Betheiligten die fortgesetzte Gütergemeinschaft schlechthin aufdrängen. (M. IV, 461.) Für den überlebenden Ehegatten sowohl, wie für die antheilsberechtigten Abkömmlinge wird deshalb die Möglichkeit eröffnet, sich der eintretenden oder schon eingetretenen fortgesetzten Gütergemeinschaft zu entäußern; für den überlebenden Ehegatten geschieht dies in Gestalt der in den §§ 1484 und 1493 geregelten Ablehnung oder Aufhebung mit sich sofort anschließender Auseinandersetzung, für die Abkömmlinge aber kennt und regelt das B.G.B. nur einen förmlichen Verzicht auf ihr Antheilsrecht, wobei im Uebrigen, solange die anderweitigen persönlichen Voraussetzungen vorhanden sind, die fortgesetzte Gütergemeinschaft weiter besteht.

1. Natur des Verzichts. Derselbe kann als solcher nur ein unbeschränktes Aufgeben der ganzen Antheilsberechtigung des bezüglichen Abkömmlings in sich begreifen. Verzichtleistung in bedingter, betagter oder sonst verklausulirter Weise findet nicht statt. Als etwas Anderes stellt es sich dar, wenn eine konkurrirende Verständigung darüber erfolgt, ob und in welcher Art und Höhe dem Verzichtenden eine Abfindung gewährt werden solle. S. darüber unter Nr. 7.

2. Art des Verzichts. § 1491 läßt den Verzicht in doppelter Gestalt zu, nämlich sowohl

a) als eine einseitige rechtliche Willenserklärung des verzichtenden Abkömmlings (Abs. 1), wie auch

b) als einen Vertrag zwischen dem verzichtenden Abkömmling einerseits und dem überlebenden Ehegatten, sowie den übrigen antheilsberechtigten Abkömmlingen andererseits (Abs. 2).

3. Formen. Der Verzicht

a) als einseitiger Rechtsakt (welcher in M. IV, 461 unter den Gesichtspunkt einer Dereliktion gebracht ist) erfordert lediglich die im Abs. 1 bezeichnete Erklärung, bei welcher aber im Interesse der Feststellung der Thatsache und des Zeitpunkts des Verzichts (M. IV, 461; P. IV, 316) bestimmte Formen eingehalten werden müssen. Die Erklärung muß vor Allem erfolgen gegenüber dem für den Nachlaß des verstorbenen Ehegatten zuständigen Gerichte. Wegen der Zuständigkeit vgl. F.G. §§ 72, 73. Das Gesetz sagt nur: „gegenüber", nicht „vor". Die Erklärung kann also auch schriftlich an das Gericht eingesendet, aber auch bei demselben beurkundet werden. Ueber das Erforderniß der öffentlich beglaubigten Form vgl. § 129, über den Eingang beim Nachlaßgerichte und die damit zusammenhängenden Rechtswirkungen vgl. § 130. Die im Abs. 1 vorgeschriebene gerichtliche Mittheilung an den überlebenden Ehegatten und die übrigen antheilsberechtigten Abkömmlinge, welche nur den Charakter einer Ordnungsvorschrift an sich trägt (M. IV, 469), ist offenbar gedacht als eine einfache Benachrichtigung, welche einer rechtsförmlichen Zustellung nicht bedarf. Daraus ergibt sich auch, daß sich die Verzichtserklärung nicht als ein (im technischen Sinne) empfangsbedürftiges Rechtsgeschäft darstellt. Sie ist wirksam für und gegen den Erklärenden mit der rechtsförmlichen Abgabe. (P. IV, 317.)

b) In Gestalt eines Vertrags abgegeben, bedarf der Verzicht der gerichtlichen oder notariellen Beurkundung. Vgl. desfalls die §§ 128, 152. Die Alternative „oder" ist, wie anderwärts, so auch hier, in der Art zu verstehen, daß wenn durch Landesgesetz in reichsrechtlich zulässiger Weise die eine oder andere Art der Beurkundung vorgeschrieben ist, dann eben auch diese Form gewählt werden muß. Vgl. F.G. §§ 167—182.

Bei beiden Arten des Verzichts kommt noch die in § 1491 Abs. 3 vorgeschriebene Genehmigung des Vormundschaftsgerichts (F.G. §§ 35, 36) dazu, wenn der Abkömmling entweder unter elterlicher Gewalt oder unter Vormundschaft (sei es nach § 1773 oder nach § 1896) steht. Selbstverständlich hat übrigens den Bevormundeten dessen Vormund zu vertreten beziehungsweise bei nur Geschäftsbeschränkten zu dem Verzichte seine Zustimmung zu ertheilen. Daß aber eine gesetzliche Vertretung (ähnlich wie in anderer Richtung nach § 1437 Abs. 1) hier überhaupt ausgeschlossen sei, kann nicht angenommen werden, da eine desfallsige ausdrückliche Bestimmung hieher fehlt, auch Erwägungen, wie sie z. B. dem vorerwähnten § 1437 für die betheiligten Ehegatten zu Grunde liegen, für den nur auf vermögensrechtlichem Boden sich bewegenden Verzicht nicht zutreffen.

4. Zeitliche Verhältnisse. Faßt man den § 1491 näher ins Auge, berücksichtigt man insbesondere die in den Absätzen 1 und 2 sich vorfindenden Redewendungen „antheilsberechtigter Abkömmling", „Nachlaßgericht für den verstorbenen Ehegatten", „Vertrag mit dem überlebenden Ehegatten", so ergibt sich von selbst, daß der § 1491 nur von einem Verzichte nach Eintritt der fortgesetzten Gütergemeinschaft handelt, nicht aber von einem Verzichte schon in früherem Zeitpunkte, ehe die ursprüngliche eheliche Gemeinschaft durch den Tod eines der Ehegatten gelöst ist. Dagegen ist von einem Verzichte, welcher noch bei Lebzeiten der beiden Ehegatten zwischen einem derselben und einem gemeinsamen Abkömmlinge für den Fall des Todes des Ersteren in Bezug auf den Gesammtgutsantheil des Abkömmlings im Vertragswege herbeigeführt oder wieder aufgehoben werden will, eigens im § 1517 die Rede. (S. die dortigen Bem.)

Eine zeitliche Beschränkung für späterhin ist im § 1491 nicht vorgesehen, m. a. W. der Verzicht kann nicht blos gleich am Beginne der fortgesetzten Gütergemeinschaft, sondern auch noch in späterem Zeitpunkte erfolgen. Bei der mannigfaltigen, wechselvollen Gestaltung der Lebensverhältnisse ist auch eine solche spätere Verzichtsfreiheit unbedingt erforderlich.

5. Wirkungen des Verzichts. Diese setzt Abs. 4 in vollkommen klarer Weise fest. Danach und in Verbindung der Vorschrift mit dem § 1490 wächst der durch den einseitigen oder vertragsmäßigen Verzicht frei werdende Antheil des Verzichtenden den übrigen bisher neben ihm gestandenen Antheilsberechtigten zu. In letzter Linie, d. h. wenn der Verzichtende bisher allein in Gemeinschaft mit dem überlebenden Ehegatten gestanden hatte, fällt sein Antheil dem Letzteren zu. Die eigenen Abkömmlinge des Verzichtenden treten nicht an dessen Stelle. Sie werden als nicht vorhanden betrachtet. Der Verzicht ihres Aszendenten präjudizirt also auch ihnen. Eine „dingliche Wirkung" des Verzichts wird dies in M. IV, 460 genannt.

6. Ueber Anfechtung des Verzichts vgl. § 143, insbesondere dessen Abs. 4.

7. Abfindung. Sehr häufig — vielleicht sogar in der Mehrzahl der Fälle — wird es vorkommen, daß der verzichtende Abkömmling sich für seinen Verzicht, der ja den anderen bisher Betheiligten zu gut kommt, eine Abfindung ausbedingt oder thatsächlich gewähren läßt. Dieser Fall wird besonders dann eintreten, wenn ein Abkömmling unter Begründung einer eigenen selbständigen Lebensstellung, etwa auch unter Verheirathung, aus einer bisherigen häuslichen Gemeinschaft mit dem überlebenden Ehegatten austritt.

In solchen Fällen kann es im Interesse aller an der fortgesetzten Gütergemeinschaft Betheiligten liegen, wenn eine völlige, formelle und materielle Abschichtung jenes Abkömmlings eintritt. Denn namentlich dann, wenn ein sich verheirathender antheilhabender Abkömmling einerseits in der fortgesetzten Gütergemeinschaft verbliebe und andererseits mit seinem Ehegatten wiederum in ein eigenes Güterrechtsverhältniß der einen oder anderen Art träte, könnten sich belästigende vermögensrechtliche Verwicklungen ergeben. Solchen läßt sich durch Verzichtleistung des Abkömmlings auf seinen Antheil an der fortgesetzten Gütergemeinschaft, sei es mit oder ohne Abfindung, vorbeugen und abhelfen.

Einen Rechtsanspruch auf eine Abfindung für seinen Antheilsverzicht hat allerdings der Abkömmling nicht. (Des Näheren erörtert in P. IV, 331 fg.) Jene ist aber auch nicht ausgeschlossen, wie sich schon aus dem darauf bezüglichen § 1501 ergibt. Es kommt eben Alles auf wechselseitige Verständigung an. In dieser Hinsicht ist noch Folgendes zu bemerken:

Die Gewährung einer Abfindung kann vor Allem Seitens des überlebenden Ehegatten selbst und zwar aus seinem Sondergute (Vorbehaltsgute rc.) erfolgen. In diesem Falle bleibt die fortgesetzte Gütergemeinschaft davon überhaupt unberührt; die Sache spielt sich nur zwischen dem Abkömmling und seinem Aszendenten ab. Denkbar und zulässig ist es aber auch, daß die Abfindung aus dem Gesammtgute der fortgesetzten Gütergemeinschaft gewährt wird. (Vgl. § 1501.) Dies kann wiederum geschehen entweder im Wege eines Vertrages zwischen den im § 1491 Abs. 2 bezeichneten Theilen, oder auch im Anschlusse an einen ausgesprochenen einseitigen Verzicht nach vorausgegangener Verständigung mit dem überlebenden Ehegatten allein. Für letzteren Fall muß der Ehegatte, der die Verwaltung des Gesammtguts hat, ebendeshalb auch für befugt erachtet werden, aus dem Gesammtgute eine Abfindung zu gewähren. Wäre freilich die Zustimmung der Abkömmlinge aus einem anderen selbständigen Rechtsgrunde nöthig, z. B. bei abfindungsweiser Ueberlassung eines Grundstücks (§§ 1487, 1445), so müßte sie dazu gegeben werden. Abzulehnen wäre aber für die Gewährung einer Abfindung der Gesichtspunkt einer Schenkung i. S. des § 1446. Wie dann seiner Zeit bei der schließlichen Auseinandersetzung die Angelegenheit der geschehenen Abfindung rechnerisch behandelt wird, darüber finden sich einschlägige Normen im § 1501.

8. Ausstattung und Aussteuer. Bei den Verhandlungen der II. Komm. wurde nach P. IV, 333 fg. (s. auch P. IV, 348) eigens auch noch die Frage erwogen, ob den aus dem Elternhause ausscheidenden, an der fortgesetzten Gütergemeinschaft betheiligten Abkömmlingen, Söhnen wie Töchtern, um jener Betheiligung willen, nicht vielleicht ein über den Fall des § 1620 (Aussteuer für eine Tochter; Begriff vgl. S. 225) noch hinaus reichendes Recht auf eine Ausstattung (Begriff: S. 225) zu gewähren sei. Die Frage wurde durch Mehrheitsbeschluß verneint.

Zwischenbemerkung.

Während die §§ 1490, 1491 gewisse persönliche Wechselfälle bei bestehender und wenigstens in der Regel auch noch weiter dauernder fortgesetzter Gütergemeinschaft behandeln, gehen die §§ 1492—1495 über zu den Fällen der

Beendigung der fortgesetzten Gütergemeinschaft.

Aus jeder Beendigung erwächst dann von selbst die Auseinandersetzung der fortgesetzten Gütergemeinschaft mit der sich aus der Auseinandersetzung ergebenden Theilung. Normen dafür enthalten die §§ 1496—1505.

§ 1492.

Der überlebende Ehegatte kann die fortgesetzte Gütergemeinschaft jederzeit aufheben. Die Aufhebung erfolgt durch Erklärung gegenüber dem für den Nachlaß des verstorbenen Ehegatten zuständigen Gerichte; die Erklärung ist in öffentlich beglaubigter Form abzugeben. Das Nachlaßgericht soll die Erklärung den antheilsberechtigten Abkömmlingen und, wenn der überlebende Ehegatte gesetzlicher Vertreter eines der Abkömmlinge ist, dem Vormundschaftsgerichte mittheilen.

Die Aufhebung kann auch durch Vertrag zwischen dem überlebenden Ehegatten und den antheilsberechtigten Abkömmlingen erfolgen. Der Vertrag bedarf der gerichtlichen oder notariellen Beurkundung.

Steht der überlebende Ehegatte unter elterlicher Gewalt oder unter Vormundschaft, so ist zu der Aufhebung die Genehmigung des Vormundschaftsgerichts erforderlich.

E. I, 1043; II, 1403; III, 1475.

1. Erster Beendigungsfall. Nachdem der § 1484 dem überlebenden Ehegatten das Recht eingeräumt hat, von Anfang an den Eintritt in die an sich eröffnete fortgesetzte Gütergemeinschaft abzulehnen, gibt ihm § 1492 weiterhin auch das Recht, die in Lauf gekommene fortgesetzte Gütergemeinschaft zu jeder Zeit, nach freiem Ermessen und Willen wieder aufzuheben. Das B.G.B. folgt darin namentlich dem Vorbilde verschiedener älterer norddeutscher Rechte (z. B. Lübeck, Bremen, Hamburg, Schleswig-Holstein, Münster, Verden, Lippe-Detmold 2c.), mit Modifikationen auch dem Würzburger, Schweinfurter, Castell'schem Rechte (M. IV, 468).

Als Rechtsfolge einer solchen Aufhebung ergibt sich die Beendigung der fortgesetzten Gütergemeinschaft in ihrer Gesammtheit. Dem entspricht auch der Standpunkt des B.G.B., daß die Aufhebung nur allen Abkömmlingen, nicht auch blos einem einzigen Abkömmling gegenüber erfolgen kann. Wäre Letzteres gestattet, so könnte sich daraus unter Umständen eine unbillige Begünstigung eines Abkömmlings ergeben. Für gerechtfertigte Fälle des Ausschlusses eines einzelnen Abkömmlings durch letztwillige Verfügung sorgt § 1511. (M. IV, 469.)

Eigens verworfen wurde nach M. IV, 468 fg. auch eine Regelung z. B. nach Art des Schweinfurter Rechts, dahin gehend, daß für den Fall einer von dem überlebenden Ehegatten einseitig vorgenommenen Schichtung den Abkömmlingen noch ein Antheil an einem späteren Erwerb des Ehegatten, insbesondere an einer ihm von seinen Eltern noch zufallenden Erbschaft, gesichert sein solle.

2. Förmlichkeiten. Die Aufhebung der fortgesetzten Gütergemeinschaft i. S. des § 1492 erfolgt ebenfalls durch einen einseitigen Willensakt des überlebenden Ehegatten im Wege einer formalisirten Erklärung desselben oder auch mittelst eines Vertrags des Ehegatten mit den antheilsberechtigten Abkömmlingen.

Was desfalls § 1492 in Abs. 1—3 bezüglich der Förmlichkeiten bestimmt, entspricht genau dem Inhalte des § 1491 Abs. 1—3. Vgl. daher die dortigen Bem. auch hieher.

§ 1493.

Die fortgesetzte Gütergemeinschaft endigt mit der Wiederverheirathung des überlebenden Ehegatten.

Der überlebende Ehegatte hat, wenn ein antheilsberechtigter Abkömmling minderjährig ist oder bevormundet wird, die Absicht der Wiederverheirathung dem Vormundschaftsgericht anzuzeigen, ein Verzeichniß des Gesammtguts einzureichen, die Gütergemeinschaft aufzuheben und die Auseinandersetzung herbeizuführen. Das Vormundschaftsgericht kann gestatten, daß die Aufhebung der Gütergemeinschaft bis zur Eheschließung unterbleibt und daß die Auseinandersetzung erst später erfolgt.

E. I, 1403, 1404; II, 1404; III, 1476.

1. Zweiter Beendigungsfall. Grundstandpunkt. Schon in den älteren Rechten, welche auf dem Boden der Gütergemeinschaft stehen, ist die Wiederverheirathung des überlebenden Ehegatten als gesetzlicher Grund für eine nothwendig eintretende Vermögensauseinandersetzung mit den Abkömmlingen (sog. Grund- oder Dritttheilung) betrachtet und behandelt worden und zwar bei verschiedenen Systemen der Gütergemeinschaft (Konsolidations-, Prorogations- oder Beisitzprinzip; vgl. S. 193). So namentlich in norddeutschen Landen (Bremen, Lübeck, Hamburg, Schleswig-Holstein, Hannover 2c.; vgl. M. IV, 467), dann nach den Rechten von Würzburg, Bamberg, Schweinfurt, Castell, Thurnau, Eichstätt, Pappenheim, Windsheim, Nördlingen, Oettingen, Weißenburg, Kaufbeuren, Erbach 2c.

Das B.G.B. hat diesen Standpunkt in Bezug auf die von ihm geordnete fortgesetzte Gütergemeinschaft sich ebenfalls angeeignet. In M. IV, 466 fg. ist desfalls Folgendes bemerkt: „Der hier bestimmte Auflösungsgrund entspricht dem Wesen der fortgesetzten Gütergemeinschaft und dem Charakter des Gesammtguts der Letzteren als eines durch die frühere Ehe begründeten gemeinschaftlichen Familienvermögens. Die fortgesetzte Gütergemeinschaft beruht auf dem Gedanken, daß das durch die Ehe begründete Band auch über den Tod eines Ehegatten hinaus im Verhältnisse zwischen dem überlebenden Ehegatten und den gemeinschaftlichen Abkömmlingen unverändert fortdauert und deshalb auch das auf diesem Bande beruhende gütergemeinschaftliche Verhältniß noch ferner aufrecht erhalten werden muß. Mit der Schließung einer neuen Ehe von Seiten des überlebenden Ehegatten aber tritt an die Stelle des durch die frühere Ehe begründeten Bandes ein anderes ebenso inniges Band und fällt damit die Voraussetzung weg, auf welcher die Aufrechthaltung der durch die frühere Ehe begründeten vermögensrechtlichen Verhältnisse beruhte." Diesen Bemerkungen der Motive kann man noch anfügen, daß bei einem Fortbestehen der fortgesetzten Gütergemeinschaft auch nach Wiederverehelichung des daran betheiligten Ehegatten durch die Anfügung eines weiteren Faktors in der Person des neuen Ehegatten und etwa auch der Abkömmlinge aus der neuen Ehe die Rechtsverhältnisse möglicher Weise sehr verwickelt werden könnten, zumal wenn zwischen den neuen Ehegatten Güterverhältnisse auf andersgearteter Rechtsgrundlage eintreten sollten.

Diese Umstände und Erwägungen mußten mit innerer Nothwendigkeit dazu führen, daß

2. im § 1493 für den Fall der Wiederverehelichung des mit seinen Abkömmlingen in fortgesetzter Gütergemeinschaft lebenden Ehegatten eine völlige, ausnahmslose Beendigung jener Gemeinschaft verordnet wurde. Diese Beendigung tritt hier kraft des Gesetzes ein, ohne die in einigen älteren Rechten vorfindliche Unterscheidung, ob der überlebend gewesene und nun sich wieder verheirathende Ehegatte der Mann oder die Frau ist (M. IV, 467). Die Beendigung ist auch nicht davon abhängig, daß erst die Abkömmlinge oder Einer derselben die Beendigung der fortgesetzten Gütergemeinschaft verlangen. Die Beendigung tritt vielmehr selbst ohne und gegen den Willen der Antheilsberechtigten ein. Denn die Vorschrift des § 1493 hat die Natur eines zwingenden Rechtssatzes, dessen Eingreifen selbst durch Vertrag zwischen dem betreffenden Ehegatten und den Abkömmlingen nicht abgewendet werden kann. Ausgeschlossen ist insbesondere auch jenes Auskunftsmittel, welches ältere, namentlich fränkische Rechte in Gestalt des Rechtsinstituts der Vereinkindschaftung der Abkömmlinge aus der früheren Ehe in die neue Ehe dargeboten hatten. Das B.G.B. hat (nach dem Vorgange des Bayr. L.R. Thl. I cap. 5 § 12 und des Code civil, Art. 1389) diesem Rechtsinstitut die Anerkennung versagt (M. IV, 468, 486; D. 206; s. auch oben S. 92). Nur das ist — wie Schröder a. a. O. S. 29 bemerkt — möglich, daß durch einen neuen Ehevertrag zwischen dem ursprünglich überlebenden und seinem neuen Ehegatten unter Beitritt der Abkömmlinge „die fortgesetzte Gütergemeinschaft aufrecht erhalten" d. h. richtiger gesagt ein der fortgesetzten Gütergemeinschaft ähnlicher Rechtszustand neu geschaffen werden kann.

3. Der Zeitpunkt der Beendigung der fortgesetzten Gütergemeinschaft ist namentlich wichtig wegen der Frage, wieweit etwa ein sich später ereignender Erwerb auf Seite des überlebenden Gatten noch in das Gesammtgut fällt. (Vgl. § 1485.) § 1493 sagt deutlich: „Die fortgesetzte Gütergemeinschaft endigt mit der Wiederverehelichung", also mit dem Abschlusse der neuen Ehe. An und für sich hätte also auch die an die Beendigung der Gemeinschaft sich anschließende Auseinandersetzung erst nach der neuen Eheschließung einzutreten. Daraus können nun mancherlei Unzukömmlichkeiten, insbesondere Gefährdungen der Interessen der Abkömmlinge entstehen. In M. IV, 470 fg. ist dies eingehend besprochen. Nach dem dort eingenommenen und auch aus § 1493 Abs. 2 sich ergebenden Standpunkte ist es volljährigen und nicht bevormundeten Abkömmlingen anheimgestellt, in jener Richtung selbst ihre Interessen zu wahren. Dagegen wurde es für nothwendig erachtet, für den Fall, daß ein Minderjähriger oder (auch aus einem anderen gesetzlichen Grunde) bevormundeter Abkömmling bisher an der fortgesetzten Gütergemeinschaft betheiligt ist, dessen Rechte und Interessen durch besondere Vorschriften zu wahren. (M. IV, 470 fg.) Zu diesem Zwecke sieht der § 1493 im Abs. 2 zunächst

a) die Herbeiführung einer antizipirten Aufhebung und Auseinandersetzung der fortgesetzten Gütergemeinschaft vor. Es geschieht dies mittelst dem im § 1493 dem überlebenden Ehegatten zur Rechtspflicht gemachten Schritte gegenüber dem Vormundschaftsgerichte. (Zuständigkeit: F.G. §§ 35, 36.) Die Gesetzesstelle greift dabei in gewisser Hinsicht auf § 1492 zurück, wonach der Ehegatte jeder Zeit seinerseits die Aufhebung fortgesetzter Gütergemeinschaft erklären kann. (M. IV, 471.) Eine solche Erklärung muß er im Falle des § 1493 abgeben. Mit der Erklärung tritt dann auch die Aufhebung der Gemeinschaft gemäß § 1492 sofort ein, also noch vor dem Abschluß der neuen Ehe. Dabei kann es sich nun freilich ereignen, daß die Aufhebung der fortgesetzten Gütergemeinschaft schon erfolgt ist, der Abschluß der neuen Ehe aber nachgerade doch nicht eintritt. Was dann? Man hat an jene Möglichkeit gedacht, aber besondere Vorschriften für den Fall nicht als angezeigt erachtet. (M. IV, 471, 472.) Ohne solche besondere Vorschriften kann aber die Lösung der Frage theoretisch folgerichtig und praktisch angemessen nur dahin gehen, daß es eben bei der einmal erfolgten Aufhebung und Auseinandersetzung der Gemeinschaft verbleibt. Denn die Aufhebungserklärung nach § 1493 Abs. 2 steht auf gleicher Linie mit einer solchen nach § 1492 Abs. 1. Eine Rückaufhebung der Aufhebungserklärung ist aber in letzterem Falle auch nicht vorgesehen. Ueberdies würde eine solche Rückgängigmachung praktisch sehr oft zu rechtlichen Schwierigkeiten und Irrungen führen. Uebrigens bietet ja auch Satz 2 des Abs. 1 § 1493 die Möglichkeit, in besonderen Fällen, wenn zweckmäßig und unbedenklich, die Aufhebung bis zur Eheschließung und die Auseinandersetzung bis nach derselben zu verschieben, soferne das Vormundschaftsgericht einen darauf gerichteten Antrag zu genehmigen als angemessen erachtet.

In M. IV, 472 ist endlich hieher bezüglich noch Folgendes bemerkt: „Nicht bedarf es besonderer Bestimmungen, um die antheilsberechtigten minderjährigen oder bevormundeten Abkömmlinge wegen des ihnen bei der Auseinandersetzung zugefallenen Vermögens gegenüber dem überlebenden Ehegatten sicher zu stellen. In dieser Hinsicht reichen die allgemeinen Grundsätze in Verbindung mit den Bestimmungen des Rechtes der elterlichen Gewalt und des Vormundschaftsrechtes aus." Vgl. dazu § 1697.

b) Zur Durchführung der vorbesprochenen Gesetzesnormen dient zugleich die Vorschrift in B.G.B. § 1314, welche für den in fortgesetzter Gütergemeinschaft stehenden und sich wieder verheirathenden Ehegatten ein aufschiebendes Ehehinderniß auf solange aufstellt, bis das Vormundschaftsgericht ein Zeugniß darüber ertheilt hat, daß der betreffende Ehegatte die im § 1493 bezeichneten Verpflichtungen erfüllt hat oder daß sie ihm nicht obliegen (§ 1493 Abs. 2 Satz 2). Vgl. über diesen Punkt und über die Folgen der Nichtberücksichtigung die Erörterungen zu § 1314 S. 26 fg.

§ 1494.

Die fortgesetzte Gütergemeinschaft endigt mit dem Tode des überlebenden Ehegatten.

Wird der überlebende Ehegatte für todt erklärt, so endigt die fortgesetzte Gütergemeinschaft mit dem Zeitpunkte, der als Zeitpunkt des Todes gilt.

E. II, 1105; III, 1447.

Dritter Beendigungsfall. Auch hier tritt Beendigung kraft Gesetzes ein. Wegen des Falles nach Abs. 2 vgl. § 1420 und Bem. Bezüglich des im Abs. 2 erwähnten Zeitpunkts s. § 18 B.G.B.

§ 1495.

Ein antheilsberechtigter Abkömmling kann gegen den überlebenden Ehegatten auf Aufhebung der fortgesetzten Gütergemeinschaft klagen:

1. wenn der überlebende Ehegatte ein Rechtsgeschäft der in den §§ 1444 bis 1446 bezeichneten Art ohne Zustimmung des Abkömmlinges vorgenommen hat und für die Zukunft eine erhebliche Gefährdung des Abkömmlinges zu besorgen ist;
2. wenn der überlebende Ehegatte das Gesammtgut in der Absicht, den Abkömmling zu benachtheiligen, vermindert hat;
3. wenn der überlebende Ehegatte seine Verpflichtung, dem Abkömmling Unterhalt zu gewähren, verletzt hat und für die Zukunft eine erhebliche Gefährdung des Unterhalts zu besorgen ist;
4. wenn der überlebende Ehegatte wegen Verschwendung entmündigt ist oder wenn er das Gesammtgut durch Verschwendung erheblich gefährdet;

5. wenn der überlebende Ehegatte die elterliche Gewalt über den Abkömmling verwirkt hat oder, falls sie ihm zugestanden hätte, verwirkt haben würde.

E. I, 1405; II, 1406; III, 1478.

1. Vierter Beendigungsfall. Klagerecht. Die hier den antheilsberechtigten Abkömmlingen eingeräumte, auf dem Prozeßwege auszutragende Klage entspricht durchaus derjenigen Klage, welche der § 1468 während der ursprünglichen ehelichen Gütergemeinschaft der Frau gewährt. Diese auf den § 1418 zurückführende Analogie steht durchaus im Einklange mit dem in § 1487 Abs. 1 aufgestellten Grundsatze über die rechtliche Stellung der Abkömmlinge in der fortgesetzten Gütergemeinschaft.

Einer Aufhebungsklage des überlebenden Ehegatten bedarf es nicht, schon nach § 1492.

Ueber die ziemlich verworrene Stellung der älteren Rechte zur Frage einer auf dem Klagewege gegenüber dem überlebenden Ehegatten zu erzwingenden Abschichtung s. M. IV, 472.

2. Klagegründe. Von den hier in nicht blos beispielgebender, sondern abschließender Weise hervorgehobenen Rechtfertigungsgründen für die Aufhebungsklage der Abkömmlinge laufen diejenigen unter Ziff. 1—4 (abgesehen von der zur veränderten Personenstellung in Beziehung stehenden Redaktion) völlig parallel mit den Ziffern 1—4 § 1468. Vgl. daher auch die Erörterungen zu § 1468 S. 229 fg. Die jetzige Ziffer 5 § 1495 beruht auf der begründeten Befürchtung, daß der überlebende Ehegatte bei der Verwaltung des Gesammtgutes neben seinem eigenen Interesse auch dasjenige der Abkömmlinge nicht in solcher Art berücksichtigen werde, wie die Elternpflicht es erfordert. (M. IV, 474.) Uebrigens hat man auch in einem solchen Falle absichtlich eine Aufhebung der Gemeinschaft nicht kraft Gesetzes, sondern nur auf Klage durch richterliches Urtheil eintreten lassen, da man den Abkömmlingen nicht wider ihren eigenen Willen die im § 1485 begründete Antheilnahme an einem künftigen Erwerb des Ehegatten benehmen wollte (M. IV, 474).

Ueber die Verwirkung der elterlichen Gewalt s. § 1680. Die Schlußworte der Ziff. 5 § 1495 deuten namentlich auf den Fall, wenn die elterliche Gewalt wegen eingetretener Volljährigkeit des Abkömmlings (§ 1626) nicht mehr besteht oder wenn sie, z. B. in Folge Annahme an Kindesstatt (§ 1757), auf einen Anderen übergegangen ist. (P. IV, 343 fg.)

Das Ruhen der elterlichen Gewalt (§§ 1676 fg.) steht in Hinsicht der Aufhebungsklage der Verwirkung nicht gleich. Ebensowenig steht letzterer gleich die bloße Entziehung einzelner der elterlichen Gewalt entspringender Rechtsbefugnisse, z. B. der Vertretung nach § 1630, der Vermögensverwaltung oder Nutznießung nach § 1666 u. s. w. (M. IV, 474.)

Wegzufallen hatte auch, weil in die Rechtsverhältnisse der fortgesetzten Gütergemeinschaft nicht passend, die im § 1468 stehende Ziff. 5.

In II. Komm. waren noch Anträge gestellt worden, dahingehend, daß die Aufhebungsklage des § 1495 auch dann gegeben werden solle, wenn sich der Ehegatte so gegen den Abkömmling betragen habe, daß dieser berechtigt sein würde, ihm den Pflichttheil zu entziehen, dann, unter gewissen Voraussetzungen, auch wegen Geisteskrankheit, Trunksucht des Ehegatten oder wegen Abwesenheitspflegschaft über ihn. Alle diese Anträge wurden aber abgelehnt. (P. IV, 342 fg.)

Ebenso wie in M. IV, 473, sei auch hier noch betont, daß das B.G.B. dem Eintritte der Volljährigkeit oder der Verheirathung eines antheilhabenden Abkömmlings an und für sich und abgesehen von dem, was zu § 1491 bemerkt wurde, einen Einfluß auf die Fortdauer der fortgesetzten Gütergemeinschaft nicht einräumt.

3. Prozessuale Punkte. Die Klage nach § 1485 steht nicht etwa blos der Gesammtheit der Abkömmlinge, sondern im Allgemeinen jedem Einzelnen für sich allein zu. Im Einzelfalle kann sich darin nur insoferne eine gewisse Einschränkung ergeben, als der bei der Klage unterstellte Aufhebungsgrund selbstverständlich gerade gegenüber der Person des klagenden Abkömmlings zutreffen muß (z. B. § 1495 Nr. 2, 3, 5).

Klagen nicht alle Abkömmlinge, sondern nur Einzelne, so können die nicht Klagenden nach C.P.O. § 66 n. Nr. sowohl auf Seite der Kläger (M. IV, 475), wie auch, wenn es in ihrem persönlichen Interesse gelegen sein sollte, auf Seite des beklagten Ehegatten dem Streite als Nebenintervenienten beitreten (s. auch C.P.O. § 69 n. Nr.).

Ueber die Wirkung des Urtheils, namentlich auch in Ansehung der nicht klagenden Abkömmlinge s. § 1496.

§ 1496.

Die Aufhebung der fortgesetzten Gütergemeinschaft tritt in den Fällen des § 1495 mit der Rechtskraft des Urtheils ein. Sie tritt für alle Abkömmlinge ein, auch wenn das Urtheil auf die Klage eines der Abkömmlinge ergangen ist.

E. I, 1403, 1405; II, 1497; III, 1479.

1. Satz 1 entspricht dem ersten Satze des § 1470 Abs. 1.

2. Satz 2 ist die nothwendige Folge des Grundsatzes, daß eine Beendigung (verschieden vom Falle des Verzichts nach § 1491) der fortgesetzten Gütergemeinschaft nur in Ansehung des ganzen Rechtsverhältnisses eintreten, nicht aber auf blos einzelne Abkömmlinge beschränkt werden kann. Eine persönlich beschränkte Aufhebung der fortgesetzten Gütergemeinschaft könnte auch zu großen praktischen Schwierigkeiten führen. Für die Bestimmung in § 1496 Satz 2 machen M. IV, 474 insbesondere noch Folgendes geltend:

„Entscheidend kommt in Betracht, daß dem Rechte desjenigen Abkömmlings, welcher die Auflösung der fortgesetzten Gütergemeinschaft verlangen kann, nur dann in vollem Umfange Rechnung getragen wird, wenn die Auflösung der fortgesetzten Gütergemeinschaft auch in Ansehung der übrigen Abkömmlinge eintritt. Insbesondere hat derselbe wegen seines Erb- und Pflichttheilsrechtes gegenüber dem überlebenden Ehegatten und wegen seines Erbrechts gegenüber den anderen Abkömmlingen ein Interesse daran, daß nicht der künftige Erwerb des überlebenden Ehegatten in das Gesammtgut der mit den übrigen Abkömmlingen fortgesetzten Gütergemeinschaft fällt, und daß nicht der Antheil eines verstorbenen Abkömmlings allein den Theilhabern an der fortgesetzten Gütergemeinschaft erwächst."

§ 1497.

Nach der Beendigung der fortgesetzten Gütergemeinschaft findet in Ansehung des Gesammtguts die Auseinandersetzung statt.

Bis zur Auseinandersetzung bestimmt sich das Rechtsverhältniß der Theilhaber am Gesammtgute nach den §§ 1442, 1472, 1473.

E. I, 1406; II, 1408; III, 1480.

1. Zu Abs. 1. Rechtsfolge der Beendigung der fortgesetzten Gütergemeinschaft ist deren Auseinandersetzung. Es ist dies derselbe Rechtsvorgang, wie die Auseinandersetzung der ursprünglichen ehelichen Gütergemeinschaft in denjenigen Fällen, in welchen deren Beendigung, also nicht fortgesetzte Gütergemeinschaft, eintritt. In formeller und sachlicher Hinsicht greifen daher im Allgemeinen die gleichen Vorschriften Platz. Immerhin sind durch die besonderen Verhältnisse in der fortgesetzten Gütergemeinschaft auch eine Reihe von Sondervorschriften nöthig geworden, welche das B.G.B. in den nachfolgenden §§ 1498—1505 enthält.

2. Abs. 2 bezieht sich auf jenes Zwischenstadium, welches zwischen den Zeitpunkt der rechtlichen Beendigung der Gemeinschaft und den der abgeschlossenen Auseinandersetzung fällt und für die Verhältnisse bei Beendigung der ursprünglichen ehelichen Gütergemeinschaft zu §§ 1471, 1472, 1476 eingehend erörtert wurde. Dasselbe rechtliche Zwischenverhältniß bildet sich auch hier. Die für dasselbe maßgebenden Normen gelten insbesondere auch im Falle der antizipirten Aufhebung und Auseinandersetzung der fortgesetzten Gütergemeinschaft nach § 1493 Abs. 2. In Gemäßheit dessen sind im § 1497 Abs. 2 insbesondere die Vorschriften der §§ 1442, 1472, 1473 hieher in Bezug genommen.

§ 1442 bringt den Grundsatz der gesammten Hand zum Ausdruck. Dieser besteht auch hier bis zum Abschluß der Auseinandersetzung fort, mit denjenigen rechtlichen Folgesätzen, welche eben der § 1442 in Absatz 1 und 2 aufstellt. Vgl. auch § 1471 Abs. 2.

§ 1472 regelt die Verwaltung des Gesammtguts in der vorbezeichneten Zwischenperiode.

§ 1473 bezieht sich auf die Surrogationsverhältnisse für den gleichen Zeitraum.

Vgl. die Bem. zu §§ 1442, 1472, 1473.

§ 1498.

Auf die Auseinandersetzung finden die Vorschriften der §§ 1475, 1476, des § 1477 Abs. 1 und der §§ 1479 bis 1481 Anwendung; an die Stelle des

Mannes tritt der überlebende Ehegatte, an die Stelle der Frau treten die antheilsberechtigten Abkömmlinge. Die im § 1476 Abs. 2 Satz 2 bezeichnete Verpflichtung besteht nur für den überlebenden Ehegatten.

E. I, 1406, 1407; II, 1409; III, 1481.

1. Die hieher eigens als anwendbar erklärten Vorschriften über die Auseinandersetzung der ursprünglichen ehelichen Gütergemeinschaft sind folgende:

§ 1475 über Berichtigung der Gesammtgutsverbindlichkeiten;

§ 1476 und § 1477 Abs. 1 über Theilung des Ueberschusses (hier zwischen dem an der fortgesetzten Gütergemeinschaft betheiligten Ehegatten und den Abkömmlingen; hinsichtlich Letzterer unter sich s. § 1503); dann über Anrechnung von Ersatzposten (s. dazu nachher Nr. 2);

§ 1479 über den für die Auseinandersetzung maßgebenden Zeitpunkt bei Aufhebung der Gemeinschaft durch Urtheil (§ 1495; vgl. P. IV, 347);

§§ 1480, 1481 über die Schuldenhaftung nach der Theilung betreffs unberichtigt gebliebener Gesammtgutsverbindlichkeiten, und zwar sowohl den Gläubigern gegenüber, wie auch zwischen den Theilen unter sich. (Vgl. P. IV, 345 fg.)

Bei der Anwendung dieser Bestimmungen auf die fortgesetzte Gütergemeinschaft ist stets zu beachten, daß, was in den bezeichneten Gesetzesstellen vom Manne gesagt ist, hier vom überlebenden Ehegatten — Mann oder Frau — gilt, während die antheilsberechtigten Abkömmlinge die Stelle der Frau einnehmen (so auch schon in § 1487).

Vgl. im Uebrigen die Erörterungen zu den voraufgeführten einzelnen Paragraphen.

2. Nicht voll, sondern nur theilweise anwendbar ist die im § 1476 Abs. 2 Satz 2 enthaltene Bestimmung über die Fortdauer der Verpflichtung jedes Ehegatten für den Fall, daß die Anrechnung einer ihm obliegenden Ersatzpost auf seinen Theil nicht erfolgt ist. Hier bei der Auseinandersetzung der fortgesetzten Gütergemeinschaft besteht jene Fortdauer der Verpflichtung nur auf Seite des überlebenden Ehegatten, nicht aber auf Seite der antheilhabenden Abkömmlinge.

3. Nach Beendigung der fortgesetzten Gütergemeinschaft, aber vor der Auseinandersetzung, ist Zwangsvollstreckung in das Gesammtgut nur zulässig, wenn sowohl der überlebende Ehegatte, als auch die antheilsberechtigten Abkömmlinge zur Leistung oder wenn der eine Theil zur Leistung, der andere aber zur Duldung der Zwangsvollstreckung verurtheilt ist. (C.P.O. §§ 745, 743 n. Nr.) Für die Fälle der Beendigung eines Rechtsstreits des Ehegatten nach Beendigung der Gemeinschaft s. auch C.P.O. §§ 744, 745 n. Nr.

§ 1499.

Bei der Auseinandersetzung fallen dem überlebenden Ehegatten zur Last:

1. die ihm bei dem Eintritte der fortgesetzten Gütergemeinschaft obliegenden Gesammtgutsverbindlichkeiten, für die das eheliche Gesammtgut nicht haftete oder die im Verhältnisse der Ehegatten zu einander ihm zur Last fielen;
2. die nach dem Eintritte der fortgesetzten Gütergemeinschaft entstandenen Gesammtgutsverbindlichkeiten, die, wenn sie während der ehelichen Gütergemeinschaft in seiner Person entstanden wären, im Verhältnisse der Ehegatten zu einander ihm zur Last gefallen sein würden;
3. eine Ausstattung, die er einem antheilsberechtigten Abkömmling über das dem Gesammtgut entsprechende Maß hinaus oder die er einem nicht antheilsberechtigten Abkömmlinge versprochen oder gewährt hat.

E. I, 1400, 1461; II, 1401; III, 1482.

1. Regel. „Entsprechend dem Wesen der fortgesetzten Gütergemeinschaft, welche, wie die eheliche Gütergemeinschaft, eine Gemeinschaft auf Gedeih und Verderb ist" (M. IV, 464), hatte der korrespondirende § 1400 E. I im Abs. 1 den Ausdruck der Regel an die Spitze gestellt: „Die Gesammtgutsverbindlichkeiten fallen auch im Verhältnisse des überlebenden Ehegatten und der antheilsberechtigten Abkömmlinge zu einander dem Gesammtgute der fortgesetzten Gütergemeinschaft zur Last." Späterhin ist dieser allgemeine

Satz weggelassen worden, aber doch wohl nur um der Vereinfachung und Kürzung willen. Denn sachlich richtig ist sein Inhalt. Was jetzt allein im heutigen § 1499 (E. I § 1400 Abs. 2) steht, kennzeichnet sich als die Festsetzung von

2. **Ausnahmen von jener prinzipiellen Regel.** Diese Ausnahmen legen verschiedene Gesammtgutsverbindlichkeiten in dem Verhältnisse des überlebenden Ehegatten zu den antheilhabenden Abkömmlingen ausschließend dem Ersteren zur Last, überwälzen sie also bei der Auseinandersetzung vom Gesammtgute auf den Ehegatten und seinen Antheil mit der Eigenschaft und Wirkung von Anrechnungs- und Ersatzposten. Im Einzelnen ist Folgendes zu bemerken:

a) Zu Ziff. 1. Im Wesentlichen gleichlautend mit E. I § 1400 Abs. 2 Nr. 1. In M. IV, 464 wird diese Ausnahmevorschrift dahin erklärt, daß die antheilsberechtigten Abkömmlinge jedenfalls dasjenige erhalten sollen, was sie aus dem Gesammtgute erhalten haben würden, wenn sie den erstverstorbenen Ehegatten als Gesetzeserben beerbt hätten. Um dies zu erreichen, müssen den überlebenden Ehegatten allein seine solchen bei Eintritt der fortgesetzten Gütergemeinschaft vorhandenen Verbindlichkeiten treffen, welche zwar nach § 1488 Gesammtgutsverbindlichkeiten der fortgesetzten Gütergemeinschaft geworden sind, für welche aber das ursprüngliche eheliche Gesammtgut überhaupt nicht zu haften hatte oder welche, wenn sie auch schon früher Gesammtgutsverbindlichkeiten waren, wenigstens im Verhältnisse der einstigen Ehegatten zu einander dem Ueberlebenden zur Last gefallen sind.

b) Zu Ziff. 2. Diese Ausnahmebestimmung faßt im Gegensatze zu Ziff. 1 nur solche Gesammtgutsverbindlichkeiten ins Auge, welche erst nach dem Eintritte der fortgesetzten Gütergemeinschaft entstanden sind. Weiter wird dabei aber auch vorausgesetzt, daß es sich um Gesammtgutsverbindlichkeiten handelt, welche, soferne sie schon während der ursprünglichen ehelichen Gütergemeinschaft entstanden wären, dann im Verhältnisse der Ehegatten zu einander dem Ueberlebenden zur Last gefallen sein würden. Hiemit greift die Ziff. 2 insbesondere auf die Fälle des § 1463 (E. I § 1367; M. IV, 464) zurück.

c) Zu Ziff. 3. Vor Allem ist hiezu § 1465 nebst Bem. zu vergleichen. In Ansehung des Inhalts der Ziffer 3 bemerken P. IV, 341: „Eine Ausstattung, welche der überlebende Ehegatte bei der fortgesetzten Gütergemeinschaft einem antheilsberechtigten Kinde gewährt, fällt dem Gesammtgute zur Last. Soweit die Ausstattung das dem Gesammtgute entsprechende Maß übersteigt, fällt sie dem überlebenden Ehegatten zur Last. Hinsichtlich der Ausstattung, welche einem nicht antheilsberechtigten Kinde gewährt wird, liegt die Sache so, daß die Ausstattung allein dem überlebenden Ehegatten zur Last fällt." Demgegenüber war nun in der II. Komm. ein Antrag hervorgetreten (P. IV, 341), welcher namentlich darauf abzielte, unter Umständen dem mit einer Ausstattung bedachten Abkömmling diese bei der Auseinandersetzung zur Anrechnung zu bringen. In P. IV, 341 ist hiegegen bemerkt: „Der Antrag beruht auf dem Gedanken, daß die Ausstattung, welche das antheilsberechtigte Kind erhält, ihm immerhin aus einem Vermögen gewährt wird, welches den antheilsberechtigten Kindern bei der Auseinandersetzung zur Hälfte zufallen soll, und daß es deshalb billig sei, die Ausstattung auf den bei der Auseinandersetzung dem Kinde anfallenden Antheil anzurechnen. Die Komm. vermochte sich aber nicht zu überzeugen, daß ein hinreichendes Bedürfniß vorliege, von der Regelung des Entwurfs, welche dem Wesen der fortgesetzten Gütergemeinschaft entspricht, abzuweichen und neue komplizirte Verhältnisse (durch jene Anrechnung gegenüber dem Abkömmling) zu schaffen. Vergleicht man dazu noch die Erörterungen in P. IV, 348 und den schließlich formulirten Gesetzestext, so ergibt und erklärt sich zugleich, daß und warum eine Belastung der Person des überlebenden Ehegatten allein bei der Auseinandersetzung des Gesammtguts der fortgesetzten Gütergemeinschaft nur in dem durch § 1495 Ziff. 3 begrenzten Umfang zugelassen werden wollte.

Ueber den Begriff „Ausstattung" vgl. S. 225.

§ 1500.

Die antheilsberechtigten Abkömmlinge müssen sich Verbindlichkeiten des verstorbenen Ehegatten, die diesem im Verhältnisse der Ehegatten zu einander zur

Last fielen, bei der Auseinandersetzung auf ihren Antheil insoweit anrechnen lassen, als der überlebende Ehegatte nicht von dem Erben des verstorbenen Ehegatten Deckung hat erlangen können.

In gleicher Weise haben sich die antheilsberechtigten Abkömmlinge anrechnen zu lassen, was der verstorbene Ehegatte zu dem Gesammtgute zu ersetzen hatte.

E. I, 1400, 1402; II, 1402; III, 1483.

1. Der Inhalt vorstehender Bestimmung im Allgemeinen steht in einem gewissen Gegensatze zum Inhalte des § 1499. Während letztere Gesetzesstelle bestimmt, was bei der Auseinandersetzung an Verbindlichkeiten dem überlebenden Ehegatten allein in Rechnung zu stellen und wovon also auf Seite der Abkömmlinge Befreiung statthaben solle, gibt der § 1500 eine Regelung darüber, was umgekehrt auf Seite der Abkömmlinge in Rechnung zu bringen ist und also deren Abrechnungsconto belasten soll. Hiebei hat man sich daran zu erinnern, daß bei der fortgesetzten Gütergemeinschaft nach § 1488 zu den Gesammtgutsverbindlichkeiten auch solche Verbindlichkeiten des verstorbenen Ehegatten gehören, welche in der vorausgegangenen ehelichen Gütergemeinschaft Gesammtgutsverbindlichkeiten waren. (Vgl. Bem. zu § 1488.) Weiter schlägt auch § 1489 ein, wonach eine persönliche Haftung der antheilsberechtigten Abkömmlinge für die Verbindlichkeiten des verstorbenen Ehegatten der fortgesetzten Gütergemeinschaft wegen nicht besteht. (Vgl. Bem. zu § 1489.)

2. Auf dieser allgemeinen Grundlage setzt § 1500 Abs. 1 mit einer Spezialbestimmung ein. Diese ist etwas anders aufgebaut, als es E. I § 1400 Abs. 2 Nr. 3, Abs. 3 und 4 vorgeschlagen hatte. Sie zieht den Fall in Betracht, daß es sich jetzt noch — bei Auseinandersetzung der fortgesetzten Gütergemeinschaft — um Verbindlichkeiten handelt, welche vom verstorbenen Ehegatten herrühren, die aber diesem Letzteren im Verhältnisse zu dem überlebenden Ehegatten zur Last gefallen waren. Diese Verbindlichkeiten müssen die Abkömmlinge sich anrechnen lassen, aber

a) nur auf ihren Antheil am Gesammtgute der fortgesetzten Gütergemeinschaft, nicht (aus dem Titel der fortgesetzten Gütergemeinschaft) darüber hinaus (vgl. § 1489 Abs. 3), dann

b) nur bezüglich desjenigen Theils der Verbindlichkeit, welcher dem überlebenden Ehegatten im Verhältnisse zum Verstorbenen nicht zur Last gefallen war und wofür er von dessen Erben nicht hat Deckung erlangen können.

Zu den hier erwähnten Erben können und werden meist auch die Abkömmlinge, sowie in dem beschränkten Umfange des § 1931 der überlebende Ehegatte selbst gehören. Dabei ist natürlich der Fall ins Auge gefaßt, daß eine erbschaftliche Nachfolge, neben dem Gesammtgute der fortgesetzten Gütergemeinschaft, namentlich wegen Bestands eines Vorbehaltsguts, eingetreten war. Ist dies der Fall und die Erben oder Einer derselben haben die Verbindlichkeit getilgt, so beruht die Sache auf sich. Von einer Anrechnung nach § 1500 ist nicht weiter die Rede. Soweit aber Deckung zu Gunsten des überlebenden Ehegatten nicht erfolgte, hat die im § 1500 Abs. 1 vorgeschriebene Anrechnung einzutreten. Aber nur Anrechnung auf den Antheil ist den Abkömmlingen auferlegt, nicht Herauszahlung des durch den Antheil nicht gedeckten Betrags aus eigenen Mitteln (vgl. § 1489 Abs. 3).

Soweit die Person des überlebenden Ehegatten in ihrer Eigenschaft als Erbe des verstorbenen Gatten in Frage kommt, muß Ersterer bei der Frage der erbschaftlichen Deckung natürlich auch mit in Betracht kommen. Insoweit kann er sicher auch keine Anrechnung auf das Conto der Abkömmlinge verlangen.

Ob die Erben solches geworden sind auf Grund von Vertrag, Testament oder Gesetz kann für den Bereich des § 1500 Abs. 1 bei dessen allgemeinem Ausdrucke keinen Unterschied begründen.

Deckung ist übrigens ein weiterer Begriff als Zahlung.

Ferner sagt das Gesetz ausdrücklich nur: „hat erlangen können". Wäre diese Möglichkeit gegeben gewesen, wurde sie aber vom überlebenden Ehegatten nicht benützt — sei es aus Nachlässigkeit oder auch in liberatorischer Absicht — so werden die Abkömmlinge in ihrer Eigenschaft als Gemeinschaftstheilhaber nicht zur Anrechnung herangezogen werden können.

3. Abs. 2 des § 1500 überträgt diese Grundsätze auch auf Ersatzposten, welche der erstverstorbene Ehegatte gegenüber dem Gesammtgute der ursprünglichen ehelichen Gütergemeinschaft zu leisten hatte. Vgl. besonders § 1466.

§ 1501.

Ist einem antheilsberechtigten Abkömmlinge für den Verzicht auf seinen Antheil eine Abfindung aus dem Gesammtgute gewährt worden, so wird sie bei der Auseinandersetzung in das Gesammtgut eingerechnet und auf die den Abkömmlingen gebührende Hälfte angerechnet.

Der überlebende Ehegatte kann mit den übrigen antheilsberechtigten Abkömmlingen schon vor der Aufhebung der fortgesetzten Gütergemeinschaft eine abweichende Vereinbarung treffen. Die Vereinbarung bedarf der gerichtlichen oder notariellen Beurkundung; sie ist auch denjenigen Abkömmlingen gegenüber wirksam, welche erst später in die fortgesetzte Gütergemeinschaft eintreten.

E. I, 1398; II, 1397; III, 1484.

1. Grundlage der Bestimmung. § 1501 steht im Zusammenhange mit § 1491. Nach den Erörterungen zu letzterer Gesetzesstelle (S. 261) ist es im Falle der Verzichtleistung eines Abkömmlings auf seinen Antheil an dem Gesammtgute zwar nicht geboten, aber auch nicht ausgeschlossen, daß jener Abkömmling eine Abfindung bekommt. Solches kann geschehen entweder durch einseitige Disposition des verwaltungsberechtigten Ehegatten gegenüber einer einseitigen Verzichtserklärung des Abkömmlings nach § 1491 Abs. 1 oder auch im Verfolge eines Verzichtvertrags nach § 1491 Abs. 2 zwischen dem Verzichtenden einerseits und dem überlebenden Ehegatten sowie den übrigen antheilsberechtigten Ehegatten andererseits.

Für den Fall nun, daß in der einen oder anderen Weise dem durch Verzicht sich Abschichtenden eine Abfindung und zwar eine solche zum Ausgleich für seinen Verzicht gewährt wurde, trifft § 1501 Bestimmung über die bei der Auseinandersetzung sich schließlich ergebenden Haftungsverhältnisse und die rechnerische Behandlung in Ansehung jener Abfindung.

Vorausgesetzt ist dabei immer, daß die Abfindung aus dem Gesammtgute der fortgesetzten Gütergemeinschaft geflossen ist. Würde sie der überlebende Ehegatte aus seinem Vorbehaltsgute gewährt haben, so kommt dies hieher, wo es sich nur um die Auseinandersetzung des Gesammtguts handelt, nicht in Betracht.

Jene rechnerische Behandlung kann sich nun in doppelter Weise vollziehen: nach der Gesetzesnorm oder nach einer Vertragsnorm.

2. Die Gesetzesnorm ist aufgestellt in § 1501 Absatz 1. Danach greift ein Doppelverfahren Platz. Fürs Erste ist der Betrag der Abfindung so in das Gesammtgut einzurechnen, als ob er überhaupt nicht verausgabt worden wäre. Der hienach sich ergebende Gesammtbetrag wird in gleiche Hälften getheilt: für den Theil des überlebenden Ehegatten mit einer Hälfte, mit der anderen für die Gesammtheit der noch antheilsberechtigten Abkömmlinge. Auf diese letztere Hälfte der Abkömmlinge wird nun der Betrag der Abfindung durch Anrechnung überwiesen, so daß sie den Abkömmlingen zur Last fällt. Diese gesetzliche Regelung wird erklärlich einfach dadurch, daß den Abkömmlingen nach § 1491 Abs. 4 rechtlich auch der Vortheil aus der Abschichtung des verzichtenden Abkömmlings zu gut kommt. (Vgl. auch § 1503 Abs. 3.) Gerade mit Rücksicht hierauf bemißt sich auch die Art und der Maßstab für die Anrechnung der Abfindung im Verhältnisse der Abkömmlinge unter sich nach § 1503 Abs. 3. Die Abkömmlinge sind gesetzlich verpflichtet, sich den Betrag der Abfindung auf ihren Antheil aus dem Gesammtgute anrechnen zu lassen. Darüber hinaus aber besteht nach dem Wortlaute des § 1501 wie nach dem Prinzipe des § 1489 Abs. 2 eine persönliche Haftung der Abkömmlinge nicht.

3. In Gestalt einer Vertragsnorm kann eine hievon abweichende Bestimmung getroffen werden. Das Gesetz spricht in dieser Hinsicht in § 1501 Abs. 2 von einem Vertrage zwischen dem überlebenden Ehegatten und den übrigen, d. h. noch antheilhabenden Abkömmlingen, und läßt mittelst eines solchen Vertrags Abweichungen von der Gesetzesnorm zu. Es kann also vertragsweise z. B. die Tragung der Abfindung dem überlebenden Ehegatten allein überwiesen werden oder zwischen diesem und den Abkömmlingen vertheilt werden. Ein solcher Vertrag kann geschlossen werden, sowohl bei der Auseinandersetzung selbst, wie auch „schon vor der Aufhebung der fortgesetzten Gütergemeinschaft“. Letzterer Beisatz in § 1501 Abs. 2 kann nicht den Sinn haben, daß eine spätere Vereinbarung ausgeschlossen sei, sondern nur die Bedeutung, daß auch schon ein früherer Vertrag zulässig sein soll. Uebrigens kann eine Vereinbarung der hier fraglichen Art bereits in einen Abfindungsvertrag nach § 1491 Abs. 2 eingeflochten werden.

Bem. 7 zu § 1363; Beschl. d. Kammerger. vom 23. Juli 1902 Entsch. FG. Bd. 3 S. 162) Das Gleiche gilt hinsichtlich der Eigenschaft einzelner Grundstücke als Vorbehaltsgut, da auf dieses die für die Gütertrennung geltenden Grundsätze entsprechende Anwendung finden (s. unten Bem. 5). Der Nachweis, daß zwischen Ehegatten Gütertrennung besteht, wird durch ein Zeugniß des Gerichts über die Eintragung der Gütertrennung ins Güterrechtsregister geführt; ist das Grundbuchamt zugleich das Registergericht, so genügt statt des Zeugnisses die Bezugnahme auf das Register (GBO. §§ 34, 35, FG. § 107). Ueber die Eintragung der Gütertrennung im Güterrechtsregister s. §§ 1431, 1435 u. Bem. hiezu.

4. Die Gütertrennung endigt:

a) durch Ehevertrag, in welchem ein anderer Güterstand vereinbart wird (§ 1432); die Beendigung tritt mit dem Abschlusse des Ehevertrags ein, falls sich aus diesem nicht etwas Anderes ergiebt;

b) kraft Gesetzes, wenn das eheherrliche Verwaltungs- und Nutznießungsrecht oder die Errungenschaftsgemeinschaft in Folge Wiederherstellungsklage wiederhergestellt wird (§§ 1425, 1547, 1548); die Gütertrennung endigt in diesem Falle mit der Rechtskraft des Wiederherstellungsurtheils.

5. Die bei der Gütertrennung für das Vermögen der Frau geltenden Vorschriften finden entsprechende Anwendung auf das Vorbehaltsgut der Frau (§§ 1371, 1441, 1526 Abs. 3, 1549).

§ 1426.

Tritt nach § 1364 die Verwaltung und Nutznießung des Mannes nicht ein oder endigt sie auf Grund der §§ 1418 bis 1420, so tritt Gütertrennung ein.

Für die Gütertrennung gelten die Vorschriften der §§ 1427 bis 1431.

E. I, 1284, 1330; II, 1325; III, 1409.

§ 1426 zählt eine Reihe von Fällen auf, in welchen Gütertrennung kraft Gesetzes eintritt; über diese und die weiteren Fälle, in welchen Gütertrennung kraft Gesetzes, sowie über die Fälle, in welchen Gütertrennung auf Grund Ehevertrags eintritt, s. Vorbem. 2 vor § 1426. Die Bestimmung des § 1426 Abs. 2 gilt für alle, auch die im Abs. 1 nicht erwähnten Fälle der Gütertrennung.

§ 1427.

Der Mann hat den ehelichen Aufwand zu tragen.

Zur Bestreitung des ehelichen Aufwandes hat die Frau dem Manne einen angemessenen Beitrag aus den Einkünften ihres Vermögens und dem Ertrag ihrer Arbeit oder eines von ihr selbständig betriebenen Erwerbsgeschäfts zu leisten. Für die Vergangenheit kann der Mann die Leistung nur insoweit verlangen, als die Frau ungeachtet seiner Aufforderung mit der Leistung im Rückstande geblieben ist. Der Anspruch des Mannes ist nicht übertragbar.

E. I, 1329 Abs. 1, 2, 3; II, 1326; III, 1410.

1. Die Vorschrift des Abs. 1, daß der Mann auch bei Gütertrennung den ehelichen Aufwand zu tragen hat, entspricht der Thatsache, daß auch bei diesem Güterstande der Mann als Haupt der ehelichen Gemeinschaft das gemeinschaftliche Leben in allen äußeren Beziehungen zu leiten und zu bestimmen hat (§ 1354; M. IV, 321 ff.; P. VI, 278). § 1427 Abs. 1 stimmt wörtlich mit der für den ordentlichen gesetzlichen Güterstand geltenden Vorschrift des § 1389 Abs. 1 überein; vgl. daher Bem. 1—3 zu § 1389. Daß unter dem „ehelichen Aufwande" hier dasselbe zu verstehen sei wie im § 1389, wurde von der II. Komm. ausdrücklich anerkannt (P. IV, 226).

2. Die Bestimmung des § 1427 Abs. 2 Satz 1, wonach die Frau verpflichtet ist, dem Manne zur Bestreitung des ehelichen Aufwandes einen Beitrag zu leisten, beruht auf der Erwägung, daß der Zweck der Ausschließung der eheherrlichen Verwaltung und Nutznießung regelmäßig nur dahin geht, der Frau die selbständige Verwaltung ihres Vermögens zu sichern, nicht aber dahin, sie von der natürlichen Pflicht, die ehelichen

Lasten mitzutragen, überhaupt zu entbinden und daß bei Gütertrennung dem Manne kein Nutznießungsrecht am Vermögen der Frau zusteht (M. IV, 322; vgl. cod. civ. art. 1537). Ueber das Recht der Frau, unter bestimmten Voraussetzungen den Beitrag zurückzubehalten, s. § 1428.

a) Der Beitrag ist „zur Bestreitung des ehelichen Aufwandes", nicht, wie nach E. I (§ 1339 Abs. 1) lediglich zur Bestreitung des Unterhalts der Ehegatten und der gemeinschaftlichen Abkömmlinge, zu leisten (P. IV, 226); über den Begriff des „ehelichen Aufwandes" s. oben Bem. 1.

b) Die Frau ist nicht verpflichtet, zur Leistung des Beitrags den Stamm ihres Vermögens anzugreifen, sie ist vielmehr nur beitragspflichtig mit den Einkünften ihres Vermögens und dem Ertrag ihrer Arbeit oder eines von ihr selbständig betriebenen Erwerbsgeschäfts. Der Begriff der „Einkünfte" ist aus allgemeinen wirthschaftlichen Gesichtspunkten abzuleiten; nicht zu den Einkünften gehört daher ein gefundener Schatz oder ein Lotteriegewinn (Neumann Note 2, a), wohl aber die Trinkgelder einer Kellnerin (Planck Bem. 2). Ueber den Erwerb aus der „Arbeit" der Frau oder einem von ihr „selbständig betriebenen Erwerbsgeschäft" s. Bem. zu § 1367. Dauert die elterliche Nutznießung gemäß § 1661 fort, so kommen „Einkünfte" der Frau überhaupt nicht in Frage; die analoge Anwendbarkeit des § 1605 (vgl. § 1360 Abs. 3 Satz 2) ist ausgeschlossen (Planck Bem. 7, Schmidt Bem. 2, b, γ).

c) Die Höhe des von der Frau zu leistenden Beitrags ist vom Gesetze nur insofern bestimmt, als der Beitrag ein „angemessener" sein muß (vgl. dagegen cod. civ. art. 1537). Welcher Beitrag angemessen ist, hat im Streitfalle das Prozeßgericht nach freiem Ermessen zu bestimmen, wobei die wirthschaftlichen und sozialen Verhältnisse der Ehegatten in Berücksichtigung zu ziehen sind. Die für den gesammten ehelichen Aufwand erforderliche Summe ist zwischen den Ehegatten nach Maßgabe ihrer Leistungsfähigkeit zu vertheilen.

d) In welcher Art und Weise der von der Frau geschuldete Beitrag zu leisten ist, bestimmt sich nach Lage des einzelnen Falles; hienach kann insbesondere auch Naturalleistung in Frage kommen (die Bestimmungen des § 1612 sind nicht anwendbar; vgl. auch § 1360 Abs. 3 Satz 1).

e) Davon, daß der Mann zur Bestreitung des ehelichen Aufwandes des Beitrags bedarf, ist die Beitragsleistungspflicht der Frau nicht abhängig.

f) Die der Frau gemäß § 1360 Abs. 2 etwa obliegende Unterhaltspflicht wird durch § 1427 nicht berührt.

3. Nach E. I (§ 1139 Abs. 2) sollte die Verpflichtung der Frau zur Beitragsleistung von vorherigem Verlangen des Ehemanns abhängig sein. Die Motive (IV, 324) bemerken hiezu, daß ohne eine solche Bestimmung der Ehemann, wenn er jahrelang den ehelichen Aufwand bestritten habe, nachträglich die Leistung des Beitrags für die ganze Vergangenheit fordern könnte, was dem Zwecke des Beitrags und der natürlichen Auffassung des Verhältnisses nicht entspreche. Die II. Komm. hat diese Vorschrift unter Aenderung der juristischen Konstruktion durch die Bestimmung ersetzt, daß für die Vergangenheit der Mann die Leistung nur insoweit verlangen kann, als die Frau ungeachtet seiner Aufforderung mit der Leistung im Rückstande geblieben ist (P. IV, 227; vgl. § 1613). Die „Aufforderung" ist eine einseitige, empfangsbedürftige Willenserklärung (§§ 130 ff.) und an die Beobachtung irgend welcher Form nicht gebunden. Die allgemeinen Bestimmungen über die Folgen des Verzugs (§§ 284 ff., 288) werden hiedurch nicht berührt. Hinsichtlich der Verjährung des Anspruchs entscheiden die Grundsätze der §§ 197, 201, 204 Satz 1, 205. Daß die Aufforderung erfolgt ist, hat der Mann zu beweisen.

4. Seiner höchstpersönlichen Natur entsprechend ist der Anspruch des Mannes auf Beitragsleistung nicht übertragbar (M. IV, 324; vgl. § 1408). Er kann daher auch nicht zum Gegenstand eines Nießbrauchs oder Pfandrechts gemacht werden, ist der Pfändung nicht unterworfen; es findet ihm gegenüber Aufrechnung nicht statt, auch gehört er nicht zur Konkursmasse (§§ 1069 Abs. 2, 1274 Abs. 2, 394 Satz 1, CPO. § 851 Abs. 1, KO. § 1 Abs. 1). All dies gilt auch für den Anspruch des Mannes auf einen rückständigen Beitrag (M. IV, 324; s. oben Bem. 3).

5. Eine Vereinbarung der Ehegatten, durch welche Abweichungen von der Vorschrift des § 1427 Abs. 1 festgesetzt werden, ist, weil mit dem Wesen der Ehe im Widerspruche stehend, nichtig (M. IV, 322; vgl. Bem. 5 zu § 1389). Zulässig dagegen sind Vereinbarungen, durch welche die Beitragspflicht der Frau abweichend von den Normen des § 1427 Abs. 2 geregelt wird (M. IV, 323; P. IV, 226 ff.).

6. Eine verwandte Vorschrift enthält § 1585; bei der allgemeinen Gütergemeinschaft, der Errungenschaftsgemeinschaft und der Fahrnißgemeinschaft fällt der eheliche Aufwand dem Gesammtgute zur Last (§§ 1458, 1529 Abs. 1, 1549); über die Verpflichtung der Frau zur Beitragsleistung aus Mitteln des Vorbehaltsguts s. §§ 1371, 1441, 1526 Abs. 3, 1549.

§ 1428.

Ist eine erhebliche Gefährdung des Unterhalts zu besorgen, den der Mann der Frau und den gemeinschaftlichen Abkömmlingen zu gewähren hat, so kann die Frau den Beitrag zu dem ehelichen Aufwand insoweit zur eigenen Verwendung zurückbehalten, als er zur Bestreitung des Unterhalts erforderlich ist.

Das Gleiche gilt, wenn der Mann entmündigt ist oder wenn er nach § 1910 zur Besorgung seiner Vermögensangelegenheiten einen Pfleger erhalten hat oder wenn für ihn ein Abwesenheitspfleger bestellt ist.

E. I, 1339; II, 1327; III, 1411.

1. Grundgedanke. Das durch § 1428 der Frau eingeräumte Recht, den Beitrag, zu dessen Leistung sie nach § 1427 verpflichtet ist, unter gewissen Voraussetzungen zurückzubehalten, rechtfertigt sich durch die gleichen Erwägungen, auf welchen das der Frau gemäß § 1418 zustehende Klagerecht beruht. Für die im Abs. 2 erwähnten Fälle kommt noch hinzu, daß die Frau in Ansehung der Verwendung des von ihr zu leistenden Beitrags nicht an das Ermessen des gesetzlichen Vertreters des Mannes gebunden werden darf (M. IV, 324).

2. Voraussetzungen des Zurückbehaltungsrechts. Das Recht, den Beitrag zurückzubehalten, steht der Frau zu:

a) wenn eine erhebliche Gefährdung des Unterhalts zu besorgen ist, den der Mann der Frau und den gemeinschaftlichen Abkömmlingen zu gewähren hat (vgl. § 1418 Abs. 1 Nr. 2 Satz 1). Ueber die Unterhaltspflicht des Mannes gegenüber der Frau und den Abkömmlingen s. §§ 1360, 1361, 1601 ff.; über den Begriff der „gemeinschaftlichen Abkömmlinge" s. Bem. 3, a zu § 1389, über den Begriff der „erheblichen Gefährdung" s. Bem. 3, b, β zu § 1418. Eine bereits erfolgte Verletzung der Unterhaltspflicht, wie sie § 1418 Abs. 1 Nr. 2 voraussetzt, wird hier, wo es sich um eine wesentlich weniger einschneidende Maßregel handelt, nicht erfordert (anders nach E. I § 1339 Abs. 4, vgl. P. IV, 227);

b) wenn der Mann entmündigt ist (vgl. § 1418 Abs. 1 Nr. 3 und Bem. 3, c zu § 1418);

c) wenn der Mann nach § 1410 zur Besorgung seiner Vermögensangelegenheiten einen Pfleger erhalten hat (vgl. § 1418 Abs. 1 Nr. 4 und Bem. 3, d zu § 1418);

d) wenn für den Mann ein Abwesenheitspfleger bestellt ist (vgl. § 1418 Abs. 1 Nr. 5 und Bem. 3, e, α zu § 1418). Daß die baldige Aufhebung der Pflegschaft nicht zu erwarten ist, wird hier (im Gegensatze zu § 1418 Abs. 1 Nr. 5) nicht vorausgesetzt.

3. Den Inhalt des der Frau durch § 1428 gewährten Rechtes bildet die Befugniß, den von ihr gemäß § 1427 geschuldeten Beitrag zur eigenen Verwendung insoweit zurückzubehalten, als er zur Bestreitung des Unterhalts (für die Frau und die gemeinschaftlichen Abkömmlinge) erforderlich ist. In welchem Umfange der Beitrag hienach zurückbehalten werden darf, läßt sich nicht allgemein, sondern nur nach Lage des einzelnen Falles entscheiden. Da die Frau den Beitrag nur „zur eigenen Verwendung" zurückbehalten darf, tritt ihre Beitragspflicht wieder ein, falls sie die zurückbehaltenen Beträge zu anderen Zwecken als zu ihrem und der gemeinschaftlichen Kinder Unterhalt verwendet (M. IV, 324). Eine Klage gegen den Mann auf sachgemäße Verwendung des Beitrags steht der Frau nicht zu (vgl. dagegen § 1389 Abs. 2). Hat der Mann den geleisteten Beitrag zu anderen Zwecken als zur Bestreitung des ehelichen Aufwandes verwendet, so wird die Frau in der Regel gemäß § 1428 Abs. 1 zur Zurückbehaltung der weiteren, von ihr geschuldeten Beträge berechtigt sein; unter Umständen wird ihr auch ein Herausgabeanspruch nach § 812 zustehen (Opet Bem. 3).

4. Beweislast. Daß die in Bem. 2 erwähnten Voraussetzungen gegeben sind und daß der zurückbehaltene Betrag zur Bestreitung des Unterhalts erforderlich ist, hat

die Frau zu beweisen; der Beweis, daß die Frau den zurückbehaltenen Betrag anderweitig verwendet habe, ihre Beitragspflicht daher wieder eingetreten sei (s. oben Bem. 3), obliegt dem Manne (and. Ans. Schmidt Bem. 3, b, Neumann Note zu § 1428).

5. Eine Vereinbarung der Ehegatten, durch welche das der Frau gemäß § 1428 zustehende Recht ausgeschlossen oder geschmälert wird, ist gemäß § 138 nichtig (Opet Bem. 4, Ehrlich S. 215, G. Müller in Bl. f. RA. Bd. 66 S. 27).

§ 1429.

Macht die Frau zur Bestreitung des ehelichen Aufwandes aus ihrem Vermögen eine Aufwendung oder überläßt sie dem Manne zu diesem Zwecke etwas aus ihrem Vermögen, so ist im Zweifel anzunehmen, daß die Absicht fehlt, Ersatz zu verlangen.

E. II, 1328; III, 1412.

1. Entstehungsgeschichte. Der E. I hatte Bestimmungen darüber, ob und inwieweit der Ehemann gegenüber der Ehefrau ersatzpflichtig sei, wenn dieselbe, ohne hiezu verpflichtet zu sein, Aufwendungen zur Bestreitung der ehelichen Lasten gemacht habe (vgl. sächs. GB. § 1668 Satz 2), nicht aufgenommen (M. IV, 326). In der II. Komm. wurde beschlossen, zur Vermeidung von Streitigkeiten unter den Ehegatten die Auslegungsregel des nunmehrigen § 1429 aufzunehmen (P. IV, 130 Anm. 1, 214, 227 ff.). Der in der Reichstagskommission gestellte Antrag, dieselbe in eine Dispositivvorschrift umzuwandeln, wurde abgelehnt (RTK. 248).

2. § 1429 enthält, wie nach Entstehungsgeschichte (s. Bem. 1) und Wortlaut („im Zweifel") unbestreitbar, eine Auslegungsregel (and. Ans. ohne überzeugende Begründung Ehrlich S. 215 ff.; vgl. Opet Bem. 1). An sich obliegt die Tragung des ehelichen Aufwandes dem Manne (§ 1427 Abs. 1), während sich die Verpflichtung der Frau auf die Leistung eines angemessenen Beitrags beschränkt (§§ 1427 Abs. 2, 1428). Macht die Frau über diese ihre Verpflichtung hinaus Aufwendungen, so ist sie, den allgemeinen Grundsätzen der §§ 677 ff. (s. insbes. § 683) entsprechend ersatzberechtigt, es sei denn, daß sie nicht die Absicht hatte, von dem Manne Ersatz zu verlangen (§ 685 Abs. 1). In der Regel wird sich aus ausdrücklichen Erklärungen der Frau oder aus den Umständen des Falles (insbesondere aus der Höhe der gemachten Aufwendung) ergeben, ob die Frau diese Absicht hatte. Bestehen aber hierüber Zweifel, so soll gemäß § 1429 (dem Wesen des ehelichen Verhältnisses entsprechend) angenommen werden, daß der Frau die Absicht, Ersatz zu verlangen, gefehlt habe.

3. Voraussetzung für die Anwendbarkeit des § 1429 ist:

a) daß die Frau über die ihr gemäß §§ 1427 Abs. 2, 1428 obliegende Verpflichtung hinaus aus ihrem Vermögen eine Aufwendung gemacht oder dem Manne etwas aus ihrem Vermögen überlassen hat; unerheblich ist hiebei, ob die Frau die Aufwendung aus den Einkünften ihres Vermögens, dem Ertrag ihrer Arbeit oder eines von ihr selbständig betriebenen Erwerbsgeschäfts oder aus dem Stamme ihres Vermögens gemacht hat oder ob sie zur Gewinnung der erforderlichen Mittel eine Verbindlichkeit eingegangen ist;

b) daß dies zur Bestreitung des ehelichen Aufwandes (s. Bem. 1—3 zu § 1389) geschehen ist. Erfolgte die Aufwendung oder Ueberlassung zu anderen Zwecken (z. B. zur Unterstützung von Verwandten des Mannes, zur Befriedigung besonderer Liebhabereien desselben), so entscheiden die allgemeinen Grundsätze und die Auslegungsregel des § 1429 greift nicht Platz.

4. § 1429 findet entsprechende Anwendung auf das Vorbehaltsgut der Frau (s. Vorbem. 5 vor § 1426).

5. Verwandte Vorschriften enthalten §§ 685 Abs. 2 und 1618.

§ 1430.

Ueberläßt die Frau ihr Vermögen ganz oder theilweise der Verwaltung des Mannes, so kann der Mann die Einkünfte, die er während seiner Verwaltung bezieht, nach freiem Ermessen verwenden, soweit nicht ihre Verwendung zur Bestreitung der Kosten der ordnungsmäßigen Verwaltung und zur Erfüllung solcher Verpflichtungen der Frau erforderlich ist, die bei ordnungsmäßiger Verwaltung aus den Einkünften des Vermögens bestritten werden. Die Frau kann eine abweichende Bestimmung treffen.

E. I, 1340 Abs. 1; II, 1329; III, 1413.

1. Grundgedanke. Auch beim Güterstande der Gütertrennung bringt es die Innigkeit des durch die Ehe begründeten Lebensverhältnisses häufig mit sich, daß die Frau ihr Vermögen oder Theile desselben der Verwaltung des Mannes überläßt. Zweck des sich an cod. civ. art. 1539 anschließenden § 1430 ist, dieses beim Mangel einer bestimmt ausgesprochenen Absicht unklare und unsichere Verhältniß „zur Vermeidung sonst später leicht daraus sich ergebender Streitigkeiten durch eine dispositive Bestimmung in der Art zu regeln, wie die Parteien, wenn sie daran gedacht hätten, dasselbe voraussichtlich geregelt haben würden und wie es die Erreichung jenes Zweckes mit sich bringt" (M. IV, 324 ff). Ein in der II. Komm. gestellter Antrag, durch welchen die Befugnisse des Mannes eingeschränkt werden sollten, fand keine Annahme (P. IV, 228 ff.).

2. Voraussetzung für die Anwendbarkeit des § 1430 ist, daß die Frau ihr Vermögen oder Theile desselben der Verwaltung des Mannes überlassen hat: die bloße Inbesitznahme seitens des Mannes genügt nicht. Ist die Frau in der Geschäftsfähigkeit beschränkt (s. insbes. §§ 1364, 1426 Abs. 1), so bedarf sie zur Ueberlassung der Einwilligung des gesetzlichen Vertreters nach Maßgabe der §§ 107 ff. Ist der Mann geschäftsunfähig oder in der Geschäftsfähigkeit beschränkt, so stehen die im § 1430 erwähnten Rechte seinem gesetzlichen Vertreter zu.

3. Durch § 1430 wird dem Manne die Befugniß gewährt, die von ihm während seiner Verwaltung bezogenen Einkünfte, von gewissen Einschränkungen abgesehen, nach freiem Ermessen zu verwenden.

a) Die Befugniß des Mannes bezieht sich nur auf die Einkünfte des ihm zur Verwaltung überlassenen Vermögens oder Vermögenstheils und zwar nur auf diejenigen Einkünfte, die er während seiner Verwaltung wirklich bezieht. Ist seine Verwaltung beendigt, so steht ihm ein Anspruch auf Nachbezug von Einkünften für die Dauer seiner Verwaltung nicht zu. Ueber den Begriff der Einkünfte s. Bem. 2, b zu § 1427.

b) Das freie Ermessen des Mannes hinsichtlich der Verwendung der von ihm bezogenen Einkünfte ist eingeschränkt durch die ihm auferlegte Verpflichtung, die Einkünfte, soweit erforderlich, in erster Linie zu verwenden:

α) zur Bestreitung der Kosten der ordnungsmäßigen Verwaltung des ihm überlassenen Vermögens oder Vermögenstheils;

β) zur Erfüllung solcher Verpflichtungen der Frau, die bei ordnungsmäßiger Verwaltung aus den Einkünften des Vermögens bestritten werden. Hiezu gehören z. B. Steuern, Versicherungsprämien, Hypothekzinsen, Unterhaltsrenten, sowie der von der Frau gemäß § 1427 Abs. 2 zu leistende Beitrag; soweit die Einkünfte zur Deckung dieses Beitrags ausreichen, entfällt natürlich die Verpflichtung der Frau (M. IV, 325). Eine Haftung des Mannes gegenüber den Gläubigern der Frau wird hiedurch nicht begründet (vgl. dagegen § 1388); selbstverständlich kann sich aber der Gläubiger den der Frau gegen den Mann wegen Verletzung dieser Verpflichtung etwa zustehenden Anspruch auf Schadensersatz im Wege der Zwangsvollstreckung zur Einziehung überweisen lassen. Die Verpflichtung des Mannes, die Einkünfte in erster Linie zu den erwähnten Zwecken zu verwenden, greift nur Platz, soweit die Kosten und Verbindlichkeiten das ihm zur Verwaltung überlassene Vermögen belasten: inwieweit diese Voraussetzung vorliegt, muß nach den Umständen des einzelnen Falles entschieden werden.

c) Von der unter b erwähnten Einschränkung abgesehen, kann der Mann die von ihm bezogenen Einkünfte nach freiem Ermessen verwenden; er ist also nicht verpflichtet, über die Verwendung derselben Rechnung zu legen. Besteht dagegen Streit über die Erfüllung seiner Verpflichtung, die Einkünfte zu dem unter b erwähnten Zwecke zu verwenden, so muß er der Frau insoweit auf Verlangen Rechnung legen (M. IV, 325; zu weit geht die mehrfach, z. B. von Lehmann § 173 Ziff. 6, Fischer-Henle Note 3, Scherer Nr. 243, anscheinend auch von Planck Bem. 1 vertretene Ansicht, daß der Mann über die Verwendung der Einkünfte überhaupt keine Rechnung zu legen habe).

d) Nach E. I § 1340 Abs. 2 sollte der Mann zur Herausgabe der Einkünfte verpflichtet sein, welche zu der Zeit, in welcher die Frau sie in Anspruch nimmt, noch vorhanden sind. Von der II. Komm. wurde diese Bestimmung (mit 9 gegen 8 Stimmen) gestrichen, weil durch dieselbe der Zweck des Abs. 1, Streitigkeiten über die Einkünfte unter den Ehegatten zu verhüten, zu einem Theile vereitelt werden würde (P. IV, 230). Die von ihm bereits bezogenen, bei Beendigung seiner Verwaltung noch vorhandenen Einkünfte darf der Mann daher behalten (ebenso Planck Bem. 1, Schmidt Bem. 3, b, Kuhlenbeck Note 2, Neumann Note 4, Matthiaß § 90 I, B, 3 Note 1, Lehmann § 173 Ziff. 6, Endemann II § 181, 4, b; and. Ans. Ofenstätter a. a. O. S. 19; unklar Fischer-Henle Note 3).

e) Hinsichtlich des Stammes des der Verwaltung des Mannes überlassenen Vermögens oder Vermögenstheils trifft § 1430 keine Verfügung; der Mann bleibt daher hinsichtlich desselben nach Maßgabe der der Ueberlassung zu Grunde liegenden Vereinbarung (s. unten Bem. 4) auch zur Rechnungslegung verpflichtet.

f) Die Besitzverhältnisse an dem der Verwaltung des Mannes überlassenen Vermögen oder Vermögenstheile bemessen sich nach den allgemeinen Grundsätzen (§§ 854 ff.); regelmäßig wird (wie nach Besitzergreifung des Mannes am eingebrachten Gute, s. Bem. 4 zu § 1373) der Mann unmittelbarer, die Frau mittelbarer Besitzer sein.

4. Von der Sondervorschrift des § 1430 abgesehen, bestimmen sich die aus der Ueberlassung des Vermögens der Frau oder eines Theiles desselben an den Mann zur Verwaltung entstehenden beiderseitigen Rechte und Pflichten nach der der Ueberlassung zu Grunde liegenden Vereinbarung, die sich in der Mehrzahl der Fälle als Auftragsvertrag (§§ 662 ff.), möglicherweise auch als Dienst- oder Werkvertrag (§§ 611 ff., 631 ff.) darstellen wird. Die hienach maßgebenden Rechtssätze erleiden aber dadurch eine Modifikation, daß die Vorschriften der §§ 1353—1362 auch bei Gütertrennung Anwendung finden (Vorbem. 1, a vor § 1426); demnach sind für die Haftung des Mannes nicht die Grundsätze des Obligationenrechts (vgl. § 276), sondern die des § 1359 entscheidend (M. IV, 325).

5. § 1430 begründet weder eine Verpflichtung des Mannes zur Uebernahme der Verwaltung, noch eine Vermuthung dafür, daß das in Händen des Mannes befindliche Vermögen der Frau ihm von dieser überlassen worden ist. Es handelt sich vielmehr um eine Dispositivvorschrift, nach welcher bestimmte Normen gelten sollen, falls die Ehegatten nicht etwas Anderes vereinbart haben. Daß die Frau eine abweichende Bestimmung treffen kann, ist durch § 1430 Satz 3 ausdrücklich anerkannt. Die Frau kann hienach nicht nur die dem Manne überlassene Verwaltung jederzeit ganz oder theilweise ihm wieder entziehen, sondern auch bei und nach der Ueberlassung beschränkende Bestimmungen jeder Art treffen, z. B. die Verwendung der gerade vorhandenen Früchte zu einem bestimmten Zwecke verlangen (M. IV, 325). Ob sich der Mann einem derartigen Verlangen der Frau durch Rückgabe des Vermögens entziehen kann, hängt von der rechtlichen Natur der Vereinbarung ab, auf welcher die seinerzeitige Ueberlassung beruhte (s. oben Bem. 4). Das Recht der Frau, eine abweichende Bestimmung zu treffen, kann übrigens durch Vereinbarung der Ehegatten ausgeschlossen oder eingeschränkt werden.

6. § 1430 findet entsprechende Anwendung auf das Vorbehaltsgut der Frau (s. Vorbem. 5 vor § 1426).

7. Eine verwandte Vorschrift enthält § 1619.

§ 1431.

Die Gütertrennung ist Dritten gegenüber nur nach Maßgabe des § 1435 wirksam.

Das Gleiche gilt im Falle des § 1425 von der Wiederherstellung der Verwaltung und Nutznießung, wenn die Aufhebung in das Güterrechtsregister eingetragen worden ist.

E. I, 1284, 1330, 1331; II, 1330; III, 1414.

1. § 1431 bezweckt den Schutz des gutgläubigen Dritten gegen die sich aus dem Güterstande der Gütertrennung für ihn ergebenden Gefahren. Wer im Vertrauen auf die gesetzliche Regel, daß dem Manne am Vermögen der Frau Verwaltung und

Nutznießung zusteht, sich mit dem Manne auf solche Rechtsgeschäfte über Bestandtheile dieses Vermögens einläßt, welche bei Bestehen des eheherrlichen Verwaltungs- und Nutznießungsrechts an jenen Gegenständen für die Frau bindend sein würden, darf in diesem Vertrauen in Ansehung der Wirksamkeit solcher Rechtsgeschäfte nicht getäuscht werden (M. IV, 314). Daher soll nach § 1431 Abs. 1 Dritten gegenüber die Gütertrennung nur nach Maßgabe des § 1435 wirksam sein, d. h. es können einem Dritten gegenüber aus dem Bestehen der Gütertrennung Einwendungen gegen ein zwischen ihm und dem Manne vorgenommenes Rechtsgeschäft oder gegen ein zwischen ihnen ergangenes rechtskräftiges Urtheil nur hergeleitet werden, wenn zur Zeit der Vornahme des Rechtsgeschäfts oder zur Zeit des Eintritts der Rechtshängigkeit die Gütertrennung im Güterrechtsregister des zuständigen Amtsgerichts eingetragen oder dem Dritten bekannt war (vgl. Bem. zu § 1435). Hat also beispielsweise der Mann über Vermögensstücke der Frau eine Verfügung getroffen, zu der er beim ordentlichen gesetzlichen Güterstande gemäß § 1376 ohne Zustimmung der Frau befugt wäre, so muß die Frau die Verfügung gegen sich gelten lassen, falls die Gütertrennung nicht eingetragen oder dem Dritten bekannt war.

2. Der Grundsatz des § 1431 Abs. 1 findet Anwendung, gleichviel, ob die Gütertrennung kraft Gesetzes oder auf Grund Vertrags gilt (vgl. Vorbem. 2 vor § 1426); er ist also insbesondere auch für die gemäß §§ 1364, 1426 Abs. 1 eintretende Gütertrennung maßgebend.

3. § 1431 Abs. 1 regelt nur die Wirksamkeit der Gütertrennung gegenüber Dritten. Im Verhältnisse der Ehegatten zu einander sind die Rechtswirkungen der Gütertrennung von deren Eintragung im Güterrechtsregister nicht abhängig.

4. Ueber das Güterrechtsregister s. §§ 1558—1563. Nach § 1560 erfolgt die Eintragung nur auf Antrag und zwar regelmäßig auf Antrag beider Ehegatten (§ 1561 Abs. 2; jeder Ehegatte ist dem anderen gegenüber zur Mitwirkung verpflichtet), ausnahmsweise auch auf Antrag eines Ehegatten (§ 1561 Abs. 3).

5. § 1431 Abs. 1 findet auf das Vorbehaltsgut der Frau entsprechende Anwendung (vgl. Vorbem. 5 vor § 1426; s. auch Bem. 2 und 4 zu § 1371).

6. Die Eintragung der Gütertrennung (oder der Vorbehaltsgutseigenschaft von Grundstücken) in das Grundbuch ist ausgeschlossen; über den Nachweis der Gütertrennung gegenüber dem Grundbuchamte s. GBO. §§ 34, 35, FG. § 107 (Vorbem. 3 vor § 1426).

7. Der ebenfalls dem Schutze gutgläubiger Dritter dienende § 1431 Abs. 2 steht im Einklange mit dem Grundsatze des § 1435 Abs. 2. Hienach können, wenn die eheherrliche Verwaltung und Nutznießung gemäß §§ 1418 Abs. 1 Nr. 3—5, 1420 geendigt hatte, und die Beendigung in das Güterrechtsregister eingetragen war, sodann aber nach § 1425 die Verwaltung und Nutznießung durch Urtheil wiederhergestellt worden ist, aus dem neuerlichen Bestehen des eheherrlichen Verwaltungs- und Nutznießungsrechts einem Dritten gegenüber Einwendungen gegen ein zwischen ihm und der Frau vorgenommenes Rechtsgeschäft oder gegen ein zwischen ihnen ergangenes rechtskräftiges Urtheil nur hergeleitet werden, wenn zur Zeit der Vornahme des Rechtsgeschäfts oder zur Zeit des Eintritts der Rechtshängigkeit die Wiederherstellung der eheherrlichen Rechte in dem Güterrechtsregister des zuständigen Amtsgerichts eingetragen oder dem Dritten bekannt war. Hat beispielsweise die Frau unter den erwähnten Voraussetzungen ohne Einwilligung des Mannes durch einseitiges Rechtsgeschäft über eingebrachtes Gut verfügt, so kann der Mann einem Dritten gegenüber die Unwirksamkeit dieses Rechtsgeschäfts (§ 1398) nur geltend machen, wenn die Wiederherstellung der eheherrlichen Rechte eingetragen oder dem Dritten bekannt war.

II. Vertragsmäßiges Güterrecht.

Vorbemerkungen.

1. Nach dem grundsätzlichen Standpunkte des BGB. (M. IV, 141 ff.) gewährt dieses den Ehegatten hinsichtlich der vertragsmäßigen Regelung ihrer ehelichen Güterrechtsverhältnisse freie Bewegung. Gerade aber, um einerseits diese freie Bewegung zu unterstützen und andererseits eine systemlose Verirrung derselben in ungemessene Verschiedenheiten hintanzuhalten, hat das BGB. verschiedene Vertragstypen aufgestellt. Nach keiner Richtung besteht ein gesetzlicher Zwang, sich dieser Vertragstypen in der einen oder anderen Form zu bedienen. Indem aber das BGB. der bunten Mannigfaltigkeit der seitherigen, mehr oder minder mit althergebrachten Gewohnheiten und Lebensanschauungen verwachsenen Güterrechte

ein einheitliches gesetzliches Güterrechtssystem für ganz Deutschland gegenüberstellte, wollte es durch die vorbildliche Aufstellung systematisch durchgeführter und dem ganzen Aufbau des Gesetzbuchs angepaßter Vertragsformen den Betheiligten namentlich auch die Möglichkeit erleichtern, einen wenigstens in seinem wirthschaftlichen Resultate dem bisherigen Rechte entsprechenden Zustand herzustellen (M. IV, 142) und dabei doch gewissen Grundsätzen neuerer Rechtsanschauung sich anzuschließen. Die aufgestellten Vertragstypen reihen sich daher wenigstens in ihrer allgemeinen Gestaltung jenen Grundformen des ehelichen Güterrechts an, welche sich in Deutschland herausgebildet hatten. Es sind dies die allgemeine Gütergemeinschaft, die Errungenschaftsgemeinschaft und die Fahrnißgemeinschaft.

Wenn auch nicht an gleicher Stelle miteingereiht, kommt dazu noch die Gütertrennung. Das BGB. behandelt diese zunächst theils als subsidiäres gesetzliches Güterrecht (§§ 1364, 1426 ff.), theils als subsidiäres Vertragsrecht (§ 1436). Es ist aber nicht ausgeschlossen, die Grundsätze dieses Güterstandes im Vertragswege sofort als primäres Vertragsrecht in Geltung zu setzen. Ebenso kann der an sich kraft Gesetzes eintretende Güterstand der eheherrlichen Verwaltung und Nutznießung auch vertragsmäßig festgesetzt werden (ein „Ehevertrag" liegt in diesem Falle nicht vor, s. Bem. 1, e zu § 1432).

2. Rechtliche Natur dieser Regelung. Die vom Gesetz aufgestellten Typen vertragsmäßiger Regelung des Güterstandes haben keinen zwingenden Charakter; sie sind „Musterordnungen" (Endemann II § 173 Ziff. 2), die von den Parteien durch einfache Bezugnahme oder durch Wiedergabe ihres Inhalts eingeführt, die aber auch in Einzelheiten ergänzt oder abgeändert werden können, soweit die der Vertragsfreiheit gesetzten Schranken kein Hinderniß bilden (vgl. Bem. 3 zu § 1432). Auf diesem Wege können Zwischenformen geschaffen werden, insbesondere kann ein Verhältniß begründet werden, das im wirthschaftlichen Ergebnisse dem vom BGB. mit Stillschweigen übergangenen römischen Dotalrecht entspricht.

3. Der Beweis, daß eine Abweichung vom ordentlichen gesetzlichen Güterstande vereinbart sei, obliegt im Verhältnisse der Ehegatten zu einander demjenigen Ehegatten, der eine solche Abweichung behauptet; im Verhältnisse zu Dritten sind die Grundsätze des § 1435 maßgebend. Ueber Eintragung im Grundbuche s. Bem. IV, 2, a, α zu § 892, Bem. 7 zu § 1435, Bem. 5 zu § 1438, Bem. 4 zu § 1439, Bem. 4 zu § 1441. Dem Grundbuchamte gegenüber wird der Nachweis, daß zwischen Ehegatten ein vertragsmäßiges Güterrecht besteht, durch ein Zeugniß des Gerichts über die Eintragung des güterrechtlichen Verhältnisses im Güterrechtsregister geführt; bei Identität des Grundbuchamts und Registergerichts genügt die Bezugnahme auf das Register (GBO. §§ 34, 35; s. auch FG. § 107).

4. Geltungsgebiet der §§ 1432—1557.

a) Ueber das Sonderrecht der Landesherren, der Mitglieder der landesherrlichen und diesen gleichstehenden Familien, sowie des hohen Adels (EG. Art. 57, 58) s. Einl. zu diesem Buche Ziff. 7, a, sowie Bem. 9 zu § 1434.

b) Erwirbt der Ehemann nach der Eingehung der Ehe die Reichsangehörigkeit oder haben ausländische Ehegatten ihren Wohnsitz im Inlande, so sind für das eheliche Güterrecht die Gesetze des Staates maßgebend, dem der Mann zur Zeit der Eingehung der Ehe angehörte; die Ehegatten können jedoch einen Ehevertrag schließen, auch wenn er nach diesen Gesetzen unzulässig sein würde (EG. Art. 15 Abs. 2). Haben ausländische Ehegatten oder Ehegatten, die nach der Eingehung der Ehe die Reichsangehörigkeit erwerben, den Wohnsitz im Inlande, so finden die Vorschriften des § 1435 BGB. entsprechende Anwendung; der ausländische gesetzliche Güterstand steht einem vertragsmäßigen gleich (EG. Art. 16 Abs. 1).

c) Eine nach den Vorschriften des BGB. zulässige Regelung des Güterstandes kann durch Ehevertrag auch dann getroffen werden, wenn nach den bisherigen Gesetzen ein Ehevertrag unzulässig sein würde (EG. Art. 200 Abs. 2).

5. Uebersicht. Als „allgemeine Vorschriften" enthält der erste Untertitel (§§ 1432—1436) Vorschriften über Zulässigkeit (§§ 1432, 1433), Form (§ 1434) und Wirksamkeit (§ 1435) von Eheverträgen, sowie über den subsidiären Güterstand (§ 1436). Der zweite Untertitel regelt die allgemeine Gütergemeinschaft (§§ 1437—1518), der dritte die Errungenschaftsgemeinschaft (§§ 1519—1548), der vierte die Fahrnißgemeinschaft (§§ 1549—1557).

1. Allgemeine Vorschriften.

§ 1432.

Die Ehegatten können ihre güterrechtlichen Verhältnisse durch Vertrag (Ehevertrag) regeln, insbesondere auch nach der Eingehung der Ehe den Güterstand aufheben oder ändern.

E. I, 1332; II, 1331; III, 1415.

1. Begriffsbestimmung. Wie sich aus § 1432 ergiebt, versteht das BGB. unter „Ehevertrag" einen Vertrag, durch den Verlobte oder Ehegatten ihre güterrechtlichen Verhältnisse regeln. Daß (trotz der Ausdrucksweise „die Ehegatten") auch ein von Verlobten abgeschlossener Vertrag zur Regelung ihrer (künftigen) güterrechtlichen Verhältnisse ein Ehevertrag im Sinne des BGB. ist, folgt aus § 2276 Abs. 2, aus § 1433 Abs. 2, sowie aus § 1432 selbst („auch nach der Eingehung der Ehe").

a) Kein Ehevertrag im Sinne des § 1432 ist demgemäß ein Vertrag zwischen Ehegatten oder Verlobten, durch welchen andere als güterrechtliche Verhältnisse geregelt werden, wie z. B. Verträge, die das gegenseitige Versprechen der Ehelichung enthalten (Verlöbnißverträge), Verträge über Gewährung des Unterhalts, über die religiöse Erziehung der Kinder u. s. w. Hieran wird auch durch die in der Praxis häufig vorkommende Verbindung derartiger Vereinbarungen mit wirklichen Eheverträgen nichts geändert. Ueber Zulässigkeit und Form derartiger Vereinbarungen entscheiden daher nicht die Vorschriften der §§ 1432 ff., sondern die für solche Verträge maßgebenden allgemeinen oder besonderen gesetzlichen Vorschriften (vgl. z. B. Vorbem. III, 1 vor § 1297, Bem. 10 zu § 1360, Bem. 4 zu § 1631; vgl. M. IV, 309 und bez. des bisherigen Rechtes sächs. GB. § 1692, cod. civ. art. 1388). Ist hienach die dem Ehevertrage beigefügte Vereinbarung nichtig, so bemißt sich die Frage, ob die Gültigkeit des Ehevertrags hiedurch berührt wird, nach § 139; regelmäßig wird anzunehmen sein, daß die güterrechtliche Regelung auch ohne die anderweitige Vereinbarung vorgenommen sein würde, und daß deßhalb der Ehevertrag trotz Nichtigkeit der anderweitigen Vereinbarung gültig bleibt (vgl. dagegen § 2298). Besonders häufig verbinden sich mit einem Ehevertrage Vereinbarungen erbrechtlicher Natur, insbesondere Erbverträge. In dieser Richtung enthält § 2276 Abs. 2 die besondere Bestimmung, daß für einen mit einem Ehevertrag in derselben Urkunde verbundenen Erbvertrag zwischen Ehegatten oder zwischen Verlobten die für den Ehevertrag vorgeschriebene Form genügt (vgl. Bem. 4 zu § 1434).

b) Nicht jeder Vertrag, der vermögensrechtliche Beziehungen der Ehegatten zu einander regelt, ist ein Ehevertrag; ein solcher liegt vielmehr nur vor, wenn die Regelung güterrechtlicher Verhältnisse den Gegenstand der Vereinbarung bildet. Die Abgrenzung beider Begriffe wird darin zu finden sein, daß als güterrechtliche Verhältnisse solche vermögensrechtliche Verhältnisse erscheinen, die das (gegenwärtige oder zukünftige) Bestehen einer Ehe zwischen den Betheiligten voraussetzen. Daher ist ein zwischen Ehegatten abgeschlossener Vertrag, inhaltlich dessen die Frau dem Manne ein Darlehen gewährt, kein Ehevertrag und ebensowenig ein Vertrag, inhaltlich dessen beim ordentlichen gesetzlichen Güterstande die Frau dem Manne den Nießbrauch an einem zu ihrem Vorbehaltsgute gehörenden Grundstück einräumt; denn beide Verträge können ebensowohl zwischen anderen Personen als zwischen Ehegatten abgeschlossen werden; der Umstand, daß die Vertragschließenden Ehegatten sind, ist hiebei ein zufälliges, nicht, wie bei einem Ehevertrag, ein wesentliches Moment (vgl. auch Bem. 2, a zu § 1376, Bem. 2 zu § 1378).

c) Dadurch, daß sich die vertragsmäßige Regelung nur auf einen einzelnen Gegenstand erstreckt, wird der Begriff des Ehevertrags nicht ausgeschlossen; dies ergiebt sich insbesondere aus §§ 1368, 1440 Abs. 2, 1523, 1526 Abs. 1, wonach die Erklärung einzelner Vermögensbestandtheile als Vorbehaltsgut im Wege des Ehevertrags erfolgen kann.

d) Zweifelhaft ist, ob als Ehevertrag eine Vereinbarung zu betrachten ist, durch welche nicht allgemein, sondern nur für einen einzelnen Fall eine Abweichung von der gesetzlichen oder vertragsmäßigen Regelung der güterrechtlichen Verhältnisse vereinbart wird. Der Wortlaut des § 1432 steht der Bejahung dieser Frage nicht entgegen; dieselbe erscheint um deßwillen als geboten, weil der gegentheilige Standpunkt die Möglichkeit gewähren würde, durch wiederholte, für den einzelnen Fall getroffene Vereinbarungen schließlich im wirthschaftlichen Ergebniß eine generelle Regelung güterrechtlicher Verhältnisse unter Umgehung der Formvorschrift des § 1434 herbeizuführen (ebenso Planck Bem. 1; vgl. Bem. 5 zu § 1415).

e) Ob ein Vertrag, inhaltlich dessen lediglich der (schon an sich für die betreffende Ehe geltende) gesetzliche Güterstand als maßgebend bezeichnet wird, als Ehevertrag zu erachten ist, erscheint zweifelhaft. Die (schon im Hinblick auf § 2276 Abs. 2 praktisch wichtige) Frage dürfte zu verneinen sein (vgl. Bem. 3 zu § 2276).

2. Der Ehevertrag ist ein Vertrag und unterliegt als solcher den für Rechtsgeschäfte überhaupt und für Verträge insbesondere geltenden allgemeinen Vorschriften (§§ 104 ff., 145 ff.). Hieraus ergeben sich nachstehende Folgerungen:

a) Hinsichtlich der Geschäftsfähigkeit der vertragschließenden Ehegatten und der Zulässigkeit der Stellvertretung entscheiden die Grundsätze der §§ 104 ff. (M. IV, 313 ff.). Demgemäß kann für einen geschäftsunfähigen Ehegatten dessen gesetzlicher Vertreter einen Ehevertrag schließen, während der in der Geschäftsfähigkeit beschränkte Ehegatte zum Abschluß eines Ehevertrags der Einwilligung seines gesetzlichen Vertreters bedarf; auch kann der gesetzliche Vertreter des in der Geschäftsfähigkeit beschränkten Ehegatten für denselben den Ehevertrag schließen. Eine Ausnahme hievon besteht nach §§ 1437 Abs. 1, 1508 Abs. 2 und 1549 insofern, als ein Ehevertrag, durch den die allgemeine Gütergemeinschaft oder die Fahrnißgemeinschaft vereinbart oder aufgehoben oder die Fortsetzung der Gütergemeinschaft ausgeschlossen oder die Ausschließung aufgehoben wird, nicht durch einen gesetzlichen Vertreter geschlossen werden kann. Die Einwilligung des gesetzlichen Vertreters bedarf nicht der für den Ehevertrag selbst vorgeschriebenen Form (§ 182 Abs. 2; vgl. § 1434 und Bem. 2, b hiezu).

b) Wird der Ehevertrag für einen geschäftsunfähigen oder in der Geschäftsfähigkeit beschränkten Ehegatten durch dessen gesetzlichen Vertreter geschlossen (s. unter a), so bedarf dieser hiezu nicht der Genehmigung des Vormundschaftsgerichts (§§ 1643, 1821 ff.). Eine Ausnahme besteht gemäß §§ 1437 Abs. 2 Satz 2, 1508 Abs. 2, 1549 insofern, als der Vormund eines in der Geschäftsfähigkeit beschränkten Ehegatten zum Abschluß eines Ehevertrags, durch den die allgemeine Gütergemeinschaft oder die Fahrnißgemeinschaft vereinbart oder aufgehoben oder die Fortsetzung der Gütergemeinschaft ausgeschlossen oder die Ausschließung aufgehoben wird, der Genehmigung des Vormundschaftsgerichts bedarf.

c) Die Beifügung einer Bedingung oder Zeitbestimmung (§§ 158 ff., 163) ist allgemeinen Grundsätzen zufolge zulässig.

d) Hinsichtlich der Nichtigkeit und Anfechtbarkeit eines Ehevertrags sind die in dieser Richtung für Verträge überhaupt geltenden Grundsätze (§§ 104 ff., 116 ff.) maßgebend. Inwieweit ein Ehevertrag wegen Benachtheiligung der Gläubiger eines Ehegatten angefochten werden kann, bemißt sich nach KO. §§ 29 ff., Anf.Ges. §§ 1 ff. (s. auch M. IV, 307 ff., Bem. 3 zu § 1368 und Vorbem. 4 vor § 1410).

3. In Uebereinstimmung mit den meisten bisherigen Rechten erkennt das BGB. auch auf dem Gebiete des ehelichen Güterrechts den Grundsatz der Vertragsfreiheit an (M. IV, 304 ff., 141 ff.).

a) Vor allem ist es den Ehegatten anheimgegeben, ob sie überhaupt einen Ehevertrag schließen wollen. Ein gesetzlicher Zwang hiezu, wie er bisher nach manchen Partikularrechten theils allgemein (so nach den Rechten des Fürstenthums Kempten und der Stadt Memmingen, s. Darstellung des im Königreiche Bayern bestehenden ehelichen Güterrechts, München 1878, S. 2), theils für den Fall der Wiederverheirathung (so nach den Rechten von Fulda, Eichstätt, Hohenlohe, Fürstenthum Oettingen-Wallerstein und Stadt Kempten, s. Darstellung S. 2 ff.) bestand, findet also nicht mehr statt.

b) Der Grundsatz der Vertragsfreiheit gilt auch in zeitlicher Hinsicht. Während also nach französischem Rechte (cod. civ. art. 1394, 1395, ebenso badisches Landrecht, ferner das fürstlich Kempten'sche und das Schwarzenberg'sche Recht, s. Darstellung S. 3) der Abschluß eines Ehevertrags nur vor Eingehung der Ehe zulässig war, gestattet das BGB. im Anschluß an das gemeine Recht und die meisten bisherigen Landesrechte „trotz der Möglichkeit eines Mißbrauches der ehelichen Zärtlichkeit oder des Uebergewichtes des Ehemannes" die Abschließung eines Ehevertrags sowohl vor als nach Eingehung der Ehe; die Ehegatten können daher insbesondere auch nach der Eingehung der Ehe den Güterstand aufheben oder ändern (M. IV, 305 ff.; P. IV, 215 ff.; D. 197). Zulässig ist also (im Gegensatze zum PLR. Thl. II Tit. 1 §§ 354, 355) auch die nachträgliche Einführung der Gütergemeinschaft. Hiemit ist auch die nach manchen Partikularrechten (so nach den Rechten von Bayreuth und Hohenlohe, s. Darstellung S. 3) bestehende Schranke, inhaltlich deren Eheverträge nur innerhalb einer bestimmten Zeit nach Eingehung der Ehe geschlossen werden konnten, beseitigt.

c) Der Grundsatz der Vertragsfreiheit gilt endlich auch hinsichtlich des Inhalts des Ehevertrags. Die Ehegatten können daher zunächst den gesetzlichen Güterstand (§§ 1363 ff.) ohne Einführung eines anderen Güterstandes aufheben (in diesem Falle tritt gemäß § 1436 Gütertrennung ein). Sie können den gesetzlichen Güterstand aufheben und zugleich im Vertrage selbst bestimmen, was an dessen Stelle treten soll, und zwar entweder in der Art, daß der Güterstand, dessen Einführung beabsichtigt ist, durch einfache Bezugnahme auf eine der Typen des BGB. („allgemeine Gütergemeinschaft," „Errungenschaftsgemeinschaft," „Fahrnißgemeinschaft," „Gütertrennung") bezeichnet wird, oder durch selbständige Aufführung aller einzelnen maßgebend sein sollenden Normen. Es kann ferner der früher vertragsmäßig festgesetzte Güterstand aufgehoben werden, entweder unter Wiederherstellung des gesetzlichen Güterstandes oder unter Einführung eines anderen Güterstandes oder ohne jede Neuregelung (wird in der letzteren Weise die allgemeine Gütergemeinschaft, die Errungenschaftsgemeinschaft oder die Fahrnißgemeinschaft aufgehoben, so tritt nach § 1436 Gütertrennung ein). Den Gegenstand des Ehevertrages kann auch die nähere Bestimmung und Durchführung des gesetzlichen oder vertragsmäßigen Güterstandes in Beziehung auf die konkrete Vermögenslage der Ehegatten bilden; hieher gehört insbesondere die Erklärung einzelner Vermögensbestandtheile als Vorbehaltsgut (s. §§ 1368, 1440 Abs. 2, 1523, 1526 Abs. 1). Endlich kann auch der gesetzliche oder vertragsmäßige Güterstand in Einzelverhältnissen geändert werden und zwar sowohl abstrakt als im Hinblick auf einen konkreten Thatbestand. In all diesen Beziehungen unterliegt aber der Grundsatz der Vertragsfreiheit weitgehenden Einschränkungen:

α) Als Vertrag (s. oben Bem. 2) darf der Ehevertrag zunächst nicht gegen ein gesetzliches Verbot (s. z. B. § 1555) oder gegen die guten Sitten (insbesondere gegen das Wesen der Ehe) verstoßen, widrigenfalls er nichtig ist (§§ 134, 138 Abs. 1). Von letzterem Gesichtspunkt aus dürfte ein Ehevertrag nichtig sein, durch welchen Alles, was der Mann in Zukunft erwerben sollte, als Eigenthum der Frau erklärt wird, da eine derartige Aufhebung der Erwerbsfähigkeit mit den modernen Anschauungen über die Freiheit der Persönlichkeit unvereinbar ist (vgl. Bartolomäus in Jur. Wschr. 1902 S. 247). Ebensowenig kann durch Ehevertrag die Befugniß zur Verfügung über ein veräußerliches Recht mit Wirkung gegen Dritte ausgeschlossen oder beschränkt werden (§ 137; vgl. Beschl. des Kammerger. vom 8. Oktober 1900 Central-Bl. Bd. 1 S. 667 ff.). Demzufolge ist ein Ehevertrag Dritten gegenüber unwirksam, durch den beim ordentlichen gesetzlichen Güterstande der Mann in der Verfügung über sein Vermögen oder die Frau in der Verfügung über ihr

Vorbehaltsgut überhaupt, in der Verfügung über ihr eingebrachtes Gut weiter, als dies nach dem Gesetze der Fall ist, beschränkt wird (vgl. P. IV, 237; Erweiterung der Verfügungsbefugniß der Frau ist zulässig). Nichtig ist ferner ein auf eine unmögliche Leistung gerichteter Ehevertrag sowie ein Ehevertrag, durch den sich ein Ehegatte verpflichtet, sein künftiges Vermögen oder einen Bruchtheil desselben zu übertragen, oder mit einem Nießbrauche zu belasten (§§ 306, 310).

β) Die ohne Rücksicht auf den Güterstand eintretenden vermögensrechtlichen Folgen der Ehe (s. §§ 1356, 1357, 1358, 1359, 1360—1362) können auch durch Ehevertrag nur insoweit ausgeschlossen oder modifizirt werden, als die fraglichen Normen nicht zwingender Natur sind (vgl. Vorbem. VII vor § 1353).

γ) Eine allgemeine Schranke der Vertragsfreiheit enthält § 1433, inhaltlich dessen der Güterstand, von der im Abs. 2 hervorgehobenen Ausnahme abgesehen, nicht durch Verweisung auf ein nicht mehr geltendes oder auf ein ausländisches Gesetz bestimmt werden kann.

δ) Nach §§ 1508, 1518 kann zwar die Fortsetzung der Gütergemeinschaft durch Ehevertrag ausgeschlossen werden; Anordnungen aber, die mit den Vorschriften der §§ 1483—1517 in Widerspruch stehen, können von den Ehegatten weder durch letztwillige Verfügung noch durch Vertrag getroffen werden.

ε) Als selbstverständlich erklären die Motive (IV, 305), daß die durch das Gesetz unter gewissen thatsächlichen Voraussetzungen, insbesondere unter der Voraussetzung eines bestimmten unter den Ehegatten bestehenden Güterrechtsverhältnisses, dritten Personen eingeräumten Rechte beim Vorhandensein jener Voraussetzungen durch Ehevertrag nicht beeinträchtigt werden können. Demgemäß wäre ein Ehevertrag nichtig, inhaltlich dessen den Gläubigern der Frau in weiterem Umfang als nach §§ 1411—1414 der Zugriff auf das eingebrachte Gut versagt oder die gemäß § 1388 eintretende Haftung des Mannes gegenüber den Gläubigern der Frau verneint würde (s. auch Bem. 2, c zu § 1439).

ζ) Zweifelhaft ist, ob auch ein Ehevertrag nichtig ist, der mit dem Wesen des unter den Ehegatten bestehenden Güterstandes nicht vereinbar ist. Planck Bem. 2 a. E. bejaht die Frage (gleicher Ansicht wohl auch Endemann II § 182 Note 6), Cosack II § 289, 4, b verneint dieselbe, weil das Wesen dieses Güterstandes eben durch die Gatten selbst bestimmt werde. Der letzteren Ansicht dürfte beizupflichten sein, da die Bezeichnung, welche die Ehegatten dem vereinbarten Güterstande geben, maßgebende Bedeutung nicht beanspruchen kann. Würde also z. B. der ordentliche gesetzliche Güterstand des BGB. vereinbart, gleichzeitig aber bestimmt, daß dem Manne keinerlei Verwaltungs- und Nutznießungsrecht am Vermögen der Frau zustehen soll, so würde Gütertrennung gemäß §§ 1426 ff. als vereinbart gelten müssen; wird Gütertrennung vereinbart und gleichzeitig festgesetzt, daß die Frau zu gewissen Verfügungen der Zustimmung des Mannes bedarf, so gilt als vereinbart, daß abgesehen von dieser Ausnahme die Grundsätze der §§ 1426 ff. maßgebend sein sollen (s. auch Bem. 2, b zu § 1438; and. Ans. der oben unter α erwähnte Beschluß des Kammergerichts). Freilich wird in solchen Fällen nicht selten anzunehmen sein, daß der Vertrag den wahren Willen der Ehegatten nicht mit genügender Klarheit ersehen läßt und daher aus diesem Grunde keine Beachtung finden kann (ähnlich Fischer-Henle Vorbem. vor § 1432; nach Rocholl S. 184 soll die Ausschließung einzelner Vorschriften des einzelnen Güterstandes überhaupt unzulässig sein). Häufig wird übrigens eine derartige Vorschrift auch gemäß §§ 134, 138 (s. oben unter α) der Wirksamkeit entbehren (vgl. z. B. Bem. 5 zu § 1389, Bem. 8 zu 1391).

4. Hinsichtlich der Form des Ehevertrags s. § 1434 und Bem. hiezu; über die Wirksamkeit der durch Ehevertrag getroffenen Regelung gegenüber Dritten s. § 1435 und Bem. hiezu.

5. Kommt die Ehe nicht zu Stande, so wird der vorher abgeschlossene Ehevertrag gegenstandslos. Ist die Ehe absolut nichtig (s. Vorbem. III vor § 1323), so ist der Ehevertrag rechtlich ohne Bedeutung; für die vermögensrechtlichen Beziehungen

zwischen Mann und Frau sind in diesem Falle die allgemeinen Grundsätze des Sachen- und Obligationenrechts, insbesondere über Vindikation, Kondiktion, Auftrag und Geschäftsführung ohne Auftrag maßgebend. Das Gleiche gilt vorbehaltlich der besonderen Bestimmungen der §§ 1344—1347, falls die Ehe relativ nichtig (s. die erwähnte Vorbem.) oder anfechtbar und angefochten ist, nach Auflösung oder Nichtigkeitserklärung derselben (M. IV, 309; Vorbem. VII vor § 1323). Dagegen wird durch Auflösung der Ehe (insbesondere durch Scheidung) lediglich die Beendigung der Wirksamkeit des Ehevertrags für die Zukunft herbeigeführt (M. IV, 309). Von einem späteren Erlöschen der Wirksamkeit eines Ehevertrags (im Ganzen oder in einzelnen Theilen) durch Kindererzeugung (per agnationem sui heredis aut supervenientiam liberorum), wie solche nach dem Satze: „Kinderzeugung bricht Ehestiftung" im älteren deutschen Rechte vielfach angenommen wurde, kann nach dem BGB. keine Rede sein, es müßte sich denn dies aus dem Ehevertrage selbst ergeben.

6. Ueber räumliche und zeitliche Geltung des § 1432 (EG. Art. 15 Abs. 2, 200 Abs. 2) s. Vorbem. 4 vor § 1432.

§ 1433.

Der Güterstand kann nicht durch Verweisung auf ein nicht mehr geltendes oder auf ein ausländisches Gesetz bestimmt werden.

Hat der Mann zur Zeit der Eingehung der Ehe oder, falls der Vertrag nach der Eingehung der Ehe geschlossen wird, zur Zeit des Vertragsabschlusses seinen Wohnsitz im Auslande, so ist die Verweisung auf ein an diesem Wohnsitze geltendes Güterrecht zulässig.

E. I, 1334; II, 1332; III, 1416.

1. § 1433 Abs. 1 enthält eine Ausnahme von dem Grundsatze, daß auch für den Inhalt der Eheverträge das Prinzip der Vertragsfreiheit gelten soll (vgl. Bem. 3, c, γ zu § 1432) und zwar nach doppelter Richtung. Ausgeschlossen ist die vertragsmäßige Bestimmung des Güterstandes durch einfache Verweisung
   a) auf ein nicht mehr geltendes,
   b) auf ein ausländisches Gesetz.

2. Ausgeschlossen ist zunächst die Bestimmung des Güterstandes durch Verweisung auf ein nicht mehr geltendes Recht (vgl. cod. civ. art. 1390). Ohne eine solche Bestimmung würde die Anhänglichkeit an das bisherige Recht und die Macht der Gewohnheit häufig zu Eheverträgen führen, in welchen der eheliche Güterstand einfach durch Bezugnahme auf das bisherige Recht bestimmt wird. Eine solche Bestimmung würde häufig schon deßhalb ungültig sein, weil das bisherige Recht Rechtsformen enthält, die nach den allgemeinen Grundsätzen des BGB. überhaupt durch Vertrag nicht hergestellt werden können. Aber auch abgesehen hievon würde auf diese Weise die bisherige Verschiedenheit des ehelichen Güterrechts in einer anderen Form erhalten und die Unsicherheit um so größer werden, je mehr mit dem Inkrafttreten des BGB. die praktische Handhabung und Kenntniß des bisherigen Rechtes und die dasselbe häufig ergänzende Sitte und Gewohnheit schwindet (M. IV, 310).

a) Ein „nicht mehr geltendes" Gesetz im Sinne des § 1433 Abs. 1 ist sowohl ein solches, das schon vor dem 1. Januar 1900 außer Geltung getreten war, wie ein solches, das mit dem Inkrafttreten des BGB. seine Geltung verloren hat. Der Umstand, daß landesrechtliche Ueberleitungsbestimmungen einzelne Normen des bisherigen Rechtes aufrechterhalten haben, bewirkt keine fortdauernde „Geltung" des in Frage stehenden Landesrechts; durch Verweisung auf das BLR. kann also beispielsweise der Güterstand nicht bestimmt werden, wenn auch Art. 83 Abs. 2 Satz 1 des Bayr. Ueberg.G. vom 9. Juni 1899 vorschreibt, daß unter gewissen Voraussetzungen Ausgleichung des Ehegewinns „nach den bisherigen Vorschriften" verlangt werden kann.

b) Auch durch Verweisung auf ein früheres Gewohnheitsrecht kann der Güterstand nicht bestimmt werden (vgl. EG. Art. 2 und Bem. hiezu). Unzulässig ist daher künftig z. B. die in den letzten Jahren vor dem Inkrafttreten des BGB. im Gebiete des Nürnberger Rechtes vielfach üblich gewordene Verweisung auf das Windsheimer Recht (vgl. Darstellung des im Königreiche Bayern bestehenden ehelichen Güterrechts S. 93 ff.).

c) Zulässig dagegen ist die Bestimmung des Güterstandes durch Verweisung auf eine der Typen des BGB. (s. Bem. 3, c zu § 1432).

3. Ausgeschlossen ist ferner durch § 1433 Abs. 1 die Bestimmung des Güterstandes durch Verweisung auf ein ausländisches (d. h. nicht deutsches) Recht (M. IV, 310).

a) Ob das fragliche Recht vor dem Inkrafttreten des BGB. in einzelnen Theilen Deutschlands gegolten hat oder nicht, ist unerheblich; daher ist auch die Verweisung auf den code civil unzulässig. Gerade der Gesichtspunkt, daß ohne die hier fragliche Bestimmung in den früher französisch-rechtlichen Gebieten Deutschlands das Verbot der Bezugnahme auf ein nicht mehr geltendes Recht (s. oben Bem. 2) umgangen werden könnte, war für den Gesetzgeber von maßgebender Bedeutung (M. IV, 310).

b) Von diesem Grundsatze macht aber § 1433 Abs. 2 eine Ausnahme für den Fall, daß der Mann zur Zeit der Eheschließung oder des Vertragsabschlusses seinen Wohnsitz im Auslande hat. Da die Ehegatten in solchen Fällen ihre Verkehrsbeziehungen dauernd im Auslande haben, gebietet es die Rücksicht auf das Interesse der Ehegatten, ihnen die Möglichkeit zu gewähren, einen durch das an ihrem Wohnsitze geltende ausländische Gesetz geregelten Güterstand durch Bezugnahme auf dieses Gesetz als vertragsmäßigen ehelichen Güterstand wirksam zu bestimmen (M. IV, 310 ff.).

α) Selbstverständlich findet § 1433 Abs. 2 nur Anwendung, wenn überhaupt nach den Normen des internationalen Privatrechts das BGB. maßgebend ist (vgl. insbes. EG. Art. 15 Abs. 1, wonach das eheliche Güterrecht grundsätzlich nach den deutschen Gesetzen beurtheilt wird, wenn der Ehemann zur Zeit der Eheschließung ein Deutscher war).

β) Voraussetzung für die Anwendbarkeit des § 1433 Abs. 2 ist, daß bei Vertragsabschluß vor Eingehung der Ehe zur Zeit der Eheschließung, bei Vertragsabschluß nach Eingehung der Ehe zur Zeit des Vertragsabschlusses der Mann seinen Wohnsitz im Auslande hat. Wo im ersteren Falle der Mann zur Zeit des Vertragsabschlusses seinen Wohnsitz hat, kommt nicht in Betracht. Ueber den Begriff des Wohnsitzes s. §§ 7—11 und Bem. hiezu. Hat der Mann zur maßgebenden Zeit mehrfachen Wohnsitz (§ 7 Abs. 2), so genügt es für die Anwendbarkeit des § 1433 Abs. 2, daß sich einer derselben im Auslande befindet. Ob der Vertrag im In- oder Ausland abgeschlossen wird, ist unerheblich.

γ) Liegen die unter β erwähnten Voraussetzungen vor, so ist die Verweisung auf ein an diesem Wohnsitze (kraft Gesetzes oder Gewohnheitsrechts) geltendes Güterrecht zulässig und zwar auch dann, wenn einzelne Bestimmungen dieses ausländischen Güterrechts mit zwingenden Vorschriften des deutschen Rechtes im Widerspruche stehen (M. IV, 311). Zulässig ist auch die Verweisung auf ein nach dem Rechte dieses Wohnsitzes gestattetes vertragsmäßiges Güterrecht. Hat der Mann mehrfachen Wohnsitz im Auslande (§ 7 Abs. 2), so kann nach freier Wahl der Ehegatten auf jedes an einem dieser Wohnsitze geltende Güterrecht verwiesen werden.

δ) Findet die Vorschrift des § 1433 Abs. 2 nach den Grundsätzen des internationalen Privatrechts Anwendung (s. oben unter α), so wird ihre Anwendbarkeit auch dadurch nicht ausgeschlossen, daß das am ausländischen Wohnsitze des Mannes geltende Recht vorschreibt, daß das Güterrecht sich nach den Gesetzen des Staates richtet, dem der Mann angehört (M. IV, 311).

4. § 1433 Abs. 1 schließt lediglich eine Verweisung auf nicht mehr geltendes oder ausländisches Recht aus. Zulässig dagegen ist es, ein derartiges Gesetz dadurch zur maßgebenden Norm für die güterrechtlichen Verhältnisse zu machen, daß der Ehevertrag die einzelnen Sätze dieses Rechtes (ganz oder theilweise) reproduzirt (vgl. Bem. 3, c zu § 1432). Freilich sind auch hier die allgemeinen Schranken der Vertragsfreiheit (s. Bem. 3 zu § 1432) zu beachten (M. IV, 310). Rechtlich ist also Niemand gehindert, auf diesem Wege den Inhalt älterer Gesetze zu konserviren oder ausländisches Recht für maßgebend zu erklären; die äußere und innere Schwierigkeit eines derartigen Vorgehens setzt demselben aber thatsächlich von selbst angemessene Grenzen.

5. Ein Ehevertrag, der im Widerspruche mit der Vorschrift des § 1433 den Güterstand durch Verweisung auf ein nicht mehr geltendes oder ausländisches Gesetz bestimmt, ist gemäß § 134 nichtig („kann nicht"); es tritt daher der ordentliche gesetzliche Güterstand des BGB. ein. Inwieweit die etwa neben der unzulässigen Verweisung in den Ehevertrag aufgenommenen besonderen Vereinbarungen gültig bleiben, bemißt sich nach § 139.

6. Uebergang. Inwieweit ein vor dem 1. Januar 1900 abgeschlossener Ehevertrag, der den Güterstand durch Verweisung auf ein nicht mehr geltendes oder auf ein ausländisches Gesetz geregelt hatte, nach dem 1. Januar 1900 Geltung beanspruchen kann, bestimmt sich nach EG. Art. 200 und den landesrechtlichen Ausführungsgesetzen (vgl. insbes. für Preußen AG. z. BGB. Art. 58 ff., für Bayern Ueberg.G. Art. 94 ff.). Ueber die Frage, ob § 1433 für einen nach Inkrafttreten des BGB. geschlossenen Ehevertrag auch dann gilt, wenn die Ehe, deren güterrechtliche Verhältnisse er regeln soll, vor 1900 geschlossen und in Folge dessen in ihrem altrechtlichen Güterstande verblieben (oder durch ein Ausführungsgesetz zwar in einen Güterstand des neuen Rechtes, aber nicht in dessen gesetzlichen Güterstand übergeleitet worden) ist, s. Habicht S. 539 Note 1 (vgl. preuß. AG. z. BGB. Art. 62, bayr. Ueberg.G. Art. 27).

§ 1434.

Der Ehevertrag muß bei gleichzeitiger Anwesenheit beider Theile vor Gericht oder vor einem Notar geschlossen werden.

E. I, 1335; II, 1333; III, 1417.

1. § 1434 enthält eine Ausnahme von dem das BGB. beherrschenden Grundsatze der Formfreiheit (vgl. Bem. I zu § 125).

Im Gegensatze zum Gem. R. und einigen anderen Partikularrechten hatten die meisten bisherigen Gesetze für Eheverträge die Beobachtung gewisser Formen vorgeschrieben, so insbes. PLR. Thl. II Tit. 1 §§ 209, 215, 82 ff., 198 ff., 356, 419, cod. civ. art. 1394 und das bayr. Ges., die Formen einiger Rechtsgeschäfte betr., vom 5. Mai 1890 Art. 1.

Nach E. I (§ 1335 Abs. 1) sollte der Ehevertrag der gerichtlichen oder notariellen Form bedürfen. Die Abweichung vom Prinzipe der Formfreiheit rechtfertigen die Motive mit dem Hinweis auf das Interesse der öffentlichen Rechtssicherheit und die große Wichtigkeit derartiger auf lange Zeit berechneter und auch für das Verhältniß der Ehegatten zu dritten Personen bedeutsamer Verträge (M. IV, 311; ZG. IV, 176 ff.). Bei den Berathungen der II. Komm. wurde diese Formvorschrift als ungenügend bezeichnet und beantragt, für Eheverträge, die nach Eingehung der Ehe geschlossen werden, den Abschluß vor Gericht oder Notar für erforderlich zu erklären. Der Antrag wurde zunächst abgelehnt, ebenso wie der weitere Antrag, nach welchem die Ehegatten berechtigt sein sollten, zu Protokoll des Standesbeamten zu erklären, welchem der gesetzlich geregelten Güterstände sie sich unterwerfen wollen (P. IV, 217 ff.; s. auch M. IV, 312; ZG. IV, 177 ff.). Bei wiederholter Berathung dagegen wurde das Erforderniß der strengeren Form (Erklärung vor Gericht oder Notar) für alle Eheverträge angenommen (P. V, 436 ff.).

2. Die durch § 1434 vorgeschriebene Form ist Abschluß vor Gericht oder vor einem Notar bei gleichzeitiger Anwesenheit beider Theile.

a) Die nach der nunmehrigen Fassung des § 1434 erforderliche Form (vgl. §§ 925, 1015) ist strenger als die vielfach (vgl. z. B. §§ 1491 Abs. 2 Satz 2, 1492 Abs. 2 Satz 2, 1501 Abs. 2 Satz 2, 1516 Abs. 2 Satz 3, 1517 Abs. 1 Satz 2, 1730, 1748 Abs. 3) geforderte Form der gerichtlichen oder notariellen Beurkundung. Bei der letzteren genügt es, wenn zunächst der Antrag und sodann die Annahme des Antrags von einem Gericht oder einem Notar beurkundet wird (§§ 128, 152 und Bem. hiezu); nach § 1434 dagegen ist erforderlich, daß die Parteien mit einander vor Gericht oder Notar erscheinen, bei dieser gleichzeitigen Anwesenheit die Vertragserklärungen einander mündlich abgeben und daß auf diese Weise der Vertrag vor Gericht oder Notar zu Stande kommt (vgl. P. V, 437 ff., s. auch M. IV, 311 ff.; P. IV, 218).

b) Andererseits fordert § 1434 nicht (wie z. B. §§ 1317 Abs. 1 Satz 1, 1750 Abs. 1 Satz 1, 2274) persönliche Abgabe der Willenserklärung seitens der Vertragschließenden. Daher kann der Ehevertrag (von den Ausnahmevorschriften der §§ 1437 Abs. 1, 1508 Abs. 2, 1549 abgesehen) auch durch einen Vertreter, und zwar sowohl durch den gesetzlichen Vertreter (Gewalthaber, Vormund, Pfleger) wie durch einen bevollmächtigten Vertreter (§§ 164 ff.) eines jeden Ehegatten abgeschlossen werden (so nunmehr auch Schröder S. 48 Note 2, der in der ersten Auflage den Abschluß durch Vertreter für unzulässig erklärt hatte). Ist der Ehegatte geschäftsunfähig, so kann nur der gesetzliche Vertreter, ist der Ehegatte in der Geschäftsfähigkeit beschränkt, so kann entweder der gesetzliche Vertreter oder der Ehegatte selbst mit Einwilligung des gesetzlichen Vertreters den Ehevertrag schließen: der in der II. Komm. gestellte Antrag, nach welchem der gesetzliche Vertreter eines in der Geschäftsfähigkeit beschränkten Ehegatten zum Abschluß eines Ehevertrags überhaupt nicht oder wenigstens nur mit Einverständniß des Ehegatten berechtigt sein sollte, wurde abgelehnt, weil ein Bedürfniß zu einer derartigen Bestimmung nicht bestehe und man sich doch wohl darauf verlassen dürfe, daß ein gewissenhafter Vertreter einen Ehevertrag für den Vertretenen nicht schließen werde, ohne diesen zuvor darüber gehört zu haben (P. IV, 221). Der gesetzliche Vertreter bedarf nur in den Ausnahmsfällen der §§ 1437 Abs. 2 Satz 2, 1508 Abs. 2, 1549 der Genehmigung des Vormundschaftsgerichts; die Ertheilung der Vollmacht zum Abschluß eines Ehevertrags bedarf gemäß § 167 Abs. 2 nicht der im § 1434 vorgeschriebenen Form (vgl. Bem. 2 zu § 1432).

c) Hinsichtlich der für die Beurkundung des Ehevertrags maßgebenden Formen s. FG. §§ 168—182, 200.

3. Die Formvorschrift des § 1434 bezieht sich nur auf „Eheverträge" im technischen Sinne; über den Begriff des Ehevertrags s. Bem. 1 zu § 1432. Die im E. I (§ 1335 Abs. 2) enthaltene Bestimmung, daß dem Formzwang ein Vertrag nicht unterliegen solle, durch welchen die Frau dem Manne verbrauchbare Ehegutssachen gegen die Verpflichtung des Werthsersatzes nach Beendigung der Verwaltung und Nutznießung überträgt (vgl. M. IV, 312 ff.), wurde von der II. Komm. gestrichen, weil in solchen Fällen häufig nur die Hingabe eines Darlehens in Frage stehen werde, während beim Vorliegen eines wirklichen Ehevertrags kein Grund bestehe, von dem Erfordernisse der gesetzlichen Form eine Ausnahme zuzulassen; von einer Seite wurde auch bemerkt, eine solche Vereinbarung könne überhaupt nicht als Ehevertrag angesehen werden (P. IV, 220 ff., s. auch ZG. IV, 178 ff.). Nach der in Bem. 1 zu § 1432 gegebenen Begriffsbestimmung erscheint die letztere Ansicht als richtig, da eine Vereinbarung dieser Art ebensowohl zwischen anderen Personen als zwischen Ehegatten getroffen werden kann (vgl. Planck Bem. 1 zu § 1437).

4. Ist mit dem Ehevertrage, wie dies häufig der Fall ist, ein Erbvertrag verbunden, so unterliegt der letztere den für Erbverträge geltenden besonderen Vorschriften (§§ 2274, 2275, 2276 Abs. 1). Ist hienach der Erbvertrag nichtig, so bemißt sich die Frage, ob die Gültigkeit des Ehevertrags hiedurch berührt wird, nach § 139. Ist aber ein zwischen Ehegatten oder Verlobten abgeschlossener Erbvertrag mit einem Ehevertrag in derselben Urkunde verbunden, so genügt gemäß § 2276 Abs. 2 die für den Ehevertrag vorgeschriebene Form (vgl. Bem. 1, a zu § 1432); es ist also die Zuziehung von Zeugen regelmäßig nicht erforderlich (vgl. §§ 2276 Abs. 1 Satz 2, 2233 ff.; FG. §§ 169 ff.).

5. Die Formvorschrift des § 1434 muß zur Vermeidung einer Umgehung des Gesetzes auch als anwendbar erklärt werden auf einen Vertrag, durch welchen sich Verlobte oder Ehegatten zum künftigen Abschluß eines Ehevertrags verpflichten (Vorvertrag; vgl. Bem. I, 6 zu § 125); so Urth. d. Reichsger. vom 17. Mai 1901 RGE. Bd. 48 S. 186. Andererseits ist zur Gültigkeit eines vor dem Prozeßgericht im Wege des Vergleichs abgeschlossenen Ehevertrags die Beobachtung der für den Prozeßvergleich vorgeschriebenen civilprozessualen Formvorschriften genügend (s. die erwähnte Entsch. des Reichsger.).

6. Der Verstoß gegen die Formvorschrift des § 1434 bewirkt Nichtigkeit des Ehevertrags („muß"; s. § 125 Satz 1).

7. Nach EG. Art. 141 können die Landesgesetze bestimmen, daß für die Beurkundung von Rechtsgeschäften, die nach dem BGB. gerichtlicher oder notarieller Beurkundung bedürfen, entweder nur die Gerichte oder nur die Notare zuständig sind. Für Preußen ist maßgebend Art. 31 des Ges. über die freiwillige Gerichtsbarkeit vom 21. September 1899 (Zuständigkeit der Amtsgerichte und Notare), für Bayern Art. 15 Abs. 2 Satz 2 des AG. z. GVG. in der durch Art. 167 I des AG. z. BGB. vom 9. Juni 1899 festgesetzten Fassung und Art. 1 des Not.G. vom 9. Juni 1899 (ausschließliche Zuständigkeit der Notare), für Sachsen § 37 des Ges. vom 15. Juni 1900 (Zuständigkeit der Amtsgerichte und Notare), für Württemberg Art. 105 des AG. z. BGB. vom 28. Juli 1899 (ausschließliche Zuständigkeit der Notare), für Baden §§ 34, 35 des Rechtspolizeiges. vom 17. Juni 1899 (ausschließliche Zuständigkeit der Notare). Ueber weitere Landesgesetze s. Bem. zu EG. Art. 141.

8. Uebergang. Die formellen Erfordernisse eines vor dem 1. Januar 1900 errichteten Ehevertrags bestimmen sich selbstverständlich nach altem Recht. Ueber die Frage, ob für einen Ehevertrag, der nach dem 1. Januar 1900 in einer altrechtlichen Ehe geschlossen wird, § 1434 maßgebend ist, s. Habicht S. 539 Note 1 (vgl. Bem. 6 zu § 1433).

9. Hinsichtlich des Sonderrechts der Landesherren, Mitglieder der landesherrlichen und diesen gleichgestellten Familien, sowie des hohen Adels

8. Zu Abs. 2 vgl. die §§ 2346 fg. Hervorzuheben sind hieher von diesen eingehenden Bestimmungen, so weit sie sich auf den im § 1517 Abs. 1 erwähnten Hauptvertrag selbst beziehen, besonders folgende:

a) Der Verzichtsvertrag bedarf der gerichtlichen oder notariellen Beurkundung § 2348.

b) Der Ehegatte kann den Vertrag nur persönlich schließen. Ist er in der Geschäftsfähigkeit beschränkt, so bedarf er nicht der Zustimmung seines gesetzlichen Vertreters. Ist der Ehegatte geschäftsunfähig, so kann der Vertrag durch dessen gesetzlichen Vertreter geschlossen werden. § 2347 Abs. 2.

c) In bestimmten Fällen ist Genehmigung des Vormundschaftsgerichts nothwendig nach § 2347 Abs. 1 und 2.

d) Die Wirkung des Vertrags geht nach § 2346 dahin, daß der Verzichtende von der fortgesetzten Gütergemeinschaft ausgeschlossen ist, wie wenn er zur Zeit des Eintritts derselben nicht mehr lebte.

§ 1518.

Anordnungen, die mit den Vorschriften der §§ 1483 bis 1517 in Widerspruch stehen, können von den Ehegatten weder durch letztwillige Verfügung noch durch Vertrag getroffen werden.

E. I, 1383 Abs. 2; II, 1413; III, 1501.

Nach dem hier niedergelegten, das ganze Rechtsinstitut der fortgesetzten Gütergemeinschaft beherrschenden Grundsatze kann zwar dieses Rechtsverhältniß in seiner Totalität ausgeschlossen (vgl. § 1508) werden, es kann aber weder durch Vertrag noch durch letztwillige Verfügung bestimmt werden, daß irgendwelche einzelne der vom B.G.B. hiefür getroffenen Bestimmungen nicht gelten sollen. In D. 207 wird dies damit erklärt, daß immerhin durch die fortgesetzte Gütergemeinschaft die Abkömmlinge in ihrem Erbrechte gegenüber dem verstorbenen Ehegatten beeinträchtigt werden. Deshalb soll den Ehegatten grundsätzlich die Befugniß versagt sein, durch Vertrag oder letztwillige Verfügung in die mit der fortgesetzten Gütergemeinschaft für die Abkömmlinge kraft Gesetzes verbundenen Rechte einzugreifen. Daraus ergibt sich von selbst, daß ein solcher Eingriff auch nicht mit Zustimmung des anderen Ehegatten statthaft ist. Die bezüglichen Vereinbarungen oder Verfügungen sind rechtsunwirksam

3. Errungenschaftsgemeinschaft.

Vorbemerkungen.

I. Partikuläre Gütergemeinschaft. Im Gegensatze zur allgemeinen Gütergemeinschaft steht in Theorie und Gesetzgebung von lange her schon die sog. partikuläre Gütergemeinschaft. Deren Grundcharakter beruht in einer Verbindung der Gütergemeinschaft und der Gütertrennung, und zwar in der Art, daß nur ein Theil des Vermögens der Frau und des Mannes von einer Gesammtgutseigenschaft ergriffen wird, im Uebrigen aber daneben noch Sondergüter des Mannes oder der Frau oder auch Beider (eingebrachtes Gut und Vorbehaltsgut) bestehen. Sehr zutreffend bemerkt desfalls Roth, Bayr. C.R., 2. Aufl. Bd. 1 S. 493: „Es ist hier nicht wie bei der allgemeinen Gütergemeinschaft nur die Möglichkeit des Vorhandenseins von Sondergut durch Vorbehalt gegeben, vielmehr ist die Unterscheidung des Sonderguts rechtliche Voraussetzung des Instituts."

Die Gestaltung der partikulären Gütergemeinschaft in den älteren Rechten läßt drei Grundformen erkennen, und zwar die:

1. Errungenschaftsgemeinschaft,
2. Fahrnißgemeinschaft,
3. Gewerbsgemeinschaft.

II. Die Errungenschaftsgemeinschaft nach älteren Rechten. Sie entwickelte sich in Mittel- und Süddeutschland vielfach als gesetzliches Güterrecht und zwar zum Theil für alle Ehen, zum Theil nur für gewisse Ehen unter bestimmten Voraussetzungen (z. B. Mangels von Nachkommenschaft, bei zweiten und weiteren Ehen 2c.).

1. Als allgemeiner gesetzlicher Güterstand galt bisher die Errungenschaftsgemeinschaft, z. B. nach Bayerischem Landrecht, nach Württembergischem Landrecht, nach Hessischem Rechte, Mainzer L.R., Rothenburger Stadtrecht, Deutsch-Orden'schem Rechte, Koburger Recht, Ansbacher, Regensburger, Ulmer, Solmser Recht u. s. w.

2. Für unbekinderte Ehen (mit Ausnahme derer des vormals reichsständischen Adels) galt die Errungenschaftsgemeinschaft namentlich nach Fränkischem Landrecht und den damit verwandten Schweinfurter und Castell'schen Rechten.

3. Im Gegensatze zu den sog. versammten Ehen, d. h. denen mit allgemeiner Gütergemeinschaft, stehen nach Nürnberger Recht die sog. verdingten Ehen. In diesen letzteren gilt Errungenschaftsgemeinschaft. Verdingte Ehen sind aber nicht allein solche, für welche die Errungenschaftsgemeinschaft oder wenigstens der Ausschluß der allgemeinen Gütergemeinschaft vertragsmäßig vereinbart wurde, sondern auch alle zweiten und weiteren Ehen, wenn Kinder aus einer früheren Ehe vorhanden sind (sog. gesetzlich — oder ipso jure — verdingte Ehen).

4. Für den Fall vertragsweiser Festsetzung einer Errungenschaftsgemeinschaft finden sich ergänzende Bestimmungen im P.L.R. (Thl. II Tit. 1 §§ 396 fg.), im Bamberger L.R. und im code civil (Art. 1498 fg.).

Das hienach ziemlich weitverbreitete Rechtsinstitut der Errungenschaftsgemeinschaft zeigte sich übrigens da und dort von verschiedenem sachlichen Gehalte. Bald umfaßte diese Art der Gemeinschaft nur den während der Ehe von den Ehegatten durch eine Erwerbsthätigkeit oder durch Ersparung gemachten Gewinn, bald umschloß sie sofort auch die Renten aus der Substanz der Sondergüter oder erfaßte auch den Erwerb durch reine Glücksfälle, oder ließ endlich die Eheleute gemeinsam Theil nehmen an jedem Erwerbe, welcher von ihnen überhaupt während der Ehe in dieser oder jener Art gemacht wurde. Was insbesondere den Gewinn aus einer Erwerbsthätigkeit betrifft, so wurde bisher in manchen Rechten auch noch unterschieden, je nachdem ein solcher Erwerb ein einseitiger oder gemeinsamer war, d. h. je nachdem ihn beide Ehegatten durch ihr häusliches oder geschäftliches Zusammenwirken miteinander gemacht hatten (collaboratio i. e. S.) oder sich ein Gewinn ergab durch eine Thätigkeit, welche nur einer der Ehegatten für sich allein ohne direkte Mitwirkung des Anderen entwickelt hatte.

Endlich behandelten die älteren Rechte das Verhältniß auch noch insoferne verschieden, als nach ihrer Stellungnahme entweder schon während bestehender Ehe bestimmte Vermögensmassen auseinandergehalten wurden, oder als man die Vermögensgegenstände während der Ehe gleichsam nur als eine flüssige Masse behandelte, aus welcher erst bei Auflösung der Ehe das dem Einen oder Anderen Gebührende nach den Grundsätzen der Errungenschaftsgemeinschaft herausgeholt wurde (sog. Gemeinschaft des Zugewinnstes).*)

III. Ueber die Fahrnißgemeinschaft, welche besonders im rheinisch-französischen Rechte Aufnahme gefunden hat, s. Vorbemerkungen vor § 1549.

IV. Die Gewerbsgemeinschaft, welche nicht selten (wie z. B. nach Bayr. L.R.) neben der Errungenschaftsgemeinschaft i. e. S. sich findet, nahm ihren Ausgangspunkt von der Anschauung und der darauf gegründeten Satzung, daß im Bereiche der Geschäftsverhältnisse gewisser Gewerbtreibender die im Geschäfte gemeinsam thätigen Eheleute auch gemeinsam für die Geschäftsschulden zu haften haben. Von dieser Gesammthaftung war nur noch ein kleiner, folgerichtiger Schritt zu der Annahme, daß dann dafür auch auf der aktiven Seite der Geschäftsgewinn der Eheleute ein den Beiden gemeinsamer sei und sein müsse.

Normen hierüber finden sich z. B. schon im churbayr. L.R. von 1616 (Thl. IV Tit. 12), im B.L.R. von 1756 (Thl. I cap. VI, § 32), dann in den Stadtrechten von Augsburg und Memmingen. Jene Normen erstrecken sich dabei namentlich auf solche Gewerbsverhältnisse, welche zu denen „von der offenen Tasche" gehören oder wobei „die Eheweiber offene Läden haben und gleich ihren Ehemännern im Kaufen und Verkaufen, Geldeinnehmen und Ausgeben handieren" (Augsburger Recht) oder „so die Eheleute zu gemeinsamem Kram und Markt sitzen" u. dgl. Anwendung fand dies namentlich auf Metzger, Bäcker, Bräuer, Küchel- und Zuckerbäcker, Kaffeesieder, Branntwein- und Methschenken, Garköche u. A. m. Im neuen Rechte verschwinden diese altehrwürdigen Spezialitäten. Das vermögensrechtliche Verhältniß solcher Eheleute, welche in einem Erwerbsgeschäfte stehen, sei es miteinander oder Eines in dem des Anderen, namentlich auch die bezüglichen Verhältnisse der Ehefrauen werden jetzt auf anderen neuen Grundlagen geregelt.

V. Die Errungenschaftsgemeinschaft im Bürgerl. Gesetzbuche. Die Gründe, warum das Rechtsinstitut der Errungenschaftsgemeinschaft, welches so manche rechtlich wie sittlich anmuthende Seite hat, trotz vielfacher Vertretung doch nicht als gesetzlicher Güterstand in das B.G.B. aufgenommen, sondern nur in das Gebiet der Vertragstypen verwiesen wurde, sind insbesondere aus M. IV, 151 zu entnehmen.

---

*) Auf welchem Standpunkte bisher namentlich das (nebenbei bemerkt für das eheliche Güterrecht gewiß nicht ruhmeswürdige) Bayr. L.R. in obiger Hinsicht gestanden war, ist nicht vollklar gewesen. M. IV, 493 und D. 208 theilen nach dem Vorgange der „Darstellung des ehel. Güterrechts in Bayern" S. 46 fg. für das B.L.R. den oben an erster Stelle erwähnten Standpunkt.

Hinsichtlich des sachlichen Ausgangspunkts ist ebendort bemerkt: „Nach dem Systeme der Errungenschaftsgemeinschaft wird an sich durch Eingehung der Ehe an der Zuständigkeit des beiderseitigen Vermögens nichts geändert, aber die Lebensgemeinschaft, in welche die Ehegatten durch die Ehe getreten sind, soll auch in vermögensrechtlicher Beziehung dadurch sich bethätigen, daß Alles, was sie mit ihren physischen, geistigen und Vermögenskräften erwerben, gemeinsam wird, gemeinsam aber auch die ehelichen Lasten getragen werden .... ohne daß weiter untersucht wird, ob von dem Einen mehr, von dem Anderen weniger zu dem Erwerbe beigetragen ist." Dabei steht das B.G.B. auf jenem schon oben unter Nr. II erwähnten grundsätzlichen Standpunkte, gemäß dessen schon während des Bestehens der Errungenschaftsgemeinschaft bestimmte gesonderte Vermögensmassen auseinandergehalten werden. (M. IV, 493; D. 208.) Als solche treten hervor:

1. Das Gesammtgut (Errungenschaftsmasse) für beide Ehegatten;
2. das eingebrachte Gut des Mannes;
3. das eingebrachte Gut der Frau;
4. das Vorbehaltsgut der Frau.

Die Art und Weise, wie diese Vermögensmassen in verschiedener Hinsicht, namentlich aber in Ansehung der Verwaltung in Beziehung zu einander gesetzt sind, kennzeichnet das ganze System ebenfalls wieder (vgl. vorhin S. 289) als eine Verbindung der Systeme der Gütergemeinschaft und der Gütertrennung, d. h. derjenigen Form der letzteren, welche unter der Bezeichnung als System der Verwaltung und Nutznießung des Ehemannes nach B.G.B. den ordentlichen gesetzlichen Güterstand bildet. Mit Fug konnte daher auch in M. IV, 491 gesagt werden, daß sich die Errungenschaftsgemeinschaft „gewissermaßen nur als eine Modifikation des gesetzlichen ordentlichen Güterrechts darstelle". Die Vorschriften des Letzteren müssen daher auch bei Beurtheilung der Rechtsnormen des B.G.B. für die Errungenschaftsgemeinschaft vielfach mit herangezogen werden.

Eine gewisse formelle Gleichstellung der Bestimmungen über die Errungenschaftsgemeinschaft mit denen über den Güterstand der ehemännlichen Nutznießung und Verwaltung ist durch die II. Komm. (P. IV, 349) auch insoferne bewirkt worden, als an die Stelle des im Entw. I gebrauchten Begriffs „Sondergut" der auch für den ordentlichen gesetzlichen Güterstand angenommene Begriff: „eingebrachtes Gut" gesetzt wurde.

VI. Der systematische Aufbau der Gesetzesvorschriften, wie solcher in den §§ 1519—1548 enthalten ist, gestaltet sich, wie folgt:

§§ 1519, 1527: Gesammtgut; Bestand und Umfang;
§§ 1520—1524: Begriff und Umfang des eingebrachten Gutes;
§ 1525: Verwaltung und Nutzung des eingebrachten Gutes;
§ 1526: Vorbehaltsgut der Frau;
§ 1528: Feststellung der Vermögensmassen;
§ 1529: Lasten des Gesammtgutes;
§§ 1530—1534: Gesammtgutsverbindlichkeiten;
§§ 1535—1541: Haftungsverhältnisse der Ehegatten unter sich;
§§ 1542—1544: Beendigung der Gemeinschaft;
§§ 1545, 1546: Rechtsverhältnisse nach der Beendigung;
§§ 1547, 1548: Wiederherstellung der Gemeinschaft.

§ 1519.

Was der Mann oder die Frau während der Errungenschaftsgemeinschaft erwirbt, wird gemeinschaftliches Vermögen beider Ehegatten (Gesammtgut).

Auf das Gesammtgut finden die für die allgemeine Gütergemeinschaft geltenden Vorschriften des § 1438 Abs. 2, 3 und der §§ 1442 bis 1453, 1455 bis 1457 Anwendung.

E. I, 1411, 1417; II, 1414; III, 1502.

1. Begründung von Errungenschaftsgemeinschaft. Dieser Güterstand tritt niemals kraft Gesetzes ein. Er kann nur hergestellt werden durch einen Ehevertrag im Sinne und nach Maßgabe der §§ 1432 fg. Insbesondere findet die Formvorschrift des § 1434 auch hieher Anwendung.

Dagegen ist die für die allgemeine Gütergemeinschaft im § 1437 getroffene Spezialvorschrift (sich beziehend auf die Unzulässigkeit der Vertragsabschließung durch einen gesetzlichen Vertreter, auf das Erforderniß der Zustimmung eines solchen und die in gewissen Fällen nöthige Zustimmung des Vormundschaftsgerichts) auf die vertragsmäßige Begründung von Errungenschaftsgemeinschaft nicht übertragen worden. Es unterblieb solches absichtlich, wie M. IV, 491 entnehmen lassen.

2. Ueber das Wesen der Errungenschaftsgemeinschaft, beruhend in der Verbindung von nur theilweiser Gütergemeinschaft mit dem Systeme getrennter Vermögensmassen, ist bereits oben S. 289, 291 Erörterung geschehen.

3. Begriff und Umfang des Gesammtguts. Soweit die theilweise Gütergemeinschaft reicht, entwickelt sich auch hier, wie bei der allgemeinen Gütergemeinschaft das „Gesammtgut" als „gemeinsames Vermögen beider Ehegatten" (§ 1519 Abs. 1 vgl. mit § 1438 Satz 1).

Der Begriff: „Gesammtgut" ist an und für sich hier der nämliche, wie bei der allgemeinen Gütergemeinschaft (vgl. S. 197 fg.). Wesentlich enger als bei letzterem Güterstande ist dagegen der Umfang des Gesammtguts bei der Errungenschaftsgemeinschaft. Er beschränkt sich hier auf die im § 1519 Abs. 1 bezeichneten Vermögensbestandtheile. Im Gegensatze hiezu stehen und verschärfen die Grenze die Begriffe: „Eingebrachtes Gut" und „Vorbehaltsgut", wie solche in den §§ 1520 bis 1526 nebst den Bemerkungen hiezu näher ausgeführt sind.

Nach allen diesen Vorschriften können nur solche Vermögensbestandtheile in das Gesammtgut der Errungenschaftsgemeinschaft fallen, welche erst während des Bestehens dieses Güterstandes von einem der Ehegatten erworben werden. „Während der Errungenschaftsgemeinschaft" (§ 1519 Abs. 1) ist nicht gleichbedeutend mit „während der Ehe". Zwar setzt dieser wie jeder andere eheliche Güterstand selbstverständlich das Bestehen und die Fortdauer der Ehe voraus. Aber nach dem Grundsatze, daß Eheverträge sowohl vor als während der Ehe geschlossen und wieder aufgehoben werden können, mag es vorkommen, daß die Errungenschaftsgemeinschaft erst später, nach Eingehung der Ehe, eintritt oder schon vor Auflösung der Letzteren wieder aufhört.

Bezüglich des in den ebenerwähnten Zeitraum fallenden Erwerbs stellt § 1519 Abs. 1 die Regel auf (D. 208). Diese Regel erleidet aber durch die Vorschriften der nachfolgenden Paragraphen von vorneherein verschiedene Ausnahmen (D. 208) und zwar:

a) nach § 1521 bezüglich eines Erwerbs von Todeswegen oder mit Rücksicht auf ein künftiges Erbrecht, dann des Erwerbs durch Schenkung oder als Ausstattung;
b) nach § 1522 bezüglich nicht gemeinschaftsfähiger Gegenstände und Rechte;
c) nach § 1523 bezüglich solcher Vermögensbestandtheile, welche durch Ehevertrag eigens als eingebrachtes Gut erklärt sind;
d) nach § 1524 in Ansehung von surrogirendem Erwerbe;
e) nach § 1526 hinsichtlich des Vorbehaltsgutes der Frau.

Näheres hierüber s. in den Erörterungen zu den ebenbezeichneten Paragraphen.

Soweit die eben angedeuteten Ausnahmen nicht reichen, bildet das Gesammtgut der Errungenschaftsgemeinschaft, wie bei der allgemeinen Gütergemeinschaft, eine beiden Ehegatten gemeinsame besondere Vermögensmasse (M. IV, 493). In diese Vermögensmasse können sowohl Sachen als Rechte, sowohl bewegliches als unbewegliches Gut fallen. Kein Unterschied begründet sich auch danach, ob der Erwerb von Seite des Mannes oder der Frau geschehen ist, ob von Jenem oder Dieser mehr oder weniger erworben wurde, ob der Erwerb durch gemeinschaftliche Thätigkeit, durch unmittelbares Zusammenwirken beider Ehegatten oder durch einseitige Erwerbsthätigkeit des einen oder anderen erzielt ist, soferne nur keiner der oben angedeuteten Ausnahmsfälle eingreift. Das B.G.B. betrachtet hier auch in vermögensrechtlicher Hinsicht das „Zusammenhausen" als mit durchgreifender, einheitlicher Wirkung ausgestattet. Damit bringt es zugleich ein tiefgreifendes sittliches Prinzip zur Verwirklichung, zufolge dessen die Ehegatten auch in Bezug auf den errungenschaftlichen Erwerb gleichsam als eine Einheitsperson betrachtet werden (s. desfalls auch nachher Nr. 4 a) und insbesondere auch das Walten einer richtigen deutschen Hausfrau im Hausstande und in der Kindererziehung auf gleiche Stufe gestellt wird mit der nach Außen gerichteten Thätigkeit des Mannes. Von diesem Standpunkte aus, sowie auch mit Rücksicht auf die dem Gesammtgute durch § 1529 gegebene Bestimmung ist es folgerichtig, daß § 1525 dem Gesammtgute auch die Nutzungen des eingebrachten Gutes der Ehegatten zuweist und zwar in demselben Umfange, wie sie beim ordentlichen gesetzlichen Güterstande dem verwaltungs- und nutznießungsberechtigten Manne zufallen. Näheres darüber s. bei § 1525.

Auch der Erwerb aus einem außerhalb des Bereiches des § 1521 liegenden Glücksfalle muß dem Gesammtgute der Errungenschaftsgemeinschaft zugesprochen werden, soferne und soweit nicht die §§ 1524 und 1526 einschlägig werden. Vgl. hiezu auch, namentlich bezüglich des Gewinnes aus einem Lotterieloose, die hieher entsprechend anwendbaren Erörterungen auf S. 104.

4. Einzelpunkte bezüglich des Gesammtguts. Wie schon angedeutet, steht das Gesammtgut der Errungenschaftsgemeinschaft wenigstens in der allgemeinen Auffassung, wenn auch nicht dem Umfange nach, in einer gewissen Parallele zu dem Gesammtgute der allgemeinen Gütergemeinschaft. Ebendarum erklärt auch § 1519 Abs. 2 eine Reihe von Vorschriften über das Gesammtgut der allgemeinen Gütergemeinschaft auch für dasjenige der Errungenschaftsgemeinschaft als anwendbar. Vor Allem gehört hieher:

a) der das ganze Gesammtgutsverhältniß beherrschende Grundsatz der gesammten Hand (vgl. § 1442, sowie oben S. 194, 201 fg.; auch D. 209). Weiter werden

b) die einzelnen Gegenstände gemeinschaftlich, ohne daß es — zwischen den Ehegatten — einer Uebertragung durch Rechtsgeschäft bedarf (§ 1438 Abs. 2; M. IV, 505). Wird ein Recht gemeinschaftlich, das im Grundbuch eingetragen ist oder in dasselbe eingetragen werden kann, so kann jeder Ehegatte von dem Anderen die Mitwirkung zur Berichtigung des Grundbuchs verlangen (§ 1438 Abs. 3). Das Nähere s. S. 198.

c) Kein Ehegatte kann über seinen Antheil am Gesammtgute oder an den einzelnen dazu gehörenden Gegenständen verfügen; Keiner ist berechtigt, Theilung zu verlangen. (§ 1442 Abs. 1.) Auch bei der Errungenschaftsgemeinschaft ist während derselben jener Antheil der Pfändung nicht unterworfen nach C.P.O. § 860 n. Nr.

d) In Bezug auf Aufrechnung von Forderungen gegen eine zum Gesammtgute gehörige Forderung gilt auch hieher der Satz des § 1442 Abs. 2.

e) Das Gesammtgut unterliegt der Verwaltung des Mannes in ganz analoger Weise wie nach den §§ 1443—1453, also mit allen jenen Rechten, aber auch Beschränkungen, mit allen Einzelmodalitäten, wie sie nach jenen Paragraphen für die allgemeine Gütergemeinschaft Platz greifen. (M. IV, 505 fg.)

f) Anwendbar sind endlich auch nach § 1455 über Herausgabe einer Bereicherung aus dem Gesammtgut; § 1456 über die Haftungsverhältnisse in Ansehung der Gesammtgutsverwaltung (insbesondere auch der Grundsatz, daß der Mann der Frau für die kraft haus- und eheherrlicher Gewalt geführte Verwaltung des Gesammtguts nicht verantwortlich ist; M. IV, 508 fg.; D. 209); § 1457 über Vertretung des Mannes durch einen etwaigen Vormund.

Im Einzelnen vgl. die Erörterungen zu den voraufgeführten Paragraphen aus dem Bereiche der Vorschriften über die allgemeine Gütergemeinschaft.

Wenn im § 1519 Abs. 2 der § 1454, welcher von der Fortsetzung eines schon bei Eintritt der Gemeinschaft anhängigen Rechtsstreits handelt, nicht miterwähnt wird, so erklärt sich dies einfach daraus, daß der im § 1454 unterstellte Fall bei der Errungenschaftsgemeinschaft nach § 1520 nicht in den Bereich des Gesammtguts, sondern in den des eingebrachten Gutes fällt (M. IV, 506).

§ 1520.

Eingebrachtes Gut eines Ehegatten ist, was ihm bei dem Eintritte der Errungenschaftsgemeinschaft gehört.

E. I, 1412; II, 1415; III, 1503.

1. Der hier niedergelegte Grundsatz ist von jeher dem Systeme der reinen Errungenschaftsgemeinschaft eigen gewesen. Zu dem hienach als „eingebrachtes Gut" zu betrachtenden Vermögen können Vermögensbestandtheile jeder Art gehören, Sachen und Rechte (insbesondere auch Ansprüche auf künftige Erfüllung rechtsverbindlicher Zusicherungen), bewegliches und unbewegliches Gut, insbesondere auch verbrauchbare Sachen, wie baares Geld u. dgl. (M. IV, 495.)

Auf den Rechtsgrund, auf welchem der vor Eintritt der Errungenschaftsgemeinschaft geschehene Vermögenserwerb beruhte, kommt es ebenfalls nicht an.

Unter die Bestimmung des § 1520 fällt auch eine Ausstattung (§ 1624), welche einem der Ehegatten, insbesondere nach deutscher Sitte der Frau, vor Eintritt der Errungenschaftsgemeinschaft gegeben und so schon in diese Gemeinschaft gebracht worden ist. Wird eine Ausstattung nach Eintritt der Errungenschaftsgemeinschaft erworben, so kommt § 1521 zur Anwendung. (M. IV, 498.)

Unbenommen ist es natürlich, durch Ehevertrag solche Gegenstände, welche an sich zum eingebrachten Gute gehören würden, entweder als Bestandtheil des Gesammtguts (§ 1519) oder andererseits als Vorbehaltsgut der Frau (§ 1526) zu erklären. (M. IV, 496.)

2. Wenn das hier im § 1520 Inbegriffene als eingebrachtes Gut bezeichnet wird, so entspricht dies so recht dem gemeinüblichen Sprachgebrauche. Es entspricht auch den Bezeichnungen im ordentlichen gesetzlichen Güterstande. Die Begriffe aber decken sich hier und dort nicht ganz. Insbesondere kommt z. B. in Betracht, daß beim ordentlichen gesetzlichen Güterstande der Begriff „eingebrachtes Gut“ sich nur auf Frauenvermögen bezieht, bei der Errungenschaftsgemeinschaft aber das von „eingebrachtem Gute“ Gesagte sich auf solches Gut sowohl auf Seite des Mannes, wie auf Seite der Frau bezieht.

3. Als den Ehegatten gemeinschaftliches eingebrachtes Gut sind auch der Regel nach solche Vermögensbestandtheile zu betrachten, welche denselben schon vor Eintritt der Errungenschaftsgemeinschaft gemeinschaftlich zu eigen gehört hatten. (M. IV, 496.) Zum Gesammtgut könnten solche Vermögensbestandtheile nur dann gerechnet werden, wenn ausnahmsweise ein besonderer Rechtsgrund hiefür vorläge.

§ 1521.

Eingebrachtes Gut eines Ehegatten ist, was er von Todeswegen oder mit Rücksicht auf ein künftiges Erbrecht, durch Schenkung oder als Ausstattung erwirbt. Ausgenommen ist ein Erwerb, der den Umständen nach zu den Einkünften zu rechnen ist.

E. I, 1412; II, 1418; III, 1504.

1. Allgemeines. Die hier vorliegende Bestimmung ist ähnlich derjenigen, welche § 1369 für das Vorbehaltsgut beim ordentlichen gesetzlichen Güterstande getroffen hat und welche auch im § 1526 für das Vorbehaltsgut bei der Errungenschaftsgemeinschaft wiederkehrt. Wesentliche Verschiedenheiten bestehen aber darin:

a) daß sich § 1521 auf Erwerbung von eingebrachtem Gute durch den einen oder anderen der Ehegatten bezieht, während die §§ 1369, 1526 sich nur auf die Begründung von Vorbehaltsgut der Frau erstrecken, dann

b) daß im Bereiche der §§ 1369, 1526 eine ausdrückliche Bestimmung des Zuwendenden dahin, es solle das der Frau Zugewendete Vorbehaltsgut derselben werden, vorausgesetzt wird, während für die Begründung von eingebrachtem Gute eines der Ehegatten nach § 1521 eine solche eigene Bestimmung vom Gesetze nicht erfordert wird. Doch entsteht eingebrachtes Gut natürlich dann nicht, wenn der Zuwendende bestimmt hat, seine Zuwendung solle Vorbehaltsgut der Frau nach § 1526 werden oder in das Gesammtgut des § 1519 fallen. (M. IV, 496.)

Wird eine Zuwendung an beide Ehegatten miteinander gemacht, so fällt dieselbe, soferne nicht eine gegentheilige Bestimmung vorliegt, nicht etwa in das Gesammtgut, sondern wird gemeinschaftliches eingebrachtes Gut der Ehegatten, soferne eine Zuwendung solcher Art vorliegt, welche nach § 1521 eingebrachtes Gut schafft. Nach M. IV, 496 ist es bestimmte Absicht gewesen, in diesem Punkte einen anderen Standpunkt zu nehmen, als er z. B. im Württembergischen L.R. Thl. IV, Tit. 4, § 15 (vgl. auch daselbst Thl. III, Tit. 7, § 2) sich findet. Die Motive betrachten hier das Verhältniß gerade so, wie wenn die Ehegatten schon vor Beginn der Gemeinschaft gemeinsames Vermögen besessen haben. Vgl. Bem. 3 zu § 1520. Ein solches gemeinschaftliches eingebrachtes Gut würde z. B. in Gestalt von für beide Ehegatten miteinander gegebenen Hochzeitsgeschenken vorliegen. (Vgl. oben S. 97, sowie M. IV, 497.) Ob die Hochzeitsgeschenke als an beide Ehegatten oder nur an Einen derselben gegeben zu erachten seien, ist Thatfrage, für welche namentlich auch die Beschaffenheit des Geschenks maßgebend erscheinen kann. (Vgl. P.L.R. Thl. II, Tit. 1, § 172.) Eine besondere Rechtsvermuthung in diesem Punkte ist vom B.G.B. nicht aufgestellt (M. IV, 497). Jedenfalls haben aber M. IV, 497 auch speziell bezüglich der Hochzeitsgeschenke den vorhin dargelegten Standpunkt eingenommen und zwar absichtlich abweichend namentlich vom Württemb. L.R. III, 7 § 2. (Wenn an gleicher Stelle der Motive auch eine Abweichung vom B.L.R. behauptet wird, so folgen die Motive darin der „Darstellung des ehelichen Güterrechts in Bayern“ S. 45. Im B.L.R. Thl. I cap. 6 § 19 steht jedoch dem Wortlaute nach nur, daß die Hochzeitsgeschenke den Ehegatten gemeinschaftlich sind und bleiben, nicht aber, daß sie zur Errungenschaft zu rechnen seien.)

3. Im Einzelnen ist Folgendes zu beachten:

a) Der hier erwähnte Erwerb von Todeswegen umfaßt, wie sich schon durch die Vergleichung des Wortlauts des § 1369, sowie der M. IV, 496 ergibt, den Erwerb durch Erbfolge, durch Vermächtniß oder als Pflichttheil. Vgl. auch hieher die Erörterungen auf S. 102 zu § 1369.

b) Durch die Worte: „mit Rücksicht auf ein künftiges Erbrecht" sollen namentlich solche Fälle getroffen werden, in denen sich die Zuwendung eines Dritten gewissermaßen als die Gewährung eines anticipirten Erbrechts darstellt. Nach M. IV, 496 „verliert der bezügliche Erwerb den zur Unterstellung unter § 1521 führenden Charakter auch dadurch nicht, daß von dem betreffenden Ehegatten oder von beiden Ehegatten gewisse Verpflichtungen*) (z. B. Gewährung einer Leibzucht, Abfindung von Geschwistern ꝛc.) übernommen werden". Derartige Nebenbestimmungen kommen in der Praxis namentlich bei den sog. Gutsübergabsverträgen vor. Daß ein Erwerb aus einem solchen Gutsübergabsvertrage gerade immer auch eingebrachtes Gut aus § 1521 werde, kann nicht angenommen werden. Es wäre dies nur dann der Fall, wenn und soweit in demselben ein „Erwerb mit Rücksicht auf ein künftiges Erbrecht" liegt. Dies geschieht allerdings sehr häufig bei Uebergabsverträgen zwischen Eltern und einem Kinde. Die anticipirte Begünstigung steckt hier häufig in der Gewährung eines niedrigeren Uebernahmspreises oder in der Vereinbarung, daß ein Theil des Uebernahme- oder Kaufpreises sofort auf einen künftigen Erbtheil angerechnet werden dürfe. Freilich könnte es manchmal praktisch schwierig werden, den Umfang einer derartig gestalteten Zuwendung zu ermitteln und auszuscheiden. Die Vertragsbeurkundungspraxis muß eben darin künftighin von vorneherein klares Recht schaffen. Uebrigens helfen zu solchem in Ansehung der Uebergabsverträge auch die anderen nächstliegenden Bestimmungen des B.G.B. nach. Hat der Erwerb vor Eintritt der Errungenschaftsgemeinschaft stattgefunden, so kommt schon § 1520 zur Anwendung. Ist der Erwerb, wenn auch später, doch mit eingebrachtem Gute geschehen, so tritt die Surrogationsvorschrift des § 1524 in Wirksamkeit. Endlich kann auch § 1523 im Wege eines gleichzeitigen Ehevertrags reine Verhältnisse schaffen. Nur dann, wenn keine dieser Bestimmungen einschlägt, kann noch in Frage kommen, ob und wieweit der Erwerb aus dem Uebergabsvertrage nach § 1521 zum eingebrachten Gute gehört oder nach § 1519 dem Gesammtgute anheimfällt.

c) Die Bestimmung über Schenkungen gilt nach M. IV, 496 auch für Schenkungen unter Ehegatten. Ebendort ist weiter bemerkt: „Ob eine Schenkung des Ehemanns aus dem Gesammtgute an die Ehefrau als ein den Güterstand der Errungenschaftsgemeinschaft ändernder Vertrag i. S. des § 1432 anzusehen und deshalb die im § 1434 vorgeschriebene Form erforderlich ist, bedarf einer besonderen gesetzlichen Entscheidung nicht; vielmehr kann die Entscheidung unbedenklich der Jurisprudenz überlassen werden." Das Entscheidende hiebei wird wohl darin liegen, ob nach Art und Umfang einer Schenkung jener Art eine Verrückung der prinzipiellen Grundlagen des ganzen Güterstandes herbeigeführt wird und werden soll oder nicht. Wer wird eine besondere Form erfordern, wenn z. B. der Ehemann seiner Gattin Geburtstags- oder Weihnachtspräsente (seien sie auch werthvollerer Art) verehrt, welche er aus den laufenden Einnahmen (§§ 1519, 1525) bezahlt hat?

Keine Ausnahme wollte nach M. IV, 497 hieher gemacht werden in Bezug auf sog. remuneratorische Schenkungen für geleistete Dienste. Wegen der Hochzeitsgeschenke s. oben unter Nr. 2.

d) Von Ausstattungen fallen nur solche unter den § 1521, welche erst nach Eintritt der Errungenschaftsgemeinschaft gewährt werden. Für eine früher gewährte Ausstattung greift § 1520 Platz. Vgl. Bem. 1 zu § 1520. Danach, von wem eine Ausstattung gewährt worden ist, wird im § 1521 ein Unterschied nicht gemacht.

e) In M. IV, 498 ist noch Folgendes bemerkt: „Nicht erwähnt sind hier solche Gegenstände, welche ein Ehegatte während bestehender Gemeinschaft durch ein entgeltliches Geschäft von einem Dritten mit der Bestimmung des letzteren

*) M. IV, 498 bemerken dazu noch: „Ob diese Verpflichtungen Gesammtgutsverbindlichkeiten sind und als solche dem Gesammtgute oder dem betreffenden Ehegatten im Verhältnisse der Ehegatten zu einander zur Last fallen, richtet sich nach den allgemeinen Grundsätzen.

erwirbt, daß das Erworbene eingebrachtes Gut werden solle. Eine solche Bestimmung hat hier ebensowenig Wirksamkeit, wie in den analogen Fällen der (jetzigen) §§ 1369 und 1440. Das Gegentheil würde dazu führen, daß alsdann jeder der Ehegatten, auch der Ehemann, die Möglichkeit hätte, den Ertrag seiner Thätigkeit und Arbeit dem Gesammtgute zu entziehen und dadurch das ganze Institut der Errungenschaftsgemeinschaft zu gefährden." Vgl. dazu auch die Bem. zu § 1369 S. 103.

4. Soferne die Rechtsgültigkeit einer Zuwendung der im § 1521 bezeichneten Art nach dem Gesetze durch Einhaltung bestimmter Rechtsformen bedingt ist, hat es dabei natürlich sein Bewenden. Ist aber die für das Rechtsgeschäft selbst etwa erforderliche Form gewahrt, so wird hier, im Bereiche des § 1521, das Zugewendete kraft des Gesetzes eingebrachtes Gut. Will allenfalls Vorbehaltsgut für die Frau begründet werden, so kommt § 1526 mit § 1369 zur Anwendung.

5. Der Schlußsatz des § 1521 enthält für die Entstehung von eingebrachtem Gut eine Einschränkung. Das Vorhandensein der Voraussetzungen für letztere unterliegt arbiträrer Beurtheilung nach Maßgabe der Beschaffenheit des einzelnen Falles. Dies folgt schon aus den Worten „den Umständen nach". Eine gemeingültige, feste Grenzlinie zwischen dem, sozusagen, Vermögensstamme und den „Einkünften" läßt sich auch in Anwendung auf freiwillige Zuwendungen nicht wohl ziehen. Jn's Auge zu fassen ist hier insbesondere das wirthschaftliche Moment. Von maßgebender Bedeutung wird daher im Einzelfalle namentlich die Art und Größe der Zuwendung, der Zweck und Anlaß derselben, sowie die Frage sein, ob die Zuwendung zu einem Aufwande dienen sollte, der an sich nach § 1529 dem Gesammtgute zur Last gefallen sein würde. (M. IV, 497; P. IV, 367.) So werden namentlich Zuschüsse zu laufenden Ausgaben, zu Vergnügungs- und Erholungszwecken den „Einkünften" i. S. des § 1521 beizurechnen sein. Dazu gehören allerdings auch die in P. IV, 366 beispielsweise erwähnten Trinkgelder, meist aber schon deshalb, weil sie in der Regel das Ergebniß einer Arbeitsthätigkeit sind und deshalb ohnehin dem Gesammtgutserwerb nach § 1519 anheimfallen. P. IV, 367 rechnen ferner mit Recht zu den „Einkünften" i. S. des § 1520 auch eine jährliche Rente, welche — wie es so häufig vorkommt — ein Vater seiner ausgeheiratheten Tochter als Beihülfe für die Zwecke des Hausstands verabreicht.

§ 1522.

Eingebrachtes Gut eines Ehegatten sind Gegenstände, die nicht durch Rechtsgeschäft übertragen werden können, sowie Rechte, die mit seinem Tode erlöschen oder deren Erwerb durch den Tod eines der Ehegatten bedingt ist.

E. I, 1415; II, 1416; III, 1505.

1. Als nicht kommunionsfähig und deshalb dem eingebrachten Gute des einen oder anderen Ehegatten anheimfallend behandelt § 1522 dreierlei Vermögensbestandtheile, nämlich:

a) Gegenstände, welche nicht durch Rechtsgeschäft übertragen werden können;

b) Rechte eines Ehegatten, welche mit dessen Tode erlöschen;

c) Rechte, deren Erwerb durch den Tod eines der Ehegatten bedingt ist.

2. Einzelfälle.

Zu a. Jn's Auge gefaßt ist hier der Fall des Erwerbs während Bestehens der Errungenschaftsgemeinschaft. Denn früherer Erwerb begründet ohnehin schon nach § 1520 die Eigenschaft von eingebrachtem Gute (vgl. auch E. I § 1415 am Schlusse). Der Ausschluß der hier fraglichen Gegenstände vom Gesammtgute der Errungenschaftsgemeinschaft entspricht der in § 1439 enthaltenen analogen Vorschrift für die allgemeine Gütergemeinschaft. Vgl. daher hieher die Bem. zu § 1439, insbesondere Nr. 2 S. 199. S. auch P. IV, 350. Als überflüssig ist daselbst erklärt worden, durch einen eigenen Zusatz klarzustellen, daß die Bestimmung doch nur so lange Anwendung finden könne, als eben die Unübertragbarkeit dauere.

Zu b. Erörterungen über Grund und Zweck dieser Ausnahme vom Gesammtgute der Errungenschaftsgemeinschaft (welche Ausnahme sich im § 1439 für die allgemeine Gütergemeinschaft nicht findet), enthalten M. IV, 504 fg. Als hieher bezügliche Hauptbeispiele sind dort angeführt: Nießbrauchsrechte und Leibrenten. Man betrachtete solche Rechte ebendeshalb, weil sie von der Lebenszeit des Berechtigten abhängen, als „nicht geeignet für den Zweck des Gesammtgutes, der Bestreitung des ehelichen Aufwands zu dienen und, soweit sich ein Ueberschuß ergibt, als ein den Ehegatten gemeinschaftliches Vermögen bei Auflösung der Gemeinschaft unter den Ehegatten, beziehungsweise deren Erben getheilt zu werden". Handelt es sich dabei, wie wohl meist der Fall sein wird, um einen Erwerb durch lästige Rechtsgeschäfte, so muß folgerichtig auch der für den Erwerb des Rechtes gezahlte Preis dem eingebrachten Gute des betreffenden Ehegatten zur Last fallen. (M. IV, 504.) Zu beachten ist, daß § 1522 nur von den „Rechten" selbst spricht. Die M. IV, 504 weisen dabei auch auf den jetzigen § 1525 hin und folgern daraus, daß immerhin die Nutzungen solcher Rechte innerhalb der durch diesen § 1525 gezogenen Grenzen dem Gesammtgute der Errungenschaftsgemeinschaft zufallen.

Zu c. Als Hauptbeispiel führen hiezu M. IV, 504 „die Lebensversicherungen" an.*) Richtiger und schärfer wäre zu sagen: „das Recht auf die Versicherungssumme aus Lebensversicherungsverträgen". Nur diese wird bei gewöhnlichen Lebensversicherungen erst beim Tode des Versicherten fällig. Der Anspruch auf die sog. Prämienreserve dagegen kann unter Umständen schon früher realisirbar werden, ist daher nicht schlechthin „durch den Tod des Versicherten bedingt". Immerhin fällt ein solcher Anspruch, welcher im Grunde genommen als eine Art von Abfindung sich darstellt, jedenfalls unter den Begriff eines Surrogatanspruchs nach § 1524. Das Gesetz sagt: „Rechte, welche durch den Tod eines der Ehegatten bedingt sind." Der Erwerb der Versicherungssumme muß also, wenn der § 1522 anwendbar sein soll, gerade durch den Tod eines Ehegatten bedingt sein. Ob Policen auf das Leben Dritter, welche etwa einem Ehegatten gehören, zu dessen eingebrachtem Gute zu rechnen sind, bestimmt sich eben nach den anderweitigen Paragraphen. Nach jener Wortfassung des § 1521 fallen übrigens unter diesen auch die sog. Versicherungen auf verbundene Leben (Staudinger, Lebensversicherungsvertrag, 1858, S. 24 fg.). Immer ist aber nach dem Wortlaute und Sinn des § 1522 vorauszusetzen, daß es sich auch um Policen handelt, welche einer der Ehegatten genommen oder später erworben hat, seien es solche auf das eigene Leben oder auf das des anderen Ehegatten u. s. w. Uebrigens gibt es in Gestalt von sog. Altersversicherungen bestimmter Form auch z. B. Versicherungsverträge, bei denen der Anspruch auf die Versicherungssumme oder gewisser Renten nicht durch den Tod des Versicherten, sondern durch dessen Fortleben bis zu einem gewissen Zeitpunkt bedingt ist. Nach dem Wortlaute des § 1522 können solche Formen nicht unter denselben gestellt werden, auch nicht nach dessen in M. IV, 504 erörterter Tendenz. Vielmehr muß bei solchen Versicherungsformen ein Anfall zum Gesammtgut nach § 1519 angenommen werden. In wiederum anderen Fällen (bei den sog. abgekürzten Lebensversicherungen) geht die Police dahin, daß die Versicherungssumme gezahlt wird regelmäßig beim Tode des Versicherten, aber auch schon früher, wenn Letzterer ein bestimmtes Lebensalter erreicht hat. Es kann nicht wohl beanstandet werden, wenn eine solche Versicherungsform in den § 1522 einbezogen wird. Bei den sog. Ueberlebensversicherungen gehört der Anspruch zwar auch zum eingebrachten Gute, aber nicht zum eingebrachten Gute des Verstorbenen, sondern des überlebenden Ehegatten. (Schröder, Ehel. Güterrecht S. 31.) M. IV, 504 erörtern noch weiter, daß die Vorschrift gelte:

> „nicht nur von dem Falle, wenn derjenige Ehegatte, bei dessen Tode die Versicherungssumme ausgezahlt werden solle, der überlebende Theil ist, sondern auch von dem Falle, wenn die Gemeinschaft durch den Tod des versicherten Ehegatten aufgelöst ist, indem auch in diesem Falle die Versicherungssumme nicht mehr der durch den Tod des versicherten Ehegatten aufgelösten Gemeinschaft, sondern nur den früheren Theilhabern resp. deren Erben zu Gute kommen kann".

Als sich von selbst ergebend bezeichnen es M. IV, 505, daß „die gezahlten Prämien dem eingebrachten Gute des betreffenden Ehegatten zur Last fallen", d. h. in dem Verhältnisse der Ehegatten zu einander bei der schließlichen Abgleichung. Vgl. § 1535. Der Aufwand für die erst zu zahlenden laufenden Versicherungsprämien muß dem Versicherer gegenüber zunächst aus dem Gesammtgute bestritten werden. Vgl. § 1529.

§ 1523.

Eingebrachtes Gut eines Ehegatten ist, was durch Ehevertrag für eingebrachtes Gut erklärt ist.

E. I, 1413; II, 1417; III, 1506.

---

*) Schröder, Ehel. Güterrecht S. 31, bemerkt: „Dadurch wird die namentlich im Gebiete des französischen Rechts vielbehandelte Streitfrage, ob der Anspruch aus der Lebensversicherung eines Ehegatten, als durch die Prämienzahlung erworben, zur ehelichen Errungenschaft oder, als durch den Tod des Versicherten erworben, zum Sondergute des Letzteren zu zählen sei, zu Gunsten des Sonderguts entschieden."

1. „Ehevertrag" steht auch hier im technischen Sinne des § 1432. Es sind deshalb auch die Formvorschriften des § 1434 maßgebend. Zulässig ist die Abschließung eines Ehevertrags der hier fraglichen Art nach § 1432 sowohl vor als während der Ehe.

2. Wegen vertragsmäßiger Begründung von Vorbehaltsgut der Frau s. § 1526. Ueber Zuweisungen zum Gesammtgute im Vertragswege vgl. oben S. 294.

§ 1524.

Eingebrachtes Gut eines Ehegatten ist, was er auf Grund eines zu seinem eingebrachten Gute gehörenden Rechtes oder als Ersatz für die Zerstörung, Beschädigung oder Entziehung eines zum eingebrachten Gute gehörenden Gegenstandes oder durch ein Rechtsgeschäft erwirbt, das sich auf das eingebrachte Gut bezieht. Ausgenommen ist der Erwerb aus dem Betrieb eines Erwerbsgeschäfts.

Die Zugehörigkeit einer durch Rechtsgeschäft erworbenen Forderung zum eingebrachten Gute hat der Schuldner erst dann gegen sich gelten zu lassen, wenn er von der Zugehörigkeit Kenntniß erlangt; die Vorschriften der §§ 406 bis 408 finden entsprechende Anwendung.

E. I, 1414; II, 1419; III, 1507.

1. Zum Abs. 1. Surrogationsgrundsatz. Was hier im ersten Satze verordnet ist, steht in Parallele zu dem Inhalte des § 1370. Nur ist der Unterschied zu beachten, welcher darin liegt, daß § 1370 sich auf das Vorbehaltsgut der Frau im ordentlichen gesetzlichen Güterstande bezieht, während § 1524 Satz 1 das eingebrachte Gut des Mannes oder der Frau bei der Errungenschaftsgemeinschaft zum Gegenstande hat. Bezüglich des Letzteren kommt aber namentlich in Betracht, daß seine Nutzungen in das Gesammtgut fallen (§ 1524), während die Nutzungen jenes Vorbehaltsguts auch wieder Vorbehaltsgut werden. Mit Betonung dieser etwas veränderten Sachlage sei auf die Ausführungen zu § 1370 verwiesen. S. auch M. IV, 498 fg., woselbst die Surrogationsvorschriften eigens mit Bezug auf die bisherigen Rechte auf dem Boden der Errungenschaftsgemeinschaft besprochen sind.

Von dem Surrogationsgrundsatze macht Satz 2 eine ausdrückliche Ausnahme für den Erwerb aus dem Betrieb eines Erwerbsgeschäfts, sei es des Mannes oder der Frau oder auch beider zusammen. Denn wenn auch das Erwerbsgeschäft selbst gegebenen Falles der Vermögensmasse des eingebrachten Gutes beizurechnen ist, so fallen doch die Nutzungen aus dessen Betrieb bei der Errungenschaftsgemeinschaft dem Gesammtgute zu (§§ 1519, 1525). Die Gesetzesstelle weist übrigens dem Gesammtgute nicht etwa blos den schließlich sich berechnenden Gewinn aus dem Erwerbsgeschäft zu, sondern von vorneherein jeden Erwerb aus letzterem. M. IV, 503. Vgl. auch Bem. zu § 1526.

2. Zu Abs. 2. Derselbe bezieht sich auf den Fall, daß in Folge der Surrogationsgrundsätze des Abs. 1 eine Forderung, welche von dem einen oder dem anderen Ehegatten durch ein Rechtsgeschäft erworben wird, in das eingebrachte Gut des Erwerbers übergeht. Diese Zugehörigkeit zum eingebrachten Gute erwächst mit dem rechtsgeschäftlichen Erwerbe kraft des Gesetzes. Daraus entsteht nun in mehrfacher Hinsicht die Frage, wie sich die Stellung des bisherigen Schuldners zum eingebrachten Gute des Erwerbers gestaltet. Als in allen Fällen dieser Art maßgebend stellt § 1524 den Grundsatz fest, daß der bisherige Schuldner jene entstandene Zugehörigkeit und die daraus erwachsenden Rechtskonsequenzen, z. B. bei Erwerbung einer Forderung für das eingebrachte Gut der Frau in Hinsicht auf Zahlung von Kapital und Zinsen an den das eingebrachte Gut verwaltenden Mann (vgl. § 1525), erst dann gegen sich gelten lassen muß, wenn er davon Kenntniß erlangt hat, daß die Forderung in Folge bestehender Errungenschaftsgemeinschaft dem eingebrachten Gute des erwerbenden Ehegatten zugewachsen sei.

In Einzelrichtungen verordnet das Gesetz die entsprechende Anwendung der §§ 406—408. Diese behandeln:

a) die Aufrechnung einer Forderung, welche dem Schuldner gegen den bisherigen Gläubiger zustand, gegenüber dem neuen Gläubiger, also nunmehr gegenüber dem zu seinem eingebrachten Gute erwerbenden Ehegatten (§ 406);

b) die Frage der Rechtswirksamkeit einer Leistung, welche der Schuldner nach dem Uebergange der Forderung an den bisherigen Gläubiger bewirkt hat, gegenüber dem neuen Gläubiger, desgleichen jedes Rechtsgeschäfts, welches nach dem Forderungsübergange zwischen dem Schuldner und dem bisherigen Gläubiger in Ansehung der Forderung vorgenommen wird (§ 407 Abs. 1);

c) die Frage der Wirksamkeit eines rechtskräftigen Urtheils, welches in einem nach dem Forderungsübergange anhängig gewordenen Rechtsstreite über die Forderung ergangen ist (§ 407 Abs. 2);

d) den Schutz des Schuldners bei mehrfacher Uebertragung (§ 408 Abs. 1); desgleichen

e) in dem Falle, wenn die bereits übergegangene Forderung durch gerichtlichen Beschluß einem Dritten überwiesen wird oder wenn der bisherige Gläubiger dem Dritten gegenüber anerkennt, daß die bereits übergegangene Forderung kraft Gesetzes auf einen Dritten übergegangen sei.

Wegen des Näheren vgl. die Erörterungen zu den §§ 406—408, wie auch den § 412 und die Bemerkungen dazu.

§ 1525.

Das eingebrachte Gut wird für Rechnung des Gesammtguts in der Weise verwaltet, daß die Nutzungen, welche nach den für den Güterstand der Verwaltung und Nutznießung geltenden Vorschriften dem Manne zufallen, zu dem Gesammtgute gehören.

Auf das eingebrachte Gut der Frau finden im Uebrigen die Vorschriften der §§ 1373 bis 1383, 1390 bis 1417 entsprechende Anwendung.

E. I, 1411, 1417; II, 1420; III, 1508.

I. Rechtslage des eingebrachten Guts im Allgemeinen. Nachdem das B.G.B. in den §§ 1520—1524 den Bestand und Umfang des eingebrachten Gutes festgelegt hat, regelt es in § 1525 die für das letztere sich entwickelnden Rechtsverhältnisse zunächst im Allgemeinen.

In systematischer Hinsicht steht das eingebrachte Gut der Errungenschaftsgemeinschaft des B.G.B. am nächsten dem Eigengute des Mannes und dem eingebrachten Gute der Frau im ordentlichen gesetzlichen Güterstande. Aus dieser Verwandtschaft entwickeln sich in Gemäßheit des obigen § 1525 zunächst nachstehende prinzipielle Folgesätze:

1. Die Verwaltung des beiderseitigen eingebrachten Gutes steht dem Manne zu, unbeschadet des allgemeinen eheräulichen Rechtes der Schlüsselgewalt (§ 1357; M. IV, 505; vgl. auch P. IV, 351 fg.).

2. Die leitenden Verwaltungsgrundsätze sind auch hier dieselben, wie im ordentlichen gesetzlichen Güterstande.

3. Ueber die Verfügungsgewalt des Mannes, namentlich gegenüber dem eingebrachten Gute der Frau bestehen im Prinzipe die gleichen Normen, wie beim Güterstande der eheherrlichen Verwaltung und Nutznießung. (Abgelehnt wurde ein in II. Komm. gestellter Antrag, dem Manne bei der Errungenschaftsgemeinschaft das uneingeschränkte Recht zur Verfügung über bewegliche Sachen, welche zum eingebrachten Gute gehören, zu gewähren. Man erwog dagegen namentlich, es müsse der Grundgedanke, daß der Frau die Substanz ihres eingebrachten Gutes zu erhalten sei, auch hieher festgehalten werden. P. IV, 353 fg.)

4. Die Nutzungen des eingebrachten Gutes dienen hier gleichfalls in erster Reihe zur Bestreitung des ehelichen Aufwands.

5. Der eheliche Aufwand aber fällt hier (§ 1529) dem Gesammtgute der Errungenschaftsgemeinschaft zur Last. Ebendeshalb ist auch

6. das eingebrachte Gut beider Ehegatten durch den Mann, nicht wie im ordentlichen gesetzlichen Güterstande, woselbst er den ehelichen Aufwand zu tragen hat, für seine eigene Rechnung, sondern für Rechnung des Gesammtguts zu verwalten. Diesem letzteren fallen die Nutzungen zu. Dafür sind daraus auch

7. die Lasten zu bestreiten (§ 1529).

8. Bildet sich schließlich im Gesammtgute bei Abgleichung von Nutzungen und Lasten ein Ueberschuß, ein Vermögensreinbestand, so stellt er eben die den Ehegatten zu gesammter Hand gemeinschaftliche Errungenschaft dar.

9. Ueber den Fall einer „Verrungenschaft" vgl. die Erörterungen bei §§ 1529, 1530 fg., 1535 fg., 1546.

II. Die Verwaltungsbefugnisse des Mannes gegenüber seinem eigenen eingebrachten Gute unterliegen keinen besonderen Einschränkungen, namentlich auch nicht wegen etwaiger konkurrirender Mitbestimmungsrechte der Frau. Solche bestehen in Ansehung des eingebrachten Gutes des Mannes nicht.

Für die Verwaltung des eingebrachten Gutes der Frau durch den Mann einschlüssig seiner Verfügungsgewalt gelten auch hieher nach ausdrücklicher Vorschrift des § 1525 Abs. 2 vor Allem die für den ordentlichen gesetzlichen Güterstand gegebenen Bestimmungen in den §§ 1373—1382.*) Diese beziehen sich namentlich auf:

1. das Recht des Mannes auf Inbesitznahme der zum eingebrachten Gute der Frau gehörenden Sachen; § 1373; Bem. S. 108;

2. die Grundpflicht ordnungsmäßiger Verwaltung und verschiedene Verwaltungsregeln; § 1374 Satz 1, § 1377; Bem. S. 109, 114;

3. die Verpflichtung des Mannes zur Auskunftsertheilung über den Stand der Verwaltung; § 1374 Satz 2; Bem. S. 110;

4. den Grundsatz der Nichtbefugniß des Mannes, die Frau durch Rechtsgeschäfte zu verpflichten oder über deren eingebrachtes Gut ohne ihre Zustimmung zu verfügen, nebst den dazu gehörenden Spezial- und Ausnahmebestimmungen; §§ 1375, 1376, 1378; Bem. S. 110 fg., 112 fg., 115;

5. die Ersetzung der ehefräulichen Zustimmung durch das Vormundschaftsgericht; § 1379; Bem. S. 115;

6. die Prozeßführung durch den Mann; § 1380; Bem. S. 117 fg.;

7. Surrogationsverhältnisse; §§ 1381, 1382; Bem. S. 119 fg., 121 fg.

Weiter kommen dann dazu noch die Vorschriften über:

8. Ersatz von Aufwendungen an den Mann; § 1390; Bem. S. 133.

9. den Anspruch der Frau auf Sicherheitsleistung und die Bethätigung der letzteren; §§ 1391, 1392, 1393; Bem. S. 134, 135, 136;

10. den Zeitpunkt für Geltendmachung von Ansprüchen der Frau; § 1394; Bem. S. 136;

11. Verfügungsrechte und Verfügungsbeschränkungen der Frau, einschlüssig der Prozeßführung durch dieselbe; §§ 1395—1399, 1401, 1405, 1406, 1407; Bem. S. 137 fg., 143, 145—149;

12. Prozeßführung durch die Frau; §§ 1400, 1401; Bem. S. 141, 143;

13. Ersetzung der eheherlichen Zustimmung durch das Vormundschaftsgericht; § 1402; Bem. S. 143 fg.;

14. Einseitige Rechtsgeschäfte in Bezug auf das eingebrachte Gut oder Verbindlichkeiten der Frau; § 1403; Bem. S. 145;

15. Beziehungen zu Dritten; § 1401; Bem. S. 145;

16. Ehemännliche Zustimmung zum selbständigen Betrieb eines Erwerbsgeschäftes durch die Frau und Wirkungen einer solchen Zustimmung; § 1405; Bem. S. 145;

17. Unübertragbarkeit des eheherrlichen Rechts; § 1408; Bem. S. 1408;

18. Vertretung des bevormundeten Mannes; § 1409; Bem. S. 151;

19. Schuldenhaftung in Ansehung des eingebrachten Guts (in Ansehung des Gesammtguts s. §§ 1530 fg., 1535 fg.) und zwar sowohl gegenüber Dritten, wie zwischen den Ehegatten unter sich; §§ 1410—1417; Bem. S. 151—160.

III. Die Nutzungen des beiderseitigen eingebrachten Gutes fallen dem Gesammtgute (s. oben Nr. 1, d—f) so zu, wie solche beim ordentlichen gesetzlichen Güterstande dem Manne zufallen, also in derselben Weise und in demselben Umfange. Vgl. desfalls § 1383 nebst Bem. S. 123 fg.

In Bezug auf die damit andererseits verbundenen Lasten finden sich die für die Errungenschaftsgemeinschaft maßgebenden Vorschriften eigens aufgestellt und durchgeführt in §§ 1529 fg.

§ 1526.

Vorbehaltsgut der Frau ist, was durch Ehevertrag für Vorbehaltsgut erklärt ist oder von der Frau nach § 1369 oder § 1370 erworben wird.

Vorbehaltsgut des Mannes ist ausgeschlossen.

---

*) Der § 1525 Abs. 2 erwähnt dabei auch den § 1383; dieser handelt aber von den Nutzungen.

Für das Vorbehaltsgut der Frau gilt das Gleiche wie für das Vorbehaltsgut bei der allgemeinen Gütergemeinschaft.

E. I, 1476; II, 1421; III, 1509.

1. Vorbehaltsgut im Allgemeinen. Neben dem eingebrachten Gute steht auch bei der Errungenschaftsgemeinschaft noch das Vorbehaltsgut. Ein solches ist aber bei diesem Güterstande ebenso wie beim Güterstande der eheherrlichen Verwaltung und Nutznießung nur auf Seite der Frau rechtlich zulässig, auf Seite des Mannes dagegen ausgeschlossen. In diesem Punkte weicht das B.G.B. von seinen Bestimmungen über die Möglichkeit beiderseitigen Vorbehaltsguts im Güterstande der allgemeinen Gütergemeinschaft ab, befindet sich dabei aber im Einklange mit älteren auf dem Boden der Errungenschaftsgemeinschaft stehenden Rechten. Auch das Bayr. L.R. Thl. I cap. 6 § 22 kannte Vorbehaltsgut (Rezeptizgut) nur auf Seite der Frau; ebenso das Württemb. L.R. Thl. I cap. 18 § 2. (Vgl. auch P. IV, 350 fg.)

2. Der Begriff: „Vorbehaltsgut" ist hier bei der Errungenschaftsgemeinschaft der gleiche, wie im ordentlichen gesetzlichen Güterstande oder bei der allgemeinen Gütergemeinschaft. (Vgl. §§ 1365, 1440 nebst Erörterungen S. 94, 96 fg., 200.)

3. Im Umfange entspricht das Vorbehaltsgut bei der Errungenschaftsgemeinschaft dem bei der allgemeinen Gütergemeinschaft. Hier und dort sind die Grenzen für Vorbehaltsgut, soweit Entstehung eines solchen kraft Gesetzes in Frage kommt, enger gezogen, als bei dem ordentlichen gesetzlichen Güterstande. Immerhin geht die Norm des B.G.B. § 1526 weiter, als z. B. das Bayr. L.R., welches in Thl. I cap. VI § 22 für die Entstehung von Vorbehaltsgut bei der Errungenschaftsgemeinschaft immer ein „besonderes Geding" voraussetzt, während nach § 1526 Abs. 1 Vorbehaltsgut der Frau entstehen kann durch

a) Ehevertrag (§ 1368, sowie Bem. zu § 1440 S. 200);
b) Zuwendung Dritter nach analoger Maßgabe des § 1369;
c) Erwerb aus Vorbehaltsgut und Surrogation nach Analogie des § 1370.

Nicht erwähnt sind auch im § 1526 (wie im § 1440) die §§ 1366 und 1367. Es greift also bei der Errungenschaftsgemeinschaft ebenfalls Vorbehaltsgut nicht statt in Gestalt

a) der sog. Frauengerade (§ 1366; vgl. dazu R.T.K. S. 141), sowie
b) des Erwerbs aus Arbeit oder selbständigem Betriebe eines Erwerbsgeschäfts der Frau (§ 1367),

es müßte denn Eines oder das Andere eigens durch Vertrag als Vorbehaltsgut erklärt sein (§ 1526 mit § 1386; s. auch Bem. S. 200).

Die ebenerwähnte Frauengerade fällt bei der Errungenschaftsgemeinschaft je nach Zeit oder Art des Erwerbs entweder dem eingebrachten Gute der Frau (§§ 1520, 1521, 1523, 1524) oder auch dem Gesammtgute zu (§ 1519). Vgl. R.T.K. S. 141.

Der Erwerb aus Arbeit oder dem selbständigen Betriebe eines Erwerbsgeschäfts der Frau dagegen fällt nach § 1519 in das Gesammtgut der Errungenschaftsgemeinschaft.

4. Die Rechtsverhältnisse des Vorbehaltsguts der Frau bei der Errungenschaftsgemeinschaft entsprechen denen bei der allgemeinen Gütergemeinschaft nach ausdrücklicher Vorschrift des § 1526 Abs. 2. Maßgebend hiefür ist der Inhalt des § 1441. Vgl. dazu die Bem. auf S. 201.

§ 1527.

Es wird vermuthet, daß das vorhandene Vermögen Gesammtgut sei.

E. I, 1421; II, 1422; III, 1510.

1. Schon nach älteren Rechten haben im Bereiche der Errungenschaftsgemeinschaft Rechtsvermuthungen von der hier fraglichen oder einer ähnlichen Art Geltung gehabt (z. B. Mainzer L.R. Tit. 8 § 4; P.L.R. Thl. II Tit. 1 § 400; Regensburger R.; Castell'sches Recht). Hieran anknüpfend stellt das B.G.B. die im § 1527 vorgesehene Vermuthung in der doppelten Absicht (M. IV, 516) auf:

a) um der Frau gegenüber der Thatsache, daß der Mann regelmäßig in Besitz und Verwaltung des Gesammtguts steht, eine gewisse Sicherung zu gewähren, damit nicht der Mann leichthin bei ihm vorhandenes Vermögen als ihm allein zustehendes eingebrachtes Gut bezeichnen und in Anspruch nehmen kann; dann

b) damit unter Umständen dadurch auch gewisse Bedenken gegen das in § 1524 niedergelegte Surrogationsprinzip gemildert werden.

2. Daraus ergibt von sich selbst, daß der Inhalt der Vermuthung, das Vermögen sei Gesammtgut, scharf festzuhalten ist. Derselbe schließt eine Vermuthung dahin, dieses oder jenes sei eingebrachtes Gut des Mannes, schlechthin aus. Allerdings kommt nach § 1540 noch eine andere Vermuthung zu Gunsten des eingebrachten Gutes dazu. Aber dort wird von vorneherein vorausgesetzt, daß in Bezug auf die daselbst erwähnten verbrauchbaren Sachen die Zugehörigkeit zum eingebrachten Gute des Einen oder Anderen der Ehegatten bereits feststeht, also die Anwendbarkeit des § 1527 ausgeschlossen ist. Vgl. auch nachher Nr. 7.

3. Dem Gegenstande nach kann sich die Vermuthung nach § 1527 auf Vermögensbestandtheile jeder Art, insbesondere unbewegliche wie bewegliche, erstrecken. (P. IV, 354.)

4. In ihren Wirkungen ergreift die Vermuthung des § 1527 sowohl das Verhältniß der Ehegatten unter sich, wie auch dasjenige zu Dritten.

5. Als eine praktisch wichtige Rechtsfolge der hier fraglichen Vermuthung bezeichnen es M. IV, 516, daß jede auf ein Sondergut eines Ehegatten gemachte Verwendung bis zur Feststellung des Gegentheils als aus dem Gesammtgute geschehen zu gelten hat.

6. Gegenbeweis wider die Vermuthung ist zulässig, auch durch Eideszuschiebung, nach § 292 C.P.O. n. Nr.

7. Anlangend das Verhältniß der Vermuthung nach § 1527 zu der anderen Vermuthung nach § 1362, so bestehen schon Verschiedenheiten in mehr äußerlichen Momenten darin:

a) daß sich der ganze § 1362 überhaupt nur auf Mobiliarvermögensbestandtheile bezieht (s. vorhin Nr. 3), dann

b) daß die Vermuthung des § 1362 sich nur im Bereiche von dessen zweitem Absatz sowohl auf das Verhältniß der Ehegatten zu einander wie zu den Gläubigern erstreckt, im hauptsächlichen Bereiche des ersten Absatzes aber nur zu Gunsten der Gläubiger des Mannes gilt.

Ein viel tiefer liegender, zur Abgrenzung der Gebiete dienender Unterschied liegt aber in Folgendem: Die Vermuthung nach § 1362 erstreckt sich zunächst auf die Frage, ob gewisse Vermögensbestandtheile des Eigenguts der Ehegatten zu dem des Mannes oder dem der Frau gehören. Für diese Frage wird eine Rechtsvermuthung theils zu Gunsten des Mannes (Abs. 1), theils zu Gunsten der Frau (Abs. 2) aufgestellt. Dies gilt für alle Güterstände, vornehmlich aber für die Systeme der Gütertrennung (vgl. S. 84). Hier im § 1527 handelt es sich aber um die dem Systeme der Errungenschaftsgemeinschaft eigenartig zugehörige andere Frage, wann bei zweifelhafter Sachlage bezüglich dieser oder jener Vermögensbestandtheile Gesammtgut oder Eigengut eines der Ehegatten anzunehmen sei. Diese Frage ist ihrer Natur nach die vorausgehende. Die andere Frage nach § 1362 kommt erst in Betracht, wenn so oder so feststeht, daß die betreffenden Sachen nicht Gesammtgut sind. Deshalb sagen auch M. IV, 133, die Vermuthung des (jetzigen) § 1527 gehe der des § 1362 (Abs. 1) zu Gunsten der Ehefrau vor.

§ 1528.

Jeder Ehegatte kann verlangen, daß der Bestand seines eigenen und des dem anderen Ehegatten gehörenden eingebrachten Gutes durch Aufnahme eines Verzeichnisses unter Mitwirkung des anderen Ehegatten festgestellt wird. Auf die Aufnahme des Verzeichnisses finden die für den Nießbrauch geltenden Vorschriften des § 1035 Anwendung.

Jeder Ehegatte kann den Zustand der zum eingebrachten Gute gehörenden Sachen auf seine Kosten durch Sachverständige feststellen lassen.

E. I, 1422; II, 1423; III, 1511.

1. Dieselbe Bestimmung, wie sie im § 1372 für das eingebrachte Gut der Frau im ordentlichen gesetzlichen Güterstande enthalten ist, findet sich hier für die Errungenschaftsgemeinschaft in Hinsicht auf das eingebrachte Gut beider Ehegatten. Von dieser Variante abgesehen, sind beide Gesetzesstellen gleichlautend. Vgl. daher auch hieher die Erörterungen zu § 1372 S. 106. S. auch § 164 F.G.

2. In Sonderheit für die Errungenschaftsgemeinschaft steht § 1528 im Anschlusse an verschiedene ähnliche Vorschriften älterer Rechte, z. B. im P.L.R. Thl. II Tit. 1 §§ 397 fg., im Württemb. L.R. Thl. IV, cap. 3 § 1, in den Partikularrechten von Memmingen, Regensburg, Bamberg, Schweinfurt, Castell. Während aber in diesen Rechten die Bestandsaufnahme vorgeschrieben, also den Ehegatten zur Rechtspflicht gemacht ist, gibt § 1528 nur jedem Ehegatten einen Anspruch darauf gegenüber dem anderen Ehetheile (M. IV, 518).

3. Durch die Bestandsaufnahme soll hier auch der besondere Zweck erreicht werden, daß jeder Ehegatte sich auch gegen die Vermuthung des § 1527 sicher stellen kann (M. IV, 418).

4. In der Maßregel nach § 1528 ist es von selbst begründet, daß jeder Ehegatte von dem anderen begehren kann, das aufgenommene Verzeichniß anzuerkennen und zwar nicht blos als richtig, sondern auch als vollständig. Gerade darin liegt für die Errungenschaftsgemeinschaft die Hauptbedeutung, insoferne es bei letzterer vielfach auf eine sichere Ausscheidung der eingebrachten Güter vom Gesammtgute ankommt.

5. Die Maßnahmen nach § 1528 vollziehen sich und wirken zunächst zwischen den Ehegatten. Unter ihnen dienen die Feststellungen nach § 1528 als Beweismittel, durchaus aber nicht als ausschließliches. Den Bestand auch in jeder anderen an sich zulässigen Art nachzuweisen, ist weder ausgeschlossen, noch auch nur beschränkt. „Ob und inwieweit ein Verzeichniß fraglicher Art auch für und gegen dritte Personen beweist, ist nach den allgemeinen Grundsätzen zu beurtheilen und der freien richterlichen Würdigung zu überlassen.“ So M. IV, 519.

§ 1529.

Der eheliche Aufwand fällt dem Gesammtgute zur Last.

Das Gesammtgut trägt auch die Lasten des eingebrachten Gutes beider Ehegatten; der Umfang der Lasten bestimmt sich nach den bei dem Güterstande der Verwaltung und Nutznießung für das eingebrachte Gut der Frau geltenden Vorschriften der §§ 1384 bis 1387.

E. I, 1418, 1419; II, 1424; III, 1512.

1. Zu den Prinzipien der Errungenschaftsgemeinschaft gehört es, daß, wie einerseits nach § 1519 jeder während des Bestehens des Güterstandes von dem einen oder anderen der Ehegatten gemachte Erwerb (vorbehaltlich der in §§ 1520 fg. aufgeführten Ausnahmen) dem Gesammtgute zufällt, so auch andererseits das Gesammtgut die entsprechenden Lasten zu tragen hat. Zu diesen Lasten gehört vor Allem

2. der gesammte eheliche Aufwand. Denn dieser ist es, welchem so recht eigentlich das fruktifizirliche Ergebniß der Erwerbsthätigkeit der Ehegatten in erster Reihe zu dienen bestimmt ist. Es steht dies in voller Analogie zu dem die Verhältnisse des ordentlichen gesetzlichen Güterstands behandelnden § 1389 Abs. 1, welcher den ehelichen Aufwand zwar dem Manne überbürdet, aber eben auch deswegen, weil dort der Mann für die Ehebedürfnisse die Nutzungen des eingebrachten Gutes der Frau zu denen seines eigenen Vermögens bezieht.

Ueber den Begriff: „ehelicher Aufwand“ und sonstige noch hieher einschlägige Fragen vgl. die Erörterungen zu § 1389 S. 130 fg.

Besonders zu verweisen ist auch auf § 1526 Abs. 3 mit §§ 1441, 1427 Abs. 2, nebst Bem., woraus hervorgeht, daß und inwieweit auch bei der Errungenschaftsgemeinschaft die Frau aus den Einkünften ihres Vorbehaltsguts einen Beitrag zum ehelichen Aufwand zu leisten hat.

Nach P.L.R. Thl. II Tit. 1 § 171 fallen auch die Kosten des Aufgebots, der Trauung und Hochzeit, soweit nicht Anderes verabredet oder ortsüblich ist, beiden Ehegatten gemeinschaftlich zur Last.*) Ob nun solche gemeinschaftliche Lasten schon als „ehelicher Aufwand“ oder als auf dem eingebrachten Gute lastend betrachtet werden wollen, ist bei der Errungenschaftsgemeinschaft des B.G.B. schließlich ohne sonderlichen Belang. Nimmt man „ehelichen Aufwand“ an, so trägt sie nach § 1529 Abs. 1 von vorneherein das Gesammtgut. Betrachtet man sie aber auch als Lasten des beiderseits eingebrachten Gutes, so gereichen sie doch auch dem Gesammtgute, wenigstens auf einem Umwege, zum Nachtheil.

3. Auch die Lasten des eingebrachten Gutes beider Ehegatten sind im § 1529 Abs. 2 dem Gesammtgute ausdrücklich überwiesen und zwar ebenfalls wieder

*) So auch B.L.R. Thl. I cap. VI § 33 Nr. 1. Zumeist trägt übrigens solche Kosten heutzutage der Brautvater!

deshalb, weil auch die Nutzungen dieser Vermögensmassen, soweit solche natürlich Nutzbares gewähren, nach § 1525 zu dem Gesammtgute gehören.

Anlangend den Umfang dieser Lasten, d. h. die Frage, welche Arten von Lasten sonach dem Gesammtgute der Errungenschaftsgemeinschaft obliegen, so verweist desfalls § 1529 Abs. 2 auf die bei dem ordentlichen gesetzlichen Güterstande für das eingebrachte Gut der Frau geltenden Vorschriften der §§ 1384—1387. Was dort dem Manne allgemein oder zunächst (vgl. aber § 1388) gegenüber der Frau auferlegt ist, mit dem ist hier in Ansehung der Person und des eingebrachten Gutes beider Ehegatten das Gesammtgut bebürdet.

In Einzelgruppen betrachtet, ergeben sich hienach als Gesammtgutslasten:

a) die Kosten für Gewinnung der Nutzungen und für die Erhaltung der zu den eingebrachten Gütern gehörenden Gegenstände nach § 1384;

b) die im § 1385 aufgeführten öffentlichen und privatrechtlichen Lasten nebst Zahlungen für gewisse Versicherungen;

c) bestimmte Zinsverbindlichkeiten, dann wiederkehrende Leistungen anderer Art, sowie auch Unterhaltsverpflichtungen nach den näheren Bestimmungen des § 1386;

d) die Kosten für bestimmte Rechtsbedürfnisse, namentlich soweit es sich um solche auf Seite der Frau handelt. Näheres besagt § 1387. Was übrigens solche Kosten in Ansehung des bei der Errungenschaftsgemeinschaft etwa vorhandenen eingebrachten Gutes des Mannes anlangt, so muß natürlich ebenfalls das Gesammtgut dieselben geradeso übernehmen, wie gegenüber der Frau. Dies ist für den Mann auch anzunehmen in Ansehung der im § 1387 erwähnten Vertheidigungskosten mit den dort erwähnten Einschränkungen, wobei natürlich das Erforderniß der Zustimmung des Mannes von selbst dann gegeben ist, wenn der Mann selbst sich den Vertheidiger bestellt hat.

§ 1388, welcher von der Solidarhaftung des Mannes gegenüber Dritten handelt, ist im § 1529 nicht erwähnt, konnte und brauchte auch nicht erwähnt zu werden, weil hier eben an die Stelle des mithaftenden Mannes von vorneherein das Gesammtgut mit seinen Beständen zur gesammten Hand tritt.

Ueber die Einzelnheiten hinsichtlich der voraufgeführten Lastengruppen s. die Erörterungen zu den §§ 1384—1387, S. 124—129.

Zu bemerken ist noch, daß die nach Abs. 2 vom Gesammtgute zu bestreitenden Lasten von diesem Gute ohne Rücksicht darauf zu tragen sind, ob und inwieweit denselben an Einkünften aus dem eingebrachten Gute für das Gesammtgut etwas gegenübersteht.

§ 1530.

Das Gesammtgut haftet für die Verbindlichkeiten des Mannes und für die in den §§ 1531 bis 1534 bezeichneten Verbindlichkeiten der Frau (Gesammtgutsverbindlichkeiten).

Für Verbindlichkeiten der Frau, die Gesammtgutsverbindlichkeiten sind, haftet der Mann auch persönlich als Gesammtschuldner. Die Haftung erlischt mit der Beendigung der Errungenschaftsgemeinschaft, wenn die Verbindlichkeiten im Verhältnisse der Ehegatten zu einander nicht dem Gesammtgute zur Last fallen.

E. I, 1423; II, 1425; III, 1513.

1. Schuldenhaftung im Allgemeinen. Wie bei allen Güterständen der Ehegatten, so ist auch bei der Errungenschaftsgemeinschaft, namentlich in den Beziehungen der Ehegatten nach Außen eine der wichtigsten Fragen, wie es sich mit der Haftung für Verbindlichkeiten zu verhalten habe. In M. IV, 519 fg. ist eingehend dargelegt, in welchen durchgreifenden, durch den einen oder anderen systematischen Grundzug bedingten Verschiedenheiten sich die älteren Rechte in jener Hinsicht bewegt haben. In diesen vielgestalteten Varianten ist übrigens nicht einmal immer volle rechtliche Konsequenz zu finden. Ebendeshalb kann es als in theoretischer und praktischer Hinsicht gefährlich bezeichnet werden, für die Auslegung und Handhabung der Bestimmungen des B.G.B., und zwar gerade bei Beurtheilung der Schuldenhaftung in der Errungenschaftsgemeinschaft, sich zu sehr in Vergleichungen mit dem Inhalte des einen oder anderen da oder dort zufällig vorausgegangenen Partikularrechts zu vertiefen. Das B.G.B. wandelt hier leicht erkennbar seine eigenen Wege und hat die bezüglichen Vorschriften namentlich den

entsprechenden Bestimmungen für die allgemeine Gütergemeinschaft ziemlich nahe gerückt. Die Rechtslage bei der Errungenschaftsgemeinschaft gestaltet sich aber im Vergleiche mit derjenigen bei der allgemeinen Gütergemeinschaft von vorneherein dadurch etwas mehr verwickelt, daß hier theilweise Gütertrennung und theilweise Gütergemeinschaft verbunden sind, insbesondere

a) bei der allgemeinen Gütergemeinschaft das Bestehen von Gesammtgut wesentlich ist, sich von selbst ergibt und den breitesten Boden einnimmt, d. h. doch meist nur ausnahmsweise einen Bestand von Vorbehaltsgut oder auch von nicht communionsfähigem Vermögen zur Seite hat, während

b) bei der Errungenschaftsgemeinschaft außer dem Gesammtgut auch noch Sondergüter (eingebrachtes Gut) jedes Ehegatten und endlich auch noch Vorbehaltsgut der Frau für die Schuldenhaftung in Frage kommen, weiter auch unter Umständen sogar Gesammtgut zum Mindesten zeitweise fehlen oder so unbedeutend sein kann, daß es für die Deckung von Verbindlichkeiten keine erhebliche Rolle spielt.

2. Unterscheidungen. Wie bei dem Güterstande der eheherrlichen Verwaltung und Nutznießung und bei der allgemeinen Gütergemeinschaft, unterscheidet auch bei der Errungenschaftsgemeinschaft das B.G.B. die Frage der Schuldenhaftung nach zwei Richtungen, nämlich

a) gegenüber Dritten als Gläubigern;

b) zwischen den Ehegatten unter sich.

In ersterer Richtung enthalten die §§ 1530—1534 Bestimmungen, in letzterer die §§ 1535—1541.

Innerlich sachlich betrachtet, d. h. nach den verschiedenen sich gegenüberstehenden Vermögensmassen, ergeben sich drei Grundfragen, dergestalt:

a) Wieweit haftet das Gesammtgut?

b) Wieweit haftet das Sondergut (d. h. eingebrachtes Gut, dann Vorbehaltsgut der Frau) des einen oder anderen Ehegatten für sich allein?

c) Wieweit haftet ein Ehegatte mit seinem Sondergut für Verbindlichkeiten des Anderen?

3. Gesammtgutshaftung gegenüber den Gläubigern. Wie bei der allgemeinen Gütergemeinschaft (vgl. § 1459; Bem. S. 217) stellt auch hier das Gesetz den Begriff „Gesammtgutsverbindlichkeiten" voran und bezeichnet damit im Allgemeinen diejenigen Verbindlichkeiten, für welche die Gläubiger des Mannes oder der Frau Befriedigung aus dem Gesammtgute der Errungenschaftsgemeinschaft verlangen können. Für die Gläubiger des Mannes gilt dabei die Regel, daß das Gesammtgut für alle Verbindlichkeiten des Mannes haftet, also sowohl für die vor als die nach Eintritt der Errungenschaftsgemeinschaft entstandenen. Es begründet in dieser Richtung auch keinen Unterschied, ob die Verbindlichkeiten des Mannes sich auf dessen eingebrachtes Gut oder das Gesammtgut beziehen, dann, auf welchem Rechtsgrunde dieselben beruhen, ob z. B. auf Rechtsgeschäften oder unerlaubten Handlungen u. s. w.

Gegenüber dem § 1423 E. I, welcher sich schon auf den nämlichen Standpunkt gestellt hatte, wird dies in M. IV, 523 gerechtfertigt

a) einerseits durch den Hinweis darauf, daß, wie bei der allgemeinen Gütergemeinschaft, so auch hier das Gesammtgut aufzufassen ist als ein in deutschrechtlichem Miteigenthume beider Ehegatten stehendes Vermögen, welches die Funktion des Vermögens des einen und anderen Ehegatten hat,

b) andererseits aber auch mit Rücksicht auf das dem Ehemanne in Ansehung des Gesammtguts zustehende ausgedehnte Verfügungsrecht, welches sein eingebrachtes Gut und das Gesammtgut in seiner Verwaltung vereinigt, dann auch im Interesse der Gläubiger wegen der im § 1527 aufgestellten Vermuthung.

In Ansehung der Gläubiger der Frau gilt dagegen die Regel, daß für die Verbindlichkeiten der Frau das Gesammtgut der Errungenschaftsgemeinschaft nur insoweit haftet, als solches im Gesetze selbst gemäß der §§ 1531 bis 1534 eigens vorgesehen ist. Die gesetzgeberischen Erwägungen für eine solche andere (auch vom bisherigen Preußischen und Württembergischen L.R. abweichende) Behandlung der Verbindlichkeiten der Frau speziell im Bereiche der Errungenschaftsgemeinschaft sind in M. IV, 524 fg. eingehend erörtert. Dabei ist insbesondere ausgeführt, daß die oben in Ansehung des Mannes dargelegten Gründe für die Person der Frau nicht zutreffen. Namentlich wurde aber a. a. O. auch betont, daß sich die Gläubiger aus der Zeit vor Eintritt der Errungenschaftsgemeinschaft gegen die Gefahr sich vollziehender Umwandlung von eingebrachtem

Gut der Frau in Gesammtgut (wogegen übrigens auch das Surrogationsprinzip Abhülfe gewährt) durch alsbaldige Geltendmachung ihrer Ansprüche schützen können und müssen.

Vergleicht man dieses mit dem, was oben S. 219 über die Verhältnisse bei der allgemeinen Gütergemeinschaft dargelegt ist, so ergibt sich, daß hier und dort Regel und Ausnahme im umgekehrten Verhältnisse sich darstellen. Vergleicht man aber weiter noch diejenigen Fälle der Schuldenhaftung des Gesammtguts, welche die §§ 1531 bis 1534 eigens vorsehen, z. B. mit dem, was vorhin über die Schuldenhaftung des Gesammtguts für Verbindlichkeiten des Mannes gesagt ist, so findet man insbesondere, daß für Verbindlichkeiten der Frau eine Gesammtgutshaftung nicht eintritt, wenn die Verbindlichkeit entweder

a) schon vor Eintritt der Errungenschaftsgemeinschaft entstanden oder
b) aus einer unerlaubten Handlung hervorgegangen ist.

Vgl. desfalls namentlich § 1532, sowie M. IV, 523; D. 209.

4. Im Gegensatze zur Belastung des Gesammtguts mit Gesammtgutsverbindlichkeiten steht die Haftung des Sonderguts (eingebrachtes Gut — nicht communionsfähiges Gut — Vorbehaltsgut der Frau) des einen oder anderen Ehegatten. Der oberste Grundsatz ist in dieser Hinsicht dahin festzustellen, daß jeder Ehegatte für die in seiner eigenen Person entstandenen Verbindlichkeiten gegenüber den Gläubigern auch mit seinem neben dem Gesammtgute bestehenden Sondervermögen haftet, gleichviel ob diese Verbindlichkeiten Gesammtgutsverbindlichkeiten sind oder nicht. Es ist dies zwar in dem Gesetze nicht besonders ausgesprochen, ergibt sich aber von selbst aus dem ganzen Aufbau des Güterstands der Errungenschaftsgemeinschaft.

Für die andere Frage aber, ob und inwieweit ein Ehegatte mit seinem Sondervermögen auch für Verbindlichkeiten des anderen Ehegatten, welche in dessen Person entstanden sind, zu haften habe, enthält § 1530 im zweiten Absatze nach positiver und negativer Richtung feste Normen, welche vollständig analog gehen mit denjenigen, die im § 1459 Abs. 2 für die allgemeine Gütergemeinschaft aufgestellt sind. Danach haftet vor Allem der Mann für Verbindlichkeiten der Frau auch persönlich, d. h. hier auch mit seinem eingebrachten Gute, jedoch nur

a) in sachlicher Beschränkung auf solche Verbindlichkeiten der Frau, welche auch Gesammtgutsverbindlichkeiten sind (vgl. §§ 1531—1534), dann
b) in zeitlicher Beschränkung auf die Dauer der Errungenschaftsgemeinschaft, wenn die Verbindlichkeiten im Verhältnisse der Ehegatten zu einander nicht dem Gesammtgute zur Last fallen, worüber die §§ 1535 fg. zu vergleichen sind.

Mit Beachtung des eben zu a Bemerkten sind hiezu zu vergl. die Erörterungen zu § 1459 Nr. 4 S. 219 fg.

Eine persönliche Mithaftung der Frau (mit ihrem eingebrachten Gute oder Vorbehaltsgute) für Verbindlichkeiten des Mannes ist analog dem Inhalte des § 1459 Abs. 2 für die allgemeine Gütergemeinschaft hier ebenfalls ausgeschlossen und zwar auch dann, wenn diese Verbindlichkeiten zugleich Gesammtgutsverbindlichkeiten sind. Vgl. M. IV, 526. Dabei findet sich ebendaselbst auch noch folgende bemerkenswerthe Ausführung:

> „Eine Ausnahme von dem Grundsatze, daß die Ehefrau für die Gesammtgutsverbindlichkeiten persönlich nicht haftet, hat der Entwurf auch nicht für den Fall gemacht, wenn die Ehegatten gemeinschaftlich eine Verbindlichkeit eingegangen sind.*) Nach allgemeinen Grundsätzen haftet in einem solchen Falle, soferne nicht von den Ehegatten eine Gesammtschuld beabsichtigt ist, ein Jeder derselben dem Gläubiger zur Hälfte. Durch die unter den Ehegatten bestehende Errungenschaftsgemeinschaft wird dies insoferne geändert, als vermöge der in der gemeinschaftlichen Eingehung der Verbindlichkeit liegenden Einwilligung des Ehemannes zur Eingehung der Verbindlichkeit von Seiten der Ehefrau die persönliche Haftung des Ehemannes auch für die die Ehefrau treffende Hälfte der Verbindlichkeit begründet wird. (Vgl. § 1532.) Ein genügender Grund, in einem solchen Falle andererseits auch die Ehefrau, trotzdem dieselbe sich nur auf die Hälfte hat verpflichten wollen, für die den Ehemann treffende Verpflichtung haften zu lassen, liegt nicht vor, zumal nur wenige Rechte eine solche solidarische Verpflichtung der Ehefrau anerkennen."

5. Ueber Zwangsvollstreckung bei der Errungenschaftsgemeinschaft und zwar
a) bezüglich des eingebrachten Guts s. C.P.O. n. Nr. §§ 739, 741, 742, 744, 750;

*) Dieser Fall ist aber nicht schon gegeben, wenn ein Ehegatte zu einem Rechtsakte des Andern blos seine vom Gesetze geforderte Zustimmung gibt.

b) bezüglich des Gesammtguts s. C.P.O. n. Nr. §§ 740, 741, 742, 743, 744, 750, 800.

6. Wegen des Konkurses bestimmt § 2 der Konkursordnung v. 17. Mai 1898 Folgendes:

a) Wird bei dem Güterstande der Errungenschaftsgemeinschaft das Konkursverfahren über das Vermögen des Ehemannes eröffnet, so gehört das Gesammtgut zur Konkursmasse. Eine Auseinandersetzung wegen des Gesammtguts zwischen den Ehegatten findet nicht statt.

b) Durch das Konkursverfahren über das Vermögen der Ehefrau wird das Gesammtgut nicht berührt.

Für den Fall des Konkurses über das Vermögen des Mannes vgl. § 1543, wonach dann Beendigung der Errungenschaftsgemeinschaft eintritt.

§ 1531.

Das Gesammtgut haftet für Verbindlichkeiten der Frau, die zu den im § 1529 Abs. 2 bezeichneten Lasten des eingebrachten Gutes gehören.

E. I, 1423; II, 1426; III, 1512.

Vgl. Bem. zu § 1529 Abs. 2. Rechtsfolge des Satzes in § 1531 ist, daß in einem unterstellten Falle die Gläubiger der Ehefrau gemäß § 1530 Abs. 2 auch den Ehemann unmittelbar in Anspruch nehmen können. M. IV, 527. Das Gleiche gilt auch für die Fälle der §§ 1532, 1533, 1534.

§ 1532.

Das Gesammtgut haftet für eine Verbindlichkeit der Frau, die aus einem nach dem Eintritte der Errungenschaftsgemeinschaft vorgenommenen Rechtsgeschäft entsteht, sowie für die Kosten eines Rechtsstreits, den die Frau nach dem Eintritte der Errungenschaftsgemeinschaft führt, wenn die Vornahme des Rechtsgeschäfts oder die Führung des Rechtsstreits mit Zustimmung des Mannes erfolgt oder ohne seine Zustimmung für das Gesammtgut wirksam ist.

E. I, 1423; II, 1427; III, 1515

1. Die Fälle, welche § 1532 in's Auge faßt, sind dieselben, wie sie schon für den ordentlichen gesetzlichen Güterstand im § 1412 und für die allgemeine Gütergemeinschaft im § 1460 behandelt sind. § 1532 bezieht sich ebenfalls auf

a) Verbindlichkeiten der Frau aus einem Rechtsgeschäfte und

b) Kosten eines von der Frau geführten Rechtsstreits.

2. In beiden Fällen begründet aber § 1532 für die Errungenschaftsgemeinschaft eine Gesammtgutshaftung nur dann, wenn die rechtsgeschäftliche Verbindlichkeit der Frau entstanden oder der Rechtsstreit von Letzterer geführt worden ist nach Eintritt der Errungenschaftsgemeinschaft. Was dabei in Sonderheit einen Rechtsstreit anlangt, so macht sich bemerklich, daß die gleiche zeitliche Begrenzung sich in den vorerwähnten entsprechenden §§ 1412 Abs. 2 und 1460 Abs. 2 nicht vorfindet.

Für rechtsgeschäftliche Verbindlichkeiten oder Prozeßkosten der Frau aus einem früheren Zeitabschnitte können also bei der Errungenschaftsgemeinschaft von den Gläubigern nur das eingebrachte Gut der Frau oder deren Vorbehaltsgut oder dasjenige, was nach Beendigung der Errungenschaftsgemeinschaft durch die Auseinandersetzung aus dem bis dahin bestandenen Gesammtgute auf die Seite der Frau entfällt, nach Maßgabe der allgemeinen Haftungsgrundsätze in Anspruch genommen werden.

3. Eine weitere Voraussetzung ist wiederum nach beiden obenerwähnten Richtungen, daß die Vornahme des Rechtsgeschäfts oder die Prozeßführung Seitens der Frau mit Zustimmung (vorheriger Einwilligung oder nachheriger Genehmigung) des Mannes erfolgt ist. Es ist dies die Rechtsfolge des Verwaltungsrechtes, welches dem Manne nach § 1519 mit § 1443, sowie nach § 1525 mit § 1374 fg. in Ansehung sowohl des Gesammtguts wie des eingebrachten Gutes der Frau zusteht, wie nicht minder der Rechtsregel, daß bei der Errungenschaftsgemeinschaft der nutzungsberechtigte Faktor gegenüber den eben erwähnten Vermögensmassen der Frau nach §§ 1519, 1525 eben das der Verwaltung des Mannes unterstehende Gesammtgut ist. Die Frau kann daher der Regel nach nicht über den Kopf und Willen des Mannes hinweg das Gesammtgut mit Haftungen

belasten. Davon setzt der § 1531 in den Schlußworten aber auch wieder Ausnahmen für diejenigen Fälle, in welchen die Frau auch ohne eheherrliche Zustimmung des Mannes bestimmte Rechtshandlungen vornehmen und dadurch das Gesammtgut verpflichten kann. Es sind dies die nach § 1519 Abs. 2 hieher anwendbaren Fälle der §§ 1449 bis 1453, nämlich kurz angedeutet die Fälle

a) der ausnahmsweisen Vornahme von Rechtsgeschäften oder die Führung von Rechtsstreiten für das Gesammtgut durch die Frau bei Krankheit oder Abwesenheit des Mannes (§ 1450);
b) der vormundschaftsgerichtlichen Ersetzung der ehemännlichen Zustimmung nach § 1451;
c) eines selbständigen Betriebs eines Erwerbsgeschäfts Seitens der Frau mit ausdrücklicher oder stillschweigender Zustimmung des Mannes nach näherer Bestimmung des § 1452 mit § 1405; s. auch § 1533;
d) der im § 1453 aufgeführten Annahme oder Ausschlagung einer der Frau angefallenen Erbschaft oder eines Vermächtnisses, des Verzichts auf den Pflichttheil, der Ablehnung eines Vertragsantrags oder einer Schenkung, der Errichtung eines Erbschaftsinventars Seitens der Frau;
e) der subsidiären eigenen gerichtlichen Geltendmachung bestimmter Rechte durch die Frau nach § 1449.

4. Unter den im § 1532 erwähnten Rechtsgeschäften sind sowohl einseitige als zweiseitige inbegriffen. Auch begründet es unter den im § 1532 vorgesehenen Voraussetzungen keinen Unterschied, ob die ehefräulichen Verbindlichkeiten fraglicher Art erwachsen aus ihrer Betheiligung am Gesammtgute oder aus ihrem eingebrachten Gute, also z. B. aus einer zu letzterem angefallenen Erbschaft (Fischer-Henle, 2. Aufl. S. 641; etwas andere Auffassung M. IV, 528). Dagegen gehören selbstverständlich Verbindlichkeiten in Bezug auf das Vorbehaltsgut von vorneherein nicht hieher.

5. Bezüglich der Rechtsstreite und der Kosten dafür vgl. auch hieher die Bem. zu § 1460 S. 221.

6. Wegen der in M. IV, 527 auch für die Errungenschaftsgemeinschaft berührten Frage, wieweit der Ehemann bei Ertheilung seiner Einwilligung oder Genehmigung durch einen Vorbehalt die Haftung des Gesammtguts und seiner eigenen Person ausschließen könne, vgl. Bem. zu § 1460 S. 221.

§ 1533.

Das Gesammtgut haftet für eine Verbindlichkeit der Frau, die nach dem Eintritte der Errungenschaftsgemeinschaft in Folge eines ihr zustehenden Rechtes oder des Besitzes einer ihr gehörenden Sache entsteht, wenn das Recht oder die Sache zu einem Erwerbsgeschäfte gehört, das die Frau mit Einwilligung des Mannes selbständig betreibt.

E. I, 1423; II, 1428; III, 1516.

Diese Gesetzesstelle entspricht mit etwas veränderter Redaktion und in etwas erweiterter Ausdehnung (auf das eingebrachte Gut und Vorbehaltsgut der Frau) dem § 1462, welcher seinerseits wieder auf den § 1414 zurückführt. Vgl. daher auch die Bem. zu § 1462 und 1414 S. 222 mit S. 156. Die hier festgesetzte Gesammtgutshaftung entspricht zugleich kehrseits der Rechtslage, daß bei der Errungenschaftsgemeinschaft die Erträgnisse aus dem selbständigen Betriebe eines Erwerbsgeschäftes nicht schon kraft Gesetzes Vorbehaltsgut werden (wie im ordentlichen gesetzlichen Güterstande nach § 1367), auch nicht zum eingebrachten Gute fallen (§ 1524), sondern der Regel des § 1519 Abs. 1 folgen.

§ 1534.

Das Gesammtgut haftet für Verbindlichkeiten der Frau, die ihr auf Grund der gesetzlichen Unterhaltspflicht obliegen.

E. I, 1425; II, 1429; III, 1517.

1. Im Auge hat vorstehende Bestimmung lediglich diejenige Unterhaltspflicht, welche der Frau kraft Gesetzes obliegt, nicht auch eine solche, welche sie durch Rechtsgeschäft überkommen hat. Verpflichtungen letzterer Art sind in Ansehung der Frage, ob sie dem Gesammtgute der Errungenschaftsgemeinschaft zur Last fallen, lediglich nach den einschlägigen allgemeinen Normen (vgl. namentlich § 1532) zu beurtheilen.

2. Als Fälle für die Anwendung des § 1534 sind gemäß §§ 1578 fg., 1601 fg. zu verzeichnen die Unterhaltsverpflichtungen der Frau gegenüber:

a) einem früheren, von ihr geschiedenen Ehegatten unter den Voraussetzungen und innerhalb der Grenzen nach § 1578 fg.;

b) einem ihrer Ascendenten in gerader Linie (§ 1601);

c) einem ihrer Abkömmlinge, und zwar sowohl einem mit ihrem jetzigen Ehemanne gemeinschaftlichen, wie auch einem sog. einseitigen Abkömmlinge (ehelichen oder unehelichen; § 1705);

d) unter Umständen auch gegenüber einem Adoptirten (§§ 1741 fg., 1757).

Bezüglich der gemeinschaftlichen Abkömmlinge ist in M. IV, 530 darauf hingewiesen, daß der Unterhalt eines gemeinschaftlichen Abkömmlings schon unter den Begriff des „ehelichen Aufwands" (§ 1529 Abs. 1) falle. Dies ist richtig, aber doch nur soweit, als der gemeinschaftliche Abkömmling sich eben noch im elterlichen Hausstande befindet. Für andere Fälle gibt § 1534 die nöthige weitere Bestimmung.

Ueber die Fälle, wenn andere Angehörige der Ehegatten oder eines derselben sich im Hausstande befinden, vgl. die Erörterungen zu § 1389 S. 131, 132.

3. Da § 1534 nur spricht von Unterhaltsverpflichtungen der Frau, welche ihr kraft Gesetzes obliegen, kann diese Gesetzesstelle, wie in R.T.K. S. 140 eigens betont ist, nicht bezogen werden auf Unterhaltslasten, welche die Frau erst durch Erbschaft (insbesondere nach § 1712) überkommen hat. Solche Fälle sind nach den anderweitig einschlägigen Gesetzesbestimmungen, insbesondere über Nachlaßverbindlichkeiten, zu beurtheilen.

4. Liegen die Voraussetzungen des § 1534 vor, so bildet das Unterhaltsreichniß nicht blos eine Last des Gesammtguts nach § 1530 Abs. 1, sondern auch eine persönliche Last des Mannes zur Mithaftung als Gesammtschuldner nach Maßgabe des § 1530. Darin liegt auch ein Schwerpunkt, dessentwegen dem § 1604 auch noch der § 1534 zur Seite gesetzt ist.

5. Unterhaltspflichten des Mannes fallen ohnehin unter den Eingangssatz des § 1530.

§ 1535.

Im Verhältnisse der Ehegatten zu einander fallen folgende Gesammtgutsverbindlichkeiten dem Ehegatten zur Last, in dessen Person sie entstehen:

1. die Verbindlichkeiten aus einem sich auf sein eingebrachtes Gut oder sein Vorbehaltsgut beziehenden Rechtsverhältniß, auch wenn sie vor dem Eintritte der Errungenschaftsgemeinschaft oder vor der Zeit entstanden sind, zu der das Gut eingebrachtes Gut oder Vorbehaltsgut geworden ist;
2. die Kosten eines Rechtsstreits, den der Ehegatte über eine der in Nr. 1 bezeichneten Verbindlichkeiten führt.

E. I, 1426; II, 1430; III, 1518.

1. Allgemeiner Standpunkt. Wie beim ordentlichen gesetzlichen Güterstande (§§ 1415, 1416) und bei der allgemeinen Gütergemeinschaft (§§ 1463—1465) stellt das B.G.B. auch bei der Errungenschaftsgemeinschaft durch die §§ 1535—1538 der Schuldenhaftung des Gesammtguts für die Gläubiger diejenige der Schuldenhaftung im Verhältnisse der Ehegatten zu einander gegenüber. In dieser Hinsicht gilt auch hieher dasjenige, was zu § 1463, Bem. 1, S. 222 fg. erörtert wurde. Nur ist zu beachten, daß bei der Errungenschaftsgemeinschaft dem Gesammtgute, nicht blos Vorbehaltsgut (hier der Frau), sondern auch eingebrachtes Gut des Mannes oder der Frau als Sondergut zur Seite stehen kann. Vgl. auch die Erörterungen in M. IV, 532 zu E. I § 1426. Dieser § 1426 E. I hatte übrigens in Abs. 1 ausdrücklich den Grundsatz an die Spitze gestellt: „Die Gesammtgutsverbindlichkeiten fallen auch im Verhältnisse der Ehegatten zu einander dem Gesammtgute zur Last." Die weiteren Vorschriften stellten sich demgegenüber als Ausnahmen von der Regel dar. Im späteren Verlaufe der Gesetzesentwicklung blieb dann jener ausdrückliche Satz zwar weg. In der Grundauffassung ist dadurch aber sachlich nichts geändert. Denn auch jetzt tritt eine Belastung des einzelnen Ehegatten im Verhältnisse zum Anderen nur ein, soweit es in den §§ 1535 fg. eigens vorgesehen ist.

2. Einzelfälle. Für den Bereich des § 1535 stehen sich die Ehegatten wechselseitig gegenüber. Jeder derselben kann in den bezüglichen Fällen für Verbindlichkeiten, welche den Gläubigern gegenüber das Gesammtgut belasten, im Verhältniß zum

anderen Ehegatten verpflichtet sein, den fraglichen Schuldposten auf sein Sondergut (s. oben Nr. 1) zu übernehmen oder daraus zu ersetzen oder sich bei der seinerzeitigen Auseinandersetzung des Gesammtguts (§ 1546) auf seinen Antheil daran anrechnen zu lassen.

Der Fall der Ziff. 1 entspricht der Fassung nach den §§ 1415 Nr. 2 und 1463 Nr. 2. Sachlich geht aber der Inhalt der Gesetzesstelle insoferne weiter, als hier die Ueberwälzung einer Gesammtgutsschuld zwischen den Ehegatten nicht blos in Ansehung von Vorbehaltsgut (der Frau), sondern auch in Hinsicht auf das eingebrachte Gut (beider Ehegatten) den Verhältnissen der Errungenschaftsgemeinschaft entsprechend vorgesehen ist. Dem entspricht auch die

Ziffer 2 über die Kosten von Rechtsstreiten. Zu vgl. ist dazu auch die Vorschrift in § 1537 Abs. 2.

3. Eine Einschränkung erfahren die Bestimmungen des § 1535 durch § 1537.

4. Die in § 1415 Ziff. 1 und § 1463 Ziff. 1 enthaltene Bestimmung fehlt hier. Es erklärt sich dies, soweit Verbindlichkeiten der Frau aus unerlaubten Handlungen oder aus einem gegen die Frau gerichteten Strafverfahren in Frage stehen, einfach daraus, daß solche Verbindlichkeiten bei der Errungenschaftsgemeinschaft von vorneherein keine Gesammtgutsverbindlichkeiten sind. Bezüglich des Mannes aber s. § 1536 Nr. 3 u. 4.

§ 1536.

Im Verhältnisse der Ehegatten zu einander fallen dem Manne zur Last:

1. die vor dem Eintritte der Errungenschaftsgemeinschaft entstandenen Verbindlichkeiten des Mannes;
2. die Verbindlichkeiten des Mannes, die der Frau gegenüber aus der Verwaltung ihres eingebrachten Gutes entstehen, soweit nicht das Gesammtgut zur Zeit der Beendigung der Errungenschaftsgemeinschaft bereichert ist;
3. die Verbindlichkeiten des Mannes aus einer unerlaubten Handlung, die er nach dem Eintritte der Errungenschaftsgemeinschaft begeht, oder aus einem Strafverfahren, das wegen einer unerlaubten Handlung gegen ihn gerichtet wird;
4. die Kosten eines Rechtsstreits, den der Mann über eine der in Nr. 1 bis 3 bezeichneten Verbindlichkeiten führt.

E. I, 1426, II, 1431, III, 1519.

Im Gegensatze zu § 1535 behandelt § 1536 nur die zwischen den Ehegatten sich vollziehende Ueberwälzung von Verbindlichkeiten auf die Person und das Vermögen des Mannes. In dieser Richtung hat § 1536 zur besonderen Grundlage den weitgehenden Eingangssatz im § 1530. Namentlich gilt dies von der

1. Ziffer 1. Die hier erwähnten Verbindlichkeiten des Mannes belasten gegenüber den Gläubigern nach § 1530 das Gesammtgut. Es entspricht der ausgleichenden Gerechtigkeit, daß der Frau gegenüber schließlich doch der Mann dafür aufzukommen hat und zwar ohne Unterschied danach, aus welchem Rechtsgrunde diese Verbindlichkeiten entstanden sind und ob sie sich auf bewegliches oder unbewegliches Vermögen beziehen.

Bezüglich der vor Eintritt der Errungenschaftsgemeinschaft entstandenen Verbindlichkeiten der Frau ergibt sich aus dem Inhalte des § 1532, daß sie überhaupt nicht das Gesammtgut belasten.

Eine Einschränkung der Ziff. 1 ergibt sich aus § 1537.

2. Ziffer 2 deutet insbesondere auf Ersatzansprüche der Frau gegenüber dem Manne aus seiner Verwaltung des eingebrachten Gutes der Frau. Vgl. desfalls § 1525 mit §§ 1374 fg., 1394. Das Gesetz schließt aber hier den Rückgriff auf den Mann zwischen den Ehegatten dann aus, wenn und soweit das Gesammtgut bereichert ist. Dieser Satz steht im Zusammenhange mit dem Inhalte des § 1539. Liegt eine Bereicherung des Gesammtguts auf Kosten des eingebrachten Gutes der Frau vor, so hat nach § 1536 der Ausgleich auch aus dem Gesammtgute und nicht auf Rechnung des Mannes allein zu erfolgen. Im gegentheiligen Falle hat nach § 1536 Ziff. 2 der Mann seiner Frau gegenüber einzustehen.

Die Beifügung der Worte: „zur Zeit der Beendigung der Errungenschaftsgemeinschaft" steht im Einklange mit § 1546.

3. Ziff. 3 entspricht in Ansehung des Mannes dem § 1463 Ziff. 1. Ueber den sachlichen Umfang der Vorschrift vgl. daher auch die Bem. S. 223. Wegen gleicher Fälle auf Seite der Frau vgl. Bem. 3 zu § 1535.

4. Zu Ziff. 4 vgl. § 1537.

§ 1537.

Die Vorschriften des § 1535 und des § 1536 Nr. 1, 4 finden insoweit keine Anwendung, als die Verbindlichkeiten nach § 1529 Abs. 2 von dem Gesammtgute zu tragen sind.

Das Gleiche gilt von den Vorschriften des § 1535 insoweit, als die Verbindlichkeiten durch den Betrieb eines Erwerbsgeschäfts, der für Rechnung des Gesammtguts geführt wird, oder in Folge eines zu einem solchen Erwerbsgeschäfte gehörenden Rechtes oder des Besitzes einer dazu gehörenden Sache entstehen.

E. I, 1426, II, 1432, III, 1520.

1. Durch die Bestimmung in Abs. 1 ergibt sich für die Vorschriften des § 1535 und § 1536 Ziff. 1 mit Ziff. 4 eine Einschränkung von grundsätzlicher Bedeutung. Soweit nach § 1529 Abs. 2 mit §§ 1384—1387 die Lasten des eingebrachten Gutes nach den auf S. 303 erörterten Gesichtspunkten im Prinzip und dem Umfange nach vom Gesammtgut zu tragen sind, bleiben sie auch im Verhältnisse der Ehegatten zu einander auf dem Gesammtgute liegen. Eine Rücküberwälzung auf Sondergut eines der Ehegatten ist also insoweit ausgeschlossen.

2. Abs. 2 zieht in Betracht, daß nach den Grundsätzen der Errungenschaftsgemeinschaft (s. namentlich § 1519) das Erträgniß eines Erwerbsgeschäfts der in der Gesetzesstelle bezeichneten Art in das Gesammtgut fällt. Folgeweise hat auch letzteres die im obigen Abs. 2 bezeichneten Verbindlichkeiten unabwälzbar zu tragen. „Für Rechnung des Gesammtguts betrieben" erscheint ein Erwerbsgeschäft nicht blos dann, wenn es von vorneherein in seinem Bestande, seinem Werthe und seinem Betriebsfond zum Gesammtgute gehört, sondern auch dann, wenn es als Bestandtheil des eingebrachten Gutes eines der Ehegatten sich darstellt. Das ergibt sich aus § 1525. Ist aber das Erwerbsgeschäft schon in seinem Bestande zum Vorbehaltsgut der Frau gehörig, so können auch die daraus entspringenden Verbindlichkeiten das Gesammtgut nicht belasten.

§ 1538.

Verspricht oder gewährt der Mann einem Kinde eine Ausstattung, so finden die Vorschriften des § 1465 Anwendung.

E. I, 1427, II, 1433; III, 1521.

1. Der in Bezug genommene § 1465 kommt in seinem vollen Umfange hieher zur Anwendung, sohin auch mit der dortselbst in Abs. 1 und 2 durchgeführten Unterscheidung zwischen gemeinschaftlichen und nicht gemeinschaftlichen Kindern.

2. Ueber den Begriff: „Ausstattung" vgl. Bem. 6 zu § 1465 S. 225.

3. Auch im Uebrigen vgl. hieher die Erörterungen zu § 1465 S. 224 fg. Was dort vom Vorbehaltsgute des Mannes (bei allgemeiner Gütergemeinschaft) gesagt ist, gilt bei der Errungenschaftsgemeinschaft vom eingebrachten Gute des Mannes.

§ 1539.

Soweit das eingebrachte Gut eines Ehegatten auf Kosten des Gesammtguts oder das Gesammtgut auf Kosten des eingebrachten Gutes eines Ehegatten zur Zeit der Beendigung der Errungenschaftsgemeinschaft bereichert ist, muß aus dem bereicherten Gute zu dem anderen Gute Ersatz geleistet werden. Weitergehende, auf besonderen Gründen beruhende Ansprüche bleiben unberührt.

E. I, 1420, II, 1434, III, 1522.

1. Allgemeiner Standpunkt. Nach M. IV, 514 soll die vorstehende (mit E. I § 1420 im Wesentlichen übereinstimmende) Vorschrift dazu dienen, mannichfache auf dem Gebiete der partikulären Gütergemeinschaft bestehende einschlägige Streitfragen durch eine feste, einfache Bestimmung abzuschneiden. Dieselbe bezielt den Ausgleich zwischen den verschiedenen Vermögensmassen der Ehegatten, falls eine derselben auf Kosten einer anderen bereichert ist (Bereicherung: § 823 fg.). Man betrachtete in dieser Hinsicht die allgemeinen Grundsätze für manche Fälle nicht als ausreichend, um einen der Billigkeit und der besonderen Sachlage bei der Errungenschaftsgemeinschaft entsprechenden Ersatzanspruch zu begründen (M. IV, 514). Diesen Ersatzanspruch anerkennt und schafft nun eigens § 1539. In der Behandlung des Sondervermögens des Mannes und dem der Frau wird dabei nicht unterschieden. (M. IV, 514.) Die beigefügte Zeitbestimmung „zur Zeit der Beendigung der Errungenschaftsgemeinschaft" steht im Zusammenhang mit § 1546.

2. Besondere Ansprüche. Wie in M. IV, 515 ausgeführt ist, „fehlt es an einem genügenden Grunde, vorzuschreiben, daß nur ein Bereicherungsanspruch stattfinden soll, mithin weitergehende Ansprüche des einen oder anderen Ehegatten, welche auf einem speziellen Thatbestande beruhen und aus anderen Bestimmungen des Gesetzbuches hergeleitet werden können, abzuschneiden". Als solche besondere Rechtsgründe werden am a. a. O. insbesondere erwähnt:

a) der Fall, daß der Ehemann behufs ordnungsmäßiger Verwaltung des eingebrachten Gutes der Ehefrau für Rechnung der letzteren Aufwendungen aus dem Gesammtgute gemacht hat (§ 1525 mit § 1390);

b) Ansprüche wegen Verwendungen aus dem eingebrachten Gute in das Gesammtgut nach der Analogie des jetzigen § 1466 Abs. 2 (anders Fischer-Henle, 2. Aufl. S. 644);

c) Ansprüche nach den Vorschriften über die Geschäftsführung ohne Auftrag (§ 677 fg.). Außerdem sind

d) beispielsweise auch noch hieher zu rechnen Ersatzansprüche wegen absichtlicher Benachtheiligung.

3. Die Beweislast trifft denjenigen, welcher auf die Vorschrift des § 1539 einen Ausgleichungsanspruch gründet. Er muß beweisen, daß und inwieweit die Bereicherung zur Zeit der Beendigung der Errungenschaftsgemeinschaft besteht. (M. IV, 515.)

§ 1540.

Sind verbrauchbare Sachen, die zum eingebrachten Gute eines Ehegatten gehört haben, nicht mehr vorhanden, so wird zu Gunsten des Ehegatten vermuthet, daß die Sachen in das Gesammtgut verwendet worden seien und dieses um den Werth der Sachen bereichert sei.

E. I, 1421; II, 1435; III, 1523.

1. Die hier aufgestellte gesetzliche Vermuthung dient zu Gunsten des eingebrachten Gutes des einen oder anderen Ehegatten behufs praktischer Ausgestaltung des Ausgleichungsgrundsatzes nach § 1539. Das B.G.B. folgt darin, wie M. IV, 516 fg. erörtern, den Rechtsvorbildern, wie sie sich früher namentlich in Württemberg, Nassau und Hessen-Darmstadt vorfanden. Man erachtete dabei die Vorschrift des § 1540 zugleich als ein gewisses Korrektiv gegenüber der in § 1527 aufgestellten anderen Vermuthung (M. IV, 517; vgl. auch die Erörterungen zu § 1527).

Für das Vorbehaltsgut der Frau gilt die Vermuthung nicht.

2. Die Bestimmung des § 1540 bezieht sich übrigens nicht auf das gesammte eingebrachte Gut, sondern nur auf verbrauchbare Sachen (§ 92), insbesondere auf Geld. „Das Gesammtgut" — führen M. IV, 517 zutreffend aus — „bildet eine gemeinschaftliche Kasse, aus welcher regelmäßig alle Bedürfnisse der Ehegatten bestritten werden. Wenn daher Geld oder verbrauchbare Sachen, welche zum eingebrachten Gute eines Ehegatten gehört haben, nicht mehr vorhanden sind, so ist es in hohem Grade wahrscheinlich, daß sie der gemeinschaftlichen Kasse zugeflossen und in das Gesammtgut derart verwendet sind, daß das Letztere um den Werth dieser Sachen bereichert worden ist. Anders liegt dagegen das Verhältniß in Ansehung anderer Gegenstände vom eingebrachten Gute. Dieselben sind regelmäßig zu einer unmittelbaren Verwendung zum Besten der Gemeinschaft nicht geeignet und ihrer Natur nach auch zum Verbrauche oder zur Veräußerung nicht bestimmt. . . . . Auch wird hier der Beweis über etwaige bezügliche Rechtsgeschäfte regelmäßig mit weniger Schwierigkeiten unterliegen, als der Beweis, was aus den verbrauchbaren Sachen geworden ist."

3. Damit die Vermuthung des § 1540 in Anwendung kommen kann, muß von vornherein dreierlei feststehen, nämlich

a) daß bestimmte verbrauchbare Sachen vorhanden waren;

b) daß sie zum eingebrachten Gute eines Ehegatten gehört haben und

c) daß sie nicht mehr vorhanden sind.

Steht dies thatsächlich fest, dann

4. erstreckt sich die Vermuthung nach doppelter Richtung, nämlich dahin, daß

a) die Sachen in das Gesammtgut verwendet wurden und

b) das Gesammtgut um den Werth bereichert ist, also auch die Bereicherung noch fortbesteht.

Dieser Werth ist selbstverständlich nach allgemeinen Beweisgrundsätzen und mit den gewöhnlichen Beweismitteln festzustellen.

5. Als besonders von Bedeutung erachten M. IV, 517 die Vermuthung des § 1540 für den Ehemann, außerdem aber auch für die Ehefrau, namentlich in solchen Fällen, in welchen feststeht, daß die betreffenden Gegenstände zur Zeit des Eintritts der Errungenschaftsgemeinschaft vorhanden gewesen sind, der Ehemann aber die an ihn erfolgte Uebergabe bestreitet und eine schuldvolle Verletzung seiner Verwaltungspflicht darin nicht gefunden werden kann, daß er sich den Besitz der Sachen nicht verschafft hat.

6. Wenn auch im Allgemeinen die Vermuthung auf das eingebrachte Gut beider Ehegatten anwendbar ist, so wird sie im einzelnen gegebenen Falle doch nur verwendbar zu Gunsten desjenigen Ehegatten, dessen Sachen nicht mehr vorhanden sind, nicht auch zu Gunsten des ihm gegenübertretenden Anderen. Es kann deshalb, wie in M. IV, 518 ausgeführt wird, der Ehemann die Vermuthung (als solche!) nicht dazu benützen, „um die nach § 1536 Ziff. 2 im Verhältnisse der Ehegatten zu einander ihm zur Last fallenden Verbindlichkeiten gegenüber der Ehefrau von sich auf das Gesammtgut abzuwälzen".

7. Gegenbeweis ist zulässig und unbeschränkt.

§ 1541.

Was ein Ehegatte zu dem Gesammtgut oder die Frau zu dem eingebrachten Gute des Mannes schuldet, ist erst nach der Beendigung der Errungenschaftsgemeinschaft zu leisten; soweit jedoch zur Berichtigung einer Schuld der Frau ihr eingebrachtes Gut und ihr Vorbehaltsgut ausreichen, hat sie die Schuld schon vorher zu berichtigen.

Was der Mann aus dem Gesammtgute zu fordern hat, kann er erst nach der Beendigung der Errungenschaftsgemeinschaft fordern.

E. I, 1428; II, 1436; III, 1524.

Im Zuschnitte auf die verschiedenen Vermögensbestände bei der Errungenschaftsgemeinschaft entspricht § 1541 nahezu wörtlich und dem Sinne nach dem auf die allgemeine Gütergemeinschaft bezüglichen § 1467. Vgl. daher die dortigen Erörterungen S. 227 fg.

Zwischenbemerkungen.

In den §§ 1542—1548 behandelt das B.G.B. die Beendigung der Errungenschaftsgemeinschaft und zwar in den

§§ 1542—1544 spezielle Beendigungsgründe,

§§ 1545, 1546 die Wirkungen der Beendigung, und im Anschlusse:

§§ 1547, 1548 die Wiederherstellung der Gemeinschaft.

„Beendigung" ist auch hier (vgl. S. 160) der allgemeinste Begriff. Eine Unterart ist die „Aufhebung". (Vgl. nachher unter Nr. 1 a.)

1. Die Beendigungsgründe ergeben sich theils schon während bestehender Ehe, theils mit deren Auflösung. Ebenso wie im Allgemeinen die Errungenschaftsgemeinschaft eine Verbindung darstellt von theilweiser Gütergemeinschaft und theilweiser Gütertrennung und bei Letzterer zum Theil mit, zum Theil ohne Verwaltungsrecht des Mannes, so finden sich unter den Beendigungsgründen solche, welche dem ordentlichen gesetzlichen Güterstande (§§ 1543, 1544, 1419, 1420), und wiederum andere, welche der allgemeinen Gütergemeinschaft (§§ 1542, 1569) eigen sind.

a) Während bestehender Ehe kann Beendigung der Errungenschaftsgemeinschaft eintreten:
α) durch einen dieselbe aufhebenden (wegen des Ausdrucks vgl. § 1437) Ehevertrag*); besondere Beschränkungen, wie solche z. B. im P.L.R. Thl. II Tit. 1 §§ 413, 419 enthalten waren, bestehen dabei nicht mehr (M. IV, 533 fg.);
β) durch Aufhebung der ehelichen Gemeinschaft (§ 1575 fg.);
γ) durch Aufhebung im Wege richterlichen Urtheils (§ 1542);
δ) kraft Gesetzes durch Eröffnung des Konkurses über das Vermögen des Mannes;

b) Bei Auflösung der Ehe tritt von selbst auch die Beendigung der Errungenschaftsgemeinschaft ein. (M. IV, 534.) Eine Fortsetzung der Errungenschaftsgemeinschaft nach Analogie der fortgesetzten allgemeinen Gütergemeinschaft ist im B.G.B. nicht vorgesehen. (P. IV, 378.)

Die Beendigung erfolgt stets sowohl im Falle der Ehescheidung, wie im Falle des Todes eines der Ehegatten. Dem Tode ist durch § 1544 auch hier gleichgestellt die Todeserklärung eines der Ehegatten.

Wegen des Falles einer Nichtigkeit oder Anfechtbarkeit einer Ehe vgl. Bem. 3 zu § 1419 nebst M. IV, 391.

2. Als Zeitpunkt der Beendigung der Errungenschaftsgemeinschaft ergibt sich:
a) bei Auflösung der Ehe durch Tod eines Ehegatten der Augenblick dieses Todes;
b) bei Todeserklärung der Zeitpunkt, der als Zeitpunkt des Todes des bezüglichen Ehegatten gilt (§ 1544);
c) bei Ehescheidung oder Aufhebung der ehelichen Gemeinschaft der Eintritt der Rechtskraft des bezüglichen Urtheils;
d) bei Beendigung durch Vertrag der Eintritt der Wirksamkeit des letzteren;
e) bei richterlicher Aufhebung der Errungenschaftsgemeinschaft der Eintritt der Rechtskraft des darauf gerichteten Urtheils;
f) bei Konkurs des Mannes der Zeitpunkt der Rechtskraft des Konkurseröffnungsbeschlusses.

3. Die Wirkungen einer Beendigung der Errungenschaftsgemeinschaft äußern sich verschieden, je nach den dabei in Betracht kommenden unterschiedlichen Vermögensmassen und den Beendigungsgründen. Vgl. desfalls die Bem. bei §§ 1545 und 1546.

§ 1542.

Die Frau kann unter den Voraussetzungen des § 1418 Nr. 1, 3 bis 5 und des § 1468, der Mann kann unter den Voraussetzungen des § 1469 auf Aufhebung der Errungenschaftsgemeinschaft klagen.

Die Aufhebung tritt mit der Rechtskraft des Urtheils ein.

E. I, 1429, II, 1439, III, 383.

1. Im Prinzipe und Endzwecke ist die hier eröffnete Klage auf Aufhebung der Errungenschaftsgemeinschaft dieselbe, wie sie schon der § 1418 behufs Aufhebung der Verwaltung und Nutznießung des Ehemannes und die §§ 1468 und 1469 behufs Aufhebung der allgemeinen Gütergemeinschaft gewähren. Den Bestimmungen für letztere steht aber der Inhalt des § 1542 insoferne näher, als sie (abweichend von den Vorschriften für den ordentlichen gesetzlichen Güterstand) die Aufhebungsklage gegen den andern Ehetheil ebenfalls sowohl der Ehefrau als auch dem Ehemanne, wenn auch unter verschiedenen Voraussetzungen gewährt. Ueber die älteren Rechte für die Errungenschaftsgemeinschaft vgl. M. IV, 533 fg.

2. Aufhebungsklage der Frau. In Hinsicht auf die Klagegründe, auf welche die Frau ihre Aufhebungsklage stützen kann, verweist § 1542 auf den § 1418 Nr. 1, 3—5 (also nicht auch Ziff. 2), dann auf § 1468. Diese beiden Paragraphen decken und vereinigen sich aber nicht völlig, wie sich aus einer Vergleichung der allgemeinen Vorschrift des § 1418 Nr. 3 mit § 1468 Nr. 4 ergibt. Wie ist nun dieses Nebeneinanderstellen beider

---

*) Der im Würzburger, Schweinfurter und Castell'schen Rechte vorgesehene Uebergang der Errungenschaftsgemeinschaft in allgemeine Gütergemeinschaft als Rechtsfolge der Geburt eines Kindes findet sich im B.G.B. nicht, und konnte auch gar nicht berücksichtigt werden, da ja im B.G.B. die Errungenschaftsgemeinschaft nicht gesetzlicher, sondern nur vertragsmäßiger Güterstand ist.

Paragraphen zu verstehen? E. I § 1429 Abs. 3 hatte einfach auf die vom ordentlichen gesetzlichen Güterstande handelnden Bestimmungen in § 1328 Nr. 1, 3, 4 verwiesen, welche ungefähr dem jetzigen § 1418 Nr. 1, 3—5 entsprechen. Nach P. IV, 371 ist aber dem entgegen anzunehmen, daß die II. Kommission davon ausging, die Auflösungsgründe der allgemeinen Gütergemeinschaft, also nach § 1468, müßten auch für die Errungenschaftsgemeinschaft gelten. Diese Tendenz kam auch dadurch zum Ausdruck, daß, wie schon erwähnt, der § 1542 sowohl der Frau als dem Manne eine Aufhebungsklage zuspricht — ganz nach Analogie des Verhältnisses bei der allgemeinen Gütergemeinschaft, aber abweichend vom ordentlichen gesetzlichen Güterstande. Andererseits ist auf § 1418 Nr. 3—5 auch im § 1547 wiederum verwiesen. Es könnte nun fast den Anschein gewinnen, als habe man es bei der jener Tendenz entsprechenden Einstellung einer Verweisung auf § 1468 übersehen, nun andererseits die aus E. I § 1328 herstammende Verweisung auf den für den ordentlichen gesetzlichen Güterstand geltenden jetzigen § 1418 Nr. 1, 3—5 zu streichen oder wenigstens das Verhältniß des § 1418 Nr. 3 und § 1468 Nr. 4 (erste Alternative) klarzustellen. Dem widerspricht allerdings die Erörterung in D. 210, welche auf volle Absichtlichkeit der Verbindung der Verweisungen hindeutet. Dort ist ausgeführt, daß in denjenigen Fällen, in welchen die Beendigung der allgemeinen Gütergemeinschaft eintritt, auch die Beendigung der Errungenschaftsgemeinschaft erfolgen muß, daß daneben aber die für den Güterstand der Verwaltung und Nutznießung geltenden Beendigungsgründe zu berücksichtigen sind. Die Frau muß bei der Errungenschaftsgemeinschaft ebenso wie beim gesetzlichen Güterstande in der Lage sein, das eingebrachte Gut aus dringenden Ursachen dem Manne zu entziehen; die Fortdauer der Errungenschaftsgemeinschaft selbst wird aber unmöglich, wenn die Verwaltung und Nutznießung dieses Gutes für Rechnung des Gesammtguts aufhört. Sei dem übrigens, wie es wolle. Beide Verweisungen stehen im Gesetze nebeneinander und gelten also auch Beide. Uebrigens ergibt sich im Einzelnen ohnehin noch Folgendes: In Ansehung dessen, was im § 1468 Nr. 1, 2 und 5, dann bei Nr. 4 in zweiter Alternative gesagt ist, lassen sich der § 1468, welcher in diesen Ziffern nur auf Gesammtgut sich bezieht, und der § 1418, welcher auf die Verwaltung und Nutznießung des eingebrachten Gutes der Frau sich bezieht, auch in ihrem Nebeneinander halten. Das Gleiche gilt vom § 1418 Ziff. 4 und 5. Ziff. 2 des § 1418 ist aber im § 1542 ohnehin nicht in Bezug genommen. Eine Differenz bleibt also schließlich nur in Bezug auf § 1418 Nr. 3 und § 1468 Nr. 4. Man wird sagen müssen und können: Das Mehrere schließt auch das Mindere in sich und das jeweilig Weitergehende ist gegebenen Falles anwendbar. Uebrigens ist zu beachten, daß die Aufhebungsklage, mag sie auf diese oder jene Gesetzesstelle gestützt werden, immer nur eine einheitliche, durchgreifende sein kann, gerichtet auf die Beendigung des ganzen Güterstandes. Sie kann nicht beschränkt werden, auf Modifikationen in der Behandlung dieser oder jener Vermögensmasse, auf bloße Beseitigung der eheherrlichen Verwaltungsrechte u. dgl. Wird der Klage stattgegeben, so tritt Aufhebung des ganzen Güterstandes ein. Im Uebrigen vgl. wegen der einzelnen Aufhebungsgründe die Erörterungen zu §§ 1418, 1468.

3. Aufhebungsklage des Mannes. Diese richtet sich gemäß klarer Gesetzesbestimmung ganz und lediglich nach § 1469.

§ 1543.

Die Errungenschaftsgemeinschaft endigt mit der Rechtskraft des Beschlusses, durch den der Konkurs über das Vermögen des Mannes eröffnet wird.

E. I, 1429; II, 1437; III, 1526.

1. § 1543 spricht nur vom Konkurs des Mannes. Die Gesetzesstelle steht in diesem Punkte im Einklang mit dem auf den ordentlichen gesetzlichen Güterstand bezüglichen § 1429. Vgl. daher auch die dortigen Bem. Ziff. 1, S. 164. Eingebrachtes Gut der Frau und deren Vorbehaltsgut kommen für die Konkursmasse des Mannes auch hier nicht in Betracht. Dagegen bestimmt § 2 K.O. n. Nr., daß bei der Errungenschaftsgemeinschaft das Gesammtgut zur Konkursmasse gehört, wenn das Konkursverfahren über das Vermögen des Ehemannes eröffnet wird. Eine Auseinandersetzung des Gesammtguts zwischen den Ehegatten (§ 1546) findet in diesem Falle nicht statt. Zur Feststellung der Konkursmasse hat dagegen selbstverständlich eine Abscheidung des Gesammtguts von dem eingebrachten Gute der Frau und deren Vorbehaltsgut stattzufinden.

Die Wirkungen nach § 1543 treten kraft Gesetzes ein (M. IV, 535). Wegen späterer, nicht von selbst eintretender, etwa von der Frau durch Klage erzielbarer Wiederherstellung der Errungenschaftsgemeinschaft vgl. §§ 1547, 1548.

2. Beim Konkurs über das Vermögen der Ehefrau wird durch das Konkursverfahren das Gesammtgut nicht berührt. K.O. § 2 Abs. 2 n. Nr. Vgl. im Uebrigen die Bem. zu § 1419 Nr. 2 S. 165.

§ 1544.

Die Errungenschaftsgemeinschaft endigt, wenn ein Ehegatte für todt erklärt wird, mit dem Zeitpunkte, der als Zeitpunkt des Todes gilt.

E. I, 1429; II, 1438; III, 1527.

Diese Vorschrift entspricht (aus den in M. IV, 534 fg. erörterten Gründen) dem für den ordentlichen gesetzlichen Güterstand geltenden § 1420, jedoch mit der Abmäßigung, daß § 1544 von der Todeserklärung eines der beiden Ehegatten handelt, während der § 1420 nur von der Todeserklärung des Mannes spricht. So war es auch in E. I § 1429 Abs. 2 der Fall gewesen (M. IV, 534). In II. Komm. wurde aber die Bestimmung in der nun feststehenden Weise ausgedehnt (P. IV, 372). Mit Berücksichtigung dessen vgl. die Erörterungen zu § 1420 S. 165. Wegen Wiederherstellung des Güterstandes vgl. § 1547, 1548.

§ 1545.

Endigt die Errungenschaftsgemeinschaft nach den §§ 1542 bis 1544, so gilt für die Zukunft Gütertrennung.

Dritten gegenüber ist die Beendigung der Gemeinschaft nur nach Maßgabe des § 1435 wirksam.

E. I, 1429; II, 1440; III, 1528.

1. Zu Abs. 1. Die gesetzliche Folge der Beendigung der Errungenschaftsgemeinschaft in den Fällen der §§ 1542 bis 1544 ist der sich von selbst vollziehende Eintritt voller Gütertrennung nach Maßgabe der Vorschriften der §§ 1427 bis 1431. In diesem Punkte stimmt § 1545 überein mit den auf den ordentlichen gesetzlichen Güterstand und die allgemeine Gütergemeinschaft bezüglichen §§ 1426, 1470. Volle Gütertrennung tritt außerdem aber auch dann noch ein, wenn durch Ehevertrag die Errungenschaftsgemeinschaft aufgehoben wird, soferne sich nicht aus dem Vertrag ein Anderes ergibt (§ 1436), also soferne namentlich nicht im aufhebenden Ehevertrage ein anderer Güterstand eigens bestimmt wird.

2. Zu Abs. 2 vgl. die Erörterungen bei § 1435.

§ 1546.

Nach der Beendigung der Errungenschaftsgemeinschaft findet in Ansehung des Gesammtguts die Auseinandersetzung statt. Bis zur Auseinandersetzung bestimmt sich das Rechtsverhältniß der Ehegatten nach den §§ 1442, 1472, 1473.

Die Auseinandersetzung erfolgt, soweit nicht eine andere Vereinbarung getroffen wird, nach den für die allgemeine Gütergemeinschaft geltenden Vorschriften der §§ 1475 bis 1477, 1479 bis 1481.

Auf das eingebrachte Gut der Frau finden die für den Güterstand der Verwaltung und Nutznießung geltenden Vorschriften der §§ 1421 bis 1424 Anwendung.

E. I, 1417, 1429; II, 1441; III, 1529.

1. Allgemeiner Standpunkt. Die in der Errungenschaftsgemeinschaft liegende Doppelnatur des Verhältnisses, welche bewirkt wird durch die Verbindung von theilweiser Gütergemeinschaft (Gesammtgut) und theilweiser Gütertrennung (eingebrachtes Gut beider Ehegatten und Vorbehaltsgut der Frau) offenbart sich sehr bezeichnend namentlich auch in der Behandlung der verschiedenen Vermögensmassen nach Beendigung jenes Güterstandes. Darüber bestimmt § 1546. Das Gesammtgut unterliegt der Auseinandersetzung. Die vorbezeichneten Sondergüter der Ehegatten scheiden sich von selbst kraft des Gesetzes gegenseitig ab.

2. Auseinandersetzung des Gesammtguts. Sie steht in Analogie zu der Auseinandersetzung des Gesammtguts bei der allgemeinen Gütergemeinschaft. Begriff, Wesen, Zweck der Auseinandersetzung sind hier wie dort gleich. Vgl. daher die Erörterungen zu § 1471 S. 233 fg., insbesondere auch in Ansehung einer etwaigen amtlichen Auseinandersetzung, der Zuständigkeit und des Verfahrens hiefür ꝛc. S. auch F.G. § 99 mit §§ 86—98. Auseinandersetzung des Gesammtguts hat — abgesehen von der zu § 1543 vermerkten Ausnahme — in allen Fällen der Beendigung der Errungenschaftsgemeinschaft einzutreten.

Beendigung des Güterstands und thatsächliche Auseinandersetzung des Gesammtguts fallen in zeitlicher Hinsicht nicht leicht zusammen. Es entwickelt sich daher auch hier jener rechtliche Zwischenzustand, welcher für die allgemeine Gütergemeinschaft in den §§ 1472, 1473 mit § 1442 geregelt ist. Was in diesen Paragraphen verordnet ist, gilt nach § 1546 Abs. 1 Satz auch hieher. Es sei deshalb auch auf die Erörterungen S. 236, 237 verwiesen.

Von den materiellen Vorschriften für die Auseinandersetzung des Gesammtguts der Errungenschaftsgemeinschaft handelt § 1546 Abs. 2. Als solche Vorschriften sind auf die Errungenschaftsgemeinschaft auch wieder die einschlägigen Normen für die allgemeine Gütergemeinschaft übertragen, wie sich solche in den §§ 1475 bis 1477, 1479 bis 1481 vorfinden. Nicht erwähnt ist im § 1546 Abs. 2 der § 1478. Er enthält besondere Vorschriften über die Behandlung der Gesammtgutsauseinandersetzung in Ehescheidungsfällen. Diese Sondervorschriften würden auf die Errungenschaftsgemeinschaft nicht passen, weil bei dieser an sich schon das eingebrachte Gut eine besondere Masse bildet.

Die gesetzlichen Normen über die Art der Auseinandersetzung greifen übrigens nach ausdrücklicher Vorschrift des § 1546 Abs. 2 hier ebenfalls nur insoweit Platz, als nicht anderweitige Vereinbarungen zwischen den Betheiligten eingreifen. (Vgl. § 1474 und Bem. dazu S. 237 fg.)

Aus jener Rückverweisung auf die §§ 1475 bis 1477, 1479 bis 1481, welche in ihrem vollen Umfange anwendbar sind, ergibt sich insbesondere Folgendes:

a) Bei der Auseinandersetzung sind zunächst die Gesammtgutsverbindlichkeiten zu berichtigen und zwar nach Maßgabe der näheren Bestimmungen in § 1475. Was Gesammtgutsverbindlichkeiten sind, ermißt sich selbstverständlich hier nach den einschlägigen speziellen Normen für die Errungenschaftsgemeinschaft § 1530 fg.

b) Die Theilung des Ueberschusses zwischen den Ehegatten, beziehungsweise deren Rechtsnachfolgern, vollzieht sich nach Maßgabe der §§ 1476, 1477 und zwar (im Anschlusse an ältere Rechte, wie P.L.R. Thl. II Tit. 1 §§ 664, 661, Württemberger L.R. Thl. III Tit. 7 § 2, Thl. IV Tit. 5 §§ 2 fg.) für beide Theile zu gleichen Hälften. Vgl. Bem. S. 240 und 241 fg. Hiemit beseitigen sich die unerquicklichen Inkonsequenzen zum Nachtheil der Frau, welche das B.L.R. kennzeichnen.

c) Wegen Deckung eines etwaigen Fehlbetrags gilt auch hieher das auf S. 241 Bemerkte. Der in älteren Rechten (wenn auch nicht überall) sich vorfindende Grundsatz, daß, wie der Ueberschuß, so auch die Einbuße zwischen den Ehetheilen schlechthin halbirt werde, ist in das B.G.B. nicht übergegangen. Vgl. M. IV, 536. Ueber die Haftung nach Vollzug der Auseinandersetzung bestimmen die hieher auch geltenden §§ 1480, 1481; s. Bem. S. 244 fg., 246 fg.

d) Wegen des für die Auseinandersetzung maßgebenden Zeitpunkts s. § 1479 nebst Bem. S. 244.

3. Für die Abscheidung des eingebrachten Gutes der Frau sind in Abs. 3 die entsprechenden Vorschriften vom ordentlichen gesetzlichen Güterstande, wie solche in den §§ 1421—1424 enthalten sind, als anwendbar erklärt. Insbesondere hat demgemäß der Mann das eingebrachte Gut der Frau herauszugeben und ihr über die Verwaltung Rechenschaft abzulegen (§ 1421). Ueber den für die Herausgabe maßgebenden Zeitpunkt s. § 1422. Bezüglich des Einflusses der Beendigung des Güterstands auf Mieth- und Pachtverhältnisse bestimmt § 1423. Eine interimistische Fortführung der Verwaltung sieht vor § 1424.

Im Uebrigen vgl. die Erörterungen S. 166—170.

§ 1547.

Endigt die Errungenschaftsgemeinschaft durch die Eröffnung des Konkurses über das Vermögen des Mannes, so kann die Frau auf Wiederherstellung der Gemeinschaft klagen. Das gleiche Recht steht, wenn die Gemeinschaft in Folge einer Todeserklärung endigt, dem für todt erklärten Ehegatten zu, falls er noch lebt.

Wird die Gemeinschaft auf Grund des § 1418 Nr. 3 bis 5 aufgehoben, so kann der Mann unter den Voraussetzungen des § 1425 Abs. 1 auf Wiederherstellung der Gemeinschaft klagen.

E. I, 1430; II, 1442; III, 1530.

1. Absatz 1 Satz 1 steht im Anschlusse an § 1543. Die Bestimmung enthält eine Spezialität für die Errungenschaftsgemeinschaft. Denn beim ordentlichen gesetzlichen Güterstande ist eine Wiederherstellung desselben durch Klage nicht vorgesehen (S. 171), bei der allgemeinen Gütergemeinschaft aber bildet der Eintritt eines Konkurses überhaupt keinen Grund für die Beendigung des Güterstandes (S. 228).

Die Klage steht in obigem Falle nur der Frau, nicht auch dem Manne zu. Gerichtet ist die Klage auf Wiederherstellung der Gemeinschaft, d. h. des ganzen Güterstandes der Errungenschaftsgemeinschaft. Es entspricht der Rechtslage, daß die Klage erst wirksam werden kann, wenn der Konkurs über das Vermögen des Mannes wieder aufgehoben ist.

2. Absatz 1 Satz 2 steht im Zusammenhange mit § 1544. Die Klage ist dieselbe, wie nach Satz 1, steht aber in Uebereinstimmung mit dem Inhalte des § 1544 Jedem der Ehegatten zu, welcher für todt erklärt ist, aber noch lebt. Ausgeschlossen ist aber die Klage, wenn der nicht für todt erklärte Ehegatte auf Grund der Todeserklärung des Anderen sich wieder verehelicht hat (abgesehen von dem Falle der Schlußworte des § 1348 Abs. 1), da in diesem Falle die erste Ehe überhaupt aufgelöst ist und bleibt. (§ 1348 Abs. 2.)

3. Absatz 2 gibt dem Manne allein die Klage auf Wiederherstellung der Gemeinschaft (s. oben unter Nr. 1). Sie beschränkt sich hier auf die Fälle einer stattgehabten Aufhebung des Güterstands auf Klage der Frau nach § 1542 mit § 1418 Nr. 3 bis 5. Ueber die sonstigen Voraussetzungen der Klage vgl. § 1425 nebst Bem. dazu Nr. 1, 2, 3, 4 S. 171.

§ 1548.

Die Wiederherstellung der Errungenschaftsgemeinschaft tritt in den Fällen des § 1547 mit der Rechtskraft des Urtheils ein. Die Vorschrift des § 1422 findet entsprechende Anwendung.

Dritten gegenüber ist die Wiederherstellung, wenn die Beendigung in das Güterrechtsregister eingetragen worden ist, nur nach Maßgabe des § 1435 wirksam.

Im Falle der Wiederherstellung wird Vorbehaltsgut der Frau, was ohne die Beendigung der Gemeinschaft Vorbehaltsgut geblieben oder geworden sein würde.

E. I, 1430; II, 1443; III, 1531.

1. Absatz 1 entspricht in Ausdehnung auf sämmtliche Fälle des § 1547 dem § 1548 Abs. 2. Für die durch die Wiederherstellung des ganzen Güterstands mit allen vorigen Rechten des Mannes von selbst gebotene Rücküberantwortung des eingebrachten Gutes der Frau an den Mann gilt in Bezug auf den maßgebenden Zeitpunkt dieselbe Norm, wie solche der § 1422 für den Fall der vorausgegangenen Herausgabe des eingebrachten Guts der Frau aufgestellt hat. Vgl. dazu die Erörterungen zu § 1422 unter Nr. 5 S. 171 fg.

Wegen Restitution von Früchten s. ebendaselbst, sowie auch Bem. 6.

2. Zu Absatz 2 vgl. Bem. zu § 1435.

3. Zu Absatz 3 s. die entsprechenden Erörterungen zu dem im Wesentlichen gleichlautenden § 1425 Abs. 3 auf S. 172 Nr. 7.

4. Ueber Eintrag im Güterrechtsregister s. § 1431.

4. Fahrnißgemeinschaft.

Vorbemerkungen.

1. In den älteren Rechten findet man die sog. Fahrniß- (oder Mobiliar-) Gemeinschaft nicht oft vertreten. Es ist fast nur das Gebiet des in den Rheinlanden bisher noch in Kraft gestandenen französischen Rechts, sowie des demselben nachgebildeten Badischen Landesrechts, wo jenes Güterrechtssystem seither Geltung gehabt hat. Räumlich genommen sind dies immerhin ziemlich weite Lande. Mit Rücksicht hierauf hat auch das B.G.B. die sog. Fahrnißgemeinschaft in den Bereich seiner Konstruktionen gezogen. (M. IV, 541.) Es tritt aber

2. die Fahrnißgemeinschaft des B.G.B. niemals als gesetzlicher Güterstand ein. Sie ist gleich der allgemeinen Gütergemeinschaft und der Errungenschaftsgemeinschaft nur als Typus eines vertragsmäßigen Güterstands aufgestellt und geregelt. Den Betheiligten ist es damit anheimgegeben, ob sie bei künftigen Ehen (wegen der älteren

vgl. Art. 200 E.G. und die etwa dazu kommenden überleitenden Bestimmungen der Landes-Ausführungsgesetze) im Vertragswege sich des hier gebotenen Mittels, altgewohnte Rechtsverhältnisse aufrecht zu erhalten, bedienen wollen. Auf die Ermöglichung dessen ist der Inhalt der §§ 1549—1557 eigens berechnet (D. 212). Bei der eben dargestellten Sachlage schließt sich das B.G.B. dabei nahe an das französische Recht an, welches darum auch für die Beurtheilung einschlägiger Fragen mit den Ergebnissen seiner Doktrin und Judikatur nach mancher Richtung noch eine gewisse autoritative Bedeutung behalten wird. Immerhin bedarf es in dieser Hinsicht einer gewissen Vorsicht, da das neue deutsche und das altfranzösische Recht der Fahrnißgemeinschaft sich doch nicht in Allem decken. (Vgl. darüber die näheren Erörterungen in M. IV, 543 fg.) Außerdem ist es durchaus nicht wünschenswerth, den Präjudizienkultus französischen Stils noch länger auf deutschem Boden zu konserviren. Die deutsche Rechtswissenschaft und Rechtsübung möge selbständig ihre eigenen Wege wandeln.

3. Ihrem inneren Gehalte nach steht die Fahrnißgemeinschaft des B.G.B. in Mitte zwischen der allgemeinen Gütergemeinschaft und der Errungenschaftsgemeinschaft. Mit letzterer hat die Fahrnißgemeinschaft insbesondere die Ausscheidung und im Allgemeinen auch den Aufbau der verschiedenen Vermögensmassen gemein. Auch bei der Fahrnißgemeinschaft verbindet sich theoretisch ein Gesammtgut mit Sondergütern beider Ehegatten. Diese Sondergüter aber gestalten sich hier wie dort als: Eingebrachtes Gut des einen oder anderen Ehegatten, dann Vorbehaltsgut der Frau. Der allgemeinen Gütergemeinschaft rückt aber die Fahrnißgemeinschaft dadurch sehr nahe, daß bei der Fahrnißgemeinschaft der Begriff und Bestand des Gesammtguts viel weiter gezogen ist, als bei der Errungenschaftsgemeinschaft. Er umfaßt nicht blos, wie bei letzterer, den Erwerb der Ehegatten während der Ehe, sondern auch andere Vermögensbestände, welche an sich dem einen oder anderen Ehegatten als Sondergut gehören würden, sei es, weil er solche schon vor Eingehung der Ehe zu eigen gehabt oder unter bestimmten Modalitäten auch noch während der Ehe zu eigen bekommen hat. Solche Vermögensbestände, welche bei der Fahrnißgemeinschaft — abweichend von der Errungenschaftsgemeinschaft — dem Gesammtgute zufallen, sind insbesondere die Gegenstände der fahrenden Habe, soweit sie nicht zu einem Vorbehaltsgute der Frau gehören. Unter Umständen können übrigens selbst Grundstücke und Grundstücksrechte zum Gesammtgute gehören, wie sich aus §§ 1551, 1553, 1554 des Näheren ergibt. Befinden sich Grundstücke und Grundstücksrechte überhaupt nicht im Vermögen der Eheleute, wie es bei den Bewohnern der Städte überaus häufig, in gewissen Volksklassen nahezu regelmäßig der Fall ist, so rückt hiemit die Fahrnißgemeinschaft äußerst nahe an die allgemeine Gütergemeinschaft. Wenn aber da und dort zu lesen ist, unter jener Voraussetzung fielen Fahrnißgemeinschaft und allgemeine Gütergemeinschaft überhaupt zusammen (z. B. Fischer-Henle, 2. Aufl. S. 647), so ist dies doch nicht ganz richtig. Gewisse Verschiedenheiten, und seien sie auch nur konstruktioneller Natur, bestehen immer. So z. B. ist bei der allgemeinen Gütergemeinschaft Vorbehaltsgut auf Seite beider Ehegatten möglich, bei der Fahrnißgemeinschaft nur auf Seite der Frau (§ 1555).

§ 1549.

Auf die Gemeinschaft des beweglichen Vermögens und der Errungenschaft (Fahrnißgemeinschaft) finden die für die allgemeine Gütergemeinschaft geltenden Vorschriften Anwendung, soweit sich nicht aus den §§ 1550 bis 1557 ein Anderes ergiebt.

E. I, 1431; II, 1444; III, 1532.

1. Bei der engen systematischen Verwandtschaft der Fahrnißgemeinschaft mit der allgemeinen Gütergemeinschaft ist es nahe gelegen gewesen, die für letztere geltenden Grundsätze auch auf die Fahrnißgemeinschaft zu übertragen. Dies geschieht im § 1549 und zwar in der Art, daß die Vorschriften für die allgemeine Gütergemeinschaft in ihrer Gesammtheit übertragen werden, soweit nicht in den nachfolgenden §§ 1550 bis 1557 eigens etwas Anderes bestimmt ist. (Ueber die hiefür bestimmend gewesenen Erwägungen vgl. M. IV, 542.) Die hiemit vorgesehenen einzelnen Abweichungen beruhen durchaus darauf, daß bei der Fahrnißgemeinschaft im Grundsatze für beide Ehegatten eingebrachtes Gut derselben in das güterrechtliche Verhältniß sich einschiebt und dagegen Vorbehaltsgut des Mannes ausgeschlossen ist.

3. Im Einzelnen gelten von den Rechtsnormen der allgemeinen Gütergemeinschaft zufolge des § 1549 für die Fahrnißgemeinschaft (im E. I ursprünglich genannt: „Gemeinschaft des beweglichen Vermögens und der Errungenschaft") oder speziell gesagt, für das Gesammtgut derselben, insbesondere folgende:

a) die Sondervorschriften des § 1437 über den Abschluß eines die Gemeinschaft vereinbarenden oder aufhebenden Ehevertrags (vgl. E. I § 1431 Abs. 2; Abweichung von bisherigen Rechten; M. IV, 543.

b) die Bestimmung über die rechtliche Natur des Gesammtguts (gesammte Hand), sowie über den Vermögensübergang in das Gesammtgut: §§ 1438, 1442;
c) die Grundsätze über das Verwaltungsrecht des Mannes in Ansehung des Gesammtguts, dessen Nichtverantwortlichkeit, sowie die beschränkenden Gerechtsame der Frau: §§ 1444—1448, 1456, 1457;
d) die Grundsätze über die Verfügungsrechte der Frau, nach § 1449—1454 (insbesondere auch beim selbständigen Betrieb eines Erwerbsgeschäfts: § 1452 mit § 1405);
e) die Bestimmung des § 1455 über Herausgabe einer Bereicherung aus dem Gesammtgute;
f) die Bestimmung über die Belastung des Gesammtguts mit dem ehelichen Aufwand: § 1458; dann
g) über Gesammtgutsverbindlichkeiten und damit zusammenhängende Haftungs- und Ausgleichverhältnisse, sowohl im Verhältnisse zu Dritten als Gläubigern, wie zwischen den Ehegatten unter sich: §§ 1460—1467 (vgl. desfalls M. IV, 544 fg.);
h) die Grundsätze über die Beendigung des Güterstandes, insbesondere auch über die Aufhebungsklage der Frau und des Mannes: §§ 1468—1470;
i) die Vorschriften über und für die Auseinandersetzung der Gemeinschaft nach den §§ 1471—1479. Auch der auf Scheidungsfälle sich beziehende § 1478 erscheint hier (anders bei der Errungenschaftsgemeinschaft; s. S. 317) nicht ausgenommen.

Zu den einzelnen voraufgeführten Paragraphen vgl. die einschlägigen Erörterungen.

4. Ueber Zwangsvollstreckung in das Gesammtgut der Fahrnißgemeinschaft (vor und nach Beendigung des Güterstands) vgl. C.P.O. §§ 740—744, mit § 794 Ziff. 5 n. Nr. Der Antheil eines der Ehegatten an dem Gesammtgute (vgl. § 1442!) der Fahrnißgemeinschaft und an den einzelnen dazu gehörenden Gegenständen ist der Pfändung nicht unterworfen. Erst nach Beendigung der Gemeinschaft unterliegt der Antheil am Gesammtgute zu Gunsten der Gläubiger des Antheilsberechtigten der Pfändung. C.P.O. § 860 n. Nr.

5. Konkurs. Nach § 2 K.O. n. Nr. gehört, wenn bei dem Güterstande der Fahrnißgemeinschaft das Konkursverfahren über das Vermögen des Ehemannes eröffnet wird, das Gesammtgut zur Konkursmasse. Eine Auseinandersetzung wegen des Gesammtguts zwischen den Ehegatten findet dabei nicht statt. Durch das Konkursverfahren über das Vermögen der Ehefrau wird das Gesammtgut nicht berührt.

§ 1550.

Von dem Gesammtgut ausgeschlossen ist das eingebrachte Gut eines Ehegatten.

Auf das eingebrachte Gut finden die bei der Errungenschaftsgemeinschaft für das eingebrachte Gut geltenden Vorschriften Anwendung.

E. I, 1430, 1432; II, 1445; III, 1583.

1. Die Grundlage des Güterstands der Fahrnißgemeinschaft ist das Gesammtgut. Die Zugehörigkeit von Vermögensbestandtheilen, mögen sie von dem einen oder anderen Ehegatten herstammen, zum Gesammtgut bildet die Regel. Der Bestand von Sondergut der Ehegatten, nämlich von:

eingebrachtem Gut des Mannes,
eingebrachtem Gut der Frau,
Vorbehaltsgut der Frau,

erscheint als die Ausnahme, welche nur insoweit Platz greift, als solches im Gesetze eigens vorgesehen ist. Solches geschieht in Ansehung des eingebrachten Guts beider Ehegatten im B.G.B. §§ 1551—1554; bezüglich des Vorbehaltsguts der Frau im § 1555 mit § 1549.

2. Eingebrachtes Gut. Dasselbe kann in der Person beider Ehegatten vorliegen. Begriff und rechtliche Natur des eingebrachten Guts sind hier ebenso wie bei der Errungenschaftsgemeinschaft. In Bezug auf die rechtliche Behandlung verweist § 1550 Abs. 2 ebenfalls auf die bei der Errungenschaftsgemeinschaft für das eingebrachte Gut geltenden Vorschriften. In dieser Hinsicht kommt vor Allem § 1525 in Betracht, woselbst im Abs. 2 wiederum auf die vom ordentlichen gesetzlichen Güterstande handelnden §§ 1373—1383, 1390—1417 Rückbezug genommen ist. Diese letzteren Gesetzesstellen gelten darum auch hieher. Im Uebrigen siehe wegen der eben bezeichneten Paragraphen die Erörterungen S. 299. Von der dortigen näheren Entwicklung der sich

ergebenden Rechtsverhältnisse möge an dieser Stelle nur Folgendes besonders hervorgehoben sein:

a) Das eingebrachte Gut wird für Rechnung des Gesammtguts verwaltet.
b) Die Nutzungen des eingebrachten Guts fallen dem Gesammtgut zu. Sie dienen in erster Reihe zur Bestreitung des ehelichen Aufwands. Dieser ist eine Last des Gesammtguts.
c) Das Gesammtgut hat auch die übrigen Lasten zu tragen und zwar auch in Ansehung des eingebrachten Guts nach näherer Bestimmung des § 1529.
d) Die Verwaltung des eingebrachten Gutes steht dem Manne zu, in derselben Weise wie beim Güterstande der eheherrlichen Nutznießung und Verwaltung. Danach bemessen sich auch die Verfügungsrechte des Mannes.
e) Die Rechte der Frau gegenüber der Verwaltungsführung des Mannes in Ansehung ihres eingebrachten Gutes sind hier die nämlichen, wie im ordentlichen gesetzlichen Güterstande. Das Recht der Schlüsselgewalt ist an sich schon ebenfalls gegeben. Bezüglich der Schuldenhaftung sind auszuscheiden diejenigen Verbindlichkeiten, welche auf dem Gesammtgute haften, und diejenigen, welche das eingebrachte Gut belasten. Bezüglich der Ersteren richtet sich die Schuldenhaftung und zwar sowohl den Gläubigern gegenüber, als im Verhältnisse der Ehegatten zum Gesammtgute und unter sich gemäß § 1549 nach den Grundsätzen für die allgemeine Gütergemeinschaft. (Vgl. §§ 1448 fg., 1463 fg.) In Ansehung der obgedachten letzteren Verbindlichkeiten aber greift nach § 1550 Abs. 2 die Analogie der Errungenschaftsgemeinschaft Platz.

§ 1551.

Eingebrachtes Gut eines Ehegatten ist das unbewegliche Vermögen, das er bei dem Eintritte der Fahrnißgemeinschaft hat oder während der Gemeinschaft durch Erbfolge, durch Vermächtniß oder mit Rücksicht auf ein künftiges Erbrecht, durch Schenkung oder als Ausstattung erwirbt.

Zum unbeweglichen Vermögen im Sinne dieser Vorschrift gehören Grundstücke nebst Zubehör, Rechte an Grundstücken, mit Ausnahme der Hypotheken, Grundschulden und Rentenschulden, sowie Forderungen, die auf die Uebertragung des Eigenthums an Grundstücken oder auf die Begründung oder Uebertragung eines der bezeichneten Rechte oder auf die Befreiung eines Grundstücks von einem solchen Rechte gerichtet sind.

E. I, 1432; II, 1446; III, 1534.

1. Den Hauptcharakter des Güterstands kennzeichnet der Inhalt des § 1551. Das unbewegliche Vermögen der beiden Ehegatten ist, soferne solches vorhanden, unter gewissen Voraussetzungen vom Gesammtgute ausgenommen.

Als gesetzgeberischer Beweggrund für die Bestimmungen des § 1551 tritt ein ähnlicher hervor, wie derjenige, welcher dem § 1445 für die allgemeine Gütergemeinschaft zu Grunde liegt. Wie dort, im Bereiche des § 1445, das Erforderniß der eheräulichen Einwilligung zu Verfügungen 2c. 2c. des verwaltungsberechtigten Ehemannes über ein zum Gesammtgute gehöriges Grundstück eine Gewährschaft bieten soll für thunlichste Erhaltung des Grundbesitzes in der Familie, so dient hier jene Maxime nach § 1551 dazu, unbewegliches Vermögen als Sondergut auf derjenigen Eheseite zu erhalten, von welcher dasselbe herstammt. Für künftige Fälle des Erbgangs ist dies unter Umständen von Wichtigkeit. Aus dieser Grundtendenz erklärt sich von selbst auch die Feststellung der

2. Voraussetzungen, unter welchen der Ausschluß vom Gesammtgute nach dem Systeme des B.G.B. eintritt. Dieselben gehen dahin, daß entweder

a) das bezügliche unbewegliche Vermögen einem der Ehegatten — gleichviel welchem — bei Eintritt des Güterstands bereits gehörte, oder
b) daß es von einem Ehegatten erst während des Güterstands auf Grund bestimmter unentgeltlicher Rechtstitel erworben wird.

Im Falle a begründet es keinen Unterschied, auf Grund welches Rechtstitels das unbewegliche Vermögen von dem dasselbe einbringenden Ehegatten erlangt worden ist.

Für den Fall b bezeichnet § 1551 Abs. 1 eigens diejenigen Rechtstitel, auf Grund deren das erworbene unbewegliche Vermögen von dem Gesammtgute ausgeschieden bleibt. Diese Rechtstitel sind im Wesentlichen dieselben, wie sie der § 1521 für das eingebrachte

Gut bei der Errungenschaftsgemeinschaft aufführt. Vgl. daher auch die Bem. zu § 1521. Eine kleine Variante ergibt sich nur insoferne, als § 1521 schlechthin von einem Erwerbe von Todeswegen spricht (was im § 1369 als Kollektivbegriff für Erwerb durch Erbfolge, Vermächtniß oder als Pflichttheil bezeichnet erscheint), während § 1551 nur von Erbfolge oder Vermächtniß spricht. Der Grund ist darin zu suchen, daß das B.G.B. nach § 2303 den Pflichttheil nicht als Antheil an der Substanz der Erbmasse, sohin auch des darin etwa befindlichen unbeweglichen Vermögens, sondern nur als einen Anspruch auf Auszantwortung eines bestimmten „Werthes" behandelt.

Eine weitere hieher einschlägige Frage erörtern M. IV, 549. Besteht der Erwerb durch Erbfolge u. s. w. theils aus unbeweglichen, theils aus beweglichen Sachen, so fallen die letzteren dem Gesammtgute zu, die ersteren aber nicht. Im Gebiete des französischen Rechts bestand nun mit Rücksicht auf die erbrechtliche Bestimmung des Code civil, Art. 883, die Kontroverse, ob, wenn mehrere Miterben vorhanden sind, sich die Frage, ob ein Ehegatte Mobilien oder Immobilien geerbt hat, nach dem Bestande der ungetheilten Erbschaft oder nach dem Ergebnisse der Theilung bemesse. In R.G.E. XV, 80 ist die Frage im ersteren Sinne beurtheilt worden. Für den Bereich des § 1551 holen die Motive die Entscheidung aus dem Surrogationsprinzipe her, welches auch im jetzigen § 1554 durch Verweisung auf den § 1524 aufgestellt ist. „Aus diesem Prinzipe folgt, daß der Antheil, welcher einem Ehegatten als Miterben an den zu der Erbschaft gehörenden unbeweglichen Sachen zugefallen ist, die Sondergutseigenschaft, welche der Antheil an diesen Sachen wegen der Unbeweglichkeit der letzteren erhalten hat, auch dann behält, wenn derselbe auf Grund der Auseinandersetzung mit den Miterben in bewegliche Sachen oder in einen Geldanspruch umgesetzt worden ist."

3. Der Begriff „unbewegliches Vermögen" wird für den Bereich und die Anwendung des ersten Absatzes eigens festgestellt durch den zweiten Absatz. Danach gehören dazu vor Allem:

a) Grundstücke mit ihren Bestandtheilen (§§ 94 fg.) und nebst ihrem Zubehör (§§ 97, 98; Code civil §§ 789, 791). Ob es städtische oder ländliche, überbaute oder nicht überbaute, rentirliche oder unrentirliche Grundstücke sind, begründet keinen Unterschied. Gleichgestellt ist dem Eigenthum an Grundstücken

b) das Erbbaurecht, schon nach § 1017. Weiter fallen unter jenen Begriff

c) Rechte an Grundstücken, wie z. B. Dienstbarkeiten, insbesondere Nießbrauch, dann die beschränkten persönlichen Dienstbarkeiten (insbesondere das dingliche Wohnungsrecht nach § 1093; s. auch M. IV, 550), ferner Reallasten und dingliche Vorkaufsrechte (M. IV, 550; P. IV, 375). Was den Nießbrauch anlangt, so hatte E. I § 1432 Nr. 3 dazu auch gerechnet den Nießbrauch an einem Rechte an Grundstücken; vgl. M. IV, 551. In II Komm. wurde diese Nr. 3 gestrichen, da der Nießbrauch in solchen Fällen nach französischem Rechte auch nicht als unbewegliche Sache gelte. Ansprüche aus Hypotheken, Grundschulden und Rentenschulden sind mit Rücksicht auf ihre wirthschaftliche Bestimmung (M. IV, 550) vom Begriffe des unbeweglichen Vermögens ausgenommen und zum beweglichen Vermögen zu rechnen. Zu den Hypotheken im Sinne dieser Gesetzesstelle gehört auch die Eigenthümerhypothek (M. IV, 550). Dagegen wendet § 1551 Abs. 2 jenen Begriff auch an auf solche

d) Forderungen (also Ansprüche obligatorischer Natur), welche entweder auf die Uebertragung des Eigenthums an Grundstücken (vgl. auch oben unter b) oder auf die Begründung oder Uebertragung eines der vorhin unter c erwähnten Rechte oder endlich auf die Befreiung eines Grundstücks von einem solchen Rechte gerichtet sind. (Vgl. dazu M. IV, 551.)

4. Die Wirkung des im § 1551 niedergelegten Grundsatzes geht dahin, daß das fragliche unbewegliche Vermögen Bestandtheil des eingebrachten Gutes des betreffenden Ehegatten wird und den thatsächlichen und rechtlichen Schicksalen dieser Vermögensmasse folgt. Steht einmal vertragsmäßig das Bestehen des Güterstandes der Fahrnißgemeinschaft fest, so vollzieht sich diese Wirkung von Rechtswegen, ohne daß es einer nochmaligen besonderen Vereinbarung oder Uebertragung bedarf. (M. IV, 548.) Uebrigens kann unbewegliches Vermögen selbstverständlich auch zum Vorbehaltsgut der Frau gehören, wenn eine von denjenigen thatsächlichen und rechtlichen Voraussetzungen vorliegt, welche zur Begründung von Vorbehaltsgut führen können. Vgl. Bem. zu § 1555.

5. Als gemeinschaftliches eingebrachtes Gut der beiden Ehegatten — also nicht als Gesammtgut — sind der Regel nach solche unbewegliche Vermögensbestandtheile zu betrachten, welche Jenen schon vor Eintritt des Güterstandes gemeinschaftlich zu eigen gehört hatten oder welche von ihnen während des Güterstands auf eine andere als die im § 1551 bezeichnete Weise aus Mitteln ihrer eingebrachten Güter

gemeinsam erworben wurden. Vgl. desfalls § 1554. Zum Gesammtgut könnten solche Vermögensbestandtheile nur dann gerechnet werden, wenn ausnahmsweise ein besonderer Rechtsgrund hiefür vorläge, z. B. eine zum Ehevertrage zusätzliche Vereinbarung. Vgl. S. 294.

6. Unbewegliches Vermögen im Gesammtgute ist grundsätzlich nicht ausgeschlossen. Es ergibt sich dies von selbst aus den im § 1551 Abs. 1 enthaltenen Einschränkungen. Fälle solchen Anfalls unbeweglichen Vermögens an das Gesammtgut („Kaufeigen" im Gegensatz zu „Erbeigen" nach der Terminologie älterer Rechte: Schröder, a. a. O. S. 35) sind:

a) der Erwerb desselben aus Mitteln des Gesammtguts während des Bestehens des Güterstandes, sowie auch

b) der einseitige Erwerb desselben in gleicher Zeit Seitens eines Ehegattens, wenn dieser Erwerb nicht auf Grund eines der im § 1551 Abs. 1 erwähnten Rechtstitel geschah und auch nicht ein Surrogationsfall nach § 1554 mit § 1524 vorliegt. Vgl. desfalls namentlich den zweiten Satz des § 1554.

M. IV, 549 besprechen auch die besonderen Fälle, daß ein Ehegatte während bestehender Gemeinschaft durch ein lästiges Rechtsgeschäft das Eigenthum an einer Sache, an welcher ihm ein Miteigenthum schon zusteht, erwirbt oder daß der Ehemann in solcher Art eine im Miteigenthume der Frau stehende unbewegliche Sache ganz oder theilweise allein und auf seinen Namen zum Erwerb bringt. Auch hiefür betrachten die Motive den Surrogationsgrundsatz (§ 1554 mit § 1524) als maßgebend.

7. Selbstverständlich ist, daß es, wenn Grundstücke rc. zum eingebrachten Gute oder auch ausnahmsweise zum Gesammtgute gehören, hinsichtlich der Verfügungsrechte des Mannes bei denjenigen einschränkenden Bestimmungen verbleibt, welche einerseits § 1550 Abs. 2 mit § 1525 Abs. 2 und § 1375, andererseits § 1519 Abs. 2 mit § 1445 vorsehen.

8. Einig war man in II. Komm. nach P. IV, 377, „daß ein während der Dauer der Fahrnißgemeinschaft erworbenes unbewegliches Vermögen durch Ehevertrag (sohin auch unter den Formen für einen solchen) dem Sondergute des Mannes und der Frau und dem Vorbehaltsgute einverleibt werden könne, da Austauschgeschäfte zwischen den einzelnen Gütermassen nicht ausgeschlossen seien".

§ 1552.

Eingebrachtes Gut eines Ehegatten sind Gegenstände, die nicht durch Rechtsgeschäft übertragen werden können.

E. I, 1432; II, 1447; III, 1535.

Entspricht im Wesentlichen dem von den Verhältnissen bei der allgemeinen Gütergemeinschaft handelnden § 1439. Vgl. Bem. zu diesem § 1439 S. 199. Der gleiche Satz findet sich hier auch im Eingange des § 1522 (Errungenschaftsgemeinschaft). Der Inhalt der zweiten Hälfte dieses § 1522 fehlt hier im § 1552, was zu betonen ist.

§ 1553.

Eingebrachtes Gut eines Ehegatten ist:

1. was durch Ehevertrag für eingebrachtes Gut erklärt ist;

2. was er nach § 1369 erwirbt, sofern die Bestimmung dahin getroffen ist, daß der Erwerb eingebrachtes Gut sein soll.

E. I, 1432; II, 1448; III, 1536.

1. Ziffer 1 entspricht wörtlich dem auf die Errungenschaftsgemeinschaft bezüglichen § 1523 Vgl. die dortigen Bem. S. 298. Bei der allgemeinen Fassung („was") bezieht sich die Bestimmung sowohl auf bewegliche, wie unbewegliche Vermögensbestandtheile.

2. Zu Ziffer 2. In dem hier erwähnten § 1369 sind für den ordentlichen gesetzlichen Güterstand Bestimmungen dahin getroffen, daß, was die Frau durch Erbfolge, durch Vermächtniß oder als Pflichttheil erwirbt (Erwerb von Todeswegen) oder was ihr unter Lebenden von einem Dritten unentgeltlich zugewendet wird, Vorbehaltsgut sein soll, wenn der Erblasser durch letztwillige Verfügung, der Dritte bei der Zuwendung bestimmt hat, daß der Erwerb Vorbehaltsgut werden soll. Das Gleiche soll nun bei der Fahrnißgemeinschaft für beide Ehegatten auch in Ansehung des Anfalls zu ihrem eingebrachten Gute gelten, vorausgesetzt, daß die in vorgedachter Weise geartete Zuwendung eigens mit der Bestimmung verknüpft ist, daß der Erwerb eingebrachtes Gut des erwerbenden Ehegatten werden soll. Wäre der Erwerb auch hier zum Vorbehaltsgut der Frau bestimmt, so tritt eben solches ein. Vgl. Bem. zu § 1555.

Zu beachten und betonen ist aber, daß obige Bestimmung der Ziffer 2 sich nicht auf solches unbewegliches Vermögen beziehen kann, von welchem die Spezialbestimmung des § 1551 Abs. 1 handelt. Solches unbewegliches Vermögen wird nach letzterer Gesetzesstelle eingebrachtes Gut, auch wenn eine hierauf gerichtete eigene Bestimmung des Zuwendenden nicht vorliegt. Dasselbe ist bei der bestimmten Form in § 1551 Abs. 1 auch dann anzunehmen, wenn der dritte Zuwendende bestimmen sollte, daß unbewegliches Vermögen, welches er nur einem der Ehegatten zuwendet, gleichwohl Gesammtgut werden sollte. Er müßte direkt dem Gesammtgute zuwenden. Insoweit ist der Ausführung von Fischer-Henle, 2. Aufl. S. 650 beizupflichten. Eine Zuwendung unbeweglichen Vermögens an die Person beider Ehegatten ließe immer noch die Frage offen, ob dann nicht gemeinsames eingebrachtes Gut entsteht. Vgl. § 1551 Abs. 1, sowie oben S. 322. Im Uebrigen vgl. die Erörterungen zu § 1369.

§ 1554.

Eingebrachtes Gut eines Ehegatten ist, was er in der im § 1524 bezeichneten Weise erwirbt. Ausgenommen ist, was an Stelle von Gegenständen erworben wird, die nur deshalb eingebrachtes Gut sind, weil sie nicht durch Rechtsgeschäft übertragen werden können.

E. I, 1432; II, 1449; III, 1537.

1. Vorstehende Bestimmung überträgt die Surrogationsgrundsätze des § 1524, welcher sich auf die Verhältnisse bei der Errungenschaftsgemeinschaft bezieht, auch auf die Fahrnißgemeinschaft. Vgl. daher die Erörterungen S. 298.

Diese Rückverweisung bezieht sich auf beide Absätze des § 1524 und zwar in Ansehung des Abs. 1 sowohl auf die aufgestellte Regel, wie auf die beigefügte Ausnahme hinsichtlich des Erwerbs aus dem Betriebe eines Erwerbsgeschäfts.

2. Der zweite Satz des § 1554 fügt eine Ausnahme bei, welche auf die Fälle des § 1552 zurückführt. Zu betonen ist hier das Wörtchen: „nur".

§ 1555.

Vorbehaltsgut des Mannes ist ausgeschlossen.

E. I, 1431; II, 1450; III, 1538.

1. Abweichend von der Rechtslage bei der allgemeinen Gütergemeinschaft (§ 1440) ist hienach nur auf Seite der Frau Vorbehaltsgut zugelassen. Dies entspricht dem auf die Errungenschaftsgemeinschaft bezüglichen § 1526 Abs. 2. Der Grund liegt darin, daß bei Errungenschafts- und Fahrnißgemeinschaft eingebrachtes Gut des Mannes ausgeschieden ist, bei der allgemeinen Gütergemeinschaft aber nicht. Ersteres wurde als für die Seite des Mannes genügend befunden (P. IV, 376).

2. Der Rechtsbegriff des Vorbehaltsguts ist im Allgemeinen hier derselbe wie bei den anderen Güterständen.

3. Der Umfang des eheträulichen Vorbehaltsguts bemißt sich zu Folge der allgemeinen Klausel des § 1549 nach denselben Normen wie bei der allgemeinen Gütergemeinschaft. Vgl. desfalls die Bestimmung des § 1440 Abs. 2, nach welcher Vorbehaltsgut entsteht sowohl

a) durch Erklärung als solches mittelst Ehevertrags (§ 1368), als auch
b) durch Zuwendung Dritter (§ 1369), wie nicht minder
c) durch Surrogation (§ 1370). Ueber das Nähere vgl. die Erörterungen zu den §§ 1440 mit 1368, 1369, 1370, S. 200, 102, 103, 104 fg.

4. Die Rechtsverhältnisse des Vorbehaltsguts der Frau bei der Fahrnißgemeinschaft sind dieselben, wie nach § 1441 bei der allgemeinen Gütergemeinschaft. Vgl. S. 201.

§ 1556.

Erwirbt ein Ehegatte während der Fahrnißgemeinschaft durch Erbfolge, durch Vermächtniß oder mit Rücksicht auf ein künftiges Erbrecht, durch Schenkung oder als Ausstattung Gegenstände, die theils Gesammtgut, theils eingebrachtes Gut werden, so fallen die in Folge des Erwerbes entstehenden Verbindlichkeiten

im Verhältnisse der Ehegatten zu einander dem Gesammtgut und dem Ehegatten, der den Erwerb macht, verhältnißmäßig zur Last.

E. I, 1433; II, 1451; III, 1509.

1. Vorstehende Bestimmung reproduzirt einen Grundsatz, welcher bisher schon dem französisch-rheinischen Rechte charakteristisch eigen war. Vgl. Code civil, Art. 1414; M. IV, 551. Es ist das Prinzip einer eigenartigen Schuldenvertheilung zwischen dem Gesammtgut und dem Sondervermögen eines Ehegatten, für den Fall, daß es sich um Verbindlichkeiten handelt, welche entstanden sind aus einem nach seiner Natur oder den obwaltenden besonderen Rechtsverhältnissen (bewegliches und unbewegliches Vermögen) theilweise dem Gesammtgute, theilweise dem eingebrachten Gute zufallenden Erwerbe von bestimmter Art und Herkunft.

2. Die Art und Herkunft des Erwerbs ist im Eingang des § 1556 genau so bezeichnet, wie es dem § 1551 Abs. 2 entspricht.

3. Das hier aufgestellte Prinzip der Schuldenvertheilung begründet in seiner Eigenart eine Abweichung von den sonstigen allgemeinen Normen der §§ 1462, 1549. Es gestaltet sich nicht so, daß das unbewegliche Vermögen die dadurch bedingten, das bewegliche Vermögen (Gesammtgut) die darauf bezüglichen Verbindlichkeiten trägt. Vielmehr werden die durch den Erwerb entstandenen Verbindlichkeiten ohne Rücksicht auf jenen Zusammenhang zwischen dem Gesammtgut einer- und der Person des betreffenden Ehegatten andererseits verhältnißmäßig vertheilt.

4. Als Lastvertheilungsnorm gilt das Verhältniß, nach welchem der Erwerb da zum Gesammtgut, dort zum eingebrachten Gute fällt. (Vgl. Code civil, Art. 1414.)

5. Diese Sonderbestimmungen gelten übrigens nur in den Beziehungen der Ehegatten zu einander. Im Verhältnisse zu Dritten als Gläubigern verbleibt es bei den einschlägigen allgemeinen Normen. (M. IV, 552.)

§ 1557.

Fortgesetzte Gütergemeinschaft tritt nur ein, wenn sie durch Ehevertrag vereinbart ist.

E. I, 1434; II, 1452; III, 1540.

1. In Ansehung der Frage, ob fortgesetzte Gütergemeinschaft (wohl zu unterscheiden von dem früher sog. Beisitzrechte oder bloßer Nutznießung des überlebenden Ehegatten am Vermögen der Kinder) eintrete, stellt § 1557 hier das umgekehrte Verhältniß her wie bei der allgemeinen Gütergemeinschaft. Bei dieser tritt, wenn beim Tode eines Ehegatten gemeinschaftliche Abkömmlinge vorhanden sind, in der Regel fortgesetzte Gütergemeinschaft kraft Gesetzes ein, soferne sie nicht durch Ehevertrag ausgeschlossen ist (§ 1508). Bei der Fahrnißgemeinschaft dagegen findet fortgesetzte Gütergemeinschaft kraft Gesetzes überhaupt nicht statt, greift vielmehr nur Platz, wenn solches durch Ehevertrag eigens vereinbart ist (§ 1557).

E. I § 1434 hatte das Institut der fortgesetzten Gütergemeinschaft bei der Fahrnißgemeinschaft überhaupt nicht zulassen wollen (M. IV, 552). Die II. Komm. beschritt den im § 1557 sich darstellenden Mittelweg (P. IV, 378). Derselbe dürfte aber kaum recht viel begangen werden. Denn einerseits ist in den rheinischen Landen und in Baden, für deren Volksgepflogenschaften die Zulassung der Fahrnißgemeinschaft überhaupt berechnet erscheint, von dem Verhältnisse einer fortgesetzten Gütergemeinschaft bisher schon nichts in Uebung gewesen und andererseits verwickeln sich dadurch bei der Fahrnißgemeinschaft, welcher ohnehin eine gewisse Prinziplosigkeit nicht ganz mit Unrecht zum Vorwurf gemacht wird (P. IV, 376), die Verhältnisse nur noch mehr.

2. „Ehevertrag" steht im technischen Sinne. Es bedarf also auch der für einen solchen vorgeschriebenen Form (§ 1434). Geschlossen kann der Vertrag zu jeder Zeit werden (§ 1432), aber nur zwischen den Ehegatten selbst (P. IV, 377), nicht erst zwischen dem überlebenden Ehegatten und den Abkömmlingen. Die Bestimmung des § 1437 wird auch hieher anzuwenden sein (§ 1549).

3. Für die allgemeine Gütergemeinschaft ist es durch § 1518 ausgeschlossen, daß von den Ehegatten durch letztwillige Verfügung oder Vertrag Anordnungen getroffen werden, welche Abweichungen von den gesetzlichen Modalitäten der fortgesetzten Gütergemeinschaft begründen würden. Diese Bestimmung muß auch auf den Fall des § 1557 bezogen werden und zwar sowohl im Hinblick auf § 1549, wie auch mit Rücksicht darauf, daß die maßgebenden Erwägungen (vgl. S. 289) auch hieher zutreffen.

4. Findet fortgesetzte Gütergemeinschaft im Bereiche des hier fraglichen Güterstandes statt, so bezieht sie sich nur auf das Gesammtgut. Eingebrachtes Gut der Ehegatten und Vorbehaltsgut der Frau bleiben davon unberührt. Dies gilt insbesondere von der Beerbung, wenn der Träger solchen Sonderguts derjenige war, durch dessen Tod die Ehe gelöst wurde (P. IV, 377).

III. Güterrechtsregister.

Vorbemerkungen.

1. Grundstandpunkt. Die Gestaltung der ehelichen Güterrechtsverhältnisse in den Einzelfällen ist von Wichtigkeit nicht allein für die Ehegatten selbst und ihre Angehörigen, sondern vielfach auch für dritte, außerhalb der Familie stehende Personen, namentlich wenn diese in Forderungs- oder Schuldbeziehungen zu den Ehegatten sich befinden oder wenn es sich um die Legitimation der Letzteren zu Rechtsakten handelt. Vorauszusetzen ist für die Regel, daß die Ehegatten im ordentlichen gesetzlichen Güterstande leben. In solchen Fällen liegt das Verhältniß für Dritte glatt. Der ordentliche gesetzliche Güterstand kann aber aus mannichfachen Gründen ausgeschlossen sein und zwar in gewissen Fällen schon kraft Gesetzes (vgl. z. B. § 1364), in anderen kraft Ehevertrags. Für Fälle dieser und jener Art bedarf es einer Einrichtung, welche es — soweit erreichbar — Jedermann ermöglicht, sich darüber zu unterrichten, ob im güterrechtlichen Verhältnisse der einzelnen Ehegatten Abänderungen der gesetzlichen Regel bestehen. Besteht die Möglichkeit, sich eine derartige Kenntniß zu verschaffen, so kann thatsächlich und muß rechtlich in einer Außerachtlassung der erforderlichen Kenntnißnahme auch ein Mangel der gehörigen Sorgfalt gefunden werden, welcher es rechtfertigt, die Thatsache jener Abänderungen auch gegen den Dritten zur Wirksamkeit zu bringen, während umgekehrt dessen guter Glaube einen rechtlichen Schutz verdient und erhält, wenn bei den erfolgten Aenderungen am gesetzlichen Güterstande oder den allenfallsigen Wiederaufhebungen derselben es versäumt wurde, solchen in die vorgeschriebene Oeffentlichkeit zu bringen.

2. Aeltere Rechte hatten sich zu solchem Zwecke in der Regel des Mittels bedient, eine öffentliche Bekanntmachung vorzuschreiben, sei es durch Anschlag einer solchen an einer Amtstafel oder auch durch Einrückung in eine Zeitung. Derartige Vorschriften bestanden da und dort schon länger, namentlich für den Fall, wenn die gesetzlich bestehende allgemeine Gütergemeinschaft ausgeschlossen oder dieser gesetzlich nicht bestehende Güterstand eingeführt werden sollte. Derartige Bekanntmachungen waren aber, wie in M. IV, 554 zutreffend ausgeführt ist, nur ein recht unvollkommenes Mittel, namentlich weil dadurch das Bekanntwerden nur für eine verhältnißmäßig kurze Zeit gewährleistet wird, die rechtliche Wirksamkeit der fraglichen Thatsache aber sich möglicher Weise auf die ganze Dauer der Ehe erstrecken soll und kann.

Aus diesen Erwägungen (M. IV, 553 fg.; P. IV, 381 fg.) gelangte das B.G.B. zu der für die meisten deutschen Lande, in der vorliegenden Gestalt wenigstens, neuen

3. Einrichtung des Güterrechtsregisters. Allerdings hatte auch schon das Bayr. Notariatsgesetz v. 10. Nov. 1861 eine entfernt ähnliche Vorkehrung angeordnet in Gestalt eines nach Art. 48 bei den Notaren aufzulegenden Verzeichnisses. Das war aber doch nur eine höchst unvollkommene Einrichtung. Das Verzeichniß sollte sich von vorneherein nur auf Fälle erstrecken, in denen der in einzelnen Landestheilen gesetzliche Güterstand der Gütergemeinschaft vertragsmäßig ausgeschlossen und darüber schon öffentliche Bekanntmachung erlassen wurde. Abgesehen davon hatte aber auch jenes offenliegende Notariatsverzeichniß nur eine informatorische, aber keine pragmatische Bedeutung. Die Thatsache des Eintrags oder Nichteintrags darinnen hatte keine unmittelbaren rechtlichen Folgen für das Verhältniß zwischen den Ehegatten und Dritten. Gerade aber in der Begründung solcher Rechtsfolgen liegt der Schwerpunkt der Einrichtung des Güterrechtsregisters nach dem B.G.B.

4. Die Einzelvorschriften des B.G.B. über das B.G.B. sind von doppelter Art, nämlich theils materieller, theils formaler Natur.

Die materiellen Bestimmungen finden sich zerstreut an verschiedenen Stellen des B.G.B. Als materiell-rechtlich betrachtete II. Komm. auch die aus dem § 1561 sich ergebende Verpflichtung eines Ehegatten zur Antragstellung (P. IV, 390).

Die formalen Vorschriften sind niedergelegt in den §§ 1558 bis 1563 B.G.B. in Verbindung mit den §§ 161, 162, 127 bis 130, 142, 143 F.G.

5. Die Grundlage der materiellen Vorschriften bildet hinsichtlich der rechtlichen Natur und der Rechtsfolgen der Eintragung oder Nichteintragung in das Güterrechtsregister des B.G.B. der § 1435. Dessen Inhalt (vgl. Bem. S. 188 fg.) gilt auch noch in anderen Richtungen. Vgl. §§ 1405, 1425, 1431, 1435.

Einzelne **Anwendungsfälle** sind:

a) Beschränkung oder Ausschließung der Schlüsselgewalt, § 1357 Abs. 2;
b) eheherrlicher Einspruch und Widerruf in Bezug auf Erwerbsgeschäfte der Frau, §§ 1405, 1452, 1519;
c) Bestimmung als Vorbehaltsgut, §§ 1371, 1441, 1526, 1555;
d) Eintritt der Gütertrennung, §§ 1431, 1587;
e) vertragsmäßige Abänderung des ordentlichen gesetzlichen Güterstands, § 1435 Abs. 1;
f) Abänderung oder Aufhebung einer im Güterrechtsregister eingetragenen Regelung der güterrechtlichen Verhältnisse, §§ 1435 Abs. 2, 1436;
g) Beendigung des ordentlichen gesetzlichen Güterstands durch Aufhebung, Konkurs oder Todeserklärung des Mannes, §§ 1418—1420, 1426, 1431;
h) Wiederherstellung der eheherrlichen Rechte nach §§ 1425, 1431;
i) Aufhebung der allgemeinen Gütergemeinschaft und der Fahrnißgemeinschaft, Beendigung der Errungenschaftsgemeinschaft, §§ 1470, 1542, 1543, 1544, 1545, 1549;
k) Wiederherstellung der Errungenschaftsgemeinschaft nach §§ 1547, 1548 Abs. 2.

§ 1558.

Die Eintragungen in das Güterrechtsregister haben bei dem Amtsgerichte zu geschehen, in dessen Bezirke der Mann seinen Wohnsitz hat.

Durch Anordnung der Landesjustizverwaltung kann die Führung des Registers für mehrere Amtsgerichtsbezirke einem Amtsgericht übertragen werden.

E. I, 1436; II, 1453, 1454; III, 1541.

1. Zuständigkeit. Das Güterrechtsregister wird von den Amtsgerichten geführt. Diese sind sachlich zuständig im Allgemeinen. Für die örtliche Zuständigkeit zur Eintragung im Einzelfalle ist bestimmend der Wohnsitz des Ehemannes, nicht aber der Ort der Eheschließung, oder der Ort eines Vertragsabschlusses. Ueber Wohnsitzänderung vgl. § 1559. Bei mehrfachem Wohnsitz sollen nach M. IV, 555 die Eintragungen bei dem Amtsgerichte des einen oder andern Ortes stattfinden können. Aber doch wohl nur insgesammt bei dem einen oder anderen.

2. Ueber die Frage der Bestimmung einer subsidiären örtlichen Zuständigkeit vgl. M. IV, 555.

3. Zu Abs. 2 vgl. bezüglich der dabei leitend gewesenen Gesichtspunkte P. IV, 384 fg. In's Auge gefaßt ist insbesondere der Fall, daß ein Ort (größere Stadt) in mehrere Amtsgerichtsbezirke getheilt ist.

§ 1559.

Verlegt der Mann nach der Eintragung seinen Wohnsitz in einen anderen Bezirk, so muß die Eintragung im Register dieses Bezirkes wiederholt werden. Die frühere Eintragung gilt als von neuem erfolgt, wenn der Mann den Wohnsitz in den früheren Bezirk zurückverlegt.

E. I, 1436; II, 1453; III, 1542.

1. Grundstandpunkt. Die Vorschrift, welche beobachtet werden muß, wenn der Eintrag im Güterrechtsregister die ihm materiell zukommende Wirkung (vgl. namentlich § 1435) haben soll, beruht in der Rücksicht auf den Interessen Drittbetheiligter und in der Erwägung, daß sich bei Wohnsitzwechsel nunmehr der neue Wohnsitz als Mittelpunkt der Verkehrsbeziehungen der Eheleute darstellt. Im Güterrechtsregister für diesen bekannten Wohnsitz (während frühere Wohnsitze oft unbekannt bleiben) soll der Dritte sich vollständigen Aufschluß erholen können (M. IV, 556; P. IV, 385 fg.).

2. Als „anderer Bezirk" erscheint in der Regel derjenige eines anderen Amtsgerichts, im Ausnahmsfalle des § 1558 der bezügliche andere Registerbezirk.

3. E. I § 1436 hatte noch die Bestimmung vorgeschlagen: „Die neue Eintragung muß binnen sechs Wochen seit der Begründung des anderen Wohnsitzes beantragt werden, widrigenfalls die frühere Eintragung ihre Wirkung verliert." (M. IV, 556.) Dieser Beisatz ist in das Gesetz nicht übergegangen.

§ 1560.

Eine Eintragung in das Register soll nur auf Antrag und nur insoweit erfolgen, als sie beantragt ist. Der Antrag ist in öffentlich beglaubigter Form zu stellen.

E. I, 1437; II, 1455; III, 1543.

1. Nicht von Amtswegen, sondern nur auf Antrag und nur nach Maßgabe des Umfangs desselben soll die Eintragung erfolgen. „Da die Oeffentlichkeit den Ehegatten nur die Möglichkeit gewähren soll, sich in den betreffenden Fällen gegen die an den guten Glauben Dritter für die Ehegatten geknüpften Nachtheile zu sichern, so muß es ihnen überlassen bleiben, inwieweit sie von dem ihnen gebotenen Sicherungsmittel Gebrauch machen wollen oder nicht. Dem entspricht es, daß die Wirksamkeit der Eintragung und die damit zum Nachtheile Dritter verbundene Fiktion von dem Willen des antragsberechtigten Ehegatten abhängig gemacht, eine ohne den Antrag des Ehemannes, beziehungsweise der beiden Ehegatten (vgl. § 1561) erfolgte Eintragung also nichtig ist." So wörtlich M. IV, 557. Uebrigens weicht, was den letzten Punkt betrifft, die jetzige Fassung mit ihrem „soll" von der strengeren des § 1437 Abs. 1 Satz 1 ab. Die II. Komm. wollte nach P. IV, 389 nur eine Ordnungsvorschrift geben. Dabei ist Folgendes erwogen worden: Man könne einem Dritten, welcher vom Register Einsicht nimmt, nicht zumuthen, sich erst noch die Anträge vorlegen zu lassen. Dritte müßten sich auf den Inhalt des Registers verlassen dürfen. Auch sei nur ein Doppeltes möglich. Entweder entspreche der Eintrag dem thatsächlichen Zustande oder er entspreche demselben nicht. Letzteren Falles sei der Eintrag unwirksam, auch wenn er auf Antrag erfolgt sei. Ersteren Falles aber müsse es gleichgültig sein, ob ein Antrag vorgelegen habe oder nicht, da dem Eintrag das Wissen des Dritten völlig gleichgestellt ist (§ 1435!) und es keinen Unterschied mache, woher der Dritte sein Wissen habe. (P. IV, 389.)

2. Form des Antrags. Vorgeschrieben ist durch § 1560 Abs. 2 Stellung des Antrags in öffentlicher beglaubigter Form. Nach § 129 muß also der Antrag schriftlich abgefaßt und die Unterschrift des oder der Antragsteller von der zuständigen Behörde oder einem zuständigen Beamten oder Notar beglaubigt werden. Die öffentliche Beglaubigung wird durch die gerichtliche oder notarielle Beurkundung des Antrags ersetzt. Vgl. Bem. zu § 129. Ueber sog. Handzeichen s. § 129 Abs. 1 Satz 2 mit § 126 Abs. 1.

Nach F.G. § 161 mit § 128 kann die Anmeldung zur Eintragung auch zum Protokolle des Gerichtsschreibers des Registergerichts erfolgen.

3. Bevollmächtigung zur Antragstellung ist nicht ausgeschlossen. Dazu bestimmt F.G. § 161 mit § 129 Folgendes: Ist die zu einer Eintragung erforderliche Erklärung von einem Notar beurkundet oder beglaubigt, so gilt dieser als ermächtigt, im Namen des zur Antragstellung Verpflichteten (hier: Berechtigten) die Eintragung zu beantragen.

4. Ueber Löschung einer wegen Mangels einer wesentlichen Voraussetzung unzulässigen Eintragung von Amtswegen durch das Registergericht oder auch auf Verfügung des Landgerichts vgl. F.G. § 161 mit § 142, 143.

§ 1561.

Die Eintragung erfolgt in den Fällen des § 1357 Abs. 2 und des § 1405 Abs. 3 auf Antrag des Mannes.

In den anderen Fällen ist der Antrag beider Ehegatten erforderlich; jeder Ehegatte ist dem anderen gegenüber zur Mitwirkung verpflichtet.

Der Antrag eines der Ehegatten genügt:

1. zur Eintragung eines Ehevertrags oder einer auf gerichtlicher Entscheidung beruhenden Aenderung der güterrechtlichen Verhältnisse der Ehegatten, wenn mit dem Antrage der Ehevertrag oder die mit dem Zeugnisse der Rechtskraft versehene Entscheidung vorgelegt wird;
2. zur Wiederholung einer Eintragung in dem Register eines anderen Bezirkes, wenn mit dem Antrag eine nach der Aufhebung des bisherigen

Wohnsitzes ertheilte, öffentlich beglaubigte Abschrift der früheren Eintragung vorgelegt wird.

E. I, 1437; II, 1456; III, 1544.

1. Vorstehende Bestimmungen behandeln die Sachlegitimation zur Antragstellung auf Eintragung in das Güterrechtsregister. Vgl. dazu M. IV, 557: P. IV.

2. Regel ist, daß beide Ehegatten zusammen den Antrag zu stellen haben. Ausnahmsweise genügt auch die Antragstellung Seitens eines der Ehegatten und zwar:

a) Seitens des Mannes in den Fällen des § 1357 Abs. 2 (Beschränkung oder Ausschließung des Rechts der Schlüsselgewalt der Ehefrau) und des § 1405 Abs. 2 (Einspruch und Widerruf der Zustimmung Seitens des Mannes in Bezug auf den selbständigen Betrieb eines Erwerbsgeschäftes Seitens der Frau);

b) Seitens des Mannes allein oder der Frau allein in den Fällen des § 1561 Abs. 3 Nr. 1 und 2.

3. In Bezug auf die im § 1561 Abs. 3 aufgeführten Einzelfälle ist Folgendes zu bemerken:

a) Zur Eintragung auf Grund Ehevertrags oder gerichtlicher Entscheidung wird doch wohl die Vorlegung einer Abschrift dieser Urkunden als genügend betrachtet werden können, wenn sie in öffentlicher Form beglaubigt ist (§ 129). Dies wird um so mehr zugelassen werden müssen, als es vorkommen kann, daß der antragstellende Ehegatte eben nur im Besitze einer beglaubigten Abschrift des Ehevertrags oder der Gerichtsentscheidung ist, während der dissentirende andere Ehegatte die Urschrift ihm vorenthält.

Das Gesetz spricht hier absichtlich nicht blos von „Urtheil“, sondern allgemeiner von „gerichtlicher Entscheidung“. Denn es waren auch die Fälle der Ertheilung eines Entscheids Seitens des Vormundschaftsgerichts in's Auge zu fassen. Vgl. desfalls z. B. § 1357 Abs. 2 (Wiederherstellung der Schlüsselgewalt). S. auch P. IV, 389. Fälle eines Urtheils enthalten die §§ 1418—1420, 1425, 1470, 1495, 1542, 1547, 1549.

b) Ziffer 2 beruht auf § 1559.

4. Die Mitwirkung eines Ehegatten nach § 1561 Abs. 2 kann durch Klage erzwungen werden. Die Vollstreckung des stattgebenden Urtheils richtet sich nach C.P.O. § 894 n. Nr. Danach gilt die Abgabe der Willenserklärung d. h. hier die Erklärung des Antrags Seitens des verurtheilten Ehegatten als geschehen, sobald das Urtheil die Rechtskraft erlangt hat.

§ 1562.

Das Amtsgericht hat die Eintragung durch das für seine Bekanntmachungen bestimmte Blatt zu veröffentlichen.

Wird eine Aenderung des Güterstandes eingetragen, so hat sich die Bekanntmachung auf die Bezeichnung des Güterstandes und, wenn dieser abweichend von dem Gesetze geregelt ist, auf eine allgemeine Bezeichnung der Abweichung zu beschränken.

E. I, 1439; II, 1457; III, 1545.

1. Die wirkliche Eintragung hat sich nach § 1560 auf dasjenige zu beschränken, was beantragt ist. Es folgt dies überhaupt schon aus dem vom Gesetze aufgestellten Antragsprinzipe und ist auch namentlich für Fälle von Eheverträgen von der praktischen Erwägung getragen, „daß speziell die Eheverträge häufig zugleich Bestimmungen enthalten, welche für den rechtsgeschäftlichen Verkehr mit Dritten ohne Interesse sind, deren Veröffentlichung oder Aufdeckung aber den Ehegatten sehr unerwünscht sein und das Interesse der Letzteren sehr empfindlich verletzen kann“. M. IV, 558.

2. Ueber die Form der Eintragung enthält F.G. § 161 mit § 180 die Ordnungsvorschrift, daß jede Eintragung den Tag, an welchem sie erfolgt ist, angeben und mit der Unterschrift des zuständigen Beamten versehen sein soll.

3. Auch die hier gegebene Vorschrift, daß eine Bekanntmachung der Eintragung durch ein für die amtlichen Veröffentlichungen des Gerichts bestimmtes Blatt (also praktischer Weise nicht gerade den Reichsanzeiger!) zu geschehen habe, trägt nur den Charakter einer Ordnungsvorschrift. Denn besondere Rechtsfolgen sind an den Vollzug

oder die Unterlassung jener Bekanntmachung nicht geknüpft. Der rechtliche Schwerpunkt liegt in der Eintragung selbst. Diese allein ist für die Rechtsbeziehungen zu Dritten maßgebend.

4. Von einer Eintragung sollen beide Ehegatten benachrichtigt werden, und zwar immer Beide, mag auch der Antrag nur von Einem derselben gestellt worden sein. F.G. § 161 Abs. 2. Eine besondere Form ist für diese Benachrichtigung gar nicht vorgeschrieben. Sie kann daher auch durch einfache Zuschrift, wie nicht minder zu Protokoll des Gerichtsschreibers geschehen.

Für sich selbst kann jeder Ehegatte, von vorneherein wie später, auf die Benachrichtigung verzichten, nicht aber für den anderen Ehegatten.

Die Vorschrift einer Benachrichtigung ist lediglich eine Ordnungsvorschrift.

§ 1563.

Die Einsicht des Registers ist Jedem gestattet. Von den Eintragungen kann eine Abschrift gefordert werden; die Abschrift ist auf Verlangen zu beglaubigen.

E. I, 1435; II, 1458; III, 1546.

1. Das dem Handelsregister nachgebildete Güterrechtsregister genießt Oeffentlichkeit, und zwar zunächst in dem Sinne, daß es Jedermann einsehen darf, ohne ein besonderes rechtliches Interesse nachweisen oder darthun zu müssen. Eine konstitutive Wirkung in der Art, daß das Eingetragene als unbedingt maßgebend betrachtet werden müßte, hat das Güterrechtsregister nicht. Von dem, was eingetragen ist, wird nur angenommen, daß solches öffentlich bekannt sei. Wie weit der Inhalt in sonstiger Hinsicht von Rechtswirkung ist, bemißt sich nach der Uebereinstimmung desselben mit den wirklichen thatsächlichen und rechtlichen Verhältnissen, welche maßgebend sind. Vgl. die Erörterungen zu § 1435, insbesondere S. 190 fg.

2. Wegen der Beglaubigung der Abschrift von den bestehenden Einträgen s. B.G.B. § 129.

3. Verschieden von einer solchen Abschrift ist die im F.G. § 162 vorgesehene Bescheinigung über das Nichtbestehen von Einträgen. Dortselbst ist nämlich vorgeschrieben, daß das Amtsgericht auf Verlangen eine Bescheinigung darüber zu ertheilen habe, daß

a) bezüglich des Gegenstandes einer Eintragung weitere Eintragungen nicht vorhanden sind, oder

b) daß eine bestimmte Eintragung in das Register nicht erfolgt ist.

4. Abschrift und Bescheinigung sind besonders behelflich für den Grundbuchsverkehr, namentlich zum Nachweis des Güterstandes und speziell zum Nachweis, daß ein vom gesetzlichen Güterstand abweichender vertragsmäßiger Güterstand nicht besteht.

5. Die Kosten für Abschriften und Bescheinigungen müssen denjenigen treffen, welcher diese begehrt.

Familienrecht.

Scheidung der Ehe — Kirchliche Verpflichtungen.

Erläutert

von

Dr. Theodor Engelmann.

Siebenter Titel.

Scheidung der Ehe.

Vorbemerkungen.

1. Hinsichtlich der Scheidungsgründe wichen die bisherigen Rechte erheblich von einander ab. Das kanonische Recht gestattete überhaupt keine Ehescheidung, sondern nur Trennung von Tisch und Bett (separatio quoad thorum et mensam), und zwar beständige Trennung nur wegen Ehebruchs und der demselben gleichstehenden Fleischesverbrechen. Dagegen war nach gemeinem protestantischen Eherecht die Scheidung dem Bande nach zulässig wegen Ehebruchs, böslicher Verlassung (Desertion), Quasidesertion, hartnäckiger Verweigerung der ehelichen Pflicht, Insidien, Sävitien; von der Praxis wurden bisweilen auch Verurtheilung zu gewissen Strafen, unüberwindliche Abneigung, Wahnsinn und körperliche Gebrechen als Scheidungsgrund anerkannt.

Das B.L.R. (Thl. I cap. 6 §§ 40 ff.) gestattete bei einem matrimonium consummatum die Scheidung dem Bande nach überhaupt nicht, die Scheidung von Tisch und Bett nur wegen Ehebruchs oder wenn man mit dem anderen Ehegatten ohne große Leibes- oder Seelengefahr nicht mehr leben kann. Die Scheidung wegen Ehebruchs sollte bis zu beiderseitiger Aussöhnung, außerdem aber nur solange dauern, als die Ursache nicht aufhört (vgl. Samml. v. E. d. Bayr. Obersten L.G. Bd. 7 S. 6 ff.; Bd. 11 S. 138, 432). Am weitesten in der Zulassung der Scheidungsgründe ging das P.L.R. Hierüber, sowie über andere Rechte s. M. IV, 564 ff.; D. 212 ff.

Das B.G.B. beruht auf dem Grundsatze, daß im Eherechte, „auch soviel die Auflösung der Ehe vor dem Tode eines der Ehegatten betrifft, nicht das Prinzip der individuellen Freiheit herrschen darf, sondern die Ehe als eine von dem Willen der Ehegatten unabhängige sittliche und rechtliche Ordnung anzusehen", die Ehe daher „ihrem Begriffe und Wesen nach unauflöslich und die Scheidung stets etwas Anomales ist" (M. IV, 562, 563). Es geht demgemäß davon aus, daß ein Ehegatte nur wegen schweren Verschuldens des andern Theils die Scheidung zu verlangen berechtigt sein soll (M. IV, 567 ff.; Z.G. IV, 267 ff., VI, 625 ff.; D. 213 ff.). Hievon besteht nur eine einzige Ausnahme insofern, als nach § 1569 auch Geisteskrankheit eines Ehegatten unter gewissen Voraussetzungen als Scheidungsgrund anerkannt ist.

2. Das B.G.B. unterscheidet absolute und relative Scheidungsgründe. Gewisse Thatbestände sind so beschaffen, daß das Gesetz aus ihrem Vorhandensein ohne Weiteres die Folgerung ziehen kann, die Fortsetzung der Ehe sei durch schuldhaftes Verhalten des einen Ehegatten dem anderen unerträglich geworden und diesem daher als Rechtspflicht nicht mehr zuzumuthen. In den meisten Fällen dagegen läßt es sich mit Rücksicht auf die Verschiedenheit der Bildung, die äußere Stellung, den Charakter und die Persönlichkeit der Ehegatten nicht im Voraus ermessen, ob gewisse Handlungen, die unter Umständen geeignet sind, das eheliche Verhältniß unhaltbar zu machen, auch im einzelnen Falle diese Wirkung haben werden (M. IV, 574). Zu den ersteren (absoluten) Scheidungsgründen zählt das B.G.B.: Ehebruch und die ihm gleichgestellten Verfehlungen gegen §§ 171, 175 St.G.B., Lebensnachstellung, bösliche Verlassung und Geisteskrankheit (§§ 1565—1567, 1569). Die relativen Scheidungsgründe sind nicht einzeln aufgeführt, sondern im § 1568 auf ein gemeinsames Prinzip zurückgeführt. Sie begründen den Anspruch auf Scheidung nur dann, wenn der Richter die Ueberzeugung gewinnt, daß durch ihr Vorhandensein im gegebenen Falle eine so tiefe Zerrüttung des ehelichen Verhältnisses herbeigeführt worden ist, daß dem unschuldigen Ehegatten die Fortsetzung der Ehe nicht zugemuthet werden kann.

3. Die **Trennung von Tisch und Bett** auf Zeit war durch das Personenstandsgesetz vom 6. Februar 1875 aufrechterhalten worden, während gemäß § 77 dieses Gesetzes an Stelle der beständigen Trennung von Tisch und Bett fortan die Auflösung des Bandes der Ehe ausgesprochen werden sollte (Sicherer, Personenstand und Eheschließung S. 469 ff.). E. I hatte die beständige Trennung von Tisch und Bett für unzulässig erklärt, die zeitweilige Trennung beim Vorliegen eines relativen Scheidungsgrundes auf höchstens zwei Jahre zugelassen (M. IV, 562 ff., 579 ff.; Z.G. IV, 304, 316 ff.; VI, 624 ff., 629). Durch die II. Komm. wurde die Trennung von Tisch und Bett in beiden Formen beseitigt (P. IV, 394 ff.), von der Reichstagskommission wurde jedoch neben der Scheidung die „**Aufhebung der ehelichen Gemeinschaft**“ (§§ 1575, 1576, 1586, 1587) für zulässig erklärt und der bei der dritten Berathung des Gesetzes im Reichstagsplenum gestellte Antrag auf Streichung dieser Vorschriften abgelehnt (R.T.K. 119 ff., St.B. 372 ff.). Ueber Trennung der Ehegatten auf Grund **einstweiliger Verfügung** für die Dauer eines Scheidungs-, Nichtigkeits- oder Anfechtungsprozesses s. C.P.O. n. Nr. § 627; vgl. auch Anm. 2c zu § 1353.

4. Der Anspruch auf Scheidung **erlischt** in allen Fällen (außer im Falle des § 1569) durch **Verzeihung** (§ 1570) und **Fristablauf** (§ 1571), in den Fällen des § 1565 außerdem auch durch **Zustimmung** oder **Theilnahme** (§ 1565 Abs. 2).

Ueber den Ausschluß des **Kompensationsprinzips** s. Anm. 6 zu § 1565, über die Unzulässigkeit vertragsmäßigen **Verzichts** auf das Scheidungsrecht s. Anm. 6 zu § 1570.

5. **Folge** der Scheidung ist **Auflösung** der Ehe (§ 1564 Satz 3), also in vermögensrechtlicher Beziehung insbesondere **Aufhebung des bisherigen** (gesetzlichen oder vertragsmäßigen) **Güterstandes**. Die vermögensrechtliche Abscheidung, beziehungsweise Auseinandersetzung unter den Ehegatten regelt sich, wie im Falle der Auflösung der Ehe durch Tod eines Ehegatten, nach den einschlägigen Bestimmungen des ehelichen Güterrechts (§§ 1421 ff., 1474 ff., 1546 ff., 1549 ff.). Sonderbestimmungen für den Fall der Scheidung enthalten die §§ 1478 und 1549 für den Fall von allgemeiner Gütergemeinschaft und Fahrnißgemeinschaft (vgl. B.L.R. Thl. I cap. 6 § 43; M. IV, 610 ff.; P. IV, 438 ff.). Ueber den Einfluß der Scheidung, bez. der Erhebung der Scheidungsklage auf das gesetzliche **Erbrecht** der Ehegatten und die Gültigkeit **letztwilliger Verfügungen** zu Gunsten eines Ehegatten s. §§ 1933, 2077, 2268, 2279 (s. auch § 2335). Bestimmungen über den **Namen** der geschiedenen Ehefrau, über die gegenseitige **Unterhaltspflicht** geschiedener Ehegatten und den **Widerruf** von **Schenkungen** enthalten die §§ 1577—1584. Die **elterliche Gewalt** über die gemeinschaftlichen Kinder wird durch die Scheidung grundsätzlich nicht berührt. Eine Ausnahme bezüglich der Sorge für die Person der Kinder ist in den §§ 1635, 1636 festgesetzt, s. auch §§ 1684 Abs. 1 Ziff. 2, 1685 Abs. 2.

Ueber die Verpflichtung der geschiedenen Frau zur Leistung eines **Beitrags** zu den Kosten des Unterhalts eines gemeinschaftlichen Kindes s. § 1585.

Ueber die Rechtswirkung der **Aufhebung der ehelichen Gemeinschaft** s. §§ 1586 und Anm. hiezu. Die in den bisherigen Rechten enthaltenen **Scheidungsstrafen** hat das B.G.B. beseitigt (Anm. 1 und 2 zu § 1578).

6. Die **Besonderheiten der Scheidungsklage in prozessualer Beziehung** sind in den §§ 606 ff. der C.P.O. n. Nr. geregelt, s. insbesondere §§ 608—611, 612 Abs. 2 Satz 2, 614 Abs. 2, 615, 616, 617 Abs. 1, 620, 623—625, 627.

7. Ueber das **Sonderrecht der Landesherren**, der **Mitglieder der landesherrlichen** und diesen gleichgestellten **Familien** sowie des **hohen Adels** s. E.G. Art. 57, 58.

8. Welches Recht bezüglich der Scheidung, insbesondere bei gemischter Ehe, maßgebend sei, war bisher bestritten; vgl. Sicherer, Personenstand und Eheschließung S. 456 ff.; Samml. v. Entsch. d. Bayr. Obersten L.G. Bd. 13 S. 24 ff., 46 ff., Bd. 14 S. 121; R.G.E. in Civils. XII, 235 ff. Die bayrische Praxis ging in der Regel von dem Grundsatze aus, es entscheide das Recht des klagenden oder des unschuldigen Ehegatten (Bl. f. R.A. XLI, 263). Für Dissidenten galt **bisher** in Bayern das Gesetz v. 2. Mai 1868 über Schließung und Trennung der Ehen der keiner anerkannten Religionsgesellschaft angehörenden Personen (G.Bl. 1866—1869 S. 405 ff.), für Israeliten das Gesetz vom 29. Juni 1851, betr. die bürgerlichen Rechte der israelitischen Glaubensgenossen (G.Bl. 1851/52 S. 34 ff.; Sicherer, S. 456 Note 14 a. E.; Bl. f. R.A. XLI, 261 ff.; XLII, 49 ff.).

Durch das B.G.B. ist der **konfessionelle Charakter des Scheidungsrechts beseitigt worden** (Z.G. IV, 7 ff., 267; vgl. auch P. IV, 391 ff.). Soweit überhaupt die Bestimmungen des B.G.B. zur Anwendung kommen, ist es gleichgültig, welcher Konfession die Eheleute, sowie, ob sie der gleichen oder verschiedenen Konfessionen angehören. Ob im einzelnen Falle die Vorschriften des B.G.B. über die Scheidung zur Anwendung zu kommen haben, bestimmt sich nach E.G. Art. 17, 27, 29—31.

9. Die erforderlichen **Uebergangsvorschriften** enthalten die Art. 201, 202, 206 des E.G.

§ 1564.

Die Ehe kann aus den in den §§ 1565 bis 1569 bestimmten Gründen geschieden werden. Die Scheidung erfolgt durch Urtheil. Die Auflösung der Ehe tritt mit der Rechtskraft des Urtheils ein.

E. I, 1440 Abs. 1, 2, 1452; II, 1459, 1470; III, 1547.

1. Die Aufzählung der Scheidungsgründe im § 1564 ist erschöpfend. Jede analoge Ausdehnung und jede Erweiterung derselben durch die Landesgesetzgebung ist absolut ausgeschlossen.

2. Die Scheidung (und ebenso die Aufhebung der ehelichen Gemeinschaft) erfolgt durch Urtheil. Ausgeschlossen ist hienach:

a) jede Zuständigkeit geistlicher Gerichte (so schon Personenstandsgesetz § 76, Gerichtsverf.-G. § 15 Abs. 3; vgl. Sicherer, S. 447 ff.; Z.G. VI, 628);

b) jede Privatscheidung (M. IV, 581; P. IV, 391; vgl. P.L.R. Thl. I cap. 6 § 40 Ziff. 2);

c) die Scheidung durch den Ausspruch des Standesbeamten, wie sie im Gebiete des französischen Rechts Geltung hatte (Verf.G. § 55 Abs. 2; M. IV, 581; für die bayrische Pfalz bereits beseitigt durch das Ges. z. Ausf. d. C.P.O. und K.O. v. 23. Febr. 1879 Art. 188);

d) das Scheidungsrecht des Landesherrn, das übrigens nach der herrschenden Ansicht schon durch das Personenstandsgesetz beseitigt war (Sicherer, S. 451 ff.; M. IV, 578; Z.G. IV, 304; P. IV, 391; D. 212; R.T.K. 122). Vgl. aber E.G. Art. 57, 58; Verf.G. § 72 Abs. 3; Sicherer, S. 433 Note 12 und kgl. bayr. Familienstatut v. 5. August 1819 Tit. 10 §§ 2, 4, wonach Ehesachen der Mitglieder des Königlichen Hauses in Bayern vom König, eventuell unter Zuziehung des Familienraths entschieden werden.

3. Die Auflösung der Ehe als Rechtsfolge der Scheidung ist an die Rechtskraft des Scheidungsurtheils geknüpft (M. IV, 610). Ueber den Eintritt der Rechtskraft s. C.P.O. n. Nr. § 705. Auch für die Vermögensauseinandersetzung unter den geschiedenen Ehegatten ist der Zeitpunkt maßgebend, in welchem das Scheidungsurtheil die Rechtskraft beschritten hat (M. IV, 610 ff.; Z.G. IV, 324 ff.; s. aber §§ 1478 Abs. 2 Satz 2, 1549, vgl. auch §§ 1418 Abs. 2, 1470 Abs. 1 Satz 1, 1496 Satz 1, 1542 Abs. 2, 1549).

4. Während eine anfechtbare und angefochtene Ehe gemäß § 1343 als von Anfang an nichtig anzusehen ist, wirkt die Scheidung, entsprechend dem konstitutiven Charakter des Scheidungsurtheils, nur für die Zukunft, beseitigt also keineswegs alle durch die Eingehung der Ehe hervorgebrachten Wirkungen. Insbesondere dauert nach § 1590 Abs. 2 die Schwägerschaft auch nach Scheidung der sie begründenden Ehe fort (M. IV, 610).

5. Durch die Aufhebung der ehelichen Gemeinschaft (§ 1575) wird Auflösung der Ehe nicht bewirkt (Anm. 1 zu § 1586).

§ 1565.

Ein Ehegatte kann auf Scheidung klagen, wenn der andere Ehegatte sich des Ehebruchs oder einer nach den §§ 171, 175 des Strafgesetzbuchs strafbaren Handlung schuldig macht.

Das Recht des Ehegatten auf Scheidung ist ausgeschlossen, wenn er dem Ehebruch oder der strafbaren Handlung zustimmt oder sich der Theilnahme schuldig macht.

E. I, 1441; II, 1460; III, 1548.

1. Ehebruch. Im Anschluß an die meisten bisherigen Rechte (M. IV, 582, vgl. P.L.R. Thl. I cap. 6 § 42 Ziff. 2) erklärt B.G.B. als absoluten Scheidungsgrund zunächst den Ehebruch, „die unmittelbarste und schwerste Verletzung der ehelichen Pflichten“ (M. IV, 582). Unter „Ehebruch“ versteht das B.G.B. dasselbe wie das St.G.B. (§ 172: „Der Ehebruch wird, wenn wegen desselben die Ehe geschieden ist, an dem schuldigen Ehegatten, sowie dessen Mitschuldigen mit Gefängniß bis zu sechs Monaten bestraft. Die Verfolgung tritt nur auf Antrag ein“), nämlich den zwischen zwei Personen verschiedenen Geschlechts, von denen wenigstens eine verheirathet ist, stattgefundenen Beischlaf (M. IV, 582 ff.; P. IV, 400; vgl. Olshausen, Kommentar z. St.G.B. 5. Aufl. Note 1 zu § 172; R.G.E. in

St.S. VII, 298 ff.; XIV, 354). Ausgeschlossen sind daher die Fälle, in welchen von schuldhafter Verletzung der ehelichen Treue nicht gesprochen werden kann (fleischliche Vermischung in Folge Nothzucht, Irrthums, im Zustande der Unzurechnungsfähigkeit, M. IV, 583; B.L.R. Thl. I cap. 6 § 42 Ziff. 2: „ausgenommen, da der Ehebruch ohne Verschulden, z. B. aus Zwang oder Irrthum geschehen ist").

2. Nur vollendeter Ehebruch ist absoluter Scheidungsgrund, während wegen versuchten Ehebruchs unter Umständen auf Grund des § 1568 Scheidung verlangt werden kann (M. IV, 583; Z.G. IV, 306, VI, 628; P. IV, 400; vgl. R.G.E. in C.S. IX, 189 ff.). Der Ehebruch ist vollendet, wenn Vereinigung der Geschlechtstheile stattgefunden hat. Ob immissio seminis erfolgte, ist gleichgültig (R.G.E. in St.S. IV, 23 ff.).

3. Dem Ehebruch gleichgestellt ist das Verbrechen der Bigamie (St.G.B. § 171) und das Vergehen der widernatürlichen Unzucht, begangen zwischen Personen männlichen Geschlechts oder von Menschen mit Thieren (St.G.B. § 175, vgl. Kreittmayr, Annot. z. B.L.R. Thl. I cap. 6 § 42 Ziff. 2). Andere Verbrechen und Vergehen wider die Sittlichkeit kommen nur als relative Scheidungsgründe (§ 1568) in Betracht (M. IV, 584; Z.G. IV, 307). Der in der Reichstagskommission gestellte Antrag, auch die nach St.G.B. §§ 174 und 176 strafbaren Handlungen als absoluten Scheidungsgrund zu erklären, wurde abgelehnt (R.T.K. 110). Dadurch, daß Bigamie als absoluter Scheidungsgrund erklärt ist, wird die Erörterung der Frage vermieden, ob in der bigamischen Ehe Geschlechtsverkehr stattgefunden hat (M. IV, 583 ff.).

4. Selbstverständlich müssen die nach §§ 171, 175 St.G.B. strafbaren Handlungen, um als Scheidungsgrund zu wirken, während der Ehe begangen worden sein (vgl. Z.G. IV, 308). Wenn also nach Todeserklärung eines Ehegatten der zurückgebliebene Ehegatte eine neue Ehe schließt, obwohl der für todt Erklärte noch lebt und ihm dies bei Abschluß der neuen Ehe bekannt ist, so kann der gutgläubige Ehegatte der neuen Ehe nicht Scheidung gemäß § 1565 verlangen, weil in diesem Falle das Verbrechen der Bigamie nicht während der neuen Ehe, sondern durch Abschluß derselben begangen worden ist. (Anm. 8 zu § 1348; Anm. 5 zu § 1350; über das Anfechtungsrecht des gutgläubigen Ehegatten s. § 1350.)

5. Während nach §§ 1570, 1571 das Recht auf Scheidung wegen Verschuldens des anderen Theils durch Verzeihung und Fristablauf generell ausgeschlossen wird, bestimmt § 1565 Abs. 2 bez. des Ehebruchs und der ihm gleichstehenden strafbaren Handlungen im Besonderen, daß dieselben als Scheidungsgrund nicht verwerthet werden können seitens eines Ehegatten, der dem Ehebruch, der Bigamie oder der widernatürlichen Unzucht des andern Ehegatten zugestimmt oder sich der Theilnahme (als Mitthäter, Anstifter oder Gehülfe, St.G.B. §§ 47—49) schuldig gemacht hat. Allgemeinen Grundsätzen entspricht es, daß, wer an einer rechtswidrigen Handlung selbst mitschuldig ist, daraus niemals Rechte gegen den andern Theilnehmer herleiten kann. Dazu kommt, daß der betreffende Ehegatte durch seine Theilnahme an den fraglichen Handlungen zu erkennen gegeben hat, daß dieselben nicht geeignet sind, seine eheliche Gesinnung zu zerstören und ihm die Fortsetzung der Ehe unerträglich zu machen (M. IV, 586). Die Zustimmung kann selbstverständlich auch stillschweigend ertheilt werden (M. IV, 587).

6. Dagegen wird das Recht auf Scheidung gemäß § 1565 nicht ausgeschlossen durch Kompensation, d. h. durch den Umstand, daß der klagende Ehegatte sich selbst eines Ehebruchs oder einer nach § 171 oder § 175 St.G.B. strafbaren Handlung schuldig gemacht hat (M. IV, 585 ff.; Z.G. IV, 308); den entgegengesetzten Standpunkt vertraten einzelne der bisherigen Rechte, insbesondere B.L.R. Thl. I cap. 6 § 42 Ziff. 2; vgl. Samml. v. Entsch. d. bayr. Obersten L.G. Bd. 10 S. 523 ff.). Ebensowenig wird der Scheidungsanspruch dadurch ausgeschlossen, daß der Kläger, ohne zu der in Frage stehenden Handlung seine Zustimmung gegeben oder sich der Theilnahme an derselben schuldig gemacht zu haben, durch sein eigenes Verhalten seinem Ehegatten zur Begehung des Ehebruchs oder einer ihm gleichstehenden Handlung Anlaß gegeben hat (M. IV, 587; Z.G. IV, 308; vgl. B.L.R. Thl. I cap. 6 § 42 Ziff. 2).

7. Ueber das Ehehinderniß des bestehenden Ehebandes s. § 1309, über das Ehehinderniß des Ehebruchs s. § 1312 und C.P.O. n. Nr. § 624.

§ 1566.

Ein Ehegatte kann auf Scheidung klagen, wenn der andere Ehegatte ihm nach dem Leben trachtet.

E. I, 1442; II, 1461; III, 1549.

1. Die Aufnahme der Lebensnachstellung unter die absoluten Scheidungsgründe rechtfertigt sich durch die in derselben liegende schwere Verletzung des ehelichen Verhältnisses (M. IV, 587).

2. Ob in bestimmten Handlungen ein Trachten nach dem Leben des andern Ehegatten zu finden ist, hat der Richter nach freiem Ermessen zu beurtheilen, immer aber wird der Nachweis des ernstlichen Willens, den Tod des andern Ehegatten, wenn auch nur mittelbar, herbeizuführen, vorausgesetzt werden müssen (vgl. § 2333 Nr. 1). In der Reichstagskommission wurde ausdrücklich anerkannt, daß eine in Tödtungsabsicht vorgenommene Handlung auch dann unter § 1566 falle, wenn sie sich nur in einem Versuch mit untauglichen Mitteln oder in bloßen Vorbereitungshandlungen darstelle, vorausgesetzt, daß sich hieraus ein Trachten nach dem Leben des andern Ehegatten mit Sicherheit entnehmen lasse (R.T.K. 110 ff.; anderer Ansicht Hubrich im Archiv f. civ. Pr. Bd. 85 S. 62, 77 ff., der das Vorliegen eines strafbaren Mord- oder Todtschlagsversuchs für erforderlich erachtet). Bloße Mißhandlungen dagegen, die nicht in Tödtungsabsicht vorgenommen werden, sind nur ein relativer Scheidungsgrund beim Vorhandensein der Voraussetzungen des § 1568, auch wenn sie „grobe" sind (§ 1568 Satz 2) oder das Leben gefährden (§ 223a St.G.B.) oder unter die §§ 224, 225 St.G.B. fallen (Z.G. IV, 308, 301 ff.; P. IV, 401; R.T.K. 110; s. Anm. 2a zu § 1568).

§ 1567.

Ein Ehegatte kann auf Scheidung klagen, wenn der andere Ehegatte ihn böslich verlassen hat.

Bösliche Verlassung liegt nur vor:

1. **wenn ein Ehegatte, nachdem er zur Herstellung der häuslichen Gemeinschaft rechtskräftig verurtheilt worden ist, ein Jahr lang gegen den Willen des anderen Ehegatten in böslicher Absicht dem Urtheile nicht Folge geleistet hat;**
2. **wenn ein Ehegatte sich ein Jahr lang gegen den Willen des anderen Ehegatten in böslicher Absicht von der häuslichen Gemeinschaft fern gehalten hat und die Voraussetzungen für die öffentliche Zustellung seit Jahresfrist gegen ihn bestanden haben.**

Die Scheidung ist im Falle des Abs. 2 Nr. 2 unzulässig, wenn die Voraussetzungen für die öffentliche Zustellung am Schlusse der mündlichen Verhandlung, auf die das Urtheil ergeht, nicht mehr bestehen.

E. I, 1443; II, 1462; III, 1550.

1. Im Anschluß an die Mehrzahl der bisherigen Rechte erklärt das B.G.B. auch die „bösliche Verlassung" als absoluten Scheidungsgrund. Bez. des bisherigen Rechts vgl. M. IV, 588; Kreittmayr, Anm. z. B.L.R. Thl. I cap. 6 § 42 Ziff. 2 (»malitiosa et pertinax desertio«), Einf.G. z. C.P.O. § 16 Nr. 6—8 (beseitigt durch Art. II Nr. 4 des Einf.G. z. d. Ges. betr. Aender. der C.P.O. v. 17. Mai 1898), bayr. G. z. Ausf. d. C.P.O. und K.O. v. 23. Februar 1879 Art. 89—92. Der bei den Berathungen der II. Komm. und in der Reichstagskommission gestellte Antrag auf Beseitigung dieses Scheidungsgrundes wurde abgelehnt (P. IV, 404; R.T.K. 112 ff.).

2. Die bösliche Verlassung umfaßt zwei Fälle, die sogen. „eigentliche Desertion" (§ 1567 Abs. 2 Nr. 2) und die sogen. „Quasidesertion" (§ 1567 Abs. 2 Nr. 1).

a) Quasidesertion liegt vor, wenn ein Ehegatte die häusliche Gemeinschaft aufgegeben hat, hierauf gemäß § 1353 zur Herstellung derselben rechtskräftig verurtheilt worden ist und von der Rechtskraft dieses Urtheils an noch ein Jahr lang gegen den Willen des andern Ehegatten in böslicher Absicht die häusliche Gemeinschaft nicht hergestellt hat. Zur Vollstreckung des Urtheils, welches den abwesenden Ehegatten zur Herstellung der häuslichen Gemeinschaft verurtheilt hat, sind allerdings gemäß C.P.O. § 888 Abs. 2 n. Nr. Zwangsmaßregeln nicht zulässig. Die Bedeutung des dem Scheidungsprozeß vorhergehenden kontradiktorischen Verfahrens liegt aber darin, daß in demselben festgestellt wird, ob die Gründe, aus welchen die Herstellung der häuslichen Gemeinschaft verweigert wird, gerechtfertigt sind oder nicht (vgl. §§ 1353, 1354) und daß der Beklagte im Falle seiner Verurtheilung sich der Widerrechtlichkeit seiner fortgesetzten Weigerung bewußt wird (M. IV, 589 ff.). Durch die Vorschrift, daß das Fernbleiben des verurtheilten Ehegatten, um als Ehescheidungsgrund zu wirken, gegen den Willen des anderen Ehegatten erfolgt sein muß, wird eine Kollusion der Ehegatten zu verhindern gesucht und der Richter angewiesen, nur dann die Scheidung auszusprechen, wenn er die Ueberzeugung gewonnen hat, daß eine solche Kollusion nicht vorliegt (Z.G. IV, 309 ff.). Das weitere Erforderniß der böslichen Absicht kennzeichnet das Wesen dieses Scheidungsgrundes als die „aus bösem Willen hervorgegangene Zerreißung der häuslichen Gemeinschaft" (M. IV, 590). Unter böslicher Absicht versteht das B.G.B. dasselbe, was bisher von Wissenschaft und Praxis darunter verstanden worden ist (M. IV, 590, vgl. R.G.E. in C.S. XV, 203 ff.).

Bösliche Absicht liegt nicht vor, wenn nach der Rechtskraft des Urtheils auf Herstellung der häuslichen Gemeinschaft der verurtheilte Ehegatte aus anderen Gründen berechtigt war, die Herstellung der häuslichen Gemeinschaft zu verweigern (§§ 1353 Abs. 2, 1354 Abs. 2) oder sich auch nur hiezu für berechtigt hielt (M. IV, 590 und die dort erwähnten Entscheidungen; vgl. auch R.G.E. in C.S. XL, 161). Ebensowenig kann bösliche Absicht dann als gegeben angenommen werden, wenn ein Ehegatte geflohen ist, um sich der Verfolgung wegen einer strafbaren Handlung zu entziehen (Z.G. IV, 66, 311; s. aber S.A. Bd. 42 Nr. 35). Der Anspruch auf Scheidung wegen Quasidesertion wird nicht dadurch beseitigt, daß der abwesende Ehegatte nach Ablauf der einjährigen Frist vor Erhebung der Scheidungsklage oder vor der Erlassung des Scheidungsurtheils sich zur Herstellung der häuslichen Gemeinschaft erbietet (M. IV, 591 ff.; Z.G. IV, 310; P. IV, 402 ff.; R.T.K. 113 ff.; vgl. dagegen § 1567 Abs. 2). Auch eine Aussetzung des Verfahrens findet in diesem Falle nicht von Amtswegen, sondern nur auf Antrag des Klägers statt (C.P.O. § 620 n. Nr.).

b) Die „eigentliche Desertion" setzt voraus, daß ein Ehegatte ein Jahr lang gegen den Willen des anderen Ehegatten und in böslicher Absicht (über diese beiden Erfordernisse s. o. unter a) sich von der häuslichen Gemeinschaft ferngehalten hat und außerdem, daß ebenfalls seit Jahresfrist (und zwar ununterbrochen) die Voraussetzungen der öffentlichen Zustellung ihm gegenüber bestanden haben. Nach C.P.O § 203 n. Nr. ist die öffentliche Zustellung nur zulässig:

α) wenn der Aufenthalt einer Partei unbekannt ist;

β) wenn bei einer im Auslande zu bewirkenden Zustellung die Befolgung der für diese bestehenden Vorschriften unausführbar ist oder keinen Erfolg verspricht;

γ) wenn die Zustellung aus dem Grunde nicht bewirkt werden kann, weil die Wohnung einer nach den §§ 18, 19 des Ger.Verf.G. der Gerichtsbarkeit nicht unterworfenen Person der Ort der Zustellung ist.

Eine vorgängige Verurtheilung zur Herstellung der häuslichen Gemeinschaft ist im Falle der eigentlichen Desertion ebensowenig erforderlich, als der Nachweis, daß die bösliche Absicht während der ganzen Frist fortgedauert habe (M. IV, 592 ff.). Wohl aber müssen die Voraussetzungen der öffentlichen Zustellung bis zum Schlusse der mündlichen Verhandlung, auf welche das Urtheil ergeht, vorliegen (Z.G. IV, 311). Ist dies nicht der Fall, so ist die Scheidungsklage abzuweisen (§ 1567 Abs. 2). Die weitere Vorschrift des E. I, daß in einem solchen Falle der Kläger, ohne daß es der Erhebung einer neuen Klage bedarf, die Verurtheilung des Beklagten zur Herstellung der häuslichen Gemeinschaft beantragen könne, wurde von der II. Komm. als selbstverständlich beseitigt (M. IV, 593; Z.G. IV, 311 ff.; P. IV, 404; vgl. C.P.O. n. Nr. § 574 Abs. 1; R.G.E. in C.S. XXXI, 9 ff.).

3. Ueber die Berechnung der einjährigen Fristen des Abs. 2 s. §§ 187 Abs. 1, 188 Abs. 2.

§ 1568.

Ein Ehegatte kann auf Scheidung klagen, wenn der andere Ehegatte durch schwere Verletzung der durch die Ehe begründeten Pflichten oder durch ehrloses oder unsittliches Verhalten eine so tiefe Zerrüttung des ehelichen Verhältnisses

verschuldet hat, daß dem Ehegatten die Fortsetzung der Ehe nicht zugemuthet werden kann. Als schwere Verletzung der Pflichten gilt auch grobe Mißhandlung.

E. I, 1444 Abs. 1; II, 1463; III, 1551.

1. Relative Scheidungsgründe: Im Gegensatze zu den §§ 1565—1567, 1569, welche die sogen. absoluten Scheidungsgründe enthalten, regelt § 1568 die sogen. relativen Scheidungsgründe, zählt dieselben jedoch nicht einzeln auf, sondern führt sie auf ein gemeinsames Prinzip zurück (Vorbem. Ziff. 2). Hienach kann Scheidung verlangt werden, wenn durch die Schuld eines Ehegatten eine so tiefgehende Zerrüttung des ehelichen Verhältnisses eingetreten ist, daß dem anderen Ehegatten die Fortsetzung der Ehe nicht zugemuthet werden kann, vorausgesetzt, daß diese Zerrüttung Seitens des schuldigen Ehegatten herbeigeführt worden ist:

a) durch schwere Verletzung der durch die Ehe begründeten Pflichten oder

b) durch ehrloses oder unsittliches Verhalten.

2. Ob eine schwere Verletzung der durch die Ehe begründeten Pflichten gegeben ist, hat der Richter unter Würdigung aller Umstände des einzelnen Falles und unter Berücksichtigung des Wesens der Ehe als eines vorwiegend sittlichen Verhältnisses (Anm. 1 zu § 1353) nach freiem Ermessen zu entscheiden. Als schwere Verletzung dieser Pflichten wird in der Regel anzusehen sein:

a) grobe Mißhandlung (§ 1568 Satz 2). Die ausdrückliche Hervorhebung dieses Thatbestands wurde für zweckdienlich erachtet, weil die Pflicht, den anderen Ehegatten nicht zu mißhandeln, nicht erst durch die Ehe begründet werde, sondern sich aus den allgemeinen Strafgesetzen ergebe, und es auch fraglich erscheinen könne, ob in einer groben Mißhandlung ein ehrloses oder unsittliches Verhalten gefunden werden dürfe (R.T.K. 115). Außer Zweifel steht übrigens, daß auch eine grobe Mißhandlung nur dann als Scheidungsgrund verwerthet werden kann, wenn durch dieselbe die vom Gesetze vorausgesetzte Zerrüttung des ehelichen Verhältnisses herbeigeführt worden ist, und daß andererseits unter Umständen auch durch eine Mißhandlung, welche objektiv keine „grobe" ist, der Thatbestand des § 1568 hergestellt werden kann (M. IV, 575 ff., 594, 596; P. IV, 413; R.T.K. 115; St.B. 219, 224 ff.).

b) Als schwere Verletzung der durch die Ehe begründeten Pflichten werden ferner unter Umständen zu erachten sein rechtswidrige Bedrohungen, Beschimpfungen und Verleumdungen. Der in der Reichstagskommission und im Reichstag gestellte Antrag auf ausdrückliche Erwähnung dieser Thatbestände wurde abgelehnt (R.T.K. 115, 116; St.B. 219 ff.; vgl. auch M. IV, 575 ff., 594).

c) Hieher gehört auch eine Reihe der in den bisherigen Rechten ausdrücklich erwähnten Scheidungsgründe, z. B. hartnäckige Verweigerung der ehelichen Pflicht, Unverträglichkeit und Zanksucht, durch welche Leben und Gesundheit gefährdet wird, Versagung des Unterhalts, falsche Anschuldigung ꝛc. (M. IV, 577, 594 ff.; Jacobi, das persönliche Eherecht S. 76).

3. Auch die Frage, ob sich ein Ehegatte eines ehrlosen oder unsittlichen Verhaltens schuldig gemacht hat (vgl. §§ 1666 Abs. 1 Satz 1, 2333 Nr. 5), hat der Richter unter Berücksichtigung der Umstände des Einzelfalls und des Wesens der Ehe nach freiem Ermessen zu entscheiden. In Betracht kommt übrigens nur das Verhalten während der Ehe. Das frühere Verhalten eines Ehegatten kann, auch wenn es dem anderen Ehegatten bei Eingehung der Ehe nicht bekannt war, zwar unter Umständen als Anfechtungsgrund (§§ 1333, 1334), nicht aber als Scheidungsgrund verwerthet werden (Z.G. IV, 315; P. IV, 414). In der Regel wird als ehrloses oder unsittliches Verhalten zu erachten sein:

a) Begehung eines entehrenden Verbrechens oder Vergehens. Im E. I war dies ausdrücklich erwähnt, wurde aber von der II. Komm. gestrichen (M. IV, 576, 595, 596 ff.; Z.G. IV, 314 ff.; P. IV, 413 ff.). Der in der Reichstagskommission gestellte Antrag, Verurtheilung zu Zuchthausstrafe als absoluten Scheidungsgrund zu erklären, wurde abgelehnt (R.T.K. 114).

b) Unverbesserliche Trunksucht (M. IV, 595; Z.G. IV, 316; Jacobi, Das pers. Eherecht, S. 76).

c) Ergreifung eines schimpflichen Gewerbes (M. IV, 577, 595; Jacobi, S. 76).

d) Unzüchtige Handlungen anderer Art als die in § 1565 erwähnten (M. IV, 584; Anm. 3 zu § 1565).

e) Unter Umständen wird auch die nachträgliche Verweigerung der (vor Abschluß der Ehe zugesicherten oder als selbstverständlich vorausgesetzten) kirchlichen Trauung als ehrloses (vielleicht auch als unsittliches) Verhalten erachtet werden können. Unrichtig ist aber die im Bericht der Reichstagskommission als einstimmige Ansicht der Kommission bezeichnete Meinung, daß in einem solchen Falle auf Scheidung erkannt werden müsse (R.T.K. 116; vgl. P. IV, 414 ff.; R.T.K. 111 ff., 115 ff.; Jacobi, S. 90, Anm. 2b zu § 1334).

4. Aus dem Grundsatze der Relativität der in § 1568 erwähnten Scheidungsgründe ergibt sich, daß die hieher gehörenden Thatbestände den Anspruch auf Scheidung nur begründen, wenn im vorliegenden Falle die Ehe hiedurch eine solche Zerrüttung erfahren hat, daß dem anderen Ehegatten die Fortsetzung der Ehe nicht zugemuthet werden kann. Hat der andere Ehegatte der in Frage stehenden Handlung des schuldigen Theils zugestimmt oder daran theilgenommen (vgl. § 1565 Abs. 2), so wird hiedurch sein Scheidungsanspruch an sich zwar nicht beseitigt, doch wird in solchen Fällen in der Regel nicht behauptet werden können, daß ihm die Fortsetzung der Ehe nicht zugemuthet werden könne. Das Gleiche gilt für die Wirksamkeit der Einrede der Kompensation (M. IV, 596; vgl. Anm. 5 und 6 zu § 1565).

5. Nach E. I sollte beim Vorliegen eines relativen Scheidungsgrundes nur, wenn die Aussicht auf Herstellung des ehelichen Verhältnisses ausgeschlossen ist, auf Scheidung, außerdem aber nur auf Trennung von Tisch und Bett auf die Dauer von höchstens zwei Jahren geklagt werden können. Nach B.G.B. findet aber Trennung von Tisch und Bett überhaupt nicht statt (Vorbem. Ziff. 3). Es kann vielmehr auch in den Fällen des § 1568 sofort auf Scheidung geklagt werden. Nach C.P.O. § 620 n. Nr. hat aber in solchen Fällen das Gericht von Amtswegen die Aussetzung des Verfahrens (jedoch im Laufe des Rechtsstreits nur einmal und höchstens auf zwei Jahre) anzuordnen, falls die Aussicht auf Aussöhnung der Parteien nicht ausgeschlossen erscheint (M. IV, 597 ff., Z.G. IV, 316 ff., VI, 629; P. IV, 416 ff.). Ueber die Aufhebung der ehelichen Gemeinschaft s. §§ 1575, 1576, 1586, 1587.

§ 1569.

Ein Ehegatte kann auf Scheidung klagen, wenn der andere Ehegatte in Geisteskrankheit verfallen ist, die Krankheit während der Ehe mindestens drei Jahre gedauert und einen solchen Grad erreicht hat, daß die geistige Gemeinschaft zwischen den Ehegatten aufgehoben, auch jede Aussicht auf Wiederherstellung dieser Gemeinschaft ausgeschlossen ist.

E. II, 1464; III, 1552.

1. Die Anerkennung der Geisteskrankheit eines Ehegatten als eines Scheidungsgrundes beruht auf Beschluß der II. Komm. (vgl. M. IV, 570 ff.; Z.G. IV, 287 ff.; VI, 622 ff.; P. IV, 423 ff.; D. 215). In der Reichstagskommission wurde der fragliche Paragraph in beiden Lesungen mit 13 gegen 8 Stimmen gestrichen (R.T.K. 109, 116 ff.). Der im Reichstag gestellte Antrag auf Wiederherstellung dieser Vorschrift wurde bei der zweiten Lesung mit 125 gegen 116 Stimmen abgelehnt, bei der dritten Lesung aber mit 161 gegen 133 Stimmen angenommen (St.B. 228 ff., 367 ff.). Die Bestimmung des § 1569 enthält eine Ausnahme von dem das Scheidungsrecht des B.G.B. beherrschenden Verschuldungsprinzip (Vorb. Ziff. 1; über das bisherige Recht s. M. IV, 564 ff.; D. 215). Eine Begriffsbestimmung der Geisteskrankheit hat das Gesetz nicht aufgenommen, die Feststellung dieses Begriffes vielmehr der Wissenschaft der Psychiatrie überlassen (vgl. C.P.O. § 645 n. Nr.; B.G.B. § 104 Nr. 3 und Anm. hiezu; vgl. auch zum Gegensatz den § 114: „Geistesschwäche".

2. Voraussetzung der Scheidung wegen Geisteskrankheit ist:

a) Die Krankheit muß während der Ehe mindestens drei Jahre gedauert haben (P. IV, 428). Die Scheidung wird auch auszusprechen sein, wenn zwar noch nicht im Zeitpunkte der Erhebung der Klage, wohl aber zur Zeit der Erlassung des Urtheils drei Jahre seit Beginn der Geisteskrankheit verflossen sind (s. Hubrich im Archiv f. civ. Praxis Bd. 85 S. 66 Note 15).

b) Durch die Krankheit muß jede geistige Gemeinschaft zwischen den Ehegatten aufgehoben, also eine Art geistigen Todes auf Seiten des kranken Ehegatten eingetreten sein (P. IV, 426; R.T.K. 117). Diese qualifizirte Geisteskrankheit muß übrigens nach dem klaren Wortlaut des Gesetzes nicht während des ganzen dreijährigen Zeitraums vorhanden gewesen sein. Es genügt vielmehr, wenn die geistige Gemeinschaft im Zeitpunkte der Scheidung aufgehoben ist. Ist dies der Fall, so wird der Scheidungsanspruch nicht dadurch ausgeschlossen, daß während der drei Jahre, ohne daß die Geisteskrankheit selbst eine Unterbrechung erlitten hätte, lichte Augenblicke (lucida intervalla) vorhanden waren (P. IV, 427; vgl. die zum Theil unrichtigen in der Reichstagskommission und im Reichstag hierüber gemachten Bemerkungen, R.T.K. 118; St.B. 229, 238, 240).

c) Endlich muß jede Aussicht auf Wiederherstellung der geistigen Gemeinschaft zwischen den Ehegatten ausgeschlossen sein. Die Scheidung ist also unzulässig, wenn zwar die Aussicht auf völlige Genesung ausgeschlossen, dagegen Aussicht auf eine die geistige Gemeinschaft der Ehegatten ermöglichende Besserung gegeben ist. Daß die Geisteskrankheit schon zu Beginn der dreijährigen Frist sich als unheilbar dargestellt habe, ist nicht erforderlich (P. IV, 428).

3. Da die Frage nach dem Vorliegen einer Geisteskrankheit überhaupt und insbesondere nach dem Vorhandensein der in Anm. 2c erwähnten Voraussetzung selbstverständlich nur durch Sachverständige beantwortet werden kann, bestimmt C.P.O. § 623 n. Nr., daß auf Scheidung wegen Geisteskrankheit nicht erkannt werden darf, bevor das Gericht einen oder mehrere Sachverständige über den Geisteszustand des Beklagten gehört hat. Daß als Sachverständiger ausschließlich ein psychiatrisch gebildeter Arzt zugezogen werden könne, hat das Gesetz hier ebensowenig wie für das Entmündigungsverfahren vorgeschrieben. (P. IV, 427, 428 ff.; vgl. C.P.O. § 655 n. Nr.).

4. Hinsichtlich des Unterhaltsanspruchs gegenüber dem anderen Ehegatten und des Anspruchs auf Zurückerstattung des in die Gütergemeinschaft Eingebrachten steht der Ehegatte, dessen Ehe wegen seiner Geisteskrankheit geschieden worden ist, einem Ehegatten gleich, dessen Ehe wegen ausschließlichen Verschuldens des anderen Theils geschieden worden ist (§§ 1583, 1478 Abs. 3, 1549). Bezüglich der Sorge für die Person der gemeinschaftlichen Kinder s. Anm. 4 zu § 1635; bez. des Widerrufs von Schenkungen s. Anm. 3 zu § 1584.

5. Ueber die Nichtigkeit und Anfechtbarkeit einer Ehe wegen Geisteskrankheit eines Ehegatten bei oder vor der Eheschließung entscheiden die Grundsätze der §§ 1325, 1333, 1334 (P. IV, 428).

§ 1570.

Das Recht auf Scheidung erlischt in den Fällen der §§ 1565 bis 1568 durch Verzeihung.

E. I, 1446 Satz 1; II, 1465; III, 1553.

1. Verzeihung. Wie nach den meisten bisherigen Rechten, erlischt auch nach dem B.G.B. der Anspruch auf Scheidung durch Verzeihung der den Anspruch begründenden Handlung (M. IV, 602; P.L.R. Thl. I cap. 6 § 42 Ziff. 2; § 43 Ziff. 4; vgl. Samml. v. E. d. bayr. Obersten L.G. Bd. 10 S. 523 ff., Bd. 12 S. 248 ff.). „Durch den Akt der Verzeihung gibt der verletzte Ehegatte zu erkennen, daß von seinem subjektiven Standpunkte aus die Ehe durch das Verschulden des andern Theils nicht zerrüttet worden oder doch jetzt nicht mehr eine zerrüttete ist. Damit ist der Grund der Scheidung hinweggefallen" (M. IV, 602).

2. Die Bestimmung des § 1570 gilt nicht nur für die relativen Scheidungsgründe des § 1568, bezüglich deren sie sich aus dem Grundsatze der Relativität von selbst ergibt, sondern auch für die absoluten Scheidungsgründe der §§ 1565—1567. Auf die Scheidung wegen Geisteskrankheit (§ 1569) findet § 1570 selbstverständlich keine Anwendung.

3. Voraussetzung für die im § 1570 festgesetzte Wirkung der Verzeihung ist selbstverständlich, daß die den Scheidungsanspruch begründende Thatsache dem unschuldigen Ehegatten bekannt war (Samml. v. E. d. bayr. Obersten L.G. Bd. 6 S. 368 ff., Bd. 11 S. 355 ff., 659 ff., Bd. 12 S. 248 ff.). Dagegen ist zur Wirksamkeit der Verzeihung weder erforderlich, daß der Verzeihende die Eigenschaft der fraglichen Handlung als eines Scheidungsgrundes gekannt, noch daß er durch die Verzeihung die Beseitigung seines Scheidungsanspruchs beabsichtigt habe (M. IV, 603). Die Verzeihung ist also kein Rechtsgeschäft. Die Entscheidung der Frage, ob dieselbe lediglich thatsächlichen Charakter habe oder als Rechtshandlung aufzufassen sei und ob Verzeihung unter einer Bedingung oder einem Vorbehalt wirksam erfolgen könne, hat das Gesetz „der Wissenschaft und Praxis überlassen" (M. IV, 603).

4. Die Verzeihung braucht nicht ausdrücklich, kann vielmehr auch stillschweigend erklärt werden (vgl. P.L.R. Thl. I cap. 6 § 42 Ziff. 2: „mit Worten oder Werken";

Samml. v. E. d. bayr. Obersten L.G. Bd. 11 S. 335 ff.; anders das P.L.R. und andere Partikularrechte; s. M. IV, 603). Insbesondere wird in der Gestattung der ehelichen Beiwohnung trotz Kenntniß der den Scheidungsanspruch begründenden Thatsache in der Regel Verzeihung dieser Thatsache zu erblicken sein. Ob diese Annahme im einzelnen Falle berechtigt ist, hat der Richter unter Würdigung aller einschlägigen Verhältnisse nach freiem Ermessen zu entscheiden (M. IV, 603 ff.; Samml. v. E. d. bayr. Obersten L.G. Bd. 11 S. 659 ff., Bd. 12 S. 248 ff.).

5. Auch nach Erhebung der Scheidungsklage kann Verzeihung mit der im § 1570 bezeichneten Rechtsfolge gewährt werden. Selbstverständlich kann aber die Thatsache der Verzeihung in einem bereits anhängigen Scheidungsprozesse nur solange mit Erfolg geltend gemacht werden, als nach den Grundsätzen der C.P.O. Thatsachen überhaupt mit Erfolg vorgebracht werden können. Dagegen kann natürlich dem rechtskräftigen Scheidungsurtheile gegenüber eine vor dem Urtheil erfolgte Verzeihung auch dann nicht in Betracht kommen, wenn sie im Scheidungsprozesse nicht mehr geltend gemacht werden konnte (M. IV, 603, 50 ff.)

6. Die Lösung der Frage, ob auf den Scheidungsanspruch rechtswirksam verzichtet werden kann, hat das Gesetz der Jurisprudenz überlassen (M. IV, 604). Keinesfalls kann der generelle Verzicht eines Ehegatten darauf, wegen Ehebruchs oder anderer Verfehlungen des anderen Ehegatten auf Scheidung zu klagen, als wirksam erachtet werden, da ein solcher Verzicht mit dem Wesen der Ehe im Widerspruch steht und gemäß § 138 nichtig sein würde. Es wird vielmehr nur der Verzicht darauf, eine einzelne den Scheidungsanspruch begründende Thatsache als Scheidungsgrund zu verwerthen, als zulässig erklärt werden können und auch dies nur insoweit, als hierin Verzeihung im Sinne des § 1570 zu erblicken ist (M. IV, 604; Jacobi, das pers. Eherecht S. 90 Note 138; vgl. Samml. v. Entsch. d. bayr. Obersten L.G. Bd. 11 S. 355 ff., 659 ff., Bd. 12 S. 248 ff.; S.A. Bd. 18 Nr. 126, Bd. 35 Nr. 134).

7. Auch das Recht, Aufhebung der ehelichen Gemeinschaft zu verlangen, wird durch Verzeihung ausgeschlossen (§ 1575 Abs. 1 Satz 1). Dagegen findet § 1570 keine Anwendung, wenn auf Grund des Urtheils, welches die Aufhebung der ehelichen Gemeinschaft ausgesprochen hat, gemäß § 1576 Abs. 1 die Scheidung beantragt wird (§ 1576 Abs. 2).

8. Analoge Bestimmungen über die Wirkung der Verzeihung enthalten die §§ 532, 2337, 2343, 2345.

§ 1571.

Die Scheidungsklage muß in den Fällen der §§ 1565 bis 1568 binnen sechs Monaten von dem Zeitpunkt an erhoben werden, in dem der Ehegatte von dem Scheidungsgrunde Kenntniß erlangt. Die Klage ist ausgeschlossen, wenn seit dem Eintritte des Scheidungsgrundes zehn Jahre verstrichen sind.

Die Frist läuft nicht, solange die häusliche Gemeinschaft der Ehegatten aufgehoben ist. Wird der zur Klage berechtigte Ehegatte von dem anderen Ehegatten aufgefordert, entweder die häusliche Gemeinschaft herzustellen oder die Klage zu erheben, so läuft die Frist von dem Empfange der Aufforderung an.

Der Erhebung der Klage steht die Ladung zum Sühnetermine gleich. Die Ladung verliert ihre Wirkung, wenn der zur Klage berechtigte Ehegatte im Sühnetermine nicht erscheint oder wenn drei Monate nach der Beendigung des Sühneverfahrens verstrichen sind und nicht vorher die Klage erhoben worden ist.

Auf den Lauf der sechsmonatigen und der dreimonatigen Frist finden die für die Verjährung geltenden Vorschriften der §§ 203, 206 entsprechende Anwendung.

E. I, 1447 Abs. 1—4; II, 1466; III, 1554.

1. Im Anschluß an mehrere neuere Gesetze (M. IV, 604) läßt das B.G.B. den Anspruch auf Scheidung außer durch Verzeihung (§ 1570) auch untergehen durch Fristablauf (vgl. § 1339). Die im E. I enthaltene Ausnahme für den Fall der böslichen Verlassung wurde von der II. Komm. im Hinblick auf die Vorschrift des Abs. 2 Satz 1 (s. u. Anm. 3) gestrichen (P. IV, 429 ff., 436). Auf die Scheidung wegen Geisteskrankheit findet § 1571 keine Anwendung (P. IV, 429).

2. Die Frist zur Erhebung der Scheidungsklage beträgt sechs Monate (der in der II. Komm., in der Reichstagskommission und im Reichstag gestellte Antrag, die Frist auf ein Jahr zu erhöhen, wurde abgelehnt, Z.G. IV, 322; P. IV, 435; R.T.K. 119; St.B. 249 ff.) und beginnt mit dem Zeitpunkt, in welchem der scheidungsberechtigte Ehegatte, bezw., falls dieser geschäftsunfähig ist, sein gesetzlicher Vertreter von der das Scheidungsrecht begründenden Thatsache Kenntniß erhalten hat. Ohne Rücksicht darauf aber, ob und wann der Ehegatte oder sein gesetzlicher Vertreter von dieser Thatsache Kenntniß erhalten hat, kann eine Scheidungsklage nicht auf Grund von Thatsachen erhoben werden, seit deren Eintritt bereits zehn Jahre verstrichen sind (E. I hatte diese Frist auf dreißig Jahre festgesetzt; vgl. Z.G. IV, 322, VI, 630; P. IV, 436).

3. Abweichend vom E. I (M. IV, 604; Z.G. IV, 322; P. IV, 432 ff.) bestimmt § 1571 Abs. 2, daß die im Abs. 1 festgesetzten Fristen nicht laufen, solange die häusliche Gemeinschaft der Ehegatten, gleichviel aus welchem Grunde, aufgehoben ist (vgl. § 1353 Abs. 2). Diese im Interesse der Aufrechterhaltung der Ehen getroffene Bestimmung beruht auf der Erwägung, daß nicht selten der unschuldige Ehegatte sich von dem anderen Ehegatten thatsächlich trennt, jedoch Anstand nimmt, die Scheidungsklage alsbald zu erheben. Um jedoch dem schuldigen Ehegatten, der mit der thatsächlichen Trennung nicht einverstanden ist, die Beendigung der hiemit verknüpften Ungewißheit zu ermöglichen, räumt ihm das Gesetz die Befugniß ein, durch Aufforderung an den unschuldigen Ehegatten, entweder die häusliche Gemeinschaft herzustellen oder Scheidungsklage zu erheben, die Frist, welche in diesem Falle mit dem Empfange der Aufforderung beginnt, in Lauf zu setzen (vgl. § 1347 Abs. 2). Durch die Reichstagskommission wurde die Ausnahmebestimmung des Abs. 2, welche nach E. II und III nur für die sechsmonatliche Frist des Abs. 1 Satz 1 gelten sollte, auch auf die zehnjährige Frist des Abs. 1 Satz 2 ausgedehnt (R.T.K. 119).

4. Nach C.P.O. §§ 608 ff. n. Nr. darf Termin zur mündlichen Verhandlung über eine Scheidungsklage erst festgesetzt werden, wenn den Vorschriften über den Sühneversuch genügt ist. Hienach ist der Kläger verpflichtet, bei dem Amtsgerichte, vor welchem der Ehemann seinen allgemeinen Gerichtsstand hat, die Anberaumung eines Sühnetermins zu beantragen und zu diesem Termine den Beklagten zu laden. In diesem Termine müssen die Parteien persönlich erscheinen. Erscheint der Kläger oder erscheinen beide Parteien nicht, so muß der Kläger die Anberaumung eines neuen Termins beantragen und den Beklagten hiezu laden. Erscheint nur der Kläger, so ist der Sühneversuch als mißlungen anzusehen. In gewissen Fällen ist der Sühneversuch nicht erforderlich. An Stelle des früheren § 571 Abs. 2 C.P.O., wonach durch die Zustellung der Ladung zum Sühnetermin die Verjährung unterbrochen werden sollte, ist nunmehr § 1571 Abs. 3 B.G.B. getreten, wonach die im Abs. 1 festgesetzten Fristen von sechs Monaten bezw. zehn Jahren nicht nur durch die Erhebung der Scheidungsklage, sondern auch durch die Ladung zum Sühnetermin unterbrochen werden. Um aber zu verhindern, daß der Kläger unter Mißbrauch dieser Bestimmung die Erhebung der Scheidungsklage auf beliebig lange Zeit verzögere (M. IV, 605), ist diese Wirkung der Ladung zum Sühnetermin davon abhängig gemacht, daß binnen längstens drei Monaten nach Beendigung des Sühneverfahrens die Scheidungsklage erhoben worden ist; auch fällt die erwähnte Wirkung der Ladung zum Sühnetermin weg, wenn der Kläger in demselben nicht erscheint. Wird die rechtzeitig erhobene Klage zurückgenommen, so gilt sie gemäß C.P.O. § 271 Abs. 3 n. Nr. als nicht erhoben und verliert damit ihre die Präklusion des Scheidungsanspruchs unterbrechende Wirkung. Das Gleiche gilt, falls die Scheidungsklage durch ein nicht in der Sache selbst entscheidendes Urtheil rechtskräftig abgewiesen worden ist (M. IV, 605 ff.; vgl. § 212 Abs. 1).

5. Die Fristen des § 1571 sind, wie die des § 1339, Präklusiv-, nicht Verjährungsfristen. Der Ablauf derselben bewirkt also nicht lediglich eine verzichtbare Einrede, sondern muß von Amtswegen berücksichtigt werden (vgl. Anm. 2 zu § 1339). Demgemäß sind die bez. der Verjährung geltenden Grundsätze (§§ 194 ff.) auf diese Fristen nicht anwendbar. Hievon macht jedoch § 1571 Abs. 4 (vgl. § 1339 Abs. 3) bezüglich der im Abs. 1 Satz 1 und Abs. 3 Satz 2 erwähnten sechsmonatlichen bezw. dreimonatlichen Frist (nicht auch bezw. der im Abs. 1 Satz 2 erwähnten zehnjährigen Frist, P.M. 8652) aus Billigkeitsgründen (M. IV, 605) zwei Ausnahmen:

a) In die Frist wird nach dem für entsprechend anwendbar erklärten § 203 der Zeitraum nicht eingerechnet, während dessen der zur Anstellung der Scheidungsklage berechtigte Ehegatte durch Stillstand der Rechtspflege oder höhere Gewalt an der Rechtsverfolgung verhindert ist.

b) Ist der zur Erhebung der Scheidungsklage berechtigte Ehegatte geschäftsunfähig (§ 104) und ohne gesetzlichen Vertreter, so endigt die Frist nicht vor dem Ablauf von sechs bezw. drei Monaten nach dem Zeitpunkte, in welchem der Ehegatte unbeschränkt geschäftsfähig geworden ist oder der

Mangel der Vertretung aufhört (§ 206). Nach C.P.O. § 612 Abs. 2 n. Nr. ist der gesetzliche Vertreter eines geschäftsunfähigen Ehegatten zur Erhebung der Scheidungsklage berechtigt, bedarf aber hiezu der Genehmigung des Vormundschaftsgerichts. Ein in der Geschäftsfähigkeit beschränkter Ehegatte (§§ 106, 114) ist nach C.P.O. § 612 Abs. 1 n. Nr. bezüglich der Scheidungsklage prozeßfähig; in diesem Falle findet daher die Vorschrift des § 206 Abs. 1 keine Anwendung (§ 206 Abs. 2; Hubrich im Archiv f. civil. Praxis, Bd. 85, S. 75 Note 27). Eine der Vorschrift des § 1340 analoge Bestimmung ist bezüglich der Scheidung nicht getroffen.

6. Ueber die Berechnung der in § 1571 festgesetzten Fristen s. §§ 187 Abs. 1, 188 Abs. 2, 3.

7. Eine Ausnahme von den Grundsätzen des § 1571 enthält § 1572.

8. Auch für die Klage auf Aufhebung der ehelichen Gemeinschaft gelten die Fristen des § 1571 Abs. 1 (§ 1575 Abs. 1 Satz 1). Dagegen finden diese Vorschriften keine Anwendung, wenn auf Grund des die Aufhebung der ehelichen Gemeinschaft aussprechenden Urtheils Scheidung beantragt wird (§ 1576 Abs. 1, 2).

§ 1572.

Ein Scheidungsgrund kann, auch wenn die für seine Geltendmachung im § 1571 bestimmte Frist verstrichen ist, im Laufe des Rechtsstreits geltend gemacht werden, sofern die Frist zur Zeit der Erhebung der Klage noch nicht verstrichen war.

E. I, 1447 Abs. 5; II, 1467; III, 1555.

1. Grundsatz. Die eine Ausnahme von den Bestimmungen des § 1571 enthaltende Vorschrift des § 1572 beruht auf dem Grundsatze, daß durch die Erhebung der Scheidungsklage, auch wenn sich dieselbe auf einen bestimmten einzelnen Scheidungsgrund stützt, gleichwohl das eheliche Verhältniß in seiner Totalität zum Gegenstande des Prozesses gemacht wird (vgl. C.P.O. §§ 614, 616 n. Nr.). Sie rechtfertigt sich durch die Rücksichtnahme auf die Fälle, in welchen ein Ehegatte ein beachtenswerthes Interesse daran hat, gewisse Scheidungsgründe im Prozesse vorläufig zu verschweigen (M. IV, 606). Ueber die Erhebung der Klage s. C.P.O. § 253 n. Nr.

2. Ob die im § 1571 Abs. 3 ausgesprochene Gleichstellung der Ladung zum Sühnetermin mit der Erhebung der Scheidungsklage hinsichtlich der die Präklusion des Scheidungsgrundes unterbrechenden Wirkung auch auf § 1572 Anwendung findet, erscheint nach dem Wortlaute dieser Gesetzesstelle nicht ganz zweifellos. Die Frage dürfte aber zu bejahen sein, da im E. I § 1447 Abs. 5 diese Gleichstellung ausdrücklich ausgesprochen war und die II. Komm. eine sachliche Aenderung in dieser Beziehung nicht vornehmen wollte (P. IV, 436).

3. Die Vorschrift des § 1572 gilt auch für die Klage auf Aufhebung der ehelichen Gemeinschaft, nicht aber für die Scheidungsklage, welche auf Grund des die Aufhebung der ehelichen Gemeinschaft aussprechenden Urtheils erhoben wird (§§ 1575 Abs. 1 Satz 1, Abs. 2, 1576 Abs. 1 u. 2).

§ 1573.

Thatsachen, auf die eine Scheidungsklage nicht mehr gegründet werden kann, dürfen zur Unterstützung einer auf andere Thatsachen gegründeten Scheidungsklage geltend gemacht werden.

E. I, 1448; II, 1468; III, 1556.

1. Die Bestimmung des § 1573 könnte als selbstverständlich erachtet werden, weil in dem vorausgesetzten Falle der ausgeschlossene Klagegrund nicht als selbständige, rechtserzeugende Thatsache, sondern nur zur Charakterisirung und zum Beweis eines neuen Scheidungsgrundes in Betracht kommt. Doch ist es aus Zweckmäßigkeitsgründen für angemessen erachtet worden, dieselbe in das Gesetz aufzunehmen (M. IV, 606). Dieser Bestimmung zu Folge können zur Unterstützung einer Scheidungsklage auch Thatsachen geltend gemacht werden, welche wegen Verzeihung (§ 1570) oder wegen Fristablaufs (§ 1571) oder nach C.P.O. § 616 n. Nr. nicht mehr als selbständige Scheidungsgründe verwerthet werden können (M. IV, 606, 99; P. IV, 436). Es kann also z. B. ein von einem Ehegatten begangener Ehebruch, auf welchen aus einem der bezeichneten Gründe eine selbständige Scheidungsklage nicht mehr gestützt werden kann, in Verbindung mit

anderen Thatsachen für die Klage auf Scheidung wegen Zerrüttung des ehelichen Verhältnisses durch unsittliches Verhalten dieses Ehegatten (§ 1568) verwerthet werden.

2. Die Vorschrift des § 1573 gilt auch für die Klage auf Aufhebung der ehelichen Gemeinschaft, nicht aber für die Scheidungsklage, welche auf Grund des die Aufhebung der ehelichen Gemeinschaft aussprechenden Urtheils erhoben wird (§§ 1575 Abs. 1 Satz 1, Abs. 2, 1576 Abs. 1 u. 2).

§ 1574.

Wird die Ehe aus einem der in den §§ 1565 bis 1568 bestimmten Gründe geschieden, so ist in dem Urtheil auszusprechen, daß der Beklagte die Schuld an der Scheidung trägt.

Hat der Beklagte Widerklage erhoben und wird auch diese für begründet erkannt, so sind beide Ehegatten für schuldig zu erklären.

Ohne Erhebung einer Widerklage ist auf Antrag des Beklagten auch der Kläger für schuldig zu erklären, wenn Thatsachen vorliegen, wegen deren der Beklagte auf Scheidung klagen könnte oder, falls sein Recht auf Scheidung durch Verzeihung oder durch Zeitablauf ausgeschlossen ist, zur Zeit des Eintritts des von dem Kläger geltend gemachten Scheidungsgrundes berechtigt war, auf Scheidung zu klagen.

E. I, 1449; II, 1469; III, 1537.

1. Da das B.G.B. außer im Falle des § 1569 die Scheidung nur wegen Verschuldens eines Ehegatten zuläßt, und die Frage, welcher der Ehegatten der schuldige Theil ist, in mehrfacher Beziehung von rechtlicher Bedeutung ist (s. §§ 1577 Abs. 2 und 3, 1578, 1579, 1584, 1635), bestimmt § 1574, daß das Scheidungsurtheil außer bei Scheidung wegen Geisteskrankheit über die Schuldfrage Entscheidung treffen muß (M. IV, 606, vgl. auch C.P.O. § 624 n. Nr., wonach bei Scheidung wegen Ehebruchs auch die Person, mit welcher der Ehebruch begangen worden ist, im Urtheile festzustellen ist).

2. Die gleiche Vorschrift gilt für die Widerklage (C.P.O. § 615 Abs. 2 n. Nr.). Wird also sowohl der Klage als der Widerklage stattgegeben, so sind beide Ehegatten für schuldig zu erklären (das Abwägungssystem des P.L.R. für den Fall beiderseitiger Verfehlungen ist vom B.G.B. nicht angenommen worden, vgl. M. IV, 607; Z.G. IV, 323).

3. Nach Abs 3 muß aber auch ohne Erhebung einer Widerklage der Kläger auf Antrag des Beklagten für schuldig erklärt werden:

a) falls der Beklagte auf Grund der §§ 1565—1568 zur Erhebung der Scheidungsklage berechtigt wäre. Der Beklagte, welcher berechtigt wäre, auch seinerseits Scheidung zu verlangen, aus irgend welchen Gründen aber von dieser Befugniß keinen Gebrauch machen will, soll nicht in die Zwangslage versetzt werden, entweder Widerklage zu erheben oder die Nachtheile auf sich zu nehmen, welche den allein für schuldig erklärten Ehegatten treffen (M. IV, 607 ff.).

b) Das Gleiche gilt aber auch dann, wenn der Scheidungsanspruch des Beklagten zwar zur Zeit gemäß §§ 1570, 1571 ausgeschlossen ist, der Verlust dieses Anspruchs aber erst nach Entstehung des vom Kläger geltend gemachten Scheidungsgrundes eingetreten ist. In diesem Falle rührt die schuldhafte Handlung des Beklagten aus einer Zeit her, in welcher die Ehe auch durch das Verschulden des Klägers zerrüttet war. Es liegt daher die Annahme nahe, daß der Beklagte den im Verhalten des Klägers liegenden Scheidungsgrund nur deshalb verziehen oder nicht rechtzeitig geltend gemacht hat, weil er von der Annahme ausging, daß auch der Kläger die Scheidungsklage nicht erheben werde (M. IV, 608).

4. Die an die Schuldigerklärung des einen Ehegatten geknüpften Rechtswirkungen treten, dem konstitutiven Charakter des Scheidungsurtheils entsprechend, mit der Rechtskraft des Urtheils ein (M. IV, 609).

5. Die Vorschriften des § 1574 gelten auch für die Klage bezw. Widerklage auf Aufhebung der ehelichen Gemeinschaft (§§ 1575 Abs. 1 Satz 2, Abs. 2). Wird dagegen auf Grund des die Aufhebung der ehelichen Gemeinschaft aussprechenden Urtheils die Ehe geschieden (§ 1576 Abs. 1), so findet § 1574 keine Anwendung, es muß vielmehr der im früheren Urtheil für schuldig erklärte Ehegatte auch im Scheidungsurtheile für schuldig erklärt werden (§ 1576 Abs. 2; vgl. M. IV, 607, 608 a. E.).

§ 1575.

Der Ehegatte, der auf Scheidung zu klagen berechtigt ist, kann statt auf Scheidung auf Aufhebung der ehelichen Gemeinschaft klagen. Beantragt der andere Ehegatte, daß die Ehe, falls die Klage begründet ist, geschieden wird, so ist auf Scheidung zu erkennen.

Für die Klage auf Aufhebung der ehelichen Gemeinschaft gelten die Vorschriften der §§ 1573, 1574.

E. I, 1444.

1. Die nach E. I für den Fall des Vorliegens eines relativen Scheidungsgrundes zugelassene zeitweilige Trennung von Tisch und Bett wurde durch die II. Komm. beseitigt. Mit der Trennung von Tisch und Bett verwandt, jedoch nicht identisch ist die durch Beschluß der Reichstagskommission eingeführte Aufhebung der ehelichen Gemeinschaft (vgl. Vorbem. Ziff. 3).

2. § 1575 eröffnet dem Ehegatten, welcher aus einem der in den §§ 1565—1569 aufgeführten Gründen berechtigt wäre, Scheidung zu verlangen, jedoch aus religiösen oder andern Gründen Bedenken trägt, Scheidungsklage zu erheben, die Möglichkeit, an Stelle der Scheidung die Aufhebung der ehelichen Gemeinschaft zu erwirken. Der Beklagte ist jedoch in der Lage, die Erlassung eines Urtheils auf Aufhebung der ehelichen Gemeinschaft dadurch zu verhindern, daß er seinerseits beantragt, im Falle des Obsiegens des Klägers die Scheidung auszusprechen. In diesem Falle muß auf Scheidung erkannt werden. Das gleiche Recht steht dem Wiederbeklagten zu, wenn im Wege der Widerklage die Aufhebung der ehelichen Gemeinschaft beantragt wird. Auf Grund des die Aufhebung der ehelichen Gemeinschaft aussprechenden Urtheils kann sodann von jedem der Ehegatten auf Scheidung geklagt werden (§ 1576).

3. Die Voraussetzungen der Klage auf Aufhebung der ehelichen Gemeinschaft sind ganz die gleichen wie die der Scheidungsklage. Es finden daher insbesondere die Vorschriften der §§ 1570—1572 auch auf die erstere Klage Anwendung (R.T.K. 121). Das Gleiche gilt nach § 1575 Abs. 2 hinsichtlich der Vorschriften der §§ 1573 und 1574.

4. Auch in prozessualer Beziehung steht die Klage auf Aufhebung der ehelichen Gemeinschaft der Scheidungsklage gleich, ist also gleich dieser „Ehesache" im Sinne der §§ 606 ff. C.P.O. n. Nr. (C.P.O. § 639 n. Nr.).

5. Ueber die Rechtswirkungen des die Aufhebung der ehelichen Gemeinschaft aussprechenden Urtheils s. §§ 1586, 1587: über die Eintragung des Urtheils im standesamtlichen Heirathsregister s. Personenstandsgesetz §§ 55 Abs. 1 in der durch E.G. Art. 46 II festgestellten Fassung.

§ 1576.

Ist auf Aufhebung der ehelichen Gemeinschaft erkannt, so kann jeder der Ehegatten auf Grund des Urtheils die Scheidung beantragen, es sei denn, daß nach der Erlassung des Urtheils die eheliche Gemeinschaft wiederhergestellt worden ist.

Die Vorschriften der §§ 1570 bis 1574 finden keine Anwendung; wird die Ehe geschieden, so ist der für schuldig erklärte Ehegatte auch im Scheidungsurtheile für schuldig zu erklären.

E. I, 1445.

1. Ist gemäß § 1575 ein rechtskräftiges Urtheil auf Aufhebung der ehelichen Gemeinschaft ergangen, so kann nunmehr jeder der beiden Ehegatten, gleichviel, ob er Kläger oder Beklagter war, ob er für schuldig erklärt worden ist oder nicht, eine neue Klage auf Ehescheidung stellen. Diese Scheidungsklage hat keinerlei weitere Voraussetzungen als das Vorliegen eines rechtskräftigen, die Aufhebung der ehelichen Gemeinschaft aussprechenden Urtheils. Liegt ein solches vor, so muß nunmehr auf Scheidung erkannt werden.

2. Hievon besteht nur für den Fall eine Ausnahme, daß nach der Rechtskraft des die Aufhebung der ehelichen Gemeinschaft aussprechenden Urtheils die eheliche Gemeinschaft unter den Ehegatten wiederhergestellt worden ist, was ohne jede Förmlichkeit geschehen kann (Anm. 1 zu § 1587). In diesem Falle kann nur auf Grund neuer Scheidungsgründe neuerdings auf Aufhebung der ehelichen Gemeinschaft oder auf Scheidung

geklagt werden, während gegenüber allen Scheidungsgründen, welche vor der Wiederherstellung der ehelichen Gemeinschaft entstanden sind, dieselbe wie die Verzeihung (§ 1570) wirkt (R.T.K. 121). Ueber die weiteren Rechtswirkungen der Wiederherstellung der ehelichen Gemeinschaft s. § 1587. Daß nach Rechtskraft des die Aufhebung der ehelichen Gemeinschaft aussprechenden Urtheils die Wiederherstellung derselben stattgefunden habe, hat zu beweisen, wer sich auf diese Thatsache zur Entkräftung der Scheidungsklage beruft (R.T.K. 121).

3. Für die Scheidungsklage, welche auf Grund des die Aufhebung der ehelichen Gemeinschaft aussprechenden Urtheils erhoben wird, gelten die Vorschriften der §§ 1570—1574 nicht. Dem Scheidungsanspruch kann also in diesem Falle die Einrede der Verzeihung oder des Fristablaufs nicht entgegengehalten werden. Auch die Schuldfrage unterliegt keiner neuerlichen Prüfung, es muß vielmehr der im früheren Urtheil für schuldig erklärte Ehegatte auch im Scheidungsurtheil für schuldig erklärt werden.

4. In prozessualer Beziehung steht die auf Grund des § 1576 Abs. 2 erhobene Scheidungsklage jeder anderen Scheidungsklage gleich (s. Vorbem. Ziff. 6). Der in der Reichstagskommission gestellte Antrag, in diesem Falle den Sühneversuch für entbehrlich zu erklären, fand keine Annahme (R.T.K. 121).

§ 1577.

Die geschiedene Frau behält den Familiennamen des Mannes.

Die Frau kann ihren Familiennamen wiederannehmen. War sie vor der Eingehung der geschiedenen Ehe verheirathet, so kann sie auch den Namen wiederannehmen, den sie zur Zeit der Eingehung dieser Ehe hatte, es sei denn, daß sie allein für schuldig erklärt ist. Die Wiederannahme des Namens erfolgt durch Erklärung gegenüber der zuständigen Behörde; die Erklärung ist in öffentlich beglaubigter Form abzugeben.

Ist die Frau allein für schuldig erklärt, so kann der Mann ihr die Führung seines Namens untersagen. Die Untersagung erfolgt durch Erklärung gegenüber der zuständigen Behörde; die Erklärung ist in öffentlich beglaubigter Form abzugeben. Die Behörde soll der Frau die Erklärung mittheilen. Mit dem Verluste des Namens des Mannes erhält die Frau ihren Familiennamen wieder.

E. I, 1455; II, 1475; III, 1558.

1. Ob nach Gem. R. die geschiedene Ehefrau den Namen des Ehemanns fortführe, oder ob hierin eine Modifikation einzutreten habe, falls sie für allein schuldig erklärt worden ist, war bestritten. Nach einer Entscheidung des O.A.G. München v. 19. August 1862 (Bl. f. R.A. XXVIII, 235) sollte der Ehefrau zwar nicht verwehrt sein, sich als die geschiedene Ehefrau des so oder so benannten Mannes zu bezeichnen, dagegen sollte ihr nicht frei stehen, namentlich nicht auf Widerspruch des Mannes, sich nach wie vor dessen Namen mit Verschweigung des eigenen, als ob das eheliche Verhältniß noch fortbestünde, beizulegen (s. auch S.A. Bd. 3 Nr. 70; Bl. f. R.A. LXIII, 136 ff.). Das P.L.R. enthält über diesen Punkt keine Bestimmung; über andere Rechte s. M. IV, 620 ff.

2. Nach E. I sollte die geschiedene Ehefrau unter allen Umständen den Familiennamen des Ehemannes behalten. Auch nach B.G.B. (vgl. P. IV, 444 ff.) behält die geschiedene Frau grundsätzlich den gemäß § 1355 mit der Verheirathung erworbenen Familiennamen ihres Mannes. Sie ist aber auch berechtigt, ihren Mädchennamen oder, falls sie vor Eingehung der geschiedenen Ehe verheirathet war, gleichviel aus welchem Grunde ihre frühere Ehe aufgelöst worden ist, den Namen wiederanzunehmen, den sie zur Zeit der Eingehung der geschiedenen Ehe geführt hat.

3. Eine Abweichung von diesem Grundsatze tritt ein, wenn die geschiedene Frau allein für schuldig erklärt worden ist. In diesem Falle steht ihr

a) falls sie vor Eingehung der geschiedenen Ehe verheirathet war, das Recht nicht zu, den zur Zeit der Eingehung der geschiedenen Ehe geführten Namen wiederanzunehmen, sie muß vielmehr den Namen ihres Mannes fortführen oder, falls ihr der Mann dies untersagt (s. u. unter b), ihren Mädchennamen wiederannehmen.

b) Andererseits steht dem Manne das Recht zu, ihr die Fortführung seines Namens zu untersagen. Macht er von dieser Befugniß Gebrauch, so erhält die Frau mit dem Verluste seines Namens ihren Mädchennamen wieder. Die Befugniß, sich als „geschiedene N. N." zu bezeichnen, kann der Frau, auch wenn sie allein für schuldig erklärt worden ist, vom Manne natürlich ebensowenig entzogen werden, als das Recht, sich das Prädikat „Frau" beizulegen (M. IV, 621; Bl. f. R.A. LXII, 167).

Das der geschiedenen Frau nach § 1577 Abs. 2 Satz 1 zustehende Recht der Wiederannahme ihres Familiennamens wird durch den Umstand, daß sie auch oder allein für schuldig erklärt worden ist, nicht berührt (D. 216 ff.; anders E. II; vgl. P. IV, 445 ff.; P.M. 8657).

4. Sowohl die Wiederannahme ihres Mädchennamens oder des in einer früheren Ehe geführten Familiennamens durch die Frau, als auch die Untersagung der Fortführung seines Namens durch den Mann erfolgt durch eine in öffentlich beglaubigter Form (§§ 129, 126; vgl. P. V, 163 ff.) gegenüber der zuständigen Behörde (nicht „vor" derselben, also auch schriftlich) abzugebende Erklärung. Welche Behörde zur Entgegennahme dieser Erklärung zuständig sein soll, bestimmt sich nach Landesrecht. Der in der II. Komm. gestellte Antrag, die Standesämter reichsgesetzlich für zuständig zu erklären, wurde abgelehnt (P. IV, 446 ff.). Die Vorschrift des § 1577 Abs. 3 Satz 2, daß die Untersagungserklärung des Mannes der Frau von der Behörde mitzutheilen ist, hat nur instruktionellen Charakter („soll"); die Außerachtlassung derselben ist daher auf die Rechtswirksamkeit der Untersagung ohne Einfluß.

5. Führt die allein für schuldig erklärte Frau trotz Untersagung durch den Mann dessen Namen weiter, so kann der Mann, falls hiedurch sein Interesse verletzt wird, Beseitigung der Beeinträchtigung verlangen und, wenn weitere Beeinträchtigungen zu besorgen sind, auf Unterlassung klagen (§ 12). Für die Zwangsvollstreckung gilt in diesem Falle C.P.O. § 890 n. Nr. In strafrechtlicher Beziehung s. St.G.B. § 360 Nr. 8, bayr. Pol.St.G.B. Art. 25 und 47.

6. Die Vorschriften des § 1577 finden auch Anwendung, wenn statt auf Scheidung auf Aufhebung der ehelichen Gemeinschaft erkannt worden ist (Anm. 3 zu § 1586; Bl. f. R.A. LXII, 167).

7. Ueber den Stand der geschiedenen Ehefrau enthält das Gesetz keine Vorschrift (M. IV, 621 ff.; Z.G. IV, 334; VI, 630; vgl. Anm. 7 zu § 1355).

8. Ueber den Familiennamen des von einer geschiedenen Frau unehelich gebornen oder an Kindesstatt angenommenen Kindes s. §§ 1706 Abs. 2. 1758 Abs. 1.

§ 1578.

Der allein für schuldig erklärte Mann hat der geschiedenen Frau den standesmäßigen Unterhalt insoweit zu gewähren, als sie ihn nicht aus den Einkünften ihres Vermögens und, sofern nach den Verhältnissen, in denen die Ehegatten gelebt haben, Erwerb durch Arbeit der Frau üblich ist, aus dem Ertrag ihrer Arbeit bestreiten kann.

Die allein für schuldig erklärte Frau hat dem geschiedenen Manne den standesmäßigen Unterhalt insoweit zu gewähren, als er außer Stande ist, sich selbst zu unterhalten.

E. I, 1454 Abs. 1; II, 1472; III, 1559.

1. Bisheriges Recht. Nach Röm. R. erleidet der an der Scheidung schuldige Ehegatte zu Gunsten des anderen Theils gewisse Vermögensnachtheile, die sog. „Ehescheidungsstrafen". Die schuldige Frau verliert an den Mann die dos, eventuell den vierten Theil ihres Vermögens, jedoch nicht über 100 Pfund Goldes. Der schuldige Mann verliert an die Frau eine etwaige donatio propter nuptias, eventuell den vierten Theil seines Vermögens, jedoch mit der gleichen Einschränkung. Im Falle des Ehebruchs erhöht sich die Strafe um ein Drittel. Sind Kinder vorhanden, so erhalten sie an diesem Vermögenstheil das Eigenthum, während dem unschuldigen Ehegatten nur Nießbrauch und Verwaltung zufällt (Dernburg, Pand. Bd. 3 § 26). Die gemeinrechtliche Praxis gewährte dem unschuldigen Ehegatten oder wenigstens der unschuldigen Ehefrau auch Unterhaltsanspruch gegenüber dem schuldigen Theil. Vgl. Bl. f. R.A. L, 216 ff.; Samml. v. E. d. bayr. Obersten L.G. Bd. 7 S. 190 ff., Bd. 8 S. 327 ff. (Bl. f. R.A. XLV, 234 ff.),

Bd. 11 S. 63 ff. (Bl. f. R.A. L, 238 ff.), Bd. 11 S. 655 ff. (Bl. f. R.A. LII, 284 ff.); S.A. Bd. 12 Nr. 40, Bd. 25 Nr. 135, umgekehrt S.A. Bd. 13 Nr. 146 und die konstante Praxis des Reichsgerichts, R.G.E. in C.S. VIII, 186 ff.; XII, 193; XXVI, 193 ff.

Nach B.L.R. Thl. I cap. 6 § 43 nimmt, wenn eine Ehe aus Verschulden des Mannes geschieden wird, die Frau Alles zu sich, was ihr für den Fall des Todes des Mannes gebührt hätte. Außerdem fällt ihr die Widerlage oder, wenn keine solche bedungen ist, ein gleicher Kindstheil oder bei ermangelnden Kindern der vierte Theil vom Gesammtvermögen des Mannes, wie sich solches zur Zeit der Ehescheidung befunden hat, eigenthümlich zu und was sie ihm durch letztwillige Disposition etwa zugedacht hat, wird dadurch aufgehoben. Die schuldige Ehefrau verliert nicht nur Heirathgut und Morgengabe sammt ihrem Antheil an der Errungenschaft, sondern auch, was ihr von dem Manne sowohl vor als während der Ehe geschenkt oder durch letzten Willen verschafft worden, welches Alles sofort demselben eigenthümlich verbleibt; ist kein Heirathgut bedungen, so erhält er vom Gesammtvermögen der Frau dieselbe Portion, die sie im Gegenfalle von seinem Vermögen erhält. Auch bleibt ihm trotz der Scheidung Verwaltung und Nutznießung am Paraphernalgut der Frau, solange dieselbe lebt, wogegen er sie alimentiren muß, falls ihr Rezeptizgut hiezu nicht ausreicht. Ist die Scheidung ohne Verschulden eines Ehegatten erfolgt, so sind die Eheleute einander zur Alimentation verbunden, im Uebrigen aber bleibt es ihrer Güter halber, solange sie beide am Leben sind, durchgehends dabei, wie es vor der Ehescheidung gewesen. Ueber die Unterhaltspflicht des schuldigen Ehemanns gegenüber der unschuldigen Ehefrau s. Kreittmayr, Anm. zu Thl. I cap. 6 § 43 Ziff. 1 siebentens. Vgl. Bl. f. R.A. XXVI, 399 ff.; XXIX, 158 ff.; L, 216 ff., 249 ff.; Samml. v. Entsch. d. bayr. Obersten L.G. Bd. 7 S. 189 ff. (Bl. f. R.A. XLIII, 143), Bd. 8 S. 241 ff. (Bl. f. R.A. XLV, 174 ff.), Bd. 8 S. 326 ff. (Bl. f. R.A. XLV, 232 ff.), Bd. 11 S. 63 ff. (Bl. f. R.A. L, 236 ff.), Bd. 12 S. 131 ff. (Bl. f. R.A. LIII, 353 ff.), Bd. 12 S. 396 ff. (Bl. f. R.A. LIV, 374 ff.).

Ueber andere Rechte s. M. IV, 614 ff.

2. Das B.G.B. hat die Ehescheidungsstrafen als dem Wesen der Ehe widerstreitend beseitigt, gewährt aber dem unschuldigen Ehegatten Anspruch auf Unterhalt gegenüber dem schuldigen Ehegatten. Dieser Anspruch hat nicht, wie nach den meisten bisherigen Rechten, den Charakter eines Entschädigungsanspruchs, ist vielmehr als Nachwirkung der Ehe (§§ 1360, 1361) im Anschluß an die gesetzliche Unterhaltspflicht der Verwandten (§§ 1601 ff.) geregelt (M. IV, 615, 617 ff.; Z.G. IV, 327 ff.; VI, 630; P. IV, 438, 515 ff.; D. 217; Jacubezky, Bemerk. S. 308; vgl. auch Mot. z. E.G. 290).

3. Die Unterhaltspflicht auf Grund des § 1578 trifft nur den Ehegatten, der allein für schuldig erklärt worden ist, während diesem selbst keinerlei Unterhaltsanspruch gegenüber seinem früheren Ehegatten zusteht. Sind beide Ehegatten für schuldig erklärt worden (§ 1574 Abs. 2, 3), so ist keiner gegenüber dem andern unterhaltsberechtigt. Ueber den Unterhaltsanspruch eines wegen Geisteskrankheit geschiedenen Ehegatten s. § 1583.

4. Voraussetzung des Unterhaltsanspruchs sollte nach E. I Vermögenslosigkeit und Erwerbsunfähigkeit des unschuldigen Ehegatten sein. Abweichend hievon unterscheidet das B.G.B. zwischen der Unterhaltspflicht des Mannes und der der Frau (Z.G. IV, 330 ff.; P. IV, 520 ff.).

a) Ist der Mann allein für schuldig erklärt worden, so hat er der Frau den standesmäßigen Unterhalt (s. § 1610 und Anm. 3 hiezu) zu gewähren, wenn und insoweit die Einkünfte ihres Vermögens oder, falls nach den Verhältnissen, in denen die Ehegatten gelebt haben, Erwerbsthätigkeit der Frau üblich ist (vgl. § 1356 Abs. 2), der Ertrag ihrer Arbeit zur Bestreitung ihrer Bedürfnisse nicht ausreicht. Im Gegensatze zum E. I ist also die unschuldige Ehefrau nicht verpflichtet, den Stamm ihres Vermögens anzugreifen (s. aber § 1579 Abs. 2) und auch zum Erwerb durch eigene Arbeit nur verbunden, soweit solche Thätigkeit den Verhältnissen entspricht, in denen sie während der Ehe gelebt hat. (Vgl. bezüglich des Unterhaltsanspruchs der Frau während der Ehe § 1360 Abs. 1.)

b) Dagegen ist die allein für schuldig erklärte Frau dem geschiedenen Manne gegenüber nur insoweit zur Gewährung des standesmäßigen Unterhalts verpflichtet, als er außer Stande ist, sich selbst zu unterhalten. Der erwerbsunfähige Mann kann also von seiner früheren Frau Unterhalt nur beanspruchen, wenn weder die Einkünfte, noch der Stamm seines Vermögens zur Befriedigung seiner Bedürfnisse ausreichen, während der unbeschränkt erwerbsfähige Mann auch bei gänzlicher Vermögenslosigkeit nicht unterhaltsberechtigt ist. (Vgl. bezüglich des Unterhaltsanspruchs des Mannes während der Ehe § 1360 Abs. 2.)

5. Die Unterhaltspflicht des geschiedenen Ehegatten greift auch Platz, wenn der unschuldige Ehegatte erst nach der Scheidung bedürftig geworden ist (M. IV, 618; Z.G. IV, 331; P. IV, 522 ff.). Sie erleidet eine Modifikation, wenn der schuldige Ehegatte bei Berücksichtigung seiner sonstigen Verpflichtungen außer Stande ist, ohne Gefährdung seines standesmäßigen Unterhalts dem andern Ehegatten Unterhalt zu gewähren oder wenn derselbe auch einem minderjährigen unverheiratheten Kinde oder in Folge seiner Wiederverheirathung dem neuen Ehegatten gegenüber unterhaltspflichtig ist (§ 1579 Abs. 1 Satz 1, 2). Sie kommt ganz in Wegfall, wenn die dem schuldigen Ehegatten zur Verfügung stehenden Einkünfte zur Bestreitung seines eigenen nothdürftigen Unterhalts nicht ausreichen (§ 1579 Abs. 1 Satz 1), sowie im Falle des § 1579 Abs. 2.

6. Die Unterhaltspflicht auf Grund des § 1578 tritt auch ein, wenn statt auf Scheidung gemäß § 1575 auf Aufhebung der ehelichen Gemeinschaft erkannt worden ist (§ 1586 und Anm. 3 hiezu). Die Unterhaltspflicht bei thatsächlichem Getrenntleben der Ehegatten ist im § 1361 geordnet. Die Regelung der Unterhaltspflicht zwischen Ehegatten für die Dauer eines Rechtsstreits, der die Scheidung, Nichtigkeit oder Anfechtung der Ehe zum Gegenstande hat, kann nach C.P.O. § 627 n. Nr. durch einstweilige Verfügung des Prozeßgerichts erfolgen (vgl. M. IV, 636 ff.).

7. Ueber Form, Umfang und Dauer des Unterhaltsanspruchs s. §§ 1580—1582; über die Verpflichtung der Frau zur Leistung eines Beitrags zu den Kosten des Unterhalts eines gemeinschaftlichen Kindes s. § 1585.

8. Das Verhältniß der Unterhaltspflicht des geschiedenen Ehegatten zu der der Verwandten des Bedürftigen regelt § 1608 Abs. 2, das Verhältniß des Unterhaltsanspruchs des geschiedenen Ehegatten zu dem der Verwandten des schuldigen Ehegatten (abgesehen von dessen minderjährigen unverheiratheten Kindern) § 1609. Ueber das Verhältniß des Unterhaltsanspruchs des geschiedenen Ehegatten zu dem der minderjährigen unverheiratheten Kinder oder eines etwaigen neuen Ehegatten des schuldigen Ehegatten s. § 1579 Abs. 1 Satz 2, Abs. 2; s. auch §§ 1581 Abs. 2, 1604.

9. Der Unterhaltsanspruch des geschiedenen Ehegatten ist „gesetzlicher Unterhaltsanspruch" und unterliegt daher den für solche Ansprüche geltenden materiellrechtlichen und prozessualen Besonderheiten, s. Vorbem. zum zweiten Abschnitt, dritter Titel dieses Buchs Ziff. 3—5, 7 g, 8—10, 11 a (vgl. hiezu R.G.E. in C.S. III, 16; P. IV, 531 ff.), 11 b (die fragliche Vorschrift der Versicherungsgesetze trifft nach der durch das R.G. vom 29. März 1897 festgestellten Fassung des § 850 Abs. 4 der C.P.O. n. Nr. nunmehr wohl auch auf die geschiedene Frau zu), 12 (vgl. Z.G. IV, 331; P. IV, 528 ff.), 13 (doch gilt Art. 5 a des bayr. Armengesetzes, wie die Motive zu der Novelle vom 3. Februar 1888 ausdrücklich hervorheben, nicht für die Unterhaltspflicht des geschiedenen Ehegatten).

10. In prozessualer Beziehung ist noch zu bemerken, daß die Klage auf Unterhaltsgewährung gemäß § 1578 nicht „Ehesache" im Sinne des § 606 C.P.O. n. Nr. ist. Die Verbindung derselben mit der Scheidungsklage ist unzulässig (C.P.O. § 615 n. Nr.; M. IV, 620). Ueber die Klage auf Abänderung des Urtheils wegen wesentlicher Veränderung der Verhältnisse s. C.P.O. § 323 n. Nr.; M. IV, 618 ff.; Z.G. IV, 331; P. IV, 522, 530; vgl. Anm. 6 zu § 1610.

§ 1579.

Soweit der allein für schuldig erklärte Ehegatte bei Berücksichtigung seiner sonstigen Verpflichtungen außer Stande ist, ohne Gefährdung seines standesmäßigen Unterhalts dem anderen Ehegatten Unterhalt zu gewähren, ist er berechtigt, von den zu seinem Unterhalte verfügbaren Einkünften zwei Drittheile oder, wenn diese zu seinem nothdürftigen Unterhalte nicht ausreichen, so viel zurückzubehalten, als zu dessen Bestreitung erforderlich ist. Hat er einem minderjährigen unverheiratheten Kinde oder in Folge seiner Wiederverheirathung dem neuen Ehegatten Unterhalt zu gewähren, so beschränkt sich seine Verpflichtung dem geschiedenen Ehegatten gegenüber auf dasjenige, was mit Rücksicht auf die Bedürfnisse sowie auf die Vermögens- und Erwerbsverhältnisse der Betheiligten der Billigkeit entspricht.

Der Mann ist der Frau gegenüber unter den Voraussetzungen des Abs. 1 von der Unterhaltspflicht ganz befreit, wenn die Frau den Unterhalt aus dem Stamme ihres Vermögens bestreiten kann.

E. I, 1454 Abs. 1, 1483 Abs. 3; II, 1473, 1504 Abs. 2 Satz 2; III, 1560.

1. Die Verpflichtung des geschiedenen Ehegatten zur Unterhaltsgewährung gegenüber seinem früheren Ehegatten (§ 1578) erleidet gemäß § 1579 Abs. 1 Satz 1 eine Einschränkung insoferne, als der schuldige Ehegatte, falls seine Einkünfte zur Bestreitung seines eignen standesmäßigen Unterhalts (s. § 1610 und Anm. 3 hiezu), seiner übrigen Verpflichtungen und des standesmäßigen Unterhalts seines früheren Ehegatten nicht ausreichen, nur ein Drittel seiner Einkünfte zu letzterem Zwecke zu verwenden braucht. Reichen die ihm hienach verbleibenden zwei Dritttheile seiner Einkünfte zu seinem nothdürftigen Unterhalte (§ 1611 Abs. 1, Anm. 3 zu § 1610) nicht aus, so darf er soviel, als hiezu erforderlich ist, also eventuell seine gesammten Einkünfte, zurückbehalten. Der schuldige Ehegatte ist also überhaupt nur unterhaltspflichtig, wenn und insoweit ihm mehr, als zur Bestreitung seines nothdürftigen Unterhalts erforderlich ist, zur Verfügung steht (vgl. bez. der Unterhaltspflicht gegenüber Verwandten § 1603 Abs. 1 und 2). Bedarf also der schuldige Ehegatte zu seinem nothdürftigen Unterhalte 1000 Mark, zu seinem standesmäßigen Unterhalt bei Berücksichtigung seiner sonstigen Verpflichtungen 5000 Mark und betragen seine Einkünfte 6000 Mark, während der unterhaltsberechtigte Ehegatte zu seinem standesmäßigen Unterhalte nach Maßgabe des § 1578 3000 Mark nöthig hat, so darf der schuldige Ehegatte 4000 Mark zurückbehalten und muß 2000 Mark seinem Ehegatten überlassen. Bedarf er für seinen nothdürftigen Unterhalte 1500 Mark, zu seinem standesmäßigen Unterhalte bei Berücksichtigung seiner sonstigen Verpflichtungen 4000 Mark und betragen seine Einkünfte 2100 Mark, während sein Ehegatte 2000 Mark nöthig hat, so darf er 1500 Mark zurückbehalten, den Rest von 600 Mark muß er zum Unterhalt seines Ehegatten verwenden (nach E. I sollte der Unterhaltsanspruch des unschuldigen geschiedenen Ehegatten überhaupt ausgeschlossen sein, wenn der schuldige Ehegatte außer Stande ist, bei Berücksichtigung seiner anderweiten Verpflichtungen den Unterhalt ohne Beeinträchtigung seines eigenen standesmäßigen Unterhalts zu gewähren, s. M. IV, 618; Z.G. IV, 331; P. IV, 523 ff.).

2. Eine weitere Einschränkung erleidet die Unterhaltspflicht des geschiedenen Ehegatten dann, wenn er außer gegenüber seinem früheren Ehegatten auch gegenüber einem minderjährigen (§§ 2, 3) unverheiratheten Kinde (gemäß §§ 1601 ff.) oder nach Abschluß einer neuen Ehe gegenüber seinem neuen Ehegatten (gemäß §§ 1360 ff.) unterhaltspflichtig, jedoch bei Berücksichtigung seiner sonstigen Verpflichtungen nicht in der Lage ist, ohne Gefährdung seines eigenen standesmäßigen Unterhalts diesen sämmtlichen Verpflichtungen gerecht zu werden. In diesem Falle hat gemäß § 1579 Abs. 1 Satz 2 der Richter den Umfang des Unterhaltsanspruchs des geschiedenen Ehegatten unter Berücksichtigung aller einschlägigen Verhältnisse nach billigem Ermessen festzusetzen (nach E. I sollte der Unterhaltsanspruch des geschiedenen Ehegatten dem des späteren Ehegatten und der minderjährigen unverheiratheten Kinder des unterhaltspflichtigen Ehegatten nachstehen, nach E. II sollte der Unterhaltsanspruch des geschiedenen Ehegatten dem eines minderjährigen unverheiratheten Ehegatten gleichstehen, vgl. M. IV, 688 ff.; Z.G. IV, 363; P. IV, 485, 530 ff.; P.M. 8653 ff.). Daß der Unterhaltsanspruch des geschiedenen Ehegatten dem der volljährigen oder verheiratheten Kinder sowie dem der übrigen Verwandten des schuldigen Ehegatten vorgeht, ist im § 1609 Abs. 2 Satz 2 bestimmt. Ueber das Verhältniß der Unterhaltspflicht des geschiedenen Ehegatten zu der der Verwandten des unschuldigen Ehegatten s. § 1608 Abs. 2.

3. Nach § 1578 Abs. 1 wird der Unterhaltsanspruch der geschiedenen Frau gegenüber ihrem früheren Manne nicht dadurch ausgeschlossen, daß sie Vermögen besitzt, sie ist vielmehr schon dann unterhaltsberechtigt, wenn die Einkünfte ihres Vermögens (und eventuell der Ertrag ihrer Arbeit) zur Bestreitung ihrer Bedürfnisse nicht ausreichen (Anm. 4a zu § 1578). Diese Bestimmung erleidet aber eine Ausnahme, wenn die Voraussetzungen des § 1579 Abs. 1 auf Seite des schuldigen Mannes gegeben sind; in diesem Falle ist die Frau, solange sie Kapitalvermögen besitzt, ihrem früheren Manne gegenüber überhaupt nicht unterhaltsberechtigt (§ 1579 Abs. 2; P. IV, 524). Daß die geschiedene Frau dem Manne gegenüber nicht unterhaltspflichtig ist, solange dieser Kapitalvermögen besitzt, ergibt sich schon aus § 1578 Abs. 2 (vgl. Anm. 4b zu § 1578).

§ 1580.

Der Unterhalt ist durch Entrichtung einer Geldrente nach Maßgabe des § 760 zu gewähren. Ob, in welcher Art und für welchen Betrag der Unterhaltspflichtige Sicherheit zu leisten hat, bestimmt sich nach den Umständen.

Statt der Rente kann der Berechtigte eine Abfindung in Kapital verlangen, wenn ein wichtiger Grund vorliegt.

Im Uebrigen finden die für die Unterhaltspflicht der Verwandten geltenden Vorschriften der §§ 1607, 1610, des § 1611 Abs. 1, des § 1613 und für den Fall des Todes des Berechtigten die Vorschriften des § 1615 entsprechende Anwendung.

E. I, 1454 Abs. 1; II, 1474; III, 1561.

1. Form der Unterhaltsgewährung. Solange die Ehe besteht, ist der einem Ehegatten von dem anderen geschuldete Unterhalt in der durch die eheliche Lebensgemeinschaft gebotenen Weise und nur, wenn die Ehegatten getrennt leben, durch Entrichtung einer Geldrente zu gewähren (§§ 1360, 1361). Dagegen ist der Unterhalt dem geschiedenen Ehegatten mit Rücksicht auf die in Folge der Scheidung regelmäßig unter den Ehegatten entstehende Verfeindung und Entfremdung immer durch Entrichtung einer Geldrente zu leisten (M. IV, 618; Z.G. IV, 331; über die Form der Unterhaltsgewährung gegenüber Verwandten und unehelichen Kindern s. §§ 1612, 1710). Nach Vorschrift des für anwendbar erklärten § 760 ist diese Rente für drei Monate vorauszuzahlen. Hat der unterhaltsberechtigte Ehegatte den Beginn eines solchen Vierteljahres erlebt, so gebührt ihm der ganze Vierteljahrsbetrag (vgl. §§ 1612 Abs. 3, 1710 Abs. 2, 3). Nur aus wichtigen Gründen kann statt der Rente eine Kapitalsabfindung verlangt werden; ob ein solcher Grund vorliegt, entscheidet der Richter nach freiem Ermessen (Z.G. IV, 332; vgl. §§ 843 Abs. 3, 1714; der in der II. Komm. gestellte Antrag, das Abfindungsrecht auch dem verpflichteten Ehegatten zu gewähren, wurde abgelehnt (P. IV, 529 ff.).

2. Sicherheit für Erfüllung seiner Verpflichtungen zu leisten, ist der schuldige Ehegatte im Allgemeinen nicht verbunden, doch kann nach § 1580 Abs. 1 Satz 2 unter Umständen eine solche verlangt werden (vgl. Z.G. IV, 332). Ob die Umstände das Verlangen nach Sicherheitsleistung rechtfertigen und in welcher Form und Höhe in diesem Falle Sicherheit zu leisten ist, entscheidet der Richter nach freiem Ermessen (vgl. § 843 Abs. 2 Satz 2, § 7 Abs. 2 Satz 1 des Ges. v. 7. Juni 1871 in der durch E.G. Art. 42, III festgesetzten Fassung). Ist bei der Verurtheilung zur Entrichung der Geldrente nicht auf Sicherheitsleistung erkannt worden, so kann der unterhaltsberechtigte Ehegatte gleichwohl Sicherheit verlangen, wenn sich die Vermögensverhältnisse des Verpflichteten erheblich verschlechtert haben; unter der gleichen Voraussetzung kann er eine Erhöhung der in dem Urtheile bestimmten Sicherheit verlangen (C.P.O. § 324 n. Nr.; vgl. § 7 Abs. 3 des Ges. v. 7. Juni 1871 in der durch E.G. Art. 42, III festgesetzten Fassung).

3. Nach § 1580 Abs. 3 finden von den bezüglich der Unterhaltspflicht der Verwandten geltenden Bestimmungen (§§ 1601 ff.) auf die Unterhaltspflicht des geschiedenen Ehegatten Anwendung die Vorschriften

a) über Inanspruchnahme des subsidiär Unterhaltspflichtigen bei Unmöglichkeit oder erheblicher Erschwerung der Rechtsverfolgung gegen den zunächst Verpflichteten und über den Regreßanspruch des Ersteren gegen den Letzteren (§ 1607);

b) über Inhalt und Maß des zu gewährenden Unterhalts (§ 1610);

c) über die Beschränkung des Unterhaltsanspruchs auf die Gewährung des nothdürftigen Unterhalts bei Bedürftigkeit in Folge sittlichen Verschuldens (§ 1611 Abs. 1);

d) über die Verpflichtung zur Erfüllung der Unterhaltspflicht oder Schadensersatz wegen Nichterfüllung für die Vergangenheit (§ 1613);

e) über das Erlöschen des Unterhaltsanspruchs durch den Tod des Berechtigten und die Verpflichtung zur Tragung der Beerdigungskosten, soweit deren Bezahlung nicht von den Erben zu erlangen ist (§ 1615, M. IV, 619). Ueber das Erlöschen des Unterhaltsanspruchs durch Wiederverheirathung des geschiedenen unschuldigen Ehegatten s. § 1581. Daß die Unterhaltspflicht auf die Erben des geschiedenen schuldigen Ehegatten übergeht, ist im § 1582 (abweichend von § 1615) ausdrücklich bestimmt.

Nicht anwendbar auf die Unterhaltspflicht des geschiedenen Ehegatten sind die Vorschriften des § 1614 über die Unzulässigkeit des Verzichts auf den Unterhaltsanspruch für die Zukunft und über die beschränkte Wirksamkeit der Vorausleistung, da der Unterhaltsanspruch des geschiedenen Ehegatten keinen familienrechtlichen Charakter hat und sich nicht als die Kehrseite einer sittlichen Pflicht des andern Theils darstellt (M. IV, 619; Z.G. IV, 331 ff.).

§ 1581.

Die Unterhaltspflicht erlischt mit der Wiederverheirathung des Berechtigten.

Im Falle der Wiederverheirathung des Verpflichteten finden die Vorschriften des § 1604 entsprechende Anwendung.

E. I, 1454 Abs. 1, 2; II, 1475; III, 1562.

1. Mit Rücksicht darauf, daß durch die Schließung einer weiteren Ehe dem geschiedenen Ehegatten eine neue Quelle der Lebensversorgung eröffnet wird, läßt B.G.B. den Unterhaltsanspruch des geschiedenen Ehegatten mit dessen Wiederverheirathung endigen (M. IV, 619 ff.; Z.G. IV, 332). Dies gilt nicht nur, wenn die geschiedene Frau, sondern auch, wenn der geschiedene Mann eine neue Ehe eingeht. Schließt der unterhaltspflichtige geschiedene Ehegatte eine neue Ehe und hat er dem neuen Ehegatten gemäß §§ 1360, 1361 Unterhalt zu gewähren, so bestimmt sich seine Unterhaltspflicht gegenüber seinem früheren Ehegatten nach § 1579 Abs. 1 Satz 2, Abs. 2 und § 1581 Abs. 2 (s. Anm. 2 und 3).

2. Hat die allein für schuldig erklärte Frau sich wiederverheirathet, so bleibt dem nach § 1581 Abs. 2 für entsprechend anwendbar erklärten § 1604 Abs. 1 zufolge für die Beurtheilung der Frage, ob und in welchem Umfange die Frau zur Gewährung des Unterhalts gegenüber ihrem früheren Manne im Stande ist, die ihrem neuen Ehegatten bei dem ordentlichen gesetzlichen Güterstande gemäß § 1363 zustehende Verwaltung und Nutznießung an ihrem eingebrachten Gute außer Betracht (vgl. Anm. 1 zu § 1604).

3. Besteht in der neuen Ehe des allein für schuldig erklärten geschiedenen Ehegatten allgemeine Gütergemeinschaft, Errungenschafts- oder Fahrnißgemeinschaft, so ist es hinsichtlich der Frage, ob und in welchem Umfange er seinem früheren Ehegatten gegenüber unterhaltspflichtig ist, so anzusehen, als wäre er Eigenthümer des Gesammtguts (§§ 1438 ff., 1519 ff., 1549 ff.). Sind auch bedürftige Verwandte oder ist ein ohne sein Verschulden geschiedener Ehegatte des andern Ehegatten der neuen Ehe vorhanden und besteht in der neuen Ehe allgemeine Gütergemeinschaft, Errungenschafts- oder Fahrnißgemeinschaft, so wird es so angesehen, als ob die beiden Ehegatten der neuen Ehe eine Person wären, dieser das Gesammtgut gehörte und die unterhaltsbedürftigen Personen zu dieser Gesammtperson in dem Verhältnisse stünden, in welchem sie zu dem ihnen gegenüber an sich unterhaltspflichtigen Ehegatten der neuen Ehe stehen. Ist also die Ehe zwischen dem A und der B aus alleinigem Verschulden der B geschieden und hat sich diese unter Abschluß von Gütergemeinschaft mit C wiederverheirathet, der einen bedürftigen Großvater D hat, so kann A aus dem Gesammtgute gemäß § 1609 Abs. 2 Satz 2 vor D Unterhalt beanspruchen. War C früher mit der E verheirathet und ist diese Ehe aus alleinigem Verschulden des C geschieden worden, so können A und E aus dem Gesammtgute der Ehegatten B und C gleichmäßig Unterhalt beanspruchen (§ 1581 Abs. 2, § 1604 Abs. 2; vgl. Anm. 4 und 5 zu § 1604).

§ 1582.

Die Unterhaltspflicht erlischt nicht mit dem Tode des Verpflichteten.

Die Verpflichtung des Erben unterliegt nicht den Beschränkungen des § 1579. Der Berechtigte muß sich jedoch die Herabsetzung der Rente bis auf die Hälfte der Einkünfte gefallen lassen, die der Verpflichtete zur Zeit des Todes aus seinem Vermögen bezogen hat. Einkünfte aus einem Rechte, das mit dem Eintritt eines bestimmten Zeitpunkts oder Ereignisses erlischt, bleiben von dem Eintritte des Zeitpunkts oder des Ereignisses an außer Betracht.

Sind mehrere Berechtigte vorhanden, so kann der Erbe die Renten nach dem Verhältniß ihrer Höhe soweit herabsetzen, daß sie zusammen der Hälfte der Einkünfte gleichkommen.

E. I, 1454 Abs. 1; II, 1476; III, 1563.

1. Während nach E. I die Unterhaltspflicht des geschiedenen Ehegatten mit dessen Tod erlöschen sollte, läßt sie B.G.B. auf dessen Erben übergehen mit Rücksicht darauf, daß infolge der Scheidung das gesetzliche Erbrecht des unschuldigen Ehegatten in Wegfall kommt (§ 1931 ff.; vgl. M. IV, 619; Z.G. IV, 332; P. IV, 525 ff.; D. 217; s. dagegen § 1615 Abs. 1).

2. Nach § 1582 Abs. 2 erleidet aber die Unterhaltspflicht des Erben des schuldigen Ehegatten eine Einschränkung. Zwar ist der Erbe nicht (wie der unterhaltspflichtige Ehegatte selbst) berechtigt, von den zu seinem Unterhalte verfügbaren Einkünften, falls er bei Berücksichtigung seiner sonstigen Verpflichtungen außer Stande ist, ohne Gefährdung seines standesmäßigen Unterhalts dem anderen Ehegatten Unterhalt zu gewähren, zwei Drittheile, eventuell soviel, als zur Bestreitung seines nothdürftigen Unterhalts erforderlich ist, zurückzubehalten (§ 1579). Dafür ist ihm aber die Befugniß eingeräumt, die zu zahlende Rente, gleichviel in welcher Höhe sie von dem schuldigen Ehegatten selbst entrichtet worden ist, bis auf die Hälfte der von demselben zur Zeit seines Todes aus seinem Vermögen (nicht aus dem Ertrag seiner Arbeit!) bezogenen Einkünfte herabzusetzen. Fällt ein Theil dieser Einkünfte mit dem Eintritt eines bestimmten Zeitpunkts oder Ereignisses weg (was z. B. bei Autorrechten der Fall ist), so beschränkt sich von da ab die Verpflichtung des Erben auf die Zahlung einer Rente, welche die Hälfte der von dem Erblasser aus seinem Vermögen zuletzt bezogenen Einkünfte ohne den in Wegfall gekommenen Einkommenstheil beträgt (P. IV, 528; P.M. 8656).

3. Das durch § 1582 Abs. 2 Satz 2 den Erben gewährte Reduktionsrecht wird auch durch den Umstand nicht geschmälert, daß mehrere unterhaltsberechtigte geschiedene Ehegatten des Erblassers vorhanden sind. In diesem Falle kann der Erbe die Renten nach dem Verhältniß ihrer Höhe soweit herabsetzen, daß sie insgesammt der Hälfte der vom Erblasser aus seinem Vermögen zuletzt bezogenen Einkünfte gleichkommen, während die andere Hälfte dem Erben verbleibt (P. IV, 526; P.M. 8656).

4. Die Haftung mehrerer Erben für Entrichtung der Unterhaltsrente bestimmt sich nach den Grundsätzen der §§ 2058 ff.

§ 1583.

Ist die Ehe wegen Geisteskrankheit eines Ehegatten geschieden, so hat ihm der andere Ehegatte Unterhalt in gleicher Weise zu gewähren wie ein allein für schuldig erklärter Ehegatte.

E. II, 1477; III, 1564.

Da bei der nach § 1569 zulässigen Scheidung wegen Geisteskrankheit ein schuldiger Theil nicht vorhanden ist, war für diesen Fall eine besondere Bestimmung über die Unterhaltspflicht erforderlich. Diese trifft § 1583 dahin, daß der Ehegatte, welcher die Scheidung wegen Geisteskrankheit erwirkt hat, hinsichtlich der Unterhaltspflicht einem allein für schuldig erklärten Ehegatten gleichsteht. Seine Unterhaltspflicht bemißt sich also nach den §§ 1578 ff., während er selbst dem geisteskranken Ehegatten gegenüber keinerlei Unterhaltsanspruch hat (P. IV, 532; vgl. §§ 1478, 1549).

§ 1584.

Ist ein Ehegatte allein für schuldig erklärt, so kann der andere Ehegatte Schenkungen, die er ihm während des Brautstandes oder während der Ehe gemacht hat, widerrufen. Die Vorschriften des § 531 finden Anwendung.

Der Widerruf ist ausgeschlossen, wenn seit der Rechtskraft des Scheidungsurtheils ein Jahr verstrichen oder wenn der Schenker oder der Beschenkte gestorben ist.

E. I, 1453; II, 1471; III, 1565.

1. Bisheriges Recht. Nach Gem. R. sind Schenkungen unter Ehegatten, von gewissen Ausnahmen abgesehen, nichtig, werden aber gültig, wenn der Schenker, ohne die Schenkung widerrufen zu haben, vor dem Beschenkten in der Ehe stirbt (Dernburg, Pand. Bd. 3 § 24; über das in Deutschland nicht rezipirte Institut der donatio propter nuptias s. Dernburg a. a. O. § 25).

Nach B.L.R. (Thl. I cap. 6 § 31) sind Schenkungen unter Ehegatten ungültig (Samml. v. Entsch. d. bayr. Oberst. L.G. Bd. 7 S. 20 ff.), ausgenommen, wenn weder aus dieser, noch aus voriger Ehe ein Kind vorhanden oder die Schenkung durch Vorabsterben des schenkenden Theils bestätigt ist (vgl. Thl. I cap. 6 § 36 Ziff. 6). In beiden Ausnahmsfällen wird aber zur Gültigkeit der Schenkung erfordert, daß sie mittelst wirklicher Uebergabe zu Stande gekommen, vor dem Tod nicht widerrufen (s. Thl. III cap. 8 § 13), ferner, wenn sie mehr als 1000 Gulden beträgt, vor der ordentlichen Obrigkeit insinuirt (s. Thl. III cap. 8 § 7, bayr. Notariatsgesetz v. 10. Nov. 1861 Art. 16) und kein Kind mehr aus dieser Ehe nach der

Schenkung erzeugt worden ist. Nach Thl. I cap. 6 § 33 Ziff. 4 kann sich überdies kein Ehegatte die ihm von dem andern Ehegatten gemachten Schenkungen zueignen, solange nicht dessen Schulden völlig getilgt sind (vgl. hiezu Bl. f. R.A. XLI, 289 ff.). Der Widerruf kann nach Thl. I cap. 6 § 31 Ziff. 8 auch stillschweigend geschehen, z. B. durch die Ehescheidung, „soviel nämlich die Schenkung betrifft, welche der Unschuldige dem Schuldigen gemacht hat" (Kreittmayr, Anm. Ziff. 8). Thl. I cap. 6 § 43 Ziff. 2 bestimmt ferner, daß die Ehefrau, wenn sie Schuld an der Scheidung trägt, Alles verliert, was ihr von dem Manne vor und während der Ehe geschenkt worden ist (Kreittmayr, Anm. hiezu Ziff. 2, aber auch Ziff. 1). Vgl. auch noch Thl. I cap. 6 §§ 44 Ziff. 3, 47 Ziff. 1, 3, 48.

Ueber andere Rechte s. M. IV, 612.

2. Das B.G.B. hat das Verbot der Schenkungen unter Ehegatten beseitigt und dieselben im Allgemeinen den übrigen Schenkungen gleichgestellt (M. IV, 114). Es gelten daher auch für Schenkungen unter Ehegatten die Vorschriften der §§ 516 ff., insbesondere §§ 530, 534, wonach Schenkungen, außer solchen, durch welche einer sittlichen Pflicht oder einer auf den Anstand zu nehmenden Rücksicht entsprochen wird, widerrufen werden können, wenn sich der Beschenkte durch eine schwere Verfehlung gegen den Schenker oder einen nahen Angehörigen desselben groben Undankes schuldig macht. Ueber den Wegfall des Widerrufsrechts in Folge Verzeihung, Fristablaufs und Verzichts s. §§ 532, 533. Abgesehen von diesem für alle Schenkungen geltenden Widerrufsrecht statuirt § 1584 aus Billigkeitsgründen zu Gunsten des wegen alleinigen Verschuldens des andern Theils geschiedenen Ehegatten ein weiteres Widerrufsrecht bezüglich aller von ihm während des Brautstands oder der Ehe dem andern Ehegatten gemachten Schenkungen (M. IV, 612 ff.; Z.G. IV, 326; P. IV, 438). Ueber den Begriff der Verlobung s. Ziff. 1 der Vorbem. zum 1. Titel des 1. Abschn. dieses Buchs.

3. Sind beide Ehegatten für schuldig erklärt worden (§ 1574 Abs. 2, 3), so steht das Recht des Widerrufs der gemachten Schenkungen keinem von ihnen zu. Bei Scheidung wegen Geisteskrankheit (§ 1569) findet ein Schuldausspruch nicht statt, daher ist auch § 1584 in diesem Falle nicht anwendbar. Eine Gleichstellung des wegen Geisteskrankheit des andern Theils geschiedenen Ehegatten mit dem allein für schuldig erklärten Ehegatten hat das Gesetz hier nicht ausgesprochen (vgl. dagegen §§ 1583, 1478, 1549).

4. Nach dem durch § 1584 Abs. 1 Satz 2 für anwendbar erklärten § 531 erfolgt der Widerruf durch (formlose) Erklärung gegenüber dem Beschenkten. Nach erfolgtem Widerruf kann von dem Schenker oder dessen Erben die Herausgabe der Geschenke nach den Vorschriften über die Herausgabe einer ungerechtfertigten Bereicherung (§§ 812 ff.) gefordert werden (P. IV, 438).

5. Das Widerrufsrecht des geschiedenen Ehegatten ist höchst persönlicher Natur und daher weder aktiv noch passiv vererblich. Außerdem erlischt dasselbe nach Ablauf eines Jahres von der Rechtskraft des Scheidungsurtheils ab (§ 1584 Abs. 2, vgl. § 532). Ueber die Berechnung der einjährigen Frist s. §§ 187 Abs. 1, 188 Abs. 2.

6. Schenkungen im Sinne des § 1584 sind lediglich die Schenkungen unter Lebenden (§ 516) und die denselben gemäß § 2301 Abs. 2 gleichgestellten Schenkungen von Todeswegen (M. IV, 613). Ueber den Einfluß der Scheidung bez. der Erhebung der Scheidungsklage auf die Gültigkeit letztwilliger Verfügungen zu Gunsten eines Ehegatten s. §§ 2077, 2268, 2279.

7. Die Bestimmungen des § 1584 finden auch Anwendung, wenn statt auf Scheidung auf Aufhebung der ehelichen Gemeinschaft (§ 1575) erkannt worden ist (Anm. 3 zu § 1586).

8. Ueber den Anspruch aus Herausgabe von Geschenken unter Verlobten bei Unterbleiben der Eheschließung s. § 1301.

§ 1585.

Hat der Mann einem gemeinschaftlichen Kinde Unterhalt zu gewähren, so ist die Frau verpflichtet, ihm aus den Einkünften ihres Vermögens und dem Ertrag ihrer Arbeit oder eines von ihr selbständig betriebenen Erwerbsgeschäfts einen angemessenen Beitrag zu den Kosten des Unterhalts zu leisten, soweit nicht diese durch die dem Manne an dem Vermögen des Kindes zustehende Nutznießung gedeckt werden. Der Anspruch des Mannes ist nicht übertragbar.

Steht der Frau die Sorge für die Person des Kindes zu und ist eine erhebliche Gefährdung des Unterhalts des Kindes zu besorgen, so kann die Frau den Beitrag zur eigenen Verwendung für den Unterhalt des Kindes zurückbehalten.

E. I, 1458; II, 1481; III, 1566.

1. Wie das Gem. R. (Bl. f. R.A. LVII, 271 ff.; Samml. v. E. d. bayr. Obersten L.G. Bd. 7 S. 28 ff.; R.G.E. in C.S. VIII, 184 ff., XVIII, 186 ff.; S.A. Bd. 8 Nr. 269, Bd. 42 Nr. 300) und das B.L.R. (Kreittmayr, Anm. zu Thl. I cap. 6 § 43 Ziff. 1 „achtens", Bl. f. R.A. LVII, 271 ff.) geht auch das B.G.B. von dem Grundsatz aus, daß die Unterhaltspflicht der Eltern gegenüber den Kindern, weil nicht auf der Ehe, sondern auf der Verwandtschaft beruhend, durch die Scheidung keine Aenderung erleidet (M. IV, 628; D. 218). Es haftet also nach § 1606 Abs. 2 Satz 2 auch nach der Scheidung der Vater vor der Mutter, es sei denn, daß ihr die Nutznießung am Vermögen des Kindes zusteht (s. §§ 1649, 1678, 1684—1686). Ob die Sorge für die Person des Kindes dem Vater oder der Mutter zusteht (§ 1635), macht hiebei keinen Unterschied (M. IV, 628). Da aber in Folge der Scheidung der Betrag in Wegfall kommt, den die Ehefrau in Folge des dem Manne beim ordentlichen gesetzlichen Güterstand zustehenden Nutznießungsrechts an ihrem eingebrachten Vermögen (§ 1363) zur Bestreitung der ehelichen Lasten leistet (vgl. § 1427 Abs. 2), hat das Gesetz im Anschluß an verwandte Bestimmungen des P.L.R. die Ehefrau im Falle der Scheidung, gleichviel, ob sie für schuldig erklärt worden ist oder nicht, für verpflichtet erklärt, zum Unterhalte der aus der geschiedenen Ehe stammenden Kinder einen angemessenen Beitrag zu leisten, jedoch nicht aus ihrem Kapitalvermögen, sondern nur aus dessen Einkünften, eventuell, falls nach den Verhältnissen, in denen die Ehegatten gelebt haben, Erwerb durch Arbeit der Frau üblich ist (vgl. § 1578 Abs. 1), aus dem Ertrag ihrer Arbeit oder, falls sie selbständig ein Erwerbsgeschäft betreibt, aus dessen Erträgnissen.

2. Voraussetzung dieser Beitragspflicht der Frau ist, daß die Kosten des Unterhalts des Kindes nicht schon durch die dem Manne gemäß § 1649 an dessen Vermögen zustehende Nutznießung gedeckt werden. (Nach E. I sollte die Beitragspflicht der Frau überhaupt wegfallen, wenn dem Ehemann die Nutznießung am Vermögen des Kindes zusteht, M. IV, 629 ff.; Z.G. IV, 335; P. IV, 450; vgl. § 1606 Abs. 2 Satz 2). Reichen die Einkünfte des der väterlichen Nutznießung nicht unterliegenden („freien") Vermögens des Kindes (§§ 1650, 1651) zu seinem Unterhalt aus, so ist das Kind überhaupt nicht unterhaltsberechtigt (§ 1602). Es entfällt daher natürlich auch die Beitragspflicht der Mutter (M. IV, 630).

3. Die Höhe des von der Frau zu leistenden Beitrags hat der Richter unter Berücksichtigung aller einschlägigen Verhältnisse nach freiem Ermessen festzusetzen.

4. Der Anspruch auf Beitragsleistung gemäß § 1585 steht nicht dem Kinde, sondern dem Manne zu und ist seiner höchst persönlichen Natur entsprechend nicht übertragbar (§ 1585 Abs. 1 Satz 2). Es ist daher auch nicht pfändbar (C.P.O. § 851 Abs. 1 n. Nr.) und gehört nicht zur Konkursmasse (K.O. § 1 Abs. 1 n. Nr.); an demselben kann weder Nießbrauch noch Pfandrecht bestellt werden, auch findet diesem Anspruch gegenüber Aufrechnung nicht statt (§§ 1069 Abs. 2, 1274 Abs. 2, 394 Satz 1).

5. Unterläßt es der Mann, seinen Anspruch auf Beitragsleistung der Frau gegenüber geltend zu machen, so wird hiedurch das Recht des Kindes, die Mutter als subsidiär unterhaltspflichtig gemäß §§ 1606, 1607 direkt in Anspruch zu nehmen, selbstverständlich nicht berührt (vgl. M. IV, 630).

6. Welchem der Ehegatten nach der Scheidung die Sorge für die Person des Kindes, insbesondere das Erziehungsrecht zusteht, ist im § 1635 bestimmt. Steht dieser Vorschrift zufolge die Sorge für die Person des Kindes der Frau zu, so ist sie gemäß § 1585 Abs. 2 berechtigt, falls bei Erfüllung ihrer Beitragspflicht eine erhebliche Gefährdung des Unterhalts des Kindes zu besorgen wäre, die fragliche Summe zurückzubehalten und nach eigenem Ermessen zum Unterhalt des Kindes zu verwenden (P. IV, 450 ff.; vgl. § 1428).

7. Soweit durch § 1585 abweichende Bestimmungen nicht getroffen sind, finden auf die Unterhaltspflicht des geschiedenen Ehegatten gegenüber einem gemeinschaftlichen Kinde die allgemeinen Vorschriften über die Unterhaltspflicht gegenüber Verwandten (§§ 1601 ff.) Anwendung. Dies gilt insbesondere von der Art der Gewährung des Unterhalts (§ 1612; vgl. M. IV, 630).

8. Die Vorschriften des § 1585 finden auch Anwendung, wenn gemäß § 1575 statt auf Scheidung auf Aufhebung der ehelichen Gemeinschaft erkannt worden ist (Anm. 3 zu § 1586).

9. Für die Dauer eines Rechtsstreits, welcher Scheidung, Nichtigkeit oder Anfechtbarkeit der Ehe zum Gegenstande hat, kann das Prozeßgericht durch einstweilige Verfügung die Unterhaltspflicht der Ehegatten den Kindern gegenüber im Verhältnisse der Ehegatten zu einander regeln. Von einer solchen Verfügung hat das Prozeßgericht dem Vormundschaftsgerichte Mittheilung zu machen, wenn ein gemeinschaftliches minderjähriges Kind der Ehegatten vorhanden ist (C.P.O. § 627 n. Nr.).

§ 1586.

Wird nach § 1575 die eheliche Gemeinschaft aufgehoben, so treten die mit der Scheidung verbundenen Wirkungen ein; die Eingehung einer neuen Ehe ist jedoch ausgeschlossen. Die Vorschriften über die Nichtigkeit und Anfechtbarkeit der Ehe finden Anwendung, wie wenn das Urtheil nicht ergangen wäre.

1. Nach § 1575 kann statt auf Scheidung auf Aufhebung der ehelichen Gemeinschaft geklagt werden. Die rechtliche Bedeutung eines die Aufhebung der ehelichen Gemeinschaft aussprechenden Urtheils besteht nach § 1586 darin, daß „die mit der Scheidung verbundenen Wirkungen eintreten". Diese Ausdrucksweise ist ungenau, da die unmittelbarste und wichtigste Wirkung der Scheidung, die Auflösung der Ehe, nicht mit der Aufhebung der ehelichen Gemeinschaft verbunden ist. Die Richtigkeit dieser Anschauung könnte nach dem Wortlaute des § 1586 zweifelhaft erscheinen, ergibt sich aber aus folgenden Erwägungen:

a) Wenn das Gesetz von „Aufhebung der ehelichen Gemeinschaft" spricht, so folgt schon aus dieser Ausdrucksweise, daß in diesem Falle nicht die Ehe selbst, sondern nur die eheliche Gemeinschaft aufgehoben sein soll.

b) Nach § 1587 fallen die mit der Aufhebung der ehelichen Gemeinschaft verbundenen Wirkungen weg, wenn die eheliche Gemeinschaft nach der Aufhebung wiederhergestellt wird, was ohne jede Förmlichkeit geschehen kann (Anm. 1 zu § 1587). Dies wäre undenkbar, wenn die Aufhebung der ehelichen Gemeinschaft die Auflösung der Ehe bewirken würde, weil eine aufgelöste, also nicht mehr bestehende Ehe, nur unter Beobachtung der Förmlichkeiten des § 1317 wieder zu einer Ehe im Rechtssinne werden kann.

c) Im § 55 Abs. 1 des Personenstandsgesetzes in der durch E.G. Art. 46 II festgesetzten Fassung wird die Auflösung der Ehe der Aufhebung der ehelichen Gemeinschaft ausdrücklich gegenübergestellt. Der Bericht der Reichstagskommission bezeichnet dies als eine „Folge aus den Beschlüssen der Kommission zu § 1557a (jetzt § 1575) B.G.B." (R.T.K. 165).

d) Endlich spricht für die hier vertretene Anschauung die Entstehungsgeschichte der fraglichen Vorschriften, die gerade um deßwillen Aufnahme in das B.G.B. gefunden haben, weil man den an der Lehre ihrer Kirche festhaltenden Katholiken die Möglichkeit gewähren wollte, den Nachtheilen einer unerträglich gewordenen Ehe zu entgehen, ohne die nach der Lehre der katholischen Kirche unzulässige Lösung des Ehebandes verlangen zu müssen (R.T.K. 119 ff.; vgl. auch P. IV, 394 ff.).

2. Von den Konsequenzen der Thatsache, daß trotz Aufhebung der ehelichen Gemeinschaft das Band der Ehe fortbesteht, hebt das Gesetz zwei als besonders wichtig hervor:

a) Beiden Ehegatten ist nicht gestattet, eine anderweitige Ehe einzugehen. Eine solche Ehe wäre nach §§ 1309, 1326 nichtig und eventuell als Bigamie nach St.G.B. § 171 strafbar (s. aber §§ 1575 Abs. 1 Satz 2, 1576 Abs. 1).

b) Die Vorschriften über Nichtigkeit und Anfechtbarkeit der Ehe (§ 1323 ff.) finden Anwendung, als wäre das Urtheil nicht ergangen. Es treten also die hinsichtlich der Nichtigkeit und Anfechtbarkeit einer Ehe an die Auflösung derselben geknüpften Rechtsfolgen (§§ 1325 Abs. 2 Satz 1, 1329, 1338, 1341 Abs. 2 Satz 2, 1343 Abs. 2, 1345) nicht ein, wenn lediglich die eheliche Gemeinschaft aufgehoben worden ist.

3. Abgesehen von dem Fortbestande der Ehe und den sich hieraus ergebenden Konsequenzen hat das die Aufhebung der ehelichen Gemeinschaft aussprechende Urtheil dieselben Rechtswirkungen wie das Scheidungsurtheil. Dies gilt nicht nur bezüglich der in diesem Titel aufgezählten Wirkungen der Scheidung (§§ 1575 bis 1585), sondern bezüglich aller an die Scheidung als solche geknüpften Rechtsfolgen (§§ 1478, 1608 Abs. 2, 1609 Abs. 2 Satz 2, 1635). Soweit dagegen das Gesetz gewisse Rechtsfolgen mit der Auflösung der Ehe verbindet, treten dieselben bei Aufhebung der ehelichen Gemeinschaft nicht ein, da diese im Gegensatz zur Scheidung die Auflösung der Ehe nicht bewirkt (vgl. insbesondere §§ 1593, 1684 Abs. 1 Nr. 2, 1685 Abs. 2 Satz 1, 2077 Abs. 1 Satz 1, s. aber auch Satz 2; anderer Ansicht anscheinend Achilles, B.G.B. Note 1 zu § 1586). Die Bestimmungen der §§ 1746 Abs. 1, 1783 finden daher auch im Falle der Aufhebung der ehelichen Gemeinschaft Anwendung (Anm. 1 zu § 1746, Anm. 2 zu § 1783).

§ 1587.

Wird die eheliche Gemeinschaft nach der Aufhebung wiederhergestellt, so fallen die mit der Aufhebung verbundenen Wirkungen weg und tritt Gütertrennung ein.

1. Die Rechtswirkungen der Aufhebung der ehelichen Gemeinschaft (Anm. 3 zu § 1586) kommen in Wegfall, wenn die eheliche Gemeinschaft wiederhergestellt wird. Diese Wiederherstellung kann ohne jede Förmlichkeit erfolgen. Der in der Reichstagskommission gestellte Antrag, den Wegfall der fraglichen Wirkungen erst mit der Anzeige der Wiederaufnahme des ehelichen Lebens an das Standesamt eintreten zu lassen, wurde abgelehnt (R.T.K. 121 ff.). Ob im einzelnen Falle die eheliche Gemeinschaft als wiederhergestellt anzusehen ist, hat der Richter nach freiem Ermessen zu entscheiden.

2. Die gemäß § 1587 mit der Wiederherstellung der ehelichen Gemeinschaft verbundene Rechtswirkung tritt nur für die Zukunft ein, da das Gesetz der Wiederherstellung der ehelichen Gemeinschaft rückwirkende Kraft nicht beigelegt hat. Es ist also, wenn die eheliche Gemeinschaft wiederhergestellt wird, nicht so anzusehen, als wäre dieselbe niemals aufgehoben gewesen, was insbesondere in güterrechtlicher Beziehung nicht ohne praktische Bedeutung ist.

3. Von der Wiederherstellung der ehelichen Gemeinschaft ab steht die Ehe wieder unter den allgemeinen Vorschriften. Die Frau, die gemäß § 1577 Abs. 2 ihren Mädchennamen angenommen hat, erhält kraft Gesetzes den Namen ihres Mannes wieder (§ 1355). Die gegenseitige Unterhaltspflicht der Ehegatten bestimmt sich von nun ab nicht mehr nach §§ 1578 ff., sondern nach §§ 1360, 1361, hinsichtlich der Sorge für die Person eines gemeinschaftlichen Kindes ist nicht mehr § 1635, sondern §§ 1631 ff. maßgebend u. s. w. Hievon gilt nur eine Ausnahme: ohne Rücksicht darauf nämlich, in welchem Güterstande die Ehegatten vor der Aufhebung der ehelichen Gemeinschaft gelebt haben, tritt von der Wiederherstellung derselben ab Gütertrennung (§§ 1426 ff.) ein (R.T.K. 121 ff.). Selbstverständlich sind aber die Ehegatten nicht gehindert, auch nach Wiederherstellung der ehelichen Gemeinschaft ihre Güterrechtsverhältnisse vertragsmäßig anderweitig zu regeln, soweit dies überhaupt gesetzlich zulässig ist (§§ 1432 ff.).

4. Die Wiederherstellung der ehelichen Gemeinschaft nach Erlassung des die Aufhebung derselben aussprechenden Urtheils hat nach § 1576 Abs. 1 die weitere Wirkung, daß hiedurch das Recht der beiden Ehegatten, auf Grund des ergangenen Urtheils Scheidung zu beantragen, in Wegfall kommt.

5. Nach Personenstandsgesetz § 55 Abs. 2 in der durch E.G. Art. 46 II festgesetzten Fassung soll, wenn die eheliche Gemeinschaft nach der Aufhebung wiederhergestellt wird, dies auf Antrag im standesamtlichen Heirathsregister am Rande vermerkt werden (R.T.K. 122, 165).

Achter Titel.

Kirchliche Verpflichtungen.

§ 1588.

Die kirchlichen Verpflichtungen in Ansehung der Ehe werden durch die Vorschriften dieses Abschnitts nicht berührt.

Das Personenstandsgesetz vom 6. Februar 1875 enthält im § 82 (der durch E.G. Art. 46 keine Aenderung erlitten hat), die Bestimmung, daß die kirchlichen Verpflichtungen in Beziehung auf Taufe und Trauung durch dieses Gesetz nicht berührt werden (sogen. „Kaiserparagraph"; vgl. Sicherer, Personenst. u. Eheschließung S. 486 ff.). Auf ähnlichen Erwägungen beruht die durch die Reichstagskommission eingefügte Vorschrift des § 1588 B.G.B. Durch dieselbe ist zum Ausdruck gebracht (was sich übrigens schon aus der Ueberschrift des 1. Abschnitts dieses Buches: „Bürgerliche Ehe" ergibt; vgl. Anm. * hiezu), daß das B.G.B. nur die bürgerliche Seite der Ehe regelt, während es sich mit der kirchlichen Seite derselben überhaupt nicht befaßt (vgl. Jacobi, das pers. Eherecht S. 88 ff.). Inwieweit die Erfüllung der kirchlichen Verpflichtungen auch durch kirchliche Zwangsmittel gesichert werden darf, bestimmt sich nach dem Staatsrecht und Kirchenstaatsrechte der einzelnen Bundesstaaten (Sicherer, Pers. u. Eheschl. S. 487). Für Bayern vgl. II. Verf.Beil. §§ 41, 42, 71. Außerhalb des Bereichs des B.G.B. liegt auch die Frage, ob von Seite der Staatsgewalt z. B. im Disziplinarwege gegen Beamte oder Offiziere die nachfolgende kirchliche Trauung oder Einsegnung gefordert und erzwungen werden kann.

Familienrecht.

Verwandtschaft und Vormundschaft.

Erläutert

von

Dr. Theodor Engelmann.

Zweiter Abschnitt.

Verwandtschaft.

Erster Titel.

Allgemeine Vorschriften.

§ 1589.

Personen, deren eine von der anderen abstammt, sind in gerader Linie verwandt. Personen, die nicht in gerader Linie verwandt sind, aber von derselben dritten Person abstammen, sind in der Seitenlinie verwandt. Der Grad der Verwandtschaft bestimmt sich nach der Zahl der sie vermittelnden Geburten.

Ein uneheliches Kind und dessen Vater gelten nicht als verwandt.

E. I, 30, 31; II, 15; III, 1567.

1. Die im § 1589 Abs. 1 Satz 1 und 2 enthaltene Begriffsbestimmung der Verwandtschaft in der geraden und Seitenlinie entspricht im Wesentlichen dem bisher geltenden Recht (Dernburg, Pand. Bd. 3 §§ 2, 3; B.L.R. Thl. I cap. 4 § 5; M. I, 65). E. I (§ 30 Abs. 2) enthielt bezüglich der Seitenverwandten die weitere Bestimmung, daß dieselben vollbürtige seien, wenn sie von demselben Elternpaare abstammen, halbbürtige, wenn sie nur einen gemeinsamen Stammvater oder eine gemeinsame Stammmutter haben. Durch die II. Komm. wurde diese Vorschrift als überflüssig beseitigt, da das Gesetz beide Arten von Seitenverwandten gleich behandelt (P. I, 35; vgl. § 1310 Abs. 1). Für mehrfache Verwandtschaft gilt nichts Besonderes (M. I, 65; s. § 1927).

2. Hinsichtlich der Berechnung der Verwandtschaftsgrade schließt sich das B.G.B. dem Gem. R., nicht dem kanonischen Rechte an (welch letzteres in der Seitenlinie nur bis zum gemeinsamen Stammvater hinaufzählt, vgl. Dernburg, Pand. Bd. 3 § 3; B.L.R. Thl. I cap. 4 § 5 Ziff. 10—13; M. I, 66 ff.). Nach E. I sollte die Zahl der das Verwandtschaftsverhältniß begründenden Zeugungen maßgebend sein. Vgl. hiezu Z.G. I, 61; P. I, 35 ff. Geschwister sind also im zweiten Grad, Onkel und Neffe im dritten Grad, Kinder von Geschwistern im vierten Grad verwandt.

3. Insoweit Kinder aus nichtigen oder anfechtbaren Ehen gemäß § 1699 als eheliche zu betrachten sind, gelten die durch eine derartige Abstammung verbundenen Personen auch als verwandt im Sinne des B.G.B. Durch Legitimation erlangt ein uneheliches Kind die rechtliche Stellung eines ehelichen Kindes (§§ 1719, 1736). Durch Annahme an Kindesstatt erlangt ein Kind die rechtliche Stellung eines ehelichen Kindes des Annehmenden bezw. seines Ehegatten (§ 1757). Demgemäß erhalten die Personen, auf welche sich die Wirkungen der Legitimation und Annahme an Kindesstatt erstrecken (vgl. §§ 1719, 1722, 1736, 1737 Abs. 1 Satz 1, 1762, 1763 Satz 1), auch die rechtliche Stellung von Verwandten, soweit das Gesetz nicht besondere Bestimmungen enthält (vgl. z. B. §§ 1311, 1759; M. I, 66 ff.).

4. Das uneheliche Kind hat zwar im Verhältniß zur Mutter und deren Verwandten die rechtliche Stellung eines ehelichen Kindes (§ 1795), gilt aber nicht als verwandt mit seinem Vater. Die Entwürfe I bis III stellten das Vorhandensein von Verwandtschaft zwischen dem unehelichen Kind und seinem Vater überhaupt in Abrede. Mit Rücksicht auf die nicht zu bestreitende natürliche Verwandtschaft zwischen Beiden wurde jedoch von der Redaktionskommission des Reichstags die nunmehrige, weniger schroffe Fassung gewählt. Der in der Reichstagskommission und im Reichstag gestellte

Antrag, diese Bestimmung zu streichen und damit die Gleichstellung der unehelichen und ehelichen Kinder auch im Verhältniß zum Vater und dessen Verwandten anzuerkennen, wurde abgelehnt (M. I, 65; Z.G. IV, 428 ff., VI, 636 ff.; P. I, 35; R.T.K. 141 ff.; St.B. 251 ff.; s. auch Vorb. zum 6. Tit. dieses Abschnitts). Der Begriff des unehelichen Kindes ergibt sich aus der im § 1591 enthaltenen Begriffsbestimmung des ehelichen Kindes (s. auch § 1699). Gemäß § 1589 Abs. 2 gilt das uneheliche Kind auch nicht als verwandt mit den Verwandten seines Vaters. Es gelten daher uneheliche Kinder nur als halbbürtige Geschwister, auch wenn sie Vater und Mutter gemeinsam haben, und, falls sie von demselben Vater, aber verschiedenen Müttern abstammen, überhaupt nicht als verwandt. Aus dem gleichen Grund ist der Vater des unehelichen Vaters nicht Großvater im Sinne des § 1776 Abs. 1 Nr. 3 und daher zur Vormundschaft über das Kind nicht berufen.

Von dem Grundsatze, daß das uneheliche Kind und dessen Vater nicht als verwandt gelten, macht das Gesetz eine Ausnahme in dreifacher Richtung:

a) Das Ehehinderniß der Verwandtschaft greift auch Platz zwischen einem unehelichen Kind und dessen Abkömmlingen einerseits und dem Vater und dessen Verwandten andererseits (§ 1310 Abs. 3). In dieser Beziehung gelten daher auch uneheliche Kinder desselben Vaters, aber verschiedener Mütter als halbbürtige Geschwister (Anm. 8 zu § 1310).
b) Der uneheliche Vater ist nach Maßgabe der §§ 1708 ff. verpflichtet, dem Kinde Unterhalt zu gewähren.
c) Die uneheliche Vaterschaft ist von Bedeutung für die Frage der Legitimation des Kindes (§§ 1719, 1723).

5. Die Verwandtschaft ist von rechtlicher Bedeutung insbesondere als Voraussetzung des gesetzlichen Erbrechts (§§ 1924 ff.), als Ehehinderniß (§§ 1310, 1324), sowie als Grund der Berufung zur Vormundschaft (§ 1776), s. ferner §§ 1308 Abs. 2 Satz 1, 1318 Abs. 2 Satz 2, 1673 Abs. 2 Satz 1, 1779 Abs. 2 Satz 2, 1795 Abs. 1 Nr. 1 und 3, 1796 Abs. 2 (vgl. § 1630 Abs. 2 Satz 1), 1847, 1859 Abs. 1, 1862 Abs. 1 Satz 2, 1867, 2234 Nr. 2, 2235 Abs. 1, 2236, 2244 Abs. 1 Satz 2, 2249 Abs. 1 Satz 3, 2250 Abs. 2 Satz 2, 2251, 2276 Abs. 1 Satz 2, 2290 Abs. 4, 2346 Abs. 1 Satz 1, E.G. Art. 149 Abs. 2).

6. Soweit im Gerichtsverfassungsgesetze, der Civilprozeßordnung, der Strafprozeßordnung, der Konkursordnung und dem Anfechtungsgesetz vom 21. Juli 1879 an die Verwandtschaft rechtliche Folgen geknüpft sind, finden gemäß E.G. Art. 33 die Vorschriften des B.G.B. über Verwandtschaft Anwendung (vgl. P.M. 9121 ff.). Das Gleiche muß wohl auch gelten hinsichtlich der nach dem B.G.B. erlassenen Reichsgesetze, insbesondere des Ges. über die Angelegenheiten der freiw. Gerichtsbarkeit vom 17. Mai 1898 (s. § 6 Abs. 1 Nr. 3, § 57 Abs. 1 Nr. 1, 3, 4, 5, 8, § 170 Nr. 3, 4, § 171 Abs. 1 Ziff. 2, § 172, § 180, § 198 Abs. 2 dieses Gesetzes), sowie hinsichtlich der durch das E.G. abgeänderten Reichsgesetze (vgl. z. B. § 7a Abs. 2 Satz 2 des G. v. 4. Mai 1870 in der durch E.G. Art. 40 II festgesetzten Fassung). Sind dagegen in einem anderen Reichsgesetz oder in einem Landesgesetz an die Verwandtschaft Rechtsfolgen geknüpft (vgl. z. B. St.G.B. §§ 52 Abs. 2, 173 Abs. 1, 215), so kann die Entscheidung der Frage, ob im einzelnen Falle Verwandtschaft als vorhanden anzunehmen ist, nicht aus dem B.G.B., sondern nur aus dem fraglichen Gesetze selbst entnommen werden (vgl. M. z. E.G. 69 ff.). Ebensowenig greifen natürlich die Vorschriften des § 1589 der Auslegung rechtsgeschäftlicher Bestimmungen vor, die von dem Begriff der Verwandtschaft rechtliche Folgen abhängig machen (M. I, 68). Eine Auslegungsregel für die Bedeutung des Ausdrucks „Verwandte" oder „nächste Verwandte" in letztwilligen Verfügungen enthält § 2067 (vgl. auch §§ 2068—2070).

7. Die im B.G.B. vorkommenden Ausdrücke: „Familie" (§§ 6 Abs. 1 Nr. 2, 3, 2047 Abs. 2), „Familienangehörige" (§ 1969 Abs. 1 Satz 1), „nahe Angehörige" (§ 530 Abs. 1; s. auch § 2373 Satz 2: „Familienpapiere und Familienbilder") sind keine technischen Ausdrücke. Aus § 1589 Abs. 2 ergibt sich aber, daß das uneheliche Kind und dessen Abkömmlinge weder zu der „Familie", noch zu den „Angehörigen" des Vaters und seiner Verwandten zu zählen sind.

§ 1590.

Die Verwandten eines Ehegatten sind mit dem anderen Ehegatten verschwägert. Die Linie und der Grad der Schwägerschaft bestimmen sich nach der Linie und dem Grade der sie vermittelnden Verwandtschaft.

Die Schwägerschaft dauert fort, auch wenn die Ehe, durch die sie begründet wurde, aufgelöst ist.

E. I, 32, 33; II, 16; III, 1563.

1. Die im § 1590 Abs. 1 Satz 1 enthaltene Begriffsbestimmung der Schwägerschaft schließt sich (wie die im § 1589 Abs. 1 Satz 1 enthaltene Begriffsbestimmung der Verwandtschaft, s. Anm. 1 zu § 1589) an das bisherige Recht an (vgl. Dernburg, Pand. Bd. 3 § 4. B.L.R. Thl. I cap. 4 § 6 Ziff. 1: M. I, 67; P. I, 36). Das Gleiche gilt bezüglich der im § 1590 Abs. 1 Satz 2 getroffenen Bestimmungen über Linie und Grad der Schwägerschaft (B.L.R. a. a. O. Ziff. 5: M. I, 67: über die affinitas secundi und tertii generis des kanonischen Rechts s. Dernburg a. a. O. Note 5). In gerader Linie verschwägert sind demnach die Voreltern und einseitigen Abkömmlinge eines Ehegatten mit dem andern Ehegatten (Schwiegereltern und -kinder, Stiefeltern und -kinder), in der Seitenlinie verschwägert die Seitenverwandten (§ 1589 Abs. 1 Satz 2) eines Ehegatten mit dem andern Ehegatten (Schwägerschaft im engeren Sinn). Der Mann ist mit dem Großvater der Frau im zweiten Grad in gerader Linie, mit dem Onkel der Frau im dritten Grad in der Seitenlinie verschwägert. Die Ehegatten selbst sind nicht mit einander verschwägert (ebenso B.L.R. a. a. O. Ziff. 6, anders das röm. R.; s. M. I, 67), ebensowenig die beiderseitigen Verwandten von Ehegatten (Dernburg, a. a. O.). Stiefgeschwister (halbbürtige Geschwister s. Anm. 1 zu § 1589) sind (im zweiten Grad in der Seitenlinie) verwandt, nicht verschwägert: „zusammengebrachte Kinder" (s. Anm. 2 zu § 1310) sind weder verwandt noch verschwägert.

2. Schwägerschaft wird nach B.G.B. (wie nach Gem. R.) nur begründet durch Ehe, nicht (wie nach B.L.R. Thl. I cap. 4 § 6 Ziff. 9 und kanonischem Recht) durch bloße Konkumbenz. Eine absolut nichtige Ehe ist überhaupt keine Ehe im Rechtssinn, vermag also auch keine Schwägerschaft zu begründen, eine relativ nichtige oder anfechtbare und angefochtene Ehe begründet zwar Schwägerschaft, gilt aber nach erfolgter Nichtigkeitserklärung oder Auflösung als von Anfang an nichtig, so daß von da ab rückwärts das Schwägerschaftsverhältniß hinwegfällt (§§ 1329, 1343; Vorbem. zu Abschn. 1 Tit. 3 Ziff. 3, 8; Anm. 6 zu § 1310; M. I, 67). Dagegen wird das Ehehinderniß der sogen. „außerehelichen Schwägerschaft" (§ 1310 Abs. 2) durch bloßen Geschlechtsverkehr begründet (Anm. 5—7 zu § 1310).

3. Soweit die durch Abstammung aus einer nichtigen oder anfechtbaren Ehe verbundenen Personen als verwandt gelten (Anm. 3 zu § 1589), gilt jede derselben gemäß § 1590 Abs. 1 Satz 1 auch als verschwägert mit dem Ehegatten des Anderen. Legitimation durch nachfolgende Ehe verschafft dem unehelichen Kinde in jeder Beziehung, also auch hinsichtlich der Schwägerschaft, die rechtliche Stellung eines ehelichen Kindes (§ 1719 und Anm. 6 hiezu). Dagegen erstrecken sich die Wirkungen der Legitimation durch Ehelichkeitserklärung nicht auf die Verwandten des Vaters. Die Frau des Vaters wird also nicht mit dem Kinde, der Ehegatte des Kindes wird nicht mit dem Vater verschwägert (§ 1737 Abs. 1). Auch die Wirkungen der Annahme an Kindesstatt erstrecken sich nicht auf die Verwandten des Annehmenden. Der Ehegatte des Annehmenden wird nicht mit dem Kinde, der Ehegatte des Kindes wird nicht mit dem Annehmenden verschwägert (§ 1763).

4. Das uneheliche Kind hat zwar im Verhältniß zu der Mutter und deren Verwandten die rechtliche Stellung eines ehelichen Kindes, gilt aber nicht als verwandt mit seinem Vater (§§ 1705, 1589 Abs. 2). Daher besteht zwar Schwägerschaft zwischen dem Manne und dem unehelichen Kinde seiner Frau, sowie zwischen jedem Ehegatten und der unehelichen Mutter des andern Ehegatten, nicht aber zwischen einer Frau und dem unehelichen Vater des Mannes, sowie zwischen einer Frau und dem unehelichen Kinde des Mannes. Nur hinsichtlich des Ehehindernisses des § 1310 Abs. 1 gelten auch diese Personen als verschwägert (Anm. 8 zu § 1310). Hat der Mann die Ehelichkeit eines von der Frau nach Eingehung der Ehe geborenen Kindes mit Erfolg angefochten (§§ 1591 ff.), so hört er zwar auf, mit demselben verwandt zu sein, bleibt aber mit demselben verschwägert (Mantey, die rechtl. Stellung d. unehel. Kindes S. 12).

5. Im Gegensatz zum Röm. R., aber im Anschluß an das kanonische und Gem. R. läßt das B.G.B. die Schwägerschaft fortdauern, auch wenn die sie begründende Ehe aufgelöst ist (Dernburg, Pand. Bd. 3 § 4 Note 6 und 7; M. I, 67 ff.; Z.G. I, 62; P. I, 36 ff.; s. auch G.V.G. § 156 I Nr. 3, II Nr. 3; C.P.O. §§ 41 Nr. 3, 383 Abs. 1 Nr. 3 n. Nr.; St.P.O. § 23 Nr. 3, § 51 Abs. 1 Nr. 3). Dagegen erstreckt sich das Schwägerschaftsverhältniß nicht auf Abkömmlinge des andern Ehegatten, die erst nach Auflösung der die Schwägerschaft begründenden Ehe erzeugt sind: „Eine aufgelöste Ehe ist keine Ehe mehr, sie vermag daher ein Schwägerschaftsverhältniß nicht mehr zu begründen" (M. I, 68; vgl. Dernburg, Pand. Bd. 3 § 4; Z.G. I, 62; P. I, 37). Ueber das eventuell auf Grund des § 1310 Abs. 2 zwischen solchen Personen bestehende Ehehinderniß der außerehelichen Schwägerschaft s. Anm. 7 zu § 1310. Ueber Auflösung der Ehe s. Anm. 2 zu § 1309.

6. Von rechtlicher Bedeutung ist die Schwägerschaft hauptsächlich als Ehehinderniß. Ein solches bildet jedoch nur die Schwägerschaft in gerader Linie (§ 1310

Abs. 1; vgl. auch Abs. 2 und 3), s. ferner §§ 1318 Abs. 2 Satz 2, 1673 Abs. 2 Satz 1, 1779 Abs. 2 Satz 3, 1847, 1859 Abs. 1, 1862 Abs. 1 Satz 2, 1867, 2234 Nr. 2, 2235 Abs. 1, 2236, 2244 Abs. 1 Satz 2, 2249 Abs. 1 Satz 3, 2250 Abs. 2 Satz 2, 2251, 2276 Abs. 1 Satz 2, 2290 Abs. 4; E.G. Art. 149 Abs. 2. Hinsichtlich der Bedeutung des Schwägerschaftsbegriffes in anderen Reichsgesetzen, in Landesgesetzen und in rechtsgeschäftlichen Bestimmungen gilt das in Anm. 6 zu § 1589 bezüglich der Verwandschaft Bemerkte (vgl. insbes. E.G. Art. 33).

Zweiter Titel.

Eheliche Abstammung.*)

§ 1591.

Ein Kind, das nach der Eingehung der Ehe geboren wird, ist ehelich, wenn die Frau es vor oder während der Ehe empfangen und der Mann innerhalb der Empfängnißzeit der Frau beigewohnt hat. Das Kind ist nicht ehelich, wenn es den Umständen nach offenbar unmöglich ist, daß die Frau das Kind von dem Manne empfangen hat.

Es wird vermuthet, daß der Mann innerhalb der Empfängnißzeit der Frau beigewohnt habe. Soweit die Empfängnißzeit in die Zeit vor der Ehe fällt, gilt die Vermuthung nur, wenn der Mann gestorben ist, ohne die Ehelichkeit des Kindes angefochten zu haben.

E. I, 1466, 1468–1470; II, 1486; III, 1569.

1. Bisheriges Recht. Das Gem. R. erleichtert den Beweis der ehelichen Vaterschaft durch die Präsumtionen, daß unter Ehegatten während der Ehe Geschlechtsverkehr stattfindet und daß die Ehefrau die eheliche Treupflicht wahrt, erschwert den Beweis der Unehelichkeit durch die Präsumtion der Kausalität des ehelichen Geschlechtsverkehrs und bezeichnet als Empfängnißzeit (s. Anm. 1 zu § 1592) die Zeit vom 182. bis zum 300. Tage vor der Geburt des Kindes. Demgemäß gilt nach Gem. R. als ehelich das von einer Ehefrau, geschiedenen Frau oder Wittwe nicht vor dem 182. Tage nach Eingehung der Ehe und nicht später als 300 Tage nach Auflösung der Ehe geborene Kind. Ein außerhalb dieser Termine geborenes Kind gilt als unehelich, doch ist der Beweis seiner Ehelichkeit zulässig. Zum Beweis der Unehelichkeit eines als ehelich geltenden Kindes genügt nicht der Nachweis, daß die Mutter innerhalb der Empfängnißzeit die Ehe gebrochen habe, es muß vielmehr dargethan werden, daß innerhalb dieses Zeitraums die Ehegatten nicht geschlechtlich verkehrt haben oder daß der (präsumirte) Geschlechtsverkehr der Ehegatten für die Geburt des Kindes nicht kausal gewesen sein könne, wobei jedoch die Argumentation aus dem Reifegrad des Kindes ausgeschlossen ist (Bl. f. R.A. LIX, 1 ff.; vgl. Dernburg, Pand. Bd. 3 § 28; R.G.E. in C.S. XLI, 158 ff.).

Das B.L.R. weicht von diesen Grundsätzen nur insoferne ab, als die Empfängnißzeit den Zeitraum vom 180.—302. Tag vor der Geburt des Kindes umfaßt (Thl. I cap. 3 § 2 Ziff. 9, 10, cap. 4 § 9 Ziff. 1—3, Bl. f. R.A. LIX, 98 ff.). Nach konstanter Rechtsprechung des bayr. Obersten L.G. kann dagegen die Unehelichkeit eines als ehelich geltenden Kindes sowohl nach Gem. R. als nach B.L.R. nur durch den Nachweis von Thatsachen dargethan werden, welche es als unmöglich erscheinen lassen, daß die Ehegatten innerhalb der Empfängnißzeit geschlechtlich verkehrt haben. (Vgl. Bl. f. R.A. LIX, 51 ff., LX, 209 ff., LXIII, 42 und die dort besprochenen oberstrichterlichen Entscheidungen.)

Ueber andere Rechte s. M. IV, 646 ff.

2. Begriff des ehelichen Kindes. Nach B.G.B. ist ehelich ein nach Eingehung der Ehe, also von einer Frau, geschiedenen Frau oder Wittwe gebornes Kind (über Legitimation eines vor Eingehung der Ehe gebornen Kindes durch nachfolgende Ehe seiner Eltern s. §§ 1719 ff.), vorausgesetzt:

a) daß es die Frau vor oder während der Ehe empfangen hat;
b) daß der Mann innerhalb der Empfängnißzeit der Frau beigewohnt hat.

Zu a. Im Anschluß an das P.L.R. (über die abweichende Auffassung des P.L.R. Seitens der bayrischen Praxis s. Bl. f. R.A. LIX, 22, Note **) unterscheidet

---

*) Vgl. Engelmann in den Bl. f. R.A. LXIII, 41 ff.

das B.G.B. nicht, ob das nach Eingehung der Ehe geborne Kind während der Ehe oder vor Eingehung derselben empfangen worden ist (nach Gem. R. und P.L.R. gelten Kinder der letzteren Art, wenn die Vaterschaft des Ehemanns feststeht, als durch nachfolgende Ehe legitimirt, s. Bl. f. R.A. LXIII, 21 ff.). Ueber die praktische Bedeutung dieser Gleichstellung s. M. IV, 647; Bl. für R.A. LXIII, 43 ff. Ob ein Kind vor oder während der Ehe oder erst nach Auflösung derselben (Anm. 2 zu § 1309) empfangen worden ist, muß aus der Vergleichung des Tages seiner Geburt mit der im § 1592 festgesetzten Empfängnißzeit entnommen werden. Ergibt sich aus dieser Vergleichung, daß das Kind erst nach Auflösung der Ehe, also nach dem Tode des Mannes oder von einer für todt erklärten Frau nach Wiederverheirathung des zurückgebliebenen Mannes (§ 1348 Abs. 2) oder nach der Rechtskraft des Scheidungsurtheils (§ 1564 Satz 3) empfangen worden ist, so gilt dasselbe als unehelich (s. aber Anm. 3). Die Aufhebung der ehelichen Gemeinschaft (§ 1575) hat im Gegensatz zur Scheidung die Auflösung der Ehe nicht zur Folge (Anm. 1 zu § 1586). Daher gilt auch ein nach rechtskräftiger Aufhebung der ehelichen Gemeinschaft empfangenes Kind als ehelich (ebenso Achilles, B.G.B. Note 1 zu § 1593; vgl. Anm. 2 zu § 1593). Ist dagegen im Falle der Todeserklärung des Mannes das Kind nach dem Tag empfangen worden, der in dem Ausschlußurtheil als Todestag des Mannes festgestellt ist (§ 18), so gilt es als unehelich, da in Folge des Ausschlußurtheils die Ehe als durch den Tod des Mannes aufgelöst gilt. Kehrt aber der Mann zurück oder wird die Todeserklärung in Folge einer Anfechtungsklage aufgehoben, so fällt die durch dieselbe begründete Vermuthung weg, die Ehe gilt als fortbestehend und das Kind als während der Ehe empfangen (vgl. Anm. 3b zu § 1309, Anm. 2 u. 3 zu § 1348, Anm. 2 zu § 1593).

Zu b. Der Beweis, daß der Mann innerhalb der Empfängnißzeit der Frau beigewohnt habe, wird (wie von den meisten bisherigen Gesetzen) vom B.G.B. erleichtert durch die Präsumtion des Geschlechtsverkehrs der Ehegatten. Während aber die bisherigen Rechte diese Präsumtion theils nur für die Zeit des Bestehens der Ehe aufstellten (so das Gem. R. und das P.L.R., s. ob. Anm. 1), theils dieselbe ohne Einschränkung auch gelten ließen, wenn die Empfängnißzeit ganz in die Zeit vor der Ehe fällt (so das P.L.R.), nimmt das B.G.B. einen vermittelnden Standpunkt ein. Daß während der Ehe unter den Ehegatten Geschlechtsverkehr stattfindet, wird ohne Weiteres präsumirt; daß dies auch der Fall gewesen sei, soweit die Empfängnißzeit in die Zeit vor der Ehe fällt, wird nur präsumirt, „wenn der Mann gestorben ist, ohne die Ehelichkeit angefochten zu haben" (§ 1591 Abs. 2). Diese Ausdrucksweise des Gesetzes ist nicht völlig genau. Wird von einer Frau weniger als 181 Tage nach Eingehung der Ehe ein Kind geboren, so gilt bis auf Weiteres dasselbe als ehelich und der Ehemann der Mutter als ehelicher Vater des Kindes, ohne daß erst nachzuweisen wäre, daß er innerhalb der Empfängnißzeit (die in diesem Falle vollständig in die Zeit vor der Ehe fällt) der Mutter des Kindes beigewohnt habe. Das Gesetz stellt also die im § 1591 Abs. 2 Satz 1 erwähnte Vermuthung auch für den Fall auf, daß die Empfängnißzeit ganz in die Zeit vor der Ehe fällt. Der Mann ist aber in solchem Fall in der Lage, durch Anfechtung der Ehelichkeit des Kindes die Vermuthung zu beseitigen und hiedurch das bis dahin präsumirte Stattfinden geschlechtlichen Verkehrs zwischen ihm und der Mutter während der Empfängnißzeit wiederum zu einer beweisbedürftigen Thatsache zu machen. Ist aber der Mann gestorben, ohne die Ehelichkeit des Kindes angefochten zu haben, gleichviel, ob er von der Geburt des Kindes oder der Schwangerschaft der Frau Kenntniß erhalten hatte oder nicht (M. IV, 657), so gilt nunmehr die bis dahin (durch das Unterbleiben der Anfechtung der Ehelichkeit) resolutiv bedingte Vermuthung unbedingt (M. IV, 650 ff., 656 ff.; P. IV, 465). Ob die Ehegatten während der Empfängnißzeit in häuslicher Gemeinschaft gelebt haben oder nicht, ist für die Geltung der Präsumtion des § 1591 Abs. 2 ohne Belang (vgl. M. IV, 651 ff.). Ebensowenig wird die Geltung der Präsumtion dadurch ausgeschlossen, daß die eheliche Gemeinschaft rechtskräftig aufgehoben worden ist (§ 1575). Ueber den Wegfall der Präsumtion im Falle der Todeserklärung des Mannes s. Bl. f. R.A. LXIII, 47 ff. Die gleichen Grundsätze finden Anwendung, wenn die Empfängnißzeit nur zum Theil in die Zeit vor der Ehe fällt und bezüglich des in die Zeit des Bestehens der Ehe fallenden

Theils derselben nachgewiesen ist, daß während dieser Zeit der Mann der Frau nicht beigewohnt habe (M. IV, 657; P. IV, 465).

c) Allgemeinen Grundsätzen zufolge wäre, um ein Kind als ehelich erscheinen zu lassen, auch der Nachweis erforderlich, daß die Mutter innerhalb der Empfängnißzeit ausschließlich mit dem Manne Geschlechtsverkehr gepflogen habe (Bl. f. R.A. LX, 4 ff.). Im Anschluß an die meisten bisherigen Rechte präsumirt aber das B.G.B. auch diese Thatsache und zwar (abweichend vom Gem.R. und vom B.L.R.) auch insoweit, als die Empfängnißzeit in die Zeit vor der Ehe fällt. Ist also die Ehelichkeit eines weniger als 181 Tage nach Eingehung der Ehe geborenen Kindes vom Mann angefochten worden, so muß, wer die Ehelichkeit des Kindes behauptet, zwar beweisen, daß während der Empfängnißzeit die Ehegatten geschlechtlich verkehrt haben, er braucht aber nicht auch darzuthun, daß während jener Zeit die Frau ausschließlich mit dem Manne Umgang gepflogen habe, dies wird vielmehr präsumirt (Bl. f. R.A. LXIII, 48).

3. Der Beweis, daß ein als unehelich geltendes Kind in Wahrheit ehelich sei, war vom E. I mit Rücksicht auf den absoluten Charakter der Empfängnißzeit für unzulässig erklärt worden (M. IV, 649). Dieses Prinzip ist vom B.G.B. durchbrochen, insoferne nach § 1592 Abs. 2 zu Gunsten der Ehelichkeit des Kindes der Nachweis gestattet ist, es sei innerhalb eines weiter als 302 Tage vor dem Tag seiner Geburt zurückliegenden Zeitraums empfangen worden. Unzulässig dagegen ist auch nach B.G.B. der Versuch, die Ehelichkeit des Kindes durch den Nachweis darzuthun, daß die Schwangerschaft im konkreten Falle weniger als 181 Tage gedauert habe (vgl. Anm. 3a und b zu § 1592).

4. Beweis der Unehelichkeit eines als ehelich geltenden Kindes. Nach E. I sollte die Vermuthung, daß das von der Ehefrau geborne Kind, dessen Empfängnißzeit ganz oder zum Theil in die Zeit während der Ehe fällt, von dem Ehemann erzeugt sei, nur durch den Beweis entkräftet werden können, daß der Ehemann innerhalb der Empfängnißzeit, soweit diese in die Zeit während der Ehe fällt, mit der Ehefrau den Beischlaf nicht vollzogen habe. Es war also nicht nur der Nachweis, daß die Frau innerhalb der Empfängnißzeit auch mit andern Männern Umgang gepflogen habe, für unerheblich erklärt, sondern die hiemit geschaffene Präsumtion der Kausalität des Geschlechtsverkehrs der Ehegatten zu einer praesumtio juris et de jure erhoben (die Motive IV, 654 sprechen ungenau von einer „Fiktion", vgl. Z.G. IV, 341). Den hiegegen erhobenen Einwendungen (Z.G. IV, 347 ff.) hat die II. Komm. dadurch Rechnung getragen, daß jeder Beweis für zulässig erklärt wurde, durch welchen dargethan werden kann, es sei „den Umständen nach offenbar unmöglich", daß die Frau das Kind von dem Manne empfangen habe (§ 1591 Abs. 1 Satz 2; vgl. §§ 1717 Abs. 1 Satz 2, 1720 Abs. 1). Durch den Beisatz „offenbar" (vgl. §§ 319 Abs. 1 Satz 1, 560 Satz 2, 660 Abs. 1 Satz 2, 2048 Satz 3, 2155 Abs. 3, 2156 Satz 2, 2192, 2217 Abs. 1 Satz 1) ist dem Richter allerdings eine besonders strenge Prüfung des vorgeführten Beweismaterials zur Pflicht gemacht, keineswegs aber sind hiedurch gewisse Arten von Beweismitteln ausgeschlossen (P. IV, 463 ff.; St.B. 278; vgl. Bl. f. R.A. LXIII, 68 ff.).

a) Zulässig ist vor Allem der Nachweis, daß die Eheleute während der Empfängnißzeit nicht geschlechtlich verkehrt haben. Dies folgt schon daraus, daß Geschlechtsverkehr der Ehegatten während der Empfängnißzeit Voraussetzung der Ehelichkeit des Kindes ist (§ 1591 Abs. 1 Satz 1) und ergibt sich auch aus C.P.O. § 292 n. Nr., wonach jede Vermuthung den Beweis des Gegentheils zuläßt, sofern nicht das Gesetz ein Anderes vorschreibt (D. 219; s. auch P. IV, 484; das Gegentheil kann nicht aus den Worten „offenbar unmöglich" gefolgert werden, s. Bl. f. R.A. LXIII, 70 ff.; gleicher Ansicht anscheinend Fischer-Henle, B.G.B. Note 4 zu § 1591; Hachenburg, die Rechtsstellung des unehel. Kindes S. 18, 28 und R.G.E. in C.S. XLI, 159; anderer Anschauung Buchka, Vergleichende Darst. d. B.G.B. und d. Gem.R., Berlin 1897, S. 323 Note 2). Der Nachweis, daß der Mann während der Empfängnißzeit der Frau nicht beigewohnt habe, kann nicht nur durch Eideszuschiebung nach Maßgabe der §§ 445 ff. C.P.O. n. Nr. (vgl. C.P.O. § 292 n. Nr.), sondern auch durch das Zeugniß der Frau geführt werden (M. IV, 653 ff., 670; vgl. Bl. f. R.A. LIX, 70 ff., LX, 215; B.L.R. Thl. I cap. 4 § 9 Ziff. 3).

b) Auch das B.G.B. stellt die Präsumtion der Kausalität des Geschlechtsverkehrs der Ehegatten auf und zwar (abweichend vom Gem.R. und vom B.L.R.) auch insoweit die Empfängnißzeit in die Zeit vor der Ehe fällt. Die Ehelichkeit des Kindes wird also nicht erschüttert durch den Nachweis, daß innerhalb der Empfängnißzeit die Frau die Ehe gebrochen oder vor Abschluß der Ehe mit anderen Männern geschlechtlich verkehrt habe, mag dies dem Manne bei Eingehung der Ehe bekannt gewesen sein oder nicht (M. IV, 654: „es soll der mögliche eheliche Vater als wirklicher ehelicher Vater gelten"). Im Gegensatz zum E. I aber hat das B.G.B. diese Vermuthung zu einer bloßen praesumtio juris abgeschwächt. Die Widerlegung derselben ist gemäß § 1591 Abs. 1 Satz 2 auf jedem Wege möglich, auf welchem erwiesen werden kann, daß die Erzeugung des Kindes durch den Mann „den Umständen nach offenbar unmöglich" sei. Zulässig ist also nicht nur die Argumentation aus dem Reifegrad des Kindes (hiegegen spricht auch nicht der „absolute Charakter" der Empfängnißzeit, s. Bl. f. R.A. LXIII, 73), sondern auch der Nachweis, daß die Erzeugung durch den Mann wegen Zeugungsunfähigkeit desselben, Schwangerschaft der Frau bei Beginn des Geschlechtsverkehrs mit dem Mann oder in Folge anderer konzeptionshindernder Umstände ausgeschlossen sei oder daß wegen Rassenverschiedenheit zwischen Kind und Mann der letztere nicht der Vater des Kindes sein könne (P. IV, 463 ff.; vgl. dagegen M. IV, 654 ff.; s. auch Bl. f. R.A. LXIII, 73; gleicher Ansicht Riedel, der Bundesrathsentwurf d. B.G.B., Heft 4, S. 30; dagegen will Landé [das B.G.B. Note 3 zu § 1591] den Beweis der Schwangerschaft der Frau nicht zulassen).

5. Hinsichtlich der Geltendmachung der Unehelichkeit eines als ehelich geltenden Kindes ist zu unterscheiden, ob dieselbe Seitens des Mannes oder Seitens eines Dritten erfolgt. Die Geltendmachung der Unehelichkeit des Kindes durch den Mann (Anfechtung der Ehelichkeit) hat bei Lebzeiten des Kindes durch Erhebung der Anfechtungsklage, nach dem Tode desselben durch Erklärung gegenüber dem Nachlaßgerichte zu erfolgen. Sie ist an eine einjährige Frist gebunden und ist ausgeschlossen, wenn der Mann das Kind nach der Geburt als das seinige anerkennt (§§ 1596, 1597, 1594, 1598). Die Geltendmachung durch einen Dritten (wozu das Kind selbst zu rechnen ist) setzt voraus, daß der Mann die Ehelichkeit angefochten hat oder, ohne das Anfechtungsrecht verloren zu haben, gestorben ist (§ 1593), und erfolgt entweder incidenter gelegentlich eines anderen Rechtsstreits oder bei Vorhandensein der prozessualen Voraussetzungen in der Form der Feststellungsklage (Anm. 5 zu § 1593).

6. Eine Abweichung von dem Grundsatze des § 1591 für einen besonders gelagerten Fall enthält § 1600; s. auch Anm. 4 zu § 1592.

7. Für den Beweis der Mutterschaft gilt nichts Besonderes. Bestimmungen, wie sie das Gem.R. und das P.L.R. zur Sicherung des Mannes gegen Unterschiebung eines fremden Kindes enthalten, sind dem B.G.B. unbekannt (M. IV, 647 ff.; vgl. P.L.R. Thl. I cap. 4 § 9 Ziff. 6, Bl. f. R.A. LIX, 3, 98 ff.).

8. Bezüglich des internationalen Privatrechts s. E.G. Art. 18; Bl. f. R.A. LXIII, 90; über die Ehelichkeit der vor dem 1. Januar 1900 gebornen Kinder vgl. E.G. 203; M. z. E.G. 291; Bl. f. R.A. LXIII, 90 ff.

§ 1592.

Als Empfängnißzeit gilt die Zeit von dem einhunderteinundachtzigsten bis zu dem dreihundertundzweiten Tage vor dem Tage der Geburt des Kindes, mit Einschluß sowohl des einhunderteinundachtzigsten als des dreihundertundzweiten Tages.

Steht fest, daß das Kind innerhalb eines Zeitraums empfangen worden ist, der weiter als dreihundertundzwei Tage vor dem Tage der Geburt zurückliegt, so gilt zu Gunsten der Ehelichkeit des Kindes dieser Zeitraum als Empfängnißzeit.

E. I, 1467; II, 1487; III, 1570.

1. Begriff der Empfängnißzeit. Da die wirkliche Zeit der Empfängniß eines Kindes, von seltenen Ausnahmsfällen abgesehen, nicht bewiesen werden kann, muß sich das Recht damit begnügen, bei Feststellung der Abstammungsverhältnisse die wahrscheinliche Zeit der Empfängniß zu Grunde zu legen. Zu diesem Zweck wird an der Hand der Ergebnisse der Erfahrung vom Tage der Geburt des Kindes zurück der Tag bestimmt, an welchem frühestens, und der Tag, an welchem spätestens der für die Geburt des Kindes kausale Beiwohnungsakt erfolgt sein kann. Der zwischen diesen beiden Tagen (den sogen. „Nativitätsterminen") liegende Zeitraum, innerhalb dessen die Empfängniß

erfolgt sein muß, ist die „Empfängnißzeit" (auch „kritische Zeit" genannt); vgl. Bl. f. R.A. LIX, 3 ff.

2. Der Umfang der Empfängnißzeit war in den bisherigen Rechten verschieden normirt. Nach Gem.R. umfaßt dieselbe den Zeitraum vom 182.—300. Tag, nach B.L.R. den Zeitraum vom 182.—302. Tag, nach P.L.R. den Zeitraum vom 210.—302. Tag vor der Geburt des Kindes; über andere Gesetze s. M. IV, 649; Bl. f. R.A. LIX, 20 Note **. Das B.G.B. bezeichnet als Empfängnißzeit den Zeitraum vom 181. bis zu dem 302. Tage vor dem Tage der Geburt des Kindes, mit Einschluß sowohl des 181. als des 302. Tages (vgl. §§ 1717 Abs. 2, 1720 Abs. 1). E. I hatte als äußerste Grenze der Empfängnißzeit den 300. Tag vor der Geburt des Kindes angenommen; durch die II. Komm. wurde die Frist auf 302 Tage verlängert (M. IV, 649 ff.; Z.G. IV, 341 ff.; P. IV, 462). Durch die Fassung des § 1592 Abs. 1 ist außer Zweifel gestellt, daß zwischen dem Tage der Geburt und des Beiwohnungsaktes, abgesehen von den Stücktagen, mindestens 180 Tage liegen müssen, damit das Kind als ein eheliches, und mindestens 302 Tage, damit dasselbe als ein uneheliches anzusehen ist (M. IV, 650. Ueber die Berechnung der Empfängnißzeit nach bisherigem Recht s. Bl. f. R.A. LIX, 103 Nt. **; Roth, B.C.R., 2. Aufl. Bd. 1 S. 548 Nt. 9).

3. Absoluter Charakter der Empfängnißzeit. Wie die meisten bisherigen Rechte hatte auch E. I der Empfängnißzeit absoluten Charakter beigelegt, d. h. den Gegenbeweis, daß im konkreten Falle die Schwangerschaft kürzere oder längere Zeit gedauert habe, für ausgeschlossen erklärt. Den hiegegen erhobenen Einwendungen hat die II. Komm. durch Beifügung des nunmehrigen Abs. 2 des § 1592 theilweise Rechnung getragen (M. IV, 649, 664; Z.G. IV, 341 ff., 350; P. IV, 460 ff., 484; vgl. Anm. 3 zu § 1591, Bl. f. R.A. LXIII, 66 ff.).

a) Nach § 1592 Abs. 2 ist zu Gunsten der Ehelichkeit eines Kindes der Nachweis zulässig, daß das Kind innerhalb eines Zeitraums empfangen worden sei, der weiter als 302 Tage vor dem Tage der Geburt zurückliegt (über die Unzulässigkeit dieses Nachweises zur Feststellung der unehelichen Vaterschaft s. Anm. 2 zu § 1717). Wie dieser Beweis zu führen ist, hat das Gesetz nicht bestimmt. In erster Linie wird natürlich das Gutachten von Sachverständigen über den Grad der Reife des Kindes in Betracht kommen. Doch kann auch der Nachweis unternommen werden, daß die Wittwe oder geschiedene Frau seit Aufhören des Geschlechtsverkehrs mit dem Manne keinerlei Geschlechtsverkehr mehr gepflogen habe (vgl. P. IV, 462). Ist festgestellt, daß der für die Geburt des Kindes kausale Beiwohnungsakt mehr als 302 Tage vor seiner Geburt erfolgt sein muß, so gilt der auf diese Weise ermittelte Zeitraum als Empfängnißzeit und daher das Kind als ehelich, wenn auch nur ein Theil dieser Empfängnißzeit in die Zeit des Bestehens der Ehe fällt (vgl. § 1591 Abs. 1 Satz 1, Abs. 2 Satz 1). Vorausgesetzt wird aber hiebei der Nachweis, daß die Schwangerschaft mehr als 302 Tage gedauert haben müsse, während der bloße Nachweis, daß sie länger als 302 Tage gedauert haben könne, ohne Bedeutung ist. Wird also ein Kind 304 Tage nach Auflösung der Ehe geboren und dargethan, daß es in der Zeit vom 300. bis 310. Tage vor seiner Geburt empfangen worden sei, so genügt dies nicht, um es als ehelich erscheinen zu lassen. Dagegen gilt ein am 312. Tage nach Auflösung der Ehe geborenes Kind als ehelich, wenn feststeht, daß es zwischen dem 310. und 320. Tage vor seiner Geburt empfangen worden ist (P. M. 8661 ff.; vgl. Bl. f. R.A. LIX, 24).

b) Ob der Nachweis zulässig ist, daß ein Kind innerhalb eines Zeitraums empfangen worden sei, der weniger als 181 Tage vor dem Tage der Geburt zurückliegt, wird im Hinblick auf § 1591 Abs. 1 Satz 1 nur dann von praktischer Bedeutung sein, wenn bei Geburt des Kindes vor Ablauf von 181 Tagen nach Abschluß der Ehe feststeht, daß die Ehegatten vor Eingehung der Ehe nicht geschlechtlich verkehrt haben, oder wenn bei späterer Geburt des Kindes dargethan wird, daß der Geschlechtsverkehr der Ehegatten erst zu einer Zeit begonnen hat, die weniger als 181 Tage vom Tage der Geburt des Kindes zurückliegt. Jene Frage dürfte zu verneinen sein, da, von der im § 1592 Abs. 2 bestimmten Ausnahme abgesehen, auch bei den Berathungen der II. Komm. an dem absoluten Charakter der Empfängnißzeit festgehalten worden ist (P. IV, 458 ff.; vgl. Bl. f. R.A. LIX, 23 ff.).

4. Nach E. I 1467 Abs. 2 sollte eine Modifikation der Empfängnißzeit eintreten, wenn eine Ehefrau während der Zeit vom 181. bis zum 300. Tage vor der Geburt ihres Kindes von einem andern Kinde entbunden worden ist. In diesem Falle sollte die vor die Geburt des ersten Kindes fallende Zeit nicht zur Empfängnißzeit des zweiten Kindes gehören. Von der II. Komm. wurde diese Bestimmung als entbehrlich

gestrichen. Wird also von einer Frau drei Tage nach dem Tode des Mannes ein Kind und nach weiteren 290 Tagen ein zweites Kind geboren, so ist das zweite Kind unehelich, obwohl es nach dem Wortlaut der §§ 1591 und 1592 zunächst als ehelich zu erachten wäre. Selbstverständlich findet auf ein solches Kind auch die Vorschrift des § 1593 keine Anwendung (M. IV, 650; Z.G. IV, 346; P. IV, 462, 464; Anm. 4 zu § 1593; vgl. Anm. 2 zu § 1717. Unrichtig ist die in den Protok. der II. Komm. enthaltene Bemerkung, daß die fragliche Bestimmung des E. I wegen der von der II. Komm. beschlossenen Erweiterung des Gegenbeweises entbehrlich geworden sei.)

5. Ueber die Regelung der Empfängnißzeit bei Feststellung der unehelichen Vaterschaft s. §§ 1717 Abs. 2, 1720 Abs. 1.

6. Der Begriff der Empfängnißzeit ist auch noch in anderen Beziehungen rechtlich bedeutsam; s. §§ 844 Abs. 2 Satz 2, 1732, 1912, 1923 Abs. 2, 2070, 2162 Abs. 2, 2178.

§ 1593.

Die Unehelichkeit eines Kindes, das während der Ehe oder innerhalb dreihundertundzwei Tagen nach der Auflösung der Ehe geboren ist, kann nur geltend gemacht werden, wenn der Mann die Ehelichkeit angefochten hat oder, ohne das Anfechtungsrecht verloren zu haben, gestorben ist.

E. I, 1471 Abs. 1; II, 1488; III, 1571.

1. § 1593 regelt die Befugniß zur Geltendmachung der Unehelichkeit eines als ehelich geltenden Kindes.

Wer nach Gem. R. zur Bestreitung der Ehelichkeit eines als ehelich geltenden Kindes berechtigt sei, war bestritten. Nach der herrschenden Lehre sollte diese Befugniß Jedem zustehen, der ein Interesse an der Feststellung des Standes des Kindes darzuthun vermag (R.G.E. in Civ.S. XVIII, 184; Bl. f. R.A. LIX, 87; anderer Ansicht Dernburg, Pand. Bd. 3 S. 57; Roth, Bayr. Civilr. 2. Aufl. Bd. 1 S. 550; über andere Rechte s. Bl. f. R.A. LIX, 87 Note *).

Abweichend hievon geht das B.G.B. von dem Grundsatze aus, daß die Unehelichkeit eines während der Ehe oder innerhalb 302 Tagen nach der Auflösung derselben gebornen Kindes von Niemandem geltend gemacht werden kann, solange nicht der Mann die Ehelichkeit des Kindes durch einen formellen, als einseitiges Rechtsgeschäft sich darstellenden Akt angefochten hat. Nur dann, wenn der Mann verstorben ist, ohne die Ehelichkeit des Kindes angefochten, aber auch, ohne das Anfechtungsrecht (durch Zeitablauf oder Anerkennung, §§ 1594, 1598) verloren zu haben, kann die Unehelichkeit des Kindes von Jedem (nicht nur von den Erben des Mannes, vgl. P. IV, 467 ff.) nach Maßgabe der allgemeinen Grundsätze geltend gemacht werden. Hat der Mann das Anfechtungsrecht verloren, so kann die Unehelichkeit des Kindes von Niemand mehr geltend gemacht werden, auch wenn die Abstammung des Kindes von dem Manne „den Umständen nach offenbar unmöglich“ ist. Dem Manne ist also ein weitgehendes Dispositionsrecht über den Familienstand des Kindes eingeräumt (M. IV, 657 ff.; Z.G. IV, 394 ff.). Die bei den Berathungen der II. Komm. und in der Reichstagskommission gestellten Anträge auf Erweiterung des Kreises der anfechtungsberechtigten Personen wurden abgelehnt (P. IV, 466 ff.; R.T.K. 142). Ueber die Berechnung der 302 Tage s. §§ 187 Abs. 1, 188 Abs. 1, vgl. § 1592 Abs. 1 und Anm. 2 zu § 1592.

2. Durch Aufhebung der ehelichen Gemeinschaft (§ 1575) wird Auflösung der Ehe nicht bewirkt (Anm. 1 zu § 1586). Daher gilt ein Kind, auch wenn es mehr als 302 Tage nach der Rechtskraft des die Aufhebung der ehelichen Gemeinschaft seiner Eltern aussprechenden Urtheils geboren ist, als während der Ehe geboren (vgl. Anm. 2a zu § 1591, s. auch Achilles, B.G.B. Note 1 zu § 1593). Ist dagegen der Mann für todt erklärt worden, so gilt die Ehe als in dem durch das Ausschlußurtheil als Todeszeit festgesetzten Zeitpunkte durch Tod des Mannes aufgelöst (Anm. 3b zu § 1309) und daher ein von der Frau nach diesem Zeitpunkt empfangenes Kind als unehelich (Anm. 2a zu § 1591). Ist das Kind vor dem durch das Ausschlußurtheil als Todeszeit des Mannes festgesetzten Zeitpunkt oder innerhalb 302 Tagen nach diesem Zeitpunkt geboren worden, so gilt es als ehelich und seine Unehelichkeit kann nur geltend gemacht werden, wenn der Mann die Ehelichkeit angefochten hat oder in dem Zeitpunkte, der im Ausschlußurtheil als Zeit seines Todes festgesetzt ist, das Anfechtungsrecht noch nicht verloren hatte.

3. Der Grundsatz des § 1593 gilt (abweichend vom P.L.R.) auch gegenüber Lehens- und Fideikommißanwärtern, soweit nicht die Landesgesetzgebung auf Grund der ihr durch E.G. Art. 59 gewährten Befugniß in dieser Beziehung den Kreis der anfechtungsberechtigten Personen erweitert (M. IV, 660; P. IV, 467; P.M. 8979 ff.; D. 220).

4. Unanwendbar ist § 1593 hinsichtlich des zweiten Kindes, wenn eine Frau innerhalb 302 Tagen nach Auflösung der Ehe zweimal geboren hat (Anm. 4 zu § 1592).

5. Form der Geltendmachung der Unehelichkeit eines Kindes. Soweit dritte Personen nach § 1593 zur Geltendmachung der Unehelichkeit eines Kindes berechtigt sind, kann diese Geltendmachung entweder incidenter gelegentlich eines andern Rechtsstreits oder (beim Vorhandensein der prozessualen Voraussetzungen) in der Form der Feststellungsklage erfolgen (M. IV, 663). Diese Feststellungsklage unterliegt, weil sie nicht die Feststellung des Bestehens oder Nichtbestehens eines Eltern- und Kindesverhältnisses zwischen den Parteien zum Gegenstande hat, nicht den im § 640 C.P.O. n. Nr. erwähnten prozessualen Sonderbestimmungen, insbesondere wirkt das ergehende Urtheil nicht für und gegen Alle (vgl. C.P.O. § 643 n. Nr.). Die Anfechtung der Ehelichkeit eines Kindes durch den Mann erfolgt bei Lebzeiten des Kindes durch Erhebung der Anfechtungsklage, nach dem Tode des Kindes durch Erklärung gegenüber dem Nachlaßgerichte (§§ 1596, 1597). Der bei den Berathungen der II. Komm. gestellte Antrag, auch für die Geltendmachung der Unehelichkeit seitens dritter Personen ein formelles Anfechtungsverfahren vorzuschreiben, wurde abgelehnt (P. IV, 467 ff.).

6. Eine Ausnahme von dem Grundsatze des § 1593 besteht nach § 1596 Abs. 3 insofern, als trotz der in der Erhebung der Anfechtungsklage liegenden Anfechtung der Ehelichkeit die Unehelichkeit des Kindes vor der Erledigung des Rechtsstreits nicht anderweit geltend gemacht werden kann (vgl. Anm. 4 zu § 1596).

7. Die nach § 1593 mit der Anfechtung verbundene Rechtswirkung kommt in Wegfall, wenn die Anfechtungsklage zurückgenommen wird oder der Mann vor der Erledigung des Rechtsstreits das Kind als das seinige anerkennt (§ 1596 Abs. 2, vgl. Anm. 5 zu § 1596).

8. Soweit gemäß § 1593 dritte Personen zur Geltendmachung der Unehelichkeit des Kindes befugt sind, ist ihnen hiefür keine Frist gesetzt. Dies gilt insbesondere auch hinsichtlich der Erben des Mannes (M. IV, 662; vgl. § 1594 und Anm. 2 hiezu).

9. Die Unehelichkeit eines Kindes, das mehr als 302 Tage nach der Auflösung der Ehe geboren ist, kann allgemeinen Grundsätzen zufolge unbeschränkt von Jedermann geltend gemacht werden. Ebensowenig wird natürlich durch die Vorschriften des § 1593 das Jedem zustehende Recht berührt, die Ehelichkeit eines Kindes wegen Nichtigkeit der Ehe seiner Eltern (§ 1699) oder wegen Nichtabstammens desselben von der Frau zu bestreiten (M. IV, 664).

§ 1594.

Die Anfechtung der Ehelichkeit kann nur binnen Jahresfrist erfolgen.

Die Frist beginnt mit dem Zeitpunkt, in welchem der Mann die Geburt des Kindes erfährt.

Auf den Lauf der Frist finden die für die Verjährung geltenden Vorschriften der §§ 203, 206 entsprechende Anwendung.

E. I, 1473; II, 1490; III, 1572.

1. Anfechtungsfrist. Abweichend vom Gem.R. und vom P.L.R., aber im Anschluß an die meisten neueren Gesetze (s. M. IV, 667; Bl. f. R.A. LIX, 86 ff.), läßt das B.G.B. das Recht des Mannes zur Anfechtung der Ehelichkeit des Kindes erlöschen durch Zeitablauf. Die Anfechtungsfrist beträgt ein Jahr (vgl. §§ 121, 124, 1339 Abs. 1) und beginnt mit dem Zeitpunkt, in welchem der Mann von der Geburt des Kindes Kenntniß erlangt hat. Ist der Mann geschäftsunfähig (§ 104), so beginnt die Frist mit dem Zeitpunkt, in welchem sein gesetzlicher Vertreter die Geburt des Kindes erfährt, es sei denn, daß gegenüber dem Manne selbst schon vor dem Eintritte der Geschäftsunfähigkeit der Lauf der Frist begonnen hat (s. § 1595 Abs. 1 Satz 2). Ueber die Berechnung der einjährigen Frist s. §§ 187 Abs. 1, 188 Abs. 2.

2. Die Anfechtungsfrist des § 1594 gilt sowohl für die in der Form der Anfechtungsklage (§ 1596) als für die in der Form der Erklärung gegenüber dem Nachlaßgericht (§ 1597) erfolgende Anfechtung der Ehelichkeit des Kindes durch den Mann. Dagegen ist die Geltendmachung der Unehelichkeit des Kindes Seitens dritter Personen, soweit dieselbe überhaupt zulässig ist (§ 1593), an keine Frist gebunden (Anm. 8 zu § 1593). Hat aber der Mann das Anfechtungsrecht in Folge Ablaufs der im § 1594 bestimmten Frist verloren, so ist damit auch die Geltendmachung der Unehelichkeit des Kindes Seitens dritter Personen ausgeschlossen (Anm. 1 zu § 1593).

3. Die Frist des § 1594 ist (wie die des § 1339) eine Präklusivfrist, keine Verjährungsfrist (M. IV, 667). Sie erzeugt demgemäß nicht lediglich eine verzichtbare Einrede, sondern muß von Amtswegen berücksichtigt werden (vgl. Anm. 2 zu § 1339). Sie unterliegt daher auch nicht den für die Verjährung geltenden Grundsätzen der §§ 194 ff. Hievon macht jedoch § 1594 Abs. 3 aus Billigkeitsgründen zwei Ausnahmen (vgl. §§ 1339 Abs. 3, 1571 Abs. 4):

a) In die Frist wird der Zeitraum nicht eingerechnet, während dessen der Anfechtungsberechtigte durch Stillstand der Rechtspflege oder in anderer Weise durch höhere Gewalt innerhalb der letzten sechs Monate der Frist an der Rechtsverfolgung verhindert ist (§ 203).

b) Ist der Mann geschäftsunfähig und ohne gesetzlichen Vertreter, so endigt die Frist nicht vor dem Ablaufe von sechs Monaten nach dem Zeitpunkt, in welchem der Mann unbeschränkt geschäftsfähig wird oder der Mangel der Vertretung aufhört (§ 206; s. auch § 1595 Abs. 2 Satz 2). Ist der Mann in der Geschäftsfähigkeit beschränkt und ohne gesetzlichen Vertreter, so findet diese Bestimmung keine Anwendung, weil in diesem Falle der Mann das Anfechtungsrecht selbst ausüben kann und insoweit auch prozeßfähig ist (§ 1595 Abs. 1 Satz 2, § 206 Abs. 2; C.P.O. § 641 Abs. 2 Satz 1 n. Nr.).

4. Der Beweis, daß dem Manne die Geburt des Kindes schon seit mehr als Jahresfrist bekannt war, obliegt nach allgemeinen Grundsätzen demjenigen, der sich hierauf beruft (vgl. Anm. 3 zu § 1339).

5. Abgesehen von den Vorschriften des § 1594 ist das Anfechtungsrecht des Mannes einer zeitlichen Schranke nicht unterworfen. Ein dahin gehender Antrag wurde von der II. Komm. abgelehnt (P. IV, 469 ff.; vgl. Anm. 4 zu § 1339).

6. Ueber den Ausschluß des Anfechtungsrechts in Folge Anerkennung des Kindes s. § 1598, über die Frist zur Anfechtung der Ehe s. § 1339; vgl. auch §§ 1954, 2082, 2308.

§ 1595.

Die Anfechtung der Ehelichkeit kann nicht durch einen Vertreter erfolgen. Ist der Mann in der Geschäftsfähigkeit beschränkt, so bedarf er nicht der Zustimmung seines gesetzlichen Vertreters.

Für einen geschäftsunfähigen Mann kann sein gesetzlicher Vertreter mit Genehmigung des Vormundschaftsgerichts die Ehelichkeit anfechten. Hat der gesetzliche Vertreter die Ehelichkeit nicht rechtzeitig angefochten, so kann nach dem Wegfalle der Geschäftsunfähigkeit der Mann selbst die Ehelichkeit in gleicher Weise anfechten, wie wenn er ohne gesetzlichen Vertreter gewesen wäre.

E. I, 1474 Satz 1, 3; II, 1491 Abs. 1, 2; III, 1573.

1. Aus der höchst persönlichen Natur des Anfechtungsrechts ergibt sich,

a) daß die Anfechtung der Ehelichkeit nicht durch einen Vertreter, insbesondere auch nicht durch den gesetzlichen Vertreter des Mannes erfolgen kann (M. IV, 668; vgl. §§ 1336 Abs. 1 Satz 1, 1731, 1755, 1770). Hinsichtlich des Abwesenheitspflegers folgt dies schon aus § 1911 (M. IV, 668); anderer Ansicht Richter, das Vormundschaftsrecht nach dem B.G.B. S. 80 ff., der dem Abwesenheitspfleger das Recht einräumen will, Personenstandsklagen zu erheben, insoweit vermögensrechtliche Interessen des Pfleglings dadurch berührt werden (vgl. auch Anm. 3 zu § 1911);

b) daß der in der Geschäftsfähigkeit beschränkte Mann (§§ 106, 114) zur Ausübung des Anfechtungsrechts der Zustimmung seines gesetzlichen Vertreters nicht bedarf (vgl. § 1336 Abs. 1 Satz 2).

2. Von dem Grundsatze des § 1595 Abs. 1 Satz 1 macht Abs. 2 Satz 1 (abweichend vom E. I; s. M. IV, 668 ff.; Z.G. IV, 350; P. IV, 473) eine Ausnahme für den Fall, daß der Ehemann geschäftsunfähig (§ 104) ist. In diesem Falle ist sein gesetzlicher Vertreter, jedoch nur mit Genehmigung des Vormundschaftsgerichts, zur Anfechtung befugt (vgl. § 1336 Abs. 2 Satz 1). Die einjährige Anfechtungsfrist (§ 1594) beginnt in diesem Falle mit dem Zeitpunkt, in welchem der gesetzliche Vertreter die Geburt des Kindes erfährt, es sei denn, daß gegenüber dem Manne selbst schon vor dem Eintritte der Geschäfts-

unfähigkeit der Lauf der Frist begonnen hat. Ist der geschäftsunfähige Mann ohne Vertreter, so findet bezüglich des Ablaufs der Frist nach § 1594 Abs. 3 die Vorschrift des § 206 Abs. 1 Anwendung (s. Anm. 3b zu § 1594). Hat der gesetzliche Vertreter des geschäftsunfähigen Mannes, gleichviel aus welchem Grunde, es unterlassen, innerhalb der gesetzlichen Frist die Ehelichkeit des Kindes anzufechten, so präjudizirt dies dem Ehemanne nicht. Derselbe kann vielmehr nach dem Wegfalle der Geschäftsunfähigkeit die Ehelichkeit in gleicher Weise anfechten, wie wenn er ohne gesetzlichen Vertreter gewesen wäre (§§ 1595 Abs. 2 Satz 2, 1594 Abs. 3, 206 Abs. 1; vgl. §§ 1340, 2283 Abs. 3; diese dem E. I unbekannte Vorschrift beruht auf Beschluß der II. Komm., s. P. IV, 473 ff.). Stirbt der Mann im Zustande der Geschäftsunfähigkeit oder vor dem Ablaufe von sechs Monaten nach dem Wegfalle der Geschäftsunfähigkeit, so kann nunmehr die Unehelichkeit des Kindes von Jedermann geltend gemacht werden; stirbt er nach dem Ablaufe von sechs Monaten nach dem Wegfalle der Geschäftsunfähigkeit, ohne die Ehelichkeit des Kindes angefochten zu haben, so kann dessen Unehelichkeit von Niemand mehr geltend gemacht werden (§ 1593).

3. In Uebereinstimmung mit den Grundsätzen des § 1595 bestimmt C.P.O. § 641 Abs. 2 n. Nr.:

a) Der Ehemann ist für den Rechtsstreit, der die Anfechtung der Ehelichkeit des Kindes zum Gegenstande hat, prozeßfähig, auch wenn er in der Geschäftsfähigkeit beschränkt ist.

b) Für den geschäftsunfähigen Ehemann wird der Rechtsstreit durch den gesetzlichen Vertreter geführt; der gesetzliche Vertreter kann die Anfechtungsklage nur mit Genehmigung des Vormundschaftsgerichts erheben (vgl. E. I, 1476; M. IV, 671; P. IV, 474 ff.).

4. Die im E. I enthaltene Bestimmung, daß die Vorschriften über den Anwaltszwang unberührt bleiben, wurde von der II. Komm. als selbstverständlich gestrichen (Z.G. IV, 350; P. IV, 473; vgl. Anm. 4 zu § 1336).

§ 1596.

Die Anfechtung der Ehelichkeit erfolgt bei Lebzeiten des Kindes durch Erhebung der Anfechtungsklage. Die Klage ist gegen das Kind zu richten.

Wird die Klage zurückgenommen, so ist die Anfechtung als nicht erfolgt anzusehen. Das Gleiche gilt, wenn der Mann vor der Erledigung des Rechtsstreits das Kind als das seinige anerkennt.

Vor der Erledigung des Rechtsstreits kann die Unehelichkeit nicht anderweit geltend gemacht werden.

E. I, 1471 Abs. 2, 1475 Abs. 1, 1476 Satz 2, 3; II, 1492; III, 1574.

1. Form der Geltendmachung der Unehelichkeit eines Kindes. In welcher Form nach Gem.R. die Unehelichkeit eines als ehelich geltenden Kindes geltend zu machen sei, insbesondere, ob die Unehelichkeit rechtskräftig festgestellt sein müsse, bevor dieselbe in einem andern Rechtsstreite mit Erfolg behauptet werden könne, war bestritten (s. Bl. f. R.A. LIX, 87 ff.; über andere Rechte s. M. IV, 669).

Das B.G.B. unterscheidet die Geltendmachung der Unehelichkeit seitens des Mannes und seitens dritter Personen (zu welchen auch das Kind selbst gerechnet wird). Die Geltendmachung der Unehelichkeit durch den Mann heißt Anfechtung und erfolgt, solange das Kind lebt, durch Erhebung der Anfechtungsklage gegen das Kind (§ 1596), nach dessen Tode durch Erklärung gegenüber dem Nachlaßgericht (§ 1597). Ueber die Geltendmachung der Unehelichkeit durch dritte Personen s. Anm. 5 zu § 1591, Anm. 5 zu § 1593 (M. IV, 669 ff.).

2. Die Erhebung der Anfechtungsklage (§ 1596) hat doppelten Charakter. Sie ist einerseits Anfechtungsakt und insoweit rechtsgeschäftlicher Natur, andererseits derjenige prozessuale Akt, durch welchen der die Feststellung der Ehelichkeit oder Unehelichkeit des Kindes bezweckende Rechtsstreit anhängig wird (M. IV, 670; vgl. Anm. 1b zu § 1341).

3. Anfechtungsgegner bei Erhebung der Anfechtungsklage ist das Kind (M. IV, 670). Ist dasselbe noch minderjährig (§§ 2, 3 Abs. 2), was mit Rücksicht auf die Bestimmung des § 1594 in der Regel der Fall sein wird, und steht die elterliche Gewalt dem Vater zu, so muß das Kind gemäß §§ 1909 Abs. 1 Satz 1, 1630 Abs. 2 Satz 1, 1795 Abs. 2, 181 für die Dauer des Rechtsstreits einen Pfleger erhalten, dem die Anfechtungsklage zuzustellen ist (bez. des bisherigen Rechts s. Bl. f. R.A. LIX, 98). Steht die elterliche Gewalt

der Mutter zu und ist zu besorgen, daß sie die Interessen des Kindes im Anfechtungsprozeß nicht genügend wahren werde, so muß ebenfalls ein Pfleger bestellt werden (§§ 1684—1686, 1909, 1630 Abs. 2 Satz 2, 1796: M. IV, 670 ff.; vgl. Z.G. IV, 350 ff.). Die Bestellung des Pflegers hat der Mann, der die Anfechtungsklage erheben will, beim Vormundschaftsgerichte zu beantragen. Ueber Zuständigkeit des Vormundschaftsgerichts und Rechtsmittel gegen dessen Entscheidung s. F.G. §§ 35 ff., 57 Abs. 1 Nr. 3.

4. Im Interesse einheitlicher Feststellung der durch die Ehelichkeit oder Unehelichkeit des Kindes bedingten Rechtsverhältnisse bestimmt § 1596 Abs. 3 (abweichend von dem Grundsatze des § 1593, s. Anm. 6 zu § 1593), daß bis zur Erledigung des Anfechtungsprozesses eine anderweitige Geltendmachung der Unehelichkeit des Kindes ausgeschlossen ist (vgl. §§ 1329, 1343 Abs. 2). Demgemäß ist trotz der in der Erhebung der Anfechtungsklage liegenden Anfechtung der Ehelichkeit (s. o. Anm. 2) das Kind insolange als ehelich anzusehen und zwar sowohl gegenüber dem Manne als gegenüber dritten Personen. Hängt die Erledigung eines Rechtsstreits davon ab, ob ein Kind, dessen Ehelichkeit im Wege der Anfechtungsklage angefochten ist, unehelich ist, so hat das Gericht auf Antrag das Verfahren auszusetzen. Ist der Rechtsstreit über die Anfechtungsklage erledigt, so findet die Aufnahme des ausgesetzten Verfahrens statt (C.P.O. §§ 153, 152 n. Nr.; s. auch § 155). Stirbt der Mann oder das Kind vor der Rechtskraft des Urtheils, so ist der Rechtsstreit in Ansehung der Hauptsache als erledigt anzusehen, die bis dahin suspendirt gewesene Wirkung der in der Erhebung der Anfechtungsklage liegenden Anfechtung tritt nunmehr hervor und es kann nach Maßgabe des § 1593 die Unehelichkeit des Kindes von Jedem geltend gemacht werden. Das Gleiche gilt, wenn bei Lebzeiten der Parteien die Unehelichkeit des Kindes rechtskräftig festgestellt wird (C.P.O. §§ 641 Abs. 1, 628, 643 n. Nr.; vgl. M. IV, 662 ff.; P. IV, 470). Nach Feststellung seiner Unehelichkeit durch rechtskräftige Entscheidung des Anfechtungsprozesses gilt das Kind sowohl im Verhältniß zum Manne als im Verhältniß zu dritten Personen als unehelich, es werden daher Rechtsgeschäfte dritter Personen mit dem Kinde, deren Wirksamkeit durch dessen Ehelichkeit bedingt ist (insbesondere, weil sie mit dem Manne als gesetzlichem Vertreter des Kindes geschlossen worden sind) nach rückwärtshin hinfällig. Ueber die Gründe, aus welchen der Gesetzgeber in dieser Beziehung Vorschriften zum Schutze gutgläubiger Dritter nicht für erforderlich erachtet hat, s. M. IV, 663 ff. (vgl. dagegen § 1344).

5. Klagszurücknahme und Anerkennung der Ehelichkeit während des Rechtsstreits. Im Zusammenhang mit der Vorschrift, daß das Kind trotz Erhebung der Anfechtungsklage bis zur Erledigung des Rechtsstreits als ehelich gilt (s. o. Anm. 4), steht die Bestimmung des § 1596 Abs. 2, wonach die in der Erhebung der Anfechtungsklage liegende Anfechtung der Ehelichkeit als nicht erfolgt gilt, wenn die Anfechtungsklage zurückgenommen oder das Kind vor Erledigung des Rechtsstreits vom Manne anerkannt wird (M. IV, 672; vgl. § 1341 Abs. 2 und Anm. 7 zu § 1593).

a) Die Zurücknahme der Anfechtungsklage ist ohne Einwilligung des Beklagten nur bis zum Beginne der mündlichen Verhandlung des Beklagten zur Hauptsache zulässig (C.P.O. § 271 Abs. 1 n. Nr. Die vom E. I in Aussicht genommene Bestimmung, daß die Anfechtungsklage vom Manne jederzeit ohne Einwilligung des Beklagten zurücknehmbar sein sollte, hat in die revidirte C.P.O. keine Aufnahme gefunden; s. M. IV, 672; M. z. E.G. 91; P. IV, 476; vgl. Anm. 3a zu § 1341). Zur Zurücknahme der Anfechtungsklage bedarf der gesetzliche Vertreter des geschäftsunfähigen Mannes nicht der Genehmigung des Vormundschaftsgerichts (vgl. dagegen C.P.O. § 641 Abs. 2 Satz 2 n. Nr.). Nach E. I sollte die Zurücknahme der Anfechtungsklage auch das Erlöschen des Anfechtungsrechts des Mannes zur Folge haben; von den II. Komm. wurde diese Bestimmung beseitigt (P. IV, 475 ff.). Ueber die prozeßrechtliche Wirkung der Klagszurücknahme s. C.P.O. § 671 Abs. 3 und 4 n. Nr.

b) Die Bestimmung, daß die Anerkennung des Kindes durch den Mann auch noch während des Anfechtungsprozesses zulässig sei, wurde bei den Berathungen der II. Komm. als selbstverständlich bezeichnet, jedoch zur Vermeidung von Mißverständnissen beibehalten (P. IV, 476). Gemäß § 1598 ist nach erfolgter Anerkennung des Kindes durch den Mann die Anfechtung der Ehelichkeit ausgeschlossen. Ueber Anfechtung der Anerkennung s. § 1599.

6. Prozessualische Besonderheiten der Klage auf Anfechtung der Ehelichkeit des Kindes. Durch C.P.O. §§ 641—643 n. Nr. ist ein Theil der für Ehesachen geltenden Vorschriften (C.P.O. § 606 fg. n. Nr.) auf die Anfechtungsklage des § 1596 übertragen worden. Hervorzuheben sind folgende Bestimmungen:

a) Nach §§ 641 Abs. 1 und 607 ist die Staatsanwaltschaft zur Mitwirkung befugt.

b) Der Mann ist prozeßfähig, auch wenn er in der Geschäftsfähigkeit beschränkt ist; für den geschäftsunfähigen Mann wird der Rechtsstreit durch den gesetzlichen Vertreter geführt, der hiezu der Genehmigung des Vormundschaftsgerichts bedarf (§ 641 Abs. 2; vgl. § 612 und Anm. 3 zu § 1595).
c) Mit der Klage auf Anfechtung der Ehelichkeit des Kindes kann nur die Klage auf Anfechtung der Anerkennung der Ehelichkeit verbunden werden. Eine Widerklage kann nicht erhoben werden (§ 641 Abs. 3; vgl. § 615 und Anm. 4 zu § 1599).
d) Hinsichtlich solcher Thatsachen, welche die Unehelichkeit des Kindes begründen sollen, ist in gewissem Umfange die Dispositionsmaxime ausgeschlossen und das Offizialprinzip anerkannt (§§ 641 Abs. 1, 617 Abs. 1, 2, 622 Abs. 1; M. IV, 672 ff.; M. z. E.G. 91).
e) Ein Versäumnißurtheil gegen den Beklagten ist unzulässig (§§ 641 Abs. 1, 618 Abs. 4; vgl. Bl. f. R.A. LIX, 97).
f) Beim Tode einer Partei vor Rechtskraft des Urtheils ist der Rechtsstreit in Ansehung der Hauptsache als erledigt anzusehen. Das bei Lebzeiten der Parteien rechtskräftig gewordene Urtheil wirkt für und gegen Alle (§§ 641 Abs. 1, 628, 643 Satz 1, 2: E. I, 1477; M. IV, 673 ff.; Z.G. IV, 351; P. IV, 476; vgl. Bl. f. R.A. LIX, 89 und oben Anm. 4).

§ 1597.

Nach dem Tode des Kindes erfolgt die Anfechtung der Ehelichkeit durch Erklärung gegenüber dem Nachlaßgerichte; die Erklärung ist in öffentlich beglaubigter Form abzugeben.

Das Nachlaßgericht soll die Erklärung sowohl demjenigen mittheilen, welcher im Falle der Ehelichkeit, als auch demjenigen, welcher im Falle der Unehelichkeit Erbe des Kindes ist. Es hat die Einsicht der Erklärung Jedem zu gestatten, der ein rechtliches Interesse glaubhaft macht.

E. I, 1475 Abs. 2; II, 1493; III, 1575.

1. Die Form, in welcher nach dem Tode des Kindes dessen Ehelichkeit Seitens des Mannes angefochten wird, ist Erklärung gegenüber dem Nachlaßgerichte, während bei Lebzeiten des Kindes die Ehelichkeit desselben vom Manne durch Erhebung der Anfechtungsklage anzufechten ist, s. § 1596; M. IV, 671; vgl. §§ 1342, 2281 Abs. 2. Ueber die Zuständigkeit des Nachlaßgerichts s. F.G. §§ 72, 73.

2. Die Erklärung hat „gegenüber", nicht „vor" dem Nachlaßgerichte zu erfolgen. Sie kann also auch schriftlich abgegeben werden (vgl. M. IV, 96). Ueber das Erforderniß der öffentlich beglaubigten Form s. §§ 129, 126 Abs. 1; vgl. P. V, 163 ff.

3. Die Anfechtungserklärung kann nicht durch einen Vertreter, insbesondere auch nicht durch den gesetzlichen Vertreter, erfolgen. Ist der anfechtungsberechtigte Mann in der Geschäftsfähigkeit beschränkt, so bedarf er nicht der Zustimmung seines gesetzlichen Vertreters. Für den geschäftsunfähigen Mann kann sein gesetzlicher Vertreter mit Genehmigung des Vormundschaftsgerichts die Anfechtungserklärung abgeben (§ 1595).

4. Auch die Anfechtung der Ehelichkeit durch Erklärung gegenüber dem Nachlaßgericht ist ausgeschlossen, wenn die im § 1594 bestimmte Frist abgelaufen ist oder der Mann das Kind nach der Geburt als das seinige anerkannt hat (§ 1598).

5. Mit der Abgabe der Anfechtungserklärung gegenüber dem Nachlaßgerichte tritt die im § 1593 festgesetzte Rechtswirkung ein. Es kann also nunmehr sowohl bei Lebzeiten des Mannes als nach dessen Tode die Unehelichkeit des Kindes von Jedem geltend gemacht werden.

6. Ueber Nichtigkeit und Anfechtbarkeit der dem Nachlaßgericht gegenüber abgegebenen Anfechtungserklärung entscheiden die für Willenserklärungen im Allgemeinen geltenden Grundsätze (§§ 105, 116 ff.).

7. Zu § 1597 Abs. 2 vgl. Anm. 7 zu § 1342.

§ 1598.

Die Anfechtung der Ehelichkeit ist ausgeschlossen, wenn der Mann das Kind nach der Geburt als das seinige anerkennt.

Die Anerkennung kann nicht unter einer Bedingung oder einer Zeitbestimmung erfolgen.

Für die Anerkennung gelten die Vorschriften des § 1595 Abs. 1. Die Anerkennung kann auch in einer Verfügung von Todeswegen erfolgen.

E. I, 1472 Satz 1, 3, 1474 Satz 1, 3; II, 1489, 1491 Abs. 3; III, 1576.

1. Außer durch Zeitablauf (§ 1594) geht das Anfechtungsrecht des Mannes auch verloren durch Anerkennung des Kindes nach Maßgabe des § 1598 (vgl. § 1337). Dies gilt sowohl für die Anfechtung durch Erhebung der Anfechtungsklage (§ 1596) als für die Anfechtung durch Erklärung gegenüber dem Nachlaßgerichte (§ 1597). Hat der Mann das Anfechtungsrecht durch Anerkennung des Kindes verloren, so ist damit auch die Geltendmachung der Unehelichkeit des Kindes Seitens dritter Personen ausgeschlossen (M. IV, 664; Anm. 1 zu § 1593). Ueber die Bedeutung der Anerkennung nach Gem. R. s. Bl. f. R.A. LIX, 21 ff.

2. Die Anerkennung ist ein einseitiges Rechtsgeschäft, bei welchem der Wille darauf gerichtet sein muß, daß das Kind als ehelich gelten soll, auch wenn es in Wirklichkeit nicht vom Manne erzeugt sein sollte. Daß der Anerkennende wegen der Ehelichkeit des Kindes wirklich Zweifel hege, ist hiezu nicht erforderlich (M. IV, 664). E. I forderte zur Wirksamkeit der Anerkennung ausdrückliche Willenserklärung (M. IV, 665). Diese Bestimmung wurde von der II. Komm. beseitigt. Die Anerkennung kann also auch stillschweigend durch konkludente Handlungen erfolgen. Sie muß aber den Charakter einer Willenserklärung, d. h. einer auf Herbeiführung einer beabsichtigten rechtlichen Wirkung gerichteten Handlung an sich tragen, so daß also z. B. eine im Selbstgespräch abgegebene Anerkennungserklärung nicht als ausreichend erachtet werden kann. Nicht erforderlich ist, daß die Erklärung zunächst und unmittelbar an einen bestimmten Empfänger gerichtet ist. Es kann also unter Umständen auch eine im Nachlaß des Mannes vorgefundene, nicht an eine bestimmte Person gerichtete Erklärung als wirksame Anerkennung zu betrachten sein (P. IV, 471 ff.). Ob in der Anmeldung der Geburt des Kindes beim Standesamt Seitens des Vaters eine stillschweigende Anerkennung des Kindes zu erblicken ist, hängt von den Umständen des einzelnen Falles ab (M. IV, 666; P. IV, 472).

3. Die Anerkennung muß, um die im § 1598 bestimmte Wirkung herbeizuführen, nach der Geburt des Kindes erfolgt sein. Durch diesen von der II. Komm. beigefügten Zusatz soll dem Mißverständnisse vorgebeugt werden, als sei in dem Umstande, daß Jemand mit einer schwangeren Frauensperson in Kenntniß dieser Thatsache ohne Vorbehalt die Ehe eingehe, eine Anerkennung der Ehelichkeit des später geborenen Kindes zu erblicken (P. IV, 472; vgl. M. IV, 665 ff.).

4. Daß die Anerkennung nicht unter einer Bedingung oder einer Zeitbestimmung erfolgen kann (§ 1598 Abs. 2) ergibt sich aus dem Wesen des den Gegenstand der Anerkennung bildenden persönlichen Verhältnisses (M. IV, 666; P. IV, 473; vgl. §§ 388 Satz 2, 925 Abs. 2, 1317 Abs. 2, 1724, 1742, 1768 Abs. 1 Satz 2, 1947, 2180 Abs. 2 Satz 2, 2202 Abs. 2 Satz 2). Eine gegen diese Vorschrift verstoßende Anerkennungserklärung ist nichtig. Anderweitige Nebenbestimmungen sind ohne Einfluß auf die Wirksamkeit der Anerkennung (M. IV, 666, 43; vgl. Anm. 4b zu § 1317, Anm. zu § 1724, Anm. 1 zu § 1742).

5. Wie die Anfechtung, kann auch die Anerkennung nicht durch einen Vertreter, insbesondere auch nicht durch den gesetzlichen Vertreter, erfolgen. Ist der Mann in der Geschäftsfähigkeit beschränkt, so bedarf er zur Anerkennung nicht der Zustimmung seines gesetzlichen Vertreters (§§ 1598 Abs. 3 Satz 1, 1595 Abs. 1). Ist der Mann geschäftsunfähig, so ist die Anerkennung auf die Dauer dieses Zustandes ausgeschlossen (vgl. Anm. 1b zu § 1599).

6. Die Bestimmung, daß die Anerkennung auch in einer Verfügung von Todeswegen (§§ 1937, 2299) erfolgen kann, enthält eine Abweichung vom E. I (M. IV, 666). Voraussetzung der Wirksamkeit einer solchen Anerkennung ist natürlich, daß die letztwillige Verfügung überhaupt wirksam ist, also bis zum Tode des Erblassers nicht zurückgenommen worden ist (P. IV, 471; §§ 2253 ff.). Die in den Entwürfen II und III enthaltene Bestimmung, wonach für derartige letztwillige Verfügungen minder strenge Formvorschriften bestehen sollten (E. II, 2120; E. III 2225), wurde von der Reichstagskommission mit Rücksicht auf die beschlossene Erleichterung der Testamentsform selbst (s. § 2231 Nr. 2) als gegenstandslos beseitigt (R.T.K. 177).

7. Nach § 1596 Abs. 2 Satz 2 kann die Anerkennung des Kindes auch nach Erhebung der Anfechtungsklage bethätigt werden, solange der Rechtsstreit noch nicht erledigt ist. Die Anfechtung ist in diesem Falle als nicht erfolgt anzusehen.

8. Die Vorschriften des § 1598 beziehen sich nur auf solche Kinder, welche während der Ehe oder innerhalb 302 Tagen nach Auflösung derselben geboren sind. Ein mehr als 302 Tage nach Auflösung der Ehe geborenes Kind kann also durch Anerkennung Seitens des früheren Ehemanns die Stellung eines ehelichen Kindes desselben nicht erlangen (M. IV. 664).

9. Ueber die Anfechtung der Anerkennung s. § 1599; über die Bedeutung der Anerkennung gegenüber einem unehelichen Kinde s. § 1718; vgl. auch §§ 1720 Abs. 2, 1725, 1883 Abs. 2 Satz 2.

§ 1599.

Ist die Anerkennung der Ehelichkeit anfechtbar, so finden die Vorschriften der §§ 1595 bis 1597 und, wenn die Anfechtbarkeit ihren Grund in arglistiger Täuschung oder in Drohung hat, neben den Vorschriften des § 203 Abs. 2 und des § 206 auch die Vorschrift des § 203 Abs. 1 entsprechende Anwendung.

E. I, 1478; II, 1494; III, 1577.

1. Die in der Anerkennung des Kindes liegende Willenserklärung kann (wie jede Willenserklärung) nichtig oder anfechtbar sein.

a) Ob die Anerkennung nichtig ist, bestimmt sich nach allgemeinen Grundsätzen, s. insbes. §§ 105, 116 ff. Die nichtige Anerkennung gilt als nicht vorhanden und kann daher der in der regelmäßigen Form (§§ 1593, 1596, 1597) erfolgenden Geltendmachung der Unehelichkeit des Kindes nicht entgegengehalten werden (M. IV, 674).

b) Auch darüber, ob die Anerkennung anfechtbar ist, entscheiden die allgemeinen Grundsätze, s. §§ 119 (Anfechtbarkeit wegen Irrthums über den Inhalt der Willenserklärung oder wegen Nichtübereinstimmung des erklärten Willens mit dem wirklichen Willen), 120 (Anfechtbarkeit wegen unrichtiger Uebermittlung der Willenserklärung), 123 (Anfechtbarkeit wegen arglistiger Täuschung oder Drohung). Während aber im Allgemeinen die Form der Anfechtung einer Willenserklärung sich nach § 143 regelt, finden auf die Anfechtung der Anerkennung der Ehelichkeit eines Kindes mit Rücksicht darauf, daß es sich hiebei im Grunde um die Anfechtung der Ehelichkeit des Kindes handelt (M. IV, 674), die Bestimmungen der §§ 1595—1597 entsprechende Anwendung. Demgemäß erfolgt die Anfechtung der Anerkennung bei Lebzeiten des Kindes durch Erhebung der Anfechtungsklage gegen das Kind, nach dessen Tode durch Erklärung gegenüber dem Nachlaßgerichte. Die Anfechtung der Anerkennung kann nicht durch einen Vertreter erfolgen. Ist der Mann in der Geschäftsfähigkeit beschränkt, so kann er die Anerkennung ohne Zustimmung seines gesetzlichen Vertreters anfechten; ist er geschäftsunfähig, so kann die Anfechtung der Anerkennung mit Genehmigung des Vormundschaftsgerichts durch den gesetzlichen Vertreter erfolgen. (Der bei den Berathungen der II. Komm. gestellte Antrag, dem gesetzlichen Vertreter des geschäftsunfähigen Mannes das Recht zur Anfechtung der Anerkennung zu versagen, weil er auch zur Anerkennung nicht befugt sei, wurde abgelehnt, P. IV, 477.)

2. Soweit § 1599 nicht Ausnahmen enthält (s. insbes. Anm. 1), unterliegt die Anfechtung der Anerkennung der Ehelichkeit eines Kindes den allgemeinen Vorschriften über die Anfechtung von Willenserklärungen (M. IV, 674). Dies gilt insbesondere hinsichtlich der Wirkung der Anfechtung und hinsichtlich des Verlusts des Anfechtungsrechts durch Bestätigung und Zeitablauf.

a) Wird die Anerkennung der Ehelichkeit angefochten, so gilt sie als von Anfang an nichtig (§ 142 Abs. 1, s. o. Anm. 1a). Dies gilt sowohl für den Fall, daß die Anfechtung in der Form der Anfechtungsklage, als für den Fall, daß sie in der Form der Erklärung gegenüber dem Nachlaßgerichte bethätigt wird (s. o. Anm. 1b). Die Frage, ob und von wem die Unehelichkeit des Kindes geltend gemacht werden kann, beantwortet sich daher in diesem Falle nach den Vorschriften der §§ 1593 ff., als wäre die Anerkennung nicht erfolgt. Nach dem durch § 1599 für entsprechend anwendbar erklärten § 1596 Abs. 3 kann aber, wenn die Anfechtung der Anerkennung im Wege der Anfechtungsklage erfolgt ist, die Nichtigkeit der Anerkennung vor der Erledigung dieses Rechtsstreits nicht anderweit geltend gemacht werden (P. IV, 477).

b) Die Anfechtung der Anerkennung ist ausgeschlossen, wenn die Anerkennung vom Manne bestätigt wird (§ 144 Abs. 1).

c) Die Anfechtung der Anerkennung ist endlich auch ausgeschlossen, wenn die für die Geltendmachung der Anfechtung bestimmte Frist abgelaufen ist. Diese Frist ist für die Anfechtung auf Grund der §§ 119, 120 im § 121, für die Anfechtung auf Grund des § 123 im § 124 geregelt. Auf den Lauf der letzteren Frist finden gemäß § 124 Abs. 2 Satz 2 die Vorschriften des §§ 203 Abs. 2 (Verhinderung der Rechtsverfolgung durch höhere Gewalt) und 206 (Verhinderung der Rechtsverfolgung wegen mangelnder Vertretung einer vertretungsbedürftigen Person), gemäß § 1599 aber (wie im analogen Falle des § 1594 Abs. 3) auch die Vorschrift des § 203 Abs. 1 (Verhinderung der Rechtsverfolgung durch Stillstand der Rechtspflege) Anwendung. Hat der gesetzliche Vertreter des geschäftsunfähigen Mannes die Anerkennung nicht rechtzeitig angefochten, so kann nach dem Wegfalle der Geschäftsunfähigkeit der Mann selbst die Anerkennung anfechten, wie wenn er ohne gesetzlichen Vertreter gewesen wäre (§§ 1599, 1595 Abs. 2 Satz 2, 124 Abs. 2 Satz 2, 206).

3. Ist die Ehelichkeit des Kindes vom Manne durch eine anfechtbare Erklärung anerkannt worden und der Mann vor Ablauf der im § 1594 bestimmten Frist verstorben, ohne das Recht auf Anfechtung der Anerkennung verloren zu haben (s. o. Anm. 2b und c), so steht seinen Erben wegen der höchst persönlichen Natur des fraglichen Verhältnisses das Recht auf Anfechtung seiner Anerkennungserklärung nicht zu, die Anerkennung bleibt vielmehr wirksam und die Geltendmachung der Unehelichkeit des Kindes ist gemäß § 1593 ausgeschlossen (M. IV, 674; vgl. § 1338; M. IV, 87).

4. In prozessualer Beziehung gelten nach C.P.O. §§ 641—643 n. Nr. für die Klage auf Anfechtung der Anerkennung der Ehelichkeit eines Kindes die gleichen Sonderbestimmungen wie für die Klage auf Anfechtung der Ehelichkeit eines Kindes (M. z. E.G. 91; P. IV, 477; vgl. Anm. 6 zu § 1596). Hervorzuheben ist, daß gemäß § 641 Abs. 3 mit der Klage auf Anfechtung der Anerkennung die Klage auf Anfechtung der Ehelichkeit verbunden werden kann. Diese Verbindung wird sich in der Regel empfehlen, da der Lauf der im § 1594 bestimmten Frist durch Erhebung der Klage auf Anfechtung der Anerkennung nicht gehemmt wird, und nach Ablauf dieser Frist das Recht des Mannes auf Anfechtung der Ehelichkeit des Kindes ausgeschlossen ist, auch wenn er in dem Rechtsstreit über die Anfechtung der Anerkennung ein obsiegendes Urtheil erlangt hat.

§ 1600.

Wird von einer Frau, die sich nach der Auflösung ihrer Ehe wiederverheirathet hat, ein Kind geboren, das nach den §§ 1591 bis 1599 ein eheliches Kind sowohl des ersten als des zweiten Mannes sein würde, so gilt das Kind, wenn es innerhalb zweihundertundsiebzig Tagen nach der Auflösung der früheren Ehe geboren wird, als Kind des ersten Mannes, wenn es später geboren wird, als Kind des zweiten Mannes.

E. I, 1479; II, 1495; III, 1578.

1. Die sich an das P.L.R. und das sächs. G.B. anschließende Vorschrift des § 1600 setzt voraus, daß eine Frau unter Außerachtlassung des Ehehindernisses der Wartezeit (§ 1313) oder nach erlangter Befreiung von diesem Ehehinderniß vor Ablauf von 302 Tagen nach Auflösung ihrer ersten Ehe sich wiederverheirathet und sodann so kurze Zeit nach Abschluß der zweiten Ehe ein Kind geboren hat, daß die Empfängnißzeit desselben (§ 1592) ganz oder theilweise in die Zeit des Bestehens der ersten Ehe zurückreicht, so daß also das Kind nach den Bestimmungen der §§ 1591, 1592 als eheliches Kind sowohl des ersten als des zweiten Mannes gelten würde. Diesen Konflikt löst das Gesetz, indem es vorschreibt, daß in solchem Falle ein innerhalb 270 Tagen nach Auflösung der ersten Ehe gebornes Kind als Kind des ersten Mannes, ein später gebornes Kind als Kind des zweiten Mannes gelten soll (M. IV, 674; Z.G. IV, 352). Bei den Berathungen der II. Komm. wurde der Antrag auf Streichung dieser Bestimmung abgelehnt, da diese „Spezialvermuthung" in der überwiegenden Mehrzahl der Fälle den realen Verhältnissen entspreche und einen Ausweg aus unlösbaren Schwierigkeiten biete (P. IV, 478). Ueber die Berechnung der 270 Tage s. §§ 187 Abs. 1, 188 Abs. 1.

2. Voraussetzung für die Anwendbarkeit des § 1600 ist ferner, daß die Ehelichkeit des Kindes von keinem der beiden Männer mit Erfolg angefochten worden ist, während, wenn einer von ihnen die Ehelichkeit des Kindes mit Erfolg angefochten hat, die allgemeinen

Vorschriften der §§ 1591 ff. Platz greifen. Ist also die Ehelichkeit eines innerhalb 270 Tagen nach Auflösung der ersten Ehe gebornen, den allgemeinen Grundsätzen zufolge als eheliches Kind beider Männer geltenden Kindes vom ersten Manne mit Erfolg angefochten worden, so gilt das Kind nicht etwa als unehelich, sondern als eheliches Kind des zweiten Mannes (es sei denn, daß auch dieser die Ehelichkeit des Kindes mit Erfolg angefochten hat) und ebenso umgekehrt (M. IV, 676).

3. § 1600 stellt nur eine Vermuthung auf, die gemäß C.P.O. § 292 n. Nr. den Beweis des Gegentheils nicht ausschließt. Es kann also sowohl incidenter gelegentlich eines anderen Rechtsstreits als auch (bei Vorhandensein der prozessualen Voraussetzungen) in der Form der Feststellungsklage der Nachweis unternommen werden, daß ein Kind abweichend von der Regel des § 1600 nicht vom ersten, sondern vom zweiten, oder nicht vom zweiten, sondern vom ersten Manne abstamme. Dagegen unterliegt der Nachweis, daß ein solches Kind von keinem der beiden Männer abstamme, also unehelich sei, den beschränkenden Vorschriften der §§ 1591 ff.

Dritter Titel.

Unterhaltspflicht.

Vorbemerkungen.

1. Rechtliche Natur des Unterhaltsanspruchs der Verwandten. Im Anschluß an die meisten neueren Gesetze betrachtet das B.G.B. den Unterhaltsanspruch der Verwandten, weil derselbe auf dem durch die Einheit des Blutes und die Bande der Familie hervorgerufenen natürlichen und sittlichen Verhältnisse beruht, als einen Anspruch familienrechtlicher Natur und hat demgemäß die denselben regelnden Vorschriften in das dem Familienrecht gewidmete vierte Buch aufgenommen. Insofern dieser Anspruch aber auf eine Leistung gerichtet ist, hat er auch obligatorischen Charakter und unterliegt daher den allgemeinen Grundsätzen des Obligationenrechts, soweit nicht Abweichungen ausdrücklich festgesetzt sind (M. IV, 676 ff.; Z.G. IV, 352).

2. Die §§ 1601—1615 handeln von der Unterhaltspflicht der Verwandten. Ueber den Begriff der Verwandtschaft s. § 1589 und Anm. hiezu, Anm. 2 zu § 1601. Daneben enthält das B.G.B. Normen über den Unterhaltsanspruch des Ehegatten (§§ 1360, 1361, s. auch §§ 1345—1347), des geschiedenen Ehegatten (§§ 1578—1583), des Ehegatten im Falle der Anfechtung der Ehe auf Grund des § 1350 (§ 1351), des aus einer nichtigen Ehe, deren Nichtigkeit beiden Ehegatten bekannt war, stammenden Kindes (§ 1703), des unehelichen Kindes und seiner Mutter (§§ 1708, 1715), der Mutter des zur Zeit des Erbfalls noch nicht gebornen Erben bezw. des bei dem Eintritte des Falles der Nacherbfolge noch nicht gebornen Nacherben (§§ 1963, 2141) und gewisser Familienangehöriger des Erblassers (§ 1969). Die Unterhaltspflicht unter Verwandten ist beschränkt auf Verwandte in gerader Linie. Voraussetzung des Unterhaltsanspruchs ist Bedürftigkeit auf der einen, Leistungsfähigkeit auf der anderen Seite (§§ 1602, 1603, s. aber § 1602 Abs. 2, § 1603 Abs. 2). Das Verhältniß unter mehreren an sich unterhaltspflichtigen Verwandten ist im § 1606, das Verhältniß unter mehreren bedürftigen Verwandten im § 1609 Abs. 1, das Verhältniß des unterhaltspflichtigen Ehegatten zu den unterhaltspflichtigen Verwandten im § 1608, das des bedürftigen Ehegatten zu den bedürftigen Verwandten im § 1609 Abs. 2 (s. auch § 1579 Abs. 1 Satz 2) geregelt. Dem Unterhaltspflichtigen obliegt grundsätzlich die Gewährung des standesmäßigen Unterhalts, ausnahmsweise braucht er nur den nothdürftigen Unterhalt zu gewähren (§§ 1610, 1611). Die regelmäßige Art der Unterhaltsgewährung ist Entrichtung einer Geldrente (§ 1612 Abs. 1 Satz 1); Ausnahmen sind im § 1612 Abs. 1 Satz 2 und Abs. 2 festgesetzt. Für die Vergangenheit kann der Anspruch nur in beschränktem Umfange geltend gemacht werden. Auf den Unterhalt für die Zukunft kann nicht verzichtet werden (§§ 1613, 1614 Abs. 1). Der Unterhaltsanspruch ist grundsätzlich weder aktiv noch passiv vererblich (§ 1615 Abs. 1).

3. Nach § 519 kann die Erfüllung eines schenkweise ertheilten Versprechens verweigert werden, soweit der Schenker bei Berücksichtigung seiner sonstigen Verpflichtungen außer Stande ist, das Versprechen zu erfüllen, ohne die Erfüllung der ihm kraft Gesetzes obliegenden Unterhaltspflichten zu gefährden. Nach §§ 528, 529 kann nach Vollziehung der Schenkung Herausgabe des Geschenkes nach den Vorschriften über die Herausgabe einer ungerechtfertigten Bereicherung gefordert werden, soweit der Schenker außer Stande ist, die ihm seinen Verwandten, seinem Ehegatten oder seinem früheren Ehegatten gegenüber gesetzlich obliegende Unterhaltspflicht zu erfüllen: der Beschenkte kann aber die Herausgabe durch Zahlung des für den Unterhalt erforderlichen

Betrags abwenden. Der Anspruch auf Herausgabe ist u. A. auch ausgeschlossen, soweit der Beschenkte bei Berücksichtigung seiner sonstigen Verpflichtungen außer Stande ist, das Geschen herauszugeben, ohne die Erfüllung der ihm kraft Gesetzes obliegenden Unterhaltspflichten zu gefährden.

Auf ähnlichen Erwägungen beruht die Vorschrift des § 829, wonach die dort statuirte Schadensersatzpflicht nur eintritt, wenn hiedurch nicht dem an sich Verpflichteten die zur Erfüllung seiner gesetzlichen Unterhaltspflichten erforderlichen Mittel entzogen werden.

4. Bei der Geschäftsführung ohne Auftrag kommt hinsichtlich der Haftung des Geschäftsführers ein der Geschäftsführung entgegenstehender Wille des Geschäftsherrn nicht in Betracht, wenn ohne die Geschäftsführung eine gesetzliche Unterhaltspflicht des Geschäftsherrn nicht rechtzeitig erfüllt werden würde (§§ 678, 679). In solchen Fällen steht dem Geschäftsführer der Anspruch auf Ersatz seiner Aufwendungen auch dann zu, wenn die Uebernahme der Geschäftsführung mit dem Willen des Geschäftsherrn in Widerspruch steht (§ 683). Dem Geschäftsführer steht ein Anspruch nicht zu, wenn er nicht die Absicht hatte, von dem Geschäftsherrn Ersatz zu verlangen. Gewähren Eltern oder Voreltern ihren Abkömmlingen oder diese jenen Unterhalt, so ist im Zweifel anzunehmen, daß die Absicht fehlt, von dem Empfänger Ersatz zu verlangen (§ 685).

5. Aus den Vorschriften über das eheliche Güterrecht ist hervorzuheben:

a) Beim ordentlichen gesetzlichen Güterstand ist der Mann der Frau gegenüber verpflichtet, für die Dauer der Verwaltung und Nutznießung die von der Frau auf Grund ihrer gesetzlichen Unterhaltspflicht geschuldeten Leistungen zu tragen, sofern sie bei ordnungsmäßiger Verwaltung aus den Einkünften des Vermögens bestritten werden (§ 1386). Nach § 1388 haftet er insoweit den Gläubigern neben der Frau als Gesammtschuldner (s. auch §§ 1411, 1415 Nr. 2, 1604 Abs. 1 und Anm. 1 zu § 1604). Die Frau kann verlangen, daß der Mann den Reinertrag des eingebrachten Gutes, soweit dieser zur Bestreitung des eigenen und des der Frau und den gemeinschaftlichen Abkömmlingen zu gewährenden Unterhalts erforderlich ist, ohne Rücksicht auf seine sonstigen Verpflichtungen zu diesem Zwecke verwendet (§ 1389 Abs. 2). Diesen Anspruch kann die Frau schon vor der Beendigung der Verwaltung und Nutznießung gerichtlich geltend machen (§ 1394 Satz 2).

b) Bezüglich der allgemeinen Gütergemeinschaft s. §§ 1459, 1463 Nr. 2, 1488, 1489, 1499 Nr. 1, 2, bez. der Errungenschaftsgemeinschaft s. §§ 1530, 1534, 1535 Nr. 1, bez. der Fahrnißgemeinschaft s. § 1549 (vgl. auch § 1604 Abs. 2 und Anm. 4 und 5 zu § 1604.

6. Nach den §§ 1738, 1765 verlieren mit der Ehelichkeitserklärung eines unehelichen Kindes die Mutter die Sorge für die Person des Kindes, mit der Annahme an Kindesstatt die leiblichen Eltern eines ehelichen Kindes die elterliche Gewalt, die Mutter eines unehelichen Kindes die Sorge für die Person des Kindes. Endigt die elterliche Gewalt des unehelichen Vaters bezw. des Annehmenden oder ruht sie wegen Geschäftsunfähigkeit oder gemäß § 1677, so treten die erwähnten Befugnisse der unehelichen Mutter bezw. der leiblichen Eltern wieder ein, vorausgesetzt, daß diese Personen dem Kinde Unterhalt zu gewähren haben.

7. Folgen der Verletzung oder Gefährdung des Unterhaltsanspruchs.

a) Wenn der Mann seine Unterhaltspflicht gegenüber der Frau und den gemeinschaftlichen Abkömmlingen verletzt hat und für die Zukunft eine erhebliche Gefährdung des Unterhalts zu besorgen ist, kann die Frau beim ordentlichen gesetzlichen Güterstand auf Aufhebung der Verwaltung und Nutznießung, bei allgemeiner Gütergemeinschaft, Errungenschafts- oder Fahrnißgemeinschaft auf Aufhebung der Gütergemeinschaft klagen; desgleichen kann bei fortgesetzter Gütergemeinschaft ein antheilsberechtigter Abkömmling auf Aufhebung der fortgesetzten Gütergemeinschaft klagen, wenn der überlebende Ehegatte ihm gegenüber seine Unterhaltspflicht verletzt hat und für die Zukunft eine erhebliche Gefährdung des Unterhalts zu besorgen ist (§§ 1418 Abs. 1 Nr. 2, 1468 Nr. 3, 1542, 1549, 1495 Nr. 3).

b) Beim System der Gütertrennung kann die Frau, wenn eine erhebliche Gefährdung des Unterhalts zu besorgen ist, den der Mann ihr und den gemeinschaftlichen Abkömmlingen zu gewähren hat, den von ihr zu leistenden Beitrag zur Bestreitung des ehelichen Aufwands insoweit zur eigenen Verwendung zurückbehalten, als er zur Bestreitung des Unterhalts erforderlich ist (§ 1428 Abs. 1).

c) Steht einer geschiedenen Frau die Sorge für die Person eines gemeinschaftlichen Kindes zu und ist eine erhebliche Gefährdung des Unterhalts des

Kindes zu besorgen, so kann sie den von ihr zu leistenden Beitrag zu den Kosten des Unterhalts des Kindes zur eigenen Verwendung für diesen Zweck zurückbehalten (§ 1585 Abs. 2). Das Gleiche gilt hinsichtlich des von einer Frau bei Auflösung der Ehe auf Grund des § 1348 Abs. 2 zu leistenden Beitrags (§ 1352).

d) Hat der Inhaber der elterlichen Gewalt das Recht des Kindes auf Gewährung des Unterhalts verletzt und ist für die Zukunft eine erhebliche Gefährdung des Unterhalts zu besorgen, so kann dem Gewalthaber die Vermögensverwaltung und Nutznießung am Vermögen des Kindes durch das Vormundschaftsgericht entzogen werden (§§ 1666 Abs. 2, 1686).

e) Böswillige Verletzung der gesetzlichen Unterhaltspflicht berechtigt den Erblasser zur Entziehung des Pflichttheils gegenüber dem unterhaltspflichtigen Abkömmling bezw. Elterntheil (§§ 2333 Nr. 4, 2334).

f) Nach St.G.B. § 361 Abs. 1 Nr. 10 und Abs. 2 (neu geschaffen durch R.G. v. 12. März 1894) wird mit Haft oder Geldstrafe bis zu 150 Mk. bestraft, wer, obschon er in der Lage ist, diejenigen, zu deren Ernährung er verpflichtet ist, zu unterhalten, sich der Unterhaltspflicht trotz der Aufforderung der zuständigen Behörde derart entzieht, daß durch Vermittlung der Behörde fremde Hülfe in Anspruch genommen werden muß. (Vgl. auch Art. 81 des bayr. Pol.St.G.B.)

8. Verjährung. Der Unterhaltsanspruch auf Grund der Verwandtschaft ist der Verjährung nicht unterworfen, soweit künftige Leistungen in Frage stehen (§ 194 Abs. 2; M. I, 295, IV, 711). Rückstände von Unterhaltsbeiträgen verjähren in vier Jahren, doch ist die Verjährung solcher Ansprüche zwischen Eltern und Kindern während der Minderjährigkeit der Kinder gehemmt (§§ 197 ff., 204; M. IV, 711; s. auch §§ 218 Abs. 2, 223 Abs. 2 und 258 der C.P.O. n. Nr. Nach dem bisher in Bayern r. d. Rheins geltenden Gesetz vom 26. März 1859 Art. 1 betrug die Verjährungszeit für fällig gewordene Unterhaltsbeiträge fünf Jahre von der jedesmaligen Verfallzeit an).

9. Nach C.P.O. § 708 Nr. 6 n. Nr. sind auch ohne Antrag Urtheile für vorläufig vollstreckbar zu erklären, welche die Verpflichtung zur Entrichtung von Alimenten aussprechen, soweit die Entrichtung für die Zeit nach der Erhebung der Klage und für das der Erhebung der Klage vorausgehende letzte Vierteljahr zu erfolgen hat. Der in der II. Komm. gestellte Antrag, diese Bestimmung auf die der unehelichen Mutter nach § 1715 zustehenden Ansprüche auszudehnen, wurde abgelehnt (P. IV, 692 ff.).

10. Gemäß C.P.O. § 850 Abs. 1 Nr. 2 n. Nr. sind der Pfändung nicht unterworfen die auf gesetzlicher Vorschrift beruhenden Alimentenforderungen. Demgemäß kann eine solche Forderung auch nicht abgetreten und nicht zum Gegenstand eines Nießbrauchs oder Pfandrechts gemacht werden; auch findet ihr gegenüber Aufrechnung nicht statt (§§ 400, 1069 Abs. 2, 1274 Abs. 2, 394 Satz 1; M. IV, 710; vgl. B.L.R. Thl. I cap. 4 § 7 Ziff. 9, Thl. IV cap. 15 § 2 Ziff. 4 und Art. 2 des bayr. Ges. v. 18. Dez. 1887, die der Pfändung nicht unterw. Sachen u. Ford. betr., cit. bei Vierling, die fragm. civilrechtl. Ges. 3. Aufl. S. 223). Dies gilt übrigens nur, soweit zukünftige Alimenten in Frage stehen, s. Anm. 6 zu § 1613.

Nach C.P.O. § 850 Abs. 1 Nr. 3 n. Nr. sind der Pfändung nicht unterworfen die fortlaufenden Einkünfte, welche ein Schuldner aus Stiftungen oder sonst auf Grund der Fürsorge und Freigebigkeit eines Dritten bezieht, insoweit der Schuldner zur Bestreitung des nothdürftigen Unterhalts für sich, seinen Ehegatten und seine noch unversorgten Kinder dieser Einkünfte bedarf. Ferner sind nach § 861 Abs. 1 Satz 2 C.P.O. n. Nr. die von dem Ehemanne erworbenen Früchte des eingebrachten Gutes der Pfändung nicht unterworfen, soweit sie zur Erfüllung der in den §§ 1384—1387 des B.G.B. bestimmten Verpflichtungen des Ehemannes, zur Erfüllung der ihm seiner Ehefrau, seiner früheren Ehefrau oder seinen Verwandten gegenüber gesetzlich obliegenden Unterhaltspflicht und zur Bestreitung seines standesmäßigen Unterhalts erforderlich sind. Das Gleiche gilt nach § 862 Abs. 2 C.P.O. n. Nr. hinsichtlich der Pfändung der vom Inhaber der elterlichen Gewalt kraft der elterlichen Nutznießung erworbenen Früchte, welch' letzteren die in den §§ 1655, 1656 des B.G.B. bezeichneten Ansprüche, wenn sie fällig sind, gleichstehen. Endlich sind nach § 863 Abs. 1 C.P.O. n. Nr., wenn der Schuldner als Erbe nach § 2338 des B.G.B. durch die Einsetzung eines Nacherben beschränkt ist, die Nutzungen der Erbschaft der Pfändung nicht unterworfen, soweit sie zur Erfüllung der dem Schuldner seinem Ehegatten, seinem früheren Ehegatten oder seinen Verwandten gegenüber gesetzlich obliegenden Unterhaltspflicht und zur Bestreitung seines standesmäßigen Unterhalts erforderlich sind. Das Gleiche gilt, wenn der Schuldner nach § 2338 des B.G.B. durch die Ernennung eines Testamentsvollstreckers beschränkt ist, für seinen Anspruch auf den jährlichen Reinertrag. Die Pfändung ist unbeschränkt zulässig, wenn der Anspruch eines

Nachlaßgläubigers oder ein auch dem Nacherben oder dem Testamentsvollstrecker gegenüber wirksames Recht geltend gemacht wird. Diese Vorschriften finden entsprechende Anwendung, wenn der Antheil eines Abkömmlings an dem Gesammtgute der fortgesetzten Gütergemeinschaft nach § 1513 Abs. 2 des B.G.B. einer Beschränkung dieser Art unterliegt. (Vgl. auch C.P.O. § 850 Abs. 4 Satz 2 und 3 n. Nr. und § 4a des R.G. v. 21. Juni 1869 in der durch R.G. v. 29. März 1897 festgesetzten Fassung [s. u. Anm. 11]).

11. Gewisse Beschränkungen der Exekution greifen den gesetzlichen Unterhaltsansprüchen gegenüber nicht Platz.

a) Während nach § 850 Abs. 2, 3 C.P.O. n. Nr. die dort erwähnten Bezüge im Allgemeinen nur bis zu einem gewissen Betrage pfändbar sind, ist die Pfändung dieser Bezüge ohne Rücksicht auf den Betrag zulässig, wenn sie wegen der den Verwandten, dem Ehegatten und dem früheren Ehegatten für die Zeit nach Erhebung der Klage und für das diesem Zeitpunkte vorausgehende letzte Vierteljahr kraft Gesetzes zu entrichtenden Unterhaltsbeiträge beantragt wird (C.P.O. § 850 Abs. 4 n. Nr.; vgl. Art. 2 des R.G. v. 29. März 1897). Während ferner nach §§ 1—3 des Ges. betr. die Beschlagnahme des Arbeits- oder Dienstlohnes vom 21. Juni 1869 die Beschlagnahme dieses Lohnes in gewissem Umfange für unzulässig erklärt ist, finden nach § 4 Nr. 3 dieses Gesetzes in der durch R.G. v. 29. März 1897 Art. 1 festgesetzten Fassung diese Vorschriften keine Anwendung auf die Beitreibung der den Verwandten, dem Ehegatten und dem früheren Ehegatten für die Zeit nach Erhebung der Klage und für das diesem Zeitpunkte vorausgehende letzte Vierteljahr kraft Gesetzes zu entrichtenden Unterhaltsbeiträge. Zu Gunsten der Unterhaltsansprüche des unehelichen Kindes gegenüber seinem Vater finden diese beiden Sonderbestimmungen nur insoweit Anwendung, als nicht der Schuldner zur Bestreitung seines nothdürftigen Unterhalts und zur Erfüllung der ihm seinen Verwandten, seiner Ehefrau oder seiner früheren Ehefrau gegenüber gesetzlich obliegenden Unterhaltspficht der Bezüge bezw. der Vergütung bedarf, wobei jedoch ausschließlich die Leistungen berücksichtigt werden, welche vermöge einer solchen Unterhaltspflicht für den nämlichen Zeitraum oder, falls die Klage zu Gunsten des unehelichen Kindes nach der Klage eines Unterhaltsberechtigten erhoben ist, für die Zeit von dem Beginne des der Klage dieses Berechtigten vorausgehenden letzten Vierteljahrs ab zu entrichten sind (C.P.O. § 850 Abs. 4 Satz 2, 3 n. Nr.; R.G., betr. die Beschlagnahme des Arbeits- oder Dienstlohnes § 4a in der durch R.G. v. 29. März 1897 Art. 2 und 1 festgesetzten Fassung. Vgl. hiezu Bl. f. R.A. 15. Erg.Bd. S. 225 ff.; s. auch P. IV, 693 ff.).

b) Nach § 56 Abs. 2 des Krankenversicherungsgesetzes vom $\frac{\text{15. Juni 1883,}}{\text{10. April 1892,}}$ § 68 des Unfallversicherungsgesetzes vom 6. Juli 1884, § 73 des land- und forstwirthschaftlichen Unfall- und Krankenversicherungsgesetzes vom 5. Mai 1886, § 38 Abs. 2 Satz 2 des Bau-Unfallversicherungsgesetzes vom 11. Juli 1887, § 76 des See-Unfallversicherungsgesetzes vom 13. Juli 1887 und § 40 des Invaliditäts- und Altersversicherungsgesetzes vom 22. Juni 1889 können die auf Grund dieser Gesetze den Unterstützungsberechtigten zustehenden Ansprüche nur zu Gunsten der im § 749 Abs. 4 C.P.O. ä. F. bezeichneten Forderungen der Ehefrau und ehelichen Kinder, sowie des ersatzberechtigten Armenverbandes gepfändet werden.

12. Für die Geltendmachung der Unterhaltsansprüche im Konkursverfahren sind nunmehr maßgebend die §§ 1, 3 der K.O. n. Nr. Hienach umfaßt das Konkursverfahren das gesammte einer Zwangsvollstreckung unterliegende Vermögen des Gemeinschuldners, welches ihm zur Zeit der Eröffnung des Verfahrens gehört (§ 1 Abs. 1 K.O.). Der bisherige Abs. 2 des § 1, wonach der Nießbrauch, welcher dem Gemeinschuldner während der Dauer des Verfahrens an dem Vermögen seiner Ehefrau oder seiner Kinder nach den Landesgesetzen zusteht, zur Konkursmasse gehören, dem Gemeinschuldner aber aus den Nutzungen die Mittel gebühren sollten, welche zu seinem angemessenen Unterhalte und dazu erforderlich sind, um eine gesetzliche Verpflichtung desselben zum Unterhalte seiner Ehefrau und zum Unterhalte und zur Erziehung seiner Kinder zu erfüllen, ist mit Rücksicht auf die Bestimmungen der C.P.O. §§ 861, 862 n. Nr. gestrichen worden. Nach dem neu geschaffenen § 3 Abs. 2 der K.O. können Unterhaltsansprüche, die nach den §§ 1351, 1360, 1361, 1578—1583, 1586, 1601—1615, 1708—1714 des B.G.B. gegen den Gemeinschuldner begründet sind, sowie die sich aus den §§ 1715, 1716 des B.G.B. ergebenden Ansprüche für die Zukunft nur geltend gemacht werden, soweit der Gemeinschuldner als Erbe des Verpflichteten haftet (vgl. E. I, 1494; M. IV, 708 ff.; Z.G. IV, 366; P. IV, 515).

15. **Unberührt** durch die Vorschriften des B.G.B. über die Unterhaltspflicht bleiben die dem öffentlichen Recht angehörigen landesgesetzlichen Vorschriften über die **öffentliche Armenpflege** (M. IV, 676). Für **Bayern**, auf welchen Bundesstaat das R.G. über den Unterstützungswohnsitz v. 6. Juni 1870 gemäß Vertrag v. 23. November 1870 III § 1 keine Anwendung findet, ist maßgebend das Gesetz über die öffentliche Armen- und Krankenpflege vom $\frac{\text{29. April 1869}}{\text{3. Februar 1888}}$, Art. 4 fg. (in der neuen Fassung von 1899). Es gilt dies namentlich von den Ersatzansprüchen der öffentlichen Armenpflege an die zur Alimentation oder Unterstützung eines Hülfsbedürftigen rechtlich Verpflichteten. Derartige Ersatzansprüche sind durch E.G. Art. 103 ausdrücklich aufrecht erhalten worden. Weiter gehört hieher auch das Recht der Armenpflege, zu beantragen, daß der Ehemann, die Ehefrau, die Eltern und Großeltern, die uneheliche Mutter eines Hülfsbedürftigen, sowie die unehelichen Kinder in Beziehung auf die hülfsbedürftige Mutter im Verwaltungswege durch vorläufig vollstreckbaren Administrativbeschluß angehalten werden, ihrer Unterhaltspflicht zu genügen.

14. Nach § 46 des bayr. Familienfideikommiß-Edikts (Beilage VII zum Titel V § 4 der Verf.Urk.) ist der **Fideikommiß-Besitzer** mangels besonderer Verfügung des Konstituenten zum Vortheil der Familienglieder verbunden, seinen Geschwistern und der Wittwe seines Vorfahrers Mangels eines andern Vermögens oder Einkommens die nöthige und nach den Umständen zu bestimmende Alimentation zu geben. Diese Vorschrift ist gemäß E.G. Art. 59 unberührt geblieben. Unberührt durch das B.G.B. bleiben ferner landesgesetzliche Vorschriften, welche im Zusammenhang mit dem **Anerbenrecht** eine Unterhaltspflicht gegenüber Geschwistern statuiren (E.G. Art. 64).

15. Hinsichtlich des **internationalen Privatrechts** enthielt E. II folgende Vorschrift (§ 2258): „Die gesetzliche Unterhaltspflicht unter Verwandten wird . . . nach den Gesetzen des Staates beurtheilt, welchem die Verwandten zu der für die Unterhaltspflicht in Betracht kommenden Zeit angehören. Gehören die Verwandten zu dieser Zeit verschiedenen Staaten an, so besteht die Unterhaltspflicht insoweit, als sie nach den Gesetzen jedes der beiden Staaten begründet ist." Diese Bestimmung ist in das E.G. nicht aufgenommen worden; entscheidend sind daher nunmehr in dieser Beziehung die allgemeinen Vorschriften der Art. 19—21, 29—31 E.G.

16. Auch eine ausdrückliche **Uebergangsbestimmung** hinsichtlich der schon vor dem 1. Januar 1900 begründeten Unterhaltsansprüche enthält das E.G. nicht. Nach der rechtlichen Natur des Unterhaltsanspruchs (s. o. Anm. 1) kann aber nicht bezweifelt werden, daß vom 1. Januar 1900 ab auf diese Ansprüche die Vorschriften des B.G.B. Anwendung zu finden haben (M. z. E.G. 296; vgl. E.G. Art. 208 und Ziff. 10 der Vorbem. zum 6. Tit.).

§ 1601.

Verwandte in gerader Linie sind verpflichtet, einander Unterhalt zu gewähren.

E. I, 1480; II, 1496; III, 1579.

1. **Kreis der unterhaltspflichtigen Verwandten.** Nach Gem.R. (Büngner, Zur Theorie und Praxis der Alimentationspflicht, Leipzig 1879, S. 30, 171 ff.) und B.L.R. (Thl. I cap. 4 § 7 Ziff. 1—4) sind Ascendenten und Descendenten gegenseitig alimentationspflichtig, nicht aber Geschwister und ebensowenig Verschwägerte. Ueber andere Rechte s. M. IV, 678 ff.

E. I hatte im Anschluß an das P.L.R. mit Rücksicht auf die öffentliche Armenpflege neben den Verwandten in gerader Linie auch **Geschwister** für unterhaltspflichtig erklärt, letztere jedoch nur zur Gewährung des nothdürftigen Unterhalts verpflichtet (M. IV, 679, 699; Z.G. IV, 355 ff.; Jacubezky, Bemerkungen S. 311). Durch die II. Komm. wurde die Unterhaltspflicht der Geschwister **beseitigt** (P. IV, 478). Der in der Reichstagskommission gestellte Antrag, die Unterhaltspflicht auf Stiefeltern und Stiefkinder, Schwiegereltern und Schwiegerkinder auszudehnen, wurde später zurückgezogen (R.T.K. 142, vgl. M. IV, 679 ff.; Z.G. IV, 360 ff.; s. auch § 1604 Abs. 2 Satz 2). Ueber die Unterhaltspflicht des Fideikommißbesitzers gegenüber seinen Geschwistern nach dem bayr. Fideikommiß-Edikt und über die Unterhaltspflicht gegenüber Geschwistern auf Grund landesgesetzlicher Vorschriften über das Anerbenrecht s. Vorbem. Ziff. 14.

2. **Der Begriff der Verwandtschaft** ergibt sich aus § 1589. Kinder aus einer **nichtigen oder anfechtbaren und angefochtenen Ehe** können auch dann, wenn die Nichtigkeit oder Anfechtbarkeit der Ehe beiden Ehegatten bei der Eheschließung bekannt war und sie daher als unehelich gelten (§ 1699 Abs. 1), vom Vater, solange er lebt, Unterhalt wie eheliche Kinder verlangen (§ 1703 Satz 1, s. oben Satz 2). **Uneheliche Kinder** haben auch hinsichtlich der Unterhaltspflicht im Verhältnisse zu der Mutter und deren Verwandten die rechtliche Stellung ehelicher Kinder (§ 1705). Im Verhältnisse zum Vater gelten sie

zwar nicht als verwandt (§ 1589 Abs. 2), haben aber gegen denselben Unterhaltsanspruch nach Maßgabe der §§ 1708 ff. Legitimirte und an Kindesstatt angenommene Kinder stehen hinsichtlich der Unterhaltspflicht ehelichen Kindern gleich, soweit durch die Legitimation bezw. Annahme ein Verwandtschaftsverhältniß begründet wird (§§ 1719, 1736, 1737, 1757, 1762, 1763; M. IV, 678; vgl. aber auch §§ 1739, 1766).

3. Auch die Unterhaltspflicht der Eltern gegenüber den Kindern beruht auf der Verwandtschaft, nicht auf der elterlichen Gewalt und ist daher nicht davon abhängig, daß dem fraglichen Elterntheil die Nutznießung am Vermögen des Kindes zusteht (M. IV, 677 ff.; Z.G. IV, 353 ff.).

4. Die Reihenfolge der unterhaltspflichtigen Verwandten ist im § 1606 geregelt. Die Unterhaltspflicht des Ehegatten geht der der Verwandten des Bedürftigen vor, s. § 1608 Abs. 1 Satz 1, s. aber auch Satz 2. Ueber das Verhältniß des Unterhaltsanspruchs des Ehegatten zu dem der Verwandten des Unterhaltspflichtigen s. §§ 1609 Abs. 2, 1579 Abs. 1 Satz 2.

§ 1602.

Unterhaltsberechtigt ist nur, wer außer Stande ist, sich selbst zu unterhalten.

Ein minderjähriges unverheirathetes Kind kann von seinen Eltern, auch wenn es Vermögen hat, die Gewährung des Unterhalts insoweit verlangen, als die Einkünfte seines Vermögens und der Ertrag seiner Arbeit zum Unterhalte nicht ausreichen.

E. I, 1481 Abs. 1, 3; II, 1197; III, 1580.

1. Voraussetzung des Unterhaltsanspruchs gegenüber einem Verwandten ist, wie nach Gem.R. (Büngner S. 43 ff.), dem P.L.R. (Thl. I cap. 4 § 7 Ziff. 6) und den meisten neueren Gesetzen (M. IV, 680), Bedürftigkeit des den Unterhalt Beanspruchenden, d. h. Unfähigkeit desselben, sich selbst zu unterhalten (s. dagegen §§ 1360 Abs. 1, 1578 Abs. 1, 1351, 1708). Außer Stande, sich selbst zu unterhalten, ist nur, wer weder durch den Besitz von Vermögen, noch durch den Ertrag seiner Arbeit, noch durch sonstige Einkünfte (Pensionen, Leibrenten 2c.) in die Lage gesetzt ist, seine Lebensbedürfnisse zu bestreiten. (Vgl. Art. 3 des bayr. Armengesetzes v. 1869/99: „Als hilfsbedürftig sind nur diejenigen zu erachten, welche sich wegen Mangels eigener Mittel und Kräfte oder in Folge eines besonderen Nothstandes das zur Erhaltung des Lebens oder der Gesundheit Unentbehrliche nicht zu verschaffen vermögen.") Wer völlig vermögenslos und ohne Einkünfte, aber arbeitsfähig ist, hat demnach nur dann Anspruch auf Unterhalt, wenn ihm die Verwerthung seiner Arbeitskraft unmöglich ist. Andererseits ist der Arbeitsunfähige, welcher Vermögen besitzt, erst dann unterhaltsberechtigt, wenn er den Stamm seines Vermögens vollkommen aufgezehrt hat (M. IV, 681; Z.G. IV, 362; P. IV, 479). E. I enthielt auch die Bestimmung, daß der Unterhaltsanspruch nicht ausgeschlossen wird durch den Besitz von Vermögen, welches zur Bestreitung des Unterhalts nicht verwerthet werden kann. Diese Bestimmung wurde jedoch später beseitigt (M. IV, 681; Z.G. IV, 362; VI, 633; P. IV, 479). Durch den Umstand, daß die Bedürftigkeit auf eigenem Verschulden des Bedürftigen beruht, wird dessen Unterhaltsanspruch nicht ausgeschlossen, ebensowenig durch die Thatsache, daß sich der Bedürftige in Untersuchungshaft oder Strafhaft befindet (M. IV, 680 ff.; Z.G. IV, 362). S. aber § 1611!

2. Eine Ausnahme von dem Grundsatze des § 1601 Abs. 1 enthält Abs. 2 durch Anerkennung einer gesteigerten Unterhaltspflicht der Eltern gegenüber minderjährigen unverheiratheten Kindern (vgl. § 1603 Abs. 2). Hienach braucht sich ein minderjähriges (§§ 2, 3 Abs. 2) unverheirathetes Kind, welches Vermögen besitzt, von seinen Eltern nicht auf den Stamm seines Vermögens verweisen zu lassen. Es ist vielmehr den Eltern gegenüber schon dann unterhaltsberechtigt, wenn die Einkünfte seines Vermögens und, falls es arbeitsfähig ist, der Ertrag seiner Arbeit zur Bestreitung seiner Bedürfnisse nicht ausreicht (vgl. auch § 1603 Abs. 2 Satz 2). Die Arbeitsfähigkeit des Kindes kommt übrigens, obwohl dies nicht ausdrücklich hervorgehoben ist, selbstverständlich nur insoweit in Betracht, als dem Kinde nach Lage des Falles Arbeit zugemuthet werden kann (M. IV, 682; vgl. §§ 1578 Abs. 1, 1351). In der II. Komm. wurde beantragt, ausdrücklich auszusprechen, daß die Kinder ihren Eltern entgegenhalten dürften, sie seien zwar erwerbsfähig, könnten aber zur Zeit nichts erwerben, weil sie sich auf ihren künftigen Lebensberuf vorbereiten müßten. Die Mehrheit lehnte jedoch diesen Zusatz ab, weil derselbe einerseits selbstverständlich sei, andererseits eine das Erziehungsrecht der Eltern betreffende Frage berühre (P. IV, 479 ff.). Ob das Kind unter der elterlichen Gewalt des in Anspruch Genommenen steht oder nicht, ist für die Anwendbarkeit des § 1602 Abs. 2 ohne Belang (vgl. Anm. 3 zu § 1601). Ist

das Vermögen des Kindes nur zum Theil der elterlichen Nutznießung unterworfen, zum Theil aber freies Vermögen (§§ 1650 ff.), so sind die Einkünfte des letzteren auch dann zunächst zum Unterhalte des Kindes zu verwenden, wenn der Ertrag des nicht freien Vermögens hiezu ausreichen würde (M. IV, 683).

3. Beweispflichtig hinsichtlich der Bedürftigkeit ist, wer den Unterhaltsanspruch erhebt. Die Bedürftigkeit wird also als rechtserzeugende Thatsache für den Unterhaltsanspruch betrachtet (M. IV, 684; Z.G. IV, 362). Vgl. Anm. 1 zu § 1603.

4. Ein Anspruch auf Zurückerstattung des auf Grund gesetzlicher Verpflichtung gewährten Unterhalts für den Fall, daß der Unterstützte später wieder in bessere Verhältnisse gekommen ist, wird vom B.G.B. nicht anerkannt (das Gleiche galt nach Gem.R., s. Büngner S. 60). Ist der Unterhalt ohne gesetzliche Verpflichtung hiezu geleistet worden, so bestimmt sich die Frage, ob und in welchem Umfange Zurückerstattung gefordert werden kann, nach allgemeinen Grundsätzen, insbesondere nach den Vorschriften über Geschäftsführung ohne Auftrag (§§ 677 ff.) und ungerechtfertigte Bereicherung (§§ 812 ff.). Doch ist zu beachten, daß nach § 685 Abs. 2 im Verhältniß zwischen Ascendenten und Descendenten im Zweifel anzunehmen ist, daß die Absicht fehlt, von dem Empfänger Ersatz zu verlangen (vgl. bez. des Gem.R. Büngner, S. 60 ff.; B.L.R. Thl. I cap. 4 § 7 Ziff. 13). Dagegen betrachten die meisten Armengesetzgebungen (vgl. E.G. Art. 103), insbesondere das bayrische Armengesetz, den von der Armenpflege gewährten Unterhalt lediglich als Vorschuß. Demgemäß sind Personen, welche binnen bestimmter Frist nach Empfang öffentlicher Armenunterstützung ein Vermögen erworben haben, welches ihnen unbeschadet der Sicherstellung ihres Lebensunterhaltes die Ersatzleistung ermöglicht, zum Ersatze des Empfangenen verpflichtet. Desgleichen kann unter Umständen die Armenkasse auch aus dem Nachlasse der von ihr unterstützten Personen Ersatz für die gewährte Unterstützung verlangen.

5. Ueber den Ausschluß des Unterhaltsanspruchs durch Leistungsunfähigkeit des in Anspruch Genommenen s. § 1603.

§ 1603.

Unterhaltspflichtig ist nicht, wer bei Berücksichtigung seiner sonstigen Verpflichtungen außer Stande ist, ohne Gefährdung seines standesmäßigen Unterhalts den Unterhalt zu gewähren.

Befinden sich Eltern in dieser Lage, so sind sie ihren minderjährigen unverheiratheten Kindern gegenüber verpflichtet, alle verfügbaren Mittel zu ihrem und der Kinder Unterhalte gleichmäßig zu verwenden. Diese Verpflichtung tritt nicht ein, wenn ein anderer unterhaltspflichtiger Verwandter vorhanden ist; sie tritt auch nicht ein gegenüber einem Kinde, dessen Unterhalt aus dem Stamme seines Vermögens bestritten werden kann.

E. I, 1482; II, 1498; III, 1581.

1. Wie das Gem. R. (Büngner, a. a. O. S. 41 ff.), das B.L.R. (Thl. I cap. 4 § 7) und andere Rechte (M. IV, 685), geht auch das B.G.B. von der Auffassung aus, daß „das Recht und die Pflicht der Selbsterhaltung der Pflicht, andere zu unterstützen, vorgeht" (M. IV, 685). Die an sich begründete Unterhaltspflicht ist daher ausgeschlossen, wenn der in Anspruch Genommene leistungsfähig ist (vgl. §§ 1360 Abs. 1, 2, 1361 Abs. 2, 1579, 1351, 1708). Während aber nach E. I (wie nach Gem.R.) die Leistungsfähigkeit des in Anspruch Genommenen Voraussetzung seiner Unterhaltspflicht und daher der Kläger auch in dieser Beziehung beweispflichtig sein sollte, hat die II. Komm. aus Zweckmäßigkeitsgründen die Beweislast umgekehrt. Der den Unterhaltsanspruch Erhebende hat also nur seine Bedürftigkeit (vgl. Anm. 3 zu § 1602) und das Vorhandensein des den Anspruch begründenden Verwandtschaftsverhältnisses zu beweisen, während dem in Anspruch Genommenen der Beweis obliegt, daß er nicht leistungsfähig sei. Das Gesetz erklärt also nicht (wie E. I) die Leistungsfähigkeit als rechtserzeugende, sondern die Leistungsunfähigkeit als rechtshindernde Thatsache (M. IV, 687; Z.G. IV, 362 ff.; P. IV, 480 ff.; s. auch Dernburg, Pand., 5. Aufl., Bd. 1 S. 376 Note 8).

2. Begriff der Leistungsfähigkeit. Zur Entscheidung der Frage, ob der als unterhaltspflichtig in Anspruch Genommene leistungsunfähig ist, müssen nicht nur sein Vermögen und seine sonstigen Einkünfte, sondern auch seine Erwerbsfähigkeit in Betracht gezogen werden. Der Unterhaltsanspruch ist also auch gegen denjenigen begründet,

der zwar vermögenslos, aber bei Verwerthung seiner Arbeitskraft zur Gewährung des Unterhalts im Stande ist (M. IV, 685). Die Unterhaltspflicht ist jedoch insoferne einer Einschränkung unterworfen, als nach § 1603 der in Anspruch Genommene als nicht leistungsfähig gilt, wenn er bei Berücksichtigung seiner sonstigen Verpflichtungen durch Gewährung des Unterhalts seinen eigenen standesmäßigen Unterhalt (s. § 1610) gefährden würde. (Nach E. I sollte nur Beeinträchtigung des eigenen standesmäßigen Unterhalts in Betracht kommen, M. IV, 685; P. IV, 481.) Daß bei Ermittlung der „sonstigen Verpflichtungen" nicht ohne Weiteres alle Schulden in Abzug zu bringen sind, erklären die Motive (IV, 686) als selbstverständlich. Bei Feststellung der Leistungsfähigkeit sind auch die Bestimmungen der §§ 1604, 1605 zu berücksichtigen. Soweit der standesmäßige Unterhalt des in Anspruch Genommenen bei Berücksichtigung seiner sonstigen Verpflichtungen durch die Gewährung des Unterhalts nicht gefährdet wird, muß auch der Stamm des Vermögens zur Unterhaltsgewährung verwendet werden.

3. Rechtsfolge des Umstandes, daß die Unterhaltspflicht durch Leistungsunfähigkeit des in Anspruch Genommenen ausgeschlossen wird, ist:

a) daß die Frage der Leistungsfähigkeit nicht in die Zwangsvollstreckungsinstanz verwiesen werden kann (M. IV, 687);

b) daß der wegen Leistungsunfähigkeit nicht Unterhaltspflichtige, falls er später zu Vermögen gelangt, nicht zur Nachzahlung angehalten werden kann und zwar weder seitens des Unterhaltsberechtigten noch seitens dessen, der den Unterhalt gewährt hat (M. IV, 687 ff.).

4. Eine Ausnahme von dem Grundsatze des § 1603 Abs. 1 enthält Abs. 2 durch Anerkennung einer gesteigerten Unterhaltspflicht der Eltern gegenüber minderjährigen unverheiratheten Kindern (vgl. § 1602 Abs. 2). Gegenüber solchen erweitert sich die Unterhaltspflicht der Eltern dahin, daß dieselben ohne Rücksicht auf ihre sonstigen Verpflichtungen und auf die etwaige Gefährdung ihres standesmäßigen Unterhalts alle verfügbaren Mittel zu ihrem und der Kinder Unterhalte gleichmäßig zu verwenden verpflichtet sind (M. IV, 686; Z.G. IV, 362, VI, 633; P. IV, 481). Der in der Reichstagskommission und im Reichstag gestellte Antrag, diese Vorschrift auch auf die Unterhaltspflicht der Kinder gegenüber den Eltern auszudehnen, wurde abgelehnt (R.T.K. 143; St.B. 253).

Jene Ausnahmevorschrift findet jedoch keine Anwendung, es verbleibt vielmehr bei dem Grundsatze des § 1603 Abs. 1:

a) wenn das Kind Vermögen besitzt, aus dessen Stamme sein Unterhalt bestritten werden kann (vgl. § 1602 Abs. 2);

b) wenn ein anderer nach §§ 1601, 1603 Abs. 1 unterhaltspflichtiger Verwandter des Kindes vorhanden ist.

5. Soweit auf Grund des § 1603 ein Verwandter nicht unterhaltspflichtig ist, hat der nach ihm haftende Verwandte den Unterhalt zu gewähren (§ 1607 Abs. 1).

§ 1604.

Soweit die Unterhaltspflicht einer Frau ihren Verwandten gegenüber davon abhängt, daß sie zur Gewährung des Unterhalts im Stande ist, kommt die dem Manne an dem eingebrachten Gute zustehende Verwaltung und Nutznießung nicht in Betracht.

Besteht allgemeine Gütergemeinschaft, Errungenschaftsgemeinschaft oder Fahrnißgemeinschaft, so bestimmt sich die Unterhaltspflicht des Mannes oder der Frau Verwandten gegenüber so, wie wenn das Gesammtgut dem unterhaltspflichtigen Ehegatten gehörte. Sind bedürftige Verwandte beider Ehegatten vorhanden, so ist der Unterhalt aus dem Gesammtgute so zu gewähren, wie wenn die Bedürftigen zu beiden Ehegatten in dem Verwandtschaftsverhältnisse ständen, auf dem die Unterhaltspflicht des verpflichteten Ehegatten beruht.

E. I, 1313, 1363 Abs. 1, 2 Satz 1, 1425, 1431 Abs. 1; II, 1499; III, 1582.

1. Nach § 1604 Abs. 1 soll für die Beurtheilung der Frage, ob und inwieweit eine im ordentlichen gesetzlichen Güterstande lebende Frau im Stande ist, ihren Verwandten Unterhalt zu gewähren (§ 1603), das dem Manne nach § 1363 zustehende Verwaltungs- und Nutznießungsrecht an ihrem eingebrachten Gute außer Betracht

bleiben. Diese Bestimmung beruht auf der Erwägung, daß die Rechte des Mannes am eingebrachten Gute nicht weiter gehen sollen als die der Frau gehen würden, wenn die eheherrliche Verwaltung und Nutznießung nicht bestände (M. IV, 256 ff.; Z.G. IV, 156 ff.; P. IV, 214).

Gemäß § 1411 können die unterhaltsberechtigten Verwandten der Frau ohne Rücksicht auf die Verwaltung und Nutznießung des Mannes Befriedigung aus dem eingebrachten Gute der Frau verlangen, auch insoweit deren Leistungsfähigkeit auf dem Besitze von Vorbehaltsgut beruht. Im Verhältnisse der Ehegatten zu einander fallen dagegen die gesetzlichen Unterhaltsverbindlichkeiten der Frau ihrem Vorbehaltsgute zur Last, soweit sie auf dem Besitz von Vorbehaltsgut beruhen (§ 1415 Nr. 2). Nach § 1386 endlich ist der Mann der Frau gegenüber verpflichtet, für die Dauer der Verwaltung und Nutznießung die von der Frau auf Grund ihrer gesetzlichen Unterhaltspflicht geschuldeten Leistungen zu tragen, soweit sie bei ordnungsmäßiger Verwaltung aus den Einkünften des Vermögens bestritten werden und nicht im Verhältnisse der Ehegatten zu einander dem Vorbehaltsgute der Frau zur Last fallen. Nach § 1388 haftet er insoweit den Verwandten der Frau neben dieser als Gesammtschuldner.

2. Die beim System der vollen Gütertrennung (§§ 1426 ff.) der Frau nach § 1427 obliegende Verpflichtung zur Leistung eines angemessenen Beitrags zur Bestreitung des ehelichen Aufwands muß bei Prüfung der Frage, ob und inwieweit die Frau zur Gewährung des Unterhalts gegenüber ihren Verwandten im Stande ist, wie jede andere Verpflichtung der Frau berücksichtigt werden (§ 1603 Abs. 1; M. IV, 257).

3. Ueber die Berücksichtigung des dem Inhaber der elterlichen Gewalt zustehenden Nutznießungsrechts am Vermögen des Kindes bei Beurtheilung der Leistungsfähigkeit des Kindes s. § 1605.

4. Nach § 1604 Abs. 2 Satz 1 soll bei allgemeiner Gütergemeinschaft (§§ 1437 ff.), Errungenschaftsgemeinschaft (§§ 1519 ff.) und Fahrnißgemeinschaft (§§ 1549 ff.) mit Rücksicht auf die Bestimmung des Gesammtguts, als Vermögen beider Ehegatten zu dienen, hinsichtlich der Unterhaltspflicht gegenüber den beiderseitigen Verwandten die Leistungsfähigkeit jedes Ehegatten so beurtheilt werden, als ob er Eigenthümer des Gesammtguts wäre (M. IV, 376 ff., 530, 541 ff.; Z.G. IV, 200, 242; P. IV, 265 ff., 368).

Nach § 1459 ff. ist bei allgemeiner Gütergemeinschaft nicht nur die dem Manne, sondern auch die der Frau obliegende Unterhaltspflicht gegenüber einem Verwandten Gesammtgutsverbindlichkeit, und zwar auch insoweit die Unterhaltspflicht der Frau auf dem Besitze von Vorbehaltsgut beruht (P. IV, 266; vgl. dagegen E. I, 1363 Abs. 2 Satz 2; M. IV, 378). Im Verhältnisse der Ehegatten zu einander fällt dagegen die Unterhaltspflicht eines Ehegatten, soweit sie auf dem Besitze von Vorbehaltsgut beruht, dem unterhaltspflichtigen Ehegatten zur Last (§ 1463 Nr. 2). Für die Unterhaltsverbindlichkeiten der Frau haftet der Mann auch persönlich als Gesammtschuldner. Diese Haftung erlischt mit der Beendigung der Gütergemeinschaft, soweit die Unterhaltspflicht der Frau im Verhältnisse der Ehegatten zu einander nicht dem Gesammtgute zur Last fällt (§ 1459 Abs. 2).

Hinsichtlich der fortgesetzten Gütergemeinschaft s. §§ 1488, 1489, 1499 Nr. 1, 2; hinsichtlich der Errungenschaftsgemeinschaft s. §§ 1530, 1534, 1535 Nr. 1; hinsichtlich der Fahrnißgemeinschaft s. § 1549.

5. Der Grundsatz des § 1604 Abs. 2 Satz 1 findet auch Anwendung, soweit der Unterhaltsanspruch eines unehelichen Kindes der Frau in Frage steht. Der Unterhaltsanspruch eines unehelichen Kindes des Mannes dagegen kommt hier nicht in Betracht, weil dieser Anspruch durch Leistungsfähigkeit des Mannes nicht bedingt ist und das Recht des Kindes, hiewegen Befriedigung aus dem Gesammtgute zu verlangen, sich schon aus den allgemeinen Grundsätzen der §§ 1459 Abs. 1, 1530 Abs. 1, 1549 ergibt (§§ 1601, 1705, 1708; M. IV, 379).

6. Haben bei allgemeiner Gütergemeinschaft, Errungenschaft oder Fahrnißgemeinschaft beide Ehegatten bedürftige Verwandte, so wird nach § 1604 Abs. 2 Satz 2 behufs Bestimmung der Rangordnung der Bedürftigen (§ 1609) und der Leistungsfähigkeit des verpflichteten Ehegatten fingirt, daß beide Ehegatten eine Person, diese Eigenthümer des Gesammtguts sei und jeder Unterhaltsberechtigte zu dieser Gesammtperson in dem Verwandtschaftsverhältniß stehe, in welchem er zu dem ihm gegenüber unterhaltspflichtigen Ehegatten steht. Hat also der Mann einen bedürftigen Großvater, die Frau eine bedürftige Mutter und reicht das Gesammtgut nach Maßgabe des § 1603 Abs. 1 nicht zur Befriedigung der beiden Bedürftigen aus, so kann die Mutter der Frau gemäß § 1609 Abs. 1 vor dem Großvater des Mannes den Unterhalt aus dem Gesammtgute beanspruchen (M. IV, 377, 530, 541 ff.; Z.G. IV, 200, 242; P. IV, 265 ff.; 368).

7. Die Bestimmungen des § 1604 finden im Falle der Wiederverheirathung eines unterhaltspflichtigen geschiedenen Ehegatten sowie hinsichtlich der Aussteuerpflicht der Eltern entsprechende Anwendung (§§ 1581 Abs. 2, 1620 Abs. 2).

§ 1605.

Soweit die Unterhaltspflicht eines minderjährigen Kindes seinen Verwandten gegenüber davon abhängt, daß es zur Gewährung des Unterhalts im Stande ist, kommt die elterliche Nutznießung an dem Vermögen des Kindes nicht in Betracht.

E. I, 1529; II, 1500; III, 1583.

1. Analog der Vorschrift des § 1604 Abs. 1 bestimmt § 1605, daß für die Beurtheilung der Frage, ob ein Kind im Stande ist, nach Maßgabe des § 1603 seinen Verwandten Unterhalt zu gewähren, die dem Inhaber der elterlichen Gewalt nach §§ 1649, 1686 zustehende Nutznießung am Vermögen des Kindes nicht in Betracht kommt. Diese Bestimmung steht im Einklange mit dem Grundgedanken der elterlichen Nutznießung, daß der Inhaber der elterlichen Gewalt die Früchte des Kindesvermögens nur insoweit ziehen soll, als sie ohne die elterliche Nutznießung dem Kinde zugefallen wären (M. IV, 787; P. IV, 580 ff.). Auch hier kommt die Unterhaltspflicht des unehelichen Vaters gegenüber dem Kinde, weil durch Leistungsfähigkeit des Vaters nicht bedingt, nicht in Betracht (M. IV, 787 ff.; § 1659 Abs. 1; vgl. Anm. 5 zu § 1604).

2. Die Vorschrift des § 1605 findet auf die Unterhaltspflicht gegenüber dem Ehegatten, nicht aber (wie nach E. I) auf die Unterhaltspflicht gegenüber dem geschiedenen oder gemäß § 1351 unterhaltsberechtigten Ehegatten entsprechende Anwendung (§§ 1360 Abs. 3 Satz 2, 1580 Abs. 3, 1351: vgl. § 1661 Satz 2: M. IV, 787; P. IV, 580 ff.).

§ 1606.

Die Abkömmlinge sind vor den Verwandten der aufsteigenden Linie unterhaltspflichtig. Die Unterhaltspflicht der Abkömmlinge bestimmt sich nach der gesetzlichen Erbfolgeordnung und dem Verhältnisse der Erbtheile.

Unter den Verwandten der aufsteigenden Linie haften die näheren vor den entfernteren, mehrere gleich nahe zu gleichen Theilen. Der Vater haftet jedoch vor der Mutter; steht die Nutznießung an dem Vermögen des Kindes der Mutter zu, so haftet die Mutter vor dem Vater.

E. I, 1485, 1486 Satz 1; II, 1501; III, 1584.

1. § 1606 ordnet die Reihenfolge, in welcher die Verwandten einer bedürftigen Person unterhaltspflichtig sind, und das Verhältniß beim Zusammentreffen mehrerer in gleicher Linie Verpflichteten.

Nach Gem.R. war bestritten, ob die Ascendenten vor den Descendenten unterhaltspflichtig sind, und ob die Unterhaltspflicht der Letzteren sich nach der Nähe des Grades oder nach der Erbfolgeordnung bemißt (Büngner S. 168; M. IV, 690). Bezüglich der Ascendenten nahm die herrschende Ansicht an, daß in erster Linie der Vater haftet, nach ihm die Mutter, sodann die weiteren Voreltern nach der Nähe des Grades (Büngner, S. 33 ff.). Bestritten war auch, ob mehrere gleichzeitig Verpflichtete solidarisch oder zu gleichen Theilen oder nach Verhältniß ihrer Leistungsfähigkeit haften (Büngner, S. 40, 168 ff.; M. IV, 692).

Nach P.L.R. (Thl. I cap. 4 § 7 Ziff. 1 und 2) trifft die Unterhaltspflicht zunächst den Vater, dann die Mutter, hernach die Ascendenten von väterlicher, endlich die von mütterlicher Seite; soferne von diesen Personen Niemand mehr vorhanden oder vermöglich ist, haften die leiblichen Kinder und Descendenten mit Beobachtung der in successione üblichen Ordnung.

Ueber andere Rechte s. M. IV, 689 ff.

Das B.G.B. erklärt (im Gegensatz zum B.L.R.) die Abkömmlinge, weil sie vor den Ascendenten erbberechtigt sind, auch vor diesen für unterhaltspflichtig (M. IV, 689). Die Reihenfolge, in welcher die Abkömmlinge haften, bestimmt sich nicht nach der Nähe des Grades, sondern nach der gesetzlichen Erbfolgeordnung, also nach Stämmen (§ 1924 Abs. 3). Hat also der bedürftige A einen Sohn B und von einem verstorbenen Sohne C zwei Enkel D und E, so sind D und E neben B unterhaltspflichtig.

Die Haftung mehrerer gleichzeitig unterhaltspflichtiger Abkömmlinge ist keine solidarische (§ 421), bestimmt sich vielmehr sowohl im Verhältniß nach außen (zu dem Unterhaltsberechtigten) als nach innen (unter einander) nach dem Verhältnisse des Erbtheils, welcher jedem Unterhaltspflichtigen zukäme, wenn er als gesetzlicher Erbe des Bedürftigen berufen wäre (M. IV, 692 ff.; die in der II. Komm. gestellten Anträge auf anderweitige Regelung wurden abgelehnt: P. IV, 486 ff.). Bedarf also in dem obigen Falle A einer Monatsrente von 100 Mark, so hat B 50 Mark, D und E je 25 Mark monatlich zu entrichten.

2. Von den Verwandten aufsteigender Linie haften zunächst die Eltern und zwar der Vater vor der Mutter. Dies gilt auch dann, wenn ihm die elterliche Gewalt nicht mehr zusteht oder die Eltern im Güterstande der vollen Gütertrennung (§§ 1426 ff.) leben oder geschieden sind (M. IV, 691; vgl. §§ 1427 Abs. 2, 1428, 1585, 1352). Die Mutter haftet jedoch vor dem Vater, wenn ihr die Nutznießung am Vermögen des Kindes zusteht (§§ 1684 Abs. 1 Nr. 2, 1685 Abs. 2, 1701). Verzichtet sie auf die Nutznießung (§§ 1662, 1686), so haftet auch in diesen Fällen der Vater vor ihr. In der II. Komm. wurde beantragt, auch hier, wie im Falle des § 1585 Abs. 1 Satz 1, nicht das bloße Nutznießungsrecht, sondern den wirklichen Ertrag desselben für maßgebend zu erklären; dieser Antrag wurde aber abgelehnt (M. IV, 691; Z.G. IV, 363 ff.; P. IV, 485 ff.; P.M. 8663 ff.).

3. Nach den Eltern haften die weiteren Ascendenten nach der Nähe des Grades und zwar (abweichend vom P.L.R.; s. o. Anm. 1) ohne Unterschied zwischen der väterlichen und mütterlichen Linie. Gleich nahe Ascendenten haften zu gleichen Theilen (also nicht solidarisch; s. o. Anm. 1).

4. Ueber die Reihenfolge der einem unehelichen, legitimirten oder angenommenen Kinde gegenüber unterhaltspflichtigen Personen s. §§ 1709 (vgl. § 1703), 1739, 1766; über das Verhältniß der Unterhaltspflicht des Ehegatten eines Bedürftigen zu der Unterhaltspflicht der Verwandten des Bedürftigen s. § 1608.

§ 1607.

Soweit ein Verwandter auf Grund des § 1603 nicht unterhaltspflichtig ist, hat der nach ihm haftende Verwandte den Unterhalt zu gewähren.

Das Gleiche gilt, wenn die Rechtsverfolgung gegen einen Verwandten im Inland ausgeschlossen oder erheblich erschwert ist. Der Anspruch gegen einen solchen Verwandten geht, soweit ein anderer Verwandter den Unterhalt gewährt, auf diesen über. Der Uebergang kann nicht zum Nachtheile des Unterhaltsberechtigten geltend gemacht werden.

E. I, 1487; II, 1502; III, 1585.

1. Die Vorschrift des § 1607 folgt aus dem Grundsatze des § 1603, wonach die in abstracto bestehende Unterhaltspflicht durch Leistungsunfähigkeit des an sich Verpflichteten ausgeschlossen wird (M. IV, 694). Nach E. I 1487 sollte ein Verwandter, soweit er leistungsunfähig ist, in Ansehung der Unterhaltspflicht der übrigen Verwandten als „nicht vorhanden“ anzusehen sein. Die nunmehrige Fassung des Gesetzes weicht hievon nur in redaktioneller Beziehung ab (P. IV, 489). Hat also A, zu dessen Unterhalt monatlich 100 Mark erforderlich sind, zwei Söhne B und C, von denen B leistungsfähig ist, während C zwar selbst leistungsunfähig ist, aber einen leistungsfähigen Sohn D hat, so ist nicht etwa B zur Entrichtung der vollen Monatsrente von 100 Mark verpflichtet, sondern er und der Enkel D haben je 50 Mark monatlich beizusteuern, da das gleiche Resultat eintreten würde, wenn C nicht vorhanden wäre (§ 1606 Abs. 1 Satz 2). Kann unter sonst gleichen Voraussetzungen C monatlich nur 10 Mark leisten, so muß den Fehlbetrag von 40 Mark der Enkel D decken, weil für diesen Betrag C als nicht vorhanden gilt.

Hat A einen leistungsfähigen Sohn B, einen leistungsunfähigen Sohn C und keinerlei weitere Abkömmlinge, jedoch einen leistungsfähigen Vater D, so muß nicht etwa B und D je 50 Mark entrichten (wie man nach dem Wortlaute des § 1607 Abs. 1 annehmen könnte), sondern dem B fällt die volle Monatsrente von 100 Mark zur Last, da das Gleiche der Fall wäre, wenn C nicht vorhanden wäre (§ 1606 Abs. 1 Satz 1). Kann unter sonst gleichen Voraussetzungen C nur 10 Mark monatlich beisteuern, so muß B die übrigen 90 Mark entrichten, da für den Fehlbetrag von 40 Mark C als nicht vorhanden gilt.

2. Durch § 1607 Abs. 1 wird keine Haftung für fremde Schuld begründet. Wenn also einer der gleichzeitig Verpflichteten oder der in erster Linie Verpflichtete leistungsunfähig wird und die von ihm für die Zeit seiner Leistungsunfähigkeit zu entrichtenden Alimente nicht beigetrieben werden können, so kann der Bedürftige nicht etwa

wegen dieses Ausfalls nunmehr die übrigen Mitverpflichteten oder den Nachverpflichteten für die Vergangenheit in Anspruch nehmen. Die nach § 1607 Abs. 1 eintretende Verbindlichkeit des Nachverpflichteten bezw. Erweiterung der Verbindlichkeit des Mitverpflichteten greift vielmehr nur für die Zukunft, vom Eintritte der Leistungsunfähigkeit des andern Verwandten an, Platz (M. IV, 694 ff.).

3. Behinderung oder Erschwerung der Rechtsverfolgung gegen den Unterhaltspflichtigen. Schon nach bisherigem Recht wurde bisweilen der Leistungsunfähigkeit des an sich Verpflichteten der Umstand gleichgestellt, daß derselbe auf prozessualem Wege nicht oder nur mit unverhältnißmäßigen Schwierigkeiten belangbar sei (M. IV, 695; s. ferner S.A. Bd. 3 Nr. 60, Bd. 22 Nr. 241; Samml. von Entsch. d. bayr. Obersten L.G. Bd. 7 S. 23). Mit Rücksicht auf den eine rasche Durchführung erheischenden Zweck des Unterhaltsanspruchs bestimmt § 1607 Abs. 2 Satz 1 das Gleiche für den Fall, daß die Geltendmachung des Anspruchs im Inland (s. E.G. Art. 5, St.G.B. § 8) überhaupt ausgeschlossen ist (z. B. Mangels Zuständigkeit eines deutschen Gerichts) oder aus irgend welchen Gründen erheblich erschwert ist (vgl. C.P.O. § 917 n. Nr.). Ob ein solcher Fall gegeben ist, entscheidet der Richter nach freiem Ermessen. Auch in diesen Fällen tritt die Verbindlichkeit des Nachverpflichteten bezw. die Erweiterung der Verbindlichkeit des Mitverpflichteten nur für die Zukunft ein (M. IV, 695 s. o. Anm. 2). Beweispflichtig ist in dieser Beziehung natürlich der Kläger.

4. Rückgriff. Gewährt in einem oder im § 1607 Abs. 2 Satz 1 erwähnten Fälle der mit- oder nachverpflichtete Verwandte den Unterhalt, so geht der Anspruch des Unterhaltsberechtigten gegen den im Inlande nicht oder schwer belangbaren Verwandten kraft cessio legis auf den Leistenden über (§ 1607 Abs. 2 Satz 2; vgl. § 1709 Abs. 2 Satz 1; E. I hatte die Entscheidung der Frage, ob und inwieweit in solchem Falle ein Regreßanspruch begründet sei, der Wissenschaft und Praxis überlassen wollen, M. IV, 695). Der hienach dem Leistenden zustehende Anspruch ist inhaltlich identisch mit dem Unterhaltsanspruch des Berechtigten und unterliegt daher wie dieser, soweit Unterhalt für die Vergangenheit in Frage kommt, der Schranke des § 1613 (P. IV, 490). Der in der II. Komm. gestellte Antrag, dem den Unterhalt Leistenden unter allen Umständen einen Ersatzanspruch einzuräumen ohne Rücksicht darauf, ob der Befriedigte gegen den im Regreßwege in Anspruch zu Nehmenden einen Anspruch hatte oder nicht, wurde abgelehnt (P. IV, 489 ff.). Die dem Leistenden etwa aus anderem Rechtsgrunde (Geschäftsführung ohne Auftrag, ungerechtfertigte Bereicherung rc.) zustehenden weitergehenden Ansprüche bleiben natürlich unberührt (P. IV, 490).

5. Die Vorschrift des § 1607 Abs. 2 Satz 2 findet nur Anwendung, wenn an Stelle des im Inlande nicht oder schwer belangbaren unterhaltspflichtigen Verwandten ein anderer mit oder nach demselben unterhaltspflichtiger Verwandter (oder der Ehegatte; s. u. Anm. 7) den Unterhalt gewährt. Ueber die Ersatzansprüche anderer Personen entscheiden die allgemeinen Grundsätze (s. insbes. §§ 662 ff., 677 ff., 812 ff.). Für die Ersatzansprüche der öffentlich-rechtlichen Armenverbände, die an Stelle eines unterhaltspflichtigen Verwandten den Unterhalt geleistet haben, ist gemäß E.G. Art. 103 das Landesrecht maßgebend. Vgl. bez. Bayerns das Armengesetz von 1869/99. Auch die Frage, ob einer durch einstweilige richterliche Verfügung oder im Verwaltungswege zur Gewährung des Unterhalts angehaltenen Person, wenn später diese Verfügung wieder aufgehoben worden ist, ein Ersatzanspruch gegen den wirklich Verpflichteten zusteht, sollte durch § 1607 Abs. 2 Satz 2 nicht entschieden werden (M. IV, 695; P. IV, 491).

6. Der gemäß § 1607 Abs. 2 Satz 2 kraft Gesetzes eintretende Forderungsübergang kann nach Abs. 2 Satz 3 „nicht zum Nachtheile des Unterhaltsberechtigten geltend gemacht werden" (vgl. §§ 1709 Abs. 2 Satz 2; s. auch §§ 268 Abs. 3 Satz 2, 426 Abs. 2 Satz 2). Eine solche Geltendmachung zum Nachtheile des Unterhaltsberechtigten läge z. B. vor, wenn durch Befriedigung des Anspruchs der in Anspruch Genommene unfähig würde, seiner Unterhaltspflicht für die Zukunft zu genügen.

7. Die Vorschriften des § 1607 Abs. 2 finden auf das Verhältniß der Unterhaltspflicht des Ehegatten, des geschiedenen oder gemäß § 1351 unterhaltspflichtigen Ehegatten zu den unterhaltspflichtigen Verwandten und auf die Aussteuerpflicht der Eltern entsprechende Anwendung (§§ 1608 Abs. 1 Satz 2, Abs. 2; 1620 Abs. 2).

§ 1608.

Der Ehegatte des Bedürftigen haftet vor dessen Verwandten. Soweit jedoch der Ehegatte bei Berücksichtigung seiner sonstigen Verpflichtungen außer Stande ist, ohne Gefährdung seines standesmäßigen Unterhalts den Unterhalt zu gewähren, haften die Verwandten vor dem Ehegatten. Die Vorschriften des § 1607 Abs. 2 finden entsprechende Anwendung.

Das Gleiche gilt von einem geschiedenen unterhaltspflichtigen Ehegatten sowie von einem Ehegatten, der nach § 1351 unterhaltspflichtig ist.

E. I, 1484; II, 1503; III, 1586.

1. Im § 1608 wird das Verhältniß der Unterhaltspflicht des Ehegatten zu derjenigen der Verwandten des Bedürftigen geregelt (über das Verhältniß des Unterhaltsanspruchs des Ehegatten zu dem der Verwandten des unterhaltspflichtigen Ehegatten s. § 1609 Abs. 2).

Daß der Mann gegenüber der Frau vor ihren Verwandten haftet, folgt schon daraus, daß der Unterhaltsanspruch der Frau gegen den Mann nicht durch ihre Bedürftigkeit bedingt ist (§ 1360 Abs. 1), also einen Theil ihres Vermögens bildet, und die Verwandten der Frau nach § 1602 Abs. 1 erst unterhaltspflichtig sind, falls das Vermögen der Frau zu ihrem Unterhalte nicht ausreicht. Die Unterhaltspflicht der Frau gegenüber dem Manne ist dagegen durch dessen Bedürftigkeit bedingt (§ 1360 Abs. 2). Mit Rücksicht auf das nahe Verhältniß der Ehegatten erklärt das Gesetz aber auch die Frau gegenüber dem Manne vor dessen Verwandten für unterhaltspflichtig (§ 1608 Abs. 1 Satz 1; M. IV, 689; P. IV, 485).

2. Eine Ausnahme von diesem Grundsatze tritt nach § 1608 Abs. 1 Satz 2 ein, wenn und soweit bei dem an sich unterhaltspflichtigen Ehegatten die Voraussetzungen des § 1603 Abs. 1 gegeben sind (vgl. Anm. 2 zu § 1603). In diesem Falle haftet der Ehegatte (Mann oder Frau), soweit er überhaupt unterhaltspflichtig ist (§ 1360 Abs. 1, 2), erst nach sämmtlichen unterhaltspflichtigen Verwandten des bedürftigen Ehegatten (M. IV, 689; Z.G. IV, 363).

3. Auch im Verhältniß zwischen dem unterhaltspflichtigen Ehegatten zu den unterhaltspflichtigen Verwandten steht der Leistungsunfähigkeit des Verpflichteten der Umstand gleich, daß die Rechtsverfolgung gegen ihn im Inland ausgeschlossen oder erheblich erschwert ist (vgl. Anm. 3 zu § 1607). Der Anspruch des unterhaltsberechtigten Ehegatten geht in diesem Falle auf den Verwandten bezw. Ehegatten über, welcher an Stelle des im Inlande nicht oder schwer belangbaren Ehegatten bezw. Verwandten den Unterhalt gewährt, der Uebergang kann aber nicht zum Nachtheile des unterhaltspflichtigen Ehegatten geltend gemacht werden (§§ 1608 Abs. 1 Satz 3, 1607 Abs. 2; vgl. Anm. 4—6 zu § 1607).

4. Die gleichen Grundsätze gelten für das Verhältniß der Unterhaltspflicht des geschiedenen (§§ 1578, 1579) oder nach § 1351 unterhaltspflichtigen Ehegatten zu der Unterhaltspflicht der Verwandten des andern Ehegatten (M. IV, 618; P. IV, 529).

§ 1609.

Sind mehrere Bedürftige vorhanden und ist der Unterhaltspflichtige außer Stande, allen Unterhalt zu gewähren, so gehen unter ihnen die Abkömmlinge den Verwandten der aufsteigenden Linie, unter den Abkömmlingen diejenigen, welche im Falle der gesetzlichen Erbfolge als Erben berufen sein würden, den übrigen Abkömmlingen, unter den Verwandten der aufsteigenden Linie die näheren den entfernteren vor.

Der Ehegatte steht den minderjährigen unverheiratheten Kindern gleich; er geht anderen Kindern und den übrigen Verwandten vor. Ein geschiedener Ehegatte sowie ein Ehegatte, der nach § 1351 unterhaltsberechtigt ist, geht den volljährigen oder verheiratheten Kindern und den übrigen Verwandten vor.

E. I, 1483; II, 1504; III, 1587.

1. § 1609 regelt die Rangordnung unter mehreren Bedürftigen für den Fall, daß der Unterhaltspflichtige nicht in der Lage ist, sämmtlichen Ansprüchen zu genügen, im Anschluß an die Grundsätze des § 1606. Sind mehrere gleichzeitig als Erben berufene Abkömmlinge (§ 1924 Abs. 3, 4) oder mehrere gleich nahe Ascendenten vorhanden, so ist der zur Verfügung stehende Unterhalt unter dieselben gleichmäßig zu

vertheilen. Der Unterhaltsanspruch des Vaters geht (abweichend von dem Grundsatze des § 1606 Abs. 2 Satz 2) dem der Mutter nicht vor (M. IV, 688; P. IV, 485).

2. Bei Konkurrenz des Unterhaltsanspruchs eines Ehegatten (§§ 1360, 1361) mit dem eines minderjährigen (§§ 2, 3 Abs. 2) unverheiratheten Kindes (§§ 1602 Abs. 2, 1603 Abs. 2) ist der zur Verfügung stehende Unterhalt unter die Bedürftigen gleichmäßig zu vertheilen. Dagegen steht der Unterhaltsanspruch verheiratheter, sowie volljähriger oder für volljährig erklärter Kinder (§ 3 Abs. 2) und anderer Verwandten dem Unterhaltsanspruch des Ehegatten, des geschiedenen (§§ 1578, 1579) oder nach § 1351 unterhaltsberechtigten Ehegatten nach (§ 1609 Abs. 2; M. IV, 688 ff.). Ueber das Verhältniß des Unterhaltsanspruchs des geschiedenen oder nach § 1351 unterhaltsberechtigten Ehegatten zu dem Unterhaltsanspruch eines minderjährigen unverheiratheten Kindes und eines etwaigen neuen Ehegatten des Verpflichteten s. §§ 1579 Abs. 1 Satz 2, 1351.

3. Ueber die Reihenfolge, in welcher die Verwandten des Bedürftigen unterhaltspflichtig sind, und das Verhältniß beim Zusammentreffen mehrerer unterhaltspflichtiger Verwandten s. § 1606, über das Verhältniß der dem Ehegatten, dem geschiedenen oder nach § 1351 unterhaltspflichtigen Ehegatten obliegenden Unterhaltspflicht zu der der Verwandten des Bedürftigen s. § 1608.

§ 1610.

Das Maß des zu gewährenden Unterhalts bestimmt sich nach der Lebensstellung des Bedürftigen (standesmäßiger Unterhalt).

Der Unterhalt umfaßt den gesammten Lebensbedarf, bei einer der Erziehung bedürftigen Person auch die Kosten der Erziehung und der Vorbildung zu einem Berufe.

E. I, 1488 Abs. 1, 2; II, 1505; III, 1588.

1. § 1610 regelt im Abs. 1 das Maß, im Abs. 2 den Inhalt des Unterhaltsanspruchs. Nach der herrschenden Lehre des Gem. R. war das Maß der zu gewährenden Alimente nach dem Bedürfniß und dem Stande des Berechtigten, dem Vermögen des Verpflichteten und der Nähe der Verwandtschaft zwischen Beiden zu bestimmen, während der Stand des Verpflichteten außer Betracht zu bleiben hatte. Zu den Alimenten wurde nur das zur Erhaltung und Pflege des Körpers, nicht auch das zur Entwicklung und Ausbildung des Geistes Erforderliche gerechnet, doch waren Eltern ihren Kindern gegenüber auch zur Bestreitung des für die Erziehung erforderlichen Aufwands verpflichtet (Büngner, S. 50 ff., 170 ff.) Die Praxis zählte bisweilen auch die Kosten der Taufe (»alimenta spiritualia«) und des Begräbnisses zu den Alimenten (Büngner, S. 53 ff.). Ueber Prozeßkosten s. Büngner, S. 52 ff. Der Unterschied zwischen alimenta civilia und naturalia (standesmäßiger — nothdürftiger Unterhalt) war dem Gem. R. fremd (Büngner, S. 55).

Nach B. L. R. (Thl. I cap. 4 § 7 pr. und Ziff. 8) bestand die Alimentationspflicht in der Verbindlichkeit zur Verschaffung des nöthigen Unterhalts, wobei Stand und Nothdurft des Berechtigten, sowie Vermögen und Einkünfte des Verpflichteten in Betracht kamen (vgl. Kreittmayr, Anm. zu Thl. I cap. 4 § 7 Ziff. 7—9, zu Thl. III cap. 1 § 15 Ziff. 12).

Ueber andere Rechte s. M. IV, 696 ff.

2. Inhalt der Unterhaltspflicht ist nach B. G. B. die Gewährung des gesammten Lebensbedarfs einschließlich der Kosten der Erziehung und der Vorbildung zu einem Berufe, falls der Berechtigte noch eine der Erziehung bedürftige Person ist (M. IV, 696; Z. G. IV, 364). Was zum Lebensbedarf und zu den Kosten der Erziehung und beruflichen Vorbildung gehört, insbesondere, ob zu den letzteren auch die Kosten des Universitätsstudiums zu rechnen sind, läßt sich nicht im Allgemeinen bestimmen, hängt vielmehr von den Umständen des einzelnen Falles ab. Im E. I waren die Kosten der Taufe ausdrücklich erwähnt; die II. Komm. hat diese Bestimmung gestrichen, weil sich dieselben als Kosten der religiösen Erziehung darstellen und daher gleich den Kosten der Beichte, Konfirmation, Firmung ꝛc. (sowie der Beschneidung bei Israeliten) der besonderen Hervorhebung nicht bedürfen (M. IV, 696; Z. G. IV, 364; P. IV, 492). Ueber Beerdigungskosten s. § 1615 Abs. 2. Die Unterhaltspflicht umfaßt nicht die Verpflichtung, Schulden des Bedürftigen zu bezahlen, die Kosten eines von demselben geführten Rechtsstreits zu tragen, die Gerichts- und Vertheidigungskosten in einem gegen ihn gerichteten Strafverfahren zu bestreiten (M. IV, 696 ff.). Inwieweit dem Inhaber der elterlichen Gewalt kraft der elterlichen Nutznießung Verbindlichkeiten des Kindes aus einem gegen dasselbe gerichteten Strafverfahren oder Kosten eines von dem Kinde geführten Rechtsstreits zur Last fallen, bestimmt sich nach §§ 1654, 1660, 1686.

3. Hinsichtlich des Maßes der Unterhaltspflicht unterscheidet das B.G.B. standesmäßigen und nothdürftigen Unterhalt (vgl. § 1093 Abs. 2: „standesmäßige Bedienung", ferner C.P.O. § 850 Abs. 1 Nr. 3, Abs. 4 n. Nr. und § 4a Satz 1 des Lohnbeschlagnahmegesetzes in der durch R.G. v. 29. März 1897 festgesetzten Fassung). Bei dem ersteren bemißt sich der zu gewährende Unterhalt nicht nur nach den Bedürfnissen, sondern auch nach der Lebensstellung des Berechtigten; beim nothdürftigen Unterhalte wird auf die Lebensstellung des Bedürftigen keine Rücksicht genommen. Der Inhalt des Unterhaltsanspruchs bestimmt sich aber auch in diesem Falle nach § 1610 Abs. 2 (M. IV, 698). Regelmäßig sind Verwandte zur Gewährung des standesmäßigen Unterhalts verpflichtet, eine Beschränkung auf den nothdürftigen Unterhalt tritt nur in den Ausnahmsfällen des § 1611 ein. (Vgl. §§ 1360 Abs. 1, 2, 1578, 1351, 1708 Abs. 1 Satz 1.). Ueber den Stand ehelicher Kinder s. Anm. 5 zu § 1616.

4. Bei Bestimmung des Maßes des zu gewährenden Unterhalts sind nur die persönlichen Bedürfnisse des Berechtigten, nicht auch die seiner Familie, insbesondere auch nicht die seiner Frau und seiner Kinder, in Betracht zu ziehen. Gegentheilige Anträge wurden von der II. Komm. abgelehnt, weil die Kinder des Unterhaltsberechtigten kraft eignen Rechts gegenüber den Großeltern unterhaltsberechtigt seien und der Unterhaltsanspruch der Frau gegenüber dem Manne wie jede andere Verbindlichkeit desselben bei Bemessung seiner Bedürftigkeit in Betracht gezogen werden dürfe (M. IV, 698; P. IV, 492 ff.).

5. Ueber die Art der Unterhaltsgewährung s. § 1612, über die Verpflichtung zur Kollation von Aufwendungen, welche zum Zwecke der Vorbildung zu einem Berufe gemacht worden sind, s. § 2050 Abs. 2.

6. Veränderung der Verhältnisse. Nach § 258 C.P.O. n. Nr. kann auch Verurtheilung des Verpflichteten zu erst künftig fällig werdenden Alimenten erfolgen (vgl. E. I, 190 Abs. 2; M. I, 366 ff.; P. I, 245). Wie nach Gem.R. (Büngner, S. 54) ist aber auch nach dem B.G.B. Inhalt und Maß des zu gewährenden Unterhalts abhängig von den jeweiligen Verhältnissen. Tritt also nach rechtskräftiger Verurtheilung zur Unterhaltsleistung eine wesentliche Aenderung der für den Inhalt des Urtheils maßgebend gewesenen Verhältnisse ein, so ist jeder Theil berechtigt, im Wege der Klage eine entsprechende Abänderung des Urtheils zu verlangen. Doch ist diese Klage nur insoweit zulässig, als die Gründe, auf welche sie gestützt wird, erst nach dem Schlusse der mündlichen Verhandlung, in der eine Erweiterung des Klagantrags oder die Geltendmachung von Einwendungen spätestens hätte erfolgen müssen, entstanden sind und durch Einspruch nicht mehr geltend gemacht werden können. Auch darf die Abänderung des Urtheils nur für die Zeit nach Erhebung der Klage erfolgen (§ 323 C.P.O. n. Nr.; vgl. E. I, 1493; M. IV, 707 ff.; P. IV, 514).

7. Nach Art. 10 des bayr. Armengesetzes von 1869/99 ist Inhalt der öffentlich rechtlichen Unterhaltspflicht: Gewährung der zur Erhaltung des Lebens unentbehrlichen Nahrung, Kleidung, Wohnung, Heizung und Pflege, ärztliche Hülfe nebst Pflege und Heilmitteln, Unterbringung Geisteskranker in einer Irrenanstalt, Kosten der Erziehung, Ausbildung und Beerdigung.

§ 1611.

Wer durch sein sittliches Verschulden bedürftig geworden ist, kann nur den nothdürftigen Unterhalt verlangen.

Der gleichen Beschränkung unterliegt der Unterhaltsanspruch der Abkömmlinge, der Eltern und des Ehegatten, wenn sie sich einer Verfehlung schuldig machen, die den Unterhaltspflichtigen berechtigt, ihnen den Pflichttheil zu entziehen, sowie der Unterhaltsanspruch der Großeltern und der weiteren Voreltern, wenn ihnen gegenüber die Voraussetzungen vorliegen, unter denen Kinder berechtigt sind, ihren Eltern den Pflichttheil zu entziehen.

Der Bedürftige kann wegen einer nach diesen Vorschriften eintretenden Beschränkung seines Anspruchs nicht andere Unterhaltspflichtige in Anspruch nehmen.

E. I, 1490; II, 1506; III, 1589.

1. Während nach gemeinrechtlicher Praxis der Alimentationsanspruch durch schwere Verfehlungen des Berechtigten vollständig verwirkt wird (Büngner, S. 47 ff.; ähnlich P.L.R. Thl. I cap. 4 § 7 Ziff. 6), läßt das B.G.B. im Anschluß an das P.L.R. und das

sächsische G.B. mit Rücksicht auf die öffentliche Armenlast in derartigen Fällen nur eine Beschränkung des Unterhaltsanspruchs auf die Gewährung des nothdürftigen Unterhalts eintreten (M. IV, 700). Ueber den Begriff des nothdürftigen im Gegensatz zum standesmäßigen Unterhalt s. Anm. 3 zu § 1610.

2. Diese Beschränkung des Unterhaltsanspruchs tritt ein:

a) wenn die Bedürftigkeit des Berechtigten durch sittliches Verschulden desselben herbeigeführt worden ist (der in der II. Komm. gestellte Antrag auf Streichung dieser Bestimmung wurde abgelehnt, P. IV, 494 ff.; vgl. auch § 529 Abs. 1). Ob die Bedürftigkeit auf sittlichem Verschulden beruht, entscheidet der Richter nach freiem Ermessen. Verarmung durch eigene Schuld ist hiezu nicht genügend; andererseits ist die Beschränkung nicht vom Vorliegen eines schweren sittlichen Verschuldens abhängig gemacht (M. IV. 700 ff.). Auf den Unterhaltsanspruch des Ehegatten (§§ 1360, 1361) findet diese Bestimmung keine Anwendung, wohl aber auf den Unterhaltsanspruch des geschiedenen oder nach § 1351 unterhaltsberechtigten Ehegatten (§§ 1360 Abs. 3, 1580 Abs. 3, 1351).

b) Die Beschränkung auf den nothdürftigen Unterhalt tritt ferner ein, wenn der Bedürftige gegenüber dem Unterhaltspflichtigen sich einer Verfehlung schuldig macht, welche diesen berechtigt, ihm den Pflichttheil zu entziehen. Ueber die hier in Betracht kommenden Verfehlungen s. §§ 2333 (Entziehung des Pflichttheils gegenüber Abkömmlingen) und 2334 (Entziehung des Pflichttheils gegenüber Vater und Mutter). Großeltern und entfernten Ascendenten sind gemäß § 2303 nicht pflichttheilsberechtigt. Ihr Unterhaltsanspruch unterliegt aber der gleichen Beschränkung, falls sie sich einer Verfehlung schuldig machen, die gegenüber den Eltern zur Entziehung des Pflichttheils berechtigt. Nach ausdrücklicher Bestimmung des § 1611 Abs. 2 gilt diese Vorschrift auch für den Unterhaltsanspruch des Ehegatten (§§ 1360, 1361, vgl. §§ 2335, 1565—1568). Dagegen findet sie keine Anwendung auf den Unterhaltsanspruch des geschiedenen oder nach § 1351 unterhaltsberechtigten Ehegatten (§§ 1580 Abs. 3, 1351). Nach § 1766 Abs. 2 gilt die Vorschrift des § 1611 Abs. 2 auch für die Unterhaltspflicht des Annehmenden gegenüber dem angenommenen Kinde und den Abkömmlingen desselben, auf welche sich die Wirkungen der Annahme erstrecken. Durch Verzeihung erlischt das Recht auf Entziehung des Pflichttheils (§ 2337); von diesem Zeitpunkt ab greift daher auch wieder die Verpflichtung zur Gewährung des standesmäßigen Unterhalts Platz.

3. Die Bestimmung des § 1611 Abs. 2 wirkt nur zu Gunsten des zur Entziehung des Pflichttheils berechtigten Unterhaltspflichtigen. Die Verbindlichkeit etwaiger Mitverpflichteten zur antheilsmäßigen Gewährung des standesmäßigen Unterhalts wird hiedurch nicht berührt. Ebensowenig kann sich ein Mit- oder Nachverpflichteter für den Fall, daß ein zur Entziehung des Pflichttheils berechtigter Mit- oder Vorverpflichteter stirbt oder leistungsunfähig wird, auf jene Verfehlung berufen, da die Unterhaltspflicht dieser Personen keine abgeleitete ist, sondern in ihrer Person neu zur Entstehung kommt. Selbstverständlich kann auch der in erster Linie Unterhaltspflichtige nicht eine gegenüber einem Nachverpflichteten begangene Verfehlung zu seinen Gunsten geltend machen. Umgekehrt darf aber auch den übrigen Mit- oder Nachverpflichteten durch die Bestimmung des § 1611 Abs. 2 kein Nachtheil zugehen; sie haften daher gemäß § 1611 Abs. 3 nicht für den Ausfall, den der Unterhaltsberechtigte auf Grund des § 1611 Abs. 2 erleidet (M. IV, 701 ff.).

4. Die dem Erziehungsberechtigten zustehende Befugniß, den zu gewährenden Unterhalt aus Erziehungsrücksichten auf das Maß des Nothdürftigen zu beschränken, wird durch § 1611 selbstverständlich nicht berührt (M. IV, 702).

§ 1612.

Der Unterhalt ist durch Entrichtung einer Geldrente zu gewähren. Der Verpflichtete kann verlangen, daß ihm die Gewährung des Unterhalts in anderer Art gestattet wird, wenn besondere Gründe es rechtfertigen.

Haben Eltern einem unverheiratheten Kinde Unterhalt zu gewähren, so können sie bestimmen, in welcher Art und für welche Zeit im voraus der Unter-

halt gewährt werden soll. Aus besonderen Gründen kann das Vormundschaftsgericht auf Antrag des Kindes die Bestimmung der Eltern ändern.

Im Uebrigen finden die Vorschriften des § 760 Anwendung.

E. I, 1491; II, 1507; III, 1590.

1. § 1612 regelt die Art der Unterhaltsgewährung und die Fälligkeit des Unterhaltsanspruchs. Nach Gem.R. ist der Unterhaltspflichtige befugt, die Alimente in natura zu reichen, falls auf diesem Wege die Bedürfnisse des Unterhaltsberechtigten in genügender und zweckentsprechender Weise Befriedigung finden, worüber im Zweifel richterliches Ermessen entscheidet (Büngner, a. a. O., S. 55 ff.). Abweichend hievon bezeichnet das B.G.B. (hauptsächlich, um Streitigkeiten hintanzuhalten) als regelmäßige Art der Gewährung des Unterhalts die Entrichtung einer Geldrente (M. IV, 702 ff.; Z.G. IV, 364 ff.; P.M. 8664 ff.; vgl. auch §§ 1361 Abs. 1 Satz 1, 1580 Abs. 1 Satz 1, 1351, 1710 Abs. 1, s. dagegen § 1360 Abs. 3 Satz 1).

2. Hievon besteht jedoch eine doppelte Ausnahme:

a) Wenn besondere Gründe es rechtfertigen, kann jeder Unterhaltspflichtige verlangen, daß ihm eine andere Art der Unterhaltsgewährung (Naturalleistung, Abfindung durch Zahlung eines Kapitals 2c.) gestattet werde. Ueber das Vorhandensein solcher „besonderer Gründe" entscheidet im Streitfall das Ermessen des Prozeßgerichts (vgl. Z.G. IV, 365). Zu denken ist hauptsächlich an den Fall, daß der Bedürftige ein dem Trunke, dem Müssiggang oder überhaupt der Lüderlichkeit ergebene oder ein leichtsinniger, verschwenderischer Mensch ist, sodaß sich die mit der Naturalverpflegung verbundene Freiheitsbeschränkung als unentbehrlich darstellt (M. IV, 703). Trotz rechtskräftiger Feststellung der einen oder anderen Art der Unterhaltsgewährung kann übrigens wegen wesentlicher Veränderung der Verhältnisse auch in dieser Beziehung Abänderung des Urtheils verlangt werden (M. IV, 707; C.P.O. § 323 n. Nr.; vgl. Anm. 6 zu § 1610).

b) Eltern, die gegenüber unverheiratheten Kindern unterhaltspflichtig sind, können nach eigenem Ermessen bestimmen, in welcher Art sie den Unterhalt gewähren wollen (E. I hatte diese Befugniß allen Inhabern des Erziehungsrechts, also auch dem unterhaltspflichtigen Vormunde und Eltern auch gegenüber den nicht unter Erziehungsgewalt stehenden Kindern eingeräumt; M. IV, 703 ff.; P. IV, 495 ff.). Ob die Kinder minderjährig sind oder nicht, kommt hier nicht in Betracht (vgl. dagegen §§ 1602 Abs. 2, 1603 Abs. 2). Die Bestimmung der Eltern kann auf Antrag des Kindes aus „besonderen Gründen" durch das Vormundschaftsgericht abgeändert werden. Solche besondere Gründe werden immer dann als vorliegend angenommen werden müssen, wenn die von den Eltern gewählte Art der Unterhaltsgewährung den Interessen des Kindes zuwiderlaufen würde. Ueber Zuständigkeit des Vormundschaftsgerichts und Rechtsmittel gegen dessen Entscheidung s. F.G. 35 ff., 43, 20 ff., 59. Auf die dem Vater auf Grund des § 1703 Satz 1 obliegende Unterhaltspflicht findet § 1612 Abs. 2 keine Anwendung (§ 1703 Satz 2).

3. Durch § 1612 Abs. 3 sind die im § 760 für die Leibrente getroffenen Bestimmungen für anwendbar erklärt (M. IV, 703; vgl. §§ 1361 Abs. 1 Satz 1, 1580 Abs. 1 Satz 1, 1351, 1710 Abs. 2). Hieraus ergibt sich:

a) Der Unterhalt ist im Voraus zu gewähren (dies war im Hinblick auf die Natur der Alimentationspflicht auch im bisherigen Recht anerkannt: siehe Büngner, S. 58; M. IV, 703, woselbst statt Seuffert „III, 56" zu lesen ist: „II, 56"). Ist der Unterhalt in der Form einer Geldrente zu gewähren (s. o. Anm. 1 und 2), so ist dieselbe für drei Monate vorauszuzahlen: bei einer anderen Art der Unterhaltsgewährung entscheidet in dieser Beziehung Beschaffenheit und Zweck der Leistung (§ 760 Abs. 1, 2). Nach § 1612 Abs. 2 sind aber Eltern, welche einem unverheiratheten Kinde gegenüber unterhaltspflichtig sind, berechtigt, zu bestimmen, für welche Zeit im Voraus der Unterhalt gewährt werden soll, gleichviel, ob sie denselben in Gestalt einer Geldrente oder auf Grund der Ermächtigung des § 1612 Abs. 2 in anderer Art gewähren. Ueber die Frage, in welchem Umfange der Verpflichtete durch Vorausleistung befreit wird s. § 1614 Abs. 2.

b) Dem Unterhaltsberechtigten, der den Beginn des Zeitabschnitts erlebt hat, für den der Unterhalt gemäß Anm. 3a im Voraus zu gewähren ist, gebührt der volle auf diesen Zeitabschnitt entfallende Betrag (§ 760 Abs. 3). Es kann also Zurückgabe des für diesen Zeitabschnitt im Voraus gewährten

Unterhalts nicht gefordert, dagegen Gewährung des ganzen auf diesen Zeitraum treffenden Betrags verlangt werden, wenn der Unterhaltsanspruch nach dem Beginn, aber vor dem Ende dieses Zeitabschnitts erlischt. Insoweit der Unterhaltsanspruch auf solche im Voraus zu bewirkende Leistungen gerichtet ist, die zur Zeit des Todes des Berechtigten oder des Verpflichteten fällig sind, ist derselbe gemäß § 1615 Abs. 1 aktiv und passiv vererblich.

§ 1613.

Für die Vergangenheit kann der Berechtigte Erfüllung oder Schadensersatz wegen Nichterfüllung nur von der Zeit an fordern, zu welcher der Verpflichtete in Verzug gekommen oder der Unterhaltsanspruch rechtshängig geworden ist.

E. I, 1492; II, 1508; III, 1591.

1. Die Nachforderung von Alimenten für die Vergangenheit ist nach B.G.B. grundsätzlich ausgeschlossen, weil Gegenstand der Unterhaltspflicht die Befriedigung der Bedürfnisse des Berechtigten ist, eine Befriedigung von Bedürfnissen für die Vergangenheit naturgemäß unmöglich ist (»in praeteritum non vivitur«), Unmöglichkeit der Leistung aber im Allgemeinen den Schuldner befreit, falls sie nicht auf einem von ihm zu vertretenden Umstande beruht (§ 275; M. IV, 705. Der in der II. Komm. gestellte Antrag auf Streichung dieser Vorschrift wurde abgelehnt, P. IV, 496 ff.). Dies gilt auch für den Fall, daß der Bedürftige, um sich zu erhalten, genöthigt war, sich Entbehrungen aufzuerlegen oder Schulden zu machen. Ueber die Unzulässigkeit einer Nachforderung gegenüber einem früher wegen Leistungsunfähigkeit überhaupt nicht unterhaltspflichtigen Verwandten s. Anm. 3b zu § 1603.

2. Ausnahmsweise kann jedoch für die Vergangenheit Erfüllung des Unterhaltsanspruchs oder, wenn diese (wie regelmäßig bei Naturalleistung) nicht mehr möglich, Schadensersatz wegen Nichterfüllung (§§ 249 ff.) verlangt werden:

a) wenn der Verpflichtete in Verzug gekommen ist (§§ 284 ff.);

b) wenn der Unterhaltsanspruch rechtshängig geworden ist (C.P.O. § 263 n. Nr.), was hauptsächlich für die Fälle von Bedeutung ist, in welchen der Unterhaltsberechtigte nicht in der Lage war, den Pflichtigen in Verzug zu setzen oder in welchen auch durch Erhebung der Klage Verzug des Verpflichteten nicht begründet wird (§ 285; M. IV, 706).

Der Berechtigte ist in diesen Fällen nicht nur von dem Beweise befreit, daß und in welchem Umfang er zu seinem Unterhalt Aufwendungen gemacht habe, sein Anspruch ist vielmehr auch dann begründet, wenn er keinerlei Aufwendungen gemacht, sondern seine Bedürfnisse eingeschränkt hatte oder durch Wohlthätigkeit dritter Personen unterhalten worden ist (M. IV, 706). Hat dagegen der Dritte nicht, um dem Bedürftigen zu schenken, sondern aus Liberalität gegen den Verpflichteten oder als Geschäftsführer ohne Auftrag für denselben den Unterhalt gewährt, so kann der Alimentirte auch bei Verzug des Unterhaltspflichtigen oder Rechtshängigkeit des Unterhaltsanspruchs für die Vergangenheit keinen Anspruch gegen den Unterhaltspflichtigen erheben, da ja sein Unterhaltsanspruch durch den Dritten erfüllt worden ist (M. IV, 706, 707).

3. Ist dem Unterhaltsberechtigten durch den Verzug des Verpflichteten noch ein weiterer Schaden erwachsen, so kann er auch hiefür nach Maßgabe des § 286 Ersatz verlangen (M. IV, 707). Ebensowenig werden natürlich die dem Unterhaltsberechtigten gegenüber dem Verpflichteten auf Grund der Bestimmungen über Geschäftsführung ohne Auftrag (§§ 677 ff.) oder ungerechtfertigte Bereicherung (§§ 812 ff.) etwa zustehenden Ansprüche durch § 1613 ausgeschlossen (M. IV, 706 ff.).

4. Der durch § 1613 festgesetzten Beschränkung unterliegt der Unterhaltsanspruch auch dann, wenn er, sei es durch Abtretung (§ 398, s. u. Anm. 6), sei es durch cessio legis (§ 1607 Abs. 2 Satz 2) auf einen Anderen übergegangen ist. Inwieweit abgesehen hievon derjenige, der an Stelle des Verpflichteten den Unterhalt gewährt hat, von diesem Ersatz beanspruchen kann, bestimmt sich nach allgemeinen Grundsätzen, während für die Ersatzansprüche öffentlich rechtlicher Armenverbände das Landesrecht maßgebend bleibt (Anm. 4 und 5 zu § 1607, vgl. auch P. IV, 497).

5. Die Vorschrift des § 1613 findet auch Anwendung auf die Unterhaltspflicht des Ehegatten, des geschiedenen und des nach § 1351 unterhaltspflichtigen Ehegatten, nicht aber auf die Unterhaltspflicht des unehelichen Vaters (§§ 1360 Abs. 3 Satz 2, 1580 Abs. 3, 1351, 1711, vgl. auch § 528 Abs. 1 Satz 3).

6. Im Gegensatz zu Unterhaltsansprüchen für die Zukunft können Ansprüche auf Grund des § 1613 gepfändet, abgetreten, zum Gegenstand eines Nießbrauchs oder Pfandrechts gemacht werden; auch kann Aufrechnung gegen dieselben erfolgen (vgl. Vorbem. Ziff. 10). Sie sind ferner nach § 1615 Abs. 1 aktiv und passiv vererblich und stehen auch hinsichtlich der Geltendmachung im Konkurs anderen Forderungen gleich (K.O. § 3 Abs. 2 u. Nr. Vorbem. Ziff. 12). Ueber die Verjährung solcher Ansprüche s. Vorbem. Ziff. 8, über die Zulässigkeit des Verzichts auf dieselben s. Anm. 1 zu § 1614.

§ 1614.

Für die Zukunft kann auf den Unterhalt nicht verzichtet werden.

Durch eine Vorausleistung wird der Verpflichtete bei erneuter Bedürftigkeit des Berechtigten nur für den im § 760 Abs. 2 bestimmten Zeitabschnitt oder, wenn er selbst den Zeitabschnitt zu bestimmen hatte, für einen den Umständen nach angemessenen Zeitabschnitt befreit.

E. I, 1495; II, 1509; III, 1592.

1. Verzicht auf den Unterhaltsanspruch. Nach Gem. R. (Büngner, S. 59; R.G.E. in C.S. IV, 210) ist Verzicht auf zukünftige Alimente nichtig (ebenso sächs. G.B. § 1852: „auf das Recht, den Unterhalt zu fordern, kann für die Zukunft nicht verzichtet werden"). Auch das B.G.B. erklärt mit Rücksicht auf die sittliche Grundlage der Unterhaltspflicht und das wegen der öffentlichen Armenpflege betheiligte öffentliche Interesse den Verzicht auf den zukünftigen Unterhalt für nichtig (M. IV, 709). Soweit dagegen nach § 1613 für die Vergangenheit Erfüllung oder Schadensersatz wegen Nichterfüllung gefordert werden kann, ist auch Verzicht auf diesen Anspruch zulässig (P. IV, 515, 483).

2. Ein Vergleich über zukünftige Alimente ist gemäß § 1614 nichtig, soweit er einen Verzicht auf solche enthält, und zwar auch dann, wenn er die Genehmigung des Vormundschaftsgerichts gefunden haben sollte (M. IV, 709; vgl. § 1822 Nr. 12 und hinsichtlich des Unterhaltsanspruchs gegen den unehelichen Vater § 1714 Abs. 1; bez. des Gem. R. vgl. Büngner, S. 59; für das Geltungsgebiet des B.L.R. war cap. XVII § 1 der Gerichtsordnung von 1753, welche Bestimmung durch Art. 81 des bayr. G. z. Ausf. der C.P.O. u. K.O. v. 23. Febr. 1879 aufrecht erhalten worden war, maßgebend).

3. Die Vorschrift des § 1614 Abs. 1 findet auf den Unterhaltsanspruch des Ehegatten, nicht aber auf den Unterhaltsanspruch des geschiedenen oder nach § 1351 unterhaltsberechtigten Ehegatten Anwendung (§§ 1360 Abs. 3 Satz 2, 1580 Abs. 3, 1351; vgl. Anm. 3 zu § 1580). Verzicht auf den Unterhaltsanspruch gegen den unehelichen Vater ist nur im Falle der Unentgeltlichkeit nichtig (§ 1714 Abs. 2).

4. Befreiung durch Vorausleistung. Mit Rücksicht auf die absolute Natur der Unterhaltspflicht muß grundsätzlich der Verpflichtete den Unterhalt nochmals gewähren, falls der Berechtigte die ihm zur Befriedigung künftiger Bedürfnisse im Voraus gewährten Mittel schon vor dem Eintritte des Bedürfnisses verloren oder anderweitig verbraucht hat. Eine Ausnahme hievon besteht nur insoweit, als der den Unterhalt Gewährende zur Vorausleistung verpflichtet war, weil er in diesem Falle ein schon bestehendes Forderungsrecht des Bedürftigen durch Leistung getilgt hat (M. IV, 709; § 271, s. auch M. IV, 731). Inwieweit eine Verpflichtung zur Vorausleistung besteht, ergibt sich aus §§ 1612 Abs. 3, 760 Abs. 2 (vgl. Anm. 3a zu § 1612).

5. Nach § 1612 Abs. 2 können Eltern gegenüber unverheiratheten Kindern bestimmen, auf welche Zeit im Voraus der Unterhalt gewährt werden soll. Damit sie diese Befugniß nicht dazu mißbrauchen, um sich von der Unterhaltspflicht für die Zukunft auf einen Zeitraum hinaus zu befreien, für welchen die Vorausleistung unangemessen wäre, bestimmt § 1614 Abs. 2, daß in solchen Fällen die Vorausleistung nur für einen den Umständen nach angemessenen Zeitraum befreiend wirkt. Welcher Zeitraum im Einzelfalle den Umständen nach angemessen ist, hat der Prozeßrichter nach freiem Ermessen zu entscheiden (M. IV, 710). Hat das Vormundschaftsgericht auf Antrag des Kindes die Bestimmung der Eltern geändert (§ 1612 Abs. 2 Satz 2), so tritt der durch das Vormundschaftsgericht bestimmte Zeitabschnitt an die Stelle des im § 760 Abs. 2 bestimmten. Die Eltern werden daher in diesem Falle durch Vorausleistung für diesen Zeitabschnitt befreit, ohne daß es darauf ankommt, ob dieser Zeitabschnitt den Umständen nach angemessen ist (vgl. Anm. 3 zu § 1710).

6. Auf die dem Ehegatten nach § 1360 obliegende Unterhaltspflicht findet die Vorschrift des § 1614 Abs. 2 in dem Umfang Anwendung, in welchem ein Ehegatte auf Grund des § 1360 Abs. 3 Satz 1 zur Vorausleistung verpflichtet ist (§ 1360 Abs. 3 Satz 2,

M. IV, 709 ff.). Für den Fall des Getrenntlebens der Ehegatten sind die §§ 1361 Abs. 1 Satz 1, 760 Abs. 2 maßgebend. Auf die Unterhaltspflicht des geschiedenen oder nach § 1351 unterhaltspflichtigen Ehegatten findet § 1614 Abs. 2 keine Anwendung (§§ 1580 Abs. 3, 1351). Bezüglich des Unterhaltsanspruchs gegen den unehelichen Vater s. § 1710 Abs. 2 Satz 2.

§ 1615.

Der Unterhaltsanspruch erlischt mit dem Tode des Berechtigten oder des Verpflichteten, soweit er nicht auf Erfüllung oder Schadensersatz wegen Nichterfüllung für die Vergangenheit oder auf solche im voraus zu bewirkende Leistungen gerichtet ist, die zur Zeit des Todes des Berechtigten oder des Verpflichteten fällig sind.

Im Falle des Todes des Berechtigten hat der Verpflichtete die Kosten der Beerdigung zu tragen, soweit ihre Bezahlung nicht von dem Erben zu erlangen ist.

E. I, 1488 Abs. 4, 1496; II, 1510; III, 1593.

1. Unvererblichkeit des Unterhaltsanspruchs. Nach Gem.R. endigt die Alimentationspflicht sowohl mit dem Tode des Berechtigten als mit dem des Verpflichteten; eine Ausnahme hievon besteht nur insofern, als der Erbe des Unterhaltspflichtigen den Eltern des Erblassers Unterhalt gewähren muß, falls sich dieselben in äußerster Noth befinden (Büngner, S. 58, 171). Auch nach B.G.B. ist der Unterhaltsanspruch mit Rücksicht auf seinen Inhalt und seine höchst persönliche Natur grundsätzlich weder aktiv noch passiv vererblich (M. IV, 711; P. IV, 575).

2. Eine Ausnahme hievon besteht nur insoweit, als

a) nach § 1613 Erfüllung oder Schadensersatz wegen Nichterfüllung für die Vergangenheit gefordert werden kann (M. IV, 711) oder

b) im Voraus zu bewirkende Leistungen in Frage stehen, die beim Tode des Berechtigten oder Verpflichteten bereits fällig waren (§§ 1612 Abs. 3, 760 Abs. 2, 1612 Abs. 2; vgl. K.O. § 3 Abs. 2 n. Nr.; M. IV, 711).

3. Beerdigungskosten. Obwohl die Kosten der Beerdigung nicht zum Unterhalte gerechnet werden können, legt das B.G.B. im Anschluß an die gemeinrechtliche Praxis (Büngner, S. 53 ff.) dem Unterhaltspflichtigen auch die Verbindlichkeit auf, die Kosten der Beerdigung des Bedürftigen zu tragen. „Es würde gegen die Pietät verstoßen, wenn dem Verstorbenen, welcher bis an seinen Tod standesmäßigen Unterhalt genossen hat, nach seinem Tode nur ein nothdürftiges Begräbniß auf Kosten der öffentlichen Armenpflege zu Theil werden sollte" (M. IV, 699; P. IV, 364; vgl. auch Art. 10 Abs. 2 Ziff. 3 des bayr. Armenges. von 1869/99). Diese Verpflichtung tritt jedoch nur ein, soweit die Bezahlung der fraglichen Kosten nicht von den (nach § 1968 hiezu verpflichteten) Erben zu erlangen ist (nach E. I sollte der Unterhaltspflichtige nur insoweit haften, als der Erbe nicht zur Tragung dieser Kosten verpflichtet ist, vgl. P. IV, 493 ff.). Durch § 1615 Abs. 2 ist übrigens dem Unterhaltspflichtigen nicht die Pflicht, für die Beerdigung selbst Sorge zu tragen, sondern nur die Pflicht zur Bestreitung der Beerdigungskosten auferlegt (M. IV, 699). Der Anregung einiger Vereine für Feuerbestattung, statt von „Beerdigung" von „Bestattung" zu sprechen, hat die II. Komm. keine Folge gegeben, weil die Feuerbestattung zur Zeit noch etwas Außergewöhnliches und mit besonderen Kosten verbunden sei, deren Tragung dem Unterhaltspflichtigen nicht ohne Weiteres zugemuthet werden könne (P. IV, 494 im Anschluß an M. IV, 699). Ueber den Ersatzanspruch des Unterhaltspflichtigen gegenüber demjenigen, der den Unterhaltspflichtigen durch eine unerlaubte Handlung getödtet hat, s. § 844 Abs. 1; vgl. § 3 Abs. 1 Satz 2 des Ges. v. 7. Juni 1871 in der durch E.G. Art. 42 I festges. Fassung). Im Falle des Nachlaßkonkurses gelten die Kosten der standesmäßigen Beerdigung des Erblassers als Masseschulden (K.O. § 224 Nr. 2 n. Nr.).

4. Die Bestimmungen des § 1615 gelten auch für den Unterhaltsanspruch des Ehegatten, des geschiedenen und des nach § 1351 unterhaltsberechtigten Ehegatten (§§ 1360 Abs. 3 Satz 2, 1580 Abs. 3, 1351). Bezüglich des Unterhaltsanspruchs gegenüber dem unehelichen Vater s. §§ 1712, 1713; vgl. auch § 528 Abs. 2 Satz 3.

Vierter Titel.

Rechtliche Stellung der ehelichen Kinder.

I. Rechtsverhältniß zwischen den Eltern und dem Kinde im Allgemeinen.

Vorbemerkungen.

1. Inhalt der §§ 1616—1625. Während das wichtigste Rechtsverhältniß zwischen minderjährigen ehelichen Kindern und Eltern, die elterliche Gewalt, unter Ziff. II des vierten Titels geregelt ist, stellt das B.G.B. unter Ziff. I dieses Titels einige für die rechtliche Stellung der ehelichen Kinder im Allgemeinen gültige Normen auf, insbesondere über den Familiennamen des Kindes (§ 1616), Verpflichtung desselben zur Dienstleistung im elterlichen Haushalt und Geschäft (§ 1617), Aussteuer und Ausstattung (§§ 1620 ff.). E. I (§ 1498) enthielt auch die Vorschrift, daß das eheliche Kind den Eltern kindlichen Gehorsam schuldig sei, solange es unter deren Erziehungsgewalt steht oder von denselben in deren Hausstand unterhalten wird (M. IV, 713 ff.; Z.G. IV, 367 ff.; vgl. P.L.R. II, 2 § 61: „Kinder sind beiden Eltern Ehrfurcht und Gehorsam schuldig"; B.L.R. Thl. I cap. 4 § 3 Ziff. 2: „Die Kinder sind ihren Eltern . . . zu gebührendem Gehorsam, Ehrfurcht und Dankbarkeit verbunden"). Von der II. Komm. wurde diese Bestimmung gestrichen, weil sie keinen erzwingbaren rechtlichen Inhalt habe, vielmehr nur eine moralische Verpflichtung ausspreche, die allen, auch den ganz selbständigen und von den Eltern wirthschaftlich unabhängigen Kindern in gleicher Weise obliege (P. IV, 537). Der in der Reichstagskommission gestellte Antrag auf Wiederherstellung dieser Vorschrift wurde abgelehnt mit der Motivirung, es sei unmöglich, „die Erfüllung einer sittlichen Pflicht zu erzwingen, ohne daß die Erfüllung aufhöre, Erfüllung einer sittlichen Pflicht zu sein" (R.T.K. 143).

2. Wie sich aus der Ueberschrift dieses Titels ergibt, finden die Bestimmungen der §§ 1616—1625 nur auf eheliche Kinder Anwendung. Ueber den Begriff des ehelichen Kindes s. §§ 1591 ff. und Anm. hiezu. Ehelichen Kindern gegenüber gelten aber diese Bestimmungen ohne Rücksicht darauf,

a) ob das Kind minderjährig ist oder nicht (s. aber §§ 1618, 1619),
b) ob es im Falle der Minderjährigkeit unter elterlicher Gewalt oder unter Vormundschaft steht (M. IV, 712).

3. Neben den Vorschriften der §§ 1616 ff. enthält das B.G.B. noch weitere Bestimmungen über die rechtliche Stellung ehelicher Kinder, s. §§ 11 (Wohnsitz), 204 (Verjährung von Ansprüchen zwischen Eltern und Kindern), 1305 ff., 1747 ff. (Erforderniß der elterlichen Einwilligung zur Verheirathung des Kindes und zur Annahme desselben an Kindesstatt; vgl. M. IV, 714), 1601 ff. (Unterhaltspflicht zwischen Eltern und Kindern), 1776 ff., 1852 ff., 1858 ff. (Recht der Eltern zur Benennung eines Vormunds und Ausschließung bestimmter Personen von der Vormundschaft, zur Anordnung der befreiten Vormundschaft, zur Anordnung der Einsetzung, Aufhebung oder Untersagung der Einsetzung eines Familienraths, Ernennung seiner Mitglieder und Ausschließung bestimmter Personen von der Mitgliedschaft), 1899 ff. (Berufung der Eltern zur Vormundschaft über Volljährige), 1924 ff., 2303 (Erb- und Pflichttheilsrecht zwischen Eltern und Kindern).

4. Die prozessualen Besonderheiten des Rechtsstreits, welcher die Feststellung des Bestehens oder Nichtbestehens eines Eltern- und Kindesverhältnisses zwischen den Parteien zum Gegenstande hat, sind in den §§ 640, 642, 643 C.P.O. n. Nr. im Anschluß an die für Ehesachen geltenden Vorschriften geregelt. Hienach ist insbesondere für solche Rechtsstreitigkeiten in gewissem Umfange die Dispositionsmaxime durchbrochen und das Offizialprinzip anerkannt (§§ 640 Abs. 1, 617, 622). Das bei Lebzeiten beider Parteien rechtskräftig gewordene Urtheil wirkt für und gegen Alle. Ein Urtheil, welches das Bestehen des Eltern- und Kindesverhältnisses feststellt, wirkt jedoch gegenüber einem Dritten, welcher das elterliche Verhältniß für sich in Anspruch nimmt, nur dann, wenn er an dem Rechtsstreite Theil genommen hat (§ 643; vgl. E. I, 1632, M. IV, 1002 ff., 1006 ff.; M. z. E.G. 92; Z.G. IV, 459; P. IV, 742).

5. Ueber das Sonderrecht der Landesherren, der Mitglieder der landesherrlichen und diesen gleichgestellten Familien sowie des hohen Adels s. E.G. Art. 57, 58.

6. Hinsichtlich des internationalen Privatrechts s. E.G. Art. 19, 28—31. Die erforderliche Uebergangsvorschrift enthält E.G. Art. 203 (vgl. M. z. E.G. 291).

7. Ueber die rechtliche Stellung der Kinder aus nichtigen oder anfechtbaren Ehen s. §§ 1699 ff.; über die rechtliche Stellung der unehelichen, legitimirten und an Kindesstatt angenommenen Kinder s. §§ 1705 ff., 1719 ff., 1741 ff.

§ 1616.

Das Kind erhält den Familiennamen des Vaters.

E. I, 1497; II, 1511; III, 1594.

1. Die Vorschrift, daß das eheliche Kind den Familiennamen des Vaters erhält, ergibt sich aus der Zugehörigkeit des Kindes zur väterlichen Familie und bildet daher einen Bestandtheil des Familienrechts, während die Bestimmungen über die Zulässigkeit der Aenderung des Familiennamens öffentlich rechtlicher Natur sind (M. IV, 712). Ueber das bisherige Recht s. M. IV, 712: Roth, Bayr. C.R. 2. Aufl. Bd. 1 S. 569 Nt. 2, Kreittmayr, Anm. z. B.L.R. Thl. I cap. 4 § 3 Ziff. 5: „Soviel den Titul, Namen, Wappen und Geschlechtswürde anlangt, folgen die ehelichen Kinder hierin allzeit dem Vater, nicht aber der Mutter".

2. Zur Führung des väterlichen Familiennamens ist das eheliche Kind nicht nur berechtigt, sondern auch verpflichtet. Ueber den privatrechtlichen Schutz des Namensrechts s. § 12 und Anm. hiezu, in strafrechtlicher Beziehung vgl. St.G.B. § 360 Nr. 8, bayr. Pol.St.G.B. v. 26. Dez. 1871 Art. 25, 47.

3. Nach § 22 Abs. 1 Nr. 4 des R.G. über die Beurk. des Personenstandes und die Eheschl. v. 6. Februar 1875 sind auch die Vornamen des Kindes in das Geburtsregister einzutragen. Stehen die Vornamen des Kindes zur Zeit der Anzeige noch nicht fest, so sind dieselben nachträglich und längstens binnen zwei Monaten nach der Geburt anzuzeigen. Ihre Eintragung erfolgt am Rande der ersten Eintragung (Pers.G. § 22 Abs. 3). Die Beilegung eines Vornamens ist nach dem B.G.B. Ausfluß des Rechts und der Pflicht, für die Person des Kindes zu sorgen, und steht daher dem Inhaber der elterlichen Gewalt, eventuell dem Vormund oder Pfleger zu (§§ 1627, 1686, 1793, 1915; M. IV, 712; Staudinger in den Bl. f. R.A. LXII, 177 ff.). Der in der Reichstagskommission gestellte Antrag, ausdrücklich auszusprechen, daß das Kind einen von den Eltern zu bestimmenden Vornamen erhält, wurde abgelehnt (R.T.K. 143). Die Frage, welche Vornamen einem Kinde beigelegt werden können und unter welchen Voraussetzungen eine Aenderung des Vornamens zulässig ist, gehört dem öffentlichen Rechte an (M. IV, 712 ff.). Das früher in den Rheinlanden geltende französische Gesetz v. 11. Germinal XI (1. April 1803), wonach nur solche Vornamen zulässig waren, die im Kalender vorkommen oder aus der alten Geschichte bekannt sind, wurde (ebenso wie anderwärts in Rheinpreußen und Elsaß-Lothringen) in Bayern und zwar durch G. v. 4. Juni 1896 aufgehoben (vgl. Staudinger, a. a. O., S. 179 ff. und die im bayr. Just.Min.Bl. 1896 S. 395 abgedruckte Bekanntm. des Oberstaatsanwalts in Zweibrücken vom 4. Dezember 1896, wonach nur beliebig erfundene oder anstößige Vornamen ausgeschlossen sind).

4. Ueber den Familiennamen unehelicher und an Kindesstatt angenommener Kinder s. §§ 1706, 1758, 1772. Ueber den Familiennamen von Findelkindern s. Staudinger in den Bl. f. R.A. LXII, 164 Note *.

5. Bezüglich des Standes des ehelichen Kindes hat das B.G.B. aus ähnlichen Gründen wie bezüglich des Standes der Ehefrau eine Vorschrift nicht aufgenommen (M. IV, 713; Z.G. IV, 367). Der in der Reichstagskommission gestellte Antrag, zu bestimmen, daß das Kind den Stand des Vaters erhalte, wurde aus den gleichen Erwägungen abgelehnt (R.T.K. 143). Daß das noch dem elterlichen Hausstand angehörige Kind, auch wenn es volljährig ist, die soziale Lebensstellung des Vaters theilt (was im Hinblick auf die §§ 1610, 1617, 1093 Abs. 2 nicht ohne Bedeutung ist), ergibt sich aus der Stellung des Vaters als Familienoberhauptes. Für den Erwerb des Standes im öffentlichrechtlichen Sinne sind die Bestimmungen des Landesrechts maßgebend. In Bayern kommt in dieser Beziehung insbesondere in Betracht § 1 der Beil. V zu Tit. V § 4 der Verf.Urk., wonach der Adel durch eheliche Abstammung von einem adeligen Vater ererbt oder durch königliche Verleihung erworben wird (vgl. Anm. 7 zu § 1355; Anm. 6 zu § 1706; Anm. 7 zu § 1758).

§ 1617.

Das Kind ist, solange es dem elterlichen Hausstand angehört und von den Eltern erzogen oder unterhalten wird, verpflichtet, in einer seinen Kräften und seiner Lebensstellung entsprechenden Weise den Eltern in ihrem Hauswesen und Geschäfte Dienste zu leisten.

E. I, 1499; II, 1512; III, 1595.

1. Nach § 1617 sind eheliche, dem elterlichen Hausstand angehörende Kinder zur Dienstleistung gegenüber den Eltern verpflichtet, vorausgesetzt, daß sie unter der

elterlichen Erziehungsgewalt stehen oder von den Eltern unterhalten werden. Ob ein Kind dem elterlichen Hausstand angehört, ist nach Lage des einzelnen Falles zu beurtheilen. In der Regel wird hiefür entscheidend sein, ob das Kind bei den Eltern wohnt und verköstigt wird; doch wird unter Umständen auch beim Fehlen einer oder sogar beider Voraussetzungen die Zugehörigkeit zum elterlichen Hausstand anzunehmen sein.

a) Daß ein dem elterlichen Hausstand angehörendes Kind, welches unter elterlicher Erziehungsgewalt steht, zur Dienstleistung gegenüber den Eltern verbunden ist, entspricht dem Erziehungszweck und den natürlichen Verhältnissen des Lebens (M. IV, 715). Ob das Kind von den Eltern unterhalten wird oder nicht, ist für diesen Fall gleichgültig (vgl. unten b). Selbstverständlich darf unter der Heranziehung des Kindes zu derartigen Diensten der Unterricht und die Ausbildung des Kindes nicht leiden. Einen etwaigen Mißbrauch der Eltern in dieser Richtung hat das Vormundschaftsgericht gemäß § 1666 Abs. 1 zu begegnen (M. IV, 715). Steht weder dem Vater noch der Mutter das Erziehungsrecht zu (§§ 1666 Abs. 1, 1678, 1680, 1686), so greift die Verpflichtung des Kindes zur Dienstleistung (falls nicht die unter b erwähnten Voraussetzungen gegeben sind) nicht Platz. Die elterliche Erziehungsgewalt ist Ausfluß der Sorge für die Person des Kindes (§ 1631 Abs. 1) und erstreckt sich daher nur auf minderjährige Kinder (vgl. § 1901 Abs. 1). Demgemäß endigt auch die auf der elterlichen Erziehungsgewalt beruhende Dienstleistungspflicht des Kindes mit seiner Volljährigkeit oder Volljährigkeitserklärung, selbst wenn seine Zugehörigkeit zum elterlichen Hausstande fortdauert.

b) Ob ein dem elterlichen Hausstand angehöriges, aber nicht unter der Erziehungsgewalt der Eltern stehendes Kind, welches von den Eltern unterhalten wird, diesen gegenüber zur Dienstleistung verpflichtet ist, war nach Gem.R. bestritten, dagegen ausdrücklich anerkannt im P.L.R. (Thl. I cap. 4 § 3 Ziff. 2: „Dagegen sind die Kinder ihren Eltern, solange sie den Unterhalt von ihnen genießen, zu gewöhnlicher und anständiger Dienstleistung verbunden, ohne daß sie deswegen eine besondere Belohnung zu fordern hätten, ausgenommen, wenn ihnen für ihre Mühe, Dienst und Arbeit ausdrücklich etwas bedungen worden"). Auch das B.G.B. verpflichtet unter diesen Voraussetzungen das Kind zur Dienstleistung gegenüber den Eltern ohne Rücksicht darauf, ob das Kind minderjährig oder volljährig (bezw. für volljährig erklärt) ist, ob die Eltern den Unterhalt auf Grund gesetzlicher Verpflichtung (§§ 1601 ff.) gewähren oder nicht (M. IV, 715 ff.).

2. Inhalt und Umfang der Verpflichtung:

a) Die Verpflichtung des Kindes zur Dienstleistung besteht nur insoweit, als die geforderten Dienste seinen Kräften und seiner Lebensstellung (s. Anm. 5 zu § 1616) entsprechen (vgl. § 1356 Abs. 2, 1578 Abs. 1). Mißbräuchlicher Ausbeutung minderjähriger Kinder seitens der Eltern hat das Vormundschaftsgericht auf Grund des § 1666 Abs. 1 entgegenzutreten, während volljährige Kinder (s. o. Anm. 1 b) sich dadurch schützen können, daß sie sich durch Vertrag eine Vergütung für ihre Dienste sichern oder den elterlichen Hausstand verlassen (M. IV, 716; Z.G. IV, 368; ein in der II. Komm. gestellter Antrag, welcher auch minderjährigen Kindern nach Vollendung des 16. Lebensjahres die Möglichkeit eröffnen wollte, den elterlichen Hausstand gegen den Willen der Eltern zu verlassen, fand keine Annahme; P. IV, 537 ff.).

b) Die Verpflichtung des Kindes erstreckt sich ferner nur auf die Leistung von Diensten im Hauswesen und Geschäfte der Eltern. Nach einem in der II. Komm. gestellten Antrag sollten die Eltern auch berechtigt sein, die Dienste eines unter ihrer Erziehungsgewalt stehenden, von ihnen unterhaltenen Kindes einem Dritten zu überlassen. Der Antrag wurde abgelehnt, hiebei jedoch ausdrücklich anerkannt, daß der Inhaber des elterlichen Erziehungsrechtes kraft dieses Rechts auch befugt sei, das Kind zur Dienstleistung bei dritten Personen außerhalb des Hauses anzuhalten, falls die Interessen des Kindes hiedurch nicht leiden (P. IV, 537 ff., 541). Der in der Reichstagskommission gestellte Antrag, das Kind statt zur Dienstleistung im Allgemeinen zur „Unterstützung" der Eltern zu verpflichten, wurde hauptsächlich mit Rücksicht darauf abgelehnt, daß hiedurch die Annahme nahe gelegt würde, als sei das Kind auch verpflichtet, für das Hauswesen oder Geschäft der Eltern Geldbeiträge zu leisten, was keineswegs in der Absicht des Gesetzes liege (R.T.K. 143 ff.).

3. Insoweit das Kind nach § 1617 zur Dienstleistung verpflichtet ist, kann es eine Vergütung hiefür nicht beanspruchen (E. I hatte ausdrücklich hervorgehoben, daß die Dienste von dem Kind unentgeltlich zu leisten seien; die Red.-Komm. hat dies als selbstverständlich gestrichen: vgl. P. IV, 537). Natürlich kann aber zwischen Eltern und Kind eine Vergütung ausdrücklich oder stillschweigend vereinbart werden (J.G. IV, 368; vgl. §§ 612 Abs. 1, 632 Abs. 1). Ob ein Vertrag, durch welchen seitens der Eltern einem Kinde für dessen Dienste eine Vergütung versprochen wird, als Dienstvertrag oder als Schenkung aufzufassen ist, hängt von den Umständen des einzelnen Falles ab (J.G. IV, 368; vgl. § 516 Abs. 1).

4. Was das Kind durch Erfüllung der im § 1617 erwähnten Verpflichtung erwirbt, wird Eigenthum der Eltern (M. IV, 716, 729) und zwar desjenigen Elterntheils, dem die Erziehungsgewalt zusteht (Anm. 1a) oder der das Kind unterhält (Anm. 1b). Wird das Kind von den Eltern kraft ihrer Erziehungsgewalt angehalten, außerhalb des Hauses dritten Personen Dienste zu leisten (Anm. 2b), so wird das Erträgniß solcher Dienste, wie Alles, was das Kind durch andere als die im § 1617 erwähnte Arbeit erwirbt, Eigenthum des Kindes und zwar freies Vermögen desselben, d. h. es unterliegt zwar der Verwaltung, nicht aber der Nutznießung des Inhabers der elterlichen Gewalt (§ 1651 Abs. 1 Nr. 1; P. IV, 541).

5. Ein Dritter, der durch Tödtung, Verletzung des Körpers oder der Gesundheit oder Freiheitsentziehung gegenüber dem Kinde den Eltern dessen Dienste entzieht, hat denselben nach Maßgabe des § 845 durch Entrichtung einer Geldrente Ersatz zu leisten.

6. Ueber die Verpflichtung der Frau zur Dienstleistung im Hauswesen und Geschäfte des Mannes s. § 1356 Abs. 2.

§ 1618.

Macht ein dem elterlichen Hausstand angehörendes volljähriges Kind zur Bestreitung der Kosten des Haushalts aus seinem Vermögen eine Aufwendung oder überläßt es den Eltern zu diesem Zwecke etwas aus seinem Vermögen, so ist im Zweifel anzunehmen, daß die Absicht fehlt, Ersatz zu verlangen.

E. II, 1513; III, 1596.

1. Die Vorschrift des § 1618 beruht auf Beschluß der II. Komm. und bezweckt, wie die analoge Bestimmung des § 1429 (vgl. auch § 685 Abs. 2), späteren Streitigkeiten darüber vorzubeugen, ob eine derartige Aufwendung oder Ueberlassung in der Erwartung späteren Ersatzes erfolgt ist oder nicht (P. IV, 545, 228). Ueber Volljährigkeit s. §§ 2, 3 Abs. 2, über den Begriff der Zugehörigkeit zum elterlichen Hausstand s. Anm. 1 zu § 1617.

2. § 1618 enthält eine Auslegungsregel, kommt also nicht zur Anwendung, wenn sich aus den Umständen ein abweichender Wille der Parteien ergibt, ohne daß es eines besonderen rechtsgeschäftlichen Aktes bedarf (Planck, Komm. Bd. 1 S. 21).

3. Auf uneheliche Kinder findet § 1618 auch im Verhältniß zur Mutter keine Anwendung (s. Anm. 1 zu § 1705).

§ 1619.

Ueberläßt ein dem elterlichen Hausstand angehörendes volljähriges Kind sein Vermögen ganz oder theilweise der Verwaltung des Vaters, so kann der Vater die Einkünfte, die er während seiner Verwaltung bezieht, nach freiem Ermessen verwenden, soweit nicht ihre Verwendung zur Bestreitung der Kosten der ordnungsmäßigen Verwaltung und zur Erfüllung solcher Verpflichtungen des Kindes erforderlich ist, die bei ordnungsmäßiger Verwaltung aus den Einkünften des Vermögens bestritten werden. Das Kind kann eine abweichende Bestimmung treffen.

Das gleiche Recht steht der Mutter zu, wenn das Kind ihr die Verwaltung seines Vermögens überläßt.

E. II, 1514; III, 1597.

1. § 1619 beruht, wie § 1618, auf Beschluß der II. Komm. (E. hatte eine derartige Bestimmung für entbehrlich erachtet; s. M. IV, 728; vgl. Jacubezky, Bem. S. 312; J.G.

IV, 374 ff.). Nach dem B.G.B. endigt die elterliche Gewalt und damit die elterliche Verwaltung und Nutznießung am Vermögen des Kindes mit dessen Volljährigkeit, gleichviel, ob das Kind in diesem Zeitpunkt einen selbständigen Haushalt begründet oder im elterlichen Hause weiter lebt (§ 1626). In der II. Komm. wurde das Erforderniß einer besonderen Bestimmung für den häufig vorkommenden Fall, daß ein nach erreichter Volljährigkeit im elterlichen Haushalt verbleibendes Kind die Verwaltung seines Vermögens ganz oder theilweise den Eltern überläßt, allseitig anerkannt und den Eltern das Recht zugesprochen, in einem solchen Falle die Einkünfte des Vermögens des Kindes, soweit sich nach Bestreitung der Kosten der ordnungsmäßigen Verwaltung (s. Anm. 3 zu § 1374) und nach Erfüllung der bei ordnungsmäßiger Verwaltung aus den Einkünften des Vermögens zu bestreitenden Verpflichtungen des Kindes ein Ueberschuß ergibt, nach eigenem Ermessen zu verwenden. Die Eltern sind also weder verpflichtet, derartige Ueberschüsse in den gemeinschaftlichen Haushalt zu verwenden, noch über dieselben bei Herausgabe des ihnen überlassenen Vermögens oder Vermögenstheils Rechnung zu legen (P. IV, 542 ff.; D. 224). Nach einem in der Reichstagskommission gestellten Antrag sollte die im § 1619 erwähnte Ueberlassung des Vermögens an die Eltern vermuthet werden; der Antrag wurde jedoch abgelehnt (R.T.K. 144 ff.).

2. Die Bestimmung des § 1619 findet, wie die des § 1618, nur auf volljährige, dem elterlichen Hausstand angehörige Kinder Anwendung. Der in der Reichstagskommission gestellte Antrag, die Bestimmung auf alle volljährigen Kinder ohne Rücksicht auf die Zugehörigkeit zum elterlichen Hausstand auszudehnen, wurde abgelehnt (R.T.K. 144). Ueber Volljährigkeit s. §§ 2, 3 Abs. 2; über den Begriff der Zugehörigkeit zum elterlichen Hausstand s. Anm. 1 zu § 1617.

3. Die Vorschrift des § 1619 Abs. 1 Satz 1 ist dispositiver Natur, d. h. sie ist nur anwendbar, falls das Kind bei Ueberlassung des Vermögens oder Vermögenstheils an Vater oder Mutter keine abweichende Bestimmung getroffen hat (§ 1619 Abs. 1 Satz 2). Der in der II. Komm. gestellte Antrag, den Eltern das fragliche Recht auch gegen den Widerspruch des Kindes einzuräumen, wurde abgelehnt. Das Kind, welches sich über die Verwendung der Einkünfte seines Vermögens mit den Eltern nicht verständigen kann und daher auf Herausgabe seines Vermögens besteht, ist also nicht genöthigt, den elterlichen Hausstand zu verlassen, setzt sich aber selbstverständlich der Möglichkeit aus, daß es durch Vater oder Mutter von der ferneren Theilnahme am gemeinschaftlichen Hausstand ausgeschlossen wird (P. IV, 542 ff.).

4. Auf uneheliche Kinder findet § 1619 auch im Verhältniß zur Mutter keine Anwendung (s. Anm. 1 zu § 1705).

5. Eine dem § 1619 analoge Vorschrift hinsichtlich der Ehefrau beim Güterstande der Gütertrennung enthält § 1430.

6. Ueber die Unanwendbarkeit der Auslegungsregel des § 1625 auf den Fall des § 1619 s. Anm. 1 zu § 1625.

§ 1620.

Der Vater ist verpflichtet, einer Tochter im Falle ihrer Verheirathung zur Einrichtung des Haushalts eine angemessene Aussteuer zu gewähren, soweit er bei Berücksichtigung seiner sonstigen Verpflichtungen ohne Gefährdung seines standesmäßigen Unterhalts dazu im Stande ist und nicht die Tochter ein zur Beschaffung der Aussteuer ausreichendes Vermögen hat. Die gleiche Verpflichtung trifft die Mutter, wenn der Vater zur Gewährung der Aussteuer außer Stande oder wenn er gestorben ist.

Die Vorschriften des § 1604 und des § 1607 Abs. 2 finden entsprechende Anwendung.

E. II, 1515; III, 1598.

1. Aussteuerpflicht. Nach Gem.R. hatte die Ehefrau Anspruch auf Dotation, d. h. Gewährung eines Heirathsguts (dos) an ihren Mann, gegen ihren Vater oder väterlichen Großvater, im Falle dringenden Bedürfnisses auch gegen ihre Mutter, vorausgesetzt, daß sie selbst kein hinreichendes Vermögen zur Dosbestellung besitzt (Dernburg, Pand. Bd. 3 S. 28).

Nach P.L.R. (Thl. I cap. 6 § 13 Ziff. 4—7) war zur Bestellung eines Heirathsgutes zunächst der leibliche Vater verpflichtet, ausgenommen, wenn er unvermöglich oder die Tochter nicht mehr in seiner väterlichen Gewalt oder selbst genug bemittelt oder eine rechtmäßige Enterbungsursache gegen sie vorhanden war. Bei Leistungsunfähigkeit des Vaters traf die Verpflichtung den Groß- oder Urgroßvater väterlicher Seite gegenüber den unter seiner Gewalt stehenden Enkeln und Urenkeln. Die Mutter war nur subsidiär hiezu verbunden, falls die Tochter bereits 25 Jahre alt war. Die Bestellung eines Heirathsguts konnte im Gebiet des B.L.R. nur im Wege notariellen Ehevertrags erfolgen (B.L.R. Thl. I cap. 6 § 29; bayr. Notariatsgesetz v. 10. Nov. 1861 Art. 16; Roth, B.C.R., 2. Aufl., Bd. 1 S. 432 Nt. 34; Bl. f. R.A. XXX, 159 ff.).

Ueber andere Rechte s. M. IV, 716 ff.; D. 221.

E. I hatte im Anschluß an das P.L.R. und das französische Recht eine Rechtspflicht der Eltern zur Ausstattung der Kinder, insbesondere der Töchter, nicht anerkannt, wohl aber eine sittliche Verpflichtung hiezu, und mit Rücksicht auf diese „unvollkommene Ausstattungspflicht" bestimmt, daß eine solche Ausstattung nicht als Schenkung gelte, das Versprechen einer Ausstattung an keine Form gebunden sei und das zur Ausstattung Geleistete nicht deshalb zurückgefordert werden könne, weil eine Verbindlichkeit zur Leistung nicht bestanden habe (M. IV, 717 ff.; vgl. Z.G. IV, 368).

Abweichend hievon wurde in der II. Komm. mit Rücksicht auf die hergebrachte deutsche Sitte, daß die Tochter die zur Einrichtung des neuen Hauswesens erforderlichen Gegenstände ihrem Manne mit in die Ehe bringe, den Eltern die Rechtspflicht auferlegt, Töchtern im Falle ihrer Verheirathung zur Einrichtung des Haushalts eine angemessene Aussteuer zu gewähren (P. IV, 317 ff.; D. 221). Daneben wurden die im E. I hinsichtlich der Ausstattung getroffenen Bestimmungen im Wesentlichen aufrechterhalten (vgl. § 1624 und Anm. hiezu).

2. Begriff der Aussteuer im Gegensatz zur Ausstattung. Während „Aussteuer" der Inbegriff hauptsächlich der Einrichtung des Hauswesens und persönlichen Bedürfnissen dienender beweglicher Gegenstände ist (M. IV, 716), umfaßt der Begriff der „Ausstattung" Alles, was einem Kinde mit Rücksicht auf seine Verheirathung oder auf die Erlangung einer selbständigen Lebensstellung zur Begründung oder zur Erhaltung der Wirthschaft oder der Lebensstellung zugewendet wird (§ 1624; P. IV, 323, abweichend von M. IV, 719). Die Aussteuer ist also eine Unterart der Ausstattung und unterliegt als solche den für die letztere geltenden Vorschriften (Anm. 5 u. 6 zu § 1624), soweit dieselben nicht auf dem Gesichtspunkte beruhen, daß keine Rechtspflicht zur Gewährung einer Ausstattung besteht (§§ 1624 Abs. 2, 1625, Anm. 4b zu § 1624, Anm. 3 zu § 1625).

3. Berechtigte und verpflichtete Personen.

a) **Berechtigt**, eine Aussteuer zu verlangen, sind nur Töchter, nicht auch Söhne (P. IV, 319; D. 221). Ob die Tochter minderjährig oder volljährig ist, kommt nicht in Betracht, ebensowenig, ob sie unter elterlicher Gewalt steht oder nicht. Die Ansprüche mehrerer Töchter gegenüber demselben Elterntheil stehen sich gleich, beschränken sich also gegenseitig bei nur theilweiser Leistungsfähigkeit des in Anspruch Genommenen.

b) **Verpflichtet** zur Gewährung einer Aussteuer ist in erster Linie der eheliche Vater, dem nach §§ 1719, 1736, 1757 der Vater eines durch nachfolgende Ehe oder Ehelichkeitserklärung legitimirten Kindes, sowie der Annehmende gleichsteht (vgl. B.L.R. Thl. I cap. 6 § 13 Ziff. 4; Kreittmayr, Anm. zu Thl. I cap. 6 § 13 Ziff. 2—9, zu Thl. III cap. 3 § 13 Ziff. 2). Die Aussteuerpflicht des leiblichen Vaters wird durch die gleiche Pflicht des Annehmenden nicht ausgeschlossen (§ 1764 und Anm. 1 hiezu; eine analoge Anwendung des § 1766 dürfte nicht zulässig sein). Selbstverständlich kann aber die Aussteuer nur einmal verlangt werden (vgl. § 1622). Ist der Vater zur Gewährung der Aussteuer außer Stande oder gestorben (bezw. für todt erklärt, s. § 18 Abs. 1), so ist nach § 1620 Abs. 1 Satz 2 die Mutter hiezu verpflichtet. Der in der Reichstagskommission gestellte und im Reichstag wiederholte Antrag, beide Eltern gemeinschaftlich und solidarisch für verpflichtet zu erklären, wurde abgelehnt (R.T.K. 144; St.B. 253 ff.). Da eine uneheliche Tochter im Verhältniß zur Mutter die rechtliche Stellung einer ehelichen Tochter hat (§ 1705) und ein aussteuerpflichtiger Vater hier nicht vorhanden ist, so ist einer unehelichen Tochter gegenüber die Mutter in erster Linie zur Gewährung der Aussteuer verpflichtet. Großeltern und entferntere Ascendenten sind (im Gegensatz zum Gem. R. und B.L.R., s. o. Anm. 1) unter keinen Umständen aussteuerpflichtig.

4. Die Aussteuerpflicht ist nur begründet bei Leistungsfähigkeit der Eltern einerseits und Bedürftigkeit der Tochter andererseits (vgl. §§ 1602, 1603).

a) Der in Anspruch genommene Elterntheil gilt nur insoweit als leistungsfähig, als er bei Berücksichtigung seiner sonstigen Verpflichtungen ohne Gefährdung seines standesmäßigen Unterhalts zur Gewährung der Aussteuer im Stande ist (s. Anm. 2 zu § 1603). Ueber den Begriff des standesmäßigen Unterhalts s. Anm. 3 zu § 1610. Für die Beurtheilung der Frage, ob und inwieweit die Mutter leistungsfähig ist, kommt beim ordentlichen gesetzlichen Güterstande das dem Manne zustehende Verwaltungs- und Nutznießungsrecht an ihrem eingebrachten Gute nicht in Betracht. Leben die Eltern in allgemeiner Gütergemeinschaft, Errungenschafts- oder Fahrnißgemeinschaft, so bestimmt sich die Aussteuerpflicht des Vaters oder der Mutter so, wie wenn das Gesammtgut dem aussteuerpflichtigen Elterntheil gehörte. Für den Fall endlich, daß Vater und Mutter aussteuerberechtigte Töchter aus verschiedenen Ehen haben und in allgemeiner Gütergemeinschaft, Errungenschafts- oder Fahrnißgemeinschaft leben, wird hinsichtlich der Leistungsfähigkeit der Eltern fingirt, daß beide Eltern eine Person seien, diese Eigenthümer des Gesammtguts sei und sämmtliche Töchter leibliche Töchter dieser Gesammtperson seien (§§ 1620 Abs. 2, 1604, Anm. 1, 2, 4 und 6 zu § 1604; P. V, 143). Beweispflichtig hinsichtlich der Leistungsfähigkeit des in Anspruch genommenen Elterntheils ist nach dem Wortlaute des § 1620 Abs. 1 Satz 1 allgemeinen Grundsätzen zufolge die klagende Tochter (vgl. dagegen Anm. 1 zu § 1603). Nach § 1620 Abs. 2 und 1607 Abs. 2 steht der Leistungsunfähigkeit des Vaters der Umstand gleich, daß die Rechtsverfolgung gegen denselben im Inland ausgeschlossen oder erheblich erschwert ist. Der Anspruch der Tochter geht in diesem Falle auf die an Stelle des Vaters die Aussteuer gewährende Mutter über, der Uebergang kann aber nicht zum Nachtheile der Tochter geltend gemacht werden (vgl. Anm. 3—6 zu § 1607).

b) Die Aussteuerpflicht der Eltern wird ausgeschlossen durch den Mangel eines Bedürfnisses auf Seite der Tochter. Dasselbe gilt dann nicht als vorliegend, wenn das Vermögen der Tochter zur Beschaffung einer angemessenen Aussteuer ausreicht (P. IV, 320). Der Beweis, daß dies der Fall ist, obliegt nach dem Wortlaute des § 1620 Abs. 1 Satz 1 dem in Anspruch genommenen Elterntheil (vgl. dagegen oben unter a und Anm. 3 zu § 1602).

5. Inhalt der im § 1620 erwähnten Verpflichtung ist die Gewährung einer angemessenen Aussteuer. Ueber den Begriff der Aussteuer s. o. Anm. 2. Ob eine Aussteuer nach Form und Umfang angemessen ist, entscheidet im Streitfall der Richter nach freiem Ermessen, wobei nicht nur die lokale Sitte, sondern auch die Vermögensverhältnisse der Eltern, die Zahl ihrer Kinder und der Stand des Ehemanns der Tochter in Betracht zu ziehen ist (M. IV, 717; P. IV, 322; vgl. P.L.R. Thl. I cap. 6 § 13 Ziff. 16).

6. Der Anspruch auf Gewährung einer Aussteuer ist (abgesehen von den in Anm. 4 erwähnten Fällen) ausgeschlossen:

a) wenn sich die Tochter ohne die erforderliche elterliche Einwilligung verheirathet (§ 1621 Abs. 1);

b) wenn sich die Tochter einer Verfehlung schuldig macht, die den an sich aussteuerpflichtigen Elterntheil zur Entziehung des Pflichttheils berechtigt (§ 1621 Abs. 2);

c) wenn die Tochter schon für eine frühere Ehe von dem Vater oder der Mutter eine Aussteuer erhalten hat (§ 1622).

Nicht ausgeschlossen wird dagegen der Anspruch dadurch, daß die Ehe der Eltern geschieden oder deren eheliche Gemeinschaft aufgehoben worden ist.

7. Der Anspruch auf Aussteuer wird erworben mit dem Zeitpunkt, in welchem nach § 1317 die Ehe der Tochter abgeschlossen wird (P. IV, 323). Ueber Unübertragbarkeit und Verjährung des Anspruchs s. § 1623.

8. Eigenthümer der auf Grund des § 1620 gewährten Aussteuer wird die Tochter. Welche Rechte dem Manne an der Aussteuer zustehen, bemißt sich nach dem ehelichen Güterrecht (§§ 1363 ff., insbesondere 1366, ferner §§ 1438, 1519, 1520, 1549 ff.). Nach der herrschenden Lehre des Gem. R. war der Ehemann Eigenthümer der Dotalsachen; nach P.L.R. Thl. I cap. 6 § 13 Ziff. 17, 18, Thl. II cap. 2 § 2 stand dem Manne das dominium civile, der Frau das dominium naturale zu).

9. Ist die Ehe der Tochter absolut nichtig (s. Vorbem. zum 3. Titel des 1. Abschn. Ziff. 3), so steht ihr kein Anspruch auf Aussteuer zu (vgl. P. IV, 321). Eine trotzdem gewährte Aussteuer kann nach den Vorschriften über die Herausgabe einer ungerechtfertigten Bereicherung (§§ 812 ff.) zurückverlangt werden. Das Gleiche gilt, wenn die Ehe der Tochter relativ nichtig (s. Vorbem. z. 3. Tit. d. 1. Abschn. Ziff. 3) oder

anfechtbar und angefochten ist, im Falle der Nichtigkeitserklärung oder Auflösung der Ehe (§§ 1329, 1343). Dagegen berechtigt der Umstand, daß die (gültige) Ehe der Tochter (durch Tod, Scheidung oder gemäß § 1351) aufgelöst worden ist, die Eltern nicht zur Zurückforderung der bei Abschluß der Ehe gewährten Aussteuer (vgl. Dernburg, Pand. Bd. 3 S. 39 ff.: B.L.R. Thl. I cap. 6 § 13 Ziff. 12).

10. Unberührt durch das B.G.B. bleibt gemäß E.G. Art. 59 die Bestimmung des § 46 des bayr. Fideikommißedikts (Beil. VII zu Tit. V § 4 der Verf.Urk.). Hienach ist der Fideikommißbesitzer, wenn der Konstituent keine besondere Verfügung zum Vortheil der Familienmitglieder gemacht hat, verbunden, mangels eines andern Vermögens oder Einkommens seinen Töchtern und Schwestern bei ihrer Verehelichung eine angemessene „Aussteuer" zu geben.

§ 1621.

Der Vater und die Mutter können die Aussteuer verweigern, wenn sich die Tochter ohne die erforderliche elterliche Einwilligung verheirathet.

Das Gleiche gilt, wenn sich die Tochter einer Verfehlung schuldig gemacht hat, die den Verpflichteten berechtigt, ihr den Pflichttheil zu entziehen.

E. II, 1516; III, 1599.

1. Ausschließung des Anspruchs auf Aussteuer. Nach § 1621 Abs. 1 ist der gemäß § 1620 begründete Anspruch auf Aussteuer ausgeschlossen, wenn sich die Tochter ohne die erforderliche elterliche Einwilligung verheirathet (P. IV, 317 ff.; vgl. auch B.L.R. Thl. I cap. 6 § 4 Ziff. 2, 4; Anm. 10b zu § 1305). Ob die elterliche Einwilligung zur Eheschließung erforderlich ist, bemißt sich nach § 1305. Gemäß § 1308 kann die ohne wichtigen Grund verweigerte elterliche Einwilligung auf Antrag des volljährigen Kindes durch das Vormundschaftsgericht ersetzt werden, was im Hinblick auf § 1305 nur gegenüber Kindern, die für volljährig erklärt sind, Bedeutung hat (Anm. 2 zu § 1308). Ist auf Grund dieser Bestimmung die von den Eltern verweigerte Einwilligung durch das Vormundschaftsgericht ersetzt worden, so kann die Gewährung einer Aussteuer natürlich nicht verweigert werden (P. IV, 320; daß die Aussteuerpflicht der Eltern gerade für solche Fälle von besonderer Bedeutung ist, hebt D. 221 mit Recht hervor). Die Bestimmung des § 1621 Abs. 1 greift also nur Platz:

a) wenn eine minderjährige Tochter sich ohne die erforderliche elterliche Einwilligung verheirathet;

b) wenn eine noch nicht 21 Jahre alte, aber für volljährig erklärte Tochter sich verheirathet, ohne daß die erforderliche elterliche Einwilligung ertheilt oder durch das Vormundschaftsgericht ersetzt worden ist.

Der in der II. Komm. gestellte Antrag, wonach der Anspruch auf Aussteuer auch dann ausgeschlossen sein sollte, wenn die elterliche Einwilligung zur Verheirathung der Tochter gesetzlich nicht erforderlich war, aber aus wichtigen Gründen verweigert worden ist, wurde abgelehnt (P. IV, 321), ebenso der Antrag, den Anspruch auf Aussteuer nur dann auszuschließen, wenn bei Verheirathung der Tochter ohne die erforderliche elterliche Einwilligung ein wichtiger Grund zur Verweigerung der Einwilligung bestanden habe (P. IV, 322). Daß der in Anspruch genommene Elterntheil sich nur auf den Mangel der Einwilligung desjenigen Elterntheils berufen kann, dessen Einwilligung zur Eheschließung nach § 1305 erforderlich ist, kann nach dem Wortlaute des Gesetzes keinem Zweifel unterliegen (P. IV, 321).

2. Verweigert kann nach § 1621 Abs. 2 die Aussteuer auch werden, wenn sich die Tochter einer Verfehlung schuldig gemacht hat, welche den in Anspruch genommenen Elterntheil berechtigt, ihr den Pflichttheil zu entziehen (P. IV, 322; § 2333; vgl. § 1611 Abs. 2, B.L.R. Thl. I cap. 6 § 13 Ziff. 4). Ist das Recht auf Entziehung des Pflichttheils durch Verzeihung erloschen (§ 2337), so kann auch die Aussteuer nicht mehr verweigert werden. Selbstverständlich kann sich der in Anspruch genommene Elterntheil nur auf solche Verfehlungen der Tochter berufen, welche ihn selbst zur Entziehung des Pflichttheils berechtigen, während er Verfehlungen der Tochter gegenüber dem anderen Elterntheil nur geltend machen kann, insoweit auf Grund derselben auch er zur Entziehung des Pflichttheils berechtigt ist (vgl. § 2333 Nr. 1, 2, 3).

3. Bei Annahme an Kindesstatt finden die Bestimmungen des § 1621 Abs. 1 und 2 auf die Aussteuerpflicht des Annehmenden entsprechende Anwendung (Anm. 3b zu § 1620, § 1306 und Anm. 7 hiezu, § 1757 und Anm. 1 hiezu).

§ 1622.

Die Tochter kann eine Aussteuer nicht verlangen, wenn sie für eine frühere Ehe von dem Vater oder der Mutter eine Aussteuer erhalten hat.

E. II, 1517; III, 1600.

1. Der Anspruch der Tochter auf Aussteuer ist durch einmalige Gewährung einer angemessenen Aussteuer erfüllt. Eine wiederholte Geltendmachung für den Fall einer zweiten Ehe ist ausgeschlossen, auch wenn die gewährte Aussteuer ohne Verschulden der Tochter während ihrer früheren Ehe zu Verlust gegangen ist (P. IV, 322; anders das Gem.R.; vgl. Dernburg, Pand. Bd. 3 S. 28 Nt. 7). Auf die frühere Gewährung der Aussteuer kann sich nach § 1622 der in Anspruch genommene Elterntheil auch dann berufen, wenn die Gewährung seitens des anderen Elterntheils erfolgt ist.

2. § 1622 findet auf die Aussteuerpflicht des an Kindesstatt Annehmenden (Anm. 3b zu § 1620) entsprechende Anwendung.

§ 1623.

Der Anspruch auf die Aussteuer ist nicht übertragbar. Er verjährt in einem Jahre von der Eingehung der Ehe an.

E. II, 1518; III, 1601.

1. Die Unübertragbarkeit des Anspruchs auf Aussteuer ergibt sich aus der höchstpersönlichen Natur dieses Anspruchs. Folge der Unübertragbarkeit ist, daß der Anspruch auf Aussteuer auch der Pfändung nicht unterworfen ist (C.P.O. 850 Abs. 1 n. Nr.), ferner nicht zum Gegenstand eines Nießbrauchs oder Pfandrechts gemacht werden kann, und daß ihm gegenüber Aufrechnung nicht stattfindet (§§ 1069 Abs. 2, 1274 Abs. 2, 394 Satz 1). Dagegen ist der Anspruch auf Aussteuer, sofern er bereits erworben ist (Anm. 7 zu § 1620), allgemeinen Grundsätzen zufolge aktiv und passiv vererblich (P. IV, 323; s. auch P.M. 8667; D. 222).

2. Die mit Rücksicht auf die Natur des Anspruchs auf Aussteuer (P. IV, 323) im § 1622 Satz 2 festgesetzte kurze Verjährungszeit bildet eine Ausnahme von der Regel des § 195. Die Vorschrift, daß die Verjährung mit der Eingehung der Ehe (§ 1317) beginnt, steht im Einklang mit § 198 Satz 1 (vgl. Anm. 7 zu § 1620). Ueber Hemmung der Verjährung s. §§ 202 ff., insbesondere § 204 Satz 2; über Unterbrechung der Verjährung s. §§ 208 ff. Ist der Anspruch rechtskräftig festgestellt, so verjährt er erst in dreißig Jahren (§§ 218 ff.).

§ 1624.

Was einem Kinde mit Rücksicht auf seine Verheirathung oder auf die Erlangung einer selbständigen Lebensstellung zur Begründung oder zur Erhaltung der Wirthschaft oder der Lebensstellung von dem Vater oder der Mutter zugewendet wird (Ausstattung), gilt, auch wenn eine Verpflichtung nicht besteht, nur insoweit als Schenkung, als die Ausstattung das den Umständen, insbesondere den Vermögensverhältnissen des Vaters oder der Mutter, entsprechende Maß übersteigt.

Die Verpflichtung des Ausstattenden zur Gewährleistung wegen eines Mangels im Rechte oder wegen eines Fehlers der Sache bestimmt sich, auch soweit die Ausstattung nicht als Schenkung gilt, nach den für die Gewährleistungspflicht des Schenkers geltenden Vorschriften.

E. I, 1500 Abs. 1, 3; II, 1519; III, 1602.

1. Begriff der Ausstattung. Während „Aussteuer" (§§ 1620 ff.) der Inbegriff hauptsächlich der Einrichtung des Hauswesens und persönlichen Bedürfnissen dienender Gegenstände ist, umfaßt der weitere Begriff der Ausstattung Alles, was einem Kinde mit Rücksicht auf seine Verheirathung oder auf die Erlangung einer selbständigen Lebensstellung zur Begründung oder zur Erhaltung der Wirthschaft oder der Lebensstellung zugewendet wird, also insbesondere auch den erwähnten Zwecken dienende Geldbeträge oder unbewegliche Sachen (P. IV, 323; vgl. Anm. 2 zu § 1620).

2. Eine Rechtspflicht zur Gewährung einer Ausstattung besteht nach dem B.G.B. nicht, abgesehen von der in den §§ 1620—1623 geregelten Verpflichtung der Eltern zur Gewährung einer angemessenen Aussteuer an Töchter im Falle ihrer Verheirathung. Dagegen erkennt das B.G.B. im Anschluß an das P.L.R. eine sittliche Verpflichtung zur Gewährung einer Ausstattung an für Eltern (nicht auch für entferntere Ascendenten, M. IV, 718) gegenüber ihren ehelichen Kindern. Diese sittliche Pflicht besteht in gleichem Maße gegenüber Söhnen wie gegenüber Töchtern (M. IV, 718). Ob das Kind volljährig oder minderjährig ist, unter elterlicher Gewalt oder unter Vormundschaft steht, kommt nicht in Betracht. Dem ehelichen Vater steht auch in dieser Beziehung der Vater eines durch nachfolgende Ehe oder Ehelichkeitserklärung legitimirten Kindes sowie der an Kindesstatt Annehmende, der ehelichen Mutter die uneheliche Mutter sowie die Annehmende gleich (§§ 1719, 1736, 1757, 1705; vgl. Anm. 3b zu § 1620).

3. Auf der Anerkennung dieser sittlichen Verpflichtung beruht die Vorschrift des § 1624 Abs. 1, daß grundsätzlich die Zuwendung einer Ausstattung nicht als Schenkung gilt (vgl. § 516 Abs. 1). Demgemäß ist zur Gültigkeit des Vertrags, wodurch die Gewährung einer Ausstattung versprochen wird, gerichtliche oder notarielle Beurkundung des Versprechens nicht erforderlich (§ 518). Die Gewährung einer Ausstattung unterliegt ferner nicht dem Widerruf auf Grund der §§ 530 ff. Endlich finden auf die Gewährung einer Ausstattung die für Schenkungen geltenden Bestimmungen der §§ 1446, 1487 Abs. 1, 1804, 1897 (s. aber § 1902 Abs. 1, wonach der Vormund eines Volljährigen nur mit Genehmigung des Vormundschaftsgerichts eine Ausstattung aus dem Vermögen des Mündels versprechen oder gewähren darf), 2113 Abs. 2, 2287, K.O. § 32 Nr. 1 n. Nr., Anfechtungsges. v. 21. Juli 1879 § 3 Nr. 3 keine Anwendung.

4. Der Grundsatz des § 1624 Abs. 1 erleidet jedoch in doppelter Richtung eine Modifikation:

a) Insoweit die Ausstattung über das den Umständen des Falles, insbesondere den Vermögensverhältnissen der Eltern entsprechende Maß hinausgeht, gilt sie als Schenkung und unterliegt daher auch den in Anm. 3 erwähnten, für Schenkungen geltenden Bestimmungen (M. IV, 719). Dies gilt insbesondere auch hinsichtlich der Anfechtbarkeit einer solchen Zuwendung auf Grund der K.O. und des Anfechtungsgesetzes (P. IV, 323).

b) Auch insoweit eine Ausstattung nicht als Schenkung gilt (s. o. Anm. 3, 4a), bestimmt sich die Haftung des die Ausstattung gewährenden Elterntheils für Mangelhaftigkeit des Rechtes oder Fehlerhaftigkeit der Sache nach den in dieser Beziehung für die Haftung des Schenkers geltenden Vorschriften der §§ 523, 524, 526 (§ 1624 Abs. 2; M. IV, 719 ff.; vgl. Dernburg, Pand. Bd. 3 S. 31 ff.; P.L.R. Thl. I cap. 6 § 13 Ziff. 17). Auf die Haftung des gemäß § 1620 eine Aussteuer gewährenden Elterntheils findet diese Bestimmung keine Anwendung (Anm. 2 zu § 1620).

5. Ehegüterrechtliche Bestimmungen:

a) Nach §§ 1520 und 1521 Satz 1 ist bei Errungenschaftsgemeinschaft das, was ein Ehegatte vor oder während der Ehe als Ausstattung erwirbt, eingebrachtes Gut desselben. Das Gleiche gilt nach § 1551 Abs. 1 bei der Fahrnißgemeinschaft hinsichtlich des unbeweglichen Vermögens, das ein Ehegatte vor oder während der Gemeinschaft als Ausstattung erworben hat oder erwirbt.

b) Ueber die Frage, wem bei allgemeiner Gütergemeinschaft, Errungenschafts- oder Fahrnißgemeinschaft der Ehegatten im Verhältnisse derselben zu einander (bezw. bei fortgesetzter Gütergemeinschaft im Verhältnisse des überlebenden Ehegatten zu einem antheilsberechtigten Abkömmling) eine aus dem Gesammtgute versprochene oder gewährte Ausstattung zur Last fällt, s. §§ 1465 (1499 Nr. 3), 1538, 1549; s. auch § 1556.

c) Bei Auseinandersetzung der Gemeinschaft kann jeder Ehegatte gegen Ersatz des Werthes diejenigen Gegenstände übernehmen, welche er während der Gütergemeinschaft als Ausstattung erworben hat (s. §§ 1477 Abs. 2, 1546 Abs. 2, 1549 und bez. der fortges. Gütermeinschaft § 1502 Abs. 2 Satz 2).

6. Ausgleichungspflicht. Nach § 2050 Abs. 1 sind Abkömmlinge, die als gesetzliche Erben zur Erbfolge gelangen, verpflichtet, dasjenige, was sie vom Erblasser bei dessen Lebzeiten als Ausstattung erhalten haben, bei der Auseinandersetzung unter einander zur Ausgleichung zu bringen, soweit nicht der Erblasser bei der Zuwendung ein Anderes angeordnet hat.

§ 1625.

Gewährt der Vater einem Kinde, dessen Vermögen seiner elterlichen oder vormundschaftlichen Verwaltung unterliegt, eine Ausstattung, so ist im Zweifel anzunehmen, daß er sie aus diesem Vermögen gewährt. Diese Vorschrift findet auf die Mutter entsprechende Anwendung.

E. I, 1500 Abs. 2; II, 1520; III, 1603.

1. Zweck der Vorschrift des § 1625 ist die Beseitigung des Zweifels, ob, falls ein Elterntheil Vermögen eines Kindes in Händen hat und diesem Kinde eine Ausstattung gewährt, dieselbe als aus dem eigenen Vermögen des Elterntheils oder aus dem Vermögen des Kindes stammend zu erachten ist, ob daher der Elterntheil die gewährte Ausstattung dem Kinde bei Herausgabe seines Vermögens auf dasselbe anrechnen darf oder nicht. Im Gegensatz zum Gem. R. (s. Dernburg, Pand. Bd. 3 S. 28) soll nach dem B.G.B. in einem solchen Falle zu Gunsten der Eltern angenommen werden, daß die Ausstattung aus dem Vermögen des Kindes gewährt sei (M. IV, 720 ff.). Dies gilt jedoch nur, wenn Vater oder Mutter als Inhaber der elterlichen Gewalt oder als Vormund Vermögen des Kindes verwaltet (§§ 1627, 1686, 1793, 1897), nicht also, wenn ein dem elterlichen Hausstand angehörendes Kind sein Vermögen ganz oder theilweise der Verwaltung des Vaters oder der Mutter überlassen hat (§ 1619). Will in einem solchen Falle der Elterntheil, welcher die Ausstattung gewährt hat, dieselbe dem Kinde bei der Herausgabe seines Vermögens in Anrechnung bringen, so muß er allgemeinen Grundsätzen zufolge das Vorhandensein eines ihm diese Befugniß gewährenden Rechtsgrundes (Vereinbarung mit dem Kinde, Geschäftsführung ohne Auftrag) nachweisen (M. IV, 721).

2. Die Vorschrift des § 1625 bildet eine Auslegungsregel, kommt also nicht zur Anwendung, wenn aus den Umständen ein abweichender Wille der Parteien zu entnehmen ist, ohne daß es eines besonderen rechtsgeschäftlichen Aktes bedarf (Planck, Komm. Bd. 1 S. 21).

3. Da § 1625 auf der Erwägung beruht, daß eine Rechtspflicht zur Gewährung einer Ausstattung nicht besteht (M. IV, 721), so findet derselbe auf die Gewährung einer Aussteuer keine Anwendung (vgl. Anm. 2 zu § 1620). Demgemäß ist die Frage, ob die von einem Elterntheil einer Tochter, deren Vermögen seiner elterlichen oder vormundschaftlichen Verwaltung unterliegt, gewährte Aussteuer aus dem elterlichen Vermögen oder aus dem eigenen Vermögen der Tochter gewährt worden ist, nach allgemeinen Grundsätzen zu entscheiden.

4. Im Falle der Gewährung einer Ausstattung durch den an Kindesstatt Annehmenden (s. Anm. 2 zu § 1624) findet § 1625 entsprechende Anwendung.

II. Elterliche Gewalt.

Vorbemerkungen.

1. Uebersicht. Von den die elterliche Gewalt regelnden §§ 1626—1698 enthalten die §§ 1626—1630 allgemeine Bestimmungen. Von der Sorge für die Person des Kindes handeln die §§ 1631—1637, von der Sorge für das Vermögen des Kindes (Vermögensverwaltung) die §§ 1638—1647, von der elterlichen Nutznießung die §§ 1649—1663. Der Anspruch des Gewalthabers auf Ersatz seiner Aufwendungen ist im § 1648, seine Haftung gegenüber dem Kinde im § 1664 geregelt. Das Einschreiten des Vormundschaftsgerichts, die Haftung des Vormundschaftsrichters und die Mitwirkung des Gemeindewaisenraths behandeln die §§ 1665—1675, das Ruhen und die Beendigung der elterlichen Gewalt die §§ 1676—1683. Die elterliche Gewalt der Mutter ist in den §§ 1684—1698 dargestellt.

2. Grundprinzip. Die väterliche Gewalt des Röm. Rechts (patria potestas) war ein dem Gewalthaber in dessen Interesse verliehenes Herrschaftsrecht über das Hauskind und endigte erst mit der Entlassung des Kindes aus der Gewalt, nicht mit dessen Volljährigkeit. Durch die gemeinrechtliche Praxis ist unter dem Einfluß deutschrechtlicher Anschauungen die Stellung des Gewalthabers der eines Vormunds angenähert worden, jedoch mit der Modifikation, daß der Vater wesentlich freier als der Vormund gestellt wurde und daß ihm ein die Minderjährigkeit des Kindes überdauerndes Nutzungs- und Verwaltungsrecht an dessen Vermögen eingeräumt wurde, welches mit der Absonderung des Kindes vom elterlichen Haushalt, bei Töchtern auch mit der Verheirathung sein Ende fand (vgl. Roth, Bayr. Civilr., 2 Aufl., Bd. 1 S. 581 ff.; R.G.E. in C.S. XV, 200 ff.).

Das P.L.R. stand im Wesentlichen auf dem Boden des Gem. Rechts, indem es die väterliche Gewalt (patria potestas civilis) bezeichnet als eine „Herrschaft, welche der Vater über seine Kinder den Rechten gemäß auszuüben hat“ (Thl. I cap. 5 § 1). Daneben kennt es aber eine patria potestas naturalis, die nicht nur dem Vater gegenüber dem Kinde, sondern allen

Ascendenten gegenüber Descendenten ohne Rücksicht auf Geschlecht und Ehelichkeit der Abstammung zusteht. Dieselbe begründet für den Inhaber die Verpflichtung, das Kind „christlich und ehrlich zum Dienste Gottes und des gemeinen Wesens zu erziehen", berechtigt ihn andererseits zur Anwendung mäßiger Züchtigung, Zurückforderung des Kindes, wenn dasselbe entläuft oder von Anderen widerrechtlich vorenthalten wird, gewährt ihm das Recht auf Schadensersatz bei Verführung des Kindes und gegenüber dem Kinde selbst Anspruch auf Gehorsam, Ehrfurcht und Dankbarkeit, sowie auf Leistung gewöhnlicher und anständiger Dienste auf die Dauer des von dem Ascendenten gewährten Unterhalts. Die patria potestas naturalis wird durch die bloße Thatsache der Erzeugung, die patria potestas civilis dagegen nur durch Ehe, Adoption oder Legitimation erlangt (Thl. I cap. 4 § 3, cap. 5 § 1).

Ueber andere Rechte s. M. IV, 723 ff.; D. 223.

Das B.G.B. behandelt die elterliche Gewalt grundsätzlich als vormundschaftliche Gewalt, d. h. als ein dem Interesse des Kindes dienendes Schutzinstitut, welches den Gewalthaber berechtigt und verpflichtet, für Person und Vermögen des Kindes zu sorgen und ihn zugleich zur gesetzlichen Vertretung des Kindes beruft (§§ 1627, 1630, vgl. § 1793). Demgemäß erstreckt sich die elterliche Gewalt im Gegensatz zur väterlichen Gewalt des Gem. R. nur auf minderjährige Kinder (§ 1626; vgl. M. IV, 724 ff.; Z.G. IV, 371 ff.; Jacubezky, Bem. S. 312 ff.; P. IV, 546 ff.; D. 223). Mit Rücksicht auf das natürlich-sittliche Verhältniß zwischen Eltern und Kindern wird aber der Inhaber der elterlichen Gewalt wesentlich freier gestellt als der Vormund und ihm außerdem das Recht der Nutznießung am Vermögen des Kindes eingeräumt (§ 1649; vgl. M. IV, 724 ff.; Z.G. IV, 371 ff.).

Inhalt der elterlichen Gewalt ist also

a) Recht und Pflicht der Sorge für die Person des Kindes, einschließlich der gesetzlichen Vertretung des Kindes in persönlichen Angelegenheiten;

b) Recht und Pflicht der Sorge für das Vermögen des Kindes (Vermögensverwaltung), einschließlich der gesetzlichen Vertretung des Kindes in Vermögensangelegenheiten;

c) das Recht der Nutznießung am Vermögen des Kindes.

3. Inhaber der elterlichen Gewalt. Das B.G.B. spricht nicht von „väterlicher", sondern von „elterlicher" Gewalt. Dieselbe steht ihrem Wesen nach beiden Eltern gemeinsam zu. Solange jedoch beide Eltern leben, muß der Natur der Dinge nach das Recht der Mutter zurücktreten. Demgemäß ist Inhaber der elterlichen Gewalt während der Ehe der Vater (§ 1627), in gewissem Umfang neben ihm auch die Mutter (§ 1634, s. auch § 1698). Ist der Vater gestorben oder für todt erklärt, so geht die elterliche Gewalt, einschließlich der Nutznießung am Vermögen des Kindes, auf die Mutter über und das Gleiche gilt, wenn der Vater die elterliche Gewalt verwirkt hat und die Ehe aufgelöst ist (§ 1684). Außerdem steht der Mutter in gewissen Fällen an Stelle des Vaters entweder kraft Gesetzes oder nach Uebertragung durch das Vormundschaftsgericht die Ausübung der elterlichen Gewalt zu (§ 1685). Auf die elterliche Gewalt der Mutter finden, von den Sonderbestimmungen der §§ 1687—1697 abgesehen, die für die elterliche Gewalt des Vaters geltenden Vorschriften Anwendung (§ 1686, vgl. Vorbem. vor § 1684).

Nach Röm. R. erstreckt sich die Gewalt des Hausvaters auch auf eheliche Abkömmlinge gewaltunterworfener Söhne (Dernburg, Pand. Bd. 3 S. 55; R.G.E. in C.S. IV, 151; ebenso P.L.R. Thl. I cap. 5 § 1). Dem B.G.B. ist eine elterliche Gewalt der Großeltern unbekannt (M. IV, 739).

4. Unter elterlicher Gewalt stehen grundsätzlich nur eheliche Kinder. Ueber Kinder aus nichtigen und anfechtbaren Ehen s. §§ 1699—1704. Uneheliche Kinder stehen nicht unter elterlicher Gewalt, auch nicht unter der ihrer Mutter (§ 1706). Legitimirte Kinder stehen unter der elterlichen Gewalt des Vaters, angenommene Kinder unter der des Annehmenden bezw. seines Ehegatten (§§ 1719, 1736, 1757, 1765).

5. Das römischrechtliche Prinzip der Personeneinheit zwischen Gewalthaber und Hauskind ist dem B.G.B. fremd. Es sind daher Rechtsgeschäfte und Rechtsstreitigkeiten zwischen dem Inhaber der elterlichen Gewalt und dem Kinde, sowie Schenkungen des Gewalthabers an das Kind unbeschränkt zulässig (M. IV, 729; vergl. Dernburg, Pand. Bd. 3 S. 65 Nt. 8; Roth, B.C.R., 2. Aufl., Bd. 1 S. 583 ff.; das Gleiche galt schon nach B.L.R. Thl. I cap. 5 § 2 Ziff. 4; vgl. Kreittmayr, Anm. zu Thl. III cap. 8 § 9 lit. e; Samml. v. Entsch. d. Bayr. Obersten L.G. Bd. 2 S. 204).

6. Hinsichtlich der Vermögensfähigkeit, Geschäfts- und Deliktsfähigkeit und der Fähigkeit zur Errichtung eines Testaments steht das unter elterlicher Gewalt befindliche Kind einem wegen Minderjährigkeit bevormundeten Kinde gleich (M. IV, 729, 731 ff.; vgl. §§ 106 ff., 828 ff., 2229, 2247). Demgemäß ist auch eine dem Senatusconsultum Macedonianum (Dernburg, Pand. Bd. 2 S. 239 ff.; B.L.R. Thl. IV cap. 2 § 4) entsprechende Vorschrift in das B.G.B. nicht aufgenommen worden (M, IV, 732). Auch hinsichtlich der

Prozeßfähigkeit besteht zwischen Kindern, die unter elterlicher Gewalt stehen und gewaltfreien Kindern kein Unterschied. Vgl. C.P.O. § 52 Abs. 1 n. Nr.: „Eine Person ist insoweit prozeßfähig, als sich durch Verträge verpflichten kann." Der bisherige Abs. 2 des § 51, wonach die Prozeßfähigkeit einer großjährigen Person dadurch, daß sie unter väterlicher Gewalt steht, nicht beschränkt wird, ist durch die neue Fassung der C.P.O. als gegenstandslos beseitigt worden, da nach B.G.B. die elterliche Gewalt stets mit der Volljährigkeit endigt (M. IV, 732 ff.; M.E.G. 72; Begr. z. Entw. e. G. betr. Aend. d. C.P.O. 17).

7. Das gemeinrechtliche Pekuliensystem, wonach zwischen peculium profecticium, castrense, quasicastrense, adventicium regulare und irregulare unterschieden wurde (Dernburg, Pand. Bd. 3 S. 65 ff.; B.L.R. Thl. I cap. 5 §§ 3—6) hat das B.G.B. aufgegeben. Dasselbe unterscheidet lediglich Vermögen, welches der elterlichen Nutznießung unterliegt, und freies Vermögen des Kindes (§§ 1649—1651), ferner Vermögen des Kindes, in Ansehung dessen dem Inhaber der elterlichen Gewalt die Verwaltung zusteht, und solches, bei welchem die elterliche Vermögensverwaltung ausgeschlossen ist (§ 1638), s. M. IV, 729 ff. Im Zusammenhang hiemit steht es, daß das B.G.B. die sogen. adjektizischen Klagen (actio quod jussu, de peculio, tributoria und de in rem verso; s. Dernburg, Pand. Bd. 2 S. 38 ff.; B.L.R. Thl. I cap. 5 § 3 Ziff. 2; Kreittmayr, Anm. zu Thl. IV cap. 9 § 10 Ziff. 2 und zu Thl. IV cap. 13 § 2 Ziff. 8) beseitigt hat. Eine Haftung des Gewalthabers für Schulden des Kindes tritt nach B.G.B. nur ein, soweit eine solche nach den allgemeinen Vorschriften des Obligationenrechts begründet ist (M. IV, 730 ff.).

8. Der Inhaber der elterlichen Gewalt ist zwar nicht wie der Vormund der beständigen Aufsicht des Vormundschaftsgerichts unterworfen; aus dem vormundschaftlichen Charakter der elterlichen Gewalt ergibt sich aber, daß das Vormundschaftsgericht auch dem Gewalthaber gegenüber unter gewissen Voraussetzungen zum Einschreiten im Interesse des Kindes berechtigt und verpflichtet ist (§§ 1665 ff.). Unterstützt wird das Vormundschaftsgericht hiebei durch den Gemeindewaisenrath. Die Haftung des Vormundschaftsrichters gegenüber dem Kinde bestimmt sich nach § 1674, die des Gewalthabers nach § 1664.

9. Ruhen und Beendigung der elterlichen Gewalt. Das B.G.B. unterscheidet Beendigung der elterlichen Gewalt und bloßes Ruhen derselben. In letzterem Falle hört der Inhaber der elterlichen Gewalt nicht auf, Gewalthaber zu sein, ist aber, solange seine elterliche Gewalt ruht, nicht berechtigt, dieselbe auszuüben, doch verbleibt ihm, von der Ausnahmebestimmung des § 1685 Abs. 2 abgesehen, die Nutznießung am Vermögen des Kindes (§ 1678). Die Voraussetzungen für das Ruhen der elterlichen Gewalt sind in den §§ 1676, 1677 bestimmt. Endigungsgründe sind Tod des Kindes, Volljährigkeit und Volljährigkeitserklärung desselben, Annahme desselben an Kindesstatt, Tod oder Todeserklärung des Gewalthabers, Verwirkung, Wiederverheirathung der Mutter, Aufhebung des durch die Annahme an Kindesstatt begründeten Rechtsverhältnisses (s. Vorbem. vor § 1676 Ziff. 4). Dagegen endigt die elterliche Gewalt nicht durch die Begründung eines selbständigen Haushalts seitens des Kindes, Verheirathung oder Emanzipation des Kindes, Verzicht des Gewalthabers (Vorbem. vor § 1676 Ziff. 5). Eine Entziehung der elterlichen Gewalt als solchen kennt das B.G.B. nicht, doch können dem Gewalthaber die einzelnen Bestandtheile der elterlichen Gewalt (Sorge für die Person des Kindes, Vermögensverwaltung, elterliche Nutznießung) sowohl einzeln als auch in ihrer Gesammtheit unter gewissen Voraussetzungen durch das Vormundschaftsgericht entzogen werden (Vorbem. vor § 1676 Ziff. 4bε). Ueber Beendigung der einzelnen Bestandtheile der elterlichen Gewalt s. §§ 1647, 1661, 1662, 1666, 1670, 1693, 1760 Abs. 2; vgl. auch § 1633.

10. Die prozessualen Besonderheiten des Rechtsstreits, welcher die Feststellung des Bestehens oder Nichtbestehens der elterlichen Gewalt der einen Partei über die andere zum Gegenstande hat, sind durch die §§ 640 ff. C.P.O. n. Nr. im Anschluß an die für Ehesachen geltenden Bestimmungen geregelt worden (Begr. z. Entw. e. Ges. betr. Aend. d. C.P.O. 85 ff.). Hienach ist insbesondere für solche Rechtsstreitigkeiten in gewissem Umfang die Dispositionsmaxime durchbrochen und das Offizialprinzip anerkannt (C.P.O. §§ 640, 617, 622 n. Nr.). Das bei Lebzeiten beider Parteien ergehende Urtheil wirkt für und gegen Alle. Ein das Bestehen der elterlichen Gewalt feststellendes Urtheil wirkt aber gegenüber einem Dritten, welcher die elterliche Gewalt für sich in Anspruch nimmt, nur dann, wenn er an dem Rechtsstreite Theil genommen hat (C.P.O. § 643 n. Nr.; vgl. E. I, 1632; M. IV, 1002 ff., 1006 ff.; M.E.G. 92; Z.G. IV, 459; P. IV, 742).

11. Bezüglich des internationalen Privatrechts s. E.G. Art. 19, 28—31; die erforderlichen Uebergangsvorschriften enthalten die Art. 203—206 des E.G. (vgl. M. z. E.G. 291 ff.).

§ 1626.

Das Kind steht, solange es minderjährig ist, unter elterlicher Gewalt.

E. I, 1501 Abs. 1; II, 1521; III, 1604.

1. Unter elterlicher Gewalt stehen nach § 1626 nur **minderjährige** Kinder. Ueber die Gründe dieser Vorschrift und den abweichenden Standpunkt des Gem.R. und des P.L.R. s. Vorbem. Ziff. 2. In der II. Komm. wurde beantragt, im Anschluß an das österreichische G.B. und das weimar. Ges. v. 27. März 1872 die elterliche Gewalt über den Zeitpunkt der Volljährigkeit hinaus fortdauern zu lassen, wenn die Voraussetzungen vorliegen, unter welchen Vormundschaft einzuleiten wäre. Dieser Antrag wurde aber im Interesse der Sicherheit des Verkehrs abgelehnt (P. IV, 546 ff.; vgl. M. IV, 831 ff.). Dauert das Schutzbedürfniß des Kindes auch nach erreichter Volljährigkeit fort, so tritt die Vormundschaft (§§ 1896, 1906) oder Pflegschaft (§ 1910) an die Stelle der elterlichen Gewalt. Abgelehnt wurde auch der in der Reichstagskommission und im Reichstag gestellte Antrag, die elterliche Gewalt nach erreichter Volljährigkeit erst mit der Begründung eines selbständigen Haushalts durch das Kind endigen zu lassen (R.T.K. 144 ff.; St.B. 255 ff.). Wie durch Volljährigkeit des Kindes (§ 2), wird die elterliche Gewalt auch durch **Volljährigkeitserklärung** desselben beendigt (§. 3 Abs. 2). Dagegen macht nach B.G.B. **Heirath** nicht mündig. Die elterliche Gewalt dauert daher auch über verheirathete Kinder bis zu deren Volljährigkeit oder Volljährigkeitserklärung fort. Dies ist gegenüber Söhnen im Hinblick auf § 1303 Abs. 1 ohne praktische Bedeutung, während sich bei Töchtern eine Modifikation aus §§ 1633, 1661 ergibt. Durch die Begründung eines selbständigen Haushalts vor erreichter Volljährigkeit wird die elterliche Gewalt nicht beendigt (Vorbem. vor § 1676 Ziff. 5).

2. Die Vorschrift des § 1626 bezieht sich nur auf **eheliche** Kinder, wie sich aus der Ueberschrift dieses Titels ergibt (vgl. E. I § 1501 Abs. 1: „das eheliche minderjährige Kind steht unter der elterlichen Gewalt"). Ueber Kinder aus **nichtigen und anfechtbaren Ehen** s. §§ 1699 ff., über **uneheliche** Kinder s. § 1707, über **legitimirte** und **an Kindesstatt angenommene** Kinder s. §§ 1719, 1736, 1757, 1765.

3. Ein minderjähriges Kind, welches **nicht** unter elterlicher Gewalt steht (sei es, weil beide Eltern gestorben sind oder weil weder Vater noch Mutter Inhaber der elterlichen Gewalt ist), erhält einen **Vormund**. Das Gleiche gilt für minderjährige Kinder, die zwar unter elterlicher Gewalt stehen, deren Eltern aber weder in persönlichen, noch in Vermögensangelegenheiten zur Vertretung des Kindes berechtigt sind, sowie für minderjährige Kinder, deren Familienstand nicht zu ermitteln ist (§ 1773).

I. Elterliche Gewalt des Vaters.

§ 1627.

Der Vater hat kraft der elterlichen Gewalt das Recht und die Pflicht, für die Person und das Vermögen des Kindes zu sorgen.

E. I, 1502 Nr. 1; II, 1522; III, 1605.

1. **Inhalt der elterlichen Gewalt.** Sie umfaßt außer der Nutznießung am Vermögen des Kindes (§§ 1649 ff.) die Sorge für die Person und die Sorge für das Vermögen des Kindes einschließlich der gesetzlichen Vertretung des Kindes in persönlichen und Vermögensangelegenheiten (§§ 1627, 1630 Abs. 1; Vorbem. Ziff. 2). Ausgeschlossen von der Fürsorge des Gewalthabers sind diejenigen Angelegenheiten des Kindes, für welche ein Pfleger bestellt ist (§ 1628, s. auch § 1629).

2. Die Sorge für die **Person** des Kindes schließt in sich hauptsächlich Recht und Pflicht, das Kind zu erziehen, zu beaufsichtigen, seinen Aufenthalt zu bestimmen, sowie das Recht, seine Herausgabe von Jedem zu verlangen, der es dem Fürsorgeberechtigten widerrechtlich vorenthält, gegenüber einer verheiratheten Tochter aber lediglich die Vertretung in persönlichen Angelegenheiten (§§ 1631—1633; s. auch Vorbem. vor § 1631 II). Die Sorge für das **Vermögen** des Kindes (Vermögensverwaltung) ist in den §§ 1638—1647 geregelt.

3. Die elterliche Gewalt steht ihrem Wesen nach **beiden Eltern gemeinschaftlich**, in erster Linie aber dem **Vater** zu (Vorbem. Ziff. 3). An der Sorge für die Person des Kindes nimmt die **Mutter** während der Ehe in gewissem Umfange Theil (§§ 1634, 1698). Ueber die Sorge für die Person des Kindes bei Auflösung der Ehe durch Scheidung oder auf Grund des § 1348 Abs. 2 s. §§ 1635—1637. Dagegen ist der Mutter keine Mitwirkung an der Sorge für das Vermögen des Kindes eingeräumt, solange der Vater Inhaber der elterlichen Gewalt und an der Ausübung derselben weder rechtlich noch thatsächlich verhindert ist (vgl. § 1685 Abs. 1). Steht der Mutter die elterliche Gewalt oder die Ausübung derselben zu (§§ 1684, 1685), so findet § 1627 auf sie wie auf den Vater Anwendung, soweit sich nicht aus den §§ 1687—1697 Abweichungen ergeben (§ 1686; vgl. R.T.K. 145).

4. Zur Sorge für Person und Vermögen des Kindes ist der Gewalthaber nicht nur berechtigt, sondern auch verpflichtet. Demgemäß kann weder auf die Sorge für die Person noch auf die Sorge für das Vermögen des Kindes verzichtet werden, während Verzicht auf die elterliche Nutznießung zulässig ist (§ 1662). Die Mutter als Inhaberin der elterlichen Gewalt kann sich aber der Sorge für das Vermögen des Kindes dadurch entledigen, daß sie Aufstellung eines Beistands und Uebertragung der Vermögensverwaltung auf denselben beantragt (§§ 1687 Nr. 2, 1693).

§ 1628.

Das Recht und die Pflicht, für die Person und das Vermögen des Kindes zu sorgen, erstreckt sich nicht auf Angelegenheiten des Kindes, für die ein Pfleger bestellt ist.

E. I, 1503, 1650; II, 1523; III, 1606.

1. Wie § 1794 für den Vormund, so schreibt § 1628 für den Inhaber der elterlichen Gewalt vor, daß seiner Fürsorge diejenigen Angelegenheiten des Kindes entzogen sind, für welche ein Pfleger bestellt ist (vgl. P. IV, 557). Ueber die Fälle, in welchen ein unter elterlicher Gewalt stehendes Kind einen Pfleger erhält, s. § 1909 und Anm. hiezu. Liegen die Voraussetzungen vor, welche die Aufstellung eines Pflegers erforderlich machen, so hat der Gewalthaber dem Vormundschaftsgericht unverzüglich Anzeige zu machen (§ 1909 Abs. 2). Solange die Aufstellung eines Pflegers nicht erfolgt ist, bleibt der Gewalthaber zur Besorgung der fraglichen Angelegenheiten berechtigt und verpflichtet (s. aber § 1638).

2. Durch § 1628 wird nur die Sorge des Gewalthabers für Person und Vermögen des Kindes in Bezug auf die der Fürsorge eines Pflegers unterstellten Angelegenheiten ausgeschlossen. Da aber nach § 1630 Abs. 1 die Sorge für Person und Vermögen auch die gesetzliche Vertretung des Kindes umfaßt, ist der Gewalthaber, soweit Angelegenheiten in Frage stehen, für welche ein Pfleger bestellt ist, auch von der gesetzlichen Vertretung des Kindes ausgeschlossen, dieselbe steht vielmehr insoweit dem Pfleger zu (vgl. Anm. VI, 1 zu § 1630; Anm. 2 zu § 1794).

3. Ueber die Entscheidung von Meinungsverschiedenheiten zwischen Pfleger und Gewalthaber bei einer in den Wirkungskreis Beider fallenden Angelegenheit s. § 1629.

§ 1629.

Steht die Sorge für die Person oder die Sorge für das Vermögen des Kindes einem Pfleger zu, so entscheidet bei einer Meinungsverschiedenheit zwischen dem Vater und dem Pfleger über die Vornahme einer sowohl die Person als das Vermögen des Kindes betreffenden Handlung das Vormundschaftsgericht.

E. I, 1503, 1653; II, 1524; III, 1607.

1. Nach § 1628 sind der Fürsorge des Gewalthabers diejenigen Angelegenheiten des Kindes entzogen, für die ein Pfleger bestellt ist. Steht nun entweder die Sorge für die Person oder die Sorge für das Vermögen des Kindes einem Pfleger zu (§§ 1647, 1666—1670, 1693, 1760 Abs. 2, 1909 Abs. 1), so können über Angelegenheiten, welche sowohl Person als Vermögen des Kindes berühren (z. B. die Wahl eines bestimmten Berufs), Meinungsverschiedenheiten zwischen Gewalthaber und Pfleger entstehen, zu deren Beseitigung das dem Vormundschaftsgerichte gegenüber dem Gewalthaber und dem Pfleger nach §§ 1665—1670, 1837, 1915 zustehende Aufsichtsrecht nicht ausreicht, wenn die Voraussetzungen dieser gesetzlichen Bestimmungen nicht gegeben sind, also insbesondere, wenn die Ansichten des Gewalthabers und des Pflegers lediglich über Zweckmäßigkeitsfragen auseinandergehen. Um nun zu verhüten, daß in einem solchen Falle eine im Interesse des Kindes wünschenswerthe Maßregel unterbleiben müsse, überträgt § 1629 die Entscheidung dem Vormundschaftsgericht (M. IV, 741, 1095; Z.G. IV, 385, 475; P. IV, 558; vgl. § 1798).

2. Das Vormundschaftsgericht ist nur befugt, entweder der Meinung des Pflegers oder der des Gewalthabers beizutreten, nicht aber, eine neue selbständige Maßregel anzuordnen, es sei denn, daß es auf Grund seines Aufsichtsrechts (§§ 1665 ff., 1837) hiezu Veranlassung hat (M. IV, 1095; vgl. Anm. 2 zu § 1798).

3. Zuständig zu der im § 1629 erwähnten Entscheidung ist das Amtsgericht, bei welchem die Pflegschaft anhängig ist (F.G. § 43 Abs. 2). Gegen seine Entscheidung steht sowohl dem Gewalthaber als dem Pfleger ein selbständiges Beschwerderecht Namens

des Kindes zu. Daneben kann aber das Kind selbst, wenn eine seine Person betreffende Angelegenheit in Frage steht, selbständig das Beschwerderecht ausüben, es sei denn, daß es geschäftsunfähig oder noch nicht 14 Jahre alt ist (F.G. §§ 58, 59).

4. Ergibt sich abgesehen von dem Falle des § 1629 eine Meinungsverschiedenheit zwischen Gewalthaber und Pfleger über die Vornahme einer den Wirkungskreis Beider berührenden Maßregel, so muß dieselbe unterbleiben, falls nicht etwa das Vormundschaftsgericht in der Lage ist, vermöge seines Aufsichtsrechts (§§ 1665 ff., 1837, 1915) den Widerspruch des Gewalthabers oder des Pflegers zu beseitigen (vgl. Anm. 3 zu § 1794, Anm. 5 zu § 1798).

§ 1630.

Die Sorge für die Person und das Vermögen umfaßt die Vertretung des Kindes.

Die Vertretung steht dem Vater insoweit nicht zu, als nach § 1795 ein Vormund von der Vertretung des Mündels ausgeschlossen ist. Das Vormundschaftsgericht kann dem Vater nach § 1796 die Vertretung entziehen.

E. I, 1503, 1649, 1651; II, 1525; III, 1608.

I. Das Erforderniß der gesetzlichen Vertretung eines minderjährigen Kindes ergibt sich aus den §§ 104, 106 ff., wonach Kinder unter sieben Jahren geschäftsunfähig, minderjährige nach Vollendung des siebenten Lebensjahres in der Geschäftsfähigkeit beschränkt sind. Die gesetzliche Vertretung eines minderjährigen Kindes betrachtet das B.G.B. in Uebereinstimmung mit den meisten bisherigen Rechten (M. IV, 722, 1083) als Ausfluß der Sorge für Person nnd Vermögen des Kindes und überträgt sie daher, wie bezüglich bevormundeter Kinder dem Vormund (§ 1793), so bezüglich der unter elterlicher Gewalt stehenden Kinder dem Gewalthaber (§ 1630 Abs. 1). Hieraus folgt, daß der Inhaber der elterlichen Gewalt sowohl in persönlichen als in Vermögensangelegenheiten des Kindes in dessen Namen Rechtsgeschäfte vorzunehmen und Prozesse zu führen befugt ist, daß ihm gegenüber als Vertreter des Kindes Rechtsgeschäfte vorgenommen werden können und daß, soweit zur Wirksamkeit eines Rechtsgeschäfts die Einwilligung oder Genehmigung des gesetzlichen Vertreters erforderlich ist, er es ist, der zur Ertheilung oder Verweigerung derselben berechtigt und verpflichtet ist (M. IV, 740, 1083, 1106; §§ 106 ff.; C.P.O. §§ 51, 52 n. Nr.).

II. Die vom Inhaber der elterlichen Gewalt innerhalb der ihm zustehenden Vertretungsmacht im Namen des Kindes abgegebenen Willenserklärungen wirken unmittelbar für und gegen das Kind, gleichviel, ob die Erklärung ausdrücklich im Namen des Kindes erfolgt, oder ob nur die Umstände ergeben, daß sie in dessen Namen erfolgen soll. Tritt aber der Wille des Gewalthabers, im Namen des Kindes zu handeln, nicht erkennbar hervor, so gilt die Erklärung als vom Gewalthaber im eigenen Namen abgegeben, ihre rechtliche Wirkung tritt in seiner Person, nicht in der des Kindes ein und das Kind erwirbt das in Frage stehende Recht erst dadurch, daß es ihm vom Gewalthaber übertragen wird (§ 164, Planck, Komm. Note 2 zu § 164). Eine Verpflichtung des Gewalthabers, überall da, wo er materiell Geschäfte des Kindes besorgt, dieselben auch formell in dessen Namen zu schließen, hat das Gesetz nicht aufgenommen (M. IV, 1087; vgl. Anm. 4 zu § 1793). Eine Modifikation des § 164 Abs. 2 enthält aber § 1646 insofern, als hienach gewisse Vermögensobjekte, die der Gewalthaber mit Mitteln des Kindes erwirbt, mit dem Erwerb Eigenthum des Kindes werden, es sei denn, daß der Gewalthaber nicht für Rechnung des Kindes erwerben will (vgl. Anm. 1 zu § 1646).

III. Eine Haftung des Kindes für die vom Gewalthaber in Ausübung seiner Vertretungsmacht begangenen widerrechtlichen Handlungen tritt nur ein, soweit eine solche auf Grund des § 278 begründet ist. Ueber die Gründe, aus welchen das B.G.B. eine weitergehende Haftung des Kindes nicht anerkannt hat, s. M. IV, 1083 ff.; vgl. §§ 31, 86 und Anm. 5 zu § 1793.

IV. Die gemeinrechtliche Wiedereinsetzung in den vorigen Stand wegen Minderjährigkeit gegen Rechtsgeschäfte, die der Gewalthaber für das Kind vorgenommen hat (Dernburg, Pand. Bd. 1 S. 329 ff., insbes. S. 333, s. auch R.G.E. in C.S. XV, 194 ff.; vgl. P.L.R. Thl. I cap. 7 § 30, Thl. III cap. 1 § 5 Ziff. 3, § 19 Ziff. 14, Samml. v. Entsch. d. Obersten L.G. München Bd. 13 S. 517 ff.), hat das B.G.B. beseitigt (M. IV, 1086; vgl. Dernburg a. a. O. S. 331 Note 12; s. auch C.P.O. § 232 n. Nr.; F.G. §§ 22 Abs. 2 Satz 2, 92 Satz 2).

V. Da die Vertretung des Kindes Ausfluß der Fürsorge ist (s. o. Anm. I), so steht grundsätzlich die gesetzliche Vertretung des Kindes in persönlichen Angelegenheiten demjenigen zu, dem die Sorge für die Person des Kindes obliegt, die gesetzliche Vertretung des Kindes in Vermögensangelegenheiten demjenigen, dem die Sorge für das Vermögen obliegt. Hievon besteht jedoch eine doppelte Ausnahme:

1. Gemäß § 1633 ist der Gewalthaber gegenüber einer verheiratheten Tochter zwar deren gesetzlicher Vertreter in persönlichen Angelegenheiten, dagegen zur Sorge für ihre Person weder berechtigt noch verpflichtet (vgl. Anm. 6 zu § 1793). Das gleiche Verhältniß tritt ein, soweit nach §§ 1635, 1637 die Sorge für die Person des Kindes der Mutter zusteht, da nach § 1635 Abs. 2 hiedurch das Vertretungsrecht des Vaters nicht berührt wird.

2. Umgekehrt steht in gewissen Fällen dem Vater oder der Mutter zwar die Sorge für die Person des Kindes, nicht aber die gesetzliche Vertretung desselben in persönlichen Angelegenheiten zu, s. §§ 1634 Satz 1, 1635 Abs. 2, 1637, 1676 Abs. 2 Satz 2, 1696 Satz 1, 1697 Satz 2, 1698, 1702 Abs. 2 Satz 1, Abs. 3, 1707 Satz 2, 1738, 1765 Abs. 2; C.P.O. § 627 Abs. 1 n. Nr.

VI. Die Vertretungsmacht des Gewalthabers ist, wie die des Vormunds, grundsätzlich unbeschränkt (M. IV, 740, 1084), insbesondere ist der Gewalthaber befugt, auch in solchen Fällen im Namen des Kindes zu handeln, in welchen dasselbe gemäß § 107 zur Abgabe einer wirksamen Willenserklärung der Einwilligung des Gewalthabers nicht bedarf (M. IV, 1086). Dieses Prinzip erleidet jedoch in mehrfacher Beziehung eine Einschränkung (vgl. Anm. 7 zu § 1793).

1. Eine Beschränkung der Vertretungsmacht des Gewalthabers ergibt sich zunächst aus dem Umstande, daß die Vertretungsmacht Ausfluß der Sorge für Person und Vermögen ist (s. o. Anm. I). Soweit demzufolge die Fürsorge des Gewalthabers für Person oder Vermögen des Kindes ausgeschlossen ist, kann er auch nicht als gesetzlicher Vertreter desselben thätig werden (s. §§ 1628, 1638, 1641, 1647, 1666, 1670, 1678, 1693; § 74 H.G.B. v. 10. Mai 1897, § 133 f. der Gew.Ordn. in der durch E.G. z. H.G.B. Art. 9 II festgesetzten Fassung; s. aber auch o. Anm. V, 1).

2. Gewisse höchstpersönliche Rechtsakte können nur durch das Kind selbst, theils mit, theils ohne Einwilligung oder Genehmigung des Gewalthabers vorgenommen werden (M. IV, 1085); s. §§ 1317, 1336 Abs. 1, 1337 Abs. 3, 1437 Abs. 1, Abs. 2 Satz 1, 1728 Abs. 1, 1729 Abs. 3, 1731, 1748 Abs. 2, 1750, 1755, 1770, 2064, 2229, 2271 Abs. 1 Satz 1, 2274, 2275, 2282 Abs. 1. 2284, 2290 Abs. 2, 2296 Abs. 1, 2347 Abs. 2 Satz 1, 2351, 2352 Satz 3, vgl. C.P.O. § 612 Abs. 1 n. Nr.).

3. In einer Reihe von Fällen ist der Gewalthaber an die Genehmigung des Vormundschaftsgerichts gebunden; s. §§ 112, 1639 Abs. 2, 1642 Abs. 2, 1643—1645, 1653 Satz 1, 1667 Abs. 2 Satz 4, 1669 Satz 2, 1729 Abs. 1, 2, 1731, 1750 Abs. 1 Satz 2, 1751, 1755, 1770, 2290 Abs. 3, 2291 Abs. 1 Satz 2, 2292, 2347 Abs. 1, Abs. 2 Satz 2, 2351, 2352 Satz 3; C.P.O. 612 Abs. 2 Satz 2, 641 Abs. 2 Satz 2 n. Nr.; § 14a Abs. 1, Abs. 2 Satz 1 des G. über die Erw. u. d. Verlust der Bundes- und Staatsangehörigkeit v. 1. Juni 1870 in der durch E.G. Art. 41 II festgesetzten Fassung.

4. Die Vertretungsmacht der Mutter als Inhaberin der elterlichen Gewalt kann durch Bestellung eines Beistands beschränkt werden (§§ 1687 ff., 1690).

5. Nach § 1630 Abs. 2 Satz 1 ist in gewissen Fällen die Vertretungsmacht des Gewalthabers kraft Gesetzes ausgeschlossen, um eine durch dieselbe mögliche Gefährdung der Interessen des Kindes zu verhüten (M. IV, 740 ff., 1088 ff.; Z.G. IV, 385, 474 ff.; vgl. §§ 34, 1874 Abs. 3; bez. des in dieser Beziehung bisher geltenden Rechts s. Roth, bayr. C.R. 2. Aufl. Bd. I S. 698 Nt. 33; P.L.R. Thl. I cap. 7 §§ 18, 38 Ziff. 1; M. IV, 740). Die Ausschließungsgründe sind für den Gewalthaber dieselben wie für den Vormund; der in der II. Komm. gestellte Antrag, hinsichtlich des Gewalthabers mit Rücksicht auf das natürliche Verhältniß zwischen Eltern und Kind die Ausschließungsgründe zu beschränken, wurde abgelehnt (P. IV, 557 ff.). Der Gewalthaber ist demnach von der Vertretung des Kindes ausgeschlossen:

a) bei einem Rechtsgeschäfte zwischen dem Kinde und dem Gewalthaber selbst, sowie zwischen dem Kinde und anderen Personen, deren (gesetzlicher oder bevollmächtigter) Vertreter der Gewalthaber ist (§§ 1795 Abs. 2, 181; M. IV, 1089 ff.). Eine Ausnahme hievon besteht jedoch hinsichtlich solcher Rechtsgeschäfte, die ausschließlich in der Erfüllung einer Verbindlichkeit bestehen (s. §§ 362 ff.; vgl. M. IV, 1090 ff.; Planck, Komm. Nt. 1 zu § 181). Selbstverständlich kann der Gewalthaber auch nicht in einem Rechtsstreit, den das Kind gegen ihn (persönlich oder als Vertreter eines Anderen) führt, beide Parteien vertreten (vgl. E. I, 1651 Nr. 1, 2; M. IV, 1091 Ziff. 2; P. IV, 557 und R.G.E. in C.S. VII, 404 ff.: „Es folgt aus dem Begriffe des Rechtsstreits, daß nicht nur die Parteien, sondern auch die für die Parteien handelnden Vertreter verschiedene Personen sein müssen, gleichviel, ob es sich um Prozeßbevollmächtigte oder sonstige gesetzliche oder freiwillig bestellte Vertreter handelt. Daher kann nicht eine und dieselbe Person als Vertreter beider Parteien und ebensowenig eine Person zugleich als Partei und als Vertreter der Gegenpartei im Rechtsstreite auftreten." Der nach der Anl. II zur Denkschrift in Aussicht genommene § 53a C.P.O. („ein Vertreter kann nicht im Namen des Vertretenen einen Rechtsstreit mit sich im eigenen Namen oder als Vertreter eines Dritten führen") hat in die neue C.P.O. keine Aufnahme gefunden.

b) bei einem Rechtsgeschäft oder einem Rechtsstreite zwischen dem Kinde einerseits und dem Ehegatten des Gewalthabers oder einer mit dem Gewalthaber in gerader Linie verwandten Person andererseits (§ 1795 Abs. 1 Nr. 1, 3; M. IV, 1089 ff.; Z.G. IV, 385). Ueber den Begriff der Verwandtschaft s. § 1589 und Anm. hiezu. Eine Ausnahme besteht auch hier für solche Rechtsgeschäfte, die ausschließlich in der Erfüllung einer Verbindlichkeit bestehen (s. o. unter a).

c) bei einem Rechtsgeschäfte, das die Uebertragung oder Belastung einer durch Pfandrecht (§§ 1273 ff.), Hypothek (§§ 1113 ff.) oder Bürgschaft (§§ 765 ff.) gesicherten Forderung des Kindes gegen den Gewalthaber oder die Aufhebung oder Minderung dieser Sicherheit zum Gegenstande hat oder die Verpflichtung des Kindes zu einem dieser Rechtsgeschäfte begründet, sowie bei einem Rechtsstreit über eine Angelegenheit dieser Art (§ 1795 Abs. 1 Nr. 2 und 3; M. IV, 1091 ff.).

6. Endlich kann die Vertretungsmacht des Gewalthabers wie die des Vormunds wegen Interessenkollision durch das Vormundschaftsgericht ausgeschlossen werden. Dies soll aber nur dann geschehen, wenn das Interesse des Kindes zu dem des Gewalthabers, des Ehegatten desselben oder einer mit dem Gewalthaber in gerader Linie verwandten oder von ihm (kraft Gesetzes oder auf Grund ertheilter Vollmacht) vertretenen Person in erheblichem Gegensatze steht (§§ 1630 Abs. 2 Satz 2, 1796). Diese Bestimmung ist insbesondere im Hinblick auf eilige und solche Fälle von Bedeutung, in welchen der Gewalthaber an der Vornahme von Rechtshandlungen für das Kind in gewissen Angelegenheiten für die Zukunft gehindert werden soll, ohne daß es zur Zeit der Anordnung einer Pflegschaft bedarf (M. V, 1092, Z.G. V, 385). Eine Interessenkollision der im § 1796 bezeichneten Art liegt auch vor, wenn der Gewalthaber oder eine der im § 1796 erwähnten Personen gegenüber dem Kinde eine nur auf Antrag verfolgbare strafbare Handlung begangen hat (§ 65 St.G.B. in der durch E.G. Art. 34 III festgesetzten Fassung) und im letzteren Falle der Gewalthaber sich weigert, Strafantrag zu stellen. Erlangt das Vormundschaftsgericht von einem solchen Falle Kenntniß, so muß es, falls die Durchführung des Strafverfahrens im Interesse des Kindes liegt, dem Gewalthaber gemäß §§ 1630 Abs. 2 Satz 2, 1796 die Vertretungsbefugniß entziehen, sodann, da in Folge dieser Maßregel der Gewalthaber an der Vertretung des Kindes rechtlich verhindert ist, gemäß § 1909 Abs. 1 Satz 1 einen Pfleger bestellen und diesen nach §§ 1837, 1915 zur Stellung des Strafantrags anhalten (vgl. R.G.E. in St.S. V, 192; XV, 178; XXIV, 376 ff.; s. auch Böhm, Das Vormundschaftsrecht des B.G.B. S. 178 Note 1, der den § 1796 außer Betracht läßt und demzufolge zu dem unbefriedigenden Ergebniß kommt, daß in solchen Fällen, falls nicht die Voraussetzungen des § 1666 Abs. 1 gegeben sind, die Bestrafung des Schuldigen unterbleiben muß). Ist die Zurücknahme des Strafantrags zulässig (St.G.B. § 64), so wird das Vormundschaftsgericht, falls die Durchführung des Strafverfahrens im Interesse des Kindes geboten ist, von der erwähnten Maßregel unter Umständen auch dann Gebrauch machen müssen, wenn Strafantrag vom Gewalthaber gestellt worden ist, da derselbe außerdem durch Zurücknahme des Strafantrags die Bestrafung des Schuldigen vereiteln kann. Auf Grund des § 1630 Abs. 2 Satz 2 kann dem Gewalthaber die Vertretungsbefugniß nur für einzelne Angelegenheiten oder einen Kreis von solchen entzogen werden. Die Entziehung der gesammten Sorge für die Person einschließlich der Vertretungsbefugniß in persönlichen Angelegenheiten ist nur auf Grund des § 1666 Abs. 1, die Entziehung der Vermögensverwaltung einschließlich der Vertretungsbefugniß in Vermögensangelegenheiten auf Grund der §§ 1666 Abs. 2, 1670, 1760 Abs. 1 zulässig. Ueber Zuständigkeit des Vormundschaftsgerichts und die gegen dessen Entscheidung zulässigen Rechtsmittel s. F.G. §§ 43 Abs. 1, 19 ff., 59. Ist in Folge der vorhandenen Interessenkollision die Aufstellung eines Pflegers erforderlich, so ist der Gewalthaber nach § 1909 Abs. 2 zur Anzeige an das Vormundschaftsgericht verpflichtet (vgl. M. IV, 1255 ff.).

VII. Ist auf Grund der in Anm. VI, 1, 5, 6 erwähnten Bestimmungen die Vertretungsmacht des Gewalthabers ausgeschlossen, eine Vertretung des Kindes aber erforderlich, so muß zur Vertretung des Kindes ein Pfleger bestellt werden (§ 1909 Abs. 1 Satz 1).

Dieser hat sodann innerhalb seines Wirkungskreises auch die nach dem Gesetz erforderliche Einwilligung oder Genehmigung zu Rechtsgeschäften des Kindes zu ertheilen bezw. zu verweigern (M. IV, 1088; vgl. Anm. 8 zu § 1793).

VIII. Für die Rechtswirksamkeit von Willenserklärungen, die der Gewalthaber Namens des Kindes abgegeben hat, obwohl seine Vertretungsmacht im vorliegenden Falle ausgeschlossen war, sind im Allgemeinen die Bestimmungen der §§ 177—180, und, falls der Gewalthaber geschäftsunfähig oder in der Geschäftsfähigkeit beschränkt ist (§§ 1676, 1678 s. o. Anm. VI, 1) die §§ 105, 131, 107 ff., 165 (vgl. Planck, Komm. Note 1 Abs. 2 zu § 165) maßgebend. An die Stelle des Vertretenen (s. § 177 Abs. 1, Abs. 2 Satz 1) tritt natürlich, solange das Kind minderjährig ist, der Pfleger (vgl. Anm. 2 zu § 1795). Dieser Grundsatz erleidet jedoch in mehrfacher Beziehung eine Modifikation.

1. Rechtsgeschäfte, die der Gewalthaber Namens des Kindes entgegen der Vorschrift des § 181 mit sich selbst im eigenen Namen oder als Vertreter eines Dritten vorgenommen hat (Anm. VI, 5, a), sind nichtig (vgl. Planck, Komm. Nt. 2 zu § 181).

2. Schenkungen, die der Gewalthaber in Vertretung des Kindes gemacht hat (Anm. VI, 1), sind nichtig, soweit nicht durch dieselben einer sittlichen Pflicht oder einer auf den Anstand zu nehmenden Rücksicht entsprochen wird (Anm. 3 zu § 1641). Nach § 74 Abs. 1, 3 des Handelsgesetzbuchs vom 10. Mai 1897 ist ferner eine Vereinbarung zwischen dem Prinzipal und dem Gewalthaber nichtig, durch welche ein minderjähriger Handlungsgehülfe für die Zeit nach der Beendigung des Dienstverhältnisses in seiner gewerblichen Thätigkeit übermäßig beschränkt wird, s. auch § 133f der Gewerbeordnung in der durch E.G. z. H.G.B. v. 10. Mai 1897 Art. 9 II festgesetzten Fassung.

3. Soweit das Gesetz Vornahme einer Rechtshandlung durch das Kind selbst fordert (Anm. VI, 2), ist die Vornahme derselben durch den Gewalthaber Namens des Kindes nichtig.

4. Hinsichtlich der Rechtswirksamkeit der vom Gewalthaber ohne die erforderliche Genehmigung des Beistands oder Vormundschaftsgerichts vorgenommenen Rechtshandlungen (Anm. VI, 3, 4) sind die für die einzelnen Fälle getroffenen besonderen Bestimmungen maßgebend (s. insbes. §§ 1643 Abs. 3, 1829—1831, 1690 Abs. 1 Satz 3).

Hat der von der Vertretung ausgeschlossene Gewalthaber zu einer von dem Kinde selbst abgegebenen Willenserklärung seine Einwilligung oder Genehmigung ertheilt, so ist die Ertheilung der Einwilligung oder Genehmigung als nicht erfolgt anzusehen (M. IV, 740, 1083, 1106; vgl. Anm. 2 a. E. zu § 1795.

Vorbemerkungen zu §§ 1631—1637.

I. Uebersicht. In den §§ 1631—1637 ist die Sorge für die Person des Kindes geregelt und zwar behandeln die §§ 1631—1633 den Inhalt der Sorge für die Person, die §§ 1634—1637 die Frage, wem die Sorge für die Person des Kindes zusteht.

II. Inhalt der Sorge für die Person ist vor Allem die gesetzliche Vertretung des Kindes in persönlichen Angelegenheiten (§ 1630 und Anm. hiezu), ferner Recht und Pflicht, dasselbe zu erziehen, zu beaufsichtigen und seinen Aufenthalt zu bestimmen (§ 1631), sowie das Recht, die Herausgabe des Kindes von Jedem zu verlangen, der es dem Fürsorgeberechtigten widerrechtlich vorenthält (§ 1632), während gegenüber einer verheirateten Tochter sich die Sorge für die Person auf die Vertretung in persönlichen Angelegenheiten beschränkt (§ 1633). Hiemit ist jedoch der Inhalt der Sorge für die Person keineswegs erschöpft (vgl. E. I, 1504: „Die Sorge für die Person des Kindes umfaßt insbesondere die Sorge für die Erziehung des Kindes und die Aufsicht über dasselbe"). Sie umfaßt vielmehr alle persönlichen Angelegenheiten des Kindes einschließlich der gesetzlichen Vertretung desselben in solchen Angelegenheiten. Ob eine Angelegenheit als „persönliche" zu erachten ist, kann im einzelnen Falle zweifelhaft sein. Der Umstand allein, daß eine die Person des Kindes betreffende Angelegenheit kraft Gesetzes vermögensrechtliche Folgen hat, benimmt ihr nicht die Eigenschaft einer persönlichen Angelegenheit und demjenigen, dem die Sorge für die Person des Kindes zusteht, nicht die gesetzliche Vertretungsbefugniß. Falls aber eine Handlung sowohl in den Bereich der Sorge für die Person, als in den Bereich der Vermögensverwaltung fällt, ist, wenn die Sorge für Person und Vermögen in verschiedenen Händen ruht, die Mitwirkung der beiden Fürsorgeberechtigten erforderlich. Meinungsverschiedenheiten, die sich in einem solchen Falle zwischen einem Elterntheil und dem Pfleger ergeben, entscheidet nach § 1629 das Vormundschaftsgericht (M. IV, 1084). Bei Rechtsstreitigkeiten ist in dieser Beziehung natürlich der Gegenstand des Rechtsstreits maßgebend. Eine erschöpfende Aufzählung der Angelegenheiten, welche außer den in den §§ 1631, 1632 genannten sich als Gegenstand der Sorge für die Person des Kindes darstellen und hinsichtlich deren daher gesetzlicher Vertreter des Kindes derjenige ist, dem die Sorge für die Person zusteht, ist natürlich unmöglich. Als die wesentlichsten dürften folgende in Betracht kommen:

1. Der Antrag auf Volljährigkeitserklärung des Kindes (§ 3, F.G. § 56 Abs. 1).

2. Die Ermächtigung des minderjährigen Kindes zum selbständigen Betrieb eines Erwerbsgeschäfts und die Zurücknahme dieser Ermächtigung (§ 112; M. IV, 757).

3. Die Ermächtigung des minderjährigen Kindes, in Dienst oder in Arbeit zu treten, sowie die Zurücknahme und Einschränkung dieser Ermächtigung (§ 113). Der in der Reichstagskommission gestellte Antrag, ausdrücklich auszusprechen, daß die Sorge für die Person des Kindes auch das Recht umfaßt, Dienst- und Arbeitsverträge für das Kind abzuschließen und das Kind zur Eingehung solcher Verträge zu ermächtigen, wurde als selbstverständlich abgelehnt (R.T.K. 145).

4. Die Einwilligung des gesetzlichen Vertreters zur Eheschließung einer minderjährigen Tochter (§ 1304 Abs. 1 und Anm. 3 hiezu; M. IV, 12).

5. Die Anfechtung und Bestätigung der gemäß § 1331 anfechtbaren Ehe einer minderjährigen Tochter (§§ 1336 Abs. 2 Satz 2, 1337 Abs. 3, vgl. § 1633; M. IV, 759).

6. Die Beilegung eines Vornamens (Anm. 3 zu § 1616).

7. Die Zustimmung zu dem von dem minderjährigen unehelichen Vater gestellten Antrag auf Ehelichkeitserklärung des Kindes (§ 1729 Abs. 1), sowie zur Anfechtung und Bestätigung eines anfechtbaren Antrags dieser Art (§ 1731; vgl. M. IV, 757).

8. Der Abschluß eines Annahmevertrags Namens des minderjährigen Kindes (§§ 1750 Abs. 1 Satz 2, 1751 Abs. 2), die Anfechtung und Bestätigung eines anfechtbaren Annahmevertrags (§ 1750) und die Aufhebung eines Annahmevertrags (§ 1770; vgl. M. IV, 757).

9. Die nach § 2 des Freizügigkeitsgesetzes vom 1. November 1867 in der durch E.G. Art. 37 festgesetzten Fassung zur Inanspruchnahme der aus der Reichsangehörigkeit folgenden Befugnisse erforderliche Genehmigung des gesetzlichen Vertreters.

10. Die Verleihung der Staatsangehörigkeit, der Verlust derselben und die Entlassung aus dem Staatsverband (§§ 11, 14a, 19, 21 Abs. 2 des Gesetzes über die Erwerbung und den Verlust der Bundes- und Staatsangehörigkeit v. 1. Juni 1870 in der durch E.G. Art. 41 festgesetzten Fassung, vgl. E. I, 1507; M. IV, 757; Mot. z. E.G. 135: „Dabei versteht sich von selbst, daß es sich um die Vertretungsbefugniß in persönlichen Angelegenheiten handelt").

11. Der Antrag auf Entmündigung des Kindes und Wiederaufhebung der Entmündigung, die Erhebung der Anfechtungs- und Aufhebungsklage (C.P.O. n. Nr. §§ 646 Abs. 1 Satz 1, 680 Abs. 3, 675, 685, 664 Abs. 2, 679 Abs. 2, 686 Abs. 2 Satz 1, s. auch §§ 653 Abs. 1 Satz 2, 660 Satz 1, 661 Abs. 1).

12. Der Antrag auf Todeserklärung des Kindes (C.P.O. § 962 n. Nr.).

13. Das Recht, Aushändigung des Arbeitsbuchs eines Minderjährigen zu verlangen, der Antrag auf Ausstellung eines Arbeitsbuchs und die Zustimmung zur Ausstellung eines solchen, die Eintragung des Namens und letzten Wohnorts des gesetzlichen Vertreters in das Arbeitsbuch, der Anspruch auf Ausstellung eines Abgangszeugnisses, die Abgabe der Erklärung, daß der Lehrling zu einem anderen Gewerbe oder Beruf übergehen wird, die Haftbarkeit für die dem Lehrherrn wegen unbefugten Verlassens der Lehre zu zahlende Entschädigung (Gew.Ordn. §§ 107 Abs. 1 Satz 4, 108 Satz 2, 110 Abs. 1 Satz 1, 113 Abs. 4, 131 Abs. 1 Satz 1, 133 Abs. 2 Satz 1 in der durch E.G. Art. 36 II—VII festgesetzten Fassung, vgl. M.E.G. 131).

14. Die Erklärung des gesetzlichen Vertreters eines kaufmännische Dienste leistenden Lehrlings, daß der Lehrling zu einem anderen Gewerbe oder Beruf übergehen werde (H.G.B. v. 10. Mai 1897 § 78 Abs. 1).

15. Die Stellung eines Strafantrags für das minderjährige Kind (St.G.B. § 65 Abs. 1 Satz 2, Abs. 2 in der durch E.G. Art. 34 III festges. Fassung, vgl. Samml. v. Entsch. d. Obersten G.H. für Bayern in Gegenst. d. Strafr. u. Strafproz. Bd. 7 S. 431 ff.; R.G.E. in St.S. XII, 418; XXI, 314 ff.; unentschieden Mot. z. E.G. 126). Das nach dem bisherigen § 195 (vgl. § 232 Abs. 3) St.G.B. dem Vater zustehende selbständige Recht auf Strafantragstellung wegen Beleidigung (oder Mißhandlung) eines unter seiner väterlichen Gewalt stehenden Kindes ist durch E.G. Art. 34 VI beseitigt worden (Mot. z. E.G. 126 ff.). Auch das Verlangen einer Buße für das Kind (vgl. z. B. St.G.B. §§ 188, 231) wird als eine die Person des Kindes betreffende Angelegenheit anzusehen sein (vgl. Samml. v. Entsch. d. Obersten G.H. f. Bayern in Gegenst. d. Strafr. u. Strafproz. Bd. 8 S. 375). Doch sind in dieser Beziehung im Hinblick auf die rechtliche Natur der Buße Zweifel nicht ausgeschlossen.

16. Die Erhebung einer Privatklage für das minderjährige Kind und der Anschluß an die öffentliche Klage als Nebenkläger (St.P.O. §§ 414 Abs. 3, 435 Abs. 1, 443 Abs. 1),

das Auftreten als Beistand des angeklagten Kindes in der Hauptverhandlung (St.P.O. § 149 Abs. 2 in der durch E.G. Art. 35 II festges. Fassung; vgl. auch § 268), die Wahl eines Vertheidigers und der Antrag auf Bestellung eines solchen für das Kind (St.P.O. §§ 137 Abs. 2, 140 Abs. 2 Nr. 2), sowie die Einlegung von Rechtsmitteln für das Kind (St.P.O. § 340 Abs. 1); unentschieden auch in dieser Beziehung Mot. z. E.G. 129.

III. Die Sorge für die Person des Kindes steht regelmäßig dem Inhaber der elterlichen Gewalt zu; in gewissen Fällen aber steht sie einem Elterntheile zu, obwohl derselbe nicht oder nicht mehr Inhaber der elterlichen Gewalt ist, s. §§ 1634, 1635, 1637, 1697, 1698, 1702 Abs. 2, 3, 1707, 1738, 1765 Abs. 2; C.P.O. § 627 Abs. 1 n. Nr.

IV. Wie der Gewalthaber überhaupt, so haftet auch derjenige, dem die Sorge für die Person des Kindes zusteht, dem Letzteren für die Anwendung derjenigen Sorgfalt, welche er in eigenen Angelegenheiten anzuwenden pflegt (§ 1664). Ueber den Anspruch des Fürsorgeberechtigten auf Ersatz der bei der Sorge für die Person des Kindes gemachten Aufwendungen s. § 1648.

V. Gegen Mißbrauch des Rechts der Sorge für die Person des Kindes Seitens des Fürsorgeberechtigten hat das Vormundschaftsgericht nach Maßgabe des § 1666 Abs. 1 einzuschreiten (s. auch §§ 1671, 1673); über die Haftung des Vormundschaftsrichters s. § 1674, über die Mitwirkung des Gemeindewaisenraths s. § 1675.

VI. Die Sorge für die Person des Kindes endigt:

1. aus Gründen, aus welchen die elterliche Gewalt überhaupt endigt (s. Vorbem. vor § 1676 Ziff. 4);

2. trotz Fortdauer der elterlichen Gewalt:

a) wenn die elterliche Gewalt ruht (§§ 1676—1678); in den Fällen des § 1676 Abs. 2 Satz 1 verbleibt aber dem Elterntheil, dessen elterliche Gewalt ruht, die Sorge für die Person des Kindes ausschließlich der Vertretungsbefugniß und mit der Maßgabe, daß bei Meinungsverschiedenheiten die Meinung des gesetzlichen Vertreters vorgeht (§ 1676 Abs. 2 Satz 2, 3);

b) wenn dem Gewalthaber die Sorge für die Person (ohne gleichzeitige Entziehung der Vermögensverwaltung) durch das Vormundschaftsgericht entzogen wird (§ 1666 Abs. 1).

3. Durch Verheirathung einer unter elterlicher Gewalt stehenden Tochter endigt die Sorge für ihre Person, abgesehen von der gesetzlichen Vertretung in persönlichen Angelegenheiten (§ 1633).

Verzicht auf die Sorge für die Person ist unzulässig (vgl. Vorbem. vor § 1676 Ziff. 5c). Ueber Beendigung der Erziehungsgewalt und Verzicht auf dieselbe s. Anm. I, 7 zu § 1631.

VII. Rechtsmittel. Gegen eine Verfügung des Vormundschaftsgerichts, die eine Entscheidung über eine die Sorge für die Person des Kindes betreffende Angelegenheit enthält, steht Jedem die Beschwerde zu, der ein berechtigtes Interesse hat, diese Angelegenheit wahrzunehmen. Dies gilt jedoch nicht für die sofortige Beschwerde. In den seine Person betreffenden Angelegenheiten kann ein unter elterlicher Gewalt stehendes Kind ohne Mitwirkung seines gesetzlichen Vertreters das Beschwerderecht ausüben, es sei denn, daß es geschäftsunfähig oder noch nicht 14 Jahre alt ist (F.G. §§ 57 Abs. 1 Nr. 9, Abs. 2, 59).

§ 1631.

Die Sorge für die Person des Kindes umfaßt das Recht und die Pflicht, das Kind zu erziehen, zu beaufsichtigen und seinen Aufenthalt zu bestimmen.

Der Vater kann kraft des Erziehungsrechts angemessene Zuchtmittel gegen das Kind anwenden. Auf seinen Antrag hat das Vormundschaftsgericht ihn durch Anwendung geeigneter Zuchtmittel zu unterstützen.

E. I, 1504; II, 1526; III, 1609.

I. Die Erziehungsgewalt ist der wesentlichste Bestandtheil der Sorge für die Person des Kindes.

1. Rechtliche Natur der Erziehungsgewalt. Das Gem.R. behandelt die Erziehungsgewalt nicht als Ausfluß der väterlichen Gewalt, sondern als ein daneben bestehendes, selbständiges elterliches Recht, welches in erster Linie dem Vater, nach ihm der Mutter zusteht. Die Mutter geht aber dem Vater vor, wenn sein Lebenswandel das Wohl des Kindes gefährden würde. Im Interesse des Kindes kann das Vormundschaftsgericht eine anderweitige Regelung eintreten lassen (Dernburg, Pand., Bd. 3 S. 72; Roth, B.C.R. 2. Aufl. Bd. 1 S. 570 ff.).

Nach B.L.R. (Thl. I cap. 4 § 3 Ziff. 1, 4, 5) sollen die Eltern ihre Kinder christlich und ehrlich zum Dienste Gottes und des gemeinen Wesens erziehen und dürfen hiebei Zwang und Züchtigung mit Vernunft und Mäßigkeit anwenden. Die Erziehungsgewalt ist, wie nach Gem.R., nicht Ausfluß der väterlichen Gewalt (patria potestas civilis), sondern der sog. patria potestas naturalis und steht daher nicht nur dem Vater, sondern allen Ascendenten väterlicherseits und mütterlicherseits (auch unehelichen) gegenüber Descendenten zu; doch geht der Vater den übrigen Ascendenten vor.

Ueber andere Rechte s. M. IV, 750 ff.

Das B.G.B. behandelt die Sorge für die Erziehung des Kindes als Bestandtheil der Sorge für die Person und daher als Bestandtheil der elterlichen Gewalt.

2. Der Inhalt der Erziehungsgewalt läßt sich nur im Allgemeinen dahin bestimmen, daß sie den Inhaber berechtigt und verpflichtet, in einer dem Interesse, den Fähigkeiten und Anlagen, sowie den sonstigen Verhältnissen des Kindes entsprechenden Weise für die körperliche, geistige und insbesondere auch sittliche Ausbildung des Kindes zu sorgen, dasselbe zu einem bestimmten Lebensberufe fähig zu machen und zur Erreichung dieser Ziele überhaupt die Handlungen des Kindes zu leiten (M. IV, 750; Z.G. IV, 389). Die Verpflichtung zur Bestreitung der Kosten der Erziehung ist nicht Bestandtheil der Erziehungsgewalt, sondern Ausfluß der Unterhaltspflicht (§ 1610 Abs. 2; M. IV, 750).

3. Die Regelung des öffentlichen Unterrichts und der Schulpflicht ist dem (öffentlichen) Landesrecht überlassen (M. IV, 750 ff.). In strafrechtlicher Beziehung s. bayr. Pol.St.G.B. Art. 58 (Bestrafung der Schulversäumnisse und des Nichtanhaltens der Kinder zum Schulbesuch).

4. Die Entscheidung der Frage, in welcher Religion ein Kind zu erziehen sei, ist gemäß E.G. Art. 134 den Landesgesetzen überlassen (vgl. E. I, 1508; M. IV, 757 ff.; Z.G. IV, 390 ff., VI, 635; s. auch §§ 1779 Abs. 2 Satz 2, 1801). Der in der II. Komm. gestellte Antrag, dieses Gebiet reichsrechtlich zu regeln, wurde abgelehnt (P. IV, 865 ff.), desgleichen der Antrag, von Reichswegen zu bestimmen, daß ein Minderjähriger, der das 16. Lebensjahr vollendet hat, berechtigt sei, sein Glaubensbekenntniß selbst zu bestimmen (P. IV, 875 ff.). Als Ergebniß dieses Beschlusses wurde anerkannt, daß nunmehr auch die Frage, ob dem Erziehungsberechtigten während der ganzen Dauer der Minderjährigkeit des Kindes die Bestimmung des Glaubensbekenntnisses des Kindes zustehe, der Landesgesetzgebung anheimfalle, vorbehaltlich der Befugniß des Vormundschaftsgerichts, auch in dieser Beziehung beim Vorhandensein der Voraussetzungen des § 1666 Abs. 1 einzuschreiten (P. IV, 877). Für Bayern ist hinsichtlich der religiösen Erziehung der Kinder die Beil. II zu Tit. IV § 9 der Verfassungsurkunde v. 26. Mai 1818 (Religionsedikt) maßgebend, s. insbes. §§ 12, 14, 18. S. auch Bem. S. 182. Streitigkeiten über die religiöse Erziehung der Kinder sind in Bayern Verwaltungsrechtssachen gemäß Art. 8 Ziff. 4 des Ges. v. 8. August 1878 über die Errichtung eines Verw.G.H. u. d. Verf. in Verwaltungsrechtssachen.

5. Die Erziehungsgewalt berechtigt gemäß § 1631 Abs. 2 Satz 1 zur Anwendung angemessener Zuchtmittel gegen das Kind. Es ist daher eine innerhalb der Grenzen des Erziehungsrechts dem Kinde vom Erziehungsberechtigten zugefügte Körperverletzung nicht rechtswidrig und daher nicht strafbar (vgl. Goldtammer, Archiv f. pr. Strafr. XXVI, 124 ff.). Welche Zuchtmittel als „angemessene" zu gelten haben, kann nur nach Lage des einzelnen Falles entschieden werden. Eine nähere Bestimmung über Art und Mittel der häuslichen Zucht hat der Gesetzgeber weder für erforderlich noch für angemessen erachtet (M. IV, 751). Gegen Mißbrauch des Züchtigungsrechts hat das Vormundschaftsgericht gemäß § 1666 Abs. 1 einzuschreiten. Andererseits hat dasselbe aber nach § 1631 Abs. 2 Satz 2 auf Antrag des Erziehungsberechtigten denselben durch Anwendung geeigneter Zuchtmittel zu unterstützen. Ob die Gewährung der erbetenen Unterstützung gerechtfertigt ist oder nicht, hat das Vormundschaftsgericht selbständig zu prüfen (M. IV, 752; Z.G. IV, 389). Die Bestimmung der dem Vormundschaftsgericht zu Gebote stehenden Zwangsmittel ist den Landesgesetzen überlassen (vgl. M. IV, 752; Z.G. IV, 389). Auf Grund des § 1631 Abs. 2 Satz 2 kann insbesondere auf Antrag des Erziehungsberechtigten die Unterbringung des Kindes in einer geeigneten Familie, in einer Erziehungs- oder Besserungsanstalt verfügt werden. Da es sich aber hier lediglich um Unterstützung des Erziehungsberechtigten handelt, kann diese Maßregel nur insolange, als derselbe damit einverstanden ist, aufrecht erhalten werden. Ob die Unterbringung des Kindes in einer Familie, Erziehungs- oder Besserungsanstalt gegen den Willen des Erziehungsberechtigten zulässig ist, bemißt sich nach § 1666 Abs. 1 Satz 2 (vgl. auch § 1838 Satz 2). Ueber Erziehungs- und Besserungsanstalten s. Anm. 3a β zu § 1666. Welches Gericht zur Unterstützung des Erziehungsberechtigten gemäß § 1631 Abs. 2 Satz 2 zuständig ist, bestimmt sich nach F.G. §§ 43, 36. Ueber Rechtsmittel gegen die Entscheidung des Vormundschaftsgerichts s. §§ 19 ff., 59 dieses Gesetzes. Nach der letzteren Bestimmung steht in solchen Fällen, da es sich um eine die Person des Kindes betreffende Angelegenheit

handelt, diesem ein selbständiges Beschwerderecht zu, falls es das 14. Lebensjahr vollendet hat und nicht geschäftsunfähig ist.

6. Gegen Mißbrauch der Erziehungsgewalt Seitens des Erziehungsberechtigten hat das Vormundschaftsgericht gemäß § 1666 Abs. 1 einzuschreiten.

7. Die Erziehungsgewalt endigt, da sie Bestandtheil der Sorge für die Person ist, im Allgemeinen mit dieser Sorge (vgl. Vorbem. vor § 1631 Ziff. VI). Aus dem Begriff der Erziehungsgewalt ergibt sich aber, daß dieselbe nur solange ausgeübt werden darf, als im Interesse des Kindes ein Bedürfniß hiezu besteht (M. IV, 750; vgl. Anm. 4 zu § 1633). Dies gilt insbesondere hinsichtlich des Züchtigungsrechts. Verzicht auf das Erziehungsrecht ist ebensowenig zulässig als Verzicht auf die Sorge für die Person überhaupt (s. Vorbem. vor § 1631 Ziff. VI; M. IV, 752 ff.; bez. des Gem.R. und B.L.R. vgl. R.G.E. in C.S. X, 116; XVII, 130; Samml. v. Entsch. d. Obersten L.G. München Bd. 10 S. 544; Bd. 15 S. 417). Vertragsmäßige Uebertragung der Erziehung auf einen Anderen ist zulässig (vgl. Samml. v. Entsch. d. Obersten L.G. München Bd. 6 S. 35), unwirksam dagegen vertragsmäßiger Verzicht auf die Zurücknahme des einem Anderen zur Erziehung übergebenen oder in einer Anstalt untergebrachten Kindes (S.A. Bd. 48 Nr. 39). Auch durch die Statuten einer solchen Anstalt kann das Recht der Zurücknahme nicht ausgeschlossen oder beschränkt werden (M. IV, 752 ff.; vgl. Anm. 3 zu § 1632).

II. Ein weiterer Bestandtheil der Sorge für die Person ist nach § 1631 Recht und Pflicht, das Kind zu beaufsichtigen. Hieraus ergibt sich, daß derjenige, dem die Sorge für die Person eines der Beaufsichtigung bedürftigen Kindes zusteht, gemäß § 832 zum Ersatz des Schadens verpflichtet ist, den das Kind widerrechtlich einem Dritten zufügt, es sei denn, daß er seiner Aufsichtspflicht genügt hat oder daß der Schaden auch bei gehöriger Aufsichtsführung entstanden wäre (M. IV, 753; vgl. §§ 828, 829, 840 Abs. 2). Verwahrlosung eines Kindes in Bezug auf Aufsicht ist nach Art. 81 des bayr. P.St.G.B. strafbar; durch das Strafurtheil kann die Polizeibehörde ermächtigt werden, auf Kosten des Pflichtigen anderweitig für Unterbringung des Kindes zu sorgen.

III. Bestandtheil der Sorge für die Person ist ferner Recht und Pflicht, den Aufenthalt des Kindes zu bestimmen (vgl. code civil Art. 374. In E. I war diese Bestimmung als selbstverständlich nicht enthalten; M. IV, 751). Ueber den Wohnsitz des ehelichen Kindes s. §§ 11 Abs. 1 und 8, über den Begriff des Aufenthalts im Gegensatz zum Wohnsitz s. § 7 und Anm. hiezu.

IV. Ueber den weiteren Inhalt der Sorge für die Person s. § 1632 und Vorbem. vor § 1631 Ziff. II.

§ 1632.

Die Sorge für die Person des Kindes umfaßt das Recht, die Herausgabe des Kindes von Jedem zu verlangen, der es dem Vater widerrechtlich vorenthält.

E. I, 1505 Abs. 1; II, 1527; III, 1610.

1. Als wichtigen Bestandtheil der Sorge für die Person hebt das Gesetz im § 1632 das Recht hervor, die Herausgabe des Kindes von Jedem zu verlangen, der es dem Fürsorgeberechtigten widerrechtlich vorenthält. Ueber das gemeinrechtliche interdictum de liberis exhibendis et ducendis s. Dernburg, Pand. Bd. 3 S. 73; Roth, B.C.R., 2. Aufl., Bd. 1 S. 569, Note 6; vgl. B.L.R. Thl. I cap. 4 § 3 Ziff. 1; Kreittmayr, Anm. zu Thl. II cap. 2 § 7 Ziff. 4 litt. b; Bl. f. R.A. XLII, 401 ff. Ueber andere Rechte s. M. IV, 753.

2. Das im § 1632 erwähnte Recht ist Ausfluß der Sorge für die Person, nicht der gesetzlichen Vertretung und steht daher dem Fürsorgeberechtigten auch dann zu, wenn er nicht gesetzlicher Vertreter des Kindes in persönlichen Angelegenheiten ist, und zwar nicht nur gegenüber dritten Personen, sondern auch gegenüber dem Elterntheil, dem die Sorge für die Person nicht obliegt, mag derselbe auch Inhaber der elterlichen Gewalt oder Vertreter des Kindes in persönlichen Angelegenheiten sein (M. IV, 753; vgl. Anm. V, 2 zu § 1630; Bl. f. R.A. Erg.Bd. 6 S. 341). Aus dem gleichen Grunde kann der Inhaber der elterlichen Gewalt die Herausgabe einer verheiratheten Tochter weder von dem Ehemann, noch von einem Dritten verlangen (§ 1633; vgl. § 1354).

3. Der Anspruch aus § 1632 setzt widerrechtliche Vorenthaltung voraus. Ein Recht auf Vorenthaltung kann insbesondere durch Beschluß des Vormundschaftsgerichts (§§ 1635 Abs. 1 Satz 2, 1637, 1666 Abs. 1) oder Anordnung des Prozeßgerichts (C.P.O. § 627 Abs. 1 n. Nr.) begründet sein. Auf das im § 1632 erwähnte Recht kann ebensowenig wie auf die Sorge für die Person überhaupt verzichtet werden (Vorbem. vor § 1631 Ziff. VI). Daher begründet vertragsmäßige Ueberlassung des Kindes keine Einrede gegenüber dem Anspruch auf Herausgabe (vgl. Anm. I, 7 zu § 1631; Dernburg, Pand. Bd. 3 S. 73 Nt. 10; Roth, B.C.R., 2. Aufl., Bd. I S. 570 Nt. 11). Ebensowenig kann die Herausgabe des Kindes

mit Rücksicht auf das Bestehen von Ersatzansprüchen für Alimentation des Kindes verweigert werden (M. IV, 754: Bl. f. R.A. XLII, 402 Note *). Daß ein Rechtsgrund zur Verweigerung der Herausgabe besteht, hat allgemeinen Grundsätzen zufolge zu beweisen, wer dieses behauptet (M. IV, 753 ff.: S.A. Bd. 48 Nr. 39).

4. Das flüchtige Kind selbst kann derjenige, dem die Sorge für die Person zusteht, auf Grund seines Rechtes, den Aufenthalt des Kindes zu bestimmen (§ 1631), wenn nöthig, mittels Zwangs zurückführen (vgl. Roth, B.C.R., 2. Aufl., Bd. 1 S. 569 Nt. 5). Die im E. I enthalten gewesene Bestimmung, daß hiezu polizeiliche Hülfe in Anspruch genommen werden kann, wurde, als dem öffentlichen Recht angehörend, von der II. Komm. gestrichen (M. IV, 754; Z.G. IV, 389; P. IV, 547).

5. Der Anspruch aus § 1632 ist gemäß § 194 Abs. 2 der Verjährung nicht unterworfen (vgl. Planck, Komm. Nt. 2 Abs. 2 zu § 194).

6. Ueber den weiteren Inhalt der Sorge für die Person s. § 1631 und Vorbem. vor § 1631 Ziff. II.

§ 1633.

Ist eine Tochter verheirathet, so beschränkt sich die Sorge für ihre Person auf die Vertretung in den die Person betreffenden Angelegenheiten.

E. I, 1509; II, 1528; III, 1611.

1. Einfluß der Verheirathung des Kindes auf die elterliche Gewalt. Nach Gem. R. endigt die väterliche Gewalt durch Verheirathnng der Tochter. Ob dies auch Söhnen gegenüber gilt, ist bestritten (Dernburg, Pand. Bd. 3 S. 63; Roth, B.C.R., 2. Aufl., Bd. 1 S. 613 Note 20). Dagegen hebt nach B.L.R. die Verheirathung von Söhnen und Töchtern die väterliche Gewalt nur dann auf, wenn Absonderung vom väterlichen Haushalt hinzukommt (Thl. I cap. 5 § 7 Ziff. 4, 5; Kreittmayr, Anm. zu Thl. I cap. 6 § 13 Ziff. 14, 15, „Drittens").

Ueber andere Rechte s. M. IV, 827.

Das B.G.B. erkennt den Satz: „Heirath macht mündig" nicht an. Das minderjährige Kind bleibt daher trotz Verehelichung in der Geschäftsfähigkeit beschränkt (§ 106). Während aber auch den meisten auf dem gleichen Standpunkt stehenden Rechten gegenüber einem verheiratheten minderjährigen Kinde die Vormundschaft an die Stelle der elterlichen Gewalt tritt, läßt das B.G.B. die elterliche Gewalt durch Verheirathung des Kindes nicht endigen (M. IV, 827 ff.; Vorbem. vor § 1676 Ziff. 5 a). Von praktischer Bedeutung ist dies übrigens nur gegenüber Töchtern, da Söhne nach § 1303 vor erreichter Volljährigkeit keine Ehe schließen dürfen. Durch die Verheirathung einer minderjährigen Tochter erleidet aber die elterliche Gewalt über dieselbe eine doppelte Einschränkung:

a) Gemäß § 1661 endigt die elterliche Nutznießung am Vermögen der Tochter mit ihrer Verheirathung, es sei denn, daß die Ehe von ihr ohne die erforderliche elterliche Einwilligung geschlossen wird.

b) Die dem Gewalthaber zustehende Sorge für die Person beschränkt sich gegenüber einer verheiratheten Tochter auf die Vertretung derselben in den ihre Person betreffenden Angelegenheiten, während die thatsächliche Sorge für ihre Person auf den Ehemann übergeht (§ 1633; M. IV, 758 ff.; Z.G. IV, 401).

2. Die dem Gewalthaber zustehende Sorge für das Vermögen einer minderjährigen Tochter dauert trotz deren Verheirathung fort. Jedoch werden hiedurch die dem Ehemann auf Grund des gesetzlichen oder vertragsmäßigen Güterstands zustehenden Rechte am Vermögen der Frau nicht berührt. Die Befugnisse des Gewalthabers reichen in diesem Falle nicht weiter als die der Ehefrau reichen würden, falls sie unbeschränkt geschäftsfähig wäre (M. IV, 759; P. IV, 565 ff.; vgl. Anm. 2 zu § 1793).

3. Die dem Gewalthaber nach § 1633 verbleibende Vertretungsmacht in persönlichen Angelegenheiten ist Ausfluß der Sorge für die Person. Daher ist die Einwilligung des Gewalthabers zur Volljährigkeitserklärung einer verheiratheten Tochter auch dann erforderlich, wenn ihm die Vermögensverwaltung nicht zusteht (§ 4 Abs. 2 Satz 1; vgl. Planck, Komm. Note 3 Abs. 5 zu § 4; s. aber § 4 Abs. 2 Satz 2 u. unten Anm. 4).

4. Wird die Ehe der minderjährigen Tochter vor deren Volljährigkeit oder Volljährigkeitserklärung aufgelöst (Anm. 3 zu § 1309), so kommt die im § 1633 erwähnte, hauptsächlich durch die Rücksichtnahme auf die Rechte des Ehemannes veranlaßte Beschränkung des Gewalthabers in Wegfall und die demselben zustehende Sorge für die Person der Tochter tritt wieder im vollen Umfang in Wirksamkeit. (Anderer Ansicht

sind anscheinend die M. IV, 1239 Abs. 2 letzter Satz.) Seine Erziehungsgewalt lebt aber natürlich nur insoweit wieder auf, als die Tochter noch der Erziehung bedürftig ist (vgl. Anm. I, 7 zu § 1631). Auch in der Ausübung seiner Befugniß, den Aufenthalt der Tochter zu bestimmen (§ 1631), kann in solchem Fall unter Umständen ein das Vormundschaftsgericht zum Einschreiten berechtigender Mißbrauch seines Rechts (§ 1666 Abs. 1) gefunden werden. Während hienach im Allgemeinen die Befugnisse des Gewalthabers durch Auflösung der Ehe seiner minderjährigen Tochter eine Erweiterung erfahren, tritt umgekehrt eine Beschränkung dieses Rechts bei Auflösung der Ehe durch Tod des Mannes insofern ein, als in diesem Falle die Einwilligung des Gewalthabers zur Volljährigkeitserklärung der Tochter nicht mehr erforderlich ist (§ 4 Abs. 2 Satz 2; vgl. o. Anm. 3).

5. Ist die Ehe der Tochter absolut nichtig (s. Ziff. 3 der Vorbem. z. 1. Abschn. 3. Titel), so gilt sie als nicht geschlossen. Es wird daher so angesehen, als wäre die im § 1633 erwähnte Beschränkung der Rechte des Gewalthabers nicht eingetreten. Das Gleiche gilt, wenn die Ehe der Tochter relativ nichtig (s. Ziff. 3 der erwähnten Vorbem.) oder anfechtbar und angefochten ist, im Falle ihrer Auflösung oder Nichtigkeitserklärung (§§ 1329, 1343; vgl. Ziff. 8 der erwähnten Vorbem.).

6. Steht eine minderjährige Ehefrau unter Vormundschaft, so gilt für die dem Vormund zustehende Sorge für ihre Person die beschränkende Vorschrift des § 1633 (§ 1800). Steht dagegen eine volljährige Ehefrau unter Vormundschaft (§§ 1896 ff.), so tritt die im § 1633 bestimmte Beschränkung der Sorge des Vormunds für ihre Person nicht ein (§ 1901 Abs. 2).

7. Gemäß §§ 11 Satz 1, 19 Abs. 1 und 21 Satz 1 des Ges. über Erwerb und Verlust der Bundes- und Staatsangehörigkeit v. 1. Juni 1870 in der durch E.G. Art. 41 I, IV festgesetzten Fassung erstreckt sich die Verleihung der Staatsangehörigkeit, die Entlassung aus dem Staatsverband und der Verlust der Staatsangehörigkeit in der Regel auch auf die minderjährigen Kinder, welche unter der elterlichen Gewalt des Aufgenommenen, Naturalisirten, Entlassenen oder Ausgetretenen stehen, vorausgesetzt, daß demselben die gesetzliche Vertretung der Kinder in persönlichen Angelegenheiten zusteht (vgl. Vorbem. vor § 1631 Ziff. II, 10). Eine Ausnahme hievon gilt jedoch bezüglich verheiratheter oder verheirathet gewesener Töchter (§§ 11 Satz 2, 19 Abs. 2, 21 Satz 2 des erwähnten Ges.; Mot. z. E.G. 135).

§ 1634.

Neben dem Vater hat während der Dauer der Ehe die Mutter das Recht und die Pflicht, für die Person des Kindes zu sorgen; zur Vertretung des Kindes ist sie nicht berechtigt, unbeschadet der Vorschrift des § 1685 Abs. 1. Bei einer Meinungsverschiedenheit zwischen den Eltern geht die Meinung des Vaters vor.

E. I, 1506; II, 1529; III, 1612.

1. Die elterliche Gewalt ist ihrem Wesen nach ein beiden Eltern gemeinsam zustehendes Recht (Vorbem. vor § 1626 Ziff. 3). Dies zeigt sich vor Allem darin, daß dieselbe nach dem Tode des Vaters auf die Mutter übergeht (§ 1684 Abs. 1 Nr. 1). Aber auch noch während des Bestehens der Ehe räumt das Gesetz der Mutter einen gewissen Antheil an der elterlichen Gewalt ein, indem es ihr die Sorge für die Person des Kindes neben dem Vater überträgt. Mit Rücksicht auf die Stellung des Vaters als des Hauptes der Familie ist aber die der Mutter neben ihm zustehende Sorge für die Person des Kindes einer doppelten Einschränkung unterworfen:

a) Die gesetzliche Vertretung des Kindes steht auch hinsichtlich der die Person des Kindes betreffenden Angelegenheiten ausschließlich dem Vater zu (M. IV, 755; Z.G. IV, 389).

b) Bei einer Meinungsverschiedenheit zwischen Vater und Mutter entscheidet nicht etwa das Vormundschaftsgericht (vgl. Z.G. IV, 390), sondern es geht die Meinung des Vaters vor (M. IV, 754; vgl. Anm. 3 zu § 1354; Anm. 2b zu § 1776; Anm. 2 zu § 1855; §§ 1782 Abs. 1 Satz 2, 1868 Abs. 2). Selbstverständlich kann aber die Mutter, wenn die Voraussetzungen des § 1666 Abs. 1 gegeben sind, das Einschreiten des Vormundschaftsgerichts herbeiführen.

Diese Beschränkungen gelten jedoch dem in der Reichstagskommission beschlossenen Zusatze zufolge nur unbeschadet der Vorschrift des § 1685 Abs. 1 (R.T.K. 146). Ist also während der Dauer der Ehe der Vater an der Ausübung der elterlichen Gewalt thatsächlich verhindert oder ruht seine elterliche Gewalt, so steht die Ausübung der vollen elterlichen Gewalt (mit Ausnahme der Nutznießung), insbesondere auch die gesetzliche Vertretung des Kindes in persönlichen und Vermögensangelegenheiten, der Mutter zu. Steht dem Vater gemäß § 1676 Abs. 2 Satz 2 die Sorge für die Person des Kindes neben der Mutter zu, so entscheidet bei einer Meinungsverschiedenheit zwischen beiden die Meinung der Mutter als der gesetzlichen Vertreterin (§ 1676 Abs. 2 Satz 3).

2. Auf Grund des § 1634 hat die Mutter Antheil an der gesammten Sorge für die Person des Kindes. Es steht ihr also nicht nur, wie nach Gem. R., P.L.R. und den meisten übrigen neueren Rechten (vgl. Anm. I, 1 zu § 1631, M. IV, 754), die Erziehungsgewalt, sondern auch Recht und Pflicht, das Kind zu beaufsichtigen und seinen Aufenthalt zu bestimmen (§ 1631), das Recht, die Herausgabe des Kindes bei widerrechtlicher Vorenthaltung zu verlangen (§ 1632), sowie die Sorge für die übrigen persönlichen Angelegenheiten des Kindes (s. Vorbem. vor § 1631 Ziff. II) neben dem Vater, nur nicht im Widerspruch mit ihm und unter Ausschluß der gesetzlichen Vertretung, zu (M. IV, 755).

3. An der Sorge für das Vermögen des Kindes hat die Mutter während der Dauer der Ehe keinen Antheil, es sei denn, daß der Vater an der Ausübung der elterlichen Gewalt thatsächlich verhindert ist oder daß seine elterliche Gewalt ruht (§ 1685 Abs. 1, s. o. Anm. 1).

4. Die gleichen Befugnisse, welche der Mutter nach § 1634 neben dem Vater zustehen, räumt ihr § 1698 neben dem Vormund oder Pfleger ein, wenn die Sorge für die Person des Kindes während der Ehe an Stelle des Vaters einem Vormund oder Pfleger zusteht.

5. Da die gemäß § 1634 der Mutter zustehende Sorge für die Person des Kindes Bestandtheil der elterlichen Gewalt ist, finden auf sie die für die elterliche Gewalt überhaupt geltenden Vorschriften, insbesondere die das Einschreiten des Vormundschaftsgerichts, sowie das Ruhen und die Beendigung der elterlichen Gewalt regelnden Bestimmungen (§§ 1665 ff., 1676 ff.) entsprechende Anwendung (M. IV, 756). Die Mutter kann daher auf das ihr nach § 1634 zustehende Recht nicht verzichten (s. Vorbem. vor § 1631 Ziff. VI).

6. Die Vorschrift des § 1634 gilt nur für die Zeit des Bestehens der Ehe. Ist die Ehe aufgelöst, so bestimmen sich die Befugnisse der Mutter im Allgemeinen nach den §§ 1684, 1685 Abs. 1, während bei Auflösung der Ehe durch Scheidung wegen Verschuldens oder gemäß § 1348 Abs. 2 hinsichtlich der Sorge für die Person der Kinder die Bestimmungen der §§ 1635—1637 maßgebend sind (vgl. auch Anm. 4 zu § 1698).

7. Ist die Ehe nichtig oder anfechtbar und angefochten und war der Mutter die Nichtigkeit oder Anfechtbarkeit der Ehe bei der Eheschließung bekannt, so steht ihr das im § 1634 erwähnte Recht nicht zu, sie hat vielmehr in Ansehung der Kinder nur die Befugnisse, welche im Falle der Scheidung der allein für schuldig erklärten Frau eingeräumt sind (§ 1702 Abs. 1, s. auch Abs. 2 und 3).

§ 1635.

Ist die Ehe aus einem der in den §§ 1565 bis 1568 bestimmten Gründe geschieden, so steht, solange die geschiedenen Ehegatten leben, die Sorge für die Person des Kindes, wenn ein Ehegatte allein für schuldig erklärt ist, dem anderen Ehegatten zu; sind beide Ehegatten für schuldig erklärt, so steht die Sorge für einen Sohn unter sechs Jahren oder für eine Tochter der Mutter, für einen Sohn, der über sechs Jahre alt ist, dem Vater zu. Das Vormundschaftsgericht kann eine abweichende Anordnung treffen, wenn eine solche aus besonderen Gründen im Interesse des Kindes geboten ist; es kann die Anordnung aufheben, wenn sie nicht mehr erforderlich ist.

Das Recht des Vaters zur Vertretung des Kindes bleibt unberührt.

E. I, 1456; II, 1479; III, 1613.

I. Die §§ 1635 und 1636 regeln den Einfluß der Scheidung auf die Sorge für die Person der aus der geschiedenen Ehe stammenden Kinder.

Nach Gem. R. übt die Ehescheidung grundsätzlich weder auf die väterliche Gewalt noch auf das Erziehungsrecht Einfluß. Doch kann das Erziehungsrecht, wenn der Ehemann als der schuldige Theil erklärt wird oder wenn nach richterlichem Ermessen das Interesse des Kindes es erfordert, der Mutter zugesprochen werden (Dernburg, Pand. Bd. 3 S. 72 Nt. 4; Roth, bayr. C.R., 2. Aufl., Bd. 1 S. 571; Samml. v. Entsch. d. Obersten L.G. München

Bd. 7 S. 28 ff., Bd. 9 S. 572). Der Text des B.L.R. enthält über diese Frage keine Bestimmungen. Nach Kreittmayr, Anm. zu Thl. I cap. 6 § 43 Ziff. 1 verliert der schuldige Ehemann das Erziehungsrecht an die unschuldige Ehefrau. Die Praxis geht dahin, daß das Kind regelmäßig dem unschuldigen Ehegatten zu überlassen, im Interesse des Kindes aber auch eine gegentheilige Regelung zulässig sei. Dem Alter des Kindes wird hiebei keine maßgebende Bedeutung eingeräumt (Samml. v. Entsch. d. Obersten L.G. München Bd. 14 S. 22 ff.). Ueber andere Rechte s. M. IV, 622 ff.; D. 225.

Auch das B.G.B. geht von dem Grundsatz aus, daß die Scheidung keinen Einfluß auf die elterliche Gewalt ausübt. Hievon macht jedoch § 1635 hinsichtlich der Sorge für die Person des Kindes eine Ausnahme für den Fall, daß die Scheidung wegen Verschuldens eines Ehegatten (§§ 1565—1568) erfolgt.

1. Ist nur ein Ehegatte für schuldig erklärt worden, so steht die Sorge für die Person des Kindes ohne Rücksicht auf dessen Geschlecht und Alter (M. IV, 624 ff.) dem anderen (unschuldigen) Ehegatten zu.

2. **Sind beide Ehegatten für schuldig erklärt worden** (§ 1574 Abs. 2, 3), so steht

a) **bis zum vollendeten 6. Lebensjahr des Kindes die Sorge für die Person desselben der Mutter zu;**

b) **von da ab entscheidet das Geschlecht des Kindes, indem Söhne dem Vater, Töchter der Mutter zugewiesen werden.**

3. Sowohl wenn ein Ehegatte als wenn beide für schuldig erklärt worden sind, kann aber das Vormundschaftsgericht (auch ohne daß die Voraussetzungen des § 1666 Abs. 1 gegeben sind) eine abweichende Regelung eintreten lassen, falls dies aus besonderen Gründen im Interesse des Kindes geboten ist. Das Vormundschaftsgericht ist aber nur befugt, die Sorge für die Person des Kindes demjenigen Ehegatten zu übertragen oder zu belassen, dem sie nach § 1635 Abs. 1 Satz 1 nicht zustünde, dagegen ist es nicht berechtigt, dieselbe beiden Eltern zu entziehen und einem Dritten zuzuweisen, falls nicht etwa die allgemeinen Grundsätze des § 1666 Abs. 1 hiezu Anlaß geben. Ob solche „besonderen Gründe" vorliegen, hat das Vormundschaftsgericht unter Würdigung aller einschlägigen Verhältnisse nach freiem Ermessen zu entscheiden. Eine derartige von der Regel des § 1635 Abs. 1 Satz 1 abweichende Anordnung kann und muß das Vormundschaftsgericht wieder aufheben, wenn sie nicht mehr erforderlich ist (M. IV, 627; vgl. § 1671). Ueber die Gründe, aus welchen das Gesetz die Entscheidung im Gegensatz zu den meisten bisherigen Rechten dem Vormundschaftsgericht übertragen hat, s. M. IV, 626 ff. Ueber die Zuständigkeit des Vormundschaftsgerichts und die gegen dessen Anordnung zulässigen Rechtsmittel s. F.G. §§ 43, 36, 19 ff., 59. Vor seiner Entscheidung soll das Vormundschaftsgericht denjenigen Elterntheil, dem die Sorge für die Person des Kindes entzogen werden soll, und nach Maßgabe des § 1673 Abs. 2 auch Verwandte oder Verschwägerte des Kindes hören (vgl. Anm. 2a zu § 1673). Um das Vormundschaftsgericht in den Stand zu setzen, von der ihm nach § 1635 Abs. 1 Satz 2 zustehenden Befugniß Gebrauch zu machen, bestimmt § 630 der C.P.O. n. F., daß das Prozeßgericht nach Eintritt der Rechtskraft eines Scheidungsurtheils dem Vormundschaftsgericht Mittheilung zu machen hat, wenn ein gemeinschaftliches minderjähriges Kind der Ehegatten vorhanden ist.

II. Auch der Ehegatte, dem nach § 1635 die Sorge für die Person des Kindes nicht zusteht, ist gemäß § 1636 berechtigt, mit dem Kinde persönlich zu verkehren, vorbehaltlich der Befugniß des Vormundschaftsgerichts, diesen Verkehr näher zu regeln.

III. Abgesehen von der thatsächlichen Sorge für die Person des Kindes wird die elterliche Gewalt durch die Scheidung nicht berührt. Dies gilt nicht nur hinsichtlich der Vermögensverwaltung und der elterlichen Nutznießung, sondern auch hinsichtlich der gesetzlichen Vertretung des Kindes in persönlichen Angelegenheiten (§ 1635 Abs. 2; M. IV, 623 ff.; der in der Reichstagskommission gestellte Antrag auf Streichung dieser Bestimmung wurde abgelehnt; R.T.K. 146). Es kann also in diesem Falle die thatsächliche Sorge für die Person eines Kindes dem einen Elterntheil, die gesetzliche Vertretung des Kindes in persönlichen Angelegenheiten dem andern Elterntheil zustehen (vgl. Anm. V zu § 1630). Da auch die von der thatsächlichen Sorge für die Person losgelöste Vertretung des Kindes in persönlichen Angelegenheiten Bestandtheil der Sorge für die Person ist, so ist die Einwilligung des Vaters zur Volljährigkeitserklärung des Kindes auch dann erforderlich, wenn die thatsächliche Sorge für die Person gemäß § 1635 Abs. 1 der Mutter zusteht und er von der Sorge für das Vermögen des Kindes ausgeschlossen ist (vgl. Planck, Komm. Note 3 Abs. V zu § 4; Anm. 3 zu § 1633).

IV. Die Bestimmungen des § 1635 finden nur Anwendung:

1. wenn die Ehe wegen Verschuldens eines oder beider Ehegatten geschieden ist;

2. solange beide Ehegatten leben.

Bei Scheidung wegen Geisteskrankheit (§ 1569), sowie nach dem Tode eines Ehegatten gelten die allgemeinen Grundsätze auch hinsichtlich der Sorge für die Person der Kinder (M. IV, 627; P. IV, 449, 660 ff.; D. 225; s. auch Anm. 4 zu § 1698).

V. Während des Scheidungsprozesses kann das Prozeßgericht nach § 627 Abs. 1 C.P.O. n. Nr. im Wege einstweiliger Verfügung auf Antrag eines Ehegatten hinsichtlich der Sorge für die Person der gemeinschaftlichen minderjährigen Kinder, soweit es sich nicht um die gesetzliche Vertretung handelt, von den Vorschriften des § 1635 abweichende Anordnungen treffen (vgl. Samml. v. Entsch. d. Obersten L.G. München Bd. 3 S. 279 ff.).

VI. Eine von den Bestimmungen des § 1635 abweichende Vereinbarung der Eltern hinsichtlich der Sorge für die Person der gemeinschaftlichen Kinder ist mit Rücksicht auf die Unverzichtbarkeit dieser Sorge nichtig. Selbstverständlich kann aber der Ehegatte, dem nach § 1635 die Sorge für die Person des Kindes zusteht, die Ausübung dieser Sorge ebenso wie einem Dritten, auch dem andern Ehegatten überlassen (vgl. R.G.E. in C.S. XXXVII, 190; Vorbem. vor § 1631 Ziff. 6; Anm. I, 7 zu § 1631).

VII. Ist die eheliche Gemeinschaft der Eltern aufgehoben worden (§ 1575), so finden hinsichtlich der Sorge für die Person der gemeinschaftlichen Kinder die Vorschriften der §§ 1635, 1636 Anwendung (§ 1586 Satz 1). Wird die eheliche Gemeinschaft nach der Aufhebung wiederhergestellt, so gelten von da ab wieder die allgemeinen Grundsätze (§ 1587).

VIII. Ueber den Einfluß der Scheidung auf die Unterhaltspflicht der Eltern gegenüber einem gemeinschaftlichen Kinde s. § 1585.

IX. Inhaltlich der Uebergangsvorschrift des Art. 206 E.G. bestimmt sich, wenn auf Grund der bisherigen Gesetze eine Ehe geschieden oder auf Trennung der Ehegatten von Tisch und Bett erkannt worden ist, Recht und Pflicht der Eltern, für die Person der gemeinschaftlichen Kinder zu sorgen, nach den bisherigen Gesetzen. Doch finden auch in solchen Fällen die Vorschriften des § 1635 Abs. 1 Satz 2 und Abs. 2 Anwendung (vgl. M.E.G. 294 ff.; Anm. 3 zu § 1636).

§ 1636.

Der Ehegatte, dem nach § 1635 die Sorge für die Person des Kindes nicht zusteht, behält die Befugniß, mit dem Kinde persönlich zu verkehren. Das Vormundschaftsgericht kann den Verkehr näher regeln.

E. I, 1457; II, 1480; III, 1614.

1. Persönlicher Verkehr mit dem Kinde. Aus Billigkeitsgründen bestimmt § 1636, daß derjenige Elterntheil, dem gemäß § 1635 die Sorge für die Person des Kindes zusteht, dem andern Elterntheil den persönlichen Verkehr mit dem Kinde nicht völlig versagen darf (vgl. Beschluß d. Obersten L.G. München v. 7. Februar 1895, inhaltlich dessen die Verbringung eines Kindes nach Amerika aus Erwägungen dieser Art für unzulässig erachtet wurde; Samml. Bd. 15 S. 515 ff.). Eine dem § 1636 zuwiderlaufende Vereinbarung der Ehegatten ist nach § 134 nichtig (vgl. Anm. VI zu § 1635).

2. Gemäß § 1636 Satz 2 ist das Vormundschaftsgericht berechtigt, diesen Verkehr im Interesse des Kindes näher zu regeln. Es ist aber nicht befugt, denselben völlig zu untersagen. Der in der II. Komm. gestellte Antrag, dem Vormundschaftsgericht das Recht beizulegen, den Verkehr ganz auszuschließen, wenn er zum offenbaren Nachtheile des Kindes gereiche, wurde abgelehnt. Es wurde zwar anerkannt, daß unter Umständen der persönliche Verkehr des Kindes mit dem von der Sorge für die Person ausgeschlossenen Elterntheile nicht wünschenswerth sei (z. B. wenn die Mutter eine Prostituirte sei); allein in solchen Fällen werde das Gericht schon durch sachgemäße Anordnungen über Zeit, Ort und Bedingungen des Verkehrs jeder Gefahr für das geistige Wohl des Kindes vorbeugen (P. IV, 449; vgl. Z.G. IV, 334). Daß das Vormundschaftsgericht von der im § 1636 erwähnten Befugniß auch ohne Antrag Gebrauch machen muß, wenn dies im Interesse des Kindes erforderlich erscheint, ergibt sich aus dem Wesen der freiwilligen Rechtspflege (vgl. Vorbem. z. III. Abschnitt dieses Buches Ziff. 4a). Ueber die Zuständigkeit des Vormundschaftsgerichts und die gegen dessen Anordnung zulässigen Rechtsmittel s. F.G. §§ 43, 36, 19 ff., 59.

3. Nach der Uebergangsvorschrift des Art. 206 E.G. bestimmt sich, wenn auf Grund der bisherigen Gesetze eine Ehe geschieden oder auf Trennung der Ehegatten von Tisch und Bett erkannt worden ist, Recht und Pflicht der Eltern, für die Person der gemeinschaftlichen Kinder zu sorgen, nach den bisherigen Gesetzen; die Vorschriften des § 1636 finden jedoch auch in solchen Fällen Anwendung (M.E.G. 294; Anm. IX zu § 1635).

§ 1637.

Ist die Ehe nach § 1348 Abs. 2 aufgelöst, so gilt in Ansehung der Sorge für die Person des Kindes das Gleiche, wie wenn die Ehe geschieden ist und beide Ehegatten für schuldig erklärt sind.

E. I, 1465; II, 1485 Satz 1; III, 1615.

1. § 1637 regelt die Sorge für die Person der aus einer gemäß § 1348 Abs. 2 aufgelösten Ehe stammenden Kinder. Mit Rücksicht auf die Analogie der Verhältnisse (M. IV, 645) soll, wenn eine Ehe durch Wiederverheirathung des Ehegatten eines für todt Erklärten aufgelöst worden ist (§ 1348 Abs. 2), hinsichtlich der Sorge für die Person der aus der früheren Ehe stammenden Kinder das Gleiche gelten, was in dieser Beziehung nach § 1635, 1636 bei Scheidung einer Ehe aus Verschulden beider Ehegatten gilt.

a) Ist der Vater für todt erklärt worden, so geht die elterliche Gewalt auf die Mutter über (§ 1679 Abs. 1, 1684 Abs. 1 Nr. 1). Schließt dieselbe eine neue Ehe, so wird ihre frühere Ehe aufgelöst (§ 1348 Abs. 2), sie verliert die elterliche Gewalt über die aus dieser Ehe stammenden Kinder, behält jedoch die Sorge für deren Person, ausschließlich der gesetzlichen Vertretung (§ 1697). Kehrt nun der für todt erklärte Vater zurück, so erlangt er die elterliche Gewalt dadurch wieder, daß er dem Vormundschaftsgerichte gegenüber seinen hierauf gerichteten Willen erklärt (§ 1679 Abs. 2). Hinsichtlich der Sorge für die Person der aus der früheren Ehe der Mutter stammenden Kinder finden aber die Vorschriften der §§ 1635, 1636 Anwendung.

b) Ist die Mutter für todt erklärt worden, so verliert sie die ihr nach § 1634 neben dem Vater zustehende Sorge für die Person des Kindes (§ 1679 Abs. 1, Anm. 5 zu § 1634). Schließt der Vater nach der Todeserklärung der Mutter eine neue Ehe, so wird hiedurch seine frühere Ehe aufgelöst (§ 1348 Abs. 2), seine elterliche Gewalt über die aus seiner früheren Ehe stammenden Kinder erleidet aber keine Aenderung. Kehrt nun die für todt erklärte Mutter zurück und erklärt sie dem Vormundschaftsgericht gegenüber, daß sie die Sorge für die Person der aus der früheren Ehe des Vaters stammenden Kinder wieder übernehmen will, so finden in dieser Beziehung nicht die Bestimmungen des § 1634, sondern die der §§ 1635, 1636 Anwendung.

2. Abgesehen von der thatsächlichen Sorge für die Person des Kindes, also hinsichtlich der Vermögensverwaltung, elterlichen Nutznießung und gesetzlichen Vertretung des Kindes, wird durch den Umstand, daß die Ehe der Eltern gemäß § 1348 Abs. 2 aufgelöst worden ist, keine Abweichung von den allgemeinen Grundsätzen über die elterliche Gewalt herbeigeführt. Vgl. Anm. III zu § 1635.

3. Auch hinsichtlich der Beitragspflicht der Frau zu den Kosten des Unterhalts des aus einer gemäß § 1348 Abs. 2 aufgelösten Ehe stammenden Kindes gilt das Gleiche wie im Falle der Scheidung (§§ 1352, 1585).

4. Nach der Uebergangsvorschrift des Art. 206 E.G. bestimmt sich, wenn auf Grund der bisherigen Gesetze eine Ehe in Folge der Todeserklärung eines der Ehegatten aufgelöst worden ist, Recht und Pflicht der Eltern, für die Person der gemeinschaftlichen Kinder zu sorgen, nach den bisherigen Gesetzen; die Vorschriften des § 1635 Abs. 1 Satz 2, Abs. 2 und des § 1636 finden jedoch Anwendung (M.E.G. 294 ff.; vgl. auch E.G. Art. 160).

Vorbemerkungen zu §§ 1638—1647.

1. Uebersicht. Die §§ 1638—1647 behandeln die Sorge für das Vermögen des Kindes (Vermögensverwaltung). § 1638 bestimmt, welche Vermögensstücke des Kindes der Verwaltung des Fürsorgeberechtigten nicht unterliegen, § 1639 regelt die Einschränkung der Vermögensverwaltung durch Anordnungen dritter Personen, § 1640 die Inventarisationspflicht, § 1641 das Schenkungsverbot, § 1642 die Anlegung von Baargeld, die §§ 1643—1645 das Erforderniß der Genehmigung des Vormundschaftsgerichts, § 1646 eine besondere Art des Eigenthumserwerbs seitens des Kindes, § 1647 die Beendigung der Vermögensverwaltung durch Konkurs.

2. Ueber den Inhalt der Sorge für das Vermögen des Kindes enthält das Gesetz keine Bestimmung (vgl. dagegen §§ 1631, 1632). Aus dem Umstand aber, daß als gleichbedeutend mit der Sorge für das Vermögen der Ausdruck „Vermögensverwaltung" gebraucht wird (§ 1638), ist zu entnehmen, daß sich als Inhalt der Sorge für das Vermögen die Erhaltung und Vermehrung desselben innerhalb der durch das Gesetz bestimmten Schranken darstellt (vgl. Anm. 1 zu § 1374). Nach § 1630 Abs. 1 umfaßt die Sorge für

das Vermögen auch die gesetzliche Vertretung des Kindes in Vermögensangelegenheiten. Aus dem vormundschaftlichen Charakter der elterlichen Gewalt ergibt sich insbesondere die Verpflichtung des Fürsorgeberechtigten, Gelder des Kindes nach den für die Anlegung von Mündelgeld geltenden Vorschriften verzinslich anzulegen (§ 1642), und das Erforderniß der Genehmigung des Vormundschaftsgerichts zu einer Reihe besonders wichtiger Rechtsgeschäfte (§§ 1643—1645).

3. Zur Sicherheitsleistung für das seiner Verwaltung unterliegende Vermögen des Kindes ist der Gewalthaber im Allgemeinen nicht verpflichtet, insbesondere räumt das B.G.B. im Gegensatze zu mehreren neueren Gesetzen (vgl. insbesondere bayr. Hypothekengesetz v. 1. Juni 1822 § 12 Ziff. 7) dem Kind einen gesetzlichen Titel zur Bestellung einer Hypothek auf den Immobilien des Gewalthabers nicht ein (M. IV, 744 ff.). Ebensowenig besteht für den Gewalthaber in der Regel die Verpflichtung, während der Dauer seiner Vermögensverwaltung Rechnung zu legen (M. IV, 749; vgl. § 1681). Bei Gefährdung des Vermögens des Kindes kann aber das Vormundschaftsgericht den Gewalthaber sowohl zur Sicherheitsleistung als zur Rechnungslegung anhalten (§§ 1667 Abs. 2, 1668). Auch zur Inventarisirung des seiner Verwaltung unterliegenden Vermögens ist der Gewalthaber nur in Ausnahmsfällen verpflichtet (§§ 1640, 1667 Abs. 2, 1669, s. auch § 1760).

4. Als Bestandtheil der elterlichen Gewalt steht die Sorge für das Vermögen des Kindes grundsätzlich dem Vater zu (§ 1626). Neben dem Vater hat die Mutter während der Dauer der Ehe an der Sorge für das Vermögen keinen Antheil (vgl. dagegen § 1634). Steht ihr aber die elterliche Gewalt oder deren Ausübung zu (§§ 1684, 1685), so hat sie gemäß § 1686 auch die Sorge für das Vermögen des Kindes. Doch kann dieselbe auf ihren Antrag, falls ihr ein Beistand bestellt ist (§ 1687), diesem ganz oder theilweise übertragen werden (§ 1693).

5. Wie hinsichtlich der Ausübung der elterlichen Gewalt überhaupt, so haftet der Gewalthaber auch hinsichtlich der ihm obliegenden Sorge für das Vermögen des Kindes diesem gegenüber nur für diejenige Sorgfalt, welche er in eigenen Angelegenheiten anzuwenden pflegt (§ 1664). Ueber seinen Anspruch auf Ersatz von Aufwendungen s. § 1648.

6. Die Vermögensverwaltung des Gewalthabers kann bei Gefährdung des Vermögens des Kindes aus bestimmten Gründen durch das Vormundschaftsgericht gewissen Einschränkungen unterworfen und dem Gewalthaber auch vollständig entzogen werden (§§ 1666 Abs. 2, 1667—1673, 1760 Abs. 2.

Ueber die Haftung des Vormundschaftsrichters s. § 1674, über die Mitwirkung des Gemeindewaisenraths s. § 1675.

7. Die Vermögensverwaltung des Gewalthabers endigt:

a) aus Gründen, aus welchen die elterliche Gewalt überhaupt endigt, s. Vorbem. vor § 1676 Ziff. 4;

b) trotz Fortdauer der elterlichen Gewalt,

   α) wenn die elterliche Gewalt ruht (§§ 1676—1678);
   β) bei Konkurseröffnung über das Vermögen des Gewalthabers (§ 1647);
   γ) in Folge Entziehung durch das Vormundschaftsgericht (§§ 1666 Abs. 2, 1670, 1760 Abs. 2);
   δ) durch Uebertragung derselben auf den Beistand (§ 1693).

Verzicht auf die Vermögensverwaltung ist, von dem Falle des § 1693 abgesehen, unzulässig (s. Vorbem. vor § 1676 Ziff. 5).

Ueber die dem Gewalthaber nach Beendigung seiner Vermögensverwaltung obliegenden Verpflichtungen s. § 1681.

8. Vorrecht im Konkurs. Nach K.O. § 61 Nr. 5 n. Nr. werden in fünfter Reihe der Konkursgläubiger berichtigt: die Forderungen der Kinder des Gemeinschuldners in Ansehung ihres gesetzlich der Verwaltung desselben unterworfenen Vermögens. Das Vorrecht steht ihnen nicht zu, wenn die Forderung nicht binnen zwei Jahren nach Beendigung der Vermögensverwaltung gerichtlich geltend gemacht und bis zur Eröffnung des Verfahrens verfolgt worden ist (vgl. auch Einf.G. z. K.O. § 13 und bayr. G. z. Ausf. d. C.P.O. und K.O. v. 23. Febr. 1879 Art. 233).

§ 1638.

Das Recht und die Pflicht, für das Vermögen des Kindes zu sorgen (Vermögensverwaltung), erstreckt sich nicht auf das Vermögen, welches das Kind von Todeswegen erwirbt oder welches ihm unter Lebenden von einem Dritten unentgeltlich zugewendet wird, wenn der Erblasser durch letztwillige Verfügung,

der Dritte bei der Zuwendung bestimmt hat, daß der Erwerb der Verwaltung des Vaters entzogen sein soll.

Was das Kind auf Grund eines zu einem solchen Vermögen gehörenden Rechtes oder als Ersatz für die Zerstörung, Beschädigung oder Entziehung eines zu dem Vermögen gehörenden Gegenstandes oder durch ein Rechtsgeschäft erwirbt, das sich auf das Vermögen bezieht, ist gleichfalls der Verwaltung des Vaters entzogen.

E. I, 1510; II, 1530; III, 1616.

1. Die dem Gewalthaber nach § 1627 zustehende Sorge für das Vermögen des Kindes erstreckt sich grundsätzlich auf das ganze Vermögen des Kindes.

Ausgeschlossen von der Sorge ist jedoch:

a) das Vermögen, welches dem Kinde vom Gewalthaber mit Genehmigung des Vormundschaftsgerichts zum selbständigen Betrieb eines Erwerbsgeschäfts überlassen worden ist, da das Kind insoweit als unbeschränkt geschäftsfähig gilt (§ 112; M. IV, 762; vgl. auch § 1651 Abs. 1 Nr. 1);
b) das Vermögen, zu dessen Verwaltung ein Pfleger bestellt ist (§ 1628);
c) das Vermögen, hinsichtlich dessen die Verwaltung des Gewalthabers durch einen Dritten ausgeschlossen ist (§ 1638).

2. Ausschließung der Verwaltung des Gewalthabers durch dritte Personen.

Wie die meisten bisherigen Rechte (bez. des Gem. R. s. Dernburg, Pand., Bd. 3 S. 71; über andere Rechte s. M. IV, 760; vgl. auch Kreittmayr, Anm. zu B.L.R. Thl. I cap. 5 § 5 Ziff. 1 und zu § 6, Samml. v. Entsch. d. Obersten L.G. München Bd. 9 S. 478 ff.) gestattet auch das B.G.B. die Ausschließung des elterlichen Verwaltungsrechts durch Anordnung dritter Personen. Diese Bestimmung (§ 1638) beruht auf ähnlichen Erwägungen wie die analoge Vorschrift des § 1369, geht aber insofern weiter, als sie im Interesse des Kindes dritten Personen die Befugniß gibt, in die dem öffentlichen Recht angehörenden Bestimmungen über die vormundschaftliche Verwaltung des Inhabers der elterlichen Gewalt beschränkend einzugreifen (M. IV, 75 ff., vgl. Anm. 1 zu § 1369). Die Ausschließung der Verwaltung des Gewalthabers tritt in zwei Fällen ein:

a) Hinsichtlich des Vermögens, welches das Kind von Todeswegen erwirbt, wenn der Erblasser durch letztwillige Verfügung das Verwaltungsrecht des Gewalthabers ausgeschlossen hat. Als Erwerb von Todeswegen ist anzusehen, was das Kind durch Erbfolge, durch Vermächtniß oder als Pflichttheil erwirbt (vgl. § 1369 und Anm. 2 hiezu). Als Beschränkung oder Beschwerung des dem Kinde zugewendeten Pflichttheils (§ 2306) ist eine Verfügung der im § 1638 Abs. 1 erwähnten Art nicht zu erachten, es sei denn, daß die fragliche Anordnung in der Form einer wirklichen Bedingung oder Auflage getroffen worden ist (M. IV, 761; vgl. Anm. 2 zu § 1369). Bezüglich der Errichtung, Anfechtung und Aufhebung derartiger letztwilliger Verfügungen gelten die allgemeinen erbrechtlichen Grundsätze (vgl. M. IV, 170; Anm. 4 zu § 1369). Im Gegensatz zu E. I (M. IV, 761, V, 291 ff.) hatte E. II für solche Verfügungen eine erleichterte Form zugelassen; in Folge der von der Reichstagskommission beschlossenen Zulassung des holographischen Testaments (§ 2231 Nr. 2) ist diese Bestimmung als gegenstandslos beseitigt worden (R.T.K. 177). Ueber das Anfechtungsrecht des Gewalthabers s. § 2080, M. IV, 170, über Schenkungen von Todeswegen s. § 2301. Daß auf Grund des § 1638 auch der Vater hinsichtlich des von ihm dem Kinde hinterlassenen Vermögens die der Mutter als Inhaberin der elterlichen Gewalt nach seinem Tode an sich zustehende Verwaltungsbefugniß ausschließen kann, steht außer Zweifel.
b) Bei einer Zuwendung unter Lebenden ist die Ausschließung des Verwaltungsrechts des Gewalthabers nur zulässig, wenn die Zuwendung unentgeltlich erfolgt. Ueber die Gründe dieser Bestimmung s. M. IV 169 ff., Anm. 3 zu § 1369. Die Anordnung des Dritten bedarf keiner besonderen Form (M. IV, 170), muß aber bei der Zuwendung erfolgen; eine vorher oder später erfolgende Ausschließung des Verwaltungsrechts ist ohne Wirkung (Anm. 4 Abs. 1 zu § 1369).

3. Von einem Erwerbe der im § 1638 Abs. 1 erwähnten Art hat der Gewalthaber, wenn eine Verwaltung des zugewendeten Vermögens erforderlich ist, gemäß § 1909 Abs. 2

dem Vormundschaftsgericht unverzüglich Anzeige zu machen, das sodann zum Zwecke der Verwaltung einen Pfleger aufzustellen hat (§ 1909 Abs. 1 Satz 2). Ueber die Anzeigepflicht des Gemeindewaisenraths s. F.G. § 49. Während aber der Verwaltung des Vormunds ein derartiger Erwerb des Mündels erst mit der Aufstellung eines Pflegers entzogen wird (§ 1794), ist die Verwaltungsbefugniß des Gewalthabers hinsichtlich solchen Vermögens des Kindes von allem Anfang ab ausgeschlossen. Ueber die Gründe dieser abweichenden Regelung s. M. IV, 760.

4. Eine von dem Erblasser oder Dritten nach Maßgabe des § 1638 getroffene Verfügung kann durch das Vormundschaftsgericht weder aufgehoben noch beschränkt werden, da eine Gefährdung der Interessen des Kindes durch die Ausschließung der elterlichen Verwaltung nicht herbeigeführt werden kann (M. IV, 760 ff.; vgl. dagegen §§ 1639 Abs. 2, 1803 Abs. 2). Hat aber der Erblasser oder der Dritte zugleich den aufzustellenden Pfleger benannt und für diesen die in den §§ 1852—1854 erwähnten Befreiungen angeordnet, so können diese Befreiungen durch das Vormundschaftsgericht außer Kraft gesetzt werden, wenn durch dieselben das Interesse des Kindes gefährdet würde (§ 1917 Abs. 2).

5. Durch § 1638 Abs. 2 ist hinsichtlich des im Abs. 1 erwähnten Vermögens der Surrogationsgrundsatz anerkannt. Dies beruht wie die analoge Vorschrift des § 1370 auf der Erwägung, daß derartiges Vermögen den Charakter eines Vermögensganzen haben und ohne Rücksicht auf seine wirthschaftliche Form der elterlichen Vermögensverwaltung dauernd entzogen sein soll (M. IV, 761). Ueber die aus diesem Grundsatz sich ergebenden Folgerungen s. Anm. 2—4 zu § 1370.

6. Soweit auf Grund des § 1638 das Verwaltungsrecht des Gewalthabers ausgeschlossen ist, sind für die Ausübung seines Nutznießungsrechts (falls nicht auch dieses gemäß § 1651 Abs. 1 Nr. 2 ausgeschlossen ist) die Vorschriften der §§ 1656, 1657 maßgebend.

7. Nimmt der Gewalthaber entgegen der Vorschrift des § 1638 hinsichtlich solchen Vermögens des Kindes Verwaltungshandlungen vor, so bestimmt sich deren Rechtswirksamkeit nach den §§ 177—180 (Anm. VIII zu § 1630).

8. Uebergangsvorschrift. Sind vor dem Inkrafttreten des B.G.B. von einem Dritten nach bisherigem Recht zulässige Anordnungen der im § 1638 bezeichneten Art getroffen worden, so bleiben dieselben auch nach diesem Zeitpunkte wirksam, vorausgesetzt, daß sie auch nach § 1638 hätten getroffen werden können (E.G. Art. 203; M. z. E.G. 293; vgl. Anm. d zu §§ 1650, 1651).

§ 1639.

Was das Kind von Todeswegen erwirbt oder was ihm unter Lebenden von einem Dritten unentgeltlich zugewendet wird, hat der Vater nach den Anordnungen des Erblassers oder des Dritten zu verwalten, wenn die Anordnungen von dem Erblasser durch letztwillige Verfügung, von dem Dritten bei der Zuwendung getroffen worden sind. Kommt der Vater den Anordnungen nicht nach, so hat das Vormundschaftsgericht die zu ihrer Durchführung erforderlichen Maßregeln zu treffen.

Der Vater darf von den Anordnungen insoweit abweichen, als es nach § 1803 Abs. 2, 3 einem Vormunde gestattet ist.

E. I, 1503, 1545, 1660; II, 1531, 1556 Abs. 2; III, 1617.

1. Anordnungen Dritter über die Art der Vermögensverwaltung. Während nach § 1638 die Vermögensverwaltung des Gewalthabers hinsichtlich gewisser Vermögensbestandtheile vollständig ausgeschlossen werden kann, legt § 1639 in bestimmtem Umfang den Anordnungen dritter Personen über die Art der elterlichen Vermögensverwaltung eine den Gewalthaber (wie nach § 1803 den Vormund) bindende Kraft bei. Voraussetzung dieser Wirksamkeit ist auch hier, daß das fragliche Vermögen dem Kinde von Todeswegen oder durch unentgeltliche Zuwendung unter Lebenden verschafft worden ist, und daß die Anordnung von dem Erblasser durch letztwillige Verfügung, von dem Dritten bei der Zuwendung getroffen worden ist (M. IV, 741, 1105; Z.G. IV, 385; P. IV, 559; vgl. Anm. 2a und b zu § 1638). Unter Verwaltung im Sinne des § 1639 ist auch Veräußerung zu verstehen (M. IV, 1105). Der Surrogationsgrundsatz des § 1638 Abs. 2 gilt auch hier (M. IV, 1105). Stellt sich die Anordnung als Bedingung oder Auflage dar, so findet § 1639 keine Anwendung (M. IV, 1104 ff.).

2. Auch der Vater kann für die nach seinem Tode der Mutter kraft der elterlichen Gewalt zufallende Vermögensverwaltung bindende Anordnungen nur insoweit treffen, als er dem Kinde Vermögen hinterläßt (M. IV, 741, 800, 1102 ff.; vgl. Anm. 2a zu § 1638). Daß das im § 1639 erwähnte Recht auch der Mutter gegenüber dem Vater zusteht, wurde bei den Berathungen der II. Komm. ausdrücklich anerkannt (P. IV, 559).

3. Für die Durchführung von Anordnungen der im § 1639 erwähnten Art hat das Vormundschaftsgericht Sorge zu tragen, ohne Rücksicht darauf, ob die Nichtbefolgung derselben eine Gefährdung des Vermögens des Kindes zur Folge haben würde oder nicht (M. IV, 802 ff.; s. aber auch Abs. 2 und unten Anm. 4).

4. Ausnahmsweise darf der Gewalthaber nach Abs. 2 (wie der Vormund gemäß § 1803 Abs. 2, 3) in gewissen Fällen von der Anordnung des Erblassers oder Dritten abweichen. Hiebei ist zu unterscheiden, ob es sich um einen Erwerb von Todeswegen oder um eine Zuwendung unter Lebenden handelt.

a) Ist die Anordnung vom Erblasser durch letztwillige Verfügung getroffen, so darf der Gewalthaber von derselben abweichen, wenn ihre Befolgung das Interesse des Kindes gefährden würde und das Vormundschaftsgericht zu der Abweichung seine Genehmigung ertheilt hat. Bloßer Gewinnentgang ist als Gefährdung im Sinne des § 1802 Abs. 2 nicht anzusehen (M. IV, 1105). Selbstverständlich ist der Gewalthaber, wenn die Voraussetzungen des § 1802 Abs. 2 gegeben sind, zur Einholung der Genehmigung des Vormundschaftsgerichts verpflichtet (M. IV, 1106; vgl. Z.G. IV, 477). Daß unter Aufrechterhaltung der Anordnung im Allgemeinen auf Grund der §§ 1639 Abs. 2, 1803 Abs. 2 auch für einen einzelnen Fall von derselben abgewiesen werden kann, unterliegt keinem Zweifel (M. IV, 106).

b) Handelt es sich um die von einem Dritten bei einer Zuwendung unter Lebenden getroffene Anordnung, so kann, wenn der Dritte gestorben ist, der Gewalthaber ebenfalls mit Genehmigung des Vormundschaftsgerichts von der Anordnung abweichen, wenn ihre Befolgung das Interesse des Kindes gefährden würde. Solange aber der Dritte lebt, ist hiezu seine Zustimmung erforderlich. Verweigert er sie, so kann von seinen Anordnungen auch dann nicht abgewichen werden, wenn durch ihre Befolgung das Interesse des Kinde gefährdet wird (vgl. Z.G. IV, 477). Nur für den Fall, daß er zur Erklärungsabgabe dauernd außer Stande oder dauernd unbekannten Aufenthalts ist (was das Vormundschaftsgericht nach freiem Ermessen zu entscheiden hat, vgl. Anm. 3c zu § 1305), kann seine Zustimmung durch das Vormundschaftsgericht ersetzt werden (P. IV, 760). Andererseits kann mit seiner Zustimmung von seinen Anordnungen, auch ohne daß eine Gefährdung der Interessen des Kindes vorliegt, und ohne Genehmigung des Vormundschaftsgerichts abgewichen werden (vgl. § 1917 Abs. 3). Ueber die Zuständigkeit des Vormundschaftsgerichts und die gegen dessen Entscheidung zulässigen Rechtsmittel s. F.G. §§ 43, 36, 19 ff.

§ 1640.

Der Vater hat das seiner Verwaltung unterliegende Vermögen des Kindes, welches bei dem Tode der Mutter vorhanden ist oder dem Kinde später zufällt, zu verzeichnen und das Verzeichniß, nachdem er es mit der Versicherung der Richtigkeit und Vollständigkeit versehen hat, dem Vormundschaftsgericht einzureichen. Bei Haushaltsgegenständen genügt die Angabe des Gesammtwerths.

Ist das eingereichte Verzeichniß ungenügend, so kann das Vormundschaftsgericht anordnen, daß das Verzeichniß durch eine zuständige Behörde oder durch einen zuständigen Beamten oder Notar aufgenommen wird. Die Anordnung ist für das in Folge des Todes der Mutter dem Kinde zufallende Vermögen unzulässig, wenn die Mutter sie durch letztwillige Verfügung ausgeschlossen hat.

1. Inventarisationspflicht des Gewalthabers. Das Gem.R. erkennt eine Verpflichtung des Vaters zur Errichtung eines Inventars über das kraft der väterlichen Gewalt seiner Verwaltung und Nutznießung unterliegende Vermögen des Kindes nicht an (Roth, B.C.R., 1. Aufl., Bd. 1 S. 447 ff.; Bl. f. R.A. L, 364).

Nach B.L.R. ist der Vater nicht zur Inventarisirung des seiner Nutznießung unterliegenden Vermögens des Kindes, sondern nur zu einer „getreuen Anzeige" verpflichtet (Thl. II cap. 9 § 6 Ziff. 7). Das dem Kinde durch den Tod der Mutter zufallende Vermögen hat der Vater längstens innerhalb eines Jahres vor der Obrigkeit „auszuzeigen und in Richtigkeit zu bringen" (Thl. I cap. 5 § 5 Ziff. 4, cap. 6 § 37 Ziff. 1). Während im Uebrigen bei allen Verlassenschaften, an denen Minderjährige betheiligt sind, die Errichtung eines Inventars nothwendig ist (Thl. III cap. 1 § 18 Ziff. 9), cessirt dieses Erforderniß, falls die Ehefrau bei Lebzeiten des Ehemanns stirbt, „nachdem der Eheleute Vermögen im Zweifel überhaupt allzeit mehr dem Ehemanne als der Ehefrau angehörig zu sein gemuthmaßt wird". Eine Ausnahme bestand in dieser Beziehung nur für die Bauersleute, bezüglich deren die Taxordnung von 1735, welche in vier speziellen Fällen Inventur vorschrieb, in Kraft geblieben ist (Thl. III cap. 1 § 17 Ziff. 9; Roth, B.C.R., 2. Aufl., Bd. 1 S. 595 ff.; Bl. f. R.A. XXVI, 481 ff.; XLIII, 97 ff. und insbes. 9. Erg.Bd. S. 353 ff.). Ob die Inventurfreiheit des Vaters nach B.L.R. auch bei Vereinbarung allgemeiner Gütergemeinschaft einzutreten habe, ist bestritten (Bl. f. R.A. 9. Erg.Bd. S. 358 ff.).

Ueber andere Rechte s. M. IV, 742 ff.

Auch nach B.G.B. soll der Gewalthaber mit Rücksicht auf das zwischen ihm und dem Kind bestehende Verwandtschaftsverhältniß und die mit der Einmischung des Vormundschaftsgerichts verbundene Belästigung zur Errichtung eines Vermögensverzeichnisses nur ausnahmsweise verpflichtet sein. Der in der II. Komm. gestellte Antrag, Inventur zu verlangen, falls die elterliche Gewalt dem überlebenden Elterntheil zusteht oder falls dem Kind eine Erbschaft oder überhaupt Vermögen zufällt, wurde abgelehnt. Der nunmehrige § 1640 beruht auf Beschluß der Reichstagskommission (M. IV, 743, 777; Z.G. IV, 388; P. IV, 562 ff.; R.T.K. 147 ff.).

2. Die Inventarisationspflicht auf Grund des § 1640 ist unabhängig von dem zwischen den Eltern bestehenden Güterstande, tritt also auch bei fortgesetzter Gütergemeinschaft (§ 1483 ff.) ein. Sie ist aber in doppelter Richtung beschränkt:

a) Sie tritt erst ein beim Tode der Mutter (der gemäß § 18 Abs. 1 auch durch das die Todeserklärung aussprechende Ausschlußurtheil bewiesen werden kann). Ist aber diese Voraussetzung gegeben, so erstreckt sich die Verpflichtung des Vaters nicht nur auf das dem Kinde durch Beerbung der Mutter zufallende, sondern auch das schon vorher vorhandene und dem Kinde später zufallende Vermögen.

b) Die Verpflichtung erstreckt sich nur auf das Vermögen, welches der Verwaltung des Vaters unterliegt (vgl. Anm. 1 zu § 1638). Daß das der Verwaltung eines Pflegers unterliegende Vermögen von diesem inventarisirt werden muß, ergibt sich aus den §§ 1802, 1915. Ob dem Gewalthaber die Nutznießung des seiner Verwaltung unterliegenden Vermögens zusteht oder nicht (§§ 1649—1651), ist für die Anwendbarkeit des § 1640 ohne Belang.

3. Hinsichtlich der Form des zu errichtenden Inventars beschränkt sich das Gesetz auf die Vorschrift, daß das Verzeichniß vom Gewalthaber mit der Versicherung der Richtigkeit und Vollständigkeit zu versehen ist. Eine Beschreibung der Vermögensstücke und die Angabe ihres Werthes ist nicht erforderlich, wenn sich letzteres auch vielfach aus Zweckmäßigkeitsgründen empfehlen wird (M. IV, 1101; vgl. § 2001 Abs. 2). Bei Haushaltungsgegenständen wird die Aufführung der einzelnen Stücke durch die Angabe des Gesammtwerthes ersetzt. Ableistung des Offenbarungseides Seitens des Vaters zur Bekräftigung der Vollständigkeit des eingereichten Vermögensverzeichnisses kann nicht verlangt werden, da es sich hier um eine dem Vater kraft öffentlichen Rechts obliegende Pflicht, nicht um eine privatrechtliche Verbindlichkeit desselben gegenüber dem Kinde handelt (M. IV, 1099; vgl. §§ 260, 2006). Ist keinerlei Vermögen vorhanden, so genügt natürlich eine Erklärung dieses Inhalts Seitens des Gewalthabers. (Der in der Reichstagskommission gestellte Antrag, dies ausdrücklich auszusprechen, wurde wegen der Selbstverständlichkeit einer solchen Bestimmung abgelehnt, R.T.K. 148). Da das Vermögensverzeichniß die Grundlage für die nach Beendigung der Verwaltung erforderliche Rechenschaftsablage (§ 1681) bilden soll (vgl. M. IV, 743) und dieser Zweck nur erfüllt werden kann, wenn das Verzeichniß evident gehalten ist, so muß ebenso wie über den Zugang, auch über den Abgang einzelner Vermögensbestandtheile dem Vormundschaftsgericht Mittheilung gemacht werden.

4. Die Aufnahme des Vermögensverzeichnisses kann im Allgemeinen durch den Gewalthaber selbst erfolgen. Nach § 1640 Abs. 2 ist aber das Vormundschaftsgericht befugt, falls das vom Gewalthaber eingereichte Verzeichniß sich als ungenügend darstellt, Aufnahme des Verzeichnisses durch eine zuständige Behörde oder durch einen zuständigen Beamten oder Notar zu verlangen. Ueber die Zuständigkeit des Vormundschaftsgerichts und die gegen diese Anordnung zulässigen Rechtsmittel s. F.G. §§ 43, 36, 19 ff. Welche

der im § 1640 Abs. 2 bezeichneten Organe zur Aufnahme des Vermögensverzeichnisses zuständig sind, ist der Regelung durch die Landesgesetzgebung überlassen.

5. Die nach § 1640 Abs. 2 dem Vormundschaftsgericht zustehende Befugniß kann von der Mutter durch letztwillige Verfügung ausgeschlossen werden, jedoch nur hinsichtlich des in Folge ihres Todes dem Kinde zufallenden Vermögens. Dagegen kann der Vater von der ihm nach § 1640 Abs. 1 obliegenden Inventarisationspflicht überhaupt durch letztwillige Verfügung der Mutter nicht entbunden werden, auch nicht hinsichtlich des durch ihren Tod dem Kinde zufallenden Vermögens (R.T.K. 148).

6. Dem Grundsatze des § 1686 zufolge ist auch die Mutter verpflichtet, das gemäß §§ 1684, 1685 ihrer Verwaltung unterliegende Vermögen des Kindes, welches beim Tode des Vaters vorhanden ist oder dem Kinde später zufällt, nach Maßgabe des § 1640 zu inventarisiren. Die nach § 1640 Abs. 2 Satz 2 der Mutter zustehende Befugniß wird für diesen Fall dem Vater beizulegen sein. Ist der Mutter ein Beistand bestellt (§ 1687), so ist dieser zur Aufnahme des Vermögensverzeichnisses beizuziehen und hat dasselbe ebenfalls mit der Versicherung der Richtigkeit und Vollständigkeit zu versehen (§ 1692 Satz 1).

7. Zur Erfüllung der ihm nach § 1640 obliegenden Verpflichtung muß dem Gewalthaber selbstverständlich eine Frist gewährt werden, über deren Dauer das Ermessen des Vormundschaftsgerichts entscheidet (M. IV, 1100). Kommt der Gewalthaber innerhalb dieser Frist seiner Verpflichtung nicht nach, so kann ihm das Vormundschaftsgericht die Vermögensverwaltung entziehen (§ 1670, s. auch § 1673).

8. Die Kosten der Aufnahme des Vermögensverzeichnisses fallen, gleichviel, ob dasselbe von dem Gewalthaber oder auf Anordnung des Vormundschaftsgerichts durch eine Behörde, einen Beamten oder Notar aufgenommen wird, dem Vermögen des Kindes zur Last, da eine den Vorschriften der §§ 1667 Abs. 3, 1669 Satz 1, 1760 Abs. 1 Satz 1 entsprechende Vorschrift hier nicht getroffen ist (vgl. § 1035 Satz 4; M. IV, 1100; Anm. 6 zu § 1802).

9. Weitere Fälle, in welchen der Gewalthaber zur Aufnahme eines Vermögensverzeichnisses verpflichtet ist, enthalten die §§ 1667 Abs. 2, 1669. Für den Annehmenden, den Vormund und den Pfleger besteht unbedingte Inventarisationspflicht (§§ 1760, 1802, 1915 Abs. 1).

10. Ueber die Bedeutung der Inventarserrichtung in erbrechtlicher Beziehung s. §§ 1993 ff.

§ 1641.

Der Vater kann nicht in Vertretung des Kindes Schenkungen machen. Ausgenommen sind Schenkungen, durch die einer sittlichen Pflicht oder einer auf den Anstand zu nehmenden Rücksicht entsprochen wird.

E. I, 1503, 1661; II, 1532; III, 1618.

1. Daß der Gewalthaber aus dem Vermögen des Kindes grundsätzlich keine Schenkungen machen kann, ergibt sich daraus, daß dieses Vermögen, wenn es auch seiner Verwaltung und Nutznießung unterliegt, für ihn fremdes Vermögen ist (M. IV, 1106, 741; vgl. § 1804). Selbstverständlich ist dem Gewalthaber auch nicht gestattet, zu einer von dem Kinde selbst vorgenommenen Schenkung seine Einwilligung oder Genehmigung zu ertheilen (vgl. E. I, 1661; M. IV, 1106).

Der Begriff der Schenkung ergibt sich aus den §§ 516 ff. Auf andere Liberalitätsakte (z. B. Ausschlagung einer Erbschaft zu Gunsten eines Dritten) ist § 1641 nicht anwendbar (M. IV, 1106 ff.).

2. Von dem Grundsatze des § 1641 Satz 1 macht Satz 2 eine Ausnahme für Schenkungen, durch welche einer sittlichen Pflicht oder einer auf den Anstand zu nehmenden Rücksicht entsprochen wird, da solche Schenkungen nicht außerhalb des Zweckes der Vermögensverwaltung und auch im eigenen Interesse des Kindes liegen (M. IV, 1107, 741 ff.; Z.G. IV, 477 ff.; vgl. §§ 534, 814, 1446 Abs. 2, 1519 Abs. 2, 1804 Satz 2, 2113 Abs. 2 Satz 2, 2205 Satz 3, 2207 Satz 2, 2330).

Bei Beurtheilung der Frage, ob ein solcher Ausnahmsfall gegeben ist, sind natürlich auch die Vermögensverhältnisse des Kindes zu berücksichtigen. Steht dem Gewalthaber die Nutznießung am Vermögen des Kindes zu (§§ 1649 ff.), so kann er Schenkungen aus den Nutzungen selbstverständlich ohne Beschränkung vornehmen, da dieselben ja ihm zufallen. Zu Schenkungen aus dem Stamme des Vermögens des Kindes dagegen ist er auch beim Vorliegen der Voraussetzungen des § 1641 Satz 2 dann nicht berechtigt, wenn ein ordentlicher Hausvater solche Schenkungen aus den laufenden Einnahmen zu machen pflegt (M. IV, 741 ff.). Ob der Gewalthaber eine nach § 1641 Satz 2 zulässige Schenkung aus dem freien oder aus dem seiner Nutznießung unterliegenden Vermögen des Kindes (§§ 1649—1651) machen will, ist seinem Ermessen überlassen (vgl. § 1660).

3. Eine gegen § 1641 verstoßende Schenkung ist nichtig, gleichviel, ob der Gewalthaber als gesetzlicher Vertreter des Kindes gehandelt oder zu der vom Kinde selbst vorgenommenen Schenkung seine Einwilligung oder Genehmigung ertheilt hat (M. IV, 1107; vgl. Anm. VIII, 2 zu § 1630). Dies gilt auch dann, wenn die Vornahme der Schenkung durch das Vormundschaftsgericht genehmigt worden sein sollte.

§ 1642.

Der Vater hat das seiner Verwaltung unterliegende Geld des Kindes, unbeschadet der Vorschrift des § 1653, nach den für die Anlegung von Mündelgeld geltenden Vorschriften der §§ 1807, 1808 verzinslich anzulegen, soweit es nicht zur Bestreitung von Ausgaben bereit zu halten ist.

Das Vormundschaftsgericht kann dem Vater aus besonderen Gründen eine andere Anlegung gestatten.

E. I, 1503, 1664, 1665, 1667; II, 1533; III, 1619.

1. Mit Rücksicht auf die vormundschaftliche Natur der elterlichen Gewalt (M. IV, 742) legt das B.G.B. (abweichend von den meisten bisherigen Rechten, insbesondere vom Gem.R. und P.L.R.) dem Inhaber der elterlichen Gewalt die Verpflichtung auf, das seiner Verwaltung unterliegende Geld des Kindes verzinslich anzulegen und zwar in der gleichen Art und Weise, welche für die Anlegung von Mündelgeld vorgeschrieben ist (M. IV, 742; Z.G. IV, 385 ff.; der in der II. Komm. gestellte Antrag, dem Gewalthaber eine freiere Stellung einzuräumen, wurde abgelehnt, P. IV, 559 ff.; vgl. die §§ 1806 und 1377 Abs. 2). Ueber die zulässigen Formen der Anlegung von Mündelgeld s. §§ 1807, 1808; E.G. Art. 212 und Anm. hiezu. Steht dem Gewalthaber die Nutznießung am Vermögen des Kindes zu (§§ 1649 ff.), so beschränkt sich seine Anlegungspflicht selbstverständlich auf die seiner Verwaltung unterliegenden Geldkapitalien, da ja die als Nutzungen eingehenden Gelder ihm zufallen. Erspart er etwas hievon und will er diese Ersparnisse für das Kind anlegen, so ist er insoweit nicht an die Vorschriften des § 1642 gebunden (vgl. Anm. 2 zu § 1377, s. auch unten Anm. 2c).

2. Von der im § 1642 festgesetzten Anlegungspflicht bestehen folgende Ausnahmen:

a) Gelder, die nach den Grundsätzen ordnungsmäßiger Verwaltung zur Bestreitung von Ausgaben bereit zu halten sind, braucht der Gewalthaber nicht verzinslich anzulegen; vgl. §§ 1377 Abs. 2, 1806. Will er sie trotzdem anlegen, so kann er dies in jeder geeigneten Weise thun, z. B. in Form eines Kontokorrentverkehrs mit einem zuverlässigen Bankier (vgl. Anm. 2 zu § 1806 und Anm. 2 zu § 1377).

b) Aus besonderen Gründen kann das Vormundschaftsgericht dem Gewalthaber eine andere als die in den §§ 1807, 1808 vorgeschriebene Art der Anlegung gestatten (vgl. § 1811 und Anm. hiezu). Ob solche besondere Gründe vorhanden sind, hat das Vormundschaftsgericht nach freiem Ermessen zu beurtheilen, wobei für die Haftung des Vormundschaftsrichters § 1674 maßgebend ist. Ueber die Zuständigkeit des Vormundschaftsgerichts und die gegen dessen Anordnung zulässigen Rechtsmittel s. F.G. §§ 43, 36, 19 ff.

c) Nach § 1653 kann der Gewalthaber Geldkapitalien, die seiner Nutznießung unterliegen, mit Genehmigung des Vormundschaftsgerichts für sich verbrauchen, muß dieselben aber ersetzen, sobald seine Nutznießung endigt oder die ordnungsmäßige Verwaltung des Vermögens es erfordert (hinsichtlich der als Nutzungen erscheinenden Gelder s. o. Anm. 1).

d) Unberührt durch § 1642 bleibt die Vorschrift des § 1639, derzufolge hinsichtlich der Verwaltung, also auch hinsichtlich der Anlegung des dem Kinde durch Verfügung von Todeswegen oder unentgeltliche Zuwendung unter Lebenden zufallenden Vermögens seitens des Erblassers oder des Dritten bindende Anordnungen getroffen werden können (vgl. Anm. 3b zu § 1807). Ueber die Fälle, in welchen der Gewalthaber von solchen Anordnungen abweichen darf s. § 1639 Abs. 2 und Anm. 4 hiezu.

e) Nach E.G. Art. 212 bleiben die landesgesetzlichen Vorschriften in Kraft, nach welchen gewisse Werthpapiere zur Anlegung von Mündelgeld für geeignet erklärt sind (vgl. Anm. 3c zu § 1807).

3. Eine unbedingte Verpflichtung zur Umwandlung der bei Beginn der elterlichen Verwaltung bereits vorhandenen, nicht mündelmäßigen Kapitalanlagen in mündelmäßige ist dem Gewalthaber ebensowenig wie dem Vormund auferlegt. Ob eine solche Umwandlung im Interesse des Mündels geboten ist, hängt von den Umständen des einzelnen Falles ab (M. IV, 1116; vgl. Anm. 5 zu § 1807).

4. Legt der Gewalthaber entgegen der Vorschrift des § 1642 Geld des Kindes in anderer Weise an, als die §§ 1807, 1808 vorschreiben, so kann zwar das Kind eine derartige Kapitalsanlage nicht zurückweisen. Wenn aber hiedurch das Vermögen des Kindes gefährdet wird, kann das Vormundschaftsgericht nach §§ 1667 ff. einschreiten und dem Gewalthaber eventuell die Vermögensverwaltung entziehen (§ 1670). Selbstverständlich haftet außerdem der Gewalthaber für den aus der pflichtwidrigen Art der Anlegung dem Kinde erwachsenden Schaden nach Maßgabe des § 1664. Das Gleiche gilt, wenn der Gewalthaber die nach § 1642 vorgeschriebene Anlegung überhaupt unterläßt. Die Bestimmung des E. I, wonach der Gewalthaber wie der Vormund verpflichtet sein sollte, bei Verzögerung der Anlegung den anzulegenden Betrag vom Zeitpunkte der Verzögerung ab zu verzinsen, wurde von der II. Komm. beseitigt (M. IV, 746: P. IV, 561 ff.).

§ 1643.

Zu Rechtsgeschäften für das Kind bedarf der Vater der Genehmigung des Vormundschaftsgerichts in den Fällen, in denen nach § 1821 Abs. 1 Nr. 1 bis 3, Abs. 2 und nach § 1822 Nr. 1, 3, 5, 8 bis 11 ein Vormund der Genehmigung bedarf.

Das Gleiche gilt für die Ausschlagung einer Erbschaft oder eines Vermächtnisses sowie für den Verzicht auf einen Pflichttheil. Tritt der Anfall an das Kind erst in Folge der Ausschlagung des Vaters ein, so ist die Genehmigung nur erforderlich, wenn der Vater neben dem Kinde berufen war.

Die Vorschriften der §§ 1825, 1828 bis 1831 finden entsprechende Anwendung.

E. I, 1511, 1513, 1514, 2043; II, 1534, 1534a; III, 1620.

§ 1643 regelt das Erforderniß der Genehmigung des Vormundschaftsgerichts zu Rechtsgeschäften des Gewalthabers.

I. Standpunkt im Allgemeinen.

Nach Gem.R. ist dem Vater die Veräußerung der Substanz von adventizischem Vermögen des Hauskindes nicht gestattet, soweit es sich nicht um Veräußerung von unnützen Sachen oder um die Abtragung von Schulden handelt, die das Kind mit dem Erwerb überkommen hat. Eine aus diesem Grunde nichtige Verfügung wird auch durch Genehmigung des Vormundschaftsgerichts nicht gültig. Andererseits bedarf der Vater in den erwähnten Ausnahmsfällen zu einer gültigen Veräußerung nicht der Genehmigung des Vormundschaftsgerichts (Dernburg, Pand. Bd. 3 S. 69; Bl. f. R.A. 9. Erg.Bd. S. 1 ff.).

Das B.L.R. enthält über die Frage, welche Befugnisse dem Vater am regulären Adventizgut des Kindes zustehen, nur die Vorschrift, daß der Vater die Administration und Nutznießung hat und in letzterer Beziehung weder zur Kautionsleistung noch zur Inventur verpflichtet ist (Thl. I cap. 5 § 5 Ziff. 1; Thl. II cap. 9 § 6 Ziff. 2 und 7; vgl. Bl. f. R.A. 9. Erg.Bd. S. 3 ff.).

Ueber andere Rechte s. M. IV, 763 ff.

Das B.G.B. hat mit Rücksicht auf den vormundschaftlichen Charakter der elterlichen Gewalt die Zahl der Fälle, in welchen der Gewalthaber an die Genehmigung des Vormundschaftsgerichts gebunden ist, gegenüber den meisten bisherigen Rechten erheblich vermehrt, immerhin aber den Gewalthaber wesentlich freier gestellt als den Vormund, wie sich aus einer Vergleichung des § 1643 mit den §§ 1821, 1822 ergibt. Zwischen dem freien und dem der elterlichen Nutznießung unterliegenden Vermögen des Kindes (§§ 1649—1651) wird in dieser Beziehung nicht unterschieden. Ist die Vermögensverwaltung an Stelle des Gewalthabers einem Pfleger übertragen, so gelten für diesen hinsichtlich des Erfordernisses der Genehmigung des Vormundschaftsgerichts nicht die Bestimmungen des § 1643, sondern die einschlägigen Vorschriften des Vormundschaftsrechts (§ 1915); vgl. M. IV, 764 ff., 1136; Z.G. IV, 402 ff.; D. 226.

II. Inhaltlich des § 1643 bedarf der Gewalthaber der Genehmigung des Vormundschaftsgerichts:

1. zur Verfügung über ein Grundstück oder ein Recht an einem Grundstücke. Zu solchen Rechten werden in dieser Beziehung Hypotheken, Grundschulden und

Rentenschulden nicht gezählt (§§ 1643 Abs. 2, 1821 Abs. 1 Nr. 1, Abs. 2; M. IV, 765 ff., 1124, 1136 ff.; Z.G. IV, 403; vgl. Anm. 2a zu § 1821, 1822);

2. zur Verfügung über eine auf Uebertragung des Eigenthums an einem Grundstück, Begründung oder Uebertragung eines Rechts an einem Grundstück oder Befreiung eines Grundstücks von einem solchen Rechte gerichtete Forderung. Hypotheken, Grund- und Rentenschulden gelten auch in dieser Beziehung nicht als Rechte an Grundstücken (§§ 1643 Abs. 1, 1821 Abs. 1 Nr. 2, Abs. 2; vgl. § 1551 Abs. 2; M. IV, 765, 1139 ff.; Anm. 2b zu §§ 1821, 1822). Ueber andere Forderungen, die zu dem seiner Verwaltung unterliegenden Vermögen des Kindes gehören, also insbesondere auch über Hypotheken, Grund- und Rentenschulden, sowie über bewegliche Sachen (auch Werthpapiere und Kostbarkeiten) kann der Gewalthaber frei verfügen, soweit nicht das Schenkungsverbot des § 1641 entgegensteht oder seine Vertretungsmacht ausgeschlossen ist (§ 1630 und Anm. hiezu; s. M. IV, 765 ff.). Bei Gefährdung des Vermögens des Kindes kann die Verfügungsmacht des Gewalthabers hinsichtlich der zum Vermögen des Kindes gehörigen Werthpapiere, Kostbarkeiten und Buchforderungen gegen das Reich oder einen Bundesstaat nach Maßgabe der §§ 1667 Abs. 2 Satz 3, 1814—1816, 1818—1820 beschränkt werden;

3. zur Eingehung der Verpflichtung zu einer der unter 1. und 2. erwähnten Verfügungen (§§ 1643 Abs. 1, 1821 Abs. 1 Nr. 3);

4. zu einem Rechtsgeschäfte, durch welches das Kind zu einer Verfügung über sein Vermögen im Ganzen oder über eine ihm angefallene Erbschaft oder über seinen künftigen gesetzlichen Erbtheil oder seinen künftigen Pflichttheil verpflichtet wird, sowie zu einer Verfügung über den Antheil des Kindes an einer Erbschaft (§§ 1643 Abs. 1, 1822 Nr. 1; M. IV, 1140; Anm. 2e zu §§ 1821, 1822);

5. zu einem Vertrage, der auf den entgeltlichen Erwerb oder die Veräußerung eines Erwerbsgeschäfts gerichtet ist, sowie zu einem Gesellschaftsvertrage, der zum Betrieb eines Erwerbsgeschäfts eingegangen wird (§§ 1643 Abs. 1, 1822 Nr. 3; M. IV, 1145; vgl. Anm. 2f zu §§ 1821, 1822). Gemäß § 1645 soll der Gewalthaber nicht ohne Genehmigung des Vormundschaftsgerichts ein neues Erwerbsgeschäft im Namen des Kindes beginnen (vgl. auch § 112). Ueber die Nutznießung des Gewalthabers an einem zum Vermögen des Kindes gehörenden Erwerbsgeschäft s. § 1655;

6. zu einem Mieth- oder Pachtvertrag oder einem anderen Vertrage, durch den das Kind zu wiederkehrenden Leistungen verpflichtet wird, wenn das Vertragsverhältniß länger als ein Jahr nach der Vollendung des 21. Lebensjahrs des Kindes fortdauern soll (§§ 1643 Abs. 1, 1822 Nr. 5; M. IV, 1141 ff.; Z.G. IV, 486; vgl. Anm. 2i zu §§ 1821, 1822). Ueber die Einwirkung der Beendigung der elterlichen Nutznießung auf ein in diesem Zeitpunkt noch nicht beendigtes Mieth- oder Pachtverhältniß s. § 1663 und Anm. hiezu;

7. zur Aufnahme von Geld auf den Kredit des Mündels (§§ 1643 Abs. 1, 1822 Nr. 8; M. IV, 1144; vgl. Anm. 2l zu §§ 1821, 1822). Ueber die Ertheilung einer allgemeinen Ermächtigung zu solchen Rechtsgeschäften s. u. Anm. III;

8. zur Ausstellung einer Schuldverschreibung auf den Inhaber oder zur Eingehung einer Verbindlichkeit aus einem Wechsel oder aus einem anderen Papiere, das durch Indossament übertragen werden kann (§§ 1643 Abs. 1, 1822 Nr. 9; M. IV, 1143 ff.; Z.G. IV, 403; vgl. Anm. 2m zu §§ 1821, 1822). Ueber die Ertheilung einer allgemeinen Ermächtigung zu solchen Rechtsgeschäften s. u. Anm. III. Hat der Gewalthaber ohne Genehmigung des Vormundschaftsgerichts eine Wechselerklärung für das Kind unterzeichnet, so haftet er in gleicher Weise, wie das Kind gehaftet haben würde, wenn die Genehmigung vom Vormundschaftsgericht ertheilt gewesen wäre (Wechselordn. Art. 95);

9. zur Uebernahme einer fremden Verbindlichkeit, insbesondere zur Eingehung einer Bürgschaft (§§ 1643 Abs. 1, 1822 Nr. 10; M. IV, 1144 ff.; vgl. Anm. 2n zu §§ 1821, 1822). Ueber die Ertheilung einer allgemeinen Ermächtigung zu solchen Rechtsgeschäften s. u. Anm. III;

10. zur Ertheilung einer Prokura (§§ 1643 Abs. 1, 1822 Nr. 11; M. IV, 1145; vgl. Anm. 2o zu §§ 1821, 1822);

11. zur Ausschlagung einer Erbschaft (§§ 1942 ff.) oder eines Vermächtnisses (§§ 2176 ff.), sowie zum Verzicht auf einen (bereits angefallenen) Pflichttheil (§§ 2303 ff.), s. § 1643 Abs. 2 Satz 1; M. V, 514; Z.G. V, 126; P.M. 8830; vgl. auch Bl. f. R.A. 9. Erg.Bd. S. 69 ff. Der Ausschlagung der Erbschaft steht die Anfechtung der Annahme gleich (§ 1957 Abs. 1). Tritt jedoch der Anfall an das Kind erst in Folge der Ausschlagung des Vaters ein, so ist die Genehmigung des Vormundschaftsgerichts

nicht erforderlich, es sei denn, daß der Vater neben dem Kinde berufen war (§ 1643 Abs. 2 Satz 2; M. V, 514 ff.; Z.G. V, 127); vgl. § 1822 Nr. 2. Ueber das Erforderniß der Genehmigung des Vormundschaftsgericht zum vertragsmäßigen Erbverzicht s. §§ 2346, 2347.

III. Zu den in Anm. II, 7, 8, 9 erwähnten Rechtsgeschäften kann das Vormundschaftsgericht dem Gewalthaber eine allgemeine Ermächtigung ertheilen. Dies soll jedoch nur geschehen, wenn es zum Zwecke der Vermögensverwaltung, insbesondere zum Betrieb eines Erwerbsgeschäfts erforderlich ist (§§ 1643 Abs. 3, 1825; M. IV, 768, 1147). Der in der II. Komm. gestellte Antrag, eine allgemeine Ermächtigung des Gewalthabers zu sämmtlichen der Genehmigung des Vormundschaftsgerichts bedürftigen Rechtsgeschäften zuzulassen, wurde abgelehnt (P. IV, 567).

IV. Weitere Fälle, in welchen der Inhaber der elterlichen Gewalt der Genehmigung des Vormundschaftsgerichts bedarf, enthalten die §§ 112, 1484 Abs. 2, 1491 Abs. 3, 1492 Abs. 3, 1517 Abs. 2, 1549, 1639 Abs. 2, 1642 Abs. 2, 1644, 1645, 1653 Satz 1, 1667 Abs. 2, 1669 Satz 2, 1714, 1729 Abs. 1, 2, 1731, 1750 Abs. 1 Satz 2, 1751, 1755, 1770, 2290 Abs. 3, 2291 Abs. 1 Satz 2, 2292, 2347 Abs. 1, 2 Satz 2, 2351, 2352 Satz 3, s. auch C.P.O. § 962 Abs. 2 n. Nr. und § 14a Abs. 1, 2 Satz 1 des Ges. über die Erw. u. d. Verl. d. Bundes- und Staatsangeh. v. 1. Juni 1870 in der durch E.G. Art. 41 II festges. Fassung.

V. Nicht erforderlich ist die Genehmigung des Vormundschaftsgerichts insbesondere:

1. zu einem Vertrage, der auf den entgeltlichen Erwerb eines Grundstücks oder eines Rechtes an einem Grundstücke gerichtet ist (M. IV, 767; vgl. § 1821 Nr. 4);

2. zu einem Erbtheilungsvertrage (M. IV, 767; Z.G. IV, 403; vgl. § 1822 Nr. 2). Der in der II. Komm. gestellte Antrag, zu solchen Verträgen die Genehmigung des Vormundschaftsgerichts für erforderlich zu erklären, wurde abgelehnt, P. IV, 566 ff.). Gehören Gegenstände zur Erbschaft, über die der Gewalthaber nur mit Genehmigung des Vormundschaftsgerichts verfügen kann, so bedarf er insoweit auch zum Erbtheilungsvertrag dieser Genehmigung. Für den Fall einer Interessenkollision zwischen Gewalthaber und Kind ist § 1630 Abs. 2 maßgebend (M. IV, 767);

3. zu einem Pachtvertrag über ein Landgut oder einen gewerblichen Betrieb, es sei denn, daß das Vertragsverhältniß länger als ein Jahr nach der Vollendung des 21. Lebensjahrs des Kindes fortdauern soll (M. IV, 767; vgl. § 1822 Nr. 4 und oben Anm. II, b);

4. zu einem Lehrvertrag oder einem auf Eingehung eines Dienst- oder Arbeitsverhältnisses gerichteten Vertrage (vgl. § 1822 Nr. 6, 7);

5. zu einem Vergleich oder Schiedsvertrag (M. IV, 767; Z.G. IV, 403; s. auch Bl. f. R.A. 9. Erg.Bd. S. 69; vgl. § 1822 Nr. 12). Der in der II. Komm. gestellte Antrag, die Vorschrift des § 1822 Nr. 12 auf den Inhaber der elterlichen Gewalt zu übertragen, wurde abgelehnt (P. IV, 566 ff.). Stellt sich ein Vergleich als eine Verfügung der in den §§ 1821 Abs. 1 Nr. 1, 2, 1822 Nr. 1 erwähnten Art dar, so ist die Genehmigung des Vormundschaftsgerichts gemäß § 1643 Abs. 1 erforderlich (vgl. M. IV, 1143);

6. zu einem Rechtsgeschäft, durch das die für eine Forderung des Kindes bestehende Sicherheit aufgehoben oder gemindert oder die Verpflichtung dazu begründet wird (M. IV, 767; Z.G. IV, 403; vgl. § 1822 Nr. 13), s. aber § 1630 Abs. 2, 1795 Abs. 1 Nr. 2, 3;

7. zur Verfügung über einen Gegenstand im Wege einer gegen das Kind gerichteten Zwangsvollstreckung. Dies war im E. I (§ 1511 Abs. 2) ausdrücklich ausgesprochen (M. IV, 1149; Z.G. IV, 404). Von der II. Komm. wurde die analoge Bestimmung des § 1676 E. I gestrichen, weil ein Zweifel darüber nicht möglich sei, daß die Veräußerung und Belastung eines dem Mündel gehörigen Gegenstandes im Wege der Zwangsvollstreckung sich frei von der Genehmigung des Vormundschaftsgerichts vollziehen müsse, die besondere Hervorhebung dieses Satzes aber geeignet sei, zu einer gesetzlich festgelegten Auffassung der Zwangsvollstreckung zu führen, die dem Entwurf fremd und namentlich auch dem Entwurf des R.G. über die Zwangsvollstreckung in das unbewegliche Vermögen nicht zu Grunde gelegt sei (P. IV, 795; vgl. Anm. 5a zu §§ 1821, 1822);

8. zu dem Antrag auf Aufhebung einer Gemeinschaft durch Verkauf des gemeinschaftlichen Gegenstandes (§ 753). Im E. I (§ 1511 Abs. 2) war dies ausdrücklich ausgesprochen (M. IV, 1148 ff.; Z.G. IV, 489), bei den Berathungen der II. Komm. wurde die analoge Bestimmung des § 1676 E. I gestrichen (P. IV, 795.) Dies gilt auch für den Antrag auf Zwangsversteigerung eines gemeinschaftlichen Grundstücks, da § 181 Abs. 2 Satz 2 des Ges. über die Zwangsverst. u. die Zwangsverwaltung v. 24. März 1897 die Genehmigung des Vormundschaftsgerichts nur erfordert, wenn der Antrag von dem Vormund eines Miteigenthümers gestellt wird (vgl. Anm. 5b zu §§ 1821, 1822);

9. zur Prozeßführung (vgl. M. IV, 1146 ff. und Anm. 5c zu §§ 1821, 1822).

VI. Verfahren. Ob das Vormundschaftsgericht die gemäß § 1643 erforderliche Genehmigung ertheilen will, hat es unter Würdigung aller einschlägigen Verhältnisse nach freiem Ermessen zu beurtheilen. Es ist hiebei insbesondere nicht auf Gründe der Nothwendigkeit beschränkt, kann vielmehr auch Nützlichkeitsgründe in den Kreis seiner Erwägungen ziehen. Entscheidend ist, ob die Ertheilung der Genehmigung dem Interesse des Kindes entspricht (M. IV, 1138 ff.; Z.G. IV, 488; s. auch Bl. f. R.A. 9. Erg.Bd. S. 54 ff). Selbstverständlich kann das Vormundschaftsgericht die Ertheilung seiner Genehmigung auch von bestimmten Voraussetzungen abhängig machen (M. IV, 1139). Vor seiner Entscheidung das Kind zu hören, ist das Vormundschaftsgericht selbstverständlich berechtigt, jedoch nicht verpflichtet (vgl. dagegen § 1827). Ueber die Verantwortlichkeit des Vormundschaftsrichters s. § 1674; über die Zuständigkeit des Vormundschaftsgerichts und die gegen dessen Entscheidung zulässigen Rechtsmittel s. F.G. §§ 43, 36, 19 ff., 59.

VII. Hinsichtlich der Form der Ertheilung der Genehmigung des Vormundschaftsgerichts und der rechtlichen Wirkung des Mangels derselben gelten die gleichen Grundsätze wie im Vormundschaftsrecht (§ 1643 Abs. 3).

1. Das Vormundschaftsgericht kann die erforderliche Genehmigung zu einem Rechtsgeschäft nur dem Gewalthaber gegenüber ertheilen (§ 1828).

2. Für die Frage nach der rechtlichen Wirksamkeit eines vom Gewalthaber ohne die erforderliche Genehmigung des Vormundschaftsgerichts vorgenommenen Rechtsgeschäfts ist zu unterscheiden zwischen Verträgen und einseitigen Rechtsgeschäften:

a) die Wirksamkeit eines vom Gewalthaber ohne die erforderliche Genehmigung des Vormundschaftsgerichts geschlossenen Vertrags hängt von der nachträglichen Genehmigung des Vormundschaftsgerichts ab. Genehmigung und Verweigerung derselben wird dem anderen Theile gegenüber erst wirksam, wenn sie ihm durch die Gewalthaber mitgetheilt wird. Fordert der andere Theil den Gewalthaber zur Mittheilung darüber auf, ob die Genehmigung ertheilt sei, so kann die Mittheilung der Genehmigung nur bis zum Ablaufe von zwei Wochen nach dem Empfange der Aufforderung erfolgen; erfolgt sie nicht, so gilt die Genehmigung als verweigert. Ist das Kind volljährig geworden, so tritt dessen Genehmigung an die Stelle der Genehmigung des Vormundschaftsgerichts (§ 1829). Hat der Gewalthaber dem andern Theile gegenüber der Wahrheit zuwider die Genehmigung des Vormundschaftsgerichts behauptet, so ist der andere Theil bis zur Mittheilung der nachträglichen Genehmigung des Vormundschaftsgerichts zum Widerrufe berechtigt, es sei denn, daß ihm das Fehlen der Genehmigung bei dem Abschlusse des Vertrags bekannt war (§ 1830).

b) Ein einseitiges Rechtsgeschäft, das der Gewalthaber ohne die erforderliche Genehmigung des Vormundschaftsgerichts vornimmt, ist unwirksam. Nimmt der Gewalthaber mit dieser Genehmigung ein solches Rechtsgeschäft einem Anderen gegenüber vor, so ist das Rechtsgeschäft unwirksam, wenn der Gewalthaber die Genehmigung nicht in schriftlicher Form vorlegt und der Andere das Rechtsgeschäft aus diesem Grunde unverzüglich zurückweist (§ 1831).

Vgl. M. IV, 1153 ff.; Z.G. IV, 489, VI, 643 ff.; P. IV, 797 ff.; Anm. zu §§ 1828—1831.

§ 1644.

Der Vater kann Gegenstände, zu deren Veräußerung die Genehmigung des Vormundschaftsgerichts erforderlich ist, dem Kinde nicht ohne diese Genehmigung zur Erfüllung eines von dem Kinde geschlossenen Vertrags oder zu freier Verfügung überlassen.

E. I, 1512; II, 1535; III, 1621.

1. Zweck der Vorschrift. Schließt ein minderjähriges Kind einen Vertrag ohne die erforderliche Einwilligung seines gesetzlichen Vertreters, so hängt die Wirksamkeit des Vertrags von der Genehmigung des Vertreters ab (§ 108 Abs. 1). Nach § 110 gilt jedoch ein von einem Minderjährigen ohne Zustimmung des gesetzlichen Vertreters geschlossener Vertrag als von Anfang an wirksam, wenn der Minderjährige die vertragsmäßige Leistung mit Mitteln bewirkt, die ihm zu diesem Zweck oder zu freier Verfügung von dem Vertreter überlassen worden sind (vgl. Planck, Komm. Nr. 1 zu § 110). Um die Tragweite des § 110 klar zu stellen, verbietet § 1644 dem Gewalthaber, Gegenstände, zu deren Veräußerung die Genehmigung des Vormundschaftsgerichts erforderlich ist (z. B. Grundstücke, s. §§ 1643 Abs. 1, 1821 Abs. 1 Nr. 1), dem Kind ohne diese Genehmigung zur Erfüllung

eines von demselben geschlossenen Vertrags oder zu freier Verfügung zu überlassen (M. IV, 767 ff.; Z.G. 404; P. IV, 567; vgl. § 1824).

2. Handelt der Gewalthaber der Bestimmung des § 1644 zuwider, so gelten die von dem Kind ohne Zustimmung des Gewalthabers geschlossenen Verträge auch dann nicht als von Anfang an wirksam, wenn das Kind die vertragsmäßige Leistung mit den ihm zu diesem Zweck oder zu freier Verfügung überlassenen Mitteln bewirkt hat. Es finden vielmehr in diesem Falle die allgemeinen Bestimmungen der §§ 108 ff. Anwendung.

3. Dagegen können solche Gegenstände, die der Gewalthaber ohne Genehmigung des Vormundschaftsgerichts veräußern darf, dem Kinde zur Erfüllung eines von demselben geschlossenen Vertrags oder zu freier Verfügung auch aus dessen Stammvermögen überlassen werden, ohne daß es hiezu der Genehmigung des Vormundschaftsgerichts bedarf (M. IV, 768). Insoweit das Kind mit solchen Mitteln eine vertragsmäßige Leistung bewirkt, tritt die im § 110 erwähnte Rechtswirkung ein.

§ 1645.

Der Vater soll nicht ohne Genehmigung des Vormundschaftsgerichts ein neues Erwerbsgeschäft im Namen des Kindes beginnen.

E. I, 1515; II, 1536; III, 1622.

1. Zweck der Vorschrift. Die dem bisherigen Rechte fremde Bestimmung des § 1645 entspricht dem vormundschaftlichen Charakter der elterlichen Gewalt und beruht auf der Erwägung, daß die Neubegründung eines Erwerbsgeschäfts außerhalb der gewöhnlichen Vermögensverwaltung liegt und in der Regel mit Gefahr für das Kind verbunden ist (M. IV, 769 ff.; vgl. § 1823). In der Reichstagskommission wurde hervorgehoben, daß durch diese Vorschrift zugleich der Mißstand beseitigt werden solle, der sich daraus ergeben habe, daß bankerotte Väter auf den Namen ihres Kindes ein Geschäft gegründet und als Handlungsbevollmächtigte des Kindes geführt haben (R.T.K. 24 ff.). Ueber den Begriff des Erwerbsgeschäfts s. Anm. 2g zu §§ 1821, 1822. Daß das Kind vor der Entscheidung des Vormundschaftsgerichts gehört werde, ist nicht erforderlich (vgl. dagegen § 1827 Abs. 2). Ueber die Zuständigkeit des Vormundschaftsgerichts und die gegen dessen Entscheidung zulässigen Rechtsmittel s. F.G. §§ 43, 36, 19 ff., 59.

2. Die Genehmigung des Vormundschaftsgerichts ist auch erforderlich zu dem auf den entgeltlichen Erwerb oder die Veräußerung eines Erwerbsgeschäfts gerichteten Vertrage, sowie zu einem Gesellschaftsvertrage, der zum Betrieb eines Erwerbsgeschäfts eingegangen wird (§§ 1647 Abs. 1, 1822 Ziff. 3). Sie ist ferner erforderlich zur Ermächtigung des Kindes zum selbständigen Betrieb eines Erwerbsgeschäfts und zur Zurücknahme dieser Ermächtigung (§ 112 Abs. 1, 2).

3. Nicht erforderlich ist die Genehmigung des Vormundschaftsgerichts zur Fortführung eines Erwerbsgeschäfts, gleichviel, ob dasselbe schon beim Beginn der elterlichen Vermögensverwaltung vorhanden war oder dem Kinde später (durch Schenkung oder letztwillige Verfügung) zugefallen ist, und ebensowenig zur Aenderung eines bestehenden Erwerbsgeschäfts, falls sich die Aenderung nicht als Neubegründung darstellt, was nach den Umständen des einzelnen Falles zu entscheiden ist. Im Gegensatze zum Vormund (s. § 1823) bedarf der Gewalthaber der Genehmigung des Vormundschaftsgerichts auch nicht zur Auflösung eines zum Vermögen des Kindes gehörigen Erwerbsgeschäfts. Dies rechtfertigt sich aus der Erwägung, daß der Gewalthaber wegen der ihm regelmäßig zustehenden Nutznießung (§§ 1649 ff.) an der Fortführung eines gut gehenden Erwerbsgeschäfts selbst interessirt ist (M. IV, 769 ff.).

4. Die Vorschrift des § 1645 ist nur eine Ordnungsvorschrift („soll"). Eine Zuwiderhandlung des Gewalthabers macht ihn eventuell nach § 1664 haftbar (vgl. Anm. 4 zu § 1655) und berechtigt bei Gefährdung des Vermögens des Kindes das Vormundschaftsgericht zum Einschreiten nach §§ 1667 ff. Auf die Rechtswirksamkeit der im Rahmen eines solchen Erwerbsgeschäfts vom Gewalthaber für das Kind oder von diesem mit Einwilligung des Gewalthabers vorgenommenen Rechtsgeschäfte ist aber der Mangel der gemäß § 1645 erforderlichen Genehmigung ohne Einfluß (M. IV, 770; Z.G. IV, 404; der in der Reichstagskommission gestellte Antrag, das Wort „soll" durch „kann" zu ersetzen, wurde abgelehnt; R.T.K. 148).

5. Die Nutznießung des Gewalthabers an einem von ihm im Namen des Kindes betriebenen Erwerbsgeschäft ist im § 1655 geregelt. Die Vorschrift des E. I, wonach diese Sonderbestimmung keine Anwendung finden sollte, wenn das Erwerbsgeschäft ohne die erforderliche Genehmigung des Vormundschaftsgerichts begonnen worden ist, wurde durch die II. Komm. beseitigt (vgl. Anm. 4 zu § 1655). Da im Gesetz bestimmte Vorschriften über die Berechnung des dem Gewalthaber nach § 1655 gebührenden Reingewinns

nicht aufgestellt sind, hat das Vormundschaftsgericht bei Ertheilung seiner Genehmigung zum Beginn eines neuen Erwerbsgeschäfts für die Feststellung dieser Grundsätze Sorge zu tragen (Anm. 2 zu § 1655).

§ 1646.

Erwirbt der Vater mit Mitteln des Kindes bewegliche Sachen, so geht mit dem Erwerbe das Eigenthum auf das Kind über, es sei denn, daß der Vater nicht für Rechnung des Kindes erwerben will. Dies gilt insbesondere auch von Inhaberpapieren und von Orderpapieren, die mit Blankoindossament versehen sind.

Die Vorschriften des Abs. 1 finden entsprechende Anwendung, wenn der Vater mit Mitteln des Kindes ein Recht an Sachen der bezeichneten Art oder ein anderes Recht erwirbt, zu dessen Uebertragung der Abtretungsvertrag genügt.

E. II, 1537; III, 1623.

1. Wie § 1381 für das eingebrachte Gut der Frau, so spricht die ebenfalls auf einem Beschluß der II. Komm. beruhende Vorschrift des § 1646 für das der Verwaltung des Gewalthabers unterliegende Vermögen des Kindes das Prinzip der gesetzlichen Surrogation aus (vgl. Anm. 1 zu § 1381; s. auch §§ 1638 Abs. 2, 1651 Abs. 2). Man verkannte zwar nicht, daß die Stellung des Gewalthabers sich von der des Ehemannes insoferne unterscheide, als der erstere als gesetzlicher Vertreter des Kindes direkt auf den Namen des Kindes Verträge schließen könne und als den Kindern gemäß § 54 Nr. 5 der Konk.Ordn. ä. F. ein Vorzugsrecht im Konkurs des Gewalthabers eingeräumt sei, allein auch hier bestehe die Gefahr, daß sich das Vermögen des Kindes in eine Summe von Ersatzansprüchen gegen den Gewalthaber verwandle, was im Interesse der Sicherheit des Kindes zu vermeiden sei (P. IV, 571 ff.; vgl. Anm. II zu § 1630).

2. Die Rechtsfolge des § 1646 ist an folgende Voraussetzungen geknüpft:

a) Der Gewalthaber muß bewegliche Sachen oder Inhaberpapiere oder mit Blankoindossament versehene Orderpapiere oder ein Recht an solchen Sachen oder ein anderes durch bloßen Abtretungsvertrag übertragbares Recht erworben haben (vgl. Anm. 2b und 3 zu § 1381);

b) diese Sachen oder Rechte müssen mit Mitteln des Kindes erworben worden sein (vgl. Anm. 2e zu § 1381) und zwar aus der Substanz des der elterlichen Verwaltung unterliegenden Vermögens (vgl. Anm. 2a zu § 1381);

c) der Gewalthaber muß bei dem fraglichen Erwerb beabsichtigt haben, für Rechnung des Kindes zu erwerben. Diese Absicht ergibt sich ohne Weiteres, wenn er Namens des Kindes handelt, in welchem Falle die Grundsätze des § 164 maßgebend sind. Aber auch für den Fall, daß er in eigenem Namen handelt, stellt das Gesetz eine Auslegungsregel für das Vorhandensein dieser Absicht auf. Wird bewiesen, daß der Gewalthaber nicht für Rechnung des Kindes erwerben wollte, so greift der Surrogationsgrundsatz des § 1646 nicht Platz, das Kind erwirbt die fraglichen Sachen und Rechte nicht unmittelbar, sondern erst auf Grund ausdrücklicher oder stillschweigender Uebertragung seitens des Gewalthabers (vgl. Anm. 2c und d zu § 1381).

3. Beim Zusammentreffen der in Anm. 2 erwähnten Voraussetzungen gelangt der vom Gewalthaber erworbene Vermögensbestandtheil mit dem Erwerbe unmittelbar kraft Gesetzes ohne Zwischenübertragung und ohne Zwischenzustand in das Vermögen des Kindes (vgl. Anm. 2g zu § 1381).

4. Weitergehende Ersatzansprüche dds Kindes gegen den Gewalthaber (z. B. auf Grund der §§ 823 ff., 1664) werden durch die Bestimmung des § 1646 natürlich nicht berührt (vgl. Anm. 2h zu § 1381).

§ 1647.

Die Vermögensverwaltung des Vaters endigt mit der Rechtskraft des Beschlusses, durch den der Konkurs über das Vermögen des Vaters eröffnet wird.

Nach der Aufhebung des Konkurses kann das Vormundschaftsgericht die Verwaltung dem Vater wiederübertragen.

E. I, 1533 Abs. 1, 2; II, 1538; III, 1624.

1. Nach § 1647 endigt die Vermögensverwaltung des Gewalthabers kraft Gesetzes mit der Rechtskraft des Beschlusses, durch welchen über sein Vermögen der

Konkurs eröffnet wird (M. IV, 816 ff.; Z.G. IV, 419). Die Rechtskraft des den Konkurs eröffnenden Beschlusses (K.O. § 108 n. Nr.) tritt ein, wenn die zweiwöchige Frist zur Einlegung der sofortigen Beschwerde verstrichen oder die eingelegte Beschwerde definitiv verbeschieden ist (K.O. §§ 109, 72 n. Nr.; C.P.O. § 577 n. Nr.). Nach §§ 1886, 1781 Nr. 3 ist der Vormund, der in Konkurs gerathen ist, zu entlassen. Seine Verwaltungsbefugniß endigt aber nicht schon mit der Rechtskraft des den Konkurs eröffenden Beschlusses, sondern erst mit seiner Entlassung. Ueber die Gründe dieser abweichenden Regelung s. M. IV, 817.

2. Die dem Gewalthaber regelmäßig zustehende Nutznießung am Vermögen des Kindes (§§ 1649 ff.) wird durch die Eröffnung des Konkurses über sein Vermögen nicht beendigt (M. IV, 816 ff.; Z.G. IV, 419 ff.; vgl. dagegen § 1419, wonach beim gesetzlichen ehelichen Güterstande durch Konkurs des Mannes dessen Verwaltung und Nutznießung am eingebrachten Gut der Frau beendigt wird. Vgl. auch § 1543). Die Nutznießung des Gewalthabers regelt sich in diesem Falle nach den §§ 1656, 1657. Das dem Gewalthaber kraft der elterlichen Nutznießung am Vermögen des Kindes zustehende Recht ist nach C.P.O. § 862 Abs. 1 Satz 1 n. Nr. der Pfändung nicht unterworfen und gehört daher nach Konk.O. § 1 Abs. 1 n. Nr. nicht zur Konkursmasse. Das Gleiche gilt von den Ansprüchen aus §§ 1655, 1656 und den kraft der elterlichen Nutznießung erworbenen Früchten, soweit dieselben nach C.P.O. § 862 Abs. 1 Satz 2, Abs. 2 n. Nr. der Pfändung nicht unterliegen. Mit Rücksicht hierauf ist der bisherige Abs. 2 des § 1 Konk.O. als überflüssig beseitigt worden (M.E.G. 108 ff.; Begründ. der rev. Konk.O. S. 5).

3. Ist das Konkursverfahren beendigt, sei es durch Aufhebung (K.O. §§ 163, 190 n. Nr.) oder durch Einstellung (K.O. §§ 202 ff. n. Nr.), so kann dem Gewalthaber vom Vormundschaftsgericht die Vermögensverwaltung wieder eingeräumt werden (M. IV, 817). Ein Anspruch hierauf steht dem Gewalthaber nicht zu. Ueber die Zuständigkeit des Vormundschaftsgerichts und die gegen dessen Entscheidung zulässigen Rechtsmittel s. F.G. §§ 43, 36, 19 ff.

4. Erlangt der Gemeinschuldner während der Dauer des Konkurses die elterliche Gewalt über ein Kind (s. §§ 1684, 1685, 1736, 1757), so steht ihm dieselbe selbstverständlich nur ausschließlich der Vermögensverwaltung zu, bis das Konkursverfahren beendigt und ihm die Vermögensverwaltung durch Anordnung des Vormundschaftsgerichts eingeräumt ist (vgl. o. Anm. 3). E. I hatte dies ausdrücklich ausgesprochen; durch die Redaktionskommission wurde diese Vorschrift als selbstverständlich beseitigt (M. IV, 817; Z.G. IV, 420; P. IV, 638; vgl. Anm. 3 zu § 1661 und Ziff. 6 der Vorbem. vor § 1676).

5. Endigt die Vermögensverwaltung des Gewalthabers auf Grund des § 1647, so ist nach § 1909 Abs. 1 Satz 1 zum Zwecke der Fortführung der Verwaltung ein Pfleger zu bestellen, dem der Gewalthaber das Vermögen des Kindes herauszugeben und Rechenschaft abzulegen hat (§ 1681). Nach § 1909 Abs. 2 ist der Gewalthaber verpflichtet, von der Konkurseröffnung über sein Vermögen dem Vormundschaftsgericht unverzüglich Anzeige zu machen. Die gleiche Verpflichtung obliegt nach § 50 F.G. dem Konkursgericht. Daß im Falle des Konkurses über das Vermögen des Vaters die Vermögensverwaltung nicht etwa auf die Mutter übergeht, ergibt sich aus § 1685 Abs. 1 (vgl. Z.G. IV, 420, 413).

6. Ueber die übrigen Gründe, aus welchen die elterliche Vermögensverwaltung endigt, s. Vorbem. vor § 1638 Ziff. 7. Ueber die Beendigung der Errungenschaftsgemeinschaft durch die Eröffnung des Konkurses über das Vermögen des Mannes s. § 1543.

§ 1648.

Macht der Vater bei der Sorge für die Person oder das Vermögen des Kindes Aufwendungen, die er den Umständen nach für erforderlich halten darf, so kann er von dem Kinde Ersatz verlangen, sofern nicht die Aufwendungen ihm selbst zur Last fallen.

E. I, 1503, 1698; II, 1539; III, 1625.

1. § 1648 regelt den Anspruch des Gewalthabers auf Ersatz seiner für das Kind gemachten Aufwendungen, ohne zu unterscheiden, ob dieselben bei der Sorge für die Person des Kindes oder bei der Vermögensverwaltung entstanden sind (vgl. dagegen § 1390 und Anm. 2 hiezu). Hinsichtlich der dem Gewalthaber bei der elterlichen Nutznießung erwachsenden Aufwendungen ist § 1654 maßgebend (M. IV, 746; vgl. Anm. 1 Abs. 2 zu § 1390).

2. Voraussetzung für Existenz und Umfang des Ersatzanspruchs ist nicht, daß die gemachten Aufwendungen wirklich erforderlich waren, sondern nur, daß sie der Gewalt-

haber den Umständen nach für erforderlich halten durfte (s. P.M. S. 8668), wobei für den Grad der ihm obliegenden Sorgfalt die Bestimmungen des § 1664 entscheidend sind (vgl. § 1390 und Anm. 1 Abs. 3 hiezu, §§ 1835 Abs. 1, 670).

3. Der Anspruch des Gewalthabers auf Ersatz der von ihm gemachten Aufwendungen umfaßt nach den §§ 256, 257 auch den Anspruch:

a) Verzinsung des aufgewendeten Betrags oder, falls andere Gegenstände als Geld aufgewendet worden sind, des als Ersatz ihres Werthes zu zahlenden Betrags von der Zeit der Aufwendung an zu beanspruchen; doch sind, wenn die Aufwendungen auf einen dem Kinde herauszugebenden Gegenstand gemacht worden sind, Zinsen für die Zeit nicht zu entrichten, für welche dem Gewalthaber die Nutzungen oder die Früchte des Gegenstandes ohne Vergütung verbleiben (vgl. P. IV, 561 ff.; R.T.K. 36);

b) Befreiung von Verbindlichkeiten zu verlangen, die der Gewalthaber zum Zwecke der Sorge für die Person oder die Vermögensverwaltung eingegangen ist. Ist die Verbindlichkeit noch nicht fällig, so kann das Kind, statt den Gewalthaber zu befreien, ihm Sicherheit leisten.

4. Von dem analogen Anspruch des Vormunds (§ 1835) unterscheidet sich der Ersatzanspruch des Gewalthabers insofern, als:

a) der Vormund, nicht aber der Gewalthaber berechtigt ist, zum Zwecke seiner Aufwendungen auch Vorschuß zu verlangen (vgl. § 1835 Abs. 1 Satz 1; P. V, 143 ff.);

b) zu Gunsten des Vormunds, nicht aber des Gewalthabers auch gewerbs- oder berufsmäßige Dienste als Aufwendungen gelten (vgl. § 1835 Abs. 2; E. I hatte den Gewalthaber in dieser Beziehung dem Vormunde gleichgestellt; dies wurde durch die II. Komm. abgeändert, da es der Volksanschauung widerstreite, dem Vater das Recht zu geben, für seine Dienstleistungen als Arzt, Anwalt, Lehrer, Handwerker ꝛc. von dem Kinde Ersatz zu beanspruchen, P. IV, 562).

5. Die Ersatzpflicht des Kindes ist insoweit ausgeschlossen, als die Aufwendungen dem Gewalthaber selbst zur Last fallen. Hinsichtlich der Sorge für die Person des Kindes kommen hier die Vorschriften über die Unterhaltspflicht des Gewalthabers (§§ 1601 ff.), hinsichtlich der Sorge für das Vermögen die Bestimmungen des § 1654 über die Verpflichtung des Gewalthabers zur Tragung der Lasten des seiner Nutznießung unterliegenden Vermögens in Betracht (vgl. Anm. 2 zu § 1390).

6. Gemäß § 1686 gilt die Vorschrift des § 1648 zu Gunsten der Mutter nicht nur, wenn ihr die elterliche Gewalt oder deren Ausübung zusteht (§§ 1684, 1685), sondern auch, wenn sie bei der ihr neben dem Vater, Vormund oder Pfleger zustehenden Sorge für die Person des Kindes (§§ 1634, 1698) Aufwendungen macht (M. IV, 746).

7. Der dem Gewalthaber nach § 1648 zustehende Ersatzanspruch kann auch während des Bestehens der elterlichen Gewalt geltend gemacht werden. Während der Dauer der Minderjährigkeit des Kindes ist die Verjährung des Anspruchs gehemmt (M. IV, 745; §§ 204 Satz 2, 205).

Vorbemerkungen zu §§ 1649—1663.

1. Uebersicht. Die §§ 1649—1663 regeln die dem Inhaber der elterlichen Gewalt zustehende Nutznießung am Vermögen des Kindes. Nach E. I (§ 1520) sollten auf die elterliche Nutznießung im Allgemeinen die Vorschriften über den Nießbrauch Anwendung finden, während die Feststellung derjenigen Vorschriften über den rechtsgeschäftlichen Nießbrauch, welche auf die elterliche Nutznießung nicht anwendbar seien, der Wissenschaft und Praxis überlassen wurde (M. IV, 775; Z.G. IV, 404 ff.). Abweichend hievon hat die II. Komm. lediglich hinsichtlich der Art und des Umfangs des Erwerbs der Nutzungen auf die einschlägigen Vorschriften über den Nießbrauch verwiesen (§ 1652), im Uebrigen aber für die elterliche Nutznießung besondere Bestimmungen getroffen (P. IV, 575). Hievon behandeln die §§ 1649—1651 den Gegenstand der elterlichen Nutznießung (freies und nichtfreies Vermögen des Kindes), § 1652 Art und Umfang des Erwerbs der Nutzungen, § 1653 die Nutznießung an verbrauchbaren Sachen, § 1654 die Lasten der elterlichen Nutznießung, § 1655 die Nutznießung an einem Erwerbsgeschäft, die §§ 1656 und 1657 die Nutznießung bei Ausschluß der Verwaltung, § 1658 die Unübertragbarkeit der Nutznießung, § 1659 das Verhältniß der Gläubiger des Kindes zur elterlichen Nutznießung, § 1660 die Ausgleichungspflicht zwischen Gewalthaber und Kind, die §§ 1661—1663 die Beendigung der Nutznießung und die hiebei sich ergebenden Rechtsverhältnisse.

2. Grundgedanke. Obwohl die elterliche Nutznießung am Vermögen des Kindes sich als ein dem vormundschaftlichen Charakter der elterlichen Gewalt fremdes Element darstellt, hat das B.G.B. doch mit Rücksicht auf die bisherige Rechtsentwicklung und im Interesse der Stärkung der elterlichen Autorität dem Gewalthaber das Recht der Nutznießung am Vermögen des minderjährigen Kindes als eigenes Recht eingeräumt und die elterliche Nutznießung als einen (wenn auch mehr nebensächlichen) Bestandtheil der elterlichen Gewalt erklärt (M. IV, 724 ff.; Z.G. IV, 404 ff.; über das Nutznießungsrecht des Hausvaters am regulären Adventizgute des Kindes nach Gem. R. s. Dernburg, Pand. Bd. 3 S. 67 ff.; Roth, B.C.R., 2. Aufl., Bd. 1 S. 603 ff.; vgl. B.L.R. Thl. I cap. 5 § 5 Ziff. 1, Bl. f. R.A. 9. Erg.Bd. S. 5 ff.; über andere Rechte s. M. IV, 722 ff.). Wie das Nutznießungsrecht des Mannes am eingebrachten Gute der Frau (§ 1363), ist auch das des Gewalthabers am Vermögen des Kindes ein absolutes, d. h. es steht dem Gewalthaber nicht nur gegenüber dem Kinde, sondern auch gegenüber dritten Personen zu (vgl. P. IV, 126; Vorbem. vor § 1373). Daß die Einkünfte des Vermögens des Kindes zunächst zu dessen Unterhalt zu verwenden sind, ist selbstverständlich (vgl. § 1602 Abs. 2, 1666 Abs. 2, 1389 Abs. 2).

3. Inhalt des elterlichen Nutznießungsrechts ist die Befugniß des Gewalthabers, die Früchte der zum Vermögen des Kindes gehörenden Sachen und Rechte, sowie die Vortheile, welche der Gebrauch dieser Sachen und Rechte gewährt, zu ziehen (vgl. §§ 1030, 99, 100, 954, 955 und Anm. hiezu). Einzelne Modifikationen ergeben sich aus den §§ 1653, 1655, 1656 und 1664.

Zur Sicherheitsleistung (cautio usufructuaria) in Ansehung des seiner Nutznießung unterliegenden Vermögens ist der Gewalthaber nach B.G.B. ebensowenig wie nach Gem. R. und B.L.R. verpflichtet (M. IV, 744 ff., 780; vgl. Dernburg, Pand. Bd. 3 S. 68; B.L.R. Thl. II cap. 9 § 6 Ziff. 2; s. auch §§ 1051, 1052). Doch kann er vom Vormundschaftsgericht hiezu angehalten werden, wenn er durch Verletzung der mit der Nutznießung verbundenen Pflichten das Vermögen des Kindes gefährdet (§§ 1667 Abs. 1, 1668; vgl. auch Anm. 2 zu § 1653). Ueber die Fälle, in welchen der Gewalthaber zur Inventarisirung, sowie zur Rechnungsstellung verpflichtet ist, s. §§ 1640, 1667 Abs. 2, 1669; M. IV, 742 ff., 777; Z.G. IV, 388; vgl. B.L.R. Thl. II cap. 9 § 6 Ziff. 7.

4. Als Bestandtheil der elterlichen Gewalt steht die elterliche Nutznießung dem Inhaber der elterlichen Gewalt zu und zwar auch dann, wenn seine elterliche Gewalt ruht (§§ 1649, 1678, 1686; über die Gründe, aus welchen das Gesetz auch der Mutter als Inhaberin der elterlichen Gewalt die Nutznießung am Vermögen des Kindes eingeräumt hat, s. M. IV, 738 ff.). Dem Vater verbleibt während der Dauer der Ehe die Nutznießung auch dann, wenn er an der Ausübung der elterlichen Gewalt thatsächlich verhindert ist oder seine elterliche Gewalt ruht und dieselbe daher von der Mutter ausgeübt wird (§ 1685 Abs. 1). Ist aber die Ehe aufgelöst und der Mutter auf ihren Antrag wegen voraussichtlich dauernden Ruhens der elterlichen Gewalt des Vaters die Ausübung derselben vom Vormundschaftsgericht übertragen worden, so erlangt die Mutter auch die Nutznießung am Vermögen des Kindes (§ 1685 Abs. 2).

5. Bei Ausübung des elterlichen Nutznießungsrechts haftet der Gewalthaber dem Kinde nur für diejenige Sorgfalt, welche er in eigenen Angelegenheiten anzuwenden pflegt (§ 1664).

6. Gefährdet der Gewalthaber das Vermögen des Kindes durch Verletzung der mit der Nutznießung verbundenen Pflichten, so hat das Vormundschaftsgericht gemäß §§ 1667 Abs. 1, 1668, 1670 einzuschreiten. Die Entziehung der Nutznießung ist nur zulässig, wenn der Gewalthaber das Recht des Kindes auf Gewährung des Unterhalts verletzt hat und für die Zukunft eine erhebliche Gefährdung des Unterhalts zu besorgen ist (§ 1666 Abs. 2).

Ueber die Haftung des Vormundschaftsrichters s. § 1674, über die Mitwirkung des Gemeindewaisenraths s. § 1675.

7. Ueber die Unübertragbarkeit und Unpfändbarkeit der elterlichen Nutznießung und die sich hieraus für den Fall des Konkurses des Gewalthabers ergebenden Rechtsfolgen s. § 1658 und Anm. hiezu.

8. Soweit die Unterhaltspflicht eines minderjährigen Kindes gegenüber seinen Verwandten oder seinem Ehegatten von seiner Leistungsfähigkeit abhängt, kommt die elterliche Nutznießung am Vermögen des Kindes nicht in Betracht (§§ 1605, 1360 Abs. 3 Satz 2).

9. Die elterliche Nutznießung endigt:

a) aus den Gründen, aus welchen die elterliche Gewalt überhaupt endigt, s. Vorbem. vor § 1676 Ziff. 4. Der in der Reichstagskommission gestellte Antrag, die elterliche Nutznießung im Anschluß an das französische Recht nicht erst mit der Volljährigkeit, sondern schon mit dem vollendeten 18. Lebensjahr des Kindes endigen zu lassen, wurde abgelehnt (R.T.K. 148 ff.);

b) trotz Fortdauer der elterlichen Gewalt:

α) durch Verheirathung des Kindes, es sei denn, daß die Ehe ohne die erforderliche elterliche Einwilligung geschlossen wird (§ 1661);

β) durch Verzicht (§ 1662);

γ) durch Entziehung seitens des Vormundschaftsgerichts (§ 1666 Abs. 2);

δ) auf Seite des Vaters im Falle des § 1685 Abs. 2. Der in der Reichstagskommission gestellte Antrag, das Nutznießungsrecht des Vaters auch mit dessen Wiederverheirathung endigen zu lassen, wurde bei der ersten Lesung angenommen, bei der zweiten Lesung wurde die fragliche Bestimmung wieder beseitigt (R.T.K. 152 ff.; hinsichtlich der Mutter s. § 1693).

10. Nach § 37 des Entwurfs der Grundbuchordnung sollte die Eintragung der elterlichen Nutznießung in das Grundbuch nicht zulässig sein (Mot. z. Grundb.Ordn. S. 71). In die Grundbuchordnung vom 24. März 1897 hat diese Vorschrift keine Aufnahme gefunden (vgl. Anm. 13 Abs. 2 zu § 873).

§ 1649.

Dem Vater steht kraft der elterlichen Gewalt die Nutznießung an dem Vermögen des Kindes zu.

E. I, 1502 Nr. 2; II, 1540; III, 1626.

1. Der elterlichen Nutznießung unterliegt grundsätzlich das gesammte Vermögen des Kindes, gleichviel, ob sich die Verwaltung des Gewalthabers darauf erstreckt oder nicht (M. IV, 773). In letzterem Falle sind für die Ausübung der Nutznießung die Bestimmungen der §§ 1656, 1657 maßgebend. Daß ein Gegenstand der elterlichen Nutznießung nur solange unterliegt, als er zum Vermögen des Kindes gehört, hatte E. I (§ 1521) ausdrücklich hervorgehoben; die II. Komm. hat diese Bestimmung als selbstverständlich gestrichen (M. IV, 777; P. IV, 576). Der elterlichen Nutznießung unterliegen auch solche Rechte, an denen ein Nießbrauch durch Rechtsgeschäft nicht bestellt werden kann (§ 1069 Abs. 2). Dagegen können Rechte, welche ohne Veränderung ihres Inhalts durch einen Anderen als den Berechtigten nicht ausgeübt werden können, selbstverständlich auch nicht Gegenstand der elterlichen Nutznießung sein (M. IV, 166 ff.; 771).

2. Ausgeschlossen von der elterlichen Nutznießung ist das sogen. „freie Vermögen" des Kindes (§§ 1650, 1651; M. IV, 770 ff.). Ueber das gemeinrechtliche peculium castrense, quasi castrense und adventicium irregulare s. Dernburg, Pand., Bd. 3 S. 70 ff.; vgl. P.L.R. Thl. I cap. 5 § 4 u. 6. Ueber die Gründe, aus welchen das B.G.B. davon Umgang genommen hat, die elterliche Nutznießung in anderen als den in den §§ 1650, 1651 erwähnten Fällen auszuschließen, s. M. IV, 771 ff.

3. Verwendet der Gewalthaber Nutzungen des freien Vermögens für sich, so kann das Vormundschaftsgericht auf Grund der §§ 1667 Abs. 2, 1668, 1670 einschreiten.

Eine Vorschrift, wie die des § 1816 des sächsischen Gesetzbuchs, wonach ein Vormund aufzustellen ist, falls dem Vater zwar die Verwaltung, nicht aber die Nutznießung am Vermögen des Kindes zusteht, hat das B.G.B. nicht aufgenommen (M. IV, 773; vgl. Anm. d zu §§ 1650, 1651, Anm. 5d zu § 1666).

§ 1650.

Von der Nutznießung ausgeschlossen (freies Vermögen) sind die ausschließlich zum persönlichen Gebrauche des Kindes bestimmten Sachen, insbesondere Kleider, Schmucksachen und Arbeitsgeräthe.

E. I, 1516; II, 1541; III, 1627.

§ 1651.

Freies Vermögen ist:

1. was das Kind durch seine Arbeit oder durch den ihm nach § 112 gestatteten selbständigen Betrieb eines Erwerbsgeschäfts erwirbt;
2. was das Kind von Todeswegen erwirbt oder was ihm unter Lebenden von einem Dritten unentgeltlich zugewendet wird, wenn der Erblasser

durch letztwillige Verfügung, der Dritte bei der Zuwendung bestimmt hat, daß das Vermögen der Nutznießung entzogen sein soll.

Die Vorschriften des § 1638 Abs. 2 finden entsprechende Anwendung.

E. I, 1517—1519; II, 1542; III, 1628.

Zu dem von der elterlichen Nutznießung ausgeschlossenen („freien") Vermögen des Kindes (vgl. Anm. 2 zu § 1649) gehören:

a) Die ausschließlich zum persönlichen Gebrauche des Kindes bestimmten Sachen (§ 1650; M. IV, 773; vgl. §§ 1366, 1477 Abs. 2, 1502 Abs. 2 Satz 2, 1546 Abs. 2, 1549). Kleider, Schmucksachen und Arbeitsgeräthe (R.T.K. 149) sind nur als besonders wichtige Beispiele hervorgehoben. Daß eine Sache ausschließlich zum persönlichen Gebrauch mehrerer Kinder dient, steht der Anwendbarkeit des § 1650 natürlich nicht entgegen. Bezüglich der Pathengeschenke, welche nach P.L.R. zum nichtfreien Vermögen des Kindes gehören, ist entscheidend, ob sie mit Rücksicht auf die Sitte und den Gegenstand des Geschenkes für die Eltern oder für das Kind bestimmt sind. In letzterem Falle unterliegen sie der elterlichen Nutznießung, falls nicht der Geber etwas Anderes bestimmt hat (§ 1651 Abs. 1 Nr. 2), oder die geschenkte Sache ausschließlich zum persönlichen Gebrauche des Kindes bestimmt ist (§ 1650); s. M. IV, 772 ff. Im Uebrigen vgl. Anm. 3 zu § 1366.

b) Das vom Kind durch seine Arbeit Erworbene (§ 1651 Abs. 1 Nr. 1; M. IV, 774; Z.G. IV, 404; vgl. § 1367). Ueber den Begriff der „Arbeit" vgl. Anm. 2 zu § 1367. Was das Kind in Erfüllung der in § 1617 erwähnten Verpflichtnng durch seine Arbeit erwirbt, fällt in das Eigenthum der Eltern (vgl. Anm. 4 zu § 1617). Der in der II. Komm. gestellte Antrag, wonach das Kind nach Vollendung des 16. Lebensjahrs berechtigt sein sollte, die Ueberlassung eines angemessenen Theils seines Arbeitsverdienstes zu seiner freien Verfügung zu verlangen, wurde abgelehnt, hiebei aber anerkannt, daß sich die Verweigerung eines Taschengelds aus dem Arbeitsverdienst des Kindes unter Umständen als Mißbrauch der elterlichen Gewalt darstellen könne (P. IV, 573 ff.).

c) Das vom Kind durch den ihm vom Gewalthaber mit Genehmigung des Vormundschaftsgerichts gestatteten selbständigen Betrieb eines Erwerbsgeschäfts Erworbene (§ 1651 Abs. 1 Nr. 1; M. IV, 774; vgl. § 1367 und Anm. 3 und 4 hiezu). Ob und inwieweit ein solcher Erwerb sich im einzelnen Fall als Kapitalserlös darstellt, kommt nicht in Betracht (M. IV, 774). Ueber die Ausübung der Nutznießung an einem vom Gewalthaber im Namen des Kindes betriebenen Erwerbsgeschäft s. § 1655.

d) Erwerb des Kindes von Todeswegen oder durch unentgeltliche Zuwendung unter Lebenden, wenn der Erblasser durch letztwillige Verfügung, der Dritte bei der Zuwendung das elterliche Nutznießungsrecht ausgeschlossen hat (§ 1651 Abs. 1 Nr. 2; M. IV, 774; vgl. §§ 1638 Abs. 1, 1369, Anm. 2 zu § 1638, Anm. 2—4 zu § 1369; s. auch B.L.R. Thl. I cap. 5 § 6 Ziff. 1). Ist von dem Erblasser oder Dritten auch die Vermögensverwaltung des Gewalthabers ausgeschlossen worden (§ 1638), so ist die Einleitung einer Pflegschaft erforderlich (§ 1909 Abs. 1 Satz 2; vgl. Anm. 3 zu § 1638). Eine vor dem Inkrafttreten des B.G.B. getroffene, nach bisherigem Recht zulässige Anordnung der im § 1651 Abs. 1 Nr. 2 bezeichneten Art behält auch nach diesem Zeitpunkt ihre Gültigkeit (E.G. Art. 203; M.E.G. 293; vgl. Anm. 8 zu § 1638).

e) Erwerb des Kindes auf Grund eines zum freien Vermögen der im § 1651 erwähnten Art oder als Ersatz für die Zerstörung, Beschädigung oder Entziehung eines zu diesem Vermögen gehörenden Gegenstands oder durch ein auf dieses Vermögen sich beziehendes Rechtsgeschäft („Surrogationsgrundsatz", § 1651 Abs. 2, 1638 Abs. 2; M. IV, 774 ff.; vgl. § 1370, Anm. 5 zu § 1638, Anm. 2—4 zu § 1370). Dagegen werden Surrogate der im § 1650 erwähnten Sachen nur dann freies Vermögen, wenn sie selbst wieder ausschließlich zum persönlichen Gebrauch des Kindes bestimmte Sachen sind (M. IV, 774 ff.).

f) Endlich ist freies Vermögen dasjenige Vermögen des Kindes, hinsichtlich dessen der Gewalthaber auf sein Nutznießungsrecht verzichtet hat (§ 1662 und Anm. 2 hiezu).

§ 1652.

Der Vater erwirbt die Nutzungen des seiner Nutznießung unterliegenden Vermögens in derselben Weise und in demselben Umfange wie ein Nießbraucher.

E. I, 1520; II, 1543; III, 1629.

1. Beschränkte Anwendbarkeit der Vorschriften über den Nießbrauch. Im Gegensatz zum E. I, nach welchem auf die elterliche Nutznießung die Vorschriften über den Nießbrauch Anwendung finden sollten, soweit nicht aus dem Gesetz oder aus der Natur der Sache sich Abweichungen ergeben, sind nach B.G.B. die für den Nießbrauch geltenden Bestimmungen auf die elterliche Nutznießung nur anwendbar, soweit sie

a) Art und Weise des Erwerbs der Nutzungen,
b) den Umfang des Erwerbs der Nutzungen betreffen (Vorbem. vor § 1649 Ziff. 1; vgl. § 1383 und Anm. 4 und 5 hiezu). Ueber den Begriff der Nutzungen s. § 100. Für die bei Beginn und Beendigung der elterlichen Nutznießung erforderliche Fruchtvertheilung zwischen Gewalthaber und Kind sind die Grundsätze der §§ 101, 102 maßgebend.

2. Eine Modifikation des im § 1652 aufgestellten Grundsatzes enthalten die §§ 1655 (Nutznießung an einem Erwerbsgeschäft) und 1656 (Nutznießung bei Ausschluß der Vermögensverwaltung).

3. Daß der Gewalthaber auch berechtigt ist, die Sachen, welche zu dem seiner Nutznießung unterliegenden Vermögen des Kindes gehören, in Besitz zu nehmen (vgl. § 1373 und Anm. hiezu), ist als selbstverständlich vom Gesetz nicht besonders hervorgehoben (P. IV, 575).

4. Ueber die absolute Natur des elterlichen Nutznießungsrechts s. Vorbem. vor § 1649 Ziff. 2; über die Unpfändbarkeit desselben und die beschränkte Pfändbarkeit der erworbenen Früchte s. Anm. zu § 1658.

§ 1653.

Der Vater darf verbrauchbare Sachen, die zu dem seiner Nutznießung unterliegenden Vermögen gehören, für sich veräußern oder verbrauchen, Geld jedoch nur mit Genehmigung des Vormundschaftsgerichts. Macht der Vater von dieser Befugniß Gebrauch, so hat er den Werth der Sachen nach der Beendigung der Nutznießung zu ersetzen; der Ersatz ist schon vorher zu leisten, wenn die ordnungsmäßige Verwaltung des Vermögens es erfordert.

E. I, 1523 Abs. 2, 3, 1525; II, 1544; III, 1630.

1. § 1653 regelt die Ausübung des elterlichen Nutznießungsrechts an verbrauchbaren Sachen. Während bei dem auf Rechtsgeschäft beruhenden Nießbrauch der Nießbraucher Eigenthümer der verbrauchbaren Sachen wird (§ 1067), ist der Gewalthaber (wie nach § 1377 Abs. 3 der Ehemann hinsichtlich der zum eingebrachten Gute der Frau gehörenden Sachen) lediglich berechtigt, derartige Sachen für sich zu veräußern oder zu verbrauchen. Im Verhältniß zum Ehemann ist aber der Gewalthaber insoferne freier gestellt, als er auch Geld für sich veräußern oder verbrauchen darf, falls ihm das Vormundschaftsgericht hiezu die Genehmigung ertheilt hat (M. IV, 777 ff.; Z.G. IV, 406, 387; P. IV, 576 ff.). Ueber den Begriff der verbrauchbaren Sache s. § 92, Planck, Komm. Note 1 hiezu.

2. Die gemäß § 1653 zur Veräußerung oder zum Verbrauch erforderliche Genehmigung des Vormundschaftsgerichts kann auch generell ertheilt und natürlich auch von der Leistung einer Sicherheit abhängig gemacht werden (M. IV, 780; vgl. E. I, 1524; Anm. 6 zu § 1668). Für die Entscheidung der Frage, ob die Genehmigung zu ertheilen sei, ist selbstverständlich das Interesse des Kindes maßgebend (M. IV, 780). Ueber die Zuständigkeit des Vormundschaftsgerichts und die gegen dessen Entscheidung zulässigen Rechtsmittel s. F.G. §§ 43, 36, 19 ff.

3. Ersatzpflicht. Macht der Gewalthaber von der ihm nach § 1653 zugehenden Befugniß Gebrauch, so hat er den Werth der veräußerten oder verbrauchten Sachen zu ersetzen und zwar spätestens bei Beendigung der Nutznießung (s. Vorbem. vor § 1649 Ziff. 9), wenn aber die Grundsätze ordnungsmäßiger Verwaltung die frühere Ersatzleistung erheischen, schon in dem hienach maßgebenden Zeitpunkte (vgl. § 1377 Abs. 3; vgl. E. I, 1525; M. IV, 780; P. IV, 578). Er ist jedoch zum sofortigen Ersatz verpflichtet:

a) gegenüber den Gläubigern des Kindes (§ 1659 Abs. 2);

b) wenn seine Vermögensverwaltung endigt, es sei denn, daß dieser Umstand in dem Ruhen seiner elterlichen Gewalt begründet ist (§ 1657).

Für die Berechnung des zu leistenden Ersatzes ist der Werth zu Grunde zu legen, den die veräußerten oder verbrauchten Sachen zur Zeit der Veräußerung bezw. des Verbrauchs hatten (vgl. E. I, 1523 Abs. 2 Satz 2; Anm. 3 zu § 1377).

4. Das zum freien Vermögen des Kindes gehörende Geld, sowie das zum nicht freien Vermögen des Kindes gehörende Geld, bezüglich dessen das Vormundschaftsgericht die zur Veräußerung oder zum Verbrauch erforderliche Genehmigung nicht ertheilt hat, muß der Gewalthaber nach Maßgabe des § 1642 verzinslich anlegen.

5. Ist ein Grundstück sammt Inventar Gegenstand des elterlichen Nutznießungsrechts, so kann der Gewalthaber auch über die nicht verbrauchbaren Stücke des Inventars nach Maßgabe des § 1048 Abs. 1 verfügen. Ein in der II. Komm. gestellter Antrag dieses Inhalts wurde abgelehnt, weil dies schon aus dem Grundsatze des (nunmehrigen) § 1652 sich ergebe (P. IV, 576 ff.). Hiemit steht allerdings nicht im Einklang, daß die analoge Vorschrift des § 1378 in das Gesetz aufgenommen wurde, obwohl der Grundsatz des § 1652 auch für das eheliche Güterrecht gilt (s. § 1383; P. IV, 126, 167).

6. In der II. Komm. war auch beantragt, ausdrücklich auszusprechen, daß der Gewalthaber zu weitergehenden Verfügungen über das Vermögen des Kindes auf Grund seines Nutznießungsrechts nicht befugt sei. Der Antrag wurde abgelehnt, weil der fragliche Zusatz überflüssig und geeignet sei, das richtige Sachverhältniß zu verdunkeln. Soweit nämlich das Verwaltungsrecht des Gewalthabers reiche, sei es nicht erforderlich, ihm auf Grund der Nutznießung noch ein zweites, besonderes Verfügungsrecht zu gewähren; stehe ihm aber die Verwaltung nicht zu, so könne er auch die Nutznießung nicht selbst ausüben (P. IV, 577 ff.; vgl. § 1656).

§ 1654.

Der Vater hat die Lasten des seiner Nutznießung unterliegenden Vermögens zu tragen. Seine Haftung bestimmt sich nach den für den Güterstand der Verwaltung und Nutznießung geltenden Vorschriften der §§ 1384 bis 1386, 1388. Zu den Lasten gehören auch die Kosten eines Rechtsstreits, der für das Kind geführt wird, sofern sie nicht dem freien Vermögen zur Last fallen, sowie die Kosten der Vertheidigung des Kindes in einem gegen das Kind gerichteten Strafverfahren, vorbehaltlich der Ersatzpflicht des Kindes im Falle seiner Verurtheilung.

E. I, 1531 Abs. 1; II, 1545; III, 1631.

I. § 1654 regelt die Lasten der elterlichen Nutznießung in fast genauem Anschluß an die einschlägigen Vorschriften des ehelichen Güterrechts (§§ 1384—1388), s. M. IV, 788; Z.G. IV, 407; P. IV, 581; über die Lasten des auf Rechtsgeschäft beruhenden Nießbrauchs s. §§ 1047, 1088.

Demzufolge fallen dem Gewalthaber zur Last:

1. die Kosten, welche durch die Gewinnung der Nutzungen entstehen (§ 1384 und Anm. 1 hiezu; vgl. § 102);

2. die Kosten der Erhaltung der zum nicht freien Vermögen des Kindes gehörenden Gegenstände. Die Bestreitung dieser Kosten obliegt ihm im gleichen Umfange wie dem Nießbraucher, er hat also für die Erhaltung der Sache in ihrem wirthschaftlichen Bestande zu sorgen, Ausbesserungen und Erneuerungen aber nur insoweit auf seine Kosten vorzunehmen, als sie zur gewöhnlichen Unterhaltung der Sache gehören (§§ 1384, 1041, s. auch 1043, 1048; vgl. Anm. 2 und 3 zu § 1384);

3. die dem Kinde obliegenden öffentlichen Lasten mit Ausschluß der auf dem freien Vermögen desselben ruhenden Lasten und der außerordentlichen Lasten, die als auf den Stammwerth des nicht freien Vermögens gelegt anzusehen sind (§ 1385 Nr. 1; vgl. Anm. 1 zu § 1385 zu Ziff. 1);

4. die privatrechtlichen Lasten, die auf den zum nicht freien Vermögen gehörenden Gegenständen ruhen (§ 1385 Nr. 2; vgl. Anm. 1 zu § 1385 zu Ziff. 2);

5. die Zahlungen, die für die Versicherung der zum nicht freien Vermögen gehörenden Gegenstände zu leisten sind (§ 1385 Nr. 3; vgl. Anm. 1 zu § 1385 zu Ziff. 3). Ob und inwieweit der Gewalthaber zur Versicherung der seiner Nutznießung unterliegenden

Gegenstände des Kindes verpflichtet ist, bestimmt sich nach § 1664; vgl. auch § 1045 und oben unter 2;

6. die Zinsen der dem Kind obliegenden Verbindlichkeiten sowie die dem Kind obliegenden wiederkehrenden Leistungen anderer Art einschließlich der von dem Kind auf Grund seiner gesetzlichen Unterhaltspflicht geschuldeten Leistungen, sofern sie bei ordnungsmäßiger Verwaltung aus den Einkünften des Vermögens bestritten werden, es sei denn, daß diese Verbindlichkeiten oder Leistungen im Verhältnisse des Gewalthabers und des Kindes zu einander dem freien Vermögen des Kindes zur Last fallen (§§ 1386, 1660; vgl. Anm. zu § 1386, Anm. 2b zu § 1660). Eine Abweichung gegenüber dem für für das eheliche Güterrecht maßgebenden § 1386 ergibt sich hier insofern, als die Berichtigung sämmtlicher Verbindlichkeiten des Kindes aus dem nicht freien Vermögen desselben verlangt werden kann (§ 1659 und Anm. 1 hiezu; vgl. dagegen §§ 1412—1414);

7. die Kosten eines für das Kind geführten Rechtsstreits, sofern sie nicht dem freien Vermögen zur Last fallen (§ 1654 Satz 3, Anm. 2c und d zu § 1660). Ueber die Gründe dieser Abweichung von der einschlägigen Bestimmung des ehelichen Güterrechts (§ 1387 Nr. 1) s. M. IV, 788 ff.; vgl. auch Anm. 1b und c zu § 1387;

8. die Kosten der Vertheidigung des Kindes in einem gegen dasselbe gerichteten Strafverfahren, vorbehaltlich der Ersatzpflicht des Kindes im Falle seiner Verurtheilung (§ 1654 Satz 3; vgl. Anm. 2a zu § 1660). Ueber die Gründe dieser Abweichung von der einschlägigen Vorschrift des ehelichen Güterrechts (§ 1387 Nr. 2) s. M. IV, 788 ff.; vgl. auch (insbes. hinsichtlich der Kosten eines Privat- und Nebenklageverfahrens) Anm. 2 zu § 1387.

II. Die Verpflichtung des Gewalthabers zur Tragung der in Anm. 1 erwähnten Lasten besteht nur für die Dauer seiner Nutznießung. Bei Beginn und Beendigung derselben hat also, wenn erforderlich, zwischen ihm und dem Kind verhältnißmäßige Vertheilung nach Maßgabe des § 103 einzutreten (vgl. Anm. 2 zu § 1385, Anm. 4 zu § 1386).

III. Nach E. I sollte der Gewalthaber zur Tragung der in Anm. I 6—8 erwähnten Lasten nur verpflichtet sein, soweit dieselben nicht den Betrag der von ihm gezogenen oder zu ziehenden Nutzungen übersteigen (M. IV, 789). Diese Bestimmung wurde wie die analoge Vorschrift des ehelichen Güterrechts von der II. Komm. beseitigt (P. IV, 582, 179 Ziff. 8). Der Gewalthaber haftet also für die ihm obliegenden Lasten ohne Rücksicht auf das Verhältniß derselben zur Größe seiner Nutzungsrente (vgl. Anm. 1 Abs. 1 zu § 1385).

IV. Nach § 1654 in Verbindung mit den §§ 1385, 1386 ist der Gewalthaber zur Tragung der fraglichen Lasten dem Kinde gegenüber verpflichtet. Er kann daher für diese Ausgaben von dem Kinde keinen Ersatz verlangen, ist vielmehr selbst dem Kinde ersatzpflichtig, wenn er die fraglichen Lasten aus dessen Vermögen bestritten hat (vgl. Anm. 3 zu § 1385, Anm. 4 zu § 1386). Für das Verhältniß des Gewalthabers zu den Gläubigern des Kindes ist nach § 1654 Satz 2 die analoge Vorschrift des § 1388 maßgebend. Hienach haftet der Gewalthaber den Gläubigern des Kindes neben diesem als Gesammtschuldner (§§ 421 ff.), soweit er nach § 1654 dem Kinde gegenüber dessen Verbindlichkeiten zu tragen hat (P. IV, 581; vgl. Anm. 1 und 2 zu § 1388).

V. Soweit der Gewalthaber der kraft der elterlichen Nutznießung erworbenen Früchte zur Erfüllung der ihm nach § 1654 obliegenden Verpflichtungen bedarf, sind dieselben der Pfändung nicht unterworfen; das Gleiche gilt von den in den §§ 1655, 1656 bezeichneten Ansprüchen des Gewalthabers, wenn sie fällig sind (C.P.O. §§ 862 Abs. 2, 861 Abs. 1 Satz 2 n. Nr.; Anm. 3 zu § 1658).

VI. Steht dem Gewalthaber die Nutznießung, nicht aber die Verwaltung zu, so werden die Lasten der Nutznießung von den an ihn herauszugebenden Nutzungen in Abzug gebracht (§ 1656 Abs. 1).

VII. Die Unterhaltspflicht der Eltern gegenüber dem Kinde (§§ 1601 ff.) betrachtet das Gesetz nicht als Last der elterlichen Nutznießung, sondern als Ausfluß der Verwandtschaft (M. IV, 677 ff., 789).

§ 1655.

Gehört zu dem der Nutznießung unterliegenden Vermögen ein Erwerbsgeschäft, das von dem Vater im Namen des Kindes betrieben wird, so gebührt dem Vater nur der sich aus dem Betrieb ergebende jährliche Reingewinn. Ergiebt sich in einem Jahre ein Verlust, so verbleibt der Gewinn späterer Jahre bis zur Ausgleichung des Verlustes dem Kinde.

E. I, 1527 Abs. 1; II, 1546; III, 1632.

1. § 1655 enthält eine Sondervorschrift über die elterliche Nutznießung an einem zum Vermögen des Kindes gehörenden Erwerbsgeschäft und bildet insofern eine Modifikation des § 1652. Zur Vermeidung von Verwicklungen und im Interesse des Kindes soll hienach, entsprechend der Auffassung des Verkehrs ein zum Vermögen des Kindes gehörendes Erwerbsgeschäft wirthschaftlich als ein Ganzes betrachtet werden. Die elterliche Nutznießung ergreift daher nicht die zum Erwerbsgeschäft gehörenden einzelnen Gegenstände, sie besteht vielmehr an dem Erwerbsgeschäft als solchem und zwar in der Form, daß das Erwerbsgeschäft vom Gewalthaber im Namen des Kindes betrieben wird und dem ersteren kraft seiner elterlichen Nutznießung der Anspruch auf den jährlichen Reingewinn zusteht (M. IV, 782 ff.; Z.G. IV, 407; vgl. § 1085). Ueber den Begriff des Erwerbsgeschäfts s. Anm. 2g zu §§ 1821, 1822.

2. Wie der dem Gewalthaber zukommende Gewinn zu berechnen ist, muß nach Lage des einzelnen Falles entschieden werden, da das Gesetz allgemeine Grundsätze hierüber nicht enthält. Bei Neubegründung eines Erwerbsgeschäfts wird daher das Vormundschaftsgericht, bevor es die nach § 1645 erforderliche Genehmigung ertheilt, für die Feststellung der Grundsätze, wonach Gewinn und Verlust zu berechnen ist, Sorge zu tragen haben (M. IV, 784).

3. Der gemäß § 1655 von dem Gewalthaber einmal bezogene Gewinn verbleibt ihm, auch wenn in späteren Jahren sich ein Verlust ergibt. Dagegen muß der Gewinn späterer Jahre zur Deckung früherer Verluste verwendet werden. Eine allgemeine Abrechnung zur Ausgleichung von Gewinn und Verlust bei Beendigung der Nutznießung findet nicht statt (M. IV, 783 ff.).

4. Die Vorschrift des § 1655 findet sowohl bei Fortführung eines schon bestehenden als bei Begründung eines neuen Erwerbsgeschäfts Anwendung und zwar im letzteren Falle auch dann, wenn die nach § 1645 erforderliche Genehmigung des Vormundschaftsgerichts nicht eingeholt worden ist. Nach E. I (§ 1527 Abs. 2) sollten die Bestimmungen des nunmehrigen § 1655 nicht gelten, wenn der Gewalthaber ein Erwerbsgeschäft im Namen des Kindes ohne die erforderliche Genehmigung des Vormundschaftsgerichts begonnen hat (M. IV, 784). Diese „Strafvorschrift" wurde von der II. Komm. mangels eines Bedürfnisses hiefür beseitigt (P. IV, 579 ff.). Hiebei wurde ausdrücklich anerkannt, daß auch in solchen Fällen der Gewalthaber für mehr als diligentia quam in suis (§ 1664) nicht hafte; es komme vielmehr, wenn das Kind durch das Erwerbsgeschäft einen Schaden erleide, darauf an, ob dieser mit der Unterlassung der Einholung der Genehmigung des Vormundschaftsgerichts im Zusammenhang stehe und ob der Gewalthaber durch diese Unterlassung sich gegen die ihm obliegende Sorgfalt verfehlt habe (P. IV, 580; vgl. Anm. 4 und 5 zu § 1645).

5. Durch § 1655 ist nicht ausgeschlossen:

a) daß der Gewalthaber durch Vertrag mit dem Kinde, das zu diesem Zwecke einen Pfleger erhalten muß (§§ 1909 Abs. 1 Satz 1, 1630 Abs. 2 Satz 1, 1795 Abs. 2, 181), ein zu dessen Vermögen gehörendes Erwerbsgeschäft nach den Grundsätzen über den Nießbrauch an verbrauchbaren Sachen (§ 1067) mit Genehmigung des Vormungschaftsgerichts (§§ 1643 Abs. 1, 1822 Nr. 3) übernimmt und dasselbe dann auf eigenen Namen und für eigene Rechnung betreibt (M. IV, 784; D. 228);

b) daß der Gewalthaber die zum Erwerbsgeschäft gehörenden verbrauchbaren Sachen, insbesondere ein Waarenlager (§ 92 Abs. 2) nach Maßgabe des § 1653 für sich veräußert oder verbraucht (M. IV, 784).

6. Der dem Gewalthaber nach § 1655 zustehende Anspruch ist, solange er nicht fällig ist, weder übertragbar (§ 1658 Abs. 2) noch pfändbar (C.P.O. § 862 Abs. 1 Satz 2 n. Nr.). Fällige Ansprüche aus § 1655 stehen hinsichtlich ihrer Pfändbarkeit erworbenen Früchten gleich (C.P.O. §§ 862 Abs. 2, 861 Abs. 1 Satz 2 n. Nr. und Anm. 1, 3 zu § 1658).

7. Ermächtigt der Gewalthaber mit Genehmigung des Vormundschaftsgerichts das Kind zum selbständigen Betrieb eines Erwerbsgeschäfts (§ 112), so steht dem Gewalthaber an dessen Erträgnissen überhaupt kein Nutznießungsrecht zu, dieselben sind vielmehr freies Vermögen des Kindes (§ 1651 Abs. 1 Nr. 1). Ist der Gewalthaber von der Vermögensverwaltung ausgeschlossen, so findet, auch wenn zum Vermögen des Kindes ein Erwerbsgeschäft gehört, nicht § 1655, sondern § 1656 Anwendung.

8. Hinsichtlich des dem Manne zustehenden Nutznießungsrechts am eingebrachten Gute der Frau enthält das Gesetz eine dem § 1655 analoge Bestimmung nicht (M. IV, 782; vgl. Anm. 3 zu § 1377; Anm. 5b zu § 1383).

9. Ueber das Erforderniß der Genehmigung des Vormundschaftsgerichts s. §§ 1643 Abs. 1, 1822 Nr. 3, 1845.

§ 1656.

Steht dem Vater die Verwaltung des seiner Nutznießung unterliegenden Vermögens nicht zu, so kann er auch die Nutznießung nicht ausüben; er kann jedoch die Herausgabe der Nutzungen verlangen, soweit nicht ihre Verwendung zur ordnungsmäßigen Verwaltung des Vermögens und zur Bestreitung der Lasten der Nutznießung erforderlich ist.

Ruht die elterliche Gewalt des Vaters oder ist dem Vater die Sorge für die Person und das Vermögen des Kindes durch das Vormundschaftsgericht entzogen, so können die Kosten des Unterhalts des Kindes aus den Nutzungen insoweit vorweg entnommen werden, als sie dem Vater zur Last fallen.

E. I, 1532; II, 1547; III, 1633.

1. § 1656 enthält eine Modifikation des im § 1652 ausgesprochenen Grundsatzes für den Fall, daß dem Gewalthaber zwar die Nutznießung, nicht aber die Vermögensverwaltung zusteht. Diese Voraussetzung ist gegeben:

a) wenn dem Gewalthaber die Verwaltung, nicht aber die Nutznießung des dem Kinde zugewendeten Vermögens entzogen ist (§ 1638; vgl. § 1651 Abs. 1 Nr. 2);
b) wenn die Vermögensverwaltung des Gewalthabers durch Konkurs über sein Vermögen beendigt worden ist (§ 1647);
c) wenn dem Gewalthaber die Vermögensverwaltung ohne gleichzeitige Entziehung der Nutznießung durch das Vormundschaftsgericht entzogen worden ist (§§ 1666 Abs. 2, 1670, 1760 Abs. 2).
d) wenn die elterliche Gewalt des Gewalthabers ruht (§ 1678; s. aber § 1685 Abs. 2; vgl. auch § 1657 Satz 2 und P.M. 8712);
e) wenn wegen thatsächlicher oder rechtlicher Verhinderung des Gewalthabers an der Verwaltung des Vermögens oder einzelner Bestandtheile desselben hiefür ein Pfleger aufgestellt worden ist (§ 1909 Abs. 1 Satz 1, 1628);
f) wenn wegen thatsächlicher Verhinderung des Vaters an der Verwaltung des Vermögens oder einzelner Bestandtheile desselben die elterliche Gewalt insoweit von der Mutter ausgeübt wird (§ 1685 Abs. 1);
g) wenn die Vermögensverwaltung auf Antrag der Mutter als Inhaberin der elterlichen Gewalt einem Beistand übertragen worden ist (§ 1693);
h) wenn das Kind an Kindesstatt angenommen, das Nutznießungsrecht des Annehmenden aber im Annahmevertrag ausgeschlossen worden ist (s. § 1767 Abs. 1; Anm. 2c zu § 1767).

Zur Vermeidung von Konflikten zwischen dem nutznießungsberechtigten Gewalthaber und dem zur Verwaltung berufenen Elterntheil, Vormund, Pfleger oder Beistand soll in solchen Fällen der Gewalthaber von der eigenen Ausübung der Nutznießung ausgeschlossen sein und dieselbe für seine Rechnung durch den zur Verwaltung des Vermögens Berufenen erfolgen (M. IV, 789 ff.; Z.G. IV, 407 ff.).

2. Die im E. I enthalten gewesene Bestimmung, daß die Nutznießung „für Rechnung des Inhabers der elterlichen Gewalt von dem Kinde durch den für die Vermögensverwaltung berufenen gesetzlichen Vertreter" auszuüben sei, wurde von der II. Komm. als selbstverständlich gestrichen. Der auch für die Fälle des § 1656 aufrechterhaltene dingliche Charakter des elterlichen Nutznießungsrechts hat hiedurch keine Aenderung erfahren. Demgemäß wird auch in diesen Fällen der Gewalthaber, nicht das Kind, Eigenthümer der Früchte und diese bleiben dem Zugriff der Gläubiger des Kindes entzogen (M. IV, 791; P. IV, 582).

3. Der mit der Vermögensverwaltung betraute gesetzliche Vertreter des Kindes hat selbstverständlich, soweit das Interesse des Kindes nicht entgegensteht, auch das Interesse des Gewalthabers zu berücksichtigen (M. IV, 792) und diesem auf Verlangen über die Ausübung des Nutznießungsrechts Rechnung zu legen (M. IV, 791).

4. Von den an den Gewalthaber herauszugebenden Nutzungen sind in Abzug zu bringen:

a) die Kosten der ordnungsmäßigen Verwaltung;
b) die Lasten der Nutznießung (§ 1654 und Anm. hiezu);

c) für den Fall, daß die elterliche Gewalt des Gewalthabers ruht (§§ 1676, 1677) oder ihm gleichzeitig mit der Vermögensverwaltung auch die Sorge für die Person des Kindes entzogen worden ist (§ 1666 Abs. 1), können auch die für den Unterhalt des Kindes erforderlichen Kosten in Abzug gebracht werden, soweit sie dem Gewalthaber zur Last fallen (§§ 1601 ff., 1766; vgl. P. IV, 582).

5. Der dem Gewalthaber nach § 1656 zustehende Anspruch ist, solange er nicht fällig ist, nicht übertragbar (§ 1658 Abs. 2) und nicht pfändbar (C.P.O. § 862 Abs. 1 Satz 2 n. Nr.). Ist der Anspruch fällig, so steht er in dieser Hinsicht erworbenen Früchten gleich (C.P.O. §§ 862 Abs. 2, 861 Abs. 1 Satz 2 n. Nr.); vgl. Anm. 1, 3 zu § 1658.

6. Ueber die Verpflichtung des zur Nutznießung, aber nicht zur Verwaltung berechtigten Gewalthabers zur sofortigen Erfüllung der ihm dem Kinde gegenüber obliegenden Verbindlichkeiten s. § 1657.

7. Ueber die Ausübung des auf Rechtsgeschäft beruhenden Nießbrauchs durch einen Verwalter s. §§ 1052, 1054.

§ 1657.

Ist der Vater von der Ausübung der Nutznießung ausgeschlossen, so hat er eine ihm dem Kinde gegenüber obliegende Verbindlichkeit, die in Folge der Nutznießung erst nach deren Beendigung zu erfüllen sein würde, sofort zu erfüllen. Diese Vorschrift findet keine Anwendung, wenn die elterliche Gewalt ruht.

E. I, 1533; II, 1548; III, 1634.

1. Steht dem Gewalthaber zwar die Nutznießung, nicht aber die Vermögensverwaltung zu (s. Anm. 1 zu § 1656), so erleidet sein Nutznießungsrecht außer der im § 1656 bestimmten Einschränkung im Interesse der Sicherheit des Kindes die weitere Modifikation, daß er die ihm dem Kinde gegenüber obliegenden, an und für sich erst nach Beendigung der Nutznießung (s. Vorbem. von § 1649 Ziff. 9) zu erfüllenden Verbindlichkeiten sofort erfüllen muß (M. IV, 792 ff.). Dies gilt sowohl

a) für die Verpflichtung des Gewalthabers zum Ersatz des Werthes verbrauchbarer Sachen, die er gemäß § 1653 für sich veräußert oder verbraucht hat (vgl. auch § 1659 Abs. 2), als auch

b) für seine Verpflichtung zum Ersatz des Werthes der von ihm im Uebermaße bezogenen Früchte (§§ 1652, 1039 Abs. 1 Satz 2; M. IV, 793; vgl. Anm. 2 zu § 1659).

2. Eine Ausnahme von diesem Grundsatze besteht jedoch für den Fall, daß die Ausschließung des Gewalthabers von der Vermögensverwaltung in dem Ruhen seiner elterlichen Gewalt ihren Grund hat (§§ 1676, 1677, Anm. 1d zu § 1656). Da die Verpflichtung des Gewalthabers zur sofortigen Erfüllung der ihm obliegenden Verbindlichkeiten in diesen Fällen durch das Interesse des Kindes nicht geboten ist und eine unbillige Härte gegenüber dem Gewalthaber enthalten würde, soll es insoweit bei der Regel verbleiben, der zufolge die erwähnten Verbindlichkeiten erst nach Beendigung der Nutznießung zu erfüllen sind (M. IV, 793; P. IV, 582).

§ 1658.

Das Recht, das dem Vater kraft seiner Nutznießung an dem Vermögen des Kindes zusteht, ist nicht übertragbar.

Das Gleiche gilt von den nach den §§ 1655, 1656 dem Vater zustehenden Ansprüchen, solange sie nicht fällig sind.

E. I, 1534; II, 1549; III, 1635.

1. Mit Rücksicht auf seine familienrechtliche Grundlage ist das elterliche Nutznießungsrecht für unübertragbar erklärt (M. IV, 794; Z.G. IV, 408; über das in dieser Beziehung bisher geltende Recht s. M. IV, 793). Daß das dem Gewalthaber zustehende Recht der Vermögensverwaltung nicht übertragbar ist, ergibt sich aus dem Umstande, daß er zur Vermögensverwaltung (gleichwie zur Sorge für die Person des Kindes) nicht nur berechtigt, sondern auch verpflichtet ist (§ 1627). Ueber die Unübertragbarkeit des dem Manne am eingebrachten Gute der Frau kraft seiner Verwaltung und Nutznießung zustehenden Rechtes s. § 1408 und Anm. 1 hiezu. Hinsichtlich des auf Rechtsgeschäft

beruhenden Nießbrauchs s. § 1059 und Anm. hiezu. Unübertragbar ist aber nur das dem Gewalthaber kraft seiner Nutznießung zustehende Recht selbst. Dagegen kann die Ausübung dieses Rechtes (z. B. durch Vermiethung oder Verpachtung) von dem Gewalthaber nach Maßgabe des ihm zustehenden Verwaltungsrechts einem Anderen überlassen werden (M. IV, 794; vgl. § 1663, Anm. 2a, b zu § 1408). Die dem Gewalthaber nach den §§ 1655, 1656 zustehenden Ansprüche auf den Reingewinn eines Erwerbsgeschäfts bezw. auf Herausgabe der Nutzungen des seiner Verwaltung nicht unterliegenden Vermögens stehen hinsichtlich ihrer Uebertragbarkeit dem Nutznießungsrechte selbst gleich, solange sie nicht fällig sind (§ 1658 Abs. 2; vgl. P. V, 144). Die vom Gewalthaber kraft seines Nutznießungsrechts erworbenen Früchte und die fälligen Ansprüche aus §§ 1655, 1656 sind übertragbar, soweit sich nicht aus der Beschränkung ihrer Pfändbarkeit eine Abweichung ergibt (s. u. Anm. 3; vgl. Anm. 2c zu § 1408).

2. Aus der Unübertragbarkeit des elterlichen Nutznießungsrechts folgt, daß an demselben weder Nießbrauch noch Pfandrecht bestellt werden kann (§§ 1069 Abs. 2, 1274 Abs. 2). Das Gleiche gilt von den noch nicht fälligen Ansprüchen aus §§ 1655, 1656. Dagegen können fällige Ansprüche dieser Art ebenso wie bereits erworbene Früchte zum Gegenstand eines Nießbrauchs oder Pfandrechts gemacht werden, soweit sich nicht aus der Beschränkung ihrer Pfändbarkeit ein Anderes ergibt (s. u. Anm. 3).

3. Das elterliche Nutznießungsrecht ist der Pfändung nicht unterworfen. Das Gleiche gilt von den noch nicht fälligen Ansprüchen aus §§ 1655, 1656. Fällige Ansprüche dieser Art und die vom Gewalthaber kraft der elterlichen Nutznießung erworbenen Früchte sind insoweit pfändbar, als der Gewalthaber derselben nicht zur Bestreitung der Lasten der Nutznießung, zur Erfüllung der ihm seiner Ehefrau, seiner früheren Ehefrau oder seinen Verwandten gegenüber obliegenden Unterhaltspflicht und zur Bestreitung seines standesmäßigen Unterhalts bedarf (C.P.O. §§ 862 Abs. 1, 2, 861 Abs. 1 Satz 2 n. Nr.; Begründung z. Entw. d. rev. C.P.O. S. 145 ff.; vgl. E. I, 1534, 1535; M. IV, 794; vgl. auch C.P.O. § 861 Abs. 1 Satz 1 n. Nr.; Anm. 3 zu § 1408). Stellt sich hienach eine Pfändung als unzulässig dar, so kann der Widerspruch gegen dieselbe auch von dem Kinde bezw. dessen gesetzlichem Vertreter nach § 766 C.P.O. n. Nr. geltend gemacht werden (C.P.O. § 862 Abs. 3 n. Nr.). Die Verweisung dieser Bestimmungen in die C.P.O. beruht auf Beschluß der II. Komm. (P. IV, 582, 551). Soweit Ansprüche aus §§ 1655, 1656 trotz ihrer Fälligkeit nicht pfändbar sind, können sie nach § 400 nicht abgetreten werden (s. auch §§ 394, 1069 Abs. 2, 1274 Abs. 2).

4. Nach § 1 der Konk.Ordn. n. Nr. gehören das elterliche Nutznießungsrecht, sowie die noch nicht fälligen Ansprüche aus §§ 1655, 1656, weil der Zwangsvollstreckung nicht unterliegend, nicht zur Konkursmasse. Ebensowenig fallen in die Konkursmasse die nach der Eröffnung des Konkurses vom Gewalthaber erworbenen Früchte. Dagegen gehören die vor der Konkurseröffnung bereits erworbenen Früchte und die fälligen Ansprüche aus §§ 1655, 1656 insoweit zur Konkursmasse, als sie nach den in Anm. 3 erwähnten Bestimmungen der Pfändung unterliegen (M. IV, 794 ff.; M.E.G. 108 ff.; Begr. z. Entw. d. rev. Konk.O. S. 5; s. auch Anm. 1 Abs. 2, Anm. 2 a. E. zu § 1419). Der bisherige Abs. 2 des § 1 Konk.O. („der Nießbrauch, welcher dem Gemeinschuldner während der Dauer des Verfahrens an dem Vermögen seiner Ehefrau oder seiner Kinder nach den Landesgesetzen zusteht, gehört zur Konkursmasse. Aus den Nutzungen kann der Gemeinschuldner die Mittel beanspruchen, welche zu seinem angemessenen Unterhalte und dazu erforderlich sind, um eine gesetzliche Verpflichtung desselben zum Unterhalte seiner Ehefrau oder zum Unterhalte und zur Erziehung seiner Kinder zu erfüllen") ist mit Rücksicht hierauf gestrichen worden.

§ 1659.

Die Gläubiger des Kindes können ohne Rücksicht auf die elterliche Nutznießung Befriedigung aus dem Vermögen des Kindes verlangen.

Hat der Vater verbrauchbare Sachen nach § 1653 veräußert oder verbraucht, so ist er den Gläubigern gegenüber zum sofortigen Ersatze verpflichtet.

E. I, 1528 Halbs. 1; II, 1550; III, 1636.

1. Stellung der Gläubiger des Kindes zum elterlichen Nutznießungsrecht. Nach § 1659 steht den Gläubigern des Kindes bei Geltendmachung ihrer Ansprüche das elterliche Nutznießungsrecht nicht im Wege, sie können vielmehr für Verbindlichkeiten des Kindes, gleichviel, auf welchem Rechtsgrunde dieselben beruhen, nicht nur aus dem freien Vermögen des Kindes (§§ 1650, 1651), sondern auch aus dem der elterlichen Nutznießung unterliegenden Vermögen desselben Befriedigung erlangen. Das gleiche Recht

steht grundsätzlich beim ordentlichen gesetzlichen Güterstande hinsichtlich des Vermögens der Frau deren Gläubigern zu, jedoch mit dem Abmaße, daß für gewisse Verbindlichkeiten der Frau ihr eingebrachtes Gut im Interesse des an demselben bestehenden Nutznießungsrechts des Mannes nicht haftet. Derartige Ausnahmen sind zu Gunsten des Gewalthabers nicht erforderlich, da derselbe schon durch die beschränkte Geschäftsfähigkeit des Kindes gegen die Gefahr geschützt ist, daß sein Nutznießungsrecht durch rechtsgeschäftliche Verbindlichkeiten des Kindes beeinträchtigt werde (M. IV, 785 ff.; vgl. §§ 1411 Satz 1, 1412—1414, Anm. 1—3 zu § 1411; über das bisherige Recht s. M. IV, 784 ff.).

2. Durch § 1659 Abs. 2 ist den Gläubigern des Kindes das weitere Recht beigelegt, von dem Gewalthaber zu verlangen, daß er die ihm an sich erst nach Beendigung seiner Nutznießung obliegende Ersatzleistung für verbrauchbare Sachen, die er gemäß § 1653 für sich veräußert oder verbraucht hat, sofort bethätige (vgl. § 1411 Abs. 2 und Anm. 7 zu § 1411). Im Entw. I war dies als selbstverständliche Konsequenz des (nunmehrigen) § 1659 Abs. 1 nicht besonders ausgesprochen (M. IV, 786, 254; vgl. P. IV, 580). Man wird daher trotz der speziellen Fassung des § 1659 Abs. 2 den Gläubigern des Kindes das Recht, sofortige Ersatzleistung zu verlangen, auch hinsichtlich der dem Gewalthaber nach §§ 1652, 1039 Abs. 1 Satz 2 obliegenden Verpflichtung zum Ersatz des Werthes der im Uebermaß bezogenen Früchte einräumen müssen (vgl. Anm. 1b zu § 1657).

3. Aus dem Prinzip des § 1659 ergibt sich, daß im Konkurs über das Vermögen des Kindes das elterliche Nutznießungsrecht dem Rechte der Gläubiger des Kindes auf konkursmäßige Befriedigung aus dessen Gesammtvermögen zu weichen hat (M. IV, 787).

4. Zur Zwangsvollstreckung in das der elterlichen Nutznießung unterliegende Vermögen des Kindes ist gemäß § 746 der C.P.O. n. Nr. ein gegen das Kind erlassenes Urtheil genügend (E. I, 1528 Abs. 2; M. IV, 786 ff.; Z.G. IV, 407; Begr. z. Entw. d. rev. C.P.O. S. 113; vgl. dagegen C.P.O. §§ 739, 794 Abs. 2 n. Nr.). Die Verweisung dieser Vorschrift in die C.P.O. beruht auf Beschluß der II. Komm. (P. IV, 580; vgl. auch Anm. 10 zu § 1411).

5. § 1659 regelt nur das Verhältniß der Gläubiger des Kindes zur elterlichen Nutznießung. Für das Verhältniß zwischen Gewalthaber und Kind und die zwischen beiden bestehende Ausgleichungspflicht ist § 1660 maßgebend. Inwieweit der Gewalthaber für Verbindlichkeiten des Kindes als Gesammtschuldner mit seinem eigenen Vermögen haftet, ergibt sich aus §§ 1654, 1388. Daß die Gläubiger des Gewalthabers die Substanz des Vermögens des Kindes (ohne Unterschied zwischen freiem und nicht freiem Vermögen) nicht in Anspruch nehmen können, ist selbstverständlich (vgl. § 1410). Ueber die Frage, inwieweit die Früchte des der elterlichen Nutznießung unterliegenden Vermögens dem Zugriff der Gläubiger des Gewalthabers unterliegen, s. Anm. 3 zu § 1658.

6. Ueber das Verhältniß der Gläubiger des Bestellers eines Nießbrauchs an einem Vermögen oder an einer Erbschaft zu den Rechten des Nießbrauchers s. §§ 1086—1089, C.P.O. §§ 737, 738, 794 Abs. 2 n. Nr.

7. Eine dem § 1659 Abs. 1 verwandte Vorschrift enthält § 1605 insofern, als hienach für die Frage, ob das Kind zur Erfüllung seiner Unterhaltspflicht im Stande ist, die elterliche Nutznießung an seinem Vermögen nicht in Betracht kommt (s. auch § 1360 Abs. 3 Satz 2).

§ 1660.

Im Verhältnisse des Vaters und des Kindes zu einander finden in Ansehung der Verbindlichkeiten des Kindes die für den Güterstand der Verwaltung und Nutznießung geltenden Vorschriften des § 1415, des § 1416 Abs. 1 und des § 1417 entsprechende Anwendung.

E. I, 1530; II, 1551; III, 1637.

1. Standpunkt im Allgemeinen. Wie in Anm. 1 zu § 1659 erwähnt, können die Gläubiger des Kindes nach ihrer Wahl aus dem freien oder nicht freien Vermögen des Kindes Befriedigung suchen. Eine andere Frage ist, inwieweit im Verhältnisse zwischen Gewalthaber und Kind die Verbindlichkeiten des Kindes dem freien oder nicht freien Vermögen desselben zur Last fallen und daher im letzteren Falle das elterliche Nutznießungsrecht schmälern. Da in der Regel Verbindlichkeiten des Kindes ohne Wissen und Willen des Gewalthabers nicht entstehen können, sind dieselben grundsätzlich durch den Gewalthaber aus dem seiner Nutznießung unterliegenden Vermögen des Kindes zu berichtigen. Im E. I war dies ausdrücklich hervorgehoben; die II. Komm. hat diese Vorschrift als selbstverständlich gestrichen (P. IV, 581). Ausnahmsweise aber

fallen gewisse Verbindlichkeiten des Kindes dem freien Vermögen desselben zur Last (s. u. Anm. 2). Der Verwirklichung dieser Bestimmungen dient die Vorschrift, daß zwischen dem freien und nicht freien Vermögen des Kindes eine Ausgleichungspflicht besteht, falls Verbindlichkeiten, die dem freien Vermögen zur Last fallen, aus dem nicht freien Vermögen berichtigt worden sind, und umgekehrt (s. u. Anm. 3); vgl. M. IV, 788, 260 ff.; Anm. 1 zu § 1415. Unberührt durch § 1660 bleiben natürlich die Vorschriften des § 1654, wonach für bestimmte Verbindlichkeiten des Kindes der Gewalthaber mit seinem eigenen Vermögen haftet.

2. Die Fälle, in welchen ausnahmsweise Verbindlichkeiten des Kindes im Verhältnisse zwischen ihm und dem Gewalthaber dem freien Vermögen zur Last fallen, sind im Wesentlichen entsprechend den einschlägigen Vorschriften des ehelichen Güterrechts geregelt. Dem freien Vermögen fallen zur Last:

a) Die Verbindlichkeiten des Kindes aus einer unerlaubten Handlung (§§ 823 ff.), die es während des Bestehens der elterlichen Nutznießung begeht (wozu die dem unehelichen Vater gemäß §§ 1708, 1715 obliegenden Verbindlichkeiten nicht gehören, M. IV, 787), oder aus einem Strafverfahren, das wegen einer solchen Handlung gegen das Kind gerichtet wird (§ 1415 Nr. 1, Anm. 2a zu § 1415; s. auch § 1654 Satz 3 und Anm. I, 8 zu § 1654);

b) die Verbindlichkeiten des Kindes aus einem sich auf das freie Vermögen (§§ 1650, 1651) beziehenden Rechtsverhältniß, auch wenn sie vor dem Beginn der elterlichen Nutznießung oder vor der Zeit entstanden sind, zu der das Vermögen freies Vermögen geworden ist (§ 1415 Nr. 2, Anm. 2b zu § 1415). Hiezu gehören insbesondere:

α) die Verbindlichkeiten, welche aus einem gemäß § 112 von dem Kinde selbständig betriebenen Erwerbsgeschäft, aus Dienst- oder Arbeitsverhältnissen des Kindes entstanden sind (§ 1651 Abs. 1 Nr. 1; M. IV, 788);

β) die gesetzliche Verpflichtung des Kindes zur Gewährung von Unterhalt gegenüber seinen Verwandten seinem gegenwärtigen oder früheren Ehegatten (§§ 1601 ff., 1345, 1346, 1351, 1360, 1361, 1578 ff., 1703), soweit diese Verpflichtung durch den Besitz von freiem Vermögen begründet oder vergrößert ist (vgl. auch § 1654, 1386 Abs. 1 Satz 2, Abs. 2, Anm. I, 6 zu § 1654). Die Unterhaltspflicht des unehelichen Vaters (§§ 1708, 1715) gehört nicht hieher, weil sie ohne Rücksicht auf die Leistungsfähigkeit des Verpflichteten eintritt.

c) Die Kosten eines Rechtsstreits, der für das Kind über eine der unter a, b bezeichneten Verbindlichkeiten geführt wird (§ 1415 Nr. 3; Anm. II, 2a zu § 1416; s. auch § 1654 Satz 3, Anm. I, 7 zu § 1654);

d) die Kosten eines Rechtsstreits zwischen Gewalthaber und Kind, soweit nicht der Erstere sie zu tragen hat (§ 1416 Abs. 1; Anm. II, 1 zu § 1416; s. auch § 1654 Satz 3; Anm. I, 7 zu § 1654).

3. Ausgleichungspflicht. Wird eine gemäß Anm. 2a—d dem freien Vermögen zur Last fallende Verbindlichkeit des Kindes aus dem der elterlichen Nutznießung unterliegenden Vermögen berichtigt, so hat das Kind aus dem freien Vermögen, soweit dieses reicht, zu jenem Vermögen Ersatz zu leisten. Ebenso muß umgekehrt der Gewalthaber aus dem seiner Nutznießung unterliegenden Vermögen, soweit dieses reicht, zum freien Vermögen Ersatz leisten, wenn aus diesem Vermögen eine demselben nicht zur Last fallende Verbindlichkeit berichtigt worden ist (§ 1417 und Anm. hiezu). Es handelt sich hiebei um eine Ausgleichung zwischen den beiden Vermögensmassen des Kindes, dem freien und dem nicht freien Vermögen, nicht um eine persönliche Ersatzpflicht des Gewalthabers oder des Kindes. Eine derartige Ausgleichung kann aber natürlich nur stattfinden, wenn und insoweit Vermögen der einen oder anderen Art, aus welchem Ersatz geleistet werden kann, vorhanden ist (vgl. Anm. 3 zu § 1417). Nicht ausgeschlossen ist übrigens, daß der Gewalthaber, wenn er schuldhafterweise eine dem freien Vermögen nicht zur Last fallende Verbindlichkeit aus diesem Vermögen bestritten hat oder die ihm nach § 1660 obliegende Ausgleichung verzögert, für den dem Kinde hieraus erwachsenden Schaden nach allgemeinen Grundsätzen haftbar wird (vgl. Anm. 2, 3 Abs. 2 zu § 1417). Ueber die analoge Anwendbarkeit dieser Ausgleichungspflicht bei Bereicherung des freien Vermögens auf Kosten des nicht freien Vermögens (oder umgekehrt) durch Vereinigung einer Verbindlichkeit und der ihr entsprechenden Forderung in der Person des Kindes siehe die auch hieher passenden Ausführungen der M. IV, 261 ff. (Anm. 4 zu § 1417). Ist über das Vermögen des Kindes der Konkurs eröffnet worden und sind aus dem vor der Konkurseröffnung vorhandenen freien Vermögen des Kindes Schulden berichtigt worden, welche gemäß § 1660 dem damals der elterlichen Nutznießung unterliegenden Vermögen des Kindes zur Last fielen (oder umgekehrt), so muß gemäß §§ 1660, 1417 der einen Vermögensmasse aus der anderen, und zwar nicht nur aus dem Bestande der letzteren zur Zeit der Eröffnung des Konkurses, sondern auch aus dem künftigen Bestande derselben Ersatz geleistet werden (M. IV, 787).

§ 1661.

Die Nutznießung endigt, wenn sich das Kind verheirathet. Die Nutznießung verbleibt jedoch dem Vater, wenn die Ehe ohne die erforderliche elterliche Einwilligung geschlossen wird.

E. I, 1536; II, 1552; III, 1638.

1. Die elterliche Gewalt dauert trotz Verheirathung des Kindes fort (vgl. Anm. 1 zu § 1633). Sie erleidet aber, abgesehen von der Vorschrift des § 1633, insofern eine Modifikation, als nach B.G.B. (wie nach den meisten bisherigen Rechten) die elterliche Nutznießung am Vermögen des Kindes durch dessen Verheirathung endigt (M. IV, 795). Von Bedeutung ist diese Bestimmung übrigens nur gegenüber Töchtern, da Söhne gemäß § 1303 während der Minderjährigkeit eine Ehe nicht eingehen dürfen.

2. Ausnahmsweise soll jedoch (wie nach P.L.R. und württemb. Landrecht) die elterliche Nutznießung trotz Verheirathung des Kindes fortbestehen, wenn die Ehe ohne die erforderliche elterliche Einwilligung (§§ 1305—1308) geschlossen wird. Dies beruht auf der Erwägung, daß durch die rechtswidrige Handlung des Kindes dem Gewalthaber sein Nutznießungsrecht nicht entzogen werden dürfe (M. IV, 795 ff.; vgl. § 1621 Abs. 1). Die in der II. Komm. und in der Reichstagskommission gestellten Anträge auf Beseitigung dieser Ausnahmebestimmung wurden abgelehnt (P. IV, 582 ff.; R.T.K. 149). Mit Rücksicht darauf, daß der Mangel der erforderlichen elterlichen Einwilligung ein aufschiebendes Ehehinderniß bildet (Anm. 10 zu § 1305), ist die Vorschrift allerdings von geringer praktischer Bedeutung (R.T.K. 149). Im Gegensatz zum E. I kommt es übrigens nicht darauf an, ob gerade die Einwilligung desjenigen Elterntheils erholt worden ist, dem die Nutznießung zusteht. Demgemäß endigt die elterliche Nutznießung auch dann durch Verheirathung des Kindes, wenn gemäß § 1305 Abs. 2 wegen Abwesenheit des Vaters die Einwilligung von der Mutter ertheilt worden ist und der Vater später zurückkehrt (P. IV, 582 ff.). Wird die erforderliche elterliche Einwilligung erst nach Abschluß der Ehe ertheilt, so hängt es von den Umständen des Falles ab, welchen Einfluß diese Thatsache auf das elterliche Nutznießungsrecht ausübt. In der Regel wird davon auszugehen sein, daß in einem solchen Falle mit der Ertheilung der elterlichen Einwilligung das Nutznießungsrecht nachträglich endigt (M. IV, 796). Ueber das Verhältniß des elterlichen Nutznießungsrechts zu der Unterhaltspflicht des Kindes gegenüber seinen Ehegatten s. §§ 1360 Abs. 3 Satz 2, 1605.

3. Erlangt der Gewalthaber die elterliche Gewalt erst nach der Verheirathung des Kindes (s. §§ 1684, 1685, 1739, 1757), so fällt sie ihm natürlich nur mit Ausnahme des Nutznießungsrechts zu, es sei denn, daß die Ehe ohne die erforderliche elterliche Einwilligung geschlossen worden ist. E. I hatte dies ausdrücklich ausgesprochen; die II. Komm. hat diese Bestimmung als selbstverständlich beseitigt (E. I, 1536 Satz 2; Z.G. IV, 409; P. IV, 582 ff.; vgl. Anm. 4 zu § 1647 und Ziff. 6 der Vorbem. vor § 1676).

4. Ist die Ehe des Kindes absolut nichtig (s. Ziff. 3 der Vorbem. zu Abschn. 1 Tit. 3 dieses Buchs), so gilt sie als nicht geschlossen, übt daher auch keinen Einfluß auf die Dauer des elterlichen Nutznießungsrechts aus. Das Gleiche gilt, wenn eine relativ nichtige oder anfechtbare und angefochtene Ehe aufgelöst oder für nichtig erklärt worden ist (s. die erwähnte Vorbem. Ziff. 8; vgl. auch P. IV, 583). Dagegen lebt das durch Verehelichung des Kindes beendigte elterliche Nutznießungsrecht nicht dadurch wieder auf, daß die Ehe des Kindes aufgelöst wird (vgl. Anm. 9 zu § 1620).

5. Die Bestimmungen des § 1661 Satz 1 und 2 finden auf das Nutznießungsrecht des Annehmenden am Vermögen des angenommenen Kindes entsprechende Anwendung (§§ 1757, 1306, Anm. 7 zu § 1306; s. auch § 1767 Abs. 1).

6. Ueber die weiteren Gründe der Beendigung der elterlichen Nutznießung s. Vorbem. vor § 1649 Ziff. 9.

§ 1662.

Der Vater kann auf die Nutznießung verzichten. Der Verzicht erfolgt durch Erklärung gegenüber dem Vormundschaftsgerichte; die Erklärung ist in öffentlich beglaubigter Form abzugeben.

E. I, 1537; II, 1553; III, 1639.

1. Da das elterliche Nutznießungsrecht kein wesentlicher Bestandtheil der elterlichen Gewalt ist (s. Vorbem. vor § 1649 Ziff. 2), erklärt das B.G.B. im Anschluß an das bisherige Recht (s. insbes. P.L.R. Thl. I cap. 5 § 6 Ziff. 5) Verzicht auf dasselbe für

zulässig (M. IV, 796 ff.; Z.G. IV, 409). Daß auf die Sorge für die Person des Kindes und auf die Vermögensverwaltung nicht verzichtet werden kann, ergibt sich aus dem Umstande, daß der Gewalthaber hiezu nicht nur berechtigt, sondern auch verpflichtet ist (§ 1627). Verzicht auf das dem Manne zustehende Nutznießungsrecht am eingebrachten Gute der Frau ist wegen des untrennbaren Zusammenhangs dieses Rechts mit dem Verwaltungsrecht ausgeschlossen (M. IV, 797, 295). Das dem Annehmenden kraft seiner elterlichen Gewalt an sich zustehende Nutznießungsrecht am Vermögen des angenommenen Kindes kann im Annahmevertrag ausgeschlossen werden (§ 1767 Abs. 1).

2. Zulässig ist mangels einer gegentheiligen Bestimmung auch Verzicht auf die elterliche Nutznießung an einem Theile des Vermögens des Kindes. Hinsichtlich des Verzichts auf die Nutznießung in Ansehung einzelner derselben unterliegender Bestandtheile werden die Vorschriften über den Verzicht auf den Nießbrauch (§§ 875, 876, 1064, 1072) entsprechend anzuwenden sein (vgl. M. IV, 797). Soweit das Vermögen hiedurch der elterlichen Nutznießung entzogen ist, wird es freies Vermögen (Anm. f zu §§ 1650, 1651) und der Gewalthaber in Ansehung desselben von der Tragung der im § 1654 erwähnten Lasten befreit.

3. Durch Verzicht auf das elterliche Nutznießungsrecht kann sich die Mutter als Inhaberin der elterlichen Gewalt von der ihr außerdem obliegenden Verpflichtung, vor dem Vater für den Unterhalt der Kinder sorgen zu müssen, befreien (§ 1606 Abs. 2 Satz 2; M. IV, 691, 797).

4. Mit Rücksicht auf die wesentliche Bedeutung des Verzichts auf die elterliche Nutznießung, insbesondere gegenüber den Gläubigern des Gewalthabers, erfordert das Gesetz, daß der Verzicht in öffentlich beglaubigter Form (§§ 129, 126 Abs. 1) und gegenüber dem Vormundschaftsgericht erklärt wird (M. IV, 797). Nach E. I war Erklärung „vor" dem Vormundschaftsgericht erforderlich; dies wurde durch die II. Komm. abgeändert (P. IV, 584), so daß nunmehr auch schriftliche Erklärung zulässig ist. Ueber die Zuständigkeit des Vormundschaftsgerichts s. F.G. §§ 43, 36.

5. Ueber den Einfluß der Beendigung des elterlichen Nutznießungsrechts durch Verzicht auf das Kündigungsrecht des Kindes s. Anm. 1b zu § 1663.

6. Ueber die weiteren Gründe der Beendigung der elterlichen Nutznießung s. Vorbem. vor § 1649 Ziff. 9.

§ 1663.

Hat der Vater kraft seiner Nutznießung ein zu dem Vermögen des Kindes gehörendes Grundstück vermiethet oder verpachtet, so finden, wenn das Mieth- oder Pachtverhältniß bei der Beendigung der Nutznießung noch besteht, die Vorschriften des § 1056 entsprechende Anwendung.

Gehört zu dem der Nutznießung unterliegenden Vermögen ein landwirthschaftliches Grundstück, so findet die Vorschrift des § 592, gehört zu dem Vermögen ein Landgut, so finden die Vorschriften der §§ 592, 593 entsprechende Anwendung.

E. I, 1520, 1008, 1009; II, 1554; III, 1640.

1. § 1663 Abs. 1 regelt die Rechtsverhältnisse zwischen Kind, Gewalthaber, Miether und Pächter für den Fall, daß der Gewalthaber kraft seines Nutznießungsrechts ein dem Kinde gehöriges Grundstück vermiethet oder verpachtet hat, sein Nutznießungsrecht aber vor der Beendigung des Mieth- oder Pachtverhältnisses endigt, und zwar im Anschluß an die in dieser Beziehung für den Nießbrauch geltenden Bestimmungen (vgl. M. IV, 776; P. IV, 576; vgl. § 1423 und Anm. 1, 2 hiezu).

a) Nach dem für entsprechend anwendbar erklärten § 1056 Abs. 1 gelten in solchen Fällen die Vorschriften der §§ 571, 572, 573 Satz 1, 574—576, 579, welche die Rechtsverhältnisse bei Veräußerung eines vermietheten Grundstücks durch den Vermiether nach Ueberlassung des Grundstücks an den Miether ordnen. Der Veräußerung des Grundstücks entspricht hier die Beendigung der elterlichen Nutznießung, das Kind hat die rechtliche Stellung des Erwerbers und der Gewalthaber die des Vermiethers und ursprünglichen Eigenthümers.

b) Nach den ebenfalls für entsprechend anwendbar erklärten Vorschriften des § 1056 Abs. 2 und 3 kann das Kind (bezw. sein gesetzlicher Vertreter) nach Beendigung der elterlichen Nutznießung das Mieth- oder Pachtverhältniß unter Einhaltung der gesetzlichen Kündigungsfrist (§§ 565, 595) kündigen. Ist aber das elterliche Nutznießungsrecht durch Verzicht des Gewalthabers beendigt worden (§ 1662), so ist die Kündigung erst von der Zeit an zulässig, zu welcher die elterliche Nutznießung ohne den Verzicht endigen würde (vgl. Vorbem. vor § 1649 Ziff. 9). Der Miether oder Pächter ist berechtigt, das Kind bezw. dessen gesetzlichen Vertreter unter Bestimmung einer angemessenen Frist zur Erklärung darüber aufzufordern, ob von dem Kündigungsrechte Gebrauch gemacht werden will. Die Kündigung kann nur bis zum Ablaufe der Frist erfolgen.

Unberührt durch § 1663 Abs. 1 bleibt die dem Gewalthaber kraft seines Verwaltungsrechts zustehende Befugniß, Namens des Kindes Mieth- und Pachtverträge, welche nicht weiter als ein Jahr nach der Vollendung des 21. Lebensjahrs des Kindes fortwirken sollen, unbeschränkt, länger wirkende Mieth- und Pachtverträge aber mit Genehmigung des Vormundschaftsgerichts mit bindender Wirkung für das Kind abzuschließen (M. IV, 776; §§ 1643 Abs. 1, 1822 Nr. 4).

2. § 1663 Abs. 2 regelt den bei Beendigung der elterlichen Nutznießung dem Gewalthaber zustehenden Anspruch auf Ersatz der Bestellungskosten und seine Verpflichtung zur Zurücklassung landwirthschaftlicher Erzeugnisse auf einem Landgut (M. IV, 776 ff.; P. IV, 576; vgl. § 1421 Satz 2 und Anm. 8 hiezu).

a) Gehört zu dem der elterlichen Nutznießung unterliegenden Vermögen des Kindes ein landwirthschaftliches Grundstück oder ein Landgut (über diese Begriffe s. oben S. 285, dann Planck, Komm. Nt. 2 zu § 98), so hat inhaltlich des für entsprechend anwendbar erklärten § 592, falls das Nutznießungsrecht des Gewalthabers im Laufe des Pachtjahrs endigt, das Kind die Kosten, welche der Gewalthaber auf die noch nicht getrennten, jedoch nach den Regeln einer ordnungsmäßigen Wirthschaft vor dem Ende des Pachtjahrs zu trennenden Früchte verwendet hat, insoweit zu ersetzen, als sie einer ordnungsmäßigen Wirthschaft entsprechen und den Werth dieser Früchte nicht übersteigen (vgl. Planck, Komm. Nt. zu § 592). Geht die elterliche Nutznießung vom Vater auf die Mutter über (§§ 1684, 1685 Abs. 2), so ist das Kind nicht ersatzpflichtig, da in diesem Falle die Früchte nicht ihm, sondern der Mutter zufallen (M. IV, 777). Ueber die Gründe, aus welchen das Gesetz davon Umgang genommen hat, dem Kind einen analogen Ersatzanspruch für die bei Beginn der elterlichen Nutznießung bereits aufgewendeten Kosten zu gewähren, s. M. IV, 776 ff.

b) War ein Landgut (s. o. unter a) Gegenstand der elterlichen Nutznießung, so hat inhaltlich des für entsprechend anwendbar erklärten § 593 der Gewalthaber von den bei Beendigung seiner Nutznießung vorhandenen landwirthschaftlichen Erzeugnissen ohne Rücksicht darauf, ob er bei Beginn seines Nutznießungsrechts solche Erzeugnisse übernommen hat, soviel zurückzulassen, als zur Fortführung der Wirthschaft bis zu der Zeit erforderlich ist, zu welcher gleiche oder ähnliche Erzeugnisse voraussichtlich gewonnen werden. Soweit der Gewalthaber hienach landwirthschaftliche Erzeugnisse in größerer Menge oder besserer Beschaffenheit zurückzulassen verpflichtet ist, als er bei Beginn seines Nutznießungsrechts übernommen hat, kann er von dem Kind Ersatz des Werthes verlangen. Den vorhandenen, auf dem Gute gewonnenen Dünger hat der Gewalthaber zurückzulassen, ohne daß er Ersatz des Werthes verlangen kann (vgl. Planck, Komm. Note 2 zu § 593).

§ 1664.

Der Vater hat bei der Ausübung der elterlichen Gewalt dem Kinde gegenüber nur für diejenige Sorgfalt einzustehen, welche er in eigenen Angelegenheiten anzuwenden pflegt.

E. I, 1503, 1696 Abs. 1; II, 1555; III, 1641.

1. § 1664 regelt die Haftung des Gewalthabers gegenüber dem Kind. Während E. I den Gewalthaber zur Anwendung der Sorgfalt eines ordentlichen Hausvaters verpflichtete (M. IV, 745 ff.; Z.G. IV, 388; über das bisherige Recht s. M. IV, 745 ff.), hat die II. Komm. im Anschluß an das sächs. G.B. die Haftung des Gewalthabers auf die Verpflichtung zur Beobachtung der sog. diligentia quam in suis ermäßigt (P. IV, 561). Er haftet demgemäß unbedingt nur für Vorsatz und für Fahrlässigkeit (Außerachtlassung der im Verkehr erforderlichen Sorgfalt, § 276 Abs. 1), soweit sie eine grobe ist

(§ 277) Fällt ihm eine nicht grobe Fahrlässigkeit zur Last, so ist er von der Haftung befreit, wenn er nachweisen kann, daß er auch in seinen eigenen Angelegenheiten nicht sorgsamer als im vorliegenden Falle zu Werke zu gehen pflegt (vgl. Anm. 4 zu § 1359; über weitere Fälle, in welchen nur für diligentia quam in suis gehaftet wird, s. §§ 690, 708, 1359, 2131).

2. Der Grundsatz des § 1664 gilt für die Ausübung des gesammten Gebietes der elterlichen Gewalt, also sowohl für die Ausübung der Sorge für die Person des Kindes (auch soweit dieselbe einem Elterntheil ohne die übrigen Bestandtheile der elterlichen Gewalt zusteht, s. §§ 1634, 1635, 1637, 1676 Abs. 2 Satz 2, 1696—1698, 1702 Abs. 2, 3) als für die Ausübung der Vermögensverwaltung und des elterlichen Nutznießungsrechts (vgl. Anm. 2 zu § 1359).

3. Der Beweis der Anwendung der erforderlichen Sorgfalt obliegt bei Entschädigungsansprüchen wegen Verlustes oder Verschlechterung von Vermögensgegenständen allgemeinen Grundsätzen zufolge dem in Anspruch genommenen Gewalthaber. Dies gilt auch dann, wenn es sich um Bestandtheile des Vermögens des Kindes handelt, welche während der Vermögensverwaltung des Gewalthabers vorhanden waren, faktisch aber niemals in die Vermögensverwaltung des Gewalthabers gelangt sind, da die demselben obliegende Sorge für das Vermögen des Kindes von einer Uebergabe des Vermögens an ihn nicht abhängig ist (M. IV, 748; vgl. Z.G. IV, 388).

4. Wie alle Ansprüche des Kindes gegen den Gewalthaber, können auch solche, die sich auf Verletzung der dem Gewalthaber gemäß § 1664 obliegenden Verpflichtung zur Anwendung der erforderlichen Sorgfalt gründen, auch während der Dauer der elterlichen Gewalt geltend gemacht werden (vgl. §§ 1843 Abs. 2, 1394). Selbstverständlich muß in diesem Falle dem Kind gemäß § 1909 Abs. 1 Satz 1 ein Pfleger bestellt werden (vgl. Anm. VI, 5, a zu § 1630). Während der Minderjährigkeit des Kindes ist die Verjährung seiner Ansprüche gegen den Gewalthaber gehemmt (§§ 204, 205; s. auch § 206).

5. Läßt der Gewalthaber die ihm gemäß § 1664 obliegende Sorgfalt bei Ausübung der elterlichen Gewalt außer Acht, so hat das Vormundschaftsgericht nach Maßgabe der §§ 1667 ff. einzuschreiten.

6. § 1664 regelt nur die Haftung des Gewalthabers gegenüber dem Kinde. Dritten Personen gegenüber haftet er auch, insoweit er in Ausübung der elterlichen Gewalt gehandelt hat, nach Maßgabe der allgemeinen Grundsätze (s. insbesondere §§ 823, 826; vgl. auch Anm. 7 zu § 1674, Anm. 5 zu § 1833).

7. Ueber die Haftung des Vormundschaftsrichters gegenüber dem Kind s. § 1674, über das Verhältniß der Haftung des Gewalthabers zu der des Vormundschaftsrichters s. Anm. 3 zu § 1674. Ueber die Haftung der Ehegatten und speziell des Mannes hinsichtlich der Verwaltung des eingebrachten Guts und des Gesammtguts s. §§ 1359, 1374, 1456; über die Haftung des Vormunds, Gegenvormunds, Beistands und Pflegers s. §§ 1833, 1694 Abs. 1, 1915.

Vorbemerkungen zu §§ 1665—1675.

1. Uebersicht. Die §§ 1665—1675 behandeln die Stellung des Vormundschaftsgerichts gegenüber dem Inhaber der elterlichen Gewalt und zwar regeln die §§ 1665—1671 die Voraussetzungen für das Einschreiten des Vormundschaftsgerichts und die zulässigen Maßregeln, § 1672 die Vertretung des Kindes durch das Vormundschaftsgericht bei Bestellung und Aufhebung einer Sicherheit, § 1673 das Erforderniß der Anhörung gewisser Personen vor der vom Vormundschaftsgericht zu treffenden Entscheidung, § 1674 die Haftung des Vormundschaftsrichters und § 1675 die Mitwirkung des Gemeindewaisenraths. Hieher gehören auch die Bestimmungen über die Regelung der Sorge für die Person des Kindes bei Scheidung der Ehe oder Auflösung derselben auf Grund des § 1348 Abs. 2 (§§ 1635—1637), die Entziehung der Vertretungsbefugniß wegen Interessenkollision (§§ 1630 Abs. 2 Satz 2, 1796), die Aufstellung eines Beistands gemäß § 1687 Nr. 3 und die Entziehung der Vermögensverwaltung gegenüber dem Annehmenden (§ 1760 Abs. 2).

2. Grundgedanke. Die Zulässigkeit des Einschreitens des Vormundschaftsgerichts ergibt sich aus dem vormundschaftlichen Charakter der elterlichen Gewalt (vgl. Vorbem. vor § 1626 Ziff. 2). Andererseits gebietet aber die Rücksicht auf das nahe Verhältniß zwischen Eltern und Kindern und auf die elterliche Autorität, daß der Gewalthaber nicht wie der Vormund der beständigen Aufsicht des Vormundschaftsgerichts unterliegt (vgl. § 1837), dieses vielmehr nur ausnahmsweise und aus Anlaß besonderer Umstände thätig wird (M. IV, 724, 802; Z.G. IV, 412 ff.). Daß das Vormundschaftsgericht beim Vorhandensein dieser Voraussetzungen zum Einschreiten von Amtswegen nicht nur berechtigt, sondern auch verpflichtet ist, falls das Interesse des Kindes es erfordert, ergibt sich aus dem Wesen der freiwilligen Rechtspflege (Begr. z. Entw. d. Ges. über die Angel. d. freiw. Gerichtsb. S. 12).

2. Die Uebertragung der fraglichen Maßregeln auf das Vormundschaftsgericht beruht auf der Erwägung, daß das Verfahren im ordentlichen Prozeßwege hiefür zu schleppend und zu schwerfällig wäre (M. IV, 806; Z.G. IV, 416 ff.; P. IV, 627 ff.). Für die hienach dem Vormundschaftsgericht übertragenen Geschäfte ist nach § 35 F.G. das Amtsgericht zuständig, soweit nicht nach Landesgesetz auf Grund des Art. 147 Abs. 1 E.G. andere als gerichtliche Behörden mit den vormundschaftlichen Verrichtungen betraut sind (was in Bayern nicht der Fall ist). Ueber die örtliche Zuständigkeit s. im Allgemeinen F.G. §§ 43, 36, 44, über Rechtsmittel gegen die Entscheidungen des Vormundschaftsgerichts s. F.G. §§ 19 ff., 56 und insbesondere § 57 Abs. 1 Nr. 8 u. 9, Abs. 2, wonach zur Beschwerde gegen eine Verfügung, durch welche die Anordnung einer der in den §§ 1665—1667 vorgesehenen Maßregeln abgelehnt oder eine solche Maßregel aufgehoben wird, auch die Verwandten und Verschwägerten des Kindes, und zur Beschwerde gegen eine Verfügung, die eine Entscheidung über eine die Sorge für die Person des Kindes betreffende Angelegenheit enthält, Jeder berechtigt ist, der ein berechtigtes Interesse an der Wahrnehmung dieser Angelegenheit hat.

4. Zur Unterstützung des Vormundschaftsgerichts ist der Gemeindewaisenrath berufen, der nach § 1674 (vgl. F.G. § 49) dem Vormundschaftsgericht Anzeige zu machen hat, falls dessen Einschreiten veranlaßt ist. Zur Anzeige an das Vormundschaftsgericht ist in gewissen Fällen auch der Beistand, der Gewalthaber selbst und, wenn die Anordnung einer Vormundschaft oder Pflegschaft in Folge eines gerichtlichen Verfahrens erforderlich wird, das Gericht verpflichtet (§§ 1689, 1909, Abs. 2, F.G. § 50).

5. Ueber die Befugniß des Vormundschaftsgerichts, Maßregeln zum Schutze eines Ausländers zu treffen, s. E.G. Art. 23 Abs. 2.

6. Nach der Uebergangsvorschrift des Art. 204 E.G. bleibt eine zur Zeit des Inkrafttretens des B.G.B. bestehende Anordnung der zuständigen Behörde, wodurch Vater oder Mutter in der Sorge für die Person oder das Vermögen des Kindes beschränkt ist, in Kraft, vorbehaltlich der Befugniß des Vormundschaftsgerichts, die Anordnung nach § 1671 aufzuheben. Ist dem Vater oder der Mutter die Nutznießung am Vermögen des Kindes durch Anordnung der zuständigen Behörde entzogen, so hat das Vormundschaftsgericht die Anordnung auf Antrag aufzuheben, falls dieselbe nicht nach § 1666 Abs. 2 gerechtfertigt ist (vgl. M. z. E.G. 293 ff.).

§ 1665.

Ist der Vater verhindert, die elterliche Gewalt auszuüben, so hat das Vormundschaftsgericht, sofern nicht die elterliche Gewalt nach § 1685 von der Mutter ausgeübt wird, die im Interesse des Kindes erforderlichen Maßregeln zu treffen.

E. I, 1544; II, 1556 Abs. 1; III, 1642.

1. Gemäß § 1665 ist das Vormundschaftsgericht zum Einschreiten berufen, wenn der Gewalthaber an der Ausübung der elterlichen Gewalt im Ganzen oder in einzelnen Beziehungen verhindert ist (M. IV, 802, 1155; Z.G. IV, 413). Ob die Verhinderung des Gewalthabers eine thatsächliche (Haft, Krankheit, Abwesenheit) oder rechtliche ist (s. z. B. § 1638), kommt nicht in Betracht.

2. Diese Befugniß des Vormundschaftsgerichts ist aber nach dem von der Reichstagskommission beschlossenen Zusatz an die Voraussetzung geknüpft, daß nicht die elterliche Gewalt nach § 1685 von der Mutter ausgeübt wird (R.T.K. 146; in der II. Komm. hatte ein dahingehender Antrag keine Annahme gefunden, P. IV, 617 ff.). Wenn nämlich der Vater an der Ausübung der elterlichen Gewalt thatsächlich verhindert ist oder seine elterliche Gewalt ruht (§§ 1676, 1677), so wird dieselbe (mit Ausnahme der Nutznießung), solange die Ehe besteht, von der Mutter ausgeübt (§§ 1685 Abs. 1); nach Auflösung der Ehe ist ihr die Ausübung der elterlichen Gewalt (einschließlich der Nutznießung) auf Antrag zu übertragen, wenn die elterliche Gewalt des Vaters voraussichtlich dauernd ruht (§ 1685 Abs. 2). Soweit demzufolge die elterliche Gewalt von der Mutter ausgeübt wird, hat diese und nicht das Vormundschaftsgericht die im Interesse des Kindes erforderlichen Maßregeln zu treffen. Ist dagegen der Vater an der Ausübung der elterlichen Gewalt verhindert, ohne daß die Voraussetzungen des § 1685 gegeben sind, oder die Mutter selbst an der Ausübung der elterlichen Gewalt thatsächlich oder rechtlich verhindert, so ist das Vormundschaftsgericht zum Eingreifen berechtigt und verpflichtet.

3. Welche Maßregeln im Interesse des Kindes erforderlich sind, hat das Vormundschaftsgericht nach freiem Ermessen zu beurtheilen. In der Regel wird es sich hiebei um die Aufstellung eines Vormunds oder Pflegers handeln (§§ 1773, 1909; D. 229), doch

kann unter Umständen, insbesondere in sehr eiligen Fällen, das Vormundschaftsgericht auch veranlaßt sein, selbst für das Kind thätig zu werden (vgl. M. IV, 1155).

4. Für die Zuständigkeit des Vormundschaftsgerichts sind im Allgemeinen die Bestimmungen der §§ 43, 36 F.G. maßgebend. Nach § 44 dieses Gesetzes ist aber für die im § 1665 B.G.B. bezeichneten Maßregeln auch das Gericht zuständig, in dessen Bezirk das Bedürfniß einer Fürsorge hervortritt. Ist eine Vormundschaft, Pflegschaft oder Beistandschaft anhängig, so soll dieses Gericht von den angeordneten Maßregeln dem nach § 43 Abs. 2 zuständigen Gerichte Mittheilung machen.

5. Ueber das Eingreifen des Vormundschaftsgerichts bei Verhinderung des Vormunds s. § 1846 (vgl. auch § 1876): über das Eingreifen des Nachlaßgerichts zur Sicherung des Nachlasses s. § 1960.

§ 1666.

Wird das geistige oder leibliche Wohl des Kindes dadurch gefährdet, daß der Vater das Recht der Sorge für die Person des Kindes mißbraucht, das Kind vernachlässigt oder sich eines ehrlosen oder unsittlichen Verhaltens schuldig macht, so hat das Vormundschaftsgericht die zur Abwendung der Gefahr erforderlichen Maßregeln zu treffen. Das Vormundschaftsgericht kann insbesondere anordnen, daß das Kind zum Zwecke der Erziehung in einer geeigneten Familie oder in einer Erziehungsanstalt oder einer Besserungsanstalt untergebracht wird.

Hat der Vater das Recht des Kindes auf Gewährung des Unterhalts verletzt und ist für die Zukunft eine erhebliche Gefährdung des Unterhalts zu besorgen, so kann dem Vater auch die Vermögensverwaltung sowie die Nutznießung entzogen werden.

E. I, 1546; II, 1557; III, 1643.

1. Für die Auslegung des § 1666 ist die Entstehungsgeschichte dieser Vorschrift von wesentlicher Bedeutung. Die Bestimmungen des E. I § 1546 Satz 1 und 2 entsprachen im Wesentlichen dem nunmehrigen Abs. 1 des § 1666. Daneben war durch Satz 3 dem Vormundschaftsgericht die Befugniß eingeräumt, sofern das Interesse des Kindes es erfordert, auch die elterliche Gewalt mit Ausnahme der elterlichen Nutznießung ganz oder theilweise zu entziehen (M. IV, 803 ff.; Z.G. IV, 413 ff.; über das bisherige Recht s. M. IV, 803 und insbes. P.L.R. Thl. I cap. 5 § 7 Ziff. 2, wonach die väterliche Gewalt durch schweren Mißbrauch derselben, z. E. durch Grausamkeit, Exposition und Hinlegung der Kinder, Verkuppelung oder Verführung und dergl. beendigt wird). Von der II. Komm. wurde das dieser Regelung zu Grunde liegende Verschuldungsprinzip aufgegeben und das Einschreiten des Vormundschaftsgerichts auch dann für zulässig erklärt, wenn das Kind ohne Verschulden des Gewalthabers sittlich verwahrlost und nach der Persönlichkeit und den Lebensverhältnissen des Vaters anzunehmen ist, daß die elterliche Erziehungsgewalt zur Besserung des Kindes nicht ausreicht. Der Antrag, mit der Entziehung der elterlichen Gewalt auch den Verlust des Nutznießungsrechts zu verbinden, wurde abgelehnt und Satz 3 des § 1546 E. I gestrichen, weil sich die Zulässigkeit der Entziehung der elterlichen Gewalt schon aus der dem Vormundschaftsgericht eingeräumten Befugniß ergebe, die zur Abwendung einer Gefahr erforderlichen Maßregeln zu treffen. Nur für den Fall, daß das Recht des Kindes auf Gewährung des Unterhalts verletzt und für die Zukunft eine erhebliche Gefährdung des Unterhalts zu besorgen sei, solle auch die Entziehung der Verwaltung und Nutznießung zulässig sein. Mit Rücksicht auf die Erweiterung der Befugnisse des Vormundschaftsgerichts wurde sodann beschlossen, im § 55 des R.St.G.B. die Sätze 2 und 3 als überflüssig zu streichen und in das Einf.G. die Bestimmung aufzunehmen, daß unbeschadet der Vorschrift des § 56 St.G.B. auch nach Landesrecht die öffentliche Zwangserziehung eines Minderjährigen nur zulässig sein solle, wenn das Vormundschaftsgericht dieselbe für erforderlich erklärt habe (P. IV, 619 ff., 654 ff.; s. auch M. z. E.G. 123 ff.). Von der Reichstagskommission wurde die Bestimmung, daß bei Verwahrlosung des Kindes auch ohne Verschulden des Gewalthabers das Einschreiten des Vormundschaftsgerichts zulässig sein solle, wieder beseitigt, dagegen der Landesgesetzgebung die Befugniß eingeräumt, die Zwangserziehung zuzulassen, auch ohne daß das Kind eine strafbare Handlung begangen hat und ohne daß den Gewalthaber hinsichtlich der Verwahrlosung des Kindes ein Verschulden trifft (R.T.K. 149 ff.). Im Reichstag

endlich wurde diese Befugniß der Landesgesetzgebung wiederum dadurch eingeengt, daß die öffentliche Zwangserziehung auf Grund Landesrechts, abgesehen von den Bestimmungen der §§ 55, 56 St.G.B. und von den Vorschriften der (nunmehrigen) §§ 1666, 1838 B.G.B. nur dann für zulässig erklärt wurde, wenn dieselbe zur Verhütung des völligen sittlichen Verderbens nothwendig ist (St.B. 313 ff.).

2. Voraussetzung für das Einschreiten des Vormundschaftsgerichts auf Grund des § 1666 ist die Gefährdung des geistigen oder leiblichen Wohls des Kindes, falls diese Gefährdung beruht auf Mißbrauch des Rechts der Sorge für die Person des Kindes, auf Vernachlässigung des Kindes oder auf ehrlosem oder unsittlichem Verhalten des Gewalthabers.

a) Der Mißbrauch des Rechts der Sorge für die Person braucht nicht ein „schwerer" zu sein (M. IV, 803 ff.; vgl. dagegen die in Anm. 1 erwähnte Bestimmung des B.L.R.). Als Beispiele für die hieher gehörigen Fälle nennen die Motive (M. IV, 804): Mißhandlung des Kindes (bez. der Ueberschreitung des Züchtigungsrechts vgl. Anm. I, 5 zu § 1631), Verleitung des Kindes zum Bösen, Bestimmung des Kindes zu einem den Neigungen, Fähigkeiten oder den sonstigen Verhältnissen desselben nicht entsprechenden Berufe.

b) Vernachlässigung des Kindes liegt insbesondere vor bei ungenügender Ernährung und Bekleidung des Kindes, mangelhafter Verpflegung desselben in Krankheitsfällen, Unterlassung der erforderlichen Beaufsichtigung (vgl. § 1631 Abs. 1), Nichtanhalten des Kindes zum Schulbesuch. Hinsichtlich der hieher gehörigen Verletzung des Unterhaltsanspruchs des Kindes s. § 1666 Abs. 2 und unten Anm. 3b.

c) Endlich ist das Vormundschaftsgericht auch zum Einschreiten befugt, wenn die Gefährdung des geistigen oder leiblichen Wohls des Kindes auf ehrlosem oder unsittlichem Verhalten des Gewalthabers beruht (vgl. l. 3 § 5 Dig. 43, 30: »ob nequitiam patris«; s. auch § 1568 und Anm. 3 hiezu). „Es muß der Gefahr vorgebeugt werden, daß das schlechte Beispiel der Eltern einen verderblichen Einfluß auf die Kinder äußert, selbst wenn zur Zeit eine sittliche Verwahrlosung der Kinder noch nicht eingetreten wäre" (M. IV, 804). Daß der Verlust der bürgerlichen Ehrenrechte (St.G.B. §§ 32 ff.) nicht unter allen Umständen auf ehrloses oder unsittliches Verhalten schließen läßt, steht außer Zweifel (M. IV, 804; vgl. §§ 1781 Nr. 4, 1886). Der in der II. Komm. gestellte Antrag, von der Erwähnung des „unsittlichen oder ehrlosen Verhaltens" mit Rücksicht auf die Dehnbarkeit dieses Begriffs abzusehen, fand keine Annahme. Man war hiebei darüber einig, daß für den Thatbestand des § 1666 nur ein ehrloses Verhalten in Betracht komme, welches zugleich unsittlich sei (P. IV, 625, eine Ansicht, die gegenüber dem Wortlaut des Gesetzes kaum haltbar sein dürfte). Abgelehnt wurde auch der in der Reichstagskommission und im Reichstag gestellte Antrag, ausdrücklich auszusprechen, daß das Verhalten des Vaters in religiöser oder politischer Hinsicht oder die Einwirkung des Vaters auf das Kind nach diesen Richtungen hin hier nicht in Betracht kommen solle (R.T.K. 149 ff.; St.B. 262 ff.).

3. Hinsichtlich der vom Vormundschaftsgericht zur Abwendung der Gefahr zu ergreifenden Maßregeln entscheidet im Allgemeinen das Ermessen des Vormundschaftsgerichts (M. IV, 805), doch ist hiebei zwischen den Bestimmungen des § 1666 Abs. 1 und Abs. 2 zu unterscheiden.

a) Liegen die Voraussetzungen des Abs. 1 vor, so kann das Vormundschaftsgericht

α) ohne Entziehung oder Beschränkung der Sorge für die Person des Kindes die demselben drohende Gefahr zu beseitigen suchen, insbesondere durch Ermahnung des Gewalthabers, Verwarnung desselben, Androhung weiterer Maßregeln 2c.

β) Es kann ferner die dem Gewalthaber zustehende Sorge für die Person des Kindes beschränken. Hieher gehört die vom Gesetz wegen ihrer Wichtigkeit besonders hervorgehobene Entziehung der Erziehungsgewalt durch Anordnung der Zwangserziehung (§ 1666 Abs. 1 Satz 2: M. IV, 805). Hiebei darf sich das Vormundschaftsgericht jedoch nicht darauf beschränken, zu bestimmen, daß das Kind außerhalb des Elternhauses zu erziehen sei, es muß vielmehr entweder die Unterbringung des Kindes in einer geeigneten Familie oder in einer Erziehungsanstalt oder einer Besserungsanstalt anordnen (P. IV, 630 ff.). Hienach kann sich der Beschluß des Vormundschaftsgerichts allerdings unter Umständen als undurchführbar erweisen, wenn es an den erforderlichen landesgesetzlichen Einrichtungen fehlt (P. IV, 632). Welche der drei Maßregeln zu treffen ist, hängt von den Umständen des einzelnen Falles ab (vgl. Z.G. IV, 415). Macht das Vormundschaftsgericht von der Befugniß zur Anordnung der Zwangserziehung Gebrauch, so ist es bezüglich der Dauer derselben an einen bestimmten Zeitraum nicht gebunden; es kann also, wenn es dies für erforderlich hält, die Zwangserziehung bis zur Volljährigkeit des Kindes (aber selbstverständlich nicht länger!) fortdauern lassen (vgl. Z.G. IV, 415 ff.), es kann aber auch das Erziehungsrecht des Gewalthabers schon in einem früheren Zeitpunkt wieder eintreten lassen (§ 1671). Selbstverständlich handelt es sich hiebei nur um die Zwangserziehung des Kindes gegen den Willen des Gewalthabers; daß dieselbe mit dessen Zustimmung zulässig ist, folgt schon aus § 1631 Abs. 2 Satz 2 (vgl. Anm. I, 5 zu § 1631). Ueber die Zwangserziehung bevormundeter Kinder s. § 1838. Unberührt durch § 1666 bleiben natürlich die §§ 55, 56 des St.G.B. Nach § 55 St.G.B. in der durch E.G. Art. 34 II festgesetzten Fassung kann, wer bei Begehung einer strafbaren Handlung das 12. Lebensjahr nicht vollendet hat, wegen derselben nicht strafrechtlich verfolgt werden. Gegen denselben können jedoch nach Maßgabe der landesgesetzlichen Vorschriften die zur Besserung und Beaufsichtigung geeigneten Maßregeln getroffen werden. Die Unterbringung in eine Familie, Erziehungsanstalt oder Besserungsanstalt kann nur erfolgen, nachdem durch Beschluß des Vormundschaftsgerichts die Begehung der Handlung festgestellt und die Unterbringung für zulässig erklärt ist. Nach § 56 St.G.B. ist ein Angeschuldigter, der zur Zeit der Begehung der strafbaren Handlung das 12., aber nicht das 18. Lebensjahr vollendet hat, freizusprechen, wenn er bei Begehung derselben die zur Erkenntniß ihrer Strafbarkeit erforderliche Einsicht nicht besaß. In dem Urtheil ist zu bestimmen, ob der Angeschuldigte seiner Familie überwiesen oder in eine Erziehungs- oder Besserungsanstalt gebracht werden soll. In der Anstalt ist er solange zu behalten, als die der Anstalt vorgesetzte Verwaltungsbehörde solches für erforderlich erachtet, jedoch nicht über das vollendete 20. Lebensjahr. Hinsichtlich der Zulässigkeit der Anordnung der Zwangserziehung auf Grund Landesrechts ist nunmehr E.G. Art. 135 maßgebend. Hienach bleiben zwar im Allgemeinen die landesgesetzlichen Vorschriften über die Zwangserziehung Minderjähriger unberührt. Die Zwangserziehung ist jedoch, unbeschadet der Vorschriften der §§ 55, 56 St.G.B., nur zulässig, wenn sie vom Vormundschaftsgericht angeordnet wird. Diese Anordnung kann außer den Fällen der §§ 1666, 1838 B.G.B. nur erfolgen, wenn die Zwangserziehung zur Verhütung des völligen sittlichen Verderbens nothwendig ist. (S. oben Anm. I.) Die Entscheidung darüber, ob der Minderjährige, dessen Zwangserziehung angeordnet ist, in eine Familie oder in eine Erziehungs- oder Besserungsanstalt unterzubringen ist, können die Landesgesetze einer Verwaltungsbehörde übertragen, wenn die Unterbringung auf öffentliche Kosten zu erfolgen hat. Ueber die in Bayern bestehenden Erziehungs- und Besserungsanstalten vgl. Justiz-Min.Bl. 1872 S. 16 ff., 181; 1879 S. 1893; 1890 S. 292; 1893 S. 52.

γ) Der Mutter als Inhaberin der elterlichen Gewalt kann ein Beistand bestellt werden, wenn das Vormundschaftsgericht dies im Interesse des Kindes für nöthig erachtet (§ 1687 Nr. 3). Derselbe kann für alle Angelegenheiten, für gewisse Arten von Angelegenheiten oder für einzelne Angelegenheiten bestellt werden; über den Umfang seines Wirkungskreises entscheidet die Bestellung. Ist der Umfang nicht bestimmt, so fallen alle Angelegenheiten in seinen Wirkungskreis (§ 1688 Abs. 1, 2). Gemäß § 1695 Abs. 1 kann die Bestellung jederzeit wieder aufgehoben werden.

δ) Endlich kann dem Gewalthaber die gesammte Sorge für die Person des Kindes, einschließlich der Vertretung des Kindes in persönlichen Angelegenheiten (§ 1630 Abs. 1), entzogen werden. Dies ist im Gesetz zwar nicht ausdrücklich ausgesprochen, ergibt sich aber aus § 1666 Abs. 1 Satz 1 (s. auch §§ 1656 Abs. 2, 1673 Abs. 1; D. 230).

Dagegen ist die Entziehung der Vermögensverwaltung oder der elterlichen Nutznießung nicht auf Grund des § 1666 Abs. 1, sondern nur beim Vorliegen der speziellen Voraussetzungen des § 1666 Abs. 2 zulässig. Hiegegen scheint zwar der Umstand zu sprechen, daß nach E. I in den nunmehr im § 1666 Abs. 1 erwähnten Fällen die Entziehung der gesammten elterlichen Gewalt (ausschließlich der Nutznießung) zulässig sein sollte und daß, wie in der II. Komm. bemerkt wurde, die Zulässigkeit der Entziehung der elterlichen Gewalt sich schon aus der Befugniß des Vormundschaftsgerichts ergebe, die zur Abwendung der Gefahr erforderlichen Maßregeln zu treffen (P. IV, 627). Wäre aber die gegentheilige Ansicht richtig, so würde die besondere Hervorhebung der nach Abs. 2 zulässigen Maßregeln jedes vernünftigen Sinnes entbehren (vgl. D. 230: „nur wenn der Vater das Recht des Kindes auf Gewährung des Unterhalts verletzt ...., darf dem Vater auch die Vermögensverwaltung, sowie die Nutznießung entzogen werden"; s. auch E.G. Art. 204 Abs. 2).

b) Weitergehende Befugnisse sind dem Vormundschaftsgericht gemäß § 1666 Abs. 2 eingeräumt, wenn zur Gefährdung des leiblichen Wohls des Kindes in der Form der Vernachlässigung desselben durch Verletzung seines Unterhaltsanspruchs (§§ 1601 ff., 1766) die Thatsache hinzutritt, daß für die Zukunft eine erhebliche Gefährdung des Unterhalts des Kindes zu besorgen ist (vgl. §§ 1418 Abs. 1 Nr. 2, 1428 Abs. 1 Nr. 2, 1468 Nr. 3, 1495 Nr. 3, 1542 Abs. 1, 1585 Abs. 2). In diesem Falle kann das Vormundschaftsgericht:

α) eine der oben unter a erwähnten Maßregeln treffen;

β) in Verbindung mit einer solchen Maßregel oder unabhängig hievon dem Gewalthaber die Vermögensverwaltung entziehen;

γ) in Verbindung mit einer der oben unter a erwähnten Maßregeln oder unabhängig hievon dem Gewalthaber die elterliche Nutznießung entziehen (vgl. B.L.R. Thl. II cap. 9 § 8 Ziff. 8; Kreittmayr, Anm. zu Thl. I cap. 5 § 5 Ziff. 4; Samml. v. Entsch. d. Obersten L.G. München Bd. 2 S. 335 ff.);

δ) in Verbindung mit einer der oben unter a erwähnten Maßregeln oder unabhängig hievon dem Gewalthaber die Vermögensverwaltung und die Nutznießung entziehen (P. IV, 625 ff.).

Ist dem Gewalthaber die Sorge für die Person des Kindes, die Vermögensverwaltung und die Nutznießung entzogen, so liegt thatsächlich, obwohl das Gesetz diesen Ausdruck vermeidet, eine Entziehung der gesammten elterlichen Gewalt vor (vgl. R.T.K. 153).

4. Zum Einschreiten auf Grund des § 1666 Abs. 1 ist das Vormundschaftsgericht selbstverständlich auch gegenüber demjenigen Elterntheile berufen, dem lediglich die Sorge für die Person des Kindes, nicht aber die übrigen Bestandtheile der elterlichen Gewalt zustehen (§§ 1634, 1635, 1637, 1676 Abs. 2 Satz 2, 1696—1698, 1702 Abs. 2, 3, 1707, C.P.O. § 627 Abs. 1 n. Nr.; vgl. § 1838 Satz 2).

5. Wird dem Vater auf Grund des § 1666 die elterliche Gewalt ganz oder theilweise entzogen, so tritt nicht etwa die Mutter an seine Stelle, da seine Verhinderung an der Ausübung der elterlichen Gewalt in solchem Falle auf einem rechtlichen, nicht auf einem thatsächlichen Grunde beruht (§ 1685). „Eine gegentheilige Bestimmung würde bei der Abhängigkeit der Mutter von dem Vater und dem Einflusse des letzteren auf die Mutter den Erfolg der getroffenen Maßregel in vielen Fällen vereiteln oder eine Störung des ehelichen Friedens hervorrufen ..." (M. IV, 806; vgl. Z.G. IV, 413, 417). Dies gilt auch für den Fall der Auflösung der Ehe (anders bei Verwirkung der elterlichen Gewalt nach §§ 1680, 1684 Abs. 1 Nr. 2, s. auch § 1685 Abs. 2). Es wird vielmehr (ebenso, wie wenn der Mutter die elterliche Gewalt ganz oder theilweise entzogen ist) erforderlichen Falls ein Pfleger oder Vormund aufgestellt.

a) Die Aufstellung eines Vormunds ist erforderlich, wenn dem Gewalthaber die Sorge für die Person des Kindes und die Vermögensverwaltung (mit oder ohne gleichzeitige Entziehung der Nutznießung) entzogen worden ist (§ 1773 Abs. 1; vgl. § 1656 Abs. 2).

b) Ist dem Gewalthaber nur die Sorge für die Person des Kindes oder nur die Vermögensverwaltung (mit oder ohne gleichzeitige Entziehung der Nutznießung) entzogen, so wird lediglich, soweit erforderlich, ein Pfleger bestellt (§ 1909 Abs. 1 Satz 1).

c) In den oben in Anm. 3 α γ erwähnten Fällen ist die Aufstellung eines Pflegers neben dem Beistand selbstverständlich nicht veranlaßt.

d) Bei Entziehung der Nutznießung ohne gleichzeitige Entziehung der Sorge für die Person oder der Vermögensverwaltung besteht zur Aufstellung eines Pflegers kein Bedürfniß (vgl. Anm. 3 zu § 1649).

e) Ob bei einer nur theilweisen Entziehung der Sorge für die Person, insbesondere bei Anordnung der Zwangserziehung (mit oder ohne gleichzeitige Entziehung der Nutznießung), die Aufstellung eines Pflegers erforderlich ist, hängt von den Umständen des einzelnen Falles ab.

Neben dem an Stelle des Vaters aufgestellten Vormund oder Pfleger steht der Mutter die Sorge für die Person des Kindes in gleicher Weise zu, wie nach § 1634 neben dem Vater, also ausschließlich der Vertretungsbefugniß und mit der Einschränkung, daß bei Meinungsverschiedenheiten die Meinung des gesetzlichen Vertreters vorgeht (§ 1698).

6. Ueber weitere Fälle der Entziehung der Vermögensverwaltung s. §§ 1667—1670, 1760 Abs. 2; über Verwirkung der elterlichen Gewalt s. § 1680.

7. Die auf Grund des § 1666 getroffenen Maßregeln kann das Vormundschaftsgericht während der Dauer der elterlichen Gewalt jederzeit ändern (§ 1671). Ueber das Erforderniß der Anhörung des Gewalthabers, sowie Verwandter und Verschwägerter des Kindes s. § 1673, über die Mitwirkung des Gemeindewaisenraths s. § 1675. Die Haftung des Vormundschaftsrichters bemißt sich nach § 1674. Ueber die Zuständigkeit des Vormundschaftsgerichts, die gegen dessen Entscheidung zulässigen Rechtsmittel und die Uebergangsvorschrift des Art. 204 E.G. s. Vorbem. vor § 1665 Ziff. 3 und 6.

8. In strafrechtlicher Beziehung sind zu erwähnen die Bestimmungen des St.G.B. § 361 Nr. 4 (Anhalten der Kinder zum Betteln, Nichtabhalten derselben hievon), § 361 Nr. 10 (Nichterfüllung der gesetzlichen Unterhaltspflicht), ferner des bayr. Pol.St.G.B. v. 26. Dez. 1871 Art. 58 (Nichtanhalten der Kinder zum Schulbesuch) und Art. 81, wonach bestraft wird, wer ihm angehörige oder anvertraute Kinder in Bezug auf Schutz, Aufsicht, Verpflegung oder ärztlichen Beistand verwahrlost. Im Strafurtheil kann ausgesprochen werden, daß die Polizeibehörde ermächtigt sei, in anderer Weise für die Unterbringung des Kindes auf Kosten des Pflichtigen zu sorgen.

9. Nach Art. 36 Abs. 3 des bayr. Ges. über die öffentliche Armen- und Krankenpflege vom 29. April 1869 kann der Armenpflegschaftsrath, wenn die Erziehung von Kindern, für welche Unterstützung aus der Armenkasse gewährt ist, von den Eltern oder deren Stellvertreter offenbar vernachlässigt wird, die Fortsetzung der Unterstützung davon abhängig machen, daß solche Kinder ihm zur besseren Unterbringung und Erziehung überlassen werden.

§ 1667.

Wird das Vermögen des Kindes dadurch gefährdet, daß der Vater die mit der Vermögensverwaltung oder die mit der Nutznießung verbundenen Pflichten verletzt oder daß er in Vermögensverfall geräth, so hat das Vormundschaftsgericht die zur Abwendung der Gefahr erforderlichen Maßregeln zu treffen.

Das Vormundschaftsgericht kann insbesondere anordnen, daß der Vater ein Verzeichniß des Vermögens einreicht und über seine Verwaltung Rechnung legt. Der Vater hat das Verzeichniß mit der Versicherung der Richtigkeit und Vollständigkeit zu versehen. Ist das eingereichte Verzeichniß ungenügend, so findet die Vorschrift des § 1640 Abs. 2 Satz 1 Anwendung. Das Vormundschaftsgericht kann auch, wenn Werthpapiere, Kostbarkeiten oder Buchforderungen gegen das Reich oder einen Bundesstaat zu dem Vermögen des Kindes gehören, dem Vater die gleichen Verpflichtungen auferlegen, welche nach den §§ 1814 bis 1816, 1818 einem Vormund obliegen; die Vorschriften der §§ 1819, 1820 finden entsprechende Anwendung.

Die Kosten der angeordneten Maßregeln fallen dem Vater zur Last.

E. I, 1547 Abs. 1, 1549 Abs. 1; II, 1558; III, 1644.

1. Während die Vorschriften des § 1666 einer Gefährdung der Person des Kindes entgegenzuwirken suchen, regeln die §§ 1667—1670 das Einschreiten des Vormundschaftsgerichts für den Fall, daß das Vermögen des Kindes gefährdet ist (über das in dieser Beziehung bisher geltende Recht s. M. IV, 808; bez. des B.L.R. vgl. Kreittmayr, Anm. zu Thl. I cap. 5 § 5 Ziff. 4 a. E.; Samml. v. Entsch. d. Obersten L.G. München Bd. 2 S. 335 ff., Bd. 10 S. 135).

2. Voraussetzung für das Einschreiten des Vormundschaftsgerichts auf Grund des § 1667 ist eine Gefährdung des Vermögens des Kindes (E. I hatte „erhebliche“ Gefährdung verlangt, M. IV, 807):

a) Durch Verletzung der dem Gewalthaber hinsichtlich der Sorge für das Vermögen des Kindes obliegenden Pflichten (s. insbes. §§ 1640—1645, 1690—1692) oder

b) durch Verletzung der dem Gewalthaber hinsichtlich der Nutznießung am Vermögen des Kindes obliegenden Pflichten (s. insbes. §§ 1653, 1654) oder

c) durch Vermögensverfall des Gewalthabers, gleichviel, auf welcher Ursache derselbe beruht, insbesondere, ob der Gewalthaber denselben verschuldet hat oder nicht

(M. IV, 808; Z.G. IV, 418). Führt der Vermögensverfall des Gewalthabers zur Eröffnung des Konkurses über sein Vermögen, so endigt die Vermögensverwaltung kraft Gesetzes (§ 1647).

3. Welche Maßregeln zur Abwendung der dem Vermögen des Kindes drohenden Gefahr erforderlich sind, hat auch hier (vgl. Anm. 3 zu § 1666) das Vormundschaftsgericht nach freiem Ermessen zu bestimmen. Als besonders wichtige Maßregeln hebt das Gesetz im § 1667 Abs. 2 ausdrücklich hervor:

a) Anordnung der Einreichung eines Vermögensverzeichnisses (vgl. Anm. 1 zu § 1640). Das Verzeichniß muß vom Gewalthaber mit der Versicherung der Richtigkeit und Vollständigkeit versehen werden (R.T.K. 152; vgl. Anm. 3 zu § 1640). Ist der Mutter als Inhaberin der elterlichen Gewalt ein Beistand bestellt, so ist dieser bei Aufnahme des Verzeichnisses zuzuziehen und das Verzeichniß auch von ihm mit der Versicherung der Richtigkeit und Vollständigkeit zu versehen (§ 1692 Satz 1). Das Verzeichniß kann grundsätzlich vom Gewalthaber selbst aufgenommen werden. Ist aber das von ihm eingereichte Vermögensverzeichniß ungenügend, so kann das Vormundschaftsgericht Aufnahme des Verzeichnisses durch eine zuständige Behörde oder durch einen zuständigen Beamten oder Notar anordnen (P.M. S. 8668 ff.: vgl. Anm. 4 zu § 1640). Ueber weitere Fälle, in welchen der Gewalthaber zur Einreichung eines Vermögensverzeichnisses verpflichtet ist, s. §§ 1640, 1669, 1760.

b) Anordnung der Rechnungslegung über das Vermögen des Kindes. (Diese im E. I nicht enthaltene Bestimmung wurde von der II. Komm. aus Zweckmäßigkeitsgründen beigesetzt, P. IV, 635.) Der Gewalthaber kann entweder zu einmaliger oder regelmäßiger Rechnungslegung in bestimmten wiederkehrenden Zeiträumen angehalten werden. Für die Pflichten des zur Rechnungslegung angehaltenen Gewalthabers sind die Vorschriften des § 259 maßgebend. Insbesondere kann der Gewalthaber beim Vorhandensein der Voraussetzungen des § 259 Abs. 2 zur Leistung des Offenbarungseids angehalten werden (vgl. dagegen Art. 85 Abs. 3 des bayr. Ges. z. Ausf. d. R.C.P.O. und K.O. v. 23. Febr. 1879, wonach von Ascendenten weder ihre Abkömmlinge noch deren Vormünder oder Pfleger einen Offenbarungseid verlangen konnten). Ueber die Verpflichtung des Gewalthabers zur Rechenschaftsablegung bei Beendigung der Vermögensverwaltung s. § 1681.

c) Für den Fall, daß zum Vermögen des Kindes Werthpapiere, Kostbarkeiten oder Buchforderungen gegen das Reich oder einen Bundesstaat gehören, kann der Gewalthaber verpflichtet werden, die Werthpapiere und Kostbarkeiten bei einer Hinterlegungsstelle oder bei der Reichsbank mit der Bestimmung zu hinterlegen, daß die Herausgabe nur mit Genehmigung des Vormundschaftsgerichts verlangt werden kann. Der Gewalthaber kann in diesem Falle Inhaberpapiere des Kindes, statt sie zu hinterlegen, auf den Namen des Kindes mit der Bestimmung umschreiben lassen, daß er über sie nur mit Genehmigung des Vormundschaftsgerichts verfügen kann, und Papiere, die vom Reich oder einem Bundesstaat ausgestellt sind, mit der gleichen Bestimmung in Buchforderungen gegen das Reich oder den Bundesstaat umwandeln lassen. An Stelle der Hinterlegung von Inhaberpapieren, die in Buchforderungen umgewandelt werden können, kann das Vormundschaftsgericht anordnen, daß sie mit der erwähnten Bestimmung in Buchforderungen umgewandelt werden. Endlich kann der Gewalthaber, wenn zum Vermögen des Kindes Buchforderungen gegen das Reich oder einen Bundesstaat gehören, verpflichtet werden, in das Schuldbuch den Vermerk eintragen zu lassen, daß er über diese Forderungen nur mit Genehmigung des Vormundschaftsgerichts verfügen kann. Macht das Vormundschaftsgericht von den erwähnten Befugnissen Gebrauch, so ist der Gewalthaber nach Maßgabe der Vorschriften der §§ 1819, 1820 in der Verfügung über diese Vermögensbestandtheile beschränkt (M. IV, 808 ff.; P. IV, 635; §§ 1814—1816, 1818—1820 und Anm. hiezu; vgl. Anm. II, 2 zu § 1643, s. auch §§ 1392, 1393, 2116—2118).

d) Der Mutter als Inhaberin der elterlichen Gewalt kann das Vormundschaftsgericht einen Beistand bestellen, wenn es beim Vorliegen der Voraussetzungen des § 1667 Abs. 1 die Bestellung im Interesse des Kindes für nöthig erachtet (§ 1687 Nr. 3).

e) Zu weiteren Maßregeln (Auferlegung einer Sicherheitsleistung, Entziehung der Vermögensverwaltung) kann das Vormundschaftsgericht greifen, wenn die unter a—d erwähnten Maßregeln nicht ausreichend sind oder der Gewalthaber den getroffenen Anordnungen nicht nachkommt (§§ 1668, 1670).

4. Die Kosten dieser Maßregeln hat nach § 1667 Abs. 3 der Gewalthaber zu tragen, ohne hiefür vom Kind Ersatz verlangen zu können, gleichviel, ob diese Kosten in Ansehung des freien oder des nicht freien Vermögens des Kindes entstanden sind (M. IV, 814 ff.; P. IV, 638; vgl. §§ 1035 Satz 4, 1669 Satz 1, 1672 Abs. 2, 1760 Abs. 1 Satz 1, 1844 Abs. 3).

5. Die auf Grund des § 1667 getroffenen Maßregeln kann das Vormundschaftsgericht während der Dauer der elterlichen Gewalt jederzeit ändern (§ 1671). Ueber das Erforderniß der Anhörung des Gewalthabers, sowie Verwandter und Verschwägerter des Kindes s. § 1673, über die Mitwirkung des Gemeindewaisenraths s. § 1675. Die Haftung des Vormundschaftsrichters bemißt sich nach § 1674. Ueber die Zuständigkeit des Vormundschaftsgerichts, die gegen dessen Entscheidung zulässigen Rechtsmittel und die Uebergangsvorschrift des Art. 204 E.G. s. Vorbem. vor § 1665 Ziff. 3 und 6.

§ 1668.

Sind die nach § 1667 Abs. 2 zulässigen Maßregeln nicht ausreichend, so kann das Vormundschaftsgericht dem Vater Sicherheitsleistung für das seiner Verwaltung unterliegende Vermögen auferlegen. Die Art und den Umfang der Sicherheitsleistung bestimmt das Vormundschaftsgericht nach seinem Ermessen.

E. I, 1517 Abs. 2; II, 1559 Abs. 1 Satz 1, 2; III, 1645.

1. Verpflichtung des Gewalthabers zur Sicherheitsleistung. Nach Gem.R. ist der Gewalthaber zur Sicherheitsleistung für das seiner Verwaltung bezw. Nutznießung unterliegende Vermögen des Kindes nicht verpflichtet, ebensowenig nach P.L.R. (Thl. II cap. 9 § 6 Ziff. 2) und den meisten übrigen Rechten (M. IV, 744). Doch räumen verschiedene neuere Gesetze dem Kind einen gesetzlichen Titel zur Bestellung einer Hypothek an den Immobilien des Vaters ein (vgl. insbesondere bayr. Hypothekengesetz v. 1. Juni 1822 § 12 Ziff. 7).

Das B.G.B. hat den gesetzlichen Hypothektitel des Kindes beseitigt und erkennt einen Anspruch des Kindes gegen den Gewalthaber auf Sicherheitsleistung nur in den Ausnahmsfällen des § 1668 an (M. IV, 744 ff., 810; über die Gründe, aus welchen der Vater auch im Falle der Wiederverheirathung zur Sicherheitsleistung nicht verpflichtet ist, s. M. IV, 813 ff.).

2. Voraussetzung für die Verpflichtung des Gewalthabers zur Sicherheitsleistung ist:

a) daß durch Verletzung der mit der Vermögensverwaltung oder der mit der Nutznießung verbundenen Pflichten oder durch Vermögensverfall des Gewalthabers das Vermögen des Kindes gefährdet wird (vgl. Anm. 2 zu § 1667), und

b) daß zur Abwendung dieser Gefahr die im § 1667 Abs. 2 erwähnten Maßregeln (s. Anm. 3a—d zu § 1667) nicht ausreichen.

3. Ueber Art und Umfang der Sicherheitsleistung bestimmt nach § 1668 Satz 2 das Ermessen des Vormundschaftsgerichts; dasselbe ist also insbesondere auch an die Bestimmungen der §§ 232 ff. nicht gebunden. Bei Errichtung und Aufhebung der Sicherheit wird die Mitwirkung des Kindes durch die Anordnung des Vormundschaftsgerichts ersetzt (§ 1672 Abs. 1). Die Kosten der Bestellung und Aufhebung der Sicherheit fallen dem Gewalthaber zur Last (§ 1672 Abs. 2).

4. Verweigert der Gewalthaber die ihm auferlegte Sicherheitsleistung oder ist er zur Leistung genügender Sicherheit nicht im Stande, so kann ihm durch das Vormundschaftsgericht die Vermögensverwaltung entzogen werden; andere Maßregeln sind zur Erzwingung der Sicherheitsleistung nicht zulässig (§ 1670 und Anm. 5 hiezu: M. IV, 810; vgl. § 1844, Anm. 3 hiezu und F.G. § 54).

5. Gemäß § 1671 kann das Vormundschaftsgericht jederzeit Erhöhung, Minderung oder Aufhebung der geleisteten Sicherheit anordnen. Wird die angeordnete Erhöhung der Sicherheit verweigert oder ist der Gewalthaber hiezu nicht im Stande, so finden die Bestimmungen des § 1670 Anwendung.

6. Eine indirekte Verpflichtung des Gewalthabers zur Sicherheitsleistung kann das Vormundschaftsgericht dadurch schaffen, daß es nur unter dieser Bedingung genehmigt, daß der Gewalthaber Geld des Kindes für sich veräußert oder verbraucht (s. Anm. 2 zu § 1653).

7. Die Vorschrift des § 1039 Abs. 1 Satz 2, wonach der Nießbraucher bei übermäßigem Fruchtbezug zur Sicherheitsleistung verpflichtet ist, findet auf den Gewalthaber keine Anwendung.

8. Ueber die Verpflichtung des Vormunds zur Sicherheitsleistung s. § 1844.

§ 1669.

Will der Vater eine neue Ehe eingehen, so hat er seine Absicht dem Vormundschaftsgericht anzuzeigen, auf seine Kosten ein Verzeichniß des seiner Verwaltung unterliegenden Vermögens einzureichen und, soweit in Ansehung dieses Vermögens eine Gemeinschaft zwischen ihm und dem Kinde besteht, die Auseinandersetzung herbeizuführen. Das Vormundschaftsgericht kann gestatten, daß die Auseinandersetzung erst nach der Eheschließung erfolgt.

E. I, 1548, 1549 Abs. 1; II, 1560; III, 1646.

1. Während die Mutter durch Wiederverheirathung die elterliche Gewalt verliert (§ 1697), erleidet die elterliche Gewalt des Vaters durch dessen Wiederverheirathung keine Aenderung, weder hinsichtlich der Sorge für die Person des Kindes noch hinsichtlich der Vermögensverwaltung noch hinsichtlich der Nutznießung. Der in der Reichstagskommission gestellte Antrag, das Nutznießungsrecht durch Wiederverheirathung des Vaters endigen zu lassen, wurde bei der ersten Lesung angenommen, bei der zweiten Lesung aber abgelehnt, ebenso der gleiche im Reichstag gestellte Antrag (R.T.K. 152 ff.; St.B. 265 ff.). Um aber eine Verdunkelung der Vermögensverhältnisse der aus der früheren Ehe stammenden Kinder zu verhüten und künftige Streitigkeiten abzuschneiden, legt das Gesetz dem Gewalthaber, der eine neue Ehe eingehen will, die im § 1669 erwähnten Verpflichtungen auf (M. IV, 812; P.M. 8669 ff.; über das in dieser Beziehung bisher geltende Recht s. M. IV, 811 ff.; s. auch Anm. 1 zu § 1314).

Die Vorschrift des § 1669 findet auch Anwendung, wenn die Mutter als Inhaberin der elterlichen Gewalt eine neue Ehe eingehen will (§ 1686; M. IV, 812).

2. Die dem Gewalthaber gemäß § 1669 obliegenden Verpflichtungen sind folgende:

a) Er muß seine Absicht, eine neue Ehe einzugehen, dem Vormundschaftsgericht anzeigen. Gemäß § 1675 obliegt die Anzeigepflicht auch dem Gemeindewaisenrath, wenn derselbe von der fraglichen Absicht des Gewalthabers Kenntniß erhält. Ueber die Zuständigkeit des Vormundschaftsgerichts s. F.G. §§ 43, 36.

b) Er muß ein Verzeichniß des seiner Verwaltung unterliegenden Vermögens einreichen (vgl. §§ 1640, 1667 Abs. 2 Satz 1—3, 1760). Die Kosten dieses Verzeichnisses hat der Gewalthaber zu tragen, ohne hiefür Ersatz beanspruchen zu können, gleichviel, ob dieselben in Ansehung des freien oder des nicht freien Vermögens des Kindes entstanden sind (M. IV, 814 ff.; vgl. §§ 1035 Satz 4, 1667 Abs. 3, 1672 Abs. 2, 1760 Satz 1, 1844 Abs. 3). Daß auch im Falle des § 1669 der Gewalthaber das Vermögensverzeichniß auf Verlangen des Vormundschaftsgerichts mit der Versicherung der Richtigkeit und Vollständigkeit zu versehen hat (vgl. §§ 1640 Abs. 1 Satz 1, 1667 Abs. 2 Satz 2, 1760 Abs. 1 Satz 1, 1802 Abs. 1 Satz 1), ist selbstverständlich. Dagegen ist für den Fall des § 1669 dem Vormundschaftsgericht nicht die Befugniß eingeräumt, Aufnahme des Verzeichnisses durch eine Behörde, einen Beamten oder einen Notar zu verlangen (vgl. §§ 1640 Abs. 2, 1667 Abs. 2 Satz 3, 1760 Abs. 1 Satz 2, 1802 Abs. 3). Die Mutter hat zur Aufnahme des Verzeichnisses, falls ihr ein Beistand bestellt ist, diesen beizuziehen und das Verzeichniß auch von ihm mit der Versicherung der Richtigkeit und Vollständigkeit versehen zu lassen (§ 1692). Handelt es sich um Wiederverheirathnng nach Auflösung der Ehe durch den Tod des andern Ehegatten, so beschränkt sich die Inventarisationspflicht des Gewalthabers natürlich auf die Verpflichtung zur Ergänzung des etwa gemäß § 1640 bereits eingereichten Verzeichnisses (vgl. Z.G. IV, 419). Die Aufstellung eines Pflegers zur Errichtung des Vermögensverzeichnisses ist nicht erforderlich, ein dahin gehender Antrag wurde von der II. Komm. abgelehnt (P. IV, 636 ff.). Von der Verpflichtung zur Einreichung des Vermögensverzeichnisses kann das Vormundschaftsgericht den Gewalthaber nicht entbinden, mag auch nach Lage des Falles jede Gefährdung des Kindes ausgeschlossen sein (M. IV, 813). Unterliegt keinerlei Vermögen des Kindes der Verwaltung des Gewalthabers, so genügt natürlich eine Anzeige dieses Inhalts an das Vormundschaftsgericht.

c) Endlich muß der Gewalthaber, soweit in Ansehung des seiner Verwaltung unterliegenden Vermögens des Kindes eine Gemeinschaft zwischen ihm und dem Kinde besteht, die Auseinandersetzung herbeiführen (vgl. §§ 741 ff., 752 ff.). Eine derartige Gemeinschaft kann insbesondere durch die gemeinschaftliche Beerbung des anderen Elterntheils vorhanden sein (E. I berücksichtigte nur diesen einen, allerdings besonders wichtigen Fall; vgl. M. IV, 813; P. IV, 636). Das Vormundschaftsgericht kann die Verschiebung der Auseinandersetzung bis nach Abschluß der Ehe, sowie die Fortsetzung der Gemeinschaft in Ansehung einzelner Gegenstände, z. B. einzelner Grundstücke) gestatten (M. IV, 812 ff.), aber auch eine von ihm getroffene Anordnung dieses Inhalts jederzeit ändern (§ 1671). Zum Zwecke der Auseinandersetzung ist dem Kinde gemäß §§ 1909 Abs. 1 Satz 1, 1630 Abs. 2, 1795 Abs. 2, 181 ein Pfleger zu bestellen (M. IV, 813).

3. Kommt der Gewalthaber den im § 1669 erwähnten Verpflichtungen nicht nach, so kann ihm die Vermögensverwaltung entzogen werden (§ 1670).

4. Um die Erfüllung der im § 1669 bezeichneten Verpflichtungen seitens des Gewalthabers zu sichern, stellt § 1314 Abs. 1 ein aufschiebendes Ehehinderniß des Inhalts auf, daß, wer ein eheliches, minderjähriges Kind hat, eine Ehe erst eingehen darf, nachdem ihm das Vormundschaftsgericht ein Zeugniß darüber ertheilt hat, daß er die im § 1669 bezeichneten Verpflichtungen erfüllt hat oder daß sie ihm nicht obliegen (vgl. Anm. 2a, 3 und 4 zu § 1314).

5. Analoge Bestimmungen zum Schutze der durch Ehelichkeitserklärung legitimirten, an Kindesstatt angenommenen oder unter Vormundschaft des Vaters oder der Mutter stehenden Kinder enthalten die §§ 1740, 1761, 1845. Ueber die bei dem Bestehen fortgesetzter Gütergemeinschaft dem überlebenden Ehegatten, der eine neue Ehe schließen will, aus dem Gesichtspunkte des ehelichen Güterrechts obliegenden Verpflichtungen s. §§ 1493 Abs. 2, 1314 Abs. 2.

§ 1670.

Kommt der Vater den nach den §§ 1667, 1668 getroffenen Anordnungen nicht nach oder erfüllt er die ihm nach den §§ 1640, 1669 obliegenden Verpflichtungen nicht, so kann ihm das Vormundschaftsgericht die Vermögensverwaltung entziehen. Zur Erzwingung der Sicherheitsleistung sind andere Maßregeln nicht zulässig.

E. I, 1550; II, 1561; III, 1647.

1. Während gemäß § 1666 bei Gefährdung des geistigen oder leiblichen Wohles des Kindes dem Gewalthaber die Sorge für die Person des Kindes und im Falle des § 1666 Abs. 2 auch die Vermögensverwaltung und die Nutznießung entzogen werden kann, ist bei Gefährdung des Vermögens des Kindes als äußerste Maßregel nur die Entziehung der Vermögensverwaltung zulässig (M. IV, 815, 810, 814).

2. Ob der Entziehung der Vermögensverwaltung die Aufforderung zur Befolgung der gemäß §§ 1667, 1668 getroffenen Anordnungen bezw. zur Erfüllung der dem Gewalthaber nach den §§ 1640, 1669 obliegenden Verpflichtungen unter Androhung der Entziehung der Vermögensverwaltung vorauszugehen habe, hat das Vormundschaftsgericht nach freiem Ermessen zu entscheiden (M. IV, 814). Doch soll jedenfalls der Gewalthaber vor der Entziehung der Vermögensverwaltung gehört werden, wenn seine Anhörung thunlich ist, und außerdem Verwandte oder Verschwägerte des Kindes, wenn es ohne erhebliche Verzögerung und ohne unverhältnißmäßige Kosten geschehen kann (§ 1673).

3. Wird dem Gewalthaber gemäß § 1670 die Vermögensverwaltung entzogen, so dauert seine elterliche Nutznießung am Vermögen des Kindes trotzdem fort (Z.G. IV, 407 ff., 416, 419). Für die Ausübung derselben sind in solchem Falle die Bestimmungen der §§ 1656, 1657 maßgebend. Eine Entziehung der Nutznießung ist nur beim Vorhandensein der Voraussetzungen des § 1666 Abs. 2 zulässig.

4. Die dem Vater nach § 1670 entzogene Sorge für das Vermögen des Kindes geht nicht etwa auf die Mutter über. Es ist vielmehr zum Zwecke der Vermögensverwaltung durch das Vormundschaftsgericht ein Pfleger aufzustellen (§ 1909 Abs. 1 Satz 1; M. IV, 811, 739; Z.G. IV, 413). Die Mutter erhält in diesem Falle die Vermögensverwaltung auch nicht bei Auflösung der Ehe (vgl. §§ 1684 Abs. 1 Nr. 2, 1685 Abs. 2, Anm. 5 zu § 1666). Wird dem Gewalthaber außer der Vermögensverwaltung auch die Sorge für die Person des Kindes entzogen (§ 1666 Abs. 1), so ist die Aufstellung eines Vormunds erforderlich (§ 1773 Abs. 1; vgl. Anm. 5a zu § 1666).

5. Nach § 1670 Satz 2 kann die auf Grund des § 1668 dem Gewalthaber auferlegte Sicherheitsleistung nicht zwangsweise, z. B. durch Eintragung einer Hypothek auf den Grundstücken des Gewalthabers oder anderweitige Maßregeln realisirt werden (M. IV, 810; vgl. dagegen F.G. § 54 und Anm. 3 zu § 1844).

6. Die dem Gewalthaber auf Grund des § 1670 entzogene Vermögensverwaltung kann ihm während der Dauer der elterlichen Gewalt jederzeit vom Vormundschaftsgericht wieder eingeräumt werden (§ 1671).

7. Ueber andere Fälle der Entziehung der Vermögensverwaltung s. §§ 1666 Abs. 2, 1760 Abs. 2.

§ 1671.

Das Vormundschaftsgericht kann während der Dauer der elterlichen Gewalt die von ihm getroffenen Anordnungen jederzeit ändern, insbesondere die Erhöhung, Minderung oder Aufhebung der geleisteten Sicherheit anordnen.

E. I, 1551 Satz 1; II, 1562; III, 1648.

1. Aus dem Aufsichtsrechte des Vormundschaftsgerichts ergibt sich dessen Befugniß, die von ihm gemäß §§ 1665—1670 getroffenen Anordnungen, so lange die elterliche Gewalt dauert, jederzeit zu ändern (aufzuheben, zu erweitern oder zu beschränken). Dies gilt auch hinsichtlich des Umfangs der gemäß § 1668 vom Gewalthaber geleisteten Sicherheit (M. IV, 815; § 1668 Satz 2; vgl. § 1760 Abs. 2 Satz 2, 1844 Abs. 1 Satz 3). Bezüglich der Dauer der vom Vormundschaftsgericht gemäß § 1666 Abs. 1 Satz 2 angeordneten Zwangserziehung vgl. Anm. 3 a β zu § 1666.

2. Auch bei Aufhebung der vom Gewalthaber geleisteten Sicherheit wird die Mitwirkung des Kindes durch die Anordnung des Vormundschaftsgerichts ersetzt; die Kosten der Aufhebung der Sicherheit fallen wie die der Bestellung dem Gewalthaber zur Last (§ 1672).

3. Gegen die Verfügung des Vormundschaftsgerichts, durch welche eine der in den §§ 1665—1667 vorgesehenen Maßregeln aufgehoben wird, steht den Verwandten und Verschwägerten des Kindes ein selbständiges Beschwerderecht zu (F.G. § 57 Abs. 1 Nr. 8).

4. Bezüglich der Uebergangsvorschrift des Art. 204 E.G. s. Vorbem. vor § 1665 Ziff. 6.

§ 1672.

Bei der Bestellung und Aufhebung der Sicherheit wird die Mitwirkung des Kindes durch die Anordnung des Vormundschaftsgerichts ersetzt.

Die Kosten der Bestellung und Aufhebung der Sicherheit fallen dem Vater zur Last.

E. I, 1549 Abs. 2, 1551 Satz 2; II, 1559 Abs. 1 Satz 3, Abs. 2; III, 1649.

1. Vertretung des Kindes durch das Vormundschaftsgericht. Während an sich gemäß §§ 1909 Abs. 1 Satz 1, 1630 Abs. 2, 1795 Abs. 2, 181 ein Pfleger bestellt werden müßte, um bei Bestellung, Aenderung (Erhöhung, Minderung) oder Aufhebung der Sicherheit (§§ 1668, 1671) das Kind zu vertreten, überträgt § 1672 Abs. 1 mit Rücksicht auf die gerade in solchen Fällen häufig gebotene Eile aus Zweckmäßigkeitsgründen die Vertretung des Kindes ausnahmsweise dem Vormundschaftsgericht selbst (M. IV, 815, 1162; vgl. §§ 1844 Abs. 2). Dies gilt auch für den Fall, daß der Gewalthaber auf Anordnung des Vormundschaftsgerichts durch Eintragung einer Hypothek auf einem ihm gehörigen Grundstücke dem Kinde Sicherheit leistet (vgl. §§ 873, 875; F.G. § 54; Anm. 3 und 4 zu § 1844).

2. Die Kosten der Bestellung, Aenderung und Aufhebung der Sicherheit hat nicht, wie im Falle des § 1844, das Kind (§ 1844 Abs. 3), sondern der Gewalthaber zu tragen, gleichviel, ob es sich um freies oder nicht freies Vermögen des Kindes handelt (M. IV, 814 ff.).

§ 1673.

Das Vormundschaftsgericht soll vor einer Entscheidung, durch welche die Sorge für die Person oder das Vermögen des Kindes oder die Nutznießung dem Vater entzogen oder beschränkt wird, den Vater hören, es sei denn, daß die Anhörung unthunlich ist.

Vor der Entscheidung sollen auch Verwandte, insbesondere die Mutter, oder Verschwägerte des Kindes gehört werden, wenn es ohne erhebliche Verzögerung und ohne unverhältnißmäßige Kosten geschehen kann. Für den Ersatz der Auslagen gilt die Vorschrift des § 1847 Abs. 2.

1. Die auf Beschluß der Reichstagskommission beruhende Bestimmung des § 1673 bezieht sich auf sämmtliche vom Vormundschaftsgericht auf Grund der §§ 1666—1671 getroffenen Anordnungen, soweit durch dieselben die Sorge für die Person des Kindes, die Vermögensverwaltung oder die Nutznießung dem Gewalthaber entzogen oder beschränkt wird. Die Anhörung des Gewalthabers wird durch seine Stellung als Partei erfordert, die im Abs. 2 genannten Personen sind als Auskunftspersonen zu hören (R.T.K. 153 ff.).

2. Die Vorschrift des § 1673 hat wegen der Analogie der Verhältnisse auch Anwendung zu finden:

a) wenn das Vormundschaftsgericht nach Scheidung der Ehe oder Auflösung derselben auf Grund des § 1348 Abs. 2 die Sorge für die Person des Kindes demjenigen Elterntheil abspricht, dem sie an sich zustehen würde (§§ 1635 Abs. 1 Satz 2, 1637);

b) wenn dem Annehmenden wegen Nichterfüllung seiner Verpflichtung zur Einreichung eines Vermögensverzeichnisses die Vermögensverwaltung entzogen wird (§ 1760 Abs. 2);

c) wenn der Mutter als Inhaberin der elterlichen Gewalt gegen ihren Willen ein Beistand bestellt wird (§ 1687 Nr. 3).

3. Ueber den Begriff der Verwandten und Verschwägerten s. §§ 1589, 1590 und Anm. hiezu; über das Erforderniß der Anhörung der Verwandten und Verschwägerten eines unter Vormundschaft stehenden Kindes s. § 1847; vgl. auch § 1308 Abs. 2.

4. Die Vorschrift des § 1673 ist nur instruktioneller Natur. Der in der Reichstagskommission gestellte Antrag, das Wort „soll“ durch „muß“ zu ersetzen, wurde abgelehnt (R.T.K. 153). Die Außerachtlassung der Vorschrift ist also ohne Einfluß auf die Gültigkeit der vom Vormundschaftsgericht getroffenen Entscheidung.

5. Die Verwandten und Verschwägerten des Kindes können aus dessen Vermögen Ersatz der ihnen durch ihre Anhörung erwachsenen Auslagen (nicht auch Ersatz anderweitiger Kosten, s. R.T.K. 154) beanspruchen. Den Betrag derselben setzt das Vormundschaftsgericht fest. Gegen die Festsetzung ist Beschwerde zulässig (F.G. § 20), die Beschreitung des Rechtswegs ist ausgeschlossen (Anm. 5 zu § 1847). Der Gewalthaber hat keinen Anspruch auf Ersatz der ihm durch seine Anhörung erwachsenen Auslagen.

§ 1674.

Verletzt der Vormundschaftsrichter vorsätzlich oder fahrlässig die ihm obliegenden Pflichten, so ist er dem Kinde nach § 839 Abs. 1, 3 verantwortlich.

E. I, 1503, 1702; II, 1563; III, 1650.

1. Gemäß § 1674 bestimmt sich die Haftung des Vormundschaftsrichters gegenüber einem unter elterlicher Gewalt stehenden Kinde nach den Vorschriften des § 839 Abs. 1 und 3 (M. IV, 749, 1190 ff.; Z.G. IV, 388; P. IV, 562; vgl. § 1848 und über die Haftung des Vormundschaftsrichters nach bisherigem Recht Anm. 1 zu § 1848). Hienach ist Voraussetzung der Haftung des Vormundschaftsrichters:

a) daß er die ihm obliegenden Pflichten verletzt hat (s. §§ 3—5, 1493 Abs. 2, 1612 Abs. 2 Satz 2, 1629, 1630 Abs. 2 Satz 2, 1631 Abs. 2 Satz 2, 1635 Abs. 1 Satz 2, 1636 Satz 2, 1637, 1639 Abs. 1 Satz 2, 1640 Abs. 2, 1643 und die in Anm. IV hiezu erwähnten Gesetzesstellen, 1647 Abs. 2, 1665—1673, 1677, 1687 Nr. 3, 1690 Abs. 2, 3, 1692 Satz 2, 1693—1695, 1740, 1760 Abs. 2, 1761; vgl. Anm. 1a zu § 1848);

b) daß ihm hiebei Vorsatz oder Fahrlässigkeit (d. i. Außerachtlassung der im Verkehr erforderlichen Sorgfalt, § 276 Abs. 1 Satz 2) zur Last fällt;

c) daß hiedurch dem Kind ein Schaden entstanden ist (Erforderniß des Kausalzusammenhangs).

Hat der Vormundschaftsrichter vorsätzlich gehandelt, so haftet er unbedingt, fällt ihm nur Fahrlässigkeit zur Last, so haftet er nur dann, wenn das Kind nicht auf andere

Weise (insbesondere durch Inanspruchnahme des Gewalthabers) Ersatz zu erlangen vermag. Hat aber das Kind bezw. dessen gesetzlicher Vertreter vorsätzlich oder fahrlässig unterlassen, den Schaden durch Gebrauch eines Rechtsmittels (s. hierüber F.G. §§ 19 ff., 57 ff.) abzuwenden, so haftet der Vormundschaftsrichter überhaupt nicht.

2. Die den Vormundschaftsrichter auf Grund des § 1674 treffenden Verbindlichkeiten gehen wie andere Deliktsschulden auf seine Erben über (M. IV, 1193). Der Anspruch des Kindes verjährt gemäß § 852 in drei Jahren von dem Zeitpunkt an, in welchem das Kind bezw. sein gesetzlicher Vertreter von dem Schaden und der Person des Ersatzpflichtigen Kenntniß erlangt, ohne Rücksicht auf diese Kenntniß in 30 Jahren von der Begehung der Handlung an.

3. Ist für den dem Kind erwachsenen Schaden außer dem Vormundschaftsrichter auch der Gewalthaber verantwortlich (§ 1664), so haften dem Kinde Gewalthaber und Vormundschaftsrichter als Gesammtschuldner (§ 840 Abs. 1). In ihrem Verhältnisse zu einander aber ist der Gewalthaber allein verpflichtet (§ 841; vgl. § 1833 Abs. 2; M. IV, 1192).

4. Vormundschaftsrichter im Sinne des § 1674 ist jeder richterliche Beamte, dem nach den Bestimmungen über das Verfahren in Vormundschaftssachen die Ausübung der Gerichtsbarkeit in Vormundschaftssachen, sei es in erster oder in höherer Instanz, übertragen ist (M. IV, 1192). Vormundschaftsgericht erster Instanz ist nach F.G. § 35 das Amtsgericht. Nach E.G. Art. 147 bleiben aber die landesgesetzlichen Vorschriften unberührt, nach welchen für die dem Vormundschaftsgericht obliegenden Verrichtungen andere als gerichtliche Behörden zuständig sind. Ist dies in einem Bundesstaate der Fall, so findet § 1674 natürlich auf die mit den Verrichtungen des Vormundschaftsgerichts betraute Behörde Anwendung (M. IV, 1192 ff.; in Bayern sind solche Vorschriften nicht ergangen). Ist die das Kind benachtheiligende Verfügung von einem Kollegium erlassen worden, so entscheiden hinsichtlich der Haftung der einzelnen Kollegialmitglieder die allgemeinen Grundsätze (M. IV, 1193; s. §§ 830, 840).

5. Bezüglich der Haftung des Vormundschaftsrichters für die von ihm angenommenen Stellvertreter oder Gehülfen entscheiden im Allgemeinen die Grundsätze des § 831. Nach E.G. Art. 78 bleiben aber landesgesetzliche Vorschriften unberührt, nach welchen der Vormundschaftsrichter für solche Personen in weiterem Umfange haftet.

6. Die Haftung des Staates, der Gemeinden und anderer Kommunalverbände für den von ihren Beamten als Vormundschaftsrichtern zugefügten Schaden bestimmt sich nach Landesrecht. Auch bleiben die landesgesetzlichen Vorschriften unberührt, welche den Anspruch auf Schadensersatz gegenüber dem Vormundschaftsrichter insoweit ausschließen, als der Staat oder der Kommunalverband haftet (E.G. Art. 77; vgl. Anm. 6 zu § 1848).

7. § 1674 regelt nur die Haftung des Vormundschaftsrichters gegenüber dem Kind. Inwieweit derselbe dritten Personen für den ihnen durch Verletzung seiner Pflichten zugefügten Schaden haftet, bestimmt sich nach allgemeinen Grundsätzen (M. IV, 749, 1191; s. §§ 823 ff.).

§ 1675.

Der Gemeindewaisenrath hat dem Vormundschaftsgericht Anzeige zu machen, wenn ein Fall zu seiner Kenntniß gelangt, in welchem das Vormundschaftsgericht zum Einschreiten berufen ist.

E. I, 1552; II, 1564; III, 1651.

1. Durch die Bestimmung des § 1675 soll das als Hülfsorgan des Vormundschaftsgerichts in das Vormundschaftsrecht eingeführte Institut des Gemeindewaisenraths (§§ 1849—1851) auch in Ansehung der unter elterlicher Gewalt stehenden Kinder nutzbar gemacht werden (M. IV, 815). Während aber dem Gemeindewaisenrath hinsichtlich der in seinem Bezirk sich aufhaltenden bevormundeten Kinder ein weitgehendes Aufsichtsrecht übertragen ist (§ 1850), beschränkt sich seine Aufgabe gegenüber Kindern, die unter elterlicher Gewalt stehen, auf die Verpflichtung, von den zu seiner Kenntniß kommenden Thatsachen, welche das Einschreiten des Vormundschaftsgerichts erforderlich machen, diesem Anzeige zu erstatten (M. IV, 815 ff.; Z.G. IV, 419; vgl. in dieser Beziehung insbesondere §§ 1630 Abs. 2 Satz 2, 1635 Abs. 1 Satz 2, 1637, 1638—1645, 1647, 1653, 1665—1671, 1687 Nr. 3).

2. Eine besondere Verantwortlichkeit für die Erfüllung dieser Verpflichtung ist dem Gemeindewaisenrath nicht auferlegt, es gelten vielmehr in dieser Beziehung die allgemeinen Grundsätze (M. IV, 816, 1227; s. §§ 823 ff.).

3. Für die Fälle, in welchen ein Vormund oder Pfleger zu bestellen ist, obliegt dem Gemeindewaisenrath die Verpflichtung zur Anzeige an das Vormundschaftsgericht auch nach F.G. § 49 Satz 1.

Vorbemerkungen zu §§ 1676—1683.

1. Uebersicht. Die §§ 1676—1680 behandeln das Ruhen und die Beendigung der elterlichen Gewalt, § 1681 die dem Gewalthaber bei Beendigung der Vermögensverwaltung obliegenden Verpflichtungen, die §§ 1682, 1683 Recht und Pflicht des Gewalthabers zur Fortführung der Geschäfte nach Beendigung der elterlichen Gewalt bezw. der Vermögensverwaltung.

2. Das B.G.B. unterscheidet das Ruhen der elterlichen Gewalt (§§ 1676—1678) und die Beendigung derselben (§§ 1679, 1680). Ruht die elterliche Gewalt, so hört der Inhaber derselben nicht auf, Gewalthaber zu sein. Er ist aber, solange das Ruhen dauert, nicht berechtigt, die elterliche Gewalt auszuüben, nur verbleibt ihm (abgesehen von dem Falle des § 1685 Abs. 2) die elterliche Nutznießung und in gewissen Fällen in beschränktem Umfange die Sorge für die Person des Kindes (§§ 1676 Abs. 2 Satz 2 und 3, 1696). Im Falle der Beendigung der elterlichen Gewalt dagegen (wozu auch die Verwirkung nach §§ 1680, 1771 Abs. 2 gehört) verliert der Gewalthaber die elterliche Gewalt ihrem ganzen Inhalte nach; nur verbleibt der Mutter beim Verlust der elterlichen Gewalt in Folge Wiederverheirathung in gewissem Umfange die Sorge für die Person des Kindes (§ 1697).

3. Die elterliche Gewalt ruht in gewissen Fällen rechtlicher oder thatsächlicher Verhinderung des Gewalthabers an der Ausübung derselben.

a) Wegen rechtlicher Verhinderung des Gewalthabers ruht die elterliche Gewalt, wenn derselbe geschäftsunfähig oder in der Geschäftsfähigkeit beschränkt ist oder nach § 1910 Abs. 1 einen Pfleger für seine Person und sein Vermögen erhalten hat (§ 1676);

b) wegen thatsächlicher Verhinderung des Gewalthabers ruht seine elterliche Gewalt nur dann, wenn diese Verhinderung nach Feststellung des Vormundschaftsgerichts sich auf längere Zeit erstreckt (§ 1677).

Nach E. I (§ 1556) sollte die elterliche Gewalt über einen Minderjährigen, dessen Familienstand nach der Feststellung des Vormundschaftsgerichts nicht zu ermitteln ist, mit Ausnahme der elterlichen Nutznießung bis zu dem Zeitpunkte ruhen, in welchem der Familienstand des Kindes bekannt geworden ist (M. IV, 824; Z.G. IV, 422). Diese Bestimmung wurde von der II. Komm. gestrichen und beschlossen, daß ein Minderjähriger, dessen Familienstand nicht zu ermitteln ist, einen Vormund erhalten soll (s. § 1773 Abs. 2; P. IV, 643 ff., 742 ff.).

4. Die elterliche Gewalt endigt theils aus Gründen, die in der Person des Kindes, theils aus Gründen, die in der Person des Gewalthabers gelegen sind.

a. In der Person des Kindes liegende Endigungsgründe sind:

α) Tod des Kindes (E. I, 1557 Abs. 1; M. IV, 830; Z.G. IV, 422; P. IV, 644, 861 ff.; vgl. P.L.R. Thl. I cap. 5 § 7 Ziff. 1). Ist das Kind für todt erklärt worden, so gilt es als in dem durch das Ausschlußurtheil festgestellten Zeitpunkte gestorben und die elterliche Gewalt daher als durch den Tod des Kindes beendigt (§ 18 Abs. 1). Da aber durch die Todeserklärung nur eine Vermuthung begründet wird, so ist, falls das Kind zurückkehrt und die elterliche Gewalt nicht in der Zwischenzeit aus einem andern Grund (insbesondere wegen Volljährigkeit des Kindes) ihr Ende gefunden hat, dieselbe nach rückwärtshin als fortdauernd anzusehen, was insbesondere für das Nutznießungsrecht des Gewalthabers von Bedeutung ist (M. IV, 833; P. IV, 861 ff.; vgl. dagegen § 1884 Abs. 2; M. IV, 1194). Ueber die Beendigung der elterlichen Gewalt durch Todeserklärung des Gewalthabers s. § 1679.

β) Volljährigkeit des Kindes (§§ 1626, 2; s. E. I, 1557 Abs. 1; M. IV, 830, 1229; Z.G. IV, 422 ff., 373 ff.; P. IV, 644). Ist das Kind nach erreichter Volljährigkeit noch schutzbedürftig, so ist Vormundschaft oder Pflegschaft einzuleiten (§§ 1896, 1910, 1911; vgl. Anm. 1 zu § 1626);

γ) Volljährigkeitserklärung des Kindes (§ 3; M. IV, 830);

δ) Annahme des Kindes an Kindesstatt (§ 1765; E. I, 1557 Abs. 2; M. IV, 832; P. IV, 644). In diesem Falle tritt an die Stelle der elterlichen Gewalt der leiblichen Eltern die des Annehmenden (§ 1757). Eine Ausnahme ergibt sich im Hinblick auf § 1757 Abs. 2 für den Fall, daß die Stiefmutter das Kind ihres Mannes an Kindesstatt annimmt.

b. In der Person des Gewalthabers liegende Beendigungsgründe sind:

α) Tod des Gewalthabers (E. I, 1557 Abs. 2; M. IV, 832; Z.G. IV, 423; P. IV, 644; vgl. P.L.R. Thl. I cap. 5 § 7 Ziff. 1). Beim Tode des Vaters geht die elterliche Gewalt auf die Mutter über (§ 1684 Abs. 1 Nr. 1);

β) Todeserklärung des Gewalthabers (§ 1679; M. IV, 832; Z.G. IV, 423). Die elterliche Gewalt endigt in diesem Falle mit dem Zeitpunkte, der als Todeszeit des Gewalthabers gilt. Im Falle der Todeserklärung des Vaters geht die elterliche Gewalt von diesem Zeitpunkt ab auf die Mutter über (§ 1684 Abs. 2). Ueber die Wiedererlangung der elterlichen Gewalt seitens des noch lebenden Gewalthabers s. § 1679 Abs. 2.

γ) Verwirkung der elterlichen Gewalt. Verwirkt der Vater die elterliche Gewalt, so geht sie auf die Mutter erst bei Auflösung der Ehe über (§§ 1680, 1771 Abs. 2, 1684 Abs. 1 Nr. 2).

δ) Wiederverheirathung der Mutter (§ 1697 Satz 1); über die der Mutter verbleibende Sorge für die Person des Kindes s. § 1697 Satz 2.

ε) Entziehung der elterlichen Gewalt durch das Vormundschaftsgericht. Von der Entziehung der elterlichen Gewalt als solchen spricht das B.G.B. zwar nicht ausdrücklich, nach § 1666 Abs. 2 können aber dem Gewalthaber sämmtliche Bestandtheile derselben entzogen werden, so daß in diesem Falle die elterliche Gewalt effektiv endigt (Anm. 3b zu § 1666). Allerdings kann sie gemäß § 1671 dem Gewalthaber durch das Vormundschaftsgericht jederzeit ganz oder theilweise wieder eingeräumt werden.

c. Die dem Annehmenden zustehende elterliche Gewalt über das angenommene Kind endigt auch durch Aufhebung des durch die Annahme begründeten Rechtsverhältnisses (§§ 1768, 1771, Anm. 2a zu § 1765).

5. Keine Gründe für die Beendigung der elterlichen Gewalt sind:

a. Verheirathung des Kindes; den Satz: „Heirath macht mündig" erkennt das B.G.B. nicht an (M. IV, 825, 828; Z.G. IV, 423; s. aber §§ 1633, 1661; vgl. auch Anm. 4 zu § 1882; über das bisherige Recht s. M. IV, 827 ff.; Anm. 1 zu § 1633); s. auch Mot. z. E.G. 244;

b. Emanzipation des Kindes und Anlegung eines gesonderten Hausstandes seitens desselben (M. IV, 825 ff.; Z.G. IV, 423; Jakubezky, Bemerk. S. 313 und die dort angef. Entscheidungen; s. auch E.G. Art. 154; Mot. z. E.G. 244 ff.; über das bisherige Recht s. M. IV, 825; Roth, bayr. Civilr., 2. Aufl., Bd. 1 S. 611 ff.; P.L.R. Thl. I cap. 5 § 7 Ziff. 3, 4);

c. Verzicht des Gewalthabers (E. I, 1561; M. IV, 842; P. IV, 662); über die Zulässigkeit des Verzichts auf die elterliche Nutznießung s. § 1661. Auch die Mutter kann auf die ihr gemäß §§ 1684, 1685 zufallende elterliche Gewalt bezw. Ausübung derselben nicht verzichten (§ 1686; s. aber §§ 1687 Nr. 2, 1693);

d. Klostergelübde des Gewalthabers (M. IV, 829; Z.G. VI, 635).

6. Daß diejenigen Thatsachen, welche den Verlust der elterlichen Gewalt herbeiführen, auch die sich erst nach Eintritt dieser Thatsachen eröffnende Erwerbung der elterlichen Gewalt hindern, hatte E. I (§ 1560) ausdrücklich ausgesprochen. Von der II. Komm. wurde diese Bestimmung als selbstverständlich beseitigt (vgl. M. IV, 842; Z.G. IV, 425; P. IV, 662; s. auch Anm. 4 zu § 1647 und Anm. 3 zu § 1661). Ueber die hier in Betracht kommenden Fälle s. M. IV, 842; vgl. auch Anm. 3 zu § 1679, Vorbem. vor § 1684 Ziff. 4).

7. Ueber die Beendigung der einzelnen Bestandtheile der elterlichen Gewalt s. Vorbem. vor § 1631 Ziff. VI, Vorbem. vor § 1638 Ziff. 7, Vorbem. vor § 1649 Ziff. 9.

§ 1676.

Die elterliche Gewalt des Vaters ruht, wenn er geschäftsunfähig ist.

Das Gleiche gilt, wenn der Vater in der Geschäftsfähigkeit beschränkt ist oder wenn er nach § 1910 Abs. 1 einen Pfleger für seine Person und sein Vermögen erhalten hat. Die Sorge für die Person des Kindes steht ihm neben dem gesetzlichen Vertreter des Kindes zu; zur Vertretung des Kindes ist er nicht berechtigt. Bei einer Meinungsverschiedenheit zwischen dem Vater und dem gesetzlichen Vertreter geht die Meinung des gesetzlichen Vertreters vor.

E. I, 1554 Abs. 1 Satz 1; II, 1565; III, 1652.

1. Nach § 1676 ruht die elterliche Gewalt wegen rechtlicher Verhinderung des Gewalthabers an ihrer Ausübung:

a) wenn der Gewalthaber geschäftsunfähig ist (§ 1676 Abs. 1, vgl. § 1780: über das in dieser Beziehung bisher geltende Recht s. M. IV, 818 ff.; s. auch P.L.R. Thl. I cap. 7 § 2 Ziff. 2, § 37 Ziff. 1). Von den im § 104 aufgezählten Gründen der Geschäftsunfähigkeit kommen hier nur in Betracht:

α) der die freie Willensbestimmung ausschließende, seiner Natur nach nicht blos vorübergehende Zustand krankhafter Störung der Geistesthätigkeit:

β) Entmündigung wegen Geisteskrankheit (§ 6 Abs. 1 Nr. 1):

b) wenn der Gewalthaber in der Geschäftsfähigkeit beschränkt ist (§ 1676 Abs. 2 Satz 1: M. IV, 819). In dieser Beziehung kommt in Betracht:

α) Minderjährigkeit (§§ 106, 2, 3), jedoch gemäß § 1303 regelmäßig nur bei Frauen, s. § 1696 u. unten Anm. 3 a. E.: vgl. auch §§ 1781 Nr. 1, 1886;

β) Entmündigung wegen Geistesschwäche, Verschwendung (vgl. bez. des Gem. R. und des P.L.R. Bl. f. R.A. XXXIV, 27 ff.) oder Trunksucht (§ 114, 6 Abs. 1 Nr. 1—3; vgl. § 1780);

γ) vorläufige Vormundschaft nach § 1906 (§ 114; vgl. §§ 1781 Nr. 1, 1886);

c) wenn der Gewalthaber, obwohl volljährig und nicht unter Vormundschaft stehend, wegen körperlicher Gebrechen einen Pfleger für seine Person und sein Vermögen erhalten hat (§§ 1676 Abs. 2, 1910 Abs. 1; vgl. § 1781 Nr. 2, 1886).

Ueber das Ruhen der elterlichen Gewalt wegen thatsächlicher Verhinderung des Gewalthabers s. § 1677.

2. In den im § 1676 erwähnten Fällen tritt das Ruhen der elterlichen Gewalt von selbst mit dem Eintritte der in Anm. 1 bezeichneten gesetzlichen Voraussetzungen ein, ohne daß es einer Feststellung durch das Vormundschaftsgericht bedarf. Ebenso tritt die elterliche Gewalt mit dem Wegfall der fraglichen Voraussetzungen von selbst wieder in Kraft (vgl. dagegen § 1677 Abs. 1 und 2).

3. Folge des Ruhens der elterlichen Gewalt ist, daß der Gewalthaber, so lange das Ruhen dauert, nicht berechtigt ist, die elterliche Gewalt auszuüben, doch verbleibt ihm, abgesehen von dem Falle des § 1685 Abs. 2, die Nutznießung am Vermögen des Kindes (§ 1678). Außerdem steht ihm in den in Anm. 1 unter b und c erwähnten Fällen (nicht auch beim Ruhen der elterlichen Gewalt wegen Geschäftsunfähigkeit) neben dem gesetzlichen Vertreter des Kindes (Mutter oder Vormund) die Sorge für die Person des Kindes (§§ 1631—1633) zu, jedoch mit Ausschluß der gesetzlichen Vertretung und mit der Maßgabe, daß bei Meinungsverschiedenheiten die Meinung des gesetzlichen Vertreters entscheidet (§ 1676 Abs. 2 Satz 2 und 3; M. IV, 820 ff.; Z.G. IV, 420; P. IV, 638 ff.). Da dem Gewalthaber in diesen Fällen auch in persönlichen Angelegenheiten des Kindes kein Entscheidungsrecht zusteht, wird seine Einwilligung zur Volljährigkeitserklärung des Kindes nicht für erforderlich erachtet werden können (§ 4 Abs. 2 Satz 1; Planck, Komm. Note 3 Abs. 2 zu § 4). Weitergehende Rechte hinsichtlich der Person des Kindes stehen der Mutter zu, deren elterliche Gewalt wegen Minderjährigkeit ruht (§ 1696). Der Fall der Minderjährigkeit des Vaters kommt mit Rücksicht auf § 1303 wohl nur bei dem Vater eines für ehelich erklärten Kindes vor (§ 1736). Der in der II. Komm. gestellte Antrag, dem Vater in diesem Falle die gleichen Rechte einzuräumen, die nach § 1696 der minderjährigen Mutter zustehen, wurde mit Rücksicht auf die Seltenheit solcher Fälle abgelehnt (P. IV, 717 ff.); es verbleibt also in dieser Beziehung bei der Vorschrift des § 1676 Abs. 2 Satz 2 und 3.

4. Wenn die elterliche Gewalt des Vaters ruht, so wird dieselbe, abgesehen von der Nutznießung, während der Dauer der Ehe durch die Mutter ausgeübt. Nach Auflösung der Ehe ist der Mutter auf Antrag die Ausübung der elterlichen Gewalt (einschließlich des Nutznießungsrechts) vom Vormundschaftsgericht zu übertragen, wenn keine Aussicht besteht, daß der Grund des Ruhens wegfallen werde (§ 1685). Sind diese Voraussetzungen nicht gegeben oder ist der Eintritt der elterlichen Gewalt der Mutter kraft Gesetzes ausgeschlossen (s. Vorbem. vor § 1676 Ziff. 6) oder die Mutter ebenfalls an der Ausübung der elterlichen Gewalt thatsächlich oder rechtlich verhindert, so ist ein Vormund für das Kind aufzustellen (§ 1773; M. IV, 818, 824). Neben diesem steht gemäß § 1698 der Mutter die Sorge für die Person des Kindes in gleicher Weise zu wie nach § 1634 neben dem Vater. Ueber das Verhältniß der dem Vater gemäß § 1676 Abs. 2 Satz 2 und 3 verbleibenden Sorge für die Person des Kindes zu diesem Recht der

Mutter s. Anm. 3 zu § 1698. Ist die Ehe der Eltern nichtig oder anfechtbar und dies der Mutter, nicht aber dem Vater bei der Eheschließung bekannt gewesen, so bestimmen sich die der Mutter beim Ruhen der elterlichen Gewalt des Vaters zustehenden Rechte nach § 1702.

§ 1677.

Die elterliche Gewalt des Vaters ruht, wenn von dem Vormundschaftsgerichte festgestellt wird, daß der Vater auf längere Zeit an der Ausübung der elterlichen Gewalt thatsächlich verhindert ist.

Das Ruhen endigt, wenn von dem Vormundschaftsgerichte festgestellt wird, daß der Grund nicht mehr besteht.

E. I, 1554 Abs. 1 Satz 2; II, 1566; III, 1653.

1. Im Gegensatz zu § 1676 regelt § 1677 das Ruhen der elterlichen Gewalt wegen thatsächlicher Verhinderung des Gewalthabers an der Ausübung derselben. Ob die thatsächliche Verhinderung des Gewalthabers auf Krankheit, Abwesenheit, Haft (vgl. Z.G. IV, 420) oder auf anderen Umständen beruht, ist ohne Belang (M. IV, 819 ff.). Das Ruhen der elterlichen Gewalt wird aber hiedurch nur unter der doppelten Voraussetzung herbeigeführt,

a) daß es sich nicht um eine blos vorübergehende Verhinderung des Gewalthabers handelt, in welchem Falle dem Schutzbedürfnisse des Kindes durch Aufstellung eines Pflegers genügt wird (soweit nicht gemäß § 1685 die Mutter eintritt oder das Vormundschaftsgericht gemäß § 1665 die im Interesse des Kindes erforderlichen Maßregeln selbst trifft);

b) daß das Vorhandensein der länger dauernden Verhinderung des Gewalthabers durch das Vormundschaftsgericht festgestellt worden ist (M. IV, 820; Z.G. IV, 421). Ueber die Zuständigkeit des Vormundschaftsgerichts und die gegen dessen Entscheidung zulässigen Rechtsmittel s. F.G. §§ 43, 36, 19 ff.

c) Im E. I war als weitere Voraussetzung des Ruhens der elterlichen Gewalt erklärt, daß die Nothwendigkeit einer allgemeinen Fürsorge für die Person und das Vermögen des Kindes sich ergebe (M. IV, 819). In Uebereinstimmung hiemit wollten E. II und III das Ruhen nur eintreten lassen, wenn für die Person und das Vermögen des Kindes durch die Anordnung einer Pflegschaft nicht genügend gesorgt werden könne. Von der Reichstagskommission wurde diese weitere Voraussetzung mit Rücksicht auf die beschlossene Aenderung des (nunmehrigen) § 1665 im Interesse der Mutter gestrichen (R.T.K. 154, vgl. 146). Da aber Vormundschaft (im Gegensatz zur Pflegschaft) grundsätzlich nur einzuleiten ist, wenn sich das Bedürfniß einer allgemeinen Fürsorge ergibt (s. Vorbem. zum 3. Abschnitt dieses Buches Ziff. 2g), so wird trotz der Streichung dieser Worte das Vormundschaftsgericht, falls der Gewalthaber nur an der Besorgung einer einzelnen Angelegenheit oder eines Kreises von solchen (wenn auch auf längere Zeit) thatsächlich verhindert ist, nicht befugt sein, durch eine Feststellung der im § 1677 erwähnten Art das Ruhen der elterlichen Gewalt herbeizuführen, es wird vielmehr in einem solchen Falle, soweit nicht gemäß § 1685 die Mutter oder gemäß § 1665 das Vormundschaftsgericht selbst eintritt, ein Pfleger aufzustellen sein.

2. Wie die Voraussetzung des Ruhens der elterlichen Gewalt auf Grund des § 1677 die in Anm. 1b erwähnte Feststellung des Vormundschaftsgerichts ist, so endigt auch das hiedurch begründete Ruhen der elterlichen Gewalt nicht schon mit dem Wegfall der thatsächlichen Verhinderung des Gewalthabers, sondern erst mit der Feststellung des Vormundschaftsgerichts, daß die Verhinderung nicht mehr besteht (§ 1677 Abs. 2; vgl. dagegen Anm. 2 zu § 1676).

3. Wirksamkeit der vormundschaftsgerichtlichen Feststellung. Die Verfügung, durch welche vom Vormundschaftsgericht festgestellt wird, daß der Gewalthaber auf längere Zeit an der Ausübung der elterlichen Gewalt thatsächlich verhindert ist, tritt mit der Bestellung des Vormunds in Wirksamkeit; hat jedoch während der Verhinderung des Vaters die Mutter die elterliche Gewalt auszuüben, so wird die Verfügung mit der Bekanntmachung an die Mutter wirksam. Die vormundschaftsgerichtliche Feststellung, daß der

Grund für das Ruhen nicht mehr besteht (§ 1677 Abs. 2) wird mit der Bekanntmachung an den Vater oder die Mutter wirksam (F.G. § 51).

4. Folge des Ruhens der elterlichen Gewalt auf Grund des § 1677 ist, daß der Gewalthaber zur Ausübung derselben nicht berechtigt ist, während ihm die Nutznießung am Vermögen des Kindes unbeschadet der Vorschrift des § 1685 Abs. 2 verbleibt. An der Sorge für die Person des Kindes hat er in diesen Fällen keinen Antheil (s. dagegen §§ 1676 Abs. 2 Satz 2, 3, 1696).

5. Ueber die Frage, wann beim Ruhen der elterlichen Gewalt des Vaters dieselbe von der Mutter ausgeübt wird, wann ein Vormund aufzustellen ist und welche Rechte der Mutter neben dem Vormund zustehen s. §§ 1685, 1698, 1702 und Anm. 4 zu § 1676.

§ 1678.

Solange die elterliche Gewalt des Vaters ruht, ist der Vater nicht berechtigt, sie auszuüben; es verbleibt ihm jedoch die Nutznießung an dem Vermögen des Kindes, unbeschadet der Vorschrift des § 1685 Abs. 2.

E. I, 1554 Abs. 1; II, 1567; III, 1654.

1. Folge des Ruhens der elterlichen Gewalt ist nach § 1678, daß der Gewalthaber zur Ausübung derselben nicht berechtigt ist. Es verbleibt ihm aber für die Regel die Nutznießung am Vermögen des Kindes, für deren Ausübung in diesem Falle die Vorschriften der §§ 1656, 1657 maßgebend sind (M. IV, 818; Z.G. IV, 420 ff.; P. IV, 650 ff.; R.T.K. 154; s. insbes. §§ 1656 Abs. 2, 1657 Satz 2). Eine Ausnahme gilt in der letzteren Beziehung für den Fall, daß die elterliche Gewalt des Vaters voraussichtlich dauernd ruht und der Mutter nach Auflösung der Ehe auf ihren Antrag die Ausübung der elterlichen Gewalt vom Vormundschaftsgericht übertragen worden ist. In diesem Fall erlangt die Mutter auch die Nutznießung am Vermögen des Kindes (§ 1685 Abs. 2). Die Sorge für die Person des Kindes und die Vermögensverwaltung einschließlich der Vertretungsbefugniß in persönlichen und Vermögensangelegenheiten geht auf den Vormund oder (nach § 1685) die Mutter über; doch bleibt dem Gewalthaber in gewissen Fällen nach §§ 1676 Abs. 2 Satz 2 und 3 und 1696 in beschränktem Umfange die Sorge für die Person des Kindes.

2. Der Wegfall der Befugniß des Gewalthabers zur Ausübung der elterlichen Gewalt tritt in den Fällen des § 1676 von selbst, in den Fällen des § 1677 erst mit der dort erwähnten Feststellung des Vormundschaftsgerichts ein; das Gleiche gilt für die Endigung des Ruhens und die hiedurch bedingte Wiedererlangung der Befugniß zur Ausübung der elterlichen Gewalt (vgl. Anm. 2 zu § 1676, Anm. 1b, 2, 3 zu § 1677).

3. Ueber die Frage, in welchen Fällen beim Ruhen der elterlichen Gewalt des Vaters dieselbe von der Mutter ausgeübt wird, wann ein Vormund aufzustellen ist und welche Rechte der Mutter neben dem Vormund zustehen s. §§ 1685, 1698, 1702 und Anm. 4 zu § 1676.

4. Ueber die dem Gewalthaber beim Eintritt des Ruhens der elterlichen Gewalt obliegende Verpflichtung zur Herausgabe des Vermögens des Kindes und zur Rechenschaftsablegung s. § 1681; über Recht und Pflicht des Gewalthabers zur Fortführung der Geschäfte trotz Ruhens der elterlichen Gewalt s. § 1682 Abs. 2.

§ 1679.

Die elterliche Gewalt des Vaters endigt, wenn er für todt erklärt wird, mit dem Zeitpunkte, der als Zeitpunkt des Todes gilt.

Lebt der Vater noch, so erlangt er die elterliche Gewalt dadurch wieder, daß er dem Vormundschaftsgerichte gegenüber seinen hierauf gerichteten Willen erklärt.

E. I, 1557 Abs. 2 Satz 1, Abs. 3; II, 1568; III, 1655.

1. Wie durch Tod des Gewalthabers (s. Vorbem. vor § 1676 Ziff. 4ba) wird nach § 1679 auch durch Todeserklärung desselben seine elterliche Gewalt beendigt (M. IV, 832; der in der II. Komm. gestellte Antrag, wonach in solchen Fällen die elterliche Gewalt ruhen sollte, wurde abgelehnt, P. IV, 644 ff.). Die elterliche Gewalt endigt mit dem Zeitpunkte, der im Ausschlußurtheil als Todeszeit festgestellt worden ist (§ 18); das Ausschlußurtheil hat also in dieser Beziehung rückwirkende Kraft (P. IV, 645). Ist der Vater für

todt erklärt worden, so geht von dem gleichen Zeitpunkt an die elterliche Gewalt auf die Mutter über (§ 1684 Abs. 1, Nr. 1 Abs. 2).

2. Wiedererlangung der elterlichen Gewalt seitens des für todt erklärten Gewalthabers. Da die Todeserklärnng nur eine Vermuthung begründet (§ 18 Abs. 1), so würde an sich, wenn der für todt erklärte Gewalthaber noch lebt, seine elterliche Gewalt nach rückwärtshin als nicht erloschen zu gelten haben und ihm insbesondere auch für die Zwischenzeit der Ertrag der Nutznießung am Vermögen des Kindes gebühren. Da aber nach § 1679 Abs. 1 im Falle der Todeserklärung des Gewalthabers die Beendigung seiner elterlichen Gewalt nicht nur vermuthet wird, sondern wirklich eintritt, so ist bei seiner Rückkehr ein neuer Rechtsgrund für das Wiederaufleben seiner elterlichen Gewalt erforderlich. Einen solchen statuirt § 1679 Abs. 2 in der vom Gewalthaber dem Vormundschaftsgericht gegenüber abzugebenden Erklärung, daß er die elterliche Gewalt wieder erlangen wolle (M. IV, 832). Eine bestimmte Form ist für diese Erklärung nicht vorgeschrieben. Dieselbe hat „gegenüber", nicht „vor" dem Vormundschaftsgericht zu erfolgen, kann also auch schriftlich abgegeben werden. Ueber die Zuständigkeit des Vormundschaftsgerichts s. F.G. §§ 43, 36. Folge dieser Erklärung ist, daß der Gewalthaber die elterliche Gewalt in demselben Umfange wiedererlangt, in welchem sie ihm vor seiner Todeserklärung zugestanden ist. Hat aber der zurückgebliebene Ehegatte nach der Todeserklärung des Gewalthabers sich wiederverheirathet und dadurch seine Ehe mit dem Gewalthaber zur Auflösung gebracht, so gilt hinsichtlich der Sorge für die Person der gemeinschaftlichen Kinder das Gleiche, wie wenn die Ehe geschieden und beide Ehegatten für schuldig erklärt worden wären (§§ 1348 Abs. 2, 1637; Anm. 1 zu § 1637). Ueber die in diesem Falle der Frau obliegende Verpflichtung zur Leistung eines Beitrags zu den Unterhaltskosten des Kindes s. §§ 1352, 1585. Daß nach Wiedererlangung der elterlichen Gewalt auf Grund des § 1679 Abs. 2 dasjenige Vermögen des Kindes, welches ohne die eingetretene Beendigung der elterlichen Gewalt freies Vermögen des Kindes (§§ 1650, 1651) gewesen wäre, auch nach der Wiederherstellung der elterlichen Gewalt freies Vermögen des Kindes ist, hat das Gesetz als selbstverständlich nicht besonders hervorgehoben (M. IV, 832; vgl. § 1425 Abs. 3).

3. Die Vorschriften des § 1679 Abs. 1 und 2 finden entsprechende Anwendung, wenn ein Elterntheil zu der Zeit, da er an sich die elterliche Gewalt erlangen würde, für todt erklärt ist. Kehrt er später zurück, so erlangt er die elterliche Gewalt dadurch, daß er dem Vormundschaftsgericht gegenüber seinen hierauf gerichteten Willen erklärt (E. I, 1560; M. IV, 842; P. IV, 662; vgl. Vorbem. vor § 1676 Ziff. 6).

4. Uebergangsvorschrift. Soweit nach § 1679 in Folge einer Todeserklärung die elterliche Gewalt des Verschollenen endigt, gilt dies vom 1. Januar 1900 ab auch für eine schon vorher erfolgte Todeserklärung (E.G. Art. 160); hinsichtlich der Sorge für die Person der Kinder vgl. auch E.G. Art. 206.

5. Ueber den Einfluß der Todeserklärung des Kindes auf die elterliche Gewalt s. Vorbem. vor § 1676 Ziff. 4 a α; über die Beendigung der Vormundschaft durch Todeserklärung des Kindes oder des Vormunds s. §§ 1884 Abs. 2, 1885 Abs. 2; über die Beendigung der eheherrlichen Verwaltung und Nutznießung am eingebrachten Gute der Frau durch Todeserklärung des Mannes s. §§ 1420, 1425; über Beendigung anderer ehelicher Güterstände durch Todeserklärung s. §§ 1494 Abs. 2, 1544, 1549, 1550.

§ 1680.

Der Vater verwirkt die elterliche Gewalt, wenn er wegen eines an dem Kinde verübten Verbrechens oder vorsätzlich verübten Vergehens zu Zuchthausstrafe oder zu einer Gefängnißstrafe von mindestens sechs Monaten verurtheilt wird. Wird wegen des Zusammentreffens mit einer anderen strafbaren Handlung auf eine Gesammtstrafe erkannt, so entscheidet die Einzelstrafe, welche für das an dem Kinde verübte Verbrechen oder Vergehen verwirkt ist.

Die Verwirkung der elterlichen Gewalt tritt mit der Rechtskraft des Urtheils ein.

E. I, 1559 Abs. 1; II, 1569; III, 1656.

1. Ein besonderer Fall der Beendignng der elterlichen Gewalt liegt in der Verwirkung (M. IV, 837 ff.; Z.G. IV, 424 ff.; P. IV, 648 ff.; 653 ff., 658 ff.). Aehnlich

Bestimmungen enthielt schon das Gem. R., wonach schwere Verfehlungen des Vaters, insbesondere Aussetzung des Kindes, Verkuppelung der Tochter, Eingehung einer blutschänderischen Verbindung den Verlust der väterlichen Gewalt zur Folge hatten (Dernburg, Pand. Bd. 3 S. 64 Note 7). Nach B.L.R. hört die väterliche Gewalt auf durch schweren Mißbrauch, z. B. durch Grausamkeit, Exposition und Hinlegung der Kinder, item durch derselben Verkuppelung oder Verführung und dergleichen" (Thl. I cap 5 § 7 Ziff. 2). Ueber andere Rechte s. M. IV, 836 ff. Ob derartige Vorschriften schon durch das Einf.Ges. zum Strafgesetzbuch beseitigt worden sind, ist bestritten (M. IV, 837).

2. Voraussetzung der Verwirkung der elterlichen Gewalt ist:

a) daß der Gewalthaber sich einer strafbaren Handlung an dem Kinde schuldig gemacht hat, welche sich entweder als Verbrechen (St.G.B. § 1 Abs. 1) oder als vorsätzliches Vergehen (St.G.B. § 1 Abs. 2) darstellt. (Die Uebertretung der Kindsverwahrlosung nach Art. 81 des bayr. P.St.G.B. vermag also die Verwirkung der elterlichen Gewalt nicht herbeizuführen; vgl. auch § 2333 Nr. 3). Als derartige strafbare Handlungen kommen hauptsächlich in Betracht: vorsätzliche Körperverletzung (§§ 223 ff. St.G.B.), Versuch eines Verbrechens wider das Leben (§ 211 ff. St.G.B.), Verbrechen und Vergehen in Beziehung auf den Personenstand (§ 169 St.G.B.), Verbrechen und Vergehen wider die Sittlichkeit (§§ 173 ff. St.G.B., insbesondere das Verbrechen der Kuppelei nach § 181 Abs. 1 Nr. 2 St.G.B.), Aussetzung (§ 221 St.G.B.; vgl. M. IV, 829), Vergiftung (§ 229 St.G.B.), Einsperrung, Nöthigung, Bedrohung (§§ 239—241 St.G.B.), Beleidigung (§§ 185 ff. St.G.B.). Selbstverständlich wird die Anwendbarkeit des § 1680 nicht dadurch ausgeschlossen, daß das Kind sogen. nothwendiger Theilnehmer an der vom Gewalthaber begangenen strafbaren Handlung gewesen ist (wie z. B. beim Incest, s. M. IV, 838).

b) Weitere Voraussetzung ist, daß der Gewalthaber wegen dieser strafbaren Handlung rechtskräftig verurtheilt worden ist und zwar entweder zur Zuchthausstrafe oder zur Gefängnißstrafe von mindestens 6 Monaten (vgl. Z.G. IV, 424). Abrechnung der Untersuchungshaft gemäß § 60 St.G.B. kommt bei Berechnung der sechs Monate natürlich nicht in Betracht. Wird nach § 74 St.G.B. wegen Zusammentreffens mit anderen nicht an dem Kinde verübten strafbaren Handlungen auf eine Gesammtstrafe erkannt, so ist entscheidend, ob die für das an dem Kinde verübte Verbrechen oder Vergehen ausgesprochene Einzelstrafe eine Zuchthausstrafe oder eine mindestens sechs Monate betragende Gefängnißstrafe ist. Stehen dagegen mehrere an dem Kinde verübte strafbare Handlungen in Frage, so entscheidet die Höhe der Gesammtstrafe (M. IV, 839). Wird das Strafverfahren wegen Geisteskrankheit oder Abwesenheit des Beschuldigten (St.P.O. § 203) oder gemäß § 208 der St.P.O. vorläufig eingestellt, so ist § 1680 nicht anwendbar (M. IV, 839 ff.; P. IV, 658 ff.).

3. Der Verlust der elterlichen Gewalt tritt mit der Rechtskraft des Strafurtheils (St.P.O. § 481) kraft Gesetzes ein, ohne daß es des Eingreifens des Vormundschaftsgerichts bedarf (M. IV, 839; vgl. Z.G. IV, 425; P. IV, 648 ff.), und zwar, da Voraussetzung nur die Verurtheilung ist, auch dann, wenn der Strafvollzug durch Flucht des Verurtheilten, Verjährung der Strafvollstreckung (St.G.B. §§ 70 ff.) oder Begnadigung abgewendet worden ist.

4. Wird im Wege der Wiederaufnahme des Verfahrens (St.P.O. §§ 399 ff.) das Urtheil aufgehoben oder auf eine mildere als die im § 1680 erwähnte Strafe erkannt, so wird mit der Rechtskraft des neueren Urtheils die als Folge des früheren Urtheils eingetretene Verwirkung der elterlichen Gewalt mit rückwirkender Kraft beseitigt.

5. Ist das Verbrechen oder Vergehen nur an einem von mehreren Kindern des Gewalthabers verübt worden, so verwirkt derselbe auch nur die elterliche Gewalt gegenüber diesem Kinde. Selbstverständlich kann aber das Vormundschaftsgericht hieraus Anlaß nehmen, auch bezüglich der übrigen Kinder gemäß § 1666 einzuschreiten (M. IV, 840; P. IV, 659 ff.).

6. Folge der Verwirkung ist, daß der Gewalthaber die elterliche Gewalt in ihrem vollen Umfang, also insbesondere auch die Nutznießung am Vermögen des Kindes verliert (M. IV, 837). Der in der II. Komm. gestellte Antrag, dem Gewalthaber trotz Verwirkung der elterlichen Gewalt die Nutznießung zu belassen, wurde abgelehnt (P. IV, 653 ff.; vgl. auch R.T.K. 154; St.B. 267).

7. Hat der Vater die elterliche Gewalt verwirkt, so fällt dieselbe an die Mutter, wenn die Ehe vor oder nach der Verwirkung durch Scheidung oder auf Grund des

§ 1348 Abs. 2 aufgelöst ist (§ 1684 Abs. 1 Ziff. 2, s. aber auch §§ 1635—1637). Besteht die Ehe noch, so ist ein Vormund aufzustellen, neben dem der Mutter die Sorge für die Person des Kindes in gleicher Weise zusteht, wie nach § 1634 neben dem Vater (§ 1698; vgl. M. IV, 840 ff.; 755 ff.; Z.G. IV, 425; s. auch § 1702 Abs. 2 Satz 1). Ebenso ist natürlich ein Vormund aufzustellen, wenn die Mutter als Inhaberin der elterlichen Gewalt dieselbe verwirkt.

8. Die Vorschrift des § 1680 ist auch anwendbar auf die Fälle, in welchen einem Elterntheile nicht die volle elterliche Gewalt, sondern nur die Sorge für die Person des Kindes zusteht (§§ 1634, 1635, 1637, 1676 Abs. 2, 1696—1698, 1702 Abs. 2, 1707). Dagegen werden durch die Verwirkung der elterlichen Gewalt die sonstigen den Eltern als solchen zustehenden Rechte (§§ 1305, 1306, 1601, 1617, 1747) nicht berührt, soweit dieselben nicht Ausfluß der elterlichen Gewalt sind (§§ 1687 Nr. 1, 1777, 1782, 1856, 1868); vgl. M. IV, 841 ff.

9. Ueber einen weiteren Fall der Verwirkung der elterlichen Gewalt s. § 1771 Abs. 2.

10. Nach § 1495 Nr. 5 kann ein antheilsberechtigter Abkömmling gegen den überlebenden Ehegatten auf Aufhebung der fortgesetzten Gütergemeinschaft klagen, falls derselbe die elterliche Gewalt verwirkt oder, falls sie ihm zugestanden hätte, verwirkt haben würde.

11. Von dem einen Urtheil der im § 1680 bezeichneten Art hat gemäß F.G. § 50 das urtheilende Gericht dem Vormundschaftsgericht Mittheilung zu machen.

§ 1681.

Endigt oder ruht die elterliche Gewalt des Vaters oder hört aus einem anderen Grunde seine Vermögensverwaltung auf, so hat er dem Kinde das Vermögen herauszugeben und über die Verwaltung Rechenschaft abzulegen.

E. I, 1503, 1700 Abs. 1; II, 1570; III, 1657.

1. Wenn die Vermögensverwaltung des Gewalthabers aufhört, sei es, daß seine elterliche Gewalt überhaupt endigt (s. Vorbem. vor § 1676 Ziff. 4) oder daß dieselbe fortdauert (s. Vorbem. vor § 1638 Ziff. 7b), so obliegen dem Gewalthaber (bezw. seinem gesetzlichen Vertreter oder Erben, M. IV, 749, 1185) folgende Verpflichtungen:

a) Er hat das Vermögen des Kindes herauszugeben. Demzufolge hat er insbesondere dem Kind (bezw. dessen gesetzlichem Vertreter oder Rechtsnachfolger, M. IV, 1185) ein Verzeichniß des Vermögensbestandes vorzulegen (vgl. §§ 1640, 1667 Abs. 2, 1669, 1760) und, wenn Grund zu der Annahme besteht, daß das Verzeichniß nicht mit der erforderlichen Sorgfalt aufgestellt worden ist, den Offenbarungseid dahin zu leisten, daß er nach bestem Wissen den Bestand so vollständig angegeben habe, als er dazu im Stande sei. Bei geringem Umfange des Vermögens ist er von der Leistung des Offenbarungseides befreit (§§ 260, 259 Abs. 3; vgl. bayr. Ges. z. Ausf. d. C.P.O. und K.O. v. 23. Febr. 1879 Art. 85 Abs. 3, wonach von Ascendenten weder ihre Abkömmlinge noch deren Vormünder oder Pfleger einen Offenbarungseid verlangen konnten; M. IV, 748; Z.G. IV, 388; s. auch C.P.O. § 254 n. Nr.; B.G.B. 261; F.G. §§ 163, 79). Ueber die Ersatzansprüche des Gewalthabers s. §§ 1648, 1654 a. E.; über den Anspruch des Kindes auf Ersatz der vom Gewalthaber für sich veräußerten oder verbrauchten, zum nicht freien Vermögen des Kindes gehörenden verbrauchbaren Sachen s. § 1653; über die Ausgleichungspflicht zwischen freiem und nicht freiem Vermögen s. § 1660. Bei Verlust oder Beschädigung von Vermögensgegenständen des Kindes haftet der Gewalthaber nach Maßgabe des § 1664, wobei es gleichgültig ist, ob der fragliche Gegenstand faktisch in seine Verfügungsgewalt gelangt ist oder nicht (Anm. 3 zu § 1664). Die Verpflichtung des Kindes zur Ertheilung einer Quittung über das herausgegebene Vermögen bemißt sich nach § 368 (M. IV, 749, 1189).

b) Des Weiteren hat der Gewalthaber über die von ihm geführte Verwaltung Rechenschaft abzulegen (vgl. § 1667 Abs. 2 Satz 1; M. IV, 746 ff.; Z.G. IV, 388; Anm. 4b zu § 1421; nach der herrschenden Lehre des Gem. R. war der Vater hiezu nicht verpflichtet). Er hat demgemäß dem Kinde (bezw. dessen gesetzlichem Vertreter oder Rechtsnachfolger) eine die geordnete Zusammenstellung der Einnahmen oder der Ausgaben enthaltende Rechnung mitzutheilen und, soweit Belege ertheilt zu werden pflegen, Belege vorzulegen.

Besteht Grund zu der Annahme, daß die in der Rechnung enthaltenen Angaben über die Einnahmen nicht mit der erforderlichen Sorgfalt gemacht worden sind, so hat er auf Verlangen den Offenbarungseid dahin zu leisten, daß er nach bestem Wissen die Einnahmen so vollständig angegeben habe, als er dazu im Stande sei. In Angelegenheiten von geringer Bedeutung kann die Leistung des Offenbarungseides nicht verlangt werden (§ 259; vgl. o. unter a und Anm. 3b zu § 1667). Hat der Gewalthaber auf Grund einer nach § 1667 Abs. 2 Satz 1 ergangenen Anordnung des Vormundschaftsgerichts bereits Rechnung gelegt, so kann natürlich auf dieselbe Bezug genommen werden (vgl. § 1890 Satz 2). Zur Vorlegung der Rechnung muß dem Gewalthaber eine angemessene Frist gewährt werden (M. IV, 1185). Eine Mitwirkung des Vormundschaftsgerichts durch Prüfung der Rechnung, Vermittlung der Abnahme und Beurkundung der Anerkennung ihrer Richtigkeit (s. § 1892) findet im Falle des § 1681 nicht statt.

2. Ueber die analogen Verpflichtungen des Ehemannes und des Vormundes s. §§ 1421 Satz 1 (1439, 1546 Abs. 3, 1550 Abs. 2) und 1890.

§ 1682.

Der Vater ist auch nach der Beendigung seiner elterlichen Gewalt zur Fortführung der mit der Sorge für die Person und das Vermögen des Kindes verbundenen Geschäfte berechtigt, bis er von der Beendigung Kenntniß erlangt oder sie kennen muß. Ein Dritter kann sich auf diese Berechtigung nicht berufen, wenn er bei der Vornahme eines Rechtsgeschäfts die Beendigung der elterlichen Gewalt kennt oder kennen muß.

Diese Vorschriften finden entsprechende Anwendung, wenn die elterliche Gewalt des Vaters ruht oder aus einem anderen Grunde seine Vermögensverwaltung aufhört.

E. II, 1571 Abs. 1; III, 1658.

1. Die Vorschrift des § 1682 war im E. I nicht enthalten, wurde aber von der II. Komm. mit Rücksicht auf die analoge Bestimmung des Vormundschaftsrechts (§ 1893 Abs. 1) und den vormundschaftlichen Charakter der elterlichen Gewalt aufgenommen (P. IV, 662; vgl. M. IV, 1202). Der Gewalthaber, der in Unkenntniß der Beendigung seiner elterlichen Gewalt persönliche oder Vermögensangelegenheiten des Kindes besorgt, kann demzufolge von dem Kind oder dessen Rechtsnachfolger insoweit Ersatz seiner Aufwendungen beanspruchen, als dies der Fall wäre, wenn seine elterliche Gewalt noch fortdauern würde (s. §§ 1648, 1654 a. E.). Die Haftung des Gewalthabers bemißt sich auch bei derartigen Geschäften nach § 1664, da insoweit die elterliche Gewalt als fortbestehend gilt (vgl. Anm. 2 zu § 1683).

2. Die Bestimmung des § 1682 findet nur Anwendung, wenn der Gewalthaber von der Beendigung seiner elterlichen Gewalt keine Kenntniß hatte. Die auf Fahrlässigkeit (§ 276 Abs. 1 Satz 2) beruhende Unkenntniß steht der Kenntniß gleich (vgl. § 122 Abs. 2). Nimmt der Gewalthaber in Kenntniß oder auf Fahrlässigkeit beruhender Unkenntniß der Beendigung seiner elterlichen Gewalt derartige Geschäfte vor, so finden auf die sich hieraus ergebenden Rechtsverhältnisse die allgemeinen Grundsätze Anwendung (s. insbes. §§ 177 ff., 677 ff.). Daß der Gewalthaber von der Beendigung seiner elterlichen Gewalt Kenntniß gehabt oder nur in Folge von Fahrlässigkeit nicht gehabt habe, hat zu beweisen, wer sich ihm gegenüber auf die Beendigung seiner elterlichen Gewalt beruft.

3. Die im § 1682 dem Gewalthaber eingeräumte Befugniß wirkt auch zu Gunsten eines Dritten, der mit dem Gewalthaber als gesetzlichem Vertreter des Kindes in rechtsgeschäftliche Beziehungen getreten ist, jedoch nur dann, wenn auch er von der Beendigung der elterlichen Gewalt keine Kenntniß hatte und diese Unkenntniß nicht auf Fahrlässigkeit beruht (s. o. Anm. 2). Daß der Dritte von der Beendigung der elterlichen Gewalt Kenntniß oder nur in Folge von Fahrlässigkeit keine Kenntniß hatte, hat zu beweisen, wer dem Dritten das Recht bestreitet, sich auf die dem Gewalthaber nach § 1682 zustehende Befugniß zu berufen.

4. Nach dem bei der 2. Lesung der II. Komm. beigefügten Abs. 2 gelten die Grundsätze des Abs. 1 auch dann, wenn die elterliche Gewalt des Gewalthabers ruht (§§ 1676, 1677) oder seine Vermögensverwaltung aus einem anderen, nicht mit der Beendigung der

elterlichen Gewalt verbundenen Grunde aufhört (P.M. 8671; vgl. Vorbem. von § 1638 Ziff. 7 b).

5. Verwandte Bestimmungen gelten für den Beauftragten (§§ 674, 169), den Gesellschafter (§§ 729, 169), den Ehemann (§ 1424 Abs. 1; s. auch 1472 Abs. 1 Satz 2, 1497 Abs. 2, 1546 Abs. 1, 3, 1549), den Vormund (§ 1893 Abs. 1) und den Vorerben (§ 2140).

6. Inwieweit der Gewalthaber nach Beendigung der elterlichen Gewalt zur Fortführung der Geschäfte verpflichtet ist, ergibt sich aus § 1683.

§ 1683.

Endigt die elterliche Gewalt in Folge des Todes des Kindes, so hat der Vater diejenigen Geschäfte, mit deren Aufschube Gefahr verbunden ist, zu besorgen, bis der Erbe anderweit Fürsorge treffen kann.

E. II, 1571 Abs. 2; III, 1659.

1. Die Bestimmung des § 1683 beruht wie die des § 1682 auf Beschluß der II. Komm. (s. P. IV, 833 ff.). Sie findet, wie beim Tode des Kindes, auch Anwendung, wenn die elterliche Gewalt infolge Todeserklärung des Kindes als beendigt gilt (vgl. Vorbem. vor § 1676 Ziff. 4 a α).

2. Die Haftung des Gewalthabers gegenüber dem Erben des Kindes für die gemäß § 1683 von ihm besorgten oder entgegen dieser Vorschrift unterlassenen Geschäfte bemißt sich, da die elterliche Gewalt insoweit als fortbestehend gilt, nach den Grundsätzen des § 1664 (vgl. Anm. 1 zu § 1682). Nimmt der Gewalthaber nach dem Tode des Kindes Geschäfte vor, mit deren Aufschub keine Gefahr verbunden ist, so finden die allgemeinen Bestimmungen Anwendung (s. insbes. §§ 677 ff.).

3. Verwandte Bestimmungen gelten für den Beauftragten (§ 672 Satz 2, s. auch § 673 Satz 2), den Ehemann (§ 1424 Abs. 2; s. auch §§ 1472 Abs. 1 Satz 2, 1497 Abs. 2, 1546 Abs. 1, 3, 1549) und den Vormund (§ 1893 Abs. 1).

4. Ueber das Recht des Gewalthabers zur Fortführung der Geschäfte nach Beendigung der elterlichen Gewalt s. § 1682.

2. Elterliche Gewalt der Mutter.

Vorbemerkungen.

1. Grundgedanke. Dem Röm. u. Gem. Recht ist eine der väterlichen Gewalt entsprechende Gewalt der Mutter unbekannt. Nach dem Tode des Vaters gehen dessen Befugnisse auf den Vormund und die Obervormundschaft über; nur durch Bestellung als Vormund kann die Mutter auf indirecktem Weg einen Theil der dem Vater kraft der väterlichen Gewalt zustehenden Befugnisse erlangen. Von der Nutznießung am Vermögen des Kindes bleibt sie ausgeschlossen.

Den gleichen Standpunkt nimmt im Wesentlichen das B.L.R. ein, indem es die väterliche Gewalt (patria potestas civilis) nur dem Vater einräumt (Thl. I cap. 5 § 1). Ueber die auch der Mutter zustehende patria potestas naturalis s. Vorbem. vor § 1626 Ziff. 2. Die Erziehung des Kindes steht nach dem Tode des Vaters grundsätzlich dem Vormunde zu, der sie, falls der Vater nichts Anderes bestimmt hat, der Mutter überlassen kann, wenn deren Lebenswandel zu keinen Bedenken Anlaß gibt. Schließt die Mutter eine neue Ehe, so hängt es vom obrigkeitlichen Ermessen ab, ob ihr das Erziehungsrecht verbleiben soll oder nicht (Thl. I cap. 7 § 11 Ziff. 1—3). Auf gemeinrechtlicher Grundlage stehen hinsichtlich der der Mutter zukommenden Befugnisse auch das P.L.R. und das sächsische G.B.

Andere Partikularrechte dagegen, namentlich solche mit dem System der allgemeinen Gütergemeinschaft, haben eine Art von mütterlicher Gewalt anerkannt, welche die Mutter nach dem Tode des Vaters zur Vertretung des Kindes, sowie zur Verwaltung und Nutznießung seines Vermögens berechtigt und die Einleitung einer Vormundschaft ausschließt. Hiezu gehört insbesondere eine Reihe bayrischer Statuten, so die Rechte von Hohenlohe, Dinkelsbühl, Bamberg, Würzburg, Schweinfurt, Kaufbeuren, Nördlingen, Ansbach rc. (vgl. Roth, B.C.R., 2. Aufl., Bd. 1 S. 606 ff.).

Ueber weitere Rechte s. M. IV, 733 ff.

Das B.G.B. stellt, ausgehend von der grundsätzlich anerkannten vollen Handlungsfähigkeit der Frau auf dem Gebiete des Privatrechts, auch hinsichtlich der elterlichen Gewalt die Mutter im Allgemeinen dem Vater gleich. Solange beide Eltern leben, tritt allerdings das elterliche Recht der Mutter, der Natur der Dinge entsprechend, hinter dem des Vaters zurück. Nach dem Tode des Vaters aber und in gewissen Fällen auch bei dessen Lebzeiten geht die elterliche Gewalt bezw. deren Ausübung auf die Mutter über (M. IV, 736 ff.; Z.G. IV, 376 ff., VI, 634 ff.; Jacubezky, Bemerk. S. 311 ff.; D. 233). Vgl. insbesondere M. IV, 737: „Die Mutter soll nicht aus ihrem natürlichen Berufe herausgehoben, sondern im Gegentheil nur von Schranken befreit werden, welche sie bisher in der Erfüllung des ihr eigenen Berufes beengten. Dem Entwurfe liegt nichts ferner als der Gedanke der sog. Emanzipation der Frauen. Er geht vielmehr von der Erwägung aus, daß das Mißtrauen, welches frühere Jahrhunderte in die Fähigkeit der Frau zu einer vollen Erfüllung ihres elterlichen Berufes setzten und bei der Unsicherheit der Zustände, der Schwierigkeit der Rechtsverfolgung u. s. w. vielfach setzen mußten, nach den Verhältnissen der Gegenwart nicht mehr berechtigt ist."

2. Hinsichtlich der elterlichen Gewalt der Mutter sind drei Stufen zu unterscheiden:

a) Neben dem Vater (bezw. neben dem an dessen Stelle aufgestellten Vormund oder Pfleger) steht der Mutter lediglich die Sorge für die Person des Kindes ausschließlich der gesetzlichen Vertretung und mit der Einschränkung zu, daß bei Meinungsverschiedenheiten die Meinung des Vaters bezw. Vormunds oder Pflegers vorgeht (§§ 1634, 1698).

b) Wenn die elterliche Gewalt des Vaters ruht oder der Vater an der Ausübung derselben thatsächlich verhindert ist, steht der Mutter während der Dauer der Ehe die Ausübung der elterlichen Gewalt, ausschließlich der Nutznießung zu. Ist die Ehe aufgelöst, so ist ihr auf ihren Antrag die Ausübung der elterlichen Gewalt einschließlich der Nutznießung zu übertragen, wenn die elterliche Gewalt des Vaters voraussichtlich dauernd ruht (§ 1685).

c) Nach dem Tode oder der Todeserklärung des Vaters geht die elterliche Gewalt in vollem Umfang auf die Mutter über. Das Gleiche gilt, wenn der Vater die elterliche Gewalt verwirkt hat und die Ehe aufgelöst ist (§ 1684).

3. Die elterliche Gewalt der Mutter steht grundsätzlich der des Vaters gleich und gewährt der Mutter insbesondere auch das Recht der Nutznießung am Vermögen des Kindes, soweit dasselbe nicht freies Vermögen ist (§§ 1686, 1649 ff.; M. IV, 738 ff.). Ueber einzelne Ausnahmen von diesem Grundsatz s. Anm. 2 zu § 1686.

4. Soweit der Eintritt der elterlichen Gewalt der Mutter kraft Gesetzes ausgeschlossen ist (s. Vorbem. vor § 1676 Ziff. 6) oder die Mutter selbst an der Ausübung der elterlichen Gewalt rechtlich oder thatsächlich verhindert ist, greifen die Bestimmungen der §§ 1684, 1685 selbstverständlich nicht Platz. Es ist vielmehr in diesen Fällen ein Vormund oder, wenn lediglich die Vermögensverwaltung der Mutter ausgeschlossen ist (z. B. weil beim Tode des Vaters Konkurs über ihr Vermögen anhängig ist), ein Pfleger aufzustellen (M. IV, 824; vgl. Anm. 4 zu § 1676, s. auch § 1698).

5. Ueber die elterliche Gewalt der Mutter im Falle der Nichtigkeit oder Anfechtbarkeit der Ehe s. §§ 1699 ff., insbesondere §§ 1701 Satz 2, 1702. Ueber die der unehelichen Mutter zustehenden Befugnisse s. §§ 1707, 1738 Satz 2, 1765 Abs. 2. Auf die einer Frau kraft der von ihr bethätigten Annahme an Kindesstatt zustehende elterliche Gewalt (§ 1757) finden die Vorschriften der §§ 1684 ff. entsprechende Anwendung (s. Anm. 1 zu § 1760).

§ 1684.

Der Mutter steht die elterliche Gewalt zu:

1. wenn der Vater gestorben oder für todt erklärt ist;
2. wenn der Vater die elterliche Gewalt verwirkt hat und die Ehe aufgelöst ist.

Im Falle der Todeserklärung beginnt die elterliche Gewalt der Mutter mit dem Zeitpunkte, der als Zeitpunkt des Todes des Vaters gilt.

E. I, 1501 Abs. 2, 1557 Abs. 2 Satz 2, 1559 Abs. 2; II, 1572; III, 1660.

1. § 1684 behandelt die Fälle, in welchen nach Beendigung der elterlichen Gewalt des Vaters die elterliche Gewalt auf die Mutter übergeht (vgl. dagegen Anm. 2 zu § 1685). Dies ist der Fall:

a) wenn der Vater gestorben ist.

b) Dem Tode des Vaters ist die Todeserklärung desselben gleichgestellt. In diesem Falle endigt gemäß § 1679 die elterliche Gewalt des Vaters mit dem Zeitpunkte, der gemäß § 18 Abs. 2 und 3 als Zeitpunkt seines Todes gilt. Im gleichen Zeitpunkte beginnt nach § 1684 Abs. 2 die elterliche Gewalt der Mutter. Schließt die Mutter später eine neue Ehe, so verliert sie gemäß § 1697 die elterliche Gewalt, abgesehen von der Sorge für die Person des Kindes. Lebt der Vater noch, so erlangt er die elterliche Gewalt dadurch wieder, daß er dem Vormundschaftsgericht gegenüber seinen hierauf gerichteten Willen erklärt (§ 1679 Abs. 2). Mit diesem Zeitpunkt endigt selbstverständlich die elterliche Gewalt der Mutter. Hat die Mutter nach der Todeserklärung des Vaters eine neue Ehe geschlossen, so finden, wenn der Vater noch lebt und die im § 1679 Abs. 2 erwähnte Erklärung abgibt, hinsichtlich der Sorge für die Person der gemeinschaftlichen Kinder die Bestimmungen der §§ 1635, 1636 Anwendung (§ 1637 und Anm. 1a hiezu).

c) Endlich geht die elterliche Gewalt auf die Mutter über, wenn der Vater die elterliche Gewalt verwirkt hat (§ 1680) und die Ehe aufgelöst ist, gleichviel, ob die Verwirkung vor oder nach Auflösung der Ehe eingetreten ist und ob die Auflösung der Ehe durch Scheidung (§ 1564) oder gemäß § 1348 Abs. 2 erfolgte (M. IV, 840 ff.). Hinsichtlich der Sorge für die Person des Kindes sind jedoch die Bestimmungen der §§ 1635—1637 maßgebend (M. IV, 840, 841). Solange dagegen die Ehe besteht, fällt die vom Vater verwirkte elterliche Gewalt nicht an die Mutter, sondern es ist ein Vormund aufzustellen, neben dem die Mutter in gewissem Umfang an der Sorge für die Person des Kindes Theil nimmt (§ 1698; vgl. Anm. 7 zu § 1680). Dies gilt auch dann, wenn lediglich die eheliche Gemeinschaft der Eltern aufgehoben worden ist (§ 1575), da hiedurch die Auflösung der Ehe nicht herbeigeführt wird (Anm. 1, 3 zu § 1586).

2. Ist die Ehe nichtig oder anfechtbar und angefochten und der Mutter, nicht aber dem Vater bei Abschluß der Ehe deren Nichtigkeit oder Anfechtbarkeit bekannt gewesen, so fällt die elterliche Gewalt auch dann nicht an die Mutter, wenn die Voraussetzungen des § 1684 gegeben sind. Der Mutter steht vielmehr lediglich die Sorge für die Person des Kindes nach Maßgabe des § 1702 Abs. 2 zu (vgl. Anm. 6 zu § 1685).

§ 1685.

Ist der Vater an der Ausübung der elterlichen Gewalt thatsächlich verhindert oder ruht seine elterliche Gewalt, so übt während der Dauer der Ehe die Mutter die elterliche Gewalt mit Ausnahme der Nutznießung aus.

Ist die Ehe aufgelöst, so hat das Vormundschaftsgericht der Mutter auf ihren Antrag die Ausübung zu übertragen, wenn die elterliche Gewalt des Vaters ruht und keine Aussicht besteht, daß der Grund des Ruhens wegfallen werde. Die Mutter erlangt in diesem Falle auch die Nutznießung an dem Vermögen des Kindes.

E. I, 1555; II, 1573; III, 1661.

1. Entstehungsgeschichte. Nach E. I sollte, solange die elterliche Gewalt des Vaters ruht, dieselbe (ausschließlich der Nutznießung) der Mutter zustehen, außer wenn der Vater wegen Verschwendung entmündigt oder die Ehe aufgelöst ist (M. IV, 822 ff.; Z.G. IV, 421 ff.). Durch die II. Komm. wurde der Entmündigung wegen Verschwendung die Entmündigung wegen Trunksucht gleichgestellt. Außerdem sollte die Mutter bei Auflösung der Ehe die Möglichkeit haben, die Ausübung der elterlichen Gewalt bei voraussichtlich dauerndem Ruhen der elterlichen Gewalt des Vaters durch Antrag an das Vormundschaftsgericht zu erlangen (P. IV, 639 ff.). In der Reichstagskommission wurden zwei Aenderungen beschlossen (R.T.K. 155, 146):

a) die Ausübung der elterlichen Gewalt während der Dauer der Ehe wurde der Mutter auch für den Fall eingeräumt, daß der Vater wegen Verschwendung oder Trunksucht entmündigt ist;
b) dem Ruhen der elterlichen Gewalt des Vaters wurde der Fall gleichgestellt, daß der Vater an der Ausübung derselben thatsächlich verhindert ist.

2. Im Gegensatz zum § 1684 behandelt § 1685 die Fälle, in welchen der Vater zwar noch Inhaber der elterlichen Gewalt, an der Ausübung derselben aber thatsächlich oder in Folge des Ruhens der elterlichen Gewalt verhindert ist. Es sind also in diesen Fällen zwei Gewalthaber vorhanden, der Vater, dem die elterliche Gewalt zusteht, und die Mutter, die sie an seiner Stelle ausübt (vgl. Anm. 1 zu § 1684).

3. Die Ausübung der elterlichen Gewalt durch die Mutter greift Platz:

a) während der Dauer der Ehe:

α) wenn der Vater geschäftsunfähig ist (§§ 104 Nr. 2, 3, 1676 Abs. 1);

β) wenn der Vater in der Geschäftsfähigkeit beschränkt, also wegen Geistesschwäche, Verschwendung oder Trunksucht entmündigt oder nach § 1906 unter vorläufige Vormundschaft gestellt ist (§§ 106, 114, 1676 Abs. 2; der Fall der Minderjährigkeit des Vaters ist im Hinblick auf § 1303 Abs. 1 ohne praktische Bedeutung);

γ) wenn der Vater gemäß § 1910 Abs. 1 einen Pfleger für seine Person und sein Vermögen erhalten hat (§ 1676 Abs. 2);

δ) wenn die elterliche Gewalt des Vaters ruht, weil vom Vormundschaftsgericht festgestellt worden ist, daß der Vater auf längere Zeit an der Ausübung der elterlichen Gewalt thatsächlich verhindert ist (§ 1677);

ε) auch ohne solche Feststellung, wenn sonst der Vater an der Ausübung der elterlichen Gewalt thatsächlich, z. B. durch Krankheit, Abwesenheit, Haft, verhindert ist, gleichviel, ob diese Verhinderung eine dauernde ist oder nicht, ob der Vater an der Ausübung der elterlichen Gewalt überhaupt oder nur an der Besorgung einer einzelnen Angelegenheit oder eines Kreises von solchen verhindert ist (R.T.K. 146; vgl. dagegen M. IV, 822 ff.; s. auch Anm. 1c zu § 1677);

b) nach Auflösung der Ehe ist die Mutter zur Ausübung der elterlichen Gewalt nur befugt unter der Voraussetzung, daß

α) die elterliche Gewalt des Vaters ruht (s. o. unter a, α—δ),

β) keine Aussicht besteht, daß der Grund des Ruhens wegfallen werde,

γ) die Mutter die Uebertragung der Ausübung an sie beantragt hat und

δ) das Vormundschaftsgericht (was es allerdings nicht ablehnen kann) diesem Antrag der Mutter stattgegeben hat. Ueber Zuständigkeit des Vormundschaftsgerichts und Rechtsmittel gegen dessen Entscheidung s. F.G. §§ 43, 36, 19 ff.

Ob die Auflösung der Ehe durch Scheidung oder gemäß § 1348 Abs. 2 erfolgte, ist für die Anwendbarkeit des § 1685 Abs. 2 ohne Belang. Durch Aufhebung der ehelichen Gemeinschaft (§ 1575) wird die Auflösung der Ehe nicht herbeigeführt (Anm. 1, 3 zu § 1586).

4. Der Uebergang der Ausübung der elterlichen Gewalt auf die Mutter hat zur Folge, daß der Vater zwar Inhaber der elterlichen Gewalt bleibt, die Sorge für Person und Vermögen des Kindes aber einschließlich der gesetzlichen Vertretung desselben in persönlichen und Vermögensangelegenheiten der Mutter zusteht. Nur in den im § 1676 Abs. 2 Satz 1 erwähnten Fällen (s. o. Anm. 3a, β, γ) verbleibt dem Vater in beschränktem Umfange die Sorge für die Person des Kindes neben der Mutter. Die elterliche Nutznießung bleibt in den Fällen des § 1685 Abs. 1 dem Vater. Liegen dagegen die Voraussetzungen des § 1685 Abs. 2 vor, so erhält die Mutter auch die Nutznießung am Vermögen des Kindes. Das Recht des Vaters beschränkt sich in diesen Fällen (abgesehen von der ihm nach §§ 1676 Abs. 2, 1635, 1637 möglicher Weise zustehenden Sorge für die Person des Kindes) auf die Anwartschaft, daß beim Wegfall des Ruhens seiner elterlichen Gewalt bezw. seiner Verhinderung die Ausübung derselben wieder an ihn zurückfallen werde. Die Frage, ob zur Volljährigkeitserklärung des Kindes außer der Einwilligung der Mutter auch die des Vaters erforderlich ist, wenn die elterliche Gewalt wegen thatsächlicher Verhinderung des Vaters von der Mutter ausgeübt wird (s. § 4 Abs. 2 Satz 1), wird mit Planck (Komm. Note 3 Abs. 4 zu § 4) verneinend zu beantworten sein. Hinsichtlich der Sorge für die Person des Kindes sind im Falle der Auflösung der Ehe (§ 1685 Abs. 2) die Bestimmungen der §§ 1635, 1637 maßgebend.

5. Die Befugniß der Mutter zur Ausübung der elterlichen Gewalt dauert nur solange, als die Voraussetzungen des § 1685 gegeben sind, kommt also in Wegfall, wenn die thatsächliche Verhinderung des Vaters oder das Ruhen seiner elterlichen Gewalt aufhört. Mit diesem Zeitpunkte fällt die Ausübung der elterlichen Gewalt kraft Gesetzes wieder dem Vater zu. Zu beachten ist aber, daß das gemäß § 1677 Abs. 1 eingetretene Ruhen der elterlichen Gewalt erst mit der im § 1677 Abs. 2 erwähnten Feststellung des Vormundschaftsgerichts endigt.

6. Ist die Ehe der Eltern nichtig oder anfechtbar und angefochten und dies der Mutter, nicht aber dem Vater bei der Eheschließung bekannt gewesen, so findet, wenn die elterliche Gewalt des Vaters wegen seiner Geschäftsunfähigkeit oder nach § 1677 ruht (s. o. Anm. 3a, α, δ), hinsichtlich der Rechte der Mutter nicht § 1685, sondern § 1702 Abs. 2 Anwendung (§ 1702 Abs. 3, vgl. Anm. 2 zu § 1684).

§ 1686.

Auf die elterliche Gewalt der Mutter finden die für die elterliche Gewalt des Vaters geltenden Vorschriften Anwendung, soweit sich nicht aus den §§ 1687 bis 1697 ein Anderes ergiebt.

E. II, 1575; III, 1662.

1. Soweit nach §§ 1684, 1685 die elterliche Gewalt oder deren Ausübung der Mutter zusteht, hat dieselbe grundsätzlich die gleichen Rechte und Pflichten wie der Vater als Inhaber der elterlichen Gewalt. Dies war auch im E. I anerkannt, obwohl nicht ausdrücklich ausgesprochen (M. IV, 739, 797; P. IV, 612, 555). Diesem Grundsatz zufolge steht der Mutter als Inhaberin der elterlichen Gewalt nicht nur die Sorge für die Person (§§ 1631—1633) und das Vermögen des Kindes (§§ 1638—1647), sowie die gesetzliche Vertretung desselben (§ 1630), sondern auch die Nutznießung am Vermögen des Kindes, soweit es nicht freies Vermögen ist (§§ 1649 ff.), zu. Bei Ausübung der elterlichen Gewalt haftet sie gleich dem Vater nur für die Sorgfalt, die sie in eigenen Angelegenheiten anzuwenden pflegt (§ 1664). Ihre Ersatzansprüche bemessen sich nach § 1648. Für das Einschreiten des Vormundschaftsgerichts gelten auch ihr gegenüber die Bestimmungen der §§ 1665—1675, für das Ruhen und die Beendigung der elterlichen Gewalt die Vorschriften der §§ 1676—1683.

2. Von diesem Grundsatz bestehen jedoch folgende Ausnahmen:

a) in gewissen Fällen kann die elterliche Gewalt der Mutter durch Bestellung eines Beistandes beschränkt werden (§§ 1687—1695);

b) in den Fällen des § 1685 Abs. 1 steht der Mutter die elterliche Nutznießung nicht zu;

c) die elterliche Gewalt der Mutter endigt im Gegensatze zu der des Vaters mit ihrer Wiederverheirathung;

d) wenn die elterliche Gewalt der Mutter wegen Minderjährigkeit ruht, stehen ihr hinsichtlich der Sorge für die Person des Kindes die im § 1696 erwähnten Befugnisse zu (beim Vater ist dieser Fall im Hinblick auf § 1303 nicht wohl möglich; vgl. Anm. 3 zu § 1676).

§ 1687.

Das Vormundschaftsgericht hat der Mutter einen Beistand zu bestellen:

1. **wenn der Vater die Bestellung nach Maßgabe des § 1777 angeordnet hat;**
2. **wenn die Mutter die Bestellung beantragt;**
3. **wenn das Vormundschaftsgericht aus besonderen Gründen, insbesondere wegen des Umfanges oder der Schwierigkeit der Vermögensverwaltung, oder in den Fällen der §§ 1666, 1667 die Bestellung im Interesse des Kindes für nöthig erachtet.**

E. I, 1538; II, 1576; III, 1663.

1. Das Institut der Beistandschaft ist dem Gem. R. unbekannt. Dagegen enthält das P.L.R. (Thl. I cap. 7 § 6 Ziff. 7) verwandte Vorschriften, indem es bestimmt, daß der Mutter als Vormünderin zwei ordentlich verpflichtete Mitvormünder, falls sie aber durch väterliche Disposition zur Vormundschaft berufen ist, zwei unverpflichtete Beiständer zugegeben werden sollen, welche, wenn sie schlechte Hauswirthschaft von ihr verspüren, der Obrigkeit Anzeige erstatten sollen. Diese Beiständer unterliegen aber, weil sie „bloße Rathgeber sind und keine Verwaltung auf sich haben", nicht den für Vormünder und Kuratoren gegebenen Vorschriften (Thl. I cap. 7 § 40).

Ueber andere Rechte s. M. IV, 798.

Das B.G.B. sucht den Gefahren, die sich aus der grundsätzlichen Anerkennung der elterlichen Gewalt der Mutter für das Kind ergeben können, durch die Aufnahme des Instituts der Beistandschaft zu begegnen (M. IV, 797 ff.; Z.G. IV, 376 ff.; 409 ff.).

2. Die Aufstellung eines Beistandes bildet eine Ausnahmsmaßregel und ist nur in den im § 1687 erwähnten Fällen zulässig. Sie muß aber erfolgen, wenn diese Voraussetzungen gegeben sind.

a) Die Aufstellung eines Beistandes kann vom Vater letztwillig angeordnet werden. Eine solche Anordnung ist jedoch unverbindlich, wenn dem Vater bei seinem Tode die elterliche Gewalt nicht zustand (z. B. weil er sie verwirkt hatte; vgl. Anm. 8 zu § 1680) oder wenn in diesem Zeitpunkte seine Vertretungsmacht in persönlichen oder Vermögensangelegenheiten ausgeschlossen war (z. B. weil ihm die Sorge für die Person des Kindes entzogen oder weil Konkurs über sein Vermögen eröffnet war, s. §§ 1666 Abs. 1, 1647). Bezüglich eines nach dem Tode des Vaters geborenen Kindes ist entscheidend, ob er zur Anordnung der Aufstellung eines Beistandes befugt gewesen wäre, falls das Kind schon vor seinem Tode geboren gewesen wäre (§ 1777 Abs. 1 Satz 1, Abs. 2). Die für derartige letztwillige Verfügungen in den Entw. II und III zugelassene erleichterte Form ist durch die von der Reichstagskommission beschlossene Zulassung des holographischen Testaments (§ 2231 Nr. 2) gegenstandslos geworden (R.T.K. 177). Gleichzeitig mit der Anordnung, daß ein Beistand bestellt werden soll, und unter den gleichen Voraussetzungen kann der Vater über den Umfang des Wirkungskreises des Beistandes bindende Verfügungen treffen (§ 1688 Abs. 3). Daß der Vater unter den gleichen Voraussetzungen auch die Person des aufzustellenden Beistandes bezeichnen kann, ergibt sich aus den §§ 1694 Abs. 1, 1792 Abs. 4, 1776 Abs. 1 Nr. 1, 1777. Zur Ausschließung der elterlichen Gewalt der Mutter ist der Vater nicht berechtigt, wohl aber kann er (wie jeder Dritte) bezüglich der dem Kinde von ihm hinterlassenen Vermögensgegenstände (aber nur insoweit!) die Vermögensverwaltung der Mutter ausschließen oder bindende Anordnungen über die Art der Verwaltung treffen (Anm. 2a zu § 1638; Anm. 2 zu § 1639).

Ob ein neuer Beistand aufzustellen ist, falls die vom Vater als Beistand bezeichnete Person diese Funktion nicht übernehmen kann oder will oder später wegfällt, hängt von der Auslegung der väterlichen Anordnung ab (M. IV, 799). Eine vom Vater in gültiger Weise getroffene Anordnung der Bestellung eines Beistandes kann durch das Vormundschaftsgericht nicht außer Kraft gesetzt werden; ebensowenig kann eine gemäß § 1687 Nr. 1 erfolgte Bestellung des Beistandes durch das Vormundschaftsgericht aufgehoben werden (§ 1695 Abs. 1). Auch die Mutter vermag die Aufhebung einer in gültiger Weise vom Vater gemäß § 1687 Nr. 1 getroffenen Anordnung nicht herbeizuführen, selbst wenn sie diese Maßregel für überflüssig erachtet und das Vormundschaftsgericht diese Anschauung theilt (vgl. Anm. 1d zu § 1695).

b) Ein Beistand ist ferner zu bestellen, wenn die Mutter die Bestellung beantragt. Einem dahin gehenden Antrag der Mutter muß das Vormundschaftsgericht stattgeben (M. IV, 799). Verzicht auf die elterliche Gewalt selbst ist der Mutter ebensowenig wie dem Vater gestattet (M. IV, 799; Vorbem. vor § 1676 Ziff. 5c). Bezüglich der Person des aufzustellenden Beistandes s. die §§ 1694 Abs. 1, 1792 Abs. 4, 1776 ff. Ist auf Antrag der Mutter ein Beistand bestellt worden, so kann diese Maßregel durch das Vormundschaftsgericht wieder aufgehoben werden, doch soll dies nur mit Zustimmung der Mutter geschehen (§ 1695 Abs. 2 Satz 1).

c) Endlich kann das Vormundschaftsgericht auch von Amtswegen, und zwar auch gegen den Willen der Mutter, einen Beistand bestellen, falls es diese Maßregel aus besonderen Gründen im Interesse des Kindes für nöthig erachtet. Ob solche „besondere Gründe" vorhanden sind, hat das Vormundschaftsgericht nach freiem Ermessen zu entscheiden. Als besonders wichtige, zu dieser Maßregel berechtigende Thatsachen hebt das Gesetz hervor: Umfang oder Schwierigkeit der Vermögensverwaltung, sowie das Vorliegen der in den §§ 1666 und 1667 erwähnten Umstände (vgl. Anm. 3a, γ zu § 1666, Anm. 3d zu § 1667). Der in der II. Komm. gestellte Antrag, die Bestellung eines Beistandes gegen den Willen der Mutter nur in diesen letzteren Fällen zuzulassen, wurde abgelehnt (P. IV, 613 ff.; vgl. Z.G. IV, 409 ff.). Ob das Vormundschaftsgericht beim Vorliegen der Voraussetzungen der §§ 1666, 1667 die nach diesen Bestimmungen (s. §§ 1666—1670) zulässigen Maßregeln ergreifen oder einen Beistand aufstellen will, hängt von seinem Ermessen ab. Andererseits ergibt sich aus der Stellung des Vormundschaftsgerichts, daß es zur Aufstellung eines Beistandes nicht nur berechtigt, sondern verpflichtet ist, falls es diese Maßregel im Interesse des Kindes für erforderlich erachtet (M. IV, 799). Vor der Bestellung des Beistandes soll die Mutter, sowie Verwandte oder Verschwägerte des Kindes nach Maßgabe des § 1673 gehört werden (Anm. 2c zu § 1673). Die Befugniß des Vormundschaftsgerichts, nach § 1687 Nr. 3 einen Beistand zu bestellen, kann durch letztwillige Anordnung des Vaters weder ausgeschlossen noch beschränkt werden. Hinsichtlich der Person des aufzustellenden Beistandes gelten auch in diesem Falle die Bestimmungen der §§ 1694 Abs. 1, 1795 Abs. 4, 1776 ff. Die nach § 1687 Nr. 3 bethätigte Bestellung eines Beistandes kann und muß das Vormundschaftsgericht bei Wegfall der besonderen Gründe, die zur Bestellung Anlaß gegeben haben, jederzeit auch ohne Zustimmung der Mutter wieder aufheben. Ueber die den Vormundschaftsrichter wegen pflichtwidriger Unterlassung der Aufstellung eines Beistandes treffende Verantwortlichkeit s. § 1674, über die Anzeigepflicht des Gemeindewaisenraths s. § 1675 (der in der II. Komm. gestellte Antrag, ausdrücklich auszusprechen, daß sich die Anzeigepflicht des Gemeindewaisenraths auch auf diese Fälle beziehe, wurde zurückgezogen, nachdem darauf hingewiesen worden war, daß sich dies schon aus § 1675 ergebe: P.M. S. 8672).

3. Voraussetzung für die Bestellung eines Beistands in den sämmtlichen Fällen des § 1687 ist, daß der Mutter entweder die elterliche Gewalt oder deren Ausübung zusteht (§§ 1684, 1685; 1701 Satz 2, 1757). Wenn dagegen der Mutter lediglich die Sorge für die Person des Kindes zusteht (§§ 1634, 1635, 1637, 1676 Abs. 2 Satz 2, 1696—1698, 1702 Abs. 2, 3, 1707, 1738 Satz 2, 1765 Abs. 2; C.P.O. § 627 Abs. 1 n. F.), ist die Aufstellung eines Beistandes nicht zulässig.

4. Genügt ein Beistand zur Erfüllung der seine Bestellung erforderlich machenden Aufgabe nicht, so kann das Vormundschaftsgericht auch zwei oder mehr Beistände bestellen. Desgleichen kann die Bestellung mehrerer Beistände vom Vater letztwillig angeordnet oder von der Mutter beantragt werden (§§ 1694 Abs. 1, 1792 Abs. 4, 1775).

5. Für die Frage, welches Gericht zur Bestellung des Beistandes zuständig ist, sind die Bestimmungen der §§ 43, 36 F.G. maßgebend. Ueber die gegen die Entscheidung des Vormundschaftsgerichts zulässigen Rechtsmittel s. §§ 19 ff. und insbes. § 57 Abs. 1 Nr. 5 dieses Gesetzes, wonach gegen die Verfügung, durch die in den Fällen des § 1687 Nr. 1, 3 die Bestellung eines Beistandes abgelehnt wird, auch den Ehegatten, sowie den Verwandten und Verschwägerten des Kindes die Beschwerde zusteht.

6. Ueber den Wirkungskreis und die rechtliche Stellung des Beistandes s. §§ 1688—1694; über Aufhebung der Bestellung des Beistandes s. § 1695.

7. Uebergangsvorschrift. Hat der Vater vor dem 1. Januar 1900 auf Grund der bisherigen Gesetze die Mutter von der Vormundschaft ausgeschlossen oder der Mutter einen Beistand zugeordnet, so gilt eine solche Anordnung vom 1. Januar 1900 ab als Anordnung im Sinne des § 1687 Nr. 1 B.G.B. (E.G. Art. 205; M.E.G. 294).

§ 1688.

Der Beistand kann für alle Angelegenheiten, für gewisse Arten von Angelegenheiten oder für einzelne Angelegenheiten bestellt werden.

Ueber den Umfang seines Wirkungskreises entscheidet die Bestellung. Ist der Umfang nicht bestimmt, so fallen alle Angelegenheiten in seinen Wirkungskreis.

Hat der Vater die Bestellung angeordnet, so hat das Vormundschaftsgericht Bestimmungen, die er nach Maßgabe des § 1777 über den Umfang des Wirkungskreises getroffen hat, bei der Bestellung zu befolgen.

E. I, 1539; II, 1577; III, 1664.

1. Die Bestimmungen des § 1688 gewähren dem Vormundschaftsgericht die Möglichkeit, den Wirkungskreis des Beistandes nach dem Bedürfnisse des einzelnen Falles zu begrenzen (M. IV, 800; Z.G. IV, 410; P. IV, 614). Ist der Wirkungskreis des Beistandes nicht ausdrücklich beschränkt, so umfaßt derselbe alle, sowohl die persönlichen als die Vermögensangelegenheiten des Kindes. Die hinsichtlich dieses Punktes vom Vater letztwillig getroffenen Anordnungen sind für das Vormundschaftsgericht bindend, wenn der Vater nach § 1777 überhaupt befugt war, die Bestellung eines Beistandes anzuordnen. Desgleichen ist dem Antrag der Mutter, ihr nur für einen bestimmten Kreis von Angelegenheiten oder für eine einzelne Angelegenheit einen Beistand zu bestellen, zunächst stattzugeben. Selbstverständlich kann aber das Vormundschaftsgericht entgegen der letztwilligen Verfügung des Vaters oder dem Antrag der Mutter den Beistand auch für andere oder für alle Angelegenheiten des Kindes aufstellen, wenn die Voraussetzungen des § 1687 Nr. 3 gegeben sind.

2. Die Uebertragung der gesammten Vermögensverwaltung oder eines Theils derselben auf den Beistand ist nur auf Antrag der Mutter zulässig (§ 1693).

§ 1689.

Der Beistand hat innerhalb seines Wirkungskreises die Mutter bei der Ausübung der elterlichen Gewalt zu unterstützen und zu überwachen; er hat dem Vormundschaftsgerichte jeden Fall, in welchem es zum Einschreiten berufen ist, unverzüglich anzuzeigen.

E. I, 1540; II, 1578; III, 1665.

1. Auch wenn ein Beistand aufgestellt ist, obliegt der Mutter die Sorge für die Person des Kindes und (abgesehen von dem Falle des § 1693) die Vermögensverwaltung, sowie die gesetzliche Vertretung des Kindes in persönlichen und Vermögensangelegenheiten (M. IV, 800; Z.G. IV, 410 ff.; P. IV, 614). Aufgabe des Beistandes ist es, einerseits die Mutter bei Erfüllung der ihr kraft der elterlichen Gewalt obliegenden Verpflichtungen zu unterstützen, andrerseits sie zu überwachen und gegebenenfalls (insbesondere in den Fällen der §§ 1665 ff.) das Vormundschaftsgericht von dem Vorliegen einer sein Einschreiten erforderlich machenden Thatsache unverzüglich (d. h. ohne schuldhaftes Zögern, s. § 121 Abs. 1 Satz 1) zu verständigen. Nähere Bestimmungen über die Rechte und Pflichten des Beistandes enthalten die §§ 1690—1694. Ueber die Anzeigepflicht des Gemeindewaisenraths s. § 1675; vgl. auch § 1909 Abs. 2 und F.G. § 49.

2. Gegen die Verfügung des Vormundschaftsgerichts, durch welche der Antrag des Beistandes, wegen Pflichtwidrigkeiten der Mutter gegen dieselbe einzuschreiten, zurückgewiesen wird, steht dem Beistand das Rechtsmittel der Beschwerde zu (F.G. § 57 Abs. 1 Nr. 6).

3. Ist dem Beistande die Vermögensverwaltung ganz oder theilweise übertragen worden, so hat derselbe die rechtliche Stellung eines Pflegers (§ 1693).

§ 1690.

Die Genehmigung des Beistandes ist innerhalb seines Wirkungskreises zu jedem Rechtsgeschäft erforderlich, zu dem ein Vormund der Genehmigung des Vormundschaftsgerichts oder des Gegenvormundes bedarf. Ausgenommen sind Rechtsgeschäfte, welche die Mutter nicht ohne die Genehmigung des Vormundschaftsgerichts vornehmen kann. Die Vorschriften der §§ 1828 bis 1831 finden entsprechende Anwendung.

Die Genehmigung des Beistandes wird durch die Genehmigung des Vormundschaftsgerichts ersetzt.

Das Vormundschaftsgericht soll vor der Entscheidung über die Genehmigung in allen Fällen, in denen das Rechtsgeschäft zu dem Wirkungskreise des Beistandes gehört, den Beistand hören, sofern ein solcher vorhanden und die Anhörung thunlich ist.

E. I, 1541 Abs. 1, 2, 1542; II, 1579; III, 1666.

1. Erforderniß der Genehmigung des Beistandes. Ist der Mutter gemäß § 1687 ein Beistand bestellt, so unterliegt sie bei Ausübung der elterlichen Gewalt, soweit der Wirkungskreis des Beistandes reicht, nicht nur seiner beständigen Ueberwachung, ist vielmehr in gewissen Fällen auch an seine Mitwirkung gebunden. Sie bedarf nämlich, soweit überhaupt eine in den Wirkungskreis des Beistandes fallende Angelegenheit in Frage steht (§§ 1688), seiner Genehmigung:

a) zu jedem Rechtsgeschäfte, zu welchem der Vormund der Genehmigung des Vormundschaftsgerichts bedarf (s. §§ 1821, 1822 und Anm. 4 hiezu);

b) zu jedem Rechtsgeschäfte, zu welchem der Vormund der Genehmigung des Gegenvormundes bedarf (§§ 1809, 1810, 1812, 1813);

c) nach § 14a Abs. 2 Satz 2 (vgl. Abs. 1 und Abs. 2 Satz 1) des R.G. über die Erw. u. d. Verlust der Bundes- und Staatsangehörigkeit v. 1. Juni 1870 in der durch E.G. Art. 41 II festges. Fassung bedarf die Mutter zu dem Antrag auf Entlassung des Kindes aus dem Staatsverband der Genehmigung des Beistandes auch dann, wenn sie gleichzeitig die Entlassung für sich beantragt, vorausgesetzt, daß der Wirkungskreis des Beistandes sich auf die Sorge für die Person des Kindes erstreckt.

Insoweit jedoch die Mutter als Inhaberin der elterlichen Gewalt zu Rechtsgeschäften für das Kind der Genehmigung des Vormundschaftsgerichts bedarf (s. §§ 1686, 1643 und Anm. 4 zu § 1643), ist die Genehmigung des Beistandes nicht erforderlich.

2. Ersetzung der Genehmigung des Beistandes durch das Vormundschaftsgericht. Verweigert der Beistand die Ertheilung seiner Genehmigung oder ist dieselbe wegen Unfähigkeit des Beistandes zur Erklärungsabgabe oder wegen unbekannten Aufenthalts desselben nicht zu erlangen, so steht es der Mutter frei, sich an das Vormundschaftsgericht zu wenden, welches die Genehmigung des Beistandes ersetzen kann. Zuständig hiezu ist das Gericht, bei welchem die Beistandschaft anhängig ist (F.G. § 43 Abs. 2). Ueber Rechtsmittel gegen die Verfügung des Vormundschaftsgerichts, wodurch dasselbe die erbetene Ersetzung der Genehmigung des Beistandes ablehnt, s. F.G. § 19 ff.

3. Hinsichtlich der Form der vom Beistande zu ertheilenden Genehmigung und der rechtlichen Wirkung des Mangels dieser Genehmigung finden die Vorschriften der §§ 1828—1831 entsprechende Anwendung (vgl. § 1643 Abs. 3).

a) Der Beistand kann seine Genehmigung zu einem Rechtsgeschäfte nur der Mutter gegenüber erklären (§ 1828 und Anm. hiezu).

b) Hinsichtlich der Wirksamkeit eines von der Mutter ohne die erforderliche Genehmigung des Beistandes vorgenommenen Rechtsgeschäfts ist zu unterscheiden zwischen Verträgen und einseitigen Rechtsgeschäften:

α) Schließt die Mutter einen Vertrag ohne die erforderliche Genehmigung des Beistandes, so hängt die Wirksamkeit des Vertrags von der nachträglichen Genehmigung des Beistandes ab. Die Genehmigung, sowie deren Verweigerung wird dem anderen Theile gegenüber erst wirksam, wenn sie ihm durch die Mutter mitgetheilt wird. Fordert der andere Theil die Mutter zur Mittheilung darüber auf, ob die Genehmigung ertheilt sei, so kann die Mittheilung der Genehmigung nur bis zum Ablaufe von zwei Wochen nach dem Empfange der Aufforderung erfolgen; erfolgt sie nicht, so gilt die Genehmigung als verweigert. Ist das Kind volljährig geworden, so tritt seine Genehmigung an die Stelle der Genehmigung des Beistandes. Hat die Mutter dem andern Theile gegenüber der Wahrheit zuwider die Genehmigung des Beistandes behauptet, so ist der andere Theil bis zur Mittheilung der nachträglichen Genehmigung des Beistandes zum Widerrufe berechtigt, es sei denn, daß ihm das Fehlen der Genehmigung bei dem Abschlusse des Vertrags bekannt war (§§ 1829, 1830 und Anm. hiezu; vgl. P. IV, 615 ff.). Auch die nachträgliche Genehmigung des Beistandes wird natürlich durch die nachträgliche Genehmigung des Vormundschaftsgerichts ersetzt (s. o. Anm. 2).

β) Ein einseitiges Rechtsgeschäft, das die Mutter ohne die erforderliche Genehmigung des Beistandes vornimmt, ist unwirksam. Nimmt die Mutter mit dieser Genehmigung ein solches Rechtsgeschäft einem Anderen gegenüber vor, so ist das Rechtsgeschäft unwirksam, wenn die Mutter die Genehmigung nicht in schriftlicher Form vorlegt und der Andere das Rechtsgeschäft aus diesem Grunde unverzüglich zurückweist (§ 1831 und Anm. hiezu).

4. Anhörung des Beistandes. Neben dem Erforderniß der Genehmigung des Beistandes zu gewissen von der Mutter vorzunehmenden Rechtsgeschäften bestimmt § 1690 Abs. 3 weiter, daß das Vormundschaftsgericht vor seiner Entscheidung über die Genehmigung eines Rechtsgeschäfts den Beistand hören soll, wenn das fragliche Rechtsgeschäft zum Wirkungskreis des Beistandes gehört (§ 1688), ein Beistand vorhanden (also nicht etwa durch Tod weggefallen ist, ohne durch einen neuen Beistand ersetzt worden zu sein, s. M. IV, 1118) und seine Anhörung thunlich ist, d. h. derselben ein rechtliches oder thatsächliches Hinderniß nicht entgegensteht (vgl. E. II, 1579 Abs. 2). Beim Vorhandensein dieser Voraussetzungen ist die Anhörung des Beistandes erforderlich:

a) wenn seine Genehmigung zu einem Rechtsgeschäft erforderlich ist (Anm. 1), von ihm verweigert wird, und die Mutter sich behufs Ersetzung derselben an das Vormundschaftsgericht wendet (M. IV, 801);

b) wenn zwar nicht die Genehmigung des Beistandes, aber die des Vormundschaftsgerichts zur Vornahme eines Rechtsgeschäfts erforderlich ist (s. oben Anm. 1).

Diese Vorschrift ist jedoch nur instruktioneller Natur („soll"); das Unterbleiben der Anhörung des Beistandes ist also ohne Einfluß auf die Rechtswirksamkeit eines vom Vormundschaftsgericht genehmigten Rechtsgeschäfts (vgl. dagegen oben Anm. 3 b).

§ 1691.

Soweit die Anlegung des zu dem Vermögen des Kindes gehörenden Geldes in den Wirkungskreis des Beistandes fällt, finden die für die Anlegung von Mündelgeld geltenden Vorschriften der §§ 1809, 1810 entsprechende Anwendung.

E. I, 1541 Abs. 3; II, 1580; III, 1667.

1. Hinsichtlich der Anlegung des zum Vermögen des Kindes gehörenden Geldes unterliegt die Mutter als Inhaberin der elterlichen Gewalt wie der Vater der Vorschrift des § 1642. Sie hat daher das ihrer Verwaltung unterliegende Geld des Kindes, unbeschadet der ihr nach § 1653 zustehenden Befugnisse, nach den Bestimmungen über die Anlegung von Mündelgeld (§§ 1807, 1808) verzinslich anzulegen, soweit es nicht zur Bestreitung von Ausgaben bereit zu halten ist oder das Vormundschaftsgericht eine andere Anlegung gestattet. Ist der Mutter ein Beistand bestellt, in dessen Wirkungskreis die Anlegung des zum Vermögen des Kindes gehörenden Geldes fällt, worüber gemäß § 1688 seine Bestellung, eventuell die letztwillige Anordnung des Vaters entscheidet, so hat insoweit der Beistand gegenüber der Mutter dieselbe Stellung wie der Gegenvormund gegenüber dem Vormund (M. IV, 801, 1117 ff.; D. 236).

a) Die Mutter soll die ihr zur Pflicht gemachte Anlegung des zum Vermögen des Kindes gehörenden Geldes nur mit Genehmigung des Beistandes bewirken. Verweigert der Beistand die Ertheilung der Genehmigung, so kann dieselbe (nach vorheriger Anhörung des Beistandes, s. Anm. 4 a zu § 1690) durch das Vormundschaftsgericht ersetzt werden (vgl. Anm. 2 zu § 1690). Ist der Beistand (z. B. in Folge Todes) weggefallen, ein neuer Beistand aber noch nicht aufgestellt worden, obwohl der Grund für die Bestellung eines solchen fortdauert, so soll die Anlegung nur mit Genehmigung des Vormundschaftsgerichts erfolgen (§ 1810 und Anm. 1 hiezu).

b) Außerdem soll die Mutter Geld des Kindes bei einer Sparkasse, Bank oder Hinterlegungsstelle, soweit diese Form der Anlegung überhaupt statthaft ist (§§ 1642, 1686, 1807 Abs. 1 Nr. 5, 1808), nur mit der Bestimmung anlegen, daß zur Erhebung des Geldes die Genehmigung des Beistandes oder des Vormundschaftsgerichts erforderlich ist (§ 1809 und Anm. 1 hiezu).

2. Handelt die Mutter der Vorschrift des § 1691 zuwider, so kann das Kind zwar eine derartige Anlage seines Vermögens nicht zurückweisen, da die fraglichen Bestimmungen lediglich den Charakter von Ordnungsvorschriften haben. Die Mutter haftet aber für den dem Kinde hieraus erwachsenden Schaden nach Maßgabe des § 1664 und das Vormundschaftsgericht ist, wenn hiedurch eine Gefährdung des Vermögens des Kindes herbeigeführt wird, berechtigt, gemäß §§ 1667 ff. einzuschreiten (vgl. Anm. 6 zu § 1807).

§ 1692.

Hat die Mutter ein Vermögensverzeichniß einzureichen, so ist bei der Aufnahme des Verzeichnisses der Beistand zuzuziehen; das Verzeichniß ist auch von dem Beistande mit der Versicherung der Richtigkeit und Vollständigkeit zu versehen. Ist das Verzeichniß ungenügend, so finden, sofern nicht die Voraussetzungen des § 1667 vorliegen, die Vorschriften des § 1640 Abs. 2 entsprechende Anwendung.

E. II, 1581; III, 1668.

1. Die Vorschrift des § 1692 war im E. I nicht enthalten (vgl. Z.G. IV, 411). Nach dem in der II. Komm. gefaßten Beschlusse sollte die Mutter, wenn ihr für die Vermögensverwaltung ein Beistand bestellt ist, verpflichtet sein, ein Verzeichniß des ihrer Verwaltung unterliegenden Vermögens des Kindes unter Zuziehung des Beistandes aufzunehmen und dem Vormundschaftsgericht einzureichen (P. IV, 616). Nach der auf Beschluß der Redaktionskommission des Reichstags (s. R.T.K. 155) beruhenden nunmehrigen Fassung des § 1692 dagegen verbleibt es für die Beantwortung der Frage, ob die Mutter überhaupt zur Aufnahme eines Vermögensverzeichnisses verpflichtet ist, bei den allgemeinen Vorschriften

des B.G.B. (s. u. Anm. 2). Das Vorhandensein des Beistandes kommt nur insoferne in Betracht, als derselbe zur Aufnahme des Verzeichnisses beizuziehen ist (s. u. Anm. 3).

2. Zur Aufnahme eines Verzeichnisses des ihrer Verwaltung unterliegenden Vermögens des Kindes ist die Mutter verpflichtet:

a) bezüglich des Vermögens des Kindes, welches beim Tode des Vaters vorhanden ist oder dem Kinde später zufällt (§§ 1640, 1686; Anm. 6 zu § 1640);

b) auf Anordnung des Vormundschaftsgerichts bei Gefährdung des Vermögens des Kindes durch Pflichtverletzung oder Vermögensverfall der Mutter (§§ 1667 Abs. 2 Satz 1, 1686);

c) im Falle der Wiederverheirathung (§ 1669 und Anm. 1 hiezu);

d) als Annehmende nach § 1760 (vgl. Anm. 2 zu § 1760).

3. In allen diesen Fällen hat der Beistand bei der Aufnahme des Verzeichnisses mitzuwirken und dasselbe gleich der Mutter (s. §§ 1640 Abs. 1 Satz 1, 1667 Abs. 2 Satz 2, Anm. 2b zu § 1669, § 1760 Abs. 1 Satz 1) mit der Versicherung der Richtigkeit und Vollständigkeit zu versehen (vgl. § 1801 Abs. 1 Satz 2). Ob sich der Wirkungskreis des Beistandes auf die Vermögensverwaltung erstreckt, ist unerheblich; die gegentheilige Behauptung von Böhm (Das Vormundschaftsrecht des B.G.B. S. 34), wonach die Beiziehung des Beistandes nicht erforderlich sein soll, wenn sein Wirkungskreis sich nur auf die Sorge für die Person oder auf eine einzelne bestimmt bezeichnete Rechtsangelegenheit bezieht, ist mit dem Wortlaut des § 1692 unvereinbar. Ist das Vermögensverzeichniß nach Ansicht des Vormundschaftsgerichts ungenügend, so kann dieses trotz der Versicherung der Richtigkeit und Vollständigkeit durch den Beistand Aufnahme des Verzeichnisses durch eine zuständige Behörde oder durch einen zuständigen Beamten oder Notar anordnen (P.M. 8672), soweit eine solche Anordnung nicht etwa durch letztwillige Verfügung des Vaters nach Maßgabe des § 1640 Abs. 2 Satz 2 ausgeschlossen ist (vgl. Anm. 6 zu § 1640; Böhm, a. a. O.). Die dem Vormundschaftsgericht nach den §§ 1667, 1668, 1670 zustehenden Befugnisse werden durch das Vorhandensein eines Beistandes natürlich nicht berührt.

§ 1693.

Das Vormundschaftsgericht kann auf Antrag der Mutter dem Beistande die Vermögensverwaltung ganz oder theilweise übertragen; soweit dies geschieht, hat der Beistand die Rechte und Pflichten eines Pflegers.

E. II, 1582 Satz 1; III, 1669.

1. Uebertragung der Vermögensverwaltung auf den Beistand. Trotz Aufstellung eines Beistandes verbleibt an sich der Mutter die volle elterliche Gewalt, insbesondere auch die Sorge für das Vermögen des Kindes (Anm. 1 zu § 1689). Fühlt sich jedoch die Mutter trotz der Unterstützung des Beistandes (§ 1689) der mit der Vermögensverwaltung verbundenen Aufgabe und Verantwortlichkeit nicht gewachsen, so kann sie die Uebertragung der gesammten Vermögensverwaltung oder eines Theils derselben auf den Beistand beantragen. Einem solchen Antrage der Mutter stattzugeben, ist das Vormundschaftsgericht berechtigt, jedoch nicht verpflichtet (P. IV, 614 ff.).

2. Soweit dem Antrage stattgegeben wird, erlangt der Beistand die rechtliche Stellung eines Pflegers, insbesondere ist er in den die Vermögensverwaltung betreffenden Angelegenheiten des Kindes dessen gesetzlicher Vertreter (§§ 1915, 1793). Ob er außerdem auch noch zur Unterstützung und Ueberwachung der Mutter verpflichtet ist, hängt von dem Umfange seines Wirkungskreises ab (§§ 1688, 1689). Insoweit die Mutter die Vermögensverwaltung behält, bleibt sie natürlich auch gesetzliche Vertreterin des Kindes in Vermögensangelegenheiten.

3. Uebertragung der Sorge für die Person des Kindes auf den Beistand ist nicht zulässig. Zeigt sich die Mutter in dieser Beziehung ihrer Aufgabe nicht gewachsen, so muß das Vormundschaftsgericht nach § 1666 Abs. 1 einschreiten.

4. Soweit die Vermögensverwaltung dem Beistand übertragen ist, regelt sich die Nutznießung der Mutter am Vermögen des Kindes nach den §§ 1656, 1657.

5. Die Uebertragung der Vermögensverwaltung auf den Beistand kann vom Vormundschaftsgericht jederzeit wieder aufgehoben werden, doch soll dies nicht ohne Zustimmung der Mutter geschehen (§ 1695 Abs. 1, Abs. 2 Satz 2; Anm. 1d zu § 1695).

6. Wird über das Vermögen der Mutter, während die gesammte Verwaltung des Vermögens des Kindes dem aufgestellten Beistand übertragen ist, der Konkurs eröffnet, so endigt die Vermögensverwaltung des Beistandes und ist hiefür ein Pfleger aufzustellen

(§ 1647). Als solcher kann natürlich auch der bisherige Beistand bestellt werden (§§ 1916, 1779 ff.). Wird der Mutter, während die gesammte Vermögensverwaltung dem Beistand übertragen ist, die Sorge für die Person des Kindes entzogen (§ 1666 Abs. 1), so ist nunmehr Vormundschaft einzuleiten (§ 1773 Abs. 1) und die Beistandschaft endigt, es sei denn, daß das Vormundschaftsgericht die Uebertragung der Vermögensverwaltung auf den Beistand wieder aufhebt, in welchem Falle lediglich ein Pfleger für die Person des Kindes zu bestellen wäre.

§ 1694.

Für die Berufung, Bestellung und Beaufsichtigung des Beistandes, für seine Haftung und seine Ansprüche, für die ihm zu bewilligende Vergütung und für die Beendigung seines Amtes gelten die gleichen Vorschriften wie bei dem Gegenvormunde.

Das Amt des Beistandes endigt auch dann, wenn die elterliche Gewalt der Mutter ruht.

E. I, 1543; II, 1583; III, 1670.

1. Abgesehen von den in den §§ 1688—1693 getroffenen besonderen Bestimmungen hat der Beistand die rechtliche Stellung eines Gegenvormundes (§ 1792; M. IV, 801). Dies gilt:

a) für seine Berufung und Bestellung (§ 1792 Abs. 4 in Verbindung mit §§ 1776—1790, F.G. § 60 Abs. 1 Nr. 1, 2, Abs. 2, s. auch St.G.B. § 34 Nr. 6 in der durch E.G. Art. 34 I festges. Fassung). Hieraus ergibt sich insbesondere, daß auch eine Frau als Beistand bestellt werden kann, was v. d. Pfordten (Das neue deutsche Civilrecht, Fürth 1898, S. 27 Nt. 1) mit Unrecht als fraglich bezeichnet:

b) für seine Beaufsichtigung durch das Vormundschaftsgericht (§§ 1837, 1839);

c) für seine Haftung (§ 1833), seine Ansprüche (§ 1835) und die ihm zu bewilligende Vergütung (§ 1836);

d) für die Beendigung seines Amtes (s. § 1895 in Verbindung mit §§ 1885 bis 1889, 1893, 1894, F.G. § 60 Abs. 1 Nr. 3, s. auch die Uebergangsvorschrift des Art. 160 E.G.). Außerdem endigt das Amt des Beistandes auch mit der Beendigung der Beistandschaft überhaupt (s. Anm. 1 zu § 1695), also insbesondere, wenn die elterliche Gewalt der Mutter ruht (§§ 1694 Abs. 2, 1676, 1677; M. IV, 801).

2. Soweit dem Beistande die Vermögensverwaltung übertragen ist, hat derselbe die Rechte und Pflichten eines Pflegers (§ 1693).

§ 1695.

Das Vormundschaftsgericht kann in den Fällen des § 1687 Nr. 2, 3 die Bestellung des Beistandes und im Falle des § 1693 die Uebertragung der Vermögensverwaltung auf den Beistand jederzeit aufheben.

Ist die Bestellung des Beistandes nach § 1687 Nr. 2 erfolgt, so soll sie nur mit Zustimmung der Mutter aufgehoben werden. Das Gleiche gilt für die Uebertragung der Vermögensverwaltung auf den Beistand.

E. II, 1582 Satz 2, 1584; III, 1671.

1. Die Beistandschaft endigt:

a) wegen ihrer accessorischen Natur mit der Beendigung der elterlichen Gewalt der Mutter (s. Vorbem. vor § 1676 Ziff. 4);

b) aus dem gleichen Grunde mit dem Eintritt des Ruhens der elterlichen Gewalt der Mutter (§§ 1694 Abs. 2, 1676, 1677; M. IV, 801). An die Stelle des Beistandes tritt in diesem Fall ein Vormund;

c) wenn die gesammte Vermögensverwaltung dem Beistand übertragen war und der Mutter auch die Sorge für die Person des Kindes entzogen wird (s. Anm. 6 zu § 1693);

d) mit der Aufhebung durch das Vormundschaftsgericht (§ 1695), wenn die Bestellung des Beistandes auf Antrag der Mutter oder von Amtswegen erfolgt ist (§ 1687 Nr. 2, 3).

Im ersteren der Fälle unter d soll jedoch die Aufhebung nicht ohne Zustimmung der Mutter erfolgen. Verweigert die Mutter ihre Zustimmung, so kann das Vormundschaftsgericht die Beistandschaft dennoch aufheben („soll"; vgl. dagegen E. II, 1584), haftet aber für den dem Kinde hieraus erwachsenden Schaden nach Maßgabe des § 1674. Das Gleiche gilt für die Aufhebung der gemäß § 1693 erfolgten Uebertragung der Vermögensverwaltung auf den Beistand (vgl. Anm. 5 zu § 1693). Die in Folge letztwilliger Anordnung des Vaters erfolgte Bestellung eines Beistandes (§ 1687 Nr. 1) kann auch mit Zustimmung der Mutter vom Vormundschaftsgericht nicht aufgehoben werden (vgl. Anm. 2a zu § 1687).

2. Ueber die Beendigung des Amts des Beistandes s. Anm. 1d zu § 1694.

3. Ueber die Rechtsmittel gegen die Aufhebung der Beistandschaft durch das Vormundschaftsgericht s. im Allgemeinen F.G. § 19 ff.

Gegen die Verfügung, durch welche in den Fällen des § 1687 Nr. 1, 3 die Bestellung des Beistandes aufgehoben wird, steht auch dem Ehegatten sowie den Verwandten und Verschwägerten des Kindes die Beschwerde zu (F.G. § 57 Abs. 1 Nr. 5).

§ 1696.

Ruht die elterliche Gewalt der Mutter wegen Minderjährigkeit, so hat die Mutter das Recht und die Pflicht, für die Person des Kindes zu sorgen; zur Vertretung des Kindes ist sie nicht berechtigt. Der Vormund des Kindes hat, soweit der Mutter die Sorge zusteht, die rechtliche Stellung eines Beistandes.

E. I, 1554 Abs. 2; II, 1585; III, 1672.

1. Die gemäß § 1684 der Mutter zustehende elterliche Gewalt ruht aus den gleichen Gründen, aus welchen die elterliche Gewalt des Vaters ruht (§ 1686), also:

a) wenn die Mutter geschäftsunfähig ist (§§ 1676 Abs. 1, 104);

b) wenn sie in der Geschäftsfähigkeit beschränkt, also minderjährig, wegen Geistesschwäche, Verschwendung oder Trunksucht entmündigt oder gemäß § 1906 unter vorläufige Vormundschaft gestellt ist (§§ 1676 Abs. 2 Satz 1, 106, 114);

c) wenn sie nach § 1910 einen Pfleger für ihre Person und ihr Vermögen erhalten hat (§ 1676 Abs. 2 Satz 1);

d) wenn vom Vormundschaftsgericht festgestellt wird, daß sie auf längere Zeit an der Ausübung der elterlichen Gewalt thatsächlich verhindert ist (§ 1677).

2. In allen diesen Fällen verbleibt ihr zwar die Nutznießung am Vermögen des Kindes; die Sorge für Person und Vermögen sowie die gesetzliche Vertretung des Kindes aber steht dem gemäß § 1773 aufzustellenden Vormund zu (§§ 1686, 1678). War der Mutter ein Beistand bestellt, so endigt dessen Amt (§ 1694 Abs. 2).

Nur in den in Anm. 1b erwähnten Fällen gelten abweichende Bestimmungen hinsichtlich der Sorge für die Person des Kindes.

a) Ruht die elterliche Gewalt der Mutter, weil sie wegen Geistesschwäche, Verschwendung oder Trunksucht entmündigt oder nach § 1906 unter vorläufige Vormundschaft gestellt ist, so steht ihr (wie dem Vater) die Sorge für die Person des Kindes neben dem gesetzlichen Vertreter (Vormund) zu, jedoch mit der Maßgabe, daß sie zur Vertretung des Kindes auch in persönlichen Angelegenheiten desselben nicht berechtigt ist und daß bei Meinungsverschiedenheiten die Meinung des gesetzlichen Vertreters vorgeht (§§ 1686, 1676 Abs. 2 Satz 2 und 3; Anm. 3 zu § 1676).

b) Ruht aber ihre elterliche Gewalt wegen Minderjährigkeit (was beim Vater im Hinblick auf § 1303 wohl nur dann vorkommen kann, wenn es sich um den Vater eines für ehelich erklärten Kindes handelt), so steht ihr die Sorge für die Person des Kindes nicht neben dem gesetzlichen Vertreter, sondern in erster Linie zu; nur von der Vertretung des Kindes ist sie ausgeschlossen. Es geht also insbesondere bei Meinungsverschiedenheiten zwischen ihr und dem Vormund ihre Meinung, nicht die des Vormunds vor. Dieser hat in den die Person des Kindes betreffenden Angelegenheiten, abgesehen von der ihm auch in dieser Beziehung zustehenden Vertretung des Kindes, lediglich die rechtliche Stellung eines Beistandes, d. h. er hat die

Mutter bei der Sorge für die Person des Kindes zu unterstützen, zu überwachen und dem Vormundschaftsgericht jeden Fall, in welchem es zum Einschreiten berufen ist, unverzüglich anzuzeigen (§§ 1696, 1689; M. IV, 820 ff.; P. IV, 638 ff.). Der in der II. Komm. gestellte Antrag, diese Bestimmung auf den minderjährigen Vater eines für ehelich erklärten Kindes für anwendbar zu erklären, wurde abgelehnt (s. Anm. 3 zu § 1676).

3. Die gemäß § 1696 der Mutter zustehende Sorge für die Person des Kindes ist Bestandtheil der elterlichen Gewalt. Auf dieselbe finden daher die für die elterliche Gewalt im Allgemeinen geltenden Bestimmungen Anwendung. Dies gilt insbesondere hinsichtlich des Einschreitens des Vormundschaftsgerichts und der Unzulässigkeit des Verzichts (§ 1665 ff.; Vorbem. vor § 1676 Ziff. 5c).

4. Ueber die der Mutter neben dem Vater bezw. dem Vormund oder Pfleger zustehende Sorge für die Person des Kindes s. §§ 1634, 1698; über die ihr im Falle der Wiederverheirathung verbleibende Sorge für die Person des Kindes s. § 1697.

§ 1697.

Die Mutter verliert die elterliche Gewalt, wenn sie eine neue Ehe eingeht. Sie behält jedoch unter den im § 1696 bestimmten Beschränkungen das Recht und die Pflicht, für die Person des Kindes zu sorgen.

E. I, 1558; II, 1586; III, 1673.

1. Die der Mutter nach §§ 1684, 1685 zustehende elterliche Gewalt bezw. deren Ausübung endigt gemäß 1686 aus den gleichen Gründen wie die elterliche Gewalt des Vaters, s. Vorbem. vor § 1676 Ziff. 4, 5. Daneben erklärt § 1697 die Schließung einer neuen Ehe als weiteren, selbständigen Grund für die Beendigung der elterlichen Gewalt der Mutter (M. IV, 834 ff.; Z.G. IV, 424. Der in der Reichstagskommission und im Reichstag gestellte Antrag auf Streichung dieser Bestimmung wurde abgelehnt, R.T.K. 155 ff.; St.B. 267 ff.). Das Gleiche galt nach den meisten bayrischen Statuten, in welchen eine mütterliche Gewalt anerkannt war, s. Roth, B.C.R., 2. Aufl., Bd. 1 S. 607 Nt. 3. Nach Gem.R. verliert die Mutter bei Wiederverheirathung die Fähigkeit zur Vormundschaft über ihre Kinder und das vorzugsweise Recht auf ihre Erziehung (Dernburg, Pand. Bd. 3 S. 53). Aehnliche Bestimmungen enthält das B.L.R. (Thl. I cap. 6 § 47 Ziff. 4, § 48; cap. 7 § 9 Ziff. 4, § 11 Ziff. 3, § 22 Ziff. 2).

2. Folge der Wiederverheirathung ist, daß die elterliche Gewalt der Mutter kraft Gesetzes endigt. Die Mutter verliert also mit dem Abschluß der neuen Ehe nicht nur die Vermögensverwaltung einschließlich der gesetzlichen Vertretung des Kindes in Vermögensangelegenheiten, sondern auch die elterliche Nutznießung (M. IV, 834 ff. Die in der II. Komm. und im Reichstag gestellten Anträge, der Mutter im Falle der Wiederverheirathung das Nutznießungsrecht zu belassen, wurden abgelehnt, P. IV, 645 ff.; St.B. 267 ff.). Dagegen verbleibt ihr die Sorge für die Person des Kindes, jedoch ausschließlich der gesetzlichen Vertretung des Kindes in persönlichen Angelegenheiten und mit der Maßgabe, daß der Vormund des Kindes die rechtliche Stellung eines Beistands hat, d. h. die Mutter bei der Sorge für die Person des Kindes zu unterstützen, zu überwachen und dem Vormundschaftsgericht jeden Fall, in welchem es zum Einschreiten berufen ist, unverzüglich anzuzeigen hat (M. IV, 835; vgl. Anm. 2b zu § 1696).

3. Die durch Wiederverheirathung verlorene elterliche Gewalt erlangt die Mutter nicht dadurch wieder, daß ihre neue Ehe (durch Tod des Mannes, Scheidung oder gemäß § 1348 Abs. 2) aufgelöst wird (vgl. St.B. 268; s. auch Kreittmayr, Anm. zum B.L.R. Thl. I cap. 6 § 47 Ziff. 4 a. E.). Ist die neue Ehe der Mutter absolut nichtig (s. Ziff. 3 der Vorbem. zum Abschn. 1 Tit. 3 dieses Buchs), so wird durch dieselbe die elterliche Gewalt der Mutter nicht beendigt. Ist die neue Ehe der Mutter relativ nichtig oder anfechtbar und angefochten, so gilt das Gleiche, wenn die Ehe aufgelöst oder für nichtig erklärt ist (§§ 1329, 1343; Ziff. 8 der erwähnten Vorbemerkung).

4. Wenn die elterliche Gewalt nach der Todeserklärung des Vaters auf die Mutter übergegangen ist (§ 1684 Abs. 1 Nr. 1), die Mutter sodann durch Eingehung einer neuen Ehe die elterliche Gewalt außer der Sorge für die Person des Kindes verloren hat (§ 1697) und nunmehr der Vater zurückkehrt und durch Erklärung gegenüber dem Vormundschaftsgericht die elterliche Gewalt wieder erlangt (§ 1679 Abs. 2), so finden hinsichtlich der Sorge für die Person der gemeinschaftlichen Kinder die Bestimmungen der §§ 1635, 1636 Anwendung (§ 1637 und Anm. 1a hiezu).

5. Die der Mutter gemäß § 1697 verbleibende Sorge für die Person des Kindes ist ein Rückstand der elterlichen Gewalt und unterliegt daher den für die elterliche

Gewalt im Allgemeinen geltenden Bestimmungen. Dies gilt insbesondere hinsichtlich des Einschreitens des Vormundschaftsgerichts und der Unzulässigkeit des Verzichts (M. IV, 835; §§ 1665 ff.; Vorbem. vor § 1676 Ziff. 5c).

6. Da durch Wiederverheirathung der Mutter deren elterliche Gewalt endigt, so ist gemäß § 1773 für das Kind ein Vormund aufzustellen. Als solcher kann auch die Mutter selbst bestellt werden, jedoch nur mit Zustimmung ihres Ehemannes (§ 1783, s. auch §§ 1887, 1904, 1903 Abs. 2). Mit Rücksicht auf § 1697 Satz 2 wird aber das Vormundschaftsgericht von der Aufstellung der wiederverehelichten Mutter als Vormund regelmäßig Umgang nehmen.

7. Um die Durchführung des § 1697 zu sichern, verpflichtet F.G. § 48 den Standesbeamten, vor dem von einer Frau, die ein minderjähriges eheliches Kind hat, eine Ehe geschlossen wird, hievon dem Vormundschaftsgericht Anzeige zu machen.

8. Die elterliche Gewalt des Vaters erleidet durch dessen Wiederverheirathung keine Einschränkung. Ueber die dem Vater wie der Mutter vor Abschluß der neuen Ehe obliegenden Verpflichtungen s. §§ 1669, 1670, 1314 Abs. 1.

9. Daß eine Frau die ihr kraft der Annahme an Kindesstatt zustehende elterliche Gewalt über das angenommene Kind schon bei Eingehung der ersten Ehe verliert, ergibt sich aus § 1757 (vgl. Anm. 1 zu § 1760, Anm. 2 zu § 1761).

10. Ueber die Beendigung der fortgesetzten Gütergemeinschaft durch Wiederverheirathung des überlebenden Ehegatten s. § 1493 Abs. 1; über den Einfluß der Verheirathung des Kindes auf die elterliche Gewalt s. §§ 1633, 1661.

§ 1698.

Wird für das Kind ein Vormund bestellt, weil die elterliche Gewalt des Vaters ruht oder verwirkt ist oder weil die Vertretung des Kindes dem Vater entzogen ist, oder wird für die Erziehung des Kindes an Stelle des Vaters ein Pfleger bestellt, so steht der Mutter die Sorge für die Person des Kindes neben dem Vormund oder dem Pfleger in gleicher Weise zu wie nach § 1634 neben dem Vater.

E. II, 1574; III, 1674.

1. Grundgedanke. Nach § 1634 hat neben dem Vater als Inhaber der elterlichen Gewalt während der Dauer der Ehe die Mutter das Recht und die Pflicht, für die Person des Kindes zu sorgen, jedoch mit Ausschluß der gesetzlichen Vertretung und mit der Einschränkung, daß bei Meinungsverschiedenheiten die Meinung des Vaters vorgeht. Dieses Recht der Mutter soll gemäß § 1698 dadurch keine Einschränkung erleiden, daß die elterliche Gewalt des Vaters ruht (§§ 1676, 1677) oder verwirkt ist (§ 1680) oder daß demselben die Sorge für die Person des Kindes und damit die gesetzliche Vertretung des Kindes in persönlichen Angelegenheiten entzogen worden ist (§ 1666) oder daß ihm (ohne völlige Entziehung der Sorge für die Person) das Erziehungsrecht entzogen und einem Pfleger übertragen worden ist (§ 1666 Abs. 1; vgl. Anm. 3 a, β zu § 1666). Diese Bestimmung beruht auf Beschluß der II. Komm. (P. IV, 648, 659); über den abweichenden Standpunkt des E. I s. M. IV, 755.

2. Voraussetzung für die Anwendbarkeit des § 1698 ist natürlich, daß der Mutter nicht die Ausübung der elterlichen Gewalt selbst gemäß § 1685 zusteht. Beim Ruhen der elterlichen Gewalt des Vaters kommen also die Bestimmungen des § 1698 während der Dauer der Ehe (s. u. Anm. 4) nur für den Fall in Betracht, daß die Mutter selbst an der Ausübung der vollen elterlichen Gewalt, nicht aber an der thatsächlichen Sorge für die Person des Kindes thatsächlich oder rechtlich verhindert ist. Hieher wird insbesondere der Fall der Minderjährigkeit der Mutter zu rechnen sein (vgl. § 1696).

3. Die dem Vater, dessen elterliche Gewalt aus den im § 1676 Abs. 2 Satz 1 erwähnten Gründen ruht, nach § 1676 Abs. 2 Satz 2 und 3 verbleibende Sorge für die Person des Kindes wird durch § 1698 natürlich nicht berührt. Wenn also z. B. die elterliche Gewalt des Vaters ruht, weil derselbe wegen Verschwendung entmündigt ist, die Mutter aber an der Ausübung der vollen elterlichen Gewalt in Folge Minderjährigkeit verhindert ist (s. o. Anm. 2), so steht die Sorge für die Person des Kindes neben dem gemäß § 1773 aufzustellenden Vormund sowohl dem Vater (gemäß § 1676 Abs. 2 Satz 2 und 3) als der Mutter (gemäß § 1698) zu. Beide sind zur Vertretung des Kindes nicht berechtigt, diese steht vielmehr dem Vormund zu. Bei Meinungsverschiedenheiten zwischen

einem Elterntheil und dem Vormund entscheidet die Meinung des Letzteren; das Gleiche wird wohl bei Meinungsverschiedenheiten zwischen Vater und Mutter anzunehmen sein.

4. Die Bestimmung des § 1698 findet regelmäßig nur Anwendung, solange die Ehe besteht. Nach Auflösung der Ehe sind hinsichtlich der Sorge für die Person des Kindes die Vorschriften der §§ 1684, 1685 Abs. 2, 1635—1637 maßgebend. Doch sind auch Fälle denkbar, in welchen § 1698 nach Auflösung der Ehe praktisch wird, z. B. wenn die Ehe wegen Geisteskrankheit des Mannes geschieden worden ist (§ 1569) und die Mutter den im § 1685 Abs. 2 erwähnten Antrag nicht stellt (P.M. 8671 ff.).

5. Ist die Ehe nichtig oder anfechtbar und angefochten und die Nichtigkeit oder Anfechtbarkeit der Mutter, nicht aber dem Vater bei der Eheschließung bekannt gewesen, so bestimmen sich, wenn die elterliche Gewalt des Vaters durch Verwirkung endigt oder wegen seiner Geschäftsunfähigkeit oder nach § 1677 ruht, die der Mutter hinsichtlich der Sorge für die Person des Kindes zustehenden Rechte nicht nach § 1698, sondern nach § 1702 Abs. 2, 3). In den übrigen im § 1698 erwähnten Fällen hat die Mutter in Ansehung des Kindes nur die Rechte, welche im Falle der Scheidung der allein für schuldig erklärten Frau zustehen (§§ 1702 Abs. 1, 1635, 1636).

6. Die der Mutter nach § 1698 zustehende Sorge für die Person des Kindes ist Bestandtheil der elterlichen Gewalt und unterliegt daher den für die elterliche Gewalt im Allgemeinen geltenden Vorschriften. Dies gilt insbesondere hinsichtlich des Einschreitens des Vormundschaftsgerichts und der Unzulässigkeit des Verzichts (§§ 1665 ff., Vorbem. vor § 1676 Ziff. 5c).

Fünfter Titel.

Rechtliche Stellung der Kinder aus nichtigen Ehen.

§ 1699.

Ein Kind aus einer nichtigen Ehe, das im Falle der Gültigkeit der Ehe ehelich sein würde, gilt als ehelich, sofern nicht beide Ehegatten die Nichtigkeit der Ehe bei der Eheschließung gekannt haben.

Diese Vorschrift findet keine Anwendung, wenn die Nichtigkeit der Ehe auf einem Formmangel beruht und die Ehe nicht in das Heirathsregister eingetragen worden ist.

E. I, 1562; II, 1587; III, 1675.

1. Nach kanonischem Recht (cap. 14 X 4, 17) sollen Kinder aus Putativehen, d. h. aus ungültigen Ehen, deren Ungültigkeit einem der Ehegatten oder beiden unbekannt war, die Rechte ehelicher Kinder haben. Diese Bestimmung ist in das Gem. R. übergegangen (Roth, bayr. Civilr. 2. Aufl. Bd. 1 S. 547).

Nach B.L.R. Thl. I cap. 3 § 2 Ziff. 8, gelten Kinder, welche zwar aus ungültiger Ehe, jedoch wenigstens von einem Theil bona fide erzeugt sind, als ehelich, soviel den Vortheil der Kinder und des unschuldigen Theils betrifft. Ebenso steht nach Thl. I cap. 6 § 44 Ziff. 1—3 eine ungültige Ehe, solange beide Eltern sie für gültig halten, hinsichtlich der Rechtmäßigkeit der Kinder und elterlichen Gewalt einer gültigen Ehe gleich. Auch wenn nur ein Ehegatte in bona fide war, werden die Kinder für rechtmäßig gehalten. War der Vater in bona fide, so bleiben sie auch unter seiner väterlichen Gewalt, außerdem folgen sie der Mutter und müssen nichtsdestoweniger von dem in mala fide gewesenen Vater alimentirt werden. Waren beide Ehegatten in mala fide, so gelten die Kinder als unehelich (vgl. auch Kreittmayr, Anm. zu Thl. I cap. 6 § 7 Ziff. 1 und zu Thl. V cap. 18 § 40 Ziff. 4 litt. e, wonach Kinder aus solchen Ehen auch lehensfolgefähig waren).

Ueber andere Rechte s. M. IV, 843.

Das B.G.B. unterscheidet:

a) absolut nichtige Ehen (solche Ehen, bei denen die im § 1317 vorgeschriebene Form nicht beobachtet worden und die Eintragung in das standesamtliche Heirathsregister unterblieben ist);

b) relativ nichtige Ehen (solche Ehen, bei denen die im § 1317 vorgeschriebene Form nicht beobachtet worden ist, die aber in das Heirathsregister eingetragen worden sind, ferner solche Ehen, die mit einem der in den §§ 1325—1328 erwähnten materiellen Nichtigkeitsgründe behaftet sind):

c) anfechtbare Ehen (solche Ehen, die aus einem der in den §§ 1331—1335, 1350 aufgezählten Gründe der Anfechtung unterliegen).

Eine absolut nichtige Ehe wird als von Anfang an nichtig angesehen. Das Gleiche gilt für eine relativ nichtige, sowie für eine anfechtbare oder angefochtene Ehe, wenn eine solche Ehe für nichtig erklärt oder aufgelöst worden ist (§§ 1329, 1343, Ziff. 3, 8 der Vorbem. zum 1. Abschn. 3. Tit.). Hiebei verbleibt es auch hinsichtlich der aus einer absolut nichtigen Ehe stammenden Kinder. Ist also eine Ehe unter Verletzung der Formvorschriften des § 1317 geschlossen und nicht in's Heirathsregister eingetragen worden, so gelten die aus dieser Ehe stammenden Kinder als unehelich, mag auch einer der Ehegatten oder Beide die Ehe für gültig gehalten haben. Auf solche Kinder finden daher die Bestimmungen der §§ 1705—1718 Anwendung. Sie stehen nicht unter elterlicher Gewalt, sondern unter Vormundschaft und ihre Unehelichkeit kann unbeschränkt von Jedermann geltend gemacht werden (§ 1699 Abs. 2; M. IV, 844 ff.; Z.G. IV, 426 ff., VI, 636; s. auch Anm. 8 zu § 1703, Anm. 2a zu § 1773; vgl. §§ 1344 Abs. 2, 1345 Abs. 2, 1771 Abs. 2 Satz 2). Dagegen macht das Gesetz zu Gunsten der aus einer relativ nichtigen oder anfechtbaren und angefochtenen Ehe stammenden Kinder eine Ausnahme von dem Grundsatz, daß eine solche Ehe nach erfolgter Nichtigkeitserklärung oder Auflösung als nicht geschlossen gilt. Nach § 1699 Abs. 1 gelten nämlich solche Kinder als ehelich, vorausgesetzt

a) daß sie, falls die Ehe nicht relativ nichtig oder anfechtbar und angefochten wäre, gemäß §§ 1591 ff. ehelich sein würden;

b) daß nicht beiden Eltern bei Abschluß der Ehe deren Nichtigkeit oder Anfechtbarkeit bekannt war (s. u. Anm. 2. Nach E. I sollten, wie nach P.L.R., auch bei mala fides beider Eltern die Kinder als ehelich gelten, s. M. IV, 844; Z.G. IV, 425 ff.; P. IV, 662 ff.).

Ein aus einer relativ nichtigen oder anfechtbaren und angefochtenen Ehe stammendes Kind gilt also nicht nur dann als ehelich, wenn beiden Ehegatten die Nichtigkeit oder Anfechtbarkeit der Ehe bei Abschluß derselben unbekannt war, sondern auch dann, wenn dies nur bei einem von ihnen der Fall war. Die Kenntniß der Nichtigkeit oder Anfechtbarkeit der Ehe seitens eines Ehegatten kommt nur insoferne in Betracht, als hiedurch dessen Befugnisse nach Maßgabe der §§ 1701, 1702 eine Einschränkung erleiden.

2. Der nach § 1699 erforderliche gute Glaube wenigstens eines Ehegatten muß bei der Eheschließung, also bei Abgabe der Eheschließungswillenserklärung vor dem Standesbeamten (§ 1317) vorhanden gewesen sein. Eine mala fides superveniens ist ohne Einfluß (M. IV, 846). Unerheblich ist, ob der gutgläubige Ehegatte die Nichtigkeit oder Anfechtbarkeit der Ehe bei Anwendung der erforderlichen Sorgfalt hätte kennen müssen, seine Unkenntniß also auf Fahrlässigkeit beruht, da das Kennenmüssen in dieser Beziehung dem Kennen nicht gleichgestellt ist. Der gute Glaube wird nur durch die Kenntniß der Nichtigkeit oder Anfechtbarkeit der Ehe, nicht schon durch die Kenntniß der die Nichtigkeit oder Anfechtbarkeit begründenden Thatsachen ausgeschlossen. Daß beiden Ehegatten die Nichtigkeit oder Anfechtbarkeit der Ehe bei Abschluß derselben bekannt war, hat zu beweisen, wer die Unehelichkeit des Kindes geltend macht (P. IV, 664; vgl. Anm. 4b zu § 1344, Anm. 4 zu 1345).

3. Ein Kind, bei welchem die Voraussetzungen des § 1699 zutreffen, „gilt als ehelich". Es erhält also insbesondere den Familiennamen des Vaters (§ 1616), ist nach § 1617 zur Leistung von Diensten im Hauswesen und Geschäfte der Eltern verpflichtet und hat nach Maßgabe der §§ 1601 ff., §§ 1620 ff. Anspruch auf Unterhalt und Aussteuer. Es gilt als ehelich insbesondere auch in erbrechtlicher Beziehung und zwar sowohl im Verhältniß zu seinen Eltern als zu den Verwandten derselben (M. IV, 845). Eine Modifikation dieses Grundsatzes enthalten jedoch die §§ 1700—1702 hinsichtlich des Verhältnisses zwischen Eltern und Kind.

a) War beiden Eltern die Nichtigkeit oder Anfechtbarkeit der Ehe bei der Eheschließung unbekannt, so bestimmt sich das Rechtsverhältniß zwischen Eltern und Kindern nach den Vorschriften, die für Kinder aus einer geschiedenen Ehe gelten, falls beide Ehegatten für schuldig erklärt worden sind (§ 1700).

b) War dagegen einem Elterntheile die Nichtigkeit oder Anfechtbarkeit der Ehe bei Abschluß derselben bekannt, so sind für das Rechtsverhältniß zwischen Eltern und Kindern die Bestimmungen der §§ 1701, 1702 maßgebend.

4. Kinder aus einer relativ nichtigen oder anfechtbaren und angefochtenen Ehe, deren Nichtigkeit oder Anfechtbarkeit beiden Ehegatten bei Abschluß der Ehe bekannt war, gelten als unehelich. Auf solche Kinder finden daher vorbehaltlich der Ausnahmevorschrift des § 1703, die Bestimmungen der §§ 1705—1718 Anwendung. Sie stehen also nicht unter elterlicher Gewalt, sondern unter Vormundschaft (Anm. 2b und 3b zu § 1773).

Daß die Unehelichkeit solcher Kinder erst nach Nichtigkeitserklärung oder Auflösung der Ehe geltend gemacht werden kann, ergibt sich aus den §§ 1329, 1343.

5. Die Vorschriften der §§ 1699—1704 finden auf die Legitimation durch nachfolgende Ehe entsprechende Anwendung (§ 1721).

6. Ueber einstweilige Verfügungen hinsichtlich der Sorge für die Person der Kinder und der Unterhaltspflicht der Eltern gegenüber den Kindern für die Dauer des Rechtsstreits, welcher die Nichtigkeit oder Anfechtung der Ehe zum Gegenstande hat, s. C.P.O. § 627 n. Nr.

7. Uebergangsvorschrift. Inwieweit die aus einer vor dem 1. Januar 1900 geschlossenen, nichtigen oder ungültigen Ehe stammenden Kinder als eheliche Kinder anzusehen sind und inwieweit die Eltern solcher Kinder die Pflichten und Rechte ehelicher Eltern haben, bestimmt sich gemäß E.G. Art. 207 nach bisherigem Recht (vgl. M. z. E.G. 295 ff.).

8. Gemäß Art. 1 Abs. 3 des bayr. Heimathges. v. $\frac{\text{16. April 1868}}{\text{17. Juni 1896}}$ stehen hinsichtlich ihrer Heimath die in einer putativen Ehe erzeugten Kinder ehelichen Kindern gleich.

§ 1700.

Das Rechtsverhältniß zwischen den Eltern und einem Kinde, das nach § 1699 als ehelich gilt, bestimmt sich, soweit sich nicht aus den §§ 1701, 1702 ein Anderes ergiebt, nach den Vorschriften, die für ein Kind aus einer geschiedenen Ehe gelten, wenn beide Ehegatten für schuldig erklärt sind.

E. I, 1563; II, 1588; III, 1676.

1. Nach § 1699 gilt ein aus einer relativ nichtigen oder anfechtbaren und angefochtenen Ehe stammendes Kind als ehelich, wenn es bei Gültigkeit der Ehe nach §§ 1591 ff. ehelich wäre und wenigstens einer der Ehegatten bei der Eheschließung in gutem Glauben war (Anm. 1 zu § 1699). Sonderbestimmungen gelten jedoch für das Rechtsverhältniß zwischen den aus einer solchen Ehe stammenden Kindern und ihren Eltern, wobei unterschieden wird, ob Vater oder Mutter oder beide Eltern die Ehe für gültig hielten (vgl. Anm. 2 zu § 1699). War dem Vater oder der Mutter die Nichtigkeit oder Anfechtbarkeit der Ehe bei der Eheschließung bekannt, so gelten die Vorschriften der §§ 1701, 1702; waren dagegen beide Eltern guten Glaubens, so finden in dieser Beziehung nach § 1700 die Vorschriften Anwendung, welche das Rechtsverhältniß zwischen Eltern und Kindern für den Fall regeln, daß die Ehe der Eltern aus Verschulden beider Ehegatten geschieden worden ist. Hienach steht ein solches Kind unter der elterlichen Gewalt des Vaters, die Sorge für die Person des Kindes (§§ 1631—1633) steht aber, abgesehen von der dem Vater verbleibenden gesetzlichen Vertretung des Kindes, bezüglich aller Töchter und bezüglich der Söhne unter 6 Jahren der Mutter zu; das Vormundschaftsgericht kann im Interesse des Kindes eine anderweitige Regelung treffen und diese, wenn sie nicht mehr erforderlich ist, wiederaufheben. Ein demzufolge von der Sorge für die Person des Kindes ausgeschlossener Ehegatte behält die Befugniß, mit dem Kinde persönlich zu verkehren. Dies gilt jedoch nur, solange beide Eltern leben, während nach dem Tod eines Elterntheils die allgemeinen Grundsätze über die elterliche Gewalt Anwendung finden (§§ 1635, 1636 und Anm. hiezu). Auch hinsichtlich der Sorge für das Vermögen des Kindes (§§ 1638 ff.) und der elterlichen Nutznießung am Vermögen des Kindes (§§ 1649 ff.) gelten die allgemeinen Grundsätze. Verwirkt der Vater die elterliche Gewalt (§ 1680), so fällt dieselbe an die Mutter; ruht die elterliche Gewalt des Vaters und besteht keine Aussicht, daß der Grund des Ruhens wegfallen werde, so muß das Vormundschaftsgericht der Mutter auf ihren Antrag die Ausübung der elterlichen Gewalt übertragen (§§ 1684 Abs. 1 Nr. 2, 1685 Abs. 2). In beiden Fällen gelten jedoch hinsichtlich der Sorge für die Person der Kinder die erwähnten besonderen Bestimmungen der §§ 1635, 1636 (vgl. M. IV, 845 ff.).

2. Aus den §§ 1329, 1343 ergibt sich, daß, wie die Nichtigkeit einer relativ nichtigen oder anfechtbaren und angefochtenen Ehe überhaupt, so auch die auf dieser Nichtigkeit beruhenden Rechtsfolgen des § 1700 erst geltend gemacht werden können, wenn die Ehe für nichtig erklärt oder aufgelöst ist.

§ 1701.

War dem Vater die Nichtigkeit der Ehe bei der Eheschließung bekannt, so hat er nicht die sich aus der Vaterschaft ergebenden Rechte. Die elterliche Gewalt steht der Mutter zu.

E. I, 1564; II, 1589; III, 1677.

1. § 1701 regelt das Rechtsverhältniß zwischen den Eltern und den gemäß § 1699 als ehelich geltenden Kindern für den Fall, daß dem Vater, nicht aber der Mutter bei der Eheschließung die Nichtigkeit oder Anfechtbarkeit der Ehe bekannt war (vgl. Anm. 1—3 zu § 1699 und § 1702). In diesem Falle soll die elterliche Gewalt nach Analogie der §§ 1680, 1684 Abs. 1 Nr. 2 der Mutter zustehen, während dem Vater alle aus der Vaterschaft sich ergebenden Rechte entzogen sind (M. IV, 846 ff. Ein in der II. Komm. gestellter Antrag, wonach auch dem bösgläubigen Vater regelmäßig die elterliche Gewalt zustehen sollte, fand keine Annahme, P. IV, 665 ff.).

2. Rechtliche Stellung des Vaters. Der Vater ist in den Fällen des § 1701 nicht nur nicht Inhaber der elterlichen Gewalt (§ 1626), sondern auch zur Ausübung der übrigen vom Gesetz mit der Vaterschaft verbundenen Rechte nicht befugt (vgl. Anm. 8 zu § 1680). Es steht ihm also gegenüber dem Kinde weder der Anspruch auf Dienstleistung im Hauswesen und Geschäft (§ 1617), noch auf Unterhalt (§§ 1601 ff.) zu. Ebensowenig ist er natürlich gegenüber den Abkömmlingen des Kindes unterhaltsberechtigt. Seine Einwilligung ist weder zur Verheirathung des Kindes (§ 1305 Abs. 1 Satz 1 und 2; an die Stelle des Vaters tritt in diesem Falle die Mutter), noch zur Annahme desselben an Kindesstatt (§ 1747) erforderlich. Er kann letztwillig weder die Bestellung eines Beistandes für die Mutter anordnen (§§ 1687 Nr. 1, 1777), noch einen Vormund für das Kind benennen (§§ 1776 Abs. 1 Nr. 1, 1777), noch für den Vormund die gesetzlich zulässigen Befreiungen anordnen (§§ 1852—1854, 1856, 1777), noch bestimmte Personen von der Vormundschaft ausschließen (§§ 1782, 1777). Er kann weder die Einsetzung eines Familienraths anordnen, noch sie untersagen, noch die Mitglieder oder Ersatzmitglieder des Familienraths benennen, noch bestimmte Personen hievon ausschließen (§§ 1858 Abs. 1, 1859 Abs. 2, 1861, 1863 Abs. 3, 1866 Nr. 3, 1868, 1777). Er ist zur Vormundschaft über das volljährige Kind nicht berufen (§ 1899 Abs. 3); wird er zum Vormund desselben bestellt, so stehen ihm die im § 1903 Abs. 1 erwähnten Befreiungen nicht zu (§ 1903 Abs. 2). Endlich ist er dem Kinde und dessen Abkömmlingen gegenüber nicht erbberechtigt und dem Kinde gegenüber nicht pflichttheilsberechtigt, vielmehr in Ansehung der Beerbung des Kindes und der Abkömmlinge desselben als vor dem Erblasser verstorben anzusehen (M. IV, 846). Dagegen obliegen ihm die aus der Vaterschaft sich ergebenden Verpflichtungen, soweit dieselben nicht Ausfluß der elterlichen Gewalt sind. Er ist also insbesondere gegenüber dem Kinde und dessen Abkömmlingen unterhaltspflichtig (§§ 1601 ff.), sowie gegenüber Töchtern nach Maßgabe der §§ 1620 ff. zur Gewährung einer Aussteuer verpflichtet. Das Kind und dessen Abkömmlinge haben ihm gegenüber das gesetzliche Erbrecht und Pflichttheilsrecht (§§ 1924 ff., 2303 ff.).

3. Auf das Verhältniß zwischen den Verwandten des Vaters und dem Kind ist die Thatsache, daß dem Vater die Nichtigkeit oder Anfechtbarkeit der Ehe bei Abschluß derselben bekannt war, ohne Einfluß, soweit sich nicht aus den in Anm. 2 erwähnten Grundsätzen in Beziehung auf Erbrecht und Unterhaltspflicht Abweichungen ergeben. Zwischen dem Kind und den Verwandten des Vaters besteht also Unterhaltsanspruch (§§ 1601 ff.) und Erbrecht (§§ 1924 ff.), als wäre die Ehe gültig, auch ist der Großvater des Kindes von väterlicher Seite gemäß §§ 1776 Abs. 1 Nr. 3, 1897 zur Vormundschaft über das Kind berufen.

4. Die gemäß § 1701 der Mutter zustehende elterliche Gewalt unterliegt den Vorschriften der §§ 1686 ff. Es finden also auf dieselbe im Allgemeinen die für die elterliche Gewalt des Vaters geltenden Vorschriften (§§ 1627—1683) Anwendung. Der Mutter kann aber aus den im § 1687 Nr. 2, 3 erwähnten Gründen (bezüglich des § 1687 Nr. 1 s. o. Anm. 2) ein Beistand bestellt und diesem die Verwaltung des Vermögens des Kindes ganz oder theilweise übertragen werden (§§ 1686, 1687, 1693). Ruht die elterliche Gewalt der Mutter wegen Minderjährigkeit, so steht ihr die Sorge für die Person des Kindes in dem durch § 1696 festgesetzten Umfange zu; schließt sie eine neue Ehe, so verliert sie die elterliche Gewalt, ausschließlich der Sorge für die Person des Kindes (§§ 1696, 1697).

5. Ueber die Geltendmachung der Rechtsfolgen des § 1701 s. Anm. 2 zu § 1700 (M. IV, 847).

§ 1702.

War der Mutter die Nichtigkeit der Ehe bei der Eheschließung bekannt, so hat sie in Ansehung des Kindes nur diejenigen Rechte, welche im Falle der Scheidung der allein für schuldig erklärten Frau zustehen.

Stirbt der Vater oder endigt seine elterliche Gewalt aus einem anderen Grunde, so hat die Mutter nur das Recht und die Pflicht, für die Person des

Kindes zu sorgen; zur Vertretung des Kindes ist sie nicht berechtigt. Der Vormund des Kindes hat, soweit der Mutter die Sorge zusteht, die rechtliche Stellung eines Beistandes.

Die Vorschriften des Abs. 2 finden auch dann Anwendung, wenn die elterliche Gewalt des Vaters wegen seiner Geschäftsunfähigkeit oder nach § 1677 ruht.

E. I, 1565; II, 1590; III, 1678.

1. § 1702 regelt das Rechtsverhältniß zwischen den Eltern und den gemäß § 1699 als ehelich geltenden Kindern für den Fall, daß der Mutter, nicht aber dem Vater bei der Eheschließung die Nichtigkeit oder Anfechtbarkeit der Ehe bekannt war (vgl. Anm. 1—3 zu § 1699 und § 1701).

a) Für das Verhältniß des Kindes zum Vater und dessen Verwandten gilt in diesem Falle der Grundsatz des § 1699 Abs. 1 ohne Einschränkung. Dem Vater steht also nicht nur die volle elterliche Gewalt über das Kind zu, sondern er hat auch alle aus der Vaterschaft sich ergebenden Rechte und Pflichten (vgl. Anm. 2 zu § 1701).

b) Dagegen ist der bösgläubigen Mutter das ihr bei Gültigkeit der Ehe nach den §§ 1634, 1698 zustehende Recht, neben dem Vater, Vormund oder Pfleger für die Person des Kindes zu sorgen, versagt. Sie hat vielmehr gleich der allein für schuldig erklärten geschiedenen Ehefrau lediglich die Befugniß, gemäß § 1636 mit dem Kinde persönlich zu verkehren, vorbehaltlich des Rechtes des Vormundschaftsgerichts, diesen Verkehr näher zu regeln (§§ 1635 Abs. 1 Satz 1, 1636). Ebensowenig finden zu Gunsten der bösgläubigen Mutter die Vorschriften der §§ 1684, 1685 Anwendung. Die Mutter erlangt also die elterliche Gewalt auch dann nicht, wenn der Vater gestorben oder für todt erklärt ist (§ 1679) oder die elterliche Gewalt verwirkt hat (§ 1680) und die Ehe aufgelöst ist. Sie ist, wenn der Vater an der Ausübung der elterlichen Gewalt thatsächlich verhindert ist oder seine elterliche Gewalt ruht (§§ 1676, 1677), während der Ehe zur Ausübung der elterlichen Gewalt nicht berechtigt, sie kann endlich auch nach Auflösung der Ehe, wenn die elterliche Gewalt des Vaters voraussichtlich dauernd ruht, die Uebertragung der Ausübung derselben auf sie nicht beanspruchen. Nur in einer Beziehung gilt gemäß § 1702 Abs. 2, 3 zu ihren Gunsten eine Ausnahme. Wenn nämlich die elterliche Gewalt des Vaters (durch dessen Tod oder aus andern Gründen) endigt oder wegen seiner Geschäftsunfähigkeit (§ 1676 Abs. 1) oder gemäß § 1677 ruht, steht der Mutter die Sorge für die Person des Kindes in gleichem Umfange wie der unehelichen Mutter zu. Sie hat also, abgesehen von der gesetzlichen Vertretung des Kindes, das Recht und die Pflicht, für die Person des Kindes zu sorgen (§§ 1631—1633), während dem Vormund außer der gesetzlichen Vertretung des Kindes (auch in persönlichen Angelegenheiten) und der Sorge für das Vermögen des Kindes die Aufgabe obliegt, die Mutter bei der Sorge für die Person des Kindes zu unterstützen, zu überwachen und dem Vormundschaftsgericht jeden Fall, in welchem es zum Einschreiten berufen ist, unverzüglich anzuzeigen (§ 1689; M. IV, 847). Erlangt der Vater die elterliche Gewalt wieder (§ 1679 Abs. 2, Anm. 4 zu § 1680) oder endigt das Ruhen seiner elterlichen Gewalt (Anm. 2 zu § 1676, § 1677 Abs. 2), so kommt Recht und Pflicht der Mutter, für die Person des Kindes zu sorgen, in Wegfall und ihre Befugnisse bestimmen sich von da ab wieder nach § 1702 Abs. 1 (vgl. Anm. 3 zu § 1738, Anm. 3 zu § 1765). Ruht dagegen die elterliche Gewalt des Vaters um deßwillen, weil er in der Geschäftsfähigkeit beschränkt ist oder nach § 1910 Abs. 1 einen Pfleger für seine Person und sein Vermögen erhalten hat (§ 1676 Abs. 2), so verbleibt es bei der Vorschrift des § 1702 Abs. 1, wonach die bösgläubige Mutter lediglich nach Maßgabe der §§ 1635 Abs. 1 Satz 1, 1636 befugt ist, mit dem Kinde persönlich zu verkehren. Ueber die in diesen Fällen dem Vater zustehende Sorge für die Person des Kindes s. § 1676 Abs. 2 Satz 2 und 3.

2. Die der Mutter nach § 1702 Abs. 2, 3 zustehende Sorge für die Person des Kindes ist Bestandtheil der elterlichen Gewalt und unterliegt daher den für die elterliche Gewalt im Allgemeinen geltenden Grundsätzen. Dies gilt insbesondere hinsichtlich der Zulässigkeit des Einschreitens des Vormundschaftsgerichts (§§ 1665 ff.) und der Unzulässigkeit des Verzichts (Vorbem. vor § 1676 Ziff. 5c).

3. Eine weitere Beschränkung der Rechte der bösgläubigen Mutter enthält § 1899 Abs. 3, wonach die Mutter im Falle des § 1702 zur Vormundschaft über ihr

volljähriges Kind nicht berufen ist. Sie kann zwar vor den Großvätern des Kindes zum Vormund bestellt werden (§ 1900 Abs. 2), es stehen ihr aber in diesem Falle die im § 1903 Abs. 1 erwähnten Befreiungen nicht zu (§§ 1904 Satz 1, 1903 Abs. 2). Daß die Mutter im Falle des § 1702 nicht befugt ist, einen Vormund für das Kind zu benennen, Befreiungen für denselben anzuordnen, bestimmte Personen von der Vormundschaft auszuschließen, die Einsetzung eines Familienraths anzuordnen oder zu untersagen, Mitglieder und Ersatzmitglieder desselben zu benennen und bestimmte Personen von der Mitgliedschaft auszuschließen (§§ 1776 Abs. 1 Nr. 2, 1855, 1782, 1858 Abs. 1, 1859 Abs. 2, 1861 Satz 1, 1863 Abs. 2, 1866 Nr. 3), ergibt sich aus dem Umstande, daß alle diese Befugnisse Ausfluß der elterlichen Gewalt sind, die nach § 1702 der bösgläubigen Mutter nicht zusteht (§§ 1777 Abs. 1, 1868).

4. Weitergehende Beschränkungen als die in Anm. 1 und 3 erwähnten sind der Mutter, welcher die Nichtigkeit oder Anfechtbarkeit der Ehe bei Abschluß derselben bekannt war, um deßwillen nicht auferlegt, weil nach § 1705 auch das uneheliche Kind im Verhältniß zur Mutter und deren Verwandten einem ehelichen Kinde grundsätzlich gleich steht (M. IV, 847). Hieraus ergibt sich insbesondere, daß für das Verhältniß des aus einer nichtigen oder anfechtbaren Ehe stammenden Kindes zur Mutter und deren Verwandten hinsichtlich des gegenseitigen Unterhaltsanspruchs und Erbrechts der Umstand, daß der Mutter bei Abschluß der Ehe die Nichtigkeit oder Anfechtbarkeit derselben bekannt war, ohne Bedeutung ist.

5. Ueber die Geltendmachung der Rechtsfolgen des § 1702 s. Anm. 2 zu § 1700 (M. IV, 840).

§ 1703.

Gilt das Kind nicht als ehelich, weil beiden Ehegatten die Nichtigkeit der Ehe bei der Eheschließung bekannt war, so kann es gleichwohl von dem Vater, solange er lebt, Unterhalt wie ein eheliches Kind verlangen. Das im § 1612 Abs. 2 bestimmte Recht steht dem Vater nicht zu.

E. I, 1566 Abs. 1; II, 1591; III, 1679.

1. Wie sich aus § 1699 ergibt, gilt ein aus einer relativ nichtigen oder anfechtbaren und angefochtenen Ehe stammendes Kind, auch wenn es nach §§ 1591 ff. ehelich wäre, als unehelich, falls beiden Eltern bei Abschluß der Ehe die Nichtigkeit oder Anfechtbarkeit derselben bekannt war (anders E. I, s. M. IV, 848; P. IV, 668; vgl. Anm. 1—3 zu § 1699). Kinder aus solchen Ehen haben also im Verhältniß zur Mutter und deren Verwandten die rechtliche Stellung eines ehelichen Kindes (§ 1705), gelten dagegen dem Vater und dessen Verwandten gegenüber nicht als verwandt (§ 1589 Abs. 2, s. aber § 1310 Abs. 3). Sie führen den Familiennamen der Mutter (§ 1706) und stehen nicht unter elterlicher Gewalt, sondern unter Vormundschaft (§ 1773), während der Mutter die Sorge für die Person des Kindes nach Maßgabe des § 1707 zusteht. Die Geltendmachung der Unehelichkeit eines solchen Kindes ist übrigens durch die Vorschriften der §§ 1329, 1343 eingeschränkt (M. IV, 849; vgl. Anm. 2 zu § 1700).

2. Von diesem Grundsatz macht § 1703 eine auf Beschluß der II. Komm. beruhende Ausnahme (s. P. IV, 668 ff.). Der Unterhaltsanspruch eines hienach als unehelich geltenden Kindes gegenüber dem Vater bemißt sich nämlich nicht nach den für uneheliche Kinder geltenden Vorschriften der §§ 1708 ff., sondern, solange der Vater lebt (s. u. Anm. 3), nach den für eheliche Kinder geltenden Bestimmungen der §§ 1601 ff. Voraussetzung des Unterhaltsanspruchs ist daher allerdings, daß das Kind außer Stande ist, sich selbst zu unterhalten; solange es aber minderjährig und unverheirathet ist, kann es vom Vater, auch wenn es Vermögen hat, die Gewährung des Unterhalts insoweit beanspruchen, als die Einkünfte seines Vermögens und der Ertrag seiner Arbeit zum Unterhalte nicht ausreichen (§ 1602, vgl. dagegen § 1708). Andererseits ist der Vater zwar nur insoweit unterhaltspflichtig, als er bei Berücksichtigung seiner sonstigen Verpflichtungen im Stande ist, ohne Gefährdung seines standesmäßigen Unterhalts den Unterhalt zu gewähren; ist aber das Kind minderjährig und unverheirathet, so muß er alle verfügbaren Mittel zu seinem und des Kindes Unterhalte gleichmäßig verwenden, es sei denn, daß ein anderer unterhaltspflichtiger Verwandter vorhanden ist oder daß der Unterhalt des Kindes aus dem Stamme seines Vermögens bestritten werden kann (§ 1603; vgl. dagegen § 1708).

Das Maß des gemäß § 1703 vom Vater zu gewährenden Unterhalts bestimmt sich nach dem Stande des Vaters, nicht nach dem der Mutter (§ 1610, vgl. § 1708 Abs. 1), kann aber in den Fällen des § 1611 auf den nothdürftigen Unterhalt beschränkt werden. Der Unterhalt ist in der Regel durch Entrichtung einer Geldrente zu gewähren, der Vater kann aber verlangen, daß ihm aus besonderen Gründen die Gewährung in anderer

Weise (insbesondere durch Naturalleistung) gestattet werde (§ 1612 Abs. 1, vgl. dagegen § 1710). Dagegen findet das dem Vater nach § 1612 Abs. 2 einem unverheiratheten ehelichen Kinde gegenüber zustehende Recht, zu bestimmen, in welcher Art und für welche Zeit im Voraus der Unterhalt gewährt werden soll, gemäß § 1703 Abs. 2 keine Anwendung, es verbleibt vielmehr in dieser Beziehung bei den Vorschriften der §§ 1612 Abs. 3, 760. Diese Ausnahmebestimmung erschien angemessen, um bei dem nach der Ungültigkeitserklärung der Ehe vielleicht eintretenden schlechten Verhältnisse zwischen Vater und Kind die Rechte des Letzteren möglichst der Willkür des Vaters zu entziehen (P. IV, 669). Den Ascendenten des Vaters gegenüber hat das Kind im Falle des § 1703 keinen Unterhaltsanspruch.

3. Ist der Vater verstorben, so finden die für den Unterhaltsanspruch unehelicher Kinder geltenden Vorschriften Anwendung (P. IV, 669). Das Kind hat also gegenüber den Erben des Vaters Unterhaltsanspruch, die Erben sind aber berechtigt, das Kind mit dem Betrag abzufinden, der ihm im Falle seiner Ehelichkeit als Pflichttheil gebühren würde (§ 1712, vgl. dagegen § 1615).

4. Gegenüber der Mutter und deren Verwandten hat das wegen Bösgläubigkeit beider Eltern als unehelich geltende Kind gleich anderen Kindern gemäß § 1705 Anspruch auf Unterhalt wie ein eheliches Kind. Der in der R.T.K. gestellte Antrag, das Wort „Vater" im § 1679 (jetzt 1703) durch „Eltern" zu ersetzen, wurde mit Rücksicht hierauf als überflüssig abgelehnt (R.T.K. 156).

5. Die für den Unterhaltsanspruch des ehelichen Kindes gegenüber seinem Vater geltenden materiell- und prozeßrechtlichen Sonderbestimmungen (s. Vorbem. vor § 1601 Ziff. 3 ff.) gelten natürlich auch für den Unterhaltsanspruch aus § 1703. Ueber die Regelung der Unterhaltspflicht der Ehegatten gegenüber den Kindern durch einstweilige Verfügung für die Dauer des Rechtsstreits, welcher die Nichtigkeit oder Anfechtung der Ehe zum Gegenstande hat, s. C.P.O. § 627 n. Nr.

6. Die Frage, ob das Kind im Falle des § 1703 gegen seinen Vater auch Unterhaltsanspruch auf Grund des § 1708 erheben kann, falls ihm dies mehr Vortheil bringt, ist zu verneinen. Ein in der II. Komm. gestellter Antrag, wonach das Kind neben dem, was ihm der Anspruch der einen Art gewähre, noch das etwaige Mehr sollte verlangen können, das ihm unter Zugrundelegung eines Anspruchs aus dem andern Rechtsverhältnisse zustehen würde, wurde abgelehnt, da es unangemessen sei, auszusprechen, daß einem als unehelich geltenden Kinde weitergehende Rechte zustehen, als einem ehelichen (P. IV, 667).

7. Eine analoge Ausdehnung der Vorschrift des § 1703 auf andere Rechte ehelicher Kinder, insbesondere auf den Anspruch aus Aussteuer (§§ 1620 ff.), ist, wie in der II. Komm. allseitig anerkannt wurde, nicht zulässig (P. IV, 669).

8. Die Vorschrift des § 1703 findet nur auf solche aus einer nichtigen oder anfechtbaren Ehe stammende Kinder Anwendung, welche wegen Bösgläubigkeit beider Ehegatten als unehelich gelten. Ein aus einer absolut nichtigen Ehe stammendes Kind (§ 1699 Abs. 2) unterliegt also, wie in allen anderen Beziehungen, so auch hinsichtlich des Unterhaltsanspruchs gegenüber seinem Vater den für uneheliche Kinder geltenden Vorschriften (§§ 1708 ff.).

§ 1704.

Ist die Ehe wegen Drohung anfechtbar und angefochten, so steht der anfechtungsberechtigte Ehegatte einem Ehegatten gleich, dem die Nichtigkeit der Ehe bei der Eheschließung unbekannt war.

E. I, 1567; II, 1592; III, 1680.

1. Rechtliche Stellung der Kinder aus anfechtbaren Ehen. Nach § 1343 Abs. 1 Satz 1 ist eine anfechtbare Ehe, wenn sie angefochten wird, als von Anfang an nichtig anzusehen. Wer die Anfechtbarkeit der Ehe kannte, wird, wenn die Anfechtung erfolgt, so behandelt, wie wenn er die Nichtigkeit der Ehe gekannt hätte (§§ 1343 Abs. 1 Satz 2, 142 Abs. 2, Anm. 5 zu § 1343). Demgemäß finden auf ein aus einer anfechtbaren und angefochtenen Ehe stammendes Kind, welches nach den §§ 1591 ff. ehelich wäre, die Vorschriften der §§ 1699—1703 entsprechende Anwendung (E. II hatte dies ausdrücklich ausgesprochen). Ein solches Kind gilt also als ehelich, wenn nicht beide Eltern bei der Eheschließung die Anfechtbarkeit der Ehe gekannt haben (vgl. Anm. 1—3 zu § 1699). Das Rechtsverhältniß zwischen Eltern und Kindern bestimmt sich, wenn beide Eltern gutgläubig waren, nach § 1700, war dies nur bei dem Vater oder der Mutter der Fall, nach § 1702 bezw. § 1701. War beiden Eltern bei der Eheschließung die Anfechtbarkeit der Ehe

bekannt, so gilt das Kind als unehelich, hat aber gegen den Vater, solange derselbe lebt, nach § 1703 Anspruch auf Unterhalt wie ein eheliches Kind (D. 237; vgl. E. I, 1567; M. IV, 850 ff.; P. IV, 670). Die erwähnten Rechtsfolgen der Anfechtbarkeit der Ehe können übrigens dem Grundsatz des § 1343 Abs. 2 zufolge erst geltend gemacht werden, wenn die Ehe für nichtig erklärt oder aufgelöst ist (vgl. Anm. 2 zu § 1700).

2. Da es im Falle der Anfechtbarkeit der Ehe wegen Drohung (§ 1335) nicht vom Willen des anfechtungsberechtigten Ehegatten abhing, das Zustandekommen der Ehe zu hindern, so wird derselbe, auch wenn er die in Folge der Drohung eintretende Anfechtbarkeit der Ehe kannte, dennoch einem gutgläubigen Ehegatten gleichgestellt. War also bei Eingehung der Ehe auch dem anderen Ehegatten die in Folge der Drohung eintretende Anfechtbarkeit der Ehe unbekannt, so bemißt sich das Rechtsverhältniß zwischen Eltern und Kindern nach § 1700, anderen Falls finden, je nachdem der Vater oder die Mutter durch Drohung zur Eingehung der Ehe bestimmt worden ist, die Vorschriften der §§ 1702 bezw. 1701 Anwendung (vgl. §§ 1345, 1346 Satz 1 und Anm. 1 zu § 1346).

Sechster Titel.

Rechtliche Stellung der unehelichen Kinder.*)

Vorbemerkungen.

1. Bisheriges Recht. Nach Röm.R. stand das uneheliche Kind im Verhältnisse zur Mutter und deren Verwandten in jeder Beziehung einem ehelichen Kinde gleich, während es im Verhältnisse zum Vater und dessen Verwandten nicht als verwandt galt, weder Unterhaltsanspruch gegen den Vater hatte, noch unter dessen väterlicher Gewalt stand; doch war die Ehe zwischen dem unehelichen Kind und dessen Vater verboten (L. 14 § 2 D. 23, 2). Besondere Bestimmungen galten für Konkubinenkinder (liberi naturales) und Kinder aus einer blutschänderischen oder ehebrecherischen Verbindung (liberi ex damnato coitu). Durch die gemeinrechtliche Praxis wurde die Klage auf Feststellung der unehelichen Vaterschaft gegenüber demjenigen, der innerhalb der „kritischen Zeit" (d. i. des Zeitraums vom 300.—182. Tage vor der Geburt des Kindes) mit der Mutter des Kindes geschlechtlich verkehrt hat, zugelassen und dem unehelichen Vater die Verbindlichkeit auferlegt, den Unterhalt des Kindes zu bestreiten. Sowohl der Anspruch auf Anerkennung der Vaterschaft, als der Unterhaltsanspruch des unehelichen Kindes gegen den Vater wird aber nach Gem.R. entkräftet durch die sog. Einrede der mehreren Beihälter (exceptio plurium concumbentium; anders bez. des Unterhaltsanspruchs die Praxis des höchsten bayrischen Gerichtshofs). Ob auch die Eltern des Kindsvaters unterhaltspflichtig sind, war nach Gem.R. bestritten, desgleichen, ob der uneheliche Vater gegenüber dem Kind Unterhaltsanspruch hat und ob Brautkinder ehelichen Kindern gleichstehen. Rechtsgrund der Alimentationspflicht des unehelichen Vaters ist nach Gem.R. das Verwandtschaftsverhältniß zwischen Vater und Kind, nicht (wie die bayrische Praxis auf Grund der Plenarentscheidungen des Oberst. G.H. München vom 23. Juni 1841 und 5. Juni 1855 anzunehmen pflegt) das vom Vater durch die außereheliche Beiwohnung begangene Delikt (Dernburg, Pand., 5. Aufl., Bd. 3 S. 75 ff., 165, 178, 281; Büngner, Zur Theorie und Praxis der Alimentationspflicht, Leipzig 1879, S. 62 ff.; Engelmann, a. a. O. S. 8 ff.; R.G.E. in C.S. XL, 180).

Nach B.L.R. gilt als Vater eines unehelichen Kindes, wer mit dessen Mutter innerhalb des Zeitraums vom 302.—182. Tage vor der Geburt des Kindes geschlechtlich verkehrt hat (Thl. I cap. 4 § 9 Ziff. 4). Die Vorschrift, daß die Unterhaltspflicht zunächst dem Vater, dann der Mutter, dann den Ascendenten väterlicherseits, dann den Ascendenten mütterlicherseits, hierauf den Kindern und weiteren Descendenten mit Beobachtung der in successione üblichen Ordnung obliege, findet auch auf die durch uneheliche Zeugung vermittelte Verwandtschaft Anwendung (Thl. I cap. 4 § 7 Ziff. 1—5). Durch die Einrede der mehreren Beihälter wird die Vaterschaftsklage entkräftet. Dagegen bleibt trotz des Beweises dieser Einrede dem

---

*) Vgl. zu diesem Titel R. Hirsch, Die Rechtsverhältnisse der unehel. Kinder nach B.G.B., Stuttgart 1897; W. Mantey, Die Rechte des unehel. Kindes und seiner Mutter nach dem preuß. R. im Gebiete des Allg. Landr. und dem B.G.B. f. d. Deutsche Reich, Königsberg 1897; C. Bulling, Die Rechte der unehel. Kinder n. d. Entw. e. B.G.B., Berlin 1895; Hachenburg, Die Rechtsstellung des unehel. Kindes, Mannheim 1895. Bezüglich des bisherigen Rechts s. insbes. Gett, Die Rechtsverhältnisse aus der außerehel. Geschlechtsgemeinschaft, sowie der unehel. Kinder, München 1836, und für das Gem.R. und B.L.R. Engelmann, Die rechtl. Stellung der unehel. Kinder nach B.L.R., München 1896.

Kinde gegenüber Jeder unterhaltspflichtig, der mit der Mutter innerhalb der kritischen Zeit geschlechtlich verkehrt hat (Thl. I cap. 4 § 9 Ziff. 4). Daneben kennt das B.L.R. noch das sog. Erbrecht quoad alimenta (Thl. III cap. 12 § 2 Ziff. 10, 11, § 3 Ziff. 8). Das uneheliche Kind steht, wie nach Gem.R. so auch nach B.L.R., nicht unter väterlicher Gewalt, sondern unter Vormundschaft. Dagegen besteht auch zwischen dem unehelichen Kind und dessen Ascendenten die sog. patria potestas naturalis (Thl. I cap. 5 § 1, cap. 4 § 3 Ziff. 1—4; Kreittmayr, Anm. zu Thl. I cap. 4 § 9 Ziff. 4; vgl. Vorbem. vor § 1626 Ziff. 2; Bl. f. R.A. XXVIII, 303 ff.). Wegen des vom B.L.R. noch anerkannten Makels der unehelichen Geburt unterliegen uneheliche Kinder, insbesondere solche ex damnato coitu, weitgehenden Beschränkungen der testamenti factio passiva (Thl. III cap. 3 § 13) und des Intestaterbrechts (Thl. III cap. 12 § 2 Ziff. 9—11, § 3 Ziff. 7—9, § 4 Ziff. 9, 10). Brautkinder gelten nach B.L.R. als unehelich (Kreittmayr, Anm. zu Thl. I cap. 3 § 2 Ziff. 6; Samml. v. Entsch. d. Obersten L.G. München Bd. 5 S. 564 ff.). Vgl. Engelmann, a. a. O. S. 95 ff.

Auf gemeinrechtlicher Grundlage steht im Wesentlichen auch das P.L.R. und das sächsische G.B. Dagegen verbietet das französische Recht die Erforschung der unehelichen Vaterschaft und versagt dem unehelichen Kinde, wenn es nicht von seinem Erzeuger freiwillig anerkannt wird, jeden Unterhaltsanspruch gegen denselben.

Ueber andere Rechte s. M. IV, 852 ff.

2. Grundsätzliche Regelung nach dem B.G.B. Das B.G.B. steht im Wesentlichen auf dem Standpunkte des Gem.R., stellt das uneheliche Kind im Verhältnisse zur Mutter und deren Verwandten im Allgemeinen einem ehelichen Kinde gleich, erkennt dagegen ein Verwandtschaftsverhältniß zwischen dem unehelichen Kind und dessen Vater grundsätzlich nicht an (§§ 1705, 1589 Abs. 2; M. I, 65, IV, 851 ff.; Z.G. IV, 428 ff., VI, 636 ff.). In letzterer Beziehung gelten jedoch folgende Ausnahmen:

a) Das Eheverbot des § 1310 Abs. 1 erstreckt sich auch auf das Verhältniß zwischen dem unehelichen Kind und dessen Abkömmlingen einerseits und dem Vater und dessen Verwandten andererseits (§ 1310 Abs. 3).

b) Das uneheliche Kind hat gegen seinen Vater (nicht aber gegen dessen Verwandte) Anspruch auf Unterhalt (§§ 1708 ff.).

c) Endlich ist die uneheliche Vaterschaft insoferne rechtlich bedeutsam, als das uneheliche Kind durch Verheirathung seiner Eltern oder auf Antrag seines Vaters durch Verfügung der Staatsgewalt legitimirt werden kann (§§ 1719, 1723, 1736).

Das Verhältniß des unehelichen Kindes zur Mutter und deren Verwandten ist in den §§ 1705—1707, der Unterhaltsanspruch des Kindes und die Ansprüche der Mutter gegenüber dem unehelichen Vater sind in den §§ 1708—1718 geregelt.

Eine Begriffsbestimmung des unehelichen Kindes enthält das Gesetz nicht; dieser Begriff muß vielmehr aus den §§ 1591 ff. (s. auch § 1699) abgeleitet werden.

Die obigen Grundsätze gelten insbesondere auch in erbrechtlicher Beziehung. Demgemäß besteht zwischen dem unehelichen Kind und dessen Abkömmlingen einerseits, dem Vater und dessen Verwandten andererseits keinerlei Erbtheils- und Pflichttheilsrecht (M. IV, 853, V, 359; Z.G. IV, 430, 431). Ueber das Erbrecht zwischen dem unehelichen Kind und der Mutter, sowie den mütterlichen Verwandten s. Anm. 1 zu § 1705. Die in manchen bisherigen Rechten, insbesondere im B.L.R. (s. o. Anm. 1), enthaltenen Beschränkungen der Erbfähigkeit unehelicher Kinder hat das B.G.B. beseitigt (M. IV, 853, V, 15).

3. Das uneheliche Kind steht während seiner Minderjährigkeit nicht unter elterlicher Gewalt, auch nicht unter der elterlichen Gewalt der Mutter, sondern unter Vormundschaft. Der Mutter ist aber in gewissem Umfange die Sorge für die Person des Kindes übertragen (§§ 1707, 1773).

Ueber das Erforderniß der Einwilligung der Mutter zur Verehelichung eines unehelichen Kindes und zur Annahme desselben an Kindesstatt s. §§ 1305, 1747, über die Bestellung der unehelichen Mutter als Vormund des Kindes s. §§ 1778 Abs. 3, 1783, 1786 Abs. 1 Nr. 1, 1900 Abs. 3.

4. Nach § 11 Abs. 1 Satz 1 theilt ein uneheliches Kind den Wohnsitz der Mutter (vgl. § 17 Abs. 2 Satz 1 der C.P.O. ä. F.). Nach § 3 des Ges. über die Erwerbung und den Verlust der Bundes- und Staatsangehörigkeit vom 1. Juni 1870 erwirbt das uneheliche Kind einer Deutschen die Staatsangehörigkeit der Mutter. Nach Art. 1 Abs. 1, 2 des bayr. Heimathges. vom $\frac{\text{16. April 1868}}{\text{11. Juni 1896}}$ bestimmt sich die Heimath eines unehelichen Kindes nach der der Mutter.

5. Der Begriff der Kinder ex damnato coitu (s. o. Ziff. 1) ist dem B.G.B. (abgesehen von der Vorschrift des § 1732) fremd (M. IV, 857; vgl. Anm. 4 zu § 1708). Ueber die

Gründe, aus welchen das Gesetz von Bestimmungen zu Gunsten der Brautkinder Umgang genommen hat, s. M. IV, 858.

6. Die prozeßrechtlichen Besonderheiten, welche gemäß C.P.O. §§ 640—643 n. Nr. für Rechtsstreitigkeiten gelten, welche die Feststellung des Bestehens oder Nichtbestehens eines Eltern- und Kindesverhältnisses zwischen den Parteien zum Gegenstande haben, finden nach C.P.O. § 644 n. Nr. auf einen Rechtsstreit, welcher die Feststellung des Bestehens oder Nichtbestehens der unehelichen Vaterschaft zum Gegenstande hat, keine Anwendung (vgl. Anm. 4 zu § 1717).

7. Ueber die Eintragung der Anerkennung eines unehelichen Kindes und der Veränderung seiner Standesrechte durch Legitimation, Annahme an Kindesstatt ꝛc. in das standesamtliche Geburtsregister s. Personenstandsges. §§ 25, 26 (vgl. Bek. des bayr. Just.Min. v. 22. Juli 1886, J.M.Bl. 1886 S. 208; Sicherer, Personenstand und Eheschließung S. 108 ff.). Nach F.G. § 48 hat der Standesbeamte, bei dem die Geburt eines unehelichen Kindes angemeldet wird, dem Vormundschaftsgerichte hievon Anzeige zu machen.

8. Hinsichtlich des Sonderrechts der Landesherren, der Mitglieder der landesherrlichen und diesen gleichstehenden Familien, sowie des hohen Adels s. E.G. Art. 57, 58. Ueber den Erwerb des Adels durch uneheliche Geburt s. Anm. 6 zu § 1706.

9. Hinsichtlich des internationalen Privatrechts sind die Bestimmungen der Art. 20, 21 E.G. maßgebend. Hienach wird das Rechtsverhältniß zwischen einem unehelichen Kind und dessen Mutter nach den deutschen Gesetzen beurtheilt, wenn die Mutter eine Deutsche ist. Das Gleiche gilt, wenn die Reichsangehörigkeit der Mutter erloschen, die des Kindes aber bestehen geblieben ist. Die Unterhaltspflicht des Vaters gegenüber dem unehelichen Kind und seine Verpflichtung, der Mutter die Kosten der Schwangerschaft, der Entbindung und des Unterhalts zu ersetzen, wird nach den Gesetzen des Staates beurtheilt, dem die Mutter zur Zeit der Geburt des Kindes angehört; es können jedoch nicht weitergehende Ansprüche geltend gemacht werden, als nach den deutschen Gesetzen begründet sind (vgl. hiezu R.T.K. 181; Mantey, a. a. O. S. 5 ff.; s. auch E.G. Art. 29—31).

10. Der Uebergangsvorschrift des Art. 208 E.G. zufolge bestimmt sich die rechtliche Stellung eines vor dem 1. Januar 1900 geborenen Kindes von diesem Zeitpunkt ab nach den Vorschriften des B.G.B.; für die Erforschung der Vaterschaft, für das Recht des Kindes, den Familiennamen des Vaters zu führen, sowie für die Unterhaltspflicht des Vaters bleiben jedoch die bisherigen Gesetze maßgebend. Dies gilt auch für ein nach französischem oder badischem Recht anerkanntes Kind. Inwieweit einem vor dem 1. Januar 1900 außerehelich erzeugten Kind aus einem besonderen Grunde, insbesondere wegen Erzeugung im Brautstande, die rechtliche Stellung eines ehelichen Kindes zukommt und inwieweit die Eltern eines solchen Kindes die Pflichten und Rechte ehelicher Kinder haben, bestimmt sich nach den bisherigen Gesetzen (M. z. E.G. 296 ff.; Mantey, a. a. O. S. 90 ff.).

§ 1705.

Das uneheliche Kind hat im Verhältnisse zu der Mutter und zu den Verwandten der Mutter die rechtliche Stellung eines ehelichen Kindes.

E. I, 1568; II, 1593; III, 1681.

1. § 1705 gibt dem Grundsatz Ausdruck, daß das uneheliche Kind im Verhältnisse zur Mutter und deren Verwandten einem ehelichen Kinde gleichsteht. Es besteht also insbesondere gegenseitiger Unterhaltsanspruch zwischen dem unehelichen Kind und dessen Abkömmlingen einerseits, sowie der Mutter und deren Ascendenten andererseits nach Maßgabe der §§ 1601 ff. (s. aber auch § 1709 Abs. 1). Das uneheliche Kind ist ferner der Mutter gegenüber nach § 1617 zu häuslichen Diensten verpflichtet und hat nach § 1620 Abs. 1 Satz 2 Anspruch auf Aussteuer gegen die Mutter. Zwischen der Mutter und deren Verwandten einerseits, dem Kind und dessen Abkömmlingen andererseits besteht ferner Erb- und Pflichttheilsrecht, wie wenn das Kind ehelich wäre (§§ 1924 ff., 2303 ff.; M. IV, 855 ff.). Der Vater der unehelichen Mutter ist als Großvater mütterlicherseits zur Vormundschaft über das Kind berufen (§ 1776 Abs. 1 Nr. 4, Anm. 2d zu § 1776, s. auch § 1778 Abs. 3). Ueber das Erforderniß der Einwilligung der unehelichen Mutter zur Verheirathung des Kindes und zur Annahme desselben an Kindesstatt s. §§ 1305, 1747; über den Wohnsitz des unehelichen Kindes s. § 11.

Ob auch die Bestimmungen der §§ 1618, 1619 auf uneheliche Kinder Anwendung finden, erscheint zweifelhaft (dafür Hirsch, a. a. O. S. 7). Da von einem elterlichen Hausstand in diesem Falle nicht wohl gesprochen werden kann und die fraglichen Vorschriften einen gewissen Ersatz dafür bieten sollen, daß die elterliche Gewalt über eheliche Kinder mit deren Volljährigkeit endigt (P. IV, 542 ff.), wird die Frage zu verneinen sein. Der

Grundsatz des § 1705 gilt auch für die sogen. Kinder ex damnato coitu (s. Vorbem. Ziff. 5; vgl. dagegen B.L.R. Thl. III cap. 3 § 13 Ziff. 5, cap. 12 § 2 Ziff. 10).

2. Ausnahmen von dem Grundsatze des § 1705 gelten (abgesehen von den Vorschriften der §§ 1706, 1707) in folgender Hinsicht:

a) Nur die eheliche Mutter ist zur Benennung eines Vormundes, Ausschließung bestimmter Personen von der Vormundschaft und Anordnung der befreiten Vormundschaft befugt (§§ 1776 Abs. 1 Nr. 2, § 1777 Abs. 1, 1782, 1855; die Vorschrift des § 1776 Abs. 1 Nr. 4 gilt dagegen auch für den ehelichen Vater der unehelichen Mutter, vgl. § 1778 Abs. 3; M. IV, 855).

b) Nur der ehelichen Mutter steht das Recht zu, die Einsetzung eines Familienraths anzuordnen oder zu untersagen, die Aufhebung des Familienraths für den Fall des Eintritts oder Nichteintritts eines künftigen Ereignisses anzuordnen, Mitglieder und Ersatzmitglieder desselben zu benennen und bestimmte Personen von der Mitgliedschaft auszuschließen (§§ 1858 Abs. 1, 1859 Abs. 2, 1861 Satz 1, 1863 Abs. 3, 1866 Nr. 3, 1880 Abs. 1; vgl. 1868 Abs. 1).

c) Nur die eheliche Mutter ist zur Vormundschaft über ihr volljähriges Kind berufen (§ 1899; dagegen ist auch der eheliche Vater der unehelichen Mutter gemäß §§ 1897, 1776 Abs. 1 Nr. 4, 1899 zur Vormundschaft berufen; s. auch § 1900 Abs. 3; M. IV, 855).

d) Nur der ehelichen Mutter als Vormund des volljährigen Kindes ist die im § 1903 bestimmte freiere Stellung eingeräumt (§ 1904 Satz 1, vgl. § 1903 Abs. 2);

e) Nur der zum Vormund bestellten ehelichen Mutter liegen die im § 1669 erwähnten Verpflichtungen ob (§ 1845).

3. Für die Feststellung der unehelichen Mutterschaft gelten die allgemeinen Beweisregeln (s. M. IV, 856; s. insbes. Personenstandsges. § 15; über den Beweis der Mutterschaft nach B.L.R. s. Thl. I cap. 4 § 9 Ziff. 6 und Kreittmayr, Anm. hiezu).

4. Ueber das Verhältniß des unehelichen Kindes zum Vater und dessen Verwandten s. § 1589 Abs. 2, 1708 ff., Vorbem. Ziff. 2.

§ 1706.

Das uneheliche Kind erhält den Familiennamen der Mutter.

Führt die Mutter in Folge ihrer Verheirathung einen anderen Namen, so erhält das Kind den Familiennamen, den die Mutter vor der Verheirathung geführt hat. Der Ehemann der Mutter kann durch Erklärung gegenüber der zuständigen Behörde dem Kinde mit Einwilligung des Kindes und der Mutter seinen Namen ertheilen; die Erklärung des Ehemanns sowie die Einwilligungserklärungen des Kindes und der Mutter sind in öffentlich beglaubigter Form abzugeben.

E. I, 1569; II, 1594; III, 1682.

1. Die Vorschrift, daß das uneheliche Kind den Familiennamen der Mutter zu führen hat, entspricht dem Gem. R. (Roth, bayr. Civilr., 2. Aufl., Bd. 1 S. 617; S.A. Bd. 19 Nr. 114; R.G.E. in C.S. V, 175 ff.), dem B.L.R. (Kreittmayr, Anm. zu Thl. I cap. 4 § 3 Ziff. 5, Engelmann, a. a. O. S. 107), sowie den meisten übrigen bisherigen Rechten (M. IV, 859), und beruht auf der Erwägung, daß das uneheliche Kind nur zur Mutter, nicht auch zum Vater in einem Familienverhältnisse steht (M. IV, 859). Das uneheliche Kind einer Wittwe oder geschiedenen Frau, sowie das Kind einer Frau, welches nach §§ 1591 ff. rechtskräftig für unehelich erklärt ist, hat gemäß § 1706 Abs. 2 Satz 1 den Familiennamen zu führen, welchen die Mutter vor ihrer Verheirathung (bezw. wenn sie mehrmals verheirathet war, vor ihrer ersten Verheirathung, s. P. IV, 670; Hachenburg, a. a. O. S. 6 Note*, Mantey, a. a. O. S. 18 ff.) geführt hat (M. IV, 859; Z.G. IV, 431; vgl. Entsch. d. bayr. St.M. d. Innern v. 4. Dezember 1837 in Döllingers Verordn.-Samml. VIII, 429; s. auch § 1758 Abs. 1 Satz 2).

2. Ist die uneheliche Mutter mit einem anderen Mann als dem Vater des Kindes verheirathet, so kann dieser durch Erklärung gegenüber der (nach Landesrecht) zuständigen Behörde dem Kinde seinen Namen ertheilen; hiezu ist jedoch erforderlich:

a) Einwilligung der Mutter: ist dieselbe verstorben oder für todt erklärt, so ist die Einwilligung ihrer Erben nicht erforderlich. Dem Tode der Mutter wird der Umstand gleichzustellen sein, daß sie zur Erklärungsabgabe dauernd außer Stande oder dauernd unbekannten Aufenthalts ist (vgl. § 1305 Abs. 2, 1639 Abs. 2, 1803 Abs. 3 Satz 2, 1726 Abs. 3, 1746 Abs. 2, 1747 Satz 2, 1883 Abs. 2 Satz 2);

b) Einwilligung des Kindes bezw. wenn dasselbe minderjährig ist, seines gesetzlichen Vertreters;

c) Abgabe der Erklärung des Vaters, sowie der Einwilligungserklärungen des Kindes und der Mutter in öffentlich beglaubigter Form (§§ 129, 126 Abs. 1). Die Erklärung des Ehemannes muß „gegenüber", nicht „vor" der zuständigen Behörde abgegeben werden, kann also auch schriftlich erfolgen. Die Vorschrift des § 1706 Abs. 2 Satz 2 beruht auf Beschluß des Reichstags, vgl. R.T.K. 156, St.B. 269 ff., 375 ff.

Die Behauptung Ruhstrats (Deutsche Juristenzeitung 1898 S. 223), diese Bestimmung beziehe sich nur auf das Kind einer verheiratheten oder verheirathet gewesenen Frau, ist überzeugend widerlegt worden von Neumann (ebenda S. 265 ff.).

Den Familiennamen seines Vaters zu führen, ist das uneheliche Kind selbst mit dessen Zustimmung nicht berechtigt (M. IV, 859; P. IV, 670 ff.; vgl. Generale des bayr. Just.Min. v. 15. Dez. 1852, wiederholt durch Just.Min.Entschl. v. 11. April 1864, J.M.Bl. 1864 S. 113 ff.).

3. Zur Führung des ihm nach § 1705 zukommenden Familiennamens ist das Kind nicht nur berechtigt, sondern auch verpflichtet. Ueber den privatrechtlichen Schutz des Namensrechts s. § 12, in strafrechtlicher Beziehung vgl. St.G.B. § 360 Nr. 8; bayr. P.St.G.B. v. 26. Dez. 1871 Art. 25, 47.

4. Die Beilegung eines Vornamens ist nach B.G.B. Ausfluß der Sorge für die Person des Kindes, steht also gemäß § 1707 Satz 2 der Mutter des Kindes, eventuell (falls die Mutter verstorben oder ihr die Sorge für die Person des Kindes entzogen ist) dem Vormunde zu. Welche Vornamen zulässig sind und unter welchen Voraussetzungen Vor- und Zunamen geändert werden können, bestimmt sich (von der Vorschrift des § 1706 Abs. 2 Satz 2 abgesehen) nach öffentlichem Recht. Ueber die Eintragung des Vornamens im standesamtlichen Geburtsregister s. Personenst.G. § 22 Abs. 1 Nr. 1. Vgl. auch Anm. 1, 3 zu § 1616.

5. Ueber den Familiennamen der Ehefrau und der geschiedenen Frau s. § 1355, 1577; über den Familiennamen ehelicher, legitimirter, an Kindesstatt angenommener Kinder s. §§ 1616, 1719, 1736, 1758, 1772. Ueber den Familiennamen von Findelkindern s. §§ 1773 Abs. 2; 1800, Staudinger in den Bl. f. R.A. LXII S. 164 Note *.

6. Hinsichtlich des Standes des unehelichen Kindes enthält das Gesetz keine Bestimmung (M. IV, 859; Z.G. IV, 431; vgl. Anm. 7 zu § 1355, Anm. 5 zu § 1616, Anm. 7 zu § 1758). Aus § 1305 ergibt sich, daß das uneheliche Kind die soziale Lebensstellung seiner Mutter theilt (vgl. § 1708 Abs. 1 Satz 1). Das Gleiche galt nach Gem. R. u. B.L.R. (vgl. Generale d. bayr. Just.Min. v. 15. Dez. 1852, J.M.Bl. 1864 S. 115). Die Frage, ob der Adel durch uneheliche Geburt erworben wird, ist, weil öffentlich-rechtlicher Natur, nach Landesrecht zu beurtheilen (E.G. Art. 55, P. IV, 671; vgl. Gett, a. a. O. S. 220 ff.; Kreittmayr, Anm. z. B.L.R. Thl. I cap. 4 § 3 Ziff. 5 und Thl. V cap. 22 § 6 litt. a). Nach der bayr. Verfassungsurkunde v. 26. Mai 1818 (§ 1 der Beil. V zu Tit. V § 4) wird der Adel nur durch eheliche Abstammung von einem adeligen Vater oder durch königliche Verleihung erworben (vgl. auch Bulling, a. a. O. S. 14 ff.; Mantey, a. a. O. S. 19 ff.; Planck, Komm. Note 3 zu § 12; deutsche Juristenzeitung 1896 S. 432 ff. [Bülow], 1897 S. 220 ff. [Mantey], 242 ff. [Brettner] 1898 S. 362 ff. [Staudinger], 1899 S. 8 ff. [Sohm]; Staudinger in den Bl. f. R.A. LXII, 164).

7. Nach der Uebergangsvorschrift des E.G. Art. 208 Abs. 1, 3 bleiben bezüglich des Rechts eines vor dem 1. Januar 1900 geborenen unehelichen Kindes zur Führung des Familiennamens des Vaters die bisherigen Gesetze maßgebend. Dies gilt auch für ein nach französischem oder badischem Recht anerkanntes Kind (M. z. E.G. 297 ff., 300).

§ 1707.

Der Mutter steht nicht die elterliche Gewalt über das uneheliche Kind zu. Sie hat das Recht und die Pflicht, für die Person des Kindes zu sorgen; zur Vertretung des Kindes ist sie nicht berechtigt. Der Vormund des Kindes hat, soweit der Mutter die Sorge zusteht, die rechtliche Stellung eines Beistandes.

E. I, 1570; II, 1595; III, 1683.

1. In Abweichung von dem Grundsatze des § 1705 versagt das Gesetz der unehelichen Mutter die elterliche Gewalt über das Kind (M. IV, 860 ff.; Z.G. IV 432;

P. IV, 671: die in der Reichstagskommission und im Reichstag gestellten gegentheiligen Anträge wurden abgelehnt, R.T.K. 156 ff.; St.B. 270 ff.). Demgemäß steht das uneheliche Kind, solange es minderjährig ist, unter Vormundschaft (§ 1773 Abs. 1). Als Vormund kann sowohl der uneheliche Vater als die uneheliche Mutter bestellt werden, die Letztere sogar vor ihrem (ehelichen) Vater (§§ 1776 Abs. 1 Nr. 4, 1778 Abs. 3, vgl. § 1900 Abs. 3). Wie jede Frau kann auch die uneheliche Mutter die Uebernahme der Vormundschaft ablehnen; sie soll ferner, wenn sie verheirathet ist, nur mit Zustimmung ihres Mannes zum Vormunde bestellt werden, kann nach Bestellung zum Vormund entlassen werden, wenn sie sich verheirathet, und ist zu entlassen, wenn ihr Ehemann die Zustimmung zur Uebernahme oder zur Fortführung der Vormundschaft versagt oder die Zustimmung zur Uebernahme widerruft (§§ 1786 Abs. 1 Nr. 1, 1783, 1887; bez. des B.L.R. vgl. Engelmann, a. a. O. S. 113 ff.).

2. Dem Grundsatze des § 1707 zufolge steht der unehelichen Mutter weder die Sorge für das Vermögen des Kindes (§§ 1638 ff.), noch die elterliche Nutznießung (§§ 1649 ff.) zu. Die Vermögensverwaltung ist Aufgabe des Vormundes (§§ 1793, 1802 ff.). Etwaige Ueberschüsse sind gemäß §§ 1806 ff. verzinslich anzulegen. Dagegen ist der unehelichen Mutter die Sorge für die Person des Kindes (§§ 1631—1633) im gleichen Umfang eingeräumt wie der ehelichen Mutter, deren elterliche Gewalt wegen ihrer Minderjährigkeit ruht oder in Folge ihrer Wiederverheirathung beendigt ist (§§ 1696, 1697, s. auch § 1702 Abs. 2, 3). Sie hat also, abgesehen von der gesetzlichen Vertretung des Kindes, Recht und Pflicht, für die Person des Kindes zu sorgen, während der Vormund (außer der ihm obliegenden Vertretung des Kindes auch in persönlichen Angelegenheiten) die Aufgabe hat, die Mutter hiebei zu unterstützen, zu überwachen und dem Vormundschaftsgericht jeden Fall, in welchem es zum Einschreiten berufen ist, unverzüglich anzuzeigen (§ 1689). Die Sorge für die Person des Kindes steht der unehelichen Mutter auch dann zu, wenn sie selbst wegen Minderjährigkeit noch unter elterlicher Gewalt oder Vormundschaft steht (M. IV, 862 ff.).

3. Hinsichtlich der religiösen Erziehung des unehelichen (wie des ehelichen Kindes) bleiben nach E.G. Art. 134 die Landesgesetze unberührt (M. IV, 863). Doch ist nach § 1779 Abs. 2 Satz 2 bei der Auswahl des Vormundes auf das religiöse Bekenntniß des Mündels Rücksicht zu nehmen; auch kann dem Vormunde gemäß § 1801 die Sorge für die religiöse Erziehung des Mündels von dem Vormundschaftsgericht entzogen werden, wenn der Vormund nicht dem gleichen Bekenntniß wie der Mündel angehört. Für Bayern sind maßgebend §§ 12—23 der Beil. II zur Verfass.-Urk. v. 26. Mai 1818, insbesondere § 21, wonach die vom Vater anerkannten unehelichen Kinder in Ansehung der Religionserziehung wie eheliche behandelt, nicht anerkannte im Glaubensbekenntniß der Mutter erzogen werden (vgl. Anm. I, 4 zu § 1631 und Anm. 6 zu § 1718).

4. Aus dem Mangel der gesetzlichen Vertretungsmacht der Mutter ergibt sich, daß zur Strafantragstellung für das minderjährige uneheliche Kind (St.G.B. § 65 Abs. 1 Satz 2 in der durch E.G. Art. 34 III festgesetzten Fassung) ausschließlich der Vormund (oder Pfleger) berechtigt ist (ebenso Mantey, a. a. O. S. 26; vgl. bez. des B.L.R. Rechtspr. d. Reichsg. IV, 18; R.G.E. in Strafs. XXI, 314 ff.). Das Gleiche gilt für die Erhebung der Privatklage und den Anschluß an die öffentliche Klage als Nebenkläger (St.P.O. §§ 414 Abs. 3, 435 Abs. 1, 443 Abs. 1; vgl. Vorbem. vor § 1631 Ziff. II, 15, 16). Aus dem Mangel der gesetzlichen Vertretungsmacht der Mutter ergibt sich ferner, daß sowohl die Klage auf Anerkennung der Vaterschaft als die Klage auf Gewährung von Unterhalt gegen den unehelichen Vater nur vom Vormunde, nicht von der unehelichen Mutter erhoben werden kann. Eine Ausnahme von diesem Grundsatz gilt jedoch insoferne, als gemäß § 1716 Abs. 1 Satz 1 in gewissem Umfang auch Rechte des unehelichen Kindes durch die Mutter geltend gemacht werden können. Daß die uneheliche Mutter gegen den Vater Klage erheben kann, falls der Unterhaltsanspruch des Kindes gemäß § 1709 Abs. 2 Satz 1 auf sie übergegangen ist, steht außer Zweifel.

5. Die der Mutter nach § 1707 zustehende thatsächliche Sorge für die Person des Kindes ist Bestandtheil der elterlichen Gewalt (M. IV, 841, 855, 862). Auf dieselbe finden daher die allgemeinen Vorschriften über die elterliche Gewalt Anwendung. Dies gilt insbesondere hinsichtlich der Zulässigkeit des Einschreitens des Vormundschaftsgerichts (§§ 1665 ff., s. § 1838 Satz 2) und der Unzulässigkeit des Verzichts (Vorbem. vor § 1676 Ziff. 5c).

6. Wird das uneheliche Kind legitimirt oder an Kindesstatt angenommen, so erhält der Vater oder Annehmende die elterliche Gewalt (§§ 1719, 1736, 1757). Die der Mutter nach § 1707 zustehende Sorge für die Person des Kindes wird hiedurch beendigt, tritt aber wieder ein, wenn die elterliche Gewalt des Vaters oder Annehmenden endigt oder nach §§ 1676 Abs. 1, 1677 ruht und die Mutter dem Kind Unterhalt zu gewähren hat (§§ 1738, 1765).

§ 1708.

Der Vater des unehelichen Kindes ist verpflichtet, dem Kinde bis zur Vollendung des sechzehnten Lebensjahrs den der Lebensstellung der Mutter entsprechenden Unterhalt zu gewähren. Der Unterhalt umfaßt den gesammten Lebensbedarf sowie die Kosten der Erziehung und der Vorbildung zu einem Berufe.

Ist das Kind zur Zeit der Vollendung des sechzehnten Lebensjahrs in Folge körperlicher oder geistiger Gebrechen außer Stande, sich selbst zu unterhalten, so hat ihm der Vater auch über diese Zeit hinaus Unterhalt zu gewähren; die Vorschrift des § 1603 Abs. 1 findet Anwendung.

E. I, 1571, 1573, 1574; II, 1596 Abs. 1; III, 1684.

1. In Abweichung von dem Grundsatz des § 1589 Abs. 2 verpflichtet § 1708 den Vater des unehelichen Kindes, demselben Unterhalt zu gewähren. Die Gründe, aus welchen das Gesetz sich für die Zulassung der Vaterschaftsklage und für die Unterhaltspflicht des unehelichen Vaters entschieden hat, sind in den Mot. IV, 868 ff. ausführlich dargestellt (vgl. auch Z.G. IV, 432 ff.; VI, 637; P. IV, 672). Als Vater des unehelichen Kindes im Sinne der §§ 1708 ff. gilt, wer der Mutter innerhalb des Zeitraums vom 181. bis zum 302. Tage vor der Geburt des Kindes (beide Tage mit eingerechnet) beigewohnt hat, es sei denn, daß auch ein Anderer ihr innerhalb dieser Zeit beigewohnt hat. Eine Beiwohnung bleibt jedoch außer Betracht, wenn es den Umständen nach offenbar unmöglich ist, daß die Mutter das Kind aus derselben empfangen habe. Die hienach zugelassene Einrede der mehreren Beihälter ist aber ausgeschlossen, wenn die Vaterschaft nach der Geburt des Kindes in einer öffentlichen Urkunde anerkannt worden ist (§§ 1717, 1718).

2. Rechtsgrund der Unterhaltspflicht des unehelichen Vaters ist nach B.G.B. die in dieser Beziehung rechtlich anerkannte Verwandtschaft zwischen Vater und Kind, nicht das durch die außereheliche Beiwohnung seitens des Vaters begangene Delikt. Die Unterhaltspflicht des unehelichen Vaters wird daher als eine familienrechtliche, aus dem Status des Kindes sich ergebende Verbindlichkeit behandelt, welche jedoch, da sie nichtsdestoweniger eine gesetzliche Obligation ist, wie die Unterhaltspflicht der Verwandten den allgemeinen Grundsätzen des Obligationenrechts unterliegt (M. IV, 874, 788; R.T.K. 157; vgl. bez. des bisherigen Rechts Vorbem. Ziff. 1). Aus dieser Auffassung ergibt sich, daß die Unterhaltspflicht des unehelichen Vaters nicht ausgeschlossen wird durch den Nachweis, daß derselbe zur Zeit des kausalen Beiwohnungsakts nicht deliktsfähig war (M. IV, 888 ff.; vgl. bez. des Gem.R. und P.L.R. Engelmann, a. a. O. S. 57, 150), und daß für die Klage gegen den unehelichen Vater auf Gewährung des Unterhalts der Gerichtsstand der unerlaubten Handlung (C.P.O. § 32 n. Nr.) nicht begründet ist.

3. Berechtigte und verpflichtete Personen. Die Unterhaltspflicht des unehelichen Vaters erstreckt sich nur auf das Kind selbst, nicht auf dessen Abkömmlinge. Sie ist ferner im Gegensatz zu der Unterhaltspflicht der ehelichen Verwandten nur eine einseitige, da das Kind dem unehelichen Vater gegenüber nicht für unterhaltspflichtig erklärt ist (M. IV, 879; Z.G. VI, 637; auf dem gleichen Standpunkte steht das Gem. R., auf dem gegentheiligen P.L.R. Thl. I cap. 4 § 7 Ziff. 1—5). Ob die Ascendenten des unehelichen Vaters zum Unterhalte des Kindes verpflichtet sind, war nach Gem. R. bestritten; nach P.L.R. sind, wenn die Vaterschaft feststeht, auch die Ascendenten des unehelichen Vaters dem Kinde gegenüber unterhaltspflichtig (Engelmann, a. a. O. S. 35 ff., 127; über andere Rechte s. M. IV, 874 ff.). Das B.G.B. erkennt eine Unterhaltspflicht der Eltern und übrigen Verwandten des unehelichen Vaters gegenüber dem Kinde nicht an (M. IV, 875; Z.G. IV, 435 ff.).

Im Verhältnisse zur Mutter und deren Verwandten steht das uneheliche Kind auch hinsichtlich der gegenseitigen Unterhaltspflicht einem ehelichen Kinde gleich (§ 1705); in dieser Beziehung finden daher die Bestimmungen der §§ 1601 ff. Anwendung.

Die Unterhaltspflicht des unehelichen Vaters geht der der Mutter und der mütterlichen Verwandten vor (§ 1709 Abs. 1).

4. Der Begriff der Kinder ex damnato coitu hat (von der Vorschrift des § 1732 abgesehen) in das B.G.B. keine Aufnahme gefunden (Vorbem. Ziff. 5). Der Unterhaltsanspruch gegenüber dem unehelichen Vater steht also auch den im Ehebruch oder aus blutschänderischem Verhältniß erzeugten Kindern zu. Ist das Kind von einer Ehefrau geboren, so muß natürlich zunächst seine Unehelichkeit gemäß §§ 1591 ff. festgestellt sein (M. IV, 877 ff.; Z.G. IV, 433).

5. Voraussetzung des Unterhaltsanspruchs des unehelichen Kindes gegen den Vater ist nach Gem. R. und B.L.R. Bedürftigkeit auf Seite des Kindes, Leistungsfähigkeit auf Seite des in Anspruch genommenen Mannes (Engelmann, a. a. O. S. 43 ff., 140 ff.). Dagegen gewährt das B.G.B. dem unehelichen Kind Anspruch auf Unterhalt gegen den Vater (abweichend von den für die Unterhaltspflicht der ehelichen Verwandten und der unehelichen Mutter geltenden Grundsätzen, s. §§ 1602, 1603, 1705) ohne Rücksicht darauf, ob das Kind bedürftig, der Vater leistungsfähig ist oder nicht (M. IV, 896 ff.; Z.G. VI, 637 ff.). In beiden Richtungen besteht jedoch eine Ausnahme bezüglich des Unterhaltsanspruchs eines mehr als 16 Jahre alten Kindes (§ 1708 Abs. 2; s. u. Anm. 6).

6. Beginn und Ende der Unterhaltspflicht. Die Unterhaltspflicht des unehelichen Vaters beginnt mit der Geburt des Kindes, doch kann nach § 1716 schon vor der Geburt des Kindes auf Antrag der Mutter durch einstweilige Verfügung angeordnet werden, daß der Vater den für die ersten drei Monate dem Kinde zu gewährenden Unterhalt alsbald nach der Geburt an die Mutter oder an den Vormund zu zahlen und den erforderlichen Betrag angemessene Zeit vor der Geburt zu hinterlegen hat.

Nach E. I sollte die Unterhaltspflicht des unehelichen Vaters mit der Vollendung des 14. Lebensjahrs des Kindes endigen (M. IV, 893 ff.; Z.G. IV, 441; bez. des Gem. R. u. B.L.R. s. Engelmann, a. a. O. S. 48 ff., 147 ff.). Durch die II. Komm. wurde die Dauer der Unterhaltspflicht auf das vollendete 16. Lebensjahr des Kindes erstreckt (P. IV, 680 ff.) und durch Beschluß der Reichstagskommission der Unterhaltsanspruch auch dem mehr als 16 Jahre alten unehelichen Kind eingeräumt, vorausgesetzt, daß dasselbe in Folge körperlicher oder geistiger Gebrechen außer Stande ist, sich selbst zu unterhalten, und daß der Vater im Stande ist, bei Berücksichtigung seiner sonstigen Verpflichtungen ohne Gefährdung seines standesmäßigen Unterhalts dem Kinde Unterhalt zu gewähren (§§ 1708 Abs. 2, 1603 Abs. 1; R.T.K. 157 ff.; bei den Berathungen der II. Komm. hatte der gleiche Antrag keine Annahme gefunden, P. IV, 677, 682). Wie sich aus dem Wortlaute des Gesetzes ergibt und in der Reichstagskommission ausdrücklich hervorgehoben wurde, tritt diese Erweiterung der Unterhaltspflicht des unehelichen Vaters nur ein, wenn die Bedürftigkeit des Kindes in Folge von Gebrechen bei Erreichung des 16. Lebensjahres gegeben ist, nicht aber, wenn sich ein solches Bedürfniß erst später ergibt (R.T.K. 158).

Selbstverständlich ist der Anspruch aus § 1708 Abs. 2 auch dann ausgeschlossen, wenn das Kind zwar erwerbsunfähig, aber in Folge des Besitzes von Vermögen im Stande ist, seine Bedürfnisse in ausreichendem Maße zu befriedigen. Soweit die Gewährung des Unterhalts auf Grund des § 1708 Abs. 2 in Frage steht, sind die Bestimmungen der §§ 1606—1609 mit den durch § 1709 veranlaßten Modifikationen anwendbar. Bei nur theilweiser Leistungsfähigkeit des Vaters oder beschränkter Erwerbsfähigkeit des Kindes ist der Vater natürlich nur zur Gewährung eines Zuschusses verpflichtet (Hirsch, a. a. O. S. 28 ff.).

Ueber den Einfluß des Todes von Vater und Kind auf den Unterhaltsanspruch s. §§ 1712, 1713.

7. Maß und Inhalt des Unterhaltsanspruchs. Während E. I dem unehelichen Kinde gegen den Vater nur Anspruch auf den nothdürftigen Unterhalt gewährte (M. IV, 881, 893; Z.G. IV, 433 ff.), hat die II. Komm. das uneheliche Kind in dieser Beziehung dem ehelichen gleichgestellt mit der Maßgabe, daß für den Umfang der Bedürfnisse des Kindes die Lebensstellung der Mutter entscheidend sein soll (P. IV, 680 ff.; vgl. § 1610 Abs. 1, 2, Anm. 2 und 3 zu § 1610, Anm. 6 zu § 1706). Der in der Reichstagskommission und im Reichstag gestellte Antrag, die Lebensstellung des Vaters für maßgebend zu erklären, wurde abgelehnt (R.T.K. 157 ff.; St.B. 271). Die Vermögensverhältnisse des unehelichen Vaters haben daher bei der Bemessung seiner Unterhaltspflicht außer Betracht zu bleiben. Bezüglich der Kosten der Taufe vgl. Anm. 2 zu § 1610, Mantey, a. a. O. S. 35 ff., über Beerdigungskosten s. § 1713 Abs. 2, über Maß und Inhalt des Unterhaltsanspruchs nach Gem. R. und B.L.R. s. Engelmann, a. a. O. S. 44 ff., 142 ff. Zur Sicherheitsleistung ist der uneheliche Vater nicht verpflichtet; ein dahin gehender Antrag wurde von der II. Komm. abgelehnt (P. IV, 683; vgl. § 1580 Abs. 1 Satz 2, C.P.O. § 324 n. Nr. und bez. des Gem. R. und B.L.R. Engelmann, a. a. O. S. 47 ff., 146). Eine Beschränkung des Unterhaltsanspruchs des unehelichen Kindes auf den nothdürftigen Unterhalt tritt auch bei Vorhandensein der Voraussetzungen des § 1611 nicht ein, da Bedürftigkeit des Kindes nicht Voraussetzung seines Unterhaltsanspruchs gegen den Vater ist (s. o. Anm. 5) und das uneheliche Kind im Verhältnisse zum Vater nicht zu den pflichttheilsberechtigten Personen gehört (Vorbem. Ziff. 2, vgl. M. IV, 898). Ueber die Art der Unterhaltsgewährung s. § 1710. Nach C.P.O. § 258 n. Nr. kann auch wegen der erst nach Erlassung des Urtheils fällig werdenden Unterhaltsbeiträge Klage auf künftige Entrichtung erhoben werden. Bei einer derartigen urtheilsmäßigen Bemessung der vom Vater zu gewährenden Geldrente (§ 1710) wird aber der Umstand, daß die Bedürfnisse

des Kindes mit dem Alter desselben steigen, nicht außer Betracht bleiben dürfen. Tritt im Falle der Verurtheilung zu künftig fällig werdenden Leistungen eine wesentliche Aenderung derjenigen Verhältnisse ein, welche für den Inhalt des Urtheils maßgebend waren, so kann jeder Theil im Wege der Klage eine entsprechende Abänderung des Urtheils verlangen (C.P.O. § 323 Abs. 1 n. Nr.; s. auch Abs. 2, 3; vgl. Anm. 6 zu § 1610). Eine spätere Aenderung hinsichtlich der Leistungsfähigkeit des Vaters und der Bedürftigkeit des Kindes kommt aber den in Anm. 5 und 6 erwähnten Grundsätzen zufolge nur für die dem Vater nach § 1708 Abs. 2 obliegende Unterhaltspflicht in Betracht (vgl. M. IV, 900 ff.; Mantey, a. a. O. S. 34 ff.; Hirsch, a. a. O. S. 26; Hachenburg, a. a. O. S. 40 und bez. des Gem.R. und B.L.R. Engelmann, a. a. O. S. 46 ff., 143 ff.).

8. Geltendmachung des Unterhaltsanspruchs. Von der gemeinrechtlichen Praxis wurde vielfach angenommen, daß der Unterhaltsanspruch des unehelichen Kindes gegen den Vater auch durch die Mutter geltend gemacht werden könne (Engelmann, a. a. O. S. 35 Note 47). Nach B.G.B. kann dagegen die Geltendmachung dieses Anspruchs nicht durch die Mutter, sondern ausschließlich durch das Kind, bezw., solange dasselbe minderjährig ist, durch den Vormund oder Pfleger erfolgen (§§ 1707 Satz 2, 1793, 1915; M. IV, 875 ff.; Z.G. IV, 433; P. IV, 672). Eine Ausnahme hievon besteht nur insoferne, als nach § 1716 vor der Geburt des Kindes dessen Rechte in gewissem Umfange von der Mutter wahrgenommen werden können. Demgemäß kann die Mutter in dem seitens des Kindes gegen den unehelichen Vater anhängig gemachten Rechtsstreit als Zeugin vernommen werden; über ihr Recht zur Verweigerung des Zeugnisses s. C.P.O. § 383 Abs. 1 Nr. 3 n. Nr. Ueber die der Mutter selbst gegen den unehelichen Vater zustehenden Ansprüche s. §§ 1715, 1716; über den Anspruch der Mutter auf Ersatz der von ihr bestrittenen Unterhaltskosten s. § 1709 Abs. 2.

9. Ueber den Einfluß der Legitimation und der Annahme an Kindesstatt auf die Unterhaltspflicht des unehelichen Vaters s. M. IV, 879, 922, Anm. 3 zu § 1719, Anm. 2b zu § 1723, Anm. 3 zu § 1766. Ueber den Unterhaltsanspruch der Kinder aus einer nichtigen oder anfechtbaren Ehe, welche wegen Bösgläubigkeit beider Ehegatten als unehelich gelten, s. § 1703.

10. Besonderheiten des Unterhaltsanspruchs. Auch der Unterhaltsanspruch des unehelichen Kindes gegen den Vater ist „gesetzlicher Unterhaltsanspruch" und unterliegt den für solche Ansprüche geltenden besonderen Bestimmungen, vgl. Vorbem. vor § 1601 Ziff. 3 (hinsichtlich der Anwendbarkeit der §§ 519, 529 Abs. 2, 829; dagegen spricht § 528 Abs. 1 nur von der Unterhaltspflicht gegenüber Verwandten und Ehegatten), 4, 5b, 7 f., 8 (vgl. M. IV, 904 ff.; Z.G. IV, 443; Mantey, a. a. O. S. 46 ff.), 9, 10 (bez. des § 850 Abs. 1 Nr. 2 C.P.O. n. Nr.; dagegen finden die §§ 850 Abs. 1 Nr. 3, 861 Abs. 1 Satz 2, 862 Abs. 2, 863 Abs. 1 C.P.O. n. Nr. auf den Unterhaltsanspruch des unehelichen Kindes keine Anwendung), 11a (die in Ziff. 11b erwähnten Vorschriften der Arbeiterversicherungsgesetze können ihrem Wortlaute nach trotz der inzwischen erfolgten Abänderung des § 749 Abs. 4 der C.P.O. ä. F. auf den Unterhaltsanspruch des unehelichen Kindes nicht ausgedehnt werden, vgl. P. IV, 693 ff.), 12 (vgl. E. I, 1574, 1494; M. IV, 901; Mantey, a. a. O. S. 49 ff. und bez. des bisherigen Rechts Büngner, a. a. O. S. 123 ff.; Engelmann, a. a. O. S. 44), 13 (doch findet Art. 5a des bisherigen bayr. Armengesetzes auf den unehelichen Vater keine Anwendung).

11. Internationales Privatrecht. Die Unterhaltspflicht des Vaters gegenüber dem unehelichen Kinde wird nach den Gesetzen des Staates beurtheilt, dem die Mutter zur Zeit der Geburt des Kindes angehört, doch können nicht weitergehende Ansprüche geltend gemacht werden, als nach den deutschen Gesetzen begründet sind (E.G. Art. 21).

12. Nach der Uebergangsvorschrift des E.G. Art. 208 Abs. 1, 3 bleiben hinsichtlich der vor dem 1. Januar 1900 geborenen unehelichen Kinder für die Unterhaltspflicht des Vaters die bisherigen Gesetze maßgebend; dies gilt auch für ein nach den französischen oder den badischen Gesetzen anerkanntes Kind (M. z. E.G. 298 ff.).

§ 1709.

Der Vater ist vor der Mutter und den mütterlichen Verwandten des Kindes unterhaltspflichtig.

Soweit die Mutter oder ein unterhaltspflichtiger mütterlicher Verwandter dem Kinde den Unterhalt gewährt, geht der Unterhaltsanspruch des Kindes gegen den Vater auf die Mutter oder den Verwandten über. Der Uebergang kann nicht zum Nachtheile des Kindes geltend gemacht werden.

E. I, 1571; II, 1596 Abs. 2; III, 1685.

1. Wie der eheliche, so ist auch der uneheliche Vater vor der Mutter und den übrigen Ascendenten des Kindes zu dessen Unterhalt verpflichtet (M. IV, 881 ff.; Z.G. IV, 433 ff.; P. IV, 672, 680 ff.; vgl. § 1606 Abs. 2 Satz 2; über die Reihenfolge der dem unehelichen Kinde gegenüber unterhaltspflichtigen Personen nach Gem. R. und P.L.R. s. Engelmann, a. a. O. S. 36, 127 ff.). Der uneheliche Vater ist also (und zwar ohne Rücksicht auf seine Leistungsfähigkeit, Anm. 5 zu § 1708) vor der Mutter und deren Verwandten zur Gewährung des vollen Unterhalts (§ 1708 Abs. 1 Satz 2), nicht nur zur Leistung eines Unterhaltsbeitrags verpflichtet. Hinsichtlich der Unterhaltspflicht der Mutter, der mütterlichen Ascendenten und des Ehegatten verbleibt es auch gegenüber einem unehelichen Kinde bei den Grundsätzen der §§ 1606—1608. Demgemäß ist zum Unterhalt eines unehelichen Kindes in erster Linie verpflichtet dessen Ehegatte (auch der geschiedene oder nach § 1351 unterhaltspflichtige Ehegatte), vorausgesetzt, daß er bei Berücksichtigung seiner sonstigen Verpflichtungen im Stande ist, ohne Gefährdung seines standesmäßigen Unterhalts den Unterhalt zu gewähren, widrigenfalls die Verwandten vor dem Ehegatten haften, sodann die ehelichen Abkömmlinge des unehelichen Kindes nach der gesetzlichen Erbfolgeordnung und dem Verhältnisse der Erbtheile, hierauf der uneheliche Vater (jedoch, falls das Kind bereits das 16. Lebensjahr vollendet hat, nur nach Maßgabe des § 1708 Abs. 2), nach ihm die uneheliche Mutter, nach dieser deren Eltern bezw. uneheliche Mutter und weitere Voreltern, wobei gleich nahe Ascendenten zu gleichen Theilen haften.

2. Für den Fall des Zusammentreffens mehrerer unterhaltsberechtigter Personen finden die Vorschriften des § 1609 entsprechende Anwendung. Demgemäß geht gegenüber dem Vater der Unterhaltsanspruch seiner unehelichen Kinder zwar dem seiner Ascendenten vor, steht aber dem seiner ehelichen Kinder nach, da nur diese, nicht aber die unehelichen Kinder erbberechtigt sind (Vorbem. Ziff. 2). Dem unehelichen Kinde gegenüber ist die Mutter und deren Eltern bezw. uneheliche Mutter nach den Abkömmlingen des Kindes unterhaltsberechtigt, wobei der nähere Ascendent dem entfernteren vorgeht. Für das Rangverhältniß des Unterhaltsanspruchs des Ehegatten (auch des geschiedenen und des nach § 1351 unterhaltsberechtigten Ehegatten) zu dem des unehelichen Kindes sind die Bestimmungen des § 1709 Abs. 2 maßgebend.

3. Regreß. Gewährt dem unehelichen Kind an Stelle des unterhaltspflichtigen Vaters eine nicht unterhaltspflichtige Person den Unterhalt, so bemessen sich deren Ersatzansprüche gegenüber dem Vater nach den allgemeinen Vorschriften des Obligationenrechts (§§ 662 ff., 677 ff., 812 ff.; vgl. bez. des Gem.R. und P.L.R. Engelmann, a. a. O. S. 59, 152). Hat aber die Mutter oder ein unterhaltspflichtiger mütterlicher Verwandter dem Kind Unterhalt gewährt, so geht zufolge der bei der zweiten Lesung der II. Komm. beschlossenen Vorschrift des § 1709 Abs. 2 Satz 1 insoweit kraft Gesetzes der Unterhaltsanspruch des Kindes (der sich gemäß § 1711 auch auf rückständige Unterhaltsbeiträge erstreckt) auf die Mutter bezw. den mütterlichen Verwandten über, während der Unterhaltsanspruch des Kindes gegen den Vater im gleichen Umfang erlischt (P.M. 8673 ff., vgl. § 1607 Abs. 2 Satz 2, Anm. 4 und 5 zu § 1607). Hat die Mutter oder der mütterliche Verwandte weniger aufgewendet, als das Kind nach § 1708 beanspruchen konnte, so können sie vom Vater natürlich nur den wirklich gemachten Aufwand verlangen und der Anspruch auf den Ueberschuß verbleibt dem Kinde (Hirsch, a. a. O. S. 33).

4. Zu § 1709 Abs. 2 Satz 2 vgl. § 1607 Abs. 2 Satz 3, Anm. 6 zu § 1607; Hirsch, a. a. O. S. 33; unrichtig Mantey, a. a. O. S. 43 ff.

5. Ueber die primäre Unterhaltspflicht des Vaters eines legitimirten Kindes und des Annehmenden s. §§ 1739, 1766.

§ 1710.

Der Unterhalt ist durch Entrichtung einer Geldrente zu gewähren.

Die Rente ist für drei Monate vorauszuzahlen. Durch eine Vorausleistung für eine spätere Zeit wird der Vater nicht befreit.

Hat das Kind den Beginn des Vierteljahrs erlebt, so gebührt ihm der volle auf das Vierteljahr entfallende Betrag.

E. I, 1574, 1576 Abs. 2; II, 1597; III, 1686.

1. § 1710 Abs. 1 regelt die Form, in welcher die Unterhaltspflicht des unehelichen Vaters zu erfüllen ist. Nach Gem.R. und P.L.R. ist der uneheliche Vater wie jeder andere Alimentationspflichtige befugt, die Alimente in natura zu gewähren, falls er hiedurch die Bedürfnisse des Kindes in genügender und zweckentsprechender Weise zu befriedigen

im Stande ist (Büngner, a. a. O. S. 133 ff.; Engelmann, a. a. O. S. 47, 145; vgl. Anm. 1 zu § 1612). Dagegen ist nach B.G.B. die regelmäßige Form der Unterhaltsgewährung die Entrichtung einer Geldrente. Während aber die nach §§ 1601 ff. unterhaltspflichtigen Verwandten aus besonderen Gründen verlangen können, daß ihnen die Gewährung des Unterhalts in anderer Art gestattet werde, und Eltern einem unverheiratheten Kinde gegenüber zur Bestimmung der Art der Unterhaltsgewährung berechtigt sind (§ 1612 Abs. 1 Satz 2, Abs. 2; vgl. auch §§ 1360 Abs. 3 Satz 1, 1361 Abs. 1, 1580, 1351), ist der uneheliche Vater ausnahmslos zur Entrichtung einer Geldrente verpflichtet und daher nicht befugt, das Kind selbst in Pflege zu nehmen (M. IV, 898). Eine abweichende Vereinbarung zwischen dem Vater und dem gesetzlichen Vertreter des Kindes bedarf der Genehmigung des Vormundschaftsgerichts (Anm. 1 zu § 1714). Zur Empfangnahme der vom Vater zu entrichtenden Geldrente ist ausschließlich der Vormund, nicht aber die Mutter oder der mit der Verpflegung des Kindes betraute Dritte berechtigt (vgl. Anm. 8 zu § 1708, s. auch § 1716 Abs. 1 Satz 1).

2. Vorauszahlbarkeit der Geldrente. Zu § 1710 Abs. 2 Satz 1 vgl. §§ 1612 Abs. 3, 760 Abs. 2, zu § 1710 Abs. 3 vgl. §§ 1612 Abs. 3, 760 Abs. 3, sowie Anm. 3 zu § 1612. Die Abweichung der Ausdrucksweise des Abs. 3 von der des Abs. 2 („Vierteljahr" — „drei Monate") ist ohne Bedeutung, da nach § 189 Abs. 1 unter einem Vierteljahr eine Frist von drei Monaten verstanden wird (Mantey, a. a. O. S. 44). Das Quartal, für welches die Rente vorauszuzahlen ist, richtet sich natürlich nach dem Tage der Geburt des Kindes, nicht nach dem Beginn des Kalendervierteljahrs (Hirsch, a. a. O. S. 35). Soweit der Unterhaltsanspruch auf solche im voraus zu bewirkende Leistungen gerichtet ist, die zur Zeit des Todes des Kindes fällig sind, geht er auf die Erben des Kindes über (§ 1713 Abs. 1).

3. Befreiung durch Vorausleistung. Die Vorschrift des § 1710 Abs. 2 Satz 2 entspricht dem § 1614 Abs. 2 (M. IV, 906; Z.G. IV, 443; P. IV, 684; vgl. Anm. 4 zu § 1614). Auch hier wird aber eine nochmalige Zahlung nur gefordert werden dürfen, wenn die über den gesetzlichen Zeitraum hinaus im voraus entrichteten Beträge verloren oder anderweitig verbraucht worden sind, nicht aber, wenn dieselben noch vorhanden sind und zum Unterhalt des Kindes verwendet werden können (anderer Ansicht Hirsch, a. a. O. S. 35, Mantey, a. a. O. S. 45; nach Letzterem soll allerdings in solchen Fällen Klage auf Herausgabe wegen ungerechtfertigter Bereicherung nach Maßgabe der §§ 812 ff. zulässig sein). Ist mit Genehmigung des Vormundschaftsgerichts die Zeit, für welche die Rente im voraus entrichtet werden soll, durch Vertrag abweichend von der Bestimmung des § 1710 Abs. 2 Satz 1 geregelt worden (s. Anm. 1 zu § 1714), so tritt natürlich insoweit durch Vorausleistung Befreiung ein (vgl. Anm. 5 zu § 1614).

4. Ueber die durch einstweilige Verfügung schon vor der Geburt des Kindes auszusprechende Verpflichtung des Vaters, den für die ersten drei Monate dem Kinde zu gewährenden Unterhalt alsbald nach der Geburt des Kindes zu zahlen und den erforderlichen Betrag angemessene Zeit vor der Geburt des Kindes zu hinterlegen, s. § 1716.

§ 1711.

Der Unterhalt kann auch für die Vergangenheit verlangt werden.

E. I, 1754, 1492; II, 1598; III, 1687.

1. Nachforderung von Alimenten für die Vergangenheit. Nach § 1613 (vgl. §§ 1360 Abs. 3 Satz 2, 1580 Abs. 3, 1351) können unterhaltsberechtigte Verwandte für die Vergangenheit Erfüllung oder Schadensersatz wegen Nichterfüllung nur von der Zeit an fordern, zu welcher der Verpflichtete in Verzug gekommen oder der Unterhaltsanspruch rechtshängig geworden ist (vgl. Anm. 1—4 zu § 1613). Während E. I das Gleiche für den Unterhaltsanspruch gegen den unehelichen Vater bestimmte, kann nach B.G.B. das uneheliche Kind die von seinem Vater zu entrichtende Geldrente auch für die Vergangenheit beanspruchen (M. IV, 899 ff.; Z.G. VI, 638; P. IV, 683). Dies gilt natürlich auch dann, wenn der uneheliche Vater früher vermögenslos war und nunmehr zu Vermögen gelangt ist, da der Unterhaltsanspruch des unehelichen Kindes von der Leistungsfähigkeit des Vaters nicht abhängig ist (Anm. 5 zu § 1708; über den abweichenden Standpunkt des Gem. R. und P.L.R. s. Büngner, a. a. O. S. 124; Engelmann, a. a. O. S. 44, 140 ff.). Ueber die hinsichtlich des Unterhaltsanspruchs aus § 1708 Abs. 2 in dieser Beziehung bestehende Ausnahme s. u. Anm. 3.

2. Der Anspruch des Kindes auf Gewährung des Unterhalts für die Vergangenheit ist ausgeschlossen, wenn und soweit ein Anderer an Stelle des unehelichen Vaters dem Kinde den Unterhalt gewährt hat, da insoweit die Verbindlichkeit dem Kinde gegenüber erfüllt ist (M. IV, 900; abweichend Hirsch, a. a. O. S. 36). Ob der Andere vom Vater

Ersatz seiner Aufwendungen verlangen kann, bestimmt sich nach den allgemeinen Grundsätzen des Obligationenrechts. Soweit dagegen die Mutter oder ein unterhaltspflichtiger mütterlicher Verwandter dem Kinde den Unterhalt gewährt, geht der Unterhaltsanspruch des Kindes gegen den Vater auf die Mutter oder den Verwandten über, während der Anspruch des Kindes gegen den Vater im gleichen Umfang erlischt (§ 1709 Abs. 2 Satz 2, Anm. 3 zu § 1709).

3. Die Vorschrift des § 1711 gilt auch für den Unterhaltsanspruch aus § 1708 Abs. 2, da das Gesetz hiefür keine Ausnahme festsetzt (nach Mantey, a. a. O. S. 32 soll für den Unterhaltsanspruch aus § 1708 Abs. 2 nicht § 1711, sondern § 1615 gelten). Da aber Voraussetzung dieses Anspruchs die Leistungsfähigkeit des unehelichen Vaters ist, so kann selbstverständlich für die Zeit, während welcher derselbe leistungsunfähig war, Nachzahlung auch dann nicht verlangt werden, wenn der Vater später in bessere Vermögensverhältnisse kommt, da er für jenen Zeitraum überhaupt nicht unterhaltspflichtig war (s. o. Anm. 1 und Anm. 3b zu § 1603).

4. Die Nachzahlung von Unterhaltsrenten für die Vergangenheit kann natürlich nur verlangt werden, soweit nicht Verjährung eingetreten ist; vgl. in dieser Beziehung Anm. 10 zu § 1708, Vorbem. vor § 1601 Ziff. 8.

§ 1712.

Der Unterhaltsanspruch erlischt nicht mit dem Tode des Vaters; er steht dem Kinde auch dann zu, wenn der Vater vor der Geburt des Kindes gestorben ist.

Der Erbe des Vaters ist berechtigt, das Kind mit dem Betrag abzufinden, der dem Kinde als Pflichttheil gebühren würde, wenn es ehelich wäre. Sind mehrere uneheliche Kinder vorhanden, so wird die Abfindung so berechnet, wie wenn sie alle ehelich wären.

E. I, 1575 Abs. 1; II, 1599; III, 1688.

1. Vererblichkeit der Unterhaltspflicht. Der Unterhaltsanspruch zwischen Verwandten und Ehegatten erlischt mit dem Tode des Verpflichteten, soweit er nicht auf Erfüllung oder Schadensersatz wegen Nichterfüllung für die Vergangenheit oder auf solche im voraus zu bewirkende Leistungen gerichtet ist, die zur Zeit des Todes des Verpflichteten fällig sind (§ 1615 Abs. 1, vgl. §§ 1360 Abs. 3 Satz 2, 1580 Abs. 3, 1351, Anm. 1 zu § 1615). Dagegen geht die Unterhaltspflicht des unehelichen Vaters als Nachlaßschuld auf dessen Erben über und zwar auch dann, wenn der Vater die Geburt des Kindes nicht erlebt hat (M. IV, 902 ff.; Z.G. IV, 443; über das in dieser Beziehung bisher geltende Recht s. M. IV, 901 ff., woselbst [S. 902] irrthümlich P.L.R. Thl. IV statt Thl. III citirt ist; Büngner, a. a. O. S. 137 ff.; Engelmann, a. a. O. S. 50, 134 ff., 148). Selbstverständlich haftet der Erbe des unehelichen Vaters nur unter der Voraussetzung, daß der Erblasser, falls er am Leben geblieben wäre, haften würde; es stehen ihm also insbesondere auch die Einreden zu, die nach § 1717 dem als Vater in Anspruch genommenen Erblasser zustehen würden (Hirsch, a. a. O. S. 38). Die Haftung mehrerer Erben des unehelichen Vaters bemißt sich nach den Grundsätzen der §§ 2058 ff. Ueber die Beschränkung der Haftung des Erben auf den Betrag des Nachlasses s. §§ 1975 ff. Daß dem unehelichen Kinde kein Erbrecht am Nachlaß des Vaters zusteht, ergibt sich aus § 1589 Abs. 2 (s. Vorbem. Ziff. 2).

2. Abfindungsrecht des Erben. Da mit dem Tode des Vaters die Quelle aufgehört hat, aus welcher bisher der Unterhalt des Kindes geflossen ist, bestimmt der durch die II. Komm. beigefügte Abs. 2 des § 1712, daß der Erbe des unehelichen Vaters das Kind mit dem Betrag abzufinden berechtigt ist, welcher demselben im Falle seiner Ehelichkeit bezw., wenn mehrere uneheliche Kinder vorhanden sind, im Falle der Ehelichkeit sämmtlicher unehelicher Kinder als Pflichttheil gebühren würde (P. IV, 684; der in der Reichstagskommission und im Reichstag gestellte Antrag auf Streichung dieser Vorschrift wurde abgelehnt, R.T.K. 158; St.B. 271). Ueber die Berechnung des Pflichttheils s. §§ 2303 ff. Selbstverständlich kommen bei der hienach vorzunehmenden Berechnung nur diejenigen unehelichen Kinder in Betracht, welche beim Tode des Vaters gemäß § 1708 Abs. 1, 2 ihm gegenüber noch unterhaltsberechtigt sind (Hachenburg, a. a. O. S. 54 ff.). Das Abfindungsrecht steht jedem Erben des unehelichen Vaters zu; der in der II. Komm. gestellte Antrag, dasselbe nur der Ehefrau und den ehelichen Kindern einzuräumen, wurde abgelehnt (P. IV, 684). Sind mehrere Erben vorhanden, so ist jeder unabhängig von dem anderen zur Ausübung des Abfindungsrechts befugt. Nach Hirsch (a. a. O. S. 39) sollen dem unehelichen Kinde, wenn der Erbe von dem Abfindungsrecht Gebrauch machen will,

die im § 2314 dem Pflichttheilsberechtigten, welcher nicht Erbe ist, eingeräumten Befugnisse zustehen. Hiegegen dürfte indessen nicht nur der Wortlaut des § 2314, sondern auch die Erwägung sprechen, daß der vom Abfindungsrecht Gebrauch machende Erbe beweisen muß, daß die angebotene Summe dem Pflichttheil des Kindes entsprechen würde, das uneheliche Kind daher der im § 2314 erwähnten Befugnisse nicht bedarf. Zur Herausgabe der auf Grund des § 1712 Abs. 2 gezahlten Abfindungssumme sind die Erben des unehelichen Kindes nicht verpflichtet, wenn das Kind vor Erreichung des 16. Lebensjahrs versterben sollte, es sei denn, daß eine abweichende Vereinbarung getroffen ist. Die Genehmigung des Vormundschaftsgerichts ist zur Ausübung des Abfindungsrechts nicht erforderlich, wohl aber zu einer Vereinbarung, durch welche die Unterhaltspflicht der Erben des unehelichen Vaters abweichend von den gesetzlichen Vorschriften geregelt werden soll (Anm. 1 zu § 1714). Die Verwaltung der Abfindungssumme steht dem Vormund zu, der hiebei die Vorschriften der §§ 1806 ff. zu beachten hat (§§ 1707, 1793).

3. Hat der uneheliche Vater sich vertragsmäßig zur Gewährung einer Abfindungssumme verpflichtet (§ 1714 Abs. 1) oder ist seine gesetzliche Unterhaltspflicht in eine vertragsmäßige umgewandelt worden, so geht diese Verbindlichkeit wie andere vertragsmäßige Verbindlichkeiten auf die Erben des Vaters über, ohne daß denselben die im § 1712 Abs. 2 erwähnte Befugniß zustände (M. IV, 904).

4. Die Vorschriften des § 1712 Abs. 1, 2 finden auch Anwendung auf den Unterhaltsanspruch aus § 1708 Abs. 2, da das Gesetz für diesen Fall keine Abweichung bestimmt (anderer Ansicht ohne überzeugende Begründung Mantey, a. a. O. S. 31 ff., 54 ff.).

5. Aus § 1712 Abs. 1 ergibt sich, daß dem unehelichen Kinde gegen denjenigen, welcher den Vater durch eine unerlaubte Handlung getödtet hat, kein Anspruch auf Ersatz des ihm hiedurch möglicher Weise erwachsenden Nachtheils zusteht, da nach § 844 Abs. 2 Satz 1 ein solcher Anspruch nur besteht, wenn dem Unterhaltsberechtigten durch die Tödtung das Recht auf den Unterhalt entzogen ist. Das Gleiche gilt hinsichtlich des Anspruchs aus § 3 Abs. 2 Satz 1 des Haftpflichtges. v. 7. Juni 1871 in der durch E.G. Art. 42 I festgesetzten Fassung (Mantey, a. a. O. S. 55 ff.).

6. Ueber die Vererblichkeit des Unterhaltsanspruchs des unehelichen Kindes s. § 1713.

§ 1713.

Der Unterhaltsanspruch erlischt mit dem Tode des Kindes, soweit er nicht auf Erfüllung oder Schadensersatz wegen Nichterfüllung für die Vergangenheit oder auf solche im voraus zu bewirkende Leistungen gerichtet ist, die zur Zeit des Todes des Kindes fällig sind.

Die Kosten der Beerdigung hat der Vater zu tragen, soweit ihre Bezahlung nicht von dem Erben des Kindes zu erlangen ist.

E. I, 1574, 1488 Abs. 4, 1575 Abs. 2; II, 1600; III, 1689.

1. Hinsichtlich der Vererblichkeit des Unterhaltsanspruchs des unehelichen Kindes gegen den Vater gilt nach § 1713 Abs. 1 das Gleiche wie für den Unterhaltsanspruch der Verwandten gemäß § 1615 Abs. 1 (M. IV, 904; vgl. §§ 1360 Abs. 3 Satz 2, 1580 Abs. 3, 1351; s. auch §§ 1711, 1710 Abs. 2 Satz 1, Abs. 3, Anm. 1, 2 zu § 1615 und bez. des Gem.R. und B.L.R. Engelmann, a. a. O. S. 50, 148). Ueber die Vererblichkeit der Unterhaltspflicht des unehelichen Vaters s. § 1712.

2. Auch die Vorschrift des § 1713 Abs. 2 über die Verpflichtung zur Tragung der Beerdigungskosten entspricht der für die Unterhaltspflicht der Verwandten geltenden Vorschrift des § 1615 Abs. 2 (M. IV, 897 ff.; vgl. §§ 1360 Abs. 3 Satz 2, 1580 Abs. 3, 1351, s. auch Anm. 3 zu § 1615). Der in der Reichstagskommission und im Reichstag gestellte Antrag, den unehelichen Vater unbedingt zur Tragung der Beerdigungskosten zu verpflichten, wurde abgelehnt (R.T.K. 158; St.B. 271). Da das Gesetz die Verpflichtung des unehelichen Vaters zur Tragung der Beerdigungskosten als Bestandtheil seiner Unterhaltspflicht betrachtet, findet § 1713 Abs. 2 keine Anwendung, wenn zur Zeit des Todes des Kindes der uneheliche Vater nicht mehr unterhaltspflichtig war (§ 1708; Hirsch, a. a. O. S. 41 ff.; Mantey, a. a. O. S. 58).

§ 1714.

Eine Vereinbarung zwischen dem Vater und dem Kinde über den Unterhalt für die Zukunft oder über eine an Stelle des Unterhalts zu gewährende Abfindung bedarf der Genehmigung des Vormundschaftsgerichts.

Ein unentgeltlicher Verzicht auf den Unterhalt für die Zukunft ist nichtig.

E. I, 1576; II, 1601; III, 1690.

1. § 1714 regelt die Zulässigkeit von Vereinbarungen über den Unterhaltsanspruch zwischen dem unehelichen Kind und dessen Vater, sowie die Zulässigkeit des Verzichts auf diesen Anspruch.

Nach Gem.R. ist zum Abschluß eines Vergleichs über künftige Alimente des unehelichen Kindes obervormundschaftliche Genehmigung erforderlich; fehlt diese oder ist sie durch unwahre Angaben erschlichen worden, so ist der Vergleich nichtig. Verzicht auf den Unterhaltsanspruch überhaupt gilt als den guten Sitten widerstreitend und ist daher nichtig (Gett, a. a. O. S. 157 ff.; Büngner, a. a. O. S. 143 ff.; Engelmann, a. a. O. S. 57 ff.; R.G.E. in C.S. IV, 209 ff.). Auch nach cap. 17 § 1 Ziff. 7 der bayr. Gerichtsordnung von 1753, welche Vorschrift durch Art. 81 des bayr. Ges. z. Ausf. d. C.P.O. und K.O. v. 23. Febr. 1879 aufrechterhalten worden ist (vgl. B.L.R. Thl. I cap. 7 § 13 Ziff. 14), ist zum Abschluß eines Vergleichs über künftige Alimente obervormundschaftliche Genehmigung erforderlich. Desgleichen muß nach B.L.R. Verzicht auf den Unterhaltsanspruch, weil gegen Gesetz und Ordnung verstoßend, als ungültig betrachtet werden (Thl. IV cap. 1 § 16 Ziff. 1; Bl. f. R.A. XXIV, 349 ff.; Samml. v. Entsch. d. Obersten L.G. München Bd. 5 S. 562 ff.; Engelmann, a. a. O. S. 151 ff.).

Ueber andere Rechte s. M. IV, 905.

Das B.G.B. erfordert die Genehmigung des Vormundschaftsgerichts zu einer Vereinbarung zwischen dem Vater und dem unehelichen Kinde (bezw. dessen gesetzlichem Vertreter), falls diese Vereinbarung den Unterhalt für die Zukunft oder eine an Stelle des Unterhalts zu gewährende Abfindung betrifft (M. IV, 905 ff.; Z.G. IV, 443; P. IV, 684; vgl. Anm. 2 zu § 1614). Unter die erstere Kategorie gehört auch die Vereinbarung, nach welcher der Unterhalt in anderer als der im § 1710 Abs. 1 vorgeschriebenen Form (also etwa durch Naturalverpflegung) oder auf mehr als drei Monate im voraus (§ 1710 Abs. 2 Satz 1) gewährt werden soll (M. IV, 906). Auch zu einer Vereinbarung der Erben des unehelichen Vaters mit dem Kind über den Unterhalt für die Zukunft oder eine an Stelle des Unterhalts zu gewährende Abfindung, falls diese Abfindung abweichend von den Vorschriften des § 1712 Abs. 2 festgestellt werden soll, ist die Genehmigung des Vormundschaftsgerichts erforderlich (vgl. Anm. 1, 3 zu § 1710, Anm. 2 zu § 1712). Zu der zweiten Kategorie ist auch eine Vereinbarung zu zählen, inhaltlich deren das Kind gegen Bezahlung einer Abfindung auf den Anspruch auf Anerkennung der Vaterschaft verzichtet, s. Hachenburg, a. a. O. S. 50 und bez. des Gem.R. u. B.L.R. Engelmann, a. a. O. S. 58 Note 88, S. 151.

2. Nicht anwendbar ist die Bestimmung des § 1714 Abs. 1

a) auf Vereinbarungen zwischen der Mutter und dem unehelichen Vater hinsichtlich der ihr nach § 1715 zustehenden Ansprüche;

b) auf Vereinbarungen über rückständige Alimente zwischen dem unehelichen Vater und dem Kind oder der Mutter bezw. dem mütterlichen Verwandten, auf welchen der Anspruch des Kindes gemäß § 1709 Abs. 2 übergegangen ist (s. u. Anm. 8).

Dagegen wird die Anwendbarkeit des § 1714 nicht dadurch ausgeschlossen, daß das uneheliche Kind nicht unter Vormundschaft oder Pflegschaft steht, da Minderjährigkeit des Kindes (anscheinend in Folge Redaktionsversehens) nicht als Voraussetzung des Erfordernisses der Genehmigung des Vormundschaftsgerichts erklärt ist (vgl. § 1708 Abs. 2).

3. Irgend welche Formvorschriften für die im § 1714 Abs. 1 erwähnte Vereinbarung hat das Gesetz nicht aufgestellt. Eine solche Vereinbarung kann also sowohl in der Form eines gerichtlichen als eines außergerichtlichen Vergleichs geschlossen werden. Andererseits ist aber auch zur Wirksamkeit eines gerichtlichen Vergleichs (vgl. C.P.O. § 794 Abs. 1 Nr. 1, 2 n. Nr.) die Genehmigung des Vormundschaftsgerichts erforderlich (Hirsch, a. a. O. S. 46 ff.).

4. Eine Vereinbarung der im § 1714 Abs. 1 erwähnten Art kann auch schon vor der Geburt des Kindes geschlossen werden. Als gesetzlicher Vertreter des Kindes ist in diesem Falle gemäß §§ 1912, 1707 ein Pfleger zu bestellen (Mantey, a. a. O. S. 62).

5. Die von dem Vormundschaftsgerichte nach § 1714 Abs. 1 zu ertheilende Genehmigung kann gemäß §§ 1828, 1915, wenn das Kind unter Vormundschaft oder Pflegschaft steht,

nur dem Vormund oder Pfleger gegenüber erklärt werden. Hinsichtlich der Rechtswirksamkeit einer ohne die erforderliche Genehmigung des Vormundschaftsgerichts geschlossenen Vereinbarung gelten in diesem Falle die Bestimmungen der §§ 1829, 1830. Steht das Kind nicht unter Vormundschaft oder Pflegschaft, so ist die von ihm mit dem Vater getroffene Vereinbarung mangels Genehmigung des Vormundschaftsgerichts nichtig. Ist ein Gegenvormund vorhanden und dessen Anhörung thunlich, so soll das Vormundschaftsgericht vor seiner Entscheidung denselben hören (§ 1826). Ueber Zuständigkeit des Vormundschaftsgerichts und Rechtsmittel gegen dessen Entscheidung s. F.G. §§ 43, 36, 19 ff., 59.

6. Die Verwaltung der auf Grund des § 1714 Abs. 1 gezahlten Abfindungssumme steht, falls das Kind unter Vormundschaft oder Pflegschaft steht, gemäß §§ 1793, 1915 dem Vormund oder Pfleger zu, der in dieser Beziehung die Vorschriften der §§ 1806 ff. zu beachten hat.

7. Ob ein gemäß § 1714 Abs. 1 abgeschlossener Vergleich wegen Irrthums über den nach dem Inhalt des Vertrags als feststehend zu Grunde gelegten Sachverhalt unwirksam ist, bemißt sich nach § 779. Hienach ist insbesondere die Frage zu entscheiden, ob und inwieweit ein derartiger vor der Geburt des Kindes geschlossener Vergleich unwirksam ist, falls das Kind todt geboren wird oder eine Zwillingsgeburt erfolgt (Mantey, a. a. O. S. 62; vgl. bez. des Gem. R. Büngner, a. a. O. S. 144). Inwieweit die gezahlte Abfindungssumme zurückgefordert werden kann, falls das Kind vor Erreichung des 16. Lebensjahres stirbt, hängt von der Auslegung der Vereinbarung ab. Im Uebrigen bemißt sich die Nichtigkeit und Anfechtbarkeit einer derartigen Vereinbarung nach den allgemeinen Grundsätzen (§§ 104 ff., 116 ff).

8. Verzicht. Wegen des familienrechtlichen Charakters und der absoluten Natur des Unterhaltsanspruchs erklärt das B.G.B. unentgeltlichen Verzicht des Kindes auf seinen Unterhaltsanspruch gegenüber dem unehelichen Vater für die Zukunft als nichtig (M. IV, 905; vgl. §§ 1614 Abs. 1, 1360 Abs. 3 Satz 2, Anm. 1 zu § 1614 und bez. des Gem. R. Büngner, a. a. O. S. 145, 59; R.G.E. in C.S. IV, 209 ff.). Die gemäß § 1714 Abs. 2 eintretende Nichtigkeit greift natürlich auch Platz, wenn das Vormundschaftsgericht den Verzicht genehmigt haben sollte. Entgeltlicher Verzicht des unehelichen Kindes auf seinen Unterhaltsanspruch gegen den Vater für die Zukunft fällt unter § 1714 Abs. 1 und ist daher gültig, wenn das Vormundschaftsgericht seine Genehmigung hiezu ertheilt hat. Unentgeltlicher Verzicht auf den Unterhalt für die Vergangenheit ist zulässig, soweit nicht die Vorschrift des § 1804 entgegensteht (s. o. Anm. 2b und Anm. 1 zu § 1614).

9. Die Vorschriften des § 1714 Abs. 1, 2 finden auch auf den Unterhaltsanspruch aus § 1708 Abs. 2 entsprechende Anwendung (s. o. Anm. 2 a. E.). Ob durch eine gemäß § 1714 Abs. 1 gewährte Abfindung nicht nur der Unterhaltsanspruch des unehelichen Kindes bis zur Vollendung des 16. Lebensjahrs, sondern der demselben von da ab allenfalls gemäß § 1708 Abs. 2 noch weiter zustehende Unterhaltsanspruch ausgeschlossen wird, hängt von der Auslegung der fraglichen Vereinbarung ab.

10. Ueber die Zulässigkeit von Schweigverträgen s. Anm. 6 zu § 1717 über das Erforderniß der Genehmigung des Vormundschaftsgerichts zu anderweitigen Vergleichen s. § 1822 Nr. 12.

§ 1715.

Der Vater ist verpflichtet, der Mutter die Kosten der Entbindung sowie die Kosten des Unterhalts für die ersten sechs Wochen nach der Entbindung und, falls in Folge der Schwangerschaft oder der Entbindung weitere Aufwendungen nothwendig werden, auch die dadurch entstehenden Kosten zu ersetzen. Den gewöhnlichen Betrag der zu ersetzenden Kosten kann die Mutter ohne Rücksicht auf den wirklichen Aufwand verlangen.

Der Anspruch steht der Mutter auch dann zu, wenn der Vater vor der Geburt des Kindes gestorben oder wenn das Kind todt geboren ist.

Der Anspruch verjährt in vier Jahren. Die Verjährung beginnt mit dem Ablaufe von sechs Wochen nach der Geburt des Kindes.

E. I, 1577 Abs. 1 Satz 1, 2, 1578; II, 1602; III, 1691.

1. § 1715 regelt die der unehelichen Mutter gegen den Vater des Kindes zustehenden Ansprüche.

Die gemeinrechtliche Praxis gewährte im Anschluß an das kanonische Recht der unbescholtenen verführten Frauensperson Anspruch gegen den Verführer auf Ersatz des Schadens, der ihr durch die in Folge der Verführung eintretende Minderung der Aussicht auf Verehelichung zugegangen ist (Deflorationsklage), ferner der Mutter eines unehelichen Kindes gegenüber dem Vater desselben Anspruch auf Ersatz der ihr durch Niederkunft und Kindbett erwachsenen Auslagen (vgl. Dernburg, Pand. Bd. 3 S. 28 Note 9, Engelmann, a. a. O. S. 78 ff.).

Im Wesentlichen auf dem gleichen Standpunkte steht das B.L.R. (Thl. IV cap. 16 § 6 Ziff. 6, Kreittmayr, Anm. hiezu; Engelmann, a. a. O. 214 ff. und die dort citirten Entscheidungen).

Ueber andere Rechte s. M. IV, 906, 912 ff.

Das B.G.B. gewährt der unehelichen Mutter gegenüber dem Vater des Kindes folgende Ansprüche:

a) Anspruch auf Ersatz der Entbindungskosten, d. h. der unmittelbar durch den Geburtsakt (nicht durch die Schwangerschaft) erwachsenen Kosten (für Arzt, Hebamme, Arznei, Wart und Pflege ꝛc.);

b) Anspruch auf Ersatz der Kosten ihres Unterhalts für die ersten sechs Wochen nach der Entbindung, gleichviel, ob sie schon vor Ablauf dieses Zeitraums wieder erwerbsfähig geworden ist oder nicht. Für die Form der Gewährung des Unterhalts wird die Vorschrift des § 1710 Abs. 1 entsprechende Anwendung zu finden haben;

c) Anspruch auf Ersatz der Kosten, welche durch weitere in Folge der Schwangerschaft oder Entbindung nothwendig gewordene Aufwendungen entstanden sind. (Dieser Zusatz beruht auf Beschluß des Reichstags; in der II. Komm. und in der Reichstagskommission wurden die dahingehenden Anträge abgelehnt; vgl. M. IV, 909 ff.; P. IV, 686 ff.; P.M. 8683 ff.; R.T.K. 158 ff.; St.B. 271 ff.) Hiezu gehören insbesondere die Kosten, welche der Mutter durch eine in Folge der Schwangerschaft oder Entbindung eintretende Krankheit und hiedurch bedingte Erwerbsunfähigkeit erwachsen, nicht aber die Kosten ihrer Beerdigung, falls sie in Folge der Entbindung stirbt. (M. IV, 910; Z.G. IV, 444; vgl. Mantey, a. a. O. S. 65.) Ueber den Anspruch der ersatzberechtigten Mutter auf Befreiung von eingegangenen Verbindlichkeiten s. § 257.

Da alle diese Ansprüche nicht dem Kinde, sondern der Mutter zustehen, werden sie durch den Umstand, daß das Kind todt geboren wird, nicht ausgeschlossen. Der Todtgeburt ist der Fall gleichzustellen, daß das Kind während der Geburt stirbt. Die Verpflichtung zur Tragung der Beerdigungskosten obliegt in diesem Falle (da die §§ 1713 Abs. 2 und 1968 nicht anwendbar sind) dem unehelichen Vater kraft seiner Verbindlichkeit zum Ersatz der oben unter c erwähnten Kosten (Hirsch, a. a. O. S. 53 ff.). Im Falle einer Fehlgeburt (abortus) stehen der Mutter die im § 1715 erwähnten Ansprüche nicht zu (M. IV, 911; a. Ans. Mantey, a. a. O. S. 64, welcher nicht berücksichtigt, daß § 1715, wie sich aus Abs. 2 ergibt, die Geburt eines „Kindes" voraussetzt). Die Ansprüche aus § 1715 stehen auch einer Ehefrau zu, vorausgesetzt, daß die Unehelichkeit des Kindes gemäß §§ 1591 ff. festgestellt ist (M. IV, 912; vgl. Anm. 4 zu § 1708).

2. Rechtliche Natur der einer unehelichen Mutter zustehenden Ansprüche. Die der unehelichen Mutter gemäß § 1715 zustehenden Ansprüche haben weder die rechtliche Natur eines eigentlichen Unterhaltsanspruchs, noch eines Deliktsanspruchs, sind vielmehr unmittelbar auf Gesetz beruhende, aus Erwägungen der Billigkeit geschaffene Ersatzansprüche (M. IV, 907 ff.; Z.G. IV, 443 ff.; nach Hachenburg, a. a. O. S. 57 ff. soll trotz der gegentheiligen Ausführungen der Motive ein Unterhaltsanspruch vorliegen). Hieraus ergibt sich, daß diese Ansprüche durch den Mangel der Deliktsfähigkeit des Vaters zur Zeit des kausalen Beischlafs nicht beseitigt werden, daß der Gerichtsstand des § 32 C.P.O. n. Kr. für dieselben nicht begründet ist (vgl. Anm. 2 zu § 1708), und daß die für Unterhaltsansprüche geltenden besonderen gesetzlichen Bestimmungen (s. Vorbem. vor § 1601 Ziff. 3 ff.) auf diese Ansprüche keine Anwendung finden. Aus dem gleichen Grunde gehen die dem Vater gemäß § 1705 obliegenden Verpflichtungen auf seine Erben über, gleichviel, ob er die Geburt des Kindes erlebt hat oder nicht (§ 1715 Abs. 2; M. IV, 912; P. IV, 688; vgl. § 1712 Abs. 1). Desgleichen gehen die Ansprüche aus § 1715 wie jede andere Ersatzforderung auf die Erben der Mutter über. Daß der Vater, falls die Mutter vor dem Ablauf von sechs Wochen nach der Geburt des Kindes stirbt, nur für die Zeit bis zu ihrem Tod ihren Unterhalt zu bestreiten hat, war in E. I ausdrücklich hervorgehoben; die II. Komm. hat diese Vorschrift als selbstverständlich gestrichen (M. IV, 911; Z.G. IV, 444;

P. IV, 688). Aus dem Charakter der fraglichen Ansprüche als gesetzlicher Entschädigungsansprüche ergibt sich auch die Anwendbarkeit des § 57 Abs. 4 des Krankenversicherungsges. vom $\frac{15.\ \text{Juni}\ 1883}{10.\ \text{April}\ 1892}$ (vgl. Z.G. IV, 443 ff.).

3. Die im § 1715 erwähnten Ansprüche stehen der Mutter nur gegenüber dem Vater des unehelichen Kindes zu. Wer im Sinne des § 1715 als „Vater" gilt, ergibt sich aus den §§ 1717, 1718. Die Ansprüche der Mutter werden also ausgeschlossen durch den Nachweis, daß das Kind den Umständen nach offenbar unmöglich der Beiwohnung des in Anspruch genommenen Mannes entstammen kann, sowie durch die Einrede der mehreren Beihälter, es sei denn, daß das Kind den Umständen nach offenbar unmöglich dem Geschlechtsverkehr der Mutter mit einem Dritten entstammen kann, oder daß der in Anspruch genommene Mann die Vaterschaft nach der Geburt des Kindes in einer öffentlichen Urkunde anerkannt hat (M. IV, 908; Z.G. IV, 444).

4. Maß der zu ersetzenden Kosten. Nach E. I—III standen die fraglichen Ansprüche der Mutter nur innerhalb der Grenzen der Nothdurft zu (M. IV, 910). Der Antrag, auch in dieser Beziehung die Lebensstellung der Mutter entscheiden zu lassen (vgl. § 1708 Abs. 1, Satz 1) wurde in der II. Komm. abgelehnt (P. IV, 687 ff.), in der Reichstagskommission aber angenommen (R.T.K. 158 ff.).

5. Bezüglich sämmtlicher im § 1715 erwähnten Ansprüche ist zu Gunsten der Mutter die Beweisfrage dahin geregelt, daß die Mutter, soweit ihre Ansprüche sich im Rahmen der gewöhnlichen Kosten bewegen, nicht nachzuweisen braucht, daß die fraglichen Aufwendungen wirklich von ihr gemacht worden sind. Der Verpflichtung zur Bezahlung der gewöhnlichen Kosten kann sich der uneheliche Vater selbst nicht durch den Nachweis entziehen, daß in Wirklichkeit der Mutter geringere oder gar keine Kosten erwachsen sind (M. IV, 910 ff.), und ebensowenig durch den Nachweis, daß überhaupt, also auch seitens eines Dritten, zu den fraglichen Zwecken nichts aufgewendet worden ist (vgl. P. IV, 688 und Note 1; V, 144). Erhebt die Mutter weitergehende Ansprüche, so gelten die allgemeinen Beweisregeln. Für die Beantwortung der Frage, ob die geforderte Summe den gewöhnlichen Betrag der zu ersetzenden Kosten übersteigt, wird auch die Lebensstellung der Mutter in Betracht zu ziehen sein (vgl. o. Anm. 4).

6. Aus dem Charakter der der Mutter zustehenden Ansprüche (s. o. Anm. 2) ergibt sich, daß die Mutter den Ersatz der im § 1715 erwähnten Kosten nicht im Voraus verlangen kann (M. IV, 912). Soweit sie aber nur den gewöhnlichen Betrag der zu ersetzenden Kosten beansprucht (s. o. Anm. 5), kann schon vor der Geburt des Kindes auf ihren Antrag durch einstweilige Verfügung die Zahlung an sie und die Hinterlegung des erforderlichen Betrags angeordnet werden (§ 1716 Abs. 1 Satz 1).

7. Verjährung. § 1715 Abs. 3 enthält eine Abweichung von den allgemeinen Grundsätzen über Verjährung insofern, als

a) die Verjährungszeit nur vier Jahre beträgt (vgl. § 195, s. auch § 1302; E. I hatte eine zweijährige Verjährungsfrist festgesetzt; M. IV, 917 ff; Z.G. IV, 448; P. IV, 689);

b) die Verjährung erst mit dem Ablaufe von sechs Wochen nach der Geburt des Kindes beginnt (M. IV, 918; vgl. § 198).

Ueber die Berechnung der vier Jahre, sowie der sechs Wochen s. §§ 187 Abs. 1, 188 Abs. 2. Ueber Hemmung und Unterbrechung der Verjährung s. §§ 202 ff., 208 ff. Ist der Anspruch rechtskräftig festgestellt, so verjährt er erst in 30 Jahren (§ 218, s. auch §§ 219, 220).

8. Geltendmachung im Konkurs. Nach K.O. § 3 Abs. 2 n. Nr. können die sich aus den §§ 1715, 1716 B.G.B. ergebenden Ansprüche im Konkurs für die Zukunft nur geltend gemacht werden, soweit der Gemeinschuldner als Erbe des Verpflichteten haftet.

9. Die der unehelichen Mutter etwa auf Grund der §§ 823, 825, 1300 zustehenden weitergehenden Ansprüche werden durch § 1715 natürlich nicht berührt. Ueber die (auch unehelichen Müttern zustehenden) Ansprüche von Wöchnerinnen gegen die Krankenkassen s. Krankenvers.G. v. $\frac{15.\ \text{Juni}\ 1883}{10.\ \text{April}\ 1892}$ §§ 20 Abs. 1 Nr. 2, 21 Abs. 1 Ziff. 4, 57.

10. Internationales Privatrecht. Nach E.G. Art. 21 wird die Verpflichtung des Vaters, der Mutter die Kosten der Schwangerschaft, der Entbindung und des Unterhalts zu ersetzen, nach den Gesetzen des Staates beurtheilt, dem die Mutter zur Zeit der Geburt des Kindes angehört; es können jedoch nicht weitergehende Ansprüche geltend gemacht werden, als nach den deutschen Gesetzen begründet sind.

11. Uebergangsvorschrift. Ist die Entbindung vor dem 1. Januar 1900 erfolgt, so bemessen sich die Ansprüche der unehelichen Mutter gegen den Vater nach bisherigem Recht, außerdem nach B.G.B. (E.G. Art. 170; M. z. E.G. 301).

§ 1716.

Schon vor der Geburt des Kindes kann auf Antrag der Mutter durch einstweilige Verfügung angeordnet werden, daß der Vater den für die ersten drei Monate dem Kinde zu gewährenden Unterhalt alsbald nach der Geburt an die Mutter oder an den Vormund zu zahlen und den erforderlichen Betrag angemessene Zeit vor der Geburt zu hinterlegen hat. In gleicher Weise kann auf Antrag der Mutter die Zahlung des gewöhnlichen Betrags der nach § 1715 Abs. 1 zu ersetzenden Kosten an die Mutter und die Hinterlegung des erforderlichen Betrags angeordnet werden.

Zur Erlassung der einstweiligen Verfügung ist nicht erforderlich, daß eine Gefährdung des Anspruchs glaubhaft gemacht wird.

E. II, 1603; III, 1692.

1. Grundstandpunkt. Nach E. I sollte die Geltendmachung der dem unehelichen Kind und der Mutter gegen den Vater zustehenden Ansprüche vor der Geburt des Kindes in keiner Weise, auch nicht im Wege der einstweiligen Verfügung möglich sein (M. IV, 893, 912). Den hiegegen erhobenen Einwendungen (vgl. Z.G. IV, 442) wurde seitens der II. Komm. durch Aufnahme des nunmehrigen § 1716 Rechnung getragen. Hiefür war hauptsächlich die Erwägung maßgebend, daß gerade in der Zeit unmittelbar nach der Geburt das Leben der unehelichen Kinder am meisten bedroht und das Elend der Mutter am größten sei, daß aber die Vorschriften des Prozeßrechts über Arrest und einstweilige Verfügung um deßwillen nicht ausreichten, weil es sich hier nicht um einen bedingten oder betagten, sondern um einen nur möglicher Weise entstehenden Anspruch handle (P. IV, 690 ff.; ähnliche Bestimmungen enthielt bereits das P.L.R.; bez. des Gem.R. vgl. Büngner, a. a. O. S. 143; Engelmann, a. a. O. S. 49 Note 72).

2. Inhalt der einstweiligen Verfügung. Nach § 1716 kann schon vor der Geburt des unehelichen Kindes durch einstweilige Verfügung der Vater verpflichtet werden:

a) die dem Kinde für die ersten drei Monate zu gewährende Unterhaltsrente an Mutter oder Vormund und den gewöhnlichen Betrag der nach § 1715 Abs. 1 der Mutter zu ersetzenden Kosten an die Mutter alsbald nach der Geburt des Kindes zu zahlen;

b) den hiezu erforderlichen Betrag angemessene Zeit vor der Geburt des Kindes zu hinterlegen.

3. Voraussetzung für die Erlassung einer derartigen einstweiligen Verfügung ist:

a) Antrag der Mutter (die Aufstellung eines Pflegers für die Leibesfrucht gemäß § 1912 ist, auch insoweit es sich um den Unterhalt für das Kind handelt, nicht erforderlich: s. Anm. 2b zu § 1912);

b) Glaubhaftmachung des Anspruchs (C.P.O. §§ 936, 920 Abs. 2 n. Nr.), also Glaubhaftmachung der Schwangerschaft der Antragstellerin und der Vaterschaft des in Anspruch genommenen Mannes (wobei die Empfängnißzeit nach Maßgabe des § 1717 Abs. 2 zu berücksichtigen ist). Nicht erforderlich ist dagegen nach § 1716 Abs. 2, daß auch eine Gefährdung des Anspruchs glaubhaft gemacht wird (s. auch §§ 885 Abs. 1 Satz 2, 899 Abs. 2 Satz 2, vgl. dagegen C.P.O. §§ 936, 920 Abs. 2 n. Nr.). Ueber Glaubhaftmachung s. C.P.O. § 294 n. Nr. Die Geltendmachung der Einrede der mehreren Beihälter (§ 1717 Abs. 1) ist zulässig, aber durch die Natur des in Frage stehenden Verfahrens erheblich erschwert (P. IV, 691).

4. Die Verpflichtung zur Hinterlegung gemäß § 1716 ist als Verpflichtung zur Sicherheitsleistung in bestimmter Form (§ 232) aufzufassen. Die Rechte der Mutter und des Kindes an dem hinterlegten Betrag bestimmen sich daher nach § 233, während der uneheliche Vater nach Maßgabe des § 235 zum Umtausch der hinterlegten Werthe befugt ist. Nach Hirsch, a. a. O. S. 62 ff. sollen auf die Hinterlegung die Vorschriften der §§ 372 ff. Anwendung finden; ebenso Fischer-Henle, 2. Aufl., Note 6 zu § 1716. Hiebei wird jedoch übersehen, daß die §§ 372 ff. von einem Rechte des Schuldners zur Hinterlegung sprechen, während im § 1716 von einer Hinterlegungspflicht die Rede ist. Nähere Bestimmungen über die Hinterlegung zu treffen, ist den Landesgesetzen überlassen; auch bleiben die landesgesetzlichen Vorschriften über die sachliche und örtliche Zuständigkeit der Hinterlegungsstellen unberührt (E.G. Art. 144, 145).

5. Für das Verfahren sind die Vorschriften der §§ 935 ff. C.P.O. n. Nr. maßgebend. Ueber die Zuständigkeit zur Erlassung der einstweiligen Verfügung s. C.P.O. §§ 937 Abs. 1, 943, 944 n. Nr., G.V.G. § 23 n. Nr. Die Entscheidung kann in dringenden Fällen ohne vorgängige mündliche Verhandlung erfolgen (C.P.O. § 937 Abs. 2 n. Nr.). In diesem Fall erfolgt die Entscheidung durch Beschluß, anderenfalls durch Endurtheil (C.P.O. §§ 936, 922 Abs. 1 n. Nr.). Gegen den die einstweilige Verfügung anordnenden Beschluß findet Widerspruch statt. Wird Widerspruch erhoben, so ist über die Rechtmäßigkeit der einstweiligen Verfügung durch Endurtheil zu entscheiden (C.P.O. §§ 924, 925 n. Nr.). Ueber die Schadensersatzpflicht der unehelichen Mutter, welche die einstweilige Verfügung erwirkt hat, s. C.P.O. § 945 n. Nr.

§ 1717.

Als Vater des unehelichen Kindes im Sinne der §§ 1708 bis 1716 gilt, wer der Mutter innerhalb der Empfängnißzeit beigewohnt hat, es sei denn, daß auch ein Anderer ihr innerhalb dieser Zeit beigewohnt hat. Eine Beiwohnung bleibt jedoch außer Betracht, wenn es den Umständen nach offenbar unmöglich ist, daß die Mutter das Kind aus dieser Beiwohnung empfangen hat.

Als Empfängnißzeit gilt die Zeit von dem einhunderteinundachtzigsten bis zu dem dreihundertundzweiten Tage vor dem Tage der Geburt des Kindes, mit Einschluß sowohl des einhunderteinundachtzigsten als des dreihundertundzweiten Tages.

E. I, 1572, 1577 Abs. 2; II, 1604; III, 1693.

1. Begriff der unehelichen Vaterschaft. Nach Gem.R. gilt als Vater eines unehelichen Kindes, wer der Mutter desselben innerhalb der sogen. „kritischen Zeit", d. h. innerhalb des Zeitraumes vom 300. bis zum 182. Tage vor der Geburt des Kindes beigewohnt hat, es sei denn, daß die Mutter innerhalb dieser Zeit auch mit anderen Männern geschlechtlich verkehrt hat (exceptio plurium concumbentium), oder daß seine Beiwohnung für die Geburt des Kindes nicht kausal gewesen sein kann, wobei jedoch die Argumentation aus dem Reifegrad des Kindes ausgeschlossen ist. (Engelmann, a. a. O. S. 28 ff.)

Das Gleiche gilt nach B.L.R. Nur ist die kritische Zeit auf den Zeitraum vom 302.—182. Tage vor der Geburt des Kindes erweitert (Thl. I cap. 3 § 2 Ziff. 6, 9, § 9 Ziff. 4; Engelmann, a. a. O. S. 95 ff.).

Ueber andere Rechte s. M. IV, 883 ff.: vgl. auch Vorbem. zu diesem Titel Ziff. 1.

Auch das B.G.B. erleichtert den Beweis der unehelichen Vaterschaft dadurch, daß es den an sich für die Feststellung der Vaterschaft erforderlichen Nachweis, daß die Mutter innerhalb der Empfängnißzeit anderen Männern nicht beigewohnt habe, durch eine Vermuthung dieses Inhalts ersetzt. Demgemäß gilt als Vater eines unehelichen Kindes, wer dessen Mutter innerhalb der Empfängnißzeit (s. u. Anm. 2) beigewohnt hat (M. IV, 883 ff.; Z.G. IV, 436.). Gilt das Kind gemäß §§ 1591 ff. als ehelich, so ist zur Feststellung der unehelichen Vaterschaft natürlich weiter erforderlich, daß die Unehelichkeit des Kindes nach Maßgabe der §§ 1591 ff. dargethan wird (M. IV, 888, 878). Ueber die rechtliche Bedeutung der unehelichen Vaterschaft s. Vorbem. Ziff. 2 a—c.

2. Empfängnißzeit. Ueber den Begriff der Empfängnißzeit s. Anm. 1 zu § 1592. Die Empfängnißzeit umfaßt hier wie bei der ehelichen Vaterschaft den Zeitraum vom 181. bis zum 302. Tage vor dem Tage der Geburt des Kindes mit Einschluß dieser beiden Tage (§ 1717 Abs. 2; vgl. §§ 1592 Abs. 1, 1720 Abs. 1). Die Ausdehnung von 300 auf 302 Tage beruht auf Beschluß der II. Komm. (P. IV, 678, vgl. Anm. 2 zu § 1592). Die Empfängnißzeit hat auch hier absoluten Charakter. Eine Ausnahme hievon, wie sie zu Gunsten der Ehelichkeit des Kindes im § 1592 Abs. 2 festgesetzt ist, hat das Gesetz zu Gunsten des unehelichen Kindes nicht zugelassen (P. IV, 678; einen Grund für diese verschiedene Regelung lassen die Protokolle nicht ersehen; vgl. Hachenburg, a. a. O. S. 29 ff., Anm. 3a und b zu § 1592; hinsichtlich des Gem.R. und B.L.R. s. Engelmann, a. a. O. S. 29 ff., 98 Note 141). Eine Modifikation der gesetzlichen Empfängnißzeit sollte nach E. I insofern eintreten, als, wenn die Mutter während des im Gesetz bestimmten Zeitraumes von einem Kinde entbunden worden ist, die vor die Entbindung fallende Zeit nicht zur Empfängnißzeit des nachher geborenen Kindes gehören sollte. Die II. Komm. hat diese Bestimmung gestrichen (M. IV, 888; P. IV, 678; vgl. Anm. 4 zu § 1592).

3. Gegenbeweis. Trotz des Nachweises, daß Jemand der Mutter innerhalb der Empfängnißzeit beigewohnt hat, gilt derselbe nicht als Vater des von ihr gebornen unehelichen Kindes, wenn nachgewiesen wird:

a) daß es den Umständen nach offenbar unmöglich ist, daß die Mutter das Kind aus der Beiwohnung mit ihm empfangen habe;

b) daß die Mutter innerhalb der Empfängnißzeit auch Dritten beigewohnt habe, es sei denn, daß es den Umständen nach offenbar unmöglich ist, daß die Mutter das Kind aus der Beiwohnung mit einem Dritten empfangen habe oder daß der als Vater in Anspruch Genommene seine Vaterschaft nach der Geburt des Kindes in einer öffentlichen Urkunde anerkannt hat (§§ 1717 Abs. 1, 1718). Das B.G.B. läßt also die Einrede der mehreren Beihälter zu (M. IV, 885 ff.; Z.G. IV, 436 ff.; in der II. Komm. wurde der Antrag auf Beseitigung dieser Einrede mit 11 gegen 8 Stimmen abgelehnt; P. IV, 672 ff. Auch die in der Reichstagskommission und im Reichstag gestellten Anträge des gleichen Inhalts fanden keine Annahme; R.T.K. 159 ff.; St.B. 274 ff.; 377 ff.; über das in dieser Beziehung bisher geltende Recht s. M. IV, 884 ff., und bez. des Gem.R. und P.L.R. insbesondere Dernburg, Pand. Bd. 3, S. 76, Engelmann, a. a. O. S. 30 ff., 52 ff., 100, 148 ff.; R.G.E. in C.S. XL, 181).

Ueber die Bedeutung der Worte „offenbar unmöglich" s. Anm. 4 zu § 1591. Aus der Entstehungsgeschichte (P. IV, 676, P.M. 8675), wie aus dem Wortlaut des Gesetzes ergibt sich, daß die offenbare Unmöglichkeit der Empfängniß aus der fraglichen Beiwohnung sowohl Seitens des als Vater in Anspruch genommenen Mannes geltend gemacht, als auch Seitens des Kindes oder der Mutter der Einrede der mehreren Beihälter entgegengehalten werden kann. Hinsichtlich der zum Nachweis der offenbaren Unmöglichkeit der Empfängniß zulässigen Beweismittel (Schwangerschaft der Mutter, Zeugungsunfähigkeit des Konkumbenten, Argumentation aus dem Reifegrad des Kindes, Rassenverschiedenheit zwischen dem Kinde und dem angeblichen Vater u. s. w.) gilt das in Anm. 4 zu § 1591 Bemerkte (M. IV, 887 ff.; Hirsch, a. a. O. S. 71; Mantey, a. a. O. S. 81; Hachenburg, a. a. O. S. 17 ff.)

4. Die Klage auf Feststellung der unehelichen Vaterschaft kann nach B.G.B. (wie nach Gem.R. und P.L.R., s. Engelmann, a. a. O. S. 28, 99 ff.; vgl. P.L.R. Thl. I cap. 3 § 4, cap 4 § 9) in Verbindung mit der Klage auf Gewährung des Unterhalts (§ 1708) oder selbstständig erhoben werden und zwar sowohl in positiver als negativer Form, sowohl von dem Kinde bezw. dessen gesetzlichem Vertreter, als von dem angeblichen Vater, als auch von dritten Personen, insbesondere der Mutter. Als Feststellungsklage unterliegt sie natürlich den prozessualen Vorschriften des § 256 C.P.O. n. Nr. Die in den §§ 640—643 C.P.O n. Nr. enthaltenen besonderen Bestimmungen für Rechtsstreitigkeiten, welche die Feststellung des Bestehens oder Nichtbestehens eines Eltern- und Kindesverhältnisses zwischen den Parteien zum Gegenstande haben, finden nach § 1644 a. a. O. keine Anwendung auf einen Rechtsstreit, der die Feststellung des Bestehens oder Nichtbestehens der unehelichen Vaterschaft zum Gegenstande hat. Demzufolge wirkt insbesondere das in einem solchen Rechtsstreit ergehende Urtheil, auch wenn es bei Lebzeiten der Parteien rechtskräftig geworden ist, nicht für und gegen Alle (vgl. § 643 C.P.O. n. Nr.; E. I, 1632 Abs. 2; M. IV, 1007; M. z. E.G. 92; P. IV, 742; Begr. z. Entw. einer revid. C.P.O. 87; bez. des Gem.R. und P.L.R. s. Engelmann, a. a. O. S. 33, 101).

5. Die Bestimmungen der §§ 1717, 1718 gelten nur für die uneheliche Vaterschaft im Sinne der §§ 1708—1716, also für die uneheliche Vaterschaft als Voraussetzung des Unterhaltsanspruchs des Kindes (§§ 1708—1714, 1716) und der Ersatzansprüche der Mutter (§§ 1715, 1716), während im Uebrigen, insbesondere bezüglich der Anwendbarkeit des § 1310 Abs. 3 und für das Strafverfahren (St.G.B. § 173) die Feststellung der unehelichen Vaterschaft nach den allgemeinen Beweisregeln zu erfolgen hat (M. IV, 21, 883; vgl. Anm. 9 zu § 1310). Ueber die uneheliche Vaterschaft als Voraussetzung der Legitimation s. §§ 1720, 1725, 1735; über die Feststellung der ehelichen Vaterschaft s. §§ 1591 ff.

6. Eine Verpflichtung der Mutter, den Vater ihres unehelichen Kindes dem Vormundschaftsgerichte zu benennen, besteht nach B.G.B. so wenig wie nach bisherigem Recht. Dagegen ist der Vormund nach § 1793 verpflichtet, falls ihm die Person des Vaters bekannt ist, denselben dem Vormundschaftsgericht namhaft zu machen, eventuell die zur Ausmittlung des Vaters erforderlichen Schritte zu thun. Zur Erfüllung dieser Verpflichtung kann der Vormund gemäß § 1837 durch Ordnungsstrafen angehalten werden. (Vgl. Bl. f. R.A. LXIV, 140.) Die bisher streitige Frage, ob ein sogen. Schweigvertrag, durch welchen sich die Mutter (ohne oder gegen Entgelt) dem unehelichen Vater gegenüber verpflichtet, dessen Namen dem Vormund oder dem Vormundschaftsgerichte zu verschweigen, als den guten Sitten widerstreitend nichtig ist (vgl. § 138 Abs. 1), kann nicht allgemein,

sondern nur nach Lage des einzelnen Falles entschieden werden (vgl. Hirsch, a. a. O. S. 45 ff.; Engelmann, a. a. O. S. 58 Note 89; s. auch Bl. f. R.A. LXIV, 143).

7. Ueber die rechtliche Bedeutung der Anerkennung der unehelichen Vaterschaft s. §§ 1718, 1720 Abs. 2, über die standesamtliche Beurkundung der unehelichen Vaterschaft s. §§ 25, 26 des Personenstandsgesetzes.

8. Uebergangsvorschrift. Für die Erforschung der Vaterschaft zu einem vor dem 1. Januar 1900 gebornen unehelichen Kinde bleiben gemäß E.G. Art. 208 Abs. 1, 3 auch nach diesem Zeitpunkte die bisherigen Gesetze maßgebend (M. z. E.G. 297 ff.).

§ 1718.

Wer seine Vaterschaft nach der Geburt des Kindes in einer öffentlichen Urkunde anerkennt, kann sich nicht darauf berufen, daß ein Anderer der Mutter innerhalb der Empfängnißzeit beigewohnt habe.

E. II, 1605; III, 1694.

1. Wirkung der Anerkennung der unehelichen Vaterschaft. Ob nach Gem.R. die Anerkennung der Vaterschaft eines unehelichen Kindes konstitutiven Charakter oder nur die Natur eines Beweismittels hat, war bestritten (Roth, B.C.R., 2. Aufl., Bd. 1 S. 622 Note 8; Bl. f. R.A. VII, 119; Sicherer, Personenstand u. Eheschl. S. 108 ff.; Engelmann, a. a. O. S. 32 und bez. des B.L.R. S. 101).

Nach E. I, der über diese Frage keine ausdrückliche Bestimmung enthielt, war der Anerkennung der unehelichen Vaterschaft nur der Charakter eines Beweismittels zugedacht (M. IV, 893; Z.G. IV, 440; M. z. E.G. 140). Abweichend hievon bestimmt der auf Beschluß der II. Komm. beruhende § 1718, daß, wer die Vaterschaft zu einem unehelichen Kind anerkannt hat, dieselbe nicht mehr durch Geltendmachung der Einrede der mehreren Zuhälter bestreiten kann, vorausgesetzt, daß die Anerkennung nach der Geburt des Kindes (vgl. Bl. f. R.A. XXXIII, 270 ff.; Mantey, a. a. O. S. 83 ff.) und in einer öffentlichen Urkunde (C.P.O. § 415 n. Nr.; vgl. Mantey, a. a. O, S. 89) erfolgt ist. Dagegen ist Annahme der Anerkennungserklärung durch die Mutter oder den Vormund nicht erforderlich (P. IV, 678 ff.). Ist eine der erwähnten Voraussetzungen nicht gegeben, so hat die Anerkennung nur die Natur eines Beweismittels. Inwieferne die Anerkennung der Vaterschaft als abstraktes Schuldversprechen hinsichtlich der Verpflichtung zur Gewährung des Unterhalts zu erachten ist, bemißt sich nach § 780 (M. IV, 893). Trotz Anerkennung der Vaterschaft nach der Geburt des Kindes in einer öffentlichen Urkunde bleibt dem als Vater in Anspruch Genommenen der Beweis offen, daß er mit der Mutter überhaupt nicht oder nicht innerhalb der Empfängnißzeit geschlechtlich verkehrt habe, oder daß es den Umständen nach offenbar unmöglich sei, daß die Mutter das Kind aus seiner Beiwohnung empfangen habe. Auch die unter den Voraussetzungen des § 1718 erfolgte Anerkennung der Vaterschaft hat also keine volle konstitutive Wirkung (P. IV, 679; vgl. Mantey, a. a. O. S. 87).

2. Rechtliche Natur der Vorschrift des § 1718. Inhaltlich der Protokolle der II. Komm. (P. IV, 679) soll die nach der Geburt des Kindes in öffentlicher Urkunde abgegebene Anerkennung der unehelichen Vaterschaft als Verzicht auf die Einrede der mehreren Beihälter angesehen werden. Hiegegen wendet sich mit zutreffenden Gründen Hachenburg, a. a. O. S. 34 ff., der seinerseits in der Bestimmung des § 1718 eine Steigerung der einfachen Vaterschaftsvermuthung zu einer praesumtio juris et de jure erblickt, hiebei jedoch außer Acht läßt, daß die Einrede der offenbaren Unmöglichkeit der Erzeugung des Kindes durch den in Anspruch genommenen Mann auch durch eine nach Maßgabe des § 1718 erfolgte Anerkennung der Vaterschaft nicht ausgeschlossen wird (s. o. Anm. 1). In Wirklichkeit handelt es sich bei der Vorschrift des § 1718 um die vom Gesetz unter gewissen Voraussetzungen an die Anerkennung der Vaterschaft geknüpfte Präsumtion der Kausalität des Geschlechtsverkehrs des Anerkennenden für die Geburt des anerkannten Kindes (vgl. Anm. 4 b zu § 1591).

3. Die gemäß § 1718 mit der Anerkennung der Vaterschaft verbundene Rechtswirkung tritt nicht nur gegenüber dem Unterhaltsanspruch des Kindes (§§ 1708 ff.), sondern auch gegenüber den Ersatzansprüchen der Mutter (§ 1715) ein. Andererseits ergibt sich aus der Stellung des § 1718, daß dieser Vorschrift eine weitergehende Wirkung nicht zukommt (s. Anm. 5 zu § 1717). Ueber die Wirkung der Anerkennung der Vaterschaft bei der Legitimation durch nachfolgende Ehe s. §§ 1720 Abs. 2, 1883 Abs. 2 Satz 2, über das Erforderniß der Anerkennung der Vaterschaft bei der Legitimation durch Ehelichkeitserklärung s. § 1725, über die Anerkennung der ehelichen Vaterschaft s. § 1598.

4. Da die Anerkennung der unehelichen Vaterschaft rechtsgeschäftlicher Natur ist (P.M. 8676), gelten hinsichtlich der Nichtigkeit und Anfechtbarkeit derselben die allgemeinen Grundsätze der §§ 104 ff., 116 ff. Es ist also insbesondere die von einem Minderjährigen ohne die erforderliche Einwilligung des gesetzlichen Vertreters bethätigte Anerkennung der unehelichen Vaterschaft gemäß § 111 unwirksam (vgl. Bl. f. R.A. X, 414). Andererseits kann die Anerkennung auch durch den gesetzlichen Vertreter des geschäftsunfähigen oder in der Geschäftsfähigkeit beschränkten unehelichen Vaters erfolgen, ohne daß die Genehmigung des Vormundschaftsgerichts hiezu erforderlich wäre (Mantey, a. a. O. S. 88). Der bei der 2. Lesung der II. Komm. gestellte Antrag, die Anerkennung und deren Anfechtung durch einen Vertreter auszuschließen, dagegen für den in der Geschäftsfähigkeit beschränkten Vater die Zustimmung des gesetzlichen Vertreters für entbehrlich zu erklären (vgl. §§ 1598 Abs. 3 Satz 1, 1595 Abs. 1, 1599), wurde abgelehnt, da es sich hier doch nur um den Unterhalt des unehelichen Kindes handle (P.M. 8676 ff.)

5. Zuständig zur Aufnahme der im § 1718 erwähnten öffentlichen Urkunde sind außer den Notaren auch die Amtsgerichte, ferner, wenn die Anerkennung der Vaterschaft bei der Anzeige der Geburt des Kindes oder bei der Eheschließung seiner Eltern erfolgt, auch der Standesbeamte, welcher die Geburt oder die Eheschließung beurkundet (F.G. § 167, s. auch § 184). Nach § 25 des Personenstandsges. darf die Anerkennung eines unehelichen Kindes in das standesamtliche Geburtsregister nur eingetragen werden, wenn dieselbe vor dem Standesbeamten oder in einer gerichtlich oder notariell aufgenommenen Urkunde erklärt ist.

6. Gemäß § 21 der II. Beil. zu Tit. IV § 9 der bayr. Verfassungsurkunde v. 26. Mai 1818 (vgl. E.G. Art. 134) stehen hinsichtlich der religiösen Erziehung die von dem Vater anerkannten Kinder den ehelichen gleich, während nicht anerkannte nach dem Glaubensbekenntniß der Mutter erzogen werden (vgl. Anm. 3 zu § 1707) Für die in dieser Vorschrift speziell erwähnte Anerkennung sind selbstverständlich die Bestimmungen des § 1718 B.G.B. auch künftighin nicht maßgebend.

Siebenter Titel.

Legitimation unehelicher Kinder.

Vorbemerkungen.

1. Bisheriges Recht. Nach Röm. R. konnte der Vater seinem unehelichen Kinde durch Legitimation die rechtliche Stellung eines ehelichen Kindes verschaffen. Gegenüber allen unehelichen Kindern zulässig war die (schon im Gem.R. nicht mehr praktische) legitimatio per oblationem curiae, nur Konkubinenkindern gegenüber zulässig war die legitimatio per subsequens matrimonium und die legitimatio per rescriptum principis. Das kanonische Recht erklärte diese beiden Arten der Legitimation bei allen unehelichen Kindern außer bei solchen ex damnato coitu für zulässig, während durch die gemeinrechtliche Praxis auch diese Ausnahme beseitigt wurde. Ob die durch Reskript legitimirten Kinder beim Vorhandensein ehelicher Kinder zur Zeit der Legitimation auch in erbrechtlicher Beziehung ehelichen Kindern gleichstehen, war im Gem.R. bestritten. Besondere Bestimmungen galten für die Erbfolge legitimirter Kinder bei Lehen, Familienfideikommissen, Majorat, Seniorat und Primogenitur. Keine eigentliche Legitimation war die sog. legitimatio minus plena, welche lediglich den Zweck verfolgte, den Makel der unehelichen Geburt zu tilgen (Engelmann, a. a. O. S. 18, 21, 65 ff., 76 ff.; vgl. Dernburg, Pand. Bd. 3 S. 58 Note 6).

Das B.L.R. unterscheidet ebenfalls Legitimation durch nachfolgende Ehe und Legitimation durch landesherrliche Verordnung. Die erstere erfordert Einwilligung des Kindes, welche aber bis zum Beweise des Gegentheils präsumirt wird, und ist bei Kindern ex damnato coitu nicht zulässig. Sie bewirkt völlige Gleichstellung des Kindes mit einem ehelichen Kinde. Die Legitimation durch landesherrliche Verordnung ist auch bei Kindern ex damnato coitu zulässig. Sie bewirkt Tilgung des Makels der unehelichen Geburt, verleiht dagegen die väterliche Gewalt nur, wenn der Vater selbst um die Legitimation nachsucht, kein eheliches Kind hat, mit der Mutter sich wegen eines rechtlichen Hindernisses oder weil sie schon todt ist, nicht verheirathen kann und das Kind selbst zustimmt, was bis zum Beweise des Gegentheils präsumirt wird. In erbrechtlicher Beziehung stehen die durch landesherrliche Verordnung legitimirten Kinder im Allgemeinen den nicht legitimirten unehelichen Kindern gleich (B.L.R. Thl. I cap. 5 §§ 8, 9, Thl. III cap. 3 § 13, § 14 Ziff. 2, cap. 12 § 2 Ziff. 10, 11, § 3 Ziff. 7, 8, § 4 Ziff. 10; vgl. Engelmann, a. a. O. S. 76 ff., 114 ff., 157 ff.).

Ueber andere Rechte s. M. IV, 919 ff.

2. Grundsätzliche Regelung nach B.G.B. Auch das B.G.B. kennt zwei Arten der Legitimation, die Legitimation durch nachfolgende Ehe (§§ 1719—1722) und die Legitimation durch Verfügung der Staatsgewalt („Ehelichkeitserklärung", s. §§ 1723—1740). Beide sind auch gegenüber Kindern ex damnato coitu zulässig, nur ist die Ehelichkeitserklärung solcher Kinder ausgeschlossen, deren Eltern zur Zeit der Erzeugung des Kindes wegen Verwandtschaft oder Schwägerschaft sich nicht hätten heirathen können (§ 1732). Die Legitimation durch nachfolgende Ehe erfolgt ohne, selbst gegen den Willen des Kindes und tritt von selbst kraft Gesetzes ein. Die Ehelichkeitserklärung erfolgt auf Antrag des Vaters durch Verfügung der Staatsgewalt, erfordert ausdrückliche Anerkennung der Vaterschaft, Einwilligung des Kindes, der Ehefrau des Vaters und (bis zum 21. Lebensjahr des Kindes) auch der Mutter und kann auch beim Vorliegen sämmtlicher gesetzlicher Erfordernisse verweigert werden (§§ 1719, 1723, 1725, 1726, 1734). Beide Legitimationsarten verschaffen dem Kinde die rechtliche Stellung eines ehelichen Kindes; die Ehelichkeitserklärung erstreckt aber ihre Wirkung nur auf die Abkömmlinge des Kindes, nicht auf die Verwandten des Vaters, die Ehefrau des Vaters und den Ehegatten des Kindes (§§ 1719, 1736, 1737). Ueber das Verhältniß des für ehelich erklärten Kindes zu seinen Verwandten s. §§ 1737 Abs. 2, 1738, 1739.

3. Gemäß §§ 11, 1719, 1736 theilt ein legitimirtes Kind den Wohnsitz des Vaters. Doch hat eine erst nach dem Eintritte der Volljährigkeit des Kindes erfolgende Legitimation keinen Einfluß auf den Wohnsitz des Kindes (vgl. § 17 Abs. 2 Satz 1 der C.P.O. ä. F.). Nach § 2 Abs. 1 Nr. 2 und § 4 des Ges. ü. d. Erwerbung u. d. Verlust der Bundes- und Staatsangehörigkeit v. 1. Juni 1870 erwirbt das uneheliche Kind, wenn der Vater Deutscher ist und die Mutter nicht die Staatsangehörigkeit des Vaters besitzt, durch Legitimation die Staatsangehörigkeit des Vaters. Hinsichtlich ihrer Heimath werden legitimirte Kinder nach § 1 Abs. 3 des bayr. Heimathgesetzes v. $\frac{\text{26. April 1868}}{\text{17. Juni 1896}}$ den ehelichen Kindern gleichgeachtet.

4. Die religiöse Erziehung legitimirter Kinder bestimmt sich gemäß E.G. Art. 134 nach Landesrecht (M. IV, 949). Für Bayern ist maßgebend § 20 und § 21 der II. Beil. zu Tit. IV § 9 der Verfassungsurkunde v. 26. Mai 1818. Hienach werden durch Heirath legitimirte uneheliche Kinder in Beziehung auf die Religionsverhältnisse ehelichen Kindern gleichgeachtet, die übrigen unehelichen Kinder werden, wenn sie von einem Vater anerkannt sind, in Ansehung der Religionserziehung gleichfalls wie eheliche Kinder behandelt, sind sie aber vom Vater nicht anerkannt, so werden sie nach dem Glaubensbekenntniß der Mutter erzogen.

5. Hinsichtlich des Sonderrechts der Landesherren, Mitglieder der landesherrlichen und diesen gleichgestellten Familien, sowie des hohen Adels s. E.G. Art. 57, 58. Ob bezüglich des Erwerbs des Adels Legitimirte den ehelichen Kindern gleichstehen, bemißt sich gemäß E.G. Art. 55 nach Landesrecht. Für Bayern ist § 2 der Beil. V zu Tit. V § 4 der Verfassungsurkunde v. 26. Mai 1818 maßgebend. Hienach werden die durch nachfolgende Ehe legitimirten Kinder den ehelich Gebornen gleichgeachtet, dagegen kann bei Legitimation mittelst königlichen Reskripts der Adel nur mit ausdrücklicher königlicher Bewilligung übertragen werden, welche dann für eine neue Verleihung gilt. Außerdem ist die Einwilligung der Agnaten erforderlich, wenn der Legitimirte den Besitz der adeligen Titel und Wappen der Familie desjenigen erlangen soll, von welchem er sein Recht ableitet.

6. Ueber die Eintragung der Legitimation im standesamtlichen Geburtsregister bestimmt § 26 des Personenstandsgesetzes, daß, wenn die Standesrechte einer Person durch Legitimation eine Aenderung erleiden, dieser Vorgang, soferne er durch öffentliche Urkunden nachgewiesen ist, auf Antrag eines Betheiligten am Rande der über den Geburtsfall vorgenommenen Eintragung zu vermerken ist (vgl. Z.G. IV, 496).

7. Internationales Privatrecht. Nach E.G. Art. 22 bestimmt sich die Legitimation eines unehelichen Kindes, wenn der Vater zur Zeit der Legitimation die Reichsangehörigkeit besitzt, nach den deutschen Gesetzen. Gehört der Vater einem fremden Staate an, während das Kind die Reichsangehörigkeit besitzt, so ist die Legitimation unwirksam, wenn die nach den deutschen Gesetzen erforderliche Einwilligung des Kindes oder eines Dritten, zu dem das Kind in einem familienrechtlichen Verhältnisse steht, nicht erfolgt ist (vgl. auch E.G. Art. 7 Abs. 3 Satz 2).

8. Uebergangsvorschrift. Inwieweit ein vor dem 1. Januar 1900 legitimirtes Kind die rechtliche Stellung eines ehelichen Kindes hat und inwieweit in einem solchen Falle der Vater oder die Mutter die Pflichten und Rechte ehelicher Kinder haben, bestimmt sich nach den bisherigen Gesetzen (E.G. Art. 209; M. z. E.G. 302).

I. Legitimation durch nachfolgende Ehe.

§ 1719.

Ein uneheliches Kind erlangt dadurch, daß sich der Vater mit der Mutter verheirathet, mit der Eheschließung die rechtliche Stellung eines ehelichen Kindes.

E. I, 1579; II, 1606; III, 1695.

1. Im Gegensatz zum B.L.R. (s. Vorbem. Ziff. 1) tritt nach B.G.B. die Legitimation durch nachfolgende Ehe bei allen unehelichen Kindern, insbesondere auch bei solchen ex damnato coitu ein. Ist den Vorschriften der §§ 1310 Abs. 1, 3, 1312 zuwider eine Ehe geschlossen worden, so ist dieselbe nichtig (§§ 1327, 1328 Abs. 1); die vor der Eheschließung gebornen, aus dem blutschänderischen oder ehebrecherischen Verhältnisse stammenden Kinder erlangen aber die rechtliche Stellung eines ehelichen Kindes, falls nicht beiden Ehegatten bei der Eheschließung die Nichtigkeit der Ehe bekannt war (§§ 1721, 1699, s. auch § 1703; M. IV, 920; Z.G. IV, 448; vgl. dagegen § 1732).

2. § 1719 bezieht sich nur auf Kinder, die schon vor der Eheschließung der Eltern geboren sind, da ein vor der Eheschließung erzeugtes, aber nach Eingehung der Ehe gebornes Kind nicht wie nach dem Gem.R. und B.L.R. als durch nachfolgende Ehe legitimirt gilt, sondern „ehelich ist." (§ 1591 und Anm. 2a hiezu; M. IV, 920 ff.). Ob ein Kind unehelich ist, muß aus den Bestimmungen der §§ 1591 ff. entnommen werden (s. Vorbem. vor § 1705 Ziff. 3). Gilt diesen Vorschriften zufolge ein Kind als ehelich, so kann, auch wenn es in Wahrheit unehelich ist, von Legitimation desselben durch die Eheschließung seiner wirklichen Eltern keine Rede sein (M. IV, 921).

3. Die Legitimation durch nachfolgende Ehe wird dadurch nicht ausgeschlossen, daß das Kind schon vor der Verheirathung seiner Eltern für ein eheliches Kind seines Vaters erklärt (§ 1723) oder vom Vater oder der Mutter an Kindesstatt angenommen worden ist (§ 1741 ff.), da das Kind hiedurch nicht aufgehört hat, ein uneheliches Kind zu sein. An Stelle der Rechtswirkungen der Ehelichkeitserklärung bezw. Annahme (§§ 1736, 1737, 1757, 1762) treten in diesem Falle die weitergehenden Wirkungen der Legitimation durch nachfolgende Ehe (§ 1719). Das Gleiche gilt, wenn das Kind vor der Verheirathung seiner Eltern von einem Dritten an Kindesstatt angenommen worden ist. Ebenso kann natürlich ein durch die Ehe seiner Eltern legitimirtes Kind nach diesem Zeitpunkt von einem Dritten an Kindesstatt angenommen werden. Dagegen ist die Legitimation durch nachfolgende Ehe ausgeschlossen gegenüber einem Kinde, das vor der Eheschließung seiner Eltern als das eheliche Kind eines Dritten erklärt worden ist, da in Folge der Ehelichkeitserklärung die Vaterschaft des Dritten in unanfechtbarer Weise festgestellt worden ist (vgl. 1735), womit die Vaterschaft des Ehemannes der Mutter unvereinbar ist. Aus dem gleichen Grunde kann ein durch nachfolgende Ehe bereits legitimirtes Kind nicht durch Abschluß einer neuen Ehe seitens der Mutter mit einem gemäß § 1720 als Vater geltenden Manne neuerdings legitimirt werden (M. IV, 921 ff.). Daß ein Dritter seine Vaterschaft in öffentlicher Urkunde nach der Geburt des Kindes anerkannt hat (§ 1718) oder zur Anerkennung der Vaterschaft rechtskräftig verurtheilt worden ist, steht der Legitimation des Kindes durch Verheirathung der Mutter mit einem anderen, gemäß § 1720 als Vater geltenden Manne nicht entgegen, da die Anerkennung der Vaterschaft keine konstitutive Wirkung hat (Anm. 1 zu § 1718) und das die uneheliche Vaterschaft feststellende Urtheil gemäß § 644 der C.P.O. n. Nr. nicht für und gegen Dritte wirkt (Anm. 4 zu § 1717; vgl. Anm. 2 b zu § 1723). Ob in einem solchen Falle die Unterhaltspflicht des unehelichen Vaters fortdauert, ist „an der Hand der allgemeinen Grundsätze" zu entscheiden (M. IV, 922, 879). Da der von der Leistungsfähigkeit des unehelichen Vaters unabhängige Unterhaltsanspruch des Kindes gegen diesen wie jede andere Forderung einen Bestandtheil des Vermögens des Kindes bildet (M. IV, 897), greift in dem erwähnten Falle die Unterhaltspflicht des Ehemanns der Mutter nur insoweit Platz, als das Kind unter Berücksichtigung seines Unterhaltsanspruchs gegenüber dem unehelichen Vater außer Stande ist, sich selbst zu unterhalten, bezw., solange es minderjährig und unverheirathet ist, als die Einkünfte seines Vermögens (wozu auch der Unterhaltsanspruch gegen den unehelichen Vater gehört) und der Ertrag seiner Arbeit zu seinem Unterhalt nicht ausreichen (§ 1602). Vom zurückgelegten 16. Lebensjahre des Kindes ab modifizirt sich natürlich das Verhältniß nach Maßgabe des § 1708 Abs. 2.

4. Die Legitimation durch nachfolgende Ehe setzt Eheschließung zwischen der Mutter und dem Vater des Kindes voraus. Als Vater gilt der Ehemann der Mutter, wenn er ihr innerhalb der in § 1717 Abs. 2 bestimmten Empfängnißzeit beigewohnt hat. Daß dies der Fall war, wird vermuthet, wenn er seine Vaterschaft nach der Geburt des Kindes in einer öffentlichen Urkunde anerkannt hat. Eine Beiwohnung des Ehemanns bleibt jedoch außer Betracht, wenn es den Umständen nach offenbar unmöglich ist, daß die Mutter das Kind aus derselben empfangen habe. Dagegen wird die Legitimation durch nachfolgende Ehe nicht dadurch ausgeschlossen, daß innerhalb der Empfängnißzeit die Mutter auch mit Anderen als ihrem späteren Ehemann geschlechtlich verkehrt hat (§ 1720 und Anm. 2 hiezu). Anerkennung der Vaterschaft seitens des Ehemanns der Mutter ist nicht Voraussetzung der Legitimation durch nachfolgende Ehe (Anm. 3 zu § 1720).

5. Ist die Ehe der Eltern des Kindes nichtig oder anfechtbar, so finden gemäß § 1721 die für Kinder aus nichtigen oder anfechtbaren Ehen geltenden Bestimmungen (§§ 1699—1703) entsprechende Anwendung.

6. Die Legitimation durch nachfolgende Ehe tritt von selbst kraft Gesetzes ohne und selbst gegen den Willen der Eltern und des Kindes bezw. seines gesetzlichen Vertreters ein (M. IV, 923). Ueber den abweichenden Standpunkt des B.L.R. s. Vorbem. Ziff. 1; vgl. auch §§ 1725, 1726.

7. Die rechtliche Wirkung der Legitimation durch nachfolgende Ehe besteht darin, daß das Kind die rechtliche Stellung eines ehelichen Kindes seiner Eltern erlangt. Diese Wirkung erstreckt sich nicht nur auf die Abkömmlinge des Kindes (und zwar gemäß § 1722 auch dann, wenn das Kind vor der Verehelichung seiner Eltern gestorben ist), sondern auch auf die Verwandten des Vaters. Die spätere Ehefrau des Vaters wird mit dem Kind und dessen Abkömmlingen, der Ehegatte des Kindes oder eines Abkömmlings desselben mit dem Vater verschwägert (vgl. dagegen §§ 1737, 1762, 1763). Auf das durch nachfolgende Ehe legitimirte Kind finden daher die Vorschriften der §§ 1616—1698 Anwendung. Es erhält insbesondere mit der Eheschließung seiner Eltern den Familiennamen des Vaters (§ 1616), ist nach Maßgabe des § 1617 zur Dienstleistung im Hauswesen und Geschäfte der Eltern verpflichtet, hat auch gegenüber dem Vater und dessen Ascendenten Unterhaltsanspruch und Unterhaltspflicht gemäß §§ 1601 ff. und Anspruch auf Aussteuer gegen die Eltern nach §§ 1620 ff. und steht unter der elterlichen Gewalt des Vaters (§§ 1626 ff. u. Anm. 9). Der Grundsatz des § 1719 gilt auch hinsichtlich der Berufung zur Vormundschaft (s. § 1776 Abs. 1, Anm. 2a—d zu § 1776) und hinsichtlich des gegenseitigen Erbrechts und Pflichttheilrechts (§§ 1924, 1925, 2303), soweit nicht die durch E.G. Art. 59 aufrechterhaltenen landesgesetzlichen Bestimmungen über die Succession in Lehen, Familienfideikommisse und Stammgüter eine Ausnahme enthalten. In Bayern stehen gemäß § 55 des bayr. Lehensedikts vom 7. Juli 1808 und § 77 der Beil. VII zu Titel V § 4 der Verfassungsurkunde vom 26. Mai 1818 auch hinsichtlich der Succession in Lehen und Familienfideikommisse die durch nachfolgende Ehe legitimirten Kinder ehelichen Kindern gleich (vgl. Anm. 2 zu § 1736).

Ueber den Erwerb des Adels in Folge Legitimation durch nachfolgende Ehe s. Vorbem. Ziff. 5, über Wohnsitz, Staatsangehörigkeit, Heimath und religiöse Erziehung der durch nachfolgende Ehe legitimirten Kinder s. Vorbem. Ziff. 3, 4. Daß durch Privatdisposition (z. B. bei Stiftungen) die Gleichstellung der durch nachfolgende Ehe legitimirten Kinder mit ehelichen ausgeschlossen werden kann, ist selbstverständlich (M. IV, 923).

8. Die Legitimation durch nachfolgende Ehe hat keine rückwirkende Kraft, äußert vielmehr (abweichend vom B.L.R. Thl. I cap. 5 § 8 Ziff. 5) ihre Rechtswirkung erst von der Eheschließung der Eltern ab (vgl. Anm. 3 zu § 1736). Ist also ein Rechtserwerb von dem Alter des ehelichen Kindes abhängig gemacht, so gilt das vor der Legitimation geborene eheliche Kind des einen oder andern Elterntheils als älter, wenngleich es in Wirklichkeit jünger ist, als das legitimirte Kind (M. IV, 923 ff.). Wann die Ehe der Eltern als geschlossen anzusehen ist, bestimmt sich nach § 1317. Ueber eine hinsichtlich des Zeitpunkts der Beendigung der Vormundschaft geltende besondere Bestimmung s. u. Anm. 9.

9. Beendigung der Vormundschaft. Dem Grundsatze des § 1719 zufolge erlangt der Ehemann der Mutter mit der Eheschließung auch die elterliche Gewalt über das durch die Eheschließung legitimirte Kind (s. o. Anm. 7). Die bis dahin über das Kind geführte Vormundschaft endigt jedoch erst dann, wenn die Vaterschaft des Ehemanns durch ein zwischen ihm und dem Mündel ergangenes Urtheil rechtskräftig festgestellt ist oder die Aufhebung der Vormundschaft von dem Vormundschaftsgericht angeordnet wird. Diese Aufhebung muß erfolgen, wenn das Vormundschaftsgericht die Voraussetzungen der Legitimation für vorhanden erachtet, bei Lebzeiten des Ehemanns jedoch nur, wenn er die Vaterschaft anerkannt hat oder an der Abgabe einer Erklärung dauernd verhindert oder sein Aufenthalt dauernd unbekannt ist (§ 1883; M. IV, 924 ff.; vgl. Anm. 3 zu § 1736).

§ 1720.

Der Ehemann der Mutter gilt als Vater des Kindes, wenn er ihr innerhalb der im § 1717 Abs. 2 bestimmten Empfängnißzeit beigewohnt hat, es sei denn, daß es den Umständen nach offenbar unmöglich ist, daß die Mutter das Kind aus dieser Beiwohnung empfangen hat.

Erkennt der Ehemann seine Vaterschaft nach der Geburt des Kindes in einer öffentlichen Urkunde an, so wird vermuthet, daß er der Mutter innerhalb der Empfängnißzeit beigewohnt habe.

E. I, 1580; II, 1607; III, 1696.

1. Voraussetzung der Legitimation durch nachfolgende Ehe ist die Vaterschaft des Ehemanns (Anm. 4 zu § 1719). Daß der Ehemann der Mutter der Vater des von ihr vor Eingehung der Ehe gebornen unehelichen Kindes ist, kann auch im Prozeßwege festgestellt werden und gilt als festgestellt, wenn nachgewiesen ist, daß der Ehemann innerhalb der im § 1717 Abs. 2 bestimmten Empfängnißzeit seiner späteren Ehefrau beigewohnt hat.

2. Die Vaterschaft des Ehemanns der Mutter und damit die Legitimation durch nachfolgende Ehe wird ausgeschlossen durch den Nachweis, daß es den Umständen nach offenbar unmöglich ist, daß das Kind der Beiwohnung des Ehemanns entstamme (P. IV, 699; über die Bedeutung der Worte „offenbar unmöglich" und die hienach zulässigen Beweismittel s. Anm. 4 zu § 1591), nicht aber durch den Nachweis, daß auch ein Dritter der Mutter innerhalb der Empfängnißzeit beigewohnt habe, mag derselbe auch seine Vaterschaft anerkannt haben oder zur Anerkennung derselben rechtskräftig verurtheilt worden sein (P. IV, 699 ff.; vgl. Anm. 4 zu § 1719). Das Gesetz stellt also, indem es die Einrede der mehreren Beihälter hier ausschließt, die Präsumtion der Kausalität des Geschlechtsverkehrs der Mutter mit ihrem späteren Ehemann auf (M. IV, 927 ff.; vgl. Anm. 4 zu § 1591, § 1717 Abs. 1 Satz 1, § 1718; Anm. 2 zu § 1718).

3. Anerkennung der Vaterschaft seitens des Ehemanns der Mutter ist zur Annahme seiner Vaterschaft und demgemäß zum Eintritt der Legitimation durch nachfolgende Ehe nicht erforderlich (M. IV, 926 ff.; Z.G. IV, 449 ff.; über das in dieser Beziehung bisher geltende Recht s. M. IV, 925 ff.; Engelmann, in den Bl. für R.A. LIX, 21 ff.; 22 Note **). Ist aber die Anerkennung nach der Geburt des Kindes und in einer öffentlichen Urkunde erfolgt, so hat dies nach dem von der II. Komm. beigefügten Abs. 2 des § 1720 die Rechtswirkung, daß das Stattfinden geschlechtlichen Verkehrs des Ehemanns mit der Mutter während der Empfängnißzeit vermuthet wird, also im Falle der Bestreitung nicht bewiesen zu werden braucht (P. IV, 702 ff.; P.M. 8677; vgl. §§ 1718, 1591 Abs. 2). Ueber den Begriff der öffentlichen Urkunde s. C.P.O. § 415 n. Nr. Zuständig zur Aufnahme der öffentlichen Urkunde sind außer den Notaren auch die Amtsgerichte, ferner, wenn die Anerkennung der Vaterschaft bei der Anzeige der Geburt des Kindes oder bei der Eheschließung seiner Eltern erfolgt, auch der Standesbeamte, welcher die Geburt oder die Eheschließung beurkundet (F.G. § 167, s. auch § 184). Ob die Anerkennung vor oder bei der Eheschließung erfolgt ist, kommt nicht in Betracht. Der bei der 2. Lesung der II. Komm. gestellte Antrag, die fragliche Rechtswirkung nur einer bei oder nach der Eheschließung erfolgten Anerkennung beizulegen, wurde zurückgezogen (P.M. 8677). Die Vermuthung des § 1720 ist nach § 292 C.P.O. n. Nr. eine einfache Rechtsvermuthung (praesumtio juris). Dem Ehemann der Mutter ist also der Nachweis nicht verschlossen, daß er mit der Mutter überhaupt nicht oder nicht innerhalb der Empfängnißzeit geschlechtlich verkehrt habe. Ueber den Beweis der Unmöglichkeit der Abstammung des Kindes aus der Beiwohnung des Ehemanns s. o. Anm. 2. Hinsichtlich der Nichtigkeit und Anfechtbarkeit der Anerkennungserklärung sind die allgemeinen Grundsätze (§§ 104 ff., 116 ff.) maßgebend (vgl. §§ 1599, 1731, Anm. 4 zu § 1718). Ist die Anerkennung nicht in einer öffentlichen Urkunde oder vor der Geburt des Kindes oder überhaupt nicht erfolgt, so muß die Thatsache, daß der Ehemann seiner nunmehrigen Ehefrau innerhalb der Empfängnißzeit beigewohnt habe, im Falle der Bestreitung nach den gewöhnlichen Beweisregeln bewiesen werden. Ueber eine weitere Rechtswirkung der Anerkennung eines durch nachfolgende Ehe legitimirten Kindes s. § 1883 Abs. 2 Satz 2, über die Bedeutung der Anerkennung der Vaterschaft zu einem unehelichen Kinde s. § 1718, über das Erforderniß der Anerkennung bei der Legitimation durch Ehelichkeitserklärung s. §§ 1725, 1735, über die Anerkennung eines ehelichen Kindes s. § 1598.

§ 1721.

Ist die Ehe der Eltern nichtig, so finden die Vorschriften der §§ 1699 bis 1704 entsprechende Anwendung.

E. I, 1581; II, 1608; III, 1697.

1. Ist die von den Eltern eines unehelichen Kindes nach dessen Geburt abgeschlossene Ehe relativ nichtig (s. Vorbem. zum 1. Abschn. 3. Tit. Ziff. 3), so finden hinsichtlich der rechtlichen Stellung des Kindes die für Kinder aus relativ nichtigen Ehen geltenden Bestimmungen entsprechende Anwendung (M. IV, 929). Das Kind gilt also als ehelich, wenn nicht beiden Ehegatten die Nichtigkeit der Ehe bei Abschluß derselben bekannt war (§ 1699). Das Rechtsverhältniß zwischen Eltern und Kind bestimmt sich in diesem Falle nach den Vorschriften, die für ein Kind aus einer wegen Verschuldens beider Ehegatten geschiedenen Ehe gelten (§§ 1700, 1635, 1636). War dem Vater oder der Mutter die

Nichtigkeit der Ehe bei der Eheschließung bekannt, so sind für die Rechte des bösgläubigen Elterntheils die Vorschriften der §§ 1701, 1702 maßgebend. War die Nichtigkeit der Ehe bei Abschluß derselben beiden Ehegatten bekannt, so wird das Kind durch die Ehe nicht legitimirt, gilt vielmehr nach wie vor als unehelich, doch kann es bei Lebzeiten des Vaters von diesem Unterhalt wie ein eheliches Kind verlangen, ohne daß dem Vater das Recht zustände, zu bestimmen, in welcher Art und für welche Zeit im Voraus der Unterhalt gewährt werden soll (§§ 1699 Abs. 1, 1703, 1612 Abs. 2). Vgl. hiezu die Anm. zu §§ 1699—1703.

2. Eine anfechtbare Ehe (§§ 1331—1335, 1350), welche angefochten ist, steht bezüglich ihrer legitimirenden Wirkung einer relativ nichtigen Ehe gleich, wobei die Kenntniß der Anfechtbarkeit die gleiche Rechtswirkung äußert wie die Kenntniß der Nichtigkeit bei der relativ nichtigen Ehe. Doch steht bei einer wegen Drohung anfechtbaren Ehe der anfechtungsberechtigte Ehegatte einem Ehegatten gleich, dem die Nichtigkeit der Ehe bei der Eheschließung unbekannt war (§ 1704 und Anm. hiezu).

3. Gemäß §§ 1329, 1343 Abs. 2 können die aus der Nichtigkeit einer relativ nichtigen oder anfechtbaren und angefochtenen Ehe sich ergebenden Rechtswirkungen der §§ 1721, 1699—1704 erst geltend gemacht werden, wenn die Ehe für nichtig erklärt oder aufgelöst ist.

4. Ist die von den Eltern eines unehelichen Kindes nach dessen Geburt abgeschlossene Ehe absolut nichtig (s. Vorbem. zum 1. Abschn. 3. Tit. Ziff. 3), so wird hiedurch das Kind nicht legitimirt, gilt vielmehr nach wie vor in jeder Beziehung, insbesondere auch hinsichtlich seines Unterhaltsanspruchs gegen den Vater, als unehelich (§ 1699 Abs. 2; vgl. Anm. 1 zu § 1699; Z.G. VI, 641).

§ 1722.

Die Eheschließung zwischen den Eltern hat für die Abkömmlinge des unehelichen Kindes die Wirkungen der Legitimation auch dann, wenn das Kind vor der Eheschließung gestorben ist.

E. I, 1582; II, 1609; III, 1698.

Nach B.L.R. Thl. I cap. 5 § 8 Ziff. 6 wird, wenn das uneheliche Kind mit Hinterlassung eines unehelichen Kindes bereits verstorben ist, der Enkel durch die Heirath des Großvaters nicht legitimirt (vgl. Kreittmayr, Anm. hiezu Ziff. 4, 5 a. E.). Ueber andere Rechte s. M. IV, 929.

Nach B.G.B. erstreckt die Legitimation durch nachfolgende Ehe ihre Rechtswirkungen (Anm. 7 zu § 1719) auf die Abkömmlinge des unehelichen Kindes auch dann, wenn dieses schon vor der Eheschließung seiner Eltern verstorben ist (vgl. § 1733). Unter Abkömmlingen sind hier nur die ehelichen und durch nachfolgende Ehe legitimirten Kinder des unehelichen Kindes, sowie die unehelichen Kinder einer unehelichen Tochter, nicht aber die unehelichen Kinder eines unehelichen Sohnes zu verstehen, mögen sie auch für ehelich erklärt oder an Kindesstatt angenommen worden sein. Das Gleiche gilt hinsichtlich der gemäß §§ 1721, 1699 Abs. 2 als unehelich geltenden Kinder des verstorbenen unehelichen Kindes (M. IV, 929; §§ 1589 Abs. 2, 1705, 1719, 1737 Abs. 1 Satz 1, 1763 Satz 1).

II. Ehelichkeitserklärung.

§ 1723.

Ein uneheliches Kind kann auf Antrag seines Vaters durch eine Verfügung der Staatsgewalt für ehelich erklärt werden.

Die Ehelichkeitserklärung steht dem Bundesstaate zu, dem der Vater angehört; ist der Vater ein Deutscher, der keinem Bundesstaat angehört, so steht sie dem Reichskanzler zu.

Ueber die Ertheilung der einem Bundesstaate zustehenden Ehelichkeitserklärung hat die Landesregierung zu bestimmen.

E. I, 1583 Abs. 1, 1584; II, 1610 Abs. 1; III, 1699.

1. Die praktische Bedeutung der Legitimation durch Ehelichkeitserklärung zeigt sich vorwiegend in den Fällen, in welchen die Eheschließung des Vaters mit der Mutter des unehelichen Kindes unmöglich ist (z. B. wegen Todes oder Geisteskrankheit der Mutter) oder dem Vater nicht zugemuthet werden kann; doch hat das B.G.B. die Zulässigkeit der

Ehelichkeitserklärung vom Vorhandensein dieser Voraussetzung nicht abhängig gemacht. Ebensowenig ist die Ehelichkeitserklärung nach B.G.B. bedingt durch das Nichtvorhandensein ehelicher Abkömmlinge des Vaters (M. IV, 930 ff.; Z.G. IV, 450; über den in beiden Beziehungen abweichenden Standpunkt des B.L.R. s. Vorbem. Ziff. 1, vgl. auch § 1741 Satz 1).

2. Zur Ehelichkeitserklärung ist erforderlich:

a) Unehelichkeit des zu legitimirenden Kindes. Gilt also ein Kind nach §§ 1591 ff. als ehelich, so kann es nicht als ehelich erklärt werden, auch wenn es in Wirklichkeit unehelich und derjenige, welcher die Ehelichkeitserklärung beantragt, sein Vater ist (M. IV, 932; vgl. Anm. 2 zu § 1719);

b) Antrag des Vaters und Anerkennung der Vaterschaft seitens des Antragstellers (§ 1725). Ob der Antragsteller wirklich der Vater des Kindes ist oder nicht, hat auf die Wirksamkeit der Ehelichkeitserklärung keinen Einfluß (§ 1735). Ehelichkeitserklärung eines unehelichen Kindes im Verhältniß zur Mutter ist ausgeschlossen (M. IV, 932 ff.). Hat das Kind in Folge Legitimation durch nachfolgende Ehe oder Ehelichkeitserklärung bereits die rechtliche Stellung des ehelichen Kindes eines Mannes erlangt, so kann es nicht mehr als eheliches Kind eines anderen Mannes erklärt werden, da nicht mehrere Personen Vater desselben Kindes sein können (M. IV, 932). Dagegen steht der Ehelichkeitserklärung der Umstand nicht entgegen, daß das Kind von seinem Vater oder einem Dritten an Kindesstatt angenommen worden ist oder daß ein Dritter die Vaterschaft anerkannt hat oder zur Anerkennung der Vaterschaft rechtskräftig verurtheilt worden ist (vgl. Anm. 3 zu § 1719). Hinsichtlich des Verhältnisses der Unterhaltspflicht eines solchen Dritten zu der des im Wege der Ehelichkeitserklärung als Vater erklärten Mannes gilt das in Anm. 3 zu § 1719 Bemerkte;

c) Einwilligung des Kindes und, falls dasselbe noch nicht 21 Jahre alt ist, seiner Mutter, sowie der etwaigen Ehefrau des Vaters (§ 1726 Abs. 1, s. auch §§ 1726 Abs. 3, 1727, 1735);

d) gerichtliche oder notarielle Beurkundung des Antrags, sowie der erforderlichen Einwilligungserklärungen (§ 1730);

e) eine die Ehelichkeitserklärung aussprechende Verfügung der Staatsgewalt (§ 1723). Die Ertheilung der Ehelichkeitserklärung ist reine Gnadensache und kann verweigert werden, auch wenn die sämmtlichen übrigen gesetzlichen Voraussetzungen gegeben sind (§ 1734; M. IV, 933 ff.). Zuständig zur Ertheilung der Ehelichkeitserklärung ist der Bundesstaat, dem der Vater angehört (vgl. §§ 1322 Abs. 1, 1745 Abs. 2, E.G. Art. 22 Abs. 2). Ueber die Staatsangehörigkeit entscheidet das Gesetz vom 1. Juni 1870 über die Erwerbung und den Verlust der Bundes- und Staatsangehörigkeit in der durch E.G. Art. 41 festgesetzten Fassung. Gehört der Vater mehreren Bundesstaaten an, so ist jeder dieser Bundesstaaten zur Ertheilung der Ehelichkeitserklärung befugt (vgl. dagegen Z.G. IV, 450, wonach in solchem Falle der Wohnsitz entscheiden soll). Gehört der Vater, obwohl Deutscher, keinem Bundesstaat an (§ 6 des R.G. betr. die Rechtsverhältnisse der deutschen Schutzgebiete v. 17. April 1886 in der durch Art. II des R.G. wegen Abänderung dieses Gesetzes vom 15. März 1888 [R.G.Bl. 1888 S. 71] festgesetzten Fassung), so steht die Ehelichkeitserklärung dem Reichskanzler zu. Durch wen in den einzelnen Bundesstaaten das Recht zur Ertheilung der Ehelichkeitserklärung ausgeübt werden soll, hat nach dem bei der 2. Lesung der II. Komm. beigefügten Abs. 3 des § 1723 die Landesregierung zu bestimmen (P.M. 8678 ff., vgl. §§ 1322 Abs. 3, 1745 Abs. 3). In Bayern war die Ehelichkeitserklärung bisher dem König vorbehalten.

3. Unzulässig ist die Ehelichkeitserklärung:

a) wenn zur Zeit der Erzeugung des Kindes die Ehe zwischen den Eltern wegen Verwandtschaft oder Schwägerschaft nach § 1310 Abs. 1 verboten war (§ 1732);

b) wenn das Kind verstorben ist (§ 1733 Abs. 1; M. IV, 932; vgl. dagegen § 1722);

c) wenn der Vater verstorben ist, es sei denn, daß er den Antrag auf Ehelichkeitserklärung bereits bei der zuständigen Behörde eingereicht oder bei oder nach Beurkundung des Antrags Gericht oder Notar mit der Einreichung betraut hat (§ 1733 Abs. 2).

§ 1724.

Die Ehelichkeitserklärung kann nicht unter einer Bedingung oder einer Zeitbestimmung erfolgen.

E. I, 1594; II, 1628 Abs. 2; III, 1700.

Die Bestimmung des § 1724 entspricht dem Charakter der Ehelichkeitserklärung als einer Form der Begründung des Eltern- und Kindesverhältnisses (M. IV, 946; vgl. §§ 388 Satz 2, 925 Abs. 2, 1317 Abs. 2, 1598 Abs. 2, 1742, 1768 Abs. 1 Satz 2, 1947, 2180 Abs. 2 Satz 2, 2202 Abs. 2 Satz 2). Eine unter einer Bedingung oder Zeitbestimmung erfolgte Ehelichkeitserklärung ist daher nichtig, während die Beifügung einer anderweitigen Nebenbestimmung als nicht geschehen gilt (Anm. 1 zu § 1735; vgl. Anm. 4 b zu § 1317, Anm. 4 zu § 1598, Anm. 1 zu § 1742).

§ 1725.

Der Antrag muß die Erklärung des Vaters enthalten, daß er das Kind als das seinige anerkenne.

E. I, 1585; II, 1611; III, 1701.

1. Wie das Gem.R. und das P.L.R. (s. Vorbem. Ziff. 1; über andere Rechte s. M. IV, 937) erfordert das B.G.B. zur Ehelichkeitserklärung eines unehelichen Kindes einen hierauf gerichteten Antrag des Vaters. Gemäß § 1730 bedarf dieser Antrag der gerichtlichen oder notariellen Beurkundung. Hat der Vater den Antrag bereits bei der zuständigen Behörde eingereicht oder bei oder nach der Beurkundung Gericht oder Notar mit der Einreichung betraut, so steht sein späteres Ableben der Ehelichkeitserklärung nicht im Wege (§ 1733 Abs. 2). Der bei den Berathungen der II. Komm. gestellte Antrag, die Ehelichkeitserklärung auch auf Grund letztwilliger Verfügung des Vaters zuzulassen, wurde abgelehnt (P. IV, 705 ff.; vgl. M. IV, 938).

2. Der Antrag auf Ehelichkeitserklärung kann nicht durch einen Vertreter erfolgen. Ist der Vater in der Geschäftsfähigkeit beschränkt, so bedarf er zu dem Antrag außer der Zustimmung seines gesetzlichen Vertreters auch der Genehmigung des Vormundschaftsgerichts (§§ 1728 Abs. 1, 1729 Abs. 1). Ist der Vater geschäftsunfähig, so ist der Antrag und damit die Ehelichkeitserklärung unmöglich.

3. Der Antrag auf Ehelichkeitserklärung enthält die Erklärung des Willens, dem Kinde die rechtliche Stellung eines ehelichen Kindes einräumen zu wollen und hat daher den Charakter eines einseitigen Rechtsgeschäfts. Hinsichtlich der Nichtigkeit und Anfechtbarkeit des Antrags gelten daher, soweit das Gesetz nicht besondere Vorschriften enthält (§ 1731), die allgemeinen Grundsätze der §§ 104 ff., 116 ff. (M. IV, 938).

4. Der Antrag auf Ehelichkeitserklärung muß das ausdrückliche Vaterschaftsbekenntniß des Antragstellers enthalten. Eine im Widerspruch mit dieser Vorschrift ertheilte Ehelichkeitserklärung ist nichtig (Anm. 1 zu § 1735). Die zur Ertheilung der Ehelichkeitserklärung zuständige Behörde (§ 1723) ist berechtigt und verpflichtet, zu prüfen, ob das Vaterschaftsbekenntniß der Wahrheit entspricht, und muß im gegentheiligen Falle die Ehelichkeitserklärung versagen. Ist aber die Ehelichkeitserklärung erfolgt, so ist es auf deren Wirksamkeit ohne Einfluß, ob der Antragsteller in Wirklichkeit der Vater des Kindes ist oder nicht (§ 1735; M. IV, 938 ff.). Ueber die Bedeutung der Anerkennung der Vaterschaft bei der Legitimation durch nachfolgende Ehe s. §§ 1720 Abs. 2, 1883 Abs. 2 Satz 2; über die Bedeutung der Anerkennung der Vaterschaft gegenüber einem unehelichen Kinde, abgesehen von der Legitimation, s. § 1718; über die Anerkennung eines ehelichen Kindes s. § 1598.

§ 1726.

Zur Ehelichkeitserklärung ist die Einwilligung des Kindes und, wenn das Kind nicht das einundzwanzigste Lebensjahr vollendet hat, die Einwilligung der Mutter erforderlich. Ist der Vater verheirathet, so bedarf er auch der Einwilligung seiner Frau.

Die Einwilligung hat dem Vater oder der Behörde gegenüber zu erfolgen, bei welcher der Antrag einzureichen ist; sie ist unwiderruflich.

Die Einwilligung der Mutter ist nicht erforderlich, wenn die Mutter zur Abgabe einer Erklärung dauernd außer Stande oder ihr Aufenthalt dauernd unbekannt ist. Das Gleiche gilt von der Einwilligung der Frau des Vaters.

E. I, 1587, 1591 Satz 2; II, 1613 Abs. 1, 3, 1616 Satz 2; III, 1702.

1. Zur Ehelichkeitserklärung müssen folgende Personen ihre Einwilligung ertheilen:
   a) das Kind (M. IV, 940; vgl. dagegen Anm. 6 zu § 1719; nach P.L.R. Thl. I cap. 5 § 9 Ziff. 3 wird die Einwilligung des Kindes vermuthet);

b) die Ehefrau des Vaters, falls derselbe verheirathet ist (vgl. § 1746 Abs. 1; s. auch Anm. 3 zu § 1354);

c) die Mutter des Kindes, solange dasselbe das 21. Lebensjahr nicht vollendet hat (vgl. § 1747). Nach E. I war die Einwilligung der Mutter nicht erforderlich (M. IV, 941 ff.; Z.G. IV, 451). Die II. Komm. war jedoch der Meinung, das große Opfer, welches die Mutter dadurch bringe, daß sie sich von ihrem Kinde trenne, dürfe ihr nicht gegen ihren Willen aufgedrängt werden (P. IV, 708). Nach E. II und III sollte die Einwilligung der Mutter bis zum vollendeten 25. Lebensjahr des Kindes erforderlich sein, die nunmehrige Fassung entspricht der vom Reichstag beschlossenen Abänderung des § 1305 (Anm. 1 b zu § 1305; vgl. Anm. 2 zu § 1747). Auch hier (vgl. Anm. 2 zu § 1305, Anm. 2 zu § 1747, Anm. 2 i zu §§ 1821, 1822) steht Volljährigkeitserklärung (§ 3) der Vollendung des 21. Lebensjahrs nicht gleich. Wird die Einwilligung von der Mutter verweigert, so kann sie auf Antrag des Kindes durch das Vormundschaftsgericht ersetzt werden (§ 1727).

2. Das Erforderniß der Einwilligung der Mutter des Kindes und der Ehefrau des Vaters fällt weg, wenn Mutter oder Ehefrau todt oder für todt erklärt (E. I, 1587 Satz 2, s. Z.G. IV, 451) oder zur Erklärungsabgabe dauernd außer Stande oder ihr Aufenthaltsort dauernd unbekannt ist (P. IV, 709 ff.; vgl. M. IV, 941; s. auch §§ 1305 Abs. 2, 1639 Abs. 2, 1803 Abs. 3 Satz 2, 1746 Abs. 2, 1747 Satz 2, 1883 Abs. 2 Satz 2 und Anm. 2a zu § 1706). Darüber, ob eine dieser Voraussetzungen gegeben ist, entscheidet das freie Ermessen der zur Bewilligung der Ehelichkeitserklärung zuständigen Behörde (nicht, wie in der II. Komm. beantragt wurde, des Vormundschaftsgerichts, P. IV, 709 ff.). Ist das Vorhandensein eines dieser Ausnahmsfälle bei Bewilligung der Ehelichkeitserklärung mit Unrecht angenommen worden, so hat dies auf die Wirksamkeit der Ehelichkeitserklärung keinen Einfluß (§ 1735).

3. Die Einwilligung der in Anm. 1 genannten Personen kann nicht durch einen Vertreter erfolgen. Doch kann für das geschäftsunfähige oder noch nicht 14 Jahre alte Kind dessen gesetzlicher Vertreter mit Genehmigung des Vormundschaftsgerichts die Einwilligung ertheilen. Ist die Mutter des Kindes oder die Ehefrau des Vaters geschäftsunfähig, so ist, falls nicht der Ausnahmsfall des § 1726 Abs. 3 gegeben ist, die Ehelichkeitserklärung unzulässig. Ist das Kind mehr als 14 Jahre alt, aber noch nicht volljährig oder für volljährig erklärt oder aus anderen Gründen als wegen Minderjährigkeit in der Geschäftsfähigkeit beschränkt, so bedarf es zur Ertheilung seiner Einwilligung außer der Zustimmung seines gesetzlichen Vertreters auch der Genehmigung des Vormundschaftsgerichts. Ist dagegen die Mutter des Kindes oder die Ehefrau des Vaters in der Geschäftsfähigkeit beschränkt, so ist zur Ertheilung ihrer Einwilligung die Zustimmung ihres gesetzlichen Vertreters nicht erforderlich (§§ 1728, 1729).

4. Die Einwilligungserklärung der in Anm. 1 genannten Personen hat entweder dem Vater oder der nach Landesrecht zur Entgegennahme des Antrags zuständigen Behörde gegenüber zu erfolgen (vgl. M. IV, 945; Z.G. IV, 451; P. IV, 711; vgl. §§ 143 Abs. 3, 182 und 1748 Abs. 1), ist im Gegensatze zu dem Antrag des Vaters (s. Anm. 4 zu § 1733) unwiderruflich (M. IV, 945; vgl. §§ 183, 1748 Abs. 1) und bedarf wie der Antrag des Vaters der gerichtlichen oder notariellen Beurkundung (§ 1730).

5. Die zur Ehelichkeitserklärung erforderliche Einwilligungserklärung hat den Charakter eines einseitigen Rechtsgeschäfts (M. IV, 942). Hinsichtlich der Nichtigkeit und Anfechtbarkeit derselben gelten daher die allgemeinen Grundsätze (§§ 104 ff., 116 ff.), soweit das Gesetz nicht abweichende Bestimmungen enthält (§ 1731).

6. Ob die nach § 1726 erforderlichen Einwilligungserklärungen vorliegen, hat die mit der Ertheilung der Ehelichkeitserklärung befaßte Behörde (§ 1723) zu prüfen und bei einem in dieser Beziehung vorhandenen Mangel die Ehelichkeitserklärung zu versagen. Ist trotz eines derartigen Mangels die Ehelichkeitserklärung erfolgt, so ist dieselbe (abgesehen von der Sondervorschrift des § 1735) nichtig (Anm. 1 zu § 1735; vgl. M. IV, 942).

§ 1727.

Wird die Einwilligung von der Mutter verweigert, so kann sie auf Antrag des Kindes durch das Vormundschaftsgericht ersetzt werden, wenn das Unterbleiben der Ehelichkeitserklärung dem Kinde zu unverhältnißmäßigem Nachtheile gereichen würde.

E. II, 1613 Abs. 2; ; III, 1763.

1. Im Gegensatze zum E. I erfordert das B.G.B. zur Ehelichkeitserklärung die Einwilligung der Mutter des Kindes, falls dasselbe das 21. Lebensjahr noch nicht vollendet hat, es sei denn, daß die Mutter zur Abgabe einer Erklärung dauernd außer Stande oder ihr Aufenthalt dauernd unbekannt ist (§ 1726 Abs. 1 Satz 1, Abs. 3 Satz 1, Anm. 1c zu § 1726). Nach § 1727 kann aber die von der Mutter verweigerte Einwilligung durch das Vormundschaftsgericht ersetzt werden, vorausgesetzt:

a) daß das Kind bezw., falls dasselbe nicht für volljährig erklärt ist, sein gesetzlicher Vertreter dies beantragt (daß das Kind für volljährig erklärt sei, ist im Gegensatz zu der analogen Vorschrift des § 1308 nicht erforderlich, vgl. Anm. 2 zu § 1308);

b) daß das Unterbleiben der Ehelichkeitserklärung dem Kinde zu unverhältnißmäßigem Nachtheile gereichen würde. Ob dies der Fall ist, hat das Vormundschaftsgericht nach freiem Ermessen zu entscheiden (vgl. §§ 1304 Abs. 2, 1308 Abs. 1, 1337 Abs. 1 Satz 2). Nicht genügend ist, daß das Unterbleiben der Ehelichkeitserklärung das Interesse des Kindes gefährden würde, oder daß die Ehelichkeitserklärung im offenbaren Interesse des Kindes liegt, da das Erforderniß der Einwilligung der Mutter in deren eigenem Interesse aufgestellt ist (P. IV, 709).

2. Ein Fall der im § 1727 erwähnten Art ist wohl ausnahmslos als „wichtige Angelegenheit“ zu erachten und daher das Vormundschaftsgericht, wenn es sich um ein minderjähriges Kind handelt, auch ohne Antrag des Vormunds verpflichtet, vor seiner Entscheidung Verwandte und Verschwägerte des Kindes zu hören, falls dies ohne erhebliche Verzögerung und ohne unverhältnißmäßige Kosten geschehen kann (§ 1847; vgl. § 1308 Abs. 2). Daß vor der Entscheidung auch die Mutter zu hören ist, falls ihre Anhörung thunlich ist, ergibt sich aus der Natur der Sache (vgl. § 1673 Abs. 1).

3. Ueber die Zuständigkeit des Vormundschaftsgerichts und die gegen dessen Entscheidung zulässigen Rechtsmittel s. F.G. §§ 43, 36, 19 ff., 59. Die Verfügung des Vormundschaftsgerichts, durch welche die Zustimmung der Mutter ersetzt wird, tritt erst mit der Rechtskraft in Wirksamkeit und kann nicht mehr geändert werden, wenn die Ehelichkeitserklärung erfolgt ist (F.G. §§ 53 Abs. 1, 55 Abs. 2).

4. Verweigert die Ehefrau des Vaters ihre gemäß § 1726 Abs. 1 Satz 2 erforderliche Einwilligung zur Ehelichkeitserklärung, so kann dieselbe auch dann nicht durch das Vormundschaftsgericht ersetzt werden, wenn die Verweigerung ohne jeden rechtfertigenden Grund erfolgt und das Unterbleiben der Ehelichkeitserklärung dem Kinde zu unverhältnißmäßigem Nachtheil gereicht.

§ 1728.

Der Antrag auf Ehelichkeitserklärung sowie die Einwilligung der im § 1726 bezeichneten Personen kann nicht durch einen Vertreter erfolgen.

Ist das Kind geschäftsunfähig oder hat es nicht das vierzehnte Lebensjahr vollendet, so kann sein gesetzlicher Vertreter die Einwilligung mit Genehmigung des Vormundschaftsgerichts ertheilen.

E. I, 1588, 1589 Abs. 2 Satz 2; II, 1614; III, 1704.

1. Mit Rücksicht auf die höchstpersönliche Natur der fraglichen Willenserklärungen bestimmt § 1728 Abs. 1, daß sowohl der Antrag des Vaters auf Ehelichkeitserklärung (§ 1725), als die erforderlichen Einwilligungserklärungen des Kindes, der Mutter desselben und der Ehefrau des Vaters (§ 1726 Abs. 1) nicht durch einen Vertreter, also insbesondere nicht durch den gesetzlichen Vertreter, erfolgen können (M. IV, 942; s. auch § 1731; vgl. §§ 1307 Satz 1, 1336 Abs. 1 Satz 1, 1337 Abs. 3, 1358 Abs. 3, 1595 Abs. 1 Satz 1, 1598 Abs. 3 Satz 1, 1748 Abs. 2 Satz 1, 1750 Abs. 1 Satz 1, 1755, 1770, 2282 Abs. 1 Satz 1). Ausgeschlossen ist hiedurch nur die Vertretung im Willen, nicht die Vertretung in der Erklärung des Willens (Anm. 1 zu § 1307). Die Ehelichkeitserklärung ist also unzulässig, wenn der Vater oder (von den Ausnahmsfällen des § 1726 Abs. 3 abgesehen) dessen Ehefrau oder die Mutter des Kindes geschäftsunfähig (§ 104) ist. Ist der Vater in der Geschäftsfähigkeit beschränkt (§§ 106, 114), so ist außer seinem Antrag auch die Zustimmung seines gesetzlichen Vertreters und die Genehmigung des Vormundschaftsgerichts erforderlich (§ 1729 Abs. 1). Ist dagegen die Mutter des Kindes oder die Ehefrau des Vaters in der Geschäftsfähigkeit beschränkt, so ist die Zustimmung ihres gesetzlichen Vertreters nicht erforderlich (§ 1729 Abs. 3).

2. Eine Ausnahme von dem Grundsatze des § 1728 Abs. 1 besteht nach Abs. 2 hinsichtlich der gemäß § 1726 Abs. 1 Satz 1 erforderlichen Einwilligung des Kindes.

Ist nämlich das Kind geschäftsunfähig (§ 104) oder noch nicht 14 Jahre alt (E. I enthielt nur die letztere Alternative, vgl. Z.G. IV, 451; P. IV, 710), so kann die Einwilligung an Stelle des Kindes dessen gesetzlicher Vertreter ertheilen, der hiezu der Genehmigung des Vormundschaftsgerichts bedarf (M. IV, 942 ff.: vgl. §§ 1336 Abs. 2 Satz 1, 1595 Abs. 2 Satz 1, 1750 Abs. 1 Satz 2, 1755, 1770, 2282 Abs. 2). Ueber die Zuständigkeit des Vormundschaftsgerichts und die Rechtsmittel gegen dessen Entscheidung s. F.G. 43, 36, 19 ff., 59. Ist dagegen das Kind mehr als 14 Jahre alt, aber noch nicht volljährig oder für volljährig erklärt oder aus einem anderen Grunde als wegen Minderjährigkeit in der Geschäftsfähigkeit beschränkt (§§ 106, 114), so ist außer seiner eigenen Einwilligung auch die Zustimmung seines gesetzlichen Vertreters und die Genehmigung des Vormundschaftsgerichts erforderlich (§ 1729 Abs. 1, 2).

3. Der Mangel der nach § 1728 Abs. 2 erforderlichen Genehmigung des Vormundschaftsgerichts bewirkt Nichtigkeit der Ehelichkeitserklärung (Anm. 1 zu § 1735). Nachträgliche Ertheilung der Genehmigung ist ausgeschlossen, da es sich um ein einseitiges Rechtsgeschäft handelt (M. IV, 944; vgl. § 1831, Anm. 3 zu § 1751).

§ 1729.

Ist der Vater in der Geschäftsfähigkeit beschränkt, so bedarf er zu dem Antrag, außer der Zustimmung seines gesetzlichen Vertreters, der Genehmigung des Vormundschaftsgerichts.

Ist das Kind in der Geschäftsfähigkeit beschränkt, so gilt das Gleiche für die Ertheilung seiner Einwilligung.

Ist die Mutter des Kindes oder die Frau des Vaters in der Geschäftsfähigkeit beschränkt, so ist zur Ertheilung ihrer Einwilligung die Zustimmung des gesetzlichen Vertreters nicht erforderlich.

E. I, 1589, 1590; II, 1615; III, 1705.

1. Während nach § 1728 die Ehelichkeitserklärung unzulässig ist, falls der Vater, dessen Ehefrau oder die Mutter geschäftsunfähig ist (Anm. 1 zu § 1728; bez. des geschäftsunfähigen Kindes s. § 1728 Abs. 2), steht nach § 1729 der Umstand, daß eine dieser Personen in der Geschäftsfähigkeit beschränkt ist (§§ 106, 114), der Ehelichkeitserklärung nicht im Wege.

2. Ist

a) die Mutter des Kindes oder die Ehefrau des Vaters in der Geschäftsfähigkeit beschränkt, so ist deren Einwilligung (§ 1726 Abs. 1) genügend. Die Zustimmung ihres gesetzlichen Vertreters und die Genehmigung des Vormundschaftsgerichts ist nicht erforderlich (vgl. § 1748 Abs. 2 Satz 2).

b) Ist aber der Vater oder das Kind in der Geschäftsfähigkeit beschränkt, so bedarf der erstere zum Antrag auf Ehelichkeitserklärung (§ 1725), das letztere zur Ertheilung seiner Einwilligung (§ 1726 Abs. 1 Satz 1) der Zustimmung des gesetzlichen Vertreters und der Genehmigung des Vormundschaftsgerichts. Ueber Zuständigkeit des Vormundschaftsgerichts und Rechtsmittel gegen dessen Entscheidung s. F.G. §§ 43, 36, 19 ff., 59. Ist jedoch das Kind noch nicht 14 Jahre alt, so kann (wie im Falle seiner Geschäftsunfähigkeit) die erforderliche Einwilligung nur durch seinen gesetzlichen Vertreter mit Genehmigung des Vormundschaftsgerichts ertheilt werden (§ 1728 Abs. 2).

3. Der Mangel der nach § 1729 Abs. 1, 2 erforderlichen Zustimmung des gesetzlichen Vertreters oder Genehmigung des Vormundschaftsgerichts bewirkt Nichtigkeit der Ehelichkeitserklärung (Anm. 1 zu § 1735). Nachträgliche Zustimmung seitens des gesetzlichen Vertreters und nachträgliche Genehmigung seitens des Vormundschaftsgerichts ist ausgeschlossen, da es sich um einseitige Rechtsgeschäfte handelt (M. IV, 944: vgl. § 1831, Anm. 3 zu § 1751).

§ 1730.

Der Antrag sowie die Einwilligungserklärung der im § 1726 bezeichneten Personen bedarf der gerichtlichen oder notariellen Beurkundung.

E. I, 1591 Satz 1; II, 1616 Satz 1; III, 1706.

1. Mit Rücksicht auf die hohe Bedeutung der Ehelichkeitserklärung in rechtlicher und sozialer Beziehung stellt das B.G.B. sowohl für den Antrag des Vaters auf Ehelichkeitserklärung (§ 1725) als für die Einwilligungserklärung der in § 1726 erwähnten Personen das Erforderniß gerichtlicher oder notarieller Beurkundung auf (M. IV, 944; vgl. § 1748 Abs. 3). Ueber gerichtliche oder notarielle Beurkundung s. Anm. zu § 126, E.G. Art. 141. Selbstverständlich gilt diese Vorschrift auch für die Einwilligungserklärung des gesetzlichen Vertreters eines geschäftsunfähigen oder noch nicht 14 Jahre alten Kindes (§ 1728 Abs. 2). Dagegen ist die Zustimmung des gesetzlichen Vertreters zum Antrag des in der Geschäftsfähigkeit beschränkten Vaters bezw. zur Einwilligung des in der Geschäftsfähigkeit beschränkten Kindes (§ 1729 Abs. 1, 2) an keine Form gebunden (M. IV, 945).

2. Eine im Widerspruch mit der Vorschrift des § 1730 erfolgte Ehelichkeitserklärung ist nichtig (Anm. 1 zu § 1735; vgl. Anm. 3 zu § 1748).

§ 1731.

Ist der Antrag oder die Einwilligung einer der im § 1726 bezeichneten Personen anfechtbar, so gelten für die Anfechtung und für die Bestätigung der anfechtbaren Erklärung die Vorschriften der §§ 1728, 1729.

E. I, 1600; II, 1617; III, 1707.

1. Von den besonderen Vorschriften des § 1731 abgesehen (s. u. Anm. 2) gelten hinsichtlich der Nichtigkeit und Anfechtbarkeit des Antrags auf Ehelichkeitserklärung (§ 1725), sowie der erforderlichen Einwilligungserklärungen (§ 1726) die allgemeinen Bestimmungen über Nichtigkeit und Anfechtbarkeit von Willenserklärungen (§§ 104 ff., 116 ff.; M. IV, 938, 950). Demgemäß bemißt sich die Anfechtbarkeit dieser Willenserklärungen nach den §§ 119, 120, 123, die Frist zur Anfechtung nach den §§ 121, 124, die Wirkung der Anfechtung und der Bestätigung der anfechtbaren Erklärung nach den §§ 142, 144, die Form der Anfechtung nach § 143. Anfechtungsgegner ist bei Anfechtung des Antrags auf Ehelichkeitserklärung Jeder, der auf Grund der Ehelichkeitserklärung unmittelbar einen rechtlichen Vortheil erlangt hat (also insbesondere das Kind), doch kann die Anfechtung auch durch Erklärung gegenüber der Behörde erfolgen (§ 143 Absatz 4; M. IV, 950). Bei Anfechtung einer Einwilligungserklärung ist Anfechtungsgegner der Vater, eventuell dessen Erbe (§§ 143 Abs. 3, 1726 Abs. 2; M. IV, 945). Aus der Anwendbarkeit des § 142 ergibt sich insbesondere, daß nach erfolgter Anfechtung des Antrags auf Ehelichkeitserklärung oder einer nach § 1726 erforderlichen Einwilligungserklärung die Ehelichkeitserklärung selbst wegen Mangels eines gesetzlichen Erfordernisses als nichtig gilt (Anm. 1 zu § 1735). Wird nach erfolgter Anfechtung die Gültigkeit der Ehelichkeitserklärung zwischen Vater und Kind streitig, so liegt eine Feststellungsklage im Sinne des § 640 C.P.O. u. Nr. vor (M. IV, 950; Anm. 3 zu § 1735).

2. In Abweichung von den allgemeinen Grundsätzen über Anfechtung von Willenserklärungen bestimmt aber § 1731 mit Rücksicht auf die persönliche Natur und die Wichtigkeit der fraglichen Erklärungen, daß sowohl die Anfechtung des Antrags auf Ehelichkeitserklärung und der erforderlichen Einwilligungserklärungen als die Bestätigung einer anfechtbaren Erklärung dieser Art nicht durch einen Vertreter, also insbesondere nicht durch den gesetzlichen Vertreter erfolgen kann, außer soweit es sich um die von dem gesetzlichen Vertreter für das geschäftsunfähige oder noch nicht 14 Jahre alte Kind ertheilte Einwilligungserklärung (§ 1728 Abs. 2) handelt, in welchem Falle der gesetzliche Vertreter mit Genehmigung des Vormundschaftsgerichts die ertheilte Einwilligungserklärung anfechten und eine anfechtbare Einwilligungserklärung bestätigen kann (M. IV, 950; vgl. §§ 1755, 1770). Ist also der Vater oder dessen Ehefrau oder die Mutter des Kindes geschäftsunfähig geworden, so ist die Anfechtung des Antrags auf Ehelichkeitserklärung bez. der Einwilligungserklärung, sowie die Bestätigung einer anfechtbaren Erklärung dieser Art ausgeschlossen. Ist das Kind älter als 14 Jahre, aber noch nicht volljährig oder für volljährig erklärt, oder aus einem anderen Grund als wegen Minderjährigkeit in der Geschäftsfähigkeit beschränkt oder ist der Vater in der Geschäftsfähigkeit beschränkt, so kann von ihnen nur mit Zustimmung ihres gesetzlichen Vertreters und mit Genehmigung des Vormundschaftsgerichts die Einwilligungserklärung bezw. der Antrag auf Ehelichkeitserklärung angefochten oder eine anfechtbare Erklärung dieser Art bestätigt werden. Dagegen bedarf die in der Geschäftsfähigkeit beschränkte Frau des Vaters und die in der Geschäftsfähigkeit beschränkte Mutter des Kindes zur Anfechtung ihrer Einwilligungserklärung und zur Bestätigung ihrer anfechtbaren Einwilligungserklärung nicht der Zustimmung des gesetzlichen Vertreters.

§ 1732.

Die Ehelichkeitserklärung ist nicht zulässig, wenn zur Zeit der Erzeugung des Kindes die Ehe zwischen den Eltern nach § 1310 Abs. 1 wegen Verwandtschaft oder Schwägerschaft verboten war.

E. I, 1586; II, 1612; III, 1708.

1. Während Kinder aus einem blutschänderischen oder analogen Verhältnisse durch nachfolgende Ehe ihrer Eltern nach Maßgabe der §§ 1310, 1327, 1721, 1699 legitimirt werden (s. Anm. 1 zu § 1719), schließt das Gesetz die Ehelichkeitserklärung von Kindern aus, deren Eltern zur Zeit der Erzeugung des Kindes, d. h. in irgend einem Zeitpunkte der Empfängnißzeit, sich wegen des Ehehindernisses der Verwandtschaft oder Schwägerschaft nach § 1310 Abs. 1, 3 nicht hätten heirathen können (M. IV, 939 ff.; über das Gem.R. und B.L.R. s. Vorbem. Ziff. 1). Die Empfängnißzeit umfaßt nach § 1717 Abs. 2 den Zeitraum vom 181. bis zum 302. Tage vor der Geburt des Kindes mit Einschluß dieser beiden Tage. Hat also Jemand am 1. Januar 1902 eine Wittwe geheirathet und mit deren Tochter außerehelich ein Kind erzeugt, das am 1. Oktober 1902 geboren ist, so ist die Ehelichkeitserklärung dieses Kindes unzulässig. Der Nachweis, das Kind sei innerhalb des Zeitraums vom 3. Dezember bis 31. Dezember 1901, also zu einer Zeit, da die Ehe zwischen den Eltern des Kindes noch möglich war, erzeugt worden, muß mangels einer gegentheiligen Vorschrift für zulässig erachtet werden (s. u. Anm. 2b). Ist aber das Kind erst am 30. Oktober 1902 zur Welt gekommen, so daß seine ganze Empfängnißzeit in die Zeit des Bestehens der Ehe fällt, so ist der Nachweis, das Kind sei schon vor dem 1. Januar 1902 erzeugt worden, mit Rücksicht auf den absoluten Charakter der Empfängnißzeit (s. Anm. 2 zu § 1717) ausgeschlossen.

2. Nicht ausgeschlossen ist die Ehelichkeitserklärung:

a) wenn zur Zeit der Erzeugung des Kindes die Ehe zwischen dessen Eltern wegen des Ehehindernisses der sogen. affinitas illegitima (§ 1310 Abs. 2, Anm. 5 zu § 1310) verboten war;

b) wenn erst nach der Erzeugung des Kindes zwischen dessen Eltern ein die Ehe derselben gemäß § 1310 Abs. 1, 3 hinderndes Schwägerschaftsverhältniß begründet worden ist (M. IV, 940; vgl. o. Anm. 1);

c) wenn zur Zeit der Erzeugung des Kindes die Ehe der Eltern wegen des Ehehindernisses des Ehebruchs verboten war (M. IV, 939 ff.; Z.G. IV, 450; bez. des Gem.R. und B.L.R. s. Vorbem. Ziff. 1).

3. Eine der Vorschrift des § 1732 zuwider ertheilte Ehelichkeitserklärung ist nichtig (Anm. 1 zu § 1735).

§ 1733.

Die Ehelichkeitserklärung kann nicht nach dem Tode des Kindes erfolgen.

Nach dem Tode des Vaters ist die Ehelichkeitserklärung nur zulässig, wenn der Vater den Antrag bei der zuständigen Behörde eingereicht oder bei oder nach der gerichtlichen oder notariellen Beurkundung des Antrags das Gericht oder den Notar mit der Einreichung betraut hat.

Die nach dem Tode des Vaters erfolgte Ehelichkeitserklärung hat die gleiche Wirkung, wie wenn sie vor dem Tode des Vaters erfolgt wäre.

E. I, 1595; II, 1619; III, 1709.

1. Tod des Kindes. Im Gegensatz zur Legitimation durch nachfolgende Ehe, die gemäß § 1722 gegenüber den Abkömmlingen des unehelichen Kindes auch dann wirkt, wenn das Kind vor der Eheschließung seiner Eltern gestorben ist, setzt die Ehelichkeitserklärung voraus, daß das zu legitimirende Kind dieselbe erlebt habe (vgl. § 1753 Abs. 1; über den abweichenden Standpunkt des sächs. G.B. s. M. IV, 932; vgl. auch P. IV, 712 ff.). Eine nach dem Tode des Kindes ertheilte Ehelichkeitserklärung ist nichtig (Anm. 1 zu § 1735). Stirbt dagegen die Mutter des Kindes oder die Ehefrau des Vaters nach der Ertheilung ihrer Einwilligung (§ 1726 Abs. 1), aber vor der Ehelichkeitserklärung, so wird hiedurch die Ehelichkeitserklärung nicht unzulässig, da die ertheilte Einwilligung gemäß § 1726 Abs. 2 nicht widerrufen werden kann (s. u. Anm. 4).

2. Tod des Vaters. Nach E. I sollte die Ehelichkeitserklärung auch nach dem Tode des Vaters nicht mehr zulässig sein (M. IV, 938, 946). Abweichend hievon ist nach

dem auf Beschluß der II. Komm. beruhenden § 1733 Abs. 2 die Ehelichkeitserklärung auch nach dem Tode des Vaters zulässig, vorausgesetzt, daß der Vater entweder den Antrag auf Ehelichkeitserklärung (§ 1725) bei der zuständigen Behörde (§ 1723) eingereicht oder bei oder nach der Beurkundung des Antrags (§ 1730) das Gericht oder den Notar mit der Einreichung betraut hat (P. IV, 706 ff.; vgl. §§ 1753 Abs. 2, 81 Abs. 2 Satz 3, 130 Abs. 2). Ist einer dieser Fälle gegeben und nach dem Tode des Vaters die Ehelichkeitserklärung erfolgt, so steht sie hinsichtlich ihrer rechtlichen Wirkung (§§ 1736 ff.) der zu Lebzeiten des Vaters erfolgten Ehelichkeitserklärung gleich (vgl. § 1753 Abs. 3). Hatte der Vater weder den Antrag bei der zuständigen Behörde eingereicht noch Gericht oder Notar mit der Einreichung betraut, so ist die nach seinem Tode erfolgte Ehelichkeitserklärung nichtig (Anm. 1 zu § 1735).

3. Geschäftsunfähigkeit. Wird der Vater nach der Beurkundung seines Antrags auf Ehelichkeitserklärung geschäftsunfähig (§ 104), so ist die Ehelichkeitserklärung nur unter den gleichen Voraussetzungen wie nach dem Tode des Vaters (s. o. Anm. 2) zulässig. Dagegen ist es auf die Zulässigkeit der Ehelichkeitserklärung ohne Einfluß, wenn das Kind, dessen Mutter oder die Ehefrau des Vaters nach Abgabe der erforderlichen Einwilligungserklärung geschäftsunfähig wird (P. IV, 711; vgl. M. IV, 946 ff., § 130 Abs. 2, Anm. 3 zu § 1753).

4. Widerruf. Während die Einwilligungserklärungen der im § 1726 Abs. 1 genannten Personen nach § 1726 Abs. 2 unwiderruflich sind, kann der Vater den Antrag auf Ehelichkeitserklärung mangels einer gegentheiligen Vorschrift widerrufen, solange die Ehelichkeitserklärung noch nicht erfolgt ist (M. IV, 947; s. dagegen § 1754 Abs. 1 Satz 2; vgl. auch § 81 Abs. 2).

§ 1734.

Die Ehelichkeitserklärung kann versagt werden, auch wenn ihr ein gesetzliches Hinderniß nicht entgegensteht.

E. I, 1592; II, 1618 Abs. 1; III, 1710.

1. Die Ertheilung der Ehelichkeitserklärung (§ 1723) ist Gnadensache. Auch beim Vorliegen sämmtlicher gesetzlichen Erfordernisse hat der Vater keinen Anspruch darauf, daß seinem Antrag auf Ehelichkeitserklärung seitens der Staatsgewalt stattgegeben werde (M. IV, 945 ff., 933 ff.; vgl. dagegen § 1754 Abs. 2 Satz 1).

2. Selbstverständlich muß die Ehelichkeitserklärung versagt werden, wenn nicht die sämmtlichen gesetzlichen Erfordernisse derselben gegeben sind. Eine trotz Mangels eines gesetzlichen Erfordernisses ertheilte Ehelichkeitserklärung ist (von der Ausnahmebestimmung des § 1735 abgesehen) nichtig (Anm. 1 zu § 1735).

3. Ob und welche Rechtsmittel gegen die Entscheidung zulässig sind, durch welche die Ehelichkeitserklärung ertheilt oder versagt wird, bemißt sich nach Landesstaatsrecht.

4. Bis zur Entscheidung über die Ertheilung oder Versagung der Ehelichkeitserklärung ist die Auseinandersetzung einer Erbschaft ausgeschlossen, soweit in Folge des Umstands, daß diese Entscheidung noch nicht erfolgt ist, die Erbtheile noch unbestimmt sind (§ 2043 Abs. 2).

§ 1735.

Auf die Wirksamkeit der Ehelichkeitserklärung ist es ohne Einfluß, wenn der Antragsteller nicht der Vater des Kindes ist oder wenn mit Unrecht angenommen worden ist, daß die Mutter des Kindes oder die Frau des Vaters zur Abgabe einer Erklärung dauernd außer Stande oder ihr Aufenthalt dauernd unbekannt sei.

E. I, 1593; II, 1620 Satz 2; III, 1711.

1. Ist die Ehelichkeitserklärung trotz Mangels eines der gesetzlichen Erfordernisse (§§ 1724—1730, 1732, 1733) ertheilt worden, so ist sie nichtig, d. h. sie gilt als nicht erfolgt, gleichviel, ob der Mangel bei Ertheilung der Ehelichkeitserklärung bekannt war oder nicht (E. I und II hatten diesen Grundsatz ausdrücklich ausgesprochen; vgl. M. IV, 946, 933 ff.; P. IV, 711).

2. Von diesem Grundsatze bestehen jedoch gemäß § 1735 zwei Ausnahmen (s. M. IV, 946, 938 ff.; P. IV, 711):

a) Auf die Wirksamkeit der Ehelichkeitserklärung ist es ohne Einfluß, wenn das in dem Antrag auf Ehelichkeitserklärung enthaltene Vaterschaftsbekenntniß (§ 1725) mit oder ohne Wissen des Antragstellers der

Wahrheit nicht entsprach. Ob der Antragsteller seinen Antrag wegen irrthümlicher Annahme seiner Vaterschaft anfechten kann, bemißt sich nach den allgemeinen Grundsätzen (§§ 119, 123; Anm. 1 zu § 1731). Die Herbeiführung der Ehelichkeitserklärung durch bewußt unwahre Anerkennung der Vaterschaft kann selbstverständlich als Vergehen gegen den Personenstand gemäß St.G.B. § 169 strafbar sein.

b) Auf die Wirksamkeit der Ehelichkeitserklärung ist es ferner ohne Einfluß, wenn sich ergibt, daß die Mutter des Kindes oder die Ehefrau des Vaters nicht zur Erklärungsabgabe dauernd außer Stande bezw. ihr Aufenthalt nicht dauernd unbekannt war, daß also ihre Einwilligungserklärung, von deren Einholung unter dieser irrigen Annahme Umgang genommen wurde, erforderlich gewesen wäre (§ 1726 Abs. 1, 3; vgl. § 1756, Anm. 10 zu § 1305).

3. Die Nichtigkeit der Ehelichkeitserklärung wegen Mangels eines gesetzlichen Erfordernisses kann unbeschränkt von Jedermann geltend gemacht werden. Daß eines der gesetzlichen Erfordernisse nicht vorlag, muß natürlich beweisen, wer sich hierauf beruft (vgl. Anm. 3 zu § 1756). Wird die Gültigkeit der Ehelichkeitserklärung zwischen Vater und Kind streitig, so liegt eine Feststellungsklage im Sinne der §§ 640 ff. C.P.O. n. Nr. vor (M. IV, 950). Das in einem solchen Rechtsstreit ergehende Urtheil wirkt, soferne es bei Lebzeiten der Parteien rechtskräftig wird, für und gegen Alle (C.P.O. § 643 Satz 1 n. Nr., s. auch Satz 2).

§ 1736.

Durch die Ehelichkeitserklärung erlangt das Kind die rechtliche Stellung eines ehelichen Kindes.

E. I, 1583 Abs. 2; II, 1610 Abs. 2; III, 1712.

1. Die rechtliche Wirkung der Legitimation durch Ehelichkeitserklärung ist eine beschränktere als die der Legitimation durch nachfolgende Ehe. Während nämlich durch die letztere das Kind in jeder Beziehung einem ehelichen gleichgestellt wird (§ 1719), begründet die Ehelichkeitserklärung nur ein Verwandtschaftsverhältniß zwischen dem unehelichen Kind und dessen Abkömmlingen einerseits und dem Vater andererseits, ohne daß eine Erweiterung dieser Wirkung durch Vertrag möglich wäre. Auch wird durch die Ehelichkeitserklärung zwischen der Frau des Vaters einerseits, dem Kind und dessen Abkömmlingen andererseits, sowie zwischen dem Ehegatten des Kindes oder eines Abkömmlings desselben und dem Vater ein Schwägerschaftsverhältniß nicht begründet (§§ 1736, 1737 Abs. 1; M. IV, 934 ff., 947 ff.; vgl. §§ 1757, 1762, 1763).

2. Im Verhältnisse zum Vater erlangt das uneheliche Kind durch die Ehelichkeitserklärung die rechtliche Stellung eines ehelichen Kindes. Der Vater erhält also insbesondere die elterliche Gewalt (§ 1626 ff.) und ist zur Benennung eines Vormunds, Ausschließung bestimmter Personen von der Vormundschaft, Anordnung der befreiten Vormundschaft, Anordnung und Untersagung der Einsetzung eines Familienraths, Benennung der Mitglieder und Ersatzmitglieder des Familienraths und Ausschließung bestimmter Personen von dieser Funktion berechtigt, sowie zur Vormundschaft über das volljährige Kind berufen (§§ 1776 Abs. 1 Nr. 1, 1782 Abs. 1 Satz 1, 1852 ff., 1858 Abs. 1, 1859 Abs. 2, 1861 Satz 1, 1863 Abs. 3, 1866, 1899). Das Kind erhält den Familiennamen des Vaters (§ 1616; M. IV, 949), ist gemäß § 1617 zur Dienstleistung im Hauswesen und Geschäfte des Vaters verpflichtet und hat nach Maßgabe der §§ 1620 ff. Anspruch auf Aussteuer. Des Weiteren wird zwischen Vater und Kind Unterhaltsrecht und Unterhaltspflicht nach §§ 1601 ff. und gegenseitiges Erb- und Pflichttheilsrecht gemäß §§ 1924, 1925, 2303 begründet. In letzterer Beziehung gilt jedoch eine Ausnahme, insoweit die durch E.G. Art. 59 aufrechterhaltenen landesgesetzlichen Vorschriften über Familienfideikommisse, Lehen und Stammgüter abweichende Bestimmungen enthalten (M. IV, 937). Für Bayern ist in dieser Beziehung § 55 des Lehensedikts vom 7. Juli 1808 und § 77 der Beil. VII zu Tit. V § 4 der Verfassungsurkunde vom 26. Mai 1818 maßgebend, wonach bezüglich der Erbfolge in Lehen und Familienfideikommisse die durch landesherrliche Verordnung legitimirten Kinder (im Gegensatz zu den durch nachfolgende Ehe legitimirten) ehelichen Kindern nicht gleichstehen (vgl. Anm. 7 zu § 1719). Ueber den Erwerb des Adels in Folge Legitimation durch Ehelichkeitserklärung s. Vorbem. Ziff. 5, über Wohnsitz, Staatsangehörigkeit, Heimath und religiöse Erziehung der durch Ehelichkeitserklärung legitimirten Kinder s. Vorbem. Ziff. 3, 4. Selbstverständlich können auch durch Privatdisposition (insbes. bei Stiftungen) die durch Ehelichkeitserklärung legitimirten Kinder von einem Rechtserwerb ausgeschlossen werden (vgl. Anm. 7 zu § 1719).

3. Die Ehelichkeitserklärung hat, wie die Legitimation durch nachfolgende Ehe, keine rückwirkende Kraft. Ihre Wirksamkeit beginnt vielmehr erst mit der die Ehelichkeitserklärung aussprechenden Verfügung der Staatsgewalt (vgl. Anm. 8 zu § 1719). Da mit der Ehelichkeitserklärung der Vater die elterliche Gewalt erhält (s. o. Anm. 2), so endigt in diesem Zeitpunkte die bis dahin über das Kind geführte Vormundschaft (§§ 1882, 1773, Anm. 5 zu § 1883; vgl. dagegen § 1883 und Anm. 9 zu § 1719).

4. Ueber die Fortdauer der aus dem Verwandtschaftsverhältniß zwischen dem Kind und seinen Verwandten sich ergebenden Rechte und Pflichten s. §§ 1737 Abs. 2, 1738, 1739.

§ 1737.

Die Wirkungen der Ehelichkeitserklärung erstrecken sich auf die Abkömmlinge des Kindes; sie erstrecken sich nicht auf die Verwandten des Vaters. Die Frau des Vaters wird nicht mit dem Kinde, der Ehegatte des Kindes wird nicht mit dem Vater verschwägert.

Die Rechte und Pflichten, die sich aus dem Verwandtschaftsverhältnisse zwischen dem Kinde und seinen Verwandten ergeben, bleiben unberührt, soweit nicht das Gesetz ein Anderes vorschreibt.

E. I, 1596; II, 1621; III, 1713.

1. Durch die Ehelichkeitserklärung wird lediglich ein Verwandtschaftsverhältniß zwischen dem Vater einerseits, dem Kind und dessen Abkömmlingen andererseits begründet (Anm. 1 zu § 1736; vgl. § 1762 Satz 1). Unter „Abkömmlingen" sind nur die ehelichen, legitimirten oder angenommenen Kinder des unehelichen Kindes, sowie die unehelichen Kinder einer unehelichen Tochter, nicht aber die unehelichen Kinder eines unehelichen Sohnes zu verstehen, da diese im Verhältniß zu ihrem eigenen Vater nicht als verwandt gelten (§§ 1589 Abs. 2, 1705, s. aber § 1310 Abs. 1 und 3). Im Gegensatz zur Annahme an Kindesstatt (vgl. § 1762 Satz 2) erstreckt die Ehelichkeitserklärung ihre Wirkung auch auf die zur Zeit der Ehelichkeitserklärung schon vorhandenen Abkömmlinge des Kindes, ohne daß es hiezu ihrer Einwilligung bedarf (M. IV, 935). Daß durch die Ehelichkeitserklärung zwischen dem Vater und den anderweitigen Verwandten des Kindes kein Verwandtschaftsverhältniß begründet wird, ergibt sich aus dem Begriff der Verwandtschaft (§ 1589 Abs. 1), da durch die Ehelichkeitserklärung ein gemeinschaftlicher Stammvater des Vaters und solcher Verwandten des Kindes nicht geschaffen wird (M. IV, 947 ff.). Ueber das Verhältniß zwischen dem Vater und dem für ehelich erklärten Kind s. Anm. 2 zu § 1736. Zwischen dem Vater und den Abkömmlingen des Kindes besteht gemäß § 1737 Abs. 1 Satz 1 gegenseitiger Unterhaltsanspruch (§ 1601 ff.), sowie Erb- und Pflichttheilsrecht nach Maßgabe der §§ 1924, 1925, 2303, wie wenn das legitimirte Kind ein eheliches wäre (M. IV, 935 ff.). Den Kindern des legitimirten Kindes gegenüber ist der Vater gemäß §§ 1776 Abs. 1 Nr. 3, 4, 1897 zur Vormundschaft berufen (s. Anm. 2c, d zu § 1776). Ueber weitere Rechtsfolgen der durch die Ehelichkeitserklärung begründeten Verwandtschaft zwischen dem Vater und den Abkömmlingen des Kindes s. die in Anm. 5 und 6 zu § 1589 erwähnten gesetzlichen Bestimmungen.

2. Dagegen wird durch die Ehelichkeitserklärung ein Verwandtschaftsverhältniß zwischen dem Kind und dessen Abkömmlingen einerseits, den Verwandten des Vaters andererseits nicht begründet (M. IV, 947, 934 ff.; vgl. § 1763 Satz 1). Zwischen denselben besteht also weder Unterhaltsanspruch noch Erbrecht. Der eheliche Vater des unehelichen Vaters ist nicht Großvater des legitimirten Kindes im Sinne des § 1776 Abs. 1 Nr. 3 (Anm. 2c zu § 1776) und auch hinsichtlich der übrigen in Anm. 5 u. 6 zu § 1589 erwähnten gesetzlichen Bestimmungen gelten die Verwandten des Vaters nicht als Verwandte des legitimirten Kindes und seiner Abkömmlinge. Das legitimirte Kind gilt daher (abgesehen von dem unabhängig von der Ehelichkeitserklärung bestehenden Eheverbot des § 1310 Abs. 1, 3) nicht als halbbürtiges Geschwister der anderen (ehelichen, durch nachfolgende Ehe oder Ehelichkeitserklärung legitimirten oder an Kindesstatt angenommenen) Kinder des Vaters, es sei denn, daß es von derselben Mutter abstammt. Der in der II. Komm. gestellte Antrag, ein Verwandtschaftsverhältniß wenigstens zwischen dem für ehelich erklärten Kind und den Abkömmlingen des Vaters anzuerkennen, wurde abgelehnt. (P. IV, 713 ff.).

3. Die Wirkung der Ehelichkeitserklärung erstreckt sich auch nicht auf die Frau des Vaters und den Ehegatten des legitimirten Kindes (M. IV, 948; vgl. § 1763 Satz 2). Demgemäß gilt die Ehefrau des Vaters nicht als Stiefmutter des Kindes, der

Ehegatte des Kindes nicht als Schwiegersohn bezw. Schwiegertochter des Vaters. Soweit das Gesetz an die Schwägerschaft rechtliche Folgen knüpft (s. Anm. 6 zu § 1590), treten dieselben im Verhältniß der erwähnten Personen zu einander nicht ein. Selbstverständlich wird demzufolge auch zwischen dem Ehegatten eines Abkömmlings des Kindes und dem Vater, sowie zwischen der Ehefrau des Vaters und den Abkömmlingen des Kindes durch die Ehelichkeitserklärung kein Schwägerschaftsverhältniß begründet (vgl. dagegen Anm. 7 zu § 1719). Das unabhängig von der Ehelichkeitserklärung bestehende Eheverbot des § 1310 Abs. 1 und 3 wird durch die Ehelichkeitserklärung natürlich nicht berührt.

4. Wenn auch durch die Ehelichkeitserklärung zwischen dem Kind und den Verwandten des Vaters kein Verwandtschaftsverhältniß, zwischen dem Kind und der Frau des Vaters sowie zwischen dem Ehegatten des Kindes und dem Vater kein Schwägerschaftsverhältniß begründet wird, so werden doch die familienrechtlichen Beziehungen dieser Personen, insbesondere hinsichtlich des Unterhaltsanspruchs, Erb- und Pflichttheilsrechts, durch das in Folge der Ehelichkeitserklärung begründete Verwandtschaftsverhältniß zwischen Vater, Kind und Abkömmlingen desselben in erheblichem Maße beeinflußt (M. IV, 947; vgl. Anm. 4 zu § 1763). Ueber die Gründe, aus welchen trotzdem das B.G.B. im Gegensatz zu verschiedenen anderen Rechten (vgl. insbesondere B.L.R. Thl. III cap. 12 § 2 Ziff. 11, § 3 Ziff. 8, § 4 Ziff. 10) davon Umgang genommen hat, Bestimmungen zum Schutze der erbrechtlichen Interessen dieser Personen aufzunehmen, s. M. IV, 936 ff.

5. Die zwischen dem unehelichen Kind und dessen Verwandten bestehenden Rechte und Pflichten werden durch die Ehelichkeitserklärung des Kindes grundsätzlich nicht berührt (§ 1737 Abs. 2, vgl. § 1764). Dies gilt insbesondere hinsichtlich des gegenseitigen Anspruchs auf Unterhalt, sowie in erbrechtlicher Beziehung. Auch das Erforderniß der Einwilligung der Mutter zur Annahme des Kindes an Kindesstatt (§ 1747 Satz 1) wird durch die Ehelichkeitserklärung des Kindes nicht beseitigt (Anm. 4 zu § 1747). Von diesem Grundsatze bestehen jedoch folgende Ausnahmen:

a) Gemäß § 1305 Abs. 1 Satz 3 bedarf ein noch nicht 21 Jahre altes für ehelich erklärtes Kind der Zustimmung seiner Mutter zur Eingehung einer Ehe auch dann nicht, wenn der Vater gestorben ist (Anm. 6b zu § 1305).

b) Die der unehelichen Mutter gemäß § 1707 zustehende thatsächliche Sorge für die Person des Kindes kommt mit der Ehelichkeitserklärung in Wegfall (§ 1738 Satz 1, s. auch Satz 2).

c) Der Vater eines für ehelich erklärten Kindes ist nicht nur diesem, sondern auch den Abkömmlingen desselben gegenüber vor der Mutter und den mütterlichen Verwandten unterhaltspflichtig (§ 1739).

d) Endlich erleidet der Grundsatz des § 1737 Abs. 2 natürlich dadurch eine nicht unwesentliche Modifikation, daß den Bestimmungen der §§ 1736, 1737 Abs. 1 Satz 1 Halbsatz 1 zufolge durch die Konkurrenz des Vaters der Unterhaltsanspruch sowie das Erb- und Pflichttheilsrecht der Verwandten des legitimirten Kindes eingeschränkt oder ausgeschlossen werden kann (M. IV 948, 936; vgl. Anm. 3 zu § 1759, Anm. 2g zu § 1764).

§ 1738.

Mit der Ehelichkeitserklärung verliert die Mutter das Recht und die Pflicht, für die Person des Kindes zu sorgen. Hat sie dem Kinde Unterhalt zu gewähren, so treten Recht und Pflicht wieder ein, wenn die elterliche Gewalt des Vaters endigt oder wenn sie wegen Geschäftsunfähigkeit des Vaters oder nach § 1677 ruht.

E. I, 1597; II, 1622; III, 1714.

1. Abweichend von dem Grundsatze des § 1737 Abs. 2 läßt § 1738 die der unehelichen Mutter nach § 1707 zustehende thatsächliche Sorge für die Person des Kindes mit dem durch die Ehelichkeitserklärung bewirkten Eintritt der elterlichen Gewalt des Vaters endigen, ohne daß der Mutter (wie gemäß § 1634 gegenüber ehelichen Kindern) das Recht zusteht, neben dem Vater an der Sorge für die Person des Kindes theilzunehmen (M. IV, 948 ff., vgl. § 1765). Das Erforderniß der Einwilligung der Mutter zur Annahme des Kindes an Kindesstatt wird durch die Ehelichkeitserklärung nicht berührt (Anm. 4 zu § 1747), s. auch § 1305 Abs. 1 Satz 3.

2. Nach E. I sollte die Fürsorge der Mutter mit Rücksicht auf die durch die Ehelichkeitserklärung in der Regel herbeigeführte Entfremdung zwischen Mutter und Kind auch dann nicht wiedereintreten, wenn die elterliche Gewalt des Vaters endigt oder sich auf die elterliche Nutznießung beschränkt (M. IV, 949; Z.G. IV, 452). Abweichend

hievon lebt nach dem auf Beschluß der II. Komm. beruhenden Satz 2 des § 1738 Recht und Pflicht der Mutter, für die Person des Kindes zu sorgen, unter der Voraussetzung, daß sie nach §§ 1601 ff., 1705, 1739 dem Kinde gegenüber unterhaltspflichtig ist, wieder auf:

a) wenn die elterliche Gewalt des Vaters endigt (s. Vorbem. vor § 1676 Ziff. 4);

b) wenn die elterliche Gewalt des Vaters wegen Geschäftsunfähigkeit desselben oder um deßwillen ruht, weil er nach Feststellung des Vormundschaftsgerichts auf längere Zeit an der Ausübung der elterlichen Gewalt thatsächlich verhindert ist (§§ 1676 Abs. 1, 1677; vgl. § 1702 Abs. 3). Die Mutter erhält also in diesen Fällen die Sorge für die Person des Kindes ausschließlich der gesetzlichen Vertretung des Kindes zurück, während der neuerdings aufzustellende Vormund, soweit der Mutter die Sorge zusteht, die rechtliche Stellung eines Beistands hat (§§ 1707, 1689). Ruht dagegen die elterliche Gewalt des Vaters, weil derselbe in der Geschäftsfähigkeit beschränkt ist oder gemäß § 1910 Abs. 1 einen Pfleger für seine Person und sein Vermögen erhalten hat (§ 1676 Abs. 2 Satz 1, so verbleibt dem Vater die thatsächliche Sorge für die Person des Kindes (§ 1676 Abs. 2 Satz 2): in diesen Fällen besteht also kein Anlaß, die Fürsorge der Mutter wieder eintreten zu lassen (P. IV, 714 ff.; vgl. §§ 1702 Abs. 3, 1765 Abs. 2). Sind die Voraussetzungen des § 1738 Satz 2 gegeben, so erlangt die Mutter die Sorge für die Person des Kindes von selbst kraft Gesetzes wieder (nach einem in der II. Komm. gestellten, aber abgelehnten Antrag sollte die Uebertragung auf Antrag der Mutter durch das Vormundschaftsgericht erfolgen, P. IV, 715).

3. Erlangt der Vater die elterliche Gewalt wieder (§ 1679 Abs. 2, Anm. 4 zu § 1680) oder endigt das Ruhen seiner elterlichen Gewalt (Anm. 2 zu § 1676, § 1677 Abs. 2), so kommt Recht und Pflicht der Mutter, für die Person des Kindes zu sorgen, wieder in Wegfall (vgl. Anm. 1 zu § 1702). Das Gleiche gilt, wenn ihre Unterhaltspflicht gegenüber dem legitimirten Kind endigt (vgl. Anm. 3 zu § 1765).

§ 1739.

Der Vater ist dem Kinde und dessen Abkömmlingen vor der Mutter und den mütterlichen Verwandten zur Gewährung des Unterhalts verpflichtet.

E. I, 1598; II, 1623; III, 1715.

1. Dem Grundsatze der §§ 1705, 1736 entsprechend steht das für ehelich erklärte Kind hinsichtlich seines Unterhaltsanspruchs gegenüber dem Vater, der Mutter und den mütterlichen Verwandten einem ehelichen Kinde gleich. Unterhaltspflichtig ist also gegenüber dem für ehelich erklärten Kind in erster Linie der Vater (M. IV, 949; vgl. § 1606 Abs. 2 Satz 2, 1709 Abs. 1), sodann die Mutter, nach derselben ihre Ascendenten und zwar die näheren vor den entfernteren, mehrere gleich nahe zu gleichen Theilen (§ 1606 Abs. 2 Satz 1). Für die Unterhaltspflicht dieser sämmtlichen Personen sind die §§ 1601 ff. maßgebend. Der Vater haftet also auch über das 16. Lebensjahr des Kindes hinaus, jedoch nur unter der Voraussetzung seiner Leistungsfähigkeit und der Bedürftigkeit des Kindes (§§ 1602 Abs. 1, 1603 Abs. 1; vgl. § 1708; s. aber auch §§ 1602 Abs. 2, 1603 Abs. 2). Für das Verhältniß der Unterhaltspflicht dieser Personen zu der des Ehegatten des legitimirten Kindes ist § 1608, für die Rangordnung zwischen den Unterhaltsansprüchen des legitimirten Kindes und der übrigen unterhaltsberechtigten Personen ist § 1609 maßgebend. Den Ascendenten seines Vaters gegenüber hat das für ehelich erklärte Kind keinen Anspruch auf Unterhalt (§ 1737 Abs. 1 Satz 1; Anm. 2 zu § 1737).

2. Auch bezüglich seiner Unterhaltspflicht steht das für ehelich erklärte Kind im Verhältnisse zum Vater, der Mutter und deren Verwandten einem ehelichen Kinde gleich (s. insbes. §§ 1606, 1608), ist dagegen den Ascendenten des Vaters gegenüber nicht unterhaltspflichtig (Anm. 2 zu § 1736, Anm. 2 zu § 1737).

3. Hinsichtlich der Unterhaltspflicht des Vaters gegenüber den Abkömmlingen des für ehelich erklärten Kindes enthält § 1739 eine Abweichung von den allgemeinen Vorschriften über die Unterhaltspflicht der Verwandten. Während nämlich nach § 1606 Abs. 2 Satz 1 gegenüber dem ehelichen Kind eines für ehelich erklärten Kindes, sowie gegenüber dem unehelichen Kind einer für ehelich erklärten Tochter die Eltern des für ehelich erklärten Kindes, weil mit dem Enkel gleich nahe verwandt, zu gleichen Theilen haften würden, ist nach § 1739 auch gegenüber den Abkömmlingen des Kindes der Vater vor der Mutter unterhaltspflichtig (vgl. Anm. 1 zu § 1766). Die Vorschrift des § 1739 bildet insoweit auch eine Ausnahme von dem Grundsatz des § 1737 Abs. 2 (s. Anm. 5c zu § 1737).

§ 1740.

Will der Vater eine Ehe eingehen, während er die elterliche Gewalt über das Kind hat, so finden die Vorschriften der §§ 1669 bis 1671 Anwendung.

E. I, 1599; II, 1624; III, 1716.

1. Daß gegenüber dem Vater eines für ehelich erklärten Kindes, der eine zweite Ehe eingehen will, die Vorschriften der §§ 1669–1671 Anwendung finden, folgt aus dem Grundsatze des § 1736. Mit Rücksicht auf die Analogie der Verhältnisse legt aber das Gesetz die Verpflichtungen, welche dem Inhaber der elterlichen Gewalt bei Eingehung einer neuen Ehe obliegen, dem Vater eines für ehelich erklärten Kindes auch für den Fall auf, daß er überhaupt eine Ehe eingehen will, da in dieser Beziehung die Ehelichkeitserklärung, als Surrogat der Legitimation durch nachfolgende Ehe, der früheren Ehe gleichsteht (M. IV, 949; P. IV, 716 ff.; vgl. §§ 1761, 1845). Demgemäß hat der Vater eines für ehelich erklärten Kindes, der sich zu verehelichen beabsichtigt, während ihm die elterliche Gewalt über das Kind zusteht, seine Absicht dem Vormundschaftsgericht anzuzeigen, auf seine Kosten ein Verzeichniß des seiner Verwaltung unterliegenden Vermögens des Kindes einzureichen und, soweit in Ansehung dieses Vermögens eine Gemeinschaft zwischen ihm und dem Kinde besteht, die Auseinandersetzung herbeizuführen, es sei denn, daß das Vormundschaftsgericht den Aufschub der Auseinandersetzung bis nach Abschluß der Ehe gestattet (§ 1669). Kommt er dieser Verpflichtung nicht nach, so kann ihm das Vormundschaftsgericht die Vermögensverwaltung entziehen (§ 1670), diese Anordnung jedoch während der Dauer der elterlichen Gewalt jederzeit ändern (§ 1671).

2. Die Erfüllung der im § 1740 statuirten Verpflichtung ist gesichert durch die Vorschrift des § 1314 Abs. 1, wonach der Vater eines für ehelich erklärten minderjährigen Kindes zur Eheschließung eines Zeugnisses des Vormundschaftsgerichts darüber bedarf, daß er die im § 1669 bezeichneten Verpflichtungen erfüllt hat oder daß sie ihm nicht obliegen (vgl. Anm. 2b, 3 zu § 1314). Eine unter Außerachtlassung der Vorschrift des § 1740 abgeschlossene Ehe ist aber weder nichtig noch anfechtbar, da das durch § 1314 bestimmte Ehehinderniß nur aufschiebenden Charakter hat (Anm. 4 zu § 1314).

3. Eine unbedingte Inventarisationspflicht ist dem Vater eines für ehelich erklärten Kindes im Gegensatze zu dem Annehmenden (§ 1760) nicht auferlegt, da es sich hier nur um die rechtliche Anerkennung eines natürlichen Verhältnisses handelt (M. IV, 949).

4. Die im § 1669 erwähnten Verpflichtungen obliegen dem Vater eines für ehelich erklärten Kindes auch dann, wenn er zum Vormund desselben bestellt ist (§ 1845 und Anm. 1 hiezu).

Achter Titel.

Annahme an Kindesstatt.

Vorbemerkungen.

1. Bisheriges Recht. Das Gem.R. unterscheidet Adoption im engeren Sinn und Arrogation. Die Adoption im engeren Sinn ist nur gegenüber einer unter väterlicher Gewalt stehenden Person (also nicht gegenüber unehelichen Kindern) zulässig. Sie erfolgt durch Vertrag zwischen dem bisherigen Gewalthaber und dem Adoptivvater und setzt Zustimmung des Kindes voraus, die auch stillschweigend erfolgen kann. Durch die Adoption i. e. S. erhält das Kind, falls es einem Ascendenten oder bei Lebzeiten seines Vaters vom Großvater einem Fremden in Adoption gegeben wird, die rechtliche Stellung eines ehelichen Kindes. Im gegentheiligen Falle wird lediglich ein Verwandtschaftsverhältniß zwischen Vater und Kind, jedoch ohne Notherbrecht des Adoptivkindes und ohne Erbrecht zwischen diesem und den Verwandten des Kindes begründet (adoptio minus plena). Die Arrogation ist nur gegenüber einem homo sui juris möglich. Sie erfordert ausdrückliche Zustimmung des Kindes und erfolgt durch Reskript des Landesherrn. Ob das uneheliche Kind von seinem leiblichen Vater arrogirt werden kann, ist bestritten. Von seinem Vormunde kann ein Kind nicht vor Ablegung der Vormundschaftsrechnung arrogirt werden. Die Arrogation wird ferner in der Regel nicht bewilligt, wenn der Wahlvater selbst Kinder hat oder noch bekommen kann. Arrogation mehrerer Personen ist unzulässig. Durch die Arrogation erlangt das Kind die rechtliche Stellung eines ehelichen Kindes des Wahlvaters. Wird ein unmündiges Kind arrogirt, so muß Sicherheit geleistet werden, daß, falls das Kind vor Erreichung der Voll-

jährigkeit stirbt, sein Vermögen an seine Verwandten herausgegeben wird. Wird ein impubes arrogatus vom Wahlvater ohne Grund emancipirt, so hat er aus dessen Nachlaß die sog. quarta divi Pii zu beanspruchen, welches Recht ihm auch durch letztwillige Verfügung nicht entzogen werden kann. Sowohl die Arrogation als die Adoption im engeren Sinne setzt voraus, daß der Wahlvater nicht mehr unter väterlicher Gewalt steht, nicht Kastrat und mindestens 18 Jahre älter ist als das Kind. Endlich kann ein Kind nicht nur an Kindesstatt, sondern auch an Enkelsstatt angenommen werden (Dernburg, Pand. Bd. 3 S. 59 ff.; Engelmann, Die rechtl. Stellung der unehel. Kinder S. 18 ff., 66).

Auch das B.L.R. unterscheidet arrogatio (gegenüber einem homo sui juris) und adoptio in specie (gegenüber einer unter väterlicher Gewalt stehenden Person), vgl. Samml. v. Entsch. d. Obersten L.G. München Bd. 14 S. 651 ff. Zur Arrogation ist erforderlich, daß der Wahlvater von Natur zum Heirathen nicht untüchtig, jedoch ohne Kind und männlichen Geschlechts, auch bereits im 60. Lebensjahr oder, falls in dieser Beziehung Dispensation erfolgt, wenigstens über 18 Jahre und älter als das Wahlkind ist (vgl. hiezu Bl. f. R.A. LIX, 180 Note *). Die Arrogation erfordert ferner Einwilligung des Wahlkinds bezw. seines gesetzlichen Vertreters, Konfirmation der Obrigkeit und, wenn das Kind minderjährig ist, eine obrigkeitliche Untersuchung über die Zweckmäßigkeit der Arrogation, sowie Sicherheitsleistung des Wahlvaters dafür, daß, falls das Kind vor erreichter Großjährigkeit ohne Testament versterben sollte, die Verlassenschaft an die Erben des Kindes herausgegeben wird. Die Arrogation eines unehelichen Kindes durch den Vater ist nicht zulässig, wenn dieser die väterliche Gewalt auf andere Art erlangen kann. Die Arrogation eines Mündels durch den Vormund darf nicht vor der Rechnungslegung und Bestellung eines anderen Vormunds erfolgen. Durch die Arrogation kommt das Wahlkind unter die väterliche Gewalt des Wahlvaters und wird aller Rechte und Pflichten wie andere rechtmäßige natürliche Kinder theilhaftig, soweit dieselben nicht auf der Blutsverwandtschaft beruhen. Außerdem begründet die Arrogation die sog. cognatio civilis zwischen Wahlvater, Wahlkind und dessen Descendenz, Wahlvater und Ehefrau des Wahlkinds, Wahlkind und Ehefrau des Wahlvaters, endlich zwischen Wahlkind und den übrigen unter der väterlichen Gewalt des Wahlvaters stehenden Personen. Emancipation des Wahlkinds ohne rechtfertigenden Grund verpflichtet den Vater zur Herausgabe des vierten Theils seines Vermögens an das Wahlkind. Die adoptio in specie erfolgt durch Vertrag zwischen dem Wahlvater und dem bisherigen Inhaber der väterlichen Gewalt. Sie erfordert Zustimmung des Kindes und seines Vaters und ist entweder plena oder minus plena, je nachdem sie von leiblichen Großeltern des Kindes bethätigt wird oder nicht. Die adoptio minus plena ist auch Frauen gestattet. Für beide Arten gelten im Allgemeinen die gleichen Erfordernisse wie für die Arrogation, doch genügt hier stillschweigende Zustimmung des Kindes, auch entfällt die obrigkeitliche Untersuchung über die Zweckmäßigkeit, die Kautionsleistung des Wahlvaters und der Anspruch des Kindes auf die sog. quarta divi Pii. Die Wirkung der adoptio plena besteht darin, daß das Wahlkind der väterlichen Gewalt des Wahlvaters unterworfen und zwischen ihnen Intestat- und Notherbrecht begründet wird. Dagegen erzeugt die adoptio minus plena lediglich Intestaterbrecht des Wahlkinds gegenüber dem Wahlvater, nicht gegenüber dessen Verwandten, und ebensowenig Erbrecht des Wahlvaters und seiner Verwandten gegenüber dem Kind (B.L.R. Thl. I cap. 5 §§ 10, 11, cap. 4 § 5 Ziff. 14, Thl. III cap. 3 § 14 Ziff. 2, cap. 12 § 2 Ziff. 6, § 3 Ziff. 6, § 4 Ziff. 9; vgl. Engelmann, a. a. O. S. 119 ff.).

Ueber andere Rechte s. M. IV, 951 ff., 955 ff.

2. Grundsätzliche Regelung nach B.G.B. Das B.G.B. hat den Unterschied zwischen Arrogation und Adoption im engeren Sinne, sowie zwischen adoptio plena und minus plena beseitigt und die Annahme an Kindesstatt als einheitliches Institut von dem Gesichtspunkt aus gestaltet, daß dieselbe ein Mittel zur Begründung eines Eltern- und Kindesverhältnisses sein soll, durch welches der Angenommene, soweit das Gesetz nicht das Gegentheil bestimmt, die rechtliche Stellung eines ehelichen Kindes des Annehmenden erlangt (M. IV, 956). Die Annahme an Kindesstatt kann demgemäß sowohl gegenüber ehelichen als unehelichen Kindern (vgl. Z.G. IV, 454), sowohl durch einen Mann als durch eine Frau vorgenommen werden; insbesondere kann ein uneheliches Kind auch von seiner Mutter an Kindesstatt angenommmen werden (M. IV, 966 ff.). Daneben kennt das B.G.B. auch die Annahme als gemeinschaftliches Kind durch ein Ehepaar (§ 1749 Abs. 1), nicht aber die Annahme an Enkelsstatt (M. IV, 952 ff.). Das im P.L.R. anerkannte Institut der Pflegekindschaft und die tutelle officieuse des französischen Rechts hat das B.G.B. nicht aufgenommen (M. IV, 953 ff.; Z.G. IV, 452 ff.; s. auch M. z. E.G. 302 ff.). Auch eine adoptio testamentaria ist dem B.G.B. fremd (M. IV, 957).

3. Zur Annahme an Kindesstatt ist erforderlich:

a) daß der Annehmende keine ehelichen Abkömmlinge hat (§ 1741), während das Vorhandensein eines angenommenen Kindes einer weiteren Annahme nicht entgegensteht (§ 1743);

b) daß der Annehmende das 50. Lebensjahr vollendet hat und mindestens 18 Jahre älter ist als das Wahlkind (§ 1744); doch kann von diesen Erfordernissen nach Maßgabe des § 1745 Befreiung bewilligt werden;

c) falls der Annehmende oder der Anzunehmende verheirathet ist, Einwilligung des Ehegatten (§ 1746 Abs. 1; s. auch §§ 1746 Abs. 2 und 1756);

d) falls das Kind das 21. Lebensjahr noch nicht vollendet hat, Einwilligung seiner Eltern bezw. seiner unehelichen Mutter (§ 1747 Satz 1; s. auch Satz 2 und § 1756);

e) gerichtliche oder notarielle Beurkundung der erforderlichen Einwilligungserklärungen (§ 1748 Abs. 3);

f) Bestätigung des Annahmevertrags durch das zuständige Gericht (§ 1741 Satz 2).

Ueber die Gründe, aus welchen das B.G.B. weitere, in den bisherigen Gesetzen enthaltene Erfordernisse der Annahme an Kindesstatt nicht aufgestellt hat, s. M. IV, 966 ff.

4. Form. Die Annahme an Kindesstatt erfolgt durch Vertrag zwischen dem Annehmenden und dem Anzunehmenden (§ 1741 Satz 1). Ist der Anzunehmende noch nicht 14 Jahre alt, so kann der Vertrag mit Genehmigung des Vormundschaftsgerichts durch seinen gesetzlichen Vertreter abgeschlossen werden. Im Uebrigen ist Vertretung beim Vertragsabschluß ausgeschlossen (§ 1750, s. auch § 1751). Soll der Vertrag seine Wirkung auch auf einen zur Zeit des Vertragsabschlusses schon vorhandenen Abkömmling des Annehmenden und die später geborenen Abkömmlinge eines solchen Abkömmlings erstrecken, so muß der Vertrag auch mit dem schon vorhandenen Abkömmling bezw. dessen gesetzlichen Vertreter abgeschlossen werden (§ 1762). Der Annahmevertrag muß bei gleichzeitiger Anwesenheit beider Theile vor Gericht oder Notar geschlossen werden und bedarf zur Wirksamkeit der gerichtlichen Bestätigung, die jedoch nur beim Mangel eines gesetzlichen Erfordernisses zu versagen ist (§§ 1750 Abs. 2, 1741 Satz 2, 1754 Abs. 2 Satz 1).

5. Die Rechtswirkung der Annahme an Kindesstatt besteht darin, daß das angenommene Kind die rechtliche Stellung eines ehelichen Kindes des Annehmenden bezw. eines gemeinschaftlichen Kindes der annehmenden Ehegatten erlangt (§ 1757, s. auch §§ 1758, 1759). Diese Wirkung erstreckt sich auch auf die Abkömmlinge des Kindes (§ 1762 Satz 1, s. aber auch Satz 2), nicht aber auf die Verwandten und den Ehegatten des Annehmenden sowie den Ehegatten des Kindes (§ 1763). Die aus der Verwandtschaft sich ergebenden Rechte und Pflichten zwischen dem Kind und seinen Verwandten werden im Allgemeinen durch die Annahme nicht berührt (§ 1764, s. aber auch §§ 1765, 1766).

6. Das durch die Annahme begründete Rechtsverhältniß kann durch Vertrag wieder aufgehoben werden (§§ 1768 ff.). Die Aufhebung tritt kraft Gesetzes ein in Folge einer der Vorschrift des § 1311 zuwider bethätigten Eheschließung (§ 1771 Abs. 1).

7. Gemäß § 11 theilt ein an Kindesstatt angenommenes Kind den Wohnsitz des Annehmenden. Eine erst nach dem Eintritt der Volljährigkeit des Kindes erfolgende Annahme an Kindesstatt hat keinen Einfluß auf den Wohnsitz des Kindes. Nach § 2 Abs. 2 des Gesetzes über die Erwerbung und den Verlust der Bundes- und Staatsangehörigkeit vom 1. Juni 1870 wird durch Adoption für das Kind die Staatsangehörigkeit des Adoptivvaters nicht begründet. Hinsichtlich ihrer Heimath stehen nach Art. 1 Abs. 3 des bayr. Heimathgesetzes vom $\frac{\text{16. April 1868}}{\text{11. Juni 1896}}$ die volladoptirten und arrogirten Kinder den ehelichen gleich.

8. Die religiöse Erziehung eines angenommenen Kindes bestimmt sich gemäß E.G. Art. 134 nach Landesrecht (M. IV, 896). Die für Bayern maßgebende Beil. II zu Tit. IV § 9 der Verfassungsurkunde vom 26. Mai 1818 enthält in dieser Beziehung keine Bestimmungen (§ 19 dieser Beilage, den die Motive IV, 986 als einschlägige Vorschrift erwähnen, spricht nur von „Pflegekindern"); vgl. hierüber Seydel, bayr. Staatsrecht, 2. Aufl., Bd. 3 S. 507 ff.

9. Ueber das Sonderrecht der Landesherren, der Mitglieder der landesherrlichen und diesen gleichgestellten Familien, sowie des hohen Adels s. E.G. Art. 57, 58. In Bayern ist gemäß Tit. II § 5 des kgl. Familienstatuts vom 5. August 1819 keinem Mitgliede des königlichen Hauses eine Adoption gestattet. Ob der Adel durch die Annahme an Kindesstatt übertragen wird, bestimmt sich gemäß E.G. Art. 55 nach Landesrecht (vgl. die in Anm. 6 zu § 1706 a. E. erwähnten Schriftsteller, s. auch Anm. 7 zu § 1758). Für Bayern ist in dieser Beziehung entscheidend § 2 der Beil. V zu Tit. V § 4 der Verfassungsurkunde vom 26. Mai 1818, wonach durch Adoption der Adel nur mit ausdrücklicher königlicher Bewilligung (welche dann für eine neue Verleihung gilt) übertragen werden kann und überdies die Einwilligung der Agnaten erforderlich ist, falls der Adoptirte den Besitz der adeligen Titel und Wappen der Familie desjenigen erlangen soll, von welchem er sein Recht ableitet. Desgleichen bestimmt sich gemäß E.G. Art. 59 nach Landesrecht, ob durch die Annahme an

Kindesstatt ein Erbrecht in Familienfideikommisse, Lehen und Stammgüter begründet wird. Ueber die in dieser Beziehung für Bayern geltenden Vorschriften s. Anm. 5 zu § 1759.

10. Hinsichtlich der Eintragung in das standesamtliche Geburtsregister bestimmt § 26 des Personenstandsgesetzes, daß, wenn die Standesrechte einer Person durch Annahme an Kindesstatt eine Veränderung erleiden, dieser Vorgang, wenn er durch öffentliche Urkunden nachgewiesen wird, auf Antrag eines Betheiligten am Rande der über den Geburtsfall vorgenommenen Eintragung zu vermerken ist.

11. Ueber das Ehehinderniß der Adoptivverwandtschaft s. §§ 1311, 1771; über die Strafbarkeit von Adoptiveltern, welche mit ihren Kindern unzüchtige Handlungen vornehmen, s. St.G.B. § 174 Abs. 1 Nr. 1; über die Ausschließung vom Amte des Richters, Schöffen, Geschworenen, Gerichtsschreibers wegen Adoptivverwandtschaft mit einer Partei, dem Beschuldigten oder Verletzten s. C.P.O. §§ 41 Nr. 3, 49 n. Nr., St.P.O. §§ 22 Nr. 3, 31, 32; über das Recht der Verweigerung des Zeugnisses wegen Adoptivverwandtschaft mit einer Partei oder dem Beschuldigten s. C.P.O. §§ 383 Abs. 1 Nr. 3, Abs. 2, 384 Nr. 1, 2, 385 Abs. 1, 393 Abs. 1 Nr. 3, Abs. 2 n. Nr., St.P.O. §§ 51 Abs. 1 Nr. 3, Abs. 2, 54, 55, 57.

12. Internationales Privatrecht. Gemäß E.G. Art. 22 bestimmt sich die Annahme an Kindesstatt, wenn der Annehmende zur Zeit der Annahme die Reichsangehörigkeit besitzt, nach den deutschen Gesetzen. Gehört der Annehmende einem fremden Staate an, während das Kind die Reichsangehörigkeit besitzt, so ist die Annahme unwirksam, wenn die nach den deutschen Gesetzen erforderliche Einwilligung des Kindes oder eines Dritten, zu dem das Kind in einem familienrechtlichen Verhältnisse steht, nicht erfolgt ist (M. IV, 969; s. auch E.G. Art. 29—31, 7 Abs. 3 Satz 2).

13. Uebergangsvorschrift. Gemäß Art. 209 E.G. bestimmt sich nach den bisherigen Gesetzen, inwieweit ein vor dem 1. Januar 1900 an Kindesstatt angenommenes Kind die rechtliche Stellung eines ehelichen Kindes hat und inwieweit der Vater und die Mutter die Pflichten und Rechte ehelicher Eltern haben (M. z. E.G. 302 ff.).

§ 1741.

Wer keine ehelichen Abkömmlinge hat, kann durch Vertrag mit einem Anderen diesen an Kindesstatt annehmen. Der Vertrag bedarf der Bestätigung durch das zuständige Gericht.

E. I, 1601 Abs. 2, 1602 Satz 1, 1617 Satz 1; II, 1625 Abs. 1, 1631 Satz 1, 1632 Abs. 1 Satz 1; III, 1717.

1. In Uebereinstimmung mit dem Gem.R. und P.L.R. (s. Vorbem. Ziff. 1) macht das B.G.B. die Zulässigkeit der Annahme an Kindesstatt davon abhängig, daß der Annehmende keine ehelichen Abkömmlinge hat (M. IV, 957 ff.; Z.G. IV, 453; bez. der Legitimation durch Ehelichkeitserklärung vgl. Anm. 1 zu § 1723). Legitimirte Kinder stehen auch in der hier fraglichen Beziehung gemäß §§ 1719, 1736 ehelichen Kindern gleich (M. IV, 959). Dagegen steht das Vorhandensein unehelicher Abkömmlinge der Annahme nicht im Wege, gleichviel, ob der Annehmende ein Mann oder eine Frau ist. Ebensowenig wird die Annahme an Kindesstatt dadurch ausgeschlossen, daß der Annehmende bereits ein Kind oder mehrere Kinder an Kindesstatt angenommen hat (§ 1743), oder daß zur Zeit der Annahme ein ehelicher Abkömmling als nasciturus vorhanden ist, mag sich auch der Annehmende hierüber im Irrthum befunden haben (M. IV, 958; Z.G. IV, 454). Ist das Nichtvorhandensein eines nasciturus im Annahmevertrag als Bedingung der Annahme gesetzt, so ist der Annahmevertrag nach § 1743 nichtig. Ist ein ehelicher Abkömmling des Annehmenden vorhanden, aber für todt erklärt, so ist die Annahme nach § 18 Abs. 1 zulässig; stellt sich aber später heraus, daß der Abkömmling zur Zeit des Annahmevertrags noch am Leben war, so ist die Annahme an Kindesstatt nichtig (M. IV, 958). Von dem Erfordernisse des Mangels ehelicher Abkömmlinge kann nicht dispensirt werden (M. IV, 958; vgl. § 1745; der in der II. Komm. gestellte Antrag auf Zulassung der Dispensation wurde abgelehnt, P. IV, 719 ff.). Selbstverständlich wird die Gültigkeit der Annahme durch den Umstand nicht berührt, daß der Annehmende nach der Annahme eheliche Kinder bekommt.

2. Die Annahme an Kindesstatt erfolgt durch Vertrag (der in der II. Komm. gestellte Antrag, den Ausdruck „Vertrag" durch „Einigung" zu ersetzen, wurde abgelehnt, P. IV, 725). Der Annahmevertrag muß gemäß § 1750 Abs. 2 bei gleichzeitiger Anwesenheit beider Theile vor Gericht oder Notar geschlossen werden. Ueber Vertretung beim Vertragsabschluß s. §§ 1750, 1751. Soll die Annahme ihre Wirkungen auch auf einen zur Zeit des Vertragsabschlusses schon vorhandenen Abkömmling des Kindes und die später

geborenen Abkömmlinge eines solchen Abkömmlings erstrecken, so muß der Vertrag auch mit dem schon vorhandenen Abkömmling geschlossen werden (§ 1762 Satz 2). Auch die Aufhebung des durch die Annahme begründeten Rechtsverhältnisses erfolgt durch Vertrag (§§ 1768 Abs. 2, 1769).

3. Ueber die Anfechtung des Annahmevertrags und die Bestätigung des anfechtbaren Annahmevertrags s. § 1755 und Anm. hiezu.

4. Inhalt des Annahmevertrags. Im Annahmevertrag kann die Nutznießung des Annehmenden am Vermögen des Kindes, das Erbrecht des Kindes dem Annehmenden gegenüber und das Recht des Kindes, dem neuen Namen seinen früheren Familiennamen beizufügen, ausgeschlossen werden. Im Uebrigen kann der Annahmevertrag die gesetzlichen Wirkungen der Annahme nicht abändern (§§ 1767, 1758 Abs. 2).

5. Der Annahmevertrag bedarf zu seiner Wirksamkeit der Bestätigung durch das zuständige Gericht. Das Erforderniß der Bestätigung hat nicht die Bestimmung, die Zweckmäßigkeit des Annahmevertrags vom Standpunkte der Betheiligten aus zu prüfen, sondern den Abschluß ungültiger Annahmeverträge und die hieraus sich ergebenden Verwicklungen zu verhüten (M. IV, 973). Die Bestätigung ist nicht Gnadensache, wie die Ehelichkeitserklärung (§ 1734), kann vielmehr nur versagt werden, wenn ein gesetzliches Erforderniß der Annahme an Kindesstatt fehlt (§ 1754 Abs. 2 Satz 1). Sind die sämmtlichen gesetzlichen Voraussetzungen gegeben, so muß die Bestätigung ertheilt werden und kann auch nicht etwa von der Erlegung einer Sicherheit abhängig gemacht werden, wie in der II. Komm. im Widerspruch mit dem klaren Wortlaut des Gesetzes behauptet worden ist (P. IV, 732). Mit der Bestätigung tritt die Annahme an Kindesstatt in Kraft; die Vertragschließenden sind schon vor der Bestätigung gebunden; mit der endgültigen Versagung der Bestätigung verliert der Vertrag seine Kraft (§ 1754 Abs. 1, Abs. 2 Satz 2). Nach § 1770 bedarf auch der auf Wiederaufhebung des durch die Annahme begründeten Rechtsverhältnisses gerichtete Vertrag der Bestätigung durch das zuständige Gericht.

6. Zuständig zur Bestätigung des Annahmevertrags ist nach F.G. §§ 65, 66 das Amtsgericht, in dessen Bezirke der Annehmende zu der Zeit, zu welcher der Antrag auf Bestätigung eingereicht oder nach Maßgabe des § 1753 Abs. 2 B.G.B. das Gericht oder der Notar mit der Einreichung betraut wird, seinen Wohnsitz oder, in Ermangelung eines inländischen Wohnsitzes, seinen Aufenthalt hat. Ist der Annehmende ein Deutscher und hat er im Inlande weder Wohnsitz noch Aufenthalt, so ist das Gericht zuständig, in dessen Bezirke der Annehmende seinen letzten inländischen Wohnsitz hatte. In Ermangelung eines solchen Wohnsitzes wird das zuständige Gericht, falls der Annehmende einem Bundesstaat angehört, von der Landesjustizverwaltung, anderenfalls von dem Reichskanzler bestimmt. Ist die Bestätigung durch ein sachlich unzuständiges Gericht erfolgt, so ist dieselbe nichtig. Dagegen ist der Mangel der örtlichen Zuständigkeit auf die Wirksamkeit der Bestätigung ohne Einfluß (M. IV, 974; F.G. § 7).

7. Rechtsmittel. Gegen den Beschluß, durch welchen die Bestätigung ertheilt wird, findet kein Rechtsmittel, gegen den die Bestätigung versagenden Beschluß findet sofortige Beschwerde statt. Dieselbe steht jedem der Vertragschließenden zu, auch wenn der Antrag auf Bestätigung von ihm nicht gestellt war (F.G. § 68).

§ 1742.

Die Annahme an Kindesstatt kann nicht unter einer Bedingung oder einer Zeitbestimmung erfolgen.

E. I, 1615; II, 1630; III, 1718.

1. Die Vorschrift des § 1742 entspricht den meisten bisherigen Rechten (bezüglich des Gem.R. und des P.L.R. vgl. Dernburg, Pand. Bd. 3 S. 61; Bl. f. R.A. XVIII, 63* ff.) und ergibt sich aus dem Wesen der Annahme als der Begründung eines Eltern- und Kindesverhältnisses (M. IV, 971: vgl. §§ 388 Satz 2, 925 Abs. 2, 1317 Abs. 2, 1598 Abs. 2, 1724, 1768 Abs. 1 Satz 2, 1947, 2180 Abs. 2 Satz 2, 2202 Abs. 2 Satz 2). Ein unter Beifügung einer Bedingung oder Zeitbestimmung geschlossener Annahmevertrag ist nichtig. Dagegen ist die Beifügung einer anderweitigen Nebenbestimmung auf die Gültigkeit des Annahmevertrags ohne Einfluß (Anm. 1 zu § 1756; vgl. Anm. 4b zu § 1317; Anm. 4 zu § 1589; Anm. zu § 1724; hinsichtlich der Voraussetzung des Nichtvorhandenseins eines nasciturus s. Anm. 1 zu § 1741).

2. Nach § 1768 Abs. 1 Satz 2 kann auch die Aufhebung des durch die Annahme begründeten Rechtsverhältnisses nicht unter einer Bedingung oder Zeitbestimmung erfolgen.

§ 1743.

Das Vorhandensein eines angenommenen Kindes steht einer weiteren Annahme an Kindesstatt nicht entgegen.

E. I, 1602 Satz 2; II, 1625 Abs. 2; III, 1719.

Da gemäß § 1757 Abs. 1 das an Kindesstatt angenommene Kind die rechtliche Stellung eines ehelichen Kindes des Annehmenden erlangt, beim Vorhandensein ehelicher Abkömmlinge aber die Annahme nach § 1741 Satz 1 nicht zulässig ist, so würde an sich das Vorhandensein eines angenommenen Kindes einer weiteren Annahme an Kindesstatt im Wege stehen. Dieser Konsequenz tritt die Bestimmung des § 1743 entgegen. Ueber das in dieser Beziehung bisher geltende Recht s. M. IV, 959.

§ 1744.

Der Annehmende muß das fünfzigste Lebensjahr vollendet haben und mindestens achtzehn Jahre älter sein als das Kind.

E. I, 1603, Abs. 1, 1604 Abs. 1; II, 1626 Abs. 1; III, 1720.

1. Während nach P.L.R. der Adoptivvater mindestens 60 Jahre alt sein muß (Vorbem. Ziff. 1; über andere Rechte s. M. IV, 960), beschränkt das B.G.B. dieses Erforderniß auf die Vollendung des 50. Lebensjahres, da mit diesem Zeitpunkte die Wahrscheinlichkeit der Erzielung eigener Kinder auf dem Wege der ehelichen Zeugung geringer geworden ist (M. IV, 960; vgl. Z.G. IV, 454). Das weitere Erforderniß der Altersdifferenz von 18 Jahren zwischen dem Annehmenden und dem Kind entspricht dem Gem.R. (s. Vorbem. Ziff. 1; bez. des P.L.R. vgl. Bl. f. R.A. LIX, 180 Note*; über andere Rechte s. M. IV, 960 ff.). In der II. Komm. wurde beantragt, im Anschluß an das P.L.R. es für genügend zu erklären, wenn der Annehmende älter als das Kind sei. Der Antrag wurde aber abgelehnt, da durch die Annahme an Kindesstatt ein Verhältniß begründet werde, bei welchem ein erheblicher Altersunterschied zwischen dem Annehmenden und dem Kind als die natürliche Voraussetzung erscheine (P. IV, 720).

2. Ueber Befreiung von den obenerwähnten Erfordernissen s. § 1745.

§ 1745.

Von den Erfordernissen des § 1744 kann Befreiung bewilligt werden, von der Vollendung des fünfzigsten Lebensjahrs jedoch nur, wenn der Annehmende volljährig ist.

Die Bewilligung steht dem Bundesstaate zu, dem der Annehmende angehört; ist der Annehmende ein Deutscher, der keinem Bundesstaat angehört, so steht die Bewilligung dem Reichskanzler zu.

Ueber die Ertheilung der einem Bundesstaate zustehenden Bewilligung hat die Landesregierung zu bestimmen.

E. I, 1603 Abs. 2, 1604 Abs. 2, 1605; II, 1626 Abs. 2; III, 1721.

1 Zulässigkeit der Befreiung. Während von dem Erfordernisse des Mangels ehelicher Abkömmlinge des Annehmenden nicht dispensirt werden kann (s. Anm. 1 zu § 1741), kann Befreiung von den im § 1744 erwähnten Erfordernissen der Annahme an Kindesstatt bewilligt werden, und zwar von dem Erfordernisse der Altersdifferenz von 18 Jahren zwischen dem Annehmenden und dem Kind unbedingt, von dem Erfordernisse der Vollendung des 50. Lebensjahrs seitens des Annehmenden unter der Voraussetzung, daß derselbe volljährig (§ 2) ist (M. IV, 960, 961; Z.G. IV, 454, 455; vgl. P.L.R. Thl. 1 cap. 5 § 10 Ziff. 2). Volljährigkeitserklärung steht gemäß § 3 Abs. 2 der Volljährigkeit gleich. Daß der Annehmende voraussichtlich kein eheliches Kind mehr bekommen könne, ist im Gegensatz zum P.L.R. zur Bewilligung der Befreiung nicht erforderlich (M. IV, 960).

2. Die Befugniß zur Ertheilung der Bewilligung steht dem Bundesstaate zu, dem der Annehmende angehört, nicht, wie in der II. Komm. beantragt wurde, dem zur Bestätigung des Annahmevertrags zuständigen Gericht (P. IV, 719; vgl. §§ 1322 Abs. 1, 1723 Abs. 2, E.G. Art. 22 Abs. 2). Die Staatsangehörigkeit bemißt sich nach dem Gesetz vom 1. Juni 1870 über die Erwerbung u. d. Verlust d. Bundes- und Staatsangehörigkeit

in der durch E.G. Art. 41 festgesetzten Fassung. Gehört der Annehmende mehreren Bundesstaaten an, so ist die Bewilligung der Befreiung seitens dieser sämmtlichen Bundesstaaten erforderlich (s. Anm. 3 zu § 1322 und Berichtigung hiezu). Ueber den Fall, daß der Annehmende, obwohl Deutscher, keinem Bundesstaate angehört, s. § 6 des R.G. betr. die Rechtsverh. d. deutschen Schutzgebiete vom 17. April 1886 in der durch Art. II des R.G. wegen Abänderung dieses Gesetzes vom 15. März 1888 (R.G.Bl. 1888 S. 71) festgesetzten Fassung.

3. Durch wen in den einzelnen Bundesstaaten das Recht zur Ertheilung der Bewilligung ausgeübt werden soll, hat nach dem bei der 2. Lesung der II. Komm. beigefügten Abs. 3 des § 1745 die Landesregierung zu bestimmen (P.M. 8678 ff.: vgl. §§ 1322 Abs. 3, 1723 Abs. 3). In Bayern war die Dispensation bisher dem König vorbehalten (vgl. Anm. 4 zu § 1322).

§ 1746.

Wer verheirathet ist, kann nur mit Einwilligung seines Ehegatten an Kindesstatt annehmen oder angenommen werden.

Die Einwilligung ist nicht erforderlich, wenn der Ehegatte zur Abgabe einer Erklärung dauernd außer Stande oder sein Aufenthalt dauernd unbekannt ist.

E. I, 1606, 1609, 1611 Satz 1; II, 1627; III, 1722.

1. Mit Rücksicht auf die Innigkeit der durch die Ehe begründeten Lebensgemeinschaft erfordert das B.G.B. sowohl, wenn der Annehmende, als wenn der Anzunehmende verheirathet ist, zur Gültigkeit des Annahmevertrags die Einwilligung des Ehegatten, gleichviel, ob der Annehmende bezw. Anzunehmende Mann oder Frau ist (M. IV, 961 ff., 963 ff.; vgl. § 1726 Abs. 1 Satz 2 und Anm. 3 zu § 1354; der in der II. Komm. gestellte Antrag, wonach die Einwilligung der Frau zur Annahme des Mannes nicht erforderlich sein sollte, wurde abgelehnt, P. IV, 721). Ist die Ehe des Annehmenden oder Anzunehmenden geschieden oder absolut nichtig oder im Falle relativer Nichtigkeit oder Anfechtbarkeit für nichtig erklärt, so ist die Einwilligung des Ehegatten natürlich nicht erforderlich. Die Aufhebung der ehelichen Gemeinschaft steht in dieser Beziehung der Scheidung nicht gleich (Ziff. 3 der Vorbem. zum Abschn. 1 Tit. 3, Anm. 3 zu § 1586). Ueber das Erforderniß der Einwilligung der Eltern des Anzunehmenden s. § 1747, über die Annahme als gemeinschaftliches Kind eines Ehepaares s. § 1749 Abs. 1.

2. Das Erforderniß der Einwilligung des Ehegatten des Annehmenden und Anzunehmenden fällt weg, wenn der Ehegatte todt oder für todt erklärt (E. I, 1611 Satz 1; vgl. Z.G. IV, 455 ff.) oder zur Erklärungsabgabe dauernd außer Stande oder sein Aufenthalt dauernd unbekannt ist (P. IV, 722; vgl. §§ 1305 Abs. 2, 1639 Abs. 2, 1726 Abs. 3, 1747 Satz 2, 1803 Abs. 3 Satz 2, 1883 Abs. 2 Satz 2, Anm. 2a zu § 1706). Ob eine dieser Voraussetzungen gegeben ist, hat das zur Bestätigung des Annahmevertrags zuständige Gericht (s. Anm. 6 zu § 1741) nach freiem Ermessen zu entscheiden. Auf die Wirksamkeit der Annahme an Kindesstatt ist es jedoch ohne Einfluß, wenn bei der Bestätigung des Annahmevertrags mit Unrecht eine der im § 1746 Abs. 2 erwähnten Thatsachen als gegeben erachtet und daher von der Einholung der Einwilligungserklärung des Ehegatten Umgang genommen worden ist (§ 1756).

3. Im E. I war ausdrücklich ausgesprochen, daß die Einwilligungserklärung des Ehegatten ersetzt wird durch dessen nachträgliche Zustimmung (Genehmigung), wenn dieselbe vor der Bestätigung des Annahmevertrags erfolgt. Durch die II. Komm. wurde diese Bestimmung als selbstverständlich gestrichen. Eine nach der Bestätigung erfolgende Genehmigung vermag dagegen die Nichtigkeit des Annahmevertrags nicht mehr zu heilen (M. IV, 965 ff.: Z.G. IV, 456; P. IV, 722; vgl. § 184 Abs. 1; Anm. 3 zu § 1750; Anm. 3 zu § 1751).

4. Die Einwilligungserklärung des Ehegatten des Annehmenden oder Anzunehmenden hat dem Annehmenden oder dem Kinde oder dem Gericht gegenüber zu erfolgen und ist unwiderruflich. Sie kann nicht durch einen Vertreter ertheilt werden. Ist der Ehegatte in der Geschäftsfähigkeit beschränkt, so bedarf er nicht der Zustimmung seines gesetzlichen Vertreters. Die Einwilligungserklärung bedarf der gerichtlichen oder notariellen Beurkundung (§ 1748).

5. Die Einwilligungserklärung des Ehegatten des Annehmenden oder Anzunehmenden hat den Charakter eines einseitigen Rechtsgeschäfts. Hinsichtlich der Nichtigkeit und Anfechtbarkeit derselben gelten, soweit das Gesetz nicht besondere Bestimmungen enthält (s. § 1755), die allgemeinen Grundsätze (§§ 104 ff., 116 ff.).

6. Ob die nach § 1746 erforderlichen Einwilligungserklärungen vorliegen, hat das zur Bestätigung des Annahmevertrags zuständige Gericht (s. Anm. 6 zu § 1741) zu prüfen und beim Mangel dieses Erfordernisses die Bestätigung zu versagen. Ist trotz des Mangels einer nach § 1746 erforderlichen Einwilligungserklärung die Bestätigung ertheilt worden, so ist der Annahmevertrag (von der Sondervorschrift des § 1756 abgesehen) nichtig (Anm. 1 zu § 1756).

§ 1747.

Ein eheliches Kind kann bis zur Vollendung des einundzwanzigsten Lebensjahrs nur mit Einwilligung der Eltern, ein uneheliches Kind kann bis zum gleichen Lebensalter nur mit Einwilligung der Mutter an Kindesstatt angenommen werden. Die Vorschrift des § 1746 Abs. 2 findet entsprechende Anwendung.

E. I, 1610, 1611 Satz 1; II, 1629; III, 1723.

1. Außer der Einwilligung der Ehegatten des Annehmenden und Anzunehmenden (§ 1746) ist zur Annahme an Kindesstatt weiter erforderlich die Einwilligung der beiden Eltern des Kindes bezw., wenn es sich um ein uneheliches Kind handelt, die Einwilligung seiner Mutter (vgl. § 1726 Abs. 1 Satz 1). Ueber die Gründe, aus welchen hier (anders wie bei der Eheschließung s. § 1305) die Einwilligung der beiden Eltern eines ehelichen Kindes erforderlich ist, s. M. IV, 964, s. auch M. IV, 714.

2. Die Einwilligung der Eltern bezw. der unehelichen Mutter ist nur bis zur Vollendung des 21. Lebensjahres des Kindes erforderlich (vgl. §§ 1305 Abs. 1 Satz 1, 1726 Abs. 1 Satz 1). Die Entwürfe I—III hatten das 25. Lebensjahr des Kindes als Grenze bezeichnet. Die Herabsetzung auf das 21. Lebensjahr entspricht der vom Reichstag beschlossenen Abänderung des § 1305 (Anm. 1b zu § 1305; vgl. Anm. 1c zu § 1726). Volljährigkeitserklärung (§ 3) steht der Erreichung des 21. Lebensjahrs nicht gleich (vgl. Anm. 2 zu § 1305, Anm. 1c zu § 1726, Anm. 2i zu §§ 1821, 1822).

3. Ist die Ehe der Eltern des Kindes relativ nichtig (s. Ziff. 3 der Vorbem. zu Abschnitt 1 Tit. 3) oder anfechtbar und angefochten, so ist, falls die Nichtigkeit oder Anfechtbarkeit der Ehe bei der Eheschließung nur dem Vater bekannt war, seine Einwilligung zur Annahme des Kindes an Kindesstatt nicht erforderlich. Dagegen ist die Einwilligung der Mutter auch dann erforderlich, wenn ihr, nicht aber dem Vater, die Nichtigkeit oder Anfechtbarkeit der Ehe bei der Eheschließung bekannt war (Anm. 2 zu § 1701, Anm. 4 zu § 1702). War die Nichtigkeit oder Anfechtbarkeit der Ehe bei der Eheschließung beiden Ehegatten bekannt, oder ist die Ehe absolut nichtig (s. Ziff. 3 der erwähnten Vorbem.), so gilt das Kind als unehelich (§ 1699), zu seiner Annahme an Kindesstatt ist daher nur die Einwilligung der Mutter erforderlich.

4. Ein durch nachfolgende Ehe legitimirtes Kind steht wie in anderer Beziehung, so auch hinsichtlich des Erfordernisses der elterlichen Einwilligung zu seiner Annahme an Kindesstatt einem ehelichen Kinde gleich (§ 1719). Ein durch Ehelichkeitserklärung legitimirtes Kind bedarf zur Annahme an Kindesstatt sowohl der Einwilligung seines Vaters als der seiner unehelichen Mutter (§§ 1736, 1737 Abs. 2; M. IV, 965; vgl. dagegen § 1305 Abs. 1 Satz 3).

5. Eine Ersetzung der von den Eltern des Kindes verweigerten Einwilligung durch das Vormundschaftsgericht ist ausgeschlossen, auch wenn die Einwilligung ohne jeden rechtfertigenden Grund versagt wird und das Unterbleiben der Annahme dem Kind zu unverhältnißmäßigem Nachtheile gereicht (vgl. dagegen §§ 1308, 1727).

6. Das Erforderniß der Einwilligung der Eltern bez. der unehelichen Mutter des Kindes fällt weg, wenn die einwilligungsberechtigten Personen todt, für todt erklärt, zur Erklärungsabgabe dauernd außer Stand oder dauernd unbekannten Aufenthalts sind (§ 1747 Satz 2; Z.G. IV, 455 ff.; P. IV, 721; vgl. § 1756 und Anm. 2 zu § 1746). Selbstverständlich kann von dem Erforderniß der elterlichen Einwilligung auch dann keine Rede sein, wenn der Familienstand des anzunehmenden Kindes nicht zu ermitteln ist (vgl. E. I, 1610 Abs. 2: M. IV, 965; § 1773 Abs. 2).

7. Hinsichtlich der Wirksamkeit nachträglicher Zustimmung (Genehmigung) der Eltern bezw. der unehelichen Mutter gilt das in Anm. 3 zu § 1746 Bemerkte.

8. Die Einwilligungserklärung der Eltern bezw. der unehelichen Mutter hat den Annehmenden oder dem Kinde oder dem Gericht gegenüber zu erfolgen und ist unwiderruflich. Sie kann nicht durch einen Vertreter ertheilt werden; ein in der Geschäftsfähigkeit beschränkter Elterntheil bedarf nicht der Zustimmung seines gesetzlichen Vertreters. Die Einwilligungserklärung bedarf der gerichtlichen oder notariellen Beurkundung (§ 1748).

9. Ueber die rechtliche Natur der Einwilligungserklärung, Nichtigkeit und Anfechtbarkeit derselben s. Anm. 5 zu § 1746.

10. Ob die nach § 1747 erforderlichen Einwilligungserklärungen vorliegen, hat das zur Bestätigung des Annahmevertrags zuständige Gericht (Anm. 6 zu § 1741) zu prüfen. Beim Mangel einer erforderlichen Einwilligungserklärung ist die Bestätigung zu versagen. Ist dieselbe trotzdem ertheilt worden, so ist der Annahmevertrag (von der Sondervorschrift des § 1756 abgesehen) nichtig (Anm. 1 zu § 1756).

§ 1748.

Die Einwilligung der in den §§ 1746, 1747 bezeichneten Personen hat dem Annehmenden oder dem Kinde oder dem für die Bestätigung des Annahmevertrags zuständigen Gerichte gegenüber zu erfolgen; sie ist unwiderruflich.

Die Einwilligung kann nicht durch einen Vertreter ertheilt werden. Ist der Einwilligende in der Geschäftsfähigkeit beschränkt, so bedarf er nicht der Zustimmung seines gesetzlichen Vertreters.

Die Einwilligungserklärung bedarf der gerichtlichen oder notariellen Beurkundung.

E. I, 1614, 1616 Abs. 2; II, 1636; III, 1724.

1. Nach E. I sollten die erforderlichen Einwilligungserklärungen nur einem der Vertragschließenden gegenüber erfolgen können. Durch die II. Komm. wurde auch die Erklärung gegenüber dem für die Bestätigung des Annahmevertrags zuständigen Gericht (Anm. 6 zu § 1741) für zulässig erklärt (P. IV, 725). Daß die Einwilligungserklärung unwiderruflich ist, enthält eine Abweichung von dem Grundsatz des § 183 (vgl. auch § 1726 Abs. 2 und Anm. 4 zu § 1726).

2. Mit Rücksicht auf ihre höchstpersönliche Natur können die nach §§ 1746, 1747 erforderlichen Einwilligungserklärungen nicht durch einen Vertreter, insbesondere auch nicht durch den gesetzlichen Vertreter ertheilt werden. Ist eine der einwilligungsberechtigten Personen geschäftsunfähig (§ 104), so ist die Annahme unzulässig (falls nicht etwa der in den §§ 1746 Abs. 2, 1747 Satz 2 erwähnte Ausnahmsfall vorliegt). Ist dagegen eine dieser Personen in der Geschäftsfähigkeit beschränkt (§§ 106, 114), so ist die Zustimmung ihres gesetzlichen Vertreters nicht erforderlich (M. IV, 970, 942, 944; vgl. §§ 1728 Abs. 1, 1729 Abs. 3, Anm. 1 zu § 1728, Anm. 2a zu § 1729). Die Ausnahmevorschrift des E. I, wonach die Einwilligung des gesetzlichen Vertreters erforderlich sein sollte, wenn der als Inhaber der elterlichen Gewalt zur elterlichen Nutznießung am Vermögen des anzunehmenden Kindes berechtigte Dritte in der Geschäftsfähigkeit beschränkt ist, wurde von der II. Komm. beseitigt (M. IV, 970 ff.; P. IV, 724). Ueber den Abschluß des Annahmevertrags durch einen Vertreter s. § 1750 Abs. 1 Satz 2.

3. Form der Einwilligungserklärung. Zu § 1748 Abs. 3 vgl. M. IV, 972, 944; s. auch § 1730 und Anm. 1 hiezu. Ueber die Form des Annahmevertrags s. § 1750 Abs. 2. Ist eine Annahmevertrag bestätigt worden, obwohl die erforderlichen Einwilligungserklärungen nicht in der durch § 1748 Abs. 3 vorgeschriebenen Form vorlagen, so ist der Annahmevertrag nichtig (Anm. 1 zu § 1756).

§ 1749.

Als gemeinschaftliches Kind kann ein Kind nur von einem Ehepaar angenommen werden.

Ein angenommenes Kind kann, solange das durch die Annahme begründete Rechtsverhältniß besteht, nur von dem Ehegatten des Annehmenden an Kindesstatt angenommen werden.

E. I, 1607, 1608; II, 1628; III, 1725.

1. Daß nur Ehegatten ein Kind als gemeinschaftliches Kind annehmen können, folgt aus dem Grundsatz „adoptio naturam imitatur", da Niemand das eheliche Kind mehrerer Personen sein kann, wenn dieselben nicht verheirathet sind oder waren (M. IV, 963). Das Kind erlangt in diesem Falle die rechtliche Stellung eines gemeinschaftlichen ehelichen Kindes der Ehegatten (§ 1757 Abs. 2, s. auch § 1306 Abs. 1 Satz 2).

2. Die weitere Annahme eines bereits an Kindesstatt angenommenen Kindes ist gemäß § 1749 Abs. 2 nur zulässig seitens des Ehegatten des ersten Annehmenden (M. IV, 962. Nach B.L.R. ist die Adoption eines bereits arrogirten Kindes unzulässig, s. Engelmann, Die rechtl. Stellung d. unehel. Kinder, S. 125). Das Kind erlangt in diesem Falle wie bei der Annahme als gemeinschaftliches Kind durch ein Ehepaar, die rechtliche Stellung eines gemeinschaftlichen ehelichen Kindes der Ehegatten (§ 1757 Abs. 2). Die sämmtlichen Voraussetzungen eines gültigen Annahmevertrags, insbesondere die gemäß § 1747 erforderlichen Einwilligungserklärungen der leiblichen Eltern bezw. der unehelichen Mutter müssen natürlich auch bei einer solchen zweiten Annahme an Kindesstatt vorhanden sein. Ist das durch die Annahme an Kindesstatt begründete Rechtsverhältniß wieder aufgehoben worden (§§ 1768 ff.), so kann das Kind von jedem Dritten neuerdings an Kindesstatt angenommen werden.

3. Zur Aufhebung des durch die Annahme begründeten Rechtsverhältnisses ist in den beiden im § 1749 erwähnten Fällen die Mitwirkung beider Ehegatten erforderlich (§ 1768 Abs. 3, s. auch § 1769 Satz 2).

§ 1750.

Der Annahmevertrag kann nicht durch einen Vertreter geschlossen werden. Hat das Kind nicht das vierzehnte Lebensjahr vollendet, so kann sein gesetzlicher Vertreter den Vertrag mit Genehmigung des Vormundschaftsgerichts schließen.

Der Annahmevertrag muß bei gleichzeitiger Anwesenheit beider Theile vor Gericht oder vor einem Notar geschlossen werden.

E. I, 1612, 1613 Abs. 2 Satz 2, 1616 Abs. 1; II, 1631 Satz 2, 1633; III, 1726.

1. Mit Rücksicht auf die höchstpersönliche Natur des Annahmevertrags erklärt das B.G.B. den Abschluß desselben durch einen Vertreter, insbesondere durch den gesetzlichen Vertreter, für unzulässig (vgl. § 1748 Abs. 2 Satz 1). Ist jedoch der Anzunehmende noch nicht 14 Jahre alt, so kann an seiner Stelle sein gesetzlicher Vertreter, der hiezu der Genehmigung des Vormundschaftsgerichts bedarf, den Vertrag schließen, gleichviel, ob der Anzunehmende unter elterlicher Gewalt oder unter Vormundschaft steht. Ueber die Zuständigkeit des Vormundschaftsgerichts und die gegen dessen Entscheidung zulässigen Rechtsmittel s. F.G. §§ 43, 36, 19 ff., 59. Selbstverständlich kann das Vormundschaftsgericht seine Genehmigung von vorgängiger Sicherheitsleistung abhängig machen (M. IV, 986). Ist der Anzunehmende aus anderen Gründen als wegen noch nicht vollendeten 7. Lebensjahrs geschäftsunfähig (§ 104 Nr. 2, 3), so ist die Annahme an Kindesstatt unzulässig. Der in der II. Komm. gestellte Antrag, hier wie im Falle des § 1728 Abs. 2 das geschäftsunfähige Kind dem noch nicht 14 Jahre alten Kind gleichzustellen, wurde abgelehnt (P. IV, 722). Ist der Anzunehmende mehr als 14 Jahre alt, aber noch nicht volljährig oder für volljährig erklärt, oder aus anderen Gründen als wegen Minderjährigkeit in der Geschäftsfähigkeit beschränkt (§ 114), so bedarf er zum Abschluß des Annahmevertrags der Zustimmung seines gesetzlichen Vertreters und der Genehmigung des Vormundschaftsgerichts. Ebenso ist die Annahme an Kindesstatt unzulässig, wenn der Annehmende geschäftsunfähig ist, während der in der Geschäftsfähigkeit beschränkte Annehmende der Zustimmung seines gesetzlichen Vertreters und der Genehmigung des Vormundschaftsgerichts bedarf (§ 1751, vgl. M. IV, 969, 970, 942 ff.; Z.G. IV, 456, s. auch §§ 1728, 1729 und Anm. hiezu).

2. Der Grundsatz des § 1750 Abs. 1 Satz 2 findet entsprechende Anwendung, wenn der Anzunehmende zur Zeit des Vertragsabschlusses einen Abkömmling hat und die Wirkungen der Annahme sich auch auf diesen und dessen später geborene Abkömmlinge erstrecken sollen (§ 1762 Satz 2). Hat also ein solcher Abkömmling das 14. Lebensjahr noch nicht vollendet, so kann sein gesetzlicher Vertreter mit Genehmigung des Vormundschaftsgerichts den Annahmevertrag für ihn mitabschließen (M. IV, 979; vgl. Anm. 2 zu § 1751 und Anm. 2 zu § 1762).

3. Ist der Annahmevertrag trotz Mangels der nach § 1750 Abs. 1 Satz 2 erforderlichen Genehmigung des Vormundschaftsgerichts bestätigt worden, so bemißt sich seine Gültigkeit nach den Grundsätzen der §§ 1643 Abs. 3, 1829, 1830. Die nachträgliche Genehmigung des Vormundschaftsgerichts kann auch nach der Bestätigung des Annahmevertrags mit Rechtswirksamkeit erfolgen und hat rückwirkende Kraft (§ 184; s. M. IV, 970; vgl. Anm. 3 zu § 1751 und andererseits Anm. 3 zu § 1746).

4. Der Annahmevertrag bedarf wie die erforderlichen Einwilligungserklärungen (§ 1748 Abs. 3) der gerichtlichen oder notariellen Beurkundung (nach P.L.R. war nur Schriftlichkeit erforderlich. Ueber das Gem.R. und P.L.R. s. Vorbem. Ziff. 1, über andere Rechte s. M. IV, 971 ff. Vgl. auch Anm. zu § 126, E.G. Art. 141). Abweichend von dem Grundsatze des § 128 bestimmt aber § 1750 Abs. 2, daß die Vertragschließenden gleichzeitig bei Gericht oder Notar anwesend sein müssen (M. IV, 972: vgl. §§ 925 Abs. 1, 1317 Abs. 1 Satz 1). Wird der Vertrag auch mit einem Abkömmling des Anzunehmenden geschlossen (§ 1762 Satz 2), so ist natürlich auch dessen gleichzeitige Anwesenheit bei Gericht oder Notar erforderlich. Der Mangel der nach § 1750 Abs. 2 vorgeschriebenen Form bewirkt Nichtigkeit des Annahmevertrags, auch wenn derselbe die gerichtliche Bestätigung erhalten haben sollte (Anm. 1 zu § 1756).

5. Zur Prüfung, ob die gesetzlichen Erfordernisse der Annahme an Kindesstatt vorhanden sind, ist das beurkundende Gericht bezw. der beurkundende Notar nicht verpflichtet. Diese Prüfung obliegt vielmehr lediglich dem zur Bestätigung des Annahmevertrags zuständigen Gericht (Anm. 6 zu § 1741; vgl. M. IV, 972).

6. Mit dem Abschlusse des Annahmevertrags vor Gericht oder Notar (nicht erst mit der Bestätigung durch das zuständige Gericht) sind die Vertragschließenden gebunden. Mit der endgültigen Versagung der Bestätigung verliert der Vertrag seine Kraft (§ 1754 Abs. 1 Satz 2, Abs. 2 Satz 2).

7. Die Vorschriften des § 1750 gelten gemäß § 1770 auch für die vertragsmäßige Aufhebung des durch die Annahme begründeten Rechtsverhältnisses.

§ 1751.

Ist der Annehmende in der Geschäftsfähigkeit beschränkt, so bedarf er zur Eingehung des Vertrags, außer der Zustimmung seines gesetzlichen Vertreters, der Genehmigung des Vormundschaftsgerichts.

Das Gleiche gilt für das Kind, wenn es in der Geschäftsfähigkeit beschränkt ist.

E. I, 1613 Abs. 1, 2 Satz 1; II, 1634; III, 1727.

1. Nach § 1750 Abs. 1 Satz 1 kann der Annahmevertrag nicht durch einen Vertreter geschlossen werden. Die Annahme an Kindesstatt ist also, von der Ausnahmebestimmung des § 1750 Abs. 1 Satz 2 abgesehen, unzulässig; wenn der Annehmende oder der Anzunehmende geschäftsunfähig (§ 104) ist. Ist dagegen der Annehmende oder Anzunehmende in der Geschäftsfähigkeit beschränkt (§§ 106, 114), so ist der Annahmevertrag zulässig. Der in der Geschäftsfähigkeit Beschränkte bedarf aber, gleichviel, ob er unter elterlicher Gewalt oder unter Vormundschaft steht, der Zustimmmung seines gesetzlichen Vertreters, sowie der Genehmigung des Vormundschaftsgerichts (M. IV, 970, 943 ff.; Z.G. VI, 641; vgl. § 1729 Abs. 1, 2). Ueber Zuständigkeit des Vormundschaftsgerichts und die gegen dessen Entscheidung zulässigen Rechtsmittel s. F.G. §§ 43, 36, 19 ff., 59. Die Genehmigung des Vormundschaftsgerichts kann von der Erlegung einer Sicherheit abhängig gemacht werden (M. IV, 986). Gemäß § 1750 Abs. 1 Satz 2 besteht eine Ausnahme insofern, als für ein wegen noch nicht vollendeten 14. Lebensjahrs in der Geschäftsfähigkeit beschränktes Kind der Annahmevertrag nur durch dessen gesetzlichen Vertreter mit Genehmigung des Vormundschaftsgerichts geschlossen werden kann (Anm. 1 zu § 1750).

2. Die Vorschrift des § 1751 findet entsprechende Anwendung, wenn ein gemäß § 1762 Satz 2 zum Vertragsabschluß beigezogener Abkömmling des Anzunehmenden aus anderen Gründen als wegen noch nicht vollendeten 14. Lebensjahrs in der Geschäftsfähigkeit beschränkt ist (vgl. Anm. 2 zu § 1750, Anm. 2 zu § 1762).

3. Ist ein Annahmevertrag trotz Mangels der nach § 1751 erforderlichen Zustimmung des gesetzlichen Vertreters bestätigt worden, so bemißt sich seine Gültigkeit nach den §§ 108, 109, während beim Mangel der nach § 1751 erforderlichen Genehmigung des Vormundschaftsgerichts die Vorschriften der §§ 1643 Abs. 3, 1829, 1830 Anwendung finden. Die nachträgliche Genehmigung des gesetzlichen Vertreters bezw. des Vormundschaftsgerichts kann auch nach der Bestätigung des Annahmevertrags mit Rechtswirksamkeit erfolgen und hat rückwirkende Kraft (§ 184; s. M. IV, 970; vgl. Anm. 3 zu § 1750 und andererseits Anm. 3 zu § 1746).

4. Die Bestimmungen des § 1751 gelten gemäß § 1770 auch für die vertragsmäßige Aufhebung des durch die Annahme begründeten Rechtsverhältnisses.

§ 1752.

Will ein Vormund seinen Mündel an Kindesstatt annehmen, so soll das Vormundschaftsgericht die Genehmigung nicht ertheilen, solange der Vormund im Amte ist. Will Jemand seinen früheren Mündel an Kindesstatt annehmen, so soll das Vormundschaftsgericht die Genehmigung nicht ertheilen, bevor er über seine Verwaltung Rechnung gelegt und das Vorhandensein des Mündelvermögens nachgewiesen hat.

Das Gleiche gilt, wenn ein zur Vermögensverwaltung bestellter Pfleger seinen Pflegling oder seinen früheren Pflegling an Kindesstatt annehmen will.

E. I, 1613 Abs. 3, 4; II, 1635; III, 1728.

1. Annahme des Mündels durch den Vormund. Wie das Gem.R. und das P.L.R. (Vorbem. Ziff. 1; über andere Rechte s. M. IV, 970), trifft auch das B.G.B. Vorsorge, daß nicht die Annahme an Kindesstatt seitens des Annehmenden dazu mißbraucht werde, seine fehlerhafte oder ungetreue Verwaltung als Vormund zu verdecken (vgl. Anm. 2 zu § 1759). Zu diesem Zweck ist dem Vormundschaftsgericht untersagt, die nach §§ 1750 Abs. 1 Satz 2, 1751 Abs. 2 erforderliche Genehmigung zu ertheilen:

a) zur Annahme eines Mündels durch den Vormund;

b) zur Annahme eines Mündels durch dessen früheren Vormund, solange derselbe nicht der ihm nach § 1890 obliegenden Pflicht zur Rechenschaftsablegung über die von ihm geführte Vermögensverwaltung Genüge gethan und das Vorhandensein des Mündelvermögens nachgewiesen hat (M. IV, 970; P. IV, 723 ff.).

2. Das Gleiche gilt, wenn der Anzunehmende unter Pflegschaft steht (§§ 1909 ff.), jedoch dem Zwecke der Vorschrift entsprechend nur für den Fall, daß der Pfleger mit der Vermögensverwaltung betraut ist oder war, also nicht, wenn lediglich zur Sorge für die Person des Anzunehmenden eine Pflegschaft eingeleitet worden ist (s. auch Anm. 1 zu § 1915).

3. Gemäß § 1693 findet die Vorschrift des § 1752 auch auf den der Mutter als Inhaberin der elterlichen Gewalt bestellten Beistand Anwendung, falls demselben die Vermögensverwaltung ganz oder theilweise übertragen worden ist.

4. Die Bestimmung des § 1752 ist lediglich eine Ordnungsvorschrift („soll"). Auf die Gültigkeit der Annahme an Kindesstatt ist es demnach ohne Einfluß, wenn dieser Vorschrift zuwider das Vormundschaftsgericht seine Genehmigung ertheilt hat. Auch darf das zur Bestätigung des Annahmevertrags zuständige Gericht (Anm. 6 zu § 1741), wenn die Genehmigung des Vormundschaftsgerichts vorliegt, nicht unter Berufung auf § 1752 die Bestätigung versagen. Selbstverständlich ist aber der Vormundschaftsrichter für den dem Kind aus der im Widerspruch mit § 1752 ertheilten Genehmigung erwachsenden Schaden nach Maßgabe des § 1848 haftbar.

§ 1753.

Die Bestätigung des Annahmevertrags kann nicht nach dem Tode des Kindes erfolgen.

Nach dem Tode des Annehmenden ist die Bestätigung nur zulässig, wenn der Annehmende oder das Kind den Antrag auf Bestätigung bei dem zuständigen Gericht eingereicht oder bei oder nach der gerichtlichen oder notariellen Beurkundung des Vertrags das Gericht oder den Notar mit der Einreichung betraut hat.

Die nach dem Tode des Annehmenden erfolgte Bestätigung hat die gleiche Wirkung, wie wenn sie vor dem Tode erfolgt wäre.

E. I, 1618; II, 1637; III, 1729.

1. Tod des Kindes. Ebensowenig wie die Ehelichkeitserklärung nach dem Tode des Kindes, kann die Bestätigung des Annahmevertrags nach dem Tode des Anzunehmenden erfolgen (M. IV, 976 ff.; vgl. § 1733 Abs. 1 und Anm. 1 zu § 1733). Ist der Anzunehmende vor der Bestätigung des Annahmevertrags gestorben, so ist der Annahmevertrag nichtig

(Anm. 1 zu § 1756). Stirbt ein Abkömmling des Kindes, welcher den Vertrag mit abgeschlossen hat, vor der Bestätigung des Annahmevertrags, so tritt hinsichtlich seiner die im § 1762 Satz 2 erwähnte Rechtswirkung nicht ein. Der Umstand, daß eine der nach den §§ 1746, 1747 einwilligungsberechtigten Personen nach der Ertheilung ihrer Einwilligung, aber vor der Bestätigung des Annahmevertrags gestorben ist, macht die Bestätigung natürlich nicht unzulässig, da diese Einwilligungserklärungen gemäß § 1748 Abs. 1 unwiderruflich sind.

2. Tod des Annehmenden. Nach E. I sollte der Annahmevertrag auch dann nicht wirksam werden, wenn der Annehmende vor der Bestätigung des Annahmevertrags gestorben ist (M. IV, 976 ff.). Abweichend hievon ist nach dem auf Beschluß der II. Komm. beruhenden Abs. 2 des § 1753 die Bestätigung des Annahmevertrags auch nach dem Tode des Annehmenden zulässig, vorausgesetzt, daß entweder der Annehmende oder das Kind den Antrag auf Bestätigung bereits bei dem zuständigen Gericht (Anm. 6 zu § 1741) eingereicht oder bei oder nach der Beurkundung (§ 1750 Abs. 2) Gericht oder Notar mit der Einreichung betraut hat (P. IV, 726 ff.; V, 145 ff.; vgl. §§ 1733 Abs. 2, 81 Abs. 2 Satz 3, s. auch § 130 Abs. 2). War dies der Fall und erfolgt nach dem Tode des Annehmenden die Bestätigung, so übt dieselbe die gleiche Wirkung aus, als wenn sie noch zu Lebzeiten des Annehmenden erfolgt wäre (vgl. § 1733 Abs. 3). Hatte dagegen der Annehmende weder den Antrag auf Bestätigung bei dem zuständigen Gericht eingereicht noch Gericht oder Notar mit der Einreichung betraut, so vermag die nach seinem Tode erfolgende Bestätigung des Annahmevertrags die Nichtigkeit desselben nicht zu beseitigen (Anm. 1 zu § 1756).

3. Geschäftsunfähigkeit. Wird der Annehmende vor der Bestätigung des Annahmevertrags geschäftsunfähig (§ 104), so ist die Bestätigung nur unter den gleichen Voraussetzungen wie nach dem Tode des Annehmenden zulässig. Dagegen ist es auf die Zulässigkeit der Bestätigung ohne Einfluß, wenn das Kind oder ein gemäß § 1762 Satz 2 am Annahmevertrag theilnehmender Abkömmling desselben nach dem Abschluß des Vertrags oder eine der nach den §§ 1746, 1747 einwilligungsberechtigten Personen nach der Ertheilung ihrer Einwilligung geschäftsunfähig wird (M. IV, 976; P. IV, 727; vgl. § 130 Abs. 2, Anm. 3 zu § 1733).

4. Nach § 1770 gelten die Bestimmungen des § 1753 auch für die vertragsmäßige Aufhebung des durch die Annahme begründeten Rechtsverhältnisses.

5. Insoweit die Bestätigung nach § 1753 noch nach dem Tode des Annehmenden zulässig ist, tritt der die Bestätigung ertheilende Beschluß, unbeschadet der Vorschriften des § 1753 Abs. 3, mit der Bekanntmachung an das Kind in Wirksamkeit (F.G. § 67).

§ 1754.

Die Annahme an Kindesstatt tritt mit der Bestätigung in Kraft. Die Vertragschließenden sind schon vor der Bestätigung gebunden.

Die Bestätigung ist nur zu versagen, wenn ein gesetzliches Erforderniß der Annahme an Kindesstatt fehlt. Wird die Bestätigung endgültig versagt, so verliert der Vertrag seine Kraft.

E. I, 1617 Satz 2, 3, 1619; II, 1632 Abs. 1 Satz 2, Abs. 2; III, 1730.

1. Gemäß § 1741 Satz 2 bedarf der Annahmevertrag der Bestätigung durch das zuständige Gericht (Anm. 6 zu § 1741). Im Gegensatze zur Ehelichkeitserklärung, welche Gnadensache ist und daher auch versagt werden kann, wenn ihr ein gesetzliches Hinderniß nicht entgegensteht (§ 1734), verfolgt das Erforderniß gerichtlicher Bestätigung des Annahmevertrags den Zweck, das Vorhandensein der gesetzlichen Erfordernisse der Annahme an Kindesstatt zur Verhütung ungültiger Annahmeverträge festzustellen. Die Bestätigung ist demgemäß nur zu versagen, wenn ein gesetzliches Erforderniß der Annahme an Kindesstatt (s. § 1741 Satz 1, 1742, 1744—1751, 1753, s. auch Anm. 4 zu § 1752) fehlt (M. IV, 973, 977 ff.). Ist diese Voraussetzung gegeben, so muß die Bestätigung versagt werden. Ueber die Wirksamkeit eines trotz Mangels eines gesetzlichen Erfordernisses bestätigten Annahmevertrags s. § 1756 und Anm. hiezu. Gegen den Beschluß, durch welchen die Bestätigung ertheilt wird, findet kein Rechtsmittel, gegen den die Bestätigung versagenden Beschluß findet sofortige Beschwerde statt (F.G. 68, Anm. 7 zu § 1741).

2. Die Rechtswirkungen der Annahme (§§ 1757 ff.) treten nicht schon mit dem Abschlusse des Annahmevertrags, sondern erst mit der Bestätigung ein, ohne daß der letzteren rückwirkende Kraft beigelegt wäre (M. IV, 976; vgl. Anm. 8 zu § 1719, Anm. 3 zu § 1736). Mit der Bestätigung erlangt insbesondere der Annehmende die elterliche Gewalt über das minderjährige Kind. In dem gleichen Zeitpunkt endigt die elterliche

Gewalt des bisherigen Gewalthabers bezw., falls das Kind unehelich ist, die der Mutter zustehende Sorge für die Person des Kindes und die bis dahin über das Kind geführte Vormundschaft (§ 1765 Abs. 1; vgl. dagegen § 1883). Wird die Bestätigung zulässiger Weise erst nach dem Tode des Annehmenden ertheilt, so hat sie die gleiche Wirkung, wie wenn sie vor dem Tode desselben erfolgt wäre (§ 1753 Abs. 2, 3). Der Beschluß, durch welchen die Bestätigung ertheilt wird, tritt mit der Bekanntmachung an den Annehmenden in Wirksamkeit. Ist die Bestätigung noch nach dem Tode des Annehmenden zulässig, so tritt der Beschluß, unbeschadet der Vorschrift des § 1753 Abs. 3, mit der Bekanntmachung an das Kind in Wirksamkeit. Zu einer Aenderung seines Beschlusses ist das Gericht nicht befugt (F.G. § 67).

3. Schon vor der Bestätigung aber ist der Annahmevertrag für die Vertragschließenden bindend. Der Rücktritt ist daher den Vertragschließenden nicht gestattet. Ist aber die Bestätigung versagt worden und die Versagung rechtskräftig geworden (s. Anm. 7 zu § 1741), so verliert der Annahmevertrag seine Kraft (M. IV, 974 ff.).

4. Nach § 1770 gelten die Vorschriften des § 1754 auch für die vertragsmäßige Aufhebung des durch die Annahme begründeten Rechtsverhältnisses. Der die Bestätigung des Aufhebungsvertrags aussprechende Beschluß tritt mit der Bekanntmachung an den Annehmenden, bezw., wenn die Bestätigung noch nach dem Tode des Annehmenden zulässig ist, mit der Bekanntmachung an das Kind in Wirksamkeit. Wird nach dem Tode des Kindes das zwischen den übrigen Betheiligten bestehende Rechtsverhältniß durch Vertrag aufgehoben (§ 1769 Satz 1), so tritt der Beschluß, durch welchen die Aufhebung nach dem Tode des Annehmenden bestätigt wird, mit der Bekanntmachung an die übrigen Betheiligten in Wirksamkeit (F.G. § 67).

5. Die Auseinandersetzung einer Erbschaft ist bis zur Entscheidung über die Bestätigung der Annahme an Kindesstatt ausgeschlossen, soweit die Erbtheile deshalb noch unbestimmt sind, weil die Entscheidung über die Bestätigung noch aussteht (§ 2043 Abs. 2).

§ 1755.

Ist der Annahmevertrag oder die Einwilligung einer der in den §§ 1746, 1747 bezeichneten Personen anfechtbar, so gelten für die Anfechtung und für die Bestätigung des anfechtbaren Rechtsgeschäfts die Vorschriften des § 1748 Abs. 2, des § 1750 Abs. 1 und des § 1751.

E. I, 1630; II, 1652; III, 1731.

1. Von der Vorschrift des § 1755 (s. u. Anm. 2) abgesehen, gelten hinsichtlich der Nichtigkeit und Anfechtbarkeit des Annahmevertrags, des auf Aufhebung des durch die Annahme begründeten Rechtsverhältnisses gerichteten Vertrags (§ 1768), sowie der gemäß §§ 1746, 1747 erforderlichen Einwilligungserklärungen die allgemeinen Grundsätze über Nichtigkeit und Anfechtbarkeit von Willenserklärungen (§§ 104 ff., 116 ff.; M. IV, 1001, 950). Demgemäß bemißt sich die Anfechtbarkeit dieser Willenserklärungen nach den §§ 119, 120, 123, die Anfechtungsfrist nach den §§ 121, 124, die Wirkung der Anfechtung und der Bestätigung der anfechtbaren Erklärung nach den §§ 142, 144, die Form der Anfechtung nach § 143. Anfechtungsgegner ist bei Anfechtung des Annahmevertrags und des auf Aufhebung des durch die Annahme begründeten Rechtsverhältnisses gerichteten Vertrags der andere Theil (bezw. im Falle des § 1762 Satz 2 die anderen Vertragschließenden), bei der Anfechtung einer Einwilligungserklärung sowohl der Annehmende als das Kind bezw. deren Erben (§§ 143 Abs. 2, 3, 1748 Abs. 1). Aus der Anwendbarkeit des § 142 ergibt sich insbesondere, daß nach erfolgter Anfechtung des Annahmevertrags oder des auf Aufhebung des durch die Annahme begründeten Rechtsverhältnisses gerichteten Vertrags diese Verträge als von Anfang an nichtig gelten. Desgleichen wird der Annahmevertrag als von Anfang an nichtig angesehen, wenn eine nach §§ 1746, 1747 erforderliche Einwilligungserklärung anfechtbar ist und angefochten wird (Anm. 1 zu § 1756; vgl. Anm. 1 zu § 1731). Bestimmungen zum Schutze gutgläubiger Dritter hat das Gesetz nicht für erforderlich erachtet (M. IV, 1001; vgl. § 1344). Ueber die Geltendmachung der Nichtigkeit eines Annahmevertrags s. Anm. 3 zu § 1756.

2. In Abweichung von den allgemeinen Grundsätzen über Anfechtung von Willenserklärungen bestimmt § 1755, daß sowohl die Anfechtung des Annahmevertrags und der nach den §§ 1746, 1747 erforderlichen Einwilligungserklärungen als die Bestätigung (§ 144) einer anfechtbaren Erklärung dieser Art nicht durch einen Vertreter, also insbesondere nicht durch den gesetzlichen Vertreter erfolgen kann, außer soweit es sich um einen gemäß § 1750 Abs. 1 Satz 2 von dem gesetzlichen Vertreter eines noch

nicht 14 Jahre alten Kindes für dasselbe geschlossenen Vertrag handelt, in welchem Falle der gesetzliche Vertreter mit Genehmigung des Vormundschaftsgerichts den Annahmevertrag anfechten und den anfechtbaren Vertrag bestätigen kann (M. IV, 1001, 950; vgl. § 1731). Ist also der Anzunehmende oder dessen gemäß § 1762 Satz 2 zum Vertragsabschluß beigezogener Abkömmling aus anderen Gründen als wegen noch nicht vollendeten 7. Lebensjahrs geschäftsunfähig oder ist der Annehmende oder eine der einwilligungsberechtigten Personen geschäftsunfähig (§ 104), so kann die Anfechtung des Vertrags bezw. der Einwilligungserklärung, sowie die Bestätigung des anfechtbaren Vertrags bezw. der anfechtbaren Einwilligungserklärung überhaupt nicht erfolgen. Ist der Anzunehmende oder dessen gemäß § 1762 Satz 2 zum Vertragsabschluß beigezogener Abkömmling mehr als 14 Jahre alt, aber noch nicht volljährig oder für volljährig erklärt oder aus anderen Gründen als wegen Minderjährigkeit in der Geschäftsfähigkeit beschränkt, oder ist der Annehmende in der Geschäftsfähigkeit beschränkt (§§ 106, 114), so können diese Personen mit Zustimmung ihres gesetzlichen Vertreters und mit Genehmigung des Vormundschaftsgerichts den Annahmevertrag anfechten bezw. den anfechtbaren Vertrag bestätigen. Dagegen bedürfen die in den §§ 1746, 1747 genannten Personen, wenn sie in der Geschäftsfähigkeit beschränkt sind, zur Anfechtung ihrer Einwilligungserklärung, sowie zur Bestätigung ihrer anfechtbaren Einwilligungserklärung nicht der Zustimmung ihres gesetzlichen Vertreters (vgl. Anm. 2 zu § 1731). Die gleichen Grundsätze gelten nach § 1770 für die Anfechtung des auf Aufhebung des durch die Annahme begründeten Rechtsverhältnisses gerichteten Vertrags (§ 1768), sowie für die Bestätigung eines anfechtbaren Vertrags dieser Art.

§ 1756.

Auf die Wirksamkeit der Annahme an Kindesstatt ist es ohne Einfluß, wenn bei der Bestätigung des Annahmevertrags mit Unrecht angenommen worden ist, daß eine der in den §§ 1746, 1747 bezeichneten Personen zur Abgabe einer Erklärung dauernd außer Stande oder ihr Aufenthalt dauernd unbekannt sei.

E. II, 1638; III, 1732.

1. Ein trotz Mangels eines gesetzlichen Erfordernisses (§§ 1741 Satz 2, 1742, 1744—1751, 1753, s. auch Anm. 4 zu § 1752) abgeschlossener Annahmevertrag ist nichtig, auch wenn er die gerichtliche Bestätigung gefunden haben sollte (vgl. Anm. 1 zu § 1735). Das Gleiche gilt für den auf Aufhebung des durch die Annahme begründeten Rechtsverhältnisses gerichteten Vertrag (§ 1768).

2. Von diesem Grundsatz bestehen jedoch folgende Ausnahmen:

a) Auf die Wirksamkeit des Annahmevertrags ist es ohne Einfluß, wenn sich ergibt, daß zur Zeit der Bestätigung eine der nach §§ 1746, 1747 einwilligungsberechtigten Personen nicht zur Erklärungsabgabe dauernd außer Stande oder ihr Aufenthalt nicht dauernd unbekannt war, daß also die Einwilligung der fraglichen Person, von deren Einholung in dieser irrigen Annahme Umgang genommen wurde (§§ 1746 Abs. 2, 1747 Satz 2), erforderlich gewesen wäre (§ 1756; P. IV, 727 ff.; vgl. § 1735 und Anm. 2b hiezu, Anm. 10 zu § 1305).

b) Der Mangel der gemäß §§ 1750 Abs. 1 Satz 2, 1751 erforderlichen Zustimmung des gesetzlichen Vertreters bezw. Genehmigung des Vormundschaftsgerichts bewirkt nicht die Nichtigkeit des Annahmevertrags, hat vielmehr lediglich die aus den allgemeinen Grundsätzen (§§ 108, 109, 1643 Abs. 2, 1829, 1830) sich ergebenden Rechtsfolgen (Anm. 3 zu § 1750, Anm. 3 zu § 1751).

c) Die nach den §§ 1746, 1747 erforderlichen Einwilligungserklärungen können auch nach dem Abschluß des Annahmevertrags, solange die Bestätigung noch nicht ertheilt ist, mit Rechtswirksamkeit erfolgen (Anm. 3 zu § 1746, Anm. 7 zu § 1747).

3. Die Nichtigkeit eines Annahmevertrags oder eines auf Aufhebung des durch die Annahme begründeten Rechtsverhältnisses gerichteten Vertrags wegen Mangels eines gesetzlichen Erfordernisses kann unbeschränkt von Jedermann geltend gemacht werden. Daß ein gesetzliches Erforderniß fehlt, muß natürlich beweisen, wer die Nichtigkeit des Vertrags geltend macht (vgl. Anm. 3 zu § 1735). Wird die Gültigkeit zwischen dem Annehmenden und dem Kind oder einem Abkömmling desselben streitig, so liegt eine Feststellungsklage im Sinne der §§ 640 ff. C.P.O. n. Nr. vor. Das in einem solchen Fall ergehende Urtheil wirkt, sofern es bei Lebzeiten der Parteien rechtskräftig wird, für und gegen Alle (C.P.O. § 643 Satz 1, s. auch Satz 2 n. Nr.).

§ 1757.

Durch die Annahme an Kindesstatt erlangt das Kind die rechtliche Stellung eines ehelichen Kindes des Annehmenden.

Wird von einem Ehepaare gemeinschaftlich ein Kind angenommen oder nimmt ein Ehegatte ein Kind des anderen Ehegatten an, so erlangt das Kind die rechtliche Stellung eines gemeinschaftlichen ehelichen Kindes der Ehegatten.

E. I, 1601 Abs. 1, 1621; II, 1639; III, 1733.

1. Die Annahme an Kindesstatt verschafft dem Kind die rechtliche Stellung eines ehelichen Kindes des Annehmenden, gleichviel, ob das Kind ehelich oder unehelich ist und ob die Annahme seitens eines Mannes oder einer Frau erfolgt (vgl. §§ 1719, 1736; über die Rechtswirkungen der Adoption und Arrogation nach Gem.R. und P.L.R. s. Vorbem. Ziff. 1, über andere Rechte s. M. IV, 954 ff.). Demgemäß sind für das Verhältniß des angenommenen Kindes zum Annehmenden, soweit nicht das Gesetz oder der Annahmevertrag Abweichungen enthält (s. u. Anm. 2), die Vorschriften der §§ 1616—1698 maßgebend. Das Kind ist also dem Annehmenden gegenüber zur Dienstleistung gemäß § 1617 verpflichtet. Gehört es dem Haushalt des Annehmenden an, so finden die Vorschriften der §§ 1618, 1619 Anwendung. Das Kind steht, solange es minderjährig ist, unter der elterlichen Gewalt des Annehmenden (§§ 1626 ff.) und hat Anspruch auf Aussteuer nach Maßgabe der §§ 1620 ff. Zwischen dem Kind und dem Annehmenden besteht gegenseitiger Unterhaltsanspruch gemäß §§ 1601 ff. (s. auch § 1766). Auch ist das Kind dem Annehmenden gegenüber wie ein eheliches Kind desselben erb- und pflichttheilsberechtigt (§§ 1924, 2303; s. auch §§ 1759, 1767 Abs. 1). Wird das Kind von einer Frau angenommen, so finden auf die ihr zustehende elterliche Gewalt die Bestimmungen der §§ 1687 Nr. 2, 3, 1688 bis 1697 Anwendung. Dies war im E. I, 1623 Abs. 4 ausdrücklich ausgesprochen, die fragliche Bestimmung wurde aber von der II. Komm. als überflüssig und selbstverständlich gestrichen (M. IV, 983; P. IV, 732; Anm. 1 zu § 1760; über die der Ehefrau in den Fällen des § 1757 Abs. 2 zustehende elterliche Gewalt s. u. Anm. 3). Der oder die Annehmende gilt ferner als „Vater" bezw. „eheliche Mutter" im Sinne der §§ 1776 Abs. 1 Nr. 1, 2, 1782 Abs. 1 Satz 1, 1852 ff., 1858 Abs. 1, 1859 Satz 2, 1861 Satz 1, 1863 Abs. 3, 1866, 1880, 1899 Abs. 1, 1903, 1904. Das Erforderniß der Einwilligung des Annehmenden zur Eheschließung des Kindes ist im § 1306, das Ehehinderniß der Adoptivverwandtschaft im § 1311 geregelt. Soweit übrigens reichs- oder landesgesetzliche, durch das E.G. aufrechterhaltene Vorschriften oder Privatdispositionen besondere Rechtswirkungen an die Ehelichkeit eines Kindes knüpfen, ist die Frage, ob auch in dieser Beziehung ein angenommenes Kind einem ehelichen gleichsteht, nach dem Sinn und Zusammenhang dieser Bestimmungen zu beurtheilen (D. 244; vgl. Anm. 7 zu § 1719, Anm. 2 zu § 1736).

2. Von dem Grundsatze des § 1757 Abs. 1 bestehen folgende Ausnahmen:

a) Gesetzliche Ausnahmen:

α) Gemäß § 1758 erhält zwar das angenommene Kind den Familiennamen des Annehmenden, darf aber demselben, wenn der Annahmevertrag nicht das Gegentheil bestimmt, seinen früheren Familiennamen hinzufügen. Das von einer verheiratheten Frau angenommene Kind erhält den von ihr vor ihrer Verheirathung geführten Familiennamen (s. auch unten Anm. 3).

β) Die Annahme an Kindesstatt begründet für den Annehmenden kein Erbrecht und natürlich auch kein Pflichttheilsrecht gegenüber dem Kind (§ 1759).

γ) Der Annehmende ist zur Einreichung eines Verzeichnisses des seiner Verwaltung unterliegenden Vermögens des Kindes und im Falle der Verheirathung (nicht nur im Falle der Wiederverheirathung) zur Erfüllung der im § 1669 erwähnten Verbindlichkeiten verpflichtet (§§ 1760, 1761).

δ) Die Wirkungen der Annahme an Kindesstatt erstrecken sich weder auf die Verwandten des Annehmenden, noch auf den Ehegatten des Annehmenden oder des Kindes. Sie erstrecken sich ferner auf einen zur Zeit des Vertragsabschlusses schon vorhandenen Abkömmling des Kindes und die später gebornen Abkömmlinge eines solchen Abkömmlings nur dann, wenn der Vertrag auch mit dem schon vorhandenen Abkömmlinge geschlossen wird (§§ 1762, 1763).

b) Durch den Annahmevertrag kann nach § 1767 die rechtliche Wirkung der Annahme insofern abgeändert werden, als

α) die Nutznießung des Annehmenden am Vermögen des Kindes,

β) das Erbrecht des Kindes gegenüber dem Annehmenden ausgeschlossen wird.

3. Wird ein Kind von zwei Personen als gemeinschaftliches Kind angenommen (was nach § 1749 Abs. 1 nur seitens eines Ehepaares erfolgen kann) oder wird das Kind eines Ehegatten von dem anderen Ehegatten angenommen, so erhält das Kind die rechtliche Stellung eines gemeinschaftlichen ehelichen Kindes beider Ehegatten. Dies gilt sowohl, wenn der Mann das leibliche (eheliche oder uneheliche) oder angenommene Kind der Frau, als wenn die Frau das leibliche (eheliche) oder angenommene Kind des Mannes, nicht aber, wenn die Frau das uneheliche Kind des Mannes an Kindesstatt annimmt (M. IV, 980 ff.; §§ 1705, 1789 Abs. 2, 1749 Abs. 2). Für das Rechtsverhältniß zwischen dem angenommenen Kind und den beiden Ehegatten gilt im Allgemeinen das in Anm. 1 und 2 Bemerkte. Aus § 1757 Abs. 2 ergibt sich aber, daß in diesen Fällen die elterliche Gewalt an die Frau nur unter den gleichen Voraussetzungen fällt, unter welchen die eheliche Mutter die elterliche Gewalt erlangt (§§ 1684, 1685, s. auch 1634, 1698). Auf die hienach der Frau zufallende elterliche Gewalt findet natürlich außer den Bestimmungen der §§ 1687 Nr. 2, 3, 1688—1697 (s. o. Anm. 1) auch die Vorschrift des § 1687 Nr. 1 Anwendung (M. IV, 983, 986; s. Anm. 1 zu § 1760). Das Kind erhält ferner in den Fällen des § 1757 Abs. 2 stets den Familiennamen des Mannes und zwar auch dann, wenn die Frau das Kind ihres Mannes annimmt (§ 1758 Abs. 1 Satz 3). Das Recht zur Führung dieses Namens verliert das Kind und dessen Abkömmlinge auch nicht durch Aufhebung der Annahme an Kindesstatt, falls die Aufhebung nach dem Tode eines der Ehegatten erfolgt (§ 1772 Satz 2, s. auch § 1769 Satz 2). Hinsichtlich der Einwilligung zur Verehelichung des Kindes endlich finden in den Fällen des § 1757 Abs. 2 nicht die Bestimmungen des § 1306 Abs. 1 Satz 1, sondern die des § 1305 Abs. 1 Satz 1, 2, Abs. 2 Anwendung (§ 1306 Abs. 1 Satz 2, Anm. 3 zu § 1306).

4. Ueber Wohnsitz, Staatsangehörigkeit, Heimath und religiöse Erziehung eines angenommenen Kindes s. Vorbem. Ziff. 7, 8; über den Erwerb des Adels durch Annahme an Kindesstatt s. Vorbem. Ziff. 9; über die Erbfolge angenommener Kinder in Familienfideikommisse, Lehen und Stammgüter s. Anm. 5 zu § 1759.

5. Die durch die Annahme an Kindesstatt begründeten Rechtswirkungen kommen in Wegfall

a) durch den Abschluß einer gegen die Vorschrift des § 1311 verstoßenden Ehe (§ 1771);

b) durch den Abschluß eines auf Aufhebung des durch die Annahme an Kindesstatt begründeten Rechtsverhältnisses gerichteten Vertrags (§ 1768 ff.).

6. Die aus dem Verwandtschaftsverhältnisse zwischen dem Kind und seinen Verwandten sich ergebenden Rechte und Pflichten werden durch die Annahme an Kindesstatt grundsätzlich nicht berührt (§ 1764). Ueber die in dieser Beziehung bestehenden Ausnahmen s. Anm. 2 zu § 1764.

§ 1758.

Das Kind erhält den Familiennamen des Annehmenden. Wird das Kind von einer Frau angenommen, die in Folge ihrer Verheirathung einen anderen Namen führt, so erhält es den Familiennamen, den die Frau vor der Verheirathung geführt hat. In den Fällen des § 1757 Abs. 2 erhält das Kind den Familiennamen des Mannes.

Das Kind darf dem neuen Namen seinen früheren Familiennamen hinzufügen, sofern nicht in dem Annahmevertrag ein Anderes bestimmt ist.

E. I, 1622 Abs. 1, 2; II, 1642; III, 1734.

1. Während nach Gem.R. und B.L.R. durch die Arrogation und Adoption an dem Familiennamen des Kindes nichts geändert wird (vgl. Kreittmayr, Anm. zum B.L.R. Thl. I cap. 5 § 10 Ziff. 7, 8; Engelmann, a. a. O. S. 63, 123; über andere Rechte s. M. IV, 981 ff.), erhält nach B.G.B. das angenommene Kind, entsprechend dem Grundsatze des § 1757 Abs. 1, den Familiennamen des Annehmenden (M. IV, 982). Wird das Kind von einer ledigen Frauensperson angenommen, so erhält es demzufolge ihren Familien=

namen. Wird es aber von einer verheiratheten Frau angenommen, die gemäß § 1355 (s. auch § 1574) in Folge ihrer Verheirathung einen anderen Namen führt, so erhält das Kind nicht diesen Namen, sondern den Familiennamen, welchen die Frau vor ihrer Verheirathung, bezw., wenn sie in zweiter oder weiterer Ehe lebt, vor ihrer ersten Verheirathung geführt hat (M. IV, 982; Z.G. IV, 457; s. § 1763 Satz 2; vgl. § 1706 Abs. 2 Satz 1, Anm. 1 zu § 1706; Bl. f. R.A. LXII, 169). Wird das Kind von einem Ehepaar als gemeinschaftliches Kind angenommen oder nimmt ein Ehegatte das Kind des anderen Ehegatten an, so erhält das Kind immer den Familiennamen des Mannes. Nimmt also die Frau das (eheliche) Kind ihres Mannes an Kindesstatt an, so behält das Kind den schon vorher geführten Namen seines Vaters (M. IV, 982; P. IV, 729, s. auch § 1772 Satz 2). Wird eine verheirathete oder verheirathet gewesene Frau an Kindesstatt angenommen, so behält sie ihren bisherigen Familiennamen (§§ 1355, 1577), während der Familienname, den sie vor der Eheschließung geführt hat, gemäß § 1758 eine Aenderung erleidet (M. IV, 982). Heirathet eine an Kindesstatt angenommene Frauensperson, so erhält sie an Stelle des durch die Annahme erhaltenen Familiennamens den Familiennamen ihres Mannes (§ 1355).

2. Abweichend vom E. I, nach welchem das angenommene Kind verpflichtet war, den neuen Namen unter Beifügung seines bisherigen Namens zu führen, bestimmt § 1753 Abs. 2, daß das Kind, vorbehaltlich gegentheiliger Bestimmung im Annahmevertrag, lediglich berechtigt ist, dem gemäß § 1758 erhaltenen neuen Namen seinen früheren Familiennamen beizufügen (M. IV, 982 ff.; Z.G. IV, 457; P. IV, 730).

3. Soweit sich gemäß § 1762 die Wirkungen der Annahme auch auf die Abkömmlinge des Kindes und deren Abkömmlinge erstrecken, gilt dies natürlich auch hinsichtlich des Familiennamens. Die Bestimmung des E. I, daß die Abkömmlinge des Angenommenen, auf welche die Wirkungen der Annahme sich nicht erstrecken, ihren bisherigen Familiennamen behalten, wurde von der II. Komm. als selbstverständlich beseitigt (Z.G. IV, 457; P. IV, 730 ff.).

4. Die nach § 1758 mit der Annahme verbundene Rechtswirkung hinsichtlich des Familiennamens des Kindes tritt gemäß § 1754 Abs. 1 Satz 1 kraft Gesetzes mit der Bestätigung des Annahmevertrags ein. In dem gleichen Zeitpunkt endigt das Recht und die Pflicht des Kindes zur Führung (bezw. ausschließlichen Führung) seines bisherigen Familiennamens.

5. Wird das durch die Annahme an Kindesstatt begründete Rechtsverhältniß (kraft Gesetzes oder durch Vertrag) aufgehoben (§ 1771, 1768), so erhalten das Kind und diejenigen Abkömmlinge desselben, auf welche sich die Aufhebung erstreckt, den früheren Familiennamen wieder, während Recht und Pflicht dieser Personen zur Führung des Familiennamens des Annehmenden erlischt. Hat jedoch ein Ehepaar gemeinschaftlich ein Kind angenommen oder ein Ehegatte das Kind des anderen Ehegatten angenommen (§ 1757 Abs. 2) und erfolgt die Aufhebung des durch die Annahme begründeten Rechtsverhältnisses nach dem Tode eines der Ehegatten, so behalten das Kind und dessen Abkömmlinge den gemäß § 1758 Abs. 1 Satz 2 erhaltenen Familiennamen des Mannes (§ 1772).

6. Ueber den privatrechtlichen Schutz des Namensrechts s. § 12 und Anm. hiezu, in strafrechtlicher Beziehung s. St.G.B. § 360 Nr. 8, bayr. Pol.St.G.B. v. 26. Dez. 1871, Art. 25, 47.

7. Eine Vorschrift über den Einfluß der Annahme an Kindesstatt auf den Stand des angenommenen Kindes hat das Gesetz nicht aufgenommen (M. IV, 983; Z.G. IV, 457; vgl. Anm. 7 zu § 1355, Anm. 5 zu § 1616, Anm. 6 zu § 1706). Daß das angenommene Kind die soziale Lebensstellung des Annehmenden theilt (was insbesondere im Hinblick auf § 1610 von Bedeutung ist), ergibt sich aus dem Grundsatz des § 1757 Abs. 1. Ueber den Erwerb des Adels durch Annahme an Kindesstatt s. Vorbem. Ziff. 9.

§ 1759.

Durch die Annahme an Kindesstatt wird ein Erbrecht für den Annehmenden nicht begründet.

E. I, 1624; II, 1644; III, 1735.

1. Dem Grundsatze des § 1757 Abs. 1 zufolge haben das angenommene Kind und diejenigen Abkömmlinge desselben, auf welche sich gemäß § 1762 die Wirkungen der Annahme erstrecken, gleich ehelichen Abkömmlingen Erbrecht und Pflichttheilsrecht gegenüber dem Annehmenden (§§ 1924, 2303), es sei denn, daß diese Wirkung der Annahme, was nach § 1767 Abs. 1 zulässig ist, im Annahmevertrag ausgeschlossen worden ist (M. IV, 986 ff.). In der II. Komm. wurde beantragt, dies ausdrücklich auszusprechen. Die Redaktions-

kommission, der man die Entscheidung überließ, erachtete jedoch eine solche Bestimmung nicht für erforderlich (P. IV, 732 ff.). Ueber die erbrechtlichen Wirkungen der Arrogation und Adoption nach Gem.R. und P.L.R., insbes. die sog. quarta divi Pii, s. Vorbem. Ziff. 1 (M. IV, 987). Ueber andere Rechte s. M. IV, 986 ff.

2. Dagegen macht das Gesetz, um zu verhüten, daß die Annahme an Kindesstatt zu eigennützigen Zwecken mißbraucht werde (vgl. Anm. 1 zu § 1752), von dem Grundsatze des § 1757 Abs. 1 insoferne eine Ausnahme, als es dem Annehmenden kein Erbrecht und natürlich auch kein Pflichttheilsrecht gegenüber dem Kind und dessen nach § 1762 von den Wirkungen der Annahme mitumfaßten Abkömmlingen einräumt (M. IV, 988 ff.; Z.G. IV, 457).

3. Zwischen den Verwandten und dem Ehegatten des Annehmenden einerseits, dem Kind und dessen Abkömmlingen andererseits wird durch die Annahme kein Erbrecht begründet (§ 1763). Selbstverständlich kann aber das Erbrecht und Pflichttheilsrecht der Verwandten, sowie des Ehegatten des Annehmenden diesem gegenüber durch das Erb- und Pflichttheilsrecht des Kindes und seiner von den Wirkungen der Annahme mitumfaßten Abkömmlinge eine Schmälerung erleiden. Ueber die Gründe, aus welchen das Gesetz im Gegensatz zu manchen bisherigen Rechten Bestimmungen zur Verhütung einer solchen Schmälerung nicht für erforderlich erachtet hat, s. M. IV, 907 ff. (vgl. Anm. 4 zu § 1737, Anm. 2g zu § 1764).

4. Die erbrechtlichen Beziehungen zwischen dem angenommenen Kind und diesen Abkömmlingen einerseits, den leiblichen Verwandten dieser Personen andererseits werden durch die Annahme an Kindesstatt nicht berührt (§ 1764).

5. Ob das angenommene Kind hinsichtlich der Erbfolge in Familienfideikommisse, Lehen und Stammgüter einem ehelichen Kinde gleichsteht, bestimmt sich nach Landesrecht (E.G. Art. 59; M. IV, 988). Für Bayern gilt in dieser Beziehung § 55 des Lehensedikts vom 7. Juli 1808 (Reg.Bl 1808 S. 1903) und § 77 der Beil. VII zu Tit. V § 4 der Verfassungsurkunde vom 26. Mai 1818, wonach sowohl für Lehen als für Familienfideikommisse durch Annahme an Kindesstatt Erbrecht nicht begründet wird (vgl. Anm. 7 zu § 1719, Anm. 2 zu § 1736).

§ 1760.

Der Annehmende hat über das Vermögen des Kindes, soweit es auf Grund der elterlichen Gewalt seiner Verwaltung unterliegt, auf seine Kosten ein Verzeichniß aufzunehmen und dem Vormundschaftsgericht einzureichen; er hat das Verzeichniß mit der Versicherung der Richtigkeit und Vollständigkeit zu versehen. Ist das eingereichte Verzeichniß ungenügend, so findet die Vorschrift des § 1640 Abs. 2 Satz 1 Anwendung.

Erfüllt der Annehmende die ihm nach Abs. 1 obliegende Verpflichtung nicht, so kann ihm das Vormundschaftsgericht die Vermögensverwaltung entziehen. Die Entziehung kann jederzeit wiederaufgehoben werden.

E. I, 1623 Abs. 1; II, 1643 Abs. 1; III, 1736.

1. Nach § 1757 erlangt der Annehmende, gleichviel, ob er Mann oder Frau, ob das Kind ehelich oder unehelich ist, im Falle der Minderjährigkeit des Kindes die elterliche Gewalt und kraft derselben nicht nur die Sorge für die Person des Kindes (§§ 1631 ff.), sondern auch die Verwaltung (§§ 1638 ff.) und Nutznießung (§§ 1649 ff.) seines Vermögens, soweit nicht die letztere im Annahmevertrag ausgeschlossen worden ist (§ 1767 Abs. 1). Wird das Kind von einer Frau angenommen, so finden auf die ihr zustehende elterliche Gewalt die Bestimmungen der §§ 1687 Nr. 2, 3, 1688—1697 Anwendung. Es kann ihr also insbesondere, wenn die Voraussetzungen des § 1687 Nr. 2, 3 gegeben sind, ein Beistand bestellt und diesem auf ihren Antrag die Vermögensverwaltung ganz oder theilweise übertragen werden (§ 1693). Nach § 1697 verliert sie die elterliche Gewalt, ausschließlich der thatsächlichen Sorge für die Person des Kindes, falls sie eine Ehe eingeht. Wird von einem Ehepaar gemeinschaftlich ein Kind angenommen oder nimmt ein Ehegatte das Kind des anderen Ehegatten an (§ 1757 Abs. 2), so fällt die elterliche Gewalt dem Manne zu, der Frau dagegen (abgesehen von den ihr neben dem Mann oder dessen gesetzlichem Vertreter gemäß §§ 1634, 1698 zustehenden Befugnissen) nur unter den Voraussetzungen, unter welchen die eheliche Mutter die elterliche Gewalt bezw. deren Ausübung erlangt (§§ 1684, 1685). Auf die demzufolge der Frau zufallende elterliche Gewalt finden die Bestimmungen der §§ 1687—1697 (und zwar auch § 1687 Nr. 1) Anwendung (M. IV, 983 ff., 986;

P. IV, 731 ff.; Anm. 1 und 3 zu § 1757). Liegen die Voraussetzungen der §§ 1684, 1685 schon zur Zeit der Annahme vor, so fällt die elterliche Gewalt bezw. deren Ausübung sofort an die Frau.

2. Inventarisationspflicht des Annehmenden. Während die leiblichen Eltern als Inhaber der elterlichen Gewalt nur unter den Voraussetzungen der §§ 1640, 1667 Abs. 2, 1669 zur Einreichung eines Vermögensverzeichnisses verpflichtet sind, hat der Annehmende, auch ohne daß diese Voraussetzungen gegeben sind, das auf Grund der elterlichen Gewalt seiner Verwaltung unterliegende Vermögen des Kindes (s. Anm. 1 zu § 1638) zu verzeichnen und das auf seine Kosten aufzunehmende, von ihm mit der Versicherung der Richtigkeit und Vollständigkeit zu versehende Verzeichniß dem Vormundschaftsgericht einzureichen (M. IV, 985; P. IV, 731; über die Zuständigkeit des Vormundschaftsgerichts s. F.G. §§ 43, 36). Ist der annehmenden Frau ein Beistand bestellt (s. o. Anm. 1), so muß dieser bei der Aufnahme des Verzeichnisses zugezogen und das Verzeichniß auch von ihm mit der Versicherung der Richtigkeit und Vollständigkeit versehen werden (§ 1692 Satz 1). Soweit das Vermögen des angenommenen Kindes der Verwaltung des Annehmenden nicht unterliegt (Anm. 1 zu § 1638), braucht dasselbe von ihm nicht verzeichnet zu werden. Dagegen ist es für die Anwendbarkeit des § 1760 ohne Belang, ob dem Annehmenden die Nutznießung am Vermögen des Kindes zusteht oder nicht (§§ 1650, 1651, 1767 Abs. 1, vgl. Anm. 2b zu § 1640).

3. Die Bestimmungen des § 1760 gelten auch für die im § 1757 Abs. 2 erwähnten Fälle. Wird von einem Ehepaar gemeinschaftlich ein Kind angenommen, so obliegt die Inventarisationspflicht nur dem Manne, da er Inhaber der elterlichen Gewalt wird. Aus dem gleichen Grund obliegt diese Pflicht dem Manne, welcher das Kind der Frau angenommen hat, nicht aber der das Kind des Mannes annehmenden Frau, da auch in diesem Falle die elterliche Gewalt dem Manne verbleibt (s. o. Anm. 1). Die Inventarisationspflicht auf Grund des § 1760 obliegt der Frau in den Fällen des § 1757 Abs. 2 auch dann nicht, wenn sie nachträglich gemäß §§ 1684, 1685 die elterliche Gewalt bezw. deren Ausübung erlangt (s. o. Anm. 1; abweichend E. I, 1623 Abs. 2, M. IV, 986; P. IV, 732). Fällt aber die elterliche Gewalt bezw. deren Ausübung sofort an die Frau, weil schon zur Zeit der Annahme die Voraussetzungen der §§ 1684, 1685 gegeben sind (s. o. Anm. 1 a. E.), so obliegt ihr auch die Inventarisationspflicht auf Grund des § 1760.

4. Die Vorschrift des § 1640 Abs. 1 Satz 2, daß bei Haushaltungsgegenständen die Angabe des Gesammtwerthes genügt, muß wohl auch hier entsprechende Anwendung finden. Im Uebrigen ist die Angabe des Werthes der einzelnen Vermögensstücke nicht erforderlich. Unterliegt keinerlei Vermögen des Kindes der Verwaltung des Annehmenden, so genügt natürlich eine dahin gehende Erklärung des Annehmenden. Zur Ableistung des Offenbarungseids ist der Annehmende nicht verpflichtet (vgl. Anm. 3 zu § 1640).

5. Erfüllt der Annehmende die ihm nach § 1760 obliegende Inventarisationspflicht nur unvollständig durch Einreichung eines ungenügenden Vermögensverzeichnisses (was das Vormundschaftsgericht nach freiem Ermessen zu entscheiden hat), so kann das Vormundschaftsgericht anordnen, daß das Verzeichniß durch eine zuständige Behörde oder durch einen zuständigen Beamten oder Notar aufgenommen wird (s. Anm. 4 zu § 1640; diese Bestimmung beruht auf einem bei der 2. Lesung der II. Komm. gefaßten Beschluß, P.M. 8679). Erfüllt der Annehmende die ihm obliegende Inventarisationspflicht überhaupt nicht, so kann ihm durch das Vormundschaftsgericht die Vermögensverwaltung entzogen werden. Geschieht dies, so ist zur Vermögensverwaltung ein Pfleger aufzustellen (§ 1909 Abs. 1 Satz 1), das Nutznießungsrecht des Annehmenden regelt sich in diesem Falle nach den §§ 1656, 1657. Entsprechend dem Grundsatze des § 1671 kann die Entziehung der Vermögensverwaltung von dem Vormundschaftsgericht jederzeit wieder aufgehoben werden. Daß vor der Entziehung der Vermögensverwaltung der Annehmende zu hören ist, falls seine Anhörung thunlich ist, ergibt sich aus § 1673 Abs. 1, welche Bestimmung entsprechende Anwendung finden muß. Dagegen stellt sich § 1673 Abs. 2 nur insofern als anwendbar dar, als in den Fällen des § 1757 Abs. 2 auch die Ehefrau zu hören sein wird. Ueber die gegen die Entziehung der Vermögensverwaltung zulässigen Rechtsmittel s. F.G. §§ 19 ff.

6. Ueber weitere Fälle, in welchen der Annehmende (wie die leiblichen Eltern als Inhaber der elterlichen Gewalt) zur Einreichung eines Vermögensverzeichnisses verpflichtet ist, s. §§ 1640, 1667 Abs. 2 (1668, 1670), 1669, s. auch § 1761.

7. Nach E. I sollte das Vormundschaftsgericht berechtigt sein, von den im § 1667 Abs. 2 Satz 4 erwähnten Befugnissen dem Annehmenden gegenüber Gebrauch zu machen, wenn es dies im Interesse des Kindes für erforderlich erachte, also auch ohne daß die Voraussetzungen des § 1667 Abs. 1 gegeben seien. Von der II. Komm. wurde aber diese Bestimmung beseitigt, so daß in dieser Beziehung die allgemeinen Grundsätze des § 1667 maßgebend sind (M. IV, 985 ff.; P. IV, 731 ff.; vgl. Anm. 4 zu §§ 1903, 1904).

§ 1761.

Will der Annehmende eine Ehe eingehen, während er die elterliche Gewalt über das Kind hat, so finden die Vorschriften der §§ 1669 bis 1671 Anwendung.

E. I, 1623 Abs. 3; II, 1643 Abs. 2; III, 1737.

1. Aus dem Grundsatze des § 1757 Abs. 2 ergibt sich, daß auf den Annehmenden, der eine zweite Ehe eingehen will, die Bestimmungen der §§ 1669—1671 Anwendung finden. Mit Rücksicht auf die Analogie der Verhältnisse legt aber das Gesetz die Verpflichtungen, welche jedem Gewalthaber bei Eingehung einer neuen Ehe obliegen, dem Annehmenden auch für den Fall auf, daß er überhaupt eine Ehe eingehen will, da eine nach der Annahme an Kindesstatt von dem Annehmenden geschlossene Ehe im Verhältnisse zu dem Angenommenen materiell stets die Bedeutung einer zweiten Ehe hat (M. IV, 986; P. IV, 732; vgl. §§ 1740, 1845). Demgemäß hat der Annehmende, welcher sich zu verheirathen beabsichtigt, während er die elterliche Gewalt über das Kind hat, seine Absicht dem Vormundschaftsgericht anzuzeigen, auf seine Kosten ein Verzeichniß des seiner Verwaltung unterliegenden Vermögens des Kindes einzureichen und, soweit in Ansehung dieses Vermögens eine Gemeinschaft zwischen ihm und dem Kinde besteht, die Auseinandersetzung herbeizuführen, es sei denn, daß das Vormundschaftsgericht den Aufschub der Auseinandersetzung bis nach Abschluß der Ehe gestattet (§ 1669). Kommt der Annehmende diesen Verpflichtungen nicht nach, so kann ihm das Vormundschaftsgericht die Vermögensverwaltung entziehen (§ 1670), diese Anordnung jedoch während der Dauer der elterlichen Gewalt jederzeit ändern (§ 1671).

2. Die gleichen Grundsätze gelten gemäß §§ 1686, 1757 für den Fall, daß das Kind von einer Frau angenommen worden ist. Daß die annehmende Frau mit der Eingehung einer Ehe die elterliche Gewalt ausschließlich der thatsächlichen Sorge für die Person des Kindes verliert, ergibt sich aus den §§ 1697, 1757 (vgl. Anm. 1 zu § 1760).

3. Die Erfüllung der in § 1761 festgesetzten Verpflichtung ist gesichert durch die Bestimmung des § 1314, wonach der Annehmende, wenn das angenommene Kind minderjährig ist, zur Eheschließung eines Zeugnisses des Vormundschaftsgerichts darüber bedarf, daß er die im § 1669 bezeichneten Verpflichtungen erfüllt hat oder daß sie ihm nicht obliegen (vgl. Anm. 2b, 3 zu § 1314). Eine unter Außerachtlassung der Vorschrift des § 1761 geschlossene Ehe ist aber weder nichtig noch anfechtbar, da das im § 1314 festgesetzte Ehehinderniß nur aufschiebenden Charakter hat (Anm. 4 zu § 1314).

4. Ueber die einem Annehmenden als solchem obliegende Inventarisationspflicht s. § 1760.

5. Die im § 1669 erwähnten Verpflichtungen obliegen dem Annehmenden auch dann, wenn er zum Vormund des angenommenen Kindes bestellt ist (§ 1845 und Anm. 1 hiezu).

§ 1762.

Die Wirkungen der Annahme an Kindesstatt erstrecken sich auf die Abkömmlinge des Kindes. Auf einen zur Zeit des Vertragsabschlusses schon vorhandenen Abkömmling und dessen später geborene Abkömmlinge erstrecken sich die Wirkungen nur, wenn der Vertrag auch mit dem schon vorhandenen Abkömmlinge geschlossen wird.

E. I, 1620 Abs. 1; II, 1640; III, 1738.

1. Dem regelmäßigen Zweck der Annahme an Kindesstatt entsprechend bestimmt § 1762 Satz 1, daß sich die Wirkungen derselben grundsätzlich auch auf die Abkömmlinge des Angenommenen erstrecken, so daß dieselben die rechtliche Stellung von Abkömmlingen eines ehelichen Kindes des Annehmenden erhalten (M. IV, 978; vgl. § 1737 Abs. 1 Satz 1). Unter Abkömmlingen sind hier wie im § 1737 die ehelichen, legitimirten oder angenommenen Kinder des angenommenen Kindes, sowie die unehelichen Kinder einer angenommenen Tochter, nicht aber die unehelichen Kinder eines angenommenen Sohnes zu verstehen, da diese im Verhältnisse zu ihrem Vater nicht als verwandt gelten (§§ 1705, 1589 Abs. 2). Daß zwischen dem Annehmenden und den anderweitigen Verwandten des Kindes durch die Annahme kein Verwandtschaftsverhältniß entsteht, ergibt sich aus dem Begriffe der Verwandtschaft (§ 1589; M. IV, 979; vgl. Anm. 1 zu § 1737). Demgemäß besteht zwischen den Abkömmlingen des angenommenen Kindes einerseits und dem Annehmenden andererseits ein gegenseitiger Unterhaltsanspruch gemäß §§ 1601 ff. und Erb- und Pflichttheilsrecht nach §§ 1924 ff., 2303. Der Annehmende ist im Verhältniß zu

den Kindern des Angenommenen „Großvater“ im Sinne des § 1776 Abs. 1 Nr. 3, 4 (vgl. Anm. 2c, d zu § 1776). Ueber weitere Rechtsfolgen der durch die Annahme an Kindesstatt begründeten Verwandtschaft zwischen dem Annehmenden und den Abkömmlingen des Kindes s. die in Anm. 5 und 6 zu § 1589 erwähnten gesetzlichen Bestimmungen.

2. Alles dies gilt jedoch gemäß § 1762 Satz 2 hinsichtlich der beim Abschluß des Annahmevertrags schon vorhandenen Abkömmlinge des Kindes und der später geborenen Abkömmlinge eines solchen Abkömmlings nur dann, wenn der Annahmevertrag auch mit den schon vorhandenen Abkömmlingen abgeschlossen wird (M. IV, 978 ff.; P. IV, 728 ff.; P.M. 8679). Daß für die Entscheidung darüber, ob ein Abkömmling als vorhanden anzusehen ist, der Zeitpunkt des Vertragsschlusses, nicht die Bestätigung, maßgebend ist, steht im Einklang mit der Vorschrift des § 1754 Abs. 1 Satz 2 (M. IV, 979). Als vorhanden ist übrigens ein Abkömmling erst anzusehen, wenn er geboren ist, nicht schon, wenn er als nasciturus existirt. Ist ein zur Zeit des Vertragsabschlusses vorhandener Abkömmling des Kindes noch nicht 14 Jahre alt und steht er unter der elterlichen Gewalt des Anzunehmenden, so kann dieser als sein gesetzlicher Vertreter auch für ihn den Vertrag abschließen. Steht er unter Vormundschaft, so kann das Gleiche der Vormund. In beiden Fällen ist jedoch hiezu die Genehmigung des Vormundschaftsgerichts erforderlich. Ist der schon vorhandene Abkömmling aus anderen Gründen als wegen noch nicht vollendeten 7. Lebensjahrs geschäftsunfähig (§ 104), so kann der Vertrag nicht für ihn mitabgeschlossen werden. Ist er mehr als 14 Jahre alt, aber noch nicht volljährig oder für volljährig erklärt oder aus anderen Gründen als wegen Minderjährigkeit in der Geschäftsfähigkeit beschränkt (§§ 106, 114), so kann er selbst mit Zustimmung seines gesetzlichen Vertreters und mit Genehmigung des Vormundschaftsgerichts den Vertrag mitabschließen (M. IV, 979; Anm. 2 zu § 1750, Anm. 2 zu § 1751).

3. Abweichend von dem Grundsatze des § 1762 Satz 2 ist nach § 1311 die Ehe zwischen dem Annehmenden und den Abkömmlingen des Kindes verboten, gleichviel, ob sich die Wirkungen der Annahme auf diese erstrecken oder nicht (Anm. 3 zu § 1311).

4. Zwischen den Verwandten des Annehmenden einerseits, dem Kind und dessen Abkömmlingen andererseits wird durch die Annahme kein Verwandtschaftsverhältniß, zwischen dem Ehegatten des Annehmenden und dem Kinde, sowie zwischen den Ehegatten des Kindes und dem Annehmenden wird durch die Annahme kein Schwägerschaftsverhältniß begründet (§ 1763). Ueber den Einfluß der Annahme auf die zwischen dem Kind und dessen Verwandten bestehenden Rechte und Pflichten s. § 1764—1766.

5. Soll das durch die Annahme begründete Rechtsverhältniß wieder aufgehoben werden, so müssen an dem Aufhebungsvertrag außer dem Annehmenden und dem Kind auch diejenigen Abkömmlinge des Kindes theilnehmen, auf welche sich nach § 1762 die Wirkungen der Annahme erstrecken (§ 1768 Abs. 2).

§ 1763.

Die Wirkungen der Annahme an Kindesstatt erstrecken sich nicht auf die Verwandten des Annehmenden. Der Ehegatte des Annehmenden wird nicht mit dem Kinde, der Ehegatte des Kindes wird nicht mit dem Annehmenden verschwägert.

E. I, 1620 Abs. 2; II, 1641; III, 1739.

1. Nach § 1762 erstrecken sich die Wirkungen der Annahme an Kindesstatt nur auf den Annehmenden, den Angenommenen, dessen später geborene Abkömmlinge, sowie auf die zur Zeit des Vertragsschlusses schon vorhandenen Abkömmlinge des Angenommenen und deren später geborene Abkömmlinge, wenn der Vertrag auch mit den schon vorhandenen Abkömmlingen geschlossen wird. Dagegen begründet nach § 1763 Satz 1 die Annahme an Kindesstatt kein Verwandtschaftsverhältniß zwischen dem Kind und dessen Abkömmlingen einerseits, den Verwandten des Annehmenden andererseits (M. IV, 979 ff.; vgl. § 1737 Abs. 1 Satz 1; über das bisherige Recht s. M. IV, 979 ff.; über die durch Arrogation begründete cognatio civilis des B.L.R. s. Vorbem. Ziff. 1). Zwischen dem Kind und dessen Abkömmlingen einerseits und den Verwandten des Vaters andererseits besteht also weder Unterhaltsanspruch noch Erbrecht. Der Vater des Annehmenden ist zur Vormundschaft über das angenommene Kind nicht berufen (vgl. § 1776 Abs. 1 Nr. 3, 4, Anm. 2c, d zu § 1776) und auch hinsichtlich der übrigen in Anm. 5 und 6 zu § 1589 erwähnten gesetzlichen Bestimmungen gelten die Verwandten des Annehmenden nicht als Verwandte des Kindes und seiner Abkömmlinge. Es wird also auch das angenommene Kind durch die Annahme nicht Geschwister der übrigen (ehelichen, unehelichen, legitimirten oder angenommenen) Kinder des Annehmenden (vgl. Anm. 2 zu § 1737).

2. Nach § 1763 Satz 2 erstrecken sich die Wirkungen der Annahme auch nicht auf den Ehegatten des Annehmenden und des Kindes (M. IV, 979, 980; P. IV, 728 ff.; vgl. § 1737 Abs. 1 Satz 2). Daher gilt der Ehegatte des Annehmenden nicht als Stiefvater bezw. Stiefmutter des Kindes, der Ehegatte des Kindes nicht als Schwiegersohn bezw. Schwiegertochter des Annehmenden. Soweit das Gesetz an die Schwägerschaft rechtliche Folgen knüpft (s. Anm. 6 zu § 1590), treten dieselben im Verhältnisse der erwähnten Personen zu einander nicht ein. Selbstverständlich wird demzufolge durch die Annahme ein Schwägerschaftsverhältniß zwischen dem Ehegatten des Annehmenden und den Abkömmlingen des Kindes, sowie zwischen dem Annehmenden und dem Ehegatten eines Abkömmlings des Kindes auch dann nicht begründet, wenn sich die Wirkungen der Annahme gemäß § 1762 auf die Abkömmlinge erstrecken (vgl. Anm. 3 zu § 1737). Ueber die Annahme des Kindes eines Ehegatten durch den anderen Ehegatten s. § 1757 Abs. 2.

3. Eine Ausdehnung der Wirkungen der Annahme an Kindesstatt auf die im § 1763 bezeichneten Personen kann auch durch den Annahmevertrag nicht erfolgen (§ 1767 Abs. 2; vgl. M. IV, 980).

4. Trotz des Grundsatzes des § 1763 werden natürlich die familienrechtlichen Beziehungen der in Frage stehenden Personen, insbesondere hinsichtlich des Unterhaltsanspruchs, Erb- und Pflichttheilsrechts durch die gemäß § 1757 mit der Annahme an Kindesstatt verbundene Rechtswirkung in erheblichem Umfang beeinflußt (vgl. Anm. 4 zu § 1737).

5. Ueber den Einfluß der Annahme an Kindesstatt auf das Verhältniß des Kindes zu seinen Verwandten s. §§ 1764—1766.

§ 1764.

Die Rechte und Pflichten, die sich aus dem Verwandtschaftsverhältnisse zwischen dem Kinde und seinen Verwandten ergeben, werden durch die Annahme an Kindesstatt nicht berührt, soweit nicht das Gesetz ein Anderes vorschreibt.

E. I, 1625; II, 1645; III, 1740.

1. Wie das Kind einerseits durch die Annahme an Kindesstatt nicht in die Familie des Annehmenden eintritt (§ 1763 Satz 1), so hört es andererseits nicht auf, Mitglied seiner natürlichen Familie zu sein. Die auf der natürlichen Verwandtschaft beruhenden rechtlichen Beziehungen zwischen dem Kind und seinen Verwandten werden daher durch die Annahme an Kindesstatt grundsätzlich nicht berührt (M. IV, 989; P. IV, 733; vgl. § 1737 Abs. 2). Dies gilt vor Allem hinsichtlich des Ehehindernisses der Verwandtschaft und Schwägerschaft (§ 1310), sodann (vorbehaltlich der besonderen Bestimmung des § 1766) hinsichtlich der gegenseitigen Unterhalts-, Erb- und Pflichttheilsansprüche (§§ 1601 ff., 1924 ff., 2303), endlich auch hinsichtlich der in den §§ 1617—1625 erwähnten Rechte und Pflichten (bez. der konkurrirenden Aussteuerpflicht des Annehmenden und des leiblichen Vaters s. Anm. 3b zu § 1620).

2. Von diesem Grundsatze bestehen jedoch mehrere Ausnahmen:

a) Zur Verheirathung eines noch nicht 21 Jahre alten angenommenen Kindes ist nicht die Einwilligung seiner leiblichen Eltern, sondern die des Annehmenden erforderlich und zwar auch dann, wenn das durch die Annahme begründete Rechtsverhältniß wiederaufgehoben worden ist (§ 1306 Abs. 1 Satz 1, Abs. 2; s. auch Abs. 1 Satz 2).

b) Die leiblichen ehelichen Eltern des angenommenen Kindes verlieren mit der Annahme die elterliche Gewalt über das Kind, die uneheliche Mutter verliert die ihr nach § 1757 zustehende thatsächliche Sorge für die Person des Kindes (§ 1765 Abs. 1, s. auch Abs. 2).

c) Die Unterhaltspflicht des Annehmenden gegenüber dem Kind und dessen von den Wirkungen der Annahme mitumfaßten Abkömmlingen geht der Unterhaltspflicht der leiblichen Verwandten des Kindes vor (§ 1766 Abs. 1).

d) Zur Vormundschaft über ein angenommenes Kind sind dessen leibliche Großväter nicht berufen, wenn es von einem Anderen als dem Ehegatten seines Vaters oder seiner Mutter an Kindesstatt angenommen ist. Das Gleiche gilt bezüglich der Vormundschaft über einen von den Wirkungen der Annahme mitumfaßten Abkömmling des Kindes (§ 1776 Abs. 2).

e) Zur Vormundschaft über ein volljähriges angenommenes Kind sind dessen leibliche Eltern nicht berufen, wenn das Kind von einem Anderen als dem

Ehegatten seines Vaters oder seiner Mutter an Kindesstatt angenommen worden ist (§ 1899 Abs. 2).

f) Das von einem Anderen an Kindesstatt angenommene Kind wird nicht mitgerechnet, wenn es sich darum handelt, ob Jemand auf Grund des § 1786 Abs. 1 Nr. 3 zur Ablehnung der Vormundschaft berechtigt ist.

g) Endlich erleidet der Grundsatz des § 1764 natürlich insoferne eine Modifikation, als den Bestimmungen des § 1757 zufolge durch die Konkurrenz des Annehmenden die Unterhaltsansprüche der leiblichen Verwandten des Kindes eingeschränkt bezw. ausgeschlossen werden können (s. § 1609; vgl. Anm. 5d zu § 1737; s. auch Anm. 3 zu § 1759).

§ 1765.

Mit der Annahme an Kindesstatt verlieren die leiblichen Eltern die elterliche Gewalt über das Kind, die uneheliche Mutter das Recht und die Pflicht, für die Person des Kindes zu sorgen.

Hat der Vater oder die Mutter dem Kinde Unterhalt zu gewähren, so treten das Recht und die Pflicht, für die Person des Kindes zu sorgen, wieder ein, wenn die elterliche Gewalt des Annehmenden endigt oder wenn sie wegen Geschäftsunfähigkeit des Annehmenden oder nach § 1677 ruht. Das Recht zur Vertretung des Kindes tritt nicht wieder ein.

E. I, 1626; II, 1646; III, 1741.

1. Nach § 1757 erlangt der Annehmende die elterliche Gewalt über das Kind. Mit Rücksicht auf die Ausschließlichkeit der elterlichen Gewalt läßt daher § 1765 Abs. 1 in Abweichung von dem Grundsatze des § 1764 mit diesem Zeitpunkte die elterliche Gewalt der leiblichen Eltern endigen. Das Gleiche gilt hinsichtlich der den leiblichen Eltern bezw. der unehelichen Mutter auf Grund der §§ 1634, 1635—1637, 1676 Abs. 2 Satz 2, 1696—1698, 1702, 1707 zustehenden Sorge für die Person des Kindes, da diese Sorge einen Bestandtheil der elterlichen Gewalt bildet (M. IV, 990; Z.G. IV, 457; vgl. § 1738 Satz 1).

2. Nach E. I sollte die elterliche Gewalt an die leiblichen Eltern bezw. die thatsächliche Sorge für die Person des Kindes an die Mutter auch dann nicht zurückfallen, wenn die elterliche Gewalt des Annehmenden beendigt oder auf die elterliche Nutznießung beschränkt oder wenn die Annahme an Kindesstatt aufgehoben ist (M. IV, 990 ff.; Z.G. IV, 458). Abweichend hiervon soll nach § 1765 Abs. 2, vorausgesetzt, daß Vater oder Mutter dem Kinde gegenüber unterhaltspflichtig ist (§§ 1601 ff., 1709, 1), zwar nicht die elterliche Gewalt, wohl aber die Sorge für die Person des Kindes in dem früheren Umfange, jedoch mit Ausschluß der gesetzlichen Vertretung, an die leiblichen Eltern zurückfallen,

a) wenn die elterliche Gewalt des Annehmenden endigt (Vorbem. vor § 1676 Ziff. 4), also insbesondere, wenn das durch die Annahme begründete Rechtsverhältniß wieder aufgehoben wird (§§ 1768, 1771);

b) wenn die elterliche Gewalt des Annehmenden um deßwillen ruht, weil der Annehmende geschäftsunfähig oder nach Feststellung des Vormundschaftsgerichts auf längere Zeit an der Ausübung der elterlichen Gewalt thatsächlich verhindert ist (§§ 1676 Abs. 1, 1677), nicht aber, wenn die elterliche Gewalt des Annehmenden deßhalb ruht, weil er in der Geschäftsfähigkeit beschränkt ist oder nach § 1910 Abs. 1 einen Pfleger für seine Person und sein Vermögen erhalten hat (§ 1676 Abs. 2 Satz 1; s. P. IV, 733 ff.; vgl. §§ 1702 Abs. 3, 1738 Satz 2, Anm. 2 zu § 1738). Sind die Voraussetzungen des § 1765 Abs. 2 gegeben, so erlangen die leiblichen Eltern die Sorge für die Person des Kindes kraft Gesetzes wieder; der in der II. Komm. gestellte Antrag, die Wiedererlangung von der Uebertragung durch das Vormundschaftsgericht abhängig zu machen, wurde abgelehnt (P. IV, 733 ff.). Da die leiblichen Eltern das Recht zur Vertretung des Kindes nicht wiedererlangen, ist über das minderjährige angenommene Kind Vormundschaft einzuleiten, falls die elterliche Gewalt des Annehmenden endigt oder ruht (Anm. 2d zu § 1773).

3. Erlangt der Annehmende die elterliche Gewalt wieder (§ 1679 Abs. 2, Anm. 4 zu § 1680) oder endigt das Ruhen seiner elterlichen Gewalt (Anm. 2 zu § 1676, § 1677 Abs. 2), so kommt Recht und Pflicht der leiblichen Eltern, für die Person

des Kindes zu sorgen, wieder in Wegfall (vgl. Anm. 1 zu § 1702). Das Gleiche gilt, wenn die Unterhaltspflicht der leiblichen Eltern endigt (vgl. Anm. 3 zu § 1738).

4. Die Bestimmungen des § 1765 finden selbstverständlich keine Anwendung auf den Fall, daß eine Mutter ihr uneheliches Kind oder ein Ehegatte das Kind des anderen Ehegatten an Kindesstatt annimmt (M. IV, 991).

5. Eine Abänderung der Vorschriften des § 1765 durch den Annahmevertrag ist ausgeschlossen (§ 1767 Abs. 2). Selbstverständlich kann aber der Annehmende den leiblichen Eltern des Kindes die Ausübung des Erziehungsrechts überlassen (M. IV, 994 ff.; vgl. Anm. I, 7 zu § 1631, Anm. VI zu § 1635).

6. Das durch die Annahme an Kindesstatt von den leiblichen Eltern auf den Annehmenden übergegangene Recht, die zur Verehelichung des noch nicht 21 Jahre alten Kindes erforderliche Einwilligung zu ertheilen, fällt auch dann nicht an die leiblichen Eltern zurück, wenn das durch die Annahme an Kindesstatt begründete Rechtsverhältniß aufgehoben wird und die leiblichen Eltern gemäß § 1765 Abs. 2 die Sorge für die Person des Kindes wiedererlangen (§ 1306 Abs. 2; Anm. 2b zu § 1306).

§ 1766.

Der Annehmende ist dem Kinde und denjenigen Abkömmlingen des Kindes, auf welche sich die Wirkungen der Annahme erstrecken, vor den leiblichen Verwandten des Kindes zur Gewährung des Unterhalts verpflichtet.

Der Annehmende steht im Falle des § 1611 Abs. 2 den leiblichen Verwandten der aufsteigenden Linie gleich.

E. I, 1627; II, 1647; III, 1742.

1. Gemäß § 1757 besteht zwischen dem Annehmenden einerseits, dem Kind und dessen von den Wirkungen der Annahme mitumfaßten Abkömmlingen andererseits ein gegenseitiger Unterhaltsanspruch wie nach §§ 1601 ff. zwischen ehelichen Verwandten (M. IV, 991 ff.; Z.G. IV, 458; über die einschlägigen Vorschriften des B.L.R. s. Engelmann, a. a. O. S. 123 Note 169, S. 128 ff.). Zwischen den Verwandten des Annehmenden einerseits, dem Kind und dessen Abkömmlingen andererseits besteht gemäß § 1763 Satz 1 kein Unterhaltsanspruch. Der gegenseitige Unterhaltsanspruch zwischen dem angenommenen Kind und dessen Verwandten (bezw. Ehegatten) wird gemäß § 1764 durch die Annahme an Kindesstatt grundsätzlich nicht berührt. Hievon macht jedoch § 1766 insofern eine Ausnahme, als hienach die Unterhaltspflicht des Annehmenden derjenigen der leiblichen Verwandten des angenommenen Kindes vorgeht und zwar nicht nur gegenüber dem angenommenen Kinde, sondern auch gegenüber dessen von den Wirkungen der Annahme mitumfaßten Abkömmlingen (M. IV, 993; vgl. § 1739). Nach dem Wortlaute des § 1766 würde die Unterhaltspflicht des Annehmenden gegenüber dem Kind auch der Unterhaltspflicht der Abkömmlinge des Kindes vorgehen. Indessen dürfte eine derartige Abweichung von dem Grundsatze des § 1606 Abs. 1 Satz 1 dem wahren Sinne des § 1766 widerstreiten. Unter den „leiblichen Verwandten" des Kindes werden vielmehr nur gleich weit entfernte leibliche Verwandte aufsteigender Linie zu verstehen sein (vgl. § 1739). Einem von den Wirkungen der Annahme mitumfaßten Abkömmling des angenommenen Kindes gegenüber haftet demgemäß der Annehmende zwar (abweichend von dem Grundsatze des § 1606 Abs. 2 Satz 1) vor den leiblichen Großeltern des Abkömmlings, nicht aber vor dem Kinde selbst (d. h. dem Vater oder der Mutter des Abkömmlings, s. § 1606 Abs. 2 Satz 1) und ebensowenig vor den Abkömmlingen des unterhaltsbedürftigen Abkömmlings.

2. In den Fällen des § 1757 Abs. 2 haftet, auch wenn die Frau das Kind des Mannes angenommen hat, dieser regelmäßig vor der Frau. Dies ergibt sich aus § 1606 Abs. 2 Satz 2 in Verbindung mit § 1757 Abs. 2 (M. IV, 993).

3. Im Sinne des § 1766 Abs. 1 gilt auch der uneheliche Vater als leiblicher Verwandter des Kindes. Die Unterhaltspflicht des Annehmenden geht daher auch der gemäß §§ 1708 ff. dem unehelichen Vater des angenommenen Kindes obliegenden Unterhaltspflicht vor (M. IV, 879).

4. Sind außer dem angenommenen Kind und dessen von den Wirkungen der Annahme mitumfaßten Abkömmlingen noch weitere gegenüber dem Annehmenden unterhaltsberechtigte Personen vorhanden und ist der Annehmende nicht in der Lage, allen Unterhaltsansprüchen zu genügen, so bestimmt sich das Rangverhältniß unter den Bedürftigen nach §§ 1609, 1579 Abs. 1 Satz 2. Für das Verhältniß der Unterhaltspflicht des Annehmenden gegenüber dem Kind und dessen Abkömmlingen zu der Unterhaltspflicht der leiblichen Verwandten bezw. des Ehegatten dieser

Personen sind (von der Sondervorschrift des § 1766 abgesehen) die Bestimmungen der §§ 1606, 1608 maßgebend. Ebenso sind für das Rangverhältniß mehrerer Unterhaltsansprüche gegenüber dem angenommenen Kinde und dessen von den Wirkungen der Annahme mitumfaßten Abkömmlingen die Vorschriften des § 1609, für das Verhältniß der Unterhaltspflicht des angenommenen Kindes und seiner von den Wirkungen der Annahme mitumfaßten Abkömmlinge gegenüber dem Annehmenden zur Unterhaltspflicht der leiblichen Verwandten bezw. des Ehegatten des Annehmenden die Bestimmungen der §§ 1606, 1608 entscheidend. In allen diesen Beziehungen steht das angenommene Kind einem leiblichen ehelichen Kinde des Annehmenden, der Annehmende einem leiblichen ehelichen Elterntheil des Kindes gleich.

5. Nach § 1611 kann nur den nothdürftigen Unterhalt verlangen, wer sich einem unterhaltspflichtigen Verwandten oder Ehegatten gegenüber einer der Entziehung des Pflichttheils rechtfertigenden Verfehlung schuldig macht. Dies gilt nach § 1757 auch für den Unterhaltsanspruch des Kindes und seiner von den Wirkungen der Annahme mitumfaßten Abkömmlinge gegenüber dem Annehmenden (über das Pflichttheilsrecht dieser Personen gegenüber dem Annehmenden s. Anm. 1 zu § 1759). Es soll aber nach § 1766 Abs. 2 auch für den Unterhaltsanspruch des Annehmenden gegenüber dem Kinde und dessen von den Wirkungen der Annahme mitumfaßten Abkömmlinge gelten, obwohl nach § 1759 der Annehmende gegenüber diesen Personen nicht erbberechtigt und daher auch nicht pflichttheilsberechtigt ist (M. IV, 992 ff.).

§ 1767.

In dem Annahmevertrage kann die Nutznießung des Annehmenden an dem Vermögen des Kindes sowie das Erbrecht des Kindes dem Annehmenden gegenüber ausgeschlossen werden.

Im Uebrigen können die Wirkungen der Annahme an Kindesstatt in dem Annahmevertrage nicht geändert werden.

E. I, 1628; II, 1648; III, 1743.

1. Die mit der Annahme an Kindesstatt verbundenen Rechtswirkungen (§ 1757 ff.) sind fast sämmtlich absoluter Natur und daher Abänderungen derselben durch den Annahmevertrag ausgeschlossen. Dies gilt insbesondere:

a) von dem Verluste der elterlichen Gewalt bezw. der Sorge für die Person des Kindes auf Seite der leiblichen Eltern (§ 1765 und Anm. 5 hiezu);

b) von der Erlangung der mit der elterlichen Gewalt verbundenen Sorge für das Vermögen des Kindes auf Seite des Annehmenden. Der in der II. Komm. gestellte Antrag, in dieser Beziehung für den Fall der Annahme des Kindes durch eine Frau eine Abweichung zu gestatten, wurde abgelehnt, da der annehmenden Frau auf ihren Antrag ein Beistand bestellt und diesem die Vermögensverwaltung übertragen werden könne (P. IV, 736 ff.; vgl. §§ 1687 Nr. 2, 1693, Anm. 1 zu § 1760).

2. Eine Ausnahme von diesem Grundsatze gilt nur in folgenden Beziehungen (M. IV, 995):

a) Die Befugniß des Kindes, dem durch die Annahme erhaltenen Familiennamen des Annehmenden seinen früheren Namen beizufügen, kann im Annahmevertrag ausgeschlossen werden (§ 1758 Abs. 1, 2).

b) Das Erbrecht (und demgemäß auch das Pflichttheilsrecht) des Kindes gegenüber dem Annehmenden kann im Annahmevertrag ausgeschlossen werden (§ 1767 Abs. 1). Soweit sich die Wirkungen der Annahme nach § 1762 auch auf die Abkömmlinge des Kindes erstrecken, kann auch deren Erbrecht gegenüber dem Annehmenden (mit oder ohne gleichzeitige Ausschließung des Erbrechts des Kindes) ausgeschlossen werden. Ob durch Ausschließung des Erbrechts des Kindes allein auch das Erbrecht seiner von den Wirkungen der Annahme mitumfaßten Abkömmlinge ausgeschlossen sein soll, hängt von der Auslegung des Annahmevertrags ab (vgl. § 2349). Die Einräumung des durch § 1759 dem Annehmenden versagten Erbrechts an diesen ist, vorbehaltlich der Bestimmungen über den Erbvertrag (§§ 1941, 2274 ff.), nicht zulässig (M. IV, 995 ff.).

c) Endlich kann die Nutznießung des Annehmenden am Vermögen des Kindes im Annahmevertrag ausgeschlossen werden (§ 1767 Abs. 1, vgl. § 1662). Die Nutznießung verbleibt in diesem Falle demjenigen, dem sie abgesehen von der Annahme zustehen würde und regelt sich nach den Bestimmungen der §§ 1656, 1657 (vgl. Anm. 1 h zu § 1656).

3. Enthält ein im Uebrigen rechtsgültiger Annahmevertrag Bestimmungen, die sich nach § 1767 als unzulässig darstellen, so ist hinsichtlich der Gültigkeit des übrigen Inhalts des Annahmevertrages der Grundsatz des § 139 entscheidend.

4. Sind im Annahmevertrag auch die Beziehungen zwischen dem Kinde und dessen leiblichen Eltern geregelt worden, so bemißt sich die Gültigkeit derartiger Anordnungen nach den allgemeinen Grundsätzen. Desgleichen entscheiden die allgemeinen Grundsätze über die Zulässigkeit nachträglicher Abänderung der gesetzlichen Wirkungen der Annahme an Kindesstatt durch Vereinbarung unter den betheiligten Personen (M. IV, 996). Aus § 1757 ergibt sich insbesondere, daß, soweit eine solche Vereinbarung zwischen leiblichen Eltern und Kindern geschlossen werden kann, sie auch zwischen dem Annehmenden und dem Angenommenen zulässig ist.

§ 1768.

Das durch die Annahme an Kindesstatt begründete Rechtsverhältniß kann wiederaufgehoben werden. Die Aufhebung kann nicht unter einer Bedingung oder einer Zeitbestimmung erfolgen.

Die Aufhebung erfolgt durch Vertrag zwischen dem Annehmenden, dem Kinde und denjenigen Abkömmlingen des Kindes, auf welche sich die Wirkungen der Annahme erstrecken.

Hat ein Ehepaar gemeinschaftlich ein Kind angenommen oder hat ein Ehegatte ein Kind des anderen Ehegatten angenommen, so ist zu der Aufhebung die Mitwirkung beider Ehegatten erforderlich.

E. I, 1629 Abs. 1, 2, 4, 5; II, 1649; III, 1744.

1. Während nach Gem.R. und P.L.R. das Adoptionsverhältniß durch Emancipation des Wahlkinds beendigt werden kann (Vorbem. Ziff. 1; über andere Rechte s. M. IV, 996 ff.), tritt nach B.G.B. die Aufhebung des durch die Annahme begründeten Rechtsverhältnisses ein:

a) kraft Gesetzes mit Abschluß einer der Vorschrift des § 1311 zuwiderlaufenden Ehe;

b) durch Vertrag (§§ 1768—1770).

Andere Endigungsgründe sind dem Gesetze fremd, insbesondere wird durch den Tod des Annehmenden oder des Angenommenen das durch die Annahme begründete Rechtsverhältniß nicht aufgehoben und ebensowenig ist die Aufhebung auf einseitigen Antrag des Annehmenden oder des Kindes zulässig (M. IV, 1000 ff.; Z.G. IV, 458). Der in der II. Komm. gestellte Antrag, wonach der Annehmende berechtigt sein sollte, die Aufhebung des durch die Annahme begründeten Rechtsverhältnisses zu verlangen, wenn sich das Kind einer die Entziehung des Pflichttheils rechtfertigenden Verfehlung schuldig mache, wurde abgelehnt (P. IV, 738 ff.).

2. An dem Vertrage, welcher die Aufhebung des durch die Annahme an Kindesstatt begründeten Rechtsverhältnisses zum Gegenstande hat, müssen sämmtliche von den Wirkungen der Annahme betroffenen Personen theilnehmen, also der Annehmende (bezw. die beiden annehmenden Ehegatten im ersten Falle des § 1757 Abs. 2), das angenommene Kind und dessen Abkömmlinge, soweit sich nach § 1762 die Wirkungen der Annahme auf sie erstrecken. Hat ein Ehegatte das Kind des anderen Ehegatten angenommen (zweiter Fall des § 1757 Abs. 2), so ist auch die Mitwirkung des letzteren Ehegatten erforderlich (während derselbe beim Annahmevertrag nicht mitzuwirken braucht, s. M. IV, 999, 981). Hinsichtlich der Zulässigkeit der Vertretung, insbesondere des Vertragsabschlusses durch den gesetzlichen Vertreter eines geschäftsunfähigen oder in der Geschäftsfähigkeit beschränkten Annehmenden, Angenommenen oder Abkömmlings gelten die Grundsätze der §§ 1750, 1751 (§ 1770; M. IV, 999). Ueber die Zulässigkeit des Vertrags nach dem Tode des Kindes oder (in den Fällen des § 1757 Abs. 2) nach dem Tode eines Ehegatten s. § 1769.

3. Der Aufhebungsvertrag muß wie der Annahmevertrag bei gleichzeitiger Anwesenheit sämmtlicher Betheiligter vor Gericht oder Notar geschlossen werden und bedarf der gerichtlichen Bestätigung, die jedoch nur versagt werden darf, wenn ein gesetzliches Erforderniß des Aufhebungsvertrags fehlt (§§ 1770, 1750 Abs. 2, 1754 Abs. 2 Satz 1; M. IV, 997). Dagegen ist die Einwilligung der in den §§ 1746, 1747 bezeichneten Personen

nicht erforderlich (M. IV, 1000). Die gerichtliche Bestätigung des Aufhebungsvertrags ist nach dem Tode des Kindes überhaupt nicht, nach dem Tode des Annehmenden nur unter den Voraussetzungen des § 1753 Abs. 2 zulässig. Für die Anfechtung des Aufhebungsvertrags und die Bestätigung eines anfechtbaren Aufhebungsvertrags gelten die Vorschriften des § 1750 Abs. 1, 1751, für die Gebundenheit der Vertragschließenden vor der Bestätigung gilt § 1754 Abs. 1 Satz 2 (§§ 1770, 1753—1755). Die Aufhebung des durch die Annahme begründeten Rechtsverhältnisses kann ebensowenig wie die Annahme unter einer Bedingung oder Zeitbestimmung erfolgen (§ 1768 Abs. 1 Satz 2, vgl. § 1742). Der Aufhebungsvertrag tritt wie der Annahmevertrag erst mit der gerichtlichen Bestätigung in Kraft (§§ 1770, 1754 Abs. 1 Satz 1). Der Beschluß, durch den die Bestätigung ertheilt wird, tritt mit der Bekanntmachung an den Annehmenden in Wirksamkeit. Ist die Bestätigung noch nach dem Tode des Annehmenden zulässig, so tritt der Beschluß unbeschadet der Vorschriften der §§ 1770, 1753 Abs. 3 mit der Bekanntmachung an das Kind in Wirksamkeit. Wird nach dem Tode des Kindes das zwischen den übrigen Betheiligten bestehende Rechtsverhältniß durch Vertrag aufgehoben (§ 1769 Satz 1), so tritt der Beschluß, durch welchen die Aufhebung nach dem Tode des Annehmenden bestätigt wird, mit der Bekanntmachung an die übrigen Betheiligten in Wirksamkeit (F.G. § 67). Hinsichtlich der Zuständigkeit zur Bestätigung und der Rechtsmittel gegen die Entscheidung des Gerichts gilt das Gleiche wie für den Annahmevertrag (F.G. §§ 65, 66, 68; Anm. 6, 7 zu § 1741).

4. Die Rechtswirkung des Aufhebungsvertrags besteht darin, daß das durch die Annahme an Kindesstatt begründete Rechtsverhältniß für die Zukunft aufgehoben wird, während die auf Grund der Annahme an Kindesstatt bereits eingetretenen, von der Fortdauer dieses Verhältnisses unabhängigen Wirkungen bestehen bleiben (M. IV, 1000; vgl. § 1771). Es kommt also insbesondere das Erbrecht des Angenommenen und seiner Abkömmlinge gegenüber dem Annehmenden, der gegenseitige Unterhaltsanspruch und das Eheverbot des § 1311 mit der Bestätigung des Aufhebungsvertrags in Wegfall, desgleichen verlieren das Kind und seine Abkömmlinge das Recht zur Führung des Familiennamens des Annehmenden, es sei denn, daß in den Fällen des § 1757 Abs. 2 die Aufhebung nach dem Tode eines der Ehegatten erfolgt (§ 1772). Ist das Kind minderjährig, so endigt in Folge der Aufhebung des durch die Annahme begründeten Rechtsverhältnisses natürlich auch die elterliche Gewalt des Annehmenden. An die leiblichen Eltern fällt in diesem Falle nur die thatsächliche Sorge für die Person des Kindes und auch diese nur unter der Voraussetzung zurück, daß die Eltern dem Kinde Unterhalt zu gewähren haben (§ 1765 Abs. 2; Anm. 2a zu § 1765). Mit der Aufhebung des durch die Annahme begründeten Rechtsverhältnisses endigt ferner das Recht des Annehmenden, zur Verehelichung des noch nicht 21 Jahre alten Kindes seine Einwilligung zu ertheilen; die leiblichen Eltern erlangen in diesem Falle das Einwilligungsrecht nicht wieder (§ 1306 Abs. 2).

5. Nach Aufhebung des durch die Annahme begründeten Rechtsverhältnisses kann das Kind (abweichend vom Gem.R.) neuerdings (seitens desselben oder eines anderen Annehmenden) an Kindesstatt angenommen werden (M. IV, 968). Selbstverständlich muß der neue Annahmevertrag sämmtlichen gesetzlichen Erfordernissen entsprechen, auch wenn er unter denselben Betheiligten geschlossen wird.

§ 1769.

Nach dem Tode des Kindes können die übrigen Betheiligten das zwischen ihnen bestehende Rechtsverhältniß durch Vertrag aufheben. Das Gleiche gilt in den Fällen des § 1757 Abs. 2 nach dem Tode eines der Ehegatten.

E. I, 1629 Abs. 3, 4; II, 1650; III, 1745.

1. Abweichend von dem Grundsatze des § 1768 Abs. 2 gestattet § 1769 die vertragsmäßige Aufhebung des durch die Annahme begründeten Rechtsverhältnisses auch nach dem Tode des angenommenen Kindes. In diesem Falle muß der Aufhebungsvertrag von dem Annehmenden mit sämmtlichen gemäß § 1762 von den Wirkungen der Annahme mitumfaßten Abkömmlingen des Kindes abgeschlossen werden (M. IV, 999).

2. Dagegen ist die vertragsmäßige Aufhebung des durch die Annahme begründeten Rechtsverhältnisses nach dem Tode des Annehmenden grundsätzlich ausgeschlossen (M. IV, 1001). Eine Ausnahme hievon besteht nur für den Fall, daß ein Ehepaar gemeinschaftlich ein Kind oder ein Ehegatte das Kind des anderen Ehegatten angenommen hat (§ 1757 Abs. 2). In diesen Fällen kann nach dem Tode eines Ehegatten die Aufhebung durch Vertrag des überlebenden Ehegatten mit dem Kinde und dessen von den Wirkungen der Annahme mitumfaßten Abkömmlingen, eventuell, falls auch das Kind schon verstorben ist, durch Vertrag des überlebenden Ehegatten mit den von den Wirkungen der Annahme

mitumfaßten Abkömmlingen des Kindes erfolgen. Selbstverständlich bleibt aber in diesem Falle das durch die Annahme an Kindesstatt zwischen dem verstorbenen Ehegatten und dem Kinde, sowie dessen Abkömmlingen begründete Rechtsverhältniß unberührt. Demgemäß behalten das Kind und dessen von den Wirkungen der Annahme mitumfaßte Abkömmlinge insbesondere den durch die Annahme etwa erlangten Namen des verstorbenen Ehegatten (§ 1772 Satz 2; M. IV, 999).

3. Die Bestätigung des zu Lebzeiten des Kindes geschlossenen Aufhebungsvertrags ist nach dem Tode des Kindes nicht mehr zulässig, während nach dem Tode des Annehmenden die Bestätigung des zu seinen Lebzeiten geschlossenen Aufhebungsvertrags zulässig ist, wenn der Annehmende oder das Kind den Antrag auf Bestätigung bei dem zuständigen Gericht eingereicht oder bei oder nach der gerichtlichen oder notariellen Beurkundung des Aufhebungsvertrags Gericht oder Notar mit der Einreichung betraut hat. Die nach dem Tode des Annehmenden erfolgte Bestätigung des Aufhebungsvertrags hat die gleiche Wirkung, wie wenn sie bei Lebzeiten des Annehmenden erfolgt wäre (§§ 1770, 1753).

4. Ueber den Zeitpunkt, in welchem der Beschluß wirksam wird, durch welchen ein nach dem Tode des Kindes geschlossener Aufhebungsvertrag bestätigt wird, s. F.G. § 67 (Anm. 3 zu § 1768).

§ 1770.

Die für die Annahme an Kindesstatt geltenden Vorschriften des § 1741 Satz 2 und der §§ 1750, 1751, 1753 bis 1755 gelten auch für die Aufhebung.

E. I, 1629 Abs. 5; II, 1651, 1652; III, 1746.

Die über das Erforderniß gerichtlicher Bestätigung, die Vertretung beim Abschluß des Vertrags, die Form des Vertrags, die Zulässigkeit der Bestätigung nach dem Tode eines Betheiligten, den Beginn der Rechtswirkung des Vertrags, die Gebundenheit der Vertragschließenden, die Voraussetzungen der gerichtlichen Bestätigung, die Anfechtung des Vertrags und die Bestätigung des anfechtbaren Vertrags hinsichtlich des Annahmevertrags getroffenen Bestimmungen gelten gemäß § 1770 auch für den auf Aufhebung des durch die Annahme begründeten Rechtsverhältnisses gerichteten Vertrag (M. IV, 997, 999, 1000, vgl. Anm. 3 zu § 1768). Daß auch die Aufhebung des durch die Annahme begründeten Rechtsverhältnisses nicht unter einer Bedingung oder Zeitbestimmung erfolgen kann, ist im § 1768 Abs. 1 Satz 2 besonders bestimmt (vgl. § 1742).

Ueber die Rechtswirkung des Aufhebungsvertrags s. Anm. 4 zu § 1768.

§ 1771.

Schließen Personen, die durch Annahme an Kindesstatt verbunden sind, der Vorschrift des § 1311 zuwider eine Ehe, so tritt mit der Eheschließung die Aufhebung des durch die Annahme zwischen ihnen begründeten Rechtsverhältnisses ein.

Ist die Ehe nichtig, so wird, wenn dem einen Ehegatten die elterliche Gewalt über den anderen zusteht, diese mit der Eheschließung verwirkt. Die Verwirkung tritt nicht ein, wenn die Nichtigkeit der Ehe auf einem Formmangel beruht und die Ehe nicht in das Heirathsregister eingetragen worden ist.

E. I, 1631; II, 1653; III, 1747.

1. Nach § 1311 ist die Ehe zwischen dem Annehmenden einerseits, dem Angenommenen und dessen Abkömmlingen andererseits, gleichviel, ob sich die Wirkungen der Annahme nach § 1762 auf die letzteren erstrecken oder nicht, verboten, solange das durch die Annahme begründete Rechtsverhältniß besteht. Das hiedurch geschaffene Ehehinderniß hat nur aufschiebenden Charakter. Die unter Außerachtlassung desselben geschlossene Ehe ist aus diesem Grunde weder nichtig noch anfechtbar (Anm. 6 zu § 1311). Da jedoch neben der Ehe das durch die Annahme an Kindesstatt begründete Rechtsverhältniß naturgemäß nicht fortdauern kann, läßt § 1771 mit der Eheschließung kraft Gesetzes die Aufhebung des durch die Annahme begründeten Rechtsverhältnisses eintreten, jedoch nur zwischen den Ehegatten selbst, nicht auch im Verhältnisse zwischen den übrigen Personen, auf welche sich gemäß § 1762 die Wirkungen der Annahme erstrecken (M. IV, 1001 ff., woselbst S. 1001 letzte Zeile statt „eintreten“ zu lesen ist: „wegfallen“; vgl. Anm. 4 zu § 1768, Anm. 1 zu § 1772).

2. Die in § 1771 Abs. 1 erwähnte Rechtsfolge setzt Gültigkeit der Ehe voraus. Ist die zwischen dem Annehmenden und dem Angenommenen bezw. dem Abkömmling des

letzteren geschlossenen Ehe absolut nichtig (s. Ziff. 3 der Vorbem. zum 1. Abschn. 3. Titel), so gilt sie als nicht geschlossen, vermag also auch das durch die Annahme an Kindesstatt zwischen den nunmehrigen Ehegatten begründete Rechtsverhältniß in keiner Weise zu beeinflussen. Ist die Ehe dagegen relativ nichtig (s. Ziff. 3 der erwähnten Vorbemerkung) oder anfechtbar (§§ 1331—1335, 1350) und angefochten, so wird durch dieselbe zwar ebenfalls das durch die Annahme an Kindesstatt zwischen den Ehegatten begründete Rechtsverhältniß nicht aufgehoben, jedoch die einem Ehegatten gegenüber dem anderen auf Grund der Annahme etwa zustehende elterliche Gewalt verwirkt, während im Uebrigen die Rechtswirkungen der Annahme fortdauern (M. IV, 1002; vgl. § 1680). Aus den Grundsätzen der §§ 1329, 1343 Abs. 2 ergibt sich aber, daß die Fortdauer der übrigen durch die Annahme an Kindesstatt begründeten Rechtswirkungen, wie die Rechtsfolgen der Nichtigkeit der Ehe überhaupt erst geltend gemacht werden kann, sobald die Ehe für nichtig erklärt oder aufgelöst ist (vgl. Ziff. 8 der Vorbem. z. 1. Abschn. 3. Tit.).

3. Ueber die vertragsmäßige Aufhebung des durch die Annahme an Kindesstatt begründeten Rechtsverhältnisses s. §§ 1768—1770.

§ 1772.

Mit der Aufhebung der Annahme an Kindesstatt verlieren das Kind und diejenigen Abkömmlinge des Kindes, auf welche sich die Aufhebung erstreckt, das Recht, den Familiennamen des Annehmenden zu führen. Diese Vorschrift findet in den Fällen des § 1757 Abs. 2 keine Anwendung, wenn die Aufhebung nach dem Tode eines der Ehegatten erfolgt.

E. II, 1654; III, 1748.

1. Mit der Aufhebung der Annahme an Kindesstatt kommen die durch dieselbe begründeten Rechtswirkungen in Wegfall. Demgemäß endigt mit diesem Zeitpunkt auch Recht und Pflicht des Kindes, sowie seiner von den Wirkungen der Annahme mitumfaßten Abkömmlinge zur Führung des Familiennamens des Annehmenden (§ 1758). Die ausdrückliche Hervorhebung dieser Rechtsfolge hielt die II. Komm. mit Rücksicht darauf für erforderlich, daß die Aufhebung der Annahme keine rückwirkende Kraft hat (P. IV, 741; vgl. Anm. 4 zu § 1768). Wie sich aus der Stellung des § 1772 ergibt, bezieht sich derselbe nicht nur auf die gemäß § 1768 durch Vertrag, sondern auch auf die gemäß § 1771 Abs. 1 kraft Gesetzes erfolgende Aufhebung des durch die Annahme begründeten Rechtsverhältnisses. Selbstverständlich ist aber in dieser Beziehung von praktischer Bedeutung nur der Fall, daß der Adoptivsohn die Adoptivmutter heirathet. Der Adoptivsohn erhält in Folge einer solchen Heirath seinen vor der Annahme geführten Familiennamen wieder und überträgt denselben gemäß § 1355 auf seine Ehefrau (P. IV, 741). Während aber die Wirkungen der vertragsmäßigen Aufhebung des durch die Annahme begründeten Rechtsverhältnisses sich auch auf die Abkömmlinge des Kindes erstrecken (§ 1768 Abs. 2 und Anm. 4 hiezu), beseitigt eine der Vorschrift des § 1311 zuwider geschlossene Ehe die Rechtswirkungen der Annahme nur für die Ehegatten (Anm. 1 zu § 1771). Die Abkömmlinge des Kindes behalten also in diesem Falle den durch die Annahme erworbenen Familiennamen des Annehmenden.

2. In den Fällen des § 1757 Abs. 2 erhält das Kind immer den Familiennamen des Mannes, es behält diesen Namen also auch dann, wenn die Ehefrau das Kind ihres Mannes annimmt (§ 1758 Abs. 1 Satz 2). Wird in einem solchen Falle das durch die Annahme begründete Rechtsverhältniß erst nach dem Tod eines der Ehegatten aufgehoben (s. § 1769 Satz 2), so behält das angenommene Kind und dessen von den Wirkungen der Annahme mitumfaßte Abkömmlinge den durch die Annahme erlangten Familiennamen (P. IV, 740 ff.; vgl. M. IV, 999; Anm. 2 zu § 1769).

Dritter Abschnitt.

Vormundschaft.*)

Vorbemerkungen.

1. Bisheriges Recht. Nach Röm.R. erhält der unmündige (d. h. noch nicht 14 bezw. 12 Jahre alte) Minderjährige einen tutor, der durch autoritatis interpositio die mangelnde Handlungsfähigkeit des Unmündigen ergänzt, der mündige Minderjährige einen curator, dessen Einwilligung zu gewissen Handlungen des Minderjährigen erforderlich ist. Im Gem.R. sind unter dem Einflusse der Reichspolizeiordnung von 1548 beide Institute zu der bis zur Volljährigkeit des Mündels sich erstreckenden Altersvormundschaft verschmolzen worden. Außerdem kennt das Gem.R. Kuratelen über Geisteskranke, Verschwender, Gebrechliche, Abwesende und ruhende Erbschaften. Schon im neueren Röm.R. beseitigt wurde die Geschlechtstutel über minderjährige, keiner Hausgewalt unterstehende Frauen. Die Bestellung und Beaufsichtigung der Kuratoren ist Sache des Staates und den Gerichten übertragen (Obervormundschaft). Nach Röm.R. beruhte die Berufung zur Tutel entweder auf letztem Willen (tutela testamentaria) oder auf Rechtssatz (tutela legitima zu Gunsten der Intestaterben des Mündels) oder auf obrigkeitlicher Ernennung (tutela dativa). Das Gem.R. kennt nur eine Dativkuratel, doch sind letztwillige Anordnungen des Vaters hinsichtlich der Person des Vormunds zu beachten. Der Vormund wird bei Beginn der Vormundschaft eidlich verpflichtet, er hat Sicherheit zu leisten und über das Vermögen des Mündels ein Inventar zu errichten. Er muß dem Vormundschaftsgerichte periodisch Rechnung stellen, hat über die Person und das Vermögen des Mündels zu wachen und ist gesetzlicher Vertreter des Mündels sowohl in persönlichen als in Vermögensangelegenheiten. Zu Veräußerungen aus dem Mündelvermögen bedarf er eines gerichtlichen Dekrets. Der Vormund haftet für sogen. culpa in concreto, subsidiär haftet die Obervormundschaftsbehörde für den aus der Verletzung ihrer Aufsichtspflicht dem Mündel erwachsenden Schaden. Die Vormundschaft endigt mit dem Wegfalle der ihre Einleitung veranlassenden Thatsachen. Auf die Kuratel finden im Wesentlichen die für die Tutel geltenden Bestimmungen Anwendung (Dernburg, Pand. Bd. 3 §§ 39—53; Roth, Bayr. Civilrecht, 2. Aufl., Bd. 1 S. 630 ff.). Das P.L.R. schließt sich in der Hauptsache an die Grundsätze des Gem.R. an. Es definirt die Vormundschaft als „eine Gewalt und Macht, Anderen, die sich Alters halber selbst noch nicht regieren können, fürzustehen, und sowohl ihre Person als Vermögen in gebührende Obsorge zu nehmen" (Thl. I cap. 7 § 1), und unterscheidet tutela testamentaria, legitima und dativa (§§ 4—7). Bevor der Vormund in Thätigkeit tritt, muß er Erfüllung seiner Pflichten geloben, ein Inventar über das Vermögen des Mündels errichten, Kaution leisten, falls dies seitens der Obrigkeit für erforderlich erachtet wird, und die obrigkeitliche Bestätigung erhalten haben (§ 9). Der Vormund haftet für dolus und culpa in concreto (§ 14), subsidiär haftet die Obervormundschaftsbehörde (§ 29). Rechtsgeschäfte, die der Mündel ohne Zustimmung des Vormunds vornimmt, sind auf seiner Seite unverbindlich, dagegen bleibt der andere Kontrahent verpflichtet, sofern der Mündel Vortheil davon hat. Der Mündel haftet jedoch, soweit er bereichert ist oder vorsätzlich Jemandem Schaden zugefügt hat (§ 17). Veräußerung von Immobilien ist nur aus rechtserheblicher Ursache (Nothwendigkeit oder augenscheinlicher Nutzen) nach vorgängiger gründlicher Untersuchung und obrigkeitlicher Bestätigung zulässig; das Gleiche gilt für fahrende Habe, die sich mit Nutzen erhalten läßt (§ 13). Der Unterschied zwischen tutela impuberum und cura minorum ist nach B.L.R. ohne wesentliche Bedeutung (§ 36). Die Kuratel wird als eine Gattung von Vormundschaft bezeichnet (§ 35). Sie wird eingeleitet über Geisteskranke, Verschwender, Abwesende und liegende Erbschaften (§§ 37, 39). Außerdem kennt das B.L.R. noch Spezialkuratoren, Interimsvormünder (§ 38) und die der Mutter und Großmutter als Vormünderin zu bestellenden Beiständer (§§ 6 Ziff. 7, 40).

Ueber andere Rechte s. M. IV, 1011 ff.; D. 245 ff.

2. Grundsätzliche Regelung nach B.G.B.:

a) Uebersicht. Das Vormundschaftsrecht des B.G.B. ist im Wesentlichen der preußischen Vormundschaftsordnung vom 5. Juli 1875 nachgebildet; über die wesentlichsten Abweichungen s. M. IV, 1009; vgl. Z.G. IV, 460 ff. Das Gesetz

---

*) Literatur: J. Boehm, Das Vormundschaftsrecht des B.G.B. (Hannover 1897); O. Richter, Das Vormundschaftsrecht nach dem B.G.B. f. d. Deutsche Reich (Leipzig 1897). Das letztere in Kommentarform gehaltene Werk ist wegen zahlreicher Unrichtigkeiten nur mit großer Vorsicht zu verwenden.

unterscheidet Vormundschaft über Minderjährige (§§ 1773—1895), Vormundschaft über Volljährige (§§ 1896—1908) und Pflegschaft (§§ 1909—1921). Vormundschaft über einen Minderjährigen wird eingeleitet, wenn derselbe nicht unter elterlicher Gewalt steht oder die Eltern weder in persönlichen noch in Vermögensangelegenheiten zu seiner Vertretung berechtigt sind oder sein Familienstand nicht zu ermitteln ist (§ 1773). Ein Volljähriger erhält einen Vormund, wenn er entmündigt ist (§ 1896), kann aber auch schon dann einen Vormund erhalten, wenn seine Entmündigung beantragt ist (§ 1906: „vorläufige Vormundschaft"). Eine Pflegschaft wird bestellt für Minderjährige, falls der Gewalthaber oder Vormund an der Besorgung einzelner Angelegenheiten verhindert ist oder die Voraussetzungen für die Anordnung einer Vormundschaft vorliegen, ein Vormund aber noch nicht bestellt ist (§ 1909), ferner für Volljährige, die in Folge Gebrechlichkeit schutzbedürftig sind (§ 1910), für Abwesende (§ 1911), für eine Leibesfrucht, deren künftige Rechte eine Fürsorge erforderlich machen (§ 1912), für unbekannte oder ungewisse Betheiligte, die einer Fürsorge bedürfen (§ 1913), endlich für die Verwaltung und Verwendung eines durch öffentliche Sammlung für einen vorübergehenden Zweck zusammengebrachten Vermögens (§ 1914). Ueber die Nachlaßpflegschaft s. §§ 1960 ff.; F.G. § 75. Vormundschaft und Pflegschaft endigen mit dem Wegfalle der für ihre Anordnung bestimmten Voraussetzungen (§§ 1882, 1897, 1915, s. auch §§ 1908, 1918—1921).

b) Organ der Obervormundschaft ist wie nach Gem.R. und P.L.R. (vgl. auch bayr. Ausf.G. z. Ger.Verf.Ges. v. 23. Febr. 1879 Art. 15 Abs. 2 Nr. 2) das Gericht und zwar gemäß F.G. § 35 das Amtsgericht, nicht (wie nach württembergischem Recht) die Gemeinde oder (wie nach französischem Recht) die Familie (M. IV, 1015 ff.; Z.G. IV, 462 ff., VI, 644). Die obervormundschaftlichen Funktionen können jedoch unter gewissen Voraussetzungen einem Familienrath übertragen werden (§§ 1858 ff., s. auch § 1847), während der Gemeinde durch das Institut des Gemeindewaisenraths (§§ 1849—1851) eine gewisse Mitwirkung gesichert ist. Durch E.G. Art. 147 (s. auch F.G. §§ 194, 195) sind ferner landesgesetzliche Vorschriften aufrechterhalten, nach welchen für die dem Vormundschaftsgericht obliegenden Verrichtungen andere als gerichtliche Behörden zuständig sind. Für Bayern ist dieser Vorbehalt gegenstandslos.

c) Selbständigkeit des Vormunds. Der Vormund ist bei der ihm obliegenden Sorge für Person und Vermögen des Mündels (§ 1793) im Wesentlichen selbstständig. Die Thätigkeit der Obervormundschaft beschränkt sich grundsätzlich auf die Beaufsichtigung des Vormunds. Insbesondere ist das Vormundschaftsgericht nicht befugt, dem Vormund in Zweckmäßigkeitsfragen bindende Anordnungen zu ertheilen oder seine eigene Ansicht an die Stelle der Ansicht des Vormunds zu setzen (M. IV, 1022 ff.; Z.G. IV, 464). Modifikationen dieses Grundsatzes enthalten die §§ 113 Abs. 3, 1304 Abs. 2, 1337 Abs. 1 Satz 2, 1838, 1844 Abs. 2, 1846. Außerdem erleidet die Selbständigkeit des Vormunds in mehrfacher Beziehung eine Einschränkung, insbesondere dadurch, daß er bei der Verwaltung des Mündelvermögens gewisse Vorschriften zu beachten hat (§§ 1804 ff.), zu einer Reihe von Rechtsgeschäften der Genehmigung des Gegenvormunds oder des Vormundschaftsgerichts bedarf (§§ 1810 ff., 1821 ff.) und bei seiner gesammten Thätigkeit der Aufsicht des Vormundschaftsgerichts unterliegt (§ 1837). In manchen Fällen ist dem Vormund eine freiere Stellung eingeräumt (§§ 1852 ff., 1903, 1904: „befreite Vormundschaft").

d) Mitvormünder und Gegenvormünder. In der Regel wird für eine Vormundschaft, auch wenn mehrere Geschwister zu bevormunden sind, nur ein Vormund bestellt. Aus besonderen Gründen können aber auch mehrere Mitvormünder bestellt werden, welche die Vormundschaft entweder gemeinschaftlich oder nach bestimmten Wirkungskreisen vertheilt führen (§§ 1775, 1797). Die Bestellung eines Gegenvormunds (dessen wesentlichste Aufgabe die Ueberwachung des Vormunds bildet) ist immer zulässig und soll erfolgen, wenn Vermögen zu verwalten ist, es sei denn, daß die Verwaltung unerheblich oder die Vormundschaft von mehreren Vormündern gemeinschaftlich zu führen ist (§§ 1792, 1799); vgl. M. IV, 1028 ff.; Z.G. IV, 464.

e) Bestellungsprinzip. Die Vormundschaft tritt niemals unmittelbar kraft des Gesetzes als sogen. gesetzliche Vormundschaft, sondern stets auf Grund obrigkeitlicher Anordnung ein. Die Rechte und Pflichten des Vormunds beginnen erst mit seiner Bestellung und endigen regelmäßig mit seiner Entlassung (§ 1774; M. IV, 1034 ff.; Z.G. IV, 464 ff.; vgl. E. I, 1648 Satz 2, M. IV, 1082 ff.; Anm. 1 zu § 1885). Eine Ausnahme von dem Bestellungsprinzip enthält E.G. Art. 136 Nr. 1, 2 (s. Anm. 1 zu § 1776).

f) Sicherstellung des Mündels. Die gemeinrechtliche Generalhypothek des Mündels am Vermögen des Vormunds (Dernburg, Pand. Bd. 1 S. 671, Bd. 3 S. 95; vgl. bayr. Hyp.Ges. v. 1. Juni 1882 §§ 12 Nr. 5, 20, 57, 104 Nr. 4, 163) ist durch das B.G.B. beseitigt worden. Das Vormundschaftsgericht kann zwar aus besonderen Gründen den Vormund zur Sicherheitsleistung anhalten, dies berechtigt aber den als Vormund Ausgewählten, die Uebernahme der Vormundschaft abzulehnen, bezw. den Vormund, seine Entlassung zu verlangen (§§ 1844, 1786 Abs. 1 Nr. 6, 1889; s. auch F.G. § 54, Grundb.Ord. § 39; M. IV, 1039 ff.; Z.G. IV, 465). Zur Sicherstellung des Mündels dienen ferner die Vorschriften über die Beaufsichtigung des Vormunds durch Gegenvormund, Gemeindewaisenrath und Vormundschaftsgericht (§§ 1799, 1850, 1837), die Verpflichtung des Vormunds zur Errichtung eines Inventars (§ 1802), die Anlegungs-, Hinterlegungs- und Rechnungslegungspflicht des Vormunds (§§ 1806 ff., 1814 ff., 1840 ff.), das Erforderniß der Genehmigung des Gegenvormunds oder Vormundschaftsgerichts zu gewissen Rechtsgeschäften des Vormunds (§§ 1810 ff., 1821 ff.), die Bestimmungen über den Ausschluß der Vertretungsmacht des Vormunds (§§ 1795, 1796), endlich das dem Mündel gemäß § 61 Nr. 5 der Konk.Ordn. n. Nr. im Konkurs über das Vermögen des Vormunds zustehende Vorzugsrecht.

g) Gegensatz zwischen Vormundschaft und Pflegschaft. Von der Pflegschaft unterscheidet sich die Vormundschaft begrifflich dadurch, daß letztere eingeleitet wird, wenn eine allgemeine Fürsorge für Person und Vermögen des Mündels erforderlich ist, erstere dagegen, wenn das Schutzbedürfniß nur für einzelne besondere Angelegenheiten oder einen Kreis von solchen hervortritt (M. IV, 1043 ff.). Eine Ausnahme von diesem Grundsatze enthält § 1910 Abs. 1; vgl. Vorbem. vor § 1909 Ziff. 1. Ob das Schutzbedürfniß ein vorübergehendes oder dauerndes ist, macht grundsätzlich keinen Unterschied (s. aber § 1677; M. IV, 1045).

3. Der Wirkungskreis des Vormundschaftsgerichts umfaßt nicht nur obervormundschaftliche Geschäfte im eigentlichen Sinn, sondern erstreckt sich auch auf Fälle, in welchen Personen, die unter Vormundschaft oder Pflegschaft stehen, nicht betheiligt sind. Hieher gehört:

a) das Eingreifen des Vormundschaftsgerichts gegenüber dem Inhaber der elterlichen Gewalt (s. z. B. §§ 1631 Abs. 2 Satz 2, 1635 Abs. 1 Satz 2, 1643, 1665 ff., 1687);

b) die Mitwirkung des Vormundschaftsgerichts bei Regelung gewisser Rechtsverhältnisse unter Ehegatten (§§ 1357 Abs. 2 Satz 2, 1358 Abs. 1, Abs. 2 Satz 2, 1379, 1402, 1447, 1451, 1519 Abs. 2, 1549);

c) die dem Vormundschaftsgerichte durch die §§ 1308, 1612 Abs. 2 Satz 2, 1714 Abs. 1, 1727 zugewiesene Thätigkeit.

4. Verfahren in Vormundschaftssachen. Das B.G.B. regelt, von einzelnen Ausnahmen abgesehen (s. z. B. §§ 1827, 1847, 1873), nur das materielle Vormundschaftsrecht, während die Vorschriften über das Verfahren in Vormundschaftssachen in das Gesetz über die Angelegenheiten der freiwilligen Gerichtsbarkeit vom 17. Mai 1898 verwiesen sind (M. IV, 1008; Z.G. IV, 461 ff.). Von besonderer Bedeutung sind nachstehende Bestimmungen:

a) Nach F.G. § 12 hat das Gericht von Amtswegen die zur Feststellung der Thatsachen erforderlichen Ermittelungen zu veranstalten und die geeignet erscheinenden Beweise aufzunehmen. Daß der Vormundschaftsrichter seine Anordnungen überhaupt von Amtswegen zu treffen hat, soweit nicht das Gesetz ein Anderes bestimmt (s. z. B. § 1847 Abs. 1), ergibt sich aus dem Wesen der freiwilligen Gerichtsbarkeit von selbst (Denkschrift zum F.G. S. 12). Hieraus folgt, daß der Vormundschaftsrichter, wenn die gesetzlichen Voraussetzungen für sein Einschreiten gegeben sind, hiezu nicht nur berechtigt, sondern auch verpflichtet ist, widrigenfalls er sich unter Umständen civilrechtlicher Haftung und disziplinärer Bestrafung aussetzt.

b) Die Vorschriften des Gerichtsverfassungsgesetzes über die Gerichtssprache, Sitzungspolizei, Berathung und Abstimmung finden in Vormundschaftssachen entsprechende Anwendung (F.G. § 8, s. auch § 9), ebenso die Vorschriften der Civilprozeßordnung über das Armenrecht, den Beweis durch Zeugen und Sachverständige und über das Verfahren bei der Abnahme von Eiden. Jedoch entscheidet über die Beeidigung eines Zeugen oder Sachverständigen, unbeschadet der §§ 393, 402 C.P.O. n. Nr. das Ermessen des Gerichts (F.G. §§ 14, 15).

c) Gerichtliche Verfügungen werden mit der Bekanntmachung an denjenigen, für welchen sie ihrem Inhalte nach bestimmt sind, wirksam (F.G. § 16 Abs. 1, s. auch §§ 51, 52). Erachtet das Gericht eine von ihm erlassene Verfügung nachträglich für ungerechtfertigt, so ist es berechtigt, sie zu ändern. Soweit eine Verfügung nur auf Antrag erlassen werden kann und der Antrag zurückgewiesen worden ist, darf die Aenderung nur auf Antrag erfolgen. Zur Aenderung einer der sofortigen Beschwerde unterliegenden Verfügung ist das Gericht nicht befugt (F.G. § 18). Eine Verfügung, durch welche die Genehmigung zu einem Rechtsgeschäfte ertheilt oder verweigert wird, kann vom Vormundschaftsgericht insoweit nicht mehr geändert werden, als die Genehmigung oder deren Verweigerung einem Dritten gegenüber wirksam geworden ist (F.G. § 55 Abs. 1, s. auch § 62).

d) Die gegen die gerichtlichen Verfügungen im Allgemeinen zulässigen Rechtsmittel sind in den §§ 19 ff. F.G. (s. auch § 199) geregelt. Hienach steht die Beschwerde Jedem zu, dessen Recht durch die Verfügung beeinträchtigt ist. Soweit jedoch eine Verfügung nur auf Antrag erlassen werden kann und der Antrag zurückgewiesen worden ist, steht die Beschwerde nur dem Antragsteller zu. Die in gewissen Fällen zulässige sofortige Beschwerde ist binnen einer Frist von zwei Wochen einzureichen. Die Beschwerde hat aufschiebende Wirkung nur dann, wenn sie gegen eine Verfügung gerichtet ist, durch die eine Strafe festgesetzt wird; doch kann sowohl das Gericht, dessen Verfügung angefochten wird, als das Beschwerdegericht anordnen, daß die Vollziehung der angefochtenen Verfügung auszusetzen ist. Das Rechtsmittel der weiteren Beschwerde ist nur zulässig, wenn die Entscheidung des Beschwerdegerichts auf einer Verletzung des Gesetzes beruht. Ueber die Beschwerde in eigentlichen Vormundschaftssachen s. F.G. §§ 57—64.

e) Ueber die örtliche Zuständigkeit des Vormundschaftsgerichts entscheiden die Bestimmungen der §§ 36 ff. F.G. Grundsatz ist, daß für die Vormundschaft das Gericht zuständig ist, in dessen Bezirke der Mündel zu der Zeit, zu welcher die Anordnung der Vormundschaft erforderlich wird, seinen Wohnsitz oder in Ermangelung eines inländischen Wohnsitzes seinen Aufenthalt hat (vgl. Anm. 5 zu § 1773).

f) Auf das Verfahren in Vormundschaftssachen sind die Gerichtsferien ohne Einfluß, doch kann die Bearbeitung der Vormundschaftssachen während der Ferien unterbleiben, soweit das Bedürfniß einer Beschleunigung nicht vorhanden ist (F.G. § 10).

g) Die Einsicht der Gerichtsakten kann Jedem insoweit gestattet werden, als er ein berechtigtes Interesse glaubhaft macht. Das Gleiche gilt von der Ertheilung einer Abschrift. Die Abschrift ist auf Verlangen zu beglaubigen (F.G. § 34).

5. Ueber das Sonderrecht der Landesherren, Mitglieder der landesherrlichen und diesen gleichgestellten Familien, sowie des hohen Adels s. E.G. Art, 57, 58, F.G. § 189. Für Bayern sind folgende Bestimmungen maßgebend: Nach Tit. II § 9 (s. auch § 11) der Verfassungsurkunde vom 26. Mai 1818 tritt die Reichsverwesung ein, wenn der Monarch minderjährig oder an der Ausübung der Regierung auf längere Zeit verhindert ist und für die Verwaltung des Landes nicht selbst Vorsorge getroffen hat oder treffen kann. Die Vormundschaft über die königlichen Prinzen und Prinzessinnen kann durch eine väterliche Disposition besonders angeordnet werden. In Ermangelung einer solchen verbleibt der verwittweten Königin, welche in jedem Falle die Erziehung ihrer Kinder hat, die Vormundschaft über das Privatvermögen derselben während ihrer Minderjährigkeit. Die Prinzessinnen verbleiben unter der Kuratel des Monarchen oder des Reichsverwesers bis zu ihrer Vermählung. Die Prinzen des königlichen Hauses können für die Vermögensverwaltung und Erziehung ihrer minderjährigen Kinder Vormünder ernennen, die vom König bestätigt werden müssen. Hat der Vater keine Vormünder ernannt oder sind die ernannten vom König nicht bestätigt worden, so kommt diesem die Bestellung zu (Kgl. Familienstatut vom 5. August 1819 Tit. IX). Die Vormundschaften für die standesherrlichen Familien können nach § 10 der Beil. IV zu Tit. V § 2 der Verfassungsurkunde vom 26. Mai 1818 von dem Haupte des Hauses bestellt werden. Ist derselbe dabei betheiligt und ein Vormund oder Kurator von Amtswegen aufzustellen, so geschieht dies durch das zuständige Oberlandesgericht mit Vorbehalt des Rekurses an das oberste Landesgericht. Die Oberaufsicht über die standesherrlichen Vormundschaftssachen ist dem k. Staatsministerium der Justiz vorbehalten (vgl. bayr. Ges. z. Ausf. der R.C.P.O. und K.O. vom 23. Februar 1879 Art. 102). Besondere Vorschriften gelten für das Haus Thurn und Taxis auf Grund der k. Deklaration vom 27. März 1812 (vgl. Seydel, bayr. Staatsrecht, 2. Aufl., Bd. 1 S. 212; Becher, Landescivilrecht Bd. 1 S. 73 ff., 94 Anm. 67, 96 Anm. 71).

6. Internationales Privatrecht. Nach E.G. Art. 23 kann eine Vormundschaft oder eine Pflegschaft im Inland auch über einen Ausländer, soferne der Staat, dem er angehört, die Fürsorge nicht übernimmt, angeordnet werden, wenn der Ausländer nach den Gesetzen

dieses Staates der Fürsorge bedarf oder im Inland entmündigt ist. Das deutsche Vormundschaftsgericht kann vorläufige Maßregeln treffen, solange eine Vormundschaft oder Pflegschaft nicht angeordnet ist. Für die Pflegschaft über einen Ausländer, für den bei einem inländischen Gericht eine Vormundschaft nicht anhängig ist und der im Inlande weder Wohnsitz noch Aufenthalt hat, ist das Gericht zuständig, in dessen Bezirke das Bedürfniß der Fürsorge hervortritt (F.G. § 37 Abs. 2, s. auch §§ 38, 39 Abs. 2). Ist über einen Deutschen, der im Inlande seinen Wohnsitz oder Aufenthalt hat, die nach den Vorschriften des B.G.B. erforderliche Vormundschaft im Ausland angeordnet, so kann die Anordnung der Vormundschaft im Inland unterbleiben, wenn dies im Interesse des Mündels liegt. Hat ein Deutscher, über den im Inlande eine Vormundschaft angeordnet ist, im Auslande seinen Wohnsitz oder Aufenthalt, so kann das Gericht, bei welchem die Vormundschaft anhängig ist, sie an den ausländischen Staat abgeben, wenn dies im Interesse des Mündels liegt, der Vormund seine Zustimmung ertheilt und der ausländische Staat sich zur Uebernahme bereit erklärt. Verweigert der Vormund oder, wenn mehrere Vormünder die Vormundschaft gemeinschaftlich führen, einer von ihnen seine Zustimmung, so entscheidet das dem Vormundschaftsgericht im Instanzenzuge vorgeordnete Gericht. Eine Anfechtung dieser Entscheidung findet nicht statt. Diese Vorschriften gelten auch für die Pflegschaft (F.G. § 47).

7. Uebergangsbestimmungen. Auf eine am 1. Januar 1900 bestehende Vormundschaft oder Pflegschaft finden von diesem Zeitpunkt ab die Vorschriften des B.G.B. Anwendung. Ist die Vormundschaft wegen eines körperlichen Gebrechens angeordnet, so gilt sie als eine Pflegschaft gemäß § 1910 Abs. 1. Ist die Vormundschaft wegen Geistesschwäche angeordnet, ohne daß eine Entmündigung erfolgt ist, so gilt sie als eine gemäß § 1910 Abs. 2 für die Vermögensangelegenheiten des Geistesschwachen angeordnete Pflegschaft. Die nach französischem oder badischem Recht für einen Geistesschwachen angeordnete Bestellung eines Beistands verliert vom 1. Juli 1900 ab ihre Wirkung. Die bisherigen Vormünder und Pfleger bleiben im Amte. Das Gleiche gilt im Geltungsbereiche der preußischen Vormundschaftsordnung vom 5. Juli 1875 für den Familienrath und dessen Mitglieder. Ein Gegenvormund ist zu entlassen, wenn nach B.G.B. ein solcher nicht zu bestellen sein würde (E.G. Art. 210, 211; M. z. E.G. 303 ff., 246 ff.). Aus E.G. Art. 210 in Verbindung mit B.G.B. §§ 1684 fg. ergibt sich zugleich, daß sämmtliche beim Inkrafttreten des B.G.B. unter Vormundschaft stehenden vaterlosen Minderjährigen mit diesem Zeitpunkt unter die elterliche Gewalt der Mutter kommen, wenn nach B.G.B. §§ 1684 fg. der Mutter die elterliche Gewalt zustehen würde (M. z. E.G. 292, 303). Soweit nach B.G.B. in Folge einer Todeserklärung die Vormundschaft, die Pflegschaft oder das Amt als Vormund, Gegenvormund, Pfleger oder Mitglied eines Familienraths endigt, gelten diese Vorschriften vom 1. Januar 1900 ab auch für eine vorher erfolgte Todeserklärung (E.G. Art. 160; vgl. M. z. E.G. 236 ff.).

8. In strafrechtlicher Beziehung vgl. St.G.B. §§ 34 Nr. 6, 174 Abs. 1 Nr. 1, 182 Abs. 1 Nr. 2, 235, 237, 247 Abs. 1, 3, 263 Abs. 4, 266 Abs. 1 Nr. 1 und E.G. Art. 34 I, VII, VIII.

Erster Titel.

Vormundschaft über Minderjährige.

I. Anordnung der Vormundschaft.

§ 1773.

Ein Minderjähriger erhält einen Vormund, wenn er nicht unter elterlicher Gewalt steht oder wenn die Eltern weder in den die Person noch in den das Vermögen betreffenden Angelegenheiten zur Vertretung des Minderjährigen berechtigt sind.

Ein Minderjähriger erhält einen Vormund auch dann, wenn sein Familienstand nicht zu ermitteln ist.

E. I, 1633; II, 1655; III, 1749.

1. Nach den Grundsätzen des B.G.B. ist Vormundschaft dann einzuleiten, wenn das Bedürfniß einer allgemeinen Fürsorge für Person und Vermögen vorhanden ist, während die Pflegschaft einen besonderen Schutz für gewisse Angelegenheiten bezweckt (M. IV, 1046 ff.; vgl. Vorbem. Ziff. 2g). Eine solche allgemeine Fürsorge ist mit Rücksicht auf die durch die §§ 106 ff. festgesetzte Beschränkung der Geschäftsfähigkeit minderjähriger

Personen insbesondere dann erforderlich, wenn ein Minderjähriger (§ 2) entweder nicht unter elterlicher Gewalt steht oder zwar unter elterlicher Gewalt steht, diese aber durch Ausschluß der Vertretungsmacht des Gewalthabers in persönlichen und Vermögensangelegenheiten des Kindes so eingeschränkt ist, daß sie zum Schutze des Minderjährigen nicht ausreicht. Das gleiche Schutzbedürfniß ergibt sich bei Unbekanntheit des Familienstandes des Kindes. Durch die Anerkennung der elterlichen Gewalt der Mutter (§§ 1684 ff., 1701 Satz 2) hat das B.G.B. gegenüber den bisherigen Rechten, insbesondere gegenüber dem Gem.R. und P.L.R., die Fälle, in welchen Vormundschaft über Minderjährige einzuleiten ist, erheblich vermindert (M. IV, 1047). Volljährige, denen nach § 3 Abs. 2 für volljährig Erklärte gleichstehen, erhalten einen Vormund, wenn sie entmündigt sind (§ 1896). Ueber einen Volljährigen, dessen Entmündigung beantragt ist, kann die sogen. vorläufige Vormundschaft eingeleitet werden (§ 1906).

2. Einzelne Fälle der Vormundschaft über Minderjährige. Den Grundsätzen des § 1773 zufolge stehen wegen Minderjährigkeit unter Vormundschaft:

a) Kinder aus einer absolut nichtigen Ehe (§ 1699 Abs. 2, Anm. 1 zu § 1699; vgl. Ziff. 3 der Vorbem. z. 1. Abschn. 3. Tit.);
b) Kinder aus einer relativ nichtigen (s. die unter a erwähnte Vorbem.) oder anfechtbaren und angefochtenen Ehe, deren Nichtigkeit oder Anfechtbarkeit beiden Ehegatten bei der Eheschließung bekannt war (§§ 1699 Abs. 1, 1703, Anm. 4 zu § 1699, Anm. 1 zu § 1703);
c) uneheliche Kinder (§ 1707 und Anm. 1 hiezu);
d) eheliche Kinder, Kinder aus einer nichtigen oder anfechtbaren Ehe, welche als ehelich gelten, legitimirte und an Kindesstatt angenommene Kinder (§§ 1591 ff., 1699 Abs. 1, 1719, 1736, 1757), wenn die elterliche Gewalt der leiblichen Eltern oder des Annehmenden ruht (Vorbem. vor § 1676 Ziff. 3) oder (aus anderen Gründen als wegen Todes, Volljährigkeit oder Volljährigkeitserklärung des Kindes) beendigt ist (Vorbem. vor § 1676 Ziff. 4) oder wenn dem Gewalthaber die Vertretung des Kindes in persönlichen und Vermögensangelegenheiten aus anderen Gründen als wegen Ruhens der elterlichen Gewalt nicht zusteht (§§ 1647, 1666, 1670, 1693, 1760), vorausgesetzt, daß nicht die elterliche Gewalt oder deren Ausübung an eine andere Person (die Mutter oder den Annehmenden) übergeht (§§ 1684, 1685, 1701, 1702, 1757, 1765). Nach § 1765 Abs. 2 Satz 2 ist insbesondere über ein minderjähriges an Kindesstatt angenommenes Kind auch bei Lebzeiten seiner leiblichen Eltern Vormundschaft einzuleiten, wenn die elterliche Gewalt des Annehmenden endigt oder ruht (Anm. 2 zu § 1765 a. E.);
e) Kinder, deren Familienstand nicht zu ermitteln ist, also insbesondere Findelkinder (nach E. I, 1556 sollte in solchen Fällen die elterliche Gewalt ruhen, M. IV, 824; Z.G. IV, 422; P. IV, 643 ff., 742 ff.).

3. Zeitpunkt der Einleitung der Vormundschaft. Die Einleitung der Vormundschaft hat zu erfolgen:

a) bei Kindern aus einer absolut nichtigen Ehe und bei unehelichen Kindern sofort nach ihrer Geburt;
b) bei Kindern aus einer relativ nichtigen oder anfechtbaren und angefochtenen Ehe, deren Nichtigkeit bezw. Anfechtbarkeit beiden Ehegatten bei der Eheschließung bekannt war, sobald die Ehe für nichtig erklärt oder aufgelöst ist (§§ 1329, 1343 Abs. 2);
c) bei ehelichen Kindern, Kindern aus einer nichtigen oder anfechtbaren Ehe, die als ehelich gelten, legitimirten oder an Kindesstatt angenommenen Kindern, sobald die elterliche Gewalt beendigt, das Ruhen derselben eingetreten oder die Vertretungsbefugniß des Gewalthabers in persönlichen und in Vermögensangelegenheiten des Kindes in Wegfall gekommen ist.
d) bei Kindern, deren Familienstand nicht zu ermitteln ist, sobald nach Ansicht des Vormunschaftsgerichts diese Thatsache feststeht (vgl. E. I, 1556).

4. Die Einleitung der Vormundschaft hat von Amtswegen zu erfolgen, sobald das Vormundschaftsgericht von dem Vorhandensein der Voraussetzungen des § 1773 Kenntniß erhält (§ 1774). Ueber die dem Vormundschaftsgericht zu erstattenden Anzeigen s. Anm. 2 zu § 1774.

5. Zuständig zur Einleitung der Vormundschaft ist nach F.G. §§ 35, 36 das Amtsgericht, in dessen Bezirke der Mündel zu der Zeit, zu welcher die Anordnung der Vormundschaft erforderlich wird, seinen Wohnsitz oder in Ermangelung eines inländischen

Wohnsitzes seinen Aufenthalt hat. Wird die Anordnung einer Vormundschaft über Geschwister erforderlich, die in den Bezirken verschiedener Vormundschaftsgerichte ihren Wohnsitz oder ihren Aufenthalt haben, so ist, wenn für einen der Mündel schon eine Vormundschaft anhängig ist, das für diese zuständige Gericht, anderenfalls dasjenige Gericht, in dessen Bezirke der jüngste Mündel seinen Wohnsitz oder seinen Aufenthalt hat, für alle Geschwister maßgebend. Ist der Mündel ein Deutscher und hat er im Inlande weder Wohnsitz noch Aufenthalt, so ist das Gericht zuständig, in dessen Bezirke der Mündel seinen letzten inländischen Wohnsitz hatte. In Ermangelung eines solchen Wohnsitzes wird das zuständige Gericht, falls der Mündel einem Bundesstaat angehört, von der Landesjustizverwaltung, anderenfalls von dem Reichskanzler bestimmt. Für die Vormundschaft über einen Minderjährigen, dessen Familienstand nicht zu ermitteln ist, ist das Gericht zuständig, in dessen Bezirke der Minderjährige aufgefunden wurde.

6. Ueber die Beendigung der Vormundschaft s. §§ 1882 ff.

§ 1774.

Das Vormundschaftsgericht hat die Vormundschaft von Amtswegen anzuordnen.

E. I, 1634; II, 1656; III, 1750.

1. Daß beim Vorhandensein der gesetzlichen Voraussetzungen die Vormundschaft seitens des zuständigen Gerichts von Amtswegen, also auch ohne Antrag anzuordnen ist, ergibt sich aus dem Zweck und Wesen der Obervormundschaft (M. IV, 1047; Vorbem. Ziff. 4a; vgl. P.L.R. Thl. I cap. 7 § 8 Ziff. 1—3). Gemäß § 1915 gilt der gleiche Grundsatz für die Anordnung einer Pflegschaft. Ueber das dem Vormundschaftsrecht des B.G.B. zu Grunde liegende Bestellungsprinzip s. Vorbem. Ziff. 2e, Anm. 1 zu § 1776.

2. Um dem Vormundschaftsgerichte die Kenntniß der Thatsachen zu vermitteln, welche die Anordnung einer Vormundschaft oder Pflegschaft erforderlich machen, ist gewissen Personen und Behörden die Verpflichtung zur Anzeige an das Vormundschaftsgericht auferlegt. Hieher gehören insbesondere folgende Bestimmungen:

a) Nach § 1909 Abs. 2 hat bei Eintritt des Bedürfnisses einer Pflegschaft der Gewalthaber oder der Vormund dem Vormundschaftsgericht unverzüglich Anzeige zu machen (s. auch § 1689).

b) Wird bei einem Standesbeamten der Tod einer Person, die ein minderjähriges Kind hinterlassen hat, oder die Geburt eines ehelichen Kindes nach dem Tode des Vaters oder die Geburt eines unehelichen Kindes oder die Auffindung eines Minderjährigen, dessen Familienstand nicht zu ermitteln ist, angezeigt oder wird vor einem Standesbeamten von einer Frau, die ein minderjähriges eheliches Kind hat, eine Ehe geschlossen, so hat der Standesbeamte hiervon dem Vormundschaftsgericht Anzeige zu machen (F.G. § 48). Nach § 24 des Personenstandsgesetzes vom 6. Februar 1875 ist, wer ein neugeborenes Kind findet, verpflichtet, hiervon spätestens am nächstfolgenden Tage Anzeige bei der Ortspolizeibehörde zu machen, die sodann dem Standesbeamten des Bezirks Anzeige zu erstatten hat.

c) Erlangt der Gemeindewaisenrath von einem Falle Kenntniß, in welchem ein Vormund, Gegenvormund oder Pfleger zu bestellen ist, so hat er dem Vormundschaftsgericht Anzeige zu machen (F.G. § 49 Satz 1, s. auch B.G.B. §§ 1675, 1850 Abs. 1 Satz 2, Abs. 2).

d) Wird die Anordnung einer Vormundschaft oder Pflegschaft in Folge eines gerichtlichen Verfahrens erforderlich, so hat das Gericht das zuständige Vormundschaftsgericht hievon zu benachrichtigen (F.G. § 50; vgl. B.G.B. § 1680, ferner C.P.O. §§ 627 Abs. 3, 657, 660 Satz 1, 674, 678 Abs. 3, 679 Abs. 4, 680 Abs. 3, 683 Abs. 2 Satz 2, 684 Abs. 4, 685, 686 Abs. 4 n. Nr.).

e) Endlich muß der Tod des Vormunds dem Vormundschaftsgerichte von dem etwaigen Mitvormund, Gegenvormund, sowie von dem Erben des Vormunds angezeigt werden und ebenso ist zur Anzeige des Todes des Gegenvormunds der Vormund und der Erbe des Gegenvormunds verpflichtet (§§ 1894, 1895 Anm. 1, 2 zu § 1894).

3. Beschwerde. Gegen eine Verfügung, durch welche die Anordnung einer Vormundschaft abgelehnt wird, steht Jedem, der ein rechtliches Interesse an der Aenderung der Verfügung hat, sowie dem Ehegatten, den Verwandten und Verschwägerten des Mündels die Beschwerde zu, es sei denn, daß die Verfügung eine vorläufige Vormundschaft betrifft (F.G. § 57 Abs. 1 Nr. 1).

§ 1775.

Das Vormundschaftsgericht soll, sofern nicht besondere Gründe für die Bestellung mehrerer Vormünder vorliegen, für den Mündel und, wenn mehrere Geschwister zu bevormunden sind, für alle Mündel nur einen Vormund bestellen.

E. I, 1638 Abs. 2; II, 1660 Abs. 2; III, 1751.

1. Das B.G.B. unterscheidet Mitvormünder und Gegenvormünder. Ueber das in dieser Beziehung bisher geltende Recht s. M. IV, 1028 ff.; über die sogen. tutores honorarii des Gem. Rechts s. Dernburg, Pand. Bd. 3 § 42; vgl. auch B.L.R. Thl. I cap. 7 §§ 31, 32.

a) Mitvormünder. In der Regel soll nur ein Vormund für jeden Mündel, bezw., wenn mehrere (voll- oder halbbürtige) Geschwister zu bevormunden sind, für sämmtliche Geschwister bestellt werden (M. IV, 1062, 1031; ebenso B.L.R. Thl. I cap. 7 § 31 Ziff. 1; vgl. § 1786 Abs. 1 Nr. 8). Auch für mehrere uneheliche Kinder derselben Mutter wird in der Regel nur ein Vormund zu bestellen sein, gleichviel, ob dieselben von dem nämlichen Vater abstammen oder nicht (vgl. Böhm, a. a. O. S. 62). Aus besonderen Gründen, über deren Vorhandensein das Vormundschaftsgericht nach freiem Ermessen zu befinden hat, können jedoch nicht nur für mehrere Geschwister, sondern auch für einen Mündel mehrere Vormünder („Mitvormünder") bestellt werden. Als Grund für diese Maßregel kann insbesondere der Umfang oder die Schwierigkeit der Vermögensverwaltung, das Vorhandensein von Mündelvermögen in verschiedenen Gegenden 2c. in Betracht kommen. Natürlich können auch die gemäß § 1776 Abs. 1 Nr. 1, 2 zur Benennung eines Vormunds berechtigten Personen mehrere Vormünder benennen. Doch entscheidet auch in diesem Fall über die Zahl der zu bestellenden Vormünder das richterliche Ermessen. Nach § 1778 Abs. 4 darf neben einem zur Vormundschaft Berufenen nur mit dessen Zustimmung ein Mitvormund bestellt werden. Nach § 1786 Abs. 7 Nr. 7 kann die Uebernahme der Vormundschaft ablehnen, wer mit einem Anderen zur gemeinschaftlichen Führung der Vormundschaft bestellt werden soll. Sind mehrere Mitvormünder bestellt, so führen sie die Vormundschaft gemeinschaftlich. Bei einer Meinungsverschiedenheit entscheidet, soferne nicht bei der Bestellung ein Anderes bestimmt wird, das Vormundschaftsgericht. Dasselbe kann aber auch die Führung der Vormundschaft unter die Mitvormünder nach bestimmten Wirkungskreisen vertheilen, in welchem Falle jeder Vormund innerhalb seines Wirkungskreises selbständig ist. Etwaige letztwillige Anordnungen der Eltern über die Entscheidung von Meinungsverschiedenheiten zwischen den von ihnen benannten Vormündern und über die Vertheilung der Geschäfte unter diese sind nach näherer Bestimmung des § 1797 Abs. 3 für das Vormundschaftsgericht bindend (§ 1797, s. auch § 1798). Ein Maximum für die Zahl der aufzustellenden Vormünder zu bezeichnen, hat das Gesetz nicht für erforderlich erachtet (M. IV, 1031). Ueber die Haftung mehrerer Mitvormünder s. § 1833 Abs. 1, 2; über die Verpflichtung des Vormunds zur Anzeige des Todes eines Mitvormunds s. § 1894 Abs. 2.

b) Die Bestellung eines Gegenvormunds kann in jedem Falle, soll aber nur dann erfolgen, wenn mit der Vormundschaft eine Vermögensverwaltung verbunden ist, es sei denn, daß dieselbe nicht erheblich oder die Vormundschaft von mehreren Vormündern gemeinschaftlich zu führen ist (§ 1792, s. auch §§ 1852, 1855, 1903, 1904, 1915 Abs. 2; E.G. Art. 136 Nr. 4). Aufgabe des Gegenvormunds ist im Wesentlichen die Ueberwachung des Vormunds (§ 1799).

2. Die Bestimmungen des § 1775 gelten auch für die Bestellung mehrerer Pfleger (§ 1915). Ueber die Aufstellung mehrerer Beistände s. Anm. 4 zu § 1687.

§ 1776.

Als Vormünder sind in nachstehender Reihenfolge berufen:

1. wer von dem Vater des Mündels als Vormund benannt ist;
2. wer von der ehelichen Mutter des Mündels als Vormund benannt ist;
3. der Großvater des Mündels von väterlicher Seite;
4. der Großvater des Mündels von mütterlicher Seite.

Die Großväter sind nicht berufen, wenn der Mündel von einem Anderen als dem Ehegatten seines Vaters oder seiner Mutter an Kindesstatt angenommen ist. Das Gleiche gilt, wenn derjenige, von welchem der Mündel abstammt, von einem Anderen als dem Ehegatten seines Vaters oder seiner Mutter an Kindesstatt angenommen ist und die Wirkungen der Annahme sich auf den Mündel erstrecken.

E. I, 1635; II, 1657; III, 1752.

1. Das Vormundschaftsrecht des B.G.B. beruht auf dem Bestellungsprinzip und kennt daher keine gesetzliche Vormundschaft (s. Vorbem. Ziff. 2e). Nach E.G. Art. 136 Nr. 1, 2 bleiben aber die landesgesetzlichen Vorschriften unberührt, nach welchen der Vorstand einer unter staatlicher Verwaltung oder Aufsicht stehenden Erziehungs- oder Verpflegungsanstalt oder ein Beamter alle oder einzelne Rechte und Pflichten eines Vormunds für diejenigen Minderjährigen hat, welche in der Anstalt oder unter der Aufsicht des Vorstandes oder des Beamten in einer von ihm ausgewählten Familie oder Anstalt erzogen oder verpflegt werden, und der Vorstand der Anstalt oder der Beamte auch nach der Beendigung der Erziehung oder der Verpflegung bis zur Volljährigkeit des Mündels diese Rechte und Pflichten behält, unbeschadet der Befugniß des Vormundschaftsgerichts, einen anderen Vormund zu bestellen. Ebenso bleiben unberührt diejenigen landesgesetzlichen Vorschriften, nach welchen die erwähnten Bestimmungen bei unehelichen Minderjährigen auch dann gelten, wenn diese unter der Aufsicht des Vorstandes oder des Beamten in der mütterlichen Familie erzogen oder verpflegt werden (M. IV, 1038 ff.; M. z. E.G. 203 ff.; Z.G. IV, 466 ff.; P. IV, 743 ff.; vgl. Art. 90 des Entw. eines bayr. Ausf.G. zum B.G.B.).

2. Berufung zur Vormundschaft. Wie die meisten bisherigen Rechte (M. IV, 1048 ff.) verleiht auch das B.G.B. gewissen Personen ein Anrecht auf Bestellung als Vormund in dem Sinne, daß sie ohne ihre Zustimmung nur unter bestimmten gesetzlichen Voraussetzungen übergangen werden dürfen (D. 249). Bei der Bestimmung der zur Vormundschaft Berufenen war die Erwägung maßgebend, daß es am meisten im Interesse des Mündels liegt, wenn das Amt des Vormunds in erster Linie solchen Personen übertragen wird, welche das Vertrauen der Eltern des Mündels dazu beruft, in zweiter Linie solchen Personen, welche als die nächsten Angehörigen des Mündels erscheinen (M. IV, 1047; über die tutela testamentaria und legitima des Röm.R. und des P.L.R. s. Vorbem. Ziff. 1). Demzufolge sind gemäß § 1776 zur Vormundschaft berufen:

a) Wer vom Vater des Mündels als Vormund benannt ist. Gemäß § 1589 Abs. 2 ist unter Vater nur der eheliche Vater zu verstehen, dem nach §§ 1719, 1736, 1757 der Vater eines durch nachfolgende Ehe oder Ehelichkeitserklärung legitimirten Kindes, sowie der Annehmende gleichsteht. Die Benennung erfolgt durch letztwillige Verfügung und ist nur dann rechtswirksam, wenn dem Vater zur Zeit seines Todes die elterliche Gewalt zustand und seine Vertretungsbefugniß weder hinsichtlich der persönlichen noch der Vermögensangelegenheiten des Kindes ausgeschlossen war (§ 1777). Daher ist zur Benennung des Vormundes für ein an Kindesstatt angenommenes Kind nur der Annehmende, nicht der leibliche Vater des Kindes berechtigt (§ 1765). Der Vater kann auch mehrere Vormünder benennen und für die Entscheidung von Meinungsverschiedenheiten zwischen ihnen, sowie für die Vertheilung der Geschäfte unter sie Bestimmungen treffen, die für das Vormundschaftsgericht nach Maßgabe des § 1797 Abs. 3 bindend sind. Ob von mehreren letztwillig benannten Personen nur eine oder mehrere oder alle als Vormund bestellt werden, hängt vom Ermessen des Vormundschaftsgerichts ab (§ 1775 und Anm. 1a hiezu).

b) Wer von der ehelichen Mutter des Mündels als Vormund benannt ist (vgl. Z.G. IV, 469). Der ehelichen Mutter steht gleich die Mutter eines durch nachfolgende Ehe legitimirten Kindes sowie eine Frau, die den Mündel an Kindesstatt angenommen hat, und, falls der Mann das Kind der Frau angenommen hat, die letztere auch dann, wenn sie die uneheliche Mutter des Kindes ist (§§ 1719, 1757). Bezüglich der Form der Benennung, der Voraussetzung ihrer Wirksamkeit und der Benennung mehrerer Vormünder gilt das oben unter a Bemerkte. Bei einem Widerstreite zwischen den Anordnungen des Vaters und der Mutter ist, dem Grundsatz des § 1634 Satz 2 entsprechend, die Entscheidung des Vaters maßgebend, auch wenn der Vater vor der Mutter gestorben ist (M. IV, 1048 ff.; P. IV, 746 ff.; vgl. §§ 1354 Abs. 1, 1782 Abs. 1 Satz 2, 1868 Abs. 2; Anm. 2 zu § 1855 und Anm. 3 zu § 1354, ebenso Böhm a. a. O. S. 50; unrichtig Richter a. a. O., S. 24 ff., der die Anordnung des überlebenden Elterntheils für maßgebend erklärt).

c) Der Großvater des Mündels von väterlicher Seite, d. h. der eheliche Vater des ehelichen Vaters des Mündels (§ 1589 Abs. 2). Der Berufungsgrund des § 1776 Abs. 1 Nr. 3 ist auch gegeben, wenn der Vater des Mündels durch nachfolgende Ehe oder Ehelichkeitserklärung oder der Mündel durch nachfolgende Ehe, nicht aber, wenn der Mündel durch Ehelichkeitserklärung legitimirt ist (§§ 1719, 1736, 1737 Abs. 1 Satz 1). Als Großvater im Sinne des § 1776 Abs. 1 Nr. 3 gilt ferner, wer den Vater des Mündels an Kindesstatt angenommen hat, wenn die Wirkungen der Annahme sich auf den Mündel erstrecken (§§ 1757, 1762; M. IV, 1051), nicht aber der Vater des Annehmenden im Verhältnisse zu dem angenommenen Kinde (§ 1763 Satz 1). Mit Rücksicht auf die mit der Annahme an Kindesstatt regelmäßig verbundene Entfremdung zwischen dem angenommenen Kinde und dessen natürlicher Familie ist gemäß § 1776 Abs. 2 der leibliche Großvater väterlicherseits nicht berufen, wenn der Mündel von einem Anderen als dem Ehegatten seines Vaters oder seiner Mutter (§ 1757 Abs. 2) an Kindesstatt angenommen ist, und das Gleiche gilt, wenn derjenige, von welchem der Mündel abstammt, von einem Anderen als dem Ehegatten seines Vaters oder seiner Mutter an Kindesstatt angenommen ist und die Wirkungen der Annahme sich auf den Mündel erstrecken (§ 1762; M. IV, 1050 ff.; vgl. § 1899 Abs. 2). Demzufolge ist der leibliche Großvater auch dann nicht zur Vormundschaft berufen, wenn er selbst seinen Enkel an Kindesstatt angenommen hat (anders E. I, vgl. M. IV, 1051; Böhm, a. a. O. S. 53; unrichtig Richter, a. a. O. S. 27).

d) Der Großvater des Mündels von mütterlicher Seite, d. h. der eheliche Vater der ehelichen oder unehelichen Mutter des Mündels (§§ 1705, 1589 Abs. 2; M. IV, 1051 ff.; Z.G. IV, 469). Die Berufung auf Grund des § 1776 Abs. 1 Nr. 4 tritt auch ein, wenn die Mutter des Mündels oder der Mündel durch nachfolgende Ehe oder Ehelichkeitserklärung legitimirt ist (§§ 1719, 1736, 1737 Abs. 1 Satz 1). Sie tritt ferner zu Gunsten dessen ein, der die Mutter des Mündels an Kindesstatt angenommen hat, wenn die Wirkungen der Annahme sich auf den Mündel erstrecken (§§ 1757, 1762), während der Vater der Adoptivmutter des Mündels nicht als Großvater im Sinne des § 1776 Abs. 1 Nr. 4 gilt (§ 1763 Satz 1). Die Vorschrift des § 1776 Abs. 2 (s. oben unter c) findet auch auf den Großvater mütterlicherseits Anwendung.

3. Die in Ansehung der einzelnen Delationsgründe festgesetzte successio graduum greift auch dann Platz, wenn während der bereits bestehenden Vormundschaft das Amt des Vormunds sich durch Wegfall des bisherigen Vormunds erledigt (M. IV, 1053). Ist die Vormundschaft keinem nach § 1776 Berufenen zu übertragen, so wird der Vormund vom Vormundschaftsgericht nach Anhörung des Gemeindewaisenraths ausgewählt (§ 1779).

4. Von dem Grundsatze des § 1776 bestehen folgende Ausnahmen:

a) Für eine Ehefrau darf vor sämmtlichen im § 1776 genannten Personen der Mann zum Vormunde bestellt werden (§ 1778 Abs. 3).

b) Für ein uneheliches Kind darf vor dem Großvater die Mutter zum Vormunde bestellt werden (§ 1778 Abs. 3).

c) Gemäß E.G. Art. 136 Nr. 3 bleiben die landesgesetzlichen Vorschriften unberührt, nach welchen der Vorstand einer staatlicher Verwaltung oder Aufsicht stehenden Erziehungs- oder Verpflegungsanstalt oder ein von ihm bezeichneter Angestellter der Anstalt oder ein Beamter vor den nach § 1776 B.G.B. als Vormünder berufenen Personen zum Vormunde der in Art. 136 Nr. 1, 2 bezeichneten Minderjährigen bestellt werden kann.

5. Ueber die Berufung zur Vormundschaft über Volljährige s. §§ 1897—1900, 1907; über die Berufung zur Pflegschaft s. §§ 1915, 1916, 1917 Abs. 1; über die Berufung zum Amt eines Gegenvormunds, Mitglieds oder Ersatzmitglieds des Familienraths s. §§ 1792 Abs. 4, 1861, 1863 Abs. 3.

§ 1777.

Der Vater kann einen Vormund nur benennen, wenn ihm zur Zeit seines Todes die elterliche Gewalt über das Kind zusteht; er hat dieses Recht nicht, wenn er in den die Person oder in den das Vermögen betreffenden Angelegenheiten nicht zur Vertretung des Kindes berechtigt ist. Das Gleiche gilt für die Mutter.

Der Vater kann für ein Kind, das erst nach seinem Tode geboren wird, einen Vormund benennen, wenn er dazu berechtigt sein würde, falls das Kind vor seinem Tode geboren wäre.

Die Benennung des Vormundes erfolgt durch letztwillige Verfügung.

E. I, 1532; II, 1547; III, 1633.

1. Das nach § 1776 Abs. 1 Nr. 1, 2 den Eltern zustehende Recht, einen Vormund für das Kind zu benennen, ist Ausfluß der elterlichen Gewalt (M. IV, 1048, 1053, 1055) und greift daher nur dann Platz, wenn dem Vater oder der Mutter zur Zeit ihres Todes die elterliche Gewalt über das Kind zustand und ihre Vertretungsbefugniß weder in persönlichen (§§ 1631 ff.), noch in Vermögensangelegenheiten (§ 1638 ff.) ausgeschlossen war (M. IV, 1055 ff.). Eine solche Anordnung ist also nicht nur dann unwirksam, wenn die elterliche Gewalt des Vaters bezw. der Mutter zur Zeit ihres Todes ruht oder beendigt ist (Vorbem. vor § 1676 Ziff. 3, 4; vgl. P. IV, 747 ff.), sondern auch dann, wenn dem Vater bezw. der Mutter die Sorge für die Person oder das Vermögen des Kindes einschließlich der Vertretungsbefugniß nicht zusteht (§§ 1647, 1666, 1670, 1693, 1760, s. auch 1633, 1635). Auf dem gleichen Grundsatze beruht die Vorschrift des § 1898, wonach die Eltern für volljährige Kinder einen Vormund überhaupt nicht benennen können. Stirbt der Vater vor der Geburt des Kindes, so wird es hinsichtlich der Wirksamkeit einer von ihm bethätigten Benennung eines Vormunds so angesehen, als wäre das Kind vor dem Tode des Vaters geboren. Daß die erwähnten Voraussetzungen schon zur Zeit der Benennung des Vormunds vorhanden waren, ist zur Wirksamkeit der Anordnung nicht erforderlich. Es kann daher auch für künftig zu erwartende Kinder ein Vormund bestellt werden (M. IV, 1056; vgl. bez. des Gem. R. Dernburg, Pand. Bd. 3 S. 84 Note 1). Wird das Kind mehr als 302 Tage nach dem Tode des Vaters geboren, so gilt es als unehelich (§ 1591, 1592 Abs. 1) und die vom Vater bethätigte Benennung eines Vormunds ist unwirksam, es sei denn, daß nach § 1592 Abs. 2 die Ehelichkeit des Kindes dargethan wird.

2. Form der Benennung. Nach Röm. R. konnte die Benennung eines Vormunds nur in einem gültigen Testament oder testamentarisch bestätigten Kodizill erfolgen; die Benennung verlor ihre Geltung, wenn das Testament seine Kraft verlor (Dernburg, Pand. Bd. 3 S. 84 Note 1). Dagegen kann nach P. L. R. die Benennung eines Vormunds auch außerhalb einer letztwilligen Verfügung, insbesondere auch in einem Heiraths- oder Familienvertrag geschehen und verliert, falls sie in einer letztwilligen Verfügung enthalten ist, durch deren Ungültigkeit nicht ihre Kraft (Thl. I cap. 7 § 5 Ziff. 6, 7). Nach B. G. B. muß die Benennung des Vormunds durch letztwillige Verfügung (§ 1937) erfolgen. Die durch E. II und III für derartige Anordnungen gewährte Erleichterung der Form (E. II, 2120, E. III, 2225) ist in Folge der von der Reichstagskommission beschlossenen Zulassung des holographischen Testaments (§ 2231 Nr. 2) gegenstandslos geworden (M. IV, 1054; Z. G. IV, 469 ff.; P. IV, 747 ff.; R. T. K. 177). Die Benennung des Vormunds kann gemäß § 2299 auch in einem Erbvertrag erfolgen, jedoch nur als einseitige, nicht als vertragsmäßige Verfügung (§ 2278). Für die Errichtung, Anfechtung und Aufhebung derartiger letztwilliger Verfügungen gelten die allgemeinen erbrechtlichen Grundsätze (M. IV, 1053; s. §§ 2064 ff.; 2078 ff., insbes. 2085, 2229 ff., 2253 ff., 2299 Abs. 2, 3). Die Benennung des Vormunds kann auch unter Beifügung einer Bedingung oder Zeitbestimmung erfolgen. Ist in dem Zeitpunkt, in welchem die Anordnung der Vormundschaft erforderlich wird, die Bedingung oder der Termin noch nicht eingetreten, so gilt der Berufene als verhindert. Es finden daher die Bestimmungen des § 1778 Abs. 1 und 2 Anwendung. Ist die Benennung unter einer Resolutivbedingung oder unter Beifügung eines Endtermins erfolgt, so wird durch den Eintritt der Bedingung oder des Endtermins das Amt des einmal bestellten Vormunds nicht beendigt (§§ 1885 ff.). Doch kann schon bei der Bestellung des Vormunds seine Entlassung für den Fall vorbehalten werden, daß ein bestimmtes Ereigniß eintritt oder nicht eintritt (§ 1790; M. IV, 1054; vgl. Dernburg, Pand. Bd. 3 S. 84 Note 1; P. L. R. Thl. I cap. 7 § 5 Ziff. 5, § 38 Ziff. 2).

3. Wird zu Lebzeiten des Vaters oder der ehelichen Mutter die Bestellung eines Vormunds erforderlich (z. B. in Folge Verwirkung oder Ruhens der elterlichen Gewalt), so wird durch den Umstand, daß der fragliche Elterntheil letztwillig einen Vormund ernannt hat, eine Berufung dieser Person zur Vormundschaft natürlich nicht begründet.

§ 1778.

Wer nach § 1776 als Vormund berufen ist, darf ohne seine Zustimmung nur übergangen werden, wenn er nach den §§ 1780 bis 1784 nicht zum Vormunde bestellt werden kann oder soll oder wenn er an der Uebernahme der Vormundschaft verhindert ist oder die Uebernahme verzögert oder wenn seine Bestellung das Interesse des Mündels gefährden würde.

Ist der Berufene nur vorübergehend verhindert, so hat ihn das Vormundschaftsgericht nach dem Wegfalle des Hindernisses auf seinen Antrag an Stelle des bisherigen Vormundes zum Vormunde zu bestellen.

Für eine Ehefrau darf der Mann vor den nach § 1776 Berufenen, für ein uneheliches Kind darf die Mutter vor dem Großvater zum Vormunde bestellt werden.

Neben dem Berufenen darf nur mit dessen Zustimmung ein Mitvormund bestellt werden.

E. I, 1637; II, 1659; III, 1754.

1. Die Bedeutung der Berufung zur Vormundschaft auf Grund des § 1776 besteht darin, daß der Berufene ein festes Recht darauf hat, als Vormund bestellt zu werden (über das in dieser Beziehung bisher geltende Recht s. M. IV, 1056 ff.). Eine Uebergehung des Berufenen ist nur in folgenden Fällen zulässig:

a) wenn der Berufene mit der Bestellung eines anderen Vormunds einverstanden ist (s. auch Anm. 2 zu § 1785);

b) wenn der Berufene nach den Vorschriften der §§ 1780—1784 von der Uebernahme der Vormundschaft ausgeschlossen ist. Ein Anspruch des Berufenen darauf, nach dem Wegfalle des Ausschließungsgrundes an Stelle des bisherigen Vormunds als Vormund bestellt zu werden, besteht nicht (vgl. dagegen § 1778 Abs. 2);

c) wenn der Berufene an der Uebernahme der Vormundschaft verhindert ist. Ist die Verhinderung nur eine vorübergehende (worüber das Ermessen des Vormundschaftsgerichts entscheidet), so kann der Berufene nach Wegfall des Hindernisses beanspruchen, daß der bisherige Vormund entlassen und er an dessen Stelle aufgestellt werde (M. IV, 1057; Anm. 3a zu § 1886). Ueber Verhinderung des Berufenen in Folge einer der Benennung beigefügten Bedingung oder Zeitbestimmung s. Anm. 2 zu § 1777 (vgl. auch § 1790);

d) wenn der Berufene die Uebernahme der Vormundschaft verzögert. Ob dies der Fall ist, hat das Vormundschaftsgericht nach freiem Ermessen zu bestimmen. E. I hatte diesen Fall nicht erwähnt, weil in der Verzögerung der Uebernahme stets ein Verzicht zu erblicken sei (M. IV, 1058; P. IV, 748 ff.);

e) wenn das Interesse des Mündels durch die Bestellung des Berufenen gefährdet würde (vgl. §§ 1639 Abs. 2, 1797 Abs. 3, 1803 Abs. 2, 1857, 1886, 1917 Abs. 2 Satz 2). Nach E. I sollte eine „erhebliche" Gefährdung der Interessen des Mündels Voraussetzung der Uebergehung sein (M. IV, 1057 ff.; Z.G. IV, 471; P. IV, 748; vgl. §§ 1391 Abs. 1, 1418 Abs. 1 Nr. 1, 2, 1428 Abs. 1, 1468 Nr. 1, 3, 4, 5, 1495 Nr. 1, 3, 4, 1585 Abs. 2, 1666 Abs. 2). Ob eine Gefährdung der Interessen des Mündels vorliegt, entscheidet das Vormundschaftsgericht nach freiem Ermessen. Unerheblich ist, ob die fraglichen Thatsachen demjenigen, der den Vormund benannt hat, bekannt waren oder nicht (M. IV, 1058);

f) wenn eine Ehefrau oder ein uneheliches Kind zu bevormunden ist. In diesem Falle kann der Mann vor den nach § 1776 Berufenen bezw. die Mutter vor dem Großvater als Vormund bestellt werden. Ein Anspruch des Mannes bezw. der unehelichen Mutter auf Uebertragung der Vormundschaft besteht nicht (M. IV, 1058 ff.; vgl. § 1900 Abs. 2, 3. Nach Röm.R. konnte der Mann nicht zum Vormund seiner Frau bestellt werden, Dernburg, a. a. O. S. 87 Note 11).

2. Bestellung eines Mitvormunds neben dem Berufenen. Nach § 1775 kann das Vormundschaftsgericht aus besonderen Gründen mehrere Vormünder (Mit-

vormünder) bestellen, über deren Wirkungskreis die Vorschriften des § 1797 entscheiden (Anm. 1a zu § 1775). Um jedoch zu verhüten, daß durch die Bestellung eines Mitvormunds das Recht des zur Vormundschaft Berufenen verkümmert werde, gestattet § 1778 Abs. 4 die Bestellung eines Mitvormunds neben einem gemäß § 1776 zur Vormundschaft Berufenen nur mit dessen Zustimmung (M. IV, 1060; vgl. § 1786 Abs. 1 Nr. 7). Die Aufstellung eines Gegenvormunds (§ 1792) ist von der Zustimmung des Berufenen nicht abhängig.

3. Verfahren. Eine Verpflichtung zur Anstellung von Ermittlungen darüber, ob ein nach § 1776 zur Vormundschaft Berufener vorhanden ist, obliegt dem Vormundschaftsgerichte nicht. Hat dasselbe in Unkenntniß einer solchen Berufung eine andere Person als Vormund bestellt und besteht der Berufene auf seiner Bestellung, so ist der bisherige Vormund zu entlassen und der Berufene als Vormund aufzustellen (Anm. 3c zu § 1886). Daß der Berufene, wenn thunlich, zu hören ist, bevor er aus einem der im § 1778 erwähnten Gründe übergangen wird, ist selbstverständlich. Gegen die Verfügung, durch welche ein Berufener übergangen wird, steht demselben die sofortige Beschwerde zu. Dieselbe ist binnen einer Frist von zwei Wochen von dem Zeitpunkt ab einzulegen, in welchem der Beschwerdeführer von seiner Uebergehung Kenntniß erlangt (F.G. § 60 Abs. 1 Nr. 1, Abs. 2, 22).

§ 1779.

Ist die Vormundschaft nicht einem nach § 1776 Berufenen zu übertragen, so hat das Vormundschaftsgericht nach Anhörung des Gemeindewaisenraths den Vormund auszuwählen.

Das Vormundschaftsgericht soll eine Person auswählen, die nach ihren persönlichen Verhältnissen und ihrer Vermögenslage sowie nach den sonstigen Umständen zur Führung der Vormundschaft geeignet ist. Bei der Auswahl ist auf das religiöse Bekenntniß des Mündels Rücksicht zu nehmen. Verwandte und Verschwägerte des Mündels sind zunächst zu berücksichtigen.

E. I, 1638 Abs. 1; II, 1660 Abs. 1; III, 1755.

1. Auswahl des Vormunds durch das Vormundschaftsgericht. Wenn keiner der im § 1776 erwähnten Berufungsgründe vorliegt oder die Berufenen gemäß § 1778 übergangen werden, ist seitens des Vormundschaftsgerichts eine zur Führung der Vormundschaft nach ihren persönlichen Verhältnissen, ihrer Vermögenslage und den sonstigen Umständen geeignete Person auszuwählen (über das bisherige Recht s. M. IV, 1061; über die tutela dativa des Gem.R. und P.L.R. s. Vorbem. Ziff. 1). Dem Gemeindewaisenrath, der gemäß § 1849 die zum Vormund geeigneten Personen vorzuschlagen hat (s. auch FG. § 49 Satz 2), muß vor der Auswahl Gelegenheit gegeben werden, sich über die als Vormund in Aussicht genommene Person zu äußern (M. IV, 1062). Will das Vormundschaftsgericht an Stelle des vom Gemeindewaisenrath Vorgeschlagenen eine andere Person aufstellen, so hat es den Gemeindewaisenrath auch über diese Person zu hören (a. A. Richter, a. a. O. S. 37). Andererseits ist aber das Vormundschaftsgericht an den Vorschlag des Gemeindewaisenraths nicht gebunden und in dringenden Fällen zweifellos auch berechtigt, von der Anhörung des Gemeindewaisenraths Umgang zu nehmen (vgl. Anm. 2d zu §§ 1849—1851).

2. Bei Auswahl des Vormundes ist grundsätzlich das freie Ermessen des Vormundschaftsgerichts entscheidend. Jedoch besteht in zwei Richtungen eine Einschränkung:

a) Verwandte und Verschwägerte des Mündels sind zunächst zu berücksichtigen (M. IV, 1061, 1050; vgl. § 1687). Ueber den Begriff der Verwandtschaft und Schwägerschaft s. §§ 1589, 1590 und Anm. hiezu. Die Verschwägerten sind in dieser Beziehung den Verwandten gleichgestellt. Auf die Nähe des Grades braucht bei beiden Kategorien keine Rücksicht genommen zu werden. Ein Anspruch auf Bestellung zum Vormund steht den Verwandten oder Verschwägerten des Mündels, die nicht gemäß § 1776 berufen sind, nicht zu.

b) Das Vormundschaftsgericht hat bei der Auswahl des Vormunds auf das religiöse Bekenntniß des Mündels Rücksicht zu nehmen. (Diese dem § 19 Abs. 2 der preuß. Vormundschaftsordnung entsprechende Vorschrift hatte E. I nicht aufgenommen, um eine Verschärfung der konfessionellen Gegensätze zu verhüten; in der II. Komm. wurde der Antrag auf Beifügung dieser Bestimmung mit 8 gegen 6 Stimmen abgelehnt; M. IV, 1061; Z.G. IV, 472, VI, 641 ff.; P. IV, 749 ff.; bez. des in dieser Beziehung bisher geltenden Rechts

s. Becher, Landescivilrecht II, 1157 Note 12). In welchem Bekenntnisse der Mündel zu erziehen ist, bestimmt sich gemäß E.G. Art. 134 nach Landesrecht (vgl. Anm. I, 4 zu § 1631). Gehört der Vormund nicht dem religiösen Bekenntniß an, in dem der Mündel zu erziehen ist, so kann ihm die Sorge für die religiöse Erziehung des Mündels entzogen werden (§ 1801).

3 Der vom Vormundschaftsgericht gemäß § 1779 als Vormund Ausgewählte ist zur Uebernahme der Vormundschaft verpflichtet, falls er nicht Ausländer, nach §§ 1780—1784 von der Vormundschaft ausgeschlossen oder nach § 1786 zur Ablehnung der Uebernahme berechtigt ist. Es kann zur Uebernahme der Vormundschaft durch Ordnungsstrafen angehalten werden und haftet dem Mündel bei grundloser und schuldhafter Ablehnung der Uebernahme für den aus der Verzögerung der Bestellung des Vormundes erwachsenden Schaden (§§ 1785, 1788, 1787).

4. Die Vorschriften des § 1779 gelten auch für die Vormundschaft über Volljährige, die Gegenvormundschaft und die Pflegschaft (§§ 1897, 1792 Abs. 4, 1915 Abs. 1). Ueber die Auswahl der Mitglieder und Ersatzmitglieder des Familienraths s. §§ 1862—1864.

§ 1780.

Zum Vormunde kann nicht bestellt werden, wer geschäftsunfähig oder wegen Geistesschwäche, Verschwendung oder Trunksucht entmündigt ist.

E. I, 1640 Nr. 1, 1646 Abs. 1; II, 1661; III, 1756.

1. Unfähigkeit zur Vormundschaft. Das Gem. R. unterscheidet absolute und relative Unfähigkeit zur Vormundschaftsführung. Der absolut Unfähige wird nicht Vormund, auch wenn ihm die Vormundschaft obrigkeitlich übertragen sein sollte. Hierher gehören Frauen (außer der Mutter und Großmutter des Mündels), Minderjährige, Geisteskranke, interdicirte Verschwender und Geistliche. Relativ unfähige Personen sollen nicht als Vormund bestellt werden und sind für den Fall ihrer Bestellung durch die Obrigkeit zu entfernen. Relativ unfähig sind die durch Verbot der Eltern des Mündels ausgeschlossenen Personen, Gläubiger und Schuldner des Mündels, der Ehemann gegenüber der Frau, Personen, die der bürgerlichen Ehrenrechte für verlustig erklärt sind (Dernburg, Pand. Bd. 3 § 45). Dem P.L.R. ist diese Unterscheidung fremd, es zählt lediglich in Thl. I cap. 7 § 3 eine Reihe von Personen auf, die nicht zum Vormund bestellt werden „können". Das B.G.B. unterscheidet solche Personen, die nicht zum Vormund bestellt werden können (§ 1780, s. u. Anm. 2), und solche, die nicht oder nur unter bestimmten Voraussetzungen zum Vormund bestellt werden sollen (§§ 1781—1784), vgl. §§ 1865—1867.

a) Eine im Widerspruch mit der Bestimmung des § 1780 erfolgte Bestellung ist nichtig. Der Mündel ist ohne gesetzlichen Vertreter (§ 206), beim Konkurs des als Vormund Bestellten steht dem Mündel das Vorrecht des § 61 Nr. 5 der Konk.O. n. Nr. nicht zu (P. IV, 754). Eine Entlassung des als Vormund Bestellten ist, da die Bestellung nichtig ist, nicht erforderlich (unrichtig Richter, a. a. O. S. 40 und Böhm, a. a. O. S. 168; nach der Ansicht des Letzteren soll das Vormundschaftsgericht in einem solchen Falle „zur Klarstellung des Sachverhältnisses" die Entlassung aussprechen). Handelt der als Vormund Bestellte für den Mündel, so steht er einem Vertreter ohne Vertretungsmacht gleich (§§ 177—180, s. auch §§ 105, 107 ff., 131, 165).

b) Dagegen ist eine im Widerspruch mit den Vorschriften der §§ 1781—1784 erfolgte Bestellung gültig. Der Vormundschaftsrichter ist aber für den dem Mündel hieraus erwachsenden Schaden nach Maßgabe des § 1848 haftbar und zur Entlassung des Vormunds verpflichtet (§§ 1886, 1887 Abs. 2, 1888, s. auch Anm. 6 zu § 1782).

2. Nach § 1780 kann nicht zum Vormund bestellt werden:

a) ein Geschäftsunfähiger (§ 104; M. IV, 1066; vgl. § 1676 Abs. 1);

b) eine wegen Geistesschwäche (§ 6 Abs. 1 Nr. 1), Verschwendung (§ 6 Abs. 1 Nr. 2; vgl. Z.G. VI, 642) oder Trunksucht (§ 6 Abs. 1 Nr. 3) entmündigte und daher in der Geschäftsfähigkeit beschränkte Person (§ 114, vgl. § 1676 Abs. 2). Dagegen ist die Bestellung einer wegen Minderjährigkeit (§§ 2, 106) oder wegen Stellung unter vorläufige Vormundschaft (§ 1906, 114) in der Geschäfsfähigkeit beschränkten Person gültig, s. aber § 1781 Nr. 1 und oben Anm. 1 b (nach E. I war nur die Bestellung eines Geschäftsunfähigen nichtig, M. IV, 1081; P. IV, 828 ff. Der in der II. Komm. gestellte Antrag, die Beschränkung der Geschäftsfähigkeit, gleichviel, auf welchem Grunde sie beruht, in dieser Beziehung der Geschäftsunfähigkeit gleichzustellen, wurde abgelehnt, P. IV, 753 ff.; vgl. auch A.L.R. Thl. I cap. 7 § 3 Ziff. 1). Ueber die Beendigung des Amtes des Vormunds in Folge seiner Entmündigung s. § 1885 Abs. 1.

3. Wer nach § 1780 nicht als Vormund bestellt werden kann, darf, falls er gemäß § 1776 berufen ist, auch ohne seine Zustimmung übergangen werden und ist, wenn er vom Vormundschaftsgericht ausgewählt werden sollte, zur Uebernahme der Vormundschaft nicht verpflichtet (§§ 1778 Abs. 1, 1785).

4. Daß die Bestellung des Vormunds durch ein örtlich unzuständiges Gericht erfolgt ist, steht der Gültigkeit der Bestellung nicht im Wege (F.G. § 7); vgl. auch M. IV, 1081.

5. Die Bestimmungen des § 1780 gelten auch für die Vormundschaft über Volljährige, die Gegenvormundschaft und die Pflegschaft (§§ 1897, 1792 Abs. 4, 1915 Abs. 1). Hinsichtlich der Mitglieder des Familienraths s. § 1865.

§ 1781.

Zum Vormunde soll nicht bestellt werden:

1. wer minderjährig oder nach § 1906 unter vorläufige Vormundschaft gestellt ist;
2. wer nach § 1910 zur Besorgung seiner Vermögensangelegenheiten einen Pfleger erhalten hat;
3. wer in Konkurs gerathen ist, während der Dauer des Konkurses;
4. wer der bürgerlichen Ehrenrechte für verlustig erklärt ist, soweit sich nicht aus den Vorschriften des Strafgesetzbuchs ein Anderes ergiebt.

E. I, 1640 Nr. 1—3, 1646 Abs. 2; II, 1662; III, 1757.

1. Im Gegensatze zu § 1780, welcher die Personen bestimmt, die nicht als Vormund bestellt werden können, deren Bestellung daher nichtig ist (Anm. 1a zu § 1780) zählt § 1781 (vgl. §§ 1782—1784) eine Reihe von Personen auf, die nicht als Vormund bestellt werden sollen. Ueber die Rechtsfolgen einer mit Widerspruch mit dieser Vorschrift erfolgten Bestellung s. Anm. 1b zu § 1780.

2. Gemäß § 1781 sind von der Führung der Vormundschaft ausgeschlossen:

a) Die wegen Minderjährigkeit (§ 2) oder wegen Stellung unter vorläufige Vormundschaft (§ 1906) in der Geschäftsfähigkeit beschränkten Personen (§§ 106, 114, vgl. §§ 1676 Abs. 2, 1696). Die Bestellung einer in Folge Entmündigung wegen Geistesschwäche, Verschwendung oder Trunksucht in der Geschäftsfähigkeit beschränkten Person ist gemäß § 1780 nichtig. Der für volljährig Erklärte steht, wie in anderen Beziehungen, so auch hinsichtlich der Fähigkeit, als Vormund bestellt zu werden, einem Volljährigen gleich (§ 3 Abs. 2; M. IV, 1066; anders die preuß. Vorm.-Ordn. § 21 Abs. 1 Nr. 2 und A.L.R. Thl. I cap. 7 § 3 Ziff. 1, § 36 Ziff. 7).

b) Wer auf Grund des § 1910 Abs. 1 wegen körperlicher Gebrechen einen Pfleger für seine Person und sein Vermögen oder auf Grund des § 1910 Abs. 2 wegen geistiger oder körperlicher Gebrechen einen Pfleger für seine Vermögensangelegenheiten erhalten hat, nicht aber, wer nach § 1910 Abs. 2 lediglich für einzelne seiner Angelegenheiten oder einen bestimmten, nicht die sämmtlichen Vermögensangelegenheiten umfassenden Kreis seiner Angelegenheiten einen Pfleger erhalten hat (vgl. § 1676 Abs. 2; A.L.R. Thl. I cap. 7 § 3 Ziff. 1).

c) Der Gemeinschuldner während der Dauer des Konkurses (M. IV, 1066; vgl. § 1647 Abs. 1). Ueber die Beendigung des Konkurses s. K.O. §§ 163, 190, 202 ff. n. Nr.

d) Wer der bürgerlichen Ehrenrechte für verlustig erklärt ist, soweit sich nicht aus den Bestimmungen des jeweiligen Strafgesetzbuchs ein Anderes ergibt (M. IV, 1067; Z.G. IV, 473; vgl. A.L.R. Thl. I cap. 7 § 3 Ziff. 5). Nach § 32 des Str.G.B. kann neben der Todesstrafe und Zuchthausstrafe immer, neben der Gefängnißstrafe nur dann auf Verlust der bürgerlichen Ehrenrechte erkannt werden, wenn die Dauer der erkannten Strafe drei Monate erreicht und entweder das Gesetz den Verlust der bürgerlichen Ehrenrechte ausdrücklich zuläßt oder die Gefängnißstrafe wegen Annahme mildernder

Umstände an Stelle von Zuchthausstrafe ausgesprochen wird. Nach § 34 Nr. 6 St.G.B. in der durch E.G. Art. 34 I festgesetzten Fassung bewirkt die Aberkennung der bürgerlichen Ehrenrechte die Unfähigkeit, während der im Urtheile bestimmten Zeit (nach St.G.B. § 32 Abs. 2 2—10 Jahre bei zeitiger Zuchthausstrafe, 1—5 Jahre bei Gefängnißstrafe) Vormund, Gegenvormund, Pfleger, Beistand der Mutter, Mitglied eines Familienraths oder Kurator zu sein, es sei denn, daß es sich um Verwandte absteigender Linie handelt und die obervormundschaftliche Behörde oder der Familienrath die Genehmigung ertheilt.

3. Ueber die Gründe, aus welchen das B.G.B. weitere Ausschließungsgründe von der Vormundschaft als die in den §§ 1780—1784 enthaltenen (vgl. insbes. P.L.R. Thl. 1 cap. 7 § 3 Ziff. 2, 3, 6, 9—12) nicht aufgestellt hat, s. M. IV, 1069ff. Ueber die Zulässigkeit der Bestellung einer Frau als Vormund s. Anm. 1 § 1783.

4. Wer nach § 1781 nicht als Vormund bestellt werden soll, darf, falls er gemäß § 1776 berufen ist, auch ohne seine Zustimmung übergangen werden und ist, wenn er vom Vormundschaftsgericht ausgewählt werden sollte, zur Uebernahme der Vormundschaft nicht verpflichtet (§§ 1778 Abs. 1, 1785).

5. Die Bestimmungen des § 1781 gelten auch für die Vormundschaft über Volljährige, die Gegenvormundschaft und die Pflegschaft (§§ 1897, 1792 Abs. 4, 1915 Abs. 1). Hinsichtlich der Mitglieder des Familienraths s. § 1866, 1867.

§ 1782.

Zum Vormunde soll nicht bestellt werden, wer durch Anordnung des Vaters oder der ehelichen Mutter des Mündels von der Vormundschaft ausgeschlossen ist. Die Mutter kann den von dem Vater als Vormund Benannten nicht ausschließen.

Auf die Ausschließung finden die Vorschriften des § 1777 Anwendung.

E. I, 1640 Nr. 5, 1646 Abs. 2; II, 1663; III, 1758.

1. In Uebereinstimmung mit zahlreichen bisherigen Rechten (M. IV, 1068ff., s. auch Dernburg, Pand. Bd. 3 S. 87, P.L.R. Thl. I cap. 7 § 3 Ziff. 8) gestattet das B.G.B. dem Vater und der ehelichen Mutter nicht nur, einen Vormund für das Kind zu benennen (§ 1776 Abs. 1 Nr. 1, 2), sondern auch, bestimmte Personen (nicht ganze Personenklassen, M. IV, 1069) von der Vormundschaft auszuschließen (vgl. § 1866 Nr. 2, 3). Als Vater im Sinne des § 1782 gilt nur der eheliche Vater, dem der Vater eines durch nachfolgende Ehe oder Ehelichkeitserklärung legitimirten Kindes sowie der Annehmende gleichsteht. Der ehelichen Mutter steht die Mutter eines durch nachfolgende Ehe legitimirten Kindes, sowie eine Frau, die das Kind an Kindesstatt angenommen hat, und, falls der Mann das Kind seiner Frau angenommen hat, die Letztere, auch wenn sie die uneheliche Mutter des Kindes ist, gleich (§§ 1589 Abs. 2, 1719, 1736, 1757; vgl. Anm. 2a, b zu § 1776).

2. Auch das Recht, bestimmte Personen von der Vormundschaft auszuschließen, ist Ausfluß der elterlichen Gewalt. Eine derartige Anordnung ist daher nur wirksam, wenn dem Vater oder der Mutter zur Zeit ihres Todes die elterliche Gewalt über das Kind zustand und ihre Vertretungsbefugniß weder in persönlichen noch in Vermögensangelegenheiten ausgeschlossen war. Für ein erst nach seinem Tode geborenes Kind kann der Vater eine derartige Anordnung treffen, wenn er dazu berechtigt gewesen wäre, falls das Kind vor seinem Tode geboren wäre. Daß die erwähnten Voraussetzungen zu der Zeit vorhanden waren, zu welcher die Anordnung getroffen wurde, ist zu deren Wirksamkeit nicht erforderlich (§§ 1782 Abs. 2, 1777 Abs. 1, 2; vgl. Anm. 1 zu § 1777).

3. Die Ausschließung bestimmter Personen von der Vormundschaft erfolgt wie die Benennung eines Vormundes durch letztwillige Verfügung (§§ 1782 Abs. 2, 1777 Abs. 3). Ueber die Errichtung, Anfechtung und Aufhebung solcher Verfügungen entscheiden die allgemeinen erbrechtlichen Grundsätze; vgl. Anm. 2 zu § 1777 (s. auch Z.G. IV, 473).

4. Hat der Vater gemäß § 1776 Abs. 1 Nr. 1 einen Vormund benannt, die Mutter aber diese Person gemäß § 1782 von der Vormundschaft ausgeschlossen, so ist diese Ausschließung unwirksam (M. IV, 1069; vgl. Anm. 2b zu § 1776). Selbstverständlich kann der Vater auch die Mutter selbst von der Vormundschaft ausschließen. Von praktischer Bedeutung ist dies natürlich nur für den Fall, daß nach dem Tode des Vaters die elterliche Gewalt der Mutter nicht zusteht oder ihre Vertretungsbefugniß in persönlichen und Vermögensangelegenheiten ausgeschlossen ist (M. IV, 1069; s. insbesondere §§ 1696, 1697).

5. Wer gemäß § 1782 von der Vormundschaft ausgeschlossen ist, kann im Falle seiner Berufung zur Vormundschaft (§ 1776 Abs. 1 Nr. 3, 4) auch ohne seine Zustimmung übergangen werden und ist, falls er vom Vormundschaftsgericht ausgewählt werden sollte, zur Uebernahme der Vormundschaft nicht verpflichtet (§§ 1778 Abs. 1, 1785).

6. Ist der Vorschrift des § 1782 zuwider eine rechtswirksam ausgeschlossene Person zum Vormund bestellt worden, so ist die Bestellung gültig, der Vormundschaftsrichter haftet aber für den dem Mündel hieraus erwachsenden Schaden nach Maßgabe des § 1848 (Anm. 2b zu § 1780). Ob in einem solchen Falle der Vormund entlassen werden muß, erscheint fraglich. Nach E. I, 1705 Nr. 2, 1640 Nr. 5 war dies zweifellos der Fall. Nach dem Wortlaute des nunmehrigen § 1886 aber, der nur von den im § 1781 erwähnten Ausschließungsgründen spricht, muß das Gegentheil angenommen werden. Die Entlassung eines entgegen der Bestimmung des § 1782 bestellten Vormundes ist daher nur zulässig, wenn sich ein anderweitiger Entlassungsgrund (§§ 1886—1888) ergibt, also insbesondere, wenn die Fortführung seines Amtes das Interesse des Mündels gefährden würde.

7. Die Bestimmung des § 1782 findet auch auf die Gegenvormundschaft und Pflegschaft, nicht aber auf die Vormundschaft über Volljährige Anwendung (§§ 1792 Abs. 4, 1915 Abs. 1, 1898). Ueber die Ausschließung von dem Amt eines Familienrathsmitglieds s. § 1866 Nr. 3. Ein Recht des Erblassers oder Schenkers, nach Analogie der Vorschrift des § 1917 Abs. 1 bestimmte Personen von dem Amt eines Pflegers auszuschließen, besteht nicht (M. IV, 1069; Anm. 1 zu § 1917).

8. Uebergangsvorschrift. Hat der Vater vor dem 1. Januar 1900 auf Grund der bisherigen Gesetze die Mutter von der Vormundschaft über das Kind ausgeschlossen, so gilt diese Verfügung vom 1. Januar 1900 ab als die Anordnung der Bestellung eines Beistands im Sinne des § 1687 Nr. 1 (E.G. Art. 205; M. z. E.G. 294).

§ 1783.

Eine Frau, die mit einem Anderen als dem Vater des Mündels verheirathet ist, soll nur mit Zustimmung ihres Mannes zum Vormunde bestellt werden.

E. I, 1641, 1646 Abs. 2; II, 1664 Abs. 2; III, 1759 Abs. 2.

1. Fähigkeit der Frauen zur Uebernahme der Vormundschaft. Nach Gem. R. sind Frauen unfähig zur Vormundschaft. Doch kann die Mutter und die Großmutter als Vormund bestellt werden, falls sie sich nicht wieder verheirathet und den weiblichen Rechtswohlthaten entsagt (Dernburg, Pand. Bd. 3 S. 86).

Nach P.L.R. (Thl. I cap. 7 § 3 Ziff. 3) können Frauenspersonen mit Ausnahme der leiblichen Mutter und Großmutter nicht zum Vormund bestellt werden. Mutter und Großmutter als Vormund erhalten zwei Mitvormünder, sind sie aber durch Anordnung des Vaters zur Vormundschaft berufen, nur zwei unverpflichtete Beiständer (Thl. I cap. 7 § 6 Ziff. 7). Durch Wiederverheirathung geht die Vormundschaft verloren (Thl. I cap. 7 § 9 Ziff. 4, § 22 Ziff. 2).

Die preußische Vormundschaftsordnung erklärt ebenfalls Frauen im Allgemeinen für unfähig zur Führung einer Vormundschaft. Nicht unfähig zur Führung einer Vormundschaft sind jedoch die Mutter über ihre ehelichen, unehelichen oder angenommenen Kinder und die Großmutter, soferne sie nicht bei etwaiger Trennung der Ehe für den schuldigen Theil erklärt sind, sowie diejenigen weiblichen Personen, welche vom Vater oder der Mutter letztwillig als Vormund benannt sind (§ 21 Abs. 1 Nr. 2, Abs. 2).

Ueber andere Rechte s. M. IV, 1067 ff.

Auch E. I, 1640 Nr. 4 erklärte Frauen für unfähig zur Vormundschaft mit Ausnahme der Mutter und Großmutter des Mündels, sowie einer vom Vater oder der ehelichen Mutter letztwillig als Vormund berufenen Frau. Maßgebend für diese Bestimmung war inhaltlich der Motive (M. IV, 1067) die Erwägung, daß es gerade im Interesse der Frauen geboten sei, sie mit der Pflicht der Uebernahme öffentlicher Aemter und in diesem Sinne auch mit der Pflicht des Vormundschaftsdienstes zu verschonen. Trotz der gegen diese Bestimmung gerichteten Angriffe (vgl. Z.G. IV, 473) wurde dieselbe von den Entwürfen II und III aufrechterhalten. Erst in der Reichstagskommission wurde durch die mit großer Majorität erfolgte Streichung des Abs. 1 des § 1759 E. III die grundsätzliche Fähigkeit der Frauen zur Führung der Vormundschaft anerkannt (R.T.K. 160 ff.).

2. Die einzige in dieser Beziehung noch aufrechterhaltene Beschränkung enthält § 1783. Damit nämlich eine Ehefrau durch Bestellung als Vormund nicht den ihr in Folge der ehelichen Gemeinschaft obliegenden Pflichten (s. insbes. § 1356) entzogen werde, ist im Interesse des Ehemanns bestimmt, daß eine Ehefrau nur mit Zustimmung des

Mannes zum Vormund bestellt werden soll (M. IV, 1068; vgl. § 1358). Eine Ausnahme hievon besteht für den Fall, daß die Frau mit dem Vater des Mündels verheirathet ist, da in diesem Falle die Führung der Vormundschaft durch die Frau niemals als unvereinbar mit den ihr auf Grund der ehelichen Gemeinschaft obliegenden Pflichten betrachtet werden kann (M. IV, 1071). Dieser Ausnahmsfall kann insbesondere dann vorliegen, wenn der Vater die elterliche Gewalt verwirkt hat oder ihm die Sorge für Person und Vermögen des Kindes entzogen worden ist (§§ 1680, 1666 Abs. 2). Selbstverständlich ist die Zustimmung des Mannes auch dann nicht erforderlich, wenn die Ehe absolut nichtig oder im Falle relativer Nichtigkeit für nichtig erklärt oder wenn die Ehe geschieden ist. Der Scheidung steht in dieser Beziehung die Aufhebung der ehelichen Gemeinschaft nicht gleich (Ziff. 3 der Vorbem. zum Abschn. 1 Tit. 3, Anm. 3 zu § 1586). Daß der Ehemann die Ertheilung der Zustimmung jederzeit widerrufen kann, ergibt sich aus § 1887 Abs. 2 Satz 1 (vgl. § 183). Ist der Ehemann, dessen Zustimmung gemäß § 1783 erforderlich ist, geschäftsunfähig oder in der Geschäftsfähigkeit beschränkt, so finden die Grundsätze der §§ 105 Abs. 1, 111, 114 Anwendung. Eine besondere Form ist für die Ertheilung der eheherrlichen Zustimmung nicht vorgeschrieben. Letztere kann also sowohl gegenüber der Frau als gegenüber dem Vormundschaftsgericht erfolgen. Ersetzung der vom Manne oder dessen gesetzlichen Vertreter verweigerten oder wegen Krankheit oder Abwesenheit des Mannes nicht zu beschaffenden Zustimmungserklärung durch das Vormundschaftsgericht (vgl. § 1358 Abs. 2) ist ausgeschlossen.

3. Eine gemäß § 1776 Abs. 1 Nr. 1, 2 zur Vormundschaft berufene Frau, deren Ehemann die nach § 1783 erforderliche Zustimmung zu ihrer Aufstellung als Vormund verweigert, darf gemäß § 1778 Abs. 1 auch ohne ihre Zustimmung übergangen werden. Das Gleiche gilt, falls die erforderliche Zustimmungserklärung wegen Krankheit oder Abwesenheit des Mannes nicht zu beschaffen ist. Nach § 1786 Abs. 1 Nr. 1 kann ferner jede Frau, gleichviel, ob sie verheirathet, geschieden, verwittwet oder ledig ist, die Uebernahme der Vormundschaft ablehnen.

4. Ist der Vorschrift des § 1783 zuwider eine Ehefrau ohne die erforderliche Zustimmung ihres Mannes zum Vormund bestellt worden, so ist die Bestellung gültig, der Vormundschaftsrichter haftet aber gemäß § 1848 für den dem Mündel hieraus erwachsenden Schaden und ist verpflichtet, die Frau zu entlassen. Eine zum Vormund bestellte verheirathete Frau ist auch dann zu entlassen, wenn der Mann seine Zustimmung zur Fortführung der Vormundschaft versagt oder die Zustimmung widerruft, es sei denn, daß der Mann der Vater des Mündels ist (§ 1887 Abs. 2, Anm. 1b zu § 1780). Nach § 1887 Abs. 1 kann ferner das Vormundschaftsgericht eine zum Vormund bestellte Frau, falls sie sich verheirathet, auch dann entlassen, wenn der Mann seine Zustimmung zur Fortführung der Vormundschaft ertheilt.

5. Die Bestimmungen des § 1783 gelten auch für die Vormundschaft über Volljährige, die Gegenvormundschaft und die Pflegschaft (§§ 1897, 1792 Abs. 4, 1915 Abs. 1). Als Vormund ihres eigenen volljährigen Mannes darf aber eine Ehefrau auch ohne dessen Zustimmung bestellt werden (§ 1900 Abs. 1). Als Mitglied eines Familienraths kann eine verheirathete Frau auch ohne Zustimmung ihres Mannes bestellt werden (Anm. 3 zu § 1866).

§ 1784.

Ein Beamter oder Religionsdiener, der nach den Landesgesetzen einer besonderen Erlaubniß zur Uebernahme einer Vormundschaft bedarf, soll nicht ohne die vorgeschriebene Erlaubniß zum Vormunde bestellt werden.

E. I, 1642, 1646 Abs. 2; II, 1665; III, 1760.

1. Erforderniß der dienstlichen Bewilligung. Nach Gem.R. gewährt die Bekleidung öffentlicher Aemter die Befugniß zur Ablehnung der Vormundschaft (Dernburg, Pand. Bd. 3 S. 88). Nach P.L.R. (Thl. I cap. 7 § 3 Ziff. 7) ist die Aufstellung eines Beamten als Vormunds ohne obrigkeitliche Erlaubniß unzulässig. Ueber andere Rechte s. M. IV, 1071. Das B.G.B. verbietet im öffentlichen Interesse die Bestellung eines Beamten oder Religionsdieners als Vormunds, falls die erforderliche dienstliche Bewilligung nicht vorliegt (M. IV, 1072 ff.; Z.G. IV, 473; VI, 642; vgl. § 1315 Abs. 1). Ueber den Begriff „Religionsdiener" s. Olshausen, Komm. z. St.G.B. 5. Aufl. § 130a Note 2.

2. Ob Beamte oder Religionsdiener einer besonderen Erlaubniß zur Uebernahme einer Vormundschaft bedürfen, bestimmt sich nach Landesrecht. Für Bayern ist zur Zeit maßgebend die V.O. vom 10. März 1868 (Reg.Bl. 1868 S. 449; s. auch Entschl. d. b. Staatsmin. d. Inn. v. 13. Nov. 1868 und Just.Min.Entschl. v. 20. Nov. 1868, J.Min.Bl. 1868 S. 245 ff.). Hienach sind sämmtliche Beamte und öffentliche Diener, welche neben ihrem Amt eine

Vormundschaft, Kuratel, Güterpflege oder eine sonstige Verwaltung oder Ordnung fremder Rechtsangelegenheiten übernehmen, verpflichtet, hievon Anzeige an die ihnen nächst vorgesetzte Stelle oder Behörde zu erstatten (§ 1), welcher vorbehalten ist, im Falle eintretender oder zu befürchtender Kollisionen mit Amtspflichten dem betreffenden Beamten die Fortführung des fraglichen Nebengeschäfts zu untersagen (§ 2). Ist mit dem Nebengeschäft eine Remuneration verbunden oder soll ein Kassenbeamter sich einer Kassenfunktion unterziehen, so ist nach § 3 die Erholung einer vorgängigen dienstlichen Bewilligung erforderlich, die nach § 5 jederzeit widerruflich ist.

3. Nach der gemäß E.G. Art. 32 unberührt gebliebenen und auch in Bayern gültigen Vorschrift des § 41 des Reichsmilitärgesetzes v. 2. Mai 1874 können die Militärpersonen des Friedensstandes (s. Anm. 2 zu § 1315) und die Civilbeamten der Militärverwaltung die Uebernahme von Vormundschaften ablehnen und sind zu deren Uebernahme nur mit Genehmigung ihrer Vorgesetzten berechtigt. Ueber die Zuständigkeit zur Ertheilung der Genehmigung s. Entschl. d. bayr. Kriegsmin. v. 26. April 1885 (Weber, Ges. u. V.O. Samml. XVII, 132 ff.). Für die Angehörigen der Marine fehlt es an einer entsprechenden Bestimmung (M. IV, 1073). Auch für die Reichsbeamten ist eine analoge Vorschrift im Reichsbeamtengesetz vom 31. März 1873 nicht getroffen. Nach § 19 dieses Gesetzes finden aber auf die Rechtsverhältnisse der aktiven und aus dem Dienst geschiedenen Reichsbeamten, über welche nicht durch Reichsgesetz Bestimmung getroffen worden ist, diejenigen gesetzlichen Vorschriften Anwendung, welche an ihren Wohnorten für die aktiven bezw. aus dem Dienst geschiedenen Staatsbeamten gelten (vgl. M. IV, 1073).

4. Ein Beamter oder Religionsdiener, dem die nach Landesrecht erforderliche besondere Erlaubniß verweigert wird, kann im Falle seiner Berufung zur Vormundschaft auch ohne seine Zustimmung übergangen werden (§ 1778 Abs. 1) und ist, falls er vom Vormundschaftsgericht ausgewählt wird, zur Uebernahme der Vormundschaft nicht verpflichtet (§ 1785). Solange dagegen die Entscheidung über Ertheilung oder Versagung der Erlaubniß noch nicht erfolgt ist, kann der vom Vormundschaftsgericht ausgewählte Beamte oder Religionsdiener die Uebernahme der Vormundschaft nicht ablehnen (vgl. P. IV, 751).

5. Eine im Widerspruch mit der Vorschrift des § 1784 erfolgte Bestellung zum Vormund ist gültig, macht aber den Vormundschaftsrichter für den dem Mündel hieraus erwachsenden Schaden gemäß § 1848 haftbar (Anm. 1b zu § 1780). Nach § 1888 ist ferner ein zum Vormund bestellter Beamter oder Religionsdiener zu entlassen, wenn die nach den Landesgesetzen zur Uebernahme der Vormundschaft oder zur Fortführung der vor dem Eintritt in das Amts- oder Dienstverhältniß übernommenen Vormundschaft erforderliche Erlaubniß versagt oder zurückgenommen wird oder wenn die nach den Landesgesetzen zulässige Untersagung der Fortführung der Vormundschaft erfolgt. Ob der Beamte, welcher ohne die erforderliche dienstliche Bewilligung eine Vormundschaft übernimmt, disziplinärer Ahndung unterliegt, bestimmt sich nach Landesrecht.

6. Die Vorschrift des § 1784 gilt auch für die Vormundschaft über Volljährige, die Gegenvormundschaft und die Pflegschaft (§§ 1897, 1792 Abs. 4, 1915 Abs. 1), nicht aber für die Bestellung als Familienrathsmitglied (Anm. 3 zu § 1866).

§ 1785.

Jeder Deutsche hat die Vormundschaft, für die er von dem Vormundschaftsgericht ausgewählt wird, zu übernehmen, sofern nicht seiner Bestellung zum Vormund einer der in den §§ 1780 bis 1784 bestimmten Gründe entgegensteht.

E. I, 1639 Satz 1; II, 1667 Abs. 1; III, 1761.

1. Wie nach Gem.R. (Dernburg, Pand. Bd. 3 S. 87), dem A.L.R. (Thl. I cap. 7 § 20 Ziff. 1) und den meisten übrigen Rechten (M. IV, 1062) besteht auch nach dem B.G.B. eine öffentlich-rechtliche Verpflichtung zur Uebernahme des vormundschaftlichen Amtes (über die entsprechende privatrechtliche Verpflichtung s. § 1787 Abs. 1). Dem Charakter des B.G.B. als gemeinsamen deutschen Gesetzbuchs entsprechend ist diese Pflicht an die Reichsangehörigkeit, nicht an die Staatsangehörigkeit in den einzelnen Bundesstaaten geknüpft (M. IV, 1063). Die Reichsangehörigkeit wird nach § 1 des Ges. über die Erwerbung und den Verlust der Bundes- und Staatsangehörigkeit vom 1. Juni 1870 durch die Staatsangehörigkeit in einem Bundesstaat erworben und erlischt mit deren Verlust. Ueber den Fall, daß ein Deutscher keinem Bundesstaat angehört, s. § 6 des R.G. betr. die Rechtsverhältnisse der deutschen Schutzgebiete vom 17. April 1886 in der durch Art. II des R.G. wegen Abänderung dieses Gesetzes vom 15. März 1888 (R.G.B. 1888 S. 71) festgesetzten Fassung. Maßgebend ist in dieser Beziehung der Zeitpunkt, in welchem

die Bestellung des Vormunds erforderlich wird. Verliert der als Vormund Bestellte die Reichsangehörigkeit, so berechtigt dieser Umstand weder das Vormundschaftsgericht, ihn zu entlassen, noch ihn selbst, seine Entlassung zu beantragen (§§ 1886, 1889).

2. Nicht verpflichtet zur Uebernahme der Vormundschaft sind:

a) dem Grundgedanken des § 1785 (s. o. Anm. 1) entsprechend Ausländer, d. h. Nichtdeutsche (M. IV, 1063; s. auch E.G. Art. 5). Daß ein Ausländer als Vormund bestellt werden kann, ergibt sich aus den §§ 1780—1784.

b) Personen, welche nach den Vorschriften der §§ 1780—1784 nicht als Vormund bestellt werden können oder sollen.

c) Personen, denen ein gesetzlicher Ablehnungsgrund zur Seite steht (§ 1786 und Anm. 1 hiezu).

Dagegen obliegt die Verpflichtung zur Uebernahme der Vormundschaft auch den gemäß § 1776 berufenen Personen, wenn sie selbst auf ihre Bestellung verzichten, jedoch vom Vormundschaftsgericht ausgewählt werden und weder Ausländer noch gemäß §§ 1780 bis 1784 von der Vormundschaft ausgeschlossen noch gemäß § 1786 zur Ablehnung berechtigt sind (anders, jedoch im Widerspruch mit dem klaren Wortlaut des Gesetzes, anscheinend M. IV, 1063; richtig Lande, das B.G.B. Note 1 zu § 1785; übereinstimmend auch Richter a. a. O. S. 65, jedoch mit unrichtiger Begründung und im Widerspruch mit seinen eigenen Ausführungen auf S. 53). Daß das Vormundschaftsgericht beim Vorhandensein mehrerer Berufener nicht befugt ist, falls der in erster Linie Berufene ablehnt, diesen auszuwählen und hiedurch das Recht des in zweiter Linie Berufenen illusorisch zu machen (M. IV, 1063), folgt schon aus § 1779, wonach es zu einer Auswahl des Vormunds überhaupt erst kommt, wenn kein nach § 1776 Berufener als Vormund in Frage kommt.

3. Die Verpflichtung zur Uebernahme der Vormundschaft ist nicht direkt erzwingbar. Das Vormundschaftsgericht kann jedoch gemäß § 1788 den Versuch machen, den als Vormund Ausgewählten durch Androhung von Ordnungsstrafen zur Uebernahme zu veranlassen. Auch haftet, wer grundlos und schuldhafter Weise die Uebernahme ablehnt, dem Mündel für den aus der Verzögerung der Bestellung des Vormunds erwachsenden Schaden (§ 1787 Abs. 1). Endlich ist der Ablehnende, wenn das Vormundschaftsgericht die Ablehnung für unbegründet erklärt, zur vorläufigen Uebernahme der Vormundschaft auf Erfordern des Vormundschaftsgerichts verpflichtet (§ 1787 Abs. 2).

4. § 1785 gilt auch für die Bestellung als Vormund eines Volljährigen, als Gegenvormund und als Pfleger (§§ 1897, 1792 Abs. 4, 1915 Abs. 1), nicht aber für die Bestellung als Nachlaßpfleger (§ 1981 Abs. 3). Auch besteht keine Verpflichtung zur Uebernahme des Amtes eines Familienrathsmitglieds (§ 1869).

§ 1786.

Die Uebernahme der Vormundschaft kann ablehnen:

1. eine Frau;
2. wer das sechzigste Lebensjahr vollendet hat;
3. wer mehr als vier minderjährige eheliche Kinder hat; ein von einem Anderen an Kindesstatt angenommenes Kind wird nicht gerechnet;
4. wer durch Krankheit oder durch Gebrechen verhindert ist, die Vormundschaft ordnungsmäßig zu führen;
5. wer wegen Entfernung seines Wohnsitzes von dem Sitze des Vormundschaftsgerichts die Vormundschaft nicht ohne besondere Belästigung führen kann;
6. wer nach § 1844 zur Sicherheitsleistung angehalten wird;
7. wer mit einem Anderen zur gemeinschaftlichen Führung der Vormundschaft bestellt werden soll;
8. wer mehr als eine Vormundschaft oder Pflegschaft führt; die Vormundschaft oder Pflegschaft über mehrere Geschwister gilt nur als eine; die Führung von zwei Gegenvormundschaften steht der Führung einer Vormundschaft gleich.

Das Ablehnungsrecht erlischt, wenn es nicht vor der Bestellung bei dem Vormundschaftsgerichte geltend gemacht wird.

E. I, 1643, 1644 Abs. 1; II, 1666, 1668 Abs. 1; III, 1762.

1. Ablehnungsgründe. In Uebereinstimmung mit dem Gem.R. (Dernburg, Pand. Bd. 3 § 46) und den meisten neueren Gesetzen (M. IV, 1073) stellt das B.G.B. bestimmte Gründe auf, aus welchen die im § 1785 festgesetzte Verpflichtung zur Uebernahme der Vormundschaft in Wegfall kommt (nach P.L.R. Thl. I cap. 7 § 21 ist in dieser Beziehung Alles dem Ermessen des Vormundschaftsgerichts überlassen). Ablehnungsberechtigt ist hienach:

a) eine Frau, gleichviel, ob sie ledig, verheirathet, geschieden oder verwittwet, ob sie mit dem Mündel verwandt ist oder nicht, ob sie nach § 1776 zur Vormundschaft berufen ist oder nicht (M. IV, 1073 ff.; P. IV, 751; unrichtig Böhm, a. a. O. S. 62, nach welchem das Ablehnungsrecht einer Unverheiratheten oder Wittwe nicht zustehen soll). Ueber die Fähigkeit der Frauen zur Uebernahme der Vormundschaft s. Anm. 1 zu § 1783; über die Entlassung einer zum Vormund bestellten Frau s. §§ 1886, 1887, 1889. Der Umstand allein, daß die als Vormund bestellte Frau gemäß § 1786 Abs. 1 Nr. 1 ablehnungsberechtigt gewesen wäre, gibt ihr nicht die Befugniß, ihre Entlassung zu verlangen (§ 1889). Ueber die Unzulässigkeit des Verzichts auf die elterliche Gewalt der Mutter s. Vorbem. vor § 1676 Ziff. 5c.

b) Wer das 60. Lebensjahr vollendet hat (M. IV, 1074; Z.G. IV, 473; nach Gem.R. befreite erst die Zurücklegung des 70. Lebensjahrs; Dernburg, a. a. O. S. 87).

c) Wer fünf oder mehr minderjährige, eheliche, nicht von einem Andern an Kindesstatt angenommene Kinder hat (M. IV, 1074; bez. des Gem.R. s. Dernburg, a. a. O. S. 87 Note 6. Im Widerspruch mit dem klaren Wortlaut des Gesetzes behauptet Richter, a. a. O. S. 56, daß schon der Besitz von vier Kindern zur Ablehnung berechtige). Ueber den Begriff des ehelichen Kindes s. §§ 1591 ff. Durch nachfolgende Ehe oder Ehelichkeitserklärung legitimirte oder an Kindesstatt angenommene Kinder stehen ehelichen Kindern (§§ 1719, 1736, 1757), für volljährig erklärte Kinder stehen volljährigen gleich (§ 3 Abs. 2). Enkel oder entferntere Descendenten werden nicht gezählt, ebensowenig bereits verstorbene Kinder (M. IV, 1074) oder ein nasciturus; doch ist nach der Geburt des fünften Kindes der Vormund berechtigt, seine Entlassung zu verlangen (§ 1889).

d) Wer durch Krankheit oder Gebrechen an der ordnungsmäßigen Führung der Vormundschaft verhindert ist (M. IV, 1075; vgl. Dernburg, a. a. O. S. 87). Ob diese Voraussetzung gegeben ist, entscheidet das Vormundschaftsgericht nach freiem Ermessen.

c) Wer wegen Entfernung seines Wohnsitzes (§ 7 ff.) vom Sitze des Vormundschaftsgerichts die Vormundschaft nur mit besonderer Belästigung führen könnte (M. IV, 1075; P. IV, 751 ff.). Im Gegensatze zum E. I, nach welchem ablehnungsberechtigt sein sollte, wer nicht im Bezirke des Vormundschaftsgerichts seinen Wohnsitz hat, wird also nunmehr unter Umständen auch eine im Bezirke des Vormundschaftsgerichts wohnende Person wegen weiter Entfernung ihres Wohnsitzes vom Gerichtssitz als ablehnungsberechtigt erscheinen, während einer außerhalb dieses Bezirks wohnhaften Person das Ablehnungsrecht nicht unter allen Umständen zusteht. Ob die Entfernung eine solche ist, daß die Führung der Vormundschaft mit besonderer Belästigung verbunden ist, hat das Vormundschaftsgericht nach freiem Ermessen zu entscheiden.

f) Wer vom Vormundschaftsgericht angehalten wird, gemäß § 1844 Sicherheit zu leisten (M. IV, 1075, 1041 ff.; vgl. Anm. 2 zu § 1844).

g) Wer unter den Verhältnissen der Nr. 7 § 1786 als Vormund bestellt werden soll (M. IV, 1075; vgl. §§ 1775, 1778 Abs. 4).

h) Wer schon zwei Vormundschaften oder zwei Pflegschaften oder eine Vormundschaft und eine Pflegschaft oder vier Gegenvormundschaften oder zwei Gegenvormundschaften und eine Vormundschaft oder Pflegschaft führt (M. IV, 1075 ff.; Z.G. IV, 473 ff.; P. IV, 752; P.M. 8679; nach E. I sollte die Führung einer Gegenvormundschaft überhaupt nicht in Betracht kommen, M. IV, 1076). Die Vormundschaft über mehrere (voll- oder halbbürtige) Geschwister gilt nur als eine Vormundschaft (vgl. § 1775) und zwar auch für den Fall, daß Jemand Vormund mehrerer unehelicher

Kinder derselben Mutter, aber verschiedener Väter ist (a. A. Richter, a. a. O. S. 60 auf Grund der unrichtigen Annahme, daß solche Kinder nicht einmal die Rechte halbbürtiger Geschwister haben). Unerheblich ist, ob die einzelne Vormundschaft oder Pflegschaft oder Gegenvormundschaft ein größeres oder geringeres Maß von Thätigkeit erforderlich macht (unrichtig und sich selbst widersprechend Böhm, a. a. O. S. 63).

Ablehnungsberechtigt sind ferner

i) Ausländer (s. § 1785 und Anm. 1 hiezu);

k) die gemäß §§ 1780—1784 von der Vormundschaft ausgeschlossenen Personen (§ 1785);

l) die Militärpersonen des Friedensstandes und die Civilbeamten der Militärverwaltung (§ 41 des Reichsmilitärges. vom 2. Mai 1874, s. Anm. 3 zu § 1784).

Anderweitige Ablehnungsgründe existiren nicht und dürfen auch vom Vormundschaftsgericht nicht zugelassen werden (a. A. Böhm a. a. O. S. 61). Selbstverständlich kann aber das Vormundschaftsgericht aus ungerechtfertigter Ablehnung seitens des Ausgewählten Anlaß nehmen, denselben als nicht geeignet (§ 1779 Abs. 2) zu betrachten und deshalb seine Bestellung unterlassen.

2. Das Ablehnungsrecht muß vor der Bestellung (§ 1789) bei dem Vormundschaftsgerichte geltend gemacht werden, widrigenfalls es erlischt. Eine besondere Form oder Frist für die Geltendmachung des Ablehnungsrechts hat das B.G.B. nicht festgesetzt (M. IV, 1077; vgl. Dernburg, a. a. O. S. 88, B.L.R. Thl. I cap. 7 § 20 Ziff. 2). Das gemäß § 1786 Abs. 2 erloschene Ablehnungsrecht kann auch nicht in der Form nachgeholt werden, daß der bestellte Vormund seine Entlassung verlangt. Das Vormundschaftsgericht ist aber natürlich nicht gehindert, einen solchen Umstand, auch wenn er schon vor der Bestellung hätte geltend gemacht werden können, als „wichtigen Grund" im Sinne des § 1889 zu betrachten und den Vormund auf Antrag zu entlassen (Anm. 1 zu § 1889).

3. Tritt nach der Bestellung zum Vormund eine der im § 1786 Abs. 1 Nr. 2—7 erwähnten Thatsachen ein, so muß der Vormund auf seinen Antrag entlassen werden (§ 1889).

4. Ueber die Rechtsfolgen ungerechtfertigter Ablehnung der Vormundschaft s. §§ 1787 und 1788.

§ 1787.

Wer die Uebernahme der Vormundschaft ohne Grund ablehnt, ist, wenn ihm ein Verschulden zur Last fällt, für den Schaden verantwortlich, der dem Mündel dadurch entsteht, daß sich die Bestellung des Vormundes verzögert.

Erklärt das Vormundschaftsgericht die Ablehnung für unbegründet, so hat der Ablehnende, unbeschadet der ihm zustehenden Rechtsmittel, die Vormundschaft auf Erfordern des Vormundschaftsgerichts vorläufig zu übernehmen.

E. I, 1639 Satz 2, 1644 Abs. 2; II, 1667 Abs. 2, 1668 Abs. 2; III, 1763.

1. Die durch § 1785 statuirte öffentlich=rechtliche Pflicht zur Uebernahme der Vormundschaft wird durch § 1787 auch als privatrechtliche Verpflichtung gegenüber dem Mündel erklärt. Demgemäß haftet dem Mündel für Schadensersatz, wer die Uebernahme der Vormundschaft ablehnt, obwohl er gemäß §§ 1785, 1786 zur Uebernahme verpflichtet wäre (M. IV, 1063 ff.; P.M. 8680; vgl. B.L.R. Thl. I cap. 7 § 20 Ziff. 8). Diese Schadensersatzpflicht ist aber durch die II. Komm. gegenüber dem E. I in doppelter Richtung eingeschränkt worden (P. IV, 750):

a) Der grundlos Ablehnende ist nur schadensersatzpflichtig, wenn ihm ein Verschulden, also Vorsatz oder Fahrlässigkeit (d. h. Außerachtlassung der im Verkehr erforderlichen Sorgfalt s. § 276) zur Last fällt.

b) Die Schadensersatzpflicht umfaßt nur den Ersatz des Schadens, der dem Mündel durch die in Folge der ungerechtfertigten Ablehnung eintretende Verzögerung der Bestellung des Vormunds erwächst. Der Ablehnende haftet also nicht für den Schaden, der etwa durch Untauglichkeit des an seiner Stelle aufgestellten Vormunds entstanden ist.

Ueber den Begriff des Schadensersatzes s. §§ 249 ff.

2. Zuständig zur Entscheidung der Frage, ob eine Ablehnung begründet ist oder nicht, ist das Vormundschaftsgericht. Der Prozeßweg ist ausgeschlossen. Gegen die Verfügung, durch welche die Weigerung, eine Vormundschaft zu übernehmen, zurückgewiesen

wird, findet sofortige Beschwerde statt. Dieselbe ist binnen einer Frist von zwei Wochen von dem Zeitpunkt ab einzulegen, in welchem die Verfügung dem Beschwerdeführer bekannt gemacht worden ist. Beruht die Entscheidung des Beschwerdegerichts auf einer Verletzung des Gesetzes, so ist gegen dieselbe das Rechtsmittel der sofortigen weiteren Beschwerde zulässig (F.G. §§ 60 Abs. 1 Nr. 2, 22, 27, 29 Abs. 2). Die Entscheidung des Vormundschaftsgerichts ist aber insoferne einstweilen bindend (gewissermaßen „vorläufig vollstreckbar"), als der Ausgewählte, dessen Ablehnung vom Vormundschaftsgerichte für unbegründet erklärt worden ist, unbeschadet der ihm zustehenden Rechtsmittel, auf Verlangen des Vormundschaftsgerichts vorläufig die Vormundschaft zu übernehmen verpflichtet ist (vgl. F.G. §§ 24). Kommt er dieser Verpflichtung nicht nach, so haftet er dem Mündel nach Maßgabe des § 1787 Abs. 1 und kann außerdem nach § 1788 durch Ordnungsstrafen zur Uebernahme der Vormundschaft angehalten werden. Erachtet das Beschwerdegericht die Weigerung des Ablehnenden für begründet, so ist der gemäß § 1787 Abs. 2 vorläufig als Vormund Bestellte auf Antrag zu entlassen (vgl. Anm. 2 zu § 1889).

3. Die Bestimmungen des § 1787 gelten auch für den Gegenvormund und den Pfleger (§§ 1792 Abs. 4, 1915 Abs. 1). Bezüglich des Amts eines Familienrathsmitglieds s. § 1869.

§ 1788.

Das Vormundschaftsgericht kann den zum Vormund Ausgewählten durch Ordnungsstrafen zur Uebernahme der Vormundschaft anhalten.

Die einzelne Strafe darf den Betrag von dreihundert Mark nicht übersteigen. Die Strafen dürfen nur in Zwischenräumen von mindestens einer Woche verhängt werden. Mehr als drei Strafen dürfen nicht verhängt werden.

E. I, 1639 Satz 3, 4; II, 1669; III, 1764.

1. Zwangsmaßregeln. Absoluter Zwang zur Erfüllung der Pflicht zur Uebernahme der Vormundschaft ist nach B.G.B. ausgeschlossen, da derjenige, der eine bestimmte Vormundschaft mit entschiedenem Widerwillen übernimmt, voraussichtlich kein guter Vormund sein wird (M. IV, 1064). Dagegen ist ein gewisser Zwang insoferne für zulässig erklärt, als das Vormundschaftsgericht über eine von ihm ausgewählte Person, welche ohne rechtfertigenden Grund (§§ 1785, 1786) die Uebernahme der Vormundschaft ablehnt, Ordnungsstrafen bis zum Höchstbetrag von 300 Mk., jedoch nicht mehr als dreimal und immer nur nach Umfluß je einer Woche verhängen kann, um auf diese Weise den Ausgewählten zur Uebernahme der Vormundschaft zu veranlassen. Bleibt die dritte Strafe ohne Erfolg, so muß ein anderer Vormund ausgewählt werden. Selbstverständlich hindert die dreimalige Verhängung der nach § 1788 zulässigen Maximalstrafe nicht, daß die fragliche Person neuerdings zur Uebernahme einer anderen Vormundschaft herangezogen und bei grundloser Weigerung neuerdings mit den zulässigen Ordnungsstrafen belegt werde. Bezüglich des in dieser Beziehung bisher geltenden Rechts s. M. IV, 1064; Wagner, Handbuch des amtsger. Verfahrens 2. Aufl. S. 204; P.L.R. Thl. I cap. 7 § 20 Ziff. 8, 9. Zur Verhängung der nach § 1788 zulässigen Ordnungsstrafen ist übrigens das Vormundschaftsgericht nur berechtigt, nicht verpflichtet. Es wird insbesondere von diesen Maßregeln dann Umgang nehmen dürfen, wenn sich die Erfolglosigkeit derselben mit Sicherheit voraussehen läßt (vgl. Böhm, a. a. O. S. 61 Note 1).

2. Der Verhängung einer Ordnungsstrafe muß nach F.G. § 33 Satz 1 eine Androhung derselben vorhergehen. Die Androhung der Ordnungsstrafe ist von einer Untersuchung der Frage, ob die Verweigerung der Uebernahme gerechtfertigt ist, nicht abhängig. Dagegen darf selbstverständlich die Verhängung der Ordnungsstrafe nur erfolgen, wenn sich die Ablehnung der Uebernahme der Vormundschaft als unbegründet darstellt (M. IV, 1065). Gegen die Verhängung der Ordnungsstrafe ist Beschwerde mit aufschiebender Wirkung zulässig (F.G. §§ 20 Abs. 1, 24 Abs. 1).

3. Da die gemäß § 1788 verhängte Strafe den Charakter einer Ordnungsstrafe hat, ist die Umwandlung derselben in eine entsprechende Freiheitsstrafe für den Fall der Uneinbringlichkeit auf Grund der §§ 28, 29 des Strafgesetzbuchs nicht statthaft. Auch das B.G.B. läßt eine solche Umwandlung nicht zu (M. IV, 1064 ff.).

4. § 1788 gilt auch für den Gegenvormund und den Pfleger (§§ 1792 Abs. 4, 1915 Abs. 2). Bezüglich des Amts eines Familienrathsmitglieds s. § 1869.

5. Ueber die Zulässigkeit von Ordnungsstrafen gegen einen bereits bestellten Vormund und Gegenvormund, sowie gegen die Mitglieder des Familienraths s. §§ 1837 Abs. 2, 1875 Abs. 2.

§ 1789.

Der Vormund wird von dem Vormundschaftsgerichte durch Verpflichtung zu treuer und gewissenhafter Führung der Vormundschaft bestellt. Die Verpflichtung soll mittelst Handschlags an Eidesstatt erfolgen.

E. I, 1645 Abs. 1; II, 1670; III, 1765.

1. Rechtliche Natur der Bestellung des Vormunds. Während nach Gem.R. die Bestätigung des Vormunds durch das Vormundschaftsgericht sich als ein einseitiger Akt der Behörde darstellt, übernimmt nach B.G.B. der Vormund, während er die richterliche Bestätigung erhält, gleichzeitig bewußt und formell freiwillig das Amt des Vormundes (M. IV, 1078). Dem Bestellungsprinzip (s. Vorbem. Ziff. 2e) entsprechend beginnt das Amt des Vormundes erst mit der Bestellung, während vor derselben ein Vormund im Rechtssinne nicht vorhanden ist.

2. Die Form der Verpflichtung des Vormundes war nach Gem.R. und P.L.R. Beeidigung oder Handgelübde an Eidesstatt (Dernburg, Pand. Bd. 3 S. 86, P.L.R. Thl. I cap. 7 § 10 Ziff. 2). Nach dem B.G.B. erfolgt die Verpflichtung mittelst Handschlags an Eidesstatt (M. IV, 1078 ff.; der in der II. Komm. gestellte Antrag auf Beseitigung dieser Formvorschrift wurde zurückgezogen, P. IV, 752). Ein Hinweis des Vormundes auf die ihm obliegenden Pflichten ist nach B.G.B. nicht erforderlich, jedoch selbstverständlich nicht ausgeschlossen und vielfach empfehlenswerth (vgl. Z.G. IV, 474). Besondere strafrechtliche Folgen (wie sie gemäß St.G.B. §§ 156, 163 an die Abgabe einer falschen Versicherung an Eidesstatt geknüpft sind) zieht die Verletzung dieses Gelöbnisses nicht nach sich (M. IV, 1078 ff.). Während die Bestellung als solche wesentliche Voraussetzung für das Vorhandensein eines Vormundes im Rechtssinn ist (s. o. Anm. 1), hat die Vorschrift des § 1789 Satz 2 nur den Charakter einer Ordnungsvorschrift („soll"). Ihre Außerachtlassung ist daher ohne Einfluß auf die Gültigkeit der Bestellung.

3. Der Zeitpunkt der Bestellung ist in mehrfacher Beziehung von rechtlicher Bedeutung.

a) Nach § 1786 Abs. 2 erlischt das Ablehnungsrecht, wenn es nicht vor der Bestellung beim Vormundschaftsgerichte geltend gemacht wird.

b) Die vorläufige Vormundschaft endigt, wenn auf Grund der Entmündigung ein Vormund bestellt wird (§ 1908 Abs. 2).

c) Nach C.P.O. § 661 Abs. 1 n. Nr. tritt die Entmündigung wegen Geisteskrankheit, falls der Entmündigte nicht unter elterlicher Gewalt oder Vormundschaft steht, mit der Bestellung des Vormundes in Wirksamkeit.

d) Eine Verfügung, durch die von dem Vormundschaftsgerichte festgestellt wird, daß der Vater oder die Mutter auf längere Zeit an der Ausübung der elterlichen Gewalt thatsächlich verhindert ist, tritt mit der Bestellung des Vormundes in Wirksamkeit. Das Gleiche gilt hinsichtlich der Verfügung, durch die ein Volljähriger unter vorläufige Vormundschaft gestellt wird, falls die Entmündigung wegen Geisteskrankheit beantragt ist (F.G. §§ 51 Abs. 1, 52).

4. Ueber die Zuständigkeit zur Bestellung des Vormundes s. F.G. § 36. Wohnt die als Vormund zu bestellende Person nicht im Bezirke des Vormundschaftsgerichts, so kann die Bestellung auf Ersuchen dieses Gerichts durch das Gericht des Wohnorts erfolgen, da die Gerichte gemäß § 2 F.G. auch in Angelegenheiten der freiwilligen Gerichtsbarkeit sich Rechtshülfe zu leisten haben. Durch die örtliche Unzuständigkeit des Gerichts wird die Gültigkeit der Bestellung nicht beeinträchtigt (F.G. § 7).

5. Die Vorschriften des § 1789 gelten auch für die Bestellung und Verpflichtung von Gegenvormündern und Pflegern (§§ 1792 Abs. 4, 1915 Abs. 1). Ueber Bestellung und Verpflichtung der Mitglieder des Familienraths s. § 1870.

§ 1790.

Bei der Bestellung des Vormundes kann die Entlassung für den Fall vorbehalten werden, daß ein bestimmtes Ereigniß eintritt oder nicht eintritt.

E. I, 1638 Abs. 3; II, 1660 Abs. 3; III, 1766.

1. Während die Benennung eines Vormundes unter Beifügung einer Bedingung oder Zeitbestimmung erfolgen kann (Anm. 2 zu § 1777, Anm. 1c zu § 1778), ist die Bestellung eines Vormundes unter einer Bedingung oder Zeitbestimmung im Allgemeinen unstatthaft. Eine Ausnahme hievon besteht nur insofern, als nach § 1790 bei der Bestellung

des Vormundes seine Entlassung für den Fall des Eintritts oder Nichteintritts eines bestimmten Ereignisses vorbehalten werden kann (vgl. auch § 1778 Abs. 2). Die Entlassung nach Ablauf einer bestimmten Zeit unabhängig von dem Eintritt oder Nichteintritt eines bestimmten Ereignisses kann bei der Bestellung des Vormundes nicht vorbehalten werden (M. IV, 1062). Das Recht eines nach § 1776 zur Vormundschaft Berufenen darf selbstverständlich durch Bestellung unter Vorbehalt der Entlassung nicht beeinträchtigt werden.

2. Das Amt des Vormundes endigt auch im Falle des § 1790 nicht von selbst mit dem Eintritt oder Nichteintritt des fraglichen Ereignisses, sondern erst mit seiner Entlassung durch das Vormundschaftsgericht (Anm. 3b zu § 1886).

3. § 1790 gilt auch für die Bestellung als Gegenvormund und als Pfleger (§§ 1792 Abs. 4, 1915 Abs. 1). Ueber die Bestellung eines Mitglieds des Familienraths unter Vorbehalt seiner Entlassung s. § 1871.

§ 1791.

Der Vormund erhält eine Bestallung.

Die Bestallung soll enthalten den Namen und die Zeit der Geburt des Mündels, die Namen des Vormundes, des Gegenvormundes und der Mitvormünder sowie im Falle der Theilung der Vormundschaft die Art der Theilung. Ist ein Familienrath eingesetzt, so ist auch dies anzugeben.

E. I, 1645 Abs. 2; II, 1671; III, 1767.

1. Inhalt der Bestallungsurkunde. Die dem Vormund gemäß § 1791 auszuhändigende Bestallungsurkunde entspricht dem tutorium des Gem.R. (Dernburg, Pand. Bd. 3 S. 86). Der nothwendige Inhalt der Bestallungsurkunde ist im § 1791 Abs. 2 angegeben (über Gegenvormund, Mitvormünder, Theilung der Vormundschaft, Einsetzung eines Familienraths s. §§ 1792, 1775, 1797, 1858 ff.). Als zweckmäßig erscheint es, im Falle der befreiten Vormundschaft (§§ 1852 ff.) auch die Befreiungen des Vormundes in die Bestallungsurkunde aufzunehmen (vgl. § 47 Abs. 2 der preuß. Vorm.Ordn.). Das Gleiche gilt für den etwaigen Vorbehalt der Entlassung des Vormundes nach Maßgabe des § 1790, für die Ertheilung einer allgemeinen Ermächtigung gemäß § 1825 und für die Entziehung der Vertretungsmacht auf Grund des § 1796 (Z.G. IV, 475). Tritt nachträglich eine Aenderung in den im § 1791 Abs. 2 erwähnten Thatsachen ein, so ist die Bestallungsurkunde selbstverständlich zu berichtigen.

2. Rechtliche Natur der Bestallungsurkunde. Die Bestallungsurkunde hat lediglich die Bedeutung eines gerichtlichen Zeugnisses darüber, daß die darin bezeichnete Person als Vormund bestellt worden ist, nicht aber den Charakter eines selbstständigen Legitimationspapiers nach Art der Vollmachtsurkunde. Der gutgläubige Dritte, der auf Grund der ihm vorgezeigten Bestallung mit dem Vormunde Rechtsgeschäfte vornimmt, wird also gegen die nachtheiligen Folgen einer inzwischen eingetretenen, aus der Urkunde nicht ersichtlichen Aenderung in der Vertretungsmacht des in der Bestallung bezeichneten Vormundes nicht geschützt (M. IV, 1079 ff.; vgl. dagegen § 172 Abs. 2). Da diese von den Motiven vertretene Auffassung mit den allgemeinen Grundsätzen des B.G.B. nicht im Widerspruch steht, wird wohl auch die Rechtsprechung nicht in der Lage sein, einer abweichenden Ansicht über den Charakter der Bestallungsurkunde Ausdruck zu geben (vgl. dagegen P. IV, 752 ff.).

3. Die Vorschriften des § 1791 Abs. 1 und 2 sind nur instruktioneller Natur. Recht und Pflicht des Vormundes, insbesondere seine Befugniß zur Vertretung des Mündels (§ 1793) ist daher von der Aushändigung der Bestallungsurkunde nicht abhängig (vgl. Anm. 1 zu § 1789).

4. Nach Beendigung seines Amtes, sowie nach der Aufhebung des etwa bestellten Familienraths hat der Vormund die Bestallung dem Vormundschaftsgerichte zurückzugeben. Im letzteren Falle erhält er eine neue Bestallung (§§ 1893 Abs. 2, 1881 Abs. 2).

5. § 1791 gilt auch für den Gegenvormund und für den Pfleger (§§ 1792 Abs. 4, 1915 Abs. 2, s. auch § 1881 Abs. 2).

6. Die insbesondere für den Urkundenprozeß bedeutsame Befugniß dritter Personen, von dem Vormundschaftsgericht eine Bestätigung darüber zu verlangen, wer in einer bestimmten Vormundschaft als Vormund bestellt worden ist, wird durch F.G. § 34 geregelt (s. Vorbem. Ziff. 4g; vgl. Böhm, a. a. O. S. 64 Note 2).

§ 1792.

Neben dem Vormunde kann ein Gegenvormund bestellt werden.

Ein Gegenvormund soll bestellt werden, wenn mit der Vormundschaft eine Vermögensverwaltung verbunden ist, es sei denn, daß die Verwaltung nicht erheblich oder daß die Vormundschaft von mehreren Vormündern gemeinschaftlich zu führen ist.

Ist die Vormundschaft von mehreren Vormündern nicht gemeinschaftlich zu führen, so kann der eine Vormund zum Gegenvormunde des anderen bestellt werden.

Auf die Berufung und Bestellung des Gegenvormundes finden die für die Berufung und Bestellung des Vormundes geltenden Vorschriften Anwendung.

E. I, 1647; II, 1672; III, 1768.

1. Bestellung eines Gegenvormundes. Wie in Anm. 1 zu § 1757 erwähnt ist, unterscheidet das B.G.B. Mitvormünder und Gegenvormünder. Ein Mitvormund wird nur aus besonderen Gründen bestellt (§ 1775). Ueber die Vertheilung der Geschäfte unter mehrere Mitvormünder s. § 1797. Die Bestellung eines Gegenvormundes ist immer zulässig, erforderlich dagegen nur, wenn mit der Vormundschaft eine Vermögensverwaltung verbunden ist, es sei denn, daß die Verwaltung unerheblich ist oder daß mehrere Vormünder aufgestellt sind und diese die Vormundschaft gemäß § 1797 Abs. 1 gemeinschaftlich führen (M. IV, 1082, 1032 ff. Der in der II. Komm. gestellte Antrag, die Bestellung eines Gegenvormundes nur für den Fall vorzuschreiben, daß mit der Vormundschaft eine Vermögensverwaltung von erheblichem Umfange verbunden ist, wurde abgelehnt, da auch der Schein vermieden werden müsse, als solle den reicheren Mündeln vom Gesetzgeber ein höherer Schutz zu Theil werden als den minder wohlhabenden, P. IV, 754 ff.). Ob mit der Vormundschaft eine Vermögensverwaltung verbunden ist, kann unter Umständen zweifelhaft sein, z. B. wenn das Vermögen des Mündels ausschließlich aus Mobiliar oder einer Spareinlage besteht. Hierüber, sowie über die Frage, ob die Verwaltung erheblich ist, entscheidet das Ermessen des Vormundschaftsgerichts.

2. Besondere Bestimmungen gelten in folgenden Beziehungen:

a) Der Vater und die eheliche Mutter können bei der Benennung eines Vormunds die Bestellung eines Gegenvormundes ausschließen. In diesem Falle unterliegt der benannte Vormund bei der Anlegung von Geld nicht den in den §§ 1809, 1810 bestimmten Beschränkungen und bedarf zu den im § 1812 bezeichneten Rechtsgeschäften nicht der Genehmigung des Gegenvormundes oder des Vormundschaftsgerichts (§§ 1852, 1855, 1856). Eine derartige Anordnung kann jedoch vom Vormundschaftsgericht außer Kraft gesetzt werden, wenn ihre Befolgung das Interesse des Mündels gefährden würde (§ 1857).

b) Wird der Vater zum Vormund eines Volljährigen bestellt, so unterbleibt die Bestellung eines Gegenvormundes, es sei denn, daß der Vater im Falle der Minderjährigkeit des Mündels zur Vermögensverwaltung nicht berechtigt sein würde (§ 1903). Das Gleiche gilt für die zum Vormund eines Volljährigen bestimmte eheliche Mutter. Doch ist derselben ein Gegenvormund zu bestellen, wenn sie dies beantragt oder die Voraussetzungen des § 1687 Nr. 3 vorliegen. Wird ein Gegenvormund bestellt, so stehen ihr die im § 1852 bezeichneten Befreiungen nicht zu (§ 1904).

c) Die Bestellung eines Gegenvormundes neben einem Pfleger ist unter keinen Umständen, also auch dann nicht erforderlich, wenn mit der Pflegschaft eine erhebliche Vermögensverwaltung verbunden ist (§ 1915 Abs. 2).

d) Gemäß E.G. Art. 136 Nr. 4 bleiben die landesgesetzlichen Vorschriften unberührt, nach welchen im Falle einer Vormundschaft gemäß E.G. Art. 136 Nr. 1—3 ein Gegenvormund nicht zu bestellen ist.

e) Nach der Uebergangsvorschrift des E.G. Art. 210 Abs. 2 Satz 3 ist ein vor dem 1. Januar 1900 aufgestellter Gegenvormund zu entlassen, wenn nach den Vorschriften des B.G.B. ein Gegenvormund nicht zu bestellen sein würde.

3. **Unterläßt** der Vormundschaftsrichter die nach § 1792 Abs. 2 erforderliche Bestellung eines Gegenvormundes, so ist er für den dem Mündel hieraus erwachsenden Schaden nach Maßgabe des § 1848 **haftbar**.

4. Für die **Berufung** und **Bestellung** des Gegenvormundes gelten die Bestimmungen der §§ 1776—1791 (§ 1792 Abs. 4). Es darf daher auch nicht zum Gegenvormunde bestellt werden, wer durch Anordnung der Eltern von der Vormundschaft ausgeschlossen worden ist (§ 1782; Böhm, a. a. O. S. 141; vgl. § 1866 Nr. 2, 3). Wird die Vormundschaft von mehreren Mitvormündern nicht gemeinschaftlich geführt (§ 1797 Abs. 2, 3), so kann der eine Vormund zum Gegenvormunde des anderen bestellt werden, vorausgesetzt, daß nicht eine andere Person als Gegenvormund berufen ist (§ 1792 Abs. 3). Als Gegenvormund kann auch eine Frau bestellt werden (vgl. Anm. 1 zu § 1783). Der Umstand, daß Jemand mit dem Vormunde verwandt, verschwägert oder verheirathet ist, steht seiner Bestellung als Gegenvormund nicht im Wege. Das Amt des Gegenvormundes beginnt erst mit seiner Bestallung (vgl. Anm. 1 zu § 1789). Auch der Gegenvormund erhält eine Bestellung, die er nach Beendigung seines Amtes, sowie nach Aufhebung des etwa bestellten Familienraths dem Vormundschaftsgerichte zurückzugeben hat (§§ 1893 Abs. 2, 1895, 1881 Abs. 2).

5. Die Bestellung **mehrerer** Gegenvormünder (vgl. § 1775) ist zulässig, wird aber nur selten veranlaßt sein.

6. Ueber die **Rechte und Pflichten** des Gegenvormundes, seine **Verantwortlichkeit** und die ihm zu gewährende **Vergütung** s. §§ 1799 und Anm. hiezu, 1833, 1836; über die **Beendigung** des Amtes des Gegenvormundes s. §§ 1895, 1885—1889, 1893, 1894; s. auch E.G. Art. 210 Abs. 2 Satz 3 (vgl. o. Anm. 2e).

7. Gegen die Verfügung, durch die ein als Gegenvormund Berufener übergangen oder die Weigerung, eine Gegenvormundschaft zu übernehmen, zurückgewiesen wird, findet das **Rechtsmittel der sofortigen Beschwerde** statt (F.G. § 60 Abs. 1 Nr 1, 2; vgl. Anm. 3 zu § 1778, Anm. 2 zu § 1787).

II. Führung der Vormundschaft.

§ 1793.

Der Vormund hat das Recht und die Pflicht, für die Person und das Vermögen des Mündels zu sorgen, insbesondere den Mündel zu vertreten.

E. I, 1648, 1649; II, 1673; III, 1769.

1. **Inhalt des vormundschaftlichen Schutzes.** Wie gegenüber einem unter elterlicher Gewalt stehenden Kinde der Gewalthaber (§ 1627), so hat gegenüber einem unter Vormundschaft stehenden Kinde der Vormund **Recht und Pflicht, für Person und Vermögen des Kindes zu sorgen** (vgl. P.L.R. Thl. I cap. 7 § 1). Zur Nutznießung am Vermögen des Kindes, welche dem Gewalthaber kraft der elterlichen Gewalt zusteht (§ 1649), ist der Vormund als solcher natürlich nicht berechtigt. Ueber die Sorge für die **Person** des Mündels s. §§ 1800, 1801 (vgl. § 1901), über die Sorge für das **Vermögen** des Mündels s. §§ 1802—1832. Angelegenheiten des Mündels, für welche ein Pfleger bestellt ist, sind der Fürsorge des Vormundes entzogen (§ 1794). Daß Recht und Pflicht des Vormundes, für Person und Vermögen des Mündels zu sorgen, **erst mit seiner Bestellung beginnt**, folgt aus dem das Vormundschaftsrecht des B.G.B. beherrschenden Bestellungsprinzip (vgl. E. I, 1648 Satz 2; M. IV, 1082 ff.; Vorbem. Ziff. 2e). In **eiligen Fällen** hat das Vormundschaftsgericht selbst die im Interesse des Mündels erforderlichen Maßregeln zu treffen (§ 1846, s. auch § 1909 Abs. 3).

2. **Vormundschaft über Ehegatten.** Gegenüber einer unter Vormundschaft stehenden **Ehefrau** obliegt dem Vormunde die Sorge für deren **Vermögen** natürlich nur insoweit, als dies mit den dem Ehemanne nach dem gesetzlichen oder vertragsmäßigen Güterstande zustehenden Befugnissen vereinbar ist (M. IV, 1082; vgl. Anm. 2 zu § 1633). Ebenso erleidet das dem Manne kraft Gesetzes oder Ehevertrags zustehende Recht am Vermögen der Frau durch den Umstand, daß er selbst zu ihrem Vormunde bestellt worden ist, keine Einschränkung (M. IV, 1165 ff.). Nach § 1364 tritt aber beim gesetzlichen Güterstande die Verwaltung und Nutznießung des Mannes am Vermögen der Frau nicht ein, wenn er die Ehe mit einer in der Geschäftsfähigkeit beschränkten Frau ohne Einwilligung ihres gesetzlichen Vertreters geschlossen hat. Hinsichtlich der Sorge für die **Person** einer bevormundeten Ehefrau finden die Bestimmungen der §§ 1800, 1633 Anwendung (s. aber auch § 1901 Abs. 2). Steht der **Ehemann** unter Vormundschaft, so hat ihn der Vormund auch in den Rechten und Pflichten zu vertreten, die sich aus der

Verwaltung und Nutznießung des eingebrachten Gutes der Frau bezw. aus der Verwaltung des Gesammtgutes ergeben. Dies gilt auch dann, wenn die Frau Vormund des Mannes ist (§§ 1409, 1457, s. auch §§ 1439, 1487 Abs. 1, 1519 Abs. 2, 1525 Abs. 2, 1550 Abs. 2). Der Fall, daß ein Ehemann wegen Minderjährigkeit unter Vormundschaft steht, wird allerdings im Hinblick auf die Vorschrift des § 1303 Abs. 1 kaum jemals vorkommen.

3. Als Ausfluß der Sorge für Person und Vermögen des Mündels steht auch die gesetzliche Vertretung desselben in persönlichen und Vermögensangelegenheiten dem Vormunde zu (vgl. § 1630 Abs. 1 und Anm. I zu § 1630). Als gesetzlicher Vertreter des Mündels ist der Vormund berechtigt und verpflichtet, sowohl in persönlichen als in Vermögensangelegenheiten des Mündels in dessen Namen Rechtsgeschäfte vorzunehmen und Prozesse zu führen. Desgleichen können ihm gegenüber als dem gesetzlichen Vertreter des Mündels Rechtsgeschäfte vorgenommen werden. Soweit zur Wirksamkeit eines Rechtsgeschäfts die Einwilligung oder Genehmigung des gesetzlichen Vertreters erforderlich ist, steht die Ertheilung oder Verweigerung derselben dem Vormunde zu (M. IV, 1083).

4. Die vom Vormund innerhalb seiner Vertretungsmacht im Namen des Mündels abgegebenen Willenserklärungen wirken unmittelbar für und gegen den Mündel, gleichviel, ob die Erklärung ausdrücklich im Namen des Mündels erfolgt oder ob die Umstände ergeben, daß sie in dessen Namen erfolgen soll. Tritt aber der Wille des Vormundes, im Namen des Mündels zu handeln, nicht erkennbar hervor, so kommt der Mangel des Willens, in eigenem Namen zu handeln, nicht in Betracht. Eine Bestimmung, wie sie § 1646 hinsichtlich des Gewalthabers enthält, besteht für den Vormund nicht (vgl. P. IV, 756). Die materiell für den Mündel vorzunehmenden Geschäfte auch formell in dessen Namen abzuschließen, ist der Vormund nicht verpflichtet, soweit nicht das Interesse des Mündels dies erheischt (M. IV, 1087; vgl. Anm. II zu § 1630).

5. Für die von dem Vormund in Ausübung seiner Vertretungsmacht begangenen widerrechtlichen Handlungen haftet der Mündel nicht weiter, als seine Haftung nach dem allgemeinen Grundsatze des § 278 begründet ist (M. IV, 1083 ff.; Z.G. IV, 474; vgl. §§ 31, 86 und Anm. III zu § 1630). Die gemeinrechtliche Wiedereinsetzung in den vorigen Stand wegen Minderjährigkeit hat das B.G.B. beseitigt (M. IV, 1086; vgl. Anm. IV zu § 1630).

6. Da die Vertretungsmacht des Vormundes Ausfluß der ihm obliegenden Fürsorge ist (s. o. Anm. 3), steht grundsätzlich die gesetzliche Vertretung des Mündels dem Vormunde nur insoweit zu, als ihm die Sorge für Person und Vermögen des Mündels obliegt. Eine Ausnahme hievon bildet die Bestimmung, daß gegenüber einer minderjährigen Ehefrau dem Vormunde zwar die gesetzliche Vertretung in persönlichen Angelegenheiten, nicht aber die Sorge für die Person zusteht (§§ 1800, 1633; vgl. Anm. V, 1 zu § 1630; s. auch § 1901 Abs. 2).

7. Die Vertretungsmacht des Vormundes ist wie die des Gewalthabers grundsätzlich unbeschränkt, insbesondere kann der Vormund auch solche Rechtsgeschäfte Namens des Mündels vornehmen, welche der Mündel nach § 107 selbst mit Rechtswirksamkeit vornehmen könnte (M. IV, 1086). Die Vertretungsmacht des Vormundes unterliegt jedoch mehrfachen Beschränkungen (M. IV, 1084 ff.; vgl. Anm. VI zu § 1630).

a) Hinsichtlich solcher Angelegenheiten des Mündels, welche der Fürsorge des Vormundes entzogen sind, kann er auch nicht als gesetzlicher Vertreter des Mündels thätig werden (§§ 1794, 1797 Abs. 2, 1804; § 74 des Handelsgesetzbuchs vom 10. Mai 1897, § 133f der Gewerbeordnung in der durch E.G. z.H.G.B. Art. 9 II. festges. Fassung; s. auch o. Anm. 6 und Anm. VI, 1 zu § 1630).

b) Gewisse Rechtsakte können mit Rücksicht auf ihre höchstpersönliche Natur nur durch den Mündel selbst, theils mit, theils ohne Einwilligung bezw. Genehmigung des Vormundes vorgenommen werden (s. Anm. VI, 2 zu § 1630).

c) In einer Reihe von Fällen bedarf der Vormund der Genehmigung des Gegenvormundes (§§ 1809, 1810, 1812, 1813) oder des Vormundschaftsgerichts (§§ 1821, 1822 und Anm. 4 hiezu; vgl. Anm. VI, 3 zu § 1630).

d) Nach § 1795 ist in bestimmten Fällen die Vertretungsmacht des Vormundes kraft Gesetzes ausgeschlossen, nach § 1796 (s. auch § 1801) kann sie für einzelne Angelegenheiten oder für einen bestimmten Kreis von solchen durch das Vormundschaftsgericht ausgeschlossen werden.

8. Ist auf Grund der §§ 1795, 1796 die Vertretungsmacht des Vormundes ausgeschlossen, eine Vertretung des Mündels aber erforderlich, so muß gemäß § 1909 Abs. 1 Satz 1 ein Pfleger bestellt werden, der sodann innerhalb seines Wirkungskreises auch die nach dem Gesetz erforderliche Einwilligung oder Genehmigung zu Rechtsgeschäften des Mündels zu ertheilen bezw. zu verweigern hat (vgl. Anm. VII zu § 1630). In den Fällen

der §§ 1794, 1797 Abs. 2 steht die gesetzliche Vertretung des Mündels dem Pfleger bezw. dem Mitvormund zu, in dessen Wirkungskreis die fragliche Angelegenheit fällt.

9. Ueber die Rechtswirksamkeit von Willenserklärungen, die der Vormund Namens des Mündels abgegeben hat, obwohl seine Vertretungsmacht für den vorliegenden Fall ausgeschlossen war, s. Anm. VIII zu § 1630, vgl. auch Anm. 2 zu § 1795, Anm. 2 zu § 1796, Anm. 3 zu § 1804.

§ 1794.

Das Recht und die Pflicht des Vormundes, für die Person und das Vermögen des Mündels zu sorgen, erstreckt sich nicht auf Angelegenheiten des Mündels, für die ein Pfleger bestellt ist.

E. I, 1650; II, 1674; III, 1770.

1. Der Fürsorge des Vormundes sind diejenigen Angelegenheiten des Mündels entzogen, für welche ein Pfleger bestellt worden ist (M. IV, 1087; vgl. § 1628). Ueber die Fälle, in welchen für eine unter Vormundschaft stehende Person ein Pfleger zu bestellen ist, s. § 1909 Abs. 1, 3. Tritt das Bedürfniß einer Pflegschaft ein, so hat der Vormund dem Vormundschaftsgericht unverzüglich Anzeige zu machen (§ 1909 Abs. 2). Eine Bestimmung, wie sie § 1638 für den Inhaber der elterlichen Gewalt festsetzt, hat das Gesetz für den Vormund nicht getroffen (M. IV, 1087 ff.; vgl. Anm. 3 zu § 1909).

2. Da die gesetzliche Vertretungsmacht des Vormundes Ausfluß der ihm obliegenden Fürsorge ist (Anm. 3 zu § 1793), so ist der Vormund, soweit Angelegenheiten in Frage stehen, für welche ein Pfleger bestellt ist, auch von der gesetzlichen Vertretung des Mündels ausgeschlossen. Dieselbe steht vielmehr insoweit dem Pfleger zu (vgl. Anm. 7a zu § 1793, s. auch Anm. 2 zu § 1628). Die Vermuthung, allgemeiner Repräsentant des Mündels zu sein, steht aber immer dem Vormunde zur Seite, während der Umfang der Vertretungsmacht des Pflegers aus der verständigen Auslegung des ihm zugewiesenen Wirkungskreises zu entnehmen ist (M. IV, 1044).

3. Zur Entscheidung von Meinungsverschiedenheiten zwischen Vormund und Pfleger über eine den beiderseitigen Wirkungskreis berührende Angelegenheit ist das Vormundschaftsgericht nur nach Maßgabe des § 1837 berufen. Liegt weder auf Seite des Vormundes noch auf Seite des Pflegers eine Pflichtwidrigkeit vor, so muß die fragliche Handlung unterbleiben (vgl. §§ 1798, 1629 und Anm. hiezu).

§ 1795.

Der Vormund kann den Mündel nicht vertreten:

1. bei einem Rechtsgeschäfte zwischen seinem Ehegatten oder einem seiner Verwandten in gerader Linie einerseits und dem Mündel andererseits, es sei denn, daß das Rechtsgeschäft ausschließlich in der Erfüllung einer Verbindlichkeit besteht;
2. bei einem Rechtsgeschäfte, das die Uebertragung oder Belastung einer durch Pfandrecht, Hypothek oder Bürgschaft gesicherten Forderung des Mündels gegen den Vormund oder die Aufhebung oder Minderung dieser Sicherheit zum Gegenstande hat oder die Verpflichtung des Mündels zu einer solchen Uebertragung, Belastung, Aufhebung oder Minderung begründet;
3. bei einem Rechtsstreite zwischen den in Nr. 1 bezeichneten Personen sowie bei einem Rechtsstreit über eine Angelegenheit der in Nr. 2 bezeichneten Art.

Die Vorschrift des § 181 bleibt unberührt.

E. I, 1651 Nr. 1—3; II, 1675; III, 1771.

1. Die Vertretungsbefugniß des Vormundes ist in gewissen Fällen kraft Gesetzes ausgeschlossen, um eine durch dieselbe möglicherweise eintretende Gefährdung der Interessen des Mündels zu verhüten (M. IV, 1088 ff.). Die Voraussetzungen, unter

welchen dies der Fall ist, sind die gleichen wie diejenigen, unter welchen die Vertretungsbefugniß des Inhabers der elterlichen Gewalt ausgeschlossen ist (§ 1630 Abs. 2, Anm. VI, 5 zu § 1630, vgl. §§ 1409, 1457). Durch die Zulassung der Vertretungsbefugniß des Vormundes bei Erfüllungsgeschäften wird natürlich das nach den gesetzlichen Bestimmungen bestehende Erforderniß der Genehmigung des Gegenvormundes oder des Vormundschaftsgerichts (§§ 1812 ff., 1821 ff.) nicht beseitigt. Ueber die Zulässigkeit der Eheschließung zwischen Vormund und Mündel s. Anm. 6 zu § 1304. Zur Vertretung des Mündels, sowie zur Ertheilung der nach dem Gesetz erforderlichen Einwilligung oder Genehmigung ist in den Fällen des § 1795 nicht der Vormund, sondern der vom Vormundschaftsgericht aufzustellende Pfleger berufen (Anm. 8 zu § 1793).

2. Eine vom Vormund entgegen der Vorschrift des § 1795 abgegebene Willenserklärung ist nicht nichtig (wie in der II. Komm. von einer Seite behauptet wurde, s. P. IV, 756), sondern gilt als Willenserklärung eines nicht mit Vertretungsmacht ausgestatteten Vertreters (§§ 177—180; M. IV, 1088). Die zur Wirksamkeit eines Rechtsgeschäfts in solchem Fall erforderliche Genehmigung des Vertretenen (§ 177) kann natürlich nicht der Mündel selbst (falls er nicht inzwischen unbeschränkt geschäftsfähig geworden ist), sondern nur dessen wirklicher gesetzlicher Vertreter, d. i. der Pfleger, ertheilen (Anm. VIII zu § 1630). Hat der nach § 1795 von der Vertretung ausgeschlossene Vormund zu einer von dem Kinde selbst abgegebenen Willenserklärung seine Einwilligung oder Genehmigung ertheilt, (§§ 107 ff.), so treten dieselben Rechtsfolgen ein, als wäre die Willenserklärung seitens des Mündels ohne Einwilligung bezw. Genehmigung des Vormundes abgegeben worden (§ 108 ff.; vgl. Anm. VIII a. E. § 1630).

3. Ueber die Ausschließung der Vertretungsmacht durch das Vormundschaftsgericht s. § 1796.

§ 1796.

Das Vormundschaftsgericht kann dem Vormunde die Vertretung für einzelne Angelegenheiten oder für einen bestimmten Kreis von Angelegenheiten entziehen.

Die Entziehung soll nur erfolgen, wenn das Interesse des Mündels zu dem Interesse des Vormundes oder eines von diesem vertretenen Dritten oder einer der im § 1795 Nr. 1 bezeichneten Personen in erheblichem Gegensatze steht.

E. I, 1651 Nr. 4; II, 1676; III, 1772.

1. Während nach § 1795 in gewissen Fällen die Vertretungsmacht des Vormundes kraft Gesetzes ausgeschlossen ist, kann nach § 1796 das Vormundschaftsgericht dem Vormunde wegen Interessenkollision die Vertretung des Mündels für einzelne Angelegenheiten oder einen Kreis von solchen entziehen. Die Voraussetzungen dieser Maßregel sind die gleichen wie gegenüber dem Inhaber der elterlichen Gewalt (§ 1630 Abs. 2 Satz 2, vgl. Anm. VI, 6 zu § 1630). Ist in Folge der vorhandenen Interessenkollision die Aufstellung eines Pflegers erforderlich, so ist der Vormund zur Anzeigeerstattung an das Vormundschaftsgericht verpflichtet (§ 1909 Abs. 2; vgl. Anm. VI, 6 zu § 1630 a. E.).

2. Hinsichtlich der Wirksamkeit von Willenserklärungen, die der Vormund abgegeben hat, obwohl ihm für diese Angelegenheit die Vertretungsbefugniß vom Vormundschaftsgericht entzogen war, gilt dasselbe wie in den Fällen des § 1795 (s. Anm. 2 zu § 1795; unrichtig Böhm, a. a. O. S. 114, nach welchem bis zur Aufstellung des Pflegers die Rechtsgeschäfte des Vormundes unbedingt wirksam sein sollen).

3. Nach § 1801 kann dem Vormunde die Sorge für die religiöse Erziehung des Mündels unter gewissen Voraussetzungen entzogen werden. Abgesehen hievon und von den Bestimmungen des § 1796 kann dem Vormunde weder die Sorge für die Person noch die Sorge für das Vermögen des Mündels, noch die Vertretung des Mündels in persönlichen und Vermögensangelegenheiten durch das Vormundschaftsgericht entzogen werden (vgl. dagegen bez. des Inhabers der elterlichen Gewalt §§ 1666—1670, 1760 Abs. 2). Reichen die dem Vormundschaftsgerichte nach § 1796 und auf Grund seines Aufsichtsrechts (§ 1837, s. auch § 1818, 1844) zustehenden Befugnisse zum Schutze des Mündels nicht aus, so muß der Vormund entlassen werden (§ 1886).

§ 1797.

Mehrere Vormünder führen die Vormundschaft gemeinschaftlich. Bei einer Meinungsverschiedenheit entscheidet das Vormundschaftsgericht, sofern nicht bei der Bestellung ein Anderes bestimmt wird.

Das Vormundschaftsgericht kann die Führung der Vormundschaft unter mehrere Vormünder nach bestimmten Wirkungskreisen vertheilen. Innerhalb des ihm überwiesenen Wirkungskreises führt jeder Vormund die Vormundschaft selbständig.

Bestimmungen, die der Vater oder die Mutter für die Entscheidung von Meinungsverschiedenheiten zwischen den von ihnen benannten Vormündern und für die Vertheilung der Geschäfte unter diese nach Maßgabe des § 1777 getroffen hat, sind von dem Vormundschaftsgerichte zu befolgen, sofern nicht ihre Befolgung das Interesse des Mündels gefährden würde.

E. I, 1652; II, 1677; III, 1773.

1. Das B.G.B. unterscheidet Mitvormünder und Gegenvormünder (Anm. 1 zu § 1775). Ueber den Gegenvormund s. § 1792, 1799 und Anm. hiezu; über die Fälle, in denen ein Mitvormund aufzustellen ist, s. § 1775 und Anm. 1a hiezu).

2. Hinsichtlich der Vertheilung der Geschäfte unter mehrere Mitvormünder ist zu unterscheiden, ob in dieser Beziehung eine bestimmte Anordnung vorliegt oder nicht.

a) Eine derartige Anordnung kann sowohl seitens der zur Benennung eines Vormundes berechtigten Personen (§ 1776 Abs. 1 Nr. 1, 2), als seitens des Vormundschaftsgerichts erfolgen (M. IV, 1094 ff.; vgl. P.L.R. Thl. I cap. 7 § 31 Ziff. 2, 3).

α) Eine Anordnung der zur Benennung eines Vormundes berechtigten Personen ist wie die Benennung selbst nur dann rechtswirksam, wenn dem Benennenden zur Zeit des Todes die elterliche Gewalt über das Kind zustand, ohne daß seine Vertretungsbefugniß in persönlichen oder Vermögensangelegenheiten ausgeschlossen war (vgl. Anm. 1 zu § 1777). Sie ist ferner für das Vormundschaftsgericht nicht bindend, wenn ihre Befolgung das Interesse des Mündels gefährden würde (E. I hatte „erhebliche Gefährdung" vorausgesetzt; P. IV, 756; vgl. Anm. 1e zu § 1778). Die für derartige Anordnungen nach E. II und III gewährte Erleichterung der Form ist durch die von der Reichstagskommission beschlossene Zulassung des holographischen Testaments (§ 2231 Nr. 2) gegenstandslos geworden (vgl. Z.G. IV, 475; Anm. 2 zu § 1777). Aus dem Bestellungsprinzip (Vorbem. Ziff. 2e) ergibt sich übrigens, daß nicht die letztwillige Anordnung kraft Gesetzes die Theilung herbeiführt, sondern durch dieselbe lediglich das Vormundschaftsgericht verpflichtet wird, die Vormünder zu getheilter Verwaltung zu bestellen (M. IV, 1095).

β) Hat das Vormundschaftsgericht selbst die Führung der Vormundschaft unter die mehreren Mitvormünder nach bestimmten Wirkungskreisen vertheilt, so ist jeder Vormund innerhalb seines Wirkungskreises selbständig. Daher ist auch zur Vertretung des Mündels in diesem Falle jeder Vormund nur innerhalb seines Wirkungskreises befugt (Anm. 7a zu § 1793). Handelt er außerhalb seines Wirkungskreises für den Mündel, so finden die Bestimmungen der §§ 177—180 Anwendung. Die Abgrenzung des Wirkungskreises der einzelnen Vormünder ist dem freien Ermessen des Vormundschaftsgerichts überlassen (M. IV, 1094). Es kann insbesondere dem einen Vormunde die Sorge für die Person, dem anderen die Sorge für das Vermögen des Mündels übertragen werden.

b) Ist hinsichtlich der Geschäftsvertheilung keine Bestimmung getroffen, so führen die mehreren Mitvormünder die Vormundschaft gemeinschaftlich, d. h. sie können nur in ihrer Gesammtheit handeln (M. IV, 1093 ff.; über den abweichenden Standpunkt des Gem.R. und des P.L.R. s. Dernburg, Pand. Bd. 3 S. 82, P.L.R. Thl. I cap. 7 § 31 Ziff. 8). Dies gilt insbesondere auch hinsichtlich der Befugniß zur Ertheilung einer Prozeßvollmacht (Böhm, a. a. O. S. 76). Handelt ein Vormund ohne die erforderliche Mitwirkung der übrigen Mitvormünder, so finden die Bestimmungen der §§ 177—180 Anwendung. Auch für dringende Fälle gestattet das Gesetz keine Ausnahme von diesen Grundsätzen (a. A. Böhm, a. a. O. S. 76). Gemäß § 171 Abs. 3 der C.P.O. u. Nr. genügt aber die Zustellung an einen der mehreren Mitvormünder, auch wenn dieselben die Vormundschaft gemeinschaftlich führen.

3. Der Umstand, daß die Vormundschaft von mehreren Mitvormündern gemeinschaftlich geführt wird, ist in mehrfacher Beziehung von rechtlicher Bedeutung.

a) Die Bestellung eines Gegenvormundes ist nicht erforderlich, auch wenn mit der Vormundschaft eine Vermögensverwaltung verbunden ist (§ 1792 Abs. 1).

b) Die Bestellung eines Vormundes zum Gegenvormunde des anderen ist nicht zulässig (§ 1792 Abs. 3).

c) Die Genehmigung des Vormundschaftsgerichts zur Anlegung von Mündelgeld sowie zur Verfügung des Vormundes über eine Forderung oder über ein anderes Recht, kraft dessen der Mündel eine Leistung verlangen kann, oder über ein Werthpapier ist nicht erforderlich, auch wenn ein Gegenvormund nicht vorhanden ist (§ 1810 Satz 2, 1812 Abs. 3).

d) Verweigert ein Vormund seine Zustimmung zur Abgabe der Vormundschaft an ein anderes Vormundschaftsgericht oder an einen ausländischen Staat, so entscheidet das gemeinschaftliche obere Gericht bezw. das dem Vormundschaftsgericht im Instanzenzuge vorgeordnete Gericht (F.G. § 46 Abs. 2 Satz 2, § 47 Abs. 2 Satz 2).

e) Von mehreren die Vormundschaft gemeinschaftlich führenden Vormündern kann jeder für den Mündel das Beschwerderecht selbständig ausüben (F.G. § 58 Abs. 1).

4. Auch hinsichtlich der Entscheidung von Meinungsverschiedenheiten zwischen mehreren Vormündern muß unterschieden werden, ob in dieser Beziehung eine bestimmte Anordnung vorliegt oder nicht.

a) Eine solche Anordnung kann ebenfalls von den nach § 1776 Abs. 1 Nr. 1, 2 zur Benennung eines Vormunds berechtigten Personen getroffen werden und ist in diesem Fall unter den in Anm. 2aα erwähnten Voraussetzungen bindend. Es kann aber auch seitens des Vormundschaftsgerichts bei Bestellung der mehreren Vormünder zur gemeinschaftlichen Führung der Vormundschaft eine Anordnung über die Entscheidung von Meinungsverschiedenheiten zwischen denselben getroffen werden (M. IV, 1094).

b) Fehlt es an einer solchen Anordnung, so entscheidet bei Meinungsverschiedenheiten zwischen den mehreren Mitvormündern nicht wie nach der preuß. Vorm.Ordn. (§ 30 Abs. 2) und A.L.R. (Thl. I cap. 7 § 31 Ziff. 8) die Majorität der Vormünder, sondern das Vormundschaftsgericht, jedoch mit der Einschränkung, daß dasselbe nur der einen oder andern Ansicht beitreten, nicht aber eine neue selbständige Ansicht zur Durchführung bringen kann, soweit nicht das Aufsichtsrecht gemäß § 1837 dazu Veranlassung gibt (M. IV, 1094). Ist die Vormundschaft auf Grund des § 1797 Abs. 2 oder 3 nach bestimmten Wirkungskreisen vertheilt, so können Meinungsverschiedenheiten unter den mehreren Mitvormündern nur hinsichtlich solcher Angelegenheiten entstehen, welche in den Wirkungskreis mehrerer Vormünder fallen. In einem solchen Falle muß (abgesehen von der besonderen Bestimmung des § 1798) die fragliche Handlung unterbleiben, falls nicht das Vormundschaftsgericht auf Grund des § 1837 zum Eingreifen berechtigt ist (vgl. Anm. 3 zu § 1794, Anm. 5 zu § 1798).

5. Sind mehrere Mitvormünder bestellt, so muß die jedem derselben auszuhändigende Bestallung die Namen sämmtlicher Mitvormünder und im Falle der Theilung der Vormundschaft die Art der Theilung enthalten (§ 1791 Abs. 2 Satz 1).

6. Ueber die Haftung mehrerer Mitvormünder s. § 1833; über die Verpflichtung jedes Vormundes, den Tod eines Mitvormundes dem Vormundschaftsgericht anzuzeigen, s. § 1894 Abs. 2.

7. Die Bestimmungen des § 1797 finden für den Fall der Bestellung mehrerer Pfleger entsprechende Anwendung (§ 1915 Abs. 1).

§ 1798.

Steht die Sorge für die Person und die Sorge für das Vermögen des Mündels verschiedenen Vormündern zu, so entscheidet bei einer Meinungsverschiedenheit über die Vornahme einer sowohl die Person als das Vermögen des Mündels betreffenden Handlung das Vormundschaftsgericht.

E. I, 1653; II, 1678; III, 1774.

1. Ist auf Grund letztwilliger Anordnung der Eltern (§ 1797 Abs. 3) oder Verfügung des Vormundschaftsgerichts (§ 1797 Abs. 2 Satz 1) die Vormundschaft unter mehrere Vormünder in der Weise getheilt, daß dem einen die Sorge für die Person, dem anderen die Sorge für das Vermögen des Mündels übertragen ist, so würde, dem Grundsatz der Selbständigkeit des Vormundes entsprechend (s. Vorbem. Ziff. 2c und § 1797 Abs. 2 Satz 2) eine sowohl die Person als das Vermögen des Mündels berührende Maßregel bei Widerspruch eines Vormundes unterbleiben müssen, wenn dieser Widerspruch sich nicht als eine das Vormundschaftsgericht nach § 1837 zum Einschreiten berechtigende Pflichtwidrigkeit darstellt (M. IV, 1084; Z.G. IV, 475). Um nun zu verhüten, daß hiedurch eine im Interesse des Mündels wünschenswerthe Maßregel nicht zur Ausführung kommt, überträgt § 1798 in solchen Fällen die Entscheidung dem Vormundschaftsgericht (vgl. § 1629).

2. Das Vormundschaftsgericht ist jedoch nur befugt, der Meinung des einen oder des andern Vormundes beizutreten, nicht aber, eine neue, selbständige Ansicht zur Durchführung zu bringen, soweit nicht das Aufsichtsrecht (§ 1837) hiezu Anlaß gibt (M. IV, 1095; vgl. Anm. 2 zu § 1629, Anm. 4b zu § 1797).

3. Gemäß § 1797 Abs. 3 kann seitens der zur Benennung eines Vormundes berechtigten Personen (§ 1776 Abs. 1 Nr. 1, 2) eine von der Vorschrift des § 1798 abweichende Regelung getroffen werden. Eine solche Anordnung ist jedoch nur bindend, wenn ihre Befolgung das Interesse des Mündels nicht gefährdet (Anm. 4a zu § 1797).

4. In den Fällen des § 1798 kann jeder Vormund das Beschwerderecht für den Mündel selbständig ausüben. Daneben kann der Mündel selbst hinsichtlich der seine Person betreffenden Angelegenheiten ohne Mitwirkung seines gesetzlichen Vertreters das Beschwerderecht ausüben, es sei denn, daß er geschäftsunfähig oder noch nicht 14 Jahre alt ist (F.G. §§ 58 Abs. 2, 59).

5. Entsteht abgesehen von den Fällen des § 1798 zwischen mehreren zu getheilter Verwaltung bestellten Vormündern eine Meinungsverschiedenheit über eine den Wirkungskreis der mehreren Vormünder berührende Angelegenheit, so muß, falls eine Anordnung gemäß § 1797 Abs. 3 nicht vorliegt, die fragliche Maßregel unterbleiben, es sei denn, daß das Vormundschaftsgericht auf Grund seines Aufsichtsrechts (§ 1837) in der Lage ist, den Widerspruch des einen Vormundes zu beseitigen (vgl. Anm. 4 zu § 1629, Anm. 4b zu § 1797). Das Gleiche gilt für den Fall einer Meinungsverschiedenheit zwischen Vormund und Pfleger über eine den beiderseitigen Wirkungskreis berührende Angelegenheit, und zwar auch dann, wenn die gesammte Sorge für die Person oder das Vermögen des Mündels dem Pfleger übertragen ist (nach Fischer-Henle, das B.G.B., 2. Aufl., Note 1 zu § 1798 soll in solchen Fällen § 1798 entsprechende Anwendung finden).

6. Führen mehrere Vormünder die Vormundschaft gemeinschaftlich, so werden Meinungsverschiedenheiten zwischen ihnen Mangels gegentheiliger Anordnung der Eltern oder des Vormundschaftsgerichts vom Vormundschaftsgericht entschieden (§ 1797 Abs. 1; vgl. Anm. 4 zu § 1797).

§ 1799.

Der Gegenvormund hat darauf zu achten, daß der Vormund die Vormundschaft pflichtmäßig führt. Er hat dem Vormundschaftsgerichte Pflichtwidrigkeiten des Vormundes sowie jeden Fall unverzüglich anzuzeigen, in welchem das Vormundschaftsgericht zum Einschreiten berufen ist, insbesondere den Tod des Vormundes oder den Eintritt eines anderen Umstandes, in Folge dessen das Amt des Vormundes endigt oder die Entlassung des Vormundes erforderlich wird.

Der Vormund hat dem Gegenvormund auf Verlangen über die Führung der Vormundschaft Auskunft zu ertheilen und die Einsicht der sich auf die Vormundschaft beziehenden Papiere zu gestatten.

E. I, 1654 Abs. 1; II, 1679; III, 1775.

1. Ein Gegenvormund kann stets, soll aber nur dann bestellt werden, wenn mit der Vormundschaft eine nicht unerhebliche Vermögensverwaltung verbunden ist und die Vormundschaft nicht von mehreren Vormündern gemeinschaftlich geführt wird; für die Berufung und Bestellung des Gegenvormundes gelten die Vorschriften der §§ 1776—1791 (§ 1792 und Anm. hiezu).

2. Aufgabe des Gegenvormundes ist in erster Linie die Beaufsichtigung des Vormundes, und zwar (abweichend vom § 31 der preuß. Vorm.-Ordn.) nicht nur hinsichtlich

der Vermögensverwaltung, sondern auch hinsichtlich der Sorge für die Person des Mündels (M. IV, 1034; D. 249; Z.G. IV, 475). Zur Ermöglichung dieser Beaufsichtigung ist dem Gegenvormunde durch § 1799 Abs. 2 das Recht eingeräumt, vom Vormunde die erforderlichen Auskünfte zu verlangen und Einsicht von den auf die Vormundschaft bezüglichen Papieren zu nehmen (P. IV, 759 ff.). Verweigert der Vormund die verlangte Auskunft oder die Gestattung der Einsichtnahme, so kann er hiezu vom Vormundschaftsgericht durch Ordnungsstrafen angehalten, eventuell entlassen werden (§§ 1837, 1886). Ueber die Verpflichtung des Gegenvormundes zur Auskunftsertheilung s. § 1891 Abs. 2.

3. Aus der Aufsichtspflicht des Gegenvormundes ergeben sich folgende weitere Verpflichtungen desselben:

a) Der Gegenvormund ist verpflichtet, dem Vormundschaftsgericht jeden Fall unverzüglich (d. h. ohne schuldhaftes Zögern, s. § 121) anzuzeigen, in welchem dessen Einschreiten erforderlich wird. Solche Fälle sind vor Allem Pflichtwidrigkeiten des Vormundes, welche dem Vormundschaftsgerichte zur Erlassung von Geboten oder Verboten gemäß § 1837 Abs. 1 Anlaß zu geben geeignet sind, ferner Umstände, welche die Aufstellung eines andern Vormundes oder die Bestellung eines Pflegers erforderlich machen, also insbesondere der Tod des Vormundes oder eines Mitvormundes (§§ 1885—1888, 1795, 1796, 1894 Abs. 2, 1895, 1909; vgl. Anm. 2 zu § 1774). Gegen die Verfügung des Vormundschaftsgerichts, durch die der Antrag des Gegenvormundes, gegen den gesetzlichen Vertreter wegen pflichtwidrigen Verhaltens einzuschreiten oder den Vormund oder Pfleger gemäß § 1886 zu entlassen, zurückgewiesen wird, steht dem Gegenvormunde das Rechtsmittel der Beschwerde zu (F.G. § 57 Abs. 1 Nr. 6).

b) Der Gegenvormund hat ferner die regelmäßige Jahresrechnung des Vormundes (§ 1840) und die von demselben bei Beendigung seines Amtes zu legende Schlußrechnung (§ 1890) zu prüfen und mit den erforderlichen Bemerkungen zu versehen (§§ 1842, 1854 Abs. 3, 1891 Abs. 1).

c) Der Gegenvormund ist endlich bei der Aufnahme des vom Vormund zu errichtenden Inventars und bei der Abnahme der Schlußrechnung zuzuziehen (§§ 1802 Abs. 1 Satz 2, 1892 Abs. 2 Satz 1).

4. Dem Gegenvormund ist außerdem in beschränktem Umfang eine Mitwirkung bei der Vormundschaftsführung selbst eingeräumt (vgl. E. I, 1654 Abs. 2). Hieher gehören die Bestimmungen, wonach in gewissen Fällen

a) die Genehmigung des Gegenvormundes erforderlich ist (§§ 1809—1813, 1824, 1825, 1832),

b) das Vormundschaftsgericht vor seiner Entscheidung den Gegenvormund hören soll (§§ 1826, 1836 Abs. 2),

c) das Vormundschaftsgericht auf Antrag des Gegenvormundes thätig zu werden hat (§§ 1847 Abs. 1 Satz 1, 1859 Abs. 1, 1873 Satz 2).

5. Der Gegenvormund haftet dem Mündel wie der Vormund für den aus einer Pflichtverletzung entstehenden Schaden, wenn ihm ein Verschulden zur Last fällt. Ist aber hienach der Gegenvormund neben dem Vormunde für den von diesem verursachten Schaden nur wegen Verletzung seiner Aufsichtspflicht verantwortlich, so ist in ihrem Verhältnisse zu einander der Vormund allein verpflichtet (§ 1833 und Anm. hiezu).

6. Das Amt des Gegenvormundes ist wie das des Vormundes ein unentgeltliches Ehrenamt; aus besonderen Gründen kann jedoch dem Gegenvormund eine angemessene Vergütung bewilligt werden, falls das Vermögen des Mündels, sowie der Umfang und die Bedeutung der Geschäfte des Gegenvormundes dies rechtfertigen. Macht der Gegenvormund kraft seines Amtes Aufwendungen, wozu auch die in Ausübung seines Gewerbes oder Berufes geleisteten Dienste gerechnet werden, so kann er nach den für den Auftrag geltenden Vorschriften Vorschuß oder Ersatz verlangen (§§ 1836, 1835 und Anm. hiezu).

7. Bei seiner gesammten Thätigkeit unterliegt der Gegenvormund wie der Vormund der Aufsicht des Vormundschaftsgerichts, das gegen Pflichtwidrigkeiten durch geeignete Gebote und Verbote einzuschreiten hat und den Gegenvormund zur Befolgung seiner Anordnungen durch Ordnungsstrafen bis zu 300 Mk. anhalten kann (§ 1837).

8. Bezüglich der Beendigung des Amtes des Gegenvormundes und insbesondere der Entlassung desselben gelten die gleichen Vorschriften wie für den Vormund (§§ 1895, 1885—1889, 1893, 1894, s. auch E.G. Art. 210 Abs. 2 Satz 2).

9. Wird neben dem Vormund auf Grund des § 1909 ein Pfleger bestellt, so ist der Gegenvormund diesem gegenüber zur Wahrnehmung der Obliegenheiten eines Gegen-

vormundes nur dann verpflichtet, wenn sie ihm besonders übertragen werden (M. IV, 1095, 1270). Für den neben einem Pfleger bestellten Gegenvormund (§ 1915 Abs. 2) gelten die allgemeinen Vorschriften (§ 1915 Abs. 1; Anm. 4 zu § 1915).

10. Ueber Mitvormünder s. §§ 1775, 1797 und Anm. hiezu.

§ 1800.

Das Recht und die Pflicht des Vormundes, für die Person des Mündels zu sorgen, bestimmt sich nach den für die elterliche Gewalt geltenden Vorschriften der §§ 1631 bis 1633.

E. I, 1655; II, 1680; III, 1776.

1. Gemäß § 1793 obliegt dem Vormunde die Sorge für die Person des Mündels einschließlich der gesetzlichen Vertretung desselben in persönlichen Angelegenheiten. Hinsichtlich des Inhalts dieser Fürsorge gelten die gleichen Vorschriften wie bezüglich der dem Gewalthaber nach § 1627 obliegenden Sorge für die Person des unter elterlicher Gewalt stehenden Kindes. Der Vormund ist daher insbesondere berechtigt und verpflichtet, den Mündel zu erziehen, zu beaufsichtigen und seinen Aufenthalt zu bestimmen. Er kann kraft des Erziehungsrechts angemessene Zuchtmittel gegen den Mündel anwenden und zu diesem Zwecke die Unterstützung des Vormundschaftsgerichts in Anspruch nehmen. Er kann endlich die Herausgabe des Mündels von Jedem verlangen, der ihm denselben widerrechtlich vorenthält. Gegenüber einer unter Vormundschaft stehenden Ehefrau beschränkt sich die Sorge des Vormundes für ihre Person auf die Vertretung in den die Person betreffenden Angelegenheiten (§§ 1631—1633 und Anm. hiezu; Vorbem. vor § 1631 Ziff. II). Zur Sorge für die Person eines unehelichen Kindes gehört insbesondere auch die Ermittlung des Erzeugers und die Anhaltung desselben zur Entrichtung der gesetzlichen Unterhaltsbeiträge (§§ 1708 ff., vgl. Böhm, a. a. O. S. 78). Hinsichtlich der Sorge für die religiöse Erziehung s. insbesondere § 1801 und Anm. hiezu. (Ueber die persönliche Seite der Vormundschaft nach Gem.R. s. Dernburg, Pand. Bd. 3 § 48; vgl. P.L.R. Thl. I cap. 7 § 11; über andere Rechte s. M. IV, 1096).

2. Auch hinsichtlich der Sorge für die Person des Mündels gilt der Grundsatz der Selbständigkeit des Vormundes (s. Vorbem. Ziff. 2c; M. IV, 1096). Einzelne Ausnahmen von diesem Grundsatz enthalten die Vorschriften der §§ 113 Abs. 3, 1304 Abs. 2, 1337 Abs. 1 Satz 2, 1838. Ein in der II. Komm. gestellter Antrag, wonach hinsichtlich der Wahl eines Lebensberufs und der Eingehung von Dienst- und Arbeitsverhältnissen seitens des Mündels die Selbständigkeit des Vormundes eingeschränkt werden sollte, fand keine Annahme (P. IV, 800 ff.). Ueber das Erforderniß der Genehmigung des Vormundschaftsgerichts bei gewissen persönlichen Angelegenheiten des Mündels s. §§ 112, 1728 Abs. 2, 1729 Abs. 1, 2, 1731, 1750 Abs. 1 Satz 2, 1751, 1755, 1770; s. auch § 14a Abs. 1 des Ges. über die Erwerbung und den Verlust der Bundes- und Staatsangehörigkeit vom 1. Juni 1870 in der durch E.G. Art. 41 II festgesetzten Fassung (vgl. E. I, 1657 Satz 1; M. IV, 1098; Z.G. IV, 746; P. IV, 758, §§ 1827 Abs. 1, 1847 Abs. 1).

Die Selbständigkeit des Vormundes bei der Sorge für die Person des Mündels zeigt sich insbesondere darin, daß er

a) den Umfang der für die Erziehung und den Unterhalt des Mündels zu verwendenden Mittel unabhängig vom Vormundschaftsgerichte nach pflichtgemäßem Ermessen festzusetzen hat und hiebei auch das Stammvermögen des Mündels anzugreifen befugt ist (M. IV, 1096 ff.), und daß er

b) an etwaige Anordnungen der Eltern des Mündels hinsichtlich der Sorge für dessen Person nicht gebunden ist (M. IV, 1097 ff.; vgl. dagegen P.L.R. Thl. I cap. 7 § 11 Ziff. 2).

3. Andererseits unterliegt der Vormund, wie überhaupt, so auch hinsichtlich der Sorge für die Person des Mündels der beständigen Aufsicht des Vormundschaftsgerichts (§ 1837). Er hat insbesondere dem Vormundschaftsgericht auf Verlangen jederzeit über die persönlichen Verhältnisse des Mündels Auskunft zu ertheilen (§ 1839). Ist ein Gegenvormund bestellt, so erstreckt sich dessen Ueberwachungspflicht auch auf die Sorge des Vormundes für die Person des Mündels (Anm. 2 zu § 1799). Außerdem ist es gemäß § 1850 die hauptsächlichste Aufgabe des Gemeindewaisenraths, darüber zu wachen, daß die Vormünder der sich in seinem Bezirk aufhaltenden Mündel für die Person der Mündel, insbesondere für ihre Erziehung und ihre körperliche Pflege, pflichtmäßig Sorge tragen.

4. Daß die in gewissen Fällen den leiblichen Eltern oder dem Annehmenden zustehende Sorge für die Person des Mündels (§§ 1696, 1697, 1702 Abs. 2, 3, 1707, 1738,

1765 Abs. 2) die Fürsorge des Vormundes ausschließt, hatte E. I (1656) ausdrücklich hervorgehoben; von der Redaktionskommission wurde diese Bestimmung als selbstverständlich gestrichen (M. IV, 1098; Z.G. IV, 476; P. IV, 757). Ueber die den leiblichen Eltern oder dem Annehmenden neben dem Vormunde zustehende Sorge für die Person des Mündels s. §§ 1676 Abs. 2, 1698.

5. Ist der Mündel volljährig, so hat der Vormund für die Person des Mündels nur insoweit zu sorgen, als der Zweck der Vormundschaft es erfordert. Steht eine volljährige Ehefrau unter Vormundschaft, so tritt die im § 1633 bestimmte Beschränkung nicht ein (§ 1901).

6. Rechtsmittel. Gegen eine Verfügung des Vormundschaftsgerichts, welche eine Entscheidung über eine die Sorge für die Person des Mündels betreffende Angelegenheit enthält, steht Jedem die Beschwerde zu, der ein berechtigtes Interesse hat, diese Angelegenheit wahrzunehmen. Dies gilt jedoch nicht für die Fälle der sofortigen Beschwerde. In den seine Person betreffenden Angelegenheiten kann der Mündel ohne Mitwirkung seines gesetzlichen Vertreters das Beschwerderecht ausüben, es sei denn, daß er geschäftsunfähig oder noch nicht 14 Jahre alt ist (F.G. §§ 57 Abs. 1 Nr. 9, Abs. 2, 59).

7. Ueber die Sorge für das Vermögen des Mündels s. §§ 1802 ff.

§ 1801.

Die Sorge für die religiöse Erziehung des Mündels kann dem Vormunde von dem Vormundschaftsgericht entzogen werden, wenn der Vormund nicht dem Bekenntniß angehört, in dem der Mündel zu erziehen ist.

E. II, 1681; III, 1777.

Die religiöse Erziehung der Kinder regelt sich gemäß E.G. Art. 134 nach Landesrecht. Für Bayern ist in dieser Beziehung maßgebend Beil. II zu Theil IV § 9 der Verfassungsurkunde vom 26. Mai 1818, vgl. Anm. I, 4 zu § 1631. Gemäß § 1779 Abs. 2 Satz 2 ist bei der Auswahl des Vormundes auf das religiöse Bekenntniß des Mündels Rücksicht zu nehmen. Ist aber das Bekenntniß, in welchem der Mündel nach Maßgabe der landesgesetzlichen Vorschriften zu erziehen ist, verschieden von dem des Vormundes, so kann diesem die Sorge für die religiöse Erziehung des Mündels entzogen werden. Wenn nöthig, ist dann zur Wahrnehmung der religiösen Interessen des Mündels ein Pfleger zu bestellen (§ 1909 Abs. 1 Satz 1). Die Vorschrift des § 1801 beruht auf Beschluß der II. Komm. Der in der Reichstagskommission gestellte Antrag, das Wort „kann" durch „muß" zu ersetzen, wurde abgelehnt (M. IV, 1099; Z.G. IV, 476, 390 ff., VI, 643; P. IV, 758, 865 ff., 867 a. E., 870, 877 ff.; R.T.K. 161).

§ 1802.

Der Vormund hat das Vermögen, das bei der Anordnung der Vormundschaft vorhanden ist oder später dem Mündel zufällt, zu verzeichnen und das Verzeichniß, nachdem er es mit der Versicherung der Richtigkeit und Vollständigkeit versehen hat, dem Vormundschaftsgericht einzureichen. Ist ein Gegenvormund vorhanden, so hat ihn der Vormund bei der Aufnahme des Verzeichnisses zuzuziehen; das Verzeichniß ist auch von dem Gegenvormunde mit der Versicherung der Richtigkeit und Vollständigkeit zu versehen.

Der Vormund kann sich bei der Aufnahme des Verzeichnisses der Hülfe eines Beamten, eines Notars oder eines anderen Sachverständigen bedienen.

Ist das eingereichte Verzeichniß ungenügend, so kann das Vormundschaftsgericht anordnen, daß das Verzeichniß durch eine zuständige Behörde oder durch einen zuständigen Beamten oder Notar aufgenommen wird.

E. I, 1659; II, 1682; III, 1778.

1. Inventarisationspflicht des Vormundes. In Uebereinstimmung mit dem Gem.R. (Dernburg, Pand. Bd. 3 S. 93), dem P.L.R. (Thl. I cap. 7 § 9), der preuß. Vorm.Ordn. (§ 35) und den meisten anderen Rechten (M. IV, 1099) verpflichtet das B.G.B. den Vormund zur Errichtung eines Inventars über das Vermögen des Mündels und zwar nicht

nur über das bei Anordnung der Vormundschaft schon vorhandene, sondern auch über das später dem Mündel zufallende Vermögen. Ob das Vermögen des Mündels unter der Verwaltung des Vormundes steht oder nicht, kommt hiebei nicht in Betracht (vgl. dagegen §§ 1640, 1669, 1760), ebensowenig, ob sich dasselbe im Bezirk des Vormundschaftsgerichts oder außerhalb desselben, im Inland oder im Ausland befindet. Wie der Vormund bei der Inventarisation auswärtigen Vermögens zu verfahren habe, ist seinem Ermessen überlassen. Besondere Vorschriften für den Fall, daß zum Vermögen des Mündels ein Handelsgeschäft oder ein größeres gewerbliches Unternehmen gehört, hat das Gesetz nicht aufgenommen (M. IV, 1101). Ist ein Gegenvormund vorhanden, so ist er zur Inventur zuzuziehen (vgl. § 1692); ist kein Gegenvormund vorhanden, sei es, daß ein solcher überhaupt nicht bestellt worden ist oder daß der bestellte weggefallen ist, so ist die Bestellung eines Gegenvormundes bezw. eines neuen Gegenvormundes zum Zwecke der Mitwirkung bei Errichtung des Inventars nicht erforderlich (M. IV, 1118; vgl. §§ 1810 Satz 2, 1812 Abs. 3, 1826, 1891 Abs. 1 Satz 1 und andererseits die abweichende Ausdrucksweise in den §§ 1836 Abs. 2, 1842 Satz 1, 1854 Abs. 3 Satz 1).

2. Hinsichtlich der **Form** des zu errichtenden Inventars beschränkt sich das Gesetz auf die Vorschrift, daß das Verzeichniß vom Vormund und, falls ein Gegenvormund vorhanden ist, auch von diesem mit der Versicherung der Richtigkeit und Vollständigkeit zu versehen ist. Die Angabe des **Werthes** der einzelnen Vermögensgegenstände ist nicht erforderlich, jedoch unter Umständen zweckmäßig (M. IV, 1101; vgl. § 2001 Abs. 2). Die Vorschrift des § 1640 Abs. 1 Satz 2, daß bei Haushaltungsgegenständen durch die Angabe des Gesammtwerthes die Aufführung der einzelnen Stücke ersetzt wird, dürfte auch hier entsprechend anzuwenden sein. Zur Ableistung des **Offenbarungseides** behufs Bekräftigung der Vollständigkeit des eingereichten Vermögensverzeichnisses ist der Vormund nicht verpflichtet, da die ihm nach § 1802 obliegende Verpflichtung öffentlich-rechtlicher, nicht privatrechtlicher Natur ist (M. IV, 1099; Z.G. IV, 476 ff.; vgl. dagegen Anm. 1b zu § 1890). Ist **kein Vermögen** vorhanden, so genügt natürlich eine Erklärung dieses Inhalts seitens des Vormundes. Zur Evidenthaltung des Vermögensverzeichnisses muß der Vormund natürlich nicht nur einen späteren **Zugang**, sondern auch den **Abgang** einzelner Vermögensbestandtheile dem Vormundschaftsgerichte mittheilen (vgl. Anm. 3 zu § 1640).

3. Die Errichtung des Vermögensverzeichnisses kann grundsätzlich **durch den Vormund selbst** erfolgen. Derselbe ist jedoch berechtigt, sich hiebei der Hülfe eines Beamten, Notars oder anderen Sachverständigen zu bedienen (M. IV, 1100). Erachtet das Vormundschaftsgericht das eingereichte Verzeichniß für **ungenügend**, so kann es die Aufnahme durch eine zuständige Behörde oder durch einen zuständigen Beamten oder Notar anordnen (im E. I war diese Vorschrift als selbstverständlich nicht enthalten; s. M. IV, 1100; P. IV, 759; vgl. §§ 1640 Abs. 2, 1667 Abs. 2 Satz 2, 1692 Satz 2, 1760 Abs. 1 Satz 2 und Anm. 4 zu § 1640).

4. Eine **Befreiung** des Vormundes von der Verpflichtung zur Inventarisation des Mündelvermögens kann weder durch Anordnung der Eltern des Mündels noch durch einen Dritten, welcher dem Mündel Vermögen unter Lebenden oder von Todeswegen zuwendet, erfolgen (M. IV, 1101, 1172, 1173 ff., Anm. 2a zu §§ 1852—1854; vgl. § 1640 Abs. 2 Satz 2, Anm. 5 zu § 1640 und bez. des Gem.R. Dernburg, Pand. Bd. 3 S. 93 Note 4). Ebensowenig kann durch den Erblasser die **Offenlegung des Vermögensverzeichnisses** untersagt werden (E. I, 1695; M. IV, 1101; vgl. Anm. 2e zu §§ 1852—1854).

5. Eine **Frist**, innerhalb welcher der Vormund das Verzeichniß einzureichen hat, ist vom Gesetze nicht bestimmt. Selbstverständlich hat er unverzüglich zur Errichtung des Inventars zu schreiten, während ihm andererseits natürlich ein gewisser Zeitraum hiezu gewährt werden muß. Entscheidend ist in dieser Beziehung das Ermessen des Vormundschaftsgerichts (M. IV, 1100). Verzögert der Vormund die Aufnahme des Inventars, so kann er hiezu durch Ordnungsstrafen angehalten werden (§ 1837). Bleibt diese Maßregel ohne Erfolg, so ist er gemäß § 1886 zu entlassen (vgl. §§ 1670, 1760 Abs. 2 und Anm. 7 zu § 1640). Die nach Gem.R. an die Verletzung der Inventarisationspflicht geknüpften besonderen vermögensrechtlichen Folgen hat das B.G.B. beseitigt. Es entscheiden in dieser Beziehung die allgemeinen Grundsätze (M. IV, 1101 ff.; s. insbesondere § 1833).

6. Die **Kosten** der Aufnahme des Vermögensverzeichnisses fallen stets dem Mündelvermögen zur Last und zwar auch dann, wenn gemäß § 1802 Abs. 2 ein Beamter, Notar oder Sachverständiger beigezogen oder nach Abs. 3 die Aufnahme des Verzeichnisses durch eine Behörde oder einen Notar angeordnet worden ist (M. IV, 1100; vgl. §§ 1035 Satz 4, 1667 Abs. 3, 1669 Satz 1, 1760 Abs. 1 Satz 1 und Anm. 8 zu § 1640).

7. Die Vorschriften des § 1802 finden auf den **Pfleger** entsprechende Anwendung (§ 1915 Abs. 1).

8. Ueber die Inventarisationspflicht des Inhabers der elterlichen Gewalt und der zum Vormunde bestellten Eltern s. §§ 1640, 1667 Abs. 2 Satz 1—3, 1669, 1740, 1760, 1761, 1845; über die Bedeutung der Inventarserrichtung in erbrechtlicher Beziehung s. §§ 1993 ff.

§ 1803.

Was der Mündel von Todeswegen erwirbt oder was ihm unter Lebenden von einem Dritten unentgeltlich zugewendet wird, hat der Vormund nach den Anordnungen des Erblassers oder des Dritten zu verwalten, wenn die Anordnungen von dem Erblasser durch letztwillige Verfügung, von dem Dritten bei der Zuwendung getroffen worden sind.

Der Vormund darf mit Genehmigung des Vormundschaftsgerichts von den Anordnungen abweichen, wenn ihre Befolgung das Interesse des Mündels gefährden würde.

Zu einer Abweichung von den Anordnungen, die ein Dritter bei einer Zuwendung unter Lebenden getroffen hat, ist, solange er lebt, seine Zustimmung erforderlich und genügend. Die Zustimmung des Dritten kann durch das Vormundschaftsgericht ersetzt werden, wenn der Dritte zur Abgabe einer Erklärung dauernd außer Stande oder sein Aufenthalt dauernd unbekannt ist.

E. I, 1660; II, 1683; III, 1779.

1. Während nach § 1909 Abs. 1 Satz 2 die Vermögensverwaltung des Vormundes hinsichtlich gewisser Bestandtheile des Mündelvermögens völlig ausgeschlossen werden kann, legt § 1803 den Anordnungen dritter Personen über die Art der vormundschaftlichen Vermögensverwaltung bindende Kraft bei, vorausgesetzt, daß das fragliche Vermögen dem Mündel von Todeswegen oder durch unentgeltliche Zuwendung unter Lebenden verschafft und die Anordnung vom Erblasser durch letztwillige Verfügung, von einem Dritten bei der Zuwendung getroffen worden ist (M. IV. 1102 ff.; vgl. § 1639, Anm. 1 zu § 1639, Anm. 2a und b zu § 1638, § 1917 Abs. 2, 3).

2. Den Eltern als solchen steht die Befugniß, bindende Anordnungen über die Art der vormundschaftlichen Vermögensverwaltung zu treffen, nicht zu (M. IV, 1102 ff.; vgl. Anm. 2 zu § 1639).

3. Daß das Vormundschaftsgericht für die Befolgung derartiger Anordnungen dritter Personen Sorge zu tragen hat, ergibt sich aus seiner Aufsichtspflicht (§ 1837; vgl. Anm. 3 zu § 1639).

4. Hinsichtlich der Voraussetzungen für die Zulässigkeit einer Abweichung von derartigen Anordnungen (§ 1803 Abs. 2, 3) vgl. Anm. 4 zu § 1639.

§ 1804.

Der Vormund kann nicht in Vertretung des Mündels Schenkungen machen. Ausgenommen sind Schenkungen, durch die einer sittlichen Pflicht oder einer auf den Anstand zu nehmenden Rücksicht entsprochen wird.

E. I, 1661; II, 1684; III, 1780.

1. Ebensowenig wie der Inhaber der elterlichen Gewalt aus dem Vermögen des Kindes (§ 1641), kann der Vormund aus dem Vermögen des Mündels Schenkungen machen. Selbstverständlich kann der Vornund auch nicht zu einer vom Mündel selbst gemachten Schenkung seine Einwilligung oder Genehmigung ertheilen (E. I hatte dies ausdrücklich hervorgehoben, vgl. M. IV, 1106; Anm. 1 zu § 1641; unrichtig Richter, a. a. O. S. 125). Ueber den Begriff der Schenkung s. §§ 516 ff. Auf andere Liberalitätsakte findet § 1804 keine Anwendung (M. IV, 1106 ff; vgl. auch R.G.E. in C.S. XXXIII, 210 ff.).

2. Hinsichtlich der im § 1804 Satz 2 bestimmten Ausnahmen vgl. M. IV, 1107; Z.G. IV, 447 ff.; preuß. Vorm.Ordn. § 38 Satz 2 und bez. des Gem.R. l. 12 § 3 Dig. XXVI, 7; Dernburg, Pand. Bd. 3 S. 90 Note 4; Anm. 2 zu § 1641. Liegt ein solcher Ausnahmefall vor, so ist zur Vornahme der Schenkung die Genehmigung des Vormundschaftsgerichts

auch dann nicht erforderlich, wenn die Schenkung aus dem Stamme des Mündelvermögens erfolgt (M. IV, 1107).

3. Eine gegen die Vorschrift des § 1804 verstoßende Schenkung ist nichtig, gleichviel, ob der Vormund als gesetzlicher Vertreter des Mündels gehandelt oder zu der vom Mündel selbst vorgenommenen Schenkung seine Einwilligung oder Genehmigung ertheilt hat. Dies gilt auch für den Fall, daß die Schenkung durch das Vormundschaftsgericht genehmigt worden sein sollte (M. IV, 1107; vgl. R.G.E. in C.S. III, 308 ff. und Anm. 3 zu § 1641).

§ 1805.

Der Vormund darf Vermögen des Mündels nicht für sich verwenden.

E. I, 1662; II, 1685; III, 1781.

1. Die selbstverständlich erscheinende Bestimmung des § 1805 hat das B.G.B. aufgenommen „als Mahnung an den Vormund, sein Vermögen und das des Mündels in allen Beziehungen getrennt zu halten“ (M. IV, 1107; Z.G. IV, 478; vgl. preuß. Vorm.Ordn. § 40 Abs. 1 Satz 1). Dem Grundsatze des § 1805 zufolge darf der Vormund auch nicht Mündelgeld in Form eines Darlehens für sich verwenden, Mündelsachen unentgeltlich zu seinem Nutzen gebrauchen (M. IV, 1108) oder sich von dem Mündel unentgeltlich Dienste leisten lassen.

2. Handelt der Vormund der Vorschrift des § 1805 zuwider, so ist er nach Maßgabe des § 1833 dem Mündel schadensersatzpflichtig. Verwendet er Geld des Mündels für sich, so hat er dasselbe von der Zeit der Verwendung an zu verzinsen (§ 1834). Außerdem kann er natürlich nach § 1886 vom Vormundschaftsgericht entlassen werden. In strafrechtlicher Beziehung s. insbesondere St.G.B. §§ 246, 266 Abs. 1 Nr. 1, Abs. 2.

3. Ueber die Befugniß des Ehemanns und des Gewalthabers, verbrauchbare, seiner Nutznießung unterliegende Sachen der Frau bezw. des Kindes für sich zu veräußern oder zu verbrauchen, s. §§ 1377 Abs. 3, 1653.

§ 1806.

Der Vormund hat das zum Vermögen des Mündels gehörende Geld verzinslich anzulegen, soweit es nicht zur Bestreitung von Ausgaben bereit zu halten ist.

E. I, 1664 Abs. 1; II, 1687 Abs. 1; III, 1782.

1. Anlegungspflicht des Vormundes. Wie der Ehemann das zum eingebrachten Gut gehörende Geld der Frau (§ 1377 Abs. 2), der Inhaber der elterlichen Gewalt das seiner Verwaltung unterliegende Geld des Kindes (§ 1642 Abs. 1), so hat auch der Vormund das zum Vermögen des Mündels gehörende Geld verzinslich anzulegen, soweit nicht die Grundsätze ordnungsmäßiger Verwaltung die Bereithaltung desselben zur Bestreitung bevorstehender Ausgaben erheischen (M. IV, 1108 ff.; P. IV, 762; hinsichtlich des Gem.R. s. Dernburg, Pand. Bd. 3 S. 90 ff.: vgl. P.L.R. Thl. I cap. 7 § 12 Ziff. 2, bayr. Ges. vom 26. April 1888, die Abänderung von Bestimmungen des in der Pfalz geltenden Hypotheken- und Vormundschaftsrechts betr., Art. 26, 27; preuß. Vorm.Ordn. § 39; über andere Rechte s. M. IV, 1109). Ob das Geld bei Beginn der Vormundschaft schon vorhanden war oder nicht, ist für die Anwendbarkeit des § 1806 ohne Belang. Ueber die zulässigen Formen der Anlegung s. §§ 1807—1809, 1811, über das Erforderniß der Genehmigung des Gegenvormundes oder Vormundschaftsgerichts zur Anlegung s. § 1810.

2. Soweit das Geld zur Bestreitung von Ausgaben bereit zu halten ist, braucht es überhaupt nicht verzinslich angelegt zu werden. Will es der Vormund trotzdem vorübergehend nutzbar machen, so kann er dies, ohne an die Vorschriften der §§ 1807—1810 gebunden zu sein. Er kann insbesondere das Geld in Form eines Kontokorrentverkehrs bei einem zuverlässigen Bankier anlegen. Zur Erhebung des in solcher Weise angelegten Geldes bedarf der Vormund nicht der Genehmigung des Gegenvormundes (§ 1813 Abs. 1 Nr. 3 Abs. 2; Anm. 1c zu § 1813). Diese in E. I (§ 1668 Satz 1) ausdrücklich ausgesprochene Bestimmung wurde bei der zweiten Lesung der II. Komm. als selbstverständlich gestrichen (M. IV, 1120 ff., 1110; Z.G. IV, 481; P. IV, 779 ff.; P.M. 8680 ff.; vgl. auch Anm. 2a zu § 1642, Anm. 6 zu § 1814).

3. Unterläßt oder verzögert der Vormund die ihm nach § 1806 obliegende Anlegung von Mündelgeld, so haftet er für den dem Mündel hieraus erwachsenden Schaden nach Maßgabe des § 1833 (vgl. Anm. 1 zu § 1834, Anm. 4 zu § 1642, Anm. 6 zu § 1807). Eine Frist, innerhalb deren die Anlegung erfolgen muß, hat das Gesetz nicht aufgestellt (vgl. M. IV, 1180).

§ 1807.

Die im § 1806 vorgeschriebene Anlegung von Mündelgeld soll nur erfolgen:

1. in Forderungen, für die eine sichere Hypothek an einem inländischen Grundstücke besteht, oder in sicheren Grundschulden oder Rentenschulden an inländischen Grundstücken;
2. in verbrieften Forderungen gegen das Reich oder einen Bundesstaat sowie in Forderungen, die in das Reichsschuldbuch oder in das Staatsschuldbuch eines Bundesstaats eingetragen sind;
3. in verbrieften Forderungen, deren Verzinsung von dem Reiche oder einem Bundesstaate gewährleistet ist;
4. in Werthpapieren, insbesondere Pfandbriefen, sowie in verbrieften Forderungen jeder Art gegen eine inländische kommunale Körperschaft oder die Kreditanstalt einer solchen Körperschaft, sofern die Werthpapiere oder die Forderungen von dem Bundesrathe zur Anlegung von Mündelgeld für geeignet erklärt sind;
5. bei einer inländischen öffentlichen Sparkasse, wenn sie von der zuständigen Behörde des Bundesstaats, in welchem sie ihren Sitz hat, zur Anlegung von Mündelgeld für geeignet erklärt ist.

Die Landesgesetze können für die innerhalb ihres Geltungsbereichs belegenen Grundstücke die Grundsätze bestimmen, nach denen die Sicherheit einer Hypothek, einer Grundschuld oder einer Rentenschuld festzustellen ist.

E. I, 1664 Abs. 2, 3; II, 1687 Abs. 2, 3; III, 1783.

1. Gemäß § 1806 muß Mündelgeld, soweit es nicht zur Bestreitung von Ausgagen bereit zu halten ist, verzinslich angelegt werden. Die für die Art der Anlegung maßgebenden Grundsätze enthalten die §§ 1807—1811. Ueber das in dieser Beziehung bisher geltende Recht s. M. IV, 1109; s. ferner Dernburg, Pand. Bd. 3 S. 90 ff.; preuß. Vorm.Ordn. § 39; A.L.R. Thl. I cap. 7 § 12 Ziff. 2; autogr. Entschl. des k. bayr. Just.-Min. vom 13. November 1888 (angeführt bei Jakubezky, Bem. S. 315); bayr. Gesetz vom 26. April 1888, die Abänderung von Bestimmungen des in der Pfalz geltenden Hypoth.- und Vorm.Rechts betr., Art. 26, 27; Entschl. des k. bayr. Just.Min. vom 11. Mai 1897 (Just.Min.Bl. 1897 S. 79 ff.); Wagner, Handbuch d. amtsger. Verf. 2. Aufl. S. 220 ff.; Becher, Landescivilrecht Bd. 2 S. 1160 ff.

a) Zu Nr. 1 s. M. IV, 1110 ff.; P. IV, 762; P.M. 8680. Ueber Hypotheken, Grund- und Rentenschulden s. §§ 1113 ff., 1191 ff., 1199 ff. Die landesgesetzlichen Grundsätze über die Feststellung der Sicherheit einer Hypothek, Grund- oder Rentenschuld (§ 1807 Abs. 3) sind selbstverständlich, soweit ein in diesem Bundesstaat gelegenes Grundstück in Frage kommt, auch für die in anderen Bundesstaaten anhängigen Vormundschaften maßgebend (M. IV, 1112). (Nach E. I sollte eine Hypothek oder Grundschuld als mündelsicher gelten, wenn sie bei einem landwirthschaftlichen Grundstück innerhalb der ersten zwei Drittheile, bei anderen Grundstücken innerhalb der ersten Hälfte des Werthes des Grundstückes zu stehen kommt. Der Landesgesetzgebung sollte lediglich die Bestimmung der Grundsätze überlassen sein, nach welchen der Werth der Grundstücke festzustellen ist, s. M. IV, 1110 ff.; Z.G. IV, 479; Jakubezky, Bem. S. 316; P. IV, 765 ff.; vgl. preuß. Vorm.Ordn. § 39 Abs. 3; Wagner, Handb. d. amtsg. Verf. 2. Aufl. S. 220 Ziff. 3a; Becher, Landescivilrecht Bd. 2 S. 1160 Note 15). Die Erwerbung außerdeutscher Hypotheken, Grund- und Rentenschulden, die insbesondere für den Grenzverkehr in Betracht kommen kann, ist durch die Bestimmung des § 1811 ermöglicht (M. IV, 1110).

b) Zu Nr. 2 und 3 s. M. IV, 1112 ff.; Z.G. IV, 479; P. IV, 762 ff. Der Ausdruck „verbriefte Forderungen" wurde von der II. Komm. an Stelle des ursprünglichen Ausdrucks „Schuldverschreibungen" gewählt, um darauf hinzuweisen, daß hier (im Gegensatz zu Nr. 4) nicht lediglich Werthpapiere in

Betracht kommen (P. IV, 764 ff.). Als Bundesstaat gilt nach E.G. Art. 5 auch das Reichsland Elsaß-Lothringen. Ueber das Reichsschuldbuch s. R.G. v. 31. Mai 1891, betr. das Reichsschuldbuch (R.G.Bl. 1891 S. 321 ff.), insbes. § 23 Abs. 1: „Soweit nach gesetzlicher Bestimmung zur zinsbaren Anlage von Mündelgeldern Schuldverschreibungen der Reichsanleihen geeignet sind, gilt dasselbe von den im Reichsschuldbuche eingetragenen Forderungen". S. ferner E.G. Art. 50, 97, 98, Ausführungsbestimmungen des Bundesraths v. 21. Januar 1892, cit. im bayr. Just.Min.Bl. 1892 S. 95 ff.; Böhm, a. a. O. S. 92. In Bayern besteht ein Staatsschuldbuch zur Zeit nicht (vgl. Anm. zu § 1393). Ueber die staatliche Garantie bezüglich der Noten der kgl. bayr. Bank s. § 5 der V.O. v. 13. Dez. 1878 (G. u. V.O.Bl. 1878 S. 491).

c) Zu Nr. 4 s. M. IV, 1113 ff.; Z.G. IV, 480; P. IV, 763. Nach E. I—III sollte die Anlage erfolgen können:

α) in Schuldverschreibungen von bezw. verbrieften Forderungen gegen inländische kommunale Körperschaften oder die Kreditanstalt einer solchen Körperschaft, wenn die Forderungen seitens der Inhaber kündbar sind oder einer regelmäßigen Tilgung unterliegen;

β) in sonstigen Werthpapieren, die vom Bundesrath als zur Anlegung von Mündelgeld geeignet erklärt worden sind.

Einem Beschluß der Reichstagskommission zufolge wurden, hauptsächlich mit Rücksicht auf die hinsichtlich der Pfandbriefe der preußischen Landschaften geäußerten Wünsche, neben den „Werthpapieren" die „Pfandbriefe" noch besonders hervorgehoben (R.T.K. 161 ff.). Durch den Reichstag wurde sodann bei der zweiten Lesung die nunmehrige Fassung beschlossen und damit auch für die Forderungen gegen die genannten Körperschaften und Kreditanstalten ausdrückliche Zulassung durch den Bundesrath für erforderlich erklärt, dagegen von den übrigen erwähnten Voraussetzungen Umgang genommen (St.B. 282 ff.).

Durch Bundesrathsbeschluß können selbstverständlich auch ausländische Werthpapiere als zulässige Anlagewerthe bezeichnet werden (vgl. Z.G. IV, 479 ff.).

Ueber den Begriff des Werthpapieres s. Anm. zu § 234; P. IV, 764).

Nach E.G. Art. 212 bleiben die landesgesetzlichen Vorschriften in Kraft, nach welchen gewisse Werthpapiere als mündelsicher erklärt sind (s. u. Anm. 3c). Ueber die bisher in Bayern als mündelsicher geltenden Werthpapiere s. Wagner, Handb. d. amtsg. Verf. 2. Aufl. S. 221b.

d) Zu Nr. 5 s. M. IV, 1113 ff.; Z.G. IV, 479; P. IV, 762 ff.; vgl. Wagner, Handb. d. amtsg. Verf. 2. Aufl. S. 222c; Becher, Landescivilrecht Bd. 2 S. 1161 Note 19. (Nach E. I sollte Anlegung bei einer inländischen öffentlichen und obrigkeitlich bestätigten Sparkasse ohne weitere Voraussetzung gestattet sein). Welche Behörden zur Abgabe der fraglichen Erklärung zuständig und welche Sparkassen als öffentliche anzusehen sind, bestimmt sich nach Landesrecht (M. IV, 1114; s. auch P. IV, 763; Böhm, a. a. O. S. 93; Fischer-Henle 2. Aufl. Note 13 zu § 1807). Gemäß § 1809 soll die Anlegung bei einer Sparkasse nur mit der Bestimmung erfolgen, daß zur Erhebung des Geldes die Genehmigung des Gegenvormundes oder des Vormundschaftsgerichts erforderlich ist. S. auch § 1813 Abs. 2. Nach E.G. Art. 99 bleiben die landesgesetzlichen Vorschriften über die Sparkassen unberührt, unbeschadet der Bestimmungen des B.G.B. über die Anlegung von Mündelgeld.

2. Hinsichtlich der Wahl unter den nach § 1807 zulässigen Arten der Anlegung von Mündelgeld ist der Vormund an eine bestimmte Reihenfolge nicht gebunden (M. IV, 1116). Insbesondere ist die Anlegung bei einer Sparkasse (im Gegensatze zum § 39 Abs. 2 der preuß. Vorm.Ordn.) nicht davon abhängig gemacht, daß eine anderweitige Anlegung nicht möglich ist. Kann die Anlegung den Umständen nach nicht in der im § 1807 bezeichneten Weise erfolgen, so ist das Geld nach Maßgabe des § 1808 bei einer Bank oder Hinterlegungsstelle anzulegen.

3. Ausnahmen von den Vorschriften des § 1807 bestehen in folgenden Beziehungen:

a) Aus besonderen Gründen kann das Vormundschaftsgericht dem Vormund eine andere Art der Anlegung gestatten (§ 1811).

b) Soweit nach § 1803 ein Dritter bindende Anordnungen über die Verwaltung des dem Mündel zugewendeten Vermögens geben kann, steht ihm diese Befugniß auch hinsichtlich der Art der Anlegung des zugewendeten Vermögens zu (vgl. Anm. 2d zu § 1642).

c) Nach E.G. Art. 212 bleiben die landesgesetzlichen Vorschriften in Kraft, nach welchen gewisse Werthpapiere zur Anlegung von Mündelgeld für geeignet erklärt sind (vgl. E.G. Art. 218, 167; R.T.K. 163, 187; St.B. 284).

4. Zu der nach § 1807 vorgeschriebenen Anlegung von Mündelgeld bedarf der Vormund der Genehmigung des Gegenvormundes, die durch die Genehmigung des Vormundschaftsgerichts ersetzt wird. Ist kein Gegenvormund vorhanden, so ist die Genehmigung des Vormundschaftsgerichts erforderlich, es sei denn, daß die Vormundschaft von mehreren Vormündern gemeinschaftlich geführt wird (§ 1810).

5. Eine unbedingte Verpflichtung zur Umwandlung bereits vorhandener, die vorgeschriebene Sicherheit nicht bietender Werthe in die nach § 1807 vorgeschriebenen ist dem Vormunde nicht auferlegt. Ob eine solche Umwandlung geboten ist, hat der Vormund nach Lage des einzelnen Falles zu entscheiden (M. IV, 1116; vgl. Anm. 3 zu § 1642; Wagner, Handb. d. amtsg. Verf. 2. Aufl. S. 224 und Note 29; Becher, Landescivilrecht Bd. 2 S. 1161 Note 17).

6. Handelt der Vormund den Vorschriften des § 1807 zuwider, so kann zwar der Mündel eine derartige, den gesetzlichen Bestimmungen nicht entsprechende Anlage seines Vermögens nicht zurückweisen, da § 1807 lediglich den Charakter einer Ordnungsvorschrift hat („soll"). Das Vormundschaftsgericht kann aber den Vormund nach § 1837 zu anderweitiger Anlegung anhalten und der Vormund haftet dem Mündel nach Maßgabe des § 1833 (vgl. Anm. 4 zu § 1642; Anm. 3 zu § 1806; R.G.E. in C.S. XVI, 207). Andererseits kann Vormund und Gegenvormund trotz Beobachtung der Vorschriften des § 1807 auf Grund des § 1833 dem Mündel gegenüber schadensersatzpflichtig sein (M. IV, 1109).

7. Die Vorschriften über die Anlegung von Mündelgeld sind auch außerhalb des Vormundschaftsrechts von Bedeutung; s. B.G.B. §§ 234 Abs. 1 Satz 1, 238 Abs. 1, 1079 Satz 1, 1083 Abs. 2 Satz 1, 1288 Abs. 1 Satz 1, 1377 Abs. 2, 1525 Abs. 2, 1642, 2119, ferner Krankenversicherungsges. v. $\frac{\text{15. Juni 1883}}{\text{10. April 1892}}$ § 40 Abs. 3, Unfallvers.Ges. v. 6. Juli 1884 § 76 Abs. 1, Ges. v. 5. Mai 1886 betr. die Unfall- u. Krankenvers. der in land- und forstwirthsch. Betr. besch. Personen § 85 Abs. 1, Ges. v. 11. Juli 1887 betr. die Unfallvers. d. bei Bauten besch. Pers. §§ 43 Abs. 3, 48 Abs. 1, Ges. v. 13. Juli 1887 betr. die Unfallvers. der Seeleute und anderer bei der Seeschiffahrt betheiligten Pers. § 88 Abs. 1, Ges. v. 22. Juni 1889 betr. die Invaliditäts- und Altersversicherung § 129 Abs. 1.

§ 1808.

Kann die Anlegung den Umständen nach nicht in der im § 1807 bezeichneten Weise erfolgen, so ist das Geld bei der Reichsbank, bei einer Staatsbank oder bei einer anderen durch Landesgesetz dazu für geeignet erklärten inländischen Bank oder bei einer Hinterlegungsstelle anzulegen.

E. I, 1665; II, 1688; III, 1784.

1. Gemäß § 1808 ist der Vormund verpflichtet, die nicht zur Bestreitung von Ausgaben bereit zu haltenden Gelder des Mündels, falls deren Anlage nach Maßgabe des § 1807 nicht möglich ist, bei einer Bank oder Hinterlegungsstelle verzinslich anzulegen (M. IV, 1116 ff.; P. IV, 773 ff., V, 146 ff.; vgl. preuß. Vorm.Ordn. § 39 Abs. 2; Wagner, Handb. d. amtsg. Verf. 2. Aufl. S. 223 d). Auch diese Anlegung ist an sich eine dauernde und vorübergehend nur insoferne, als die Umstände, welche der Anlegung gemäß § 1807 entgegenstehen, regelmäßig nur vorübergehender Natur sein werden (P. IV, 774). Nach Wegfall dieser Umstände muß die Anlegung entsprechend den Vorschriften des § 1807 erfolgen. Welche der im § 1808 erwähnten Anlegungsarten der Vormund wählen will, ist seinem Ermessen überlassen (vgl. Anm. 2 zu § 1807).

2. Ueber die Reichsbank s. Reichsbankgesetz v. 14. März 1875 §§ 12—41, insbes. § 13 Nr. 7, wonach die Reichsbank befugt ist, verzinsliche und unverzinsliche Gelder im Depositengeschäft und im Giroverkehr anzunehmen. Nach der Bekanntmachung vom 3. Dezember 1878 nimmt allerdings die Reichsbank zur Zeit verzinsliche Depositen nicht an (Z.G. IV, 480; P. IV, 774). Unter Staatsbank ist natürlich nur die Bank eines deutschen Bundesstaats zu verstehen. Ueber die kgl. bayrische Bank in Nürnberg s. die V.O. vom 4. Okt. 1850 (Reg.Bl. 1850 S. 785 ff.) und vom 13. Dez. 1878 (G. u. V.O.Bl. 1878 S. 489 ff.) § 3 Abs. 1 Nr. 1, 2; s. auch Bekanntm. der kgl. Bankdirektion, betr. die Geldanlagen bei der kgl. Bank im Depositenverkehr, v. 11. Mai 1887 und 12. Okt. 1897 (Just.Min.Bl. 1887 S. 124 ff., 1897 S. 243 ff.). Die Befugniß, eine Privatbank als zur Anlegung von Mündelgeld geeignet zu bezeichnen, steht der Landesgesetzgebung, nicht (wie in der II. Komm. beantragt

worden war) dem Bundesrath oder der Landesregierung zu. Doch kann natürlich der letzteren durch die Landesgesetzgebung diese Befugniß übertragen werden (P. IV, 776 ff.). Hinsichtlich der Hinterlegungsstellen s. E.G. Art. 144. Hienach bleiben die landesgesetzlichen Vorschriften über die sachliche und örtliche Zuständigkeit der Hinterlegungsstellen unberührt. Die Landesgesetze können bestimmen, daß die Anlegung von Mündelgeld nach § 1808 B.G.B. bei den Hinterlegungsstellen des Bundesstaats nicht stattfindet (s. auch E.G. Art. 145).

3. Ausnahmen von der Vorschrift des § 1808 bestehen im gleichen Umfange wie von den Bestimmungen des § 1807 (s. Anm. 3 zu § 1807).

4. Nach § 1809 soll die Anlegung von Mündelgeld in der durch § 1808 festgesetzten Weise nur mit der Bestimmung erfolgen, daß zur Erhebung desselben die Genehmigung des Gegenvormundes oder des Vormundschaftsgerichts erforderlich ist (s. auch § 1813 Abs. 2).

5. Ueber das Erforderniß der Genehmigung des Gegenvormundes bezw. des Vormundschaftsgerichts zu einer Anlegung von Mündelgeld nach § 1808 s. § 1810, über die Rechtsfolgen einer Zuwiderhandlung gegen § 1808 s. Anm. 6 zu § 1807.

§ 1809.

Der Vormund soll Mündelgeld nach § 1807 Abs. 1 Nr. 5 oder nach § 1808 nur mit der Bestimmung anlegen, daß zur Erhebung des Geldes die Genehmigung des Gegenvormundes oder des Vormundschaftsgerichts erforderlich ist.

E. I, 1666 Abs. 2; II, 1689 Abs. 2; III, 1785.

1. Auch zur Anlegung von Mündelgeld bei einer Sparkasse, Bank oder Hinterlegungsstelle (§§ 1807 Abs. 1 Nr. 5, 1808) ist die Genehmigung des Gegenvormundes oder des Vormundschaftsgerichts erforderlich (§ 1810; anders E. I; vgl. M. IV, 1119, Anm. 1 zu § 1810; das Gegentheil behauptet im Widerspruch mit dem klaren Wortlaut des Gesetzes Richter, a. a. O. S. 145). Um den Gefahren zu begegnen, welche für den Mündel mit der Aushändigung von Inhaber- oder Legitimationspapieren an den Vormund verbunden sind, soll gemäß § 1809 eine derartige Anlegung mit der Bestimmung erfolgen, daß die Erhebung des Geldes von der Genehmigung des Gegenvormundes oder des Vormundschaftsgerichts abhängig ist (M. IV, 1119 ff.; Z.G. IV, 480; P. IV, 779; vgl. § 1813 Abs. 2 Satz 1, Anm. 1 b, c zu § 1813; über die bisher übliche Vinkulirung von Sparbüchern s. Wagner, Handb. d. amtsg. Verf. 2. Aufl. S. 222 c und Note 24).

2. Hinsichtlich der rechtlichen Folgen einer Zuwiderhandlung gegen die Vorschrift des § 1809 gilt das in Anm. 6 zu § 1807 Bemerkte.

3. Ausnahmen für den Fall der befreiten Vormundschaft. Von der Beobachtung der Vorschrift des § 1809 können die zur Benennung eines Vormundes berechtigten Personen den von ihnen benannten Vormund entbinden (§§ 1852 Abs. 2, 1855; s. auch §§ 1856, 1857). Der Vater und die eheliche Mutter als Vormund eines Volljährigen unterliegen der Beschränkung des § 1809 überhaupt nicht (§§ 1903 Abs. 1 Satz 2, 1904 Satz 1, s. aber 1903 Abs. 1 Satz 3, Abs. 2, 1904 Satz 3), vgl. auch § 1917 Abs. 2 und E.G. Art. 136 Nr. 4.

4. Will der Vormund Geld, das zur Bestreitung von Ausgaben bereit zu halten ist (§ 1806), vorübergehend bei einer Sparkasse, Bank oder Hinterlegungsstelle anlegen, so ist er hiebei an die Vorschrift des § 1809 nicht gebunden (vgl. Anm. 2 zu § 1806).

§ 1810.

Der Vormund soll die in den §§ 1806 bis 1808 vorgeschriebene Anlegung nur mit Genehmigung des Gegenvormundes bewirken; die Genehmigung des Gegenvormundes wird durch die Genehmigung des Vormundschaftsgerichts ersetzt. Ist ein Gegenvormund nicht vorhanden, so soll die Anlegung nur mit Genehmigung des Vormundschaftsgerichts erfolgen, sofern nicht die Vormundschaft von mehreren Vormündern gemeinschaftlich geführt wird.

E. I, 1666 Abs. 1; II, 1689 Abs. 1; III, 1786.

1. Erforderniß der Genehmigung des Gegenvormundes oder Vormundschaftsgerichts zur Anlegung von Mündelgeld. Nach E. I sollte die Genehmigung des Gegenvormundes nur erforderlich sein zur Anlegung von Mündelgeld in

einer der im § 1807 Abs. 1 Nr. 1—4 erwähnten Formen, nicht aber zur Anlegung bei einer Sparkasse (§ 1807 Abs. 1 Nr. 5), Bank oder Hinterlegungsstelle (§ 1808). Dagegen verlangt das B.G.B. die Genehmigung des Gegenvormundes zu jeder Art der Anlegung von Mündelgeld (M. IV, 1117 ff.; P. IV, 778; vgl. Anm. 1 zu § 1809). Verweigert der Gegenvormund seine Genehmigung oder ist dieselbe (z. B. wegen Unbekanntheit des Aufenthalts des Gegenvormundes oder Unfähigkeit desselben zur Erklärungsabgabe) nicht zu erlangen, so kann seine Genehmigung durch die des Vormundschaftsgerichts ersetzt werden (M. IV, 1118 ff.). Ueber das Erforderniß vorheriger Anhörung des Gegenvormundes s. § 1826, M. IV, 1119. Ist kein Gegenvormund aufgestellt worden oder der aufgestellte weggefallen, so ist die Genehmigung des Vormundschaftsgerichts erforderlich, es sei denn, daß die Vormundschaft von mehreren Vormündern gemeinschaftlich geführt wird (§ 1797 Abs. 1; s. P. M. 8680). Sind in dem letzteren Falle die mehreren Vormünder einig, so kann die Anlegung ohne Weiteres erfolgen; im gegentheiligen Falle entscheidet das Vormundschaftsgericht (§ 1797 Abs. 1; vgl. § 1812 Abs. 2, 3. Nach E. I sollte, wenn kein Gegenvormund bestellt worden ist, die Genehmigung des Vormundschaftsgerichts nicht erforderlich sein; vgl. M. IV, 1118; P. IV, 778 ff.; s. auch Anm. 1 zu § 1802 a. E.).

2. Ausnahmen für den Fall der befreiten Vormundschaft. Von der im § 1810 festgesetzten Beschränkung können die zur Benennung eines Vormundes berechtigten Personen den von ihnen benannten Vormund entbinden (§§ 1852 Abs. 2, 1855; s. auch §§ 1856, 1857). Für den Vater und die eheliche Mutter als Vormund eines Volljährigen gilt die fragliche Beschränkung überhaupt nicht (§§ 1903 Abs. 1 Satz 2, 1904 Satz 1, s. aber 1903 Abs. 1 Satz 3, Abs. 2, 1904 Satz 3); vgl. auch § 1917 Abs. 2 und E.G. Art. 136 Nr. 4.

3. Will der Vormund Geld, das zur Bestreitung von Ausgaben bereit zu halten ist (§ 1806), vorübergehend verzinslich anlegen, so bedarf er hiezu weder der Genehmigung des Gegenvormundes noch der des Vormundschaftsgerichts (vgl. Anm. 2 zu § 1806).

4. Hinsichtlich der Form der Ertheilung der Genehmigung des Gegenvormundes s. §§ 1832, 1828; hinsichtlich der Rechtsfolgen einer Zuwiderhandlung gegen die Vorschrift des § 1810 gilt das in Anm. 6 zu § 1807 Bemerkte (M. IV, 1117 ff.).

§ 1811.

Das Vormundschaftsgericht kann aus besonderen Gründen dem Vormund eine andere Anlegung als die in den §§ 1807, 1808 vorgeschriebene gestatten.

E. I, 1667; II, 1690; III, 1787.

Durch die (der preuß. Vorm.Ordn. unbekannte) Vorschrift des § 1811 wird insbesondere die unter Umständen zur Vermeidung großer Verluste erforderliche Anlegung von Mündelgeld in ausländischen Werthen ermöglicht (M. IV, 1120; vgl. auch § 1817 und bez. des bisherigen Rechts Becher, Landescivilrecht Bd. 2 S. 1162 Note 21). Selbstverständlich wird auch in diesen Fällen eine sichere Anlegung vorausgesetzt. Für den aus der Ertheilung seiner Genehmigung dem Mündel erwachsenden Schaden ist der Vormundschaftsrichter nach Maßgabe des § 1848 verantwortlich. Vor seiner Entscheidung soll das Vormundschaftsgericht den Gegenvormund hören, falls ein solcher vorhanden und seine Anhörung thunlich ist (§ 1826).

§ 1812.

Der Vormund kann über eine Forderung oder über ein anderes Recht, kraft dessen der Mündel eine Leistung verlangen kann, sowie über ein Werthpapier des Mündels nur mit Genehmigung des Gegenvormundes verfügen, sofern nicht nach den §§ 1819 bis 1822 die Genehmigung des Vormundschaftsgerichts erforderlich ist. Das Gleiche gilt von der Eingehung der Verpflichtung zu einer solchen Verfügung.

Die Genehmigung des Gegenvormundes wird durch die Genehmigung des Vormundschaftsgerichts ersetzt.

Ist ein Gegenvormund nicht vorhanden, so tritt an die Stelle der Genehmigung des Gegenvormundes die Genehmigung des Vormundschaftsgerichts, sofern nicht die Vormundschaft von mehreren Vormündern gemeinschaftlich geführt wird.

E. I, 1669 Abs. 1, 3; II, 1692; III, 1788.

1. Während § 1810 das Erforderniß der Genehmigung des Gegenvormundes zur Anlegung von Mündelgeld regelt, bestimmen die §§ 1812, 1813, inwieweit der Vormund zur Verfügung über Vermögensstücke des Mündels der Genehmigung des Gegenvormundes bedarf (M. IV, 1121 ff.; Z.G. IV, 481 ff.; P. IV, 781 ff.; vgl. preuß. Vorm.Ordn. § 41). Nach E. I sollte die Genehmigung des Gegenvormundes erforderlich sein zu einem Rechtsgeschäfte, durch welches ein Anspruch, mit Einschluß von Hypotheken, Grundschulden und Werthpapieren, veräußert oder belastet oder die Verpflichtung zu einer derartigen Veräußerung oder Belastung begründet wird. Hievon weicht das Gesetz in doppelter Beziehung ab:

a) Als Gegenstand der Verfügungsmacht sind außer den Werthpapieren alle Rechte bezeichnet, kraft deren der Mündel eine Leistung verlangen kann. Hiezu gehören insbesondere die vom Gesetz ausdrücklich erwähnten Forderungen (vgl. P. IV, 782; § 241 und Anm. hiezu). Ueber den Begriff des Werthpapieres s. Anm. zu § 234; P. IV, 764. Hinsichtlich der Hypotheken, Grund- und Rentenschulden s. auch § 1821 Abs. 2. Zur Verfügung über andere bewegliche Sachen, insbesondere auch über Kostbarkeiten des Mündels bedarf der Vormund der Genehmigung des Gegenvormundes nicht (M. IV, 1128 ff.; Z.G. IV, 483: s. auch §§ 1818, 1819).

b) Was die Art der Rechtsgeschäfte anlangt, so erstreckt sich die Beschränkung der Vertretungsmacht des Vormundes auf alle Verfügungen über die unter a genannten Gegenstände sowie auf die Eingehung der Verpflichtung zu einer solchen Verfügung. Verfügungen sind solche Rechtsgeschäfte, durch welche unmittelbar ein Recht übertragen, belastet, geändert oder aufgehoben wird (vgl. Planck, Komm. Bd. 1 S. 148). Als Verfügung erscheint daher nicht nur die Veräußerung (Uebertragung und Aufgabe des Rechtes in seiner Totalität, Aufhebung einer Forderung durch Annahme der geschuldeten Leistung, s. § 1813) und Belastung (Bestellung eines Nießbrauchs oder Pfandrechts), sondern auch die Kündigung (P. IV, 782; vgl. § 1074 Satz 1, 3 und andererseits M. IV, 1126 ff.). Nicht unter den Gesichtspunkt der Verfügung dagegen fällt hier die Einklagung. Der Vormund bedarf daher zur Prozeßführung nicht der Genehmigung des Gegenvormundes (M. I, 129, IV, 1127; vgl. Anm. 5c zu §§ 1821, 1822). Durch den Umstand, daß der Vormund einem Dritten gegenüber zur Vornahme der fraglichen Verfügung verpflichtet ist, wird das Erforderniß der Genehmigung des Gegenvormundes nicht ausgeschlossen (M. IV, 1124).

2. Nicht erforderlich ist die Genehmigung des Gegenvormundes:

a) soferne nach §§ 1819—1822 die Genehmigung des Vormundschaftsgerichts erforderlich ist;

b) zur Annahme einer geschuldeten Leistung in den Ausnahmsfällen des § 1813 Abs. 1 (s. aber § 1813 Abs. 2);

c) in den Fällen der befreiten Vormundschaft (§§ 1852 Abs. 2, 1855, 1856, 1857, s. auch §§ 1903 Abs. 1 Satz 2, 1904 Satz 1, 1903 Abs. 1 Satz 3, Abs. 2, 1904 Satz 3, ferner § 1917 Abs. 2, E.G. Art. 136 Nr. 4);

d) wenn die Verfügung des Vormundes im Wege einer gegen den Mündel gerichteten Zwangsvollstreckung erforderlich wird (diese im E. I, 1676 ausdrücklich ausgesprochene Bestimmung hat die II. Komm. als selbstverständlich beseitigt, vgl. M. IV, 1124, 1149; P. IV, 795; s. auch Anm. 5a zu §§ 1821, 1822);

e) wenn das Vormundschaftsgericht dem Vormunde gemäß § 1825 eine allgemeine Ermächtigung ertheilt hat.

3. Verweigert der Gegenvormund seine Genehmigung oder ist dieselbe (z. B. wegen Abwesenheit oder Unfähigkeit desselben zur Erklärungsabgabe) nicht zu erlangen; so kann seine Genehmigung durch die des Vormundschaftsgerichts ersetzt werden. Ueber das Erforderniß vorheriger Anhörung des Gegenvormundes s. § 1826. Ist kein Gegenvormund aufgestellt worden oder der aufgestellte weggefallen, so ist die Genehmigung des Vormundschaftsgerichts erforderlich, es sei denn, daß die Vormundschaft von mehreren Vormündern gemeinschaftlich geführt wird (M. IV, 1127 ff.; vgl. Anm. 1 zu § 1810).

4. Für die Form der Ertheilung der Genehmigung des Gegenvormundes und den Einfluß des Mangels seiner Genehmigung auf die Wirksamkeit der ohne dieselbe vom Vormund getroffenen Verfügungen sind die Bestimmungen der §§ 1828—1831 maßgebend (§ 1832).

§ 1813.

Der Vormund bedarf nicht der Genehmigung des Gegenvormundes zur Annahme einer geschuldeten Leistung:

1. wenn der Gegenstand der Leistung nicht in Geld oder Werthpapieren besteht;
2. wenn der Anspruch nicht mehr als dreihundert Mark beträgt;
3. wenn Geld zurückgezahlt wird, das der Vormund angelegt hat;
4. wenn der Anspruch zu den Nutzungen des Mündelvermögens gehört;
5. wenn der Anspruch auf Erstattung von Kosten der Kündigung oder der Rechtsverfolgung oder auf sonstige Nebenleistungen gerichtet ist.

Die Befreiung nach Abs. 1 Nr. 2, 3 erstreckt sich nicht auf die Erhebung von Geld, bei dessen Anlegung ein Anderes bestimmt worden ist. Die Befreiung nach Abs. 1 Nr. 3 gilt auch nicht für die Erhebung von Geld, das nach § 1807 Abs. 1 Nr. 1 bis 4 angelegt ist.

E. I, 1669 Abs. 2; II, 1693; III, 1789.

1. Zur Annahme einer geschuldeten Leistung ist gemäß § 1812 im Allgemeinen die Genehmigung des Gegenvormundes, eventuell des Vormundschaftsgerichts erforderlich (Anm. 1 b zu § 1812). Hievon bestehen jedoch nach § 1813 einzelne Ausnahmen (M. IV, 1125 ff.; Z.G. IV, 483; P. IV, 781 ff.; P.M. 8681 ff.).

a) Die Ausnahme unter Nr. 1 beruht auf der Erwägung, daß in solchen Fällen auch ohne das Erforderniß der Genehmigung des Gegenvormundes eine erhebliche Gefährdung der Interessen des Mündels nicht besteht. Ob der Anspruch schon ursprünglich auf Geld gerichtet war oder erst in Folge der Nichterfüllung sich in einen Anspruch auf Geldleistung verwandelt hat (s. § 251), kommt nicht in Betracht (M. IV, 1125).

b) Die unter Nr. 2 erwähnte Ausnahme ist im Interesse der Erleichterung der Vormundschaftsführung getroffen. Entscheidend ist übrigens nicht der Betrag der Leistung, sondern die Höhe des Anspruchs, so daß die Genehmigung des Gegenvormundes auch zur Annahme von Theilzahlungen unter 300 Mk. erforderlich ist, wenn der Betrag des Gesammtanspruchs 300 Mk. übersteigt (M. IV, 1126). Nicht anwendbar ist diese Ausnahmebestimmung, wenn es sich um Erhebung von Geld handelt, bei dessen Anlegung ein Anderes bestimmt worden ist, also insbesondere um Erhebung von Geld, welches gemäß § 1809 bei einer Sparkasse, Bank oder Hinterlegungsstelle mit der Bestimmung angelegt worden ist, daß zur Erhebung die Genehmigung des Gegenvormundes oder des Vormundschaftsgerichts erforderlich ist. Hat der Vormund Mündelgeld der Vorschrift des § 1809 zuwider ohne diese Bestimmung angelegt, so ist die ohne Genehmigung des Gegenvormundes erfolgte Rückzahlung gültig (P.M. 8683; s. auch unten unter c).

c) Die Ausnahme unter Nr. 3 gilt nicht für die Erhebung von Geld, das nach § 1807 Abs. 1 Nr. 1—4 angelegt worden ist und erstreckt sich auch nicht auf die Erhebung von Geld, bei dessen Anlegung ein Anderes bestimmt worden ist, also insbesondere auf die Erhebung von Geld, welches gemäß § 1809 bei einer Sparkasse, Bank oder Hinterlegungsstelle mit der Bestimmung angelegt worden ist, daß zur Erhebung die Genehmigung des Gegenvormundes oder des Vormundschaftsgerichts erforderlich ist. Die Anwendbarkeit dieser Ausnahmevorschrift beschränkt sich also im Wesentlichen auf die Annahme solchen Geldes, welches der Vormund angelegt hat, obwohl die verzinsliche Anlegung gemäß § 1806 nicht erforderlich gewesen wäre (Anm. 2 zu § 1806; vgl. E. I, 1669 Abs. 2 Satz 1; M. IV, 1120, 1125 ff.; P.M. 8681 ff.; s. auch oben unter b).

d) Die freiere Stellung des Vormundes hinsichtlich der in Nr. 4 erwähnten Ansprüche entspricht dem regelmäßigen Zwecke der Nutzungen, zur Bestreitung der laufenden Ausgaben zu dienen (M. IV, 1125). Ueber den Begriff der Nutzungen s. § 100 und Anm. hiezu.

e) Die unter Nr. 5 erwähnte Ausnahme war im E. I nicht enthalten (s. P. IV, 781 ff.). Ueber den Begriff der Nebenleistungen s. Anm. zu § 224 (vgl. C.P.O. § 4 n. Nr.). Zur Kündigung selbst ist die Genehmigung des Gegenvormundes erforderlich (Anm. 1 b zu § 1812).

2. Ueber weitere Ausnahmen von der Vorschrift des § 1812 s. Anm. 2a, c, d, e zu § 1812.

§ 1814.

Der Vormund hat die zu dem Vermögen des Mündels gehörenden Inhaberpapiere nebst den Erneuerungsscheinen bei einer Hinterlegungsstelle oder bei der Reichsbank mit der Bestimmung zu hinterlegen, daß die Herausgabe der Papiere nur mit Genehmigung des Vormundschaftsgerichts verlangt werden kann. Die Hinterlegung von Inhaberpapieren, die nach § 92 zu den verbrauchbaren Sachen gehören, sowie von Zins-, Renten- oder Gewinnantheilscheinen ist nicht erforderlich. Den Inhaberpapieren stehen Orderpapiere gleich, die mit Blankoindossament versehen sind.

E. I, 1670 Abs. 1; II, 1694; III, 1790.

1. Die §§ 1814—1820, welche die Hinterlegungspflicht des Vormundes regeln, verfolgen den Zweck, den Mündel gegen die mit der Natur der Inhaberpapiere verbundenen Gefahren sicherzustellen (M. IV, 1129 ff.; Z.G. IV, 483 ff.). Den meisten bisherigen Rechten, insbesondere dem Gem.R., waren ähnliche Bestimmungeu unbekannt. Auch die preuß. Vorm.Ordn. (§ 60) kennt die Hinterlegung, falls sie nicht vom Vormunde beantragt wird, nur als Ausnahmemaßregel. In Bayern war die gerichtliche Deponirung des Mündelvermögens schon durch § 20 Abs. 2 des Hypothekengesetzes vom 1. Juni 1822 vorgeschrieben, s. ferner bayr. Ausf.G. zum Ger.Verf.Ges. v. 23. Febr. 1879 Art. 76, V.O. v. 8. Sept. 1879, die Behandlung des Depositenwesens bei den Gerichten in den rechtsrheinischen Landestheilen betr. (G. u. V.O.Bl. 1879 S. 1115 ff.), Art. 28 ff. des Ges. v. 26. April 1888, die Abänderung von Bestimmungen des in der Pfalz geltenden Hyp. u. Vorm.R. betr.; vgl. Wagner, Handb. d. amtsg. Verf. 2. Aufl. S. 220 ff., 252 ff., Becher, Landescivilrecht Bd. 1 S. 288 ff., Bd. 2 S. 1159. Die Hinterlegung hat bei einer Hinterlegungsstelle (E.G. Art. 144, 145) oder bei der Reichsbank zu erfolgen und zwar ihrem Zwecke entsprechend mit der Bestimmung, daß die Herausgabe der Papiere nur mit Genehmigung des Vormundschaftsgerichts verlangt werden kann (M. IV, 1132). Ob der Hinterlegungsstelle oder der Reichsbank auch die auf die hinterlegten Papiere sich beziehenden Verwaltungsgeschäfte (Kontrolle der Auslosungen, Ersetzung verlooster Papiere durch neue, Ausübung von Bezugsrechten ꝛc.) zu übertragen sind, hat der Vormund nach freiem Ermessen zu entscheiden (P. IV, 789 ff.).

2. Gegenstand der Hinterlegung sind:

a) Inhaberpapiere (§§ 793 ff., H.G.B. v. 10. Mai 1897 Art. 179 Abs. 2);

b) die zu denselben gehörigen Erneuerungsscheine (Talons, s. § 805; nach E. I war die Hinterlegung der Erneuerungsscheine nicht erforderlich, vgl. Z.G. IV, 485; P. IV, 785);

c) Orderpapiere, die mit Blankoindossament versehen sind (H.G.B. v. 10. Mai 1897 §§ 363 ff.; Wechselordnung Art. 9, 12; die Gleichstellung dieser Papiere mit den Inhaberpapieren beruht auf Beschluß der II. Komm.; s. M. IV, 1131; Z.G. IV, 484 ff.; P. IV, 785; vgl. §§ 234 Abs. 1 Satz 2, 1362 Abs. 1 Satz 2 1392 Abs. 1 Satz 3).

3. Nicht hinterlegt zu werden brauchen:

a) Inhaberpapiere, deren bestimmungsgemäßer Gebrauch in dem Verbrauch oder in der Veräußerung besteht (§ 92; vgl. § 1392 Abs. 1 Satz 2). Hieher gehören insbesondere Banknoten, zum Umsatz bestimmte in blanco girirte Wechsel, Inhaberpapiere, die zum Betriebsfond eines zum Mündelvermögen gehörenden Erwerbsgeschäfts gehören, nicht aber Kautionswechsel (P. IV, 785).

b) Zins-, Renten- und Gewinnantheilscheine (Z.G. IV, 485; s. auch § 1392 Abs. 1 Satz 2 und andererseits § 234 Abs. 2). Der in der II. Komm. gestellte Antrag, die Hinterlegungspflicht auf die erst nach der Volljährigkeit des Mündels fällig werdenden Zins-, Renten- und Gewinnantheilscheine auszudehnen (vgl. Z.G. IV, 485) bezw. diese Papiere nur auf 5 Jahre hinaus in den Händen des Vormundes zu lassen, wurde abgelehnt (P. IV, 785 ff.; P.M. 8686 ff.). Nach § 1818 kann aber die Hinterlegung dieser Papiere auf Antrag des Vormundes angeordnet werden (s. u. Anm. 5 a).

4. Eine Ausnahme von der Hinterlegungspflicht des Vormundes hinsichtlich der im § 1814 genannten Papiere besteht:

a) für die Fälle der befreiten Vormundschaft (§§ 1853, 1855—1857, s. auch §§ 1903 Abs. 1 Satz 2, 1904 Satz 2, 1903 Abs. 1 Satz 3, Abs. 2, § 1917 Abs. 2);

b) insoweit das Vormundschaftsgericht aus besonderen Gründen den Vormund von dieser Verpflichtung entbindet (§ 1817).

5. Andererseits kann die Hinterlegungspflicht gemäß § 1818 durch das Vormundschaftsgericht ausgedehnt werden:

a) auf die Zins-, Renten- und Gewinnantheilscheine, falls der Vormund dies beantragt;

b) aus besonderen Gründen auch auf andere als die im § 1814 bezeichneten Werthpapiere, sowie auf Kostbarkeiten.

6. Freiwillige Hinterlegung. Daß der Vormund Werthpapiere und Kostbarkeiten, zu deren Hinterlegung er nicht verpflichtet ist, hinterlegen kann, hatte E. I (§ 1672) ausdrücklich ausgesprochen. Die II. Komm. hat diese Bestimmung als selbstverständlich beseitigt (M. IV, 1133, 1135; Z.G. IV, 486; P. IV, 790). Im Falle einer solchen freiwilligen Hinterlegung finden natürlich nicht die Vorschriften des § 1819, sondern die allgemeinen Grundsätze Anwendung (M. IV, 1131 ff.; P. IV, 790; Anm. 4 zu § 1819).

7. Ueber die Befugniß des Vormundes, die Inhaberpapiere, statt sie zu hinterlegen, auf den Namen des Mündels umschreiben bezw. in Buchforderungen gegen das Reich oder einen Bundesstaat umwandeln zu lassen, s. § 1815 Abs. 1; über die Befugniß des Vormundschaftsgerichts, die Umwandlung in Buchforderungen an Stelle der Hinterlegung anzuordnen, s. § 1815 Abs. 2. Das Institut der Außerkurssetzung hat das B.G.B. nicht aufgenommen (M. IV, 1133; Z.G. IV, 483 ff., s. auch E.G. Art. 176; vgl. preuß. Vorm.Ordn. § 60).

8. Die rechtliche Wirkung der gemäß § 1814 erfolgten Hinterlegung besteht darin, daß der Vormund, solange die Papiere nicht zurückgenommen sind, zu einer Verfügung über dieselben, bei Hinterlegung von Hypotheken-, Grundschuld- oder Rentenschuldbriefen auch zu einer Verfügung über die Hypothekforderung, die Grund- oder Rentenschuld, sowie zur Eingehung der Verpflichtung zu einer solchen Verfügung der Genehmigung des Vormundschaftsgerichts bedarf (§ 1819).

9. Kommt der Vormund der ihm nach § 1814 obliegenden Hinterlegungspflicht nicht nach, so kann er zur Erfüllung derselben gemäß § 1837 durch Ordnungsstrafen angehalten, eventuell nach § 1886 entlassen werden. Außerdem haftet er dem Mündel für den in Folge der Unterlassung oder Verzögerung der Hinterlegung eintretenden Verlust nach Maßgabe des § 1833 (M. IV, 1129).

10. Die Kosten der Hinterlegung fallen dem Mündelvermögen zur Last (vgl. § 1667 Abs. 2 Satz 4, Abs. 3). E. I hatte dies ausdrücklich ausgesprochen (§ 1673); von der II. Komm. wurde diese Bestimmung als selbstverständlich beseitigt (M. IV, 1135; Z.G. IV, 486; P. IV, 790). Hat der Vormund der Hinterlegungsstelle oder der Reichsbank auch die auf die hinterlegten Papiere sich beziehenden Verwaltungsgeschäfte übertragen (s. o. Anm. 1 a. E.), so fallen, soweit diese Maßregel sich als gerechtfertigt darstellt, natürlich auch die hiedurch erwachsenden Kosten dem Mündelvermögen zur Last (P. IV, 790).

11. Ueber die Hinterlegungspflicht des Gewalthabers s. § 1667 Abs. 2 Satz 4.

§ 1815.

Der Vormund kann die Inhaberpapiere, statt sie nach § 1814 zu hinterlegen, auf den Namen des Mündels mit der Bestimmung umschreiben lassen, daß er über sie nur mit Genehmigung des Vormundschaftsgerichts verfügen kann. Sind die Papiere von dem Reiche oder einem Bundesstaat ausgestellt, so kann er sie mit der gleichen Bestimmung in Buchforderungen gegen das Reich oder den Bundesstaat umwandeln lassen.

Sind Inhaberpapiere zu hinterlegen, die in Buchforderungen gegen das Reich oder einen Bundesstaat umgewandelt werden können, so kann das Vormundschaftsgericht anordnen, daß sie nach Abs. 1 in Buchforderungen umgewandelt werden.

E. I, 1670 Abs. 1; II, 1695; III, 1791.

1. Gemäß § 1815 ist dem Vormunde freigestellt, an Stelle der Hinterlegung der im § 1814 erwähnten Inhaberpapiere dieselben auf den Namen des Mündels

umschreiben, oder (was im E. I nicht erwähnt war) Inhaberpapiere, welche in Buchforderungen gegen das Reich oder einen Bundesstaat umgewandelt werden können, in solche Buchforderungen umwandeln zu lassen (P. IV, 787 ff.). Nach Abs. 2 kann das Vormundschaftsgericht auch gegen den Willen des Vormundes anordnen, daß Inhaberpapiere, die in Buchforderungen gegen das Reich oder einen Bundesstaat umgewandelt werden können, nicht zu hinterlegen, sondern in Buchforderungen umzuwandeln sind. Vgl. § 23 Abs. 2 des Gesetzes, betr. das Reichsschuldbuch vom 31. Mai 1891: „Soweit Reichsschuldverschreibungen eines Mündels zu hinterlegen oder außer Kurs zu setzen sind, kann das Vormundschaftsgericht anordnen, daß an Stelle der Hinterlegung oder Außerkurssetzung die Umwandlung in Buchschulden des Reichs mit einem die Verfügung über die einzutragende Forderung an die Genehmigung des Vormundschaftsgerichts knüpfenden Vermerke im Reichsschuldbuche beantragt werde." Ueber die Umschreibung von Inhaberpapieren auf den Namen eines bestimmten Berechtigten s. § 806, E.G. Art. 101, 174; über die Umwandlung von Reichsschuldverschreibungen in Buchforderungen gegen das Reich s. §§ 1 ff. des Gesetzes betr. das Reichsschuldbuch vom 31. Mai 1891, Ausführungsbestimmungen des Bundesraths hiezu vom 21. Jan. 1892 (bayr. Just.Min.Bl. 1892 S. 95 ff.), s. ferner E.G. Art. 50, 98, 99. In Bayern besteht zur Zeit kein Staatsschuldbuch (vgl. Anm. zu § 1393). Dem Zwecke der Vorschrift entsprechend soll sowohl die Umschreibung auf den Namen des Mündels, als die Umwandlung in eine Buchforderung mit der Bestimmung erfolgen, daß der Vormund über die umgeschriebenen Papiere bezw. Buchforderungen nur mit Genehmigung des Vormundschaftsgerichts verfügen kann (M. IV, 1132). Ueber die Verpflichtung des Vormundes, bei den bereits zum Mündelvermögen gehörenden Buchforderungen diesen Vermerk in das Schuldbuch eintragen zu lassen, s. § 1816.

2. Freiwillige Umschreibung oder Umwandlung. Selbstverständlich kann der Vormund auch Inhaberpapiere, zu deren Hinterlegung er nicht verpflichtet ist, auf den Namen des Mündels umschreiben oder in Buchforderungen gegen das Reich oder einen Bundesstaat umwandeln lassen (vgl. E. I, 1672; M. IV, 1135; Z.G. IV, 468; P. IV, 790). In diesen Fällen findet § 1820 natürlich keine Anwendung. Es gelten vielmehr die allgemeinen Grundsätze (M. IV, 1131 ff.; vgl. Anm. 3 zu § 1820).

3. Die rechtliche Wirkung der gemäß § 1815 erfolgten Umschreibung oder Umwandlung besteht darin, daß der Vormund zu einer Verfügung über die umgeschriebenen Papiere und die Buchforderungen, sowie zur Eingehung der Verpflichtung zu einer solchen Verfügung der Genehmigung des Vormundschaftsgerichts bedarf (§ 1820 Abs. 1).

4. Kommt der Vormund der ihm gemäß § 1816 Abs. 2 durch das Vormundschaftsgericht auferlegten Verpflichtung zur Umwandlung nicht nach, so kann er hiezu nach § 1837 durch Ordnungsstrafen angehalten, eventuell gemäß § 1886 entlassen werden. Außerdem haftet er dem Mündel für den aus der Unterlassung oder Verzögerung der Umwandlung erwachsenen Schaden nach Maßgabe des § 1833.

5. Die Kosten der Umschreibung oder Umwandlung fallen dem Vermögen des Mündels zur Last (vgl. E. I, 1673; Anm. 10 zu § 1814). Ueber die Gebühren für die Eintragung in das Reichsschuldbuch s. § 20 des Gesetzes betr. das Reichsschuldbuch vom 31. Mai 1891.

6. Ueber die Befugniß des Gewalthabers, Inhaberpapiere, statt sie zu hinterlegen, umschreiben, bezw. in Buchforderungen umwandeln zu lassen, s. § 1667 Abs. 2 Satz 4, Abs. 3.

§ 1816.

Gehören Buchforderungen gegen das Reich oder gegen einen Bundesstaat bei der Anordnung der Vormundschaft zu dem Vermögen des Mündels oder erwirbt der Mündel später solche Forderungen, so hat der Vormund in das Schuldbuch den Vermerk eintragen zu lassen, daß er über die Forderungen nur mit Genehmigung des Vormundschaftsgerichts verfügen kann.

E. II, 1696; III, 1792.

1. Bedeutung der Vorschrift. Während nach § 1815 Abs. 1 Satz 2 und Abs. 2 der Vormund Inhaberpapiere, die in Buchforderungen gegen das Reich oder einen Bundesstaat umgewandelt werden können, statt sie zu hinterlegen, in solche Buchforderungen umwandeln lassen kann, bezw. muß, und bei dieser Umwandlung die Verfügungsmacht des Vormundes hinsichtlich der Buchforderungen an die Genehmigung des Vormundschaftsgerichts geknüpft werden muß (Anm. 1 zu § 1815), schreibt der auf Beschluß

der Redaktionskommission beruhende § 1816 vor, daß der die Verfügungsmacht des Vormundes beschränkende Vermerk im Reichs- oder Staasschuldbuch überhaupt einzutragen ist, wenn Buchforderungen gegen das Reich oder einen Bundesstaat zum Vermögen des Mündels gehören oder in dasselbe gelangen (P. IV, 787).

2. Eine Ausnahme von der Vorschrift des § 1816 besteht:

a) für die Fälle der befreiten Vormundschaft (§§ 1853, 1855—1857; s. auch §§ 1903 Abs. 1 Satz 2, 1904 Satz 1, 1903 Abs. 1 Satz 3, Abs. 2; 1917 Abs. 2);

b) insoweit das Vormundschaftsgericht aus besonderen Gründen den Vormund von dieser Verpflichtung entbindet (§ 1817).

3. Ueber die rechtliche Wirkung der Eintragung des durch § 1816 vorgeschriebenen Vermerks im Reichs- oder Staatsschuldbuch s. § 1820 Abs. 2; vgl. Anm. 3 zu § 1815.

4. Hinsichtlich der Folgen einer Zuwiderhandlung des Vormundes gegen die Vorschrift des § 1816 s. Anm. 4 zu § 1815.

5. Ueber die Kosten der Eintragung des Vermerks im Reichs- oder Staatsschuldbuch s. Anm. 5 zu § 1815.

6. Ueber die analoge Verpflichtung des Gewalthabers s. § 1667 Abs. 2 Satz 4, Abs. 3.

§ 1817.

Das Vormundschaftsgericht kann aus besonderen Gründen den Vormund von den ihm nach den §§ 1814, 1816 obliegenden Verpflichtungen entbinden.

E. I, 1670 Abs. 2; II, 1697; III, 1793.

Die Vorschrift des § 1817 ermöglicht es dem Vormundschaftsgericht, aus besonderen Gründen, über deren Vorhandensein es nach freiem Ermessen entscheidet, eine Ausnahme von den Bestimmungen der §§ 1814, 1816 zu gestatten (P. IV, 786 ff.; vgl. § 1811 und andererseits § 1818). Daß vor einer derartigen Anordnung der Gegenvormund zu hören ist, falls ein solcher vorhanden und seine Anhörung thunlich ist, ergibt sich, wenn nicht aus dem Wortlaut, so doch aus dem Sinne des § 1826. Die Haftung des Vormundschaftsrichters für den in Folge dieser Maßregel dem Mündel erwachsenden Schaden bemißt sich nach § 1848. Ueber weitere Ausnahmen s. Anm. 4 zu § 1814, Anm. 2 zu § 1816.

§ 1818.

Das Vormundschaftsgericht kann aus besonderen Gründen anordnen, daß der Vormund auch solche zu dem Vermögen des Mündels gehörende Werthpapiere, zu deren Hinterlegung er nach § 1814 nicht verpflichtet ist, sowie Kostbarkeiten des Mündels in der im § 1814 bezeichneten Weise zu hinterlegen hat; auf Antrag des Vormundes kann die Hinterlegung von Zins-, Renten- und Gewinnantheilscheinen angeordnet werden, auch wenn ein besonderer Grund nicht vorliegt.

E. I, 1670 Abs. 3; II, 1698; III, 1794.

1. Ausdehnung der Hinterlegungspflicht durch das Vormundschaftsgericht. Gemäß § 1814 erstreckt sich die Hinterlegungspflicht des Vormundes auf die zum Mündelvermögen gehörenden Inhaberpapiere (soweit dieselben nicht zu den verbrauchbaren Sachen gehören), Erneuerungsscheine und Orderpapiere, die mit Blankoindossament versehen sind. Während nach § 1817 der Vormund von der Hinterlegungspflicht überhaupt entbunden werden kann, ist das Vormundschaftsgericht nach § 1818 ermächtigt, die Hinterlegungspflicht des Vormundes auch auf andere als die im § 1814 genannten Vermögensgegenstände auszudehnen (vgl. preuß. Vorm.Ordn. § 60).

a) Aus besonderen Gründen, über deren Vorhandensein das freie Ermessen des Vormundschaftsgerichts entscheidet, kann angeordnet werden, daß auch Werthpapiere, die nach § 1814 nicht hinterlegt zu werden brauchen, sowie Kostbarkeiten des Mündels hinterlegt werden. Zu den Werthpapieren gehören auch Hypotheken-, Grundschuld- und Rentenschuldbriefe (s. § 1819 Satz 1; vgl. E. I, 1670 Abs. 3; Z.G. IV, 485; P. IV, 787, 813). Ueber den Begriff der Kostbarkeiten s. R.G.E. in C.S. XIII, 38. Veranlassung zu einer derartigen Anordnung wird insbesondere dann gegeben sein, wenn die Zuverlässigkeit des Vormundes nicht außer Zweifel steht oder der Vormund nicht in der Lage ist, für gehörige Aufbewahrung der fraglichen Gegenstände zu sorgen (M. IV, 1132).

b) Die Hinterlegung von Zins-, Renten- und Gewinnantheilscheinen (s. § 1814 Satz 2) kann auf Antrag des Vormundes angeordnet werden, auch wenn besondere Gründe nicht vorliegen (vgl. Anm. 3b zu § 1814).

Die Hinterlegung erfolgt auch in den Fällen des § 1818 bei einer Hinterlegungsstelle oder bei der Reichsbank mit der Bestimmung, daß die Herausgabe nur mit Genehmigung des Vormundschaftsgerichts verlangt werden kann.

2. Auf andere als die im § 1818 bezeichneten Gegenstände (Schuldurkunden, baares Geld ꝛc.) kann die Hinterlegungspflicht des Vormundes auch durch das Vormundschaftsgericht nicht ausgedehnt werden (M. IV, 1132). Ueber die Anlegung des zum Mündelvermögen gehörenden baaren Geldes s. §§ 1806—1811.

3. Aus dem das Vormundschaftsrecht beherrschenden Offizialprinzip (s. Vorbem. Ziff. 4a) ergibt sich, daß das Vormundschaftsgericht, wenn die im § 1818 erwähnten „besonderen Gründe" vorliegen, zur Aenderung dieser Maßregel nicht nur berechtigt, sondern auch verpflichtet ist.

4. Hinsichtlich der rechtlichen Wirkung der Hinterlegung, der Folgen einer Zuwiderhandlung des Vormundes gegen die Anordnung des Vormundschaftsgerichts und der Kosten der Hinterlegung gelten die gleichen Grundsätze wie bei der Hinterlegung auf Grund des § 1814 (vgl. Anm. 8—10 zu § 1814).

5. Ueber die Befugniß des Vormundschaftsgerichts, dem Inhaber der elterlichen Gewalt die gleichen Verpflichtungen aufzuerlegen, die nach § 1818 dem Vormund auferlegt werden können, s. § 1667 Abs. 2 Satz 4, Abs. 3.

§ 1819.

Solange die nach § 1814 oder nach § 1818 hinterlegten Werthpapiere oder Kostbarkeiten nicht zurückgenommen sind, bedarf der Vormund zu einer Verfügung über sie und, wenn Hypotheken-, Grundschuld- oder Rentenschuldbriefe hinterlegt sind, zu einer Verfügung über die Hypothekenforderung, die Grundschuld oder die Rentenschuld der Genehmigung des Vormundschaftsgerichts. Das Gleiche gilt von der Eingehung der Verpflichtung zu einer solchen Verfügung.

E. I, 1671 Abs. 1; II, 1699; III, 1795.

1. Sind Werthpapiere oder Kostbarkeiten des Mündels auf Grund der gesetzlichen Vorschrift des § 1814 oder gemäß Anordnung des Vormundschaftsgerichts nach § 1818 hinterlegt worden, so bedarf der Vormund der Genehmigung des Vormundschaftsgerichts (nicht des Gegenvormundes, s. § 1812 Abs. 1 Satz 1):

a) zur Erhebung dieser Gegenstände. Dies ergibt sich aus der bei der Hinterlegung zu treffenden Bestimmung, daß die Herausgabe nur mit Genehmigung des Vormundschaftsgerichts verlangt werden kann (§§ 1814 Satz 1, 1818). Daher wurde die im E. I enthaltene Bestimmung dieses Inhalts von der II. Komm. als selbstverständlich gestrichen (vgl. E. I, 1671 Abs. 1; P.M. 8705 ff.);

b) zu jeder anderweitigen Verfügung über die hinterlegten Gegenstände (M. IV, 1134). Ueber den Begriff der Verfügung s. Anm. 1b zu § 1812;

c) falls Hypotheken-, Grundschuld- oder Rentenschuldbriefe hinterlegt sind, auch zur Verfügung über die Hypothekenforderung, die Grund- oder die Rentenschuld;

d) zur Eingehung der Verpflichtung zu einer solchen Verfügung.

2. Ueber die Form der Ertheilung der Genehmigung s. § 1828, über den Einfluß des Mangels der erforderlichen Genehmigung des Vormundschaftsgerichts auf die Rechtswirksamkeit eines vom Vormunde vorgenommenen Rechtsgeschäfts s. §§ 1829—1831.

3. Die in Anm. 1b—d erwähnten Beschränkungen der Verfügungsmacht des Vormundes greifen nur Platz, solange die Gegenstände noch hinterlegt sind. Ist ihre Erhebung erfolgt, gleichviel, ob mit oder ohne die Genehmigung des Vormundschaftsgerichts, so kommt das Erforderniß der Genehmigung des Vormundschaftsgerichts zu den fraglichen Rechtsgeschäften in Wegfall (M. IV, 1134 ff.). Inwieweit hiezu die Genehmigung des Gegenvormundes erforderlich ist, bestimmt sich nach §§ 1812, 1813. Selbstverständlich ist aber der Vormund für den aus der unbefugten Erhebung dem Mündel erwachsenden Schaden nach Maßgabe des § 1833 verantwortlich.

4. Hat der Vormund freiwillig Werthpapiere oder Kostbarkeiten des Mündels hinterlegt, zu deren Hinterlegung er nicht verpflichtet war, so finden nicht die Vorschriften des § 1819, sondern die allgemeinen Grundsätze Anwendung. Dies gilt insbesondere hinsichtlich der Verfügungsmacht des Vormundes und seiner Haftung (vgl. Anm. 6 zu § 1814).

§ 1820.

Sind Inhaberpapiere nach § 1815 auf den Namen des Mündels umgeschrieben oder in Buchforderungen umgewandelt, so bedarf der Vormund auch zur Eingehung der Verpflichtung zu einer Verfügung über die sich aus der Umschreibung oder der Umwandlung ergebenden Stammforderungen der Genehmigung des Vormundschaftsgerichts.

Das Gleiche gilt, wenn bei einer Buchforderung des Mündels der im § 1816 bezeichnete Vermerk eingetragen ist.

E. I, 1671 Abs. 2; II, 1700; III, 1796.

1. Ist gemäß § 1815 Abs. 1 Satz 1 die Umschreibung eines Inhaberpapiers auf den Namen des Mündels oder gemäß § 1815 Abs. 1 Satz 2, Abs. 2 die Umwandlung eines Inhaberpapiers in eine Buchforderung gegen das Reich oder einen Bundesstaat oder gemäß § 1816 hinsichtlich einer solchen Buchforderung die Eintragung des vorgeschriebenen Vermerks im Reichs- oder Staatsschuldbuch erfolgt, so bedarf der Vormund der Genehmigung des Vormundschaftsgerichts (nicht des Gegenvormundes, s. § 1812 Abs. 1 Satz 1):

a) zu jeder Verfügung über das umgeschriebene Inhaberpapier oder die Buchforderung. Dies ergibt sich aus der bei der Umschreibung zu treffenden Bestimmung bezw. aus dem in das Schuldbuch einzutragenden Vermerk, daß der Vormund über das Inhaberpapier bezw. die Buchforderung nur mit Genehmigung des Vormundschaftsgerichts verfügen kann (§§ 1815, 1816). Daher wurde die im E. I enthaltene Bestimmung dieses Inhalts von der II. Komm. als selbstverständlich gestrichen (vgl. E. I, 1671 Abs. 2; E. II, 1700 Abs. 1; P.M. 8706). Ueber den Begriff der Verfügung s. Anm. 1b zu § 1812;

b) zur Ersetzung der umgeschriebenen Papiere oder der Buchforderungen durch Inhaberpapiere und zur Erhebung der letzteren. Auch diese Bestimmung des E. I wurde von der II. Komm. gestrichen, weil eine derartige Thätigkeit des Vormundes stets eine Verfügung über das umgeschriebene Papier oder die Buchforderung enthalte, der Fall also schon gedeckt sei (vgl. E. I, 1671 Abs. 2; E. II, 1700 Abs. 1 Satz 2; P.M. 8706);

c) zur Eingehung der Verpflichtung zu einer solchen Verfügung.

2. Ueber die Form der Ertheilung der Genehmigung s. § 1828; über den Einfluß des Mangels der erforderlichen Genehmigung des Vormundschaftsgerichts auf die Rechtswirksamkeit eines vom Vormunde vorgenommenen Rechtsgeschäfts s. §§ 1829—1831.

3. Hat der Vormund freiwillig Inhaberpapiere, zu deren Hinterlegung er nicht verpflichtet war, auf den Namen des Mündels einschreiben bezw. in Buchforderungen gegen das Reich oder einen Bundesstaat umwandeln lassen, so findet § 1820 keine Anwendung. Es gelten vielmehr die allgemeinen Grundsätze, insbesondere hinsichtlich der Verfügungsmacht des Vormundes und seiner Haftung (vgl. Anm. 2 zu § 1815). Die gleichen Grundsätze kommen zur Anwendung, wenn Buchforderungen zum Vermögen des Mündels gehören, ohne daß ein der Vorschrift des § 1816 entsprechender Vermerk in das Schuldbuch eingetragen worden ist. Der in der II. Komm. gestellte Antrag, die Verfügung des Vormundes über jede in das Reichsschuldbuch oder in ein Staatsschuldbuch eingetragene Forderung des Mündels an die Genehmigung des Vormundschaftsgerichts zu binden, ohne Rücksicht darauf, ob der die Verfügungsmacht des Vormundes beschränkende Vermerk im Schuldbuch eingetragen worden ist oder nicht, wurde abgelehnt (P. IV, 794 ff.).

§ 1821.

Der Vormund bedarf der Genehmigung des Vormundschaftsgerichts:

1. zur Verfügung über ein Grundstück oder über ein Recht an einem Grundstücke;
2. zur Verfügung über eine Forderung, die auf Uebertragung des Eigenthums an einem Grundstück oder auf Begründung oder Uebertragung

eines Rechtes an einem Grundstück oder auf Befreiung eines Grundstücks von einem solchen Rechte gerichtet ist;

3. zur Eingehung der Verpflichtung zu einer der in Nr. 1, 2 bezeichneten Verfügungen;
4. zu einem Vertrage, der auf den entgeltlichen Erwerb eines Grundstücks oder eines Rechtes an einem Grundstücke gerichtet ist.

Zu den Rechten an einem Grundstück im Sinne dieser Vorschriften gehören nicht Hypotheken, Grundschulden und Rentenschulden.

E. I, 1674 Nr. 1, 2, 5; II, 1701; III, 1797.

§ 1822.

Der Vormund bedarf der Genehmigung des Vormundschaftsgerichts:

1. zu einem Rechtsgeschäfte, durch das der Mündel zu einer Verfügung über sein Vermögen im Ganzen oder über eine ihm angefallene Erbschaft oder über seinen künftigen gesetzlichen Erbtheil oder seinen künftigen Pflichttheil verpflichtet wird, sowie zu einer Verfügung über den Antheil des Mündels an einer Erbschaft;
2. zur Ausschlagung einer Erbschaft oder eines Vermächtnisses, zum Verzicht auf einen Pflichttheil sowie zu einem Erbtheilungsvertrage;
3. zu einem Vertrage, der auf den entgeltlichen Erwerb oder die Veräußerung eines Erwerbsgeschäfts gerichtet ist, sowie zu einem Gesellschaftsvertrage, der zum Betrieb eines Erwerbsgeschäfts eingegangen wird;
4. zu einem Pachtvertrag über ein Landgut oder einen gewerblichen Betrieb;
5. zu einem Mieth- oder Pachtvertrag oder einem anderen Vertrage, durch den der Mündel zu wiederkehrenden Leistungen verpflichtet wird, wenn das Vertragsverhältniß länger als ein Jahr nach der Vollendung des einundzwanzigsten Lebensjahrs des Mündels fortdauern soll;
6. zu einem Lehrvertrage, der für längere Zeit als ein Jahr geschlossen wird;
7. zu einem auf die Eingehung eines Dienst- oder Arbeitsverhältnisses gerichteten Vertrage, wenn der Mündel zu persönlichen Leistungen für längere Zeit als ein Jahr verpflichtet werden soll;
8. zur Aufnahme von Geld auf den Kredit des Mündels;
9. zur Ausstellung einer Schuldverschreibung auf den Inhaber oder zur Eingehung einer Verbindlichkeit aus einem Wechsel oder einem anderen Papiere, das durch Indossament übertragen werden kann;
10. zur Uebernahme einer fremden Verbindlichkeit, insbesondere zur Eingehung einer Bürgschaft;
11. zur Ertheilung einer Prokura;
12. zu einem Vergleich oder einem Schiedsvertrag, es sei denn, daß der Gegenstand des Streites oder der Ungewißheit in Geld schätzbar ist und den Werth von dreihundert Mark nicht übersteigt;

13. zu einem Rechtsgeschäfte, durch das die für eine Forderung des Mündels bestehende Sicherheit aufgehoben oder gemindert oder die Verpflichtung dazu begründet wird.

E. I, 1674 Nr. 3, 4, 6—14, 2043, 2044; II, 1702; III, 1798.

Die §§ 1821, 1822, welche im Wesentlichen dem § 42 der preuß. Vorm.Ordn. nachgebildet sind, regeln das Erforderniß der Genehmigung des Vormundschaftsgerichts zu Rechtsgeschäften des Vormundes.

1. Standpunkt im Allgemeinen. Das spätere Röm.R. verbot dem Vormunde die Veräußerung aller zur Substanz des Vermögens gehörigen, konservirbaren, nicht ganz geringfügigen Sachen, sowie die Einziehung von Forderungen des Mündels ohne gerichtliches Dekret. Die gemeinrechtliche Praxis dagegen erweiterte die Befugnisse des Vormundes, gestattete ihm die Veräußerung von Mündelvermögen wegen Nutzens unter obrigkeitlicher Genehmigung und forderte die Einholung der obrigkeitlichen Genehmigung überwiegend bloß bei Immobilien (Dernburg, Pand. Bd. 3 § 50).

Nach P.L.R. (Thl. I cap. 7 § 13) ist die Veräußerung von Immobilien des Mündels, sowie von Mobilien, die sich mit Nutzen erhalten lassen, nichtig, falls sie ohne rechtserhebliche Ursache (Nothwendigkeit oder augenscheinlicher Nutzen), obrigkeitliche Untersuchung und Bestätigung vorgenommen wird.

Ueber andere Rechte s. M. IV, 1136 ff.

Das B.G.B. hat, wie bei der Regelung des Erfordernisses der Genehmigung des Gegenvormundes, so auch hinsichtlich der Frage, zu welchen Rechtsgeschäften der Vormund der Genehmigung des Vormundschaftsgerichts bedarf, von der Aufstellung einer grundsätzlichen Vorschrift Umgang genommen und sich damit begnügt, eine Reihe bestimmter, besonders wichtiger und über die Grenzen gewöhnlicher Verwaltung hinausgehender Rechtsgeschäfte als der Genehmigung des Vormundschaftsgerichts bedürftig zu bezeichnen (M. IV, 1136, 1085 ff.). Gleichgültig ist hiebei, ob der Vormund diese Geschäfte im Namen des Mündels oder ob sie der Mündel selbst mit Einwilligung oder Genehmigung des Vormundes vornimmt (§§ 107 ff.; M. IV, 1136). Durch den Umstand, daß der Vormund zur Vornahme des fraglichen Rechtsgeschäfts verpflichtet ist, wird das Erforderniß der Genehmigung des Vormundschaftsgerichts nicht beseitigt (M. IV, 1138, 1124; vgl. Anm. 1 b zu § 1812 a. E.).

2. Im Einzelnen ist Folgendes hervorzuheben:

a) Zu § 1821 Abs. 1 Nr. 1 s. M. IV, 1136 ff.; preuß. Vorm.Ordn. § 42 Nr. 5. Ueber den Begriff der Verfügung s. Anm. 1 b zu § 1812; über Rechte an Grundstücken s. Vorbem. vor § 873 I. Hinsichtlich der Frage, ob auch zur Verfügung über den Besitz eines Grundstückes die Genehmigung des Vormundschaftsgerichts erforderlich ist, s. M. IV, 1137. Nach § 1017 Abs. 1 (vgl. auch E.G. Art. 63, 68) steht das Erbbaurecht einem Grundstücke gleich. Das dingliche Vorkaufsrecht (§§ 1094 ff.) ist gemäß §§ 1098 Abs. 1 Satz 1, 514 Satz 1 nicht übertragbar, ebensowenig der Nießbrauch (§ 1059) und die beschränkte persönliche Dienstbarkeit (§ 1092). Die Grunddienstbarkeit kann begriffsmäßig vom herrschenden Grundstück nicht getrennt werden (Anm. I d zu § 1018). Hypotheken, Grund- und Rentenschulden (§§ 1113 ff., 1191 ff. 1199 ff.) gelten in der hier fraglichen Beziehung nicht als Rechte an Grundstücken (M. IV, 1137, 1124, 765 ff.; Z.G. IV, 486; vgl. §§ 1812, 1819). Als Rechte an Grundstücken kommen daher im Wesentlichen hier nur die zu Gunsten einer bestimmten Person bestehenden Reallasten (§ 1111 und Anm. hiezu) in Frage (M. IV, 1137 ff.). Ueber das Erforderniß der Anhörung des Mündels s. § 1827 Abs. 2.

b) Daß zu einer Verfügung über die im § 1821 Abs. 1 Nr. 2 erwähnten Immobiliaransprüche an Stelle der Genehmigung des Gegenvormundes (§ 1812) die des Vormundschaftsgerichts erforderlich ist, beruht auf der Erwägung, daß diese Ansprüche wirthschaftlich den im § 1821 Abs. 1 Nr. 1 genannten Gegenständen gleichstehen (M. IV, 1139 ff., vgl. § 1551 Abs. 2). Hypotheken, Grund- und Rentenschulden gelten auch in dieser Beziehung nicht als Rechte an Grundstücken (s. o. unter a). Ueber den Begriff der Verfügung s. Anm. 1 b zu § 1812. Mit der Verfügung über eine Forderung, die „auf Befreiung eines Grundstücks von einem solchen Rechte gerichtet ist", ist der Verzicht auf den Liberirungsanspruch gemeint (P. IV, 791). Ueber das Erforderniß der Anhörung des Mündels s. § 1827 Abs. 2.

c) Zu § 1821 Abs. 1 Nr. 3 s. M. IV, 1138; vgl. §§ 1812 Abs. 1 Satz 2, 1819 Satz 2, 1820 Abs. 1. Ueber das Erforderniß der Anhörung des Mündels s. § 1827 Abs. 2.

d) Zu § 1821 Abs. 1 Nr. 4 s. M. IV, 1140 ff.; P. IV, 791; vgl. preuß. Vorm.Ordn. § 42 Nr. 6. Hypotheken, Grund- und Rentenschulden gelten auch in dieser Beziehung nicht als Rechte an Grundstücken (s. o. unter a). Auf den Inhaber der elterlichen Gewalt findet die Vorschrift des § 1821 Abs. 1 Nr. 4 keine Anwendung (Anm. V, 1 zu § 1643). Ueber das Erforderniß der Anhörung des Mündels s. § 1827 Abs. 2.

e) Zu § 1822 Nr. 1 s. M. IV, 1140; P. IV, 791; P.M. 8830. Ueber den Anfall der Erbschaft s. § 1942, über den Pflichttheil s. §§ 2303 ff., s. ferner §§ 310—312, 330, 419, 1089, 1444, 1922 Abs. 2, 2371 ff.

f) Zu § 1822 Nr. 2 s. M. V, 514, IV, 1140, P.M. 8705, 8830; vgl. preuß. Vorm.-Ordn. § 42 Nr. 4 und hinsichtlich des Inhabers der elterlichen Gewalt § 1643 Abs. 2. Ueber Ausschlagung einer Erbschaft s. § 1942 ff., über Ausschlagung eines Vermächtnisses s. § 2176, über den Pflichttheil s. §§ 2303 ff., über Erbverzichtsverträge s. §§ 2346 ff., insbesondere § 2347 Abs. 1 und Abs. 2 Satz 2. Eine Vorschrift des Inhalts, daß bei Betheiligung Minderjähriger die Erbtheilung stets gerichtlich erfolgen müsse, hat das Gesetz nicht aufgenommen. (M. IV, 1140; vgl. F.G. § 86.) Ob die Auseinandersetzung der Erbschaft erfolgen soll, ist im Allgemeinen dem Ermessen des Vormundes überlassen; s. aber § 1845 (M. IV, 1140; Z.G. IV, 486; vgl. preuß. Vorm.Ordn. § 43 Abs. 1). Zur Erhebung der Theilungsklage (§ 2042) bedarf der Vormund nicht der Genehmigung des Vormundschaftsgerichts (M. IV, 1140). Von der Bestimmung einer Inventarfrist soll das Nachlaßgericht dem Vormundschaftsgerichte Mittheilung machen, wenn der Erbe unter elterlicher Gewalt oder unter Vormundschaft steht (§ 1999). Der Inhaber der elterlichen Gewalt bedarf zu einem Erbtheilungsvertrage nicht der Genehmigung des Vormundschaftsgerichts (Anm. V, 2 zu § 1643).

g) Zu § 1822 Nr. 3 s. M. IV, 1145, vgl. preuß. Vorm.Ordn. § 42 Nr. 9. Unter „Erwerbsgeschäft" ist jede regelmäßige, auf selbständigen Erwerb gerichtete Thätigkeit zu verstehen, mag dieselbe in Handel, der Betreibung einer Fabrik oder eines Handwerkes, der Ausübung eines künstlerischen oder wissenschaftlichen Berufes, der Landwirthschaft u. s. w. bestehen (M. I, 142). Ueber das Erforderniß der Genehmigung des Vormundschaftsgerichts zum Beginn eines neuen Erwerbsgeschäfts im Namen des Mündels, sowie zur Auflösung eines bestehenden Erwerbsgeschäfts s. § 1823; über Ermächtigung des Mündels zum selbständigen Betrieb eines Erwerbsgeschäfts s. § 112. Der Gesellschaftsvertrag ist in den §§ 705 ff. geregelt. Ueber das Erforderniß der Anhörung des Mündels s. § 1827 Abs. 2.

h) Zu § 1822 Nr. 4 s. M. IV, 1142; Z.G. IV, 486 ff. Ueber den Begriff des Landguts s. Anm. zu §§ 98, 1515; über den Pachtvertrag s. §§ 581 ff. Selbstverständlich ist die Genehmigung des Vormundschaftsgerichts nicht nur zur Verpachtung, sondern auch zur Pachtung eines Landguts oder gewerblichen Betriebs erforderlich. Daß in den Motiven (IV, 1142) nur von „Verpachtungen" gesprochen wird, beruht auf einem Versehen (vgl. Z.G. IV, 487 Note 1). Wie lange das Vertragsverhältniß dauern soll, ist hier unerheblich; vgl. dagegen § 1822 Nr. 5. Auf den Inhaber der elterlichen Gewalt findet § 1822 Nr. 4 keine Anwendung (Anm. V, 3 zu § 1643), wohl aber auf den Vormund eines Volljährigen (§ 1902 Abs. 2 Satz 2).

i) Zu § 1822 Nr. 5 s. M. IV, 1141 ff.; Z.G. IV, 486; vgl. sächs. Gesetzb. § 1915. Der in der II. Komm. gestellte Antrag, zu solchen Verträgen die Genehmigung des Vormundschaftsgerichts immer dann zu erfordern, wenn das Vertragsverhältniß länger als vier Jahre dauern soll, wurde abgelehnt (P. IV, 791 ff.). Ueber den Miethvertrag s. §§ 535 ff., über den Pachtvertrag s. §§ 581 ff. Ob bewegliche oder unbewegliche Sachen in Frage stehen, ist (im Gegensatz zu § 42 Nr. 7 der preuß. Vorm.Ordn.) unerheblich, ebenso, ob für den Mündel gemiethet (gepachtet) oder vermiethet (verpachtet) wird (M. IV, 1142). Als Beispiel für Verträge, durch welche der Mündel zu wiederkehrenden Leistungen verpflichtet wird, nennen die Motive (IV, 1142) den Versicherungsvertrag und den Vertrag, durch welchen der Mündel als Handlungsgehilfe in das Geschäft eines Anderen eintritt. Die Volljährigkeitserklärung (§ 3) steht in der hier fraglichen Beziehung der Erreichung des 21. Lebensjahrs nicht gleich (M. IV, 1142; vgl. Anm. 2 zu § 1305, Anm. 1c zu § 1726, Anm. 2 zu § 1747). Ob mangels der erforderlichen Genehmigung des Vormundschaftsgerichts der ganze Vertrag oder nur der über die bestimmte Grenze hinaus liegende Theil desselben nach Maßgabe der §§ 1829 ff. unwirksam ist, hängt davon ab, ob die Vertragschließenden den Vertrag als einen einheitlichen gewollt haben oder nicht (M. IV, 1142). Bei der Vormundschaft über einen Volljährigen ist die Genehmigung des Vormundschaftsgerichts erforderlich, wenn das Vertragsverhältniß länger als vier Jahre dauern soll (§ 1902 Abs. 2 Satz 1). Hinsichtlich der Pachtverträge über ein Landgut oder einen gewerblichen Betrieb s. o. unter h.

k) Die im E. I nicht enthaltenen Bestimmungen des § 1822 Nr. 6 und 7 beruhen auf Beschluß der II. Komm. Man erwog, daß es sich bei solchen Verträgen um die Ausbildung und Verwerthung der Arbeitskraft, des wichtigsten Gutes der besitzlosen Klassen, handle. Der Gesetzgeber dürfe sich nicht dem Vorwurf aussetzen, daß er zwar der Erhaltung des Vermögens wohlhabender Mündel seine besondere Fürsorge schenke, dagegen der Arbeit des Unvermögenden seinen Schutz versage (P. IV. 792 ff.; vgl. Z.G. IV, 490 ff.). Ueber das Lehrlingswesen s. R.Gew.Ordn. §§ 126 ff., H.G.B. vom 10. Mai 1897 §§ 76 ff. und Einf.Ges. hiezu Art. 1 Abs. 2; über den Dienstvertrag s. § 113, 611 ff., H.G.B. vom 10. Mai 1897 §§ 59 ff., Einf.Ges. hiezu Art. 1 Abs. 2 und E.G. z. B.G.B. Art. 95. Wie in der II. Komm. allseitig anerkannt wurde, ist die Genehmigung des Vormundschaftsgerichts nur zu solchen Verträgen erforderlich, welche auf länger als ein Jahr hinaus nicht einseitig durch Kündigung aufgehoben werden können (P. IV, 793). Der Inhaber der elterlichen Gewalt bedarf zu solchen Verträgen nicht der Genehmigung des Vormundschaftsgerichts (Anm. V, 4 zu § 1643). Vor seiner Entscheidung soll das Gericht den Mündel hören (§ 1827 Abs. 1).

l) Zu § 1822 Nr. 8 s. M. IV, 1144; vgl. preuß. Vorm.Ordn. § 42 Nr. 12. Zu anderweitigen Kreditgeschäften, besonders zum Abschluß eines Kaufs auf Borg (H.G.B. v. 10. Mai 1897 § 528 Abs. 1 Satz 1) ist die Genehmigung des Vormundschaftsgerichts nicht erforderlich. Nach § 1825 kann das Vormundschaftsgericht dem Vormunde zu derartigen Rechtsgeschäften eine allgemeine Ermächtigung ertheilen.

m) Zu § 1822 Nr. 9 s. M. IV, 1143 ff.; Z.G. IV, 487; vgl. preuß. Vorm.Ordn. § 42 Nr. 10. Ueber Schuldverschreibungen auf den Inhaber s. §§ 793 ff., über die durch Indossament übertragbaren Orderpapiere s. H.G.B. v. 10. Mai 1897 §§ 363 ff. Nach § 1825 kann das Vormundschaftsgericht dem Vormunde zu derartigen Rechtsgeschäften eine allgemeine Ermächtigung ertheilen. Hat der Vormund ohne die erforderliche Genehmigung des Vormundschaftsgerichts eine Wechselerklärung unterzeichnet, so haftet er persönlich in gleicher Weise, wie der Mündel gehaftet haben würde, wenn die Genehmigung des Vormundschaftsgerichts ertheilt gewesen wäre (Wechselordn. Art. 95; s. auch Böhm, a. a. O. S. 132 Note 8).

n) Zu § 1822 Nr. 10 s. M. IV, 1144 ff.; P. IV, 794; vgl. preuß. Vorm.Ordn. § 42 Nr. 13. Ueber Bürgschaft s. §§ 765 ff.; über Schuldübernahme s. §§ 414 ff. Erwerb einer Erbschaft ist als Uebernahme einer fremden Verbindlichkeit nicht anzusehen (R.G.E. in C.S. XXIX, 197). Nach § 1825 kann das Vormundschaftsgericht dem Vormunde zu derartigen Rechtsgeschäften eine allgemeine Ermächtigung ertheilen.

o) Zu § 1822 Nr. 11 s. M. IV, 1145. Ueber Ertheilung der Prokura und rechtliche Bedeutung derselben s. H.G.B. v. 10. Mai 1897 §§ 48 ff. Zur Zurücknahme der Prokura und zur Ertheilung einer Handlungsvollmacht (H.G.B. v. 10. Mai 1897 § 54) bedarf der Vormund nicht der Genehmigung des Vormundschaftsgerichts.

p) Zu § 1822 Nr. 12 s. M. IV, 1143; vgl. preuß. Vorm.Ordn. § 42 Nr. 8. Ueber den Vergleich s. § 779, über den Schiedsvertrag s. C.P.O. §§ 1025 ff. n. Nr. Ueber das bisher geltende Recht s. M. IV, 1143, ferner bayr. Ges. z. Ausf. d. C.P.O. u. K.O. v. 23. Febr. 1879 Art. 12—14, Art. 177, Art. 81 u. cap. 17 § 1 Ziff. 7 der bayr. Gerichtsordnung von 1753, wonach die obervormundschaftliche Genehmigung erforderlich war zu Vergleichen über unbewegliche und solche Güter, die sich leicht erhalten lassen. Nach § 1822 Nr. 12 ist die Genehmigung des Vormundschaftsgerichts auch erforderlich, wenn es sich um einen Vergleich über einen anderen als vermögensrechtlichen Anspruch handelt (M. IV, 1136). Enthält der Vergleich eine Verfügung über einen der in den §§ 1821 Abs. 1 Nr. 1, 2, 1822 Nr. 1 erwähnten Gegenstände, so ist natürlich die Genehmigung des Vormundschaftsgerichts nach Maßgabe dieser Bestimmungen ohne Rücksicht auf den Werth des fraglichen Gegenstands erforderlich (M. IV, 1143). Hinsichtlich der Berechnung des Werthes werden die Vorschriften der §§ 3—9 der C.P.O. n. Nr. entsprechend anzuwenden sein. Als maßgebender Zeitpunkt ist hiebei die Zeit des Vergleichsabschlusses zu betrachten. Ob die Genehmigung des Vormundschaftsgerichts zum Prozeßvergleich und zu einem Zwangsvergleich im Konkursverfahren (Konk.Ordn. §§ 173 ff. n. Nr.) erforderlich ist, hängt von der Beantwortung der bestrittenen Frage ab, ob der Prozeßvergleich als Prozeßhandlung (C.P.O. § 54, s. auch § 81 n. Nr.), der Zwangsvergleich als gerichtliche Entscheidung oder als eigentlicher Vergleich anzusehen ist (M. IV, 360, 1143, 1146; Z.G. IV, 487; vgl. R.G.E. in C.S. XIX, 362 ff.; Jur. Wochenschrift 1894 S. 493; Böhm, a. a. O. S. 133). Der in der II. Komm. gestellte Antrag, ausdrücklich auszusprechen, daß die Genehmigung des Vormundschaftsgerichts auch zum Prozeßvergleich erforderlich sein solle, wurde zwar inhaltlich gebilligt, jedoch abgelehnt, da man es nicht für richtig hielt, eine Entscheidung hierüber im B.G.B. zu treffen (P. IV, 793 ff.). Ueber die Befugniß des Vormundes zur Prozeßführung ohne Genehmigung des Vormundschaftsgerichts s. u. Anm. 5c; über das Erforderniß der Genehmigung des Vormundschaftsgerichts zum sogen. Alimentenvergleich s. § 1714 Abs. 1. Auf den Inhaber der elterlichen Gewalt findet § 1822 Nr. 12 keine Anwendung (Anm. V, 5 zu § 1643).

q) Zu § 1822 Nr. 13 s. M. IV, 1145: Z.G. IV, 487; vgl. auch § 1795 Abs. 1 Nr. 2, 3. Der in der II. Komm. gestellte Antrag, im Anschluß an die preuß. Vorm.Ordn. (§ 41 Nr. 3) zu derartigen Rechtsgeschäften lediglich die Genehmigung des Gegenvormundes für erforderlich zu erklären, wurde abgelehnt (P. IV, 794). Die hinsichtlich der erforderlichen Sicherheit bei Anlegung von Mündelgeld bestehenden Vorschriften der §§ 1807, 1808 sind natürlich auch hier maßgebend. Auf den Inhaber der elterlichen Gewalt findet § 1822 Nr. 13 keine Anwendung (Anm. V, 6 zu § 1643).

3. Zu den im § 1823 Nr. 8—10 erwähnten Rechtsgeschäften kann das Vormundschaftsgericht dem Vormund eine allgemeine Ermächtigung ertheilen. Dies soll jedoch nur geschehen, wenn es zum Zwecke der Vermögensverwaltung, insbesondere zum Betrieb eines Erwerbsgeschäfts, erforderlich ist (§ 1825).

4. In den §§ 1821, 1822 sind nur einige der wichtigsten Fälle aufgezählt, in welchen der Vormund an die Genehmigung des Vormundschaftsgerichts gebunden ist. Weitere Fälle enthalten die §§ 112, 1336 Abs. 2 Satz 1, 1437 Abs. 2 Satz 2, 1484 Abs. 2 Satz 2, 1491 Abs. 3, 1492 Abs. 3, 1517 Abs. 2, 1549, 1595 Abs. 2 Satz 1, 1599, 1714 Abs. 1, 1728 Abs. 2, 1729 Abs. 1, 2, 1731, 1750 Abs. 1 Satz 2, 1751, 1755, 1770, 1803 Abs. 2, 1810, 1811, 1812 Abs. 2, 3, 1819, 1820, 1823, 1824, 1902, 2275 Abs. 2, 3, 2282 Abs. 2, 2290 Abs. 3, 2291 Abs. 1 Satz 2, 2292, 2347 Abs. 1, Abs. 2 Satz 2, 2351, 2352 Satz 3; s. ferner C.P.O. n. Nr. § 612 Abs. 2 Satz 2 (Klage auf Scheidung oder Anfechtung der Ehe), 641 Abs. 2 Satz 2 (Klage auf Anfechtung der Ehelichkeit oder auf Anfechtung der Anerkennung der Ehelichkeit eines Kindes), 962 Abs. 2 (Antrag auf Einleitung des Aufgebotsverfahrens zum Zwecke der Todeserklärung), § 14a Abs. 1 und 2 des Ges. über d. Erw. u. d. Verlust der Bundes- und Staatsangeh. v. 1. Juni 1870 in der durch E.G. Art. 41 II festges. Fassung (Antrag auf Entlassung aus dem Staatsverbande), § 181 Abs. 2 Satz 2 des Ges. über die Zwangsversteigerung und die Zwangsverwaltung vom 24. März 1897 (Antrag auf Zwangsversteigerung eines Grundstücks zum Zwecke der Aufhebung einer Gemeinschaft), § 58 Abs. 3 des Börsengesetzes v. 22. Juni 1896 (Antrag auf Eintragung in das Börsenregister).

5. Nicht erforderlich ist die Genehmigung des Vormundschaftsgerichts insbesondere:

a) zur Verfügung über einen Gegenstand im Wege einer gegen den Mündel gerichteten Zwangsvollstreckung. Diese im E. I (1676) ausdrücklich ausgesprochene Bestimmung wurde von der II. Komm. als selbstverständlich beseitigt (M. IV, 1149; P. IV, 795; vgl. Anm. V, 7 zu § 1643);

b) zum Antrag auf Aufhebung einer Gemeinschaft durch Verkauf des gemeinschaftlichen Gegenstandes (§ 753). Dies gilt jedoch nur, wenn der gemeinschaftliche Gegenstand eine bewegliche Sache ist, während der Antrag auf Zwangsversteigerung eines Grundstücks zum Zwecke der Aufhebung einer Gemeinschaft von dem Vormund eines Miteigenthümers nur mit Genehmigung des Vormundschaftsgerichts gestellt werden kann (§ 181 Abs. 2 Satz 2 des Ges. ü. d. Zwangsverst. u. d. Zwangsverw. v. 24. März 1897; vgl. E. I, 1676; M. IV, 1148 ff.; Z.G. IV, 489; P. IV, 795; Anm. V, 8 zu § 1643);

c) zur Prozeßführung, gleichviel, ob der Mündel Kläger oder Beklagter ist (M. IV, 1146 ff.; vgl. C.P.O. §§ 52, 54, 56 n. Nr.). Eine Ausnahme hievon besteht jedoch insofern, als der gesetzliche Vertreter eines geschäftsunfähigen

Ehegatten zur Erhebung der Scheidungsklage oder der Anfechtungsklage, der gesetzliche Vertreter eines geschäftsunfähigen Ehemannes zur Erhebung der Klage auf Anfechtung der Ehelichkeit oder auf Anfechtung der Anerkennung der Ehelichkeit eines Kindes der Genehmigung des Vormundschaftsgerichts bedarf (C.P.O. §§ 612 Abs. 2 Satz 2, 641 Abs. 2 Satz 2 n. Nr.).

6. Verfahren. Ob das Vormundschaftsgericht zu den in Frage stehenden Rechtsgeschäften seine Genehmigung ertheilen will, hat es nach freiem Ermessen zu entscheiden, wobei es nicht auf Gründe der Nothwendigkeit beschränkt ist, sondern auch Nützlichkeitsgründe in den Kreis seiner Erwägungen ziehen darf. Entscheidend ist stets das Interesse des Mündels (M. IV, 1138 ff.; Z.G. IV, 488; vgl. Anm. VI zu §1643). Selbstverständlich kann das Vormundschaftsgericht die Ertheilung der Genehmigung von gewissen Voraussetzungen (Art der Veräußerung, Erzielung eines bestimmten Minimalbetrags) abhängig machen (M. IV, 1139). Vor seiner Entscheidung soll das Vormundschaftsgericht den Gegenvormund hören, falls ein solcher vorhanden und die Anhörung thunlich ist (§ 1826). Für gewisse Fälle ist auch die Anhörung des Mündels vorgeschrieben (§ 1827); zulässig ist dieselbe natürlich in allen Fällen. Auf Antrag des Vormundes oder Gegenvormundes, in wichtigen Angelegenheiten auch ohne Antrag, sind auch Verwandte oder Verschwägerte des Mündels zu hören, wenn es ohne erhebliche Verzögerung und ohne unverhältnißmäßige Kosten geschehen kann (§ 1847). Für den aus der Ertheilung wie aus der Verweigerung der Genehmigung dem Mündel erwachsenen Schaden haftet der Vormundschaftsrichter nach Maßgabe des § 1848. Ueber die gegen die Entscheidung des Vormundschaftsgerichts zulässigen Rechtsmittel s. F.G. 19 ff., 59.

7. Ueber die Form der Ertheilung der Genehmigung s. § 1828; über den Einfluß des Mangels der erforderlichen Genehmigung des Vormundschaftsgerichts auf die Wirksamkeit der vom Vormunde vorgenommenen Rechtsgeschäfte s. §§ 1829—1831.

8. Von der Verpflichtung, in den gesetzlich bestimmten Fällen die Genehmigung des Vormundschaftsgerichts einzuholen, kann der Vormund auch durch Anordnung der Eltern des Mündels nicht entbunden werden (M. IV, 1169 ff.; Anm. 2c zu §§ 1852—1854).

9. Die Vorschriften der §§ 1821, 1822 finden mit der durch § 1902 Abs. 2 festgesetzten Abweichung auch auf die Vormundschaft über Volljährige, sowie auf die Pflegschaft Anwendung (§§ 1897, 1915 Abs. 1; vgl. Anm. 2b zu § 1915). Ueber die Fälle, in welchen der Inhaber der elterlichen Gewalt der Genehmigung des Vormundschaftsgerichts bedarf, s. § 1643 und Anm. 4 hiezu.

§ 1823.

Der Vormund soll nicht ohne Genehmigung des Vormundschaftsgerichts ein neues Erwerbsgeschäft im Namen des Mündels beginnen oder ein bestehendes Erwerbsgeschäft des Mündels auflösen.

E. I, 1663; II, 1686; III, 1799.

1. Während der Inhaber der elterlichen Gewalt nur zum Beginn eines neuen Erwerbsgeschäfts im Namen des Kindes der Genehmigung des Vormundschaftsgerichts bedarf (§ 1645), soll der Vormund ohne Genehmigung des Vormundschaftsgerichts weder ein Erwerbsgeschäft im Namen des Mündels beginnen, noch ein bestehendes Erwerbsgeschäft des Mündels auflösen. Ueber die Gründe dieser abweichenden Regelung s. M. IV, 1108, 768 ff.; Anm. 3 zu § 1645). Ueber den Begriff des Erwerbsgeschäfts s. Anm. 2g zu §§ 1821, 1822.

2. Die Genehmigung des Vormundschaftsgerichts ist auch erforderlich zu dem auf den entgeltlichen Erwerb oder die Veräußerung eines Erwerbsgeschäfts gerichteten Vertrage, sowie zu einem Gesellschaftsvertrage, der zum Betrieb eines Erwerbsgeschäfts eingegangen wird, ferner zu einem Pachtvertrag über einen gewerblichen Betrieb, zur Ermächtigung des Mündels zum selbständigen Betrieb eines Erwerbsgeschäfts und zur Zurücknahme dieser Ermächtigung (§§ 1822 Nr. 3, 4, 112).

3. Nicht erforderlich ist die Genehmigung des Vormundschaftsgerichts zur Fortführung eines Erwerbsgeschäfts, gleichviel, ob dasselbe beim Beginn der Vormundschaft schon vorhanden war oder dem Mündel erst später zufällt. Auch zur Aenderung eines bestehenden Erwerbsgeschäfts ist die Genehmigung des Vormundschaftsgerichts nicht erforderlich, es sei denn, daß sich die Aenderung als eine Neubegründung darstellt, was nach den Umständen des einzelnen Falles zu entscheiden ist (M. IV, 769; vgl. preuß. Vorm.Ordn. § 42 Nr. 9).

4. Vor seiner Entscheidung soll das Vormundschaftsgericht, falls ein Gegenvormund vorhanden und seine Anhörung thunlich ist, diesen, und, falls der Mündel

das 18. Lebensjahr vollendet hat und seine Anhörung thunlich ist, auch ihn hören (§§ 1826, 1827 Abs. 2).

5. Die Vorschrift des § 1823 hat nur den Charakter einer Ordnungsvorschrift („soll"). Der Mangel der Genehmigung des Vormundschaftsgerichts ist also ohne Einfluß auf die Wirksamkeit der im Betriebe des Erwerbsgeschäfts oder gelegentlich der Auflösung desselben vom Vormunde vorgenommenen Rechtsgeschäfte (M. IV, 1108; vgl. Anm. 4 zu § 1645). Selbstverständlich ist aber der Vormund für den hiedurch dem Mündel erwachsenden Schaden gemäß § 1833 haftbar und das Vormundschaftsgericht befugt, gegen den Vormund im Aufsichtswege einzuschreiten, eventuell ihn zu entlassen (§§ 1837, 1886).

§ 1824.

Der Vormund kann Gegenstände, zu deren Veräußerung die Genehmigung des Gegenvormundes oder des Vormundschaftsgerichts erforderlich ist, dem Mündel nicht ohne diese Genehmigung zur Erfüllung eines von diesem geschlossenen Vertrags oder zu freier Verfügung überlassen.

E. I, 1677; II, 1704 Abs. 1; III, 1800.

Zu § 1824, welcher der für den Inhaber der elterlichen Gewalt geltenden Vorschrift des § 1644 entspricht, s. M. IV, 1149; Z.G. IV, 489 und Anm. 1—3 zu § 1644. Hinsichtlich der Gegenstände, zu deren Veräußerung die Genehmigung des Gegenvormundes oder des Vormundschaftsgerichts erforderlich ist, s. §§ 1812, 1813, 1819, 1820, 1821 Abs. 1 Nr. 1, 2, 1822 Nr. 1.

§ 1825.

Das Vormundschaftsgericht kann dem Vormunde zu Rechtsgeschäften, zu denen nach § 1812 die Genehmigung des Gegenvormundes erforderlich ist, sowie zu den im § 1822 Nr. 8 bis 10 bezeichneten Rechtsgeschäften eine allgemeine Ermächtigung ertheilen.

Die Ermächtigung soll nur ertheilt werden, wenn sie zum Zwecke der Vermögensverwaltung, insbesondere zum Betrieb eines Erwerbsgeschäfts erforderlich ist.

E. I, 1675; II, 1703; III, 1801.

1. Während grundsätzlich die zu einem Rechtsgeschäft erforderliche Genehmigung des Vormundschaftsgerichts nur für jeden einzelnen Fall wirksam ertheilt werden kann, gestattet § 1825 dem Vormundschaftsgerichte, zur Aufnahme von Geld auf den Kredit des Mündels, zur Ausstellung einer Schuldverschreibung auf den Inhaber, zur Eingehung einer Verbindlichkeit aus einem Wechsel oder einem anderen indossabeln Papiere, sowie zur Uebernahme einer fremden Verbindlichkeit den Vormund allgemein zu ermächtigen mit der Wirkung, daß für die fraglichen Geschäfte im Einzelfall die Genehmigung des Vormundschaftsgerichts nicht erforderlich ist (vgl. Anm. 21, m, n zu §§ 1821, 1822). Desgleichen kann der Vormund vom Vormundschaftsgericht ermächtigt werden, die nach §§ 1812 mit 1813 der Genehmigung des Gegenvormundes bedürftigen Rechtsgeschäfte ohne diese Genehmigung mit Rechtswirksamkeit vorzunehmen (M. IV, 1147; nach der preuß. Vorm.Ordn. § 45 kann eine solche allgemeine Ermächtigung nur zur Eingehung von wechselmäßigen Verbindlichkeiten ertheilt werden).

2. Die Vorschrift des § 1825 Abs. 2 hat nur den Charakter einer Ordnungsvorschrift („soll"; s. M. IV, 1147). Die vom Vormundschaftsgericht ertheilte allgemeine Ermächtigung ist also rechtswirksam, auch wenn die Ertheilung zum Zwecke der Vermögensverwaltung nicht erforderlich war. Ueber den Begriff des Erwerbsgeschäfts s. Anm. 2g zu §§ 1821, 1822.

3. Die Aufnahme einer nach § 1825 ertheilten allgemeinen Ermächtigung in die dem Vormund einzuhändigende Bestallungsurkunde ist zulässig, aber nicht erforderlich (M. IV, 1148; § 1791 Abs. 2, Anm. 1 zu § 1791).

4. Die Bestimmung des § 1825 gilt auch für den Inhaber der elterlichen Gewalt (§ 1643 Abs. 3).

§ 1826.

Das Vormundschaftsgericht soll vor der Entscheidung über die zu einer Handlung des Vormundes erforderliche Genehmigung den Gegenvormund hören, sofern ein solcher vorhanden und die Anhörung thunlich ist.

E. I, 1679; II, 1705; III, 1802.

1. Im Interesse einer sachgemäßen Entscheidung soll das Vormundschaftsgericht, bevor es sich über Ertheilung oder Verweigerung der zu einer Handlung des Vormundes erforderlichen Genehmigung schlüssig macht, den Gegenvormund hören. Da das Gesetz nicht nur von „Rechtsgeschäften" des Vormundes spricht, findet diese Bestimmung auch auf die Fälle eines blos thatsächlichen Handelns des Vormundes (s. z. B. § 1823) Anwendung (M. IV, 1152). Ueber die Bedeutung der Worte „sofern ein solcher vorhanden ist" s. Anm. 1 a. E. zu § 1802. Nach E. I sollte die Anhörung des Gegenvormundes erforderlich sein, „wenn ein solcher bestellt worden ist" (M. IV, 1152, 1118; P. IV, 796).

2. Die Bestimmung des § 1826 hat nur den Charakter einer Ordnungsvorschrift („soll"). Auf die Wirksamkeit der Ertheilung oder Verweigerung der Genehmigung ist es also ohne Einfluß, wenn die Anhörung des Gegenvormundes unterblieben ist (M. IV, 1152; vgl. preuß. Vorm.Ordn. § 55 Abs. 4).

3. Nach § 1836 Abs. 2 soll der Gegenvormund auch gehört werden vor der Bewilligung, Aenderung oder Entziehung der Vergütung des Vormundes.

4. Ueber das Erforderniß der Anhörung des Mündels, sowie von Verwandten oder Verschwägerten des Mündels s. §§ 1827, 1847; über das Erforderniß der Anhörung des Beistandes s. § 1690 Abs. 3.

§ 1827.

Das Vormundschaftsgericht soll den Mündel hören vor der Entscheidung über die Genehmigung eines Lehrvertrags oder eines auf die Eingehung eines Dienst- oder Arbeitsverhältnisses gerichteten Vertrags und, wenn der Mündel das vierzehnte Lebensjahr vollendet hat, über die Entlassung aus dem Staatsverbande.

Hat der Mündel das achtzehnte Lebensjahr vollendet, so soll ihn das Vormundschaftsgericht, soweit thunlich, auch hören vor der Entscheidung über die Genehmigung eines der im § 1821 und im § 1822 Nr. 3 bezeichneten Rechtsgeschäfte sowie vor der Entscheidung über die Genehmigung des Beginns oder der Auflösung eines Erwerbsgeschäfts.

E. I, 1657 Satz 2, 1680; II, 1707; III, 1803.

1. Nach E. I sollte die Anhörung des Mündels in gewissen Fällen erforderlich sein, wenn derselbe das 18. Lebensjahr zurückgelegt hat (M. IV, 1098, 1152 ff.). Dagegen ist nach B.G.B. der Mündel zu hören:

a) ohne Rücksicht auf sein Alter vor der Entscheidung des Vormundschaftsgerichts über die Genehmigung eines Lehrvertrags oder eines auf die Eingehung eines Dienst- oder Arbeitsverhältnisses gerichteten Vertrags (P. IV, 796 ff.; vgl. § 1822 Nr. 6, 7);

b) wenn der Mündel das 14. Lebensjahr vollendet hat, vor der Entscheidung über die Genehmigung des Antrags auf Entlassung des Mündels aus dem Staatsverbande (P. IV, 757 ff.; vgl. § 14a des Ges. über die Erw. u. d. Verl. der Bundes- und Staatsangehörigkeit v. 1. Juni 1870 in der durch E.G. Art. 41 II festges. Fassung);

c) wenn der Mündel das 18. Lebensjahr vollendet hat, vor der Entscheidung über die Genehmigung

α) eines der im § 1821 erwähnten Rechtsgeschäfte;

β) eines auf den entgeltlichen Erwerb oder die Veräußerung eines Erwerbsgeschäfts gerichteten Vertrags (§ 1822 Nr. 3);

γ) eines zum Betrieb eines Erwerbsgeschäfts eingegangenen Gesellschaftsvertrags (§ 1822 Nr. 3);

δ) des Beginns oder der Auflösung eines Erwerbsgeschäfts (§ 1823).

Die Anhörung des Mündels darf jedoch in den unter c erwähnten Fällen unterbleiben, wenn sie nicht thunlich ist, d. h. wenn sie die Entscheidung verzögert oder unverhältnißmäßige Kosten verursacht (P. IV, 797 Note 1, V, 147).

2. Selbstverständlich ist das Vormundschaftsgericht auch in anderen Fällen berechtigt und unter Umständen sogar verpflichtet, vor seiner Entscheidung den Mündel zu hören, namentlich, wenn es sich um eine Maßregel handelt, welche die Person des Mündels betrifft und, wie z. B. die Wahl des künftigen Lebensberufs, durch die Neigungen und Wünsche des Mündels selbst mit bedingt ist (M. IV, 1153; vgl. Anm. 8 zu § 1304, Anm. 6 zu § 1308, Anm. 3 zu § 1838).

3. Die Anhörung des Mündels muß nicht nothwendig durch das Vormundschaftsgericht selbst erfolgen. Es ist vielmehr, falls das Erscheinen des Mündels vor Gericht in Folge größerer Entfernung vom Gerichtsort oder aus sonstigen Gründen nicht thunlich ist, auch die Anhörung des Mündels durch den Gemeindewaisenrath oder eine andere geeignete Gemeindebehörde für genügend zu erachten (P. IV, 797).

4. Die Vorschrift des § 1827 hat nur den Charakter einer Ordnungsvorschrift („soll", s. M. IV, 1152; vgl. preuß. Vorm.-Ordn. § 55 Abs. 4). Auf die Wirksamkeit der Ertheilung oder Verweigerung der Genehmigung ist es also ohne Einfluß, wenn die Anhörung des Mündels unterblieben ist.

5. In den Fällen, in welchen der Mündel vor der Entscheidung des Vormundschaftsgerichts gehört werden soll, kann derselbe das Beschwerderecht ohne Mitwirkung seines gesetzlichen Vertreters ausüben (F.G. § 59 Abs. 1 Satz 2).

6. Ueber das Erforderniß der Anhörung des Gegenvormundes, sowie von Verwandten und Verschwägerten des Mündels s. §§ 1826, 1847; über das Erforderniß der Anhörung des Beistandes s. § 1690 Abs. 3.

§ 1828.

Das Vormundschaftsgericht kann die Genehmigung zu einem Rechtsgeschäfte nur dem Vormunde gegenüber erklären.

E. I, 1681 Abs. 1; II, 1708; III, 1804.

1. Die zu einem Rechtsgeschäfte des Vormundes erforderliche Genehmigung des Vormundschaftsgerichts bezweckt, die Vertretungsmacht des Vormundes zu beschränken, und hat insoferne denselben Charakter wie die zu einem vom Mündel selbst vorgenommenen Rechtsgeschäft erforderliche Einwilligung oder Genehmigung des Vormundes (§§ 107 ff.). Während aber nach § 182 Abs. 1 der gesetzliche Vertreter eines Minderjährigen seine zu Willenserklärungen des Minderjährigen erforderliche Einwilligung sowohl diesem als dem Dritten gegenüber erklären kann, muß mit Rücksicht auf die Stellung des Vormundes und des Vormundschaftsgerichts die erforderliche Genehmigung des Vormundschaftsgerichts zu einem Rechtsgeschäfte des Vormundes diesem gegenüber erfolgen (M. IV, 1153; Z.G. IV, 489). Ueber die Bedeutung des Wortes „Genehmigung" s. Anm. 1 zu § 1829. Bei den Berathungen der II. Komm. wurde die Frage, ob auch der Dritte die Genehmigung des Vormundschaftsgerichts mit der Wirkung nachsuchen könne, daß die ihm gegenüber erfolgte Ertheilung der Genehmigung die Wirksamkeit des Vertrags zur Folge habe, von mehreren Seiten verneint. Dem Dritten sei es natürlich unbenommen, die Ertheilung der Genehmigung bei dem Vormundschaftsgericht anzuregen. Ein Anrecht, einen Bescheid zu erhalten, habe er jedoch nicht und ebensowenig habe er ein Beschwerderecht wegen Verweigerung der Genehmigung. Die Entscheidung dieser Frage wurde dem Gesetz über die Angelegenheiten der freiwilligen Gerichtsbarkeit vorbehalten (P. IV, 798). Auch nach diesem Gesetze steht dem Dritten ein Beschwerderecht wegen Verweigerung der Genehmigung nicht zu, da ein „Recht" desselben hiedurch nicht beeinträchtigt wird (F.G. § 20, vgl. auch §§ 57 Abs. 1 Nr. 9, Abs. 2).

2. Die Vorschrift des § 1828 findet entsprechende Anwendung, soweit zu einem Rechtsgeschäfte der Inhaber der elterlichen Gewalt der Genehmigung des Vormundschaftsgerichts, die Mutter der Genehmigung des Beistandes, der Vormund der Genehmigung des Gegenvormundes bedarf (§§ 1643 Abs. 3, 1690 Abs. 1 Satz 3, 1832).

§ 1829.

Schließt der Vormund einen Vertrag ohne die erforderliche Genehmigung des Vormundschaftsgerichts, so hängt die Wirksamkeit des Vertrags von der nachträglichen Genehmigung des Vormundschaftsgerichts ab. Die Genehmigung, sowie deren Verweigerung wird dem anderen Theile gegenüber erst wirksam, wenn sie ihm durch den Vormund mitgetheilt wird.

Fordert der andere Theil den Vormund zur Mittheilung darüber auf, ob die Genehmigung ertheilt sei, so kann die Mittheilung der Genehmigung nur bis zum Ablaufe von zwei Wochen nach dem Empfange der Aufforderung erfolgen; erfolgt sie nicht, so gilt die Genehmigung als verweigert.

Ist der Mündel volljährig geworden, so tritt seine Genehmigung an die Stelle der Genehmigung des Vormundschaftsgerichts.

E. I, 1681 Abs. 2, 3, 5; II, 1709; III, 1805.

1. Uebersicht. Die §§ 1829—1831 regeln den Einfluß des Mangels der erforderlichen Genehmigung des Vormundschaftsgerichts auf die Wirksamkeit eines ohne diese Genehmigung vom Vormunde vorgenommenen Rechtsgeschäfts, und zwar im Allgemeinen übereinstimmend mit den Vorschriften über den Einfluß des Mangels der erforderlichen Einwilligung oder Genehmigung des gesetzlichen Vertreters auf die Wirksamkeit eines von einer in der Geschäftsfähigkeit beschränkten Person ohne diese Einwilligung oder Genehmigung vorgenommenen Rechtsgeschäfts (§§ 108, 109, 111; vgl. § 177, 178, 180; M. IV, 1153ff.; Z.G. IV, 489; preuß. Vorm.Ordn. § 46). Die §§ 1829 und 1830 handeln von Verträgen, § 1831 von einseitigen Rechtsgeschäften. Hinsichtlich der Terminologie ist zu erwähnen, daß das Gesetz den Ausdruck „Genehmigung" hier (wie auch im § 1828) nicht nur für die nachträgliche, sondern auch für die vorherige Zustimmung gebraucht (vgl. §§ 183 Satz 1, 184 Abs. 1; Z.G. VI, 644; P. IV, 799). Ueber die Rechtsgeschäfte, zu deren Vornahme der Vormund der Genehmigung des Vormundschaftsgerichts bedarf, s. §§ 1821, 1822 und Anm. 4 hiezu.

2. Nach § 1829 tritt, wenn der Vormund einen Vertrag ohne die erforderliche Genehmigung des Vormundschaftsgerichts schließt, ein Schwebezustand bis zu dem Zeitpunkt ein, in welchem das Vormundschaftsgericht über Ertheilung oder Verweigerung seiner Genehmigung Entscheidung getroffen und der Vormund diese Entscheidung dem anderen Vertragschließenden mitgetheilt hat. Die seitens des Vormundschaftsgerichts erfolgte Mittheilung seiner Entscheidung an den anderen Theil ist wirkungslos (§ 1828). Der andere Vertragschließende kann aber diesen Schwebezustand dadurch beendigen, daß er den Vormund zur Mittheilung auffordert, ob die Genehmigung ertheilt sei. Thut er dies, so muß die Mittheilung der Genehmigung innerhalb zweier Wochen (s. §§ 187 Abs. 1, 188 Abs. 2) von dem Zeitpunkte des Empfangs der Aufforderung ab erfolgen, widrigenfalls sie als verweigert gilt. Ist nach Abschluß des Vertrags, aber vor dem Zeitpunkt, in welchem die Genehmigung oder deren Verweigerung wirksam geworden ist bezw. die Genehmigung als verweigert gilt, der Mündel volljährig geworden (oder für volljährig erklärt worden, § 3), so hängt die Wirksamkeit des Vertrages davon ab, ob dieser nunmehr den Vertrag genehmigt oder nicht, vorausgesetzt natürlich, daß er mit Erreichung der Volljährigkeit unbeschränkt geschäftsfähig geworden ist (§§ 104, 114; M. IV, 1154; P.M. 8687). Ueber das Widerrufsrecht des Vormundes und des anderen Theils s. § 1830 und Anm. hiezu.

3. Wird der vom Vormunde ohne die erforderliche Genehmigung des Vormundschaftsgerichts geschlossene Vertrag nachträglich vom Vormundschaftsgericht genehmigt, so wirkt die Genehmigung auf den Zeitpunkt des Vertragsschlusses zurück. Durch die Rückwirkung werden jedoch Verfügungen nicht unwirksam, die im Wege der Zwangsvollstreckung oder der Arrestvollziehung oder durch den Konkursverwalter erfolgt sind (§ 184; M. IV, 1155). Wird die nachträgliche Genehmigung vom Vormundschaftsgerichte verweigert (oder gilt sie gemäß § 1829 Abs. 2 als verweigert), so ist der Vertrag als nicht geschlossen anzusehen.

4. Die Verfügung, durch welche die Genehmigung ertheilt oder verweigert wird, kann von dem Vormundschaftsgericht insoweit nicht mehr geändert werden, als die Genehmigung oder deren Verweigerung dem anderen Theile gegenüber wirksam geworden ist (F.G. § 55). Soweit demzufolge die Verfügung von dem Vormundschaftsgerichte nicht mehr geändert werden kann, ist auch das Beschwerdegericht nicht berechtigt, sie zu ändern (F.G. § 62).

5. Die Vorschriften des § 1829 finden entsprechende Anwendung, soweit zu einem Vertrage der Inhaber der elterlichen Gewalt der Genehmigung des Vormundschaftsgerichts, die Mutter der Genehmigung des Beistandes, der Vormund der Genehmigung des Gegenvormundes bedarf (§§ 1643 Abs. 3, 1690 Abs. 1 Satz 3, 1832; vgl. auch §§ 1396 Abs. 1, 2, 1448 Abs. 1, 2).

§ 1830.

Hat der Vormund dem anderen Theile gegenüber der Wahrheit zuwider die Genehmigung des Vormundschaftsgerichts behauptet, so ist der andere Theil bis zur Mittheilung der nachträglichen Genehmigung des Vormundschaftsgerichts zum Widerrufe berechtigt, es sei denn, daß ihm das Fehlen der Genehmigung bei dem Abschlusse des Vertrags bekannt war.

E. I, 1681 Abs. 2, 4; II, 1710; III, 1806.

1. Entstehungsgeschichte der Vorschrift. Nach E. I, 1681 Abs. 3 Satz 2 und Abs. 4 sollte der Vormund, der ohne die erforderliche Genehmigung des Vormundschaftsgerichts einen Vertrag geschlossen hat, berechtigt sein, vom Vertrage zurückzutreten, solange derselbe noch nicht wirksam geworden ist, während der andere Vertragschließende nicht berechtigt sein sollte, von dem Vertrag zurückzutreten, solange der Vertrag noch wirksam werden kann (M. IV, 1152, vgl. M. I, 134, 140 ff.). Von der II. Komm. wurde in Konsequenz des zu E. II, 83 (B.G.B. § 109) gefaßten Beschlusses folgender Abänderungsantrag angenommen: „Solange der Vormund die Genehmigung des Vormundschaftsgerichts zu dem Vertrage dem anderen Theile nicht mitgetheilt hat, kann er (also der Vormund) von dem Vertrage zurücktreten. Das gleiche Recht steht dem anderen Theile zu, wenn ihm gegenüber der Vormund fälschlich die vorgängige Genehmigung des Vormundschaftsgerichts behauptet hatte, es sei denn, daß der andere Theil den Mangel der Genehmigung gekannt hat" (P. IV, 798). In den E. II hat aber (anscheinend in Folge eines Versehens) diese Bestimmung als § 1710 in folgender Gestalt Aufnahme gefunden: „Solange der Vormund die Genehmigung des Vormundschaftsgerichts dem anderen Theile nicht mitgetheilt hat, kann dieser (also der andere Theil) von dem Vertrage zurücktreten. Das gleiche Recht steht dem anderen Theile zu, wenn der Vormund ihm gegenüber die Genehmigung des Vormundschaftsgerichts der Wahrheit zuwider behauptet hat, es sei denn, daß der andere Theil den Mangel der Genehmigung bei dem Abschlusse des Vertrags gekannt hat." Bei der 2. Lesung der II. Komm. wurde beantragt, den Satz 2 mit den Worten „behauptet hat" endigen zu lassen und als Satz 3 beizufügen: „Der Rücktritt ist ausgeschlossen, wenn der andere Theil den Mangel der Genehmigung bei dem Abschlusse des Vertrags gekannt hat." Entsprechend dem § 83 müsse nämlich hier die Bindung des anderen Theils eintreten, wenn dieser wisse, daß die Genehmigung noch nicht ertheilt sei; der andere Theil sei so lange gebunden, bis sich entscheide, ob die Genehmigung ertheilt werde. Hiezu wurde bemerkt: Der dem Antrage zu Grunde liegende Gedanke, daß der Satz 1 des § 1710 einzuschränken sei, müsse als richtig anerkannt werden. Anlangend die Fassung, so sei zu beachten, daß im Falle des § 1710 der Dritte von vornherein wisse, daß er mit dem Vertreter einer Person kontrahire, während bei dem § 83 die Sachlage eine andere sei. Man werde den Antrag sachlich zu billigen, übrigens aber die Redaktionskommission anzuweisen haben, in geeigneter Weise den § 1710 mit dem § 83 in Einklang zu bringen. Hiemit war die Kommission einverstanden (P.M. 8687; s. auch P.M. 8830 ff.). Die Reichstagsvorlage (E. III; 1806) stimmt mit dem nunmehrigen Text des Gesetzes wörtlich überein.

2. Als Inhalt des nunmehrigen § 1830 ergeben sich folgende Sätze:

a) Der Vormund, welcher ohne die erforderliche Genehmigung des Vormundschaftsgerichts einen Vertrag geschlossen hat, ist mangels einer gegentheiligen Bestimmung zum Widerrufe berechtigt, solange die Entscheidung des Vormundschaftsgerichts noch nicht gemäß § 1829 Abs. 1 Satz 2 wirksam geworden ist.

b) Der andere Theil ist grundsätzlich zum Widerruf nicht berechtigt. Eine Ausnahme hievon besteht für den Fall, daß ihm gegenüber der Vormund wahrheitswidrig die Genehmigung des Vormundschaftsgerichts behauptet hat. Auch beim Vorliegen dieser Voraussetzung ist aber der andere Theil nicht widerrufsberechtigt, wenn ihm beim Vertragsabschluß bekannt war, daß entgegen der Angabe des Vormundes die Genehmigung des Vormundschaftsgerichts nicht vorlag, und nicht mehr widerrufsberechtigt, sobald ihm die nachträgliche Genehmigung des Vormundschaftsgerichts durch den Vormund mitgetheilt worden ist. Das „Kennenmüssen" ist dem Kennen hier nicht gleichgestellt (vgl. § 142 Abs. 2).

3. Der Widerruf des anderen Vertragschließenden muß, um wirksam zu sein, dem Vormunde gegenüber erklärt werden (§ 131; vgl. §§ 109 Abs. 1 Satz 2, 178 Satz 2, 1397 Abs. 1 Satz 2, 1448 Abs. 1).

4. Macht der Vormund oder der andere Vertragschließende von dem Rechte des Widerrufs Gebrauch, so gilt der Vertrag als nicht geschlossen. Für den aus der

wahrheitswidrigen Behauptung der Genehmigung des Vormundschaftsgerichts erwachsenden Schaden haftet der Vormund dem Mündel nach Maßgabe des § 1833, dem anderen Vertragschließenden nach Maßgabe der allgemeinen Grundsätze (s. insbes. §§ 823, 826). Macht keiner der Vertragschließenden von seinem Widerrufsrechte Gebrauch, so hängt die Wirksamkeit des Vertrags gemäß § 1829 von der Genehmigung des Vormundschaftsgerichts ab.

5. Die Bestimmung des § 1830 findet entsprechende Anwendung, soweit zu einem Vertrage der Inhaber der elterlichen Gewalt der Genehmigung des Vormundschaftsgerichts, die Mutter der Genehmigung des Beistandes, der Vormund der Genehmigung des Gegenvormundes bedarf (§§ 1643 Abs. 3, 1690 Abs. 1 Satz 3, 1832, vgl. auch §§ 1397, 1448 Abs. 1).

§ 1831.

Ein einseitiges Rechtsgeschäft, das der Vormund ohne die erforderliche Genehmigung des Vormundschaftsgerichts vornimmt, ist unwirksam. Nimmt der Vormund mit dieser Genehmigung ein solches Rechtsgeschäft einem Anderen gegenüber vor, so ist das Rechtsgeschäft unwirksam, wenn der Vormund die Genehmigung nicht in schriftlicher Form vorlegt und der Andere das Rechtsgeschäft aus diesem Grunde unverzüglich zurückweist.

E. I, 1681 Abs. 2; II, 1711; III, 1807.

1. Ein vom Vormund ohne die erforderliche Genehmigung des Vormundschaftsgerichts vorgenommenes einseitiges Rechtsgeschäft ist unwirksam, d. h. es wird als nicht vorgenommen betrachtet (M. IV, 1153, I, 133 ff.; über Verträge s. §§ 1829, 1830). Abweichend vom E. I räumt das B.G.B. (entsprechend der Vorschrift des § 111 Satz 2) bei einseitigen Rechtsgeschäften, die einem anderen gegenüber vorgenommen werden, diesem das Recht ein, vom Vormunde Vorlegung der Genehmigung des Vormundschaftsgerichts in schriftlicher Form zu verlangen. Ist der Vormund hiezu nicht in der Lage, so ist der Andere befugt, durch Zurückweisung des Rechtsgeschäfts dasselbe auch für den Fall unwirksam zu machen, daß die Genehmigung des Vormundschaftsgerichts vorliegt. Die Zurückweisung muß jedoch, um diese Wirkung zu äußern, unverzüglich, d. h. ohne schuldhaftes Zögern (§ 121 Abs. 1 Satz 1) erfolgen, widrigenfalls das Rechtsgeschäft wirksam ist. Eine den Satz 3 des § 111 entsprechende Bestimmung wurde hier nicht aufgenommen, weil sie nicht dem im Uebrigen festgehaltenen Gedanken entsprechen würde, daß das Vormundschaftsgericht nur zu dem Vormunde, nicht zu Dritten in Beziehung steht (P. IV, 799).

2. Die Bestimmung des § 1831 findet entsprechende Anwendung, soweit zu einem einseitigen Rechtsgeschäfte der Inhaber der elterlichen Gewalt der Genehmigung des Vormundschaftsgerichts, die Mutter der Genehmigung des Beistandes, der Vormund der Genehmigung des Gegenvormundes bedarf (§§ 1643 Abs. 3, 1690 Abs. 1 Satz 3, 1832; vgl. auch §§ 1398, 1448 Abs. 1).

§ 1832.

Soweit der Vormund zu einem Rechtsgeschäfte der Genehmigung des Gegenvormundes bedarf, finden die Vorschriften der §§ 1828 bis 1831 entsprechende Anwendung.

E. I, 1682; II, 1712; III, 1808.

1. Wegen der Gleichheit des Grundes erklärt das Gesetz die Bestimmungen der §§ 1828—1831 für entsprechend anwendbar, soweit der Vormund zu einem Rechtsgeschäfte der Genehmigung des Gegenvormundes bedarf (M. IV, 1155; Z.G. IV, 489 ff.; preuß. Vorm.Ordn. § 46; vgl. §§ 1643 Abs. 3, 1690 Abs. 1 Satz 3). Ueber die Rechtsgeschäfte, zu deren Vornahme die Genehmigung des Gegenvormundes erforderlich ist, s. §§ 1812, 1813.

2. Aus der entsprechenden Anwendung der §§ 1828—1831 ergeben sich folgende Sätze:

a) Die zu einem Rechtsgeschäfte des Vormundes erforderliche Genehmigung des Gegenvormundes kann nur dem Vormunde gegenüber erklärt werden (§ 1828 und Anm. hiezu).

b) Schließt der Vormund

α) einen Vertrag ohne die erforderliche Genehmigung des Gegenvormundes, so hängt die Wirksamkeit des Vertrags von der nachträglichen Genehmigung des Gegenvormundes ab, die gleich der Verweigerung dem anderen Theile gegenüber erst wirksam wird, wenn sie ihm durch den Vormund mitgetheilt wird. Fordert der andere Theil den Vormund zur Mittheilung darüber auf, ob die Genehmigung des Gegenvormundes ertheilt sei, so muß die Mittheilung der Genehmigung innerhalb zwei Wochen vom Empfange der Aufforderung ab erfolgen, widrigenfalls die Genehmigung als vom Gegenvormunde verweigert gilt. Ist in der Zwischenzeit der Mündel volljährig geworden, so tritt seine Genehmigung an die Stelle der Genehmigung des Gegenvormundes. Hat der Vormund dem anderen Theile gegenüber wahrheitswidrig die Genehmigung des Gegenvormundes behauptet, so ist der andere Theil bis zur Mittheilung der nachträglichen Genehmigung des Gegenvormundes zum Widerrufe berechtigt, es sei denn, daß ihm das Fehlen der Genehmigung bei dem Abschlusse des Vertrags bekannt war (s. §§ 1829, 1830 und Anm. hiezu).

β) Nimmt der Vormund ohne die erforderliche Genehmigung des Gegenvormundes ein einseitiges Rechtsgeschäft vor, so ist dasselbe unwirksam. Nimmt er mit Genehmigung des Gegenvormundes ein solches Geschäft einem Anderen gegenüber vor, so kann dieser, wenn die Genehmigung des Gegenvormundes nicht in schriftlicher Form vorgelegt wird, das Rechtsgeschäft durch unverzügliche Zurückweisung desselben unwirksam machen (§ 1831 und Anm. hiezu).

§ 1833.

Der Vormund ist dem Mündel für den aus einer Pflichtverletzung entstehenden Schaden verantwortlich, wenn ihm ein Verschulden zur Last fällt. Das Gleiche gilt von dem Gegenvormunde.

Sind für den Schaden Mehrere neben einander verantwortlich, so haften sie als Gesammtschuldner. Ist neben dem Vormunde für den von diesem verursachten Schaden der Gegenvormund oder ein Mitvormund nur wegen Verletzung seiner Aufsichtspflicht verantwortlich, so ist in ihrem Verhältnisse zu einander der Vormund allein verpflichtet.

E. I, 1696; II, 1732; III, 1809.

1. § 1833 regelt die Verantwortlichkeit des Vormundes und Gegenvormundes gegenüber dem Mündel. Nach Gem. R. haftet der Vormund nur für sogen. culpa in concreto (diligentia quam in suis), während die Erben des Vormundes, wenn der Prozeß nicht gegen diesen bereits eingeleitet war, nur wegen dolus oder culpa lata des Erblassers in Anspruch genommen werden können (Dernburg, Pand. Bd. 3 S. 94). Auf dem gleichen Standpunkte steht das B.L.R. (Thl. I cap. 7 § 14; vgl. Samml. v. Entsch. d. Obersten L.G. München Bd. 4, S. 333 ff.). Ueber andere Rechte s. M. IV, 1175 ff.

Nach B.G.B. ist der Vormund, dem in dieser Beziehung der Gegenvormund gleichsteht, dem Mündel schadensersatzpflichtig, vorausgesetzt,

a) daß er eine ihm nach dem Gesetz obliegende Pflicht (s. insbes. §§ 1793 ff.) verletzt hat;

b) daß ihn hiebei ein Verschulden trifft. Als solches gilt nicht nur Vorsatz, sondern auch Fahrlässigkeit, d. h. Außerachtlassung der im Verkehr erforderlichen Sorgfalt (§ 276 Abs. 1). Der Vormund haftet also (abweichend vom Gem. R. und B.L.R.) nicht nur für diejenige Sorgfalt, welche er in eigenen Angelegenheiten anzuwenden pflegt (§ 277; M. IV, 1176; P. IV, 816 ff.; vgl. preuß. Vorm.Ordn. § 32 Abs. 1);

c) daß der dem Mündel erwachsene Schaden auf der Pflichtverletzung des Vormundes beruht (Erforderniß des Kausalzusammenhangs). Ueber den Umfang des zu ersetzenden Schadens s. §§ 249 ff.

2. Die durch § 1833 festgesetzte Verantwortlichkeit des Vormundes bezieht sich gleichmäßig auf die Sorge für die Person wie auf die Sorge für das Vermögen des Mündels (§ 1793; M. IV, 1176). Sie wird durch die Thatsache, daß der Gegenvormund oder das Vormundschaftsgericht die Handlung des Vormundes genehmigt hat, nicht unbedingt ausgeschlossen. Ob die Genehmigung des Gegenvormundes bezw.

Vormundschaftsgerichts einen das Verschulden des Vormundes beseitigenden Umstand bildet, ist nach Lage des einzelnen Falles zu entscheiden (M. IV, 1176 ff.; vgl. preuß. Vorm.-Ordn. § 49).

3. Der Schadensersatzanspruch des Mündels kann schon vor Beendigung des Vormundschaftsverhältnisses im Rechtswege geltend gemacht werden (§ 1843 Abs. 2; M. IV, 1177, 1160 ff.). Zur Vertretung des Mündels muß in diesem Falle ein Pfleger bestellt werden (§§ 1909 Abs. 1 Satz 1, 1795 Abs. 2, 181). Die Haftung der Erben des Vormundes bestimmt sich nach allgemeinen Grundsätzen (§§ 1967 ff.; M. IV, 1178). Die Verjährungsfrist für den Schadensersatzanspruch des Mündels ist die regelmäßige von 30 Jahren (§ 195; Böhm, a. a. O. S. 74 Note 5; nach Richter, a. a. O. S. 232 ff., soll die kurze Verjährungsfrist des § 852 Platz greifen). Während der Dauer des Vormundschaftsverhältnisses ist die Verjährung gehemmt (§ 204 Satz 2, s. auch § 206). Daß die Verantwortlichkeit des Vormundes und Gegenvormundes erst mit der Bestellung beginnt, ergibt sich aus dem Bestellungsprinzip (s. Vorbem. Ziff. 2e; M. IV, 1177; vgl. preuß. Vorm.Ordn. § 32 Abs. 2).

4. Abgesehen von der Verpflichtung zum Schadensersatz begründet eine Pflichtverletzung des Vormundes auch die Befugniß des Vormundschaftsgerichts, auf Grund seines Aufsichtsrechts gegen den Vormund einzuschreiten, eventuell, ihn zu entlassen (§§ 1837, 1886).

5. Für den aus einer Pflichtverletzung einem Dritten erwachsenen Schaden haften Vormund und Gegenvormund nach den allgemeinen Grundsätzen des Obligationenrechts (s. insbes. §§ 823, 826; vgl. Anm. 6 zu § 1664).

6. Ist ein Mitvormund (§ 1797) oder ein Gegenvormund (§ 1792) bestellt, so entscheidet sich die Frage, ob eine dieser Personen neben dem Vormunde dem Mündel gegenüber haftet, nach § 1833 Abs. 1. Ist hienach die Haftung mehrerer Personen begründet, so haften dieselben als Gesammtschuldner (§§ 421 ff.) und können daher dem Mündel die Einrede der Theilung nicht entgegensetzen (M. IV, 1178; vgl. preuß. Vorm.Ordn. § 32 Abs. 4). Im Verhältnisse zu einander sind sie grundsätzlich zu gleichen Antheilen verpflichtet. Hat also einer von ihnen mehr als seinen Antheil geleistet, so kann er von den übrigen Schuldnern Ausgleichung verlangen (§ 426). Ist aber die Haftung des Mitvormundes oder des Gegenvormundes nur um deßwillen begründet, weil er durch schuldhafte Verletzung seiner Aufsichtspflicht (§§ 1797 Abs. 2 Satz 1, Abs. 3, 1799 Abs. 1) dem Mündel Schaden zugefügt hat, so haftet er zwar dem Mündel gegenüber prinzipal für den gesammten Schaden neben dem Vormund, im Verhältnisse zwischen ihm und dem Vormund aber ist der Letztere allein verpflichtet. (M. IV, 1178 ff.; vgl. B.L.R. Thl. I cap. 7 § 31 Ziff. 4 ff.).

7. In strafrechtlicher Beziehung vgl. St.G.B. § 174 Abs. 1 Nr. 1 (Unzucht des Vormundes mit seinen Pflegebefohlenen), § 181 Abs. 1 Nr. 2 (Verkuppelung des Pflegebefohlenen durch den Vormund) und insbesondere § 266 Abs. 1 Nr. 1 und Abs. 2 (Untreue).

8. Die Grundsätze des § 1833 gelten auch für die Haftung des Pflegers (§ 1915 Abs. 1). Ueber die Haftung des Gewalthabers, des Beistandes, des Vormundschaftsrichters und der Familienrathsmitglieder s. §§ 1664, 1694 Abs. 1, 1848, 1872 Abs. 2 Satz 2. Ueber das Verhältniß der Haftung des Vormundes und Gegenvormundes zu der des Vormundschaftsrichters s. Anm. 3 zu § 1848.

§ 1834.

Verwendet der Vormund Geld des Mündels für sich, so hat er es von der Zeit der Verwendung an zu verzinsen.

E. I, 1697; II, 1733; III, 1810.

1. Nach E. I—III sollte der Vormund bei Verzögerung der ihm obliegenden Anlegung von Mündelgeld zur Verzinsung des anzulegenden Betrags für die Dauer der Verzögerung verpflichtet sein, wobei die Geltendmachung eines weiteren Schadens ausdrücklich vorbehalten war (M. IV, 1180; vgl. preuß. Vorm.Ordn. § 39 Abs. 5). Von der Reichstagskommission wurde diese Bestimmung gestrichen, so daß nunmehr in dieser Beziehung die allgemeinen Grundsätze Anwendung finden. Demgemäß hat der Vormund, wenn er pflichtwidrig und schuldhafter Weise die Anlegung des zum Mündelvermögen gehörenden Geldes unterläßt oder verzögert, gemäß § 1833, 249 ff. dem Mündel nicht 4 Prozent des anzulegenden Betrags (§ 246), sondern die Zinsen zu vergüten, die der Mündel bei rechtzeitiger Anlegung bezogen haben würde (R.T.K. 163; vgl. Anm. 3 zu § 1806).

2. Dagegen hat der Vormund, wenn er der Vorschrift des § 1805 zuwider Geld des Mündels für sich verwendet, dasselbe von der Zeit der Verwendung ab zu verzinsen und zwar gemäß § 246 mit 4 Prozent (M. IV, 1180 ff.; P. IV, 817; vgl. preuß.

Vorm.Ordn. § 40 Abs. 1 Satz 2, 3). Nach E. I sollte dies für jede eigennützige Verwendung eines Vermögensgegenstandes des Mündels gelten; nach B.G.B. haftet dagegen der Vormund bei eigennütziger Verwendung eines anderen Vermögensgegenstandes lediglich nach Maßgabe der §§ 1833, 249 ff.

3. Ueber die strafrechtlichen Folgen eigennütziger Verwendung von Mündelgeld durch den Vormund s. St.G.B. §§ 246, 266 Abs. 1 Nr. 1, Abs. 2.

4. Verwandte Bestimmungen für den Beauftragten, den Verwahrer und den Testamentsvollstrecker enthalten die §§ 668, 698, 2218 Abs. 1.

§ 1835.

Macht der Vormund zum Zwecke der Führung der Vormundschaft Aufwendungen, so kann er nach den für den Auftrag geltenden Vorschriften der §§ 669, 670 von dem Mündel Vorschuß oder Ersatz verlangen. Das gleiche Recht steht dem Gegenvormunde zu.

Als Aufwendungen gelten auch solche Dienste des Vormundes oder des Gegenvormundes, die zu seinem Gewerbe oder seinem Berufe gehören.

E. I, 1698; II, 1734; III, 1811.

1. Die Vorschrift des § 1835 Abs. 1 beruht auf der Analogie zwischen Vormundschaft und Mandat, die des Abs. 2, welche eine Ausnahme von dem Grundsatz der Unentgeltlichkeit der Vormundschaftsführung (§ 1836) enthält, auf Rücksichten der Billigkeit (M. IV, 1181; vgl. Dernburg, Pand. Bd. 3 S. 95 Note 13; P.L.R. Thl. I cap. 7 § 15 Ziff. 1—4; preuß. Vorm.Ordn. § 33 Abs. 2 und 3).

2. Gemäß § 1835 kann der Vormund und der Gegenvormund beanspruchen:

a) Vorschuß für die zum Zwecke der Vormundschaftsführung erforderlichen Aufwendungen (§ 669).

b) Ersatz der zum Zwecke der Vormundschaftsführung gemachten Aufwendungen, die er den Umständen nach für erforderlich halten durfte. Ob die Aufwendungen in Wirklichkeit erforderlich waren, kommt nicht in Betracht (§ 670). Nach § 256, 257 umfaßt die Verpflichtung zum Ersatz von Aufwendungen auch die Verpflichtung zur Verzinsung des aufgewendeten Betrags oder, wenn andere Gegenstände als Geld aufgewendet worden sind, des als Ersatz ihres Werthes zu zahlenden Betrags von der Zeit der Aufwendung an, ferner die Verpflichtung zur Befreiung des Ersatzberechtigten von den für den fraglichen Zweck eingegangenen Verbindlichkeiten. Ist die Verbindlichkeit noch nicht fällig, so kann dem Ersatzberechtigten statt der Befreiung Sicherheit geleistet werden. Dieser Anspruch auf Liberirung ist insbesondere für den Fall der Beendigung der Vormundschaft oder Gegenvormundschaft von Bedeutung (M. IV, 1181).

c) Endlich kann der Vormund und der Gegenvormund Ersatz für die Dienste verlangen, die er in Ausübung seines Gewerbes oder Berufes (z. B. als Arzt, Anwalt ꝛc.) dem Mündel geleistet hat.

3. Die Festsetzung des dem Vormund oder Gegenvormund zu ersetzenden Betrags erfolgt zunächst durch das Vormundschaftsgericht und zwar in der Regel gelegentlich der Prüfung der Jahresrechnung (§ 1840). Doch wird hiedurch die Beschreitung des Rechtsweges natürlich nicht ausgeschlossen. Ueber die Zulässigkeit der Geltendmachung solcher Ansprüche vor Beendigung des Vormundschaftsverhältnisses s. § 1843 Abs. 2, über die Verjährung derselben s. §§ 204—206.

4. Die Bestimmungen des § 1835 finden auch auf den Pfleger und den Beistand Anwendung (§§ 1915 Abs. 1, 1694 Abs. 1). Ueber den Anspruch des Inhabers der elterlichen Gewalt auf Ersatz seiner Aufwendungen s. § 1648; über den Anspruch von Familienrathsmitgliedern, Verwandten und Verschwägerten des Mündels auf Ersatz ihrer Auslagen s. §§ 1877, 1847 Abs. 2.

§ 1836.

Die Vormundschaft wird unentgeltlich geführt. Das Vormundschaftsgericht kann jedoch dem Vormund und aus besonderen Gründen auch dem Gegenvormund eine angemessene Vergütung bewilligen. Die Bewilligung soll nur erfolgen, wenn

das Vermögen des Mündels sowie der Umfang und die Bedeutung der vormundschaftlichen Geschäfte es rechtfertigen. Die Vergütung kann jederzeit für die Zukunft geändert oder entzogen werden.

Vor der Bewilligung, Aenderung oder Entziehung soll der Vormund und, wenn ein Gegenvormund vorhanden oder zu bestellen ist, auch dieser gehört werden.

E. I, 1699; II, 1735; III, 1812.

1. § 1836 regelt den Honoraranspruch des Vormundes und Gegenvormundes. Nach Gem.R. hat der Vormund nur dann Anspruch auf Honorar, wenn ihm ein solches vom Erblasser oder aus besonderen Gründen von der Obrigkeit bewilligt worden ist (Dernburg, Pand. Bd. 3 S. 95). Dagegen steht nach A.L.R. (Thl. I cap. 7 § 15 Ziff. 5) dem Vormund ein Anspruch auf eine seiner Mühewaltung entsprechende Belohnung zu. Ueber andere Rechte s. M. IV, 1181 ff.

Das B.G.B. erklärt (wie die preuß. Vorm.Ordn. §§ 33 Abs. 1, 34) die Vormundschaft als unentgeltliches Ehrenamt, räumt jedoch dem Vormundschaftsgerichte die Befugniß ein, falls das Vermögen des Mündels, sowie der Umfang und die Bedeutung der Vormundschaft es rechtfertigen, dem Vormund eine angemessene Vergütung zu bewilligen, sowie die festgesetzte Vergütung wegen Veränderung der zur Zeit der Bewilligung maßgebend gewesenen Umstände jederzeit für die Zukunft zu erhöhen, zu mindern oder ganz zu entziehen (M. IV, 1181 ff., P. IV, 817 ff.). Daß der Erblasser dem Vormund ein Honorar zuwenden kann, hat das Gesetz als selbstverständlich nicht besonders hervorgehoben. Den Eltern als solchen steht hinsichtlich des nicht von ihnen herrührenden Vermögens diese Befugniß nicht zu (M. IV, 1183 ff.).

2. Der Gegenvormund hat wie der Vormund grundsätzlich keinen Anspruch auf Vergütung. Auch ihm kann aber vom Vormundschaftsgericht eine solche bewilligt werden, jedoch nur aus „besonderen Gründen“. Ob solche gegeben sind, entscheidet das Vormundschaftsgericht nach freiem Ermessen (M. IV, 1182; nach der preuß. Vorm.Ordn. § 34 Abs. 3 durfte dem Gegenvormund unter keinen Umständen ein Honorar zugebilligt werden). Auch die dem Gegenvormunde bewilligte Vergütung kann durch das Vormundschaftsgericht jederzeit für die Zukunft erhöht, gemindert oder ganz entzogen werden.

3. Hinsichtlich der Höhe der dem Vormund und dem Gegenvormunde zu bewilligenden Vergütung enthält das Gesetz außer der Vorschrift der Angemessenheit keine Bestimmung. Der in der II. Komm. und in der Reichstagskommission gestellte Antrag, den Landesjustizverwaltungen oder dem Bundesrath die Befugniß einzuräumen, hinsichtlich des Maßes der Vergütung allgemeine Anordnungen zu treffen, wurde abgelehnt (P. IV, 817 ff.; R.T.K. 163 ff.; vgl. Z.G. IV, 495), ebenso der in der II. Komm. gestellte Antrag, zwei vom Tausend des Vermögensbestandes als den zulässigen Höchstbetrag zu bezeichnen (P. IV, 817 ff.). Es entscheidet also auch in dieser Beziehung das freie Ermessen des Vormundschaftsgerichts (M. IV, 1182).

4. Ein im Wege der Klage verfolgbarer Rechtsanspruch auf Bewilligung einer Vergütung steht weder dem Vormunde noch dem Gegenvormunde zu. Dagegen kann der Anspruch auf die für die Vergangenheit bereits bewilligte Vergütung klageweise geltend gemacht werden (M. IV, 1182, 1183). Wird der Antrag des Vormundes oder Gegenvormundes auf Bewilligung einer Vergütung vom Vormundschaftsgericht abgelehnt, so steht denselben hiegegen die Beschwerde nach F.G. § 20 zu. Gemäß F.G. § 57 Abs. 1 Nr. 7 steht ferner dem Gegenvormunde die Beschwerde gegen die Verfügung zu, durch welche dem Vormund oder dem Pfleger eine Vergütung bewilligt wird. Man wird aber auch umgekehrt dem Vormund als gesetzlichem Vertreter des Mündels gemäß F.G. § 20 die Beschwerde gegen die Verfügung des Vormundschaftsgerichts einräumen müssen, durch welche dem Gegenvormund oder dem Pfleger eine Vergütung bewilligt wird.

5. Nach Beendigung der Vormundschaft kann dem Vormund und Gegenvormund eine Vergütung nicht mehr durch das Vormundschaftsgericht, sondern nur durch den unbeschränkt geschäftsfähig gewordenen Mündel selbst zugebilligt werden (ebenso Richter, a. a. O. S. 245; a. Ansicht Böhm, a. a. O. S. 70 Note 1).

6. Die Vorschrift des § 1836 Abs. 2 hat nur den Charakter einer Ordnungsvorschrift (M. IV, 1183; vgl. preuß. Vorm.Ordn. § 34 Abs. 2). Ueber die Fälle, in welchen ein Gegenvormund zu bestellen ist, s. § 1792 Abs. 1, 2. Ist ein solcher Fall gegeben, der bestellte Gegenvormund aber weggefallen und noch nicht durch einen neuen ersetzt worden, so ist zunächst ein neuer Gegenvormund zu bestellen, zu hören und dann erst vom Vormundschaftsgericht Entscheidung zu treffen (M. IV, 1118; s. § 1842 Satz 1 und andererseits die abweichende Ausdrucksweise in den §§ 1802 Abs. 1 Satz 2, 1810 Satz 2, 1812 Abs. 3, 1826, 1891 Abs. 1 Satz 1; vgl. Anm. 1 a. E. zu § 1802). Selbstverständlich ist auch vor der

Bewilligung, Aenderung und Entziehung der dem Gegenvormunde zu bewilligenden Vergütung dieser selbst und der Vormund zu hören.

7. Die Vorschriften des § 1836 finden, soweit sie sich auf den Vormund beziehen, auf den Pfleger, soweit sie sich auf den Gegenvormund beziehen, auf den Beistand entsprechende Anwendung (§§ 1915 Abs. 1, 1694 Abs. 1, s. auch § 1693). Die Familienrathsmitglieder können keine Vergütung, sondern nur Ersatz ihrer Auslagen verlangen. Ueber den Anspruch des Nachlaßverwalters auf eine angemessene Vergütung s. § 1987.

III. Fürsorge und Aufsicht des Vormundschaftsgerichts.

§ 1837.

Das Vormundschaftsgericht hat über die gesammte Thätigkeit des Vormundes und des Gegenvormundes die Aufsicht zu führen und gegen Pflichtwidrigkeiten durch geeignete Gebote und Verbote einzuschreiten.

Das Vormundschaftsgericht kann den Vormund und den Gegenvormund zur Befolgung seiner Anordnungen durch Ordnungsstrafen anhalten. Die einzelne Strafe darf den Betrag von dreihundert Mark nicht übersteigen.

E. I, 1684; II, 1714; III, 1813.

1. Der das Vormundschaftsrecht des B.G.B. beherrschende Grundsatz der Selbständigkeit des Vormundes erleidet seine wesentlichste Einschränkung durch die Bestimmung des § 1837 Abs. 1, wonach Vormund und Gegenvormund bei ihrer gesammten Thätigkeit der beständigen Aufsicht des Vormundschaftsgerichts unterliegen (M. IV, 1155, 1026 ff.; P. IV, 800; Vorbem. Ziff. 2c; vgl. preuß. Vorm.Ordn. § 51). Ob in einer Handlung oder Unterlassung des Vormundes oder Gegenvormundes eine Pflichtwidrigkeit zu erblicken ist, welche das obervormundschaftliche Einschreiten rechtfertigt, hat das Vormundschaftsgericht nach freiem Ermessen zu entscheiden. Die Aufsicht des Vormundschaftsgerichts erstreckt sich sowohl auf die Sorge für die Person wie auf die Sorge für das Vermögen des Mündels.

2. Aus dem Aufsichtsrecht des Vormundschaftsgerichts ergibt sich insbesondere die Befugniß desselben,

a) die Hinterlegungspflicht des Vormundes nach Maßgabe des § 1818 auszudehnen;

b) den Vormund nach § 1844 zur Sicherheitsleistung anzuhalten;

c) den Vormund, sowie den Gegenvormund zu entlassen, wenn die Fortführung des Amtes, insbesondere wegen pflichtwidrigen Verhaltens derselben, das Interesse des Mündels gefährden würde (§§ 1886, 1895).

3. Zur Erleichterung der Aufsichtsführung des Vormundschaftsgerichts dient die Bestimmung des § 1839, wonach Vormund und Gegenvormund dem Vormundschaftsgericht auf Verlangen jederzeit die erforderlichen Auskünfte ertheilen müssen, ferner die dem Gegenvormund obliegende Verpflichtung, den Vormund zu überwachen und dem Vormundschaftsgerichte Pflichtwidrigkeiten des Vormundes, sowie jeden Fall, in welchem es zum Einschreiten berufen ist, unverzüglich anzuzeigen (§ 1799 Abs. 1). In Unterstützung des Vormundschaftsgerichts hat ferner der Gemeindewaisenrath hinsichtlich der in seinem Bezirke sich aufhaltenden Mündel etwaige Pflichtwidrigkeiten der Vormünder in Beziehung auf die Sorge für die Person, sowie Gefährdungen des Vermögens der Mündel dem Vormundschaftsgericht anzuzeigen (§ 1850).

4. Die dem Vormundschaftsgerichte nach § 1837 Abs. 2 zustehende Befugniß zur Verhängung von Ordnungsstrafen wurde von der II. Komm. beschlossen (M. IV, 1156; Z.G. IV, 491; P. IV, 799 ff.). Wie sich aus dem Begriffe der Ordnungsstrafe ergibt, handelt es sich hiebei um Zwangsgewalt, nicht um Strafgewalt. Der Festsetzung der Ordnungsstrafe muß daher die Androhnng derselben vorausgehen (F.G. § 33 Satz 1), während das Vormundschaftsgericht nicht befugt ist, ohne vorherige Androhung eine Pflichtwidrigkeit des Vormundes oder Gegenvormundes nachträglich durch Verhängung einer Ordnungsstrafe zu ahnden. Bleibt die einmalige Verhängung einer Ordnungsstrafe wirkungslos, so kann diese Maßregel wiederholt werden; eine beschränkende Bestimmung, wie sie § 1788 Abs. 2 Satz 2 und 3 enthält, ist hier nicht getroffen. Ist die Befolgung der Anordnung des Vormundschaftsgerichts auch durch wiederholte Verhängung von Ordnungsstrafen nicht zu erzwingen, so erübrigt nur die Entlassung des Vormundes

(§ 1886). Die Umwandlung einer nicht beitreibbaren Ordnungsstrafe in eine Freiheitsstrafe ist ausgeschlossen (vgl. Anm. 3 zu § 1788). Gegen die Verhängung der Ordnungsstrafe ist Beschwerde mit aufschiebender Wirkung zulässig (F.G. §§ 20 Abs. 1, 24 Abs. 1). Ueber die zur Erzwingung der Uebernahme der Vormundschaft zulässigen Ordnungsstrafen s. § 1788, über Ordnungsstrafen gegen Familienrathsmitglieder s. § 1875 Abs. 2.

5. Für den aus einer Verletzung seiner Aufsichtspflicht dem Mündel erwachsenen Schaden haftet demselben der Vormundschaftsrichter nach Maßgabe des § 1848.

6. Die Vorschriften des § 1837 finden auf den Pfleger und den Beistand entsprechende Anwendung (§§ 1915 Abs. 1, 1694 Abs. 1).

7. Ueber das Aufsichtsrecht des Vormundschaftsgerichts gegenüber dem Inhaber der elterlichen Gewalt s. §§ 1666 ff., 1687 Nr. 3, 1760 Abs. 2.

§ 1838.

Das Vormundschaftsgericht kann anordnen, daß der Mündel zum Zwecke der Erziehung in einer geeigneten Familie oder in einer Erziehungsanstalt oder einer Besserungsanstalt untergebracht wird. Steht dem Vater oder der Mutter die Sorge für die Person des Mündels zu, so ist eine solche Anordnung nur unter den Voraussetzungen des § 1666 zulässig.

E. I, 1685; II, 1715; III, 1814.

1. Der Grundsatz der Selbständigkeit des Vormundes (s. Vorbem. Ziff. 2c) gilt im Allgemeinen auch für die dem Vormunde gemäß §§ 1793, 1800, 1631 zustehende Erziehungsgewalt. Eine Ausnahme von diesem Grundsatz enthält § 1838. Hienach steht dem Vormundschaftsgerichte das Recht zu, auch wenn die Voraussetzungen des § 1837 nicht gegeben sind, die Zwangserziehung des Mündels anzuordnen. Selbstverständlich hat die Vorschrift des § 1838 nur den Fall im Auge, daß der Vormund mit der Anordnung der Zwangserziehung des Mündels nicht einverstanden ist. Daß diese Anordnung mit seiner Zustimmung erfolgen kann, ergibt sich aus §§ 1800, 1631 Abs. 2 Satz 2 (vgl. E. I, 1685; M. IV, 1156; Z.G. IV, 491; P. IV, 800; s. auch Anm. 1 zu § 1800, Anm. I, 5 zu § 1631 und insbesondere Anm. 3aβ zu § 1666).

2. Steht das Kind zwar unter Vormundschaft, steht aber den Eltern oder dem Annehmenden die Sorge für die Person des Kindes zu, so kann, da diese Fürsorge ein Residuum der elterlichen Gewalt ist, das Vormundschaftsgericht die Zwangserziehung nur anordnen, wenn die Voraussetzungen gegeben sind, unter welchen diese Maßregel gegenüber dem Inhaber der elterlichen Gewalt zulässig ist, also wenn der Fürsorgeberechtigte das Recht der Sorge für die Person des Kindes mißbraucht, das Kind vernachlässigt oder sich eines ehrlosen oder unsittlichen Verhaltens schuldig macht und hiedurch das geistige oder leibliche Wohl des Kindes gefährdet wird (§§ 1838 Satz 2, 1666 Abs. 1; M. IV, 1156; Anm. 2 zu § 1666). Dies gilt nicht nur, wenn den Eltern oder dem Annehmenden die Sorge für die Person des Mündels ausschließlich, sondern auch, wenn sie ihnen neben dem Vormunde zusteht (vgl. Anm. 4 zu § 1800 und die dort erwähnten Gesetzesstellen).

3. Da die Zwangserziehung eines Mündels zweifellos als „wichtige Angelegenheit" erachtet werden muß, so ist das Vormundschaftsgericht verpflichtet, auch ohne Antrag vor seiner Entscheidung Verwandte und Verschwägerte des Mündels zu hören, wenn dies ohne erhebliche Verzögerung und ohne unverhältnißmäßige Kosten geschehen kann (§ 1847 Abs. 1). Die Anhörung des Mündels selbst ist nicht vorgeschrieben, jedoch zulässig und in der Regel wohl auch veranlaßt (vgl. Anm. 2 zu § 1827).

4. Gegen die Verfügung, wodurch die Zwangserziehung des Mündels angeordnet wird, kann nicht nur der Vormund als gesetzlicher Vertreter des Mündels, sondern auch dieser selbst ohne Mitwirkung des Vormundes Beschwerde einlegen, es sei denn, daß er geschäftsunfähig ist oder das 14. Lebensjahr noch nicht vollendet hat (F.G. § 59).

5. Unberührt durch § 1838 bleiben die Bestimmungen der §§ 55, 56 des Strafgesetzbuchs; hinsichtlich der Anordnung der Zwangserziehung auf Grund Landesrechts ist E.G. Art. 135 maßgebend (vgl. Anm. 3aβ zu § 1666).

§ 1839.

Der Vormund sowie der Gegenvormund hat dem Vormundschaftsgericht auf Verlangen jederzeit über die Führung der Vormundschaft und über die persönlichen Verhältnisse des Mündels Auskunft zu ertheilen.

E. I, 1686; II, 1716; III, 1815.

1. Die Bestimmung des § 1839 folgt aus dem Aufsichtsrecht des Vormundschaftsgerichts (§ 1837) und dient der Ermöglichung seiner Durchführung (Anm. 3 zu § 1837). Besondere Vorschriften über die in der Praxis bisher vielfach üblichen periodischen Erziehungsberichte hat das Gesetz nicht aufgenommen (M. IV, 1157). Zur Erfüllung der im § 1839 festgesetzten Verpflichtung kann Vormund und Gegenvormund gemäß § 1837 durch Ordnungsstrafen angehalten werden.

2. Ueber die Auskunftsertheilungspflicht des Vormundes gegenüber dem Gegenvormunde, sowie des Gemeindewaisenraths gegenüber dem Vormundschaftsgericht und des Gegenvormundes hinsichtlich der Führung der Gegenvormundschaft und des von dem Vormunde verwalteten Vermögens s. §§ 1799 Abs. 2, 1850 Abs. 1 Satz 2, 1891 Abs. 2.

§ 1840.

Der Vormund hat über seine Vermögensverwaltung dem Vormundschaftsgerichte Rechnung zu legen.

Die Rechnung ist jährlich zu legen. Das Rechnungsjahr wird von dem Vormundschaftsgerichte bestimmt.

Ist die Verwaltung von geringem Umfange, so kann das Vormundschaftsgericht, nachdem die Rechnung für das erste Jahr gelegt worden ist, anordnen, daß die Rechnung für längere, höchstens dreijährige Zeitabschnitte zu legen ist.

E. I, 1687 Abs. 1—3; II, 1718; III, 1816.

1. Im Anschluß an die meisten bisherigen Rechte (s. Dernburg, Pand. Bd. 3 S. 93; A.L.R. Thl. I cap. 7 § 16; bayr. Hypothekengesetz v. 1. Juni 1822 § 20 Abs. 4; preuß. Vorm.Ordn. § 56; M. IV, 1157) verpflichtet das B.G.B. den Vormund, nicht nur nach Beendigung seines Amtes über die Verwaltung des Mündelvermögens Rechenschaft abzulegen (§§ 1890—1892), sondern auch während der Dauer der Vormundschaft periodisch Rechnung zu stellen. Die Rechnungslegung hat in der Regel jährlich an dem vom Vormundschaftsgerichte zu bestimmenden Termine, falls aber die Verwaltung von geringem Umfang ist und das Vormundschaftsgericht es gestattet, nach Ablegung der ersten Rechnung in längeren Zwischenräumen, jedoch mindestens alle drei Jahre zu erfolgen. Auch in diesem Fall ist aber eine den Voraussetzungen des § 1841 entsprechende Rechnung, nicht lediglich eine Vermögensübersicht, einzureichen (vgl. P. IV, 802). Im Gegensatze zur preuß. Vorm.Ordn. (§ 56 Abs. 1 Satz 1) macht das B.G.B. die Verpflichtung des Vormundes zur Rechnungslegung nicht von vorgängiger Aufforderung seitens des Vormundschaftsgerichts abhängig (M. IV, 1157).

2. Rechtliche Natur der Verpflichtung. Die Verpflichtung des Vormundes zur Rechnungslegung ist einerseits eine öffentlichrechtliche gegenüber dem Vormundschaftsgericht und als solche gemäß § 1837 durch Ordnungsstrafen erzwingbar, andererseits eine privatrechtliche gegenüber dem Mündel und demgemäß durch einen zu diesem Zweck aufzustellenden Pfleger (§ 1909 Abs. 1 Satz 1) im Prozeßwege verfolgbar. Dieser Auffassung entspricht es, daß der Vormund bei der Schlußrechnung, soweit er gemäß § 1840 Rechnung gelegt hat, hierauf Bezug nehmen kann (§ 1890 Satz 2, M. IV, 1157 ff.).

3. Von der Vorschrift des § 1840 bestehen mehrere Ausnahmen:

a) Die nach § 1776 Abs. 1 Nr. 1 und 2 zur Benennung eines Vormundes berechtigten Personen können den benannten Vormund von der Verpflichtung entbinden, während der Dauer seines Amtes Rechnung zu legen. In diesem Falle hat der Vormund lediglich in Zwischenräumen von zwei Jahren (die das Vormundschaftsgericht auf 5 Jahre erhöhen kann) eine Vermögensübersicht einzureichen (§§ 1854—1857).

b) Die gleiche Befreiung steht kraft Gesetzes dem Vater und der ehelichen Mutter als Vormund ihres volljährigen Kindes zu (§§ 1903 Abs. 1 Satz 2, 1904 Satz 1, s. aber § 1903 Abs. 1 Satz 3 und Abs. 2).

c) Für den zur Verwaltung eines zugewendeten Vermögens benannten Pfleger kann der Erblasser durch letztwillige Verfügung, der Dritte bei der Zuwendung die gleiche Befreiung anordnen (§ 1917 Abs. 2 Satz 1, s. aber Satz 2 und Abs. 3).

4. Ueber den nothwendigen Inhalt der Rechnung und die Prüfung derselben durch Gegenvormund und Vormundschaftsgericht s. §§ 1841—1843.

5. Aus dem Aufsichtsrechte des Vormundschaftsgerichts ergibt sich die Befugniß desselben, jederzeit auch außerhalb der regelmäßigen Termine vom Vormunde Rechnungslegung zu verlangen.

6. Ueber die Befugniß des Vormundschaftsgerichts, den Inhaber der elterlichen Gewalt zur Rechnungslegung über seine Verwaltung anzuhalten, s. § 1667 Abs. 2 Satz 1, Anm. 3b zu § 1667.

§ 1841.

Die Rechnung soll eine geordnete Zusammenstellung der Einnahmen und Ausgaben enthalten, über den Ab- und Zugang des Vermögens Auskunft geben und, soweit Belege ertheilt zu werden pflegen, mit Belegen versehen sein.

Wird ein Erwerbsgeschäft mit kaufmännischer Buchführung betrieben, so genügt als Rechnung eine aus den Büchern gezogene Bilanz. Das Vormundschaftsgericht kann jedoch die Vorlegung der Bücher und sonstigen Belege verlangen.

E. I, 1687 Abs. 4, 5; II, 1719; III, 1817.

1. Die Ordnungsvorschrift des § 1841 („soll") entspricht den allgemeinen Bestimmungen des § 259 Abs. 1. Eine Uebersicht über den Stand des Vermögens zur Zeit der Rechnungsstellung ist mit Rücksicht auf das bei Beginn der Vormundschaft gemäß § 1802 zu errichtende Inventar nicht für erforderlich erklärt (M. IV, 1158; Z.G. IV, 492). Nach § 1842 Satz 1 ist aber, wenn ein Gegenvormund vorhanden oder zu bestellen ist, diesem mit der Rechnung auch eine Nachweisung des Vermögensbestandes vorzulegen. Inwieweit Belege zu verlangen sind, hat das Vormundschaftsgericht nach freiem Ermessen zu entscheiden (M. IV, 1158; P. IV, 803). Eine besondere Versicherung des Vormundes, daß die von ihm gelegte Rechnung richtig und vollständig sei, ist nach B.G.B. (im Gegensatz zur preuß. Vorm.Ordn. § 56 Abs. 3 Satz 2) nicht vorgeschrieben (M. IV, 1158 ff.; Z.G. IV, 491 ff.). Der in der II. Komm. gestellte Antrag, wonach die Rechnung auch über die vom Vormunde freiwillig angelegten oder in seinen Händen befindlichen Gelder Auskunft geben sollte, wurde abgelehnt, da hiedurch eine erhöhte Sicherung des Mündels doch nicht erreicht werde (P. IV, 802 ff.).

2. Die Vorschrift des § 1841 Abs. 2 findet nicht bloß bei kaufmännischen Geschäften Anwendung. Entscheidend ist vielmehr, ob in dem fraglichen Erwerbsgeschäfte die Buchführung nach denselben Grundsätzen erfolgt, wie bei kaufmännischen Geschäften, so daß eine Bilanzziehung an der Hand der Bücher möglich ist (M. IV, 1159; Z.G. IV, 492). Ueber den Begriff des Erwerbsgeschäfts s. Anm. 2g zu §§ 1821, 1822; über kaufmännische Buchführung und Bilanz s. Handelsgesetzbuch vom 10. Mai 1897 §§ 38 ff.

3. Der Vormund ist berechtigt, sich bei Anfertigung der Rechnung, insbesondere bei Ziehung der Bilanz für ein Erwerbsgeschäft mit kaufmännischer Buchführung, der Hülfe eines Sachverständigen zu bedienen. Für die Vollständigkeit und Richtigkeit der Rechnung haftet aber auch in diesem Falle der Vormund nach Maßgabe des § 1833. Ob der Vormund für die ihm hiedurch erwachsenden Auslagen Ersatz aus dem Vermögen des Mündels beanspruchen kann, bemißt sich nach § 1835 Abs. 1.

§ 1842.

Ist ein Gegenvormund vorhanden oder zu bestellen, so hat ihm der Vormund die Rechnung unter Nachweisung des Vermögensbestandes vorzulegen. Der Gegenvormund hat die Rechnung mit den Bemerkungen zu versehen, zu denen die Prüfung ihm Anlaß giebt.

E. I, 1687 Abs. 6; II, 1720; III, 1818.

1. Ob ein Gegenvormund zu bestellen ist, bestimmt sich nach § 1792 Abs. 1, 2. Ueber die Bedeutung des Ausdrucks: „ist ein Gegenvormund vorhanden oder zu bestellen", s. Anm. 6 zu § 1836; vgl. M. IV, 1159, 1118; P. IV, 804; Anm. 1 a. E. zu § 1802. Selbstverständlich hat die Vorlage der Rechnung an den Gegenvormund vor der Einreichung derselben beim Vormundschaftsgerichte zu erfolgen (vgl. E. I, 1687 Abs. 6 und § 1892 Abs. 1). Die Bestimmung, daß dem Gegenvormund auch eine Nachweisung des Vermögensbestandes vorzulegen ist, enthält eine Modifikation der Vorschrift des § 1841 Abs. 1, wonach die Rechnung im Allgemeinen eine Uebersicht des gegenwärtigen Vermögensstandes nicht zu enthalten braucht (vgl. Anm. 1 zu § 1841).

2. Sind mehrere Mitvormünder vorhanden, welche die Vormundschaft gemeinschaftlich führen (§ 1797 Abs. 1, so müssen dieselben natürlich die Rechnung gemeinschaftlich legen (M. IV, 1159; vgl. Anm. 1 b a. E. zu § 1890; preuß. Vorm.-Ordn. § 56 Abs. 2).

3. Um dem Gegenvormunde die ihm obliegende Prüfung der Rechnung zu ermöglichen, verpflichtet § 1799 Abs. 2 den Vormund, ihm auf Verlangen Auskunft über die Führung der Vormundschaft zu ertheilen und ihm die Einsicht der sich auf die Vormundschaft beziehenden Papiere zu gestatten.

4. Ueber die Haftung des Gegenvormundes s. § 1833, über die Prüfung der in den Fällen der befreiten Vormundschaft einzureichenden Vermögensübersicht durch den Gegenvormund s. § 1854 Abs. 3, über die Mitwirkung des Gegenvormundes bei der vom Vormunde zu legenden Schlußrechnung s. §§ 1891 Abs. 1, 1892 Abs. 2.

§ 1843.

Das Vormundschaftsgericht hat die Rechnung rechnungsmäßig und sachlich zu prüfen und, soweit erforderlich, ihre Berichtigung und Ergänzung herbeizuführen.

Ansprüche, die zwischen dem Vormund und dem Mündel streitig bleiben, können schon vor der Beendigung des Vormundschaftsverhältnisses im Rechtswege geltend gemacht werden.

E. I, 1688; II, 1721; III, 1819.

1. Dem Vormundschaftsgericht obliegt als Folge seiner Aufsichtspflicht (§ 1837) die rechnungsmäßige und sachliche Prüfung der vom Vormunde gelegten Rechnung. In letzterer Beziehung hat es insbesondere zu prüfen, ob Art und Umfang der Ausgaben den Grundsätzen sorgsamer Wirthschaftsführung entsprechen und ob die Vorschriften über die Anlegung von Mündelgeld (§§ 1806 ff.) beobachtet worden sind. Wenn es nöthig erscheint, hat sich das Vormundschaftsgericht zum Zwecke dieser Prüfung die in Händen des Vormundes befindlichen Urkunden und Werthpapiere vorlegen zu lassen (P.M. 8920). Eine allgemeine Verpflichtung, sich bei jeder Rechnungslegung vom Vorhandensein dieser Papiere zu überzeugen, ist dagegen dem Vormundschaftsgerichte nicht auferlegt (M. IV, 1160; Z.G. IV, 493). Der in der II. Komm. gestellte Antrag, wonach das Vormundschaftsgericht verpflichtet sein sollte, bei Prüfung der Rechnung die Vorlegung der Schuldurkunden und der nicht öffentlich hinterlegten Werthpapiere anzuordnen, wurde abgelehnt (P. IV, 803 ff.), ebenso der mit Rücksicht auf die württembergische Praxis gestellte Antrag, landesgesetzliche Bestimmungen dieses Inhalts aufrechtzuerhalten (P.M. 8918 ff.).

2. Das Vormundschaftsgericht ist zwar befugt, eine etwa erforderliche Berichtigung oder Ergänzung der Rechnung im Aufsichtswege herbeizuführen, es kann aber den Vormund nicht unter dem Präjudize des Anerkenntnisses für den Fall der Nichterklärung zu einer Erklärung über einen beanstandeten Posten anhalten und ebensowenig von ihm die Erfüllung anerkannter Verbindlichkeiten gegenüber dem Mündel erzwingen. Ueber streitig bleibende Ansprüche zwischen Mündel und Vormund kann selbstverständlich nicht das Vormundschaftsgericht als Organ der freiwilligen Gerichtsbarkeit, sondern nur das Prozeßgericht entscheiden (M. IV, 1160). Sollen derartige Ansprüche noch während der Dauer der Vormundschaft geltend gemacht werden (was das B.G.B. im Gegensatz zum Gem.R. für zulässig erklärt), so ist dem Mündel zu diesem Zweck ein Pfleger zu bestellen (§ 1909 Abs. 1 Satz 1), der nach Maßgabe des § 259 Abs. 2, 3 vom Vormund auch die Ableistung des Offenbarungseids verlangen kann. Ueber die Verjährung von Ansprüchen zwischen Mündel und Vormund s. §§ 204—206.

3. Durch die Thatsache, daß das Vormundschaftsgericht die vom Vormunde gelegte Rechnung als ordnungsmäßig anerkannt hat, ist dem Rechte des Mündels, nach Beendigung des Amtes des Vormundes die von demselben gelegte Rechnung zu beanstanden, nicht präjudizirt. Aus diesem Grunde hat das Gesetz auch davon Umgang genommen, eine Dechargeertheilung gegenüber dem Vormunde seitens des Vormundschaftsgerichts vorzuschreiben (M. IV, 1161; vgl. P.L.R. Thl. I cap. 7 § 16 Ziff. 7, 9).

4. Für den aus mangelhafter Prüfung der Rechnung dem Mündel erwachsenden Schaden haftet der Vormundschaftsrichter nach Maßgabe des § 1848.

5. Ueber die Verpflichtung des Vormundschaftsgerichts zur Prüfung der vom Vormunde nach Beendigung seines Amtes gelegten Schlußrechnung s. § 1892.

§ 1844.

Das Vormundschaftsgericht kann aus besonderen Gründen den Vormund anhalten, für das seiner Verwaltung unterliegende Vermögen Sicherheit zu leisten.

Die Art und den Umfang der Sicherheitsleistung bestimmt das Vormundschaftsgericht nach seinem Ermessen. Das Vormundschaftsgericht kann, solange das Amt des Vormundes dauert, jederzeit die Erhöhung, Minderung oder Aufhebung der Sicherheit anordnen.

Bei der Bestellung, Aenderung oder Aufhebung der Sicherheit wird die Mitwirkung des Mündels durch die Anordnung des Vormundschaftsgerichts ersetzt.

Die Kosten der Sicherheitsleistung sowie der Aenderung oder der Aufhebung fallen dem Mündel zur Last.

E. I, 1689; II, 1722; III, 1820.

1. Grundsätzliche Regelung. Nach Gem. R. ist der Vormund zur Sicherheitsleistung kraft Gesetzes verpflichtet; außerdem steht dem Mündel eine Generalhypothek am Vermögen des Vormundes zu (Dernburg, Pand. Bd. 1 S. 671, Bd. 3 S. 93, 95). Dagegen ist nach A.L.R. (Thl. I cap. 7 § 9 Ziff. 1) der Vormund nur dann zur Kautionsleistung verpflichtet, wenn die Obrigkeit dies für erforderlich erachtet.

Das bayrische Hypothekengesetz v. 1. Juni 1822 beseitigte die gesetzlichen Hypotheken, gewährte aber im § 12 Ziff. 5 (s. auch §§ 104 Ziff. 4, 163) Minderjährigen und anderen unter Kuratel stehenden Personen wegen aller aus der geführten Vormundschaft oder Kuratel begründeten Forderungen einen gesetzlichen Rechtstitel zur Erwerbung einer Hypothek auf den Immobilien ihrer Vormünder oder Kuratoren und deren Bürgen (vgl. § 57), jedoch gemäß § 20 Abs. 1 nur für diejenigen Theile des beweglichen Vermögens, welche dem Vormund oder Kurator in Händen gelassen werden. Außerdem war nach § 20 Abs. 5 die Vormundschaftsbehörde befugt, für die nach gestellter Vormundschaftsrechnung sich ergebenden Defekte sofort die Eintragung einer entsprechenden Hypothek auf den Immobilien des Vormundes zu verlangen.

Nach der preuß. Vorm.Ordn. § 58 können Vormünder, welche für den Mündel ein erhebliches Vermögen zu verwalten haben, vom Vormundschaftsgerichte zur Stellung einer nach Art und Umfang vom richterlichen Ermessen abhängigen Sicherheit angehalten werden.

Ueber andere Rechte s. M. IV, 1039 ff.

Das B.G.B. gewährt dem Mündel weder ein gesetzliches Pfandrecht am Vermögen des Vormundes, noch einen gesetzlichen Titel auf Erwerbung einer Hypothek an dessen Immobilien. Dem Vormundschaftsgericht ist aber die Befugniß eingeräumt, kraft seines Aufsichtsrechts (§ 1837) aus besonderen Gründen, über deren Vorhandensein es nach freiem Ermessen entscheidet, den Vormund zur Sicherheitsleistung anzuhalten, und während der Dauer des vormundschaftlichen Amtes jederzeit wegen Veränderung der Verhältnisse die Erhöhung, Minderung oder Aufhebung der Sicherheit anzuordnen (M. IV, 1161 ff., 1041 ff.; vgl. Vorbem. Ziff. 2f). Ueber die Aufhebung bezw. Zurückgabe der bestellten Sicherheit nach Beendigung des vormundschaftlichen Amtes s. Anm. 3 zu § 1892.

2. Verfahren. Gegen die Verfügung des Vormundschaftsgerichts, wodurch Sicherheitsleistung oder Erhöhung derselben verlangt wird, ist gemäß F.G. § 20 Beschwerde zulässig. Außerdem kann der als Vormund Ausgewählte, welcher zur Sicherheitsleistung angehalten wird, die Uebernahme der Vormundschaft ablehnen, der bereits bestellte Vormund, welcher zur Sicherheitsleistung oder zur Erhöhung derselben angehalten wird, seine Entlassung verlangen (§§ 1786 Abs. 1 Nr. 6, 1889). Besteht der zur Vormundschaft Berufene (§ 1776) auf Uebernahme der Vormundschaft oder der bestellte Vormund auf seinem Verbleiben im Amte, so kann das Vormundschaftsgericht von der Bestellung des Berufenen gemäß § 1778 Abs. 1 Umgang nehmen, bezw. den bestellten Vormund gemäß § 1837 durch Ordnungsstrafen zur Sicherheitsleistung anhalten, eventuell denselben nach § 1886 entlassen (vgl. Z.G. IV, 497; P. IV, 831 ff.). Dagegen kann nicht durch einen zu diesem Zweck bestellten Pfleger gegen den Vormund auf Sicherheitsleistung geklagt werden, da die durch die Anordnung des Vormundschaftsgerichts begründete Verpflichtung des Vormundes zur Sicherheitsleistung Ausfluß seiner Gehorsamspflicht gegenüber dem Vormundschaftsgericht, also öffentlichrechtlicher, nicht privatrechtlicher Natur ist (and. Ans. Böhm, a. a. O. S. 105, Richter, a. a. O. S. 282).

3. Art und Umfang der Sicherheitsleistung bestimmt das Vormundschaftsgericht nach freiem Ermessen, ohne hiebei an die für die Verpflichtung zur Sicherheitsleistung im Allgemeinen maßgebenden Vorschriften der §§ 232 ff. gebunden zu sein. Besitzt der Vormund Immobilien, so ist das Vormundschaftsgericht befugt, das Grundbuchamt um die Eintragung einer Sicherungshypothek (§§ 1184 ff.) an den Grundstücken des Vormundes zu ersuchen. Der Vormund soll, soweit thunlich, vorher gehört werden. Die Hypothek entsteht mit der Eintragung. Dieselben Grundsätze gelten für die Eintragung eines

Pfandrechts an einem im Schiffsregister eingetragenen Schiffe (F.G. § 54, Denkschrift hiezu S. 34 ff.; vgl. Grundb.Ordn. § 39).

4. Zur gesetzlichen Vertretung des Mündels bei der Bestellung, Aenderung oder Aufhebung der Sicherheit wäre allgemeinen Grundsätzen zufolge die Aufstellung eines Pflegers erforderlich. Mit Rücksicht auf die gerade in solchen Fällen häufig gebotene Eile überträgt aber § 1844 Abs. 2 aus Zweckmäßigkeitsgründen die Vertretung des Mündels für diese Rechtsgeschäfte dem Vormundschaftsgerichte (M. IV, 1162; vgl. § 1672 Abs. 1). Dies gilt auch für den Fall, daß vor Beendigung der Vormundschaft eine gemäß F.G. § 54 auf einem Grundstücke des Vormundes eingetragene Hypothek (s. o. Anm. 3) gelöscht werden soll (vgl. § 875, Denkschrift zum F.G. S. 34 und Anm. 1 zu § 1672).

5. Die Kosten der Bestellung, Aenderung oder Aufhebung der Sicherheit fallen als allgemeine Verwaltungskosten dem Mündel zur Last (M. IV, 1161, 1135; vgl. dagegen § 1672 Abs. 2).

6. Aus dem das Vormundschaftsrecht beherrschenden Offizialprinzip (Vorbem. Ziff. 4a) ergibt sich, daß das Vormundschaftsgericht beim Vorhandensein der Voraussetzungen des § 1844 nicht nur berechtigt, sondern auch verpflichtet ist, den Vormund zur Sicherheitsleistung anzuhalten. Für den aus einer Unterlassung dieser Anordnung dem Mündel erwachsenen Schaden haftet der Vormundschaftsrichter gemäß § 1848.

7. Von der Verpflichtung, nach Maßgabe des § 1844 Sicherheit zu leisten, kann der Vormund auch nicht durch Anordnung der Eltern des Mündels entbunden werden (Anm. 2d zu §§ 1852—1854).

8. Die Bestimmungen des § 1844 finden entsprechende Anwendung auf den Pfleger und auf den Beistand, soweit denselben die Vermögensverwaltung übertragen ist (§§ 1915 Abs. 1, 1693). Ueber die dem Gewalthaber obliegende Verpflichtung zur Sicherheitsleistung s. § 1668, 1670—1672.

9. Nach § 61 Nr. 5 der Konk.Ordn. n. Nr. haben die Pflegebefohlenen des Gemeinschuldners in Ansehung des gesetzlich der Verwaltung desselben unterworfenen Vermögens ein Vorrecht vor den übrigen Konkursgläubigern, es sei denn, daß die Forderung nicht binnen zwei Jahren nach Beendigung der Vermögensverwaltung gerichtlich geltend gemacht und bis zur Eröffnung des Verfahrens verfolgt worden ist.

§ 1845.

Will der zum Vormunde bestellte Vater oder die zum Vormunde bestellte eheliche Mutter des Mündels eine Ehe eingehen, so liegen ihnen die im § 1669 bestimmten Verpflichtungen ob.

E. I, 1734; II, 1717; III, 1821.

1. Wie der Vater und die eheliche Mutter nach §§ 1669, 1686 (vgl. §§ 1740, 1761; s. auch § 1493 Abs. 2) als Inhaber der elterlichen Gewalt, so sind dieselben gemäß § 1845 auch als Vormund ihres Kindes verpflichtet, falls sie eine neue Ehe eingehen wollen, diese ihre Absicht dem Vormundschaftsgericht anzuzeigen, auf ihre Kosten ein Verzeichniß des ihrer Verwaltung unterliegenden Vermögens einzureichen und, soweit in Ansehung dieses Vermögens eine Gemeinschaft zwischen ihnen und dem Kinde besteht, die Auseinandersetzung herbeizuführen, falls nicht das Vormundschaftsgericht gestattet, daß die Auseinandersetzung erst nach der Eheschließung erfolgt (M. IV, 1244; Anm. 1 und 2 zu § 1669). Gemäß §§ 1736, 1757 obliegen die gleichen Verpflichtungen auch dem zum Vormunde seines für ehelich erklärten Kindes bestellten Vater, sowie dem zum Vormunde des angenommenen Kindes bestellten Annehmenden und zwar nicht nur, wenn der Vormund eine neue Ehe eingehen, sondern auch, wenn er sich zum erstenmal verheirathen will (M. IV, 1244; vgl. P.M. 8669 ff.; Anm. 1 und 4 zu § 1740, Anm. 1 und 5 zu § 1761).

2. Die Vorschrift des § 1845 ist hauptsächlich für die Vormundschaft über Volljährige von Bedeutung (§ 1897), kommt jedoch auch bei bevormundeten Minderjährigen in Betracht, z. B. wenn nach Beendigung der elterlichen Gewalt des Annehmenden der Vater zum Vormunde bestellt worden ist (§ 1765 Abs. 2) oder wenn die eheliche Mutter, welche durch Wiederverheirathung die elterliche Gewalt verloren hat (§ 1697), zum Vormunde bestellt worden ist. Mit Rücksicht auf derartige, wenn auch seltene, doch immerhin mögliche Fälle wurde der bei der 2. Lesung der II. Komm. gestellte Antrag, die fragliche Bestimmung in den 2. Titel dieses Buches zu versetzen, abgelehnt (P.M. 8670).

3. Kommt der Vormund der ihm durch § 1845 auferlegten Verpflichtung nicht nach, so kann er hiezu nach § 1837 Abs. 2 durch Ordnungsstrafen angehalten, eventuell nach § 1886 entlassen werden.

4. Um die Erfüllung der dem Vormunde nach § 1845 obliegenden Verpflichtung zu sichern, stellt § 1314 Abs. 1 ein aufschiebendes Ehehinderniß des Inhalts auf, daß, wer ein eheliches Kind hat, das unter seiner Vormundschaft steht, eine Ehe erst eingehen darf, nachdem ihm das Vormundschaftsgericht ein Zeugniß darüber ertheilt hat, daß er die im § 1669 bezeichneten Verpflichtungen erfüllt hat oder daß sie ihm nicht obliegen (vgl. Anm. 2c, 3 und 4 zu § 1314).

5. Die Bestimmungen des § 1845 finden auf den Pfleger entsprechende Anwendung (§ 1915 Abs. 1).

§ 1846.

Ist ein Vormund noch nicht bestellt oder ist der Vormund an der Erfüllung seiner Pflichten verhindert, so hat das Vormundschaftsgericht die im Interesse des Mündels erforderlichen Maßregeln zu treffen.

E. I, 1683; II, 1713; III. 1822.

1. Nach § 1846 hat das Vormundschaftsgericht dem Interesse des Mündels durch einstweilige Maßregeln zu Hülfe zu kommen, wenn ein Vormund noch nicht bestellt oder der bestellte Vormund an der Erfüllung seiner Pflichten im Ganzen oder in einzelnen Beziehungen verhindert ist (M. IV, 1155). Ob die Verhinderung des Vormundes eine thatsächliche (Haft, Krankheit, Abwesenheit, vgl. preuß. Vorm.-Ordn. § 15 Abs. 1) oder rechtliche ist (s. z. B. § 1909 Abs. 1 Satz 2), kommt nicht in Betracht.

2. Welche Maßregeln im Interesse des Mündels erforderlich sind, hat das Vormundschaftsgericht nach freiem Ermessen zu entscheiden. In der Regel wird die Aufstellung eines Pflegers veranlaßt sein (s. § 1909 Abs. 1, 3). Doch kann unter Umständen, insbesondere in dringenden Fällen, das Vormundschaftsgericht auch in die Lage kommen, selbst für den Mündel thätig zu werden, indem es z. B. eine plötzlich gefährdete Forderung des Mündels kündigt.

3. Zuständigkeit. Für die im § 1846 bezeichneten Maßregeln ist außer dem nach allgemeinen Grundsätzen zuständigen Gerichte auch das Gericht zuständig, in dessen Bezirke das Bedürfniß der Fürsorge hervortritt. Von den angeordneten Maßregeln soll dieses Gericht, wenn eine Vormundschaft, Pflegschaft oder Beistandschaft anhängig ist, dem nach § 43 Abs. 2 F.G. zuständigen Gerichte Mittheilung machen (F.G. § 44).

4. Ist ein Familienrath bestellt, so kann dessen Vorsitzender, wenn ein sofortiges Einschreiten nöthig wird, die erforderlichen Anordnungen treffen (§ 1876).

5. Nach E.G. Art. 23 Abs. 2 kann, solange für einen der Fürsorge bedürftigen Ausländer eine Vormundschaft oder Pflegschaft nicht angeordnet ist, das deutsche Vormundschaftsgericht vorläufige Maßregeln treffen.

6. Ueber das Eingreifen des Vormundschaftsgerichts bei Verhinderung des Gewalthabers s. § 1665, über das Eingreifen des Nachlaßgerichts zur Sicherung des Nachlasses s. § 1960.

§ 1847.

Das Vormundschaftsgericht soll vor einer von ihm zu treffenden Entscheidung auf Antrag des Vormundes oder des Gegenvormundes Verwandte oder Verschwägerte des Mündels hören, wenn es ohne erhebliche Verzögerung und ohne unverhältnißmäßige Kosten geschehen kann. In wichtigen Angelegenheiten soll die Anhörung auch ohne Antrag erfolgen; wichtige Angelegenheiten sind insbesondere die Volljährigkeitserklärung, die Ersetzung der Einwilligung zur Eheschließung im Falle des § 1304, die Ersetzung der Genehmigung im Falle des § 1337, die Entlassung aus dem Staatsverband und die Todeserklärung.

Die Verwandten und Verschwägerten können von dem Mündel Ersatz ihrer Auslagen verlangen; der Betrag der Auslagen wird von dem Vormundschaftsgerichte festgesetzt.

E. I, 1678, 27 Abs. 3 Satz 2, 1657 Satz 2; II, 1706; III, 1823.

1. Um der Familie des Mündels einen gewissen Einfluß auf die Führung der Vormundschaft zu sichern, auch wenn ein Familienrath nicht bestellt ist (§§ 1858 ff.),

verpflichtet § 1847 das Vormundschaftsgericht, vor jeder von ihm zu treffenden Entscheidung das Gutachten von Verwandten oder Verschwägerten des Mündels einzuholen,

a) falls der Vormund oder der Gegenvormund dies beantragt,

b) von Amtswegen in allen wichtigen Angelegenheiten (M. IV, 1149 ff.; P. IV, 796). Was als „wichtige Angelegenheit" zu erachten ist, hat das Vormundschaftsgericht nach freiem Ermessen zu entscheiden. Als Beispiele hebt das Gesetz hervor: die Volljährigkeitserklärung (§§ 3—5; M. I, 57; Z.G. I, 53; P. I, 14, IV, 758); die Ersetzung der Einwilligung des Vormundes zur Eheschließung des Mündels (§ 1304 Abs. 2); die Ersetzung der vom Vormunde verweigerten Genehmigung einer gemäß § 1331 anfechtbaren Ehe des Mündels (§ 1337 Abs. 1 Satz 2); die Entlassung des Mündels aus dem Staatsverband (§ 14a Abs. 1 des Ges. über d. Erw. u. d. Verlust der Bundes- und Staatsangeh. v. 1. Juni 1870 in der durch E.G. Art. 41 II festges. Fassung; E. 1, 1657 Satz 2; M. IV, 1098) und die Todeserklärung (§§ 13 ff.; C.P.O. § 962 Abs. 2 n. Nr.).

Auch beim Vorliegen der Voraussetzungen des § 1847 kann jedoch die Anhörung der Verwandten oder Verschwägerten unterbleiben, wenn sie eine erhebliche Verzögerung oder unverhältnißmäßige Kosten verursachen würde.

2. Weitere Fälle, in welchen die Anhörung von Verwandten oder Verschwägerten vorgeschrieben ist, enthalten die §§ 1308 Abs. 2, 1673 Abs. 2, 1862 Abs. 1 Satz 2; s. Anm. 2 zu § 1727, Anm. 3 zu § 1838; vgl. auch § 2200 Abs. 2.

3. Ueber den Begriff „Verwandte und Verschwägerte" s. § 1589, 1590 und Anm. hiezu. Bezüglich der Gradesnähe und der Zahl der anzuhörenden Verwandten oder Verschwägerten, sowie der Art der Anhörung ist das freie Ermessen des Vormundschaftsgerichts maßgebend (vgl. preuß. Vorm.Ordn. § 55 Abs. 1). Eine Verpflichtung der Verwandten oder Verschwägerten, den geforderten Rath zu ertheilen, erkennt das Gesetz nicht an (M. IV, 1151; vgl. dagegen sächs. G.B. § 1882). Andererseits ist das Vormundschaftsgericht an das Gutachten der Verwandten oder Verschwägerten in keiner Weise gebunden.

4. Die Bestimmung des § 1847 hat nur den Charakter einer Ordnungsvorschrift („soll"). Auf die Wirksamkeit der Entscheidung des Vormundschaftsgerichts ist es daher ohne Einfluß, wenn die nach § 1847 erforderliche Anhörung der Verwandten oder Verschwägerten unterblieben ist (M. IV, 1151).

5. Zu § 1847 Abs. 2 s. M. IV, 1151; vgl. §§ 1835, 1877. Gegen die Festsetzung der Auslagen durch das Vormundschaftsgericht ist Beschwerde zulässig (F.G. § 20). Die Beschreitung des Rechtswegs ist ausgeschlossen (M. IV, 1151).

6. Ueber das Erforderniß der Anhörung des Gegenvormundes und des Mündels s. §§ 1826, 1827.

§ 1848.

Verletzt der Vormundschaftsrichter vorsätzlich oder fahrlässig die ihm obliegenden Pflichten, so ist er dem Mündel nach § 839 Abs. 1, 3 verantwortlich.

E. I, 1702; II, 1739; III, 1824.

1. § 1848 regelt die Haftung des Vormundschaftsrichters gegenüber dem Mündel.

Nach Gem. R. haftet die Obervormundschaftsbehörde dem Mündel für Verschulden, aber nur insoweit, als nicht von anderer Seite Ersatz erlangt werden kann (Dernburg, Pand. Bd. 3 S. 83 ff.).

Auch nach P.L.R. (Thl. I cap. 7 § 29) haftet die Obrigkeit subsidiär für allen dem Mündel erwachsenden Schaden, wenn sie „in Bestellung der Vormundschaft gebührender Aufsicht oder sonst an ihrem obervormundschaftlichen Amte etwas ermangeln läßt". Besteht die Obervormundschaftsbehörde aus mehreren Personen, so haften Alle, welche an diesem Verschulden Antheil genommen haben, es sei denn, daß die fragliche Angelegenheit Einem allein übertragen war, in welchem Falle dieser allein haftet (s. auch bayr. Ger.Ordn. v. 1753 cap. 16 § 3 Ziff. 1, aufrechterhalten durch Art. 81 des bayr. G. z. Ausf. der C.P.O. und K.O. v. 23. Febr. 1879, Samml. v. Entsch. d. Obersten L.G. München Bd. 13 S. 648 ff.).

Ueber andere Rechte s. M. IV, 1190 ff.

Nach B.G.B. ist Voraussetzung der Haftung des Vormundschaftsrichters gegenüber dem Mündel:

a) daß er die ihm obliegenden Pflichten verletzt hat (s. §§ 3—5, 113 Abs. 3, 1304 Abs. 2, 1337 Abs. 1 Satz 2, 1493 Abs. 2, 1612 Abs. 2 Satz 2, 1752, 1773—1776, 1778—1784, 1791, 1792, 1796—1798, 1801, 1802 Abs. 3, 1803 Abs. 2, 3 Satz 2

1815 Abs. 2, 1817, 1818, 1821, 1822 und Anm. 4 zu §§ 1821, 1822, 1825—1828, 1836—1847, 1851 Abs. 1, 1854 Abs. 2 Satz 2, 1857—1859, 1861 Satz 2, 1862 Abs. 1 Satz 2, 1864 Satz 2, 1865—1867, 1873, 1876, 1877, 1879—1881, 1883, 1884 Abs. 1, 1886—1889, 1892 Abs. 2, 1895—1897, 1903 Abs. 1 Satz 3, 1904 Satz 1, 2, 1905 Abs. 1, 1906, 1907, 1908 Abs. 3, 1909—1915, 1917 Abs. 1, Abs. 2 Satz 2, Abs. 3 Satz 2, 1919—1921; vgl. Anm. 1a zu § 1674);

b) daß ihm hiebei Vorsatz oder Fahrlässigkeit (d. i. Außerachtlassung der im Verkehr erforderlichen Sorgfalt, s. § 276 Abs. 1 Satz 2) zur Last fällt;

c) daß hiedurch dem Mündel Schaden entstanden ist (Erforderniß des Kausalzusammenhangs).

Fällt dem Vormundschaftsrichter nur Fahrlässigkeit zur Last, so haftet er nur dann, wenn der Mündel nicht auf andere Weise (insbesondere durch Inanspruchnahme des Vormundes) Ersatz zu erlangen vermag. Hat es der Mündel bezw. dessen gesetzlicher Vertreter vorsätzlich oder fahrlässig unterlassen, den Schaden durch Gebrauch eines Rechtsmittels (F.G. §§ 19 ff., 57 ff.) abzuwenden, so haftet der Vormundschaftsrichter überhaupt nicht (§ 839 Abs. 1 u. 3; M. IV, 1191 ff.)

2. Die den Vormundschaftsrichter auf Grund des § 1848 treffenden Verbindlichkeiten gehen wie andere Deliktsschulden auf seine Erben über (M. IV, 1193). Der Anspruch des Mündels verjährt gemäß § 852 in drei Jahren von dem Zeitpunkt an, in welchem der Mündel, bezw. sein gesetzlicher Vertreter von dem Schaden und der Person des Ersatzpflichtigen Kenntniß erlangt, ohne Rücksicht auf diese Kenntniß in 30 Jahren von der Begehung der Handlung an.

3. Ist für den dem Mündel erwachsenen Schaden außer dem Vormundschaftsrichter auch der Vormund, Gegenvormund oder Pfleger verantwortlich (§§ 1833, 1915 Abs. 1), so haften dem Mündel diese Personen und der Vormundschaftsrichter als Gesammtschuldner (§ 840 Abs. 1). In ihrem Verhältnisse zu einander aber, ist der Vormund, Gegenvormund oder Pfleger allein verpflichtet (§ 841, vgl. § 1833 Abs. 2; M. IV, 1192).

4. Vormundschaftsrichter im Sinne des § 1848 ist jeder richterliche Beamte, dem nach den Bestimmungen über das Verfahren in Vormundschaftssachen die Ausübung der Gerichtsbarkeit in Vormundschaftssachen, sei es in erster oder in höherer Instanz, übertragen ist (M. IV, 1192). Vormundschaftsgericht erster Instanz ist nach F.G. § 35 das Amtsgericht. Ueber die Anwendbarkeit des § 1848 auf nichtrichterliche Behörden, denen gemäß E.G. Art. 147 obervormundschaftliche Verrichtungen übertragen sind, und über die Haftung von Kollegialmitgliedern s. Anm. 4 zu § 1674.

5. Ueber die Haftung des Vormundschaftsrichters für die von ihm angenommenen Stellvertreter und Gehülfen s. Anm. 5 zu § 1674.

6. Die Haftung des Staates, der Gemeinden und anderer Kommunalverbände für den von ihren Beamten als Vormundschaftsrichtern zugefügten Schaden bestimmt sich nach Landesrecht; auch bleiben die landesgesetzlichen Vorschriften unberührt, welche den Anspruch auf Schadensersatz gegenüber dem Vormundschaftsrichter insoweit ausschließen, als der Staat oder der Kommunalverband haftet (E.G. Art. 77; vgl. Z.G. IV, 496). Der in der II. Komm. gestellte Antrag, schon im B.G.B. selbst auszusprechen, daß der Staat für den dem Mündel aus einer Pflichtverletzung des Vormundschaftsrichters erwachsenen Schaden hafte, wurde mit 9 gegen 9 Stimmen unter Stichentscheid des Vorsitzenden abgelehnt (P. IV, 821 ff.).

7. § 1848 regelt nur die Haftung des Vormundschaftsrichters gegenüber dem Mündel. Dritten gegenüber haftet der Vormundschaftsrichter für den von ihm verursachten Schaden nach Maßgabe der allgemeinen Grundsätze (M. IV, 1191; vgl. §§ 823 ff.).

8. Ueber die Haftung der Mitglieder des Familienraths s. § 1872 Abs. 2 Satz 2, über die Haftung des Vormundschaftsrichters gegenüber einem unter elterlicher Gewalt stehenden Kinde s. § 1674.

IV. Mitwirkung des Gemeindewaisenraths.

§ 1849.

Der Gemeindewaisenrath hat dem Vormundschaftsgerichte die Personen vorzuschlagen, die sich im einzelnen Falle zum Vormunde, Gegenvormund oder Mitglied eines Familienraths eignen.

E. I, 1725 Abs. 3; II, 1724; III, 1825.

§ 1850.

Der Gemeindewaisenrath hat in Unterstützung des Vormundschaftsgerichts darüber zu wachen, daß die Vormünder der sich in seinem Bezirk aufhaltenden Mündel für die Person der Mündel, insbesondere für ihre Erziehung und ihre körperliche Pflege pflichtmäßig Sorge tragen. Er hat dem Vormundschaftsgerichte Mängel und Pflichtwidrigkeiten, die er in dieser Hinsicht wahrnimmt, anzuzeigen und auf Erfordern über das persönliche Ergehen und das Verhalten eines Mündels Auskunft zu ertheilen.

Erlangt der Gemeindewaisenrath Kenntniß von einer Gefährdung des Vermögens eines Mündels, so hat er dem Vormundschaftsgericht Anzeige zu machen.

E. I, 1725 Abs. 1, 2; II, 1723; III, 1826.

§ 1851.

Das Vormundschaftsgericht hat dem Gemeindewaisenrathe die Anordnung der Vormundschaft über einen sich in dessen Bezirk aufhaltenden Mündel unter Bezeichnung des Vormundes und des Gegenvormundes sowie einen in der Person des Vormundes oder des Gegenvormundes eintretenden Wechsel mitzutheilen.

Wird der Aufenthalt eines Mündels in den Bezirk eines anderen Gemeindewaisenraths verlegt, so hat der Vormund dem Gemeindewaisenrathe des bisherigen Aufenthaltsorts und dieser dem Gemeindewaisenrathe des neuen Aufenthaltsorts die Verlegung mitzutheilen.

E. I, 1725 Abs. 4, 5; II, 1725; III, 1827.

1. Der Gemeindewaisenrath ist Hülfsorgan der Obervormundschaft und zwar aller derjenigen Behörden, welchen obervormundschaftliche Funktionen hinsichtlich der in der betreffenden Gemeinde sich aufhaltenden Mündel zustehen (M. IV, 1125, 1017 ff.; Z.G. IV, 499 ff., VI, 644 f.; vgl. preuß. Vorm.Ordn. §§ 52—54). Dem Grundsatze, daß die Fürsorge des Gemeindewaisenraths sich auf sämmtliche in seinem Bezirke sich aufhaltende Mündel erstreckt, entspricht die Verpflichtung des Vormundschaftsgerichts, dem Gemeindewaisenrathe die Anordnung der Vormundschaft über einen sich in dessen Bezirk aufhaltenden Mündel unter Bezeichnung des Vormundes und Gegenvormundes, sowie jeden in deren Person eintretenden Wechsel mitzutheilen (§ 1851 Abs. 1). Auf der gleichen Erwägung beruht die Bestimmung, daß einen Aufenthaltswechsel des Mündels der Vormund dem Gemeindewaisenrathe des bisherigen Aufenthaltsorts und dieser dem Gemeindewaisenrathe des neuen Aufenthaltsorts mitzutheilen hat (§ 1851 Abs. 2).

2. Die Aufgaben des Gemeindewaisenraths sind folgende:

a) Er hat die Vormünder hinsichtlich der Sorge für die Person der Mündel (§§ 1800, 1801) zu beaufsichtigen und hiebei wahrgenommene Mängel und Pflichtwidrigkeiten dem Vormundschaftsgerichte mitzutheilen.

b) Auf Verlangen des Vormundschaftsgerichts hat er demselben Auskunft über das Ergehen und Verhalten eines Mündels zu ertheilen.

c) Er hat von einer ihm bekannt gewordenen Gefährdung des Vermögens eines Mündels dem Vormundschaftsgerichte Mittheilung zu machen (M. IV, 1226; nach der preuß. Vorm.Ordn. beschränkt sich die Thätigkeit des Waisenraths auf die Sorge für die Person der Mündel). Der Gemeindewaisenrath ist hienach lediglich zur Anzeige verpflichtet, falls er zufällig oder bei der Wahrnehmung seiner Fürsorge für die Person eines Mündels von einer Gefährdung des Vermögens Kenntniß erhält. Ein in der II. Komm. gestellter Antrag, welcher den Gemeindewaisenrath auch zu positiver Thätigkeit in dieser Richtung verpflichten wollte, wurde abgelehnt (P. IV, 838 ff.).

d) Nach §§ 1849 und 1915 Abs. 1 hat der Gemeindewaisenrath ferner dem Vormundschaftsgerichte die sich zum Vormunde, Gegenvormunde, Pfleger oder Familienrathsmitglied eignenden Personen vorzuschlagen (vgl. F.G. § 49 Satz 2). Voraussetzung hiefür ist natürlich, daß Berufungsgründe nach

§§ 1776, 1792 Abs. 4, 1861, 1899, 1917 Abs. 1 nicht vorliegen, daß vielmehr das Vormundschaftsgericht den Vormund, Gegenvormund, Pfleger oder das Familienrathsmitglied auszuwählen hat. Vor der Auswahl ist der Gemeindewaisenrath zu hören (§§ 1779 Abs. 1, 1792 Abs. 4, 1862 Abs. 1 Satz 2, 1897, 1915 Abs. 1). An den Vorschlag desselben ist aber das Vormundschaftsgericht nicht gebunden (M. IV, 1227; vgl. Anm. 1 zu § 1779).

e) Nach § 1851 Abs. 2 hat der Gemeindewaisenrath, wenn ihm der Vormund mittheilt, daß der Mündel seinen Aufenthalt in den Bezirk eines anderen Gemeindewaisenraths verlegt, hievon den letzteren zu verständigen.

f) Endlich ist der Gemeindewaisenrath nach F.G. § 49 Satz 1 auch verpflichtet, dem Vormundschaftsgericht Anzeige zu machen, wenn er von einem Falle Kenntniß erlangt, in welchem ein Vormund, ein Gegenvormund oder ein Pfleger zu bestellen ist.

3. Eine besondere Haftung für den aus einer Pflichtverletzung dem Mündel erwachsenen Schaden hat das Gesetz dem Gemeindewaisenrath nicht auferlegt. Seine Verantwortlichkeit bemißt sich daher nach den allgemeinen Grundsätzen des Obligationenrechts (§§ 823 ff.; s. M. IV, 1227).

4. Ueber die Aufgaben des Gemeindewaisenraths gegenüber den unter elterlicher Gewalt stehenden Kindern s. § 1675.

5. Die näheren Bestimmungen über den Gemeindewaisenrath sind der Regelung durch Landesgesetz vorbehalten worden. Für Bayern trifft das Ausführungsgesetz nähere Bestimmungen.

V. Befreite Vormundschaft.

Vorbemerkungen.

1. Im Anschluß an die Mehrzahl der bisherigen Rechte (M. IV, 1162 ff.; vgl. B.L.R. Thl. I cap. 7 § 9 Ziff. 2, § 13 Ziff. 13, § 16 Ziff. 4) räumt auch das B.G.B. gewissen Vormündern eine freiere Stellung ein (M. IV, 1162 ff.; P. IV, 805 ff.).

a) Nach den §§ 1852—1855 können der Vater, die eheliche Mutter und die ihnen gleichgestellten Personen (s. Anm. 2a, b zu § 1776) für den von ihnen gemäß § 1776 Abs. 1 Nr. 1, 2 benannten Vormund bestimmte Befreiungen anordnen. Das Gesetz geht hiebei von der Erwägung aus, daß man zu den Eltern wegen ihrer Liebe zu den Kindern und wegen ihrer Einsicht in die Verhältnisse derselben am unbedenklichsten das Zutrauen hegen kann, daß sie die fraglichen Befreiungen nur anordnen werden, wenn sie zum Besten des Mündels gereichen. Diese Befugniß ist ein Ausfluß der elterlichen Gewalt und daher einerseits nicht davon abhangig, daß das der Verwaltung des Vormundes unterliegende Vermögen von den Eltern herrührt, andererseits an die im § 1777 erwähnten Voraussetzungen geknüpft (§ 1856). Für die nicht von ihnen benannten Vormünder können die Eltern derartige Anordnungen nicht treffen (M. IV, 1167).

b) Die gleichen Befreiungen stehen kraft Gesetzes dem Vater und der ehelichen Mutter als Vormund ihres volljährigen Kindes zu (§§ 1903, 1904). Dagegen stehen den Eltern als Vormündern ihres minderjährigen Kindes diese Befreiungen ebensowenig zu wie den Großeltern, anderweitigen Verwandten oder dem Ehegatten des Mündels (M. IV, 1163 ff.; vgl. auch Anm. 2 zu § 1793).

c) Wird dem Mündel Vermögen nach Maßgabe des § 1909 Abs. 1 Satz 2 zugewendet, so kann der Erblasser durch letztwillige Verfügung, der Dritte bei der Zuwendung für den benannten Pfleger die in den §§ 1852—1854 bezeichneten Befreiungen anordnen (§ 1917 Abs. 2).

d) Endlich bleiben nach E.G. Art. 136 Nr. 4 die landesgesetzlichen Vorschriften unberührt, nach welchen im Falle einer gemäß E.G. Art. 136 Nr. 1—3 stattfindenden Bevormundung ein Gegenvormund nicht zu bestellen ist und dem Vormunde die nach § 1852 zulässigen Befreiungen zustehen.

2. Ueber die Art der Befreiungen, welche zu Gunsten des letztwillig benannten Vormundes zulässig sind, s. §§ 1852—1854.

3. Die nach den §§ 1852—1854 zulässigen Anordnungen können vom Vormundschaftsgericht außer Kraft gesetzt werden, wenn ihre Befolgung das Interesse des Mündels gefährden würde (§ 1857).

4. Die Aufnahme einer gemäß §§ 1852—54 getroffenen Anordnung in die dem Vormund auszuhändigende Bestallungsurkunde (§ 1791) ist zulässig, aber zur Wirksamkeit der Anordnung nicht erforderlich (M. IV, 1169; Anm. 1 zu § 1791; vgl. preuß. Vorm.Ordn. § 47 Abs. 2).

5. Hinsichtlich der Frage, inwieweit Befreiungen des Vormundes oder Pflegers, die vor dem 1. Januar 1900 angeordnet worden sind, nach diesem Zeitpunkte Geltung beanspruchen können, s. E.G. Art. 210 Abs. 1 Satz 1, 213; M. z. E.G. 305.

§ 1852.

Der Vater kann, wenn er einen Vormund benennt, die Bestellung eines Gegenvormundes ausschließen.

Der Vater kann anordnen, daß der von ihm benannte Vormund bei der Anlegung von Geld den in den §§ 1809, 1810 bestimmten Beschränkungen nicht unterliegen und zu den im § 1812 bezeichneten Rechtsgeschäften der Genehmigung des Gegenvormundes oder des Vormundschaftsgerichts nicht bedürfen soll. Diese Anordnungen sind als getroffen anzusehen, wenn der Vater die Bestellung eines Gegenvormundes ausgeschlossen hat.

E. I, 1690; II, 1726; III, 1828.

§ 1853.

Der Vater kann den von ihm benannten Vormund von der Verpflichtung entbinden, Inhaber- und Orderpapiere zu hinterlegen und den im § 1816 bezeichneten Vermerk in das Reichsschuldbuch oder das Staatsschuldbuch eintragen zu lassen.

E. I, 1692; II, 1727; III, 1829.

§ 1854.

Der Vater kann den von ihm benannten Vormund von der Verpflichtung entbinden, während der Dauer seines Amtes Rechnung zu legen.

Der Vormund hat in einem solchen Falle nach dem Ablaufe von je zwei Jahren eine Uebersicht über den Bestand des seiner Verwaltung unterliegenden Vermögens dem Vormundschaftsgericht einzureichen. Das Vormundschaftsgericht kann anordnen, daß die Uebersicht in längeren, höchstens fünfjährigen Zwischenräumen einzureichen ist.

Ist ein Gegenvormund vorhanden oder zu bestellen, so hat ihm der Vormund die Uebersicht unter Nachweisung des Vermögensbestandes vorzulegen. Der Gegenvormund hat die Uebersicht mit den Bemerkungen zu versehen, zu denen die Prüfung ihm Anlaß giebt.

E. I, 1691; II, 1728; III, 1830.

1. Nach den §§ 1852—1854 können zu Gunsten des letztwillig benannten Vormundes folgende Anordnungen getroffen werden:

a) Dem Vormunde kann gestattet werden, Mündelgeld bei einer Sparkasse, Bank oder Hinterlegungsstelle ohne die Bestimmung anzulegen, daß zur Erhebung des Geldes die Genehmigung des Gegenvormundes oder Vormundschaftsgerichts erforderlich ist (§ 1809 und Anm. hiezu).

b) Dem Vormunde kann gestattet werden, die nach §§ 1806—1808 vorgeschriebene Anlegung von Mündelgeld ohne Genehmigung des Gegenvormundes bezw. des Vormundschaftsgerichts zu bewirken (§ 1810 und Anm. hiezu).

c) Dem Vormunde kann gestattet werden, die im § 1812 erwähnten Rechtsgeschäfte ohne Genehmigung des Gegenvormundes bezw. des Vormundschaftsgerichts vorzunehmen (§ 1812 und Anm. hiezu).

d) Die Bestellung eines Gegenvormundes kann ausgeschlossen werden. Ist dies geschehen, so hat die Aufstellung eines Gegenvormundes auch beim Vorhandensein der Voraussetzungen des § 1792 Abs. 2 zu unterbleiben. Ist die Bestellung eines Gegenvormundes ausgeschlossen, so gelten auch die unter a—c erwähnten Bestimmungen als zu Gunsten des Vormundes getroffen (M. IV, 1068).

e) Nach § 1853 kann der Vormund von der im § 1814 festgesetzten Verpflichtung zur Hinterlegung von Inhaber- und Orderpapieren, sowie von der im § 1816 erwähnten Verpflichtung befreit werden, hinsichtlich der zum Mündelvermögen gehörigen Buchforderungen gegen das Reich oder einen Bundesstaat in das Schuldbuch den Vermerk eintragen zu lassen, daß er über die Forderungen nur mit Genehmigung des Vormundschaftsgerichts verfügen kann (§§ 1814, 1816 und Anm. hiezu; M. IV, 1172; P. IV, 812 ff.; vgl. § 1817). Sind diese Befreiungen angeordnet, so greifen die Vorschriften der §§ 1819, 1820 auch dann nicht Platz, wenn sich der Vormund freiwillig den in den §§ 1814—1816 erwähnten Beschränkungen unterworfen haben sollte (M. IV, 1172).

f) Endlich kann der Vormund gemäß § 1854 von der ihm nach § 1840 obliegenden Verpflichtung zur Rechnungslegung entbunden werden (M. IV, 1170 ff.; Z.G. IV, 493 ff.; P. IV, 809 ff.). Trotz dieser Anordnung bleibt aber der Vormund verpflichtet, in Zeiträumen von je zwei Jahren (die das Vormundschaftsgericht bis auf fünf Jahre erhöhen kann; vgl. § 1840 Abs. 3) eine Uebersicht über den Bestand des seiner Verwaltung unterliegenden Vermögens dem Vormundschaftsgericht einzureichen (die nach E. I dem Vormundschaftsgerichte zustehende Befugniß, unter besonderen Umständen die Einreichung der Vermögensübersicht vollständig zu erlassen, wurde durch die II. Komm. beseitigt, P. IV, 809 ff.). Den Vermögensbestand selbst dem Vormundschaftsgerichte nachzuweisen, ist der Vormund nicht verpflichtet (Z.G. IV, 494; P. IV, 809). Die Verpflichtung zur Einreichung der Vermögensübersicht obliegt dem Vormunde kraft Gesetzes, unabhängig von vorgängiger Aufforderung seitens des Vormundschaftsgerichts (M. IV, 1171; vgl. dagegen preuß. Vorm.-Ordn. § 57 Abs. 2). Zu § 1854 Abs. 3 vgl. § 1842 und Anm. hiezu.

2. Nicht zulässig sind insbesondere folgende Anordnungen:

a) die Befreiung des Vormundes von der Verpflichtung zur Einreichung eines Vermögensverzeichnisses (§ 1802; M. IV, 1101, 1172, 1173 ff.; Anm. 4 zu § 1802);

b) die Befreiung des Vormundes von der Verpflichtung zur Rechenschaftsablegung nach Beendigung seines Amtes (§ 1890; M. IV, 1186; Anm. 1b zu § 1890);

c) die Befreiung des Vormundes von der Verpflichtung, die nach dem Gesetz erforderliche Genehmigung des Vormundschaftsgerichts einzuholen (§§ 1821, 1822 und Anm. 4 hiezu; M. IV, 1169 ff.; Anm. 8 zu §§ 1821, 1822; vgl. § 1825 und preuß. Vorm.Ordn. § 47);

d) die Befreiung des Vormundes von der Verpflichtung, nach Maßgabe des § 1844 Sicherheit zu leisten (anders E. I, 1692; s. M. IV, 1172; P. IV, 813; Anm. 7 zu § 1844; vgl. preuß. Vorm.Ordn. § 59);

e) das Verbot der Offenlegung des Vermögensverzeichnisses (nach E. I, 1695 sollte diese Anordnung zulässig sein: s. M. IV, 1173 ff.; Z.G. IV, 494 ff.; P. IV, 815 ff.; vgl. preuß. Vorm.Ordn. § 35 Abs. 3).

§ 1855.

Benennt die eheliche Mutter einen Vormund, so kann sie die gleichen Anordnungen treffen wie nach den §§ 1852 bis 1854 der Vater.

E. I, 1690—1692; II, 1729; III, 1831.

1. Die gleichen Befugnisse, welche nach §§ 1852—1854 dem Vater (d. h. dem ehelichen Vater, dem Vater eines durch nachfolgende Ehe oder Ehelichkeitserklärung legitimirten Kindes und dem Annehmenden) zustehen, räumt § 1855 der ehelichen Mutter ein. Der ehelichen Mutter steht die Mutter eines durch nachfolgende Ehe legitimirten Kindes, sowie eine Frau, die das Kind an Kindesstatt angenommen hat und, falls der Mann das Kind seiner Frau angenommen hat, die Letztere auch dann, wenn sie die uneheliche Mutter des Kindes ist, gleich (Anm. 2a, b zu § 1776).

2. Bei einem Widerspruche zwischen den Anordnungen des Vaters und denen der Mutter geht dem Grundsatze des § 1634 Satz 2 entsprechend die Anordnung des Vaters vor, auch wenn derselbe vor der Mutter verstorben ist (E. I, 1693 Satz 2 hatte dies ausdrücklich hervorgehoben: M. IV, 1172; vgl. §§ 1782 Abs. 1 Satz 2, 1868 Abs. 2, Anm. 2b zu § 1776, Anm. 3 zu § 1354).

3. Ueber die der ehelichen Mutter als Vormund ihres volljährigen Kindes zustehenden Befreiungen s. § 1904.

§ 1856.

Auf die nach den §§ 1852 bis 1855 zulässigen Anordnungen finden die Vorschriften des § 1777 Anwendung.

E. I, 1693; II, 1730; III, 1832.

1. Wie das Recht zur Benennung eines Vormundes, so ist auch die Befugniß, dem benannten Vormunde die nach §§ 1852—1854 zulässigen Befreiungen zu gewähren, Ausfluß der elterlichen Gewalt (M. IV, 1167). Die Wirksamkeit einer derartigen Anordnung ist daher an die gleichen Voraussetzungen geknüpft, von welchen gemäß § 1777 Abs. 1, 2 die Wirksamkeit der Benennung des Vormundes abhängig ist (M. IV, 1172, 1055 ff.; Anm. 1 zu § 1777; vgl. §§ 1903 Abs. 2, 1904 Satz 1, 1868 Abs. 1, 1880 Abs. 1 Satz 1).

2. Die nach §§ 1852—1854 zulässigen Anordnungen müssen, um wirksam zu sein, wie die Benennung des Vormundes selbst (§ 1777 Abs. 3), in der Form letztwilliger Verfügung erfolgen (M. IV, 1172, 1053 ff.; Anm. 2 zu § 1777).

§ 1857.

Die Anordnungen des Vaters oder der Mutter können von dem Vormundschaftsgericht außer Kraft gesetzt werden, wenn ihre Befolgung das Interesse des Mündels gefährden würde.

E. I, 1694; II, 1731; III, 1833.

1. Die Bestimmung des § 1857 ist eine Konsequenz des § 1778 Abs. 1, wonach von der Aufstellung des benannten Vormundes überhaupt Umgang genommen werden kann, wenn seine Bestellung das Interesse des Mündels gefährden würde (M. IV, 1173; vgl. §§ 1903 Abs. 1 Satz 3, 1904 Satz 1, 1917 Abs. 2 Satz 2; preuß. Vorm.Ordn. § 59 Abs. 2). Ob die Befolgung der getroffenen Anordnungen das Interesse des Mündels gefährden würde, hat das Vormundschaftsgericht nach freiem Ermessen zu entscheiden. Unerheblich ist hiebei, ob die fraglichen Thatsachen demjenigen, der die Befreiung angeordnet hat, bekannt waren oder nicht. Daß die Gefährdung eine „erhebliche" sei, ist zur Anwendbarkeit des § 1857 nicht erforderlich (anders E. I, 1694; vgl. P. IV, 814 ff. und Anm. 1e zu § 1778).

2. Selbstverständlich kann das Vormundschaftsgericht die getroffenen Anordnungen auch theilweise außer Kraft setzen, wenn das Interesse des Mündels im Uebrigen durch ihre Befolgung nicht gefährdet wird (vgl. E. I, 1694: „wenn und soweit"). Auch kann das Vormundschaftsgericht kraft seines Aufsichtsrechts eine gemäß § 1857 getroffene Maßregel jederzeit wiederaufheben und damit die elterlichen Anordnungen wieder in Kraft setzen, falls die Voraussetzungen des § 1857 weggefallen sind.

3. Aus dem das Vormundschaftsrecht beherrschenden Offizialprinzip (s. Vorbem. zu diesem Abschnitt Ziff. 4a) ergibt sich, daß das Vormundschaftsgericht beim Vorhandensein der Voraussetzungen des § 1857 zur Außerkraftsetzung der befreienden Anordnung nicht nur berechtigt, sondern auch verpflichtet ist. Die Unterlassung dieser Maßregel macht den Vormundschaftsrichter nach Maßgabe des § 1848 haftbar.

VI. Familienrath.

§ 1858.

Ein Familienrath soll von dem Vormundschaftsgericht eingesetzt werden, wenn der Vater oder die eheliche Mutter des Mündels die Einsetzung angeordnet hat.

Der Vater oder die Mutter kann die Einsetzung des Familienraths von dem Eintritt oder Nichteintritt eines bestimmten Ereignisses abhängig machen.

Die Einsetzung unterbleibt, wenn die erforderliche Zahl geeigneter Personen nicht vorhanden ist.

E. I, 1712; II, 1751; III, 1834.

1. Im Gegensatze zum französischen Recht (vgl. auch Art. 18 ff. des bayr. Ges. vom 26. April 1888, die Abänderung von Bestimmungen des in der Pfalz geltenden Hypotheken- und Vormundschaftsrechts betr.), welches die obervormundschaftlichen Geschäfte überhaupt dem Familienrath überträgt, ist nach B.G.B., wie nach der preuß. Vorm.Ordn., Organ der Obervormundschaft regelmäßig das Gericht und nur unter gewissen Voraussetzungen der Familienrath (vgl. Vorbem. vor diesem Abschnitt Ziff. 2b; M. IV, 1018 ff.). Die Einsetzung eines solchen erfolgt niemals von Amtswegen, sondern nur auf Grund letztwilliger Anordnung (§ 1858) oder auf Antrag bestimmter Personen (§ 1859). Der in der II. Komm. gestellte Antrag auf Beseitigung des ganzen Instituts wurde mit 14 gegen 3 Stimmen abgelehnt (P. IV, 837 ff.).

2. Das Recht, die Einsetzung eines Familienraths letztwillig anzuordnen, ist Ausfluß der elterlichen Gewalt und steht demgemäß nur dem Vater, der ehelichen Mutter, sowie den ihnen gleichgestellten Personen (Anm. 2a, b zu § 1776) und auch diesen nur unter den im § 1777 Abs. 1, 2 erwähnten Voraussetzungen zu. Bei einem Widerspruche zwischen den Anordnungen des Vaters und denen der Mutter geht die Anordnung des Vaters vor (vgl. Anm. 2b zu § 1859). Für die Form einer solchen Anordnung ist die Vorschrift des § 1777 Abs. 3 maßgebend (§ 1868).

3. Gemäß § 1858 Abs. 2 kann die Einsetzung eines Familienraths auch bedingungsweise angeordnet werden, z. B. für den Fall, daß die als Mitglieder benannten Personen dieses Amt übernehmen oder daß bei Anordnung der Vormundschaft ein bestimmtes Handelsgeschäft noch für Rechnung des Mündels betrieben wird (M. IV, 1204). Ueber die Anordnung der Aufhebung des Familienraths für den Fall des Eintritts oder Nichteintritts eines künftigen Ereignisses s. § 1880.

4. Aus der Natur der Sache ergibt sich, daß trotz gültiger Anordnung der Einsetzung eines Familienraths die Einsetzung unterbleiben muß, wenn die gemäß § 1860 erforderliche Zahl von Personen, welche nach §§ 1861 Satz 2, 1778 Abs. 1, 1865—1867 zur Bestellung als Familienrathsmitglieder geeignet und zur Uebernahme dieses Amtes bereit sind (§ 1869), nicht vorhanden ist (vgl. Anm. 2a zu § 1859, § 1879 und preuß. Vorm.Ordn. § 80 Abs. 1). Ueber die Befugniß, die Einsetzung eines Familienraths zu untersagen, s. § 1859 Abs. 2.

5. Eine gültige Anordnung der Einsetzung eines Familienraths kann durch das Vormundschaftsgericht auch dann nicht außer Kraft gesetzt werden, wenn nach dessen Ansicht die Befolgung der Anordnung das Interesse des Mündels gefährdet (M. IV, 1204 ff.; vgl. dagegen §§ 1778 Abs. 1, 1797 Abs. 3, 1803 Abs. 2, 1857, 1861 Satz 2, 1917 Abs. 2 Satz 2).

6. Die Bestimmung des § 1858 Abs. 1 hat nur den Charakter einer Ordnungsvorschrift („soll"). Eine Zuwiderhandlung gegen dieselbe hat also auf die Rechtswirksamkeit der vom Vormundschaftsgericht getroffenen Verfügungen keinen Einfluß, doch haftet selbstverständlich der Vormundschaftsrichter für den dem Mündel hieraus erwachsenden Schaden nach Maßgabe des § 1848.

7. Ist der Mündel volljährig, so ist die Einsetzung eines Familienraths auf Grund letztwilliger Anordnung ausgeschlossen (§ 1905 Abs. 1; vgl. Anm. 4 zu § 1859).

8. Uebergangsvorschrift. Gemäß E.G. Art. 210 Abs. 2 Satz 2 bleibt im Geltungsbereiche der preußischen Vormundschaftsordnung vom 5. Juli 1875 ein beim Inkrafttreten des B.G.B. bereits eingesetzter Familienrath bestehen und seine Mitglieder im Amte (M. z. E.G. 304 ff.).

§ 1859.

Ein Familienrath soll von dem Vormundschaftsgericht eingesetzt werden, wenn ein Verwandter oder Verschwägerter des Mündels oder der Vormund oder der Gegenvormund die Einsetzung beantragt und das Vormundschaftsgericht sie im Interesse des Mündels für angemessen erachtet.

Die Einsetzung unterbleibt, wenn der Vater oder die eheliche Mutter des Mündels sie untersagt hat.

E. I, 1713; II, 1752; III, 1835.

1. Während § 1858 den Eltern des Mündels das Recht einräumt, die Einsetzung eines Familienraths letztwillig anzuordnen, gewährt § 1859 gewissen Personen die Befugniß,

die Einsetzung eines Familienraths beim Vormundschaftsgerichte zu beantragen. Antragsberechtigt sind:

a) Verwandte und Verschwägerte des Mündels. Abweichend von der preuß. Vorm.Ordn. (§ 71 Abs. 1 Nr. 2) ist der Antrag eines Verwandten oder Verschwägerten genügend und die Nähe des Verwandtschaftsgrades ohne Belang (M. IV, 1206 ff.; s. auch P. IV, 835 ff.). Ueber den Begriff der Verwandten und Verschwägerten s. §§ 1589, 1590 und Anm. hiezu.

b) Der Vormund. Sind mehrere Vormünder bestellt, so genügt der Antrag eines Vormundes, gleichviel, ob die Vormundschaft gemeinschaftlich geführt wird oder nicht (§ 1797; vgl. M. IV, 1207).

c) Der Gegenvormund (§ 1792).

Außer dem Antrag einer dieser Personen ist aber weiter erforderlich, daß das Vormundschaftsgericht die Einsetzung eines Familienraths im Interesse des Mündels für angemessen erachtet. Hieraus ergibt sich, daß das Vormundschaftsgericht einerseits ohne Antrag einen Familienrath nicht einsetzen kann, auch wenn es die Einsetzung im Interesse des Mündels für angemessen erachtet, andererseits trotz vorliegenden Antrags von der Einsetzung Umgang nehmen muß, wenn dieselbe nach seiner Anschauung dem Interesse des Mündels nicht entspricht (M. IV, 1205 ff.; Z.G. IV, 498; vgl. dagegen preuß. Vorm.Ordn. § 71 Abs. 1 Nr. 2, 3). Ob die Einsetzung eines Familienraths im Interesse des Mündels gelegen ist, hat das Vormundschaftsgericht nach freiem Ermessen zu entscheiden. Veranlassung zur Einsetzung wird insbesondere dann gegeben sein, wenn es sich um die Fortsetzung bedeutender landwirthschaftlicher oder industrieller, zum Vermögen des Mündels gehörender Betriebe handelt und die dem Vormundschaftsrichter in diesen Beziehungen fehlenden technischen Kenntnisse durch Mitwirkung geeigneter Verwandten und Verschwägerten ergänzt werden können (M. IV, 1021, s. auch P. IV, 838). Gegen die Verfügung, durch welche die Einsetzung eines Familienraths abgelehnt wird, steht dem Ehegatten, sowie den Verwandten und Verschwägerten des Mündels die Beschwerde zu (F.G. § 57 Abs. 1 Nr. 4).

2. Trotz Vorhandenseins der in Anm. 1 erwähnten Voraussetzungen muß die Einsetzung eines Familienraths unterbleiben:

a) wenn die erforderliche Zahl geeigneter Personen nicht vorhanden ist (§ 1858 Abs. 3, Anm. 4 zu § 1858; s. auch § 1879);

b) wenn der Vater, die eheliche Mutter oder eine ihnen gleichgestellte Person (s. Anm. 2a, b zu § 1776) die Einsetzung untersagt hat. Für die Voraussetzungen der Wirksamkeit und die Form einer derartigen Anordnung gelten die Vorschriften des § 1777 (§ 1868 Abs. 1). Bei einem Widerspruche zwischen den Anordnungen des Vaters und denen der Mutter geht die Anordnung des Vaters vor (§ 1868 Abs. 2). Hat also der Vater die Einsetzung gemäß § 1858 Abs. 1 angeordnet, so kann sie von der Mutter nicht wirksam untersagt werden, während andererseits bei Untersagung der Einsetzung seitens des Vaters die Mutter nicht befugt ist, die Einsetzung wirksam anzuordnen (M. IV, 1207; vgl. Anm. 2 zu § 1858).

3. Die Bestimmung des § 1859 Abs. 1 hat nur den Charakter einer Ordnungsvorschrift („soll"). Der Mangel des Antrags hat also die Nichtigkeit der Einsetzung nicht zur Folge (M. IV, 1207). Selbstverständlich haftet aber der Vormundschaftsrichter nach Maßgabe des § 1848 für den aus einer Zuwiderhandlung gegen § 1859 dem Mündel erwachsenden Schaden.

4. Auf Grund des § 1859 Abs. 1 kann, auch wenn der Mündel volljährig ist, ein Familienrath eingesetzt werden. Das Recht, die Einsetzung für diesen Fall zu untersagen, steht den Eltern des Mündels nicht zu (§ 1905; vgl. Anm. 7 zu § 1858).

§ 1860.

Der Familienrath besteht aus dem Vormundschaftsrichter als Vorsitzendem und aus mindestens zwei, höchstens sechs Mitgliedern.

E. I, 1714 Abs. 1; II, 1753; III, 1836.

1. Im Anschluß an die preuß. Vorm.Ordn. (§ 72) bestimmt das B.G.B., daß der Familienrath, abgesehen vom Vorsitzenden, aus nicht weniger als zwei und nicht mehr als sechs Mitgliedern besteht (M. IV, 1208; nach Art. 18 des bayr. Ges. vom 26. April 1888 besteht der Familienrath aus dem Amtsrichter und vier Mitgliedern). Diese Schranke gilt nicht nur für den Familienrath selbst, insoweit derselbe gemäß § 1862

Abs. 2 zur Erhöhung der Mitgliederzahl befugt ist, sondern auch für die nach § 1861 zur Benennung von Mitgliedern berechtigten Personen. Ueber die Zahl der zu bestellenden Ersatzmitglieder s. §§ 1863 Abs. 1, 1864 Satz 1. Ueber die zur Beschlußfähigkeit des Familienraths erforderliche Mitgliederzahl s. § 1874 Abs. 1.

2. Zur Sicherung der Staatsaufsicht, sowie einer zweckmäßigen Leitung und Behandlung der Geschäfte bestimmt § 1860, daß der Vormundschaftsrichter kraft Gesetzes Mitglied und Vorsitzender des Familienraths ist (M. IV, 1207 ff.). Diese Stellung kann dem Vormundschaftsrichter auch durch letztwillige Anordnung der Eltern des Mündels nicht entzogen werden (vgl. § 1866 Nr. 3; über Ausschließung des Vormundschaftsrichters von der Ausübung des Richteramts s. F.G. § 6). Ueber die dem Vorsitzenden als solchen zukommenden Rechte und Pflichten s. § 1864 Satz 2, 1870, 1872 Abs. 1 Satz 2, 1873, 1874 Abs. 1, Abs. 2 Satz 2, Abs. 3 Satz 2, 1875—1877. Gemäß F.G. § 190 bleiben die landesgesetzlichen Vorschriften unberührt, welche über den Vorsitz im Familienrath für den Fall Bestimmung treffen, daß nach E.G. Art. 147 die obervormundschaftlichen Geschäfte durch Landesgesetz anderen Behörden als den Amtsgerichten übertragen sind.

§ 1861.

Als Mitglied des Familienraths ist berufen, wer von dem Vater oder der ehelichen Mutter des Mündels als Mitglied benannt ist. Die Vorschriften des § 1778 Abs. 1, 2 finden entsprechende Anwendung.

E. I, 1715 Abs. 1; II, 1754; III, 1837.

1. Das Gesetz berechtigt den Vater, die eheliche Mutter und die ihnen gleichgestellten Personen (Anm. 2a, b zu § 1776) nicht nur zur Anordnung oder Untersagung der Einsetzung eines Familienraths (§§ 1858 Abs. 1, 1859 Abs. 2), sondern es räumt diesen Personen auch die Befugniß ein, die Mitglieder des zu bestellenden Familienraths zu benennen (vgl. §§ 1776 Abs. 1 Nr. 1, 2, 1917 Abs. 1). Hinsichtlich der Maximalzahl der zu benennenden Mitglieder gilt natürlich auch für die zur Benennung berechtigten Personen die Schranke des § 1860 (vgl. Anm. 1 zu § 1860). Sind mehr als sechs Personen ohne Bestimmung der Reihenfolge benannt, so hängt es von der Auslegung der Anordnung ab, in welcher Reihenfolge die benannten Personen berufen sind (M. IV, 1209).

2. Hinsichtlich der Voraussetzungen der Wirksamkeit und der Form einer solchen Anordnung sind die Bestimmungen des § 1777 maßgebend (§ 1868 Abs. 1). Die vom Vater benannten Personen gehen den von der Mutter benannten vor. Doch kann die Mutter innerhalb der gesetzlich zulässigen Maximalzahl (§ 1860) neben den vom Vater benannten Mitgliedern noch weitere Mitglieder benennen (§ 1868 Abs. 2; M. IV, 1209).

3. Durch die rechtswirksame Benennung erhält der Benannte ein festes Recht darauf, als Mitglied des Familienraths bestellt zu werden. Er darf daher nur übergangen werden, wenn er damit einverstanden ist oder gemäß §§ 1865, 1866 nicht als Mitglied bestellt werden kann oder soll, oder die Uebernahme des Amtes verzögert oder wenn seine Bestellung das Interesse des Mündels gefährden würde oder wenn er an der Uebernahme des Amtes verhindert ist. Ist die Verhinderung nur eine vorübergehende, so kann er nach Wegfall des Hindernisses verlangen, daß das bisherige Mitglied entlassen und er an dessen Stelle zum Mitglied bestellt werde (§§ 1861 Satz 2, 1778 Abs. 1, 2, Anm. 1, 3 zu § 1778; Anm. 2c zu § 1878).

4. Bezüglich des Verfahrens s. Anm. 3 zu § 1778. Gegen die Verfügung, durch welche ein als Mitglied des Familienraths Berufener übergangen wird, findet sofortige Beschwerde statt. Dieselbe ist binnen einer Frist von zwei Wochen einzulegen. Die Frist beginnt mit dem Zeitpunkt, in welchem der Beschwerdeführer von seiner Uebergehung Kenntniß erlangt (F.G. §§ 60 Abs. 1 Nr. 1, Abs. 2, 22).

5. Da Niemand verpflichtet ist, das Amt eines Mitglieds des Familienraths zu übernehmen, können selbstverständlich auch die gemäß § 1861 hiezu Berufenen die Uebernahme ablehnen (vgl. Anm. 2 zu § 1785). Soweit eine Berufung nach § 1861 nicht vorliegt oder die Berufenen die Uebernahme des Amtes ablehnen, hat das Vormundschaftsgericht die zur Beschlußfähigkeit erforderlichen Mitglieder auszuwählen, während die Auswahl weiterer Mitglieder dem Familienrathe selbst zusteht (§ 1862).

6. Ueber die Benennung von Ersatzmitgliedern s. § 1863 Abs. 3; über die Befugniß, bestimmte Personen von der Mitgliedschaft auszuschließen, s. § 1866 Nr. 3.

7. Ist der Mündel volljährig, so sind die Eltern zur Benennung der Mitglieder des Familienraths nicht befugt (§ 1905 Abs. 2).

§ 1862.

Soweit eine Berufung nach § 1861 nicht vorliegt oder die Berufenen die Uebernahme des Amtes ablehnen, hat das Vormundschaftsgericht die zur Beschlußfähigkeit des Familienraths erforderlichen Mitglieder auszuwählen. Vor der Auswahl sollen der Gemeindewaisenrath und nach Maßgabe des § 1847 Verwandte oder Verschwägerte des Mündels gehört werden.

Die Bestimmung der Zahl weiterer Mitglieder und ihre Auswahl steht dem Familienrathe zu.

E. I, 1715 Abs. 2; II, 1755 Abs. 1, 2; III, 1838.

1. Eine Berufung zum Amt eines Familienrathsmitglieds kraft Gesetzes ist dem B.G.B. unbekannt (vgl. dagegen § 1776 Abs. 1 Nr. 3, 4). Soweit daher eine Berufung auf Grund letztwilliger Anordnung (§ 1861) nicht vorliegt oder die Voraussetzungen des § 1778 Abs. 1 gegeben sind oder die berufenen Personen die Uebernahme des Amtes ablehnen, hat das Vormundschaftsgericht soviel Mitglieder als zur Beschlußfähigkeit erforderlich sind (also gemäß § 1874 Abs. 1 höchstens zwei) auszuwählen (vgl. § 1779 Abs. 1). Der Familienrath selbst ist dann zur Auswahl weiterer Mitglieder bis zu einer Gesammtzahl von sechs (s. § 1860) befugt. Ist die zur Beschlußfähigkeit erforderliche Zahl geeigneter Personen nicht oder nicht mehr vorhanden, so unterbleibt die Einsetzung des Familienraths, eventuell ist derselbe durch das Vormundschaftsgericht aufzuheben (§ 1858 Abs. 3, Anm. 2a zu § 1859, § 1879).

2. Bei der Auswahl hat das Vormundschaftsgericht die Ausschließungsgründe der §§ 1865—1867 zu beachten. Es soll also insbesondere nur Verwandte oder Verschwägerte des Mündels auswählen (§ 1867). Im Uebrigen unterliegt es bei der Auswahl keinen Beschränkungen. Dies gilt insbesondere hinsichtlich der Gradesnähe der Verwandtschaft oder Schwägerschaft, sowie der Zugehörigkeit zur väterlichen oder mütterlichen Familie des Mündels (M. IV, 1210 ff.).

3. Bevor das Vormundschaftsgericht seine Auswahl trifft, soll es den Gemeindewaisenrath (§§ 1849 ff.) und, wenn dies ohne erhebliche Verzögerung und ohne unverhältnißmäßige Kosten geschehen kann, auch Verwandte und Verschwägerte des Mündels hören. Die Letzteren können von dem Mündel Ersatz ihrer Auslagen verlangen, deren Betrag durch das Vormundschaftsgericht festgesetzt wird (§ 1847 und Anm. hiezu).

4. Die Wahl zum Mitglied eines Familienraths anzunehmen, ist Niemand verpflichtet (§ 1869).

5. Ueber die Auswahl von Ersatzmitgliedern durch den Familienrath und dessen Vorsitzenden s. §§ 1863 Abs. 2, 1864 Satz 2.

§ 1863.

Sind neben dem Vorsitzenden nur die zur Beschlußfähigkeit des Familienraths erforderlichen Mitglieder vorhanden, so sind ein oder zwei Ersatzmitglieder zu bestellen.

Der Familienrath wählt die Ersatzmitglieder aus und bestimmt die Reihenfolge, in der sie bei der Verhinderung oder dem Wegfall eines Mitglieds in den Familienrath einzutreten haben.

Hat der Vater oder die eheliche Mutter Ersatzmitglieder benannt und die Reihenfolge ihres Eintritts bestimmt, so ist diese Anordnung zu befolgen.

E. I, 1715 Abs. 4; II, 1756; III, 1839.

1. Zweck der Vorschrift. Nach § 1874 Abs. 1 ist zur Beschlußfähigkeit des Familienraths die Anwesenheit des Vorsitzenden und mindestens zweier Mitglieder erforderlich. Besteht nun der Familienrath nur aus zwei Mitgliedern außer dem Vorsitzenden, so würde bei Wegfall oder Verhinderung eines Mitglieds der Familienrath in Folge mangelnder Beschlußfähigkeit in seiner Thätigkeit gehemmt sein und, falls geeignete Verwandte oder Verschwägerte des Mündels zur Ergänzung nicht vorhanden sind, gemäß §§ 1879, 1867 aufgehoben werden müssen. Um dies zu verhüten, bestimmt § 1863, daß, falls außer dem

Vorsitzenden nur noch zwei Mitglieder vorhanden sind, ein bis zwei Ergänzungsmitglieder bestellt werden müssen (M. IV, 1211).

2. Als Ersatzmitglieder sind zunächst diejenigen Personen berufen, welche vom Vater, der ehelichen Mutter oder den ihnen gleichstehenden Personen (Anm. 2a, b zu § 1776) als Ersatzmitglieder benannt sind. Für die Voraussetzungen der Wirksamkeit und die Form einer solchen Anordnung sind die Vorschriften des § 1777 maßgebend. Bei einem Widerspruche zwischen den Anordnungen des Vaters und denen der Mutter geht die Anordnung des Vaters vor (§ 1868). Wenn eine rechtswirksame Benennung nicht vorliegt oder die Voraussetzungen des § 1778 Abs. 1 gegeben sind (Anm. 3 zu § 1861) oder die benannten Personen die Uebernahme des Amtes ablehnen, so erfolgt die Auswahl der Ersatzmitglieder durch den Familienrath selbst, der hiebei die Ausschließungsgründe der §§ 1865, 1866 zu beachten hat, auf Verwandte und Verschwägerte des Mündels jedoch nicht beschränkt ist (§ 1867). Vorheriges Gehör des Gemeindewaisenraths sowie von Verwandten oder Verschwägerten des Mündels ist nicht erforderlich (vgl. dagegen § 1862 Abs. 1 Satz 2). Die Wahl zum Ersatzmitglied anzunehmen, ist Niemand verpflichtet (Anm. 3 zu § 1869).

3. Hinsichtlich der Reihenfolge, in welcher die Ersatzmitglieder bei Verhinderung oder Wegfall eines Mitglieds in Thätigkeit zu treten haben, entscheidet in erster Linie eine etwaige Anordnung der zur Benennung berechtigten Personen (s. o. Anm. 2). Mangels einer solchen Anordnung bestimmt hierüber der Familienrath.

4. Ueber die Auswahl eines Ersatzmitglieds durch den Vorsitzenden bei Beschlußunfähigkeit des Familienraths in Folge vorübergehender Verhinderung eines Mitglieds s. § 1864.

5. Ist der Mündel volljährig, so sind die Eltern nicht befugt, Ersatzmitglieder für den Familienrath zu benennen und die Reihenfolge ihres Eintritts zu bestimmen (§ 1905 Abs. 2).

§ 1864.

Wird der Familienrath durch vorübergehende Verhinderung eines Mitglieds beschlußunfähig und ist ein Ersatzmitglied nicht vorhanden, so ist für die Dauer der Verhinderung ein Ersatzmitglied zu bestellen. Die Auswahl steht dem Vorsitzenden zu.

E. I, 1715 Abs. 5; II, 1757; III, 1840.

1. Zweck der Vorschrift. Um zu verhüten, daß bei einer nur vorübergehenden Verhinderung eines Mitglieds die Thätigkeit des Familienraths lahmgelegt werde und für die Dauer dieser Verhinderung die Ausübung der obervormundschaftlichen Befugnisse gemäß § 1876 an den Vormundschaftsrichter allein übergehe, verpflichtet § 1864 den Vorsitzenden des Familienraths (§ 1860), ein Ersatzmitglied zu bestellen, falls in Folge vorübergehender Verhinderung eines Mitglieds der Familienrath beschlußunfähig geworden (§ 1874 Abs. 1) und ein Ersatzmitglied nicht vorhanden ist (§ 1863). Die Auswahl dieses Mitglieds steht dem Vorsitzenden des Familienraths zu, der hiebei die Ausschließungsgründe der §§ 1865, 1866 zu beachten hat, auf Verwandte und Verschwägerte des Mündels jedoch nicht beschränkt ist (§ 1867; M. IV, 1111 ff.). Vorheriges Gehör des Gemeindewaisenraths sowie von Verwandten oder Verschwägerten des Mündels ist nicht erforderlich (vgl. dagegen § 1862 Abs. 1 Satz 2). Die Wahl als Ersatzmitglied anzunehmen, ist Niemand verpflichtet (Anm. 3 zu § 1869).

2. Hört die Verhinderung des ordentlichen Mitglieds auf, so tritt dasselbe wieder in Thätigkeit, während das ausgewählte Ersatzmitglied zu entlassen ist (vgl. M. IV, 1215).

§ 1865.

Zum Mitgliede des Familienraths kann nicht bestellt werden, wer geschäftsunfähig oder wegen Geistesschwäche, Verschwendung oder Trunksucht entmündigt ist.

E. I, 1716 Abs. 1, 3; II, 1758; III, 1841.

1. Im Anschluß an die Bestimmungen der §§ 1780—1784 unterscheidet das B.G.B. solche Personen, die nicht zum Mitglied eines Familienraths bestellt werden können (§ 1865) und solche, die hiezu nicht bestellt werden sollen (§§ 1866, 1867).

a) Eine im Widerspruche mit der Bestimmung des § 1865 erfolgte Bestellung ist nichtig. Demgemäß entbehren alle Verfügungen, welche der Familienrath unter Mitwirkung eines solchen Mitglieds erlassen hat, der Rechtswirksamkeit. Eine Entlassung der entgegen der Vorschrift des § 1865 zum Mitglied bestellten Person ist nicht erforderlich (vgl. Anm. 1a zu § 1780).

b) Dagegen ist eine im Widerspruche mit den Bestimmungen der §§ 1866, 1867 erfolgte Bestellung gültig. Für den dem Mündel hieraus erwachsenden Schaden haftet aber der Vormundschaftsrichter, eventuell der Familienrath nach Maßgabe des § 1848 (vgl. §§ 1862, 1863 Abs. 2, 1864 Satz 2, 1872 Abs. 2 Satz 2). Das entgegen den Vorschriften der §§ 1866, 1867 bestellte Mitglied ist zu entlassen (§§ 1878, 1886; vgl. Anm. 1b zu § 1780).

2. Nach § 1865 kann nicht zum Mitglied eines Familienraths bestellt werden:

a) ein Geschäftsunfähiger (§ 104);

b) eine wegen Geistesschwäche (§ 6 Abs. 1 Nr. 1), Verschwendung (§ 6 Abs. 1 Nr. 2) oder Trunksucht (§ 6 Abs. 1 Nr. 3) entmündigte und daher in der Geschäftsfähigkeit beschränkte Person (§ 114). Dagegen ist die Bestellung einer wegen Minderjährigkeit (§§ 2, 106) oder wegen Stellung unter vorläufige Vormundschaft (§§ 1906, 114) in der Geschäftsfähigkeit beschränkten Person gültig (s. aber §§ 1866 Nr. 2, 1781 Nr. 1 und oben Anm. 1b; vgl. Anm. 2b zu § 1780). Ueber die Beendigung des Amtes eines Familienrathsmitglieds in Folge Entmündigung s. §§ 1878 Abs. 1, 1885 Abs. 1.

3. Wer nach § 1865 nicht zum Mitglied eines Familienraths bestellt werden kann, darf, falls er nach § 1861 berufen ist, auch ohne seine Zustimmung übergangen werden (§§ 1861 Satz 2, 1778 Abs. 1, vgl. Anm. 3 zu § 1861).

4. Die Vorschrift des § 1865 gilt auch für Ersatzmitglieder (§§ 1863, 1864).

§ 1866.

Zum Mitgliede des Familienraths soll nicht bestellt werden:

1. der Vormund des Mündels;
2. wer nach § 1781 oder nach § 1782 nicht zum Vormunde bestellt werden soll;
3. wer durch Anordnung des Vaters oder der ehelichen Mutter des Mündels von der Mitgliedschaft ausgeschlossen ist.

E. I, 1716 Abs. 1, 2 Nr. 1, 2, 4, Abs. 3; II, 1759; III, 1842.

1. Im Gegensatze zu § 1865, woselbst bestimmt ist, welche Personen nicht als Mitglied eines Familienraths bestellt werden können (vgl. Anm. 1a und 2 zu § 1865), zählt § 1866 (s. auch § 1867) eine Reihe von Personen auf, die nicht als Mitglieder bestellt werden sollen. Ueber die Rechtsfolgen einer entgegeu der Vorschrift des § 1866 erfolgten Bestellung s. Anm. 1b zu § 1865.

2. Gemäß § 1866 soll nicht zum Mitglied eines Familienraths bestellt werden:

a) Der Vormund des Mündels. Dies beruht auf der Erwägung, daß der Familienrath wie das Vormundschaftsgericht zur Beaufsichtigung des Vormundes berechtigt und verpflichtet ist (§§ 1872 Abs. 1 Satz 1, 1837). Soweit das Vormundschaftsgericht zur Anhörung des Vormundes verpflichtet ist (s. z. B. § 1836 Abs. 2), obliegt diese Verpflichtung gemäß § 1872 Abs. 1 Satz 1 auch dem Familienrath (M. IV, 1212 ff.). Der Gegenvormund darf zum Mitglied des Familienraths bestellt werden.

b) Eine wegen Minderjährigkeit (§§ 2, 106) oder wegen Stellung unter vorläufige Vormundschaft (§§ 1906, 114) in der Geschäftsfähigkeit beschränkte Person. Die Bestellung einer in Folge Entmündigung wegen Geistesschwäche, Verschwendung oder Trunksucht in der Geschäftsfähigkeit beschränkten Person ist gemäß § 1865 nichtig (vgl. Anm. 1a zu § 1781).

c) Wer nach § 1910 zur Besorgung seiner Vermögensangelegenheiten einen Pfleger erhalten hat (vgl. Anm. 1b zu § 1781).

d) Wer in Konkurs gerathen ist, während der Dauer des Konkurses (vgl. Anm. 1c zu § 1781).

e) Wer der bürgerlichen Ehrenrechte für verlustig erklärt ist, soweit sich nicht aus den Vorschriften des Strafgesetzbuchs ein Anderes ergibt (vgl. Anm. 1d zu § 1781).

f) Wer durch Anordnung des Vaters oder der ehelichen Mutter des Mündels von der Vormundschaft ausgeschlossen ist (vgl. Anm. zu § 1782).

g) Wer durch Anordnung des Vaters, der ehelichen Mutter oder einer der ihnen gleichgestellten Personen (Anm. 2 a, b zu § 1776) von der Mitgliedschaft ausgeschlossen ist. Für die Voraussetzungen der Wirksamkeit und die Form einer derartigen Anordnung sind die Vorschriften des § 1777 maßgebend. Eine vom Vater benannte Person kann von der Mutter nicht ausgeschlossen werden (§ 1868; M. IV, 1215; Z.G. IV, 499; vgl. Anm. 1—4 zu § 1782). Ist der Mündel volljährig, so findet § 1866 Nr. 3 keine Anwendung (§ 1905 Abs. 2). Ueber das Recht zur Benennung von Mitgliedern des Familienraths s. § 1861.

3. Einen weiteren Ausschließungsgrund enthält § 1867. Nach E. I—III sollten auch Frauen von der Mitgliedschaft ausgeschlossen sein (M. IV, 1213; vgl. preuß. Vorm.Ordn. § 72 Abs. 2). Durch die Reichstagskommission wurde diese Bestimmung beseitigt (R.T.K. 164; vgl. Anm. 1 zu § 1783). Die Zustimmung des Ehemanns ist zur Bestellung einer verheiratheten Frau als Familienrathsmitglied nicht erforderlich (vgl. dagegen § 1783; unrichtig Böhm, a. a. O. S. 157). Auch eine dem § 1784 entsprechende Vorschrift hat das Gesetz hier für entbehrlich erachtet, weil das Amt eines Familienrathsmitglieds mit einer fortlaufenden Verwaltung nicht verbunden ist und daher weit weniger Zeit als das Amt eines Vormundes in Anspruch nimmt (M. IV, 1215).

4. Wer nach § 1866 nicht als Mitglied eines Familienraths bestellt werden soll, darf, falls er gemäß § 1861 berufen ist, auch ohne seine Zustimmung übergangen werden (§§ 1861 Satz 2, 1778 Abs. 1; vgl. Anm. 3 zu § 1861).

5. § 1866 findet auf Ersatzmitglieder (§§ 1863, 1864) entsprechende Anwendung.

§ 1867.

Zum Mitgliede des Familienraths soll nicht bestellt werden, wer mit dem Mündel weder verwandt noch verschwägert ist, es sei denn, daß er von dem Vater oder der ehelichen Mutter des Mündels benannt oder von dem Familienrath oder nach § 1864 von dem Vorsitzenden ausgewählt worden ist.

E. I, 1716 Abs. 2 Nr. 3, Abs. 3; II, 1760; III, 1843.

1. Dem Grundgedanken des Instituts des Familienraths entsprechend geht das Gesetz davon aus, daß im Allgemeinen nur Verwandte oder Verschwägerte (§§ 1589, 1590 und Anm. hiezu) des Mündels Mitglieder des Familienraths werden sollen. Ausnahmsweise darf jedoch auch eine mit dem Mündel weder verwandte noch verschwägerte Person als Mitglied bezw. Ersatzmitglied bestellt werden, wenn sie

a) von einer zur Benennung berechtigten Person als Mitglied oder Ersatzmitglied benannt worden ist (§§ 1861, 1863 Abs. 3) oder

b) vom Familienrath als Mitglied oder Ersatzmitglied ausgewählt worden ist (§§ 1862 Abs. 2, 1863 Abs. 2) oder

c) vom Vorsitzenden des Familienraths als Ersatzmitglied ausgewählt worden ist (§ 1864). In diesem Falle erlangt aber die gewählte Person nur für den vorübergehenden Zweck, nicht überhaupt, die Fähigkeit, Mitglied des Familienraths zu sein (M. IV, 1214 ff.; 1211 ff.; Z.G. IV, 499).

2. Ueber die Rechtsfolgen einer entgegen der Vorschrift des § 1867 erfolgten Bestellung s. Anm. 1 b zu § 1865; über weitere Ausschließungsgründe s. §§ 1865, 1866.

§ 1868.

Für die nach den §§ 1858, 1859, 1861, 1863, 1866 zulässigen Anordnungen des Vaters oder der Mutter gelten die Vorschriften des § 1777.

Die Anordnungen des Vaters gehen den Anordnungen der Mutter vor.

E. I, 1718; II, 1761; III, 1844.

1. Das Recht, die Einsetzung eines Familienraths anzuordnen oder zu untersagen, bestimmte Personen als Mitglieder oder Ersatzmitglieder zu benennen oder von der Mitgliedschaft auszuschließen und die Reihenfolge des Eintritts mehrerer Ersatzmitglieder zu bestimmen (§§ 1858 Abs. 1, 1859 Abs. 2, 1861 Satz 1, 1863 Abs. 3, 1866 Nr. 3), ist Ausfluß der elterlichen Gewalt. Es steht daher dem Berechtigten nur zu, wenn derselbe

zur Zeit seines Todes die elterliche Gewalt über das Kind hatte und seine Vertretungsbefugniß weder in persönlichen noch in Vermögensangelegenheiten ausgeschlossen war (§ 1777 Abs. 1, s. auch Abs. 2; M. IV, 1216; Anm. 1 zu § 1777). Das Gleiche gilt gemäß § 1880 Abs. 1 hinsichtlich der Befugniß, die Aufhebung des angeordneten Familienraths für den Fall des Eintritts oder Nichteintritts eines künftigen Ereignisses anzuordnen (vgl. auch §§ 1782 Abs. 2, 1797 Abs. 3, 1856).

2. Für den Fall eines Widerspruchs zwischen den Anordnungen des Vaters und denen der Mutter geht, dem Grundsatze des § 1634 Satz 2 entsprechend, die Anordnung des Vaters vor, auch wenn er vor der Mutter verstorben ist (vgl. Anm. 3 zu § 1354, Anm. 1b zu §§ 1879, 1880).

3. Im Einklang mit den Bestimmungen der §§ 1868 Abs. 1, 1777 Abs. 1, 2 steht die Vorschrift des § 1905 Abs. 2, daß für den Fall der Volljährigkeit des Mündels Anordnungen über Einsetzung und Aufhebung eines Familienraths oder über die Mitgliedschaft seitens der Eltern des Mündels nicht getroffen werden können.

4. Die im § 1868 Abs. 1 (vgl. auch § 1880 Abs. 1 Satz 1) erwähnten Anordnungen müssen, um rechtswirksam zu sein, in der Form einer letztwilligen Verfügung erfolgen (§ 1777 Abs. 3). Für die Errichtung, Anfechtung und Aufhebung derartiger letztwilliger Verfügungen gelten die allgemeinen erbrechtlichen Grundsätze (Anm. 2 zu § 1777; Z.G. IV, 499).

§ 1869.

Niemand ist verpflichtet, das Amt eines Mitglieds des Familienraths zu übernehmen.

E. I, 1717; II, 1762; III, 1845.

1. Während nach § 1785 zur Uebernahme des Amtes eines Vormundes jeder Deutsche verpflichtet ist, der nicht nach den §§ 1780—1784 ausgeschlossen oder nach § 1786 zur Ablehnung berechtigt ist, besteht keine Verpflichtung zur Uebernahme des Amtes eines Familienrathsmitglieds (M. IV, 1215 ff.; vgl. preuß. Vorm.Ordn. § 71 Abs. 3). Selbstverständlich gilt dies auch für die gemäß § 1861 berufenen Personen (vgl. Anm. 5 zu § 1861).

2. Dagegen ist die Fortführung des einmal übernommenen Amtes nicht in das freie Ermessen der Familienrathsmitglieder gestellt, vielmehr kann die Entlassung nur verlangt werden, wenn ein wichtiger Grund vorliegt (M. IV, 1216; §§ 1878, 1889, s. auch § 1875).

3. Auch das Amt eines Ersatzmitglieds (§§ 1863, 1864) zu übernehmen, ist Niemand verpflichtet.

§ 1870.

Die Mitglieder des Familienraths werden von dem Vorsitzenden durch Verpflichtung zu treuer und gewissenhafter Führung des Amtes bestellt. Die Verpflichtung soll mittelst Handschlags an Eidesstatt erfolgen.

E. I, 1714 Abs. 2; II, 1763; III, 1846.

1. Auch für die Mitglieder des Familienraths gilt (wie für den Vormund) das Bestellungsprinzip (s. Vorbem. zu diesem Abschn. Ziff. 2e). Ihr Amt beginnt daher, auch wenn sie gemäß § 1861 berufen sind, erst mit ihrer Bestellung durch den Vorsitzenden (M. IV, 1208; vgl. preuß. Vorm.Ordn. § 74; Anm. 1 zu § 1789).

2. Hinsichtlich der Form der Verpflichtung gilt die gleiche Bestimmung wie für den Vormund (§ 1789 und Anm. 2 hiezu). Ein Hinweis der Familienrathsmitglieder auf ihre gesetzlichen Pflichten ist nicht erforderlich (M. IV, 1209). Die Vorschrift des § 1870 Satz 2 hat nur den Charakter einer Ordnungsvorschrift („soll"). Ihre Außerachtlassung ist daher ohne Einfluß auf die Gültigkeit der Bestellung. Ueber die Verantwortlichkeit der Familienrathsmitglieder s. § 1872 Abs. 2 Satz 2.

3. Das Amt der Familienrathsmitglieder ist ein ständiges (M. IV, 1208). Ihre Bestellung erfolgt daher für die ganze Dauer der Vormundschaft, es sei denn, daß gemäß § 1871 die Entlassung für den Fall des Eintritts oder Nichteintritts eines bestimmten Ereignisses vorbehalten wird (s. auch §§ 1861 Satz 2, 1778 Abs. 2). Ueber die Beendigung des Amtes eines Familienrathsmitglieds s. § 1878.

4. Eine Bestallung wird den Familienrathsmitgliedern nicht ertheilt; dagegen ist es in der dem Vormunde zu behändigenden Bestallung anzugeben, wenn ein Familienrath eingesetzt ist (§ 1791 Abs. 2 Satz 2, s. auch § 1881 Abs. 2).

5. § 1870 gilt auch für die Ersatzmitglieder (§§ 1863, 1864). Ob deren Verpflichtung schon bei ihrer Auswahl oder erst bei ihrem Eintritt in den Familienrath zu erfolgen habe, ist im Gesetz nicht bestimmt und daher dem Ermessen des Vorsitzenden überlassen.

§ 1871.

Bei der Bestellung eines Mitglieds des Familienraths kann die Entlassung für den Fall vorbehalten werden, daß ein bestimmtes Ereigniß eintritt oder nicht eintritt.

E. I, 1715 Abs. 3; II, 1755 Abs. 3; III, 1847.

1. Gleichwie der Vormund gemäß § 1790, so kann auch ein Familienrathsmitglied mit dem Vorbehalte bestellt werden, daß für den Fall des Eintritts oder Nichteintritts eines bestimmten Ereignisses seine Entlassung zu erfolgen habe (M. IV, 1211, 1062; vgl. auch §§ 1861 Satz 2, 1778 Abs. 2). Dagegen kann die Entlassung nach Ablauf einer bestimmten Zeit ohne Rücksicht auf den Eintritt oder Nichteintritt eines bestimmten Ereignisses nicht vorbehalten werden (vgl. Anm. 1 zu § 1790).

2. Das Amt eines Familienrathsmitglieds endigt auch im Falle des § 1871 nicht von selbst mit dem Eintritt oder Nichteintritt des fraglichen Ereignisses, sondern erst mit der Entlassung (vgl. Anm. 2 zu § 1790; Anm. 2b zu § 1878).

3. Ueber die Anordnung der Aufhebung des Familienraths selbst für den Fall des Eintritts oder Nichteintritts eines künftigen Ereignisses s. § 1880.

§ 1872.

Der Familienrath hat die Rechte und Pflichten des Vormundschaftsgerichts. Die Leitung der Geschäfte liegt dem Vorsitzenden ob.

Die Mitglieder des Familienraths können ihr Amt nur persönlich ausüben. Sie sind in gleicher Weise verantwortlich wie der Vormundschaftsrichter.

E. I, 1719 Abs. 1, 2, 1722 Abs. 1 Satz 2; II, 1764 Abs. 1, 2, 1767 Abs. 1 Satz 2; III, 1848.

1. Rechtliche Stellung des Familienraths. Ist ein Familienrath eingesetzt, so tritt derselbe als Organ der Obervormundschaft vollkommen an die Stelle des Vormundschaftsgerichts (M. IV, 1216, 1018 ff.). Der Familienrath als solcher hat daher die gleichen Rechte und Pflichten wie das Vormundschaftsgericht (Anm. 1a zu § 1848; vgl. preuß. Vorm.Ordn. § 75), während die einzelnen Mitglieder für den in Folge Verletzung ihrer Pflichten dem Mündel erwachsenden Schaden im gleichen Umfange wie der Vormundschaftsrichter verantwortlich sind (M. IV, 1216 ff.; § 1848 und Anm. hiezu).

2. Vorsitzender des Familienraths ist gemäß § 1860 der Vormundschaftsrichter. In dieser Eigenschaft ist der Vormundschaftsrichter zur Leitung der Geschäfte des Familienraths berechtigt und verpflichtet (M. IV, 1217). Ueber weitere Rechte und Pflichten des Vorsitzenden s. Anm. 2 zu § 1860.

3. Gemäß § 1872 Abs. 2 Satz 1 ist eine Vertretung der Familienrathsmitglieder durch Bevollmächtigte bei Ausübung ihres Amtes unzulässig (M. IV, 1221; s. auch Anm. 2 zu § 1874).

§ 1873.

Der Familienrath wird von dem Vorsitzenden einberufen. Die Einberufung hat zu erfolgen, wenn zwei Mitglieder, der Vormund oder der Gegenvormund sie beantragen oder wenn das Interesse des Mündels sie erfordert. Die Mitglieder können mündlich oder schriftlich eingeladen werden.

E. I, 1721 Abs. 1; II, 1765; III, 1849.

1. Nach der Natur der ihm obliegenden Geschäfte tritt der Familienrath nicht zu bestimmten, im Voraus festgesetzten Zeiten zusammen, sondern wenn das Bedürfniß es erheischt (M. IV, 1218). Die Einberufung durch den Vorsitzenden (§ 1860) erfolgt entweder von Amtswegen (wenn das Interesse des Mündels nach Anschauung des Vorsitzenden sie erfordert, s. auch § 1876) oder auf Antrag der im § 1873 bezeichneten Personen. Andere Personen sind nicht befugt, die Einberufung des Familienraths zu verlangen (vgl. preuß. Vorm.Ordn. § 77 Abs. 1; Art. 18 Abs. 2 des bayr. Ges. v. 26. April 1888). An

Stelle eines verhinderten, insbesondere auch eines nach § 1874 Abs. 3 von der Theilnahme an der Beschlußfassung ausgeschlossenen Mitglieds ist, falls dies zur Herstellung der Beschlußfähigkeit erforderlich ist, ein Ersatzmitglied (§§ 1863, 1864) einzuberufen (M. IV, 1219; Anm. 1, 4 zu § 1874).

2. Die Einberufung ist an eine bestimmte Form nicht gebunden. Daß die Einladung die Berathungsgegenstände bezeichnen müsse, ist nicht vorgeschrieben, ebensowenig, daß zwischen der Zustellung der Ladung und dem Tage des Zusammentritts eine bestimmte Frist liegen müsse. Ort und Zeit des Zusammentritts bestimmt der Vorsitzende (M. IV, 1219 ff.: Z.G. IV, 499).

3. Ueber die Folgen unentschuldigten Ausbleibens s. § 1875.

§ 1874.

Zur Beschlußfähigkeit des Familienraths ist die Anwesenheit des Vorsitzenden und mindestens zweier Mitglieder erforderlich.

Der Familienrath faßt seine Beschlüsse nach der Mehrheit der Stimmen der Anwesenden. Bei Stimmengleichheit entscheidet die Stimme des Vorsitzenden.

Steht in einer Angelegenheit das Interesse des Mündels zu dem Interesse eines Mitglieds in erheblichem Gegensatze, so ist das Mitglied von der Theilnahme an der Beschlußfassung ausgeschlossen. Ueber die Ausschließung entscheidet der Vorsitzende.

E. I, 1722; II, 1767; III, 1850.

1. Im Anschluß an die preuß. Vorm.Ordn. (§ 76 Abs. 1) erfordert das B.G.B. zur Beschlußfähigkeit des Familienraths die Anwesenheit des Vorsitzenden und mindestens zweier Mitglieder (M. IV, 1220 ff.). Sind außer dem Vorsitzenden nur zwei Mitglieder vorhanden, so sind ein oder zwei Ersatzmitglieder zu bestellen (§ 1863 Abs. 1). Wird der Familienrath durch vorübergehende Verhinderung eines Mitglieds beschlußunfähig und ist ein Ersatzmitglied nicht vorhanden, so ist durch den Vorsitzenden für die Dauer der Verhinderung ein Ersatzmitglied zu bestellen (§ 1864). Soweit es zur Herstellung der Beschlußfähigkeit erforderlich ist, hat der Vorsitzende ein Ersatzmitglied einzuberufen (Anm. 1 zu § 1873).

2. Bei der Beschlußfassung entscheidet die absolute Mehrheit der Anwesenden. Für den Fall der Stimmengleichheit gibt die Stimme des Vorsitzenden (§ 1860) den Ausschlag (M. IV, 1222; vgl. preuß. Vorm.Ordn. § 77 Abs. 3). Aus dem Grundsatze des § 1872 Abs. 2 Satz 1 ergibt sich, daß die Abstimmung mündlich erfolgen muß und die Erledigung der Geschäfte im Wege der Korrespondenz unzulässig ist. Dies gilt auch hinsichtlich der Prüfung der vom Vormunde zu legenden Rechnung (§ 1843; M. IV, 1222 ff.). Ueber die formelle Behandlung der Beschlüsse des Familienraths enthält das Gesetz keine besonderen Bestimmungen (M. IV, 1223 ff.; Z.G. IV, 499; vgl. preuß. Vorm.Ordn. § 78 Abs. 1, 2). Hinsichtlich der Anfechtbarkeit durch Rechtsmittel stehen die Beschlüsse des Familienraths den Verfügungen des Vormundschaftsgerichts gleich (§ 1872 Abs. 1 Satz 1). Der Vorsitzende selbst hat gegen einen Beschluß des Familienraths kein Beschwerderecht. Ebensowenig steht ihm die Befugniß zu, den Vollzug eines Beschlusses, den er als gesetzwidrig oder dem Interesse des Mündels widerstreitend erachtet, abzulehnen oder von der Entscheidung des vorgesetzten Gerichts abhängig zu machen (M. IV, 1222).

3. Daß die Sitzungen des Familienraths nicht öffentlich sind, ergibt sich aus der Gleichstellung desselben mit dem Vormundschaftsgericht (§ 1872 Abs. 1 Satz 1; M. IV, 1222).

4. Zu § 1874 Abs. 3 vgl. M. IV, 1221 ff.; §§ 34, 1630 Abs. 2 Satz 2, 1796. Gegen die Verfügung des Vorsitzenden, durch welche ein Familienrathsmitglied gemäß § 1874 Abs. 3 von der Theilnahme an der Beschlußfassung ausgeschlossen wird, steht demselben kein Beschwerderecht zu. An Stelle des ausgeschlossenen Mitglieds hat der Vorsitzende ein Ersatzmitglied einzuberufen, wenn dies zur Herstellung der Beschlußfähigkeit erforderlich ist (Anm. 1 zu § 1873).

5. Zur Theilnahme an der Beschlußfassung sind die anwesenden Mitglieder verpflichtet. Ueber die Folgen ungerechtfertigter Stimmenthaltung s. § 1875.

§ 1875.

Ein Mitglied des Familienraths, das ohne genügende Entschuldigung der Einberufung nicht Folge leistet oder die rechtzeitige Anzeige seiner Verhinderung unterläßt oder sich der Theilnahme an der Beschlußfassung enthält, ist von dem Vorsitzenden in die dadurch verursachten Kosten zu verurtheilen.

Der Vorsitzende kann gegen das Mitglied eine Ordnungsstrafe bis zu einhundert Mark verhängen.

Erfolgt nachträglich genügende Entschuldigung, so sind die getroffenen Verfügungen aufzuheben.

E. I, 1721 Abs. 2; II, 1766; III, 1851.

1. Die Vorschrift des § 1875 Abs. 1 ist insbesondere wegen des Anspruchs der Familienrathsmitglieder auf Ersatz ihrer Auslagen (§ 1877) von Bedeutung. Ob eine Entschuldigung genügend ist, hat der Vorsitzende (§ 1860) nach freiem Ermessen zu entscheiden. Ein besonderer Fall gerechtfertigter Stimmenthaltung ist im § 1874 Abs. 3 erwähnt.

2. Der Verhängung einer Ordnungsstrafe muß die Androhung derselben vorhergehen (Anm. 4 zu § 1837; vgl. F.G. § 33). Die Umwandlung einer nicht beizutreibenden Ordnungsstrafe in eine Freiheitsstrafe ist ausgeschlossen (vgl. Anm. 3 zu § 1788). Gegen die Verhängung einer Ordnungsstrafe ist Beschwerde mit aufschiebender Wirkung zulässig (F.G. §§ 20 Abs. 1, 24, Abs. 1; vgl. preuß. Vorm.Ord. § 79 Abs. 3). Ueber Ordnungsstrafen gegen den Vormund s. §§ 1788, 1837 Abs. 2.

3. Zu § 1875 Abs. 3 vgl. Strafproz.Ordn. § 50 Abs. 2 Satz 2; C.P.O. § 381 Abs. 1 Satz 2 n. Nr.

§ 1876.

Wird ein sofortiges Einschreiten nöthig, so hat der Vorsitzende die erforderlichen Anordnungen zu treffen, den Familienrath einzuberufen, ihn von den Anordnungen in Kenntniß zu setzen und einen Beschluß über die etwa weiter erforderlichen Maßregeln herbeizuführen.

E. I, 1719 Abs. 3; II, 1764 Abs. 3; III, 1852.

1. Da die Mitglieder des Familienraths nicht immer zur Stelle sind, ermächtigt das Gesetz den Vorsitzenden (§ 1860), in dringenden Fällen ausnahmsweise selbst an Stelle des Familienraths zu handeln (M. IV, 1217 ff.; vgl. §§ 1665, 1846; preuß. Vorm.Ordn. § 78 Abs. 4). Sind die Voraussetzungen des § 1876 gegeben, so ist der Vorsitzende zu jeder Verfügung berechtigt, die nach dem Gesetze der Familienrath zu treffen befugt ist, also insbesondere auch zur Ertheilung der Genehmigung zu den der Genehmigung des Vormundschaftsgerichts bedürftigen Rechtsgeschäften des Vormundes (§§ 1821, 1822 und Anm. 4 hiezu, 1872 Abs. 1 Satz 1). Der Vorsitzende soll jedoch, soweit möglich, nur provisorische, nöthigenfalls rückgängig zu machende Maßregeln ergreifen, insbesondere einem von ihm ausgewählten Vormund nur unter dem Vorbehalt der Entlassung für den Fall einer anderweitigen Wahl des Familienraths bestellen (§ 1790). Dies gilt auch für den Fall, daß die Einsetzung des Familienraths nach § 1858 Abs. 1 angeordnet, aber noch nicht erfolgt ist (M. IV, 1218).

2. Ob die Voraussetzungen des § 1876 gegeben sind, entscheidet der Vorsitzende des Familienraths nach freiem Ermessen. Daher kann eine von ihm auf Grund dieser Bestimmung getroffene Verfügung nicht deßhalb angefochten werden, weil keine Veranlassung zu sofortigem Einschreiten bestanden habe (M. IV, 1218).

3. Die im § 1876 vorgeschriebene nachträgliche Einberufung des Familienraths muß selbstverständlich unverzüglich erfolgen (E. I und II hatten dies ausdrücklich erwähnt, vgl. P.M. 8688).

§ 1877.

Die Mitglieder des Familienraths können von dem Mündel Ersatz ihrer Auslagen verlangen; der Betrag der Auslagen wird von dem Vorsitzenden festgesetzt.

E. I, 1720; II, 1768; III, 1853.

Das Amt eines Familienrathsmitglieds ist ein unentgeltliches Ehrenamt, die Bewilligung einer Vergütung hiefür ist ausgeschlossen (vgl. dagegen bez. des Vormundes und Gegenvormundes § 1836). Aus Billigkeitsgründen ist jedoch auch den Familienrathsmitgliedern das Recht eingeräumt, Ersatz ihrer Auslagen zu verlangen (M. IV, 1218;

vgl. § 1835, 1847 Abs. 2). Gegen die Festsetzung der Auslagen durch den Vorsitzenden (§ 1860) ist Beschwerde zulässig. Die Beschreitung des Rechtswegs ist ausgeschlossen (F.G. § 20; vgl. Anm. 5 zu § 1847).

§ 1878.

Das Amt eines Mitglieds des Familienraths endigt aus denselben Gründen, aus denen nach den §§ 1885, 1886, 1889 das Amt eines Vormundes endigt.

Ein Mitglied kann gegen seinen Willen nur durch das dem Vormundschaftsgericht im Instanzenzuge vorgeordnete Gericht entlassen werden.

E. I, 1723; II, 1769; III, 1854.

1. Dem Bestellungsprinzip (s. Anm. 1 zu § 1870) entsprechend endigt das Amt eines Familienrathsmitglieds wie das des Vormundes grundsätzlich nicht kraft Gesetzes mit dem Eintritt der Thatsache, welche der Fortführung des Amtes entgegensteht, sondern erst mit der auf Grund dieser Thatsache erfolgenden Entlassung (M. IV, 1224, 1195; s. u. Anm. 2). Ausnahmsweise endigt jedoch das Amt eines Familienrathsmitglieds wie das des Vormundes in gewissen Fällen kraft Gesetzes (s. u. Anm. 3).

2. Die Entlassung eines Familienrathsmitglieds hat zu erfolgen:

a) wenn dasselbe wegen vorübergehender Verhinderung des Berufenen aufgestellt war und dieser nach Wegfall des Hindernisses auf seiner Bestellung besteht (§§ 1861 Satz 2, 1778 Abs. 2; M. IV, 1224; Anm. 3 zu § 1861);

b) wenn dasselbe unter Vorbehalt seiner Entlassung für den Fall des Eintritts oder Nichteintritts eines bestimmten Ereignisses bestellt war und dieser Fall eingetreten ist (§ 1871; M. IV, 1224; Anm. 2 zu § 1871);

c) wenn ein als Familienrathsmitglied Berufener mit Unrecht übergangen worden ist und nunmehr verlangt, an Stelle des bisherigen Mitglieds bestellt zu werden (§ 1861; vgl. Anm. 3 zu § 1778);

d) wenn die Fortführung seines Amtes, insbesondere in Folge seines pflichtwidrigen Verhaltens, das Interesse des Mündels gefährden würde (§ 1886 und Anm. 2a hiezu);

e) wenn in seiner Person einer der im § 1781 erwähnten Gründe vorliegt (§ 1886 und Anm. 2b hiezu; vgl. § 1866 Nr. 2);

f) auf seinen Antrag, wenn ein wichtiger Grund vorliegt (§ 1889 und Anm. hiezu). Ob dies der Fall ist, entscheidet das Vormundschaftsgericht nach freiem Ermessen. Die gemäß §§ 1889, 1786 Abs. 1 Nr. 2—7 den Vormund zur Beantragung seiner Entlassung berechtigenden Thatsachen sind nicht unter allen Umständen auch als ein die Entlassung eines Familienrathsmitglieds rechtfertigender „wichtiger Grund" zu erachten (M. IV, 1224).

Die Entlassungsgründe der §§ 1887, 1888 sind auf Familienrathsmitglieder nicht anwendbar, da auch zur Bestellung als Familienrathsmitglied eine Frau nicht der Genehmigung ihres Ehemanns, ein Beamter oder Religionsdiener nicht einer besonderen Erlaubniß bedarf (Anm. 3 zu § 1866). Die Entlassung erfolgt durch das Vormundschaftsgericht, falls das Familienrathsmitglied mit seiner Entlassung einverstanden ist, außerdem durch das dem Vormundschaftsgericht im Instanzenzuge vorgeordnete Gericht (M. IV, 1224 ff.; vgl. preuß. Vorm.Ordn. § 79 Abs. 1). Gegen die Verfügung, durch welche ein Mitglied des Familienraths gegen seinen Willen entlassen wird, findet sofortige Beschwerde an das Oberlandesgericht (gegebenen Falles an das Oberste Landesgericht) statt. Die weitere Beschwerde ist hier ausgeschlossen (F.G. §§ 60 Abs. 1 Nr. 4, 64, 199 Abs. 2).

3. Das Amt eines Familienrathsmitglieds endigt kraft Gesetzes:

a) mit der Beendigung der Vormundschaft selbst (§§ 1882—1884; vgl. Anm. 2a zu § 1885);

b) mit dem Tode des Familienrathsmitglieds (E. I, 1723, 1704; vgl. Anm. 2b zu § 1885);

c) mit seiner Entmündigung, gleichviel, ob dieselbe wegen Geisteskrankheit, Geistesschwäche, Verschwendung oder Trunksucht erfolgt (§ 1885 Abs. 1 und Anm. 2c zu § 1885);

d) im Falle der Todeserklärung des Familienrathsmitglieds mit der Erlassung des Ausschlußurtheils (§ 1885 Abs. 2 und Anm. 2d zu § 1885).

§ 1879.

Das Vormundschaftsgericht hat den Familienrath aufzuheben, wenn es an der zur Beschlußfähigkeit erforderlichen Zahl von Mitgliedern fehlt und geeignete Personen zur Ergänzung nicht vorhanden sind.

E. I, 1724 Abs. 1 Nr. 1; II, 1770 Abs. 1 Nr. 1; III, 1855.

§ 1880.

Der Vater des Mündels kann die Aufhebung des von ihm angeordneten Familienraths für den Fall des Eintritts oder Nichteintritts eines künftigen Ereignisses nach Maßgabe des § 1777 anordnen. Das gleiche Recht steht der ehelichen Mutter des Mündels für den von ihr angeordneten Familienrath zu.

Tritt der Fall ein, so hat das Vormundschaftsgericht den Familienrath aufzuheben.

E. I, 1712 Abs. 2, 1724 Abs. 1 Nr. 2; II, 1751 Abs. 2, 1770 Abs. 1 Nr. 2; III, 1856.

1. Während mit der Beendigung der Vormundschaft (§§ 1882—1884) selbstverständlich auch der Familienrath kraft Gesetzes endigt, ist derselbe gemäß §§ 1879, 1880 in gewissen Fällen durch das Vormundschaftsgericht aufzuheben.

a) Der Natur der Sache entsprechend muß die Aufhebung des Familienraths erfolgen, wenn die Zahl seiner Mitglieder abgesehen vom Vorsitzenden unter zwei herabsinkt (§§ 1860, 1874 Abs. 1) und geeignete Personen (§§ 1861 Satz 2, 1778 Abs. 1, 1865—1867) zur Ergänzung nicht vorhanden sind (M. IV, 1225; vgl. § 1858 Abs. 3; Anm. 2a zu § 1859; preuß. Vorm.Ordn. § 80 Abs. 1).

b) Wie nach § 1858 Abs. 2 die Einsetzung, so kann nach § 1880 auch die Aufhebung des Familienraths seitens der zur Anordnung der Einsetzung berechtigten Personen (§ 1858 Abs. 1) vom Eintritt oder Nichteintritt eines künftigen Ereignisses abhängig gemacht werden (M. IV, 1225, 1204; vgl. Anm. 3 zu § 1858). Die Anordnung, daß nach Ablauf einer gewissen Zeit ohne Rücksicht auf ein bestimmtes Ereigniß der Familienrath aufzuheben sei, ist unzulässig (vgl. Anm. 1 zu § 1871). Hinsichtlich der Voraussetzungen der Wirksamkeit und der Form einer solchen Anordnung sind die Vorschriften des § 1777 maßgebend (vgl. Anm. 1 und 4 zu § 1868). Daß bei einem Widerspruche zwischen den Anordnungen des Vaters und denen der Mutter die Anordnung des Vaters vorgeht, ergibt sich aus der analog anzuwendenden Vorschrift des § 1868 Abs. 2 (vgl. Anm. 2 zu § 1868). Ist der Mündel volljährig, so steht den Eltern die im § 1880 Abs. 1 erwähnte Befugniß nicht zu (§ 1905 Abs. 2). Liegt eine wirksame Anordnung dieser Art vor, so ist bei Eintritt bezw. Nichteintritt des fraglichen Ereignisses der Familienrath durch das Vormundschaftsgericht aufzuheben.

2. Daß nach Aufhebung des Familienraths die Vormundschaft entsprechend den bei dem Nichtvorhandensein eines Familienraths geltenden Vorschriften zu behandeln ist, hat das Gesetz als selbstverständlich nicht besonders hervorgehoben (M. IV, 1225; vgl. preuß. Vorm.Ordn. § 80 Abs. 1). Ueber die Verständigung der Familienrathsmitglieder, des Vormundes und Gegenvormundes von der Aufhebung des Familienraths und über die Aushändigung neuer Bestallungen an Vormund und Gegenvormund s. § 1881.

3. Gegen die Verfügung, durch welche der Familienrath aufgehoben wird, steht dem Ehegatten, sowie den Verwandten und Verschwägerten des Mündels die sofortige Beschwerde zu. Dieselbe ist binnen einer Frist von zwei Wochen einzulegen. Die Frist beginnt mit dem Zeitpunkt, in welchem das Vormundschaftsgericht die bisherigen Mitglieder von der Aufhebung in Kenntniß setzt (F.G. §§ 57 Abs. 1 Nr. 4, 60 Abs. 1 Nr. 4, Abs. 2, 22).

4. Beim Vorhandensein der Voraussetzungen der §§ 1858 Abs. 1 oder 1859 Abs. 1 kann der Familienrath nach der Aufhebung selbstverständlich wiedereingesetzt werden, wenn die erforderliche Zahl geeigneter Personen vorhanden ist und eine Anordnung im Sinne des § 1859 Abs. 2 nicht vorliegt (M. IV, 1225).

5. Ueber die Beendigung des Amtes eines Familienrathsmitglieds s. § 1878.

§ 1881.

Von der Aufhebung des Familienraths hat das Vormundschaftsgericht die bisherigen Mitglieder, den Vormund und den Gegenvormund in Kenntniß zu setzen.

Der Vormund und der Gegenvormund erhalten neue Bestallungen. Die früheren Bestallungen sind dem Vormundschaftsgerichte zurückzugeben.

E. I, 1724 Abs. 2; II, 1770 Abs. 2; III, 1857.

Die Bestimmungen des § 1881 entsprechen dem § 80 Abs. 2, 3 der preuß. Vorm.-Ordn. Ueber die Fälle, in welchen der Familienrath aufzuheben ist, s. §§ 1879, 1880. Da in der Bestallung des Vormundes und Gegenvormundes die Einsetzung eines Familienraths anzugeben ist (§ 1791 Abs. 2 Satz 2, 1792 Abs. 4), so müssen Vormund und Gegenvormund bei Aufhebung des Familienraths die bisherige Bestallung gegen Aushändigung einer neuen zurückgeben.

VII. Beendigung der Vormundschaft.

§ 1882.

Die Vormundschaft endigt mit dem Wegfalle der im § 1773 für die Anordnung der Vormundschaft bestimmten Voraussetzungen.

E. I, 1703 Abs. 1; II, 1740; III, 1858.

1. Uebersicht. Das B.G.B. unterscheidet Beendigung der Vormundschaft überhaupt (§§ 1882—1884) und Beendigung des vormundschaftlichen Amtes (§§ 1885—1889). Mit der Beendigung der Vormundschaft überhaupt endigt natürlich auch das Amt des Vormundes. Die Beendigung der Vormundschaft überhaupt tritt entweder kraft Gesetzes (§§ 1882, 1883 Abs. 1, 1884 Abs. 2) oder mit der Aufhebung durch das Vormundschaftsgericht (§§ 1883 Abs. 1, 2, 1884 Abs. 1) ein. Die Bestimmungen der §§ 1882—1895 beziehen sich nur auf die Vormundschaft über Minderjährige; bezüglich der Beendigung der Vormundschaft über Volljährige s. §§ 1897, 1908, bezüglich der Beendigung der Pflegschaft s. §§ 1918—1921.

2. Grundsatz des § 1882. Nach § 1773 ist über einen Minderjährigen Vormundschaft einzuleiten, wenn er nicht unter elterlicher Gewalt steht oder zwar unter elterlicher Gewalt steht, der Inhaber derselben aber weder in persönlichen noch in Vermögensangelegenheiten zur Vertretung des Minderjährigen berechtigt ist, oder wenn der Familienstand des Minderjährigen nicht zu ermitteln ist (vgl. Anm. 1 und 2 zu § 1773). Kommen die Gründe, welche die Einleitung der Vormundschaft veranlaßt haben, in Wegfall, so wird hiedurch naturgemäß die Vormundschaft beendigt.

3. Einzelne Beendigungsfälle. Dem Grundsatze des § 1882 entsprechend endigt die Vormundschaft über einen Minderjährigen kraft Gesetzes:

a) mit dem Tode des Mündels (E. I, 1703 Abs. 1; M. IV, 1193; Z.G. IV, 496; vgl. P.L.R. Thl. I cap. 7 § 22 Ziff. 1); über die Beendigung der Vormundschaft im Falle der Verschollenheit und der Todeserklärung des Mündels s. § 1884, vgl. auch §§ 1893, 1683);

b) mit der Volljährigkeit oder Volljährigkeitserklärung des Mündels (§§ 2, 3; E. I, 1703 Abs. 1; M. IV, 1193 ff.; Z.G. IV, 496; vgl. preuß. Vorm.-Ordn. § 61 Abs. 1). Ist der Mündel nach diesem Zeitpunkte noch schutzbedürftig, so muß gemäß §§ 1896 ff., 1906 ff., 1910 ff. eine neue Vormundschaft oder eine Pflegschaft eingeleitet werden;

c) wenn der Mündel unter elterliche Gewalt kommt oder wieder unter elterliche Gewalt kommt, vorausgesetzt, daß der Gewaltinhaber nicht von der Vertretung in persönlichen und Vermögensangelegenheiten ausgeschlossen ist. Die Vormundschaft endigt daher

α) bei unehelichen und als unehelich geltenden Kindern (§§ 1705, 1699):

αα) mit der Legitimation durch Ehelichkeitserklärung (§ 1736; Anm. 5 zu § 1883; über die Beendigung der Vormundschaft bei Legitimation durch nachfolgende Ehe s. § 1883);

ββ) mit der Annahme an Kindesstatt (§ 1757);

β) bei ehelichen, als ehelich geltenden und ehelichen Kindern rechtlich gleichgestellten Kindern (§§ 1591 ff., 1699 Abs. 1, 1719, 1736, 1757):

αα) mit der Annahme an Kindesstatt (§ 1757);

ββ) mit der Wiedererlangung der elterlichen Gewalt seitens des Gewalthabers (§ 1679 Abs. 2; Anm. 4 zu § 1680; § 1666 Abs. 2, Anm. 3 a. E. zu § 1666, 1671 Abs. 2);

γγ) mit dem Uebergang der vom Vater verwirkten elterlichen Gewalt auf die Mutter nach Auflösung der Ehe (§ 1684 Abs. 1 Nr. 1):

d) wenn die Ausschließung des Gewalthabers von der Vertretung des Kindes in persönlichen und Vermögensangelegenheiten in Wegfall kommt, also

α) mit der Aufhebung der die Vertretungsmacht des Gewalthabers in persönlichen und Vermögensangelegenheiten ausschließenden Verfügung durch das Vormundschaftsgericht (§ 1666 Abs. 2, 1671);

β) mit der Beendigung des Ruhens der elterlichen Gewalt (Anm. 2 zu § 1676, § 1677 Abs. 2);

e) wenn der Familienstand des Kindes ermittelt wird und hienach keine Veranlassung zur Fortführung der Vormundschaft besteht;

f) zufolge der Uebergangsvorschrift des E.G. Art. 210 Abs. 1 Satz 1, wonach am 1. Januar 1900 sämmtliche Vormundschaften endigen, welche nach dem B.G.B. nicht einzuleiten gewesen wären (s. insbes. § 1684 Abs. 1 Nr. 1; M. z. E.G. 303).

4. Durch Verheirathung des Mündels wird die Vormundschaft über denselben nicht beendigt (M. IV, 1195; Vorb. vor § 1676 Ziff. 5 a; s. aber §§ 1800, 1633; vgl. auch Anm. 2 zu § 1793).

5. Ob eine in Deutschland anhängige Vormundschaft dadurch endigt, daß der Mündel die Reichs- oder Staatsangehörigkeit verliert, ist nach den Grundsätzen des internationalen Privatrechts zu entscheiden (M. IV, 1195; vgl. E.G. Art. 7, 23). Ueber die Abgabe der Vormundschaft an ein anderes Vormundschaftsgericht oder einen ausländischen Staat s. F.G. §§ 46, 47 Abs. 2.

§ 1883.

Wird der Mündel durch nachfolgende Ehe legitimirt, so endigt die Vormundschaft erst dann, wenn die Vaterschaft des Ehemanns durch ein zwischen ihm und dem Mündel ergangenes Urtheil rechtskräftig festgestellt ist oder die Aufhebung der Vormundschaft von dem Vormundschaftsgericht angeordnet wird.

Das Vormundschaftsgericht hat die Aufhebung anzuordnen, wenn es die Voraussetzungen der Legitimation für vorhanden erachtet. Solange der Ehemann lebt, soll die Aufhebung nur angeordnet werden, wenn er die Vaterschaft anerkannt hat oder wenn er an der Abgabe einer Erklärung dauernd verhindert oder sein Aufenthalt dauernd unbekannt ist.

E. I, 1703 Abs. 2; II, 1741; III, 1859.

1. § 1883 enthält eine Ausnahme von dem Grundsatze des § 1882. Nach § 1719 erlangt ein uneheliches Kind dadurch, daß sich der Vater mit der Mutter verheirathet, mit der Eheschließung die rechtliche Stellung eines ehelichen Kindes (s. auch § 1720 und Anm. zu §§ 1719, 1720). Da demzufolge das durch nachfolgende Ehe legitimirte Kind unter die elterliche Gewalt des Vaters kommt (Anm. 7 zu § 1719), würde mit der Verheirathung der Eltern die Vormundschaft kraft Gesetzes endigen (Anm. 3 c zu § 1882). Weil aber der Ehemann der Mutter auch nach der Verheirathung seine Vaterschaft jederzeit bestreiten kann (Anm. 3 zu § 1720), läßt das Gesetz, um zu verhindern, daß das Kind in der Zwischenzeit zwischen der Eheschließung und der Feststellung der Vaterschaft unvertreten und daher schutzlos sei, die Vormundschaft trotz der Eheschließung der Eltern zunächst fortdauern. Die Beendigung der Vormundschaft tritt nur ein:

a) kraft Gesetzes, wenn die Vaterschaft des Ehemannes in einem Rechtsstreite zwischen ihm und dem Kinde rechtskräftig festgestellt worden ist (vgl. C.P.O. §§ 643, 644 u. Nr.);

b) mit der Aufhebung durch das Vormundschaftsgericht. Voraussetzung der Aufhebung ist,

α) daß nach Ansicht des Vormundschaftsgerichts die Erfordernisse der Legitimation (§§ 1719, 1720) vorliegen. Ob dies der Fall ist, hat das Vormundschaftsgericht nach freiem Ermessen zu entscheiden. Die hiezu erforderlichen Ermittlungen hat es gemäß F.G. § 12 von Amtswegen zu veranstalten;

β) daß der Ehemann die Vaterschaft anerkannt hat. Eine besondere Form der Anerkennung, insbesondere öffentliche Beurkundung derselben, ist nicht erforderlich (P. IV, 826; vgl. §§ 1598, 1718, 1720 Abs. 2). Ist der Ehemann bereits verstorben oder an der Erklärungsabgabe dauernd verhindert oder dauernd unbekannten Aufenthalts, was das Vormundschaftsgericht nach freiem Ermessen zu entscheiden hat (vgl. §§ 1305 Abs. 2, 1639 Abs. 2, 1803 Abs. 2 Satz 2, Anm. 2a zu § 1706, 1726 Abs. 3, 1746 Abs. 2, 1747 Satz 2), so kommt das Erforderniß der Anerkennung der Vaterschaft in Wegfall (M. IV, 1194 ff.; 924 ff.; Z.G. IV, 449; P. IV, 825 ff.; Anm. 9 zu § 1719).

2. Aus § 1883 ergibt sich, daß in der Zeit von der Eheschließung bis zur Aufhebung der Vormundschaft das Kind sowohl unter elterlicher Gewalt als unter Vormundschaft steht. Zu seiner Vertretung in persönlichen und Vermögensangelegenheiten ist also während dieses Zeitraums sowohl der Gewalthaber als der Vormund berechtigt.

3. Dadurch, daß das Vormundschaftsgericht die Voraussetzungen der Legitimation durch nachfolgende Ehe, insbesondere die Vaterschaft des Ehemannes der Mutter, für gegeben erachtet und daher die Vormundschaft aufgehoben hat, wird dem Rechte des Kindes, eine andere Person als Vater in Anspruch zu nehmen, natürlich nicht präjudizirt (M. IV, 1194 ff.).

4. Gegen die Verfügung des Vormundschaftsgerichts, durch welche die Vormundschaft aufgehoben wird, steht Jedem, der ein rechtliches Interesse an der Abänderung der Verfügung hat, sowie dem Ehegatten, den Verwandten und Verschwägerten des Mündels die Beschwerde zu (F.G. § 57 Abs. 1 Nr. 1).

5. Bei der Legitimation durch Ehelichkeitserklärung (§§ 1723 ff.) endigt die Vormundschaft schon mit der Legitimation selbst (Anm. 3c zu § 1882), da diese Legitimationsart ausdrückliche Anerkennung der Vaterschaft voraussetzt (§ 1725) und daher ein Schutzbedürfniß für das Kind hier nicht besteht (s. o. Anm. 1; vgl. Anm. 3 zu § 1736).

§ 1884.

Ist der Mündel verschollen, so endigt die Vormundschaft erst mit der Aufhebung durch das Vormundschaftsgericht. Das Vormundschaftsgericht hat die Vormundschaft aufzuheben, wenn ihm der Tod des Mündels bekannt wird.

Wird der Mündel für todt erklärt, so endigt die Vormundschaft mit der Erlassung des die Todeserklärung aussprechenden Urtheils.

E. I, 1703 Abs. 1 Nr. 1; II, 1742; III, 1860.

1. Beendigung der Vormundschaft bei Verschollenheit des Mündels. § 1884 Abs. 1 macht von dem Grundsatze des § 1882 eine Ausnahme für den Fall, daß der Mündel verschollen ist. Ueber den Begriff der Verschollenheit s. Anm. zu § 13. In diesem Falle endigt nämlich die Vormundschaft nicht kraft Gesetzes mit dem Wegfalle der im § 1773 für ihre Anordnung bestimmten Voraussetzungen, also insbesondere nicht schon mit dem Tode des Mündels oder dem Zeitpunkt, in welchem derselbe das Alter der Volljährigkeit erreichen würde, sondern erst mit der Aufhebung durch das Vormundschaftsgericht, welche zu erfolgen hat, wenn dem Vormundschaftsgerichte der Tod des Mündels bekannt wird. Diese auf Beschluß der II. Komm. beruhende Vorschrift steht im Einklange mit der Bestimmung des § 1921 Abs. 2 über die Beendigung der Abwesenheitspflegschaft (P. IV, 827). Gegen die Verfügung, durch welche die Vormundschaft aufgehoben wird, steht Jedem, der ein rechtliches Interesse an der Aenderung der Verfügung hat, sowie dem Ehegatten, den Verwandten und Verschwägerten des Mündels die Beschwerde zu (F.G. § 57 Abs. 1 Nr. 1).

2. Beendigung der Vormundschaft durch Ausschlußurtheil. Gemäß B.G.B. §§ 13 ff., C.P.O. §§ 960 ff. u. Nr. kann ein Verschollener im Wege des Aufgebotsverfahrens für todt erklärt werden. Die Todeserklärung begründet die Vermuthung, daß der Verschollene in

dem Zeitpunkte gestorben sei, der in dem Ausschlußurtheil als Todeszeit festgestellt ist (§ 18 Abs. 1). Ist nun ein bevormundeter Minderjähriger für todt erklärt worden (was gemäß §§ 15—17 möglich ist), so würde dieser Vermuthung zufolge zwar die Vormundschaft zunächst als mit dem festgestellten Zeitpunkte beendigt gelten, bei Rückkehr des Mündels aber, falls inzwischen kein anderer Beendigungsgrund eingetreten ist, rückwärtshin als nicht beendigt anzusehen sein und insbesondere der frühere Vormund sein in Wirklichkeit gar nicht erloschenes Amt fortsetzen. Um den mit einer derartigen Regelung verbundenen Unzuträglichkeiten zu begegnen, soll nach § 1884 Abs. 2 in Abweichung von dem Grundsatze des § 18 Abs. 1 mit der Erlassung des Ausschlußurtheils die Vormundschaft über den für todt erklärten Mündel kraft Gesetzes definitiv endigen, so daß, falls der Mündel zurückkehrt und der frühere Grund der Bevormundung fortdauert, eine neue Vormundschaft eingeleitet werden muß (M. IV, 1194; P. IV, 827; vgl. § 1921 Abs. 3 und andererseits hinsichtlich der elterlichen Gewalt Vorbem. vor § 1676 Ziff. 4aα; s. auch die Uebergangsbestimmung des E.G. Art. 160). Da demgemäß der für todt erklärte Mündel von der Erlassung des Ausschlußurtheils ab eines gesetzlichen Vertreters entbehrt, finden bezüglich der Verjährung seiner Ansprüche die Bestimmungen des § 206 zu seinen Gunsten Anwendung (M. IV, 1194). Wird in Folge einer Anfechtungsklage (C.P.O. §§ 957 Abs. 2, 973 ff. n. Nr.) die Todeserklärung aufgehoben, so gilt dieselbe als nicht erfolgt und die Vormundschaft als fortbestehend (vgl. C.P.O. § 976 Abs. 3 n. Nr.). Ueber die Beendigung des vormundschaftlichen Amtes im Falle der Todeserklärung des Vormundes s. § 1885 Abs. 2.

§ 1885.

Das Amt des Vormundes endigt mit seiner Entmündigung.

Wird der Vormund für todt erklärt, so endigt sein Amt mit der Erlassung des die Todeserklärung aussprechenden Urtheils.

E. I, 1704 Nr. 1, 2; II, 1743; III, 1861.

1. Uebersicht. Während in den §§ 1882—1884 die Gründe für die Beendigung der Vormundschaft überhaupt aufgezählt sind, behandeln die §§ 1885—1889 die Beendigung des vormundschaftlichen Amtes. Dem Bestellungsprinzip (Vorbem. zu diesem Abschn. Ziff. 2e) entsprechend endigt das vormundschaftliche Amt grundsätzlich nicht schon mit dem Eintritte der Thatsachen, welche seiner Weiterführung entgegenstehen, sondern erst mit der Entlassung des Vormundes durch das Vormundschaftsgericht (§§ 1886—1889; M. IV, 1195; falsch Richter, a. a. O. S. 403). Ausnahmsweise endigt jedoch das Amt des Vormundes in gewissen Fällen kraft Gesetzes, ohne daß es einer Entlassung bedarf (s. u. Anm. 2).

2. In Abweichung von dem Bestellungsprinzip (s. o. Anm. 1) endigt das Amt des Vormundes kraft Gesetzes:

a) mit der Beendigung der Vormundschaft überhaupt (§§ 1882—1884; vgl. Anm. 1 zu § 1882);

b) mit dem Tode des Vormundes (E. I, 1704; M. IV, 1195; Z.G. IV, 496; vgl. A.L.R. Thl. I cap. 7 § 22 Ziff. 2). Sind mehrere Vormünder bestellt, so wird durch den Tod des einen das Amt der übrigen selbstverständlich nicht beendigt (M. IV, 1195; vgl. preuß. Vorm.Ordn. § 65 Abs. 2; s. auch § 1894).

c) Das Amt des Vormundes endigt ferner mit seiner Entmündigung (§ 1885 Abs. 1), gleichviel ob dieselbe wegen Geisteskrankheit, Geistesschwäche, Verschwendung oder Trunksucht erfolgt (§§ 6, 104 Nr. 3, 114) und zwar mit dem Zeitpunkt, in welchem die Entmündigung gemäß C.P.O. §§ 661, 683 Abs. 2 Satz 1 n. Nr. in Wirksamkeit tritt. Im E. I war nur Geschäftsunfähigkeit des Vormundes als Beendigungsgrund anerkannt (M. IV, 1196; Z.G. IV, 497; P. IV, 827 ff.; vgl. § 1780). Wird der Vormund nach Maßgabe des § 104 Nr. 2 geschäftsunfähig, so wird hiedurch allein sein Amt nicht beendigt, wenn auch seine Willenserklärungen gemäß § 105 nichtig sind. Selbstverständlich ist aber das Vormundschaftsgericht in diesem Falle verpflichtet, mit thunlichster Beschleunigung die Entlassung des Vormundes (§ 1886) anzuordnen (vgl. Anm. 2b zu § 1886). Bis diese erfolgt, wird der Mündel formell durch den Vormund gesetzlich vertreten, die Bestimmungen des § 206 finden also keine Anwendung (vgl. P. IV, 830).

d) Im Falle der Todeserklärung des Vormundes endigt dessen Amt, abweichend von dem Grundsatze des § 18 Abs. 1, mit der Erlassung des Ausschlußurtheils (§ 1885 Abs. 2). Da die Todeserklärung lediglich die Vermuthung begründet, daß der Verschollene in dem durch das Ausschlußurtheil festgesetzten Zeitpunkte gestorben sei (§ 18 Abs. 1), würde bei Rückkehr des Vormundes dieser von selbst in sein Amt wiedereintreten. Die hieraus entstehenden Unzuträglichkeiten sollen durch die Bestimmung des § 1885 Abs. 2 vermieden werden (M. IV, 1195 ff.; vgl. §§ 1884 Abs. 2, 1921 Abs. 3; Anm. 2 zu § 1884, und hinsichtlich des Inhabers der elterlichen Gewalt § 1679 Abs. 1; s. auch die Uebergangsbestimmung des E.G. Art. 160). Eine Vorschrift, wie sie § 1679 Abs. 2 zu Gunsten des Gewalthabers aufstellt, besteht für den Vormund nicht. Kehrt also der für todt erklärte Vormund zurück, so kann er das durch die Todeserklärung erloschene vormundschaftliche Amt nur auf Grund neuerlicher Bestellung wiedererlangen. Von der Erlassung des Ausschlußurtheils ab bis zur Bestellung des neuen Vormundes ist demgemäß der Mündel ohne gesetzlichen Vertreter, so daß zu seinen Gunsten die Bestimmungen des § 206 Anwendung finden. Wird in Folge einer Anfechtungsklage (C.P.O. §§ 957 Abs. 2, 973 ff. n. Nr.) die Todeserklärung aufgehoben, so gilt dieselbe als nicht erfolgt und das Amt des Vormundes als fortbestehend (vgl. C.P.O. § 976 Abs. 3 n. Nr.).

e) Endlich endigt das Amt des Vormundes auch mit der Aufnahme des Mündels in eine Erziehungs- oder Pflegeanstalt, falls der Vorstand oder ein Beamter dieser Anstalt nach Landesrecht gesetzlicher Vormund der Pfleglinge ist (E.G. Art. 136 Nr. 1, 2; M. IV, 1196).

3. Die Bestimmungen des § 1885 finden nach § 1895 auf den Gegenvormund, nach § 1915 Abs. 1 auf den Pfleger, nach §§ 1694 Abs. 1, 1895 auf den Beistand und nach § 1878 Abs. 1 auf das Mitglied eines Familienraths Anwendung.

§ 1886.

Das Vormundschaftsgericht hat den Vormund zu entlassen, wenn die Fortführung des Amtes, insbesondere wegen pflichtwidrigen Verhaltens des Vormundes, das Interesse des Mündels gefährden würde oder wenn in der Person des Vormundes einer der im § 1781 bestimmten Gründe vorliegt.

E. I, 1704 Nr. 3, 1705 Nr. 1, 2; II, 1744; III, 1862.

1. Uebersicht. Der regelmäßige Grund für die Beendigung des vormundschaftlichen Amtes ist die Entlassung durch das Vormundschaftsgericht (Anm. 1 zu § 1885). Dieselbe erfolgt entweder auf Antrag des Vormundes (§ 1889) oder von Amtswegen. Die Entlassung von Amtswegen ist entweder eine fakultative (§ 1887 Abs. 1) oder eine obligatorische (§§ 1886, 1887 Abs. 2, 1888). Die in manchen bisherigen Rechten enthaltene Unterscheidung zwischen einer strengeren und milderen Form der Enthebung (Entsetzung — Entlassung, vgl. preuß. Vorm.Ordn. § 63) ist dem B.G.B. fremd (M. IV, 1196 ff.). Ueber die Fälle, in welchen das vormundschaftliche Amt ausnahmsweise kraft Gesetzes endigt, s. Anm. 2 zu § 1885.

2. Gemäß § 1886 ist der Vormund von Amtswegen zu entlassen:

a) wenn die Fortführung seines Amtes das Interesse des Mündels gefährden würde (E. I hatte „erhebliche“ Gefährdung vorausgesetzt; M. IV, 1198; P. IV, 831; vgl. § 1778 Abs. 1 und Anm. 1e zu § 1778). Ob dies der Fall ist, hat das Vormundschaftsgericht nach freiem Ermessen zu entscheiden. In den meisten Fällen wird die Gefährdung durch pflichtwidriges Verhalten des Vormundes (vgl. Anm. 1 zu § 1837) veranlaßt sein, doch kann sie auch auf anderen Ursachen, z. B. auf unsittlichem Lebenswandel des Vormundes, beruhen (M. IV, 1198; s. auch u. unter bβ; vgl. P.L.R. Thl. I cap. 7 § 24 Ziff. 6). Die Befugniß des Vormundschaftsgerichts zur Entlassung des Vormundes wegen Gefährdung der Interessen des Mündels ist Ausfluß des Aufsichtsrechts (Anm. 2c zu § 1837). Selbstverständlich wird das Vormundschaftsgericht zu dieser äußersten Maßregel nur greifen, wenn die übrigen ihm kraft des Aufsichtsrechts zur Verfügung stehenden Mittel (s. insbes. §§ 1837 Abs. 1, 1818, 1844) zum Schutze des Mündels nicht ausreichen.

b) Der Vormund ist ferner von Amtswegen zu entlassen, wenn seine Bestellung im Widerspruche mit den Bestimmungen des § 1781 erfolgt ist oder wenn in seiner Person nachträglich eine der im § 1781 erwähnten Thatsachen eintritt. Eine im Widerspruch mit § 1780 erfolgte Bestellung ist nichtig, die Entlassung des als Vormund Bestellten daher nicht erforderlich. Tritt in der Person des Vormundes nachträglich einer der im § 1780 erwähnten Ausschließungsgründe ein, so ist zu unterscheiden:

α) Wird der Vormund in Folge Entmündigung wegen Geisteskrankheit geschäftsunfähig (§ 104 Nr. 3) oder wegen Geistesschwäche, Verschwendung oder Trunksucht entmündigt, so endigt sein Amt kraft Gesetzes mit der Entmündigung, ohne daß es der Entlassung bedarf (§ 1885 Abs. 1).

β) Wird der Vormund dagegen nach Maßgabe des § 104 Nr. 2 geschäftsunfähig, so dauert sein Amt fort, er muß aber wegen der durch seinen Zustand veranlaßten Gefährdung der Interessen des Mündels entlassen werden. (Vgl. M. IV, 1198; P. IV, 832; vgl. o. unter a, Anm. 2c zu § 1885, Anm. 1 zu § 1780.)

3. Weitere Entlassungsgründe enthalten die §§ 1887—1889 (vgl. auch Anm. 6 zu § 1782). Außerdem ist der Vormund von Amtswegen zu entlassen:

a) wenn der als Vormund Berufene nach Wegfall einer vorübergehenden Verhinderung beantragt, an Stelle des bisherigen Vormundes bestellt zu werden (§ 1778 Abs. 2; M. IV, 1199; Anm. 1c zu § 1778);

b) wenn die Bestellung mit Vorbehalt der Entlassung für den Fall des Eintritts oder Nichteintritts eines bestimmten Ereignisses erfolgt und dieser Fall eingetreten ist (§ 1790; M. IV, 1201; Anm. 2 zu § 1790);

c) wenn ein als Vormund Berufener mit Unrecht übergangen worden ist und nunmehr verlangt, an Stelle des bisherigen Vormundes bestellt zu werden (§§ 1776, 1778 Abs. 1; M. IV, 1199; Z.G. IV, 497; Anm. 3 zu § 1778).

4. Verfahren. Die nach Maßgabe des § 1886 erforderlichen Ermittelungen hat das Vormundschaftsgericht von Amtswegen zu veranstalten (F.G. § 12; M. IV, 1197). Daß der Vormund vor seiner Entlassung zu hören ist, ergibt sich aus der Natur der Sache. In der Regel werden auch der Gegenvormund, unter Umständen ferner Verwandte und Verschwägerte des Mündels zu hören sein (vgl. § 1847). Gegen die Verfügung, durch die der Antrag des Gegenvormundes, den Vormund gemäß § 1886 zu entlassen, zurückgewiesen wird, steht dem Gegenvormunde die Beschwerde zu, während dem Vormunde selbst gegen die Verfügung, durch welche er gegen seinen Willen entlassen wird, die sofortige Beschwerde zusteht (F.G. §§ 57 Abs. 1 Nr. 6, 60 Abs. 1 Nr. 3, 22).

5. Die Bestimmungen des § 1886 finden nach § 1895 auf den Gegenvormund, nach § 1915 Abs. 1 auf den Pfleger, nach §§ 1694 Abs. 1, 1895 auf den Beistand, nach § 1878 Abs. 1 (s. aber Abs. 2!) auf das Mitglied eines Familienraths Anwendung.

§ 1887.

Das Vormundschaftsgericht kann eine Frau, die zum Vormunde bestellt ist, entlassen, wenn sie sich verheirathet.

Das Vormundschaftsgericht hat eine verheirathete Frau, die zum Vormunde bestellt ist, zu entlassen, wenn der Mann seine Zustimmung zur Uebernahme oder zur Fortführung der Vormundschaft versagt oder die Zustimmung widerruft. Diese Vorschrift findet keine Anwendung, wenn der Mann der Vater des Mündels ist.

E. I, 1704 Nr. 3, 1705 Nr. 3, 1707; II, 1745; III, 1863.

1. Nach §§ 1783, 1900 Abs. 1 ist zur Bestellung einer verheiratheten Frau als Vormund die Zustimmung ihres Ehemanns erforderlich, es sei denn, daß dieser der Vater des Mündels ist oder die Frau zum Vormund ihres eigenen volljährigen Mannes bestellt werden soll. Im Einklange hiemit bestimmt § 1887 Abs. 2, daß, wenn eine mit einem anderen Manne als dem Vater des Mündels verheirathete Frau ohne Zustimmung des Mannes zum Vormunde bestellt worden ist oder der Mann seine zuerst ertheilte Zustimmung widerruft oder eine zum Vormunde bestellte Frau sich verheirathet und der Mann seine Zustimmung zur Fortführung der Vormundschaft versagt, die Frau entlassen werden muß und zwar von Amtswegen, ohne daß es eines dahin gehenden Antrags des Mannes bedarf (M. IV, 1198 ff.; vgl. preuß. Vorm.Ordn. § 64 Satz 3).

2. Daneben erklärt § 1887 Abs. 1 als fakultativen Entlassungsgrund den Umstand, daß eine als Vormund bestellte Frau sich verheirathet. Das Vormundschaftsgericht kann also in diesem Falle die Frau entlassen, auch wenn der Mann seine Zustimmung zur Fortführung der Vormundschaft ertheilt (§ 1887 Abs. 2; vgl. Z.G. IV, 497) und die Fortführung ihres Amtes das Interesse des Mündels nicht gefährden würde (§ 1886). Die Entlassung auf Grund des § 1887 Abs. 1 ist demnach völlig in das Ermessen des Vormundschaftsgerichts gestellt. Entscheidend für die Frage, ob von dieser Befugniß Gebrauch zu

machen sei, wird in der Regel die Persönlichkeit des Mannes sein (M. IV, 1200; vgl. preuß. Vorm.Ordn. § 64 Satz 1).

3. Ueber das Verfahren s. Anm. 4 zu § 1886 (vgl. auch preuß. Vorm.Ordn. § 64 Satz 2; M. IV, 1200 ff.).

4. Die Bestimmungen des § 1887 finden auf den Gegenvormund, den Pfleger und den Beistand (§§ 1895, 1915 Abs. 1, 1694 Abs. 1), nicht aber auf das Mitglied eines Familienraths Anwendung (§ 1878 Abs. 1; Anm. 2 zu § 1878).

5. Ueber den Verlust der elterlichen Gewalt als Folge der Verheirathung s. § 1697, Anm. 2 zu § 1761.

§ 1888.

Ist ein Beamter oder ein Religionsdiener zum Vormunde bestellt, so hat ihn das Vormundschaftsgericht zu entlassen, wenn die Erlaubniß, die nach den Landesgesetzen zur Uebernahme der Vormundschaft oder zur Fortführung der vor dem Eintritt in das Amts- oder Dienstverhältniß übernommenen Vormundschaft erforderlich ist, versagt oder zurückgenommen wird oder wenn die nach den Landesgesetzen zulässige Untersagung der Fortführung der Vormundschaft erfolgt.

E. I, 1704 Nr. 3, 1705 Nr. 4; II, 1746; III, 1864.

1. Die Vorschrift des § 1888 ist eine Konsequenz der Bestimmung des § 1784 und ergänzt dieselbe insofern, als § 1784 sich nur auf die Uebernahme einer Vormundschaft während des Bestehens eines Amts- oder Dienstverhältnisses, nicht auch auf die Fortführung einer vor dem Eintritt in dieses Verhältniß übernommenen Vormundschaft bezieht (M. IV, 1199). Durch die von der II. Komm. beigesetzten Schlußworte wird ferner dem in einzelnen Bundesstaaten bestehenden Zustande Rechnung getragen, wonach zwar die Uebernahme einer Vormundschaft seitens eines Beamten und die Fortführung einer Vormundschaft nach dem Eintritt in ein Amts- oder Dienstverhältniß ohne Erlaubniß der vorgesetzten Behörde zulässig ist, die letztere aber die Fortführung der Vormundschaft untersagen kann (P. IV, 832; bez. der in Bayern geltenden Vorschriften s. Anm. 2 zu § 1784). Die Entlassung hat von Amtswegen, auch ohne Antrag der Behörde zu erfolgen. Ueber das Verfahren s. Anm. 4 zu § 1886.

2. § 1888 findet auf den Gegenvormund, den Pfleger und den Beistand (§§ 1895, 1915 Abs. 1, 1694 Abs. 1), nicht aber auf das Mitglied eines Familienraths Anwendung (§ 1878 Abs. 1; Anm. 2 zu § 1878).

§ 1889.

Das Vormundschaftsgericht hat den Vormund auf seinen Antrag zu entlassen, wenn ein wichtiger Grund vorliegt; ein wichtiger Grund ist insbesondere der Eintritt eines Umstandes, der den Vormund nach § 1786 Abs. 1 Nr. 2 bis 7 berechtigen würde, die Uebernahme der Vormundschaft abzulehnen.

E. I, 1704 Nr. 3, 1706; II, 1747; III, 1865.

1. Im Gegensatze zu den §§ 1886—1888, welche die Gründe aufzählen, aus welchen der Vormund von Amtswegen entlassen werden kann oder muß, behandelt § 1889 die Entlassung des Vormundes auf seinen Antrag. Einem solchen Antrag ist stattzugeben, wenn ein „wichtiger Grund" vorliegt. Ob dies der Fall ist, entscheidet im Allgemeinen das Vormundschaftsgericht nach freiem Ermessen. Sein Ermessen ist aber insofern eingeschränkt, als die im § 1786 Abs. 1 Nr. 2—7 erwähnten Thatsachen unter allen Umständen als ein den Entlassungsantrag rechtfertigender wichtiger Grund gelten, jedoch nur dann, wenn sie erst nach Uebernahme des vormundschaftlichen Amtes eingetreten sind (M. IV, 1199 ff.; P. IV, 832 ff.; Anm. 1b—g zu § 1786; vgl. P.L.R. Thl. I cap 7 § 22 Ziff. 2, preuß. Vorm.Ordn. § 63 Abs. 2 Satz 2, E. I, 1706 Abs. 2 und Anm. 2 zu § 1786). Ueber die Gründe, aus welchen die im § 1786 Abs. 1 Nr. 1 und 8 erwähnten Thatsachen zwar zur Ablehnung der Uebernahme der Vormundschaft, dagegen nicht unbedingt zum Antrag auf Entlassung berechtigen, s. M. IV, 1200.

2. Ein weiterer Fall der Entlassung des Vormundes auf seinen Antrag ist dann gegeben, wenn der als Vormund Ausgewählte die Uebernahme ablehnt, das Vormundschaftsgericht die Ablehnung für unbegründet erachtet und den Ausgewählten zur vor-

läufigen Uebernahme der Vormundschaft anhält, sodann aber das Obergericht auf Beschwerde die Ablehnung für begründet erklärt und auf Grund dieser Entscheidung der Vormund seine Entlassung verlangt (§ 1787 Abs. 2; Anm. 2 zu § 1787).

3. Gegen die Verfügung des Vormundschaftsgerichts, durch die der Entlassungsantrag des Vormundes zurückgewiesen wird, steht demselben gemäß F.G. § 20 die Beschwerde zu.

4. Die Bestimmungen des § 1889 finden nach § 1895 auf den Gegenvormund, nach § 1915 Abs. 1 auf den Pfleger, nach § 1694 Abs. 1, 1895 auf den Beistand, nach § 1878 Abs. 1 (vgl. aber auch Anm. 2f zu § 1878) auf das Mitglied eines Familienraths Anwendung.

§ 1890.

Der Vormund hat nach der Beendigung seines Amtes dem Mündel das verwaltete Vermögen herauszugeben und über die Verwaltung Rechenschaft abzulegen. Soweit er dem Vormundschaftsgerichte Rechnung gelegt hat, genügt die Bezugnahme auf diese Rechnung.

E. I, 1700 Abs. 1, 2; II, 1736; III, 1866.

1. Gemäß § 1890 obliegen dem Vormunde nach Beendigung seines Amtes (§§ 1885—1889, Anm. 2 zu § 1885) folgende Verpflichtungen:

a) Er hat das Vermögen des Mündels, soweit es von ihm verwaltet worden ist (§ 1909 Abs. 1 Satz 2), an den volljährig gewordenen Mündel, eventuell an den Rechtsnachfolger oder nunmehrigen gesetzlichen Vertreter des Mündels herauszugeben (M. IV, 1184 ff.; vgl. A.L.R. Thl. I cap. 7 § 22 Ziff. 4, preuß. Vorm.Ordn. § 67 Abs. 1).

Nach § 260 hat der Vormund demgemäß ein Verzeichniß des gegenwärtigen Vermögensbestandes vorzulegen (wobei natürlich an das gemäß § 1802 errichtete Inventar angeknüpft werden kann; s. auch §§ 1842 Satz 1, 1854 Abs. 2). Er hat weiter, wenn Grund zu der Annahme besteht, daß das Verzeichniß nicht mit der erforderlichen Sorgfalt aufgestellt worden ist, und es sich nicht um eine Angelegenheit von geringer Bedeutung handelt, auf Verlangen den Offenbarungseid dahin zu leisten, daß er nach bestem Wissen den Bestand so vollständig angegeben habe, als er dazu im Stande sei (M. IV, 1184; vgl. Anm. 1 a zu § 1681; C.P.O. § 254 n. Nr.; s. auch B.G.B. § 261; F.G. §§ 163, 79). Bezüglich der Beweislast bei Ansprüchen des Mündels auf Herausgabe oder Entschädigung gelten die allgemeinen Grundsätze (§ 1833; M. IV, 1184, 748). Der Anspruch des Vormundes auf Ertheilung einer Quittung bemißt sich nach § 368 (vgl. Anm. 3 zu § 1892). Ueber den Anspruch des Vormundes auf Ersatz seiner Aufwendungen und auf eine angemessene Vergütung s. §§ 1835, 1836.

b) Der Vormund hat ferner über die von ihm geführte Vermögensverwaltung für die ganze Dauer seines Amtes dem volljährig gewordenen Mündel, eventuell dem Rechtsnachfolger oder nunmehrigen gesetzlichen Vertreter des Mündels Rechenschaft abzulegen, wobei er jedoch befugt ist, auf die von ihm gemäß § 1840 gelegten Jahresrechnungen Bezug zu nehmen (M. IV, 1184 ff.; Anm. 2 zu § 1840; Anm. 4 b zu § 1421; vgl. A.L.R. Thl. I cap. 7 § 25 Ziff. 1; preuß. Vorm.Ordn. § 67 Abs. 1). Er hat daher gemäß § 259 eine die geordnete Zusammenstellung der Einnahmen oder der Ausgaben enthaltende Rechnung mitzutheilen, Belege vorzulegen, soweit solche ertheilt zu werden pflegen (vgl. § 1841 Abs. 1) und, falls Grund zu der Annahme besteht, daß die in der Rechnung enthaltenen Angaben nicht mit der erforderlichen Sorgfalt gemacht worden sind, und es sich nicht um eine Angelegenheit von geringer Bedeutung handelt, auf Verlangen den Offenbarungseid dahin zu leisten, daß er nach bestem Wissen die Einnahmen so vollständig angegeben habe, als er dazu im Stande sei (vgl. o. unter a und Anm. 1 b zu § 1681). Von der Verpflichtung zur Legung der Schlußrechnung kann der Vormund auch durch Anordnung der Eltern des Mündels nicht entbunden werden (M. IV, 1186; vgl. § 1854 und Anm. 2 b zu §§ 1852—1854; preuß. Vorm.Ordn. § 68). Dagegen kann natürlich der großjährig gewordene Mündel, sowie der Rechtsnachfolger des Mündels auf Erfüllung dieser Verpflichtung seitens des früheren Vormundes verzichten (M. IV, 1186). Zur Legung der Schlußrechnung muß dem Vormunde selbstverständlich eine angemessene Frist gewährt werden (M. IV, 1185; vgl. preuß. Vorm.Ordn.

§ 67 Abs. 1). Mehrere Vormünder, welche die Vormundschaft gemeinschaftlich führen (§ 1797 Abs. 1) haben die Rechnung gemeinschaftlich zu legen (vgl. Anm. 2 zu § 1842). Ueber die Mitwirkung des Gegenvormundes und die Prüfung der Schlußrechnung durch das Vormundschaftsgericht s. §§ 1891, 1892. Bevor der frühere Vormund Schlußrechnung gelegt und das Vorhandensein des Mündelvermögens nachgewiesen hat, soll das Vormundschaftsgericht die Genehmigung zur Annahme des früheren Mündels an Kindesstatt durch den Vormund nicht ertheilen (§ 1752 Abs. 1 Satz 2).

2. Ist der Vormund geschäftsunfähig oder in der Geschäftsfähigkeit beschränkt geworden (§§ 1885, 1886, 1781 Nr. 1), so obliegen die im § 1890 erwähnten Verpflichtungen natürlich seinem gesetzlichen Vertreter. Die Haftung der Erben des Vormundes bestimmt sich nach den allgemeinen erbrechtlichen Grundsätzen (M. IV, 1185; §§ 1967 ff.; vgl. preuß. Vorm.-Ordn. § 67 Abs. 4). Dagegen geht die Verpflichtung zur Legung der Schlußrechnung, wenn der Vormund in Konkurs gerathen ist (§§ 1886, 1781 Nr. 3), nicht auf den Konkursverwalter über. Der Mündel hat vielmehr allgemeinen Grundsätzen zufolge seine Ansprüche aus der Verwaltung des Vormundes im Konkurse zu substantiiren und, soweit erforderlich, zu diesem Zwecke den Gemeinschuldner außerhalb des Konkurses zur Rechnungslegung anzuhalten (M. IV, 1185 ff.; vgl. dagegen preuß. Vorm.-Ordn. § 67 Abs. 4).

3. Ueber Recht und Pflicht des Vormundes zur Fortführung der Geschäfte nach Beendigung seines Amtes s. §§ 1893 Abs. 1, 1682, 1683; über seine Verpflichtung zur Zurückgabe der Bestallung s. § 1893 Abs. 2; über die Unterbrechung des Prozeßverfahrens bei Beendigung des vormundschaftlichen Amtes s. C.P.O. §§ 241, 246 n. Nr.

4. Nach § 1915 Abs. 1 finden die Vorschriften des § 1890 auf den Pfleger, dem eine Vermögensverwaltung übertragen ist (§ 1909 Abs. 1 Satz 2), entsprechende Anwendung (s. auch § 1752 Abs. 2). Das Gleiche gilt nach § 1693 für den Beistand, dem die Vermögensverwaltung ganz oder theilweise übertragen worden ist. Ueber die analogen Verpflichtungen des Ehemannes und des Inhabers der elterlichen Gewalt s. §§ 1421, 1422, 1681.

§ 1891.

Ist ein Gegenvormund vorhanden, so hat ihm der Vormund die Rechnung vorzulegen. Der Gegenvormund hat die Rechnung mit den Bemerkungen zu versehen, zu denen die Prüfung ihm Anlaß giebt.

Der Gegenvormund hat über die Führung der Gegenvormundschaft und, soweit er dazu im Stande ist, über das von dem Vormunde verwaltete Vermögen auf Verlangen Auskunft zu ertheilen.

E. I, 1700 Abs. 3; II, 1737; III, 1867.

1. Die Bestimmungen des § 1891 entsprechen im Wesentlichen dem § 67 Abs. 2 der preuß. Vorm.-Ordn.; vgl. auch § 1842 und Anm. hiezu. Ueber die Bedeutung der Worte: „ist ein Gegenvormund vorhanden" s. M. IV, 1118 und Anm. 1 a. E. zu § 1802. Ueber die Mitwirkung des Gegenvormundes bei der Abnahme der Rechnung s. § 1892 Abs. 2.

2. Das Recht, vom Gegenvormunde gemäß § 1891 Abs. 2 Auskunft zu verlangen, steht bei Beendigung der Vormundschaft dem großjährig gewordenen Mündel, eventuell dem Rechtsnachfolger oder nunmehrigen gesetzlichen Vertreter des Mündels, bei Fortdauer der Vormundschaft dem neuen Vormunde und kraft des Aufsichtsrechts (§ 1837) auch dem Vormundschaftsgerichte zu (vgl. § 1839).

3. Um dem Gegenvormunde die Erfüllung der ihm nach § 1891 obliegenden Pflichten zu ermöglichen, ermächtigt ihn das Gesetz, vom Vormunde über die Führung der Vormundschaft Auskunft zu verlangen und von den auf die Vormundschaft sich beziehenden Papieren Einsicht zu nehmen (§ 1799 Abs. 2). Ueber die Haftung des Gegenvormundes s. § 1833.

4. Ist einem Pfleger ein Gegenvormund bestellt worden (§ 1915 Abs. 2), so finden die Bestimmungen des § 1891 entsprechende Anwendung (§ 1915 Abs. 1).

§ 1892.

Der Vormund hat die Rechnung, nachdem er sie dem Gegenvormunde vorgelegt hat, dem Vormundschaftsgericht einzureichen.

Das Vormundschaftsgericht hat die Rechnung rechnungsmäßig und sachlich zu prüfen und deren Abnahme durch Verhandlung mit den Betheiligten unter Zuziehung des Gegenvormundes zu vermitteln. Soweit die Rechnung als richtig anerkannt wird, hat das Vormundschaftsgericht das Anerkenntniß zu beurkunden.

E. I, 1701; II, 1738; III, 1868.

1. Mitwirkung des Vormundschaftsgerichts bei Abnahme der Schlußrechnung. Im Gegensatze zu manchen bisherigen Rechten, jedoch im Einklange mit der Praxis des Gem.R. und des P.L.R. (s. Bekanntm. des bayr. Just.Min. vom 16. Jan. 1896, J.M.Bl. 1896 S. 15 ff.; vgl. preuß. Vorm.Ordn. § 67 Abs. 3) legt das B.G.B. aus Zweckmäßigkeitsgründen dem Vormundschaftsgerichte die Verpflichtung auf, die Schlußrechnung des Vormundes, auch wenn die Vormundschaft selbst beendigt ist, rechnungsmäßig und sachlich (Anm. 1 zu § 1843) zu prüfen und die Abnahme derselben zu vermitteln (M. IV, 1186 ff.; Z.G. IV, 495 ff.). Da mit der Beendigung des vormundschaftlichen Amtes das Aufsichtsrecht des Vormundschaftsgerichts gegenüber dem bisherigen Vormund erloschen ist, steht dem Vormundschaftsgerichte nicht die Befugniß zu, die Erfüllung der im § 1890 erwähnten Verpflichtungen durch Ordnungsstrafen (§ 1837 Abs. 2) zu erzwingen. Es ist daher, wenn der bisherige Vormund die Einreichung der Schlußrechnung unterläßt oder verzögert, Klagestellung durch den volljährig gewordenen Mündel, eventuell durch den Rechtsnachfolger oder nunmehrigen gesetzlichen Vertreter des Mündels erforderlich (M. IV, 1188; and. Ans. P. IV, 820). Aus dem gleichen Grunde ist das Vormundschaftsgericht auch nicht berechtigt, den früheren Vormund zur Berichtigung und Ergänzung der Rechnung anzuhalten (vgl. § 1843 Abs. 1). Das vom Vormundschaftsgericht beurkundete Anerkenntniß der Richtigkeit der Rechnung hat den Charakter einer öffentlichen Urkunde im Sinne des § 415 C.P.O. n. Nr. Insoweit die Rechnung nicht als richtig anerkannt wird, sind die Betheiligten auf den Rechtsweg zu verweisen (s. u. Anm. 3).

Die Haftung des Vormundschaftsrichters bemißt sich, auch soweit die ihm nach § 1892 obliegende Thätigkeit in Frage kommt, nach § 1848. Hat sich der volljährig und damit unbeschränkt geschäftsfähig gewordene Mündel außergerichtlich mit dem Vormund auseinandergesetzt, so ist eine Verhandlung vor dem Vormundschaftsgerichte nicht mehr erforderlich (P. IV, 820).

2. Die Zuziehung des Gegenvormundes zur Abnahme der Schlußrechnung hat, wie sich aus § 1891 ergibt, nur zu erfolgen, „falls ein solcher vorhanden ist" (vgl. Anm. 1 zu § 1891). Als „Betheiligte" erscheinen außer dem früheren Vormunde, falls die Vormundschaft selbst fortdauert, der neu bestellte Vormund, anderenfalls der volljährig gewordene Mündel, eventuell der Rechtsnachfolger des Mündels oder, wenn der Mündel unter elterliche Gewalt gekommen ist, der Gewalthaber.

3. Ein Anspruch auf Anerkennung der Richtigkeit der Rechnung steht dem früheren Vormunde nicht zu. Selbstverständlich kann derselbe aber im Wege der Feststellungsklage (C.P.O. § 256 n. Nr.), falls die Voraussetzungen derselben gegeben sind, diese Anerkennung erwirken (M. IV, 1188 ff.). Der Anspruch des Vormundes auf Ertheilung einer Quittung bemißt sich nach § 368 (M. IV, 1189; P. IV, 819 ff.; vgl. preuß. Vorm.Ordn. § 69 Abs. 2, 3). Hinsichtlich der Voraussetzungen und der Wirkung vertragsmäßiger Anerkennung der Richtigkeit sind die allgemeinen Grundsätze (§§ 397, 780—782, 812 Abs. 2) maßgebend (M. IV, 1189). Ist vom Vormunde Sicherheit geleistet worden, so ist dieselbe, wenn der Vormund seine Verpflichtungen erfüllt hat, zurückzugeben bezw. aufzuheben (M. IV, 1189 ff.; § 1844 und Anm. hiezu; vgl. preuß. Vorm.Ordn. § 70).

4. Ueber das Recht, von den Vormundschaftsakten behufs Prüfung der Schlußrechnung Einsicht zu nehmen, hat das B.G.B. keine Bestimmung getroffen (M. IV, 1188; vgl. preuß. Vorm.Ordn. § 69 Abs. 1). Nach F.G. § 34 kann die Einsicht der Akten Jedem insoweit gestattet werden, als er ein berechtigtes Interesse glaubhaft macht. Das Gleiche gilt von der Ertheilung einer Abschrift; die Abschrift ist auf Verlangen zu beglaubigen.

5. Ueber die Prüfung der Jahresrechnung durch das Vormundschaftsgericht s. § 1843.

§ 1893.

Im Falle der Beendigung der Vormundschaft oder des vormundschaftlichen Amtes finden die Vorschriften der §§ 1682, 1683 entsprechende Anwendung.

Der Vormund hat nach der Beendigung seines Amtes die Bestallung dem Vormundschaftsgerichte zurückzugeben.

E. I, 1709, 1711; II, 1749; III, 1869.

1. Gemäß §§ 1893 Abs. 1, 1682 ist der Vormund auch nach Beendigung seines Amtes zur Fortführung der vormundschaftlichen Geschäfte berechtigt, bis er von der Beendigung Kenntniß erlangt. Ein Dritter kann sich auf diese Berechtigung des Vormundes nicht berufen, wenn er bei Vornahme eines Rechtsgeschäfts die Beendigung des vormundschaftlichen Amtes kennt. In beiden Beziehungen steht die auf Fahrlässigkeit beruhende Unkenntniß der Kenntniß gleich (M. IV, 1202). Demgemäß kann der Vormund, der in Unkenntniß der Beendigung seines Amtes vormundschaftliche Geschäfte besorgt, von dem Mündel oder dessen Rechtsnachfolger Ersatz seiner Aufwendungen nach Maßgabe des § 1835 beanspruchen. Nimmt der Vormund in Kenntniß oder auf Fahrlässigkeit beruhender Unkenntniß der Beendigung seines Amtes vormundschaftliche Geschäfte vor, so finden die allgemeinen Grundsätze (s. insbes. §§ 177 ff., 677 ff.) Anwendung. Daß der Vormund bezw. der Dritte die Beendigung des vormundschaftlichen Amtes kannte bezw. kennen mußte, hat zu beweisen, wer sich hierauf beruft (vgl. Anm. 1—3 zu § 1682; s. ferner §§ 169, 674, 729, 1424 Abs. 1, 1472 Abs. 1 Satz 2, 1497 Abs. 2, 1546 Abs. 1, 3, 1549, 2140).

2. Nach §§ 1893 Abs. 1, 1683 ist der Vormund, dessen Amt in Folge des Todes des Mündels (oder der Todeserklärung desselben, s. § 1885 Abs. 2) beendigt ist, verpflichtet, diejenigen Geschäfte, mit deren Aufschub Gefahr verbunden ist, zu besorgen, bis der Erbe anderweit Fürsorge treffen kann (diese dem § 1964 Satz 2 des sächs. G.B. entsprechende Vorschrift beruht gleich der des § 1683 auf Beschluß der II. Komm.; vgl. M. IV, 1202; P. IV, 833). Nimmt der Vormund nach dem Tode des Mündels Geschäfte vor, mit deren Aufschub keine Gefahr verbunden ist, so finden die allgemeinen Grundsätze (s. insbes. §§ 677 ff.) Anwendung (vgl. Anm. 1 und 2 zu § 1683; s. ferner §§ 672 Satz 2, 673 Satz 2, 1424 Abs. 2, 1472 Abs. 1 Satz 2, 1497 Abs. 2, 1546 Abs. 1, 3, 1549).

3. Die Haftung des Vormundes, welcher nach Maßgabe des § 1893 für den Mündel bezw. dessen Erben thätig wird oder es unterläßt, thätig zu werden, bemißt sich nach § 1833, da insoweit sein Amt als fortbestehend gilt (vgl. Anm. 1 zu § 1682, Anm. 2 zu § 1683).

4. § 1893 Abs. 2 entspricht dem § 66 der preuß. Vorm.Ordn. (vgl. M. IV, 1203). Der in der II. Komm. gestellte Antrag, wonach die Aufhebung der Vormundschaft öffentlich bekannt gemacht werden sollte, falls die Bestallung vom Vormunde nicht zurückgegeben wird, wurde abgelehnt, weil nach der rechtlichen Natur der Bestallungsurkunde (s. Anm. 2 zu § 1791) eine Schädigung des Mündels durch Mißbrauch derselben ausgeschlossen sei (P. IV, 834). Ueber die Verpflichtung zur Zurückgabe der Bestallung bei Aufhebung des Familienraths s. § 1881 Abs. 2 Satz 2; über die Verpflichtung des Bevollmächtigten zur Zurückgabe der Vollmacht s. § 175.

5. Die Bestimmungen des § 1893 finden auf den Gegenvormund und den Pfleger entsprechende Anwendung (§§ 1895, 1915 Abs. 1).

§ 1894.

Den Tod des Vormundes hat dessen Erbe dem Vormundschaftsgericht unverzüglich anzuzeigen.

Den Tod des Gegenvormundes oder eines Mitvormundes hat der Vormund unverzüglich anzuzeigen.

E. I, 1708; II, 1748; III, 1870.

1. Durch die im § 1894 vorgeschriebenen Anzeigen soll das Vormundschaftsgericht in den Stand gesetzt werden, mit thunlichster Beschleunigung die beim Tode des Vormundes, eines Mitvormundes oder des Gegenvormundes im Interesse des Mündels erforderlichen Maßregeln zu treffen, insbesondere einen neuen Vormund oder Gegenvormund zu bestellen (§ 1846; M. IV, 1201; vgl. preuß. Vorm.Ordn. § 65 Abs. 1 Satz 1). Ueber Mitvormünder und Gegenvormünder s. §§ 1775, 1792 und Anm. hiezu. Gemäß § 1799 Abs. 1 Satz 2 ist auch der Gegenvormund verpflichtet, den Tod des Vormundes unverzüglich dem Vormundschaftsgerichte anzuzeigen. „Unverzüglich" bedeutet: ohne schuldhaftes Zögern (§ 121 Abs. 1 Satz 1). Verwandte Bestimmungen hinsichtlich des Erben eines Beauftragten, Gesellschafters, Testamentsvollstreckers enthalten die §§ 673 Satz 2, 727 Abs. 2 Satz 1, 2218 Abs. 1.

2. Nach §§ 1895, 1894 Abs. 1 ist auch der Erbe des Gegenvormundes verpflichtet, dessen Tod unverzüglich dem Vormundschaftsgericht anzuzeigen. Das Gleiche gilt nach § 1915 Abs. 1 für den Erben des Pflegers.

3. Für den aus der Unterlassung der Anzeige dem Mündel erwachsenden Schaden haftet der Vormund und Gegenvormund (§ 1894 Abs. 2) nach Maßgabe des § 1833, der

Erbe des Vormundes und Gegenvormundes (§ 1894 Abs. 1) nach Maßgabe der allgemeinen Grundsätze der §§ 823, 826.

4. Eine Verpflichtung der Erben des Vormundes zur Fortführung der von diesem begonnenen Geschäfte, wie sie z. B. das sächs. G.B. (§ 1972 Satz 2) aufgestellt hat, erkennt das Gesetz nicht an (M. IV, 1201; vgl. dagegen §§ 673 Satz 2, 727 Abs. 2, 2218 Abs. 1; s. auch §§ 1893 Abs. 1, 1683).

§ 1895.

Die Vorschriften der §§ 1885 bis 1889, 1893, 1894 finden auf den Gegenvormund entsprechende Anwendung.

E. I, 1710, 1711; II, 1750; III, 1871.

1. Mit Rücksicht auf die Analogie der Verhältnisse (M. IV, 1202) läßt das Gesetz das Amt des Gegenvormundes aus den gleichen Gründen endigen wie das des Vormundes (§§ 1885—1889 und Anm. hiezu; s. auch E.G. Art. 160). Einen besonderen Endigungsgrund enthält die Uebergangsvorschrift des E.G. Art. 210 Abs. 2 Satz 2, wonach ein Gegenvormund zu entlassen ist, wenn nach den Vorschriften des B.G.B. ein Gegenvormund nicht zu bestellen sein würde.

2. Auch die in den §§ 1893, 1894 hinsichtlich der Berechtigung und Verpflichtung des Vormundes zur Weiterführung der Geschäfte nach Beendigung seines Amtes, der Verpflichtung zur Zurückgabe der Bestallung und der Anzeigepflicht des Erben beim Tode des Vormundes getroffenen Bestimmungen finden auf den Gegenvormund entsprechende Anwendung (Anm. 5 zu § 1893, Anm. 2 zu § 1894). Die Verpflichtung des Gegenvormundes zur Anzeige des Todes des Vormundes ist im § 1799 Abs. 1 Satz 2 ausgesprochen (Anm. 3a zu § 1799).

3. Nach § 1792 Abs. 4 finden auf die Berufung und Bestellung des Gegenvormundes die für die Berufung und Bestellung des Vormundes geltenden Vorschriften Anwendung (Anm. 4 zu § 1792).

4. Ueber die dem Gegenvormunde bei Beendigung des vormundschaftlichen Amtes obliegende Verpflichtung zur Auskunftsertheilung s. § 1891 Abs. 2.

Zweiter Titel.

Vormundschaft über Volljährige.

§ 1896.

Ein Volljähriger erhält einen Vormund, wenn er entmündigt ist.

E. I, 1776; II, 1771; III, 1872.

1. Voraussetzung der Anordnung der Vormundschaft über einen Volljährigen oder für volljährig Erklärten (§ 3 Abs. 2) ist, daß derselbe entmündigt ist. Die Entmündigung wegen Geisteskrankheit hat Geschäftsunfähigkeit, die Entmündigung wegen Geistesschwäche, Verschwendung oder Trunksucht Beschränkung der Geschäftsfähigkeit zur Folge (§ 6, 104 Nr. 3, 114). Der Entmündigte bedarf daher eines allgemeinen Schutzes sowohl für seine persönlichen als für seine Vermögensangelegenheiten. Ist der Entmündigte minderjährig, so wird ihm dieser Schutz in der Form der elterlichen Gewalt (§§ 1626 ff.) oder der Altersvormundschaft (§§ 1773 ff.) zu Theil; ist er volljährig oder für volljährig erklärt, so ist gemäß § 1896 Vormundschaft über ihn einzuleiten. Neben der Vormundschaft über entmündigte Volljährige kennt das Gesetz noch die sogen. vorläufige Vormundschaft, welche anzuordnen ist, wenn ein Volljähriger, dessen Entmündigung beantragt ist, des vormundschaftlichen Schutzes bedürftig ist (§ 1906). Bedarf ein Geisteskranker, der nicht entmündigt und dessen Entmündigung auch nicht beantragt ist, der Fürsorge, so ist gemäß § 1910 Abs. 2 Pflegschaft über ihn einzuleiten (M. IV, 1227; Z.G. IV, 645; vgl. preuß. Vorm.Ordn. § 81).

2. Nach E. I sollte ein Volljähriger auch dann einen Vormund erhalten, wenn er des vormundschaftlichen Schutzes für bedürftig erklärt ist. Diese Maßregel sollte in der Regel nur mit Einwilligung des Volljährigen und nur dann, wenn er wegen Taubheit, Blindheit oder Stummheit seine Angelegenheiten nicht zu besorgen vermöge, zulässig sein, und Beschränkung der Geschäftsfähigkeit zur Folge haben (E. I, 1727, 71 Abs. 2).

Dagegen war Entmündigung wegen Geistesschwäche nach E. I nicht zulässig. Von der II. Komm. wurde die Einschränkung auf bestimmte körperliche Gebrechen beseitigt, die Schutzbedürftigkeitserklärung als besondere Maßregel und die Beschränkung der Geschäftsfähigkeit solcher Personen aufgehoben, die fragliche Vorschrift in die Bestimmungen über die Pflegschaft eingereiht und daneben die Entmündigung wegen Geistesschwäche mit der Folge beschränkter Geschäftsfähigkeit zugelassen (§§ 1910 Abs. 1, 6 Abs. 1 Nr. 1; M. IV, 1229 ff.; Z.G. IV, 500 ff.; P. IV, 839 ff., 856, V, 147 ff.; P.M. 8688 ff.).

3. Verfahren. Die Vormundschaft über einen entmündigten Volljährigen ist ohne Rücksicht darauf, ob der Entmündigte schutzbedürftig ist oder nicht, von Amtswegen einzuleiten, sobald das Vormundschaftsgericht von der Entmündigung Kenntniß erhält. Um dem Vormundschaftsgerichte diese Kenntniß zu vermitteln, bestimmen die §§ 660, 683 Abs. 2 Satz 2 C.P.O. n. Nr., daß der die Entmündigung aussprechende Beschluß von Amtswegen der Vormundschaftsbehörde mitzutheilen ist. Die Entmündigung wegen Geisteskrankheit tritt, wenn der Entmündigte unter elterlicher Gewalt oder unter Vormundschaft steht, mit der Zustellung des Beschlusses an denjenigen gesetzlichen Vertreter, welchem die Sorge für die Person zusteht, andernfalls mit der Bestellung des Vormundes in Wirksamkeit. Die Entmündigung wegen Geistesschwäche, Verschwendung oder Trunksucht tritt mit der Zustellung des Beschlusses an den Entmündigten in Wirksamkeit (C.P.O. §§ 661, 683 Abs. 2 Satz 1 n. Nr.). Die Entmündigung einer Person wegen Verschwendung oder wegen Trunksucht, sowie die Wiederaufhebung einer solchen Entmündigung ist von dem Amtsgericht öffentlich bekannt zu machen (C.P.O. § 687 n. Nr.; vgl. M. IV, 1229, 1245; preuß. Vorm.Ordn. § 85).

4. Auf die Vormundschaft über Volljährige finden, von den Sonderbestimmungen der §§ 1898—1908 abgesehen, die für die Altersvormundschaft geltenden Vorschriften der §§ 1773—1895 Anwendung (§ 1897 und Anm. hiezu).

5. Die gemäß § 1896 angeordnete Vormundschaft endigt entweder kraft Gesetzes oder mit der Aufhebung durch das Vormundschaftsgericht (vgl. Anm. 1 zu § 1882).

a) Die Beendigung kraft Gesetzes tritt ein:

α) mit dem Tode des Mündels (E. I, 1735 Abs. 1; M. IV, 1244; Z.G. IV, 505; P. IV, 850; vgl. Anm. 3a zu § 1882);

β) wenn der Mündel für todt erklärt wird, mit der Erlassung des die Todeserklärung aussprechenden Urtheils (§§ 1897, 1884 Abs. 2; E. I, 1735 Abs. 1; M. IV, 1244; Z.G. IV, 505; P. IV, 850; vgl. Anm. 2 zu § 1884; s. auch E.G. Art. 160);

γ) mit der Aufhebung der Entmündigung, sei es, daß dieselbe durch Beschluß des Amtsgerichts (C.P.O. §§ 675, 685 n. Nr.) oder durch Urtheil auf Anfechtungs- oder Wiederaufhebungsklage (C.P.O. §§ 672, 679 Abs. 4, 684 Abs. 4, 686 Abs. 4 n. Nr.) erfolgt (§§ 1897, 1882; E. I, 1735 Abs. 2; M. IV, 1244 ff.; Z.G. IV, 505, VI, 646, 41). Ueber die Mittheilung des Aufhebungsbeschlusses, sowie des auf die Anfechtungs- oder Wiederaufhebungsklage ergangenen Urtheils an das Vormundschaftsgericht s. C.P.O. §§ 678 Abs. 3, 685, 674, 679 Abs. 4, 684 Abs. 4, 686 Abs. 4 n. Nr.; über den Einfluß der Aufhebung der Entmündigung auf die Wirksamkeit der von oder gegenüber dem Entmündigten bezw. seinem gesetzlichen Vertreter vorgenommenen Rechtsgeschäfte s. B.G.B. § 115 Abs. 1).

b) Ist der Mündel verschollen, so endigt die Vormundschaft nicht kraft Gesetzes, sondern erst mit der Aufhebung durch das Vormundschaftsgericht. Dieselbe hat zu erfolgen, wenn dem Vormundschaftsgerichte der Tod des Mündels bekannt wird (§§ 1897, 1884 Abs. 1; vgl. Anm. 1 zu § 1884). Gegen die Verfügung, durch welche die Vormundschaft aufgehoben wird, steht Jedem, der ein rechtliches Interesse an der Aenderung der Verfügung hat, sowie dem Ehegatten, den Verwandten und Verschwägerten des Mündels die Beschwerde zu (F.G. § 57 Abs. 1 Nr. 1).

Ueber die Beendigung des vormundschaftlichen Amtes s. §§ 1897, 1885—1889 u. Anm. hiezu; über die Beendigung der vorläufigen Vormundschaft s. § 1908 und Anm. hiezu.

6. Uebergangsvorschriften. Eine nach bisherigem Rechte wegen eines körperlichen Gebrechens angeordnete Vormundschaft gilt vom 1. Januar 1900 ab als Pflegschaft im Sinne des § 1910 Abs. 1, eine wegen Geistesschwäche ohne vorherige Entmündigung angeordnete Vormundschaft als eine für die Vermögensangelegenheiten des Geistesschwachen gemäß § 1910 Abs. 2 angeordnete Pflegschaft. Eine nach französischem oder badischem Rechte für einen Geistesschwachen angeordnete Bestellung eines Beistandes

verliert mit dem 1. Juli 1900 ihre Wirkung (E.G. Art. 210 Abs. 1 Satz 2, 3, 211, s. auch Art. 156 Abs. 2; M. IV, 1227 ff.; M. z. E.G. 246 ff.; vgl. Einf.G. z. Civ.Pr.Ordn. § 10).

7. Bezüglich der Pflegschaft über Volljährige s. §§ 1910, 1911.

§ 1897.

Auf die Vormundschaft über einen Volljährigen finden die für die Vormundschaft über einen Minderjährigen geltenden Vorschriften Anwendung, soweit sich nicht aus den §§ 1898 bis 1908 ein Anderes ergiebt.

E. I, 1728; II, 1773; III, 1873.

1. Nach § 1897 gelten für die Vormundschaft über einen Volljährigen (also auch für die gemäß § 1906 angeordnete vorläufige Vormundschaft) die nach den §§ 1773—1895 für die Altersvormundschaft maßgebenden Bestimmungen, soweit sich nicht Abweichungen aus den §§ 1898—1908 ergeben (M. IV, 1235 ff.; vgl. P.L.R. Thl. I cap. 7 § 37 Ziff. 1; preuß. Vorm.Ordn. § 83 Abs. 3). Diese Abweichungen betreffen:

a) die Berufung zur Vormundschaft und die Ausschließung von derselben auf Grund letztwilliger Verfügung (§ 1898, 1907);

b) die Berufung zur Vormundschaft auf Grund des Gesetzes (§§ 1899, 1900 Abs. 2, 3, 1907);

c) das Erforderniß der Einwilligung des Ehemannes zur Bestellung der Frau als Vormund (§ 1900 Abs. 1);

d) den Umfang der dem Vormund obliegenden Sorge für die Person des Mündels (§ 1901);

e) das Erforderniß der Genehmigung des Vormundschaftsgerichts zu gewissen Rechtsgeschäften (§ 1902);

f) die befreite Vormundschaft der Eltern (§§ 1903, 1904);

g) die Einsetzung eines Familienraths und die Befugniß der Eltern, Anordnungen über Einsetzung und Aufhebung desselben sowie über die Mitgliedschaft zu treffen (§ 1905);

h) die Beendigung der vorläufigen Vormundschaft (§ 1908).

2. Der hinsichtlich der gesetzlichen Vormundschaft gemäß E.G. Art. 136 geltende Vorbehalt für die Landesgesetzgebung findet auf die Vormundschaft über Volljährige keine Anwendung (P. IV, 848 ff.; P.M. 8921 ff.).

3. Auf die Pflegschaft über Volljährige finden die für die Vormundschaft über Volljährige geltenden Bestimmungen entsprechende Anwendung, soweit sich nicht aus dem Gesetz ein Anderes ergibt (§ 1915 Abs. 1, Anm. 3 zu § 1915).

§ 1898.

Der Vater und die Mutter des Mündels sind nicht berechtigt, einen Vormund zu benennen oder Jemand von der Vormundschaft auszuschließen.

E. I, 1729 Abs. 6; II, 1774; III, 1874.

1. Die in den §§ 1776 Abs. 1 Nr. 1, 2, 1782 dem Vater, der ehelichen Mutter und den ihnen gleichgestellten Personen (Anm. 2a, b zu § 1776) gewährte Befugniß, einen Vormund zu benennen und bestimmte Personen von der Vormundschaft auszuschließen, ist Ausfluß der elterlichen Gewalt (Anm. 1 zu § 1777, Anm. 2 zu § 1782) und kann daher bei Volljährigkeit des Mündels nicht Platz greifen (M. IV, 1238; P. IV, 850; vgl. § 1905 Abs. 2). Eine derartige Anordnung ist bei Volljährigkeit des Mündels insbesondere auch dann unwirksam, wenn der Anordnende bis zu seinem Tode Inhaber der elterlichen Gewalt oder Vormund des Kindes gewesen ist (M. IV, 1238).

2. Ueber die Berufung zur Vormundschaft über einen Volljährigen auf Grund Gesetzes s. §§ 1899, 1900 Abs. 2, 3. Auf die vorläufige Vormundschaft finden die Vorschriften über die Berufung zur Vormundschaft überhaupt keine Anwendung (§ 1907).

§ 1899.

Vor den Großvätern ist der Vater und nach ihm die eheliche Mutter des Mündels als Vormund berufen.

Die Eltern sind nicht berufen, wenn der Mündel von einem Anderen als dem Ehegatten seines Vaters oder seiner Mutter an Kindesstatt angenommen ist.

Stammt der Mündel aus einer nichtigen Ehe, so ist der Vater im Falle des § 1701, die Mutter im Falle des § 1702 nicht berufen.

E. I, 1729 Abs. 1–3; II, 1775; III, 1875.

1. Berufung zur Vormundschaft über Volljährige. Wie bei minderjährigen, so ist auch bei volljährigen Mündeln eine gesetzliche Vormundschaft nach B.G.B. ausgeschlossen (M. IV, 1236; Anm. 1 zu § 1776, s. auch E.G. Art. 136 Nr. 1, 2 und Anm. 2 zu § 1897; vgl. dagegen preuß. Vorm.Ordn. § 83 Abs. 1 Satz 1, wonach der Vater gesetzlicher Vormund des volljährigen Mündels ist). Dagegen kennt das Gesetz auch bei der Vormundschaft über Volljährige eine Berufung zur Vormundschaft, jedoch nur eine solche auf Grund Gesetzes (vgl. § 1776 Abs. 1 Nr. 3, 4), nicht auch eine solche auf Grund letztwilliger Verfügung (§ 1898; vgl. dagegen § 1776 Abs. 1 Nr. 1, 2).

2. Zur Vormundschaft über einen volljährigen Mündel sind nachstehende Personen berufen:

a) der Vater des Mündels, d. h. der eheliche Vater, dem der Vater eines durch nachfolgende Ehe oder Ehelichkeitserklärung legitimirten Kindes, sowie der Annehmende gleichsteht (§§ 1589 Abs. 2, 1719, 1736, 1757). Hievon gelten jedoch folgende Ausnahmen:

α) Vor dem Vater darf der Ehegatte des Mündels zum Vormunde bestellt werden (§ 1900 Abs. 2; M. IV, 1237; vgl. § 1778 Abs. 3, Anm. 1f zu § 1778).

β) Mit Rücksicht auf die durch die Annahme an Kindesstatt regelmäßig bewirkte Entfremdung zwischen dem Kind und seinen leiblichen Eltern ist der Vater nicht berufen, wenn der Mündel von einem Anderen als dem Ehegatten seines Vaters oder seiner Mutter an Kindesstatt angenommen ist (§§ 1899 Abs. 2, 1757 Abs. 2; M. IV, 1236, s. nachher unter c γ und δ).

γ) Der Vater ist nicht berufen, wenn der Mündel aus einer relativ nichtigen (vgl. Ziff. 3 der Vorbem. zu Abschn. 1 Tit. 3 dieses Buches) oder anfechtbaren und angefochtenen Ehe stammt und die Nichtigkeit bezw. Anfechtbarkeit derselben dem Vater bei der Eheschließung bekannt war (§§ 1899 Abs. 3, 1699, 1701; M. IV, 1237; Anm. 2 zu § 1701). Ueber die Geltendmachung der Nichtigkeit der Ehe s. §§ 1329, 1343 Abs. 2, Anm. 5 zu § 1701, Anm. 2 zu § 1700).

b) Nach dem Vater ist die eheliche Mutter des Mündels berufen. Der ehelichen Mutter steht die Mutter eines durch nachfolgende Ehe legitimirten Kindes, die Annehmende und, falls der Mann das Kind der Frau angenommen hat, die Letztere auch dann, wenn sie die uneheliche Mutter des Mündels ist, gleich (§§ 1719, 1757). Hievon gelten jedoch folgende Ausnahmen:

α) Vor der ehelichen Mutter darf der Ehegatte des Mündels zum Vormunde bestellt werden (§ 1900 Abs. 2; s. o. a α).

β) Die eheliche Mutter ist nicht berufen, wenn der Mündel von einem Anderen als dem Ehegatten seines Vaters oder seiner Mutter an Kindesstatt angenommen ist (§§ 1899 Abs. 2, 1757 Abs. 2; s. o. a β).

γ) Die eheliche Mutter ist nicht berufen, wenn der Mündel aus einer relativ nichtigen oder anfechtbaren und angefochtenen Ehe stammt und die Nichtigkeit bezw. Anfechtbarkeit derselben der Mutter bei der Eheschließung bekannt war (§§ 1899 Abs. 3, 1699, 1702; M. IV, 1237; vgl. Anm. 3, 5 zu § 1702, Anm. 2 zu § 1700; s. o. a γ). Die Mutter darf jedoch auch in diesem Falle vor den Großvätern zum Vormunde bestellt werden (§ 1900 Abs. 2).

c) Nach der ehelichen Mutter ist der Großvater des Mündels von väterlicher Seite berufen, d. h. der eheliche Vater des ehelichen Vaters des Mündels und die ihm gleichgestellten Personen (Anm. 2c zu § 1776). Hievon gelten jedoch folgende Ausnahmen:

α) Vor dem Großvater väterlicherseits darf der Ehegatte des Mündels zum Vormunde bestellt werden (§ 1900 Abs. 2; s. o. a α).

β) Vor dem Großvater väterlicherseits darf die eheliche Mutter des Mündels auch dann zum Vormunde bestellt werden, wenn sie gemäß § 1899 Abs. 3

nicht zur Vormundschaft berufen ist (§ 1900 Abs. 2; M. IV, 1237; s. o. b γ).

γ) Der Großvater väterlicherseits ist nicht berufen, wenn der Mündel von einem Anderen als dem Ehegatten seines Vaters oder seiner Mutter an Kindesstatt angenommen ist oder wenn derjenige, von welchem der Mündel abstammt, von einem Anderen als dem Ehegatten seines Vaters oder seiner Mutter an Kindesstatt angenommen ist und die Wirkungen der Annahme sich auf den Mündel erstrecken (§§ 1897, 1776 Abs. 2; E. I, 1729 Abs. 2 Satz 2; M. IV, 1237; Anm. 2c zu § 1776; s. o. a β).

d) In letzter Linie ist der Großvater des Mündels von mütterlicher Seite berufen, d. h. der eheliche Vater der ehelichen oder unehelichen Mutter des Mündels und die ihm gleichgestellten Personen (Anm. 2d zu § 1776). Die unter c α—γ erwähnten Ausnahmen gelten auch hier (vgl. Anm. 2d zu § 1776). Außerdem darf vor dem Großvater mütterlicherseits auch die uneheliche Mutter des Mündels zum Vormunde bestellt werden (§ 1900 Abs. 3; M. IV, 1237; vgl. § 1778 Abs. 3).

3. Die rechtliche Bedeutung der Berufung zur Vormundschaft ist bei der Vormundschaft über Volljährige die gleiche wie bei der Altersvormundschaft (§§ 1897, 1778 Abs. 1, 2, 4, 1900 Abs. 2, 3; vgl. Anm. 1a—e, 2 zu § 1778); über das Verfahren s. Anm. 3 zu § 1778. Bezüglich der in Ansehung der einzelnen Delationsgründe stattfindenden successio graduum s. Anm. 3 zu § 1776. Ist die Vormundschaft nicht einem nach § 1899 Berufenen zu übertragen, so hat das Vormundschaftsgericht nach Anhörung des Gemeindewaisenraths eine geeignete Person auszuwählen (§§ 1897, 1779). Hinsichtlich der Ausschließungsgründe finden die §§ 1780, 1781, 1783 (s. aber § 1900 Abs. 1) und § 1784, nicht aber § 1782 (s. § 1898), hinsichtlich der Verpflichtung zur Uebernahme der Vormundschaft und der Befugniß zur Ablehnung derselben die §§ 1785—1788 Anwendung (§ 1897).

4. Für die vorläufige Vormundschaft (§ 1906) gelten die Bestimmungen des § 1899 nicht (§ 1907). Ueber die Berufung zur Pflegschaft s. §§ 1916, 1917 Abs. 1; über die Berufung zum Amt eines Gegenvormundes oder Familienrathsmitglieds s. §§ 1792 Abs. 4, 1861.

§ 1900.

Eine Ehefrau darf zum Vormund ihres Mannes auch ohne dessen Zustimmung bestellt werden.

Der Ehegatte des Mündels darf vor den Eltern und den Großvätern, die eheliche Mutter darf im Falle des § 1702 vor den Großvätern zum Vormunde bestellt werden.

Die uneheliche Mutter darf vor dem Großvater zum Vormunde bestellt werden.

E. I, 1729 Abs. 4, 5; II, 1776; III, 1876.

1. Gemäß §§ 1897, 1783 soll auch zum Vormunde eines Volljährigen eine Frau, die mit einem Anderen als dem Vater des Mündels verheirathet ist, nur mit Zustimmung ihres Mannes bestellt werden. Eine zum Vormunde bestellte Frau ist zu entlassen, wenn der Mann seine Zustimmung zur Uebernahme oder zur Fortführung der Vormundschaft versagt oder die Zustimmung widerruft, es sei denn, daß der Mann der Vater des Mündels ist (§§ 1897, 1887 Abs. 2). Eine Ausnahme von diesem Grundsatz enthält § 1900 Abs. 1. Hienach ist, wenn eine Frau zum Vormund ihres eigenen Mannes bestellt werden soll, dessen Zustimmung nicht erforderlich, gleichviel, ob die Vormundschaft in Folge Entmündigung wegen Geisteskrankheit, Geistesschwäche, Verschwendung oder Trunksucht (§ 6) angeordnet worden ist (M. IV, 1237; Z.G. IV, 504). Ist die Frau zum Vormund ihres Mannes bestellt worden, so hat sie ihn in den Rechten und Pflichten zu vertreten, die sich beim ordentlichen gesetzlichen Güterstand aus der Verwaltung und Nutznießung des eingebrachten Gutes, bei der allgemeinen Gütergemeinschaft aus der Verwaltung des Gesammtguts ergeben (§§ 1409, 1457, s. auch §§ 1487 Abs. 1, 1519 Abs. 2, 1525 Abs. 2, 1549).

2. Zu § 1900 Abs. 2 und 3 vgl. § 1778 Abs. 3, Anm. 2a α, b α, c α, c β und d zu § 1899. Ein Anspruch dieser Personen darauf, vor den gemäß § 1899 Berufenen als Vormund bestellt zu werden, besteht nicht (vgl. Anm. 1f zu § 1778).

§ 1901.

Der Vormund hat für die Person des Mündels nur insoweit zu sorgen, als der Zweck der Vormundschaft es erfordert.

Steht eine Ehefrau unter Vormundschaft, so tritt die im § 1633 bestimmte Beschränkung nicht ein.

E. I, 1730; II, 1777; III, 1877.

Nach §§ 1897, 1793 hat auch der Vormund eines Volljährigen Recht und Pflicht, für Person und Vermögen des Mündels zu sorgen, insbesondere denselben zu vertreten (M. IV, 1235, 1238). Von diesem Grundsatze macht § 1901 eine doppelte Ausnahme:

a) Während nach §§ 1800, 1631—1633 hinsichtlich der Sorge des Vormundes für die Person eines minderjährigen Mündels die gleichen Vorschriften gelten wie hinsichtlich der Sorge des Inhabers der elterlichen Gewalt für die Person des Kindes, erstreckt sich die Sorge des Vormundes für die Person eines volljährigen Mündels nicht weiter, als der Zweck der Vormundschaft es erfordert. Dieser Zweck erheischt insbesondere die gesetzliche Vertretung des Mündels in persönlichen Angelegenheiten, sowie die zur Pflege, Heilung, Beaufsichtigung und Sicherung des Mündels nöthigen Maßnahmen, während die einem minderjährigen Mündel gegenüber bestehende Erziehungs- und Zuchtgewalt hier im Allgemeinen natürlich nicht Platz greift. Indessen sind auch gegen einen volljährigen Mündel Zwangsmaßregeln insoweit zulässig, als der Zweck der Vormundschaft es erfordert (M. IV, 1238 ff.; Z.G. IV, 504; P. IV, 849). Es ist also insbesondere der Vormund eines wegen Trunksucht Entmündigten befugt, die Unterbringung und Festhaltung des Mündels in einer Heilanstalt auch gegen dessen Willen zu bewirken (D. S. 3).

b) Während nach §§ 1800, 1633 gegenüber einer minderjährigen Ehefrau sich die Sorge des Vormundes für die Person auf die Vertretung in den die Person betreffenden Angelegenheiten beschränkt, tritt diese Beschränkung nicht ein, wenn die bevormundete Ehefrau volljährig ist, es gilt vielmehr in diesem Falle der Grundsatz des § 1901 Abs. 1 (s. o. unter a). Selbstverständlich werden jedoch durch die Fürsorge des Vormundes die dem Ehemann auf Grund der ehelichen Gemeinschaft zustehenden Rechte (§ 1353 ff.) nicht ausgeschlossen (M. IV, 1229, 1239; Z.G. IV, 504).

§ 1902.

Der Vormund kann eine Ausstattung aus dem Vermögen des Mündels nur mit Genehmigung des Vormundschaftsgerichts versprechen oder gewähren.

Zu einem Mieth- oder Pachtvertrage sowie zu einem anderen Vertrage, durch den der Mündel zu wiederkehrenden Leistungen verpflichtet wird, bedarf der Vormund der Genehmigung des Vormundschaftsgerichts, wenn das Vertragsverhältniß länger als vier Jahre dauern soll. Die Vorschrift des § 1822 Nr. 4 bleibt unberührt.

E. I, 1731, 1732; II, 1778; III, 1878.

1. Dem Grundsatze des § 1897 entsprechend bedarf der Vormund eines Volljährigen zur Vornahme von Rechtsgeschäften der Genehmigung des Vormundschaftsgerichts in gleichem Umfange wie der Vormund eines Minderjährigen (§§ 1821, 1822 und Anm. 4 hiezu). Hievon besteht nach § 1902 eine doppelte Ausnahme:

a) Nach § 1624 gilt die einem Kinde vom Vater oder der Mutter zugewendete Ausstattung (Anm. 1 zu § 1624), auch wenn eine Verpflichtung hiezu nicht besteht (§§ 1620—1623), nur insoweit als Schenkung, als die Ausstattung das den Umständen entsprechende Maß übersteigt (Anm. 3 zu § 1624). Liegt eine Ueberschreitung dieses Maßes vor oder ist die Ausstattung einem Anderen als dem Kinde des Mündels zugewendet worden, so gilt die Zuwendung als Schenkung und ist daher, falls nicht etwa hiedurch einer sittlichen Pflicht oder einer auf den Anstand zu nehmenden Rücksicht entsprochen wird, gemäß §§ 1897, 1804 nichtig (Anm. 3 zu § 1804). Insoweit aber hienach die Zuwendung zulässig ist, bedarf der Vormund mit Rücksicht auf die Wichtigkeit des fraglichen Rechtsgeschäfts sowohl zum Versprechen als zur Gewährung einer Ausstattung aus dem Vermögen des volljährigen Mündels der Genehmigung des Vormundschaftsgerichts (M. IV, 1239 ff.; bei Minderjährigkeit des Mündels kann ein solches Rechtsgeschäft selbstverständlich nicht vorkommen). Der in der II. Komm. gestellte Antrag, die Genehmigung des Vormundschaftsgerichts für entbehrlich zu erklären, insoweit der Mündel gemäß §§ 1620—1623 zur Gewährung einer Aussteuer verpflichtet sei, wurde abgelehnt, weil hier, wenn auch die Parallele mit der Schenkung nicht zutreffe, das Quantum der Ausstattung sehr streitig und ungewiß sein könne (P. IV, 849).

b) Während nach § 1822 Nr. 5 der Vormund eines Minderjährigen zu einem Mieth- oder Pachtvertrag oder einem anderen Vertrage, durch den der Mündel zu wiederkehrenden Leistungen verpflichtet wird, die Genehmigung des Vormundschaftsgerichts bedarf, wenn das Vertragsverhältniß länger als ein Jahr nach der Vollendung des 21. Lebensjahrs des Mündels fortdauern soll (Anm. 2i zu §§ 1821, 1822), ist der Vormund eines Volljährigen an die Genehmigung des Vormundschaftsgerichts gebunden, wenn das durch einen Vertrag dieser Art begründete Rechtsverhältniß länger als vier Jahre dauern soll (M. IV, 1240; Z.G. IV, 505). Ist ein derartiges Rechtsgeschäft vom Vormunde mit Genehmigung des Vormundschaftsgerichts vorgenommen worden, so steht auch nach Beendigung der Vormundschaft dem früheren Mündel ein Recht zur vorzeitigen Kündigung nicht zu (ebenso Böhm, a. a. O. S. 131 Note 6, a. A. Fischer-Henle, 2. Aufl., Note 5 zu § 1902). Zu einem Pachtvertrag über ein Landgut oder einen gewerblichen Betrieb bedarf der Vormund eines volljährigen wie der eines minderjährigen Mündels ohne Rücksicht auf die Dauer des Vertragsverhältnisses der Genehmigung des Vormundschaftsgerichts (Anm. 2h zu §§ 1821, 1822).

2. Für die Form der Ertheilung der Genehmigung sind die Bestimmungen des § 1828, für den Einfluß des Mangels der erforderlichen Genehmigung auf die Wirksamkeit des vom Vormunde vorgenommenen Rechtsgeschäfts die Bestimmungen der §§ 1829 ff. maßgebend (§ 1897).

§ 1903.

Wird der Vater des Mündels zum Vormunde bestellt, so unterbleibt die Bestellung eines Gegenvormundes. Dem Vater stehen die Befreiungen zu, die nach den §§ 1852 bis 1854 angeordnet werden können. Das Vormundschaftsgericht kann die Befreiungen außer Kraft setzen, wenn sie das Interesse des Mündels gefährden.

Diese Vorschriften finden keine Anwendung, wenn der Vater im Falle der Minderjährigkeit des Mündels zur Vermögensverwaltung nicht berechtigt sein würde.

E. I, 1733 Abs. 1, 3; II, 1779; III, 1879.

§ 1904.

Ist die eheliche Mutter des Mündels zum Vormunde bestellt, so gilt für sie das Gleiche wie nach § 1903 für den Vater. Der Mutter ist jedoch ein Gegenvormund zu bestellen, wenn sie die Bestellung beantragt oder wenn die Voraussetzungen vorliegen, unter denen ihr nach § 1687 Nr. 3 ein Beistand zu bestellen sein würde. Wird ein Gegenvormund bestellt, so stehen der Mutter die im § 1852 bezeichneten Befreiungen nicht zu.

E. I, 1733 Abs. 2, 3; II, 1780; III, 1880.

1. Befreite Vormundschaft der Eltern. Während bei der Altersvormundschaft Befreiungen des Vormundes nur auf Grund letztwilliger Verfügung eintreten können, ist bei der Vormundschaft über Volljährige gewissen Personen als Vormündern kraft Gesetzes eine freiere Stellung eingeräumt (M. IV, 1240 ff.; Z.G. IV, 505; vgl. §§ 1852 bis 1854, § 1917 Abs. 2; E.G. Art. 136 Nr. 4; Vorbem. zu §§ 1852—1854 Ziff. 1). Die fraglichen Befreiungen betrachtet das Gesetz als Ersatz für die mit der Volljährigkeit des

Kindes beendigte elterliche Gewalt und gewährt dieselben daher nur dem Vater, d. h. dem ehelichen Vater, dem der Vater eines durch nachfolgende Ehe oder Ehelichkeitserklärung legitimirten Kindes, sowie der Annehmende gleichsteht, und der ehelichen Mutter, der die Mutter eines durch nachfolgende Ehe legitimirten Kindes, die Annehmende und, falls der Mann das Kind der Frau angenommen hat (§ 1757 Abs. 2), die letztere auch dann, wenn sie die uneheliche Mutter ist, gleichsteht (§§ 1589 Abs. 2, 1719, 1736, 1757). Befreiungen auf Grund letztwilliger Verfügung können bei Volljährigkeit des Mündels nicht in Betracht kommen, da die Befugniß zu derartigen Anordnungen Ausfluß der elterlichen Gewalt ist und diese mit der Volljährigkeit des Kindes endigt (M. IV, 1244; vgl. § 1898).

2. Umfang der Befreiungen. Die den genannten Personen als Vormündern kraft Gesetzes zustehenden Befreiungen sind folgende:

a) Die Bestellung eines Gegenvormundes ist ausgeschlossen, auch wenn die Voraussetzungen des § 1792 Abs. 2 gegeben sind (vgl. § 1852 Abs. 1). Der Mutter ist jedoch ein Gegenvormund zu bestellen, wenn sie die Bestellung beantragt (vgl. § 1687 Nr. 2) oder das Vormundschaftsgericht aus besonderen Gründen, insbesondere wegen des Umfanges oder der Schwierigkeit der Vermögensverwaltung oder beim Vorhandensein der Voraussetzungen der §§ 1666, 1667 die Bestellung im Interesse des Mündels für nöthig erachtet (§ 1687 Nr. 3). Der Fall des § 1687 Nr. 1 kommt nicht in Betracht, weil die fragliche Befugniß des Vaters Ausfluß der mit der Volljährigkeit des Kindes endigenden elterlichen Gewalt ist (M. IV, 1243; Anm. 2 zu § 1687).

b) Der Vormund unterliegt bei der Anlegung von Geld nicht den in den §§ 1809, 1810 bestimmten Beschränkungen, bedarf zu den im § 1812 bezeichneten Rechtsgeschäften nicht der Genehmigung des Gegenvormundes oder des Vormundschaftsgerichts, ist von der Verpflichtung zur Hinterlegung von Inhaber- und Orderpapieren und zur Bewirkung der Eintragung des im § 1816 bezeichneten Vermerks in das Reichs- oder Staatsschuldbuch befreit und während der Dauer seines Amtes nicht zur Rechnungslegung, sondern lediglich zur Einreichung einer Uebersicht über den Bestand des seiner Verwaltung unterliegenden Vermögens verpflichtet (M. IV, 1242 ff.; §§ 1852—1854 und Anm. 1 hiezu). Dagegen sind die genannten Personen wie jeder andere Vormund zur Einreichung eines Vermögensverzeichnisses (§ 1802; M. IV, 1243; vgl. dagegen preuß. Vorm.Ordn. § 35 Abs. 2), zur Rechenschaftsablegung nach Beendigung des vormundschaftlichen Amtes (§§ 1890—1892) und zur Sicherheitsleistung nach Maßgabe des § 1844 verpflichtet (vgl. Anm. 2 zu §§ 1852—1854). Wird der Mutter ein Gegenvormund bestellt (s. o. unter a), so stehen ihr zwar die in den §§ 1853, 1854 bezeichneten Befreiungen zu, sie unterliegt aber bei der Anlegung von Geld den in den §§ 1809, 1810 bestimmten Beschränkungen und bedarf zu den im § 1812 bezeichneten Rechtsgeschäften der Genehmigung des Gegenvormundes oder des Vormundschaftsgerichts (M. IV, 1243; vgl. §§ 1690, 1691).

3. Voraussetzung für die freiere Stellung des Vormundes ist, daß demselben im Falle der Minderjährigkeit des Mündels die Vermögensverwaltung zustehen würde (M. IV, 1241 ff.; vgl. §§ 1647, 1680, 1697, 1701, 1702, 1771 Abs. 2 Satz 1; s. auch §§ 1856, 1777 Abs. 1, 2). Maßgebend sind in dieser Beziehung die gegenwärtigen Verhältnisse, nicht die Zeit der Bestellung des Vormundes, so daß also auch nach diesem Zeitpunkte die gesetzlichen Befreiungen ipso jure eintreten oder wegfallen können. Hat z. B. der Vater die elterliche Gewalt verwirkt und wird die Ehe aufgelöst, während die Mutter die Vormundschaft über das volljährige Kind führt, so stehen der Mutter von diesem Zeitpunkt ab kraft Gesetzes die gesetzlichen Befreiungen zu (§ 1684 Abs. 1 Nr. 2; M. IV, 1242).

4. Die gesetzlichen Befreiungen kann das Vormundschaftsgericht außer Kraft setzen, soweit durch dieselben das Interesse des Mündels gefährdet wird (M. IV, 1243 ff.; vgl. § 1857 und Anm. hiezu). Nach E. I sollte das Vormundschaftsgericht befugt sein, auch ohne das Vorhandensein dieser Voraussetzungen die Befreiungen auszuschließen, wenn der Mündel ein angenommenes Kind des zum Vormunde bestellten Elterntheiles ist und das Vormundschaftsgericht die Ausschließung im Interesse des Mündels für erforderlich erachtet. Von der II. Komm. wurde aber diese Bestimmung mit Rücksicht auf die Streichung des entsprechenden § 1623 Abs. 1 Satz 2 des E. I beseitigt (M. IV, 1244; P. IV, 850; vgl. Anm. 7 zu § 1760).

5. Ist der Vater oder die eheliche Mutter zum Pfleger eines Volljährigen bestellt (§§ 1909—1911), so finden die Bestimmungen der §§ 1903, 1904 entsprechende Anwendung (§ 1915 Abs. 1).

vgl. dagegen bayr. Ausf.G. z. R.C.P.O. u. K.O. Art. 97; preuß. Vorm.Ordn. § 82 Abs. 3). Zuständig zur Anordnung der Pflegschaft ist das Gericht, in dessen Bezirke der Abwesende seinen Wohnsitz hat. Hat der Abwesende im Inlande keinen Wohnsitz, so finden die Vorschriften des § 36 Abs. 2 und des § 37 Abs. 2 F.G. entsprechende Anwendung (F.G. § 39, vgl. Anm. 5 zu § 1773, Anm. 8 zu § 1909). Gegen die Verfügung, durch welche die Anordnung einer Abwesenheitspflegschaft abgelehnt wird, steht Jedem, der ein rechtliches Interesse an der Aenderung der Verfügung hat, die Beschwerde zu (F.G. § 57 Abs. 1 Nr. 3). Daß die Anordnung einer Abwesenheitspflegschaft öffentlich bekannt zu machen sei, hat das Gesetz nicht vorgeschrieben (M. IV, 1262; vgl. C.P.O. § 687 n. Nr.).

6. Rechtliche Wirkung. Eine Beschränkung der Geschäftsfähigkeit des Abwesenden wird durch die Einleitung der Abwesenheitspflegschaft nicht herbeigeführt (M. IV, 1258 ff.; Vorbem. Ziff. 3). Nach §§ 1418 Abs. 1 Nr. 5, 1542 (s. auch §§ 1425, 1547 Abs. 2, 1548) kann aber eine Ehefrau, wenn für den Mann ein Abwesenheitspfleger bestellt und die baldige Aufhebung der Pflegschaft nicht zu erwarten ist, beim ordentlichen gesetzlichen Güterstand auf Aufhebung der Verwaltung und Nutznießung, bei Errungenschaftsgemeinschaft auf Aufhebung derselben klagen. Bei Gütertrennung kann die Frau, wenn für den Mann ein Abwesenheitspfleger bestellt ist, den von ihr zur Bestreitung des ehelichen Aufwands zu leistenden Beitrag insoweit zur eigenen Verwendung zurückbehalten, als er zum Unterhalt für sie und die gemeinschaftlichen Abkömmlinge erforderlich ist (§ 1428 Abs. 2).

7. Die Abwesenheitspflegschaft endigt:

a) kraft Gesetzes, ohne daß es der Aufhebung durch das Vormundschaftsgericht bedarf,

α) wenn die Pflegschaft nur zur Besorgung einer einzelnen Angelegenheit angeordnet worden ist, mit deren Erledigung (§ 1918 Abs. 3);

β) wenn der Abwesende für todt erklärt wird, mit der Erlassung des die Todeserklärung aussprechenden Urtheils (§ 1921 Abs. 3);

b) mit der Aufhebung durch das Vormundschaftsgericht. Dieselbe hat zu erfolgen:

α) wenn der Grund für die Anordnung der Pflegschaft weggefallen ist, insbesondere, wenn der Abwesende an der Besorgung seiner Vermögensangelegenheiten nicht mehr verhindert ist (§§ 1919, 1921, Anm. 1c zu § 1919);

β) wenn dem Vormundschaftsgerichte der Tod des Abwesenden bekannt wird (§ 1921 Abs. 2, Anm. 1 b β zu § 1921). Aus dem Umstande, daß im Falle des Todes des Abwesenden die Pflegschaft erst mit der Aufhebung durch das Vormundschaftsgericht endigt, ergibt sich, daß es auf die Vertretungsbefugniß des Pflegers ohne Einfluß ist, wenn allenfalls der Abwesende schon vor Einleitung der Pflegschaft gestorben sein sollte. Der Abwesende wird also insoweit als noch fortlebend betrachtet (M. IV, 1261; Z.G. IV, 508 ff.; P. IV, 856; Böhm, a. a. O. S. 186; vgl. R.G.E. in Civils. XII, 68; Jur. Wochenschr. 1893 S. 398).

Gegen die Verfügung, durch welche die Abwesenheitspflegschaft aufgehoben wird, steht Jedem, der ein rechtliches Interesse an der Aenderung der Verfügung hat, die Beschwerde zu (F.G. § 57 Abs. 1 Nr. 3).

8. Unberührt durch die Vorschriften des § 1911 bleiben die reichsrechtlichen Bestimmungen, nach welchen noch in anderen Fällen die Einleitung einer Güterpflege oder die Bestellung eines Vertreters für einen Abwesenden erfolgt (E.G. Art. 32; M. IV, 1262; s. Vorbem. Ziff. 6). Hieher gehört insbesondere die Vorschrift des § 88 F.G., daß für das Auseinandersetzungsverfahren in Ansehung eines Nachlasses einem abwesenden Betheiligten, wenn die Voraussetzungen der Abwesenheitspflegschaft vorliegen und eine Pflegschaft über ihn nicht bereits anhängig ist, von dem Nachlaßgericht ein Pfleger bestellt werden kann. Gemäß E.G. Art. 59 bleibt auch die Bestimmung des § 97 Nr. 2 der Beil. VII zu Tit. V § 4 der bayrischen Verfassungsurkunde v. 26. Mai 1818 unberührt, nach welcher bei Auflösung eines Familienfideikommisses den abwesenden Betheiligten Kuratoren zu bestellen sind.

9. Ueber Verschollenheit und Todeserklärung s. §§ 13—19.

§ 1912.

Eine Leibesfrucht erhält zur Wahrung ihrer künftigen Rechte, soweit diese einer Füusorge bedürfen, einen Pfleger. Die Fürsorge steht jedoch dem Vater

oder der Mutter zu, wenn das Kind, falls es bereits geboren wäre, unter elterlicher Gewalt stehen würde.

E. I, 1741; II, 1789; III, 1888.

1. Obwohl nach B.G.B. die Rechtsfähigkeit des Menschen erst mit der Vollendung der Geburt beginnt (§ 1 u. Anm. hiezu), erkennt dasselbe doch in gewissem Umfang, insbesondere in erbrechtlicher Beziehung, künftige Rechte einer bereits erzeugten, aber noch nicht geborenen Person an (s. §§ 844 Abs. 2 Satz 2, 1923 Abs. 2, 2108 Abs. 1; § 3 Abs. 2 Satz 2 des Ges. v. 7. Juni 1871 in der durch E.G. Art. 42 I festgesetzten Fassung), woraus sich das Bedürfniß für die Einleitung einer Pflegschaft über eine Leibesfrucht ergeben kann. Dieses Bedürfniß kann insbesondere hervortreten, wenn eine zur Zeit des Erbfalles erzeugte, aber noch nicht geborene Person mit einem Vermächtnisse bedacht oder als Nacherbe eingesetzt ist, während, wenn eine solche Person erbberechtigt ist, nach § 1960 Nachlaßpflegschaft einzuleiten ist (M. IV, 1263; I, 30; V, 543 ff.). Neben der Nachlaßpflegschaft kann eine Pflegschaft gemäß § 1912 nur für solche Angelegenheiten angeordnet werden, welche ausschließlich die Leibesfrucht betreffen. Hieher gehört nicht der Fall des § 1963, da der fragliche Anspruch nicht der Leibesfrucht, sondern der Schwangeren zusteht (M. IV, 1263). Ueber die gemeinrechtliche Kuratel für einen Embryo und die missio ventris nomine s. Dernburg, Pand. Bd. 3 S. 81, 323.

2. Voraussetzung für die Einleitung einer Pflegschaft auf Grund des § 1912 ist:

a) Vorhandensein einer Leibesfrucht, worüber das Vormundschaftsgericht, wenn nöthig nach Anhörung von Sachverständigen, nach freiem Ermessen entscheidet. Ob die Leibesfrucht ehelich oder unehelich erzeugt ist, kommt nicht in Betracht (M. IV, 1264), ebensowenig, ob die Schwangere selbst noch unter elterlicher Gewalt oder Vormundschaft steht. Die gesetzliche Empfängnißzeit ist in den §§ 1592, 1717 Abs. 2 geregelt.

b) Schutzbedürfniß der Leibesfrucht hinsichtlich der Wahrung ihrer künftigen Rechte. Ein solches Schutzbedürfniß liegt nicht vor, wenn das Kind, falls es bereits geboren wäre, unter elterlicher Gewalt stehen würde (s. §§ 1626 ff., 1684, 1685, 1699 ff., 1707). In diesem Falle ist vielmehr Vater oder Mutter zur Wahrung der künftigen Rechte der Leibesfrucht berechtigt und verpflichtet (M. IV, 1264). Der in der II. Komm. gestellte Antrag, wonach auch in solchem Falle Pflegschaft eingeleitet und die Eltern als Pfleger berufen werden sollten, wurde abgelehnt (P. IV, 857). Auch zur Erwirkung der nach 1716 zulässigen einstweiligen Verfügung ist die Einleitung einer Pflegschaft nicht erforderlich, da die Mutter insoweit zur Vertretung der Leibesfrucht berechtigt ist (Anm. 3a zu § 1716).

3. Charakter der Pflegschaft. Auch die Pflegschaft über eine Leibesfrucht ist Personal-, nicht Realkuratel. Der Pfleger ist also innerhalb seines Wirkungskreises gesetzlicher Vertreter der Leibesfrucht (M. IV, 1264) und als solcher auch berechtigt, mit Genehmigung des Vormundschaftsgerichts eine Vereinbarung gemäß § 1714 zu treffen (Böhm, a. a. O. S. 188).

4. Hinsichtlich der Berufung zur Pflegschaft finden die Vorschriften der §§ 1776 bis 1778 entsprechende Anwendung (§ 1915 Abs. 1, Anm. 3 zu § 1915). Als Pfleger für eine Leibesfrucht ist also berufen, wer, falls das Kind bereits geboren und Vormundschaft über dasselbe einzuleiten wäre, zur Vormundschaft berufen sein würde.

5. Verfahren. Beim Vorhandensein der im § 1912 erwähnten Voraussetzungen ist von Amtswegen Pflegschaft einzuleiten. Dritten Personen, insbesondere der Schwangeren, steht ein Recht, die Anordnung der Pflegschaft zu verlangen, nicht zu (M. IV, 1264; vgl. dagegen preuß. Vorm.Ordn. § 88). Für die Haftung des Vormundschaftsrichters sind die Grundsätze des § 1848 maßgebend. Zuständig ist gemäß F.G. § 40 das Gericht, welches für die Vormundschaft zuständig sein würde, falls das Kind zu der Zeit, zu welcher das Bedürfniß der Fürsorge hervortritt, geboren wäre. Gegen die Verfügung, durch welche die Anordnung der Pflegschaft abgelehnt wird, steht Jedem, der ein rechtliches Interesse an der Aenderung der Verfügung hat, die Beschwerde zu (F.G. § 57 Abs. 1 Nr. 3).

6. Die Pflegschaft über eine Leibesfrucht endigt

a) kraft Gesetzes, ohne daß es der Aufhebung durch das Vormundschaftsgericht bedarf,

α) mit der Geburt des Kindes (§ 1918 Abs. 2);

β) wenn die Pflegschaft nur zur Besorgung einer einzelnen Angelegenheit angeordnet war, mit deren Erledigung (§ 1918 Abs. 3; M. IV, 1274);

b) mit der Aufhebung durch das Vormundschaftsgericht, welche zu erfolgen hat, wenn der Grund für die Anordnung der Pflegschaft weggefallen ist (§ 1919; M. IV, 1274; Anm. 1 d zu § 1919). Gegen die Verfügung, durch welche die Pflegschaft aufgehoben wird, steht Jedem, der ein rechtliches Interesse an der Aenderung der Verfügung hat, die Beschwerde zu (F.G. § 57 Abs. 1 Nr. 3).

7. Ueber die Pflegschaft für eine noch nicht erzeugte Person s. § 1913.

§ 1913.

Ist unbekannt oder ungewiß, wer bei einer Angelegenheit der Betheiligte ist, so kann dem Betheiligten für diese Angelegenheit, soweit eine Fürsorge erforderlich ist, ein Pfleger bestellt werden. Insbesondere kann einem Nacherben, der noch nicht erzeugt ist oder dessen Persönlichkeit erst durch ein künftiges Ereigniß bestimmt wird, für die Zeit bis zum Eintritte der Nacherbfolge ein Pfleger bestellt werden.

E. I, 1742, 1827; II, 1790; III, 1889.

1. Die Vorschrift des § 1913 bildet eine dem praktischen Bedürfniß entsprechende Erweiterung des Grundsatzes, auf welchem die Nachlaßpflegschaft für den unbekannten Erben (§ 1960) beruht (M. IV, 1265; Z.G. IV, 509; D. 253). Die Einleitung einer Pflegschaft auf Grund des § 1913 kann insbesondere veranlaßt sein zum Schutze künftiger Rechte der noch nicht erzeugten Lehens- oder Fideikommißanwärter (E.G. Art. 59), ferner, wenn der mit einem Vermächtniß Bedachte zur Zeit des Erbfalles noch nicht erzeugt ist oder seine Persönlichkeit erst durch ein nach dem Erbfall eintretendes Ereigniß bestimmt wird (§ 2178, vgl. §§ 2162 Abs. 2, 2163). Hieher gehört auch der wegen seiner Wichtigkeit vom Gesetze besonders hervorgehobene Fall, daß ein Nacherbe eingesetzt ist, der noch nicht erzeugt ist oder dessen Persönlichkeit erst durch ein künftiges Ereigniß bestimmt wird (§§ 2101, 2105 Abs. 2, 2106 Abs. 2; M. IV, 1265; V, 112 ff.). Ueber die gesetzliche Empfängnißzeit s. §§ 1592, 1717 Abs. 2).

2. Voraussetzung für die Anordnung einer Pflegschaft auf Grund des § 1913 ist:

a) Unbekanntheit oder Ungewißheit des bei einer Angelegenheit Betheiligten;

b) Schutzbedürfniß dieses Betheiligten. Ein solches liegt nicht nur dann vor, wenn eine gesetzliche Vertretung des Betheiligten erforderlich wird (s. z. B. §§ 2114, 2116—2118, 2120—2123, 2128), sondern auch dann, wenn eine rein thatsächliche Fürsorge geboten ist, z. B. bei Ueberschwemmungen oder ähnlichen größeren Unglücksfällen (M. IV, 1265 ff.).

3. Charakter der Pflegschaft. Auch die gemäß § 1913 eingeleitete Pflegschaft ist Personalkuratel. Der Pfleger ist daher gesetzlicher Vertreter des unbekannten oder ungewissen Betheiligten. Für den Umfang seiner Befugnisse ist der Zweck der Pflegschaft und der ihm vom Vormundschaftsgericht übertragene Wirkungskreis maßgebend (M. IV, 1265).

4. Von einer Berufung zur Pflegschaft kann in den Fällen des § 1913 selbstverständlich nicht die Rede sein (M. IV, 1268). Der Pfleger ist also stets vom Vormundschaftsgericht unter entsprechender Anwendung der §§ 1779 ff. auszuwählen (§ 1915 Abs. 1).

5. Verfahren. Beim Vorhandensein der Voraussetzungen des § 1913 ist von Amtswegen Pflegschaft einzuleiten, ohne daß es eines hierauf gerichteten Antrags bedarf. Die Haftung des Vormundschaftsrichters bestimmt sich nach § 1848. Zuständig zur Anordnung der Pflegschaft ist das Gericht, in dessen Bezirke das Bedürfniß der Fürsorge hervortritt (F.G. § 41). Gegen die Verfügung, durch welche die Anordnung der Pflegschaft abgelehnt wird, steht Jedem, der ein rechtliches Interesse an der Aenderung der Verfügung hat, die Beschwerde zu (F.G. § 57 Abs. 1 Nr. 3).

6. Eine gemäß § 1913 angeordnete Pflegschaft endigt:

a) kraft Gesetzes, ohne daß es der Aufhebung durch das Vormundschaftsgericht bedarf, falls die Pflegschaft nur zur Besorgung einer einzelnen Angelegenheit eingeleitet worden ist, mit deren Erledigung (§ 1918 Abs. 3; M. IV, 1274);

b) mit der Aufhebung durch das Vormundschaftsgericht, welche zu erfolgen hat, wenn der Grund für die Anordnung der Pflegschaft weggefallen ist (§ 1919 und Anm. 1 e hiezu). Der in der II. Komm. gestellte Antrag, wonach die Aufhebung auch erfolgen sollte, wenn sämmtliche Personen, die betheiligt sein können, die Aufhebung beantragen, wurde zurückgezogen, nachdem darauf hingewiesen worden war, daß die Aufhebung der Pflegschaft selbstverständlich dann erfolgen müsse, wenn alle Betheiligten die Aufhebung beantragen (P. IV, 859, 861). Gegen die Verfügung, durch welche die Pflegschaft aufgehoben wird, steht Jedem, der ein rechtliches Interesse an der Aenderung der Verfügung hat, die Beschwerde zu. (F.G. § 57 Abs. 1 Nr. 3).

7. Ueber die Pflegschaft für eine noch nicht geborene, aber bereits erzeugte Person s. § 1912.

§ 1914.

Ist durch öffentliche Sammlung Vermögen für einen vorübergehenden Zweck zusammengebracht worden, so kann zum Zwecke der Verwaltung und Verwendung des Vermögens ein Pfleger bestellt werden, wenn die zu der Verwaltung und Verwendung berufenen Personen weggefallen sind.

E. III, 1890.

1. Die Vorschrift des § 1914, welche einem neuerdings mehrfach hervorgetretenen Bedürfnisse Rechnung trägt, beruht auf einem bei der zweiten Lesung der II. Komm. gefaßten Beschlusse (P.M. 8690 ff.). Der Frage nach der Natur des Rechtsverhältnisses, welches durch die Sammlungen seitens eines Comités begründet wird, sollte durch diese Bestimmung nicht präjudizirt werden (P.M. 8693).

2. Voraussetzung für die Anordnung einer Pflegschaft gemäß § 1914 ist:

a) daß für einen vorübergehenden Zweck (z. B. zur Errichtung eines Denkmals, zur Deckung der Kosten eines Festes) durch öffentliche Sammlung Vermögen zusammengebracht worden ist;

b) daß die zur Verwaltung und Verwendung dieses Vermögens berufenen Personen weggefallen sind (durch Tod, Todeserklärung, Geschäftsunfähigkeit rc.). Nach E. III sollte die Anordnung der Pflegschaft auch zulässig sein, wenn den zur Verwaltung und Verwendung berufenen Personen gegenüber ein wichtiger Grund für die Entziehung der Verwaltung und Verwendung vorliege; als solcher Grund sollte insbesondere grobe Pflichtverletzung oder Unfähigkeit zur ordnungsmäßigen Geschäftsführung gelten. Von der Reichstagskommission wurde aber diese Bestimmung gestrichen, da man eine mißbräuchliche Anwendung derselben zu politischen Zwecken befürchten zu müssen glaubte (R.T.K. 164 ff.). In Folge dessen ist die Anwendbarkeit des § 1914 gerade in den praktisch wichtigsten Fällen ausgeschlossen.

3. Charakter der Pflegschaft. Im Gegensatze zu sämmtlichen übrigen Pflegschaften ist die des § 1914 Real-, nicht Personalkuratel. Der Umfang der Befugnisse des Pflegers bemißt sich nach dem ihm vom Vormundschaftsgericht übertragenen Wirkungskreis. Maßgebend ist in dieser Beziehung der Zweck der Pflegschaft, nämlich die Verwaltung und Verwendung des Vermögens für den Zweck, zu welchem es zusammengebracht worden ist.

4. Der gemäß § 1914 zu bestellende Pfleger ist, da eine Berufung zur Pflegschaft hier natürlich ausgeschlossen ist, unter entsprechender Anwendung der §§ 1779 ff. durch das Vormundschaftsgericht auszuwählen.

5. Verfahren. Liegen die Voraussetzungen des § 1914 vor, so ist von Amtswegen Pflegschaft einzuleiten, ohne daß es eines hierauf gerichteten Antrags bedarf. Für die Haftung des Vormundschaftsrichters sind die Grundsätze des § 1848 maßgebend. Zuständig für die Anordnung der Pflegschaft ist das Gericht des Ortes, an welchem bisher die Verwaltung geführt wurde (F.G. § 42). Gegen die Verfügung, durch welche die Anordnung der Pflegschaft abgelehnt wird, steht Jedem, der ein rechtliches Interesse an der Aenderung der Verfügung hat, die Beschwerde zu (F.G. § 57 Abs. 1 Nr. 3).

6. Eine gemäß § 1914 angeordnete Pflegschaft endigt:

a) kraft Gesetzes, ohne daß es der Aufhebung durch das Vormundschaftsgericht bedarf, falls die Pflegschaft nur zur Besorgung einer einzelnen Angelegenheit eingeleitet worden ist, mit deren Erledigung (§ 1918 Abs. 3);

b) mit der Aufhebung durch das Vormundschaftsgericht, welche zu erfolgen hat, wenn der Grund für die Anordnung der Pflegschaft weggefallen ist (§ 1919 und Anm. 1f hiezu). Gegen die Verfügung, durch welche die Pflegschaft aufgehoben wird, steht Jedem, der ein rechtliches Interesse an der Aenderung der Verfügung hat, die Beschwerde zu (F.G. § 57 Abs. 1 Nr. 3).

§ 1915.

Auf die Pflegschaft finden die für die Vormundschaft geltenden Vorschriften entsprechende Anwendung, soweit sich nicht aus dem Gesetz ein Anderes ergiebt.

Die Bestellung eines Gegenvormundes ist nicht erforderlich.

E. I, 1743, 1746; II, 1791, 1794; III, 1891.

1. Die Pflegschaft ist ihrem Wesen nach nicht minder Vormundschaft wie die Vormundschaft im technischen Sinne (M. IV, 1044, 1266). Daher ist, wenn das Gesetz, gleichviel ob im Rahmen des Familienrechts oder außerhalb desselben (s. z. B. §§ 204 Satz 2, 1999, 2275 Abs. 2 Satz 2, 2290 Abs. 3 Satz 1) von „Vormund" oder „Vormundschaft" spricht, mangels einer einschränkenden Bestimmung (vgl. § 1752 Abs. 2) hierunter stets auch der Pfleger bezw. die Pflegschaft zu verstehen (vgl. preuß. Vorm.-Ordn. § 91 Abs. 1). Der Pfleger ist also innerhalb seines Wirkungskreises gesetzlicher Vertreter des Pflegebefohlenen (vgl. § 1793); er ist im gleichen Umfange wie der Vormund verpflichtet, ein Vermögensverzeichniß einzureichen, Geld des Pflegebefohlenen den gesetzlichen Vorschriften entsprechend anzulegen, Inhaber- und Orderpapiere zu hinterlegen, jährlich Rechnung zu legen, Sicherheit zu leisten, nach Beendigung seines Amtes das verwaltete Vermögen herauszugeben und über die Verwaltung Rechenschaft abzulegen (vgl. §§ 1802, 1806 ff., 1814 ff., 1844, 1890 ff.). Er ist dem Pflegebefohlenen nach den Grundsätzen des § 1833 verantwortlich, unterliegt gemäß § 1837 der beständigen Aufsicht des Vormundschaftsgerichts und kann eine Vergütung nur unter den Voraussetzungen des § 1836 bewilligt erhalten. Für die Beendigung seines Amtes gelten die Bestimmungen der §§ 1885—1889 (s. auch E.G. Art. 160 und Vorbem. Ziff. 5) Einzelne Abweichungen von diesem Grundsatz enthalten die §§ 1915 Abs. 2, 1916—1921. Ueber den begrifflichen Unterschied zwischen Vormundschaft und Pflegschaft s. Vorbem. Ziff. 1.

2. Aus dem Grundsatze des § 1915 Abs. 1 ergeben sich insbesondere folgende Konsequenzen:

a) Die das Vormundschaftsrecht beherrschenden allgemeinen Grundsätze (vgl. Vorbem. zu diesem Abschn. Ziff. 2b—f) finden ohne Weiteres auch auf die Pflegschaft Anwendung (M. IV, 1066).

b) Soweit der Vormund zu einem Rechtsgeschäfte der Genehmigung des Gegenvormundes oder des Vormundschaftsgerichtes bedarf (§§ 1810 bis 1824, Anm. 4 zu §§ 1821, 1822), gilt das Gleiche für den Pfleger. Da aber die Anordnung der Pflegschaft als solche eine Beschränkung der Geschäftsfähigkeit nicht herbeiführt (s. Vorbem. Ziff 3), kommt dieses Erforderniß nur insoweit in Betracht, als der Pfleger an Stelle des Pflegebefohlenen handelt, während der unbeschränkt geschäftsfähige Pflegebefohlene (§§ 1910, 1911) zu einem von ihm selbst vorgenommenen Rechtsgeschäfte weder der Genehmigung des Gegenvormundes noch der des Vormundschaftsgerichts bedarf (M. IV, 1266).

c) Ist über einen Volljährigen, dessen Entmündigung beantragt ist (§ 1906), zunächst gemäß § 1909 Abs. 3 Pflegschaft eingeleitet worden, so tritt schon mit diesem Zeitpunkte Beschränkung der Geschäftsfähigkeit nach Maßgabe des § 114 ein (M. IV, 1266 ff.).

d) Ist ein Familienrath eingesetzt worden, so erstrecken sich die Rechte und Pflichten desselben von selbst auch auf eine während des Bestehens der Vormundschaft nach § 1909 angeordnete Pflegschaft (M. IV, 1267).

3. Ob auf die einzelne Pflegschaft die Bestimmungen über die Altersvormundschaft (§§ 1773—1895) oder die hievon abweichenden, für die Vormundschaft über Volljährige geltenden Vorschriften (§§ 1898—1908) Anwendung finden, hängt davon ab, ob der Pflegebefohlene minderjährig oder volljährig ist. Dies gilt insbesondere auch für die Voraussetzungen der Einsetzung eines Familienraths (M. IV, 1267; vgl. §§ 1858 ff., 1905). In den Fällen des § 1912 sind die für die Altersvormundschaft, in den Fällen der §§ 1913, 1914 die für die Vormundschaft über Volljährige geltenden Bestimmungen entsprechend anzuwenden.

4. In Abweichung von dem Grundsatze des § 1915 Abs. 1 ist nach § 1915 Abs. 2 die Bestellung eines Gegenvormundes neben dem Pfleger zwar immer zulässig (E. I, 1746; vgl. Z.G. IV, 510), jedoch selbst dann nicht erforderlich, wenn die Voraussetzungen des § 1792 Abs. 2 vorliegen (M. IV, 1269 ff.; vgl. preuß. Vorm.-Ordn. § 91 Abs. 1). Wird neben dem Pfleger ein Gegenvormund bestellt, so finden auf denselben die für den Gegenvormund eines Vormundes geltenden Bestimmungen entsprechende Anwendung (§ 1915 Abs. 1, s. insbes. §§ 1792, 1799 und Anm. hiezu). Dagegen ist der einem Vormund bestellte

Gegenvormund nur dann zugleich Gegenvormund des neben dem Vormunde bestellten Pflegers, wenn ihm diese Stellung besonders übertragen worden ist (Anm. 9 zu § 1799).

§ 1916.

Für die nach § 1909 anzuordnende Pflegschaft gelten die Vorschriften über die Berufung zur Vormundschaft nicht.

E. I, 1744; II, 1792 Abs. 1; III, 1892.

1. In Abweichung von dem Grundsatze des § 1915 Abs. 1 erklärt § 1916 die hinsichtlich der Berufung zur Vormundschaft geltenden Bestimmungen (§§ 1776—1778, 1899, 1900 Abs. 2, 3, s. auch § 1907) für unanwendbar auf die nach § 1909 anzuordnende Pflegschaft, da es in Fällen dieser Art dem Interesse des Pflegebefohlenen regelmäßig mehr entspricht, wenn der Pfleger nicht dem Kreise der nächsten Verwandten des Pflegebefohlenen angehört (M. IV, 1267 ff.). Demgemäß ist in solchem Falle der Pfleger stets durch das Vormundschaftsgericht nach Maßgabe der §§ 1779 ff. auszuwählen. Eine Ausnahme hievon besteht jedoch insofern, als für eine nach § 1909 Abs. 1 Satz 2 anzuordnende Pflegschaft der Pfleger von dem Erblasser oder dem Dritten benannt werden kann.

2. Für die übrigen Pflegschaftsfälle verbleibt es bei der Regel des § 1915 Abs. 1 (s. auch Anm. 3 zu § 1915). Auf die Pflegschaft über einen Gebrechlichen oder Abwesenden finden daher die Bestimmungen der §§ 1899, 1900 Abs. 2, 3, auf die Pflegschaft über eine Leibesfrucht die Bestimmungen der §§ 1776—1778 entsprechende Anwendung, während in den Fällen der §§ 1913, 1914 von einer Berufung zur Pflegschaft nach der Natur der Sache keine Rede sein kann (vgl. Anm. 4 zu § 1910, Anm. 4 zu § 1911, Anm. 4 zu § 1912, Anm. 4 zu § 1913, Anm. 4 zu § 1914).

§ 1917.

Wird die Anordnung einer Pflegschaft nach § 1909 Abs. 1 Satz 2 erforderlich, so ist als Pfleger berufen, wer als solcher von dem Erblasser durch letztwillige Verfügung, von dem Dritten bei der Zuwendung benannt worden ist; die Vorschriften des § 1778 finden entsprechende Anwendung

Für den benannten Pfleger kann der Erblasser durch letztwillige Verfügung, der Dritte bei der Zuwendung die in den §§ 1852 bis 1854 bezeichneten Befreiungen anordnen. Das Vormundschaftsgericht kann die Anordnungen außer Kraft setzen, wenn sie das Interesse des Pflegebefohlenen gefährden.

Zu einer Abweichung von den Anordnungen des Dritten ist, solange er lebt, seine Zustimmung erforderlich und genügend. Die Zustimmung des Dritten kann durch das Vormundschaftsgericht ersetzt werden, wenn der Dritte zur Abgabe einer Erklärung dauernd außer Stande oder sein Aufenthalt dauernd unbekannt ist.

E. I, 1745; II, 1792 Abs. 2, 1793; III, 1893.

1. Von der Regel des § 1916, daß für die nach § 1909 anzuordnende Pflegschaft eine Berufung zur Pflegschaft nicht stattfindet, macht § 1917 Abs. 1 eine Ausnahme für den Fall, daß die Anordnung der Pflegschaft zur Verwaltung von Vermögen erforderlich wird, welches einer unter elterlicher Gewalt oder Vormundschaft stehenden Person durch letztwillige Verfügung oder unentgeltliche Zuwendung unter Lebenden bei gleichzeitiger Ausschließung der Verwaltungsbefugniß des Gewalthabers oder Vormundes verschafft wird (vgl. Anm. 3 zu § 1909). Bei einer derartigen Zuwendung kann der Erblasser oder der Dritte den zu bestellenden Pfleger benennen. Der in dieser Weise Benannte ist zur Pflegschaft berufen, d. h. er kann ohne seine Zustimmung nur übergangen werden, wenn er nach §§ 1915 Abs. 1, 1780—1784 nicht zum Pfleger bestellt werden kann oder soll oder wenn er an der Uebernahme der Pflegschaft verhindert ist oder die Uebernahme verzögert oder wenn seine Bestellung das Interesse des Pflegebefohlenen gefährden würde. Ist er nur vorübergehend verhindert, so hat ihn das Vormundschaftsgericht nach dem Wegfalle des Hindernisses auf seinen Antrag an Stelle des bisherigen Pflegers zum Pfleger zu bestellen. Ein Mitpfleger darf nur mit seiner Zustimmung neben ihm bestellt werden (§ 1778 Abs. 1, 2, 4; M. IV, 1268, Anm. 1 und 2 zu § 1778; vgl. preuß. Vorm.-Ordn. § 87

Abs. 1). Bestimmte Personen von der Pflegschaft auszuschließen, ist der Vermögenszuwender nicht berechtigt (M. IV, 1069; Anm. 7 zu § 1782).

2. Dem gemäß § 1917 Abs. 1 benannten Pfleger kann der Erblasser oder der Dritte die gleichen Befreiungen einräumen, welche nach §§ 1852—1855 vom Vater und der ehelichen Mutter für den von ihnen benannten Vormund angeordnet werden können (M. IV, 1269, 1167; Z.G. IV, 509; Anm. 1 und 2 zu §§ 1852—1854; vgl. preuß. Vorm.Ordn. § 87 Abs. 2). Im Einklange mit der Vorschrift des § 1857 ist aber dem Vormundschaftsgerichte die Befugniß eingeräumt, diese Befreiungen außer Kraft zu setzen, wenn und insoweit sie das Interesse des Pflegebefohlenen gefährden (M. IV, 1269; Anm. 1—3 zu § 1857). Von einer derartigen Anordnung eines Dritten kann, entsprechend den Bestimmungen der §§ 1639 Abs. 2, 1803 Abs. 3, bei seinen Lebzeiten abgewichen werden, wenn er zustimmt oder wenn seine Zustimmung, falls er zur Erklärungsabgabe dauernd außer Stande oder dauernd unbekannten Aufenthalts ist, durch das Vormundschaftsgericht ersetzt worden ist. Nach dem Tode des Dritten ist eine Abweichung von seinen Anordnungen nur nach Maßgabe des § 1917 Abs. 2 Satz 2 zulässig (M. IV, 1269; Z.G. IV, 509; P. IV, 857; Anm. 4b zu § 1639).

§ 1918.

Die Pflegschaft für eine unter elterlicher Gewalt oder unter Vormundschaft stehende Person endigt mit der Beendigung der elterlichen Gewalt oder der Vormundschaft.

Die Pflegschaft für eine Leibesfrucht endigt mit der Geburt des Kindes.

Die Pflegschaft zur Besorgung einer einzelnen Angelegenheit endigt mit deren Erledigung.

E. I, 1748 Abs. 1 Nr. 1, 2, 5, 6; II, 1795; III, 1894.

1. Die Pflegschaft endigt grundsätzlich nicht mit dem Wegfalle der für ihre Anordnung bestimmten Voraussetzungen, sondern erst mit der Aufhebung durch das Vormundschaftsgericht (Vorbem. Ziff. 5). Ausnahmsweise endigt jedoch die Pflegschaft in einzelnen Fällen von selbst kraft Gesetzes, ohne daß es der Aufhebung durch das Vormundschaftsgericht bedarf.

a) Ist auf Grund des § 1909 für einen Minderjährigen, der unter elterlicher Gewalt oder Vormundschaft steht, oder für einen unter Vormundschaft oder vorläufiger Vormundschaft stehenden Volljährigen Pflegschaft eingeleitet worden, so endigt diese, da sie nur „Surrogat und Annex" des elterlichen oder vormundschaftlichen Schutzes ist, von selbst mit der Beendigung der elterlichen Gewalt oder Vormundschaft, vorausgesetzt, daß gleichzeitig das allgemeine Schutzbedürfniß des Kindes oder Mündels überhaupt weggefallen ist (M. IV, 1272). Ueber die Beendigung der elterlichen Gewalt s. Vorbem. vor § 1676 Ziff. 4; über die Beendigung der Altersvormundschaft s. §§ 1882—1884 und Anm. hiezu; über die Beendigung der Vormundschaft und der vorläufigen Vormundschaft über Volljährige s. Anm. 5 zu § 1896, § 1908 und Anm. hiezu Ob in den Fällen des § 1909 Abs. 1 Satz 2 die Pflegschaft endigt, wenn ohne Beendigung des allgemeinen Schutzbedürfnisses des Pflegebefohlenen die elterliche Gewalt oder die Vormundschaft aufhört, hängt von der Auslegung der Anordnung des Vermögenszuwenders ab. Ueber weitere Gründe der Beendigung einer gemäß § 1909 eingeleiteten Pflegschaft s. Anm. 9 zu § 1909.

b) Eine gemäß § 1912 für eine Leibesfrucht eingeleitete Pflegschaft endigt, wenn das Kind geboren wird (M. IV, 1274). Ueber weitere Beendigungsgründe s. Anm. 6 zu § 1912.

c) Eine lediglich zur Besorgung einer einzelnen Angelegenheit angeordnete Pflegschaft endigt, wenn diese Angelegenheit erledigt ist (P. IV, 861). Dies gilt sowohl für die gemäß § 1909 als für die gemäß §§ 1910—1914 eingeleiteten Pflegschaften (vgl. Anm. 9a β zu § 1909, Anm. 7a γ zu § 1910, Anm. 7a α zu § 1911, Anm. 6a β zu § 1912, Anm. 6a zu § 1913, Anm. 6a zu § 1914).

2. Ein weiterer Fall, in welchem eine Pflegschaft endigt, ohne daß es der Aufhebung durch das Vormundschaftsgericht bedarf, ist im § 1921 Abs. 3 geregelt (s. ferner Anm. 7a α und β zu § 1910).

§ 1919.

Die Pflegschaft ist von dem Vormundschaftsgericht aufzuheben, wenn der Grund für die Anordnung der Pflegschaft weggefallen ist.

E. I, 1748 Abs. 2 Satz 1, 2; II, 1796; III, 1895.

1. Wie in Anm. 1 zu § 1918 bemerkt, endigt die Pflegschaft grundsätzlich erst mit der Aufhebung durch das Vormundschaftsgericht. Die Aufhebung muß erfolgen, wenn der Grund für die Anordnung der Pflegschaft weggefallen ist. Diese Voraussetzung ist insbesondere gegeben:

a) in den Fällen des § 1909 Abs. 1 mit dem Wegfalle der Verhinderung des Gewalthabers oder Vormundes, in den Fällen des § 1909 Abs. 3 mit der Bestellung des Vormundes;

b) in den Fällen des § 1910 mit dem Aufhören der Gebrechlichkeit oder des Schutzbedürfnisses des Pflegebefohlenen, sowie mit der Einleitung der Vormundschaft oder vorläufigen Vormundschaft über den Gebrechlichen;

c) in den Fällen des § 1911, wenn das Schutzbedürfniß des Abwesenden aufhört, insbesondere, wenn derselbe zurückkehrt oder einen Beauftragten oder Bevollmächtigten bestellt (M. IV, 1274), oder wenn die Umstände, die zum Widerrufe des von dem Abwesenden ertheilten Auftrags oder der von ihm ertheilten Vollmacht Anlaß gegeben haben, weggefallen sind. Daneben hebt das Gesetz im § 1921 Abs. 1 den Umstand noch besonders hervor, daß der Abwesende an der Besorgung seiner Vermögensangelegenheiten nicht mehr verhindert ist, was natürlich auch ohne seine Rückkehr und ohne Bestellung eines Beauftragten oder Bevollmächtigten der Fall sein kann;

d) in den Fällen des § 1912 mit der Gewißheit, daß eine Geburt nicht erfolgen wird (Tod der Mutter, Abgang der Frucht), sowie mit dem Wegfalle des Schutzbedürfnisses der Leibesfrucht (nach E. I, 1748 Abs. 1 Nr. 5 sollte in dem ersteren Falle die Pflegschaft kraft Gesetzes endigen, s. M. IV, 1274; Z.G. IV, 510; P. IV, 860);

e) in den Fällen des § 1913, wenn die Unbekanntheit oder Ungewißheit bezüglich des Betheiligten gehoben wird, sowie mit dem Wegfalle des Schutzbedürfnisses, im Falle des § 1913 Satz 2 insbesondere mit dem Eintritt der Nacherbfolge (§ 2106);

f) in den Fällen des § 1914, wenn die zur Verwaltung und Verwendung des zusammengebrachten Vermögens berufenen Personen wieder in die Lage kommen, ihr Amt zu übernehmen, z. B. wenn eine solche Persou, die für todt erklärt war, zurückkehrt.

2. Ueber weitere Fälle der Aufhebung einer Pflegschaft durch das Vormundschaftsgericht s. §§ 1920, 1921 Abs. 1, 2.

§ 1920.

Eine nach § 1910 angeordnete Pflegschaft ist von dem Vormundschaftsgericht aufzuheben, wenn der Pflegebefohlene die Aufhebung beantragt.

E. I, 1748 Abs. 2 Satz 4; II, 1797; III, 1896.

1. § 1920 bestimmt einen besonderen Aufhebungsgrund für die gemäß § 1910 Abs. 1 oder 2 angeordnete Pflegschaft über einen Gebrechlichen. Da eine solche Pflegschaft nach § 1910 Abs. 3 nur mit Einwilligung des Gebrechlichen angeordnet werden darf, falls nicht etwa eine Verständigung mit ihm unmöglich ist, so muß ihre Aufhebung erfolgen, wenn der Pflegebefohlene seine Einwilligung widerruft und Aufhebung der Pflegschaft beantragt. Ist eine Verständigung mit dem Pflegebefohlenen nicht möglich, was das Vormundschaftsgericht nach freiem Ermessen zu entscheiden hat (s. Anm. 2c zu § 1910), so kann ein Aufhebungsantrag des Pflegebefohlenen natürlich nicht in Frage kommen. Dagegen ist einem solchen Antrage stattzugeben, wenn zwar bei Anordnung der Pflegschaft eine Verständigung mit dem Gebrechlichen nicht möglich war, diese Möglichkeit aber zur Zeit der Antragstellung besteht (Fischer-Henle, Das B.G.B., 2. Aufl., Note 3 zu § 1920).

2. Ueber weitere Beendigungsgründe der Pflegschaft über einen Gebrechlichen s. Anm. 7 zu § 1910.

§ 1921.

Die Pflegschaft für einen Abwesenden ist von dem Vormundschaftsgericht aufzuheben, wenn der Abwesende an der Besorgung seiner Vermögensangelegenheiten nicht mehr verhindert ist.

Stirbt der Abwesende, so endigt die Pflegschaft erst mit der Aufhebung durch das Vormundschaftsgericht. Das Vormundschaftsgericht hat die Pflegschaft aufzuheben, wenn ihm der Tod des Abwesenden bekannt wird.

Wird der Abwesende für todt erklärt, so endigt die Pflegschaft mit der Erlassung des die Todeserklärung aussprechenden Urtheils.

E. I, 1748 Abs. 1 Nr. 4, Abs. 2 Satz 3; II, 1798; III, 1897.

1. Gemäß § 1921 endigt die Pflegschaft über einen Abwesenden:

a) kraft Gesetzes, ohne daß es der Aufhebung durch das Vormundschaftsgericht bedarf, im Falle der Todeserklärung des Abwesenden mit der Erlassung des die Todeserklärung aussprechenden Urtheils (M. IV, 1273; § 1884 Abs. 2, Anm. 2 zu § 1884, s. auch E.G. Art. 160; vgl. bayr. Ausf.G. z. R.C.P.O. u. K.O. Art. 101; preuß. Vorm.Ordn. § 84);

b) mit der Aufhebung durch das Vormundschaftsgericht. Dieselbe hat zu erfolgen:

α) wenn der Abwesende an der Besorgung seiner Vermögensangelegenheiten nicht mehr verhindert ist (M. IV, 1274; vgl. Anm. 1c zu § 1919);

β) im Falle des Todes des Abwesenden, wenn sein Tod dem Vormundschaftsgerichte bekannt wird. Diese Bestimmung beruht auf der Erwägung, daß der zu einer bestimmten Zeit erfolgte Tod des Abwesenden, wenn überhaupt, doch meistens erst nach längerer Zeit bewiesen werden kann und dem praktischen Bedürfnisse nicht Genüge geschehen würde, wenn das Amt des Pflegers mit dem Zeitpunkte des Todes des Abwesenden rückwärtshin als erloschen behandelt werden sollte (M. IV, 1273). Ob der Abwesende verschollen war oder nicht, kommt hiebei nicht in Betracht (P. IV, 859 ff.); vgl. dagegen § 1884 Abs. 1 und Anm. 1 zu § 1884).

2. Ueber weitere Beendigungsgründe der Abwesenheitspflegschaft s. Anm. 7 zu § 1911.

Berichtigungen und Nachträge zum vierten Buche.

Seite 4 Zeile 19 v. o. lies „Bd. 1" statt „I. Thl."
5 11 „ „
5 15 v. u.
20 26 v. o.
26 22 v. u.
26 2 „ „
71 22 v. o.
73 18 „ „
74 26 „ „
74 18 v. u.
75 6 v. o.
75 19 „ „
75 23 v. u.
80 28 „ " "
4 17 „ „Ziff. 5" „ „Ziff. 6".
10 23 „ „Anm. 9" „ „Anm. 8".
13 3 „ „Anm. 6" „ „Anm. 4".
14 7 „ „ „Ziff. 2c" „ „Anm. 5b".
15 3 v. o. „ „Anm. 2" „ „Anm. 3".
15 „ 4 „ „ Anm. 9 hat zu lauten: „Ueber Zuständigkeit des Vormundschaftsgerichts, Rechtsmittel gegen dessen Entscheidung und den Beginn der Wirksamkeit dieser Entscheidung s. F.G. §§ 43, 36, 19 ff., 59, 53."

Seite 15 Zeile 5 v. u. lies „§ 3" statt „§ 2".
15 „ 3 „ „ „ „Anm. 1c zu § 1726, Anm. 2 zu § 1747, Anm. 2i zu §§ 1821, 1822" statt „Anm. 3f zu § 1643, Anm. 1b zu § 1726, Anm. 1 zu § 1747, Anm. 2c zu § 1822".
16 7 v. o. „Anm. 2" statt „Anm. 3".
16 11 „ „ „Anm. 2a" „Anm. 3a".
16 23 v. u. „Anm. 5a" „Anm. 6a".
17 7 „ „Anm. 6" „Anm. 5".
19 10 „ „Anm. 2" „ „Anm. 3".
19 „ 9 „ „ „ Anm. 7 hat zu lauten: „Ueber Zuständigkeit des Vormundschaftsgerichts, Rechtsmittel gegen dessen Entscheidung und den Beginn der Wirksamkeit dieser Entscheidung s. F.G. §§ 43, 36, 19 ff., 59, 53."

Seite 22 Zeile 19 v. o. lies „§ 1310" statt „§ 1309".
22 26 „ „
22 16 v. u.
22 8 „ " "
22 „ 14 „ „Anm. 2" „Anm. 1".
22 „ 6 „ „ „Anm. 5" „ „Anm. 4".
23 „ 25 v. o. „Anm. 5" „ „Anm. 4".
23 „ 19 v. u. „St.G.B. § 173" statt „Anm. 5 zu § 1327".
24 „ 11 v. o. „Anm. 3" statt „Anm. 4".
39 „ 8 „ „ „ „so ist die oberste Aufsichtsbehörde jedes dieser Bundesstaaten zur Bestimmung des zuständigen Standesbeamten befugt" statt „so muß — haben".

Seite 39 Zeile 18 v. u. lies „Zuständig hiefür ist nach Personenstandsges. § 11 Abs. 3 und F.G. § 69 das Amtsgericht, in dessen Bezirke der Standesbeamte seinen Amtssitz hat. Ueber Rechtsmittel gegen die gerichtliche Entscheidung s. F.G. §§ 19 ff." statt „Ueber Zuständigkeit — treffen".

Seite 40 Zeile 2 v. u. lies „so ist Ertheilung der Bewilligung seitens jedes dieser Bundesstaaten erforderlich" statt „so ist — Bundesrath".

Seite 50 Zeile 14 v. o. lies „§ 1332" statt „§ 1331".
55 „ 19 „ „ „ „Ueber Zuständigkeit des Vormundschaftsgerichts, Rechtsmittel gegen dessen Entscheidung und den Beginn der Wirksamkeit dieser Entscheidung s. F.G. §§ 43, 36, 19 ff., 59, 53" statt „Ueber Zuständigkeit — Gerichtsbarkeit".

Seite 59 Zeile 2 v. u. lies „s. F.G. §§ 72, 73" statt „bestimmt — Gerichtsbarkeit."
63 „ 8 „ „ lies „Daß die Nichtigkeit der Ehe dem anderen Ehegatten bekannt war, hat der Ehegatte zu beweisen, der sich auf § 1345 beruft (M. IV, 69). Dagegen bleibt es dem in Anspruch genommenen Ehegatten überlassen, den Nachweis zu führen, daß diese Kenntniß auch bei dem Ehegatten vorhanden war, der sich auf § 1345 beruft (anders E. I; vgl. M. IV, 69; P. IV, 664; s. auch Anm. 4b zu § 1344)" statt: „Das Vorhandensein — § 1344)".

Seite 71 Zeile 13 v. u. lies „14. Jan. 1871“ statt „14. Juni 1871“.
73 17 „Anm. 2“ statt „Anm. 3“.
73 „ 13 „ „ „ „in der durch Art. 14 III des Einf.G. zum H.G.B. v. 10. Mai 1897 festges. Fassung“ statt „Art. 14, III — 1897“.

Seite 75 Zeile 1 v. o. lies „vom“ statt „wo“.
77 26 v. u. „s. F.G. §§ 45, 53, 19 ff.“ statt „bestimmt — Gerichtsbarkeit“.
78 10 „ „ „s. F.G. §§ 45, 53, 19 ff.“ statt „bestimmt — Gerichtsbarkeit“.
79 „ 3 v. o. „ Am Schlusse der Anm. 3 ist beizusetzen: „Ueber Zuständigkeit des Vormundschaftsgerichts, Rechtsmittel gegen dessen Entscheidung und den Beginn der Wirksamkeit dieser Entscheidung s. F.G. §§ 45, 19 ff., 53“.

Seite 81 Zeile 21 v. u. lies „§§ 1387, 1388“ statt „§§ 1397, 1398“.
82 „ 8 v. o. „ „Anm. 3“ statt „Anm. 2“.
326 „ 5 v. u. ist beizusetzen: Ueber die formelle Führung des Güterrechtsregisters hat der Bundesrath durch Beschluß vom 3. Nov. 1898 nähere Bestimmungen getroffen. Denselben ist ein Formular mit Mustereinträgen beigegeben. Veröffentlicht im Centralblatt für das Deutsche Reich 1898, S. 438 fg.

Seite 357 Zeile 3 v. u. lies „der §§ 1726 Abs. 1 Satz 2, 1746 Abs. 1, 1783“ statt „der §§ — 1783“.

Seite 357 Zeile 1 v. u. ist beizusetzen: „Aus dem gleichen Grunde behält die Ehefrau den Wohnsitz des Ehemannes (§ 10) auch nach Aufhebung der ehelichen Gemeinschaft (and. Ans. Plank, Komm.Erl. 4 zu § 10).“

Seite 384 Zeile 15 v. u. lies „leistungsunfähig“ statt „leistungsfähig.“
389 20 v. o. „der“ statt „oder“.
430 18 „ „ „§ 1803“ statt „ § 1802“.
438 29 v. u. „§§ 1643“ statt „§§ 1647“.
531 „ 2 v. o. „ „Ist die Ehe des Vaters geschieden oder absolut nichtig oder im Falle relativer Nichtigkeit oder Anfechtbarkeit für nichtig erklärt, so ist die Einwilligung seiner Ehefrau natürlich nicht erforderlich. Die Aufhebung der ehelichen Gemeinschaft steht in dieser Beziehung der Scheidung nicht gleich (Ziff. 3 der Vorbem. zum Abschn. 1, Tit. 3, Anm. 3 zu § 1586)“ statt „s. auch — § 1354)“.

Zur gef. Beachtung! Die durch die bayrischen Ausführungsgesetze veranlaßten Nachträge zum dritten und vierten Buche werden dem sechsten Bande (Einf.Ges.) als Anhang beigegeben werden.

Vergleichende Zusammenstellung

der im vierten Bande angeführten Stellen

der

Civilprozeßordnung

nach den verschiedenen Zifferbezeichnungen.

§§ der C.P.O. v. 1877	§§ der Novelle nach der Vorlage an den Reichstag	§§ nach dem Reichsgesetze vom 17. Mai 1898	§§ der neuen Nummerirung nach Bekanntmachung vom 20. Mai 1898	§§ der C.P.O. v. 1877	§§ der Novelle nach der Vorlage an den Reichstag	§§ nach dem Reichsgesetze vom 17. Mai 1898	§§ der neuen Nummerirung nach Bekanntmachung vom 20. Mai 1898
3	—	—	3	75	—	—	79
4	4	4	4	77	—	—	81
5	—	—	5	79	—	—	83
6	—	—	6	81	—	—	85
7	—	—	7	87	87	87	91
8	—	—	8	—	141a	141a	151
9	—	—	9	—	141b	141b	152
17	—	—	—	—	141c	141c	153
19	—	—	17	157	—	—	171
32	—	—	32	186	186	186	203
41	—	—	41	195	—	—	218
49	—	—	49	200	200	200	222
50	—	—	51	201	—	—	223
51	51	51	52	210	—	—	232
—	51a	51a	53	219	219	219	241
52	—	—	54	223	223	223	246
—	53a	—	—	230	—	—	253
54	54	54	56	—	230a	230a	254
55	—	—	57	231	—	—	256
—	55a	55a	58	—	231b	231b	258
56	56	56	59	235	—	—	263
58	—	—	61	243	—	—	271
63	—	—	66	—	264a	264a	292
66	—	—	69	266	—	266	294

§§ der C.P.O. v. 1877	§§ der Novelle nach der Vorlage an den Reichstag	§§ nach dem Reichsgesetze vom 17. Mai 1898	§§ der neuen Nummerirung nach Bekanntmachung vom 20. Mai 1898	§§ der C.P.O. v. 1877	§§ der Novelle nach der Vorlage an den Reichstag	§§ nach dem Reichsgesetze vom 17. Mai 1898	§§ der neuen Nummerirung nach Bekanntmachung vom 20. Mai 1898
—	276a	276a	305	—	584b	584b	629
—	293a	293a	323	586	586	586	632
—	293b	293b	324	587	587	587	633
346	—	346	381	589	—	—	634
348	—	—	383	—	589a	589a	635
349	—	—	384	590	—	—	636
350	—	—	385	591	—	—	637
358	—	—	393	592	592	592	639
367	—	—	402	—	592a	592a	640
380	—	—	415	—	592b	592b	641
391	391	391	426	—	592c	592c	642
410	—	—	445	—	592d	592d	643
435	435	435	473	—	592e	592e	644
439	—	—	477	593	593	593	645
534	—	—	571	595	595	595	646
537	—	—	574	599	—	—	655
540	540	540	577	600	—	—	657
541	—	—	578	603	603	603	660
542	—	—	579	—	603a	603a	661
543	—	—	580	604	604	604	663
549	—	—	586	605	605	605	664
568	568	568	606	612	—	—	671
569	—	—	607	613	613	613	672
570	570	570	608	614	—	—	673
571	—	—	609	615	—	—	674
572	—	—	610	616	616	616	675
573	—	—	611	619	—	—	678
—	573a	573a	612	620	620	620	679
—	573b	573b	613	621	621	621	680
574	—	—	614	623	—	—	683
575	575	575	615	624	—	—	684
—	575a	—	—	625	625	625	685
576	576	576	616	626	626	626	686
577	577	577	617	627	627	627	687
578	578	578	618	644	644	644	704
580	580	580	620	645	—	—	705
581	581	581	622	661	661	661	723
—	581a	581a	623	—	670c	670c	737
—	581b	581b	624	—	670d	670d	738
582	582	582	625	—	670e	670e	739
584	584	584	627	—	670 f	670 f	740
—	584a	584a	628	—	670g	670g	741

§§ der C.P.O. v. 1877	§§ der Novelle nach der Vorlage an den Reichstag	§§ nach dem Reichsgesetze vom 17. Mai 1898	§§ der neuen Nummerirung nach Bekanntmachung vom 20. Mai 1898	§§ der C.P.O. v. 1877	§§ der Novelle nach der Vorlage an den Reichstag	§§ nach dem Reichsgesetze vom 17. Mai 1898	§§ der neuen Nummerirung nach Bekanntmachung vom 20. Mai 1898
—	670h	670h	742	774	774	774	888
—	670 i	670 i	743	775	—	—	890
—	670k	670k	744	779	—	—	894
—	670 l	670 l	745	—	779a	779a	895
—	670 m	670m	746	780	780	780	899
671	671	671	750	797	—	—	917
685	—	—	766	800	—	—	920
690	—	—	771	802	—	—	922
693	693	693	779	803	—	—	923
695	695	695	780	804	—	—	924
—	696a	696a	781	805	—	—	925
—	696e	696e	786	814	—	—	935
—	696 f	696 f	787	815	—	—	936
702	702	702	794	816	—	—	937
—	705c	705c	800	—	822a	822a	945
714	714	714	810	834	—	—	957
748	—	—	849	835	—	—	958
749	749	749	850	—	836a	836a	960
—	749a	749a	851	—	836c	836c	962
—	754c	754c	860	—	836o	836o	973
—	754d	754d	861	—	836p	836p	974
—	754e	754e	862	—	836 r	836 r	976
—	754 f	754 f	863	—	836 rr	836 rr	1001
771	—	—	885	851	—	—	1025

Anhang

zum

vierten Bande des Kommentars zum Bürgerlichen Gesetzbuche,

enthaltend

Nachträge mit Rücksicht auf den Inhalt der erst nach Erscheinen jenes Bandes verkündeten bayerischen Ausführungsgesetze.*)

Zur Vorbem. vor § 1303 S. 11: An die Stelle der Ausführung von Zeile 5 v. o. bis Zeile 12 v. u. tritt Folgendes: „Demgemäß gelten die auf das Verehelichungswesen bezüglichen Vorschriften des bayr. Heimathgesetzes auch nach dem Inkrafttreten des B.G.B. weiter. Diese Vorschriften sind aber durch A.G. Art. 154 in Verbindung mit der Bekanntmachung vom 30. Juli 1899 (G. u. V.O.Bl. S. 469) in wesentlichen Punkten umgestaltet worden. Nach Art. 31 des revidirten Heimathgesetzes darf ein in den Landestheilen rechts des Rheins heimathberechtigter Mann eine Ehe erst eingehen, wenn durch ein von der zuständigen Behörde aufgestelltes Zeugniß festgestellt ist, daß der Eheschließnng das im Art. 32 bestimmte Einspruchsrecht nicht entgegensteht. Auf die Rechtsgiltigkeit der geschlossenen Ehe ist der Mangel dieses Zeugnisses ohne Einfluß; die Ehe hat aber so lange, als die Ausstellung des Zeugnisses nicht nachträglich erwirkt wurde, für die Ehefrau und die Kinder dieser Ehe sowie die durch die Ehe legitimirten Kinder in Bezug auf die Heimath nicht die Wirkungen einer giltigen Ehe. Zuständig zur Ausstellung des Zeugnisses ist die Distriktsverwaltungsbehörde jener Gemeinde, in welcher der Mann seine Heimath hat. Die Distriktsverwaltungsbehörde hat das Zeugniß aber nur mehr dann zu verweigern, wenn ein Einspruch der Gemeinde nach Art. 32 des revid. Heimathsgesetzes besteht. Sie hat dagegen ab 1. Jan. 1900 nicht mehr zu prüfen, ob zivilrechtliche oder dienstliche Hindernisse der Eheschließung bestehen. Von dieser Vorfrage ist die Ausstellung des Zeugnisses nicht mehr abhängig. Darum erstreckt sich auch dessen Inhalt nicht mehr darauf. Die Prüfung der Frage, ob Ehehindernisse bestehen, und die etwa erforderliche zivil- oder militär-dienstliche Verehelichungsbewilligung vorliegt, ist künftighin auch in Bayern, wie im übrigen Deutschland, Amtsaufgabe des Standesbeamten. Jenes Zeugniß verliert seine Kraft, wenn die Ehe nicht binnen sechs Monaten nach der Ausstellung des Zeugnisses geschlossen wird. Ueber die Verehelichung von Ausländern in Bayern s. Anm. 5 zu § 1315."

---

*) A.G. bedeutet: Ausführungsgesetz zum Bürgerlichen Gesetzbuche.
Ueberg.G. bedeutet: Gesetz, Uebergangsvorschriften zum Bürgerlichen Gesetzbuche betr.
Not.G. bedeutet: Notariatsgesetz.
Sämmtliche Gesetze vom 9. Juni 1899.

Vorbem. vor § 1309 S. 12 Bem. 8d: Lies: „Art. 36 Abs. 1 des revid. bayr. Heimathges." statt „Art. 41 des bayr. Heimathges.", ferner „Art. 31" statt: „Art. 33", dann: „bis zu 150 Mk." statt: „bis zu 50 Thalern".

§ 1315 S. 29 Bem. 5 Abs. 1: Lies: „Art. 31 des revid. bayr. Heimathges." statt: „Art. 33 des bayr. Heimathgesetzes".

§ 1315 S. 29 Bem. 5 Abs. 2: Lies: „Art. 34 des revid. Heimathges." statt: „Art. 39 des Heimathgesetzes vom 16. April 1868 in der durch Art. 9 des Gesetzes v. 17. März 1892 festgesetzten Fassung".

§ 1315 S. 30 Bem. 6: Lies: „Art. 34 des revid. bayr. Heimathges." statt: „Art. 39 des bayr. Heimathgesetzes".

§ 1316 S. 32 Anm. 8 hat nunmehr zu lauten: „In Bayern galten bisher gemäß § 74 Abs. 2 des Personenstandsgesetzes und Art. 35 des Heimathges. vom 16. April 1868 hinsichtlich des Aufgebots besondere Bestimmungen. Durch A.G. Art. 154 XXII ist aber Art. 35 des bisherigen Heimathgesetzes aufgehoben worden, sodaß nunmehr auch in Bayern für das Aufgebot die Vorschriften des § 1316 B.G.B. und der §§ 44—50 des Personenstandsgesetzes in der durch E.G. z. B.G.B. Art. 46 festgesetzten Fassung maßgebend sind. Eine hier einschlägige Uebergangsbestimmung enthält A.G. Art. 154 Abs. 3".

Zur Einleitung zu Buch IV Tit. 6 S. 89 Bem. 6: Von der Möglichkeit, zum ehelichen Güterrechte Uebergangsbestimmungen zu erlassen, welche die bisherigen Partikularrechte für die vor dem 1. Jan. 1900 schon geschlossenen Ehen (Art. 200 E.G. z. B.G.B.) modifiziren und zu einer Ueberleitung der älteren Rechtsverhältnisse in die neuen ehelichen Güterrechtsnormen erleichternd dienlich sind, hat die bayr. Landesgesetzgebung umfassenden Gebrauch gemacht. Die bezüglichen Bestimmungen gliedern sich in solche

a) für das ganze Königreich Bayern: Art. 19—31 Ueberg.G.;
b) für die Landestheile rechts des Rheins: Art. 62—104 Ueberg.G.;
c) für die Pfalz: Art. 124—140 Ueberg.G.

Diese eingehenden Uebergangsvorschriften erfordern auch eine umfassende eigene Darstellung und Erläuterung, welche dem besonderen Kommentare von Becher und Meyer zu den bayr. Ausführungsgesetzen vorbehalten ist.

Zur Einleitung zu Buch IV Tit. 6 S. 89 Bem. 7: Ueber die räumliche Geltung der Normen des ehelichen Güterstands mit Rücksicht auf die Wohnsitzverhältnisse in der Uebergangszeit vgl. Art. 20 f. Ueberg.G.

Zur Einleitung zu Buch IV Tit. 6 S. 91 Bem. 8 Abs. 3: Eine direkte Aenderung des Grundsatzes, daß für ältere Ehen von Oberoffizieren, Militärärzten, Militärbeamten auch fernerhin der gesetzliche Güterstand des bayr. L.R. bestehen bleibt, ist im Wege der Ausführungsgesetzgebung nicht erfolgt. Eine Modifikation tritt aber doch ein in Gemäßheit des den Güterstand des bayr. L.R. im Allgemeinen betreffenden Art. 83 Ueberg.G., insoferne dadurch letztgedachter Güterstand sich sehr dem ordentlichen gesetzlichen Güterstande des B.G.B. annähert.

§ 1432 S. 180: Eheverträge in Bezug auf ältere Güterstände: vgl. Ueberg.G. Art. 27, 30, 31.

§ 1435 S. 190 Bem. 2: Vgl. auch Art. 25 Ueberg.G., ebenso auch Art. 26 das.

§ 1438 S. 198 Bem. 4 Abs. 3: Vgl. Art. 26, 30 Ueberg.G.

§ 1507 S. 277: Vgl. Art. 29 Ueberg.G.

§ 1558 S. 326 Vorbem.: Vgl. Art. 25 Ueberg.G.

§ 1578 S. 350 Bem. 9: Die Worte: („doch gilt" bis: „geschiedenen Ehegatten") sind zu streichen.

§ 1600 S. 382 Bem. 15: Ist in Zeile 6 v. o. zu lesen: „vom 29. April 1869 in der durch A.G. Art. 160 und Bekanntmachung vom 30. Juli 1899 (G. u. V.O.Bl. S. 469) festgesetzten Fassung. Nach Art. 5 Abs. 2 dieses Gesetzes haben diejenigen, welche einem Hilfsbedürftigen gegenüber nach den Vorschriften des B.G.B. unterhaltspflichtig waren, Ersatz der in Folge der Nichterfüllung ihrer Verpflichtung für dessen Unterhalt gemachten Aufwendungen zu leisten. Nach Art. 6 Abs. 1 Satz 1 können auf Antrag der Armenpflege der Ehegatte und der frühere Ehegatte, die Eltern und Großeltern, die Kinder und Enkel eines Hilfsbedürftigen durch Beschluß der Distriktsverwaltungsbehörde angehalten werden, dem Hilfsbedürftigen nach Maßgabe ihrer gesetzlichen Unterhaltspflicht die erforderliche Unterstützung zu gewähren und Ersatz der in Folge der Nichterfüllung ihrer Verpflichtung für den Unterhalt gemachten Aufwendungen zu leisten."

§ 1610 S. 392 Bem. 7: Lies: „Art. 11 n. Nr." statt: „Art. 10".

§ 1615 S. 397 Bem. 3: Lies: „Art. 11 n. Nr." statt: „Art. 10".

§ 1616 S. 399 Bem. 1: Beizufügen ist: „Bezüglich Bayerns vgl. A.G. Art. 3 Abs. 1".

§ 1616 S. 399 Bem. 3: Beizufügen ist: „Bezüglich Bayerns vgl. A.G. Art. 3 Abs. 2".

§ 1631 S. 420 Bem. II und § 1666 S. 463 Bem. 8 ist beizufügen: „Die Ermächtigung ist, wenn es sich um eine Maßregel handelt, zu der eine Anordnung des Vormundschaftsgerichts erforderlich ist, von der Erlassung dieser Anordnung abhängig zu machen (A.G. Art. 162)".

§ 1632 S. 421 Bem. 4: Beizufügen ist: „Bezüglich Bayerns vgl. A.G. Art. 130".

§ 1640 S. 432 Bem. 4: Beizufügen ist: „Bezüglich Bayerns vgl. Not.G. Art. 2 Ziff. 1 und A.G. z. Gerichtsverf.-Ges. v. 23. Febr. 1879 Art. 63 Abs. 1 in der durch A.G. Art. 167 XVI festgesetzten Fassung".

§ 1699 S. 497 Anm. 8: Ist zu streichen.

§ 1706 S. 506 Bem. 4: Nach „Recht" ist beizufügen: „Bezüglich Bayerns vgl. A.G. Art. 3".

§ 1708 S. 510 Bem. 10: Hinter der Zahl 13 laute der Zwischensatz: „(die dortselbst erwähnte Bestimmung des Art. 6 Abs. 1 Satz 1 des revid. bayr. Armengesetzes gilt aber gemäß Satz 2 in Ansehung eines unehelichen Kindes von dem Vater nur, sofern er seine Vaterschaft nach § 1718 B.G.B. anerkannt hat oder seine Unterhaltspflicht in einem vollstreckbaren Titel festgestellt ist)".

Vorbem. vor § 1719 S. 524 Bem. 8: Beizufügen ist: „Bezüglich Bayerns vgl. Ueberg.G. Art. 105 u. 141".

§ 1722 S. 528 Abs. 2: Beizufügen ist: „Bezüglich Bayerns vgl. Ueberg.G. Art. 105 Abs. 2".

§ 1740 S. 543 Bem. 7: Ist Art. 1 Abs. 3 des revid. bayr. Heimathgesetz v. 1899 anzuführen.

§ 1750 S. 551 Bem. 5: Beizufügen ist: „Vgl. aber Not.G. Art. 16, wonach der Notar seine Amtsthätigkeit bei Geschäften, die offenbar nichtig sind, zu verweigern hat".

Vorbem. vor § 1773 S. 574 Bem. 4c: Beizufügen ist: „Eine Uebergangsvorschrift für Bayern enthält Ueberg.G. Art. 34".

Vorbem. vor § 1773 S. 574 Bem. 4g: Beizufügen ist: „h) Bezüglich Bayerns vgl. noch A.G. Art. 129—133".

§ 1776 S. 579 Bem. 1: Lies: „A.G. Art. 100" statt: „Art. 90 des Entw. eines bayr. A.G. z. B.G.B.".

§ 1807 S. 610 Bem. 1a: Nach „Note 15" ist beizufügen: „Bezüglich Bayerns vgl. A.G. Art. 87 Abs. 2 u. 92".

§ 1807 S. 611 Bem. 1c: Beizufügen ist: „Vgl. nunmehr Ueberg.G. Art. 32 und Bekanntm. des kgl. St.M. d. Justiz v. 9. Sept. 1899 (G. u. V.O.Bl. S. 830)".

§ 1807 S. 611 Bem. 1d: Beizufügen ist: „Bezüglich Bayerns vgl. A.G. Art. 109 ff.".

§ 1808 S. 613 Bem. 2: Beizufügen ist: „Bezüglich Bayerns vgl. A.G. z. Gerichtsverf.Ges. v. 23. Febr. 1879 Art. 76 in der durch A.G. Art. 167 XXII festgesetzten Fassung".

§ 1851 S. 650 Bem. 5: Ueber die Organisation des Gemeindewaisenraths in Bayern s. A.G. Art. 93 bis 99, 178.

Vorbem. vor § 1852 S. 650 Bem. 1d: Beizufügen ist: „Bezüglich Bayerns vgl. A.G. Art. 100 Abs. 3".

§ 1860 S. 656 Bem. 2: Nach „1875—1877" ist beizufügen: „bayr. A.G. Art. 133 Abs. 1".

§ 1885 S. 671 Bem. 1e: Beizufügen ist: „Bezüglich Bayerns vgl. A.G. Art. 100".

§ 1906 S. 687 Bem. 4: Beizufügen ist: „Vgl. auch bayr. A.G. Art. 140, 143 Abs. 1 III, 158 III, 159 III, 160 VII".

FSC
www.fsc.org
MIX
Papier | Fördert gute Waldnutzung
FSC® C083411

Kolibri 360 GmbH
Ferdinand-Jühlke-Straße 7
99095 Erfurt, Deutschland
produktsicherheit@kolibri360.de